Les grands textes de droit international privé

Les grands textes de droit international privé

4e édition

2021

Sandrine Clavel
Professeure à l'Université Paris Saclay / UVSQ
et membre du Laboratoire de droit des affaires et nouvelles technologies

Estelle Gallant
Professeure à l'Université Toulouse I Capitole,
membre de l'Institut de recherche en droit européen,
international et comparé et co-directrice du Pôle droits fondamentaux
et droit de la famille de Trans Europe Experts

DALLOZ

DALLOZ

31-35, rue Froidevaux 75685 Paris cedex 14

978-2-247-20751-0
978-2-247-21008-4

PRÉFACE

Le droit international privé français a longtemps été – et reste à certains égards – une matière de source *nationale* et *jurisprudentielle* (1) : nationale, car les sources supranationales étaient exceptionnelles et éparses ; jurisprudentielle, car les grands codes nationaux ne comportaient que quelques rares dispositions appréhendant spécifiquement les situations internationales. Il est donc revenu à la Cour de cassation de développer, sur des fondements textuels limités dont l'article 3 du Code civil constituait le pivot, l'ensemble des principes destinés à organiser, en France, le règlement des relations internationales entre personnes privées. Dans un tel contexte, on ne s'étonnera pas que la publication des *Grands arrêts du droit international privé français* (2) ait précédé, de beaucoup, celle des *Grands textes de droit international privé français* qui constitue l'objet du présent ouvrage. Et l'on s'autorisera à évoquer la préface offerte par Batiffol à la première édition des *Grands arrêts*, où l'éminent maître saluait le travail des auteurs qui « *affirment la continuité et la cohérence de la jurisprudence française en droit international privé* [...] et *présentent un éloge de la formation du droit par la jurisprudence* ». Car le contraste avec la situation actuelle est saisissant.

Depuis plusieurs décennies, en effet, se développe un droit international privé de source *supranationale* et *textuelle* (3). Les sources supranationales sont aujourd'hui foisonnantes, conséquence de l'activité conjuguée d'organisations internationales telles que l'ONU (en particulier la CNUDCI), UNIDROIT, la Conférence de La Haye de droit international privé, ou la Commission internationale de l'état civil (CIEC), pour ne citer que quelques-unes d'entre elles, et d'organisations régionales, notamment l'Union européenne. Il en résulte une inflation des sources textuelles, car c'est la voie privilégiée d'intervention des organisations internationales et régionales, lesquelles sont à l'origine de conventions internationales, de règlements, de directives... Et le législateur français n'est pas en reste, puisqu'il a lui-même multiplié, avec plus ou moins de bonheur, les règles de droit international privé d'origine législative.

---

(1) Sur les sources du droit international privé et leur évolution, v. : B. Audit, L. d'Avout, *Droit international privé*, LGDJ, 2018, n°s 21 *s.* ; S. Clavel, *Droit international privé*, Dalloz, « Hypercours », 5e éd., 2018, n°s 49 *s.* ; P. Mayer, V. Heuzé et B. Rémy, *Droit international privé*, Montchrestien, 12e éd., 2019, n°s 26 *s.* ; Y. Loussouarn, P. Bourel et P. de Vareilles-Sommières, *Droit international privé*, Dalloz, « Précis », 10e éd., 2013, n°s 27 *s.* ; M.- L. Niboyet, G. Geouffre de La Pradelle, *Droit international privé*, LGDJ, 7e éd., 2020, n°s 8 *s.*

(2) B. Ancel, Y. Lequette, *Les grands arrêts de la jurisprudence française de droit international privé*, Sirey, 1re éd., 1987 ; l'ouvrage en est aujourd'hui à sa 5e édition (2006).

(3) Sur ce mouvement, v. les ouvrages précités note 1.

Il n'est pas sans intérêt de s'arrêter un instant sur les raisons du développement exponentiel des sources supranationales du droit international privé. C'est en effet principalement le souci de garantir la *sécurité juridique* des justiciables qui a conduit à l'inflation de ces textes. La diversité des ordres juridiques, traduite par la variété des règles matérielles régissant les situations juridiques, mais aussi des règles de conflit utilisées pour désigner le droit matériel applicable ou le tribunal compétent (1), crée assurément une réelle imprévisibilité pour les justiciables. L'harmonisation matérielle du droit a pu apparaître une réponse adaptée à cette difficulté, et elle a connu un certain succès, notamment pour la réglementation des relations commerciales internationales. Mais elle s'avère en définitive limitée, soit qu'elle ne supprime pas nécessairement le conflit de lois (2), soit qu'elle ait échoué à toucher tous les domaines du droit (3). Elle doit donc être assortie d'une harmonisation des règles de conflit. Les conventions internationales de droit international privé complètent ainsi les conventions internationales de droit matériel ; et les règlements et directives européens s'intéressent aujourd'hui tout autant à l'harmonisation matérielle du droit des États membres, qu'à l'harmonisation des règles de conflits de lois et de juridictions qui s'y appliquent. Toutefois, si l'objectif d'accroître la sécurité juridique est assurément louable, il est permis de douter que le but soit réellement atteint. La multiplication et la transformation des sources du droit international privé génèrent en effet deux principales difficultés touchant à l'accès aux sources, d'une part, et à la coordination de sources, d'autre part.

L'accès aux sources est particulièrement complexe en raison de la combinaison de trois facteurs : leur éparpillement – les sources sont internes, européennes, internationales et, parmi ces dernières, issues d'organisations très diverses – ; leur instabilité – de nouvelles conventions internationales sont régulièrement conclues, révisées ou dénoncées, des directives et règlements européens sont modifiés, refondus, consolidés, remplacés – ; et la variabilité de leur périmètre d'application – certaines conventions ne s'appliquent qu'à des situations spécifiques, d'autres ne jouent que dans les rapports avec certains pays, ou dans des versions différentes selon les pays en cause. Et il n'existe aucun « portail » unique permettant d'embrasser, simplement, la totalité des sources du droit international privé français contemporain (4).

Même si ce portail existait, la problématique de *la coordination des sources* n'en resterait pas moins prégnante. Il convient en effet, pour chaque situation, d'identifier la source qui fournira les règles, de conflit ou matérielles, pertinentes. Or le foisonnement des sources rend cette opération particulièrement délicate. Deux étapes sont potentiellement nécessaires. La première consiste à vérifier, au regard des domaines d'application matériel, temporel et spatial de chaque texte intéressant le droit inter-

(1) Conséquence de l'origine nationale du droit international privé : v. P. Mayer, V. Heuzé et B. Rémy, *op.cit.*, n° 34 ; Y. Loussouarn, P. Bourel, P. de Vareilles-Sommières, *op. cit.*, n°s 81 *s.*

(2) L'harmonisation des textes matériels ne s'accompagnant pas nécessairement d'une harmonisation des applications jurisprudentielles faites de ces textes ; v. à cet égard le célèbre arrêt *Hocke* (Com. 4 mars 1963, *Rev. crit. DIP* 1964. 264 ; *JDI* 1964. 806, note B. Goldman).

(3) La matière familiale est en particulier restée presque totalement en dehors de ce mouvement d'harmonisation substantielle d'origine supranationale.

(4) V. toutefois : M. Attal, J. Bauchy, *Code de droit international privé français – 2017-2018*, Bruylant, 4e éd., 2017 ; V. Heuzé, *Les textes fondamentaux du droit international privé*, LGDJ, 3e éd., 2019.

national privé, quel est celui ou quels sont ceux qui entend(ent) saisir la situation pour la réglementer. Mais cette opération n'est pas toujours aisée, les domaines d'application n'étant pas nécessairement clairement définis. La seconde étape consiste, si la situation entre dans le domaine d'application de plusieurs textes, à sélectionner l'un d'entre eux pour l'appliquer. À cet effet, il est souvent possible de recourir à la hiérarchie des normes, et notamment au principe de primauté des textes supranationaux et européens. Mais si plusieurs textes potentiellement applicables ont la même valeur dans cette hiérarchie (par ex., deux conventions internationales), il est nécessaire de recourir à d'autres expédients. Parfois, les textes organisent eux-mêmes leur coordination, en intégrant des « clauses de neutralisation » ; les textes de l'Union européenne prévoient ainsi, le plus souvent, de s'effacer devant les conventions internationales antérieurement conclues par les États membres. Mais lorsque tel n'est pas le cas, il faut procéder au délicat règlement du « conflit de conventions », dont la doctrine a mis en exergue toute la complexité (1).

En définitive, le développement d'un droit international privé supranational et textuel, loin de répondre au besoin de simplification de ce droit pour garantir la sécurité juridique, conduit à renforcer l'image d'un droit international privé hyper-sophistiqué, dont la maîtrise est réservée à un petit nombre (2). *L'objectif de cet ouvrage* est, pour lutter contre cette complexification, de constituer un « portail » des sources, afin de guider l'utilisateur du droit international privé, qu'il soit universitaire, étudiant ou praticien, dans ses méandres. L'entreprise est colossale, on l'aura compris. Elle nécessite de circonscrire, dans un premier temps, les domaines couverts, puis d'ordonner, dans un second temps, les textes présentés.

Définir les domaines couverts par le présent ouvrage s'est avéré une tâche délicate, ne serait-ce que parce que le droit international privé reçoit deux acceptions. Une approche étroite y rattache les seules règles de conflit de lois et de juridictions, tandis qu'une approche large conduit à y intégrer certaines règles matérielles, celles qui sont internationales par leur objet (en ce qu'elles sont conçues pour régir spécifiquement les situations internationales) ou par leur source (en ce qu'elles sont édictées par une organisation supranationale ou par une collectivité d'États, qu'elles visent alors les situations internes comme internationales). En outre, les frontières entre le droit international privé et d'autres matières, comme le droit pénal international ou le droit du commerce international par exemple, sont poreuses, et il n'est pas toujours facile de décider où fixer les limites du catalogue des sources. L'approche qui a été choisie est relativement large, mais elle a conduit à un certain nombre d'exclusions sur lesquelles le lecteur doit être alerté.

---

(1) D. Bureau, « Les conflits de conventions », *Trav. Com. fr. DIP* 1999-2000, p. 201 ; C. Brière, *Les conflits de conventions internationales en droit privé*, LGDJ, 2001 ; E. Gallant, *Responsabilité parentale et protection des enfants en droit international privé*, Defrénois, 2004, p. 51 *s.* ; A. Malan, *La concurrence des conventions internationales dans le droit des conflits de lois*, PUAM, 2002.

(2) En ce sens, et sur l'hyperjudiciarisation qui en résulte : S. Clavel, « La simplification du droit à l'épreuve de l'harmonisation d'origine supranationale : le mirage d'un "droit commun" », *in* D. Bert, M. Chagny et A. Constantin (dir.), La simplification du droit. Recherches à la confluence de la légistique et de la pratique, Institut universitaire Varenne, 2015, p. 67-82.

Quant aux *matières couvertes*, tout d'abord, le parti a été pris de n'envisager que les seuls textes ayant une incidence directe sur les relations privées entre les personnes ; les textes ou dispositions qui ont une incidence même indirecte sur ces relations mais qui relèvent plutôt du droit public – par exemple, les règles relatives à l'accès au marché, ou les règles de sécurité sociale – ont par principe été écartés. Pour la même raison, le présent ouvrage ne comporte aucun texte relatif à la fiscalité internationale, ou au droit pénal international (l'intégration des dispositions régissant la coopération judiciaire en matière pénale, incluses dans la 1re édition, a été abandonnée lors de la 2e édition). Le droit de la nationalité et le droit de la condition des étrangers ont également été écartés, quoiqu'ils soient traditionnellement rattachés au droit international privé, en raison de leur très grande spécificité. Il a également fallu renoncer à intégrer le droit des transports d'origine nationale, auquel est aujourd'hui dédiée l'intégralité d'un code spécifique applicable aux transports internes comme internationaux (*Code des transports*).

Quant à *la nature des textes présentés*, le choix a été fait d'envisager non seulement les règles de conflit de lois et de juridictions, mais également les règles matérielles de droit international privé. À cet égard, ce sont principalement les règles matérielles applicables aux situations internationales qui sont ici intégrées (internationales par l'objet, que leur source soit elle-même supranationale ou nationale), mais aussi, quoique de façon moins exhaustive (et parfois sans reproduction du texte ou uniquement sous forme d'extraits), certaines règles matérielles internationales par la source ayant vocation à régir des situations aussi bien internes qu'internationales (par ex., les règlements de l'Union européenne en matière de transport ou les directives relatives aux contrats de consommation) ; la sélection opérée comporte nécessairement une part, assumée, d'arbitraire. L'intégration des conventions bilatérales signées par la France, fort nombreuses, a été réalisée *a minima* : le lecteur trouvera dans cet ouvrage la liste de ces principales conventions touchant à la matière familiale et à la coopération judiciaire, mais pas leur texte intégral ; les indications données faciliteront toutefois, espérons-le, sa recherche. Les autres conventions bilatérales en matière civile et commerciale ont été écartées. Les accords de siège conclus par la France avec des organisations internationales ne sont pas reproduits, ni même listés.

Enfin, quant à *la valeur juridique des textes sélectionnés*, il a été décidé que seuls les textes effectivement applicables en France seraient reproduits (la date d'entrée en vigueur ou d'application mentionnée s'entend *pour la France*). Sont exclus tous les textes de *soft law*, ainsi que toutes les conventions internationales qui ne sont pas entrées en vigueur ou qui, entrées en vigueur dans d'autres pays, ne sont pas applicables en France car elles n'y ont pas été ratifiées et publiées. De la même façon, les textes de l'Union européenne sont intégrés dès lors qu'ils sont entrés en vigueur, même si leur entrée en application est reportée à une date ultérieure. Les textes qui ne s'appliquent plus ne sont pas présentés, pas plus que les textes en préparation. Il a été choisi de reproduire les règlements européens avec leur préambule, quoique leur portée juridique puisse être questionnée (1), car ces préambules sont

---

(1) S. Lemaire, « Interrogations sur la portée juridique du préambule du règlement Rome I », *D.* 2008. 2157.

importants pour la bonne compréhension de ces règlements et se voient même parfois conférer une valeur normative au sein de l'ordre juridique français (1). L'inclusion des directives européennes a soulevé des interrogations ; destinées à être transposées dans l'ordre juridique français par un texte national, elles n'en sont pas pour autant dépourvues de valeur intrinsèque, soit que leur transposition ne soit pas intervenue, soit que cette transposition soit imparfaite, soit encore que les juridictions s'y réfèrent directement. Le choix a été d'inclure celles qui ont semblé incontournables aux auteurs, là encore avec une part certaine d'arbitraire.

Enfin, pour les textes qui ont subi des *modifications dans le temps*, une version consolidée – incluant ces modifications ou ces rectificatifs – est présentée. L'attention du lecteur est toutefois attirée sur le fait que certaines conventions internationales s'appliquent dans des versions différentes selon la localisation des éléments de la situation (c'est le cas en matière de transports, notamment, lorsque les protocoles modificatifs n'ont pas été ratifiés par tous) ; il a alors été jugé préférable de présenter le texte dans sa dernière version.

L'ordonnancement de cette grande quantité de textes très diversifiés a suscité d'importantes hésitations. Les choix opérés l'ont été avec la volonté d'éviter les redites et/ou les va-et-vient qu'auraient rendu nécessaires de trop nombreux renvois internes, conjuguée au souci évident d'offrir au lecteur un instrument efficace lui permettant tout à la fois d'embrasser d'un seul coup d'œil la totalité des textes concernant une question particulière et de retrouver rapidement un texte connu de lui. À cet égard, *la 4e édition se pare de deux nouveautés.*

D'abord, *l'agencement des textes* a été repensé pour plus de simplicité et de praticité. L'ouvrage ne présente désormais l'ensemble des textes que par *grandes catégories de sources*, en distinguant selon que la source du texte est européenne, internationale ou interne. Aucun classement thématique interne n'est plus retenu, les textes sont simplement présentés à l'intérieur de chaque type de source par ordre chronologique. Cet ouvrage comporte *une numérotation* au fil des textes et *un index thématique* qui liste, par mots-clés, les textes applicables à chaque question considérée. Le lecteur souhaitant connaître par exemple l'état des textes applicables au transport aérien est invité à se référer à l'entrée « Transport aérien » de l'index, où se trouvent présentées par ordre chronologique d'adoption (avec un renvoi aux numéros des textes) toutes les dispositions applicables en France aux transports aériens. L'ordre de *la table des matières* suit l'ordre de présentation matérielle des textes dans le corps de l'ouvrage.

Ensuite, autre nouveauté de la 4e édition, l'ouvrage propose désormais, en plus de la table des matières, une table des principaux textes qui permettra au lecteur de localiser rapidement les textes les plus usuels.

L'index des liens internet et bases de données, enfin, permettra au lecteur de retrouver plus aisément les textes qui n'ont pas été reproduits dans cet ouvrage, mais qui ont néanmoins été listés pour en faciliter la recherche.

---

(1) V. Civ. 1e, 3 oct. 2018, n° 17-21.309 ; Rev. crit. *DIP* 2018. 867, NDLR ; *JCP G* 2018, n° 50, p. 1300, note F. Mailhé.

En conclusion, il est important de signaler que cet ouvrage ne prétend pas à l'exhaustivité. Certains textes ont été volontairement écartés, d'autres ont pu être oubliés. En toute hypothèse, tous les textes doivent être replacés dans leur contexte ; leur application doit être opérée en considération de leur domaine d'application, le cas échéant après règlement d'un éventuel conflit de sources (v. *supra* sur la coordination) et en tenant compte de l'interprétation jurisprudentielle qui en est donnée par les cours nationales et supranationales.

Les auteurs recevront volontiers les commentaires et suggestions à l'adresse suivante : serviceclient@dalloz.fr.

SANDRINE CLAVEL
ESTELLE GALLANT

TABLE DES PRINCIPAUX TEXTES

TABLE DES MATIÈRES

IV – CODE DE LA CONSOMMATION

V – CODE DE L'ORGANISATION JUDICIAIRE

VI – CODE DU PATRIMOINE

VII – CODE DE PROCÉDURE CIVILE

VIII – CODE DES PROCÉDURES CIVILES D'EXÉCUTION

IX – CODE DE LA PROPRIÉTÉ INTELLECTUELLE

X – CODE DU TRAVAIL

PREMIÈRE PARTIE

DROIT DE L'UNION EUROPÉENNE

SOUS-PARTIE I
RÈGLEMENTS

1 Règlement CEE n° 2137-85 du 25 juillet 1985 relatif à l'institution d'un groupement européen d'intérêt économique

Applicable depuis le 1er juillet 1989

Le Conseil des communautés européennes,

Vu le traité instituant la Communauté économique européenne, et notamment son article 235,

Vu la proposition de la Commission,

Vu l'avis de l'Assemblée,

Vu l'avis du Comité économique et social,

Considérant qu'un développement harmonieux des activités économiques et une expansion continue et équilibrée dans l'ensemble de la Communauté dépendent de l'établissement et du bon fonctionnement d'un marché commun offrant des conditions analogues à celles d'un marché national; que la réalisation de ce marché unique et le renforcement de son unité rendent notamment souhaitable la création, à l'intention des personnes physiques, sociétés et autres entités juridiques, d'un cadre juridique qui facilite l'adaptation de leurs activités aux conditions économiques de la Communauté; que, à cet effet, il est nécessaire que ces personnes physiques, sociétés et autres entités juridiques puissent effectivement coopérer par-delà les frontières;

Considérant qu'une telle coopération peut rencontrer des difficultés d'ordre juridique, fiscal ou psychologique; que la création d'un instrument juridique approprié au niveau communautaire sous la forme d'un groupement européen d'intérêt économique contribue à la réalisation des objectifs précités et apparaît donc nécessaire;

Considérant que le traité n'a pas prévu de pouvoirs d'action spécifiques pour la création d'un tel instrument juridique;

Considérant que la capacité d'adaptation du groupement aux conditions économiques doit être garantie par la grande liberté qu'auront ses membres d'organiser leurs rapports contractuels et le fonctionnement interne du groupement;

Considérant que le groupement se distingue d'une société principalement par son but, qui est seulement de faciliter ou de développer l'activité économique de ses membres pour permettre à ceux-ci d'accroître leurs propres résultats; que, en raison de ce caractère auxiliaire, l'activité du groupement doit se rattacher à l'activité économique de ses membres et non s'y substituer et, dans cette mesure, par exemple, le groupement ne peut pas lui-même exercer, à l'égard des tiers, de profession libérale, la notion d'activité économique devant être interprétée dans le sens le plus large;

Considérant que l'accès au groupement doit être ouvert aussi largement que possible aux personnes physiques, sociétés et autres entités juridiques, dans le respect des finalités du présent règlement; que celui-ci ne porte toutefois pas préjudice à l'application, au niveau national, des règles légales et/ou déontologiques relatives aux conditions d'exercice d'une activité ou d'une profession;

Considérant que le présent règlement, à lui seul, ne confère à quiconque le droit de participer à un groupement, même lorsque les conditions qu'il prévoit sont remplies;

Considérant que la faculté, prévue dans le présent règlement, d'interdire ou de limiter, pour des raisons d'intérêt public, la participation à des groupements ne porte pas atteinte à la législation des États membres régissant l'exercice d'activités, laquelle peut prévoir d'autres interdictions ou limitations ou bien contrôler ou surveiller de toute autre manière la participation à un groupement d'une personne physique, d'une société ou d'une autre entité juridique, ou d'une catégorie quelconque de celles-ci ;

Considérant que, pour permettre au groupement d'atteindre son but, il convient de le doter d'une capacité juridique propre et de prévoir qu'un organe juridiquement distinct de ses membres le représentera à l'égard des tiers ;

Considérant que la protection des tiers exige qu'une large publicité soit assurée et que les membres du groupement répondent indéfiniment et solidairement des dettes de celui-ci, y compris celles en matière fiscale et de sécurité sociale, sans toutefois que ce principe touche à la liberté d'exclure ou de restreindre, par contrat spécifique entre le groupement et un tiers, la responsabilité d'un ou de plusieurs de ses membres pour une dette déterminée ;

Considérant que les questions relatives à l'état et à la capacité des personnes physiques et à la capacité des personnes morales sont régies par la loi nationale ;

Considérant qu'il convient de régler les causes de dissolution propres au groupement tout en renvoyant au droit national pour la liquidation et la clôture de celle-ci ;

Considérant que le groupement est soumis aux dispositions du droit national régissant l'insolvabilité et la cessation des paiements et que ce droit peut prévoir d'autres causes de dissolution du groupement ;

Considérant que le présent règlement établit que le résultat provenant des activités du groupement n'est imposable qu'au niveau des membres ; qu'il est entendu que, pour le reste, c'est le droit fiscal national qui s'applique, notamment en ce qui concerne la répartition des bénéfices, les procédures fiscales et toutes les obligations que les législations fiscales nationales imposent ;

Considérant que, dans les domaines non couverts par le présent règlement, les dispositions du droit des États membres et du droit communautaire sont applicables, par exemple en ce qui concerne :

– le domaine du droit social et du droit du travail,

– le domaine du droit de la concurrence,

– le domaine du droit de la propriété intellectuelle ;

Considérant que l'activité du groupement est soumise aux dispositions du droit des États membres relatives à l'exercice d'une activité et au contrôle de celle-ci ; que, dans l'hypothèse d'un abus ou d'un contournement par un groupement ou par ses membres de la loi d'un État membre, celui-ci peut prendre des sanctions appropriées ;

Considérant que les États membres sont libres d'appliquer ou de prendre toute mesure législative, réglementaire ou administrative n'entrant pas en contradiction avec la portée et les objectifs du présent règlement ;

Considérant que le présent règlement doit entrer en vigueur immédiatement dans tous ses éléments ; que l'application de certaines de ses dispositions doit cependant être différée pour permettre la mise en place préalable par les États membres des mécanismes nécessaires pour l'immatriculation de groupements sur leur territoire et la publicité des

actes de ceux-ci; que, à partir de la date d'application du présent règlement, les groupements constitués peuvent opérer sans restriction territoriale,
A arrêté le présent règlement :

Art. premier 1. Les groupements européens d'intérêt économique sont constitués dans les conditions, selon les modalités et avec les effets prévus par le présent règlement.

A cette fin, ceux qui entendent constituer un groupement doivent conclure un contrat et faire procéder à l'immatriculation prévue à l'article 6.

2. Le groupement ainsi constitué a la capacité, en son propre nom, d'être titulaire de droits et d'obligations de toute nature, de passer des contrats ou d'accomplir d'autres actes juridiques et d'ester en justice, à dater de l'immatriculation prévue à l'article 6.

3. Les États membres déterminent si les groupements immatriculés à leurs registres en vertu de l'article 6 ont ou non la personnalité juridique.

Art. 2 1. Sous réserve des dispositions du présent règlement, la loi applicable, d'une part au contrat de groupement, sauf pour les questions relatives à l'état et à la capacité des personnes physiques et à la capacité des personnes morales, d'autre part au fonctionnement interne du groupement, est la loi interne de l'État du siège fixé par le contrat de groupement.

2. Lorsqu'un État comprend plusieurs unités territoriales dont chacune a ses propres règles applicables aux matières visées au paragraphe 1, chaque unité territoriale est considérée comme un État aux fins de la détermination de la loi applicable selon le présent article.

Art. 3 1. Le but du groupement est de faciliter ou de développer l'activité économique de ses membres, d'améliorer ou d'accroître les résultats de cette activité; il n'est pas de réaliser des bénéfices pour lui-même.

Son activité doit se rattacher à l'activité économique de ses membres et ne peut avoir qu'un caractère auxiliaire par rapport à celle ci.

2. En conséquence, le groupement ne peut :

a) exercer, directement ou indirectement, le pouvoir de direction ou de contrôle des activités propres de ses membres ou des activités d'une autre entreprise, notamment dans les domaines relatifs au personnel, aux finances et aux investissements;

b) détenir, directement ou indirectement, à quelque titre que ce soit, aucune part ou action, quelle qu'en soit la forme, dans une entreprise membre; la détention de parts ou d'actions dans une autre entreprise n'est possible que dans la mesure où elle est nécessaire pour atteindre l'objectif du groupement et où elle a lieu pour le compte de ses membres;

c) employer plus de cinq cents salariés;

d) être utilisé par une société pour faire un prêt à un dirigeant d'une société, ou à toute personne liée à lui, lorsque de tels prêts sont sujets à restriction ou à contrôle selon les lois des États membres applicables aux sociétés; un groupement ne doit pas non plus être utilisé pour le transfert d'un bien entre une société et un dirigeant, ou toute personne liée à lui, sauf dans la mesure permise par les lois des États membres applicables aux sociétés. Aux fins de la présente disposition, le prêt englobe toute opération d'effet similaire et le bien peut avoir un caractère mobilier ou immobilier;

e) être membre d'un autre groupement européen d'intérêt économique.

Art. 4 1. Peuvent seules être membres d'un groupement :

a) les sociétés, au sens de l'article 58 deuxième alinéa du traité *[devenu l'art. 54, al. 2, du Traité sur le fonctionnement de l'UE]*, ainsi que les autres entités juridiques de droit public ou privé, constituées en conformité avec la législation d'un État membre, qui ont leur siège statutaire ou légal et leur administration centrale dans la Communauté ; lorsque, selon la législation d'un État membre, une société ou autre entité juridique n'est pas tenue d'avoir un siège statutaire ou légal, il suffit que cette société ou autre entité juridique ait son administration centrale dans la Communauté ;

b) les personnes physiques exerçant une activité industrielle, commerciale, artisanale, agricole, de profession libérale ou d'autres services dans la Communauté.

2. Un groupement doit être composé au moins :

a) de deux sociétés ou autres entités juridiques, au sens du paragraphe 1, ayant leur administration centrale dans des États membres différents ;

b) de deux personnes physiques, au sens du paragraphe 1, exerçant leur activité à titre principal dans des États membres différents ;

c) au sens du paragraphe 1, d'une société ou d'une autre entité juridique et d'une personne physique, dont la première a son administration centrale dans un État membre et la seconde exerce son activité à titre principal dans un État membre différent.

3. Un État membre peut prévoir que les groupements immatriculés à ses registres conformément à l'article 6 ne peuvent avoir plus de vingt membres. A cette fin, cet État membre peut prévoir que, conformément à sa législation, chaque membre d'une entité juridique constituée en conformité avec sa législation, autre qu'une société immatriculée, soit traité comme membre individuel du groupement.

4. Tout État membre est autorisé à exclure ou restreindre, pour des raisons tenant à son intérêt public, la participation de certaines catégories de personnes physiques, de sociétés ou d'autres entités juridiques à tout groupement.

Art. 5 Doivent figurer dans le contrat de groupement au moins :

a) la dénomination du groupement précédée ou suivie, soit des mots « groupement européen d'intérêt économique », soit du sigle « GEIE », à moins que ces mots ou ce sigle ne figurent déjà dans la dénomination ;

b) le siège du groupement ;

c) l'objet en vue duquel le groupement est formé ;

d) les nom, raison ou dénomination sociale, la forme juridique, le domicile ou siège social et, le cas échéant, le numéro et le lieu d'immatriculation de chacun des membres du groupement ;

e) la durée du groupement, lorsqu'elle n'est pas indéterminée.

Art. 6 Le groupement est immatriculé dans l'État du siège au registre désigné en vertu de l'article 39 paragraphe 1.

Art. 7 Le contrat de groupement est déposé au registre visé à l'article 6.

Doivent également faire l'objet d'un dépôt à ce registre les actes et indications suivants :

a) toute modification du contrat de groupement, y compris tout changement dans la composition du groupement ;

b) la création et la suppression de tout établissement du groupement ;

c) la décision judiciaire constatant ou prononçant la nullité du groupement, conformément à l'article 15 ;

d) la nomination du ou des gérants du groupement, leur nom et tout autre renseignement d'identité exigé par la loi de l'État membre dans lequel le registre est tenu, l'indication qu'ils peuvent agir seuls ou doivent agir conjointement, ainsi que la cessation de leurs fonctions;

e) toute cession par un membre de sa participation dans le groupement ou d'une fraction de celle-ci, conformément à l'article 22 paragraphe 1;

f) la décision des membres prononçant ou constatant la dissolution du groupement, conformément à l'article 31, ou la décision judiciaire prononçant cette dissolution, conformément aux articles 31 ou 32;

g) la nomination du ou des liquidateurs du groupement visés à l'article 35, leur nom et tout autre renseignement d'identité exigé par la loi de l'État membre dans lequel le registre est tenu, ainsi que la cessation de leurs fonctions;

h) la clôture de la liquidation du groupement, visée à l'article 35 paragraphe 2;

i) le projet de transfert de siège, visé à l'article 14 paragraphe 1;

j) la clause exonérant un nouveau membre du paiement des dettes nées antérieurement à son entrée, conformément à l'article 26 paragraphe 2.

Art. 8 Doivent faire l'objet d'une publication, dans les conditions prévues à l'article 39, au bulletin visé au paragraphe 1 de cet article :

a) les mentions devant obligatoirement figurer dans le contrat de groupement en vertu de l'article 5, ainsi que leurs modifications;

b) le numéro, la date et le lieu d'immatriculation, ainsi que la radiation de l'immatriculation;

c) les actes et indications visés à l'article 7 points *b)* à *j)*.

Les indications visées aux points *a)* et *b)* doivent faire l'objet d'une publication intégrale. Les actes et indications visés au point *c)* peuvent faire l'objet d'une publication soit intégrale, soit sous forme d'extrait ou de mention de leur dépôt au registre, selon la législation nationale applicable.

Art. 9 1. Les actes et indications soumis à publication par le présent règlement sont opposables aux tiers par le groupement dans les conditions prévues par le droit national applicable, conformément à l'article 3 paragraphes 5 et 7 de la directive 68/151/CEE du Conseil, du 9 mars 1968 *[remplacé par l'art. 3, § 6 et 7, al. 3, de la Dir. 2009/101/CE du 16 sept. 2009, publiée au JOUE L 258 du 1er oct.]*, tendant à coordonner, pour les rendre équivalentes, les garanties qui sont exigées, dans les États membres, des sociétés au sens de l'article 58 *[devenu art. 48]* deuxième alinéa du traité, pour protéger les intérêts tant des associés que des tiers.

2. Si des actes ont été accomplis au nom d'un groupement avant son immatriculation conformément à l'article 6 et si le groupement ne reprend pas après son immatriculation les engagements résultant de tels actes, les personnes physiques, sociétés ou autres entités juridiques qui les ont accomplis en sont solidairement et indéfiniment responsables.

Art. 10 Tout établissement du groupement situé dans un État membre autre que celui du siège fait l'objet d'une immatriculation dans cet État. En vue de cette immatriculation, le groupement dépose au registre compétent de ce dernier une copie des documents dont le dépôt au registre de l'État membre du siège est obligatoire, accompagnée, si nécessaire, d'une traduction établie conformément aux usages existant au registre d'immatriculation de l'établissement.

Art. 11 La constitution et la clôture de la liquidation d'un groupement, avec indication du numéro, de la date et du lieu de l'immatriculation de celui-ci, ainsi que de la date, du lieu et du titre de la publication, sont publiées au *Journal officiel des Communautés européennes* après la publication au bulletin visé à l'article 39 paragraphe 1.

Art. 12 Le siège mentionné par le contrat de groupement doit être situé dans la Communauté.

Ce siège doit être fixé :

a) soit au lieu où le groupement a son administration centrale;

b) soit au lieu où l'un des membres du groupement a son administration centrale ou, lorsqu'il s'agit d'une personne physique, son activité à titre principal, à condition que le groupement y ait une activité réelle.

Art. 13 Le siège du groupement peut être transféré à l'intérieur de la Communauté.

Lorsque ce transfert n'a pas pour conséquence un changement de la loi applicable en vertu de l'article 2, la décision de transfert est prise dans les conditions prévues au contrat de groupement.

Art. 14 1. Lorsque le transfert du siège a pour conséquence un changement de la loi applicable en vertu de l'article 2, un projet de transfert doit être établi et faire l'objet d'un dépôt et d'une publication dans les conditions prévues aux articles 7 et 8.

La décision de transfert ne peut intervenir que deux mois après la publication dudit projet. Elle doit être prise à l'unanimité des membres du groupement. Le transfert prend effet à la date à laquelle le groupement est immatriculé, conformément à l'article 6, au registre du nouveau siège. Cette immatriculation ne peut s'effectuer que sur preuve de la publication du projet de transfert du siège.

2. La radiation de l'immatriculation du groupement au registre du précédent siège ne peut s'effectuer que sur preuve de l'immatriculation du groupement au registre du nouveau siège.

3. La publication de la nouvelle immatriculation du groupement rend le nouveau siège opposable aux tiers dans les conditions visées à l'article 9 paragraphe 1 ; toutefois, tant que la publication de la radiation de l'immatriculation au registre du précédent siège n'a pas eu lieu, les tiers peuvent continuer de se prévaloir de l'ancien siège, à moins que le groupement ne prouve que les tiers avaient connaissance du nouveau siège.

4. La législation d'un État membre peut prévoir, en ce qui concerne les groupements immatriculés dans ce dernier conformément à l'article 6, qu'un transfert du siège, dont résulterait un changement de la loi applicable, ne prend pas effet si, dans le délai de deux mois visé au paragraphe 1, une autorité compétente de cet État s'y oppose. Cette opposition ne peut avoir lieu que pour des raisons d'intérêt public. Elle doit être susceptible de recours devant une autorité judiciaire.

Art. 15 1. Lorsque la loi applicable au groupement en vertu de l'article 2 prévoit la nullité du groupement, cette nullité doit être constatée ou prononcée par décision judiciaire. Toutefois, le tribunal saisi doit, lorsqu'une régularisation de la situation du groupement est possible, accorder un délai permettant de procéder à cette régularisation.

2. La nullité du groupement entraîne la liquidation de celui-ci dans les conditions prévues à l'article 35.

3. La décision constatant ou prononçant la nullité du groupement est opposable aux tiers dans les conditions visées à l'article 9 paragraphe 1.

Cette décision ne porte pas atteinte par elle-même à la validité des obligations nées à la charge ou au profit du groupement antérieurement à la date à laquelle elle devient opposable aux tiers dans les conditions visées à l'alinéa précédent.

Art. 16 1. Les organes du groupement sont les membres agissant collégialement et le ou les gérants.

Le contrat de groupement peut prévoir d'autres organes; il en détermine alors les pouvoirs.

2. Les membres du groupement, agissant en tant qu'organe, peuvent prendre toute décision en vue de la réalisation de l'objet du groupement.

Art. 17 1. Chaque membre dispose d'une voix. Le contrat de groupement peut toutefois attribuer plusieurs voix à certains membres, à condition qu'aucun d'eux ne détienne la majorité des voix.

2. Les membres ne peuvent décider qu'à l'unanimité de :

a) modifier l'objet du groupement;

b) modifier le nombre de voix attribué à chacun d'eux;

c) modifier les conditions de la prise de décision;

d) proroger la durée du groupement au-delà du terme fixé dans le contrat de groupement;

e) modifier la part contributive de chacun des membres ou de certains d'entre eux au financement du groupement;

f) modifier toute autre obligation d'un membre, à moins que le contrat de groupement n'en dispose autrement;

g) procéder à toute modification du contrat de groupement non visée au présent paragraphe, à moins que ce contrat n'en dispose autrement.

3. Dans tous les cas où le présent règlement ne prévoit pas que les décisions doivent être prises à l'unanimité, le contrat de groupement peut déterminer les conditions de quorum et de majorité dans lesquelles les décisions, ou certaines d'entre elles, seront prises. Dans le silence du contrat, les décisions sont prises à l'unanimité.

4. A l'initiative d'un gérant ou à la demande d'un membre, le ou les gérants doivent organiser une consultation des membres afin que ces derniers prennent une décision.

Art. 18 Chaque membre a le droit d'obtenir des gérants des renseignements sur les affaires du groupement et de prendre connaissance des livres et documents d'affaires.

Art. 19 1. Le groupement est géré par une ou plusieurs personnes physiques nommées dans le contrat de groupement ou par une décision des membres.

Ne peuvent être gérants d'un groupement les personnes qui :

— selon la loi qui leur est applicable,

ou

— selon la loi interne de l'État du siège du groupement,

ou

— à la suite d'une décision judiciaire ou administrative rendue ou reconnue dans un État membre,

ne peuvent faire partie de l'organe d'administration ou de direction d'une société, ne peuvent gérer une entreprise ou ne peuvent agir en qualité de gérant d'un groupement européen d'intérêt économique.

2. Un État membre peut prévoir, pour les groupements immatriculés à ses registres en vertu de l'article 6, qu'une personne morale peut être gérant, à condition qu'elle désigne un ou des représentants, personnes physiques, qui doivent faire l'objet de la mention prévue à l'article 7 point *d)*.

Si un État membre exerce cette option, il doit prévoir que ce ou ces représentants encourent la même responsabilité que s'ils étaient eux-mêmes gérants du groupement.

Les interdictions prévues au paragraphe 1 s'appliquent également à ces représentants.

3. Le contrat de groupement ou, à défaut, une décision unanime des membres détermine les conditions de nomination et de révocation du ou des gérants et fixe leurs pouvoirs.

Art. 20 1. A l'égard des tiers, seul le gérant ou, s'ils sont plusieurs, chacun des gérants représente le groupement.

Chacun des gérants engage le groupement envers les tiers lorsqu'il agit au nom du groupement, même si ses actes ne relèvent pas de l'objet de celui-ci, à moins que le groupement ne prouve que le tiers savait que l'acte dépassait les limites de l'objet du groupement ou ne pouvait l'ignorer, compte tenu des circonstances, étant exclu que la seule publication de la mention visée à l'article 5 point *c)* suffise à constituer cette preuve.

Toute limitation, apportée par le contrat de groupement ou par une décision des membres, aux pouvoirs du ou des gérants est inopposable aux tiers, même si elle est publiée.

2. Le contrat de groupement peut prévoir que le groupement n'est valablement engagé que par deux ou plusieurs gérants agissant conjointement. Cette clause n'est opposable aux tiers, dans les conditions visées à l'article 9 paragraphe 1, que si elle est publiée conformément à l'article 8.

Art. 21 1. Les bénéfices provenant des activités du groupement sont considérés comme bénéfices des membres et répartis entre eux dans la proportion prévue au contrat de groupement ou, à défaut, par parts égales.

2. Les membres du groupement contribuent au règlement de l'excédent des dépenses sur les recettes dans la proportion prévue au contrat de groupement ou, à défaut, par parts égales.

Art. 22 1. Tout membre du groupement peut céder sa participation dans le groupement, ou une fraction de celle-ci, soit à un autre membre, soit à un tiers; l'effet de la cession est subordonné à une autorisation donnée à l'unanimité par les autres membres.

2. Un membre du groupement ne peut constituer une sûreté sur sa participation dans le groupement qu'après autorisation donnée à l'unanimité par les autres membres, à moins que le contrat de groupement n'en dispose autrement. Le titulaire de la sûreté ne peut, à aucun moment, devenir membre du groupement du fait de cette sûreté.

Art. 23 Le groupement ne peut faire publiquement appel à l'épargne.

Art. 24 1. Les membres du groupement répondent indéfiniment et solidairement des dettes de toute nature de celui-ci. La loi nationale détermine les conséquences de cette responsabilité.

2. Jusqu'à la clôture de la liquidation du groupement, les créanciers du groupement ne peuvent poursuivre le paiement des dettes contre un membre, dans les conditions prévues au paragraphe 1, qu'après avoir demandé au groupement de payer et que si le paiement n'a pas été effectué dans un délai suffisant.

Art. 25 Les lettres, notes de commande et documents similaires doivent indiquer lisiblement :

a) la dénomination du groupement précédée ou suivie, soit des mots « groupement européen d'intérêt économique », soit du sigle « GEIE », à moins que ces mots ou ce sigle ne figurent déjà dans la dénomination ;

b) le lieu du registre visé à l'article 6 où le groupement est immatriculé, ainsi que le numéro d'inscription du groupement à ce registre ;

c) l'adresse du siège du groupement ;

d) le cas échéant, la mention que les gérants doivent agir conjointement ;

e) le cas échéant, la mention que le groupement est en liquidation en vertu des articles 15, 31, 32 ou 36.

Tout établissement du groupement, lorsqu'il est immatriculé conformément à l'article 10, doit faire figurer les indications visées ci-dessus, accompagnées de celles relatives à sa propre immatriculation, sur les documents visés au premier alinéa du présent article qui émanent de cet établissement.

Art. 26 1. La décision d'admettre de nouveaux membres est prise à l'unanimité des membres du groupement.

2. Tout nouveau membre répond, dans les conditions prévues à l'article 24, des dettes du groupement, y compris celles découlant de l'activité du groupement antérieure à son entrée.

Il peut toutefois être exonéré, par une clause du contrat de groupement ou de l'acte d'admission, du paiement des dettes nées antérieurement à son entrée. Cette clause n'est opposable aux tiers, dans les conditions visées à l'article 9 paragraphe 1, que si elle est publiée conformément à l'article 8.

Art. 27 1. La démission d'un membre du groupement est possible dans les conditions prévues au contrat de groupement ou, à défaut, avec l'accord unanime des autres membres.

Tout membre du groupement peut, en outre, démissionner pour juste motif.

2. Tout membre du groupement peut être exclu pour des motifs énumérés dans le contrat de groupement et, en tout cas, lorsqu'il contrevient gravement à ses obligations ou lorsqu'il cause ou menace de causer des troubles graves dans le fonctionnement du groupement.

Cette exclusion ne peut avoir lieu que sur décision du tribunal prise à la demande conjointe de la majorité des autres membres, à moins que le contrat de groupement n'en dispose autrement.

Art. 28 1. Tout membre du groupement cesse d'en faire partie au moment de son décès ou au moment où il ne répond plus aux conditions fixées à l'article 4 paragraphe 1.

En outre, un État membre peut prévoir, pour les besoins de sa législation en matière de liquidation, de dissolution, d'insolvabilité ou de cessation des paiements, qu'un membre d'un groupement cesse d'en faire partie au moment fixé par ladite législation.

2. En cas de décès d'une personne physique membre du groupement, nul ne peut prendre sa place dans le groupement si ce n'est dans les conditions prévues au contrat de groupement ou, à défaut, avec l'accord unanime des membres restants.

Art. 29 Dès qu'un membre cesse de faire partie du groupement, le ou les gérants doivent notifier cette situation aux autres membres; ils doivent également mettre en œuvre les obligations appropriées énoncées aux articles 7 et 8. En outre, tout intéressé peut mettre en œuvre lesdites obligations.

Art. 30 Sauf disposition contraire du contrat de groupement et sans préjudice des droits acquis par une personne en vertu de l'article 22 paragraphe 1 ou de l'article 28 paragraphe 2, le groupement subsiste entre les membres restants, après qu'un membre a cessé d'en faire partie, dans les conditions prévues par le contrat de groupement ou déterminées par une décision unanime des membres considérés.

Art. 31 1. Le groupement peut être dissous par une décision de ses membres prononçant cette dissolution. Cette décision est prise à l'unanimité, à moins que le contrat de groupement n'en dispose autrement.

2. Le groupement doit être dissous par une décision de ses membres :

a) constatant l'arrivée du terme fixé dans le contrat de groupement ou de toute autre cause de dissolution prévue par ce contrat,

ou

b) constatant la réalisation de l'objet du groupement ou l'impossibilité de le poursuivre.

Si, trois mois après la survenance d'une des situations visées à l'alinéa précédent, la décision des membres constatant la dissolution du groupement n'a pas été prise, tout membre peut demander au tribunal de prononcer cette dissolution.

3. Le groupement doit également être dissous par une décision de ses membres ou du membre restant lorsque les conditions de l'article 4 paragraphe 2 ne sont plus remplies.

4. Après dissolution du groupement par une décision de ses membres, le ou les gérants doivent mettre en œuvre les obligations appropriées énoncées aux articles 7 et 8. En outre, tout intéressé peut mettre en œuvre lesdites obligations.

Art. 32 1. A la demande de tout intéressé ou d'une autorité compétente, le tribunal doit prononcer la dissolution du groupement en cas de violation des articles 3 ou 12 ou de l'article 31 paragraphe 3, à moins qu'une régularisation de la situation du groupement ne soit possible et n'intervienne avant qu'il ait été statué sur le fond.

2. Sur demande d'un membre, le tribunal peut prononcer la dissolution du groupement pour juste motif.

3. Un État membre peut prévoir que le tribunal peut, sur demande d'une autorité compétente, prononcer la dissolution d'un groupement ayant son siège dans l'État dont relève cette autorité dans tous les cas où le groupement, par son activité, contrevient à l'intérêt public de cet État, si une telle possibilité existe dans la législation de ce dernier pour des sociétés immatriculées ou d'autres entités juridiques soumises à cette législation.

Art. 33 Lorsqu'un membre cesse de faire partie du groupement pour une cause autre que la cession de ses droits dans les conditions prévues à l'article 22 paragraphe 1, la valeur des droits qui lui reviennent ou des obligations qui lui incombent est déterminée sur la base du patrimoine du groupement tel qu'il se présente au moment où ce membre cesse d'en faire partie.

La valeur des droits et obligations du membre sortant ne peut être fixée forfaitairement à l'avance.

Art. 34 Sans préjudice de l'article 37 paragraphe 1, tout membre qui cesse de faire partie du groupement reste tenu, dans les conditions prévues à l'article 24, des dettes découlant de l'activité du groupement antérieure à la cessation de sa qualité de membre.

Art. 35 1. La dissolution du groupement entraîne sa liquidation.

2. La liquidation du groupement et la clôture de cette liquidation sont régies par le droit national.

3. La capacité du groupement, au sens de l'article 1er paragraphe 2, subsiste jusqu'à la clôture de la liquidation.

4. Le ou les liquidateurs mettent en œuvre les obligations appropriées énoncées aux articles 7 et 8.

Art. 36 Les groupements européens d'intérêt économique sont soumis aux dispositions du droit national régissant l'insolvabilité et la cessation des paiements. L'ouverture d'une procédure à l'encontre d'un groupement en raison de son insolvabilité ou de sa cessation des paiements n'entraîne pas d'elle-même l'ouverture d'une telle procédure à l'encontre des membres de ce groupement.

Art. 37 1. Est substitué à tout délai plus long éventuellement prévu par le droit national applicable, le délai de prescription de cinq ans à compter de la publication, conformément à l'article 8, du départ d'un membre du groupement pour les actions contre ce membre relatives aux dettes qui découlent de l'activité du groupement antérieure à la cessation de sa qualité de membre.

2. Est substitué à tout délai plus long éventuellement prévu par le droit national applicable, le délai de prescription de cinq ans à compter de la publication, conformément à l'article 8, de la clôture de la liquidation du groupement pour les actions contre un membre du groupement relatives aux dettes qui découlent de l'activité de ce groupement.

Art. 38 Lorsqu'un groupement exerce, dans un État membre, une activité qui contrevient à l'intérêt public de cet État, une autorité compétente de celui-ci peut interdire cette activité. La décision de l'autorité compétente doit être susceptible de recours devant une autorité judiciaire.

Art. 39 1. Les États membres désignent le ou les registres compétents pour procéder à l'immatriculation visée aux articles 6 et 10 et déterminent les règles applicables à celle-ci. Ils fixent les conditions dans lesquelles s'effectue le dépôt des documents visés aux articles 7 et 10. Ils s'assurent que les actes et indications visés à l'article 8 sont publiés dans le *bulletin officiel* approprié de l'État membre où le groupement a son siège, et prévoient éventuellement les modes de publication des actes et indications visés à l'article 8 point *c)*.

En outre, les États membres s'assurent que chacun peut prendre connaissance, au registre compétent en vertu de l'article 6 ou, le cas échéant, de l'article 10, des documents visés à l'article 7 et en obtenir, même par la poste, copie intégrale ou partielle.

Les États membres peuvent prévoir le paiement des frais afférents aux opérations visées aux alinéas précédents, sans que le montant de ces frais puisse être supérieur au coût administratif.

2. Les États membres s'assurent que les indications qui doivent être publiées au *Journal officiel des Communautés européennes* en vertu de l'article 11 sont communiquées à

l'Office des publications officielles des Communautés européennes dans le mois suivant la publication au *bulletin officiel* visé au paragraphe 1.

3. Les États membres prévoient les sanctions appropriées en cas de manquement aux dispositions des articles 7, 8 et 10 en matière de publicité et en cas de manquement aux dispositions de l'article 25.

Art. 40 Le résultat provenant de l'activité du groupement n'est imposable qu'au niveau de ses membres.

Art. 41 1. Les États membres prennent les mesures requises en vertu de l'article 39 avant le 1er juillet 1989. Ils les communiquent immédiatement à la Commission.

2. A titre d'information, les États membres communiquent à la Commission les catégories de personnes physiques, de sociétés et d'autres entités juridiques qu'ils excluent de la participation à un groupement conformément à l'article 4 paragraphe 4.

La Commission en informe les autres États membres.

Art. 42 *(Institution auprès de la Commission d'un comité de contact).*

Art. 43 Le présent règlement entre en vigueur le troisième jour suivant celui de sa publication au *Journal officiel des Communautés européennes.*

Le présent règlement est applicable à partir du 1er juillet 1989, à l'exception des articles 39, 41 et 42 qui sont applicables dès l'entrée en vigueur du présent règlement.

2 Règlement du Conseil n° 2027/97 du 9 octobre 1997 relatif à la responsabilité des transporteurs aériens en ce qui concerne le transport aérien de passagers et de leurs bagages

Version d'origine (non reproduite)
applicable du 18 octobre 1998 au 27 juin 2004

Modifié par Règlement (CE) n° 889/2002 du Parlement européen et du Conseil du 13 mai 2002

Version consolidée (reproduite)
applicable depuis le 28 juin 2004

Vu le traité instituant la Communauté européenne, et notamment son article 84 paragraphe 2,

Vu la proposition de la Commission,

Vu l'avis du Comité économique et social,

Statuant conformément à la procédure visée à l'article 189 C du traité,

(1) Considérant que, dans le cadre de la politique commune des transports, il est nécessaire d'améliorer le niveau de protection des passagers victimes d'accidents aériens ;

(2) Considérant que les règles en matière de responsabilité en cas d'accidents sont régies par la convention pour l'unification de certaines règles relatives au transport aérien in-

ternational, signée à Varsovie le 12 octobre 1929, ou par cette convention telle qu'elle a été modifiée à La Haye le 28 septembre 1955 et par la convention de Guadalajara du 18 septembre 1961, selon la convention qui est applicable dans le cas d'espèce, chacune étant dénommée ci-après « convention de Varsovie »; que la convention de Varsovie est appliquée dans le monde entier au profit des voyageurs que des transporteurs aériens;

(3) Considérant que les limites de la responsabilité telles qu'elles sont fixées par la convention de Varsovie sont trop basses eu égard aux conditions économiques et sociales actuelles et conduisent souvent à des actions en justice de longue durée qui nuisent à l'image des transports aériens; que les États membres ont en conséquence relevé ces limites dans des proportions différentes et ont ainsi établi des conditions de transport qui varient au sein du marché intérieur de l'aviation;

(4) Considérant en outre que la convention de Varsovie ne s'applique qu'aux transports internationaux; que la distinction entre transports nationaux et internationaux n'existe plus dans le marché intérieur de l'aviation; qu'il convient donc que la nature et le degré de responsabilité soient identiques pour les transports nationaux et les transports internationaux;

(5) Considérant qu'un réexamen et une révision approfondis de la convention de Varsovie sont depuis longtemps attendus et constitueraient à long terme, à l'échelle internationale, une réponse plus homogène et plus facilement applicable à la question de la responsabilité des transporteurs aériens en cas d'accident; qu'il convient de poursuivre, par la voie de négociations multilatérales, les efforts entrepris pour relever les limites de la responsabilité imposées par la convention de Varsovie;

(6) Considérant que, conformément au principe de subsidiarité, une action de la Communauté est souhaitable afin de parvenir à harmoniser le domaine de la responsabilité des transporteurs aériens et pourrait servir d'exemple pour une protection renforcée des voyageurs au niveau mondial;

(7) Considérant qu'il convient d'éliminer toutes les limitations pécuniaires de responsabilité prévues par l'article 22 paragraphe 1 de la convention de Varsovie ou toute autre limitation juridique ou contractuelle, conformément aux tendances actuelles au niveau international;

(8) Considérant que, afin d'éviter que des victimes d'accidents ne soient pas dédommagées, les transporteurs aériens de la Communauté doivent, lors de toute demande de dommages-intérêts, pour la mort, les blessures ou toute autre lésion corporelle subie par un voyageur au sens de l'article 17 de la convention de Varsovie, renoncer aux défenses prévues à l'article 20 paragraphe 1 de la convention de Varsovie à concurrence d'un certain montant;

(9) Considérant que les transporteurs aériens de la Communauté peuvent être exonérés de leur responsabilité en cas de faute du passager concerné;

(10) Considérant qu'il est nécessaire de préciser les obligations découlant du présent règlement à la lumière de l'article 7 du règlement (CEE) n° 2407/92 du Conseil, du 23 juillet 1992, concernant les licences des transporteurs aériens; qu'à cet égard les transporteurs aériens de la Communauté devraient être assurés jusqu'à concurrence d'un certain montant fixé par le présent règlement;

(11) Considérant que les transporteurs aériens de la Communauté devraient toujours pouvoir engager une action récursoire;

(12) Considérant que le versement rapide d'avances peut aider dans une large mesure les passagers blessés ou les personnes physiques ayant droit à un dédommagement à faire face aux dépenses immédiates qui font suite à un accident aérien;
(13) Considérant que les règles relatives à la nature et à la limitation de la responsabilité en cas de décès, de blessure ou de toute autre lésion corporelle d'un voyageur font partie des conditions de transport fixées dans le contrat de transport entre le transporteur et le voyageur; que, afin de réduire les risques de distorsion de concurrence, les transporteurs de pays tiers devraient informer convenablement les voyageurs de leurs conditions de transport;
(14) Considérant qu'il est utile et nécessaire que les limites pécuniaires indiquées dans le présent règlement soient réexaminées afin de tenir compte de l'évolution de la situation économique et de l'évolution dans les enceintes internationales;
(15) Considérant que la révision de la convention de Varsovie est en cours au sein de l'Organisation internationale de l'aviation civile (OACI); que, en prenant entre-temps des mesures intérimaires, la Communauté accroîtra la protection des voyageurs; que le Conseil devrait revoir le présent règlement le plus rapidement possible après la révision de la convention de Varsovie par l'OACI,
A arrêté le présent règlement :

Art. premier *(Règl. n° 889/2002 du 13 mai 2002, art. 1er-2, en vigueur le 30 mai 2002)* Le présent règlement met en œuvre les dispositions pertinentes de la convention de Montréal relatives au transport aérien de passagers et de leurs bagages, et fixe certaines dispositions supplémentaires. Il étend également l'application de ces dispositions aux transports aériens effectués sur le territoire d'un seul État membre.

Art. 2 *(Règl. n° 889/2002 du 13 mai 2002, art. 1er-3, en vigueur le 30 mai 2002)* 1. Aux fins du présent règlement, on entend par :

a) « transporteur aérien » : une entreprise de transport aérien titulaire d'une licence d'exploitation valable;

b) « transporteur aérien communautaire » : un transporteur aérien titulaire d'une licence d'exploitation valable délivrée par un État membre conformément aux dispositions du règlement (CEE) n° 2407/92;

c) « personne ayant droit à indemnisation » : le passager ou toute personne pouvant prétendre à réparation au titre dudit passager conformément au droit applicable;

d) « bagages » : à défaut d'autre définition, tout bagage enregistré ou non au sens de l'article 17, paragraphe 4, de la convention de Montréal;

e) « DTS » : les droits de tirage spéciaux tels que définis par le Fonds monétaire international;

f) « convention de Varsovie » : la convention pour l'unification de certaines règles relatives au transport aérien international, signée à Varsovie le 12 octobre 1929, ou la convention de Varsovie, telle que modifiée à La Haye le 28 septembre 1955, ou encore la convention complémentaire à la convention de Varsovie, signée à Guadalajara le 18 septembre 1961;

g) « convention de Montréal » : la convention pour l'unification de certaines règles relatives au transport aérien international, signée à Montréal le 28 mai 1999.

2. Les notions contenues dans le présent règlement qui ne sont pas définies au paragraphe 1 sont équivalentes à celles utilisées dans la convention de Montréal.

Art. 3 *(Règl. n° 889/2002 du 13 mai 2002, art. 1er-4, en vigueur le 30 mai 2002)* 1. La responsabilité d'un transporteur aérien communautaire envers les passagers et leurs bagages est régie par toutes les dispositions de la convention de Montréal relatives à cette responsabilité.

2. L'obligation d'assurance visée à l'article 7 du règlement (CEE) n° 2407/92, pour autant qu'elle concerne la responsabilité envers les passagers, s'entend de l'obligation pour un transporteur aérien communautaire d'être assuré à hauteur du montant permettant de garantir que toutes les personnes ayant droit à indemnisation reçoivent la totalité de la somme à laquelle elles peuvent prétendre en vertu du présent règlement.

Art. 3 *bis* *(Règl. n° 889/2002 du 13 mai 2002, art. 1er-5 (note 6)* La somme supplémentaire qui, conformément à l'article 22, paragraphe 2, de la convention de Montréal, peut être demandée par un transporteur aérien communautaire quand un passager fait une déclaration spéciale d'intérêt pour la livraison de ses bagages à destination, est basée sur un tarif qui est fonction des coûts supplémentaires entraînés par le transport et l'assurance des bagages concernés, en plus de ceux supportés pour les bagages évalués à concurrence de la limite de responsabilité. Le tarif est communiqué aux passagers sur demande.

Art. 4 *Abrogé par Règl. n° 889/2002 du 13 mai 2002, art. 1er-6, à compter du 30 mai 2002.*

Art. 5 *(Règl. n° 889/2002 du 13 mai 2002, art. 1er-7, en vigueur le 30 mai 2002)* 1. Avant toute la diligence nécessaire et, en tout état de cause, au plus tard quinze jours après que la personne physique ayant droit à indemnisation a été identifiée, le transporteur aérien communautaire verse à cette personne une avance lui permettant de faire face à ses besoins immédiats, en proportion du préjudice matériel subi.

2. Sans préjudice du paragraphe 1, l'avance n'est pas inférieure à l'équivalent en euros de 16000 DTS par passager en cas de décès.

3. Le versement d'une avance ne constitue pas une reconnaissance de responsabilité, et l'avance peut être déduite de toute somme payée ultérieurement en fonction de la responsabilité du transporteur aérien communautaire; elle n'est pas remboursable, sauf dans les cas visés à l'article 20 de la convention de Montréal, ou lorsque la personne à laquelle l'avance a été versée n'avait pas droit à indemnisation.

Art. 6 *(Règl. n° 889/2002 du 13 mai 2002, art. 1er-8, en vigueur le 30 mai 2002)* 1. Tout transporteur aérien, lorsqu'il vend des services de transport aérien dans la Communauté, fait en sorte qu'un résumé des principales dispositions régissant la responsabilité pour les passagers et leurs bagages, notamment les délais prévus pour intenter une action en indemnisation et la possibilité de faire une déclaration spéciale pour les bagages, soit disponible à l'intention des passagers à tous les points de vente, y compris la vente par téléphone ou par internet. En vue de se conformer à cette obligation d'information, les transporteurs aériens communautaires font usage de la note figurant à l'annexe. Ce résumé ou cette note ne sauraient servir de base pour prétendre à une indemnisation, ni être utilisés pour interpréter les dispositions du présent règlement ou de la convention de Montréal.

2. Outre les exigences d'information fixées au paragraphe 1, tous les transporteurs aériens, eu égard aux services de transport aérien vendus ou achetés dans la Communauté, indiquent par écrit à chaque passager :

— la limite applicable pour le vol concerné à la responsabilité du transporteur en cas de décès ou de blessure, si une telle limite existe,

— la limite applicable pour le vol concerné à la responsabilité du transporteur en cas de destruction, perte ou détérioration d'un bagage ainsi que l'avertissement que tout bagage dont la valeur est supérieure devrait être signalé à la compagnie aérienne au moment de l'enregistrement ou être assuré entièrement par le passager avant le voyage,

— la limite applicable pour le vol concerné à la responsabilité du transporteur en cas de dommage occasionné par un retard.

3. Pour toutes les opérations de transport réalisées par les transporteurs aériens communautaires, les limites indiquées, conformément aux exigences d'information visées aux paragraphes 1 et 2, sont celles établies par le présent règlement, à moins que le transporteur aérien communautaire ne fixe, de son propre chef, des limites plus élevées. Pour toutes les opérations de transport réalisées par des transporteurs aériens non communautaires, les paragraphes 1 et 2 ne s'appliquent qu'en ce qui concerne les transports effectués en provenance, à destination ou à l'intérieur de la Communauté.

Art. 7 *(Règl. n° 889/2002 du 13 mai 2002, art. 1er-9, en vigueur le 30 mai 2002)* Au plus tard trois ans après la date à laquelle le règlement (CE) n° 889/2002 commence à s'appliquer, la Commission établit un rapport sur application du présent règlement. La Commission examine notamment la nécessité de réviser les montants mentionnés dans les articles correspondants de la convention de Montréal à la lumière de l'évolution de la situation économique et des notifications du dépositaire de l'OACI.

Art. 8 Le présent règlement entre en vigueur un an après la date de sa publication au *Journal officiel des Communautés européennes*.

Le présent règlement est obligatoire dans tous ses éléments et directement applicable dans tout État membre.

3 Règlement CE n° 1346-2000 du 29 mai 2000 relatif aux procédures d'insolvabilité

Applicable aux procédures ouvertes
entre le 31 mai 2002 et le 26 juin 2017
Refondu par Règlement (UE) n° 2015/848 du 20 mai 2015
(V. *infra* n° 35), applicable depuis le 26 juin 2017

Le Conseil de l'Union européenne,

Vu le traité instituant la Communauté européenne, et notamment son article 61, point c), et son article 67, paragraphe 1,

Vu l'initiative de la République fédérale d'Allemagne et de la République de Finlande,

Vu l'avis du Parlement européen,

Vu l'avis du Comité économique et social,

Considérant ce qui suit :

(1) L'Union européenne s'est fixé pour but d'établir un espace de liberté, de sécurité et de justice.

(2) Le bon fonctionnement du marché intérieur exige que les procédures d'insolvabilité transfrontalières fonctionnent efficacement et effectivement et l'adoption du présent règlement est nécessaire pour atteindre cet objectif qui relève du domaine de la coopération judiciaire civile au sens de l'article 65 du traité.
(3) Les activités des entreprises ont de plus en plus souvent des effets transfrontaliers et sont dès lors de plus en plus réglementées par le droit communautaire. L'insolvabilité de telles entreprises affectant également le bon fonctionnement du marché intérieur, il est nécessaire d'établir un acte communautaire qui exige la coordination des mesures à prendre concernant le patrimoine d'un débiteur insolvable.
(4) Il est nécessaire, pour assurer le bon fonctionnement du marché intérieur, d'éviter que les parties ne soient incitées à déplacer des avoirs ou des procédures judiciaires d'un État à un autre en vue d'améliorer leur situation juridique (forum shopping).
(5) Ces objectifs ne peuvent pas être réalisés d'une manière suffisante au niveau national et une action au niveau communautaire est donc justifiée.
(6) Conformément au principe de proportionnalité, le présent règlement devrait se limiter à des dispositions qui règlent la compétence pour l'ouverture de procédures d'insolvabilité et la prise des décisions qui dérivent directement de la procédure d'insolvabilité et qui s'y insèrent étroitement. Le présent règlement devrait, en outre, contenir des dispositions relatives à la reconnaissance de ces décisions et au droit applicable, qui satisfont également à ce principe.
(7) Les procédures d'insolvabilité relatives à la faillite d'entreprises insolvables ou d'autres personnes morales, les concordats et les autres procédures analogues sont exclues du champ d'application de la convention de Bruxelles de 1968 sur la compétence judiciaire et l'exécution des décisions en matière civile et commerciale, modifiée par les conventions relatives à l'adhésion à cette convention.
(8) Pour réaliser l'objectif visant à améliorer et à accélérer les procédures d'insolvabilité ayant des effets transfrontaliers, il paraît nécessaire et approprié que les dispositions relatives à la compétence, à la reconnaissance et au droit applicable dans ce domaine soient contenues dans un acte juridique communautaire qui soit obligatoire et directement applicable dans tout État membre.
(9) Le présent règlement devrait s'appliquer aux procédures d'insolvabilité, que le débiteur soit une personne physique ou morale, un commerçant ou un particulier. Les procédures d'insolvabilité auxquelles s'appliquent le présent règlement sont énumérées aux annexes. Les procédures d'insolvabilité qui concernent les entreprises d'assurance et les établissements de crédit, les entreprises d'investissement qui fournissent des services impliquant la détention de fonds ou de valeurs mobilières de tiers, ainsi que les organismes de placement collectif, devraient être exclues du champ d'application du présent règlement. Ces entreprises ne sont pas couvertes par le présent règlement parce qu'elles sont soumises à un régime particulier et que les autorités de contrôle nationales disposent, en partie, de pouvoirs d'intervention très étendus.
(10) Les procédures d'insolvabilités n'impliquent pas nécessairement l'intervention d'une autorité judiciaire ; l'expression « juridiction », utilisée dans le présent règlement devrait être prise au sens large et comprendre une personne ou un organe habilités par le droit national à ouvrir la procédure d'insolvabilité. Aux fins de l'application du présent règlement, les procédures (comprenant les actes et les forma-

lités fixés par la loi) devraient non seulement se conformer aux dispositions du présent règlement, mais être officiellement reconnues et exécutoires dans l'État membre dans lequel les procédures d'insolvabilité sont ouvertes et être des procédures collectives d'insolvabilité qui entraînent le dessaisissement partiel ou total du débiteur ainsi que la désignation du syndic.

(11) Le présent règlement tient compte du fait que, en raison des divergences considérables entre les droits matériels, il n'est pas pratique de mettre en place une procédure d'insolvabilité unique ayant une portée universelle pour toute la Communauté. L'application sans exception du droit de l'État d'ouverture susciterait dès lors fréquemment des difficultés. Cela vaut notamment pour les sûretés très différenciées qui existent dans la Communauté. Par ailleurs, les droits préférentiels dont jouissent certains créanciers sont, dans certains cas, conçus de manière très différente. Le présent règlement devrait en tenir compte de deux manières en prévoyant, d'une part, des règles spéciales relatives à la loi applicable pour certains droits et situations juridiques particulièrement importants (par exemple, les droits réels et les contrats de travail) et en autorisant, d'autre part, outre une procédure d'insolvabilité principale de portée universelle, également des procédures nationales qui ne concernent que les actifs situés dans l'État d'ouverture.

(12) Le présent règlement permet d'ouvrir les procédures d'insolvabilité principales dans l'État membre où se situe le centre des intérêts principaux du débiteur. Ces procédures ont une portée universelle et visent à inclure tous les actifs du débiteur. En vue de protéger les différents intérêts, le présent règlement permet d'ouvrir des procédures secondaires parallèlement à la procédure principale. Des procédures secondaires peuvent être ouvertes dans l'État membre dans lequel le débiteur a un établissement. Les effets des procédures secondaires se limitent aux actifs situés dans cet État. Des règles impératives de coordination avec les procédures principales satisfont l'unité nécessaire au sein de la Communauté.

(13) Le centre des intérêts principaux devrait correspondre au lieu où le débiteur gère habituellement ses intérêts et qui est donc vérifiable par les tiers.

(14) Le présent règlement s'applique uniquement aux procédures dans lesquelles le centre des intérêts principaux du débiteur est situé dans la Communauté.

(15) Les règles de compétence contenues dans le présent règlement ne fixent que la compétence internationale, c'est-à-dire qu'elles désignent les États membres dont les juridictions peuvent ouvrir une procédure d'insolvabilité. La compétence territoriale au sein de cet État membre doit être déterminée par la loi nationale de l'État concerné.

(16) La juridiction compétente pour ouvrir une procédure d'insolvabilité principale devrait être habilitée à ordonner des mesures provisoires et conservatoires dès le moment de la demande d'ouverture de la procédure. Des mesures conservatoires ordonnées tant avant qu'après le début de la procédure d'insolvabilité sont très importantes pour en garantir l'efficacité. Le présent règlement devrait prévoir à cet égard deux possibilités : d'une part, la juridiction compétente pour la procédure principale peut ordonner des mesures conservatoires provisoires également en ce qui concerne les biens situés sur le territoire d'autres États membres, d'autre part, un syndic provisoire désigné avant l'ouverture de la procédure principale peut, dans les États membres dans les-

quels le débiteur possède un établissement, demander les mesures conservatoires prévues par la loi de ces États.

(17) Avant l'ouverture de la procédure d'insolvabilité principale, l'ouverture d'une procédure d'insolvabilité dans l'État membre où le débiteur a un établissement ne devrait pouvoir être demandée que par les créanciers locaux et les créanciers de l'établissement local ou lorsque le droit de l'État membre où le débiteur a son centre d'intérêt principal ne permet pas d'ouvrir une procédure principale. Cette limitation est justifiée par le fait que l'on vise à limiter au strict minimum les cas dans lesquels des procédures territoriales indépendantes sont demandées avant la procédure d'insolvabilité principale; si une procédure d'insolvabilité principale est ouverte, les procédures territoriales deviennent secondaires.

(18) Après l'ouverture de la procédure d'insolvabilité principale, le présent règlement ne fait pas obstacle à la demande d'ouverture d'une procédure d'insolvabilité dans l'État membre où le débiteur a un établissement. Le syndic de la procédure principale ou toute autre personne habilitée à cet effet par la législation nationale de cet État membre peut demander l'ouverture d'une procédure d'insolvabilité secondaire.

(19) Hormis la protection des intérêts locaux, les procédures d'insolvabilité secondaires peuvent poursuivre d'autres objectifs. Ce pourrait être le cas lorsque le patrimoine du débiteur est trop complexe pour être administré en bloc, ou lorsque les différences entre les systèmes juridiques concernés sont à ce point importantes que des difficultés peuvent résulter de l'extension des effets de la loi de l'État d'ouverture aux autres États où se trouvent les actifs. Pour cette raison, le syndic de la procédure principale peut demander l'ouverture d'une procédure secondaire dans l'intérêt d'une administration efficace du patrimoine.

(20) Les procédures principales et les procédures secondaires ne peuvent, toutefois, contribuer à une réalisation efficace de la masse que si toutes les procédures parallèles en cours sont coordonnées. La condition principale ici est une coopération étroite entre les différents syndics qui doit notamment comprendre un échange d'informations suffisant. Pour garantir le rôle prédominant de la procédure principale, le syndic de cette procédure devrait se voir conférer plusieurs possibilités d'influer sur les procédures secondaires en cours. Il devrait pouvoir, par exemple, proposer un plan de redressement ou un concordat ou demander la suspension de la liquidation de la masse dans la procédure secondaire.

(21) Tout créancier, ayant sa résidence habituelle, son domicile ou son siège dans la Communauté, devrait avoir le droit de déclarer ses créances dans toute procédure d'insolvabilité pendante dans la Communauté en ce qui concerne les biens du débiteur. Cela devrait s'appliquer également aux autorités fiscales et aux organismes de sécurité sociale. Aux fins de l'égalité de traitement des créanciers, il faut, toutefois, coordonner la répartition du produit de la réalisation. Chaque créancier devrait pouvoir effectivement conserver ce qu'il a obtenu dans une procédure d'insolvabilité, mais il ne devrait pouvoir participer à la répartition de la masse effectuée dans une autre procédure tant que les créanciers du même rang n'auront pas obtenu, en pourcentage, un dividende équivalent.

(22) Le présent règlement devrait prévoir la reconnaissance immédiate des décisions relatives à l'ouverture, au déroulement et à la clôture d'une procédure d'insolvabilité qui

relève de son champ d'application, ainsi que des décisions qui ont un lien direct avec cette procédure d'insolvabilité. La reconnaissance automatique devrait entraîner dès lors l'extension à tous les autres États membres des effets attribués à cette procédure par la loi de l'État d'ouverture de la procédure. La reconnaissance des décisions rendues par les juridictions des États membres devrait reposer sur le principe de la confiance mutuelle. A cet égard, les motifs de non-reconnaissance devraient être réduits au minimum nécessaire. Il convient également de régler conformément à ce principe tout conflit qui existe lorsque les juridictions de deux États membres se considèrent comme compétentes pour ouvrir une procédure principale. La décision de la juridiction qui ouvre la première la procédure devrait être reconnue dans tous les autres États membres, sans que ceux-ci aient la faculté de soumettre la décision de cette juridiction à un contrôle.

(23) Le présent règlement, dans les matières visées par celui-ci, devrait établir des règles de conflit de lois uniformes qui remplacent – dans le cadre de leur champ d'application – les règles nationales du droit international privé ; sauf disposition contraire, la loi de l'État membre d'ouverture de la procédure devrait être applicable (lex concursus). Cette règle de conflit de lois devrait s'appliquer tant à la procédure principale qu'aux procédures locales. La lex concursus détermine tous les effets de la procédure d'insolvabilité, qu'ils soient procéduraux ou substantiels, sur les personnes et les rapports juridiques concernés. Cette loi régit toutes les conditions de l'ouverture, du déroulement et de la clôture de la procédure d'insolvabilité.

(24) La reconnaissance automatique d'une procédure d'insolvabilité à laquelle est normalement applicable la loi de l'État d'ouverture peut interférer avec les règles en vertu desquelles les transactions sont réalisées dans ces États. Pour protéger la confiance légitime et la sécurité des transactions dans des États différents de celui de l'ouverture, il convient de prévoir des dispositions visant un certain nombre d'exceptions à la règle générale.

(25) Il est particulièrement nécessaire de prévoir pour les droits réels un rattachement particulier qui déroge à la loi de l'État d'ouverture, étant donné que ces droits revêtent une importance considérable pour l'octroi de crédits. La justification, la validité et la portée d'un tel droit réel devraient se déterminer dès lors normalement en vertu de la loi du lieu où il est situé et ne pas être affectés par l'ouverture d'une procédure d'insolvabilité. Le titulaire du droit réel devrait pouvoir ainsi continuer de faire valoir son droit de séparer la garantie de la masse. Si, en vertu de la loi de l'État de situation, les actifs sont soumis à des droits réels, mais que la procédure principale est effectuée dans un autre État membre, le syndic de la procédure principale devrait pouvoir demander l'ouverture d'une procédure secondaire dans la juridiction où sont nés les droits réels dans la mesure où le débiteur a un établissement dans cet État. Si une procédure secondaire n'est pas ouverte, l'excédent du produit de la vente du bien soumis aux droits réels doit être versé au syndic de la procédure principale.

(26) Si la loi de l'État d'ouverture n'admet pas la compensation, un créancier a néanmoins droit à une compensation si celle-ci est possible en vertu de la loi applicable à la créance du débiteur insolvable. La compensation devient ainsi une sorte de garantie régie par une loi dont le créancier concerné peut se prévaloir au moment de la naissance de la créance.

(27) Il existe aussi un besoin de protection particulier en ce qui concerne les systèmes de paiement et les marchés financiers. Cela s'applique à la compensation et à la liquidation prévues dans ces systèmes, ainsi qu'à la cession de titres et aux sûretés constituées pour ces transactions, conformément, notamment, à la directive 98/26/CE du Parlement européen et du Conseil du 19 mai 1998 concernant le caractère définitif du règlement dans les systèmes de paiement et de règlement des opérations sur titres. Seule la loi applicable au système ou au marché concerné devrait s'appliquer à ces transactions. Cette disposition vise à éviter toute modification des mécanismes de règlement et de liquidation des transactions prévus dans des systèmes de paiement ou de règlement ou sur les marchés financiers des États membres, en cas d'insolvabilité d'une des parties à une transaction. La directive 98/26/CE contient des dispositions particulières qui supplantent les dispositions générales du présent règlement.

(28) Aux fins de la protection des travailleurs et des emplois de travail, les effets de la procédure d'insolvabilité sur la poursuite ou la cessation des relations de travail et sur les droits et les obligations de chaque partie découlant de ces relations doivent être déterminés par la loi applicable au contrat en vertu des règles générales de conflit de lois. D'autres questions d'insolvabilité, telles que, par exemple, celle de savoir si les créances des travailleurs sont garanties par un privilège et quel est le rang éventuel de ce privilège, devraient être déterminées conformément à la loi de l'État d'ouverture.

(29) Dans l'intérêt des transactions, il convient, à la demande du syndic, de publier dans les autres États membres le contenu essentiel de la décision ouvrant la procédure. S'il existe un établissement sur le territoire de l'État membre concerné, une publication obligatoire peut être prescrite. Dans les deux cas, la publication ne devrait toutefois pas être une condition de la reconnaissance de la procédure menée dans un autre État membre.

(30) Dans certains cas, une partie des personnes concernées peut ne pas être au courant de l'ouverture de la procédure et agir de bonne foi en contradiction avec les nouvelles circonstances. Afin de protéger ces personnes qui, dans l'ignorance de l'ouverture de la procédure dans un autre État membre, exécutent une obligation au profit du débiteur alors qu'elle aurait dû être exécutée au profit du syndic de la procédure dans un autre État membre, il convient de prévoir le caractère libératoire de cette exécution ou de ce paiement.

(31) Le présent règlement devrait contenir des annexes qui concernent l'organisation des procédures d'insolvabilité. Ces annexes devant faire exclusivement référence à la législation des États membres, il existe des motifs spécifiques et légitimes pour que le Conseil se réserve le droit de les modifier afin de tenir compte de modifications éventuelles du droit interne des États membres.

(32) Conformément à l'article 3 du protocole sur la position du Royaume-Uni et de l'Irlande annexé au traité sur l'Union européenne et au traité instituant la Communauté européenne, le Royaume-Uni et l'Irlande ont notifié leur souhait de participer à l'adoption et à l'application du présent règlement.

(33) Conformément aux articles 1er et 2 du protocole sur la position du Danemark, annexé au traité sur l'Union européenne et au traité instituant la Communauté européenne, cet État membre ne participe pas à l'adoption du présent règlement. Par conséquent, le présent règlement ne lie pas le Danemark et n'est pas applicable à son égard,

A arrêté le présent règlement :

CHAPITRE PREMIER

Dispositions générales

Art. premier *Champ d'application.* 1. Le présent règlement s'applique aux procédures collectives fondées sur l'insolvabilité du débiteur qui entraînent le dessaisissement partiel ou total de ce débiteur ainsi que la désignation d'un syndic.

2. Le présent règlement ne s'applique pas aux procédures d'insolvabilité qui concernent les entreprises d'assurance et les établissements de crédit, les entreprises d'investissement qui fournissent des services impliquant la détention de fonds ou de valeurs mobilières de tiers, ainsi qu'aux organismes de placement collectif.

Art. 2 *Définitions.* Aux fins du présent règlement, on entend par :

a) « procédure d'insolvabilité » : les procédures collectives visées à l'article 1er, paragraphe 1. La liste de ces procédures figure à l'annexe A ;

b) « syndic » : toute personne ou tout organe dont la fonction est d'administrer ou de liquider les biens dont le débiteur est dessaisi ou de surveiller la gestion de ses affaires. La liste de ces personnes et organes figure à l'annexe C ;

c) «procédure de liquidation» : une procédure d'insolvabilité au sens du point *a)* qui entraîne la liquidation des biens du débiteur, y compris lorsque cette procédure est clôturée par un concordat ou une autre mesure mettant fin à l'insolvabilité, ou est clôturée en raison de l'insuffisance de l'actif. La liste de ces procédures figure à l'annexe B ;

d) «juridiction» : l'organe judiciaire ou toute autre autorité compétente d'un État membre habilité(e) à ouvrir une procédure d'insolvabilité ou à prendre des décisions au cours de cette procédure ;

e) «décision» : lorsqu'il s'agit de l'ouverture d'une procédure d'insolvabilité ou de la nomination d'un syndic, la décision de toute juridiction compétente pour ouvrir une telle procédure ou pour nommer un syndic ;

f) «moment de l'ouverture de la procédure» : le moment où la décision d'ouverture prend effet, que cette décision soit ou non définitive ;

g) «État membre dans lequel se trouve un bien» :

— pour les bien corporels, l'État membre sur le territoire duquel le bien est situé,

— pour les biens et les droits que le propriétaire ou le titulaire doit faire inscrire dans un registre public, l'État membre sous l'autorité duquel ce registre est tenu,

— pour les créances, l'État membre sur le territoire duquel se trouve le centre des intérêts principaux du tiers débiteur, tel qu'il est déterminé à l'article C, paragraphe 1 ;

h) «établissement» : tout lieu d'opérations où le débiteur exerce de façon non transitoire une activité économique avec des moyens humains et des biens.

Art. 3 *Compétence internationale.* 1. Les juridictions de l'État membre sur le territoire duquel est situé le centre des intérêts principaux du débiteur sont compétentes pour ouvrir la procédure d'insolvabilité. Pour les sociétés et les personnes morales, le centre des intérêts principaux est présumé, jusqu'à preuve contraire, être le lieu du siège statutaire.

2. Lorsque le centre des intérêts principaux du débiteur est situé sur le territoire d'un État membre, les juridictions d'un autre État membre ne sont compétentes pour ouvrir une procédure d'insolvabilité à l'égard de ce débiteur que si celui-ci possède un établis-

sement sur le territoire de cet autre État membre. Les effets de cette procédure sont limités aux biens du débiteur se trouvant sur ce dernier territoire.

3. Lorsqu'une procédure d'insolvabilité est ouverte en application du paragraphe 1, toute procédure d'insolvabilité ouverte ultérieurement en application du paragraphe 2 est une procédure secondaire. Cette procédure doit être une procédure de liquidation.

4. Une procédure territoriale d'insolvabilité visée au paragraphe 2 ne peut être ouverte avant l'ouverture d'une procédure principale d'insolvabilité en application du paragraphe 1 que :

a) si une procédure d'insolvabilité ne peut pas être ouverte en application du paragraphe 1 en raison des conditions établies par la loi de l'État membre sur le territoire duquel est situé le centre des intérêts principaux du débiteur

ou

b) si l'ouverture de la procédure territoriale d'insolvabilité est demandée par un créancier dont le domicile, la résidence habituelle ou le siège se trouve dans l'État membre sur le territoire duquel est situé l'établissement concerné, ou dont la créance a son origine dans l'exploitation de cet établissement.

Art. 4 *Loi applicable.* 1. Sauf disposition contraire du présent règlement, la loi applicable à la procédure d'insolvabilité et à ses effets est celle de l'État membre sur le territoire duquel la procédure est ouverte, ci-après dénommé «État d'ouverture».

2. La loi de l'État d'ouverture détermine les conditions d'ouverture, le déroulement et la clôture de la procédure d'insolvabilité. Elle détermine notamment :

a) les débiteurs susceptibles de faire l'objet d'une procédure d'insolvabilité du fait de leur qualité;

b) les biens qui font l'objet du dessaisissement et le sort des biens acquis par le débiteur après l'ouverture de la procédure d'insolvabilité;

c) les pouvoirs respectifs du débiteur et du syndic;

d) les conditions d'opposabilité d'une compensation;

e) les effets de la procédure d'insolvabilité sur les contrats en cours auxquels le débiteur est partie;

f) les effets de la procédure d'insolvabilité sur les poursuites individuelles, à l'exception des instances en cours;

g) les créances à produire au passif du débiteur et le sort des créances nées après l'ouverture de la procédure d'insolvabilité;

h) les règles concernant la production, la vérification et l'admission des créances;

i) les règles de distribution du produit de la réalisation des biens, le rang des créances et les droits des créanciers qui ont été partiellement désintéressés après l'ouverture de la procédure d'insolvabilité en vertu d'un droit réel ou par l'effet d'une compensation;

j) les conditions et les effets de la clôture de la procédure d'insolvabilité, notamment par concordat;

k) les droits des créanciers après la clôture de la procédure d'insolvabilité;

l) la charge des frais et des dépenses de la procédure d'insolvabilité;

m) les règles relatives à la nullité, à l'annulation ou à l'inopposabilité des actes préjudiciables à l'ensemble des créanciers.

Art. 5 *Droits réels des tiers.* 1. L'ouverture de la procédure d'insolvabilité n'affecte pas le droit réel d'un créancier ou d'un tiers sur des biens corporels ou incorporels, meubles ou immeubles — à la fois des biens déterminés et des ensembles de biens indéterminés dont la composition est sujette à modification — appartenant au débiteur, et qui se trouvent, au moment de l'ouverture de la procédure, sur le territoire d'un autre État membre.

2. Les droits visés au paragraphe 1 sont notamment :

a) le droit de réaliser ou de faire réaliser le bien et d'être désintéressé par le produit ou les revenus de ce bien, en particulier en vertu d'un gage ou d'une hypothèque;

b) le droit exclusif de recouvrer une créance, notamment en vertu de la mise en gage ou de la cession de cette créance à titre de garantie;

c) le droit de revendiquer le bien et/ou d'en réclamer la restitution entre les mains de quiconque le détient ou en jouit contre la volonté de l'ayant droit;

d) le droit réel de percevoir les fruits d'un bien.

3. Est assimilé à un droit réel, le droit, inscrit dans un registre public et opposable aux tiers, permettant d'obtenir un droit réel au sens du paragraphe 1.

4. Le paragraphe 1 ne fait pas obstacle aux actions en nullité, en annulation ou en inopposabilité visées à l'article 4, paragraphe 2, point *m*).

Art. 6 *Compensation.* 1. L'ouverture de la procédure d'insolvabilité n'affecte pas le droit d'un créancier d'invoquer la compensation de sa créance avec la créance du débiteur, lorsque cette compensation est permise par la loi applicable à la créance du débiteur insolvable.

2. Le paragraphe 1 ne fait pas obstacle aux actions en nullité, en annulation ou en inopposabilité visées à l'article 4, paragraphe 2, point *m*).

Art. 7 *Réserve de propriété.* 1. L'ouverture d'une procédure d'insolvabilité contre l'acheteur d'un bien n'affecte pas les droits du vendeur fondés sur une réserve de propriété, lorsque ce bien se trouve, au moment de l'ouverture de la procédure, sur le territoire d'un autre État membre que l'État d'ouverture.

2. L'ouverture d'une procédure d'insolvabilité contre le vendeur d'un bien, après la livraison de ce bien, ne constitue pas une cause de résolution ou de résiliation de la vente et ne fait pas obstacle à l'acquisition par l'acheteur de la propriété du bien vendu, lorsque ce bien se trouve au moment de l'ouverture de la procédure sur le territoire d'un autre État membre que l'État d'ouverture.

3. Les paragraphes 1 et 2 ne font pas obstacle aux actions en nullité, en annulation ou en inopposabilité visées à l'article 4, paragraphe 2, point *m*).

Art. 8 *Contrat portant sur un bien immobilier.* Les effets de la procédure d'insolvabilité sur un contrat donnant le droit d'acquérir un bien immobilier ou d'en jouir sont régis exclusivement par la loi de l'État membre sur le territoire duquel ce bien est situé.

Art. 9 *Systèmes de paiement et marchés financiers.* 1. Sans préjudice de l'article 5, les effets de la procédure d'insolvabilité sur les droits et obligations des participants à un système de paiement ou de règlement ou à un marché financier sont régis exclusivement par la loi de l'État membre applicable audit système ou marché.

2. Le paragraphe 1 ne fait pas obstacle à l'exercice d'une action en nullité, en annulation ou en inopposabilité des paiements ou des transactions en vertu de la loi applicable au système de paiement ou au marché financier concerné.

Art. 10 *Contrat de travail.* Les effets de la procédure d'insolvabilité sur un contrat de travail et sur le rapport de travail sont régis exclusivement par la loi de l'État membre applicable au contrat de travail.

Art. 11 *Effets sur les droits soumis à enregistrement.* Les effets de la procédure d'insolvabilité concernant les droits du débiteur sur un bien immobilier, un navire ou un aéronef, qui sont soumis à inscription dans un registre public, sont régis par la loi de l'État membre sous l'autorité duquel ce registre est tenu.

Art. 12 *Brevets et marques communautaires.* Aux fins du présent règlement, un brevet communautaire, une marque communautaire, ou tout autre droit analogue établi par des dispositions communautaires ne peut être inclus que dans une procédure visée à l'article 3, paragraphe 1.

Art. 13 *Actes préjudiciables.* L'article 4, paragraphe 2, point *m*), n'est pas applicable lorsque celui qui a bénéficié d'un acte préjudiciable à l'ensemble des créanciers apporte la preuve que :

— cet acte est soumis à la loi d'un autre État membre que l'État d'ouverture,

et que

— cette loi ne permet en l'espèce, par aucun moyen, d'attaquer cet acte.

Art. 14 *Protection du tiers acquéreur.* Lorsque, par un acte conclu après l'ouverture de la procédure d'insolvabilité, le débiteur dispose à titre onéreux :

— d'un bien immobilier,

— d'un navire ou d'un aéronef soumis à inscription dans un registre public,

ou

— de valeurs mobilières dont l'existence suppose une inscription dans un registre prévu par la loi,

la validité de cet acte est régie par la loi de l'État sur le territoire duquel ce bien immobilier est situé, ou sous l'autorité duquel ce registre est tenu.

Art. 15 *Effets de la procédure d'insolvabilité sur les instances en cours.* Les effets de la procédure d'insolvabilité sur une instance en cours concernant un bien ou un droit dont le débiteur est dessaisi sont régis exclusivement par la loi de l'État membre dans lequel cette instance est en cours.

CHAPITRE II

Reconnaissance de la procédure d'insolvabilité

Art. 16 *Principe.* 1. Toute décision ouvrant une procédure d'insolvabilité prise par une juridiction d'un État membre compétente en vertu de l'article 3 est reconnue dans tous les autres États membres, dès qu'elle produit ses effets dans l'État d'ouverture.

Cette règle s'applique également lorsque le débiteur, du fait de sa qualité, n'est pas susceptible de faire l'objet d'une procédure d'insolvabilité dans les autres États membres.

2. La reconnaissance d'une procédure visée à l'article 3, paragraphe 1, ne fait pas obstacle à l'ouverture d'une procédure visée à l'article 3, paragraphe 2, par une juridiction d'un autre État membre. Dans ce cas cette dernière procédure est une procédure secondaire d'insolvabilité au sens du chapitre III.

Art. 17 *Effets de la reconnaissance.* 1. La décision d'ouverture d'une procédure visée à l'article 3, paragraphe 1, produit, sans aucune autre formalité, dans tout autre État membre les effets que lui attribue la loi de l'État d'ouverture, sauf disposition contraire du présent règlement et aussi longtemps qu'aucune procédure visée à l'article 3, paragraphe 2, n'est ouverte dans cet autre État membre.

2. Les effets d'une procédure visée à l'article 3, paragraphe 2, ne peuvent être contestés dans les autres États membres. Toute limitation des droits des créanciers, notamment un sursis des paiements ou une remise de dette résultant de cette procédure, ne peut être opposée, quant aux biens situés sur le territoire d'un autre État membre, qu'aux créanciers qui ont exprimé leur accord.

Art. 18 *Pouvoirs du syndic.* 1. Le syndic désigné par une juridiction compétente en vertu de l'article 3, paragraphe 1, peut exercer sur le territoire d'un autre État membre tous les pouvoirs qui lui sont conférés par la loi de l'État d'ouverture, aussi longtemps qu'aucune autre procédure d'insolvabilité n'y a été ouverte ou qu'aucune mesure conservatoire contraire n'y a été prise à la suite d'une demande d'ouverture d'une procédure d'insolvabilité dans cet État. Il peut notamment déplacer les biens du débiteur hors du territoire de l'État membre sur lequel ils se trouvent, sous réserve des articles 5 et 7.

2. Le syndic désigné par une juridiction compétente en vertu de l'article 3, paragraphe 2, peut, dans tout autre État membre faire valoir par voie judiciaire ou extrajudiciaire, qu'un bien mobilier a été transféré du territoire de l'État d'ouverture sur le territoire de cet autre État membre après l'ouverture de la procédure d'insolvabilité. Il peut également exercer toute action révocatoire utile aux intérêts des créanciers.

3. Dans l'exercice de ses pouvoirs, le syndic doit respecter la loi de l'État membre sur le territoire duquel il entend agir, en particulier quant aux modalités de réalisation des biens. Ces pouvoirs ne peuvent inclure l'emploi de moyens contraignants, ni le droit de statuer sur un litige ou un différend.

Art. 19 *Preuve de la nomination du syndic.* La nomination du syndic est établie par la présentation d'une copie, certifiée conforme à l'original, de la décision qui le nomme, ou par tout autre certificat établi par la juridiction compétente.

Une traduction dans la langue officielle ou une des langues officielles de l'État membre sur le territoire duquel le syndic entend agir peut être exigée. Aucune légalisation ou autre formalité analogue n'est requise.

Art. 20 *Restitution et imputation.* 1. Le créancier qui, après l'ouverture d'une procédure visée à l'article 3, paragraphe 1, obtient par tout moyen, notamment par des voies d'exécution, satisfaction totale ou partielle en ce qui concerne sa créance sur des biens du débiteur qui se trouvent sur le territoire d'un autre État membre, doit restituer ce qu'il a obtenu au syndic, sous réserve des articles 5 et 7.

2. Afin d'assurer un traitement égal des créanciers, le créancier qui a obtenu, dans une procédure d'insolvabilité, un dividende sur sa créance, ne participe aux répartitions ouvertes dans une autre procédure, que lorsque les créanciers de même rang ou de même catégorie ont obtenu, dans cette autre procédure, un dividende équivalent.

Art. 21 *Publicité.* 1. Le syndic peut demander que le contenu essentiel de la décision ouvrant la procédure d'insolvabilité et, le cas échéant, de la décision qui le nomme soit publié dans tout autre État membre, selon les modalités de publication prévues dans cet État. Ces mesures de publicité indiquent en outre le syndic désigné et précisent si la règle de compétence appliquée est celle de l'article 3, paragraphe 1 ou 2.

2. Toutefois, la publication obligatoire peut être prévue par tout État membre sur le territoire duquel le débiteur a un établissement. Dans ce cas, le syndic ou toute autorité

habilitée à cet effet dans l'État membre où la procédure visée à l'article 3, paragraphe 1, a été ouverte doit prendre les mesures nécessaires pour assurer cette publication.

Art. 22 *Inscription dans un registre public.* 1. Le syndic peut demander que la décision ouvrant une procédure visée à l'article 3, paragraphe 1, soit inscrite au livre foncier, au registre du commerce et à tout autre registre public tenu dans les autres États membres.

2. Toutefois, l'inscription obligatoire peut être prévue par tout État membre. Dans ce cas, le syndic ou toute autorité habilitée à cet effet dans l'État membre où la procédure visée à l'article 3, paragraphe 1, a été ouverte doit prendre les mesures nécessaires pour assurer cette inscription.

Art. 23 *Frais.* Les frais des mesures de publicité et d'inscription prévues aux articles 21 et 22 sont considérés comme des frais et dépenses de la procédure.

Art. 24 *Exécution au profit du débiteur.* 1. Celui qui, dans un État membre, exécute une obligation au profit du débiteur soumis à une procédure d'insolvabilité ouverte dans un autre État membre, alors qu'il aurait dû le faire au profit du syndic de cette procédure, est libéré s'il ignorait l'ouverture de la procédure.

2. Celui qui a exécuté cette obligation avant les mesures de publicité prévues à l'article 21 est présumé, jusqu'à preuve contraire, avoir ignoré l'ouverture de la procédure d'insolvabilité; celui qui l'a exécutée après ces mesures de publicité est présumé jusqu'à preuve contraire, avoir eu connaissance de l'ouverture de la procédure.

Art. 25 *Reconnaissance et caractère exécutoire d'autres décisions.* 1. Les décisions relatives au déroulement et à la clôture d'une procédure d'insolvabilité rendues par une juridiction dont la décision d'ouverture est reconnue conformément à l'article 16 ainsi qu'un concordat approuvé par une telle juridiction sont reconnus également sans aucune autre formalité. Ces décisions sont exécutées conformément aux articles 31 à 51 (à l'exception de l'article 34, paragraphe 2) de la convention de Bruxelles concernant la compétence judiciaire et l'exécution des décisions en matière civile et commerciale, modifiée par les conventions relatives à l'adhésion à cette convention.

Le premier alinéa s'applique également aux décisions qui dérivent directement de la procédure d'insolvabilité et qui s'y insèrent étroitement, même si elles sont rendues par une autre juridiction.

Le premier alinéa s'applique également aux décisions relatives aux mesures conservatoires prises après la demande d'ouverture d'une procédure d'insolvabilité.

2. La reconnaissance et l'exécution des décisions autres que celles visées au paragraphe 1 sont régies par la convention visée au paragraphe 1, pour autant que cette convention soit applicable.

3. Les États membres ne sont pas tenus de reconnaître ou d'exécuter une décision visée au paragraphe 1, qui aurait pour effet de limiter la liberté individuelle ou le secret postal.

Art. 26 *Ordre public.* Tout État membre peut refuser de reconnaître une procédure d'insolvabilité ouverte dans un autre État membre ou d'exécuter une décision prise dans le cadre d'une telle procédure, lorsque cette reconnaissance ou cette exécution produirait des effets manifestement contraires à son ordre public, en particulier à ses principes fondamentaux ou aux droits et aux libertés individuelles garantis par sa constitution.

CHAPITRE III

Procédures secondaires d'insolvabilité

Art. 27 *Ouverture.* La procédure visée à l'article 3, paragraphe 1, qui est ouverte par une juridiction d'un État membre et reconnue dans un autre État membre (procédure principale) permet d'ouvrir, dans cet autre État membre, dont une juridiction serait compétente en vertu de l'article 3, paragraphe 2, une procédure secondaire d'insolvabilité sans que l'insolvabilité du débiteur soit examinée dans cet autre État. Cette procédure doit être une des procédures mentionnées à l'annexe B. Ses effets sont limités aux biens du débiteur situés sur le territoire de cet autre État membre.

Art. 28 *Loi applicable.* Sauf disposition contraire du présent règlement, la loi applicable à la procédure secondaire est celle de l'État membre sur le territoire duquel la procédure secondaire est ouverte.

Art. 29 *Droit de demander l'ouverture.* L'ouverture d'une procédure secondaire peut être demandée par :

a) le syndic de la procédure principale;

b) toute autre personne ou autorité habilitée à demander l'ouverture d'une procédure d'insolvabilité en vertu de la loi de l'État membre sur le territoire duquel l'ouverture de la procédure secondaire est demandée.

Art. 30 *Avance de frais et dépens.* Lorsque la loi de l'État membre où l'ouverture d'une procédure secondaire est demandée exige que l'actif du débiteur soit suffisant pour couvrir en tout ou en partie les frais et dépens de la procédure, la juridiction saisie d'une telle demande peut exiger du demandeur une avance de frais ou une garantie d'un montant approprié.

Art. 31 *Devoir de coopération et d'information.* 1. Sous réserve des règles limitant la communication de renseignements, le syndic de la procédure principale et les syndics des procédures secondaires sont tenus d'un devoir d'information réciproque. Ils doivent communiquer sans délai tout renseignement qui peut être utile à l'autre procédure, notamment l'état de la production et de la vérification des créances et les mesures visant à mettre fin à la procédure.

2. Sous réserve des règles applicables à chacune des procédures, le syndic de la procédure principale et les syndics des procédures secondaires sont tenus d'un devoir de coopération réciproque.

3. Le syndic d'une procédure secondaire doit en temps utile permettre au syndic de la procédure principale de présenter des propositions relatives à la liquidation ou à toute utilisation des actifs de la procédure secondaire.

Art. 32 *Exercice des droits des créanciers.* 1. Tout créancier peut produire sa créance à la procédure principale et à toute procédure secondaire.

2. Les syndics de la procédure principale et des procédures secondaires produisent dans les autres procédures les créances déjà produites dans la procédure pour laquelle ils ont été désignés, dans la mesure où cette production est utile aux créanciers de la procédure pour laquelle ils ont été désignés et sous réserve du droit de ceux-ci de s'y opposer ou de retirer leur production, lorsque la loi applicable le prévoit.

3. Le syndic d'une procédure principale ou secondaire est habilité à participer, au même titre que tout créancier, à une autre procédure, notamment en prenant part à une assemblée de créanciers.

Art. 33 *Suspension de la liquidation.* 1. La juridiction qui a ouvert la procédure secondaire suspend en tout ou en partie les opérations de liquidation, sur la demande du syndic de la procédure principale, sous réserve de la faculté d'exiger en ce cas du syndic de la procédure principale toute mesure adéquate pour garantir les intérêts des créanciers de la procédure secondaire et de certains groupes de créanciers. La demande du syndic de la procédure principale ne peut être rejetée que si elle est manifestement sans intérêt pour les créanciers de la procédure principale. La suspension de la liquidation peut être ordonnée pour une durée maximale de trois mois. Elle peut être prolongée ou renouvelée pour des périodes de même durée.

2. La juridiction visée au paragraphe 1 met fin à la suspension des opérations de liquidation :

— à la demande du syndic de la procédure principale,

— d'office, à la demande d'un créancier ou à la demande du syndic de la procédure secondaire, si cette mesure n'apparaît plus justifiée, notamment par l'intérêt des créanciers de la procédure principale ou de ceux de la procédure secondaire.

Art. 34 *Mesures mettant fin à la procédure secondaire d'insolvabilité.* 1. Lorsque la loi applicable à la procédure secondaire prévoit la possibilité de clôturer cette procédure sans liquidation par un plan de redressement, un concordat ou une mesure comparable, une telle mesure peut être proposée par le syndic de la procédure principale.

La clôture de la procédure secondaire par une mesure visée au premier alinéa ne devient définitive qu'avec l'accord du syndic de la procédure principale, ou, à défaut de son accord, lorsque la mesure proposée n'affecte pas les intérêts financiers des créanciers de la procédure principale.

2. Toute limitation des droits des créanciers, tels qu'un sursis de paiement ou une remise de dette, découlant d'une mesure visée au paragraphe 1 et proposée dans une procédure secondaire ne peut produire ses effets sur les biens du débiteur qui ne sont pas visés par cette procédure qu'avec l'accord de tous les créanciers intéressés.

3. Durant la suspension des opérations de liquidation ordonnée en vertu de l'article 33, seul le syndic de la procédure principale, ou le débiteur avec son accord, peut proposer dans la procédure secondaire des mesures prévues au paragraphe 1 du présent article; aucune autre proposition visant une telle mesure ne peut être soumise au vote ni homologuée.

Art. 35 *Surplus d'actif de la procédure secondaire.* Si la liquidation des actifs de la procédure secondaire permet de payer toutes les créances admises dans cette procédure, le syndic désigné dans cette procédure transfère sans délai le surplus d'actif au syndic de la procédure principale.

Art. 36 *Ouverture ultérieure de la procédure principale.* Lorsqu'une procédure visée à l'article 3, paragraphe 1, est ouverte après l'ouverture d'une procédure visée à l'article 3, paragraphe 2, dans un autre État membre, les articles 31 à 35 s'appliquent à la procédure ouverte en premier, dans la mesure où l'état de cette procédure le permet.

Art. 37 *Conversion de la procédure antérieure.* Le syndic de la procédure principale peut demander la conversion en une procédure de liquidation d'une procédure mentionnée à l'annexe A antérieurement ouverte dans un autre État membre, si cette conversion s'avère utile aux intérêts des créanciers de la procédure principale.

La juridiction compétente en vertu de l'article 3, paragraphe 2, ordonne la conversion en une des procédures mentionnées à l'annexe B.

Art. 38 *Mesures conservatoires.* Lorsque la juridiction d'un État membre compétente en vertu de l'article 3, paragraphe 1, désigne un syndic provisoire en vue d'assurer la conservation des biens du débiteur, ce syndic provisoire est habilité à demander toute mesure de conservation ou de protection sur les biens du débiteur qui se trouvent dans un autre État membre prévue par la loi de cet État, pour la période séparant la demande d'ouverture d'une procédure d'insolvabilité de la décision d'ouverture.

CHAPITRE IV

Information des créanciers et production de leurs créances

Art. 39 *Droit de produire les créances.* Tout créancier qui a sa résidence habituelle, son domicile ou son siège dans un État membre autre que l'État d'ouverture, y compris les autorités fiscales et les organismes de sécurité sociale des États membres, ont le droit de produire leurs créances par écrit dans la procédure d'insolvabilité.

Art. 40 *Obligation d'informer les créanciers.* 1. Dès qu'une procédure d'insolvabilité est ouverte dans un État membre, la juridiction compétente de cet État ou le syndic nommé par celle-ci informe sans délai les créanciers connus qui ont leur résidence habituelle, leur domicile ou leur siège dans les autres États membres.

2. Cette information, assurée par l'envoi individuel d'une note, porte notamment sur les délais à observer, les sanctions prévues quant à ces délais, l'organe ou l'autorité habilité à recevoir la production des créances et les autres mesures prescrites. Cette note indique également si les créanciers dont la créance est garantie par un privilège ou une sûreté réelle doivent produire leur créance.

Art. 41 *Contenu de la production d'une créance.* Le créancier envoie une copie des pièces justificatives, s'il en existe, et indique la nature de la créance, sa date de naissance et son montant; il indique également s'il revendique, pour cette créance, un privilège, une sûreté réelle ou une réserve de propriété, et quels sont les biens sur lesquels porte la garantie qu'il invoque.

Art. 42 *Langues.* 1. L'information prévue à l'article 40 est assurée dans la ou dans une des langue(s) officielle(s) de l'État d'ouverture. Un formulaire portant, dans toutes les langues officielles des institutions de l'Union européenne, le titre «Invitation à produire une créance. Délais à respecter», est utilisé à cet effet.

2. Tout créancier qui a sa résidence habituelle, son domicile ou son siège dans un autre État membre que l'État d'ouverture peut produire sa créance dans la ou dans une des langue(s) officielle(s) de cet autre État. Dans ce cas, la production de sa créance doit néanmoins porter le titre «Production de créance» dans la ou dans une des langue(s) officielle(s) de l'État d'ouverture. En outre, une traduction dans la ou une des langue(s) officielle(s) de l'État d'ouverture peut lui être réclamée.

CHAPITRE V

Dispositions transitoires et finales

Art. 43 *Application dans le temps.* Les dispositions du présent règlement ne sont applicables qu'aux procédures d'insolvabilité ouvertes postérieurement à son entrée en vigueur. Les actes accomplis par le débiteur avant l'entrée en vigueur du présent règlement continuent d'être régis par la loi qui leur était applicable au moment où ils ont été accomplis.

Art. 44 *Relations avec les conventions.* 1. Après son entrée en vigueur, le présent règlement remplace dans les relations entre les États membres, pour les matières auxquelles il se réfère, les conventions conclues entre deux ou plusieurs de ces États, à savoir :

a) la convention entre la Belgique et la France sur la compétence judiciaire, sur l'autorité et l'exécution des décisions judiciaires, des sentences arbitrales et des actes authentiques, signée à Paris, le 8 juillet 1899;

b) la convention entre la Belgique et l'Autriche sur la faillite, le concordat et le sursis de paiement (avec protocole additionnel du 13 juin 1973), signée à Bruxelles le 16 juillet 1969;

c) la convention entre la Belgique et les Pays-Bas sur la compétence judiciaire territoriale, sur la faillite, ainsi que sur l'autorité et l'exécution des décisions judiciaires, des sentences arbitrales et des actes authentiques, signée à Bruxelles, le 28 mars 1925;

d) le traité entre l'Allemagne et l'Autriche en matière de faillite et de concordat, signé à Vienne le 25 mai 1979;

e) la convention entre la France et l'Autriche sur la compétence judiciaire, la reconnaissance et l'exécution des décisions en matière de faillite, signée à Vienne le 27 février 1979;

f) la convention entre la France et l'Italie sur l'exécution des jugements en matière civile et commerciale, signée à Rome, le 3 juin 1930;

g) la convention entre l'Italie et l'Autriche en matière de faillite et de concordat, signée à Rome le 12 juillet 1977;

h) la convention entre le Royaume des Pays-Bas et la République fédérale d'Allemagne sur la reconnaissance et l'exécution mutuelles des décisions judiciaires et autres titres exécutoires en matière civile et commerciale, signée à La Haye, le 30 août 1962;

i) la convention entre le Royaume-Uni et le Royaume de Belgique sur l'exécution réciproque des jugements en matière civile et commerciale, et son protocole, signée à Bruxelles, le 2 mai 1934;

j) la convention entre le Danemark, la Finlande, la Norvège, la Suède et l'Islande, relative à la faillite, signée à Copenhague le 11 novembre 1933;

k) la convention européenne sur certains aspects internationaux de la faillite, signée à Istanbul le 5 juin 1990;

l) la convention entre la République fédérative socialiste de Yougoslavie et le Royaume de Grèce sur la reconnaissance et l'exécution des décisions, signée à Athènes le 18 juin 1959;

m) l'accord entre la République fédérative socialiste de Yougoslavie et la République d'Autriche sur la reconnaissance et l'exécution réciproques des décisions et sentences arbitrales en matière commerciale, signé à Belgrade le 18 mars 1960;

n) la convention entre la République fédérative socialiste de Yougoslavie et la République italienne relative à l'entraide judiciaire en matière civile et administrative, signée à Rome le 3 décembre 1960;

o) l'accord entre la République fédérative socialiste de Yougoslavie et le Royaume de Belgique relatif à la coopération judiciaire en matière civile et commerciale, signé à Belgrade le 24 septembre 1971 ;

p) la convention entre le gouvernement de la Yougoslavie et le gouvernement de la France relative à la reconnaissance et à l'exécution des décisions judiciaires en matière civile et commerciale, signée à Paris le 18 mai 1971 ;

q) l'accord entre la République socialiste tchécoslovaque et la République hellénique sur l'assistance judiciaire en matière civile et pénale, signé à Athènes le 22 octobre 1980, toujours en vigueur entre la République tchèque et la Grèce ;

r) l'accord traité entre la République socialiste tchécoslovaque et la République de Chypre relatif à l'assistance judiciaire en matière civile et pénale, signé à Nicosie le 23 avril 1982, toujours en vigueur entre la République tchèque et Chypre ;

s) le traité entre le gouvernement de la République socialiste tchécoslovaque et le gouvernement de la République française relatif à l'entraide judiciaire, à la reconnaissance et à l'exécution des décisions, en matière civile, familiale et commerciale, signé à Paris le 10 mai 1984, toujours en vigueur entre la République tchèque et la France ;

t) le traité entre la République socialiste tchécoslovaque et la République italienne relatif à l'assistance judiciaire en matière civile et pénale, signé à Prague le 6 décembre 1985, toujours en vigueur entre la République tchèque et l'Italie ;

u) l'accord entre la République de Lettonie, la République d'Estonie et la République de Lituanie relatif à l'assistance judiciaire et les relations judiciaires, signé à Tallinn le 11 novembre 1992 ;

v) l'accord entre l'Estonie et la Pologne relatif à l'entraide judiciaire et à l'établissement de relations judiciaires en matière civile, pénale et du travail, signé à Tallinn le 27 novembre 1998 ;

w) l'accord entre la République de Lituanie et la République de Pologne relatif à l'entraide judiciaire et aux relations judiciaires en matière civile, familiale, pénale et du travail, signé à Varsovie le 26 janvier 1993.

2. Les conventions visées au paragraphe 1 continuent à produire leurs effets en ce qui concerne les procédures ouvertes avant l'entrée en vigueur du présent règlement.

3. Le présent règlement n'est pas applicable :

a) dans tout État membre, dans la mesure où il est incompatible avec les obligations en matière de faillite résultant d'une convention conclue antérieurement à son entrée en vigueur par cet État avec un ou plusieurs pays tiers ;

b) au Royaume-Uni de Grande-Bretagne et d'Irlande du Nord, dans la mesure où il est incompatible avec les obligations en matière de faillite et de liquidation de sociétés insolvables résultant d'accords avec le Commonwealth applicables au moment de l'entrée en vigueur du présent règlement.

Art. 45 *Modification des annexes.* Le Conseil, statuant à la majorité qualifiée, à l'initiative d'un ou de plusieurs de ses membres ou sur proposition de la Commission, peut modifier les annexes.

Art. 46 *Rapport.* Au plus tard le 1er juin 2012, et ensuite tous les cinq ans, la Commission présente au Parlement européen, au Conseil et au Comité économique et social un rapport relatif à l'application du présent règlement. Ce rapport est accompagné, le cas échéant, de propositions visant à adapter le présent règlement.

Art. 47 *Entrée en vigueur.* Le présent règlement entre en vigueur le 31 mai 2002.

Le présent règlement est obligatoire dans tous ses éléments et directement applicable dans tout État membre conformément au traité instituant la Communauté européenne *[devenu le Traité sur le fonctionnement de l'Union européenne]*.

4 Règlement (CE) du Conseil n° 44/2001 du 22 décembre 2000 concernant la compétence judiciaire, la reconnaissance et l'exécution des décisions en matière civile et commerciale (« Bruxelles I »)

Applicable depuis le 1er mars 2002
Refondu par Règlement (UE) n° 1215/2012 (V. *infra* n° 27), applicable depuis le 10 janvier 2015

Le Conseil de l'Union européenne,

Vu le traité instituant la Communauté européenne, et notamment son article 61, point c), et son article 67, paragraphe 1,

Vu la proposition de la Commission,

Vu l'avis du Parlement européen,

Vu l'avis du Comité économique et social,

Considérant ce qui suit :

(1) La Communauté s'est donné pour objectif de maintenir et de développer un espace de liberté, de sécurité et de justice au sein duquel la libre circulation des personnes est assurée. Pour mettre en place progressivement un tel espace, il convient que la Communauté adopte, entre autres, les mesures dans le domaine de la coopération judiciaire en matière civile qui sont nécessaires au bon fonctionnement du marché intérieur.

(2) Certaines différences entre les règles nationales en matière de compétence judiciaire et de reconnaissance des décisions rendent plus difficile le bon fonctionnement du marché intérieur. Des dispositions permettant d'unifier les règles de conflit de juridictions en matière civile et commerciale ainsi que de simplifier les formalités en vue de la reconnaissance et de l'exécution rapides et simples des décisions émanant des États membres liés par le présent règlement sont indispensables.

(3) Cette matière relève du domaine de la coopération judiciaire en matière civile au sens de l'article 65 du traité.

(4) Conformément au principe de subsidiarité et au principe de proportionnalité tels qu'énoncés à l'article 5 du traité, les objectifs du présent règlement ne peuvent pas être réalisés de manière suffisante par les États membres et peuvent donc être mieux réalisés au niveau communautaire. Le présent règlement se limite au minimum requis pour atteindre ces objectifs et n'excède pas ce qui est nécessaire à cette fin.

(5) Les États membres ont conclu le 27 septembre 1968, dans le cadre de l'article 293, quatrième tiret, du traité, la convention de Bruxelles concernant la compétence judiciaire et l'exécution des décisions en matière civile et commerciale, qui a été modifiée par les conventions relatives à l'adhésion des nouveaux États membres à cette convention (ci-après dénommée « convention de Bruxelles »). Les États membres et les

États de l'AELE ont conclu le 16 septembre 1988 la convention de Lugano concernant la compétence judiciaire et l'exécution des décisions en matière civile et commerciale, qui est une convention parallèle à la convention de Bruxelles de 1968. Ces conventions ont fait l'objet de travaux de révision et le Conseil a marqué son accord sur le contenu du texte révisé. Il y a lieu d'assurer la continuité des résultats obtenus dans le cadre de cette révision.

(6) Pour atteindre l'objectif de la libre circulation des décisions en matière civile et commerciale, il est nécessaire et approprié que les règles relatives à la compétence judiciaire, à la reconnaissance et à l'exécution des décisions soient déterminées par un instrument juridique communautaire contraignant et directement applicable.

(7) Il est important d'inclure dans le champ d'application matériel du présent règlement l'essentiel de la matière civile et commerciale, à l'exception de certaines matières bien définies.

(8) Il doit exister un lien entre les litiges couverts par le présent règlement et le territoire des États membres qu'il lie. Les règles communes en matière de compétence doivent donc s'appliquer en principe lorsque le défendeur est domicilié dans un de ces États membres.

(9) Les défendeurs non domiciliés dans un État membre sont généralement soumis aux règles nationales de compétence applicables sur le territoire de l'État membre de la juridiction saisie et les défendeurs domiciliés dans un État membre non lié par le présent règlement doivent continuer à être soumis à la convention de Bruxelles.

(10) Aux fins de la libre circulation des jugements, les décisions rendues dans un État membre lié par le présent règlement doivent être reconnues et exécutées dans un autre État membre lié par le présent règlement, même si le débiteur condamné est domicilié dans un État tiers.

(11) Les règles de compétence doivent présenter un haut degré de prévisibilité et s'articuler autour de la compétence de principe du domicile du défendeur et cette compétence doit toujours être disponible, sauf dans quelques cas bien déterminés où la matière en litige ou l'autonomie des parties justifie un autre critère de rattachement. S'agissant des personnes morales, le domicile doit être défini de façon autonome de manière à accroître la transparence des règles communes et à éviter les conflits de juridictions.

(12) Le for du domicile du défendeur doit être complété par d'autres fors autorisés en raison du lien étroit entre la juridiction et le litige ou en vue de faciliter une bonne administration de la justice.

(13) S'agissant des contrats d'assurance, de consommation et de travail, il est opportun de protéger la partie la plus faible au moyen de règles de compétence plus favorables à ses intérêts que ne le sont les règles générales.

(14) L'autonomie des parties à un contrat autre qu'un contrat d'assurance, de consommation et de travail pour lequel n'est prévue qu'une autonomie limitée quant à la détermination de la juridiction compétente doit être respectée sous réserve des fors de compétence exclusifs prévus dans le présent règlement.

(15) Le fonctionnement harmonieux de la justice commande de réduire au maximum la possibilité de procédures concurrentes et d'éviter que des décisions inconciliables ne soient rendues dans deux États membres. Il importe de prévoir un mécanisme clair et efficace pour résoudre les cas de litispendance et de connexité et pour parer aux

problèmes résultant des divergences nationales quant à la date à laquelle une affaire est considérée comme pendante. Aux fins du présent règlement, il convient de définir cette date de manière autonome.

(16) La confiance réciproque dans la justice au sein de la Communauté justifie que les décisions rendues dans un État membre soient reconnues de plein droit, sans qu'il soit nécessaire, sauf en cas de contestation, de recourir à aucune procédure.

(17) Cette même confiance réciproque justifie que la procédure visant à rendre exécutoire, dans un État membre, une décision rendue dans un autre État membre soit efficace et rapide. À cette fin, la déclaration relative à la force exécutoire d'une décision devrait être délivrée de manière quasi automatique, après un simple contrôle formel des documents fournis, sans qu'il soit possible pour la juridiction de soulever d'office un des motifs de non-exécution prévus par le présent règlement.

(18) Le respect des droits de la défense impose toutefois que le défendeur puisse, le cas échéant, former un recours, examiné de façon contradictoire, contre la déclaration constatant la force exécutoire, s'il considère qu'un des motifs de non-exécution est établi. Une faculté de recours doit également être reconnue au requérant si la déclaration constatant la force exécutoire a été refusée.

(19) Pour assurer la continuité nécessaire entre la convention de Bruxelles et le présent règlement, il convient de prévoir des dispositions transitoires. La même continuité doit être assurée en ce qui concerne l'interprétation des dispositions de la convention de Bruxelles par la Cour de justice des Communautés européennes et le protocole de 1971 doit continuer à s'appliquer également aux procédures déjà pendantes à la date d'entrée en vigueur du présent règlement.

(20) Le Royaume-Uni et l'Irlande, conformément à l'article 3 du protocole sur la position du Royaume-Uni et de l'Irlande annexé au traité sur l'Union européenne et au traité instituant la Communauté européenne, ont notifié leur souhait de participer à l'adoption et à l'application du présent règlement.

(21) Le Danemark, conformément aux articles 1er et 2 du protocole sur la position du Danemark annexé au traité sur l'Union européenne et au traité instituant la Communauté européenne, ne participe pas à l'adoption du présent règlement, lequel ne lie donc pas le Danemark et n'est pas applicable à son égard.

(22) Étant donné que la convention de Bruxelles est en vigueur dans les relations entre le Danemark et les États membres liés par le présent règlement, cette Convention ainsi que le protocole de 1971 continuent à s'appliquer entre le Danemark et les États membres liés par le présent règlement.

(23) La Convention de Bruxelles continue également à s'appliquer en ce qui concerne les territoires des États membres qui entrent dans le champ d'application territorial de cette convention et qui sont exclus du présent règlement en vertu de l'article 299 du traité.

(24) Le même souci de cohérence commande que le présent règlement n'affecte pas les règles sur la compétence et la reconnaissance des décisions contenues dans des instruments communautaires spécifiques.

(25) Le respect des engagements internationaux souscrits par les États membres justifie que le présent règlement n'affecte pas les conventions auxquelles les États membres sont parties et qui portent sur des matières spéciales.

(26) Il convient d'apporter les assouplissements nécessaires aux règles de principe prévues par le présent règlement, pour tenir compte des particularités procédurales de certains États membres. À cette fin, il convient d'introduire dans le règlement certaines dispositions prévues par le protocole annexé à la convention de Bruxelles.
(27) Afin de permettre une transition harmonieuse dans certains domaines qui faisaient l'objet de dispositions particulières dans le protocole annexé à la convention de Bruxelles, le présent règlement prévoit, pendant une période transitoire, des dispositions prenant en considération la situation spécifique dans certains États membres.
(28) Au plus tard cinq ans après l'entrée en vigueur du présent règlement, la Commission présentera un rapport sur son application et proposera éventuellement, s'il en est besoin, des propositions d'adaptation.
(29) La Commission devra modifier les annexes I à IV relatives aux règles de compétence nationales, aux juridictions ou autorités compétentes et aux voies de recours en se fondant sur les amendements transmis par l'État membre concerné. Les modifications apportées aux annexes V et VI devront être adoptées conformément à la décision 1999/468/CE du Conseil du 28 juin 1999 fixant les modalités de l'exercice des compétences d'exécution conférées à la Commission,
A arrêté le présent règlement :

CHAPITRE PREMIER
Champ d'application

Art. premier 1. Le présent règlement s'applique en matière civile et commerciale et quelle que soit la nature de la juridiction. Il ne recouvre notamment pas les matières fiscales, douanières ou administratives.

2. Sont exclus de son application :

a) l'état et la capacité des personnes physiques, les régimes matrimoniaux, les testaments et les successions;

b) les faillites, concordats et autres procédures analogues;

c) la sécurité sociale;

d) l'arbitrage.

3. Dans le présent règlement, on entend par « État membre » tous les États membres à l'exception du Danemark.

CHAPITRE II
Compétence

Section I

Dispositions générales

Art. 2 1. Sous réserve des dispositions du présent règlement, les personnes domiciliées sur le territoire d'un État membre sont attraites, quelle que soit leur nationalité, devant les juridictions de cet État membre.

2. Les personnes qui ne possèdent pas la nationalité de l'État membre dans lequel elles sont domiciliées y sont soumises aux règles de compétence applicables aux nationaux.

Art. 3 1. Les personnes domiciliées sur le territoire d'un État membre ne peuvent être attraites devant les tribunaux d'un autre État membre qu'en vertu des règles énoncées aux sections 2 à 7 du présent chapitre.

2. Ne peuvent être invoquées contre elles notamment les règles de compétence nationales figurant à l'annexe I.

Art. 4 1. Si le défendeur n'est pas domicilié sur le territoire d'un État membre, la compétence est, dans chaque État membre, réglée par la loi de cet État membre, sous réserve de l'application des dispositions des articles 22 et 23.

2. Toute personne, quelle que soit sa nationalité, domiciliée sur le territoire d'un État membre, peut, comme les nationaux, y invoquer contre ce défendeur les règles de compétence qui y sont en vigueur et notamment celles prévues à l'annexe I.

Section II

Compétences spéciales

Art. 5 Une personne domiciliée sur le territoire d'un État membre peut être attraite, dans un autre État membre :

1) *a)* en matière contractuelle, devant le tribunal du lieu où l'obligation qui sert de base à la demande a été ou doit être exécutée;

b) aux fins de l'application de la présente disposition, et sauf convention contraire, le lieu d'exécution de l'obligation qui sert de base à la demande est :

— pour la vente de marchandises, le lieu d'un État membre où, en vertu du contrat, les marchandises ont été ou auraient dû être livrées,

— pour la fourniture de services, le lieu d'un État membre où, en vertu du contrat, les services ont été ou auraient dû être fournis;

c) le point *a)* s'applique si le point *b)* ne s'applique pas;

2) en matière d'obligation alimentaire, devant le tribunal du lieu où le créancier d'aliments a son domicile ou sa résidence habituelle ou, s'il s'agit d'une demande accessoire à une action relative à l'état des personnes, devant le tribunal compétent selon la loi du for pour en connaître, sauf si cette compétence est uniquement fondée sur la nationalité d'une des parties;

3) en matière délictuelle ou quasi délictuelle, devant le tribunal du lieu où le fait dommageable s'est produit ou risque de se produire;

4) s'il s'agit d'une action en réparation de dommage ou d'une action en restitution fondées sur une infraction, devant le tribunal saisi de l'action publique, dans la mesure où, selon sa loi, ce tribunal peut connaître de l'action civile;

5) s'il s'agit d'une contestation relative à l'exploitation d'une succursale, d'une agence ou de tout autre établissement, devant le tribunal du lieu de leur situation;

6) en sa qualité de fondateur, de *trustee* ou de bénéficiaire d'un *trust* constitué soit en application de la loi, soit par écrit ou par une convention verbale, confirmée par écrit, devant les tribunaux de l'État membre sur le territoire duquel le *trust* a son domicile;

7) s'il s'agit d'une contestation relative au paiement de la rémunération réclamé en raison de l'assistance ou du sauvetage dont a bénéficié une cargaison ou un fret, devant le tribunal dans le ressort duquel cette cargaison ou le fret s'y rapportant :

a) a été saisi pour garantir ce paiement, ou

b) aurait pu être saisi à cet effet, mais une caution ou une autre sûreté a été donnée, cette disposition ne s'applique que s'il est prétendu que le défendeur a un droit sur la cargaison ou sur le fret ou qu'il avait un tel droit au moment de cette assistance ou de ce sauvetage.

Art. 6 Cette même personne peut aussi être attraite :

1) s'il y a plusieurs défendeurs, devant le tribunal du domicile de l'un d'eux, à condition que les demandes soient liées entre elles par un rapport si étroit qu'il y a intérêt à les instruire et à les juger en même temps afin d'éviter des solutions qui pourraient être inconciliables si les causes étaient jugées séparément;

2) s'il s'agit d'une demande en garantie ou d'une demande en intervention, devant le tribunal saisi de la demande originaire, à moins qu'elle n'ait été formée que pour traduire hors de son tribunal celui qui a été appelé;

3) s'il s'agit d'une demande reconventionnelle qui dérive du contrat ou du fait sur lequel est fondée la demande originaire, devant le tribunal saisi de celle-ci;

4) en matière contractuelle, si l'action peut être jointe à une action en matière de droits réels immobiliers dirigée contre le même défendeur, devant le tribunal de l'État membre sur le territoire duquel l'immeuble est situé.

Art. 7 Lorsque, en vertu du présent règlement, un tribunal d'un État membre est compétent pour connaître des actions en responsabilité du fait de l'utilisation ou de l'exploitation d'un navire, ce tribunal ou tout autre que lui substitue la loi interne de cet État membre connaît aussi des demandes relatives à la limitation de cette responsabilité.

Section III

Compétence en matière d'assurances

Art. 8 En matière d'assurances, la compétence est déterminée par la présente section, sans préjudice des dispositions de l'article 4 et de l'article 5, point 5.

Art. 9 1. L'assureur domicilié sur le territoire d'un État membre peut être attrait :

a) devant les tribunaux de l'État membre où il a son domicile, ou

b) dans un autre État membre, en cas d'actions intentées par le preneur d'assurance, l'assuré ou un bénéficiaire, devant le tribunal du lieu où le demandeur a son domicile, ou

c) s'il s'agit d'un coassureur, devant le tribunal d'un État membre saisi de l'action formée contre l'apériteur de la coassurance.

2. Lorsque l'assureur n'est pas domicilié sur le territoire d'un État membre, mais possède une succursale, une agence ou tout autre établissement dans un État membre, il est considéré pour les contestations relatives à leur exploitation comme ayant son domicile sur le territoire de cet État membre.

Art. 10 L'assureur peut, en outre, être attrait devant le tribunal du lieu où le fait dommageable s'est produit s'il s'agit d'assurance de responsabilité ou d'assurance portant sur des immeubles. Il en est de même si l'assurance porte à la fois sur des immeubles et des meubles couverts par une même police et atteints par le même sinistre.

Art. 11 1. En matière d'assurance de responsabilité, l'assureur peut également être appelé devant le tribunal saisi de l'action de la personne lésée contre l'assuré, si la loi de ce tribunal le permet.

2. Les dispositions des articles 8, 9 et 10 sont applicables en cas d'action directe intentée par la victime contre l'assureur, lorsque l'action directe est possible.

3. Si la loi relative à cette action directe prévoit la mise en cause du preneur d'assurance ou de l'assuré, le même tribunal sera aussi compétent à leur égard.

Art. 12 1. Sous réserve des dispositions de l'article 11, paragraphe 3, l'action de l'assureur ne peut être portée que devant les tribunaux de l'État membre sur le territoire duquel est domicilié le défendeur, qu'il soit preneur d'assurance, assuré ou bénéficiaire.

2. Les dispositions de la présente section ne portent pas atteinte au droit d'introduire une demande reconventionnelle devant le tribunal saisi d'une demande originaire conformément à la présente section.

Art. 13 Il ne peut être dérogé aux dispositions de la présente section que par des conventions :

1) postérieures à la naissance du différend, ou

2) qui permettent au preneur d'assurance, à l'assuré ou au bénéficiaire de saisir d'autres tribunaux que ceux indiqués à la présente section, ou

3) qui, passées entre un preneur d'assurance et un assureur ayant, au moment de la conclusion du contrat, leur domicile ou leur résidence habituelle dans un même État membre, ont pour effet, alors même que le fait dommageable se produirait à l'étranger, d'attribuer compétence aux tribunaux de cet État sauf si la loi de celui-ci interdit de telles conventions, ou

4) conclues par un preneur d'assurance n'ayant pas son domicile dans un État membre, sauf s'il s'agit d'une assurance obligatoire ou qui porte sur un immeuble situé dans un État membre, ou

5) qui concernent un contrat d'assurance en tant que celui-ci couvre un ou plusieurs des risques énumérés à l'article 14.

Art. 14 Les risques visés à l'article 13, point 5, sont les suivants :

1) tout dommage :

a) aux navires de mer, aux installations au large des côtes et en haute mer ou aux aéronefs, causé par des événements survenant en relation avec leur utilisation à des fins commerciales;

b) aux marchandises autres que les bagages des passagers, durant un transport réalisé par ces navires ou aéronefs soit en totalité, soit en combinaison avec d'autres modes de transport;

2) toute responsabilité, à l'exception de celle des dommages corporels aux passagers ou des dommages à leurs bagages,

a) résultant de l'utilisation ou de l'exploitation des navires, installations ou aéronefs, conformément au point 1 *a)* visé ci-dessus, pour autant que, en ce qui concerne les derniers, la loi de l'État membre d'immatriculation de l'aéronef n'interdise pas les clauses attributives de juridiction dans l'assurance de tels risques;

b) du fait de marchandises durant un transport visé au point 1 *b)* énoncé ci-dessus;

3) toute perte pécuniaire liée à l'utilisation ou à l'exploitation des navires, installations ou aéronefs conformément au point 1 *a)* visé ci-dessus, notamment celle du fret ou du bénéfice d'affrètement;

4) tout risque lié accessoirement à l'un de ceux visés aux points 1 à 3 énoncés ci-dessus;

5) sans préjudice des points 1 à 4, tous les « grands risques » au sens de la directive 73/239/CEE du Conseil, modifiée par les directives 88/357/CEE et 90/618/CEE, dans leur dernière version en vigueur.

Section IV

Compétence en matière de contrats conclus par les consommateurs

Art. 15 1. En matière de contrat conclu par une personne, le consommateur, pour un usage pouvant être considéré comme étranger à son activité professionnelle, la compétence est déterminée par la présente section, sans préjudice des dispositions de l'article 4 et de l'article 5, point 5 :

a) lorsqu'il s'agit d'une vente à tempérament d'objets mobiliers corporels;

b) lorsqu'il s'agit d'un prêt à tempérament ou d'une autre opération de crédit liés au financement d'une vente de tels objets;

c) lorsque, dans tous les autres cas, le contrat a été conclu avec une personne qui exerce des activités commerciales ou professionnelles dans l'État membre sur le territoire duquel le consommateur a son domicile ou qui, par tout moyen, dirige ces activités vers cet État membre ou vers plusieurs États, dont cet État membre, et que le contrat entre dans le cadre de ces activités.

2. Lorsque le cocontractant du consommateur n'est pas domicilié sur le territoire d'un État membre, mais possède une succursale, une agence ou tout autre établissement dans un État membre, il est considéré pour les contestations relatives à leur exploitation comme ayant son domicile sur le territoire de cet État.

3. La présente section ne s'applique pas aux contrats de transport autres que ceux qui, pour un prix forfaitaire, combinent voyage et hébergement.

Art. 16 1. L'action intentée par un consommateur contre l'autre partie au contrat peut être portée soit devant les tribunaux de l'État membre sur le territoire duquel est domiciliée cette partie, soit devant le tribunal du lieu où le consommateur est domicilié.

2. L'action intentée contre le consommateur par l'autre partie au contrat ne peut être portée que devant les tribunaux de l'État membre sur le territoire duquel est domicilié le consommateur.

3. Les dispositions du présent article ne portent pas atteinte au droit d'introduire une demande reconventionnelle devant le tribunal saisi d'une demande originaire conformément à la présente section.

Art. 17 Il ne peut être dérogé aux dispositions de la présente section que par des conventions :

1) postérieures à la naissance du différend, ou

2) qui permettent au consommateur de saisir d'autres tribunaux que ceux indiqués à la présente section, ou

3) qui, passées entre le consommateur et son cocontractant ayant, au moment de la conclusion du contrat, leur domicile ou leur résidence habituelle dans un même État membre, attribuent compétence aux tribunaux de cet État membre, sauf si la loi de celui-ci interdit de telles conventions.

Section V

Compétence en matière de contrats individuels de travail

Art. 18 1. En matière de contrats individuels de travail, la compétence est déterminée par la présente section, sans préjudice de l'article 4 et de l'article 5, point 5.

2. Lorsqu'un travailleur conclut un contrat individuel de travail avec un employeur qui n'est pas domicilié dans un État membre mais possède une succursale, une agence ou tout autre établissement dans un État membre, l'employeur est considéré, pour les contestations relatives à leur exploitation comme ayant son domicile dans cet État membre.

Art. 19 Un employeur ayant son domicile sur le territoire d'un État membre peut être attrait :

1) devant les tribunaux de l'État membre où il a son domicile, ou

2) dans un autre État membre :

a) devant le tribunal du lieu où le travailleur accomplit habituellement son travail ou devant le tribunal du dernier lieu où il a accompli habituellement son travail, ou

b) lorsque le travailleur n'accomplit pas ou n'a pas accompli habituellement son travail dans un même pays, devant le tribunal du lieu où se trouve ou se trouvait l'établissement qui a embauché le travailleur.

Art. 20 1. L'action de l'employeur ne peut être portée que devant les tribunaux de l'État membre sur le territoire duquel le travailleur a son domicile.

2. Les dispositions de la présente section ne portent pas atteinte au droit d'introduire une demande reconventionnelle devant le tribunal saisi de la demande originaire conformément à la présente section.

Art. 21 Il ne peut être dérogé aux dispositions de la présente section que par des conventions attributives de juridiction :

1) postérieures à la naissance du différend, ou

2) qui permettent au travailleur de saisir d'autres tribunaux que ceux indiqués à la présente section.

Section VI

Compétences exclusives

Art. 22 Sont seuls compétents, sans considération de domicile :

1) en matière de droits réels immobiliers et de baux d'immeubles, les tribunaux de l'État membre où l'immeuble est situé.

Toutefois, en matière de baux d'immeubles conclus en vue d'un usage personnel temporaire pour une période maximale de six mois consécutifs, sont également compétents les tribunaux de l'État membre dans lequel le défendeur est domicilié, à condition que le locataire soit une personne physique et que le propriétaire et le locataire soient domiciliés dans le même État membre;

2) en matière de validité, de nullité ou de dissolution des sociétés ou personnes morales ayant leur siège sur le territoire d'un État membre, ou de validité des décisions de leurs organes, les tribunaux de cet État membre. Pour déterminer le siège, le juge applique les règles de son droit international privé;

3) en matière de validité des inscriptions sur les registres publics, les tribunaux de l'État membre sur le territoire duquel ces registres sont tenus;

4) en matière d'inscription ou de validité des brevets, marques, dessins et modèles, et autres droits analogues donnant lieu à dépôt ou à un enregistrement, les juridictions de l'État membre sur le territoire duquel le dépôt ou l'enregistrement a été demandé, a été effectué ou est réputé avoir été effectué aux termes d'un instrument communautaire ou d'une convention internationale.

Sans préjudice de la compétence de l'Office européen des brevets selon la convention sur la délivrance des brevets européens, signée à Munich le 5 octobre 1973, les juridictions de chaque État membre sont seules compétentes, sans considération de domicile, en matière d'inscription ou de validité d'un brevet européen délivré pour cet État;

5) en matière d'exécution des décisions, les tribunaux de l'État membre du lieu de l'exécution.

Section VII

Prorogation de compétence

Art. 23 1. Si les parties, dont l'une au moins a son domicile sur le territoire d'un État membre, sont convenues d'un tribunal ou de tribunaux d'un État membre pour connaître des différends nés ou à naître à l'occasion d'un rapport de droit déterminé, ce tribunal ou les tribunaux de cet État membre sont compétents. Cette compétence est exclusive, sauf convention contraire des parties. Cette convention attributive de juridiction est conclue :

a) par écrit ou verbalement avec confirmation écrite, ou

b) sous une forme qui soit conforme aux habitudes que les parties ont établies entre elles, ou

c) dans le commerce international, sous une forme qui soit conforme à un usage dont les parties avaient connaissance ou étaient censées avoir connaissance et qui est largement connu et régulièrement observé dans ce type de commerce par les parties à des contrats du même type dans la branche commerciale considérée.

2. Toute transmission par voie électronique qui permet de consigner durablement la convention est considérée comme revêtant une forme écrite.

3. Lorsqu'une telle convention est conclue par des parties dont aucune n'a son domicile sur le territoire d'un État membre, les tribunaux des autres États membres ne peuvent connaître du différend tant que le tribunal ou les tribunaux désignés n'ont pas décliné leur compétence.

4. Le tribunal ou les tribunaux d'un État membre auxquels l'acte constitutif d'un *trust* attribue compétence sont exclusivement compétents pour connaître d'une action contre un fondateur, un *trustee* ou un bénéficiaire d'un *trust,* s'il s'agit des relations entre ces personnes ou de leurs droits ou obligations dans le cadre du *trust*;

5. Les conventions attributives de juridiction ainsi que les stipulations similaires d'actes constitutifs de *trust* sont sans effet si elles sont contraires aux dispositions des articles 13, 17 et 21 ou si les tribunaux à la compétence desquels elles dérogent sont exclusivement compétents en vertu de l'article 22.

Art. 24 Outre les cas où sa compétence résulte d'autres dispositions du présent règlement, le juge d'un État membre devant lequel le défendeur comparaît est compétent. Cette règle n'est pas applicable si la comparution a pour objet de contester la compétence ou s'il existe une autre juridiction exclusivement compétente en vertu de l'article 22.

Section VIII

Vérification de la compétence et de la recevabilité

Art. 25 Le juge d'un État membre, saisi à titre principal d'un litige pour lequel une juridiction d'un autre État membre est exclusivement compétente en vertu de l'article 22, se déclare d'office incompétent.

Art. 26 1. Lorsque le défendeur domicilié sur le territoire d'un État membre est attrait devant une juridiction d'un autre État membre et ne comparaît pas, le juge se déclare d'office incompétent si sa compétence n'est pas fondée aux termes du présent règlement.

2. Le juge est tenu de surseoir à statuer aussi longtemps qu'il n'est pas établi que ce défendeur a été mis à même de recevoir l'acte introductif d'instance ou un acte équivalent en temps utile pour se défendre ou que toute diligence a été faite à cette fin.

3. L'article 19 du règlement (CE) n° 1348/2000 du Conseil du 29 mai 2000 relatif à la signification et à la notification dans les États membres des actes judiciaires et extrajudiciaires en matière civile ou commerciale s'applique en lieu et place des dispositions du paragraphe 2 si l'acte introductif d'instance ou un acte équivalent a dû être transmis d'un État membre à un autre en exécution de ce règlement.

4. Lorsque les dispositions du règlement (CE) n° 1348/2000 ne sont pas applicables, l'article 15 de la convention de La Haye du 15 novembre 1965 relative à la signification et à la notification à l'étranger des actes judiciaires et extrajudiciaires en matière civile ou commerciale s'applique si l'acte introductif d'instance ou un acte équivalent a dû être transmis en exécution de cette convention.

Section IX

Litispendance et connexité

Art. 27 1. Lorsque des demandes ayant le même objet et la même cause sont formées entre les mêmes parties devant des juridictions d'États membres différents, la juridiction saisie en second lieu sursoit d'office à statuer jusqu'à ce que la compétence du tribunal premier saisi soit établie.

2. Lorsque la compétence du tribunal premier saisi est établie, le tribunal saisi en second lieu se dessaisit en faveur de celui-ci.

Art. 28 1. Lorsque des demandes connexes sont pendantes devant des juridictions d'États membres différents, la juridiction saisie en second lieu peut surseoir à statuer.

2. Lorsque ces demandes sont pendantes au premier degré, la juridiction saisie en second lieu peut également se dessaisir, à la demande de l'une des parties, à condition que le tribunal premier saisi soit compétent pour connaître des demandes en question et que sa loi permette leur jonction.

3. Sont connexes, au sens du présent article, les demandes liées entre elles par un rapport si étroit qu'il y a intérêt à les instruire et à les juger en même temps afin d'éviter des solutions qui pourraient être inconciliables si les causes étaient jugées séparément.

Art. 29 Lorsque les demandes relèvent de la compétence exclusive de plusieurs juridictions, le dessaisissement a lieu en faveur de la juridiction première saisie.

Art. 30 Aux fins de la présente section, une juridiction est réputée saisie :

1) à la date à laquelle l'acte introductif d'instance ou un acte équivalent est déposé auprès de la juridiction, à condition que le demandeur n'ait pas négligé par la suite de prendre les mesures qu'il était tenu de prendre pour que l'acte soit notifié ou signifié au défendeur, ou

2) si l'acte doit être notifié ou signifié avant d'être déposé auprès de la juridiction, à la date à laquelle il est reçu par l'autorité chargée de la notification ou de la signification,

à condition que le demandeur n'ait pas négligé par la suite de prendre les mesures qu'il était tenu de prendre pour que l'acte soit déposé auprès de la juridiction.

Section X

Mesures provisoires et conservatoires

Art. 31 Les mesures provisoires ou conservatoires prévues par la loi d'un État membre peuvent être demandées aux autorités judiciaires de cet État, même si, en vertu du présent règlement, une juridiction d'un autre État membre est compétente pour connaître du fond.

CHAPITRE III

Reconnaissance et exécution

Art. 32 On entend par décision, au sens du présent règlement, toute décision rendue par une juridiction d'un État membre quelle que soit la dénomination qui lui est donnée, telle qu'arrêt, jugement, ordonnance ou mandat d'exécution, ainsi que la fixation par le greffier du montant des frais du procès.

Section I

Reconnaissance

Art. 33 1. Les décisions rendues dans un État membre sont reconnues dans les autres États membres, sans qu'il soit nécessaire de recourir à aucune procédure.

2. En cas de contestation, toute partie intéressée qui invoque la reconnaissance à titre principal peut faire constater, selon les procédures prévues aux sections 2 et 3 du présent chapitre, que la décision doit être reconnue.

3. Si la reconnaissance est invoquée de façon incidente devant une juridiction d'un État membre, celle-ci est compétente pour en connaître.

Art. 34 Une décision n'est pas reconnue si :

1) la reconnaissance est manifestement contraire à l'ordre public de l'État membre requis;

2) l'acte introductif d'instance ou un acte équivalent n'a pas été signifié ou notifié au défendeur défaillant en temps utile et de telle manière qu'il puisse se défendre, à moins qu'il n'ait pas exercé de recours à l'encontre de la décision alors qu'il était en mesure de le faire;

3) elle est inconciliable avec une décision rendue entre les mêmes parties dans l'État membre requis;

4) elle est inconciliable avec une décision rendue antérieurement dans un autre État membre ou dans un État tiers entre les mêmes parties dans un litige ayant le même objet et la même cause, lorsque la décision rendue antérieurement réunit les conditions nécessaires à sa reconnaissance dans l'État membre requis.

Art. 35 1. De même, les décisions ne sont pas reconnues si les dispositions des sections 3, 4 et 6 du chapitre II ont été méconnues, ainsi que dans le cas prévu à l'article 72.

2. Lors de l'appréciation des compétences mentionnées au paragraphe précédent, l'autorité requise est liée par les constatations de fait sur lesquelles la juridiction de l'État membre d'origine a fondé sa compétence.

3. Sans préjudice des dispositions du paragraphe 1, il ne peut être procédé au contrôle de la compétence des juridictions de l'État membre d'origine. Le critère de l'ordre public visé à l'article 34, point 1, ne peut être appliqué aux règles de compétence.

Art. 36 En aucun cas, la décision étrangère ne peut faire l'objet d'une révision au fond.

Art. 37 1. L'autorité judiciaire d'un État membre devant laquelle est invoquée la reconnaissance d'une décision rendue dans un autre État membre peut surseoir à statuer si cette décision fait l'objet d'un recours ordinaire.

2. L'autorité judiciaire d'un État membre devant laquelle est invoquée la reconnaissance d'une décision rendue en Irlande ou au Royaume-Uni et dont l'exécution est suspendue dans l'État membre d'origine du fait de l'exercice d'un recours, peut surseoir à statuer.

Section II

Exécution

Art. 38 1. Les décisions rendues dans un État membre et qui y sont exécutoires sont mises à exécution dans un autre État membre après y avoir été déclarées exécutoires sur requête de toute partie intéressée.

2. Toutefois, au Royaume-Uni, ces décisions sont mises à exécution en Angleterre et au pays de Galles, en Écosse ou en Irlande du Nord, après avoir été enregistrées en vue de leur exécution, sur requête de toute partie intéressée, dans l'une ou l'autre de ces parties du Royaume-Uni, suivant le cas.

Art. 39 1. La requête est présentée à la juridiction ou à l'autorité compétente indiquée sur la liste figurant à l'annexe II.

2. La compétence territoriale est déterminée par le domicile de la partie contre laquelle l'exécution est demandée, ou par le lieu de l'exécution.

Art. 40 1. Les modalités du dépôt de la requête sont déterminées par la loi de l'État membre requis.

2. Le requérant doit faire élection de domicile dans le ressort de la juridiction saisie. Toutefois, si la loi de l'État membre requis ne connaît pas l'élection de domicile, le requérant désigne un mandataire *ad litem.*

3. Les documents mentionnés à l'article 53 sont joints à la requête.

Art. 41 La décision est déclarée exécutoire dès l'achèvement des formalités prévues à l'article 53, sans examen au titre des articles 34 et 35. La partie contre laquelle l'exécution est demandée ne peut, en cet état de la procédure, présenter d'observations.

Art. 42 1. La décision relative à la demande de déclaration constatant la force exécutoire est aussitôt portée à la connaissance du requérant suivant les modalités déterminées par la loi de l'État membre requis.

2. La déclaration constatant la force exécutoire est signifiée ou notifiée à la partie contre laquelle l'exécution est demandée, accompagnée de la décision si celle-ci n'a pas encore été signifiée ou notifiée à cette partie.

Art. 43 1. L'une ou l'autre partie peut former un recours contre la décision relative à la demande de déclaration constatant la force exécutoire.

2. Le recours est porté devant la juridiction indiquée sur la liste figurant à l'annexe III.

3. Le recours est examiné selon les règles de la procédure contradictoire.

4. Si la partie contre laquelle l'exécution est demandée ne comparaît pas devant la juridiction saisie du recours formé par le requérant, les dispositions de l'article 26, paragraphes 2 à 4, sont d'application, même si la partie contre laquelle l'exécution est demandée n'est pas domiciliée sur le territoire de l'un des États membres.

5. Le recours contre la déclaration constatant la force exécutoire doit être formé dans un délai d'un mois à compter de sa signification. Si la partie contre laquelle l'exécution est demandée est domiciliée sur le territoire d'un autre État membre que celui dans lequel la déclaration constatant la force exécutoire a été délivrée, le délai est de deux mois et court à compter du jour où la signification a été faite à personne ou à domicile. Ce délai ne comporte pas de prorogation à raison de la distance.

Art. 44 La décision rendue sur le recours ne peut faire l'objet que du recours visé à l'annexe IV.

Art. 45 1. La juridiction saisie d'un recours prévu à l'article 43 ou 44 ne peut refuser ou révoquer une déclaration constatant la force exécutoire que pour l'un des motifs prévus aux articles 34 et 35. Elle statue à bref délai.

2. En aucun cas la décision étrangère ne peut faire l'objet d'une révision au fond.

Art. 46 1. La juridiction saisie d'un recours prévu à l'article 43 ou 44 peut, à la requête de la partie contre laquelle l'exécution est demandée, surseoir à statuer, si la décision étrangère fait, dans l'État membre d'origine, l'objet d'un recours ordinaire ou si le délai pour le former n'est pas expiré ; dans ce dernier cas, la juridiction peut impartir un délai pour former ce recours.

2. Lorsque la décision a été rendue en Irlande ou au Royaume-Uni, toute voie de recours prévue dans l'État membre d'origine est considérée comme un recours ordinaire pour l'application du paragraphe 1.

3. Cette juridiction peut également subordonner l'exécution à la constitution d'une garantie qu'elle détermine.

Art. 47 1. Lorsqu'une décision doit être reconnue en application du présent règlement, rien n'empêche le requérant de demander qu'il soit procédé à des mesures provisoires, ou conservatoires, prévues par la loi de l'État membre requis, sans qu'il soit nécessaire que cette décision soit déclarée exécutoire au sens de l'article 41.

2. La déclaration constatant la force exécutoire emporte l'autorisation de procéder à des mesures conservatoires.

3. Pendant le délai du recours prévu à l'article 43, paragraphe 5, contre la déclaration constatant la force exécutoire et jusqu'à ce qu'il ait été statué sur celui-ci, il ne peut être procédé qu'à des mesures conservatoires sur les biens de la partie contre laquelle l'exécution est demandée.

Art. 48 1. Lorsque la décision étrangère a statué sur plusieurs chefs de la demande et que la déclaration constatant la force exécutoire ne peut être délivrée pour le tout, la juridiction ou l'autorité compétente la délivre pour un ou plusieurs d'entre eux.

2. Le requérant peut demander que la déclaration constatant la force exécutoire soit limitée à certaines parties d'une décision.

Art. 49 Les décisions étrangères condamnant à une astreinte ne sont exécutoires dans l'État membre requis que si le montant en a été définitivement fixé par les tribunaux de l'État membre d'origine.

Art. 50 Le requérant qui, dans l'État membre d'origine, a bénéficié en tout ou en partie de l'assistance judiciaire ou d'une exemption de frais et dépens bénéficie, dans la procédure prévue à la présente section, de l'assistance la plus favorable ou de l'exemption la plus large prévue par le droit de l'État membre requis.

Art. 51 Aucune caution ni aucun dépôt, sous quelque dénomination que ce soit, ne peuvent être imposés en raison, soit de la qualité d'étranger, soit du défaut de domicile ou de résidence dans le pays, à la partie qui demande l'exécution dans un État membre d'une décision rendue dans un autre État membre.

Art. 52 Aucun impôt, droit ou taxe proportionnel à la valeur du litige n'est perçu dans l'État membre requis à l'occasion de la procédure tendant à la délivrance d'une déclaration constatant la force exécutoire.

Section III

Dispositions communes

Art. 53 1. La partie qui invoque la reconnaissance d'une décision ou sollicite la délivrance d'une déclaration constatant sa force exécutoire doit produire une expédition de celle-ci réunissant les conditions nécessaires à son authenticité.

2. La partie qui sollicite la délivrance d'une déclaration constatant la force exécutoire d'une décision doit aussi produire le certificat visé à l'article 54, sans préjudice de l'article 55.

Art. 54 La juridiction ou l'autorité compétente d'un État membre dans lequel une décision a été rendue délivre, à la requête de toute partie intéressée, un certificat en utilisant le formulaire dont le modèle figure à l'annexe V du présent règlement.

Art. 55 1. A défaut de production du certificat visé à l'article 54, la juridiction ou l'autorité compétente peut impartir un délai pour le produire ou accepter un document équivalent ou, si elle s'estime suffisamment éclairée, en dispenser.

2. Il est produit une traduction des documents si la juridiction ou l'autorité compétente l'exige. La traduction est certifiée par une personne habilitée à cet effet dans l'un des États membres.

Art. 56 Aucune légalisation ni formalité analogue n'est exigée en ce qui concerne les documents mentionnés à l'article 53, ou à l'article 55, paragraphe 2, ou, le cas échéant, la procuration *ad litem*.

CHAPITRE IV

Actes authentiques et transactions judiciaires

Art. 57 1. Les actes authentiques reçus et exécutoires dans un État membre sont, sur requête, déclarés exécutoires dans un autre État membre, conformément à la procédure prévue aux articles 38 et suivants. La juridiction auprès de laquelle un recours est formé en vertu des articles 43 ou 44 ne refuse ou révoque une déclaration constatant la force exécutoire que si l'exécution de l'acte authentique est manifestement contraire à l'ordre public de l'État membre requis.

2. Sont également considérées comme des actes authentiques au sens du paragraphe 1, les conventions en matière d'obligations alimentaires conclues devant des autorités administratives ou authentifiées par elles.

3. L'acte produit doit réunir les conditions nécessaires à son authenticité dans l'État membre d'origine.

4. Les dispositions de la section 3 du chapitre III sont applicables, en tant que de besoin. L'autorité compétente de l'État membre dans lequel un acte authentique a été reçu établit, à la requête de toute partie intéressée, un certificat en utilisant le formulaire dont le modèle figure à l'annexe VI du présent règlement.

Art. 58 Les transactions conclues devant le juge au cours d'un procès et exécutoires dans l'État membre d'origine sont exécutoires dans l'État membre requis aux mêmes conditions que les actes authentiques. La juridiction ou l'autorité compétente d'un État membre dans lequel une transaction a été conclue délivre, à la requête de toute partie intéressée, un certificat en utilisant le formulaire dont le modèle figure à l'annexe V du présent règlement.

CHAPITRE V

Dispositions générales

Art. 59 1. Pour déterminer si une partie a un domicile sur le territoire de l'État membre dont les tribunaux sont saisis, le juge applique sa loi interne.

2. Lorsqu'une partie n'a pas de domicile dans l'État membre dont les tribunaux sont saisis, le juge, pour déterminer si elle a un domicile dans un autre État membre, applique la loi de cet État membre.

Art. 60 1. Pour l'application du présent règlement, les sociétés et les personnes morales sont domiciliées là où est situé :

a) leur siège statutaire;

b) leur administration centrale, ou

c) leur principal établissement.

2. Pour le Royaume-Uni et l'Irlande, on entend par « siège statutaire » le registered office ou, s'il n'existe nulle part de registered office, le place of incorporation (le lieu d'acquisition de la personnalité morale) ou, s'il n'existe nulle part de lieu d'acquisition de la personnalité morale, le lieu selon la loi duquel la formation (la constitution) a été effectuée.

3. Pour déterminer si un *trust* a son domicile sur le territoire d'un État membre dont les tribunaux sont saisis, le juge applique les règles de son droit international privé.

Art. 61 Sans préjudice de dispositions nationales plus favorables, les personnes domiciliées sur le territoire d'un État membre et poursuivies pour une infraction involontaire devant les juridictions répressives d'un autre État membre dont elles ne sont pas les nationaux peuvent se faire défendre par les personnes habilitées à cette fin, même si elles ne comparaissent pas personnellement. Toutefois, la juridiction saisie peut ordonner la comparution personnelle; si celle-ci n'a pas eu lieu, la décision rendue sur l'action civile sans que la personne en cause ait eu la possibilité de se défendre pourra ne pas être reconnue ni exécutée dans les autres États membres.

Art. 62 En Suède, dans les procédures sommaires concernant les injonctions de payer (betalningsföreläggande) et l'assistance (handräckning), les termes « juge », « tribunal » et « juridiction » comprennent le service public suédois de recouvrement forcé (kronofogdemyndighet).

Art. 63 1. Une personne domiciliée sur le territoire du Luxembourg et attraite devant le tribunal d'un autre État membre en application de l'article 5, point 1, a la faculté de décliner la compétence de ce tribunal lorsque le lieu final de livraison de la marchandise ou de la prestation de service se situe au Luxembourg.

2. Lorsqu'en application du paragraphe 1, le lieu final de livraison de la marchandise ou de la prestation de service se situe au Luxembourg, toute convention attributive de juridiction, pour être valable, doit être acceptée par écrit ou verbalement avec confirmation écrite, au sens de l'article 23, paragraphe 1, point *a)*.

3. Les dispositions du présent article ne sont pas applicables aux contrats de prestation de services financiers.

4. Les dispositions du présent article sont applicables pour une durée de six ans à compter de l'entrée en vigueur du présent règlement.

Art. 64 1. Dans les litiges entre le capitaine et un membre d'équipage d'un navire de mer immatriculé en Grèce ou au Portugal, relatif aux rémunérations ou autres conditions de service, les juridictions d'un État membre doivent contrôler si l'agent diplomatique ou consulaire dont relève le navire a été informé du litige. Elles peuvent statuer dès que cet agent a été informé.

2. Les dispositions du présent article sont applicables pour une durée de six ans à compter de l'entrée en vigueur du présent règlement.

Art. 65 *(Acte d'adhésion de 2003)* 1. La compétence judiciaire prévue à l'article 6, point 2, et à l'article 11 pour la demande en garantie ou la demande en intervention ne peut être invoquée ni en Allemagne ni en Autriche ni en Hongrie. Toute personne domiciliée sur le territoire d'un autre État membre peut être appelée devant les tribunaux :

a) d'Allemagne, en application de l'article 68 et des articles 72 à 74 du Code de procédure civile (Zivilprozessordnung) concernant la *litis denuntiatio*;

b) d'Autriche, conformément à l'article 21 du Code de procédure civile (Zivilprozessordnung) concernant la *litis denuntiatio*;

c) de Hongrie, en vertu des articles 58 à 60 du Code de procédure civile (Polgári perrendtartás) concernant la *litis denuntiatio*.

2. Les décisions rendues dans les autres États membres en vertu de l'article 6, point 2, et de l'article 11 sont reconnues et exécutées en Allemagne, en Autriche et en Hongrie conformément au chapitre III. Les effets produits à l'égard des tiers, en application du paragraphe 1, par des jugements rendus dans ces États sont également reconnus dans les autres États membres.

CHAPITRE VI

Dispositions transitoires

Art. 66 1. Les dispositions du présent règlement ne sont applicables qu'aux actions judiciaires intentées et aux actes authentiques reçus postérieurement à son entrée en vigueur.

2. Toutefois, si l'action dans l'État membre d'origine a été intentée avant la date d'entrée en vigueur du présent règlement, les décisions rendues après cette date sont reconnues et exécutées conformément aux dispositions du chapitre III :

a) dès lors que l'action dans l'État membre d'origine a été intentée après l'entrée en vigueur de la convention de Bruxelles ou de la convention de Lugano à la fois dans l'État membre d'origine et dans l'État membre requis;

b) dans tous les autres cas, dès lors que les règles de compétence appliquées sont conformes à celles prévues soit par le chapitre II, soit par une convention qui était en vigueur entre l'État membre d'origine et l'État membre requis au moment où l'action a été intentée.

CHAPITRE VII

Relations avec les autres instruments

Art. 67 Le présent règlement ne préjuge pas de l'application des dispositions qui, dans des matières particulières, règlent la compétence judiciaire, la reconnaissance et l'exécution des décisions et qui sont contenues dans les actes communautaires ou dans les législations nationales harmonisées en exécution de ces actes.

Art. 68 1. Le présent règlement remplace, entre les États membres, la convention de Bruxelles, sauf en ce qui concerne les territoires des États membres qui entrent dans le champ d'application territorial de cette convention et qui sont exclus du présent règlement en vertu de l'article 299 du traité.

2. Dans la mesure où le présent règlement remplace entre les États membres les dispositions de la convention de Bruxelles, toute référence faite à celle-ci s'entend comme faite au présent règlement.

Art. 69 *(Acte d'adhésion de 2003)* Sans préjudice des dispositions de l'article 66, paragraphe 2, et de l'article 70, le présent règlement remplace entre les États membres les conventions et le traité suivants :

— la convention entre la Belgique et la France sur la compétence judiciaire, sur l'autorité et l'exécution des décisions judiciaires, des sentences arbitrales et des actes authentiques, signée à Paris le 8 juillet 1899,

— la convention entre la Belgique et les Pays-Bas sur la compétence judiciaire territoriale, sur la faillite, ainsi que sur l'autorité et l'exécution des décisions judiciaires, des sentences arbitrales et des actes authentiques, signée à Bruxelles le 28 mars 1925,

— la convention entre la France et l'Italie sur l'exécution des jugements en matière civile et commerciale, signée à Rome le 3 juin 1930,

— la convention entre le Royaume-Uni et la France sur l'exécution réciproque des jugements en matière civile et commerciale, accompagnée d'un protocole, signée à Paris le 18 janvier 1934,

— la convention entre le Royaume-Uni et la Belgique sur l'exécution réciproque des jugements en matière civile et commerciale, accompagnée d'un protocole, signée à Bruxelles le 2 mai 1934,

— la convention entre l'Allemagne et l'Italie sur la reconnaissance et l'exécution des décisions judiciaires en matière civile et commerciale, signée à Rome le 9 mars 1936,

— la convention entre la Belgique et l'Autriche sur la reconnaissance et l'exécution réciproques des décisions judiciaires et des actes authentiques en matière d'obligations alimentaires, signée à Vienne le 25 octobre 1957,

— la convention entre l'Allemagne et la Belgique concernant la reconnaissance et l'exécution réciproques en matière civile et commerciale des décisions judiciaires, sentences arbitrales et actes authentiques, signée à Bonn le 30 juin 1958,

— la convention entre les Pays-Bas et l'Italie sur la reconnaissance et l'exécution des décisions judiciaires en matière civile et commerciale, signée à Rome le 17 avril 1959,

— la convention entre l'Allemagne et l'Autriche sur la reconnaissance et l'exécution réciproques des décisions et transactions judiciaires et des actes authentiques en matière civile et commerciale, signée à Vienne le 6 juin 1959,

— la convention entre la Belgique et l'Autriche sur la reconnaissance et l'exécution réciproques des décisions judiciaires, sentences arbitrales et actes authentiques en matière civile et commerciale, signée à Vienne le 16 juin 1959,

— la convention entre le Royaume-Uni et la République fédérale d'Allemagne sur la reconnaissance et l'exécution réciproques des jugements en matière civile et commerciale, signée à Bonn le 14 juillet 1960,

— la convention entre le Royaume-Uni et l'Autriche sur la reconnaissance et l'exécution réciproques des décisions judiciaires en matière civile et commerciale, signée à Vienne le 14 juillet 1961, ainsi que le protocole de modification signé à Londres le 6 mars 1970,

— la convention entre la Grèce et l'Allemagne sur la reconnaissance et l'exécution réciproques des jugements, transactions et actes authentiques en matière civile et commerciale, signée à Athènes le 4 novembre 1961,

— la convention entre la Belgique et l'Italie concernant la reconnaissance et l'exécution des décisions judiciaires et d'autres titres exécutoires en matière civile et commerciale, signée à Rome le 6 avril 1962,

— la convention entre les Pays-Bas et l'Allemagne sur la reconnaissance et l'exécution mutuelles des décisions judiciaires et autres titres exécutoires en matière civile et commerciale, signée à La Haye le 30 août 1962,

— la convention entre les Pays-Bas et l'Autriche sur la reconnaissance et l'exécution réciproques des décisions judiciaires et des actes authentiques en matière civile et commerciale, signée à La Haye le 6 février 1963,

— la convention entre le Royaume-Uni et la République italienne sur la reconnaissance et l'exécution réciproques des jugements en matière civile et commerciale, signée à Rome le 7 février 1964, accompagnée d'un protocole signé à Rome le 14 juillet 1970,

— la convention entre la France et l'Autriche sur la reconnaissance et l'exécution des décisions judiciaires et des actes authentiques en matière civile et commerciale, signée à Vienne le 15 juillet 1966,

— la convention entre le Royaume-Uni et le Royaume des Pays-Bas sur la reconnaissance et l'exécution réciproques des jugements en matière civile, signée à La Haye le 17 novembre 1967,

— la convention entre l'Espagne et la France sur la reconnaissance et l'exécution de jugements et de sentences arbitrales en matière civile et commerciale, signée à Paris le 28 mai 1969,

— la convention entre le Luxembourg et l'Autriche sur la reconnaissance et l'exécution des décisions judiciaires et des actes authentiques en matière civile et commerciale, signée à Luxembourg le 29 juillet 1971,

— la convention entre l'Italie et l'Autriche sur la reconnaissance et l'exécution des décisions judiciaires en matière civile et commerciale, des transactions judiciaires et des actes notariés, signée à Rome le 16 novembre 1971,

— la convention entre l'Espagne et l'Italie en matière d'assistance judiciaire et de reconnaissance et d'exécution des jugements en matière civile et commerciale, signée à Madrid le 22 mai 1973,

— la convention entre la Finlande, l'Islande, la Norvège, la Suède et le Danemark sur la reconnaissance et l'exécution des décisions en matière civile, signée à Copenhague le 11 octobre 1977,

— la convention entre l'Autriche et la Suède sur la reconnaissance et l'exécution des jugements en matière civile, signée à Stockholm le 16 septembre 1982,

— la convention entre l'Espagne et l'Allemagne sur la reconnaissance et l'exécution de décisions et transactions judiciaires, et d'actes authentiques exécutoires en matière civile et commerciale, signée à Bonn le 14 novembre 1983,

— la convention entre l'Autriche et l'Espagne sur la reconnaissance et l'exécution des décisions et transactions judiciaires et des actes authentiques exécutoires en matière civile et commerciale, signée à Vienne le 17 février 1984,

— la convention entre la Finlande et l'Autriche sur la reconnaissance et l'exécution des jugements en matière civile, signée à Vienne le 17 novembre 1986,

— le traité entre la Belgique, les Pays-Bas et le Luxembourg sur la compétence judiciaire, sur la faillite, sur l'autorité et l'exécution des décisions judiciaires, des sentences arbitrales et des actes authentiques, signé à Bruxelles le 24 novembre 1961, pour autant qu'il est en vigueur,

— la convention entre la République tchécoslovaque et le Portugal relative à la reconnaissance et à l'exécution des décisions de justice, signée à Lisbonne le 23 novembre 1927, toujours en vigueur entre la République tchèque et le Portugal,

— la convention entre la République fédérative socialiste de Yougoslavie et la République d'Autriche relative à l'entraide judiciaire, signée à Vienne le 16 décembre 1954,

— la convention entre la République populaire de Pologne et la République populaire de Hongrie relative à l'entraide judiciaire en matière civile, familiale et pénale, signée à Budapest le 6 mars 1959,

— la convention entre la République fédérative socialiste de Yougoslavie et le Royaume de Grèce relative à la reconnaissance et à l'exécution des décisions, signée à Athènes le 18 juin 1959,

— la convention entre la République populaire de Pologne et la République fédérale socialiste de Yougoslavie relative à l'entraide judiciaire en matière civile et pénale, signé à Varsovie le 6 février 1960, actuellement en vigueur entre la Pologne et la Slovénie,

— l'accord entre la République fédérative socialiste de Yougoslavie et la République d'Autriche relatif à la reconnaissance et à l'exécution réciproques des décisions et sentences arbitrales en matière commerciale, signé à Belgrade le 18 mars 1960,

— l'accord entre la République fédérative socialiste de Yougoslavie et la République d'Autriche relatif à la reconnaissance et à l'exécution réciproques des décisions en matière d'obligations alimentaires, signé à Vienne le 10 octobre 1961,

— la convention entre la Pologne et l'Autriche relative aux relations mutuelles en matière civile et aux documents, signée à Vienne le 11 décembre 1963,

— le traité entre la République socialiste tchécoslovaque et la République fédérative socialiste de Yougoslavie relatif à l'établissement de relations judiciaires en matière civile, familiale et pénale, signé à Belgrade le 20 janvier 1964, toujours en vigueur entre la République tchèque, la Slovaquie et la Slovénie,

— la convention entre la Pologne et la France relative au droit applicable, à la juridiction et à l'exécution des décisions dans le domaine du droit personnel et familial, conclue à Varsovie le 5 avril 1967,

— la convention entre le gouvernement de la Yougoslavie et le gouvernement de la France relative à la reconnaissance et à l'exécution des décisions en matière civile et commerciale, signée à Paris le 18 mai 1971,

— la convention entre la République fédérative socialiste de Yougoslavie et le Royaume de Belgique relative à la reconnaissance et à l'exécution des décisions judiciaires en matière d'obligations alimentaires, signée à Belgrade le 12 décembre 1973,

— la convention entre la Hongrie et la Grèce relative à l'entraide judiciaire en matière civile et pénale, signée à Budapest le 8 octobre 1979,

— la convention entre la Pologne et la Grèce relative à l'entraide judiciaire en matière civile et pénale, signée à Athènes le 24 octobre 1979,

— la convention entre la Hongrie et la France relative à l'entraide judiciaire en matière civile et familiale, à la reconnaissance et à l'exécution des décisions ainsi qu'à l'entraide judiciaire en matière pénale et à l'extradition, signée à Budapest le 31 juillet 1980,

— le traité entre la République socialiste tchécoslovaque et la République hellénique relatif à l'entraide judiciaire en matière civile et pénale, signé à Athènes le 22 octobre 1980, toujours en vigueur entre la République tchèque, la Slovaquie et la Grèce,

— la convention entre la République de Chypre et la République populaire hongroise relative à l'entraide judiciaire en matière civile et pénale, signée à Nicosie le 30 novembre 1981,

— le traité entre la République socialiste tchécoslovaque et la République de Chypre relatif à l'entraide judiciaire en matière civile et pénale, signé à Nicosie le 23 avril 1982, toujours en vigueur entre la République tchèque, la Slovaquie et Chypre,

— l'accord entre la République de Chypre et la République de Grèce relatif à la coopération judiciaire en matière civile, familiale, commerciale et pénale, signé à Nicosie le 5 mars 1984,

— le traité entre le gouvernement de la République socialiste tchécoslovaque et le gouvernement de la République française relatif à l'entraide judiciaire, à la reconnaissance et à l'exécution des décisions, en matière civile, familiale et commerciale, signé à Paris le 10 mai 1984, toujours en vigueur entre la République tchèque, la Slovaquie et la France,

— l'accord entre la République de Chypre et la République fédérative socialiste de Yougoslavie relatif à l'entraide judiciaire en matière civile et pénale, signé à Nicosie le 19 septembre 1984, actuellement en vigueur entre Chypre et la Slovénie,

— le traité entre la République socialiste tchécoslovaque et la République italienne relatif à l'entraide judiciaire en matière civile et pénale, signé à Prague le 6 décembre 1985, toujours en vigueur entre la République tchèque, la Slovaquie et l'Italie,

— le traité entre la République socialiste tchécoslovaque et le Royaume d'Espagne relatif à l'entraide judiciaire, à la reconnaissance et à l'exécution des décisions judiciaires en matière civile, signé à Madrid le 4 mai 1987, toujours en vigueur entre la République tchèque, la Slovaquie et l'Espagne,

— le traité entre la République socialiste tchécoslovaque et la République populaire de Pologne relatif à l'entraide judiciaire et à l'établissement de relations judiciaires en matière civile, familiale, pénale et du travail, signé à Varsovie le 21 décembre 1987, toujours en vigueur entre la République tchèque, la Slovaquie et la Pologne,

— le traité entre la République socialiste tchécoslovaque et la République populaire de Hongrie relatif à l'entraide judiciaire et à l'établissement de relations judiciaires en matière civile, familiale et pénale, signé à Bratislava le 28 mars 1989, toujours en vigueur entre la République tchèque, la Slovaquie et la Hongrie,

— la convention entre la Pologne et l'Italie relative à l'entraide judiciaire, à la reconnaissance et à l'exécution des décisions en matière civile, signée à Varsovie le 28 avril 1989,

— le traité entre la République tchèque et la République slovaque relatif à l'assistance fournie par les instances judiciaires et à l'établissement de certaines relations judiciaires en matière civile et pénale, signé à Prague le 29 octobre 1992,

— l'accord entre la République de Lettonie, la République d'Estonie et la République de Lituanie relatif à l'entraide judiciaire et aux relations judiciaires, signé à Tallin le 11 novembre 1992,

— l'accord entre la République de Pologne et la République de Lituanie relatif à l'entraide judiciaire et aux relations judiciaires en matière civile, familiale, pénale et du travail, signé à Varsovie le 26 janvier 1993,

— l'accord entre la République de Lettonie et la République de Pologne relatif à l'entraide judiciaire et aux relations judiciaires en matière civile, familiale, pénale et du travail, signé à Riga le 23 février 1994,

— l'accord entre la République de Chypre et la République de Pologne relatif à la coopération judiciaire en matière civile et pénale, signé à Nicosie le 14 novembre 1996, et

— l'accord entre l'Estonie et la Pologne relatif à l'entraide judiciaire et l'établissement de relations judiciaires en matière civile, pénale et du travail, signé à Tallin le 27 novembre 1998.

Art. 70 1. Les conventions et le traité mentionnés à l'article 69 continuent à produire leurs effets dans les matières auxquelles le présent règlement n'est pas applicable.

2. Ils continuent à produire leurs effets en ce qui concerne les décisions rendues et les actes authentiques reçus avant l'entrée en vigueur du présent règlement.

Art. 71 1. Le présent règlement n'affecte pas les conventions auxquelles les États membres sont parties et qui, dans des matières particulières, règlent la compétence judiciaire, la reconnaissance ou l'exécution des décisions.

2. En vue d'assurer son interprétation uniforme, le paragraphe 1 est appliqué de la manière suivante :

a) le présent règlement ne fait pas obstacle à ce qu'un tribunal d'un État membre, partie à une convention relative à une matière particulière, puisse fonder sa compétence sur une telle convention, même si le défendeur est domicilié sur le territoire d'un État membre non partie à une telle convention. Le tribunal saisi applique, en tout cas, l'article 26 du présent règlement;

b) les décisions rendues dans un État membre par un tribunal ayant fondé sa compétence sur une convention relative à une matière particulière sont reconnues et exécutées dans les autres États membres conformément au présent règlement.

Si une convention relative à une matière particulière et à laquelle sont parties l'État membre d'origine et l'État membre requis détermine les conditions de reconnaissance et d'exécution des décisions, il est fait application de ces conditions. Il peut, en tout cas, être fait application des dispositions du présent règlement qui concernent la procédure relative à la reconnaissance et à l'exécution des décisions.

Art. 72 Le présent règlement n'affecte pas les accords par lesquels les États membres se sont engagés, avant l'entrée en vigueur du présent règlement, en vertu de l'article 59 de la convention de Bruxelles, à ne pas reconnaître une décision rendue, notamment dans un autre État contractant à ladite convention, contre un défendeur qui a son domicile ou sa résidence habituelle dans un pays tiers lorsque, dans un cas prévu à l'article 4 de cette convention, la décision n'a pu être fondée que sur une compétence visée à l'article 3, deuxième alinéa, de cette même convention.

CHAPITRE VIII

Dispositions finales

Art. 73 Au plus tard cinq ans après l'entrée en vigueur du présent règlement, la Commission présente au Parlement européen, au Conseil et au Comité économique et social un rapport relatif à l'application du présent règlement. Ce rapport est accompagné, le cas échéant, de propositions visant à adapter le règlement.

Art. 74 1. Les États membres notifient à la Commission les textes modifiant les listes figurant dans les annexes I à IV. La Commission adapte les annexes concernées en conséquence.

(Règl. (CE) n° 1103/2008 du 22 oct. 2008, art. 2) «2. La mise à jour ou l'adaptation technique des formulaires, dont les modèles figurent dans les annexes V et VI, sont adoptées par la Commission. Ces mesures, qui visent à modifier des éléments non essentiels du présent règlement, sont arrêtées en conformité avec la procédure de réglementation avec contrôle visée à l'article 75, paragraphe 2.»

Art. 75 *(Règl. (CE) n° 1103/2008 du 22 oct. 2008, art. 2)* 1. La Commission est assistée d'un comité.

2. Dans le cas où il est fait référence au présent paragraphe, l'article 5 *bis*, paragraphes 1 à 4, et l'article 7 de la décision 1999/468/CE s'appliquent, dans le respect des dispositions de l'article 8 de celle-ci.

Art. 76 Le présent règlement entre en vigueur le 1er mars 2002.

5 Règlement (CE) n° 1206/2001 du Conseil du 28 mai 2001 relatif à la coopération entre les juridictions des États membres dans le domaine de l'obtention des preuves en matière civile ou commerciale

Applicable depuis le 1er janvier 2004
Modifié par Règlement (CE) n° 1103/2008
du Parlement européen et du Conseil du 22 octobre 2008
(Version consolidée)

Le Conseil de l'Union européenne,

Vu le traité instituant la Communauté européenne, et notamment son article 61, point c), et son article 67, paragraphe 1,

Vu l'initiative de la République fédérale d'Allemagne,

Vu l'avis du Parlement européen,

Vu l'avis du Comité économique et social,

Considérant ce qui suit :

(1) L'Union européenne s'est fixé pour objectif de maintenir et de développer un espace de liberté, de sécurité et de justice au sein duquel est assurée la libre circulation des personnes. Pour mettre progressivement en place un tel espace, la Communauté adopte, entre autres, les mesures dans le domaine de la coopération judiciaire en matière civile nécessaires au bon fonctionnement du marché intérieur.

(2) Le bon fonctionnement du marché intérieur exige d'améliorer, et en particulier de simplifier et d'accélérer, la coopération entre les juridictions des États membres dans le domaine de l'obtention de preuves.

(3) Le Conseil européen, réuni à Tampere les 15 et 16 octobre 1999, a rappelé la nécessité d'élaborer de nouvelles dispositions de droit procédural dans les affaires transfrontières, et notamment en matière d'obtention de preuves.

(4) Cette matière relève de l'article 65 du traité.

(5) Étant donné que les objectifs du présent règlement ne peuvent pas être réalisés de manière suffisante par les États membres et peuvent donc mieux être réalisés au niveau communautaire, la Communauté peut prendre des mesures, conformément au principe de subsidiarité consacré à l'article 5 du traité. Conformément au principe de proportionnalité tel qu'énoncé audit article du traité, le présent règlement n'excède pas ce qui est nécessaire pour atteindre ces objectifs.

(6) Jusqu'à présent, aucun acte juridique contraignant n'est en vigueur entre tous les États membres dans le domaine de l'obtention de preuves. La convention de La Haye du 18 mars 1970, sur l'obtention des preuves à l'étranger en matière civile ou commerciale n'est en vigueur qu'entre onze États membres de l'Union européenne.

(7) Étant donné que, en matière civile et commerciale, pour statuer sur une affaire engagée devant une juridiction d'un État membre, il est souvent nécessaire de procéder à des actes d'instruction dans un autre État membre, l'action de la Communauté ne peut se limiter au domaine de la transmission des actes judiciaires et extrajudiciaires, couvert par le règlement (CE) n° 1348/2000 du Conseil du 29 mai 2000

relatif à la signification et à la notification dans les États membres des actes judiciaires et extrajudiciaires en matière civile et commerciale. Il est donc nécessaire de continuer à améliorer la coopération entre les juridictions des États membres dans le domaine de l'obtention de preuves.

(8) Pour qu'une procédure judiciaire en matière civile ou commerciale soit utile, il faut que la transmission et le traitement des demandes visant à faire procéder à un acte d'instruction se fassent de manière directe et par les moyens les plus rapides entre les juridictions des États membres.

(9) La rapidité de la transmission des demandes visant à faire procéder à un acte d'instruction justifie l'utilisation de tout moyen approprié, tout en respectant certaines conditions quant à la lisibilité et à la fidélité du document reçu. Pour garantir un degré maximal de clarté et de sécurité juridique, les demandes visant à faire procéder à un acte d'instruction doivent être transmises au moyen d'un formulaire à remplir dans la langue de l'État membre de la juridiction requise ou dans une autre langue acceptée par cet État membre. Pour les mêmes raisons, il convient, dans la mesure du possible, d'utiliser des formulaires également pour les autres communications entre les juridictions concernées.

(10) Il est nécessaire qu'une demande visant à faire procéder à un acte d'instruction soit exécutée rapidement. Si elle ne peut pas être exécutée dans un délai de quatre-vingt-dix jours après sa réception par la juridiction requise, celle-ci est tenue d'en informer la juridiction requérante en précisant les raisons qui empêchent une exécution rapide de la demande.

(11) Afin d'assurer l'efficacité du présent règlement, la possibilité de refuser l'exécution d'une demande visant à faire procéder à un acte d'instruction doit être limitée à des situations exceptionnelles étroitement définies.

(12) Il y a lieu que la juridiction requise exécute la demande conformément au droit de l'État membre dont elle relève.

(13) Il y a lieu que les parties et, le cas échéant, leurs représentants puissent être présents lors de l'exécution de l'acte d'instruction, si cela est prévu par le droit de l'État membre dont relève la juridiction requérante, afin de pouvoir suivre la procédure dans des conditions analogues à celles qui existeraient si l'exécution de l'acte avait lieu dans l'État membre dont relève la juridiction requérante. Il convient également qu'ils aient le droit de demander à participer à l'exécution de l'acte, de manière à avoir un rôle plus actif dans le processus d'obtention des preuves. Néanmoins, il importe que les conditions de leur participation soient fixées par la juridiction requise conformément au droit de l'État membre dont elle relève.

(14) Il y a lieu que les représentants de la juridiction requérante puissent être présents lors de l'exécution de l'acte d'instruction, si cela est compatible avec le droit de l'État membre dont relève la juridiction requérante, afin de mieux pouvoir évaluer les preuves. Il convient également qu'ils aient le droit de demander à participer à l'exécution de l'acte, dans les conditions fixées par la juridiction requise, conformément au droit de l'État membre dont elle relève, de manière à avoir un rôle plus actif dans le processus d'obtention des preuves.

(15) Afin de faciliter l'obtention des preuves, il importe qu'une juridiction d'un État membre puisse, conformément au droit de l'État membre dont elle relève, procéder directement à un

acte d'instruction dans un autre État membre, si ce dernier l'accepte, et dans les conditions définies par l'organisme central ou l'autorité compétents de l'État membre requis.

(16) Conformément à l'article 10, l'exécution de la demande ne devrait donner lieu à aucune demande de remboursement des taxes de frais. Toutefois, si la juridiction requise demande le remboursement, il n'y a pas lieu que les honoraires versés aux experts et aux interprètes, tout comme les frais résultant de l'application de l'article 10, paragraphes 3 et 4, soient supportés par cette juridiction. Dans un tel cas, la juridiction requérante doit prendre les mesures nécessaires afin d'assurer le remboursement sans délai. Lorsque l'avis d'un expert est requis, la juridiction requise peut, avant d'exécuter la demande, demander à la juridiction requérante une consignation ou avance adéquate par rapport aux frais nécessaires.

(17) Il y a lieu que le présent règlement prévale sur les dispositions visant la matière qu'il couvre contenues dans des conventions internationales conclues par les États membres. Il ne fait pas obstacle à la conclusion entre États membres d'accords ou d'arrangements visant à améliorer davantage la coopération dans le domaine de l'obtention de preuves.

(18) Il importe que les données transmises en application du présent règlement bénéficient d'un régime de protection. Étant donné que la directive 95/46/CE du Parlement européen et du Conseil du 24 octobre 1995 relative à la protection des personnes physiques à l'égard du traitement des données à caractère personnel et à la libre circulation de ces données et la directive 97/66/CE du Parlement européen et du Conseil du 15 décembre 1997 concernant le traitement des données à caractère personnel et la protection de la vie privée dans le secteur des télécommunications sont applicables, il n'est pas nécessaire de prévoir des dispositions spécifiques dans le présent règlement.

(19) Les mesures nécessaires pour la mise en œuvre du présent règlement sont arrêtées en conformité avec la décision 1999/468/CE du Conseil du 28 juin 1999 fixant les modalités de l'exercice des compétences d'exécution conférées à la Commission.

(20) Il importe, en vue du bon fonctionnement du présent règlement, que la Commission en examine l'application en vue de proposer, le cas échéant, les modifications nécessaires.

(21) En conformité avec l'article 3 du protocole sur la position du Royaume-Uni et de l'Irlande annexé au traité sur l'Union européenne et au traité instituant la Communauté européenne, le Royaume-Uni et l'Irlande ont notifié leur souhait de participer à l'adoption et à l'application du présent règlement.

(22) Le Danemark, conformément aux articles 1er et 2 du protocole sur la position du Danemark annexé au traité sur l'Union européenne et au traité instituant la Communauté européenne, ne participe pas à l'adoption du présent règlement, lequel ne lie donc pas le Danemark et n'est pas applicable à son égard,

A arrêté le présent règlement :

CHAPITRE I

Dispositions générales

Art. premier *Champ d'application.* 1. Le présent règlement est applicable en matière civile ou commerciale, lorsqu'une juridiction d'un État membre, conformément aux dispositions de sa législation, demande :

a) à la juridiction compétente d'un autre État membre de procéder à un acte d'instruction ou

b) à procéder directement à un acte d'instruction dans un autre État membre.

2. La demande ne doit pas viser à obtenir des moyens de preuve qui ne sont pas destinés à être utilisés dans une procédure judiciaire qui est engagée ou envisagée.

3. Dans le présent règlement, les termes « État membre » désignent les États membres à l'exception du Danemark.

Art. 2 *Communication directe entre les juridictions.* 1. Les demandes visées à l'article 1er, paragraphe 1, point a), ci-après dénommées « demandes », sont transmises directement par la juridiction devant laquelle la procédure est engagée ou devant laquelle il est envisagé de l'engager, ci-après dénommée « juridiction requérante », à la juridiction compétente d'un autre État membre, ci-après dénommée « juridiction requise », en vue de faire procéder à l'acte d'instruction demandé.

2. Chaque État membre établit une liste des juridictions compétentes pour procéder à des actes d'instruction conformément au présent règlement. Cette liste indique également la compétence territoriale et, le cas échéant, la compétence spéciale desdites juridictions.

Art. 3 *Organisme central.* 1. Chaque État membre désigne un organisme central chargé :

a) de fournir des informations aux juridictions ;

b) de rechercher des solutions aux difficultés qui peuvent se présenter à l'occasion d'une demande ;

c) de faire parvenir, dans des cas exceptionnels, à la requête d'une juridiction requérante, une demande à la juridiction compétente.

2. Les États fédéraux, les États dans lesquels plusieurs systèmes juridiques sont en vigueur et les États ayant des unités territoriales autonomes ont la faculté de désigner plusieurs organismes centraux.

3. Chaque État membre charge également l'organisme central visé au paragraphe 1 de statuer sur les demandes relevant de l'article 17, ou désigne à cette fin une ou plusieurs autorités compétentes.

CHAPITRE II

Transmission et exécution des demandes

Section 1

Transmission de la demande

Art. 4 *Forme et contenu de la demande.* 1. La demande est établie au moyen du formulaire type A ou, le cas échéant, du formulaire type I figurant en annexe. Elle contient les indications suivantes :

a) la juridiction requérante et, le cas échéant, la juridiction requise ;

b) les nom et adresse des parties et, le cas échéant, de leurs représentants ;

c) la nature et l'objet de l'instance et un exposé sommaire des faits ;

d) l'acte d'instruction demandé ;

e) s'il s'agit d'une demande visant à l'audition d'une personne :

— les nom et adresse des personnes à entendre,

— les questions à poser aux personnes à entendre ou les faits sur lesquels elles doivent être entendues,

— le cas échéant, la mention d'un droit de refus de témoigner prévu par la législation de l'État membre dont relève la juridiction requérante,

— le cas échéant, la demande de déposition sous serment ou de déclaration sur l'honneur et, le cas échéant, l'indication de la forme spéciale à utiliser,

— le cas échéant, toute autre information jugée nécessaire par la juridiction requérante ;

f) s'il s'agit d'une demande relative à un autre acte d'instruction, les pièces ou autres objets à examiner le cas échéant ;

g) le cas échéant, la demande visée à l'article 10, paragraphes 3 et 4, et aux articles 11 et 12 ainsi que les renseignements nécessaires à l'application de ces dispositions ;

2. La demande ainsi que toutes les pièces jointes à celle-ci sont dispensées de légalisation et de toute formalité équivalente.

3. Les pièces que la juridiction requérante estime nécessaire de joindre à la demande pour l'exécution de celle-ci doivent être accompagnées d'une traduction dans la langue dans laquelle la demande a été formulée.

Art. 5 *Langues.* La demande et les communications visées dans le présent règlement sont formulées dans la langue officielle de l'État membre requis ou, s'il existe plusieurs langues officielles dans cet État membre, dans la langue officielle ou dans une des langues officielles du lieu où il doit être procédé à l'acte d'instruction demandé ou dans toute autre langue que l'État membre requis aura indiqué pouvoir accepter. Chaque État membre indique la ou les langues officielles des institutions de la Communauté européenne, autres que la sienne ou les siennes, dans laquelle ou lesquelles il accepte que le formulaire soit complété.

Art. 6 *Transmission des demandes et des autres communications.* Les demandes ainsi que les communications visées dans le présent règlement sont transmises par le moyen le plus rapide que l'État membre requis a déclaré pouvoir accepter. Il peut être fait usage de tout moyen approprié, sous réserve que le contenu du document reçu reflète fidèlement celui du document expédié et que toutes les mentions qu'il comporte soient lisibles.

Section 2

Réception de la demande

Art. 7 *Réception de la demande.* 1. La juridiction requise compétente adresse, au moyen du formulaire type B figurant en annexe, un accusé de réception à la juridiction requérante dans les sept jours qui suivent la réception de la demande. Si celle-ci ne remplit pas les conditions prévues à l'article 5 et à l'article 6, la juridiction requise en fait mention dans l'accusé de réception.

2. Si l'exécution d'une demande établie au moyen du formulaire type A figurant en annexe et remplissant les conditions visées à l'article 5 ne relève pas de la compétence de la juridiction à laquelle elle a été transmise, celle-ci transmet la demande à la juridiction compétente de l'État membre dont elle relève et en informe la juridiction requérante au moyen du formulaire type A figurant en annexe.

Art. 8 *Demande incomplète.* 1. Si la demande ne peut être exécutée parce qu'elle ne contient pas toutes les indications nécessaires visées à l'article 4, la juridiction requise en informe la juridiction requérante sans tarder et, au plus tard, dans les trente jours suivant la réception de la demande au moyen du formulaire type C figurant en annexe et lui demande de lui transmettre les indications manquantes, en les mentionnant de manière aussi précise que possible.

2. Si la demande ne peut être exécutée parce qu'une consignation ou une avance est nécessaire, conformément à l'article 18, paragraphe 3, la juridiction requise en informe la juridiction requérante sans tarder et, au plus tard dans les trente jours suivant la réception de la demande au moyen du formulaire type C figurant en annexe, informe la juridiction requérante de la manière de procéder à la consignation ou à l'avance ; la juridiction requise accuse réception de la consignation ou de l'avance sans tarder, au plus tard dans les dix jours suivant la réception de la consignation ou de l'avance en utilisant le formulaire type D.

Art. 9 *Demande complétée.* 1. Lorsque, conformément à l'article 7, paragraphe 1, la juridiction requise a mentionné, dans l'accusé de réception, que la demande ne remplit pas les conditions visées à l'article 5 et à l'article 6, ou lorsqu'elle a informé la juridiction requérante, conformément à l'article 8, que la demande ne peut être exécutée parce qu'elle ne contient pas toutes les indications nécessaires visées à l'article 4, le délai visé à l'article 10, paragraphe 1, commence à courir à compter de la réception, par la juridiction requise, de la demande dûment complétée.

2. Lorsque la juridiction requise a demandé une consignation ou une avance conformément à l'article 18, paragraphe 3, ledit délai commence à courir à compter du moment où la consignation ou l'avance est effectuée.

Section 3

Exécution de l'acte d'instruction par la juridiction requise

Art. 10 *Dispositions générales relatives à l'exécution de la demande.* 1. La juridiction requise exécute la demande sans tarder et, au plus tard, dans les quatre-vingt-dix jours suivant la réception de la demande.

2. La juridiction requise exécute la demande conformément au droit de l'État membre dont cette juridiction relève.

3. La juridiction requérante peut demander que la demande soit exécutée selon une forme spéciale prévue par le droit de l'État membre dont elle relève, au moyen du formulaire type A figurant en annexe. La juridiction requise défère à cette demande, à moins que la forme demandée ne soit pas compatible avec le droit de l'État membre dont elle relève ou en raison de difficultés pratiques majeures. Si la juridiction requise, pour l'une des raisons susmentionnées, ne défère pas à la demande, elle en informe la juridiction requérante au moyen du formulaire type E figurant en annexe.

4. La juridiction requérante peut demander à la juridiction requise de recourir aux technologies de communication modernes pour procéder à l'acte d'instruction, en particulier à la vidéoconférence et à la téléconférence.

La juridiction requise défère à cette demande, à moins que cela ne soit incompatible avec le droit de l'État membre dont elle relève ou en raison de difficultés pratiques majeures.

Si la juridiction requise, pour l'une des raisons susmentionnées, ne défère pas à cette demande, elle en informe la juridiction requérante au moyen du formulaire type E figurant en annexe.

Si les moyens techniques visés ci-dessus ne sont pas accessibles dans la juridiction requérante ou dans la juridiction requise, les juridictions peuvent d'un commun accord les rendre disponibles.

Art. 11 *Exécution en présence et avec la participation des parties.* 1. Si cela est prévu par le droit de l'État membre dont relève la juridiction requérante, les parties et, le cas échéant, leurs représentants ont le droit d'être présents lorsque la juridiction requise procède à l'acte d'instruction.

2. Dans sa demande, la juridiction requérante informe la juridiction requise de la présence des parties et, le cas échéant, de leurs représentants ainsi que, s'il y a lieu, du fait que leur participation est demandée, au moyen du formulaire type A figurant en annexe. Cette information peut également être fournie à tout autre moment opportun.

3. Si la participation des parties et, le cas échéant, de leurs représentants à l'exécution de l'acte d'instruction est demandée, la juridiction requise détermine, en conformité avec l'article 10, les conditions de leur participation.

4. La juridiction requise informe les parties et, le cas échéant, leurs représentants du moment et du lieu où aura lieu la procédure et, s'il y a lieu, des conditions de leur participation, en utilisant le formulaire type F figurant en annexe.

5. Les paragraphes 1 à 4 ne font pas obstacle à ce que la juridiction requise puisse demander aux parties et, le cas échéant, à leurs représentants d'être présents ou de participer à l'exécution de l'acte d'instruction, si cette possibilité est prévue par le droit de l'État membre dont elle relève.

Art. 12 *Exécution en présence et avec la participation de représentants de la juridiction requérante.* 1. Si cela est compatible avec le droit de l'État membre dont relève la juridiction requérante, des représentants de cette dernière ont le droit d'être présents lorsque la juridiction requise procède à l'acte d'instruction.

2. Aux fins du présent article, le terme « représentants » englobe les magistrats désignés par la juridiction requérante, conformément au droit de l'État membre dont elle relève. La juridiction requérante peut aussi désigner, conformément au droit de l'État membre dont elle relève, toute autre personne, par exemple un expert.

3. Dans sa demande, la juridiction requérante informe la juridiction requise de la présence de ses représentants et, s'il y a lieu, du fait que leur participation est demandée, au moyen du formulaire type A figurant en annexe. Cette information peut également être fournie à tout autre moment opportun.

4. Si la participation des représentants de la juridiction requérante à l'exécution de l'acte d'instruction est demandée, la juridiction requise détermine, en conformité avec l'article 10, les conditions de leur participation.

5. La juridiction requise informe la juridiction requérante, au moyen du formulaire type F figurant en annexe, du moment et du lieu où aura lieu l'acte d'instruction et, s'il y a lieu, des conditions de la participation.

Art. 13 *Mesures coercitives.* Si nécessaire, la juridiction requise applique les mesures coercitives requises pour l'exécution de la demande dans les cas et dans la mesure où le droit de l'État membre dont relève la juridiction requise le prévoit pour l'exécution d'une demande aux mêmes fins émanant d'une autorité nationale ou d'une des parties concernées.

Art. 14 *Cas de refus d'exécution.* 1. Une demande visant à l'audition d'une personne n'est pas exécutée si la personne invoque le droit de refuser de déposer ou une interdiction de déposer :

a) en vertu du droit de l'État membre dont relève la juridiction requise ou

b) en vertu du droit de l'État membre dont relève la juridiction requérante, lorsque cela a été indiqué dans la demande ou, le cas échéant, confirmé par la juridiction requérante à la demande de la juridiction requise.

2. Outre les motifs prévus au paragraphe 1, l'exécution d'une demande ne peut être refusée que si :

a) la demande sort du champ d'application du présent règlement défini à l'article 1er, ou

b) l'exécution de la demande, selon le droit de l'État membre dont relève la juridiction requise, n'entre pas dans les attributions du pouvoir judiciaire, ou

c) la juridiction requérante n'a pas déféré à la requête de la juridiction requise de compléter sa demande conformément à l'article 8 dans les trente jours suivant la requête, ou

d) une consignation ou une avance demandée conformément à l'article 18, paragraphe 3, n'a pas été effectuée dans les soixante jours suivant la demande, par la juridiction requise, de consignation ou de versement d'avance.

3. L'exécution ne peut être refusée au seul motif que la juridiction requise oppose, en vertu du droit de l'État membre dont elle relève, la compétence exclusive d'une juridiction dudit État dans l'affaire en cause ou soutient que sa législation n'admet pas le droit d'action visée par la demande.

4. Si l'exécution de la demande est refusée pour l'un des motifs visés au paragraphe 2, la juridiction requise en informe la juridiction requérante, au moyen du formulaire type H figurant en annexe, dans les soixante jours suivant la réception de la demande par la juridiction requise.

Art. 15 *Avis de retard.* Si la juridiction requise n'est pas en mesure d'exécuter la demande dans les quatre-vingt-dix jours suivant sa réception, elle en informe la juridiction requérante au moyen du formulaire type G figurant en annexe, en précisant les raisons du retard et en indiquant le délai nécessaire, selon ses estimations, pour exécuter la demande.

Art. 16 *Procédure suivant l'exécution de la demande.* La juridiction requise transmet sans tarder les pièces attestant l'exécution de la demande à la juridiction requérante et lui renvoie, le cas échéant, les pièces qu'elle lui a envoyées. Les pièces sont accompagnées d'une confirmation d'exécution, établie au moyen du formulaire type H figurant en annexe.

Section 4

Exécution directe de l'acte d'instruction par la juridiction requérante

Art. 17 1. Lorsqu'une juridiction souhaite procéder directement à un acte d'instruction dans un autre État membre, elle présente une demande à l'organisme central ou à l'autorité compétente de cet État, visés à l'article 3, paragraphe 3, au moyen du formulaire type I figurant en annexe.

2. L'exécution directe de l'acte d'instruction n'est possible que si elle peut avoir lieu sur une base volontaire, sans qu'il soit nécessaire de recourir à des mesures coercitives.

Lorsque, dans le cadre de l'exécution directe d'un acte d'instruction, une personne est entendue, la juridiction requérante informe cette personne que l'acte sera exécuté sur une base volontaire.

3. L'acte d'instruction est exécuté par un magistrat ou par toute autre personne, par exemple un expert, désignés conformément au droit de l'État membre dont relève la juridiction requérante.

4. Dans un délai de trente jours à compter de la réception de la demande, l'organisme central ou l'autorité compétente de l'État membre requis indiquent à la juridiction requérante, au moyen du formulaire type J, s'il est déféré à cette demande et, le cas échéant, dans quelles conditions, conformément à la loi de l'État membre dont ils relèvent, l'acte doit être exécuté.

En particulier, l'organisme central ou l'autorité compétente peuvent charger une juridiction de l'État membre dont ils relèvent de participer à l'exécution de l'acte d'instruction afin de veiller à la bonne application du présent article et des conditions qui ont été fixées.

L'organisme central ou l'autorité compétente encouragent le recours aux technologies de communication, telles que la vidéoconférence et la téléconférence.

5. L'organisme central ou l'autorité compétente ne peuvent refuser l'exécution directe de la mesure d'instruction que si :

a) la demande sort du champ d'application du présent règlement tel que défini à l'article 1er, ou

b) la demande ne contient pas toutes les informations nécessaires en vertu de l'article 4, ou

c) l'exécution directe demandée est contraire aux principes fondamentaux du droit de l'État membre dont ils relèvent.

6. Sous réserve des conditions fixées conformément au paragraphe 4, la juridiction requérante exécute la demande conformément au droit de l'État membre dont elle relève.

Section 5

Frais

Art. 18 1. L'exécution d'une demande conformément à l'article 10 ne peut donner lieu au remboursement de taxes ou de frais.

2. Toutefois, si la juridiction requise en fait la demande conformément au droit de l'État membre dont elle relève, la juridiction requérante, sous réserve de l'obligation des parties de supporter les frais conformément au droit de l'État membre dont elle relève, s'assure sans délai du remboursement :

— des honoraires versés aux experts et aux interprètes et

— des frais résultant de l'application de l'article 10, paragraphes 3 et 4.

L'obligation, pour les parties, de supporter ces honoraires ou frais est régie par le choix de l'État membre de la juridiction requérante.

3. Lorsque l'avis d'un expert est requis, la juridiction requise peut, avant d'exécuter la demande, demander à la juridiction requérante une consignation ou avance adéquate

par rapport aux frais nécessaires. Dans tous les autres cas, la consignation ou l'avance n'est pas une condition de l'exécution de la demande.

La consignation ou l'avance est effectuée par les parties si cela est prévu par la législation de l'État membre de la juridiction requérante.

CHAPITRE III

Dispositions finales

Art. 19 *Modalités d'application.* 1. La Commission établit et met régulièrement à jour un manuel, également disponible sous forme électronique, contenant les informations communiquées par les États membres conformément à l'article 22 ainsi que la liste des accords ou arrangements en vigueur, conformément à l'article 21.

2. La mise à jour ou la modification technique des formulaires types figurant en annexe sont effectuées par la Commission. Ces mesures, qui visent à modifier des éléments non essentiels du présent règlement, sont arrêtées en conformité avec la procédure de réglementation avec contrôle visée à l'article 20, paragraphe 2.

Art. 20 1. La Commission est assistée par un comité.

2. Dans le cas où il est fait référence au présent paragraphe, l'article 5 *bis*, paragraphes 1 à 4, et l'article 7 de la décision 1999/468/CE s'appliquent, dans le respect des dispositions de l'article 8 de celle-ci.

Art. 21 *Relation avec des accords ou arrangements auxquels les États membres sont ou seront parties.* 1. Pour la matière couverte par son champ d'application, le présent règlement prévaut, dans les rapports entre les États membres qui y sont parties, sur les dispositions contenues dans des accords ou arrangements bilatéraux ou multilatéraux conclus par les États membres, et en particulier la convention de La Haye du 1er mars 1954 relative à la procédure civile et la convention de La Haye du 18 mars 1970 sur l'obtention des preuves à l'étranger en matière civile ou commerciale.

2. Le présent règlement ne fait pas obstacle au maintien ou à la conclusion par les États membres d'accords ou d'arrangements entre deux ou plusieurs d'entre eux visant à faciliter davantage l'obtention de preuves, pour autant qu'ils soient compatibles avec le présent règlement.

3. Les États membres transmettent à la Commission :

a) au plus tard le 1er juillet 2003, une copie des accords ou arrangements maintenus entre les États membres dont il est question au paragraphe 2;

b) une copie des accords ou arrangements, visés au paragraphe 2, conclus entre les États membres ainsi que les projets d'accords ou d'arrangements qu'ils ont l'intention d'arrêter, et

c) toute dénonciation ou modification de ces accords ou arrangements.

Art. 22 *Communication.* Chaque État membre communique à la Commission au plus tard le 1er juillet 2003 :

1) la liste visée à l'article 2, paragraphe 2, comportant l'indication de la compétence territoriale et, le cas échéant, de la compétence spéciale des juridictions;

2) les noms et adresses des organismes centraux et des autorités compétentes visés à l'article 3 ainsi qu'une indication de leur compétence territoriale;

3) les moyens techniques dont les juridictions figurant sur la liste visée à l'article 2, paragraphe 2, disposent pour assurer la réception des demandes;

4) les langues qui peuvent être utilisées pour la demande visée à l'article 5.

Les États membres communiquent à la Commission toute modification ultérieure de ces informations.

Art. 23 *Réexamen.* Au plus tard le 1er janvier 2007, et ensuite tous les cinq ans, la Commission présente au Parlement européen, au Conseil et au Comité économique et social un rapport relatif à l'application du présent règlement, portant notamment sur l'application pratique de l'article 3, paragraphe 1, point c), et paragraphe 3, ainsi que sur les articles 17 et 18.

Art. 24 *Entrée en vigueur.* 1. Le présent règlement entre en vigueur le 1er juillet 2001.

2. Le présent règlement s'applique à dater du 1er janvier 2004, à l'exception des articles 19, 21 et 22, qui s'appliquent à dater du 1er juillet 2001

Le présent règlement est obligatoire dans tous ses éléments et directement applicable dans les États membres conformément au traité instituant la Communauté européenne.

6 Règlement CE nº 2157/2001 du 8 octobre 2001 relatif au statut de la société européenne (SE)

Modifié par Règlement (CE) nº 885/2004 du Conseil du 26 avril 2004, Règlement (CE) nº 1791/2006 du Conseil du 20 novembre 2006 et Règlement (UE) nº 517/2013 du Conseil du 13 mai 2013 Version consolidée applicable depuis le 8 octobre 2004

Le Conseil de l'Union européenne,

Vu le traité instituant la Communauté européenne, et notamment son article 308,

Vu la proposition de la Commission,

Vu l'avis du Parlement européen,

Vu l'avis du Comité économique et social,

Considérant ce qui suit :

(1) L'achèvement du marché intérieur et l'amélioration de la situation économique et sociale qu'il entraîne dans l'ensemble de la Communauté impliquent, outre l'élimination des entraves aux échanges, une adaptation des structures de production à la dimension de la Communauté. À cette fin, il est indispensable que les entreprises dont l'activité n'est pas limitée à la satisfaction de besoins purement locaux puissent concevoir et entreprendre la réorganisation de leurs activités au niveau communautaire.

(2) Une telle réorganisation suppose que les entreprises existantes d'États membres différents aient la faculté de mettre en commun leur potentiel par voie de fusion. De telles opérations ne peuvent être réalisées que dans le respect des règles de concurrence du traité.

(3) La réalisation d'opérations de restructuration et de coopération impliquant des entreprises d'États membres différents se heurte à des difficultés d'ordre juridique, psychologique et fiscal. Le rapprochement du droit des sociétés des États membres par voie de directives fondées sur l'article 44 du traité est de nature à remédier à certaines de ces difficultés. Ce rapprochement ne dispense toutefois pas les entreprises relevant de

législations différentes de choisir une forme de société régie par une législation nationale déterminée.

(4) Le cadre juridique dans lequel les entreprises doivent exercer leurs activités dans la Communauté reste principalement fondé sur des législations nationales et ne correspond donc plus au cadre économique dans lequel elles doivent se développer pour permettre la réalisation des objectifs énoncés à l'article 18 du traité. Cette situation entrave considérablement le regroupement entre sociétés d'États membres différents.

(5) Les États membres sont tenus de veiller à ce que les dispositions applicables aux sociétés européennes en vertu du présent règlement n'aboutissent ni à des discriminations résultant de l'application d'un traitement différent injustifié aux sociétés européennes par rapport aux sociétés anonymes, ni à des restrictions disproportionnées à la formation d'une société européenne ou au transfert de son siège statutaire.

(6) Il est essentiel de faire en sorte, dans toute la mesure du possible, que l'unité économique et l'unité juridique de l'entreprise dans la Communauté coïncident. Il convient à cet effet de prévoir la création, à côté des sociétés relevant d'un droit national donné, de sociétés dont la constitution et les activités sont régies par le droit résultant d'un règlement communautaire directement applicable dans tous les États membres.

(7) Les dispositions d'un tel règlement permettront la création et la gestion de sociétés de dimension européenne en dehors de toute entrave résultant de la disparité et de l'application territoriale limitée du droit national des sociétés.

(8) Le statut de la société anonyme européenne (ci-après dénommée « SE ») figure parmi les actes que le Conseil devait adopter avant 1992 aux termes du Livre blanc de la Commission sur l'achèvement du marché intérieur qui a été approuvé par le Conseil européen qui s'est réuni en juin 1985 à Milan. Lors de sa réunion de Bruxelles en 1987, le Conseil européen a manifesté le souhait qu'un tel statut soit rapidement mis en place.

(9) Depuis que la Commission a présenté, en 1970, une proposition, modifiée en 1975, de règlement portant un statut des sociétés anonymes européennes, les travaux portant sur le rapprochement du droit national des sociétés ont notablement progressé, de sorte que, dans des domaines où le fonctionnement d'une SE n'exige pas de règles communautaires uniformes, il peut être renvoyé à la législation régissant les sociétés anonymes de l'État membre du siège statutaire de la SE.

(10) L'objectif essentiel poursuivi par le régime juridique régissant la SE exige, au minimum, sans préjudice des nécessités économiques qui pourraient apparaître à l'avenir, qu'une SE puisse être constituée aussi bien pour permettre à des sociétés d'États membres différents de fusionner ou de créer une société holding que pour donner la possibilité à des sociétés et à d'autres personnes morales exerçant une activité économique et relevant du droit d'États membres différents de créer des filiales communes.

(11) Dans le même esprit, il convient de permettre à une société anonyme ayant son siège statutaire et son administration centrale dans la Communauté de se transformer en SE sans passer par une dissolution, à condition que cette société ait une filiale dans un État membre autre que celui de son siège statutaire.

(12) Les dispositions nationales applicables aux sociétés anonymes qui proposent leurs titres au public ainsi qu'aux transactions de titres doivent également s'appliquer lorsque la SE est constituée par la voie d'une offre de titres au public ainsi qu'aux SE qui souhaitent faire usage de ce type d'instruments financiers.

(13) La SE elle-même doit avoir la forme d'une société de capitaux par actions, qui répond le mieux, du point de vue du financement et de la gestion, aux besoins d'une entreprise exerçant ses activités à l'échelle européenne. Pour assurer que ces sociétés ont une dimension raisonnable, il convient de fixer un capital minimum de sorte qu'elles disposent d'un patrimoine suffisant, sans pour autant entraver les constitutions de SE par des petites et moyennes entreprises.

(14) Une SE doit faire l'objet d'une gestion efficace et d'une surveillance adéquate. Il y a lieu de tenir compte du fait qu'il existe actuellement dans la Communauté deux systèmes différents pour ce qui concerne l'administration des sociétés anonymes. Il convient, tout en permettant à la SE de choisir entre les deux systèmes, d'opérer une délimitation claire entre les responsabilités des personnes chargées de la gestion et de celles chargées de la surveillance.

(15) En vertu des règles et des principes généraux du droit international privé, lorsqu'une entreprise contrôle une autre entreprise relevant d'un ordre juridique différent, ses droits et obligations en matière de protection des actionnaires minoritaires et des tiers sont régis par le droit dont relève l'entreprise contrôlée, sans préjudice des obligations auxquelles l'entreprise qui exerce le contrôle est soumise en vertu des dispositions du droit dont elle relève, par exemple en matière d'établissement de comptes consolidés.

(16) Sans préjudice des conséquences de toute coordination ultérieure du droit des États membres, une réglementation spécifique pour la SE n'est actuellement pas requise dans ce domaine. Il convient dès lors que les règles et principes généraux du droit international privé s'appliquent tant dans le cas où la SE exerce le contrôle que dans le cas où la SE est la société contrôlée.

(17) Il y a lieu de préciser le régime effectivement applicable dans le cas où la SE est contrôlée par une autre entreprise et de renvoyer à cet effet au droit applicable aux sociétés anonymes dans l'État membre du siège statutaire de la SE.

(18) Chaque État membre doit être tenu d'appliquer, pour les infractions aux dispositions du présent règlement, les sanctions applicables aux sociétés anonymes relevant de sa législation.

(19) Les règles relatives à l'implication des travailleurs dans la SE font l'objet de la directive 2001/86/CE du Conseil du 8 octobre 2001 complétant le statut de la société européenne pour ce qui concerne l'implication des travailleurs. Ces dispositions forment dès lors un complément indissociable du présent règlement et elles doivent être appliquées de manière concomitante.

(20) Le présent règlement ne couvre pas d'autres domaines du droit tels que la fiscalité, la concurrence, la propriété intellectuelle, ou l'insolvabilité. Par conséquent, les dispositions du droit des États membres et du droit communautaire sont applicables dans ces domaines, ainsi que dans d'autres domaines non couverts par le présent règlement.

(21) La directive 2001/86/CE vise à assurer aux travailleurs un droit d'implication en ce qui concerne les questions et décisions affectant la vie de la SE. Les autres questions relevant du droit social et du droit du travail, notamment le droit à l'information et à la consultation des travailleurs tel qu'il est organisé dans les États membres, sont régies par les dispositions nationales applicables, dans les mêmes conditions, aux sociétés anonymes.

(22) L'entrée en vigueur du règlement doit être différée pour permettre à chaque État membre de transposer en droit national les dispositions de la directive 2001/86/CE et de mettre en place au préalable les mécanismes nécessaires pour la constitution et le fonctionnement des SE ayant leur siège statutaire sur son territoire, de sorte que le règlement et la directive puissent être appliqués de manière concomitante.

(23) Une société n'ayant pas son administration centrale dans la Communauté doit être autorisée à participer à la constitution d'une SE à condition qu'elle soit constituée selon le droit d'un État membre, qu'elle ait son siège statutaire dans cet État membre et qu'elle ait un lien effectif et continu avec l'économie d'un État membre conformément aux principes établis dans le programme général de 1962 pour la suppression des restrictions à la liberté d'établissement. Un tel lien existe notamment si la société a un établissement dans l'État membre à partir duquel elle mène des opérations.

(24) Une SE doit avoir la possibilité de transférer son siège statutaire dans un autre État membre. La protection appropriée des intérêts des actionnaires minoritaires qui s'opposent au transfert des créanciers et des titulaires d'autres droits doit s'inscrire dans des limites raisonnables. Le transfert ne doit pas affecter les droits nés avant le transfert.

(25) Le présent règlement ne préjuge pas les dispositions qui seront éventuellement insérées dans la Convention de Bruxelles de 1968 ou dans tout texte adopté par les États membres ou par le Conseil qui se substituerait à cette convention, concernant les règles de compétence applicables en cas de transfert du siège statutaire d'une société anonyme d'un État membre vers un autre.

(26) Les activités des établissements financiers sont régies par des directives spécifiques et les dispositions nationales transposant lesdites directives et les règles nationales supplémentaires régissant lesdites activités sont pleinement applicables à une SE.

(27) Compte tenu de la nature spécifique et communautaire de la SE, le régime du siège réel retenu pour la SE par le présent règlement ne porte pas préjudice aux législations des États membres et ne préjuge pas les choix qui pourront être faits pour d'autres textes communautaires en matière de droit des sociétés.

(28) Le traité ne prévoit pas, pour l'adoption du présent règlement, d'autres pouvoirs d'action que ceux de l'article 308.

(29) Étant donné que les objectifs de l'action envisagée, tels qu'esquissés ci-dessus, ne peuvent pas être réalisés de manière suffisante par les États membres dans la mesure où il s'agit d'établir la SE au niveau européen et peuvent donc, en raison de l'échelle et de l'incidence de celle-ci, être mieux réalisés au niveau communautaire, la Communauté peut prendre des mesures, conformément au principe de subsidiarité consacré à l'article 5 du traité. Conformément au principe de proportionnalité tel qu'énoncé audit article, le présent règlement n'excède pas ce qui est nécessaire pour atteindre ces objectifs,

A arrêté le présent règlement :

TITRE PREMIER

Dispositions générales

Art. premier 1. Une société peut être constituée sur le territoire de la Communauté sous la forme d'une société anonyme européenne (*Societas Europaea*, ci-après dénommée « SE ») dans les conditions et selon les modalités prévues par le présent règlement.

2. La SE est une société dont le capital est divisé en actions. Chaque actionnaire ne s'engage qu'à concurrence du capital qu'il a souscrit.

3. La SE a la personnalité juridique.

4. L'implication des travailleurs dans une SE est régie par les dispositions de la directive 2001/86/CE.

Art. 2 1. Les sociétés anonymes qui figurent à l'annexe I, constituées selon le droit d'un État membre et ayant leur siège statutaire et leur administration centrale dans la Communauté, peuvent constituer une SE par voie de fusion si deux d'entre elles au moins relèvent du droit d'États membres différents.

2. Les sociétés anonymes et les sociétés à responsabilité limitée qui figurent à l'annexe II, constituées selon le droit d'un État membre et ayant leur siège statutaire et leur administration centrale dans la Communauté, peuvent promouvoir la constitution d'une SE holding si deux d'entre elles au moins :

a) relèvent du droit d'États membres différents, ou

b) ont depuis au moins deux ans une société filiale relevant du droit d'un autre État membre ou une succursale située dans un autre État membre.

3. Les sociétés, au sens de l'article 48, deuxième alinéa, du traité *[devenu l'art. 54, al. 2, TFUE]*, ainsi que d'autres entités juridiques de droit public ou privé, constituées selon le droit d'un État membre et ayant leur siège statutaire et leur administration centrale dans la Communauté, peuvent constituer une SE filiale en souscrivant ses actions, si deux d'entre elles au moins :

a) relèvent du droit d'États membres différents, ou

b) ont depuis au moins deux ans une société filiale relevant du droit d'un autre État membre ou une succursale située dans un autre État membre.

4. Une société anonyme, constituée selon le droit d'un État membre et ayant son siège statutaire et son administration centrale dans la Communauté, peut se transformer en SE si elle a depuis au moins deux ans une société filiale relevant du droit d'un autre État membre.

5. Un État membre peut prévoir qu'une société n'ayant pas son administration centrale dans la Communauté peut participer à la constitution d'une SE, si elle est constituée selon le droit d'un État membre, a son siège statutaire dans ce même État membre et a un lien effectif et continu avec l'économie d'un État membre.

Art. 3 1. Aux fins de l'article 2, paragraphes 1, 2 et 3, la SE est considérée comme une société anonyme relevant du droit de l'État membre de son siège statutaire.

2. Une SE peut elle-même constituer une ou plusieurs filiales sous forme de SE. Les dispositions de l'État membre du siège statutaire de la SE filiale exigeant qu'une société anonyme ait plus d'un actionnaire ne sont pas d'application pour la SE filiale. Les dispositions nationales adoptées conformément à la douzième directive 89/667/CEE du Conseil du 21 décembre 1989 en matière de droit des sociétés concernant les sociétés à responsabilité limitée à un seul associé s'appliquent *mutatis mutandis* aux SE.

Art. 4 1. Le capital de la SE est exprimé en euros.

2. Le capital souscrit doit être d'au moins 120000 euros.

3. La législation d'un État membre prévoyant un capital souscrit plus élevé pour les sociétés exerçant certains types d'activités s'applique aux SE ayant leur siège statutaire dans cet État membre.

Art. 5 Sous réserve de l'article 4, paragraphes 1 et 2, le capital de la SE, son maintien, ses modifications ainsi que les actions, les obligations et autres titres assimilables de la SE sont régis par les dispositions qui s'appliqueraient à une société anonyme ayant son siège statutaire dans l'État membre où la SE est immatriculée.

Art. 6 Aux fins du présent règlement, l'expression « statuts de la SE » désigne à la fois l'acte constitutif et, lorsqu'ils font l'objet d'un acte séparé, les statuts proprement dits de la SE.

Art. 7 Le siège statutaire de la SE est situé à l'intérieur de la Communauté, dans le même État membre que l'administration centrale. Un État membre peut en outre imposer aux SE immatriculées sur son territoire l'obligation d'avoir leur administration centrale et leur siège statutaire au même endroit.

Art. 8 1. Le siège statutaire de la SE peut être transféré dans un autre État membre conformément aux paragraphes 2 à 13. Ce transfert ne donne lieu ni à dissolution ni à création d'une personne morale nouvelle.

2. Un projet de transfert doit être établi par l'organe de direction ou d'administration et faire l'objet d'une publicité conformément à l'article 13, sans préjudice de formes de publicité additionnelles prévues par l'État membre du siège. Ce projet mentionne la dénomination sociale, le siège statutaire et le numéro d'immatriculation actuels de la SE et comprend :

a) le siège statutaire envisagé pour la SE;

b) les statuts envisagés pour la SE, y compris, le cas échéant, sa nouvelle dénomination sociale;

c) les conséquences que le transfert pourrait avoir pour l'implication des travailleurs dans la SE;

d) le calendrier envisagé pour le transfert;

e) tous les droits prévus en matière de protection des actionnaires et/ou des créanciers.

3. L'organe de direction ou d'administration établit un rapport expliquant et justifiant les aspects juridiques et économiques du transfert et expliquant les conséquences du transfert pour les actionnaires, les créanciers et les travailleurs.

4. Les actionnaires et les créanciers de la SE ont, au moins un mois avant l'assemblée générale appelée à se prononcer sur le transfert, le droit d'examiner, au siège de la SE, le projet de transfert et le rapport établi en application du paragraphe 3, et d'obtenir gratuitement, à leur demande, des copies de ces documents.

5. Un État membre peut adopter, en ce qui concerne les SE immatriculées sur son territoire, des dispositions destinées à assurer une protection appropriée aux actionnaires minoritaires qui se sont prononcés contre le transfert.

6. La décision de transfert ne peut intervenir que deux mois après la publication du projet. Elle doit être prise dans les conditions prévues à l'article 59.

7. Avant que l'autorité compétente ne délivre le certificat visé au paragraphe 8, la SE doit prouver qu'en ce qui concerne les créances nées antérieurement à la publication du projet de transfert, les intérêts des créanciers et titulaires d'autres droits envers la SE (y

compris ceux des entités publiques) bénéficient d'une protection adéquate conformément aux dispositions prévues par l'État membre où la SE a son siège statutaire avant le transfert.

Un État membre peut étendre l'application du premier alinéa aux créances nées (ou susceptibles de naître) avant le transfert.

Le premier et le deuxième alinéas sont sans préjudice de l'application aux SE de la législation nationale des États membres en ce qui concerne le désintéressement ou la garantie des paiements en faveur des entités publiques.

8. Dans l'État membre du siège statutaire de la SE, un tribunal, un notaire ou une autre autorité compétente délivre un certificat attestant d'une manière concluante l'accomplissement des actes et des formalités préalables au transfert.

9. La nouvelle immatriculation ne peut s'effectuer que sur présentation du certificat visé au paragraphe 8 ainsi que sur preuve de l'accomplissement des formalités exigées pour l'immatriculation dans le pays du nouveau siège statutaire.

10. Le transfert du siège statutaire de la SE, ainsi que la modification des statuts qui en résulte, prennent effet à la date à laquelle la SE est immatriculée, conformément à l'article 12, au registre du nouveau siège.

11. Lorsque la nouvelle immatriculation de la SE a été effectuée, le registre de la nouvelle immatriculation le notifie au registre de l'ancienne immatriculation. La radiation de l'ancienne immatriculation s'effectue dès réception de la notification, mais pas avant.

12. La nouvelle immatriculation et la radiation de l'ancienne immatriculation sont publiées dans les États membres concernés conformément à l'article 13.

13. La publication de la nouvelle immatriculation de la SE rend le nouveau siège statutaire opposable aux tiers. Toutefois, tant que la publication de la radiation de l'immatriculation au registre du précédent siège n'a pas eu lieu, les tiers peuvent continuer de se prévaloir de l'ancien siège, à moins que la SE ne prouve que ceux-ci avaient connaissance du nouveau siège.

14. La législation d'un État membre peut prévoir, en ce qui concerne les SE immatriculées dans celui-ci, qu'un transfert du siège statutaire, dont résulterait un changement du droit applicable, ne prend pas effet si, dans le délai de deux mois visé au paragraphe 6, une autorité compétente de cet État s'y oppose. Cette opposition ne peut avoir lieu que pour des raisons d'intérêt public.

Lorsqu'une SE est soumise au contrôle d'une autorité nationale de surveillance financière conformément aux directives communautaires, le droit de s'opposer au transfert du siège statutaire s'applique également à cette autorité.

L'opposition est susceptible de recours devant une autorité judiciaire.

15. Une SE à l'égard de laquelle a été entamée une procédure de dissolution, de liquidation, d'insolvabilité, de suspension de paiements ou d'autres procédures analogues ne peut transférer son siège statutaire.

16. Une SE qui a transféré son siège statutaire dans un autre État membre est considérée, aux fins de tout litige survenant avant le transfert tel qu'il est déterminé au paragraphe 10, comme ayant son siège statutaire dans l'État membre où la SE était immatriculée avant le transfert, même si une action est intentée contre la SE après le transfert.

Art. 9 1. La SE est régie :

a) par les dispositions du présent règlement ;

b) lorsque le présent règlement l'autorise expressément, par les dispositions des statuts de la SE,

ou

c) pour les matières non réglées par le présent règlement ou, lorsqu'une matière l'est partiellement, pour les aspects non couverts par le présent règlement par :

i) les dispositions de loi adoptées par les États membres en application de mesures communautaires visant spécifiquement les SE ;

ii) les dispositions de loi des États membres qui s'appliqueraient à une société anonyme constituée selon le droit de l'État membre dans lequel la SE a son siège statutaire ;

iii) les dispositions des statuts de la SE, dans les mêmes conditions que pour une société anonyme constituée selon le droit de l'État membre dans lequel la SE a son siège statutaire.

2. Les dispositions de loi adoptées par les États membres spécifiquement pour la SE doivent être conformes aux directives applicables aux sociétés anonymes figurant à l'annexe I.

3. Si la nature des activités exercées par une SE est régie par des dispositions spécifiques de la législation nationale, celles-ci s'appliquent intégralement à la SE.

Art. 10 Sous réserve des dispositions du présent règlement, une SE est traitée dans chaque État membre comme une société anonyme constituée selon le droit de l'État membre dans lequel la SE a son siège statutaire.

Art. 11 1. La SE doit faire précéder ou suivre sa dénomination sociale du sigle « SE ».

2. Seules les SE peuvent faire figurer le sigle « SE » dans leur dénomination sociale.

3. Néanmoins, les sociétés et les autres entités juridiques immatriculées dans un État membre avant la date d'entrée en vigueur du présent règlement, dans la dénomination sociale desquelles figure le sigle « SE », ne sont pas tenues de modifier leur dénomination sociale.

Art. 12 1. Toute SE est immatriculée dans l'État membre de son siège statutaire dans un registre désigné par la législation de cet État membre conformément à l'article 3 de la directive 68/151/CEE du Conseil du 9 mars 1968 tendant à coordonner, pour les rendre équivalentes, les garanties qui sont exigées, dans les États membres, des sociétés au sens de l'article 58, deuxième alinéa du traité, pour protéger les intérêts tant des associés que des tiers.

2. Une SE ne peut être immatriculée que si un accord sur les modalités relatives à l'implication des travailleurs au sens de l'article 4 de la directive 2001/86/CE a été conclu, ou si une décision au titre de l'article 3, paragraphe 6, de ladite directive a été prise, ou encore si la période prévue à l'article 5 de ladite directive pour mener les négociations est arrivée à expiration sans qu'un accord n'ait été conclu.

3. Pour qu'une SE puisse être immatriculée dans un État membre ayant fait usage de la faculté visée à l'article 7, paragraphe 3, de la directive 2001/86/CE, il faut qu'un accord, au sens de l'article 4 de ladite directive, sur les modalités relatives à l'implication des travailleurs, y compris la participation, ait été conclu, ou qu'aucune des sociétés participantes n'ait été régie par des règles de participation avant l'immatriculation de la SE.

4. Les statuts de la SE ne doivent à aucun moment entrer en conflit avec les modalités relatives à l'implication des travailleurs qui ont été fixées. Lorsque de nouvelles modalités fixées conformément à la directive 2001/86/CE entrent en conflit avec les statuts existants, ceux-ci sont modifiés dans la mesure nécessaire.

En pareil cas, un État membre peut prévoir que l'organe de direction ou l'organe d'administration de la SE a le droit d'apporter des modifications aux statuts sans nouvelle décision de l'assemblée générale des actionnaires.

Art. 13 Les actes et indications concernant la SE, soumis à publicité par le présent règlement, font l'objet d'une publicité effectuée selon les modes prévus par la législation de l'État membre du siège statutaire de la SE conformément à la directive 68/151/CEE.

Art. 14 1. L'immatriculation et la radiation de l'immatriculation d'une SE font l'objet d'un avis publié pour information au *Journal officiel des Communautés européennes* après la publication effectuée conformément à l'article 13. Cet avis comporte la dénomination sociale, le numéro, la date et le lieu d'immatriculation de la SE, la date, le lieu et le titre de la publication, ainsi que le siège statutaire et le secteur d'activité de la SE.

2. Le transfert du siège statutaire de la SE dans les conditions prévues à l'article 8 donne lieu à un avis comportant les indications prévues au paragraphe 1, ainsi que celles relatives à la nouvelle immatriculation.

3. Les indications visées au paragraphe 1 sont communiquées à l'Office des publications officielles des Communautés européennes dans le mois suivant la publication visée à l'article 13.

TITRE II
Constitution

Section I
Généralités

Art. 15 1. Sous réserve des dispositions du présent règlement, la constitution d'une SE est régie par la loi applicable aux sociétés anonymes de l'État où la SE fixe son siège statutaire.

2. L'immatriculation d'une SE fait l'objet d'une publicité conformément à l'article 13.

Art. 16 1. La SE acquiert la personnalité juridique le jour de son immatriculation au registre visé à l'article 12.

2. Si des actes ont été accomplis au nom de la SE avant son immatriculation conformément à l'article 12 et si la SE ne reprend pas, après cette immatriculation, les engagements résultant de tels actes, les personnes physiques, sociétés ou autres entités juridiques qui les ont accomplis en sont solidairement et indéfiniment responsables, sauf convention contraire.

Section II
Constitution d'une SE par voie de fusion

Art. 17 1. Une SE peut être constituée par voie de fusion conformément à l'article 2, paragraphe 1.

2. La fusion peut être réalisée :

a) selon la procédure de fusion par absorption conformément à l'article 3, paragraphe 1, de la directive 78/855/CEE, ou

b) selon la procédure de fusion par constitution d'une nouvelle société conformément à l'article 4, paragraphe 1, de ladite directive.

Dans le cas d'une fusion par absorption, la société absorbante prend la forme de SE simultanément à la fusion. Dans le cas d'une fusion par constitution d'une nouvelle société, la SE est la nouvelle société.

Art. 18 Pour les matières non couvertes par la présente section ou, lorsqu'une matière l'est partiellement, pour les aspects non couverts par elle, chaque société participant à la constitution d'une SE par voie de fusion est soumise aux dispositions du droit de l'État membre dont elle relève qui sont applicables à la fusion de sociétés anonymes conformément à la directive 78/855/CEE *[désormais Dir. 2017/1132/UE du 14 juin 2017].*

Art. 19 La législation d'un État membre peut prévoir qu'une société relevant du droit de cet État membre ne peut participer à la constitution d'une SE par voie de fusion si une autorité compétente de cet État membre s'y oppose avant la délivrance du certificat visé à l'article 25, paragraphe 2.

Cette opposition ne peut avoir lieu que pour des raisons d'intérêt public. Elle est susceptible de recours devant une autorité judiciaire.

Art. 20 1. Les organes de direction ou d'administration des sociétés qui fusionnent établissent un projet de fusion. Ce projet comprend :

a) la dénomination sociale et le siège statutaire des sociétés qui fusionnent ainsi que ceux envisagés pour la SE;

b) le rapport d'échange des actions et, le cas échéant, le montant de la soulte;

c) les modalités de remise des actions de la SE;

d) la date à partir de laquelle ces actions donnent le droit de participer aux bénéfices ainsi que toute modalité particulière relative à ce droit;

e) la date à partir de laquelle les opérations des sociétés qui fusionnent sont considérées du point de vue comptable comme accomplies pour le compte de la SE;

f) les droits assurés par la SE aux actionnaires ayant des droits spéciaux et aux porteurs de titres autres que des actions ou les mesures envisagées à leur égard;

g) tout avantage particulier attribué aux experts qui examinent le projet de fusion ainsi qu'aux membres des organes d'administration, de direction, de surveillance ou de contrôle des sociétés qui fusionnent;

h) les statuts de la SE;

i) des informations sur les procédures selon lesquelles les modalités relatives à l'implication des travailleurs sont fixées conformément à la directive 2001/86/CE.

2. Les sociétés qui fusionnent peuvent ajouter d'autres éléments au projet de fusion.

Art. 21 Pour chacune des sociétés qui fusionnent et sous réserve des exigences supplémentaires imposées par l'État membre dont relève la société concernée, les indications suivantes doivent être publiées dans le bulletin national de cet État membre :

a) la forme, la dénomination sociale et le siège statutaire de chacune des sociétés qui fusionnent;

b) le registre auprès duquel les actes visés à l'article 3, paragraphe 2, de la directive 68/151/CEE ont été déposés pour chacune des sociétés qui fusionnent, ainsi que le numéro d'inscription dans ce registre;

c) une indication des modalités d'exercice des droits des créanciers de la société en question, fixées conformément à l'article 24, ainsi que l'adresse à laquelle peut être obtenue, gratuitement, une information exhaustive sur ces modalités;

d) une indication des modalités d'exercice des droits des actionnaires minoritaires de la société en question, fixées conformément à l'article 24, ainsi que l'adresse à laquelle peut être obtenue, sans frais, une information exhaustive sur ces modalités;

e) la dénomination sociale et le siège statutaire envisagés pour la SE.

Art. 22 En lieu et place des experts opérant pour le compte de chacune des sociétés qui fusionnent, un ou plusieurs experts indépendants, au sens de l'article 10 de la directive 78/855/CEE *[devenu l'art. 96 de la Dir. 2017/1132/UE du 14 juin 2017]*, désignés à cet effet et sur demande conjointe de ces sociétés par une autorité judiciaire ou administrative de l'État membre dont relève l'une des sociétés qui fusionnent ou la future SE, peuvent examiner le projet de fusion et établir un rapport unique destiné à l'ensemble des actionnaires.

Les experts ont le droit de demander à chacune des sociétés qui fusionnent toute information qu'ils jugent nécessaire pour leur permettre de remplir leur mission.

Art. 23 1. L'assemblée générale de chacune des sociétés qui fusionnent approuve le projet de fusion.

2. L'implication des travailleurs dans la SE est décidée conformément à la directive 2001/86/CE. L'assemblée générale de chacune des sociétés qui fusionnent peut subordonner le droit à l'immatriculation de la SE à la condition qu'elle entérine expressément les modalités ainsi décidées.

Art. 24 1. Le droit de l'État membre dont relève chacune des sociétés qui fusionnent s'applique comme en cas de fusion de sociétés anonymes, compte tenu du caractère transfrontière de la fusion, en ce qui concerne la protection des intérêts :

a) des créanciers des sociétés qui fusionnent;

b) des obligataires des sociétés qui fusionnent;

c) des porteurs de titres, autres que des actions, auxquels sont attachés des droits spéciaux dans les sociétés qui fusionnent.

2. Un État membre peut adopter, en ce qui concerne les sociétés qui fusionnent et qui relèvent de son droit, des dispositions destinées à assurer une protection appropriée aux actionnaires minoritaires qui se sont prononcés contre la fusion.

Art. 25 1. Le contrôle de la légalité de la fusion est effectué, pour la partie de la procédure relative à chaque société qui fusionne, conformément à la loi relative à la fusion des sociétés anonymes qui est applicable dans l'État membre dont elle relève.

2. Dans chaque État membre concerné, un tribunal, un notaire ou une autre autorité compétente délivre un certificat attestant d'une manière concluante l'accomplissement des actes et des formalités préalables à la fusion.

3. Si le droit d'un État membre dont relève une société qui fusionne prévoit une procédure permettant d'analyser et de modifier le rapport d'échange des actions, ou une procédure visant à indemniser les actionnaires minoritaires, sans empêcher l'immatriculation de la fusion, ces procédures ne s'appliquent que si les autres sociétés qui fusionnent et qui sont situées dans un État membre ne prévoyant pas ce type de procédures acceptent explicitement, lorsqu'elles approuvent le projet de fusion conformément à l'article 23, paragraphe 1, la possibilité offerte aux actionnaires de la société qui fusionne dont il est question d'avoir recours auxdites procédures. Dans ce cas, un tribunal, un notaire ou une autre autorité compétente peut délivrer le certificat visé au para-

graphe 2, même si une procédure de ce type a été engagée. Le certificat doit cependant mentionner que la procédure est en cours. La décision prise à l'issue de la procédure lie la société absorbante et l'ensemble de ses actionnaires.

Art. 26 1. Le contrôle de la légalité de la fusion est effectué, pour la partie de la procédure relative à la réalisation de la fusion et à la constitution de la SE, par un tribunal, un notaire ou une autre autorité compétente dans l'État membre du futur siège statutaire de la SE pour contrôler cet aspect de la légalité de la fusion de sociétés anonymes.

2. A cette fin, chaque société qui fusionne remet à cette autorité le certificat visé à l'article 25, paragraphe 2, dans un délai de six mois à compter de sa délivrance ainsi qu'une copie du projet de fusion, approuvé par la société.

3. L'autorité visée au paragraphe 1 contrôle en particulier que les sociétés qui fusionnent ont approuvé un projet de fusion dans les mêmes termes et que des modalités relatives à l'implication des travailleurs ont été fixées conformément à la directive 2001/86/CE.

4. Cette autorité contrôle en outre que la constitution de la SE répond aux conditions fixées par la loi de l'État membre du siège, conformément à l'article 15.

Art. 27 1. La fusion et la constitution simultanée de la SE prennent effet à la date à laquelle la SE est immatriculée conformément à l'article 12.

2. La SE ne peut être immatriculée qu'après l'accomplissement de toutes les formalités prévues aux articles 25 et 26.

Art. 28 Pour chacune des sociétés qui fusionnent, la réalisation de la fusion fait l'objet d'une publicité effectuée selon les modalités prévues par la loi de chaque État membre, conformément à l'article 3 de la directive 68/151/CEE.

Art. 29 1. La fusion réalisée conformément à l'article 17, paragraphe 2, point a), entraîne *ipso jure* et simultanément les effets suivants :

a) la transmission universelle à la société absorbante de l'ensemble du patrimoine actif et passif de chaque société absorbée;

b) les actionnaires de la société absorbée deviennent actionnaires de la société absorbante;

c) la société absorbée cesse d'exister;

d) la société absorbante prend la forme de SE.

2. La fusion réalisée conformément à l'article 17, paragraphe 2, point b), entraîne *ipso jure* et simultanément les effets suivants :

a) la transmission universelle de l'ensemble du patrimoine actif et passif des sociétés qui fusionnent à la SE;

b) les actionnaires des sociétés qui fusionnent deviennent actionnaires de la SE;

c) les sociétés qui fusionnent cessent d'exister.

3. Lorsqu'en cas de fusion de sociétés anonymes, la loi d'un État membre requiert des formalités particulières pour l'opposabilité aux tiers du transfert de certains biens, droits et obligations apportés par les sociétés qui fusionnent, ces formalités s'appliquent et sont effectuées, soit par les sociétés qui fusionnent, soit par la SE à dater de son immatriculation.

4. Les droits et obligations des sociétés participantes en matière de conditions d'emploi résultant de la législation, de la pratique et de contrats de travail individuels ou des relations de travail au niveau national et existant à la date de l'immatriculation sont transférés à la SE au moment de l'immatriculation du fait même de celle-ci.

Art. 30 La nullité d'une fusion au sens de l'article 2, paragraphe 1, ne peut être prononcée lorsque la SE a été immatriculée.

L'absence de contrôle de la légalité de la fusion conformément aux articles 25 et 26 peut constituer une cause de dissolution de la SE.

Art. 31 1. Lorsqu'une fusion conformément à l'article 17, paragraphe 2, point a), est réalisée par une société qui détient toutes les actions et autres titres conférant des droits de vote dans l'assemblée générale d'une autre société, les dispositions de l'article 20, paragraphe 1, points b), c) et d), de l'article 22, et de l'article 29, paragraphe 1, point b), ne sont pas d'application. Toutefois, les dispositions nationales dont relève chacune des sociétés qui fusionnent et qui régissent les fusions de sociétés anonymes conformément à l'article 24 de la directive 78/855/CEE *[devenu l'art. 110 de la Dir. 2017/1132/UE du 14 juin 2017]* s'appliquent.

2. Lorsqu'une fusion par absorption est effectuée par une société qui détient 90% ou plus mais pas la totalité des actions ou autres titres conférant un droit de vote dans l'assemblée générale d'une autre société, les rapports de l'organe de direction ou d'administration, les rapports d'un ou de plusieurs experts indépendants ainsi que les documents nécessaires pour le contrôle seront requis uniquement dans la mesure où ils sont requis par la loi nationale dont relève la société absorbante ou par la loi nationale dont relève la société absorbée.

Les États membres peuvent toutefois prévoir que le présent paragraphe peut s'appliquer lorsqu'une société détient des actions conférant 90% ou plus mais pas la totalité des droits de vote.

Section III

Constitution d'une SE holding

Art. 32 1. Une SE peut être constituée conformément à l'article 2, paragraphe 2.

Les sociétés qui promeuvent la constitution d'une SE, conformément à l'article 2, paragraphe 2, subsistent.

2. Les organes de direction ou d'administration des sociétés qui promeuvent l'opération établissent dans les mêmes termes un projet de constitution de la SE. Ce projet comporte un rapport expliquant et justifiant les aspects juridiques et économiques de la constitution et indiquant les conséquences pour les actionnaires et pour les travailleurs de l'adoption de la forme de SE. Ce projet comporte en outre les indications prévues à l'article 20, paragraphe 1, points a), b), c), f), g), h) et i), et fixe le pourcentage minimal des actions ou parts de chacune des sociétés promouvant l'opération que les actionnaires devront apporter pour que la SE soit constituée. Ce pourcentage doit consister en actions conférant plus de 50% des droits de vote permanents.

3. Pour chacune des sociétés promouvant l'opération, le projet de constitution de SE fait l'objet d'une publicité effectuée selon les modalités prévues par la loi de chaque État membre, conformément à l'article 3 de la directive 68/151/CEE, un mois au moins avant la date de la réunion de l'assemblée générale appelée à se prononcer sur l'opération.

4. Un ou plusieurs experts indépendants des sociétés promouvant l'opération, désignés ou agréés par une autorité judiciaire ou administrative de l'État membre dont relève chaque société selon les dispositions nationales adoptées en application de la directive 78/855/CEE, examinent le projet de constitution établi conformément au paragraphe 2 et établissent un rapport écrit destiné aux actionnaires de chaque société. Par accord

entre les sociétés qui promeuvent l'opération, un rapport écrit peut être établi, pour les actionnaires de l'ensemble des sociétés, par un ou plusieurs experts indépendants désignés ou agréés par une autorité judiciaire ou administrative de l'État membre dont relève l'une des sociétés promouvant l'opération ou la future SE selon les dispositions nationales adoptées en application de la directive 78/855/CEE *[désormais Dir. 2017/1132/UE du 14 juin 2017]*.

5. Le rapport doit indiquer les difficultés particulières d'évaluation et déclarer si le rapport d'échange d'actions ou de parts envisagé est ou non pertinent et raisonnable, en précisant les méthodes suivies pour sa détermination et si ces méthodes sont adéquates en l'espèce.

6. L'assemblée générale de chacune des sociétés qui promeuvent l'opération approuve le projet de constitution de SE.

L'implication des travailleurs dans la SE est décidée conformément aux dispositions de la directive 2001/86/CE. L'assemblée générale de chacune des sociétés qui promeuvent l'opération peut subordonner le droit à l'immatriculation de la SE à la condition qu'elle entérine expressément les modalités ainsi décidées.

7. Les dispositions du présent article s'appliquent, *mutatis mutandis*, aux sociétés à responsabilité limitée.

Art. 33 1. Les actionnaires ou porteurs de parts des sociétés qui promeuvent l'opération disposent d'un délai de trois mois pendant lequel ils peuvent communiquer aux sociétés promotrices leur intention d'apporter leurs actions ou parts en vue de la constitution de la SE. Ce délai commence à courir à la date à laquelle l'acte de constitution de la SE a été établi conformément à l'article 32.

2. La SE n'est constituée que si, dans le délai visé au paragraphe 1, les actionnaires ou les porteurs de parts des sociétés qui promeuvent l'opération ont apporté le pourcentage minimal d'actions ou parts de chaque société fixé conformément au projet de constitution et si toutes les autres conditions sont remplies.

3. Si les conditions pour la constitution de la SE sont toutes remplies conformément au paragraphe 2, ceci fait l'objet, pour chacune des sociétés promotrices, d'une publicité effectuée selon les modalités prévues par le droit national dont relève chacune de ces sociétés, qui ont été adoptées conformément à l'article 3 de la directive 68/151/CEE.

Les actionnaires ou porteurs de parts des sociétés qui promeuvent l'opération, qui n'ont pas communiqué dans le délai visé au paragraphe 1 leur intention de mettre leurs actions ou parts à la disposition des sociétés promotrices en vue de la constitution de la SE, bénéficient d'un délai supplémentaire d'un mois pour le faire.

4. Les actionnaires ou porteurs de parts ayant apporté leurs titres en vue de la constitution de la SE reçoivent des actions de celle-ci.

5. La SE ne peut être immatriculée que sur preuve de l'accomplissement des formalités visées à l'article 32 et des conditions visées au paragraphe 2.

Art. 34 Un État membre peut adopter, en ce qui concerne les sociétés qui promeuvent l'opération, des dispositions destinées à assurer la protection des actionnaires minoritaires qui s'opposent à l'opération, des créanciers et des travailleurs.

Section IV

Constitution d'une SE/filiale

Art. 35 Une SE peut être constituée conformément à l'article 2, paragraphe 3.

Art. 36 Sont applicables aux sociétés ou autres entités juridiques participant à l'opération les dispositions qui régissent leur participation à la constitution d'une filiale ayant la forme d'une société anonyme en vertu du droit national.

Section V

Transformation d'une société anonyme en SE

Art. 37 1. Une SE peut être constituée conformément à l'article 2, paragraphe 4.

2. Sans préjudice de l'article 12, la transformation d'une société anonyme en SE ne donne lieu ni à dissolution ni à création d'une personne morale nouvelle.

3. Le siège statutaire ne peut pas être transféré d'un État membre à un autre conformément à l'article 8 à l'occasion de la transformation.

4. L'organe de direction ou d'administration de la société considérée établit un projet de transformation et un rapport expliquant et justifiant les aspects juridiques et économiques de la transformation et indiquant les conséquences pour les actionnaires et pour les travailleurs de l'adoption de la forme de la SE.

5. Le projet de transformation fait l'objet d'une publicité effectuée selon les modalités prévues par la loi de chaque État membre, conformément à l'article 3 de la directive 68/151/CEE, un mois au moins avant la date de la réunion de l'assemblée générale appelée à se prononcer sur la transformation.

6. Avant l'assemblée générale visée au paragraphe 7, un ou plusieurs experts indépendants désignés ou agréés, selon les dispositions nationales adoptées en application de l'article 10 de la directive 78/855/CEE *[devenu l'art. 96 de la Dir. 2017/1132/UE du 14 juin 2017]*, par une autorité judiciaire ou administrative de l'État membre dont relève la société qui se transforme en SE, attestent, conformément à la directive 77/91/CE, *mutatis mutandis*, que la société dispose d'actifs nets au moins équivalents au capital augmenté des réserves que la loi ou les statuts ne permettent pas de distribuer.

7. L'assemblée générale de la société considérée approuve le projet de transformation ainsi que les statuts de la SE. La décision de l'assemblée générale doit être prise dans les conditions prévues par les dispositions nationales adoptées en application de l'article 7 de la directive 78/855/CEE *[devenu l'art. 93 de la Dir. 2017/1132/UE du 14 juin 2017]*.

8. Les États membres peuvent subordonner une transformation au vote favorable d'une majorité qualifiée ou de l'unanimité des membres au sein de l'organe de la société à transformer dans lequel la participation des travailleurs est organisée.

9. Les droits et obligations de la société à transformer en matière de conditions d'emploi résultant de la législation, de la pratique et de contrats de travail individuels ou des relations de travail au niveau national et existant à la date de l'immatriculation sont transférés à la SE du fait même de cette immatriculation.

TITRE III

Structure de la SE

Art. 38 La SE comporte dans les conditions prévues par le présent règlement :

a) une assemblée générale des actionnaires, et

b) soit un organe de surveillance et un organe de direction (système dualiste), soit un organe d'administration (système moniste) selon l'option retenue par les statuts.

Section I

Système dualiste

Art. 39 1. L'organe de direction est responsable de la gestion de la SE. Un État membre peut prévoir qu'un directeur général ou des directeurs généraux sont responsables de la gestion courante dans les mêmes conditions que pour les sociétés anonymes ayant leur siège statutaire sur son territoire.

2. Le ou les membres de l'organe de direction sont nommés et révoqués par l'organe de surveillance.

Toutefois, un État membre peut prévoir, ou donner aux statuts la possibilité de prévoir, que le ou les membres de l'organe de direction sont nommés et révoqués par l'assemblée générale dans les mêmes conditions que pour les sociétés anonymes ayant leur siège statutaire sur son territoire.

3. Nul ne peut simultanément être membre de l'organe de direction et de l'organe de surveillance de la SE. Toutefois, l'organe de surveillance peut, en cas de vacance, désigner un de ses membres pour exercer les fonctions de membre de l'organe de direction. Au cours de cette période, les fonctions de l'intéressé en sa qualité de membre de l'organe de surveillance sont suspendues. Un État membre peut prévoir que cette période est limitée dans le temps.

4. Le nombre des membres de l'organe de direction ou les règles pour sa détermination sont fixés par les statuts de la SE. Un État membre peut toutefois fixer un nombre minimal et/ou maximal de membres.

5. En l'absence de dispositions relatives à un système dualiste en ce qui concerne les sociétés anonymes ayant un siège statutaire sur son territoire, un État membre peut adopter les mesures appropriées concernant les SE.

Art. 40 1. L'organe de surveillance contrôle la gestion assurée par l'organe de direction. Il ne peut exercer lui-même le pouvoir de gestion de la SE.

2. Les membres de l'organe de surveillance sont nommés par l'assemblée générale. Toutefois, les membres du premier organe de surveillance peuvent être désignés par les statuts. La présente disposition vaut sans préjudice de l'article 47, paragraphe 4, ou, le cas échéant, des modalités de participation des travailleurs fixées conformément à la directive 2001/86/CE.

3. Le nombre des membres de l'organe de surveillance ou les règles pour sa détermination sont fixés par les statuts. Un État membre peut toutefois fixer le nombre des membres de l'organe de surveillance pour les SE immatriculées sur son territoire ou un nombre minimal et/ou maximal de membres.

Art. 41 1. L'organe de direction informe l'organe de surveillance au moins tous les trois mois de la marche des affaires de la SE et de leur évolution prévisible.

2. Outre l'information périodique visée au paragraphe 1, l'organe de direction communique en temps utile à l'organe de surveillance toute information sur des événements susceptibles d'avoir des répercussions sensibles sur la situation de la SE.

3. L'organe de surveillance peut demander à l'organe de direction les informations de toute nature nécessaires au contrôle qu'il exerce conformément à l'article 40, para-

graphe 1. Un État membre peut prévoir que chaque membre de l'organe de surveillance peut également bénéficier de cette faculté.

4. L'organe de surveillance peut procéder ou faire procéder aux vérifications nécessaires à l'accomplissement de sa mission.

5. Chacun des membres de l'organe de surveillance peut prendre connaissance de toutes les informations transmises à cet organe.

Art. 42 L'organe de surveillance élit en son sein un président. Si la moitié des membres ont été désignés par les travailleurs, seul un membre désigné par l'assemblée générale des actionnaires peut être élu président.

Section II

Système moniste

Art. 43 1. L'organe d'administration gère la SE. Un État membre peut prévoir qu'un directeur général ou des directeurs généraux sont responsables de la gestion courante dans les mêmes conditions que pour les sociétés anonymes ayant un siège statutaire sur son territoire.

2. Le nombre des membres de l'organe d'administration ou les règles pour sa détermination sont fixés par les statuts de la SE. Un État membre peut toutefois fixer un nombre minimal et, le cas échéant, maximal, de membres.

Néanmoins, cet organe doit être composé de trois membres au moins, lorsque la participation des travailleurs dans la SE est organisée conformément à la directive 2001/86/CE.

3. Le ou les membres de l'organe d'administration sont nommés par l'assemblée générale. Toutefois, les membres du premier organe d'administration peuvent être désignés par les statuts. La présente disposition vaut sans préjudice de l'article 47, paragraphe 4, ou, le cas échéant, des modalités de participation des travailleurs fixées conformément à la directive 2001/86/CE.

4. En l'absence de dispositions relatives à un système moniste en ce qui concerne les sociétés anonymes ayant un siège statutaire sur son territoire, un État membre peut adopter les mesures appropriées concernant les SE.

Art. 44 1. L'organe d'administration se réunit au moins tous les trois mois selon une périodicité fixée par les statuts pour délibérer de la marche des affaires de la SE et de leur évolution prévisible.

2. Chacun des membres de l'organe d'administration peut prendre connaissance de toutes les informations transmises à cet organe.

Art. 45 L'organe d'administration élit en son sein un président. Si la moitié des membres ont été désignés par les travailleurs, seul un membre désigné par l'assemblée générale des actionnaires peut être élu président.

Section III

Règles communes aux systèmes moniste et dualiste

Art. 46 1. Les membres des organes de la société sont nommés pour une période fixée par les statuts, qui ne peut excéder six ans.

2. Sauf restrictions prévues par les statuts, les membres peuvent être renommés une ou plusieurs fois pour la période fixée en application du paragraphe 1.

Art. 47 1. Les statuts de la SE peuvent prévoir qu'une société ou autre entité juridique peut être membre d'un de ses organes, à moins que la loi de l'État membre du siège de la SE applicable aux sociétés anonymes n'en dispose autrement.

La société ou autre entité juridique désigne une personne physique pour l'exercice des pouvoirs dans l'organe concerné.

2. Ne peuvent être membres d'un organe de la SE, ni représentants d'un membre au sens du paragraphe 1, les personnes qui :

a) ne peuvent faire partie, selon la loi de l'État membre du siège de la SE, de l'organe correspondant d'une société anonyme relevant du droit de cet État membre;

b) ne peuvent faire partie de l'organe correspondant d'une société anonyme relevant du droit d'un État membre en raison d'une décision judiciaire ou administrative rendue dans un État membre.

3. Les statuts de la SE peuvent fixer, à l'instar de ce qui est prévu par la loi de l'État membre du siège de la SE pour les sociétés anonymes, des conditions particulières d'éligibilité pour les membres qui représentent les actionnaires.

4. Le présent règlement ne porte pas atteinte aux législations nationales qui permettent à une minorité d'actionnaires ou à d'autres personnes ou autorités de nommer une partie des membres des organes.

Art. 48 1. Les statuts de la SE énumèrent les catégories d'opérations qui donnent lieu à autorisation de l'organe de direction par l'organe de surveillance, dans le système dualiste, ou à décision expresse de l'organe d'administration, dans le système moniste.

Toutefois, un État membre peut prévoir que, dans le système dualiste, l'organe de surveillance peut soumettre lui-même à autorisation certaines catégories d'opérations.

2. Un État membre peut déterminer les catégories d'opérations devant au minimum figurer dans les statuts des SE immatriculées sur son territoire.

Art. 49 Les membres des organes de la SE sont tenus de ne pas divulguer, même après la cessation de leurs fonctions, les informations dont ils disposent sur la SE et dont la divulgation serait susceptible de porter préjudice aux intérêts de la société, à l'exclusion des cas dans lesquels une telle divulgation est exigée ou admise par les dispositions du droit national applicables aux sociétés anonymes ou dans l'intérêt public.

Art. 50 1. Sauf dans les cas où le présent règlement ou les statuts en disposent autrement, les règles internes concernant le quorum et la prise de décision des organes de la SE sont les suivantes :

a) quorum : la moitié au moins des membres doivent être présents ou représentés;

b) prise de décision : elle se fait à la majorité des membres présents ou représentés.

2. En l'absence de disposition statutaire en la matière, la voix du président de chaque organe est prépondérante en cas de partage des voix. Toutefois, aucune disposition statutaire contraire n'est possible lorsque l'organe de surveillance est composé pour moitié de représentants des travailleurs.

3. Lorsque la participation des travailleurs est organisée conformément à la directive 2001/86/CE, un État membre peut prévoir que le quorum et la prise de décision de l'organe de surveillance sont, par dérogation aux paragraphes 1 et 2, soumis aux règles

applicables, dans les mêmes conditions, aux sociétés anonymes relevant du droit de l'État membre concerné.

Art. 51 Les membres de l'organe de direction, de surveillance ou d'administration répondent, selon les dispositions de l'État membre du siège de la SE applicables aux sociétés anonymes, du préjudice subi par la SE par suite de la violation par eux des obligations légales, statutaires ou autres inhérentes à leurs fonctions.

Section IV

L'assemblée générale

Art. 52 L'assemblée générale décide dans les matières pour lesquelles une compétence spécifique lui est conférée par :

a) le présent règlement,

b) les dispositions de la législation de l'État membre où la SE a son siège statutaire, prises en application de la directive 2001/86/CE.

En outre, l'assemblée générale décide dans les matières pour lesquelles une compétence est conférée à l'assemblée générale d'une société anonyme relevant du droit de l'État membre où la SE a son siège statutaire, soit par la loi de cet État membre, soit par les statuts conformément à cette même loi.

Art. 53 Sans préjudice des règles prévues par la présente section, l'organisation et le déroulement de l'assemblée générale ainsi que les procédures de vote sont régis par la loi de l'État membre du siège statutaire de la SE applicable aux sociétés anonymes.

Art. 54 1. L'assemblée générale a lieu au moins une fois par année calendrier, dans les six mois de la clôture de l'exercice, à moins que la loi de l'État membre du siège applicable aux sociétés anonymes exerçant le même type d'activité que la SE ne prévoie une fréquence supérieure. Toutefois, un État membre peut prévoir que la première assemblée générale peut avoir lieu dans les dix-huit mois suivant la constitution de la SE.

2. L'assemblée générale peut être convoquée à tout moment par l'organe de direction, par l'organe d'administration, par l'organe de surveillance, ou par tout autre organe ou autorité compétente conformément à la loi nationale de l'État membre du siège statutaire de la SE applicable aux sociétés anonymes.

Art. 55 1. La convocation de l'assemblée générale et la fixation de l'ordre du jour peuvent être demandées par un ou plusieurs actionnaires disposant ensemble d'actions représentant 10% au moins du capital souscrit, un pourcentage plus bas pouvant être prévu par les statuts ou par la loi nationale dans les mêmes conditions que celles applicables aux sociétés anonymes.

2. La demande de convocation doit préciser les points à faire figurer à l'ordre du jour.

3. Si, à la suite de la demande formulée selon le paragraphe 1, l'assemblée générale n'est pas tenue en temps utile et en tout cas dans un délai maximum de deux mois, l'autorité judiciaire ou administrative compétente du siège statutaire de la SE peut ordonner la convocation dans un délai déterminé ou donner l'autorisation de la convoquer, soit aux actionnaires qui en ont formulé la demande, soit à un mandataire de ceux-ci. Cela ne préjuge pas des dispositions nationales qui prévoient éventuellement la possibilité pour les actionnaires mêmes de procéder à la convocation de l'assemblée générale.

Art. 56 Un ou plusieurs actionnaires disposant ensemble de 10% au moins du capital souscrit peuvent demander l'inscription d'un ou plusieurs nouveaux points à l'ordre du jour de toute assemblée générale. Les procédures et délais applicables à cette demande sont fixés par la loi nationale de l'État membre du siège statutaire de la SE ou, à défaut, par les statuts de la SE. Le pourcentage visé ci-dessus peut être abaissé par les statuts ou par la loi de l'État membre du siège dans les mêmes conditions que celles applicables aux sociétés anonymes.

Art. 57 Les décisions de l'assemblée générale sont prises à la majorité des voix valablement exprimées, à moins que le présent règlement ou, à défaut, la loi applicable aux sociétés anonymes dans l'État membre du siège statutaire de la SE ne requière une majorité plus élevée.

Art. 58 Les voix exprimées ne comprennent pas celles attachées aux actions pour lesquelles l'actionnaire n'a pas pris part au vote ou s'est abstenu ou a voté blanc ou nul.

Art. 59 1. La modification des statuts requiert une décision de l'assemblée générale prise à une majorité qui ne peut être inférieure aux deux tiers des voix exprimées, à moins que la loi applicable aux sociétés anonymes relevant du droit de l'État membre du siège statutaire de la SE ne prévoie ou ne permette une majorité plus élevée.

2. Toutefois, un État membre peut prévoir que, lorsque la moitié au moins du capital souscrit est représentée, une majorité simple des voix indiquées au paragraphe 1 est suffisante.

3. Toute modification des statuts de la SE fait l'objet d'une publicité conformément à l'article 13.

Art. 60 1. Lorsqu'il existe plusieurs catégories d'actions, toute décision de l'assemblée générale est subordonnée à un vote séparé pour chaque catégorie d'actionnaires aux droits spécifiques desquels la décision porte atteinte.

2. Lorsque la décision de l'assemblée générale requiert la majorité des voix prévue à l'article 59, paragraphe 1 ou 2, cette majorité doit être également requise pour le vote séparé de chaque catégorie d'actionnaires aux droits spécifiques desquels la décision porte atteinte.

TITRE IV

Comptes annuels et comptes consolidés

Art. 61 Sous réserve de l'article 62, la SE est assujettie, en ce qui concerne l'établissement de ses comptes annuels et, le cas échéant, de ses comptes consolidés, y compris le rapport de gestion les accompagnant, leur contrôle et leur publicité, aux règles applicables aux sociétés anonymes relevant du droit de l'État membre de son siège statutaire.

Art. 62 1. Les SE qui sont des établissements de crédit ou des établissements financiers sont assujetties, en ce qui concerne l'établissement de leurs comptes annuels et, le cas échéant, de leurs comptes consolidés, y compris le rapport de gestion les accompagnant, leur contrôle et leur publicité, aux règles prévues dans le droit national de l'État membre du siège en application de la directive 2000/12/CE du Parlement européen et du

Conseil du 20 mars 2000 concernant l'accès à l'activité des établissements de crédit et son exercice.

2. Les SE qui sont des entreprises d'assurances sont assujetties, en ce qui concerne l'établissement de leurs comptes annuels et, le cas échéant, de leurs comptes consolidés, y compris le rapport de gestion les accompagnant, leur contrôle et leur publicité, aux règles prévues dans le droit national de l'État membre du siège en application de la directive 91/674/CEE du Conseil, concernant les comptes annuels et les comptes consolidés des entreprises d'assurance.

TITRE V

Dissolution, liquidation, insolvabilité et cessation des paiements

Art. 63 En ce qui concerne la dissolution, la liquidation, l'insolvabilité, la cessation des paiements et les procédures analogues, la SE est soumise aux dispositions de loi qui s'appliqueraient à une société anonyme constituée selon le droit de l'État membre dans lequel la SE a son siège statutaire, y compris celles relatives à la prise de décision par l'assemblée générale.

Art. 64 1. Lorsqu'une SE ne remplit plus l'obligation de l'article 7, l'État membre dans lequel la SE a son siège statutaire prend les mesures appropriées pour obliger la SE à régulariser la situation dans un délai déterminé :

a) soit en rétablissant son administration centrale dans l'État membre du siège;

b) soit en procédant au transfert du siège statutaire par la procédure prévue à l'article 8.

2. L'État membre du siège prend les mesures nécessaires pour assurer qu'une SE qui ne régulariserait pas sa situation, conformément au paragraphe 1, soit mise en liquidation.

3. L'État membre du siège statutaire institue un recours juridictionnel contre tout constat d'infraction à l'article 7. Ce recours a un effet suspensif sur les procédures prévues aux paragraphes 1 et 2.

4. Lorsqu'il est constaté, soit à l'initiative des autorités, soit à l'initiative de toute partie intéressée, qu'une SE a son administration centrale sur le territoire d'un État membre en infraction à l'article 7, les autorités de cet État membre en informent sans délai l'État membre où est situé le siège statutaire de la SE.

Art. 65 L'ouverture d'une procédure de dissolution, de liquidation, d'insolvabilité ou de cessation des paiements, ainsi que sa clôture et la décision de poursuite de l'activité, font l'objet d'une publicité conformément à l'article 13, sans préjudice des dispositions de droit national imposant des mesures de publicité additionnelles.

Art. 66 1. La SE peut se transformer en société anonyme relevant du droit de l'État membre de son siège statutaire. La décision concernant la transformation ne peut être prise avant deux ans à partir de son immatriculation et avant que les deux premiers comptes annuels n'aient été approuvés.

2. La transformation d'une SE en société anonyme ne donne lieu ni à dissolution ni à création d'une personne morale nouvelle.

3. L'organe de direction ou d'administration de la SE établit un projet de transformation et un rapport expliquant et justifiant les aspects juridiques et économiques de la transformation et indiquant les conséquences pour les actionnaires et pour les travailleurs de l'adoption de la forme de société anonyme.

4. Le projet de transformation fait l'objet d'une publicité effectuée selon les modalités prévues par la loi de chaque État membre, conformément à l'article 3 de la directive 68/151/CEE, un mois au moins avant la date de la réunion de l'assemblée générale appelée à se prononcer sur la transformation.

5. Avant l'assemblée générale visée au paragraphe 6, un ou plusieurs experts indépendants désignés ou agréés, selon les dispositions nationales adoptées en application de l'article 10 de la directive 78/855/CEE *[devenu l'art. 96 de la Dir. 2017/1132/UE du 14 juin 2017]*, par une autorité judiciaire ou administrative de l'État membre dont relève la SE qui se transforme en société anonyme, attestent que la société dispose d'actifs au moins équivalents au capital.

6. L'assemblée générale de la SE approuve le projet de transformation ainsi que les statuts de la société anonyme. La décision de l'assemblée générale doit être prise dans les conditions prévues par les dispositions nationales adoptées en application de l'article 7 de la directive 78/855/CEE *[devenu l'art. 93 de la Dir. 2017/1132/UE du 14 juin 2017]*.

TITRE VI

Dispositions complémentaires et transitoires

Art. 67 1. Chaque État membre peut, si et aussi longtemps que la troisième phase de l'Union économique et monétaire (UEM) ne lui est pas applicable, appliquer aux SE ayant leur siège statutaire sur son territoire les dispositions applicables aux sociétés anonymes relevant de son droit en ce qui concerne l'expression de leur capital. La SE peut en tout cas exprimer son capital également en euros. Dans ce cas, le taux de conversion entre la monnaie nationale et l'euro est celui du dernier jour du mois précédant la constitution de la SE.

2. Si et aussi longtemps que la troisième phase de l'UEM n'est pas applicable à l'État membre du siège statutaire de la SE, celle-ci peut cependant établir et publier ses comptes annuels et, le cas échéant, ses comptes consolidés en euros. L'État membre peut exiger que les comptes annuels et, le cas échéant, les comptes consolidés de la SE soient établis et publiés dans la monnaie nationale dans les mêmes conditions que celles prévues pour les sociétés anonymes relevant du droit de cet État membre. Ceci ne préjuge pas de la possibilité additionnelle pour la SE de publier, conformément à la directive 90/604/CEE, ses comptes annuels et, le cas échéant, ses comptes consolidés en euros.

TITRE VII

Dispositions finales

Art. 68 1. Les États membres prennent toute disposition appropriée pour assurer la mise en œuvre effective du présent règlement.

2. Chaque État membre désigne les autorités compétentes au sens des articles 8, 25, 26, 54, 55 et 64. Il en informe la Commission et les autres États membres.

Art. 69 Au plus tard cinq ans après l'entrée en vigueur du présent règlement, la Commission présente au Conseil et au Parlement européen un rapport sur l'application du règlement et, le cas échéant, des propositions de modifications. Le rapport examine en particulier s'il convient :

a) de permettre à une SE d'avoir son administration centrale et son siège statutaire dans des États membres différents;

b) d'élargir la définition de la fusion prévue à l'article 17, paragraphe 2, afin d'inclure également des types de fusion autres que ceux définis à l'article 3, paragraphe 1, et à l'article 4, paragraphe 1, de la directive 78/855/CEE *[devenus les art. 89, § 1, et 90, § 1, de la Dir. 2017/1132/UE du 14 juin 2017]*;

c) de réviser la règle de compétence figurant à l'article 8, paragraphe 16, à la lumière de toute disposition qui aura pu être insérée dans la convention de Bruxelles de 1968 ou de tout texte remplaçant cette convention qui serait adopté par les États membres ou par le Conseil;

d) de permettre qu'un État membre autorise, dans la législation qu'il adopte conformément aux pouvoirs conférés par le présent règlement ou pour assurer l'application effective du présent règlement à une SE, l'insertion, dans les statuts de la SE, de dispositions qui dérogent à ladite législation ou qui la complètent, alors même que des dispositions de ce type ne seraient pas autorisées dans les statuts d'une société anonyme ayant son siège dans l'État membre en question.

Art. 70 Le présent règlement entre en vigueur le 8 octobre 2004.

Le présent règlement est obligatoire dans tous ses éléments et directement applicable dans tout État membre.

7 Règlement (CE) n° 6/2002 du 12 décembre 2001 sur les dessins ou modèles communautaires

Modifié par Règlement (CE) n° 1891/2006 du Conseil du 18 décembre 2006 modifiant les règlements (CE) n° 6/2002 et (CE) n° 40/94 en vue de donner effet à l'adhésion de la Communauté européenne à l'acte de Genève de l'arrangement de La Haye concernant l'enregistrement international des dessins et modèles industriels

Version consolidée applicable depuis le 1er janvier 2018

Le Conseil de l'Union européenne,

Vu le traité instituant la Communauté européenne, et notamment son article 308,

Vu la proposition de la Commission,

Vu l'avis du Parlement européen,

Vu l'avis du Comité économique et social,

Considérant ce qui suit :

(1) Un système unifié d'obtention d'un dessin ou modèle communautaire bénéficiant d'une protection uniforme et produisant des effets uniformes sur tout le territoire de la

Communauté contribue à la réalisation des objectifs de la Communauté définis dans le traité.

(2) Seuls les pays du Benelux ont introduit une législation uniforme pour protéger les dessins ou modèles. Dans tous les autres États membres, la protection des dessins ou modèles relève du droit national et est limitée au territoire de l'État membre concerné. Les dessins ou modèles identiques peuvent donc bénéficier d'une protection qui diffère selon l'État membre et couvre des propriétaires différents, ce qui entraîne inévitablement des conflits lors des échanges entre États membres.

(3) Les différences substantielles existant entre les législations des États membres qui régissent les dessins ou modèles constituent autant d'obstacles et de sources de distorsion de la concurrence au niveau communautaire. A la différence du commerce intérieur des produits intégrant un dessin ou un modèle et de la concurrence entre ces produits au niveau national, le commerce et la concurrence dans la Communauté sont empêchés et faussés par le nombre important de demandes, de bureaux, de procédures, de réglementations, de droits exclusifs limités à un pays ainsi que par les dépenses administratives cumulées qui entraînent pour le demandeur des frais et taxes élevés. La directive 98/71/CE du Parlement européen et du Conseil du 13 octobre 1998 sur la protection juridique des dessins ou modèles contribue à remédier à cette situation.

(4) La limitation de la protection des dessins ou modèles au territoire des différents États membres, que leurs législations soient ou non rapprochées, peut entraîner une division du marché intérieur dans le cas de produits qui incorporent un dessin ou modèle faisant l'objet de droits nationaux détenus par des personnes différentes, ce qui est de nature à faire obstacle à la libre circulation des marchandises.

(5) Il est donc nécessaire de créer un dessin ou modèle communautaire directement applicable dans chaque État membre parce que ce n'est qu'ainsi que l'on pourra, en présentant une demande unique devant l'office de l'harmonisation dans le marché intérieur (marques, dessins et modèles) suivant une procédure unique en vertu d'une législation unique, obtenir une protection d'un dessin ou d'un modèle pour un territoire unique comprenant tous les États membres.

(6) Étant donné que les objectifs de l'action envisagée, à savoir notamment une protection d'un dessin ou d'un modèle pour un territoire unique comprenant tous les États membres, ne peuvent pas être réalisés de manière suffisante par les États membres en raison de l'importance et des effets de la création d'un dessin ou modèle communautaire et d'une autorité communautaire en la matière, et peuvent donc être mieux réalisés au niveau communautaire, la Communauté peut prendre des mesures conformément au principe de subsidiarité consacré à l'article 5 du traité. Conformément au principe de proportionnalité tel qu'énoncé audit article, le présent règlement n'excède pas ce qui est nécessaire pour atteindre ces objectifs.

(7) Une protection accrue de l'esthétique industrielle a pour effet non seulement d'encourager les créateurs individuels à contribuer à établir la supériorité communautaire dans ce domaine, mais également de favoriser l'innovation et le développement de nouveaux produits et l'investissement dans leur production.

(8) Un système de protection des dessins ou modèles plus accessible et mieux adapté aux nécessités du marché intérieur est de ce fait essentiel pour l'économie communautaire.

(9) Les dispositions matérielles du présent règlement relatives à la législation sur les dessins ou modèles devraient être alignées sur les dispositions correspondantes de la directive 98/71/CE.

(10) L'innovation technologique ne devrait pas être entravée par l'octroi de la protection des dessins ou modèles à des caractéristiques imposées exclusivement par une fonction technique, étant entendu qu'il n'en résulte pas qu'un dessin ou modèle doit présenter un caractère esthétique. De même, l'interopérabilité de produits de fabrications différentes ne devrait pas être entravée par l'extension de la protection aux dessins ou modèles des raccords mécaniques. Par conséquent, les caractéristiques d'un dessin ou modèle qui sont exclues de la protection pour ces motifs ne devraient pas être prises en considération pour apprécier si d'autres caractéristiques de ce dessin ou modèle remplissent les conditions d'obtention de la protection.

(11) Toutefois, les raccords mécaniques de produits modulaires peuvent constituer un élément important des caractéristiques innovatrices de produits modulaires et un atout précieux pour leur commercialisation, de sorte qu'ils devraient être admis à bénéficier de la protection.

(12) La protection ne devrait pas être étendue aux pièces qui ne sont pas visibles lors d'une utilisation normale d'un produit ni aux caractéristiques d'une pièce qui ne sont pas visibles lorsque celle-ci est montée, ni aux caractéristiques des pièces qui ne rempliraient pas, en tant que telles, les exigences de nouveauté et de caractère individuel. Les caractéristiques d'un dessin ou modèle qui sont exclues de la protection pour ces motifs ne devraient, par conséquent, pas être prises en considération pour apprécier si d'autres caractéristiques de ce dessin ou modèle remplissent les conditions d'obtention de la protection.

(13) La directive 98/71/CE ne permet pas de procéder à un rapprochement total des législations des États membres relatives à l'utilisation de dessins ou modèles protégés dans le but de permettre la réparation d'un produit complexe en vue de lui rendre son apparence initiale, lorsque le dessin ou modèle est appliqué à un produit ou incorporé dans un produit qui constitue une pièce d'un produit complexe dont l'apparence conditionne le dessin ou modèle protégé. Dans le cadre de la procédure de conciliation concernant ladite directive, la Commission s'est engagée à analyser l'impact des dispositions de cette directive trois ans après la date limite de transposition de celle-ci, en particulier sur les secteurs industriels les plus concernés. Dans ces conditions, il convient de ne pas conférer de protection au titre de dessin ou modèle communautaire à l'égard d'un dessin ou modèle qui est appliqué à un produit, ou incorporé dans un produit qui constitue une pièce d'un produit complexe dont l'apparence conditionne le dessin ou modèle et qui est utilisée dans le but de permettre la réparation d'un produit complexe en vue de lui rendre son apparence initiale, tant que le Conseil n'a pas arrêté sa politique en la matière sur la base d'une proposition de la Commission.

(14) L'appréciation du caractère individuel d'un dessin ou modèle devrait consister à déterminer s'il existe une différence claire entre l'impression globale qu'il produit sur un utilisateur averti qui le regarde et celle produite sur lui par le patrimoine des dessins ou modèles, compte tenu de la nature du produit auquel le dessin ou modèle s'applique ou dans lequel celui-ci est incorporé et, notamment, du secteur industriel dont il relève et du degré de liberté du créateur dans l'élaboration du dessin ou modèle.

(15) Le dessin ou modèle communautaire devrait autant que possible répondre aux besoins de tous les secteurs de l'économie de la Communauté.

(16) Certains de ces secteurs produisent d'importantes quantités de dessins ou modèles destinés à des produits qui ont souvent un cycle de vie économique court, pour lesquels il est avantageux d'obtenir la protection sans devoir supporter les formalités d'enregistrement et pour lesquels la durée de protection joue un rôle secondaire. En revanche, il existe des secteurs qui apprécient les avantages de l'enregistrement en raison du degré plus élevé de sécurité juridique qu'il procure et qui demandent à bénéficier d'une protection plus longue correspondant à la durée de vie prévisible de leurs produits sur le marché.

(17) Cette situation requiert deux formes de protection, à savoir une protection à court terme correspondant au dessin ou modèle non enregistré et une protection à plus long terme correspondant au dessin ou modèle enregistré.

(18) Un dessin ou modèle communautaire enregistré exige la création et la tenue d'un registre sur lequel seront inscrites toutes les demandes qui satisfont à des conditions formelles et ont obtenu une date de dépôt de demande d'enregistrement. En principe, le système d'enregistrement ne devrait pas être basé sur un examen visant à déterminer préalablement à l'enregistrement si le dessin ou modèle remplit les conditions d'obtention de la protection, ce qui permettrait de réduire au minimum les modalités de l'enregistrement et autres démarches à accomplir par le demandeur.

(19) Pour être valide, un dessin ou modèle communautaire devrait être nouveau et posséder un caractère individuel par rapport à d'autres dessins ou modèles.

(20) Il est également nécessaire de permettre au créateur ou à son ayant droit de tester les produits intégrant le dessin ou modèle sur le marché avant de décider si la protection offerte par l'enregistrement communautaire est souhaitable. A cette fin, il est nécessaire de prévoir que la divulgation du dessin ou modèle par le créateur ou son ayant droit, ou la divulgation abusive pendant une période de douze mois précédant la date de dépôt de la demande d'enregistrement, ne devrait pas empêcher d'évaluer la nouveauté ou le caractère individuel du dessin ou modèle en question.

(21) La nature exclusive du droit conféré par le dessin ou modèle communautaire enregistré correspond à la volonté de lui donner une sécurité juridique plus grande. En revanche, le dessin ou modèle communautaire non enregistré ne devrait conférer que le droit d'empêcher la copie. La protection ne peut donc s'étendre à des produits auxquels sont appliqués des dessins ou modèles qui sont le résultat d'un dessin ou modèle conçu de manière indépendante par un deuxième créateur. Ce droit devrait également être étendu au commerce des produits auxquels sont appliqués des dessins ou modèles délictueux.

(22) Les mesures destinées à garantir l'exercice de ces droits sont du ressort du législateur national. Il est donc nécessaire de prévoir certaines sanctions de base uniformes dans tous les États membres. Ces sanctions devraient permettre, quelle que soit la juridiction saisie, de mettre fin aux actes délictueux.

(23) Tout tiers qui établit avoir commencé à utiliser de bonne foi, même dans le commerce, dans la Communauté – ou fait des préparatifs sérieux et effectifs à cette fin – un dessin ou modèle qui est compris dans l'étendue de la protection d'un dessin ou modèle communautaire enregistré et qui ne constitue pas une copie de ce dernier, peut bénéficier d'un droit d'exploitation limité de ce dessin ou modèle.

(24) L'un des objectifs fondamentaux du présent règlement est que la procédure à suivre pour faire enregistrer un dessin ou modèle communautaire s'accompagne pour le demandeur d'un minimum de frais et de difficultés, afin de la rendre facilement accessible aux petites et moyennes entreprises ainsi qu'aux créateurs indépendants.

(25) Les secteurs de l'économie qui produisent, sur de brèves périodes de temps, un grand nombre de dessins ou modèles à cycle de vie relativement court, dont une faible proportion seulement sera finalement commercialisée, trouveront avantage à utiliser le dessin ou modèle communautaire non enregistré. Ces secteurs ont également besoin de pouvoir recourir plus facilement aux dessins ou modèles communautaires enregistrés. Ce besoin serait, par conséquent, satisfait par la possibilité de combiner plusieurs dessins ou modèles dans une demande multiple. Les dessins ou modèles compris dans une demande multiple peuvent, toutefois, être traités indépendamment les uns des autres en ce qui concerne la mise en œuvre, les licences, les droits réels, l'exécution forcée, les procédures d'insolvabilité, la renonciation, le renouvellement, la cession, l'ajournement de la publication ou la déclaration de nullité.

(26) La publication normale après enregistrement d'un dessin ou modèle communautaire pourrait dans certains cas ruiner ou mettre en péril le succès d'une opération commerciale englobant ce dessin ou ce modèle. Dans de tels cas, la solution consisterait à obtenir l'ajournement de la publication pendant un délai raisonnable.

(27) L'examen des recours en nullité d'un dessin ou modèle communautaire enregistré par une seule instance se traduirait par des économies de coût et de temps par rapport aux procédures faisant intervenir des tribunaux nationaux différents.

(28) Il est de ce fait nécessaire de prévoir des garanties comprenant un droit de recours auprès d'une chambre de recours et, en dernier ressort, auprès de la Cour de justice. Cette solution contribuerait à une interprétation uniforme des conditions de validité des dessins ou modèles communautaires.

(29) Il est essentiel que l'exercice des droits conférés par un dessin ou modèle communautaire puisse être garanti d'une manière efficace sur tout le territoire de la Communauté.

(30) Le système de règlement des litiges devrait éviter dans toute la mesure du possible le «forum shopping». Il est donc nécessaire d'établir des règles claires de compétence internationale.

(31) Le présent règlement n'exclut pas l'application aux dessins ou modèles protégés par le dessin ou modèle communautaire des réglementations relatives à la propriété industrielle ou d'autres réglementations pertinentes des États membres, telles que celles relatives à la protection acquise par voie d'enregistrement ou celles relatives aux dessins ou modèles non enregistrés, aux marques commerciales, aux brevets et aux modèles d'utilité, à la concurrence déloyale et à la responsabilité civile.

(32) Il importe, en l'absence d'une harmonisation complète du droit d'auteur, de consacrer le principe du cumul de la protection spécifique des dessins ou modèles communautaires et de la protection par le droit d'auteur, tout en laissant aux États membres toute liberté pour déterminer l'étendue de la protection par le droit d'auteur et les conditions auxquelles cette protection est accordée.

(33) Les mesures nécessaires pour la mise en œuvre du présent règlement sont arrêtées en conformité avec la décision 1999/468/CE du Conseil du 28 juin 1999 fixant les modalités de l'exercice des compétences d'exécution conférées à la Commission.

A arrêté le présent règlement :

TITRE PREMIER

Dispositions générales

Art. premier *Dessin ou modèle communautaire.* 1. Les dessins ou modèles qui remplissent les conditions énoncées dans le présent règlement sont ci-après dénommés «dessins ou modèles communautaires».

2. Un dessin ou modèle communautaire est protégé :

a) en qualité de «dessin ou modèle communautaire non enregistré», s'il est divulgué au public selon les modalités prévues par le présent règlement;

b) en qualité de «dessin ou modèle communautaire enregistré», s'il est enregistré selon les modalités prévues par le présent règlement.

3. Le dessin ou modèle communautaire a un caractère unitaire. Il produit les mêmes effets dans l'ensemble de la Communauté. Il ne peut être enregistré, transféré, faire l'objet d'une renonciation ou d'une décision de nullité et son usage ne peut être interdit que pour l'ensemble de la Communauté. Ce principe s'applique sauf disposition contraire du présent règlement.

Art. 2 *Office.* L'Office de l'harmonisation dans le marché intérieur (marques, dessins et modèles), ci-après dénommé «Office», institué par le règlement (CE) n° 40/94 du Conseil du 20 décembre 1993 sur la marque communautaire, ci-après dénommé «règlement sur la marque communautaire», accomplit les tâches qui lui sont dévolues par le présent règlement.

TITRE II

Droit des dessins et modèles

Section I

Conditions de protection

Art. 3 *Définitions.* Aux fins du présent règlement, on entend par :

a) «dessin ou modèle» : l'apparence d'un produit ou d'une partie de produit que lui confèrent, en particulier, les caractéristiques des lignes, des contours, des couleurs, de la forme, de la texture et/ou des matériaux du produit lui-même et/ou de son ornementation;

b) «produit» : tout article industriel ou artisanal, y compris, entre autres, les pièces conçues pour être assemblées en un produit complexe, emballage, présentation, symboles graphiques et caractères typographiques, à l'exclusion, toutefois, des programmes d'ordinateur;

c) «produit complexe» : un produit se composant de pièces multiples qui peuvent être remplacées de manière à permettre le démontage et le remontage du produit.

Art. 4 *Conditions de protection.* 1. La protection d'un dessin ou modèle par un dessin ou modèle communautaire n'est assurée que dans la mesure où il est nouveau et présente un caractère individuel.

2. Un dessin ou modèle appliqué à un produit ou incorporé dans un produit qui constitue une pièce d'un produit complexe n'est considéré comme nouveau et présentant un caractère individuel que dans la mesure où :

a) la pièce, une fois incorporée dans le produit complexe, reste visible lors d'une utilisation normale de ce produit, et

b) les caractéristiques visibles de la pièce remplissent en tant que telles les conditions de nouveauté et de caractère individuel.

3. Par «utilisation normale» au sens du paragraphe 2, point a), on entend l'utilisation par l'utilisateur final, à l'exception de l'entretien, du service ou de la réparation.

Art. 5 *Nouveauté.* 1. Un dessin ou modèle est considéré comme nouveau si aucun dessin ou modèle identique n'a été divulgué au public :

a) dans le cas d'un dessin ou modèle communautaire non enregistré, avant la date à laquelle le dessin ou modèle pour lequel la protection est revendiquée a été divulgué au public pour la première fois;

b) dans le cas d'un dessin ou modèle communautaire enregistré, avant la date de dépôt de la demande d'enregistrement du dessin ou modèle pour lequel la protection est demandée ou, si une priorité est revendiquée, la date de priorité.

2. Des dessins ou modèles sont considérés comme identiques lorsque leurs caractéristiques ne diffèrent que par des détails insignifiants.

Art. 6 *Caractère individuel.* 1. Un dessin ou modèle est considéré comme présentant un caractère individuel si l'impression globale qu'il produit sur l'utilisateur averti diffère de celle que produit sur un tel utilisateur tout dessin ou modèle qui a été divulgué au public :

a) dans le cas d'un dessin ou modèle communautaire non enregistré, avant la date à laquelle le dessin ou modèle pour lequel la protection est revendiquée a été divulgué au public pour la première fois;

b) dans le cas d'un dessin ou modèle communautaire enregistré, avant la date de dépôt de la demande d'enregistrement ou, si une priorité est revendiquée, avant la date de priorité.

2. Pour apprécier le caractère individuel, il est tenu compte du degré de liberté du créateur dans l'élaboration du dessin ou modèle.

Art. 7 *Divulgation.* 1. Aux fins de l'application des articles 5 et 6, un dessin ou modèle est réputé avoir été divulgué au public s'il a été publié à la suite de l'enregistrement ou autrement, ou exposé, utilisé dans le commerce ou rendu public de toute autre manière, avant la date visée à l'article 5, paragraphe 1, point *a)*, et à l'article 6, paragraphe 1, point *a)*, ou à l'article 5, paragraphe 1, point *b)*, et à l'article 6, paragraphe 1, point *b)*, selon le cas, sauf si ces faits, dans la pratique normale des affaires, ne pouvaient raisonnablement être connus des milieux spécialisés du secteur concerné, opérant dans la Communauté. Toutefois, le dessin ou modèle n'est pas réputé avoir été divulgué au public s'il a seulement été divulgué à un tiers sous des conditions explicites ou implicites de secret.

2. Aux fins des articles 5 et 6, il n'est pas tenu compte d'une divulgation si un dessin ou modèle pour lequel la protection est revendiquée au titre de dessin ou modèle communautaire enregistré a été divulgué au public :

a) par le créateur ou son ayant droit ou par un tiers sur la base d'informations fournies ou d'actes accomplis par le créateur ou son ayant droit, et ce,

b) pendant la période de douze mois précédant la date de dépôt de la demande d'enregistrement ou la date de priorité, si une priorité est revendiquée.

3. Le paragraphe 2 est également applicable lorsque le dessin ou modèle a été divulgué au public à la suite d'une conduite abusive à l'égard du créateur ou de son ayant droit.

Art. 8 *Dessins ou modèles imposés par leur fonction technique et dessins ou modèles d'interconnexions.* 1. Un dessin ou modèle communautaire ne confère pas de droits sur les caractéristiques de l'apparence d'un produit qui sont exclusivement imposées par sa fonction technique.

2. Un dessin ou modèle communautaire ne confère pas de droits sur les caractéristiques de l'apparence d'un produit qui doivent nécessairement être reproduites dans leur forme et leurs dimensions exactes pour que le produit dans lequel est incorporé ou auquel est appliqué le dessin ou modèle puisse mécaniquement être raccordé à un autre produit, être placé à l'intérieur ou autour d'un autre produit, ou être mis en contact avec un autre produit, de manière que chaque produit puisse remplir sa fonction.

3. Par dérogation au paragraphe 2, un dessin ou modèle communautaire confère des droits sur un dessin ou modèle répondant aux conditions fixées aux articles 5 et 6, qui a pour objet de permettre l'assemblage ou la connexion multiples de produits interchangeables à l'intérieur d'un système modulaire.

Art. 9 *Dessins ou modèles contraires à l'ordre public ou aux bonnes mœurs.* Un dessin ou modèle communautaire ne confère pas de droits lorsque le dessin ou modèle est contraire à l'ordre public ou aux bonnes mœurs.

Section II

Étendue et durée de la protection

Art. 10 *Étendue de la protection.* 1. La protection conférée par le dessin ou modèle communautaire s'étend à tout dessin ou modèle qui ne produit pas sur l'utilisateur averti une impression visuelle globale différente.

2. Pour apprécier l'étendue de la protection, il est tenu compte du degré de liberté du créateur dans l'élaboration du dessin ou modèle.

Art. 11 *Durée de la protection du dessin ou modèle communautaire non enregistré.*
1. Un dessin ou modèle qui remplit les conditions énoncées dans la section I est protégé en qualité de dessin ou modèle communautaire non enregistré pendant une période de trois ans à compter de la date à laquelle le dessin ou modèle a été divulgué au public pour la première fois au sein de la Communauté.

2. Aux fins du paragraphe 1, un dessin ou modèle est réputé avoir été divulgué au public au sein de la Communauté s'il a été publié, exposé, utilisé dans le commerce ou rendu public de toute autre manière de telle sorte que, dans la pratique normale des affaires, ces faits pouvaient raisonnablement être connus des milieux spécialisés du secteur concerné, opérant dans la Communauté. Toutefois, le dessin ou modèle n'est pas réputé avoir été divulgué au public uniquement parce qu'il a été divulgué à un tiers à des conditions explicites ou implicites de secret.

Art. 12 *Durée de la protection du dessin ou modèle communautaire enregistré.* Par l'enregistrement par l'Office, un dessin ou modèle qui remplit les conditions énoncées dans la section 1 est protégé en qualité de dessin ou modèle communautaire enregistré pendant une période de cinq ans à compter de la date de dépôt de la demande d'enregistrement. Le titulaire du droit peut faire proroger la durée de la protection d'une ou de plusieurs périodes de cinq ans jusqu'à un maximum de vingt-cinq ans à compter de la date de dépôt de la demande.

Art. 13 *Renouvellement.* 1. L'enregistrement du dessin ou modèle communautaire est renouvelé sur demande du titulaire ou de toute personne expressément autorisée par lui, pour autant que la taxe de renouvellement ait été acquittée.

2. En temps utile avant l'expiration de l'enregistrement, l'Office informe de cette expiration le titulaire du dessin ou modèle communautaire enregistré ainsi que tout titulaire d'un droit inscrit au registre des dessins ou modèles communautaires, visé à l'article 72, ci-après dénommé «registre», sur ce dessin ou modèle communautaire enregistré. L'absence d'information n'engage pas la responsabilité de l'Office.

3. La demande de renouvellement est à présenter et la taxe de renouvellement à acquitter dans un délai de six mois expirant le dernier jour du mois au cours duquel la période de protection prend fin. A défaut, la demande peut encore être présentée et la taxe acquittée dans un délai supplémentaire de six mois prenant cours le lendemain du jour visé dans la première phrase, sous réserve du paiement d'une surtaxe au cours dudit délai supplémentaire.

4. Le renouvellement prend effet le jour suivant la date d'expiration de l'enregistrement. Il est inscrit au registre.

Section III

Droit au dessin ou modèle communautaire

Art. 14 *Droit au dessin ou modèle communautaire.* 1. Le droit au dessin ou modèle communautaire appartient au créateur ou à son ayant droit.

2. Si plusieurs personnes ont réalisé conjointement un dessin ou modèle, le droit au dessin ou modèle communautaire leur appartient conjointement.

3. Cependant, lorsqu'un dessin ou modèle est réalisé par un salarié dans l'exercice de ses obligations ou suivant les instructions de son employeur, le droit au dessin ou modèle appartient à l'employeur, sauf convention contraire ou sauf disposition contraire de la législation nationale applicable.

Art. 15 *Revendication du droit à un dessin ou modèle communautaire.* 1. Si un dessin ou modèle communautaire non enregistré est divulgué ou revendiqué par une personne qui n'est pas habilitée en vertu de l'article 14 ou si un dessin ou modèle communautaire enregistré a été déposé ou enregistré au nom d'une telle personne, la personne habilitée aux termes dudit article peut, sans préjudice de tous autres droits ou actions, revendiquer d'être reconnue en tant que titulaire légitime du dessin ou modèle communautaire.

2. Lorsqu'une personne possède conjointement à une autre le droit à un dessin ou modèle communautaire, elle peut, conformément au paragraphe l, revendiquer d'être reconnue en tant que cotitulaire.

3. Les actions visées aux paragraphes 1 ou 2 se prescrivent par trois ans à compter de la date de la publication pour un dessin ou modèle communautaire enregistré ou de la

date de la divulgation pour le dessin ou modèle communautaire non enregistré. Cette disposition ne s'applique pas si la personne qui n'a pas droit au dessin ou modèle communautaire était de mauvaise foi au moment où ce dessin ou ce modèle a été déposé ou divulgué, ou lui a été transféré.

4. Dans le cas d'un dessin ou d'un modèle communautaire enregistré, les éléments suivants font l'objet d'une inscription au registre :

a) la mention de l'introduction d'une demande en justice en vertu du paragraphe 1 ;

b) la décision passée en force de chose jugée concernant la demande en justice ou toute autre mesure mettant fin à la procédure ;

c) tout changement de propriété du dessin ou modèle communautaire enregistré dû à la décision passée en force de chose jugée.

Art. 16 *Effets de la décision de justice sur la titularité au dessin ou modèle communautaire enregistré.* 1. Lorsqu'un changement intégral de propriété d'un dessin ou modèle communautaire enregistré intervient à la suite d'une demande en justice formée en application de l'article 15, paragraphe 1, les licences et autres droits s'éteignent par l'inscription de la personne habilitée au registre.

2. Si, avant l'inscription au registre de l'introduction de la demande en justice prévue à l'article 15, paragraphe 1, le titulaire du dessin ou modèle communautaire enregistré ou un licencié a exploité le dessin ou modèle dans la Communauté ou fait des préparatifs effectifs et sérieux à cette fin, il peut poursuivre cette exploitation à condition de demander, dans le délai prescrit par le règlement d'exécution, une licence non exclusive au nouveau titulaire inscrit au registre. La licence doit être concédée pour une période et à des conditions raisonnables.

3. Le paragraphe 2 n'est pas applicable si le titulaire du dessin ou modèle communautaire enregistré ou de la licence était de mauvaise foi au moment du début de l'exploitation ou des préparatifs effectués à cette fin.

Art. 17 *Présomption en faveur du titulaire enregistré.* La personne au nom de laquelle le dessin ou modèle communautaire est enregistré ou, avant l'enregistrement, la personne au nom de laquelle la demande d'enregistrement d'un dessin ou modèle communautaire a été déposée est réputée être la personne possédant la titularité du droit dans toute procédure devant l'Office ainsi que dans toute autre procédure.

Art. 18 *Droit du créateur d'être désigné.* Le créateur a le droit, à l'instar du demandeur ou du titulaire du dessin ou modèle communautaire enregistré, d'être désigné en tant que tel auprès de l'Office et dans le registre. Si le dessin ou modèle résulte d'un travail d'équipe, la désignation du créateur peut être remplacée par la désignation de l'équipe.

Section IV

Effets du dessin ou modèle communautaire

Art. 19 *Droits conférés par le dessin ou modèle communautaire.* 1. Le dessin ou modèle communautaire enregistré confère à son titulaire le droit exclusif de l'utiliser et d'interdire à tout tiers de l'utiliser sans son consentement. Par utilisation au sens de la présente disposition, on entend en particulier la fabrication, l'offre, la mise sur le marché, l'importation, l'exportation ou l'utilisation d'un produit dans lequel le dessin ou modèle est incorporé ou auquel celui-ci est appliqué, ou le stockage du produit à ces mêmes fins.

2. Le dessin ou modèle communautaire non enregistré ne confère cependant à son titulaire le droit d'interdire les actes visés au paragraphe 1 que si l'utilisation contestée résulte d'une copie du dessin ou modèle protégé.

L'utilisation contestée n'est pas considérée comme résultant d'une copie du dessin ou modèle protégé si elle résulte d'un travail de création indépendant réalisé par un créateur dont on peut raisonnablement penser qu'il ne connaissait pas le dessin ou modèle divulgué par le titulaire.

3. Le paragraphe 2 s'applique également à un dessin ou modèle communautaire enregistré soumis à un ajournement de publication tant que les inscriptions pertinentes au registre et le dossier n'ont pas été divulgués au public conformément à l'article 50, paragraphe 4.

Art. 20 *Limitation des droits conférés par le dessin ou modèle communautaire.* 1. Les droits conférés par un dessin ou modèle communautaire ne s'exercent pas à l'égard :

a) d'actes accomplis à titre privé et à des fins non commerciales;

b) d'actes accomplis à des fins expérimentales;

c) d'actes de reproduction à des fins d'illustration ou d'enseignement, pour autant que ces actes soient compatibles avec les pratiques commerciales loyales, ne portent pas indûment préjudice à l'exploitation normale du dessin ou modèle et que la source en soit indiquée.

2. En outre, les droits conférés par un dessin ou modèle communautaire ne s'exercent pas à l'égard :

a) des équipements à bord de navires ou d'aéronefs immatriculés dans un pays tiers, lorsqu'ils pénètrent temporairement sur le territoire de la Communauté;

b) de l'importation, dans la Communauté, de pièces détachées et d'accessoires aux fins de réparation de ces véhicules;

c) de l'exécution de réparations sur ces véhicules.

Art. 21 *Épuisement des droits.* Les droits conférés par le dessin ou modèle communautaire ne s'étendent pas aux actes portant sur un produit dans lequel est incorporé ou auquel s'applique un dessin ou modèle entrant dans le champ de la protection du dessin ou modèle communautaire, lorsque le produit a été mis sur le marché, sur le territoire de la Communauté, par le titulaire du dessin ou modèle communautaire ou avec son consentement.

Art. 22 *Droits au dessin ou modèle communautaire enregistré fondés sur une utilisation antérieure.* 1. Peut se prévaloir d'un droit fondé sur une utilisation antérieure, tout tiers qui établit avoir, avant la date de dépôt de la demande, ou, si la priorité est revendiquée, avant la date de priorité, commencé à utiliser de bonne foi dans la Communauté — ou effectué des préparatifs sérieux et effectifs à cette fin — un dessin ou modèle qui est compris dans l'étendue de la protection d'un dessin ou modèle communautaire enregistré et qui ne constitue pas une copie de ce dernier.

2. Le droit fondé sur une utilisation antérieure donne la faculté à ce tiers d'exploiter le dessin ou le modèle aux fins pour lesquelles il avait commencé à utiliser celui-ci ou pour lesquelles il avait réalisé des préparatifs sérieux et effectifs avant la date de dépôt ou la date de priorité du dessin ou modèle communautaire enregistré.

3. Le droit fondé sur une utilisation antérieure ne donne pas la faculté d'octroyer une licence à autrui aux fins de l'exploitation du dessin ou modèle.

4. Le droit fondé sur une utilisation antérieure ne peut être transféré, si le tiers concerné est une entreprise, qu'avec la partie de l'activité de ladite entreprise dans le cadre de laquelle l'utilisation a été faite ou les préparatifs réalisés.

Art. 23 *Utilisation par le gouvernement.* Toute disposition du droit d'un État membre autorisant l'utilisation de dessins ou modèles nationaux par le gouvernement ou pour le compte de celui-ci peut être appliquée aux dessins ou modèles communautaires, mais uniquement dans la mesure où cette utilisation est nécessaire à des fins essentielles de défense ou de sécurité.

Section V

Nullité

Art. 24 *Déclaration de la nullité.* 1. Un dessin ou modèle communautaire enregistré est déclaré nul sur demande introduite auprès de l'Office, conformément à la procédure prévue aux titres VI et VII, ou par un tribunal des dessins ou modèles communautaires à la suite d'une demande reconventionnelle dans le cadre d'une action en contrefaçon.

2. La nullité de l'enregistrement d'un dessin ou modèle communautaire peut être prononcée même après extinction du droit ou renonciation à ce droit.

3. Un dessin ou modèle communautaire non enregistré est déclaré nul par un tribunal des dessins ou modèles communautaires sur demande introduite auprès dudit tribunal ou à la suite d'une demande reconventionnelle dans le cadre d'une action en contrefaçon.

Art. 25 *Motifs de nullité.* 1. Un dessin ou modèle communautaire ne peut être déclaré nul que :

a) si le dessin ou modèle ne répond pas à la définition visée à l'article 3, point a);

b) s'il ne remplit pas les conditions fixées aux articles 4 à 9;

c) si, en vertu d'une décision de justice, le titulaire ne possède pas le droit au dessin ou modèle communautaire au sens de l'article 14;

d) *(Règl. (CE) n° 1891/2006 du 18 déc. 2006, art. 2)* «si le dessin ou modèle communautaire est en conflit avec un dessin ou modèle antérieur qui a fait l'objet d'une divulgation au public après la date de dépôt de la demande d'enregistrement ou après la date de priorité du dessin ou modèle communautaire, si une priorité est revendiquée, et qui est protégé depuis une date antérieure :

«i) par l'enregistrement d'un dessin ou modèle communautaire ou par une demande d'enregistrement d'un tel dessin ou modèle;

ou

«ii) par l'enregistrement d'un dessin ou modèle dans un État membre ou par une demande d'obtention du droit afférent;

ou

«iii) par un dessin ou modèle enregistré au titre de l'acte de Genève de l'arrangement de La Haye concernant l'enregistrement international des dessins et modèles industriels, adopté à Genève le 2 juillet 1999, ci-après dénommé « l'acte de Genève », qui a été approuvé par la décision 954/2006 du Conseil et qui produit ses effets dans la Communauté, ou par une demande d'obtention du droit afférent.»

e) s'il est fait usage d'un signe distinctif dans un dessin ou modèle ultérieur et que le droit communautaire ou la législation de l'État membre concerné régissant ce signe confère au titulaire du signe le droit d'interdire cette utilisation;

f) si le dessin ou modèle constitue une utilisation non autorisée d'une œuvre protégée par la législation sur le droit d'auteur d'un État membre;

g) si le dessin ou modèle constitue un usage abusif de l'un des éléments qui sont énumérés à l'article 6 *ter* de la convention de Paris pour la protection de la propriété industrielle, (ci-après dénommée «convention de Paris») ou un usage abusif de signes, emblèmes et armoiries autres que ceux visés audit article 6 *ter*, et qui présentent un intérêt public particulier pour un État membre.

2. Le motif prévu au paragraphe 1, point c), peut être invoqué uniquement par la personne qui est titulaire du dessin ou modèle communautaire au regard de l'article 14.

3. Les motifs prévus au paragraphe 1, points d), e) et f), peuvent être invoqués uniquement par le demandeur ou le titulaire du droit antérieur.

4. Le motif prévu au paragraphe 1, point g), peut être invoqué uniquement par la personne ou l'organe concerné par l'usage.

5. Les paragraphes 3 et 4 ne portent pas atteinte à la liberté des États membres de prévoir que les motifs visés au paragraphe 1, points d) et g), peuvent également être invoqués d'office par l'autorité compétente de l'État membre en question.

6. Un dessin ou modèle communautaire enregistré qui a été annulé conformément au paragraphe 1, point b), e), f) ou g), peut être maintenu sous une forme modifiée si, sous ladite forme, il répond aux critères d'octroi de la protection et que l'identité du dessin ou modèle est conservée. Par «maintien sous une forme modifiée», on entend l'enregistrement assorti d'une renonciation partielle de la part du titulaire du dessin ou modèle communautaire enregistré ou l'inscription au registre d'une décision judiciaire ou d'une décision de l'Office prononçant la nullité partielle du dessin ou modèle communautaire enregistré.

Art. 26 *Effets de la nullité.* 1. Un dessin ou modèle communautaire est réputé n'avoir pas eu, dès l'origine, les effets prévus par le présent règlement, dès lors qu'il a été déclaré nul.

2. Sous réserve des dispositions nationales relatives soit aux recours en réparation du préjudice causé par la faute ou la mauvaise foi du titulaire du dessin ou modèle communautaire, soit à l'enrichissement sans cause, l'effet rétroactif de la nullité du dessin ou modèle communautaire n'affecte pas :

a) les décisions en contrefaçon ayant acquis l'autorité de la chose jugée et exécutées antérieurement à la décision de nullité;

b) les contrats conclus antérieurement à la décision de nullité, dans la mesure où ils ont été exécutés antérieurement à cette décision; toutefois, la restitution de sommes versées en vertu du contrat, dans la mesure où les circonstances le justifient, peut être réclamée pour des raisons d'équité.

TITRE III

Des dessins et modèles communautaires comme objets de propriété

Art. 27 *Assimilation des dessins ou modèles communautaires à des dessins ou modèles nationaux.* 1. Sauf dispositions contraires prévues par les articles 28, 29, 30, 31 et 32, le dessin ou modèle communautaire en tant qu'objet de propriété est considéré en sa totalité et pour l'ensemble de la Communauté comme l'enregistrement d'un dessin ou modèle de l'État membre sur le territoire duquel :

a) le titulaire a son siège ou son domicile à la date considérée, ou

b) si le point *a)* n'est pas applicable, le titulaire a un établissement à la date considérée.

2. S'il s'agit d'un dessin ou modèle communautaire enregistré, l'application du paragraphe 1 se fait sur la base des inscriptions faites au registre.

3. En cas de cotitularité, si plusieurs titulaires remplissent la condition énoncée au paragraphe 1, l'État membre visé dans ce paragraphe est déterminé :

a) s'il s'agit d'un dessin ou modèle communautaire non enregistré, par référence au cotitulaire désigné d'un commun accord par les titulaires;

b) s'il s'agit d'un dessin ou d'un modèle communautaire enregistré, par référence au premier des cotitulaires dans l'ordre de leur inscription au registre.

4. Lorsque les paragraphes 1, 2 et 3 ne sont pas applicables, l'État membre visé au paragraphe 1 est celui sur le territoire duquel l'Office a son siège.

Art. 28 *Transfert du dessin ou modèle communautaire enregistré.* Le transfert d'un dessin ou modèle communautaire enregistré est soumis aux dispositions suivantes :

a) sur demande d'une des parties le transfert est inscrit au registre et publié;

b) tant que le transfert n'a pas été inscrit au registre, l'ayant cause ne peut se prévaloir des droits découlant de l'enregistrement du dessin ou modèle communautaire;

c) lorsque des délais doivent être observés vis-à-vis de l'Office, l'ayant cause peut faire à l'Office les déclarations prévues à cet effet dès que celui-ci a reçu la demande d'enregistrement du transfert;

d) tous les documents qui, en vertu de l'article 66, doivent être notifiés au titulaire du dessin ou modèle communautaire enregistré sont adressés par l'Office à la personne enregistrée en qualité de titulaire ou, le cas échéant, à son représentant.

Art. 29 *Droits réels sur un dessin ou modèle communautaire enregistré.* 1. Le dessin ou modèle communautaire enregistré peut être donné en gage ou faire l'objet de droits réels.

2. Sur demande d'une des parties, les droits visés au paragraphe 1 sont inscrits au registre et publiés.

Art. 30 *Exécution forcée.* 1. Le dessin ou modèle communautaire enregistré peut faire l'objet de mesures d'exécution forcée.

2. En matière de procédure d'exécution forcée sur un dessin ou modèle communautaire enregistré, la compétence exclusive appartient aux tribunaux et aux autorités de l'État membre déterminé en application de l'article 27.

3. Sur requête d'une des parties, l'exécution forcée est inscrite au registre et publiée.

Art. 31 *Procédure d'insolvabilité.* 1. La seule procédure d'insolvabilité dans laquelle un dessin ou modèle communautaire peut être inclus est celle qui a été ouverte dans l'État membre sur le territoire duquel est situé le centre des intérêts principaux du débiteur.

2. En cas de copropriété d'un dessin ou modèle communautaire, le paragraphe 1 est applicable à la part du copropriétaire.

3. Lorsqu'un dessin ou modèle communautaire est compris dans une procédure d'insolvabilité, une inscription en ce sens doit être portée au registre et publiée au

Bulletin des dessins ou modèles communautaires visé à l'article 73, paragraphe 1, sur demande de l'autorité nationale compétente.

Art. 32 *Licences.* 1. Le dessin ou modèle communautaire peut faire l'objet de licences pour tout ou partie de la Communauté. Les licences peuvent être exclusives ou non exclusives.

2. Sans préjudice d'éventuelles actions fondées sur le droit du contrat, le titulaire peut invoquer les droits conférés par le dessin ou modèle communautaire à l'encontre d'un licencié qui enfreint l'une des clauses du contrat de licence en ce qui concerne sa durée, la forme couverte par le dessin ou modèle, la gamme des produits pour lesquels la licence est octroyée et la qualité des produits fabriqués par le licencié.

3. Sans préjudice des stipulations du contrat de licence, le licencié ne peut engager une procédure relative à la contrefaçon d'un dessin ou modèle communautaire qu'avec le consentement du titulaire de celui-ci. Toutefois, le titulaire d'une licence exclusive peut engager une telle procédure si, après mise en demeure, le titulaire du dessin ou modèle communautaire n'agit pas lui-même en contrefaçon dans le délai approprié.

4. Tout licencié est recevable à intervenir dans l'instance en contrefaçon engagée par le titulaire du dessin ou modèle communautaire afin d'obtenir réparation du préjudice qui lui est propre.

5. Sur requête d'une des parties, l'octroi ou le transfert d'une licence de dessin ou modèle communautaire enregistré est inscrit au registre et publié.

Art. 33 *Opposabilité aux tiers.* 1. L'opposabilité aux tiers des actes juridiques visés aux articles 28, 29, 30 et 32 est régie par la législation de l'État membre déterminé conformément à l'article 27.

2. Pour les dessins ou modèles communautaires enregistrés, les actes juridiques visés aux articles 28, 29 et 32 ne sont opposables aux tiers, dans tous les États membres, qu'après leur inscription au registre. Toutefois, avant son inscription, un tel acte est opposable aux tiers qui ont acquis des droits sur le dessin ou modèle communautaire enregistré après la date de cet acte, mais qui avaient connaissance de celui-ci lors de l'acquisition de ces droits.

3. Le paragraphe 2 n'est pas applicable à l'égard d'une personne qui acquiert le dessin ou modèle communautaire enregistré ou un droit sur le dessin ou modèle communautaire enregistré par transfert de l'entreprise dans sa totalité ou par toute autre succession à titre universel.

4. Jusqu'à l'entrée en vigueur dans les États membres de dispositions communes en matière d'insolvabilité, l'opposabilité aux tiers d'une procédure d'insolvabilité est régie par le droit de l'État membre où en premier lieu une telle procédure a été ouverte au sens de la loi nationale ou des réglementations applicables en la matière.

Art. 34 *La demande d'enregistrement d'un dessin ou modèle communautaire en tant qu'objet de propriété.* 1. La demande d'enregistrement d'un dessin ou modèle communautaire en tant qu'objet de propriété est considérée, en sa totalité et pour l'ensemble du territoire de la Communauté, comme l'enregistrement d'un dessin ou modèle de l'État membre déterminé conformément à l'article 27.

2. Les articles 28, 29, 30, 31, 32 et 33 s'appliquent, *mutatis mutandis*, aux demandes d'enregistrement de dessins ou modèles communautaires. Lorsque la mise en œuvre de l'une de ces dispositions est subordonnée à l'inscription au registre, cette

formalité doit être accomplie lors de l'enregistrement du dessin ou modèle communautaire.

TITRE IV

Demande d'enregistrement d'un dessin ou modèle communautaire

Section I

Dépôt de la demande et conditions auxquelles elle doit satisfaire

Art. 35 *Dépôt et transmission de la demande d'enregistrement.* 1. La demande d'enregistrement d'un dessin ou modèle communautaire est déposée, au choix du demandeur :

a) auprès de l'Office, ou

b) auprès du service central de la propriété industrielle d'un État membre, ou

c) dans les pays du Benelux, auprès du Bureau Benelux des dessins ou modèles.

2. Lorsque la demande est déposée auprès du service central de la propriété industrielle d'un État membre ou auprès du Bureau Benelux des dessins ou modèles, ce service ou ce Bureau prend toutes les mesures nécessaires pour transmettre la demande à l'Office dans un délai de deux semaines après son dépôt. Il peut exiger du demandeur une taxe qui ne dépasse pas le coût administratif correspondant à la réception et à la transmission de la demande.

3. Dès réception par l'Office d'une demande transmise par un service central de la propriété industrielle d'un État membre ou par le Bureau Benelux des dessins ou modèles, l'Office en informe le demandeur en indiquant la date de réception de la demande.

4. Dix ans après l'entrée en vigueur du présent règlement, la Commission établit un rapport sur le fonctionnement du système de dépôt des demandes d'enregistrement de dessins ou modèles communautaires assorti, le cas échéant, de propositions visant à modifier ce système.

Art. 36 *Conditions auxquelles la demande doit satisfaire.* 1. La demande d'enregistrement d'un dessin ou modèle communautaire doit contenir :

a) une requête en enregistrement,

b) les indications qui permettent d'identifier le demandeur,

c) une représentation du dessin ou modèle apte à être reproduite. Toutefois, si la demande porte sur un dessin et qu'elle contient une demande d'ajournement de la publication en vertu de l'article 50, la représentation du dessin peut être remplacée par un spécimen,

2. La demande doit également contenir l'indication des produits dans lesquels le dessin ou modèle est destiné à être incorporé ou auxquels il est destiné à être appliqué.

3. En outre, la demande peut contenir :

a) une description expliquant la représentation ou le spécimen;

b) une demande d'ajournement de la publication de l'enregistrement conforme à l'article 50;

c) des indications permettant d'identifier le représentant si le demandeur en a désigné un;

d) une classification en classes des produits dans lesquels le dessin ou modèle est destiné à être incorporé ou auxquels il est destiné à être appliqué;

e) la désignation du créateur ou de l'équipe de créateurs ou une déclaration sous la responsabilité du demandeur attestant que le créateur ou l'équipe de créateurs a renoncé au droit à être désigné.

4. La demande donne lieu au paiement de la taxe d'enregistrement et de la taxe de publication. Lorsqu'une demande d'ajournement est faite conformément au paragraphe 3, point *b)*, la taxe de publication est remplacée par la taxe d'ajournement de la publication.

5. La demande doit satisfaire aux conditions prévues par le règlement d'exécution.

6. Les informations visées au paragraphe 2 et au paragraphe 3, points *a)* et *d)*, ne portent pas atteinte à l'étendue de la protection du dessin ou du modèle en tant que tel.

Art. 37 *Demande multiple.* 1. Plusieurs dessins et modèles peuvent être combinés en une demande d'enregistrement multiple de dessins ou modèles communautaires. Sauf lorsqu'il s'agit d'ornementations, cette possibilité est subordonnée à la condition que les produits dans lesquels les dessins ou modèles sont destinés à être incorporés ou auxquels ils sont destinés à être appliqués fassent tous partie de la même classe de la classification internationale pour les dessins et modèles industriels.

2. Outre le paiement des taxes visées à l'article 36, paragraphe 4, la demande d'enregistrement multiple donne lieu au paiement d'une taxe supplémentaire d'enregistrement et d'une taxe supplémentaire de publication. Pour autant que la demande d'enregistrement multiple contient une demande d'ajournement de la publication, la taxe supplémentaire de publication est remplacée par la taxe supplémentaire d'ajournement de la publication. Les taxes supplémentaires correspondent à un pourcentage des taxes de base exigibles pour chaque dessin ou modèle supplémentaire.

3. La demande d'enregistrement multiple doit satisfaire aux conditions prévues par le règlement d'exécution.

4. Chacun des dessins ou modèles compris dans une demande multiple ou un enregistrement multiple peut être traité indépendamment des autres aux fins du présent règlement. Il peut notamment, indépendamment des autres, être mis en œuvre, faire l'objet de licences, de droits réels, d'une exécution forcée, être compris dans une procédure d'insolvabilité, faire l'objet d'une renonciation, d'un renouvellement, d'une cession, d'un ajournement de la publication ou être déclaré nul. Une demande multiple ou un enregistrement multiple ne peut être divisé en demandes indépendantes ou en enregistrements indépendants que dans les conditions prévues par le règlement d'exécution.

Art. 38 *Date de dépôt.* 1. La date de dépôt de la demande d'enregistrement d'un dessin ou modèle communautaire est celle à laquelle les documents contenant les informations prévues à l'article 36, paragraphe 1, sont déposés auprès de l'Office ou, si la demande est déposée auprès du service central de la propriété industrielle d'un État membre ou auprès du Bureau Benelux des dessins ou modèles, auprès de ce service ou de ce bureau.

2. Lorsque la demande est déposée au service central de la propriété industrielle d'un État membre ou au Bureau Benelux des dessins ou modèles et parvient à l'Office plus de deux mois après le dépôt des documents contenant les éléments visés à l'article 36, paragraphe 1, la date de dépôt de la demande est celle à laquelle l'Office reçoit ces documents, par dérogation au paragraphe 1.

Art. 39 *Valeur de dépôt national du dépôt communautaire.* La demande d'enregistrement d'un dessin ou modèle communautaire à laquelle une date de dépôt a été accordée a, dans les États membres, la valeur d'un dépôt national régulier compte tenu, le cas échéant, du droit de priorité invoqué à l'appui de cette demande.

Art. 40 *Classification.* L'annexe de l'arrangement de Locarno du 8 octobre 1968 instituant une classification internationale pour les dessins et modèles industriels s'applique aux fins du présent règlement.

Section II

Priorité

Art. 41 *Droit de priorité.* 1. Celui qui a régulièrement déposé une demande d'enregistrement d'un dessin ou modèle ou d'un modèle d'utilité dans ou pour l'un des États parties à la convention de Paris ou à l'accord instituant l'Organisation mondiale du commerce, ou son ayant cause, jouit, pour effectuer le dépôt d'une demande d'enregistrement d'un dessin ou modèle communautaire pour le même dessin ou modèle ou pour le même modèle d'utilité, d'un droit de priorité pendant un délai de six mois à compter de la date de dépôt de la première demande.

2. Est reconnu comme donnant naissance au droit de priorité, tout dépôt ayant la valeur d'un dépôt national régulier en vertu de la législation nationale de l'État dans lequel il a été effectué ou en vertu d'accords bilatéraux ou multilatéraux.

3. Par «dépôt national régulier», on entend tout dépôt qui suffit à établir la date à laquelle la demande a été déposée, quel que soit le sort ultérieur réservé à cette demande.

4. Afin de déterminer la priorité, est considérée comme première demande, une demande ultérieure d'enregistrement d'un dessin ou modèle qui a déjà fait l'objet d'une première demande antérieure dans ou pour le même État, sous réserve que, à la date de dépôt de la demande ultérieure, la demande antérieure ait été retirée, abandonnée ou refusée sans avoir été soumise à l'inspection publique et sans laisser subsister de droits et qu'elle n'ait pas encore servi de base pour la revendication du droit de priorité. La demande antérieure ne peut plus servir alors pour la revendication du droit de priorité.

5. Si le premier dépôt a été effectué dans un État qui n'est pas partie à la convention de Paris ou à l'accord instituant l'Organisation mondiale du commerce, les paragraphes 1 à 4 ne s'appliquent que dans la mesure où cet État, selon des constatations publiées, accorde, sur la base d'un dépôt effectué auprès de l'Office, un droit de priorité soumis à des conditions et ayant des effets équivalents à ceux prévus par le présent règlement.

Art. 42 *Revendication de priorité.* Le demandeur d'enregistrement d'un dessin ou modèle communautaire qui veut se prévaloir de la priorité d'une demande antérieure est tenu de produire une déclaration de priorité et une copie de la demande antérieure. Si la langue de la demande antérieure n'est pas une des langues de l'Office, celui-ci peut exiger une traduction de la demande antérieure dans une de ces langues.

Art. 43 *Effet du droit de priorité.* Par l'effet du droit de priorité, la date de priorité est considérée comme date de dépôt de la demande d'enregistrement d'un dessin ou modèle communautaire, aux fins des articles 5, 6, 7 et 22, de l'article 25, paragraphe 1, point d), et de l'article 50, paragraphe 1.

Art. 44 *Priorité d'exposition.* 1. Si le demandeur d'un dessin ou modèle communautaire enregistré a divulgué des produits dans lesquels le dessin ou le modèle est incorporé ou auxquels il est appliqué, lors d'une exposition internationale officielle ou officiellement reconnue au sens de la convention sur les expositions internationales signée à Paris le 22 novembre 1928, il peut, à condition de déposer la demande dans un délai de six mois à compter de la date de la première divulgation de ces produits, se prévaloir à partir de cette date d'un droit de priorité au sens de l'article 43.

2. Tout demandeur qui souhaite se prévaloir de la priorité conformément au paragraphe 1 doit, dans les conditions fixées par le règlement d'exécution, apporter la preuve qu'il a présenté à l'exposition les produits dans lesquels le dessin ou modèle est incorporé ou auxquels il est appliqué.

3. Une priorité d'exposition accordée dans un État membre ou dans un pays tiers ne prolonge pas le délai de priorité prévu à l'article 41.

TITRE V

Procédure d'enregistrement

Art. 45 *Examen de la conformité de la demande aux conditions de forme relatives au dépôt.* 1. L'Office examine si la demande répond aux conditions pour qu'il lui soit accordé une date de dépôt, conformément à l'article 36, paragraphe 1.

2. L'Office examine si :

a) la demande satisfait aux autres conditions prévues à l'article 36, paragraphes 2, 3, 4 et 5, et, en cas de demande multiple, à l'article 37, paragraphes 1 et 2;

b) la demande satisfait aux conditions de forme établies par le règlement d'exécution pour l'application des articles 36 et 37;

c) les conditions visées à l'article 77, paragraphe 2, sont remplies;

d) au cas où une priorité est revendiquée, il est satisfait aux exigences relatives à cette revendication.

3. Le règlement d'exécution détermine les modalités de l'examen de la conformité de la demande avec les conditions de forme relatives au dépôt.

Art. 46 *Irrégularités auxquelles il peut être remédié.* 1. Lorsque l'Office constate, dans le cadre de l'examen prévu à l'article 45, des irrégularités qui peuvent être rectifiées, il invite le demandeur à y remédier dans le délai prescrit.

2. Si les irrégularités portent sur les conditions visées à l'article 36, paragraphe 1, et si le demandeur se conforme à l'invitation de l'Office dans le délai prescrit, celui-ci accorde comme date de dépôt la date à laquelle il est remédié aux irrégularités constatées. S'il n'est pas remédié aux irrégularités dans le délai prescrit, la demande n'est pas traitée en tant que demande d'enregistrement d'un dessin ou modèle communautaire.

3. Si les irrégularités portent sur les conditions visées à l'article 45, paragraphe 2, points *a)*, *b)* et *c)*, y compris le paiement des taxes, et si le demandeur se conforme à l'invitation de l'Office dans le délai prescrit, celui-ci accorde comme date de dépôt la date initiale de dépôt de la demande. S'il n'est pas remédié, dans le délai prescrit, aux irrégularités ou au défaut de paiement constatés, l'Office rejette la demande.

4. Si les irrégularités portent sur les conditions visées à l'article 45, paragraphe 2, point *d)*, et si le demandeur n'y remédie pas dans le délai prescrit, le droit de priorité pour la demande est perdu.

Art. 47 *Motifs de rejet des demandes d'enregistrement.* 1. Si l'Office constate, dans le cadre de l'examen prévu à l'article 45, que le dessin ou modèle qui fait l'objet d'une demande de protection :

a) ne répond pas à la définition visée à l'article 3, point *a)*, ou

b) est contraire à l'ordre public ou aux bonnes mœurs,

l'Office rejette la demande.

2. La demande ne peut être rejetée qu'après que le demandeur a été mis en mesure de retirer ou de modifier sa demande ou de présenter ses observations.

Art. 48 *Enregistrement.* Si la demande satisfait aux conditions que doit remplir une demande d'enregistrement d'un dessin ou modèle communautaire et dans la mesure où cette demande n'a pas été rejetée en vertu de l'article 47, l'Office inscrit la demande au registre des dessins ou modèles communautaires en qualité de dessin ou modèle communautaire enregistré. L'inscription au registre porte la date de dépôt de la demande visée à l'article 38.

Art. 49 *Publication.* Dès son enregistrement, le dessin ou modèle communautaire est publié par l'Office dans le *Bulletin des dessins ou modèles communautaire*s, conformément à l'article 73, paragraphe 1. Le règlement d'exécution spécifie les éléments qui doivent faire l'objet de la publication.

Art. 50 *Ajournement de la publication.* 1. Le demandeur d'un dessin ou modèle communautaire enregistré peut demander, au moment du dépôt de sa demande, l'ajournement de la publication du dessin ou modèle communautaire enregistré pendant un délai de trente mois à compter de la date de dépôt de la demande ou, si une priorité a été revendiquée, à compter de la date de priorité.

2. A la suite de cette demande, si les conditions visées à l'article 48 sont remplies, le dessin ou modèle communautaire enregistré est inscrit au registre, mais ni la représentation du dessin ou modèle, ni aucun dossier relatif à la demande n'est ouvert à l'inspection publique, sous réserve de l'article 74, paragraphe 2.

3. L'Office publie dans le *Bulletin des dessins ou modèles communautaires* la mention de l'ajournement de la publication du dessin ou modèle communautaire enregistré. Cette mention est accompagnée d'informations permettant d'identifier le titulaire du dessin ou modèle communautaire enregistré, la date de dépôt de la demande et tous autres renseignements prescrits par le règlement d'exécution.

4. A l'expiration du délai d'ajournement, ou à toute date antérieure à la demande du titulaire, l'Office ouvre à l'inspection publique toutes les inscriptions au registre et le dossier concernant la demande d'enregistrement et publie le dessin ou modèle communautaire enregistré dans le *Bulletin des dessins ou modèles communautaires*, à condition que, dans le délai prescrit par le règlement d'exécution :

a) la taxe de publication et, dans le cas d'une demande multiple, la taxe supplémentaire de publication aient été payées ;

b) en cas d'utilisation de la faculté ouverte par l'article 36, paragraphe 1, point c), le titulaire ait déposé la représentation du dessin auprès de l'Office.

Si le titulaire ne se conforme pas à ces dispositions, le dessin ou modèle communautaire enregistré est réputé ne pas avoir eu, dès l'origine, les effets mentionnés dans le présent règlement.

5. Dans le cas d'une demande multiple, le paragraphe 4 peut ne s'appliquer qu'à certains des dessins ou modèles qui en font partie.

6. L'introduction d'actions en justice sur la base du dessin ou modèle communautaire enregistré pendant le délai d'ajournement de la publication est subordonnée à la condition que les informations contenues dans le registre et dans le dossier relatif à la demande aient été communiquées à la personne contre laquelle l'action est dirigée.

TITRE VI
Renonciation et nullité du dessin ou modèle communautaire enregistré

Art. 51 *Renonciation.* 1. La renonciation à un dessin ou modèle communautaire enregistré est déclarée par écrit à l'Office par le titulaire. Elle n'a d'effet qu'après son inscription au registre.

2. En cas de renonciation à un dessin ou modèle communautaire dont la publication est ajournée, ledit dessin ou modèle communautaire est réputé ne pas avoir eu, dès l'origine, les effets mentionnés dans le présent règlement.

3. Un dessin ou modèle communautaire enregistré peut faire l'objet d'une renonciation partielle, à condition que la forme modifiée de ce dessin ou modèle réponde aux critères d'octroi de la protection et que l'identité du dessin ou modèle soit conservée.

4. La renonciation n'est inscrite au registre qu'avec l'accord du titulaire d'un droit inscrit au registre des dessins ou modèles communautaires. Si une licence a été inscrite au registre, la renonciation n'y est inscrite que si le titulaire du dessin ou modèle communautaire enregistré justifie qu'il a informé le licencié de son intention de renoncer. L'inscription est faite à l'issue du délai prescrit par le règlement d'exécution.

5. Si une action en revendication du droit à un dessin ou modèle communautaire enregistré en application de l'article 14 a été intentée devant un tribunal des dessins ou modèles communautaires, l'Office n'effectue pas l'inscription de la renonciation au registre sans l'accord du demandeur.

Art. 52 *Demande en nullité.* 1. Sous réserve de l'article 25, paragraphes 2, 3, 4 et 5, toute personne physique ou morale, ainsi qu'une autorité publique habilitée à cet effet, peut présenter à l'Office une demande en nullité d'un dessin ou modèle communautaire enregistré.

2. La demande est présentée par écrit et motivée. Elle n'est réputée présentée qu'après paiement de la taxe relative à la demande en nullité.

3. La demande en nullité est irrecevable si un tribunal des dessins ou modèles communautaires a statué entre les mêmes parties sur une demande ayant le même objet et la même cause et que cette décision a acquis l'autorité de la chose jugée.

Art. 53 *Examen de la demande.* 1. Si l'Office juge la demande en nullité recevable, il examine si les motifs de nullité visés à l'article 25 s'opposent au maintien du dessin ou modèle communautaire enregistré.

2. Au cours de l'examen de la demande, effectué conformément au règlement d'exécution, l'Office invite les parties, aussi souvent qu'il est nécessaire, à présenter, dans le délai qu'il leur impartit, leurs observations sur les communications qui émanent des autres parties ou qu'il leur a adressées.

3. La décision prononçant la nullité du dessin ou modèle communautaire enregistré est inscrite au registre des dessins ou modèles communautaires lorsqu'elle est définitive.

Art. 54 *Participation à la procédure du contrefacteur présumé.* 1. Au cas où une demande en nullité d'un dessin ou modèle communautaire enregistré a été présentée et aussi longtemps que l'Office n'a pas pris de décision définitive, tout tiers qui apporte la preuve qu'une procédure en contrefaçon fondée sur le même dessin ou modèle communautaire a été engagée à son encontre peut participer à la procédure de nullité, à condition qu'il en fasse la demande dans un délai de trois mois à compter de la date à laquelle l'action en contrefaçon a été introduite.

Cette disposition s'applique à tout tiers qui apporte la preuve que, après avoir été requis par le titulaire du dessin ou modèle communautaire de cesser la contrefaçon présumée dudit dessin ou modèle, il introduit à l'encontre dudit titulaire une action tendant à faire constater judiciairement qu'il n'est pas contrefacteur.

2. La demande de participation à l'instance doit être présentée par écrit et motivée. Elle ne prend effet qu'après paiement de la taxe visée à l'article 52, paragraphe 2. La demande est ensuite traitée, sous réserve des exceptions prévues par le règlement d'exécution, comme une demande en nullité.

TITRE VII

Recours

Art. 55 *Décisions susceptibles de recours.* 1. Les décisions des examinateurs, de la division de l'administration des marques, dessins et modèles et des questions juridiques, ainsi que des divisions d'annulation sont susceptibles de recours. Le recours a un effet suspensif.

2. Une décision qui ne met pas fin à une procédure à l'égard de l'une des parties ne peut faire l'objet d'un recours qu'avec la décision finale, à moins que ladite décision ne prévoie un recours indépendant.

Art. 56 *Personnes admises à former le recours et à être parties à l'instance.* Toute partie à la procédure ayant conduit à une décision peut recourir contre cette décision pour autant que cette dernière n'ait pas fait droit à ses prétentions. Les autres parties à ladite procédure sont, de droit, parties à la procédure de recours.

Art. 57 *Délai et forme du recours.* Le recours doit être formé par écrit auprès de l'Office dans un délai de deux mois à compter du jour de la notification de la décision. Le recours n'est considéré comme formé qu'après paiement de la taxe de recours. Un mémoire exposant les motifs du recours doit être déposé dans un délai de quatre mois à compter de la date de notification de la décision.

Art. 58 *Révision préjudicielle.* 1. Si l'instance dont la décision est attaquée considère le recours comme recevable et fondé, elle doit y faire droit. Cette disposition ne s'applique pas lorsque la procédure oppose celui qui a introduit le recours à une autre partie.

2. S'il n'est pas fait droit au recours dans le délai d'un mois à compter de la réception du mémoire exposant les motifs, le recours doit être immédiatement déféré à la chambre de recours, sans avis sur le fond.

Art. 59 *Examen du recours.* 1. Si le recours est recevable, la chambre de recours examine s'il peut y être fait droit.

2. Au cours de l'examen du recours, la chambre de recours invite les parties, aussi souvent qu'il est nécessaire, à présenter, dans le délai qu'elle leur impartit, leurs observations sur les communications qui émanent des autres parties ou qu'elle leur a adressées.

Art. 60 *Décision sur le recours.* 1. A la suite de l'examen au fond du recours, la chambre de recours statue sur celui-ci. Elle peut soit exercer les compétences de l'instance qui a pris la décision attaquée, soit renvoyer l'affaire à ladite instance pour suite à donner.

2. Si la chambre de recours renvoie l'affaire pour suite à donner à l'instance qui a pris la décision attaquée, cette instance est liée par les motifs et le dispositif de la décision de la chambre de recours, pour autant que les faits de la cause soient les mêmes.

3. Les décisions des chambres de recours ne prennent effet qu'à dater de l'expiration du délai visé à l'article 61, paragraphe 5, ou, si un recours a été introduit devant la Cour de justice pendant ce délai, à compter du rejet de celui-ci.

Art. 61 *Recours devant la Cour de justice.* 1. Les décisions des chambres de recours statuant sur un recours sont susceptibles d'un recours devant la Cour de justice.

2. Le recours est ouvert pour incompétence, violation des formes substantielles, violation du traité, du présent règlement ou de toute règle de droit relative à leur application, ou détournement de pouvoir.

3. La Cour de justice est compétente aussi bien pour annuler que pour réformer la décision attaquée.

4. Le recours est ouvert à toute partie à la procédure devant la chambre de recours pour autant que la décision de celle-ci n'ait pas fait droit à ses prétentions.

5. Le recours est formé devant la Cour de justice dans un délai de deux mois à compter de la notification de la décision de la chambre de recours.

6. L'Office est tenu de prendre les mesures que comporte l'exécution de l'arrêt de la Cour de justice.

TITRE VIII

Procédure devant l'office

Section I

Dispositions générales

Art. 62 *Motivation des décisions.* Les décisions de l'Office sont motivées. Elles ne peuvent être fondées que sur des motifs ou des preuves au sujet desquels les parties ont pu prendre position.

Art. 63 *Examen d'office des faits.* 1. Au cours de la procédure, l'Office procède à l'examen d'office des faits. Toutefois, dans une action en nullité, l'examen est limité aux moyens invoqués et aux demandes présentées par les parties.

2. L'Office peut ne pas tenir compte des faits que les parties n'ont pas invoqués ou des preuves qu'elles n'ont pas produites en temps utile.

Art. 64 *Procédure orale.* 1. L'Office recourt à la procédure orale, soit d'office, soit sur requête d'une des parties à la procédure, à condition qu'il le juge utile.

2. La procédure orale, y compris le prononcé de la décision, est publique, sauf décision contraire de l'instance saisie, au cas où la publicité de l'audience pourrait présenter, notamment pour une partie à la procédure, des inconvénients graves et injustifiés.

Art. 65 *Instruction.* 1. Dans toute procédure devant l'Office, les mesures d'instruction suivantes peuvent notamment être prises :

a) l'audition des parties;

b) la demande de renseignements;

c) la production de documents et de moyens de preuve;

d) l'audition de témoins;

e) l'expertise;

f) les déclarations écrites faites sous serment ou solennellement ou qui ont un effet équivalent d'après la législation de l'État dans lequel elles sont faites.

2. L'instance compétente de l'Office peut charger un de ses membres de procéder aux mesures d'instruction.

3. Si l'Office estime nécessaire qu'une partie, un témoin ou un expert dépose oralement, il cite la personne concernée à comparaître devant lui.

4. Les parties sont informées de l'audition d'un témoin ou d'un expert devant l'Office. Elles ont le droit d'être présentes et de poser des questions au témoin ou à l'expert.

Art. 66 *Notification.* L'Office notifie d'office aux personnes concernées toutes les décisions et invitations à comparaître devant lui ainsi que les communications qui font courir un délai ou dont la notification est prévue par d'autres dispositions du présent règlement ou par le règlement d'exécution, ou prescrite par le président de l'Office.

Art. 67 *Restitutio in integrum.* 1. Le demandeur ou le titulaire d'un dessin ou modèle communautaire enregistré ou toute autre partie à une procédure devant l'Office qui, bien qu'ayant fait preuve de toute la vigilance nécessitée par les circonstances, n'a pas été en mesure d'observer un délai à l'égard de l'Office est, sur requête, rétabli dans ses droits si l'empêchement a eu pour conséquence directe, en vertu du présent règlement, la perte d'un droit ou celle d'un moyen de recours.

2. La requête doit être présentée par écrit dans un délai de deux mois à compter de la cessation de l'empêchement. L'acte non accompli doit être réalisé dans ce délai. La requête n'est recevable que dans un délai d'un an à compter de l'expiration du délai non observé. En cas de non-présentation de la demande de renouvellement de l'enregistrement ou de non-paiement d'une taxe de renouvellement, le délai supplémentaire de six mois prévu à l'article 13, paragraphe 3, seconde phrase, est déduit de la période d'une année.

3. La requête doit être motivée et indiquer les faits et les justifications de fait invoqués à son appui. Elle n'est réputée présentée qu'après paiement de la taxe de *restitutio in integrum.*

4. L'instance qui est compétente pour statuer sur l'acte non accompli statue sur la requête.

5. Les dispositions du présent article ne sont pas applicables aux délais prévus à son paragraphe 2 et à l'article 41, paragraphe 1.

6. Lorsque le demandeur ou le titulaire d'un dessin ou modèle communautaire enregistré est rétabli dans ses droits, il ne peut invoquer ses droits contre un tiers qui, de bonne foi, pendant la période comprise entre la perte des droits sur la demande ou sur l'enregistrement du dessin ou modèle communautaire et la publication de la mention du

rétablissement de ce droit, a mis dans le commerce des produits dans lesquels est incorporé ou auxquels est appliqué un dessin ou un modèle compris dans l'étendue de la protection du dessin ou modèle communautaire enregistré.

7. Le tiers qui peut se prévaloir du paragraphe 6 peut former tierce opposition contre la décision rétablissant dans ses droits le demandeur ou le titulaire du dessin ou modèle communautaire enregistré, dans un délai de deux mois à compter de la date de publication de la mention du rétablissement du droit.

8. Aucune disposition du présent article n'affecte le droit pour un État membre d'accorder la *restitutio in integrum* quant aux délais prévus par le présent règlement et qui doivent être observés vis-à-vis des autorités de cet État.

Art. 68 *Référence aux principes généraux.* En l'absence de dispositions de procédure dans le présent règlement, le règlement d'exécution, le règlement relatif aux taxes ou le règlement de procédure des chambres de recours, l'Office prend en considération les principes généralement admis en la matière dans les États membres.

Art. 69 *Fin des obligations financières.* 1. Le droit de l'Office d'exiger le paiement des taxes se prescrit par quatre ans à compter de la fin de l'année civile au cours de laquelle la taxe est devenue exigible.

2. Les droits à l'encontre de l'Office en matière de remboursement de taxes ou de trop-perçu par celui-ci lors du paiement de taxes se prescrivent par quatre ans à compter de la fin de l'année civile au cours de laquelle les droits ont pris naissance.

3. Le délai prévu aux paragraphes 1 et 2 est interrompu, dans le cas visé au paragraphe 1, par une invitation à acquitter la taxe et, dans le cas visé au paragraphe 2, par une requête écrite en vue de faire valoir ce droit. Ce délai recommence à courir à compter de la date de son interruption. Il expire au plus tard au terme d'une période de six ans calculée à compter de la fin de l'année civile au cours de laquelle il a commencé à courir initialement, à moins qu'une action en justice n'ait été engagée entre-temps pour faire valoir ce droit. Dans ce cas, le délai expire au plus tôt au terme d'une période d'une année à compter de la date à laquelle la décision est passée en force de chose jugée.

Section II

Frais

Art. 70 *Répartition des frais.* 1. La partie perdante dans une action en nullité d'un dessin ou modèle communautaire enregistré ou dans un recours supporte les taxes exposées par l'autre partie, ainsi que tous les frais exposés par celle-ci, indispensables aux fins des procédures, y compris les frais de déplacement et de séjour et la rémunération d'un agent, conseil ou avocat, dans la limite des tarifs fixés pour chaque catégorie de frais, dans les conditions prévues par le règlement d'exécution.

2. Toutefois, dans la mesure où les parties succombent respectivement sur un ou plusieurs chefs ou dans la mesure où l'équité l'exige, la division d'annulation ou la chambre de recours décide d'une répartition différente des frais.

3. La partie qui met fin à une procédure par la renonciation au dessin ou modèle communautaire enregistré, ou par le non-renouvellement de son enregistrement ou par le retrait de la demande en nullité ou le recours, supporte les taxes ainsi que les frais encourus par l'autre partie, dans les conditions prévues aux paragraphes 1 et 2.

4. En cas de non-lieu à statuer, la division d'annulation ou la chambre de recours règle librement les frais.

5. Lorsque les parties concluent devant la division d'annulation ou la chambre de recours un règlement des frais différent de celui résultant de l'application des paragraphes 1, 2, 3 et 4, l'instance concernée prend acte de cet accord.

6. Sur requête, le greffe de la division d'annulation ou de la chambre de recours fixe le montant des frais à rembourser en vertu des paragraphes 1, 2, 3, 4 et 5. Ce montant peut, sur requête présentée dans le délai prescrit par le règlement d'exécution, être révisé par décision de la division d'annulation ou de la chambre de recours.

Art. 71 *Exécution des décisions fixant le montant des frais.* 1. Toute décision définitive de l'Office qui fixe le montant des frais forme titre exécutoire.

2. L'exécution forcée est régie par les règles de la procédure civile en vigueur dans l'État sur le territoire duquel elle a lieu. La formule exécutoire est apposée, sans autre contrôle que celui de la vérification de l'authenticité du titre, par l'autorité nationale que le gouvernement de chacun des États membres désigne à cet effet et dont il donnera connaissance à l'Office et à la Cour de justice.

3. Après l'accomplissement de ces formalités à la demande de l'intéressé, celui-ci peut poursuivre l'exécution forcée en saisissant directement l'organe compétent, suivant la législation nationale.

4. L'exécution forcée ne peut être suspendue qu'en vertu d'une décision de la Cour de justice. Toutefois, le contrôle de la régularité des mesures d'exécution relève de la compétence des juridictions de l'État membre concerné.

Section III

Information du public et des autorités des États membres

Art. 72 *Registre des dessins ou modèles communautaires.* L'Office tient un registre, dénommé registre des dessins ou modèles communautaires, où sont portées les indications dont l'inscription est prévue par le présent règlement ou le règlement d'exécution. Le registre est ouvert à l'inspection publique, sous réserve de l'article 50, paragraphe 2.

Art. 73 *Publications périodiques.* 1. L'Office publie périodiquement un *Bulletin des dessins ou modèles communautaires* contenant les inscriptions ouvertes à l'inspection publique dans le registre des dessins ou modèles communautaires ainsi que toutes les autres indications dont la publication est prescrite par le présent règlement ou par le règlement d'exécution.

2. Les communications et les informations d'ordre général émanant du président de l'Office, ainsi que toutes autres informations relatives au présent règlement et à son application sont publiées au *Journal officiel* de l'Office.

Art. 74 *Inspection publique.* 1. Les dossiers relatifs à des demandes d'enregistrement de dessins ou modèles communautaires qui n'ont pas encore été publiées ainsi que les dossiers relatifs à des dessins ou modèles communautaires enregistrés qui font l'objet d'une mesure d'ajournement de publication conformément à l'article 50 ou qui, pendant l'application de cette mesure, ont fait l'objet d'une renonciation avant ou à l'expiration du délai d'ajournement, ne peuvent être ouverts à l'inspection publique qu'avec l'accord du demandeur ou du titulaire du dessin ou modèle communautaire enregistré.

2. Quiconque justifie d'un intérêt légitime peut procéder à l'inspection du dossier sans le consentement du demandeur ou du titulaire du dessin ou modèle communautaire enre-

gistré avant la publication de celui-ci ou après la renonciation à celui-ci dans le cas prévu au paragraphe 1.

Cette disposition s'applique en particulier si l'intéressé prouve que le demandeur ou le titulaire du dessin ou modèle communautaire enregistré a entrepris des démarches pour se prévaloir, à son encontre, des droits conférés par le dessin ou modèle communautaire enregistré.

3. Après la publication du dessin ou modèle communautaire enregistré, le dossier est, sur requête, ouvert à l'inspection publique.

4. Toutefois, lorsque le dossier est ouvert à l'inspection publique conformément aux paragraphes 2 ou 3, des pièces du dossier peuvent en être exclues selon le règlement d'exécution.

Art. 75 *Coopération administrative.* Sauf dispositions contraires du présent règlement ou des législations nationales, l'Office et les juridictions ou autres autorités compétentes des États membres s'assistent mutuellement, sur demande, en se communiquant des informations ou en se donnant mutuellement accès à leurs dossiers.

Lorsque l'Office donne accès à ses dossiers aux juridictions, aux ministères publics ou aux services centraux de la propriété industrielle, cet accès n'est pas soumis aux restrictions prévues à l'article 74.

Art. 76 *Échange de publications.* 1. L'Office et les services centraux de la propriété industrielle des États membres échangent, sur requête, pour leurs propres besoins et gratuitement, un ou plusieurs exemplaires de leurs publications respectives.

2. L'Office peut conclure des accords portant sur l'échange ou l'envoi de publications.

Section IV

Représentation

Art. 77 *Principes généraux relatifs à la représentation.* 1. Sous réserve du paragraphe 2, nul n'est tenu de se faire représenter devant l'Office.

2. Sans préjudice du paragraphe 3, deuxième alinéa, les personnes physiques ou morales qui n'ont ni domicile ni siège ni établissement industriel ou commercial effectif et sérieux dans la Communauté doivent être représentées devant l'Office, conformément à l'article 78, paragraphe 1, dans toute procédure auprès de l'Office instituée par le présent règlement, sauf pour le dépôt d'une demande d'enregistrement de dessin ou modèle communautaire. D'autres exceptions peuvent être prévues par le règlement d'exécution.

3. Les personnes physiques ou morales qui ont leur domicile, ou leur siège ou un établissement industriel ou commercial effectif et sérieux dans la Communauté peuvent agir devant l'Office par l'entremise d'un employé, qui dépose auprès de l'Office un pouvoir signé qui doit être versé au dossier et dont les modalités sont précisées par le règlement d'exécution.

L'employé d'une personne morale visé au présent paragraphe peut agir également pour d'autres personnes morales qui sont économiquement liées à cette personne, même si ces autres personnes morales n'ont ni domicile, ni siège ni établissement industriel ou commercial effectif et sérieux dans la Communauté.

Art. 78 *Représentation professionnelle.* 1. La représentation des personnes physiques ou morales dans le cadre des procédures introduites auprès de l'Office conformément au présent règlement ne peut être assurée que :

a) par un avocat habilité à exercer sur le territoire de l'un des États membres et possédant son domicile professionnel dans la Communauté, dans la mesure où il peut agir dans ledit État en qualité de mandataire en matière de propriété industrielle;

b) par tout mandataire agréé inscrit sur la liste visée à l'article 89, paragraphe 1, point *b)*, du règlement sur la marque communautaire;

c) par toute personne inscrite sur la liste spécifique des mandataires agréés en matière de dessins ou modèles prévue au paragraphe 4.

2. Les personnes visées au paragraphe 1, point c), ne sont habilitées à représenter des tiers que dans le cadre des procédures en matière de dessins ou modèles dont est saisi l'Office.

3. Le règlement d'exécution disposera si, et à quelles conditions, les représentants sont tenus de déposer auprès de l'Office un pouvoir signé à verser au dossier.

4. Peut être inscrite sur la liste spécifique des mandataires agréés en matière de dessins ou modèles, toute personne physique qui :

a) a la nationalité de l'un des États membres;

b) a son domicile professionnel ou le lieu de son emploi dans la Communauté;

c) est habilitée à représenter des personnes physiques ou morales en matière de dessins ou modèles devant le service central de la propriété industrielle d'un État membre ou devant le Bureau Benelux des dessins ou modèles. Lorsque, dans cet État, l'habilitation à représenter des personnes physiques ou morales en matière de dessins ou modèles n'est pas subordonnée à l'exigence d'une qualification professionnelle spéciale, les personnes demandant leur inscription sur la liste doivent avoir exercé à titre habituel en matière de dessins ou modèles devant le service central de la propriété industrielle dudit État pendant cinq ans au moins. Toutefois, sont dispensées de cette condition d'exercice de la profession, les personnes dont la qualification professionnelle pour assurer, en matière de dessins ou modèles, la représentation des personnes physiques ou morales devant le service central de la propriété industrielle de l'un des États membres est officiellement reconnue conformément à la réglementation de cet État.

5. L'inscription sur la liste prévue au paragraphe 4 est effectuée sur requête accompagnée d'une attestation fournie par le service central de la propriété industrielle de l'État membre concerné, indiquant que les conditions visées audit paragraphe sont remplies.

6. Le président de l'Office peut accorder une dérogation :

a) à l'exigence visée au paragraphe 4, point *a)*, dans des circonstances spéciales;

b) à l'exigence visée au paragraphe 4, point *c)*, deuxième phrase, lorsque le requérant fournit la preuve qu'il a acquis la qualification requise d'une autre manière.

7. Le règlement d'exécution définit les conditions dans lesquelles une personne peut être radiée de la liste.

TITRE IX

Compétence et procédure pour les actions en justice relatives aux dessins et modèles communautaires

Section I

Compétence judiciaire et exécution des décisions

Art. 79 *Application de la convention d'exécution.* 1. A moins que le présent règlement n'en dispose autrement, les dispositions de la convention concernant la compétence judiciaire et l'exécution des décisions en matière civile et commerciale, signée à Bruxelles le 27 septembre 1968, ci-après dénommée «la convention d'exécution», sont applicables aux procédures concernant les dessins ou modèles communautaires et aux demandes d'enregistrement de dessins ou modèles communautaires, ainsi qu'aux procédures concernant les actions intentées sur la base de dessins ou modèles communautaires et de dessins ou modèles nationaux bénéficiant d'un cumul de protection.

2. Les dispositions de la convention d'exécution, applicables en vertu du paragraphe 1, ne produisent leurs effets à l'égard d'un État membre que dans le texte de la convention qui est en vigueur à l'égard de cet État à un moment donné.

3. En ce qui concerne les procédures résultant des actions et demandes visées à l'article 81 :

a) les articles 2 et 4, l'article 5, points 1, 3, 4 et 5, l'article 16, point 4, ainsi que l'article 24 de la convention d'exécution ne sont pas applicables;

b) les articles 17 et 18 de la convention d'exécution sont applicables dans les limites prévues à l'article 82, paragraphe 4, du présent règlement;

c) les dispositions du titre II de la convention d'exécution qui s'appliquent aux personnes domiciliées dans un État membre s'appliquent également aux personnes qui ne sont pas domiciliées dans un État membre, mais qui y ont un établissement.

4. Les dispositions de la convention d'exécution ne produisent pas leurs effets à l'égard d'un État membre dans lequel ladite convention n'est pas encore en application. Jusqu'à l'entrée en vigueur de ladite convention, les procédures visées au paragraphe 1 du présent article sont régies dans cet État membre par toute convention bilatérale ou multilatérale régissant ses relations avec un autre État membre concerné ou, à défaut d'une telle convention, par sa législation nationale en matière de compétence, de reconnaissance et d'exécution des décisions.

Section II

Litiges en matière de contrefaçon et de nullité des dessins ou modèles communautaires

Art. 80 *Tribunaux des dessins ou modèles communautaires.* 1. Les États membres désignent sur leurs territoires un nombre aussi limité que possible de juridictions nationales de première et deuxième instance (tribunaux des dessins ou modèles communautaires), chargées de remplir les fonctions qui leur sont attribuées par le présent règlement.

2. Chaque État membre communique à la Commission au plus tard le 6 mars 2005 une liste des tribunaux des dessins ou modèles communautaires contenant l'indication de leur dénomination et de leur compétence territoriale.

3. Tout changement intervenant après la communication visée au paragraphe 2 et relatif au nombre, à la dénomination ou à la compétence territoriale desdits tribunaux est communiqué sans délai par l'État membre concerné à la Commission.

4. Les informations visées aux paragraphes 2 et 3 sont notifiées par la Commission aux États membres et publiées au *Journal officiel des Communautés européennes*.

5. Aussi longtemps qu'un État membre n'a pas procédé à la communication prévue au paragraphe 2, toute procédure résultant d'une action visée à l'article 81 et pour laquelle les tribunaux de cet État sont compétents en application de l'article 82, est portée devant le tribunal de cet État qui aurait compétence territoriale et d'attribution s'il s'agissait d'une procédure relative à un enregistrement de dessin ou modèle de l'État concerné.

Art. 81 *Compétence en matière de contrefaçon et de nullité.* Les tribunaux des dessins ou modèles communautaires ont compétence exclusive :

a) pour les actions en contrefaçon et — si la législation nationale les admet — en menace de contrefaçon d'un dessin ou modèle communautaire;

b) pour les actions en constatation de non-contrefaçon, si la législation nationale les admet;

c) pour les actions en nullité d'un dessin ou modèle communautaire non enregistré;

d) pour les demandes reconventionnelles en nullité d'un dessin ou modèle communautaire présentées dans le cadre des actions visées au point *a)*.

Art. 82 *Compétence internationale.* 1. Sous réserve des dispositions du présent règlement ainsi que des dispositions de la convention d'exécution applicables en vertu de l'article 79, les procédures résultant des actions et demandes visées à l'article 81 sont portées devant les tribunaux de l'État membre sur le territoire duquel le défendeur a son domicile ou, si celui-ci n'est pas domicilié dans l'un des États membres, de tout État membre sur le territoire duquel il a un établissement.

2. Si le défendeur n'a ni son domicile ni un établissement sur le territoire d'un État membre, ces procédures sont portées devant les tribunaux de l'État membre sur le territoire duquel le demandeur a son domicile ou, si ce dernier n'est pas domicilié dans l'un des États membres, de tout État membre sur le territoire duquel il a un établissement.

3. Si ni le défendeur ni le demandeur ne sont ainsi domiciliés ou n'ont un tel établissement, ces procédures sont portées devant les tribunaux de l'État membre dans lequel l'Office a son siège.

4. Nonobstant les paragraphes 1, 2 et 3 :

a) l'article 17 de la convention d'exécution est applicable si les parties conviennent qu'un autre tribunal des dessins ou modèles communautaires est compétent;

b) l'article 18 de la convention d'exécution est applicable si le défendeur comparaît devant un autre tribunal des dessins ou modèles communautaires.

5. Les procédures résultant des actions et demandes visées à l'article 81, points *a)* et *d)*, peuvent également être portées devant les tribunaux de l'État membre sur le territoire duquel le fait de contrefaçon a été commis ou menace d'être commis.

Art. 83 *Étendue de la compétence en matière de contrefaçon.* 1. Un tribunal des dessins ou modèles communautaires dont la compétence est fondée sur l'article 82, paragraphes 1, 2, 3 ou 4, est compétent pour statuer sur les faits de contrefaçon commis ou menaçant d'être commis sur le territoire de tout État membre.

2. Un tribunal des dessins ou modèles communautaires dont la compétence est fondée sur l'article 82, paragraphe 5, est compétent uniquement pour statuer sur les faits de

contrefaçon commis ou menaçant d'être commis sur le territoire de l'État membre dans lequel est situé ce tribunal.

Art. 84 *Action ou demande reconventionnelle en nullité d'un dessin ou modèle communautaire.* 1. L'action ou la demande reconventionnelle en nullité d'un dessin ou modèle communautaire ne peut être fondée que sur les motifs de nullité énoncés à l'article 25.

2. Dans les cas visés à l'article 25, paragraphes 2, 3, 4 et 5, l'action ou la demande reconventionnelle ne peut être introduite que par la personne habilitée en vertu de ces dispositions.

3. Si la demande reconventionnelle est introduite dans un litige auquel le titulaire du dessin ou modèle communautaire n'est pas déjà partie, il en est informé et peut intervenir au litige conformément aux conditions prévues par la législation de l'État membre où le tribunal a son siège.

4. La validité d'un dessin ou modèle communautaire ne peut être contestée par une action en constatation de non-contrefaçon.

Art. 85 *Présomption de validité – Défense au fond.* 1. Dans les procédures résultant d'actions en contrefaçon ou en menace de contrefaçon d'un dessin ou modèle communautaire enregistré, les tribunaux des dessins ou modèles communautaires considèrent le dessin ou modèle communautaire comme valide. La validité ne peut être contestée que par une demande reconventionnelle en nullité. Toutefois, l'exception de nullité du dessin ou modèle communautaire présentée par une voie autre qu'une demande reconventionnelle est recevable dans la mesure où le défendeur fait valoir que le dessin ou modèle communautaire pourrait être déclaré nul en raison de l'existence d'un droit national antérieur du défendeur au sens de l'article 25, paragraphe 1, point d).

2. Dans les procédures résultant d'actions en contrefaçon ou en menace de contrefaçon d'un dessin ou modèle communautaire non enregistré, les tribunaux des dessins ou modèles communautaires considèrent le dessin ou modèle communautaire comme valide si le titulaire du dessin ou modèle apporte la preuve que les conditions prévues à l'article 11 sont remplies et s'il indique en quoi son dessin ou modèle communautaire présente un caractère individuel. Le défendeur peut, toutefois, en contester la validité par voie d'exception ou par une demande reconventionnelle en nullité.

Art. 86 *Décisions en matière de nullité.* 1. Lorsque, dans une procédure devant un tribunal des dessins ou modèles communautaires, la validité du dessin ou modèle communautaire a été contestée par une demande reconventionnelle :

a) si le tribunal estime qu'un des motifs de nullité visés à l'article 25 s'oppose au maintien du dessin ou modèle communautaire, il déclare la nullité du dessin ou du modèle communautaire;

b) si le tribunal estime qu'aucun des motifs de nullité visés à l'article 25 ne s'oppose au maintien du dessin ou du modèle communautaire, il rejette la demande reconventionnelle.

2. Le tribunal des dessins ou modèles communautaires saisi d'une demande reconventionnelle en nullité d'un dessin ou modèle communautaire enregistré communique à l'Office la date à laquelle la demande a été introduite. L'Office inscrit ce fait au registre des dessins ou modèles communautaires.

3. Un tribunal des dessins ou modèles communautaires saisi d'une demande reconventionnelle en nullité d'un dessin ou modèle communautaire enregistré peut, à la demande du titulaire du dessin ou modèle communautaire enregistré et après audition

des autres parties, surseoir à statuer et inviter le défendeur à présenter une demande en nullité à l'Office dans un délai que le tribunal lui impartit. Si cette demande n'est pas présentée dans ce délai, la procédure est poursuivie; la demande reconventionnelle est réputée retirée. L'article 91, paragraphe 3, est applicable.

4. Lorsqu'un tribunal des dessins ou modèles communautaires a rendu une décision passée en force de chose jugée sur une demande reconventionnelle en nullité d'un dessin ou modèle communautaire enregistré, une copie de la décision est transmise à l'Office. Toute partie peut demander des informations quant à cette transmission. L'Office inscrit au registre des dessins ou modèles communautaires la mention de la décision dans les conditions prévues par le règlement d'exécution.

5. Aucune demande reconventionnelle en nullité d'un dessin ou modèle communautaire enregistré ne peut être introduite si une décision passée en force de chose jugée a déjà été rendue par l'Office entre les mêmes parties sur une demande ayant le même objet et la même cause.

Art. 87 *Effets de la décision en matière de nullité.* Lorsque la décision d'un tribunal des dessins ou modèles communautaires déclare la nullité d'un dessin ou modèle communautaire est passée en force de chose jugée, elle produit dans tous les États membres les effets énoncés à l'article 26.

Art. 88 *Droit applicable.* 1. Les tribunaux des dessins ou modèles communautaires appliquent les dispositions du présent règlement.

2. Pour toutes les questions qui n'entrent pas dans le champ d'application du présent règlement, le tribunal des dessins ou modèles communautaires applique son droit national, y compris son droit international privé.

3. A moins que le présent règlement n'en dispose autrement, le tribunal des dessins ou modèles communautaires applique les règles de procédure applicables au même type de procédures relatives à un enregistrement de dessin ou modèle dans l'État membre sur le territoire duquel ce tribunal est situé.

Art. 89 *Sanctions de l'action en contrefaçon.* 1. Lorsque, dans une action en contrefaçon ou en menace de contrefaçon, un tribunal des dessins ou modèles communautaires constate que le défendeur a contrefait ou menacé de contrefaire un dessin ou modèle communautaire, il rend, sauf s'il y a des raisons particulières de ne pas agir de la sorte, les ordonnances suivantes :

a) une ordonnance interdisant au défendeur de poursuivre les actes de contrefaçon ou de menace de contrefaçon;

b) une ordonnance de saisie des produits de contrefaçon;

c) une ordonnance de saisie des matériaux et instruments ayant principalement servi à la création ou à la fabrication des marchandises de contrefaçon, si leur propriétaire connaissait le but de l'utilisation de ces matériaux ou instruments ou si ce but était flagrant dans les circonstances considérées;

d) toute ordonnance infligeant d'autres sanctions indiquées dans le cas d'espèce et prévues par la loi, y compris le droit international privé, de l'État membre dans lequel les actes de contrefaçon ou de menace de contrefaçon ont été commis.

2. Le tribunal des dessins ou modèles communautaires prend, conformément à la loi nationale, les mesures propres à garantir le respect des ordonnances visées au paragraphe 1.

Art. 90 *Mesures provisoires et conservatoires.* 1. Les mesures provisoires et conservatoires prévues par la loi d'un État membre à propos des dessins ou modèles nationaux peuvent être demandées, à propos d'un dessin ou modèle communautaire, aux autorités judiciaires, y compris les tribunaux des dessins ou modèles communautaires de cet État, même si en vertu du présent règlement une juridiction des dessins ou modèles communautaires d'un autre État membre est compétente pour connaître du fond.

2. Dans les procédures concernant des mesures provisoires et conservatoires, l'exception de nullité d'un dessin ou modèle communautaire soulevée par le défendeur autrement que par la voie d'une demande reconventionnelle est recevable. L'article 85, paragraphe 2, s'applique *mutatis mutandis.*

3. Un tribunal des dessins ou modèles communautaires dont la compétence est fondée sur l'article 82, paragraphes 1, 2, 3 ou 4, est compétent pour ordonner des mesures provisoires ou conservatoires qui, sous réserve de toute procédure requise aux fins de la reconnaissance et de l'exécution conformément au titre III de la convention d'exécution, sont applicables sur le territoire de tout État membre. Cette compétence n'appartient à aucune autre juridiction.

Art. 91 *Règles spécifiques en matière de connexité.* 1. Sauf s'il existe des raisons particulières de poursuivre la procédure, un tribunal des dessins ou modèles communautaires saisi d'une action visée à l'article 81, à l'exception d'une action en constatation de non-contrefaçon, sursoit à statuer de sa propre initiative après audition des parties ou à la demande de l'une des parties et après audition des autres parties, lorsque la validité du dessin ou modèle communautaire est déjà contestée par une demande reconventionnelle devant un autre tribunal des dessins ou modèles communautaires ou que, s'agissant d'un dessin ou modèle communautaire enregistré, une demande en nullité a déjà été introduite auprès de l'Office.

2. Sauf s'il existe des raisons particulières de poursuivre la procédure, l'Office saisi d'une demande en nullité d'un dessin ou modèle communautaire enregistré sursoit à statuer de sa propre initiative après audition des parties ou à la demande de l'une des parties et après audition des autres parties, lorsque la validité du dessin ou modèle communautaire enregistré est déjà contestée par une demande reconventionnelle devant un tribunal des dessins ou modèles communautaires. Toutefois, si l'une des parties à la procédure devant le tribunal des dessins ou modèles communautaires le demande, le tribunal peut, après audition des autres parties à cette procédure, surseoir à statuer. Dans ce cas, l'Office poursuit la procédure pendant devant lui.

3. Le tribunal des dessins ou modèles communautaires qui sursoit à statuer peut ordonner des mesures provisoires ou conservatoires pour la durée de la suspension.

Art. 92 *Compétence des tribunaux des dessins ou modèles communautaires de deuxième instance – Pourvoi en cassation.* 1. Les décisions des tribunaux des dessins ou modèles communautaires de première instance rendues dans les procédures résultant des actions et demandes visées à l'article 81 sont susceptibles de recours devant les tribunaux des dessins ou modèles communautaires de deuxième instance.

2. Les conditions dans lesquelles un recours peut être formé devant un tribunal des dessins ou modèles communautaires de deuxième instance sont déterminées par la loi nationale de l'État membre sur le territoire duquel ce tribunal est situé.

3. Les dispositions nationales relatives au pourvoi en cassation sont applicables aux décisions des tribunaux des dessins ou modèles communautaires de deuxième instance.

Section III

Autres litiges relatifs aux dessins et modèles communautaires

Art. 93 *Dispositions complémentaires concernant la compétence des tribunaux nationaux autres que les tribunaux des dessins ou modèles communautaires.*

1. Dans l'État membre dont les tribunaux sont compétents conformément à l'article 79, paragraphes 1 ou 4, les actions en matière de dessins ou modèles communautaires autres que celles visées à l'article 81 sont portées devant les tribunaux qui auraient compétence territoriale et d'attribution s'il s'agissait d'actions relatives aux enregistrements nationaux de dessins ou modèles dans l'État concerné.

2. Lorsque, en vertu de l'article 79, paragraphes 1 et 4, et du paragraphe 1 du présent article, aucun tribunal n'est compétent pour connaître d'une action relative à un dessin ou modèle communautaire autre que celles visées à l'article 81, cette action peut être portée devant les tribunaux de l'État membre sur le territoire duquel l'Office a son siège.

Art. 94 *Obligation du tribunal national.* Le tribunal national saisi d'une action relative à un dessin ou modèle communautaire autre que les actions visées à l'article 81 doit tenir ce dessin ou modèle communautaire pour valide. L'article 85, paragraphe 2, et l'article 90, paragraphe 2, sont, toutefois, applicables *mutatis mutandis*.

TITRE X

Incidences sur le droit des états membres

Art. 95 *Actions intentées parallèlement sur la base des dessins ou modèles communautaires et sur la base d'enregistrements nationaux de dessins ou modèles.* 1. Lorsque des actions en contrefaçon ou en menace de contrefaçon sont formées pour les mêmes faits et entre les mêmes parties devant des juridictions d'États membres différents saisies l'une sur la base d'un dessin ou modèle communautaire et l'autre sur la base d'un enregistrement national de dessin ou modèle ouvrant droit à un cumul de protection, la juridiction saisie en second lieu doit, même d'office, se dessaisir en faveur du tribunal premier saisi. La juridiction qui devrait se dessaisir peut surseoir à statuer si la compétence de l'autre juridiction est contestée.

2. Le tribunal des dessins ou modèles communautaires saisi d'une action en contrefaçon ou en menace de contrefaçon sur la base d'un dessin ou modèle communautaire rejette l'action si, sur les mêmes faits, un jugement définitif a été rendu sur le fond entre les mêmes parties sur la base d'un enregistrement national d'un sujet d'un dessin ou modèle ouvrant droit à un cumul de protection.

3. La juridiction saisie d'une action en contrefaçon ou en menace de contrefaçon sur la base de l'enregistrement national d'un dessin ou modèle rejette l'action si, sur les mêmes faits, un jugement définitif a été rendu sur le fond entre les mêmes parties sur la base d'un dessin ou modèle communautaire ouvrant droit à un cumul de protection.

4. Les paragraphes 1, 2 et 3 ne s'appliquent pas aux mesures provisoires et conservatoires.

Art. 96 *Rapports avec les autres formes de protection prévues par les législations nationales.* 1. Le présent règlement s'applique sans préjudice des dispositions du droit communautaire ou du droit de l'État membre concerné applicables aux dessins ou modèles non enregistrés, aux marques et autres signes distinctifs, aux brevets et modèles d'utilité, aux caractères typographiques, à la responsabilité civile et à la concurrence déloyale.

2. Un dessin ou modèle protégé par un dessin ou modèle communautaire bénéficie également de la protection accordée par la législation sur le droit d'auteur des États membres à partir de la date à laquelle il a été créé ou fixé sous une forme quelconque. La portée et les conditions d'obtention de cette protection, y compris le degré d'originalité requis, sont déterminées par chaque État membre.

TITRE XI
Dispositions additionnelles relatives à l'office

Section I
Dispositions générales

Art. 97 *Disposition générale.* Sauf dispositions contraires du présent titre, le titre XII du règlement sur la marque communautaire s'applique à l'Office en ce qui concerne les missions qui lui sont dévolues en vertu du présent règlement.

Art. 98 *Langue de procédure.* 1. La demande d'enregistrement d'un dessin ou modèle communautaire est déposée dans une des langues officielles de la Communauté.

2. Le demandeur doit indiquer une deuxième langue qui est une langue de l'Office, dont il accepte l'usage comme langue éventuelle de procédure devant l'Office.

Si la demande a été faite dans une langue qui n'est pas une langue de l'Office, celui-ci veille à assurer la traduction de la demande dans la langue indiquée par le demandeur.

3. Lorsque l'auteur d'une demande d'enregistrement de dessin ou modèle communautaire est la seule partie aux procédures devant l'Office, la langue de procédure est la langue utilisée pour le dépôt de la demande d'enregistrement. Si le dépôt a été fait dans une langue autre que celles de l'Office, l'Office peut envoyer des communications écrites au demandeur dans la deuxième langue indiquée par lui dans la demande.

4. Dans le cas des procédures en nullité, la langue de procédure est la langue utilisée pour le dépôt de la demande d'enregistrement si celle-ci est une langue de l'Office. Si le dépôt a été fait dans une langue autre que celles de l'Office, la langue de procédure est la deuxième langue indiquée dans la demande.

La demande de nullité est déposée dans la langue de procédure.

Lorsque la langue de procédure n'est pas la langue utilisée pour le dépôt, le titulaire du dessin ou modèle communautaire peut produire des observations dans la langue de dépôt. L'Office veille à assurer la traduction de ces observations dans la langue de procédure.

Le règlement d'exécution peut prévoir que les dépenses de traduction mises à la charge de l'Office ne peuvent, sauf dérogation accordée par l'Office lorsque la complexité de l'affaire le justifie, dépasser un montant qui est fixé pour chaque type de procédure en fonction de la taille moyenne des mémoires reçus par l'Office. Les dépenses allant au-delà de ce montant pourront être mises à la charge de la partie perdante conformément à l'article 70.

5. Les parties dans la procédure en nullité peuvent convenir qu'une autre langue officielle de la Communauté soit la langue de procédure.

Art. 99 *Publication et registre.* 1. Toutes les informations dont la publication est prescrite par le présent règlement ou par le règlement d'exécution sont publiées dans toutes les langues officielles de la Communauté.

2. Toutes les inscriptions au registre des dessins ou modèles communautaires sont faites dans toutes les langues officielles de la Communauté.

3. En cas de doute, le texte dans la langue de l'Office dans lequel la demande de dessin ou modèle communautaire a été déposée fait foi. Si le dépôt a eu lieu dans une langue officielle de la Communauté autre que l'une des langues de l'Office, le texte établi dans la deuxième langue indiquée par le demandeur fait foi.

Art. 100 *Compétences supplémentaires du président.* En complément des fonctions et des compétences octroyées au président de l'Office par l'article 119 du règlement sur la marque communautaire, le président peut soumettre à la Commission tout projet de modification du présent règlement, du règlement d'exécution, du règlement relatif aux taxes, ou toute autre réglementation pour autant qu'elle s'applique aux dessins ou modèles communautaires enregistrés, après avoir entendu le conseil d'administration et, en ce qui concerne le règlement relatif au*[x]* taxes, le comité budgétaire.

Art. 101 *Compétences supplémentaires du conseil d'administration.* En complément des compétences qui lui sont octroyées par l'article 121 et suivants du règlement sur la marque communautaire ou par d'autres dispositions du présent règlement, le conseil d'administration :

a) fixe la date à partir de laquelle les demandes d'enregistrement de dessins ou modèles communautaires peuvent être déposées conformément à l'article 111, paragraphe 2;

b) est consulté avant l'adoption des directives relatives à l'examen des conditions de forme, à l'examen des motifs de refus d'enregistrement et aux actions en nullité qui se déroulent devant l'Office ainsi que dans les autres cas prévus par le présent règlement.

Section II

Procédures

Art. 102 *Compétence.* Sont compétents pour prendre toute décision dans le cadre des procédures prescrites par le présent règlement :

a) les examinateurs;

b) la division de l'administration des marques, dessins et modèles et des questions juridiques;

c) les divisions d'annulation;

d) les chambres de recours.

Art. 103 *Examinateurs.* L'examinateur est compétent pour prendre au nom de l'Office toute décision concernant les demandes d'enregistrement d'un dessin ou modèle communautaire.

Art. 104 *Division de l'administration des marques, dessins et modèles et des questions juridiques.* 1. La division de l'administration des marques et des questions juridiques prévue par l'article 128 du règlement sur la marque communautaire devient la division de l'administration des marques, dessins et modèles et des questions juridiques.

2. En complément des compétences qui lui sont octroyées par le règlement sur la marque communautaire, elle est compétente pour toute décision requise par le présent règlement et qui ne relève pas de la compétence d'un examinateur ou d'une division

d'annulation. Elle est compétente, en particulier, pour toute décision relative aux inscriptions au registre des dessins ou modèles communautaires.

Art. 105 *Divisions d'annulation.* 1. Une division d'annulation est compétente pour toute décision relative aux demandes en nullité d'un dessin ou modèle communautaire enregistré.

2. Une division d'annulation se compose de trois membres. Au moins l'un de ses membres est juriste.

Art. 106 *Chambres de recours.* En complément des compétences qui leur sont octroyées par l'article 131 du règlement sur la marque communautaire, les chambres de recours instaurées par ledit règlement sont compétentes pour statuer sur les recours formés contre les décisions relatives aux dessins ou modèles communautaires rendues par les examinateurs, les divisions d'annulation et la division de l'administration des marques, dessins et modèles et des questions juridiques.

TITRE XI *BIS*

Enregistrement international des dessins ou modèles

(Règl. (CE) n° 1891/2006 du 18 déc. 2006, art. 2)

Section I

Généralités

Art. 106 *bis* *Application des dispositions. (Règl. (CE) n° 1891/2006 du 18 déc. 2006, art. 2)* 1. Sauf disposition contraire dans le présent titre, le présent règlement et tout règlement d'exécution de celui-ci, adopté conformément à l'article 109, est applicable, *mutatis mutandis*, à tout enregistrement de dessins ou modèles industriels au registre international tenu par le bureau international de l'Organisation mondiale de la propriété intellectuelle (ci-après dénommés respectivement « l'enregistrement international » et « Bureau international ») désignant la Communauté, au titre de l'acte de Genève.

2. Toute inscription d'un enregistrement international désignant la Communauté au registre international produit les mêmes effets que si elle avait été effectuée au registre des dessins ou modèles communautaires de l'Office, et toute publication d'un enregistrement international désignant la Communauté au Bulletin du bureau international produit les mêmes effets qu'une publication au *Bulletin des dessins et modèles communautaires*.

Section II

Enregistrements internationaux désignant la Communauté

Art. 106 *ter* *Procédure de dépôt de la demande internationale. (Règl. (CE) n° 1891/2006 du 18 déc. 2006, art. 2)* Les demandes internationales faites conformément à l'article 4, paragraphe 1, de l'acte de Genève sont déposées directement auprès du bureau international.

Art. 106 *quater* *Taxes de désignation. (Règl. (CE) n° 1891/2006 du 18 déc. 2006, art. 2)* Les taxes de désignation prescrites, visées à l'article 7, paragraphe 1, de l'acte de Genève sont remplacées par une taxe de désignation individuelle.

Art. 106 *quinquies* *Effets d'un enregistrement. (Règl. (CE) n° 1891/2006 du 18 déc. 2006, art. 2)* 1. A partir de la date d'enregistrement visée à l'article 10, paragraphe 2, de l'acte de Genève, un enregistrement international désignant la Communauté produit les mêmes effets qu'une demande d'enregistrement d'un dessin ou modèle communautaire.

2. Si aucun refus n'a été notifié ou si un refus éventuel a été retiré, l'enregistrement international d'un dessin ou modèle désignant la Communauté produit, à partir de la date visée au paragraphe 1, les mêmes effets que l'enregistrement d'un dessin ou modèle en tant que dessin ou modèle communautaire enregistré.

3. L'Office fournit des informations sur les enregistrements internationaux visés au paragraphe 2, conformément aux conditions énoncées dans le règlement d'exécution.

Art. 106 *sexies* *Rejet. (Règl. (CE) n° 1891/2006 du 18 déc. 2006, art. 2)* 1. Les notifications de refus sont transmises par l'Office au bureau international dans un délai ne dépassant par six mois à compter de la date de publication de l'enregistrement international si, lors de l'examen d'un enregistrement international, l'Office constate que le dessin ou modèle faisant l'objet de la demande de protection ne répond pas à la définition visée à l'article 3, point a), ou qu'il est contraire à l'ordre public et aux bonnes mœurs.

La notification indique les motifs sur lesquels le refus est fondé.

2. Les effets d'un enregistrement international dans la Communauté ne sont pas refusés tant que le titulaire n'a pas été mis en mesure de renoncer à l'enregistrement international en ce qui concerne la Communauté ou de présenter ses observations.

3. Les conditions de l'examen relatif aux motifs de rejet sont énoncées dans le règlement d'exécution.

Art. 106 *septies* *Invalidation des effets d'un enregistrement international. (Règl. (CE) n° 1891/2006 du 18 déc. 2006, art. 2)* 1. Les effets d'un enregistrement international dans la Communauté peuvent être déclarés invalides en tout ou partie, conformément à la procédure visée aux titres VI et VII, ou par un tribunal des dessins ou modèles communautaires sur la base d'une demande reconventionnelle dans le cadre d'une action en contrefaçon.

2. Lorsque l'Office a connaissance de la nullité, il en informe le bureau international.

TITRE XII

Dispositions finales

Art. 107 *Règlement d'exécution.* 1. Les modalités d'application du présent règlement sont fixées par un règlement d'exécution.

2. Outre les taxes déjà prévues par le présent règlement, des taxes sont exigibles, selon les modalités d'application fixées par le règlement d'exécution et par un règlement relatif aux taxes, dans les cas suivants :

a) paiement tardif de la taxe d'enregistrement ;

b) paiement tardif de la taxe de publication ;

c) paiement tardif de la taxe d'ajournement de la publication ;

d) paiement tardif des taxes additionnelles pour les demandes multiples ;

e) délivrance d'une copie du certificat d'enregistrement ;

f) enregistrement du transfert du dessin ou modèle communautaire enregistré ;

g) enregistrement d'une licence ou d'un autre droit sur un dessin ou modèle communautaire enregistré ;

h) radiation de l'enregistrement d'une licence ou d'un autre droit;
i) délivrance d'un extrait du registre;
j) inspection des dossiers;
k) délivrance de copies de documents de dépôt;
l) communication d'informations contenues dans un dossier;
m) réexamen de la fixation des frais de procédure à rembourser;
n) délivrance de copies certifiées d'une demande.

3. Le règlement d'exécution et le règlement relatif aux taxes sont adoptés et modifiés conformément à la procédure prévue à l'article 109, paragraphe 2.

Art. 108 *Règlements de procédure des chambres de recours.* Les règlements de procédure des chambres de recours s'appliquent aux recours dont sont saisies ces instances en vertu du présent règlement, sans préjudice de toute modification nécessaire ou de toute disposition supplémentaire, et sont adoptés conformément à la procédure prévue à l'article 109, paragraphe 2.

Art. 109 *Comité.* 1. La Commission est assistée par un comité.

2. Dans le cas où il est fait référence au présent paragraphe, les articles 5 et 7 de la décision 1999/468/CE s'appliquent.

La période prévue à l'article 5, paragraphe 6, de la décision 1999/468/CE est fixée à trois mois.

3. Le comité adopte son règlement intérieur.

Art. 110 *Disposition transitoire.* 1. Jusqu'à la date d'entrée en vigueur des modifications apportées au présent règlement, sur proposition de la Commission à ce sujet, une protection au titre de dessin ou modèle communautaire n'existe pas à l'égard d'un dessin ou modèle qui constitue une pièce d'un produit complexe qui est utilisée au sens de l'article 19, paragraphe 1, dans le but de permettre la réparation de ce produit complexe en vue de lui rendre son apparence initiale.

2. La proposition de la Commission, visée au paragraphe 1, sera présentée en même temps que les changements que la Commission soumettra sur le même sujet conformément à l'article 18 de la directive 98/71/CE et tiendra compte de ces changements.

Art. 110 *bis* *Dispositions liées à l'élargissement de la Communauté. (Acte d'adhésion, JOUE L 236 du 23 sept. 2003)* 1. A compter de la date d'adhésion de la République tchèque, de l'Estonie, de Chypre, de la Lettonie, de la Lituanie, de la Hongrie, de Malte, de la Pologne, de la Slovénie et de la Slovaquie (ci-après dénommés «nouvel(nouveaux) État(s) membre(s)»), la protection conférée par un dessin ou modèle communautaire ou par le dépôt de la demande conformément au présent règlement avant la date d'adhésion est étendue au territoire de ces États membres afin de produire les mêmes effets dans l'ensemble de la Communauté.

2. Une demande d'enregistrement d'un dessin ou modèle communautaire ne saurait être rejetée sur la base d'un des motifs de rejet des demandes d'enregistrement énumérés à l'article 47, paragraphe 1, si ces motifs sont devenus applicables uniquement du fait de l'adhésion d'un nouvel État membre.

3. Un dessin ou modèle communautaire visé au paragraphe 1 ne peut être déclaré nul en vertu de l'article 25, paragraphe 1, si les motifs de nullité sont devenus applicables uniquement du fait de l'adhésion d'un nouvel État membre.

4. Le demandeur ou le détenteur d'un droit antérieur dans un nouvel État membre peut s'opposer à l'usage d'un dessin ou modèle communautaire relevant de l'article 25, para-

graphe 1, points d), e) ou f) sur le territoire où le droit antérieur est protégé. Aux fins de la présente disposition, « droit antérieur » signifie un droit acquis ou appliqué de bonne foi avant l'adhésion.

5. Les paragraphes 1, 3 et 4 ci-dessus s'appliquent également aux dessins et modèles communautaires non enregistrés. Conformément à l'article 11, un dessin ou modèle qui n'a pas été divulgué au public sur le territoire de la Communauté ne bénéficie pas de la protection en qualité de dessin ou modèle communautaire non enregistré.

Art. 111 *Entrée en vigueur.* 1. Le présent règlement entre en vigueur le soixantième jour suivant celui de sa publication au *Journal officiel des Communautés européennes*.

2. Les demandes d'enregistrement des dessins ou modèles communautaires peuvent être déposées à l'Office à compter de la date fixée par le conseil d'administration sur recommandation du président de l'Office.

3. Les demandes d'enregistrement des dessins ou modèles communautaires déposées dans les trois mois précédant la date visée au paragraphe 2 sont réputées avoir été présentées à cette date.

8 Règlement CE n° 1435/2003 du 22 juillet 2003 relatif au statut de la société coopérative européenne (SEC)

Applicable depuis le 18 août 2006

Le Conseil de l'Union européenne,

Vu le traité instituant la Communauté européenne, et notamment son article 308,

Vu la proposition de la Commission,

Vu l'avis du Parlement européen,

Vu l'avis du Comité économique et social européen,

Considérant ce qui suit :

(1) Le Parlement européen a adopté le 13 avril 1983 une résolution sur les coopératives dans la Communauté européenne, le 9 juillet 1987 une résolution sur la contribution des coopératives au développement régional, le 26 mai 1989 une résolution sur le rôle des femmes dans les coopératives et les initiatives locales d'emploi, le 11 février 1994 une résolution sur la contribution des coopératives au développement régional et le 18 septembre 1998 une résolution sur le rôle des coopératives dans la croissance de l'emploi chez les femmes.

(2) L'achèvement du marché intérieur et l'amélioration de la situation économique et sociale dans l'ensemble de la Communauté qui en découle impliquent non seulement que les obstacles aux échanges commerciaux devraient être éliminés, mais aussi que les structures de production devraient être adaptées à la dimension communautaire du marché. À cette fin, il est essentiel que les entreprises, quelle qu'en soit la forme, dont les activités ne sont pas destinées à répondre exclusivement à des besoins existant au niveau local, soient en mesure de planifier et de réorganiser leurs activités à l'échelle de la Communauté.

(3) Le cadre juridique dans lequel les entreprises devraient exercer leurs activités dans la Communauté reste principalement fondé sur des législations nationales et ne correspond donc plus au cadre économique dans lequel elles doivent se développer pour per-

mettre la réalisation des objectifs énoncés à l'article 18 du traité. Cette situation entrave considérablement le regroupement entre sociétés d'États membres différents.
(4) Le Conseil a adopté le règlement (CE) n° 2157/2001 relatif au statut de la société européenne. Selon les principes généraux applicables aux sociétés anonymes le règlement n'est pas un instrument adapté à la spécificité des entreprises coopératives.
(5) Si le groupement européen d'intérêt économique (GEIE) tel que prévu par le règlement (CEE) n° 2137/85 permet à des entreprises de promouvoir en commun certaines activités tout en préservant leur autonomie, il ne répond toutefois pas aux exigences spécifiques de l'entreprise coopérative.
(6) La Communauté, soucieuse de garantir l'égalité des conditions de concurrence et de contribuer à son développement économique, devrait doter les coopératives, entités normalement reconnues dans tous les États membres, d'instruments juridiques adéquats et propres à faciliter le développement de leurs activités transnationales. Les Nations unies ont encouragé tous les gouvernements à assurer un environnement propice au développement des coopératives dans lequel elles puissent participer à la vie économique sur un pied d'égalité avec les autres formes de sociétés.
(7) Les coopératives sont avant tout des groupements de personnes physiques ou morales qui obéissent à des principes de fonctionnement particuliers, différents de ceux des autres opérateurs économiques. On citera, par exemple, les principes de la structure et du contrôle démocratiques ainsi que de la distribution équitable des bénéfices nets de l'exercice.
(8) Ces principes particuliers concernent notamment le principe de la prééminence de la personne, qui se concrétise par des dispositions spécifiques concernant les conditions d'adhésion, de retrait et d'exclusion des membres ; il se traduit par l'énoncé de la règle « un homme, une voix », le droit de vote étant attaché à la personne et il implique l'impossibilité pour les membres d'exercer des droits sur l'actif de la société coopérative.
(9) Les coopératives détiennent un capital social et leurs membres peuvent être des personnes physiques ou morales. Leurs membres peuvent être pour partie ou en totalité des clients, des travailleurs ou des fournisseurs. Lorsqu'une coopérative est constituée de membres qui sont eux-mêmes des sociétés coopératives, il s'agit d'une coopérative dite « de deuxième degré ». Dans certaines conditions, les coopératives peuvent également compter parmi leurs membres une proportion définie de membres investisseurs non usagers ou de tiers bénéficiant de leur activité ou exécutant un travail pour le compte des coopératives.
(10) Une société coopérative européenne (ci-après dénommée « SEC ») devrait avoir pour objet principal la satisfaction des besoins de ses membres et/ou le développement de leurs activités économiques et sociales, dans le respect des principes suivants :
– ses activités devraient avoir pour finalité le bénéfice mutuel de ses membres afin que chacun d'entre eux bénéficie des activités de la SEC en fonction de sa participation,
– ses membres devraient également être des clients, travailleurs ou fournisseurs ou sont, d'une manière ou d'une autre, impliqués dans les activités de la SEC,
– son contrôle devrait être assumé à parts égales entre ses membres, un vote pondéré pouvant toutefois être prévu, afin de refléter la contribution de chaque membre à la SEC,
– la rémunération du capital emprunté et des participations devrait être limitée,
– ses bénéfices devraient être distribués en fonction des activités réalisées avec la SEC ou utilisés pour satisfaire les besoins de ses membres,
– il ne devrait pas y avoir de barrières artificielles à l'adhésion,

– en cas de dissolution, l'actif net et les réserves devraient être distribués selon le principe de dévolution désintéressée, c'est-à-dire à une autre entité coopérative poursuivant des fins ou des objectifs d'intérêt général similaires.

(11) La coopération transnationale entre coopératives se heurte actuellement dans la Communauté à des difficultés d'ordre juridique et administratif qu'il convient d'éliminer dans un marché sans frontières.

(12) L'instauration d'une forme juridique européenne, fondée sur des principes communs, mais prenant en compte les spécificités des coopératives, devrait permettre à celles-ci d'opérer au-delà de leurs frontières nationales, sur tout ou une partie du territoire de la Communauté.

(13) L'objet essentiel du présent règlement est de permettre la création d'une SEC par des personnes physiques résidant dans des États membres différents ou des personnes morales relevant du droit d'États membres différents. Il permettra également la création d'une SEC par fusion de deux coopératives existantes, ou par transformation d'une coopérative nationale, sans passer par une dissolution, dès lors que cette coopérative a son siège statutaire et son administration centrale dans un État membre et un établissement ou une filiale dans un autre État membre.

(14) Compte tenu de la nature spécifique et communautaire de la SEC, le régime du « siège réel » retenu pour la SEC par le présent règlement est sans préjudice des législations des États membres et ne préjuge pas les choix qui pourront être faits pour d'autres textes communautaires en matière de droit des sociétés.

(15) Aux fins du présent règlement, le terme « capital » devrait désigner uniquement le « capital souscrit ». En aucun cas, il ne devrait couvrir d'éventuels actifs communs ou fonds propres non distribués détenus par la SEC.

(16) Le présent règlement ne couvre pas d'autres domaines du droit tels que la fiscalité, la concurrence, la propriété intellectuelle, ou l'insolvabilité. Par conséquent, les dispositions du droit des États membres et du droit communautaire sont applicables dans ces domaines, ainsi que dans d'autres domaines non couverts par le présent règlement.

(17) Les règles relatives à l'implication des travailleurs dans la société coopérative européenne font l'objet de la directive 2003/72/CE ; ces dispositions forment donc un complément indissociable du présent règlement et elles doivent être appliquées de manière concomitante.

(18) Les travaux de rapprochement du droit national des sociétés ont notablement progressé, ce qui permet en ce qui concerne la SEC, dans des domaines où son fonctionnement n'exige pas de règles communautaires uniformes, de renvoyer, par analogie, à certaines dispositions de l'État membre du siège de la SEC prises en vue de mettre en œuvre les directives sur les sociétés commerciales, dans la mesure où ces dispositions sont pertinentes du point de vue de la réglementation applicable à la SEC, en particulier :

– la première directive 68/151/CEE du Conseil du 9 mars 1968 tendant à coordonner, pour les rendre équivalentes, les garanties qui sont exigées, dans les États membres, des sociétés au sens de l'article 48, deuxième alinéa, du traité, pour protéger les intérêts tant des associés que des tiers,

– la quatrième directive 78/660/CEE du Conseil du 25 juillet 1978 concernant les comptes annuels de certaines formes de sociétés,

– la septième directive 83/349/CEE du Conseil du 13 juin 1983 concernant les comptes consolidés,
– la huitième directive 84/253/CEE du Conseil du 10 avril 1984 concernant l'agrément des personnes chargées du contrôle légal des documents comptables,
– la onzième directive 89/666/CEE du Conseil du 21 décembre 1989 concernant la publicité des succursales créées dans un État membre par certaines formes de société relevant du droit d'un autre État.
(19) Les activités dans le secteur des services financiers, notamment en ce qui concerne les établissements de crédit et les entreprises d'assurance, ont été l'objet de mesures législatives prévues par les directives suivantes :
– la directive 86/635/CEE du Conseil du 8 décembre 1986 concernant les comptes annuels et les comptes consolidés des banques et autres établissements financiers,
– la directive 92/49/CEE du Conseil du 18 juin 1992 portant coordination des dispositions législatives, réglementaires et administratives concernant l'assurance directe autre que l'assurance sur la vie (troisième directive « assurance non vie »).
(20) Le recours au présent statut devrait être facultatif,
A arrêté le présent règlement :

CHAPITRE PREMIER
Dispositions générales

Art. premier *Nature de la SEC.* 1. Une société coopérative peut être constituée sur le territoire de la Communauté sous la forme d'une société coopérative européenne (ci-après dénommée «SEC») dans les conditions et selon les modalités prévues par le présent règlement.

2. La SEC est une société dont le capital souscrit est divisé en parts.

Le nombre des membres ainsi que le capital de la SEC sont variables.

Sauf dispositions contraires des statuts de la SEC, au moment de sa constitution, chaque membre ne s'engage qu'à concurrence du capital qu'il a souscrit. Lorsque les membres de la SEC ont une responsabilité limitée, la dénomination sociale de la SEC est suivie des termes «à responsabilité limitée».

3. La SEC a pour objet principal la satisfaction des besoins et/ou le développement des activités économiques et/ou sociales de ses membres notamment par la conclusion d'accords avec ceux-ci en vue de la fourniture de biens ou de services ou de l'exécution de travaux dans le cadre de l'activité que la SEC exerce ou fait exercer. La SEC peut aussi avoir pour objet de répondre aux besoins de ses membres en favorisant, de la même manière, leur participation à des activités économiques dans une ou plusieurs SEC et/ou coopératives nationales. La SEC peut mener ses activités par l'intermédiaire d'une filiale.

4. La SEC ne peut admettre des non membres au bénéfice de ses activités ou permettre à ceux-ci de participer à ses opérations, sauf dispositions contraires des statuts.

5. La SEC a la personnalité juridique.

6. L'implication des travailleurs dans une SEC est régie par les dispositions de la directive 2003/72/CE.

Art. 2 *Constitution.* 1. La SEC peut être constituée comme suit :

— par au moins cinq personnes physiques résidant dans au moins deux États membres,

— par au moins cinq personnes physiques et sociétés au sens de l'article 48, deuxième alinéa, du traité *[devenu l'art. 54, al. 2, du Traité sur le fonctionnement de l'UE]*, ainsi que d'autres entités juridiques de droit public ou privé, constituées selon le droit d'un État membre, qui résident dans au moins deux États membres ou sont régies par la législation d'au moins deux États membres,

— par des sociétés au sens de l'article 48, deuxième alinéa, du traité, ainsi que d'autres entités juridiques de droit public ou privé, constituées selon le droit d'un État membre, qui résident dans au moins deux États membres ou sont régies par la législation d'au moins deux États membres,

— par fusion de coopératives constituées selon le droit d'un État membre et ayant leur siège statutaire et leur administration centrale dans la Communauté, si deux d'entre elles au moins relèvent du droit d'États membres différents,

— par transformation d'une coopérative constituée selon le droit d'un État membre et ayant son siège statutaire et son administration centrale dans la Communauté, si elle a depuis au moins deux ans un établissement ou une filiale relevant du droit d'un autre État membre.

2. Un État membre peut prévoir qu'une entité juridique n'ayant pas son administration centrale dans la Communauté peut participer à la constitution d'une SEC, si elle est constituée selon le droit d'un État membre, a son siège statutaire dans ce même État membre et a un lien effectif et continu avec l'économie d'un État membre.

Art. 3 *Capital minimal.* 1. Le capital de la SEC est exprimé dans la monnaie nationale. Une SEC dont le siège statutaire est situé hors de la zone euro peut également exprimer son capital en euros.

2. Le capital souscrit est d'au moins 30 000 euros.

3. La législation d'un État membre prévoyant un capital souscrit plus élevé pour les entités juridiques exerçant certains types d'activités s'applique aux SEC ayant leur siège statutaire dans cet État membre.

4. Les statuts fixent une somme au-dessous de laquelle le capital souscrit ne pourra être réduit par le remboursement de parts des membres qui cessent de faire partie de la SEC. Cette somme ne pourra être inférieure au montant fixé au paragraphe 2. L'échéance fixée à l'article 16 du droit de remboursement des membres qui cessent de faire partie de la SEC est suspendue tant que le remboursement entraînerait la réduction du capital souscrit au-dessous de la limite prescrite.

5. Le capital est susceptible d'augmentation par des versements successifs des membres ou l'admission de nouveaux membres et de diminution par le remboursement total ou partiel des apports, effectués sous réserve de l'application du paragraphe 4.

Les variations du montant du capital ne nécessitent pas de modifications des statuts ni de publicité.

Art. 4 *Capital de la SEC.* 1. Le capital souscrit de la SEC est représenté par les parts des membres, exprimées en monnaie nationale. Une SEC dont le siège est situé hors de la zone euro peut également exprimer son capital en euros. Il peut être émis plusieurs catégories de parts.

Des dispositions statutaires peuvent stipuler que des catégories de parts confèrent des droits différents en ce qui concerne la répartition des résultats. Les parts conférant les mêmes droits constituent une catégorie.

2. Le capital ne peut être constitué que par des éléments d'actifs susceptibles d'évaluation économique. Les parts des membres ne peuvent être émises en contrepartie d'engagements concernant l'exécution de travaux ou la prestation de services.

3. Les parts sont obligatoirement nominatives. Leur valeur nominale est identique pour chaque catégorie de parts. Elle est fixée dans les statuts. Les parts ne peuvent pas être émises pour un montant inférieur à leur valeur nominale.

4. Les parts émises en contrepartie d'apports en numéraire sont libérées au jour de la souscription à concurrence d'au moins 25% de leur valeur nominale. Le solde est libéré dans un délai maximal de cinq ans, sauf si le statut prévoit un délai plus court.

5. Les parts émises en contrepartie d'apports en nature sont intégralement libérées à la souscription.

6. Le droit applicable aux sociétés anonymes, dans l'État membre où la SEC a son siège statutaire, en ce qui concerne la désignation d'experts et l'évaluation des apports autres qu'en numéraire s'applique par analogie à la SEC.

7. Les statuts fixent le nombre minimal de parts à souscrire pour accéder à la qualité de membre. S'ils prévoient que la majorité dans les assemblées générales est réservée aux personnes physiques membres, et s'ils comportent une obligation de souscription liée à la participation des membres à l'activité de la SEC, ils ne peuvent imposer pour l'acquisition de la qualité de membre la souscription de plus d'une part.

8. Une résolution de l'assemblée générale annuelle statuant sur les comptes de l'exercice constate le montant du capital à la clôture de l'exercice et sa variation par rapport à l'exercice précédent.

Sur proposition de l'organe d'administration ou de direction, le capital souscrit peut être augmenté par incorporation de tout ou partie des réserves partageables à la suite d'une décision de l'assemblée générale, conformément au quorum et à la majorité requises pour la modification des statuts. Les parts nouvelles reviennent aux membres au prorata des parts dont ils disposaient jusqu'alors dans le capital.

9. La valeur nominale des parts peut être augmentée par regroupement de parts émises. Lorsqu'une telle augmentation nécessite l'appel de versements complémentaires des membres au capital selon des dispositions prévues dans les statuts, l'assemblée générale doit décider en respectant les conditions de quorum et de majorité requises pour la modification des statuts.

10. La valeur nominale des parts peut être réduite par division des parts émises.

11. Dans les conditions fixées par les statuts et avec l'accord soit de l'assemblée générale, soit de l'organe de direction ou d'administration, les parts sont cessibles ou négociables à quiconque acquiert la qualité de membre.

12. Sont interdits la souscription, l'achat, et la prise en gage par la SEC de ses propres parts, soit directement soit par une personne agissant en son propre nom, mais pour le compte de la SEC.

Toutefois, la prise en gage est autorisée pour les opérations courantes des SEC établissements de crédit.

Art. 5 *Statuts.* 1. Aux fins du présent règlement, l'expression «statuts de la SEC» désigne à la fois l'acte constitutif et, lorsqu'ils font l'objet d'un acte séparé, les statuts proprement dits de la SEC.

2. Les membres fondateurs établissent les statuts de la SEC, conformément aux dispositions prévues pour la constitution des coopératives relevant de la législation de l'État membre du siège de la SEC. Ils sont établis par écrit et signés par les membres fondateurs.

3. Le droit applicable, dans l'État membre où la SEC a son siège statutaire, aux fins du contrôle préventif d'une société anonyme pendant la phase de constitution s'applique par analogie au contrôle de la constitution de la SEC.

4. Les statuts de la SEC contiennent au moins :

— la dénomination sociale précédée ou suivie du sigle «SEC» et, le cas échéant, des termes «à responsabilité limitée»,

— l'indication de son objet,

— le nom des personnes physiques et la dénomination sociale des entités qui sont membres fondateurs de la SEC, avec indication, dans le dernier cas, de l'objet et du siège statutaire,

— l'adresse du siège statutaire de la SEC,

— les conditions et modalités applicables à l'admission, à l'exclusion et au retrait des membres,

— les droits et les obligations des membres et, le cas échéant, leurs différentes catégories, ainsi que les droits et obligations attachés à chaque catégorie,

— la valeur nominale des parts souscrites ainsi que le montant du capital souscrit et l'indication de la variabilité du capital,

— les règles spécifiques concernant le prélèvement sur les excédents à affecter, le cas échéant, à la réserve légale,

— les pouvoirs et compétences des membres de chacun des organes,

— les conditions de nomination et de révocation des membres des organes,

— les règles de majorité et de quorum,

— la durée de vie de la société, lorsque cette durée est limitée.

Art. 6 *Siège statutaire.* Le siège statutaire de la SEC est situé à l'intérieur de la Communauté, dans le même État membre que son administration centrale. Un État membre peut, en outre, imposer aux SEC immatriculées sur son territoire l'obligation d'avoir leur administration centrale et leur siège statutaire au même endroit.

Art. 7 *Transfert du siège statutaire.* 1. Le siège statutaire de la SEC peut être transféré dans un autre État membre conformément aux paragraphes 2 à 16. Ce transfert ne donne lieu ni à dissolution ni à création d'une personne morale nouvelle.

2. Un projet de transfert est établi par l'organe de direction ou d'administration et fait l'objet d'une publicité conformément à l'article 12, sans préjudice de formes de publicité additionnelles prévues par l'État membre du siège. Ce projet mentionne la dénomination sociale, le siège statutaire et le numéro d'immatriculation actuels de la SEC et comprend :

a) le siège statutaire proposé pour la SEC;

b) les statuts proposés pour la SEC, y compris, le cas échéant, sa nouvelle dénomination sociale;

c) le calendrier proposé pour le transfert;

d) les conséquences que le transfert pourrait avoir pour l'implication des travailleurs dans la SEC;

e) tous les droits prévus en matière de protection des membres, des créanciers et des titulaires d'autres droits.

3. L'organe de direction ou d'administration établit un rapport expliquant et justifiant les aspects juridiques et économiques du transfert, ainsi que ses conséquences en matière d'emploi et expliquant les conséquences du transfert pour les membres, les créanciers, les travailleurs et les titulaires d'autres droits.

4. Les membres et les créanciers de la SEC et les titulaires d'autres droits, ainsi que toute autre entité habilitée en vertu du droit national à exercer un tel droit, ont, au moins un mois avant l'assemblée générale appelée à se prononcer sur le transfert, le droit

d'examiner, au siège de la SEC, la proposition de transfert et le rapport établi en application du paragraphe 3 et d'obtenir gratuitement, à leur demande, des copies de ces documents.

5. Tout membre qui s'est opposé à la décision de transfert lors de l'assemblée générale ou de l'assemblée de section ou de branche peut déclarer son retrait dans un délai de deux mois à compter de la décision de l'assemblée générale. La qualité de membre prend fin au terme de l'exercice au cours duquel le retrait a été déclaré; le transfert ne prend pas effet à l'égard de ce membre. Le retrait ouvre droit au remboursement de parts dans les conditions prévues à l'article 3, paragraphe 4, et à l'article 16.

6. La décision de transfert ne peut intervenir que deux mois après la publication de la proposition. Elle doit être prise dans les conditions prévues à l'article 61, paragraphe 4.

7. Avant que l'autorité compétente ne délivre le certificat visé au paragraphe 8, la SEC doit prouver qu'en ce qui concerne les créances nées antérieurement à la publication de la proposition de transfert, les intérêts des créanciers et titulaires d'autres droits envers la SEC (y compris ceux des entités publiques) bénéficient d'une protection adéquate conformément aux dispositions prévues par l'État membre où la SEC a son siège statutaire avant le transfert.

Un État membre peut étendre l'application du premier alinéa aux créances nées, ou susceptibles de naître, avant le transfert.

Le premier et le deuxième alinéas s'appliquent sans préjudice de l'application aux SEC de la législation nationale des États membres en ce qui concerne le désintéressement ou la garantie des paiements en faveur des entités publiques.

8. Dans l'État membre du siège statutaire de la SEC, un tribunal, un notaire ou une autre autorité compétente délivre un certificat attestant d'une manière concluante l'accomplissement des actes et des formalités préalables au transfert.

9. La nouvelle immatriculation ne peut s'effectuer que sur présentation du certificat visé au paragraphe 8 ainsi que sur preuve de l'accomplissement des formalités exigées pour l'immatriculation dans le pays du nouveau siège.

10. Le transfert du siège de la SEC, ainsi que la modification des statuts qui en résulte, prennent effet à la date à laquelle la SEC est immatriculée conformément à l'article 11, paragraphe 1, au registre du nouveau siège.

11. Lorsque la nouvelle immatriculation de la SEC a été effectuée, le registre de la nouvelle immatriculation le notifie au registre de l'ancienne immatriculation. La radiation de l'ancienne immatriculation s'effectue dès réception de la notification, mais pas avant.

12. La nouvelle immatriculation et la radiation de l'ancienne immatriculation sont publiées dans les États membres concernés conformément à l'article 12.

13. La publication de la nouvelle immatriculation de la SEC rend le nouveau siège opposable aux tiers. Toutefois, tant que la publication de la radiation de l'immatriculation au registre du précédent siège n'a pas eu lieu, les tiers peuvent continuer de se prévaloir de l'ancien siège, à moins que la SEC ne prouve que les tiers avaient connaissance du nouveau siège.

14. La législation d'un État membre peut prévoir, en ce qui concerne les SEC immatriculées dans ce dernier, qu'un transfert du siège, dont résulterait un changement du droit applicable, ne prend pas effet si, dans le délai de deux mois visé au paragraphe 6, une autorité compétente de cet État s'y oppose. Cette opposition ne peut avoir lieu que pour des raisons d'intérêt public.

Lorsqu'une SEC est soumise au contrôle d'une autorité nationale de surveillance financière conformément aux directives communautaires, le droit de s'opposer au transfert du siège statutaire s'applique également à cette autorité.

Elle est susceptible de recours devant une autorité judiciaire.

15. Une SEC, à l'égard de laquelle a été entamée une procédure de dissolution, de liquidation, y compris la liquidation volontaire, d'insolvabilité, de suspension de paiements ou d'autres procédures analogues ne peut transférer son siège.

16. Une SEC qui a transféré son siège statutaire dans un autre État membre est considérée, aux fins de tout litige survenant avant le transfert tel qu'il est déterminé au paragraphe 10, comme ayant son siège statutaire dans l'État membre où la SEC était immatriculée avant le transfert, même si une action est intentée contre la SEC après le transfert.

Art. 8 *Loi applicable.* 1. La SEC est régie :

a) par le présent règlement;

b) lorsque le présent règlement l'autorise expressément, par les dispositions des statuts de la SEC;

c) pour les matières non réglées par le présent règlement ou, lorsqu'une matière l'est partiellement, pour les aspects non couverts par le présent règlement par :

i) les lois adoptées par les États membres en application de mesures communautaires visant spécifiquement les SEC;

ii) les lois des États membres qui s'appliqueraient à une société coopérative constituée selon le droit de l'État membre dans lequel la SEC a son siège statutaire;

iii) les dispositions des statuts de la SEC, dans les mêmes conditions que pour une coopérative constituée selon le droit de l'État membre dans lequel la SEC a son siège statutaire.

2. Si la législation nationale prévoit des règles et/ou restrictions spécifiques liées à la nature des activités exercées par une SEC ou une forme de contrôle exercée par une autorité de surveillance, cette législation s'applique intégralement à la SEC.

Art. 9 *Principe de non-discrimination.* Sous réserve du présent règlement, une SEC est traitée dans chaque État membre comme une coopérative constituée conformément à la législation de l'État membre dans lequel la SEC a son siège statutaire.

Art. 10 *Mentions à faire figurer sur les documents.* 1. Le droit applicable, dans l'État membre où la SEC a son siège statutaire, aux sociétés anonymes en ce qui concerne le contenu des lettres et documents destinés aux tiers s'applique par analogie à la SEC. La dénomination sociale est précédée ou suivie du sigle «SEC» et, le cas échéant, des termes «à responsabilité limitée».

2. Seules les SEC peuvent faire figurer le sigle «SEC» avant ou après leur dénomination sociale afin d'en préciser la forme juridique.

3. Néanmoins, les sociétés et les autres entités juridiques immatriculées dans un État membre avant la date d'entrée en vigueur du présent règlement, dans la dénomination sociale desquelles figure le sigle «SEC», ne sont pas tenues de modifier leur dénomination sociale.

Art. 11 *Immatriculation et contenu de la publicité.* 1. Toute SEC est immatriculée dans l'État membre de son siège statutaire dans un registre désigné par la législation de cet État membre conformément au droit applicable aux sociétés anonymes.

2. Une SEC ne peut être immatriculée que si un accord sur les modalités relatives à l'implication des travailleurs au sens de l'article 4 de la directive 2003/72/CE a été conclu, ou si une décision au titre de l'article 3, paragraphe 6, de ladite directive a été prise, ou encore si la période prévue à l'article 5 de ladite directive pour mener les négociations est arrivée à expiration sans qu'un accord n'ait été conclu.

3. Pour qu'une SEC constituée par voie de fusion puisse être immatriculée dans un État membre ayant fait usage de la faculté visée à l'article 7, paragraphe 3, de la directive 2003/72/CE, il faut qu'un accord, au sens de l'article 4 de ladite directive, sur les modalités relatives à l'implication des travailleurs, y compris la participation, ait été conclu, ou qu'aucune des coopératives participantes n'ait été régie par des règles de participation avant l'immatriculation de la SEC.

4. Les statuts de la SEC ne doivent à aucun moment entrer en conflit avec les modalités relatives à l'implication des travailleurs qui ont été fixées. Lorsque de nouvelles modalités fixées conformément à la directive 2003/72/CE entrent en conflit avec les statuts existants, ceux-ci sont modifiés dans la mesure nécessaire.

En pareil cas, un État membre peut prévoir que l'organe de direction ou l'organe d'administration de la SEC a le droit d'apporter des modifications aux statuts sans nouvelle décision de l'assemblée générale.

5. Le droit applicable, dans l'État membre où la SEC a son siège statutaire, aux sociétés anonymes en ce qui concerne les exigences en matière de publicité des actes et indications s'applique par analogie à la SEC.

Art. 12 *Publicité des actes dans les États membres.* 1. Les actes et indications concernant la SEC soumis à publicité par le présent règlement font l'objet d'une publicité effectuée selon les modes prévus par la législation de l'État membre du siège statutaire de la SEC relative aux sociétés anonymes.

2. Les dispositions nationales prises en application de la directive 89/666/CEE *[abrogée et remplacée par la Dir. 2017/1132/UE]* s'appliquent aux succursales de la SEC créées dans un État membre autre que celui de son siège. Toutefois, les États membres peuvent prévoir des dérogations aux dispositions nationales d'application de ladite directive pour tenir compte des spécificités des coopératives.

Art. 13 *Publication au Journal officiel de l'Union européenne.* 1. L'immatriculation et la radiation de l'immatriculation d'une SEC font l'objet d'un avis publié pour information au *Journal officiel de l'Union européenne* après la publication effectuée conformément à l'article 12. Cet avis comporte la dénomination sociale, le numéro, la date et le lieu d'immatriculation de la SEC, la date, le lieu et le titre de la publication, ainsi que le siège et son secteur d'activité.

2. Le transfert du siège statutaire de la SEC dans les conditions prévues à l'article 7 donne lieu à un avis comportant les indications prévues au paragraphe 1, ainsi que celles relatives à la nouvelle immatriculation.

3. Les indications visées au paragraphe 1 sont communiquées à l'Office des publications officielles des Communautés européennes dans le mois suivant la publication visée à l'article 12, paragraphe 1.

Art. 14 *Acquisition de la qualité de membre.* 1. Sans préjudice de l'article 33, paragraphe 1, point *b)*, l'acquisition de la qualité de membre de la SEC est soumise à l'agrément de l'organe de direction ou d'administration. Les décisions de refus peuvent faire l'objet d'un recours devant l'assemblée générale qui suit la demande d'admission.

Les statuts peuvent stipuler que, lorsque la législation de l'État membre où se trouve le siège de la SEC le permet, des personnes n'ayant pas vocation à utiliser ou à produire les biens et les services de la SEC peuvent être admis en qualité de membres investisseurs (non-usagers). Dans ce cas, l'acquisition de la qualité de membre est subordonnée à l'approbation de l'assemblée générale ou de tout autre organe agissant par délégation sur décision de l'assemblée générale ou en vertu des statuts.

Les membres qui sont des entités juridiques sont considérés comme ayant la qualité d'usagers du fait qu'ils représentent leurs propres membres, à condition que les personnes physiques qui sont leurs membres aient la qualité d'usagers.

A moins que les statuts n'en disposent autrement, la qualité de membre d'une SEC peut être acquise par des personnes physiques ou des entités juridiques.

2. Les statuts peuvent subordonner l'admission à d'autres conditions, notamment :

— la souscription d'un montant minimal de capital,

— des conditions en relation avec l'objet de la SEC.

3. Lorsque les statuts en disposent ainsi, des demandes de participation complémentaire au capital peuvent être adressées aux membres.

4. Un fichier alphabétique de tous les membres est tenu au siège de la SEC mentionnant leur adresse, le nombre et, s'il y a lieu, la catégorie des parts qu'ils détiennent. Toute personne ayant un intérêt légitime direct peut, sur demande, prendre connaissance de ce fichier et en obtenir une copie intégrale ou partielle sans que le coût de cette copie puisse être supérieur au coût administratif.

5. Toutes les opérations ayant pour effet de modifier l'affiliation et la répartition du capital, son augmentation ou sa réduction donnent lieu à inscription sur le fichier des membres, prévu au paragraphe 4, au plus tard dans le mois suivant la modification.

6. Les opérations prévues au paragraphe 5 ne prennent effet tant à l'égard de la SEC que des tiers ayant un intérêt légitime direct qu'à dater de leur inscription sur le fichier prévu au paragraphe 4.

7. Une attestation écrite d'inscription est délivrée, sur demande, au membre.

Art. 15 *Perte de la qualité de membre.* 1. La qualité de membre se perd :

— par le retrait,

— par l'exclusion, lorsque le membre contrevient gravement à ses obligations ou commet des actes contraires aux intérêts de la SEC,

— lorsqu'elle est autorisée par les statuts, par la cession de toutes les parts détenues à un membre ou à une personne physique ou entité juridique qui acquiert la qualité de membre,

— par la dissolution d'un membre n'ayant pas la qualité de personne physique,

— par faillite,

— par décès,

— et dans tout autre cas prévu par les statuts ou par la législation concernant les coopératives de l'État membre du siège de la SEC.

2. Tout membre minoritaire qui, lors de l'assemblée générale, s'est opposé à une modification des statuts selon laquelle :

i) de nouvelles obligations en matière de versements ou autres prestations ont été instituées, ou

ii) les obligations existantes des membres ont été étendues de manière substantielle, ou

iii) le délai de préavis pour se retirer de la SEC a été porté à une durée supérieure à cinq ans, peut déclarer son retrait dans un délai de deux mois à compter de la décision de l'assemblée générale.

La qualité de membre prend fin au terme de l'exercice en cours dans les cas visés au premier alinéa, points i) et ii), et au terme du délai de préavis en vigueur avant la modification des statuts dans le cas visé au premier alinéa, point iii). La modification des statuts ne prend pas effet à l'égard de ce membre. Le retrait ouvre droit au remboursement de parts dans les conditions prévues à l'article 3, paragraphe 4, et à l'article 16.

3. Le membre est exclu par décision d'administration ou de l'organe de direction après avoir été entendu. Il peut faire appel de cette décision devant l'assemblée générale.

Art. 16 *Droits pécuniaires des membres en cas de retrait ou d'exclusion.* 1. Sauf en cas de cession de parts et sous réserve de l'article 3, la perte de la qualité de membre ouvre droit au remboursement de sa part du capital souscrit, réduite en proportion de toute perte imputable sur le capital social de la SEC.

2. Les montants déduits en vertu du paragraphe 1 sont calculés en fonction du bilan de l'exercice au cours duquel le droit au remboursement a pris naissance.

3. Les statuts prévoient les modalités et les conditions de l'exercice du droit de retrait et impartissent le délai, d'un maximum de trois ans, dans lequel le remboursement doit s'effectuer. En tout cas, la SEC n'est pas tenue d'effectuer le remboursement avant les six mois suivant l'approbation du bilan postérieur à la perte de la qualité de membre.

4. Les paragraphes 1, 2 et 3 s'appliquent également en cas de remboursement d'une partie seulement des parts détenues par un membre.

CHAPITRE II
Constitution

Section I

Généralités

Art. 17 *Droit applicable durant la constitution.* 1. Sous réserve du présent règlement, la constitution d'une SEC est régie par la loi applicable aux coopératives de l'État où la SEC fixe son siège statutaire.

2. L'immatriculation d'une SEC fait l'objet d'une publicité conformément à l'article 12.

Art. 18 *Acquisition de la personnalité juridique.* 1. La SEC acquiert la personnalité juridique le jour de son immatriculation dans l'État du siège au registre désigné par cet État selon l'article 11, paragraphe 1.

2. Si des actes ont été accomplis au nom de la SEC avant son immatriculation conformément à l'article 11 et si la SEC ne reprend pas, après cette immatriculation, les engagements résultant de tels actes, les personnes physiques, sociétés ou autres entités juridiques qui les ont accomplis en sont solidairement et indéfiniment responsables, sauf convention contraire.

Section II

Constitution par voie de fusion

Art. 19 *Procédures de constitution par voie de fusion.* Une SEC peut être constituée par voie de fusion réalisée :

— soit selon la procédure de fusion par absorption,

— soit selon la procédure de fusion par constitution d'une nouvelle personne morale.

Dans le cas d'une fusion par absorption, la coopérative absorbante prend la forme de SEC simultanément à la fusion. Dans le cas d'une fusion par constitution d'une nouvelle personne morale, cette dernière prend la forme d'une SEC.

Art. 20 *Droit applicable en cas de fusion.* Pour les matières non couvertes par la présente section ou, lorsqu'une matière l'est partiellement, pour les aspects non couverts par elle, chaque coopérative participant à la constitution d'une SEC par voie de fusion est soumise aux dispositions applicables à la fusion de coopératives du droit de l'État membre dont elle relève et, à défaut, aux dispositions applicables aux fusions internes des sociétés anonymes du droit dudit État.

Art. 21 *Raisons pouvant motiver l'opposition à une fusion.* La législation d'un État membre peut prévoir qu'une société coopérative relevant du droit de cet État membre ne peut participer à la constitution d'une SEC par voie de fusion si une autorité compétente de cet État membre s'y oppose avant la délivrance du certificat visé à l'article 29, paragraphe 2.

Cette opposition ne peut avoir lieu que pour des raisons d'intérêt public. Elle est susceptible de recours devant une autorité judiciaire.

Art. 22 *Conditions de fusion.* 1. L'organe de direction ou d'administration des coopératives qui fusionnent établit un projet de fusion. Ce projet comprend :

a) la dénomination et le siège des coopératives qui fusionnent, ainsi que ceux envisagés pour la SEC;

b) le rapport d'échange des parts du capital souscrit et le montant de la soulte. Lorsqu'il n'existe pas de parts, la répartition exacte des actifs et sa valeur correspondante en parts;

c) les modalités de remise des parts de la SEC;

d) la date à partir de laquelle les parts de la SEC donnent le droit de participer aux résultats ainsi que toute modalité particulière relative à ce droit;

e) la date à partir de laquelle les opérations des coopératives qui fusionnent sont considérées du point de vue comptable comme accomplies pour le compte de la SEC;

f) les modalités ou avantages particuliers qui concernent les obligations ou les titres autres que des parts qui, en vertu de l'article 64, ne confèrent pas la qualité de membre;

g) les droits assurés par la SEC aux détenteurs de parts ayant des droits spéciaux et aux porteurs de titres autres que des parts ou les mesures envisagées à leur égard;

h) les formes de protection des droits des créanciers des coopératives qui fusionnent;

i) tous les avantages particuliers attribués aux experts qui examinent le projet de fusion, ainsi qu'aux membres des organes d'administration, de direction, de surveillance et de contrôle des coopératives qui fusionnent;

j) les statuts de la SEC;

k) des informations sur les procédures selon lesquelles les modalités relatives à l'implication des travailleurs sont fixées conformément à la directive 2003/72/CE.

2. Les coopératives qui fusionnent peuvent ajouter d'autres éléments au projet de fusion.

3. Le droit applicable aux sociétés anonymes en ce qui concerne les projets de fusion s'applique par analogie aux fusions transfrontalières de coopératives en vue de la création d'une SEC.

Art. 23 *Explication et justification du projet de fusion.* Les organes d'administration ou de direction de chacune des coopératives qui fusionnent établissent un rapport écrit détaillé expliquant et justifiant du point de vue juridique et économique le projet de fusion et, en particulier, le rapport d'échange des parts. Le rapport indique, en outre, toute difficulté particulière d'évaluation.

Art. 24 *Publication.* 1. Le droit applicable aux sociétés anonymes en ce qui concerne les exigences en matière de publicité des projets de fusion s'applique par analogie à chacune des coopératives qui fusionnent, sous réserve des exigences supplémentaires imposées par l'État membre dont relève la coopérative concernée.

2. La publication du projet dans le bulletin national comporte toutefois, pour chacune des coopératives qui fusionnent, les indications suivantes :

a) la forme, la dénomination et le siège statutaire de la coopérative qui fusionne;

b) l'adresse du lieu ou du registre auprès duquel les statuts et tous les autres actes et indications ont été déposés pour chacune des coopératives qui fusionnent, ainsi que le numéro d'inscription dans ce registre;

c) une indication des modalités d'exercice des droits des créanciers de la coopérative en question conformément à l'article 28 ainsi que l'adresse à laquelle peut être obtenue, sans frais, une information exhaustive sur ces modalités;

d) une indication des modalités d'exercice des droits des membres de la coopérative en question, fixées conformément à l'article 28, ainsi que l'adresse à laquelle peut être obtenue, sans frais, une information exhaustive sur ces modalités;

e) la dénomination et le siège envisagés pour la SEC;

f) les conditions qui déterminent conformément à l'article 31 la date à laquelle la fusion prend effet.

Art. 25 *Exigences en matière d'information.* 1. Tout membre a le droit, un mois au moins avant la date de la réunion de l'assemblée générale appelée à se prononcer sur la fusion, de consulter au siège statutaire les documents suivants :

a) le projet de fusion visé à l'article 22;

b) les comptes annuels et les rapports de gestion des trois derniers exercices des coopératives qui fusionnent;

c) un état comptable, qui est rédigé conformément aux dispositions applicables aux fusions internes des sociétés anonymes, dans la mesure où un tel état comptable est exigé par lesdites dispositions;

d) le rapport des experts sur la valeur des parts à distribuer en échange des actifs des coopératives fusionnées ou le rapport d'échange des parts, prévu par l'article 26;

e) le rapport des organes d'administration ou de direction de la coopérative, prévu par l'article 23.

2. Une copie intégrale ou, s'il le désire, partielle des documents visés au paragraphe 1 peut être obtenue par tout membre sans frais et sur simple demande.

Art. 26 *Rapport d'experts indépendants.* 1. Pour chacune des coopératives qui fusionnent, un ou plusieurs experts indépendants désigné(s) par la coopérative concernée conformément à l'article 4, paragraphe 6, examinent le projet de fusion et établissent un rapport écrit destiné aux membres.

2. Un rapport unique pour toutes les coopératives qui fusionnent peut être établi, lorsque les législations des États membres dont relèvent ces coopératives le permettent.

3. Le droit applicable aux fusions de sociétés anonymes en ce qui concerne les droits et obligations des experts est applicable, par analogie, aux fusions de coopératives.

Art. 27 *Approbation du projet de fusion.* 1. L'assemblée générale de chacune des coopératives qui fusionnent approuve le projet de fusion.

2. L'implication des travailleurs dans la SEC est décidée conformément à la directive 2003/72/CE. L'assemblée générale de chacune des sociétés qui fusionnent peut subordonner le droit à l'immatriculation de la SEC à la condition qu'elle entérine expressément les modalités ainsi décidées.

Art. 28 *Droit applicable en cas de constitution par fusion.* 1. Le droit de l'État membre dont relève chacune des coopératives qui fusionnent s'applique comme en cas de fusion de sociétés anonymes, compte tenu du caractère transfrontalier de la fusion, en ce qui concerne la protection des intérêts :

— des créanciers des coopératives qui fusionnent,

— des obligataires des coopératives qui fusionnent.

2. Un État membre peut adopter, en ce qui concerne les coopératives participant à la fusion qui relèvent de son droit, des dispositions destinées à assurer une protection appropriée aux membres qui se sont prononcés contre la fusion.

Art. 29 *Contrôle de la procédure de fusion.* 1. Le contrôle de la légalité de la fusion est effectué, pour la partie de la procédure relative à chaque coopérative qui fusionne, conformément à la loi applicable dans l'État dont elle relève en cas de fusion de coopératives et, à défaut, aux dispositions applicables aux fusions internes des sociétés anonymes aux termes de la loi de cet État.

2. Dans chaque État membre concerné, le tribunal, le notaire ou une autre autorité compétente délivre un certificat attestant l'accomplissement des actes et des formalités préalables à la fusion.

3. Si le droit d'un État membre dont relève une coopérative qui fusionne prévoit une procédure permettant d'analyser et de modifier le rapport d'échange des parts ou une procédure visant à indemniser les membres minoritaires, sans empêcher l'immatriculation de la fusion, ces procédures ne s'appliquent que si les autres coopératives qui fusionnent et qui sont situées dans un État membre ne prévoyant pas ce type de procédures acceptent explicitement, lorsqu'elles approuvent le projet de fusion conformément à l'article 27, paragraphe 1, la possibilité offerte aux membres de la coopérative qui fusionne dont il est question d'avoir recours auxdites procédures. Dans ce cas, un tribunal, un notaire ou une autre autorité compétente peut délivrer le certificat visé au paragraphe 2, même si une procédure de ce type a été engagée. Le certificat doit cependant mentionner que la procédure est en cours. La décision prise à l'issue de la procédure lie la coopérative absorbante et l'ensemble de ses membres.

Art. 30 *Contrôle de la légalité d'une fusion.* 1. Le contrôle de la légalité de la fusion est effectué, pour la partie de la procédure relative à la réalisation de la fusion et à la constitution de la SEC, par le tribunal, le notaire ou une autre autorité de l'État membre du futur siège de la SEC compétent pour contrôler cet aspect de la légalité de la fusion de coopératives, et, à défaut, de la fusion de sociétés anonymes.

2. A cette fin, chaque coopérative qui fusionne remet à cette autorité le certificat visé à l'article 29, paragraphe 2, dans un délai de six mois à compter de sa délivrance, ainsi qu'une copie du projet de fusion approuvé par la coopérative.

3. L'autorité visée au paragraphe 1 contrôle en particulier que les coopératives qui fusionnent ont approuvé un projet de fusion dans les mêmes termes et que des modalités relatives à l'implication des travailleurs ont été fixées conformément à la directive 2003/72/CE.

4. Ladite autorité contrôle, en outre, que la constitution de la SEC répond aux conditions fixées par la loi de l'État membre du siège.

Art. 31 *Immatriculation de la fusion.* 1. La fusion et la constitution simultanée de la SEC prennent effet à la date à laquelle la SEC est immatriculée conformément à l'article 11, paragraphe 1.

2. La SEC ne peut être immatriculée qu'après l'accomplissement de toutes les formalités prévues aux articles 29 et 30.

Art. 32 *Publication.* Pour chacune des coopératives qui fusionnent, la réalisation de la fusion fait l'objet d'une publicité effectuée selon les modalités prévues par la loi de l'État membre concerné conformément aux lois régissant la fusion de sociétés anonymes.

Art. 33 *Effets d'une fusion.* 1. La fusion réalisée comme prévu à l'article 19, premier alinéa, premier tiret, entraîne *ipso jure* et simultanément les effets suivants :

a) la transmission universelle à la personne morale absorbante de l'ensemble du patrimoine actif et passif de chaque coopérative absorbée;

b) les membres de chaque coopérative absorbée deviennent membres de la personne morale absorbante;

c) les coopératives absorbées cessent d'exister;

d) la personne morale absorbante prend la forme d'une SEC.

2. La fusion réalisée comme prévu à l'article 19, premier alinéa, deuxième tiret, entraîne *ipso jure* et simultanément les effets suivants :

a) la transmission universelle à la SEC de l'ensemble du patrimoine actif et passif des coopératives qui fusionnent;

b) les membres des coopératives qui fusionnent deviennent membres de la SEC;

c) les coopératives qui fusionnent cessent d'exister.

3. Lorsqu'en cas de fusion de coopératives, la loi d'un État membre requiert des formalités particulières pour l'opposabilité aux tiers du transfert de certains biens, droits et obligations apportés par les coopératives qui fusionnent, ces formalités s'appliquent et sont effectuées soit par les coopératives qui fusionnent, soit par la SEC à dater de son immatriculation.

4. Les droits et obligations des coopératives participantes en matière de conditions d'emploi, aussi bien individuelles que collectives, résultant de la législation, de la pratique et de contrats de travail individuels ou des relations de travail au niveau national et existant à la date de l'immatriculation sont transférés à la SEC du fait même de l'immatriculation.

Le premier alinéa ne s'applique pas au droit que l'article 59, paragraphe 4, confère aux représentants des travailleurs de participer aux assemblées générales ou aux assemblées de section ou de branche.

5. Lorsque la fusion a été immatriculée, la SEC informe sans délai les membres de la coopérative absorbée de leur inscription au fichier des membres ainsi que du nombre de leurs parts.

Art. 34 *Légalité de la fusion.* 1. La nullité d'une fusion au sens de l'article 2, paragraphe 1, quatrième tiret, ne peut être prononcée lorsque la SEC a été immatriculée.

2. L'absence de contrôle de la légalité de la fusion conformément aux articles 29 et 30 constitue l'une des causes de dissolution de la SEC, conformément à l'article 73.

Section III

Transformation d'une coopérative existante en une SEC

Art. 35 *Procédures de constitution par transformation.* 1. Sans préjudice de l'article 11, la transformation d'une coopérative en SEC ne donne lieu ni à dissolution de la coopérative ni à création d'une personne morale nouvelle.

2. Le siège statutaire ne peut pas être transféré d'un État membre à un autre conformément à l'article 7 à l'occasion de la transformation.

3. L'organe de direction ou d'administration de la coopérative considérée établit un projet de transformation et un rapport expliquant et justifiant les aspects juridiques et économiques de la transformation, ainsi que les conséquences sur l'emploi, et indiquant les conséquences pour les membres et pour les travailleurs de l'adoption de la forme de la SEC.

4. Le projet de transformation fait l'objet d'une publicité effectuée selon les modalités prévues par la loi de chaque État membre, un mois au moins avant la date de la réunion de l'assemblée générale appelée à se prononcer sur la transformation.

5. Avant l'assemblée générale visée au paragraphe 6, un ou plusieurs experts indépendants désignés ou agréés, conformément aux dispositions nationales, par une autorité judiciaire ou administrative de l'État membre dont relève la coopérative qui se transforme en SEC, attestent, *mutatis mutandis*, que les dispositions de l'article 22, paragraphe 1, point *b)*, sont respectées.

6. L'assemblée générale de la coopérative considérée approuve le projet de transformation ainsi que les statuts de la SEC.

7. Les États membres peuvent subordonner une transformation au vote favorable d'une majorité qualifiée ou de l'unanimité au sein de l'organe de contrôle de la coopérative à transformer dans lequel la participation des travailleurs est organisée.

8. Les droits et obligations de la coopérative à transformer en matière de conditions d'emploi, aussi bien individuelles que collectives, résultant de la législation, de la pratique et de contrats de travail individuels ou des relations de travail au niveau national et existant à la date de l'immatriculation sont transférés à la SEC du fait même de cette immatriculation.

CHAPITRE III

Structure de la SEC

Art. 36 *Structure des organes.* Dans les conditions prévues par le présent règlement, une SEC comporte :

a) une assemblée générale, et

b) soit un organe de surveillance et un organe de direction (système dualiste), soit un organe d'administration (système moniste) selon l'option retenue par les statuts.

Section I

Système dualiste

Art. 37 *Fonctions de l'organe de direction et désignation des membres.* 1. L'organe de direction est responsable de la gestion de la SEC et la représente à l'égard des tiers et en justice. Un État membre peut prévoir qu'un directeur général est responsable de la gestion courante dans les mêmes conditions que pour les coopératives ayant leur siège statutaire sur son territoire.

2. Le ou les membres de l'organe de direction sont nommés et révoqués par l'organe de surveillance.

Toutefois, un État membre peut prévoir ou donner aux statuts la possibilité de prévoir que le ou les membres de l'organe de direction sont nommés par l'assemblée générale dans les mêmes conditions que pour les coopératives ayant leur siège statutaire sur son territoire.

3. Nul ne peut simultanément exercer la fonction de membre de l'organe de direction et celle de membre de l'organe de surveillance de la SEC. Toutefois, l'organe de surveillance peut, en cas de vacance, désigner un de ses membres pour exercer les fonctions de membre de l'organe de direction. Au cours de cette période, les fonctions de l'intéressé en sa qualité de membre de l'organe de surveillance sont suspendues. Un État membre peut prévoir que cette période est limitée dans le temps.

4. Le nombre des membres de l'organe de direction ou les règles pour sa détermination sont fixés par les statuts de la SEC. Un État membre peut toutefois fixer un nombre minimal et/ou maximal de membres.

5. En l'absence de dispositions relatives à un système dualiste en ce qui concerne les coopératives ayant un siège statutaire sur son territoire, un État membre peut adopter les mesures appropriées concernant les SEC.

Art. 38 *Présidence et convocation des réunions des organes de direction.* 1. L'organe de direction élit en son sein un président, conformément aux dispositions statutaires.

2. Le président convoque une réunion de l'organe de direction dans les conditions prévues dans les statuts, soit d'office, soit à la demande d'un membre. Une telle demande indique les motifs de la convocation. S'il n'est pas satisfait à cette demande dans un délai de quinze jours, la réunion de l'organe de direction peut être convoquée par le ou les membres qui en ont fait la demande.

Art. 39 *Fonctions et désignation de l'organe de surveillance.* 1. L'organe de surveillance contrôle la gestion assurée par l'organe de direction. Il ne peut exercer lui-même le pouvoir de gestion de la SEC. L'organe de surveillance ne peut représenter la SEC à l'égard des tiers. Il la représente à l'égard de l'organe de direction ou des membres qui le composent, en cas de litige ou lors de la conclusion de contrats.

2. Les membres de l'organe de surveillance sont nommés et révoqués par l'assemblée générale. Toutefois, les membres du premier organe de surveillance peuvent être désignés par les statuts. La présente disposition vaut sans préjudice, le cas échéant, des modalités de participation des travailleurs fixées conformément à la directive 2003/72/CE.

3. L'organe de surveillance ne peut compter parmi ses membres des membres non usagers qu'à concurrence du quart des postes à pourvoir.

4. Les statuts fixent le nombre des membres de l'organe de surveillance ou les règles pour sa détermination. Un État membre peut, toutefois, fixer le nombre des membres de l'organe de surveillance ou sa composition pour les SEC ayant leur siège statutaire sur son territoire ou un nombre de membres minimal et/ou maximal.

Art. 40 *Droit à l'information.* 1. L'organe de direction informe l'organe de surveillance, au moins tous les trois mois, de la marche des affaires de la SEC et de son évolution prévisible, en tenant compte des informations relatives aux entreprises contrôlées par la SEC pouvant avoir une incidence significative sur la marche des affaires de cette dernière.

2. Outre l'information périodique visée au paragraphe 1, l'organe de direction communique sans délai à l'organe de surveillance toute information sur des événements susceptibles d'avoir des répercussions sensibles sur la SEC.

3. L'organe de surveillance peut demander à l'organe de direction la communication de renseignements de toute nature nécessaires au contrôle qu'il exerce conformément à l'article 39, paragraphe 1. Un État membre peut prévoir que chaque membre de l'organe de surveillance peut également bénéficier de cette faculté.

4. L'organe de surveillance peut procéder ou faire procéder à toutes les vérifications nécessaires à l'accomplissement de sa mission.

5. Chacun des membres de l'organe de surveillance peut prendre connaissance de toutes les informations transmises à celui-ci.

Art. 41 *Présidence et convocation des réunions de l'organe de surveillance.* 1. L'organe de surveillance élit en son sein un président. Si la moitié des membres ont été désignés par les travailleurs, seul un membre désigné par l'assemblée générale peut être élu président.

2. Le président convoque l'organe de surveillance dans les conditions prévues par les statuts, soit d'office, soit à la demande d'au moins un tiers de ses membres, soit à la demande de l'organe de direction. La demande indique les motifs de la convocation. S'il n'est pas satisfait à cette demande dans un délai de quinze jours, l'organe de surveillance peut être convoqué par ceux qui en ont fait la demande.

Section II

Système moniste

Art. 42 *Fonctions et désignation de l'organe d'administration.* 1. L'organe d'administration assure la gestion de la SEC et la représente à l'égard des tiers et en justice. Un État membre peut prévoir qu'un directeur général est responsable de la gestion courante dans les mêmes conditions que pour les coopératives ayant leur siège statutaire sur son territoire.

2. Le nombre des membres de l'organe d'administration ou les règles pour le déterminer sont fixés par les statuts de la SEC. Toutefois, un État membre peut fixer le nombre minimal et, le cas échéant, maximal, des membres. L'organe d'administration ne peut compter parmi ses membres des membres non usagers qu'à concurrence du quart des postes à pourvoir.

Néanmoins, cet organe doit être composé de trois membres au moins, lorsque la participation des travailleurs dans la SEC est organisée conformément à la directive 2003/72/CE.

3. Les membres de l'organe d'administration ainsi que, lorsque les statuts en disposent ainsi, leurs suppléants, sont nommés par l'assemblée générale. Toutefois, les membres du premier organe d'administration peuvent être désignés par les statuts. La présente disposition vaut sans préjudice des modalités de participation des travailleurs fixées conformément à la directive 2003/72/CE.

4. En l'absence de dispositions relatives à un système moniste en ce qui concerne les coopératives ayant un siège statutaire sur son territoire, un État membre peut adopter les mesures appropriées concernant les SEC.

Art. 43 *Périodicité des réunions et droit à l'information.* 1. L'organe d'administration se réunit au moins tous les trois mois selon une périodicité fixée par les statuts pour délibérer sur la marche des affaires de la SEC et leur évolution prévisible, en tenant compte, le cas échéant, des informations relatives aux entreprises contrôlées par la SEC pouvant avoir une incidence significative sur la marche de ses affaires.

2. Chaque membre de l'organe d'administration peut prendre connaissance de tous les rapports, documents et renseignements transmis à cet organe.

Art. 44 *Présidence et convocation des réunions de l'organe d'administration.* 1. L'organe d'administration élit en son sein un président. Si la moitié des membres ont été désignés par les travailleurs, seul un membre désigné par l'assemblée générale peut être élu président.

2. Le président convoque l'organe d'administration dans les conditions prévues par les statuts, soit d'office, soit à la demande d'un tiers au moins de ses membres. La demande doit indiquer les motifs de la convocation. S'il n'est pas satisfait à cette demande dans un délai de quinze jours, l'organe d'administration peut être convoqué par ceux qui en ont fait la demande.

Section III

Règles communes aux systèmes dualiste et moniste

Art. 45 *Durée du mandat.* 1. Les membres des organes de la SEC sont nommés pour une période fixée par les statuts qui ne peut dépasser six ans.

2. Sauf restrictions prévues par les statuts, les membres peuvent être renommés une ou plusieurs fois pour la période fixée en application du paragraphe 1.

Art. 46 *Conditions d'éligibilité.* 1. Les statuts de la SEC peuvent prévoir qu'une société au sens de l'article 48 du traité peut être membre d'un de ses organes, à moins que la loi de l'État membre du siège de la SEC applicable aux coopératives n'en dispose autrement.

Cette société désigne une personne physique comme représentant pour l'exercice des pouvoirs dans l'organe concerné. Ce représentant est soumis aux mêmes conditions et obligations que s'il était personnellement membre de cet organe.

2. Ne peuvent être membres d'un organe déterminé de la SEC, ni représentants d'un membre au sens du paragraphe 1, les personnes qui :

— ne peuvent faire partie, selon la loi de l'État membre du siège de la SEC, de l'organe correspondant d'une coopérative relevant du droit de cet État,

— ne peuvent faire partie de l'organe correspondant d'une coopérative relevant du droit d'un État membre en raison d'une décision judiciaire ou administrative rendue dans un État membre.

3. Les statuts de la SEC peuvent fixer, à l'instar de ce qui est prévu par la loi de l'État membre applicable aux coopératives, des conditions particulières d'éligibilité pour les membres qui représentent l'organe d'administration.

Art. 47 *Pouvoir de représentation et responsabilité de la SEC.* 1. Lorsque l'exercice du pouvoir de représentation de la SEC à l'égard des tiers, conformément à l'article 37, paragraphe 1, et à l'article 42, paragraphe 1, est confié à plus d'un membre, ces membres exercent ce pouvoir à titre collectif, à moins que le droit de l'État du siège de la SEC ne permette aux statuts d'en disposer autrement, auquel cas cette clause peut être opposable aux tiers lorsqu'elle fait l'objet d'une publicité conformément à l'article 11, paragraphe 5, et à l'article 12.

2. La SEC est engagée vis-à-vis des tiers par les actes de ses organes, même si ces actes ne relèvent pas de l'objet social de cette société, à condition que lesdits actes n'excèdent pas les pouvoirs que la loi de l'État membre du siège statutaire de la SEC attribue ou permet d'attribuer à ces organes.

Toutefois, les États membres peuvent prévoir que la SEC n'est pas engagée lorsque ces actes dépassent les limites de l'objet social de la SEC, si cette dernière prouve que le tiers savait que l'acte dépassait cet objet ou ne pouvait l'ignorer, compte tenu des circonstances, étant exclu que la seule publication des statuts suffise à constituer cette preuve.

3. Les limitations aux pouvoirs des organes de la SEC qui résultent des statuts ou d'une décision des organes compétents ne sont jamais opposables aux tiers, même si elles sont publiées.

4. Un État membre peut prévoir que le pouvoir de représentation de la SEC peut être attribué par les statuts à une seule personne ou à plusieurs personnes agissant conjointement. Cette législation peut prévoir l'opposabilité de cette disposition des statuts aux tiers, à condition qu'elle concerne le pouvoir général de représentation. L'opposabilité ou non d'une telle disposition aux tiers est réglée par l'article 12.

Art. 48 *Opérations soumises à autorisation.* 1. Les statuts de la SEC énumèrent les catégories d'opérations qui requièrent :

— dans le système dualiste, une autorisation accordée par l'organe de surveillance ou l'assemblée générale à l'organe de direction,

— dans le système moniste, une décision expresse adoptée par l'organe d'administration ou une autorisation accordée par l'assemblée générale.

2. Le paragraphe 1 s'entend sans préjudice de l'article 47.

3. Toutefois, un État membre peut déterminer les catégories d'opérations ainsi que l'organe qui donne l'autorisation devant au minimum figurer dans les statuts des SEC immatriculées sur son territoire et/ou prévoir que, dans le système dualiste, l'organe de surveillance peut déterminer lui-même les catégories d'opérations qui doivent être soumises à autorisation.

Art. 49 *Confidentialité.* Les membres des organes de la SEC sont tenus de ne pas divulguer, même après la cessation de leurs fonctions, les informations dont ils disposent sur la SEC et dont la divulgation serait susceptible de porter préjudice aux intérêts de la coopérative ou de ses membres, à l'exclusion des cas dans lesquels une telle divulgation est exigée ou admise par les dispositions du droit national applicables aux coopératives ou aux sociétés ou dans l'intérêt public.

Art. 50 *Délibération des organes.* 1. Sauf dans les cas où le présent règlement ou les statuts en disposent autrement, les règles internes concernant le *quorum* et la prise de décision des organes de la SEC sont les suivantes :

a) quorum : la moitié au moins des membres ayant voix délibérative doivent être présents ou représentés,

b) prise de décision : elle se fait à la majorité des membres ayant voix délibérative présents ou représentés.

Les membres absents peuvent prendre part aux décisions en donnant pouvoir de les représenter à un autre membre de l'organe ou aux suppléants qui ont été nommés en même temps.

2. En l'absence d'une disposition statutaire en la matière, la voix du président de chaque organe est prépondérante en cas de partage des voix. Toutefois, aucune disposition statutaire contraire n'est possible lorsque l'organe de surveillance est composé pour moitié de représentants des travailleurs.

3. Lorsque la participation des travailleurs est organisée conformément à la directive 2003/72/CE, un État membre peut prévoir que le *quorum* et la prise de décision de l'organe de surveillance sont, par dérogation aux paragraphes 1 et 2, soumis aux règles applicables, dans les mêmes conditions, aux coopératives relevant du droit de l'État membre concerné.

Art. 51 *Responsabilité civile.* Les membres de l'organe de direction, de surveillance ou d'administration répondent, selon les dispositions de l'État membre du siège de la SEC applicables aux coopératives, du préjudice subi par la SEC par suite de la violation par eux des obligations légales, statutaires ou autres inhérentes à leurs fonctions.

Section IV

Assemblée générale

Art. 52 *Compétence.* L'assemblée générale décide dans les matières pour lesquelles une compétence spécifique lui est conférée par :

a) le présent règlement, ou

b) la législation de l'État membre où la SEC a son siège statutaire, adoptée au titre de la directive 2003/72/CEE.

En outre, l'assemblée générale décide dans les matières pour lesquelles une compétence est conférée à l'assemblée générale d'une société coopérative relevant du droit de l'État où la SEC a son siège, soit par la loi de cet État, soit par les statuts conformément à cette même loi.

Art. 53 *Conduite de l'assemblée générale.* Sans préjudice des règles prévues par la présente section, l'organisation et le déroulement de l'assemblée générale ainsi que les procédures de vote sont régis par la loi de l'État membre du siège statutaire de la SEC applicable aux coopératives.

Art. 54 *Convocation de l'assemblée générale.* 1. L'assemblée générale a lieu au moins une fois par année calendrier, dans les six mois de la clôture de l'exercice, à moins que la loi de l'État membre du siège statutaire de la SEC applicable aux coopératives exerçant le même type d'activité que la SEC ne prévoie une fréquence supérieure. Toutefois, un État membre peut prévoir que la première assemblée générale peut avoir lieu dans les dix-huit mois suivant la constitution de la SEC.

2. L'assemblée générale peut être convoquée à tout moment par l'organe de direction, par l'organe d'administration, par l'organe de surveillance, ou par tout autre organe ou autorité compétente conformément à la loi nationale de l'État membre du siège statutaire de la SEC applicable aux coopératives. A la demande de l'organe de surveillance, l'organe de direction est tenu de la convoquer.

3. Lors de l'assemblée se réunissant après la clôture de l'exercice, l'ordre du jour porte au moins sur l'approbation des comptes annuels et l'affectation des résultats.

4. L'assemblée générale, peut, lors d'une réunion, décider qu'une nouvelle réunion sera convoquée à une date et avec un ordre du jour qu'elle fixe elle-même.

Art. 55 *Convocation par la minorité des membres.* Des membres de la SEC représentant ensemble plus de 5 000 personnes ou détenant au moins 10% du nombre total de voix, peuvent demander à la SEC la convocation d'une assemblée générale et établir l'ordre du jour de celle-ci. Cependant les statuts peuvent fixer des seuils inférieurs.

Art. 56 *Forme et délai de convocation.* 1. La convocation se fait par tous moyens de communication écrite adressée à quiconque est habilité à participer à l'assemblée générale de la SEC selon l'article 58, paragraphes 1 et 2, et conformément aux dispositions statutaires. La convocation peut se faire par voie d'insertion dans la publication officielle interne de la SEC.

2. La convocation contient au moins les mentions suivantes :

— la dénomination sociale et le siège de la SEC,

— le lieu, la date et l'heure de la réunion,

— le cas échéant, la nature de l'assemblée générale,

— l'ordre du jour avec indication des sujets à traiter ainsi que des propositions de décision.

3. Le délai entre la date d'envoi de la convocation visée au paragraphe 1 et la date de la première réunion de l'assemblée générale doit être de trente jours au moins. Toutefois, ce délai peut être ramené à quinze jours en cas d'urgence. Lorsque les dispositions de l'article 61, paragraphe 4, relatives aux règles de *quorum* s'appliquent, le délai entre une première et une deuxième réunion convoquées pour examiner le même ordre du jour peut être réduit conformément à la loi de l'État membre du siège de la SEC.

Art. 57 *Inscription de nouveaux points à l'ordre du jour.* Des membres de la SEC représentant ensemble plus de 5000 personnes, ou détenant 10% au moins du nombre total des voix, peuvent demander l'inscription d'un ou plusieurs nouveaux points à l'ordre du jour de toute assemblée générale. Cependant les statuts peuvent fixer des seuils inférieurs.

Art. 58 *Participation et représentation.* 1. Tous les membres sont habilités à participer à l'assemblée avec voix délibérative pour les points inscrits à l'ordre du jour.

2. Les membres des organes de la SEC et les titulaires de titres autres que des parts et des obligations au sens de l'article 64, ainsi que, si les statuts le permettent, toute autre personne habilitée par la loi de l'État du siège de la SEC peuvent assister à l'assemblée générale sans droit de vote.

3. Les personnes ayant le droit de vote peuvent se faire représenter à l'assemblée par un mandataire selon les modalités prévues dans les statuts.

Les statuts fixent le nombre maximal de pouvoirs que peut recevoir un mandataire.

4. Les statuts peuvent admettre le vote par correspondance ou le vote électronique et en fixent les modalités.

Art. 59 *Droit de vote.* 1. Chaque membre de la SEC dispose d'une voix, quel que soit le nombre de parts qu'il détient.

2. Lorsque la loi de l'État membre dans lequel la SEC a son siège le permet, les statuts peuvent prévoir qu'un membre dispose d'un nombre de voix qui est déterminé par sa participation aux activités de la coopérative, à l'exclusion de sa participation sous forme de contribution au capital. Les voix ainsi attribuées ne peuvent dépasser le nombre de cinq par membre, ou 30% du total des droits de vote, la valeur la plus faible étant retenue.

Lorsque la loi de l'État membre dans lequel la SEC a son siège le permet, les statuts des SEC participant à des activités dans le domaine financier ou de l'assurance peuvent prévoir que le nombre de voix est déterminé par la participation du membre aux activités de la coopérative, y compris sous forme de participation au capital de la SEC. Les voix ainsi attribuées ne peuvent dépasser le nombre de cinq par membre, ou 20% du total des droits de vote, la valeur la plus faible étant retenue.

Lorsque la loi de l'État membre dans lequel la SEC a son siège le permet, les statuts des SEC dont les membres sont majoritairement des coopératives peuvent prévoir que le nombre de voix est déterminé en fonction de la participation des membres aux activités exercées par la coopérative, y compris sous forme de participation au capital de la SEC, et/ou du nombre de membres de chaque entité constitutive.

3. En ce qui concerne les droits de vote que les statuts peuvent attribuer aux membres (investisseurs) non usagers, la SEC est régie par le droit de l'État membre dans lequel la SEC a son siège. Néanmoins, on ne peut attribuer aux non usagers (investisseurs) plus de 25% du total des droits de vote.

4. Si, au moment de l'entrée en vigueur du présent règlement, la loi de l'État membre dans lequel la SEC a son siège le permet, les statuts de ladite SEC peuvent prévoir la participation de représentants des travailleurs aux assemblées générales ou aux assemblées de section ou de branche, à condition qu'ensemble, les représentants des travailleurs ne contrôlent pas plus de 15% du total des droits de vote. Ce droit de participation cesse d'être applicable dès lors que le siège de la SEC est transféré dans un État membre dont la loi ne prévoit pas la participation des travailleurs.

Art. 60 *Droit à l'information.* 1. Tout membre qui en formule la demande lors de la réunion de l'assemblée a le droit d'obtenir de la part de l'organe de direction ou de l'organe d'administration des renseignements sur les activités de la SEC ayant un rapport avec les sujets sur lesquels l'assemblée générale peut prendre une décision conformément à l'article 61, paragraphe 1. Dans la mesure du possible, les renseignements sont fournis lors de l'assemblée générale en question.

2. L'organe de direction ou l'organe d'administration ne peut refuser la communication d'un renseignement que si :

— elle est de nature à porter un préjudice grave à la SEC,

— elle est incompatible avec une obligation légale de secret.

3. Lorsque l'information est refusée à un membre, celui-ci peut demander l'inscription au procès-verbal de l'assemblée générale de sa question et du motif de refus qui lui a été opposé.

4. Dans les dix jours qui précèdent l'assemblée générale appelée à se prononcer sur la clôture de l'exercice, les membres peuvent prendre connaissance du bilan, du compte de pertes et profits et son annexe, du rapport de gestion, des conclusions du contrôle des comptes effectué par la personne qu'en est chargée ainsi que, s'il s'agit d'une entreprise mère au sens de la directive 83/349/CEE, des comptes consolidés.

Art. 61 *Prise de décision.* 1. L'assemblée générale peut adopter des résolutions sur les points inscrits à son ordre du jour. L'assemblée générale peut également délibérer et prendre des décisions concernant des points inscrits à l'ordre du jour de la réunion par une minorité de membres conformément à l'article 57.

2. L'assemblée générale statue à la majorité des voix valablement exprimées par les membres présents ou représentés.

3. Les statuts prévoient les règles de *quorum* et de majorité applicables aux assemblées générales.

Lorsque les statuts prévoient que la SEC peut admettre des membres investisseurs (non usagers) ou attribuer les droits de vote en fonction de la contribution au capital des SEC participant à des activités dans le domaine financier ou de l'assurance, les statuts peuvent également comporter des dispositions particulières relatives au *quorum* à atteindre par les membres autres que les membres investisseurs (non usagers) ou les membres disposant de droits de vote en fonction de la contribution au capital des SEC participant à des activités dans le domaine financier ou de l'assurance. Les États membres sont libres de définir ce *quorum* pour les SEC qui ont établi leur siège sur leur territoire.

4. L'assemblée générale appelée à se prononcer sur une décision entraînant la modification des statuts ne délibère valablement sur première convocation que si les membres présents ou représentés représentent au moins la moitié du nombre total des inscrits à la date de la convocation; lors d'une deuxième convocation portant sur le même ordre du jour, aucune condition de *quorum* n'est requise.

Dans les cas visés au premier alinéa, l'assemblée générale statue à la majorité des deux tiers des voix valablement exprimées, à moins que la loi applicable aux coopératives dans l'État membre du siège de la SEC ne requière une majorité plus élevée.

Art. 62 *Procès-verbal.* 1. Il est établi un procès-verbal de chaque réunion de l'assemblée générale. Le procès-verbal contient au minimum les informations suivantes :

— la date et le lieu de la réunion,

— l'objet des décisions,

— le résultat des votes.

2. Au procès-verbal sont annexés la feuille de présence, les documents relatifs à la convocation de l'assemblée générale ainsi que les rapports soumis aux membres sur les points à l'ordre du jour.

3. Le procès-verbal ainsi que les documents annexés sont conservés pendant au moins cinq ans. Copie du procès verbal ainsi que des documents annexés peuvent être obtenus par tout membre sur simple demande et contre remboursement du coût administratif.

4. Le procès-verbal est signé par le président de l'assemblée.

Art. 63 *Assemblée de branche ou de section.* 1. Lorsque la SEC exerce différentes activités ou exerce ses activités sur plus d'une unité territoriale, ou lorsqu'elle a plusieurs établissements ou que le nombre de ses membres est supérieur à cinq cents, ses statuts peuvent prévoir des assemblées de branche ou de section, si la législation de l'État membre concerné le permet. Les statuts déterminent la répartition en branches ou sections et le nombre de délégués dont celles-ci disposent.

2. Les assemblées de branche ou de section élisent leurs délégués pour une durée maximale de quatre ans, sauf révocation anticipée. Les délégués ainsi élus constituent l'assemblée générale de la SEC et représentent en son sein leur branche ou leur section, qu'ils informent des résultats de l'assemblée générale. Les dispositions de la section 4 du chapitre III s'appliquent au fonctionnement des assemblées de branche et de section.

CHAPITRE IV

Émission de titres à avantages particuliers

Art. 64 *Titres autres que les parts et obligations conférant à leurs détenteurs des avantages particuliers.* 1. Les statuts peuvent prévoir l'émission de titres autres que les parts et d'obligations dont les détenteurs n'ont pas de droit de vote. Ces titres peuvent être souscrits par les membres ou par toute personne extérieure à la SEC. Leur acquisition ne confère pas la qualité de membre. Les statuts fixent également les modalités de remboursement.

2. Les détenteurs des titres ou obligations visés au paragraphe 1 peuvent bénéficier d'avantages particuliers conformément aux statuts ou aux conditions établies lors de l'émission de ces titres ou obligations.

3. Le montant nominal total des titres ou obligations visés au paragraphe 1 ainsi détenus ne peut dépasser le montant stipulé dans les statuts.

4. Sans préjudice du droit d'assister à l'assemblée générale prévu à l'article 58, paragraphe 2, les statuts peuvent prévoir la réunion des détenteurs de titres ou obligations visés au paragraphe 1 en assemblée spéciale. L'assemblée spéciale peut émettre un avis avant toute décision de l'assemblée générale concernant les droits et les intérêts de ces détenteurs, et cet avis est porté par ses mandataires à la connaissance de cette dernière.

L'avis visé à premier alinéa fait l'objet d'une mention au procès-verbal de l'assemblée générale.

CHAPITRE V
Affectation du résultat

Art. 65 *Réserve légale.* 1. Sans préjudice des dispositions obligatoires de la législation nationale, les statuts déterminent les règles d'affectation de l'excédent de l'exercice.

2. En cas d'excédent, les statuts prévoient avant toute autre affectation la constitution d'une réserve légale par prélèvement sur celui-ci.

Tant que cette réserve n'atteint pas le capital visé à l'article 3, paragraphe 2, le prélèvement opéré à son profit ne peut être inférieur à 15% de l'excédent pour l'exercice considéré après déduction des reports de pertes.

3. Les membres sortants ne peuvent prétendre à aucun droit sur les sommes ainsi affectées à la réserve légale.

Art. 66 *Ristourne.* Les statuts peuvent prévoir le versement d'une ristourne aux membres proportionnellement aux opérations faites par eux avec la SEC ou au travail effectué en faveur de cette dernière.

Art. 67 *Affectation de l'excédent.* 1. Le solde de l'excédent après dotation à la réserve légale, éventuellement diminué des sommes ristournées, le cas échéant augmenté des reports bénéficiaires et des prélèvements sur les réserves, ou diminué des reports de pertes, constituent les résultats distribuables.

2. L'assemblée générale appelée à statuer sur les comptes de l'exercice a la faculté d'affecter l'excédent dans l'ordre et la proportion déterminés par les statuts, et notamment :

— à un nouveau report,

— à la dotation de tous fonds de réserves légales ou statutaires,

— à la rémunération de capitaux libérés et des capitaux assimilés, le paiement pouvant intervenir en numéraire ou par attribution de parts.

3. Les statuts peuvent également exclure toute distribution.

CHAPITRE VI
Comptes annuels et comptes consolidés

Art. 68 *Établissement des comptes annuels et consolidés.* 1. La SEC est assujettie, en ce qui concerne l'établissement de ses comptes annuels et, le cas échéant, consolidés, y compris le rapport de gestion les accompagnant, leur contrôle et leur publicité, aux dispositions législatives adoptées dans l'État membre de son siège pour mettre en œuvre les directives 78/660/CEE et 83/349/CEE. Toutefois, les États membres peuvent prévoir des modifications des dispositions nationales d'application de ces directives pour tenir compte des spécificités des coopératives.

2. Lorsque la SEC n'est pas soumise par la législation de l'État membre dans lequel elle a son siège à une obligation de publicité analogue à celle prévue à l'article 3 de la directive 68/151/CEE, la SEC doit au moins tenir les documents relatifs aux comptes annuels à la disposition du public à son siège. Copie de ces documents doit pouvoir être obtenue sur simple demande. Le prix réclamé pour cette copie ne peut excéder son coût administratif.

3. La SEC établit ses comptes annuels, et le cas échéant ses comptes consolidés, dans la monnaie nationale. La SEC dont le siège est situé en dehors de la zone euro peut également établir ses comptes annuels et, le cas échéant, ses comptes consolidés, en euros. Dans ce cas, l'annexe doit préciser les bases de conversion utilisées pour l'expression en euros des éléments contenus dans les comptes qui sont, ou étaient à l'origine, exprimés dans une autre monnaie.

Art. 69 *Comptes des SEC exerçant des activités de crédit ou des activités financières.* 1. Les SEC qui sont des établissements de crédit ou des établissements financiers sont assujetties, en ce qui concerne l'établissement de leurs comptes annuels et, le cas échéant, de leurs comptes consolidés, y compris le rapport de gestion les accompagnant, leur contrôle et leur publicité, aux règles prévues dans le droit national de l'État membre du siège en application des directives concernant l'accès à l'activité des établissements de crédit et son exercice.

2. Les SEC qui sont des entreprises d'assurance sont assujetties, en ce qui concerne l'établissement de leurs comptes annuels et, le cas échéant, de leurs comptes consolidés, y compris le rapport de gestion les accompagnant, leur contrôle et leur publicité, aux règles prévues dans le droit national de l'État membre du siège au titre des directives concernant les comptes annuels et les comptes consolidés des entreprises d'assurance.

Art. 70 *Contrôle légal des comptes.* Le contrôle légal des comptes annuels et, le cas échéant, consolidés de la SEC est effectué par une ou plusieurs personnes agréées dans l'État membre dans lequel la SEC a son siège conformément aux dispositions prises par cet État pour mettre en œuvre les directives 84/253/CEE *[remplacée par la directive 2006/43/CE]* et 89/48/CEE.

Art. 71 *Système de révision et de contrôle.* Dès lors que le droit d'un État membre fait obligation à l'ensemble des sociétés coopératives, ou à un certain type de sociétés coopératives, relevant du droit de cet État d'adhérer à un organisme extérieur légalement habilité et de se soumettre à un mode spécifique de révision et de contrôle exercé par cet organisme, ces dispositions sont de droit applicables à la SEC dont le siège statutaire est situé dans cet État membre, à condition que cet organisme réponde aux critères énoncés dans la directive 84/253/CEE.

CHAPITRE VII

Dissolution, liquidation, insolvabilité et cessation des paiements

Art. 72 *Dissolution, insolvabilité et procédures analogues.* En ce qui concerne la dissolution, la liquidation, l'insolvabilité, la cessation des paiements et les procédures analogues, la SEC est soumise aux dispositions légales qui s'appliqueraient à une coopérative constituée selon le droit de l'État membre dans lequel la SEC a son siège statutaire, y compris celles relatives à la prise de décision par l'assemblée générale.

Art. 73 *Dissolution par le tribunal ou par une autre autorité compétente de l'État membre du siège de la SEC.* 1. A la demande de toute personne ayant un intérêt légitime ou d'une autorité compétente, le tribunal ou toute autorité administrative compétente de l'État membre du siège de la SEC prononce la dissolution de cette dernière lorsqu'il constate que l'article 2, paragraphe 1, et/ou l'article 3, paragraphe 2, ont été violés, ainsi que dans les cas visés à l'article 34.

Le tribunal ou l'autorité administrative compétente peut accorder un délai à la SEC pour régulariser sa situation. Si la régularisation n'intervient pas au cours de ce délai, le tribunal ou l'autorité administrative compétente prononce la dissolution.

2. Lorsqu'une SEC ne remplit plus l'obligation prévue à l'article 6, l'État membre où la SEC a son siège statutaire prend les mesures appropriées pour obliger la SEC à régulariser sa situation dans un délai déterminé :

— soit en rétablissant son administration centrale dans l'État membre du siège,

— soit en procédant au transfert du siège statutaire par la procédure prévue à l'article 7.

3. L'État membre du siège de la SEC prend les mesures nécessaires pour garantir qu'une SEC qui ne régulariserait pas sa situation, conformément au paragraphe 2, est mise en liquidation.

4. L'État membre du siège statutaire de la SEC peut instituer un recours juridictionnel ou faire appel à tout autre moyen juridique adéquat en cas de violation constatée de l'article 6. Ce recours a un effet suspensif sur les procédures prévues aux paragraphes 2 et 3.

5. Lorsqu'il est constaté, à l'initiative soit des autorités, soit de toute partie intéressée, qu'une SEC a son administration centrale sur le territoire d'un État membre en violation de l'article 6, les autorités de cet État membre en informent sans délai l'État membre où se trouve le siège statutaire de la SEC.

Art. 74 *Publicité de la dissolution.* L'ouverture d'une procédure de dissolution, y compris la dissolution volontaire, de liquidation, d'insolvabilité ou de cessation des paiements, ainsi que sa clôture et la décision de poursuite de l'activité, font l'objet d'une publicité conformément à l'article 12, sans préjudice des dispositions de droit national imposant des mesures de publicité additionnelles.

Art. 75 *Dévolution de l'actif.* L'actif net est dévolu en fonction du principe de dévolution désintéressée ou, lorsque la loi de l'État membre du siège de la SEC le permet, selon d'autres modalités définies dans les statuts de la SEC. Aux fins du présent article, l'actif net comprend les actifs résiduels après paiement de tous les montants dus aux créanciers et remboursement aux membres de leurs contributions au capital.

Art. 76 *Transformation en coopérative.* 1. La SEC peut se transformer en coopérative relevant du droit de l'État membre de son siège statutaire. La décision concernant la transformation ne peut être prise avant deux ans à partir de son immatriculation et avant que les deux premiers comptes annuels n'aient été approuvés.

2. La transformation d'une SEC en coopérative ne donne lieu ni à dissolution, ni à création d'une personne morale nouvelle.

3. L'organe de direction ou d'administration de la SEC établit un projet de transformation et un rapport expliquant et justifiant les aspects juridiques et économiques de la transformation, ainsi que ses conséquences en matière d'emploi, et indiquant les conséquences de l'adoption de la forme de coopérative pour les membres et les titulaires des titres de l'article 14 ainsi que pour les travailleurs.

4. Le projet de transformation fait l'objet d'une publicité effectuée selon le mode prévu par la législation de chaque État membre, un mois au moins avant la date de la réunion de l'assemblée générale appelée à se prononcer sur la transformation.

5. Avant l'assemblée générale visée au paragraphe 6, un ou plusieurs experts indépendants désignés ou agréés, selon les dispositions nationales, par une autorité judiciaire ou administrative de l'État membre dont relève la SEC qui se transforme en coopérative, attestent que cette dernière dispose d'actifs correspondant au moins au capital.

6. L'assemblée générale de la SEC approuve le projet de transformation ainsi que les statuts de la coopérative. La décision de l'assemblée générale est prise dans les conditions prévues par les dispositions nationales.

CHAPITRE VIII

Dispositions complémentaires et transitoires

Art. 77 *Union économique et monétaire.* 1. Chaque État membre peut, si la troisième phase de l'Union économique et monétaire (UEM) ne lui est pas applicable, et aussi longtemps qu'il en est ainsi, appliquer aux SEC ayant leur siège statutaire sur son territoire les dispositions applicables aux coopératives ou aux sociétés anonymes relevant de son droit en ce qui concerne l'expression de leur capital. La SEC peut en tout cas exprimer son capital également en euros. Dans ce cas, le taux de conversion entre la monnaie nationale et l'euro est celui du dernier jour du mois précédant la constitution de la SEC.

2. Si la troisième phase de l'UEM n'est pas applicable à l'État membre du siège statutaire de la SEC, et aussi longtemps qu'il en est ainsi, celle-ci peut cependant établir et publier ses comptes annuels et, le cas échéant, ses comptes consolidés en euros. L'État membre peut exiger que les comptes annuels et, le cas échéant, les comptes consolidés de la SEC soient établis et publiés dans la monnaie nationale dans les mêmes conditions que celles prévues pour les coopératives ou les sociétés anonymes relevant du droit de cet État membre. Cela ne préjuge pas de la possibilité additionnelle pour la SEC de publier, conformément à la directive 90/604/CEE du Conseil du 8 novembre 1990 modifiant la directive 78/660/CEE sur les comptes annuels et la directive 83/349/CEE sur les comptes consolidés en ce qui concerne les dérogations en faveur des petites et moyennes sociétés ainsi que la publication des comptes en écus, ses comptes annuels et, le cas échéant, ses comptes consolidés en euros.

CHAPITRE IX

Dispositions finales

Art. 78 *Dispositions nationales d'application.* 1. Les États membres prennent toute disposition appropriée pour assurer la mise en application effective du présent règlement.

2. Chaque État membre désigne les autorités compétentes au sens des articles 7, 21, 29, 30, 54 et 73. Il en informe la Commission et les autres États membres.

Art. 79 *Réexamen du règlement.* Au plus tard cinq ans après l'entrée en vigueur du présent règlement, la Commission présente au Parlement européen et au Conseil un rapport sur l'application du présent règlement et, le cas échéant, des propositions de modifications. Le rapport examine en particulier s'il convient :

a) de permettre à une SEC d'avoir son administration centrale et son siège statutaire dans des États membres différents ;

b) de permettre qu'un État membre autorise, dans la législation qu'il adopte conformément aux pouvoirs conférés par le présent règlement ou pour assurer l'application effective du présent règlement à une SEC, l'insertion, dans les statuts de la SEC, de dispositions qui dérogent à ladite législation ou qui la complètent, alors même que des dispositions de ce type ne seraient pas autorisées dans les statuts d'une coopérative ayant son siège dans l'État membre en question ;

c) de permettre qu'un État membre adopte des dispositions permettant à la SEC de se scinder en plusieurs coopératives nationales ;

d) de permettre qu'un État membre prévoie un recours juridictionnel spécifique en cas de fraude ou d'erreur lors de l'immatriculation d'une SEC constituée par voie de fusion.

Art. 80 *Entrée en vigueur.* Le présent règlement entre en vigueur le troisième jour suivant celui de sa publication au *Journal officiel de l'Union européenne [JOUE L 207 du 18 août 2003].*

Le présent règlement est applicable à partir du 18 août 2006.

Le présent règlement est obligatoire dans tous ses éléments et directement applicable dans tout État membre.

9 Règlement (CE) n° 2201/2003 du Conseil du 27 novembre 2003 relatif à la compétence, la reconnaissance et l'exécution des décisions en matière matrimoniale et en matière de responsabilité parentale abrogeant le règlement (CE) n° 1347/2000 (« Bruxelles II *bis* »)

Applicable depuis le 1er mars 2005

Modifié par Règlement n° 2116/2004 du 2 déc. 2004
(Version consolidée)

(V. *infra* « Bruxelles II *ter*, n° 44)

Le Conseil de l'Union européenne,

Vu le traité instituant la Communauté européenne, et notamment son article 61, point c), et son article 67, paragraphe 1,

Vu la proposition de la Commission,

Vu l'avis du Parlement européen,

Vu l'avis du Comité économique et social européen,

Considérant ce qui suit :

(1) La Communauté européenne s'est donné pour objectif de créer un espace de liberté, de sécurité et de justice au sein duquel est assurée la libre circulation des personnes. À cette fin, la Communauté adopte, notamment, les mesures dans le domaine de la coopération judiciaire en matière civile nécessaires au bon fonctionnement du marché intérieur.

(2) Le Conseil européen de Tampere a approuvé le principe de la reconnaissance mutuelle des décisions judiciaires comme pierre angulaire de la création d'un véritable espace judiciaire, et a identifié le droit de visite comme une priorité.

(3) Le règlement (CE) n° 1347/2000 du Conseil du 29 mai 2000 établit les règles régissant la compétence, la reconnaissance et l'exécution des décisions en matière matrimoniale et en matière de responsabilité parentale des enfants communs, rendues à l'occasion d'actions matrimoniales. Le contenu dudit règlement était largement repris de la convention du 28 mai 1998 ayant le même objet.

(4) Le 3 juillet 2000, la France a présenté une initiative en vue de l'adoption d'un règlement du Conseil relatif à l'exécution mutuelle des décisions concernant le droit de visite des enfants.

(5) En vue de garantir l'égalité de tous enfants, le présent règlement couvre toutes les décisions en matière de responsabilité parentale, y compris les mesures de protection de l'enfant, indépendamment de tout lien avec une procédure matrimoniale.

(6) Dès lors que l'application des règles en matière de responsabilité parentale intervient souvent dans le cadre d'actions matrimoniales, il est plus approprié d'avoir un seul instrument en matière de divorce et en matière de responsabilité parentale.

(7) Le champ d'application du présent règlement couvre les matières civiles, quelle que soit la nature de la juridiction.

(8) En ce qui concerne les décisions de divorce, de séparation de corps ou d'annulation du mariage, le présent règlement ne devrait s'appliquer qu'à la dissolution du lien matrimonial et ne devrait pas concerner des questions telles que les causes de divorce, les effets patrimoniaux du mariage ou autres mesures accessoires éventuelles.

(9) En ce qui concerne les biens de l'enfant, le présent règlement ne devrait s'appliquer qu'aux mesures de protection de l'enfant, c'est-à-dire : i) à la désignation et aux fonctions d'une personne ou d'un organisme chargé de gérer les biens de l'enfant, de le représenter et de l'assister et ii) aux mesures relatives à l'administration, à la conservation ou à la disposition des biens de l'enfant. Dans ce contexte et à titre d'exemple, le présent règlement devrait s'appliquer aux cas dans lesquels les parents sont en litige au sujet de l'administration des biens de l'enfant. Les mesures relatives aux biens de l'enfant qui ne concernent pas la protection de l'enfant devraient continuer à être régies par règlement (CE) n° 44/2001 du Conseil du 22 décembre 2000 concernant la compétence judiciaire, la reconnaissance et l'exécution des décisions en matière civile et commerciale.

(10) Le présent règlement n'a pas vocation à s'appliquer à des matières telles que celles relatives à la sécurité sociale, aux mesures de droit public à caractère général en matière d'éducation et de santé, ni aux décisions relatives au droit d'asile et à l'immigration. En outre, il ne s'applique ni à l'établissement de la filiation qui est une question distincte de l'attribution de la responsabilité parentale, ni aux autres questions liées à l'état des personnes. Il ne s'applique pas non plus aux mesures prises à la suite d'infractions pénales commises par des enfants.

(11) Les obligations alimentaires sont exclues du champ d'application du présent règlement car elles sont déjà régies par le règlement (CE) n° 44/2001. Les juridictions compétentes en vertu du présent règlement seront généralement compétentes pour statuer en matière d'obligations alimentaires par application de l'article 5, paragraphe 2, du règlement (CE) n° 44/2001.

(12) Les règles de compétence établies par le présent règlement en matière de responsabilité parentale sont conçues en fonction de l'intérêt supérieur de l'enfant et en particulier du critère de proximité. Ce sont donc en premier lieu les juridictions de l'État membre dans lequel l'enfant a sa résidence habituelle qui devraient être compétentes, sauf dans certains cas de changement de résidence de l'enfant ou suite à un accord conclu entre les titulaires de la responsabilité parentale.

(13) Dans l'intérêt de l'enfant, le présent règlement permet à la juridiction compétente, à titre exceptionnel et dans certaines conditions, de renvoyer l'affaire à la juridiction d'un autre État membre si celle-ci est mieux placée pour connaître de l'affaire. Toutefois, dans ce cas, la juridiction deuxième saisie ne devrait pas être autorisée à renvoyer l'affaire à une troisième juridiction.

(14) Les effets du présent règlement ne devraient pas porter préjudice à l'application du droit international public en matière d'immunités diplomatiques. Si la juridiction compétente sur base du présent règlement ne peut exercer sa compétence en raison de l'existence d'une immunité diplomatique conforme au droit international, la compétence devrait être déterminée dans l'État membre dans lequel la personne concernée ne bénéficie d'aucune immunité, conformément à la loi de cet État.

(15) Le règlement (CE) n° 1348/2000 du Conseil du 29 mai 2000 relatif à la signification et à la notification dans les États membres des actes judiciaires et extrajudiciaires en matière civile et commerciale est d'application pour la signification et la notification des actes dans le cadre d'une action judiciaire intentée en vertu du présent règlement.

(16) Le présent règlement ne fait pas obstacle à ce que les juridictions d'un État membre adoptent, en cas d'urgence, des mesures provisoires ou conservatoires relatives aux personnes ou aux biens présents dans cet État.

(17) En cas de déplacement ou de non-retour illicite d'un enfant, son retour devrait être obtenu sans délai et à ces fins la convention de La Haye du 25 octobre 1980 devrait continuer à s'appliquer telle que complétée par les dispositions de ce règlement et en particulier de l'article 11. Les juridictions de l'État membre dans lequel l'enfant a été déplacé ou retenu illicitement devraient être en mesure de s'opposer à son retour dans des cas précis, dûment justifiés. Toutefois, une telle décision devrait pouvoir être remplacée par une décision ultérieure de la juridiction de l'État membre de la résidence habituelle de l'enfant avant son déplacement ou non-retour illicites. Si cette décision implique le retour de l'enfant, le retour devrait être effectué sans qu'il soit nécessaire de recourir à aucune procédure pour la reconnaissance et l'exécution de ladite décision dans l'État membre où se trouve l'enfant enlevé.

(18) En cas de décision de non-retour rendue en vertu de l'article 13, de la convention de La Haye de 1980, la juridiction devrait en informer la juridiction compétente ou l'autorité centrale de l'État membre dans lequel l'enfant avait sa résidence habituelle avant son déplacement ou son non-retour illicites. Cette juridiction, si elle n'a pas encore été saisie, ou l'autorité centrale, devrait adresser une notification aux parties. Cette

obligation ne devrait pas empêcher l'autorité centrale d'adresser également une notification aux autorités publiques concernées conformément au droit national.

(19) L'audition de l'enfant joue un rôle important dans l'application du présent règlement sans que cet instrument ait pour objet de modifier les procédures nationales applicables en la matière.

(20) L'audition d'un enfant dans un autre État membre peut être effectuée selon les modalités prévues par le règlement (CE) n° 1206/2001 du Conseil du 28 mai 2001 relatif à la coopération entre les juridictions des États membres dans le domaine de l'obtention des preuves en matière civile ou commerciale.

(21) La reconnaissance et l'exécution des décisions rendues dans un État membre devraient reposer sur le principe de la confiance mutuelle et les motifs de non-reconnaissance devraient être réduits au minimum nécessaire.

(22) Les actes authentiques et les accords entre parties qui sont exécutoires dans un État membre devraient être assimilés à des « décisions » aux fins de l'application des règles de reconnaissance et d'exécution.

(23) Le Conseil européen de Tampere a estimé en ses conclusions (point 34) que les décisions rendues dans les litiges relevant du droit familial devaient être « automatiquement reconnues dans l'ensemble de l'Union sans procédure intermédiaire ni motifs de refus d'exécution ». C'est pourquoi les décisions concernant le droit de visite et celles concernant le retour de l'enfant, qui ont été certifiées dans l'État membre d'origine conformément aux dispositions du présent règlement, devraient être reconnues et jouissent de la force exécutoire dans tous les autres États membres sans qu'aucune autre procédure ne soit requise. Les modalités relatives à l'exécution de ces décisions restent régies par le droit national.

(24) Le certificat délivré aux fins de faciliter l'exécution de la décision ne devrait être susceptible d'aucun recours. Il ne devrait donner lieu à une action en rectification qu'en cas d'erreur matérielle, c'est-à-dire si le certificat ne reflète pas correctement le contenu de la décision.

(25) Les autorités centrales devraient coopérer tant de manière générale que dans les cas particuliers, y compris en vue de favoriser le règlement à l'amiable des conflits familiaux en matière de responsabilité parentale. À cet effet, les autorités centrales participent au réseau judiciaire européen en matière civile et commerciale créé par la décision 2001/470/CE du Conseil du 28 mai 2001 relative à la création d'un réseau judiciaire européen en matière civile et commerciale.

(26) La Commission devrait rendre publiques et mettre à jour les listes de juridictions et de voies de recours transmises par les États membres.

(27) Il y a lieu d'arrêter les mesures nécessaires à la mise en œuvre du présent règlement en conformité avec la décision 1999/468/CE du Conseil du 28 juin 1999 fixant les modalités de l'exercice des compétences d'exécution conférées à la Commission.

(28) Le présent règlement remplace le règlement (CE) n° 1347/2000 qui est par conséquent abrogé.

(29) Il importe, en vue du bon fonctionnement du présent règlement, que la Commission en examine l'application en vue de proposer, le cas échéant, les modifications nécessaires.

(30) Le Royaume-Uni et l'Irlande, en vertu de l'article 3 du protocole sur la position du Royaume-Uni et de l'Irlande annexé au traité sur l'Union européenne et au traité

instituant la Communauté européenne, ont notifié leur souhait de participer à l'adoption et à l'application du présent règlement.

(31) Le Danemark, conformément aux articles 1er et 2 du protocole sur la position du Danemark annexé au traité sur l'Union européenne et au traité instituant la Communauté européenne, ne participe pas à l'adoption du présent règlement et n'est donc pas lié par celui-ci ni soumis à son application.

(32) Étant entendu que les objectifs du présent règlement ne peuvent pas être réalisés de manière suffisante par les États membres et peuvent donc être mieux réalisés au niveau communautaire, la Communauté peut prendre des mesures conformément au principe de subsidiarité consacré à l'article 5 du traité. Conformément au principe de proportionnalité, tel qu'énoncé audit article, le présent règlement n'excède pas ce qui est nécessaire pour atteindre ces objectifs.

(33) Le présent règlement reconnaît les droits fondamentaux et observe les principes consacrés par la charte des droits fondamentaux de l'Union européenne. Il veille notamment à assurer le respect des droits fondamentaux de l'enfant tels qu'énoncés à l'article 24 de la charte des droits fondamentaux de l'Union européenne,

A arrêté le présent règlement :

CHAPITRE PREMIER
Champ d'application et définitions

Art. premier *Champ d'application.* 1. Le présent règlement s'applique, quelle que soit la nature de la juridiction, aux matières civiles relatives :

a) au divorce, à la séparation de corps et à l'annulation du mariage des époux ;

b) à l'attribution, à l'exercice, à la délégation, au retrait total ou partiel de la responsabilité parentale.

2. Les matières visées au paragraphe 1, point b, concernent notamment :

a) le droit de garde et le droit de visite ;

b) la tutelle, la curatelle, et les institutions analogues ;

c) la désignation et les fonctions de toute personne ou organisme chargé de s'occuper de la personne ou des biens de l'enfant, de le représenter ou de l'assister ;

d) le placement de l'enfant dans une famille d'accueil ou dans un établissement ;

e) les mesures de protection de l'enfant liées à l'administration, à la conservation ou à la disposition de ses biens.

3. Le présent règlement ne s'applique pas :

a) à l'établissement et la contestation de la filiation ;

b) à la décision sur l'adoption et les mesures qui la préparent, ainsi que l'annulation et la révocation de l'adoption ;

c) aux noms et prénoms de l'enfant ;

d) à l'émancipation ;

e) aux obligations alimentaires ;

f) aux trusts et successions ;

g) aux mesures prises à la suite d'infractions pénales commises par des enfants.

Art. 2 *Définitions.* Aux fins du présent règlement en entend par :

1) « juridiction » toutes les autorités compétentes des États membres dans les matières relevant du champ d'application du présent règlement en vertu de l'article 1er ;

2) « juge » le juge ou le titulaire de compétences équivalentes à celles du juge dans les matières relevant du champ d'application du présent règlement;

3) « État membre » tous les États membres à l'exception du Danemark;

4) « décision » toute décision de divorce, de séparation de corps ou d'annulation d'un mariage, ainsi que toute décision concernant la responsabilité parentale rendue par une juridiction d'un État membre, quelle que soit la dénomination de la décision, y compris les termes « arrêt », « jugement » ou « ordonnance »;

5) « État membre d'origine » l'État membre dans lequel a été rendue la décision à exécuter;

6) « État membre d'exécution » l'État membre dans lequel est demandée l'exécution de la décision;

7) « responsabilité parentale » l'ensemble des droits et obligations conférés à une personne physique ou une personne morale sur la base d'une décision judiciaire, d'une attribution de plein droit ou d'un accord en vigueur, à l'égard de la personne ou des biens d'un enfant. Il comprend notamment le droit de garde et le droit de visite;

8) « titulaire de la responsabilité parentale » toute personne exerçant la responsabilité parentale à l'égard d'un enfant;

9) « droit de garde » les droits et obligations portant sur les soins de la personne d'un enfant, et en particulier le droit de décider de son lieu de résidence;

10) « droit de visite » notamment le droit d'emmener l'enfant pour une période limitée dans un lieu autre que celui de sa résidence habituelle;

11) « déplacement ou non-retour illicites d'un enfant » le déplacement ou le non-retour d'un enfant lorsque :

a) il a eu lieu en violation d'un droit de garde résultant d'une décision judiciaire, d'une attribution de plein droit ou d'un accord en vigueur en vertu du droit de l'État membre dans lequel l'enfant avait sa résidence habituelle immédiatement avant son déplacement ou son non-retour

et

b) sous réserve que le droit de garde était exercé effectivement, seul ou conjointement, au moment du déplacement ou du non-retour, ou l'eût été si de tels événements n'étaient survenus. La garde est considérée comme étant exercée conjointement lorsque l'un des titulaires de la responsabilité parentale ne peut, conformément à une décision ou par attribution de plein droit, décider du lieu de résidence de l'enfant sans le consentement d'un autre titulaire de la responsabilité parentale.

CHAPITRE II
Compétence

Section I

Divorce, séparation de corps et annulation du mariage

Art. 3 *Compétence générale.* 1. Sont compétentes pour statuer sur les questions relatives au divorce, à la séparation de corps et à l'annulation du mariage des époux, les juridictions de l'État membre :

a) sur le territoire duquel se trouve :

— la résidence habituelle des époux, ou

— la dernière résidence habituelle des époux dans la mesure où l'un d'eux y réside encore, ou

— la résidence habituelle du défendeur, ou

— en cas de demande conjointe, la résidence habituelle de l'un ou l'autre époux, ou

— la résidence habituelle du demandeur s'il y a résidé depuis au moins une année immédiatement avant l'introduction de la demande, ou

— la résidence habituelle du demandeur s'il y a résidé depuis au moins six mois immédiatement avant l'introduction de la demande et s'il est soit ressortissant de l'État membre en question, soit, dans le cas du Royaume-Uni et de l'Irlande, s'il y a son « domicile »;

b) de la nationalité des deux époux ou, dans le cas du Royaume-Uni et de l'Irlande, du « domicile » commun.

2. Aux fins du présent règlement, le terme « domicile » s'entend au sens des systèmes juridiques du Royaume-Uni et de l'Irlande.

Art. 4 *Demande reconventionnelle.* La juridiction devant laquelle la procédure est pendante en vertu de l'article 3 est également compétente pour examiner la demande reconventionnelle, dans la mesure où celle-ci entre dans le champ d'application du présent règlement.

Art. 5 *Conversion de la séparation de corps en divorce.* Sans préjudice de l'article 3, la juridiction de l'État membre qui a rendu une décision sur la séparation de corps est également compétente pour convertir cette décision en divorce, si la loi de cet État membre le prévoit.

Art. 6 *Caractère exclusif des compétences définies aux articles 3, 4 et 5.* Un époux qui :

a) a sa résidence habituelle sur le territoire d'un État membre, ou

b) est ressortissant d'un État membre ou, dans le cas du Royaume-Uni et de l'Irlande, a son « domicile » sur le territoire de l'un de ces États membres,

ne peut être attrait devant les juridictions d'un autre État membre qu'en vertu des articles 3, 4 et 5.

Art. 7 *Compétences résiduelles.* 1. Lorsqu'aucune juridiction d'un État membre n'est compétente en vertu des articles 3, 4 et 5, la compétence est, dans chaque État membre, réglée par la loi de cet État.

2. Tout ressortissant d'un État membre qui a sa résidence habituelle sur le territoire d'un autre État membre peut, comme les nationaux de cet État, y invoquer les règles de compétence applicables dans cet État contre un défendeur qui n'a pas sa résidence habituelle dans un État membre et qui ou bien n'a pas la nationalité d'un État membre ou, dans le cas du Royaume-Uni et de l'Irlande, n'a pas son « domicile » sur le territoire de l'un de ces États membres.

Section II

Responsabilité parentale

Art. 8 *Compétence générale.* 1. Les juridictions d'un État membre sont compétentes en matière de responsabilité parentale à l'égard d'un enfant qui réside habituellement dans cet État membre au moment où la juridiction est saisie.

2. Le paragraphe 1 s'applique sous réserve des dispositions des articles 9, 10 et 12.

Art. 9 *Maintien de la compétence de l'ancienne résidence habituelle de l'enfant.*

1. Lorsqu'un enfant déménage légalement d'un État membre dans un autre et y acquiert une nouvelle résidence habituelle, les juridictions de l'État membre de l'ancienne résidence habituelle de l'enfant gardent leur compétence, par dérogation à l'article 8, durant une période de trois mois suivant le déménagement, pour modifier une décision concernant le droit de visite rendue dans cet État membre avant que l'enfant ait déménagé, lorsque le titulaire du droit de visite en vertu de la décision concernant le droit de visite continue à résider habituellement dans l'État membre de l'ancienne résidence habituelle de l'enfant.

2. Le paragraphe 1 ne s'applique pas si le titulaire du droit de visite visé au paragraphe 1 a accepté la compétence des juridictions de l'État membre de la nouvelle résidence habituelle de l'enfant en participant à une procédure devant ces juridictions sans en contester la compétence.

Art. 10 *Compétence en cas d'enlèvement d'enfant.* En cas de déplacement ou de non-retour illicites d'un enfant, les juridictions de l'État membre dans lequel l'enfant avait sa résidence habituelle immédiatement avant son déplacement ou son non-retour illicites conservent leur compétence jusqu'au moment où l'enfant a acquis une résidence habituelle dans un autre État membre et que

a) toute personne, institution ou autre organisme ayant le droit de garde a acquiescé au déplacement ou au non-retour

ou

b) l'enfant a résidé dans cet autre État membre pendant une période d'au moins un an après que la personne, l'institution ou tout autre organisme ayant le droit de garde a eu ou aurait dû avoir connaissance du lieu où se trouvait l'enfant, que l'enfant s'est intégré dans son nouvel environnement et que l'une au moins des conditions suivantes est remplie :

i) dans un délai d'un an après que le titulaire d'un droit de garde a eu ou aurait dû avoir connaissance du lieu où se trouvait l'enfant, aucune demande de retour n'a été faite auprès des autorités compétentes de l'État membre où l'enfant a été déplacé ou est retenu;

ii) une demande de retour présentée par le titulaire d'un droit de garde a été retirée et aucune nouvelle demande n'a été présentée dans le délai fixé au point i);

iii) une affaire portée devant une juridiction de l'État membre dans lequel l'enfant avait sa résidence habituelle immédiatement avant son déplacement ou son non-retour illicites a été close en application de l'article 11, paragraphe 7;

iv) une décision de garde n'impliquant pas le retour de l'enfant a été rendue par les juridictions de l'État membre dans lequel l'enfant avait sa résidence habituelle immédiatement avant son déplacement ou son non-retour illicites.

Art. 11 *Retour de l'enfant.* 1. Lorsqu'une personne, institution ou tout autre organisme ayant le droit de garde demande aux autorités compétentes d'un État membre de rendre une décision sur la base de la convention de La Haye du 25 octobre 1980 sur les aspects civils de l'enlèvement international d'enfants (ci-après « la convention de La Haye de 1980 ») en vue d'obtenir le retour d'un enfant qui a été déplacé ou retenu illicitement dans un État membre autre que l'État membre dans lequel l'enfant avait sa résidence habituelle immédiatement avant son déplacement ou son non-retour illicites, les paragraphes 2 à 8 sont d'application.

2. Lors de l'application des articles 12 et 13 de la convention de La Haye de 1980, il y a lieu de veiller à ce que l'enfant ait la possibilité d'être entendu au cours de la procédure, à moins que cela n'apparaisse inapproprié eu égard à son âge ou à son degré de maturité.

3. Une juridiction saisie d'une demande de retour d'un enfant visée au paragraphe 1 agit rapidement dans le cadre de la procédure relative à la demande, en utilisant les procédures les plus rapides prévues par le droit national.

Sans préjudice du premier alinéa, la juridiction rend sa décision, sauf si cela s'avère impossible en raison de circonstances exceptionnelles, six semaines au plus tard après sa saisine.

4. Une juridiction ne peut pas refuser le retour de l'enfant en vertu de l'article 13, point b), de la convention de La Haye de 1980 s'il est établi que des dispositions adéquates ont été prises pour assurer la protection de l'enfant après son retour.

5. Une juridiction ne peut refuser le retour de l'enfant si la personne qui a demandé le retour de l'enfant n'a pas eu la possibilité d'être entendue.

6. Si une juridiction a rendu une décision de non-retour en vertu de l'article 13 de la convention de La Haye de 1980, cette juridiction doit immédiatement, soit directement soit par l'intermédiaire de son autorité centrale, transmettre une copie de la décision judiciaire de non-retour et des documents pertinents, en particulier un compte rendu des audiences, à la juridiction compétente ou à l'autorité centrale de l'État membre dans lequel l'enfant avait sa résidence habituelle immédiatement avant son déplacement ou son non-retour illicites, conformément à ce que prévoit le droit national. La juridiction doit recevoir tous les documents mentionnés dans un délai d'un mois à compter de la date de la décision de non-retour.

7. À moins que les juridictions de l'État membre dans lequel l'enfant avait sa résidence habituelle immédiatement avant son déplacement ou son non-retour illicites aient déjà été saisies par l'une des parties, la juridiction ou l'autorité centrale qui reçoit l'information visée au paragraphe 6 doit la notifier aux parties et les inviter à présenter des observations à la juridiction, conformément aux dispositions du droit national, dans un délai de trois mois à compter de la date de la notification, afin que la juridiction examine la question de la garde de l'enfant.

Sans préjudice des règles en matière de compétence prévues dans le présent règlement, la juridiction clôt l'affaire si elle n'a reçu dans le délai prévu aucune observation.

8. Nonobstant une décision de non-retour rendue en application de l'article 13 de la convention de La Haye de 1980, toute décision ultérieure ordonnant le retour de l'enfant rendue par une juridiction compétente en vertu du présent règlement est exécutoire conformément au chapitre III, section 4, en vue d'assurer le retour de l'enfant.

Art. 12 *Prorogation de compétence.* 1. Les juridictions de l'État membre où la compétence est exercée en vertu de l'article 3 pour statuer sur une demande en divorce, en séparation de corps ou en annulation du mariage des époux sont compétentes pour toute question relative à la responsabilité parentale liée à cette demande lorsque

a) au moins l'un des époux exerce la responsabilité parentale à l'égard de l'enfant et

b) la compétence de ces juridictions a été acceptée expressément ou de toute autre manière non équivoque par les époux et par les titulaires de la responsabilité parentale, à la date à laquelle la juridiction est saisie, et qu'elle est dans l'intérêt supérieur de l'enfant.

2. La compétence exercée conformément au paragraphe 1 prend fin dès que

a) soit la décision faisant droit à la demande en divorce, en séparation de corps ou en annulation du mariage ou la rejetant est passée en force de chose jugée;

b) soit, dans le cas où une procédure relative à la responsabilité parentale est encore en instance à la date visée au point a), dès qu'une décision relative à la responsabilité parentale est passée en force de chose jugée;

c) soit, dans les cas visés aux points a) et b), dès qu'il a été mis fin à la procédure pour une autre raison.

3. Les juridictions d'un État membre sont également compétentes en matière de responsabilité parentale dans des procédures autres que celles visées au paragraphe 1 lorsque

a) l'enfant a un lien étroit avec cet État membre du fait, en particulier, que l'un des titulaires de la responsabilité parentale y a sa résidence habituelle ou que l'enfant est ressortissant de cet État membre

et

b) leur compétence a été acceptée expressément ou de toute autre manière non équivoque par toutes les parties à la procédure à la date à laquelle la juridiction est saisie et la compétence est dans l'intérêt supérieur de l'enfant.

4. Lorsque l'enfant a sa résidence habituelle sur le territoire d'un État tiers, qui n'est pas partie contractante à la convention de La Haye du 19 octobre 1996 concernant la compétence, la loi applicable, la reconnaissance, l'exécution et la coopération en matière de responsabilité parentale et de mesures de protection des enfants, la compétence fondée sur le présent article est présumée être dans l'intérêt de l'enfant notamment lorsqu'une procédure s'avère impossible dans l'État tiers concerné.

Art. 13 *Compétence fondée sur la présence de l'enfant.* 1. Lorsque la résidence habituelle de l'enfant ne peut être établie et que la compétence ne peut être déterminée sur base de l'article 12, les juridictions de l'État membre dans lequel l'enfant est présent sont compétentes.

2. Le paragraphe 1 s'applique également aux enfants réfugiés ainsi qu'aux enfants qui, par suite de troubles prévalant dans leur pays, sont internationalement déplacés.

Art. 14 *Compétences résiduelles.* Lorsqu'aucune juridiction d'un État membre n'est compétente en vertu des articles 8 à 13, la compétence est, dans chaque État membre, réglée par la loi de cet État.

Art. 15 *Renvoi à une juridiction mieux placée pour connaître de l'affaire.* 1. À titre d'exception, les juridictions d'un État membre compétentes pour connaître du fond peuvent, si elles estiment qu'une juridiction d'un autre État membre avec lequel l'enfant a un lien particulier est mieux placée pour connaître de l'affaire, ou une partie spécifique de l'affaire, et lorsque cela sert l'intérêt supérieur de l'enfant :

a) surseoir à statuer sur l'affaire ou sur la partie en question et inviter les parties à saisir d'une demande la juridiction de cet autre État membre conformément au paragraphe 4, ou

b) demander à la juridiction d'un autre État membre d'exercer sa compétence conformément au paragraphe 5.

2. Le paragraphe 1 est applicable

a) sur requête de l'une des parties ou

b) à l'initiative de la juridiction ou

c) à la demande de la juridiction d'un autre État membre avec lequel l'enfant a un lien particulier, conformément au paragraphe 3.

Le renvoi ne peut cependant être effectué à l'initiative de la juridiction ou à la demande de la juridiction d'un autre État membre que s'il est accepté par l'une des parties au moins.

3. Il est considéré que l'enfant a un lien particulier avec un État membre, au sens du paragraphe 1, si

a) après la saisine de la juridiction visée au paragraphe 1, l'enfant a acquis sa résidence habituelle dans cet État membre, ou

b) l'enfant a résidé de manière habituelle dans cet État membre, ou

c) l'enfant est ressortissant de cet État membre, ou

d) l'un des titulaires de la responsabilité parentale a sa résidence habituelle dans cet État membre, ou

e) le litige porte sur les mesures de protection de l'enfant liées à l'administration, à la conservation ou à la disposition de biens détenus par l'enfant et qui se trouvent sur le territoire de cet État membre.

4. La juridiction de l'État membre compétente pour connaître du fond impartit un délai durant lequel les juridictions de l'autre État membre doivent être saisies conformément au paragraphe 1.

Si les juridictions ne sont pas saisies durant ce délai, la juridiction saisie continue d'exercer sa compétence conformément aux articles 8 à 14.

5. Les juridictions de cet autre État membre peuvent, lorsque, en raison des circonstances spécifiques de l'affaire, cela est dans l'intérêt supérieur de l'enfant, se déclarer compétentes dans un délai de six semaines à compter de la date à laquelle elles ont été saisies sur base du paragraphe 1, point a) ou b). Dans ce cas, la juridiction première saisie décline sa compétence. Dans le cas contraire, la juridiction première saisie continue d'exercer sa compétence conformément aux articles 8 à 14.

6. Les juridictions coopèrent aux fins du présent article, par voie directe ou par l'intermédiaire des autorités centrales désignées conformément à l'article 53.

Section III

Dispositions communes

Art. 16 *Saisine d'une juridiction.* 1. Une juridiction est réputée saisie :

a) à la date à laquelle l'acte introductif d'instance ou un acte équivalent est déposé auprès de la juridiction, à condition que le demandeur n'ait pas négligé par la suite de prendre les mesures qu'il était tenu de prendre pour que l'acte soit notifié ou signifié au défendeur;

ou

b) si l'acte doit être notifié ou signifié avant d'être déposé auprès de la juridiction, à la date à laquelle il est reçu par l'autorité chargée de la notification ou de la signification, à condition que le demandeur n'ait pas négligé par la suite de prendre les mesures qu'il était tenu de prendre pour que l'acte soit déposé auprès de la juridiction.

Art. 17 *Vérification de la compétence.* La juridiction d'un État membre saisie d'une affaire pour laquelle sa compétence n'est pas fondée aux termes du présent règlement et pour laquelle une juridiction d'un autre État membre est compétente en vertu du présent règlement se déclare d'office incompétente.

Art. 18 *Vérification de la recevabilité.* 1. Lorsque le défendeur qui a sa résidence habituelle dans un État autre que l'État membre où l'action a été intentée ne comparaît pas, la juridiction compétente est tenue de surseoir à statuer aussi longtemps qu'il n'est pas établi que ce défendeur a été mis à même de recevoir l'acte introductif d'instance ou un acte équivalent en temps utile afin de pourvoir à sa défense ou que toute diligence a été faite à cette fin.

2. L'article 19 du règlement (CE) n° 1348/2000 s'applique en lieu et place des dispositions du paragraphe 1 du présent article si l'acte introductif d'instance ou un acte équivalent a dû être transmis d'un État membre à un autre en exécution dudit règlement.

3. Lorsque les dispositions du règlement (CE) n° 1348/2000 ne sont pas applicables, l'article 15 de la convention de La Haye du 15 novembre 1965 relative à la signification et à la notification à l'étranger des actes judiciaires et extrajudiciaires en matière civile ou commerciale s'applique si l'acte introductif d'instance ou un acte équivalent a dû être transmis à l'étranger en exécution de ladite convention.

Art. 19 *Litispendance et actions dépendantes.* 1. Lorsque des demandes en divorce, en séparation de corps ou en annulation du mariage sont formées entre les mêmes parties devant des juridictions d'États membres différents, la juridiction saisie en second lieu sursoit d'office à statuer jusqu'à ce que la compétence de la juridiction première saisie soit établie.

2. Lorsque des actions relatives à la responsabilité parentale à l'égard d'un enfant, ayant le même objet et la même cause, sont introduites auprès de juridictions d'États membres différents, la juridiction saisie en second lieu sursoit d'office à statuer jusqu'à ce que la compétence de la juridiction première saisie soit établie.

3. Lorsque la compétence de la juridiction première saisie est établie, la juridiction saisie en second lieu se dessaisit en faveur de celle-ci.

Dans ce cas, la partie ayant introduit l'action auprès de la juridiction saisie en second lieu peut porter cette action devant la juridiction première saisie.

Art. 20 *Mesures provisoires et conservatoires.* 1. En cas d'urgence, les dispositions du présent règlement n'empêchent pas les juridictions d'un État membre de prendre des mesures provisoires ou conservatoires relatives aux personnes ou aux biens présents dans cet État, prévues par la loi de cet État membre même si, en vertu du présent règlement, une juridiction d'un autre État membre est compétente pour connaître du fond.

2. Les mesures prises en exécution du paragraphe 1 cessent d'avoir effet lorsque la juridiction de l'État membre compétente en vertu du présent règlement pour connaître du fond a pris les mesures qu'elle estime appropriées.

CHAPITRE III
Reconnaissance et exécution

Section I

Reconnaissance

Art. 21 *Reconnaissance d'une décision.* 1. Les décisions rendues dans un État membre sont reconnues dans les autres États membres sans qu'il soit nécessaire de recourir à aucune procédure.

2. En particulier, et sans préjudice du paragraphe 3, aucune procédure n'est requise pour la mise à jour des actes d'état civil d'un État membre sur la base d'une décision rendue dans un autre État membre en matière de divorce, de séparation de corps ou

d'annulation du mariage, qui n'est plus susceptible de recours selon la loi de cet État membre.

3. Sans préjudice de la section 4, toute partie intéressée peut demander, selon les procédures prévues à la section 2, que soit prise une décision de reconnaissance ou de non-reconnaissance de la décision.

La compétence territoriale de la juridiction indiquée dans la liste communiquée par chaque État membre à la Commission conformément à l'article 68 est déterminée par la loi de l'État membre dans lequel la demande de reconnaissance ou de non-reconnaissance est présentée.

4. Si la reconnaissance d'une décision est invoquée de façon incidente devant une juridiction d'un État membre, celle-ci peut statuer en la matière.

Art. 22 *Motifs de non-reconnaissance des décisions de divorce, de séparation de corps ou d'annulation du mariage.* Une décision rendue en matière de divorce, de séparation de corps ou d'annulation du mariage n'est pas reconnue :

a) si la reconnaissance est manifestement contraire à l'ordre public de l'État membre requis;

b) si l'acte introductif d'instance ou un acte équivalent n'a pas été signifié ou notifié au défendeur défaillant en temps utile et de telle manière qu'il puisse pourvoir à sa défense, à moins qu'il ne soit établi que le défendeur a accepté la décision de manière non équivoque;

c) si elle est inconciliable avec une décision rendue dans une instance opposant les mêmes parties dans l'État membre requis; ou

d) si elle est inconciliable avec une décision rendue antérieurement dans un autre État membre ou dans un État tiers dans une affaire opposant les mêmes parties, dès lors que cette première décision réunit les conditions nécessaires à sa reconnaissance dans l'État membre requis.

Art. 23 *Motifs de non-reconnaissance des décisions en matière de responsabilité parentale.* Une décision rendue en matière de responsabilité parentale n'est pas reconnue :

a) si la reconnaissance est manifestement contraire à l'ordre public de l'État membre requis eu égard aux intérêts supérieurs de l'enfant;

b) si, sauf en cas d'urgence, elle a été rendue sans que l'enfant, en violation des règles fondamentales de procédure de l'État membre requis, ait eu la possibilité d'être entendu;

c) si l'acte introductif d'instance ou un acte équivalent n'a pas été signifié ou notifié à la personne défaillante en temps utile et de telle manière que celle-ci puisse pourvoir à sa défense, à moins qu'il ne soit établi que cette personne a accepté la décision de manière non équivoque;

d) à la demande de toute personne faisant valoir que la décision fait obstacle à l'exercice de sa responsabilité parentale, si la décision a été rendue sans que cette personne ait eu la possibilité d'être entendue;

e) si elle est inconciliable avec une décision rendue ultérieurement en matière de responsabilité parentale dans l'État membre requis;

f) si elle est inconciliable avec une décision rendue ultérieurement en matière de responsabilité parentale dans un autre État membre ou dans l'État tiers où l'enfant réside habituellement, dès lors que la décision ultérieure réunit les conditions nécessaires à sa reconnaissance dans l'État requis;

ou

g) si la procédure prévue à l'article 56 n'a pas été respectée.

Art. 24 *Interdiction du contrôle de la compétence de la juridiction d'origine.* Il ne peut être procédé au contrôle de la compétence de la juridiction de l'État membre d'origine. Le critère de l'ordre public visé à l'article 22, point a), et à l'article 23, point a), ne peut être appliqué aux règles de compétence visées aux articles 3 à 14.

Art. 25 *Disparités entre les lois applicables.* La reconnaissance d'une décision ne peut être refusée au motif que la loi de l'État membre requis ne permet pas le divorce, la séparation de corps ou l'annulation du mariage sur la base de faits identiques.

Art. 26 *Interdiction de la révision au fond.* En aucun cas, une décision ne peut faire l'objet d'une révision au fond.

Art. 27 *Sursis à statuer.* 1. La juridiction d'un État membre saisie d'une demande de reconnaissance d'une décision rendue dans un autre État membre peut surseoir à statuer si cette décision fait l'objet d'un recours ordinaire.

2. La juridiction d'un État membre saisie d'une demande de reconnaissance d'une décision rendue en Irlande ou au Royaume-Uni et dont l'exécution est suspendue dans l'État membre d'origine du fait de l'exercice d'un recours peut surseoir à statuer.

Section II

Requête en déclaration de la force exécutoire

Art. 28 *Décisions exécutoires.* 1. Les décisions rendues dans un État membre sur l'exercice de la responsabilité parentale à l'égard d'un enfant, qui y sont exécutoires et qui ont été signifiées ou notifiées, sont mises en exécution dans un autre État membre après y avoir été déclarées exécutoires sur requête de toute partie intéressée.

2. Toutefois, au Royaume-Uni, ces décisions ne sont mises à exécution en Angleterre et au pays de Galles, en Écosse ou en Irlande du Nord qu'après avoir été enregistrées en vue de leur exécution, sur requête de toute partie intéressée, dans l'une ou l'autre de ces parties du Royaume-Uni, suivant le cas.

Art. 29 *Juridiction territorialement compétente.* 1. La requête en déclaration de constatation de la force exécutoire est présentée à la juridiction indiquée dans la liste communiquée par chaque État membre à la Commission conformément à l'article 68.

2. La compétence territoriale est déterminée par la résidence habituelle de la personne contre laquelle l'exécution est demandée ou par la résidence habituelle de tout enfant concerné par la requête.

Lorsqu'aucune des résidences visées au premier alinéa ne se trouve dans l'État membre d'exécution, la compétence territoriale est déterminée par le lieu d'exécution.

Art. 30 *Procédure.* 1. Les modalités de dépôt de la requête sont déterminées par la loi de l'État membre d'exécution.

2. Le requérant doit faire élection de domicile dans le ressort de la juridiction saisie. Toutefois, si la loi de l'État membre d'exécution ne connaît pas l'élection de domicile, le requérant désigne un mandataire *ad litem*.

3. Les documents mentionnés aux articles 37 et 39 sont joints à la requête.

Art. 31 *Décision rendue par la juridiction.* 1. La juridiction saisie de la requête statue à bref délai, sans que ni la personne contre laquelle l'exécution est demandée ni l'enfant ne puissent, à ce stade de la procédure, présenter d'observations.

2. La requête ne peut être rejetée que pour l'un des motifs prévus aux articles 22, 23 et 24.

3. En aucun cas, la décision ne peut faire l'objet d'une révision au fond.

Art. 32 *Notification de la décision.* La décision rendue sur requête est aussitôt portée à la connaissance du requérant, à la diligence du greffier, suivant les modalités déterminées par la loi de l'État membre d'exécution.

Art. 33 *Recours.* 1. L'une ou l'autre partie peut former un recours contre la décision relative à la demande de déclaration constatant la force exécutoire.

2. Le recours est porté devant la juridiction indiquée dans la liste communiquée par chaque État membre à la Commission conformément à l'article 68.

3. Le recours est examiné selon les règles de la procédure contradictoire.

4. Si le recours est formé par la personne qui a demandé la déclaration constatant la force exécutoire, la partie contre laquelle l'exécution est demandée est appelée à comparaître devant la juridiction saisie du recours. En cas de défaut, les dispositions de l'article 18 s'appliquent.

5. Le recours contre la déclaration constatant la force exécutoire doit être formé dans un délai d'un mois à compter de sa signification. Si la partie contre laquelle l'exécution est demandée a sa résidence habituelle dans un État membre autre que celui dans lequel la déclaration constatant la force exécutoire a été délivrée, le délai est de deux mois et court à compter du jour où la signification a été faite à personne ou à domicile. Ce délai ne comporte pas de prorogation à raison de la distance.

Art. 34 *Juridictions de recours et voies de recours.* La décision rendue sur le recours ne peut faire l'objet que du recours visé à la liste communiquée par chaque État membre à la Commission conformément à l'article 68.

Art. 35 *Sursis à statuer.* 1. La juridiction saisie du recours formé au titre de l'article 33 ou 34 peut, à la requête de la partie contre laquelle l'exécution est demandée, surseoir à statuer si la décision fait, dans l'État membre d'origine, l'objet d'un recours ordinaire, ou si le délai pour le former n'est pas expiré. Dans ce dernier cas, la juridiction peut impartir un délai pour former ce recours.

2. Lorsque la décision a été rendue en Irlande ou au Royaume-Uni, toute voie de recours prévue dans l'État membre d'origine est considérée comme un recours ordinaire aux fins de l'application du paragraphe 1.

Art. 36 *Exécution partielle.* 1. Lorsque la décision a statué sur plusieurs chefs de la demande et que l'exécution ne peut être autorisée pour le tout, la juridiction accorde l'exécution pour un ou plusieurs d'entre eux.

2. Le requérant peut demander une exécution partielle.

Section III

Dispositions communes aux sections 1 et 2

Art. 37 *Documents.* 1. La partie qui invoque ou conteste la reconnaissance d'une décision ou sollicite la délivrance d'une déclaration constatant sa force exécutoire doit produire :

a) une expédition de celle-ci réunissant les conditions nécessaires à son authenticité ; et

b) le certificat visé à l'article 39.

2. En outre, s'il s'agit d'une décision par défaut, la partie qui invoque la reconnaissance ou sollicite la délivrance d'une déclaration constatant sa force exécutoire doit produire :

a) l'original ou une copie certifiée conforme du document établissant que l'acte introductif d'instance ou un acte équivalent a été signifié ou notifié à la partie défaillante;

ou

b) tout document indiquant que le défendeur a accepté la décision de manière non équivoque.

Art. 38 *Absence de documents.* 1. À défaut de production des documents mentionnés à l'article 37, paragraphe 1, point b), ou paragraphe 2, la juridiction peut impartir un délai pour les produire ou accepter des documents équivalents ou, si elle s'estime suffisamment éclairée, en dispenser.

2. Il est produit une traduction des documents si la juridiction l'exige. La traduction est certifiée par une personne habilitée à cet effet dans l'un des États membres.

Art. 39 *Certificat concernant les décisions en matière matrimoniale et certificat concernant les décisions en matière de responsabilité parentale.* La juridiction ou l'autorité compétente de l'État membre d'origine délivre, à la requête de toute partie intéressée, un certificat en utilisant le formulaire dont le modèle figure à l'annexe I (décisions en matière matrimoniale) ou à l'annexe II (décisions en matière de responsabilité parentale).

Section IV

Force exécutoire de certaines décisions relatives au droit de visite et de certaines décisions ordonnant le retour de l'enfant

Art. 40 *Champ d'application.* 1. La présente section s'applique :

a) au droit de visite

et

b) au retour d'un enfant consécutif à une décision ordonnant le retour de l'enfant visée à l'article 11, paragraphe 8.

2. Les dispositions de la présente section n'empêchent pas un titulaire de la responsabilité parentale d'invoquer la reconnaissance et l'exécution d'une décision, conformément aux dispositions contenues dans les sections 1 et 2 du présent chapitre.

Art. 41 *Droit de visite.* 1. Le droit de visite visé à l'article 40, paragraphe 1, point a), accordé par une décision exécutoire rendue dans un État membre, est reconnu et jouit de la force exécutoire dans un autre État membre sans qu'aucune déclaration lui reconnaissant force exécutoire ne soit requise et sans qu'il soit possible de s'opposer à sa reconnaissance si la décision a été certifiée dans l'État membre d'origine conformément au paragraphe 2.

Même si le droit national ne prévoit pas la force exécutoire de plein droit, nonobstant un éventuel recours, d'une décision accordant un droit de visite, la juridiction d'origine peut déclarer la décision exécutoire.

2. Le juge d'origine ne délivre le certificat visé au paragraphe 1, en utilisant le formulaire dont le modèle figure à l'annexe III (certificat concernant le droit de visite), que si :

a) en cas de procédure par défaut, l'acte introductif d'instance ou un acte équivalent a été signifié ou notifié à la personne défaillante en temps utile et de telle manière que cette personne puisse pourvoir à sa défense, ou, s'il a été signifié ou notifié sans le respect de ces conditions, il est néanmoins établi qu'elle a accepté la décision de manière non équivoque;

b) toutes les parties concernées ont eu la possibilité d'être entendues;

et

c) l'enfant a eu la possibilité d'être entendu, à moins qu'une audition n'ait été jugée inappropriée eu égard à son âge ou à son degré de maturité.

Le certificat est rempli dans la langue de la décision.

3. Si le droit de visite concerne une situation ayant dès le prononcé de la décision un caractère transfrontière, le certificat est délivré d'office lorsque la décision devient exécutoire, y compris par provision. Si la situation n'acquiert un caractère transfrontière qu'ultérieurement, le certificat est délivré à la demande de l'une des parties.

Art. 42 *Retour de l'enfant.* 1. Le retour de l'enfant visé à l'article 40, paragraphe 1, point b), résultant d'une décision exécutoire rendue dans un État membre est reconnu et jouit de la force exécutoire dans un autre État membre sans qu'aucune déclaration lui reconnaissant force exécutoire ne soit requise et sans qu'il ne soit possible de s'opposer à sa reconnaissance si la décision a été certifiée dans l'État membre d'origine conformément au paragraphe 2.

Même si le droit national ne prévoit pas la force exécutoire de plein droit, nonobstant un éventuel recours, d'une décision ordonnant le retour de l'enfant visée à l'article 11, paragraphe 8, la juridiction d'origine peut déclarer la décision exécutoire.

2. Le juge d'origine qui a rendu la décision visée à l'article 40, paragraphe 1, point b), ne délivre le certificat visé au paragraphe 1 que si :

a) l'enfant a eu la possibilité d'être entendu, à moins qu'une audition n'ait été jugée inappropriée eu égard à son âge ou à son degré de maturité,

b) les parties ont eu la possibilité d'être entendues, et que

c) la juridiction a rendu sa décision en tenant compte des motifs et des éléments de preuve sur la base desquels avait été rendue la décision prise en application de l'article 13 de la convention de La Haye de 1980.

Au cas où la juridiction ou toute autre autorité prend des mesures en vue d'assurer la protection de l'enfant après son retour dans l'État de sa résidence habituelle, le certificat précise les modalités de ces mesures.

Le juge d'origine délivre de sa propre initiative ledit certificat, en utilisant le formulaire dont le modèle figure à l'annexe IV (certificat concernant le retour de l'enfant).

Le certificat est rempli dans la langue de la décision.

Art. 43 *Action en rectification.* 1. Le droit de l'État membre d'origine est applicable à toute rectification du certificat.

2. La délivrance d'un certificat au titre de l'article 41, paragraphe 1, ou de l'article 42, paragraphe 1, n'est par ailleurs susceptible d'aucun recours.

Art. 44 *Effets du certificat.* Le certificat ne produit ses effets que dans les limites du caractère exécutoire du jugement.

Art. 45 *Documents.* 1. La partie qui demande l'exécution d'une décision doit produire :

a) une expédition de celle-ci réunissant les conditions nécessaires à son authenticité;

et

b) le certificat visé à l'article 41, paragraphe 1, ou à l'article 42, paragraphe 1.

2. Aux fins du présent article,

— le certificat visé à l'article 41, paragraphe 1, s'accompagne d'une traduction du point 12 relatif aux modalités d'exercice du droit de visite,

— le certificat visé à l'article 42, paragraphe 1, s'accompagne d'une traduction du point 14 relatif aux modalités des mesures prises en vue d'assurer le retour de l'enfant.

La traduction est effectuée dans la langue officielle ou l'une des langues officielles de l'État membre d'exécution ou dans toute autre langue que ce dernier a indiqué d'accepter. La traduction est certifiée par une personne habilitée à cet effet dans l'un des États membres.

Section V

Actes authentiques et accords

Art. 46 Les actes authentiques reçus et exécutoires dans un État membre ainsi que les accords entre parties exécutoires dans l'État membre d'origine sont reconnus et rendus exécutoires dans les mêmes conditions que des décisions.

Section VI

Autres dispositions

Art. 47 *Procédure d'exécution.* 1. La procédure d'exécution est déterminée par le droit de l'État membre d'exécution.

2. Toute décision rendue par la juridiction d'un autre État membre et déclarée exécutoire conformément à la section 2 ou certifiée conformément à l'article 41, paragraphe 1, ou à l'article 42, paragraphe 1, est exécutée dans l'État membre d'exécution dans les mêmes conditions que si elle avait été rendue dans cet État membre.

En particulier, une décision certifiée conformément à l'article 41, paragraphe 1, ou à l'article 42, paragraphe 1, ne peut être exécutée si elle est inconciliable avec une décision exécutoire rendue ultérieurement.

Art. 48 *Modalités pratiques de l'exercice du droit de visite.* 1. Les juridictions de l'État membre d'exécution peuvent arrêter les modalités pratiques pour organiser l'exercice du droit de visite, si les modalités nécessaires n'ont pas été prévues ou ne l'ont pas été suffisamment dans la décision rendue par les juridictions de l'État membre compétentes pour connaître du fond, et pour autant que les éléments essentiels de ladite décision soient respectés.

2. Les modalités pratiques arrêtées conformément au paragraphe 1 cessent d'être applicables en exécution de la décision ultérieure rendue par les juridictions de l'État membre compétentes pour connaître du fond.

Art. 49 *Coûts.* Les dispositions du présent chapitre, à l'exception de celles prévues à la section 4, sont aussi d'application pour la fixation du montant des frais du procès au titre des procédures engagées en vertu du présent règlement et pour l'exécution de tout jugement concernant de tels frais.

Art. 50 *Assistance judiciaire.* Le requérant qui, dans l'État membre d'origine, a bénéficié en tout ou en partie de l'assistance judiciaire ou d'une exemption de frais et dépens bénéficie, dans la procédure prévue aux articles 21, 28, 41, 42 et 48, de l'assistance la plus favorable ou de l'exemption la plus large prévue par le droit de l'État membre d'exécution.

Art. 51 *Caution, dépôt.* Aucune caution ni aucun dépôt, sous quelque dénomination que ce soit, ne peuvent être imposés à la partie qui demande l'exécution dans un État membre d'une décision rendue dans un autre État membre en raison :

a) du défaut de résidence habituelle dans l'État membre requis; ou

b) soit de sa qualité d'étranger, soit, lorsque l'exécution est demandée au Royaume-Uni ou en Irlande, du défaut de « domicile » dans l'un de ces États membres.

Art. 52 *Légalisation ou formalité analogue.* Aucune légalisation ni formalité analogue n'est exigée en ce qui concerne les documents visés aux articles 37, 38 et 45 ou, le cas échéant, la procuration *ad litem.*

CHAPITRE IV

Coopération entre les Autorités centrales en matière de responsabilité parentale

Art. 53 *Désignation.* Chaque État membre désigne une ou plusieurs autorités centrales chargées de l'assister dans l'application du présent règlement et en précise les attributions territoriales ou matérielles. Lorsqu'un État membre a désigné plusieurs autorités centrales, les communications sont en principe adressées directement à l'autorité centrale compétente. Si une communication est adressée à une autorité centrale non compétente, celle-ci est chargée de la transmettre à l'autorité centrale compétente et d'en informer l'expéditeur.

Art. 54 *Fonctions générales.* Les autorités centrales communiquent des informations sur les législations et procédures nationales et prennent des mesures pour améliorer l'application du présent règlement et renforcer leur coopération. À cette fin, il est fait usage du réseau judiciaire européen en matière civile et commerciale créé par la décision 2001/470/CE.

Art. 55 *Coopération dans le cadre d'affaires spécifiques à la responsabilité parentale.* Les autorités centrales, à la demande d'une autorité centrale d'un autre État membre ou du titulaire de la responsabilité parentale, coopèrent dans des affaires déterminées pour réaliser les objectifs visés par le présent règlement. À cet effet, elles prennent, elles-mêmes ou par l'intermédiaire des pouvoirs publics ou autres organismes, toute mesure appropriée, conformément à la législation de cet État membre en matière de protection des données à caractère personnel, pour :

a) recueillir et échanger des informations :

i) sur la situation de l'enfant,

ii) sur toute procédure en cours, ou

iii) sur toute décision rendue concernant l'enfant;

b) fournir des informations et une assistance aux titulaires de la responsabilité parentale qui demandent la reconnaissance et l'exécution d'une décision sur leur territoire, en particulier en matière de droit de visite et de retour de l'enfant;

c) faciliter les communications entre les juridictions notamment pour l'application de l'article 11, paragraphes 6 et 7, et de l'article 15;

d) fournir toute information et aide utiles pour l'application par les juridictions de l'article 56;

e) faciliter la conclusion d'accords entre les titulaires de la responsabilité parentale en recourant à la médiation ou à d'autres moyens, et faciliter à cette fin la coopération transfrontalière.

Art. 56 *Placement de l'enfant dans un autre État membre.* 1. Lorsque la juridiction compétente en vertu des articles 8 à 15 envisage le placement de l'enfant dans un établissement ou dans une famille d'accueil et que ce placement aura lieu dans un autre État membre, elle consulte au préalable l'autorité centrale ou une autre autorité compétente de ce dernier État membre si l'intervention d'une autorité publique est prévue dans cet État membre pour les cas internes de placements d'enfants.

2. La décision sur le placement visé au paragraphe 1 ne peut être prise dans l'État membre requérant que si l'autorité compétente de l'État requis a approuvé ce placement.

3. Les modalités relatives à la consultation ou à l'approbation visées aux paragraphes 1 et 2 sont régies par le droit national de l'État membre requis.

4. Lorsque la juridiction compétente en vertu des articles 8 à 15 décide le placement de l'enfant dans une famille d'accueil, que ce placement aura lieu dans un autre État membre, et que l'intervention d'une autorité publique n'est pas prévue dans ce dernier État membre pour les cas internes de placement d'enfants, elle en avise l'autorité centrale ou une autorité compétente de cet État membre.

Art. 57 *Méthode de travail.* 1. Tout titulaire de la responsabilité parentale peut adresser à l'autorité centrale de l'État membre dans lequel il réside habituellement ou à l'autorité centrale de l'État membre dans lequel l'enfant a sa résidence habituelle ou est présent, une demande d'assistance conformément à l'article 55. D'une manière générale, la demande est accompagnée de toutes les informations disponibles pouvant en faciliter l'exécution. Si la demande d'assistance concerne la reconnaissance ou l'exécution d'une décision relative à la responsabilité parentale couverte par le champ d'application du présent règlement, le titulaire de la responsabilité parentale est tenu d'y joindre les certificats correspondants figurant aux articles 39, 41, paragraphe 1, ou 42, paragraphe 1.

2. Les États membres notifient à la Commission la ou les langues officielles des institutions de la Communauté autres que leur(s) propre(s) langue(s) dans lesquelles les communications peuvent être adressées aux autorités centrales.

3. L'assistance dispensée par les autorités centrales en vertu de l'article 55 est gratuite.

4. Chaque autorité centrale supporte ses propres frais.

Art. 58 *Réunions.* 1. Les autorités centrales, pour faciliter l'application du présent règlement, sont réunies régulièrement.

2. La convocation de ces réunions s'effectue conformément à la décision 2001/470/CE relative à la création d'un réseau judiciaire européen en matière civile et commerciale.

CHAPITRE V

Relations avec d'autres instruments

Art. 59 *Relation avec d'autres instruments.* 1. Sans préjudice des articles 60, 63, 64 et du paragraphe 2 du présent article, le présent règlement remplace, pour les États membres, les conventions existant au moment de l'entrée en vigueur du présent règlement, qui ont été conclues entre deux ou plusieurs États membres et qui portent sur des matières réglées par le présent règlement.

2. a) La Finlande et la Suède ont la faculté de déclarer que la convention du 6 février 1931 entre le Danemark, la Finlande, l'Islande, la Norvège et la Suède comprenant des dispositions de droit international privé sur le mariage, l'adoption et la garde des enfants ainsi que son protocole final s'appliquent en tout ou en partie, dans leurs relations mutuelles, en lieu et place des règles du présent règlement. Ces déclarations sont publiées au Journal officiel de l'Union européenne en annexe du présent règlement. Lesdits États membres peuvent y renoncer, en tout ou en partie, à tout moment.

b) Le principe de la non-discrimination en raison de la nationalité entre citoyens de l'Union européenne est respecté.

c) Dans tout accord à conclure entre les États membres visés au point a), portant sur des matières réglées par le présent règlement, les règles de compétence sont alignées sur celles prévues par le présent règlement.

d) Les décisions rendues dans l'un des États nordiques qui a fait la déclaration visée au point a) en vertu d'un chef de compétence qui correspond à l'un de ceux prévus au chapitre II du présent règlement sont reconnues et exécutées dans les autres États membres conformément aux règles prévues au chapitre III du présent règlement.

3. Les États membres communiquent à la Commission :

a) une copie des accords et des lois uniformes les mettant en œuvre visés au paragraphe 2, points a) et c);

b) toute dénonciation ou modification de ces accords ou de ces lois uniformes.

Art. 60 *Relations avec certaines conventions multilatérales.* Dans les relations entre les États membres, le présent règlement prévaut sur les conventions suivantes dans la mesure où elles concernent des matières réglées par le présent règlement :

a) convention de La Haye du 5 octobre 1961 concernant la compétence des autorités et la loi applicable en matière de protection des mineurs;

b) convention de Luxembourg du 8 septembre 1967 sur la reconnaissance des décisions relatives au lien conjugal;

c) convention de La Haye du 1er juin 1970 sur la reconnaissance des divorces et des séparations de corps;

d) convention européenne du 20 mai 1980 sur la reconnaissance et l'exécution des décisions en matière de garde des enfants et le rétablissement de la garde des enfants;

et

e) convention de La Haye du 25 octobre 1980 sur les aspects civils de l'enlèvement international d'enfants.

Art. 61 *Relations avec la convention de La Haye du 19 octobre 1996 concernant la compétence, la loi applicable, la reconnaissance, l'exécution et la coopération en matière de responsabilité parentale et de mesures de protection des enfants.* Dans les relations avec la convention de La Haye du 19 octobre 1996 concernant la compétence, la loi applicable, la reconnaissance, l'exécution et la coopération en matière de responsabilité parentale et de mesures de protection des enfants, le présent règlement s'applique

a) lorsque l'enfant concerné a sa résidence habituelle sur le territoire d'un État membre;

b) en ce qui concerne la reconnaissance et l'exécution d'une décision rendue par la juridiction compétente d'un État membre sur le territoire d'un autre État membre, même si l'enfant concerné a sa résidence habituelle sur le territoire d'un État non membre qui est partie contractante à ladite convention.

Art. 62 *Étendue des effets.* 1. Les accords et conventions visés à l'article 59, paragraphe 1, et aux articles 60 et 61 continuent à produire leurs effets dans les matières non réglées par le présent règlement.

2. Les conventions mentionnées à l'article 60, notamment la convention de La Haye de 1980, continuent à produire leurs effets entre les États membres qui en sont parties contractantes, dans le respect de l'article 60.

Art. 63 *Traités conclus avec le Saint-Siège.* 1. Le présent règlement est applicable sans préjudice du traité international (concordat) conclu entre le Saint-Siège et le Portugal, signé au Vatican le 7 mai 1940.

2. Toute décision relative à l'invalidité d'un mariage rendue en vertu du traité visé au paragraphe 1 est reconnue dans les États membres dans les conditions prévues au chapitre III, section 1.

3. Les dispositions des paragraphes 1 et 2 s'appliquent également aux traités internationaux (concordats) ci-après conclus avec le Saint-Siège :

a) « *Concordato lateranense* » du 11 février 1929 entre l'Italie et le Saint-Siège, modifié par l'accord, et son protocole additionnel, signé à Rome le 18 février 1984 ;

b) accord du 3 janvier 1979 entre le Saint-Siège et l'Espagne sur des questions juridiques ;

c) Accord entre le Saint-Siège et Malte sur la reconnaissance d'effets civils aux mariages canoniques et aux décisions rendues par les autorités et juridictions ecclésiastiques sur lesdits mariages du 3 février 1993, y compris le protocole d'application de la même date, et son deuxième protocole additionnel du 6 janvier 1995.

4. En Espagne, en Italie ou à Malte, la reconnaissance des décisions prévue au paragraphe 2 peut être soumise aux mêmes procédures et contrôles que ceux qui sont applicables aux décisions rendues par les juridictions ecclésiastiques conformément aux traités internationaux conclus avec le Saint-Siège et visés au paragraphe 3.

5. Les États membres communiquent à la Commission :

a) une copie des traités visés aux paragraphes 1 et 3 ;

b) toute dénonciation ou modification de ces traités.

CHAPITRE VI

Dispositions transitoires

Art. 64 1. Les dispositions du présent règlement ne sont applicables qu'aux actions judiciaires intentées, aux actes authentiques reçus et aux accords entre parties conclus postérieurement à la date de sa mise en application telle que prévue à l'article 72.

2. Les décisions rendues après la date de mise en application du présent règlement à la suite d'actions intentées avant cette date, mais après la date d'entrée en vigueur du règlement (CE) n° 1347/2000, sont reconnues et exécutées conformément aux dispositions du chapitre III du présent règlement, si les règles de compétence appliquées sont conformes à celles prévues soit par le chapitre II du présent règlement ou du règlement (CE) n° 1347/2000, soit par une convention qui était en vigueur entre l'État membre d'origine et l'État membre requis lorsque l'action a été intentée.

3. Les décisions rendues avant la date de mise en application du présent règlement à la suite d'actions intentées après la date d'entrée en vigueur du règlement (CE) n° 1347/2000 sont reconnues et exécutées conformément aux dispositions du chapitre III du pré-

sent règlement pour autant qu'il s'agisse d'une décision de divorce, de séparation de corps ou d'annulation du mariage, ou d'une décision relative à la responsabilité parentale des enfants communs rendue à l'occasion d'une telle action matrimoniale.

4. Les décisions rendues avant la date de mise en application du présent règlement, mais après la date d'entrée en vigueur du règlement (CE) n° 1347/2000, à la suite d'actions intentées avant la date d'entrée en vigueur du règlement (CE) n° 1347/2000 sont reconnues et exécutées conformément aux dispositions du chapitre III du présent règlement pour autant qu'il s'agisse d'une décision de divorce, de séparation de corps ou d'annulation du mariage, ou d'une décision relative à la responsabilité parentale des enfants communs rendue à l'occasion d'une telle action matrimoniale, et que les règles de compétence appliquées sont conformes à celles prévues soit par le chapitre II du présent règlement ou du règlement (CE) n° 1347/2000, soit par une convention qui était en vigueur entre l'État membre d'origine et l'État membre requis lorsque l'action a été intentée.

CHAPITRE VII

Dispositions finales

Art. 65 *Réexamen.* Au plus tard le 1er janvier 2012, et ensuite tous les cinq ans, la Commission présente au Parlement européen, au Conseil et au Comité économique et social européen, sur la base des informations fournies par les États membres, un rapport relatif à l'application du présent règlement, accompagné le cas échéant de propositions visant à l'adapter.

Art. 66 *États membres ayant deux ou plusieurs systèmes juridiques.* Au regard d'un État membre dans lequel deux ou plusieurs systèmes de droit ou ensembles de règles ayant trait aux questions régies par le présent règlement s'appliquent dans des unités territoriales différentes :

a) toute référence à la résidence habituelle dans cet État membre vise la résidence habituelle dans une unité territoriale;

b) toute référence à la nationalité ou, dans le cas du Royaume-Uni, au « domicile », vise l'unité territoriale désignée par la loi de cet État;

c) toute référence à l'autorité d'un État membre vise l'autorité de l'unité territoriale concernée au sein de cet État;

d) toute référence aux règles de l'État membre requis vise les règles de l'unité territoriale dans laquelle la compétence, la reconnaissance ou l'exécution sont invoquées.

Art. 67 *Informations relatives aux autorités centrales et aux langues acceptées.* Les États membres notifient à la Commission dans un délai de trois mois à compter de l'entrée en vigueur du présent règlement :

a) les noms, adresses et moyens de communication des autorités centrales désignées conformément à l'article 53;

b) les langues acceptées pour les communications adressées aux autorités centrales conformément à l'article 57, paragraphe 2;

et

c) les langues acceptées pour le certificat concernant le droit de visite conformément à *l'article 45, paragraphe 2.*

Les États membres communiquent à la Commission toute modification apportée à ces informations.

La Commission met ces informations à la disposition du public.

Art. 68 *Informations relatives aux juridictions et aux voies de recours.* Les États membres communiquent à la Commission les listes des juridictions et des voies de recours visées aux articles 21, 29, 33 et 34, ainsi que les modifications qui y sont apportées.

La Commission met ces informations à jour et les met à la disposition du public par voie de publication au Journal officiel de l'Union européenne et par tout autre moyen approprié.

Art. 69 *Modification des annexes.* Toute modification apportée aux formulaires dont les modèles figurent aux annexes I à IV est adoptée selon la procédure visée à l'article 70, paragraphe 2.

Art. 70 *Comité.* 1. La Commission est assistée par un comité (ci-après, « le comité »).

2. Lorsqu'il est fait référence au présent paragraphe, les articles 3 et 7 de la décision 1999/468/CE s'appliquent.

3. Le comité adopte son règlement intérieur.

Art. 71 *Abrogation du règlement (CE) n° 1347/2000.* 1. Le règlement (CE) n° 1347/2000 est abrogé à compter de la date de mise en application du présent règlement.

2. Toute référence au règlement (CE) n° 1347/2000 s'entend comme faite au présent règlement conformément à la table de correspondance figurant à l'annexe V.

Art. 72 *Entrée en vigueur.* Le présent règlement entre en vigueur le 1er août 2004.

Le présent règlement s'applique à compter du 1er mars 2005 à l'exception des articles 67, 68, 69 et 70, qui s'appliquent à compter du 1er août 2004.

Le présent règlement est obligatoire dans tous ses éléments et directement applicable dans les États membres conformément au traité instituant la Communauté européenne.

10 Règlement (CE) n° 261/2004 du Parlement européen et du Conseil du 11 février 2004 établissant des règles communes en matière d'indemnisation et d'assistance des passagers en cas de refus d'embarquement et d'annulation ou de retard important d'un vol, et abrogeant le règlement (CEE) n° 295/91

Applicable depuis le 17 février 2005
(Texte présentant de l'intérêt pour l'EEE)

Le Parlement européen et le Conseil de l'Union européenne,

Vu le traité instituant la Communauté européenne, et notamment son article 80, paragraphe 2,

Vu la proposition de la Commission,

Vu l'avis du Comité économique et social européen,

Après consultation du Comité des régions,

Statuant conformément à la procédure visée à l'article 251 du traité, au vu du projet commun approuvé le 1er décembre 2003 par le comité de conciliation,

Considérant ce qui suit :

(1) L'action de la Communauté dans le domaine des transports aériens devrait notamment viser à garantir un niveau élevé de protection des passagers. Il convient en outre de tenir pleinement compte des exigences de protection des consommateurs en général.

(2) Le refus d'embarquement et l'annulation ou le retard important d'un vol entraînent des difficultés et des désagréments sérieux pour les passagers.
(3) Bien que le règlement (CEE) n° 295/91 du Conseil du 4 février 1991 établissant des règles communes relatives à un système de compensation pour refus d'embarquement dans les transports aériens réguliers ait mis en place une protection de base pour les passagers, le nombre de passagers refusés à l'embarquement contre leur volonté reste trop élevé, ainsi que le nombre de passagers concernés par des annulations sans avertissement préalable et des retards importants.
(4) La Communauté devrait, par conséquent, relever les normes de protection fixées par ledit règlement, à la fois pour renforcer les droits des passagers et pour faire en sorte que les transporteurs aériens puissent exercer leurs activités dans des conditions équivalentes sur un marché libéralisé.
(5) Dans la mesure où la distinction entre services aériens réguliers et non réguliers tend à s'estomper, cette protection devrait s'appliquer non seulement aux passagers des vols réguliers, mais aussi à ceux des vols non réguliers, y compris les vols faisant partie de circuits à forfait.
(6) La protection accordée aux passagers partant d'un aéroport situé dans un État membre devrait être étendue à ceux qui quittent un aéroport situé dans un pays tiers à destination d'un aéroport situé dans un État membre, lorsque le vol est assuré par un transporteur communautaire.
(7) Afin de garantir l'application effective du présent règlement, les obligations qui en découlent devraient incomber au transporteur aérien effectif qui réalise ou a l'intention de réaliser un vol, indépendamment du fait qu'il soit propriétaire de l'avion, que l'avion fasse l'objet d'un contrat de location coque nue (dry lease) ou avec équipage (wet lease), ou s'inscrive dans le cadre de tout autre régime.
(8) Le présent règlement ne devrait pas limiter le droit du transporteur aérien effectif de demander réparation à toute personne, y compris un tiers, conformément à la législation applicable.
(9) Il convient de réduire le nombre de passagers refusés à l'embarquement contre leur volonté en exigeant des transporteurs aériens qu'ils fassent appel à des volontaires acceptant de renoncer à leur réservation en contrepartie de certains avantages, au lieu de refuser des passagers à l'embarquement, et en assurant l'indemnisation complète des passagers finalement refusés à l'embarquement.
(10) Les passagers refusés à l'embarquement contre leur volonté devraient avoir la possibilité d'annuler leur vol et de se faire rembourser leur billet ou de le poursuivre dans des conditions satisfaisantes, et devraient bénéficier d'une prise en charge adéquate durant l'attente d'un vol ultérieur.
(11) Les volontaires devraient également avoir la possibilité d'annuler leur vol, ou de le poursuivre dans des conditions satisfaisantes, puisqu'ils se trouvent confrontés aux mêmes difficultés de déplacement que les passagers refusés à l'embarquement contre leur volonté.
(12) Il convient également d'atténuer les difficultés et les désagréments pour les passagers, occasionnés par les annulations de vols. Il y a lieu à cet effet d'inciter les transporteurs à informer les passagers des annulations avant l'heure de départ prévue et en outre, leur proposer un réacheminement raisonnable, de sorte que les passagers

puissent prendre d'autres dispositions. S'ils n'y parviennent pas, les transporteurs aériens devraient indemniser les passagers, sauf lorsque l'annulation est due à des circonstances extraordinaires qui n'auraient pas pu être évitées même si toutes les mesures raisonnables avaient été prises.

(13) Les passagers dont le vol est annulé devraient avoir la possibilité de se faire rembourser leur billet ou d'obtenir un réacheminement dans des conditions satisfaisantes, et devraient bénéficier d'une prise en charge adéquate durant l'attente d'un vol ultérieur.

(14) Tout comme dans le cadre de la convention de Montréal, les obligations des transporteurs aériens effectifs devraient être limitées ou leur responsabilité exonérée dans les cas où un événement est dû à des circonstances extraordinaires qui n'auraient pas pu être évitées même si toutes les mesures raisonnables avaient été prises. De telles circonstances peuvent se produire, en particulier, en cas d'instabilité politique, de conditions météorologiques incompatibles avec la réalisation du vol concerné, de risques liés à la sécurité, de défaillances imprévues pouvant affecter la sécurité du vol, ainsi que de grèves ayant une incidence sur les opérations d'un transporteur aérien effectif.

(15) Il devrait être considéré qu'il y a circonstance extraordinaire, lorsqu'une décision relative à la gestion du trafic aérien concernant un avion précis pour une journée précise génère un retard important, un retard jusqu'au lendemain ou l'annulation d'un ou de plusieurs vols de cet avion, bien que toutes les mesures raisonnables aient été prises par le transporteur aérien afin d'éviter ces retards ou annulations.

(16) En cas d'annulation d'un voyage à forfait pour des raisons autres que l'annulation d'un vol, le présent règlement ne devrait pas s'appliquer.

(17) Les passagers dont le vol est retardé d'un laps de temps défini devraient bénéficier d'une prise en charge adéquate et avoir la possibilité d'annuler leur vol et de se faire rembourser le prix de leur billet ou de le poursuivre dans des conditions satisfaisantes.

(18) La prise en charge des passagers qui attendent un vol de remplacement ou un vol retardé peut être limitée ou refusée si cette prise en charge est susceptible de prolonger le retard.

(19) Les transporteurs aériens effectifs devraient veiller aux besoins particuliers des passagers à mobilité réduite et toutes personnes qui les accompagnent.

(20) Les passagers devraient être pleinement informés de leurs droits en cas de refus d'embarquement et d'annulation ou de retard important d'un vol, afin d'être en mesure d'exercer efficacement ces droits.

(21) Les États membres devraient définir le régime des sanctions applicables en cas de violation du présent règlement et veiller à ce qu'elles soient appliquées. Ces sanctions doivent être efficaces, proportionnées et dissuasives.

(22) Les États membres devraient veiller à l'application générale par leurs transporteurs aériens du présent règlement, contrôler son application et désigner un organisme approprié chargé de le faire appliquer. Le contrôle ne devrait pas porter atteinte aux droits des passagers et des transporteurs de demander réparation auprès des tribunaux conformément aux procédures prévues par le droit national.

(23) La Commission devrait analyser l'application du présent règlement et évaluer en particulier l'opportunité d'étendre son champ d'application à tous les passagers liés par contrat à un organisateur de voyages ou un transporteur communautaire, qui

partent d'un aéroport situé dans un pays tiers à destination d'un aéroport situé sur le territoire d'un État membre.

(24) Des arrangements prévoyant une coopération accrue concernant l'utilisation de l'aéroport de Gibraltar ont été conclus le 2 décembre 1987 à Londres par le Royaume d'Espagne et le Royaume-Uni dans une déclaration commune des ministres des affaires étrangères des deux pays. Ces arrangements ne sont toutefois pas encore entrés en vigueur.

(25) Le règlement (CEE) n° 295/91 devrait être abrogé en conséquence,

Ont arrêté le présent règlement :

Art. premier *Objet.* 1. Le présent règlement reconnaît, dans les conditions qui y sont spécifiées, des droits minimum *[minimaux]* aux passagers dans les situations suivantes :

a) en cas de refus d'embarquement contre leur volonté;

b) en cas d'annulation de leur vol;

c) en cas de vol retardé.

2. L'application du présent règlement à l'aéroport de Gibraltar s'entend sans préjudice des positions juridiques respectives du Royaume d'Espagne et du Royaume-Uni concernant le conflit relatif à la souveraineté sur le territoire sur lequel l'aéroport est situé.

3. L'application du présent règlement à l'aéroport de Gibraltar est différée jusqu'à la mise en application des arrangements convenus dans la déclaration commune, du 2 décembre 1987, faite par les ministres des Affaires étrangères du Royaume d'Espagne et du Royaume-Uni. Les gouvernements du Royaume d'Espagne et du Royaume-Uni informeront le Conseil de la date de cette mise en application.

Art. 2 *Définitions.* Aux fins du présent règlement, on entend par :

a) « transporteur aérien », une entreprise de transport aérien possédant une licence d'exploitation en cours de validité;

b) « transporteur aérien effectif », un transporteur aérien qui réalise ou a l'intention de réaliser un vol dans le cadre d'un contrat conclu avec un passager, ou au nom d'une autre personne, morale ou physique, qui a conclu un contrat avec ce passager;

c) « transporteur communautaire », un transporteur aérien possédant une licence d'exploitation en cours de validité, délivrée par un État membre conformément aux dispositions du règlement (CEE) n° 2407/92 du Conseil du 23 juillet 1992 concernant les licences des transporteurs aériens;

d) « organisateur de voyages », à l'exclusion d'un transporteur aérien, un organisateur au sens de l'article 2, point 2, de la directive 90/314/CEE du Conseil du 13 juin 1990 concernant les voyages, vacances et circuits à forfait;

e) « forfait », les services définis à l'article 2, point 1, de la directive 90/314/CEE;

f) « billet », un document en cours de validité établissant le droit au transport, ou quelque chose d'équivalent sous forme immatérielle, y compris électronique, délivré ou autorisé par le transporteur aérien ou son agent agréé;

g) « réservation », le fait pour un passager d'être en possession d'un billet, ou d'une autre preuve, indiquant que la réservation a été acceptée et enregistrée par le transporteur aérien ou l'organisateur de voyages;

h) « destination finale », la destination figurant sur le billet présenté au comptoir d'enregistrement, ou, dans le cas des vols avec correspondances, la destination du dernier vol;

les vols avec correspondances disponibles comme solution de remplacement ne sont pas pris en compte si l'heure d'arrivée initialement prévue est respectée;

i) « personne à mobilité réduite », toute personne dont la mobilité est réduite lorsqu'elle utilise un moyen de transport en raison d'un handicap physique (sensoriel ou locomoteur, permanent ou temporaire), d'une déficience intellectuelle, de son âge ou de tout *[toute]* autre cause de handicap et dont la situation exige une attention spéciale et l'adaptation à ses besoins des services mis à la disposition de tous les passagers;

j) « refus d'embarquement », le refus de transporter des passagers sur un vol, bien qu'ils se soient présentés à l'embarquement dans les conditions fixées à l'article 3, paragraphe 2, sauf s'il est raisonnablement justifié de refuser l'embarquement, notamment pour des raisons de santé, de sûreté ou de sécurité, ou de documents de voyage inadéquats;

k) « volontaire », une personne qui s'est présentée à l'embarquement dans les conditions fixées à l'article 3, paragraphe 2, et qui est prête à céder, à la demande du transporteur aérien, sa réservation confirmée, en échange de prestations;

l) « annulation », le fait qu'un vol qui était prévu initialement et sur lequel au moins une place était réservée n'a pas été effectué.

Art. 3 *Champ d'application.* 1. Le présent règlement s'applique :

a) aux passagers au départ d'un aéroport situé sur le territoire d'un État membre soumis aux dispositions du traité;

b) aux passagers au départ d'un aéroport situé dans un pays tiers et à destination d'un aéroport situé sur le territoire d'un État membre soumis aux dispositions du traité, à moins que ces passagers ne bénéficient de prestations ou d'une indemnisation et d'une assistance dans ce pays tiers, si le transporteur aérien effectif qui réalise le vol est un transporteur communautaire.

2. Le paragraphe 1 s'applique à condition que les passagers :

a) disposent d'une réservation confirmée pour le vol concerné et se présentent, sauf en cas d'annulation visée à l'article 5, à l'enregistrement :

— comme spécifié et à l'heure indiquée à l'avance et par écrit (y compris par voie électronique) par le transporteur aérien, l'organisateur de voyages ou un agent de voyages autorisé,

ou, en l'absence d'indication d'heure,

— au plus tard quarante-cinq minutes avant l'heure de départ publiée, ou

b) aient été transférés par le transporteur aérien ou l'organisateur de voyages, du vol pour lequel ils possédaient une réservation vers un autre vol, quelle qu'en soit la raison.

3. Le présent règlement ne s'applique pas aux passagers qui voyagent gratuitement ou à un tarif réduit non directement ou indirectement accessible au public. Toutefois, il s'applique aux passagers en possession d'un billet émis par un transporteur aérien ou un organisateur de voyages dans le cadre d'un programme de fidélisation ou d'autres programmes commerciaux.

4. Le présent règlement ne s'applique qu'aux passagers transportés sur des avions motorisés à ailes fixes.

5. Le présent règlement s'applique à tout transporteur aérien effectif assurant le transport des passagers visés aux paragraphes 1 et 2. Lorsqu'un transporteur aérien effectif qui n'a pas conclu de contrat avec le passager remplit des obligations découlant du présent règlement, il est réputé agir au nom de la personne qui a conclu le contrat avec le passager concerné.

6. Le présent règlement ne porte pas atteinte aux droits des passagers établis par la directive 90/314/CEE. Le présent règlement ne s'applique pas lorsqu'un voyage à forfait est annulé pour des raisons autres que l'annulation du vol.

Art. 4 *Refus d'embarquement.* 1. Lorsqu'un transporteur aérien effectif prévoit raisonnablement de refuser l'embarquement sur un vol, il fait d'abord appel aux volontaires acceptant de renoncer à leur réservation en échange de certaines prestations, suivant des modalités à convenir entre les passagers concernés et le transporteur aérien effectif. Les volontaires bénéficient, en plus des prestations mentionnées au présent paragraphe, d'une assistance conformément à l'article 8.

2. Lorsque le nombre de volontaires n'est pas suffisant pour permettre l'embarquement des autres passagers disposant d'une réservation, le transporteur aérien effectif peut refuser l'embarquement de passagers contre leur volonté.

3. S'il refuse des passagers à l'embarquement contre leur volonté, le transporteur aérien effectif indemnise immédiatement ces derniers conformément à l'article 7, et leur offre une assistance conformément aux articles 8 et 9.

Art. 5 *Annulations.* 1. En cas d'annulation d'un vol, les passagers concernés :

a) se voient offrir par le transporteur aérien effectif une assistance conformément à l'article 8;

b) se voient offrir par le transporteur aérien effectif une assistance conformément à l'article 9, paragraphe 1, point a), et paragraphe 2, de même que, dans le cas d'un réacheminement lorsque l'heure de départ raisonnablement attendue du nouveau vol est au moins le jour suivant le départ planifié pour le vol annulé, l'assistance prévue à l'article 9, paragraphe 1, points b) et c), et

c) ont droit à une indemnisation du transporteur aérien effectif conformément là *[à]* l'article 7, à moins qu'ils soient informés de l'annulation du vol :

i) au moins deux semaines avant l'heure de départ prévue, ou

ii) de deux semaines à sept jours avant l'heure de départ prévue si on leur offre un réacheminement leur permettant de partir au plus tôt deux heures avant l'heure de départ prévue et d'atteindre leur destination finale moins de quatre heures après l'heure d'arrivée prévue, ou

iii) moins de sept jours avant l'heure de départ prévue si on leur offre un réacheminement leur permettant de partir au plus tôt une heure avant l'heure de départ prévue et d'atteindre leur destination finale moins de deux heures après l'heure prévue d'arrivée.

2. Lorsque les passagers sont informés de l'annulation d'un vol, des renseignements leur sont fournis concernant d'autres transports possibles.

3. Un transporteur aérien effectif n'est pas tenu de verser l'indemnisation prévue à l'article 7 s'il est en mesure de prouver que l'annulation est due à des circonstances extraordinaires qui n'auraient pas pu être évitées même si toutes les mesures raisonnables avaient été prises.

4. Il incombe au transporteur aérien effectif de prouver qu'il a informé les passagers de l'annulation d'un vol ainsi que le délai dans lequel il l'a fait.

Art. 6 *Retards.* 1. Lorsqu'un transporteur aérien effectif prévoit raisonnablement qu'un vol sera retardé par rapport à l'heure de départ prévue :

a) de deux heures ou plus pour tous les vols de 1500 kilomètres ou moins, ou

b) de trois heures ou plus pour tous les vols intracommunautaires de plus de 1 500 km et pour tous les autres vols de 1 500 à 3 500 km, ou

c) de quatre heures ou plus pour tous les vols qui ne relèvent pas des points a) ou b),

les passagers se voient proposer par le transporteur aérien effectif :

i) l'assistance prévue à l'article 9, paragraphe 1, point a), et paragraphe 2, et

ii) lorsque l'heure de départ raisonnablement attendue est au moins le jour suivant l'heure de départ initialement annoncée, l'assistance prévue à l'article 9, paragraphe 1, points b) et c), et

iii) lorsque le retard est d'au moins cinq heures, l'assistance prévue à l'article 8, paragraphe 1, point a).

2. En tout état de cause, cette assistance est proposée dans les limites fixées ci-dessus compte tenu de la distance du vol.

Art. 7 *Droit à indemnisation.* 1. Lorsqu'il est fait référence au présent article, les passagers reçoivent une indemnisation dont le montant est fixé à :

a) 250 euros pour tous les vols de 1500 kilomètres ou moins;

b) 400 euros pour tous les vols intracommunautaires de plus de 1500 kilomètres et pour tous les autres vols de 1500 à 3500 kilomètres;

c) 600 euros pour tous les vols qui ne relèvent pas des points a) ou b).

Pour déterminer la distance à prendre en considération, il est tenu compte de la dernière destination où le passager arrivera après l'heure prévue du fait du refus d'embarquement ou de l'annulation.

2. Lorsque, en application de l'article 8, un passager se voit proposer un réacheminement vers sa destination finale sur un autre vol dont l'heure d'arrivée ne dépasse pas l'heure d'arrivée prévue du vol initialement réservé :

a) de deux heures pour tous les vols de 1500 kilomètres ou moins, ou

b) de trois heures pour tous les vols intracommunautaires de plus de 1500 kilomètres et pour tous les autres vols de 1500 à 3500 kilomètres, ou

c) de quatre heures pour tous les vols ne relevant pas des points a) ou b),

le transporteur aérien effectif peut réduire de 50% le montant de l'indemnisation prévue au paragraphe 1.

3. L'indemnisation visée au paragraphe 1 est payée en espèces, par virement bancaire électronique, par virement bancaire ou par chèque, ou, avec l'accord signé du passager, sous forme de bons de voyage et/ou d'autres services.

4. Les distances indiquées aux paragraphes 1 et 2 sont mesurées selon la méthode de la route orthodromique.

Art. 8 *Assistance : droit au remboursement ou au réacheminement.* 1. Lorsqu'il est fait référence au présent article, les passagers se voient proposer le choix entre :

a) — le remboursement du billet, dans un délai de sept jours, selon les modalités visées à l'article 7, paragraphe 3, au prix auquel il a été acheté, pour la ou les parties du voyage non effectuées et pour la ou les parties du voyage déjà effectuées et devenues inutiles par rapport à leur plan de voyage initial, ainsi que, le cas échéant,

— un vol retour vers leur point de départ initial dans les meilleurs délais;

b) un réacheminement vers leur destination finale, dans des conditions de transport comparables et dans les meilleurs délais, ou

c) un réacheminement vers leur destination finale dans des conditions de transport comparables à une date ultérieure, à leur convenance, sous réserve de la disponibilité de sièges.

2. Le paragraphe 1, point a), s'applique également aux passagers dont le vol fait partie d'un voyage à forfait hormis en ce qui concerne le droit au remboursement si un tel droit découle de la directive 90/314/CEE.

3. Dans le cas d'une ville, d'une agglomération ou d'une région desservie par plusieurs aéroports, si le transporteur aérien effectif propose au passager un vol à destination d'un aéroport autre que celui qui était initialement prévu, le transporteur aérien effectif prend à sa charge les frais de transfert des passagers entre l'aéroport d'arrivée et l'aéroport initialement prévu ou une autre destination proche convenue avec le passager.

Art. 9 *Droit à une prise en charge.* 1. Lorsqu'il est fait référence au présent article, les passagers se voient offrir gratuitement :

a) des rafraîchissements et des possibilités de se restaurer en suffisance compte tenu du délai d'attente;

b) un hébergement à l'hôtel aux *[au]* cas où :

— un séjour d'attente d'une ou plusieurs nuits est nécessaire, ou

— lorsqu'un séjour s'ajoutant à celui prévu par le passager est nécessaire;

c) le transport depuis l'aéroport jusqu'au lieu d'hébergement (hôtel ou autre).

2. En outre, le passager se voit proposer la possibilité d'effectuer gratuitement deux appels téléphoniques ou d'envoyer gratuitement deux télex, deux télécopies ou deux messages électroniques.

3. En appliquant le présent article, le transporteur aérien effectif veille tout particulièrement aux besoins des personnes à mobilité réduite ou de toutes les personnes qui les accompagnent, ainsi qu'aux besoins des enfants non accompagnés.

Art. 10 *Surclassement et déclassement.* 1. Si un transporteur aérien effectif place un passager dans une classe supérieure à celle pour laquelle le billet a été acheté, il ne peut réclamer aucun supplément.

2. Si un transporteur aérien effectif place un passager dans une classe inférieure à celle pour laquelle le billet a été acheté, il rembourse, dans un délai de sept jours et selon les modalités visées à l'article 7, paragraphe 3 :

a) 30% du prix du billet pour tous les vols de 1500 kilomètres ou moins, ou

b) 50% du prix du billet pour tous les vols intracommunautaires de plus de 1500 kilomètres, à l'exception des vols entre le territoire européen des États membres et les départements français d'outre-mer, ainsi que pour tous les autres vols de 1500 kilomètres à 3500 kilomètres, ou

c) 75% du prix du billet pour tous les vols ne relevant pas des points a) ou b), y compris les vols entre le territoire européen des États membres et les départements français d'outre-mer.

Art. 11 *Personnes à mobilité réduite et autres personnes ayant des besoins particuliers.* 1. Les transporteurs aériens effectifs donnent la priorité aux personnes à mobilité réduite et à toutes les personnes ou les chiens guides certifiés qui les accompagnent ainsi qu'aux enfants non accompagnés.

2. En cas de refus d'embarquement, d'annulation ou de retard, quelle que soit la durée de celui-ci, les personnes à mobilité réduite et toutes les personnes qui les accompagnent, ainsi que les enfants non accompagnés, ont droit à une prise en charge prévue à l'article 9, qui leur est fournie dès que possible.

Art. 12 *Indemnisation complémentaire.* 1. Le présent règlement s'applique sans préjudice du droit d'un passager à une indemnisation complémentaire. L'indemnisation accordée en vertu du présent règlement peut être déduite d'une telle indemnisation.

2. Sans préjudice des principes et règles pertinents du droit national, y compris la jurisprudence, le paragraphe 1 ne s'applique pas aux passagers qui ont volontairement renoncé à leur réservation conformément à l'article 4, paragraphe 1.

Art. 13 *Droit à la réparation des dommages.* Lorsqu'un transporteur aérien effectif verse une indemnité ou s'acquitte d'autres obligations lui incombant en vertu du présent règlement, aucune disposition de ce dernier ne peut être interprétée comme limitant son droit à demander réparation à toute personne, y compris des tiers, conformément au droit national applicable. En particulier, le présent règlement ne limite aucunement le droit du transporteur aérien effectif de demander réparation à un organisateur de voyages ou une autre personne avec laquelle le transporteur aérien effectif a conclu un contrat. De même, aucune disposition du présent règlement ne peut être interprétée comme limitant le droit d'un organisateur de voyages ou d'un tiers, autre que le passager avec lequel un transporteur aérien effectif a conclu un contrat, de demander réparation au transporteur aérien effectif conformément aux lois pertinentes applicables.

Art. 14 *Obligation d'informer les passagers de leurs droits.* 1. Le transporteur aérien effectif veille à ce qu'un avis reprenant le texte suivant, imprimé en caractères bien lisibles, soit affiché bien en vue dans la zone d'enregistrement : « Si vous êtes refusé à l'embarquement ou si votre vol est annulé ou retardé d'au moins deux heures, demandez au comptoir d'enregistrement ou à la porte d'embarquement le texte énonçant vos droits, notamment en matière d'indemnisation et d'assistance. »

2. Le transporteur aérien effectif qui refuse l'embarquement ou qui annule un vol présente à chaque passager concerné une notice écrite reprenant les règles d'indemnisation et d'assistance conformément aux dispositions du présent règlement. Il présente également cette notice à tout passager subissant un retard d'au moins deux heures. Les coordonnées de l'organisme national désigné visé à l'article 16 sont également fournies par écrit au passager.

3. En ce qui concerne les non-voyants et les malvoyants, les dispositions du présent article s'appliquent avec d'autres moyens appropriés.

Art. 15 *Irrecevabilité des dérogations.* 1. Les obligations envers les passagers qui sont énoncées par le présent règlement ne peuvent être limitées ou levées, notamment par une dérogation ou une clause restrictive figurant dans le contrat de transport.

2. Si toutefois une telle dérogation ou une telle clause restrictive est appliquée à l'égard d'un passager, ou si un passager n'est pas dûment informé de ses droits et accepte, par conséquent, une indemnisation inférieure à celle prévue par le présent règlement, ce passager a le droit d'entreprendre les démarches nécessaires auprès des tribunaux ou des organismes compétents en vue d'obtenir une indemnisation complémentaire.

Art. 16 *Violations.* 1. Chaque État membre désigne un organisme chargé de l'application du présent règlement en ce qui concerne les vols au départ d'aéroports situés sur son territoire ainsi que les vols à destination de ces mêmes aéroports et provenant d'un pays tiers. Le cas échéant, cet organisme prend les mesures nécessaires au respect des droits des passagers. Les États membres notifient à la Commission l'organisme qui a été désigné en application du présent paragraphe.

2. Sans préjudice de l'article 12, tout passager peut saisir tout organisme désigné en application du paragraphe 1, ou tout autre organisme compétent désigné par un État membre, d'une plainte concernant une violation du présent règlement survenue dans

tout aéroport situé sur le territoire d'un État membre ou concernant tout vol à destination d'un aéroport situé sur ce territoire et provenant d'un pays tiers.

3. Les sanctions établies par les États membres pour les violations du présent règlement sont efficaces, proportionnées et dissuasives.

Art. 17 *Rapports.* La Commission fait rapport au Parlement européen et au Conseil, au plus tard le 1er janvier 2007, sur le fonctionnement et les résultats du présent règlement, en particulier en ce qui concerne :

— l'incidence des refus d'embarquement et des annulations de vols,

— l'extension éventuelle du champ d'application du présent règlement aux passagers liés par contrat à un transporteur communautaire ou ayant réservé un vol qui fait partie d'un « circuit à forfait » relevant de la directive 90/314/CEE, qui partent d'un aéroport situé dans un pays tiers à destination d'un aéroport situé dans un État membre, sur des vols qui ne sont pas assurés par des transporteurs aériens communautaires,

— la révision éventuelle des montants des indemnisations mentionnés à l'article 7, paragraphe 1.

Ce rapport est au besoin accompagné de propositions législatives.

Art. 18 *Abrogation.* Le règlement (CEE) n° 295/91 est abrogé.

Art. 19 *Entrée en vigueur.* Le présent règlement entre en vigueur le 17 février 2005.

11 Règlement (CE) n° 785/2004 du Parlement européen et du Conseil du 21 avril 2004 relatif aux exigences en matière d'assurance applicables aux transporteurs aériens et aux exploitants d'aéronefs

Applicable depuis le 30 avril 2005

Non reproduit. Consultable sur : http://europa.eu/eu-law/legislation/index_fr.htm

12 Règlement (CE) du Parlement européen et du Conseil n° 805/2004 du 21 avril 2004 portant création d'un titre exécutoire européen pour les créances incontestées

Applicable depuis le 21 octobre 2005

Modifié par Règlement (CE) n° 1869/2005 de la Commission du 16 novembre 2005 et Règlement (CE) n° 1103/2008 du Parlement européen et du Conseil du 22 octobre 2008

Le Parlement européen et le Conseil de l'Union européenne,

Vu le traité instituant la Communauté européenne, et notamment son article 61, point c), et son article 67, paragraphe 5, deuxième tiret,

Vu la proposition de la Commission,

Vu l'avis du Comité économique et social européen, statuant conformément à la procédure visée à l'article 251 du traité,

Considérant ce qui suit :

(1) La Communauté s'est donné pour objectif de maintenir et de développer un espace de liberté, de sécurité et de justice, au sein duquel la libre circulation des personnes est assurée. A cette fin, la Communauté doit notamment adopter, dans le domaine de la coopération judiciaire en matière civile, les mesures qui sont nécessaires au bon fonctionnement du marché intérieur.

(2) Le 3 décembre 1998, le Conseil a adopté un plan d'action du Conseil et de la Commission concernant les modalités optimales de mise en œuvre des dispositions du traité d'Amsterdam relatives à l'établissement d'un espace de liberté, de sécurité et de justice (plan d'action de Vienne).

(3) Lors de sa réunion de Tampere des 15 et 16 octobre 1999, le Conseil européen a approuvé le principe de la reconnaissance mutuelle des décisions judiciaires en tant que pierre angulaire de la création d'un véritable espace judiciaire.

(4) Le 30 novembre 2000, le Conseil a adopté un programme relatif à des mesures de mise en œuvre du principe de reconnaissance mutuelle des décisions en matière civile et commerciale. Ce programme prévoit dans une première phase la suppression de l'exequatur, c'est-à-dire la création d'un titre exécutoire européen, pour les créances incontestées.

(5) La notion de « créances incontestées » devrait recouvrir toutes les situations dans lesquelles un créancier, en l'absence établie de toute contestation du débiteur quant à la nature et au montant d'une créance pécuniaire, a obtenu soit une décision judiciaire contre ce débiteur soit un acte exécutoire nécessitant une acceptation expresse du débiteur, qu'il s'agisse d'une transaction judiciaire ou d'un acte authentique.

(6) L'absence d'objections de la part du débiteur telle qu'elle est prévue à l'article 3, paragraphe 1, point b), peut prendre la forme d'un défaut de comparution à une audience ou d'une suite non donnée à l'invitation faite par la juridiction de notifier par écrit l'intention de défendre l'affaire.

(7) Le présent règlement devrait s'appliquer aux décisions, aux transactions judiciaires et aux actes authentiques portant sur des créances incontestées et aux décisions rendues à la suite de recours formés contre des décisions, des transactions judiciaires et des actes authentiques certifiés comme étant des titres exécutoires européens.

(8) Dans les conclusions de sa réunion de Tampere, le Conseil européen a estimé qu'il convenait d'accélérer et de simplifier l'exécution dans un État membre autre que celui dans lequel la décision a été rendue en supprimant toutes les mesures intermédiaires à prendre avant l'exécution dans l'État membre où elle est demandée. Une décision qui a été certifiée en tant que titre exécutoire européen par la juridiction d'origine devrait être traitée, aux fins de l'exécution, comme si elle avait été rendue dans l'État membre dans lequel l'exécution est demandée. Par exemple, au Royaume-Uni, l'inscription d'une décision étrangère certifiée se fera donc selon les mêmes règles que celles qui régissent l'inscription d'une décision rendue dans une

autre partie du Royaume-Uni et ne devra pas comporter de réexamen au fond de la décision étrangère. Les modalités relatives à l'exécution de ces décisions devraient rester régies par le droit national.

(9) Une telle procédure devrait présenter des avantages importants par rapport à la procédure d'exequatur prévue par le règlement (CE) n° 44/2001 du Conseil du 22 décembre 2000 concernant la compétence judiciaire, la reconnaissance et l'exécution des décisions en matière civile et commerciale, car elle permettra de se dispenser de l'assentiment des autorités judiciaires d'un deuxième État membre avec les retards et les frais qui en résultent.

(10) Lorsqu'une juridiction d'un État membre a rendu une décision au sujet d'une créance incontestée en l'absence de participation du débiteur à la procédure, la suppression de tout contrôle dans l'État membre d'exécution es indissolublement liée et subordonnée à la garantie suffisante du respect des droits de la défense.

(11) Le présent règlement vise à promouvoir les droits fondamentaux et tient compte des principes qui sont reconnus notamment par la Charte des droits fondamentaux de l'Union européenne. En particulier, il vise à assurer le plein respect du droit à accéder à un tribunal impartial, reconnu par l'article 47 de la Charte.

(12) Il convient d'établir les normes minimales auxquelles doit satisfaire la procédure conduisant à la décision, afin de garantir que le débiteur soit informé, en temps utile et de telle manière qu'il puisse organiser sa défense, de l'action en justice intentée contre lui, des conditions de sa participation active à la procédure pour contester la créance en cause et des conséquences d'une absence de participation.

(13) Eu égard aux différences entre les États membres en ce qui concerne les règles de procédure civile, notamment celles qui régissent la signification et la notification des actes, il y a lieu de donner une définition précise et détaillée de ces normes minimales. En particulier, un mode de signification ou de notification fondé sur une fiction juridique en ce qui concerne le respect de ces normes minimales ne peut être jugé suffisant aux fins de la certification d'une décision en tant que titre exécutoire européen.

(14) Tous les modes de signification et notification visés aux articles 13 et 14 se caractérisent soit par une certitude absolue (article 13) soit par un très haut degré de probabilité (article 14) que l'acte signifié ou notifié est parvenu à son destinataire. Dans le second cas, une décision ne devrait être certifiée en tant que titre exécutoire européen que si l'État membre d'origine dispose d'un mécanisme approprié permettant au débiteur de demander un réexamen complet de la décision dans les conditions prévues à l'article 19, dans les cas exceptionnels où, bien que les dispositions de l'article 14 aient été respectées, l'acte n'est pas parvenu au destinataire.

(15) La notification ou signification à personne à des personnes autres que le débiteur, conformément à l'article 14, paragraphe 1, points a) et b), ne devrait être réputée conforme aux exigences de ces dispositions que si lesdites personnes ont effectivement accepté/reçu l'acte en question.

(16) L'article 15 ne devrait s'appliquer qu'aux situations dans lesquelles le débiteur ne peut pas se représenter lui-même en justice, par exemple dans le cas d'une personne morale, et une personne physique appelée à le représenter est désignée

par la loi, ainsi qu'aux situations dans lesquelles le débiteur a autorisé une autre personne, notamment un avocat, à le représenter dans la procédure judiciaire proprement dite.

(17) Les juridictions compétentes pour l'examen du plein respect des normes minimales de procédure devraient, si elles sont respectées, délivrer un certificat de titre exécutoire européen normalisé rendant cet examen et ses résultats transparents.

(18) La confiance mutuelle dans l'administration de la justice dans les États membres fait en sorte qu'une juridiction d'un État membre peut considérer que toutes les conditions de la certification en tant que titre exécutoire européen sont remplies pour permettre l'exécution d'une décision dans tous les autres États membres, sans contrôle juridictionnel de l'application correcte des normes minimales de procédure dans l'État membre où la décision doit être exécutée.

(19) Le présent règlement n'impose pas aux États membres l'obligation d'adapter leur législation nationale aux normes minimales de procédure qu'il prévoit. Il les y incite en ne permettant une exécution plus efficace et plus rapide des décisions dans les autres États membres que si ces normes minimales sont respectées.

(20) La demande de certification en tant que titre exécutoire européen pour les créances incontestées devrait être facultative pour le créancier, qui peut également opter pour le système de reconnaissance et d'exécution prévu par le règlement (CE) n° 44/2001 ou par d'autres instruments communautaires.

(21) Lorsqu'un acte doit être transmis d'un État membre à un autre pour que ce dernier procède à la signification ou à la notification, le présent règlement et notamment les règles relatives à la signification et à la notification qui y sont contenues devraient s'appliquer de même que le règlement (CE) n° 1348/2000 du Conseil du 29 mai 2000 relatif à la signification et à la notification dans les États membres des actes judiciaires et extrajudiciaires en matière civile et commerciale et, notamment, son article 14 en liaison avec les communications faites par les États membres en vertu de son article 23.

(22) Étant donné que les objectifs de l'action envisagée ne peuvent pas être réalisés de manière suffisante par les États membres et peuvent donc, en raison des dimensions ou effets de l'action, être mieux réalisés au niveau communautaire, la Communauté peut prendre des mesures, conformément au principe de subsidiarité consacré à l'article 5 du traité Conformément au principe de proportionnalité tel qu'énoncé audit article, le présent règlement n'excède pas ce qui est nécessaire pour atteindre ces objectifs.

(23) Il y a lieu d'arrêter les mesures nécessaires pour la mise en œuvre du présent règlement en conformité avec la décision 1999/468/CE du Conseil du 28 juin 1999 fixant les modalités de l'exercice des compétences d'exécution conférées à la Commission.

(24) Conformément à l'article 3 du protocole sur la position du Royaume-Uni et de l'Irlande annexé au traité sur l'Union européenne et au traité instituant la Communauté européenne, le Royaume-Uni et l'Irlande ont notifié leur souhait de participer à l'adoption et à l'application du présent règlement.

(25) Conformément aux articles 1er et 2 du protocole sur la position du Danemark annexé au traité sur l'Union européenne et au traité instituant la Communauté

européenne, le Danemark ne participe pas à l'adoption du présent règlement et n'est pas lié par celui-ci ni soumis à son application.

(26) En vertu de l'article 67, paragraphe 5, deuxième tiret, du traité, la procédure de codécision s'applique à compter du 1er février 2003 aux mesures prévues par le présent règlement,

Ont arrêté le présent règlement :

CHAPITRE I

Objet, champ d'application et définitions

Art. premier *Objet.* 1. Le présent règlement a pour objet de créer un titre exécutoire européen pour les créances incontestées en vue, grâce à l'établissement de normes minimales, d'assurer la libre circulation des décisions, des transactions judiciaires et des actes authentiques dans tous les États membres, sans qu'il soit nécessaire de recourir à une procédure intermédiaire dans l'État membre d'exécution préalablement à la reconnaissance et à l'exécution.

Art. 2 *Champ d'application.* 1. Le présent règlement s'applique en matière civile et commerciale et quelle que soit la nature de la juridiction. Il ne recouvre notamment pas les matières fiscales, douanières ou administratives, ni la responsabilité de l'État pour des actes ou des omissions commis dans l'exercice de la puissance publique (« acta jure imperii »).

2. Sont exclus de l'application du présent règlement :

a) l'état et la capacité des personnes physiques, les régimes matrimoniaux, les testaments et les successions ;

b) les faillites, concordats et autres procédures analogues ;

c) la sécurité sociale ;

d) l'arbitrage.

3. Dans le présent règlement, on entend par « État membre », tous les États membres à l'exception du Danemark.

Art. 3 *Titres exécutoires devant être certifiés en tant que titre exécutoire européen.*

1. Le présent règlement s'applique aux décisions, transactions judiciaires et actes authentiques portant sur des créances incontestées.

Une créance est réputée incontestée :

a) si le débiteur l'a expressément reconnue en l'acceptant ou en recourant à une transaction qui a été approuvée par une juridiction ou conclue devant une juridiction au cours d'une procédure judiciaire ; ou

b) si le débiteur ne s'y est jamais opposé, conformément aux règles de procédure de l'État membre d'origine, au cours de la procédure judiciaire ; ou

c) si le débiteur n'a pas comparu ou ne s'est pas fait représenter lors d'une audience relative à cette créance après l'avoir initialement contestée au cours de la procédure judiciaire, pour autant que sa conduite soit assimilable à une reconnaissance tacite de la créance ou des faits invoqués par le créancier en vertu du droit de l'État membre d'origine ; ou

d) si le débiteur l'a expressément reconnue dans un acte authentique.

2. Le présent règlement s'applique également aux décisions rendues à la suite de recours formés contre des décisions, des transactions judiciaires ou des actes authentiques certifiés comme étant des titres exécutoires européens.

Art. 4 *Définitions.* Aux fins du présent règlement, les définitions suivantes s'appliquent :

1. « décision » : toute décision rendue par une juridiction d'un État membre, quelle que soit la dénomination qui lui est donnée, telle qu'arrêt, jugement, ordonnance ou mandat d'exécution, ainsi que la fixation par le greffier du montant des frais du procès ;

2. « créance » : un droit à une somme d'argent déterminée qui est devenue exigible ou dont la date d'échéance a été indiquée dans la décision, la transaction judiciaire ou l'acte authentique ;

3. « acte authentique » :

a) un acte dressé ou enregistré formellement en tant qu'acte authentique et dont l'authenticité :

i) porte sur la signature et le contenu de l'acte authentique, et

ii) a été établie par une autorité publique ou toute autre autorité habilitée à ce faire par l'État membre d'origine;

ou

b) une convention en matière d'obligations alimentaires conclue avec des autorités administratives ou authentifiée par celles-ci;

4. « État membre d'origine » : l'État membre dans lequel la décision, la transaction judiciaire ou l'acte authentique à certifier en tant que titre exécutoire européen a été respectivement rendue, approuvée ou conclue, ou dressé ou enregistré;

5. « État membre d'exécution » : l'État membre dans lequel l'exécution de la décision, de la transaction judiciaire ou de l'acte authentique à certifier en tant que titre exécutoire européen est demandée;

6. « juridiction d'origine » : la juridiction saisie de l'action au moment où les conditions visées à l'article 3, paragraphe 1, points a), b) ou c) ont été remplies;

7. en Suède, dans les procédures sommaires concernant les injonctions de payer (betalningsföreläggande), les termes « juge », « tribunal » et « juridiction » comprennent le service public suédois de recouvrement forcé (kronofogdemyndighet).

CHAPITRE II

Titre exécutoire européen

Art. 5 *Suppression de l'exequatur.* Une décision qui a été certifiée en tant que titre exécutoire européen dans l'État membre d'origine est reconnue et exécutée dans les autres États membres sans qu'une déclaration constatant la force exécutoire soit nécessaire et sans qu'il soit possible de contester sa reconnaissance

Art. 6 *Conditions de la certification en tant que titre exécutoire européen.* 1. Une décision relative à une créance incontestée rendue dans un État membre est, sur demande adressée à tout moment à la juridiction d'origine, certifiée en tant que titre exécutoire européen si les conditions suivantes sont remplies :

a) la décision est exécutoire dans l'État membre d'origine ;

b) la décision n'est pas incompatible avec les dispositions en matière de compétence figurant dans les sections 3 et 6 du chapitre II du règlement (CE) n° 44/2001 ;

c) la procédure judiciaire dans l'État membre d'origine a satisfait aux exigences énoncées au chapitre III dans le cas d'une créance incontestée au sens de l'article 3, paragraphe 1, point b) ou c) ; et

d) la décision a été rendue dans l'État membre où le débiteur a son domicile au sens de l'article 59 du règlement (CE) n° 44/2001, dans le cas :

— où il s'agit d'une créance incontestée au sens de l'article 3, paragraphe 1, point b) ou c) du présent règlement; et

— où elle se rapporte à un contrat conclu par une personne, le consommateur, pour un usage pouvant être considéré comme étranger à son activité professionnelle; et

— où le débiteur est le consommateur.

2. Lorsqu'une décision certifiée en tant que titre exécutoire européen a cessé d'être exécutoire ou que son caractère exécutoire a été suspendu ou limité, un certificat indiquant la suspension ou la limitation de la force exécutoire est délivré, sur demande adressée à tout moment à la juridiction d'origine, au moyen du formulaire type figurant à l'annexe IV.

3. Sans préjudice de l'article 12, paragraphe 2, lorsqu'il a été statué à la suite d'un recours formé contre une décision certifiée en tant que titre exécutoire européen conformément au paragraphe 1 du présent article, un certificat de remplacement est délivré, sur demande adressée à tout moment, au moyen du formulaire type figurant à l'annexe V, si ladite décision rendue sur le recours est exécutoire dans l'État membre d'origine.

Art. 7 *Frais de justice.* Lorsqu'une décision comprend une décision exécutoire sur le montant des frais de justice, y compris les taux d'intérêts, elle est certifiée en tant que titre exécutoire européen également en ce qui concerne les frais à moins que, durant la procédure en justice, le débiteur ne se soit spécifiquement opposé à son obligation d'assumer lesdits frais, conformément à la législation de l'État membre d'origine.

Art. 8 *Certificat de titre exécutoire européen partiel.* Si seules certaines parties de la décision sont conformes aux exigences du présent règlement, un certificat de titre exécutoire européen partiel est délivré pour ces parties.

Art. 9 *Délivrance du certificat de titre exécutoire européen.* 1. Le certificat de titre exécutoire européen est délivré au moyen du formulaire type figurant à l'annexe I.

2. Le certificat de titre exécutoire européen est rempli dans la langue de la décision.

Art. 10 *Rectification ou retrait du certificat de titre exécutoire européen.* 1. Le certificat de titre exécutoire européen donne lieu, sur demande adressée à la juridiction d'origine,

a) à rectification dans les cas où, suite à une erreur matérielle, il existe une divergence entre la décision et le certificat;

b) à retrait s'il est clair que le certificat a été délivré indûment, eu égard aux conditions prévues dans le présent règlement.

2. Le droit de l'État membre d'origine est applicable à la rectification et au retrait du certificat de titre exécutoire européen.

3. La rectification ou le retrait d'un certificat de titre exécutoire européen peut être demandé au moyen du formulaire type figurant à l'annexe VI.

4. La délivrance d'un certificat de titre exécutoire européen n'est par ailleurs pas susceptible de recours.

Art. 11 *Effets du certificat de titre exécutoire européen.* Le certificat de titre exécutoire européen ne produit ses effets que dans les limites de la force exécutoire de la décision.

CHAPITRE III

Normes minimales applicables aux procédures relatives aux créances incontestées

Art. 12 *Champ d'application des normes minimales.* 1. Une décision relative à une créance incontestée au sens de l'article 3, paragraphe 1, point b) ou c), ne peut être certifiée en tant que titre exécutoire européen que si la procédure judiciaire dans l'État membre d'origine a satisfait aux conditions de procédure visées dans le présent chapitre.

2. Les mêmes conditions s'appliquent à la délivrance du certificat de titre exécutoire européen ou du certificat de remplacement au sens de l'article 6, paragraphe 3, d'une décision rendue à la suite d'un recours formé contre une autre décision dans le cas où, au moment où la décision sur recours a été prise, les conditions énoncées à l'article 3, paragraphe 1, point b) ou c), étaient remplies.

Art. 13 *Signification ou notification assortie de la preuve de sa réception par le débiteur.* 1. L'acte introductif d'instance ou un acte équivalent peut avoir été signifié ou notifié au débiteur par l'un des modes suivants :

a) signification ou notification à personne, le débiteur ayant signé un accusé de réception portant la date de réception ;

b) signification ou notification à personne au moyen d'un document signé par la personne compétente qui a procédé à la signification ou à la notification, spécifiant que le débiteur a reçu l'acte ou qu'il a refusé de le recevoir sans aucun motif légitime, ainsi que la date à laquelle l'acte a été signifié ou notifié ;

c) signification ou notification par voie postale, le débiteur ayant signé et renvoyé un accusé de réception portant la date de réception ;

d) signification ou notification par des moyens électroniques comme la télécopie ou le courrier électronique, le débiteur ayant signé et renvoyé un accusé de réception portant la date de réception.

2. Toute citation à comparaître peut avoir été signifiée ou notifiée au débiteur conformément au paragraphe 1 ou oralement au cours d'une audience précédente concernant la même créance et consignée dans le procès-verbal de cette audience.

Art. 14 *Signification ou notification non assortie de la preuve de sa réception par le débiteur.* 1. L'acte introductif d'instance ou d'un acte équivalent ainsi que de toute citation à comparaître peut également avoir été signifié ou notifié au débiteur par l'un des modes suivants :

a) notification ou signification à personne, à l'adresse personnelle du débiteur, à des personnes vivant à la même adresse que celui-ci ou employées à cette adresse ;

b) si le débiteur est un indépendant ou une personne morale, signification ou notification à personne, dans les locaux commerciaux du débiteur, à des personnes employées par le débiteur ;

c) dépôt de l'acte dans la boîte aux lettres du débiteur ;

d) dépôt de l'acte dans un bureau de poste ou auprès d'une autorité publique compétente et communication écrite de ce dépôt dans la boîte aux lettres du débiteur, à condition que la communication écrite mentionne clairement la nature judiciaire de l'acte ou le fait qu'elle vaut notification ou signification et a pour effet de faire courir les délais ;

e) par voie postale non assortie de l'attestation visée au paragraphe 3, lorsque le débiteur a une adresse dans l'État membre d'origine ;

f) par des moyens électroniques avec accusé de réception automatique, à condition que le débiteur ait expressément accepté à l'avance ce mode de signification ou de notification.

2. Aux fins du présent règlement, la signification ou la notification au titre du paragraphe 1 n'est pas admise si l'adresse du débiteur n'est pas connue avec certitude.

3. La signification ou la notification d'un acte en application du paragraphe 1, points a) à d), est attestée par :

a) un acte signé par la personne compétente ayant procédé à la signification ou à la notification mentionnant les éléments suivants :

i) le mode de signification ou de notification utilisé ;

ii) la date de la signification ou de la notification, et

iii) lorsque l'acte a été signifié ou notifié à une personne autre que le débiteur, le nom de cette personne et son lien avec le débiteur,

ou

b) un accusé de réception émanant de la personne qui a reçu la signification ou la notification, pour l'application du paragraphe 1, points a) et b).

Art. 15 *Signification ou notification aux représentants du débiteur.* La signification ou notification en application de l'article 13 ou de l'article 14 peut aussi avoir été faite à un représentant du débiteur.

Art. 16 *Information en bonne et due forme du débiteur sur la créance.* Afin de garantir que le débiteur est dûment informé de la créance, l'acte introductif d'instance ou l'acte équivalent doit contenir les indications suivantes :

a) les noms et les adresses des parties;

b) le montant de la créance;

c) si des intérêts sont exigés, le taux d'intérêt et la période pour laquelle ces intérêts sont exigés, sauf si des intérêts légaux sont automatiquement ajoutés au principal en vertu du droit de l'État membre d'origine ;

d) une indication de la cause de la demande.

Art. 17 *Information en bonne et due forme du débiteur sur les formalités procédurales à accomplir pour contester la créance.* Les éléments suivants doivent ressortir clairement de l'acte introductif d'instance, de l'acte équivalent, de toute citation à comparaître ou des documents les accompagnant :

a) les exigences de procédure à respecter pour contester la créance, y compris les délais prévus pour la contester par écrit ou, le cas échéant, la date de l'audience, le nom et l'adresse de l'institution à laquelle il convient d'adresser la réponse ou, le cas échéant, devant laquelle comparaître, ainsi que la nécessité d'être représenté par un avocat lorsque cela est obligatoire ;

b) les conséquences de l'absence d'objection ou de la non-comparution, notamment, le cas échéant, la possibilité d'une décision ou d'une procédure d'exécution de celle-ci contre le débiteur et la charge des frais de justice ;

Art. 18 *Moyens de remédier au non-respect des normes minimales.* 1. Si la procédure dans l'État membre d'origine n'a pas satisfait aux exigences énoncées aux articles 13 à 17, il est remédié au non-respect de ces exigences et une décision peut être certifiée en tant que titre exécutoire européen si les conditions suivantes sont remplies :

a) la décision a été signifiée ou notifiée au débiteur dans le respect de l'article 13 ou de l'article 14;

b) le débiteur a eu la possibilité de contester la décision par un recours prévoyant un réexamen complet et il a été dûment informé dans la décision ou dans un document l'accompagnant des exigences de procédure relatives au recours, y compris les nom et adresse de l'institution auprès de laquelle le recours doit être formé et, le cas échéant, les délais; et

c) le débiteur a omis de former un recours à l'encontre de la décision conformément aux règles de procédure pertinentes.

2. Si la procédure dans l'État membre d'origine n'a pas satisfait aux exigences énoncées à l'article 13 ou à l'article 14, il est remédié au non-respect de ces exigences s'il est prouvé par le comportement du débiteur au cours de la procédure judiciaire qu'il a reçu personnellement l'acte devant être signifié ou notifié, en temps utile pour pouvoir préparer sa défense.

Art. 19 *Normes minimales pour un réexamen dans des cas exceptionnels.* 1. Sans préjudice des articles 13 à 18, une décision ne peut être certifiée en tant que titre exécutoire européen que si le débiteur a droit, en vertu de la loi de l'État membre d'origine, de demander un réexamen de la décision en question, lorsque les conditions suivantes sont remplies :

a) i) l'acte introductif d'instance ou un acte équivalent ou, le cas échéant, la citation à comparaître a été signifié ou notifié par l'un des modes prévus à l'article 14, et

ii) la signification ou la notification n'est pas intervenue en temps utile pour lui permettre de préparer sa défense sans qu'il y ait eu faute de sa part;

ou

b) le débiteur a été empêché de contester la créance pour des raisons de force majeure ou par suite de circonstances extraordinaires, sans qu'il y ait eu faute de sa part,

à condition qu'il agisse rapidement dans les deux cas.

2. Le présent article ne porte pas atteinte à la possibilité qu'ont les États membres d'autoriser un réexamen de la décision dans des conditions plus favorables que celles visées au paragraphe 1.

CHAPITRE IV
Exécution

Art. 20 *Procédure d'exécution.* 1. Sans préjudice des dispositions du présent chapitre, les procédures d'exécution sont régies par la loi de l'État membre d'exécution.

Une décision certifiée en tant que titre exécutoire européen est exécutée dans les mêmes conditions qu'une décision rendue dans l'État membre d'exécution.

2. Le créancier est tenu de fournir aux autorités chargées de l'exécution dans l'État membre d'exécution :

a) une expédition de la décision, réunissant les conditions nécessaires pour en établir l'authenticité;

b) une expédition du certificat de titre exécutoire européen, réunissant les conditions nécessaires pour en établir l'authenticité; et

c) au besoin, une transcription du certificat de titre exécutoire européen ou une traduction de celui-ci dans la langue officielle de l'État membre d'exécution ou, si ledit État membre a plusieurs langues officielles, dans la langue officielle ou dans l'une des langues officielles de la procédure judiciaire du lieu où l'exécution est demandée, conformément à la législation de cet État membre, ou dans une autre langue que l'État membre d'exécution aura déclaré pouvoir accepter. Chaque État membre peut indiquer la ou les langue(s) officielle(s) des institutions de la Communauté européenne, autres que la ou les sienne(s), dans lesquelles il accepte que le certificat soit rempli. La traduction est certifiée conforme par une personne habilitée à cet effet dans l'un des États membres.

3. Aucune caution ni aucun dépôt, sous quelque dénomination que ce soit, ne peuvent être imposés en raison, soit de la qualité de ressortissant d'un État tiers, soit du défaut de domicile ou de résidence dans l'État membre d'exécution, à la partie qui demande l'exécution dans un État membre d'une décision certifiée en tant que titre exécutoire européen dans un autre État membre.

Art. 21 *Refus d'exécution.* 1. Sur demande du débiteur, l'exécution est refusée par la juridiction compétente dans l'État membre d'exécution si la décision certifiée en tant que titre exécutoire européen est incompatible avec une décision rendue antérieurement dans tout État membre ou dans un pays tiers lorsque :

a) la décision antérieure a été rendue entre les mêmes parties dans un litige ayant la même cause; et que

b) la décision antérieure a été rendue dans l'État membre d'exécution ou réunit les conditions nécessaires à sa reconnaissance dans l'État membre d'exécution; et que

c) l'incompatibilité des décisions n'a pas été et n'aurait pas pu être invoquée au cours de la procédure judiciaire dans l'État membre d'origine.

2. La décision ou sa certification en tant que titre exécutoire européen ne peut en aucun cas faire l'objet d'un réexamen au fond dans l'État membre d'exécution.

Art. 22 *Accords avec les pays tiers.* Le présent règlement n'affecte pas les accords par lesquels les États membres se sont engagés, avant l'entrée en vigueur du règlement (CE) n° 44/2001, en vertu de l'article 59 de la convention de Bruxelles concernant la compétence judiciaire et l'exécution des décisions en matières civile et commerciale, à ne pas reconnaître une décision rendue, notamment dans un autre État contractant à ladite convention, contre un défendeur qui a son domicile ou sa résidence habituelle dans un pays tiers lorsque, dans un cas prévu à l'article 4 de cette convention, la décision n'a pu être fondée que sur une compétence visée à l'article 3, deuxième alinéa, de cette même convention.

Art. 23 *Suspension ou limitation de l'exécution.* Lorsque le débiteur a :

— formé un recours à l'encontre d'une décision certifiée en tant que titre exécutoire européen, y compris une demande de réexamen au sens de l'article 19, ou

— demandé la rectification ou le retrait d'un certificat de titre exécutoire européen conformément à l'article 10,

la juridiction ou l'autorité compétente dans l'État membre d'exécution peut, à la demande du débiteur :

a) limiter la procédure d'exécution à des mesures conservatoires; ou

b) subordonner l'exécution à la constitution d'une sûreté qu'elle détermine; ou

c) dans des circonstances exceptionnelles, suspendre la procédure d'exécution.

CHAPITRE V

Transactions judiciaires et actes authentiques

Art. 24 *Transactions judiciaires.* 1. Une transaction relative à une créance au sens de l'article 4, paragraphe 2, approuvée par une juridiction ou conclue devant une juridiction au cours d'une procédure judiciaire et exécutoire dans l'État membre dans lequel elle a été approuvée ou conclue, est, sur demande adressée à la juridiction par laquelle elle a été approuvée ou devant laquelle elle a été conclue, certifiée en tant que titre exécutoire européen au moyen du formulaire type figurant à l'annexe II.

2. Une transaction certifiée en tant que titre exécutoire européen dans l'État membre d'origine est exécutée dans les autres États membres sans qu'une déclaration constatant la force exécutoire soit nécessaire et sans qu'il soit possible de s'opposer à sa force exécutoire.

3. Les dispositions du chapitre II, à l'exception de l'article 5, de l'article 6, paragraphe 1, et de l'article 9, paragraphe 1, et du chapitre IV, à l'exception de l'article 21, paragraphe 1, et de l'article 22, s'appliquent en tant que de besoin.

Art. 25 *Actes authentiques.* 1. Un acte authentique relatif à une créance au sens de l'article 4, paragraphe 2, exécutoire dans un État membre, est, sur demande adressée à l'autorité désignée par l'État membre d'origine, certifié en tant que titre exécutoire européen en utilisant le formulaire type figurant à l'annexe III.

2. Un acte authentique certifié en tant que titre exécutoire européen dans l'État membre d'origine est exécuté dans les autres États membres sans qu'une déclaration constatant la force exécutoire soit nécessaire et sans qu'il soit possible de s'opposer à son exécution.

3. Les dispositions du chapitre II, à l'exception de l'article 5, de l'article 6, paragraphe 1, et de l'article 9, paragraphe 1, et du chapitre IV, à l'exception de l'article 21, paragraphe 1, et de l'article 22, s'appliquent en tant que de besoin.

CHAPITRE VI

Disposition transitoire

Art. 26 *Disposition transitoire.* Le présent règlement n'est applicable qu'aux décisions rendues, aux transactions judiciaires approuvées ou conclues et aux actes authentiques dressés ou enregistrés postérieurement à l'entrée en vigueur du présent règlement.

CHAPITRE VII

Relations avec d'autres instruments communautaires

Art. 27 *Relation avec le règlement (CE) n° 44/2001.* Le présent règlement n'affecte pas la possibilité de demander la reconnaissance et l'exécution, conformément au règlement (CE) n° 44/2001, d'une décision, d'une transaction judiciaire ou d'un acte authentique portant sur une créance incontestée.

Art. 28 *Relation avec le règlement (CE) n° 1348/2000.* Le présent règlement ne porte pas atteinte à l'application du règlement (CE) n° 1348/2000.

CHAPITRE VIII

Dispositions finales et générales

Art. 29 *Informations relatives aux procédures d'exécution et aux autorités.* Les États membres collaborent en vue d'assurer l'information du public et des milieux professionnels concernant :

a) les modes et procédures d'exécution dans les États membres; et

b) les autorités compétentes en matière d'exécution dans les États membres,

notamment via le réseau judiciaire européen en matière civile et commerciale établi conformément à la décision 2001/470/CE.

Art. 30 *Informations relatives aux procédures de recours, aux langues et aux autorités.* 1. Les États membres notifient à la Commission :

a) les procédures de rectification et de retrait prévues à l'article 10, paragraphe 2, et la procédure de réexamen prévue à l'article 19, paragraphe 1 ;

b) les langues acceptées en vertu de l'article 20, paragraphe 2, point c) ;

c) les listes des autorités visées à l'article 25 ;

et toutes modifications ultérieures de celles-ci.

2. La Commission tient les informations notifiées conformément au paragraphe 1 à la disposition du public par voie de publication au Journal officiel de l'Union européenne et par tout autre moyen approprié.

Art. 31 *Modifications des annexes.* La Commission modifie les formulaires types figurant dans les annexes. Ces mesures, qui visent à modifier des éléments non essentiels du présent règlement, sont arrêtées en conformité avec la procédure de réglementation avec contrôle visée à l'article 32, paragraphe 2.

Art. 32 *Comité.* La Commission est assistée par le comité institué par l'article 75 du règlement (CE) n° 44/2001.

2. Dans le cas où il est fait référence au présent paragraphe, l'article 5 *bis*, paragraphes 1 à 4, et l'article 7 de la décision 1999/468/CE s'appliquent, dans le respect des dispositions de l'article 8 de celle-ci.

Art. 33 *Entrée en vigueur.* Le présent règlement entre en vigueur le 21 janvier 2005.

Il est applicable à partir du 21 octobre 2005, à l'exception des articles 30, 31 et 32, qui sont applicables à partir du 21 janvier 2005.

Le présent règlement est obligatoire dans tous ses éléments et directement applicable dans les États membres conformément au traité instituant la Communauté européenne.

ANNEXES

13 Règlement (CE) n° 1869/2005 de la Commission du 16 novembre 2005 remplaçant les annexes du règlement (CE) n° 805/2004 du Parlement européen et du Conseil portant création d'un titre exécutoire européen pour les créances incontestées

Applicable depuis le 24 novembre 2005

Non reproduit. Consultable sur :
http://europa.eu/eu-law/legislation/index_fr.htm

14 Règlement (CE) n° 1107/2006 du Parlement européen et du Conseil du 5 juillet 2006 concernant les droits des personnes handicapées et des personnes à mobilité réduite lorsqu'elles font des voyages aériens

Applicable depuis le 26 juillet 2008

Non reproduit. Consultable sur :
http://europa.eu/eu-law/legislation/index_fr.htm

15 Règlement (CE) n° 1896/2006 du Parlement européen et du Conseil du 12 décembre 2006 instituant une procédure européenne d'injonction de payer

Applicable depuis le 12 décembre 2008

Modifié par Règlement (UE) n° 936/2 012
de la Commission du 4 octobre 2012,
Règlement (UE) n° 517/2013 du Conseil du 13 mai 2013,
Règlement (UE) n° 2015/2421 du Parlement européen
et du Conseil du 16 décembre 2015
et Règlement délégué (UE) n° 2017/1260
de la Commission du 19 juin 2017

Version consolidée applicable
depuis le 14 juillet 2017 (reproduite)

Le Parlement européen et le Conseil de l'Union européenne,

Vu le traité instituant la Communauté européenne, et notamment son article 61, point c),

Vu la proposition de la Commission,

Vu l'avis du Comité économique et social européen,

Statuant conformément à la procédure visée à l'article 251 du traité,

Considérant ce qui suit :

(1) La Communauté s'est donné pour objectif de maintenir et de développer un espace de liberté, de sécurité et de justice au sein duquel la libre circulation des personnes est assurée. Pour la mise en place progressive de cet espace, la Communauté doit adopter, entre autres, des mesures relevant du domaine de la coopération judiciaire dans les matières civiles ayant une incidence transfrontalière et qui sont nécessaires au bon fonctionnement du marché intérieur.

(2) Selon l'article 65, point c), du traité, ces mesures doivent viser à éliminer les obstacles au bon déroulement des procédures civiles, au besoin en favorisant la compatibilité des règles de procédure civile applicables dans les États membres.

(3) Le Conseil européen réuni à Tampere les 15 et 16 octobre 1999 a invité le Conseil et la Commission à élaborer de nouvelles dispositions législatives concernant les éléments qui contribuent à faciliter la coopération judiciaire et à améliorer l'accès au droit et, dans ce contexte, a expressément fait mention des injonctions de payer.

(4) Le 30 novembre 2000, le Conseil a adopté, en commun avec la Commission, un programme de mesures sur la mise en œuvre du principe de reconnaissance mutuelle des décisions en matière civile et commerciale. Dans certains domaines, notamment celui des créances incontestées, ce programme prévoit la possibilité d'instaurer dans la Communauté une procédure spécifique, uniforme ou harmonisée, en vue d'obtenir une décision judiciaire. Il y a été donné suite avec le programme de La Haye, adopté par le Conseil européen le 5 novembre 2004, qui préconise que les travaux sur la procédure européenne d'injonction de payer soient poursuivis avec détermination.

(5) Le 20 décembre 2002, la Commission a adopté un Livre vert sur une procédure européenne d'injonction de payer et sur des mesures visant à simplifier et à accélérer le règlement des litiges portant sur des montants de faible importance. La publication de ce Livre vert a marqué le lancement d'une consultation sur les objectifs et caractéristiques que devrait avoir une procédure européenne uniforme ou harmonisée de recouvrement des créances incontestées.

(6) Le recouvrement rapide et efficace des créances qui ne font l'objet d'aucune contestation juridique revêt une importance primordiale pour les opérateurs économiques de l'Union européenne, car les retards de paiement sont une des principales causes d'insolvabilité, qui menace la pérennité des entreprises, en particulier les petites et moyennes entreprises, et qui provoque de nombreuses pertes d'emplois.

(7) Tous les États membres cherchent à résoudre le problème des multiples recouvrements de créances incontestées, la plupart en élaborant une procédure simplifiée d'injonction de payer, mais le contenu de la législation interne et l'efficacité des procédures nationales varient considérablement d'un État membre à l'autre. De surcroît, les procédures actuelles sont souvent soit irrecevables, soit impraticables dans des litiges transfrontaliers.

(8) Les entraves à l'accès à une justice efficace qui en résultent dans les litiges transfrontaliers, ainsi que les distorsions de concurrence au sein du marché intérieur causées par l'inégale efficacité des outils procéduraux mis à la disposition des créanciers dans les différents États membres, rendent nécessaire la mise en place d'une législation

communautaire garantissant des conditions identiques aux créanciers et débiteurs dans l'ensemble de l'Union européenne.

(9) Le présent règlement a pour objet de simplifier, d'accélérer et de réduire les coûts de procédure dans les litiges transfrontaliers concernant des créances pécuniaires incontestées en instituant une procédure européenne d'injonction de payer, et d'assurer la libre circulation des injonctions de payer européennes au sein de l'ensemble des États membres en établissant des normes minimales dont le respect rend inutile toute procédure intermédiaire dans l'État membre d'exécution préalablement à la reconnaissance et à l'exécution.

(10) La procédure instituée par le présent règlement devrait constituer un instrument complémentaire et facultatif pour le demandeur, qui demeure libre de recourir à une procédure prévue par le droit national. En conséquence, le présent règlement ne remplace ni n'harmonise les mécanismes de recouvrement de créances incontestées prévus par le droit national.

(11) La procédure devrait se fonder, dans toute la mesure du possible, sur l'utilisation de formulaires types pour toute communication entre la juridiction et les parties afin d'en faciliter le déroulement et de permettre l'utilisation de l'informatique.

(12) Lorsqu'ils décident des juridictions compétentes pour délivrer une injonction de payer européenne, les États membres devraient tenir dûment compte de la nécessité de garantir l'accès à la justice.

(13) Le demandeur devrait être tenu de fournir, dans la demande d'injonction de payer européenne, des informations suffisamment précises pour identifier et justifier clairement la créance afin de permettre au défendeur de décider en connaissance de cause soit de s'y opposer, soit de ne pas la contester.

(14) Dans ce cadre, le demandeur devrait être tenu de fournir une description des éléments de preuve à l'appui de la créance. À cet effet, le formulaire de demande devrait comporter une liste aussi exhaustive que possible des éléments de preuve habituellement produits à l'appui de créances pécuniaires.

(15) L'introduction d'une demande d'injonction de payer européenne devrait entraîner le paiement de tous les frais de justice applicables.

(16) La juridiction devrait examiner la demande, y compris la question de la compétence et la description des éléments de preuve, sur la base des informations fournies dans le formulaire de demande. Elle devrait ainsi être en mesure d'examiner prima facie le bien-fondé de la demande et notamment de rejeter les demandes manifestement non fondées ou irrecevables. Cet examen ne devrait pas nécessairement être effectué par un juge.

(17) Le rejet de la demande n'est pas susceptible de recours. Cela n'exclut toutefois pas un éventuel réexamen de la décision rejetant la demande au même degré de juridiction conformément au droit national.

(18) L'injonction de payer européenne devrait informer le défendeur qu'il peut payer au demandeur le montant fixé, ou former opposition dans un délai de trente jours s'il entend contester la créance. Outre qu'il devrait recevoir des informations complètes relatives à la créance fournies par le demandeur, le défendeur devrait être averti de l'importance en droit de l'injonction de payer européenne et, notamment, des conséquences qu'aurait le fait de ne pas contester la créance.

(19) Eu égard aux différences entre les règles de procédure civile des États membres et notamment celles qui régissent la signification et la notification des actes, il y a lieu de donner une définition précise et détaillée des normes minimales qui devraient s'appliquer dans le cadre de la procédure européenne d'injonction de payer. En particulier, en ce qui concerne le respect de ces normes, un mode de signification ou de notification de l'injonction de payer européenne qui serait fondé sur une fiction juridique ne devrait pas pouvoir être jugé suffisant.

(20) Tous les modes de signification et notification visés aux articles 13 et 14 se caractérisent soit par une certitude absolue (article 13) soit par un très haut degré de probabilité (article 14) que l'acte signifié ou notifié est parvenu à son destinataire.

(21) La notification ou signification à personne adressée à des personnes autres que le défendeur, conformément à l'article 14, paragraphe 1, points a) et b), ne devrait être réputée conforme aux exigences de ces dispositions que si lesdites personnes ont effectivement accepté/reçu l'injonction de payer européenne.

(22) L'article 15 devrait s'appliquer aux situations dans lesquelles le défendeur ne peut pas se représenter lui-même en justice, par exemple dans le cas d'une personne morale, et dans lesquelles une personne habilitée à le représenter est désignée par la loi, ainsi qu'aux situations dans lesquelles le défendeur a autorisé une autre personne, notamment un avocat, à le représenter dans la procédure judiciaire en question.

(23) Pour former opposition, le défendeur peut utiliser le formulaire type établi par le présent règlement. Toutefois, les juridictions devraient tenir compte de toute autre forme écrite d'opposition si celle-ci est clairement exprimée.

(24) Une opposition formée dans le délai imparti devrait mettre un terme à la procédure européenne d'injonction de payer et entraîner le passage automatique du litige à la procédure civile ordinaire, sauf si le demandeur a expressément demandé l'arrêt de la procédure dans cette éventualité. Aux fins du présent règlement, le concept de « procédure civile ordinaire » ne devrait pas nécessairement être interprété au sens du droit national.

(25) Après l'expiration du délai prévu pour former opposition, le défendeur devrait avoir le droit, dans certains cas exceptionnels, de demander un réexamen de l'injonction de payer européenne. Le droit de demander un réexamen dans des circonstances exceptionnelles ne devrait pas signifier que le défendeur dispose d'une deuxième possibilité de s'opposer à la créance. Au cours de la procédure de réexamen, l'évaluation du bien-fondé de la créance devrait se limiter à l'examen des moyens découlant des circonstances exceptionnelles invoquées par le défendeur. Les autres circonstances exceptionnelles pourraient notamment désigner le cas où l'injonction de payer européenne était fondée sur de fausses informations fournies dans le formulaire de demande.

(26) Les frais de justice visés à l'article 25 ne devraient pas comprendre, par exemple, les honoraires d'avocat ou les frais de signification ou de notification des documents lorsque celle-ci est effectuée par une entité autre qu'une juridiction.

(27) Une injonction de payer européenne délivrée dans un État membre et devenue exécutoire devrait être traitée, aux fins de l'exécution, comme si elle avait été délivrée dans l'État membre dans lequel l'exécution est demandée. La confiance mutuelle dans l'administration de la justice dans les États membres fait qu'une juridiction d'un État membre peut considérer que toutes les conditions de délivrance d'une injonction de payer européenne sont remplies pour permettre l'exécution de l'injonction dans tous les

autres États membres, sans contrôle juridictionnel de l'application correcte des normes minimales de procédure dans l'État membre où l'injonction doit être exécutée. Sans préjudice des dispositions du présent règlement, en particulier des normes minimales établies à l'article 22, paragraphes 1 et 2, et à l'article 23, les procédures d'exécution de l'injonction de payer européenne devraient continuer à être régies par le droit national.
(28) Aux fins du calcul des délais, le règlement (CEE, Euratom) n° 1182/71 du Conseil du 3 juin 1971 portant détermination des règles applicables aux délais, aux dates et aux termes devrait être applicable. Il conviendrait d'en informer le défendeur et de ce qu'il sera tenu compte des jours fériés dans l'État membre dans lequel la juridiction qui délivre l'injonction de payer européenne est située.
(29) Étant donné que l'objectif du présent règlement, à savoir l'instauration d'un mécanisme rapide et uniforme de recouvrement des créances pécuniaires incontestées dans l'ensemble de l'Union européenne, ne peut pas être réalisé de manière suffisante par les États membres et peut donc, en raison des dimensions ou des effets du règlement, être mieux réalisé au niveau communautaire, la Communauté peut prendre des mesures, conformément au principe de subsidiarité consacré à l'article 5 du traité. Conformément au principe de proportionnalité tel qu'énoncé audit article, le présent règlement n'excède pas ce qui est nécessaire pour atteindre cet objectif.
(30) Les mesures nécessaires pour la mise en œuvre du présent règlement devraient être arrêtées en conformité avec la décision 1999/468/CE du Conseil du 28 juin 1999 fixant les modalités de l'exercice des compétences d'exécution conférées à la Commission.
(31) Conformément à l'article 3 du protocole sur la position du Royaume-Uni et de l'Irlande annexé au traité sur l'Union européenne et au traité instituant la Communauté européenne, le Royaume-Uni et l'Irlande ont notifié leur souhait de participer à l'adoption et à l'application du présent règlement.
(32) Conformément aux articles 1er et 2 du protocole sur la position du Danemark annexé au traité sur l'Union européenne et au traité instituant la Communauté européenne, le Danemark ne participe pas à l'adoption du présent règlement et n'est pas lié par celui-ci ni soumis à son application,
Ont arrêté le présent règlement :

Art. premier *Objet.* 1. Le présent règlement a pour objet :

a) de simplifier, d'accélérer et de réduire les coûts de règlement dans les litiges transfrontaliers concernant des créances pécuniaires incontestées en instituant une procédure européenne d'injonction de payer;

et

b) d'assurer la libre circulation des injonctions de payer européennes au sein de l'ensemble des États membres en établissant des normes minimales dont le respect rend inutile toute procédure intermédiaire dans l'État membre d'exécution préalablement à la reconnaissance et à l'exécution.

2. Le présent règlement n'empêche pas le demandeur de faire valoir une créance au sens de l'article 4 en recourant à une autre procédure prévue par le droit d'un État membre ou par le droit communautaire.

Art. 2 *Champ d'application.* 1. Le présent règlement s'applique en matière civile et commerciale dans les litiges transfrontaliers, quelle que soit la nature de la juridiction.

Il ne recouvre notamment pas les matières fiscales, douanières ou administratives, ni la responsabilité de l'État pour des actes ou des omissions commis dans l'exercice de la puissance publique (« acta jure imperii »).

2. Sont exclus de l'application du présent règlement :

a) les régimes matrimoniaux, les testaments et les successions;

b) les faillites, concordats et autres procédures analogues;

c) la sécurité sociale;

d) les créances découlant d'obligations non contractuelles, à moins

i) qu'elles aient fait l'objet d'un accord entre les parties ou qu'il y ait eu une reconnaissance de dette;

ou

ii) qu'elles concernent des dettes liquides découlant de la propriété conjointe d'un bien.

3. Dans le présent règlement, on entend par « État membre » tous les États membres à l'exception du Danemark.

Art. 3 *Litiges transfrontaliers.* 1. Aux fins du présent règlement, un litige transfrontalier est un litige dans lequel au moins une des parties a son domicile ou sa résidence habituelle dans un État membre autre que l'État membre de la juridiction saisie.

2. Le domicile est déterminé conformément aux articles 59 et 60 du règlement (CE) n° 44/2001 du Conseil du 22 décembre 2000 concernant la compétence judiciaire, la reconnaissance et l'exécution des décisions en matière civile et commerciale (1).

3. Le moment auquel s'apprécie le caractère transfrontalier d'un litige est celui où la demande d'injonction de payer européenne est introduite conformément au présent règlement.

Art. 4 *Procédure européenne d'injonction de payer.* Il est créé une procédure européenne d'injonction de payer pour le recouvrement de créances pécuniaires liquides et exigibles à la date à laquelle la demande d'injonction de payer européenne est introduite.

Art. 5 *Définitions.* Aux fins du présent règlement, on entend par :

1) « État membre d'origine », l'État membre dans lequel une injonction de payer européenne est délivrée;

2) « État membre d'exécution », l'État membre dans lequel l'exécution d'une injonction de payer européenne est demandée;

3) « juridiction », toute autorité d'un État membre ayant compétence en ce qui concerne les injonctions de payer européennes ou dans toute autre matière connexe;

4) « juridiction d'origine », la juridiction qui délivre une injonction de payer européenne.

Art. 6 *Compétence.* 1. Aux fins de l'application du présent règlement, la compétence est déterminée conformément aux règles de droit communautaire applicables en la matière, notamment au règlement (CE) n° 44/2001.

2. Toutefois, si la créance se rapporte à un contrat conclu par une personne, le consommateur, pour un usage pouvant être considéré comme étranger à son activité professionnelle et si le défendeur est le consommateur, la compétence appartient aux seules juridictions de l'État membre où le défendeur a son domicile, au sens de l'article 59 du règlement (CE) n° 44/2001.

Art. 7 *Demande d'injonction de payer européenne.* 1. Une demande d'injonction de payer européenne est introduite au moyen du formulaire type A figurant à l'annexe I.

2. La demande comprend les éléments suivants :

a) le nom et l'adresse des parties, et le cas échéant de leurs représentants, ainsi que de la juridiction saisie de la demande ;

b) le montant de la créance, notamment le principal et, le cas échéant, les intérêts, les pénalités contractuelles et les frais ;

c) si des intérêts sont réclamés sur la créance, le taux d'intérêt et la période pour laquelle ces intérêts sont réclamés, sauf si des intérêts légaux sont automatiquement ajoutés au principal en vertu du droit de l'État membre d'origine ;

d) la cause de l'action, y compris une description des circonstances invoquées en tant que fondement de la créance et, le cas échéant, des intérêts réclamés ;

e) une description des éléments de preuve à l'appui de la créance ;

f) les chefs de compétence ;

et

g) le caractère transfrontalier du litige au sens de l'article 3.

3. Dans la demande, le demandeur déclare qu'à sa connaissance les informations fournies sont exactes et reconnaît que toute fausse déclaration intentionnelle risque d'entraîner les sanctions prévues par le droit de l'État membre d'origine.

4. Dans un appendice joint à la demande, le demandeur peut indiquer à la juridiction la procédure, parmi celles énumérées à l'article 17, paragraphe 1, points a) et b), qu'il souhaite, le cas échéant, voir appliquée à sa demande dans le cadre de la procédure civile ultérieure lorsque le défendeur forme opposition contre une injonction de payer européenne.

Le demandeur peut également informer la juridiction, dans l'appendice prévu au premier alinéa, qu'il s'oppose au passage à la procédure civile au sens de l'article 17, paragraphe 1, point a) ou b), en cas d'opposition formée par le défendeur. Le demandeur garde la possibilité d'en informer la juridiction ultérieurement, mais en tout état de cause avant la délivrance de l'injonction de payer.

5. La demande est introduite sur support papier ou par tout autre moyen de communication accepté par l'État membre d'origine et utilisable par la juridiction d'origine, y compris par voie électronique.

6. La demande est signée par le demandeur ou, le cas échéant, par son représentant. Lorsque la demande est introduite par voie électronique conformément au paragraphe 5, elle est signée conformément à l'article 2, paragraphe 2, de la directive 1999/93/CE du Parlement européen et du Conseil du 13 décembre 1999 sur un cadre communautaire pour les signatures électroniques (2). Cette signature est reconnue dans l'État membre d'origine sans qu'il soit possible de la soumettre à des conditions supplémentaires.

Néanmoins, cette signature électronique n'est pas nécessaire si et dans la mesure où les juridictions de l'État membre d'origine sont dotées d'un autre système de communication électronique accessible à un groupe donné d'utilisateurs certifiés préalablement inscrits et permettant une identification sûre de ces utilisateurs. Les États membres informent la Commission de l'existence de tels systèmes.

Art. 8 *Examen de la demande.* La juridiction saisie d'une demande d'injonction de payer européenne examine, dans les meilleurs délais et en se fondant sur le formulaire de demande, si les conditions énoncées aux articles 2, 3, 4, 6 et 7 sont réunies et si la demande semble fondée. Cet examen peut être effectué au moyen d'une procédure automatisée.

Art. 9 *Compléments et rectifications.* 1. Si les conditions énoncées à l'article 7 ne sont pas réunies, la juridiction met le demandeur en mesure de compléter ou de rectifier la demande, à moins que celle-ci soit manifestement non fondée ou irrecevable. La juridiction utilise à cet effet le formulaire type B figurant dans l'annexe II.

2. Lorsque la juridiction demande au demandeur de compléter ou de rectifier la demande, elle fixe un délai qu'elle estime approprié au vu des circonstances. La juridiction peut proroger ce délai si elle le juge utile.

Art. 10 *Modification de la demande.* 1. Si les conditions visées à l'article 8 ne sont réunies que pour une partie de la demande, la juridiction en informe le demandeur au moyen du formulaire type C figurant dans l'annexe III. Le demandeur est invité à accepter ou à refuser une proposition d'injonction de payer européenne portant sur le montant que la juridiction a fixé et est informé des conséquences de sa décision. Le demandeur répond en renvoyant le formulaire type C que lui a adressé la juridiction dans un délai fixé par celle-ci conformément à l'article 9, paragraphe 2.

2. Si le demandeur accepte la proposition de la juridiction, la juridiction délivre une injonction de payer européenne, conformément à l'article 12, pour la partie de la demande qui a été acceptée par le demandeur. Les conséquences qui en résultent pour le reliquat de la demande initiale sont régies par le droit national.

3. Si le demandeur n'envoie pas sa réponse dans le délai fixé par la juridiction ou s'il refuse la proposition faite par celle-ci, la juridiction rejette l'intégralité de la demande d'injonction de payer européenne.

Art. 11 *Rejet de la demande.* 1. La juridiction rejette la demande si :

a) les conditions énoncées aux articles 2, 3, 4, 6 et 7 ne sont pas réunies;

ou

b) la demande est manifestement non fondée;

ou

c) le demandeur omet d'envoyer sa réponse dans le délai fixé par la juridiction en vertu de l'article 9, paragraphe 2;

ou

d) le demandeur omet d'envoyer sa réponse dans le délai fixé par la juridiction ou s'il refuse la proposition de la juridiction, conformément à l'article 10.

Le demandeur est informé des motifs du rejet au moyen du formulaire type D figurant dans l'annexe IV.

2. Le rejet de la demande n'est pas susceptible de recours.

3. Le rejet de la demande n'empêche pas le demandeur de faire valoir la créance au moyen d'une nouvelle demande d'injonction de payer européenne ou de toute autre procédure prévue par le droit d'un État membre.

Art. 12 *Délivrance d'une injonction de payer européenne.* 1. Si les conditions visées à l'article 8 sont réunies, la juridiction délivre l'injonction de payer européenne dans les meilleurs délais et en principe dans un délai de trente jours à compter de l'introduction de la demande, au moyen du formulaire type E figurant dans l'annexe V.

Le calcul du délai de trente jours ne comprend pas le délai nécessaire au demandeur pour compléter, rectifier ou modifier la demande.

2. L'injonction de payer européenne est délivrée conjointement avec une copie du formulaire de demande. Elle ne comporte pas les informations fournies par le demandeur dans les appendices 1 et 2 du formulaire type A.

3. Dans l'injonction de payer européenne, le défendeur est informé de ce qu'il a la possibilité :

a) de payer au demandeur le montant figurant dans l'injonction de payer;

ou

b) de s'opposer à l'injonction de payer en formant opposition auprès de la juridiction d'origine, qui doit être envoyée dans un délai de trente jours à compter de la signification ou de la notification de l'injonction qui lui aura été faite.

4. Aux termes de l'injonction de payer européenne, le défendeur est informé que :

a) l'injonction a été délivrée sur le seul fondement des informations fournies par le demandeur et n'a pas été vérifiée par la juridiction;

b) l'injonction deviendra exécutoire à moins qu'il ait été formé opposition auprès de la juridiction conformément à l'article 16;

c) lorsqu'il a été formé opposition, la procédure se poursuit devant les juridictions compétentes de l'État membre d'origine conformément aux règles de la procédure civile ordinaire, sauf si le demandeur a expressément demandé qu'il soit mis un terme à la procédure dans ce cas.

5. La juridiction veille à ce que l'injonction de payer soit signifiée ou notifiée au défendeur conformément au droit national, selon des modalités conformes aux normes minimales établies aux articles 13, 14 et 15.

Art. 13 *Signification ou notification assortie de la preuve de sa réception par le défendeur.* L'injonction de payer européenne peut être signifiée ou notifiée au défendeur, conformément au droit national de l'État dans lequel la signification ou la notification doit être effectuée, par l'un des modes suivants :

a) signification ou notification à personne, le défendeur ayant signé un accusé de réception portant la date de réception;

b) signification ou notification à personne au moyen d'un document signé par la personne compétente qui a procédé à la signification ou à la notification, spécifiant que le défendeur a reçu l'acte ou qu'il a refusé de le recevoir sans aucun motif légitime, ainsi que la date à laquelle l'acte a été signifié ou notifié;

c) signification ou notification par voie postale, le défendeur ayant signé et renvoyé un accusé de réception portant la date de réception;

d) signification ou notification par des moyens électroniques, comme la télécopie ou le courrier électronique, le défendeur ayant signé et renvoyé un accusé de réception portant la date de réception.

Art. 14 *Signification ou notification non assortie de la preuve de sa réception par le défendeur.* 1. L'injonction de payer européenne peut également être signifiée ou notifiée au défendeur conformément au droit national de l'État dans lequel la signification ou la notification doit être effectuée, par l'un des modes suivants :

a) signification ou notification à personne, à l'adresse personnelle du défendeur, à des personnes vivant à la même adresse que celui-ci ou employées à cette adresse;

b) si le défendeur est un indépendant ou une personne morale, signification ou notification à personne, dans les locaux commerciaux du défendeur, à des personnes employées par le défendeur;

c) dépôt de l'injonction dans la boîte aux lettres du défendeur;

d) dépôt de l'injonction dans un bureau de poste ou auprès d'une autorité publique compétente et communication écrite de ce dépôt dans la boîte aux lettres du défendeur, à condition que la communication écrite mentionne clairement la nature judiciaire de l'acte ou le fait qu'elle vaut notification ou signification et a pour effet de faire courir les délais;

e) par voie postale non assortie de l'attestation visée au paragraphe 3, lorsque le défendeur a son adresse dans l'État membre d'origine;

f) par des moyens électroniques avec accusé de réception automatique, à condition que le défendeur ait expressément accepté à l'avance ce mode de signification ou de notification.

2. Aux fins du présent règlement, la signification ou la notification au titre du paragraphe 1 n'est pas admise si l'adresse du défendeur n'est pas connue avec certitude.

3. La signification ou la notification en application du paragraphe 1, points a), b), c) et d), est attestée par :

a) un acte signé par la personne compétente ayant procédé à la signification ou à la notification mentionnant les éléments suivants :

i) le mode de signification ou de notification utilisé,

et

ii) la date de la signification ou de la notification,

et

iii) lorsque l'injonction de payer a été signifiée ou notifiée à une personne autre que le défendeur, le nom de cette personne et son lien avec le défendeur,

ou

b) un accusé de réception émanant de la personne qui a reçu la signification ou la notification, pour l'application du paragraphe 1, points a) et b).

Art. 15 *Signification ou notification à un représentant.* La signification ou la notification en application des articles 13 ou 14 peut aussi être faite à un représentant du défendeur.

Art. 16 *Opposition à l'injonction de payer européenne.* 1. Le défendeur peut former opposition à l'injonction de payer européenne auprès de la juridiction d'origine au moyen du formulaire type F figurant dans l'annexe VI, qui lui est transmis en même temps que l'injonction de payer européenne.

2. L'opposition est envoyée dans un délai de trente jours à compter de la signification ou de la notification de l'injonction au défendeur.

3. Le défendeur indique dans l'opposition qu'il conteste la créance, sans être tenu de préciser les motifs de contestation.

4. L'opposition est introduite sur support papier ou par tout autre moyen de communication accepté par l'État membre d'origine et utilisable par la juridiction d'origine, y compris par voie électronique.

5. L'opposition est signée par le défendeur ou, le cas échéant, par son représentant. Lorsque l'opposition est introduite par voie électronique conformément au paragraphe 4, elle est signée conformément à l'article 2, paragraphe 2, de la directive 1999/93/CE. La signature est reconnue dans l'État membre d'origine sans qu'il soit possible de la soumettre à des conditions supplémentaires.

Néanmoins, cette signature électronique n'est pas nécessaire si et dans la mesure où les juridictions de l'État membre d'origine sont dotées d'un autre système de communication électronique accessible à un groupe donné d'utilisateurs certifiés préalablement inscrits et permettant une identification sûre de ces utilisateurs. Les États membres informent la Commission de l'existence de tels systèmes.

Art. 17 *Effets de l'opposition.* 1. Si une opposition est formée dans le délai prévu à l'article 16, paragraphe 2, la procédure se poursuit devant les juridictions compétentes de l'État membre d'origine, sauf si le demandeur a expressément demandé qu'il soit mis un terme à la procédure dans ce cas. La procédure se poursuit conformément aux règles de :

a) la procédure européenne de règlement des petits litiges prévue dans le règlement (CE) n° 861/2007, le cas échéant ; ou

b) toute procédure civile nationale appropriée.

2. Lorsque le demandeur n'a pas indiqué la procédure, parmi celles énumérées au paragraphe 1, points a) et b), qu'il souhaite voir appliquée à sa demande dans le cadre de la procédure qui y fait suite en cas d'opposition, ou lorsque le demandeur a demandé que la procédure européenne de règlement des petits litiges prévue dans le règlement (CE) n° 861/2007 soit appliquée à une demande qui ne relève pas du champ d'application dudit règlement, la procédure passe à la procédure civile nationale appropriée, sauf si le demandeur a expressément formulé son opposition à ce passage.

3. Lorsque le demandeur a fait valoir sa créance en recourant à la procédure européenne d'injonction de payer, aucune disposition de droit national ne porte atteinte à sa position lors de la procédure civile ultérieure.

4. Le passage à la procédure civile au sens du paragraphe 1, points a) et b), est régi par le droit de l'État membre d'origine.

5. Le demandeur est informé de toute opposition formée par le défendeur et de tout passage à la procédure civile au sens du paragraphe 1.

Art. 18 *Force exécutoire.* 1. Si, dans le délai prévu à l'article 16, paragraphe 2, compte tenu d'un délai supplémentaire nécessaire à l'acheminement de l'opposition, aucune opposition n'a été formée auprès de la juridiction d'origine, la juridiction d'origine déclare sans tarder l'injonction de payer européenne exécutoire, au moyen du formulaire type G figurant dans l'annexe VII. La juridiction vérifie la date à laquelle l'injonction de payer a été signifiée ou notifiée.

2. Sans préjudice du paragraphe 1, les conditions formelles d'acquisition de la force exécutoire sont régies par le droit de l'État membre d'origine

3. La juridiction envoie l'injonction de payer européenne exécutoire au demandeur.

Art. 19 *Suppression de l'exequatur.* Une injonction de payer européenne devenue exécutoire dans l'État membre d'origine est reconnue et exécutée dans les autres États membres sans qu'une déclaration constatant la force exécutoire soit nécessaire et sans qu'il soit possible de contester sa reconnaissance.

Art. 20 *Réexamen dans des cas exceptionnels.* 1. Après expiration du délai prévu à l'article 16, paragraphe 2, le défendeur a le droit de demander le réexamen de l'injonction de payer européenne devant la juridiction compétente de l'État membre d'origine si :

a)

i) l'injonction de payer a été signifiée ou notifiée selon l'un des modes prévus à l'article 14 ;

et

ii) la signification ou la notification n'est pas intervenue en temps utile pour lui permettre de préparer sa défense, sans qu'il y ait faute de sa part,

ou

b) le défendeur a été empêché de contester la créance pour cause de force majeure ou en raison de circonstances extraordinaires, sans qu'il y ait faute de sa part,

pour autant que, dans un cas comme dans l'autre, il agisse promptement.

2. Après expiration du délai prévu à l'article 16, paragraphe 2, le défendeur a également le droit de demander le réexamen de l'injonction de payer européenne devant la juridiction compétente de l'État membre d'origine lorsqu'il est manifeste que l'injonction de payer a été délivrée à tort, au vu des exigences fixées par le présent règlement, ou en raison d'autres circonstances exceptionnelles.

3. Si la juridiction rejette la demande du défendeur au motif qu'aucune des conditions de réexamen énoncées aux paragraphes 1 et 2 n'est remplie, l'injonction de payer européenne reste valable.

Si la juridiction décide que le réexamen est justifié au motif que l'une des conditions énoncées aux paragraphes 1 et 2 est remplie, l'injonction de payer européenne est nulle et non avenue.

Art. 21 *Exécution.* 1. Sans préjudice des dispositions du présent règlement, les procédures d'exécution sont régies par le droit de l'État membre d'exécution.

L'injonction de payer européenne devenue exécutoire est exécutée dans les mêmes conditions qu'une décision exécutoire rendue dans l'État membre d'exécution.

2. Aux fins de l'exécution dans un autre État membre, le demandeur fournit aux autorités compétentes de cet État membre chargées de l'exécution :

a) une copie de l'injonction de payer européenne, telle que déclarée exécutoire par la juridiction d'origine, et réunissant les conditions nécessaires pour en établir l'authenticité;

et

b) le cas échéant, la traduction de l'injonction de payer européenne dans la langue officielle de l'État membre d'exécution ou, si cet État membre a plusieurs langues officielles, dans la langue officielle ou dans l'une des langues officielles de la procédure judiciaire du lieu où l'exécution est demandée, conformément au droit de cet État membre, ou dans une autre langue que l'État membre d'exécution aura déclaré pouvoir accepter. Chaque État membre peut indiquer la ou les langues officielles des institutions de l'Union européenne, autres que la sienne, qu'il peut accepter pour une injonction de payer européenne. La traduction est certifiée par une personne habilitée à cet effet dans l'un des États membres.

3. Aucune caution ni aucun dépôt, sous quelque dénomination que ce soit, ne peuvent être imposés en raison, soit de la qualité de ressortissant étranger, soit du défaut de domicile ou de résidence dans l'État membre d'exécution, au demandeur qui, dans un État membre, demande l'exécution d'une injonction de payer européenne délivrée dans un autre État membre.

Art. 22 *Refus d'exécution.* 1. Sur demande du défendeur, l'exécution est refusée par la juridiction compétente dans l'État membre d'exécution si l'injonction de payer européenne est incompatible avec une décision rendue ou une injonction délivrée antérieurement dans tout État membre ou dans un pays tiers lorsque :

a) la décision rendue ou l'injonction délivrée antérieurement l'a été entre les mêmes parties dans un litige ayant la même cause;

et que

b) que la décision rendue ou l'injonction délivrée antérieurement réunit les conditions nécessaires à sa reconnaissance dans l'État membre d'exécution;

et que

c) l'incompatibilité n'aurait pas pu être invoquée au cours de la procédure judiciaire dans l'État membre d'origine.

2. L'exécution est également refusée, sur demande, si et dans la mesure où le défendeur a payé au demandeur le montant fixé dans l'injonction de payer européenne.

3. Une injonction de payer européenne ne peut en aucun cas faire l'objet d'un réexamen au fond dans l'État membre d'exécution.

Art. 23 *Suspension ou limitation de l'exécution.* Lorsque le défendeur a demandé le réexamen conformément à l'article 20, la juridiction compétente dans l'État membre d'exécution peut, à la demande du défendeur :

a) limiter la procédure d'exécution à des mesures conservatoires;

ou

b) subordonner l'exécution à la constitution d'une sûreté qu'elle détermine;

ou

c) dans des circonstances exceptionnelles, suspendre la procédure d'exécution.

Art. 24 *Représentation en justice.* La représentation par un avocat ou un autre professionnel du droit n'est obligatoire :

a) ni pour le demandeur en ce qui concerne la demande d'injonction de payer européenne;

b) ni pour le défendeur en ce qui concerne l'opposition à une injonction de payer européenne.

Art. 25 *Frais de justice.* 1. Lorsque, dans un État membre, les frais de justice afférents à une procédure civile, au sens de l'article 17, paragraphe 1, point a) ou b), selon le cas, sont équivalents ou supérieurs aux frais liés à une procédure européenne d'injonction de payer, le total des frais de justice afférents à une procédure européenne d'injonction de payer et à la procédure civile qui y fait suite en cas d'opposition conformément à l'article 17, paragraphe 1, n'excède pas les frais afférents à la procédure qui n'a pas été précédée par une procédure européenne d'injonction de payer dans cet État membre.

Il ne peut être perçu de frais de justice supplémentaires dans un État membre pour la procédure civile qui fait suite à une opposition conformément à l'article 17, paragraphe 1, point a) ou b), selon le cas, si les frais de justice pour ladite procédure dans cet État membre sont inférieurs à ceux qui sont perçus dans le cadre de la procédure européenne d'injonction de payer.

2. Aux fins du présent règlement, les frais de justice comprennent les frais et les droits à verser à la juridiction, dont le montant est fixé conformément au droit national.

Art. 26 *Relation avec le droit procédural national.* Toute question procédurale non expressément réglée par le présent règlement est régie par le droit national.

Art. 27 *Relation avec le règlement (CE) n° 1348/2000.* Le présent règlement ne porte pas atteinte à l'application du règlement (CE) n° 1348/2000 du Conseil du 29 mai 2000 relatif à la signification et à la notification dans les États membres des actes judiciaires et extrajudiciaires en matière civile et commerciale.

Art. 28 *Informations relatives aux frais de signification ou de notification et à l'exécution.* Les États membres collaborent en vue d'assurer l'information du public et des milieux professionnels concernant :

a) les frais de signification ou de notification des documents;

et

b) les autorités compétentes pour l'exécution aux fins de l'application des articles 21, 22 et 23,

notamment via le réseau judiciaire européen en matière civile et commerciale établi conformément à la décision 2001/470/CE du Conseil du 28 mai 2001.

Art. 29 *Informations relatives à la compétence, aux procédures de réexamen, aux moyens de communication et aux langues.* 1. Le 12 juin 2008 au plus tard, les États membres informent la Commission :

a) des juridictions compétentes pour délivrer une injonction de payer européenne;

b) de la procédure de réexamen et des juridictions compétentes aux fins de l'application de l'article 20;

c) des moyens de communication acceptés aux fins de la procédure européenne d'injonction de payer et utilisables par les juridictions;

d) des langues acceptées aux termes de l'article 21, paragraphe 2, point b).

Les États membres communiquent à la Commission toute modification ultérieure de ces informations.

2. La Commission met les informations notifiées conformément au paragraphe 1 à la disposition du public par voie de publication au Journal officiel de l'Union européenne et par tout autre moyen approprié.

Art. 30 *Modification des annexes.* La Commission est habilitée à adopter des actes délégués en conformité avec l'article 31 en ce qui concerne les modifications à apporter aux annexes I à VII.

Art. 31 *Exercice de la délégation.* 1. Le pouvoir d'adopter des actes délégués conféré à la Commission est soumis aux conditions fixées au présent article.

2. Le pouvoir d'adopter des actes délégués visé à l'article 30 est conféré à la Commission pour une durée indéterminée à compter du 13 janvier 2016.

3. La délégation de pouvoir visée à l'article 30 peut être révoquée à tout moment par le Parlement européen ou le Conseil. La décision de révocation met fin à la délégation de pouvoir qui y est précisée. La révocation prend effet le jour suivant celui de la publication de ladite décision au Journal officiel de l'Union européenne ou à une date ultérieure qui est précisée dans ladite décision. Elle ne porte pas atteinte à la validité des actes délégués déjà en vigueur.

4. Aussitôt qu'elle adopte un acte délégué, la Commission le notifie au Parlement européen et au Conseil simultanément.

5. Un acte délégué adopté en vertu de l'article 30 n'entre en vigueur que si le Parlement européen ou le Conseil n'a pas exprimé d'objections dans un délai de deux mois à compter de la notification de cet acte au Parlement européen et au Conseil ou si, avant l'expiration de ce délai, le Parlement européen et le Conseil ont tous deux informé la Commission de leur intention de ne pas exprimer d'objections. Ce délai est prolongé de deux mois à l'initiative du Parlement européen ou du Conseil.

Art. 32 *Réexamen.* Le 12 décembre 2013 au plus tard, la Commission présente au Parlement européen, au Conseil et au Comité économique et social européen un rapport détaillé réexaminant l'application de la procédure européenne d'injonction de payer. Ce rapport comporte une évaluation de l'application de la procédure et une étude d'impact élargie pour chaque État membre.

À cette fin et afin de veiller à ce que les meilleures pratiques au sein de l'Union européenne soient dûment prises en compte et soient conformes aux principes de l'amélioration de la législation, les États membres informent la Commission de l'application de la procédure européenne d'injonction de payer au niveau transfrontalier. Ces informations portent sur les frais de justice, la rapidité de la procédure, l'efficacité, la facilité d'utilisation et les procédures internes d'injonction de payer des États membres.

Le rapport de la Commission est accompagné, le cas échéant, de propositions d'adaptation.

Art. 33 *Entrée en vigueur.* Le présent règlement entre en vigueur le jour suivant celui de sa publication au Journal officiel de l'Union européenne.

Il est applicable à partir du 12 décembre 2008, à l'exception des articles 28, 29, 30 et 31, qui sont applicables à partir du 12 juin 2008.

Le présent règlement est obligatoire dans tous ses éléments et directement applicable dans les États membres conformément au traité instituant la Communauté européenne.

ANNEXES

16 Règlement (CE) n° 861/2007 du 11 juillet 2007 instituant une procédure européenne de règlement des petits litiges

Applicable depuis le 1er janvier 2009

Modifié par le Règlement (UE) n° 2015/2421 du 16 décembre 2015

Version consolidée reproduite, applicable depuis le 14 juillet 2017

Le Parlement européen et le Conseil de l'Union européenne,

Vu le traité instituant la Communauté européenne, et notamment son article 61, point c), et son article 67,

Vu la proposition de la Commission,

Vu l'avis du Comité économique et social européen,

Statuant conformément à la procédure visée à l'article 251 du traité,

Considérant ce qui suit :

(1) La Communauté s'est donné pour objectif de maintenir et de développer un espace de liberté, de sécurité et de justice au sein duquel la libre circulation des personnes est assurée. Pour la mise en place progressive de cet espace, la Communauté doit adopter, entre autres, des mesures relevant du domaine de la coopération judiciaire dans les matières civiles ayant une incidence transfrontalière et qui sont nécessaires au bon fonctionnement du marché intérieur.

(2) Selon l'article 65, point c), du traité, ces mesures doivent viser à éliminer les obstacles au bon déroulement des procédures civiles, au besoin en favorisant la compatibilité des règles de procédure civile applicables dans les États membres.

(3) À cet égard, la Communauté a déjà, parmi d'autre mesures, adopté le règlement (CE) n° 1348/2000 du Conseil du 29 mai 2000 relatif à la signification et à la notification dans les États membres des actes judiciaires et extrajudiciaires en matière civile et commerciale, le règlement (CE) n° 44/2001 du Conseil du 22 décembre 2000 concernant la compétence judiciaire, la reconnaissance et l'exécution des décisions en matière civile et commerciale, la décision 2001/470/CE du Conseil du 28 mai 2001 relative à la création d'un réseau judiciaire européen en matière civile et commerciale, le règlement (CE) n° 805/2004 du Parlement européen et du Conseil du 21 avril 2004 portant création d'un titre exécutoire européen pour les créances incontestées et le règlement (CE) n° 1896/2006 du Parlement européen et du Conseil du 12 décembre 2006 instituant une procédure européenne d'injonction de payer.

(4) Le Conseil européen, réuni à Tampere les 15 et 16 octobre 1999, a invité le Conseil et la Commission à établir des règles de procédure communes en vue de simplifier et d'accélérer le règlement des litiges transfrontaliers concernant les demandes de faible importance en matière de droits des consommateurs et en matière commerciale.

(5) Le 30 novembre 2000, le Conseil a adopté un programme de mesures – élaboré conjointement par le Conseil et la Commission – sur la mise en œuvre du principe de reconnaissance mutuelle des décisions en matière civile et commerciale. Ce programme prévoit de simplifier et d'accélérer le règlement des litiges transfrontaliers de faible importance. Il y a été donné suite avec le programme de La Haye, adopté par le Conseil européen le 5 novembre 2004, qui préconise que les travaux sur les petites créances soient poursuivis avec détermination.

(6) Le 20 décembre 2002, la Commission a adopté un Livre vert sur une procédure européenne d'injonction de payer et sur des mesures visant à simplifier et à accélérer le règlement des litiges portant sur des montants de faible importance. La publication de ce livre vert a marqué le lancement d'une consultation sur les mesures relatives à la simplification et à l'accélération du règlement des litiges portant sur des montants de faible importance.

(7) De nombreux États membres ont introduit des procédures civiles simplifiées de règlement des petits litiges, eu égard au fait que les frais, les retards et la complexité liés aux litiges ne diminuent pas toujours proportionnellement au montant de la demande. Les obstacles à l'obtention d'une décision rapide et peu coûteuse augmentent dans les litiges transfrontaliers. Il est par conséquent nécessaire d'instituer une procédure européenne visant à régler les petits litiges, ci-après dénommée « procédure européenne de règlement des petits litiges ». Celle-ci devrait avoir pour objectif de faciliter l'accès à la justice. En raison des distorsions de concurrence créées au sein du marché intérieur par les déséquilibres en termes d'efficacité des outils procéduraux mis à la disposition des créanciers dans les différents États membres, il est nécessaire de disposer d'une législation communautaire garantissant des conditions identiques aux créanciers et aux débiteurs dans l'ensemble de l'Union européenne. Il convient de tenir compte des principes de simplicité, de rapidité et de proportionnalité lors de la fixation des frais de gestion d'une demande relevant de la procédure européenne de règlement des petits litiges. Les détails relatifs aux frais exigibles devraient être rendus publics, et les modalités de fixation de ces frais devraient être transparentes.

(8) La procédure européenne de règlement des petits litiges devrait simplifier et accélérer le règlement des petits litiges transfrontaliers et en réduire les coûts, en proposant un instrument facultatif venant s'ajouter aux possibilités offertes par les législations des États membres, qui ne seront pas affectées. Le présent règlement devrait aussi faciliter la reconnaissance et l'exécution dans un État membre des jugements rendus dans le cadre de la procédure européenne de règlement des petits litiges dans un autre État membre.

(9) Le présent règlement vise à promouvoir les droits fondamentaux et tient compte, notamment, des principes reconnus par la Charte des droits fondamentaux de l'Union européenne. La juridiction devrait respecter le droit à un procès équitable et le principe du contradictoire, notamment lorsqu'elle se prononce sur la nécessité d'une audience, sur les moyens d'obtention des preuves et sur l'étendue de l'obtention des preuves.

(10) Afin de faciliter le calcul du montant d'une demande, il ne devrait être tenu compte d'aucun intérêt, frais ni débours. Cela ne devrait pas porter atteinte à la faculté qu'a la juridiction d'accorder ceux-ci dans la décision qu'elle rendra, ni aux règles nationales relatives au calcul des intérêts.

(11) Afin de faciliter le déclenchement de la procédure européenne de règlement des petits litiges, il convient que le demandeur introduise une demande en complétant un formulaire de demande et l'adresse à la juridiction. Un formulaire de demande ne devrait être adressé qu'à une juridiction compétente.

(12) Le formulaire de demande devrait être accompagné, le cas échéant, de toutes les pièces justificatives utiles. Cependant, cela n'empêche pas le demandeur de présenter, le cas échéant, des éléments de preuve complémentaires au cours de la procédure. Le même principe devrait s'appliquer à la réponse du défendeur.

(13) Les notions de « manifestement non fondée » et « irrecevable », en ce qui concerne le rejet de la demande, devraient être déterminées conformément au droit national.

(14) La procédure européenne de règlement des petits litiges devrait être écrite, sauf si la juridiction estime qu'une audience est nécessaire ou si l'une des parties en fait la demande. La juridiction peut rejeter une telle demande. Ce rejet ne peut être contesté séparément.

(15) Les parties ne devraient pas être obligées d'être représentées par un avocat ou un autre professionnel du droit.

(16) La notion de « demande reconventionnelle » devrait s'entendre au sens de l'article 6, paragraphe 3, du règlement (CE) n° 44/2001, à savoir une demande dérivant du contrat ou du fait sur lequel est fondée la demande initiale. Il y a lieu d'appliquer les articles 2 et 4, l'article 5, paragraphes 3, 4 et 5, mutatis mutandis aux demandes reconventionnelles.

(17) Lorsque le défendeur argue d'un droit de compensation au cours de la procédure, cette demande ne devrait pas constituer une demande reconventionnelle aux fins du présent règlement. Par conséquent, le défendeur ne devrait pas être tenu d'utiliser le formulaire type A figurant à l'annexe I pour invoquer ce droit.

(18) Aux fins de l'application de l'article 6, l'État requis est l'État membre dans lequel il doit être procédé à la signification, à la notification, ou à la transmission d'une pièce. En vue de réduire les frais et retards, les actes devraient être principalement signifiés

ou notifiés aux parties par voie postale avec accusé de réception indiquant également la date de réception.

(19) Une partie peut refuser d'accepter une pièce au moment de sa signification ou de sa notification, ou en retournant la pièce dans un délai d'une semaine si elle n'est pas rédigée, ou accompagnée d'une traduction, dans la langue officielle de l'État membre requis (ou, s'il existe plusieurs langues officielles dans cet État membre, dans la langue officielle ou l'une des langues officielles du lieu où il doit être procédé à la signification, à la notification, ou à la transmission de la pièce), ou dans une langue que le destinataire comprend.

(20) En ce qui concerne les auditions et l'obtention des preuves, les États membres devraient encourager l'utilisation des technologies modernes de communication, en application du droit national de l'État membre du for. La juridiction devrait retenir le moyen d'obtention des preuves le plus simple et le moins onéreux.

(21) L'assistance pratique qui doit être mise à la disposition des parties devrait comprendre des informations techniques relatives à la disponibilité des formulaires et à la manière de les remplir.

(22) Les informations concernant des questions de procédure peuvent également être données par le personnel de la juridiction, conformément au droit national.

(23) L'objectif du présent règlement étant de simplifier et d'accélérer le règlement des petits litiges transfrontaliers, la juridiction devrait agir dès que possible, même lorsque le présent règlement ne fixe pas de délai à une étape spécifique de la procédure.

(24) Aux fins du calcul des délais dans le présent règlement, le règlement (CEE, Euratom) n° 1182/71 du Conseil du 3 juin 1971 portant détermination des règles applicables aux délais, aux dates et aux termes devrait être applicable.

(25) Afin d'accélérer le recouvrement de créances de faible montant, la décision devrait être immédiatement exécutoire, nonobstant tout recours éventuel et sans qu'il y ait obligation de constituer une sûreté, sauf exceptions prévues par le présent règlement.

(26) Toute référence à un recours faite dans le présent règlement devrait s'entendre comme renvoyant à toutes les voies de recours possibles prévues par le droit national.

(27) La juridiction doit comprendre une personne apte à exercer des fonctions de juge selon les règles du droit national.

(28) Lorsque la juridiction est tenue de fixer un délai, la partie concernée devrait être informée des conséquences du non-respect de ce délai.

(29) La partie qui succombe devrait supporter les frais de procédure. Les frais de procédure devraient être fixés conformément au droit national. Eu égard aux objectifs de simplicité et d'efficacité par rapport au coût, la juridiction ne devrait condamner la partie qui succombe qu'au paiement des frais de procédure. Ceci comprend, par exemple, les frais de représentation de la partie adverse par un avocat ou un autre professionnel du droit, ou les frais de signification ou de notification ou de traduction des pièces, qui sont proportionnés au montant de la demande ou dont l'engagement a été indispensable.

(30) Afin de faciliter la reconnaissance et l'exécution des décisions, une décision rendue dans un État membre dans le cadre de la procédure européenne de règlement des petits litiges devrait être reconnue et exécutoire dans un autre État membre sans qu'une déclaration constatant la force exécutoire soit nécessaire et sans qu'il soit possible de s'opposer à sa reconnaissance.

(31) Il convient de prévoir des normes minimales pour le réexamen d'une décision dans les cas où le défendeur n'a pas pu contester la demande.

(32) Eu égard aux objectifs de simplicité et d'efficacité par rapport au coût, la partie qui demande l'exécution d'une décision ne devrait pas être tenue d'avoir un représentant autorisé ou une adresse postale dans l'État membre d'exécution, en dehors des agents compétents pour la procédure d'exécution conformément au droit national dudit État membre.

(33) Il y a lieu également d'appliquer le chapitre III du présent règlement à la fixation des frais et des dépenses engagés par les agents compétents pour la procédure d'exécution du fait d'une décision rendue conformément à la procédure prévue par le présent règlement.

(34) Il y a lieu d'arrêter les mesures nécessaires pour la mise en œuvre du présent règlement en conformité avec la décision 1999/468/CE du Conseil du 28 juin 1999 fixant les modalités de l'exercice des compétences d'exécution conférées à la Commission.

(35) Il convient en particulier d'habiliter la Commission à adopter les mesures nécessaires à la mise à jour et aux modifications techniques à apporter aux formulaires qui figurent aux annexes. Ces mesures ayant une portée générale et ayant pour objet de modifier des éléments non essentiels du présent règlement, elles doivent être arrêtées selon la procédure de réglementation avec contrôle prévue à l'article 5 bis de la décision 1999/468/CE.

(36) Étant donné que les objectifs du présent règlement, à savoir l'institution d'une procédure permettant de simplifier et d'accélérer le règlement des petits litiges transfrontaliers et d'en réduire les coûts, ne peuvent pas être réalisés de manière suffisante par les États membres et peuvent donc, en raison des dimensions ou des effets du présent règlement, être mieux réalisés au niveau communautaire, la Communauté peut prendre des mesures, conformément au principe de subsidiarité consacré à l'article 5 du traité. Conformément au principe de proportionnalité, tel qu'énoncé audit article, le présent règlement n'excède pas ce qui est nécessaire pour atteindre ces objectifs.

(37) Conformément à l'article 3 du protocole sur la position du Royaume-Uni et de l'Irlande annexé au traité sur l'Union européenne et au traité instituant la Communauté européenne, le Royaume-Uni et l'Irlande ont notifié leur souhait de participer à l'adoption et à l'application du présent règlement.

(38) Conformément aux articles 1er et 2 du protocole sur la position du Danemark annexé au traité sur l'Union européenne et au traité instituant la Communauté européenne, le Danemark ne participe pas à l'adoption du présent règlement et n'est pas lié par celui-ci ni soumis à son application,

Ont arrêté le présent règlement :

CHAPITRE PREMIER

Objet et champ d'application

Art. premier *Objet.* Le présent règlement établit une procédure européenne visant à régler les petits litiges, ci-après dénommée « procédure européenne de règlement des petits litiges », en vue de simplifier et d'accélérer le règlement des petits litiges transfrontaliers et d'en réduire les coûts. La procédure européenne de règlement des petits litiges est à la disposition des justiciables parallèlement aux procédures prévues par les législations des États membres.

Le présent règlement supprime par ailleurs les procédures intermédiaires nécessaires pour qu'une décision rendue dans un État membre dans le cadre de la procédure européenne de règlement des petits litiges soit reconnue et exécutée dans un autre État membre.

Art. 2 *(Règl. (UE) 2015/2421 du 16 déc. 2015, art. 1er-1, en vigueur le 14 juill. 2017) Champ d'application.* 1. Le présent règlement s'applique en matière civile et commerciale dans les litiges transfrontaliers au sens de l'article 3, quelle que soit la nature de la juridiction, lorsque le montant d'une demande ne dépasse pas 5 000 EUR au moment de la réception du formulaire de demande par la juridiction compétente, hors intérêts, frais et débours. Il ne recouvre notamment pas les matières fiscales, douanières ou administratives ni la responsabilité de l'État pour des actes ou des omissions commis dans l'exercice de la puissance publique (« *acta jure imperii* »).

2. Sont exclus de l'application du présent règlement :

a) l'état et la capacité des personnes physiques;

b) les régimes matrimoniaux ou les régimes patrimoniaux relatifs aux relations qui, selon la loi qui leur est applicable, sont réputés avoir des effets comparables au mariage;

c) les obligations alimentaires découlant de relations de famille, de parenté, de mariage ou d'alliance;

d) les testaments et les successions, y compris les obligations alimentaires résultant du décès;

e) les faillites, concordats et autres procédures analogues;

f) la sécurité sociale;

g) l'arbitrage;

h) le droit du travail;

i) les baux d'immeubles, exception faite des procédures relatives à des demandes pécuniaires; ou

j) les atteintes à la vie privée et aux droits de la personnalité, y compris la diffamation.

Art. 3 *Litiges transfrontaliers.* 1. Aux fins du présent règlement, un litige transfrontalier est un litige dans lequel au moins une des parties a son domicile ou sa résidence habituelle dans un État membre autre que l'État membre de la juridiction saisie.

(Règl. (UE) 2015/2421 du 16 déc. 2015, art. 1er-2, en vigueur le 14 juill. 2017) «2. Le domicile est déterminé conformément aux articles 62 et 63 du règlement (UE) n° 1215/2012 du Parlement européen et du Conseil.

«3. Le moment auquel s'apprécie le caractère transfrontalier d'un litige est celui de la date de réception du formulaire de demande par la juridiction compétente.»

CHAPITRE II

La procédure européenne de règlement des petits litiges

Art. 4 *Engagement de la procédure.* 1. Le demandeur introduit la procédure européenne de règlement des petits litiges en remplissant le formulaire type A figurant à l'annexe I, et en l'adressant directement à la juridiction compétente par voie postale ou par tout autre moyen de communication, comme la télécopie ou le courrier électronique, admis par l'État membre dans lequel la procédure est engagée. Le formulaire de demande comporte une description des éléments de preuve à l'appui de la demande et est accompagné, le cas échéant, de toute pièce justificative utile.

2. Les États membres informent la Commission des moyens de communication qu'ils acceptent. La Commission met ces informations à la disposition du public.

3. Lorsqu'une demande ne relève pas du champ d'application du présent règlement, la juridiction en informe le demandeur. A moins que le demandeur ne retire sa demande, la juridiction donne suite à celle-ci conformément au droit procédural applicable dans l'État membre où la procédure se déroule.

4. Lorsque la juridiction estime que les informations fournies par le demandeur manquent de clarté, ou sont insuffisantes, ou que le formulaire de demande n'a pas été dûment rempli, et sauf si la demande apparaît manifestement non fondée ou irrecevable, la juridiction met le demandeur en mesure de compléter ou de rectifier le formulaire de demande ou de fournir toutes informations ou pièces complémentaires ou de retirer la demande, dans le délai qu'elle précise. La juridiction utilise à cet effet le formulaire type B figurant à l'annexe II.

Lorsque la demande apparaît manifestement non fondée ou irrecevable, ou lorsque le demandeur ne complète pas ni ne rectifie le formulaire de demande dans le délai indiqué, la demande est rejetée. *(Règl. (UE) 2015/2421 du 16 déc. 2015, art. 1er-3, en vigueur le 14 juill. 2017)* «La juridiction informe le demandeur de ce rejet et lui indique si celui-ci est susceptible de recours.

«5. Les États membres veillent à ce que le formulaire type de demande A puisse être obtenu auprès de toutes les juridictions devant lesquelles la procédure européenne de règlement des petits litiges peut être engagée et à ce qu'il soit accessible par l'intermédiaire des sites internet nationaux pertinents.»

Art. 5 *Déroulement de la procédure. (Règl. (UE) 2015/2421 du 16 déc. 2015, art. 1er-4, en vigueur le 14 juill. 2017)* «1. La procédure européenne de règlement des petits litiges est une procédure écrite.

«1 *bis*. La juridiction tient une audience uniquement si elle estime qu'il n'est pas possible de rendre une décision sur la base des preuves écrites ou si l'une des parties en fait la demande. La juridiction peut rejeter cette demande si elle estime que, compte tenu des circonstances de l'espèce, une audience n'est pas nécessaire pour garantir le déroulement équitable de la procédure. Ce refus est motivé par écrit. Il ne peut pas être contesté séparément d'un recours à l'encontre de la décision elle-même.»

2. Après réception du formulaire de demande dûment rempli, la juridiction complète la partie I du formulaire type de réponse C figurant à l'annexe III.

Une copie du formulaire de demande et, le cas échéant, des pièces justificatives, accompagnée du formulaire de réponse ainsi complété, est signifiée ou notifiée au défendeur conformément à l'article 13. L'expédition de ces pièces doit intervenir dans un délai de quatorze jours à compter de la réception du formulaire de demande dûment rempli.

3. Le défendeur répond dans un délai de trente jours à compter de la date à laquelle les formulaires de demande et de réponse lui ont été signifiés ou notifiés en remplissant la partie II du formulaire type de réponse C, accompagné, le cas échéant, de toutes pièces justificatives utiles, et en le renvoyant à la juridiction, ou par tout autre moyen adapté n'impliquant pas l'utilisation du formulaire de réponse.

4. Dans un délai de quatorze jours à compter de la réception de la réponse du défendeur, la juridiction transmet au demandeur une copie de la réponse accompagnée de toute pièce justificative utile.

5. Si un défendeur estime, dans sa réponse, que le montant d'une demande non pécuniaire dépasse la limite fixée à l'article 2, paragraphe 1, la juridiction décide, dans un délai de trente jours à compter de la transmission de la réponse au demandeur, si la demande relève du champ d'application du présent règlement. Cette décision ne peut être contestée séparément.

6. Toute demande reconventionnelle, qui est présentée au moyen du formulaire type A, et toute pièce justificative éventuelle sont signifiées ou notifiées au demandeur conformément à l'article 13. Ces pièces sont transmises dans un délai de quatorze jours à compter de leur réception.

Le demandeur dispose d'un délai de trente jours pour répondre à toute demande reconventionnelle, à compter de sa signification ou de sa notification.

7. Si la demande reconventionnelle dépasse la limite fixée à l'article 2, paragraphe 1, la demande et la demande reconventionnelle ne relèvent pas de la procédure européenne de règlement des petits litiges mais sont traitées conformément au droit procédural applicable dans l'État membre où la procédure se déroule.

Les articles 2 et 4 et les paragraphes 3, 4 et 5 du présent article s'appliquent, mutatis mutandis, aux demandes reconventionnelles.

Art. 6 *Langues.* 1. Le formulaire de demande, la réponse, toute demande reconventionnelle, toute réponse à une demande reconventionnelle et tout descriptif des pièces justificatives sont présentés dans la ou l'une des langues de la juridiction.

2. Si l'une des autres pièces reçues par la juridiction est rédigée dans une langue autre que la langue de procédure, la juridiction ne peut en demander une traduction que si elle semble nécessaire pour lui permettre de rendre sa décision.

3. Lorsqu'une partie a refusé d'admettre une pièce parce qu'elle n'est pas rédigée :

a) dans la langue officielle de l'État membre requis ou, s'il existe plusieurs langues officielles dans cet État membre, la langue officielle ou l'une des langues officielles du lieu où il doit être procédé à la signification, à la notification, ou à la transmission de la pièce; ou

b) dans une langue que le destinataire comprend, la juridiction en informe l'autre partie afin que cette partie fournisse une traduction de la pièce.

Art. 7 *Conclusion de la procédure.* 1. Dans un délai de trente jours à compter de la réception par la juridiction des réponses du défendeur ou du demandeur dans les délais fixés à l'article 5, paragraphes 3 ou 6, la juridiction rend une décision, ou :

a) demande aux parties de fournir des renseignements complémentaires au sujet de la demande dans un certain délai, qui n'est pas supérieur à trente jours;

b) obtient des preuves conformément à l'article 9; ou

c) convoque les parties à comparaître à une audience, qui doit se tenir dans un délai de trente jours à compter de la convocation.

2. La juridiction rend sa décision dans un délai de trente jours après une audience ou après réception de toutes les informations nécessaires pour statuer. La décision est signifiée ou notifiée aux parties conformément à l'article 13.

3. Si la juridiction n'a pas reçu de réponse de la partie concernée dans les délais fixés à l'article 5, paragraphes 3 ou 6, elle rend une décision sur la demande ou sur la demande reconventionnelle.

Art. 8 *(Règl. (UE) 2015/2421 du 16 déc. 2015, art. 1er-5, en vigueur le 14 juill. 2017) Audiences.* 1. Lorsque la tenue d'une audience est jugée nécessaire en application de l'article 5, paragraphe 1 *bis*, cette audience a lieu en utilisant toute technologie de communication à distance appropriée, telle que la vidéoconférence ou la téléconférence, dont la juridiction dispose, à moins que, compte tenu des circonstances particulières de l'espèce, l'utilisation d'une telle technologie ne soit pas appropriée au regard du déroulement équitable de la procédure.

Lorsque la personne qui doit être entendue a son domicile ou sa résidence habituelle dans un État membre autre que celui de la juridiction saisie, la participation de cette personne à une audience par vidéoconférence, téléconférence ou au moyen d'autres technologies de communication à distance appropriées est organisée en recourant aux procédures prévues par le règlement (CE) n° 1206/2001 du Conseil.

2. Une partie citée à comparaître en personne à une audience peut solliciter l'utilisation de technologies de communication à distance, pour autant que la juridiction dispose de telles technologies, au motif que les modalités d'une comparution en personne, notamment les frais éventuels supportés par ladite partie, seraient disproportionnées par rapport au litige.

3. Une partie citée à comparaître par l'intermédiaire d'une technologie de communication à distance peut demander à comparaître en personne à l'audience. Le formulaire type de demande A et le formulaire type de réponse C, établis conformément à la procédure visée à l'article 27, paragraphe 2, informent les parties que le remboursement des frais qu'une partie doit supporter à la suite de sa comparution en personne à l'audience, à la demande de cette partie, est soumis aux conditions définies à l'article 16.

4. La décision de la juridiction relative à la demande prévue aux paragraphes 2 et 3 ne peut pas être contestée séparément d'un recours à l'encontre de la décision elle-même.

Art. 9 *(Règl. (UE) 2015/2421 du 16 déc. 2015, art. 1er-6, en vigueur le 14 juill. 2017) Obtention des preuves.* 1. La juridiction détermine les moyens d'obtention des preuves et l'étendue des preuves indispensables à sa décision dans le cadre des règles applicables à l'admissibilité de la preuve. Elle opte pour le moyen d'obtention des preuves le plus simple et le moins contraignant.

2. La juridiction peut admettre l'obtention de preuves par déclarations écrites de témoins, d'experts ou de parties.

3. Lorsque l'obtention de preuves implique d'entendre une personne, son audition se déroule conformément aux conditions énoncées à l'article 8.

4. La juridiction ne peut obtenir des preuves par expertise ou témoignage oral que s'il n'est pas possible de rendre une décision sur la base d'autres preuves.

Art. 10 *Représentation des parties.* La représentation par un avocat ou un autre professionnel du droit n'est pas obligatoire.

Art. 11 *(Règl. (UE) 2015/2421 du 16 déc. 2015, art. 1er-7, en vigueur le 14 juill. 2017) Assistance des parties.* 1. Les États membres veillent à ce que les parties puissent bénéficier à la fois d'une aide pratique pour remplir les formulaires et d'informations générales sur le champ d'application de la procédure européenne de règlement des petits litiges, ainsi que d'informations générales quant aux juridictions de l'État membre concerné compétentes pour rendre une décision dans le cadre de la procédure européenne de règlement des petits litiges. Cette aide est fournie gratuitement. Rien dans le présent paragraphe n'impose aux États membres de prévoir une aide judiciaire ou une assistance juridique sous la forme de l'évaluation juridique d'un cas particulier.

2. Les États membres veillent à ce que des informations sur les autorités ou organismes compétents pour fournir une aide conformément au paragraphe 1 puissent être obtenues auprès de toutes les juridictions devant lesquelles la procédure européenne de règlement des petits litiges peut être engagée, et soient accessibles sur les sites internet nationaux pertinents.

Art. 12 *Rôle de la juridiction.* 1. La juridiction n'oblige pas les parties à assortir la demande d'une qualification juridique.

2. En cas de besoin, la juridiction informe les parties sur les questions de procédure.

3. Le cas échéant, la juridiction cherche à amener les parties à un accord amiable.

Art. 13 *(Règl. (UE) 2015/2421 du 16 déc. 2015, art. 1er-8, en vigueur le 14 juill. 2017)* *Signification ou notification des actes et autres communications écrites.* 1. Les actes visés à l'article 5, paragraphes 2 et 6, et les décisions rendues conformément à l'article 7 sont signifiés ou notifiés :

a) par voie postale; ou

b) par des moyens électroniques :

i) lorsque ces moyens sont techniquement disponibles et admissibles conformément aux règles de procédure de l'État membre dans lequel la procédure européenne de règlement des petits litiges est mise en œuvre et, si la partie destinataire de l'acte a son domicile ou sa résidence habituelle dans un autre État membre, conformément aux règles de procédure de cet État membre; et

ii) lorsque la partie destinataire de l'acte a préalablement accepté de manière expresse que les actes puissent lui être signifiés ou notifiés par des moyens électroniques ou lorsque, conformément aux règles de procédure de l'État membre dans lequel cette partie a son domicile ou sa résidence habituelle, elle est légalement tenue d'accepter ce mode spécifique de signification ou de notification.

La signification ou la notification est attestée par un accusé de réception indiquant la date de réception.

2. Toutes les communications écrites non visées au paragraphe 1 entre la juridiction et les parties ou d'autres personnes engagées dans la procédure s'effectuent par des moyens électroniques avec accusé de réception, lorsque ces moyens sont techniquement disponibles et admissibles conformément aux règles de procédure de l'État membre dans lequel la procédure européenne de règlement des petits litiges est mise en œuvre, à condition que la partie ou la personne concernée ait préalablement accepté de tels moyens de communication ou qu'elle soit, conformément aux règles de procédure de l'État membre dans lequel cette partie ou cette personne a son domicile ou sa résidence habituelle, légalement tenue d'accepter de tels moyens de communication.

3. Outre tout autre moyen disponible conformément aux règles de procédure des États membres pour exprimer le consentement préalable au recours à des moyens électroniques tel que cela est requis en vertu des paragraphes 1 et 2, il est possible d'exprimer un tel consentement au moyen du formulaire type de demande A et du formulaire type de réponse C.

4. Si la signification ou la notification n'est pas possible conformément au paragraphe 1, celle-ci peut se faire par tout autre mode prévu à l'article 13 ou 14 du règlement (CE) n° 1896/2006.

Si les communications ne sont pas possibles conformément au paragraphe 2, ou si, compte tenu des circonstances particulières de l'espèce, elles ne sont pas appropriées, tout autre mode de communication admissible en vertu du droit de l'État membre dans lequel la procédure européenne de règlement des petits litiges est mise en œuvre peut être utilisé.

Art. 14 *Délais.* 1. Dans les cas où la juridiction fixe un délai, la partie concernée est informée des conséquences du non-respect de ce délai.

2. Dans des circonstances exceptionnelles, la juridiction peut proroger les délais prévus à l'article 4, paragraphe 4, à l'article 5, paragraphes 3 et 6, et à l'article 7, paragraphe 1, si cela se révèle nécessaire pour préserver les droits des parties.

3. Si, dans des circonstances exceptionnelles, la juridiction se trouve dans l'impossibilité de respecter les délais prévus à l'article 5, paragraphes 2 à 6, et à l'article 7, elle prend les mesures exigées par ces dispositions dès que possible.

Art. 15 *Force exécutoire de la décision.* 1. La décision est exécutoire nonobstant tout recours éventuel. La constitution d'une sûreté n'est pas obligatoire.

2. L'article 23 s'applique également lorsque la décision doit être exécutée dans l'État membre dans lequel elle a été rendue.

Art. 15 *bis* *(Règl. (UE) 2015/2421 du 16 déc. 2015, art. 1er-9, en vigueur le 14 juill. 2017) Frais de justice et modes de paiement.* 1. Les frais de justice perçus dans un État membre pour la procédure européenne de règlement des petits litiges ne peuvent être disproportionnés et ne peuvent être supérieurs aux frais perçus pour les procédures simplifiées nationales dans cet État membre.

2. Les États membres veillent à ce que les parties puissent payer les frais de justice en utilisant des modes de paiement à distance qui permettent également aux parties d'effectuer le paiement à partir d'un État membre autre que celui dans lequel la juridiction est située, et en proposant au moins un des modes de paiement suivants :

a) virement bancaire;

b) paiement par carte de crédit ou de débit; ou

c) prélèvement sur le compte bancaire du demandeur.

Art. 16 *Frais.* La partie qui succombe supporte les frais de la procédure. Toutefois, la juridiction n'accorde pas à la partie qui a eu gain de cause le remboursement des dépens qui n'étaient pas indispensables ou qui étaient disproportionnés au regard du litige.

Art. 17 *Recours.* 1. Les États membres font savoir à la Commission si leur droit procédural prévoit une voie de recours contre une décision rendue dans le cadre de la procédure européenne de règlement des petits litiges et dans quel délai le recours doit être formé. La Commission met ces informations à la disposition du public.

(Règl. (UE) 2015/2421 du 16 déc. 2015, art. 1er-10, en vigueur le 14 juill. 2017) «2. Les articles 15 *bis* et 16 sont applicables à tout recours.»

Art. 18 *(Règl. (UE) 2015/2421 du 16 déc. 2015, art. 1er-11, en vigueur le 14 juill. 2017) Réexamen de la décision dans des cas exceptionnels.* 1. Un défendeur qui n'a pas comparu peut demander un réexamen de la décision rendue dans le cadre de la procédure européenne de règlement des petits litiges devant la juridiction compétente de l'État membre dans lequel cette décision a été rendue, lorsque :

a) le formulaire de demande n'a pas été signifié ou notifié au défendeur ou, dans le cas d'une audience, lorsque le défendeur n'a pas été cité à comparaître, en temps utile et de manière à ce qu'il puisse préparer sa défense; ou

b) le défendeur s'est trouvé dans l'impossibilité de contester la demande pour des raisons de force majeure ou par suite de circonstances extraordinaires, sans qu'il y ait eu faute de sa part;

à moins que le défendeur n'ait pas exercé de recours à l'encontre de cette décision alors qu'il était en mesure de le faire.

2. Le délai pour demander un réexamen est de trente jours. Il court à compter du jour où le défendeur a eu effectivement connaissance du contenu de la décision et où il a été en mesure d'agir, au plus tard à compter du jour de la première mesure d'exécution ayant pour effet de rendre ses biens indisponibles en tout ou partie. Ce délai ne peut être prorogé.

3. Si la juridiction rejette la demande de réexamen visée au paragraphe 1 au motif qu'aucun des motifs de réexamen énoncés audit paragraphe ne s'applique, la décision reste exécutoire.

Si la juridiction décide que le réexamen est justifié pour l'un quelconque des motifs énoncés au paragraphe 1, la décision rendue dans le cadre de la procédure européenne de règlement des petits litiges est nulle et non avenue. Toutefois, le demandeur ne perd pas l'avantage résultant de toute interruption des délais de prescription ou de déchéance lorsqu'une telle interruption s'applique en vertu du droit national.

Art. 19 *Droit de la procédure applicable.* Sous réserve des dispositions du présent règlement, la procédure européenne de règlement des petits litiges est régie par le droit procédural de l'État membre dans lequel la procédure se déroule.

CHAPITRE III

Reconnaissance et exécution dans un autre État membre

Art. 20 *Reconnaissance et exécution.* 1. Une décision rendue dans un État membre dans le cadre de la procédure européenne de règlement des petits litiges est reconnue et exécutée dans un autre État membre sans qu'une déclaration constatant sa force exécutoire soit nécessaire et sans qu'il soit possible de s'opposer à sa reconnaissance.

(Règl. (UE) 2015/2421 du 16 déc. 2015, art. 1er-12, en vigueur le 14 juill. 2017) «2. A la demande d'une des parties, la juridiction délivre, sans frais supplémentaires, le certificat relatif à une décision rendue dans le cadre de la procédure européenne de règlement des petits litiges, au moyen du formulaire type D figurant à l'annexe IV. Sur demande, la juridiction fournit à cette partie le certificat rédigé dans toute autre langue officielle des institutions de l'Union au moyen du formulaire type dynamique multilingue disponible sur le portail e-Justice européen. Aucune disposition du présent règlement n'impose à la juridiction de fournir une traduction et/ou une translittération du texte figurant dans les champs de texte libre de ce certificat.»

Art. 21 *Procédure d'exécution.* 1. Sans préjudice des dispositions du présent chapitre, les procédures d'exécution sont régies par le droit de l'État membre d'exécution.

Une décision rendue dans le cadre de la procédure européenne de règlement des petits litiges est exécutée dans les mêmes conditions qu'une décision rendue dans l'État membre d'exécution.

2. La partie qui demande l'exécution produit :

a) une copie de la décision, réunissant les conditions nécessaires pour en établir l'authenticité; et

(Règl. (UE) 2015/2421 du 16 déc. 2015, art. 1er-13, en vigueur le 14 juill. 2017) «b) le certificat visé à l'article 20, paragraphe 2, et, au besoin, une traduction de celui-ci dans la langue officielle de l'État membre d'exécution ou, si ledit État membre a plusieurs langues officielles, dans la langue officielle ou dans l'une des langues officielles de la procédure judiciaire du lieu où l'exécution est demandée, conformément au droit de cet État membre, ou dans une autre langue que l'État membre d'exécution aura déclaré pouvoir accepter.»

3. La partie qui demande l'exécution d'une décision rendue dans le cadre de la procédure européenne de règlement des petits litiges dans un autre État membre n'est pas tenue d'avoir :

a) un représentant autorisé; ou

b) une adresse postale

dans l'État membre d'exécution, en dehors des agents compétents pour la procédure d'exécution.

4. Aucune garantie, ni aucune caution ni aucun dépôt, sous quelque dénomination que ce soit, ne peut être exigé, en raison soit de la qualité de ressortissant étranger, soit du défaut de domicile ou de résidence dans l'État membre d'exécution, de la partie qui demande l'exécution dans un État membre d'une décision rendue dans le cadre de la procédure européenne de règlement des petits litiges dans un autre État membre.

Art. 21 *bis* *(Règl. (UE) 2015/2421 du 16 déc. 2015, art. 1er-14, en vigueur le 14 juill. 2017) Langue du certificat.* 1. Chaque État membre peut indiquer la ou les langues officielles des institutions de l'Union, autres que la sienne, qu'il peut accepter pour le certificat visé à l'article 20, paragraphe 2.

2. La traduction des informations relatives au contenu de la décision fournies dans un certificat visé à l'article 20, paragraphe 2, est réalisée par une personne habilitée à effectuer des traductions dans l'un des États membres.

Art. 22 *Refus d'exécution.* 1. Sur demande de la personne à l'encontre de laquelle l'exécution est demandée, la juridiction compétente dans l'État membre d'exécution refuse l'exécution d'une décision rendue dans le cadre de la procédure européenne de règlement des petits litiges qui est incompatible avec une décision rendue antérieurement dans tout État membre ou dans un pays tiers, lorsque :

a) la décision antérieure a été rendue entre les mêmes parties dans un litige ayant la même cause;

b) la décision antérieure a été rendue dans l'État membre d'exécution ou réunit les conditions nécessaires à sa reconnaissance dans l'État membre d'exécution; et que

c) l'incompatibilité des décisions n'a pas été et n'aurait pas pu être invoquée au cours de la procédure judiciaire dans l'État membre dans lequel la décision dans le cadre de la procédure européenne de règlement des petits litiges a été rendue.

2. La décision rendue dans le cadre de la procédure européenne de règlement des petits litiges ne peut en aucun cas faire l'objet d'un réexamen au fond dans l'État membre d'exécution.

Art. 23 *Suspension ou limitation de l'exécution.* Lorsqu'une partie a formé un recours à l'encontre d'une décision rendue dans le cadre de la procédure européenne de règlement des petits litiges, ou lorsqu'un tel recours est encore possible, ou lorsqu'une partie a demandé le réexamen au sens de l'article 18, la juridiction ou l'autorité compétente dans l'État membre d'exécution peut, à la demande de la partie à l'encontre de laquelle l'exécution a été demandée :

a) limiter la procédure d'exécution à des mesures conservatoires;

b) subordonner l'exécution à la constitution d'une sûreté qu'elle détermine; ou

c) dans des circonstances exceptionnelles, suspendre la procédure d'exécution.

Art. 23 *bis* *(Règl. (UE) 2015/2421 du 16 déc. 2015, art. 1er-15, en vigueur le 14 juill. 2017) Transactions judiciaires.* Une transaction judiciaire qui a été approuvée par une juridiction ou conclue devant une juridiction au cours de la procédure européenne de règlement des petits litiges et qui est exécutoire dans l'État membre dans lequel ladite procédure a été menée, est reconnue et exécutée dans un autre État membre dans les mêmes conditions qu'une décision rendue dans le cadre de la procédure européenne de règlement des petits litiges.

Les dispositions du chapitre III s'appliquent *mutatis mutandis* aux transactions judiciaires.

CHAPITRE IV

Dispositions finales

Art. 24 *Information.* Les États membres collaborent pour faire en sorte que le grand public et les professionnels soient informés de la procédure européenne de règlement des petits litiges, y compris des frais y afférents, notamment par l'intermédiaire du réseau judiciaire européen en matière civile et commerciale créé conformément à la décision 2001/470/CE.

Art. 25 *(Règl. 2015/2421 du 16 déc. 2015, art. 1er-16, en vigueur le 14 janv. 2017) Informations à fournir par les États membres.* 1. Au plus tard le 13 janvier 2017, les États membres communiquent à la Commission :

a) les juridictions compétentes pour rendre une décision dans le cadre de la procédure européenne de règlement des petits litiges;

b) les moyens de communication acceptés aux fins de la procédure européenne de règlement des petits litiges et dont les juridictions disposent conformément à l'article 4, paragraphe 1;

c) les autorités ou organismes compétents pour fournir une aide pratique conformément à l'article 11;

d) les moyens de signification ou de notification et de communication électroniques techniquement disponibles et admissibles en vertu de leurs règles de procédure conformément à l'article 13, paragraphes 1, 2 et 3, et les moyens disponibles, le cas échéant, en vertu de leur droit national, pour exprimer le consentement préalable au recours à des moyens électroniques, prévu à l'article 13, paragraphes 1 et 2;

e) les personnes ou les types de professions, le cas échéant, qui sont légalement tenus d'accepter la signification ou la notification de documents ou d'autres formes de communication écrite par des moyens électroniques conformément à l'article 13, paragraphes 1 et 2;

f) les frais de justice pour la procédure européenne de règlement des petits litiges ou leur mode de calcul, et les modes de paiement acceptés pour le paiement des frais de justice conformément à l'article 15 *bis*;

g) tout recours susceptible d'être exercé dans le cadre de leur droit procédural conformément à l'article 17, le délai dans lequel il doit être formé et la juridiction auprès de laquelle il peut être formé;

h) les procédures applicables pour demander un réexamen conformément à l'article 18 et les juridictions compétentes en la matière;

i) les langues acceptées en vertu de l'article 21 *bis*, paragraphe 1; et

j) les autorités compétentes en ce qui concerne l'exécution et les autorités compétentes aux fins de l'application de l'article 23.

Les États membres communiquent à la Commission toute modification ultérieure de ces informations.

2. La Commission met les informations communiquées conformément au paragraphe 1 à la disposition du public par tout moyen approprié, notamment par l'intermédiaire du portail e-Justice européen.

Art. 26 *Mesures d'exécution.* Les mesures visant à modifier des éléments non essentiels du présent règlement, notamment en le complétant, concernant la mise à jour ou la modification technique des formulaires figurant aux annexes, sont arrêtées conformément à la procédure de réglementation avec contrôle visée à l'article 27, paragraphe 2.

Art. 27 *Comité.* 1. La Commission est assistée par un comité.

2. Dans le cas où il est fait référence au présent paragraphe, l'article 5 bis, paragraphes 1 à 4, et l'article 7 de la décision 1999/468/CE s'appliquent, dans le respect des dispositions de l'article 8 de celle-ci.

Art. 28 *Réexamen.* Le 1er janvier 2014 au plus tard, la Commission présente au Parlement européen, au Conseil et au Comité économique et social européen un rapport détaillé réexaminant l'application de la procédure européenne de règlement des petits litiges, y compris concernant la limite du montant du litige visée à l'article 2, paragraphe 1. Ce rapport comporte une évaluation de l'application de la procédure et une étude d'impact élargie pour chaque État membre.

À cette fin et afin de veiller à ce que les meilleures pratiques au sein de l'Union européenne soient dûment prises en compte et soient conformes aux principes de l'amélioration de la législation, les États membres donnent à la Commission des informations sur l'application transfrontalière de la procédure européenne de règlement des petits litiges. Ces informations portent sur les frais de justice, la rapidité de la procédure, l'efficacité, la facilité d'utilisation et les procédures internes des États membres de règlement des petits litiges.

Le rapport de la Commission est accompagné, le cas échéant, de propositions d'adaptation.

Art. 29 *Entrée en vigueur.* Le présent règlement entre en vigueur le jour suivant celui de sa publication au *Journal officiel de l'Union européenne* .

Il est applicable à partir du 1er janvier 2009, à l'exception de l'article 25, qui est applicable à partir du 1er janvier 2008.

17 Règlement (CE) nº 864/2007 du Parlement européen et du Conseil du 11 juillet 2007 sur la loi applicable aux obligations non contractuelles («Rome II»)

Applicable depuis le 11 janvier 2009

Le Parlement européen et le Conseil de l'Union européenne,

Vu le traité instituant la Communauté européenne, et notamment son article 61, point c), et son article 67,

Vu la proposition de la Commission,

Vu l'avis du Comité économique et social européen,

Statuant conformément à la procédure visée à l'article 251 du traité au vu du projet commun approuvé le 25 juin 2007 par le comité de conciliation,

Considérant ce qui suit :

(1) La Communauté s'est donné pour objectif de maintenir et de développer un espace de liberté, de sécurité et de justice. Pour la mise en place progressive de cet espace, la Communauté doit adopter des mesures relevant du domaine de la coopération judiciaire dans les matières civiles ayant une incidence transfrontalière, dans la mesure nécessaire au bon fonctionnement du marché intérieur.

(2) Conformément à l'article 65, point b), du traité, ces mesures doivent viser, entre autres, à favoriser la compatibilité des règles applicables dans les États membres en matière de conflit de lois et de compétence.

(3) Le Conseil européen, réuni à Tampere les 15 et 16 octobre 1999, a approuvé le principe de reconnaissance mutuelle des jugements et des autres décisions émanant des autorités judiciaires en tant que pierre angulaire de la coopération judiciaire en matière

civile et a invité le Conseil et la Commission à adopter un programme de mesures destinées à mettre en œuvre le principe de reconnaissance mutuelle.

(4) Le 30 novembre 2000, le Conseil a adopté un programme commun de mesures de la Commission et du Conseil destiné à mettre en œuvre le principe de reconnaissance mutuelle des décisions en matière civile et commerciale. Le programme décrit les mesures relatives à l'harmonisation des règles de conflit de lois comme des mesures facilitant la reconnaissance mutuelle des décisions.

(5) Le programme de La Haye, adopté par le Conseil européen le 5 novembre 2004, préconise que les travaux sur les règles de conflit de lois en ce qui concerne les obligations non contractuelles (« Rome II ») soient poursuivis avec détermination.

(6) Le bon fonctionnement du marché intérieur exige, afin de favoriser la prévisibilité de l'issue des litiges, la sécurité quant au droit applicable et la libre circulation des jugements, que les règles de conflit de lois en vigueur dans les États membres désignent la même loi nationale, quel que soit le pays dans lequel l'action est introduite.

(7) Le champ d'application matériel et les dispositions du présent règlement devraient être cohérents par rapport au règlement (CE) n° 44/2001 du Conseil du 22 décembre 2000 concernant la compétence judiciaire, la reconnaissance et l'exécution des décisions en matière civile et commerciale (Bruxelles I) et les instruments relatifs à la loi applicable aux obligations contractuelles.

(8) Le présent règlement devrait s'appliquer quelle que soit la nature de la cour ou du tribunal saisi.

(9) Les actions fondées sur des actes accomplis dans l'exercice de la puissance publique (« acta iure imperii ») devraient englober les cas où sont mis en cause des fonctionnaires agissant au nom de l'État ainsi que la responsabilité de l'État, y compris lorsqu'il s'agit d'actes commis par des agents publics officiellement mandatés. Par conséquent, ces cas devraient être exclus du champ d'application du présent règlement.

(10) Les relations de famille devraient englober les liens de filiation, de mariage, d'alliance et les liens collatéraux. La mention, à l'article 1er, paragraphe 2, des relations qui ont des effets comparables au mariage et aux autres relations de famille devrait être interprétée conformément au droit de l'État membre dans lequel le tribunal est saisi.

(11) Le concept d'obligation non contractuelle varie d'un État membre à l'autre. Celui-ci devrait donc être entendu, aux fins du présent règlement, comme un concept autonome. Les règles relatives aux conflits de lois contenues dans le présent règlement devraient s'appliquer également aux obligations non contractuelles fondées sur la responsabilité objective.

(12) La loi applicable devrait également s'appliquer à la responsabilité délictuelle.

(13) L'application de règles uniformes, quelle que soit la loi désignée, permet d'éviter des risques de distorsions de concurrence entre les justiciables de la Communauté.

(14) L'exigence de sécurité juridique et la nécessité de rendre la justice en fonction de cas individuels sont des éléments essentiels d'un espace de justice. Le présent règlement prévoit que les facteurs de rattachement les plus appropriés permettent d'atteindre ces objectifs. Par conséquent, le présent règlement prévoit une règle générale et des règles spécifiques ainsi que, pour certaines dispositions, une « clause dérogatoire » qui permet de s'écarter de ces règles s'il résulte de l'ensemble des circonstances que le fait dommageable présente des liens manifestement plus étroits avec un autre pays. Cet ensemble de

règles crée donc un cadre flexible de règles de conflit de lois. Dans le même temps, la juridiction saisie est à même de traiter les cas individuels de manière appropriée.
(15) Si le principe « lex loci delicti commissi » est la solution de base en matière d'obligations non contractuelles dans la quasi-totalité des États membres, l'application concrète de ce principe en cas de dispersion des critères de rattachement dans plusieurs pays varie. Cette situation est source d'insécurité quant au droit applicable.
(16) Le recours à des règles uniformes devrait améliorer la prévisibilité des décisions de justice et assurer un équilibre raisonnable entre les intérêts de la personne dont la responsabilité est invoquée et ceux de la personne lésée. Le rattachement au pays du lieu où le dommage direct est survenu (« lex loci damni ») crée un juste équilibre entre les intérêts de la personne dont la responsabilité est invoquée et ceux de la personne lésée et correspond également à la conception moderne du droit de la responsabilité civile et au développement des systèmes de responsabilité objective.
(17) Il convient de déterminer la loi applicable en fonction du lieu où le dommage survient, indépendamment du ou des pays où pourraient survenir des conséquences indirectes. Ainsi, en cas de blessures physiques causées à une personne ou de dommages aux biens, le pays où les blessures ont été subies ou les biens endommagés devrait être entendu comme celui où le dommage survient.
(18) La règle générale consacrée par le présent règlement devrait être la « lex loci damni », prévue à l'article 4, paragraphe 1. L'article 4, paragraphe 2, devrait être considéré comme créant une exception à ce principe général, en ce qu'il établit un rattachement spécial lorsque les parties ont leur résidence habituelle dans le même pays. L'article 4, paragraphe 3, devrait être entendu comme une « clause dérogatoire » à l'article 4, paragraphes 1 et 2, applicable s'il résulte de l'ensemble des circonstances que le fait dommageable présente des liens manifestement plus étroits avec un autre pays.
(19) Il convient de prévoir des règles spécifiques pour les faits dommageables pour lesquels la règle générale ne permet pas de trouver un équilibre raisonnable entre les intérêts en présence.
(20) En matière de responsabilité du fait des produits, la règle de conflit de lois devrait prendre en compte les objectifs que sont la juste répartition des risques dans une société moderne caractérisée par un degré élevé de technicité, la protection de la santé des consommateurs, la stimulation de l'innovation, la garantie d'une concurrence non faussée et la facilitation des échanges commerciaux. La mise en place d'un système en cascade de facteurs de rattachement, assorti d'une clause de prévisibilité, constitue une solution équilibrée eu égard à ces objectifs. Le premier critère dont il convient de tenir compte est la loi du pays dans lequel la personne lésée avait sa résidence habituelle quand le dommage est survenu, si le produit a été commercialisé dans ce pays. Les autres critères de la cascade sont pris en considération si le produit n'a pas été commercialisé dans ce pays, sans préjudice de l'article 4, paragraphe 2, et indépendamment de la possibilité d'un lien manifestement plus étroit avec un autre pays.
(21) La règle spéciale prévue à l'article 6 ne déroge pas à la règle générale énoncée à l'article 4, paragraphe 1, mais elle la précise. En matière de concurrence déloyale et d'actes restreignant la libre concurrence, la règle de conflit de lois devrait protéger les concurrents, les consommateurs et le public en général, et garantir le bon fonctionnement

de l'économie de marché. Le rattachement à la loi du pays sur le territoire duquel les relations de concurrence ou les intérêts collectifs des consommateurs sont affectés ou susceptibles de l'être permet, d'une manière générale, de réaliser ces objectifs.

(22) Les obligations non contractuelles résultant d'actes restreignant la concurrence, prévues à l'article 6, paragraphe 3, devraient s'appliquer aux infractions au droit de la concurrence tant national que communautaire. La loi applicable aux obligations non contractuelles de ce type devrait être celle du pays du marché affecté ou susceptible de l'être. Au cas où le marché est affecté ou susceptible de l'être dans plus d'un pays, le demandeur devrait pouvoir, dans certains cas, choisir de fonder sa demande sur la loi de la juridiction saisie.

(23) Aux fins du présent règlement, la notion de restriction du jeu de la concurrence devrait couvrir les interdictions visant les accords entre entreprises, décisions d'associations d'entreprises et pratiques concertées qui ont pour objet ou pour effet d'empêcher, de restreindre ou de fausser le jeu de la concurrence dans un État membre ou dans le marché intérieur, ainsi que l'interdiction d'exploiter de façon abusive une position dominante dans un État membre ou dans le marché intérieur lorsque de tels accords, décisions, pratiques concertées ou abus sont interdits par les articles 81 et 82 du traité ou par la loi d'un État membre.

(24) Le « dommage environnemental » devrait être entendu comme une modification négative d'une ressource naturelle telle que l'eau, les sols ou l'air, une détérioration d'une fonction assurée par cette ressource au bénéfice d'une autre ressource naturelle ou du public, ou une détérioration de la diversité biologique.

(25) En matière d'atteintes à l'environnement, l'article 174 du traité, qui postule un niveau de protection élevé et qui est fondé sur les principes de précaution et d'action préventive, sur le principe de correction à la source et sur le principe du pollueur-payeur, justifie pleinement le recours au principe du traitement favorable à la personne lésée. Le moment où le demandeur en réparation peut choisir la loi applicable devrait être déterminé conformément à la loi de l'État membre où se trouve le tribunal saisi.

(26) En ce qui concerne les atteintes aux droits de propriété intellectuelle, il convient de préserver le principe « lex loci protectionis », qui est universellement reconnu. Aux fins du présent règlement, l'expression « droits de propriété intellectuelle » devrait être interprétée comme visant notamment le droit d'auteur, les droits voisins, le droit sui generis pour la protection des bases de données ainsi que les droits de propriété industrielle.

(27) Le concept exact d'action en responsabilité du fait de grève ou de lock-out varie d'un État membre à l'autre et est régi par les règles internes de chaque État membre. C'est pourquoi le présent règlement considère comme un principe général que, pour protéger les droits et obligations des travailleurs et des employeurs, c'est la loi du pays dans lequel ladite action a été engagée qui doit s'appliquer.

(28) La règle spéciale sur les actions en responsabilité du fait de grève ou de lock-out qui est énoncée à l'article 9 l'est sans préjudice des conditions auxquelles l'exercice de telles actions est soumis, selon la législation nationale, et sans préjudice du statut juridique des organisations représentatives des travailleurs ou des syndicats prévu dans le droit des États membres.

(29) Il convient de prévoir des règles spéciales en cas de dommage causé par un fait autre qu'un fait dommageable, tel qu'un enrichissement sans cause, une gestion d'affaires ou une « culpa in contrahendo ».

(30) Le concept de « culpa in contrahendo » est autonome aux fins du présent règlement, et il ne devrait pas nécessairement être interprété au sens du droit national. Il devrait inclure la violation du devoir d'informer et la rupture de négociations contractuelles. L'article 12 ne s'applique qu'aux obligations non contractuelles présentant un lien direct avec les tractations menées avant la conclusion d'un contrat. Par conséquent, si une personne subit des dommages corporels au cours de la négociation d'un contrat, l'article 4 ou d'autres dispositions pertinentes du présent règlement devraient s'appliquer.

(31) Afin de respecter le principe de l'autonomie des parties et de renforcer la sécurité juridique, les parties devraient pouvoir choisir la loi applicable à une obligation non contractuelle. Ce choix devrait être exprès ou résulter de façon certaine des circonstances de la cause. Lorsque la juridiction établit l'existence d'un accord convenu entre les parties, elle est tenue de respecter leurs intentions. Il convient de protéger les parties faibles en entourant ce choix de certaines conditions.

(32) Des considérations d'intérêt public justifient, dans des circonstances exceptionnelles, le recours par les tribunaux des États membres aux mécanismes que sont l'exception d'ordre public et les lois de police. En particulier, l'application d'une disposition de la loi désignée par le présent règlement qui conduirait à l'octroi de dommages et intérêts exemplaires ou punitifs non compensatoires excessifs peut être considérée comme contraire à l'ordre public du for, compte tenu des circonstances de l'espèce et de l'ordre juridique de l'État membre de la juridiction saisie.

(33) En vertu des règles nationales existantes en matière d'indemnisation des victimes d'accidents de la circulation routière, lors de la quantification des dommages-intérêts accordés au titre du préjudice corporel dans les cas où l'accident survient dans un État autre que celui où la victime a sa résidence habituelle, la juridiction saisie devrait prendre en compte toutes les circonstances de fait pertinentes concernant ladite victime, y compris, notamment, les pertes totales et les coûts du traitement et des soins médicaux.

(34) En vue d'assurer un équilibre raisonnable entre les parties, il convient de tenir compte, le cas échéant, des règles de sécurité et de comportement en vigueur dans le pays où l'acte dommageable a été commis, même lorsque l'obligation non contractuelle est régie par la loi d'un autre pays. Il convient d'interpréter l'expression « règles de sécurité et de comportement » comme renvoyant à toute la réglementation ayant un lien avec la sécurité et le comportement, y compris, par exemple, les règles en matière de sécurité routière en cas d'accident.

(35) Il convient d'éviter une situation où les règles de conflits de lois sont dispersées entre de multiples instruments et où il existe des différences entre ces règles. Toutefois, le présent règlement n'exclut pas la possibilité d'insérer des règles de conflits de lois en matière d'obligations non contractuelles dans les dispositions de droit communautaire concernant des matières particulières.

Le présent règlement ne devrait pas affecter l'application d'autres instruments fixant des dispositions destinées à favoriser le bon fonctionnement du marché intérieur, dans la mesure où ces dispositions ne peuvent s'appliquer conjointement avec la loi désignée par les règles du présent règlement. L'application des dispositions de la loi applicable désignée par les règles du présent règlement ne devraient pas restreindre la libre circulation des biens et des services telle qu'elle est réglementée par les instruments communautaires, par exemple la directive 2000/31/CE du Parlement européen et du Conseil du 8 juin 2000 relative à certains aspects juridiques des services de la société de l'information, et notamment du commerce électronique, dans le marché intérieur (« directive sur le commerce électronique »).

(36) Le respect des engagements internationaux souscrits par les États membres justifie que le présent règlement n'affecte pas les conventions internationales auxquelles un ou plusieurs États membres sont parties au moment de l'adoption du présent règlement. Afin de rendre les règles en vigueur en la matière plus accessibles, la Commission devrait publier la liste des conventions concernées au Journal officiel de l'Union européenne, en se fondant sur les informations transmises par les États membres.

(37) La Commission soumettra au Parlement européen et au Conseil une proposition concernant les procédures et conditions selon lesquelles les États membres seraient autorisés à négocier et à conclure en leur propre nom avec des pays tiers, à titre individuel et dans des cas exceptionnels, des accords portant sur des questions sectorielles et contenant des dispositions relatives à la loi applicable aux obligations non contractuelles.

(38) Étant donné que l'objectif du présent règlement ne peut pas être réalisé de manière suffisante par les États membres et peut donc, en raison des dimensions ou des effets du présent règlement, être mieux réalisé au niveau communautaire, la Communauté peut adopter des mesures, conformément au principe de subsidiarité consacré à l'article 5 du traité. Conformément au principe de proportionnalité tel qu'énoncé audit article, le présent règlement n'excède pas ce qui est nécessaire pour atteindre cet objectif.

(39) Conformément à l'article 3 du protocole sur la position du Royaume-Uni et de l'Irlande annexé au traité sur l'Union européenne et au traité instituant la Communauté européenne, le Royaume-Uni et l'Irlande participent à l'adoption et à l'application du présent règlement.

(40) Conformément aux articles 1er et 2 du protocole sur la position du Danemark annexé au traité sur l'Union européenne et au traité instituant la Communauté européenne, le Danemark ne participe pas à l'adoption du présent règlement et n'est pas lié par celui-ci ni soumis à son application,

Ont arrêté le présent règlement :

CHAPITRE I
Champ d'application

Art. premier *Champ d'application.* 1. Le présent règlement s'applique, dans les situations comportant un conflit de lois, aux obligations non contractuelles relevant de la matière civile et commerciale. Il ne s'applique pas, en particulier, aux matières fiscales, douanières et administratives, ni à la responsabilité encourue par l'État pour les actes et omissions commis dans l'exercice de la puissance publique (*« acta iure imperii »*).

2. Sont exclues du champ d'application du présent règlement :

a) les obligations non contractuelles découlant de relations de famille ou de relations qui, selon la loi qui leur est applicable, ont des effets comparables, y compris les obligations alimentaires;

b) les obligations non contractuelles découlant des régimes matrimoniaux, des régimes patrimoniaux relatifs aux relations qui, selon la loi qui leur est applicable, ont des effets comparables au mariage et aux successions;

c) les obligations non contractuelles nées de lettres de change, de chèques, de billets à ordre ainsi que d'autres instruments négociables, dans la mesure où les obligations nées de ces autres instruments dérivent de leur caractère négociable;

d) les obligations non contractuelles découlant du droit des sociétés, des associations et des personnes morales concernant des matières telles que la constitution, par enregistrement ou autrement, la capacité juridique, le fonctionnement interne et la dissolution des sociétés, des associations et des personnes morales, de la responsabilité personnelle des associés et des organes pour les dettes de la société, de l'association ou de la personne morale et de la responsabilité personnelle des auditeurs vis-à-vis de la société ou vis-à-vis de ses organes chargés du contrôle légal des documents comptables;

e) les obligations non contractuelles découlant des relations entre les constituants, les *trustees* et les bénéficiaires d'un trust créé volontairement;

f) les obligations non contractuelles découlant d'un dommage nucléaire;

g) les obligations non contractuelles découlant d'atteintes à la vie privée et aux droits de la personnalité, y compris la diffamation.

3. Le présent règlement ne s'applique pas à la preuve et à la procédure, sans préjudice des articles 21 et 22.

4. Aux fins du présent règlement, on entend par « État membre », tous les États membres, à l'exception du Danemark.

Art. 2 *Obligations non contractuelles.* 1. Aux fins du présent règlement, le dommage vise toute atteinte résultant d'un fait dommageable, d'un enrichissement sans cause, d'une gestion d'affaires ou d'une « *culpa in contrahendo* ».

2. Le présent règlement s'applique également aux obligations non contractuelles susceptibles de survenir.

3. Toute mention dans le présent règlement :

a) d'un fait générateur de dommage concerne également le fait générateur du dommage susceptible de se produire; et

b) d'un dommage concerne également le dommage susceptible de survenir.

Art. 3 *Caractère universel.* La loi désignée par le présent règlement s'applique, même si cette loi n'est pas celle d'un État membre.

CHAPITRE II

Faits dommageables

Art. 4 *Règle générale.* 1. Sauf dispositions contraires du présent règlement, la loi applicable à une obligation non contractuelle résultant d'un fait dommageable est celle du pays où le dommage survient, quel que soit le pays où le fait générateur du dommage se produit et quels que soient le ou les pays dans lesquels des conséquences indirectes de ce fait surviennent.

2. Toutefois, lorsque la personne dont la responsabilité est invoquée et la personne lésée ont leur résidence habituelle dans le même pays au moment de la survenance du dommage, la loi de ce pays s'applique.

3. S'il résulte de l'ensemble des circonstances que le fait dommageable présente des liens manifestement plus étroits avec un pays autre que celui visé aux paragraphes 1 ou 2, la loi de cet autre pays s'applique. Un lien manifestement plus étroit avec un autre pays pourrait se fonder, notamment, sur une relation préexistante entre les parties, telle qu'un contrat, présentant un lien étroit avec le fait dommageable en question.

Art. 5 *Responsabilité du fait des produits.* 1. Sans préjudice de l'article 4, paragraphe 2, la loi applicable à une obligation non contractuelle découlant d'un dommage causé par un produit est :

a) la loi du pays dans lequel la personne lésée avait sa résidence habituelle au jour du dommage, si le produit a été commercialisé dans ce pays; ou à défaut

b) la loi du pays dans lequel le produit a été acheté, si le produit a été commercialisé dans ce pays; ou à défaut

c) la loi du pays dans lequel le dommage est survenu, si le produit a été commercialisé dans ce pays.

Toutefois, la loi applicable est celle du pays dans lequel la personne dont la responsabilité est invoquée a sa résidence habituelle, si cette personne ne pouvait raisonnablement pas prévoir la commercialisation du produit ou d'un produit du même type dans le pays dont la loi est applicable en vertu des points a), b) ou c).

2. S'il résulte de toutes les circonstances que le fait dommageable présente des liens manifestement plus étroits avec un pays autre que celui visé au paragraphe 1, la loi de cet autre pays s'applique. Un lien manifestement plus étroit avec un autre pays pourrait se fonder, notamment, sur une relation préexistante entre les parties, telle qu'un contrat, présentant un lien étroit avec le fait dommageable en question.

Art. 6 *Concurrence déloyale et actes restreignant la libre concurrence.* 1. La loi applicable à une obligation non contractuelle résultant d'un acte de concurrence déloyale est celle du pays sur le territoire duquel les relations de concurrence ou les intérêts collectifs des consommateurs sont affectés ou susceptibles de l'être.

2. Lorsqu'un acte de concurrence déloyale affecte exclusivement les intérêts d'un concurrent déterminé, l'article 4 est applicable.

3. a) La loi applicable à une obligation non contractuelle résultant d'un acte restreignant la concurrence est celle du pays dans lequel le marché est affecté ou susceptible de l'être.

b) Lorsque le marché est affecté ou susceptible de l'être dans plus d'un pays, le demandeur en réparation qui intente l'action devant la juridiction du domicile du défendeur peut choisir de fonder sa demande sur la loi de la juridiction saisie, pourvu que le marché de cet État membre compte parmi ceux qui sont affectés de manière directe et substantielle par la restriction du jeu de la concurrence dont résulte l'obligation non contractuelle sur laquelle la demande est fondée. Lorsque le demandeur, conformément aux règles applicables en matière de compétence judiciaire, cite plusieurs défendeurs devant cette juridiction, il peut uniquement choisir de fonder sa demande sur la loi de cette juridiction si l'acte restreignant la concurrence auquel se rapporte l'action intentée contre chacun de ces défendeurs affecte également de manière directe et substantielle le marché de l'État membre de cette juridiction.

4. Il ne peut être dérogé à la loi applicable en vertu du présent article par un accord tel que mentionné à l'article 14.

Art. 7 *Atteinte à l'environnement.* La loi applicable à une obligation non contractuelle découlant d'un dommage environnemental ou de dommages subséquents subis par des personnes ou causés à des biens est celle qui résulte de l'application de l'article 4, paragraphe 1, à moins que le demandeur en réparation n'ait choisi de fonder ses prétentions sur la loi du pays dans lequel le fait générateur du dommage s'est produit.

Art. 8 *Atteinte aux droits de propriété intellectuelle.* 1. La loi applicable à une obligation non contractuelle résultant d'une atteinte à un droit de propriété intellectuelle est celle du pays pour lequel la protection est revendiquée.

2. En cas d'obligation non contractuelle résultant d'une atteinte à un droit de propriété intellectuelle communautaire à caractère unitaire, la loi applicable à toute question qui n'est pas régie par l'instrument communautaire pertinent est la loi du pays dans lequel il a été porté atteinte à ce droit.

3. Il ne peut être dérogé à la loi applicable en vertu du présent article par un accord tel que mentionné à l'article 14.

Art. 9 *Responsabilité du fait de grève ou de lock out.* Sans préjudice de l'article 4, paragraphe 2, la loi applicable à l'obligation non contractuelle relative à la responsabilité d'une personne agissant en qualité de travailleur ou d'employeur ou celle d'une organisation représentant les intérêts professionnels des personnes susvisées du fait des dommages causés par une grève ou un lock-out en cours ou terminé est la loi du pays dans lequel cette grève ou ce lock-out est ou a été engagé.

CHAPITRE III
Enrichissement sans cause, gestion d'affaires et « *culpa in contrahendo* »

Art. 10 *Enrichissement sans cause.* 1. Lorsqu'une obligation non contractuelle découlant d'un enrichissement sans cause, y compris un paiement indu, se rattache à une relation existante entre les parties, telle qu'une obligation découlant d'un contrat ou d'un fait dommageable présentant un lien étroit avec cet enrichissement sans cause, la loi applicable est celle qui régit cette relation.

2. Si la loi applicable ne peut être déterminée sur la base du paragraphe 1 et que les parties ont leur résidence habituelle dans le même pays au moment où le fait donnant lieu à l'enrichissement sans cause survient, la loi applicable est celle de ce pays.

3. Si la loi applicable ne peut être déterminée sur la base des paragraphes 1 ou 2, la loi applicable est celle du pays dans lequel l'enrichissement sans cause s'est produit.

4. S'il résulte de toutes les circonstances que l'obligation non contractuelle découlant d'un enrichissement sans cause présente des liens manifestement plus étroits avec un pays autre que celui visé aux paragraphes 1, 2 et 3, la loi de cet autre pays s'applique.

Art. 11 *Gestion d'affaires.* 1. Lorsqu'une obligation non contractuelle découlant d'une gestion d'affaires se rattache à une relation existante entre les parties, telle qu'une obligation découlant d'un contrat ou d'un fait dommageable présentant un lien étroit avec cette obligation non contractuelle, la loi applicable est celle qui régit cette relation.

2. Si la loi applicable ne peut être déterminée sur la base du paragraphe 1 et que les parties ont leur résidence habituelle dans le même pays au moment où le fait donnant lieu au dommage survient, la loi applicable est celle de ce pays.

3. Si la loi applicable ne peut être déterminée sur la base des paragraphes 1 ou 2, la loi applicable est celle du pays dans lequel la gestion d'affaires s'est produite.

4. S'il résulte de toutes les circonstances que l'obligation non contractuelle découlant d'une gestion d'affaires présente des liens manifestement plus étroits avec un pays autre que celui visé aux paragraphes 1, 2 et 3, la loi de cet autre pays s'applique.

Art. 12 *« Culpa in contrahendo ».* 1. La loi applicable à une obligation non contractuelle découlant de tractations menées avant la conclusion d'un contrat est, que le contrat soit effectivement conclu ou non, la loi qui s'applique au contrat ou qui aurait été applicable si le contrat avait été conclu.

2. Si la loi applicable ne peut être déterminée sur la base du paragraphe 1, la loi applicable est :

a) celle du pays dans lequel le dommage survient, quel que soit le pays où le fait générateur du dommage se produit et quels que soient le ou les pays dans le(s)quel(s) des conséquences indirectes de ce fait surviennent; ou

b) lorsque les parties ont leur résidence habituelle dans le même pays au moment où le fait générateur du dommage se produit, la loi de ce pays; ou

c) s'il résulte de toutes les circonstances que l'obligation non contractuelle découlant de tractations menées avant la conclusion d'un contrat présente des liens manifestement plus étroits avec un pays autre que celui visé aux points a) et b), la loi de cet autre pays.

Art. 13 *Applicabilité de l'article 8.* Aux fins du présent chapitre, l'article 8 s'applique aux obligations non contractuelles résultant d'une atteinte à un droit de propriété intellectuelle.

CHAPITRE IV
Liberté de choix

Art. 14 *Liberté de choix.* 1. Les parties peuvent choisir la loi applicable à l'obligation non contractuelle :

a) par un accord postérieur à la survenance du fait générateur du dommage;

ou

b) lorsqu'elles exercent toutes une activité commerciale, par un accord librement négocié avant la survenance du fait générateur du dommage.

Ce choix est exprès ou résulte de façon certaine des circonstances et ne porte pas préjudice aux droits des tiers.

2. Lorsque tous les éléments de la situation étaient, au moment de la survenance du fait générateur du dommage, localisés dans un pays autre que celui dont la loi a été choisie, le choix d'une loi par les parties ne peut porter atteinte à l'application des dispositions auxquelles la loi de cet autre pays ne permet pas de déroger par accord.

3. Lorsque tous les éléments de la situation étaient, au moment de la survenance du fait générateur du dommage, localisés dans un ou plusieurs États membres, le choix par les parties de la loi d'un pays tiers ne peut, le cas échéant, porter atteinte à l'application des dispositions du droit communautaire auxquelles il ne peut être dérogé par un accord, et telles qu'elles ont été mises en œuvre dans l'État membre du for.

CHAPITRE V
Règles communes

Art. 15 *Portée de la loi applicable.* La loi applicable à une obligation non contractuelle en vertu du présent règlement régit notamment :

a) les conditions et l'étendue de la responsabilité, y compris la détermination des personnes susceptibles d'être déclarées responsables des actes qu'elles commettent;

b) les causes d'exonération, de limitation et de partage de responsabilité;

c) l'existence, la nature et l'évaluation des dommages, ou la réparation demandée;

d) dans les limites des pouvoirs conférés au tribunal par le droit procédural de l'État dont il relève, les mesures que ce tribunal peut prendre pour assurer la prévention, la cessation du dommage ou sa réparation;

e) la transmissibilité du droit à réparation, y compris par succession;

f) les personnes ayant droit à réparation du dommage qu'elles ont personnellement subi;

g) la responsabilité du fait d'autrui;

h) le mode d'extinction des obligations ainsi que les règles de prescription et de déchéance fondées sur l'expiration d'un délai, y compris les règles relatives au point de départ, à l'interruption et à la suspension d'un délai de prescription ou de déchéance.

Art. 16 *Dispositions impératives dérogatoires.* Les dispositions du présent règlement ne portent pas atteinte à l'application des dispositions de la loi du for qui régissent impérativement la situation, quelle que soit la loi applicable à l'obligation non contractuelle.

Art. 17 *Règles de sécurité et de comportement.* Pour évaluer le comportement de la personne dont la responsabilité est invoquée, il est tenu compte, en tant qu'élément de fait et pour autant que de besoin des règles de sécurité et de comportement en vigueur au lieu et au jour de la survenance du fait qui a entraîné la responsabilité.

Art. 18 *Action directe contre l'assureur du responsable.* La personne lésée peut agir directement contre l'assureur de la personne devant réparation si la loi applicable à l'obligation non contractuelle ou la loi applicable au contrat d'assurance le prévoit.

Art. 19 *Subrogation.* Lorsqu'en vertu d'une obligation non contractuelle, une personne (« le créancier ») a des droits à l'égard d'une autre personne (« le débiteur ») et qu'un tiers a l'obligation de désintéresser le créancier ou encore que le tiers a désintéressé le créancier en exécution de cette obligation, la loi applicable à cette obligation du tiers détermine si et dans quelle mesure celui-ci peut exercer les droits détenus par le créancier contre le débiteur selon la loi régissant leurs relations.

Art. 20 *Responsabilité multiple.* Si un créancier a des droits à l'égard de plusieurs débiteurs responsables au titre de la même obligation et que l'un de ceux-ci l'a désintéressé en totalité ou en partie, le droit qu'a ce dernier d'exiger une compensation de la part des autres débiteurs est régi par la loi applicable à son obligation non contractuelle envers le créancier.

Art. 21 *Validité formelle.* Un acte juridique unilatéral relatif à une obligation non contractuelle est valable quant à la forme s'il satisfait aux conditions de forme de la loi qui régit l'obligation non contractuelle en question ou de la loi du pays dans lequel cet acte est intervenu.

Art. 22 *Charge de la preuve.* 1. La loi régissant l'obligation non contractuelle en vertu du présent règlement s'applique dans la mesure où, en matière d'obligations non contractuelles, elle établit des présomptions légales ou répartit la charge de la preuve.

2. Les actes juridiques peuvent être prouvés par tout mode de preuve admis soit par la loi du for, soit par l'une des lois visées par l'article 21, selon laquelle l'acte est valable quant à la forme, pour autant que la preuve puisse être administrée selon ce mode devant le tribunal saisi.

CHAPITRE VI

Autres dispositions

Art. 23 *Résidence habituelle.* 1. Aux fins du présent règlement, la résidence habituelle d'une société, association ou personne morale est le lieu où elle a établi son administration centrale.

Lorsque le fait générateur a été commis ou que le dommage a été subi dans le cadre de l'exploitation d'une succursale, d'une agence ou de tout autre établissement, le lieu où est situé cette succursale, cette agence ou tout autre établissement est traité comme résidence habituelle.

2. Aux fins du présent règlement, la résidence habituelle d'une personne physique agissant dans l'exercice de son activité professionnelle est le lieu où cette personne a son établissement principal.

Art. 24 *Exclusion du renvoi.* Lorsque le présent règlement prescrit l'application de la loi d'un pays, il entend les règles de droit en vigueur dans ce pays, à l'exclusion des règles de droit international privé.

Art. 25 *Systèmes non unifiés.* 1. Lorsqu'un État comprend plusieurs unités territoriales dont chacune a ses propres règles de droit en matière d'obligations non contractuelles, chaque unité territoriale est considérée comme un pays aux fins de la détermination de la loi applicable selon le présent règlement.

2. Un État membre dans lequel différentes unités territoriales ont leurs propres règles de droit en matière d'obligations non contractuelles ne sera pas tenu d'appliquer le présent règlement aux conflits de lois concernant uniquement ces unités territoriales.

Art. 26 *Ordre public du for.* L'application d'une disposition de la loi d'un pays désignée par le présent règlement ne peut être écartée que si cette application est manifestement incompatible avec l'ordre public du for.

Art. 27 *Relation avec d'autres dispositions du droit communautaire.* Le présent règlement n'affecte pas l'application des dispositions de droit communautaire qui, dans des matières particulières, règlent les conflits de lois en matière d'obligations non contractuelles.

Art. 28 *Relation avec des conventions internationales existantes.* 1. Le présent règlement n'affecte pas l'application des conventions internationales auxquelles un ou plusieurs États membres sont parties lors de l'adoption du présent règlement et qui règlent les conflits de lois en matière d'obligations non contractuelles.

2. Toutefois, le présent règlement prévaut entre les États membres sur les conventions conclues exclusivement entre deux ou plusieurs d'entre eux dans la mesure où elles concernent des matières réglées par le présent règlement.

CHAPITRE VII

Dispositions finales

Art. 29 *Liste des conventions.* 1. Au plus tard le 11 juillet 2008, les États membres communiquent à la Commission les conventions visées à l'article 28, paragraphe 1. Après cette date, les États membres communiquent à la Commission toute dénonciation de ces conventions.

2. Dans un délai de six mois après leur réception, la Commission publie au Journal officiel de l'Union européenne :

i) la liste des conventions visées au paragraphe 1 ;

ii) les dénonciations visées au paragraphe 1.

Art. 30 *Clause de révision.* 1. Au plus tard le 20 août 2011, la Commission présente au Parlement européen, au Conseil et au Comité économique et social européen un rapport relatif à l'application du présent règlement. Ce rapport est accompagné, le cas échéant, de propositions visant à adapter le présent règlement. Ce rapport contient :

i) une étude sur la manière dont est pris en compte le droit étranger par les différentes juridictions et sur la mesure dans laquelle les juridictions des États membres mettent en pratique le droit étranger conformément au présent règlement.

ii) une étude sur les effets de l'article 28 du présent règlement en ce qui concerne la convention de La Haye du 4 mai 1971 sur la loi applicable en matière d'accidents de la circulation routière.

2. Au plus tard le 31 décembre 2008, la Commission présente au Parlement européen, au Conseil et au Comité économique et social européen une étude relative à la loi applicable aux obligations non contractuelles découlant des atteintes à la vie privée et aux droits de la personnalité, en prenant en compte les règles applicables à la liberté de la presse ainsi qu'à la liberté d'expression dans les médias et les questions de conflit de loi liées à la directive 95/46/CE du Parlement européen et du Conseil, du 24 octobre 1995, relative à la protection des personnes physiques à l'égard du traitement des données à caractère personnel et à la libre circulation de ces données.

Art. 31 *Application dans le temps.* Le présent règlement s'applique aux faits générateurs de dommages survenus après son entrée en vigueur.

Art. 32 *Date d'application.* Le présent règlement est applicable à partir du 11 janvier 2009, à l'exception de l'article 29, lequel est applicable à partir du 11 juillet 2008.

Le présent règlement est obligatoire dans tous ses éléments et directement applicable dans les États membres, conformément au traité instituant la Communauté européenne.

• Déclaration de la Commission sur la clause de réexamen (Article 30)

La Commission, sur l'invitation du Parlement européen et du Conseil dans le cadre de l'article 30 du règlement « Rome II », soumettra, au plus tard en décembre 2008, une étude sur la situation dans le domaine de la loi applicable aux obligations non contractuelles résultant d'atteintes à la vie privée et aux droits de la personnalité. Elle tiendra compte de tous les aspects de la situation et prendra des mesures appropriées en cas de besoin.

• Déclaration de la commission sur les accidents de la route

Consciente de la disparité des pratiques suivies dans les États membres en ce qui concerne le niveau des indemnisations accordées aux victimes d'accidents de la route, la Commission est disposée à examiner les problèmes spécifiques que rencontrent les résidents de l'UE impliqués dans des accidents de la route dans un État membre autre que celui où ils résident habituellement. À cet effet, elle mettra à la disposition du Parlement européen et du Conseil, avant la fin de l'année 2008, une étude portant sur toutes les possibilités, notamment en matière d'assurance, d'améliorer la situation des victimes transfrontalières; cette étude préparerait la voie à un livre vert.

• **Déclaration de la Commission sur le traitement de la loi étrangère**

Consciente de la disparité des pratiques suivies dans les États membres en ce qui concerne le traitement de la loi étrangère, la Commission publiera, au plus tard quatre ans après l'entrée en vigueur du règlement « Rome II » et en tout cas dès qu'elle sera disponible, une étude horizontale sur l'application de la loi étrangère en matière civile et commerciale par les juridictions des États membres, eu égard aux objectifs du programme de La Haye. Elle est également disposée à prendre des mesures appropriées en cas de besoin.

18 Règlement (CE) n° 1371/2007 du Parlement européen et du Conseil du 23 octobre 2007 sur les droits et obligations des voyageurs ferroviaires

Applicable depuis le 3 décembre 2009

Le Parlement européen et le Conseil de l'Union européenne,

Vu le traité instituant la Communauté européenne, et notamment son article 71, paragraphe 1,

Vu la proposition de la Commission,

Vu l'avis du Comité économique et social européen,

Vu l'avis du Comité des régions,

Statuant conformément à la procédure visée à l'article 251 du traité, au vu du projet commun approuvé par le comité de conciliation, le 31 juillet 2007,

Considérant ce qui suit :

(1) Dans le cadre de la politique commune des transports, il importe de sauvegarder les droits des voyageurs ferroviaires et d'améliorer la qualité et l'efficacité des services ferroviaires de voyageurs afin d'aider à accroître la part du transport ferroviaire par rapport aux autres modes de transport.

(2) La communication de la Commission intitulée « Stratégie pour la politique des consommateurs 2002-2006 » fixe l'objectif d'un niveau élevé de protection des consommateurs dans le domaine des transports, conformément à l'article 153, paragraphe 2, du traité.

(3) Le voyageur ferroviaire étant la partie faible du contrat de transport, il convient de sauvegarder ses droits à cet égard.

(4) Les droits des usagers des services ferroviaires comprennent la réception d'informations concernant le service avant et pendant le voyage. Dans la mesure du possible, les entreprises ferroviaires et les vendeurs de billets devraient fournir ces informations à l'avance et dans les meilleurs délais.

(5) Des exigences plus précises concernant la fourniture d'informations sur les voyages seront définies dans les spécifications techniques d'interopérabilité (STI) visées par la

directive 2001/16/CE du Parlement européen et du Conseil du 19 mars 2001 relative à l'interopérabilité du système ferroviaire conventionnel.

(6) Le renforcement des droits des voyageurs ferroviaires devrait reposer sur le système de droit international existant à ce sujet qui figure à l'appendice A – règles uniformes concernant le contrat de transport international ferroviaire des voyageurs et des bagages (CIV) de la convention relative aux transports internationaux ferroviaires (COTIF) du 9 mai 1980, telle que modifiée par le protocole portant modification de la COTIF du 3 juin 1999 (protocole de 1999). Il est cependant souhaitable d'étendre le champ d'application du présent règlement afin de protéger non seulement les voyageurs internationaux, mais aussi les voyageurs nationaux.

(7) Les entreprises ferroviaires devraient coopérer en vue de faciliter le transfert des voyageurs ferroviaires d'un opérateur à l'autre par la fourniture de billets directs, dans la mesure du possible.

(8) La fourniture d'informations et de billets aux voyageurs ferroviaires devrait être facilitée par l'adaptation des systèmes informatiques à une spécification commune.

(9) La poursuite de la mise en œuvre des systèmes d'information des voyageurs et de réservation devrait se faire conformément aux STI.

(10) Il convient que les services ferroviaires de transport de voyageurs profitent aux citoyens en général. Par conséquent, les personnes handicapées et les personnes à mobilité réduite, du fait d'un handicap, de l'âge ou de tout autre facteur, devraient accéder aux transports ferroviaires dans des conditions comparables à celles des autres citoyens. Les personnes handicapées et les personnes à mobilité réduite ont le même droit que tous les autres citoyens à la libre circulation, à la liberté de choix et à la non-discrimination. Entre autres, il y a lieu de veiller en particulier à ce que les personnes handicapées et les personnes à mobilité réduite reçoivent des informations sur l'accessibilité des services ferroviaires, les conditions d'accès au matériel roulant et les équipements à bord. Afin de communiquer le mieux possible les informations concernant les retards aux personnes souffrant de handicaps sensoriels, il conviendrait de recourir à des systèmes audio et visuels, en tant que de besoin. Les personnes handicapées et les personnes à mobilité réduite devraient avoir la possibilité d'acheter leur billet à bord des trains sans supplément de prix.

(11) Les entreprises ferroviaires et les gestionnaires des gares devraient tenir compte des besoins des personnes handicapées ou à mobilité réduite, en se conformant aux STI pour les personnes à mobilité réduite, en vue de garantir que, conformément aux règles communautaires pour les marchés publics, tous les bâtiments et tout le matériel roulant soient rendus accessibles en éliminant progressivement les obstacles physiques et fonctionnels lors de l'acquisition de nouveau matériel ou lors de l'exécution de travaux de construction ou de rénovation majeure.

(12) Les entreprises ferroviaires devraient être obligées d'être assurées ou d'avoir pris des dispositions équivalentes pour couvrir leur responsabilité envers les voyageurs ferroviaires en cas d'accident. Le montant d'assurance minimal pour les entreprises ferroviaires devrait être soumis à un réexamen dans le futur.

(13) Le renforcement des droits en matière d'indemnisation et d'assistance en cas de retard, de correspondance manquée ou d'annulation d'un service devrait aboutir à un

accroissement des incitations en faveur du marché des services ferroviaires de transport de voyageurs, au bénéfice des voyageurs.

(14) Il est souhaitable que le présent règlement crée un système d'indemnisation pour les voyageurs en cas de retard, qui soit lié à la responsabilité de l'entreprise ferroviaire, sur la même base que le système international prévu par la COTIF et en particulier son appendice CIV relatif aux droits des voyageurs.

(15) Lorsqu'un État membre dispense une entreprise ferroviaire de l'application des dispositions du présent règlement, il devrait, en consultation avec les organisations représentant les voyageurs, encourager ladite entreprise à prendre des dispositions en vue d'octroyer une compensation et une assistance lors d'une perturbation majeure d'un service ferroviaire.

(16) Il est également souhaitable d'aider les victimes d'accident et les personnes à leur charge à faire face à leurs besoins financiers à court terme dans la période qui suit immédiatement un accident.

(17) Il est dans l'intérêt des voyageurs ferroviaires que des mesures adéquates soient prises, en accord avec les autorités publiques, pour garantir leur sécurité personnelle dans les gares ainsi qu'à bord des trains.

(18) Les voyageurs ferroviaires devraient pouvoir déposer auprès de toute entreprise ferroviaire concernée une plainte relative aux droits et aux obligations prévus par le présent règlement et être en droit de recevoir une réponse dans un délai raisonnable.

(19) Les entreprises ferroviaires devraient définir, gérer et contrôler les normes de qualité du service pour les services ferroviaires de transport de voyageurs.

(20) Le contenu du présent règlement devrait être réexaminé en ce qui concerne l'ajustement des montants financiers à l'inflation et les exigences en matière d'informations et de qualité du service à la lumière des évolutions du marché ainsi que des effets du présent règlement sur la qualité du service.

(21) Il y a lieu que le présent règlement s'applique sans préjudice de la directive 95/46/CE du Parlement européen et du Conseil du 24 octobre 1995 relative à la protection des personnes physiques à l'égard du traitement des données à caractère personnel et à la libre circulation de ces données.

(22) Les États membres devraient déterminer les sanctions applicables en cas de violation des dispositions du présent règlement et veiller à l'application de ces sanctions. Lesdites sanctions, qui pourraient inclure le paiement d'une indemnisation à la personne concernée, devraient être effectives, proportionnées et dissuasives.

(23) Étant donné que les objectifs du présent règlement, à savoir le développement des chemins de fer communautaires et l'instauration de droits des voyageurs, ne peuvent pas être réalisés de manière suffisante par les États membres et peuvent donc être mieux réalisés au niveau communautaire, la Communauté peut prendre des mesures, conformément au principe de subsidiarité consacré à l'article 5 du traité. Conformément au principe de proportionnalité tel qu'énoncé audit article, le présent règlement n'excède pas ce qui est nécessaire pour atteindre ces objectifs.

(24) Le présent règlement a pour but d'améliorer les services ferroviaires de transport de voyageurs dans la Communauté. Par conséquent, les États membres devraient pouvoir accorder des dérogations pour les services dans les régions où une partie importante du service est effectuée en dehors de la Communauté.

(25) Dans certains États membres, les entreprises ferroviaires pourraient rencontrer des difficultés dans la mise en œuvre de l'ensemble des dispositions du présent règlement, lors de son entrée en vigueur. Par conséquent, les États membres devraient pouvoir temporairement dispenser de l'application des dispositions du présent règlement les services ferroviaires intérieurs de transport de voyageurs à longue distance. La dispense temporaire ne devrait toutefois pas s'étendre aux dispositions du présent règlement relatives à l'accès au voyage ferroviaire des personnes handicapées et des personnes à mobilité réduite, ni aux dispositions concernant le droit pour les personnes qui souhaitent acheter un billet de train de le faire sans difficultés excessives, ni aux dispositions relatives à la responsabilité des entreprises ferroviaires en ce qui concerne les voyageurs et leurs bagages, à l'obligation des entreprises d'être assurées de manière adéquate, et à l'exigence pour ces entreprises de prendre les mesures nécessaires en vue d'assurer la sécurité personnelle des voyageurs dans les gares et les trains ainsi que de gérer les risques.

(26) Les services ferroviaires urbains, suburbains et régionaux de transport de voyageurs ont un caractère différent des services à longue distance. Par conséquent, à l'exception de certaines dispositions qui devraient s'appliquer à tous les services ferroviaires de transport de voyageurs dans l'ensemble de la Communauté, les États membres devraient pouvoir temporairement dispenser les services ferroviaires urbains, suburbains et régionaux de transport de voyageurs de l'application des dispositions du présent règlement.

(27) Il y a lieu d'arrêter les mesures nécessaires pour la mise en œuvre du présent règlement en conformité avec la décision 1999/468/CE du Conseil du 28 juin 1999 fixant les modalités de l'exercice des compétences d'exécution conférées à la Commission.

(28) Il convient en particulier d'habiliter la Commission à arrêter des mesures d'exécution. Ces mesures ayant une portée générale et ayant pour objet de modifier des éléments non essentiels du présent règlement, ou de le compléter par l'ajout de nouveaux éléments non essentiels, elles doivent être arrêtées selon la procédure de réglementation avec contrôle prévue à l'article 5 bis de la décision 1999/468/CE,

Ont arrêté le présent règlement :

CHAPITRE PREMIER
Dispositions générales

Art. premier *Objet.* Le présent règlement établit des règles en ce qui concerne :

a) les informations que doivent fournir les entreprises ferroviaires, la conclusion de contrats de transport, l'émission de billets et la mise en œuvre d'un système informatisé d'information et de réservation pour les transports ferroviaires;

b) la responsabilité des entreprises ferroviaires et leurs obligations en matière d'assurance pour les voyageurs et leurs bagages;

c) les obligations des entreprises ferroviaires envers les voyageurs en cas de retard;

d) la protection des personnes handicapées et des personnes à mobilité réduite voyageant en train et l'assistance à ces personnes;

e) la définition et le contrôle des normes de qualité du service, la gestion des risques pour la sécurité personnelle des voyageurs ainsi que le traitement des plaintes; et

f) les règles générales en matière d'exécution.

Art. 2 *Champ d'application.* 1. Le présent règlement s'applique dans toute la Communauté à tous les voyages et services ferroviaires assurés par une ou plusieurs entreprises ferroviaires ayant obtenu une licence conformément à la directive 95/18/CE du Conseil du 19 juin 1995 concernant les licences des entreprises ferroviaires.

2. Le présent règlement ne s'applique pas aux services de transport et aux entreprises ferroviaires qui n'ont pas obtenu une licence au titre de la directive 95/18/CE.

3. A partir de l'entrée en vigueur du présent règlement, les articles 9, 11, 12, et 19, l'article 20, paragraphe 1, et l'article 26 s'appliquent dans l'ensemble de la Communauté à tous les services ferroviaires de transport de voyageurs.

4. Sauf en ce qui concerne les dispositions visées au paragraphe 3, un État membre peut, selon des modalités transparentes et non discriminatoires, octroyer une dérogation pendant une période ne dépassant pas cinq ans, renouvelable deux fois pour une période maximale de cinq ans à chaque fois, à l'application des dispositions du présent règlement en ce qui concerne les services ferroviaires intérieurs de transport de voyageurs.

5. Sauf en ce qui concerne les dispositions visées au paragraphe 3, un État membre peut déroger à l'application des dispositions du présent règlement en ce qui concerne les services ferroviaires urbains, suburbains et régionaux de transport de voyageurs. Afin de faire la distinction entre les services ferroviaires urbains, suburbains et régionaux de transport de voyageurs, les États membres appliquent les définitions figurant dans la directive 91/440/CEE du Conseil du 29 juillet 1991 relative au développement de chemins de fer communautaires. Pour l'application de ces définitions, les États membres utilisent les critères suivants : distance, fréquence des services offerts, nombre d'arrêts prévus, matériel roulant employé, systèmes de billetterie, variations du nombre de voyageurs entre les services en heures de pointe et en heures creuses, codes des trains et horaires.

6. Pour une durée maximale de cinq ans, un État membre peut, selon des modalités transparentes et non discriminatoires, accorder une dérogation, qui peut être renouvelée, à l'application de certaines dispositions du présent règlement à des services ou à des voyages spécifiques, parce qu'une partie importante du service ferroviaire de transport de voyageurs, y compris au moins un arrêt prévu dans une gare, est effectuée en dehors de la Communauté.

7. Les États membres notifient à la Commission les dérogations accordées conformément aux paragraphes 4, 5 et 6. La Commission prend les mesures appropriées si une dérogation n'est pas jugée conforme aux dispositions du présent article. Au plus tard le 3 décembre 2014, la Commission soumet au Parlement européen et au Conseil un rapport sur les dérogations accordées conformément aux paragraphes 4, 5 et 6.

Art. 3 *Définitions.* Aux fins du présent règlement, on entend par :

1) « entreprise ferroviaire » : une entreprise ferroviaire au sens de l'article 2 de la directive 2001/14/CE et toute autre entreprise à statut public ou privé, dont l'activité est la fourniture de services de transport de marchandises et/ou de voyageurs par chemin de fer, la traction devant obligatoirement être assurée par cette entreprise; cette expression englobe également les entreprises qui assurent uniquement la traction;

2) « transporteur » : l'entreprise ferroviaire contractuelle avec laquelle le voyageur a conclu le contrat de transport ou une série d'entreprises ferroviaires successives qui sont responsables en vertu de ce contrat;

3) « transporteur de remplacement » : une entreprise ferroviaire qui n'a pas conclu de contrat de transport avec le voyageur, mais à laquelle l'entreprise ferroviaire partie au contrat a confié, en tout ou en partie, l'exécution du transport ferroviaire;

4) « gestionnaire de l'infrastructure » : toute entité ou entreprise chargée en particulier de l'établissement et de l'entretien de l'infrastructure ferroviaire, ou d'une partie de celle-ci, telle qu'elle est définie à l'article 3 de la directive 91/440/CEE, ce qui peut comprendre également la gestion des systèmes de régulation et de sécurité de l'infrastructure; les fonctions du gestionnaire de l'infrastructure sur un réseau ou une partie de réseau peuvent être attribuées à des entités ou à des entreprises différentes;

5) « gestionnaire des gares » : une entité organisationnelle dans un État membre chargée de la gestion de gares ferroviaires et qui peut être le gestionnaire de l'infrastructure;

6) « voyagiste » : un organisateur ou un détaillant, autre qu'une entreprise ferroviaire, au sens de l'article 2, points 2) et 3), de la directive 90/314/CEE;

7) « vendeur de billets » : tout détaillant de services de transport ferroviaire qui conclut des contrats de transport et vend des billets pour le compte d'une entreprise ferroviaire ou pour son propre compte;

8) « contrat de transport » : un contrat de transport à titre onéreux ou gratuit entre une entreprise ferroviaire ou un vendeur de billets et le voyageur en vue de la fourniture d'un ou de plusieurs services de transport;

9) « réservation » : une autorisation, sur papier ou dans une version électronique, donnant droit au transport selon des modalités de transport personnalisées ayant fait l'objet d'une confirmation;

10) « billet direct » : un ou plusieurs billets représentant un contrat de transport portant sur la prestation de services ferroviaires successifs par une ou plusieurs entreprises ferroviaires;

11) « service ferroviaire intérieur de transport de voyageurs » : un service ferroviaire de transport de voyageurs dans le cadre duquel le train ne traverse pas la frontière d'un État membre;

12) « retard » : la différence de temps entre l'heure à laquelle le voyageur devait arriver d'après l'horaire publié et l'heure de son arrivée réelle ou prévue;

13) « carte de transport » ou « abonnement » : un billet pour un nombre illimité de voyages, qui permet au détenteur autorisé de voyager par chemin de fer sur un itinéraire ou un réseau particulier durant une période déterminée;

14) « système informatisé d'information et de réservation pour les transports ferroviaires » : un système informatisé contenant des informations sur les services ferroviaires offerts par les entreprises ferroviaires; les informations relatives aux services pour voyageurs stockées dans ce système sont notamment les suivantes :

a) calendriers et horaires des services pour voyageurs;

b) disponibilité de sièges sur les services pour voyageurs;

c) tarifs et conditions particulières;

d) accessibilité des trains pour les personnes handicapées et les personnes à mobilité réduite;

e) dispositifs à l'aide desquels il est possible d'effectuer des réservations ou d'émettre des billets ou des billets directs, pour autant qu'une partie ou la totalité de ces dispositifs soient mis à la disposition des usagers;

15) « personne handicapée » ou « personne à mobilité réduite » : toute personne dont la mobilité est réduite, lors de l'usage d'un moyen de transport, en raison de tout handicap physique (sensoriel ou moteur, permanent ou temporaire) ou de tout handicap ou déficience intellectuels, ou de toute autre cause de handicap, ou de l'âge, et dont la situation requiert une attention appropriée et l'adaptation à ses besoins particuliers du service mis à la disposition de tous les voyageurs;

16) « conditions générales de transport » : les conditions du transporteur, qui se présentent sous la forme de conditions générales ou de tarifs juridiquement applicables dans chaque État membre et qui, par la conclusion du contrat de transport, sont devenues partie intégrante de celui-ci;

17) « véhicule » : un véhicule motorisé ou une remorque transporté à l'occasion du transport de voyageurs.

CHAPITRE II

Contrat de transport, informations et billets

Art. 4 *Contrat de transport.* Sous réserve des dispositions du présent chapitre, la conclusion et l'exécution d'un contrat de transport ainsi que la fourniture d'informations et de billets sont régies par les dispositions des titres II et III de l'annexe I.

Art. 5 *Bicyclettes.* Les entreprises ferroviaires autorisent les voyageurs à emporter leur bicyclette dans le train, si elles sont faciles à manipuler, si cela ne porte pas préjudice au service ferroviaire spécifique et si le matériel roulant le permet, et moyennant un paiement éventuel.

Art. 6 *Exclusion des exonérations et stipulations de limitations.* 1. Les obligations envers les voyageurs résultant du présent règlement ne peuvent pas faire l'objet d'une limitation ou d'une exonération, notamment par une dérogation ou une clause restrictive figurant dans le contrat de transport.

2. Les entreprises ferroviaires peuvent offrir des conditions contractuelles plus favorables au voyageur que celles fixées dans le présent règlement.

Art. 7 *Obligation d'information concernant l'interruption de services.* Les entreprises ferroviaires ou, le cas échéant, les autorités compétentes responsables d'un contrat de service public ferroviaire, rendent publiques, par des moyens appropriés et avant leur mise en œuvre, les décisions d'interrompre des services.

Art. 8 *Informations sur les voyages.* 1. Sur demande, et sans préjudice de l'article 10, les entreprises ferroviaires et les vendeurs de billets qui proposent des contrats de transport pour le compte d'une ou de plusieurs entreprises ferroviaires fournissent au voyageur au moins les informations mentionnées à l'annexe II, partie I, en ce qui concerne les voyages pour lesquels un contrat de transport est proposé par l'entreprise ferroviaire concernée. Les vendeurs de billets qui proposent des contrats de transport pour leur propre compte, ainsi que les voyagistes, fournissent ces informations lorsqu'elles sont disponibles.

2. Les entreprises ferroviaires fournissent au voyageur, pendant le voyage, au moins les informations mentionnées à l'annexe II, partie II.

3. Les informations visées aux paragraphes 1 et 2 sont communiquées sous la forme la plus appropriée. Une attention particulière est accordée aux besoins des personnes souffrant d'une déficience auditive et/ou visuelle.

Art. 9 *Disponibilité des billets, des billets directs et des réservations.* 1. Les entreprises ferroviaires et les vendeurs de billets proposent, pour autant qu'ils soient disponibles, des billets, des billets directs et des réservations.

2. Sans préjudice du paragraphe 4, les entreprises ferroviaires délivrent les billets aux voyageurs via au moins un des canaux suivants :

a) guichets ou guichets automatiques;

b) téléphone, internet ou toute autre technologie de l'information largement disponible;

c) à bord des trains.

3. Sans préjudice des paragraphes 4 et 5, les entreprises ferroviaires délivrent des billets pour les services prévus dans le cadre de contrats de service public via au moins un des canaux suivants :

a) guichets ou guichets automatiques;

b) à bord des trains.

4. Les entreprises ferroviaires offrent la possibilité d'obtenir des billets pour le service concerné à bord du train, à moins que cette possibilité ne soit limitée ou refusée pour des raisons liées à la sécurité ou à la lutte contre la fraude, des raisons de réservation obligatoire ou des motifs commerciaux raisonnables.

5. En l'absence de guichet ou de guichet automatique dans la gare de départ, les voyageurs doivent être informés dans la gare :

a) sur la possibilité d'acheter un billet par téléphone, par l'internet ou à bord du train et les modalités de cet achat;

b) sur la gare ferroviaire ou l'endroit le plus proche où des guichets et/ou des guichets automatiques sont mis à disposition.

Art. 10 *Systèmes d'information des voyageurs et de réservation.* 1. Pour fournir les informations et émettre les billets visés par le présent règlement, les entreprises ferroviaires et les vendeurs de billets utilisent le système informatisé d'information et de réservation pour les transports ferroviaires, qui doit être établi selon les procédures visées au présent article.

2. Les spécifications techniques d'interopérabilité (STI) visées dans la directive 2001/16/CE sont appliquées aux fins du présent règlement.

3. Au plus tard le 3 décembre 2010, la Commission adopte, sur proposition de l'Agence ferroviaire européenne, les STI des applications télématiques au service des voyageurs. Les STI permettent la fourniture des informations mentionnées à l'annexe II et l'émission des billets conformément au présent règlement.

4. Les entreprises ferroviaires adaptent leur système informatisé d'information et de réservation pour les transports ferroviaires selon les exigences fixées dans les STI, conformément à un plan de mise en œuvre défini dans les STI.

5. Sous réserve des dispositions de la directive 95/46/CE, une entreprise ferroviaire ainsi qu'un vendeur de billets ne divulguent aucune information à caractère personnel sur des réservations à d'autres entreprises ferroviaires et/ou vendeurs de billets.

CHAPITRE III
Responsabilité des entreprises ferroviaires relative aux voyageurs et à leurs bagages

Art. 11 *Responsabilité relative aux voyageurs et aux bagages.* Sous réserve des dispositions du présent chapitre, et sans préjudice du droit national octroyant aux voyageurs une plus grande indemnisation pour les dommages subis, la responsabilité des entreprises ferroviaires relative aux voyageurs et à leurs bagages est régie par le titre IV, chapitres I, III et IV, ainsi que les titres VI et VII de l'annexe I.

Art. 12 *Assurance.* 1. L'obligation exposée à l'article 9 de la directive 95/18/CE s'entend, dans la mesure où elle concerne la responsabilité relative aux voyageurs, comme imposant à une entreprise ferroviaire d'être assurée de manière adéquate ou d'avoir pris des dispositions équivalentes pour pouvoir couvrir les responsabilités qui lui incombent en vertu du présent règlement.

2. Au plus tard le 3 décembre 2010, la Commission présente au Parlement européen et au Conseil un rapport sur la fixation d'un montant d'assurance minimal pour les entreprises ferroviaires. Le cas échéant, ce rapport est assorti de propositions ou de recommandations appropriées en la matière.

Art. 13 *Versement d'avances.* 1. Si un voyageur est tué ou blessé, l'entreprise ferroviaire visée à l'article 26, paragraphe 5, de l'annexe I verse sans délai, et en tout état de cause au plus tard quinze jours après l'identification de la personne physique ayant droit à une indemnisation, toute avance qui serait nécessaire pour couvrir des besoins économiques immédiats, proportionnellement au préjudice subi.

2. Sans préjudice du paragraphe 1, l'avance n'est pas, en cas de décès, inférieure à 21 000 euros par voyageur.

3. Le versement d'une avance ne constitue pas une reconnaissance de responsabilité, et l'avance peut être déduite de toute somme payée ultérieurement en vertu du présent règlement, mais elle n'est pas remboursable, sauf lorsque le préjudice a été causé par la négligence ou la faute du voyageur ou que la personne à laquelle l'avance a été versée n'était pas celle ayant droit à une indemnisation.

Art. 14 *Contestation de responsabilité.* Même si l'entreprise ferroviaire conteste sa responsabilité quant au préjudice corporel subi par un voyageur qu'elle transporte, elle s'efforce, dans la mesure du raisonnable, d'assister le voyageur réclamant une indemnisation à des tiers.

CHAPITRE IV
Retards, correspondances manquées et annulations

Art. 15 *Responsabilité en matière de retards, de correspondances manquées et d'annulations.* Sous réserve des dispositions du présent chapitre, la responsabilité des entreprises ferroviaires en ce qui concerne les retards, les correspondances manquées et les annulations est régie par le titre IV, chapitre II, de l'annexe I.

Art. 16 *Remboursement et réacheminement.* Lorsqu'on peut raisonnablement s'attendre à ce qu'un train arrive avec plus de soixante minutes de retard à la destination finale prévue dans le contrat de transport, les voyageurs ont immédiatement le choix entre :

a) le remboursement intégral du billet, au tarif auquel il a été acheté, pour la ou les parties non effectuées de leur voyage et pour la ou les parties déjà effectuées si le voyage ne présente plus aucun intérêt par rapport au plan de voyage initial des voyageurs, ainsi que, s'il y a lieu, un voyage de retour jusqu'au point de départ initial dans les meilleurs délais. Le remboursement s'effectue dans les mêmes conditions que le paiement de l'indemnisation visée à l'article 17 ; ou

b) la poursuite du voyage ou un réacheminement vers la destination finale, dans des conditions de transport comparables et dans les meilleurs délais ; ou

c) la poursuite du voyage ou un réacheminement vers la destination finale, dans des conditions de transport comparables et à une date ultérieure, à leur convenance.

Art. 17 *Indemnisation relative au prix du billet.* 1. Lorsque le retard n'a pas donné lieu au remboursement du billet conformément à l'article 16, le voyageur qui subit un retard entre le lieu de départ et le lieu de destination indiqués sur le billet peut, sans perdre son droit au transport, exiger une indemnisation de l'entreprise ferroviaire. Les indemnisations minimales pour cause de retard sont les suivantes :

a) 25% du prix du billet en cas de retard d'une durée comprise entre 60 et 119 minutes;

b) 50% du prix du billet en cas de retard de 120 minutes ou plus.

Les voyageurs qui détiennent une carte de transport ou un abonnement et sont confrontés à des retards ou à des annulations récurrents pendant sa durée de validité peuvent demander une indemnisation adéquate conformément aux dispositions des entreprises ferroviaires en matière d'indemnisation. Ces dispositions fixent les critères applicables en matière de retard et de calcul de l'indemnisation.

L'indemnisation d'un retard est calculée par rapport au prix que le voyageur a réellement payé pour le service ayant subi un retard.

Lorsque le contrat de transport porte sur un voyage aller et retour, le montant de l'indemnisation à payer en cas de retard à l'aller ou au retour est calculé par rapport à la moitié du prix payé pour le billet. De la même manière, le montant de l'indemnisation à payer en cas de retard du service dans le cadre de tout autre type de contrat de transport permettant d'effectuer plusieurs voyages ultérieurs est calculé proportionnellement au prix total.

Le calcul de la durée du retard ne tient pas compte des retards dont l'entreprise ferroviaire peut prouver qu'ils se sont produits en dehors des territoires dans lesquels le traité instituant la Communauté européenne est d'application.

2. L'indemnisation relative au prix du billet est payée dans le mois qui suit le dépôt de la demande d'indemnisation. Elle peut être payée sous la forme de bons et/ou d'autres services si les conditions sont souples (notamment en ce qui concerne la période de validité et la destination). Elle est payée en espèces à la demande du voyageur.

3. L'indemnisation relative au prix du billet n'est pas grevée de coûts de transaction financière tels que redevances, frais de téléphone ou timbres. Les entreprises ferroviaires peuvent fixer un seuil minimal au-dessous duquel aucune indemnisation n'est payée. Ce seuil ne dépasse pas 4 euros.

4. Le voyageur n'a droit à aucune indemnisation s'il a été informé du retard avant d'acheter le billet ou si le retard imputable à la poursuite du voyage à bord d'un autre train ou à un réacheminement reste inférieur à soixante minutes.

Art. 18 *Assistance* 1. En cas de retard de l'arrivée ou du départ, l'entreprise ferroviaire ou le gestionnaire des gares tient les voyageurs informés de la situation ainsi que des heures de départ et d'arrivée prévues, dès que ces informations sont disponibles.

2. En cas de retard visé au paragraphe 1, de plus de soixante minutes, les voyageurs se voient offrir gratuitement :

a) des repas et des rafraîchissements en quantité raisonnable compte tenu du délai d'attente, s'il y en a à bord du train ou dans la gare, ou s'ils peuvent raisonnablement être livrés;

b) un hébergement à l'hôtel ou ailleurs, ainsi que le transport entre la gare et le lieu d'hébergement, si un séjour d'une ou de plusieurs nuits devient nécessaire ou qu'un séjour supplémentaire s'impose, lorsque c'est matériellement possible;

c) si le train est bloqué sur la voie, le transport entre le lieu où se trouve le train et la gare, l'autre point de départ ou la destination finale du service, lorsque c'est matériellement possible.

3. Si le service ferroviaire ne peut plus se poursuivre, les entreprises ferroviaires mettent en place dès que possible d'autres services de transport pour les voyageurs.

4. A la demande du voyageur, l'entreprise ferroviaire certifie sur le billet que le service ferroviaire a été retardé, qu'il a fait manquer une correspondance ou qu'il a été annulé, selon le cas.

5. Lors de l'application des paragraphes 1, 2 et 3, l'entreprise ferroviaire concernée accorde une attention particulière aux besoins des personnes handicapées et des personnes à mobilité réduite et des personnes qui les accompagnent.

CHAPITRE V
Personnes handicapées et personnes à mobilité réduite

Art. 19 *Droit au transport.* 1. Les entreprises ferroviaires et les gestionnaires des gares établissent ou mettent en place des règles d'accès non discriminatoires applicables au transport de personnes handicapées et de personnes à mobilité réduite, avec la participation active d'organisations représentatives des personnes handicapées et des personnes à mobilité réduite.

2. Les personnes handicapées et les personnes à mobilité réduite ne se voient compter aucun supplément pour leurs réservations et leurs billets. Une entreprise ferroviaire, un vendeur de billets ou un voyagiste ne peut refuser d'accepter une réservation ou d'émettre un billet pour une personne handicapée ou une personne à mobilité réduite ou requérir qu'une telle personne soit accompagnée par une autre personne, sauf si cela est strictement nécessaire pour satisfaire aux règles d'accès visées au paragraphe 1.

Art. 20 *Communication d'informations aux personnes handicapées et aux personnes à mobilité réduite.* 1. Sur demande, une entreprise ferroviaire, un vendeur de billets ou un voyagiste fournit aux personnes handicapées et aux personnes à mobilité réduite des informations sur l'accessibilité des services ferroviaires ainsi que sur les conditions d'accès au matériel roulant conformément aux règles d'accès visées à l'article 19, paragraphe 1, et informe les personnes handicapées et les personnes à mobilité réduite des équipements à bord.

2. Lorsqu'une entreprise ferroviaire, un vendeur de billets et/ou un voyagiste exerce la dérogation prévue à l'article 19, paragraphe 2, il en communique, sur demande, les raisons par écrit à la personne handicapée ou à mobilité réduite concernée, dans un délai de cinq jours ouvrables à compter de la date à laquelle la réservation ou l'émission du billet a été refusée ou à laquelle la condition d'accompagnement a été imposée.

Art. 21 *Accessibilité.* 1. Les entreprises ferroviaires et les gestionnaires des gares veillent, par le respect des STI pour les personnes à mobilité réduite, à assurer l'accès des gares, des quais, du matériel roulant et des autres équipements aux personnes handicapées et aux personnes à mobilité réduite.

2. En l'absence de personnel d'accompagnement à bord d'un train ou de personnel dans une gare, les entreprises ferroviaires et les gestionnaires des gares s'efforcent, dans la mesure du raisonnable, de permettre aux personnes handicapées ou aux personnes à mobilité réduite d'avoir accès au transport ferroviaire.

Art. 22 *Assistance dans les gares.* 1. Lorsqu'une personne handicapée ou une personne à mobilité réduite part d'une gare dotée de personnel, y transite ou y arrive, le gestionnaire des gares lui fournit gratuitement l'assistance nécessaire pour embarquer dans le train pour lequel elle a acheté un billet ou débarquer d'un tel train, sans préjudice des règles d'accès visées à l'article 19, paragraphe 1.

2. Les États membres peuvent prévoir une dérogation au paragraphe 1 dans le cas des personnes voyageant au moyen de services faisant l'objet d'un contrat de service public attribué conformément à la législation communautaire, à condition que l'autorité compétente ait pris d'autres mesures ou dispositions qui permettent de garantir la fourniture de services de transport d'un niveau d'accessibilité équivalent ou supérieur.

3. Dans les gares non dotées de personnel, l'entreprise ferroviaire et le gestionnaire des gares veillent à ce que des informations aisément accessibles soient affichées conformément aux règles d'accès visées à l'article 19, paragraphe 1, en ce qui concerne les gares dotées de personnel les plus proches et l'assistance mise directement à la disposition des personnes handicapées et des personnes à mobilité réduite.

Art. 23 *Assistance à bord.* Sans préjudice des règles d'accès visées à l'article 19, paragraphe 1, les entreprises ferroviaires fournissent gratuitement une assistance aux personnes handicapées et aux personnes à mobilité réduite, à bord du train et lors de l'embarquement et du débarquement.

Aux fins du présent article, on entend par assistance à bord les efforts faits, dans la mesure du raisonnable, pour permettre à une personne handicapée ou à une personne à mobilité réduite d'avoir accès aux mêmes services à bord du train que ceux dont bénéficient les autres voyageurs si son handicap est tel ou sa mobilité est réduite à un point tel qu'elle ne peut avoir accès à ces services de façon autonome et sûre.

Art. 24 *Conditions auxquelles est fournie l'assistance.* Les entreprises ferroviaires, les gestionnaires des gares, les vendeurs de billets et les voyagistes coopèrent afin de fournir aux personnes handicapées et aux personnes à mobilité réduite l'assistance prévue aux articles 22 et 23 conformément aux points suivants :

a) l'assistance est fournie à condition que l'entreprise ferroviaire, le gestionnaire des gares, le vendeur de billets ou le voyagiste auprès duquel le billet a été acheté se soit vu notifier, au moins quarante-huit heures à l'avance, le besoin d'assistance de la personne handicapée ou à mobilité réduite. Lorsque le billet permet d'effectuer plusieurs voyages, une seule notification suffit, pour autant que des informations suffisantes soient fournies sur les horaires des voyages ultérieurs;

b) les entreprises ferroviaires, les gestionnaires des gares, les vendeurs de billets et les voyagistes prennent toutes les mesures nécessaires pour la réception des notifications;

c) si aucune notification n'est effectuée conformément au point a), l'entreprise ferroviaire et le gestionnaire des gares s'efforcent, dans la mesure du raisonnable, de fournir à la personne handicapée ou à la personne à mobilité réduite une assistance qui lui permette de voyager;

d) sans préjudice des pouvoirs d'autres entités en ce qui concerne les zones situées en dehors de la gare, le gestionnaire des gares ou toute autre personne autorisée indique les endroits, à l'intérieur et à l'extérieur de la gare, où les personnes handicapées et les personnes à mobilité réduite peuvent annoncer leur arrivée à la gare et, au besoin, demander une assistance;

e) une assistance est fournie à condition que la personne handicapée ou la personne à mobilité réduite se présente à l'endroit indiqué à une heure fixée par l'entreprise ferroviaire ou le gestionnaire de la gare qui fournit l'assistance. L'heure fixée ne doit pas précéder de plus de soixante minutes l'heure de départ annoncée ou l'heure à laquelle tous les voyageurs ont été invités à se présenter à l'enregistrement. Si aucune heure n'a été fixée à la personne handicapée ou à la personne à mobilité réduite, celle-ci se présente à l'endroit indiqué au moins trente minutes avant l'heure de départ annoncée ou avant l'heure à laquelle tous les voyageurs ont été invités à se présenter à l'enregistrement.

Art. 25 *Indemnisation relative à l'équipement de mobilité ou à un autre équipement spécifique.* Si l'entreprise ferroviaire est responsable de la perte ou de l'endommagement, total ou partiel, d'un équipement de mobilité ou d'un autre équipement spécifique utilisé par les personnes handicapées ou les personnes à mobilité réduite, aucune limite financière n'est applicable.

CHAPITRE VI
Sécurité, plaintes et qualité du service

Art. 26 *Sécurité personnelle des voyageurs.* Les entreprises ferroviaires, les gestionnaires de l'infrastructure et les gestionnaires des gares prennent, en accord avec les autorités publiques, les mesures appropriées dans leurs domaines de compétence respectifs et les adaptent en fonction du niveau de sécurité défini par les autorités publiques pour assurer la sécurité personnelle des voyageurs dans les gares et à bord des trains, ainsi que pour gérer les risques. Ils coopèrent et s'échangent des informations sur les meilleures pratiques en matière de prévention des actes susceptibles de compromettre la sécurité.

Art. 27 *Plaintes.* 1. Les entreprises ferroviaires établissent un mécanisme de traitement des plaintes concernant les droits et obligations énoncés dans le présent règlement. Elles informent amplement les voyageurs de leurs coordonnées et de leur(s) langue(s) de travail.

2. Un voyageur peut déposer une plainte auprès de toute entreprise ferroviaire concernée. Dans un délai d'un mois, le destinataire de la plainte donne une réponse motivée ou, lorsque la situation le justifie, informe le voyageur de la date pour laquelle il peut s'attendre à une réponse, laquelle doit lui être donnée dans un délai de moins de trois mois à compter de la date de sa plainte.

3. L'entreprise ferroviaire publie, dans le rapport annuel visé à l'article 28, le nombre et les types de plaintes reçues, les plaintes traitées, les délais de réponse et les éventuelles mesures prises pour améliorer la situation.

Art. 28 *Normes de qualité du service.* 1. Les entreprises ferroviaires définissent des normes de qualité du service et mettent en œuvre un système de gestion de la qualité pour maintenir la qualité du service. Les normes de qualité du service couvrent au moins les points énumérés à l'annexe III.

2. Les entreprises ferroviaires évaluent leurs propres activités d'après les normes de qualité du service. Chaque année, elles publient à cet égard un rapport d'évaluation, qui accompagne leur rapport annuel. Les rapports sur la qualité du service sont publiés sur le site internet des entreprises ferroviaires. En outre, ces rapports sont mis à disposition sur le site internet de l'Agence ferroviaire européenne.

CHAPITRE VII
Information et application

Art. 29 *Information des voyageurs sur leurs droits.* 1. Lorsqu'ils vendent des billets de transport ferroviaire, les entreprises ferroviaires, les gestionnaires des gares et les voyagistes informent les voyageurs des droits et des obligations que leur confère le présent règlement. Afin de se conformer à cette obligation d'information, les entreprises ferroviaires, les gestionnaires des gares et les voyagistes peuvent utiliser un résumé des dispositions du présent règlement préparé par la Commission dans toutes les langues officielles des institutions de l'Union européenne et mis à leur disposition.

2. Les entreprises ferroviaires et les gestionnaires des gares informent les voyageurs de manière adéquate, dans la gare et à bord du train, des coordonnées permettant de contacter l'organisme ou les organismes désignés par les États membres en vertu de l'article 30.

Art. 30 *Application.* 1. Chaque État membre désigne un ou plusieurs organismes chargés de l'application du présent règlement. Chaque organisme prend les mesures nécessaires pour garantir le respect des droits des voyageurs.

Chaque organisme est indépendant de tout gestionnaire de l'infrastructure, organisme de tarification, organisme de répartition ou entreprise ferroviaire en ce qui concerne son organisation, ses décisions de financement, sa structure juridique et ses décisions.

Les États membres informent la Commission de la désignation d'un ou de plusieurs organismes conformément au présent paragraphe et de ses ou de leurs responsabilités.

2. Chaque voyageur peut porter plainte pour infraction alléguée au présent règlement auprès de l'organisme compétent désigné en vertu du paragraphe 1 ou auprès de tout autre organisme compétent désigné par un État membre.

Art. 31 *Coopération entre organismes chargés de l'application.* Les organismes chargés de l'application visés à l'article 30 s'échangent des informations sur leurs travaux ainsi que sur leurs principes et pratiques de décision aux fins de coordonner leurs principes de décision dans toute la Communauté. La Commission les assiste dans cette tâche.

CHAPITRE VIII

Dispositions finales

Art. 32 *Sanctions* Les États membres déterminent le régime des sanctions applicables en cas de violation des dispositions du présent règlement et prennent toute mesure nécessaire pour en assurer la mise en œuvre. Les sanctions prévues doivent être effectives, proportionnées et dissuasives. Les États membres notifient ces régime et mesures à la Commission, au plus tard le 3 juin 2010, et lui communiquent sans délai toute modification ultérieure les concernant.

Art. 33 *Annexes.* Les mesures ayant pour objet de modifier des éléments non essentiels du présent règlement en en adaptant les annexes, à l'exception de l'annexe I, sont arrêtées en conformité avec la procédure de réglementation avec contrôle visée à l'article 35, paragraphe 2.

Art. 34 *Dispositions modificatives.* 1. Les mesures ayant pour objet de modifier des éléments non essentiels du présent règlement en le complétant et nécessaires à la mise en œuvre des articles 2, 10 et 12 sont arrêtées en conformité avec la procédure de réglementation avec contrôle visée à l'article 35, paragraphe 2.

2. Les mesures ayant pour objet de modifier des éléments non essentiels du présent règlement en adaptant les montants financiers visés dans le présent règlement, autres que ceux visés à l'annexe I, en fonction de l'inflation, sont arrêtées en conformité avec la procédure de réglementation avec contrôle visée à l'article 35, paragraphe 2.

Art. 35 *Comité.* 1. La Commission est assistée par le comité institué par l'article 11 *bis* de la directive 91/440/CEE.

2. Dans le cas où il est fait référence au présent paragraphe, l'article 5 *bis*, paragraphes 1 à 4, et l'article 7 de la décision 1999/468/CE s'appliquent, dans le respect des dispositions de l'article 8 de celle-ci.

Art. 36 *Rapport.* La Commission fait rapport au Parlement européen et au Conseil sur la mise en œuvre et les résultats du présent règlement, au plus tard le 3 décembre 2012, et notamment en ce qui concerne les normes de qualité du service.

Le rapport est fondé sur les informations qui doivent être fournies conformément au présent règlement et à l'article 10 *ter* de la directive 91/440/CEE. Il est assorti, le cas échéant, de propositions appropriées.

Art. 37 *Entrée en vigueur.* Le présent règlement entre en vigueur vingt-quatre mois après la date de sa publication au *Journal officiel de l'Union européenne.*

ANNEXE I

EXTRAIT DES RÈGLES UNIFORMES CONCERNANT LE CONTRAT DE TRANSPORT INTERNATIONAL FERROVIAIRE DES VOYAGEURS ET DES BAGAGES (CIV)

Appendice A de la convention relative aux transports internationaux ferroviaires (COTIF) du 9 mai 1980, telle que modifiée par le protocole portant modification de la COTIF du 3 juin 1999.

TITRE II

Conclusion et exécution du contrat de transport

Art. 6 *Contrat de transport.* § 1 Par le contrat de transport, le transporteur s'engage à transporter le voyageur ainsi que, le cas échéant, des bagages et des véhicules au lieu de destination et à livrer les bagages et les véhicules au lieu de destination.

§ 2 Le contrat de transport doit être constaté par un ou plusieurs titres de transport remis au voyageur. Toutefois, sans préjudice de l'article 9, l'absence, l'irrégularité ou la perte du titre de transport n'affecte ni l'existence ni la validité du contrat qui reste soumis aux présentes Règles uniformes.

§ 3 Le titre de transport fait foi, jusqu'à preuve du contraire, de la conclusion et du contenu du contrat de transport.

Art. 7 *Titre de transport.* § 1 Les Conditions générales de transport déterminent la forme et le contenu des titres de transport ainsi que la langue et les caractères dans lesquels ils doivent être imprimés et remplis.

§ 2 Doivent au moins être inscrits sur le titre de transport :

a) le transporteur ou les transporteurs;

b) l'indication que le transport est soumis, nonobstant toute clause contraire, aux présentes Règles uniformes; cela peut se faire par le sigle CIV;

c) toute autre indication nécessaire pour prouver la conclusion et le contenu du contrat de transport et permettant au voyageur de faire valoir les droits résultant de ce contrat.

§ 3 Le voyageur doit s'assurer, à la réception du titre de transport, que celui-ci a été établi selon ses indications.

§ 4 Le titre de transport est cessible s'il n'est pas nominatif et si le voyage n'a pas comcommencé.

§ 5 Le titre de transport peut être établi sous forme d'enregistrement électronique des données, qui peuvent être transformées en signes d'écriture lisibles. Les procédés employés pour l'enregistrement et le traitement des données doivent être équivalents du point de vue fonctionnel, notamment en ce qui concerne la force probante du titre de transport représenté par ces données.

Art. 8 *Paiement et remboursement du prix de transport.* § 1 Sauf convention contraire entre le voyageur et le transporteur, le prix de transport est payable à l'avance.

§ 2 Les Conditions générales de transport déterminent dans quelles conditions un remboursement du prix de transport a lieu.

Art. 9 *Droit au transport. Exclusion du transport.* § 1 Dès le commencement du voyage, le voyageur doit être muni d'un titre de transport valable et doit le présenter lors du contrôle des titres de transport. Les Conditions générales de transport peuvent prévoir :

a) qu'un voyageur qui ne présente pas un titre de transport valable doit payer, outre le prix de transport, une surtaxe;

b) qu'un voyageur qui refuse le paiement immédiat du prix de transport ou de la surtaxe peut être exclu du transport;

c) si et dans quelles conditions un remboursement de la surtaxe a lieu.

§ 2 Les Conditions générales de transport peuvent prévoir que sont exclus du transport ou peuvent être exclus du transport en cours de route, les voyageurs qui :

a) présentent un danger pour la sécurité et le bon fonctionnement de l'exploitation ou pour la sécurité des autres voyageurs,

b) incommodent de manière intolérable les autres voyageurs,

et que ces personnes n'ont droit au remboursement ni du prix de transport ni du prix qu'elles ont payé pour le transport de leurs bagages.

Art. 10 *Accomplissement des formalités administratives.* Le voyageur doit se conformer aux formalités exigées par les douanes ou par d'autres autorités administratives.

Art. 11 *Suppression et retard d'un train. Correspondance manquée.* Le transporteur doit, s'il y a lieu, certifier sur le titre de transport que le train a été supprimé ou la correspondance manquée.

TITRE III

Transport de colis à main, d'animaux, de bagages et de véhicules

CHAPITRE I

Dispositions communes

Art. 12 *Objets et animaux admis.* § 1 Le voyageur peut prendre avec lui des objets faciles à porter (colis à main) ainsi que des animaux vivants, conformément aux Conditions générales de transport. Par ailleurs, le voyageur peut prendre avec lui des objets encombrants conformément aux dispositions particulières, contenues dans les Conditions générales de transport. Sont exclus du transport, les objets ou animaux de nature à gêner ou à incommoder les voyageurs ou à causer un dommage.

§ 2 Le voyageur peut expédier, en tant que bagages, des objets et des animaux conformément aux Conditions générales de transport.

§ 3 Le transporteur peut admettre le transport de véhicules à l'occasion d'un transport de voyageurs conformément aux dispositions particulières, contenues dans les Conditions générales de transport.

§ 4 Le transport de marchandises dangereuses en tant que colis à main, bagages ainsi que dans ou sur des véhicules qui, conformément à ce Titre sont transportées par rail, doit être conforme au Règlement concernant le transport international ferroviaire des marchandises dangereuses (RID).

Art. 13 *Vérification.* § 1 Le transporteur a le droit, en cas de présomption grave de non respect

[non-respect]

des conditions de transport, de vérifier si les objets (colis à main, bagages, véhicules y compris leur chargement) et animaux transportés répondent aux conditions de transport lorsque les lois et prescriptions de l'État où la vérification doit avoir lieu ne l'interdisent pas. Le voyageur doit être invité à assister à la vérification. S'il ne se présente pas ou s'il ne peut être atteint, le transporteur doit faire appel à deux témoins indépendants.

§ 2 Lorsqu'il est constaté que les conditions de transport n'ont pas été respectées, le transporteur peut exiger du voyageur le paiement des frais occasionnés par la vérification.

Art. 14 *Accomplissement des formalités administratives.* Le voyageur doit se conformer aux formalités exigées par les douanes ou par d'autres autorités administratives lors du transport, à l'occasion de son transport, d'objets (colis à main, bagages, véhicules y compris leur chargement) et d'animaux. Il doit assister à la visite de ces objets, sauf exception prévue par les lois et prescriptions de chaque État.

CHAPITRE II

Colis à main et animaux

Art. 15 *Surveillance.* La surveillance des colis à main et des animaux, qu'il prend avec lui, incombe au voyageur.

CHAPITRE III

Bagages

Art. 16 *Expédition des bagages.* § 1 Les obligations contractuelles relatives à l'acheminement des bagages doivent être constatées par un bulletin de bagages remis au voyageur.

§ 2 Sans préjudice de l'article 22, l'absence, l'irrégularité ou la perte du bulletin de bagages n'affecte ni l'existence ni la validité des conventions concernant l'acheminement des bagages, qui restent soumis aux présentes Règles uniformes.

§ 3 Le bulletin de bagages fait foi, jusqu'à preuve du contraire, de l'enregistrement des bagages et des conditions de leur transport.

§ 4 Jusqu'à preuve du contraire, il est présumé que lors de la prise en charge par le transporteur, les bagages étaient en bon état apparent et que le nombre et la masse des colis correspondaient aux mentions portées sur le bulletin de bagages.

Art. 17 *Bulletin de bagages.* § 1 Les Conditions générales de transport déterminent la forme et le contenu du bulletin de bagages ainsi que la langue et les caractères dans lesquels il doit être imprimé et rempli. L'article 7, § 5, s'applique par analogie.

§ 2 Doivent au moins être inscrits sur le bulletin de bagages :

a) le transporteur ou les transporteurs;

b) l'indication que le transport est soumis, nonobstant toute clause contraire, aux présentes Règles uniformes; cela peut se faire par le sigle CIV;

c) toute autre indication nécessaire pour prouver les obligations contractuelles relatives à l'acheminement des bagages et permettant au voyageur de faire valoir les droits résultant du contrat de transport.

§ 3 Le voyageur doit s'assurer, à la réception du bulletin de bagages, que celui-ci a été émis selon ses indications.

Art. 18 *Enregistrement et transport.* § 1 Sauf exception prévue par les Conditions générales de transport, l'enregistrement des bagages n'a lieu que sur la présentation d'un titre de transport valable au moins jusqu'au lieu de destination des bagages. Par ailleurs, l'enregistrement s'effectue d'après les prescriptions en vigueur au lieu d'expédition.

§ 2 Lorsque les Conditions générales de transport prévoient que des bagages peuvent être admis au transport sans présentation d'un titre de transport, les dispositions des présentes Règles uniformes fixant les droits et obligations du voyageur relatifs à ses bagages s'appliquent par analogie à l'expéditeur de bagages.

§ 3 Le transporteur peut acheminer les bagages avec un autre train ou un autre moyen de transport et par un autre itinéraire que ceux empruntés par le voyageur.

Art. 19 *Paiement du prix pour le transport des bagages.* Sauf convention contraire entre le voyageur et le transporteur, le prix pour le transport des bagages est payable lors de l'enregistrement.

Art. 20 *Marquage des bagages.* Le voyageur doit indiquer sur chaque colis en un endroit bien visible et d'une manière suffisamment fixe et claire :

a) son nom et son adresse,

b) le lieu de destination.

Art. 21 *Droit de disposer des bagages.* § 1 Si les circonstances le permettent et les prescriptions des douanes ou d'autres autorités administratives ne s'y opposent pas, le voyageur peut demander la restitution des bagages au lieu d'expédition, contre remise du bulletin de bagages et, lorsque cela est prévu par les Conditions générales de transport, sur présentation du titre de transport.

§ 2 Les Conditions générales de transport peuvent prévoir d'autres dispositions concernant le droit de disposer des bagages, notamment des modifications du lieu de destination et les éventuelles conséquences financières à supporter par le voyageur.

Art. 22 *Livraison.* § 1 La livraison des bagages a lieu contre remise du bulletin de bagages et, le cas échéant, contre paiement des frais qui grèvent l'envoi. Le transporteur a le droit, sans y être tenu, de vérifier si le détenteur du bulletin a qualité pour prendre livraison.

§ 2 Sont assimilés à la livraison au détenteur du bulletin de bagages, lorsqu'ils sont effectués conformément aux prescriptions en vigueur au lieu de destination :

a) la remise des bagages aux autorités de douane ou d'octroi dans leurs locaux d'expédition ou dans leurs entrepôts, lorsque ceux-ci ne se trouvent pas sous la garde du transporteur;

b) le fait de confier des animaux vivants à un tiers.

§ 3 Le détenteur du bulletin de bagages peut demander la livraison des bagages au lieu de destination aussitôt que s'est écoulé le temps convenu ainsi que, le cas échéant, le temps nécessaire pour les opérations effectuées par les douanes ou par d'autres autorités administratives.

§ 4 A défaut de remise du bulletin de bagages, le transporteur n'est tenu de livrer les bagages qu'à celui qui justifie de son droit; si cette justification semble insuffisante, le transporteur peut exiger une caution.

§ 5 Les bagages sont livrés au lieu de destination pour lequel ils ont été enregistrés.

§ 6 Le détenteur du bulletin de bagages auquel les bagages ne sont pas livrés peut exiger la constatation, sur le bulletin de bagages, du jour et de l'heure auxquels il a demandé la livraison conformément au § 3.

§ 7 L'ayant droit peut refuser la réception des bagages, si le transporteur ne donne pas suite à sa demande de procéder à la vérification des bagages en vue de constater un dommage allégué.

§ 8 Par ailleurs, la livraison des bagages est effectuée conformément aux prescriptions en vigueur au lieu de destination.

CHAPITRE IV

Véhicules

Art. 23 *Conditions de transport.* Les dispositions particulières pour le transport des véhicules, contenues dans les Conditions générales de transport, déterminent notamment les conditions d'admission au transport, d'enregistrement, de chargement et de transport, de déchargement et de livraison, ainsi que les obligations du voyageur.

Art. 24 *Bulletin de transport.* § 1 Les obligations contractuelles relatives au transport de véhicules doivent être constatées par un bulletin de transport remis au voyageur. Le bulletin de transport peut être intégré dans le titre de transport du voyageur.

§ 2 Les dispositions particulières pour le transport de véhicules contenues dans les Conditions générales de transport déterminent la forme et le contenu du bulletin de transport ainsi que la langue et les caractères dans lesquels il doit être imprimé et rempli. L'article 7, § 5, s'applique par analogie.

§ 3 Doivent au moins être inscrits sur le bulletin de transport :

a) le transporteur ou les transporteurs;

b) l'indication que le transport est soumis, nonobstant toute clause contraire, aux présentes Règles uniformes; cela peut se faire par le sigle CIV;

c) toute autre indication nécessaire pour prouver les obligations contractuelles relatives aux transports des véhicules et permettant au voyageur de faire valoir les droits résultant du contrat de transport.

§ 4 Le voyageur doit s'assurer, à la réception du bulletin de transport, que celui-ci a été émis selon ses indications.

Art. 25 *Droit applicable.* Sous réserve des dispositions du présent chapitre, les dispositions du chapitre III relatives au transport des bagages s'appliquent aux véhicules.

TITRE IV

Responsabilité du transporteur

CHAPITRE I

Responsabilité en cas de mort et de blessures de voyageurs

Art. 26 *Fondement de la responsabilité.* § 1 Le transporteur est responsable du dommage résultant de la mort, des blessures ou de toute autre atteinte à l'intégrité physique ou psychique du voyageur causé par un accident en relation avec l'exploitation ferroviaire survenu pendant que le voyageur séjourne dans les véhicules ferroviaires, qu'il y entre ou qu'il en sort quelle que soit l'infrastructure ferroviaire utilisée.

§ 2 Le transporteur est déchargé de cette responsabilité :

a) si l'accident a été causé par des circonstances extérieures à l'exploitation ferroviaire que le transporteur, en dépit de la diligence requise d'après les particularités de l'espèce, ne pouvait pas éviter et aux conséquences desquelles il ne pouvait pas obvier;

b) dans la mesure où l'accident est dû à une faute du voyageur;

c) si l'accident est dû au comportement d'un tiers que le transporteur, en dépit de la diligence requise d'après les particularités de l'espèce, ne pouvait pas éviter et aux conséquences duquel il ne pouvait pas obvier; une autre entreprise utilisant la même infrastructure ferroviaire n'est pas considérée comme un tiers; le droit de recours n'est pas affecté.

§ 3 Si l'accident est dû au comportement d'un tiers et si, en dépit de cela, le transporteur n'est pas entièrement déchargé de sa responsabilité conformément au § 2, lettre c), il répond pour le tout dans les limites des présentes Règles uniformes et sans préjudice de son recours éventuel contre le tiers.

§ 4 Les présentes Règles uniformes n'affectent pas la responsabilité qui peut incomber au transporteur pour les cas non prévus au § 1.

§ 5 Lorsqu'un transport faisant l'objet d'un contrat de transport unique est effectué par des transporteurs subséquents, est responsable, en cas de mort et de blessures de voyageurs, le transporteur à qui incombait, selon le contrat de transport, la prestation de service de transport au cours de laquelle l'accident s'est produit. Lorsque cette prestation n'a pas été réalisée par le transporteur, mais par un transporteur substitué, les deux transporteurs sont responsables solidairement, conformément aux présentes Règles uniformes.

Art. 27 *Dommages-intérêts en cas de mort.* § 1 En cas de mort du voyageur, les dommages-intérêts comprennent :

a) les frais nécessaires consécutifs au décès, notamment ceux du transport du corps et des obsèques;

b) si la mort n'est pas survenue immédiatement, les dommages-intérêts prévus à l'article 28.

§ 2 Si, par la mort du voyageur, des personnes envers lesquelles il avait ou aurait eu à l'avenir une obligation alimentaire, en vertu de la loi, sont privées de leur soutien, il y a également lieu de les indemniser de cette perte. L'action en dommages-intérêts des personnes dont le voyageur assumait l'entretien sans y être tenu par la loi reste soumise au droit national.

Art. 28 *Dommages-intérêts en cas de blessures.* En cas de blessures ou de toute autre atteinte à l'intégrité physique ou psychique du voyageur, les dommages-intérêts comprennent :

a) les frais nécessaires, notamment ceux de traitement et de transport;

b) la réparation du préjudice causé, soit par l'incapacité de travail totale ou partielle, soit par l'accroissement des besoins.

Art. 29 *Réparation d'autres préjudices corporels.* Le droit national détermine si, et dans quelle mesure, le transporteur doit verser des dommages-intérêts pour des préjudices corporels autres que ceux prévus aux articles 27 et 28.

Art. 30 *Forme et montant des dommages-intérêts en cas de mort et de blessures.*

§ 1 Les dommages-intérêts prévus à l'article 27, § 2, et à l'article 28, lettre b), doivent être alloués sous forme de capital. Toutefois, si le droit national permet l'allocation d'une rente, ils sont alloués sous cette forme lorsque le voyageur lésé ou les ayants droit visés à l'article 27, § 2, le demandent.

§ 2 Le montant des dommages-intérêts à allouer en vertu du § 1 est déterminé selon le droit national. Toutefois, pour l'application des présentes Règles uniformes, il est fixé une limite maximale de 175000 unités de compte en capital ou en rente annuelle correspondant à ce capital, pour chaque voyageur, dans le cas où le droit national prévoit une limite maximale d'un montant inférieur.

Art. 31 *Autres moyens de transport.* § 1 Sous réserve du § 2, les dispositions relatives à la responsabilité en cas de mort et de blessures de voyageurs ne s'appliquent pas aux dommages survenus pendant le transport qui, conformément au contrat de transport, n'était pas un transport ferroviaire.

§ 2 Toutefois, lorsque les véhicules ferroviaires sont transportés par ferry-boat, les dispositions relatives à la responsabilité en cas de mort et de blessures de voyageurs s'appliquent aux dommages visés à l'article 26, § 1, et à l'article 33, § 1, causés par un accident en relation avec l'exploitation ferroviaire survenu pendant que le voyageur séjourne dans ledit véhicule, qu'il y entre ou qu'il en sorte.

§ 3 Lorsque, par suite de circonstances exceptionnelles, l'exploitation ferroviaire est provisoirement interrompue et que les voyageurs sont transportés par un autre moyen de transport, le transporteur est responsable en vertu des présentes Règles uniformes.

CHAPITRE II

Responsabilité en cas d'inobservation de l'horaire

Art. 32 *Responsabilité en cas de suppression, retard ou correspondance manquée.*

§ 1 Le transporteur est responsable envers le voyageur du dommage résultant du fait qu'en raison de la suppression, du retard ou du manquement d'une correspondance, le voyage ne peut se poursuivre le même jour, ou que sa poursuite n'est pas raisonnablement exigible le même jour à cause des circonstances données. Les dommages-intérêts comprennent les frais raisonnables d'hébergement ainsi que les frais raisonnables occasionnés par l'avertissement des personnes attendant le voyageur.

§ 2 Le transporteur est déchargé de cette responsabilité, lorsque la suppression, le retard ou le manquement d'une correspondance sont imputables à l'une des causes suivantes :

a) des circonstances extérieures à l'exploitation ferroviaire que le transporteur, en dépit de la diligence requise d'après les particularités de l'espèce, ne pouvait pas éviter et aux conséquences desquelles il ne pouvait pas obvier,

b) une faute du voyageur [,] ou

c) le comportement d'un tiers que le transporteur, en dépit de la diligence requise d'après les particularités de l'espèce, ne pouvait pas éviter et aux conséquences duquel il ne pouvait pas obvier; une autre entreprise utilisant la même infrastructure ferroviaire n'est pas considérée comme un tiers; le droit de recours n'est pas affecté.

§ 3 Le droit national détermine, si et dans quelle mesure, le transporteur doit verser des dommages-intérêts pour des préjudices autres que ceux prévus au § 1. Cette disposition ne porte pas atteinte à l'article 44.

CHAPITRE III

Responsabilité pour les colis à main, les animaux, les bagages et les véhicules

Section I

Colis à main et animaux

Art. 33 *Responsabilité.* § 1 En cas de mort et de blessures de voyageurs [,] le transporteur est, en outre, responsable du dommage résultant de la perte totale ou partielle ou de l'avarie des objets que le voyageur avait, soit sur lui, soit avec lui comme colis à main; ceci vaut également pour les animaux que le voyageur avait pris avec lui. L'article 26 s'applique par analogie.

§ 2 Par ailleurs, le transporteur n'est responsable du dommage résultant de la perte totale ou partielle ou de l'avarie des objets, des colis à main ou des animaux dont la surveillance incombe au voyageur conformément à l'article 15 que si ce dommage est causé par une faute du transporteur. Les autres articles du Titre IV, à l'exception de l'article 51, et le Titre VI ne sont pas applicables dans ce cas.

Art. 34 *Limitation des dommages-intérêts en cas de perte ou d'avarie d'objets.* Lorsque le transporteur est responsable en vertu de l'article 33, § 1, il doit réparer le dommage jusqu'à concurrence de 1 400 unités de compte pour chaque voyageur.

Art. 35 *Exonération de responsabilité.* Le transporteur n'est pas responsable, à l'égard du voyageur, du dommage résultant du fait que le voyageur ne se conforme pas aux prescriptions des douanes ou d'autres autorités administratives.

Section II

Bagages

Art. 36 *Fondement de la responsabilité.* § 1 Le transporteur est responsable du dommage résultant de la perte totale ou partielle et de l'avarie des bagages survenues à partir de la prise en charge par le transporteur jusqu'à la livraison ainsi que du retard à la livraison.

§ 2 Le transporteur est déchargé de cette responsabilité dans la mesure où la perte, l'avarie ou le retard à la livraison a eu pour cause une faute du voyageur, un ordre de celui-ci ne résultant pas d'une faute du transporteur, un vice propre des bagages ou des circonstances que le transporteur ne pouvait pas éviter et aux conséquences desquelles il ne pouvait pas obvier.

§ 3 Le transporteur est déchargé de cette responsabilité dans la mesure où la perte ou l'avarie résulte des risques particuliers inhérents à un ou plusieurs des faits ci-après :

a) absence ou défectuosité de l'emballage;

b) nature spéciale des bagages;

c) expédition comme bagages d'objets exclus du transport.

Art. 37 *Charge de la preuve.* § 1 La preuve que la perte, l'avarie ou le retard à la livraison, a eu pour cause un des faits prévus à l'article 36, § 2, incombe au transporteur.

§ 2 Lorsque le transporteur établit que la perte ou l'avarie a pu résulter, étant donné les circonstances de fait, d'un ou de plusieurs des risques particuliers prévus à l'article 36, § 3, il y a présomption qu'elle en résulte. L'ayant droit conserve toutefois le droit de prouver que le dommage n'a pas eu pour cause, totalement ou partiellement, l'un de ces risques.

Art. 38 *Transporteurs subséquents.* Lorsqu'un transport faisant l'objet d'un contrat de transport unique est effectué par plusieurs transporteurs subséquents, chaque transporteur, prenant en charge les bagages avec le bulletin de bagages ou le véhicule avec le bulletin de transport, participe, quant à l'acheminement des bagages ou au transport des véhicules, au contrat de transport conformément aux stipulations du bulletin de bagages ou du bulletin de transport et assume les obligations qui en découlent. Dans ce cas, chaque transporteur répond de l'exécution du transport sur le parcours total jusqu'à la livraison.

Art. 39 *Transporteur substitué.* § 1 Lorsque le transporteur a confié, en tout ou en partie, l'exécution du transport à un transporteur substitué, que ce soit ou non dans l'exercice d'une faculté qui lui est reconnue dans le contrat de transport, le transporteur n'en demeure pas moins responsable de la totalité du transport.

§ 2 Toutes les dispositions des présentes Règles uniformes régissant la responsabilité du transporteur s'appliquent également à la responsabilité du transporteur substitué pour le transport effectué par ses soins. Les articles 48 et 52 s'appliquent lorsqu'une action est intentée contre les agents et toutes autres personnes au service desquelles le transporteur substitué recourt pour l'exécution du transport.

§ 3 Toute convention particulière par laquelle le transporteur assume des obligations qui ne lui incombent pas en vertu des présentes Règles uniformes, ou renonce à des droits qui lui sont conférés par ces Règles uniformes, est sans effet à l'égard du transporteur substitué qui ne l'a pas acceptée expressément et par écrit. Que le transporteur substitué ait ou non accepté cette convention, le transporteur reste néanmoins lié par les obligations ou les renonciations qui résultent de ladite convention particulière.

§ 4 Lorsque et pour autant que le transporteur et le transporteur substitué sont responsables, leur responsabilité est solidaire.

§ 5 Le montant total de l'indemnité dû par le transporteur, le transporteur substitué ainsi que leurs agents et les autres personnes au service desquelles ils recourent pour l'exécution du transport, n'excède pas les limites prévues aux présentes Règles uniformes.

§ 6 Le présent article ne porte pas atteinte aux droits de recours pouvant exister entre le transporteur et le transporteur substitué.

Art. 40 *Présomption de perte.* § 1 L'ayant droit peut, sans avoir à fournir d'autres preuves, considérer un colis comme perdu quand il n'a pas été livré ou tenu à sa disposition dans les quatorze jours qui suivent la demande de livraison présentée conformément à l'article 22, § 3.

§ 2 Si un colis réputé perdu est retrouvé au cours de l'année qui suit la demande de livraison, le transporteur doit aviser l'ayant droit, lorsque son adresse est connue ou peut être découverte.

§ 3 Dans les trente jours qui suivent la réception de l'avis visé au § 2, l'ayant droit peut exiger que le colis lui soit livré. Dans ce cas, il doit payer les frais afférents au transport du colis depuis le lieu d'expédition jusqu'à celui où a lieu la livraison et restituer l'indemnité reçue, déduction faite, le cas échéant, des frais qui auraient été compris dans cette indemnité. Néanmoins, il conserve ses droits à indemnité pour retard à la livraison prévus à l'article 43.

§ 4 Si le colis retrouvé n'a pas été réclamé dans le délai prévu au § 3 ou si le colis es retrouvé plus d'un an après la demande de livraison, le transporteur en dispose conformément aux lois et prescriptions en vigueur au lieu où se trouve le colis.

Art. 41 *Indemnité en cas de perte.* § 1 En cas de perte totale ou partielle des bagages, le transporteur doit payer, à l'exclusion de tous autres dommages-intérêts :

a) si le montant du dommage est prouvé, une indemnité égale à ce montant sans qu'elle excède toutefois 80 unités de compte par kilogramme manquant de masse brute ou 1200 unités de compte par colis;

b) si le montant du dommage n'est pas prouvé, une indemnité forfaitaire de 20 unités de compte par kilogramme manquant de masse brute ou de 300 unités de compte par colis.

Le mode d'indemnisation, par kilogramme manquant ou par colis, est déterminé dans les Conditions générales de transport.

§ 2 Le transporteur doit restituer, en outre, le prix pour le transport des bagages et les autres sommes déboursées en relation avec le transport du colis perdu ainsi que les droits de douane et les droits d'accise déjà acquittés.

Art. 42 *Indemnité en cas d'avarie.* § 1 En cas d'avarie des bagages, le transporteur doit payer, à l'exclusion de tous autres dommages-intérêts, une indemnité équivalente à la dépréciation des bagages.

§ 2 L'indemnité n'excède pas :

a) si la totalité des bagages est dépréciée par l'avarie, le montant qu'elle aurait atteint en cas de perte totale;

b) si une partie seulement des bagages est dépréciée par l'avarie, le montant qu'elle aurait atteint en cas de perte de la partie dépréciée.

Art. 43 *Indemnité en cas de retard à la livraison.* § 1 En cas de retard à la livraison des bagages, le transporteur doit payer, par période indivisible de vingt-quatre heures à compter de la demande de livraison, mais avec un maximum de quatorze jours :

a) si l'ayant droit prouve qu'un dommage, y compris une avarie, en est résulté, une indemnité égale au montant du dommage jusqu'à un maximum de 0,80 unité de compte par kilogramme de masse brute des bagages ou de 14 unités de compte par colis livrés en retard;

b) si l'ayant droit ne prouve pas qu'un dommage en est résulté, une indemnité forfaitaire de 0,14 unité de compte par kilogramme de masse brute des bagages ou de 2,80 unités de compte par colis livrés en retard.

Le mode d'indemnisation, par kilogramme ou par colis, est déterminé dans les Conditions générales de transport.

§ 2 En cas de perte totale des bagages, l'indemnité prévue au § 1 ne se cumule pas avec celle prévue à l'article 41.

§ 3 En cas de perte partielle des bagages, l'indemnité prévue au § 1 est payée pour la partie non perdue.

§ 4 En cas d'avarie des bagages ne résultant pas du retard à la livraison, l'indemnité prévue au § 1 se cumule, s'il y a lieu, avec celle prévue à l'article 42.

§ 5 En aucun cas, le cumul de l'indemnité prévue au § 1 avec celles prévues aux articles 41 et 42 ne donne lieu au paiement d'une indemnité excédant celle qui serait due en cas de perte totale des bagages.

Section III

Véhicules

Art. 44 *Indemnité en cas de retard.* § 1 En cas de retard dans le chargement pour une cause imputable au transporteur ou de retard à la livraison d'un véhicule, le transporteur doit payer, lorsque l'ayant droit prouve qu'un dommage en est résulté, une indemnité dont le montant n'excède pas le prix du transport.

§ 2 Si l'ayant droit renonce au contrat de transport, en cas de retard dans le chargement pour une cause imputable au transporteur, le prix du transport est remboursé à l'ayant droit. En outre, celui-ci peut réclamer, lorsqu'il prouve qu'un dommage est résulté de ce retard, une indemnité dont le montant n'excède pas le prix du transport.

Art. 45 *Indemnité en cas de perte.* En cas de perte totale ou partielle d'un véhicule, l'indemnité à payer à l'ayant droit pour le dommage prouvé est calculée d'après la valeur usuelle du véhicule. Elle n'excède pas 8000 unités de compte. Une remorque avec ou sans chargement est considérée comme un véhicule indépendant.

Art. 46 *Responsabilité en ce qui concerne d'autres objets.* § 1 En ce qui concerne les objets laissés dans le véhicule ou se trouvant dans des coffres (p. ex. coffres à bagages ou à skis), solidement arrimés au véhicule, le transporteur n'est responsable que du dommage causé par sa faute. L'indemnité totale à payer n'excède pas 1400 unités de compte.

§ 2 En ce qui concerne les objets arrimés à l'extérieur du véhicule [,] y compris les coffres visés au § 1, le transporteur n'est responsable que s'il est prouvé que le dommage résulte d'un acte ou d'une omission que le transporteur a commis, soit avec l'intention de provoquer un tel dommage, soit témérairement et avec conscience qu'un tel dommage en résultera probablement.

Art. 47 *Droit applicable.* Sous réserve des dispositions de la présente Section, les dispositions de la Section II relatives à la responsabilité pour les bagages s'appliquent aux véhicules.

CHAPITRE IV

Dispositions communes

Art. 48 *Déchéance du droit d'invoquer les limites de responsabilité.* Les limites de responsabilité prévues aux présentes Règles uniformes ainsi que les dispositions du droit national qui limitent les indemnités à un montant déterminé ne s'appliquent pas, s'il est prouvé que le dommage résulte d'un acte ou d'une omission que le transporteur a commis, soit avec l'intention de provoquer un tel dommage, soit témérairement et avec conscience qu'un tel dommage en résultera probablement.

Art. 49 *Conversion et intérêts.* § 1 Lorsque le calcul de l'indemnité implique la conversion des sommes exprimées en unités monétaires étrangères, celle-ci est faite d'après le cours aux jour et lieu du paiement de l'indemnité.

§ 2 L'ayant droit peut demander des intérêts de l'indemnité, calculés à raison de cinq pour cent l'an, à partir du jour de la réclamation prévue à l'article 55 ou, s'il n'y a pas eu de réclamation, du jour de la demande en justice.

§ 3 Toutefois, pour les indemnités dues en vertu des articles 27 et 28, les intérêts ne courent que du jour où les faits qui ont servi à la détermination du montant de l'indemnité se sont produits, si ce jour est postérieur à celui de la réclamation ou de la demande en justice.

§ 4 En ce qui concerne les bagages, les intérêts ne sont dus que si l'indemnité excède 16 unités de compte par bulletin de bagages.

§ 5 En ce qui concerne les bagages, si l'ayant droit ne remet pas au transporteur, dans un délai convenable qui lui est fixé, les pièces justificatives nécessaires pour la liquidation définitive de la réclamation, les intérêts ne courent pas entre l'expiration du délai fixé et la remise effective de ces pièces.

Art. 50 *Responsabilité en cas d'accident nucléaire.* Le transporteur est déchargé de la responsabilité qui lui incombe en vertu des présentes Règles uniformes lorsque le dommage a été causé par un accident nucléaire et qu'en application des lois et prescriptions d'un État réglant la responsabilité dans le domaine de l'énergie nucléaire, l'exploitant d'une installation nucléaire ou une autre personne qui lui est substituée est responsable de ce dommage.

Art. 51 *Personnes dont répond le transporteur.* Le transporteur est responsable de ses agents et des autres personnes au service desquelles il recourt pour l'exécution du transport lorsque ces agents ou ces autres personnes agissent dans l'exercice de leurs fonctions. Les gestionnaires de l'infrastructure ferroviaire sur laquelle est effectué le transport sont considérés comme des personnes au service desquelles le transporteur recourt pour l'exécution du transport.

Art. 52 *Autres actions.* § 1 Dans tous les cas où les présentes Règles uniformes s'appliquent, toute action en responsabilité, à quelque titre que ce soit, ne peut être exercée contre le transporteur que dans les conditions et limitations de ces Règles uniformes.

§ 2 Il en est de même pour toute action exercée contre les agents et les autres personnes dont le transporteur répond en vertu de l'article 51.

TITRE V

Responsabilité du voyageur

Art. 53 *Principes particuliers de responsabilité.* Le voyageur est responsable envers le transporteur pour tout dommage :

a) résultant du non-respect de ses obligations en vertu :

1. des articles 10, 14 et 20,

2. des dispositions particulières pour le transport des véhicules, contenues dans les Conditions générales de transport, ou

3. du Règlement concernant le transport international ferroviaire des marchandises dangereuses (RID), ou

b) causé par les objets ou les animaux qu'il prend avec lui, à moins qu'il ne prouve que le dommage a été causé par des circonstances qu'il ne pouvait pas éviter et aux conséquences desquelles il ne pouvait pas obvier, en dépit du fait qu'il a [ait] fait preuve de la diligence exigée d'un voyageur consciencieux. Cette disposition n'affecte pas la responsabilité qui peut incomber au transporteur en vertu des articles 26 et 33, § 1.

TITRE VI

Exercice des droits

Art. 54 *Constatation de perte partielle ou d'avarie.* § 1 Lorsqu'une perte partielle ou une avarie d'un objet transporté sous la garde du transporteur (bagages, véhicules) est découverte ou présumée par le transporteur ou que l'ayant droit en allègue l'existence, le transporteur doit dresser sans délai et, si possible, en présence de l'ayant droit, un procès-verbal constatant, suivant la nature du dommage, l'état de l'objet, et, autant que possible, l'importance du dommage, sa cause et le moment où il s'est produit.

§ 2 Une copie du procès-verbal de constatation doit être remise gratuitement à l'ayant droit.

§ 3 Lorsque l'ayant droit n'accepte pas les constatations du procès-verbal, il peut demander que l'état des bagages ou du véhicule ainsi que la cause et le montant du dommage soient constatés par un expert nommé par les parties au contrat de transport ou par voie judiciaire. La procédure est soumise aux lois et prescriptions de l'État où la constatation a lieu.

Art. 55 *Réclamations.* § 1 Les réclamations relatives à la responsabilité du transporteur en cas de mort et de blessures de voyageurs doivent être adressées par écrit au transporteur contre qui l'action judiciaire peut être exercée. Dans le cas d'un transport faisant l'objet d'un contrat unique et effectué par des transporteurs subséquents, les réclamations peuvent également être adressées au premier ou au dernier transporteur ainsi qu'au transporteur ayant dans l'État de domicile ou de résidence habituelle du voyageur son siège principal ou la succursale ou l'établissement qui a conclu le contrat de transport.

§ 2 Les autres réclamations relatives au contrat de transport doivent être adressées par écrit au transporteur désigné à l'article 56, § 2 et 3.

§ 3 Les pièces que l'ayant droit juge utile de joindre à la réclamation doivent être présentées soit en originaux, soit en copies, le cas échéant, dûment certifiées conformes si le transporteur le demande. Lors du règlement de la réclamation, le transporteur peut exiger la restitution du titre de transport, du bulletin de bagages et du bulletin de transport.

Art. 56 *Transporteurs qui peuvent être actionnés.* § 1 L'action judiciaire fondée sur la responsabilité du transporteur en cas de mort et de blessures de voyageurs ne peut être exercée que contre un transporteur responsable au sens de l'article 26, § 5.

§ 2 Sous réserve du § 4, les autres actions judiciaires des voyageurs fondées sur le contrat de transport peuvent être exercées uniquement contre le premier ou le dernier transporteur ou contre celui qui exécutait la partie du transport au cours de laquelle s'est produit le fait générateur de l'action.

§ 3 Lorsque, dans le cas de transports exécutés par des transporteurs subséquents, le transporteur devant livrer le bagage ou le véhicule est inscrit avec son consentement sur le bulletin de bagages ou sur le bulletin de transport, celui-ci peut être actionné conformément au § 2, même s'il n'a pas reçu le bagage ou le véhicule.

§ 4 L'action judiciaire en restitution d'une somme payée en vertu du contrat de transport peut être exercée contre le transporteur qui a perçu cette somme ou contre celui au profit duquel elle a été perçue.

§ 5 L'action judiciaire peut être exercée contre un transporteur autre que ceux visés aux § 2 et 4, lorsqu'elle est présentée comme demande reconventionnelle ou comme exception dans l'instance relative à une demande principale fondée sur le même contrat de transport.

§ 6 Dans la mesure où les présentes Règles uniformes s'appliquent au transporteur substitué, celui-ci peut également être actionné.

§ 7 Si le demandeur a le choix entre plusieurs transporteurs, son droit d'option s'éteint dès que l'action judiciaire est intentée contre l'un d'eux; cela vaut également si le demandeur a le choix entre un ou plusieurs transporteurs et un transporteur substitué.

Art. 57 *For.* § 1 Les actions judiciaires fondées sur les présentes Règles uniformes peuvent être intentées devant les juridictions des États membres désignées d'un commun accord par les parties ou devant la juridiction de l'État membre sur le territoire duquel le défendeur a son domicile ou sa résidence habituelle, son siège principal ou la succursale ou l'établissement qui a conclu le contrat de transport. D'autres juridictions ne peuvent être saisies.

§ 2 Lorsqu'une action fondée sur les présentes Règles uniformes est en instance devant une juridiction compétente aux termes du § 1, ou lorsque dans un tel litige un jugement a été prononcé par une telle juridiction, il ne peut être intenté aucune nouvelle action pour la même cause entre les mêmes parties à moins que la décision de la juridiction devant laquelle la première action a été intentée ne soit pas susceptible d'être exécutée dans l'État où la nouvelle action est intentée.

Art. 58 *Extinction de l'action en cas de mort et de blessures.* § 1 Toute action de l'ayant droit fondée sur la responsabilité du transporteur en cas de mort ou de blessures de voyageurs est éteinte s'il ne signale pas l'accident survenu au voyageur, dans les douze mois à compter de la connaissance du dommage, à l'un des transporteurs auxquels une réclamation peut être présentée selon l'article 55, § 1. Lorsque l'ayant droit signale verbalement l'accident au transporteur, celui-ci doit lui délivrer une attestation de cet avis verbal.

§ 2 Toutefois, l'action n'est pas éteinte si :

a) dans le délai prévu au § 1, l'ayant droit a présenté une réclamation auprès de l'un des transporteurs désignés à l'article 55, § 1;

b) dans le délai prévu au § 1, le transporteur responsable a eu connaissance, par une autre voie, de l'accident survenu au voyageur;

c) l'accident n'a pas été signalé ou a été signalé tardivement, à la suite de circonstances qui ne sont pas imputables à l'ayant droit;

d) l'ayant droit prouve que l'accident a eu pour cause une faute du transporteur.

Art. 59 *Extinction de l'action née du transport des bagages.* § 1 L'acceptation des bagages par l'ayant droit éteint toute action contre le transporteur, née du contrat de transport, en cas de perte partielle, d'avarie ou de retard à la livraison.

§ 2 Toutefois, l'action n'est pas éteinte :

a) en cas de perte partielle ou d'avarie, si [:]

1. la perte ou l'avarie a été constatée conformément à l'article 54 avant la réception des bagages par l'ayant droit,

2. la constatation qui aurait dû être faite conformément à l'article 54 n'a été omise que par la faute du transporteur;

b) en cas de dommage non apparent dont l'existence est constatée après l'acceptation des bagages par l'ayant droit, si celui-ci [:]

1. demande la constatation conformément à l'article 54 immédiatement après la découverte du dommage et au plus tard dans les trois jours qui suivent la réception des bagages, et

2. prouve, en outre, que le dommage s'est produit entre la prise en charge par le transporteur et la livraison;

c) en cas de retard à la livraison, si l'ayant droit a, dans les vingt et un jours, fait valoir ses droits auprès de l'un des transporteurs désignés à l'article 56, § 3;

d) si l'ayant droit prouve que le dommage a pour cause une faute du transporteur.

Art. 60 *Prescription.* § 1 Les actions en dommages-intérêts fondées sur la responsabilité du transporteur en cas de mort et de blessures de voyageurs sont prescrites :

a) pour le voyageur, par trois ans à compter du lendemain de l'accident;

b) pour les autres ayants droit, par trois ans à compter du lendemain du décès du voyageur, sans que ce délai puisse toutefois dépasser cinq ans à compter du lendemain de l'accident.

§ 2 Les autres actions nées du contrat de transport sont prescrites par un an. Toutefois, la prescription est de deux ans s'il s'agit d'une action en raison d'un dommage résultant d'un acte ou d'une omission commis soit avec l'intention de provoquer un tel dommage, soit témérairement et avec conscience qu'un tel dommage en résultera probablement.

§ 3 La prescription prévue au § 2 court pour l'action :

a) en indemnité pour perte totale : du quatorzième jour qui suit l'expiration du délai prévu à l'article 22, § 3;

b) en indemnité pour perte partielle, avarie ou retard à la livraison : du jour où la livraison a eu lieu;

c) dans tous les autres cas concernant le transport des voyageurs : du jour de l'expiration de la validité du titre de transport.

Le jour indiqué comme point de départ de la prescription n'est jamais compris dans le délai.

§ 4 En cas de réclamation écrite conformément à l'article 55 avec les pièces justificatives nécessaires, la prescription est suspendue jusqu'au jour où le transporteur rejette la réclamation par écrit et restitue les pièces qui y sont jointes. En cas d'acceptation partielle de la réclamation, la prescription reprend son cours pour la partie de la réclamation qui reste litigieuse. La preuve de la réception de la réclamation ou de la réponse et celle de la restitution des pièces sont à la charge de la partie qui invoque ce fait. Les réclamations ultérieures ayant le même objet ne suspendent pas la prescription.

§ 5 L'action prescrite ne peut plus être exercée, même sous forme d'une demande reconventionnelle ou d'une exception.

§ 6 Par ailleurs, la suspension et l'interruption de la prescription sont réglées par le droit national.

TITRE VII

Rapports des transporteurs entre eux

Art. 61 *Partage du prix de transport.* § 1 Tout transporteur doit payer aux transporteurs intéressés la part qui leur revient sur un prix de transport qu'il a encaissé ou qu'il aurait dû encaisser. Les modalités de paiement sont fixées par convention entre les transporteurs.

§ 2 L'article 6, § 3, l'article 16, § 3, et l'article 25 s'appliquent également aux relations entre les transporteurs subséquents.

Art. 62 *Droit de recours.* § 1 Le transporteur qui a payé une indemnité en vertu des présentes Règles uniformes, a un droit de recours contre les transporteurs ayant participé au transport conformément aux dispositions suivantes :

a) le transporteur qui a causé le dommage en est seul responsable;

b) lorsque le dommage a été causé par plusieurs transporteurs, chacun d'eux répond du dommage qu'il a causé; si la distinction est impossible, l'indemnité est répartie entre eux conformément à la lettre c);

c) s'il ne peut être prouvé lequel des transporteurs a causé le dommage, l'indemnité est répartie entre tous les transporteurs ayant participé au transport, à l'exception de ceux qui prouvent que le dommage n'a pas été causé par eux; la répartition est faite proportionnellement à la part du prix de transport qui revient à chacun des transporteurs.

§ 2 Dans le cas d'insolvabilité de l'un de ces transporteurs, la part lui incombant et non payée par lui est répartie entre tous les autres transporteurs ayant participé au transport, proportionnellement à la part du prix de transport qui revient à chacun d'eux.

Art. 63 *Procédure de recours.* § 1 Le bien-fondé du paiement effectué par le transporteur exerçant un recours en vertu de l'article 62 ne peut être contesté par le transporteur contre lequel le recours est exercé, lorsque l'indemnité a été fixée judiciairement et que ce dernier transporteur, dûment assigné, a été mis à même d'intervenir au procès. Le juge, saisi de l'action principale, fixe les délais impartis pour la signification de l'assignation et pour l'intervention.

§ 2 Le transporteur qui exerce son recours doit former sa demande dans une seule et même instance contre tous les transporteurs avec lesquels il n'a pas transigé, sous peine de perdre son recours contre ceux qu'il n'aurait pas assignés.

§ 3 Le juge doit statuer par un seul et même jugement sur tous les recours dont il est saisi.

§ 4 Le transporteur qui désire faire valoir son droit de recours peut saisir les juridictions de l'État sur le territoire duquel un des transporteurs participant au transport a son siège principal ou la succursale ou l'établissement qui a conclu le contrat de transport.

§ 5 Lorsque l'action doit être intentée contre plusieurs transporteurs, le transporteur qui exerce le droit de recours peut choisir entre les juridictions compétentes selon le § 4, celle devant laquelle il introduira son recours.

§ 6 Des recours ne peuvent pas être introduits dans l'instance relative à la demande en indemnité exercée par l'ayant droit au contrat de transport.

Art. 64 *Accords au sujet des recours.* Les transporteurs sont libres de convenir entre eux de dispositions dérogeant aux articles 61 et 62.

ANNEXE II

INFORMATIONS MINIMALES QUE DOIVENT FOURNIR LES ENTREPRISES FERROVIAIRES ET/OU LES VENDEURS DE BILLETS

PREMIÈRE PARTIE

INFORMATIONS PRÉALABLES AU VOYAGE

Conditions générales applicables au contrat

Horaires et conditions pour le voyage le plus rapide

Horaires et conditions pour les tarifs les plus bas

Accessibilité, conditions d'accès et disponibilité à bord d'équipements pour les personnes handicapées et les personnes à mobilité réduite

Accessibilité et conditions d'accès pour les bicyclettes

Disponibilité de sièges en zones fumeur et non fumeur, en première et en deuxième classes, ainsi que de couchettes et de places en wagons-lits

Toute activité susceptible d'interrompre ou de retarder les services

Disponibilité de services à bord

Procédures de réclamation pour les bagages perdus

Procédures de dépôt des plaintes

DEUXIÈME PARTIE

INFORMATIONS PENDANT LE VOYAGE

Services à bord

Gare suivante

Retards

Correspondances principales

Questions relatives à la sécurité et à la sûreté

ANNEXE III

NORMES MINIMALES DE QUALITÉ DU SERVICE

Informations et billets

Ponctualité des services et principes généraux en vue de faire face à des perturbations des services

Annulations de services

Propreté du matériel roulant et des équipements des gares (qualité de l'air dans les voitures, hygiène des équipements sanitaires, etc.)

Enquête de satisfaction de la clientèle

Traitement des plaintes, remboursements et indemnisation en cas de non-respect des normes de qualité du service

Assistance aux personnes handicapées et aux personnes à mobilité réduite

19 Règlement (CE) n° 1393/2007 du Parlement européen et du Conseil du 13 novembre 2007 relatif à la signification et à la notification dans les États membres des actes judiciaires et extrajudiciaires en matière civile ou commerciale, et abrogeant le règlement (CE) n° 1348/2000 du Conseil (« Signification ou notification »)

Applicable depuis le 13 novembre 2008
Modifié par Règlement (UE) n° 517/2 013
du Conseil du 13 mai 2013

Le Parlement européen et le Conseil de l'Union européenne,

Vu le traité instituant la Communauté européenne, et notamment son article 61, point c), et son article 67, paragraphe 5, second tiret,

Vu la proposition de la Commission,

Vu l'avis du Comité économique et social européen,

Statuant conformément à la procédure visée à l'article 251 du traité,

Considérant ce qui suit :

(1) L'Union s'est fixé pour objectif de maintenir et de développer un espace de liberté, de sécurité et de justice au sein duquel est assurée la libre circulation des personnes. Pour mettre progressivement en place un tel espace, la Communauté adopte, entre autres, les mesures dans le domaine de la coopération judiciaire en matière civile nécessaires au bon fonctionnement du marché intérieur.

(2) Le bon fonctionnement du marché intérieur exige d'améliorer et d'accélérer la transmission entre les États membres des actes judiciaires et extrajudiciaires en matière civile ou commerciale aux fins de signification ou de notification.

(3) Le Conseil, par un acte du 26 mai 1997, a établi une convention relative à la signification et à la notification dans les États membres de l'Union européenne des actes judiciaires et extrajudiciaires en matière civile ou commerciale et en a recommandé l'adoption par les États membres selon leurs règles constitutionnelles respectives. Cette

convention n'est pas entrée en vigueur. Il y a lieu d'assurer la continuité des résultats obtenus dans le cadre de la conclusion de la convention.
(4) Le 29 mai 2000, le Conseil a adopté le règlement (CE) n° 1348/2000 relatif à la signification et à la notification dans les États membres des actes judiciaires et extrajudiciaires en matière civile et commerciale. Ledit règlement se fonde, pour l'essentiel, sur la convention.
(5) Le 1er octobre 2004, la Commission a adopté un rapport sur l'application du règlement (CE) n° 1348/2000. Ce rapport conclut que, depuis son entrée en vigueur en 2001, l'application du règlement (CE) n° 1348/2000 a, d'une manière générale, amélioré et accéléré la transmission et la signification ou la notification des actes entre les États membres, mais que, néanmoins, l'application de certaines dispositions dudit règlement n'est pas totalement satisfaisante.
(6) L'efficacité et la rapidité des procédures judiciaires en matière civile impliquent que la transmission des actes judiciaires et extrajudiciaires soit effectuée directement et par des moyens rapides entre les entités locales désignées par les États membres. Les États membres peuvent indiquer leur intention de ne désigner qu'une entité d'origine ou une entité requise ou une seule entité chargée des deux fonctions pendant cinq ans. Ce mandat est cependant renouvelable tous les cinq ans.
(7) La rapidité de la transmission justifie l'utilisation de tout moyen approprié, pour autant que soient respectées certaines conditions quant à la lisibilité et à la fidélité du document reçu. La sécurité de la transmission exige que l'acte à transmettre soit accompagné d'un formulaire type devant être rempli dans la langue officielle ou l'une des langues officielles du lieu où la signification ou la notification doit être effectuée ou dans une autre langue acceptée par l'État membre concerné.
(8) Le présent règlement ne devrait pas s'appliquer à la signification et à la notification d'un acte au représentant mandaté d'une partie dans l'État membre où l'instance a lieu, quel que soit le lieu de résidence de cette partie.
(9) La signification ou la notification d'un acte devraient être effectuées dans les meilleurs délais, et, en tout état de cause, dans un délai d'un mois à compter de la réception par l'entité requise.
(10) Afin d'assurer l'efficacité du règlement, la possibilité de refuser la signification ou la notification des actes devrait être limitée à des situations exceptionnelles.
(11) Afin de faciliter la transmission et la signification ou la notification des actes entre États membres, les formulaires types figurant aux annexes du présent règlement devraient être utilisés.
(12) L'entité requise devrait informer le destinataire par écrit, au moyen du formulaire type, qu'il peut refuser de recevoir l'acte à signifier ou à notifier, soit au moment de la signification ou de la notification, soit en retournant l'acte à l'entité requise dans un délai d'une semaine, s'il n'est pas rédigé dans une langue que le destinataire comprend ou dans la langue officielle ou l'une des langues officielles du lieu de la signification ou de la notification. Cette règle devrait également s'appliquer aux significations et notifications ultérieures, après que le destinataire a exercé son droit de refus. Ces règles relatives au refus devraient également s'appliquer à la signification ou à la notification effectuée par l'intermédiaire des agents diplomatiques ou consulaires, ou des services postaux, ou effectuée directement. Il convient de prévoir la possibilité de remédier à une

situation de refus de recevoir un acte en signifiant ou en notifiant au destinataire une traduction de l'acte.

(13) La rapidité de la transmission justifie que la signification ou la notification de l'acte ait lieu dans les jours qui suivent la réception de l'acte. Toutefois, si au bout d'un mois la signification ou la notification n'a pas pu avoir lieu, il importe que l'entité requise en informe l'entité d'origine. L'expiration de ce délai ne devrait pas impliquer que la demande soit retournée à l'entité d'origine, lorsqu'il apparaît que la signification ou la notification est possible dans un délai raisonnable.

(14) L'entité requise devrait continuer à prendre toutes les mesures nécessaires pour signifier ou notifier l'acte également dans les cas où la signification ou la notification n'a pu être effectuée dans le délai d'un mois, par exemple parce que le défendeur était absent de son domicile pour cause de vacances ou de son lieu de travail pour affaires. Cependant, afin d'éviter que l'entité requise ne soit tenue, sans limite dans le temps, de prendre les mesures nécessaires pour signifier ou notifier un acte, l'entité d'origine devrait être à même d'indiquer sur le formulaire type le délai au-delà duquel la signification ou notification n'est plus requise.

(15) Compte tenu des différences existant entre les États membres quant à leurs règles de procédure, la date prise en compte aux fins de la signification ou de la notification varie d'un État membre à l'autre. Dans ces conditions, et compte tenu des difficultés qui pourraient surgir, il convient que le présent règlement prévoie que c'est la législation de l'État membre requis qui détermine la date de signification ou de notification. Toutefois, lorsque, conformément à la législation d'un État membre, un acte doit être signifié ou notifié dans un délai déterminé, la date à prendre en considération à l'égard du requérant devrait être celle fixée par la législation de cet État membre. Ce système de double date n'existe que dans un nombre restreint d'États membres. Les États membres qui appliquent ce système devraient en informer la Commission, qui devrait publier cette information au Journal officiel de l'Union européenne et la rendre disponible au sein du réseau judiciaire européen en matière civile et commerciale, établi par la décision 2001/470/CE du Conseil.

(16) Afin de faciliter l'accès à la justice, les frais occasionnés par l'intervention d'un officier ministériel ou d'une personne compétente selon la loi de l'État membre requis devraient correspondre à un droit forfaitaire unique dont le montant est fixé à l'avance par cet État membre et qui respecte les principes de proportionnalité et de non-discrimination. L'exigence d'un droit forfaitaire unique ne devrait cependant pas priver les États membres de la faculté de prévoir des droits différents pour différents types de notification ou de signification, à condition de respecter ces principes.

(17) Tout État membre devrait avoir la faculté de procéder directement par l'intermédiaire des services postaux, par lettre recommandée avec accusé de réception ou envoi équivalent, à la signification ou à la notification des actes aux personnes résidant dans un autre État membre.

(18) Toute personne intéressée à une instance judiciaire devrait avoir la possibilité de faire procéder à la signification ou à la notification d'actes directement par les soins des officiers ministériels, fonctionnaires ou autres personnes compétentes de l'État membre requis, lorsque cette notification ou signification directe est autorisée par la loi de cet État membre.

(19) Il convient que la Commission élabore un manuel reprenant les informations utiles pour la bonne application du présent règlement, manuel qui devrait être mis à disposition au sein du réseau judiciaire européen en matière civile et commerciale. La Commission et les États membres devraient mettre tout en œuvre pour faire en sorte que ces informations soient actuelles et complètes, notamment en ce qui concerne les coordonnées des entités requises et des entités d'origine.
(20) Pour le calcul des périodes et délais prévus par le présent règlement, le règlement (CEE, Euratom) n° 1182/71 du Conseil du 3 juin 1971 portant détermination des règles applicables aux délais, aux dates et aux termes devrait s'appliquer.
(21) Il y a lieu d'arrêter les mesures nécessaires à la mise en œuvre du présent règlement en conformité avec la décision 1999/468/CE du Conseil du 28 juin 1999 fixant les modalités de l'exercice des compétences d'exécution conférées à la Commission.
(22) Il convient en particulier d'habiliter la Commission à mettre à jour les formulaires types figurant aux annexes ou à y apporter des modifications techniques. Ces mesures ayant une portée générale et ayant pour objet de modifier ou de supprimer des éléments non essentiels du présent règlement, elles doivent être arrêtées selon la procédure de réglementation avec contrôle prévue à l'article 5 bis de la décision 1999/468/CE.
(23) Le présent règlement prévaut, dans les rapports entre les États membres qui y sont parties, sur les dispositions contenues dans des accords ou arrangements bilatéraux ou multilatéraux ayant le même champ d'application, conclus par les États membres, notamment le protocole annexé à la convention de Bruxelles du 27 septembre 1968 et la convention de La Haye du 15 novembre 1965. Il ne fait pas obstacle au maintien ou à la conclusion par les États membres d'accords ou d'arrangements visant à accélérer ou à simplifier la transmission des actes, pour autant qu'ils soient compatibles avec le présent règlement.
(24) Il importe que les données transmises en vertu du présent règlement bénéficient d'un régime de protection approprié. La matière relève du champ d'application de la directive 95/46/CE du Parlement européen et du Conseil du 24 octobre 1995 relative à la protection des personnes physiques à l'égard du traitement des données à caractère personnel et à la libre circulation de ces données, et de la directive 2002/58/CE du Parlement européen et du Conseil du 12 juillet 2002 concernant le traitement des données à caractère personnel et la protection de la vie privée dans le secteur des télécommunications (directive vie privée et communications électroniques).
(25) Au plus tard le 1er juin 2011, et ensuite tous les cinq ans, la Commission devrait examiner l'application du présent règlement en vue de proposer, le cas échéant, les modifications nécessaires.
(26) Étant donné que les objectifs du présent règlement ne peuvent pas être réalisés de manière suffisante par les États membres et peuvent donc, en raison de la dimension et des effets de l'action, être mieux réalisés au niveau communautaire, la Communauté peut prendre des mesures, conformément au principe de subsidiarité consacré à l'article 5 du traité. Conformément au principe de proportionnalité tel qu'énoncé audit article, le présent règlement n'excède pas ce qui est nécessaire pour atteindre ces objectifs.
(27) Pour rendre les dispositions applicables plus aisément accessibles et plus lisibles, le règlement (CE) n° 1348/2000 devrait être abrogé et remplacé par le présent règlement.
(28) Conformément à l'article 3 du protocole sur la position du Royaume-Uni et de l'Irlande annexé au traité sur l'Union européenne et au traité instituant la Communauté

européenne, le Royaume-Uni et l'Irlande participent à l'adoption et à l'application du présent règlement.

(29) Conformément aux articles 1er et 2 du protocole sur la position du Danemark annexé au traité sur l'Union européenne et au traité instituant la Communauté européenne, le Danemark ne participe pas à l'adoption du présent règlement, lequel ne le lie pas et ne lui est pas applicable,

Ont arrêté le présent règlement :

CHAPITRE I

Dispositions générales

Art. premier *Champ d'application.* 1. Le présent règlement est applicable en matière civile et commerciale, lorsqu'un acte judiciaire ou extrajudiciaire doit être transmis d'un État membre à un autre pour y être signifié ou notifié. Il ne couvre notamment pas les matières fiscales, douanières ou administratives, ni la responsabilité de l'État pour des actes ou des omissions commis dans l'exercice de la puissance publique (« acta jure imperii »).

2. Le présent règlement ne s'applique pas lorsque l'adresse du destinataire de l'acte n'est pas connue.

3. Aux fins du présent règlement, on entend par « État membre », les États membres, à l'exception du Danemark.

Art. 2 *Entités d'origine et entités requises.* 1. Chaque État membre désigne les officiers ministériels, autorités ou autres personnes, ci-après dénommés « entités d'origine », compétents pour transmettre les actes judiciaires ou extrajudiciaires aux fins de signification ou de notification dans un autre État membre.

2. Chaque État membre désigne les officiers ministériels, autorités ou autres personnes, ci-après dénommés « entités requises », compétents pour recevoir les actes judiciaires ou extrajudiciaires en provenance d'un autre État membre.

3. Tout État membre peut désigner soit une seule entité d'origine et une seule entité requise, soit une seule entité chargée des deux fonctions. Tout État fédéral, tout État dans lequel plusieurs systèmes juridiques sont en vigueur et tout État ayant des unités territoriales autonomes a la faculté d'en désigner plusieurs. Cette désignation est valable pendant une période de cinq ans et peut être renouvelée tous les cinq ans.

4. Chaque État membre fournit à la Commission les informations suivantes :

a) les noms et adresses des entités requises visées aux paragraphes 2 et 3;

b) l'indication de leur ressort de compétence territoriale;

c) les moyens de réception des actes dont ces entités disposent; et

d) les langues qui peuvent être utilisées pour compléter le formulaire type figurant à l'annexe I.

Les États membres notifient à la Commission toute modification ultérieure de ces informations.

Art. 3 *Entité centrale.* Chaque État membre désigne une entité centrale chargée :

a) de fournir des informations aux entités d'origine;

b) de rechercher des solutions aux difficultés qui peuvent se présenter à l'occasion de la transmission des actes aux fins de signification ou de notification;

c) de faire parvenir, dans des cas exceptionnels, à la requête de l'entité d'origine, une demande de signification ou de notification à l'entité requise compétente.

Les États fédéraux, les États dans lesquels plusieurs systèmes juridiques sont en vigueur et les États ayant des unités territoriales autonomes ont la faculté de désigner plusieurs entités centrales.

CHAPITRE II
Actes judiciaires

Section 1

Transmission et signification ou notification des actes judiciaires

Art. 4 *Transmission des actes.* 1. Les actes judiciaires sont transmis directement et dans les meilleurs délais entre les entités désignées en vertu de l'article 2.

2. La transmission des actes, demandes, confirmations, accusés de réception, attestations et de toute autre pièce entre les entités d'origine et les entités requises peut être effectuée par tout moyen approprié, sous réserve que le contenu de l'acte reçu soit fidèle et conforme à celui de l'acte expédié et que toutes les mentions qu'il comporte soient aisément lisibles.

3. L'acte à transmettre est accompagné d'une demande établie au moyen du formulaire type figurant à l'annexe I. Ce formulaire est complété dans la langue officielle de l'État membre requis ou, s'il existe plusieurs langues officielles dans cet État membre, dans la langue officielle ou l'une des langues officielles du lieu où il doit être procédé à la signification ou à la notification, ou dans toute autre langue dont l'État membre requis aura indiqué qu'il peut l'accepter. Chaque État membre indique la ou les langues officielles des institutions de l'Union européenne, autres que la sienne ou les siennes, dans laquelle ou lesquelles il accepte que le formulaire soit complété.

4. Les actes ainsi que toutes les pièces transmises sont dispensés de légalisation et de toute formalité équivalente.

5. Lorsque l'entité d'origine souhaite que lui soit retourné un exemplaire de l'acte avec l'attestation visée à l'article 10, elle adresse l'acte à signifier ou à notifier en double exemplaire.

Art. 5 *Traduction de l'acte.* 1. Le requérant est avisé par l'entité d'origine à laquelle il remet l'acte aux fins de transmission que le destinataire peut refuser de l'accepter s'il n'est pas établi dans l'une des langues indiquées à l'article 8.

2. Le requérant prend en charge les éventuels frais de traduction préalables à la transmission de l'acte, sans préjudice d'une éventuelle décision ultérieure de la juridiction ou de l'autorité compétente sur la prise en charge de ces frais.

Art. 6 *Réception de l'acte par l'entité requise.* 1. À la réception de l'acte, l'entité requise adresse par les moyens de transmission les plus rapides un accusé de réception à l'entité d'origine, dans les meilleurs délais et, en tout état de cause, dans les sept jours qui suivent cette réception en utilisant le formulaire type figurant à l'annexe I.

2. Si la demande de signification ou de notification ne peut aboutir en l'état des informations ou des pièces transmises, l'entité requise se met en relation, par les moyens les plus rapides, avec l'entité d'origine afin d'obtenir les informations ou les pièces qui font défaut.

3. Si la demande de signification ou de notification ne rentre manifestement pas dans le champ d'application du présent règlement ou si le non-respect des conditions de forme imposées rend impossible la signification ou la notification, la demande et les

actes transmis sont retournés, dès leur réception, à l'entité d'origine, accompagnés de l'avis de retour dont le formulaire type figure à l'annexe I.

4. L'entité requise qui reçoit un acte pour la signification ou la notification duquel elle n'est pas territorialement compétente transmet cet acte, ainsi que la demande, à l'entité requise territorialement compétente du même État membre si la demande remplit les conditions prévues à l'article 4, paragraphe 3, et elle en informe l'entité d'origine au moyen du formulaire type figurant à l'annexe I. L'entité requise territorialement compétente avise l'entité d'origine de la réception de l'acte selon les modalités prévues au paragraphe 1.

Art. 7 *Signification ou notification des actes.* 1. L'entité requise procède ou fait procéder à la signification ou à la notification de l'acte soit conformément à la législation de l'État membre requis, soit selon le mode particulier demandé par l'entité d'origine, sauf si ce mode est incompatible avec la loi de cet État membre.

2. L'entité requise prend toutes les mesures nécessaires pour assurer la signification ou la notification de l'acte dans les meilleurs délais et, en tout état de cause, dans un délai d'un mois à compter de la réception. S'il n'a pas été possible de procéder à la signification ou à la notification dans un délai d'un mois à compter de la réception, l'entité requise :

a) en informe immédiatement l'entité d'origine au moyen de l'attestation dont le formulaire type figure à l'annexe I, qui doit être établie conformément aux conditions visées à l'article 10, paragraphe 2; et

b) continue à prendre toutes les mesures nécessaires pour assurer la signification ou la notification de l'acte, sauf indication contraire de l'entité d'origine, lorsque la signification ou la notification semble possible dans un délai raisonnable.

Art. 8 *Refus de réception de l'acte.* 1. L'entité requise informe le destinataire, au moyen du formulaire type figurant à l'annexe II, qu'il peut refuser de recevoir l'acte à signifier ou à notifier, au moment de la signification ou de la notification ou en retournant l'acte à l'entité requise dans un délai d'une semaine, si celui-ci n'est pas rédigé ou accompagné d'une traduction dans l'une des langues suivantes :

a) une langue comprise du destinataire ou

b) la langue officielle de l'État membre requis ou, s'il existe plusieurs langues officielles dans cet État membre, la langue officielle ou l'une des langues officielles du lieu où il doit être procédé à la signification ou à la notification.

2. Si l'entité requise est informée que le destinataire refuse de recevoir l'acte conformément au paragraphe 1, elle en informe immédiatement l'entité d'origine au moyen de l'attestation prévue à l'article 10 et lui retourne la demande ainsi que les actes dont la traduction est demandée.

3. Si le destinataire a refusé de recevoir l'acte en vertu du paragraphe 1, il est possible de remédier à la situation qui en résulte en signifiant ou en notifiant au destinataire, conformément aux dispositions du présent règlement, l'acte accompagné d'une traduction dans l'une des langues visées au paragraphe 1. Dans ce cas, la date de signification ou de notification de l'acte est celle à laquelle l'acte accompagné de la traduction a été signifié ou notifié conformément à la législation de l'État membre requis. Toutefois, lorsque, conformément à la législation d'un État membre, un acte doit être signifié ou notifié dans un délai déterminé, la date à prendre en considération à l'égard du requérant est celle de la signification ou de la notification de l'acte initial, fixée conformément à l'article 9, paragraphe 2.

4. Les paragraphes 1, 2 et 3 s'appliquent également aux modes de transmission et de signification ou de notification d'actes judiciaires prévus à la section 2.

5. Aux fins du paragraphe 1, les agents diplomatiques ou consulaires, lorsque la signification ou la notification est effectuée conformément à l'article 13, ou l'autorité ou la personne, lorsque la signification ou la notification est effectuée conformément à l'article 14, informent le destinataire qu'il peut refuser de recevoir l'acte et que tout acte refusé doit être envoyé à ces agents ou à cette autorité ou personne, selon le cas.

Art. 9 *Date de la signification ou de la notification.* 1. Sans préjudice de l'article 8, la date de la signification ou de la notification d'un acte effectuée en application de l'article 7 est celle à laquelle l'acte a été signifié ou notifié conformément à la législation de l'État membre requis.

2. Toutefois, lorsque, conformément à la législation d'un État membre, un acte doit être signifié ou notifié dans un délai déterminé, la date à prendre en considération à l'égard du requérant est celle fixée par la législation de cet État membre.

3. Les paragraphes 1 et 2 s'appliquent également aux modes de transmission et de signification ou de notification d'actes judiciaires prévus à la section 2.

Art. 10 *Attestation de signification ou de notification et copie de l'acte signifié ou notifié.* 1. Lorsque les formalités relatives à la signification ou à la notification de l'acte ont été accomplies, une attestation le confirmant est établie au moyen du formulaire type figurant à l'annexe I et elle est adressée à l'entité d'origine, avec une copie de l'acte signifié ou notifié lorsqu'il a été fait application de l'article 4, paragraphe 5.

2. L'attestation est complétée dans la langue officielle ou l'une des langues officielles de l'État membre d'origine ou dans une autre langue que l'État membre d'origine aura indiqué qu'il peut l'accepter. Chaque État membre indique la ou les langues officielles des institutions de l'Union européenne, autres que la sienne ou les siennes, dans laquelle ou lesquelles il accepte que le formulaire soit complété.

Art. 11 *Frais de signification ou de notification.* 1. Les significations ou notifications d'actes judiciaires en provenance d'un autre État membre ne peuvent donner lieu au paiement ou au remboursement de taxes ou de frais pour les services rendus par l'État membre requis.

2. Toutefois, le requérant est tenu de payer ou de rembourser les frais occasionnés par :

a) l'intervention d'un officier ministériel ou d'une personne compétente selon la loi de l'État membre requis;

b) le recours à un mode particulier de signification ou de notification.

Les frais occasionnés par l'intervention d'un officier ministériel ou d'une personne compétente selon la loi de l'État membre requis correspondent à un droit forfaitaire unique dont le montant est fixé à l'avance par cet État membre et qui respecte les principes de proportionnalité et de non-discrimination. Les États membres communiquent le montant de ce droit forfaitaire à la Commission.

Section 2

Autres moyens de transmission et de signification ou de notification des actes judiciaires

Art. 12 *Transmission par voie consulaire ou diplomatique.* Tout État membre a la faculté, en cas de circonstances exceptionnelles, d'utiliser la voie consulaire ou diplomatique pour transmettre, aux fins de signification ou de notification, des actes judiciaires aux entités d'un autre État membre désignées en application de l'article 2 ou de l'article 3.

Art. 13 *Signification ou notification par les agents diplomatiques ou consulaires.* 1. Tout État membre a la faculté de faire procéder directement et sans contrainte par les soins de ses agents diplomatiques ou consulaires à la signification ou à la notification d'actes judiciaires aux personnes résidant sur le territoire d'un autre État membre.

2. Tout État membre peut faire savoir, conformément à l'article 23, paragraphe 1, qu'il est opposé à l'usage de cette faculté sur son territoire, sauf pour les actes devant être signifiés ou notifiés à des ressortissants de l'État membre d'origine.

Art. 14 *Signification ou notification par l'intermédiaire des services postaux.* Tout État membre a la faculté de procéder directement par l'intermédiaire des services postaux, par lettre recommandée avec accusé de réception ou envoi équivalent, à la signification ou à la notification des actes judiciaires aux personnes résidant dans un autre État membre.

Art. 15 *Signification ou notification directe.* Toute personne intéressée à une instance judiciaire peut faire procéder à la signification ou à la notification d'actes judiciaires directement par les soins des officiers ministériels, fonctionnaires ou autres personnes compétentes de l'État membre requis, lorsqu'une telle signification ou notification directe est autorisée par la loi de cet État membre.

CHAPITRE III

Actes extrajudiciaires

Art. 16 *Transmission.* Les actes extrajudiciaires peuvent être transmis aux fins de signification ou de notification dans un autre État membre conformément aux dispositions du présent règlement.

CHAPITRE IV

Dispositions finales

Art. 17 *Modalités d'application.* Les mesures visant à modifier des éléments non essentiels du présent règlement et concernant la mise à jour ou la modification technique des formulaires types figurant aux annexes I et II sont arrêtées en conformité avec la procédure de réglementation avec contrôle visée à l'article 18, paragraphe 2.

Art. 18 *Comité.* 1. La Commission est assistée par un comité.

2. Dans le cas où il est fait référence au présent paragraphe, l'article 5 bis, paragraphes 1 à 4, et l'article 7 de la décision 1999/468/CE s'appliquent, dans le respect des dispositions de l'article 8 de celle-ci.

Art. 19 *Défendeur non comparant.* 1. Lorsqu'un acte introductif d'instance ou un acte équivalent a dû être transmis dans un autre État membre aux fins de signification ou de notification, selon les dispositions du présent règlement, et que le défendeur ne comparaît pas, le juge est tenu de surseoir à statuer aussi longtemps qu'il n'est pas établi :

a) ou bien que l'acte a été signifié ou notifié selon un mode prescrit par la loi de l'État membre requis pour la signification ou la notification des actes dressés dans ce pays et qui sont destinés aux personnes se trouvant sur son territoire;

b) ou bien que l'acte a été effectivement remis au défendeur ou à sa résidence selon un autre mode prévu par le présent règlement;

et que, dans chacune de ces éventualités, soit la signification ou la notification, soit la remise a eu lieu en temps utile pour que le défendeur ait pu se défendre.

2. Chaque État membre peut faire savoir, conformément à l'article 23, paragraphe 1, que ses juges, nonobstant les dispositions du paragraphe 1, peuvent statuer si toutes les conditions ci-après sont réunies, même si aucune attestation constatant soit la signification ou la notification, soit la remise n'a été reçue :

a) l'acte a été transmis selon un des modes prévus par le présent règlement;

b) un délai, que le juge appréciera dans chaque cas particulier et qui sera d'au moins six mois, s'est écoulé depuis la date d'envoi de l'acte;

c) aucune attestation n'a pu être obtenue nonobstant toutes les démarches effectuées auprès des autorités ou entités compétentes de l'État membre requis.

3. Les paragraphes 1 et 2 ne font pas obstacle à ce que, en cas d'urgence, le juge ordonne toute mesure provisoire ou conservatoire.

4. Lorsqu'un acte introductif d'instance ou un acte équivalent a dû être transmis dans un autre État membre aux fins de signification ou de notification, selon les dispositions du présent règlement, et qu'une décision a été rendue contre un défendeur qui n'a pas comparu, le juge a la faculté de relever le défendeur de la forclusion résultant de l'expiration des délais de recours, si les conditions ci-après sont réunies :

a) le défendeur, sans qu'il y ait eu faute de sa part, n'a pas eu connaissance dudit acte en temps utile pour se défendre, ou connaissance de la décision en temps utile pour exercer un recours; et

b) les moyens du défendeur n'apparaissent pas dénués de tout fondement.

La demande tendant au relevé de la forclusion doit être formée dans un délai raisonnable à partir du moment où le défendeur a eu connaissance de la décision.

Chaque État membre a la faculté de préciser, conformément à l'article 23, paragraphe 1, que cette demande est irrecevable si elle n'est pas formée dans un délai qu'il indiquera dans sa communication, ce délai ne pouvant toutefois être inférieur à un an à compter du prononcé de la décision.

5. Le paragraphe 4 ne s'applique pas aux décisions concernant l'état ou la capacité des personnes.

Art. 20 *Relation avec des accords ou arrangements auxquels les États membres sont parties.* 1. Pour la matière couverte par son champ d'application, le présent règlement prévaut sur les dispositions contenues dans des accords ou arrangements bilatéraux ou multilatéraux conclus par les États membres, notamment l'article IV du protocole annexé à la convention de Bruxelles de 1968 et la convention de La Haye du 15 novembre 1965.

2. Le présent règlement ne fait pas obstacle au maintien ou à la conclusion par les États membres d'accords ou d'arrangements visant à accélérer ou à simplifier la transmission des actes, pour autant qu'ils soient compatibles avec le présent règlement.

3. Les États membres transmettent à la Commission :

a) une copie des accords ou arrangements, visés au paragraphe 2, conclus entre les États membres ainsi que les projets d'accords ou arrangements qu'ils entendent conclure; et

b) toute dénonciation ou modification de ces accords ou arrangements.

Art. 21 *Assistance judiciaire.* Le présent règlement ne porte pas atteinte à l'application, dans les relations entre les États membres parties à ces conventions, de l'article 23 de la convention du 17 juillet 1905 relative à la procédure civile, de l'article 24 de la convention du 1er mars 1954 relative à la procédure civile ni de l'article 13 de la convention du 25 octobre 1980 tendant à faciliter l'accès international à la justice.

Art. 22 *Protection des informations transmises.* 1. Les informations, notamment les données à caractère personnel, transmises dans le cadre de l'application du présent règlement ne peuvent être utilisées par les entités requises qu'aux fins pour lesquelles elles ont été transmises.

2. Les entités requises assurent la confidentialité de ces informations, conformément à leur législation nationale.

3. Les paragraphes 1 et 2 n'affectent pas les dispositions nationales permettant aux personnes concernées d'être informées de l'usage qui a été fait des informations transmises en application du présent règlement.

4. Le présent règlement ne préjuge pas l'application des directives 95/46/CE et 2002/58/CE.

Art. 23 *Communication et publication.* 1. Les États membres communiquent à la Commission les informations visées aux articles 2, 3, 4, 10, 11, 13, 15 et 19. Les États membres font savoir à la Commission si, conformément à leur législation, un document doit être signifié ou notifié dans un délai déterminé comme indiqué à l'article 8, paragraphe 3, et à l'article 9, paragraphe 2.

2. La Commission publie, au Journal officiel de l'Union européenne, les informations communiquées conformément au paragraphe 1, à l'exception des adresses et autres coordonnées des entités d'origine et requises et des entités centrales ainsi que de leurs ressorts de compétence territoriale.

3. La Commission établit et met régulièrement à jour un manuel, contenant les informations visées au paragraphe 1, également disponible sous forme électronique, notamment au sein du réseau judiciaire européen en matière civile et commerciale.

Art. 24 *Réexamen.* Au plus tard le 1er juin 2011, et ensuite tous les cinq ans, la Commission présente au Parlement européen, au Conseil et au Comité économique et social européen un rapport relatif à l'application du présent règlement, portant spécialement sur l'efficacité des entités désignées en application de l'article 2 ainsi que sur l'application pratique de l'article 3, point c), et de l'article 9. Ce rapport est accompagné, le cas échéant, de propositions visant à adapter le présent règlement à l'évolution des systèmes de notification.

Art. 25 *Abrogation.* 1. Le règlement (CE) n° 1348/2000 est abrogé à partir de la date d'application du présent règlement.

2. Les références faites au règlement abrogé s'entendent comme faites au présent règlement et sont à lire selon le tableau de correspondance figurant à l'annexe III.

Art. 26 *Entrée en vigueur.* Le présent règlement entre en vigueur le vingtième jour suivant celui de sa publication au *Journal officiel de l'Union européenne.*

Il est applicable à partir du 13 novembre 2008, à l'exception de l'article 23 qui est applicable à partir du 13 août 2008.

Le présent règlement est obligatoire dans tous ses éléments et directement applicable dans les États membres conformément au traité instituant la Communauté européenne.

ANNEXES

20 Règlement (CE) n° 593/2008 du Parlement européen et du Conseil du 17 juin 2008 sur la loi applicable aux obligations contractuelles (« Rome I »)

Applicable depuis le 17 décembre 2009

Le Parlement européen et le Conseil de l'Union européenne,

Vu le traité instituant la Communauté européenne, et notamment son article 61, point c), et son article 67, paragraphe 5, second tiret,

Vu la proposition de la Commission,

Vu l'avis du Comité économique et social européen,

Statuant conformément à la procédure visée à l'article 251 du traité,

Considérant ce qui suit :

(1) La Communauté s'est donné pour objectif de maintenir et de développer un espace de liberté, de sécurité et de justice. En vue de l'établissement progressif de cet espace, la Communauté doit adopter des mesures relevant du domaine de la coopération judiciaire dans les matières civiles ayant une incidence transfrontalière, dans la mesure nécessaire au bon fonctionnement du marché intérieur.

(2) Conformément à l'article 65, point b), du traité, ces mesures doivent viser entre autres à favoriser la compatibilité des règles applicables dans les États membres en matière de conflit de lois et de compétence.

(3) Le Conseil européen, réuni à Tampere les 15 et 16 octobre 1999, a approuvé le principe de reconnaissance mutuelle des jugements et des autres décisions émanant des autorités judiciaires en tant que pierre angulaire de la coopération judiciaire en matière civile et a invité le Conseil et la Commission à adopter un programme de mesures destinées à mettre en œuvre ce principe.

(4) Le 30 novembre 2000, le Conseil a adopté un programme commun de mesures de la Commission et du Conseil destiné à mettre en œuvre le principe de reconnaissance mutuelle des décisions en matière civile et commerciale. Le programme décrit les mesures relatives à l'harmonisation des règles de conflit de lois comme facilitant la reconnaissance mutuelle des décisions.

(5) Le programme de La Haye, adopté par le Conseil européen le 5 novembre 2004, préconise que les travaux sur les règles de conflit de lois en ce qui concerne les obligations contractuelles soient poursuivis avec détermination (Rome I).

(6) Le bon fonctionnement du marché intérieur exige, afin de favoriser la prévisibilité de l'issue des litiges, la sécurité quant au droit applicable et la libre circulation des jugements, que les règles de conflit de lois en vigueur dans les États membres désignent la même loi nationale quel que soit le pays dans lequel l'action est introduite.

(7) Le champ d'application matériel et les dispositions du présent règlement devraient être cohérents par rapport au règlement (CE) n° 44/2001 du Conseil du 22 décembre 2000 concernant la compétence judiciaire, la reconnaissance et l'exécution des décisions en matière civile et commerciale (Bruxelles I) et au règlement (CE) n° 864/2007 du Parlement et du Conseil du 11 juillet 2007 sur la loi applicable aux obligations non contractuelles (Rome II).

(8) Les relations de famille devraient englober les liens de filiation, de mariage, d'alliance et les liens collatéraux. La mention, à l'article 1er, paragraphe 2, des relations qui ont des effets comparables au mariage et aux autres relations de famille devrait être interprétée conformément au droit de l'État membre dans lequel la juridiction est saisie.
(9) Les obligations liées à des lettres de change, chèques, billets à ordre ainsi que d'autres instruments négociables devraient aussi englober les lettres de transport, lorsque les obligations liées aux lettres de transport dérivent de leur caractère négociable.
(10) Les obligations découlant de tractations menées avant la conclusion d'un contrat sont couvertes par l'article 12 du règlement (CE) n° 864/2007. Ces obligations devraient donc être exclues du champ d'application du présent règlement.
(11) La liberté des parties de choisir le droit applicable devrait constituer l'une des pierres angulaires du système de règles de conflit de lois en matière d'obligations contractuelles.
(12) Un accord entre les parties visant à donner compétence exclusive à une ou plusieurs juridictions d'un État membre pour connaître des différends liés au contrat devrait être l'un des facteurs à prendre en compte pour déterminer si le choix de la loi a été clairement énoncé.
(13) Le présent règlement n'interdit pas aux parties d'intégrer par référence dans leur contrat un droit non étatique ou une convention internationale.
(14) Si la Communauté adopte dans un instrument juridique spécifique des règles matérielles de droit des contrats, y compris des conditions générales et clauses types, cet instrument peut prévoir que les parties peuvent choisir d'appliquer ces règles.
(15) Lorsque la loi d'un pays est choisie et que tous les autres éléments de la situation sont localisés dans un autre pays, le choix de la loi applicable ne doit pas porter atteinte à l'application des dispositions auxquelles la loi de ce pays ne permet pas de déroger par accord. Cette règle devrait s'appliquer indépendamment du fait que le choix de la loi est ou non assorti du choix d'une juridiction. Comme il ne s'agit pas d'une modification de fond par rapport à l'article 3, paragraphe 3, de la convention de 1980 sur la loi applicable aux obligations contractuelles (convention de Rome), le texte du présent règlement devrait être aligné dans la mesure du possible sur l'article 14 du règlement (CE) n° 864/2007.
(16) Afin de contribuer à l'objectif général du présent règlement qu'est la sécurité juridique dans l'espace de justice européen, les règles de conflit de lois devraient présenter un haut degré de prévisibilité. Le juge devrait toutefois disposer d'une marge d'appréciation afin de déterminer la loi qui présente les liens les plus étroits avec la situation.
(17) S'agissant de la loi applicable à défaut de choix, les notions de « prestation de services » et de « vente de biens » devraient recevoir la même interprétation que celle retenue pour l'application de l'article 5 du règlement (CE) n° 44/2001, dans la mesure où ce dernier couvre la vente de biens et la fourniture de services. Les contrats de franchise ou de distribution, bien qu'ils soient des contrats de services, font l'objet de règles particulières.
(18) S'agissant de la loi applicable en l'absence de choix, les systèmes multilatéraux devraient être ceux au sein desquels des opérations commerciales sont conduites tels que les marchés réglementés et les systèmes multilatéraux de négociation mentionnés à

l'article 4 de la directive 2004/39/CE du Parlement européen et du Conseil du 21 avril 2004 concernant les marchés d'instruments financiers, qu'ils reposent ou non sur une contrepartie centrale.

(19) En l'absence de choix, la loi applicable au contrat doit être déterminée en suivant la règle prévue en fonction des catégories de contrat. Lorsque le contrat ne peut être classé dans l'une des catégories définies, ou que ses caractéristiques le font appartenir à plusieurs des catégories définies, le contrat devrait être régi par la loi du pays dans lequel la partie qui doit fournir la prestation caractéristique du contrat a sa résidence habituelle. Dans le cas d'un contrat consistant en un faisceau de droits et d'obligations qui peuvent être rattachés à plusieurs des catégories de contrat définies, la prestation caractéristique du contrat devrait être déterminée par rapport à son centre de gravité.

(20) Lorsque le contrat présente des liens manifestement plus étroits avec un pays autre que celui indiqué à l'article 4, paragraphe 1 ou 2, une clause d'exception devrait prévoir que c'est la loi de cet autre pays qui doit s'appliquer. Afin de déterminer ce pays, il convient de prendre en compte, notamment, l'existence de liens étroits du contrat avec un ou plusieurs autres contrats.

(21) En l'absence de choix, lorsque la loi applicable ne peut être déterminée en raison de l'impossibilité de classer le contrat dans l'une des catégories définies ou de déterminer la résidence habituelle de la partie qui doit fournir la prestation caractéristique du contrat, alors le contrat devrait être régi par la loi du pays avec lequel il présente les liens les plus étroits. Pour déterminer ce pays, il convient de prendre en compte, notamment, l'existence de liens plus étroits avec un ou plusieurs autres contrats.

(22) En ce qui concerne l'interprétation de la notion de contrat de transport de marchandises, aucune modification sur le fond n'est envisagée par rapport à l'article 4, paragraphe 4, troisième phrase, de la convention de Rome. Par conséquent, les contrats d'affrètement pour un seul voyage et les autres contrats dont l'objectif principal est le transport de marchandises devraient être considérés comme des contrats concernant le transport de marchandises. Aux fins du présent règlement, le terme « expéditeur » devrait désigner toute personne qui conclut un contrat de transport avec le transporteur et le terme « transporteur » devrait désigner la partie au contrat qui se charge d'effectuer le transport de marchandises, qu'il l'assure lui-même ou non.

(23) S'agissant des contrats conclus avec des parties considérées comme plus faibles, celles-ci devraient être protégées par des règles de conflit de lois plus favorables à leurs intérêts que ne le sont les règles générales.

(24) S'agissant plus particulièrement des contrats de consommation, la règle de conflit de lois devrait permettre de réduire les coûts engendrés par la résolution de ces litiges, qui sont souvent de faible valeur, et prendre en compte l'évolution des techniques de commercialisation à distance. La cohérence avec le règlement (CE) n° 44/2001 exige, d'une part, qu'il soit fait référence à la notion d'« activité dirigée » comme condition d'application de la règle de protection du consommateur et, d'autre part, que cette notion fasse l'objet d'une interprétation harmonieuse dans le règlement (CE) n° 44/2001 et le présent règlement, étant précisé qu'une déclaration conjointe du Conseil et de la Commission relative à l'article 15 du règlement (CE) n° 44/2001 précise que « pour que l'article 15, paragraphe 1, point c), soit applicable, il ne suffit pas qu'une entreprise dirige ses activités vers l'État membre du domicile du consommateur, ou vers plusieurs

États dont cet État membre, il faut également qu'un contrat ait été conclu dans le cadre de ces activités ». La déclaration rappelle également que « le simple fait qu'un site internet soit accessible ne suffit pas pour rendre applicable l'article 15, encore faut-il que ce site internet invite à la conclusion de contrats à distance et qu'un contrat ait effectivement été conclu à distance, par tout moyen. À cet égard, la langue ou la monnaie utilisée par un site internet ne constitue pas un élément pertinent. ».

(25) Les consommateurs devraient être protégés par les dispositions du pays de leur résidence habituelle auxquelles il ne peut être dérogé par accord, à condition que le contrat de consommation ait été conclu dans le cadre des activités commerciales ou professionnelles exercées par le professionnel dans le pays en question. La même protection devrait être garantie dans le cas où le professionnel, tout en n'exerçant pas ses activités commerciales ou professionnelles dans le pays où le consommateur a sa résidence habituelle, dirige ses activités par tout moyen vers ce pays ou vers plusieurs pays dont ce pays, et où le contrat est conclu dans le cadre de ces activités.

(26) Aux fins du présent règlement, les services financiers tels que les services et activités d'investissement et les services connexes fournis par un professionnel à un consommateur et visés aux sections A et B de l'annexe I de la directive 2004/39/CE et les contrats de vente de parts de fonds communs de placement, qu'ils soient ou non couverts par la directive 85/611/CEE du Conseil du 20 décembre 1985 portant coordination des dispositions législatives, réglementaires et administratives concernant certains organismes de placement collectif en valeurs mobilières (OPCVM), devraient être soumis à l'article 6 du présent règlement. Par conséquent, lorsqu'il est fait référence aux modalités et conditions d'émission ou d'offre au public de valeurs négociables, ou à la souscription et au remboursement de parts de fonds communs de placement, cette référence devrait englober tous les aspects liant l'émetteur ou l'offrant au consommateur, à l'exclusion de ceux touchant à la fourniture de services financiers.

(27) Plusieurs exceptions devraient être apportées à la règle générale de conflit de lois s'agissant des contrats conclus par les consommateurs. En vertu de l'une de ces exceptions, la règle générale ne devrait pas s'appliquer aux contrats concernant les droits réels immobiliers ou les baux d'immeubles sauf si le contrat se réfère au droit d'utiliser les biens immobiliers à temps partiel au sens de la directive 94/47/CE du Parlement européen et du Conseil du 26 octobre 1994 concernant la protection des acquéreurs pour certains aspects des droits portant sur l'acquisition d'un droit d'utilisation à temps partiel de biens immobiliers.

(28) Il est important de veiller à ce que les droits et obligations qui constituent un instrument financier ne soient pas couverts par la règle générale applicable aux contrats avec les consommateurs étant donné que ceux-ci pourraient conduire à l'applicabilité de différentes lois à chacun des instruments émis, modifiant ainsi leur nature et empêchant leur commercialisation et leur offre fongibles. De la même façon, lorsque de tels instruments sont émis ou offerts, la relation contractuelle établie entre l'émetteur ou l'offrant et le consommateur ne devrait pas nécessairement être soumise à l'application obligatoire de la loi en vigueur dans le pays de résidence habituelle du consommateur, étant donné la nécessité de garantir l'uniformité des modalités et conditions d'une émission ou d'une offre. Le même principe devrait s'appliquer en ce qui concerne les systèmes multilatéraux couverts par l'article 4, paragraphe 1, point h), pour lesquels on

devrait garantir que la loi en vigueur dans le pays de résidence habituelle du consommateur n'interférera pas avec les règles applicables aux contrats conclus au sein de ces systèmes ou avec l'opérateur de tels systèmes.

(29) Aux fins du présent règlement, les références aux droits et obligations constituant les modalités et conditions d'émission, d'offre au public ou d'offre publique d'achat de valeurs négociables, ainsi qu'à la souscription et au remboursement de parts de fonds communs de placement, devraient englober les dispositions régissant notamment l'attribution des valeurs ou des parts, les droits en cas de sursouscription, les droits de retrait et les aspects similaires dans le contexte de l'offre ainsi que les aspects visés aux articles 10, 11, 12 et 13, de manière à assurer que tous les aspects contractuels pertinents d'une offre liant l'émetteur ou l'offrant au consommateur soient régis par une loi unique.

(30) Aux fins du présent règlement, les instruments financiers et les valeurs mobilières sont les instruments visés à l'article 4 de la directive 2004/39/CE.

(31) Le présent règlement est sans préjudice du fonctionnement d'un accord formel conçu comme un système au sens de l'article 2, point a), de la directive 98/26/CE du Parlement européen et du Conseil du 19 mai 1998 concernant le caractère définitif du règlement dans les systèmes de paiement et de règlement des opérations sur titres.

(32) En raison de la nature particulière des contrats de transport et d'assurance, des dispositions spécifiques devraient garantir un niveau suffisant de protection des passagers et des preneurs d'assurance. Par conséquent, l'article 6 ne devrait pas s'appliquer dans le contexte de ces contrats spécifiques.

(33) Lorsqu'un contrat d'assurance ne couvrant pas un grand risque couvre plusieurs risques, dont au moins un de ces risques est situé dans un État membre et au moins un est situé dans un pays tiers, les dispositions spéciales du présent règlement relatives aux contrats d'assurance ne devraient s'appliquer qu'au risque ou aux risques situé(s) dans le ou les États membres concernés.

(34) La règle relative au contrat individuel de travail ne devrait pas porter atteinte à l'application des lois de police du pays de détachement, prévue par la directive 96/71/CE du Parlement européen et du Conseil du 16 décembre 1996 concernant le détachement des travailleurs effectué dans le cadre d'une prestation de services.

(35) Les salariés ne devraient pas être privés de la protection des dispositions auxquelles il ne peut être dérogé par accord ou auxquelles il ne peut être dérogé qu'à leur bénéfice.

(36) S'agissant des contrats individuels de travail, l'accomplissement du travail dans un autre pays devrait être considéré comme temporaire lorsque le travailleur est censé reprendre son travail dans le pays d'origine après l'accomplissement de ses tâches à l'étranger. La conclusion d'un nouveau contrat de travail avec l'employeur d'origine ou avec un employeur appartenant au même groupe de sociétés que l'employeur d'origine ne devrait pas empêcher de considérer que le travailleur accomplit son travail dans un autre pays de façon temporaire.

(37) Des considérations d'intérêt public justifient, dans des circonstances exceptionnelles, le recours par les tribunaux des États membres aux mécanismes que sont l'exception d'ordre public et les lois de police. La notion de « lois de police » devrait être

distinguée de celle de « dispositions auxquelles il ne peut être dérogé par accord » et devrait être interprétée de façon plus restrictive.

(38) S'agissant de la cession de créance, le terme « relations » devrait indiquer clairement que l'article 14, paragraphe 1, s'applique également aux aspects de droit réel d'une cession de créance entre cédant et cessionnaire dans les ordres juridiques dans lesquels de tels aspects sont traités séparément des aspects relevant du droit des obligations. Toutefois, le terme « relations » ne devrait pas être compris comme se rapportant à toute relation pouvant exister entre cédant et cessionnaire. En particulier, il ne devrait pas couvrir les questions préalables en ce qui concerne une cession de créance ou une subrogation conventionnelle. Le terme devrait être strictement limité aux aspects qui concernent directement la cession de créance ou la subrogation conventionnelle en question.

(39) La sécurité juridique exige qu'une définition claire de la résidence habituelle soit posée, notamment pour les sociétés, associations et personnes morales. Contrairement à l'article 60, paragraphe 1, du règlement (CE) n° 44/2001, qui propose trois critères, la règle de conflit de lois devrait se limiter à un seul critère; dans le cas contraire, les parties seraient dans l'impossibilité de prévoir la loi applicable à leur situation.

(40) Il convient d'éviter une situation où les règles de conflit de lois seraient dispersées entre de multiples instruments et où il existerait des incohérences entre ces règles. Toutefois, le présent règlement n'exclut pas la possibilité d'insérer des règles de conflit de lois en matière d'obligations contractuelles dans les dispositions de droit communautaire concernant des matières particulières.

Le présent règlement ne devrait pas affecter l'application d'autres instruments fixant des dispositions destinées à favoriser le bon fonctionnement du marché intérieur, dans la mesure où ces dispositions ne peuvent s'appliquer conjointement avec la loi désignée par les règles du présent règlement. L'application des dispositions de la loi applicable désignée par les règles du présent règlement ne devrait pas restreindre la libre circulation des biens et des services telle qu'elle est réglementée par les instruments communautaires, par exemple la directive 2000/31/CE du Parlement européen et du Conseil du 8 juin 2000 relative à certains aspects juridiques des services de la société de l'information, et notamment du commerce électronique, dans le marché intérieur (« directive sur le commerce électronique »).

(41) Le respect des engagements internationaux souscrits par les États membres justifie que le présent règlement n'affecte pas les conventions internationales auxquelles un ou plusieurs États membres sont parties au moment de l'adoption du présent règlement. Afin d'en rendre les règles plus accessibles, la Commission devrait publier, en se fondant sur les informations transmises par les États membres, une liste des conventions concernées au Journal officiel de l'Union européenne.

(42) La Commission soumettra au Parlement européen et au Conseil une proposition concernant les procédures et conditions selon lesquelles les États membres seraient autorisés à négocier et à conclure en leur propre nom avec des pays tiers, à titre individuel et dans des cas exceptionnels, des accords portant sur des questions sectorielles et contenant des dispositions relatives à la loi applicable aux obligations contractuelles.

(43) Étant donné que l'objectif du présent règlement ne peut être réalisé de manière suffisante par les États membres et peut donc, en raison des dimensions et des effets du

présent règlement, être mieux réalisé au niveau communautaire, la Communauté peut prendre des mesures, conformément au principe de subsidiarité consacré à l'article 5 du traité. Conformément au principe de proportionnalité tel qu'énoncé audit article, le présent règlement n'excède pas ce qui est nécessaire pour atteindre cet objectif.

(44) Conformément à l'article 3 du protocole sur la position du Royaume-Uni et de l'Irlande annexé au traité sur l'Union européenne et au traité instituant la Communauté européenne, l'Irlande a notifié son souhait de participer à l'adoption et à l'application du présent règlement.

(45) Conformément aux articles 1er et 2 dudit protocole sur la position du Royaume-Uni et de l'Irlande annexé au traité sur l'Union européenne et au traité instituant la Communauté européenne et sans préjudice de l'article 4 de ce protocole, le Royaume-Uni ne participe pas à l'adoption du présent règlement et n'est pas lié par celui-ci ni soumis à son application.

(46) Conformément aux articles 1er et 2 du protocole sur la position du Danemark annexé au traité sur l'Union européenne et au traité instituant la Communauté européenne, le Danemark ne participe pas à l'adoption du présent règlement et n'est pas lié par celui-ci ni soumis à son application,

Ont arrêté le présent règlement :

CHAPITRE PREMIER
Champ d'application

Art. premier *Champ d'application matériel.* 1. Le présent règlement s'applique, dans des situations comportant un conflit de lois, aux obligations contractuelles relevant de la matière civile et commerciale.

Il ne s'applique pas, notamment, aux matières fiscales, douanières et administratives.

2. Sont exclus du champ d'application du présent règlement :

a) l'état et la capacité juridique des personnes physiques, sous réserve de l'article 13;

b) les obligations découlant des relations de famille ou des relations réputées avoir, en vertu de la loi applicable, des effets comparables, y compris les obligations alimentaires;

c) les obligations découlant des régimes matrimoniaux, des régimes patrimoniaux relatifs aux relations qui, selon la loi qui leur est applicable, ont des effets comparables au mariage et aux successions;

d) les obligations nées des lettres de change, chèques, billets à ordre ainsi que d'autres instruments négociables, dans la mesure où les obligations nées de ces autres instruments négociables dérivent de leur caractère négociable;

e) les conventions d'arbitrage et d'élection de for;

f) les questions relevant du droit des sociétés, associations et personnes morales, telles que la constitution, par enregistrement ou autrement, la capacité juridique, le fonctionnement interne et la dissolution des sociétés, associations et personnes morales, ainsi que la responsabilité personnelle légale des associés et des agents pour les dettes de la société, association ou personne morale;

g) la question de savoir si un représentant peut engager, envers les tiers, la personne pour le compte de laquelle il prétend agir ou si un organe d'une société, d'une association ou d'une personne morale peut engager, envers les tiers, cette société, association ou personne morale;

h) la constitution des trusts et les relations qu'ils créent entre les constituants, les trustees et les bénéficiaires;

i) les obligations découlant de tractations menées avant la conclusion d'un contrat;

j) les contrats d'assurance découlant des activités menées par des organismes autres que les entreprises visées à l'article 2 de la directive 2002/83/CE du Parlement européen et du Conseil du 5 novembre 2002 concernant l'assurance directe sur la vie, ayant pour objet de verser des prestations à des personnes salariées ou à des personnes indépendantes faisant partie d'une entreprise ou d'un groupe d'entreprises, en cas de décès, en cas de vie, en cas de cessation ou de réduction d'activités, en cas de maladie professionnelle ou d'accident du travail.

3. Le présent règlement ne s'applique pas à la preuve et à la procédure, sans préjudice de l'article 18.

4. Dans le présent règlement, on entend par «État membre» tous les États membres auxquels le présent règlement s'applique. Toutefois, à l'article 3, paragraphe 4, ainsi qu'à l'article 7, ce terme désigne tous les États membres.

Art. 2 *Caractère universel.* La loi désignée par le présent règlement s'applique même si cette loi n'est pas celle d'un État membre.

CHAPITRE II

Règles uniformes

Art. 3 *Liberté de choix.* 1. Le contrat est régi par la loi choisie par les parties. Le choix est exprès ou résulte de façon certaine des dispositions du contrat ou des circonstances de la cause. Par ce choix, les parties peuvent désigner la loi applicable à la totalité ou à une partie seulement de leur contrat.

2. Les parties peuvent convenir, à tout moment, de faire régir le contrat par une loi autre que celle qui le régissait auparavant soit en vertu d'un choix antérieur selon le présent article, soit en vertu d'autres dispositions du présent règlement. Toute modification quant à la détermination de la loi applicable, intervenue postérieurement à la conclusion du contrat, n'affecte pas la validité formelle du contrat au sens de l'article 11 et ne porte pas atteinte aux droits des tiers.

3. Lorsque tous les autres éléments de la situation sont localisés, au moment de ce choix, dans un pays autre que celui dont la loi est choisie, le choix des parties ne porte pas atteinte à l'application des dispositions auxquelles la loi de cet autre pays ne permet pas de déroger par accord.

4. Lorsque tous les autres éléments de la situation sont localisés, au moment de ce choix, dans un ou plusieurs États membres, le choix par les parties d'une autre loi applicable que celle d'un État membre ne porte pas atteinte, le cas échéant, à l'application des dispositions du droit communautaire auxquelles il n'est pas permis de déroger par accord, et telles que mises en œuvre par l'État membre du for.

5. L'existence et la validité du consentement des parties quant au choix de la loi applicable sont régies par les dispositions établies aux articles 10, 11 et 13.

Art. 4 *Loi applicable à défaut de choix.* 1. A défaut de choix exercé conformément à l'article 3 et sans préjudice des articles 5 à 8, la loi applicable au contrat suivant est déterminée comme suit :

a) le contrat de vente de biens est régi par la loi du pays dans lequel le vendeur a sa résidence habituelle;

b) le contrat de prestation de services est régi par la loi du pays dans lequel le prestataire de services a sa résidence habituelle;

c) le contrat ayant pour objet un droit réel immobilier ou un bail d'immeuble est régi par la loi du pays dans lequel est situé l'immeuble;

d) nonobstant le point c), le bail d'immeuble conclu en vue de l'usage personnel temporaire pour une période maximale de six mois consécutifs est régi par la loi du pays dans lequel le propriétaire a sa résidence habituelle, à condition que le locataire soit une personne physique et qu'il ait sa résidence habituelle dans ce même pays;

e) le contrat de franchise est régi par la loi du pays dans lequel le franchisé a sa résidence habituelle;

f) le contrat de distribution est régi par la loi du pays dans lequel le distributeur a sa résidence habituelle;

g) le contrat de vente de biens aux enchères est régi par la loi du pays où la vente aux enchères a lieu, si ce lieu peut être déterminé;

h) le contrat conclu au sein d'un système multilatéral qui assure ou facilite la rencontre de multiples intérêts acheteurs et vendeurs exprimés par des tiers pour des instruments financiers, au sens de l'article 4, paragraphe 1, point 17), de la directive 2004/39/CE, selon des règles non discrétionnaires et qui est régi par la loi d'un seul pays, est régi par cette loi.

2. Lorsque le contrat n'est pas couvert par le paragraphe 1 ou que les éléments du contrat sont couverts par plusieurs des points a) à h) du paragraphe 1, le contrat est régi par la loi du pays dans lequel la partie qui doit fournir la prestation caractéristique a sa résidence habituelle.

3. Lorsqu'il résulte de l'ensemble des circonstances de la cause que le contrat présente des liens manifestement plus étroits avec un pays autre que celui visé au paragraphe 1 ou 2, la loi de cet autre pays s'applique.

4. Lorsque la loi applicable ne peut être déterminée sur la base du paragraphe 1 ou 2, le contrat est régi par la loi du pays avec lequel il présente les liens les plus étroits.

Art. 5 *Contrats de transport.* 1. À défaut de choix exercé conformément à l'article 3, la loi applicable au contrat de transport de marchandises est la loi du pays dans lequel le transporteur a sa résidence habituelle, pourvu que le lieu de chargement ou le lieu de livraison ou encore la résidence habituelle de l'expéditeur se situe aussi dans ce pays. Si ces conditions ne sont pas satisfaites, la loi du pays dans lequel se situe le lieu de livraison convenu par les parties s'applique.

2. À défaut de choix exercé conformément au deuxième alinéa du présent paragraphe, la loi applicable au contrat de transport de passagers est la loi du pays dans lequel le passager a sa résidence habituelle, pourvu que le lieu de départ ou le lieu d'arrivée se situe dans ce pays. Si ces conditions ne sont pas satisfaites, la loi du pays dans lequel le transporteur a sa résidence habituelle s'applique.

Les parties ne peuvent choisir comme loi applicable au contrat de transport de passagers, conformément à l'article 3, que la loi du pays dans lequel :

a) le passager a sa résidence habituelle, ou

b) le transporteur a sa résidence habituelle, ou

c) le transporteur a son lieu d'administration centrale, ou

d) le lieu de départ est situé, ou

e) le lieu de destination est situé.

3. S'il résulte de l'ensemble des circonstances de la cause que le contrat présente des liens manifestement plus étroits avec un pays autre que celui visé au paragraphe 1 ou 2, la loi de cet autre pays s'applique.

Art. 6 *Contrats de consommation.* 1. Sans préjudice des articles 5 et 7, un contrat conclu par une personne physique (ci-après «le consommateur»), pour un usage pouvant être considéré comme étranger à son activité professionnelle, avec une autre personne (ci-après «le professionnel»), agissant dans l'exercice de son activité professionnelle, est régi par la loi du pays où le consommateur a sa résidence habituelle, à condition que le professionnel :

a) exerce son activité professionnelle dans le pays dans lequel le consommateur a sa résidence habituelle, ou

b) par tout moyen, dirige cette activité vers ce pays ou vers plusieurs pays, dont celui-ci, et que le contrat rentre dans le cadre de cette activité.

2. Nonobstant les dispositions du paragraphe 1, les parties peuvent choisir la loi applicable à un contrat satisfaisant aux conditions du paragraphe 1, conformément à l'article 3. Ce choix ne peut cependant avoir pour résultat de priver le consommateur de la protection que lui assurent les dispositions auxquelles il ne peut être dérogé par accord en vertu de la loi qui aurait été applicable, en l'absence de choix, sur la base du paragraphe 1.

3. Si les conditions établies au paragraphe 1, point*[s]* a) ou b), ne sont pas remplies, la loi applicable à un contrat entre un consommateur et un professionnel est déterminée conformément aux articles 3 et 4.

4. Les paragraphes 1 et 2 ne s'appliquent pas :

a) au contrat de fourniture de services lorsque les services dus au consommateur doivent être fournis exclusivement dans un pays autre que celui dans lequel il a sa résidence habituelle;

b) au contrat de transport autre qu'un contrat portant sur un voyage à forfait au sens de la directive 90/314/CEE du Conseil du 13 juin 1990 concernant les voyages, vacances et circuits à forfait;

c) au contrat ayant pour objet un droit réel immobilier ou un bail d'immeuble autre qu'un contrat ayant pour objet un droit d'utilisation à temps partiel de biens immobiliers au sens de la directive 2008/122/CE;

d) aux droits et obligations qui constituent des instruments financiers, et aux droits et obligations qui constituent les modalités et conditions qui régissent l'émission ou l'offre au public et les offres publiques d'achat de valeurs mobilières, et la souscription et le remboursement de parts d'organismes de placement collectif, dans la mesure où ces activités ne constituent pas la fourniture d'un service financier;

e) au contrat conclu dans le cadre du type de système relevant du champ d'application de l'article 4, paragraphe 1, point h).

Art. 7 *Contrats d'assurance.* 1. Le présent article s'applique aux contrats visés au paragraphe 2, que le risque couvert soit situé ou non dans un État membre, et à tous les autres contrats d'assurance couvrant des risques situés à l'intérieur du territoire des États membres. Il ne s'applique pas aux contrats de réassurance.

2. Les contrats d'assurance couvrant des grands risques, tels que définis à l'article 5, point d), de la première directive 73/239/CEE du Conseil du 24 juillet 1973, portant coordination des dispositions législatives, réglementaires et administratives concernant l'accès à l'activité de l'assurance directe autre que l'assurance sur la vie, et son

exercice sont régis par la loi choisie par les parties conformément à l'article 3 du présent règlement.

À défaut de choix par les parties de la loi applicable, le contrat d'assurance est régi par la loi du pays où l'assureur a sa résidence habituelle. S'il résulte de l'ensemble des circonstances que le contrat présente des liens manifestement plus étroits avec un autre pays, la loi de cet autre pays s'applique.

3. Dans le cas d'un contrat d'assurance autre qu'un contrat relevant du paragraphe 2, les parties peuvent uniquement choisir comme loi applicable conformément à l'article 3 :

a) la loi de tout État membre où le risque est situé au moment de la conclusion du contrat;

b) la loi du pays dans lequel le preneur d'assurance a sa résidence habituelle;

c) dans le cas d'un contrat d'assurance vie, la loi de l'État membre dont le preneur d'assurance est ressortissant;

d) dans le cas d'un contrat d'assurance couvrant des risques limités à des sinistres survenant dans un État membre autre que celui où le risque est situé, la loi de l'État membre de survenance;

e) lorsque le titulaire d'un contrat d'assurance relevant du présent paragraphe exerce une activité commerciale, industrielle ou libérale et que le contrat d'assurance couvre deux ou plusieurs risques relatifs à ces activités et situés dans différents États membres, la loi de l'un des États membres concernés ou la loi du pays de résidence habituelle du preneur d'assurance.

Lorsque, dans les cas visés aux points a), b) ou e), les États membres mentionnés accordent une plus large liberté de choix de la loi applicable au contrat d'assurance, les parties peuvent faire usage de cette liberté.

À défaut de choix par les parties de la loi applicable conformément au présent paragraphe, le contrat est régi par la loi de l'État membre où le risque est situé au moment de la conclusion du contrat.

4. Les règles supplémentaires suivantes s'appliquent aux contrats d'assurance couvrant des risques pour lesquels un État membre impose l'obligation de souscrire une assurance :

a) le contrat d'assurance ne satisfait à l'obligation de souscrire une assurance que s'il est conforme aux dispositions spécifiques relatives à cette assurance prévues par l'État membre qui impose l'obligation. Lorsqu'il y a contradiction entre la loi de l'État membre où le risque est situé et celle de l'État membre qui impose l'obligation de souscrire une assurance, cette dernière prévaut;

b) par dérogation aux paragraphes 2 et 3, un État membre peut disposer que le contrat d'assurance est régi par la loi de l'État membre qui impose l'obligation de souscrire une assurance.

5. Aux fins du paragraphe 3, troisième alinéa, et du paragraphe 4, lorsque le contrat couvre des risques situés dans plus d'un État membre, le contrat est considéré comme constituant plusieurs contrats dont chacun ne se rapporte qu'à un seul État membre.

6. Aux fins du présent article, le pays où le risque est situé est déterminé conformément à l'article 2, point d), de la deuxième directive 88/357/CEE du Conseil du 22 juin 1988 portant coordination des dispositions législatives, réglementaires et administratives concernant l'assurance directe autre que l'assurance vie et fixant les dispositions destinées à faciliter l'exercice effectif de la libre prestation de services et, dans le cas de

l'assurance vie, le pays où le risque est situé est le pays de l'engagement, au sens de l'article 1er, paragraphe 1, point g), de la directive 2002/83/CE.

Art. 8 *Contrats individuels de travail.* 1. Le contrat individuel de travail est régi par la loi choisie par les parties conformément à l'article 3. Ce choix ne peut toutefois avoir pour résultat de priver le travailleur de la protection que lui assurent les dispositions auxquelles il ne peut être dérogé par accord en vertu de la loi qui, à défaut de choix, aurait été applicable selon les paragraphes 2, 3 et 4 du présent article.

2. À défaut de choix exercé par les parties, le contrat individuel de travail est régi par la loi du pays dans lequel ou, à défaut, à partir duquel le travailleur, en exécution du contrat, accomplit habituellement son travail. Le pays dans lequel le travail est habituellement accompli n'est pas réputé changer lorsque le travailleur accomplit son travail de façon temporaire dans un autre pays.

3. Si la loi applicable ne peut être déterminée sur la base du paragraphe 2, le contrat est régi par la loi du pays dans lequel est situé l'établissement qui a embauché le travailleur.

4. S'il résulte de l'ensemble des circonstances que le contrat présente des liens plus étroits avec un autre pays que celui visé au paragraphe 2 ou 3, la loi de cet autre pays s'applique.

Art. 9 *Lois de police.* 1. Une loi de police est une disposition impérative dont le respect est jugé crucial par un pays pour la sauvegarde de ses intérêts publics, tels que son organisation politique, sociale ou économique, au point d'en exiger l'application à toute situation entrant dans son champ d'application, quelle que soit par ailleurs la loi applicable au contrat d'après le présent règlement.

2. Les dispositions du présent règlement ne pourront porter atteinte à l'application des lois de police du juge saisi.

3. Il pourra également être donné effet aux lois de police du pays dans lequel les obligations découlant du contrat doivent être ou ont été exécutées, dans la mesure où lesdites lois de police rendent l'exécution du contrat illégale. Pour décider si effet doit être donné à ces lois de police, il est tenu compte de leur nature et de leur objet, ainsi que des conséquences de leur application ou de leur non-application.

Art. 10 *Consentement et validité au fond.* 1. L'existence et la validité du contrat ou d'une disposition de celui-ci sont soumises à la loi qui serait applicable en vertu du présent règlement si le contrat ou la disposition étaient valables.

2. Toutefois, pour établir qu'elle n'a pas consenti, une partie peut se référer à la loi du pays dans lequel elle a sa résidence habituelle s'il résulte des circonstances qu'il ne serait pas raisonnable de déterminer l'effet du comportement de cette partie d'après la loi prévue au paragraphe 1.

Art. 11 *Validité formelle.* 1. Un contrat conclu entre des personnes ou leurs représentants, qui se trouvent dans le même pays au moment de sa conclusion, est valable quant à la forme s'il satisfait aux conditions de forme de la loi qui le régit au fond en vertu du présent règlement ou de la loi du pays dans lequel il a été conclu.

2. Un contrat conclu entre des personnes ou leurs représentants, qui se trouvent dans des pays différents au moment de sa conclusion, est valable quant à la forme s'il satisfait aux conditions de forme de la loi qui le régit au fond en vertu du présent règlement ou de la loi d'un des pays dans lequel se trouve l'une ou l'autre des parties ou son représentant au

moment de sa conclusion ou de la loi du pays dans lequel l'une ou l'autre des parties avait sa résidence habituelle à ce moment-là.

3. Un acte juridique unilatéral relatif à un contrat conclu ou à conclure est valable quant à la forme s'il satisfait aux conditions de forme de la loi qui régit ou régirait au fond le contrat en vertu du présent règlement ou de la loi du pays dans lequel cet acte est intervenu ou de la loi du pays dans lequel la personne qui l'a accompli avait sa résidence habituelle à ce moment.

4. Les dispositions des paragraphes 1, 2 et 3 du présent article ne s'appliquent pas aux contrats qui entrent dans le champ d'application de l'article 6. La forme de ces contrats est régie par la loi du pays dans lequel le consommateur a sa résidence habituelle.

5. Nonobstant les dispositions des paragraphes 1 à 4, tout contrat ayant pour objet un droit réel immobilier ou un bail d'immeuble est soumis aux règles de forme de la loi du pays où l'immeuble est situé, pour autant que, selon cette loi :

a) ces règles s'appliquent quels que soient le lieu de conclusion du contrat et la loi le régissant au fond, et

b) ne peut être dérogé à ces règles par accord.

Art. 12 *Domaine de la loi du contrat.* 1. La loi applicable au contrat en vertu du présent règlement régit notamment :

a) son interprétation;

b) l'exécution des obligations qu'il engendre;

c) dans les limites des pouvoirs attribués à la juridiction saisie par son droit procédural, les conséquences de l'inexécution totale ou partielle de ces obligations, y compris l'évaluation du dommage dans la mesure où des règles de droit la gouvernent;

d) les divers modes d'extinction des obligations, ainsi que les prescriptions et déchéances fondées sur l'expiration d'un délai;

e) les conséquences de la nullité du contrat.

2. En ce qui concerne les modalités d'exécution et les mesures à prendre par le créancier en cas de défaut dans l'exécution, on aura égard à la loi du pays où l'exécution a lieu.

Art. 13 *Incapacité.* Dans un contrat conclu entre personnes se trouvant dans un même pays, une personne physique qui serait capable selon la loi de ce pays ne peut invoquer son incapacité résultant de la loi d'un autre pays que si, au moment de la conclusion du contrat, le cocontractant a connu cette incapacité ou ne l'a ignorée qu'en raison d'une imprudence de sa part.

Art. 14 *Cession de créances et subrogation conventionnelle.* 1. Les relations entre le cédant et le cessionnaire ou entre le subrogeant et le subrogé se rapportant à une créance détenue envers un tiers (« le débiteur ») sont régies par la loi qui, en vertu du présent règlement, s'applique au contrat qui les lie.

2. La loi qui régit la créance faisant l'objet de la cession ou de la subrogation détermine le caractère cessible de celle-ci, les rapports entre cessionnaire ou subrogé et débiteur, les conditions d'opposabilité de la cession ou subrogation au débiteur et le caractère libératoire de la prestation faite par le débiteur.

3. La notion de cession au sens du présent article inclut les transferts de créances purs et simples ou à titre de garantie, ainsi que les nantissements ou autres sûretés sur les créances.

Art. 15 *Subrogation légale.* Lorsqu'en vertu d'un contrat une personne (« le créancier ») a des droits à l'égard d'une autre personne (« le débiteur ») et qu'un tiers a l'obligation de désintéresser le créancier ou encore que le tiers a désintéressé le créancier en exécution de cette obligation, la loi applicable à cette obligation du tiers détermine si et dans quelle mesure celui-ci peut exercer les droits détenus par le créancier contre le débiteur selon la loi régissant leurs relations.

Art. 16 *Pluralité de débiteurs.* Lorsqu'un créancier a des droits à l'égard de plusieurs débiteurs qui sont tenus à la même obligation et que l'un d'entre eux l'a déjà désintéressé en totalité ou en partie, la loi applicable à l'obligation de ce débiteur envers le créancier régit également le droit du débiteur d'exercer une action récursoire contre les autres débiteurs. Les autres débiteurs peuvent faire valoir les droits dont ils disposaient à l'égard du créancier dans la mesure prévue par la loi régissant leurs obligations envers le créancier.

Art. 17 *Compensation légale.* À défaut d'accord entre les parties sur la possibilité de procéder à une compensation, la compensation est régie par la loi applicable à l'obligation contre laquelle elle est invoquée.

Art. 18 *Charge de la preuve.* 1. La loi régissant l'obligation contractuelle en vertu du présent règlement s'applique dans la mesure où, en matière d'obligations contractuelles, elle établit des présomptions légales ou répartit la charge de la preuve.

2. Les actes juridiques peuvent être prouvés par tout mode de preuve admis soit par la loi du for, soit par l'une des lois visées à l'article 11, selon laquelle l'acte est valable quant à la forme, pour autant que la preuve puisse être administrée selon ce mode devant la juridiction saisie.

CHAPITRE III
Autres dispositions

Art. 19 *Résidence habituelle.* 1. Aux fins du présent règlement, la résidence habituelle d'une société, association ou personne morale est le lieu où elle a établi son administration centrale.

La résidence habituelle d'une personne physique agissant dans l'exercice de son activité professionnelle est le lieu où cette personne a son établissement principal.

2. Lorsque le contrat est conclu dans le cadre de l'exploitation d'une succursale, d'une agence ou de tout autre établissement, ou si, selon le contrat, la prestation doit être fournie par lesdits succursale, agence ou autre établissement, le lieu où est situé cette succursale, cette agence ou tout autre établissement est traité comme résidence habituelle.

3. La résidence habituelle est déterminée au moment de la conclusion du contrat.

Art. 20 *Exclusion du renvoi.* Lorsque le présent règlement prescrit l'application de la loi d'un pays, elle entend les règles de droit matériel en vigueur dans ce pays à l'exclusion des règles de droit international privé, sauf disposition contraire du présent règlement.

Art. 21 *Ordre public du for.* L'application d'une disposition de la loi désignée par le présent règlement ne peut être écartée que si cette application est manifestement incompatible avec l'ordre public du for.

Art. 22 *Systèmes non unifiés.* 1. Lorsqu'un État comprend plusieurs unités territoriales dont chacune a ses propres règles en matière d'obligations contractuelles, chaque unité territoriale est considérée comme un pays aux fins de la détermination de la loi applicable selon le présent règlement.

2. Un État membre dans lequel différentes unités territoriales ont leurs propres règles juridiques en matière d'obligations contractuelles n'est pas tenu d'appliquer le présent règlement aux conflits concernant uniquement les lois de ces unités.

Art. 23 *Relation avec d'autres dispositions du droit communautaire.* A l'exception de l'article 7, le présent règlement n'affecte pas l'application des dispositions de droit communautaire qui, dans des domaines particuliers, règlent les conflits de lois en matière d'obligations contractuelles.

Art. 24 *Relation avec la convention de Rome.* 1. Le présent règlement remplace, entre les États membres, la convention de Rome, sauf en ce qui concerne les territoires des États membres qui entrent dans le champ d'application territorial de cette convention et qui sont exclus du présent règlement en vertu de l'article 299 du traité.

2. Dans la mesure où le présent règlement remplace entre les États membres les dispositions de la convention de Rome, toute référence faite à celle-ci s'entend comme faite au présent règlement.

Art. 25 *Relation avec des conventions internationales existantes.* 1. Le présent règlement n'affecte pas l'application des conventions internationales auxquelles un ou plusieurs États membres sont parties lors de l'adoption du présent règlement et qui règlent les conflits de lois en matière d'obligations contractuelles.

2. Toutefois, le présent règlement prévaut entre les États membres sur les conventions conclues exclusivement entre deux ou plusieurs d'entre eux dans la mesure où elles concernent des matières réglées par le présent règlement.

Art. 26 *Liste des conventions.* 1. Au plus tard le 17 juin 2009, les États membres communiquent à la Commission les conventions visées à l'article 25, paragraphe 1. Après cette date, les États membres communiquent à la Commission toute dénonciation de ces conventions.

2. Dans un délai de six mois après réception des communications visées au paragraphe 1, la Commission publie au Journal officiel de l'Union européenne :

a) la liste des conventions visées au paragraphe 1 ;

b) les dénonciations visées au paragraphe 1.

Art. 27 *Clause de réexamen.* 1. Au plus tard le 17 juin 2013, la Commission présente au Parlement européen, au Conseil et au Comité économique et social européen un rapport relatif à l'application du présent règlement. Ce rapport est accompagné, le cas échéant, de propositions visant à modifier le présent règlement. Il comprend :

a) une étude sur la loi applicable aux contrats d'assurance et une évaluation de l'impact des dispositions à introduire, le cas échéant, et

b) une évaluation de l'application de l'article 6, en particulier en ce qui concerne la cohérence du droit communautaire dans le domaine de la protection des consommateurs.

2. Au plus tard le 17 juin 2010, la Commission présente au Parlement européen, au Conseil et au Comité économique et social européen un rapport relatif à la question de l'opposabilité d'une cession ou subrogation aux tiers, ainsi que du rang de la créance faisant l'objet de ladite cession ou subrogation par rapport aux droits détenus par d'autres personnes. Ce rapport est accompagné, le cas échéant, d'une proposition de modification du présent règlement et d'une évaluation de l'impact des dispositions à introduire.

Art. 28 *Application dans le temps.* Le présent règlement s'applique aux contrats conclus *(Rect. JOUE L 309 du 24 nov. 2009)* «à compter du» 17 décembre 2009.

CHAPITRE IV

Dispositions finales

Art. 29 *Entrée en vigueur et application.* Le présent règlement entre en vigueur le vingtième jour suivant celui de sa publication au *Journal officiel de l'Union européenne.*

Il est applicable à partir du 17 décembre 2009, à l'exception de l'article 26, qui s'applique à partir du 17 juin 2009.

Le présent règlement est obligatoire dans tous ses éléments et directement applicable dans tout État membre conformément au traité instituant la Communauté européenne.

21 Règlement (CE) nº 4/2009 du Conseil du 18 décembre 2008 relatif à la compétence, la loi applicable, la reconnaissance et l'exécution des décisions et la coopération en matière d'obligations alimentaires

Applicable depuis le 18 juin 2011
Modifié par Règlement d'exécution (UE) nº 1142/2011 de la Commission du 10 novembre 2011,
Règlement (UE) nº 517/2 013 du Conseil du 13 mai 2013,
Règlement d'exécution (UE) nº 2015/228 de la Commission du 17 février 2015,
Règlement d'exécution (UE) nº 2018/1937 de la Commission du 10 décembre 2018
(Version consolidée)

Le Conseil de l'Union européenne,

Vu le traité instituant la Communauté européenne, et notamment son article 61, point c) et son article 67, paragraphe 2,

Vu la proposition de la Commission,

Vu l'avis du Parlement européen,

Vu l'avis du Comité économique et social européen,

Considérant ce qui suit :

(1) La Communauté s'est donné pour objectif de maintenir et de développer un espace de liberté, de sécurité et de justice au sein duquel est assurée la libre circulation des personnes. Pour la mise en place progressive de cet espace, la Communauté doit adopter, entre autres, des mesures relevant du domaine de la coopération judiciaire dans les matières civiles ayant des incidences transfrontalières, dans la mesure nécessaire au bon fonctionnement du marché intérieur.

(2) Conformément à l'article 65, point b), du traité, ces mesures doivent viser, entre autres, à favoriser la compatibilité des règles applicables dans les États membres en matière de conflits de lois et de compétence.

(3) À cet égard, la Communauté a déjà adopté, entre autres mesures, le règlement (CE) nº 44/2001 du Conseil du 22 décembre 2000 concernant la compétence judiciaire, la reconnaissance et l'exécution des décisions en matière civile et commerciale, la décision

2001/470/CE du Conseil du 28 mai 2001 relative à la création d'un réseau judiciaire européen en matière civile et commerciale, le règlement (CE) n° 1206/2001 du Conseil du 28 mai 2001 relatif à la coopération entre les juridictions des États membres dans le domaine de l'obtention des preuves en matière civile et commerciale, la directive 2003/8/CE du Conseil du 27 janvier 2003 visant à améliorer l'accès à la justice dans les affaires transfrontalières par l'établissement de règles minimales communes relatives à l'aide judiciaire accordée dans le cadre de telles affaires, le règlement (CE) n° 2201/2003 du Conseil du 27 novembre 2003 relatif à la compétence, la reconnaissance et l'exécution des décisions en matière matrimoniale et en matière de responsabilité parentale, le règlement (CE) n° 805/2004 du Parlement européen et du Conseil du 21 avril 2004 portant création d'un titre exécutoire européen pour les créances incontestées et le règlement (CE) n° 1393/2007 du Parlement européen et du Conseil du 13 novembre 2007 relatif à la signification et à la notification dans les États membres des actes judiciaires et extrajudiciaires en matière civile ou commerciale (« signification ou notification des actes »).

(4) Le Conseil européen, réuni à Tampere les 15 et 16 octobre 1999, a invité le Conseil et la Commission à établir des règles de procédure communes spéciales en vue de simplifier et d'accélérer le règlement des litiges transfrontaliers concernant entre autres les créances alimentaires. Il a aussi appelé à la suppression des mesures intermédiaires requises pour permettre la reconnaissance et l'exécution dans l'État requis d'une décision rendue dans un autre État membre, notamment d'une décision concernant une créance alimentaire.

(5) Un programme de mesures sur la mise en œuvre du principe de reconnaissance mutuelle des décisions en matière civile et commerciale, commun à la Commission et au Conseil, a été adopté le 30 novembre 2000. Ce programme prévoit la suppression de la procédure d'exequatur pour les créances alimentaires dans le but de rendre plus efficaces les moyens dont les créanciers d'aliments disposent pour faire respecter leurs droits.

(6) Le Conseil européen, réuni à Bruxelles les 4 et 5 novembre 2004, a adopté un nouveau programme, intitulé « Le programme de La Haye : renforcer la liberté, la sécurité et la justice dans l'Union européenne » (ci-après dénommé « le programme de La Haye »).

(7) Le Conseil a adopté, lors de sa session des 2 et 3 juin 2005, un plan d'action du Conseil et de la Commission qui traduit le programme de La Haye en actions concrètes et qui mentionne la nécessité d'adopter des propositions sur les obligations alimentaires.

(8) Dans le cadre de la Conférence de La Haye de droit international privé, la Communauté et ses États membres ont participé à des négociations qui ont abouti le 23 novembre 2007 à l'adoption de la convention sur le recouvrement international des aliments destinés aux enfants et à d'autres membres de la famille (ci-après dénommée « la convention de La Haye de 2007 ») et du protocole sur la loi applicable aux obligations alimentaires (ci-après dénommé « le protocole de La Haye de 2007 »). Il convient, dès lors, de tenir compte de ces deux instruments dans le cadre du présent règlement.

(9) Un créancier d'aliments devrait être à même d'obtenir facilement, dans un État membre, une décision qui sera automatiquement exécutoire dans un autre État membre sans aucune autre formalité.

(10) Afin d'atteindre cet objectif, il est opportun de créer un instrument communautaire en matière d'obligations alimentaires regroupant les dispositions sur les conflits de ju-

ridictions, les conflits de lois, la reconnaissance et la force exécutoire, l'exécution, l'aide judiciaire et la coopération entre autorités centrales.

(11) Le champ d'application du présent règlement devrait s'étendre à toutes les obligations alimentaires découlant de relations de famille, de parenté, de mariage ou d'alliance, et ce afin de garantir une égalité de traitement entre tous les créanciers d'aliments. Aux fins du présent règlement, la notion d'« obligation alimentaire » devrait être interprétée de manière autonome.

(12) Afin de prendre en compte les différentes façons de régler les questions relatives aux obligations alimentaires dans les États membres, le présent règlement devrait s'appliquer tant aux décisions juridictionnelles qu'aux décisions rendues par des autorités administratives, pour autant que ces autorités offrent des garanties notamment en ce qui concerne leur impartialité et le droit des parties à être entendues. Ces autorités devraient dès lors appliquer toutes les règles du présent règlement.

(13) Pour les raisons énoncées ci-dessus, il convient également dans le présent règlement d'assurer la reconnaissance et l'exécution des transactions judiciaires et des actes authentiques, sans que cela n'affecte le droit de l'une ou l'autre partie à une telle transaction ou à un tel acte à contester de tels instruments devant une juridiction de l'État membre d'origine.

(14) Il convient de prévoir dans le présent règlement que le terme « créancier » inclut, aux fins d'une demande de reconnaissance et d'exécution d'une décision en matière d'obligations alimentaires, les organismes publics qui ont le droit d'agir en lieu et place d'une personne à laquelle des aliments sont dus ou de demander le remboursement de prestations fournies au créancier à titre d'aliments. Lorsqu'un organisme public agit en cette qualité, il devrait avoir droit aux mêmes services et à la même aide judiciaire qu'un créancier.

(15) Afin de préserver les intérêts des créanciers d'aliments et de favoriser une bonne administration de la justice au sein de l'Union européenne, les règles relatives à la compétence telles qu'elles résultent du règlement (CE) n° 44/2001 devraient être adaptées. La circonstance qu'un défendeur a sa résidence habituelle dans un État tiers ne devrait plus être de nature à exclure l'application des règles communautaires de compétence, et plus aucun renvoi aux règles de compétence du droit national ne devrait désormais être envisagé. Il y a donc lieu de déterminer dans le présent règlement les cas dans lesquels une juridiction d'un État membre peut exercer une compétence subsidiaire.

(16) Afin de remédier tout particulièrement à des situations de déni de justice, il y a lieu de prévoir dans le présent règlement un forum necessitatis permettant à une juridiction d'un État membre, dans des cas exceptionnels, de connaître d'un litige qui présente un lien étroit avec un État tiers. Un tel cas exceptionnel pourrait être constitué lorsqu'une procédure se révèle impossible dans l'État tiers concerné, par exemple en raison d'une guerre civile, ou lorsqu'on ne peut raisonnablement attendre du demandeur qu'il introduise ou conduise une procédure dans cet État. La compétence fondée sur le forum necessitatis ne pourrait cependant être exercée que si le litige présente un lien suffisant avec l'État membre de la juridiction saisie, comme par exemple la nationalité d'une des parties.

(17) Une règle de compétence supplémentaire devrait prévoir que, sauf conditions particulières, une procédure pour modifier une décision alimentaire existante ou obtenir une nouvelle décision ne peut être introduite par le débiteur que dans l'État dans lequel le créancier avait sa résidence habituelle lorsque la décision a été rendue et dans lequel

il continue à résider habituellement. Afin d'assurer une bonne articulation entre la convention de La Haye de 2007 et le présent règlement, il convient d'appliquer aussi cette règle aux décisions d'un État tiers partie à ladite convention, dans la mesure où celle-ci est en vigueur entre l'État concerné et la Communauté, et couvre les mêmes obligations alimentaires dans l'État concerné et dans la Communauté.

(18) Aux fins de l'application du présent règlement, il convient de prévoir qu'en Irlande, la notion de « nationalité » est remplacée par la notion de « domicile », de même qu'au Royaume-Uni, pour autant que le présent règlement soit applicable dans cet État membre en vertu de l'article 4 du protocole sur la position du Royaume-Uni et de l'Irlande annexé au traité sur l'Union européenne et au traité instituant la Communauté européenne.

(19) Afin d'accroître la sécurité juridique, la prévisibilité et l'autonomie des parties, le présent règlement devrait permettre aux parties de choisir d'un commun accord la juridiction compétente en fonction de facteurs de rattachement déterminés. Pour assurer la protection de la partie faible, une telle élection de for devrait être exclue pour les obligations alimentaires à l'égard d'un enfant de moins de dix-huit ans.

(20) Il convient de prévoir dans le présent règlement que, pour les États membres liés par le protocole de La Haye de 2007, les dispositions en matière de règles de conflit de lois applicables sont celles prévues par ledit protocole. À cet effet, une disposition qui renvoie audit protocole devrait être insérée. Le protocole de La Haye de 2007 sera conclu par la Communauté en temps utile pour permettre l'application du présent règlement. Pour tenir compte de l'hypothèse dans laquelle le protocole de La Haye de 2007 ne s'appliquerait pas à tous les États membres, il convient de distinguer aux fins de la reconnaissance, de la force exécutoire et de l'exécution de décisions, les États membres qui sont liés par le protocole de La Haye de 2007 de ceux qui ne le sont pas.

(21) Il convient de préciser dans le cadre du présent règlement que ces règles de conflit de lois ne déterminent que la loi applicable aux obligations alimentaires et ne déterminent pas la loi applicable à l'établissement des relations de famille sur lesquelles se fondent les obligations alimentaires. L'établissement des relations de famille continue à relever du droit national des États membres, en ce compris leurs règles de droit international privé.

(22) Afin d'assurer le recouvrement rapide et efficace d'une créance alimentaire et de prévenir les recours dilatoires, les décisions en matière d'obligations alimentaires rendues dans un État membre devraient, en principe, être assorties de la force exécutoire par provision. Il convient dès lors de prévoir dans le présent règlement que la juridiction d'origine devrait pouvoir déclarer la décision exécutoire par provision même si le droit national ne prévoit pas la force exécutoire de plein droit et même si un recours a été ou pourrait encore être formé contre la décision selon le droit national.

(23) Pour limiter les coûts liés aux procédures régies par le présent règlement, il serait utile d'avoir recours autant que possible aux technologies modernes de communication, notamment lors de l'audition des parties.

(24) Les garanties apportées par l'application des règles de conflit de lois devraient justifier que les décisions en matière d'obligations alimentaires rendues dans un État membre lié par le protocole de La Haye de 2007 soient reconnues et jouissent de la force exécutoire dans tous les autres États membres sans qu'aucune procédure ne soit requise et sans qu'aucune forme de contrôle sur le fond ne soit effectuée dans l'État membre d'exécution.

(25) La reconnaissance dans un État membre d'une décision en matière d'obligations alimentaires a pour seul objet de permettre le recouvrement de la créance alimentaire déterminée dans la décision. Elle n'implique pas la reconnaissance par cet État membre des relations de famille, de parenté, de mariage ou d'alliance qui sont à l'origine des obligations alimentaires ayant donné lieu à la décision.

(26) Pour les décisions rendues dans un État membre non lié par le protocole de La Haye de 2007, il y a lieu de prévoir dans le présent règlement une procédure de reconnaissance et de déclaration constatant la force exécutoire. Cette procédure devrait s'inspirer de la procédure et des motifs de refus de reconnaissance prévus par le règlement (CE) n° 44/2001. Afin d'accélérer la procédure et de permettre au créancier de recouvrer rapidement sa créance, il convient de prévoir que la juridiction saisie devrait rendre sa décision dans des délais déterminés, sauf circonstances exceptionnelles.

(27) Il convient également de limiter le plus possible les formalités d'exécution de nature à alourdir les frais à la charge du créancier d'aliments. À cet effet, le présent règlement devrait prévoir que le créancier d'aliments n'est pas tenu d'avoir une adresse postale ni un représentant autorisé dans l'État membre d'exécution, sans qu'il soit par ailleurs porté atteinte à l'organisation interne des États membres en matière de procédures d'exécution.

(28) Afin de limiter les frais liés aux procédures d'exécution, aucune traduction ne devrait être requise, sauf si l'exécution est contestée et sans préjudice des règles applicables à la signification et à la notification des actes.

(29) Afin de garantir le respect des exigences du procès équitable, il y a lieu de prévoir dans le présent règlement le droit pour un défendeur qui n'aurait pas comparu devant la juridiction d'origine d'un État membre lié par le protocole de La Haye de 2007 de demander, au stade de l'exécution de la décision rendue contre lui, le réexamen de celle-ci. Toutefois, le défendeur devrait demander ce réexamen dans un délai déterminé qui devrait courir au plus tard à compter du jour où, au stade de la procédure d'exécution, ses biens sont rendus indisponibles pour la première fois en tout ou partie. Ce droit au réexamen devrait être un recours extraordinaire octroyé au défendeur défaillant, n'affectant pas l'exercice d'autres voies de recours extraordinaires prévues par le droit de l'État membre d'origine, pour autant que lesdites voies de recours ne soient pas incompatibles avec le droit au réexamen prévu par le présent règlement.

(30) Afin d'accélérer l'exécution d'une décision rendue dans un État membre lié par le protocole de La Haye de 2007 dans un autre État membre, il y a lieu de limiter les motifs de refus ou de suspension de l'exécution qui pourront être invoqués par le débiteur en raison du caractère transfrontalier de la créance alimentaire. Cette limitation ne devrait pas porter atteinte aux motifs de refus ou de suspension prévus par le droit national qui ne sont pas incompatibles avec ceux énumérés dans le présent règlement, tels que l'acquittement de la dette par le débiteur au moment de l'exécution ou la nature insaisissable de certains biens.

(31) Afin de faciliter le recouvrement transfrontalier de créances alimentaires, il convient de mettre en place un régime de coopération entre les autorités centrales désignées par les États membres. Ces autorités devraient prêter assistance aux créanciers et aux débiteurs d'aliments pour faire valoir leurs droits dans un autre État membre par la présentation de demandes de reconnaissance, de constatation de la force exécutoire et d'exécution de décisions existantes, de modification de telles décisions ou d'obtention d'une décision. Elles devraient également échanger des informations aux fins de localiser les débiteurs et les

créanciers et d'identifier leurs revenus et patrimoine en tant que de besoin. Elles devraient enfin coopérer entre elles en échangeant des informations d'ordre général et promouvoir la coopération entre les autorités compétentes de leur État membre.

(32) Une autorité centrale désignée en vertu du présent règlement devrait prendre en charge ses propres frais, sauf exceptions spécifiquement déterminées, et prêter assistance à tout demandeur ayant sa résidence dans son État membre. Le critère pour déterminer le droit d'une personne à demander assistance auprès d'une autorité centrale devrait être moins strict que le critère de rattachement de « résidence habituelle » utilisé ailleurs dans le présent règlement. Cependant, le critère de « résidence » devrait exclure la simple présence.

(33) Afin de pouvoir prêter pleinement assistance aux créanciers et aux débiteurs d'aliments et faciliter de façon optimale le recouvrement transfrontalier des aliments, les autorités centrales devraient pouvoir obtenir un certain nombre d'informations à caractère personnel. Le présent règlement devrait par conséquent obliger les États membres à veiller à ce que leurs autorités centrales aient accès à de telles informations auprès des autorités publiques ou administrations qui détiennent les informations concernées dans le cadre de leurs activités habituelles. Il convient cependant de laisser à chaque État membre le soin de déterminer les modalités de cet accès. Ainsi, un État membre devrait pouvoir désigner les autorités publiques ou administrations qui seront tenues de fournir les informations à l'autorité centrale conformément au présent règlement, y compris, le cas échéant, des autorités publiques ou des administrations déjà désignées dans le cadre d'autres régimes d'accès aux informations. Lorsqu'un État membre désigne des autorités publiques ou des administrations, il devrait veiller à ce que son autorité centrale soit en mesure d'accéder aux informations requises conformément au présent règlement détenues par celles-ci. Un État membre devrait aussi pouvoir permettre à son autorité centrale d'accéder aux informations requises auprès de toute autre personne morale qui les détient et qui est responsable de leur traitement.

(34) Dans le cadre de l'accès aux données à caractère personnel, de l'utilisation et de la transmission de celles-ci, il convient de respecter les exigences de la directive 95/46/CE du Parlement européen et du Conseil du 24 octobre 1995 relative à la protection des personnes physiques à l'égard du traitement des données à caractère personnel et à la libre circulation de ces données, telle que transposée dans le droit national des États membres.

(35) Il y a cependant lieu de définir les conditions spécifiques d'accès aux données à caractère personnel, de l'utilisation et de la transmission de celles-ci aux fins de l'application du présent règlement. Dans ce contexte, l'avis du Contrôleur européen de la protection des données a été pris en considération. L'avis à la personne visée par la collecte des informations devrait être effectué conformément au droit national. Il convient cependant de prévoir la possibilité de différer cet avis pour empêcher le débiteur de transférer ses biens et de compromettre ainsi le recouvrement de la créance alimentaire.

(36) Compte tenu des frais de procédures, il convient de prévoir un régime d'aide judiciaire très favorable, à savoir la prise en charge totale des coûts liés aux procédures concernant des obligations alimentaires à l'égard des enfants âgés de moins de 21 ans

engagées par l'intermédiaire des autorités centrales. Les règles existantes en matière d'aide judiciaire au sein de l'Union européenne en vertu de la directive 2003/8/CE devraient par conséquent être complétées par des règles spécifiques créant ainsi un régime particulier d'aide judiciaire en matière d'obligations alimentaires. Dans ce cadre, l'autorité compétente de l'État membre requis devrait pouvoir, à titre exceptionnel, recouvrer les frais auprès d'un demandeur bénéficiaire de l'aide judiciaire gratuite qui succombe, pour autant que sa situation financière le permette. Cela serait notamment le cas d'une personne fortunée qui aurait agi de mauvaise foi.

(37) En outre, pour les obligations alimentaires autres que celles visées au précédent considérant, il y a lieu de garantir à toutes les parties le même traitement en termes d'aide judiciaire au moment de l'exécution d'une décision dans un autre État membre. Ainsi, les dispositions sur la continuité de l'aide judiciaire du présent règlement devraient être entendues comme octroyant également une telle aide à une partie qui, n'ayant pas bénéficié de l'aide judiciaire lors de la procédure visant à l'obtention ou la modification d'une décision dans l'État membre d'origine, en a ensuite bénéficié dans ce même État dans le cadre d'une demande visant à l'exécution de la décision. De même, une partie qui a bénéficié d'une procédure gratuite devant une autorité administrative énumérée à l'annexe X devrait, dans l'État membre d'exécution, se voir accorder le bénéfice de l'aide judiciaire la plus favorable ou de l'exemption de frais et dépens la plus large à condition de justifier qu'elle en aurait bénéficié dans l'État membre d'origine.

(38) Afin de réduire les frais de traduction de pièces justificatives, la juridiction saisie ne devrait exiger la traduction de ces pièces que lorsqu'une traduction est nécessaire, sans préjudice des droits de la défense et des règles applicables à la signification et à la notification des actes.

(39) Afin de faciliter l'application du présent règlement, il convient de prévoir une obligation pour les États membres de communiquer les noms et coordonnées de leurs autorités centrales ainsi que d'autres informations à la Commission. Ces informations devraient être mises à la disposition des praticiens et du public par voie de publication au Journal officiel de l'Union européenne ou d'accès électronique au moyen du réseau judiciaire européen en matière civile et commerciale créé par la décision 2001/470/CE. Par ailleurs, l'utilisation des formulaires prévus au présent règlement devrait faciliter et accélérer la communication entre autorités centrales et permettre la présentation de demandes par voie électronique.

(40) Il convient de régler la relation entre le présent règlement et les conventions et accords bilatéraux ou multilatéraux en matière d'obligations alimentaires auxquelles les États membres sont parties. Dans ce contexte, il y a lieu de prévoir que les États membres parties à la convention du 23 mars 1962 entre la Suède, le Danemark, la Finlande, l'Islande et la Norvège sur le recouvrement des créances alimentaires pourront continuer à appliquer celle-ci compte tenu du fait qu'elle contient des règles en matière de reconnaissance et d'exécution plus favorables que celles prévues par le présent règlement. S'agissant des accords bilatéraux futurs en matière d'obligations alimentaires avec des États tiers, les procédures et conditions dans lesquelles les États membres seraient autorisés à négocier et à conclure en leur propre nom de tels accords

devraient être déterminées dans le cadre des discussions relatives à une proposition de la Commission sur ce sujet.

(41) Pour le calcul des périodes et délais prévus par le présent règlement, le règlement (CEE, Euratom) n° 1182/71 du Conseil du 3 juin 1971 portant détermination des règles applicables aux délais, aux dates et aux termes devrait s'appliquer.

(42) Il y a lieu d'arrêter les mesures nécessaires pour la mise en œuvre du présent règlement en conformité avec la décision 1999/468/CE du Conseil du 28 juin 1999 fixant les modalités de l'exercice des compétences d'exécution conférées à la Commission.

(43) Il convient en particulier d'habiliter la Commission à adopter toute modification des formulaires prévus au présent règlement selon la procédure consultative prévue à l'article 3 de la décision 1999/468/CE. Pour l'établissement de la liste des autorités administratives entrant dans le champ d'application du présent règlement, ainsi que la liste des autorités compétentes en matière d'attestation du droit à l'aide judiciaire, il convient d'habiliter la Commission à agir selon la procédure de gestion prévue à l'article 4 de ladite décision.

(44) Le présent règlement devrait modifier le règlement (CE) n° 44/2001 en remplaçant les dispositions de celui-ci applicables en matière d'obligations alimentaires. Sous réserve des dispositions transitoires du présent règlement, les États membres devraient, en matière d'obligations alimentaires, appliquer les dispositions du présent règlement sur la compétence, sur la reconnaissance, la force exécutoire et l'exécution des décisions et sur l'aide judiciaire à la place de celles du règlement (CE) n° 44/2001 à compter de la date d'application du présent règlement.

(45) Étant donné que les objectifs du présent règlement, à savoir la mise en place d'une série de mesures permettant d'assurer le recouvrement effectif des créances alimentaires dans des situations transfrontalières et dès lors de faciliter la libre circulation des personnes au sein de l'Union européenne, ne peuvent pas être réalisés de manière suffisante par les États membres et peuvent donc, en raison des dimensions et des effets du présent règlement, être mieux réalisés au niveau communautaire, la Communauté peut prendre des mesures, conformément au principe de subsidiarité consacré à l'article 5 du traité. Conformément au principe de proportionnalité tel qu'énoncé audit article, le présent règlement n'excède pas ce qui est nécessaire pour atteindre ces objectifs.

(46) Conformément à l'article 3 du protocole sur la position du Royaume-Uni et de l'Irlande annexé au traité sur l'Union européenne et au traité instituant la Communauté européenne, l'Irlande a notifié son souhait de participer à l'adoption et à l'application du présent règlement.

(47) Conformément aux articles 1er et 2 du protocole sur la position du Royaume-Uni et de l'Irlande annexé au traité sur l'Union européenne et au traité instituant la Communauté européenne, le Royaume-Uni ne participe pas à l'adoption du présent règlement et n'est pas lié par celui-ci ni soumis à son application. Cela est toutefois sans préjudice de la possibilité pour le Royaume-Uni de notifier son intention d'accepter le présent règlement après son adoption conformément à l'article 4 dudit protocole.

(48) Conformément aux articles 1er et 2 du protocole sur la position du Danemark annexé au traité sur l'Union européenne et au traité instituant la Communauté européenne, le Danemark ne participe pas à l'adoption du présent règlement et n'est pas lié par celui-ci ni soumis à son application, sans préjudice de la possibilité pour le Danemark d'appliquer

le contenu des modifications apportées au règlement (CE) nº 44/2001 en vertu de l'article 3 de l'accord du 19 octobre 2005 entre la Communauté européenne et le Royaume du Danemark sur la compétence judiciaire, la reconnaissance et l'exécution des décisions en matière civile et commerciale,

A arrêté le présent règlement :

CHAPITRE I

Champ d'application et définitions

Art. premier *Champ d'application.* 1. Le présent règlement s'applique aux obligations alimentaires découlant de relations de famille, de parenté, de mariage ou d'alliance.

2. Dans le présent règlement, on entend par « État membre » tous les États membres auxquels le présent règlement s'applique.

Art. 2 *Définitions.* 1. Aux fins du présent règlement on entend par :

1) « décision » : une décision en matière d'obligations alimentaires rendue par une juridiction d'un État membre, quelle que soit la dénomination qui lui est donnée, telle qu'arrêt, jugement, ordonnance ou mandat d'exécution, ainsi qu'une décision du greffier fixant le montant des frais du procès. Aux fins des chapitres VII et VIII, on entend par « décision » également une décision en matière d'obligations alimentaires rendue dans un État tiers ;

2) « transaction judiciaire » : une transaction en matière d'obligations alimentaires approuvée par une juridiction ou conclue devant une juridiction au cours d'une procédure ;

3) « acte authentique » :

a) un acte en matière d'obligations alimentaires dressé ou enregistré formellement en tant qu'acte authentique dans l'État membre d'origine et dont l'authenticité :

i) porte sur la signature et le contenu de l'acte authentique, et

ii) a été établie par une autorité publique ou toute autre autorité habilitée à ce faire ; ou

b) une convention en matière d'obligations alimentaires conclue avec des autorités administratives de l'État membre d'origine ou authentifiée par celles-ci ;

4) « État membre d'origine » : l'État membre dans lequel, selon le cas, la décision a été rendue, la transaction judiciaire approuvée ou conclue et l'acte authentique établi ;

5) « État membre d'exécution » : l'État membre dans lequel est demandée l'exécution de la décision, de la transaction judiciaire ou de l'acte authentique ;

6) « État membre requérant » : l'État membre dont l'autorité centrale transmet une demande en vertu du chapitre VII ;

7) « État membre requis » : l'État membre dont l'autorité centrale reçoit une demande en vertu du chapitre VII ;

8) « État partie à la convention de La Haye de 2007 » : un État partie à la Convention de La Haye du 23 novembre 2007 sur le recouvrement international des aliments destinés aux enfants et à d'autres membres de la famille (ci-après dénommée « la convention de La Haye de 2007 »), dans la mesure où ladite convention s'applique entre la Communauté et cet État ;

9) « juridiction d'origine » : la juridiction qui a rendu la décision à exécuter ;

10) « créancier » : toute personne physique à qui des aliments sont dus ou sont allégués être dus ;

11) « débiteur » : toute personne physique qui doit des aliments ou dont il est allégué qu'elle doit des aliments.

2. Aux fins du présent règlement, la notion de « juridiction » inclut les autorités administratives des États membres compétentes en matière d'obligations alimentaires, pour autant que ces autorités offrent des garanties en ce qui concerne leur impartialité et le droit des parties à être entendues, et que les décisions qu'elles rendent conformément à la législation de l'État membre où elles sont établies

i) puissent faire l'objet d'un recours devant une autorité judiciaire ou d'un contrôle par une telle autorité, et

ii) aient une force et un effet équivalent à une décision d'une autorité judiciaire dans la même matière.

Ces autorités administratives sont énumérées à l'annexe X. Cette annexe est établie et modifiée selon la procédure de gestion visée à l'article 73, paragraphe 2, à la demande de l'État membre dans lequel est établie l'autorité administrative concernée.

3. Aux fins des articles 3, 4 et 6, la notion de « domicile » remplace celle de « nationalité » dans les États membres qui utilisent cette notion en tant que facteur de rattachement en matière familiale.

Aux fins de l'article 6, les parties qui ont leur « domicile » dans différentes unités territoriales d'un même État membre sont considérées comme ayant leur « domicile » commun dans cet État membre.

CHAPITRE II

Compétence

Art. 3 *Dispositions générales.* Sont compétentes pour statuer en matière d'obligations alimentaires dans les États membres :

a) la juridiction du lieu où le défendeur a sa résidence habituelle, ou

b) la juridiction du lieu où le créancier a sa résidence habituelle, ou

c) la juridiction qui est compétente selon la loi du for pour connaître d'une action relative à l'état des personnes lorsque la demande relative à une obligation alimentaire est accessoire à cette action, sauf si cette compétence est fondée uniquement sur la nationalité d'une des parties, ou

d) la juridiction qui est compétente selon la loi du for pour connaître d'une action relative à la responsabilité parentale lorsque la demande relative à une obligation alimentaire est accessoire à cette action, sauf si cette compétence est fondée uniquement sur la nationalité d'une des parties.

Art. 4 *Élection de for.* 1. Les parties peuvent convenir que la juridiction ou les juridictions ci-après d'un État membre sont compétentes pour régler les différends en matière d'obligations alimentaires nés ou à naître entre elles :

a) une juridiction ou les juridictions d'un État membre dans lequel l'une des parties a sa résidence habituelle ;

b) une juridiction ou les juridictions de l'État membre dont l'une des parties a la nationalité ;

c) en ce qui concerne les obligations alimentaires entre époux ou ex-époux :

i) la juridiction compétente pour connaître de leurs différends en matière matrimoniale, ou

ii) une juridiction ou les juridictions de l'État membre qui a été celui de leur dernière résidence habituelle commune pendant au moins un an.

Les conditions visées aux points a), b) ou c) doivent être réunies au moment de la conclusion de la convention relative à l'élection de for ou au moment de l'introduction de l'instance.

La compétence attribuée par convention est exclusive, sauf si les parties en disposent autrement.

2. Une convention relative à l'élection de for est conclue par écrit. Toute transmission par voie électronique qui permet de consigner durablement la convention est considérée comme revêtant une forme écrite.

3. Le présent article n'est pas applicable dans un litige portant sur une obligation alimentaire à l'égard d'un enfant de moins de dix-huit ans.

4. Si les parties sont convenues d'attribuer une compétence exclusive à une juridiction ou aux juridictions d'un État partie à la convention concernant la compétence judiciaire, la reconnaissance et l'exécution des décisions en matière civile et commerciale (1), signée le 30 octobre 2007 à Lugano (ci-après dénommée « la convention de Lugano »), dès lors que celui-ci n'est pas un État membre, ladite convention s'applique sauf en ce qui concerne les litiges visés au paragraphe 3.

Art. 5 *Compétence fondée sur la comparution du défendeur.* Outre les cas où sa compétence résulte d'autres dispositions du présent règlement, la juridiction d'un État membre devant laquelle le défendeur comparaît est compétente. Cette règle n'est pas applicable si la comparution a pour objet de contester la compétence.

Art. 6 *Compétence subsidiaire.* Lorsque aucune juridiction d'un État membre n'est compétente en vertu des articles 3, 4 et 5, et qu'aucune juridiction d'un État partie à la convention de Lugano qui n'est pas un État membre n'est compétente en vertu des dispositions de ladite convention, les juridictions de l'État membre de la nationalité commune des parties sont compétentes.

Art. 7 *Forum necessitatis.* Lorsque aucune juridiction d'un État membre n'est compétente en vertu des articles 3, 4, 5 et 6, les juridictions d'un État membre peuvent, dans des cas exceptionnels, connaître du litige si une procédure ne peut raisonnablement être introduite ou conduite, ou se révèle impossible dans un État tiers avec lequel le litige a un lien étroit.

Le litige doit présenter un lien suffisant avec l'État membre de la juridiction saisie.

Art. 8 *Limite aux procédures.* 1. Lorsqu'une décision a été rendue dans un État membre ou dans un État partie à la convention de La Haye de 2007 où le créancier a sa résidence habituelle, le débiteur ne peut introduire une procédure pour modifier la décision ou obtenir une nouvelle décision dans un autre État membre tant que le créancier continue à résider habituellement dans l'État dans lequel la décision a été rendue.

2. Le paragraphe 1 ne s'applique pas :

a) lorsque les parties sont convenues, conformément à l'article 4, que les juridictions de cet autre État membre sont compétentes ;

b) lorsque le créancier se soumet à la compétence des juridictions de cet autre État membre en vertu de l'article 5 ;

c) lorsque l'autorité compétente de l'État d'origine partie à la convention de La Haye de 2007 ne peut ou refuse d'exercer sa compétence pour modifier la décision ou rendre une nouvelle décision, ou

d) lorsque la décision rendue dans l'État d'origine partie à la convention de La Haye de 2007 ne peut être reconnue ou déclarée exécutoire dans l'État membre dans lequel des procédures tendant à la modification de la décision ou à l'obtention d'une nouvelle décision sont envisagées.

Art. 9 *Saisine d'une juridiction.* Aux fins du présent chapitre, une juridiction est réputée saisie :

a) à la date à laquelle l'acte introductif d'instance ou un acte équivalent est déposé auprès de la juridiction, à condition que le demandeur n'ait pas négligé par la suite de prendre les mesures qu'il était tenu de prendre pour que l'acte soit notifié ou signifié au défendeur, ou

b) si l'acte doit être notifié ou signifié avant d'être déposé auprès de la juridiction, à la date à laquelle il est reçu par l'autorité chargée de la notification ou de la signification, à condition que le demandeur n'ait pas négligé par la suite de prendre les mesures qu'il était tenu de prendre pour que l'acte soit déposé auprès de la juridiction.

Art. 10 *Vérification de la compétence.* La juridiction d'un État membre saisie d'une affaire pour laquelle elle n'est pas compétente en vertu du présent règlement se déclare d'office incompétente.

Art. 11 *Vérification de la recevabilité.* 1. Lorsque le défendeur qui a sa résidence habituelle sur le territoire d'un État autre que l'État membre où l'action a été intentée ne comparaît pas, la juridiction compétente sursoit à statuer aussi longtemps qu'il n'est pas établi que le défendeur a été mis à même de recevoir l'acte introductif d'instance ou un acte équivalent en temps utile pour qu'il ait pu se défendre ou que toute diligence a été faite à cette fin.

2. L'article 19 du règlement (CE) n° 1393/2007 s'applique en lieu et place des dispositions du paragraphe 1 du présent article si l'acte introductif d'instance ou un acte équivalent a dû être transmis d'un État membre à un autre en exécution dudit règlement.

3. Lorsque les dispositions du règlement (CE) n° 1393/2007 ne sont pas applicables, l'article 15 de la convention de La Haye du 15 novembre 1965 relative à la signification et à la notification à l'étranger des actes judiciaires et extrajudiciaires en matière civile ou commerciale s'applique si l'acte introductif d'instance ou un acte équivalent a dû être transmis à l'étranger en exécution de cette convention.

Art. 12 *Litispendance.* 1. Lorsque des demandes ayant le même objet et la même cause sont formées entre les mêmes parties devant des juridictions d'États membres différents, la juridiction saisie en second lieu sursoit d'office à statuer jusqu'à ce que la compétence du tribunal premier saisi soit établie.

2. Lorsque la compétence du tribunal premier saisi est établie, le tribunal saisi en second lieu se dessaisit en faveur de celui-ci.

Art. 13 *Connexité.* 1. Lorsque des demandes connexes sont pendantes devant des juridictions d'États membres différents, la juridiction saisie en second lieu peut surseoir à statuer.

2. Lorsque ces demandes sont pendantes au premier degré, la juridiction saisie en second lieu peut également se dessaisir, à la demande de l'une des parties, à condition que le tribunal premier saisi soit compétent pour connaître des demandes en question et que sa loi permette leur jonction.

3. Sont connexes, au sens du présent article, les demandes liées entre elles par un rapport si étroit qu'il y a intérêt à les instruire et à les juger en même temps afin d'éviter des solutions qui pourraient être inconciliables si les causes étaient jugées séparément.

Art. 14 *Mesures provisoires et conservatoires.* Les mesures provisoires ou conservatoires prévues par la loi d'un État membre peuvent être demandées aux autorités judiciaires de cet État, même si, en vertu du présent règlement, une juridiction d'un autre État membre est compétente pour connaître du fond.

CHAPITRE III

Loi applicable

Art. 15 *Détermination de la loi applicable.* La loi applicable en matière d'obligations alimentaires est déterminée conformément au protocole de La Haye du 23 novembre 2007 sur la loi applicable aux obligations alimentaires (ci-après dénommé « le protocole de La Haye de 2007 ») pour les États membres liés par cet instrument.

CHAPITRE IV

Reconnaissance, force exécutoire et exécution des décisions

Art. 16 *Champ d'application du présent chapitre.* 1. Le présent chapitre régit la reconnaissance, la force exécutoire et l'exécution des décisions visées par le présent règlement.

2. La section 1 s'applique aux décisions rendues dans un État membre lié par le protocole de La Haye de 2007.

3. La section 2 s'applique aux décisions rendues dans un État membre non lié par le protocole de La Haye de 2007.

4. La section 3 s'applique à toutes les décisions.

Section I

Décisions rendues dans un État membre lié par le protocole de La Haye de 2007

Art. 17 *Suppression de l'exequatur.* 1. Une décision rendue dans un État membre lié par le protocole de La Haye de 2007 est reconnue dans un autre État membre sans qu'il soit nécessaire de recourir à aucune procédure et sans qu'il soit possible de s'opposer à sa reconnaissance.

2. Une décision rendue dans un État membre lié par le protocole de La Haye de 2007 qui est exécutoire dans cet État jouit de la force exécutoire dans un autre État membre sans qu'une déclaration constatant la force exécutoire soit nécessaire.

Art. 18 *Mesures conservatoires.* Une décision exécutoire emporte de plein droit l'autorisation de procéder aux mesures conservatoires prévues par la loi de l'État membre d'exécution.

Art. 19 *Droit de demander un réexamen.* 1. Un défendeur qui n'a pas comparu dans l'État membre d'origine a le droit de demander le réexamen de la décision devant la juridiction compétente dudit État membre lorsque :

a) l'acte introductif d'instance ou un acte équivalent ne lui a pas été signifié ou notifié en temps utile et de telle manière qu'il ait pu se défendre, ou

b) il s'est trouvé dans l'impossibilité de contester la créance alimentaire pour cause de force majeure ou en raison de circonstances extraordinaires sans qu'il y ait eu faute de sa part, à moins qu'il n'ait pas exercé de recours à l'encontre de la décision alors qu'il était en mesure de le faire.

2. Le délai pour demander le réexamen court à compter du jour où le défendeur a eu effectivement connaissance du contenu de la décision et où il a été en mesure d'agir, au plus tard à compter du jour de la première mesure d'exécution ayant pour effet de rendre ses biens indisponibles en tout ou partie. Le défendeur agit sans tarder et en tout état de cause dans un délai de 45 jours. Ce délai ne comporte pas de prorogation à raison de la distance.

3. Si la juridiction rejette la demande de réexamen visée au paragraphe 1 au motif qu'aucune des conditions de réexamen énoncées audit paragraphe n'est remplie, la décision reste valable.

Si la juridiction décide que le réexamen est justifié au motif que l'une des conditions énoncées au paragraphe 1 est remplie, la décision est nulle et non avenue. Toutefois, le créancier ne perd pas les avantages résultant de l'interruption des délais de prescription ou de déchéance ni le droit de demander rétroactivement des aliments qu'il aurait acquis par l'action initiale.

Art. 20 *Documents aux fins de l'exécution.* 1. Aux fins de l'exécution d'une décision dans un autre État membre, le demandeur fournit aux autorités compétentes chargées de l'exécution :

a) une copie de la décision réunissant les conditions nécessaires pour en établir l'authenticité ;

b) l'extrait de la décision délivré par la juridiction d'origine au moyen du formulaire dont le modèle figure à l'annexe I ;

c) le cas échéant un document établissant l'état des arrérages et indiquant la date à laquelle le calcul a été effectué ;

d) le cas échéant, la translittération ou la traduction du contenu du formulaire visé au point b) dans la langue officielle de l'État membre d'exécution ou, si cet État membre a plusieurs langues officielles, dans la ou l'une des langues officielles de la procédure judiciaire du lieu où l'exécution est demandée, conformément au droit de cet État membre, ou dans une autre langue que l'État membre d'exécution aura déclaré pouvoir accepter. Chaque État membre peut indiquer la ou les langues officielles des institutions de l'Union européenne, autres que la ou les siennes, dans laquelle ou lesquelles il accepte que le formulaire soit rempli.

2. Les autorités compétentes de l'État membre d'exécution ne peuvent exiger du demandeur qu'il fournisse une traduction de la décision. Une traduction peut cependant être exigée si l'exécution de la décision est contestée.

3. Une traduction au titre du présent article doit être faite par une personne habilitée à effectuer des traductions dans l'un des États membres.

Art. 21 *Refus ou suspension de l'exécution.* 1. Les motifs de refus ou de suspension de l'exécution prévus par la loi de l'État membre d'exécution s'appliquent pour autant qu'ils ne soient pas incompatibles avec l'application des paragraphes 2 et 3.

2. À la demande du débiteur, l'autorité compétente de l'État membre d'exécution refuse, intégralement ou partiellement, l'exécution de la décision de la juridiction d'origine lorsque le droit d'obtenir l'exécution de la décision de la juridiction d'origine est prescrit, aux termes de la loi de l'État membre d'origine ou de l'État membre d'exécution, le plus long délai de prescription étant retenu.

De plus, l'autorité compétente de l'État membre d'exécution peut, à la demande du débiteur, refuser, intégralement ou partiellement, l'exécution de la décision de la juridiction d'origine si celle-ci est inconciliable avec une décision rendue dans l'État membre d'exécution ou avec une décision rendue dans un autre État membre ou dans un État tiers, laquelle réunit les conditions nécessaires à sa reconnaissance dans l'État membre d'exécution.

Une décision ayant pour effet de modifier, en raison d'un changement de circonstances, une décision antérieure relative à des aliments n'est pas considérée comme une décision inconciliable au sens du deuxième alinéa.

3. À la demande du débiteur, l'autorité compétente de l'État membre d'exécution peut suspendre, intégralement ou partiellement, l'exécution de la décision de la juridiction d'origine lorsque la juridiction compétente de l'État membre d'origine est saisie d'une demande de réexamen de la décision de la juridiction d'origine conformément à l'article 19.

En outre, l'autorité compétente de l'État membre d'exécution suspend, à la demande du débiteur, l'exécution de la décision de la juridiction d'origine si la force exécutoire est suspendue dans l'État membre d'origine.

Art. 22 *Absence d'effet sur l'existence des relations de famille.* La reconnaissance et l'exécution d'une décision en matière d'obligations alimentaires en vertu du présent règlement n'impliquent en aucune manière la reconnaissance des relations de famille, de parenté, de mariage ou d'alliance qui sont à l'origine des obligations alimentaires ayant donné lieu à la décision.

Section II

Décisions rendues dans un État membre non lié par le protocole de La Haye de 2007

Art. 23 *Reconnaissance.* 1. Les décisions rendues dans un État membre non lié par le protocole de La Haye de 2007 sont reconnues dans les autres États membres, sans qu'il soit nécessaire de recourir à aucune procédure.

2. En cas de contestation, toute partie intéressée qui invoque à titre principal la reconnaissance d'une décision peut faire constater, selon les procédures prévues dans la présente section, que la décision doit être reconnue.

3. Si la reconnaissance est invoquée de façon incidente devant une juridiction d'un État membre, celle-ci est compétente pour en connaître.

Art. 24 *Motifs de refus de reconnaissance.* Une décision n'est pas reconnue si :

a) la reconnaissance est manifestement contraire à l'ordre public de l'État membre dans lequel la reconnaissance est demandée. Le critère de l'ordre public ne peut être appliqué aux règles de compétence ;

b) l'acte introductif d'instance ou un acte équivalent n'a pas été signifié ou notifié au défendeur défaillant en temps utile et de telle manière qu'il ait pu se défendre, à moins qu'il n'ait pas exercé de recours à l'encontre de la décision alors qu'il était en mesure de le faire ;

c) elle est inconciliable avec une décision rendue entre les mêmes parties dans l'État membre dans lequel la reconnaissance est demandée ;

d) elle est inconciliable avec une décision rendue antérieurement dans un autre État membre ou dans un État tiers entre les mêmes parties dans un litige ayant le même objet et la même cause, lorsque la décision rendue antérieurement réunit les conditions nécessaires à sa reconnaissance dans l'État membre dans lequel la reconnaissance est demandée.

Une décision ayant pour effet de modifier, en raison d'un changement de circonstances, une décision antérieure relative à des aliments n'est pas considérée comme une décision inconciliable au sens des points c) ou d).

Art. 25 *Sursis à statuer.* La juridiction d'un État membre devant laquelle est invoquée la reconnaissance d'une décision rendue dans un État membre non lié par le protocole de La Haye de 2007 sursoit à statuer si la force exécutoire de la décision est suspendue dans l'État membre d'origine du fait de l'exercice d'un recours.

Art. 26 *Force exécutoire.* Une décision rendue dans un État membre non lié par le protocole de La Haye de 2007 et qui y est exécutoire est mise à exécution dans un autre État membre après y avoir été déclarée exécutoire sur demande de toute partie intéressée.

Art. 27 *Compétence territoriale.* 1. La demande de déclaration constatant la force exécutoire est présentée à la juridiction ou à l'autorité compétente de l'État membre d'exécution dont cet État membre a transmis le nom à la Commission conformément à l'article 71.

2. La compétence territoriale est déterminée par la résidence habituelle de la partie contre laquelle l'exécution est demandée, ou par le lieu de l'exécution.

Art. 28 *Procédure.* 1. La demande de déclaration constatant la force exécutoire est accompagnée des documents suivants :

a) une copie de la décision réunissant les conditions nécessaires pour en établir l'authenticité ;

b) un extrait de la décision délivré par la juridiction d'origine au moyen du formulaire dont le modèle figure à l'annexe II, sans préjudice de l'article 29 ;

c) le cas échéant, la translittération ou la traduction du contenu du formulaire visé au point b) dans la langue officielle de l'État membre d'exécution ou, si cet État membre a plusieurs langues officielles, dans la ou l'une des langues officielles de la procédure judiciaire du lieu où la demande est présentée, conformément au droit de cet État membre, ou dans une autre langue que l'État membre d'exécution aura déclaré pouvoir accepter. Chaque État membre peut indiquer la ou les langues officielles des institutions de l'Union européenne, autres que la ou les siennes, dans laquelle ou lesquelles il accepte que le formulaire soit rempli.

2. La juridiction ou l'autorité compétente saisie de la demande ne peut exiger du demandeur qu'il fournisse une traduction de la décision. Une traduction peut cependant être exigée dans le cadre du recours prévu aux articles 32 ou 33.

3. Une traduction au titre du présent article doit être faite par une personne habilitée à effectuer des traductions dans l'un des États membres.

Art. 29 *Défaut de production de l'extrait.* 1. À défaut de production de l'extrait visé à l'article 28, paragraphe 1, point b), la juridiction ou l'autorité compétente peut impartir un délai pour le produire ou accepter un document équivalent ou, si elle s'estime suffisamment éclairée, en dispenser.

2. Dans le cas visé au paragraphe 1, il est produit une traduction des documents si la juridiction ou l'autorité compétente l'exige. La traduction est faite par une personne habilitée à effectuer des traductions dans l'un des États membres.

Art. 30 *Déclaration constatant la force exécutoire.* La décision est déclarée exécutoire sans examen au titre de l'article 24, dès l'achèvement des formalités prévues à l'article 28 et au plus tard dans les 30 jours suivant l'achèvement de ces formalités, sauf impossibilité due à des circonstances exceptionnelles. La partie contre laquelle l'exécution est demandée ne peut, à ce stade de la procédure, présenter d'observations.

Art. 31 *Communication de la décision relative à la demande de déclaration.* 1. La décision relative à la demande de déclaration constatant la force exécutoire est aussitôt portée à la connaissance du demandeur suivant les modalités déterminées par la loi de l'État membre d'exécution.

2. La déclaration constatant la force exécutoire est signifiée ou notifiée à la partie contre laquelle l'exécution est demandée, accompagnée de la décision si celle-ci n'a pas encore été signifiée ou notifiée à cette partie.

Art. 32 *Recours contre la décision relative à la demande de déclaration.* 1. L'une ou l'autre partie peut former un recours contre la décision relative à la demande de déclaration constatant la force exécutoire.

2. Le recours est porté devant la juridiction dont l'État membre concerné a transmis le nom à la Commission conformément à l'article 71.

3. Le recours est examiné selon les règles de la procédure contradictoire.

4. Si la partie contre laquelle l'exécution est demandée ne comparaît pas devant la juridiction saisie du recours formé par le demandeur, les dispositions de l'article 11 sont applicables, même si la partie contre laquelle l'exécution est demandée n'a pas sa résidence habituelle dans l'un des États membres.

5. Le recours contre la déclaration constatant la force exécutoire est formé dans un délai de 30 jours à compter de sa signification ou de sa notification. Si la partie contre laquelle l'exécution est demandée a sa résidence habituelle dans un autre État membre que celui dans lequel la déclaration constatant la force exécutoire a été délivrée, le délai est de 45 jours et court à compter du jour où la signification ou la notification a été faite à personne ou à domicile. Ce délai ne comporte pas de prorogation à raison de la distance.

Art. 33 *Pourvoi contre la décision rendue sur le recours.* La décision rendue sur le recours ne peut faire l'objet d'un pourvoi qu'au moyen de la procédure que l'État membre concerné a communiquée à la Commission conformément à l'article 71.

Art. 34 *Refus ou révocation d'une déclaration constatant la force exécutoire.* 1. La juridiction saisie d'un recours prévu aux articles 32 ou 33 ne peut refuser ou révoquer une déclaration constatant la force exécutoire de la décision que pour l'un des motifs prévus à l'article 24.

2. Sous réserve de l'article 32, paragraphe 4, la juridiction saisie d'un recours prévu à l'article 32 statue dans un délai de 90 jours à compter de sa saisine, sauf impossibilité due à des circonstances exceptionnelles.

3. La juridiction saisie d'un recours prévu à l'article 33 statue à bref délai.

Art. 35 *Sursis à statuer.* La juridiction saisie d'un recours prévu aux articles 32 ou 33 sursoit à statuer, à la demande de la partie contre laquelle l'exécution est demandée, si l'exécution de la décision est suspendue dans l'État membre d'origine du fait de l'exercice d'un recours.

Art. 36 *Mesures provisoires et conservatoires.* 1. Lorsqu'une décision doit être reconnue en application de la présente section, rien n'empêche le demandeur de demander qu'il soit procédé à des mesures provisoires, ou conservatoires, prévues par la loi de l'État membre d'exécution, sans qu'il soit nécessaire que cette décision soit déclarée exécutoire au sens de l'article 30.

2. La déclaration constatant la force exécutoire emporte de plein droit l'autorisation de procéder à des mesures conservatoires.

3. Pendant le délai prévu à l'article 32, paragraphe 5, pour former un recours contre la déclaration constatant la force exécutoire et jusqu'à ce qu'il ait été statué sur celui-ci, il ne peut être procédé qu'à des mesures conservatoires sur les biens de la partie contre laquelle l'exécution est demandée.

Art. 37 *Force exécutoire partielle.* 1. Lorsque la décision a statué sur plusieurs chefs de la demande et que la déclaration constatant la force exécutoire ne peut être délivrée pour le tout, la juridiction ou l'autorité compétente la délivre pour un ou plusieurs d'entre eux.

2. Le demandeur peut demander que la déclaration constatant la force exécutoire soit limitée à certaines parties d'une décision.

Art. 38 *Absence d'impôt, de droit ou de taxe.* Aucun impôt, droit ou taxe proportionnel à la valeur du litige n'est perçu dans l'État membre d'exécution à l'occasion de la procédure tendant à la délivrance d'une déclaration constatant la force exécutoire.

Section III

Dispositions communes

Art. 39 *Force exécutoire par provision.* La juridiction d'origine peut déclarer la décision exécutoire par provision, nonobstant un éventuel recours, même si le droit national ne prévoit pas la force exécutoire de plein droit.

Art. 40 *Invocation d'une décision reconnue.* 1. Une partie qui souhaite faire valoir dans un autre État membre une décision reconnue au sens de l'article 17, paragraphe 1, ou en vertu de la section 2, doit produire une copie de celle-ci réunissant les conditions nécessaires pour en établir l'authenticité.

2. Le cas échéant, la juridiction devant laquelle la décision reconnue est invoquée peut demander à la partie qui souhaite la faire valoir de produire un extrait délivré par la juridiction d'origine en utilisant le formulaire dont le modèle figure, selon le cas, à l'annexe I ou à l'annexe II.

La juridiction d'origine délivre cet extrait également à la demande de toute partie intéressée.

3. Le cas échéant, la partie invoquant la décision reconnue fournit une translittération ou une traduction du contenu du formulaire visé au paragraphe 2 dans la langue officielle de l'État membre concerné ou, si cet État membre a plusieurs langues officielles, dans la ou l'une des langues officielles de la procédure judiciaire du lieu où la décision reconnue est invoquée, conformément au droit de cet État membre, ou dans une autre langue que l'État membre concerné aura déclaré pouvoir accepter. Chaque État membre peut indiquer la ou les langues officielles des institutions de l'Union européenne, autres que la ou les siennes, dans laquelle ou lesquelles il accepte que le formulaire soit rempli.

4. Une traduction au titre du présent article doit être faite par une personne habilitée à effectuer des traductions dans l'un des États membres.

Art. 41 *Procédure et conditions d'exécution.* 1. Sous réserve des dispositions du présent règlement, la procédure d'exécution des décisions rendues dans un autre État membre est régie par le droit de l'État membre d'exécution. Une décision rendue dans un État membre qui est exécutoire dans l'État membre d'exécution y est exécutée dans les mêmes conditions qu'une décision rendue dans cet État membre d'exécution.

2. La partie qui demande l'exécution d'une décision rendue dans un autre État membre n'est pas tenue d'avoir, dans l'État membre d'exécution, une adresse postale ni un représentant autorisé, sans préjudice des personnes compétentes en matière de procédure d'exécution.

Art. 42 *Absence de révision quant au fond.* En aucun cas une décision rendue dans un État membre ne peut faire l'objet d'une révision quant au fond dans l'État membre dans lequel la reconnaissance, la force exécutoire ou l'exécution est demandée.

Art. 43 *Recouvrement non prioritaire des frais.* Le recouvrement de tous frais encourus pour l'application du présent règlement n'a pas priorité sur le recouvrement des aliments.

CHAPITRE V

Accès à la justice

Art. 44 *Droit à l'aide judiciaire.* 1. Les parties à un litige relevant du présent règlement bénéficient d'un accès effectif à la justice dans un autre État membre, y compris dans le cadre des procédures d'exécution et des recours, selon les conditions définies dans le présent chapitre.

Dans les cas couverts par le chapitre VII, cet accès effectif est assuré par l'État membre requis à tout demandeur ayant sa résidence dans l'État membre requérant.

2. Pour assurer un tel accès effectif, les États membres fournissent une aide judiciaire conformément au présent chapitre, à moins que le paragraphe 3 ne s'applique.

3. Dans les cas couverts par le chapitre VII, un État membre n'est pas tenu de fournir une telle aide judiciaire si et dans la mesure où les procédures de cet État permettent aux parties d'agir sans avoir besoin d'aide judiciaire et que l'autorité centrale fournit gratuitement les services nécessaires.

4. Les conditions d'accès à l'aide judiciaire ne sont pas plus restrictives que celles fixées dans les affaires internes équivalentes.

5. Aucune caution ni aucun dépôt, sous quelque dénomination que ce soit, n'est imposé pour garantir le paiement des frais et dépens dans les procédures en matière d'obligations alimentaires.

Art. 45 *Contenu de l'aide judiciaire.* L'aide judiciaire accordée au titre du présent chapitre désigne l'assistance nécessaire pour permettre aux parties de connaître et de faire valoir leurs droits et pour garantir que leurs demandes, présentées par l'intermédiaire des autorités centrales ou directement aux autorités compétentes, seront traitées de façon complète et efficace. Elle inclut le cas échéant les aspects suivants :

a) des conseils précontentieux en vue d'arriver à un règlement avant d'intenter une procédure judiciaire ;

b) l'assistance juridique en vue de saisir une autorité ou une juridiction, et la représentation en justice ;

c) l'exonération ou la prise en charge des frais de justice, et les honoraires des mandataires désignés pour accomplir des actes durant la procédure ;

d) dans les États membres où la partie qui succombe est condamnée à régler les frais de la partie adverse, si le bénéficiaire de l'aide judiciaire succombe, les frais de la partie adverse dès lors qu'elle aurait couvert ces frais si le bénéficiaire avait eu sa résidence habituelle dans l'État membre de la juridiction saisie ;

e) l'interprétation ;

f) la traduction des documents exigés par la juridiction ou l'autorité compétente et soumis par le bénéficiaire de l'aide judiciaire, qui sont nécessaires au règlement du litige ;

g) les frais de déplacement que le bénéficiaire de l'aide judiciaire doit exposer lorsque la loi ou la juridiction de l'État membre concerné exige la présence physique à l'audience des personnes concernées par l'introduction de la demande et lorsque la juridiction décide que les personnes concernées ne peuvent être entendues à sa satisfaction par aucun autre moyen.

Art. 46 *Aide judiciaire gratuite pour les demandes d'aliments destinés aux enfants introduites par l'intermédiaire des autorités centrales.* 1. L'État membre requis fournit une aide judiciaire gratuite pour toutes les demandes relatives aux obligations alimentaires découlant d'une relation parent-enfant envers une personne âgée de moins de 21 ans présentée par un créancier en vertu de l'article 56.

2. Nonobstant le paragraphe 1, l'autorité compétente de l'État membre requis peut, en ce qui a trait aux demandes autres que celles prévues à l'article 56, paragraphe 1, points a) et b), refuser l'octroi d'une aide judiciaire gratuite si elle considère que la demande ou quelque recours que ce soit est manifestement dépourvu de fondement.

Art. 47 *Cas ne relevant pas de l'article 46.* 1. Dans les cas ne relevant pas de l'article 46 et sous réserve des articles 44 et 45, l'aide judiciaire peut être accordée conformément au droit national, en particulier quant aux conditions de l'évaluation des ressources du demandeur ou du bien-fondé de la demande.

2. Nonobstant le paragraphe 1, une partie qui, dans l'État membre d'origine, a bénéficié en tout ou en partie de l'aide judiciaire ou d'une exemption de frais et dépens a droit, dans le cadre de toute procédure de reconnaissance, de force exécutoire ou d'exécution, à l'aide judiciaire la plus favorable ou à l'exemption la plus large prévue par le droit de l'État membre d'exécution.

3. Nonobstant le paragraphe 1, une partie qui, dans l'État membre d'origine, a bénéficié d'une procédure gratuite devant une autorité administrative énumérée à l'annexe X a droit, dans le cadre de toute procédure de reconnaissance, de force exécutoire ou d'exécution, à l'aide judiciaire conformément au paragraphe 2. À cet effet, elle produit un document établi par l'autorité compétente de l'État membre d'origine attestant qu'elle remplit les conditions économiques pour pouvoir bénéficier en tout ou en partie de l'aide judiciaire ou d'une exemption de frais et dépens.

Les autorités compétentes aux fins du présent paragraphe sont énumérées à l'annexe XI. Cette annexe est établie et modifiée selon la procédure de gestion visée à l'article 73, paragraphe 2.

CHAPITRE VI

Transactions judiciaires et actes authentiques

Art. 48 *Application du présent règlement aux transactions judiciaires et aux actes authentiques.* 1. Les transactions judiciaires et les actes authentiques exécutoires dans l'État membre d'origine sont reconnus dans un autre État membre et y jouissent de la même force exécutoire que les décisions, conformément au chapitre IV.

2. Les dispositions du présent règlement sont applicables, en tant que de besoin, aux transactions judiciaires et aux actes authentiques.

3. L'autorité compétente de l'État membre d'origine délivre, à la demande de toute partie intéressée, un extrait de la transaction judiciaire ou de l'acte authentique au moyen du formulaire dont le modèle figure, selon le cas, aux annexes I et II ou aux annexes III et IV.

CHAPITRE VII

Coopération entre autorités centrales

Art. 49 *Désignation des autorités centrales.* 1. Chaque État membre désigne une autorité centrale chargée de satisfaire aux obligations qui lui sont imposées par le présent règlement.

2. Un État membre fédéral, un État membre dans lequel plusieurs systèmes de droit sont en vigueur ou un État membre ayant des unités territoriales autonomes est libre de désigner plus d'une autorité centrale et spécifie l'étendue territoriale ou personnelle de leurs fonctions. L'État membre qui fait usage de cette faculté désigne l'autorité centrale à laquelle toute communication peut être adressée en vue de sa transmission à l'autorité centrale compétente au sein de cet État. Si une communication est envoyée à une autorité centrale qui n'est pas compétente, cette dernière est tenue de la transmettre à l'autorité centrale compétente et d'en informer l'expéditeur.

3. Chaque État membre informe la Commission, conformément à l'article 71, de la désignation de l'autorité centrale ou des autorités centrales ainsi que de leurs coordonnées et, le cas échéant, de l'étendue de leurs fonctions visées au paragraphe 2.

Art. 50 *Fonctions générales des autorités centrales.* 1. Les autorités centrales :

a) coopèrent entre elles, notamment en échangeant des informations, et promeuvent la coopération entre les autorités compétentes de leur État membre pour réaliser les objectifs du présent règlement ;

b) recherchent, dans toute la mesure du possible, des solutions aux difficultés pouvant survenir dans le cadre de l'application du présent règlement.

2. Les autorités centrales prennent des mesures pour faciliter l'application du présent règlement et renforcer leur coopération. À cette fin, il est fait usage du réseau judiciaire européen en matière civile et commerciale créé par la décision 2001/470/CE.

Art. 51 *Fonctions spécifiques des autorités centrales.* 1. Les autorités centrales fournissent une assistance relative aux demandes prévues à l'article 56, notamment en :

a) transmettant et recevant ces demandes ;

b) introduisant ou facilitant l'introduction de procédures relatives à ces demandes.

2. Concernant ces demandes, les autorités centrales prennent toutes les mesures appropriées pour :

a) accorder ou faciliter l'octroi d'une aide judiciaire, lorsque les circonstances l'exigent ;

b) aider à localiser le débiteur ou le créancier, notamment en application des articles 61, 62 et 63 ;

c) faciliter la recherche des informations pertinentes relatives aux revenus et, si nécessaire, au patrimoine du débiteur ou du créancier, y compris la localisation des biens, notamment en application des articles 61, 62 et 63 ;

d) encourager les règlements amiables afin d'obtenir un paiement volontaire des aliments, lorsque cela s'avère approprié par le recours à la médiation, à la conciliation ou à d'autres modes analogues ;

e) faciliter l'exécution continue des décisions en matière d'aliments, y compris les arrérages ;

f) faciliter le recouvrement et le virement rapide des paiements d'aliments ;

g) faciliter l'obtention d'éléments de preuve documentaire ou autre, sans préjudice du règlement (CE) n° 1206/2001 ;

h) fournir une assistance pour établir la filiation lorsque cela est nécessaire pour le recouvrement d'aliments ;

i) introduire ou faciliter l'introduction de procédures afin d'obtenir toute mesure nécessaire et provisoire à caractère territorial et ayant pour but de garantir l'aboutissement d'une demande pendante d'aliments ;

j) faciliter la signification et la notification des actes, sans préjudice du règlement (CE) n° 1393/2007.

3. Les fonctions conférées à l'autorité centrale en vertu du présent article peuvent être exercées, dans la mesure prévue par la loi de l'État membre concerné, par des organismes publics ou d'autres organismes soumis au contrôle des autorités compétentes de cet État membre. La désignation de tout organisme, public ou autre, ainsi que ses coordonnées et l'étendue de ses fonctions sont communiquées par l'État membre à la Commission conformément à l'article 71.

4. Le présent article et l'article 53 n'imposent en aucun cas à une autorité centrale l'obligation d'exercer des attributions qui relèvent exclusivement des autorités judiciaires selon la loi de l'État membre requis.

Art. 52 *Procuration.* L'autorité centrale de l'État membre requis ne peut exiger une procuration du demandeur que si elle agit en son nom dans des procédures judiciaires ou dans des procédures engagées devant d'autres autorités ou afin de désigner un représentant à ces fins.

Art. 53 *Requêtes en vue de mesures spécifiques.* 1. Une autorité centrale peut, sur requête motivée, demander à une autre autorité centrale de prendre les mesures spécifiques appropriées prévues à l'article 51, paragraphe 2, points b), c), g), h), i) et j), lorsque aucune demande prévue à l'article 56 n'est pendante. L'autorité centrale requise prend les mesures s'avérant appropriées si elle considère qu'elles sont nécessaires pour aider un demandeur potentiel à présenter une demande prévue à l'article 56 ou à déterminer si une telle demande doit être introduite.

2. Lorsqu'une requête en vue de mesures prévues à l'article 51, paragraphe 2, points b) et c), est présentée, l'autorité centrale requise recherche les informations demandées, si nécessaire en application de l'article 61. Toutefois, les informations visées à l'article 61, paragraphe 2, points b), c) et d), ne peuvent être recherchées que si le créancier produit une copie d'une décision, d'une transaction judiciaire ou d'un acte authentique à exécuter, le cas échéant accompagnée de l'extrait prévu aux articles 20, 28 ou 48.

L'autorité centrale requise communique les informations obtenues à l'autorité centrale requérante. Lorsque ces informations ont été obtenues en application de l'article 61, cette communication ne porte que sur l'adresse du défendeur potentiel dans l'État membre requis. Dans le cadre d'une requête en vue d'une reconnaissance, d'une déclaration constatant la force exécutoire ou d'une exécution, la communication porte en outre sur la seule existence de revenus ou d'un patrimoine du débiteur dans cet État.

Si l'autorité centrale requise n'est pas en mesure de fournir les informations demandées, elle en informe sans délai l'autorité centrale requérante, en lui précisant les raisons de cette impossibilité.

3. Une autorité centrale peut également prendre des mesures spécifiques, à la requête d'une autre autorité centrale, dans une affaire de recouvrement d'aliments pendante dans l'État membre requérant et comportant un élément d'extranéité.

4. Pour les requêtes présentées en application du présent article, les autorités centrales utilisent le formulaire dont le modèle figure à l'annexe V.

Art. 54 *Frais de l'autorité centrale.* 1. Chaque autorité centrale prend en charge ses propres frais découlant de l'application du présent règlement.

2. Les autorités centrales ne peuvent mettre aucun frais à la charge du demandeur pour les services qu'elles fournissent en vertu du présent règlement, sauf s'il s'agit de frais exceptionnels découlant d'une requête de mesures spécifiques prévue à l'article 53.

Aux fins du présent paragraphe, les frais liés à la localisation du débiteur ne sont pas considérés comme exceptionnels.

3. L'autorité centrale requise ne peut pas recouvrer les frais exceptionnels mentionnés au paragraphe 2 sans avoir obtenu l'accord préalable du demandeur sur la fourniture de ces services à un tel coût.

Art. 55 *Demandes par l'intermédiaire des autorités centrales.* Toute demande prévue au titre du présent chapitre est transmise à l'autorité centrale de l'État membre requis par l'intermédiaire de l'autorité centrale de l'État membre dans lequel le demandeur a sa résidence.

Art. 56 *Demandes disponibles.* 1. Un créancier qui poursuit le recouvrement d'aliments en vertu du présent règlement peut présenter les demandes suivantes :

a) la reconnaissance ou la reconnaissance et la déclaration constatant la force exécutoire d'une décision ;

b) l'exécution d'une décision rendue ou reconnue dans l'État membre requis ;

c) l'obtention d'une décision dans l'État membre requis lorsqu'il n'existe aucune décision, y compris l'établissement de la filiation si nécessaire ;

d) l'obtention d'une décision dans l'État membre requis lorsque la reconnaissance et la déclaration constatant la force exécutoire d'une décision rendue dans un État autre que l'État membre requis n'est pas possible ;

e) la modification d'une décision rendue dans l'État membre requis ;

f) la modification d'une décision rendue dans un État autre que l'État membre requis.

2. Un débiteur à l'encontre duquel existe une décision en matière d'aliments peut présenter les demandes suivantes :

a) la reconnaissance d'une décision ayant pour effet de suspendre ou de restreindre l'exécution d'une décision antérieure dans l'État membre requis ;

b) la modification d'une décision rendue dans l'État membre requis ;

c) la modification d'une décision rendue dans un État autre que l'État membre requis.

3. Pour les demandes relevant du présent article, l'assistance et la représentation visées à l'article 45, point b) sont fournies par l'autorité centrale de l'État membre requis directement ou par l'intermédiaire d'autorités publiques ou d'autres organes ou personnes.

4. Sauf disposition contraire du présent règlement, les demandes visées aux paragraphes 1 et 2 sont traitées conformément au droit de l'État membre requis et sont soumises aux règles de compétence applicables dans cet État membre.

Art. 57 *Contenu de la demande.* 1. Toute demande prévue à l'article 56 est présentée au moyen du formulaire dont le modèle figure à l'annexe VI ou à l'annexe VII.

2. Toute demande prévue à l'article 56 comporte au moins :

a) une déclaration relative à la nature de la demande ou des demandes ;

b) le nom et les coordonnées du demandeur, y compris son adresse et sa date de naissance ;

c) le nom du défendeur et, lorsqu'elles sont connues, son adresse et sa date de naissance ;

d) le nom et la date de naissance des personnes pour lesquelles des aliments sont demandés ;

e) les motifs sur lesquels la demande est fondée ;

f) lorsque la demande est formée par le créancier, les informations relatives au lieu où les paiements doivent être effectués ou transmis électroniquement ;

g) les noms et coordonnées de la personne ou du service de l'autorité centrale de l'État membre requérant responsable du traitement de la demande.

3. Aux fins du paragraphe 2, point b), l'adresse personnelle du demandeur peut être remplacée par une autre adresse dans les cas de violences familiales, si le droit national de l'État membre requis n'exige pas, aux fins des procédures à engager, que le demandeur fournisse son adresse personnelle.

4. Au besoin, la demande comporte également les informations suivantes lorsqu'elles sont connues :

a) la situation financière du créancier ;

b) la situation financière du débiteur, y compris le nom et l'adresse de l'employeur du débiteur, ainsi que la localisation et la nature des biens du débiteur ;

c) toute autre information permettant de localiser le défendeur.

5. La demande est accompagnée de toute information ou tout document justificatif nécessaire, y compris, le cas échéant, pour établir le droit du demandeur à l'aide judiciaire. Les demandes prévues à l'article 56, paragraphe 1, points a) et b), et paragraphe 2, point a), ne sont accompagnées, selon le cas, que des documents énumérés aux articles 20, 28 ou 48 ou à l'article 25 de la convention de La Haye de 2007.

Art. 58 *Transmission, réception et traitement des demandes et des affaires par l'intermédiaire des autorités centrales.* 1. L'autorité centrale de l'État membre requérant assiste le demandeur afin que soient joints tous les documents et informations qui, à la connaissance de cette autorité, sont nécessaires à l'examen de la demande.

2. Après s'être assurée que la demande satisfait aux exigences du présent règlement, l'autorité centrale de l'État membre requérant la transmet à l'autorité centrale de l'État membre requis.

3. Dans un délai de 30 jours à compter de la date de réception de la demande, l'autorité centrale requise en accuse réception au moyen du formulaire dont le modèle figure à l'annexe VIII, avise l'autorité centrale de l'État membre requérant des premières démarches qui ont été ou qui seront entreprises pour traiter la demande et peut solliciter tout document ou toute information supplémentaire qu'elle estime nécessaire. Dans ce

même délai de 30 jours, l'autorité centrale requise informe l'autorité centrale requérante des nom et coordonnées de la personne ou du service chargé de répondre aux questions relatives à l'état d'avancement de la demande.

4. Dans un délai de 60 jours suivant l'accusé de réception, l'autorité centrale requise informe l'autorité centrale requérante de l'état de la demande.

5. Les autorités centrales requérante et requise s'informent mutuellement :

a) de l'identité de la personne ou du service responsable d'une affaire particulière ;

b) de l'état d'avancement de l'affaire,

et répondent en temps utile aux demandes de renseignements.

6. Les autorités centrales traitent une affaire aussi rapidement qu'un examen adéquat de son contenu le permet.

7. Les autorités centrales utilisent entre elles les moyens de communication les plus rapides et efficaces dont elles disposent.

8. Une autorité centrale requise ne peut refuser de traiter une demande que s'il est manifeste que les conditions requises par le présent règlement ne sont pas remplies. Dans ce cas, cette autorité centrale informe aussitôt l'autorité centrale requérante des motifs de son refus au moyen du formulaire dont le modèle figure à l'annexe IX.

9. L'autorité centrale requise ne peut rejeter une demande au seul motif que des documents ou des informations supplémentaires sont nécessaires. Elle peut toutefois demander à l'autorité centrale requérante de fournir ces documents ou ces informations supplémentaires. Si l'autorité centrale requérante ne les fournit pas dans un délai de 90 jours ou dans un délai plus long spécifié par l'autorité centrale requise, cette dernière peut décider de cesser de traiter la demande. Dans ce cas, elle informe aussitôt l'autorité centrale requérante au moyen du formulaire dont le modèle figure à l'annexe IX.

Art. 59 *Langues.* 1. Le formulaire de requête ou de demande est rempli dans la langue officielle de l'État membre requis ou, s'il existe plusieurs langues officielles dans cet État membre, dans la langue officielle ou l'une des langues officielles du lieu où est établie l'autorité centrale concernée, ou dans toute autre langue officielle des institutions de l'Union européenne que l'État membre requis aura indiqué pouvoir accepter, sauf dispense de traduction de l'autorité centrale de cet État membre.

2. Les documents accompagnant le formulaire de requête ou de demande ne sont traduits dans la langue déterminée conformément au paragraphe 1 que si une traduction est nécessaire pour fournir l'assistance demandée, sans préjudice des articles 20, 28, 40 et 66.

3. Toute autre communication entre les autorités centrales se fait dans la langue déterminée conformément au paragraphe 1, sauf si les autorités centrales en conviennent autrement.

Art. 60 *Réunions.* 1. Afin de faciliter l'application du présent règlement, les autorités centrales se réunissent régulièrement.

2. La convocation de ces réunions s'effectue conformément à la décision 2001/470/CE.

Art. 61 *Accès des autorités centrales aux informations.* 1. Dans les conditions prévues au présent chapitre et par exception à l'article 51, paragraphe 4, l'autorité centrale requise met en œuvre tous les moyens appropriés et raisonnables pour obtenir les informations visées au paragraphe 2 nécessaires pour faciliter, dans une affaire déterminée, l'obtention, la modification, la reconnaissance, la constatation de la force exécutoire ou l'exécution d'une décision.

Les autorités publiques ou les administrations qui, dans le cadre de leurs activités habituelles, détiennent, au sein de l'État membre requis, les informations visées au paragraphe 2 et qui sont responsables de leur traitement au sens de la directive 95/46/CE fournissent, sous réserve des limitations justifiées par des raisons de sécurité nationale ou de sûreté publique, celles-ci à l'autorité centrale requise à sa demande dans les cas où cette dernière n'a pas accès directement à ces informations.

Les États membres peuvent désigner les autorités publiques ou les administrations à même de fournir à l'autorité centrale requise les informations visées au paragraphe 2. Lorsqu'un État membre procède à une telle désignation, il veille à ce que son choix des autorités et des administrations permette à son autorité centrale d'avoir accès, conformément au présent article, aux informations requises.

Toute autre personne morale qui détient, au sein de l'État membre requis, les informations visées au paragraphe 2 et qui est responsable de leur traitement au sens de la directive 95/46/CE fournit celles-ci à l'autorité centrale requise à sa demande si elle y est autorisée par le droit de l'État membre requis.

L'autorité centrale requise transmet, en tant que de besoin, les informations ainsi obtenues à l'autorité centrale requérante.

2. Les informations visées au présent article sont celles déjà détenues par les autorités, administrations ou personnes visées au paragraphe 1. Elles sont adéquates, pertinentes et non excessives, et concernent :

a) l'adresse du débiteur ou du créancier ;

b) les revenus du débiteur ;

c) l'identification de l'employeur du débiteur et/ou du/des compte(s) bancaire(s) dont le débiteur est titulaire ;

d) le patrimoine du débiteur.

Pour obtenir ou modifier une décision, seules les informations visées au point a) peuvent être demandées par l'autorité centrale requise.

Pour faire reconnaître, déclarer exécutoire ou exécuter une décision, toutes les informations visées au premier alinéa peuvent être demandées par l'autorité centrale requise. Toutefois, les informations visées au point d) ne peuvent être demandées que si les informations visées aux points b) et c) sont insuffisantes pour permettre l'exécution de la décision.

Art. 62 *Transmission et utilisation des informations.* 1. Les autorités centrales transmettent au sein de leur État membre, selon le cas, les informations visées à l'article 61, paragraphe 2, aux juridictions compétentes, aux autorités compétentes chargées de signifier ou de notifier des actes et aux autorités compétentes chargées de l'exécution d'une décision.

2. Toute autorité ou juridiction à laquelle des informations ont été transmises en application de l'article 61 ne peut utiliser celles-ci que pour faciliter le recouvrement de créances alimentaires.

À l'exception des informations portant sur l'existence même d'une adresse, de revenus ou d'un patrimoine dans l'État membre requis, les informations visées à l'article 61, paragraphe 2 ne peuvent être divulguées à la personne qui a saisi l'autorité centrale requérante, sous réserve de l'application des règles de procédure devant une juridiction.

3. Toute autorité qui traite une information qui lui a été transmise en application de l'article 61 ne peut conserver cette information au-delà de la période nécessaire aux fins pour lesquelles elle a été transmise.

4. Toute autorité traitant des informations qui lui ont été communiquées en application de l'article 61 assure la confidentialité de ces informations, conformément au droit national.

Art. 63 *Avis à la personne visée par la collecte des informations.* 1. L'avis à la personne visée par la collecte des informations de la communication de tout ou partie de celles-ci, est effectué conformément au droit national de l'État membre requis.

2. Lorsque cet avis risque de porter préjudice au recouvrement effectif de la créance alimentaire, il peut être différé pour une durée qui ne saurait excéder 90 jours à compter de la date à laquelle les informations ont été fournies à l'autorité centrale requise.

CHAPITRE VIII

Organismes publics

Art. 64 *Organismes publics en qualité de demandeurs.* 1. Aux fins d'une demande de reconnaissance et de déclaration constatant la force exécutoire de décisions ou aux fins de l'exécution de décisions, le terme « créancier » inclut un organisme public agissant à la place d'une personne à laquelle des aliments sont dus ou un organisme auquel est dû le remboursement de prestations fournies à titre d'aliments.

2. Le droit d'un organisme public d'agir à la place d'une personne à laquelle des aliments sont dus ou de demander le remboursement de prestations fournies au créancier à titre d'aliments est soumis à la loi qui régit l'organisme.

3. Un organisme public peut demander la reconnaissance et la déclaration constatant la force exécutoire ou demander l'exécution :

a) d'une décision rendue contre un débiteur à la demande d'un organisme public qui poursuit le paiement de prestations fournies à titre d'aliments ;

b) d'une décision rendue entre un créancier et un débiteur, à concurrence des prestations fournies au créancier à titre d'aliments.

4. L'organisme public qui demande la reconnaissance et la déclaration constatant la force exécutoire ou qui sollicite l'exécution d'une décision, produit, sur demande, tout document de nature à établir son droit en application du paragraphe 2 et le paiement des prestations au créancier.

CHAPITRE IX

Dispositions générales et finales

Art. 65 *Légalisation ou formalité analogue.* Aucune légalisation ni formalité analogue n'est exigée dans le contexte du présent règlement.

Art. 66 *Traduction de pièces justificatives.* Sans préjudice des articles 20, 28 et 40, la juridiction saisie ne peut demander aux parties de fournir une traduction des pièces justificatives établies dans une langue autre que la langue de procédure que si elle estime cette traduction nécessaire pour rendre sa décision ou pour respecter les droits de la défense.

Art. 67 *Recouvrement des frais.* Sans préjudice de l'article 54, l'autorité compétente de l'État membre requis peut recouvrer les frais auprès de la partie perdante bénéficiaire de l'aide judiciaire gratuite en vertu de l'article 46, à titre exceptionnel et si la situation financière de cette dernière le permet.

Art. 68 *Relations avec d'autres instruments communautaires.* 1. Sous réserve de l'article 75, paragraphe 2, le présent règlement modifie le règlement (CE) n° 44/2001 en remplaçant les dispositions dudit règlement applicables en matière d'obligations alimentaires.

2. Le présent règlement remplace, en matière d'obligations alimentaires, le règlement (CE) n° 805/2004, sauf pour les titres exécutoires européens portant sur des obligations alimentaires délivrés dans un État membre non lié par le protocole de La Haye de 2007.

3. En matière d'obligations alimentaires, le présent règlement ne porte pas préjudice à l'application de la directive 2003/8/CE, sous réserve du chapitre V.

4. Le présent règlement ne porte pas préjudice à l'application de la directive 95/46/CE.

Art. 69 *Relations avec les conventions et accords internationaux existants.* 1. Le présent règlement n'affecte pas l'application des conventions et accords bilatéraux ou multilatéraux auxquels un ou plusieurs États membres sont parties lors de l'adoption du présent règlement et qui portent sur des matières régies par le présent règlement, sans préjudice des obligations des États membres en vertu de l'article 307 du traité.

2. Nonobstant le paragraphe 1 et sans préjudice du paragraphe 3, le présent règlement prévaut, entre les États membres, sur les conventions et accords qui portent sur des matières régies par le présent règlement et auxquels des États membres sont parties.

3. Le présent règlement ne fait pas obstacle à l'application de la convention du 23 mars 1962 entre la Suède, le Danemark, la Finlande, l'Islande et la Norvège sur le recouvrement des créances alimentaires par les États membres qui y sont parties compte tenu du fait que ladite convention prévoit en ce qui concerne la reconnaissance, la force exécutoire et l'exécution de décisions :

a) des procédures simplifiées et accélérées pour l'exécution de décisions en matière d'aliments, et

b) une aide judiciaire plus favorable que celle prévue au chapitre V du présent règlement.

Toutefois, l'application de ladite convention ne saurait priver le défendeur de la protection que lui offrent les articles 19 et 21 du présent règlement.

Art. 70 *Informations mises à disposition du public.* Les États membres fournissent dans le cadre du réseau judiciaire européen en matière civile et commerciale créé par la décision 2001/470/CE les informations suivantes en vue de leur mise à disposition du public :

a) une description des législations et procédures nationales concernant les obligations alimentaires ;

b) une description des mesures prises pour satisfaire aux obligations prévues à l'article 51 ;

c) une description de la manière dont l'accès effectif à la justice est assuré, comme l'exige l'article 44 ;

d) une description des règles et procédures nationales d'exécution, y compris des informations sur toutes les limites imposées dans ce domaine, en particulier les règles sur la protection du débiteur et sur les délais ou prescriptions.

Les États membres tiennent en permanence ces informations à jour.

Art. 71 *Informations concernant les coordonnées et les langues.* 1. Le 18 septembre 2010 au plus tard, les États membres communiquent à la Commission :

a) le nom et les coordonnées des juridictions ou autorités compétentes pour statuer sur les demandes de déclaration constatant la force exécutoire, conformément à l'article 27, paragraphe 1, et sur les recours formés contre les décisions rendues sur ces demandes, conformément à l'article 32, paragraphe 2 ;

b) les procédures de pourvoi visées à l'article 33 ;

c) la procédure de réexamen aux fins de l'application de l'article 19 ainsi que le nom et les coordonnées des juridictions compétentes ;

d) le nom et les coordonnées de leurs autorités centrales et, le cas échéant, de l'étendue de leurs fonctions, conformément à l'article 49, paragraphe 3 ;

e) le nom et les coordonnées de leurs organismes publics ou autres et, le cas échéant, l'étendue de leurs fonctions, conformément à l'article 51, paragraphe 3 ;

f) le nom et les coordonnées des autorités compétentes en matière d'exécution aux fins de l'article 21 ;

g) les langues acceptées pour la traduction des documents visés aux articles 20, 28 et 40 ;

h) les langues acceptées par leurs autorités centrales pour les communications, visées à l'article 59, avec les autres autorités centrales.

Les États membres communiquent à la Commission toute modification ultérieure de ces informations.

2. La Commission publie au Journal officiel de l'Union européenne les informations communiquées conformément au paragraphe 1, à l'exception des adresses et autres coordonnées des juridictions et autorités visées aux points a), c) et f).

3. La Commission tient toutes les informations communiquées conformément au paragraphe 1 à la disposition du public par tout autre moyen approprié, notamment par le biais du réseau judiciaire européen en matière civile et commerciale créé par la décision 2001/470/CE.

Art. 72 *Modification des formulaires.* Toute modification des formulaires prévus au présent règlement est adoptée suivant la procédure consultative visée à l'article 73, paragraphe 3.

Art. 73 *Comité.* 1. La Commission est assistée par le comité institué par l'article 70 du règlement (CE) n° 2201/2003.

2. Dans le cas où il est fait référence au présent paragraphe, les articles 4 et 7 de la décision 1999/468/CE s'appliquent.

La période prévue à l'article 4, paragraphe 3, de la décision 1999/468/CE est fixée à trois mois.

3. Dans le cas où il est fait référence au présent paragraphe, les articles 3 et 7 de la décision 1999/468/CE s'appliquent.

Art. 74 *Clause de réexamen.* Au plus tard cinq ans à compter de la date d'application déterminée conformément à l'article 76, troisième alinéa, la Commission présente au Parlement européen, au Conseil et au Comité économique et social européen un rapport sur l'application du présent règlement, y compris une évaluation des expériences pratiques en matière de coopération entre autorités centrales, notamment concernant l'accès de celles-ci aux informations détenues par les autorités publiques et les administrations, et une évaluation du fonctionnement de la procédure de reconnaissance, de déclaration de la force exécutoire et d'exécution applicable aux décisions rendues dans un État membre non lié par le protocole de La Haye de 2007. Le rapport est accompagné, le cas échéant, de propositions d'adaptation.

Art. 75 *Dispositions transitoires.* 1. Le présent règlement ne s'applique qu'aux procédures engagées, aux transactions judiciaires approuvées ou conclues et aux actes authentiques établis à partir de sa date d'application, sous réserve des paragraphes 2 et 3.

2. Les sections 2 et 3 du chapitre IV s'appliquent :

a) aux décisions rendues dans les États membres avant la date d'application du présent règlement pour lesquelles la reconnaissance et la déclaration constatant la force exécutoire sont demandées à partir de cette date ;

b) aux décisions rendues à partir de la date d'application du présent règlement à la suite de procédures engagées avant cette date, dans la mesure où ces décisions relèvent, aux fins de la reconnaissance et de l'exécution, du champ d'application du règlement (CE) n° 44/2001.

Le règlement (CE) n° 44/2001 reste d'application aux procédures de reconnaissance et d'exécution en cours à la date d'application du présent règlement.

Le premier et le deuxième alinéa s'appliquent mutatis mutandis aux transactions judiciaires approuvées ou conclues et aux actes authentiques établis dans les États membres.

3. Le chapitre VII concernant la coopération entre autorités centrales s'applique aux requêtes et demandes reçues par l'autorité centrale à compter de la date d'application du présent règlement.

Art. 76 *Entrée en vigueur.* Le présent règlement entre en vigueur le vingtième jour suivant celui de sa publication au Journal officiel de l'Union européenne.

L'article 2, paragraphe 2, l'article 47, paragraphe 3, et les articles 71, 72 et 73 s'appliquent à compter du 18 septembre 2010.

Le présent règlement s'applique, à l'exception des dispositions visées au deuxième alinéa, à compter du 18 juin 2011, sous réserve que le protocole de La Haye de 2007 soit applicable dans la Communauté à cette date. À défaut, le présent règlement s'applique à compter de la date d'application dudit protocole dans la Communauté.

Le présent règlement est obligatoire dans tous ses éléments et directement applicable dans les États membres conformément au traité instituant la Communauté européenne.

ANNEXES

22 Règlement (CE) n° 392/2009 du Parlement européen et du Conseil du 23 avril 2009 relatif à la responsabilité des transporteurs de passagers par mer en cas d'accident

Applicable depuis le 31 décembre 2012
Modifié par Règlement (UE) 2019/1243 du Parlement européen et du Conseil du 20 juin 2019 adaptant aux articles 290 et 291 du traité sur le fonctionnement de l'Union européenne une série d'actes juridiques prévoyant le recours à la procédure de réglementation avec contrôle
(Texte présentant de l'intérêt pour l'EEE)

(Version consolidée reproduite)

Art. premier *Objet.* 1. Le présent règlement établit un régime communautaire de responsabilité et d'assurance applicable au transport de passagers par mer tel que prévu dans les dispositions pertinentes :

a) de la convention d'Athènes de 1974 relative au transport par mer de passagers et de leurs bagages, telle que modifiée par le protocole de 2002 (« convention d'Athènes »), dont le texte figure à l'annexe I; et

b) de la réserve et des lignes directrices de l'OMI pour l'application de la convention d'Athènes, adoptées par le comité juridique de l'OMI le 19 octobre 2006 (« lignes directrices de l'OMI »), dont le texte figure à l'annexe II.

2. En outre, le présent règlement étend l'application de ces dispositions au transport de passagers par mer à l'intérieur d'un seul État membre à bord de navires des classes A et B au titre de l'article 4 de la directive 98/18/CE et établit certaines exigences supplémentaires.

3. Au plus tard le 30 juin 2013, la Commission présente si nécessaire une proposition législative visant, notamment, à étendre le champ d'application du présent règlement aux navires des classes C et D au titre de l'article 4 de la directive 98/18/CE.

Art. 2 *Champ d'application.* Le présent règlement s'applique à tout transport international au sens de l'article 1er, point 9, de la convention d'Athènes ainsi qu'au transport par mer à l'intérieur d'un seul État membre à bord de navires des classes A et B au titre de l'article 4 de la directive 98/18/CE lorsque :

a) le navire bat pavillon d'un État membre ou est immatriculé dans celui-ci ;

b) le contrat de transport a été conclu dans un État membre ; ou

c) selon le contrat de transport, le lieu de départ ou de destination se trouve dans un État membre.

Les États membres peuvent appliquer le présent règlement à l'ensemble des voyages maritimes nationaux.

Art. 3 *Responsabilité et assurance.* 1. Le régime de responsabilité à l'égard des passagers, de leurs bagages et de leurs véhicules ainsi que les règles en matière d'assurance ou autre garantie financière sont régis par le présent règlement, par les articles 1er et 1 bis, l'article 2, paragraphe 2, les articles 3 à 16 et les articles 18, 20 et 21 de la convention d'Athènes, dont le texte figure à l'annexe I, et par les dispositions des lignes directrices de l'OMI, dont le texte figure à l'annexe II.

2. Les lignes directrices de l'OMI figurant à l'annexe II sont contraignantes.

Art. 4 *Indemnisation pour l'équipement de mobilité ou tout autre équipement spécifique.* En cas de perte ou de dommage d'un équipement de mobilité ou de tout autre équipement spécifique utilisé par un passager à mobilité réduite, la responsabilité du transporteur est régie par l'article 3, paragraphe 3, de la convention d'Athènes. L'indemnisation correspond à la valeur de remplacement de l'équipement en question ou, le cas échéant, aux coûts liés à la réparation.

Art. 5 *Limitation globale de la responsabilité.* 1. Le présent règlement ne modifie en rien les droits et obligations du transporteur ou du transporteur substitué tels qu'ils résultent de la législation nationale mettant en œuvre la convention de 1976 sur la limitation de la responsabilité en matière de créances maritimes, telle que modifiée par le protocole de 1996, y inclus toute modification future de ladite convention.

En l'absence de législation nationale applicable de ce type, la responsabilité du transporteur ou du transporteur substitué est uniquement régie par l'article 3 du présent règlement.

2. Pour ce qui est des réparations en cas de décès ou de lésions corporelles de passagers causés par l'un des risques visés au paragraphe 2.2 des lignes directrices de l'OMI, le transporteur et le transporteur substitué peuvent limiter leur responsabilité conformément aux dispositions visées au paragraphe 1 du présent article.

Art. 6 *Avance.* 1. Lorsque le décès ou les lésions corporelles d'un passager sont causés par un événement maritime, le transporteur ayant assuré effectivement tout ou partie du transport au cours duquel l'événement maritime s'est produit verse une avance d'un montant suffisant pour couvrir les besoins économiques immédiats, sur une base proportionnelle aux dommages subis, dans un délai de quinze jours à compter de l'identification de la personne ayant droit à l'indemnisation. En cas de décès, cette avance ne peut être inférieure à 21 000 eur.

La présente disposition s'applique également lorsque le transporteur est établi dans la Communauté.

2. Le versement d'une avance ne constitue pas une reconnaissance de responsabilité, et l'avance peut être déduite de toute somme payée ultérieurement sur la base du présent règlement. Elle n'est pas remboursable, sauf dans les cas prévus à l'article 3, paragraphe 1, à l'article 6 de la convention d'Athènes, à l'appendice A des lignes directrices de l'OMI, ou lorsque la personne à laquelle elle a été versée n'avait pas droit à indemnisation.

Art. 7 *Information des passagers.* Sans préjudice des obligations des voyagistes spécifiées dans la directive 90/314/CEE du Conseil du 13 juin 1990 concernant les voyages, vacances et circuits à forfait, le transporteur et/ou le transporteur substitué veillent à ce que les passagers reçoivent des informations pertinentes et compréhensibles concernant leurs droits au titre du présent règlement.

Lorsque le contrat de transport est conclu dans un État membre, ces informations sont fournies dans tous les points de vente, y compris par téléphone et internet. Lorsque le lieu de départ se trouve dans un État membre, ces informations sont fournies avant le départ. Dans tous les autres cas, elles sont fournies au plus tard au moment du départ. Dans la mesure où les informations requises au titre du présent article ont été fournies par le transporteur ou par le transporteur substitué, l'autre transporteur n'est pas tenu de les fournir. Les informations sont communiquées sous la forme la plus appropriée.

Afin de respecter l'exigence en matière d'information au titre du présent article, le transporteur et le transporteur substitué communiquent aux passagers au moins les informations figurant dans un résumé des dispositions du présent règlement élaboré par la Commission et rendu public.

Art. 8 *Rapports.* Au plus tard trois ans après la date d'application du présent règlement, la Commission établit un rapport sur l'application du présent règlement, qui tient compte, entre autres, de l'évolution de la situation économique et de l'évolution des travaux dans les enceintes internationales.

Ce rapport peut être accompagné d'une proposition de modification du présent règlement, ou d'une proposition à soumettre par la Communauté aux enceintes internationales compétentes.

Art. 9 *Modification des annexes.* 1. La Commission est habilitée à adopter des actes délégués conformément à l'article 9 bis modifiant l'annexe I du présent règlement afin d'incorporer les modifications aux limites fixées à l'article 3, paragraphe 1, à l'article 4 bis, paragraphe 1, à l'article 7, paragraphe 1, et à l'article 8 de la convention d'Athènes pour tenir compte des décisions adoptées en vertu de l'article 23 de ladite convention.

La Commission est habilitée à adopter, au plus tard le 31 décembre 2016, sur la base d'une analyse d'impact appropriée, des actes délégués conformément à l'article 9 bis modifiant les limites fixées à l'annexe I du présent règlement pour les navires de la classe B au titre de l'article 4 de la directive 2009/45/CE du Parlement européen et du

Conseil, en tenant compte des conséquences pour le prix du billet et la capacité du marché d'obtenir une couverture d'assurance abordable au niveau requis, par rapport au contexte politique de renforcement des droits des passagers ainsi qu'à la nature saisonnière d'une partie du trafic.

2. La Commission est habilitée à adopter des actes délégués conformément à l'article 9 bis modifiant l'annexe II afin d'y incorporer des modifications aux dispositions des lignes directrices de l'OMI.

Art. 9 *bis* *Exercice de la délégation.* 1. Le pouvoir d'adopter des actes délégués conféré à la Commission est soumis aux conditions fixées au présent article.

2. Le pouvoir d'adopter des actes délégués visé à l'article 9, paragraphes 1 et 2, est conféré à la Commission pour une période de cinq ans à compter du 26 juillet 2019. La Commission élabore un rapport relatif à la délégation de pouvoir au plus tard neuf mois avant la fin de la période de cinq ans. La délégation de pouvoir est tacitement prorogée pour des périodes d'une durée identique, sauf si le Parlement européen ou le Conseil s'oppose à cette prorogation trois mois au plus tard avant la fin de chaque période.

3. La délégation de pouvoir visée à l'article 9, paragraphes 1 et 2, peut être révoquée à tout moment par le Parlement européen ou le Conseil. La décision de révocation met fin à la délégation de pouvoir qui y est précisée. La révocation prend effet le jour suivant celui de la publication de ladite décision au Journal officiel de l'Union européenne ou à une date ultérieure qui est précisée dans ladite décision. Elle ne porte pas atteinte à la validité des actes délégués déjà en vigueur.

4. Avant l'adoption d'un acte délégué, la Commission consulte les experts désignés par chaque État membre, conformément aux principes définis dans l'accord interinstitutionnel du 13 avril 2016 « Mieux légiférer ».

5. Aussitôt qu'elle adopte un acte délégué, la Commission le notifie au Parlement européen et au Conseil simultanément.

6. Un acte délégué adopté en vertu de l'article 9, paragraphes 1 et 2, n'entre en vigueur que si le Parlement européen ou le Conseil n'a pas exprimé d'objections dans un délai de deux mois à compter de la notification de cet acte au Parlement européen et au Conseil ou si, avant l'expiration de ce délai, le Parlement européen et le Conseil ont tous deux informé la Commission de leur intention de ne pas exprimer d'objections. Ce délai est prolongé de deux mois à l'initiative du Parlement européen ou du Conseil.
[NdE : article 10 absent, *sic*]

Art. 11 *Dispositions transitoires.* 1. Pour ce qui est du transport par mer à l'intérieur d'un seul État membre à bord de navires de la classe A au titre de l'article 4 de la directive 98/18/CE, les États membres peuvent décider de différer l'application du présent règlement jusqu'à quatre ans après la date d'application du présent règlement.

2. Pour ce qui est du transport par mer à l'intérieur d'un seul État membre à bord de navires de la classe B au titre de l'article 4 de la directive 98/18/CE, les États membres peuvent décider de différer l'application du présent règlement jusqu'au 31 décembre 2018.

Art. 12 *Entrée en vigueur.* Le présent règlement entre en vigueur le jour suivant celui de sa publication au *Journal officiel de l'Union européenne.*

Il est applicable à partir de la date d'entrée en vigueur de la convention d'Athènes pour la Communauté, et en tout état de cause, au plus tard le 31 décembre 2012.

ANNEXE

À LA CONVENTION D'ATHÈNES CERTIFICAT D'ASSURANCE OU AUTRE GARANTIE FINANCIÈRE RELATIVE À LA RESPONSABILITÉ EN CAS DE MORT ET DE LÉSIONS CORPORELLES DES PASSAGERS

ANNEXE II

EXTRAIT DE LA RÉSERVE ET DES LIGNES DIRECTRICES DE L'OMI POUR L'APPLICATION DE LA CONVENTION D'ATHÈNES ADOPTÉES PAR LE COMITÉ JURIDIQUE DE L'ORGANISATION MARITIME INTERNATIONALE, LE 19 OCTOBRE 2006

23 Règlement (UE) nº 1177/2010 du Parlement européen et du Conseil du 24 novembre 2010 concernant les droits des passagers voyageant par mer ou par voie de navigation intérieure

Applicable depuis le 18 décembre 2012
(Texte présentant de l'intérêt pour l'EEE)

Le Parlement européen et le Conseil de l'Union européenne,

Vu le traité sur le fonctionnement de l'Union européenne, et notamment son article 91, paragraphe 1, et son article 100, paragraphe 2,

Vu la proposition de la Commission européenne,

Vu l'avis du Comité économique et social européen,

Après consultation du Comité des régions,

Statuant conformément à la procédure législative ordinaire,

Considérant ce qui suit :

(1) L'action de l'Union dans le domaine du transport maritime et du transport par voie de navigation intérieure devrait viser, entre autres, à assurer un niveau élevé de protection des passagers, comparable à celui des autres modes de transport. En outre, il convient de tenir pleinement compte des exigences de protection des consommateurs en général.

(2) Le passager voyageant par mer ou par voie de navigation intérieure étant la partie faible au contrat de transport, il convient d'accorder à tous les passagers un niveau minimal de protection. Rien ne devrait empêcher les transporteurs d'accorder au passager des conditions contractuelles plus favorables que celles fixées dans le présent règlement. Toutefois, le présent règlement ne vise pas à intervenir dans les relations commerciales d'entreprise à entreprise touchant au transport de marchandises. Plus particulièrement, les accords entre un transporteur routier et un transporteur ne devraient pas s'entendre comme des contrats de transport aux fins du présent règlement et ne devraient dès lors pas conférer au transporteur routier ou à ses employés le droit à une indemnisation en cas de retard, en vertu du présent règlement.

(3) La protection des passagers devrait s'étendre non seulement aux services de transport de passagers entre des ports situés sur le territoire des États membres, mais aussi aux services de transport de passagers entre ces ports et des ports situés hors du territoire des

États membres, compte tenu des risques de distorsion de concurrence sur le marché du transport de passagers. Par conséquent, l'expression « transporteur de l'Union » devrait, aux fins du présent règlement, être interprétée le plus largement possible, sans, toutefois, que cela ait une incidence sur d'autres actes juridiques de l'Union, tels que le règlement (CEE) n° 4056/86 du Conseil du 22 décembre 1986 déterminant les modalités d'application des articles 85 et 86 du traité aux transports maritimes et le règlement (CEE) n° 3577/92 du Conseil du 7 décembre 1992 concernant l'application du principe de la libre circulation des services aux transports maritimes à l'intérieur des États membres (cabotage maritime).

(4) Le marché intérieur des services de transport de passagers par mer ou par voie de navigation intérieure devrait profiter aux citoyens en général. Par conséquent, les personnes handicapées et les personnes à mobilité réduite, que ce soit du fait d'un handicap, de l'âge ou de tout autre facteur, devraient avoir la possibilité d'utiliser les services de transport de passagers ou de faire une croisière dans des conditions comparables à celles des autres citoyens. Les personnes handicapées et les personnes à mobilité réduite ont les mêmes droits que tous les autres citoyens en matière de libre circulation, de liberté de choix et de non-discrimination.

(5) Les États membres devraient promouvoir le recours au transport public et l'utilisation de billets intégrés de manière à optimiser l'usage et l'interopérabilité des différents modes de transport et de leurs exploitants.

(6) À la lumière de l'article 9 de la convention des Nations unies relative aux droits des personnes handicapées et afin de donner aux personnes handicapées et aux personnes à mobilité réduite la possibilité de voyager par mer et par voie de navigation intérieure dans des conditions comparables à celles des autres citoyens, il convient d'établir des règles en vue d'assurer la non-discrimination et une assistance au cours de leur voyage. Ces personnes devraient, par conséquent, être acceptées à l'embarquement et ne pas se voir opposer un refus de transport, sauf pour des motifs justifiés par des raisons de sécurité et établis par les autorités compétentes. Elles devraient bénéficier d'un droit à une assistance dans les ports, et à bord des navires à passagers. Dans l'intérêt de l'intégration sociale, les personnes concernées devraient bénéficier de cette assistance gratuitement. Les transporteurs devraient établir des conditions d'accès, en se servant, de préférence, du système européen de normalisation.

(7) Lors de l'adoption de décisions concernant la conception de nouveaux ports et terminaux, et dans le cadre de travaux de rénovation majeure, les organismes responsables de ces installations devraient prendre en compte les besoins des personnes handicapées et des personnes à mobilité réduite, notamment en ce qui concerne l'accessibilité, en tenant particulièrement compte des exigences en matière de « conception pour tous ». Les transporteurs devraient prendre en compte ces besoins dans les décisions concernant la conception de navires à passagers neufs et rénovés conformément à la directive 2006/87/CE du Parlement européen et du Conseil du 12 décembre 2006 établissant les prescriptions techniques des bateaux de la navigation intérieure et à la directive 2009/45/CE du Parlement européen et du Conseil du 6 mai 2009 établissant des règles et normes de sécurité pour les navires à passagers.

(8) L'assistance fournie dans les ports situés sur le territoire d'un État membre devrait, entre autres, permettre aux personnes handicapées et aux personnes à mobilité réduite

de se déplacer d'un point d'arrivée donné dans un port vers un navire à passagers et d'un navire à passagers vers un point de départ donné dans un port, embarquement et débarquement compris.

(9) Dans le cadre de l'organisation de l'assistance aux personnes handicapées et aux personnes à mobilité réduite, ainsi que de la formation de leur personnel, les transporteurs devraient coopérer avec les organisations représentatives des personnes handicapées ou des personnes à mobilité réduite. Ce faisant, ils devraient également tenir compte des dispositions pertinentes de la convention internationale et du code sur les normes de formation des gens de mer, de délivrance des brevets et de veille, ainsi que de la recommandation de l'Organisation maritime internationale (OMI) relative à la conception et à l'exploitation des navires à passagers en fonction des besoins spécifiques des personnes âgées et des personnes handicapées.

(10) Les dispositions relatives à l'embarquement de personnes handicapées ou à mobilité réduite devraient s'entendre sans préjudice des règles générales s'appliquant à l'embarquement des passagers, établies par les règles internationales, de l'Union ou nationales en vigueur.

(11) Les actes juridiques de l'Union en matière de droits des passagers devraient tenir compte des besoins des passagers, notamment de ceux des personnes handicapées et des personnes à mobilité réduite, qui doivent utiliser différents modes de transports et disposer de correspondances commodes entre ceux-ci, sous réserve des règles de sécurité applicables à l'exploitation des navires.

(12) Les passagers devraient être informés de manière adéquate en cas d'annulation ou de retard d'un service de transport de passagers ou d'une croisière. Cette information devrait les aider à prendre les dispositions requises et, si nécessaire, à obtenir des informations concernant d'autres correspondances.

(13) Il convient de limiter les désagréments occasionnés aux passagers en raison d'une annulation ou d'un retard important de leur voyage. À cette fin, les passagers devraient bénéficier d'une assistance adéquate et être en mesure d'annuler leur voyage et de se faire rembourser leurs billets ou d'obtenir un réacheminement dans des conditions satisfaisantes. Un hébergement adéquat des passagers n'implique pas nécessairement des chambres d'hôtels mais peut désigner tout autre hébergement adapté disponible, en fonction plus particulièrement des circonstances liées à chaque situation spécifique, des véhicules des passagers et des caractéristiques du navire. À cet égard et dans les cas dûment justifiés de circonstances extraordinaires et urgentes, les transporteurs devraient être en mesure d'utiliser pleinement les installations appropriées disponibles, en coopération avec les autorités civiles.

(14) Les transporteurs devraient, en cas d'annulation ou de retard d'un service de transport de passagers, prévoir le versement aux passagers d'une indemnisation équivalant à un pourcentage du prix du billet, sauf si l'annulation ou le retard intervient en raison de conditions météorologiques compromettant l'exploitation du navire en toute sécurité ou dans des circonstances extraordinaires, qui n'auraient pas pu être évitées même si toutes les mesures raisonnables avaient été prises.

(15) Les transporteurs devraient, conformément aux principes communément admis, avoir la charge de prouver que l'annulation ou le retard sont dus auxdites conditions météorologiques ou circonstances extraordinaires.

(16) Les conditions météorologiques compromettant l'exploitation du navire en toute sécurité devraient inclure, sans s'y limiter, des vents de forte puissance, une mer agitée, des courants de forte intensité, des conditions de gel difficiles et un niveau des eaux extrêmement haut ou bas, les ouragans, tornades et inondations.

(17) Les circonstances extraordinaires devraient inclure, sans s'y limiter, les catastrophes naturelles telles que les incendies et les tremblements de terre, les attentats terroristes, les guerres et les conflits armés militaires ou civils, les insurrections, les confiscations militaires ou illégales, les conflits sociaux, le débarquement de personnes malades, blessées ou décédées, les opérations de recherche et de sauvetage en mer ou sur les voies de navigation intérieure, les mesures nécessaires pour la protection de l'environnement, les décisions prises par les organismes de gestion du trafic ou par les autorités portuaires ou encore les décisions arrêtées par les autorités compétentes en matière d'ordre public et de sécurité publique, ainsi que pour répondre à des besoins de transports urgents.

(18) Les transporteurs devraient coopérer, avec la participation des parties prenantes, d'associations professionnelles et d'associations représentant les consommateurs, les passagers, les personnes handicapées et les personnes à mobilité réduite, en vue de l'adoption de dispositions au niveau national ou européen visant à améliorer la prise en charge des passagers et l'assistance aux passagers en cas d'interruption de leur voyage, notamment en cas de retards importants ou d'annulation du voyage. Les organismes nationaux chargés de l'application devraient être informés de ces dispositions.

(19) La Cour de justice de l'Union européenne a déjà statué sur les problèmes entraînant des annulations ou des retards considérant que ceux-ci peuvent relever de la notion de circonstances extraordinaires seulement s'ils découlent d'événements qui ne sont pas inhérents à l'exercice normal de l'activité du transporteur concerné et qui échappent à la maîtrise effective de ce dernier. Il y a lieu de relever que les conditions météorologiques compromettant l'exploitation du navire en toute sécurité échappent en effet à la maîtrise effective du transporteur.

(20) Le présent règlement ne devrait pas porter atteinte aux droits des passagers établis par la directive 90/314/CEE du Conseil du 13 juin 1990 concernant les voyages, vacances et circuits à forfait. Le présent règlement ne devrait pas s'appliquer lorsqu'un circuit à forfait est annulé pour des raisons autres que l'annulation du service de transport de passagers ou de la croisière.

(21) Les passagers devraient être pleinement informés, dans des formats accessibles à tous, de leurs droits en vertu du présent règlement, de manière à pouvoir exercer ces droits d'une manière effective. Il convient que l'obtention d'informations concernant le service de transport de passagers ou la croisière avant et pendant le voyage figure parmi les droits des passagers. Toutes les informations essentielles fournies aux passagers devraient également être fournies dans des formats accessibles aux personnes handicapées et aux personnes à mobilité réduite permettant à ces passagers d'avoir accès aux mêmes informations grâce, par exemple, aux formats texte, braille, audio, vidéo et/ou électroniques.

(22) Il convient que les passagers soient en mesure d'exercer leurs droits au moyen de procédures de plainte appropriées et accessibles mises en œuvre par les transporteurs et les exploitants de terminaux dans leurs domaines respectifs de compétence, ou, le cas

échéant, en déposant une plainte auprès de l'organisme ou des organismes désignés à cette fin par l'État membre concerné. Les transporteurs et les exploitants de terminaux devraient être tenus de répondre dans un délai fixé aux plaintes des passagers, étant entendu que l'absence de réaction pourrait être retenue contre eux.

(23) Compte tenu des procédures mises en place dans un État membre pour le dépôt de plaintes, il y a lieu qu'une plainte relative à l'assistance fournie dans un port ou à bord d'un navire soit adressée de préférence à l'organisme ou aux organismes chargés de l'application du présent règlement dans l'État membre dans lequel est situé le port d'embarquement et, pour les services de transport de passagers en provenance d'un pays tiers, dans l'État membre dans lequel est situé le port de débarquement.

(24) Les États membres devraient veiller au respect du présent règlement et désigner un ou des organismes compétents chargés de son contrôle et de son application. Cela ne porte pas atteinte aux droits des passagers de recourir à une procédure judiciaire devant les tribunaux en vertu du droit national.

(25) L'organisme ou les organismes chargés de l'application du présent règlement devraient être indépendants d'intérêts commerciaux. Chaque État membre devrait désigner au moins un organisme qui, le cas échéant, devrait avoir le pouvoir et la faculté d'examiner les plaintes individuelles et de faciliter le règlement des litiges. Les passagers devraient pouvoir recevoir une réponse motivée de la part de l'organisme désigné, dans un délai raisonnable. Compte tenu de l'importance que revêtent des statistiques fiables pour le contrôle de l'application du présent règlement, en particulier en vue d'assurer une mise en œuvre cohérente dans toute l'Union, les rapports élaborés par ces organismes devraient inclure, si possible, des statistiques sur les plaintes déposées et leur issue.

(26) Les États membres devraient déterminer les sanctions applicables en cas de violation du présent règlement et veiller à leur application. Ces sanctions devraient être effectives, proportionnées et dissuasives.

(27) Étant donné que les objectifs du présent règlement, à savoir assurer un niveau élevé de protection et d'assistance aux passagers dans l'ensemble des États membres et s'assurer que les acteurs économiques opèrent dans des conditions harmonisées au sein du marché intérieur, ne peuvent pas être réalisés de manière suffisante par les États membres et peuvent donc, en raison des dimensions et des effets de l'action, être mieux réalisés au niveau de l'Union, celle-ci peut prendre des mesures, conformément au principe de subsidiarité consacré à l'article 5 du traité sur l'Union européenne. Conformément au principe de proportionnalité tel qu'énoncé audit article, le présent règlement n'excède pas ce qui est nécessaire pour atteindre ces objectifs.

(28) Il convient de fonder l'application du présent règlement sur le règlement (CE) n° 2006/2004 du Parlement européen et du Conseil du 27 octobre 2004 relatif à la coopération entre les autorités nationales chargées de veiller à l'application de la législation en matière de protection des consommateurs (« Règlement relatif à la coopération en matière de protection des consommateurs »). Ledit règlement devrait donc être modifié en conséquence.

(29) Il y a lieu de respecter et d'appliquer strictement la directive 95/46/CE du Parlement européen et du Conseil du 24 octobre 1995 relative à la protection des personnes physiques à l'égard du traitement des données à caractère personnel et à la libre circulation

de ces données afin de garantir le respect de la vie privée des personnes physiques et morales, et de s'assurer que les informations et les rapports requis servent uniquement à satisfaire aux obligations établies par le présent règlement et ne sont pas employés au détriment desdites personnes.

(30) Le présent règlement respecte les droits fondamentaux et les principes consacrés notamment par la charte des droits fondamentaux de l'Union européenne, tels que visés à l'article 6 du traité sur l'Union européenne,

Ont adopté le présent règlement :

CHAPITRE PREMIER
Dispositions générales

Art. premier *Objet.* Le présent règlement établit des règles pour le transport par voie maritime ou voie de navigation intérieure en ce qui concerne :

a) la non-discrimination entre les passagers pour ce qui est des conditions de transport offertes par les transporteurs;

b) la non-discrimination et l'assistance pour les personnes handicapées et les personnes à mobilité réduite;

c) les droits des passagers en cas d'annulation ou de retard;

d) les informations minimales à fournir aux passagers;

e) le traitement des plaintes;

f) les règles générales en matière d'application.

Art. 2 *Champ d'application.* 1. Le présent règlement s'applique aux passagers :

a) utilisant des services de transport de passagers lorsque le port d'embarquement est situé sur le territoire d'un État membre;

b) utilisant des services de transport de passagers lorsque le port d'embarquement est situé hors du territoire d'un État membre et que le port de débarquement est situé sur le territoire d'un État membre, pour autant que le service soit exploité par un transporteur de l'Union tel que défini à l'article 3, point *e)*;

c) participant à une croisière lorsque le port d'embarquement est situé sur le territoire d'un État membre. Toutefois, l'article 16, paragraphe 2, les articles 18 et 19 et l'article 20, paragraphes 1 et 4, ne s'appliquent pas à ces passagers.

2. Le présent règlement ne s'applique pas aux passagers voyageant :

a) sur des navires autorisés à transporter jusqu'à douze passagers;

b) sur des navires dont l'équipage chargé de l'exploitation du navire ne comprend pas plus de trois personnes ou lorsque la longueur totale du service de transport de passagers est inférieure à 500 mètres par aller simple;

c) dans le cadre d'excursions ou de visites touristiques autres que des croisières; ou

d) sur des navires qui ne sont pas propulsés par des moyens mécaniques ainsi que sur des navires à passagers historiques originaux ou des copies individuelles de ces navires conçus avant 1965 et construits essentiellement en matériaux d'origine, autorisés à transporter jusqu'à trente-six passagers.

3. Les États membres peuvent, pendant une période de deux ans à partir du 18 décembre 2012, exempter de l'application du présent règlement les navires de mer de moins de 300 tonnes de jauge brute exploités pour le transport national, à condition que le droit national garantisse d'une manière appropriée les droits des passagers en vertu du présent règlement.

4. Les États membres peuvent exempter de l'application du présent règlement les services de transport de passagers visés par des obligations de service public, des contrats de service public ou des services intégrés, à condition que le droit national garantisse d'une manière comparable les droits des passagers en vertu du présent règlement.

5. Sans préjudice de la directive 2006/87/CE et de la directive 2009/45/CE, aucune disposition du présent règlement ne peut être interprétée comme constituant une prescription technique imposant aux transporteurs, aux exploitants de terminaux ou à d'autres entités de modifier ou de remplacer les navires, les infrastructures, les ports ou les terminaux portuaires.

Art. 3 *Définitions.* Aux fins du présent règlement, on entend par :

a) « personne handicapée » ou « personne à mobilité réduite », toute personne dont la mobilité est réduite lors de l'utilisation d'un moyen de transport, en raison de tout handicap physique (sensoriel ou moteur, permanent ou temporaire), ou de tout handicap ou déficience intellectuels, ou de toute autre cause de handicap, ou encore de son âge, et dont la situation requiert une attention appropriée et l'adaptation à ses besoins particuliers du service mis à la disposition de l'ensemble des passagers;

b) « territoire d'un État membre », un territoire auquel s'applique le traité sur le fonctionnement de l'Union européenne, tel que visé à son article 355, selon les conditions qui y sont énoncées;

c) « conditions d'accès », les normes, lignes directrices et informations pertinentes relatives à l'accessibilité des terminaux portuaires et des navires, y compris en ce qui concerne les installations destinées aux personnes handicapées ou aux personnes à mobilité réduite;

d) « transporteur », une personne physique ou morale, autre qu'un voyagiste, un agent de voyage ou un vendeur de billets, proposant au public un transport au moyen de services de transport de passagers ou de croisières;

e) « transporteur de l'Union », un transporteur établi sur le territoire d'un État membre ou proposant un transport au moyen de services de transport de passagers exploités à destination ou à partir du territoire d'un État membre;

f) « service de transport de passagers », un service commercial de transport de passagers par mer ou par voie de navigation intérieure assuré selon un horaire publié;

g) « services intégrés », des services de transport en correspondance dans une zone géographique déterminée comprenant un service unique d'information, de billetterie et d'horaires;

h) « transporteur exécutant », une personne, autre que le transporteur, qui exécute effectivement la totalité ou une partie du transport;

i) « voie de navigation intérieure », une masse d'eau intérieure navigable naturelle ou artificielle ou un système de masses d'eau reliées entre elles, utilisées pour le transport, telles que des lacs, des fleuves ou rivières, des canaux ou toute combinaison de ceux-ci;

j) « port », un lieu ou une zone géographique comportant des aménagements et des installations permettant la réception de navires, à partir duquel des passagers embarquent ou débarquent régulièrement;

k) « terminal portuaire », un terminal doté de personnel par un transporteur ou un exploitant de terminal, situé dans un port comportant des installations, comme des comptoirs d'enregistrement et de vente de billets ou des salons, et du personnel pour l'embarquement ou le débarquement de passagers utilisant des services de transport de passagers ou faisant une croisière;

l) « navire », un bâtiment utilisé pour la navigation en mer ou sur les voies de navigation intérieure;

m) « contrat de transport », un contrat de transport entre un transporteur et un passager en vue de la fourniture d'un ou de plusieurs services de transport de passagers ou de croisières;

n) « billet », un document en cours de validité ou toute autre preuve de l'existence d'un contrat de transport;

o) « vendeur de billets », tout détaillant qui conclut des contrats de transport pour le compte d'un transporteur;

p) « agent de voyages », un détaillant agissant pour le compte d'un passager ou d'un voyagiste en vue de la conclusion de contrats de transport;

q) « voyagiste », un organisateur ou un détaillant, autre qu'un transporteur, au sens de l'article 2, points 2) et 3), de la directive 90/314/CEE;

r) « réservation », la réservation d'un départ donné sur un service de transport de passagers ou une croisière;

s) « exploitant de terminal », un organisme public ou privé sur le territoire d'un État membre chargé de l'administration et de la gestion d'un terminal portuaire;

t) « croisière », un service de transport par mer ou par voie de navigation intérieure exploité exclusivement à des fins de plaisance ou de loisirs, complété par un hébergement et d'autres prestations, consistant en plus de deux nuitées à bord;

u) « événement maritime », le naufrage, le chavirement, l'abordage ou l'échouement du navire, une explosion ou un incendie à bord du navire ou un défaut du navire.

Art. 4 *Billets et conditions contractuelles non discriminatoires.* 1. Les transporteurs délivrent un billet au passager, à moins que le droit national ne prévoie d'autres documents établissant le droit au transport. Un billet peut être délivré sous forme électronique.

2. Sans préjudice des tarifs sociaux, les conditions contractuelles et les tarifs appliqués par les transporteurs ou les vendeurs de billets sont proposés au public sans discrimination directe ou indirecte fondée sur la nationalité du client final, ni sur le lieu d'établissement des transporteurs ou des vendeurs de billets au sein de l'Union.

Art. 5 *Autres parties exécutantes.* 1. Lorsque l'exécution des obligations en vertu du présent règlement a été confiée à un transporteur exécutant, un vendeur de billets ou toute autre personne, le transporteur, l'agent de voyages, le voyagiste ou l'exploitant de terminal qui a délégué lesdites obligations est néanmoins responsable des actes et des omissions de cette partie exécutante agissant dans le cadre de son travail.

2. Outre le paragraphe 1, la partie qui s'est vu confier l'exécution d'une obligation par le transporteur, l'agent de voyages, le voyagiste ou l'exploitant de terminal est soumise aux dispositions du présent règlement, y compris les dispositions relatives à la responsabilité et aux moyens de s'en exonérer, pour ce qui est de l'obligation qui lui a été confiée.

Art. 6 *Exclusion de la renonciation.* Les droits et les obligations au titre du présent règlement ne peuvent pas faire l'objet d'une renonciation ou d'une limitation, notamment par une dérogation ou une clause restrictive figurant dans le contrat de transport.

CHAPITRE II

Droits des personnes handicapées et des personnes à mobilité réduite

Art. 7 *Droit au transport.* 1. Les transporteurs, agents de voyages et voyagistes ne peuvent refuser d'accepter une réservation, de délivrer ou fournir un billet ou d'embarquer des personnes au seul motif de leur handicap ou de leur mobilité réduite.

2. Les réservations et les billets sont proposés aux personnes handicapées et aux personnes à mobilité réduite sans supplément et aux mêmes conditions qu'aux autres passagers.

Art. 8 *Exceptions et conditions spéciales.* 1. Par dérogation à l'article 7, paragraphe 1, les transporteurs, agents de voyages et voyagistes peuvent refuser d'accepter une réservation, de délivrer ou fournir un billet ou d'embarquer une personne handicapée ou à mobilité réduite :

a) afin de respecter les exigences applicables en matière de sécurité prévues par le droit international, le droit de l'Union ou le droit national, ou afin de respecter les exigences en matière de sécurité établies par les autorités compétentes ;

b) si la conception du navire à passagers ou les infrastructures et les équipements du port, y compris les terminaux portuaires, rendent l'embarquement, le débarquement ou le transport de la personne concernée impossible dans des conditions sûres ou réalisables sur le plan opérationnel.

2. En cas de refus d'accepter une réservation ou de délivrer ou fournir un billet pour les motifs visés au paragraphe 1, les transporteurs, agents de voyages ou voyagistes s'efforcent, dans toute la mesure du raisonnable, de proposer à la personne concernée un transport alternatif acceptable par le biais d'un service de transport de passagers ou d'une croisière exploités par le transporteur.

3. Si une personne handicapée ou une personne à mobilité réduite qui dispose d'une réservation ou d'un billet et qui s'est conformée aux exigences visées à l'article 11, paragraphe 2, se voit néanmoins opposer un refus d'embarquement sur la base du présent règlement, celle-ci, et toute personne l'accompagnant visée au paragraphe 4, se voient proposer de choisir entre un remboursement et un réacheminement comme le prévoit l'annexe I. Le droit de choisir entre un trajet retour ou un réacheminement est conditionné par le respect de toutes les exigences de sécurité.

4. En cas de stricte nécessité et dans les mêmes conditions que celles énoncées au paragraphe 1, les transporteurs, agents de voyage *[voyages]* et voyagistes peuvent demander qu'une personne handicapée ou une personne à mobilité réduite soit accompagnée par une autre personne capable de fournir l'assistance requise par la personne handicapée ou la personne à mobilité réduite. En ce qui concerne les services de transport de passagers, l'accompagnant est transporté gratuitement.

5. Lorsqu'un transporteur, un agent de voyages ou un voyagiste a recours aux paragraphes 1 ou 4, il en communique immédiatement les raisons précises à la personne handicapée ou à la personne à mobilité réduite. Sur demande, ces raisons sont notifiées par écrit à la personne handicapée ou à la personne à mobilité réduite au plus tard cinq jours ouvrables à partir de la demande. En cas de refus conformément au paragraphe 1, point a), il est fait référence aux exigences applicables en matière de sécurité.

Art. 9 *Accessibilité et information.* 1. En collaboration avec les organisations représentatives des personnes handicapées ou des personnes à mobilité réduite, les transporteurs et les exploitants de terminaux établissent, le cas échéant par l'intermédiaire de leurs organisations, ou maintiennent, des conditions d'accès non discriminatoires applicables au transport de personnes handicapées et de personnes à mobilité réduite, ainsi que des personnes qui les accompagnent. Les conditions d'accès sont communiquées, sur demande, aux organismes nationaux chargés de l'application.

2. Les conditions d'accès prévues au paragraphe 1 sont portées à la connaissance du public par les transporteurs et les exploitants de terminaux, directement ou sur l'internet, dans des formats accessibles sur demande et dans les mêmes langues que celles dans lesquelles les informations sont généralement fournies à l'ensemble des passagers. Une attention particulière est accordée aux besoins des personnes handicapées et des personnes à mobilité réduite.

3. Les voyagistes mettent à disposition les conditions d'accès prévues au paragraphe 1 qui s'appliquent aux trajets inclus dans les voyages, vacances et circuits à forfait qu'ils organisent, commercialisent ou proposent à la vente.

4. Les transporteurs, les agents de voyages et les voyagistes veillent à ce que toutes les informations pertinentes, y compris pour les réservations et les informations en ligne, concernant les conditions de transport, les informations sur les trajets et les conditions d'accès soient mises à la disposition des personnes handicapées et des personnes à mobilité réduite, dans des formats appropriés et accessibles. Les personnes ayant besoin d'assistance reçoivent la confirmation de celle-ci par tout moyen disponible, y compris par voie électronique ou par SMS.

Art. 10 *Droit à une assistance dans les ports et à bord des navires.* Sous réserve des conditions d'accès prévues à l'article 9, paragraphe 1, les transporteurs et les exploitants de terminaux fournissent gratuitement, dans leurs domaines respectifs de compétence, aux personnes handicapées et aux personnes à mobilité réduite une assistance, telle que définie aux annexes II et III, dans les ports, y compris lors de l'embarquement et du débarquement, et à bord des navires. Cette assistance est adaptée, si possible, aux besoins particuliers de la personne handicapée ou de la personne à mobilité réduite.

Art. 11 *Conditions selon lesquelles est fournie l'assistance.* 1. Les transporteurs et les exploitants de terminaux fournissent, dans leurs domaines respectifs de compétence, aux personnes handicapées et aux personnes à mobilité réduite l'assistance visée à l'article 10 selon les conditions suivantes :

a) le transporteur ou l'exploitant de terminal s'est vu notifier, par tout moyen disponible, y compris par voie électronique ou par SMS, au moins quarante-huit heures à l'avance, le besoin d'assistance de la personne, à moins qu'un délai plus court ne soit convenu entre le passager et le transporteur ou l'exploitant de terminal ; et

b) la personne handicapée ou la personne à mobilité réduite se présente elle-même au port ou à l'endroit visé à l'article 12, paragraphe 3 :

i) à une heure fixée par écrit par le transporteur, qui ne doit pas précéder de plus de soixante minutes l'heure d'embarquement annoncée ; ou

ii) si aucune heure n'a été fixée pour l'embarquement, au moins soixante minutes avant l'heure de départ annoncée, à moins qu'un délai plus court ne soit convenu entre le passager et le transporteur ou l'exploitant de terminal.

2. Outre le paragraphe 1, la personne handicapée ou la personne à mobilité réduite notifie au transporteur, lors de la réservation ou de la prévente du billet, ses besoins particuliers en ce qui concerne la cabine, la place assise, les services requis ou la nécessité d'emporter du matériel médical, pour autant que ce besoin soit connu à ce moment-là.

3. Une notification effectuée conformément au paragraphe 1, point a), et au paragraphe 2 peut toujours être soumise à l'agent de voyages ou au voyagiste auprès duquel le billet a été acheté. Lorsque le billet permet d'effectuer plusieurs trajets, une seule notification suffit, pour autant que des informations suffisantes soient fournies sur les horaires des trajets ultérieurs. Le passager reçoit une confirmation indiquant que les besoins d'assistance ont été dûment notifiés conformément au paragraphe 1, point a), et au paragraphe 2.

4. Si aucune notification n'est effectuée conformément au paragraphe 1, point a), et au paragraphe 2, le transporteur et l'exploitant du terminal s'efforcent néanmoins, dans la mesure du raisonnable, de fournir à la personne handicapée ou à la personne à mobilité réduite une assistance qui lui permette d'embarquer sur le navire, de débarquer du navire et de voyager à bord de celui-ci.

5. Si une personne handicapée ou une personne à mobilité réduite est accompagnée d'un chien d'assistance reconnu, celui-ci est accueilli à bord avec la personne, sous réserve que le transporteur, l'agent de voyages ou le voyagiste ait été informé conformément aux règles nationales applicables en matière de transport des chiens d'assistance reconnus à bord des navires à passagers, si de telles règles existent.

Art. 12 *Réception de notifications et indication des points de rendez-vous.* 1. Les transporteurs, les exploitants de terminaux, les agents de voyages et les voyagistes prennent toutes les mesures nécessaires afin de faciliter les demandes de notification et les réceptions des notifications effectuées conformément à l'article 11, paragraphe 1, point a), et à l'article 11, paragraphe 2. Cette obligation s'applique dans l'ensemble de leurs points de vente, y compris à la vente par téléphone et par l'internet.

2. Si un agent de voyages ou un voyagiste reçoit les notifications visées au paragraphe 1, il transmet l'information sans retard au transporteur ou à l'exploitant du terminal pendant les heures normales de bureau.

3. Les transporteurs et les exploitants de terminaux indiquent l'endroit, à l'intérieur ou à l'extérieur des terminaux portuaires, où les personnes handicapées ou les personnes à mobilité réduite peuvent annoncer leur arrivée et demander une assistance. Cet endroit est clairement signalé et fournit, dans des formats accessibles, des informations de base sur le terminal portuaire et l'assistance offerte.

Art. 13 *Normes de qualité applicables à l'assistance.* 1. Les exploitants de terminaux et les transporteurs exploitant des terminaux portuaires ou des services de transport de passagers ayant totalisé plus de 100000 mouvements commerciaux de passagers au cours de l'année civile précédente définissent, dans leurs domaines respectifs de compétence, des normes de qualité pour l'assistance prévue aux annexes II et III, et déterminent, le cas échéant par le biais de leurs organisations, les exigences en matière de ressources requises pour respecter ces normes en collaboration avec les organisations représentatives des personnes handicapées ou des personnes à mobilité réduite.

2. Lors de la définition de ces normes de qualité, il convient de tenir pleinement compte des politiques et codes de conduite reconnus au niveau international concernant la simplification du transport des personnes handicapées ou des personnes à mobilité réduite, notamment *[de]* la recommandation de l'OMI concernant la conception et l'exploitation des navires à passagers en vue de répondre aux besoins des personnes âgées et des personnes handicapées.

3. Les normes de qualité prévues au paragraphe 1 sont portées à la connaissance du public par les exploitants de terminaux et les transporteurs directement ou sur l'internet

dans des formats accessibles directement et dans les mêmes langues que celles dans lesquelles les informations sont généralement fournies à l'ensemble des passagers.

Art. 14 *Formation et consignes.* Sans préjudice de la convention internationale et du code sur les normes de formation des gens de mer, de délivrance des brevets et de veille, ni des règlements adoptés au titre de la convention révisée pour la navigation du Rhin et de la convention relative au régime de la navigation sur le Danube, les transporteurs et, le cas échéant, les exploitants de terminaux fixent des procédures de formation, y compris des consignes, sur le handicap, et veillent :

a) à ce que leur personnel, y compris les personnes employées par toute autre partie exécutante, qui fournit une assistance directe aux personnes handicapées et aux personnes à mobilité réduite reçoive une formation ou dispose de consignes conformément à l'annexe IV, parties A et B;

b) à ce que leur personnel chargé de la réservation et de la vente des billets, ainsi que des opérations d'embarquement et de débarquement, y compris les personnes employées par toute autre partie exécutante, reçoive une formation ou dispose de consignes conformément à l'annexe IV, partie A; et

c) à ce que les catégories de personnel *[personnels]* visées aux points a) et b) maintiennent leurs compétences, par exemple en disposant de consignes ou en recevant des cours de remise à niveau, le cas échéant.

Art. 15 *Indemnisation pour l'équipement de mobilité ou tout autre équipement spécifique.* 1. Le transporteur et l'exploitant du terminal sont responsables du préjudice résultant de la perte ou de la détérioration de l'équipement de mobilité, ou de tout autre équipement spécifique, utilisé par une personne handicapée ou une personne à mobilité réduite, si l'événement générateur du préjudice est imputable à la faute ou à la négligence du transporteur ou de l'exploitant du terminal. Il y a présomption de faute ou de négligence du transporteur en cas de préjudice causé par un événement maritime.

2. L'indemnisation visée au paragraphe 1 correspond à la valeur de remplacement de l'équipement concerné ou, le cas échéant, aux coûts liés à la réparation.

3. Les paragraphes 1 et 2 ne s'appliquent pas lorsque l'article 4 du règlement (CE) n° 392/2009 du Parlement européen et du Conseil du 23 avril 2009 relatif à la responsabilité des transporteurs de passagers par mer en cas d'accident s'applique.

4. En outre, tous les efforts sont déployés pour fournir rapidement un équipement de remplacement temporaire qui constitue une solution de rechange adéquate.

CHAPITRE III

Obligations des transporteurs et des exploitants de terminaux en cas d'interruption de voyage

Art. 16 *Information en cas de départs annulés ou retardés.* 1. En cas d'annulation ou de départ retardé d'un service de transport de passagers ou d'une croisière, les passagers partant de terminaux portuaires ou, si possible, les passagers partant de ports sont informés de la situation par le transporteur ou, le cas échéant, par l'exploitant du terminal, dans les plus brefs délais et, en tout état de cause, au plus tard trente minutes après l'heure prévue de départ, ainsi que de l'heure estimée de départ et de l'heure estimée d'arrivée, dès que ces informations sont disponibles.

2. Si des passagers manquent un service de correspondance dans le cadre du transport en raison d'une annulation ou d'un retard, le transporteur et, le cas échéant, l'exploitant

du terminal s'efforcent, dans la mesure du raisonnable, d'informer les passagers concernés des autres correspondances disponibles.

3. Le transporteur ou, le cas échéant, l'exploitant du terminal veille à ce que les personnes handicapées ou les personnes à mobilité réduite reçoivent, dans des formats accessibles, les informations requises en vertu des paragraphes 1 et 2.

Art. 17 *Assistance en cas de départs annulés ou retardés.* 1. Lorsqu'un transporteur peut raisonnablement s'attendre à ce que le départ d'un service de transport de passagers ou d'une croisière soit annulé ou retardé de plus de quatre-vingt-dix minutes par rapport à l'heure de départ prévue, les passagers partant de terminaux portuaires se voient offrir gratuitement des collations, des repas ou des rafraîchissements en suffisance compte tenu du délai d'attente, à condition que ceux-ci soient disponibles ou qu'ils puissent raisonnablement être livrés.

2. En cas d'annulation ou de départ retardé, si un séjour d'une nuit ou plus devient nécessaire ou qu'un séjour supplémentaire par rapport à celui prévu par le passager s'impose, si et quand cela est matériellement possible, le transporteur offre gratuitement aux passagers partant de terminaux portuaires un hébergement à bord ou à terre, ainsi que le transport dans les deux sens entre le terminal portuaire et le lieu d'hébergement, outre les collations, repas ou rafraîchissements prévus au paragraphe 1. Pour chaque passager, le transporteur peut limiter à un montant de 80 euros par nuit, pour un maximum de trois nuits, le coût total de l'hébergement à terre, non compris le transport dans les deux sens entre le terminal portuaire et le lieu d'hébergement.

3. Lors de l'application des paragraphes 1 et 2, le transporteur accorde une attention particulière aux besoins des personnes handicapées et des personnes à mobilité réduite, ainsi qu'aux personnes qui les accompagnent.

Art. 18 *Réacheminement et remboursement en cas de départs annulés ou retardés.*

1. Lorsqu'un transporteur peut raisonnablement s'attendre à ce qu'un service de transport de passagers soit annulé ou à ce que son départ d'un terminal portuaire soit retardé de plus de quatre-vingt-dix minutes, le passager se voit immédiatement offrir le choix entre :

a) un réacheminement vers la destination finale, telle qu'établie dans le contrat de transport, sans aucun supplément, dans des conditions comparables et dans les meilleurs délais;

b) le remboursement du prix du billet et, s'il y a lieu, un service de transport de retour gratuit dans les meilleurs délais jusqu'au point de départ initial tel qu'établi dans le contrat de transport.

2. Lorsqu'un service de transport de passagers est annulé ou si son départ d'un port est retardé de plus de quatre-vingt-dix minutes, les passagers ont droit au réacheminement ou au remboursement du prix du billet de la part du transporteur.

3. Le remboursement intégral du billet prévu au paragraphe 1, point b), et au paragraphe 2 s'effectue dans un délai de sept jours en espèces, par virement bancaire électronique, mandat ou chèque bancaires, au tarif auquel il a été acheté, pour la ou les parties non effectuées du trajet ainsi que pour la ou les parties déjà effectuées si le trajet ne présente plus aucun intérêt par rapport au plan de voyage initial du passager. Avec l'accord du passager, le remboursement intégral du billet peut également être fait sous forme de bons et/ou d'autres services d'un montant équivalent au tarif auquel il a été acheté, à condition que les conditions soient flexibles, notamment en ce qui concerne la période de validité et la destination.

Art. 19 *Indemnisation relative au prix du billet en cas de retard à l'arrivée.* 1. Les passagers qui subissent un retard à l'arrivée à la destination finale telle qu'établie dans le contrat de transport peuvent, sans perdre leur droit au transport, demander une indemnisation au transporteur. Les indemnisations minimales sont équivalentes à 25 % du prix du billet en cas de retard d'au moins :

a) une heure dans le cas d'un voyage dont la durée prévue est inférieure ou égale à quatre heures ;

b) deux heures dans le cas d'un voyage dont la durée prévue est supérieure à quatre heures, mais inférieure ou égale à huit heures ;

c) trois heures dans le cas d'un voyage dont la durée prévue est supérieure à huit heures mais n'excède pas vingt-quatre heures ; ou

d) six heures dans le cas d'un voyage dont la durée prévue est supérieure à vingt-quatre heures.

Si le retard est supérieur au double des valeurs énoncées aux points a) à d), l'indemnisation est égale à 50 % du prix du billet.

2. Les passagers qui détiennent une carte de transport ou un abonnement et sont confrontés à des retards répétés à l'arrivée pendant sa durée de validité peuvent demander une indemnisation adéquate conformément aux dispositions prises par le transporteur en matière d'indemnisation. Ces dispositions fixent les critères applicables en matière de retard à l'arrivée et de calcul de l'indemnisation.

3. L'indemnisation est calculée par rapport au prix que le passager a réellement payé pour le service de transport de passagers ayant subi un retard.

4. Lorsque le transport porte sur un trajet aller-retour, l'indemnisation en cas de retard à l'arrivée, à l'aller ou au retour, est calculée par rapport à la moitié du prix payé pour le transport effectué au moyen du service de transport de passagers.

5. L'indemnisation est payée dans le mois qui suit le dépôt de la demande d'indemnisation. Elle peut être payée sous la forme de bons et/ou d'autres services à condition que les conditions soient flexibles, notamment en ce qui concerne la période de validité et la destination. Elle est payée en argent à la demande du passager.

6. L'indemnisation relative au prix du billet n'est pas grevée de coûts de transaction financière tels que redevances, frais de téléphone ou timbres. Les transporteurs peuvent fixer un seuil minimal en dessous duquel aucune indemnisation n'est payée. Ce seuil ne dépasse pas 6 euros.

Art. 20 *Exemptions.* 1. Les articles 17, 18 et 19 ne s'appliquent pas aux passagers munis de billets ouverts pour autant que l'heure de départ ne soit pas indiquée, à l'exception des passagers détenant une carte de transport ou un abonnement.

2. Les articles 17 et 19 ne s'appliquent pas si le passager est informé de l'annulation ou du retard avant l'achat du billet ou si l'annulation ou le retard est dû à la faute du passager.

3. L'article 17, paragraphe 2, ne s'applique pas lorsque le transporteur prouve que l'annulation ou le retard sont dus à des conditions météorologiques compromettant l'exploitation du navire en toute sécurité.

4. L'article 19 ne s'applique pas lorsque le transporteur prouve que l'annulation ou le retard sont dus à des conditions météorologiques compromettant l'exploitation du navire en toute sécurité ou à des circonstances extraordinaires empêchant l'exécution du service de transport de passagers, qui n'auraient pas pu être évitées même si toutes les mesures raisonnables avaient été prises.

Art. 21 *Autres voies de recours.* Le présent règlement ne saurait en rien empêcher les passagers de saisir les juridictions nationales pour demander des dommages-intérêts conformément au droit national en réparation du préjudice résultant de l'annulation ou du retard de services de transport, y compris en vertu de la directive 90/314/CEE.

CHAPITRE IV

Règles générales concernant l'information et les plaintes

Art. 22 *Droit à l'information sur les voyages.* Les transporteurs et les exploitants de terminaux, dans leurs domaines respectifs de compétence, fournissent aux passagers, tout au long de leur voyage, des informations adéquates dans des formats accessibles à tous et dans les mêmes langues que celles dans lesquelles les informations sont généralement fournies à l'ensemble des passagers. Une attention particulière est accordée aux besoins des personnes handicapées et des personnes à mobilité réduite.

Art. 23 *Informations relatives aux droits des passagers.* 1. Les transporteurs, les exploitants de terminaux et, le cas échéant, les autorités portuaires veillent, dans leurs domaines respectifs de compétence, à ce que les informations relatives aux droits des passagers en vertu du présent règlement soient mises à la disposition du public à bord des navires, si possible dans les ports et dans les terminaux portuaires. Les informations sont fournies dans la mesure du possible dans des formats accessibles et dans les mêmes langues que celles dans lesquelles les informations sont généralement fournies à l'ensemble des passagers. Lorsque ces informations sont fournies, une attention particulière est accordée aux besoins des personnes handicapées et des personnes à mobilité réduite.

2. Afin de se conformer à l'obligation d'information visée au paragraphe 1, les transporteurs, les exploitants de terminaux et, le cas échéant, les autorités portuaires peuvent utiliser un résumé des dispositions du présent règlement établi par la Commission dans toutes les langues officielles de l'Union européenne et mis à leur disposition.

3. Les transporteurs, les exploitants de terminaux et, le cas échéant, les autorités portuaires informent les passagers d'une manière appropriée à bord des navires, si possible dans les ports et dans les terminaux portuaires, des coordonnées de l'organisme chargé de l'application désigné par l'État membre concerné conformément à l'article 25, paragraphe 1.

Art. 24 *Plaintes.* 1. Les transporteurs et les exploitants de terminaux établissent ou mettent en place un mécanisme accessible de traitement des plaintes concernant les droits et les obligations visés par le présent règlement.

2. Un passager visé par le présent règlement qui souhaite déposer une plainte auprès du transporteur ou de l'exploitant d'un terminal l'introduit dans un délai de deux mois à partir de la date à laquelle le service a été exécuté ou aurait dû être exécuté. Dans un délai d'un mois suivant la réception de la plainte, le transporteur ou l'exploitant de terminal informe le passager que sa plainte a été retenue, rejetée ou est toujours à l'examen. La réponse définitive lui est donnée dans un délai de deux mois au maximum à partir de la date de réception de la plainte.

CHAPITRE V

Application et organismes nationaux chargés de l'application

Art. 25 *Organismes nationaux chargés de l'application.* 1. Chaque État membre désigne un ou plusieurs organismes, nouveaux ou existants, chargés de l'application du présent règlement en ce qui concerne les services de transport de passagers et les croisières à partir de ports situés sur son territoire et les services de transport de passagers en provenance d'un pays tiers à destination de ces ports. Chaque organisme prend les mesures nécessaires pour assurer le respect du présent règlement.

Chaque organisme est indépendant d'intérêts commerciaux en ce qui concerne son organisation, ses décisions de financement, sa structure juridique et son processus de prise de décision.

2. Les États membres informent la Commission de l'organisme ou des organismes désignés conformément au présent article.

3. Tout passager peut déposer une plainte pour infraction alléguée au présent règlement, conformément à son droit national, auprès de l'organisme compétent désigné en vertu du paragraphe 1 ou auprès de tout autre organisme compétent désigné par un État membre. L'organisme compétent fournit aux passagers une réponse motivée à leur plainte dans un délai raisonnable.

Un État membre peut décider :

a) que le passager est tenu, dans un premier temps, de déposer la plainte relevant du présent règlement auprès du transporteur ou de l'exploitant de terminal; et/ou

b) que l'organisme national chargé de l'application ou tout autre organisme compétent désigné par l'État membre agit en tant qu'instance de recours pour les plaintes n'ayant pas été réglées en vertu de l'article 24.

4. Les États membres ayant choisi d'exempter certains services en application de l'article 2, paragraphe 4, assurent la mise en place d'un mécanisme comparable d'application des droits des passagers.

Art. 26 *Rapport sur l'application.* Les organismes chargés de l'application désignés en vertu de l'article 25 publient, au plus tard le 1er juin 2015 et tous les deux ans à partir de cette date, un rapport concernant leurs activités des deux années civiles précédentes, contenant, notamment, une description des mesures prises pour faire appliquer les dispositions du présent règlement, les détails des sanctions appliquées ainsi que les statistiques sur les plaintes et les sanctions appliquées.

Art. 27 *Coopération entre organismes chargés de l'application.* Les organismes nationaux chargés de l'application visés à l'article 25, paragraphe 1, échangent des informations sur leurs travaux ainsi que sur leurs principes et pratiques de prise de décision dans la mesure nécessaire à l'application cohérente du présent règlement. La Commission les assiste dans cette tâche.

Art. 28 *Sanctions.* Les États membres déterminent le régime des sanctions applicables aux violations des dispositions du présent règlement et prennent toutes les mesures nécessaires pour assurer leur application. Les sanctions ainsi prévues sont effectives, proportionnées et dissuasives. Les États membres notifient ce régime et ces mesures à la Commission au plus tard le 18 décembre 2012 et l'informent, sans délai, de toute modification ultérieure les concernant.

CHAPITRE VI

Dispositions finales

Art. 29 *Rapport.* La Commission fait rapport au Parlement européen et au Conseil sur le fonctionnement et les effets du présent règlement, au plus tard le 19 décembre 2015. Le rapport est assorti, le cas échéant, de propositions législatives destinées à mettre en œuvre de manière plus détaillée les dispositions du présent règlement ou à le modifier.

Art. 30 *Modification du règlement (CE) n° 2006/2004.* À l'annexe du règlement (CE) n° 2006/2004, le point suivant est ajouté :

« 18. Règlement (UE) n° 1177/2010 du Parlement européen et du Conseil du 24 novembre 2010 concernant les droits des passagers voyageant par mer ou par voie de navigation intérieure. »

Art. 31 *Entrée en vigueur.* Le présent règlement entre en vigueur le vingtième jour suivant celui de sa publication au *Journal officiel de l'Union européenne*.

Il est applicable à partir du 18 décembre 2012.

ANNEXE I

DROIT AU REMBOURSEMENT OU AU RÉACHEMINEMENT POUR LES PERSONNES HANDICAPÉES ET LES PERSONNES À MOBILITÉ RÉDUITE, VISÉ À L'ARTICLE 8

ANNEXE II

ASSISTANCE DANS LES PORTS, Y COMPRIS LORS DE L'EMBARQUEMENT ET DU DÉBARQUEMENT, VISÉE AUX ARTICLES 10 ET 13

ANNEXE III

ASSISTANCE À BORD DES NAVIRES VISÉE AUX ARTICLES 10 ET 13

ANNEXE IV

FORMATION, Y COMPRIS CONSIGNES, SUR LE HANDICAP, VISÉE À L'ARTICLE 14

24 Règlement (UE) n° 1259/2010 du Conseil du 20 décembre 2010 mettant en œuvre une coopération renforcée dans le domaine de la loi applicable au divorce et à la séparation de corps (« Rome III »)

Applicable depuis le 21 juin 2012

Le Conseil de l'Union européenne,

Vu le Traité sur le fonctionnement de l'Union européenne, et notamment son article 81, paragraphe 3,

Vu la décision 2010/405/UE du Conseil du 12 juillet 2010 autorisant une coopération renforcée dans le domaine de la loi applicable au divorce et à la séparation de corps,

Vu la proposition de la Commission européenne,

Après transmission du projet d'acte législatif aux parlements nationaux,

Vu l'avis du Parlement européen,
Vu l'avis du Comité économique et social européen,
Statuant conformément à une procédure législative spéciale,
Considérant ce qui suit :

(1) L'Union s'est donné pour objectif de maintenir et de développer un espace de liberté, de sécurité et de justice au sein duquel est assurée la libre circulation des personnes. Pour la mise en place progressive de cet espace, l'Union doit adopter des mesures relevant du domaine de la coopération judiciaire dans les matières civiles ayant une incidence transfrontière, en particulier lorsque cela est nécessaire au bon fonctionnement du marché intérieur.

(2) Conformément à l'article 81 du traité sur le fonctionnement de l'Union européenne, parmi ces mesures figurent celles favorisant la compatibilité des règles applicables dans les États membres en matière de conflit de lois.

(3) La Commission a adopté, le 14 mars 2005, un livre vert sur le droit applicable et la compétence en matière de divorce. Ce livre vert a été le point de départ d'une large consultation publique sur les possibles solutions pouvant être apportées aux problèmes susceptibles de se poser dans la situation actuelle.

(4) La Commission a proposé, le 17 juillet 2006, un règlement modifiant le règlement (CE) n° 2201/2003 du Conseil en ce qui concerne la compétence et instituant des règles relatives à la loi applicable en matière matrimoniale.

(5) Le Conseil, réuni à Luxembourg les 5 et 6 juin 2008, a conclu à l'absence d'unanimité sur la proposition et à l'existence de difficultés insurmontables rendant impossible, à ce moment et dans un avenir proche, toute unanimité. Il a constaté que les objectifs de la proposition ne pourraient être réalisés dans un délai raisonnable en appliquant les dispositions appropriées des traités.

(6) La Belgique, la Bulgarie, l'Allemagne, la Grèce, l'Espagne, la France, l'Italie, la Lettonie, le Luxembourg, la Hongrie, Malte, l'Autriche, le Portugal, la Roumanie et la Slovénie ont ultérieurement présenté à la Commission une demande indiquant qu'ils avaient l'intention d'instaurer entre eux une coopération renforcée dans le domaine de la loi applicable en matière matrimoniale. Le 3 mars 2010, la Grèce a retiré sa demande.

(7) Le Conseil a adopté, le 12 juillet 2010, la décision 2010/405/UE autorisant une coopération renforcée dans le domaine de la loi applicable au divorce et à la séparation de corps.

(8) En vertu de l'article 328, paragraphe 1, du traité sur le fonctionnement de l'Union européenne, lors de leur instauration, les coopérations renforcées sont ouvertes à tous les États membres, sous réserve de respecter les conditions éventuelles de participation fixées par la décision d'autorisation. Elles le sont également à tout autre moment, sous réserve de respecter, outre lesdites conditions, les actes déjà adoptés dans ce cadre. La Commission et les États membres participant à une coopération renforcée veillent à promouvoir la participation du plus grand nombre possible d'États membres. Le présent règlement ne devrait être obligatoire dans tous ses éléments et directement applicable que dans les États membres participants, conformément aux traités.

(9) Le présent règlement devrait créer un cadre juridique clair et complet dans le domaine de la loi applicable au divorce et à la séparation de corps dans les États membres

participants, garantir aux citoyens des solutions appropriées en termes de sécurité juridique, de prévisibilité et de souplesse, et empêcher une situation dans laquelle l'un des époux demande le divorce avant l'autre pour faire en sorte que la procédure soit soumise à une loi donnée qu'il estime plus favorable à ses propres intérêts.

(10) Le champ d'application matériel et les dispositions du présent règlement devraient être cohérents par rapport au règlement (CE) n° 2201/2003. Toutefois, il ne devrait pas s'appliquer à l'annulation du mariage.

Le présent règlement ne devrait s'appliquer qu'à la dissolution ou au relâchement du lien matrimonial. La loi désignée par les règles de conflit de lois énoncées dans le présent règlement devrait s'appliquer aux causes de divorce et de séparation de corps.

Des questions préalables, telles que la capacité juridique et la validité du mariage, ainsi que les questions telles que les effets patrimoniaux du divorce ou de la séparation de corps, le nom, la responsabilité parentale, les obligations alimentaires ou autres mesures accessoires éventuelles devraient être réglées selon les règles de conflit de lois applicables dans l'État membre participant concerné.

(11) Afin de bien délimiter le champ d'application territorial du présent règlement, il convient de préciser quels sont les États membres qui participent à la coopération renforcée.

(12) Le présent règlement devrait présenter un caractère universel, c'est-à-dire qu'il devrait être possible, en ce qui concerne ses règles uniformes de conflit de lois, de désigner la loi d'un État membre participant, la loi d'un État membre non participant, ou la loi d'un État non membre de l'Union européenne.

(13) Le présent règlement devrait s'appliquer quelle que soit la nature de la juridiction saisie. S'il y a lieu, une juridiction devrait être réputée saisie conformément au règlement (CE) n° 2201/2003.

(14) Pour offrir aux époux la liberté de désigner une loi applicable avec laquelle ils ont des liens étroits ou, à défaut de choix, pour que cette loi s'applique à leur divorce ou séparation de corps, celle-ci devrait s'appliquer même si elle n'est pas celle d'un État membre participant. En cas de désignation de la loi d'un autre État membre, le réseau créé par la décision 2001/470/CE du Conseil du 28 mai 2001 relative à la création d'un réseau judiciaire européen en matière civile et commerciale pourrait jouer un rôle de soutien des juridictions sur le contenu de la loi étrangère.

(15) Accroître la mobilité des citoyens requiert davantage de souplesse et une plus grande sécurité juridique. Pour répondre à cet objectif, le présent règlement devrait renforcer l'autonomie des parties en matière de divorce et de séparation de corps en leur laissant une possibilité limitée de choisir la loi applicable à leur divorce ou à leur séparation de corps.

(16) Les époux devraient pouvoir choisir la loi d'un pays avec lequel ils ont des liens particuliers ou la loi du for comme loi applicable au divorce et à la séparation de corps. La loi choisie par les époux doit être conforme aux droits fondamentaux reconnus par les traités et la Charte des droits fondamentaux de l'Union européenne.

(17) Avant de désigner la loi applicable, il est important que les époux aient accès à des informations mises à jour concernant les aspects essentiels de la loi nationale et du droit de l'Union ainsi que des procédures en matière de divorce et de séparation de corps. Afin de garantir cet accès à des informations appropriées et de qualité, la Commission

met ces dernières régulièrement à jour dans le système public d'information fondé sur l'internet créé par la décision 2001/470/CE.

(18) Le choix éclairé des deux conjoints est un principe essentiel du présent règlement. Chaque époux devrait savoir exactement quelles sont les conséquences juridiques et sociales du choix de la loi applicable. La possibilité de choisir d'un commun accord la loi applicable devrait être sans préjudice des droits et de l'égalité des chances des deux époux. À cet égard, les juges des États membres participants devraient être conscients de l'importance d'un choix éclairé des deux époux concernant les conséquences juridiques de la convention conclue sur le choix de la loi.

(19) Il convient de définir les règles relatives à la validité matérielle et formelle de manière à faciliter le choix éclairé des époux et assurer le respect de leur consentement, en vue de garantir la sécurité juridique ainsi qu'un meilleur accès à la justice. Pour ce qui est de la validité formelle, certaines garanties devraient être introduites afin de s'assurer que les époux sont conscients des conséquences de leur choix. La convention sur le choix de la loi applicable devrait au moins être formulée par écrit, datée et signée par les deux parties. Toutefois, si la loi de l'État membre participant dans lequel les deux époux ont leur résidence habituelle au moment de la conclusion de la convention prévoit des règles formelles supplémentaires, celles-ci devraient être respectées. Par exemple, ces règles formelles supplémentaires peuvent exister dans un État membre participant où la convention est insérée dans un contrat de mariage. Si, au moment de la conclusion de la convention, les époux ont leur résidence habituelle dans des États membres participants différents qui prévoient des règles formelles supplémentaires, il suffirait que les règles formelles de l'un de ces États soient respectées. Si, au moment de la conclusion de la convention, seul l'un des époux a sa résidence habituelle dans un État membre participant qui prévoit des règles formelles supplémentaires, celles-ci devraient être respectées.

(20) Une convention désignant la loi applicable devrait pouvoir être conclue et modifiée au plus tard au moment de la saisine de la juridiction, et même au cours de la procédure si la loi du for le prévoit. Dans ce cas, il devrait suffire que la juridiction donne acte de la désignation conformément à la loi du for.

(21) À défaut de choix de la loi applicable, le présent règlement devrait instaurer des règles de conflit de lois harmonisées sur la base d'une échelle de critères de rattachement successifs fondés sur l'existence d'un lien étroit entre les époux et la loi concernée, en vue de garantir la sécurité juridique et la prévisibilité et d'empêcher une situation dans laquelle l'un des époux demande le divorce avant l'autre pour faire en sorte que la procédure soit soumise à une loi donnée qu'il estime plus favorable à ses propres intérêts. Ces critères de rattachement devraient être choisis de façon que la procédure de divorce ou de séparation de corps soit régie par une loi avec laquelle les époux ont des liens étroits.

(22) Lorsque, aux fins de l'application de la loi d'un État, le présent règlement fait de la nationalité un critère de rattachement, la gestion des cas de pluralité de nationalités devrait relever du droit national, dans le plein respect des principes généraux de l'Union européenne.

(23) Si une juridiction est saisie afin de convertir une séparation de corps en divorce et en l'absence de choix de la loi applicable par les parties, la loi qui a été appliquée à la

séparation de corps devrait également s'appliquer au divorce. Une telle continuité favoriserait la prévisibilité pour les parties et renforcerait la sécurité juridique. Si la loi qui a été appliquée à la séparation de corps ne prévoit pas de conversion de la séparation de corps en divorce, le divorce devrait être régi par les règles de conflit de lois à défaut de choix. Cela ne devrait pas empêcher les époux de demander le divorce sur la base d'autres règles prévues dans le présent règlement.

(24) Dans certaines situations, la loi de la juridiction saisie devrait toutefois s'appliquer, comme lorsque la loi applicable ne prévoit pas le divorce ou lorsqu'elle n'accorde pas à l'un des époux, en raison de son appartenance à l'un ou l'autre sexe, une égalité d'accès au divorce ou à la séparation de corps. Cela ne devrait cependant pas porter atteinte à l'ordre public.

(25) Dans des circonstances exceptionnelles, des considérations d'intérêt public devraient donner aux juridictions des États membres la possibilité d'écarter une disposition de la loi étrangère lorsque son application dans un cas précis serait manifestement contraire à l'ordre public du for. Néanmoins, les juridictions ne devraient pas pouvoir appliquer l'exception d'ordre public pour écarter une disposition de la loi d'un autre État lorsque c'est contraire à la Charte des droits fondamentaux de l'Union européenne, en particulier à son article 21, qui interdit toute forme de discrimination.

(26) Lorsque le présent règlement se réfère au fait que la loi de l'État membre participant dont une juridiction est saisie ne prévoit pas le divorce, il conviendrait de l'interpréter comme le fait que la loi de cet État membre ne connaît pas l'institution du divorce. En pareil cas, la juridiction compétente ne devrait pas être tenue de prononcer un divorce en vertu du présent règlement.

Lorsque le présent règlement se réfère au fait que la loi de l'État membre participant dont une juridiction est saisie ne reconnaît pas la validité du mariage concerné aux fins de la procédure de divorce, il conviendrait de l'interpréter, notamment, comme le fait qu'un tel mariage n'existe pas dans la loi de cet État membre. En pareil cas, la juridiction compétente ne devrait pas être tenue de prononcer un divorce ou une séparation de corps en vertu du présent règlement.

(27) Comme il existe des États et des États membres participants dans lesquels coexistent deux ou plusieurs systèmes de droit ou ensembles de règles ayant trait aux questions régies par le présent règlement, il conviendrait de prévoir une disposition qui stipule dans quelle mesure le présent règlement s'applique dans les différentes unités territoriales de ces États et États membres participants ou aux différentes catégories de personnes de ces États et États membres participants.

(28) En l'absence de règles désignant la loi applicable, les parties qui choisissent la loi de l'État de la nationalité de l'un d'entre eux devraient préciser dans le même temps qu'elle est l'unité territoriale dont ils ont choisi la loi dans le cas où l'État dont la loi a été choisie comprend plusieurs unités territoriales ayant leur propre système de droit ou leur propre ensemble de règles en matière de divorce.

(29) Étant donné que les objectifs du présent règlement, à savoir le renforcement de la sécurité juridique, la prévisibilité et la souplesse dans les procédures matrimoniales internationales et dès lors la facilitation de la libre circulation des personnes à l'intérieur de l'Union, ne peuvent pas être réalisés de manière suffisante par les États membres et peuvent donc, en raison des dimensions et des effets du présent règlement, être mieux

réalisés au niveau de l'Union, celle-ci peut prendre des mesures, au moyen d'une coopération renforcée le cas échéant, conformément au principe de subsidiarité consacré à l'article 5 du traité sur l'Union européenne. Conformément au principe de proportionnalité tel qu'énoncé audit article, le présent règlement n'excède pas ce qui est nécessaire pour atteindre ces objectifs.

(30) Le présent règlement respecte les droits fondamentaux et observe les principes reconnus par la Charte des droits fondamentaux de l'Union européenne, en particulier par son article 21, qui interdit toute discrimination fondée notamment sur le sexe, la race, la couleur, les origines ethniques ou sociales, les caractéristiques génétiques, la langue, la religion ou les convictions, les opinions politiques ou toute autre opinion, l'appartenance à une minorité nationale, la fortune, la naissance, un handicap, l'âge ou l'orientation sexuelle. Ce règlement devrait être appliqué par les juridictions des États membres participants dans le respect de ces droits et principes,

A adopté le présent règlement :

CHAPITRE Ier

Champ d'application, relation avec le règlement (CE) n° 2201/2003, définitions et application universelle

Art. premier *Champ d'application.* 1. Le présent règlement s'applique, dans les situations impliquant un conflit de lois, au divorce et à la séparation de corps.

2. Le présent règlement ne s'applique pas aux questions suivantes, même si elles ne sont soulevées qu'en tant que questions préalables dans le cadre d'une procédure de divorce ou de séparation de corps :

a) la capacité juridique des personnes physiques;

b) l'existence, la validité ou la reconnaissance d'un mariage;

c) l'annulation d'un mariage;

d) le nom des époux;

e) les effets patrimoniaux du mariage;

f) la responsabilité parentale;

g) les obligations alimentaires;

h) les trusts et successions.

Art. 2 *Relation avec le règlement (CE) n° 2201/2003.* Le présent règlement n'a pas d'incidence sur l'application du règlement (CE) n° 2201/2003.

Art. 3 *Définitions.* Aux fins du présent règlement, on entend par :

1. « État membre participant » : un État membre qui participe à la coopération renforcée sur la loi applicable au divorce et à la séparation de corps en vertu de la décision 2010/405/UE, ou en vertu d'une décision adoptée conformément à l'article 331, paragraphe 1, deuxième ou troisième alinéa, du traité sur le fonctionnement de l'Union européenne;

2. « juridiction » : toutes les autorités des États membres participants compétentes dans les matières relevant du champ d'application du présent règlement.

Art. 4 *Application universelle.* La loi désignée par le présent règlement s'applique même si cette loi n'est pas celle d'un État membre participant.

CHAPITRE II

Règles uniformes sur la loi applicable au divorce et à la séparation de corps

Art. 5 *Choix de la loi applicable par les parties.* 1. Les époux peuvent convenir de désigner la loi applicable au divorce et à la séparation de corps, pour autant qu'il s'agisse de l'une des lois suivantes :

a) la loi de l'État de la résidence habituelle des époux au moment de la conclusion de la convention ; ou

b) la loi de l'État de la dernière résidence habituelle des époux, pour autant que l'un d'eux y réside encore au moment de la conclusion de la convention ; ou

c) la loi de l'État de la nationalité de l'un des époux au moment de la conclusion de la convention ; ou

d) la loi du for.

2. Sans préjudice du paragraphe 3, une convention désignant la loi applicable peut être conclue et modifiée à tout moment, mais au plus tard au moment de la saisine de la juridiction.

3. Si la loi du for le prévoit, les époux peuvent également désigner la loi applicable devant la juridiction au cours de la procédure. Dans ce cas, la juridiction prend acte de la désignation conformément à la loi du for.

Art. 6 *Consentement et validité matérielle.* 1. L'existence et la validité d'une convention sur le choix de la loi ou de toute clause de celle-ci sont soumises à la loi qui serait applicable en vertu du présent règlement si la convention ou la clause était valable.

2. Toutefois, pour établir son absence de consentement, un époux peut se fonder sur la loi du pays dans lequel il a sa résidence habituelle au moment où la juridiction est saisie si les circonstances indiquent qu'il ne serait pas raisonnable de déterminer l'effet du comportement de cet époux conformément à la loi visée au paragraphe 1.

Art. 7 *Validité formelle.* 1. La convention visée à l'article 5, paragraphes 1 et 2, est formulée par écrit, datée et signée par les deux époux. Toute transmission par voie électronique qui permet de consigner durablement la convention est considérée comme revêtant une forme écrite.

2. Toutefois, si la loi de l'État membre participant dans lequel les deux époux ont leur résidence habituelle au moment de la conclusion de la convention prévoit des règles formelles supplémentaires pour ce type de convention, ces règles s'appliquent.

3. Si, au moment de la conclusion de la convention, les époux ont leur résidence habituelle dans des États membres participants différents et si les lois de ces États prévoient des règles formelles différentes, la convention est valable quant à la forme si elle satisfait aux conditions fixées par la loi de l'un de ces pays.

4. Si, au moment de la conclusion de la convention, seul l'un des époux a sa résidence habituelle dans un État membre participant et si cet État prévoit des règles formelles supplémentaires pour ce type de convention, ces règles s'appliquent.

Art. 8 *Loi applicable à défaut de choix par les parties.* A défaut de choix conformément à l'article 5, le divorce et la séparation de corps sont soumis à la loi de l'État :

a) de la résidence habituelle des époux au moment de la saisine de la juridiction ; ou, à défaut,

b) de la dernière résidence habituelle des époux, pour autant que cette résidence n'ait pas pris fin plus d'un an avant la saisine de la juridiction et que l'un des époux réside encore dans cet État au moment de la saisine de la juridiction; ou, à défaut,

c) de la nationalité des deux époux au moment de la saisine de la juridiction; ou, à défaut,

d) dont la juridiction est saisie.

Art. 9 *Conversion de la séparation de corps en divorce.* 1. En cas de conversion d'une séparation de corps en divorce, la loi applicable au divorce est la loi qui a été appliquée à la séparation de corps, sauf si les parties en sont convenues autrement conformément à l'article 5.

2. Toutefois, si la loi qui a été appliquée à la séparation de corps ne prévoit pas de conversion de la séparation de corps en divorce, l'article 8 s'applique, sauf si les parties en sont convenues autrement conformément à l'article 5.

Art. 10 *Application de la loi du for.* Lorsque la loi applicable en vertu des articles 5 ou 8 ne prévoit pas le divorce ou n'accorde pas à l'un des époux, en raison de son appartenance à l'un ou l'autre sexe, une égalité d'accès au divorce ou à la séparation de corps, la loi du for s'applique.

Art. 11 *Exclusion du renvoi.* Lorsque le présent règlement prescrit l'application de la loi d'un État, il entend les règles de droit en vigueur dans cet État à l'exclusion de ses règles de droit international privé.

Art. 12 *Ordre public.* L'application d'une disposition de la loi désignée en vertu du présent règlement ne peut être écartée que si cette application est manifestement incompatible avec l'ordre public du for.

Art. 13 *Différences dans le droit national.* Aucune disposition du présent règlement n'oblige les juridictions d'un État membre participant dont la loi ne prévoit pas le divorce ou ne considère pas le mariage en question comme valable aux fins de la procédure de divorce à prononcer un divorce en application du présent règlement.

Art. 14 *États ayant deux ou plusieurs systèmes de droit — conflits de lois territoriaux.* Lorsqu'un État comprend plusieurs unités territoriales dont chacune a son propre système de droit ou son propre ensemble de règles ayant trait aux questions régies par le présent règlement.

a) toute référence à la loi de cet État est interprétée, aux fins de la détermination de la loi applicable selon le présent règlement, comme visant la loi en vigueur dans l'unité territoriale concernée;

b) toute référence à la résidence habituelle dans cet État est interprétée comme visant la résidence habituelle dans une unité territoriale;

c) toute référence à la nationalité vise l'unité territoriale désignée par la loi de cet État ou, en l'absence de règles applicables, l'unité territoriale choisie par les parties, ou en l'absence de choix, l'unité territoriale avec laquelle l'époux ou les époux présente(nt) les liens les plus étroits.

Art. 15 *États ayant deux ou plusieurs systèmes de droit – conflits de lois interpersonnels.* Pour un État qui a deux ou plusieurs systèmes de droit ou ensembles de règles applicables à différentes catégories de personnes et ayant trait aux questions régies par le présent règlement, toute référence à la loi d'un tel État est interprétée comme visant le système de droit déterminé par les règles en vigueur dans cet État. En l'absence de telles règles, le système de droit ou l'ensemble de règles avec lequel l'époux ou les époux présente(nt) les liens les plus étroits s'applique.

Art. 16 *Non-application du présent règlement aux conflits de lois internes.* Un État membre participant dans lequel différents systèmes de droit ou ensembles de règles s'appliquent aux questions régies par le présent règlement n'est pas tenu d'appliquer le présent règlement aux conflits de lois concernant uniquement ces systèmes de droit ou ensembles de règles.

CHAPITRE III

Autres dispositions

Art. 17 *Informations fournies par les États membres participants.* 1. Au plus tard le 21 septembre 2011, les États membres participants communiquent à la Commission, le cas échéant, leurs dispositions nationales relatives :

a) aux exigences formelles applicables aux conventions sur le choix de la loi applicable conformément à l'article 7, paragraphes 2 à 4; et

b) à la possibilité de désigner la loi applicable conformément à l'article 5, paragraphe 3.

Les états membres participants informent la Commission de toute modification ultérieure de ces dispositions.

La commission met à la dispositions du public par des moyens appropriés, notamment le site internet du réseau judiciaire européen en matière cicile et commerciale, toutes les informations communiquées conformément au paragraphe 1.

Art. 18 *Dispositions transitoires.* 1. Le présent réglement s'applique aux actions judiciaires engagées ainsi qu'aux conventions visées à l'article 5 conclues à compter du 21 juin 2012.

Toutefois, une convention sur le choix de la loi applicable conclue avant le 21 juin 2012 prend également effet, pour autant qu'elle soit conforme aux articles 6 et 7.

2. Le présent réglement s'applique sans préjudice des conventions sur le choix de la loi applicable conclues conformément à la loi de l'État membre participant dont la juridictions est saisie avant le 21 juin 2012.

Art. 19 *Liens avec les conventions internationales en vigueur.* 1. Sans préjudice des obligations incombant aux États membres participants conformément à l'article 351 du traité sur le fonctionnement de l'Union européenne, le présent règlement n'a pas d'incidence sur l'application des conventions internationales auxquelles un ou plusieurs États membres participants sont parties au moment de l'adoption du présent règlement ou lors de l'adoption de la décision conformément à l'article 331, paragraphe 1, deuxième ou troisième alinéa, du traité sur le fonctionnement de l'Union européenne et qui règlent les conflits de lois en matière de divorce ou de séparation de corps.

2. Toutefois, le présent règlement prévaut, entre les États membres participants, sur les conventions conclues exclusivement entre deux ou plusieurs d'entre eux dans la mesure où elles concernent des questions régies par le présent règlement.

Art. 20 *Clause de révision.* 1. Au plus tard le 31 décembre 2015, et ensuite tous les cinq ans, la Commission présente au Parlement européen, au Conseil et au Comité économique et social européen un rapport relatif à l'application du présent règlement. Ce rapport est accompagné, le cas échéant, de propositions visant à adapter le présent règlement.

2. À cette fin, les États membres participants informent la Commission des éléments pertinents concernant l'application du présent règlement par leurs juridictions.

CHAPITRE IV
Dispositions finales

Art. 21 *Entrée en vigueur et date d'application* Le présent règlement entre en vigueur le jour suivant celui de sa publication au *Journal officiel de l'Union européenne.*

Il est applicable à partir du 21 juin 2012, à l'exception de l'article 17, qui est applicable à partir du 21 juin 2011.

Pour les États membres participant à une coopération renforcée en vertu d'une décision adoptée conformément à l'article 331, paragraphe 1, deuxième ou troisième alinéa, du traité sur le fonctionnement de l'Union européenne, le présent règlement est applicable à partir de la date indiquée dans la décision concernée.

Le présent règlement est obligatoire dans tous ses éléments et directement applicable dans les États membres participants, conformément aux traités.

25 Règlement (UE) n° 181/2011 du Parlement européen et du Conseil du 16 février 2011 concernant les droits des passagers dans le transport par autobus et autocar et modifiant le règlement (CE) n° 2006/2004

Applicable depuis le 1er mars 2013
(Texte présentant de l'intérêt pour l'EEE)

Le Parlement européen et le Conseil de l'Union européenne,

Vu le traité sur le fonctionnement de l'Union européenne, et notamment son article 91, paragraphe 1,

Vu la proposition de la Commission européenne,

Vu l'avis du Comité économique et social européen,

Après consultation du Comité des régions,

Statuant conformément à la procédure législative ordinaire, au vu du projet commun approuvé le 24 janvier 2011 par le comité de conciliation,

Considérant ce qui suit :

(1) L'action de l'Union dans le domaine du transport par autobus et autocar devrait viser, entre autres, à garantir un niveau élevé de protection des passagers, comparable à celui des autres modes de transport, quelle que soit la destination. De plus, il convient de tenir pleinement compte des exigences de la protection des consommateurs en général.

(2) Le passager voyageant par autobus ou autocar étant la partie faible du contrat de transport, il convient d'accorder à tous les passagers un niveau minimal de protection.

(3) Les actions de l'Union visant à améliorer les droits des passagers dans les transports par autobus et autocar devraient prendre en compte les spécificités de ce secteur, essentiellement constitué de petites et moyennes entreprises.

(4) Les passagers et, au minimum, les personnes qu'un passager était ou aurait été légalement tenu d'entretenir devraient bénéficier d'une protection adéquate en cas d'accident résultant de l'utilisation d'un autobus ou autocar, compte tenu de la directive 2009/103/CE du Parlement européen et du Conseil du 16 septembre 2009 concernant

l'assurance de la responsabilité civile résultant de la circulation de véhicules automoteurs et le contrôle de l'obligation d'assurer cette responsabilité.

(5) En choisissant le droit national applicable à l'indemnisation en cas de décès, y compris un montant raisonnable pour les frais funéraires, ou de lésion corporelle ainsi qu'en cas de perte ou de détérioration de bagages dus à des accidents résultant de l'utilisation d'un autobus ou autocar, il convient de tenir compte du règlement (CE) n° 864/2007 du Parlement européen et du Conseil du 11 juillet 2007 sur la loi applicable aux obligations non contractuelles (Rome II) et du règlement (CE) n° 593/2008 du Parlement européen et du Conseil du 17 juin 2008 sur la loi applicable aux obligations contractuelles (Rome I).

(6) Outre l'indemnisation prévue par le droit national applicable en cas de décès ou de lésion corporelle ou en cas de perte ou de détérioration de bagages dus à des accidents résultant de l'utilisation d'un autobus ou autocar, les passagers devraient pouvoir bénéficier d'une assistance répondant à leurs besoins concrets immédiats à la suite d'un accident. Cette assistance devrait englober, si nécessaire, les premiers secours, l'hébergement, la nourriture, les vêtements et le transport.

(7) Les services de transport de passagers par autobus et autocar devraient profiter aux citoyens en général. Par conséquent, les personnes handicapées et les personnes à mobilité réduite, que ce soit du fait d'un handicap, de l'âge ou de tout autre facteur, devraient avoir la possibilité d'utiliser les services de transport par autobus et autocar dans des conditions comparables à celles des autres citoyens. Ces personnes ont les mêmes droits que tous les autres citoyens quant à la libre circulation, à la liberté de choix et à la non-discrimination.

(8) À la lumière de l'article 9 de la convention des Nations unies relative aux droits des personnes handicapées et afin de donner aux personnes handicapées et aux personnes à mobilité réduite la possibilité de voyager par autobus et autocar dans des conditions comparables à celles des autres citoyens, il convient d'établir des règles de non-discrimination et d'assistance au cours de leur voyage. Ces personnes devraient par conséquent être acceptées au transport et ne pas se voir opposer un refus de transport au motif de leur handicap ou de leur mobilité réduite, sauf pour des motifs de sécurité ou qui tiennent à la conception du véhicule ou de l'infrastructure. Dans le cadre de la législation applicable en matière de protection des travailleurs, les personnes handicapées et les personnes à mobilité réduite devraient bénéficier d'un droit à une assistance dans les stations et à bord des véhicules. Dans un souci d'intégration sociale, cette assistance devrait être fournie gratuitement aux personnes concernées. Les transporteurs devraient établir des conditions d'accès, en se servant de préférence du système européen de normalisation.

(9) Lorsqu'elles décident de la conception de nouvelles stations, ainsi que dans le cadre de réaménagements importants, les entités gestionnaires de stations devraient s'efforcer de tenir compte des besoins des personnes handicapées et des personnes à mobilité réduite conformément aux exigences de la conception pour tous les usages. Dans tous les cas, les entités gestionnaires de stations devraient indiquer les endroits où ces personnes peuvent annoncer leur arrivée et demander de l'assistance.

(10) De la même manière, sans préjudice de la législation actuelle ou future en matière d'exigences techniques pour les autobus et autocars, les transporteurs devraient tenir

compte de ces besoins lorsqu'ils décident de la conception de nouveaux véhicules ou du réaménagement de véhicules.

(11) Les États membres devraient s'efforcer d'améliorer les infrastructures existantes, lorsque cela s'avère nécessaire pour permettre aux transporteurs d'assurer un accès aux personnes handicapées et aux personnes à mobilité réduite ainsi que de fournir une assistance adaptée.

(12) Afin de répondre aux besoins des personnes handicapées et des personnes à mobilité réduite, il convient que le personnel reçoive une formation appropriée. En vue de faciliter la reconnaissance mutuelle des qualifications nationales des chauffeurs, une formation de sensibilisation au handicap pourrait être prévue dans le cadre de la qualification initiale ou de la formation continue visée par la directive 2003/59/CE du Parlement européen et du Conseil du 15 juillet 2003 relative à la qualification initiale et à la formation continue des conducteurs de certains véhicules routiers affectés aux transports de marchandises ou de voyageurs. Afin d'assurer la cohérence entre l'introduction des exigences de formation et les délais fixés par ladite directive, une possibilité de dérogation pendant une période limitée devrait être permise.

(13) Les organisations représentant les personnes handicapées ou les personnes à mobilité réduite devraient être consultées pour l'élaboration du contenu de la formation relative au handicap ou y être associées.

(14) Parmi les droits des passagers dans le transport par autobus et autocar devrait figurer l'obtention d'informations concernant le service avant et pendant le voyage. Toutes les informations essentielles communiquées aux passagers voyageant par autobus et autocar devraient également être fournies, sur demande, sous d'autres formats accessibles aux personnes handicapées et aux personnes à mobilité réduite, comme des informations en gros caractères, en langage clair, en braille, ou des communications sous forme électronique qui peuvent être lues à l'aide de technologies adaptatives, ou sur bande audio.

(15) Le présent règlement ne devrait pas limiter le droit des transporteurs de demander réparation à toute personne, y compris un tiers, conformément à la législation nationale applicable.

(16) Il convient de réduire les désagréments auxquels sont confrontés les passagers en cas d'annulation ou de retard important de leur voyage. À cette fin, les passagers partant de stations devraient bénéficier d'une assistance appropriée et être informés d'une manière accessible à tous. Ils devraient également pouvoir annuler leur voyage et obtenir le remboursement de leur billet ou bien poursuivre leur voyage ou être réacheminés dans des conditions satisfaisantes. Si le transporteur n'apporte pas l'assistance requise aux passagers, ceux-ci devraient avoir droit à une indemnisation financière.

(17) Avec la participation des parties prenantes, d'associations professionnelles et d'associations représentant les clients, les passagers, les personnes handicapées et les personnes à mobilité réduite, les transporteurs devraient coopérer en vue de l'adoption de dispositions à l'échelon national ou européen. Lesdites dispositions devraient viser à améliorer l'information et la prise en charge des passagers ainsi que l'assistance qui leur est fournie en cas d'interruption de leur voyage, en particulier en cas de retards importants ou d'annulation du voyage, priorité étant donnée aux passagers ayant des besoins spécifiques dus à un handicap, à une mobilité réduite, à une maladie, à un âge

avancé et à une grossesse, ainsi qu'aux passagers accompagnants et aux passagers voyageant avec de jeunes enfants. Les organismes nationaux chargés de l'application devraient être informés de ces dispositions.

(18) Le présent règlement ne devrait pas porter atteinte aux droits des passagers établis par la directive 90/314/CEE du Conseil du 13 juin 1990 concernant les voyages, vacances et circuits à forfait. Le présent règlement ne devrait pas s'appliquer en cas d'annulation d'un voyage à forfait pour des raisons autres que l'annulation du service de transport par autobus ou autocar.

(19) Les passagers devraient être pleinement informés des droits que leur confère le présent règlement, afin d'être en mesure de les exercer effectivement.

(20) Les passagers devraient pouvoir exercer leurs droits au moyen de procédures de plainte appropriées mises en œuvre par les transporteurs ou, le cas échéant, en déposant une plainte auprès de l'organisme ou des organismes désignés à cette fin par l'État membre concerné.

(21) Les États membres devraient veiller au respect du présent règlement et désigner un ou des organismes compétents chargés de son contrôle et de son application. Cela ne porte pas atteinte aux droits des passagers de saisir une juridiction pour demander réparation conformément au droit national.

(22) Compte tenu des procédures établies par les États membres pour le dépôt de plaintes, il y a lieu qu'une plainte portant sur l'assistance soit adressée de préférence à l'organisme ou aux organismes désignés pour assurer l'application du présent règlement dans l'État membre dans lequel a lieu la montée ou la descente des passagers.

(23) Les États membres devraient promouvoir l'utilisation des transports publics et l'utilisation d'informations et de billets intégrés, afin d'optimiser l'utilisation et l'interopérabilité des différents modes de transport et opérateurs.

(24) Les États membres devraient établir des sanctions applicables en cas de violations du présent règlement et veiller à ce que lesdites sanctions soient appliquées. Ces sanctions devraient être effectives, proportionnées et dissuasives.

(25) Étant donné que l'objectif du présent règlement, à savoir garantir un niveau uniforme de protection et d'assistance pour les passagers dans le transport par autobus et autocar dans tous les États membres, ne peut pas être réalisé de manière suffisante par les États membres et peut donc, en raison de la portée et des effets de l'action, être mieux réalisé au niveau de l'Union, celle-ci peut prendre des mesures, conformément au principe de subsidiarité consacré à l'article 5 du traité sur l'Union européenne. Conformément au principe de proportionnalité tel qu'énoncé audit article, le présent règlement n'excède pas ce qui est nécessaire pour atteindre cet objectif.

(26) Il y a lieu que le présent règlement s'applique sans préjudice de la directive 95/46/CE du Parlement européen et du Conseil du 24 octobre 1995 relative à la protection des personnes physiques à l'égard du traitement des données à caractère personnel et à la libre circulation de ces données.

(27) Le contrôle de l'application du présent règlement devrait être fondé sur le règlement (CE) n° 2006/2004 du Parlement européen et du Conseil du 27 octobre 2004 relatif à la coopération entre les autorités nationales chargées de veiller à l'application de la législation en matière de protection des consommateurs (« Règlement relatif à la

coopération en matière de protection des consommateurs »). Il convient donc de modifier en conséquence ledit règlement.

(28) Le présent règlement respecte les droits fondamentaux et observe les principes consacrés notamment par la charte des droits fondamentaux de l'Union européenne, tels qu'ils sont visés à l'article 6 du traité sur l'Union européenne, gardant également à l'esprit la directive 2000/43/CE du Conseil du 29 juin 2000 relative à la mise en œuvre du principe de l'égalité de traitement entre les personnes sans distinction de race ou d'origine ethnique et la directive 2004/113/CE du Conseil du 13 décembre 2004 mettant en œuvre le principe de l'égalité de traitement entre les femmes et les hommes dans l'accès à des biens et services et la fourniture de biens et services.

Ont adopté le présent règlement :

CHAPITRE PREMIER
Dispositions générales

Art. premier *Objet.* Le présent règlement établit des règles applicables au transport par autobus et par autocar en ce qui concerne :

a) la non-discrimination entre les passagers pour ce qui est des conditions de transport offertes par les transporteurs ;

b) les droits des passagers en cas d'accident résultant de l'utilisation d'un autobus ou autocar et entraînant le décès ou une lésion corporelle ou la perte ou la détérioration de bagages ;

c) la non-discrimination et l'assistance obligatoire pour les personnes handicapées et les personnes à mobilité réduite ;

d) les droits des passagers en cas d'annulation ou de retard ;

e) les informations minimales à fournir aux passagers ;

f) le traitement des plaintes ;

g) les règles générales en matière d'application.

Art. 2 *Champ d'application.* 1. Le présent règlement s'applique aux passagers qui voyagent en empruntant des services réguliers destinés à des catégories non déterminées de passagers lorsque la montée ou la descente du passager a lieu sur le territoire d'un État membre et lorsque la distance prévue à parcourir dans le cadre du service est supérieure ou égale à 250 kilomètres.

2. S'agissant des services visés au paragraphe 1, mais lorsque la distance prévue à parcourir dans le cadre du service est inférieure à 250 kilomètres, l'article 4, paragraphe 2, l'article 9, l'article 10, paragraphe 1, l'article 16, paragraphe 1, point *b)*, l'article 16, paragraphe 2, l'article 17, paragraphes 1 et 2, ainsi que les articles 24 à 28, sont applicables.

3. En outre, à l'exception des articles 9 à 16, de l'article 17, paragraphe 3, et des chapitres IV, V et VI, le présent règlement s'applique aux passagers qui voyagent dans le cadre de services occasionnels lorsque la montée initiale ou la descente finale du passager a lieu sur le territoire d'un État membre.

4. A l'exception de l'article 4, paragraphe 2, de l'article 9, de l'article 10, paragraphe 1, de l'article 16, paragraphe 1, point *b)*, de l'article 16, paragraphe 2, de l'article 17, paragraphes 1 et 2, ainsi que des articles 24 à 28, les États membres peuvent, selon des modalités transparentes et non discriminatoires, octroyer une dérogation à l'application du présent règlement en ce qui concerne les services réguliers nationaux. Ces dérogations

peuvent être octroyées, à compter de la date d'application du présent règlement, pour une durée maximale de quatre ans renouvelable une fois.

5. Pour une période d'une durée maximale de quatre ans à compter de la date d'application du présent règlement, les États membres peuvent, selon des modalités transparentes et non discriminatoires, octroyer une dérogation à l'application du présent règlement en ce qui concerne certains services réguliers parce qu'une part importante desdits services, y compris au moins un arrêt prévu, est effectuée en dehors de l'Union. Ces dérogations sont renouvelables une fois.

6. Les États membres informent la Commission des dérogations octroyées pour les différents types de services en application des paragraphes 4 et 5. La Commission prend les mesures appropriées si une dérogation n'est pas jugée conforme aux dispositions du présent article. Au plus tard le 2 mars 2018, la Commission soumet au Parlement européen et au Conseil un rapport sur les dérogations accordées conformément aux paragraphes 4 et 5.

7. Aucune disposition du présent règlement ne peut être interprétée comme étant contraire à la législation en vigueur relative aux prescriptions techniques pour les autobus ou les autocars ou les infrastructures ou encore l'équipement des arrêts d'autobus et des stations, ou comme instaurant de nouvelles prescriptions en sus de celles prévues par cette législation.

8. Le présent règlement ne porte pas atteinte aux droits des passagers établis par la directive 90/314/CEE et ne s'applique pas dans les cas où un voyage à forfait visé par ladite directive est annulé pour des motifs autres que l'annulation d'un service régulier.

Art. 3 *Définitions.* Aux fins du présent règlement, on entend par :

a) « services réguliers », les services qui assurent le transport de passagers par autobus ou autocar selon une fréquence et sur un trajet déterminés, les passagers pouvant être pris en charge et déposés à des arrêts préalablement fixés;

b) « services occasionnels », les services qui ne répondent pas à la définition des services réguliers et qui ont pour principale caractéristique de transporter par autobus ou autocar des groupes de passagers constitués à l'initiative d'un donneur d'ordre ou du transporteur lui-même;

c) « contrat de transport », un contrat entre un transporteur et un passager en vue de la fourniture d'un ou de plusieurs services réguliers ou occasionnels;

d) « billet », un document en cours de validité ou toute autre preuve de l'existence d'un contrat de transport;

e) « transporteur », une personne physique ou morale, autre qu'un voyagiste, un agent de voyages ou un vendeur de billet, proposant au public des transports au moyen de services réguliers ou occasionnels;

f) « transporteur exécutant », une personne physique ou morale autre que le transporteur, qui exécute effectivement tout ou partie du transport;

g) « vendeur de billets », tout intermédiaire qui conclut des contrats de transport pour le compte d'un transporteur;

h) « agent de voyages », tout intermédiaire agissant pour le compte d'un passager en vue de la conclusion de contrats de transport;

i) « voyagiste », un organisateur ou un détaillant, autre qu'un transporteur, au sens de l'article 2, points 2) et 3), de la directive 90/314/CEE;

j) « personne handicapée » ou « personne à mobilité réduite », toute personne dont la mobilité est réduite lors de l'usage d'un moyen de transport, en raison de tout handicap physique (sensoriel ou moteur, permanent ou temporaire), d'un retard mental ou d'une déficience intellectuelle, ou de toute autre cause de handicap, ou encore de l'âge, et dont la situation requiert une attention appropriée et l'adaptation à ses besoins particuliers des services mis à la disposition de l'ensemble des passagers;

k) « conditions d'accès », les normes, lignes directrices et informations pertinentes relatives à l'accessibilité des autobus et/ou des stations désignées, y compris en ce qui concerne les équipements destinés aux personnes handicapées ou aux personnes à mobilité réduite;

l) « réservation », la réservation d'une place assise à bord d'un autobus ou d'un autocar pour un service régulier à une heure de départ donnée;

m) « station », une station dotée de personnel, dans laquelle, selon l'itinéraire indiqué, il est prévu qu'un service régulier effectue un arrêt pour la montée ou la descente de passagers, et équipée d'installations telles que des comptoirs d'enregistrement, des salles d'attente ou des comptoirs de vente de billets;

n) « arrêt d'autobus », tout point autre qu'une station auquel, selon l'itinéraire indiqué, il est prévu qu'un service régulier effectue un arrêt pour la montée ou la descente de passagers;

o) « entité gestionnaire de station », une entité organisationnelle dans un État membre chargée de la gestion d'une station désignée;

p) « annulation », la non-exécution d'un service régulier précédemment planifié;

q) « retard », la différence de temps entre l'heure à laquelle le service régulier devait partir d'après l'horaire publié et l'heure de son départ réel.

Art. 4 *Billets et conditions contractuelles non discriminatoires.* 1. Les transporteurs émettent un billet au passager, à moins que ne soient prévus d'autres documents établissant le droit au transport. Un billet peut être émis sous forme électronique.

2. Sans préjudice des tarifs sociaux, les conditions contractuelles et les tarifs appliqués par les transporteurs sont proposés au public sans discrimination directe ou indirecte fondée sur la nationalité du client final ou sur le lieu d'établissement des transporteurs ou des vendeurs de billets dans l'Union.

Art. 5 *Autres parties exécutantes.* 1. Si l'exécution des obligations prévues par le présent règlement a été confiée à un transporteur exécutant, un vendeur de billets ou toute autre personne, le transporteur, l'agent de voyages, le voyagiste ou l'entité gestionnaire de station qui a délégué lesdites obligations est néanmoins responsable des actes et des omissions de cette partie exécutante.

2. En outre, la partie qui s'est vu confier l'exécution d'une obligation par le transporteur, l'agent de voyages, le voyagiste ou l'entité gestionnaire de station est soumise aux dispositions du présent règlement pour ce qui est de l'obligation qui lui a été confiée.

Art. 6 *Irrecevabilité des dérogations.* 1. Les obligations à l'égard des passagers énoncées par le présent règlement ne peuvent être limitées ou levées, notamment par une dérogation ou une clause restrictive figurant dans le contrat de transport.

2. Les transporteurs peuvent offrir des conditions contractuelles plus favorables au passager que celles fixées dans le présent règlement.

CHAPITRE II

Indemnisation et assistance en cas d'accident

Art. 7 *Décès ou lésion corporelle de passagers et perte ou détérioration de bagages.* 1. Conformément au droit national applicable, les passagers ont droit à une indemnisation en cas de décès, y compris un montant raisonnable pour les frais funéraires, ou de lésion corporelle ainsi qu'en cas de perte ou de détérioration de bagages dus à des accidents résultant de l'utilisation d'un autobus ou d'un autocar. En cas de décès d'un passager, ce droit s'applique au minimum aux personnes que ce passager était ou aurait été légalement tenu d'entretenir.

2. Le montant de l'indemnisation est calculé conformément au droit national applicable. Le montant maximal prévu par le droit national pour l'indemnisation en cas de décès ou de lésion corporelle ou en cas de perte ou de détérioration de bagages n'est pas inférieur, pour un événement donné, à :

a) 220000 euros par passager;

b) 1200 euros par bagage. En cas de détérioration de fauteuils roulants, de tout autre équipement de mobilité ou dispositif d'assistance, le montant de l'indemnisation est toujours égal au coût de remplacement ou de réparation de l'équipement perdu ou détérioré.

Art. 8 *Besoins concrets immédiats des passagers.* En cas d'accident résultant de l'utilisation d'un autobus ou d'un autocar, le transporteur fournit une assistance raisonnable et proportionnée portant sur les besoins concrets immédiats des passagers à la suite de l'accident. Cette assistance englobe, si nécessaire, l'hébergement, la nourriture, les vêtements, le transport et la facilitation des premiers secours. L'assistance fournie ne constitue pas une reconnaissance de responsabilité.

Pour chaque passager, le transporteur peut limiter le coût total de l'hébergement à un montant de 80 euros par nuit et pour deux nuits au plus.

CHAPITRE III

Droits des personnes handicapées et des personnes à mobilité réduite

Art. 9 *Droit au transport.* 1. Les transporteurs, agents de voyages et voyagistes ne peuvent refuser d'accepter une réservation, d'émettre ou fournir un billet ou de faire monter à bord une personne au motif de son handicap ou de sa mobilité réduite.

2. Aucun supplément n'est demandé aux personnes handicapées et aux personnes à mobilité réduite pour leurs réservations et leurs billets.

Art. 10 *Exceptions et conditions particulières.* 1. Nonobstant l'article 9, paragraphe 1, les transporteurs, agents de voyages et voyagistes peuvent refuser d'accepter une réservation, d'émettre ou fournir un billet ou de faire monter à bord une personne au motif de son handicap ou de sa mobilité réduite :

a) afin de respecter les exigences applicables en matière de sécurité prévues par le droit international, le droit de l'Union ou le droit national ou afin de respecter les exigences en matière de santé et de sécurité établies par les autorités compétentes;

b) lorsque la conception du véhicule ou les infrastructures, y compris les arrêts et stations d'autobus, rendent physiquement impossible la montée, la descente ou le transport de la personne handicapée ou de la personne à mobilité réduite dans des conditions sûres et réalisables sur le plan opérationnel.

2. En cas de refus d'accepter une réservation ou d'émettre ou fournir un billet pour les motifs indiqués au paragraphe 1, les transporteurs, agents de voyages et voyagistes informent la personne concernée de tout service de substitution acceptable exploité par le transporteur.

3. Si une personne handicapée ou une personne à mobilité réduite qui dispose d'une réservation ou d'un billet et qui s'est conformée aux exigences de l'article 14, paragraphe 1,

point *a)*, se voit néanmoins refuser la permission de monter au motif de son handicap ou de sa mobilité réduite, ladite personne et toute personne l'accompagnant conformément au paragraphe 4 du présent article se voient offrir le choix entre :

a) le droit au remboursement et, s'il y a lieu, un service de transport de retour gratuit dans les meilleurs délais jusqu'au point de départ initial tel qu'établi dans le contrat de transport; ou

b) la poursuite du voyage ou le réacheminement par d'autres services de transport raisonnables jusqu'au lieu de destination, tel qu'établi dans le contrat de transport, excepté dans les cas où cela s'avère impossible.

Le droit au remboursement de la somme versée pour le billet n'est pas affecté par l'absence de notification en vertu de l'article 14, paragraphe 1, point *a)*.

4. Si un transporteur, un agent de voyages ou un voyagiste refuse d'accepter une réservation, d'émettre ou fournir un billet ou de faire monter à bord une personne au motif de son handicap ou de sa mobilité réduite pour les raisons visées au paragraphe 1, cette personne peut demander à être accompagnée par une autre personne de son choix capable de lui fournir l'assistance qu'elle requiert de telle sorte que les raisons visées au paragraphe 1 ne soient plus applicables.

Cet accompagnant est transporté gratuitement et, dans la mesure du possible, une place lui est attribuée à côté de la personne handicapée ou de la personne à mobilité réduite.

5. Lorsque les transporteurs, les agents de voyages ou les voyagistes ont recours au paragraphe 1, ils en communiquent immédiatement les raisons à la personne handicapée ou à la personne à mobilité réduite, et, sur demande, l'en informe par écrit dans un délai de cinq jours ouvrables à compter de sa demande.

Art. 11 *Accessibilité et information.* 1. En collaboration avec les organisations représentatives des personnes handicapées ou des personnes à mobilité réduite, les transporteurs et les entités gestionnaires de stations établissent, le cas échéant par l'intermédiaire de leurs organisations, des conditions d'accès non discriminatoires applicables au transport de personnes handicapées et de personnes à mobilité réduite, ou disposent déjà de telles conditions.

2. Les conditions d'accès prévues au paragraphe 1, y compris le texte des législations adoptées aux niveaux international, de l'Union et national fixant des exigences en matière de sécurité et sur lesquelles reposent ces conditions d'accès non discriminatoires, sont portées à la connaissance du public par les transporteurs et les entités gestionnaires de stations directement ou sur l'internet, dans des formats accessibles sur demande, dans les mêmes langues que celles dans lesquelles les informations sont généralement fournies à l'ensemble des passagers. Lors de la fourniture de ces informations, une attention particulière est accordée aux besoins des personnes handicapées et des personnes à mobilité réduite.

3. Les voyagistes mettent à disposition les conditions d'accès prévues au paragraphe 1 qui s'appliquent aux trajets inclus dans les voyages, vacances et circuits à forfait qu'ils organisent, commercialisent ou proposent à la vente.

4. Les informations relatives aux conditions d'accès visées aux paragraphes 2 et 3 sont communiquées sous une forme matérielle à la demande du passager.

5. Les transporteurs, les agents de voyages et les voyagistes veillent à ce que toutes les informations générales pertinentes concernant les trajets et les conditions de transport soient mises à la disposition des personnes handicapées et des personnes à mobilité réduite, dans des formats appropriés et accessibles, y compris, le cas échéant, pour les réservations et les informations en ligne. Les informations sont communiquées au moyen d'un support matériel à la demande du passager.

Art. 12 *Désignation des stations.* Les États membres désignent les stations d'autobus et d'autocar dans lesquelles une assistance est fournie aux personnes handicapées et aux personnes à mobilité réduite. Les États membres en informent la Commission. La Commission diffuse sur l'internet une liste des stations d'autobus et d'autocars ainsi désignées.

Art. 13 *Droit à une assistance dans les stations désignées et à bord des autobus et des autocars.* 1. Sous réserve des conditions d'accès prévues à l'article 11, paragraphe 1, les transporteurs et les entités gestionnaires de stations fournissent gratuitement, dans le cadre de leurs compétences respectives, dans les stations désignées par les États membres, au moins l'assistance visée à l'annexe I, point *a)*, aux personnes handicapées et aux personnes à mobilité réduite.

2. Sous réserve des conditions d'accès prévues à l'article 11, paragraphe 1, les transporteurs fournissent gratuitement, à bord des autobus et des autocars, au moins l'assistance visée à l'annexe I, point *b)*, aux personnes handicapées et aux personnes à mobilité réduite.

Art. 14 *Conditions auxquelles est fournie l'assistance.* 1. Les transporteurs et les entités gestionnaires de stations coopèrent afin de fournir une assistance aux personnes handicapées et aux personnes à mobilité réduite, à condition que :

a) le besoin d'assistance de la personne soit notifié aux transporteurs, entités gestionnaires de stations, agents de voyages ou voyagistes au plus tard trente-six heures à l'avance; et

b) les personnes concernées se présentent à l'endroit indiqué :

i) à l'heure fixée à l'avance par le transporteur, qui ne doit pas précéder de plus de soixante minutes l'heure de départ annoncée, à moins que le transporteur et le passager ne se soient mis d'accord sur une période plus courte; ou

ii) si aucune heure n'a été fixée, au moins trente minutes avant l'heure de départ annoncée.

2. Outre le paragraphe 1, la personne handicapée ou la personne à mobilité réduite informe le transporteur, l'agent de voyages ou le voyagiste de ses besoins particuliers en ce qui concerne la place assise lors de la réservation ou de l'achat à l'avance du billet, pour autant que ce besoin soit connu à ce moment-là.

3. Les transporteurs, entités gestionnaires de stations, agents de voyages et voyagistes prennent toutes les mesures nécessaires pour faciliter la réception des notifications effectuées par des personnes handicapées ou des personnes à mobilité réduite faisant état de leur besoin d'assistance. Cette obligation s'applique dans l'ensemble des stations désignées et de leurs points de vente, y compris à la vente par téléphone et sur l'internet.

4. A défaut de la notification visée au paragraphe 1, point *a)*, et au paragraphe 2, les transporteurs, les entités gestionnaires de stations, les agents de voyages et les voyagistes s'efforcent dans la mesure du possible de fournir à la personne handicapée ou à la personne à mobilité réduite l'assistance nécessaire pour pouvoir monter, obtenir sa correspondance ou descendre pour le service pour lequel elle a acheté un billet.

5. L'entité gestionnaire de la station indique l'endroit, à l'intérieur ou à l'extérieur de la station, où les personnes handicapées ou les personnes à mobilité réduite peuvent annoncer leur arrivée et demander une assistance. Cet endroit est clairement signalé et fournit, dans des formats accessibles, des informations de base sur la station et l'assistance offerte.

Art. 15 *Transmission d'informations aux tiers.* Si un agent de voyages ou un voyagiste reçoit une notification visée à l'article 14, paragraphe 1, point *a)*, il transmet l'information au transporteur ou à l'entité gestionnaire de station dans les meilleurs délais, pendant les heures normales de bureau.

Art. 16 *Formation.* 1. Les transporteurs et, le cas échéant, les entités gestionnaires de stations, fixent des procédures de formation au handicap, y compris des consignes, et veillent à ce que :

a) leur personnel, à l'exception des chauffeurs, y compris les personnes employées par toute autre partie exécutante, qui fournit une assistance directe aux personnes handicapées et aux personnes à mobilité réduite, reçoive une formation ou dispose de consignes, conformément à l'annexe II, points *a)* et *b)* ; et

b) leur personnel, y compris les chauffeurs, qui travaille en contact direct avec les voyageurs ou traitent les questions en rapport avec les voyageurs, reçoive une formation ou dispose de consignes, conformément à l'annexe II, point *a)*.

2. Un État membre peut, pour une période maximale de cinq ans à compter du 1er mars 2013, octroyer une dérogation à l'application du paragraphe 1, point *b)*, concernant la formation des chauffeurs.

Art. 17 *Indemnisation pour les fauteuils roulants et les autres équipements de mobilité.* 1. Les transporteurs et les entités gestionnaires de stations sont responsables lorsqu'ils ont causé la perte ou la détérioration de fauteuils roulants, de tout autre équipement de mobilité ou de dispositifs d'assistance. La perte ou la détérioration est indemnisée par le transporteur ou l'entité gestionnaire de station qui en est responsable.

2. L'indemnisation visée au paragraphe 1 équivaut au coût de remplacement ou de réparation de l'équipement ou des dispositifs perdus ou endommagés.

3. Le cas échéant, tout est mis en œuvre pour mettre rapidement à disposition un équipement ou des dispositifs de remplacement, à titre temporaire. Les fauteuils roulants, les autres équipements de mobilité ou dispositifs d'assistance présentent, dans la mesure du possible, des caractéristiques techniques et fonctionnelles similaires à ceux qui ont été perdus ou endommagés.

Art. 18 *Dérogations.* 1. Sans préjudice de l'article 2, paragraphe 2, les États membres peuvent octroyer une dérogation à l'application de tout ou partie des dispositions du présent chapitre en ce qui concerne les services réguliers nationaux, à condition qu'ils s'assurent que le niveau de protection des personnes handicapées et des personnes à mobilité réduite garanti par leur législation nationale est au moins le même que celui garanti par le présent règlement.

2. Les États membres informent la Commission des dérogations octroyées conformément au paragraphe 1. La Commission prend les mesures appropriées si une dérogation n'est pas jugée conforme aux dispositions du présent article. Au plus tard le 2 mars 2018, la Commission soumet au Parlement européen et au Conseil un rapport sur les dérogations octroyées conformément au paragraphe 1.

CHAPITRE IV

Droits des passagers en cas d'annulation ou de retard

Art. 19 *Poursuite du voyage, réacheminement et remboursement.* 1. Lorsqu'un transporteur peut raisonnablement s'attendre à ce qu'un service régulier soit annulé ou à ce que son départ d'une station soit retardé de plus de cent vingt minutes ou encore en cas de surréservation, les passagers se voient immédiatement offrir le choix entre :

a) la poursuite du voyage ou le réacheminement vers la destination finale telle qu'établie dans le contrat de transport, sans coût supplémentaire, dans des conditions comparables et dans les meilleurs délais ;

b) le remboursement du prix du billet et, s'il y a lieu, un service de transport de retour gratuit, en autobus ou en autocar, dans les meilleurs délais, jusqu'au point de départ initial tel qu'établi dans le contrat de transport.

2. Si le transporteur n'offre pas au passager le choix visé au paragraphe 1, le passager a droit à une indemnisation équivalente à 50% du prix du billet, en sus du remboursement visé au paragraphe 1, point *b)*. Ce montant est payé par le transporteur dans le mois qui suit le dépôt de la demande d'indemnisation.

3. Lorsque l'autobus ou l'autocar devient inutilisable au cours du voyage, le transporteur propose soit la poursuite du service, dans un autre véhicule, à partir du point où le véhicule est immobilisé, soit le transport entre le point où le véhicule est immobilisé et un point d'attente ou une station adaptés, lieu à partir duquel la poursuite du voyage devient possible.

4. Lorsqu'un service régulier est annulé ou si son départ d'un arrêt d'autobus est retardé de plus de cent vingt minutes, les passagers ont droit à la poursuite du voyage ou au réacheminement ou au remboursement du prix du billet par le transporteur, conformément au paragraphe 1.

5. Le remboursement du billet prévu au paragraphe 1, point *b)*, et au paragraphe 4 s'effectue dans un délai de quatorze jours après que l'offre en a été faite ou que la demande en a été reçue. Le remboursement couvre la totalité du coût du billet au tarif auquel il a été acheté, pour la ou les parties non effectuées du trajet et pour la ou les parties déjà effectuées si le trajet ne présente plus aucun intérêt par rapport au plan de voyage initial du passager. En cas de carte de transport ou d'abonnement, le remboursement équivaut à la proportion que représente le trajet dans le coût total de la carte ou de l'abonnement. Le remboursement s'effectue en espèces, à moins que le passager accepte une autre forme de remboursement.

Art. 20 *Information.* 1. En cas d'annulation ou de départ retardé d'un service régulier, les passagers partant de stations sont informés de la situation par le transporteur ou, le cas échéant, par l'entité gestionnaire de station, dans les plus brefs délais et en tout état de cause au plus tard trente minutes après l'heure de départ prévue, ainsi que de l'heure estimée de départ, dès que cette information est disponible.

2. Si des passagers manquent un service de correspondance établi en fonction des horaires en raison d'une annulation ou d'un retard, le transporteur ou, le cas échéant, l'entité gestionnaire de station s'efforce, dans la mesure du raisonnable, d'informer les passagers concernés des autres correspondances disponibles.

3. Le transporteur ou, le cas échéant, l'entité gestionnaire de station, veille à ce que les personnes handicapées et les personnes à mobilité réduite reçoivent, dans des formats accessibles, les informations requises en vertu des paragraphes 1 et 2.

4. Dans la mesure du possible, les informations requises en vertu des paragraphes 1 et 2 sont communiquées par voie électronique à l'ensemble des passagers, y compris les passagers qui partent d'arrêts d'autobus, dans les délais prévus au paragraphe 1, lorsque le passager en a fait la demande et a fourni au transporteur les coordonnées nécessaires.

Art. 21 *Assistance en cas d'annulation ou de départs retardés.* En cas d'annulation ou de départ d'une station retardé de plus de quatre-vingt-dix minutes pour un voyage dont la durée prévue excède trois heures, le transporteur offre gratuitement au passager :

a) des collations, des repas ou des rafraîchissements en quantité raisonnable compte tenu du délai d'attente ou du retard, pour autant qu'il y en ait à bord du bus ou dans la station ou qu'ils puissent raisonnablement être livrés;

b) une chambre d'hôtel ou une autre forme d'hébergement ainsi qu'une aide pour assurer son transport entre la station et le lieu d'hébergement si un séjour d'une nuit ou plus s'avère nécessaire. Pour chaque passager, le transporteur peut limiter à un montant de 80 EUR par nuit et pour deux nuits au plus le coût total de l'hébergement, non compris le transport dans les deux sens entre la station et le lieu d'hébergement.

Lors de l'application du présent article, le transporteur accorde une attention particulière aux besoins des personnes handicapées et des personnes à mobilité réduite, ainsi que de toute personne les accompagnant.

Art. 22 *Autres voies de recours.* Aucune disposition du présent chapitre ne saurait empêcher les passagers de saisir les juridictions nationales pour demander des dommages-intérêts conformément au droit national en réparation du préjudice résultant de l'annulation ou du retard de services réguliers.

Art. 23 *Dérogations.* 1. Les articles 19 et 21 ne s'appliquent pas aux passagers munis de billets ouverts pour autant que l'heure de départ ne soit pas indiquée, à l'exception des passagers détenant une carte de transport ou un abonnement.

2. L'article 21, point *b)*, ne s'applique pas lorsque le transporteur prouve que l'annulation ou le retard est dû à des conditions météorologiques sévères ou à des catastrophes naturelles majeures compromettant l'exploitation du service d'autobus ou d'autocar en toute sécurité.

CHAPITRE V

Règles générales concernant l'information et les plaintes

Art. 24 *Droit à l'information sur le voyage.* Les transporteurs et les entités gestionnaires de stations, dans leurs domaines respectifs de compétence, fournissent aux passagers des informations adéquates tout au long du voyage. Dans la mesure du possible, ces informations sont fournies sur demande dans des formats appropriés.

Art. 25 *Informations sur les droits des passagers.* 1. Les transporteurs et entités gestionnaires de stations veillent, dans leurs domaines respectifs de compétences, à ce que les passagers reçoivent, au plus tard au moment du départ, des informations pertinentes et compréhensibles concernant leurs droits au titre du présent règlement. Ces informations sont communiquées dans les stations et, le cas échéant, sur l'internet. A la demande d'une personne handicapée ou d'une personne à mobilité réduite, les informations sont communiquées, dans la mesure du possible, dans un format accessible. Parmi ces informations, figurent les coordonnées de l'organisme ou des organismes chargés de l'application désignés par l'État membre en vertu de l'article 28, paragraphe 1.

2. Afin de se conformer à l'obligation d'information visée au paragraphe 1, les transporteurs et les entités gestionnaires de stations peuvent utiliser un résumé des dispositions du présent règlement établi par la Commission dans toutes les langues officielles des institutions de l'Union européenne et mis à leur disposition.

Art. 26 *Plaintes.* Les transporteurs établissent un mécanisme de traitement des plaintes concernant les droits et obligations prévus par le présent règlement, ou disposent déjà d'un tel mécanisme.

Art. 27 *Dépôt des plaintes.* Sans préjudice des demandes d'indemnisation en vertu de l'article 7, si un passager visé par le présent règlement souhaite déposer une plainte auprès du transporteur, il l'introduit dans un délai de trois mois à compter de la date à laquelle le service régulier a été exécuté ou aurait dû être exécuté. Dans un délai d'un mois suivant la réception de la plainte, le transporteur informe le passager que sa plainte a été retenue, rejetée ou est toujours à l'examen. La réponse définitive doit lui être donnée dans un délai de trois mois maximum à compter de la date de réception de la plainte.

CHAPITRE VI

Application et organismes nationaux chargés de l'application

Art. 28 *Organismes nationaux chargés de l'application.* 1. Chaque État membre désigne un ou plusieurs organismes, nouveaux ou existants, chargés de l'application du présent règlement en ce qui concerne les services réguliers à partir de lieux situés sur son territoire et les services réguliers en provenance d'un pays tiers à destination de ces lieux. Chaque organisme prend les mesures nécessaires pour assurer le respect du présent règlement.

Chaque organisme est indépendant des transporteurs, voyagistes et entités gestionnaires de stations en ce qui concerne son organisation, ses décisions de financement, sa structure juridique et son processus de prise de décision.

2. Les États membres informent la Commission de l'organisme ou des organismes désignés conformément au présent article.

3. Tout passager peut déposer une plainte pour violation alléguée du présent règlement, conformément à son droit national, auprès de l'organisme compétent désigné en vertu du paragraphe 1 ou auprès de tout autre organisme compétent désigné par un État membre.

Un État membre peut décider que le passager est tenu, dans un premier temps, de déposer une plainte auprès du transporteur, auquel cas l'organisme national chargé de l'application ou tout autre organisme compétent désigné par l'État membre agit en tant qu'instance de recours pour les plaintes n'ayant pas été réglées en application de l'article 27.

Art. 29 *Rapport sur l'application.* Les organismes chargés de l'application désignés en vertu de l'article 28, paragraphe 1, publient, au plus tard le 1er juin 2015 et, par la suite, tous les deux ans, un rapport concernant leurs activités des deux années civiles précédentes, contenant en particulier une description des mesures prises pour faire appliquer le présent règlement, et des statistiques sur les plaintes et les sanctions appliquées.

Art. 30 *Coopération entre les organismes chargés de l'application.* Les organismes nationaux chargés de l'application visés à l'article 28, paragraphe 1, s'échangent, le cas échéant, des informations sur leurs travaux ainsi que sur leurs principes et pratiques de prise de décision. La Commission les assiste dans cette tâche.

Art. 31 *Sanctions.* Les États membres déterminent le régime des sanctions applicables aux violations des dispositions du présent règlement et prennent toutes les mesures nécessaires pour assurer leur application. Les sanctions ainsi prévues sont effectives, proportionnées et dissuasives. Les États membres notifient ce régime de sanctions et ces mesures à la Commission au plus tard le 1er mars 2013 et l'informent sans délai de toute modification ultérieure les concernant.

CHAPITRE VII

Dispositions finales

Art. 32 *Rapport.* La Commission fait rapport au Parlement européen et au Conseil sur le fonctionnement et les effets du présent règlement, au plus tard le 2 mars 2016. Le rapport est assorti, le cas échéant, de propositions législatives destinées à mettre en œuvre de manière plus détaillée les dispositions du présent règlement ou à le modifier.

Art. 33 *(Modification du règlement (CE) n° 2006/2004.)*
À l'annexe du règlement (CE) n° 2006/2004, le point suivant est ajouté :
« 19. Règlement (UE) n° 181/2011 du Parlement européen et du Conseil du 16 février 2011 concernant les droits des passagers dans le transport par autobus et autocar. »

Art. 34 *Entrée en vigueur.* Le présent règlement entre en vigueur le vingtième jour suivant celui de sa publication au *Journal officiel de l'Union européenne*.
Il est applicable à partir du 1er mars 2013.
Le présent règlement est obligatoire dans tous ses éléments et directement applicable dans tout État membre.

ANNEXE I
ASSISTANCE AUX PERSONNES HANDICAPÉES ET AUX PERSONNES À MOBILITÉ RÉDUITE

ANNEXE II
FORMATION SUR LE HANDICAP

26 Règlement (UE) n° 650/2012 du Parlement européen et du Conseil du 4 juillet 2012 relatif à la compétence, la loi applicable, la reconnaissance et l'exécution des décisions, et l'acceptation et l'exécution des actes authentiques en matière de successions et à la création d'un certificat successoral européen (« Successions »)

Applicable depuis le 17 août 2015

Le Parlement européen et le Conseil de l'Union européenne,
Vu le traité sur le fonctionnement de l'Union européenne, et notamment son article 81, paragraphe 2,
Vu la proposition de la Commission européenne,
Vu l'avis du Comité économique et social européen,
Statuant conformément à la procédure législative ordinaire,
Considérant ce qui suit :
(1) L'Union s'est donné pour objectif de maintenir et de développer un espace de liberté, de sécurité et de justice au sein duquel est assurée la libre circulation des personnes. En vue de l'établissement progressif de cet espace, l'Union doit adopter des mesures relevant du domaine de la coopération judiciaire dans les matières civiles ayant une incidence transfrontière, notamment lorsque cela est nécessaire au bon fonctionnement du marché intérieur.
(2) Conformément à l'article 81, paragraphe 2, point c), du traité sur le fonctionnement de l'Union européenne, ces mesures peuvent comprendre des mesures visant à assurer la compatibilité des règles applicables dans les États membres en matière de conflits de lois et de compétence.
(3) Le Conseil européen, réuni à Tampere les 15 et 16 octobre 1999, a approuvé le principe de reconnaissance mutuelle des jugements et des autres décisions émanant des

autorités judiciaires en tant que pierre angulaire de la coopération judiciaire en matière civile et a invité le Conseil et la Commission à adopter un programme de mesures destinées à mettre en œuvre ce principe.

(4) Un programme de mesures sur la mise en œuvre du principe de reconnaissance mutuelle des décisions en matière civile et commerciale, commun à la Commission et au Conseil, a été adopté le 30 novembre 2000. Ce programme décrit les mesures relatives à l'harmonisation des règles de conflits de lois comme des mesures destinées à faciliter la reconnaissance mutuelle des décisions et prévoit l'élaboration d'un instrument en matière de testaments et successions.

(5) Le Conseil européen, réuni à Bruxelles les 4 et 5 novembre 2004, a adopté un nouveau programme, intitulé « Le programme de La Haye : renforcer la liberté, la sécurité et la justice dans l'Union européenne ». Ce programme souligne la nécessité d'adopter un instrument en matière de successions, traitant notamment des questions de conflits de lois, de la compétence, de la reconnaissance mutuelle et de l'exécution des décisions dans le domaine des successions ainsi que d'un certificat successoral européen.

(6) Réuni à Bruxelles les 10 et 11 décembre 2009, le Conseil européen a adopté un nouveau programme pluriannuel intitulé « Le programme de Stockholm – une Europe ouverte et sûre qui sert et protège les citoyens ». Dans ce programme, le Conseil européen estimait que la reconnaissance mutuelle devrait être étendue à des domaines encore non couverts mais essentiels pour la vie quotidienne, tels que les successions et les testaments, tout en tenant compte des systèmes juridiques des États membres, y compris en matière d'ordre public, et des traditions nationales dans ce domaine.

(7) Il y a lieu de faciliter le bon fonctionnement du marché intérieur en supprimant les entraves à la libre circulation de personnes confrontées aujourd'hui à des difficultés pour faire valoir leurs droits dans le contexte d'une succession ayant des incidences transfrontières. Dans l'espace européen de justice, les citoyens doivent être en mesure d'organiser à l'avance leur succession. Les droits des héritiers et légataires, des autres personnes proches du défunt ainsi que des créanciers de la succession doivent être garantis de manière effective.

(8) Afin d'atteindre ces objectifs, le présent règlement devrait regrouper les dispositions sur la compétence, la loi applicable, la reconnaissance – ou, le cas échéant, l'acceptation –, la force exécutoire et l'exécution des décisions, des actes authentiques et des transactions judiciaires ainsi que sur la création d'un certificat successoral européen.

(9) Le champ d'application du présent règlement devrait s'étendre à tous les aspects de droit civil d'une succession à cause de mort, à savoir tout mode de transfert de biens, de droits et d'obligations à cause de mort, qu'il s'agisse d'un acte volontaire de transfert en vertu d'une disposition à cause de mort ou d'un transfert dans le cadre d'une succession ab intestat.

(10) Le présent règlement ne devrait pas s'appliquer aux questions fiscales ni aux questions administratives relevant du droit public. Il appartient dès lors au droit national de déterminer, par exemple, comment sont calculés et payés les impôts et autres taxes, qu'il s'agisse d'impôts dus par la personne décédée au moment de son décès ou de tout type d'impôt lié à la succession dont doivent s'acquitter la succession ou les bénéficiaires. Il appartient également au droit national de déterminer si le transfert d'un bien successoral

aux bénéficiaires en vertu du présent règlement ou l'inscription d'un bien successoral dans un registre peut, ou non, faire l'objet de paiement d'impôts.

(11) Le présent règlement ne devrait pas s'appliquer aux domaines du droit civil autres que les successions. Pour des raisons de clarté, le champ d'application du présent règlement devrait explicitement exclure une série de questions dont il pourrait être estimé qu'elles ont un lien avec les questions de succession.

(12) Ainsi, le présent règlement ne devrait pas s'appliquer aux questions ayant trait aux régimes matrimoniaux, y compris les conventions matrimoniales que connaissent certains systèmes juridiques, dès lors que celles-ci ne traitent pas de questions successorales, ni aux régimes patrimoniaux applicables aux relations réputées avoir des effets comparables à ceux du mariage. Les autorités chargées d'une succession donnée en vertu du présent règlement devraient néanmoins, en fonction de la situation, prendre en compte la liquidation du régime matrimonial ou d'un régime patrimonial similaire du défunt lors du calcul de la masse successorale et des parts respectives des différents bénéficiaires.

(13) Il convient également d'exclure du champ d'application du présent règlement les questions liées à la constitution, au fonctionnement et à la dissolution de trusts. Cela ne devrait pas s'entendre comme une exclusion générale des trusts. Dans le cas où un trust est constitué en vertu d'un testament ou de la loi en lien avec une succession ab intestat, la loi applicable à la succession en vertu du présent règlement devrait s'appliquer s'agissant de la dévolution des biens et de la vocation successorale des bénéficiaires.

(14) Les droits et biens créés ou transférés autrement que par succession, par exemple au moyen de libéralités, devraient également être exclus du champ d'application du présent règlement. Néanmoins, c'est la loi désignée par le présent règlement comme étant la loi applicable à la succession qui précise s'il convient que les libéralités ou autres formes de dispositions entre vifs qui donnent naissance à un droit réel avant le décès fassent l'objet d'un rapport ou d'une réduction aux fins du calcul des parts des bénéficiaires conformément à la loi applicable à la succession.

(15) Le présent règlement devrait permettre la création ou le transfert par succession d'un droit mobilier ou immobilier tel que prévu par la loi applicable à la succession. Il ne devrait toutefois pas porter atteinte au nombre limité (« numerus clausus ») de droits réels que connaît le droit national de certains États membres. Un État membre ne devrait pas être tenu de reconnaître un droit réel en rapport avec des biens situés dans cet État membre, s'il ne connaît pas un tel droit réel dans son droit.

(16) Afin de permettre toutefois aux bénéficiaires de jouir, dans un autre État membre, des droits qui ont été créés ou leur ont été transférés par succession, il convient que le présent règlement prévoie l'adaptation d'un droit réel inconnu à son équivalent le plus proche en vertu du droit de cet autre État membre. Dans le cadre de cette adaptation, il y a lieu de tenir compte des objectifs et des intérêts poursuivis par le droit réel en question et des effets qui y sont liés. Pour déterminer l'équivalent le plus proche du droit réel dans le droit national, les autorités ou les personnes compétentes de l'État dont la loi s'applique à la succession peuvent être contactées afin d'obtenir des informations complémentaires sur la nature et les effets de ce droit. A cette fin, il serait possible d'avoir recours aux réseaux existants dans le domaine de la coopération judiciaire en

matière civile et commerciale, ainsi qu'à tout autre moyen disponible permettant de comprendre plus facilement la loi étrangère.

(17) L'adaptation d'un droit réel inconnu, expressément prévu par le présent règlement, ne devrait pas empêcher d'autres formes d'adaptation dans le cadre de l'application de ce règlement.

(18) Les exigences relatives à l'inscription dans un registre d'un droit immobilier ou mobilier devraient être exclues du champ d'application du présent règlement. Par conséquent, c'est la loi de l'État membre dans lequel le registre est tenu (pour les biens immeubles, la lex rei sitae) qui devrait définir les conditions légales et les modalités de l'inscription, et déterminer quelles sont les autorités, telles que les responsables des cadastres ou les notaires, chargées de vérifier que toutes les exigences sont respectées et que les documents présentés ou établis sont suffisants ou contiennent les informations nécessaires. En particulier, les autorités peuvent vérifier que le droit du défunt sur les biens successoraux mentionnés dans le document présenté pour inscription est un droit qui est inscrit en tant que tel dans le registre ou qui a été attesté d'une autre manière conformément au droit de l'État membre dans lequel le registre est tenu. Afin d'éviter la duplication des documents, les autorités chargées de l'inscription devraient accepter les documents rédigés par les autorités compétentes d'un autre État membre, dont la circulation est prévue par le présent règlement. En particulier, le certificat successoral européen délivré en vertu du présent règlement devrait constituer un document valable pour l'inscription de biens successoraux dans le registre d'un État membre. Cela ne devrait pas empêcher les autorités chargées de l'inscription de solliciter de la personne qui demande l'inscription de fournir les informations supplémentaires ou présenter les documents complémentaires exigés en vertu du droit de l'État membre dans lequel le registre est tenu, par exemple les informations ou les documents concernant le paiement d'impôts. L'autorité compétente peut indiquer à la personne demandant l'inscription la manière dont elle peut se procurer les informations ou les documents manquants.

(19) Les effets de l'inscription d'un droit dans un registre devraient également être exclus du champ d'application du présent règlement. Par conséquent, c'est la loi de l'État membre dans lequel le registre est tenu qui devrait déterminer si l'inscription a un effet, par exemple, déclaratoire ou constitutif. Donc, dans le cas où, par exemple, l'acquisition d'un droit immobilier exige une inscription dans un registre en vertu du droit de l'État membre dans lequel le registre est tenu afin d'assurer l'effet erga omnes des registres ou de protéger les transactions juridiques, le moment de cette acquisition devrait être régi par le droit de cet État membre.

(20) Le présent règlement devrait respecter les différents systèmes de règlement des successions applicables dans les États membres. Aux fins du présent règlement, il convient dès lors de donner au terme « juridiction » un sens large permettant de couvrir, non seulement les juridictions au sens strict qui exercent des fonctions juridictionnelles, mais également les notaires ou les services de l'état civil dans certains États membres qui, pour certaines questions successorales, exercent des fonctions juridictionnelles au même titre que les juridictions, et les notaires et les professionnels du droit qui, dans certains États membres, exercent des fonctions juridictionnelles dans le cadre d'une succession donnée en vertu d'une délégation de pouvoirs accordée par une juridiction. Toutes les juridictions au sens du présent règlement devraient être liées par les règles

de compétence prévues dans le présent règlement. Inversement, le terme « juridiction » ne devrait pas viser les autorités non judiciaires d'un État membre qui, en vertu du droit national, sont habilitées à régler les successions, telles que les notaires dans la plupart des États membres, lorsque, comme c'est généralement le cas, ils n'exercent pas de fonctions juridictionnelles.

(21) Le présent règlement devrait permettre à tous les notaires qui sont compétents en matière de successions dans les États membres d'exercer cette compétence. La question de savoir si les notaires d'un État membre donné sont ou non liés par les règles de compétence prévues dans le présent règlement devrait dépendre de la question de savoir s'ils relèvent ou non de la définition du terme « juridiction » aux fins du présent règlement.

(22) Les actes dressés par des notaires en matière de successions dans les États membres devraient circuler dans le cadre du présent règlement. Lorsque les notaires exercent des fonctions juridictionnelles, ils sont liés par les règles de compétence, et les décisions qu'ils rendent devraient circuler conformément aux dispositions relatives à la reconnaissance, à la force exécutoire et à l'exécution des décisions. Lorsque les notaires n'exercent pas des fonctions juridictionnelles, ils ne sont pas liés par les règles de compétence juridictionnelle et les actes authentiques qu'ils dressent devraient circuler conformément aux dispositions relatives aux actes authentiques.

(23) Compte tenu de la mobilité croissante des citoyens et afin d'assurer une bonne administration de la justice au sein de l'Union et de veiller à ce qu'un lien de rattachement réel existe entre la succession et l'État membre dans lequel la compétence est exercée, le présent règlement devrait prévoir que le facteur général de rattachement aux fins de la détermination, tant de la compétence que de la loi applicable, est la résidence habituelle du défunt au moment du décès. Afin de déterminer la résidence habituelle, l'autorité chargée de la succession devrait procéder à une évaluation d'ensemble des circonstances de la vie du défunt au cours des années précédant son décès et au moment de son décès, prenant en compte tous les éléments de fait pertinents, notamment la durée et la régularité de la présence du défunt dans l'État concerné ainsi que les conditions et les raisons de cette présence. La résidence habituelle ainsi déterminée devrait révéler un lien étroit et stable avec l'État concerné, compte tenu des objectifs spécifiques du présent règlement.

(24) Dans certains cas, il peut s'avérer complexe de déterminer la résidence habituelle du défunt. Un tel cas peut se présenter, en particulier, lorsque, pour des raisons professionnelles ou économiques, le défunt était parti vivre dans un autre État pour y travailler, parfois pendant une longue période, tout en ayant conservé un lien étroit et stable avec son État d'origine. Dans un tel cas, le défunt pourrait, en fonction des circonstances de l'espèce, être considéré comme ayant toujours sa résidence habituelle dans son État d'origine, dans lequel se trouvait le centre des intérêts de sa vie familiale et sociale. D'autres cas complexes peuvent se présenter lorsque le défunt vivait de façon alternée dans plusieurs États ou voyageait d'un État à un autre sans s'être installé de façon permanente dans un État. Si le défunt était ressortissant de l'un de ces États ou y avait l'ensemble de ses principaux biens, sa nationalité ou le lieu de situation de ces biens pourrait constituer un critère particulier pour l'appréciation globale de toutes les circonstances de fait.

(25) En vue de déterminer la loi applicable à la succession, l'autorité chargée de la succession peut, dans des cas exceptionnels où, par exemple, le défunt s'était établi dans l'État de sa résidence habituelle relativement peu de temps avant son décès et que toutes les circonstances de la cause indiquent qu'il entretenait manifestement des liens plus étroits avec un autre État, parvenir à la conclusion que la loi applicable à la succession ne devrait pas être la loi de l'État de résidence habituelle du défunt mais plutôt celle de l'État avec lequel le défunt entretenait manifestement des liens plus étroits. Les liens manifestement les plus étroits ne devraient toutefois pas être invoqués comme facteur de rattachement subsidiaire dès que la détermination de la résidence habituelle du défunt au moment de son décès s'avère complexe.

(26) Aucune disposition du présent règlement ne devrait empêcher une juridiction d'appliquer les mécanismes destinés à lutter contre la fraude à la loi, par exemple dans le cadre du droit international privé.

(27) Les dispositions du présent règlement sont conçues pour assurer que l'autorité chargée de la succession en vienne, dans la plupart des cas, à appliquer son droit national. Le présent règlement prévoit dès lors une série de mécanismes qui entreraient en action dans les cas où le défunt avait choisi pour régir sa succession le droit d'un État membre dont il était un ressortissant.

(28) Parmi ces mécanismes devrait figurer celui permettant aux parties concernées de conclure un accord d'élection de for en faveur des juridictions de l'État membre de la loi choisie. Il faudrait préciser au cas par cas, en fonction notamment de la question couverte par l'accord d'élection de for, si l'accord devrait être conclu entre toutes les parties concernées par la succession ou si certaines d'entre elles pourraient accepter de soumettre une question spécifique à la juridiction choisie au cas où la décision de ladite juridiction sur ladite question n'affecterait pas les droits des autres parties à la succession.

(29) Si une procédure en matière de succession est engagée d'office par une juridiction, comme cela se produit dans certains États membres, cette juridiction devrait clore la procédure si les parties conviennent de régler la succession à l'amiable par voie extrajudiciaire dans l'État membre dont la loi avait été choisie. Lorsqu'une procédure en matière de succession n'est pas engagée d'office par une juridiction, le présent règlement ne devrait pas empêcher les parties de régler la succession à l'amiable par voie extrajudiciaire, par exemple devant un notaire, dans un État membre de leur choix, dans le cas où le droit de cet État membre le permet. Ce devrait être le cas même si la loi applicable à la succession n'est pas la loi de cet État membre.

(30) Afin de veiller à ce que les juridictions de tous les États membres puissent s'appuyer sur les mêmes motifs pour exercer leur compétence à l'égard de la succession de personnes n'ayant pas leur résidence habituelle sur le territoire d'un État membre au moment du décès, le présent règlement devrait dresser la liste exhaustive, dans l'ordre hiérarchique, des motifs pour lesquels cette compétence subsidiaire peut s'exercer.

(31) Afin de remédier tout particulièrement à des situations de déni de justice, il y a lieu de prévoir dans le présent règlement un forum necessitatis permettant à une juridiction d'un État membre, dans des cas exceptionnels, de statuer sur une succession qui présente un lien étroit avec un État tiers. Un tel cas exceptionnel pourrait exister lorsqu'une procédure se révèle impossible dans l'État tiers concerné, par exemple en raison d'une

guerre civile, ou lorsqu'on ne peut raisonnablement attendre d'un bénéficiaire qu'il introduise ou conduise une procédure dans cet État. La compétence fondée sur le forum necessitatis ne pourrait cependant être exercée que si l'affaire présente un lien suffisant avec l'État membre de la juridiction saisie.

(32) Afin de faciliter la vie des héritiers et légataires résidant habituellement dans un autre État membre que celui dans lequel la succession est ou sera réglée, le présent règlement devrait permettre à toute personne ayant le droit, en vertu de la loi applicable à la succession, de faire des déclarations relatives à l'acceptation de la succession, d'un legs ou d'une réserve héréditaire ou à la renonciation à ceux-ci, ou une déclaration visant à limiter sa responsabilité à l'égard des dettes de la succession, de faire ces déclarations sous la forme prévue par la loi de l'État membre de sa résidence habituelle devant les juridictions dudit État membre. Cette disposition ne devrait pas empêcher de faire de telles déclarations devant d'autres autorités de cet État membre qui sont compétentes pour recevoir les déclarations en vertu du droit national. Les personnes qui choisissent de se prévaloir de la possibilité de faire une déclaration dans l'État membre de leur résidence habituelle devraient informer elles-mêmes la juridiction ou l'autorité qui est ou sera chargée de la succession de l'existence de telles déclarations dans le délai éventuellement fixé par la loi applicable à la succession.

(33) Une personne qui souhaite limiter sa responsabilité à l'égard des dettes de la succession ne devrait pas avoir la possibilité de le faire par une simple déclaration à cet effet devant les juridictions ou d'autres autorités compétentes de l'État membre de sa résidence habituelle lorsque la loi applicable à la succession exige qu'elle engage une procédure judiciaire spécifique, par exemple une procédure d'inventaire, devant la juridiction compétente. Une déclaration faite dans de telles circonstances par une personne dans l'État membre de sa résidence habituelle, sous la forme prévue par le droit de cet État membre, ne devrait dès lors pas être valable en la forme aux fins du présent règlement. De même, les actes introductifs d'instance ne devraient pas être considérés comme des déclarations aux fins du présent règlement.

(34) Dans l'intérêt du fonctionnement harmonieux de la justice, il conviendrait d'éviter que des décisions inconciliables soient rendues dans différents États membres. A cette fin, le présent règlement devrait prévoir des règles générales de procédure semblables à celles d'autres instruments de l'Union dans le domaine de la coopération judiciaire en matière civile.

(35) Parmi ces règles de procédure figure la règle de la litispendance qui entrera en jeu si la même affaire de succession est portée devant différentes juridictions de différents États membres. Cette règle déterminera alors la juridiction appelée à poursuivre le règlement de la succession.

(36) Étant donné que, dans certains États membres, les successions peuvent être réglées par des autorités non judiciaires telles que des notaires, qui ne sont pas liées par les règles de compétence en vertu du présent règlement, on ne peut exclure qu'une transaction extrajudiciaire à l'amiable et une procédure judiciaire ayant trait à la même succession ou deux transactions extrajudiciaires à l'amiable ayant trait à la même succession puissent être engagées parallèlement dans différents États membres. En pareil cas, il devrait appartenir aux parties impliquées, une fois qu'elles connaissent l'existence de procédures parallèles, de convenir entre elles de la manière de procéder.

A défaut d'accord entre elles, il appartiendra aux juridictions compétentes en vertu du présent règlement de régler et de statuer sur la succession.

(37) Afin de permettre aux citoyens de profiter, en toute sécurité juridique, des avantages offerts par le marché intérieur, le présent règlement devrait leur permettre de connaître à l'avance la loi applicable à leur succession. Des règles harmonisées de conflits de lois devraient être introduites pour éviter des résultats contradictoires. La règle principale devrait assurer que la succession est régie par une loi prévisible, avec laquelle elle présente des liens étroits. Pour des raisons de sécurité juridique et afin d'éviter le morcellement de la succession, cette loi devrait régir l'ensemble de la succession, c'est-à-dire l'intégralité du patrimoine composant la succession, quelle que soit la nature des biens et indépendamment du fait que ceux-ci sont situés dans un autre État membre ou dans un État tiers.

(38) Le présent règlement devrait permettre aux citoyens d'organiser à l'avance leur succession en choisissant la loi applicable à leur succession. Ce choix devrait être limité à la loi d'un État dont ils possèdent la nationalité afin d'assurer qu'il existe un lien entre le défunt et la loi choisie et d'éviter que le choix d'une loi ne soit effectué avec l'intention de frustrer les attentes légitimes des héritiers réservataires.

(39) Le choix de la loi devrait être formulé de manière expresse dans une déclaration revêtant la forme d'une disposition à cause de mort ou résulter des termes d'une telle disposition. Le choix de la loi pourrait être considéré comme résultant d'une disposition à cause de mort dans le cas où, par exemple, dans sa disposition, le défunt avait fait référence à des dispositions spécifiques de la loi de l'État de sa nationalité ou dans le cas où il avait mentionné cette loi d'une autre manière.

(40) Le choix de la loi en vertu du présent règlement devrait être valable même si la loi choisie ne prévoit pas de choix de la loi en matière de succession. Il devrait toutefois appartenir à la loi choisie de déterminer la validité au fond de l'acte d'élection de la loi, c'est-à-dire si l'on peut considérer que la personne qui a choisi la loi savait ce qu'elle faisait en faisant ce choix et qu'elle avait consenti à le faire. Il devrait en aller de même pour l'acte visant à modifier ou à révoquer un choix de loi.

(41) Aux fins de l'application du présent règlement, la détermination de la nationalité ou des différentes nationalités d'une personne devrait être réglée comme une question préliminaire. La question de savoir si une personne doit être considérée comme ressortissant d'un État n'entre pas dans le champ d'application du présent règlement et relève du droit national, y compris, le cas échéant, de conventions internationales, dans le plein respect des principes généraux de l'Union européenne.

(42) La loi désignée comme la loi applicable à la succession devrait régir la succession depuis son ouverture jusqu'au transfert de la propriété des biens composant la succession aux bénéficiaires, tel que déterminé par ladite loi. Elle devrait inclure les questions liées à l'administration de la succession et à la responsabilité à l'égard des dettes de la succession. L'apurement des dettes de la succession peut, en fonction notamment de la loi applicable à la succession, prévoir la prise en compte du rang spécifique des créanciers.

(43) Les règles de compétence établies par le présent règlement peuvent, dans certains cas, conduire à une situation où la juridiction compétente pour statuer sur la succession n'appliquera pas sa propre loi. Lorsqu'une telle situation survient dans un État membre

dont la loi prévoit la nomination obligatoire d'un administrateur de la succession, le présent règlement devrait autoriser les juridictions de cet État membre, lorsqu'elles sont saisies, à nommer un ou plusieurs administrateurs en vertu de leur propre loi. Ceci est sans préjudice du choix fait par les parties de régler la succession à l'amiable par la voie extrajudiciaire dans un autre État membre lorsque cette option est possible en vertu de la loi de cet État membre. Afin d'assurer une bonne coordination entre la loi applicable à la succession et la loi de l'État membre de la juridiction de nomination, il convient que cette juridiction nomme la ou les personnes habilitées à administrer la succession en vertu de la loi applicable à la succession, comme, par exemple, l'exécuteur du testament du défunt ou les héritiers eux-mêmes ou, si la loi applicable à la succession le requiert, un tiers administrateur. Dans des cas particuliers où leur loi l'exige, les juridictions peuvent cependant nommer un tiers en qualité d'administrateur même si la loi applicable à la succession ne le prévoit pas. En cas de nomination d'un exécuteur testamentaire par le défunt, cette personne ne peut être dépossédée de ses pouvoirs, à moins que la loi applicable à la succession n'autorise qu'il soit mis fin à son mandat.

(44) Les pouvoirs exercés par les administrateurs nommés dans l'État membre de la juridiction saisie devraient être les pouvoirs d'administration qu'ils sont habilités à exercer en vertu de la loi applicable à la succession. Ainsi, par exemple, si l'héritier est nommé administrateur, il devrait avoir, pour administrer la succession, les pouvoirs que conférerait ladite loi à un héritier. Lorsque les pouvoirs d'administration susceptibles d'être exercés en vertu de la loi applicable à la succession ne suffisent pas à préserver les biens successoraux ou à protéger les droits des créanciers ou d'autres personnes ayant garanti les dettes du défunt, le ou les administrateurs nommés dans l'État membre de la juridiction saisie peuvent, sur une base résiduelle, exercer les pouvoirs d'administration prévus à cette fin par la loi de cet État membre. Ces pouvoirs résiduels pourraient consister, par exemple, à établir la liste de l'actif et du passif de la succession, à informer les créanciers de l'ouverture de la succession et à les inviter à faire connaître leurs créances, ainsi qu'à prendre toutes les mesures provisoires ou conservatoires visant à préserver les biens successoraux. Les actes accomplis par un administrateur en vertu de ces pouvoirs résiduels devraient respecter la loi applicable à la succession en ce qui concerne le transfert de la propriété d'un bien successoral, y compris toute transaction conclue par les bénéficiaires avant la désignation de l'administrateur, la responsabilité à l'égard des dettes de la succession et les droits des bénéficiaires, y compris, le cas échéant, le droit d'accepter la succession ou d'y renoncer. Ces actes pourraient, par exemple, concerner uniquement l'aliénation des biens ou le paiement des dettes lorsque ces mesures sont autorisées en vertu de la loi applicable à la succession. Lorsqu'en vertu de la loi applicable à la succession, la nomination d'un tiers administrateur modifie la responsabilité des héritiers, il convient de respecter cette modification de responsabilité.

(45) Le présent règlement ne devrait pas empêcher les créanciers, par exemple par l'intermédiaire d'un représentant, d'entreprendre des démarches complémentaires comme pourrait le prévoir le droit national, le cas échéant, conformément aux instruments de l'Union applicables en la matière, afin de protéger leurs droits.

(46) Le présent règlement devrait permettre la communication d'informations sur l'ouverture de la succession aux créanciers potentiels se trouvant dans d'autres États

membres où se situent des biens. Dans le cadre de l'application du présent règlement, il convient dès lors d'envisager la possibilité d'instaurer un mécanisme, le cas échéant via le portail « e-Justice » pour permettre aux créanciers se trouvant dans d'autres États membres d'avoir accès aux informations pertinentes de manière à leur permettre de déclarer leurs créances.

(47) La loi applicable à la succession devrait déterminer qui sont les bénéficiaires d'une succession donnée. Dans la plupart des ordres juridiques, le terme « bénéficiaires » tend à englober les héritiers et les légataires ainsi que les héritiers réservataires, bien que, par exemple, la situation juridique des légataires ne soit pas la même selon les ordres juridiques. En vertu de certains ordres juridiques, le légataire peut recevoir une part directe dans la succession, alors que [,] selon d'autres ordres juridiques, le légataire ne peut acquérir qu'un droit à faire valoir à l'encontre des héritiers.

(48) Afin de garantir la sécurité juridique pour les personnes souhaitant planifier leur succession à l'avance, le présent règlement devrait fixer une règle spécifique de conflit de lois concernant la recevabilité et la validité au fond des dispositions à cause de mort. Pour assurer une application uniforme de cette règle, il convient que le présent règlement énumère les éléments à prendre en compte comme relevant de la validité au fond. L'examen de la validité au fond d'une disposition à cause de mort peut aboutir à la conclusion que cette disposition à cause de mort n'a pas d'existence juridique.

(49) Un pacte successoral est un type de disposition à cause de mort dont la recevabilité et l'acceptation varient d'un État membre à l'autre. En vue de faciliter l'acceptation dans les États membres de droits successoraux acquis du fait d'un pacte successoral, il convient que le présent règlement détermine quelle loi doit régir la recevabilité de tels pactes, leur validité au fond et leurs effets contraignants entre les parties, y compris les conditions de leur dissolution.

(50) La loi qui, en vertu du présent règlement, régira la recevabilité et la validité au fond d'une disposition à cause de mort ainsi que, en ce qui concerne les pactes successoraux, les effets contraignants d'un tel pacte entre les parties, devrait être sans préjudice des droits de toute personne qui, en vertu de la loi applicable à la succession, peut prétendre à une réserve héréditaire ou jouit d'un autre droit dont elle ne peut être privée par la personne dont la succession est concernée.

(51) Dans le cas où il est fait référence, dans le présent règlement, à la loi qui aurait été applicable à la succession de la personne qui dispose, si elle était décédée le jour, selon le cas, de l'établissement de la disposition à cause de mort, de la modification ou de la révocation de la disposition, cette référence doit s'entendre comme étant une référence soit à la loi de l'État de la résidence habituelle de la personne concernée ce jour-là, soit, si la personne avait fait un choix de loi en vertu du présent règlement, à la loi de l'État de sa nationalité ce jour-là.

(52) La validité quant à la forme de toutes les dispositions à cause de mort établies par écrit devrait être réglementée par le présent règlement au moyen de règles qui soient compatibles avec celles de la convention de La Haye du 5 octobre 1961 sur les conflits de lois en matière de forme des dispositions testamentaires. Lorsqu'elle détermine si une disposition à cause de mort est valable en la forme en vertu du présent règlement, l'autorité compétente ne devrait pas prendre en considération la création

frauduleuse d'un élément international en vue de contourner les règles relatives à la validité quant à la forme.

(53) Aux fins du présent règlement, toute disposition légale limitant les formes admises pour les dispositions à cause de mort en faisant référence à certaines qualités personnelles de la personne qui dispose telles que son âge, par exemple, devrait être considérée comme relevant du domaine de la forme. Cela ne devrait pas s'interpréter comme signifiant que la loi applicable à la validité quant à la forme d'une disposition à cause de mort au titre du présent règlement devrait déterminer si un mineur a ou non la capacité de disposer à cause de mort. Cette loi devrait uniquement déterminer si une qualité personnelle telle que, par exemple, la minorité devrait empêcher une personne d'effectuer une disposition à cause de mort sous une forme donnée.

(54) En raison de leur destination économique, familiale ou sociale, certains biens immobiliers, certaines entreprises et d'autres catégories particulières de biens font l'objet, dans l'État membre de leur situation, de règles spéciales imposant des restrictions concernant la succession portant sur ces biens ou ayant une incidence sur celle-ci. Le présent règlement devrait assurer l'application de ces règles spéciales. Toutefois, cette exception à l'application de la loi applicable à la succession requiert une interprétation stricte afin de rester compatible avec l'objectif général du présent règlement. Dès lors, ne peuvent être considérées comme des dispositions spéciales imposant des restrictions concernant la succession portant sur certains biens ou ayant une incidence sur celle-ci ni les règles de conflits de lois soumettant les biens immobiliers à une loi différente de celle applicable aux biens mobiliers, ni les dispositions prévoyant une réserve héréditaire plus importante que celle prévue par la loi applicable à la succession en vertu du présent règlement.

(55) En vue d'assurer un traitement uniforme de la situation dans laquelle l'ordre de décès de deux ou plusieurs personnes dont la succession serait régie par des lois différentes n'est pas connu, le présent règlement devrait prévoir une règle prévoyant qu'aucune de ces personnes défuntes ne devrait avoir de droits dans la succession de l'autre ou des autres.

(56) Dans certains cas, une succession peut se retrouver en déshérence. Ces cas sont réglés différemment selon les ordres juridiques. Certains de ceux-ci prévoient que l'État pourra revendiquer la qualité d'héritier à la succession en déshérence, indépendamment du lieu où les biens sont situés. Dans d'autres ordres juridiques, l'État ne pourra appréhender que les biens situés sur son territoire. Il convient dès lors que le présent règlement fixe une règle prévoyant que l'application de la loi applicable à la succession ne devrait pas empêcher un État membre d'appréhender, conformément à son propre droit, les biens situés sur son territoire. Cependant, pour éviter que cette règle ne soit préjudiciable aux créanciers de la succession, il y a lieu de l'assortir d'une réserve donnant la possibilité aux créanciers de faire valoir leurs créances sur l'ensemble des biens successoraux, indépendamment du lieu où ils se situent.

(57) Les règles de conflit de lois énoncées dans le présent règlement peuvent conduire à l'application de la loi d'un État tiers. Dans un tel cas, il convient de tenir compte des règles de droit international privé dudit État. Si ces règles prévoient le renvoi à la loi d'un État membre ou à la loi d'un État tiers qui appliquerait sa propre loi à la succession, il y a lieu d'accepter ce renvoi afin de garantir une cohérence au niveau international.

Il convient toutefois d'exclure le renvoi lorsque le défunt avait fait un choix de loi en faveur de la loi d'un État tiers.

(58) Dans des circonstances exceptionnelles, des considérations d'intérêt public devraient donner aux juridictions et aux autres autorités compétentes des États membres chargées du règlement des successions la possibilité d'écarter certaines dispositions d'une loi étrangère lorsque, dans un cas précis, l'application de ces dispositions serait manifestement incompatible avec l'ordre public de l'État membre concerné. Néanmoins, les juridictions ou autres autorités compétentes ne devraient pas pouvoir appliquer l'exception d'ordre public en vue d'écarter la loi d'un autre État membre ou refuser de reconnaître – ou, le cas échéant, d'accepter –, ou d'exécuter une décision rendue, un acte authentique ou une transaction judiciaire d'un autre État membre, lorsque ce refus serait contraire à la Charte des droits fondamentaux de l'Union européenne, en particulier à son article 21 qui interdit toute forme de discrimination.

(59) A la lumière de l'objectif général du présent règlement qui est la reconnaissance mutuelle des décisions rendues dans les États membres en matière de successions, indépendamment du fait que de telles décisions aient été rendues dans le cadre d'une procédure contentieuse ou gracieuse, le présent règlement devrait fixer des règles relatives à la reconnaissance, à la force exécutoire et à l'exécution des décisions qui soient semblables à celles d'autres instruments de l'Union adoptés dans le domaine de la coopération judiciaire en matière civile.

(60) Afin de prendre en compte les différents systèmes de règlement des successions dans les États membres, le présent règlement devrait assurer l'acceptation et la force exécutoire dans tous les États membres des actes authentiques en matière de succession.

(61) Les actes authentiques devraient avoir la même force probante dans un autre État membre que dans l'État membre d'origine ou les effets les plus comparables. Lors de la détermination de la force probante d'un acte authentique donné dans un autre État membre ou des effets les plus comparables, il convient de faire référence à la nature et à la portée de la force probante de l'acte authentique dans l'État membre d'origine. La force probante qu'un acte authentique donné devrait avoir dans un autre État membre dépendra dès lors de la loi de l'État membre d'origine.

(62) L'« authenticité » d'un acte authentique devrait être un concept autonome recouvrant des éléments tels que la véracité de l'acte, les exigences de forme qui lui sont applicables, les pouvoirs de l'autorité qui le dresse et la procédure suivie pour le dresser. Elle devrait également recouvrir les éléments factuels consignés dans l'acte authentique par l'autorité concernée, tels que le fait que les parties indiquées ont comparu devant ladite autorité à la date indiquée et qu'elles ont fait les déclarations qui y sont mentionnées. Une partie souhaitant contester l'authenticité d'un acte authentique devrait le faire devant la juridiction compétente de l'État membre d'origine de l'acte authentique en vertu de la loi dudit État membre.

(63) Les termes « actes juridiques ou relations juridiques consignés dans un acte authentique » devraient être interprétés comme faisant référence au contenu quant au fond consigné dans l'acte authentique. Les actes juridiques consignés dans un acte authentique pourraient être, par exemple, l'accord conclu entre les parties quant au partage ou à la répartition de la masse successorale, un testament, un pacte successoral ou toute autre déclaration de volonté. Les relations juridiques pourraient être, par

exemple, la vocation successorale des héritiers et autres bénéficiaires établie au titre de la loi applicable à la succession, la détermination de leurs parts respectives, l'existence d'une réserve héréditaire ou tout autre élément établi au titre de la loi applicable à la succession. Une partie souhaitant contester les actes juridiques ou relations juridiques consignés dans un acte authentique devrait le faire devant les juridictions compétentes en vertu du présent règlement, qui devraient statuer sur cette contestation conformément à la loi applicable à la succession.

(64) Si une question relative aux actes juridiques ou relations juridiques consignés dans un acte authentique est soulevée de manière incidente dans le cadre d'une procédure devant une juridiction d'un État membre, celle-ci est compétente pour en connaître.

(65) Un acte authentique contesté ne devrait pas avoir de force probante dans un autre État membre que l'État membre d'origine tant que le recours est pendant. Si le recours ne concerne qu'un élément spécifique lié aux actes juridiques ou relations juridiques consignés dans l'acte authentique, l'acte authentique en question ne devrait pas avoir de force probante dans un autre État membre que l'État membre d'origine en ce qui concerne l'élément de la contestation, tant que le recours est pendant. Un acte authentique déclaré non valable à la suite d'un recours devrait cesser de produire toute force probante.

(66) Une autorité à laquelle seraient soumis deux actes authentiques incompatibles dans le cadre de l'application du présent règlement devrait examiner la question de savoir auquel, le cas échéant, il convient de donner la priorité, compte tenu des circonstances de l'espèce. Dans le cas où les circonstances ne permettent pas de déterminer à quel acte authentique il convient, le cas échéant, de donner la priorité, la question devrait être tranchée par les juridictions compétentes en vertu du présent règlement ou, lorsque la question est soulevée de manière incidente au cours d'une procédure, par la juridiction saisie de ladite procédure. En cas d'incompatibilité entre un acte authentique et une décision, il convient de tenir compte des motifs de non-reconnaissance des décisions prévus par le présent règlement.

(67) Afin de régler de manière rapide, aisée et efficace une succession ayant une incidence transfrontière au sein de l'Union, les héritiers, les légataires, les exécuteurs testamentaires ou les administrateurs de la succession devraient être à même de prouver facilement leur statut et/ou leurs droits et pouvoirs dans un autre État membre, par exemple dans un État membre où se trouvent des biens successoraux. A cette fin, le présent règlement devrait prévoir la création d'un certificat uniforme, le certificat successoral européen (ci-après dénommé « certificat ») qui serait délivré en vue d'être utilisé dans un autre État membre. Afin de respecter le principe de subsidiarité, ce certificat ne devrait pas se substituer aux documents internes qui peuvent exister à des fins similaires dans les États membres.

(68) L'autorité qui délivre le certificat devrait tenir compte des formalités requises pour l'inscription des biens immobiliers dans l'État membre qui tient le registre. A cette fin, le présent règlement devrait prévoir un échange d'informations sur ces formalités entre les États membres.

(69) Le recours au certificat ne devrait pas être obligatoire. Cela signifie que les personnes en droit de déposer une demande de certificat ne devraient pas avoir l'obligation de le faire, mais devraient être libres de recourir aux autres instruments mis à disposition dans le

présent règlement (décisions, actes authentiques ou transactions judiciaires). Cependant, aucune autorité ou personne devant laquelle serait produit un certificat délivré dans un autre État membre ne devrait être en droit de demander la production d'une décision, d'un acte authentique ou d'une transaction judiciaire en lieu et place du certificat.

(70) Le certificat devrait être délivré dans l'État membre dont les juridictions sont compétentes en vertu du présent règlement. Il devrait appartenir à chaque État membre de déterminer, dans son droit interne, quelles sont les autorités compétentes pour délivrer le certificat, qu'il s'agisse de juridictions telles que définies aux fins du présent règlement ou bien d'autres autorités compétentes en matière de succession telles que, par exemple, les notaires. Il devrait également appartenir à chaque État membre de déterminer, dans son droit interne, si l'autorité émettrice peut faire appel, durant le processus de délivrance, à d'autres services compétents, par exemple des services compétents pour recueillir des déclarations solennelles en lieu et place d'un serment. Les États membres devraient communiquer à la Commission les informations pertinentes relatives à leurs autorités émettrices, de manière que ces informations soient rendues publiques.

(71) Le certificat devrait produire les mêmes effets dans tous les États membres. Il ne devrait pas être, en tant que tel, un titre exécutoire mais devrait avoir une force probante et il devrait être présumé attester fidèlement de l'existence d'éléments qui ont été établis en vertu de la loi applicable à la succession ou en vertu de toute autre loi applicable à des éléments spécifiques, tels que la validité au fond des dispositions à cause de mort. La force probante du certificat ne devrait pas s'étendre aux éléments qui ne sont pas régis par le présent règlement comme la question de l'affiliation ou la question de l'appartenance d'un actif donné au défunt. Toute personne effectuant un paiement ou remettant un bien successoral à une personne indiquée dans le certificat comme étant en droit d'accepter ce paiement ou ce bien en qualité d'héritier ou de légataire devrait bénéficier d'une protection adéquate si elle a agi de bonne foi, en se fiant à l'exactitude des informations certifiées dans le certificat. La même protection devrait être accordée à toute personne qui, en se fiant à l'exactitude des informations certifiées dans le certificat, achète ou reçoit un bien successoral d'une personne indiquée dans le certificat comme étant en droit de disposer de ce bien. La protection devrait être assurée si des copies certifiées conformes toujours valables sont présentées. Il n'appartient pas au présent règlement de déterminer si l'acquisition de ce bien par un tiers est effective ou non.

(72) L'autorité compétente devrait délivrer le certificat sur demande. L'original du certificat devrait demeurer auprès de l'autorité émettrice, qui devrait en délivrer une ou plusieurs copies certifiées conformes au demandeur ou à toute autre personne justifiant d'un intérêt légitime. Cela ne devrait pas empêcher un État membre, en vertu de sa réglementation nationale en matière d'accès du public aux documents, d'autoriser la délivrance au public de copies du certificat. Le présent règlement devrait prévoir des voies de recours contre les décisions de l'autorité de délivrance, y compris les décisions de refus de délivrance d'un certificat. Lorsque le certificat est rectifié, modifié ou retiré, l'autorité émettrice devrait informer les personnes auxquelles des copies certifiées conformes ont été délivrées de manière à éviter une utilisation abusive de ces copies.

(73) Le respect des engagements internationaux souscrits par les États membres justifie que le présent règlement n'affecte pas l'application des conventions internationales auxquelles un ou plusieurs États membres sont parties au moment de l'adoption du présent règlement. En particulier, les États membres qui sont parties à la convention de La Haye du 5 octobre 1961 sur les conflits de lois en matière de forme des dispositions testamentaires devraient pouvoir continuer à appliquer les dispositions de cette convention au lieu de celles du présent règlement pour ce qui est de la validité quant à la forme des testaments et des testaments conjonctifs. La cohérence avec les objectifs généraux du présent règlement commande toutefois que le règlement prévale entre États membres sur les conventions conclues exclusivement entre deux États membres ou plus, dans la mesure où ces conventions concernent des matières régies par le présent règlement.

(74) Le présent règlement ne devrait pas empêcher les États membres qui sont parties à la convention du 19 novembre 1934 conclue entre le Danemark, la Finlande, l'Islande, la Norvège et la Suède, qui comporte des dispositions de droit international privé relatives aux successions, aux testaments et à l'administration des successions, de continuer à appliquer certaines dispositions de ladite convention telle que révisée par l'accord intergouvernemental conclu entre les États parties à celle-ci.

(75) Afin de faciliter l'application du présent règlement, il convient de prévoir une obligation pour les États membres de communiquer certaines informations sur leur législation et leurs procédures concernant les successions dans le cadre du réseau judiciaire européen en matière civile et commerciale établi par la décision 2001/470/CE du Conseil. Pour permettre la publication au Journal officiel de l'Union européenne, dans les délais impartis, de toutes les informations pertinentes pour l'application concrète du présent règlement, les États membres devraient également communiquer ces informations à la Commission avant que le règlement ne commence à s'appliquer.

(76) De la même manière, afin de faciliter l'application du présent règlement et pour permettre le recours aux technologies modernes de communication, il convient de prévoir des formulaires types pour les attestations à fournir en lien avec la demande de déclaration constatant la force exécutoire d'une décision, d'un acte authentique ou d'une transaction judiciaire et pour la demande d'un certificat successoral européen, ainsi que pour le certificat lui-même.

(77) Pour le calcul des périodes et délais prévus par le présent règlement, le règlement (CEE, Euratom) n° 1182/71 du Conseil du 3 juin 1971 portant détermination des règles applicables aux délais, aux dates et aux termes devrait s'appliquer.

(78) Afin d'assurer des conditions uniformes d'exécution du présent règlement, il convient de conférer des compétences d'exécution à la Commission en ce qui concerne l'établissement et la modification ultérieure des attestations et des formulaires relatifs à la déclaration constatant la force exécutoire des décisions, des transactions judiciaires et des actes authentiques, ainsi qu'au certificat successoral européen. Ces compétences devraient être exercées en conformité avec le règlement (UE) n° 182/2011 du Parlement européen et du Conseil du 16 février 2011 établissant les règles et principes généraux relatifs aux modalités de contrôle par les États membres de l'exercice des compétences d'exécution par la Commission.

(79) Il convient d'avoir recours à la procédure consultative pour l'adoption d'actes d'exécution visant à établir et ensuite à modifier les attestations et les formulaires prévus au

présent règlement conformément à la procédure prévue à l'article 4 du règlement (UE) n° 182/2011.

(80) Étant donné que les objectifs du présent règlement, à savoir la libre circulation des personnes, l'organisation à l'avance par les citoyens de leur succession dans le cadre de l'Union et la protection des droits des héritiers, des légataires et des autres personnes proches du défunt, ainsi que des créanciers de la succession, ne peuvent pas être atteints de manière suffisante par les États membres et peuvent donc, en raison des dimensions et des effets du présent règlement, être mieux atteints au niveau de l'Union, celle-ci peut prendre des mesures conformément au principe de subsidiarité consacré à l'article 5 du traité sur l'Union européenne. Conformément au principe de proportionnalité tel qu'énoncé audit article, le présent règlement n'excède pas ce qui est nécessaire pour atteindre ces objectifs.

(81) Le présent règlement respecte les droits fondamentaux et observe les principes consacrés par la Charte des droits fondamentaux de l'Union européenne. Ce règlement doit être appliqué par les juridictions et autres autorités compétentes des États membres dans le respect de ces droits et principes.

(82) Conformément aux articles 1er et 2 du protocole n° 21 sur la position du Royaume-Uni et de l'Irlande à l'égard de l'espace de liberté, de sécurité et de justice, annexé au traité sur l'Union européenne et au traité sur le fonctionnement de l'Union européenne, ces États membres ne participent pas à l'adoption du présent règlement et ne sont pas liés par celui-ci ni soumis à son application. Cela s'entend toutefois sans préjudice de la possibilité, pour le Royaume-Uni et l'Irlande, de notifier leur intention d'accepter le présent règlement après son adoption conformément à l'article 4 dudit protocole.

(83) Conformément aux articles 1er et 2 du protocole n° 22 sur la position du Danemark, annexé au traité sur l'Union européenne et au traité sur le fonctionnement de l'Union européenne, le Danemark ne participe pas à l'adoption du présent règlement et n'est pas lié par celui-ci ni soumis à son application,

Ont adopté le présent règlement :

CHAPITRE PREMIER
Champ d'application et définitions

Art. premier *Champ d'application.* 1. Le présent règlement s'applique aux successions à cause de mort. Il ne s'applique pas aux matières fiscales, douanières et administratives.

2. Sont exclus du champ d'application du présent règlement :

a) l'état des personnes physiques ainsi que les relations de famille et les relations réputées avoir des effets comparables en vertu de la loi applicable;

b) la capacité juridique des personnes physiques, sans préjudice de l'article 23, paragraphe 2, point c), et de l'article 26;

c) les questions relatives à la disparition, à l'absence ou à la mort présumée d'une personne physique;

d) les questions liées aux régimes matrimoniaux et aux régimes patrimoniaux relatifs aux relations qui, selon la loi qui leur est applicable, sont réputées avoir des effets comparables au mariage;

e) les obligations alimentaires autres que celles résultant du décès;

f) la validité quant à la forme des dispositions à cause de mort formulées oralement;

g) les droits et biens créés ou transférés autrement que par succession, par exemple au moyen de libéralités, de la propriété conjointe avec réversibilité au profit du survivant, de plans de retraite, de contrats d'assurance et d'arrangements analogues, sans préjudice de l'article 23, paragraphe 2, point i;

h) les questions régies par le droit des sociétés, associations et personnes morales telles que les clauses contenues dans les actes constitutifs et dans les statuts de sociétés, d'associations et de personnes morales qui fixent le sort des parts à la mort de leurs membres;

i) la dissolution, l'extinction et la fusion de sociétés, d'associations et de personnes morales;

j) la constitution, le fonctionnement et la dissolution des trusts;

k) la nature des droits réels; et

l) toute inscription dans un registre de droits immobiliers ou mobiliers, y compris les exigences légales applicables à une telle inscription, ainsi que les effets de l'inscription ou de l'absence d'inscription de ces droits dans un registre.

Art. 2 *Compétences en matière de successions dans les États membres.* Le présent règlement ne porte pas atteinte aux compétences des autorités des États membres en matière de règlement des successions.

Art. 3 *Définitions.* 1. Aux fins du présent règlement, on entend par :

a) « succession », la succession à cause de mort, ce terme recouvrant toute forme de transfert de biens, de droits et d'obligations à cause de mort, qu'il s'agisse d'un acte volontaire de transfert en vertu d'une disposition à cause de mort ou d'un transfert dans le cadre d'une succession *ab intestat*;

b) « pacte successoral », un accord, y compris un accord résultant de testaments mutuels, qui confère, modifie ou retire, avec ou sans contre-prestation, des droits dans la succession future d'une ou de plusieurs personnes parties au pacte;

c) « testament conjonctif », un testament établi par deux ou plusieurs personnes dans le même acte;

d) « disposition à cause de mort », un testament, un testament conjonctif ou un pacte successoral;

e) « État membre d'origine », l'État membre dans lequel, selon le cas, la décision a été rendue, la transaction judiciaire approuvée ou conclue, l'acte authentique établi ou le certificat successoral européen délivré;

f) « État membre d'exécution », l'État membre dans lequel est demandée la déclaration constatant la force exécutoire ou l'exécution de la décision, de la transaction judiciaire ou de l'acte authentique;

g) « décision », toute décision en matière de successions rendue par une juridiction d'un État membre, quelle que soit la dénomination qui lui est donnée, y compris une décision concernant la fixation par le greffier du montant des frais du procès;

h) « transaction judiciaire », une transaction en matière de successions approuvée par une juridiction ou conclue devant une juridiction au cours d'une procédure;

i) « acte authentique », un acte en matière de succession dressé ou enregistré formellement en tant qu'acte authentique dans un État membre et dont l'authenticité :

i) porte sur la signature et le contenu de l'acte authentique; et

ii) a été établie par une autorité publique ou toute autre autorité habilitée à le faire par l'État membre d'origine.

2. Aux fins du présent règlement, le terme « juridiction » désigne toute autorité judiciaire, ainsi que toute autre autorité et tout professionnel du droit compétents en matière de successions qui exercent des fonctions juridictionnelles ou agissent en vertu d'une délégation de pouvoirs d'une autorité judiciaire ou sous le contrôle d'une autorité judiciaire, pour autant que ces autres autorités et professionnels du droit offrent des garanties en ce qui concerne leur impartialité et le droit de toutes les parties à être entendues, et que les décisions qu'ils rendent en vertu du droit de l'État membre dans lequel ils exercent leurs fonctions :

a) puissent faire l'objet d'un recours devant une autorité judiciaire ou d'un contrôle par une telle autorité; et

b) aient une force et un effet équivalents à une décision rendue par une autorité judiciaire dans la même matière.

Les États membres notifient à la Commission les autres autorités et professionnels du droit visés au premier alinéa conformément à l'article 79.

CHAPITRE II
Compétence

Art. 4 *Compétence générale.* Sont compétentes pour statuer sur l'ensemble d'une succession les juridictions de l'État membre dans lequel le défunt avait sa résidence habituelle au moment de son décès.

Art. 5 *Accord d'élection de for.* 1. Lorsque la loi choisie par le défunt pour régir sa succession en vertu de l'article 22 est la loi d'un État membre, les parties concernées peuvent convenir que la ou les juridictions de cet État membre ont compétence exclusive pour statuer sur toute succession.

2. Cet accord d'élection de for est conclu par écrit, daté et signé par les parties concernées. Toute transmission par voie électronique qui permet de consigner durablement la convention est considérée comme revêtant une forme écrite.

Art. 6 *Déclinatoire de compétence en cas de choix de loi.* Lorsque la loi choisie par le défunt pour régir sa succession en vertu de l'article 22 est la loi d'un État membre, la juridiction saisie en vertu de l'article 4 ou 10 :

a) peut, à la demande de l'une des parties à la procédure, décliner sa compétence si elle considère que les juridictions de l'État membre dont la loi a été choisie sont mieux placées pour statuer sur la succession compte tenu des circonstances pratiques de celle-ci, telles que la résidence habituelle des parties et la localisation des biens; ou

b) décline sa compétence si les parties à la procédure sont convenues, conformément à l'article 5, de conférer la compétence à la ou aux juridictions de l'État membre dont la loi a été choisie.

Art. 7 *Compétence en cas de choix de loi.* Les juridictions d'un État membre dont la loi avait été choisie par le défunt en vertu de l'article 22 sont compétentes pour statuer sur la succession, à condition :

a) qu'une juridiction préalablement saisie ait décliné sa compétence dans la même affaire, en vertu de l'article 6;

b) que les parties à la procédure soient convenues, conformément à l'article 5, de conférer la compétence à la ou aux juridictions de cet État membre; ou

c) que les parties à la procédure aient expressément accepté la compétence de la juridiction saisie.

Art. 8 *Clôture de la procédure devant la juridiction saisie d'office en cas de choix de loi.* Une juridiction qui a engagé d'office une procédure en matière de succession en vertu de l'article 4 ou 10 clôt la procédure si les parties à la procédure sont convenues de régler la succession à l'amiable par voie extrajudiciaire dans l'État membre dont la loi avait été choisie par le défunt en vertu de l'article 22.

Art. 9 *Compétence fondée sur la comparution.* 1. Lorsque, au cours de la procédure devant une juridiction d'un État membre exerçant la compétence en vertu de l'article 7, il apparaît que toutes les parties à ladite procédure n'étaient pas parties à l'accord d'élection de for, la juridiction continue d'exercer sa compétence si les parties à la procédure qui n'étaient pas parties à l'accord comparaissent sans contester la compétence de la juridiction.

2. Si la compétence de la juridiction visée au paragraphe 1 est contestée par des parties à la procédure qui n'étaient pas parties à l'accord, la juridiction décline sa compétence.

Dans ce cas, la compétence pour statuer sur la succession appartient aux juridictions compétentes en vertu de l'article 4 ou 10.

Art. 10 *Compétences subsidiaires.* 1. Lorsque la résidence habituelle du défunt au moment du décès n'est pas située dans un État membre, les juridictions de l'État membre dans lequel sont situés des biens successoraux sont néanmoins compétentes pour statuer sur l'ensemble de la succession dans la mesure où :

a) le défunt possédait la nationalité de cet État membre au moment du décès; ou, à défaut,

b) le défunt avait sa résidence habituelle antérieure dans cet État membre, pour autant que, au moment de la saisine de la juridiction, il ne se soit pas écoulé plus de cinq ans depuis le changement de cette résidence habituelle.

2. Lorsqu'aucune juridiction d'un État membre n'est compétente en vertu du paragraphe 1, les juridictions de l'État membre dans lequel sont situés des biens successoraux sont néanmoins compétentes pour statuer sur ces biens.

Art. 11 *Forum necessitatis.* Lorsqu'aucune juridiction d'un État membre n'est compétente en vertu d'autres dispositions du présent règlement, les juridictions d'un État membre peuvent, dans des cas exceptionnels, statuer sur la succession si une procédure ne peut raisonnablement être introduite ou conduite, ou se révèle impossible dans un État tiers avec lequel l'affaire a un lien étroit.

L'affaire doit présenter un lien suffisant avec l'État membre dont relève la juridiction saisie.

Art. 12 *Limitation de la procédure.* 1. Lorsque la masse successorale comprend des biens situés dans un État tiers, la juridiction saisie pour statuer sur la succession peut, à la demande d'une des parties, décider de ne pas statuer sur l'un ou plusieurs de ces biens si l'on peut s'attendre à ce que la décision qu'elle rendrait sur les biens en question ne soit pas reconnue ou, le cas échéant, ne soit pas déclarée exécutoire dans ledit État tiers.

2. Le paragraphe 1 ne porte pas atteinte au droit des parties de limiter la portée de la procédure en vertu du droit de l'État membre dont la juridiction est saisie.

Art. 13 *Acceptation de la succession, d'un legs ou d'une réserve héréditaire, ou renonciation à ceux-ci.* Outre la juridiction compétente pour statuer sur la succession au titre du présent règlement, les juridictions de l'État membre de la résidence habituelle de toute personne qui, en vertu de la loi applicable à la succession, peut faire une déclaration devant une juridiction concernant l'acceptation de la succession, d'un legs ou d'une réserve héréditaire ou la renonciation à ceux-ci, ou une déclaration visant à limiter la responsabilité de la personne concernée à l'égard des dettes de la succession, sont compétentes pour recevoir ce type de déclarations lorsque, en vertu de la loi de cet État membre, ces déclarations peuvent être faites devant une juridiction.

Art. 14 *Saisine d'une juridiction.* Aux fins du présent chapitre, une juridiction est réputée saisie :

a) à la date à laquelle l'acte introductif d'instance ou un acte équivalent est déposé auprès de la juridiction, à condition que le demandeur n'ait pas négligé par la suite de prendre les mesures qu'il était tenu de prendre pour que l'acte soit notifié ou signifié au défendeur ;

b) si l'acte doit être notifié ou signifié avant d'être déposé auprès de la juridiction, à la date à laquelle il est reçu par l'autorité chargée de la notification ou de la signification, à condition que le demandeur n'ait pas négligé par la suite de prendre les mesures qu'il était tenu de prendre pour que l'acte soit déposé auprès de la juridiction ; ou

c) si la procédure est engagée d'office, à la date à laquelle la décision d'engager la procédure est prise par la juridiction, ou, si une telle décision n'est pas requise, à la date à laquelle l'affaire est enregistrée par la juridiction.

Art. 15 *Vérification de la compétence.* La juridiction d'un État membre saisie d'une affaire de succession pour laquelle elle n'est pas compétente en vertu du présent règlement se déclare d'office incompétente.

Art. 16 *Vérification de la recevabilité.* 1. Lorsque le défendeur qui a sa résidence habituelle dans un État autre que l'État membre où l'action a été intentée ne comparaît pas, la juridiction compétente sursoit à statuer aussi longtemps qu'il n'est pas établi que le défendeur a été mis à même de recevoir l'acte introductif d'instance ou un acte équivalent en temps utile pour pouvoir se défendre ou que toute diligence a été faite à cette fin.

2. L'article 19 du règlement (CE) n° 1393/2007 du Parlement et du Conseil du 13 novembre 2007 relatif à la signification et à la notification dans les États membres des actes judiciaires et extrajudiciaires en matière civile et commerciale (signification ou notification des actes) s'applique en lieu et place du paragraphe 1 du présent article si l'acte introductif d'instance ou un acte équivalent a dû être transmis d'un État membre à un autre en exécution dudit règlement.

3. Lorsque le règlement (CE) n° 1393/2007 n'est pas applicable, l'article 15 de la convention de La Haye du 15 novembre 1965 relative à la signification et à la notification à l'étranger des actes judiciaires et extrajudiciaires en matière civile ou commerciale s'applique si l'acte introductif d'instance ou un acte équivalent a dû être transmis à l'étranger en vertu de cette convention.

Art. 17 *Litispendance.* 1. Lorsque des demandes ayant le même objet et la même cause sont formées entre les mêmes parties devant des juridictions d'États membres différents, toute juridiction saisie en second lieu sursoit d'office à statuer jusqu'à ce que la compétence de la juridiction première saisie soit établie.

2. Lorsque la compétence de la juridiction première saisie est établie, la juridiction saisie en second lieu se dessaisit en faveur de celle-ci.

Art. 18 *Connexité.* 1. Lorsque des demandes connexes sont pendantes devant des juridictions d'États membres différents, la juridiction saisie en second lieu peut surseoir à statuer.

2. Lorsque ces demandes sont pendantes au premier degré, la juridiction saisie en second lieu peut également se dessaisir, à la demande de l'une des parties, à condition que la juridiction première saisie soit compétente pour connaître des demandes en question et que sa loi permette leur jonction.

3. Sont connexes, aux fins du présent article, les demandes liées entre elles par un rapport si étroit qu'il y a intérêt à les instruire et à les juger en même temps afin d'éviter des décisions qui pourraient être inconciliables si les causes étaient jugées séparément.

Art. 19 *Mesures provisoires et conservatoires.* Les mesures provisoires et conservatoires prévues par la loi d'un État membre peuvent être demandées aux juridictions de cet État, même si, en vertu du présent règlement, les juridictions d'un autre État membre sont compétentes pour connaître du fond.

CHAPITRE III

Loi applicable

Art. 20 *Application universelle.* Toute loi désignée par le présent règlement s'applique même si cette loi n'est pas celle d'un État membre.

Art. 21 *Règle générale.* 1. Sauf disposition contraire du présent règlement, la loi applicable à l'ensemble d'une succession est celle de l'État dans lequel le défunt avait sa résidence habituelle au moment de son décès.

2. Lorsque, à titre exceptionnel, il résulte de l'ensemble des circonstances de la cause que, au moment de son décès, le défunt présentait des liens manifestement plus étroits avec un État autre que celui dont la loi serait applicable en vertu du paragraphe 1, la loi applicable à la succession est celle de cet autre État.

Art. 22 *Choix de loi.* 1. Une personne peut choisir comme loi régissant l'ensemble de sa succession la loi de l'État dont elle possède la nationalité au moment où elle fait ce choix ou au moment de son décès.

Une personne ayant plusieurs nationalités peut choisir la loi de tout État dont elle possède la nationalité au moment où elle fait ce choix ou au moment de son décès.

2. Le choix est formulé de manière expresse dans une déclaration revêtant la forme d'une disposition à cause de mort ou résulte des termes d'une telle disposition.

3. La validité au fond de l'acte en vertu duquel le choix de loi est effectué est régie par la loi choisie.

4. La modification ou la révocation du choix de loi satisfait aux exigences de forme applicables à la modification ou à la révocation d'une disposition à cause de mort.

Art. 23 *Portée de la loi applicable.* 1. La loi désignée en vertu de l'article 21 ou 22 régit l'ensemble d'une succession.

2. Cette loi régit notamment :

a) les causes, le moment et le lieu d'ouverture de la succession;

b) la vocation successorale des bénéficiaires, la détermination de leurs parts respectives et des charges qui peuvent leur être imposées par le défunt, ainsi que la détermination d'autres droits sur la succession, y compris les droits successoraux du conjoint ou du partenaire survivant;

c) la capacité de succéder;

d) l'exhérédation et l'indignité successorale;

e) le transfert des biens, des droits et des obligations composant la succession aux héritiers et, selon le cas, aux légataires, y compris les conditions et les effets de l'acceptation de la succession ou du legs ou de la renonciation à ceux-ci;

f) les pouvoirs des héritiers, des exécuteurs testamentaires et autres administrateurs de la succession, notamment en ce qui concerne la vente des biens et le paiement des créanciers, sans préjudice des pouvoirs visés à l'article 29, paragraphes 2 et 3;

g) la responsabilité à l'égard des dettes de la succession;

h) la quotité disponible, les réserves héréditaires et les autres restrictions à la liberté de disposer à cause de mort ainsi que les droits que les personnes proches du défunt peuvent faire valoir à l'égard de la succession ou des héritiers;

i) le rapport et la réduction des libéralités lors du calcul des parts des différents bénéficiaires;

j) le partage successoral.

Art. 24 *Dispositions à cause de mort autres que les pactes successoraux.* 1. La recevabilité et la validité au fond d'une disposition à cause de mort autre qu'un pacte successoral sont régies par la loi qui, en vertu du présent règlement, aurait été applicable à la succession de la personne ayant pris la disposition si elle était décédée le jour de l'établissement de la disposition.

2. Nonobstant le paragraphe 1, une personne peut choisir comme loi régissant sa disposition à cause de mort, quant à sa recevabilité et à sa validité au fond, la loi que cette personne aurait pu choisir en vertu de l'article 22, selon les conditions qui y sont fixées.

3. Le paragraphe 1 s'applique, selon le cas, à la modification ou à la révocation d'une disposition à cause de mort autre qu'un pacte successoral. En cas de choix de loi effectué conformément au paragraphe 2, la modification ou la révocation est régie par la loi choisie.

Art. 25 *Pacte successoral.* 1. Un pacte successoral qui concerne la succession d'une seule personne est régi, quant à sa recevabilité, sa validité au fond et ses effets contraignants entre les parties, y compris en ce qui concerne les conditions de sa dissolution, par la loi qui, en vertu du présent règlement, aurait été applicable à la succession de cette personne si elle était décédée le jour où le pacte a été conclu.

2. Un pacte successoral qui concerne la succession de plusieurs personnes n'est recevable que s'il l'est en vertu de chacune des lois qui, conformément au présent règlement, aurait régi la succession de chacune des personnes concernées si elles étaient décédées le jour où le pacte a été conclu.

Un pacte successoral qui est recevable en vertu du premier alinéa est régi, quant à sa validité au fond et à ses effets contraignants entre les parties, y compris en ce qui concerne les conditions de sa dissolution, par celle des lois visées au premier alinéa avec laquelle il présente les liens les plus étroits.

3. Nonobstant les paragraphes 1 et 2, les parties peuvent choisir comme loi régissant leur pacte successoral, quant à sa recevabilité, sa validité au fond et ses effets contraignants entre les parties, y compris en ce qui concerne les conditions de sa dissolution, la loi que la personne ou l'une des personnes dont la succession est concernée aurait pu choisir en vertu de l'article 22, selon les conditions qui y sont fixées.

Art. 26 *Validité au fond des dispositions à cause de mort.* 1. Aux fins des articles 24 et 25, les éléments ci-après relèvent de la validité au fond :

a) la capacité de la personne qui dispose à cause de mort de prendre une telle disposition;

b) les causes particulières qui empêchent la personne qui prend la disposition de disposer en faveur de certaines personnes ou qui empêchent une personne de recevoir des biens successoraux de la personne qui dispose;

c) l'admissibilité de la représentation aux fins de l'établissement d'une disposition à cause de mort;

d) l'interprétation de la disposition;

e) la fraude, la contrainte, l'erreur ou toute autre question relative au consentement ou à l'intention de la personne qui dispose.

2. Lorsqu'une personne a la capacité de disposer à cause de mort en vertu de la loi applicable conformément à l'article 24 ou 25, une modification ultérieure de la loi applicable n'affecte pas sa capacité de modifier ou de révoquer une telle disposition.

Art. 27 *Validité quant à la forme des dispositions à cause de mort établies par écrit.* 1. Une disposition à cause de mort établie par écrit est valable quant à la forme si celle-ci est conforme à la loi :

a) de l'État dans lequel la disposition a été prise ou le pacte successoral a été conclu;

b) d'un État dont le testateur ou au moins une des personnes dont la succession est concernée par un pacte successoral possédait la nationalité, soit au moment où la disposition a été prise ou le pacte conclu, soit au moment de son décès;

c) d'un État dans lequel le testateur ou au moins une des personnes dont la succession est concernée par un pacte successoral avait son domicile, soit au moment où la disposition a été prise ou le pacte conclu, soit au moment de son décès;

d) de l'État dans lequel le testateur ou au moins une des personnes dont la succession est concernée par un pacte successoral avait sa résidence habituelle, soit au moment de l'établissement de la disposition ou de la conclusion du pacte, soit au moment de son décès; ou

e) pour les biens immobiliers, de l'État dans lequel les biens immobiliers sont situés.

Pour déterminer si le testateur ou toute personne dont la succession est concernée par un pacte successoral avait son domicile dans un État particulier, c'est la loi de cet État qui s'applique.

2. Le paragraphe 1 s'applique également aux dispositions à cause de mort modifiant ou révoquant une disposition antérieure. La modification ou la révocation est également valable quant à la forme si elle est conforme à l'une des lois en vertu desquelles, conformément au paragraphe 1, la disposition à cause de mort modifiée ou révoquée était valable.

3. Aux fins du présent article, toute disposition légale qui limite les formes admises pour les dispositions à cause de mort en faisant référence à l'âge, à la nationalité ou à d'autres qualités personnelles du testateur ou des personnes dont la succession est concernée par un pacte successoral, est considérée comme relevant du domaine de la forme. Il en est de même des qualités que doit posséder tout témoin requis pour la validité d'une disposition à cause de mort.

Art. 28 *Validité quant à la forme de la déclaration concernant l'acceptation ou la renonciation.* Une déclaration concernant l'acceptation de la succession, d'un legs ou d'une réserve héréditaire ou la renonciation à ceux-ci, ou une déclaration visant à limiter la responsabilité de la personne qui fait la déclaration est valable quant à la forme lorsqu'elle respecte les exigences :

a) de la loi applicable à la succession en vertu de l'article 21 ou 22; ou

b) de la loi de l'État dans lequel la personne qui fait la déclaration a sa résidence habituelle.

Art. 29 *Dispositions spéciales applicables, dans certains cas, à la nomination et aux pouvoirs de l'administrateur de la succession.* 1. Lorsque la nomination d'un administrateur est obligatoire ou obligatoire sur demande en vertu de la loi de l'État membre dont les juridictions sont compétentes pour statuer sur la succession en application du présent règlement et que la loi applicable à la succession est une loi étrangère, les juridictions de cet État membre peuvent, si elles sont saisies, nommer un ou plusieurs administrateurs de la succession en vertu de leur propre loi, sous réserve des conditions définies au présent article.

Les administrateurs nommés en vertu du présent paragraphe sont des personnes habilitées à exécuter le testament du défunt et/ou à administrer sa succession au titre de la loi applicable à la succession. Si ladite loi ne prévoit pas que la succession puisse être administrée par une personne autre qu'un bénéficiaire, les juridictions de l'État membre dans lequel un administrateur doit être nommé peuvent nommer à cet effet un administrateur tiers conformément à leur propre loi si celle-ci l'exige et s'il existe un grave conflit d'intérêt entre les bénéficiaires ou entre les bénéficiaires et les créanciers ou d'autres personnes ayant garanti les dettes du défunt, un désaccord entre les bénéficiaires sur l'administration de la succession ou si la succession est difficile à administrer en raison de la nature des biens.

Les administrateurs nommés en vertu du présent paragraphe sont les seules personnes habilitées à exercer les pouvoirs visés aux paragraphes 2 ou 3.

2. Les personnes nommées en qualité d'administrateurs en vertu du paragraphe 1 exercent les pouvoirs en matière d'administration de la succession qu'ils peuvent exercer conformément à la loi applicable à la succession. La juridiction procédant à la nomination peut fixer, dans sa décision, des modalités particulières d'exercice desdits pouvoirs en vertu de la loi applicable à la succession.

Si la loi applicable à la succession ne prévoit pas de pouvoirs suffisants pour préserver les biens successoraux ou pour protéger tant les droits des créanciers que ceux d'autres personnes ayant garanti les dettes du défunt, la juridiction procédant à la nomination peut décider de permettre aux administrateurs d'exercer, sur une base résiduelle, les pouvoirs prévus à cet effet dans sa propre loi et peut fixer dans sa décision des modalités particulières d'exercice desdits pouvoirs conformément à ladite loi.

Dans l'exercice de ces pouvoirs résiduels, les administrateurs respectent toutefois la loi applicable à la succession en ce qui concerne le transfert de la propriété du bien successoral, la responsabilité à l'égard des dettes de la succession, les droits des bénéficiaires, y compris, le cas échéant, le droit d'accepter ou de renoncer à la succession, ainsi que, le cas échéant, les pouvoirs de l'exécuteur testamentaire de la succession.

3. Nonobstant le paragraphe 2, la juridiction nommant un ou plusieurs administrateurs en vertu du paragraphe 1, peut, à titre dérogatoire, si la loi applicable à la succession est la loi d'un État tiers, décider de confier à ces administrateurs la totalité des pouvoirs d'administration prévus par la loi de l'État membre dans lequel ils sont nommés.

Toutefois, dans l'exercice de ces pouvoirs, les administrateurs respectent, en particulier, la vocation successorale des bénéficiaires et la détermination de leurs droits successoraux, y compris leurs droits à une réserve héréditaire ou leurs droits à l'égard de la succession ou des héritiers en vertu de la loi applicable à la succession.

Art. 30 *Dispositions spéciales imposant des restrictions concernant la succession portant sur certains biens ou ayant une incidence sur celle-ci.* Lorsque la loi de l'État dans lequel sont situés certains biens immobiliers, certaines entreprises ou d'autres catégories particulières de biens comporte des dispositions spéciales qui, en raison de la destination économique, familiale ou sociale de ces biens, imposent des restrictions concernant la succession portant sur ces biens ou ayant une incidence sur celle-ci, ces dispositions spéciales sont applicables à la succession dans la mesure où, en vertu de la loi de cet État, elles sont applicables quelle que soit la loi applicable à la succession.

Art. 31 *Adaptation des droits réels.* Lorsqu'une personne fait valoir un droit réel auquel elle peut prétendre en vertu de la loi applicable à la succession et que la loi de l'État membre dans lequel le droit est invoqué ne connaît pas le droit réel en question, ce droit est, si nécessaire et dans la mesure du possible, adapté au droit réel équivalent le plus proche en vertu de la loi de cet État en tenant compte des objectifs et des intérêts poursuivis par le droit réel en question et des effets qui y sont liés.

Art. 32 *Comourants.* Lorsque deux ou plusieurs personnes dont les successions sont régies par des lois différentes décèdent dans des circonstances qui ne permettent pas de déterminer l'ordre des décès, et que ces lois règlent cette situation par des dispositions différentes ou ne la règlent pas du tout, aucune de ces personnes décédées n'a de droit dans la succession de l'autre ou des autres.

Art. 33 *Succession en déshérence.* Dans la mesure où, en vertu de la loi applicable à la succession au titre du présent règlement, il n'y a pour aucun bien d'héritier ou de légataire institué par une disposition à cause de mort, ou de personne physique venant au degré successible, l'application de la loi ainsi déterminée ne fait pas obstacle au droit d'un État membre ou d'une institution désignée à cet effet par ledit État membre d'appréhender, en vertu de sa propre loi, les biens successoraux situés sur son territoire, pour autant que les créanciers soient habilités à faire valoir leurs créances sur l'ensemble des biens successoraux.

Art. 34 *Renvoi.* 1. Lorsque le présent règlement prescrit l'application de la loi d'un État tiers, il vise l'application des règles de droit en vigueur dans cet État, y compris ses règles de droit international privé, pour autant que ces règles renvoient :

a) à la loi d'un État membre ; ou

b) à la loi d'un autre État tiers qui appliquerait sa propre loi.

2. Aucun renvoi n'est applicable pour les lois visées à l'article 21, paragraphe 2, à l'article 22, à l'article 27, à l'article 28, point b), et à l'article 30.

Art. 35 *Ordre public.* L'application d'une disposition de la loi d'un État désignée par le présent règlement ne peut être écartée que si cette application est manifestement incompatible avec l'ordre public du for.

Art. 36 *Systèmes non unifiés – conflits de lois territoriaux.* 1. Lorsque la loi désignée par le présent règlement est celle d'un État qui comprend plusieurs unités territoriales dont chacune a ses propres règles de droit en matière de succession, ce sont les règles internes de conflits de lois de cet État qui déterminent l'unité territoriale concernée dont les règles de droit doivent s'appliquer.

2. En l'absence de telles règles internes de conflits de lois :

a) toute référence à la loi de l'État mentionné au paragraphe 1 s'entend, aux fins de la détermination de la loi applicable en vertu des dispositions se référant à la résidence habituelle du défunt, comme faite à la loi de l'unité territoriale dans laquelle le défunt avait sa résidence habituelle au moment de son décès;

b) toute référence à la loi de l'État mentionné au paragraphe 1 s'entend, aux fins de la détermination de la loi applicable en vertu des dispositions se référant à la nationalité du défunt, comme faite à la loi de l'unité territoriale avec laquelle le défunt présentait les liens les plus étroits;

c) toute référence à la loi de l'État mentionné au paragraphe 1 s'entend, aux fins de la détermination de la loi applicable en vertu de toute autre disposition se référant à d'autres éléments comme facteurs de rattachement, comme faite à la loi de l'unité territoriale dans laquelle l'élément concerné est situé.

3. Nonobstant le paragraphe 2, toute référence à la loi de l'État mentionné au paragraphe 1 s'entend, aux fins de la détermination de la loi applicable en vertu de l'article 27, en l'absence de règles internes de conflit de lois dans ledit État, comme faite à la loi de l'unité territoriale avec laquelle le testateur ou les personnes dont la succession est concernée par le pacte successoral présentaient les liens les plus étroits.

Art. 37 *Systèmes non unifiés – conflits de lois interpersonnels.* Lorsqu'un État a plusieurs systèmes de droit ou ensembles de règles applicables à différentes catégories de personnes en matière de succession, toute référence à la loi de cet État s'entend comme faite au système de droit ou à l'ensemble de règles déterminé par les règles en vigueur dans cet État. En l'absence de telles règles, le système de droit ou l'ensemble de règles avec lequel le défunt présentait les liens les plus étroits s'applique.

Art. 38 *Non-application du présent règlement aux conflits de lois internes.* Un État membre qui comprend plusieurs unités territoriales dont chacune a ses propres règles de droit en matière de succession ne sera pas tenu d'appliquer le présent règlement aux conflits de lois qui surviennent uniquement entre ces unités.

CHAPITRE IV
Reconnaissance, force exécutoire et exécution des décisions

Art. 39 *Reconnaissance.* 1. Les décisions rendues dans un État membre sont reconnues dans les autres États membres, sans qu'il soit nécessaire de recourir à aucune procédure.

2. En cas de contestation, toute partie intéressée qui invoque à titre principal la reconnaissance d'une décision peut demander, conformément à la procédure prévue aux articles 45 à 58, que la décision soit reconnue.

3. Si la reconnaissance est invoquée de façon incidente devant une juridiction d'un État membre, celle-ci est compétente pour en connaître.

Art. 40 *Motifs de non-reconnaissance.* Une décision rendue n'est pas reconnue :

a) si la reconnaissance est manifestement contraire à l'ordre public de l'État membre dans lequel la reconnaissance est demandée;

b) dans le cas où elle a été rendue par défaut, si l'acte introductif d'instance ou un acte équivalent n'a pas été signifié ou notifié au défendeur en temps utile et de telle manière qu'il puisse se défendre, à moins qu'il n'ait pas exercé de recours à l'encontre de la décision alors qu'il était en mesure de le faire;

c) si elle est inconciliable avec une décision rendue dans une procédure entre les mêmes parties dans l'État membre dans lequel la reconnaissance est demandée;

d) si elle est inconciliable avec une décision, rendue antérieurement dans un autre État membre ou dans un État tiers entre les mêmes parties dans une procédure ayant le même objet et la même cause, lorsque la décision rendue antérieurement réunit les conditions nécessaires à sa reconnaissance dans l'État membre dans lequel la reconnaissance est demandée.

Art. 41 *Absence de révision quant au fond.* En aucun cas, la décision rendue dans un État membre ne peut faire l'objet d'une révision quant au fond.

Art. 42 *Sursis à statuer.* La juridiction d'un État membre saisie d'une demande de reconnaissance d'une décision rendue dans un autre État membre peut surseoir à statuer si cette décision fait l'objet d'un recours ordinaire dans l'État membre d'origine.

Art. 43 *Force exécutoire.* Les décisions rendues dans un État membre qui sont exécutoires dans cet État sont exécutoires dans un autre État membre lorsque, à la demande de toute partie intéressée, elles y ont été déclarées exécutoires conformément à la procédure prévue aux articles 45 à 58.

Art. 44 *Détermination du domicile.* Pour déterminer, aux fins de la procédure prévue aux articles 45 à 58, si une partie a un domicile dans l'État membre d'exécution, la juridiction saisie applique la loi interne de cet État membre.

Art. 45 *Compétence territoriale.* 1. La demande de déclaration constatant la force exécutoire est portée devant la juridiction ou à l'autorité compétente de l'État membre d'exécution dont cet État membre a communiqué le nom à la Commission conformément à l'article 78.

2. La compétence territoriale est déterminée par le domicile de la partie contre laquelle l'exécution est demandée, ou par le lieu de l'exécution.

Art. 46 *Procédure.* 1. La procédure de dépôt de la demande est régie par la loi de l'État membre d'exécution.

2. Le demandeur n'est pas tenu d'avoir, dans l'État membre d'exécution, une adresse postale ni un représentant autorisé.

3. La demande est accompagnée des documents suivants :

a) une copie de la décision réunissant les conditions nécessaires pour en établir l'authenticité;

b) l'attestation délivrée par la juridiction ou l'autorité compétente de l'État membre d'origine sous la forme du formulaire établi conformément à la procédure consultative visée à l'article 81, paragraphe 2, sans préjudice de l'article 47.

Art. 47 *Défaut de production de l'attestation.* 1. A défaut de production de l'attestation visée à l'article 46, paragraphe 3, point b), la juridiction ou l'autorité compétente peut impartir un délai pour la produire ou accepter un document équivalent ou, si elle s'estime suffisamment éclairée, en dispenser.

2. Il est produit une traduction des documents si la juridiction ou l'autorité compétente l'exige. La traduction est faite par une personne habilitée à effectuer des traductions dans l'un des États membres.

Art. 48 *Déclaration constatant la force exécutoire.* La décision est déclarée exécutoire dès l'achèvement des formalités de l'article 46, sans examen au titre de l'article 40. La partie contre laquelle l'exécution est demandée ne peut, à ce stade de la procédure, présenter d'observations concernant la demande.

Art. 49 *Communication de la décision relative à la demande de déclaration constatant la force exécutoire.* 1. La décision relative à la demande de déclaration constatant la force exécutoire est aussitôt portée à la connaissance du demandeur conformément à la procédure fixée par la loi de l'État membre d'exécution.

2. La déclaration constatant la force exécutoire est signifiée ou notifiée à la partie contre laquelle l'exécution est demandée, accompagnée de la décision si celle-ci n'a pas encore été signifiée ou notifiée à cette partie.

Art. 50 *Recours contre la décision relative à la demande de déclaration constatant la force exécutoire.* 1. L'une ou l'autre partie peut former un recours contre la décision relative à la demande de déclaration constatant la force exécutoire.

2. Le recours est porté devant la juridiction dont l'État membre concerné a communiqué le nom à la Commission conformément à l'article 78.

3. Le recours est examiné selon les règles de la procédure contradictoire.

4. Si la partie contre laquelle l'exécution est demandée ne comparaît pas devant la juridiction saisie du recours formé par le demandeur, l'article 16 s'applique, même si la partie contre laquelle l'exécution est demandée n'est pas domiciliée dans l'un des États membres.

5. Le recours contre la déclaration constatant la force exécutoire est formé dans un délai de trente jours à compter de sa signification ou de sa notification. Si la partie contre laquelle l'exécution est demandée est domiciliée dans un autre État membre que celui dans lequel la déclaration constatant la force exécutoire a été délivrée, le délai de recours est de soixante jours et court à compter du jour où la signification ou la notification a été faite à personne ou à domicile. Ce délai ne comporte pas de prorogation à raison de la distance.

Art. 51 *Pourvoi contre la décision rendue sur le recours.* La décision rendue sur le recours ne peut faire l'objet d'un pourvoi qu'au moyen de la procédure que l'État membre concerné a communiquée à la Commission conformément à l'article 78.

Art. 52 *Refus ou révocation d'une déclaration constatant la force exécutoire.* La juridiction saisie d'un recours au titre de l'article 50 ou 51 ne peut refuser ou révoquer une déclaration constatant la force exécutoire que pour l'un des motifs prévus à l'article 40. Elle statue sans délai.

Art. 53 *Sursis à statuer.* La juridiction saisie d'un recours prévu au titre de l'article 50 ou 51 sursoit à statuer, à la demande de la partie contre laquelle l'exécution est demandée, si la force exécutoire de la décision est suspendue dans l'État membre d'origine, du fait de l'exercice d'un recours.

Art. 54 *Mesures provisoires et conservatoires.* 1. Lorsqu'une décision doit être reconnue conformément au présent chapitre, rien n'empêche le demandeur de solliciter qu'il soit procédé à des mesures provisoires ou conservatoires, conformément au droit de l'État membre d'exécution, sans qu'il soit nécessaire qu'une déclaration constatant la force exécutoire de cette décision soit requise au titre de l'article 48.

2. La déclaration constatant la force exécutoire emporte de plein droit l'autorisation de procéder à des mesures conservatoires.

3. Pendant le délai du recours prévu à l'article 50, paragraphe 5, contre la déclaration constatant la force exécutoire et jusqu'à ce qu'il ait été statué sur celui-ci, il ne peut être procédé à aucune mesure d'exécution sur les biens de la partie contre laquelle l'exécution est demandée, hormis des mesures conservatoires.

Art. 55 *Force exécutoire partielle.* 1. Lorsque la décision rendue porte sur plusieurs chefs de la demande et que la déclaration constatant la force exécutoire ne peut être délivrée pour le tout, la juridiction ou l'autorité compétente la délivre pour un ou plusieurs d'entre eux.

2. Le demandeur peut demander que la déclaration constatant la force exécutoire soit limitée à certaines parties d'une décision.

Art. 56 *Aide judiciaire.* Le demandeur qui, dans l'État membre d'origine, a bénéficié en tout ou en partie de l'aide judiciaire ou d'une exemption de frais et dépens a droit, dans le cadre de toute procédure visant à obtenir une déclaration constatant la force exécutoire, à l'aide judiciaire la plus favorable ou à l'exemption de frais et dépens la plus large prévue par le droit de l'État membre d'exécution.

Art. 57 *Caution ou dépôt.* Aucune caution ni aucun dépôt, sous quelque dénomination que ce soit, n'est imposé à la partie qui demande dans un État membre la reconnaissance, la force exécutoire ou l'exécution d'une décision rendue dans un autre État membre en raison, soit de la qualité d'étranger, soit du défaut de domicile ou de résidence dans l'État membre d'exécution.

Art. 58 *Impôt, droit ou taxe.* Aucun impôt, droit ou taxe proportionnel à la valeur de l'affaire n'est perçu dans l'État membre d'exécution à l'occasion de la procédure visant à obtenir une déclaration constatant la force exécutoire.

CHAPITRE V

Actes authentiques et transactions judiciaires

Art. 59 *Acceptation des actes authentiques.* 1. Les actes authentiques établis dans un État membre ont la même force probante dans un autre État membre que dans l'État membre d'origine ou y produisent les effets les plus comparables, sous réserve que ceci ne soit pas manifestement contraire à l'ordre public de l'État membre concerné.

Une personne souhaitant utiliser un acte authentique dans un autre État membre peut demander à l'autorité établissant l'acte authentique dans l'État membre d'origine de remplir le formulaire établi conformément à la procédure consultative visée à l'article 81, paragraphe 2, en décrivant la force probante de l'acte authentique dans l'État membre d'origine.

2. Les juridictions de l'État membre d'origine sont saisies de toute contestation portant sur l'authenticité d'un acte authentique et statuent sur celle-ci en vertu de la loi de cet État. L'acte authentique contesté ne produit aucune force probante dans un autre État membre tant que le recours est pendant devant la juridiction compétente.

3. Les juridictions compétentes en vertu du présent règlement sont saisies de toute contestation relative aux actes juridiques ou relations juridiques consignés dans un acte authentique et statuent sur celle-ci en vertu de la loi applicable au titre du chapitre III. L'acte authentique contesté ne produit aucune force probante dans un autre État membre que l'État membre d'origine en ce qui concerne la question contestée tant que le recours est pendant devant la juridiction compétente.

4. Si un point relatif aux actes juridiques ou aux relations juridiques consignés dans un acte authentique en matière de successions est soulevé de façon incidente devant une juridiction d'un État membre, celle-ci est compétente pour en connaître.

Art. 60 *Force exécutoire des actes authentiques.* 1. Un acte authentique qui est exécutoire dans l'État membre d'origine est déclaré exécutoire dans un autre État membre, à la demande de toute partie intéressée, conformément à la procédure prévue aux articles 45 à 58.

2. Aux fins de l'article 46, paragraphe 3, point b), l'autorité ayant établi l'acte authentique délivre, à la demande de toute partie intéressée, une attestation sous la forme du formulaire établi conformément à la procédure consultative visée à l'article 81, paragraphe 2.

3. La juridiction auprès de laquelle un recours est formé en vertu de l'article 50 ou 51 ne refuse ou ne révoque une déclaration constatant la force exécutoire que si l'exécution de l'acte authentique est manifestement contraire à l'ordre public de l'État membre d'exécution.

Art. 61 *Force exécutoire des transactions judiciaires.* 1. Les transactions judiciaires qui sont exécutoires dans l'État membre d'origine sont déclarées exécutoires dans un autre État membre à la demande de toute partie intéressée, conformément à la procédure prévue aux articles 45 à 58.

2. Aux fins de l'article 46, paragraphe 3, point b), la juridiction qui a approuvé la transaction ou devant laquelle la transaction a été conclue délivre, à la demande de toute partie intéressée, une attestation sous la forme du formulaire établi conformément à la procédure consultative visée à l'article 81, paragraphe 2.

3. La juridiction auprès de laquelle un recours est formé en vertu de l'article 50 ou 51 ne refuse ou ne révoque une déclaration constatant la force exécutoire que si l'exécution de la transaction judiciaire est manifestement contraire à l'ordre public de l'État membre d'exécution.

CHAPITRE VI

Certificat successoral européen

Art. 62 *Création d'un certificat successoral européen.* 1. Le présent règlement crée un certificat successoral européen (ci-après dénommé « certificat »), qui est délivré en vue d'être utilisé dans un autre État membre et produit les effets énumérés à l'article 69.

2. Le recours au certificat n'est pas obligatoire.

3. Le certificat ne se substitue pas aux documents internes utilisés à des fins similaires dans les États membres. Toutefois, dès lors qu'il est délivré en vue d'être utilisé dans un autre État membre, le certificat produit également les effets énumérés à l'article 69 dans l'État membre dont les autorités l'ont délivré en vertu du présent chapitre.

Art. 63 *Finalité du certificat.* 1. Le certificat est destiné à être utilisé par les héritiers, les légataires ayant des droits directs à la succession et les exécuteurs testamentaires ou les administrateurs de la succession qui, dans un autre État membre, doivent respectivement invoquer leur qualité ou exercer leurs droits en tant qu'héritiers ou légataires, et/ou leurs pouvoirs en tant qu'exécuteurs testamentaires ou administrateurs de la succession.

2. Le certificat peut être utilisé, en particulier, pour prouver un ou plusieurs des éléments suivants :

a) la qualité et/ou les droits de chaque héritier ou, selon le cas, de chaque légataire mentionné dans le certificat et la quote-part respective leur revenant dans la succession ;

b) l'attribution d'un bien déterminé ou de plusieurs biens déterminés faisant partie de la succession à l'héritier/aux héritiers ou, selon le cas, au(x) légataire(s) mentionné(s) dans le certificat ;

c) les pouvoirs de l'exécuteur testamentaire ou de l'administrateur de la succession mentionné dans le certificat.

Art. 64 *Compétence pour délivrer le certificat.* Le certificat est délivré dans l'État membre dont les juridictions sont compétentes en vertu de l'article *[des articles]* 4, 7, 10 ou 11. L'autorité émettrice est :

a) une juridiction telle que définie à l'article 3, paragraphe 2 ; ou

b) une autre autorité qui, en vertu du droit national, est compétente pour régler les successions.

Art. 65 *Demande de certificat.* 1. Le certificat est délivré à la demande de toute personne visée à l'article 63, paragraphe 1 (ci-après dénommée « demandeur »).

2. Pour déposer une demande, le demandeur peut utiliser le formulaire établi conformément à la procédure consultative visée à l'article 81, paragraphe 2.

3. La demande contient les informations énumérées ci-après, pour autant que le demandeur en ait connaissance et que ces informations soient nécessaires pour que l'autorité émettrice puisse certifier les éléments que le demandeur souhaite voir certifier et est accompagnée, soit de l'original de tous les documents pertinents, soit de copies répondant aux conditions requises pour en établir l'authenticité, sans préjudice de l'article 66, paragraphe 2 :

a) les renseignements concernant le défunt : nom (le cas échéant, nom à la naissance), prénom(s), sexe, date et lieu de naissance, état civil, nationalité, numéro d'identification (le cas échéant), adresse au moment du décès, date et lieu du décès ;

b) les renseignements concernant le demandeur : nom (le cas échéant, nom à la naissance), prénom(s), sexe, date et lieu de naissance, état civil, nationalité, numéro d'identification (le cas échéant), adresse et lien éventuel avec le défunt ;

c) les renseignements concernant le représentant éventuel du demandeur : nom (le cas échéant, nom à la naissance), prénom(s), adresse et qualité de représentant ;

d) les renseignements concernant le conjoint ou le partenaire du défunt et, le cas échéant, concernant le ou les ex-conjoints ou le ou les anciens partenaires : nom (le cas échéant, nom à la naissance), prénom(s), sexe, date et lieu de naissance, état civil, nationalité, numéro d'identification (le cas échéant) et adresse ;

e) les renseignements concernant d'autres bénéficiaires éventuels en vertu d'une disposition à cause de mort et/ou en vertu de la loi : nom et prénom(s) ou raison sociale, numéro d'identification (le cas échéant) et adresse ;

f) la finalité à laquelle est destiné le certificat conformément à l'article 63 ;

g) les coordonnées de la juridiction ou de l'autorité compétente qui règle ou a réglé la succession en tant que telle, le cas échéant ;

h) les éléments sur lesquels le demandeur se fonde pour faire valoir, selon le cas, ses droits sur les biens successoraux en tant que bénéficiaire et/ou son droit d'exécuter le testament du défunt et/ou d'administrer la succession du défunt ;

i) une indication concernant l'établissement ou non, par le défunt, d'une disposition à cause de mort ; si ni l'original ni une copie ne sont joints, l'indication de la localisation de l'original ;

j) une indication concernant la conclusion ou non, par le défunt, d'un contrat de mariage ou d'un contrat relatif à une relation pouvant avoir des effets comparables au mariage ; lorsque ni l'original ni une copie du contrat ne sont joints, l'indication de la localisation de l'original ;

k) une indication quant à la déclaration faite ou non par l'un des bénéficiaires concernant l'acceptation de la succession ou la renonciation à celle-ci;

l) une déclaration établissant que, à la connaissance du demandeur, aucun litige portant sur les éléments à certifier n'est pendant;

m) toute autre information que le demandeur considère utile aux fins de la délivrance du certificat.

Art. 66 *Examen de la demande.* 1. Dès réception de la demande, l'autorité émettrice vérifie les informations et les déclarations fournies par le demandeur ainsi que les documents et les autres moyens de preuve présentés par celui-ci. Elle mène les enquêtes nécessaires à cette vérification d'office, lorsque son droit national le prévoit ou l'autorise, ou invite le demandeur à fournir tout élément de preuve complémentaire qu'elle estime nécessaire.

2. Si le demandeur n'a pas pu produire des copies des documents pertinents répondant aux conditions requises pour en établir l'authenticité, l'autorité émettrice peut décider d'accepter d'autres moyens de preuve.

3. Si son droit national le prévoit et sous réserve des conditions qui y sont fixées, l'autorité émettrice peut demander que des déclarations soient faites sous serment ou sous forme d'une déclaration solennelle en lieu et place d'un serment.

4. L'autorité émettrice prend toutes les mesures nécessaires pour informer les bénéficiaires de la demande de certificat. Si cela est nécessaire aux fins de l'établissement des éléments à certifier, elle entend toute personne intéressée, ainsi que tout exécuteur ou administrateur, et procède à des annonces publiques visant à donner à d'autres bénéficiaires éventuels la possibilité de faire valoir leurs droits.

5. Aux fins du présent article, l'autorité compétente d'un État membre fournit, sur demande, à l'autorité émettrice d'un autre État membre les informations détenues, notamment, dans les registres fonciers, les registres de l'état civil et les registres consignant les documents et les faits pertinents pour la succession ou pour le régime matrimonial ou un régime patrimonial équivalent du défunt, dès lors que cette autorité compétente est autorisée, en vertu du droit national, à fournir ces informations à une autre autorité nationale.

Art. 67 *Délivrance du certificat.* 1. L'autorité émettrice délivre sans délai le certificat conformément à la procédure fixée dans le présent chapitre lorsque les éléments à certifier ont été établis en vertu de la loi applicable à la succession ou de toute autre loi applicable à des éléments spécifiques. Elle utilise le formulaire établi conformément à la procédure consultative visée à l'article 81, paragraphe 2.

L'autorité émettrice ne délivre pas le certificat en particulier :

a) si les éléments à certifier sont contestés; ou

b) si le certificat s'avère ne pas être conforme à une décision portant sur les mêmes éléments.

2. L'autorité émettrice prend toutes les mesures nécessaires pour informer les bénéficiaires de la délivrance du certificat.

Art. 68 *Contenu du certificat.* Le certificat comporte les informations suivantes dans la mesure où elles sont nécessaires à la finalité pour laquelle il est délivré :

a) le nom et l'adresse de l'autorité émettrice;

b) le numéro de référence du dossier;

c) les éléments sur la base desquels l'autorité émettrice s'estime compétente pour délivrer le certificat;

d) la date de délivrance;

e) les renseignements concernant le demandeur : nom (le cas échéant, nom à la naissance), prénom(s), sexe, date et lieu de naissance, état civil, nationalité, numéro d'identification (le cas échéant), adresse et lien éventuel avec le défunt;

f) les renseignements concernant le défunt : nom (le cas échéant, nom à la naissance), prénom(s), sexe, date et lieu de naissance, état civil, nationalité, numéro d'identification (le cas échéant), adresse au moment du décès, date et lieu du décès;

g) les renseignements concernant les bénéficiaires : nom (le cas échéant, nom à la naissance), prénom(s) et numéro d'identification (le cas échéant);

h) les renseignements concernant un contrat de mariage conclu par le défunt ou, le cas échéant, un contrat passé par le défunt dans le cadre d'une relation qui, selon la loi qui lui est applicable, est réputée avoir des effets comparables au mariage et les renseignements concernant le régime matrimonial ou un régime patrimonial équivalent;

i) la loi applicable à la succession et les éléments sur la base desquels cette loi a été déterminée;

j) les renseignements permettant d'établir si la succession s'ouvre *ab intestat* ou en vertu d'une disposition à cause de mort, y compris les informations concernant les éléments donnant naissance aux droits et/ou pouvoirs des héritiers, légataires, exécuteurs testamentaires ou administrateurs de la succession;

k) le cas échéant, la mention pour chaque bénéficiaire de la nature de l'acceptation de la succession ou de la renonciation à celle-ci;

l) la part revenant à chaque héritier et, le cas échéant, la liste des droits et/ou des biens revenant à un héritier déterminé;

m) la liste des droits et/ou des biens revenant à un légataire déterminé;

n) les restrictions portant sur les droits de l'héritier ou des héritiers et, selon le cas, du ou des légataires en vertu de la loi applicable à la succession et/ou en vertu de la disposition à cause de mort;

o) les pouvoirs de l'exécuteur testamentaire et/ou de l'administrateur de la succession et les restrictions portant sur ces pouvoirs en vertu de la loi applicable à la succession et/ou en vertu de la disposition à cause de mort.

Art. 69 *Effets du certificat.* 1. Le certificat produit ses effets dans tous les États membres, sans qu'il soit nécessaire de recourir à aucune procédure.

2. Le certificat est présumé attester fidèlement l'existence d'éléments qui ont été établis en vertu de la loi applicable à la succession ou en vertu de toute autre loi applicable à des éléments spécifiques. La personne désignée dans le certificat comme étant l'héritier, le légataire, l'exécuteur testamentaire ou l'administrateur de la succession est réputée avoir la qualité mentionnée dans ledit certificat et/ou les droits ou les pouvoirs énoncés dans ledit certificat sans que soient attachées à ces droits ou à ces pouvoirs d'autres conditions et/ou restrictions que celles qui sont énoncées dans le certificat.

3. Toute personne qui, agissant sur la base des informations certifiées dans un certificat, effectue des paiements ou remet des biens à une personne désignée dans le certificat comme étant habilitée à accepter des paiements ou des biens est réputée avoir conclu une transaction avec une personne ayant le pouvoir d'accepter des paiements ou des biens, sauf si elle sait que le contenu du certificat ne correspond pas à la réalité ou si elle l'ignore en raison d'une négligence grave.

4. Lorsqu'une personne désignée dans le certificat comme étant habilitée à disposer de biens successoraux dispose de ces biens en faveur d'une autre personne, cette autre personne, si elle agit sur la base des informations certifiées dans le certificat, est réputée

avoir conclu une transaction avec une personne ayant le pouvoir de disposer des biens concernés, sauf si elle sait que le contenu du certificat ne correspond pas à la réalité ou si elle l'ignore en raison d'une négligence grave.

5. Le certificat constitue un document valable pour l'inscription d'un bien successoral dans le registre pertinent d'un État membre, sans préjudice de l'article 1er, paragraphe 2, points k) et l).

Art. 70 *Copies certifiées conformes du certificat.* 1. L'autorité émettrice conserve l'original du certificat et délivre une ou plusieurs copies certifiées conformes au demandeur et à toute personne justifiant d'un intérêt légitime.

2. L'autorité émettrice tient, aux fins de l'article 71, paragraphe 3, et de l'article 73, paragraphe 2, une liste des personnes qui se sont vu délivrer des copies certifiées conformes en application du paragraphe 1.

3. Les copies certifiées conformes délivrées ont une durée de validité limitée à six mois, qui doit être indiquée sur la copie concernée sous la forme d'une date d'expiration. Dans des cas exceptionnels dûment justifiés, l'autorité émettrice peut, à titre dérogatoire, décider d'allonger la durée de validité. Une fois ce délai expiré, toute personne en possession d'une copie certifiée conforme doit, afin de pouvoir utiliser le certificat aux fins énoncées à l'article 63, demander une prorogation de la durée de validité de la copie certifiée conforme ou demander à l'autorité émettrice une nouvelle copie certifiée conforme.

Art. 71 *Rectification, modification ou retrait du certificat.* 1. A la demande de toute personne justifiant d'un intérêt légitime ou d'office, l'autorité émettrice rectifie le certificat en cas d'erreur matérielle.

2. A la demande de toute personne justifiant d'un intérêt légitime ou, lorsque le droit national le permet, d'office, l'autorité émettrice modifie le certificat ou procède à son retrait lorsqu'il a été établi que ledit certificat ou certains de ses éléments ne correspondent pas à la réalité.

3. L'autorité émettrice informe sans délai toutes les personnes qui se sont vu délivrer des copies certifiées conformes en application de l'article 70, paragraphe 1, de toute rectification, modification, ou de tout retrait du certificat.

Art. 72 *Voies de recours.* 1. Toute personne habilitée à présenter une demande de certificat peut former un recours contre toute décision rendue par l'autorité émettrice en application de l'article 67.

Toute personne justifiant d'un intérêt légitime peut former un recours contre toute décision prise par l'autorité émettrice en application de l'article 71 et de l'article 73, paragraphe 1, point a).

Le recours est formé devant une autorité judiciaire de l'État membre dont relève l'autorité émettrice conformément au droit de cet État.

2. Si, à la suite du recours visé au paragraphe 1, il est établi que le certificat délivré ne correspond pas à la réalité, l'autorité judiciaire compétente rectifie ou modifie le certificat, procède à son retrait ou veille à ce qu'il soit rectifié, modifié ou retiré par l'autorité émettrice.

Si, à la suite du recours visé au paragraphe 1, il est établi que le refus de délivrance du certificat est infondé, l'autorité judiciaire compétente délivre le certificat ou veille à ce que l'autorité émettrice réexamine le dossier et prenne une nouvelle décision.

Art. 73 *Suspension des effets du certificat.* 1. Les effets du certificat peuvent être suspendus par :

a) l'autorité émettrice, à la demande de toute personne justifiant d'un intérêt légitime, dans l'attente d'une modification ou d'un retrait du certificat en application de l'article 71 ; ou

b) l'autorité judiciaire, à la demande de toute personne habilitée à former un recours contre une décision prise par l'autorité émettrice en application de l'article 72, pendant l'exercice d'un tel recours.

2. L'autorité émettrice ou, le cas échéant, l'autorité judiciaire informe sans délai toutes les personnes qui se sont vu délivrer des copies certifiées conformes, en application de l'article 70, paragraphe 1, de toute suspension des effets du certificat.

Pendant la période de suspension des effets du certificat, aucune nouvelle copie certifiée conforme du certificat ne peut être délivrée.

CHAPITRE VII

Dispositions générales et finales

Art. 74 *Légalisation ou formalité analogue.* Aucune légalisation ni autre formalité analogue n'est exigée pour les documents délivrés dans un État membre dans le contexte du présent règlement.

Art. 75 *Relations avec les conventions internationales existantes.* 1. Le présent règlement n'affecte pas l'application des conventions internationales auxquelles un ou plusieurs États membres sont parties lors de l'adoption du présent règlement et qui portent sur des matières régies par le présent règlement.

En particulier, les États membres qui sont parties à la convention de La Haye du 5 octobre 1961 sur les conflits de lois en matière de forme des dispositions testamentaires continuent à appliquer les dispositions de cette convention au lieu de l'article 27 du présent règlement pour ce qui est de la validité quant à la forme des testaments et des testaments conjonctifs.

2. Nonobstant le paragraphe 1, le présent règlement prévaut, entre les États membres, sur les conventions conclues exclusivement entre deux ou plusieurs d'entre eux dans la mesure où ces conventions concernent des matières régies par le présent règlement.

3. Le présent règlement ne fait pas obstacle à l'application de la convention du 19 novembre 1934 conclue entre le Danemark, la Finlande, l'Islande, la Norvège et la Suède, qui comporte des dispositions de droit international privé relatives aux successions, aux testaments et à l'administration des successions, telle que révisée par l'accord intergouvernemental conclu entre lesdits États le 1er juin 2012, par les États membres qui y sont parties, dans la mesure où elle prévoit :

a) des règles relatives aux aspects procéduraux de l'administration des successions définies par la convention et une assistance en cette matière de la part des autorités des États qui sont parties contractantes à la convention ; et

b) une simplification et une accélération des procédures de reconnaissance et d'exécution des décisions en matière de successions.

Art. 76 *Relation avec le règlement (CE) n° 1346/2000 du Conseil.* Le présent règlement ne fait pas obstacle à l'application du règlement (CE) n° 1346/2000 du Conseil du 29 mai 2000 relatif aux procédures d'insolvabilité.

Art. 77 *Informations mises à la disposition du public.* Les États membres fournissent à la Commission, en vue de la mise à la disposition de ces informations au public dans le cadre du réseau judiciaire européen en matière civile et commerciale, un résumé succinct de leur législation et de leurs procédures nationales relatives aux successions, y compris des informations concernant le type d'autorité compétente en matière de succession et des informations relatives au type d'autorité compétente pour recevoir les déclarations d'acceptation de la succession, d'un legs ou d'une réserve héréditaire ou de renonciation à ceux-ci.

Les États membres fournissent également des fiches descriptives énumérant tous les documents et/ou informations habituellement exigés aux fins de l'inscription de biens immobiliers situés sur leur territoire.

Les États membres tiennent en permanence ces informations à jour.

Art. 78 *Informations concernant les coordonnées et les procédures.* 1. Au plus tard le 16 novembre 2014, les États membres communiquent à la Commission :

a) le nom et les coordonnées des juridictions ou autorités compétentes pour statuer sur les demandes de déclaration constatant la force exécutoire, conformément à l'article 45, paragraphe 1, et sur les recours formés contre les décisions rendues sur ces demandes, conformément à l'article 50, paragraphe 2 ;

b) les procédures de pourvoi contre la décision rendue sur le recours visées à l'article 51 ;

c) les informations pertinentes relatives aux autorités compétentes aux fins de la délivrance du certificat en vertu de l'article 64 ; et

d) les procédures de recours visées à l'article 72.

Les États membres communiquent à la Commission toute modification ultérieure de ces informations.

2. La Commission publie au *Journal officiel de l'Union européenne* les informations communiquées conformément au paragraphe 1, à l'exception des adresses et autres coordonnées des juridictions et autorités visées au paragraphe 1, point a).

3. La Commission tient toutes les informations communiquées conformément au paragraphe 1 à la disposition du public par tout autre moyen approprié, notamment par le biais du réseau judiciaire européen en matière civile et commerciale.

Art. 79 *Établissement et modification ultérieure de la liste contenant les informations visées à l'article 3, paragraphe 2.* 1. Sur la base des informations communiquées par les États membres, la Commission établit la liste des autres autorités et professionnels du droit visée à l'article 3, paragraphe 2.

2. Les États membres notifient à la Commission toute modification ultérieure à apporter aux informations contenues dans ladite liste. La Commission modifie la liste en conséquence.

3. La Commission publie la liste et toute modification ultérieure au *Journal officiel de l'Union européenne.*

4. La Commission tient toutes les informations notifiées conformément aux paragraphes 1 et 2 à la disposition du public par tout autre moyen approprié, notamment par le biais du réseau judiciaire européen en matière civile et commerciale.

Art. 80 *Établissement et modification ultérieure des attestations et des formulaires visés aux articles 46, 59, 60, 61, 65 et 67.* La Commission adopte des actes d'exécution établissant et modifiant ultérieurement les attestations et les formulaires visés aux articles 46, 59, 60, 61, 65 et 67. Ces actes d'exécution sont adoptés en conformité avec la procédure consultative visée à l'article 81, paragraphe 2.

Art. 81 *Comité.* 1. La Commission est assistée par un comité. Ledit comité est un comité au sens du règlement (UE) n° 182/2011.

2. Lorsqu'il est fait référence au présent paragraphe, l'article 4 du règlement (UE) n° 182/2011 s'applique.

Art. 82 *Réexamen.* Au plus tard le 18 août 2025 la Commission présente au Parlement européen, au Conseil et au Comité économique et social européen un rapport relatif à l'application du présent règlement comprenant une évaluation de tout problème pratique rencontré dans le cadre de transactions extrajudiciaires en matière de successions intervenues parallèlement dans différents États membres ou d'une transaction extrajudiciaire intervenue dans un État membre parallèlement à une transaction conclue devant une juridiction d'un autre État membre. Ce rapport est accompagné, le cas échéant, de propositions de modifications.

Art. 83 *Dispositions transitoires.* 1. Le présent règlement s'applique aux successions des personnes qui décèdent le 17 août 2015 ou après le 17 août 2015.

2. Lorsque le défunt avait, avant le 17 août 2015, choisi la loi applicable à sa succession, ce choix est valable s'il remplit les conditions fixées au chapitre III ou s'il est valable en application des règles de droit international privé qui étaient en vigueur, au moment où le choix a été fait, dans l'État dans lequel le défunt avait sa résidence habituelle ou dans tout État dont il possédait la nationalité.

3. Une disposition à cause de mort prise avant le 17 août 2015 est recevable et valable quant au fond et à la forme si elle remplit les conditions prévues au chapitre III ou si elle est recevable et valable sur le fond et en la forme en application des règles de droit international privé qui étaient en vigueur, au moment où la disposition a été prise, dans l'État dans lequel le défunt avait sa résidence habituelle, dans tout État dont il possédait la nationalité ou dans l'État membre de l'autorité chargée de régler la succession.

4. Si une disposition à cause de mort, prise avant le 17 août 2015, est rédigée conformément à la loi que le défunt aurait pu choisir en vertu du présent règlement, cette loi est réputée avoir été choisie comme loi applicable à la succession.

Art. 84 *Entrée en vigueur.* Le présent règlement entre en vigueur le vingtième jour suivant celui de sa publication au *Journal officiel de l'Union européenne.*

Il est applicable à partir du 17 août 2015, à l'exception des articles 77 et 78 qui sont applicables à partir du 16 novembre 2014 et des articles 79, 80 et 81 qui sont applicables à partir du 5 juillet 2012.

Le présent règlement est obligatoire dans tous ses éléments et directement applicable dans les États membres conformément aux traités.

27 Règlement (UE) n° 1215/2012 du Parlement européen et du Conseil du 12 décembre 2012 concernant la compétence judiciaire, la reconnaissance et l'exécution des décisions en matière civile et commerciale (refonte) (« Bruxelles I bis »)

Modifié par Règlement (UE) n° 542/2014 du 15 mai 2014 (juridiction unifiée du brevet et Cour de justice Benelux)
Et par Règlement délégué (UE) 2015/281 du 26 novembre 2014 (modification des annexes I et II)
Applicable depuis le 10 janvier 2015
(Version consolidée)

Préambule du Règlement n° 1215/2012

Le Parlement européen et le Conseil de l'Union européenne,

Vu le traité sur le fonctionnement de l'Union européenne, et notamment son article 67, paragraphe 4, et son article 81, paragraphe 2, points a), c) et e),

Vu la proposition de la Commission européenne,

Après transmission du projet d'acte législatif aux parlements nationaux,

Vu l'avis du Comité économique et social européen,

Statuant conformément à la procédure législative ordinaire,

Considérant ce qui suit :

(1) Le 21 avril 2009, la Commission a adopté un rapport sur l'application du règlement (CE) n° 44/2001 du Conseil du 22 décembre 2000 concernant la compétence judiciaire, la reconnaissance et l'exécution des décisions en matière civile et commerciale. Selon les conclusions de ce rapport, le fonctionnement dudit règlement est satisfaisant d'une manière générale, mais il convient d'améliorer l'application de certaines de ses dispositions, de faciliter davantage la libre circulation des décisions et de favoriser encore l'accès à la justice. Ledit règlement doit faire l'objet de plusieurs modifications substantielles. Dans un souci de clarté, il convient de procéder à la refonte dudit règlement.

(2) Réuni à Bruxelles les 10 et 11 décembre 2009, le Conseil européen a adopté un nouveau programme pluriannuel intitulé « Le programme de Stockholm – Une Europe ouverte et sûre qui sert et protège les citoyens ». Dans le programme de Stockholm, le Conseil européen estimait que le processus de suppression de toutes les mesures intermédiaires (l'exequatur) devrait se poursuivre pendant la période couverte par ledit programme. Dans le même temps, la suppression de l'exequatur devrait également être assortie d'une série de garanties.

(3) L'Union s'est donné pour objectif de maintenir et de développer un espace de liberté, de sécurité et de justice, entre autres en facilitant l'accès à la justice, notamment par le principe de reconnaissance mutuelle des décisions judiciaires et extrajudiciaires en matière civile. En vue de l'établissement progressif de cet espace, l'Union doit adopter des mesures relevant du domaine de la coopération judiciaire dans les matières civiles ayant une incidence transfrontière, notamment lorsque cela est nécessaire au bon fonctionnement du marché intérieur.

(4) Certaines différences entre les règles nationales en matière de compétence judiciaire et de reconnaissance des décisions rendent plus difficile le bon fonctionnement du marché intérieur. Des dispositions permettant d'unifier les règles de conflit de juridictions en matière civile et commerciale ainsi que de garantir la reconnaissance et l'exécution rapides et simples des décisions rendues dans un État membre sont indispensables.

(5) De telles dispositions relèvent du domaine de la coopération judiciaire en matière civile au sens de l'article 81 du traité sur le fonctionnement de l'Union européenne (TFUE).

(6) Pour atteindre l'objectif de la libre circulation des décisions en matière civile et commerciale, il est nécessaire et approprié que les règles relatives à la compétence judiciaire, à la reconnaissance et à l'exécution des décisions soient déterminées par un instrument juridique de l'Union contraignant et directement applicable.

(7) Les États membres à l'époque des Communautés européennes ont conclu le 27 septembre 1968, dans le cadre de l'article 220, quatrième tiret, du traité instituant la Communauté économique européenne, la convention de Bruxelles concernant la compétence judiciaire et l'exécution des décisions en matière civile et commerciale, qui a été ensuite modifiée par les conventions relatives à l'adhésion de nouveaux États membres à cette convention (ci-après dénommée « convention de Bruxelles de 1968 »). Les États membres à l'époque des Communautés européennes et certains États de l'AELE ont conclu, le 16 septembre 1988, la convention de Lugano concernant la compétence judiciaire et l'exécution des décisions en matières [matière] civile et commerciale (ci[-]après dénommée « convention de Lugano de 1988 »), qui est une convention parallèle à la convention de Bruxelles de 1968. La convention de Lugano de 1988 est devenue applicable à la Pologne le 1er février 2000.

(8) Le 22 décembre 2000, le Conseil a adopté le règlement (CE) nº 44/2001 qui remplace la convention de Bruxelles de 1968 en ce qui concerne les territoires des États membres couverts par le traité sur le fonctionnement de l'Union européenne, entre les États membres à l'exception du Danemark. Par la décision 2006/325/CE du Conseil, la Communauté a conclu avec le Danemark un accord garantissant l'application des dispositions du règlement (CE) nº 44/2001 à ce pays. La convention de Lugano de 1988 a été révisée par la convention concernant la compétence judiciaire, la reconnaissance et l'exécution des décisions en matière civile et commerciale, signée à Lugano le 30 octobre 2007 par la Communauté, le Danemark, l'Islande, la Norvège et la Suisse (ci-après dénommée « la convention de Lugano de 2007 »).

(9) La convention de Bruxelles de 1968 continue à s'appliquer en ce qui concerne les territoires des États membres qui entrent dans le champ d'application territorial de cette convention et qui sont exclus du présent règlement en vertu de l'article 355 du traité sur le fonctionnement de l'Union européenne.

(10) Il est important d'inclure dans le champ d'application matériel du présent règlement l'essentiel de la matière civile et commerciale, à l'exception de certaines matières bien définies, en particulier les obligations alimentaires, qui devraient être exclues du champ d'application du présent règlement à la suite de l'adoption du règlement (CE) nº 4/2009 du Conseil du 18 décembre 2008 relatif à la compétence, la loi applicable, la reconnaissance et l'exécution des décisions et la coopération en matière d'obligations alimentaires.

(11) Aux fins du présent règlement, les juridictions d'un État membre devraient comprendre les juridictions communes à plusieurs États membres, telles que la Cour de justice Benelux lorsqu'elle exerce sa compétence sur des questions qui entrent dans le champ d'application du présent règlement. Les décisions rendues par ces juridictions devraient donc être reconnues et exécutées conformément au présent règlement.

(12) Le présent règlement ne devrait pas s'appliquer à l'arbitrage. Rien dans le présent règlement ne devrait empêcher la juridiction d'un État membre, lorsqu'elle est saisie d'une demande faisant l'objet d'une convention d'arbitrage passée entre les parties, de renvoyer les parties à l'arbitrage, de surseoir à statuer, de mettre fin à l'instance ou d'examiner si la convention d'arbitrage est caduque, inopérante ou non susceptible d'être appliquée, conformément à son droit national.

Une décision rendue par une juridiction d'un État membre concernant la question de savoir si une convention d'arbitrage est caduque, inopérante ou non susceptible d'être appliquée ne devrait pas être soumise aux règles de reconnaissance et d'exécution inscrites dans le présent règlement, que la juridiction se soit prononcée sur cette question à titre principal ou incident.

Par ailleurs, si une juridiction d'un État membre, dans le cadre de l'exercice de sa compétence en vertu du présent règlement ou de son droit national, a constaté qu'une convention d'arbitrage est caduque, inopérante ou non susceptible d'être appliquée, cela ne devrait pas empêcher que sa décision au fond soit reconnue ou, le cas échéant, exécutée conformément au présent règlement. Cette règle devrait être sans préjudice du pouvoir des juridictions des États membres de statuer sur la reconnaissance et l'exécution des sentences arbitrales conformément à la convention pour la reconnaissance et l'exécution des sentences arbitrales étrangères signée à New York le 10 juin 1958 (ci-après dénommée « convention de New York de 1958 »), qui prime sur le présent règlement.

Le présent règlement ne devrait pas s'appliquer à une action ou demande accessoire portant, en particulier, sur la constitution d'un tribunal arbitral, les compétences des arbitres, le déroulement d'une procédure arbitrale ou tout autre aspect de cette procédure ni à une action ou une décision concernant l'annulation, la révision, la reconnaissance ou l'exécution d'une sentence arbitrale, ou l'appel formé contre celle-ci.

(13) Il doit y avoir un lien entre les procédures relevant du présent règlement et le territoire des États membres. Des règles communes en matière de compétence devraient donc s'appliquer en principe lorsque le défendeur est domicilié dans un État membre.

(14) D'une manière générale, le défendeur non domicilié dans un État membre devrait être soumis aux règles de compétence nationales applicables sur le territoire de l'État membre de la juridiction saisie.

Cependant, pour assurer la protection des consommateurs et des travailleurs, pour préserver la compétence des juridictions des États membres dans les cas où elles ont une compétence exclusive et pour respecter l'autonomie des parties, certaines règles de compétence inscrites dans le présent règlement devraient s'appliquer sans considération de domicile du défendeur.

(15) Les règles de compétence devraient présenter un haut degré de prévisibilité et s'articuler autour de la compétence de principe du domicile du défendeur. Cette compétence devrait toujours être disponible, sauf dans quelques cas bien déterminés où la matière

en litige ou l'autonomie des parties justifie un autre critère de rattachement. S'agissant des personnes morales, le domicile doit être défini de façon autonome de manière à accroître la transparence des règles communes et à éviter les conflits de compétence.

(16) Le for du domicile du défendeur devrait être complété par d'autres fors autorisés en raison du lien étroit entre la juridiction et le litige ou en vue de faciliter la bonne administration de la justice. L'existence d'un lien étroit devrait garantir la sécurité juridique et éviter la possibilité que le défendeur soit attrait devant une juridiction d'un État membre qu'il ne pouvait pas raisonnablement prévoir. Cet aspect est important, en particulier dans les litiges concernant les obligations non contractuelles résultant d'atteintes à la vie privée et aux droits de la personnalité, notamment la diffamation.

(17) Le propriétaire d'un bien culturel au sens de l'article 1er, paragraphe 1, de la directive 93/7/CEE du Conseil du 15 mars 1993 relative à la restitution de biens culturels ayant quitté illicitement le territoire d'un État membre devrait avoir la faculté, au titre du présent règlement, d'engager une procédure civile en récupération dudit bien culturel, fondée sur le droit de propriété, devant les juridictions du lieu où le bien culturel est situé au moment de la saisine. Une telle procédure devrait être sans préjudice d'une procédure engagée au titre de la directive 93/7/CEE.

(18) S'agissant des contrats d'assurance, de consommation et de travail, il est opportun de protéger la partie la plus faible au moyen de règles de compétence plus favorables à ses intérêts que ne le sont les règles générales.

(19) L'autonomie des parties à un contrat autre qu'un contrat d'assurance, de consommation et de travail pour lequel n'est prévue qu'une autonomie limitée quant à la détermination de la juridiction compétente devrait être respectée sous réserve des fors de compétence exclusifs prévus dans le présent règlement.

(20) Lorsque la question se pose de savoir si un accord d'élection de for en faveur d'une ou des juridictions d'un État membre est entaché de nullité quant à sa validité au fond, cette question devrait être tranchée conformément au droit de l'État membre de la ou des juridictions désignées dans l'accord, y compris conformément aux règles de conflit de lois de cet État membre.

(21) Le fonctionnement harmonieux de la justice commande de réduire au minimum la possibilité de procédures concurrentes et d'éviter que des décisions inconciliables ne soient rendues dans différents États membres. Il importe de prévoir un mécanisme clair et efficace pour résoudre les cas de litispendance et de connexité et pour parer aux problèmes résultant des divergences nationales quant à la date à laquelle une affaire est considérée comme pendante. Aux fins du présent règlement, il convient de définir cette date de manière autonome.

(22) Cependant, pour renforcer l'efficacité des accords exclusifs d'élection de for et éviter les manœuvres judiciaires, il est nécessaire de prévoir une exception à la règle générale de la litispendance de manière à traiter de manière satisfaisante une situation particulière pouvant donner lieu à des procédures concurrentes. Une telle situation voit le jour lorsqu'une juridiction non désignée dans un accord exclusif d'élection de for a été saisie d'une procédure et que la juridiction désignée est saisie en second lieu d'une procédure ayant le même objet et la même cause entre les mêmes parties. Dans un tel cas de figure, la juridiction saisie en premier lieu devrait être tenue de surseoir à statuer dès que la juridiction désignée est saisie et jusqu'à ce que cette

dernière juridiction déclare qu'elle n'est pas compétente en vertu de l'accord exclusif d'élection de for. Cela vise à faire en sorte que, dans une telle situation, la juridiction désignée ait priorité pour décider de la validité de l'accord et de la mesure dans laquelle celui-ci s'applique au litige pendant devant elle. La juridiction désignée devrait être en mesure de poursuivre la procédure, que la juridiction non désignée ait déjà décidé ou non de surseoir à statuer.

Cette exception ne devrait pas s'appliquer aux situations dans lesquelles les parties ont conclu des accords exclusifs d'élection de for incompatibles ou lorsqu'une juridiction désignée dans un accord exclusif d'élection de for a été saisie en premier lieu. Dans de tels cas de figure, la règle générale de la litispendance prévue par le présent règlement devrait s'appliquer.

(23) Le présent règlement devrait prévoir un mécanisme souple permettant aux juridictions des États membres de tenir compte des procédures pendantes devant les juridictions d'États tiers, en prenant notamment en considération le fait qu'une décision d'un État tiers puisse ou non être reconnue et exécutée dans l'État membre concerné au titre du droit de cet État membre et de la bonne administration de la justice.

(24) Lorsqu'elle tient compte de la bonne administration de la justice, il convient que la juridiction de l'État membre concerné évalue l'ensemble des circonstances du cas d'espèce. Ces circonstances peuvent inclure les liens entre les faits du cas d'espèce, les parties et l'État tiers concerné, l'état d'avancement de la procédure dans l'État tiers au moment où la procédure est engagée devant la juridiction de l'État membre et la probabilité que la juridiction de l'État tiers rende une décision dans un délai raisonnable.

Cette évaluation peut également porter sur la question de savoir si la juridiction de l'État tiers a une compétence exclusive dans le cas d'espèce dans des circonstances où la juridiction d'un État membre aurait une compétence exclusive.

(25) La notion de mesures provisoires et conservatoires devrait englober, par exemple, les mesures conservatoires visant à obtenir des informations ou à conserver des éléments de preuve, visées aux articles 6 et 7 de la directive 2004/48/CE du Parlement européen et du Conseil du 29 avril 2004 relative au respect des droits de propriété intellectuelle. Elle ne devrait pas inclure de mesures ne revêtant pas un caractère conservatoire, telles que des mesures ordonnant l'audition d'un témoin. Ceci devrait s'entendre sans préjudice de l'application du règlement (CE) n° 1206/2001 du Conseil du 28 mai 2001 relatif à la coopération entre les juridictions des États membres dans le domaine de l'obtention des preuves en matière civile et commerciale.

(26) La confiance réciproque dans l'administration de la justice au sein de l'Union justifie le principe selon lequel les décisions rendues dans un État membre devraient être reconnues dans tous les États membres sans qu'une procédure spéciale ne soit nécessaire. En outre, la volonté de réduire la durée et les coûts des litiges transfrontières justifie la suppression de la déclaration constatant la force exécutoire préalable à l'exécution dans l'État membre requis. En conséquence, toute décision rendue par les juridictions d'un État membre devrait être traitée comme si elle avait été rendue dans l'État membre requis.

(27) Aux fins de la libre circulation des décisions, une décision rendue dans un État membre devrait être reconnue et exécutée dans un autre État membre même si elle est rendue à l'encontre d'une personne qui n'est pas domiciliée dans un État membre.

(28) Si une décision comporte une mesure ou une injonction qui est inconnue dans le droit de l'État membre requis, cette mesure ou injonction, y compris tout droit y figurant, devrait être adaptée autant que possible pour la rapprocher d'une mesure ou d'une injonction qui, dans le droit interne dudit État membre, a des effets équivalents et poursuit des objectifs similaires. Il devrait appartenir à chaque État membre de déterminer selon quelles modalités l'adaptation doit avoir lieu, et qui doit y procéder.

(29) L'exécution directe, dans l'État membre requis, d'une décision rendue dans un autre État membre sans déclaration constatant la force exécutoire ne devrait pas compromettre le respect des droits de la défense. Dès lors, la personne contre laquelle l'exécution est demandée devrait avoir la faculté de demander le refus de reconnaissance ou d'exécution d'une décision si elle estime que l'un des motifs de refus de reconnaissance est présent. Parmi ces motifs devrait figurer le fait qu'elle n'a pas eu la possibilité de se défendre lorsque la décision a été rendue par défaut dans une action civile liée à une procédure pénale. Les motifs de refus de reconnaissance devraient également inclure ceux qui pourraient être invoqués sur le fondement d'une convention entre l'État membre requis et un État tiers conclue en vertu de l'article 59 de la convention de Bruxelles de 1968.

(30) Une partie s'opposant à l'exécution d'une décision rendue dans un autre État membre devrait, dans la mesure du possible et conformément au système juridique de l'État membre requis, pouvoir invoquer, dans la même procédure, outre les motifs de refus prévus par le présent règlement, ceux prévus par le droit national, dans les délais fixés par celui-ci.

Toutefois, la reconnaissance d'une décision ne devrait être refusée qu'en présence d'un ou de plusieurs des motifs de refus prévus par le présent règlement.

(31) En cas d'opposition à l'exécution d'une décision, les juridictions de l'État membre requis devraient avoir la faculté, pendant toute la procédure relative à cette opposition, y compris un éventuel appel, de permettre qu'il soit procédé à l'exécution mais en restreignant celle-ci ou en imposant la constitution d'une garantie.

(32) Pour informer la personne contre laquelle l'exécution est demandée de l'exécution d'une décision rendue dans un autre État membre, le certificat établi au titre du présent règlement, accompagné si nécessaire de la décision, devrait lui être signifié ou notifié dans un délai raisonnable avant la première mesure d'exécution. Dans ce contexte, il convient d'entendre, par première mesure d'exécution, la première mesure d'exécution qui suit la signification ou la notification.

(33) Lorsque des mesures provisoires ou conservatoires sont ordonnées par une juridiction compétente au fond, leur libre circulation devrait être assurée au titre du présent règlement. Cependant, les mesures provisoires ou conservatoires qui ont été ordonnées par une telle juridiction sans que le défendeur n'ait été cité à comparaître ne devraient pas être reconnues et exécutées au titre du présent règlement à moins que la décision contenant la mesure n'ait été signifiée ou notifiée au défendeur avant l'exécution. Ceci ne devrait pas empêcher la reconnaissance et l'exécution de telles mesures au titre du droit national. Lorsque des mesures provisoires ou conservatoires sont ordonnées par une juridiction d'un État membre non compétente au fond, leur effet devrait être limité, au titre du présent règlement, au territoire de cet État membre[.]

(34) Pour assurer la continuité nécessaire entre la convention de Bruxelles de 1968, le règlement (CE) n° 44/2001 et le présent règlement, il convient de prévoir des dispositions transitoires. La même continuité doit être assurée en ce qui concerne l'interprétation par la Cour de justice de l'Union européenne de la convention de Bruxelles de 1968 et des règlements qui la remplacent.

(35) Le respect des engagements internationaux souscrits par les États membres justifie que le présent règlement n'affecte pas les conventions auxquelles les États membres sont parties et qui portent sur des matières spéciales.

(36) Sans préjudice des obligations des États membres au titre des traités, le présent règlement devrait être sans incidence sur l'application des conventions et accords bilatéraux conclus entre un État tiers et un État membre avant la date d'entrée en vigueur du règlement (CE) n° 44/2001 qui portent sur des matières régies par le présent règlement.

(37) Pour garantir la tenue à jour des certificats à utiliser dans le cadre de la reconnaissance ou de l'exécution des décisions, des actes authentiques et des transactions judiciaires au titre du présent règlement, il convient de déléguer à la Commission le pouvoir d'adopter des actes conformément à l'article 290 du traité sur le fonctionnement de l'Union européenne en ce qui concerne les modifications à apporter aux annexes I et II du présent règlement. Il importe particulièrement que la Commission procède aux consultations appropriées durant son travail préparatoire, y compris au niveau des experts. Il convient que, lorsqu'elle prépare et élabore des actes délégués, la Commission veille à ce que les documents pertinents soient transmis simultanément, en temps utile et de façon appropriée, au Parlement européen et au Conseil.

(38) Le présent règlement respecte les droits fondamentaux et observe les principes reconnus dans la charte des droits fondamentaux de l'Union européenne, en particulier le droit à un recours effectif et à accéder à un tribunal impartial garanti à l'article 47 de la charte.

(39) Étant donné que l'objectif du présent règlement ne peut pas être atteint de manière suffisante par les États membres et peut l'être mieux au niveau de l'Union, celle-ci peut adopter des mesures conformément au principe de subsidiarité consacré à l'article 5 du traité sur l'Union européenne. Conformément au principe de proportionnalité tel qu'énoncé audit article, le présent règlement n'excède pas ce qui est nécessaire pour atteindre cet objectif.

(40) Conformément à l'article 3 du protocole sur la position du Royaume-Uni et de l'Irlande annexé au traité sur l'Union européenne et à l'époque au traité instituant la Communauté européenne, le Royaume-Uni et l'Irlande ont participé à l'adoption et à l'application du règlement (CE) n° 44/2001. Conformément à l'article 3 du protocole n° 21 sur la position du Royaume-Uni et de l'Irlande à l'égard de l'espace de liberté, de sécurité et de justice, annexé au traité sur l'Union européenne et au traité sur le fonctionnement de l'Union européenne, ces États membres ont notifié leur souhait de participer à l'adoption et à l'application du présent règlement.

(41) Conformément aux articles 1er et 2 du protocole n° 22 sur la position du Danemark annexé au traité sur l'Union européenne et au traité sur le fonctionnement de l'Union européenne, le Danemark ne participe pas à l'adoption du présent règlement et n'est pas lié par celui-ci ni soumis à son application, sans préjudice de la possibilité pour le Danemark d'appliquer le contenu des modifications apportées au règlement (CE) n° 44/2001 en

vertu de l'article 3 de l'accord du 19 octobre 2005 entre la Communauté européenne et le Royaume de Danemark sur la compétence judiciaire, la reconnaissance et l'exécution des décisions en matière civile et commerciale,
Ont adopté le présent règlement :

Préambule du Règlement n° 542/14
Le Parlement européen et le Conseil de l'Union européenne,
Vu le traité sur le fonctionnement de l'Union européenne, et notamment son article 81, paragraphe 2, points a), c) et e),
Vu la proposition de la Commission européenne,
Après transmission du projet d'acte législatif aux parlements nationaux,
Vu l'avis du Comité économique et social européen,
Statuant conformément à la procédure législative ordinaire,
Considérant ce qui suit :
(1) Le 19 février 2013, le Royaume de Belgique, la République de Bulgarie, la République tchèque, le Royaume de Danemark, la République fédérale d'Allemagne, la République d'Estonie, l'Irlande, la République hellénique, la République française, la République italienne, la République de Chypre, la République de Lettonie, la République de Lituanie, le Grand-Duché de Luxembourg, la Hongrie, la République de Malte, le Royaume des Pays-Bas, la République d'Autriche, la République portugaise, la Roumanie, la République de Slovénie, la République slovaque, la République de Finlande, le Royaume de Suède et le Royaume-Uni de Grande-Bretagne et d'Irlande du Nord ont signé l'accord relatif à une juridiction unifiée du brevet (ci-après dénommé « accord JUB »). L'accord JUB prévoit que son entrée en vigueur n'intervient pas avant le premier jour du quatrième mois après la date d'entrée en vigueur des modifications du règlement (UE) n° 1215/2012 du Parlement européen et du Conseil portant sur le lien entre ce règlement et l'accord JUB.
(2) Le 15 octobre 2012, le Royaume de Belgique, le Grand-Duché de Luxembourg et le Royaume des Pays-Bas, parties au traité du 31 mars 1965 relatif à l'institution et au statut d'une Cour de justice Benelux (ci-après dénommé « traité relatif à la Cour de justice Benelux »), ont signé un protocole modifiant ledit traité. Ce protocole a permis de transférer des compétences à la Cour de justice Benelux dans des domaines spécifiques relevant du champ d'application du règlement (UE) n° 1215/2012.
(3) Il est nécessaire de réglementer le lien entre le règlement (UE) n° 1215/2012 et l'accord JUB et le traité relatif à la Cour de justice Benelux au moyen de modifications apportées audit règlement.
(4) La juridiction unifiée du brevet et la Cour de justice Benelux devraient être réputées être des juridictions au sens du règlement (UE) n° 1215/2012, afin de garantir la sécurité et la prévisibilité juridiques aux défendeurs pouvant être attraits devant ces deux juridictions dans un lieu situé dans un État membre autre que celui désigné par les règles du règlement (UE) n° 1215/2012.
(5) Les modifications du règlement (UE) n° 1215/2012 prévues par le présent règlement en ce qui concerne la juridiction unifiée du brevet visent à établir la compétence internationale de cette juridiction et n'ont aucune incidence sur la répartition interne des procédures entre les divisions de cette juridiction ni sur les dispositions de l'accord JUB

relatives à l'exercice de la compétence, y compris la compétence exclusive, durant la période transitoire prévue dans cet accord.

(6) En leur qualité de juridictions communes à plusieurs États membres, la juridiction unifiée du brevet et la Cour de justice Benelux ne peuvent pas, contrairement à ce que ferait une juridiction d'un État membre, exercer leur compétence fondée sur leur droit national à l'égard des défendeurs non domiciliés dans un État membre. Pour permettre à ces deux juridictions d'exercer leur compétence à l'égard de ces défendeurs, les règles du règlement (UE) n° 1215/2012 devraient donc, pour ce qui concerne les matières relevant de la compétence, respectivement, de la juridiction unifiée du brevet et de la Cour de justice Benelux, s'appliquer également aux défendeurs domiciliés dans des États tiers. Les règles de compétence actuelles énoncées dans le règlement (UE) n° 1215/2012 assurent un lien étroit entre les procédures relevant dudit règlement et le territoire des États membres. Il est donc approprié d'étendre ces règles aux procédures contre tous les défendeurs, indépendamment de leur domicile. Lors de l'application des règles de compétence énoncées dans le règlement (UE) n° 1215/2012, la juridiction unifiée du brevet et la Cour de justice Benelux (ci-après dénommées individuellement « juridiction commune ») ne devraient appliquer que les règles qui sont appropriées pour les matières pour lesquelles elles ont été déclarées compétentes.

(7) Une juridiction commune devrait pouvoir connaître de litiges auxquels sont parties des défendeurs d'État tiers, sur la base d'une règle de compétence subsidiaire dans des procédures relatives à une contrefaçon de brevet européen ayant entraîné des préjudices tant à l'intérieur qu'à l'extérieur de l'Union. Cette compétence subsidiaire devrait être exercée lorsque les biens appartenant au défendeur sont situés dans un État membre partie à l'instrument instituant la juridiction commune et que le litige en question a un lien suffisant avec un tel État membre, par exemple parce que le demandeur y est domicilié ou que les éléments de preuve relatifs au litige y sont disponibles. Lorsqu'elle établit sa compétence, la juridiction commune devrait tenir compte de la valeur des biens en question, qui ne devrait pas être dérisoire et devrait être telle qu'elle permette, au moins en partie, l'exécution de la décision dans les États membres parties à l'instrument instituant la juridiction commune.

(8) Les dispositions du règlement (UE) n° 1215/2012 en matière de litispendance et de connexité, qui visent à éviter des procédures parallèles et des décisions inconciliables, devraient s'appliquer lorsque des demandes sont formées devant une juridiction commune et devant une juridiction d'un État membre dans lequel l'accord JUB ou, selon le cas, le traité relatif à la Cour de Justice Benelux ne s'applique pas.

(9) Les règles du règlement (UE) n° 1215/2012 en matière de litispendance et de connexité devraient pareillement s'appliquer lorsque, durant la période transitoire prévue dans l'accord JUB, des demandes concernant certains types de litiges sont formées, d'une part, devant la juridiction unifiée du brevet et, d'autre part, devant une juridiction nationale d'un État membre partie à l'accord JUB.

(10) Les décisions rendues par la juridiction unifiée du brevet ou par la Cour de justice Benelux devraient être reconnues et exécutées conformément au règlement (UE) n° 1215/2012 dans un État membre non partie, selon le cas, à l'accord JUB ou au traité relatif à la Cour de Justice Benelux.

(11) Les décisions rendues par les juridictions d'un État membre non partie, selon le cas, à l'accord JUB ou au traité relatif à l'accord de Justice Benelux, devraient être

reconnues et exécutées dans un autre État membre conformément au règlement (UE) n° 1215/2012.

(12) Il convient donc de modifier le règlement (UE) n° 1215/2012 en conséquence.

(13) Étant donné que l'objectif du présent règlement ne peut pas être atteint de manière suffisante par les États membres mais peut, en raison de ses dimensions et de ses effets, l'être mieux au niveau de l'Union, celle-ci peut prendre des mesures conformément au principe de subsidiarité consacré à l'article 5 du traité sur l'Union européenne. Conformément au principe de proportionnalité tel qu'énoncé audit article, le présent règlement n'excède pas ce qui est nécessaire pour atteindre cet objectif.

(14) Conformément à l'article 3 et à l'article 4 bis, paragraphe 1, du protocole n° 21 sur la position du Royaume-Uni et de l'Irlande à l'égard de l'espace de liberté, de sécurité et de justice, annexé au traité sur l'Union européenne et au traité sur le fonctionnement de l'Union européenne, ces États membres ont notifié leur souhait de participer à l'adoption et à l'application du présent règlement.

(15) Conformément aux articles 1er et 2 du protocole n° 22 sur la position du Danemark annexé au traité sur l'Union européenne et au traité sur le fonctionnement de l'Union européenne, le Danemark ne participe pas à l'adoption du présent règlement et n'est pas lié par celui-ci ni soumis à son application, sans préjudice de la possibilité pour le Danemark d'appliquer les modifications du règlement (UE) n° 1215/2012 prévues par le présent règlement en vertu de l'article 3 de l'accord du 19 octobre 2005 entre la Communauté européenne et le Royaume de Danemark sur la compétence judiciaire, la reconnaissance et l'exécution des décisions en matière civile et commerciale,

Ont adopté le présent règlement :

CHAPITRE Ier

Portée et définitions

Art. premier 1. Le présent règlement s'applique en matière civile et commerciale et quelle que soit la nature de la juridiction. Il ne s'applique notamment ni aux matières fiscales, douanières ou administratives, ni à la responsabilité de l'État pour des actes ou des omissions commis dans l'exercice de la puissance publique *(acta jure imperii)*.

2. Sont exclus de son application :

a) l'état et la capacité des personnes physiques, les régimes matrimoniaux ou les régimes patrimoniaux relatifs aux relations qui, selon la loi qui leur est applicable, sont réputés avoir des effets comparables au mariage;

b) les faillites, concordats et autres procédures analogues;

c) la sécurité sociale;

d) l'arbitrage;

e) les obligations alimentaires découlant de relations de famille, de parenté, de mariage ou d'alliance;

f) les testaments et les successions, y compris les obligations alimentaires résultant du décès.

Art. 2 Aux fins du présent règlement, on entend par :

a) « décision », toute décision rendue par une juridiction d'un État membre, quelle que soit la dénomination qui lui est donnée telle qu'arrêt, jugement, ordonnance ou mandat d'exécution, ainsi qu'une décision concernant la fixation par le greffier du montant des frais du procès.

Aux fins du chapitre III, le terme « décision » englobe les mesures provisoires ou les mesures conservatoires ordonnées par une juridiction qui, en vertu du présent règlement, est compétente au fond. Il ne vise pas une mesure provisoire ou conservatoire ordonnée par une telle juridiction sans que le défendeur soit cité à comparaître, à moins que la décision contenant la mesure n'ait été signifiée ou notifiée au défendeur avant l'exécution;

b) « transaction judiciaire », une transaction approuvée par une juridiction d'un État membre ou conclue devant une juridiction d'un État membre en cours de procédure;

c) « acte authentique », un acte dressé ou enregistré formellement en tant qu'acte authentique dans l'État membre d'origine et dont l'authenticité :

i) porte sur la signature et le contenu de l'acte, et

ii) a été établie par une autorité publique ou toute autre autorité habilitée à le faire;

d) « État membre d'origine », l'État membre dans lequel, selon le cas, la décision a été rendue, la transaction judiciaire a été approuvée ou conclue, ou l'acte authentique a été dressé ou enregistré formellement;

e) « État membre requis », l'État membre dans lequel la reconnaissance de la décision est invoquée ou dans lequel l'exécution de la décision, de la transaction judiciaire ou de l'acte authentique est demandée;

f) « juridiction d'origine », la juridiction qui a rendu la décision dont la reconnaissance est invoquée ou l'exécution est demandée.

Art. 3 Aux fins du présent règlement, le terme « juridiction » comprend les autorités suivantes, dans la mesure où elles sont compétentes pour connaître des matières entrant dans le champ d'application du présent règlement :

a) en Hongrie, dans les procédures sommaires concernant les injonctions de payer *(fizetési meghagyásos eljárás)*, le notaire (közjegyzö);

b) en Suède, dans les procédures sommaires concernant les injonctions de payer *(betalningsföreläggande)* et l'assistance *(handräckning)*, l'autorité chargée du recouvrement forcé *(Kronofogdemyndigheten)*.

CHAPITRE II
Compétence

Section I

Dispositions générales

Art. 4 1. Sous réserve du présent règlement, les personnes domiciliées sur le territoire d'un État membre sont attraites, quelle que soit leur nationalité, devant les juridictions de cet État membre.

2. Les personnes qui ne possèdent pas la nationalité de l'État membre dans lequel elles sont domiciliées sont soumises aux règles de compétence applicables aux ressortissants de cet État membre.

Art. 5 1. Les personnes domiciliées sur le territoire d'un État membre ne peuvent être attraites devant les juridictions d'un autre État membre qu'en vertu des règles énoncées aux sections II à VII du présent chapitre.

2. Ne peuvent être invoquées contre les personnes visées au paragraphe 1 notamment les règles de compétence nationales que les États membres doivent notifier à la Commission en vertu de l'article 76, paragraphe 1, point a).

Art. 6 1. Si le défendeur n'est pas domicilié sur le territoire d'un État membre, la compétence est, dans chaque État membre, réglée par la loi de cet État membre, sous réserve de l'application de l'article 18, paragraphe 1, de l'article 21, paragraphe 2, et des articles 24 et 25.

2. Toute personne, quelle que soit sa nationalité, qui est domicilié sur le territoire d'un État membre, peut, comme les ressortissants de cet État membre, invoquer dans cet État membre contre ce défendeur les règles de compétence qui y sont en vigueur et notamment celles que les États membres doivent notifier à la Commission en vertu de l'article 76, paragraphe 1, point a).

Section II

Compétences spéciales

Art. 7 Une personne domiciliée sur le territoire d'un État membre peut être attraite dans un autre État membre :

1) a) en matière contractuelle, devant la juridiction du lieu d'exécution de l'obligation qui sert de base à la demande ;

b) aux fins de l'application de la présente disposition, et sauf convention contraire, le lieu d'exécution de l'obligation qui sert de base à la demande est :

— pour la vente de marchandises, le lieu d'un État membre où, en vertu du contrat, les marchandises ont été ou auraient dû être livrées,

— pour la fourniture de services, le lieu d'un État membre où, en vertu du contrat, les services ont été ou auraient dû être fournis ;

c) le point a) s'applique si le point b) ne s'applique pas ;

2) en matière délictuelle ou quasi délictuelle, devant la juridiction du lieu où le fait dommageable s'est produit ou risque de se produire ;

3) s'il s'agit d'une action en réparation de dommage ou d'une action en restitution fondées sur une infraction, devant la juridiction saisie de l'action publique, dans la mesure où, selon sa loi, cette juridiction peut connaître de l'action civile ;

4) s'il s'agit d'une action civile, fondée sur le droit de propriété, en restitution d'un bien culturel au sens de l'article 1er, point 1), de la directive 93/7/CEE, engagée par la personne revendiquant le droit de récupérer un tel bien, devant la juridiction du lieu où le bien culturel est situé au moment de la saisine ;

5) s'il s'agit d'une contestation relative à l'exploitation d'une succursale, d'une agence ou de tout autre établissement, devant la juridiction du lieu de leur situation ;

6) s'il s'agit d'une action engagée à l'encontre d'un fondateur, d'un trustee ou d'un bénéficiaire d'un trust constitué soit en application de la loi, soit par écrit ou par une convention verbale, confirmée par écrit, devant les juridictions de l'État membre sur le territoire duquel le trust a son domicile ;

7) s'il s'agit d'une contestation relative au paiement de la rémunération réclamée en raison de l'assistance ou du sauvetage dont a bénéficié une cargaison ou un fret, devant la juridiction dans le ressort duquel cette cargaison ou le fret s'y rapportant :

a) a été saisi pour garantir ce paiement ; ou

b) aurait pu être saisi à cet effet, mais une caution ou une autre sûreté a été donnée, cette disposition ne s'applique que s'il est prétendu que le défendeur a un droit sur la cargaison ou sur le fret ou qu'il avait un tel droit au moment de cette assistance ou de ce sauvetage.

Art. 8 Une personne domiciliée sur le territoire d'un État membre peut aussi être attraite :

1) s'il y a plusieurs défendeurs, devant la juridiction du domicile de l'un d'eux, à condition que les demandes soient liées entre elles par un rapport si étroit qu'il y a intérêt à les instruire et à les juger en même temps afin d'éviter des solutions qui pourraient être inconciliables si les causes étaient jugées séparément;

2) s'il s'agit d'une demande en garantie ou d'une demande en intervention, devant la juridiction saisie de la demande originaire, à moins qu'elle n'ait été formée que pour traduire celui qui a été appelé hors du ressort de la juridiction compétente;

3) s'il s'agit d'une demande reconventionnelle qui dérive du contrat ou du fait sur lequel est fondée la demande originaire, devant la juridiction saisie de celle-ci;

4) en matière contractuelle, si l'action peut être jointe à une action en matière de droits réels immobiliers dirigée contre le même défendeur, devant la juridiction de l'État membre sur le territoire duquel l'immeuble est situé.

Art. 9 Lorsque, en vertu du présent règlement, une juridiction d'un État membre est compétente pour connaître des actions en responsabilité du fait de l'utilisation ou de l'exploitation d'un navire, cette juridiction ou toute autre que lui substitue la loi interne de cet État membre connaît aussi des demandes relatives à la limitation de cette responsabilité.

Section III

Compétence en matière d'assurances

Art. 10 En matière d'assurances, la compétence est déterminée par la présente section, sans préjudice de l'article 6 et de l'article 7, point 5).

Art. 11 1. L'assureur domicilié sur le territoire d'un État membre peut être attrait :

a) devant les juridictions de l'État membre où il a son domicile;

b) dans un autre État membre, en cas d'actions intentées par le preneur d'assurance, l'assuré ou un bénéficiaire, devant la juridiction du lieu où le demandeur a son domicile; ou

c) s'il s'agit d'un coassureur, devant la juridiction d'un État membre saisie de l'action formée contre l'apériteur de la coassurance.

2. Lorsque l'assureur n'est pas domicilié sur le territoire d'un État membre, mais possède une succursale, une agence ou tout autre établissement dans un État membre, il est considéré pour les contestations relatives à leur exploitation comme ayant son domicile sur le territoire de cet État membre.

Art. 12 L'assureur peut, en outre, être attrait devant la juridiction du lieu où le fait dommageable s'est produit s'il s'agit d'assurance de responsabilité ou d'assurance portant sur des immeubles. Il en est de même si l'assurance porte à la fois sur des immeubles et des meubles couverts par une même police et atteints par le même sinistre.

Art. 13 1. En matière d'assurance de responsabilité, l'assureur peut également être appelé devant la juridiction saisie de l'action de la victime contre l'assuré, si la loi de cette juridiction le permet.

2. Les articles 10, 11 et 12 sont applicables en cas d'action directe intentée par la personne lésée contre l'assureur, lorsque l'action directe est possible.

3. Si la loi relative à cette action directe prévoit la mise en cause du preneur d'assurance ou de l'assuré, la même juridiction sera aussi compétente à leur égard.

Art. 14 1. Sous réserve des dispositions de l'article 13, paragraphe 3, l'action de l'assureur ne peut être portée que devant les juridictions de l'État membre sur le territoire duquel est domicilié le défendeur, qu'il soit preneur d'assurance, assuré ou bénéficiaire.

2. Les dispositions de la présente section ne portent pas atteinte au droit d'introduire une demande reconventionnelle devant la juridiction saisie de la demande originaire conformément à la présente section.

Art. 15 Il ne peut être dérogé aux dispositions de la présente section que par des conventions :

1) postérieures à la naissance du différend;

2) qui permettent au preneur d'assurance, à l'assuré ou au bénéficiaire de saisir d'autres juridictions que celles indiquées à la présente section;

3) qui, passées entre un preneur d'assurance et un assureur ayant, au moment de la conclusion du contrat, leur domicile ou leur résidence habituelle dans un même État membre, ont pour effet, alors même que le fait dommageable se produirait à l'étranger, d'attribuer compétence aux juridictions de cet État membre sauf si la loi de celui-ci interdit de telles conventions;

4) conclues par un preneur d'assurance n'ayant pas son domicile dans un État membre, sauf s'il s'agit d'une assurance obligatoire ou qui porte sur un immeuble situé dans un État membre; ou

5) qui concernent un contrat d'assurance en tant que celui-ci couvre un ou plusieurs des risques énumérés à l'article 16.

Art. 16 Les risques visés à l'article 15, point 5), sont les suivants :

1) tout dommage :

a) aux navires de mer, aux installations au large des côtes et en haute mer ou aux aéronefs, causé par des événements survenant en relation avec leur utilisation à des fins commerciales,

b) aux marchandises autres que les bagages des passagers, durant un transport réalisé par ces navires ou aéronefs soit en totalité, soit en combinaison avec d'autres modes de transport;

2) toute responsabilité, à l'exception de celle des dommages corporels aux passagers ou des dommages à leurs bagages,

a) résultant de l'utilisation ou de l'exploitation des navires, installations ou aéronefs, conformément au point 1 a), pour autant que, en ce qui concerne ces derniers, la loi de l'État membre d'immatriculation de l'aéronef n'interdise pas les clauses attributives de compétence pour l'assurance de tels risques;

b) du fait de marchandises durant un transport visé au point 1 b);

3) toute perte pécuniaire liée à l'utilisation ou à l'exploitation des navires, installations ou aéronefs conformément au point 1 a), notamment celle du fret ou du bénéfice d'affrètement;

4) tout risque lié accessoirement à l'un de ceux visés aux points 1) à 3);

5) sans préjudice des points 1) à 4), tous les « grands risques » au sens de la directive 2009/138/CE du Parlement européen et du Conseil du 25 novembre 2009 sur l'accès aux activités de l'assurance et de la réassurance et leur exercice (solvabilité II).

Section IV

Compétence en matière de contrats conclus par les consommateurs

Art. 17 1. En matière de contrat conclu par une personne, le consommateur, pour un usage pouvant être considéré comme étranger à son activité professionnelle, la compétence est déterminée par la présente section, sans préjudice de l'article 6 et de l'article 7, point 5) :

a) lorsqu'il s'agit d'une vente à tempérament d'objets mobiliers corporels;

b) lorsqu'il s'agit d'un prêt à tempérament ou d'une autre opération de crédit liés au financement d'une vente de tels objets; ou

c) lorsque, dans tous les autres cas, le contrat a été conclu avec une personne qui exerce des activités commerciales ou professionnelles dans l'État membre sur le territoire duquel le consommateur a son domicile ou qui, par tout moyen, dirige ces activités vers cet État membre ou vers plusieurs États, dont cet État membre, et que le contrat entre dans le cadre de ces activités.

2. Lorsque le cocontractant du consommateur n'est pas domicilié sur le territoire d'un État membre mais possède une succursale, une agence ou tout autre établissement dans un État membre, il est considéré pour les contestations relatives à leur exploitation comme ayant son domicile sur le territoire de cet État membre.

3. La présente section ne s'applique pas aux contrats de transport autres que ceux qui, pour un prix forfaitaire, combinent voyage et hébergement.

Art. 18 1. L'action intentée par un consommateur contre l'autre partie au contrat peut être portée soit devant les juridictions de l'État membre sur le territoire duquel est domiciliée cette partie, soit, quel que soit le domicile de l'autre partie, devant la juridiction du lieu où le consommateur est domicilié.

2. L'action intentée contre le consommateur par l'autre partie au contrat ne peut être portée que devant les juridictions de l'État membre sur le territoire duquel est domicilié le consommateur.

3. Le présent article ne porte pas atteinte au droit d'introduire une demande reconventionnelle devant la juridiction saisie de la demande originaire conformément à la présente section.

Art. 19 Il ne peut être dérogé aux dispositions de la présente section que par des conventions :

1) postérieures à la naissance du différend;

2) qui permettent au consommateur de saisir d'autres juridictions que celles indiquées à la présente section; ou

3) qui, passées entre le consommateur et son cocontractant ayant, au moment de la conclusion du contrat, leur domicile ou leur résidence habituelle dans un même État membre, attribuent compétence aux juridictions de cet État membre, sauf si la loi de celui-ci interdit de telles conventions.

Section V

Compétence en matière de contrats individuels de travail

Art. 20 1. En matière de contrats individuels de travail, la compétence est déterminée par la présente section, sans préjudice de l'article 6, de l'article 7, point 5), et, dans le cas d'une action intentée à l'encontre d'un employeur, de l'article 8, point 1).

2. Lorsqu'un travailleur conclut un contrat individuel de travail avec un employeur qui n'est pas domicilié dans un État membre mais possède une succursale, une agence ou tout autre établissement dans un État membre, l'employeur est considéré, pour les contestations relatives à leur exploitation, comme ayant son domicile dans cet État membre.

Art. 21 1. Un employeur domicilié sur le territoire d'un État membre peut être attrait :

a) devant les juridictions de l'État membre où il a son domicile ; ou

b) dans un autre État membre :

i) devant la juridiction du lieu où ou à partir duquel le travailleur accomplit habituellement son travail ou devant la juridiction du dernier lieu où il a accompli habituellement son travail ; ou

ii) lorsque le travailleur n'accomplit pas ou n'a pas accompli habituellement son travail dans un même pays, devant la juridiction du lieu où se trouve ou se trouvait l'établissement qui a embauché le travailleur.

2. Un employeur qui n'est pas domicilié sur le territoire d'un État membre peut être attrait devant les juridictions d'un État membre conformément au paragraphe 1, point b).

Art. 221 L'action de l'employeur ne peut être portée que devant les juridictions de l'État membre sur le territoire duquel le travailleur a son domicile.

2. Les dispositions de la présente section ne portent pas atteinte au droit d'introduire une demande reconventionnelle devant la juridiction saisie de la demande originaire conformément à la présente section.

Art. 23 Il ne peut être dérogé aux dispositions de la présente section que par des conventions :

1) postérieures à la naissance du différend ; ou

2) qui permettent au travailleur de saisir d'autres juridictions que celles indiquées à la présente section.

Section VI

Compétences exclusives

Art. 24 Sont seules compétentes les juridictions ci-après d'un État membre, sans considération de domicile des parties :

1) en matière de droits réels immobiliers et de baux d'immeubles, les juridictions de l'État membre où l'immeuble est situé.

Toutefois, en matière de baux d'immeubles conclus en vue d'un usage personnel temporaire pour une période maximale de six mois consécutifs, sont également compétentes les juridictions de l'État membre dans lequel le défendeur est domicilié, à condition que le locataire soit une personne physique et que le propriétaire et le locataire soient domiciliés dans le même État membre;

2) en matière de validité, de nullité ou de dissolution des sociétés ou personnes morales, ou de validité des décisions de leurs organes, les juridictions de l'État membre sur le territoire duquel celles-ci ont leur siège. Pour déterminer le siège, le juge applique les règles de son droit international privé;

3) en matière de validité des inscriptions sur les registres publics, les juridictions de l'État membre sur le territoire duquel ces registres sont tenus;

4) en matière d'inscription ou de validité des brevets, marques, dessins et modèles, et autres droits analogues donnant lieu à dépôt ou à un enregistrement, que la question soit soulevée par voie d'action ou d'exception, les juridictions de l'État membre sur le territoire duquel le dépôt ou l'enregistrement a été demandé, a été effectué ou est réputé avoir été effectué aux termes d'un instrument de l'Union ou d'une convention internationale.

Sans préjudice de la compétence reconnue à l'Office européen des brevets par la convention sur la délivrance des brevets européens, signée à Munich le 5 octobre 1973, les juridictions de chaque État membre sont seules compétentes en matière d'inscription ou de validité d'un brevet européen délivré pour cet État membre;

5) en matière d'exécution des décisions, les juridictions de l'État membre du lieu de l'exécution.

Section VII

Prorogation de compétence

Art. 25 1. Si les parties, sans considération de leur domicile, sont convenues d'une juridiction ou de juridictions d'un État membre pour connaître des différends nés ou à naître à l'occasion d'un rapport de droit déterminé, ces juridictions sont compétentes, sauf si la validité de la convention attributive de juridiction est entachée de nullité quant au fond selon le droit de cet État membre. Cette compétence est exclusive, sauf convention contraire des parties. La convention attributive de juridiction est conclue :

a) par écrit ou verbalement avec confirmation écrite;

b) sous une forme qui soit conforme aux habitudes que les parties ont établies entre elles; ou

c) dans le commerce international, sous une forme qui soit conforme à un usage dont les parties ont connaissance ou étaient censées avoir connaissance et qui est largement connu et régulièrement observé dans ce type de commerce par les parties à des contrats du même type dans la branche commerciale considérée.

2. Toute transmission par voie électronique qui permet de consigner durablement la convention est considérée comme revêtant une forme écrite.

3. Les juridictions d'un État membre auxquelles l'acte constitutif d'un trust attribue compétence sont exclusivement compétentes pour connaître d'une action contre un fondateur, un trustee ou un bénéficiaire d'un trust, s'il s'agit des relations entre ces personnes ou de leurs droits ou obligations dans le cadre du trust.

4. Les conventions attributives de juridiction ainsi que les stipulations similaires d'actes constitutifs de trust sont sans effet si elles sont contraires aux dispositions des articles 15, 19 ou 23 ou si les juridictions à la compétence desquelles elles dérogent sont exclusivement compétentes en vertu de l'article 24.

5. Une convention attributive de juridiction faisant partie d'un contrat est considérée comme un accord distinct des autres clauses du contrat.

La validité de la convention attributive de juridiction ne peut être contestée au seul motif que le contrat n'est pas valable.

Art. 26 1. Outre les cas où sa compétence résulte d'autres dispositions du présent règlement, la juridiction d'un État membre devant laquelle le défendeur comparaît est compétente. Cette règle n'est pas applicable si la comparution a pour objet de contester la compétence ou s'il existe une autre juridiction exclusivement compétente en vertu de l'article 24.

2. Dans les matières visées aux sections III, IV ou V, lorsque le preneur d'assurance, l'assuré, un bénéficiaire du contrat d'assurance, la victime, le consommateur ou le travailleur est le défendeur, avant de se déclarer compétente en vertu du paragraphe 1, la juridiction s'assure que le défendeur est informé de son droit de contester la compétence de la juridiction et des conséquences d'une comparution ou d'une absence de comparution.

Section VIII

Vérification de la compétence et de la recevabilité

Art. 27 La juridiction d'un État membre saisie à titre principal d'un litige pour lequel les juridictions d'un autre État membre sont exclusivement compétentes en vertu de l'article 24 se déclare d'office incompétente.

Art. 28 1. Lorsque le défendeur domicilié sur le territoire d'un État membre est attrait devant une juridiction d'un autre État membre et ne comparaît pas, la juridiction se déclare d'office incompétente, sauf si sa compétence découle des dispositions du présent règlement.

2. La juridiction sursoit à statuer aussi longtemps qu'il n'est pas établi que le défendeur a été mis à même de recevoir l'acte introductif d'instance ou un acte équivalent en temps utile pour se défendre ou que toute diligence a été faite à cette fin.

3. L'article 19 du règlement (CE) n° 1393/2007 du Parlement européen et du Conseil du 13 novembre 2007 relatif à la signification et à la notification dans les États membres des actes judiciaires et extrajudiciaires en matière civile ou commerciale (« signification ou notification des actes ») s'applique en lieu et place du paragraphe 2 du présent article si l'acte introductif d'instance ou un acte équivalent a dû être transmis d'un État membre à un autre en exécution dudit règlement.

4. Lorsque le règlement (CE) n° 1393/2007 n'est pas applicable, l'article 15 de la convention de La Haye du 15 novembre 1965 relative à la signification et à la notification à l'étranger des actes judiciaires et extrajudiciaires en matière civile ou commerciale s'applique si l'acte introductif d'instance ou un acte équivalent a dû être transmis à l'étranger en exécution de cette convention.

Section IX

Litispendance et connexité

Art. 29 1. Sans préjudice de l'article 31, paragraphe 2, lorsque des demandes ayant le même objet et la même cause sont formées entre les mêmes parties devant des juridictions d'États membres différents, la juridiction saisie en second lieu sursoit d'office à statuer jusqu'à ce que la compétence de la juridiction première saisie soit établie.

2. Dans les cas visés au paragraphe 1, à la demande d'une juridiction saisie du litige, toute autre juridiction saisie informe sans tarder la première juridiction de la date à laquelle elle a été saisie conformément à l'article 32.

3. Lorsque la compétence de la juridiction première saisie est établie, la juridiction saisie en second lieu se dessaisit en faveur de celle-ci.

Art. 30 1. Lorsque des demandes connexes sont pendantes devant des juridictions d'États membres différents, la juridiction saisie en second lieu peut surseoir à statuer.

2. Lorsque la demande devant la juridiction première saisie est pendante au premier degré, toute autre juridiction peut également se dessaisir, à la demande de l'une des parties, à condition que la juridiction première saisie soit compétente pour connaître des demandes en question et que sa loi permette leur jonction.

3. Sont connexes, au sens du présent article, les demandes liées entre elles par un rapport si étroit qu'il y a intérêt à les instruire et à les juger en même temps afin d'éviter des solutions qui pourraient être inconciliables si les causes étaient jugées séparément.

Art. 31 1. Lorsque les demandes relèvent de la compétence exclusive de plusieurs juridictions, le dessaisissement a lieu en faveur de la juridiction première saisie.

2. Sans préjudice de l'article 26, lorsqu'une juridiction d'un État membre à laquelle une convention visée à l'article 25 attribue une compétence exclusive est saisie, toute juridiction d'un autre État membre sursoit à statuer jusqu'à ce que la juridiction saisie sur le fondement de la convention déclare qu'elle n'est pas compétente en vertu de la convention.

3. Lorsque la juridiction désignée dans la convention a établi sa compétence conformément à la convention, toute juridiction d'un autre État membre se dessaisit en faveur de ladite juridiction.

4. Les paragraphes 2 et 3 ne s'appliquent pas aux matières visées dans les sections III, IV ou V lorsque le preneur d'assurance, l'assuré, un bénéficiaire du contrat d'assurance, la victime, le consommateur ou le travailleur est le demandeur et que la convention n'est pas valide en vertu d'une disposition figurant dans lesdites sections.

Art. 32 1. Aux fins de la présente section, une juridiction est réputée saisie :

a) à la date à laquelle l'acte introductif d'instance ou un acte équivalent est déposé auprès de la juridiction, à condition que le demandeur n'ait pas négligé par la suite de prendre les mesures qu'il était tenu de prendre pour que l'acte soit notifié ou signifié au défendeur; ou

b) si l'acte doit être notifié ou signifié avant d'être déposé auprès de la juridiction, à la date à laquelle il est reçu par l'autorité chargée de la notification ou de la signification, à condition que le demandeur n'ait pas négligé par la suite de prendre les mesures qu'il était tenu de prendre pour que l'acte soit déposé auprès de la juridiction.

L'autorité chargée de la notification ou de la signification visée au point b) est la première autorité ayant reçu les actes à notifier ou à signifier.

2. La juridiction ou l'autorité chargée de la notification ou de la signification visée au paragraphe 1, consigne respectivement la date du dépôt de l'acte introductif d'instance ou de l'acte équivalent ou la date de la réception des actes à notifier ou à signifier.

Art. 33 1. Lorsque la compétence est fondée sur l'article 4 ou sur les articles 7, 8 ou 9 et qu'une procédure est pendante devant une juridiction d'un État tiers au moment où une juridiction d'un État membre est saisie d'une demande entre les mêmes parties ayant le même objet et la même cause que la demande portée devant la juridiction de l'État tiers, la juridiction de l'État membre peut surseoir à statuer si :

a) l'on s'attend à ce que la juridiction de l'État tiers rende une décision susceptible d'être reconnue et, le cas échéant, d'être exécutée dans ledit État membre ; et

b) la juridiction de l'État membre est convaincue que le sursis à statuer est nécessaire pour une bonne administration de la justice.

2. La juridiction de l'État membre peut poursuivre l'instance à tout moment si :

a) l'instance devant la juridiction de l'État tiers fait elle-même l'objet d'un sursis à statuer ou d'un désistement ;

b) la juridiction de l'État membre estime que la procédure devant la juridiction de l'État tiers ne pourra vraisemblablement pas être conclue dans un délai raisonnable ; ou

c) la poursuite de l'instance est indispensable à une bonne administration de la justice.

3. La juridiction de l'État membre met fin à l'instance si la procédure devant la juridiction de l'État tiers est conclue et a donné lieu à une décision qui est susceptible d'être reconnue et, le cas échéant, d'être exécutée dans ledit État membre.

4. La juridiction de l'État membre applique le présent article soit à la demande d'une des parties, soit d'office, lorsque cette possibilité est prévue par le droit national.

Art. 34 1. Lorsque la compétence est fondée sur l'article 4 ou sur les articles 7, 8 ou 9 et qu'une action est pendante devant une juridiction d'un État tiers au moment où une juridiction d'un État membre est saisie d'une demande connexe à celle portée devant la juridiction de l'État tiers, la juridiction de l'État membre peut surseoir à statuer si :

a) il y a intérêt à instruire et juger les demandes connexes en même temps afin d'éviter des solutions qui pourraient être inconciliables si les causes étaient jugées séparément ;

b) l'on s'attend à ce que la juridiction de l'État tiers rende une décision susceptible d'être reconnue et, le cas échéant, d'être exécutée dans cet État membre ; et

c) la juridiction de l'État membre est convaincue que le sursis à statuer est nécessaire pour une bonne administration de la justice.

2. La juridiction de l'État membre peut poursuivre l'instance à tout moment si :

a) elle estime qu'il n'existe plus de risque que les décisions soient inconciliables ;

b) l'instance devant la juridiction de l'État tiers fait elle-même l'objet d'un sursis à statuer ou d'un désistement ;

c) elle estime que la procédure devant la juridiction de l'État tiers ne pourra vraisemblablement pas être conclue dans un délai raisonnable ; ou

d) la poursuite de l'instance est indispensable à une bonne administration de la justice.

3. La juridiction de l'État membre peut mettre fin à l'instance si la procédure devant la juridiction de l'État tiers est conclue et a donné lieu à une décision qui est susceptible d'être reconnue et, le cas échéant, d'être exécutée dans ledit État membre.

4. La juridiction de l'État membre applique le présent article soit à la demande d'une des parties, soit d'office, lorsque cette possibilité est prévue par le droit national.

Section X

Mesures provisoires et conservatoires

Art. 35 Les mesures provisoires ou conservatoires prévues par la loi d'un État membre peuvent être demandées aux juridictions de cet État, même si les juridictions d'un autre État membre sont compétentes pour connaître du fond.

CHAPITRE III

Reconnaissance et exécution

Section I

Reconnaissance

Art. 36 1. Les décisions rendues dans un État membre sont reconnues dans les autres États membres sans qu'il soit nécessaire de recourir à aucune procédure.

2. Toute partie intéressée peut faire constater, selon la procédure prévue à la sous-section 2 de la section III, l'absence de motifs de refus de reconnaissance visés à l'article 45.

3. Si le refus de reconnaissance est invoqué de façon incidente devant une juridiction d'un État membre, celle-ci est compétente pour en connaître.

Art. 37 1. La partie qui entend invoquer, dans un État membre, une décision rendue dans un autre État membre produit :

a) une copie de la décision réunissant les conditions nécessaires pour en établir l'authenticité; et

b) le certificat délivré conformément à l'article 53.

2. La juridiction ou l'autorité devant laquelle une décision rendue dans un autre État membre est invoquée peut, au besoin, exiger que la partie qui l'invoque fournisse, conformément à l'article 57, une traduction ou une translittération du contenu du certificat visé au paragraphe 1, point b). La juridiction ou l'autorité peut exiger que la partie fournisse une traduction de la décision en lieu et place d'une traduction du contenu du certificat si elle ne peut agir sans une telle traduction.

Art. 38 La juridiction ou l'autorité devant laquelle est invoquée une décision rendue dans un autre État membre peut surseoir à statuer, intégralement ou partiellement, si :

a) la décision est contestée dans l'État membre d'origine; ou

b) une demande a été présentée aux fins d'obtenir une décision constatant l'absence de motifs de refus de reconnaissance visés à l'article 45 ou d'obtenir une décision visant à ce que la reconnaissance soit refusée sur le fondement de l'un de ces motifs.

Section II

Exécution

Art. 39 Une décision rendue dans un État membre et qui est exécutoire dans cet État membre jouit de la force exécutoire dans les autres États membres sans qu'une déclaration constatant la force exécutoire soit nécessaire.

Art. 40 Une décision exécutoire emporte de plein droit l'autorisation de procéder aux mesures conservatoires prévues par la loi de l'État membre requis.

Art. 41 1. Sous réserve des dispositions de la présente section, la procédure d'exécution des décisions rendues dans un autre État membre est régie par le droit de l'État membre requis. Une décision rendue dans un État membre et qui est exécutoire dans l'État membre requis est exécutée dans ce dernier dans les mêmes conditions qu'une décision rendue dans l'État membre requis.

2. Sans préjudice du paragraphe 1, les motifs de refus ou de suspension de l'exécution prévus par la loi de l'État membre requis s'appliquent dans la mesure où ils ne sont pas incompatibles avec les motifs visés à l'article 45.

3. La partie qui demande l'exécution d'une décision rendue dans un autre État membre n'est pas tenue d'avoir, dans l'État membre requis, une adresse postale. Elle n'est pas non plus tenue d'avoir, dans l'État membre requis, un représentant autorisé sauf si cette représentation est obligatoire indépendamment de la nationalité ou du domicile des parties.

Art. 42 1. Aux fins de l'exécution dans un État membre d'une décision rendue dans un autre État membre, le demandeur communique à l'autorité compétente chargée de l'exécution :

a) une copie de la décision réunissant les conditions nécessaires pour en établir l'authenticité ; et

b) le certificat, délivré conformément à l'article 53, attestant que la décision est exécutoire, et contenant un extrait de la décision ainsi que, s'il y a lieu, les informations utiles concernant les frais remboursables de la procédure et le calcul des intérêts.

2. Aux fins de l'exécution dans un État membre d'une décision rendue dans un autre État membre ordonnant une mesure provisoire ou conservatoire, le demandeur communique à l'autorité compétente chargée de l'exécution :

a) une copie de la décision réunissant les conditions nécessaires pour en établir l'authenticité ;

b) le certificat, délivré conformément à l'article 53, contenant une description de la mesure et attestant que :

i) la juridiction est compétente pour connaître du fond,

ii) la décision est exécutoire dans l'État membre d'origine ; et

c) lorsque la mesure a été ordonnée sans que le défendeur soit cité à comparaître, une preuve de la notification ou de la signification de la décision.

3. L'autorité compétente chargée de l'exécution peut, au besoin, exiger du demandeur, conformément à l'article 57, qu'il fournisse une traduction ou une translittération du contenu du certificat.

4. L'autorité compétente chargée de l'exécution ne peut exiger du demandeur qu'il fournisse une traduction de la décision que si elle ne peut agir sans une telle traduction.

Art. 43 1. Lorsque l'exécution d'une décision rendue dans un autre État membre est demandée, le certificat délivré conformément à l'article 53 est notifié ou signifié, avant la première mesure d'exécution, à la personne contre laquelle l'exécution est demandée. Le certificat est accompagné de la décision si celle-ci n'a pas déjà été notifiée ou signifiée à la personne concernée.

2. Lorsque la personne contre laquelle l'exécution est demandée est domiciliée dans un État membre autre que l'État membre d'origine, elle peut demander une traduction de la décision afin d'en contester l'exécution si la décision n'est pas rédigée ou accompagnée d'une traduction dans l'une des langues suivantes :

a) une langue qu'elle comprend ; ou

b) la langue officielle de l'État membre dans lequel elle est domiciliée ou, si l'État membre en question compte plusieurs langues officielles, dans la langue officielle ou l'une des langues officielles du lieu où elle est domiciliée.

Lorsqu'une traduction de la décision est demandée au titre du premier alinéa, aucune mesure d'exécution autre qu'une mesure conservatoire ne peut être prise jusqu'à ce que cette traduction ait été fournie à la personne contre laquelle l'exécution est demandée.

Le présent paragraphe ne s'applique pas si la décision a déjà été notifiée ou signifiée à la personne contre laquelle l'exécution est demandée dans l'une des langues visées au premier alinéa ou si elle est accompagnée d'une traduction dans l'une de ces langues.

3. Le présent article ne s'applique pas à l'exécution d'une mesure conservatoire figurant dans une décision ni lorsque la personne qui demande l'exécution procède à des mesures conservatoires conformément à l'article 40.

Art. 44 1. En cas de demande de refus d'exécution d'une décision en vertu de la sous-section 2 de la section III, la juridiction de l'État membre requis peut, à la demande de la personne contre laquelle l'exécution est demandée :

a) limiter la procédure d'exécution à des mesures conservatoires;

b) subordonner l'exécution à la constitution d'une sûreté qu'elle détermine; ou

c) suspendre, intégralement ou partiellement, la procédure d'exécution.

2. L'autorité compétente de l'État membre requis suspend, à la demande de la personne contre laquelle l'exécution est demandée, la procédure d'exécution si la force exécutoire de la décision est suspendue dans l'État membre d'origine.

Section III

Refus de reconnaissance et d'exécution

Sous-section 1 – Refus de reconnaissance

Art. 45 1. À la demande de toute partie intéressée, la reconnaissance d'une décision est refusée :

a) si la reconnaissance est manifestement contraire à l'ordre public de l'État membre requis;

b) dans le cas où la décision a été rendue par défaut, si l'acte introductif d'instance ou un acte équivalent n'a pas été notifié ou signifié au défendeur en temps utile et de telle manière qu'il puisse se défendre, à moins qu'il n'ait pas exercé de recours à l'encontre de la décision alors qu'il était en mesure de le faire;

c) si la décision est inconciliable avec une décision rendue entre les mêmes parties dans l'État membre requis;

d) si la décision est inconciliable avec une décision rendue antérieurement dans un autre État membre ou dans un État tiers entre les mêmes parties dans un litige ayant le même objet et la même cause, lorsque la décision rendue antérieurement réunit les conditions nécessaires à sa reconnaissance dans l'État membre requis; ou

e) si la décision méconnaît :

i) les sections III, IV ou V du chapitre II lorsque le preneur d'assurance, l'assuré, un bénéficiaire du contrat d'assurance, la victime, le consommateur ou le travailleur était le défendeur, ou

ii) la section VI du chapitre II.

2. Lors de l'appréciation des motifs de compétence visés au paragraphe 1, point e), la juridiction saisie de la demande est liée par les constatations de fait sur lesquelles la juridiction d'origine a fondé sa compétence.

3. Sans préjudice du paragraphe 1, point e), il ne peut être procédé au contrôle de la compétence de la juridiction d'origine. Le critère de l'ordre public visé au paragraphe 1, point a), ne peut être appliqué aux règles de compétence.

4. La demande de refus de reconnaissance est présentée selon la procédure prévue à la sous-section 2 et, s'il y a lieu, à la section IV.

Sous-section 2 – Refus d'exécution

Art. 46 À la demande de la personne contre laquelle l'exécution est demandée, l'exécution d'une décision est refusée lorsque l'existence de l'un des motifs visés à l'article 45 est constatée.

Art. 47 1. La demande de refus d'exécution est portée devant la juridiction que l'État membre concerné a indiquée à la Commission en vertu de l'article 75, point a), comme étant la juridiction devant laquelle la demande doit être portée.

2. Dans la mesure où la procédure de refus d'exécution n'est pas régie par le présent règlement, elle relève de la loi de l'État membre requis.

3. Le demandeur fournit à la juridiction une copie de la décision et, s'il y a lieu, une traduction ou une translittération de ladite décision.

La juridiction peut dispenser le demandeur de la production des documents visés au premier alinéa s'ils sont déjà en sa possession ou si elle estime qu'il n'est pas raisonnable d'exiger du demander de les fournir. Dans ce dernier cas, la juridiction peut exiger de l'autre partie la communication de ces documents.

4. La partie qui demande le refus d'exécution d'une décision rendue dans un autre État membre n'est pas tenue d'avoir, dans l'État membre requis, une adresse postale. Elle n'est pas non plus tenue d'avoir, dans l'État membre requis, un représentant autorisé sauf si cette représentation est obligatoire indépendamment de la nationalité ou du domicile des parties.

Art. 48 La juridiction statue à bref délai sur la demande de refus d'exécution.

Art. 49 1. L'une ou l'autre partie peut former un recours contre la décision rendue sur la demande de refus d'exécution.

2. Le recours est porté devant la juridiction que l'État membre concerné a indiquée à la Commission en vertu de l'article 75, point b), comme étant la juridiction devant laquelle ce recours doit être porté.

Art. 50 La décision rendue sur le recours ne peut faire l'objet d'un pourvoi que si les juridictions devant lesquelles le pourvoi doit être porté ont été indiquées par l'État membre concerné à la Commission en vertu de l'article 75, point c).

Art. 51 1. La juridiction saisie d'une demande de refus d'exécution ou qui statue sur un recours au titre de l'article 49 ou sur un pourvoi au titre de l'article 50 peut surseoir à statuer si la décision fait l'objet d'un recours ordinaire dans l'État membre d'origine ou si le délai pour le former n'est pas expiré. Dans ce dernier cas, la juridiction peut impartir un délai pour former ce recours.

2. Lorsque la décision a été rendue en Irlande, à Chypre ou au Royaume-Uni, toute voie de recours prévue dans l'État membre d'origine est considérée comme un recours ordinaire pour l'application du paragraphe 1.

Section IV

Dispositions communes

Art. 52 En aucun cas une décision rendue dans un État membre ne peut faire l'objet d'une révision au fond dans l'État membre requis.

Art. 53 À la demande de toute partie intéressée, la juridiction d'origine délivre le certificat qu'elle établit en utilisant le formulaire figurant à l'annexe I.

Art. 54 1. Si une décision comporte une mesure ou une injonction qui est inconnue dans le droit de l'État membre requis, cette mesure ou injonction est adaptée autant que possible à une mesure ou une injonction connue dans le droit dudit État membre ayant des effets équivalents et poursuivant des objectifs et des intérêts similaires.

Cette adaptation ne peut pas entraîner d'effets allant au-delà de ceux prévus dans le droit de l'État membre d'origine.

2. Toute partie peut contester l'adaptation de la mesure ou de l'injonction devant une juridiction.

3. Au besoin, il peut être exigé de la partie invoquant la décision ou demandant son exécution qu'elle fournisse une traduction ou une translittération de la décision.

Art. 55 Les décisions rendues dans un État membre condamnant à une astreinte ne sont exécutoires dans l'État membre requis que si le montant en a été définitivement fixé par la juridiction d'origine.

Art. 56 Aucune caution ni aucun dépôt, sous quelque dénomination que ce soit, ne peuvent être imposés en raison, soit de la qualité d'étranger, soit du défaut de domicile ou de résidence dans l'État membre requis, à la partie qui demande l'exécution dans un État membre d'une décision rendue dans un autre État membre.

Art. 57 1. Lorsqu'une traduction ou une translittération est exigée au titre du présent règlement, celle-ci est effectuée dans la langue officielle de l'État membre concerné ou, si celui-ci compte plusieurs langues officielles, dans la langue officielle ou l'une des langues officielles de la procédure judiciaire du lieu où une décision rendue dans un autre État membre est invoquée ou la demande portée, conformément au droit de cet État membre.

2. Pour ce qui concerne les formulaires visés aux articles 53 et 60, les traductions ou translittérations peuvent également être effectuées dans toute autre langue officielle des institutions de l'Union que l'État membre concerné aura déclaré pouvoir accepter.

3. Toute traduction faite en application du présent règlement l'est par une personne habilitée à effectuer des traductions dans l'un des États membres.

CHAPITRE IV

Actes authentiques et transactions judiciaires

Art. 58 1. Les actes authentiques qui sont exécutoires dans l'État membre d'origine sont exécutoires dans les autres États membres, sans qu'une déclaration constatant la force exécutoire ne soit nécessaire. L'exécution d'un acte authentique ne peut être refusée que si celle-ci est manifestement contraire à l'ordre public de l'État membre requis.

Les dispositions de la section II, de la section III, sous-section 2, et de la section IV du chapitre III s'appliquent, le cas échéant, aux actes authentiques.

2. L'acte authentique produit doit réunir les conditions nécessaires à son authenticité dans l'État membre d'origine.

Art. 59 Les transactions judiciaires exécutoires dans l'État membre d'origine sont exécutées dans les autres États membres aux mêmes conditions que les actes authentiques.

Art. 60 L'autorité compétente ou la juridiction de l'État membre d'origine délivre, à la demande de toute partie intéressée, le certificat qu'elle établit en utilisant le formulaire figurant à l'annexe II. Ce certificat contient un résumé de l'obligation exécutoire consignée dans l'acte authentique ou de l'accord conclu entre les parties consigné dans la transaction judiciaire.

CHAPITRE V

Dispositions générales

Art. 61 Aucune légalisation ni formalité analogue n'est exigée pour les documents délivrés dans un État membre dans le cadre du présent règlement.

Art. 62 1. Pour déterminer si une partie a un domicile sur le territoire de l'État membre dont les juridictions sont saisies, le juge applique sa loi interne.

2. Lorsqu'une partie n'a pas de domicile dans l'État membre dont les juridictions sont saisies, le juge, pour déterminer si elle a un domicile dans un autre État membre, applique la loi de cet État membre.

Art. 63 1. Pour l'application du présent règlement, les sociétés et les personnes morales sont domiciliées là où est situé :

a) leur siège statutaire;

b) leur administration centrale; ou

c) leur principal établissement.

2. Pour l'Irlande, Chypre et le Royaume-Uni, on entend par « siège statutaire » le *registered office* ou, s'il n'existe nulle part de *registered office*, le place of incorporation (le lieu d'acquisition de la personnalité morale) ou, s'il n'existe nulle part de lieu d'acquisition de la personnalité morale, le lieu selon la loi duquel la formation (la constitution) a été effectuée.

3. Pour déterminer si un trust a son domicile sur le territoire d'un État membre dont les juridictions sont saisies, le juge applique les règles de son droit international privé.

Art. 64 Sans préjudice de dispositions nationales plus favorables, les personnes domiciliées sur le territoire d'un État membre et poursuivies pour une infraction involontaire devant les juridictions répressives d'un autre État membre dont elles ne sont pas les ressortissants peuvent se faire défendre par les personnes habilitées à cette fin, même si elles ne comparaissent pas personnellement. Toutefois, la juridiction saisie peut ordonner la comparution personnelle; si celle-ci n'a pas eu lieu, la décision rendue sur l'action civile sans que la personne en cause ait eu la possibilité de se défendre pourra ne pas être reconnue ni exécutée dans les autres États membres.

Art. 65 1. La compétence prévue à l'article 8, point 2), et à l'article 13 pour la demande en garantie ou la demande en intervention ne peut être invoquée dans les États membres figurant sur la liste établie par la Commission en vertu de l'article 76, paragraphe 1, point b), et de l'article 76, paragraphe 2, que dans la mesure où leur droit national le permet. Une personne domiciliée sur le territoire d'un autre État membre peut être invitée à se joindre à la procédure devant les juridictions de ces États membres en application des règles concernant l'appel en cause *(litis denuntiatio)* visées dans ladite liste.

2. Les décisions rendues dans un État membre en vertu de l'article 8, point 2), et de l'article 13 sont reconnues et exécutées conformément au chapitre III dans tout autre État membre. Les effets que les décisions rendues dans les États membres figurant sur la liste visée au paragraphe 1 peuvent produire, conformément au droit de ces États membres, à l'égard des tiers, en application du paragraphe 1, sont reconnus dans tous les États membres.

3. Dans le cadre du réseau judiciaire européen en matière civile et commerciale créé par la décision 2001/470/CE du Conseil (ci-après dénommé « réseau judiciaire européen »), les États membres figurant sur la liste visée au paragraphe 1 fournissent des informations sur les moyens permettant de déterminer, conformément à leur droit national, les effets des décisions visés dans la deuxième phrase du paragraphe 2.

CHAPITRE VI

Dispositions transitoires

Art. 66 1. Le présent règlement n'est applicable qu'aux actions judiciaires intentées, aux actes authentiques dressés ou enregistrés formellement et aux transactions judiciaires approuvées ou conclues à compter du 10 janvier 2015.

2. Nonobstant l'article 80, le règlement (CE) n° 44/2001 continue à s'appliquer aux décisions rendues dans les actions judiciaires intentées, aux actes authentiques dressés ou enregistrés formellement et aux transactions judiciaires approuvées ou conclues avant le 10 janvier 2015 qui entrent dans le champ d'application dudit règlement.

CHAPITRE VII

Relations avec les autres instruments

Art. 67 Le présent règlement ne préjuge pas de l'application des dispositions qui, dans des matières particulières, règlent la compétence judiciaire, la reconnaissance et l'exécution des décisions et qui sont contenues dans les actes de l'Union ou dans les législations nationales harmonisées en exécution de ces actes.

Art. 68 1. Le présent règlement remplace, entre les États membres, la convention de Bruxelles de 1968, sauf en ce qui concerne les territoires des États membres qui entrent dans le champ d'application territorial de cette convention et qui sont exclus du présent règlement en vertu de l'article 355 du traité sur le fonctionnement de l'Union européenne.

2. Dans la mesure où le présent règlement remplace entre les États membres les dispositions de la convention de Bruxelles de 1968, toute référence faite à celle-ci s'entend comme faite au présent règlement.

Art. 69 Sous réserve des dispositions des articles 70 et 71, le présent règlement remplace entre les États membres les conventions qui couvrent les mêmes matières que celles auxquelles il s'applique. En particulier, les conventions figurant sur la liste établie par la Commission en vertu de l'article 76, paragraphe 1, point c), et de l'article 76, paragraphe 2, sont remplacées.

Art. 70 1. Les conventions visées à l'article 69 continuent de produire leurs effets dans les matières auxquelles le présent règlement n'est pas applicable.

2. Elles continuent de produire leurs effets en ce qui concerne les décisions rendues, les actes authentiques dressés ou enregistrés formellement et les transactions judiciaires approuvées ou conclues avant la date d'entrée en vigueur du règlement (CE) n° 44/2001.

Art. 71 1. Le présent règlement n'affecte pas les conventions auxquelles les États membres sont parties et qui, dans des matières particulières, règlent la compétence judiciaire, la reconnaissance ou l'exécution des décisions.

2. En vue d'assurer son interprétation uniforme, le paragraphe 1 est appliqué de la manière suivante :

a) le présent règlement ne fait pas obstacle à ce qu'une juridiction d'un État membre partie à une convention relative à une matière particulière puisse fonder sa compétence sur une telle convention, même si le défendeur est domicilié sur le territoire d'un autre État membre non partie à une telle convention. La juridiction saisie applique, en tout cas, l'article 28 du présent règlement;

b) les décisions rendues dans un État membre par une juridiction ayant fondé sa compétence sur une convention relative à une matière particulière sont reconnues et exécutées dans les autres États membres conformément au présent règlement.

Si une convention relative à une matière particulière et à laquelle sont parties l'État membre d'origine et l'État membre requis détermine les conditions de reconnaissance et d'exécution des décisions, il est fait application de ces conditions. Il peut, en tout cas, être fait application des dispositions du présent règlement relatives à la reconnaissance et à l'exécution des décisions.

Art. 71 *bis* 1. Aux fins du présent règlement, une juridiction commune à plusieurs États membres, comme précisé au paragraphe 2 (ci-après dénommée « juridiction commune »), est réputée être une juridiction d'un État membre lorsque, en vertu de l'instrument l'instituant, cette juridiction commune exerce sa compétence dans des matières relevant du champ d'application du présent règlement.

2. Aux fins du présent règlement, chacune des juridictions suivantes constitue une juridiction commune :

a) la juridiction unifiée du brevet, instituée par l'accord relatif à une juridiction unifiée du brevet signé le 19 février 2013 (ci-après dénommé « accord JUB »); et

b) la Cour de justice Benelux, instituée par le traité du 31 mars 1965 relatif à l'institution et au statut d'une Cour de justice Benelux (ci-après dénommé « traité relatif à la Cour de justice Benelux »).

Art. 71 *ter* La compétence d'une juridiction commune est déterminée comme suit :

1. la juridiction commune est compétente lorsque, en vertu du présent règlement, les juridictions d'un État membre partie à l'instrument instituant la juridiction commune seraient compétentes dans une matière régie par cet instrument;

2. lorsque le défendeur n'est pas domicilié dans un État membre, et que le présent règlement ne confère pas autrement de compétence à son égard, le chapitre II s'applique, le cas échéant, indépendamment du domicile du défendeur.

Des mesures provisoires, y compris conservatoires, peuvent être demandées à une juridiction commune même si les juridictions d'un État tiers sont compétentes pour connaître du fond;

3. lorsqu'une juridiction commune est compétente à l'égard d'un défendeur au titre du point 2) dans un litige relatif à une contrefaçon de brevet européen ayant entraîné des préjudices à l'intérieur de l'Union, cette juridiction peut également exercer sa compétence à l'égard des préjudices entraînés par cette contrefaçon à l'extérieur de l'Union.

Cette compétence ne peut être établie que si les biens appartenant au défendeur sont situés dans un État membre partie à l'instrument instituant la juridiction commune et si le litige a un lien suffisant avec un tel État membre.

Art. 71 *quater* 1. Les articles 29 à 32 s'appliquent lorsque des demandes sont formées devant une juridiction commune et devant une juridiction d'un État membre non partie à l'instrument instituant la juridiction commune.

2. Les articles 29 à 32 s'appliquent lorsque, au cours de la période transitoire visée à l'article 83 de l'accord JUB, des demandes sont formées devant la juridiction unifiée du brevet et devant une juridiction d'un État membre partie à l'accord JUB.

Art. 71 *quinquies* Le présent règlement s'applique à la reconnaissance et à l'exécution :

a) des décisions rendues par une juridiction commune qui doivent être reconnues et exécutées dans un État membre non partie à l'instrument instituant la juridiction commune; et

b) des décisions rendues par les juridictions d'un État membre non partie à l'instrument instituant la juridiction commune, qui doivent être reconnues et exécutées dans un État membre partie audit instrument.

Cependant, en cas de demande de reconnaissance et d'exécution d'une décision rendue par une juridiction commune dans un État membre partie à l'instrument instituant la juridiction commune, toute règle dudit instrument relative à la reconnaissance et à l'exécution s'applique en lieu et place de celles du présent règlement.

Art. 72 Le présent règlement n'affecte pas les accords par lesquels les États membres, avant l'entrée en vigueur du règlement (CE) nº 44/2001, se sont engagés, en vertu de l'article 59 de la convention de Bruxelles de 1968, à ne pas reconnaître une décision rendue, notamment dans un autre État contractant à ladite convention, contre un défendeur qui a son domicile ou sa résidence habituelle dans un État tiers lorsque, dans un cas prévu à l'article 4 de cette convention, la décision n'a pu être fondée que sur une compétence visée à l'article 3, deuxième alinéa, de cette même convention.

Art. 73 1. Le présent règlement n'affecte pas l'application de la convention de Lugan° de 2007.

2. Le présent règlement n'affecte pas l'application de la convention de New York de 1958.

3. Le présent règlement n'affecte pas l'application des conventions et accords bilatéraux conclus entre un État tiers et un État membre avant la date d'entrée en vigueur du règlement (CE) nº 44/2001 qui portent sur des matières régies par le présent règlement.

CHAPITRE VIII

Dispositions finales

Art. 74 Les États membres fournissent, dans le cadre du réseau judiciaire européen et en vue de mettre ces informations à la disposition du public, une description des règles et procédures nationales d'exécution, y compris des informations concernant les autorités compétentes chargées de l'exécution et les limites éventuelles imposées en matière d'exécution, en particulier les règles sur la protection du débiteur et les délais de prescription.

Les États membres tiennent ces informations constamment à jour.

Art. 75 Le 10 janvier 2014 au plus tard, les États membres indiquent à la Commission :

a) les juridictions devant lesquelles la demande de refus d'exécution doit être portée, conformément à l'article 47, paragraphe 1 ;

b) les juridictions devant lesquelles le recours contre la décision relative à une demande de refus d'exécution doit être porté, conformément à l'article 49, paragraphe 2;

c) les juridictions auprès desquelles tout pourvoi doit être formé, conformément à l'article 50; et

d) les langues acceptées pour les traductions des formulaires visés à l'article 57, paragraphe 2.

La Commission met ces informations à la disposition du public par tout moyen approprié, notamment par le biais du réseau judiciaire européen.

Art. 76 1. Les États membres notifient à la Commission :

a) les règles de compétence visées à l'article 5, paragraphe 2, et à l'article 6, paragraphe 2;

b) les règles concernant l'appel en cause visées à l'article 65; et

c) les conventions visées à l'article 69.

2. La Commission établit les listes correspondantes sur la base des notifications effectuées par les États membres visées au paragraphe 1.

3. Les États membres notifient à la Commission toute modification ultérieure à apporter à ces listes. La Commission modifie lesdites listes en conséquence.

4. La Commission publie les listes et toute modification ultérieure apportée à cellesci au Journal officiel de l'Union européenne.

5. La Commission met à la disposition du public toutes les informations notifiées en vertu des paragraphes 1 et 3 par tout autre moyen approprié, notamment par le biais du réseau judiciaire européen.

Art. 77 La Commission est habilitée à adopter des actes délégués en conformité avec l'article 78 en ce qui concerne les modifications à apporter aux annexes I et II.

Art. 78 1. Le pouvoir d'adopter des actes délégués conféré à la Commission est soumis aux conditions fixées au présent article.

2. Le pouvoir d'adopter des actes délégués visé à l'article 77 est conféré à la Commission pour une durée indéterminée à compter du 9 janvier 2013.

3. La délégation de pouvoir visée à l'article 77 peut être révoquée à tout moment par le Parlement européen ou le Conseil. La décision de révocation met fin à la délégation de pouvoir qui y est précisée. La révocation prend effet le jour suivant celui de la publication de ladite décision au Journal officiel de l'Union européenne ou à une date ultérieure qui est précisée dans ladite décision. Elle ne porte pas atteinte à la validité des actes délégués déjà en vigueur.

4. Aussitôt qu'elle adopte un acte délégué, la Commission le notifie au Parlement européen et au Conseil simultanément.

5. Un acte délégué adopté en vertu de l'article 77 n'entre en vigueur que si le Parlement européen ou le Conseil n'a pas exprimé d'objections dans un délai de deux mois à compter de la notification de cet acte au Parlement européen et au Conseil ou si, avant l'expiration de ce délai, le Parlement européen et le Conseil ont tous deux informé la Commission de

leur intention de ne pas exprimer d'objections. Ce délai est prolongé de deux mois à l'initiative du Parlement européen ou du Conseil.

Art. 79 Le 11 janvier 2022 au plus tard, la Commission présente au Parlement européen, au Conseil et au Comité économique et social européen un rapport sur l'application du présent règlement. Elle y évalue notamment s'il est nécessaire d'étendre les règles de compétence aux défendeurs qui ne sont pas domiciliés sur le territoire d'un État membre en tenant compte de la mise en œuvre du présent règlement et des évolutions éventuelles au niveau international. Le rapport est accompagné, le cas échéant, d'une proposition de modification du présent règlement.

Art. 80 Le présent règlement abroge le règlement (CE) n° 44/2001. Les références faites au règlement abrogé s'entendent comme faites au présent règlement et sont à lire selon le tableau de correspondance figurant à l'annexe III.

Art. 81 Le présent règlement entre en vigueur le vingtième jour suivant celui de sa publication au *Journal officiel de l'Union européenne*.

Il est applicable à partir du 10 janvier 2015, à l'exception des articles 75 et 76, qui sont applicables à partir du 10 janvier 2014.

Le présent règlement est obligatoire dans tous ses éléments et directement applicable dans les États membres, conformément aux traités.

ANNEXE I

CERTIFICAT RELATIF À UNE DÉCISION EN MATIÈRE CIVILE ET COMMERCIALE

ANNEXE II

CERTIFICAT RELATIF À UN ACTE AUTHENTIQUE/UNE TRANSACTION JUDICIAIRE (1) EN MATIÈRE CIVILE ET COMMERCIALE

28 Règlement (UE) n° 1257/2012 du Parlement européen et du Conseil du 17 décembre 2012 mettant en œuvre la coopération renforcée dans le domaine de la création d'une protection unitaire conférée par un brevet

Application reportée à l'entrée en vigueur de l'Accord sur la juridiction unifiée du brevet (V. *infra* n° 142)

Le Conseil de l'Union européenne,

Vu le traité sur le fonctionnement de l'Union européenne, et notamment son article 118, second alinéa,

Vu la décision 2011/167/UE du Conseil du 10 mars 2011 autorisant une coopération renforcée dans le domaine de la création d'une protection par brevet unitaire,

Vu la proposition de la Commission européenne,

Après transmission du projet d'acte législatif aux parlements nationaux,

Vu l'avis du Parlement européen,

Statuant conformément à une procédure législative spéciale,

Considérant ce qui suit :

(1) La création des conditions juridiques permettant aux entreprises d'adapter leurs activités de fabrication et de distribution de produits au-delà de leurs frontières nationales et leur offrant un choix et des possibilités plus vastes contribue à la réalisation des objectifs de l'Union énoncés à l'article 3, paragraphe 3, du traité sur l'Union européenne. La protection uniforme conférée par un brevet au sein du marché intérieur, ou du moins dans une grande partie de celui-ci, devrait figurer parmi les instruments juridiques à la disposition des entreprises.

(2) Conformément à l'article 118, premier alinéa, du traité sur le fonctionnement de l'Union européenne, les mesures à prendre dans le cadre de l'établissement et du fonctionnement du marché intérieur comprennent la création d'une protection uniforme conférée par un brevet dans l'ensemble de l'Union et la mise en place de régimes d'autorisation, de coordination et de contrôle centralisés au niveau de l'Union.

(3) Le 10 mars 2011, le Conseil a adopté la décision 2011/167/UE autorisant une coopération renforcée entre la Belgique, la Bulgarie, la République tchèque, le Danemark, l'Allemagne, l'Estonie, l'Irlande, la Grèce, la France, Chypre, la Lettonie, la Lituanie, le Luxembourg, la Hongrie, Malte, les Pays-Bas, l'Autriche, la Pologne, le Portugal, la Roumanie, la Slovénie, la Slovaquie, la Finlande, la Suède et le Royaume-Uni (ci-après dénommés « les États membres participants ») dans le domaine de la création d'une protection unitaire conférée par un brevet.

(4) La protection unitaire conférée par un brevet favorisera le progrès scientifique et technique ainsi que le fonctionnement du marché intérieur en rendant l'accès au système de brevet plus facile, moins coûteux et juridiquement sûr. Elle relèvera également le niveau de protection conféré par un brevet en donnant la possibilité d'obtenir une protection uniforme conférée par un brevet dans les États membres participants et supprimera les frais et la complexité du système pour les entreprises de toute l'Union. Elle devrait être accessible aux titulaires d'un brevet européen issus des États membres participants et d'autres États, indépendamment de leur nationalité, de leur lieu de résidence ou de leur lieu d'établissement.

(5) La convention sur la délivrance de brevets européens du 5 octobre 1973, telle que modifiée le 17 décembre 1991 et le 29 novembre 2000 (ci-après abrégée « CBE »), a créé l'Organisation européenne des brevets et l'a chargée de la délivrance des brevets européens. Cette tâche est réalisée par l'Office européen des brevets (« OEB »). Un brevet européen délivré par l'OEB devrait, à la demande de son titulaire, se voir conférer un effet unitaire dans les États membres participants en vertu du présent règlement. Un tel brevet est dénommé ci-après « brevet européen à effet unitaire ».

(6) Conformément à la neuvième partie de la CBE, un groupe d'États parties à la CBE peut prévoir que les brevets européens délivrés pour ces États auront un caractère unitaire. Le présent règlement constitue un accord particulier au sens de l'article 142 de la CBE, un traité de brevet régional au sens de l'article 45, paragraphe 1, du traité de coopération en matière de brevets du 19 juin 1970 tel que modifié en dernier lieu le 3 février 2001 et un arrangement particulier au sens de l'article 19 de la convention pour la protection de la propriété industrielle, signée à Paris le 20 mars 1883 et modifiée en dernier lieu le 28 septembre 1979.

(7) Il convient de réaliser une protection unitaire par un brevet en attribuant un effet unitaire aux brevets européens après leur délivrance, en vertu du présent règlement et à l'égard de tous les États membres participants. La principale caractéristique d'un brevet européen à effet unitaire devrait être son caractère unitaire, c'est-à-dire la faculté de fournir une protection uniforme et de produire les mêmes effets dans tous les États membres participants. En conséquence, un brevet européen à effet unitaire ne devrait être limité, transféré ou révoqué ou ne devrait s'éteindre qu'à l'égard de tous les États membres participants. Un brevet européen à effet unitaire devrait pouvoir faire l'objet de licences pour tout ou partie des territoires des États membres participants. Pour garantir l'uniformité du champ d'application matériel de la protection unitaire conférée par un brevet, seuls les brevets européens délivrés pour tous les États membres participants avec le même jeu de revendications devraient se voir conférer un effet unitaire. Enfin, l'effet unitaire conféré à un brevet européen devrait avoir un caractère accessoire et être réputé ne pas avoir existé dans la mesure où le brevet européen d'origine a été révoqué ou limité.

(8) Conformément aux principes généraux du droit des brevets et à l'article 64, paragraphe 1, de la CBE, la protection unitaire conférée par un brevet devrait prendre effet rétroactivement dans les États membres participants, à compter de la date de publication de la mention de la délivrance du brevet européen dans le bulletin européen des brevets. Lorsque la protection unitaire conférée par le brevet prend effet, les États membres participants devraient veiller à ce que le brevet européen concerné soit réputé ne pas avoir pris effet sur leur territoire en tant que brevet national, afin d'éviter que le brevet ne confère une double protection.

(9) Le brevet européen à effet unitaire devrait conférer à son titulaire le droit d'empêcher tout tiers de commettre des actes contre lesquels le brevet assure une protection. Ceci devrait être garanti par la mise en place d'une juridiction unifiée du brevet. Les dispositions de la CBE, l'accord relatif à une juridiction unifiée du brevet, y compris ses dispositions définissant la portée de ce droit et ses limitations, et le droit national, notamment les règles de droit international privé, devraient s'appliquer aux matières non couvertes par le présent règlement ou par le règlement (UE) n° 1260/2012 du Conseil du 17 décembre 2012 mettant en œuvre la coopération renforcée dans le domaine de la création d'une protection unitaire conférée par un brevet, en ce qui concerne les modalités applicables en matière de traduction.

(10) Les licences obligatoires pour les brevets européens à effet unitaire devraient être régies par le droit des États membres participants en ce qui concerne leurs territoires respectifs.

(11) Dans son rapport sur le fonctionnement du présent règlement, la Commission devrait évaluer le fonctionnement des limitations applicables et, le cas échéant, soumettre des propositions appropriées, en tenant compte de la contribution du système des brevets à l'innovation et au progrès technique, des intérêts légitimes de tiers et des intérêts supérieurs de la société. L'accord relatif à une juridiction unifiée du brevet n'exclut pas que l'Union européenne exerce ses compétences dans ce domaine.

(12) Conformément à la jurisprudence de la Cour de justice de l'Union européenne, il y a lieu d'appliquer le principe de l'épuisement des droits aussi aux brevets européens à effet unitaire. Par conséquent, les droits conférés par un brevet européen à effet

unitaire ne devraient pas s'étendre aux actes qui concernent le produit breveté et qui sont réalisés dans les États membres participants après que le titulaire du brevet a mis sur le marché ce produit dans l'Union.

(13) Le régime applicable aux dommages-intérêts devrait être régi par le droit des États membres participants, en particulier les dispositions mettant en œuvre l'article 13 de la directive 2004/48/CE du Parlement européen et du Conseil du 29 avril 2004 relative au respect des droits de propriété intellectuelle.

(14) En tant qu'objet de propriété, un brevet européen à effet unitaire devrait être assimilé dans son intégralité, et dans tous les États membres participants, à un brevet national de l'État membre participant déterminé conformément à des critères spécifiques tels que le domicile, le principal établissement ou l'établissement du demandeur.

(15) Afin d'encourager et de faciliter l'exploitation économique d'une invention protégée par un brevet européen à effet unitaire, le titulaire de ce brevet devrait pouvoir autoriser son exploitation sous licence, contre paiement d'une compensation adéquate. A cette fin, le titulaire du brevet devrait pouvoir déposer une déclaration devant l'OEB selon laquelle il est prêt à octroyer une licence contre paiement d'une compensation adéquate. Dans ce cas, une réduction des taxes annuelles devrait être accordée au titulaire du brevet à partir de la réception par l'OEB de sa déclaration.

(16) Le groupe d'États contractants[,] faisant usage des dispositions de la neuvième partie de la CBE, peut confier des tâches à l'OEB et instituer un comité restreint du conseil d'administration de l'Organisation européenne des brevets (ci-après dénommé « comité restreint »).

(17) Les États membres participants devraient confier à l'OEB certaines tâches administratives dans le domaine des brevets européens à effet unitaire, notamment la gestion des demandes d'effet unitaire, l'enregistrement de l'effet unitaire et toute limitation, toute licence, tout transfert, toute révocation ou extinction des brevets européens à effet unitaire, la collecte et la distribution des taxes annuelles, la publication de traductions à des fins purement informatives durant une période de transition et la gestion d'un système de compensation pour le remboursement des coûts de traduction supportés par les demandeurs qui déposent leur demande de brevet européen dans une langue autre que l'une des langues officielles de l'OEB.

(18) Dans le cadre du comité restreint, les États membres participants devraient assurer la gouvernance et la surveillance des activités liées aux tâches confiées par les États membres participants à l'OEB, veiller à ce que les demandes d'effet unitaire soient déposées auprès de l'OEB dans le mois à compter de la date de publication de la mention de la délivrance du brevet dans le bulletin européen des brevets et s'assurer que ces demandes sont présentées dans la langue de la procédure devant l'OEB accompagnées, durant une période de transition, de la traduction prescrite par le règlement (UE) n° 1260/2012. Les États membres participants devraient également veiller à fixer, selon les règles de vote fixées à l'article 35, paragraphe 2, de la CBE, le niveau des taxes annuelles et leur clé de répartition conformément aux critères établis dans le présent règlement.

(19) Les titulaires de brevets devraient payer une taxe annuelle unique pour un brevet européen à effet unitaire. Il convient que ces taxes soient progressives tout au long de la durée de la protection conférée par le brevet et couvrent, ajoutées aux taxes à payer

à l'Organisation européenne des brevets avant la délivrance, tous les coûts liés à la délivrance du brevet européen et à la gestion de la protection unitaire conférée par le brevet. Le niveau des taxes annuelles devrait être fixé de manière à faciliter l'innovation et à promouvoir la compétitivité des entreprises européennes en tenant compte de la situation d'entités spécifiques telles que les petites et moyennes entreprises, par exemple sous la forme de taxes réduites. Il devrait également refléter la taille du marché couvert par le brevet et être comparable au niveau des taxes annuelles nationales appliquées à un brevet européen moyen prenant effet dans les États membres participants au moment où le niveau des taxes annuelles est fixé pour la première fois.

(20) Le niveau et la répartition adéquats des taxes annuelles devraient être déterminés de manière à garantir qu'en ce qui concerne la protection unitaire conférée par le brevet, tous les coûts des tâches confiées à l'OEB sont intégralement couverts par les ressources provenant des brevets européens à effet unitaire et que les recettes tirées des taxes annuelles, ensemble avec les taxes à payer à l'Organisation européenne des brevets avant la délivrance, garantissent l'équilibre budgétaire de l'Organisation européenne des brevets.

(21) Les taxes annuelles devraient être payées à l'Organisation européenne des brevets. L'OEB devrait prélever un montant destiné à couvrir les frais qu'il a engagés pour exécuter les tâches qui lui ont été confiées dans le domaine de la protection unitaire conférée par le brevet conformément à l'article 146 de la CBE. Le montant restant devrait être réparti entre les États membres participants et devrait être utilisé à des fins liées aux brevets. La clé de répartition devrait être basée sur des critères justes, équitables et pertinents, à savoir le niveau d'activité ayant trait aux brevets et la taille du marché, et devrait garantir la distribution d'un montant minimum à chaque État membre participant en vue de préserver un fonctionnement équilibré et durable du système. La distribution devrait prévoir une compensation pour le fait d'avoir une langue officielle autre que l'une des langues officielles de l'OEB, une activité en matière de brevets, déterminée sur la base du tableau de bord européen de l'innovation, en comparaison particulièrement faible et/ou le fait d'avoir adhéré relativement récemment à l'Organisation européenne des brevets.

(22) Un partenariat renforcé entre l'OEB et les services centraux de la propriété industrielle des États membres devrait permettre à l'OEB d'utiliser régulièrement, le cas échéant, les résultats de toute recherche réalisée par lesdits services sur une demande de brevet national dont la priorité est revendiquée lors du dépôt ultérieur d'une demande de brevet européen. Tous les services centraux de la propriété industrielle, y compris ceux qui ne procèdent pas à des recherches au cours de la procédure de délivrance d'un brevet national, peuvent jouer un rôle essentiel dans le cadre de ce partenariat renforcé, notamment en conseillant et en assistant les demandeurs potentiels de brevets, en particulier les petites et moyennes entreprises, en recevant les demandes, en les transmettant à l'OEB et en diffusant des informations sur les brevets.

(23) Le présent règlement est complété par le règlement (UE) n° 1260/2012, adopté par le Conseil conformément à l'article 118, second alinéa, du traité sur le fonctionnement de l'Union européenne.

(24) La juridiction compétente à l'égard des brevets européens à effet unitaire devrait être mise en place et régie par un instrument instituant un système unifié de règlement des litiges pour les brevets européens et les brevets européens à effet unitaire.

(25) Il est essentiel de mettre en place une juridiction unifiée du brevet compétente pour connaître des affaires relatives au brevet européen à effet unitaire, afin de garantir le bon fonctionnement de ce brevet, la cohérence de la jurisprudence et, partant, la sécurité juridique, ainsi qu'un bon rapport coût-efficacité pour les titulaires de brevets. Il est donc extrêmement important que les États membres participants ratifient l'accord sur une juridiction unifiée du brevet conformément à leurs procédures constitutionnelles et parlementaires nationales et prennent les mesures nécessaires pour que cette juridiction devienne opérationnelle au plus vite.

(26) Le présent règlement ne devrait pas porter atteinte au droit des États membres participants de délivrer des brevets nationaux et ne devrait pas se substituer à leur droit des brevets. Il convient de laisser aux demandeurs de brevets la possibilité d'obtenir, au choix, un brevet national, un brevet européen à effet unitaire, un brevet européen produisant ses effets dans un ou plusieurs États parties à la CBE ou un brevet européen à effet unitaire validé également dans un ou plusieurs États parties à la CBE qui ne figurent pas parmi les États membres participants.

(27) Étant donné que l'objectif du présent règlement, à savoir la création d'une protection unitaire conférée par un brevet, ne peut être atteint de manière suffisante par les États membres et peut donc, en raison des dimensions et des effets du présent règlement, être mieux atteint au niveau de l'Union, celle-ci peut prendre des mesures, le cas échéant, dans le cadre d'une coopération renforcée, conformément au principe de subsidiarité consacré par l'article 5 du traité sur l'Union européenne. Conformément au principe de proportionnalité tel qu'énoncé audit article, le présent règlement n'excède pas ce qui est nécessaire pour atteindre cet objectif,

CHAPITRE PREMIER
Dispositions générales

Art. premier *Objet.* 1. Le présent règlement met en œuvre la coopération renforcée dans le domaine de la création d'une protection unitaire conférée par un brevet autorisée par la décision 2011/167/UE.

2. Le présent règlement constitue un accord particulier au sens de l'article 142 de la convention sur la délivrance de brevets européens du 5 octobre 1973, telle que modifiée le 17 décembre 1991 et le 29 novembre 2000 (ci-après abrégée « CBE »).

Art. 2 *Définitions.* Aux fins du présent règlement, on entend par :

a) « État membre participant », un État membre qui, au moment de la présentation de la demande d'effet unitaire visée à l'article 9, participe à une coopération renforcée dans le domaine de la création d'une protection unitaire conférée par un brevet en vertu de la décision 2011/167/UE, ou d'une décision adoptée conformément à l'article 331, paragraphe 1, deuxième ou troisième alinéa, du traité sur le fonctionnement de l'Union européenne;

b) « brevet européen », un brevet délivré par l'Office européen des brevets (« OEB ») conformément aux règles et procédures prévues dans la CBE;

c) « brevet européen à effet unitaire », un brevet européen auquel est conféré un effet unitaire dans les États membres participants en vertu du présent règlement;

d) « registre européen des brevets », le registre tenu par l'OEB en application de l'article 127 de la CBE;

e) « registre de la protection unitaire conférée par un brevet », le registre faisant partie du registre européen des brevets dans lequel sont enregistrés l'effet unitaire ainsi que toute limitation, toute licence, tout transfert, toute révocation ou extinction des brevets européens à effet unitaire ;

f) « bulletin européen des brevets », la publication périodique prévue à l'article 129 de la CBE.

Art. 3 *Brevet européen à effet unitaire.* 1. Un brevet européen délivré avec le même jeu de revendications pour tous les États membres participants se voit conférer un effet unitaire dans les États membres participants, à la condition que son effet unitaire ait été enregistré dans le registre de la protection unitaire conférée par un brevet.

Aucun effet unitaire n'est conféré à un brevet européen qui a été délivré avec des jeux de revendications différentes pour différents États membres participants.

2. Un brevet européen à effet unitaire a un caractère unitaire. Il assure une protection uniforme et produit des effets identiques dans tous les États membres participants.

Il ne peut être limité, transféré, ou révoqué ou s'éteindre qu'à l'égard de tous les États membres participants.

Il peut faire l'objet d'un contrat de licence pour tout ou partie des territoires des États membres participants.

3. L'effet unitaire d'un brevet européen est réputé ne pas avoir existé dans la mesure où le brevet européen a été révoqué ou limité.

Art. 4 *Date de prise d'effet.* 1. Un brevet européen à effet unitaire prend effet dans les États membres participants le jour de la publication par l'OEB de la mention de la délivrance du brevet européen dans le bulletin européen des brevets.

2. Les États membres participants prennent les mesures nécessaires pour garantir que, lorsque l'effet unitaire d'un brevet européen a été enregistré et s'étend à leur territoire, ce brevet européen est réputé n'avoir pas pris effet en tant que brevet national sur leur territoire à la date de publication de la mention de sa délivrance dans le bulletin européen des brevets.

CHAPITRE II

Effets d'un brevet européen à effet unitaire

Art. 5 *Protection uniforme.* 1. Le brevet européen à effet unitaire confère à son titulaire le droit d'empêcher tout tiers de commettre des actes contre lesquels ce brevet assure une protection sur l'ensemble du territoire des États membres participants dans lesquels il a un effet unitaire, sous réserve des limitations applicables.

2. La portée de ce droit et ses limitations sont uniformes dans tous les États membres participants dans lesquels le brevet a un effet unitaire.

3. Les actes contre lesquels le brevet assure une protection visés au paragraphe 1 et les limitations applicables sont ceux définis dans la loi applicable aux brevets européens à effet unitaire dans l'État membre participant dont le droit national s'applique au brevet européen à effet unitaire en tant qu'objet de propriété conformément à l'article 7.

4. Dans son rapport visé à l'article 16, paragraphe 1, la Commission évalue le fonctionnement des limitations applicables et soumet, le cas échéant, des propositions appropriées.

Art. 6 *Épuisement des droits conférés par un brevet européen à effet unitaire.* Les droits conférés par un brevet européen à effet unitaire ne s'étendent pas aux actes qui concernent un produit couvert par ce brevet et qui sont accomplis dans les États membres participants dans lesquels ce brevet a un effet unitaire après que ce produit a été mis sur le marché dans l'Union par le titulaire du brevet ou avec son consentement, à moins qu'il n'existe des motifs légitimes justifiant que le titulaire du brevet s'oppose à la poursuite de la commercialisation du produit.

CHAPITRE III

Le brevet européen à effet unitaire en tant qu'objet de propriété

Art. 7 *Assimilation d'un brevet européen à effet unitaire à un brevet national.* 1. En tant qu'objet de propriété, le brevet européen à effet unitaire est assimilé dans son intégralité et dans tous les États membres participants à un brevet national de l'État membre participant dans lequel ce brevet a un effet unitaire et où, conformément au registre européen des brevets :

a) le demandeur avait son domicile ou son principal établissement à la date du dépôt de la demande de brevet européen ; ou

b) lorsque le point a) ne s'applique pas, le demandeur avait un établissement à la date du dépôt de la demande de brevet européen.

2. Si plusieurs personnes sont inscrites au registre européen des brevets en tant que codemandeurs, le paragraphe 1, point a), s'applique au premier codemandeur inscrit. A défaut, le paragraphe 1, point a), s'applique au codemandeur suivant, dans l'ordre d'inscription. Lorsque le paragraphe 1, point a), ne s'applique à aucun des codemandeurs, le paragraphe 1, point b), s'applique en conséquence.

3. Si aucun demandeur n'est domicilié, n'a son principal établissement, ou n'a d'établissement dans un État membre participant dans lequel le brevet a un effet unitaire aux fins du paragraphe 1 ou 2, le brevet européen à effet unitaire comme objet de propriété est assimilé, dans son intégralité et dans tous les États membres participants, à un brevet national de l'État dans lequel l'Organisation européenne des brevets a son siège, conformément à l'article 6, paragraphe 1, de la CBE.

4. L'acquisition d'un droit ne peut pas dépendre d'une inscription à un registre national des brevets.

Art. 8 *Licences de droit.* 1. Le titulaire d'un brevet européen à effet unitaire peut déposer une déclaration devant l'OEB selon laquelle il est prêt à autoriser quiconque à utiliser l'invention, en tant que licencié, contre paiement d'une compensation adéquate.

2. Une licence délivrée en vertu du présent règlement est assimilée à une licence contractuelle.

CHAPITRE IV

Dispositions institutionnelles

Art. 9 *Tâches administratives dans le cadre de l'Organisation européenne des brevets.* 1. Les États membres participants confient, au sens de l'article 143 de la CBE, les tâches suivantes à l'OEB, qui les exécute en conformité avec son règlement intérieur :

a) gérer les demandes d'effet unitaire déposées par les titulaires de brevets européens ;

b) insérer le registre de la protection unitaire conférée par un brevet dans le registre européen des brevets et gérer le registre de la protection unitaire conférée par un brevet ;

c) recevoir et enregistrer les déclarations relatives aux licences visées à l'article 8, le retrait des licences et les engagements en matière d'octroi de licences souscrits devant les organismes internationaux de normalisation par le titulaire du brevet européen à effet unitaire;

d) publier les traductions visées à l'article 6 du règlement (UE) n° 1260/2012 durant la période de transition visée à ce même article;

e) collecter et gérer les taxes annuelles afférentes aux brevets européens à effet unitaire, pour les années qui suivent l'année de publication de la mention de la délivrance dans le bulletin européen des brevets; collecter et gérer les surtaxes en cas de paiement tardif des taxes annuelles lorsque ce paiement tardif est effectué dans les six mois qui suivent la date d'exigibilité, et distribuer une partie des taxes annuelles collectées aux États membres participants;

f) gérer le système de compensation pour le remboursement des coûts de traduction visé à l'article 5 du règlement (UE) n° 1260/2012;

g) veiller à ce que les titulaires des brevets européens présentent leurs demandes d'effet unitaire dans la langue de la procédure, telle que définie à l'article 14, paragraphe 3, de la CBE, au plus tard un mois après la publication de la mention de la délivrance au bulletin européen des brevets; et

h) veiller à ce que l'effet unitaire soit mentionné dans le registre de la protection unitaire conférée par un brevet, lorsqu'une demande d'effet unitaire a été déposée et, durant la période de transition prévue à l'article 6 du règlement (UE) n° 1260/2012, a été présentée avec les traductions visées audit article, et à ce que l'OEB soit informé de toutes les limitations, licences, transferts ou révocations de brevets européens à effet unitaire.

2. Les États membres participants veillent au respect du présent règlement lors de l'accomplissement de leurs obligations internationales au titre de la CBE et coopèrent dans ce but. En qualité d'États parties à la CBE, les États membres participants assurent la gouvernance et le suivi des activités liées aux tâches visées au paragraphe 1 du présent article et veillent à fixer le niveau des taxes annuelles conformément à l'article 12 du présent règlement et la clé de répartition des taxes annuelles conformément à l'article 13 du présent règlement.

A cette fin, ils instituent un comité restreint du conseil d'administration de l'Organisation européenne des brevets (ci-après dénommé « comité restreint »), au sens de l'article 145 de la CBE.

Le comité restreint est composé de représentants des États membres participants et d'un représentant de la Commission à titre d'observateur, ainsi que de suppléants qui les représenteront en leur absence. Les membres du comité restreint peuvent se faire assister par des conseillers ou des experts.

Le comité restreint arrête ses décisions en tenant dûment compte de la position de la Commission et en conformité avec les règles fixées à l'article 35, paragraphe 2, de la CBE.

3. Les États membres participants garantissent une protection juridictionnelle effective, devant une juridiction compétente d'un ou plusieurs États membres participants, à l'égard des décisions prises par l'OEB dans l'exercice des tâches visées au paragraphe 1.

CHAPITRE V

Dispositions financières

Art. 10 *Principe relatif aux frais.* Les frais engagés par l'OEB pour exécuter les tâches supplémentaires, au sens de l'article 143 de la CBE, qui lui sont confiées par les États membres participants, sont couverts par les taxes provenant des brevets européens à effet unitaire.

Art. 11 *Taxes annuelles.* 1. Les taxes annuelles pour les brevets européens à effet unitaire et les surtaxes en cas de paiement tardif sont payées à l'Organisation européenne des brevets par le titulaire du brevet. Ces taxes sont dues pour les années qui suivent l'année de publication de la mention de la délivrance du brevet européen auquel est conféré un effet unitaire dans le bulletin européen des brevets.

2. Un brevet européen à effet unitaire s'éteint si une taxe annuelle et, le cas échéant, une surtaxe n'ont pas été payées dans le délai prescrit.

3. Les taxes annuelles exigibles après la réception de la déclaration visée à l'article 8, paragraphe 1, sont réduites.

Art. 12 *Niveau des taxes annuelles.* 1. Les taxes annuelles afférentes aux brevets européens à effet unitaire sont :

a) progressives tout au long de la durée de la protection unitaire conférée par un brevet;

b) suffisantes pour couvrir tous les coûts liés à la délivrance du brevet européen et à la gestion de la protection unitaire conférée par un brevet; et

c) suffisantes, en y ajoutant les taxes à payer à l'Organisation européenne des brevets avant la délivrance, pour garantir l'équilibre budgétaire de l'Organisation européenne des brevets.

2. Le niveau des taxes annuelles est fixé en tenant compte, entre autres, de la situation d'entités spécifiques telles que les petites et moyennes entreprises, de manière à :

a) faciliter l'innovation et à promouvoir la compétitivité des entreprises européennes;

b) refléter la taille du marché couvert par le brevet; et

c) être comparable au niveau des taxes annuelles nationales afférentes à un brevet européen moyen prenant effet dans les États membres participants au moment où le niveau des taxes annuelles est fixé pour la première fois.

3. Afin d'atteindre les objectifs du présent chapitre, les taxes annuelles sont fixées à un niveau qui :

a) équivaut à celui de la taxe annuelle à payer correspondant à la portée géographique moyenne des brevets européens actuels;

b) reflète le taux de renouvellement des brevets européens actuels; et

c) reflète le nombre de demandes d'effet unitaire.

Art. 13 *Distribution.* 1. L'OEB prélève 50% du montant des taxes annuelles visées à l'article 11 et payées pour les brevets européens à effet unitaire. Le montant restant est réparti entre les États membres participants, conformément à la clé de répartition des taxes annuelles fixée en vertu de l'article 9, paragraphe 2.

2. Afin d'atteindre les objectifs du présent chapitre, la clé de répartition des taxes annuelles entre les États membres participants repose sur les critères justes, équitables et pertinents suivants :

a) le nombre de demandes de brevets;

b) la taille du marché, tout en veillant à ce qu'un montant minimum soit distribué à chaque État membre participant;

c) l'octroi d'une compensation aux États membres participants qui ont :

i) une langue officielle autre que l'une des langues officielles de l'OEB;

ii) en comparaison un niveau particulièrement faible d'activité en matière de brevets; et/ou

iii) adhéré relativement récemment à l'Organisation européenne des brevets.

CHAPITRE VI

Dispositions finales

Art. 14 *Coopération entre la Commission et l'OEB.* La Commission coopère étroitement, dans le cadre d'un accord de travail, avec l'OEB dans les domaines couverts par le présent règlement. Cette coopération comprend des échanges de vues réguliers sur le fonctionnement de l'accord de travail et, plus particulièrement, sur la question des taxes annuelles et de leur impact sur le budget de l'Organisation européenne des brevets.

Art. 15 *Application du droit de la concurrence et du droit relatif à la concurrence déloyale.* Le présent règlement s'entend sans préjudice de l'application du droit de la concurrence et du droit relatif à la concurrence déloyale.

Art. 16 *Rapport sur le fonctionnement du présent règlement.* 1. Au plus tard trois ans après le jour de la prise d'effet du premier brevet européen à effet unitaire, et tous les cinq ans par la suite, la Commission présente au Parlement européen et au Conseil un rapport sur le fonctionnement du présent règlement et, le cas échéant, soumet des propositions appropriées en vue de le modifier.

2. La Commission présente périodiquement au Parlement européen et au Conseil des rapports sur le fonctionnement des taxes annuelles visées à l'article 11, en accordant une attention toute particulière au respect de l'article 12.

Art. 17 *Notification par les États membres participants.* 1. Les États membres participants informent la Commission des mesures qu'ils ont prises conformément à l'article 9 au plus tard à la date d'application du présent règlement.

2. Chaque État membre participant notifie à la Commission les mesures prises conformément à l'article 4, paragraphe 2, à la date d'application du présent règlement ou, dans le cas d'un État membre participant dans lequel la juridiction unifiée du brevet n'a pas de compétence exclusive en ce qui concerne les brevets européens à effet unitaire à la date d'application du présent règlement, à la date à partir de laquelle la juridiction unifiée du brevet acquiert une telle compétence exclusive dans cet État membre participant.

Art. 18 *Entrée en vigueur et application.* 1. Le présent règlement entre en vigueur le vingtième jour suivant celui de sa publication au *Journal officiel de l'Union européenne*.

2. Il est applicable à partir du 1er janvier 2014 ou à la date d'entrée en vigueur de l'accord sur une juridiction unifiée du brevet (ci-après dénommé « accord »), la date retenue étant la plus tardive.

Par dérogation à l'article 3, paragraphes 1 et 2, et à l'article 4, paragraphe 1, un brevet européen pour lequel l'effet unitaire est enregistré au registre de la protection unitaire conférée par un brevet, n'a un effet unitaire que dans les États membres participants dans lesquels la juridiction unifiée du brevet a une compétence exclusive en ce qui concerne les brevets européens à effet unitaire à la date de l'enregistrement.

3. Chaque État membre participant notifie à la Commission sa ratification de l'accord au moment où il dépose son instrument de ratification. La Commission publie au *Journal officiel de l'Union européenne* la date d'entrée en vigueur de l'accord ainsi qu'une liste des États membres qui l'ont ratifié à la date de son entrée en vigueur. La Commission met par la suite régulièrement à jour la liste des États membres participants qui ont ratifié l'accord et publie cette liste mise à jour au *Journal officiel de l'Union européenne*.

4. Les États membres participants veillent à ce que les mesures visées à l'article 9 soient en place au plus tard à la date d'application du présent règlement.

5. Chaque État membre participant veille à ce que les mesures visées à l'article 4, paragraphe 2, soient en place au plus tard à la date d'application du présent règlement ou, dans le cas d'un État membre participant dans lequel la juridiction unifiée du brevet n'a pas de compétence exclusive en ce qui concerne les brevets européens à effet unitaire à la date d'application du présent règlement, au plus tard à la date à partir de laquelle la juridiction unifiée du brevet acquiert une telle compétence exclusive dans cet État membre participant.

6. La protection unitaire conférée par un brevet peut être demandée pour tout brevet européen délivré à partir de la date d'application du présent règlement.

Le présent règlement est obligatoire dans tous ses éléments et directement applicable dans les États membres participants conformément aux traités.

29 Règlement (UE) n° 1260/2012 du Conseil du 17 décembre 2012 mettant en œuvre la coopération renforcée dans le domaine de la création d'une protection unitaire conférée par un brevet, en ce qui concerne les modalités applicables en matière de traduction

Applicable depuis le 1er janvier 2014

Non reproduit. Consultable sur :
http://europa.eu/eu-law/legislation/index_fr.htm

30 Règlement (UE) n° 524/2013 du Parlement européen et du Conseil du 21 mai 2013 relatif au règlement en ligne des litiges de consommation (« RLLC »)

Applicable depuis le 9 janvier 2016

Le Parlement européen et le Conseil de l'Union européenne,

Vu le traité sur le fonctionnement de l'Union européenne, et notamment son article 114,

Vu la proposition de la Commission européenne,

Après transmission du projet d'acte législatif aux parlements nationaux,

Vu l'avis du Comité économique et social européen,

Statuant conformément à la procédure législative ordinaire,

Considérant ce qui suit :

(1) L'article 169, paragraphe 1 et paragraphe 2, point a), du traité sur le fonctionnement de l'Union européenne dispose que l'Union contribue à assurer un niveau élevé de protection des consommateurs par les mesures qu'elle adopte en application de l'article 114 du traité sur le fonctionnement de l'Union européenne. L'article 38 de la Charte des droits fondamentaux de l'Union européenne dispose qu'un niveau élevé de protection des consommateurs est assuré dans les politiques de l'Union.

(2) Conformément à l'article 26, paragraphe 2, du traité sur le fonctionnement de l'Union européenne, le marché intérieur doit comporter un espace sans frontières intérieures dans lequel la libre circulation des biens et des services est assurée. Pour avoir confiance dans la dimension numérique du marché intérieur et pouvoir en bénéficier, il est nécessaire que les consommateurs aient accès à des moyens simples, efficaces, rapides et peu onéreux de règlement des litiges nés de la vente de biens ou de la prestation de services en ligne. Cet aspect revêt une importance particulière lorsque les consommateurs effectuent des achats transfrontaliers.

(3) Dans sa communication du 13 avril 2011 intitulée « L'Acte pour le marché unique – Douze leviers pour stimuler la croissance et renforcer la confiance – « Ensemble pour une nouvelle croissance », la Commission considère la législation sur le règlement extrajudiciaire des litiges (REL), qui comprend un volet sur le commerce électronique, comme l'un des douze leviers pour stimuler la croissance et renforcer la confiance dans le marché unique.

(4) Le cloisonnement du marché intérieur freine les efforts visant à stimuler la compétitivité et la croissance. En outre, les disparités au sein de l'Union en ce qui concerne l'existence, la qualité et la connaissance de moyens simples, efficaces, rapides et peu onéreux de résoudre les litiges résultant de la vente de biens ou de la prestation de services constituent un obstacle au sein du marché intérieur, qui sape la confiance des consommateurs et des professionnels en matière d'achat et de vente au-delà des frontières.

(5) Dans ses conclusions des 24 et 25 mars et celles du 23 octobre 2011, le Conseil européen a invité le Parlement européen et le Conseil à adopter, d'ici la fin de 2012, un premier train de mesures prioritaires afin d'imprimer un nouvel élan au marché unique.

(6) Le marché intérieur est une réalité dans la vie quotidienne des consommateurs lorsqu'ils voyagent, font des achats et effectuent des paiements. Les consommateurs sont des acteurs essentiels du marché intérieur dont ils devraient, par conséquent, constituer l'élément central. La dimension numérique du marché intérieur devient essentielle tant pour les consommateurs que pour les professionnels. De plus en plus de consommateurs effectuent des achats en ligne et les professionnels sont toujours plus nombreux à vendre sur l'internet. Les consommateurs et les professionnels devraient pouvoir réaliser des transactions en ligne en toute confiance, c'est pourquoi il est essentiel de supprimer les obstacles existants et de stimuler la confiance des consommateurs. Un système fiable et efficace de règlement en ligne des litiges (RLL) pourrait apporter une contribution notable à la réalisation de cet objectif.

(7) La possibilité de parvenir à régler un litige de façon simple et peu onéreuse peut stimuler la confiance des consommateurs et des professionnels dans le marché unique numérique. Toutefois, les consommateurs et les professionnels ont encore des difficultés à trouver des solutions extrajudiciaires, en particulier à leurs litiges nés de transactions transfrontalières en ligne. Actuellement, de tels litiges restent donc souvent sans solution.

(8) Le RLL apporte une solution extrajudiciaire simple, efficace, rapide et peu onéreuse aux litiges nés de transactions en ligne. Pour l'heure, aucun mécanisme ne permet cependant aux consommateurs et aux professionnels de résoudre de tels litiges par des moyens électroniques ; cela nuit aux consommateurs, fait obstacle, en particulier, aux

transactions transfrontalières en ligne, crée des conditions de concurrence inéquitables pour les professionnels et entrave par conséquent le développement du commerce en ligne d'une manière générale.

(9) Le présent règlement devrait s'appliquer au règlement extrajudiciaire des litiges qui sont introduits par des consommateurs résidant dans l'Union à l'encontre de professionnels établis dans l'Union et qui relèvent de la directive 2013/11/UE du Parlement européen et du Conseil du 21 mai 2013 relative au règlement extrajudiciaire des litiges de consommation (directive relative au RELC).

(10) Pour garantir que la plateforme de RLL puisse aussi être utilisée pour les procédures de REL qui permettent aux professionnels de déposer des plaintes à l'encontre de consommateurs, le présent règlement devrait également s'appliquer au règlement extrajudiciaire des litiges introduits par des professionnels contre des consommateurs, pour lesquels les procédures de REL applicables sont proposées par les entités de REL dont la liste est établie conformément à l'article 20, paragraphe 2, de la directive 2013/11/UE. L'application du présent règlement à de tels litiges ne devrait imposer aux États membres aucune obligation d'assurer que les entités de REL proposent de telles procédures.

(11) Si ce sont avant tout les consommateurs et les professionnels effectuant des transactions transfrontalières en ligne qui tireraient profit de la plateforme de RLL, le présent règlement devrait également s'appliquer aux transactions nationales en ligne afin d'assurer l'égalité des conditions dans le domaine du commerce en ligne.

(12) Le présent règlement devrait être sans préjudice de la directive 2008/52/CE du Parlement européen et du Conseil du 21 mai 2008 sur certains aspects de la médiation en matière civile et commerciale.

(13) La définition de « consommateur » devrait englober les personnes physiques qui agissent à des fins qui n'entrent pas dans le cadre de leur activité commerciale, industrielle, artisanale ou libérale. Cependant, si le contrat est conclu à des fins qui n'entrent qu'en partie dans le cadre de l'activité professionnelle de l'intéressé (contrats à double finalité) et si la finalité professionnelle est limitée à tel point qu'elle n'est pas prédominante dans le contexte global de la fourniture, cette personne devrait également être considérée comme un consommateur.

(14) Par « contrat de vente ou de service en ligne », il convient d'entendre un contrat de vente ou de service par lequel le professionnel, ou son intermédiaire, propose, sur un site internet ou par d'autres moyens électroniques, des biens ou des services que le consommateur commande sur le même site internet ou par d'autres moyens électroniques. Il y a lieu également d'inclure dans cette définition les cas où le consommateur a accès au site internet ou à un autre service de la société de l'information à l'aide d'un appareil électronique mobile tel qu'un téléphone portable.

(15) Le présent règlement ne devrait pas s'appliquer aux litiges entre consommateurs et professionnels résultant de contrats de vente ou de service conclus hors ligne, ni aux litiges entre professionnels.

(16) Il convient de considérer le présent règlement en liaison avec la directive 2013/11/UE par laquelle les États membres sont tenus de veiller à ce que l'ensemble des litiges entre des consommateurs résidant dans l'Union et des professionnels établis dans

l'Union, nés de la vente de biens ou de la prestation de services, puissent être soumis à une entité de REL.

(17) Avant de soumettre leur plainte à une entité de REL au moyen de la plateforme de RLL, les consommateurs devraient être encouragés par les États membres à prendre contact avec le professionnel par tout moyen approprié, en vue de rechercher une solution amiable.

(18) Le présent règlement vise à mettre sur pied une plateforme de RLL à l'échelle de l'Union. La plateforme de RLL devrait prendre la forme d'un site internet interactif offrant un guichet unique aux consommateurs et aux professionnels souhaitant résoudre, par voie extrajudiciaire, des litiges nés de transactions en ligne. La plateforme de RLL devrait fournir des informations générales sur le règlement extrajudiciaire des litiges contractuels découlant de contrats de vente ou de service en ligne entre consommateurs et professionnels. Elle devrait permettre aux consommateurs et aux professionnels de déposer des plaintes en remplissant un formulaire électronique de plainte disponible dans toutes les langues officielles des institutions de l'Union et de joindre des pièces pertinentes. Elle devrait transmettre les plaintes à une entité de REL compétente pour traiter le litige. La plateforme de RLL devrait proposer gratuitement un outil de gestion électronique des affaires qui permette aux entités de REL de mener la procédure de règlement des litiges avec les parties par l'intermédiaire de la plateforme de RLL. Les entités de REL ne devraient pas être tenues de recourir à l'outil de gestion des affaires.

(19) La Commission devrait être responsable du développement, du fonctionnement et de la maintenance de la plateforme de RLL et fournir tous les moyens techniques nécessaires à son fonctionnement. La plateforme de RLL devrait offrir une fonction de traduction électronique permettant aux parties et à l'entité de REL d'obtenir, au besoin, la traduction des informations échangées via la plateforme de RLL et nécessaires au règlement du litige. Cette fonction devrait permettre d'effectuer toutes les traductions nécessaires et s'appuyer sur une intervention humaine si nécessaire. Sur la plateforme de RLL, la Commission devrait également fournir aux plaignants des informations concernant la possibilité de demander une assistance aux points de contact pour le RLL.

(20) La plateforme de RLL devrait permettre de procéder à des échanges sécurisés de données avec les entités de REL et respecter les principes sous-jacents du cadre d'interopérabilité européen adopté en vertu de la décision 2004/387/CE du Parlement européen et du Conseil du 21 avril 2004 relative à la fourniture interopérable de services paneuropéens d'administration en ligne aux administrations publiques, aux entreprises et aux citoyens (IDABC).

(21) La plateforme de RLL devrait être accessible notamment via le portail « L'Europe est à vous » créé conformément à l'annexe II de la décision 2004/387/CE, qui permet aux entreprises et aux citoyens de l'Union d'accéder à des services paneuropéens interactifs et d'information en ligne multilingues. La plateforme de RLL devrait être bien visible sur le portail « L'Europe est à vous ».

(22) Une plateforme de RLL à l'échelon de l'Union devrait s'appuyer sur les entités de REL existantes dans les États membres et respecter les traditions juridiques de ces derniers. Les entités de REL destinataires d'une plainte via la plateforme de RLL devraient donc appliquer leurs propres règles de procédure, y compris en matière de coût. Le présent règlement vise toutefois à établir certaines règles communes applicables à ces

procédures, qui préserveront leur efficacité. Ces règles devraient notamment prévoir que le règlement des litiges ne nécessite pas la présence physique des parties ou de leurs représentants devant l'entité de REL, à moins que ses règles de procédure prévoient cette possibilité et que les parties en conviennent.

(23) Veiller à ce que toutes les entités de REL dont la liste est établie conformément à l'article 20, paragraphe 2, de la directive 2013/11/UE soient enregistrées auprès de la plateforme de RLL devrait permettre la prise en compte complète des litiges nés de contrats de vente ou de service en ligne dans le cadre du règlement extrajudiciaire des litiges en ligne.

(24) Le présent règlement ne devrait pas faire obstacle au fonctionnement de toute entité de règlement des litiges fonctionnant en ligne ou de tout mécanisme de RLL existant dans l'Union. Le présent règlement n'empêche pas les entités ou mécanismes de règlement des litiges de traiter les litiges en ligne qui leur ont été soumis directement.

(25) Chaque État membre devrait désigner des points de contact pour le RLL comprenant au moins deux conseillers en la matière. Les points de contact pour le RLL devraient aider les parties à un litige soumis via la plateforme de RLL, sans être tenus de traduire les pièces afférentes audit litige. Les États membres devraient pouvoir confier la responsabilité des points de contacts pour le RLL à leurs centres membres du réseau des Centres européens des consommateurs. Les États membres devraient recourir à cette possibilité pour permettre aux points de contact pour le RLL de tirer pleinement parti de l'expérience des centres membres du réseau des Centres européens des consommateurs aux fins du règlement des litiges entres consommateurs et professionnels. La Commission devrait créer un réseau des points de contact pour le RLL, afin de faciliter leur coopération et leur travail, et dispenser une formation appropriée aux points de contact pour le RLL, en coopération avec les États membres.

(26) Le droit à un recours effectif et le droit à un procès équitable sont des droits fondamentaux définis par l'article 47 de la Charte des droits fondamentaux de l'Union européenne. Le RLL n'a pas pour vocation de se substituer aux procédures judiciaires et ne peut pas être conçu à cet effet; en outre, il ne saurait priver les consommateurs ou les professionnels de leurs droits à former un recours devant les tribunaux. Par conséquent, le présent règlement ne saurait empêcher les parties d'exercer leur droit d'accès au système judiciaire.

(27) Il convient que le traitement des informations en vertu du présent règlement soit soumis à des garanties strictes de confidentialité et respecte les règles sur la protection des données à caractère personnel énoncées dans la directive 95/46/CE du Parlement européen et du Conseil du 24 octobre 1995 relative à la protection des personnes physiques à l'égard du traitement des données à caractère personnel et à la libre circulation de ces données ainsi que dans le règlement (CE) n° 45/2001 du Parlement européen et du Conseil du 18 décembre 2000 relatif à la protection des personnes physiques à l'égard du traitement des données à caractère personnel par les institutions et organes communautaires et à la libre circulation de ces données. Il importe que ces règles s'appliquent au traitement des données à caractère personnel effectué en vertu du présent règlement par les différents acteurs de la plateforme de RLL, intervenant à titre individuel ou en collaboration avec ces acteurs.

(28) Les personnes concernées devraient être averties que leurs données à caractère personnel seront traitées sur la plateforme de RLL, consentir à ce traitement, et être informées de leurs droits y afférents à l'aide d'une note d'information complète sur la protection de la vie privée qui sera rendue publique par la Commission et qui décrira, de façon claire et simple, les opérations de traitement réalisées sous la responsabilité des différents acteurs de la plateforme, conformément aux articles 11 et 12 du règlement (CE) n° 45/2001 et à la législation nationale adoptée en application des articles 10 et 11 de la directive 95/46/CE.

(29) Le présent règlement devrait être sans préjudice des dispositions en matière de confidentialité prévues par la législation nationale pour ce qui est du REL.

(30) Pour mieux faire connaître la plateforme de RLL auprès des consommateurs, les professionnels établis dans l'Union participant à des contrats de vente ou de service en ligne devraient inclure, dans leur site internet, un lien électronique vers la plateforme de RLL. Les professionnels devraient en outre communiquer leur adresse électronique, de façon à ce que les consommateurs disposent d'un premier point de contact. Une proportion importante des contrats de vente ou de service en ligne sont conclus en utilisant des places de marché en ligne, qui mettent en contact les consommateurs et les professionnels ou qui facilitent les transactions en ligne. Les places de marché en ligne sont des plateformes en ligne qui permettent aux professionnels de mettre leurs produits et leurs services à la disposition des consommateurs. Ces places de marché en ligne devraient par conséquent être soumises à cette obligation de fournir un lien électronique vers la plateforme de RLL. Cette obligation devrait être sans préjudice de l'article 13 de la directive 2013/11/UE relatif à l'exigence pour les professionnels d'informer les consommateurs au sujet des procédures de REL auxquelles ces derniers sont soumis et de l'engagement qu'ils prennent ou non de recourir à des moyens de REL les opposant à des consommateurs. Par ailleurs, il convient que cette obligation soit sans préjudice de l'article 6, paragraphe 1, point t), et de l'article 8 de la directive 2011/83/UE du Parlement européen et du Conseil du 25 octobre 2011 relative aux droits des consommateurs. L'article 6, paragraphe 1, point t), de la directive 2011/83/UE prévoit que, pour les contrats de consommation conclus à distance ou hors établissement, avant que le consommateur ne soit lié par le contrat, le professionnel doit l'informer de la possibilité de recourir à une procédure extrajudiciaire de plainte et de recours à laquelle le professionnel est soumis et des modalités d'accès à celle-ci. Pour les mêmes motifs de sensibilisation des consommateurs, les États membres devraient encourager les associations de consommateurs et les organisations professionnelles à fournir un lien électronique vers le site internet de la plateforme de RLL.

(31) Afin de prendre en compte les critères selon lesquels les entités de REL définissent leur domaine de compétence respectif, il convient de déléguer à la Commission le pouvoir d'adopter des actes conformément à l'article 290 du traité sur le fonctionnement de l'Union européenne pour adapter les informations qu'un plaignant doit mentionner sur le formulaire de plainte électronique disponible sur la plateforme de RLL. Il importe particulièrement que la Commission procède aux consultations appropriées durant son travail préparatoire, y compris au niveau des experts. Il convient que, lorsqu'elle prépare et élabore des actes délégués, la Commission veille à ce que les documents

pertinents soient transmis simultanément, en temps utile et de façon appropriée, au Parlement européen et au Conseil.

(32) Afin d'assurer des conditions uniformes d'exécution du présent règlement, il convient de conférer des compétences d'exécution à la Commission en ce qui concerne le fonctionnement de la plateforme de RLL, les modalités de transmission d'une plainte et la coopération au sein du réseau des points de contact pour le RLL. Ces compétences devraient être exercées en conformité avec le règlement (UE) n° 182/2011 du Parlement européen et du Conseil du 16 février 2011 établissant les règles et principes généraux relatifs aux modalités de contrôle par les États membres de l'exercice des compétences d'exécution par la Commission. Il convient d'avoir recours à la procédure consultative pour l'adoption d'actes d'exécution portant sur le formulaire de plainte électronique étant donné son caractère purement technique. Il convient d'avoir recours à la procédure d'examen pour l'adoption des règles relatives aux modalités de coopération entre les membres du réseau des points de contact pour le RLL.

(33) Pour l'application du présent règlement, la Commission devrait consulter, au besoin, le Contrôleur européen de la protection des données.

(34) Étant donné que l'objectif du présent règlement, à savoir la mise en place d'une plateforme européenne de RLL pour des litiges en ligne régie par des règles communes, ne peut pas être atteint de manière suffisante par les États membres et peut donc, en raison des dimensions et des effets de l'action, l'être mieux au niveau de l'Union, celle-ci peut prendre des mesures conformément au principe de subsidiarité consacré à l'article 5 du traité sur l'Union européenne. Conformément au principe de proportionnalité tel qu'énoncé audit article, le présent règlement n'excède pas ce qui est nécessaire pour atteindre cet objectif.

(35) Le présent règlement respecte les droits fondamentaux et observe les principes reconnus notamment par la Charte des droits fondamentaux de l'Union européenne, plus particulièrement par ses articles 7, 8, 38 et 47.

(36) Le Contrôleur européen de la protection des données a été consulté conformément à l'article 28, paragraphe 2, du règlement (CE) n° 45/2001 et a rendu un avis le 12 janvier 2012.

Ont adopté le présent règlement :

CHAPITRE PREMIER

Dispositions générales

Art. premier *Objet.* Le présent règlement a pour objectif, en assurant un niveau élevé de protection des consommateurs, de contribuer au bon fonctionnement du marché intérieur, et notamment de sa dimension numérique, par la mise en place d'une plateforme européenne de RLL (ci-après dénommée « plateforme de RLL ») facilitant le règlement indépendant, impartial, transparent, efficace, rapide et équitable, par voie extrajudiciaire, des litiges en ligne entre consommateurs et professionnels.

Art. 2 *Champ d'application.* 1. Le présent règlement s'applique au règlement extrajudiciaire de litiges concernant des obligations contractuelles découlant de contrats de vente ou de service en ligne entre un consommateur résidant dans l'Union et un professionnel établi dans l'Union, par l'intermédiaire d'une entité de REL figurant sur la liste établie conformément à l'article 20, paragraphe 2, de la directive 2013/11/UE et au moyen de la plateforme de RLL.

2. Le présent règlement s'applique au règlement extrajudiciaire de litiges visés au paragraphe 1, introduits par un professionnel contre un consommateur, dans la mesure où la législation de l'État membre dans lequel le consommateur réside habituellement permet que de tels litiges soient résolus par l'intermédiaire d'une entité de REL.

3. Les États membres indiquent à la Commission si leur législation permet ou non de résoudre les litiges visés au paragraphe 1, introduits par un professionnel contre un consommateur, par l'intermédiaire d'une entité de REL. Lorsqu'elles communiquent la liste visée à l'article 20, paragraphe 2, de la directive 2013/11/UE, les autorités compétentes indiquent à la Commission quelles sont les entités de REL chargées de traiter des litiges de ce type. — *Le § 3 est applicable à partir du 9 juill. 2015.*

4. L'application du présent règlement aux litiges visés au paragraphe 1, introduits par un professionnel contre un consommateur, n'impose aux États membres aucune obligation d'assurer que des entités de REL proposent des procédures pour le règlement extrajudiciaire de tels litiges.

Art. 3 *Relation avec d'autres actes juridiques de l'Union.* Le présent règlement est sans préjudice de la directive 2008/52/CE.

Art. 4 *Définitions.* 1. Aux fins du présent règlement, on entend par :

a) « consommateur », un consommateur au sens de l'article 4, paragraphe 1, point a), de la directive 2013/11/UE;

b) « professionnel », un professionnel au sens de l'article 4, paragraphe 1, point b), de la directive 2013/11/UE;

c) « contrat de vente », un contrat de vente au sens de l'article 4, paragraphe 1, point c), de la directive 2013/11/UE;

d) « contrat de service », un contrat de service au sens de l'article 4, paragraphe 1, point d), de la directive 2013/11/UE;

e) « contrat de vente ou de service en ligne », un contrat de vente ou de service par lequel le professionnel ou son intermédiaire propose, sur un site internet ou par d'autres moyens électroniques, des biens ou des services que le consommateur commande sur le même site internet ou par d'autres moyens électroniques;

f) « place de marché en ligne », un prestataire de services, au sens de l'article 2, point b), de la directive 2000/31/CE du Parlement européen et du Conseil du 8 juin 2000 relative à certains aspects juridiques des services de la société de l'information, et notamment du commerce électronique, dans le marché intérieur (« directive sur le commerce électronique »), qui permet aux consommateurs et aux professionnels de conclure des contrats de vente ou de service en ligne sur le site internet de la place de marché en ligne;

g) « moyens électroniques », des équipements électroniques de traitement (y compris la compression numérique) et de stockage des données, qui sont entièrement transmises, acheminées et reçues par câble, par radio, par des moyens optiques ou par d'autres moyens électromagnétiques;

h) « procédure de règlement extrajudiciaire des litiges » ou « procédure de REL », la procédure visant à régler en dehors du cadre juridictionnel les litiges visés à l'article 2 du présent règlement;

i) « entité de règlement extrajudiciaire des litiges » ou « entité de REL », une entité de REL au sens de l'article 4, paragraphe 1, point h), de la directive 2013/11/UE;

j) « plaignant », le consommateur ou le professionnel ayant introduit une plainte via la plateforme de RLL;

k) « défendeur », le consommateur ou le professionnel à l'encontre duquel une plainte a été introduite via la plateforme de RLL;

l) « autorité compétente », une autorité publique au sens de l'article 4, paragraphe 1, point i), de la directive 2013/11/UE;

m) « données à caractère personnel », toute information concernant une personne physique identifiée ou identifiable (ci-après dénommée « personne concernée »); est réputée identifiable une personne qui peut être identifiée, directement ou indirectement, notamment par référence à un numéro d'identification ou à un ou plusieurs éléments spécifiques, propres à l'identité physique, physiologique, psychique, économique, culturelle ou sociale de cette personne.

2. Le lieu d'établissement du professionnel et de l'entité de REL est déterminé, respectivement, conformément à l'article 4, paragraphes 2 et 3, de la directive 2013/11/UE.

CHAPITRE II

Plateforme de RLL

Art. 5 *Mise en place de la plateforme de RLL.* 1. La Commission développe la plateforme de RLL et est responsable de son fonctionnement, y compris de toutes les fonctions de traduction nécessaires aux fins du présent règlement, ainsi que de sa maintenance, de son financement et de la sécurité des données. La plateforme de RLL est conviviale. Il convient de veiller à ce que le développement, le fonctionnement et la maintenance de la plateforme de RLL se fassent dans le respect de la vie privée des utilisateurs dès la phase de la conception (protection intégrée de la vie privée) et à ce que la plateforme de RLL soit accessible à tous et utilisable par tous, y compris les utilisateurs vulnérables (conception universelle), dans la mesure du possible. — *Le § 1 est applicable à partir du 8 juill. 2013.*

2. La plateforme de RLL est un guichet unique pour les consommateurs et les professionnels souhaitant régler, par voie extrajudiciaire, des litiges relevant du présent règlement. Elle consiste en un site internet interactif accessible en ligne et gratuitement dans toutes les langues officielles des institutions de l'Union.

3. La Commission donne accès, s'il y a lieu, à la plateforme de RLL via ses sites internet qui fournissent des informations aux citoyens et aux entreprises de l'Union, notamment via le portail « L'Europe est à vous » créé conformément à la décision 2004/387/CE.

4. La plateforme de RLL a pour fonctions :

a) de fournir un formulaire de plainte électronique pouvant être rempli par le plaignant conformément à l'article 8;

b) d'informer le défendeur qu'une plainte a été introduite;

c) d'identifier la ou les entités de REL compétentes et de transmettre la plainte à l'entité de REL à laquelle les parties sont convenues de recourir, conformément à l'article 9;

d) de proposer un outil gratuit de gestion électronique des dossiers qui permette aux parties et à l'entité de REL de mener en ligne la procédure de règlement des litiges par l'intermédiaire de la plateforme de RLL;

e) de fournir aux parties et à l'entité de REL la traduction des informations nécessaires au règlement du litige et échangées via la plateforme de RLL;

f) de fournir un formulaire électronique à l'aide duquel les entités de REL transmettent les informations visées à l'article 10, point c);

g) de fournir un système de retour d'informations permettant aux parties de donner leur avis sur le fonctionnement de la plateforme de RLL et sur l'entité de REL qui a traité le litige;

h) de mettre à la disposition du public les éléments suivants :

i) des informations à caractère général sur le REL en tant que moyen de résolution extrajudiciaire des litiges;

ii) des informations relatives aux entités de REL figurant sur la liste établie conformément à l'article 20, paragraphe 2, de la directive 2013/11/UE qui sont compétentes pour traiter les litiges relevant du présent règlement;

iii) un guide en ligne sur la manière d'introduire une plainte via la plateforme de RLL;

iv) des informations, y compris les coordonnées, concernant les points de contact pour le RLL désignés par les États membres conformément à l'article 7, paragraphe 1, du présent règlement;

v) des données statistiques sur l'issue des litiges transmis aux entités de REL via la plateforme de RLL.

5. La Commission veille à ce que les informations visées au paragraphe 4, point h), soient exactes, tenues à jour et fournies de manière claire, compréhensible et aisément accessible.

6. Les entités de REL figurant sur la liste établie conformément à l'article 20, paragraphe 2, de la directive 2013/11/UE qui sont compétentes pour traiter les litiges relevant du présent règlement sont enregistrées par voie électronique sur la plateforme de RLL.

7. La Commission adopte, par voie d'actes d'exécution, des mesures portant sur les modalités d'exercice des fonctions prévues au paragraphe 4 du présent article. Ces actes d'exécution sont adoptés en conformité avec la procédure d'examen visée à l'article 16, paragraphe 3, du présent règlement. — *Le § 7 est applicable à partir du 8 juill. 2013.*

Art. 6 *Tests de la plateforme de RLL.* 1. Au plus tard le 9 janvier 2015, la Commission teste les fonctionnalités techniques et la convivialité de la plateforme de RLL et du formulaire de plainte, y compris en ce qui concerne la traduction. Les tests sont effectués et évalués en coopération avec des experts en RLL des États membres et des représentants des consommateurs et des professionnels. La Commission présente au Parlement européen et au Conseil un rapport sur le résultat des tests et prend les mesures appropriées pour régler les éventuels problèmes afin d'assurer le fonctionnement effectif de la plateforme de RLL.

2. Dans le rapport visé au paragraphe 1 du présent article, la Commission décrit aussi les mesures techniques et organisationnelles qu'elle entend prendre pour que la plateforme de RLL satisfasse aux exigences en matière de respect de la vie privée énoncées dans le règlement (CE) n° 45/2001. — *L'art. 6 est applicable à partir du 8 juill. 2013.*

Art. 7 *Réseau de points de contact pour le RLL.* 1. Chaque État membre désigne un point de contact pour le RLL et communique son nom et ses coordonnées à la Commission. Les États membres peuvent conférer la responsabilité des points de contact pour le RLL à leurs centres membres du réseau des Centres européens des consommateurs, à des associations de consommateurs ou à tout autre organisme. Chaque point de contact pour le RLL comprend au moins deux conseillers pour le RLL. — *Le § 1 est applicable à partir du 9 juill. 2015.*

2. Les points de contact pour le RLL apportent leur aide pour le règlement de litiges portant sur des plaintes introduites via la plateforme de RLL en s'acquittant des fonctions suivantes :

a) faciliter, sur demande, la communication entre les parties et l'entité de REL compétente, ce qui consiste, notamment, à :

i) aider à introduire la plainte et, le cas échéant, à transmettre les documents pertinents;

ii) fournir aux parties et aux entités de REL des informations générales sur les droits des consommateurs relatifs aux contrats de vente et de service qui s'appliquent dans l'État membre du point de contact pour le RLL disposant du conseiller concerné pour le RLL;

iii) fournir des informations sur le fonctionnement de la plateforme de RLL;

iv) fournir aux parties des explications sur les règles de procédure appliquées par les entités de REL identifiées;

v) informer le plaignant des autres moyens de recours lorsqu'un litige ne peut être résolu via la plateforme de RLL;

b) présenter tous les deux ans à la Commission et aux États membres un rapport d'activité reposant sur l'expérience pratique tirée de l'exercice de leurs fonctions.

3. Le point de contact pour le RLL n'est pas tenu d'assumer les fonctions énumérées au paragraphe 2 dans le cas de litiges dans lesquels les parties résident habituellement dans le même État membre.

4. Nonobstant le paragraphe 3, les États membres peuvent décider, compte tenu des circonstances nationales, que le point de contact pour le RLL assume une ou plusieurs des fonctions énumérées au paragraphe 2 dans le cas de litiges dans lesquels les parties résident habituellement dans le même État membre.

5. La Commission met en place un réseau de points de contact (ci-après dénommé « réseau des points de contact pour le RLL ») qui permet une coopération entre les points de contact et contribue à l'accomplissement des fonctions énumérées au paragraphe 2. — *Le § 5 est applicable à partir du 9 juill. 2015.*

6. Au moins deux fois par an, la Commission réunit les membres du réseau de points de contact pour le RLL afin de permettre l'échange des meilleures pratiques et l'examen de tout problème récurrent survenu dans le fonctionnement de la plateforme de RLL.

7. La Commission adopte, par voie d'actes d'exécution, les règles relatives aux modalités de la coopération entre les points de contact pour le RLL. Ces actes d'exécution sont adoptés en conformité avec la procédure d'examen visée à l'article 16, paragraphe 3. — *Le § 7 est applicable à partir du 8 juill. 2013.*

Art. 8 *Introduction d'une plainte.* 1. Afin d'introduire une plainte sur la plateforme de RLL, le plaignant remplit un formulaire de plainte électronique. Le formulaire de plainte est facile d'utilisation et aisément accessible sur la plateforme de RLL.

2. Les informations transmises par le plaignant suffisent à déterminer l'entité de REL compétente. Ces informations sont énumérées à l'annexe du présent règlement. A l'appui de sa plainte, le plaignant peut joindre tout document.

3. Afin de prendre en compte les critères selon lesquels les entités de REL, qui sont énumérées conformément à l'article 20, paragraphe 2, de la directive 2013/11/UE et qui traitent les litiges relevant du présent règlement, définissent leurs domaines de compétences respectifs, la Commission est habilitée à adopter des actes délégués en conformité avec l'article 17 du présent règlement pour adapter les informations figurant à l'annexe du présent règlement. — *Le § 3 est applicable à partir du 8 juill. 2013.*

4. La Commission définit les règles relatives aux modalités du formulaire de plainte électronique par voie d'actes d'exécution. Ces actes d'exécution sont adoptés en conformité avec la procédure consultative visée à l'article 16, paragraphe 2. — *Le § 4 est applicable à partir du 8 juill. 2013.*

5. Seules les données précises, pertinentes et non disproportionnées par rapport aux objectifs pour lesquels elles sont collectées sont traitées via le formulaire de plainte électronique et ses pièces jointes.

Art. 9 *Traitement et transmission d'une plainte.* 1. Une plainte introduite sur la plateforme de RLL est traitée si toutes les rubriques nécessaires du formulaire de plainte électronique ont été remplies.

2. Si le formulaire de plainte n'est pas intégralement rempli, le plaignant est informé que la plainte ne peut pas être traitée à moins que les informations manquantes ne soient fournies.

3. A la réception du formulaire de plainte intégralement rempli, la plateforme de RLL transmet au défendeur, sous une forme facilement compréhensible, sans délai et dans une des langues officielles des institutions de l'Union choisie par cette partie, la plainte accompagnée des données suivantes :

a) la nécessité pour les parties de convenir d'une entité de REL à laquelle la plainte doit être transmise et, si elles ne parviennent pas à un accord ou si aucune entité de REL compétente n'est identifiée, l'abandon de la procédure;

b) des informations sur l'entité ou les entités de REL compétentes pour traiter la plainte si elles sont mentionnées dans le formulaire de plainte électronique ou identifiées par la plateforme de RLL sur la base des informations fournies dans ce formulaire;

c) dans le cas où le défendeur est un professionnel, une demande l'invitant à indiquer dans un délai de dix jours calendaires :

— s'il prend l'engagement ou est tenu de recourir à une entité spécifique de REL pour résoudre des litiges avec des consommateurs, et

— à moins qu'il ne soit tenu de recourir à une entité spécifique de REL, s'il est disposé à recourir à une ou des entités de REL visées au point b);

d) dans le cas où le défendeur est un consommateur et où le professionnel est tenu de recourir à une entité spécifique de REL, une demande l'invitant à accepter dans un délai de dix jours calendaires de recourir à cette entité de REL, ou dans le cas où le professionnel n'est pas tenu de recourir à une entité spécifique de REL, une demande l'invitant à choisir une ou plusieurs des entités de REL visées au point b);

e) le nom et les coordonnées du point de contact de RLL de l'État membre où le défendeur est établi ou réside habituellement, ainsi qu'une brève description des fonctions visées à l'article 7, paragraphe 2, point a);

4. A la réception des informations visées au paragraphe 3, point c) ou d), que le défendeur lui a transmises, la plateforme de RLL communique au plaignant, sous une forme facilement compréhensible, sans délai et dans une des langues officielles des institutions de l'Union choisie par cette partie, les informations suivantes :

a) les informations visées au paragraphe 3, point a);

b) dans le cas où le plaignant est un consommateur, des informations sur l'entité ou les entités de REL indiquées par le professionnel conformément au paragraphe 3, point c), et une demande l'invitant à accepter dans un délai de dix jours calendaires de recourir à une entité de REL;

c) dans le cas où le plaignant est un professionnel et qu'il n'est pas tenu de recourir à une entité spécifique de REL, les informations sur l'entité ou les entités de REL indiquées par le consommateur conformément au paragraphe 3, point d), et une demande l'invitant à accepter dans un délai de dix jours calendaires de recourir à une entité de REL;

d) le nom et les coordonnées du point de contact de RLL de l'État membre où le plaignant est établi ou réside habituellement, ainsi qu'une brève description des fonctions visées à l'article 7, paragraphe 2, point a).

5. Les informations visées au paragraphe 3, point b), et au paragraphe 4, points b) et c), comportent une description des caractéristiques ci-après de chaque entité de REL :

a) le nom, les coordonnées et l'adresse du site internet de l'entité de REL;

b) les frais de la procédure de REL, le cas échéant;

c) la ou les langues dans lesquelles la procédure de REL peut se dérouler;

d) la durée moyenne de la procédure de REL;

e) la nature contraignante ou non de l'issue de la procédure de REL;

f) les motifs pour lesquels l'entité de REL peut refuser de traiter un litige donné conformément à l'article 5, paragraphe 4, de la directive 2013/11/UE.

6. La plateforme de RLL transmet automatiquement et sans délai la plainte à l'entité de REL à laquelle les parties sont convenues de recourir conformément aux paragraphes 3 et 4.

7. L'entité de REL à laquelle la plainte a été transmise fait savoir sans délai aux parties si elle accepte ou refuse de traiter le litige conformément à l'article 5, paragraphe 4, de la directive 2013/11/UE. L'entité de REL qui a accepté de traiter le litige communique aussi aux parties ses règles de procédure et, le cas échéant, les coûts de la procédure de règlement des litiges concernée.

8. Lorsque les parties ne parviennent pas, dans les trente jours calendaires suivant l'introduction du formulaire de plainte, à convenir d'une entité de REL ou si l'entité de REL refuse de traiter le litige, la plainte est abandonnée. Le plaignant est informé qu'il peut se mettre en rapport avec un conseiller pour le RLL afin d'obtenir des informations générales sur d'autres voies de recours.

Art. 10 *Règlement du litige.* Une entité de REL qui a accepté de traiter un litige conformément à l'article 9 du présent règlement :

a) clôture la procédure de REL dans le délai visé à l'article 8, point e), de la directive 2013/11/UE;

b) n'exige pas la présence physique des parties ou de leurs représentants, à moins que ses règles de procédure prévoient cette possibilité et que les parties en conviennent;

c) communique sans délai les informations suivantes à la plateforme de RLL :

i) la date de réception du dossier de plainte;

ii) l'objet du litige;

iii) la date de clôture de la procédure de REL;

iv) l'issue de la procédure de REL;

d) n'est pas tenu de mener une procédure de REL via la plateforme de RLL.

Art. 11 *Base de données.* La Commission prend les mesures nécessaires pour constituer et tenir à jour une base de données électronique contenant les informations traitées conformément à l'article 5, paragraphe 4, et à l'article 10, point c), en tenant dûment compte de l'article 13, paragraphe 2. — *L'art. 11 est applicable à partir du 8 juill. 2013.*

Art. 12 *Traitement des données à caractère personnel.* 1. L'accès aux informations, y compris aux données à caractère personnel, liées à un litige et stockées dans la base de données visée à l'article 11 est uniquement accordé, aux fins prévues à l'article 10, à l'entité de REL à laquelle le litige a été transmis conformément à l'article 9. L'accès à ces informations est également accordé aux points de contact pour le RLL, dans la mesure où cela est nécessaire, aux fins visées à l'article 7, paragraphes 2 et 4.

2. La Commission a accès aux informations traitées conformément à l'article 10 pour assurer le suivi de l'utilisation et du fonctionnement de la plateforme de RLL et pour rédiger les rapports visés à l'article 21. Elle traite les données à caractère personnel des utilisateurs de la plateforme de RLL dans la mesure où cela est nécessaire au fonctionnement et à la maintenance de la plateforme de RLL, y compris pour assurer le suivi de l'utilisation de la plateforme de RLL par les entités de REL et les points de contact pour le RLL.

3. Les données à caractère personnel se rapportant à un litige ne sont conservées dans la base de données visée au paragraphe 1 du présent article que pour la durée nécessaire à la réalisation des objectifs pour lesquels elles ont été collectées et pour permettre aux personnes concernées d'accéder à leurs données à caractère personnel afin d'exercer leurs droits et elles sont automatiquement supprimées au plus tard six mois après la date de clôture du litige transmise à la plateforme de RLL conformément à l'article 10, point c) iii). Cette période de conservation s'applique également aux données à caractère personnel incluses dans les dossiers nationaux par l'entité de REL ou le point de contact pour le RLL qui a traité le litige concerné, sauf si les règles de procédure appliquées par l'entité de REL ou toute disposition spécifique du droit national prévoient une période de conservation plus longue.

4. Chaque conseiller pour le RLL est considéré comme responsable du traitement, conformément à l'article 2, point d), de la directive 95/46/CE, en ce qui concerne ses propres activités de traitement des données réalisées au titre du présent règlement et est chargé de veiller à ce que ces activités soient conformes à la législation nationale adoptée en vertu de la directive 95/46/CE dans l'État membre du point de contact pour le RLL disposant du conseiller pour le RLL.

5. Chaque entité de REL est considérée comme responsable du traitement, conformément à l'article 2, point d), de la directive 95/46/CE, en ce qui concerne ses propres activités de traitement des données réalisées au titre du présent règlement et est chargée de veiller à ce que ces activités soient conformes à la législation nationale adoptée en vertu de la directive 95/46/CE dans l'État membre dans lequel l'entité de REL est établie.

6. En ce qui concerne les responsabilités qui lui incombent en vertu du présent règlement et le traitement des données à caractère personnel que cela suppose, la Commission est considérée comme responsable du traitement conformément à l'article 2, point d), du règlement (CE) n° 45/2001.

Art. 13 *Confidentialité et sécurité des données.* 1. Les points de contact pour le RLL sont soumis aux règles du secret professionnel ou autres obligations équivalentes de confidentialité définies par la législation de l'État membre concerné.

2. Pour garantir la sécurité des informations traitées en vertu du présent règlement, la Commission prend les mesures techniques et organisationnelles appropriées, dont un contrôle approprié de l'accès aux données, un plan de sécurité et la gestion des incidents de sécurité, conformément à l'article 22 du règlement (CE) n° 45/2001.

Art. 14 *Information des consommateurs.* 1. Les professionnels établis dans l'Union participant à des contrats de vente ou de service en ligne et les places de marché en ligne établies dans l'Union incluent, sur leur site internet, un lien électronique vers la plateforme de RLL. Ce lien est aisément accessible aux consommateurs. Les professionnels établis dans l'Union participant à des contrats de vente ou de service en ligne indiquent aussi leur adresse électronique.

2. Les professionnels établis dans l'Union, participant à des contrats de vente ou de service en ligne, qui prennent l'engagement ou sont tenus de recourir à une ou plusieurs entités de REL pour résoudre des litiges avec des consommateurs informent les consommateurs de l'existence de la plateforme de RLL et de la possibilité d'y recourir pour régler leurs litiges. Ils fournissent un lien électronique vers la plateforme de RLL sur leur site internet et, si l'offre est faite par courrier électronique, dans ce courrier électronique. Ces informations sont aussi fournies, le cas échéant, dans les conditions générales applicables aux contrats de vente et de service en ligne.

3. Les paragraphes 1 et 2 du présent article sont sans préjudice de l'article 13 de la directive 2013/11/UE et des dispositions relatives à l'information des consommateurs sur les procédures de recours extrajudiciaires figurant dans d'autres actes juridiques de l'Union, qui s'appliquent en plus du présent article.

4. La liste des entités de REL visées à l'article 20, paragraphe 4, de la directive 2013/11/UE et ses mises à jour sont publiées sur la plateforme de RLL.

5. Les États membres veillent à ce que les entités de REL, les centres membres du réseau des Centres européens des consommateurs, les autorités compétentes définies à l'article 18, paragraphe 1, de la directive 2013/11/UE et, le cas échéant, les organismes désignés conformément à l'article 14, paragraphe 2, de la directive 2013/11/UE fournissent un lien électronique vers la plateforme de RLL.

6. Les États membres encouragent les associations de consommateurs et les associations professionnelles à fournir un lien électronique vers la plateforme de RLL.

7. Lorsque les professionnels sont tenus de fournir des informations conformément aux paragraphes 1 et 2 et aux dispositions visées au paragraphe 3, ils les fournissent si possible en une fois.

Art. 15 *Rôle des autorités compétentes.* L'autorité compétente de chaque État membre évalue si les entités de REL établies dans cet État membre se conforment aux obligations énoncées dans le présent règlement.

CHAPITRE III

Dispositions finales

Art. 16 *Comité.* 1. La Commission est assistée par un comité. Ledit comité est un comité au sens du règlement (UE) n° 182/2011.

2. Lorsqu'il est fait référence au présent paragraphe, l'article 4 du règlement (UE) n° 182/2011 s'applique.

3. Lorsqu'il est fait référence au présent paragraphe, l'article 5 du règlement (UE) n° 182/2011 s'applique.

4. Lorsque l'avis du comité visé aux paragraphes 2 et 3 doit être obtenu par procédure écrite, ladite procédure est close sans résultat lorsque, dans le délai fixé pour émettre un avis, le président du comité le décide ou la majorité simple des membres du comité le demandent. — *L'art. 16 est applicable à partir du 8 juill. 2013.*

Art. 17 *Exercice de la délégation.* 1. Le pouvoir d'adopter des actes délégués conféré à la Commission est soumis aux conditions fixées au présent article.

2. Le pouvoir d'adopter des actes délégués visé à l'article 8, paragraphe 3, est conféré pour une durée indéterminée à compter du 8 juillet 2013.

3. La délégation de pouvoir visée à l'article 8, paragraphe 3, peut être révoquée à tout moment par le Parlement européen ou le Conseil. La décision de révocation met fin à la délégation de pouvoir qui y est précisée. La révocation prend effet le jour suivant celui de la publication de ladite décision au *Journal officiel de l'Union européenne* ou à une date ultérieure qui est précisée dans ladite décision. Elle ne porte pas atteinte à la validité des actes délégués déjà en vigueur.

4. Aussitôt qu'elle adopte un acte délégué, la Commission le notifie au Parlement européen et au Conseil simultanément.

5. Un acte délégué adopté en vertu de l'article 8, paragraphe 3, n'entre en vigueur que si le Parlement européen ou le Conseil n'a pas exprimé d'objections dans un délai de deux mois à compter de la notification de cet acte au Parlement européen ou si, avant l'expiration de ce délai, le Parlement européen et le Conseil ont tous deux informé la Commission de leur intention de ne pas exprimer d'objections. Ce délai est prolongé de deux mois à l'initiative du Parlement européen ou du Conseil. — *L'art. 17 est applicable à partir du 8 juill. 2013.*

Art. 18 *Sanctions.* Les États membres déterminent le régime des sanctions applicables aux violations du présent règlement et prennent toutes les mesures nécessaires pour assurer la mise en œuvre de ce régime. Les sanctions ainsi prévues doivent être effectives, proportionnées et dissuasives.

Art. 19 *Modification du règlement (CE) n° 2006/2004.* Dans l'annexe du règlement (CE) n° 2006/2004 du Parlement européen et du Conseil, le point suivant est ajouté :

« 21. Règlement (UE) n° 524/2013 du Parlement européen et du Conseil du 21 mai 2013 relatif au règlement en ligne des litiges de consommation (règlement relatif au RLLC) (*JO* L 165 du 18 juin 2013, p. 1) : l'article 14. »

Art. 20 *Modification de la directive 2009/22/CE.* La directive 2009/22/CE du Parlement européen et du Conseil est modifiée comme suit.

1) À l'article 1er, paragraphes 1 et 2, et à l'article 6, paragraphe 2, point b), les termes « directives énumérées à l'annexe I » sont remplacés par les termes « actes de l'Union énumérés à l'annexe I ».

2) Dans l'intitulé de l'annexe I, les termes « LISTE DES DIRECTIVES » sont remplacés par les termes « LISTE DES ACTES DE L'UNION ».

3) Dans l'annexe I, le point suivant est ajouté :

15. Règlement (UE) n° 524/2013 du Parlement européen et du Conseil du 21 mai 2013 relatif au règlement en ligne des litiges de consommation (règlement relatif au RLLC) (*JO* L 165 du 18 juin 2013, p. 1) : l'article 14.

Art. 21 *Rapports.* 1. La Commission fait rapport au Parlement européen et au Conseil sur le fonctionnement de la plateforme de RLL chaque année et pour la première fois un an après qu'elle est devenue opérationnelle.

2. Au plus tard le 9 juillet 2018 et ensuite tous les trois ans, la Commission présente au Parlement européen et au Conseil un rapport sur l'application du présent règlement, en particulier sur la convivialité du formulaire de plainte et sur la nécessité éventuelle d'adapter la liste des informations figurant dans l'annexe du présent règlement. Ce rapport est assorti, le cas échéant, de propositions de modification du présent règlement.

3. Lorsque les rapports visés aux paragraphes 1 et 2 doivent être présentés la même année, seul un rapport conjoint est présenté.

Art. 22 *Entrée en vigueur.* 1. Le présent règlement entre en vigueur le vingtième jour suivant celui de sa publication au *Journal officiel de l'Union européenne.*

2. Le présent règlement est applicable à partir du 9 janvier 2016, à l'exception des dispositions suivantes :

— l'article 2, paragraphe 3, et l'article 7, paragraphes 1 et 5, qui sont applicables à partir du 9 juillet 2015,

— l'article 5, paragraphes 1 et 7, l'article 6, l'article 7, paragraphe 7, l'article 8, paragraphes 3 et 4, et les articles 11, 16 et 17 qui sont applicables à partir du 8 juillet 2013.

31 Règlement (UE) n° 606/2013 du Parlement européen et du Conseil du 12 juin 2013 relatif à la reconnaissance mutuelle des mesures de protection en matière civile

Applicable depuis le 11 janvier 2015

Le Parlement européen et le Conseil de l'Union européenne,

Vu le traité sur le fonctionnement de l'Union européenne, et notamment son article 81, paragraphe 2, points a), e) et f),

Vu la proposition de la Commission européenne,

Après transmission du projet d'acte législatif aux parlements nationaux,

Après consultation du Comité économique et social européen,

Vu l'avis du Comité des régions,

Statuant conformément à la procédure législative ordinaire,

Considérant ce qui suit :

(1) L'Union s'est donné pour objectif de maintenir et de développer un espace de liberté, de sécurité et de justice au sein duquel la libre circulation des personnes est assurée et l'accès à la justice facilité, notamment grâce au principe de reconnaissance mutuelle des décisions judiciaires et extrajudiciaires en matière civile. En vue de l'établissement progressif de cet espace, l'Union doit adopter des mesures relatives à la coopération judiciaire en matière civile ayant une incidence transfrontière, notamment lorsque cela est nécessaire au bon fonctionnement du marché intérieur.

(2) L'article 81, paragraphe 1, du traité sur le fonctionnement de l'Union européenne prévoit que la coopération judiciaire dans les matières civiles ayant une incidence transfrontière doit être fondée sur le principe de reconnaissance mutuelle des décisions judiciaires et extrajudiciaires.

(3) Dans un espace commun de justice sans frontières intérieures, des dispositions permettant d'assurer, de manière rapide et simple, la reconnaissance et, le cas échéant, l'exécution dans un autre État membre de mesures de protection ordonnées dans un État membre sont indispensables pour garantir que la protection accordée à une personne physique dans un État membre s'applique aussi, de manière ininterrompue, dans tout autre État membre dans lequel cette personne se rend ou s'établit. Il est nécessaire de veiller à ce que l'exercice légitime, par les citoyens de l'Union, du droit de circuler et de séjourner librement sur le territoire des États membres, conformément à l'article 3,

paragraphe 2, du traité sur l'Union européenne et à l'article 21 du traité sur le fonctionnement de l'Union européenne, ne se traduise pas par la perte de la protection dont ils jouissent.
(4) La confiance réciproque dans l'administration de la justice au sein de l'Union et la volonté de réduire la durée et les coûts de la circulation des mesures de protection dans l'Union justifient le principe selon lequel des mesures de protection ordonnées dans un État membre sont reconnues dans tous les autres États membres sans que des procédures particulières soient nécessaires. En conséquence, toute mesure de protection ordonnée dans un État membre (ci-après dénommé « État membre d'origine ») devrait être traitée comme si elle avait été ordonnée dans l'État membre dans lequel la reconnaissance est demandée (ci-après dénommé « État membre requis »).
(5) Pour atteindre l'objectif de la libre circulation des mesures de protection, il est nécessaire et approprié que les règles régissant la reconnaissance et, le cas échéant, l'exécution des mesures de protection soient régies par un instrument juridique de l'Union contraignant et directement applicable.
(6) Le présent règlement devrait s'appliquer aux mesures de protection ordonnées en vue de protéger une personne lorsqu'il existe des motifs sérieux de croire que la vie, l'intégrité physique ou psychologique, la liberté personnelle, la sécurité ou l'intégrité sexuelle de cette personne sont menacées, par exemple aux fins d'empêcher toute forme de violence fondée sur le genre ou de violence commise par des proches telle que la violence physique, le harcèlement, l'agression sexuelle, la traque, l'intimidation ou d'autres formes de contrainte indirecte. Il importe de souligner que le présent règlement s'applique à toutes les victimes, qu'elles soient ou non victimes de violence fondée sur le genre.
(7) La directive 2012/29/UE du Parlement européen et du Conseil du 25 octobre 2012 établissant des normes minimales concernant les droits, le soutien et la protection des victimes de la criminalité garantit que les victimes de la criminalité reçoivent des informations et un soutien adéquats.
(8) Le présent règlement complète la directive 2012/29/UE. Le fait qu'une personne fasse l'objet d'une mesure de protection ordonnée en matière civile n'empêche pas nécessairement cette personne d'être considérée comme « victime » au sens de ladite directive.
(9) Le champ d'application du présent règlement relève du domaine de la coopération judiciaire en matière civile au sens de l'article 81 du traité sur le fonctionnement de l'Union européenne. Le présent règlement ne s'applique qu'aux mesures de protection ordonnées en matière civile. Les mesures de protection adoptées en matière pénale sont régies par la directive 2011/99/UE du Parlement européen et du Conseil du 13 décembre 2011 relative à la décision de protection européenne.
(10) La notion de matière civile devrait être interprétée de manière autonome, conformément aux principes du droit de l'Union. La nature civile, administrative ou pénale de l'autorité ordonnant une mesure de protection ne devrait pas être déterminante aux fins de l'appréciation du caractère civil de la mesure de protection.
(11) Le présent règlement ne devrait pas porter atteinte au fonctionnement du règlement (CE) n° 2201/2003 du Conseil du 27 novembre 2003 relatif à la compétence, la reconnaissance et l'exécution des décisions en matière matrimoniale et en matière de responsabilité

parentale (ci-après dénommé « règlement Bruxelles II bis »). Les décisions prises dans le cadre du règlement Bruxelles II bis devraient continuer d'être reconnues et exécutées au titre dudit règlement.

(12) Le présent règlement tient compte des différentes traditions juridiques des États membres et ne porte pas atteinte aux systèmes nationaux applicables pour ordonner des mesures de protection. Le présent règlement n'oblige pas les États membres à modifier leurs systèmes nationaux pour que des mesures de protection puissent être ordonnées en matière civile, ni à introduire des mesures de protection en matière civile pour l'application du présent règlement.

(13) Afin de tenir compte des différents types d'autorités qui ordonnent des mesures de protection en matière civile dans les États membres, et à la différence d'autres domaines de coopération judiciaire, le présent règlement devrait s'appliquer aux décisions des autorités tant judiciaires qu'administratives, à condition que ces dernières offrent des garanties concernant en particulier leur impartialité et le droit des parties à un contrôle juridictionnel.

Les autorités de police ne devraient en aucun cas être considérées comme des autorités d'émission au sens du présent règlement.

(14) Sur la base du principe de reconnaissance mutuelle, les mesures de protection ordonnées en matière civile dans l'État membre d'origine devraient être reconnues dans l'État membre requis en tant que mesures de protection en matière civile conformément au présent règlement.

(15) Conformément au principe de la reconnaissance mutuelle, la reconnaissance couvre la durée de la mesure de protection. Toutefois, compte tenu de la diversité des mesures de protection existant dans les législations des États membres, notamment pour ce qui est de leur durée, et du fait que le présent règlement a vocation à s'appliquer en règle générale dans des situations d'urgence, les effets de la reconnaissance au titre du présent règlement devraient, à titre exceptionnel, être limités à une durée de douze mois à compter de la date de délivrance du certificat prévu par le présent règlement, indépendamment du fait que la mesure de protection elle-même (qu'il s'agisse d'une mesure provisoire, limitée dans le temps ou par nature à durée indéterminée) ait ou non une durée plus longue.

(16) Dans les cas où la durée d'une mesure de protection excède douze mois, la limitation des effets de la reconnaissance au titre du présent règlement devrait être sans préjudice du droit de la personne protégée d'invoquer ladite mesure de protection au titre de tout autre acte juridique de l'Union existant qui prévoit la reconnaissance, ou de demander une mesure de protection nationale dans l'État membre requis.

(17) La limitation des effets de la reconnaissance est exceptionnelle en raison de la nature particulière de l'objet du présent règlement, et elle ne saurait servir de précédent pour d'autres instruments en matière civile ou commerciale.

(18) Le présent règlement devrait porter uniquement sur la reconnaissance de l'obligation imposée par la mesure de protection. Il ne devrait pas régir les procédures de mise en œuvre ou d'exécution de la mesure de protection et ne devrait pas couvrir les éventuelles sanctions susceptibles d'être infligées si l'obligation ordonnée par la mesure de protection n'est pas respectée dans l'État membre requis. Ces questions relèvent du droit dudit État membre. Toutefois, conformément aux principes généraux du droit de

l'Union, et en particulier au principe de reconnaissance mutuelle, les États membres doivent veiller à ce que les mesures de protection reconnues au titre du présent règlement puissent produire leurs effets dans l'État membre requis.

(19) Les mesures de protection couvertes par le présent règlement devraient assurer la protection de la personne protégée sur son lieu de résidence ou de travail, ou en tout autre lieu où cette personne se rend régulièrement, tel que le lieu de résidence de proches ou l'école ou encore l'établissement d'enseignement fréquenté par ses enfants. Indépendamment du fait que le lieu en question ou l'étendue de la zone couverte par la mesure de protection soient définis, dans la mesure de protection, sous la forme d'une ou de plusieurs adresses précises ou par référence à une zone circonscrite que la personne à l'origine du risque encouru a l'interdiction d'approcher ou dans laquelle il lui est interdit d'entrer, respectivement (ou une combinaison des deux), la reconnaissance de l'obligation imposée par la mesure de protection porte sur la finalité que revêt ce lieu pour la personne protégée plutôt que sur une adresse précise.

(20) A la lumière de ce qui précède, et à condition que la nature et les éléments essentiels de la mesure de protection soient conservés, l'autorité compétente de l'État membre requis devrait être autorisée à ajuster les éléments factuels de la mesure de protection lorsque cet ajustement est nécessaire pour que la reconnaissance de la mesure de protection puisse être effective en pratique dans l'État membre requis. Ces éléments factuels comprennent l'adresse, le lieu déterminé de manière générale ou la distance minimale que la personne à l'origine du risque encouru doit observer par rapport à la personne protégée, à l'adresse ou au lieu déterminé de manière générale. Toutefois, le type et la nature civile de la mesure de protection ne peuvent être affectés par cet ajustement.

(21) En vue de faciliter l'ajustement d'une mesure de protection, le certificat devrait indiquer si l'adresse précisée dans la mesure de protection constitue le lieu de résidence, le lieu de travail ou un lieu dans lequel la personne protégée se rend régulièrement. En outre, s'il y a lieu, la zone circonscrite (rayon approximatif au départ de l'adresse précise) visée par l'obligation imposée par la mesure de protection à la personne à l'origine du risque encouru devrait également être indiquée dans le certificat.

(22) Pour faciliter la libre circulation des mesures de protection au sein de l'Union, le présent règlement devrait introduire un modèle uniforme de certificat et prévoir l'établissement d'un formulaire-type multilingue à cet effet. L'autorité d'émission devrait délivrer le certificat à la demande de la personne protégée.

(23) Il convient de limiter autant que possible les champs de texte libre du formulaire-type de certificat multilingue, afin que la traduction ou la translittération de celui-ci puisse être fournie dans la plupart des cas sans imposer de coûts à la personne protégée, en utilisant le formulaire-type dans la langue concernée. Les coûts éventuels que nécessite la traduction de texte lorsqu'il s'écarte du formulaire-type multilingue doivent être répartis selon les modalités prévues par la loi de l'État membre d'origine.

(24) Lorsqu'un certificat contient du texte libre, l'autorité compétente de l'État membre requis devrait déterminer si une traduction ou une translittération est nécessaire. Cela ne devrait pas empêcher la personne protégée ou l'autorité d'émission de l'État membre d'origine de fournir, de sa propre initiative, une traduction ou une translittération.

(25) Afin de garantir le respect des droits de la défense de la personne à l'origine du risque encouru, lorsque la mesure de protection a été ordonnée par défaut de comparution ou en vertu d'une procédure qui ne prévoit pas d'informer au préalable la personne concernée (« procédure non contradictoire »), la délivrance du certificat ne devrait être possible que si cette personne a eu la possibilité d'organiser sa défense contre la mesure de protection. Toutefois, afin d'éviter le risque de contournement, et compte tenu du caractère généralement urgent des cas nécessitant l'adoption de mesures de protection, il ne devrait pas être nécessaire que le délai pour invoquer un tel moyen de défense ait expiré pour qu'un certificat puisse être délivré. Le certificat devrait être délivré dès que la mesure de protection est exécutoire dans l'État membre d'origine.

(26) Compte tenu des objectifs de simplicité et de rapidité, le présent règlement prévoit des méthodes simples et rapides pour porter les étapes procédurales à la connaissance de la personne à l'origine du risque encouru. Ces méthodes spécifiques de notification ne devraient s'appliquer qu'aux fins du présent règlement en raison de la nature particulière de l'objet de celui-ci, sans créer un précédent pour d'autres instruments en matière civile et commerciale, et elles ne devraient pas porter atteinte aux obligations en matière de signification et de notification à l'étranger d'actes judiciaires et extrajudiciaires en matière civile que des conventions bilatérales ou multilatérales conclues entre un État membre et un pays tiers imposeraient à cet État membre.

(27) Lorsque le certificat est porté à la connaissance de la personne à l'origine du risque encouru et lorsqu'est effectué un quelconque ajustement des éléments factuels d'une mesure de protection dans l'État membre requis, il convient de tenir dûment compte du fait que la personne protégée a intérêt à ce que son lieu de séjour ou ses autres coordonnées ne soient pas communiqués à la personne à l'origine du risque encouru, à moins qu'une telle communication ne soit nécessaire au respect ou à l'exécution de la mesure de protection.

(28) La délivrance du certificat ne devrait pas être susceptible de recours.

(29) Le certificat devrait faire l'objet d'une rectification lorsque, en raison d'une erreur ou d'une inexactitude évidentes, par exemple une faute de frappe ou une erreur survenue lors de la transcription ou de la copie, il ne reflète pas correctement la mesure de protection, ou il devrait être retiré s'il est manifeste qu'il a été délivré indûment, par exemple lorsqu'il a été utilisé pour une mesure ne relevant pas du champ d'application du présent règlement ou s'il a été délivré en violation des exigences relatives à sa délivrance.

(30) L'autorité d'émission de l'État membre d'origine devrait, sur demande, prêter assistance à la personne protégée pour qu'elle puisse se procurer des informations sur les autorités de l'État membre requis auprès desquelles la mesure de protection doit être invoquée ou l'exécution doit être demandée.

(31) Le fonctionnement harmonieux de la justice commande d'éviter que des décisions inconciliables soient rendues dans deux États membres. À cette fin, le présent règlement devrait prévoir un motif de refus de la reconnaissance ou de l'exécution de la mesure de protection, dans les cas où elle est inconciliable avec une décision rendue ou reconnue dans l'État membre requis.

(32) Des considérations d'intérêt public peuvent justifier, dans des circonstances exceptionnelles, un refus de la part des juridictions de l'État membre requis de reconnaître

ou d'exécuter une mesure de protection lorsque son application serait manifestement incompatible avec l'ordre public dudit État membre. Néanmoins, les juridictions ne devraient pas pouvoir appliquer l'exception d'ordre public en vue de refuser de reconnaître ou d'exécuter une mesure de protection lorsque ce refus serait contraire aux droits énoncés par la Charte des droits fondamentaux de l'Union européenne, et en particulier à son article 21.

(33) En cas de suspension ou de retrait de la mesure de protection ou de retrait du certificat dans l'État membre d'origine, l'autorité compétente de l'État membre requis devrait, sur présentation du certificat pertinent, suspendre ou annuler les effets de la reconnaissance et, le cas échéant, l'exécution de la mesure de protection.

(34) Les personnes protégées devraient bénéficier d'un accès effectif à la justice dans d'autres États membres. Pour assurer un tel accès effectif dans le cadre des procédures visées par le présent règlement, une aide judiciaire doit être accordée conformément à la directive 2003/8/CE du Conseil du 27 janvier 2003 visant à améliorer l'accès à la justice dans les affaires transfrontalières par l'établissement de règles minimales communes relatives à l'aide judiciaire accordée dans le cadre de telles affaires.

(35) Afin de faciliter l'application du présent règlement, il convient d'exiger des États membres qu'ils fournissent certaines informations relatives à leurs règles et procédures nationales concernant les mesures de protection en matière civile dans le cadre du réseau judiciaire européen en matière civile et commerciale établi par la décision 2001/470/CE du Conseil. Les informations communiquées par les États membres devraient être accessibles via le portail européen de justice en ligne.

(36) Afin d'assurer des conditions uniformes d'exécution du présent règlement, il convient de conférer des compétences d'exécution à la Commission en ce qui concerne l'établissement et la modification ultérieure des formulaires prévus par le présent règlement. Ces compétences devraient être exercées en conformité avec le règlement (UE) n° 182/2011 du Parlement européen et du Conseil du 16 février 2011 établissant les règles et principes généraux relatifs aux modalités de contrôle par les États membres de l'exercice des compétences d'exécution par la Commission.

(37) Il convient d'avoir recours à la procédure d'examen pour l'adoption d'actes d'exécution visant à établir et ensuite à modifier les formulaires prévus par le présent règlement.

(38) Le présent règlement respecte les droits fondamentaux et observe les principes consacrés par la Charte des droits fondamentaux de l'Union européenne. Il vise notamment à garantir les droits de la défense et l'accès à un tribunal impartial, tels qu'ils sont fixés aux articles 47 et 48 de ladite Charte. Il convient que le présent règlement soit appliqué dans le respect de ces droits et principes.

(39) Étant donné que l'objectif du présent règlement, à savoir l'établissement de règles régissant un mécanisme simple et rapide de reconnaissance des mesures de protection en matière civile ordonnées dans un État membre, ne peut être atteint de manière suffisante par les États membres et peut donc être mieux atteint au niveau de l'Union, celle-ci peut prendre des mesures conformément au principe de subsidiarité consacré à l'article 5 du traité sur l'Union européenne. Conformément au principe de proportionnalité tel qu'énoncé audit article, le présent règlement n'excède pas ce qui est nécessaire pour atteindre cet objectif.

(40) Conformément à l'article 3 du protocole n° 21 sur la position du Royaume-Uni et de l'Irlande à l'égard de l'espace de liberté, de sécurité et de justice, annexé au traité sur l'Union européenne et au traité sur le fonctionnement de l'Union européenne, ces États membres ont notifié leur souhait de participer à l'adoption et à l'application du présent règlement.

(41) Conformément aux articles 1er et 2 du protocole n° 22 sur la position du Danemark annexé au traité sur l'Union européenne et au traité sur le fonctionnement de l'Union européenne, le Danemark ne participe pas à l'adoption du présent règlement et n'est pas lié par celui-ci ni soumis à son application.

(42) Le Contrôleur européen de la protection des données a émis un avis, le 17 octobre 2011, fondé sur l'article 41, paragraphe 2, du règlement (CE) n° 45/2001 du Parlement européen et du Conseil du 18 décembre 2000 relatif à la protection des personnes physiques à l'égard du traitement des données à caractère personnel par les institutions et organes communautaires et à la libre circulation de ces données,

Ont adopté le présent règlement :

CHAPITRE PREMIER

Objet, champ d'application et définitions

Art. premier *Objet.* Le présent règlement établit des règles régissant un mécanisme simple et rapide de reconnaissance des mesures de protection en matière civile ordonnées dans un État membre.

Art. 2 *Champ d'application.* 1. Le présent règlement s'applique aux mesures de protection en matière civile ordonnées par une autorité d'émission au sens de l'article 3, point 4).

2. Le présent règlement s'applique aux affaires présentant un caractère transfrontière. Aux fins du présent règlement, une affaire est considérée comme présentant un caractère transfrontière lorsqu'il est demandé qu'une mesure de protection ordonnée dans un État membre soit reconnue dans un autre État membre.

3. Le présent règlement ne s'applique pas aux mesures de protection relevant du champ d'application du règlement (CE) n° 2201/2003.

Art. 3 *Définitions.* Aux fins du présent règlement, on entend par :

1) « mesure de protection », toute décision, quelle que soit sa dénomination, ordonnée par l'autorité d'émission de l'État membre d'origine conformément à son droit national et imposant à la personne à l'origine du risque encouru une ou plusieurs des obligations figurant ci-après afin de protéger une autre personne, lorsque l'intégrité physique ou psychologique de cette dernière est susceptible d'être menacée :

a) l'interdiction d'entrer dans le lieu où la personne protégée réside, travaille, ou dans lequel elle se rend ou séjourne régulièrement, ou une réglementation en la matière;

b) l'interdiction ou la réglementation des contacts, quelle que soit leur forme, avec la personne protégée, y compris par téléphone, courrier électronique ou postal, télécopie ou tout autre moyen;

c) l'interdiction d'approcher la personne protégée à moins d'une distance donnée, ou une réglementation en la matière;

2) « personne protégée », une personne physique qui bénéficie d'une mesure de protection;

3) « personne à l'origine du risque encouru », la personne physique à laquelle ont été imposées une ou plusieurs des obligations visées au point 1 ;

4) « autorité d'émission », toute autorité judiciaire ou toute autre autorité désignée par un État membre comme ayant compétence dans les matières relevant du champ d'application du présent règlement, pour autant que cette autre autorité offre des garanties aux parties en ce qui concerne l'impartialité, et que ses décisions en ce qui concerne la mesure de protection puissent, au titre du droit de l'État membre dans lequel elle opère, faire l'objet d'un recours devant une autorité judiciaire et aient une force et des effets analogues à ceux d'une décision rendue par une autorité judiciaire dans la même matière;

5) « État membre d'origine », l'État membre dans lequel la mesure de protection est ordonnée;

6) « État membre requis », l'État membre dans lequel la reconnaissance et, le cas échéant, l'exécution de la mesure de protection sont demandées.

CHAPITRE II

Reconnaissance et exécution des mesures de protection

Art. 4 *Reconnaissance et exécution.* 1. Une mesure de protection ordonnée dans un État membre est reconnue dans les autres États membres sans qu'il soit nécessaire de recourir à une procédure spéciale et jouit de la force exécutoire sans qu'une déclaration constatant la force exécutoire ne soit nécessaire.

2. Une personne protégée qui souhaite invoquer, dans l'État membre requis, une mesure de protection ordonnée dans l'État membre d'origine fournit à l'autorité compétente de l'État membre requis :

a) une copie de la mesure de protection réunissant les conditions nécessaires pour en établir l'authenticité;

b) le certificat délivré dans l'État membre d'origine conformément à l'article 5; et

c) si nécessaire, une translittération et/ou une traduction du certificat conformément à l'article 16.

3. Le certificat ne produit ses effets que dans les limites du caractère exécutoire de la mesure de protection.

4. Indépendamment du fait que la mesure de protection ait ou non une durée plus longue, les effets de la reconnaissance en vertu du paragraphe 1 sont limités à une durée de douze mois à compter de la date de délivrance du certificat.

5. La procédure d'exécution des mesures de protection est régie par le droit de l'État membre requis.

Art. 5 *Certificat.* 1. À la demande de la personne protégée, l'autorité d'émis- sion de l'État membre d'origine délivre le certificat en utilisant le formulaire-type multilingue établi conformément à l'article 19 et contenant les informations prévues à l'article 7.

2. La délivrance du certificat n'est susceptible d'aucun recours.

3. Si la personne protégée en fait la demande, l'autorité d'émission de l'État membre d'origine lui fournit une translittération et/ou une traduction du certificat en utilisant le formulaire-type multilingue établi conformément à l'article 19.

Art. 6 *Exigences applicables à la délivrance du certificat.* 1. Le certificat ne peut être délivré que si la mesure de protection a été portée à la connaissance de la personne à l'origine du risque encouru, conformément à la loi de l'État membre d'origine.

2. Lorsque la mesure de protection a été ordonnée par défaut de comparution, le certificat ne peut être délivré que si la personne à l'origine du risque encouru s'est vu signifier ou notifier l'acte introductif d'instance ou un document équivalent, ou si, le cas échéant, elle a été informée de l'ouverture de la procédure par d'autres moyens conformément au droit de l'État membre d'origine, dans un délai suffisant et d'une manière lui permettant de préparer sa défense.

3. Lorsqu'une mesure de protection a été ordonnée en vertu d'une procédure qui ne prévoit pas d'informer au préalable la personne à l'origine du risque encouru (« procédure non contradictoire »), le certificat ne peut être délivré que si cette personne a eu le droit de contester la mesure de protection en vertu du droit de l'État membre d'origine.

Art. 7 *Contenu du certificat.* Le certificat comporte les informations suivantes :

a) le nom et l'adresse/les coordonnées de l'autorité d'émission;

b) le numéro de référence du dossier;

c) la date de délivrance du certificat;

d) les renseignements concernant la personne protégée : nom, date et lieu de naissance, lorsqu'ils sont disponibles, et adresse à utiliser pour les notifications, précédée d'un avertissement bien visible signalant que cette adresse peut être communiquée à la personne à l'origine du risque encouru;

e) les renseignements concernant la personne à l'origine du risque encouru : nom, date et lieu de naissance, lorsqu'ils sont disponibles, et adresse à utiliser pour les notifications;

f) toutes les informations nécessaires à l'exécution de la mesure de protection, y compris, le cas échéant, le type de mesure et l'obligation imposée par la mesure à la personne à l'origine du risque encouru, en précisant la fonction du lieu et/ou de la zone circonscrite que cette personne a l'interdiction d'approcher ou dans lesquels il lui est interdit d'entrer, respectivement;

g) la durée de la mesure de protection;

h) la durée des effets de la reconnaissance en vertu de l'article 4, paragraphe 4;

i) une déclaration précisant que les exigences prévues à l'article 6 ont été remplies;

j) une information sur les droits accordés au titre des articles 9 et 13;

k) par souci de clarté, le titre complet du présent règlement.

Art. 8 *Notification du certificat à la personne à l'origine du risque encouru.* 1. L'autorité d'émission de l'État membre d'origine porte à la connaissance de la personne à l'origine du risque encouru le certificat et le fait que la reconnaissance résulte de la délivrance du certificat et, le cas échéant, le caractère exécutoire de la mesure de protection dans tous les États membres en vertu de l'article 4.

2. Lorsque la personne à l'origine du risque encouru réside dans l'État membre d'origine, la notification est effectuée conformément au droit de cet État membre. Lorsque la personne à l'origine du risque encouru réside dans un État membre autre que l'État membre d'origine ou dans un pays tiers, la notification est effectuée par lettre recommandée avec accusé de réception ou par un moyen équivalent.

Les situations dans lesquelles l'adresse de la personne à l'origine du risque encouru est inconnue ou dans lesquelles cette personne refuse d'accuser réception de la notification sont régies par le droit de l'État membre d'origine.

3. Le lieu de séjour ou les autres coordonnées de la personne protégée ne sont pas communiqués à la personne à l'origine du risque encouru, à moins que leur communication ne soit nécessaire au respect ou à l'exécution de la mesure de protection.

Art. 9 *Rectification ou retrait du certificat.* 1. Sans préjudice de l'article 5, paragraphe 2, et à la demande de la personne protégée ou de la personne à l'origine du risque encouru adressée à l'autorité d'émission de l'État membre d'origine, ou encore à l'initiative de ladite autorité, le certificat est :

a) rectifié lorsque, en raison d'une erreur matérielle, il existe une divergence entre la mesure de protection et le certificat; ou

b) retiré s'il est clair qu'il a été délivré indûment, eu égard aux exigences fixées à l'article 6 et au champ d'application du présent règlement.

2. Le droit de l'État membre d'origine régit la procédure de rectification ou de retrait du certificat, y compris les éventuelles voies de recours concernant la rectification ou le retrait.

Art. 10 *Assistance à la personne protégée.* À la demande de la personne protégée, l'autorité d'émission de l'État membre d'origine prête assistance à cette personne pour qu'elle puisse se procurer les informations, mises à disposition conformément aux articles 17 et 18, concernant les autorités de l'État membre requis auprès desquelles la mesure de protection doit être invoquée ou l'exécution doit être demandée.

Art. 11 *Ajustement de la mesure de protection.* 1. L'autorité compétente de l'État membre requis procède, si et dans la mesure nécessaire, à l'ajustement des éléments factuels de la mesure de protection pour lui donner effet dans ledit État membre.

2. La procédure d'ajustement de la mesure de protection est régie par le droit de l'État membre requis.

3. L'ajustement de la mesure de protection est porté à la connaissance de la personne à l'origine du risque encouru.

4. Lorsque la personne à l'origine du risque encouru réside dans l'État membre requis, la notification est effectuée conformément au droit dudit État membre. Lorsque la personne à l'origine du risque encouru réside dans un État membre autre que l'État membre requis ou dans un pays tiers, la notification est effectuée par lettre recommandée avec accusé de réception ou par un moyen équivalent.

Les situations dans lesquelles l'adresse de la personne à l'origine du risque encouru est inconnue ou dans lesquelles cette personne refuse d'accuser réception de la notification sont régies par le droit de l'État membre requis.

5. L'ajustement de la mesure de protection peut faire l'objet d'un recours introduit par la personne protégée ou par la personne à l'origine du risque encouru. La procédure de recours est régie par le droit de l'État membre requis. Toutefois, l'introduction d'un recours n'a pas d'effet suspensif.

Art. 12 *Absence de révision quant au fond.* Une mesure de protection ordonnée dans l'État membre d'origine ne peut en aucun cas faire l'objet d'une révision quant au fond dans l'État membre requis.

Art. 13 *Refus de reconnaissance ou d'exécution.* 1. À la demande de la personne à l'origine du risque encouru, la reconnaissance et, s'il y a lieu, l'exécution de la mesure de protection sont refusées dans la mesure où cette reconnaissance est :

a) manifestement contraire à l'ordre public de l'État membre requis; ou

b) inconciliable avec une décision rendue ou reconnue dans l'État membre requis.

2. La demande de refus de reconnaissance ou d'exécution est soumise à la juridiction de l'État membre requis telle qu'elle a été communiquée par ledit État membre à la Commission conformément à l'article 18, paragraphe 1, point a) iv).

3. La reconnaissance de la mesure de protection ne peut être refusée au motif que le droit de l'État membre requis ne permet pas de prendre une telle mesure sur la base des mêmes faits.

Art. 14 *Suspension ou retrait de la reconnaissance ou de l'exécution.* 1. En cas de suspension ou de retrait de la mesure de protection dans l'État membre d'origine, ou si son caractère exécutoire est suspendu ou limité, ou si le certificat est retiré conformément à l'article 9, paragraphe 1, point b), l'autorité d'émission de l'État membre d'origine délivre, à la demande de la personne protégée ou de la personne à l'origine du risque encouru, un certificat indiquant cette suspension, cette limitation ou ce retrait à l'aide du formulaire-type multilingue établi conformé- ment à l'article 19.

2. Sur présentation, par la personne protégée ou par la personne à l'origine du risque encouru, du certificat délivré conformément au paragraphe 1, l'autorité compétente de l'État membre requis suspend ou annule les effets de la reconnaissance et, lorsqu'il y a lieu, l'exécution de la mesure de protection.

CHAPITRE III

Dispositions générales et finales

Art. 15 *Légalisation et formalités analogues.* Aucune légalisation ni autre formalité analogue n'est exigée pour les documents délivrés dans un État membre dans le cadre du présent règlement.

Art. 16 *Translittération ou traduction.* 1. Toute translittération ou traduction requise au titre du présent règlement est effectuée dans la langue officielle, ou dans l'une des langues officielles, de l'État membre requis, ou dans toute autre langue officielle des institutions de l'Union que ledit État membre a indiqué pouvoir accepter.

2. Sous réserve de l'article 5, paragraphe 3, toute traduction faite au titre du présent règlement l'est par une personne habilitée à effectuer des traductions dans l'un des États membres.

Art. 17 *Informations mises à la disposition du public.* Les États membres fournissent, dans le cadre du réseau judiciaire européen en matière civile et commerciale créé par la décision 2001/470/CE et en vue de mettre ces informations à la disposition du public, une description des règles et procédures nationales relatives aux mesures de protection en matière civile, y compris des informations sur le type d'autorités qui sont compétentes pour les matières relevant du champ d'application du présent règlement.

Les États membres tiennent ces informations à jour.

Art. 18 *Informations communiquées par les États membres.* 1. Au plus tard le 11 juillet 2014, les États membres communiquent à la Commission les informations suivantes :

a) le type d'autorités qui sont compétentes pour les matières relevant du champ d'application du présent règlement, en indiquant, le cas échéant :

i) les autorités qui sont compétentes pour ordonner des mesures de protection et délivrer des certificats confor- mément à l'article 5;

ii) les autorités auprès desquelles une mesure de protection ordonnée dans un autre État membre doit être invoquée et/ou qui sont compétentes pour exécuter une telle mesure;

iii) les autorités qui sont compétentes pour effectuer l'ajus- tement de mesures de protection conformément à l'article 11, paragraphe 1;

iv) les juridictions auxquelles la demande de refus de recon- naissance et, le cas échéant, d'exécution doit être soumise conformément à l'article 13 ;

b) la ou les langues acceptées pour les traductions visées à l'article 16, paragraphe 1.

2. La Commission met les informations visées au paragraphe 1 à la disposition du public par tout moyen approprié, notam- ment par le biais du site internet du réseau judiciaire européen en matière civile et commerciale.

Art. 19 *Établissement et modifications ultérieures des formulaires.* La Commission adopte des actes d'exécution pour établir et modifier ultérieurement les formulaires visés aux articles 5 et

14. Ces actes d'exécution sont adoptés en conformité avec la procédure d'examen visée à l'article 20.

Art. 20 *Comité.* 1. La Commission est assistée par un comité. Ledit comité est un comité au sens du règlement (UE) n° 182/2011.

2. Lorsqu'il est fait référence au présent paragraphe, l'article 5 du règlement (UE) n° 182/2011 s'applique.

Art. 21 *Réexamen.* Au plus tard le 11 janvier 2020, la Commission présente au Parlement européen, au Conseil et au Comité économique et social européen un rapport relatif à l'application du présent règlement. Si nécessaire, le rapport est accompagné de propositions de modifications.

Art. 22 *Entrée en vigueur.* Le présent règlement entre en vigueur le vingtième jour suivant celui de sa publication au *Journal officiel de l'Union européenne*.

Il est applicable à partir du 11 janvier 2015.

Le présent règlement s'applique aux mesures de protection ordonnées le 11 janvier 2015 ou après cette date, quelle que soit la date à laquelle la procédure a été engagée.

Le présent règlement est obligatoire dans tous ses éléments et directement applicable dans les États membres conformément aux traités.

Fait à Strasbourg, le 12 juin 2013.

32 Règlement (UE) n° 655/2014 du Parlement européen et du Conseil du 15 mai 2014 portant création d'une procédure d'ordonnance européenne de saisie conservatoire des comptes bancaires, destinée à faciliter le recouvrement transfrontière de créances en matière civile et commerciale

Applicable depuis le 18 janvier 2017

Le Parlement européen et le Conseil de l'Union européenne,

Vu le traité sur le fonctionnement de l'Union européenne, et notamment son article 81, paragraphe 2, points a), e) et f),

Vu la proposition de la Commission européenne,

Après transmission du projet d'acte législatif aux parlements nationaux,

Vu l'avis du Comité économique et social européen,

Statuant conformément à la procédure législative ordinaire

Considérant ce qui suit :

(1) L'Union s'est donné pour objectif de maintenir et de développer un espace de liberté, de sécurité et de justice au sein duquel est assurée la libre circulation des personnes. En vue de l'établissement progressif de cet espace, l'Union doit adopter des mesures relevant du domaine de la coopération judiciaire dans les matières civiles ayant une incidence transfrontière, notamment lorsque cela est nécessaire au bon fonctionnement du marché intérieur.

(2) Conformément à l'article 81, paragraphe 2, du traité sur le fonctionnement de l'Union européenne, ces mesures peuvent comprendre des mesures visant à assurer, entre autres, la reconnaissance mutuelle entre les États membres des décisions judiciaires et leur exécution, un accès effectif à la justice et l'élimination des obstacles au bon déroulement des procédures civiles, au besoin en favorisant la compatibilité des règles de procédure civile applicables dans les États membres.

(3) Le 24 octobre 2006, par le biais de son « Livre vert sur l'amélioration de l'exécution des décisions de justice au sein de l'Union européenne : la saisie des avoirs bancaires », la Commission a lancé une consultation sur la nécessité d'une procédure européenne uniforme de saisie conservatoire des comptes bancaires et les caractéristiques que cette procédure pourrait avoir.

(4) Dans le programme de Stockholm de décembre 2009, qui fixe les priorités en matière de liberté, de sécurité et de justice pour la période 2010-2014, le Conseil européen a invité la Commission à évaluer s'il est nécessaire et concrètement envisageable de prévoir, au niveau de l'Union, certaines mesures provisoires, y compris des mesures conservatoires, afin d'empêcher par exemple la disparition d'actifs avant l'exécution d'une créance, et à présenter des propositions appropriées afin d'améliorer l'efficacité de l'exécution des décisions de justice au sein de l'Union en ce qui concerne les comptes bancaires et le patrimoine des débiteurs.

(5) Des procédures nationales visant à l'obtention de mesures conservatoires, telles que des ordonnances de saisie conservatoire des comptes bancaires, existent dans tous les États membres, mais les conditions d'octroi de ces mesures et l'efficacité de leur mise en œuvre varient considérablement. Par ailleurs, le recours à des mesures conservatoires nationales peut s'avérer lourd dans les situations ayant une incidence transfrontière, en particulier lorsque le créancier cherche à faire saisir à titre conservatoire plusieurs comptes situés dans des États membres différents. Il semble dès lors nécessaire et opportun d'adopter un instrument juridique de l'Union contraignant et directement applicable qui établisse une nouvelle procédure au niveau de l'Union permettant, dans des litiges transfrontières, de procéder, de manière efficace et rapide, à la saisie conservatoire de fonds détenus sur des comptes bancaires.

(6) La procédure établie par le présent règlement devrait constituer un moyen supplémentaire et facultatif à la disposition du créancier, qui conserve la latitude d'avoir recours à toute autre procédure pour obtenir une mesure équivalente au titre du droit national.

(7) Un créancier devrait être en mesure d'obtenir une mesure conservatoire sous la forme d'une ordonnance européenne de saisie conservatoire des comptes bancaires (ci-après dénommée « ordonnance de saisie conservatoire » ou « ordonnance ») empêchant le transfert ou le retrait de fonds détenus par son débiteur sur un compte bancaire

tenu dans un État membre si, à défaut d'une telle mesure, le recouvrement ultérieur de sa créance détenue sur le débiteur risque d'être empêché ou rendu sensiblement plus difficile. La saisie conservatoire de fonds détenus sur le compte du débiteur devrait avoir pour effet d'empêcher non seulement le débiteur lui-même, mais aussi les personnes qu'il a autorisées à effectuer des paiements par l'intermédiaire de ce compte, par exemple par ordre permanent, par débit direct ou par l'utilisation d'une carte de crédit, d'utiliser les fonds.

(8) Le champ d'application du présent règlement devrait couvrir toutes les matières civiles et commerciales, à l'exception de certaines matières bien définies. En particulier, le présent règlement ne devrait pas s'appliquer aux créances détenues sur un débiteur dans des procédures d'insolvabilité. Cela devrait signifier qu'aucune ordonnance de saisie conservatoire ne peut être délivrée à l'encontre du débiteur une fois que des procédures d'insolvabilité telles qu'elles sont définies dans le règlement (CE) n° 1346/2000 du Conseil ont été engagées à son encontre. Par ailleurs, l'exclusion devrait permettre que l'ordonnance de saisie conservatoire soit utilisée afin de garantir le recouvrement des paiements préjudiciables effectués par un tel débiteur à des tiers.

(9) Le présent règlement devrait s'appliquer aux comptes détenus auprès d'établissements de crédit dont l'activité consiste à recevoir du public des dépôts ou d'autres fonds remboursables et à octroyer des crédits pour leur propre compte.

Il ne devrait dès lors pas s'appliquer aux institutions financières qui ne reçoivent pas ces dépôts, par exemple les institutions accordant des financements en faveur de projets d'exportation et d'investissement ou de projets dans les pays en développement, ou les établissements qui fournissent des services concernant les marchés financiers. En outre, le présent règlement ne devrait pas s'appliquer aux comptes détenus par les banques centrales ou auprès de celles-ci lorsqu'elles agissent en leur qualité d'autorités monétaires, ni aux comptes qui ne peuvent faire l'objet d'une saisie conservatoire en vertu d'une ordonnance nationale équivalente à l'ordonnance de saisie conservatoire ou qui ne peuvent autrement faire l'objet d'une saisie au titre du droit de l'État membre dans lequel le compte concerné est tenu.

(10) Le présent règlement ne devrait s'appliquer qu'aux litiges transfrontières et devrait définir la notion de litige transfrontière dans ce contexte particulier. Aux fins du présent règlement, il convient de considérer qu'il existe un litige transfrontière lorsque la juridiction qui traite de la demande d'ordonnance de saisie conservatoire est située dans un État membre et que le compte bancaire visé par l'ordonnance est tenu dans un autre État membre. Il convient également de considérer qu'il existe un litige transfrontière lorsque le créancier est domicilié dans un État membre et que la juridiction et le compte bancaire devant faire l'objet d'une saisie conservatoire se trouvent dans un autre État membre.

Le présent règlement ne devrait pas s'appliquer à la saisie conservatoire de comptes tenus dans l'État membre où se trouve la juridiction saisie de la demande d'ordonnance de saisie conservatoire si le domicile du créancier est également situé dans cet État membre, même si le créancier demande en même temps une ordonnance de saisie conservatoire pour un ou des comptes tenus dans un autre État membre. Dans ce cas, le créancier devrait introduire deux demandes distinctes, une demande d'ordonnance de saisie conservatoire et une demande visant à l'obtention d'une mesure nationale.

(11) La procédure d'obtention d'une ordonnance de saisie conservatoire devrait être accessible à tout créancier souhaitant garantir l'exécution d'une décision ultérieure sur le fond avant d'engager une procédure au fond, et à tout stade de cette procédure. Elle devrait également être accessible à un créancier ayant déjà obtenu une décision judiciaire, une transaction judiciaire ou un acte authentique exigeant du débiteur le paiement de la créance de ce créancier.

(12) Il devrait être possible de recourir à une ordonnance de saisie conservatoire aux fins de garantir des créances déjà exigibles. Cela devrait également être possible pour des créances qui ne sont pas encore exigibles pour autant que ces créances résultent d'une transaction ou d'un événement passé et que leur montant puisse être déterminé, y compris les créances liées à des actions en matière délictuelle ou quasi délictuelle et à des actions civiles en réparation de dommage ou en restitution fondées sur une infraction.

Le créancier devrait pouvoir demander que l'ordonnance de saisie conservatoire soit délivrée pour le montant du principal de la créance ou pour un montant inférieur à celui-ci. Cette dernière possibilité pourrait être intéressante pour lui, par exemple, dans les cas où il a déjà obtenu une autre garantie pour une partie de sa créance.

(13) En vue d'assurer un lien de rattachement étroit entre la procédure d'obtention d'une ordonnance de saisie conservatoire et la procédure au fond, la compétence internationale pour délivrer l'ordonnance devrait appartenir aux juridictions de l'État membre dont les juridictions sont compétentes pour statuer au fond. Aux fins du présent règlement, la notion de procédure au fond devrait englober toute procédure visant à obtenir un titre exécutoire portant sur la créance sous-jacente, y compris, par exemple, des procédures sommaires d'injonctions de payer et des procédures telles que la procédure de référé qui existe en France. Si le débiteur est un consommateur domicilié dans un État membre, la compétence pour délivrer l'ordonnance devrait appartenir uniquement aux juridictions de cet État membre.

(14) Les conditions de délivrance de l'ordonnance de saisie conservatoire devraient établir un juste équilibre entre l'intérêt du créancier à obtenir une ordonnance et l'intérêt du débiteur à éviter tout recours abusif à l'ordonnance.

En conséquence, lorsque le créancier demande une ordonnance de saisie conservatoire avant d'avoir obtenu une décision judiciaire, la juridiction auprès de laquelle la demande est introduite devrait être convaincue, sur la base des éléments de preuve fournis par le créancier, qu'il sera probablement fait droit à la demande au fond du créancier contre le débiteur.

En outre, dans tous les cas, y compris lorsqu'il a déjà obtenu une décision judiciaire, le créancier devrait démontrer d'une manière jugée satisfaisante par la juridiction qu'il est urgent que sa créance fasse l'objet d'une protection judiciaire et que, sans l'ordonnance, l'exécution d'une décision judiciaire existante ou future peut être empêchée ou rendue sensiblement plus difficile parce qu'il existe un risque réel que, au moment où le créancier est en mesure d'obtenir l'exécution de la décision judiciaire existante ou d'une décision judiciaire future, le débiteur ait dilapidé, dissimulé ou détruit ses actifs ou les ait cédés sous leur valeur ou dans une mesure inhabituelle ou par un moyen inhabituel.

La juridiction devrait évaluer les éléments de preuve fournis par le créancier pour justifier l'existence de ce risque. Ceux-ci pourraient se rapporter, par exemple, au comportement du débiteur à l'égard de la créance du créancier ou à l'occasion d'un litige antérieur entre les parties, aux antécédents du débiteur en matière de crédit, à la nature des actifs du débiteur et à toute action récente entreprise par le débiteur concernant ses actifs. Lorsqu'elle évalue ces éléments de preuve, la juridiction peut estimer que les retraits effectués sur les comptes ou les dépenses effectuées par le débiteur pour poursuivre l'exercice de ses activités habituelles ou subvenir aux besoins récurrents de sa famille ne sont pas, en eux-mêmes, inhabituels. Le simple fait que le débiteur n'ait pas payé la créance, qu'il la conteste ou qu'il ait plusieurs créanciers ne devrait pas être considéré, en soi, comme un élément de preuve suffisant pour justifier la délivrance d'une ordonnance. La situation financière difficile du débiteur, ou sa détérioration, ne devrait pas non plus constituer, en soi, une raison suffisante pour délivrer une ordonnance. Toutefois, la juridiction peut prendre en compte ces facteurs dans le cadre de l'évaluation globale de l'existence du risque.

(15) Afin de garantir l'effet de surprise de l'ordonnance de saisie conservatoire et afin de garantir que l'ordonnance aide utilement un créancier qui tente de recouvrer des créances auprès d'un débiteur dans des litiges transfrontières, le débiteur ne devrait pas être informé de la demande du créancier, ni être entendu avant la délivrance de l'ordonnance, ni se voir notifier l'ordonnance avant sa mise en œuvre. Lorsque, sur la base des éléments de preuve et des informations fournis par le créancier ou, le cas échéant, par son ou ses témoins, la juridiction n'est pas convaincue que la saisie conservatoire du compte ou des comptes en question se justifie, elle devrait s'abstenir de délivrer l'ordonnance.

(16) Lorsque le créancier demande une ordonnance de saisie conservatoire avant d'engager une procédure au fond auprès d'une juridiction, le présent règlement devrait le contraindre à engager cette procédure dans un délai déterminé et à fournir la preuve que la procédure est engagée à la juridiction auprès de laquelle il a introduit sa demande d'ordonnance. Si le créancier ne respecte pas cette obligation, la juridiction devrait d'office révoquer l'ordonnance ou l'ordonnance devrait automatiquement prendre fin.

(17) Compte tenu du fait que le débiteur n'est pas préalablement entendu, le présent règlement devrait prévoir des garanties spécifiques afin de prévenir tout recours abusif à l'ordonnance et de protéger les droits du débiteur.

(18) Une de ces garanties importantes devrait consister à pouvoir exiger du créancier qu'il constitue une garantie pour veiller à ce que le débiteur puisse obtenir à un stade ultérieur la réparation de tout préjudice qui lui aurait été causé par l'ordonnance de saisie conservatoire. En fonction des dispositions de droit national, cette garantie pourrait prendre la forme d'un dépôt de garantie ou d'une garantie de substitution, par exemple une garantie bancaire ou une hypothèque. La détermination du montant de garantie suffisant pour prévenir un recours abusif à l'ordonnance et pour veiller à ce que le débiteur puisse obtenir réparation devrait être laissée à la discrétion de la juridiction qui devrait avoir la liberté, en l'absence d'éléments de preuve spécifiques relatifs au montant du préjudice potentiel, de prendre le montant pour lequel l'ordonnance doit être délivrée comme ligne directrice pour déterminer le montant de la garantie.

Dans le cas où le créancier n'a pas encore obtenu une décision judiciaire, une transaction judiciaire ou un acte authentique exigeant du débiteur le paiement de la créance du créancier, la constitution d'une garantie devrait être la règle et la juridiction ne devrait en dispenser ou exiger la constitution d'une garantie d'un montant inférieur qu'à titre exceptionnel si elle considère que cette garantie est inappropriée, superflue ou disproportionnée, compte tenu des circonstances de l'espèce. Tel pourrait, par exemple, être le cas lorsque beaucoup d'éléments plaident en faveur du créancier mais que celui-ci ne dispose pas de ressources suffisantes pour constituer une garantie, lorsque la créance porte sur des aliments ou le paiement de salaires ou lorsque le montant de la créance est tel que l'ordonnance n'est pas susceptible de causer de préjudice au débiteur, par exemple s'il s'agit d'une petite créance commerciale.

Dans le cas où le créancier a déjà obtenu une décision judiciaire, une transaction judiciaire ou un acte authentique, l'opportunité de la constitution d'une garantie devrait être laissée à la discrétion de la juridiction. La constitution d'une garantie pourrait, par exemple, être opportune, indépendamment des circonstances exceptionnelles évoquées ci-dessus, lorsque la décision judiciaire dont l'ordonnance de saisie conservatoire vise à garantir l'exécution n'est pas encore exécutoire ou n'est exécutoire qu'à titre provisoire parce qu'il a été interjeté appel.

(19) Une règle relative à la responsabilité du créancier pour tout préjudice causé au débiteur par l'ordonnance de saisie conservatoire devrait constituer un autre élément important pour établir un juste équilibre entre les intérêts du créancier et ceux du débiteur. Le présent règlement devrait dès lors, à titre de norme minimale, prévoir que le créancier est responsable lorsque le préjudice causé au débiteur par l'ordonnance de saisie conservatoire est dû à une faute du créancier. Dans ce contexte, la charge de la preuve devrait incomber au débiteur. En ce qui concerne les motifs de responsabilité précisés dans le présent règlement, il convient de prévoir une règle harmonisée instituant une présomption simple de faute du créancier.

En outre, les États membres devraient pouvoir maintenir ou introduire dans leur droit national des motifs de responsabilité autres que ceux précisés dans le présent règlement. Pour ces autres motifs de responsabilité, les États membres devraient également pouvoir maintenir ou introduire d'autres types de responsabilité, tels que la responsabilité objective.

Le présent règlement devrait également prévoir une règle de conflit de lois précisant que la loi applicable à la responsabilité du créancier est celle de l'État membre d'exécution. Lorsqu'il existe plusieurs États membres d'exécution, la loi applicable devrait être celle de l'État membre d'exécution dans lequel le débiteur a sa résidence habituelle. Lorsque le débiteur n'a pas sa résidence habituelle dans l'un ou l'autre des États membres d'exécution, la loi applicable devrait être celle de l'État membre d'exécution ayant les liens les plus étroits avec l'affaire. Pour la détermination des liens les plus étroits, l'importance du montant faisant l'objet d'une saisie conservatoire dans les différents États membres d'exécution pourrait être l'un des facteurs à prendre en compte par la juridiction.

(20) Afin de surmonter les difficultés pratiques existantes pour l'obtention d'informations sur la localisation du compte bancaire du débiteur dans un contexte transfrontière, il importe que le présent règlement établisse un mécanisme permettant au créancier de

demander que les informations nécessaires pour identifier le compte du débiteur soient obtenues par la juridiction, avant la délivrance de l'ordonnance de saisie conservatoire, auprès de l'autorité chargée de l'obtention d'informations désignée de l'État membre dans lequel le créancier croit que le débiteur détient un compte. Eu égard à la nature particulière d'une telle intervention des autorités publiques et d'un tel accès à des données privées, l'accès aux informations relatives aux comptes ne devrait être accordé, en règle générale, que lorsque le créancier a déjà obtenu une décision judiciaire, une transaction judiciaire ou un acte authentique exécutoires. Toutefois, à titre exceptionnel, il devrait être possible pour le créancier de demander des informations relatives aux comptes même si la décision judiciaire, la transaction judiciaire ou l'acte authentique qu'il a obtenu n'est pas encore exécutoire. Une telle demande devrait être possible lorsque le montant devant faire l'objet de la saisie conservatoire est important compte tenu des circonstances pertinentes et que la juridiction est convaincue, sur la base des éléments de preuve fournis par le créancier, qu'il est urgent d'obtenir ces informations relatives aux comptes parce qu'il existe un risque qu'à défaut, le recouvrement ultérieur de la créance détenue sur le débiteur soit susceptible d'être mis en péril et que cela puisse conduire en conséquence à une détérioration importante de la situation financière du créancier.

Pour que ce mécanisme puisse fonctionner, les États membres devraient prévoir dans leur droit national une ou plusieurs méthodes pour obtenir de telles informations, qui soient efficaces et efficientes et qui ne soient pas disproportionnées en termes de coût et de temps. Ce mécanisme ne devrait s'appliquer que si toutes les conditions et exigences prévues pour la délivrance de l'ordonnance de saisie conservatoire sont remplies et que le créancier a dûment justifié dans sa demande les raisons pour lesquelles il pense que le débiteur détient un ou plusieurs comptes dans un État membre déterminé, par exemple en raison du fait que le débiteur travaille ou exerce une activité professionnelle dans cet État membre ou qu'il y possède des biens.

(21) Afin d'assurer la protection des données à caractère personnel concernant le débiteur, les informations obtenues concernant l'identification du ou des comptes bancaires du débiteur ne devraient pas être transmises au créancier. Elles devraient être transmises seulement à la juridiction qui les a demandées et, à titre exceptionnel, à la banque du débiteur, si la banque ou une autre entité responsable de l'exécution de l'ordonnance dans l'État membre d'exécution n'est pas en mesure, sur la base des informations fournies dans l'ordonnance, d'identifier un compte du débiteur, par exemple lorsque plusieurs personnes portant le même nom et ayant la même adresse détiennent des comptes auprès de la même banque. Lorsque, dans un tel cas, il est indiqué dans l'ordonnance que le ou les numéros du ou des comptes devant faire l'objet de la saisie conservatoire ont été obtenus à la suite d'une demande d'informations, la banque devrait demander ces informations à l'autorité chargée de l'obtention d'informations de l'État membre d'exécution et devrait être en mesure de présenter une telle demande de manière simple et informelle.

(22) Le présent règlement devrait accorder au créancier le droit d'interjeter appel de la décision de refuser la délivrance de l'ordonnance de saisie conservatoire. Ce droit devrait être sans préjudice de la possibilité qu'a le créancier d'introduire une nouvelle

demande d'ordonnance de saisie conservatoire sur la base de faits nouveaux ou de nouveaux éléments de preuve.

(23) Les structures prévues pour l'exécution d'une saisie conservatoire de comptes bancaires diffèrent considérablement dans les États membres. Afin d'éviter toute duplication de ces structures dans les États membres et de respecter dans la mesure du possible les procédures nationales, le présent règlement devrait se fonder, en ce qui concerne l'exécution et la mise en œuvre effective de l'ordonnance de saisie conservatoire, sur les méthodes et les structures en place pour l'exécution et la mise en œuvre d'ordonnances équivalentes sur le plan national dans l'État membre dans lequel l'ordonnance doit être exécutée.

(24) Afin d'assurer une exécution rapide, le présent règlement devrait prévoir une transmission de l'ordonnance de l'État membre d'origine à l'autorité compétente de l'État membre d'exécution par tout moyen approprié garantissant que le contenu des documents transmis est fidèle, conforme et aisément lisible.

(25) Lorsqu'elle reçoit l'ordonnance de saisie conservatoire, l'autorité compétente de l'État membre d'exécution devrait prendre les mesures nécessaires pour faire exécuter l'ordonnance conformément à son droit national, soit en transmettant l'ordonnance reçue à la banque ou à une autre entité responsable de l'exécution de telles ordonnances dans cet État membre, soit, lorsque le droit national le prévoit, en ordonnant d'une autre manière à la banque de mettre en œuvre l'ordonnance.

(26) En fonction de la méthode disponible dans le cadre du droit de l'État membre d'exécution pour des ordonnances équivalentes sur le plan national, l'ordonnance de saisie conservatoire devrait être mise en œuvre par le blocage du montant saisi sur le compte du débiteur ou, lorsque le droit national le prévoit, par le transfert de ce montant vers un compte prévu aux fins de la saisie à titre conservatoire, qui pourrait être un compte tenu par l'autorité d'exécution compétente, la juridiction, la banque auprès de laquelle le débiteur détient son compte ou une banque désignée comme entité de coordination aux fins de la saisie conservatoire dans un cas donné.

(27) Le présent règlement ne devrait pas empêcher que le paiement de frais relatifs à l'exécution de l'ordonnance de saisie conservatoire soit réclamé à l'avance. Cette question devrait relever du droit national de l'État membre dans lequel l'ordonnance doit être exécutée.

(28) L'ordonnance de saisie conservatoire devrait avoir le même rang, le cas échéant, qu'une ordonnance équivalente sur le plan national dans l'État membre d'exécution. Si, au titre du droit national, certaines mesures d'exécution ont priorité sur des mesures conservatoires, la même priorité devrait leur être donnée par rapport aux ordonnances de saisie conservatoire au titre du présent règlement. Aux fins du présent règlement, les ordonnances in personam en vigueur dans certains systèmes juridiques nationaux devraient être considérées comme des ordonnances équivalentes sur le plan national.

(29) Le présent règlement devrait prévoir une obligation pour la banque ou toute autre entité responsable de l'exécution de l'ordonnance de saisie conservatoire dans l'État membre d'exécution de déclarer si et, dans l'affirmative, dans quelle mesure l'ordonnance a permis la saisie conservatoire de fonds du débiteur ainsi qu'une obligation pour le créancier d'assurer la libération des fonds faisant l'objet de la saisie conservatoire qui excèdent le montant précisé dans l'ordonnance.

(30) Le présent règlement devrait protéger le droit du débiteur à accéder à un tribunal impartial et son droit à un recours effectif et devrait, par conséquent, eu égard à la nature non contradictoire de la procédure de délivrance de l'ordonnance de saisie conservatoire, lui permettre de contester l'ordonnance ou son exécution pour les motifs prévus dans le présent règlement immédiatement après la mise en œuvre de l'ordonnance.

(31) Dans ce contexte, le présent règlement devrait exiger que l'ordonnance de saisie conservatoire, tous les documents soumis par le créancier à la juridiction dans l'État membre d'origine et les traductions nécessaires soient signifiés ou notifiés au débiteur rapidement après la mise en œuvre de l'ordonnance. La juridiction devrait avoir le pouvoir discrétionnaire de joindre à la signification ou à la notification tout autre document sur lequel elle a fondé sa décision et dont le débiteur pourrait avoir besoin pour son recours, comme les comptes rendus in extenso de toute audition.

(32) Le débiteur devrait être en mesure de demander un réexamen de l'ordonnance de saisie conservatoire, en particulier si les conditions ou exigences énoncées dans le présent règlement n'étaient pas remplies ou si les circonstances qui ont conduit à la délivrance de l'ordonnance ont changé de telle manière que la délivrance de l'ordonnance ne serait plus fondée. Par exemple, le débiteur devrait disposer d'une voie de recours si le litige ne constitue pas un litige transfrontière tel que le définit le présent règlement, si les règles de compétence énoncées dans le présent règlement n'ont pas été respectées, si le créancier n'a pas engagé de procédure au fond dans les délais prévus par le présent règlement et si la juridiction n'a pas, de ce fait, révoqué d'office l'ordonnance ou si l'ordonnance n'a pas pris fin automatiquement, s'il n'était pas urgent de protéger la créance par une ordonnance de saisie conservatoire parce qu'il n'existait pas de risque que le recouvrement ultérieur de cette créance soit empêché ou rendu sensiblement plus difficile, ou si la constitution de la garantie n'était pas conforme aux exigences énoncées dans le présent règlement.

Le débiteur devrait également disposer d'une voie de recours si l'ordonnance et la déclaration relative à la saisie conservatoire ne lui ont pas été signifiées ou notifiées comme prévu dans le présent règlement ou si les documents qui lui ont été signifiés ou notifiés ne satisfaisaient pas aux exigences linguistiques prévues dans le présent règlement. Cependant, il ne devrait pas être fait droit à un tel recours s'il est remédié à l'absence de signification ou de notification ou de traduction dans un délai donné. Pour qu'il soit remédié à l'absence de signification ou de notification, le créancier devrait adresser une demande à l'organisme de l'État membre d'origine chargé des significations ou des notifications en vue d'obtenir la signification ou la notification au débiteur des documents pertinents par courrier recommandé ou, lorsque le débiteur a accepté d'aller chercher les documents au siège de la juridiction, devrait fournir les traductions nécessaires des documents à la juridiction. Une telle demande ne devrait pas être nécessaire s'il a déjà été remédié à l'absence de signification ou de notification par d'autres voies, par exemple si, conformément au droit national, la juridiction a effectué la signification ou la notification d'office.

(33) La question de savoir qui doit fournir les traductions requises au titre du présent règlement et qui doit supporter les coûts de ces traductions relève du droit national.

(34) La compétence pour faire droit aux recours formés contre la délivrance de l'ordonnance de saisie conservatoire devrait relever des juridictions de l'État membre dans

lequel l'ordonnance a été délivrée. La compétence pour faire droit aux recours formés contre l'exécution de l'ordonnance devrait relever des juridictions ou, le cas échéant, des autorités d'exécution compétentes de l'État membre d'exécution.

(35) Le débiteur devrait avoir le droit de demander la libération des fonds faisant l'objet de la saisie conservatoire s'il constitue une garantie de substitution appropriée. Cette garantie de substitution pourrait prendre la forme d'un dépôt de garantie ou d'une garantie de substitution, par exemple une garantie bancaire ou une hypothèque.

(36) Le présent règlement devrait garantir que la saisie conservatoire du compte du débiteur n'affecte pas les montants qui sont exemptés de saisie au titre du droit de l'État membre d'exécution, par exemple les montants nécessaires pour assurer la subsistance du débiteur et de sa famille. En fonction du système procédural applicable dans cet État membre, le montant concerné devrait être soit exempté d'office par l'organisme responsable, qui pourrait être la juridiction, la banque ou l'autorité d'exécution compétente, avant que l'ordonnance ne soit mise en œuvre, soit exempté à la demande du débiteur postérieurement à la mise en œuvre de l'ordonnance. Lorsque des comptes tenus dans plusieurs États membres font l'objet d'une saisie conservatoire et que l'exemption a été appliquée plusieurs fois, le créancier devrait avoir la possibilité de s'adresser à la juridiction compétente de l'un ou de l'autre des États membres d'exécution ou, lorsque le droit national de l'État membre d'exécution le prévoit, à l'autorité d'exécution compétente de cet État membre, pour demander l'ajustement de l'exemption appliquée dans cet État membre.

(37) Afin de s'assurer que l'ordonnance de saisie conservatoire est délivrée et exécutée rapidement et sans retard, le présent règlement devrait fixer des délais au terme desquels les différentes étapes de la procédure doivent être réalisées. Les juridictions et les autorités participant à la procédure ne devraient être autorisées à déroger à ces délais que dans des circonstances exceptionnelles, par exemple dans des cas juridiquement ou factuellement complexes.

(38) Aux fins du calcul des délais et termes prévus par le présent règlement, il convient d'appliquer le règlement (CEE, Euratom) n° 1182/71 du Conseil.

(39) Afin de faciliter l'application du présent règlement, il convient de prévoir une obligation pour les États membres de communiquer à la Commission certaines informations concernant leur législation et leurs procédures en matière d'ordonnances de saisie conservatoire et d'ordonnances équivalentes sur le plan national.

(40) Afin de faciliter l'application pratique du présent règlement, il convient d'établir des formulaires types, en particulier pour la demande d'ordonnance, pour l'ordonnance elle-même, pour la déclaration relative à la saisie des fonds à titre conservatoire et pour la demande de recours ou d'appel au titre du présent règlement.

(41) Afin d'augmenter l'efficacité de la procédure, le présent règlement devrait autoriser le recours le plus large possible aux technologies modernes de communication acceptées en vertu des règles de procédure des États membres concernés, en particulier aux fins de remplir les formulaires types prévus par le présent règlement et à des fins de communication entre les autorités participant à la procédure. En outre, les méthodes de signature de l'ordonnance de saisie conservatoire et des autres documents prévus par le présent règlement devraient être neutres sur le plan technologique afin de permettre

l'application des méthodes existantes, telles la certification numérique ou l'authentification sécurisée, et l'évolution technique future en la matière.

(42) Afin d'assurer des conditions uniformes d'exécution du présent règlement, il convient de conférer des compétences d'exécution à la Commission en ce qui concerne l'établissement et la modification ultérieure des formulaires types prévus par le présent règlement. Ces compétences devraient être exercées en conformité avec le règlement (UE) n° 182/2011 du Parlement européen et du Conseil.

(43) Il convient d'avoir recours à la procédure consultative pour l'adoption d'actes d'exécution visant à établir et ensuite à modifier les formulaires types prévus par le présent règlement en conformité avec l'article 4 du règlement (UE) n° 182/2011.

(44) Le présent règlement respecte les droits fondamentaux et observe les principes consacrés par la charte des droits fondamentaux de l'Union européenne. En particulier, il vise à garantir le respect de la vie privée et familiale, la protection des données à caractère personnel, le droit de propriété et le droit à un recours effectif et à accéder à un tribunal impartial établis respectivement aux articles 7, 8, 17 et 47 de celle-ci.

(45) Dans le cadre de l'accès aux données à caractère personnel et de l'utilisation et de la transmission de celles-ci, au titre du présent règlement, il convient de respecter les exigences de la directive 95/46/CE du Parlement européen et du Conseil, telle qu'elle a été transposée dans le droit national des États membres.

(46) Aux fins de l'application du présent règlement, il y a cependant lieu de fixer certaines conditions spécifiques d'accès aux données à caractère personnel et d'utilisation et de transmission de celles-ci. Dans ce cadre, l'avis du Contrôleur européen de la protection des données a été pris en considération. La notification à la personne concernée devrait être effectuée conformément au droit national. Cependant, la notification au débiteur de la divulgation des informations relatives à son ou à ses comptes devrait être reportée de trente jours afin d'empêcher qu'une notification précoce ne compromette les effets de l'ordonnance de saisie conservatoire.

(47) Étant donné que l'objectif du présent règlement, à savoir instaurer une procédure au niveau de l'Union relative à une mesure conservatoire permettant à un créancier d'obtenir une ordonnance de saisie conservatoire qui empêche que le recouvrement ultérieur de sa créance ne soit mis en péril par le transfert ou le retrait de fonds détenus par le débiteur sur un compte bancaire au sein de l'Union, ne peut pas être atteint de manière suffisante par les États membres mais peut, en raison de ses dimensions et de ses effets, l'être mieux au niveau de l'Union, celle-ci peut prendre des mesures conformément au principe de subsidiarité consacré à l'article 5 du traité sur l'Union européenne. Conformément au principe de proportionnalité tel qu'énoncé audit article, le présent règlement n'excède pas ce qui est nécessaire pour atteindre cet objectif.

(48) Le présent règlement ne devrait s'appliquer qu'aux États membres qui sont liés par ledit règlement conformément aux traités. La procédure d'obtention d'une ordonnance de saisie conservatoire prévue par le présent règlement ne devrait dès lors être à la disposition que des créanciers qui sont domiciliés dans un État membre lié par le présent règlement et les ordonnances délivrées au titre du présent règlement ne devraient porter que sur la saisie conservatoire de comptes bancaires tenus dans un tel État membre.

(49) Conformément à l'article 3 du protocole n° 21 sur la position du Royaume-Uni et de l'Irlande à l'égard de l'espace de liberté, de sécurité et de justice, annexé au

traité sur l'Union européenne et au traité sur le fonctionnement de l'Union européenne, l'Irlande a notifié son souhait de participer à l'adoption et à l'application du présent règlement.
(50) Conformément aux articles 1er et 2 du protocole nº 21 sur la position du Royaume-Uni et de l'Irlande à l'égard de l'espace de de liberté, de sécurité et de justice, annexé au traité sur l'Union européenne et au traité sur le fonctionnement de l'Union européenne, et sans préjudice de l'article 4 de ce protocole, le Royaume-Uni ne participe pas à l'adoption du présent règlement et n'est pas lié par celui-ci ni soumis à son application.
(51) Conformément aux articles 1er et 2 du protocole nº 22 sur la position du Danemark annexé au traité sur l'Union européenne et au traité sur le fonctionnement de l'Union européenne, le Danemark ne participe pas à l'adoption du présent règlement et n'est pas lié par celui-ci ni soumis à son application,
Ont adopté le présent règlement :

CHAPITRE PREMIER
Objet, champ d'application et définitions

Art. premier *Objet.* 1. Le présent règlement instaure une procédure au niveau de l'Union permettant à un créancier d'obtenir une ordonnance européenne de saisie conservatoire des comptes bancaires (ci-après dénommée « ordonnance de saisie conservatoire » ou « ordonnance ») qui empêche que le recouvrement ultérieur de sa créance ne soit mis en péril par le transfert ou le retrait de fonds jusqu'à concurrence du montant précisé dans l'ordonnance, détenus par le débiteur ou pour le compte du débiteur sur un compte bancaire tenu dans un État membre.

2. L'ordonnance de saisie conservatoire est à la disposition du créancier comme alternative aux mesures conservatoires prévues par le droit national.

Art. 2 *Champ d'application.* 1. Le présent règlement s'applique aux créances pécuniaires en matière civile et commerciale dans les litiges transfrontières tels qu'ils sont définis à l'article 3, et quelle que soit la nature de la juridiction concernée. Il ne s'applique notamment ni aux matières fiscales, douanières ou administratives ni à la responsabilité de l'État pour des actes ou des omissions commis dans l'exercice de la puissance publique *(« acta jure imperii »).*

2. Sont exclus de l'application du présent règlement :

a) les régimes matrimoniaux ou les régimes patrimoniaux relatifs aux relations qui, selon la loi qui leur est applicable, sont réputées avoir des effets comparables au mariage;

b) les testaments et les successions, y compris les obligations alimentaires résultant d'un décès;

c) les créances sur un débiteur à l'encontre duquel des procédures de faillite, des procédures de liquidation d'entreprises ou d'autres personnes morales insolvables, des procédures de concordat ou d'autres procédures analogues ont été engagées;

d) la sécurité sociale;

e) l'arbitrage.

3. Le présent règlement ne s'applique pas aux comptes bancaires qui, selon le droit de l'État membre dans lequel le compte est tenu, ne peuvent pas faire l'objet d'une saisie, ni aux comptes tenus en rapport avec le fonctionnement d'un système au sens de l'article 2, point a), de la directive 98/26/CE du Parlement européen et du Conseil.

4. Le présent règlement ne s'applique pas aux comptes bancaires détenus par ou auprès des banques centrales agissant en leur qualité d'autorités monétaires.

Art. 3 *Litiges transfrontières.* 1. Aux fins du présent règlement, un litige transfrontière est un litige dans lequel le ou les comptes bancaires devant faire l'objet d'une saisie conservatoire par l'effet de l'ordonnance de saisie conservatoire sont tenus dans un État membre autre que :

a) l'État membre de la juridiction qui a été saisie de la demande d'ordonnance de saisie conservatoire en vertu de l'article 6; ou

b) l'État membre dans lequel le créancier est domicilié.

2. Le moment pertinent pour apprécier le caractère transfrontière d'un litige est celui de la date à laquelle la demande de saisie conservatoire a été introduite auprès de la juridiction compétente pour délivrer l'ordonnance de saisie conservatoire.

Art. 4 *Définitions.* Aux fins du présent règlement, on entend par :

1) « compte bancaire » ou « compte », tout compte contenant des fonds, détenu auprès d'une banque au nom du débiteur ou au nom d'un tiers pour le compte du débiteur;

2) « banque », un établissement de crédit au sens de l'article 4, paragraphe 1, point 1), du règlement (UE) n° 575/2013 du Parlement européen et du Conseil, y compris les succursales, au sens de l'article 4, paragraphe 1, point 17), dudit règlement, d'établissements de crédit ayant leur administration centrale à l'intérieur ou, conformément à l'article 47 de la directive 2013/36/UE du Parlement européen et du Conseil, à l'extérieur de l'Union lorsque ces succursales sont situées dans l'Union;

3) « fonds », de l'argent porté au crédit d'un compte dans n'importe quelle monnaie, ou des créances similaires ouvrant droit à la restitution d'argent, tels que des dépôts sur le marché monétaire;

4) « État membre dans lequel le compte bancaire est tenu » :

a) l'État membre indiqué dans le numéro IBAN (identifiant international de compte bancaire) du compte; ou

b) pour un compte bancaire ne comportant pas d'IBAN, l'État membre dans lequel la banque auprès de laquelle le compte est détenu a son administration centrale ou, si le compte est détenu auprès d'une succursale, l'État membre dans lequel la succursale est située;

5) « créance », un droit au paiement d'une somme d'argent d'un montant déterminé qui est devenue exigible ou un droit au paiement d'une somme d'argent d'un montant déterminable découlant d'une transaction ou d'un événement qui a déjà eu lieu, pour autant que cette créance puisse être produite en justice;

6) « créancier », une personne physique domiciliée dans un État membre ou une personne morale domiciliée dans un État membre ou toute autre entité domiciliée dans un État membre ayant la capacité juridique d'ester en justice au titre du droit d'un État membre, qui sollicite, ou a déjà obtenu, une ordonnance de saisie conservatoire concernant une créance;

7) « débiteur », une personne physique ou une personne morale ou toute autre entité ayant la capacité juridique d'ester en justice au titre du droit d'un État membre, à l'égard de laquelle le créancier cherche à obtenir, ou a déjà obtenu, une ordonnance de saisie conservatoire concernant une créance;

8) « décision », toute décision rendue par une juridiction d'un État membre quelle que soit la dénomination qui lui est donnée, y compris une décision sur la fixation par le greffier du montant des frais du procès;

9) « transaction judiciaire », une transaction qui a été approuvée par une juridiction d'un État membre ou conclue devant une juridiction d'un État membre en cours de procédure;

10) « acte authentique », un acte dressé ou enregistré formellement en tant qu'acte authentique dans un État membre et dont l'authenticité :

a) porte sur la signature et le contenu de l'acte; et

b) a été établie par une autorité publique ou toute autre autorité habilitée à le faire;

11) « État membre d'origine », l'État membre dans lequel l'ordonnance de saisie conservatoire a été délivrée;

12) « État membre d'exécution », l'État membre dans lequel est tenu le compte bancaire devant faire l'objet de la saisie conservatoire;

13) « autorité chargée de l'obtention d'informations », l'autorité qu'un État membre a désignée comme étant compétente aux fins de l'obtention des informations nécessaires sur le ou les comptes du débiteur en vertu de l'article 14;

14) « autorité compétente », l'autorité ou les autorités qu'un État membre a désignées comme étant compétentes pour la réception, la transmission, la signification ou la notification en vertu de l'article 10, paragraphe 2, de l'article 23, paragraphes 3, 5 et 6, de l'article 25, paragraphe 3, de l'article 27, paragraphe 2, de l'article 28, paragraphe 3, et de l'article 36, paragraphe 5, deuxième alinéa;

15) « domicile », le domicile déterminé conformément aux articles 62 et 63 du règlement (UE) n° 1215/2012 du Parlement européen et du Conseil.

CHAPITRE II

Procédure d'obtention d'une ordonnance de saisie conservatoire

Art. 5 *Cas d'ouverture.* Le créancier dispose de la possibilité de recourir à l'ordonnance de saisie conservatoire dans les situations suivantes :

a) avant que le créancier n'engage une procédure au fond dans un État membre à l'encontre du débiteur, ou à tout moment au cours de cette procédure jusqu'au moment où la décision est rendue ou jusqu'à l'approbation ou la conclusion d'une transaction judiciaire;

b) après que le créancier a obtenu, dans un État membre, une décision, une transaction judiciaire ou un acte authentique exigeant du débiteur le paiement de sa créance.

Art. 6 *Compétence.* 1. Lorsque le créancier n'a pas encore obtenu une décision, une transaction judiciaire ou un acte authentique, sont compétentes pour délivrer une ordonnance de saisie conservatoire les juridictions de l'État membre qui sont compétentes pour statuer au fond conformément aux règles de compétence pertinentes applicables.

2. Nonobstant le paragraphe 1, lorsque le débiteur est un consommateur qui a conclu un contrat avec le créancier à des fins pouvant être considérées comme étrangères à l'activité professionnelle du débiteur, les juridictions de l'État membre dans lequel le débiteur est domicilié sont seules compétentes pour délivrer une ordonnance de saisie conservatoire visant à garantir une créance concernant ce contrat.

3. Lorsque le créancier a déjà obtenu une décision ou une transaction judiciaire, les juridictions de l'État membre dans lequel la décision a été rendue ou la transaction

judiciaire a été approuvée ou conclue sont compétentes pour délivrer l'ordonnance de saisie conservatoire pour la créance précisée dans la décision ou la transaction judiciaire.

4. Lorsque le créancier a obtenu un acte authentique, les juridictions désignées à cet effet dans l'État membre dans lequel ledit acte a été établi sont compétentes pour délivrer une ordonnance de saisie conservatoire pour la créance précisée dans cet acte.

Art. 7 *Conditions de délivrance d'une ordonnance de saisie conservatoire.* 1. La juridiction délivre l'ordonnance de saisie conservatoire lorsque le créancier a fourni suffisamment d'éléments de preuve pour la convaincre qu'il est urgent de prendre une mesure conservatoire sous la forme d'une ordonnance de saisie conservatoire parce qu'il existe un risque réel qu'à défaut d'une telle mesure le recouvrement ultérieur de sa créance soit empêché ou rendu sensiblement plus difficile.

2. Lorsque le créancier n'a pas encore obtenu, dans un État membre, une décision, une transaction judiciaire ou un acte authentique exigeant du débiteur le paiement de sa créance, le créancier fournit également suffisamment d'éléments de preuve pour convaincre la juridiction qu'il sera probablement fait droit à sa demande au fond contre le débiteur.

Art. 8 *Demande d'ordonnance de saisie conservatoire.* 1. Les demandes d'ordonnance de saisie conservatoire sont introduites au moyen du formulaire dont le modèle est établi conformément à la procédure consultative visée à l'article 52, paragraphe 2.

2. La demande comprend les informations suivantes :

a) le nom et l'adresse de la juridiction auprès de laquelle la demande est introduite;

b) des renseignements concernant le créancier : nom et coordonnées et, le cas échéant, nom et coordonnées du représentant du créancier, et :

i) dans les cas où le créancier est une personne physique, sa date de naissance ainsi que, le cas échéant et s'il est disponible, son numéro d'identification ou de passeport; ou

ii) dans les cas où le créancier est une personne morale ou toute autre entité ayant la capacité juridique d'ester en justice au titre du droit d'un État membre, l'État du lieu de sa constitution, de sa formation ou de son enregistrement et son numéro d'identification ou d'enregistrement ou, à défaut d'un tel numéro, la date et le lieu de sa constitution, de sa formation ou de son enregistrement;

c) des renseignements concernant le débiteur : nom et coordonnées et, le cas échéant, nom et coordonnées du représentant du débiteur, et, si ces renseignements sont disponibles :

i) dans les cas où le débiteur est une personne physique, sa date de naissance et son numéro d'identification ou de passeport; ou

ii) dans les cas où le débiteur est une personne morale ou toute autre entité ayant la capacité juridique d'ester en justice au titre du droit d'un État membre, l'État du lieu de sa constitution, de sa formation ou de son enregistrement et son numéro d'identification ou d'enregistrement ou, à défaut d'un tel numéro, la date et le lieu de sa constitution, de sa formation ou de son enregistrement;

d) un numéro permettant l'identification de la banque, tel que le code IBAN ou BIC, et/ou le nom et l'adresse de la banque auprès de laquelle le débiteur détient un ou plusieurs comptes devant faire l'objet de la saisie conservatoire;

e) si le renseignement est disponible, le numéro du ou des comptes devant faire l'objet de la saisie conservatoire et, dans un tel cas, l'indication permettant de savoir si tout autre compte détenu par le débiteur auprès de la même banque devrait ou non faire l'objet de la saisie conservatoire;

f) dans les cas où aucune des informations exigées au titre du point d) ne peut être fournie, une déclaration indiquant qu'une demande est introduite pour obtenir des informations relatives aux comptes en vertu de l'article 14, lorsqu'une telle demande est possible, et une motivation indiquant les raisons pour lesquelles le créancier pense que le débiteur détient un ou plusieurs comptes auprès d'une banque dans un État membre déterminé;

g) le montant pour lequel l'ordonnance de saisie conservatoire est demandée :

i) dans les cas où le créancier n'a pas encore obtenu une décision, une transaction judiciaire ou un acte authentique, le montant du principal de la créance ou une partie de ce montant et le montant de tous les intérêts pouvant être recouvrés en vertu de l'article 15;

ii) dans les cas où le créancier a déjà obtenu une décision, une transaction judiciaire ou un acte authentique, le montant du principal de la créance précisé dans la décision, la transaction judiciaire ou l'acte authentique, ou une partie de ce montant, et le montant de tous les intérêts et frais pouvant être recouvrés en vertu de l'article 15;

h) dans les cas où le créancier n'a pas encore obtenu une décision, une transaction judiciaire ou un acte authentique :

i) une description de tous les éléments pertinents justifiant la compétence de la juridiction auprès de laquelle la demande d'ordonnance de saisie conservatoire est introduite;

ii) une description de toutes les circonstances pertinentes invoquées à l'appui de la créance et, le cas échéant, des intérêts réclamés;

iii) une déclaration indiquant si le créancier a déjà engagé une procédure au fond contre le débiteur;

i) dans les cas où le créancier a déjà obtenu une décision, une transaction judiciaire ou un acte authentique, une déclaration selon laquelle il n'a pas encore été donné suite à la décision, à la transaction judiciaire ou à l'acte authentique ou, dans les cas où il y a été donné suite en partie, une indication de la mesure dans laquelle il n'y a pas été donné suite;

j) une description de toutes les circonstances pertinentes justifiant la délivrance de l'ordonnance de saisie conservatoire, ainsi que l'exige l'article 7, paragraphe 1;

k) le cas échéant, une indication des motifs pour lesquels le créancier considère qu'il devrait être exempté de l'obligation de constituer une garantie en vertu de l'article 12;

l) une liste des éléments de preuve fournis par le créancier;

m) une déclaration, telle qu'elle est prévue à l'article 16, indiquant si le créancier a introduit auprès d'autres juridictions ou autorités une demande d'ordonnance équivalente sur le plan national ou si une telle ordonnance a déjà été obtenue ou refusée et, dans le cas où elle a été obtenue, la mesure dans laquelle elle a été mise en œuvre;

n) éventuellement, l'indication du numéro de compte bancaire du créancier que le débiteur peut utiliser pour tout paiement volontaire de la créance;

o) une déclaration indiquant que les informations fournies par le créancier dans la demande sont, à sa connaissance, véridiques et complètes et que le créancier est conscient que toute déclaration délibérément fausse ou incomplète peut avoir des conséquences juridiques au titre du droit de l'État membre dans lequel la demande est introduite ou engager sa responsabilité en vertu de l'article 13.

3. La demande est accompagnée de toutes les pièces justificatives utiles et, dans les cas où le créancier a déjà obtenu une décision, une transaction judiciaire ou un acte authentique, d'une copie de la décision, de la transaction judiciaire ou de l'acte authentique réunissant les conditions nécessaires à l'établissement de son authenticité.

4. La demande et les pièces justificatives peuvent être présentées par tout moyen de communication, y compris électronique, qui est accepté en vertu des règles de procédure de l'État membre dans lequel la demande est introduite.

Art. 9 *Obtention de preuves.* 1. La juridiction statue, par voie de procédure écrite, en se fondant sur les informations et les éléments de preuve fournis par le créancier dans ou avec sa demande. Si la juridiction estime que les éléments de preuve fournis sont insuffisants, elle peut demander au créancier, lorsque le droit national le permet, de fournir des éléments de preuve documentaires supplémentaires.

2. Nonobstant le paragraphe 1 et sous réserve de l'article 11, la juridiction peut, pour autant que la procédure n'en soit pas indûment retardée, utiliser également toute autre méthode appropriée dont elle dispose au titre de son droit national pour obtenir des éléments de preuve, telle qu'une audition du créancier ou de son ou ses témoins, y compris par vidéoconférence ou une autre technologie de communication.

Art. 10 *Engagement de la procédure au fond.* 1. Lorsque le créancier a demandé une ordonnance de saisie conservatoire avant d'engager une procédure au fond, il engage cette procédure et en fournit la preuve à la juridiction auprès de laquelle la demande d'ordonnance conservatoire a été introduite dans les trente jours à compter de la date d'introduction de la demande ou dans les quatorze jours de la date de délivrance de l'ordonnance, si cette date est postérieure. A la demande du débiteur, la juridiction peut également prolonger ce délai, par exemple afin de permettre aux parties de trouver un accord, et elle en informe les deux parties.

2. Si la juridiction n'a pas reçu, dans le délai visé au paragraphe 1, la preuve que la procédure a été engagée, l'ordonnance de saisie conservatoire est révoquée ou elle prend fin et les parties en sont informées.

Lorsque la juridiction qui a délivré l'ordonnance est située dans l'État membre d'exécution, l'ordonnance est révoquée ou prend fin dans ledit État membre conformément au droit dudit État membre.

Lorsque la révocation ou la cessation doit être mise en œuvre dans un État membre autre que l'État membre d'origine, la juridiction révoque l'ordonnance de saisie conservatoire en utilisant le formulaire de révocation dont le modèle est établi au moyen d'actes d'exécution adoptés en conformité avec la procédure consultative visée à l'article 52, paragraphe 2, et elle transmet le formulaire de révocation à l'autorité compétente de l'État membre d'exécution, conformément à l'article 29. Cette autorité prend les mesures nécessaires, en appliquant l'article 23, le cas échéant, pour que la révocation ou la cessation soit mise en œuvre.

3. Aux fins du paragraphe 1, la procédure au fond est réputée avoir été engagée :

a) à la date à laquelle l'acte introductif d'instance ou un acte équivalent est déposé auprès de la juridiction, à condition que le créancier n'ait pas omis par la suite de prendre les mesures qu'il était tenu de prendre pour que l'acte soit signifié ou notifié au débiteur; ou

b) si l'acte doit être signifié ou notifié avant d'être déposé auprès de la juridiction, à la date à laquelle il est reçu par l'autorité chargée de la signification ou de la notification, à condition que le créancier n'ait pas négligé par la suite de prendre les mesures qu'il était tenu de prendre pour que l'acte soit déposé auprès de la juridiction.

L'autorité chargée de la signification ou de la notification visée au premier alinéa, point b), est la première autorité qui reçoit les actes à signifier ou à notifier.

Art. 11 *Procédure non contradictoire.* Le débiteur n'est pas informé de la demande d'ordonnance de saisie conservatoire ni entendu avant la délivrance de l'ordonnance.

Art. 12 *Garantie que doit constituer le créancier.* 1. Avant de délivrer une ordonnance de saisie conservatoire dans les cas où le créancier n'a pas encore obtenu une décision, une transaction judiciaire ou un acte authentique, la juridiction exige du créancier qu'il constitue une garantie pour un montant suffisant afin de prévenir un recours abusif à la procédure prévue par le présent règlement et afin d'assurer la réparation de tout préjudice subi par le débiteur en raison de l'ordonnance, dans la mesure où le créancier est responsable dudit préjudice en vertu de l'article 13.

La juridiction peut, à titre exceptionnel, dispenser de l'exigence prévue au premier alinéa si elle considère que, compte tenu des circonstances de l'espèce, la constitution de garantie visée au premier alinéa est inappropriée.

2. Dans les cas où le créancier a déjà obtenu une décision, une transaction judiciaire ou un acte authentique, la juridiction peut, avant de délivrer l'ordonnance, exiger du créancier qu'il constitue une garantie telle qu'elle est visée au paragraphe 1, premier alinéa, lorsqu'elle le juge nécessaire et approprié compte tenu des circonstances de l'espèce.

3. Lorsque la juridiction exige la constitution d'une garantie en vertu du présent article, elle informe le créancier du montant requis et des formes de garantie acceptables au titre du droit de l'État membre dans lequel est située la juridiction. Elle indique au créancier qu'elle délivrera l'ordonnance de saisie conservatoire après qu'une garantie aura été constituée conformément à ces exigences.

Art. 13 *Responsabilité du créancier.* 1. Le créancier est responsable de tout préjudice causé au débiteur par l'ordonnance de saisie conservatoire en raison d'une faute du créancier. La charge de la preuve incombe au débiteur.

2. La faute du créancier est présumée, sauf preuve du contraire, dans les cas suivants :

a) si l'ordonnance est révoquée parce que le créancier a omis d'engager une procédure au fond, à moins que cette omission ne résulte du paiement de la créance par le débiteur ou de tout *[toute]* autre forme de règlement intervenu entre les parties;

b) si le créancier a omis de demander la libération des montants qui excèdent ceux précisés dans l'ordonnance de saisie conservatoire comme prévu à l'article 27;

c) s'il apparaît ultérieurement que la délivrance de l'ordonnance n'était pas appropriée ou n'était appropriée que pour un montant inférieur en raison du fait que le créancier a omis de remplir les obligations qui lui incombent au titre de l'article 16; ou

d) si l'ordonnance est révoquée ou s'il est mis fin à son exécution parce que le créancier n'a pas respecté les obligations qui lui incombent en vertu du présent règlement en matière de signification ou de notification ou de traduction de documents, ou concernant le fait de remédier à l'absence de signification ou de notification ou à l'absence de traduction.

3. Nonobstant le paragraphe 1, les États membres peuvent maintenir ou introduire dans leur droit national d'autres motifs ou types de responsabilités ou règles relatives à la charge de la preuve. Tous les autres aspects relatifs à la responsabilité du créancier envers le débiteur qui ne sont pas expressément traités au paragraphe 1 ou 2 sont régis par le droit national.

4. Le droit applicable à la responsabilité du créancier est le droit de l'État membre d'exécution.

Si des comptes font l'objet d'une saisie conservatoire dans plusieurs États membres, le droit applicable à la responsabilité du créancier est le droit de l'État membre d'exécution :

a) dans lequel le débiteur a sa résidence habituelle au sens de l'article 23 du règlement (CE) n° 864/2007 du Parlement européen et du Conseil; ou, à défaut,

b) qui présente les liens les plus étroits avec l'affaire.

5. Le présent article ne concerne pas la question de l'éventuelle responsabilité du créancier à l'égard d'une banque ou d'un tiers.

Art. 14 *Demande visant à obtenir des informations relatives aux comptes.*

1. Lorsque le créancier a obtenu, dans un État membre, une décision, une transaction judiciaire ou un acte authentique exécutoire exigeant du débiteur le paiement de sa créance et que le créancier a des raisons de croire que le débiteur détient un ou plusieurs comptes auprès d'une banque dans un État membre déterminé, mais qu'il ne connaît pas le nom ou/ni l'adresse de la banque, ni le code IBAN, BIC ou un autre numéro bancaire permettant d'identifier la banque, il peut demander à la juridiction auprès de laquelle la demande d'ordonnance de saisie conservatoire est introduite de demander à l'autorité chargée de l'obtention d'informations de l'État membre d'exécution d'obtenir les informations nécessaires pour permettre d'identifier la ou les banques et le ou les comptes du débiteur.

Nonobstant le premier alinéa, le créancier peut formuler la demande visée audit alinéa lorsque la décision, la transaction judiciaire ou l'acte authentique qu'il a obtenu n'est pas encore exécutoire et que le montant devant faire l'objet de la saisie conservatoire est important compte tenu des circonstances pertinentes et lorsque le créancier a fourni suffisamment d'éléments de preuve pour convaincre la juridiction qu'il est urgent d'obtenir des informations relatives aux comptes parce qu'il existe un risque qu'à défaut de ces informations le recouvrement ultérieur de sa créance soit mis en péril et que cela puisse conduire en conséquence à une détérioration importante de la situation financière du créancier.

2. Le créancier formule la demande visée au paragraphe 1 dans la demande d'ordonnance de saisie conservatoire. Le créancier justifie les raisons pour lesquelles il pense que le débiteur détient un ou plusieurs comptes auprès d'une banque dans un État membre déterminé et fournit toutes les informations utiles dont il dispose concernant le débiteur et le ou les comptes devant faire l'objet de la saisie conservatoire. Si la juridiction auprès de laquelle la demande d'ordonnance de saisie conservatoire est introduite considère que la demande du créancier n'est pas suffisamment étayée, elle la rejette.

3. Lorsque la juridiction est convaincue que la demande du créancier est bien étayée et que toutes les conditions et exigences prévues pour la délivrance de l'ordonnance de saisie conservatoire sont remplies, excepté l'exigence en matière d'informations énoncée à l'article 8, paragraphe 2, point d), et, le cas échéant, l'exigence de garantie en vertu de l'article 12, la juridiction transmet à l'autorité chargée de l'obtention d'informations de l'État membre d'exécution la demande d'informations, conformément à l'article 29.

4. Pour obtenir les informations visées au paragraphe 1, l'autorité chargée de l'obtention d'informations de l'État membre d'exécution utilise l'une des méthodes prévues dans cet État membre en vertu du paragraphe 5.

5. Chaque État membre prévoit dans son droit national au moins l'une des méthodes suivantes d'obtention des informations visées au paragraphe 1 :

a) l'obligation pour toutes les banques se trouvant sur son territoire de déclarer, à la demande de l'autorité chargée de l'obtention d'informations, si le débiteur détient un compte auprès d'elles;

b) l'octroi à l'autorité chargée de l'obtention d'informations d'un accès aux informations concernées lorsque ces informations sont détenues par des autorités ou administrations publiques et sont consignées dans des registres ou sous une autre forme;

c) la possibilité pour ses juridictions d'obliger le débiteur à indiquer dans quelle(s) banques(s) établie(s) sur son territoire il détient un ou plusieurs comptes, dans le cas où cette obligation est accompagnée d'une ordonnance *in personam* de la juridiction lui interdisant de procéder au retrait ou au transfert des fonds qu'il détient sur son ou ses comptes jusqu'à concurrence du montant devant faire l'objet de la saisie conservatoire par l'effet de l'ordonnance de saisie conservatoire; ou

d) toute autre méthode efficace et efficiente aux fins de l'obtention des informations concernées à condition qu'elle ne soit pas disproportionnée en termes de coût et de temps.

Quelles que soient la ou les méthodes prévues par un État membre, toutes les autorités participant à l'obtention d'informations agissent avec célérité.

6. Dès que l'autorité chargée de l'obtention d'informations de l'État membre d'exécution a obtenu les informations relatives aux comptes, elle les transmet à la juridiction qui les a demandées conformément à l'article 29.

7. Lorsque l'autorité chargée de l'obtention d'informations n'est pas en mesure d'obtenir les informations visées au paragraphe 1, elle en informe la juridiction qui les a demandées. Lorsque, du fait de la non-disponibilité des informations relatives aux comptes, la demande d'ordonnance de saisie conservatoire est rejetée dans son intégralité, la juridiction qui a demandé les informations libère sans tarder toute garantie que le créancier peut avoir constituée en vertu de l'article 12.

8. Lorsque, au titre du présent article, une banque fournit des informations à l'autorité chargée de l'obtention d'informations ou que l'accès aux informations relatives aux comptes détenues par des autorités ou administrations publiques dans des registres est accordé à ladite autorité, la notification au débiteur de la divulgation de ses données à caractère personnel est reportée de trente jours afin d'empêcher qu'une notification précoce ne compromette les effets de l'ordonnance de saisie conservatoire.

Art. 15 *Intérêts et frais.* 1. A la demande du créancier, l'ordonnance de saisie conservatoire couvre tous les intérêts échus au titre de la loi applicable à la créance jusqu'à la date de délivrance de l'ordonnance à condition que le montant ou le type d'intérêts ne soit pas d'une telle nature que son inclusion constitue une violation des lois de police de l'État membre d'origine.

2. Lorsque le créancier a déjà obtenu une décision, une transaction judiciaire ou un acte authentique, l'ordonnance de saisie conservatoire couvre aussi, à la demande du créancier, les frais d'obtention de cette décision, de cette transaction ou de cet acte, dans la mesure où il a été décidé que ces frais doivent être supportés par le débiteur.

Art. 16 *Demandes parallèles.* 1. Le créancier ne peut pas introduire devant plusieurs juridictions en même temps des demandes parallèles d'ordonnance de saisie conservatoire à l'encontre du même débiteur et visant à garantir la même créance.

2. Dans sa demande d'ordonnance de saisie conservatoire, le créancier fait une déclaration indiquant s'il a introduit auprès d'une autre juridiction ou autorité une demande d'ordonnance équivalente sur le plan national à l'encontre du même débiteur et visant à garantir la même créance ou s'il a déjà obtenu une telle ordonnance. Il fait également état de toute demande d'ordonnance qui aurait été rejetée comme irrecevable ou non fondée.

3. Lorsque, au cours de la procédure de délivrance d'une ordonnance de saisie conservatoire, le créancier obtient une ordonnance équivalente sur le plan national à l'encontre du même débiteur et visant à garantir la même créance, il en informe sans tarder la juridiction et lui communique sans tarder toute mise en œuvre ultérieure de l'ordonnance accordée sur le plan national. Il informe également la juridiction de toute demande d'ordonnance équivalente sur le plan national qui a été rejetée comme irrecevable ou non fondée.

4. Dans le cas où la juridiction est informée que le créancier a déjà obtenu une ordonnance équivalente sur le plan national, elle examine, compte tenu de toutes les circonstances de l'espèce, s'il est toujours approprié de délivrer l'ordonnance de saisie conservatoire, en tout ou en partie.

Art. 17 *Décision sur la demande d'ordonnance de saisie conservatoire.* 1. La juridiction saisie d'une demande d'ordonnance de saisie conservatoire examine si les conditions et exigences énoncées dans le présent règlement sont réunies.

2. La juridiction statue sans tarder sur la demande, mais au plus tard à la date d'expiration des délais prévus à l'article 18.

3. Lorsque le créancier n'a pas fourni toutes les informations requises en vertu de l'article 8, la juridiction peut donner au créancier la possibilité de compléter ou de rectifier la demande dans un délai à préciser par la juridiction, à moins que la demande ne soit manifestement irrecevable ou non fondée. Si le créancier omet de compléter ou de rectifier la demande dans ledit délai, la demande est rejetée.

4. L'ordonnance de saisie conservatoire est délivrée pour le montant justifié par les éléments de preuve visés à l'article 9 et déterminé selon le droit applicable à la créance sous-jacente et inclut, le cas échéant, les intérêts et/ou les frais en vertu de l'article 15.

L'ordonnance ne peut en aucun cas être délivrée pour un montant supérieur à celui indiqué par le créancier dans sa demande.

5. La décision sur la demande est portée à la connaissance du créancier conformément à la procédure prévue par le droit de l'État membre d'origine pour des ordonnances équivalentes sur le plan national.

Art. 18 *Délais impartis pour statuer sur la demande d'ordonnance de saisie conservatoire.* 1. Lorsque le créancier n'a pas encore obtenu une décision, une transaction judiciaire ou un acte authentique, la juridiction rend sa décision au plus tard à la fin du dixième jour ouvrable suivant le jour auquel le créancier a introduit sa demande ou, le cas échéant, le jour auquel il l'a complétée.

2. Lorsque le créancier a déjà obtenu une décision, une transaction judiciaire ou un acte authentique, la juridiction rend sa décision au plus tard à la fin du cinquième jour ouvrable suivant le jour auquel le créancier a introduit sa demande ou, le cas échéant, le jour auquel il l'a complétée.

3. Lorsque la juridiction considère, en vertu de l'article 9, paragraphe 2, qu'il est nécessaire d'entendre le créancier et, le cas échéant, son ou ses témoins, elle organise une audition sans tarder et rend sa décision au plus tard à la fin du cinquième jour ouvrable suivant la tenue de l'audition.

4. Dans les situations visées à l'article 12, les délais prévus aux paragraphes 1, 2 et 3 du présent article s'appliquent à la décision qui exige du créancier qu'il constitue une garantie. La juridiction rend sa décision sur la demande d'ordonnance de saisie conservatoire sans tarder, dès que le créancier a constitué la garantie requise.

5. Nonobstant les paragraphes 1, 2 et 3 du présent article, dans les cas visés à l'article 14, la juridiction rend sa décision sans tarder dès réception des informations visées à l'article 14, paragraphe 6 ou 7, pour autant qu'à ce moment le créancier ait constitué toute garantie requise.

Art. 19 *Forme et contenu de l'ordonnance de saisie conservatoire.* 1. L'ordonnance de saisie conservatoire est délivrée en utilisant le formulaire dont le modèle est établi au moyen d'actes d'exécution adoptés en conformité avec la procédure consultative visée à l'article 52, paragraphe 2, et porte le cachet, la signature et/ou toute autre marque d'authentification de la juridiction. Le formulaire comporte deux parties :

a) la partie A, contenant les informations énoncées au paragraphe 2, qui doivent être fournies à la banque, au créancier et au débiteur; et

b) la partie B, contenant les informations énoncées au paragraphe 3, qui doivent être fournies au créancier et au débiteur, en plus des informations en vertu du paragraphe 2.

2. La partie A comprend les informations suivantes :

a) le nom et l'adresse de la juridiction et le numéro de dossier de l'affaire;

b) les renseignements concernant le créancier indiqués à l'article 8, paragraphe 2, point b);

c) les renseignements concernant le débiteur indiqués à l'article 8, paragraphe 2, point c);

d) le nom et l'adresse de la banque concernée par l'ordonnance;

e) si le créancier a indiqué le numéro de compte du débiteur dans la demande, le numéro du ou des comptes devant faire l'objet de la saisie conservatoire et, le cas échéant, l'indication permettant de savoir si tout autre compte détenu par le débiteur auprès de la même banque doit ou non faire également l'objet de la saisie conservatoire;

f) le cas échéant, l'indication que le numéro de tout compte devant faire l'objet de la saisie conservatoire a été obtenu au moyen d'une demande en vertu de l'article 14 et que la banque doit, si nécessaire en vertu de l'article 24, paragraphe 4, deuxième alinéa, obtenir le ou les numéros concernés auprès de l'autorité chargée de l'obtention d'informations de l'État membre d'exécution;

g) le montant devant faire l'objet d'une saisie conservatoire par l'effet de l'ordonnance;

h) l'instruction donnée à la banque de mettre en œuvre l'ordonnance conformément à l'article 24;

i) la date de délivrance de l'ordonnance;

j) si le créancier a indiqué un compte dans sa demande, en vertu de l'article 8, paragraphe 2, point n), une autorisation donnée à la banque, en vertu de l'article 24, paragraphe 3, de libérer des fonds, si le débiteur en fait la demande et si le droit de l'État membre d'exécution l'autorise, du compte faisant l'objet de la saisie conservatoire, jusqu'à concurrence du montant précisé dans l'ordonnance, et de les transférer au compte indiqué par le créancier dans sa demande;

k) des informations permettant de savoir où trouver la version électronique du formulaire à utiliser pour la déclaration en vertu de l'article 25.

3. La partie B comprend les informations suivantes :

a) une description de l'objet du litige et du raisonnement qui a conduit la juridiction à délivrer l'ordonnance;

b) le montant de la garantie éventuelle constituée par le créancier;

c) le cas échéant, le délai imparti pour engager une procédure au fond et pour en fournir la preuve à la juridiction qui a délivré l'ordonnance;

d) le cas échéant, l'indication des documents qui doivent être traduits en vertu de l'article 49, paragraphe 1, deuxième phrase;

e) le cas échéant, l'indication selon laquelle c'est au créancier qu'il incombe d'engager l'exécution de l'ordonnance et, par conséquent, le cas échéant, l'indication selon laquelle c'est au créancier qu'il incombe de la transmettre à l'autorité compétente de l'État membre d'exécution en vertu de l'article 23, paragraphe 3, et de la signifier ou de la notifier au débiteur en vertu de l'article 28, paragraphes 2, 3 et 4; et

f) des informations sur les voies de recours dont dispose le débiteur.

4. Lorsque l'ordonnance de saisie conservatoire concerne des comptes détenus dans différentes banques, un formulaire distinct (partie A en vertu du paragraphe 2) est utilisé pour chaque banque. Dans ce cas, le formulaire fourni au créancier et au débiteur (parties A et B en vertu des paragraphes 2 et 3 respectivement) contient une liste de toutes les banques concernées.

Art. 20 *Durée de la saisie conservatoire.* Les fonds faisant l'objet de la saisie conservatoire par l'effet de l'ordonnance de saisie conservatoire demeurent saisis à titre conservatoire comme le prévoit l'ordonnance ou toute modification ou limitation ultérieure de cette ordonnance en vertu du chapitre IV :

a) jusqu'à ce que l'ordonnance soit révoquée;

b) jusqu'à ce que prenne fin l'exécution de l'ordonnance; ou

c) jusqu'à ce qu'une mesure en vue d'exécuter une décision, une transaction judiciaire ou un acte authentique obtenu par le créancier au sujet de la créance que l'ordonnance de saisie conservatoire visait à garantir ait pris effet en ce qui concerne les fonds faisant l'objet de la saisie conservatoire par l'effet de ladite ordonnance.

Art. 21 *Appel de la décision de refuser la délivrance de l'ordonnance de saisie conservatoire.* 1. Le créancier a le droit d'interjeter appel de toute décision de la juridiction rejetant, en tout ou en partie, sa demande d'ordonnance de saisie conservatoire.

2. Un tel appel est interjeté dans un délai de trente jours à compter de la date à laquelle la décision visée au paragraphe 1 a été portée à la connaissance du créancier. Il est interjeté auprès de la juridiction que l'État membre concerné a indiquée à la Commission en vertu de l'article 50, paragraphe 1, point d).

3. Lorsque la demande d'ordonnance de saisie conservatoire a été rejetée en totalité, l'appel est régi par la procédure non contradictoire prévue à l'article 11.

CHAPITRE III

Reconnaissance, force exécutoire et exécution de l'ordonnance de saisie conservatoire

Art. 22 *Reconnaissance et force exécutoire.* Une ordonnance de saisie conservatoire délivrée dans un État membre conformément au présent règlement est reconnue dans les autres États membres sans qu'une procédure spéciale soit requise et est exécutoire dans les autres États membres sans qu'une déclaration constatant sa force exécutoire soit nécessaire.

Art. 23 *Exécution de l'ordonnance de saisie conservatoire.* 1. Sous réserve des dispositions du présent chapitre, l'ordonnance de saisie conservatoire est exécutée conformément aux procédures applicables à l'exécution des ordonnances équivalentes sur le plan national dans l'État membre d'exécution.

2. Toutes les autorités participant à l'exécution de l'ordonnance agissent sans tarder.

3. Lorsque l'ordonnance de saisie conservatoire a été délivrée dans un État membre autre que l'État membre d'exécution, la partie A de l'ordonnance telle qu'elle est indiquée à l'article 19, paragraphe 2, et un formulaire type vierge pour la déclaration en vertu de l'article 25 sont, aux fins du paragraphe 1 du présent article, transmis à l'autorité compétente de l'État membre d'exécution conformément à l'article 29.

La transmission est effectuée par la juridiction qui a délivré l'ordonnance ou le créancier, selon celui qui, en vertu du droit de l'État membre d'origine, est chargé d'engager la procédure d'exécution.

4. L'ordonnance est accompagnée, si nécessaire, d'une traduction ou d'une translittération dans la langue officielle de l'État membre d'exécution ou, s'il existe plusieurs langues officielles dans cet État membre, la langue officielle ou l'une des langues officielles du lieu où l'ordonnance doit être mise en œuvre. Cette traduction ou translittération est fournie par la juridiction qui a délivré l'ordonnance, laquelle fait usage de la version linguistique appropriée du formulaire type visé à l'article 19.

5. L'autorité compétente de l'État membre d'exécution prend les mesures nécessaires pour faire exécuter l'ordonnance conformément à son droit national.

6. Lorsque l'ordonnance de saisie conservatoire concerne plusieurs banques établies dans le même État membre ou dans des États membres différents, un formulaire distinct établi pour chaque banque, comme indiqué à l'article 19, paragraphe 4, est transmis à l'autorité compétente de l'État membre d'exécution concerné.

Art. 24 *Mise en œuvre de l'ordonnance de saisie conservatoire.* 1. Une banque à laquelle une ordonnance de saisie conservatoire est adressée la met en œuvre sans tarder après réception de l'ordonnance ou, lorsque le droit de l'État membre d'exécution le prévoit, d'une instruction correspondante de mise en œuvre de l'ordonnance.

2. Aux fins de la mise en œuvre de l'ordonnance de saisie conservatoire, la banque, sous réserve des dispositions de l'article 31, saisit à titre conservatoire le montant précisé dans l'ordonnance :

a) soit en s'assurant que ce montant ne fait l'objet d'aucun transfert ni retrait à partir du ou des comptes qui sont indiqués dans l'ordonnance ou identifiés en vertu du paragraphe 4;

b) soit, lorsque le droit national le prévoit, en transférant ce montant vers un compte prévu aux fins de la saisie à titre conservatoire.

Le montant final faisant l'objet de la saisie conservatoire peut dépendre du règlement de transactions déjà pendantes au moment où la banque reçoit l'ordonnance ou une instruction correspondante. Cependant, ces transactions pendantes ne peuvent être prises en compte que si elles font l'objet d'un règlement avant que la banque ne fasse la déclaration en vertu de l'article 25, dans les délais énoncés à l'article 25, paragraphe 1.

3. Nonobstant le paragraphe 2, point a), la banque est autorisée, à la demande du débiteur, à libérer les fonds faisant l'objet de la saisie conservatoire et à les transférer vers le compte du créancier indiqué dans l'ordonnance aux fins du paiement de la créance du créancier si toutes les conditions suivantes sont réunies :

a) cette autorisation de la banque est expressément indiquée dans l'ordonnance conformément à l'article 19, paragraphe 2, point j);

b) le droit de l'État membre d'exécution autorise cette libération et ce transfert; et

c) il n'y a pas de conflit d'ordonnances à l'égard du compte concerné.

4. Lorsque l'ordonnance de saisie conservatoire ne précise pas le numéro ou les numéros du ou des comptes du débiteur mais indique uniquement le nom du débiteur ainsi que d'autres renseignements le concernant, la banque ou une autre entité responsable de

l'exécution de l'ordonnance identifie le ou les comptes détenus par le débiteur auprès de la banque indiquée dans l'ordonnance.

Si, sur la base des informations fournies dans l'ordonnance, il s'avère impossible pour la banque ou une autre entité d'identifier avec certitude un compte détenu par le débiteur, la banque :

a) lorsque, conformément à l'article 19, paragraphe 2, point f), il est indiqué dans l'ordonnance que le ou les numéros du ou des comptes devant faire l'objet de la saisie conservatoire ont été obtenus au moyen d'une demande en vertu de l'article 14, obtient ce ou ces numéros auprès de l'autorité chargée de l'obtention d'informations de l'État membre d'exécution; et

b) dans tous les autres cas, ne met pas en œuvre l'ordonnance.

5. Les fonds détenus sur le ou les comptes visés au paragraphe 2, point a), qui excèdent le montant précisé dans l'ordonnance de saisie conservatoire ne sont pas affectés par la mise en œuvre de l'ordonnance.

6. Si, au moment de la mise en œuvre de l'ordonnance de saisie conservatoire, les fonds détenus sur le ou les comptes visés au paragraphe 2, point a), sont insuffisants pour saisir à titre conservatoire la totalité du montant précisé dans l'ordonnance, celle-ci n'est mise en œuvre qu'à concurrence du montant disponible sur le ou les comptes.

7. Lorsque l'ordonnance de saisie conservatoire porte sur plusieurs comptes détenus par le débiteur auprès d'une même banque et que les fonds détenus sur ces comptes excèdent le montant précisé dans l'ordonnance, l'ordonnance est mise en œuvre selon l'ordre de priorité suivant :

a) les comptes d'épargne ouverts au nom du seul débiteur;

b) les comptes courants ouverts au nom du seul débiteur;

c) les comptes d'épargne ouverts au nom de plusieurs titulaires, sous réserve de l'article 30;

d) les comptes courants ouverts au nom de plusieurs titulaires, sous réserve de l'article 30.

8. Lorsque la devise dans laquelle sont exprimés les fonds détenus sur le ou les comptes visés au paragraphe 2, point a), n'est pas la même que celle dans laquelle l'ordonnance de saisie conservatoire a été délivrée, la banque convertit le montant précisé dans l'ordonnance dans la devise dans laquelle sont exprimés les fonds par référence au taux de change de référence fixé par la Banque centrale européenne ou au taux de change fixé par la banque centrale de l'État membre d'exécution applicable à la vente de cette devise à la date et à l'heure de la mise en œuvre de l'ordonnance, et saisit à titre conservatoire le montant correspondant dans la devise dans laquelle sont exprimés les fonds.

Art. 25 *Déclaration concernant la saisie des fonds à titre conservatoire.* 1. Au plus tard à la fin du troisième jour ouvrable suivant la mise en œuvre de l'ordonnance de saisie conservatoire, la banque ou une autre entité responsable de l'exécution de l'ordonnance dans l'État membre d'exécution fait une déclaration en utilisant le formulaire de déclaration établi au moyen d'actes d'exécution adoptés en conformité avec la procédure consultative visée à l'article 52, paragraphe 2, en indiquant si et dans quelle mesure les fonds se trouvant sur le ou les comptes du débiteur ont fait l'objet d'une saisie conservatoire et, dans l'affirmative, la date à laquelle l'ordonnance a été mise en œuvre. Si, dans des cas exceptionnels, la banque ou une autre entité n'est pas en mesure de faire la déclaration dans les trois jours ouvrables, elle fait cette déclaration dès que possible, mais au plus tard à la fin du huitième jour ouvrable suivant la mise en œuvre de l'ordonnance.

La déclaration est transmise sans tarder, conformément aux paragraphes 2 et 3.

2. Si l'ordonnance a été délivrée dans l'État membre d'exécution, la banque ou une autre entité responsable de l'exécution de l'ordonnance transmet la déclaration, conformément à l'article 29, à la juridiction qui a délivré l'ordonnance et, par courrier recommandé avec accusé de réception ou par des moyens électroniques équivalents, au créancier.

3. Si l'ordonnance a été délivrée dans un État membre autre que l'État membre d'exécution, la déclaration est transmise, conformément à l'article 29, à l'autorité compétente de l'État membre d'exécution, à moins qu'elle ait été délivrée par cette même autorité.

Au plus tard à la fin du premier jour ouvrable suivant la réception ou l'émission de la déclaration, cette autorité transmet la déclaration, conformément à l'article 29, à la juridiction qui a délivré l'ordonnance et, par courrier recommandé avec accusé de réception ou par des moyens électroniques équivalents, au créancier.

4. La banque ou une autre entité responsable de l'exécution de l'ordonnance de saisie conservatoire communique au débiteur, à la demande de celui-ci, les détails de l'ordonnance. La banque ou l'entité peut le faire également en l'absence d'une telle demande.

Art. 26 *Responsabilité de la banque.* Toute responsabilité de la banque pour manquement aux obligations qui lui incombent au titre du présent règlement est régie par le droit de l'État membre d'exécution.

Art. 27 *Obligation du créancier de demander la libération des montants excédant ceux précisés dans l'ordonnance de saisie conservatoire.* 1. Le créancier est tenu de prendre les mesures nécessaires pour veiller à la libération de tout montant qui, à la suite de la mise en œuvre de l'ordonnance de saisie conservatoire, excède le montant précisé dans ladite ordonnance :

a) lorsque l'ordonnance concerne plusieurs comptes détenus dans le même État membre ou dans différents États membres; ou

b) lorsque l'ordonnance a été délivrée après la mise en œuvre d'une ou de plusieurs ordonnances équivalentes sur le plan national, à l'encontre du même débiteur et visant à garantir la même créance.

2. Au plus tard à la fin du troisième jour ouvrable suivant la réception de toute déclaration en vertu de l'article 25 indiquant que les montants faisant l'objet de la saisie conservatoire excèdent ceux précisés dans l'ordonnance, le créancier soumet, par les moyens les plus rapides possibles et à l'aide du formulaire prévu pour demander la libération des montants excédant ceux précisés dans l'ordonnance, établi au moyen d'actes d'exécution adoptés en conformité avec la procédure consultative visée à l'article 52, paragraphe 2, une demande de libération à l'autorité compétente de l'État membre d'exécution dans lequel les montants faisant l'objet d'une saisie conservatoire ont excédé ceux précisés dans l'ordonnance.

Dès réception de la demande, cette autorité charge dans les plus brefs délais la banque concernée de procéder à la libération des montants qui excèdent ceux précisés dans l'ordonnance. L'article 24, paragraphe 7, s'applique, le cas échéant, dans l'ordre inverse de priorité.

3. Le présent article n'exclut pas la possibilité pour un État membre de prévoir dans son droit national que l'autorité d'exécution compétente de cet État membre doit procéder de sa propre initiative à la libération des fonds excédant ceux précisés dans l'ordonnance à partir de tout compte tenu sur son territoire.

Art. 28 *Signification ou notification au débiteur.* 1. L'ordonnance de saisie conservatoire, les autres documents visés au paragraphe 5 du présent article et la déclaration en vertu de l'article 25 sont signifiés ou notifiés au débiteur conformément au présent article.

2. Lorsque le débiteur est domicilié dans l'État membre d'origine, la signification ou la notification s'effectue conformément au droit de cet État membre. La signification ou la notification est effectuée par la juridiction qui a délivré l'ordonnance ou le créancier, selon celui qui est chargé de procéder à la signification ou à la notification dans l'État membre d'origine, au plus tard à la fin du troisième jour ouvrable suivant le jour de réception de la déclaration en vertu de l'article 25 indiquant que des montants ont fait l'objet d'une saisie conservatoire.

3. Lorsque le débiteur est domicilié dans un État membre autre que l'État membre d'origine, la juridiction qui a délivré l'ordonnance ou le créancier, selon celui qui est chargé de procéder à la signification ou à la notification dans l'État membre d'origine, transmet les documents visés au paragraphe 1 du présent article, conformément à l'article 29, à l'autorité compétente de l'État membre dans lequel le débiteur est domicilié, au plus tard à la fin du troisième jour ouvrable suivant le jour de réception de la déclaration en vertu de l'article 25 indiquant que des montants ont fait l'objet d'une saisie conservatoire. Cette autorité prend, sans tarder, les mesures nécessaires pour que les documents soient signifiés ou notifiés au débiteur conformément au droit de l'État membre dans lequel le débiteur est domicilié.

Lorsque l'État membre dans lequel le débiteur est domicilié est le seul État membre d'exécution, les documents visés au paragraphe 5 du présent article sont transmis à l'autorité compétente dudit État membre au moment où l'ordonnance est transmise conformément à l'article 23, paragraphe 3. Dans ce cas, ladite autorité compétente procède à la signification ou à la notification de tous les documents visés au paragraphe 1 du présent article au plus tard à la fin du troisième jour ouvrable suivant le jour de réception ou d'émission de la déclaration en vertu de l'article 25 indiquant que des montants ont fait l'objet d'une saisie conservatoire.

L'autorité compétente informe la juridiction qui a délivré l'ordonnance ou le créancier, selon celui qui a transmis les documents devant être signifiés ou notifiés, du résultat de cette signification ou notification au débiteur.

4. Lorsque le débiteur est domicilié dans un État tiers, la signification ou la notification est effectuée conformément aux règles relatives aux significations et notifications internationales applicables dans l'État membre d'origine.

5. Les documents suivants sont signifiés ou notifiés au débiteur et, si nécessaire, sont accompagnés d'une traduction ou d'une translittération comme le prévoit l'article 49, paragraphe 1 :

a) l'ordonnance de saisie conservatoire comportant les parties A et B du formulaire visées à l'article 19, paragraphes 2 et 3 ;

b) la demande d'ordonnance de saisie conservatoire qui a été introduite par le créancier auprès de la juridiction ;

c) les copies de tous les documents fournis par le créancier à la juridiction en vue de l'obtention de l'ordonnance.

6. Lorsque l'ordonnance de saisie conservatoire concerne plusieurs banques, seule la première déclaration en vertu de l'article 25 indiquant que des montants ont fait l'objet d'une saisie conservatoire est signifiée ou notifiée au débiteur conformément au présent article. Les déclarations ultérieures éventuelles en vertu de l'article 25 sont portées à la connaissance du débiteur sans tarder.

Art. 29 *Transmission de documents.* 1. Dans les cas où le présent règlement prévoit la transmission de documents conformément au présent article, cette transmission peut être effectuée par tout moyen approprié, sous réserve que le contenu du document reçu soit fidèle et conforme à celui du document transmis et que toutes les informations qu'il contient soient aisément lisibles.

2. La juridiction ou l'autorité qui a reçu des documents conformément au paragraphe 1 du présent article adresse, au plus tard à la fin du jour ouvrable suivant le jour de réception, un accusé de réception à l'autorité, au créancier ou à la banque qui a transmis les documents, en ayant recours aux moyens de transmission les plus rapides et en utilisant le formulaire type établi au moyen d'actes d'exécution adoptés en conformité avec la procédure consultative visée à l'article 52, paragraphe 2.

Art. 30 *Saisie conservatoire de comptes joints et de comptes de mandataire.* Les fonds détenus sur des comptes qui, selon les dossiers de la banque, ne sont pas exclusivement détenus par le débiteur, ou sont détenus par un tiers pour le compte du débiteur ou par le débiteur pour le compte d'un tiers, ne peuvent faire l'objet d'une saisie conservatoire au titre du présent règlement que pour autant qu'ils peuvent être soumis à une saisie conservatoire au titre du droit de l'État membre d'exécution.

Art. 31 *Montants exemptés de saisie conservatoire.* 1. Les montants qui sont exemptés de saisie au titre du droit de l'État membre d'exécution sont exemptés de saisie conservatoire au titre du présent règlement.

2. Lorsque le droit de l'État membre d'exécution prévoit que les montants visés au paragraphe 1 sont exemptés de saisie sans qu'aucune demande ne doive être formulée par le débiteur, l'organisme compétent pour exempter ces montants dans cet État membre exempte de saisie conservatoire, de sa propre initiative, les montants concernés.

3. Lorsque le droit de l'État membre d'exécution prévoit que les montants visés au paragraphe 1 du présent article sont exemptés de saisie à la demande du débiteur, ces montants sont exemptés de saisie conservatoire à la demande du débiteur comme le prévoit l'article 34, paragraphe 1, point a).

Art. 32 *Rang de l'ordonnance de saisie conservatoire.* L'ordonnance de saisie conservatoire a le même rang, le cas échéant, qu'une ordonnance équivalente sur le plan national dans l'État membre d'exécution.

CHAPITRE IV
Voies de recours

Art. 33 *Recours du débiteur contre l'ordonnance de saisie conservatoire.* 1. Sur demande du débiteur adressée à la juridiction compétente de l'État membre d'origine, l'ordonnance de saisie conservatoire est révoquée ou, le cas échéant, modifiée au motif que :

a) il n'a pas été satisfait aux conditions ou aux exigences énoncées dans le présent règlement;

b) l'ordonnance, la déclaration en vertu de l'article 25 et/ou les autres documents visés à l'article 28, paragraphe 5, n'ont pas été signifiés ou notifiés au débiteur dans les quatorze jours à compter de la saisie conservatoire de son compte ou de ses comptes;

c) les documents qui ont été signifiés ou notifiés au débiteur conformément à l'article 28 ne satisfaisaient pas aux exigences linguistiques énoncées à l'article 49, paragraphe 1;

d) les montants faisant l'objet de la saisie conservatoire qui excédaient le montant précisé dans l'ordonnance n'ont pas été libérés conformément à l'article 27;

e) la créance dont le créancier cherchait à garantir le recouvrement à l'aide de l'ordonnance a été payée en totalité ou en partie;

f) une décision au fond a rejeté la demande relative à la créance dont le créancier cherchait à garantir le recouvrement à l'aide de l'ordonnance;

g) la décision au fond ou la transaction judiciaire ou l'acte authentique, dont le créancier cherchait à garantir l'exécution à l'aide de l'ordonnance, a été, selon le cas, écarté ou annulé.

2. Sur demande du débiteur adressée à la juridiction compétente de l'État membre d'origine, la décision concernant la garantie en vertu de l'article 12 est réexaminée au motif que les conditions ou exigences dudit article n'ont pas été remplies.

Si, sur la base de ce recours, la juridiction exige du créancier qu'il constitue une garantie ou une garantie complémentaire, l'article 12, paragraphe 3, première phrase, s'applique, le cas échéant, et la juridiction indique que l'ordonnance de saisie conservatoire sera révoquée ou modifiée si la garantie (complémentaire) requise n'est pas constituée dans le délai qu'elle précise.

3. Il est fait droit au recours introduit au titre du paragraphe 1, point b), sauf s'il est remédié à l'absence de signification ou de notification dans les quatorze jours à compter de la date à laquelle le créancier a été informé de la demande de recours du débiteur en vertu du paragraphe 1, point b).

Sauf s'il a déjà été remédié à l'absence de signification ou de notification par d'autres voies, il est considéré, aux fins d'évaluer s'il doit ou non être fait droit au recours en vertu du paragraphe 1, point b), qu'il a été remédié à l'absence de signification ou de notification :

a) si le créancier demande à l'organisme responsable des significations ou des notifications au titre du droit de l'État membre d'origine de signifier ou de notifier les documents au débiteur; ou

b) lorsque le débiteur a indiqué dans sa demande de recours qu'il accepte d'aller chercher les documents au siège de la juridiction de l'État membre d'origine et lorsqu'il appartenait au créancier de fournir les traductions, si le créancier transmet à ladite juridiction les traductions requises en vertu de l'article 49, paragraphe 1.

A la demande du créancier en vertu du point a) du deuxième alinéa du présent paragraphe, l'organisme responsable des significations ou des notifications au titre du droit de l'État membre d'origine signifie ou notifie sans tarder les documents au débiteur par courrier recommandé avec accusé de réception à l'adresse indiquée par le débiteur conformément au paragraphe 5 du présent article.

Lorsqu'il appartenait au créancier de procéder à la signification ou à la notification des documents visés à l'article 28, il ne peut être remédié à une absence de signification ou de notification que si le créancier démontre qu'il avait pris toutes les mesures qu'il était tenu de prendre pour que la signification ou la notification initiale des documents soit effectuée.

4. Il est fait droit au recours introduit au titre du paragraphe 1, point c), sauf si le créancier fournit au débiteur les traductions exigées en vertu du présent règlement dans les quatorze jours à compter de la date à laquelle le créancier a été informé de la demande de recours du débiteur en vertu du paragraphe 1, point c).

Le paragraphe 3, deuxième et troisième alinéas, est applicable le cas échéant.

5. Dans sa demande de recours adressée au titre du paragraphe 1, points b) et c), le débiteur indique une adresse à laquelle les documents et les traductions visés à l'article 28 peuvent être envoyés conformément aux paragraphes 3 et 4 du présent article ou, à titre d'alternative, il indique qu'il accepte d'aller chercher ces documents au siège de la juridiction de l'État membre d'origine.

Art. 34 *Recours du débiteur contre l'exécution de l'ordonnance de saisie conservatoire.* 1. Nonobstant les articles 33 et 35, sur demande du débiteur adressée à la juridiction compétente ou, lorsque le droit national le prévoit, à l'autorité d'exécution compétente de l'État membre d'exécution, l'exécution de l'ordonnance de saisie conservatoire dans ledit État membre d'exécution :

a) est limitée au motif que certains montants détenus sur le compte devraient être exemptés de saisie conformément à l'article 31, paragraphe 3, ou que des montants exemptés de saisie n'ont pas, ou pas correctement, été pris en compte dans la mise en œuvre de l'ordonnance conformément à l'article 31, paragraphe 2; ou

b) prend fin au motif quc :

i) le compte faisant l'objet de la saisie conservatoire est exclu du champ d'application du présent règlement en vertu de l'article 2, paragraphes 3 et 4;

ii) l'exécution de la décision, de la transaction judiciaire ou de l'acte authentique, que le créancier cherchait à garantir à l'aide de l'ordonnance, a été refusée dans l'État membre d'exécution;

iii) la force exécutoire de la décision, dont le créancier cherchait à garantir l'exécution à l'aide de l'ordonnance, a été suspendue dans l'État membre d'origine; ou

iv) l'article 33, paragraphe 1, point b), c), d), e), f) ou g), s'applique. L'article 33, paragraphes 3, 4 et 5, s'applique, le cas échéant.

2. Sur demande du débiteur adressée à la juridiction compétente de l'État membre d'exécution, l'exécution de l'ordonnance de saisie conservatoire dans ledit État membre prend fin si elle est manifestement contraire à l'ordre public de l'État membre d'exécution.

Art. 35 *Autres recours ouverts au débiteur et au créancier.* 1. Le débiteur ou le créancier peut demander à la juridiction qui a délivré l'ordonnance de saisie conservatoire de modifier ou de révoquer l'ordonnance au motif que les circonstances sur la base desquelles l'ordonnance a été délivrée ont changé.

2. La juridiction qui a délivré l'ordonnance de saisie conservatoire peut aussi, de sa propre initiative, lorsque le droit de l'État membre d'origine le permet, modifier ou révoquer l'ordonnance au motif que les circonstances ont changé.

3. Le débiteur et le créancier peuvent, au motif qu'ils ont accepté de régler la créance, demander conjointement à la juridiction qui a délivré l'ordonnance de saisie conservatoire de révoquer ou de modifier celle-ci ou à la juridiction compétente de l'État membre d'exécution ou, lorsque le droit national le prévoit, à l'autorité d'exécution compétente de cet État membre de mettre fin à l'exécution de l'ordonnance ou de limiter ladite exécution.

4. Le créancier peut demander à la juridiction compétente de l'État membre d'exécution ou, lorsque le droit national le prévoit, à l'autorité d'exécution compétente de cet État membre de modifier l'exécution de l'ordonnance de saisie conservatoire de manière à ajuster l'exemption appliquée dans cet État membre en vertu de l'article 31, au motif que d'autres exemptions ont déjà été appliquées pour un montant suffisamment élevé

par rapport à un ou à plusieurs comptes tenus dans un ou plusieurs autres États membres et qu'un ajustement est dès lors approprié.

Art. 36 *Procédure pour les recours en vertu des articles 33, 34 et 35.* 1. La demande de recours en vertu de l'article 33, 34 ou 35 est introduite en utilisant le formulaire de recours établi au moyen d'actes d'exécution adoptés en conformité avec la procédure consultative visée à l'article 52, paragraphe 2. Cette demande peut être faite à tout moment et introduite par tout moyen de communication, y compris électronique, qui est accepté en vertu des règles de procédure de l'État membre dans lequel la demande est introduite.

2. La demande est portée à la connaissance de l'autre partie.

3. A l'exception des cas où la demande a été introduite par le débiteur en vertu de l'article 34, paragraphe 1, point a), ou de l'article 35, paragraphe 3, la décision sur la demande est rendue après que les deux parties ont eu l'occasion de présenter leurs arguments, y compris par les moyens appropriés relevant des technologies de la communication disponibles et acceptés au titre du droit national de chacun des États membres concernés.

4. La décision est rendue sans tarder, mais au plus tard vingt et un jours après que la juridiction ou, lorsque le droit national le prévoit, l'autorité d'exécution compétente a reçu toutes les informations nécessaires pour rendre sa décision. La décision est portée à la connaissance des parties.

5. La décision de révoquer ou de modifier l'ordonnance de saisie conservatoire et la décision de limiter l'exécution de l'ordonnance de saisie conservatoire ou d'y mettre fin sont immédiatement exécutoires.

Lorsque la demande de recours a été introduite dans l'État membre d'origine, la juridiction, conformément à l'article 29, transmet la décision sur le recours, sans tarder, à l'autorité compétente de l'État membre d'exécution en utilisant le formulaire établi au moyen d'actes d'exécution adoptés en conformité avec la procédure consultative visée à l'article 52, paragraphe 2. Immédiatement dès réception de ce document, ladite autorité veille à ce que la décision sur le recours soit mise en œuvre.

Lorsque la décision sur le recours concerne un compte bancaire tenu dans l'État membre d'origine, elle est mise en œuvre conformément au droit de l'État membre d'origine.

Lorsque la demande de recours a été introduite dans l'État membre d'exécution, la décision sur le recours est mise en œuvre conformément au droit de l'État membre d'exécution.

Art. 37 *Droit d'interjeter appel.* Chaque partie a le droit d'interjeter appel d'une décision rendue en vertu de l'article 33, 34 ou 35. Un tel appel est interjeté en utilisant le formulaire de recours établi au moyen d'actes d'exécution adoptés en conformité avec la procédure consultative visée à l'article 52, paragraphe 2.

Art. 38 *Droit de constituer une garantie en remplacement de la saisie conservatoire.* 1. Sur demande du débiteur :

a) la juridiction qui a délivré l'ordonnance de saisie conservatoire peut ordonner la libération des fonds faisant l'objet de la saisie conservatoire si le débiteur fournit à cette juridiction une garantie à concurrence du montant précisé dans l'ordonnance ou une garantie de substitution sous une forme acceptable au titre du droit de l'État membre dans lequel est située la juridiction et d'une valeur au moins équivalente à ce montant;

b) la juridiction compétente ou, lorsque le droit national le prévoit, l'autorité d'exécution compétente de l'État membre d'exécution peut mettre fin à l'exécution de l'ordonnance de saisie conservatoire dans l'État membre d'exécution si le débiteur dépose auprès de cette juridiction ou autorité une garantie à concurrence du montant saisi à titre conservatoire dans cet État membre, ou une garantie de substitution sous une forme acceptable au titre du droit de l'État membre dans lequel est située la juridiction et d'une valeur au moins équivalente à ce montant.

2. Les articles 23 et 24 s'appliquent, le cas échéant, à la libération des fonds faisant l'objet de la saisie conservatoire. La constitution de la garantie en remplacement de la saisie conservatoire est portée à la connaissance du créancier conformément au droit national.

Art. 39 *Droit des tiers.* 1. Le droit d'un tiers de contester une ordonnance de saisie conservatoire est régi par le droit de l'État membre d'origine.

2. Le droit d'un tiers de contester l'exécution d'une ordonnance de saisie conservatoire est régi par le droit de l'État membre d'exécution.

3. Sans préjudice d'autres règles de compétence prévues dans le droit de l'Union ou le droit national, la compétence concernant toute action engagée par un tiers visant à :

a) contester une ordonnance de saisie conservatoire relève des juridictions de l'État membre d'origine ; et

b) contester l'exécution d'une ordonnance de saisie conservatoire dans l'État membre d'exécution relève des juridictions de l'État membre d'exécution ou, lorsque le droit national dudit État membre le prévoit, de l'autorité d'exécution compétente.

CHAPITRE V
Dispositions générales

Art. 40 *Légalisation ou formalité analogue.* Aucune légalisation ni formalité analogue n'est exigée dans le cadre du présent règlement.

Art. 41 *Représentation en justice.* La représentation par un avocat ou par un autre professionnel du droit n'est pas obligatoire dans les procédures d'obtention d'une ordonnance de saisie conservatoire. Dans le cadre des procédures menées en vertu du chapitre 4, la représentation par un avocat ou par un autre professionnel du droit n'est pas obligatoire sauf si, au titre du droit de l'État membre de la juridiction ou de l'autorité auprès de laquelle la demande de recours est introduite, cette représentation est obligatoire indépendamment de la nationalité ou du domicile des parties.

Art. 42 *Frais de justice.* Les frais de justice dans le cadre d'une procédure d'obtention d'une ordonnance de saisie conservatoire ou d'une procédure de recours contre une ordonnance ne peuvent être supérieurs aux frais supportés pour l'obtention d'une ordonnance équivalente sur le plan national ou pour un recours contre une telle ordonnance sur le plan national.

Art. 43 *Coûts supportés par les banques.* 1. Une banque est en droit de demander au créancier ou au débiteur le paiement ou le remboursement des coûts supportés pour la mise en œuvre d'une ordonnance de saisie conservatoire uniquement lorsque, au titre du droit de l'État membre d'exécution, elle a droit à ce paiement ou à ce remboursement par rapport à des ordonnances équivalentes sur le plan national.

2. Les frais facturés par une banque pour couvrir les coûts visés au paragraphe 1 sont déterminés en tenant compte de la complexité de la mise en œuvre de l'ordonnance de

saisie conservatoire et ne peuvent être supérieurs aux frais facturés pour la mise en œuvre d'ordonnances équivalentes sur le plan national.

3. Les frais facturés par une banque pour couvrir les coûts liés à la communication d'informations relatives aux comptes en vertu de l'article 14 ne peuvent être supérieurs aux coûts réellement supportés et, le cas échéant, ne peuvent être supérieurs aux frais facturés pour la communication d'informations relatives aux comptes dans le cadre d'ordonnances équivalentes sur le plan national.

Art. 44 *Frais facturés par les autorités.* Les frais facturés par toute autorité ou tout autre organisme de l'État membre d'exécution participant au traitement ou à l'exécution d'une ordonnance de saisie conservatoire ou à la communication d'informations relatives aux comptes en vertu de l'article 14 sont déterminés sur la base d'un barème ou d'un autre ensemble de règles fixé au préalable par chaque État membre et indiquant les frais applicables de manière transparente. Lors de l'établissement de ce barème ou de cet autre ensemble de règles, l'État membre peut tenir compte du montant de l'ordonnance et de la complexité inhérente à son traitement. Le cas échéant, les frais ne peuvent être supérieurs aux frais facturés par rapport à des ordonnances équivalentes sur le plan national.

Art. 45 *Délais.* Lorsque, dans des circonstances exceptionnelles, il est impossible pour la juridiction ou l'autorité impliquée de respecter les délais prévus à l'article 14, paragraphe 7, à l'article 18, à l'article 23, paragraphe 2, à l'article 25, paragraphe 3, deuxième alinéa, à l'article 28, paragraphes 2, 3 et 6, à l'article 33, paragraphe 3, et à l'article 36, paragraphes 4 et 5, la juridiction ou l'autorité prend, dès que possible, les mesures requises par ces dispositions.

Art. 46 *Relation avec le droit procédural national.* 1. Toute question procédurale non expressément réglée par le présent règlement est régie par le droit de l'État membre dans lequel la procédure se déroule.

2. Les effets de l'ouverture d'une procédure d'insolvabilité sur les actions individuelles en exécution, telles que l'exécution d'une ordonnance de saisie conservatoire, sont régis par le droit de l'État membre dans lequel la procédure d'insolvabilité a été ouverte.

Art. 47 *Protection des données à caractère personnel.* 1. Les données à caractère personnel recueillies, traitées ou transmises au titre du présent règlement sont adéquates, pertinentes et non excessives au regard de la finalité pour laquelle elles ont été recueillies, traitées ou transmises et ne sont utilisées qu'à cette fin.

2. L'autorité compétente, l'autorité chargée de l'obtention d'informations et toute autre entité responsable de l'exécution de l'ordonnance de saisie conservatoire ne peuvent conserver les données visées au paragraphe 1 au-delà de la période nécessaire pour la finalité pour laquelle elles ont été recueillies, traitées ou transmises, et qui n'est en aucun cas supérieure à six mois après la fin de la procédure, et, tout au long de cette période, garantissent une protection appropriée de ces données. Le présent paragraphe ne s'applique pas aux données traitées ou stockées par les juridictions dans le cadre de l'exercice de leurs fonctions judiciaires.

Art. 48 *Relation avec d'autres instruments.* Le présent règlement s'entend sans préjudice :

a) du règlement (CE) n° 1393/2007 du Parlement européen et du Conseil, sous réserve de ce que prévoient l'article 10, paragraphe 2, l'article 14, paragraphes 3 et 6, l'article 17, paragraphe 5, l'article 23, paragraphes 3 et 6, l'article 25, paragraphes 2 et 3, l'article 28, paragraphes 1, 3, 5 et 6, l'article 29, l'article 33, paragraphe 3, l'article 36, paragraphes 2 et 4, et l'article 49, paragraphe 1, du présent règlement;

b) du règlement (UE) n° 1215/2012;

c) du règlement (CE) n° 1346/2000;

d) de la directive 95/46/CE, sous réserve de ce que prévoient l'article 14, paragraphe 8, et l'article 47 du présent règlement;

e) du règlement (CE) n° 1206/2001 du Parlement européen et du Conseil;

f) du règlement (CE) n° 864/2007, sous réserve de ce que prévoit l'article 13, paragraphe 4, du présent règlement.

Art. 49 *Langues.* 1. Tous les documents énumérés à l'article 28, paragraphe 5, points a) et b), devant être signifiés ou notifiés au débiteur et qui ne sont pas rédigés dans la langue officielle de l'État membre dans lequel le débiteur est domicilié ou, lorsque ledit État membre compte plusieurs langues officielles, dans la langue officielle ou une des langues officielles du lieu du domicile du débiteur ou dans une autre langue comprise par lui sont accompagnés d'une traduction ou d'une translittération dans une de ces langues. Les documents énumérés à l'article 28, paragraphe 5, point c), ne sont pas traduits, à moins que la juridiction ne décide, à titre exceptionnel, que certains documents doivent être traduits ou translittérés pour permettre au débiteur de faire valoir ses droits.

2. Tout document devant être adressé au titre du présent règlement à une juridiction ou à une autorité compétente peut également être rédigé dans toute autre langue officielle des institutions de l'Union, si l'État membre concerné a indiqué pouvoir accepter une telle autre langue.

3. Toute traduction faite au titre du présent règlement l'est par une personne habilitée à effectuer des traductions dans l'un des États membres.

Art. 50 *Informations à fournir par les États membres.* 1. Au plus tard le 18 juillet 2016, les États membres notifient les informations suivantes à la Commission :

a) les juridictions désignées comme étant compétentes pour délivrer une ordonnance de saisie conservatoire (article 6, paragraphe 4);

b) l'autorité désignée comme étant compétente pour l'obtention d'informations relatives aux comptes (article 14);

c) les méthodes d'obtention d'informations relatives aux comptes prévues par leur droit national (article 14, paragraphe 5);

d) les juridictions devant lesquelles il peut être interjeté appel (article 21);

e) l'autorité ou les autorités désignées comme étant compétentes pour la réception, la transmission et la signification ou la notification de l'ordonnance de saisie conservatoire et d'autres documents au titre du présent règlement [article 4, point 14)];

f) l'autorité compétente pour exécuter l'ordonnance de saisie conservatoire conformément au chapitre III;

g) la mesure dans laquelle les comptes joints et les comptes de mandataire peuvent faire l'objet d'une saisie conservatoire au titre de leur droit national (article 30);

h) les règles applicables aux montants exemptés de saisie au titre du droit national (article 31);

i) si, en vertu de leur droit national, les banques ont le droit de facturer des frais pour la mise en œuvre d'ordonnances équivalentes sur le plan national ou pour fournir des informations relatives aux comptes et, si tel est le cas, l'indication de la partie qui est tenue de supporter ces frais, provisoirement et définitivement (article 43);

j) le barème des frais ou un autre ensemble de règles établissant les frais applicables facturés par toute autorité ou tout organisme participant au traitement ou à l'exécution de l'ordonnance de saisie conservatoire (article 44);

k) si un rang éventuel est conféré aux ordonnances équivalentes sur le plan national au titre du droit national (article 32);

l) les juridictions ou, le cas échéant, l'autorité d'exécution compétentes pour faire droit à un recours (article 33, paragraphe 1, et article 34, paragraphe 1 ou 2);

m) les juridictions devant lesquelles il peut être interjeté appel, le délai, s'il est prescrit, dans lequel cet appel doit être interjeté au titre du droit national et l'événement qui constitue le point de départ dudit délai (article 37);

n) une indication des frais de justice (article 42); et

o) les langues acceptées pour la traduction des documents (article 49, paragraphe 2).

Les États membres notifient à la Commission toute modification ultérieure de ces informations.

2. La Commission rend les informations accessibles au public par tout moyen approprié, notamment par l'intermédiaire du réseau judiciaire européen en matière civile et commerciale.

Art. 51 *Établissement et modification ultérieure des formulaires.* La Commission adopte des actes d'exécution établissant et modifiant ultérieurement les formulaires visés à l'article 8, paragraphe 1, à l'article 10, paragraphe 2, à l'article 19, paragraphe 1, à l'article 25, paragraphe 1, à l'article 27, paragraphe 2, à l'article 29, paragraphe 2, à l'article 36, paragraphe 1, à l'article 36, paragraphe 5, deuxième alinéa, et à l'article 37. Ces actes d'exécution sont adoptés en conformité avec la procédure consultative visée à l'article 52, paragraphe 2.

Art. 52 *Comité.* 1. La Commission est assistée par un comité. Ledit comité est un comité au sens du règlement (UE) n° 182/2011.

2. Lorsqu'il est fait référence au présent paragraphe, l'article 4 du règlement (UE) n° 182/2011 s'applique.

Art. 53 *Suivi et réexamen.* 1. Au plus tard le 18 janvier 2022, la Commission soumet au Parlement européen, au Conseil et au Comité économique et social européen un rapport sur l'application du présent règlement, comportant une évaluation sur l'opportunité :

a) d'inclure les instruments financiers dans le champ d'application du présent règlement; et

b) de soumettre à la saisie conservatoire en vertu de l'ordonnance de saisie conservatoire les montants crédités sur le compte du débiteur après la mise en œuvre de l'ordonnance.

Ce rapport est accompagné, le cas échéant, d'une proposition de modification du présent règlement et d'une évaluation de l'impact des modifications à introduire.

2. Aux fins du paragraphe 1, les États membres recueillent et mettent à la disposition de la Commission, sur demande, des informations sur :

a) le nombre de demandes d'ordonnance de saisie conservatoire et le nombre de cas dans lesquels l'ordonnance a été délivrée;

b) le nombre de demandes de recours introduites en vertu des articles 33 et 34 et, si possible, le nombre de cas dans lesquels il a été fait droit au recours; et

c) le nombre d'appels interjetés en vertu de l'article 37 et, si possible, le nombre de cas dans lesquels l'appel a été accueilli.

CHAPITRE VI
Dispositions finales

Art. 54 *Entrée en vigueur.* Le présent règlement entre en vigueur le vingtième jour suivant celui de sa publication au *Journal officiel de l'Union européenne.*

Il est applicable à partir du 18 janvier 2017, à l'exception de l'article 50, qui est applicable à partir du 18 juillet 2016.

Le présent règlement est obligatoire dans tous ses éléments et directement applicable dans les États membres conformément aux traités.

33 Règlement (UE) n° 910/2014 du Parlement européen et du Conseil du 23 juillet 2014 sur l'identification électronique et les services de confiance pour les transactions électroniques au sein du marché intérieur et abrogeant la directive 1999/93/CE

Applicable depuis le 1er juillet 2016

(Extraits)

CHAPITRE II
Identification électronique

Art. 6 *Reconnaissance mutuelle.* 1. Lorsqu'une identification électronique à l'aide d'un moyen d'identification électronique et d'une authentification est exigée en vertu du droit national ou de pratiques administratives nationales pour accéder à un service en ligne fourni par un organisme du secteur public dans un État membre, le moyen d'identification électronique délivré dans un autre État membre est reconnu dans le premier État membre aux fins de l'authentification transfrontalière pour ce service en ligne, à condition que les conditions suivantes soient remplies :

a) la délivrance de ce moyen d'identification électronique relève d'un schéma d'identification électronique qui figure sur la liste publiée par la Commission en vertu de l'article 9;

b) le niveau de garantie de ce moyen d'identification électronique correspond à un niveau de garantie égal ou supérieur à celui requis par l'organisme du secteur public concerné pour accéder à ce service en ligne dans le premier État membre, à condition que le niveau de garantie de ce moyen d'identification électronique corresponde au niveau de garantie substantiel ou élevé;

c) l'organisme du secteur public concerné utilise le niveau de garantie substantiel ou élevé pour ce qui concerne l'accès à ce service en ligne.

Cette reconnaissance intervient au plus tard douze mois après la publication par la Commission de la liste visée au point

a) du premier alinéa.

2. Un moyen d'identification électronique dont la délivrance relève d'un schéma d'identification électronique figurant sur la liste publiée par la Commission en vertu de l'article 9 et qui correspond au niveau de garantie faible peut être reconnu par des organismes du secteur public aux fins de l'authentification transfrontalière du service fourni en ligne par ces organismes.

CHAPITRE III

Services de confiance

Art. 14 *Aspects internationaux.* 1. Les services de confiance fournis par des prestataires de services de confiance établis dans un pays tiers sont reconnus comme équivalents, sur le plan juridique, à des services de confiance qualifiés fournis par des prestataires de services de confiance qualifiés établis dans l'Union lorsque les services de confiance provenant du pays tiers sont reconnus en vertu d'un accord conclu entre l'Union et le pays tiers concerné ou une organisation internationale conformément à l'article 218 du traité sur le fonctionnement de l'Union européenne.

2. Les accords visés au paragraphe 1 garantissent, en particulier, que :

a) les exigences applicables aux prestataires de services de confiance qualifiés établis dans l'Union et les services de confiance qualifiés qu'ils fournissent sont respectés par les prestataires de services de confiance dans le pays tiers ou par les organisations internationales avec lesquels l'accord est conclu, et par les services de confiance qu'ils fournissent;

b) les services de confiance qualifiés fournis par des prestataires de services de confiance qualifiés établis dans l'Union sont reconnus comme équivalents, sur le plan juridique, à des services de confiance fournis par des prestataires de services de confiance dans le pays tiers ou par l'organisation internationale avec lesquels l'accord est conclu.

Art. 18 *Assistance mutuelle.* 1. Les organes de contrôle coopèrent en vue d'échanger des bonnes pratiques.

Un organe de contrôle fournit, après réception d'une demande justifiée d'un autre organe de contrôle, à cet organe une assistance afin que les activités des organes de contrôle puissent être exécutées de façon cohérente. L'assistance mutuelle peut notamment couvrir des demandes d'informations et des mesures de contrôle, telles que des demandes de procéder à des inspections liées aux rapports d'évaluation de la conformité visés aux articles 20 et 21.

2. Un organe de contrôle saisi d'une demande d'assistance peut refuser cette demande sur la base de l'un ou l'autre des motifs suivants :

a) l'organe de contrôle n'est pas compétent pour fournir l'assistance demandée;

b) l'assistance demandée n'est pas proportionnée aux activités de contrôle de l'organe de contrôle effectuées conformément à l'article 17;

c) la fourniture de l'assistance demandée serait incompatible avec le présent règlement.

3. Le cas échéant, les États membres peuvent autoriser leurs organes de contrôle respectifs à mener des enquêtes conjointes faisant intervenir des membres des organes de contrôle d'autres États membres. Les modalités et procédures concernant ces actions conjointes sont approuvées et établies par les États membres concernés conformément à leur droit national.

34 Règlement d'exécution (UE) n° 1329/2014 de la Commission du 9 décembre 2014 établissant les formulaires mentionnés dans le règlement (UE) n° 650/2012 du Parlement européen et du Conseil relatif à la compétence, la loi applicable, la reconnaissance et l'exécution des décisions, et l'acceptation et l'exécution des actes authentiques en matière de successions et à la création d'un certificat successoral européen

Applicable depuis le 17 août 2015

Non reproduit. Consultable sur :
https ://eur-lex.europa.eu

35 Règlement UE n° 2015-848 du 20 mai 2015 relatif aux procédures d'insolvabilité (refonte)

Applicable depuis le 26 juin 2017
Succède au Règlement CE n° 1346-2000 du 29 mai 2000
(V. *supra* n° 3)

Le Parlement européen et le Conseil de l'Union européenne,
Vu le traité sur le fonctionnement de l'Union européenne, et notamment son article 81,
Vu la proposition de la Commission européenne,
Après transmission du projet d'acte législatif aux parlements nationaux,
Vu l'avis du Comité économique et social européen,
Statuant conformément à la procédure législative ordinaire,
Considérant ce qui suit :
(1) Le 12 décembre 2012, la Commission a adopté un rapport sur l'application du règlement (CE) n° 1346/2000 du Conseil. Dans son rapport, la Commission conclut que le règlement fonctionne bien en règle générale, mais qu'il conviendrait d'améliorer l'application de certaines de ses dispositions afin de renforcer l'efficacité de la gestion des procédures d'insolvabilité transfrontalières. Étant donné que ce règlement a été modifié à plusieurs reprises et que de nouvelles modifications s'imposent, il convient, dans un souci de clarté, de procéder à une refonte dudit règlement.
(2) L'Union s'est fixé pour objectif d'établir un espace de liberté, de sécurité et de justice.
(3) Le bon fonctionnement du marché intérieur exige que les procédures d'insolvabilité transfrontalières fonctionnent de manière efficace et effective. L'adoption du présent règlement est nécessaire pour atteindre cet objectif, qui relève du domaine de la coopération judiciaire civile au sens de l'article 81 du traité.
(4) Les activités des entreprises ont de plus en plus souvent des effets transfrontaliers, et sont dès lors de plus en plus réglementées par le droit de l'Union. L'insolvabilité de

telles entreprises affecte également le bon fonctionnement du marché intérieur, et il est nécessaire d'adopter un acte de l'Union qui impose la coordination des mesures à prendre concernant le patrimoine d'un débiteur insolvable.

(5) Il est nécessaire, pour assurer le bon fonctionnement du marché intérieur, d'éviter que les parties ne soient incitées à déplacer des avoirs ou des procédures judiciaires d'un État membre à un autre en vue d'améliorer leur situation juridique au détriment de la masse des créanciers (»forum shopping »).

(6) Le présent règlement devrait comprendre des dispositions régissant la compétence pour l'ouverture de procédures d'insolvabilité et d'actions qui découlent directement de procédures d'insolvabilité et qui y sont étroitement liées. Il devrait, en outre, contenir des dispositions relatives à la reconnaissance et à l'exécution de décisions rendues dans le cadre de ces procédures, ainsi que des dispositions concernant la loi applicable aux procédures d'insolvabilité. Par ailleurs, le présent règlement devrait fixer des règles relatives à la coordination des procédures d'insolvabilité qui se rapportent à un même débiteur ou à plusieurs membres d'un même groupe de sociétés.

(7) Les faillites, les procédures relatives à la liquidation de sociétés ou autres personnes morales insolvables, les concordats et les autres procédures analogues, ainsi que les actions liées à de telles procédures sont exclus du champ d'application du règlement (UE) n° 1215/2012 du Parlement européen et du Conseil(4). Ces procédures devraient être couvertes par le présent règlement. L'interprétation du présent règlement devrait, autant que possible, combler les lacunes réglementaires entre les deux instruments. Toutefois, le simple fait qu'une procédure nationale ne figure pas à l'annexe A du présent règlement ne devrait pas impliquer qu'elle relève du règlement (UE) n° 1215/2012.

(8) Pour atteindre l'objectif visant à améliorer et à accélérer les procédures d'insolvabilité ayant des effets transfrontaliers, il paraît nécessaire et approprié que les dispositions relatives à la compétence, à la reconnaissance et au droit applicable dans ce domaine soient contenues dans un acte de l'Union qui soit obligatoire et directement applicable dans tout État membre.

(9) Le présent règlement devrait s'appliquer aux procédures d'insolvabilité qui remplissent les conditions fixées dans celui-ci, que le débiteur soit une personne physique ou morale, un commerçant ou un particulier. Ces procédures d'insolvabilité sont limitativement énumérées à l'annexe A. En ce qui concerne les procédures nationales qui figurent à l'annexe A, le présent règlement devrait s'appliquer sans que les juridictions d'un autre État membre examinent si les conditions fixées dans le présent règlement sont réunies. Les procédures d'insolvabilité nationales qui ne figurent pas à l'annexe A ne devraient pas relever du présent règlement.

(10) Le champ d'application du présent règlement devrait être étendu aux procédures qui favorisent le redressement d'entreprises économiquement viables mais en difficulté, et qui donnent une seconde chance aux entrepreneurs. Il devrait, en particulier, être étendu aux procédures qui prévoient la restructuration d'un débiteur à un stade où il n'existe qu'une probabilité d'insolvabilité, et aux procédures qui laissent au débiteur le contrôle total ou partiel de ses actifs et de ses affaires. Le champ d'application devrait également être étendu aux procédures prévoyant la décharge ou l'ajustement de dettes en ce qui concerne des consommateurs et des indépendants, par exemple en réduisant le montant à payer par le débiteur ou en allongeant le délai de paiement qui lui est

accordé. Étant donné que de telles procédures n'entraînent pas nécessairement la désignation d'un praticien de l'insolvabilité, elles devraient relever du présent règlement si elles sont menées sous le contrôle ou la surveillance d'une juridiction. Dans ce contexte, le terme «contrôle» devrait couvrir les situations dans lesquelles la juridiction n'intervient que sur recours d'un créancier ou d'autres parties intéressées.

(11) Le présent règlement devrait également s'appliquer aux procédures qui prévoient l'octroi d'une suspension provisoire des actions en exécution engagées par des créanciers individuels lorsque ces actions pourraient nuire aux négociations et compromettre les possibilités de restructuration de l'entreprise du débiteur. Ces procédures ne devraient pas porter préjudice à la masse des créanciers et, si aucun accord ne peut être dégagé sur un plan de restructuration, elles devraient être préalables à d'autres procédures relevant du présent règlement.

(12) Le présent règlement devrait s'appliquer aux procédures dont l'ouverture est rendue publique afin de permettre aux créanciers de prendre connaissance de la procédure et de produire leurs créances, ce qui garantit le caractère collectif de la procédure, et de leur donner la possibilité de contester la compétence de la juridiction qui a ouvert la procédure.

(13) Par conséquent, les procédures d'insolvabilité qui sont confidentielles devraient être exclues du champ d'application du présent règlement. Même si ces procédures peuvent jouer un rôle important dans certains États membres, il est impossible à un créancier ou à une juridiction établi(e) dans un autre État membre de savoir que de telles procédures ont été ouvertes, du fait de leur caractère confidentiel, et il est donc difficile d'assurer la reconnaissance de leurs effets dans l'ensemble de l'Union.

(14) Les procédures collectives qui relèvent du présent règlement devraient se dérouler avec la participation de la totalité ou d'une partie importante des créanciers auxquels le débiteur doit la totalité ou une part importante de ses dettes en cours, pour autant que cela ne porte pas préjudice aux créances des créanciers qui ne sont pas parties à ces procédures. Celles-ci devraient également englober les procédures auxquelles participent uniquement les créanciers financiers d'un débiteur. Les procédures qui sont engagées sans la participation de la totalitédes créanciers d'un débiteur devraient viser au redressement du débiteur. Les procédures conduisant à la cessation définitive des activités du débiteur ou à la liquidation de ses actifs devraient se dérouler avec la participation de la totalité de ses créanciers. En outre, le fait que certaines procédures d'insolvabilité concernant des personnes physiques excluent la possibilité de décharge de dettes pour des catégories spécifiques de créances, telles que les créances alimentaires, ne devrait pas signifier que ces procédures ne sont pas des procédures collectives.

(15) Le présent règlement devrait également s'appliquer aux procédures qui, en vertu du droit de certains États membres, sont ouvertes et menées pendant une certaine période, à titre intérimaire ou provisoire, avant qu'une juridiction ne rende une décision confirmant la poursuite de ces procédures à titre non provisoire. Bien qu'elles soient qualifiées de «provisoires», ces procédures devraient répondre à toutes les autres exigences du présent règlement.

(16) Le présent règlement devrait s'appliquer aux procédures fondées sur des législations relatives à l'insolvabilité. Toutefois, les procédures fondées sur une disposition

générale du droit des sociétés qui n'a pas été exclusivement prévue pour les situations d'insolvabilité ne devraient pas être considérées comme fondées sur des législations relatives à l'insolvabilité. De même, les procédures ayant pour objet un ajustement de dettes ne devraient pas englober les procédures spécifiques d'effacement des dettes d'une personne physique ayant de très faibles revenus et des actifs de très faible valeur, à condition que ce type de procédure ne prévoie en aucun cas le paiement de créanciers.

(17) Le champ d'application du présent règlement devrait s'étendre aux procédures déclenchées par des situations dans lesquelles le débiteur rencontre des difficultés non financières, à condition que ces difficultés engendrent une menace réelle et grave pour la capacité actuelle ou future du débiteur à payer ses dettes à l'échéance. La période à prendre en considération aux fins de la détermination d'une telle menace peut être de plusieurs mois ou même davantage, afin de tenir compte des cas où le débiteur rencontre des difficultés non financières qui menacent la continuité de ses activités et, à moyen terme, ses liquidités. Tel peut être le cas, par exemple, si le débiteur a perdu un contrat qui revêt une importance capitale pour lui.

(18) Le présent règlement ne devrait préjuger en rien des règles relatives à la récupération des aides d'État auprès de sociétés insolvables, conformément à la jurisprudence de la Cour de justice de l'Union européenne.

(19) Les procédures d'insolvabilité qui concernent les entreprises d'assurance, les établissements de crédit, les entreprises d'investissement et d'autres firmes, établissements ou entreprises couverts par la directive 2001/24/CE du Parlement européen et du Conseil et les organismes de placement collectif devraient être exclues du champ d'application du présent règlement car ceux-ci sont tous soumis à un régime particulier et les autorités nationales de surveillance disposent de pouvoirs d'intervention étendus.

(20) Les procédures d'insolvabilité n'impliquent pas nécessairement l'intervention d'une autorité judiciaire. Par conséquent, le terme «juridiction» employé dans le présent règlement devrait, dans certaines dispositions, être pris au sens large et viser également une personne ou un organe habilité par le droit national à ouvrir des procédures d'insolvabilité. Aux fins de l'application du présent règlement, les procédures (qui comprennent les actes et formalités inscrits dans la loi) devraient non seulement satisfaire aux dispositions du présent règlement, mais aussi être officiellement reconnues et être exécutoires dans l'État membre dans lequel les procédures d'insolvabilité sont ouvertes.

(21) Les praticiens de l'insolvabilité sont définis dans le présent règlement et sont énumérés à l'annexe B. Les praticiens de l'insolvabilité qui sont désignés sans l'intervention d'une instance judiciaire devraient, en vertu du droit national, faire l'objet d'une réglementation appropriée et être dûment autorisés à agir dans le cadre des procédures d'insolvabilité. Le cadre réglementaire national devrait comporter des dispositions appropriées pour traiter d'éventuels conflits d'intérêts.

(22) Le présent règlement tient compte du fait qu'en raison des divergences considérables qui existent entre les droits matériels, il n'est pas pratique de mettre en place une procédure d'insolvabilité ayant une portée universelle pour toute l'Union. Dans ce contexte, l'application sans exception du droit de l'État d'ouverture de la procédure susciterait fréquemment des difficultés. Cela vaut, par exemple, pour les lois nationales sur les sûretés qui présentent d'importantes divergences selon les États membres.

Par ailleurs, les droits préférentiels dont jouissent certains créanciers dans les procédures d'insolvabilité sont, dans certains cas, conçus de manière très différente. Lors de la prochaine révision du présent règlement, il conviendra d'envisager de nouvelles mesures afin d'améliorer les droits préférentiels des travailleurs au niveau européen. Le présent règlement devrait tenir compte de telles divergences entre les législations nationales de deux manières distinctes. D'une part, il convient de prévoir des règles spéciales relatives à la loi applicable à certains droits et situations juridiques particulièrement importants (par exemple les droits réels et les contrats de travail). D'autre part, il y a également lieu d'autoriser, outre une procédure d'insolvabilité principale de portée universelle, des procédures nationales qui ne concernent que les actifs situés dans l'État d'ouverture de la procédure.

(23) Le présent règlement permet d'ouvrir la procédure d'insolvabilité principale dans l'État membre où se situe le centre des intérêts principaux du débiteur. Cette procédure a une portée universelle et vise à inclure tous les actifs du débiteur. En vue de protéger les différents intérêts, le présent règlement permet d'ouvrir des procédures d'insolvabilité secondaires parallèlement à la procédure d'insolvabilité principale. Des procédures d'insolvabilité secondaires peuvent être ouvertes dans l'État membre dans lequel le débiteur a un établissement. Les effets des procédures d'insolvabilité secondaires se limitent aux actifs situés dans cet État. Des règles impératives de coordination avec les procédures d'insolvabilité principales satisfont l'unité nécessaire au sein de l'Union.

(24) Lorsqu'une procédure d'insolvabilité principale a été ouverte à l'encontre d'une personne morale ou d'une société dans un État membre autre que celui dans lequel se situe son siège statutaire, il devrait être possible d'ouvrir une procédure d'insolvabilité secondaire dans l'État membre où se situe son siège statutaire, pour autant que le débiteur exerce une activité économique dans cet État, avec des moyens humains et des actifs, conformément à la jurisprudence de la Cour de justice de l'Union européenne.

(25) Le présent règlement s'applique uniquement aux procédures concernant un débiteur dont le centre des intérêts principaux est situé dans l'Union.

(26) Les règles de compétence contenues dans le présent règlement ne fixent que la compétence internationale, c'est-à-dire qu'elles désignent l'État membre dont les juridictions peuvent ouvrir une procédure d'insolvabilité. La compétence territoriale au sein de cet État membre devrait être déterminée par le droit national de l'État concerné.

(27) Avant d'ouvrir une procédure d'insolvabilité, la juridiction compétente devrait examiner d'office si le centre des intérêts principaux ou l'établissement du débiteur est réellement situé dans son ressort.

(28) Lorsque l'on cherche à déterminer si le centre des intérêts principaux du débiteur est vérifiable par des tiers, il convient d'accorder une attention particulière aux créanciers et à la perception qu'ils ont du lieu où le débiteur gère ses intérêts. Il peut être nécessaire, dans le cas d'un déplacement du centre des intérêts principaux, d'informer les créanciers en temps utile du nouveau lieu à partir duquel le débiteur exerce ses activités, par exemple en attirant l'attention sur le changement d'adresse dans sa correspondance commerciale, ou en rendant publique la nouvelle localisation par d'autres moyens appropriés.

(29) Le présent règlement devrait contenir un certain nombre de garanties visant à empêcher la recherche frauduleuse ou abusive de la juridiction la plus favorable.

(30) Par conséquent, les présomptions selon lesquelles le siège statutaire, le lieu d'activité principal et la résidence habituelle constituent le centre des intérêts principaux devraient être réfragables, et la juridiction compétente d'un État membre devrait examiner attentivement si le centre des intérêts principaux du débiteur se situe réellement dans cet État membre. Pour une société, il devrait être possible de renverser cette présomption si l'administration centrale de la société est située dans un État membre autre que celui de son siège statutaire et si une appréciation globale de l'ensemble des éléments pertinents permet d'établir, d'une manière vérifiable par des tiers, que le centre effectif de direction et de contrôle de ladite société ainsi que de la gestion de ses intérêts se situe dans cet autre État membre. Pour une personne physique n'exerçant pas une profession libérale ou toute autre activité d'indépendant, il devrait être possible de renverser cette présomption, par exemple si la majeure partie des actifs du débiteur est située en dehors de l'État membre de résidence habituelle du débiteur, ou s'il peut être établi que le principal motif de son déménagement était d'ouvrir une procédure d'insolvabilité auprès de la nouvelle juridiction et si l'ouverture de cette procédure risque de nuire sérieusement aux intérêts des créanciers dont les relations avec le débiteur ont débuté avant le déménagement.

(31) Dans le même objectif d'empêcher la recherche frauduleuse ou abusive de la juridiction la plus favorable, la présomption selon laquelle le centre des intérêts principaux est respectivement le lieu du siège statutaire, le lieu d'activité principal d'une personne physique ou sa résidence habituelle ne devrait pas s'appliquer lorsque, respectivement, dans le cas d'une société, d'une personne morale ou d'une personne physique exerçant une profession libérale ou toute autre activité d'indépendant, le débiteur a transféré son siège statutaire ou son lieu d'activité principal dans un autre État membre au cours des trois mois précédant la demande d'ouverture d'une procédure d'insolvabilité ou, dans le cas d'une personne physique n'exerçant pas une profession libérale ou toute autre activité d'indépendant, le débiteur a déplacé sa résidence habituelle dans un autre État membre au cours des six mois précédant la demande d'ouverture d'une procédure d'insolvabilité.

(32) Dans tous les cas, si les circonstances de l'espèce suscitent des doutes quant à la compétence de la juridiction, celle-ci devrait exiger du débiteur un supplément de preuves à l'appui de ses allégations et, si la loi applicable aux procédures d'insolvabilité le permet, donner aux créanciers du débiteur l'occasion de présenter leur point de vue sur la question de la compétence.

(33) Lorsque la juridiction saisie d'une demande d'ouverture d'une procédure d'insolvabilité constate que le centre des intérêts principaux n'est pas situé sur le territoire de l'État dont elle relève, elle ne devrait pas ouvrir de procédure principale d'insolvabilité.

(34) De plus, tout créancier du débiteur devrait disposer d'un droit de recours effectif contre la décision d'ouverture d'une procédure d'insolvabilité. Les conséquences d'un recours contre la décision d'ouverture d'une procédure d'insolvabilité devraient être régies par le droit national.

(35) Les juridictions de l'État membre sur le territoire duquel des procédures d'insolvabilité ont été ouvertes devraient également être compétentes à l'égard des actions qui découlent directement des procédures d'insolvabilité et qui y sont étroitement liées. Ces actions devraient englober les actions révocatoires engagées contre des défendeurs

établis dans d'autres États membres, ainsi que les actions concernant des obligations qui naissent au cours d'une procédure d'insolvabilité, comme le paiement anticipé des frais de procédure. En revanche, les actions relatives à l'exécution des obligations résultant d'un contrat conclu par le débiteur avant l'ouverture de la procédure ne découlent pas directement de la procédure. Lorsqu'une telle action est liée à une autre action fondée sur les dispositions générales du droit civil et commercial, le praticien de l'insolvabilité devrait avoir la possibilité de porter les deux actions devant les juridictions du domicile du défendeur, s'il estime qu'il est plus efficace de porter l'action devant ces instances. Il pourrait en être ainsi, par exemple, si le praticien de l'insolvabilité souhaite combiner une action en responsabilité à l'encontre d'un dirigeant fondée sur le droit de l'insolvabilité avec une action fondée sur le droit des sociétés ou sur le droit de la responsabilité civile.

(36) La juridiction compétente pour ouvrir une procédure d'insolvabilité principale devrait être habilitée à ordonner des mesures provisoires et conservatoires à compter de la demande d'ouverture de la procédure. Des mesures conservatoires ordonnées tant avant qu'après le début de la procédure d'insolvabilité sont importantes pour en garantir l'efficacité. Le présent règlement devrait prévoir, à cet égard, différentes possibilités. D'une part, la juridiction compétente pour la procédure d'insolvabilité principale devrait également pouvoir ordonner des mesures provisoires et conservatoires en ce qui concerne les biens situés sur le territoire d'autres États membres. D'autre part, un praticien de l'insolvabilité provisoire désigné avant l'ouverture de la procédure d'insolvabilité principale devrait pouvoir, dans les États membres dans lesquels le débiteur possède un établissement, demander les mesures conservatoires prévues par la loi de ces États membres.

(37) Avant l'ouverture de la procédure d'insolvabilité principale, l'ouverture d'une procédure d'insolvabilité dans l'État membre où le débiteur a un établissement ne devrait pouvoir être demandée que par les créanciers locaux et par les autorités publiques, ou lorsque le droit de l'État membre où se situe le centre des intérêts principaux du débiteur ne permet pas d'ouvrir une procédure d'insolvabilité principale. Cette limitation est justifiée par le fait que l'on vise à limiter au strict minimum les cas dans lesquels des procédures d'insolvabilité territoriales indépendantes sont demandées avant la procédure d'insolvabilité principale.

(38) Après l'ouverture de la procédure d'insolvabilité principale, le présent règlement ne fait pas obstacle à la demande d'ouverture d'une procédure d'insolvabilité dans l'État membre où le débiteur a un établissement. Le praticien de l'insolvabilité de la procédure d'insolvabilité principale ou toute autre personne habilitée à cet effet par le droit national de cet État membre peut demander l'ouverture d'une procédure d'insolvabilité secondaire.

(39) Le présent règlement devrait prévoir des règles visant à déterminer la localisation des actifs du débiteur, lesquelles devraient s'appliquer lorsqu'il s'agit de déterminer quels sont les actifs qui relèvent de la procédure d'insolvabilité principale et ceux qui relèvent de la procédure d'insolvabilité secondaire, ainsi que dans les cas faisant intervenir les droits réels de tiers. En particulier, le présent règlement devrait prévoir que les brevets européens à effet unitaire, une marque communautaire ou tout autre droit analogue, comme le régime de protection communautaire des obtentions végétales ou

les dessins ou modèles communautaires, devraient uniquement relever de la procédure d'insolvabilité principale.

(40) Hormis la protection des intérêts locaux, les procédures d'insolvabilité secondaires peuvent poursuivre d'autres objectifs. Ce pourrait être le cas lorsque la masse de l'insolvabilité du débiteur est trop complexe pour être administrée en bloc, ou lorsque les différences entre les systèmes juridiques concernés sont à ce point importantes que des difficultés peuvent résulter de l'extension des effets de la loi de l'État d'ouverture de la procédure aux autres États membres où se trouvent les actifs. C'est la raison pour laquelle le praticien de l'insolvabilité de la procédure d'insolvabilité principale peut demander l'ouverture d'une procédure d'insolvabilité secondaire dans l'intérêt d'une administration efficace de la masse de l'insolvabilité.

(41) Les procédures d'insolvabilité secondaires peuvent également entraver la gestion efficace de la masse de l'insolvabilité. Par conséquent, le présent règlement prévoit deux situations spécifiques dans lesquelles la juridiction saisie d'une demande d'ouverture d'une procédure d'insolvabilité secondaire devrait être en mesure, à la demande du praticien de l'insolvabilité de la procédure d'insolvabilité principale, de reporter ou de refuser l'ouverture d'une telle procédure.

(42) Tout d'abord, le présent règlement confère au praticien de l'insolvabilité de la procédure d'insolvabilité principale la possibilité de prendre, à l'égard des créanciers locaux, l'engagement qu'ils seront traités comme si une procédure d'insolvabilité secondaire avait été ouverte. Cet engagement doit remplir un certain nombre de conditions énoncées dans le présent règlement ; il doit notamment être approuvé par une majorité qualifiée de créanciers locaux. Lorsqu'un tel engagement a été pris, la juridiction saisie d'une demande d'ouverture d'une procédure d'insolvabilité secondaire devrait être en mesure de refuser cette demande si elle a l'assurance que l'engagement protège correctement l'intérêt collectif des créanciers locaux. Lorsqu'elle procède à l'évaluation de cet intérêt collectif, la juridiction devrait tenir compte du fait que l'engagement a été approuvé par une majorité qualifiée de créanciers locaux.

(43) Aux fins de prendre cet engagement à l'égard des créanciers locaux, les actifs et les droits se situant dans l'État membre où le débiteur a un établissement devraient constituer une sous-catégorie dans la masse de l'insolvabilité et, lors de la répartition de ceux-ci ou des produits résultant de leur réalisation, le praticien de l'insolvabilité de la procédure d'insolvabilité principale devrait respecter les droits de priorité qui auraient été conférés aux créanciers si une procédure d'insolvabilité secondaire avait été ouverte dans cet État membre.

(44) Le droit national devrait être applicable, le cas échéant, en ce qui concerne l'approbation d'un engagement. En particulier, lorsque, en vertu du droit national, les règles de vote applicables à l'adoption d'un plan de restructuration exigent l'approbation préalable des créances des créanciers, celles-ci devraient être réputées approuvées aux fins du vote sur l'engagement. Si différentes procédures sont prévues pour l'adoption de plans de restructuration par le droit national, les États membres devraient désigner la procédure spécifique qui devrait être pertinente dans ce contexte.

(45) Par ailleurs, le présent règlement devrait prévoir la possibilité, pour la juridiction, de suspendre provisoirement l'ouverture d'une procédure d'insolvabilité secondaire lorsqu'une suspension provisoire des poursuites individuelles a été accordée dans le

cadre de la procédure d'insolvabilité principale, de manière à préserver l'efficacité de la suspension accordée dans le cadre de la procédure d'insolvabilité principale. La juridiction devrait être en mesure d'accorder la suspension provisoire si elle a l'assurance que des mesures adéquates sont en place pour protéger l'intérêt général des créanciers locaux. Dans ce cas, tous les créanciers qui pourraient être affectés par les résultats des négociations relatives à un plan de restructuration devraient être informés de ces négociations et être autorisés à y participer.

(46) Pour assurer une protection effective des intérêts locaux, le praticien de l'insolvabilité de la procédure d'insolvabilité principale ne devrait pas être en mesure de réaliser ou de déplacer, de manière abusive, les actifs se trouvant dans l'État membre où un établissement est situé, en particulier dans le but d'éluder la possibilité que ces intérêts puissent être effectivement satisfaits en cas d'ouverture ultérieure d'une procédure d'insolvabilité secondaire.

(47) Le présent règlement ne devrait pas empêcher les juridictions de l'État membre dans lequel une procédure d'insolvabilité secondaire a été ouverte de sanctionner les dirigeants du débiteur pour violation de leurs obligations, pour autant que lesdites juridictions soient compétentes pour connaître de ces litiges en vertu de leur droit national.

(48) La procédure d'insolvabilité principale et les procédures d'insolvabilité secondaires peuvent contribuer à la gestion efficace de la masse de l'insolvabilité du débiteur ou à la réalisation effective de la totalité des actifs s'il existe une bonne coopération entre les acteurs intervenant dans toutes les procédures parallèles. Une bonne coopération suppose une coopération étroite entre les différents praticiens de l'insolvabilité et les juridictions concernées, qui doit notamment comprendre un échange d'informations suffisant. Pour garantir le rôle prédominant de la procédure d'insolvabilité principale, il convient d'accorder au praticien de l'insolvabilité de cette procédure plusieurs possibilités d'intervention dans les procédures d'insolvabilité secondaires en cours au même moment. Le praticien de l'insolvabilité devrait notamment être en mesure de proposer un plan de restructuration ou un concordat, ou de demander la suspension de la réalisation des actifs dans le cadre des procédures d'insolvabilité secondaires. Dans le cadre de leur coopération, les praticiens de l'insolvabilité et les juridictions devraient tenir compte des meilleures pratiques en matière de coopération dans les affaires d'insolvabilité transfrontalières, telles qu'elles sont énoncées dans les principes et lignes directrices concernant la communication et la coopération adoptés par les organisations européennes et internationales actives dans le domaine du droit de l'insolvabilité, et en particulier dans les lignes directrices pertinentes élaborées par la Commission des Nations unies pour le droit commercial international (CNUDCI).

(49) A la lumière d'une telle coopération, les praticiens de l'insolvabilité et les juridictions devraient pouvoir conclure des accords et des protocoles aux fins de faciliter la coopération transfrontalière pour des procédures d'insolvabilité multiples ouvertes dans différents États membres en ce qui concerne le même débiteur ou des membres du même groupe de sociétés, lorsque cela est compatible avec les règles applicables à chacune des procédures. Ces accords et protocoles sont susceptibles de différer en ce qu'ils peuvent, en termes de forme, être écrits ou oraux, et en termes de champ d'application, varier de génériques à spécifiques, et ils peuvent être conclus par différentes parties.

Les accords génériques simples peuvent insister sur la nécessité d'une étroite coopération entre les parties, sans traiter de questions spécifiques, tandis que les accords spécifiques, plus détaillés, peuvent établir un cadre de principes visant à régir les procédures d'insolvabilité multiples et peuvent être approuvés par les juridictions concernées, lorsque le droit national l'exige. Ils peuvent refléter un accord entre les parties visant à prendre, ou à s'abstenir de prendre, certaines mesures ou actions.

(50) De même, les juridictions de différents États membres peuvent coopérer en coordonnant la désignation de praticiens de l'insolvabilité. Dans ce contexte, elles peuvent désigner un seul praticien de l'insolvabilité pour plusieurs procédures d'insolvabilité concernant le même débiteur ou pour différents membres d'un groupe de sociétés, pour autant [que] ce soit compatible avec les règles applicables à chacune des procédures, en particulier avec les exigences éventuelles en matière de qualification et d'agrément du praticien de l'insolvabilité.

(51) Le présent règlement devrait assurer la gestion efficace des procédures d'insolvabilité qui concernent différentes sociétés faisant partie d'un groupe de sociétés.

(52) Lorsque des procédures d'insolvabilité concernant plusieurs sociétés d'un même groupe ont été ouvertes, il convient d'instaurer une bonne coopération entre les acteurs intervenant dans lesdites procédures. Les divers praticiens de l'insolvabilité et les juridictions concernées devraient donc être soumis à une obligation de coopérer et de communiquer entre eux similaire à celle incombant à ceux qui interviennent dans la procédure d'insolvabilité principale et les procédures d'insolvabilité secondaires concernant le même débiteur. La coopération entre les praticiens de l'insolvabilité ne devrait pas aller à l'encontre des intérêts des créanciers dans chacune des procédures, et l'objectif de cette coopération devrait être de trouver une solution qui fasse jouer les synergies au sein du groupe.

(53) L'instauration de règles relatives aux procédures d'insolvabilité de groupes de sociétés ne devrait pas limiter la possibilité, pour une juridiction, d'ouvrir une procédure d'insolvabilité à l'égard de plusieurs sociétés d'un même groupe et d'exercer sa compétence en tant que juridiction unique, si elle constate que le centre des intérêts principaux de ces sociétés se situe dans un seul État membre. Dans un tel cas, la juridiction devrait également être en mesure de désigner, s'il y a lieu, le même praticien de l'insolvabilité dans toutes les procédures en cause, pour autant que ce ne soit pas incompatible avec les règles applicables à ces procédures.

(54) En vue d'améliorer encore la coordination des procédures d'insolvabilité ouvertes à l'encontre des membres d'un groupe de sociétés, et afin de permettre une restructuration coordonnée du groupe, le présent règlement devrait introduire des règles de procédure relatives à la coordination des procédures d'insolvabilité ouvertes à l'encontre des membres d'un groupe de sociétés. Il convient, à cet égard, de s'efforcer de garantir l'efficacité de la coordination, tout en respectant la personnalité morale distincte de chaque membre du groupe.

(55) Un praticien de l'insolvabilité désigné dans une procédure d'insolvabilité ouverte à l'encontre d'un membre d'un groupe de sociétés devrait pouvoir demander l'ouverture d'une procédure de coordination collective. Néanmoins, lorsque la loi applicable à l'insolvabilité l'exige, ce praticien de l'insolvabilité devrait être dûment agréé à cet effet avant de faire une telle demande. La demande devrait préciser les éléments

essentiels de la coordination, et en particulier exposer les grandes lignes du programme de coordination, inclure une proposition concernant la personne qu'il convient de désigner en tant que coordinateur et donner un aperçu des coûts estimés de la coordination.

(56) Afin de garantir la nature volontaire des procédures de coordination collective, les praticiens de l'insolvabilité concernés devraient pouvoir s'opposer à leur participation à la procédure dans un délai donné. Afin que les praticiens de l'insolvabilité concernés puissent décider en connaissance de cause de leur participation à la procédure de coordination collective, ils devraient être informés à un stade précoce des éléments essentiels de la coordination. Toutefois, tout praticien de l'insolvabilité qui s'est initialement opposé à une participation à la procédure de coordination collective devrait pouvoir demander ultérieurement à y participer. Dans cette éventualité, le coordinateur devrait prendre une décision concernant la recevabilité de la demande. Tous les praticiens de l'insolvabilité, y compris le praticien de l'insolvabilité requérant, devraient être informés de la décision du coordinateur et avoir la possibilité de contester cette décision devant la juridiction qui a ouvert la procédure de coordination collective.

(57) Une procédure de coordination collective devrait toujours viser à faciliter la gestion efficace de la procédure d'insolvabilité ouverte à l'encontre des membres du groupe et à avoir une incidence globalement positive sur les créanciers. Le présent règlement devrait donc garantir que la juridiction saisie d'une demande d'ouverture d'une procédure de coordination collective procède à une évaluation de ces critères avant d'ouvrir une telle procédure.

(58) Les coûts d'une procédure de coordination collective ne devraient pas l'emporter sur ses avantages. Il est, par conséquent, nécessaire de veiller à ce que les coûts de la coordination, ainsi que la répartition de ces coûts entre les membres du groupe, soient adéquats, proportionnés et raisonnables, et soient déterminés conformément au droit national de l'État membre dans lequel la procédure de coordination collective a été ouverte. Les praticiens de l'insolvabilité concernés devraient également avoir la possibilité de contrôler ces coûts à un stade précoce de la procédure. Lorsque le droit national l'exige, le contrôle des coûts à un stade précoce de la procédure pourrait impliquer, dans le chef du praticien de l'insolvabilité, de demander l'approbation d'une juridiction ou d'un comité de créanciers.

(59) Lorsque le coordinateur estime que sa mission ne peut être accomplie sans une augmentation importante des coûts par rapport à l'estimation des coûts réalisée initialement et, en tout état de cause, dès lors que les coûts sont supérieurs de 10% aux coûts estimés, le coordinateur devrait être autorisé par la juridiction qui a ouvert la procédure de coordination collective à dépasser ces coûts. Avant de prendre sa décision, la juridiction qui a ouvert la procédure de coordination collective devrait donner aux praticiens de l'insolvabilité participants la possibilité d'être entendus devant elle, afin qu'ils puissent communiquer leurs observations sur le bien fondé de la demande du coordinateur.

(60) Pour les membres d'un groupe de sociétés qui ne participent pas à une procédure de coordination collective, le présent règlement devrait également prévoir un autre mécanisme de coordination qui permette de mener à bien une restructuration coordonnée du groupe. Un praticien de l'insolvabilité désigné dans une procédure relative à un membre d'un groupe de sociétés devrait avoir qualité pour demander la suspension de

toute mesure liée à la réalisation des actifs dans le cadre de la procédure ouverte à l'encontre d'autres membres du groupe qui ne font pas l'objet d'une procédure de coordination collective. Cette suspension ne devrait pouvoir être demandée que si un plan de restructuration est présenté pour les membres du groupe concernés, si le plan est dans l'intérêt des créanciers concernés par la procédure pour laquelle la suspension est demandée, et si la suspension est nécessaire pour garantir la bonne mise en œuvre du plan.

(61) Le présent règlement ne devrait pas empêcher les États membres d'établir des règles nationales qui viendraient compléter les règles régissant la coopération, la communication et la coordination en ce qui concerne l'insolvabilité de membres de groupes de sociétés qui sont énoncées dans le présent règlement, pour autant que le champ d'application de ces règles nationales se limite à la compétence nationale et que leur mise en œuvre ne porte pas préjudice à l'efficacité des règles prévues par le présent règlement.

(62) Les règles régissant la coopération, la communication et la coordination dans le cadre de l'insolvabilité de membres d'un groupe de sociétés prévues au présent règlement ne devraient s'appliquer que dans la mesure où les procédures concernant différents membres d'un même groupe de sociétés ont été ouvertes dans plus d'un État membre.

(63) Tout créancier ayant sa résidence habituelle, son domicile ou son siège statutaire dans l'Union devrait avoir le droit de produire ses créances dans le cadre de chacune des procédures d'insolvabilité en cours dans l'Union en ce qui concerne les actifs du débiteur. Cela devrait s'appliquer également aux autorités fiscales et aux organismes de sécurité sociale. Le présent règlement ne devrait pas empêcher le praticien de l'insolvabilité de produire des créances au nom de certains groupes de créanciers, par exemple au nom des travailleurs, si le droit national le prévoit. Toutefois, afin d'assurer l'égalité de traitement des créanciers, il convient de coordonner la répartition du produit de la réalisation. Chaque créancier devrait pouvoir effectivement conserver ce qu'il a obtenu dans le cadre d'une procédure d'insolvabilité, mais il ne devrait pas pouvoir participer à la répartition de la totalité des actifs effectuée dans le cadre d'une autre procédure tant que les créanciers du même rang n'auront pas obtenu, en pourcentage, un dividende équivalent.

(64) Il est essentiel que les créanciers ayant leur résidence habituelle, leur domicile ou leur siège statutaire dans l'Union soient informés de l'ouverture d'une procédure d'insolvabilité portant sur les actifs de leur débiteur. Afin d'assurer une transmission rapide des informations aux créanciers, le règlement (CE) n° 1393/2007 du Parlement européen et du Conseil ne devrait pas s'appliquer lorsque le présent règlement évoque l'obligation d'informer les créanciers. L'utilisation de formulaires uniformisés disponibles dans toutes les langues officielles des institutions de l'Union devrait faciliter la tâche des créanciers qui produisent leurs créances dans le cadre de procédures ouvertes dans un autre État membre. La question des conséquences découlant de la présentation d'un formulaire uniformisé incomplet devrait relever du droit national.

(65) Le présent règlement devrait prévoir la reconnaissance immédiate des décisions relatives à l'ouverture, au déroulement et à la clôture d'une procédure d'insolvabilité qui relève de son champ d'application, ainsi que des décisions qui ont un lien direct avec cette procédure d'insolvabilité. La reconnaissance automatique devrait dès lors

entraîner l'extension à tous les autres États membres des effets attribués à cette procédure par la loi de l'État membre d'ouverture de la procédure. La reconnaissance des décisions rendues par les juridictions des États membres devrait reposer sur le principe de la confiance mutuelle. A cet égard, les motifs de non-reconnaissance devraient être réduits au minimum nécessaire. Ce principe devrait également prévaloir lors de la résolution d'un conflit lorsque les juridictions de deux États membres se considèrent toutes deux compétentes pour ouvrir la procédure d'insolvabilité principale. La décision de la juridiction qui ouvre la première la procédure devrait être reconnue dans tous les autres États membres, sans que ceux-ci aient la faculté de soumettre la décision de cette juridiction à un contrôle.

(66) Le présent règlement devrait, dans les matières visées par celui-ci, établir des règles de conflit de lois uniformes qui remplacent, dans le cadre de leur champ d'application, les règles nationales du droit international privé. Sauf disposition contraire, la loi de l'État membre d'ouverture de la procédure devrait être applicable (lex concursus). Cette règle de conflit de lois devrait s'appliquer tant à la procédure d'insolvabilité principale qu'aux procédures locales. La lex concursus détermine tous les effets de la procédure d'insolvabilité, qu'ils soient procéduraux ou substantiels, sur les personnes et les rapports juridiques concernés. Elle régit toutes les conditions liées à l'ouverture, au déroulement et à la clôture de la procédure d'insolvabilité.

(67) La reconnaissance automatique d'une procédure d'insolvabilité à laquelle s'applique normalement la loi de l'État d'ouverture de la procédure peut interférer avec les règles en vertu desquelles les transactions sont réalisées dans d'autres États membres. Pour protéger la confiance légitime et la sécurité des transactions dans des États membres différents de celui de l'ouverture de la procédure, il convient de prévoir des dispositions visant un certain nombre d'exceptions à la règle générale.

(68) Il est particulièrement nécessaire de prévoir, pour les droits réels, un rattachement particulier qui déroge à la loi de l'État d'ouverture de la procédure, étant donné que ces droits revêtent une importance considérable pour l'octroi de crédits. Dès lors, la justification, la validité et la portée des droits réels devraient normalement être déterminés [déterminées] en vertu de la loi du lieu de situation et ne pas être affectés [affectées] par l'ouverture d'une procédure d'insolvabilité. Le titulaire d'un droit réel devrait pouvoir ainsi continuer de faire valoir son droit de séparer la garantie de la masse. Si, en vertu de la loi du lieu de situation, les actifs sont soumis à des droits réels dans un État membre, mais [que] la procédure d'insolvabilité principale est engagée dans un autre État membre, le praticien de l'insolvabilité de la procédure d'insolvabilité principale devrait pouvoir demander l'ouverture d'une procédure d'insolvabilité secondaire dans l'État membre où sont nés les droits réels dans la mesure où le débiteur a un établissement dans cet État. Si aucune procédure d'insolvabilité secondaire n'est ouverte, tout excédent du produit de la vente d'un actif soumis à des droits réels devrait être versé au praticien de l'insolvabilité de la procédure d'insolvabilité principale.

(69) Le présent règlement prévoit plusieurs dispositions permettant à une juridiction d'ordonner la suspension, soit d'une procédure d'ouverture, soit d'une procédure d'exécution. Une telle suspension ne devrait pas porter préjudice aux droits réels de créanciers ou de tiers.

(70) Si la loi de l'État d'ouverture de la procédure n'autorise pas la compensation de créances, un créancier devrait néanmoins avoir droit à une compensation si celle-ci est possible en vertu de la loi applicable à la créance du débiteur insolvable. La compensation deviendrait ainsi une sorte de garantie régie par une loi dont le créancier concerné peut se prévaloir au moment de la naissance de la créance.

(71) Il existe aussi un besoin de protection particulier en ce qui concerne les systèmes de paiement et les marchés financiers, par exemple en rapport avec la compensation et la liquidation prévues dans ces systèmes, ainsi que la cession de titres et les sûretés constituées pour ces transactions, conformément, notamment, à la directive 98/26/CE du Parlement européen et du Conseil. Seule la loi applicable au système ou au marché concerné devrait s'appliquer à ces transactions. Cette loi vise à éviter toute modification des mécanismes de paiement et de règlement des transactions, prévus dans des systèmes de paiement ou de règlement ou sur les marchés financiers réglementés des États membres, en cas d'insolvabilité d'une des parties à une transaction. La directive 98/26/CE contient des dispositions particulières qui devraient prévaloir sur les règles générales prévues par le présent règlement.

(72) Aux fins de la protection des travailleurs et des emplois, les effets de la procédure d'insolvabilité sur la poursuite ou la cessation des relations de travail et sur les droits et les obligations de chaque partie à ces relations devraient être déterminés par la loi applicable au contrat de travail concerné en vertu des règles générales de conflit de lois. En outre, lorsque la résiliation des contrats de travail requiert l'approbation d'une juridiction ou d'une autorité administrative, l'État membre dans lequel se situe un établissement du débiteur devrait demeurer compétent pour donner cette approbation, même si aucune procédure d'insolvabilité n'a été ouverte dans cet État membre. Toute autre question relative à l'insolvabilité, telle que, par exemple, celle de savoir si les créances des travailleurs sont garanties par un privilège et quel est le rang éventuel de ce privilège, devrait être déterminée par la loi de l'État membre dans lequel la procédure d'insolvabilité (principale ou secondaire) a été ouverte, sauf si un engagement a été pris afin d'éviter une procédure d'insolvabilité secondaire, conformément au présent règlement.

(73) La loi applicable aux effets de la procédure d'insolvabilité sur une action en justice ou une procédure arbitrale en cours concernant un bien ou un droit qui fait partie de la masse de l'insolvabilité du débiteur devrait être la loi de l'État membre dans lequel l'action en justice est en cours ou dans lequel l'instance arbitrale a son siège. Néanmoins, cette règle ne devrait pas affecter les règles nationales en vigueur en matière de reconnaissance et d'exécution des sentences arbitrales.

(74) Afin de tenir compte des particularités procédurales des systèmes judiciaires de certains États membres, il convient de prévoir la souplesse nécessaire concernant certaines règles prévues par le présent règlement. Ainsi, lorsque, dans le présent règlement, il est fait référence à la notification adressée par une instance judiciaire d'un État membre, cela devrait inclure, si les règles de procédure de l'État membre le requièrent, la décision de ladite instance judiciaire de faire procéder à cette notification.

(75) Dans l'intérêt des transactions, il convient, à la demande du praticien de l'insolvabilité, de publier le contenu essentiel de la décision d'ouverture de la procédure, dans un État membre autre que celui où se situe la juridiction qui a rendu ladite décision. S'il existe un établissement dans l'État membre concerné, la publication de cette information devrait

être obligatoire. Dans les deux cas, la publication ne devrait toutefois pas être une condition préalable de la reconnaissance de la procédure menée dans un autre État membre.

(76) Afin d'améliorer la communication d'informations aux créanciers et juridictions concernés et d'éviter l'ouverture de procédures d'insolvabilité parallèles, les États membres devraient être tenus de publier les informations pertinentes relatives aux affaires d'insolvabilité transfrontalières dans un registre électronique accessible à tous. Pour permettre aux juridictions et aux créanciers domiciliés ou établis dans d'autres États membres d'accéder aisément à cette information, le présent règlement devrait prévoir l'interconnexion de ces registres d'insolvabilité par l'intermédiaire du portail européen e-Justice. Les États membres devraient être libres de publier les informations pertinentes dans plusieurs registres, et il devrait être possible d'interconnecter plusieurs registres par État membre.

(77) Le présent règlement devrait fixer les informations minimales à publier dans les registres d'insolvabilité. Les États membres ne devraient pas être empêchés d'y faire figurer d'autres informations. Lorsque le débiteur est une personne physique, les registres d'insolvabilité ne devraient obligatoirement indiquer qu'un numéro d'enregistrement si le débiteur exerce une profession libérale ou toute autre activité d'indépendant. Ce numéro d'enregistrement devrait s'entendre comme étant le numéro d'enregistrement unique de la profession libérale ou de toute autre activité d'indépendant exercée par le débiteur, publié au registre des sociétés, le cas échéant.

(78) Les informations relatives à certains aspects de la procédure d'insolvabilité sont essentielles pour les créanciers, comme par exemple les délais fixés pour la production des créances ou pour attaquer les décisions. Le présent règlement ne devrait toutefois pas obliger les États membres à calculer ces délais au cas par cas. Les États membres devraient pouvoir s'acquitter des obligations qui leur incombent en ajoutant, sur le portail européen e-Justice, des hyperliens permettant d'obtenir des informations suffisamment explicites sur les critères à utiliser pour calculer ces délais.

(79) Pour assurer une protection suffisante des informations relatives aux personnes physiques n'exerçant pas une profession libérale ou toute autre activité d'indépendant, les États membres devraient être en mesure de subordonner l'accès à ces informations à des critères de recherche supplémentaires tels que le numéro d'identification personnel du débiteur, son adresse, sa date de naissance ou le ressort de la juridiction compétente, ou subordonner cet accès à une demande adressée à l'autorité compétente ou à la vérification de l'existence d'un intérêt légitime.

(80) Les États membres devraient également avoir la possibilité de ne pas faire figurer dans leurs registres d'insolvabilité des informations relatives aux personnes physiques n'exerçant pas une profession libérale ou toute autre activité d'indépendant. Dans ce cas, les États membres devraient veiller à ce que les informations pertinentes soient fournies aux créanciers par l'envoi individuel d'une note, et à ce que la procédure ne porte pas atteinte aux créances des créanciers qui n'ont pas reçu ces informations.

(81) Il se peut qu'une partie des personnes concernées ne soit pas au courant de l'ouverture de la procédure d'insolvabilité et agisse de bonne foi en contradiction avec les nouvelles circonstances. Afin de protéger ces personnes qui, dans l'ignorance de l'ouverture de la procédure dans un autre État membre, effectuent un paiement au profit du

débiteur au lieu du praticien de l'insolvabilité dans un autre État membre, il convient de prévoir le caractère libératoire de ce paiement.

(82) Afin d'assurer des conditions uniformes d'exécution du présent règlement, il convient de conférer des compétences d'exécution à la Commission. Ces compétences devraient être exercées en conformité avec le règlement (UE) n° 182/2011 du Parlement européen et du Conseil.

(83) Le présent règlement respecte les droits fondamentaux et observe les principes consacrés par la charte des droits fondamentaux de l'Union européenne. Le présent règlement vise, en particulier, à encourager l'application des articles 8, 17 et 47 qui concernent, respectivement, la protection des données à caractère personnel, le droit de propriété et le droit à un recours effectif et à accéder à un tribunal impartial.

(84) La directive 95/46/CE du Parlement européen et du Conseil et le règlement (CE) n° 45/2001 du Parlement européen et du Conseil sont applicables au traitement des données à caractère personnel effectué dans le cadre du présent règlement.

(85) Le présent règlement s'applique sans préjudice du règlement (CEE, Euratom) n° 1182/71 du Conseil.

(86) Étant donné que l'objectif du présent règlement ne peut pas être atteint de manière suffisante par les États membres mais peut, en raison de la création d'un cadre juridique pour la bonne administration des procédures d'insolvabilité transfrontalières, l'être mieux au niveau de l'Union, celle-ci peut prendre des mesures, conformément au principe de subsidiarité consacré à l'article 5 du traité sur l'Union européenne. Conformément au principe de proportionnalité tel qu'énoncé audit article, le présent règlement n'excède pas ce qui est nécessaire pour atteindre cet objectif.

(87) Conformément à l'article 3 et à l'article 4 bis, paragraphe 1, du protocole n° 21 sur la position du Royaume-Uni et de l'Irlande à l'égard de l'espace de liberté, de sécurité et de justice, annexé au traité sur l'Union européenne et au traité sur le fonctionnement de l'Union européenne, ces États membres ont notifié leur souhait de participer à l'adoption et à l'application du présent règlement.

(88) Conformément aux articles 1er et 2 du protocole n° 22 sur la position du Danemark annexé au traité sur l'Union européenne et au traité sur le fonctionnement de l'Union européenne, le Danemark ne participe pas à l'adoption du présent règlement et n'est pas lié par celui-ci ni soumis à son application.

(89) Le Contrôleur européen de la protection des données a été consulté et a rendu un avis le 27 mars 2013.

Ont adopté le présent règlement :

CHAPITRE PREMIER
Dispositions générales

Art. premier *Champ d'application.* 1. Le présent règlement s'applique aux procédures collectives publiques, y compris les procédures provisoires, qui sont fondées sur des législations relatives à l'insolvabilité et au cours desquelles, aux fins d'un redressement, d'un ajustement de dettes, d'une réorganisation ou d'une liquidation :

a) un débiteur est totalement ou partiellement dessaisi de ses actifs et un praticien de l'insolvabilité est désigné;

b) les actifs et les affaires d'un débiteur sont soumis au contrôle ou à la surveillance d'une juridiction; ou

c) une suspension provisoire des poursuites individuelles est accordée par une juridiction ou de plein droit pour permettre des négociations entre le débiteur et ses créanciers, pour autant que la procédure pour laquelle la suspension est accordée prévoie des mesures adéquates pour protéger la masse des créanciers et, si aucun accord n'est dégagé, qu'elle soit préalable à l'une des procédures visées au point a) ou b).

Lorsque les procédures visées au présent paragraphe peuvent être engagées dans des situations où il n'existe qu'une probabilité d'insolvabilité, leur objectif doit être d'éviter l'insolvabilité du débiteur ou la cessation de ses activités.

La liste des procédures visées au présent paragraphe figure à l'annexe A.

2. Le présent règlement ne s'applique pas aux procédures visées au paragraphe 1 qui concernent :

a) les entreprises d'assurance;

b) les établissements de crédit;

c) les entreprises d'investissement et autres firmes, établissements ou entreprises, pour autant qu'ils relèvent de la directive 2001/24/CE; ou

d) les organismes de placement collectif.

Art. 2 *Définitions.* Aux fins du présent règlement, on entend par :

1) « procédures collectives », les procédures auxquelles participe la totalité ou une partie importante des créanciers d'un débiteur, pour autant que, dans ce dernier cas, les procédures ne portent pas atteinte aux créances des créanciers qui ne sont pas parties à ces procédures;

2) « organismes de placement collectifs », les organismes de placement collectif en valeurs mobilières (OPCVM) au sens de la directive 2009/65/CE du Parlement européen et du Conseil et les fonds d'investissement alternatifs (FIA) au sens de la directive 2011/61/UE du Parlement européen et du Conseil;

3) « débiteur non dessaisi », un débiteur à l'encontre duquel une procédure d'insolvabilité a été ouverte, qui n'implique pas nécessairement la désignation d'un praticien de l'insolvabilité ou le transfert de l'ensemble des droits et des devoirs de gestion des actifs du débiteur à un praticien de l'insolvabilité et dans le cadre de laquelle le débiteur continue, dès lors, de contrôler en totalité ou au moins en partie ses actifs et ses affaires;

4) « procédure d'insolvabilité », les procédures mentionnées sur la liste figurant à l'annexe A;

5) « praticien de l'insolvabilité », toute personne ou tout organe dont la fonction, y compris à titre intérimaire, consiste à :

i) vérifier et admettre les créances soumises dans le cadre d'une procédure d'insolvabilité;

ii) représenter l'intérêt collectif des créanciers;

iii) administrer, en tout ou en partie, les actifs dont le débiteur est dessaisi;

iv) liquider les actifs visés au point iii); ou

v) surveiller la gestion des affaires du débiteur.

La liste des personnes et organes visés au premier alinéa figure à l'annexe B;

6) « juridiction » :

i) à l'article 1er, paragraphe 1, points b) et c), à l'article 4, paragraphe 2, aux articles 5 et 6, à l'article 21, paragraphe 3, à l'article 24, paragraphe 2, point j), aux articles 36 et 39 et aux articles 61 à 77, l'organe judiciaire d'un État membre;

ii) dans tous les autres articles, l'organe judiciaire ou tout autre organe compétent d'un État membre habilité à ouvrir une procédure d'insolvabilité, à confirmer l'ouverture d'une telle procédure ou à prendre des décisions au cours d'une telle procédure;

7) « décision d'ouverture de la procédure d'insolvabilité », une décision qui comprend :

i) la décision de toute juridiction d'ouvrir une procédure d'insolvabilité ou de confirmer l'ouverture d'une telle procédure; et

ii) la décision d'une juridiction de désigner un praticien de l'insolvabilité;

8) « moment de l'ouverture de la procédure », le moment auquel la décision d'ouverture de la procédure d'insolvabilité prend effet, que cette décision soit ou non définitive;

9) « État membre dans lequel les actifs sont situés » :

i) pour les actions nominatives de sociétés autres que celles visées au point ii), l'État membre sur le territoire duquel la société qui a émis les actions a son siège statutaire;

ii) pour les instruments financiers dont la propriété est prouvée par une inscription dans un registre ou sur un compte tenu par un intermédiaire ou au nom d'un intermédiaire (« titres en compte courant »), l'État membre dans lequel est tenu le registre ou le compte où figure l'inscription;

iii) pour les espèces détenues sur des comptes ouverts auprès d'un établissement de crédit, l'État membre mentionné dans le code IBAN du compte ou, pour les espèces détenues sur des comptes ouverts auprès d'un établissement de crédit ne possédant pas de code IBAN, l'État membre dans lequel l'établissement de crédit détenant le compte a son administration centrale ou, si le compte est ouvert auprès d'une succursale, d'une agence ou d'un autre établissement, l'État membre dans lequel se situe la succursale, l'agence ou l'autre établissement;

iv) pour les biens et les droits que le propriétaire ou le titulaire du droit inscrit dans un registre public autre que ceux visés au point i), l'État membre sous l'autorité duquel ce registre est tenu;

v) pour les brevets européens, l'État membre pour lequel le brevet européen est délivré;

vi) pour les droits d'auteur et les droits voisins, l'État membre sur le territoire duquel le titulaire de ces droits a sa résidence habituelle ou son siège statutaire;

vii) pour les biens corporels autres que ceux visés aux points i) à iv), l'État membre sur le territoire duquel le bien est situé;

viii) pour les créances sur des tiers autres que celles portant sur les actifs visés au point iii), l'État membre sur le territoire duquel se situe le centre des intérêts principaux du tiers débiteur, tel qu'il est déterminé conformément à l'article 3, paragraphe 1;

10) « établissement », tout lieu d'opérations où un débiteur exerce ou a exercé au cours de la période de trois mois précédant la demande d'ouverture de la procédure d'insolvabilité principale, de façon non transitoire, une activité économique avec des moyens humains et des actifs;

11) « créancier local », un créancier dont les créances sur un débiteur sont nées de l'exploitation d'un établissement situé dans un État membre autre que l'État membre où se situe le centre des intérêts principaux du débiteur, ou sont liées à cette exploitation;

12) « créancier étranger », un créancier qui a sa résidence habituelle, son domicile ou son siège statutaire dans un État membre autre que l'État d'ouverture de la procédure, y compris les autorités fiscales et les organismes de sécurité sociale des États membres;

13) « groupe de sociétés », une entreprise mère et l'ensemble de ses filiales;

14) « entreprise mère », une entreprise qui contrôle, soit directement, soit indirectement, une ou plusieurs filiales. Une entreprise qui prépare des états financiers consolidés

conformément à la directive 2013/34/UE du Parlement européen et du Conseil est réputée être une entreprise mère.

Art. 3 *Compétence internationale.* 1. Les juridictions de l'État membre sur le territoire duquel est situé le centre des intérêts principaux du débiteur sont compétentes pour ouvrir la procédure d'insolvabilité (ci-après dénommée « procédure d'insolvabilité principale »). Le centre des intérêts principaux correspond au lieu où le débiteur gère habituellement ses intérêts et qui est vérifiable par des tiers.

Pour les sociétés et les personnes morales, le centre des intérêts principaux est présumé, jusqu'à preuve du contraire, être le lieu du siège statutaire. Cette présomption ne s'applique que si le siège statutaire n'a pas été transféré dans un autre État membre au cours des trois mois précédant la demande d'ouverture d'une procédure d'insolvabilité.

Pour une personne physique exerçant une profession libérale ou toute autre activité d'indépendant, le centre des intérêts principaux est présumé, jusqu'à preuve du contraire, être le lieu d'activité principal de l'intéressé. Cette présomption ne s'applique que si le lieu d'activité principal de la personne physique n'a pas été transféré dans un autre État membre au cours des trois mois précédant la demande d'ouverture d'une procédure d'insolvabilité.

Pour toute autre personne physique, le centre des intérêts principaux est présumé, jusqu'à preuve du contraire, être la résidence habituelle de l'intéressé. Cette présomption ne s'applique que si la résidence habituelle n'a pas été transférée dans un autre État membre au cours des six mois précédant la demande d'ouverture d'une procédure d'insolvabilité.

2. Lorsque le centre des intérêts principaux du débiteur est situé sur le territoire d'un État membre, les juridictions d'un autre État membre ne sont compétentes pour ouvrir une procédure d'insolvabilité à l'égard de ce débiteur que si celui-ci possède un établissement sur le territoire de cet autre État membre. Les effets de cette procédure sont limités aux biens du débiteur se trouvant sur ce dernier territoire.

3. Lorsqu'une procédure d'insolvabilité a été ouverte en application du paragraphe 1, toute procédure ouverte ultérieurement en application du paragraphe 2 est une procédure d'insolvabilité secondaire.

4. La procédure d'insolvabilité territoriale visée au paragraphe 2 ne peut être ouverte avant l'ouverture d'une procédure d'insolvabilité principale en application du paragraphe 1 que si :

a) une procédure d'insolvabilité ne peut pas être ouverte en application du paragraphe 1 en raison des conditions établies par le droit de l'État membre sur le territoire duquel est situé le centre des intérêts principaux du débiteur; ou

b) l'ouverture de la procédure d'insolvabilité territoriale est demandée par :

i) un créancier dont la créance est née de l'exploitation d'un établissement situé sur le territoire de l'État membre dans lequel l'ouverture de la procédure territoriale est demandée, ou est liée à celle-ci; ou

ii) une autorité publique qui, en vertu du droit de l'État membre sur le territoire duquel l'établissement est situé, a le droit de demander l'ouverture d'une procédure d'insolvabilité.

Lorsqu'une procédure d'insolvabilité principale est ouverte, la procédure d'insolvabilité territoriale devient une procédure d'insolvabilité secondaire.

Art. 4 *Vérification de la compétence.* 1. La juridiction saisie d'une demande d'ouverture d'une procédure d'insolvabilité examine d'office si elle est compétente en vertu de l'article 3. Dans sa décision d'ouverture de la procédure d'insolvabilité, la juridiction indique les fondements de sa compétence, et précise notamment si sa compétence est fondée sur le paragraphe 1 ou 2 de l'article 3.

2. Sans préjudice du paragraphe 1, lorsqu'une procédure d'insolvabilité est ouverte conformément au droit national en dehors de toute décision juridictionnelle, les États membres peuvent charger le praticien de l'insolvabilité désigné dans ladite procédure d'examiner si l'État membre dans lequel une demande d'ouverture d'une procédure est en cours est compétent en vertu de l'article 3. Si tel est le cas, le praticien de l'insolvabilité indique, dans la décision d'ouverture de la procédure, les fondements de cette compétence, et précise notamment si ladite compétence est fondée sur le paragraphe 1 ou 2 de l'article 3.

Art. 5 *Contrôle juridictionnel de la décision d'ouverture d'une procédure d'insolvabilité principale.* 1. Le débiteur ou tout créancier peut attaquer devant une juridiction la décision d'ouverture de la procédure d'insolvabilité principale pour des motifs de compétence internationale.

2. La décision d'ouverture de la procédure d'insolvabilité principale peut être attaquée par des parties autres que celles visées au paragraphe 1, ou pour des motifs autres que l'absence de compétence internationale, si le droit national le prévoit.

Art. 6 *Compétence juridictionnelle pour une action qui découle directement de la procédure d'insolvabilité et qui y est étroitement liée.* 1. Les juridictions de l'État membre sur le territoire duquel la procédure d'insolvabilité a été ouverte en application de l'article 3 sont compétentes pour connaître de toute action qui découle directement de la procédure d'insolvabilité et y est étroitement liée, telles les actions révocatoires.

2. Lorsqu'une action visée au paragraphe 1 est liée à une action en matière civile et commerciale intentée contre le même défendeur, le praticien de l'insolvabilité peut porter les deux actions devant les juridictions de l'État membre sur le territoire duquel le défendeur est domicilié ou, si l'action est dirigée contre plusieurs défendeurs, devant les juridictions de l'État membre sur le territoire duquel l'un d'eux est domicilié, à condition que ces juridictions soient compétentes en vertu du règlement (UE) n° 1215/2012.

Le premier alinéa s'applique au débiteur non dessaisi, pour autant que le droit national l'autorise à intenter des actions au nom de la masse de l'insolvabilité.

3. Sont réputées connexes, aux fins du paragraphe 2, les actions qui sont à ce point étroitement liées qu'il y a un intérêt à les instruire et à les juger en même temps afin d'éviter que ne soient rendues des décisions inconciliables, issues de procédures séparées.

Art. 7 *Loi applicable.* 1. Sauf disposition contraire du présent règlement, la loi applicable à la procédure d'insolvabilité et à ses effets est celle de l'État membre sur le territoire duquel cette procédure est ouverte (ci-après dénommé « État d'ouverture »).

2. La loi de l'État d'ouverture détermine les conditions liées à l'ouverture, au déroulement et à la clôture de la procédure d'insolvabilité. Elle détermine notamment les éléments suivants :

a) les débiteurs susceptibles de faire l'objet d'une procédure d'insolvabilité du fait de leur qualité;

b) les biens qui font partie de la masse de l'insolvabilité et le sort des biens acquis par le débiteur ou qui lui reviennent après l'ouverture de la procédure d'insolvabilité;

c) les pouvoirs respectifs du débiteur et du praticien de l'insolvabilité;

d) les conditions d'opposabilité d'une compensation;

e) les effets de la procédure d'insolvabilité sur les contrats en cours auxquels le débiteur est partie;

f) les effets de la procédure d'insolvabilité sur les procédures engagées par des créanciers individuels, à l'exception des instances en cours;

g) les créances à produire au passif du débiteur et le sort des créances nées après l'ouverture de la procédure d'insolvabilité;

h) les règles régissant la production, la vérification et l'admission des créances;

i) les règles régissant la distribution du produit de la réalisation des actifs, le rang des créances et les droits des créanciers qui ont été partiellement désintéressés après l'ouverture de la procédure d'insolvabilité en vertu d'un droit réel ou par l'effet d'une compensation;

j) les conditions et les effets de la clôture de la procédure d'insolvabilité, notamment par concordat;

k) les droits des créanciers après la clôture de la procédure d'insolvabilité;

l) la charge des frais et des dépenses de la procédure d'insolvabilité;

m) les règles relatives à la nullité, à l'annulation ou à l'inopposabilité des actes juridiques préjudiciables à la masse des créanciers.

Art. 8 *Droits réels des tiers.* 1. L'ouverture de la procédure d'insolvabilité n'affecte pas le droit réel d'un créancier ou d'un tiers sur des biens corporels ou incorporels, meubles ou immeubles, à la fois des biens déterminés et des ensembles de biens indéterminés dont la composition est sujette à modification, appartenant au débiteur et qui sont situés, au moment de l'ouverture de la procédure, sur le territoire d'un autre État membre.

2. Les droits visés au paragraphe 1 sont notamment :

a) le droit de réaliser ou de faire réaliser un bien et d'être désintéressé par le produit ou les revenus de ce bien, en particulier en vertu d'un gage ou d'une hypothèque;

b) le droit exclusif de recouvrer une créance, notamment en vertu de la mise en gage ou de la cession de cette créance à titre de garantie;

c) le droit de revendiquer un bien et/ou d'en réclamer la restitution entre les mains de quiconque le détient ou en jouit contre la volonté de l'ayant droit;

d) le droit réel de percevoir les fruits d'un bien.

3. Est assimilé à un droit réel le droit, inscrit dans un registre public et opposable aux tiers, sur le fondement duquel un droit réel au sens du paragraphe 1 peut être obtenu.

4. Le paragraphe 1 ne fait pas obstacle aux actions en nullité, en annulation ou en inopposabilité visées à l'article 7, paragraphe 2, point m).

Art. 9 *Compensation.* 1. L'ouverture de la procédure d'insolvabilité n'affecte pas le droit des créanciers d'invoquer la compensation de leurs créances avec les créances du débiteur, lorsque cette compensation est permise par la loi applicable à la créance du débiteur insolvable.

2. Le paragraphe 1 ne fait pas obstacle aux actions en nullité, en annulation ou en inopposabilité visées à l'article 7, paragraphe 2, point m).

Art. 10 *Réserve de propriété.* 1. L'ouverture d'une procédure d'insolvabilité à l'encontre de l'acheteur d'un bien n'affecte pas les droits des vendeurs qui sont fondés sur une réserve de propriété, lorsque ce bien est situé, au moment de l'ouverture de la procédure, sur le territoire d'un État membre autre que l'État d'ouverture.

2. L'ouverture d'une procédure d'insolvabilité contre le vendeur d'un bien, après la livraison de ce bien, ne constitue pas une cause de résolution ou de résiliation de la vente et ne fait pas obstacle à l'acquisition par l'acheteur de la propriété du bien vendu, lorsque

ce bien est situé au moment de l'ouverture de la procédure sur le territoire d'un État membre autre que l'État d'ouverture.

3. Les paragraphes 1 et 2 ne font pas obstacle aux actions en nullité, en annulation ou en inopposabilité visées à l'article 7, paragraphe 2, point m).

Art. 11 *Contrats portant sur un bien immobilier.* 1. Les effets de la procédure d'insolvabilité sur un contrat donnant le droit d'acquérir un bien immobilier ou d'en jouir sont régis exclusivement par la loi de l'État membre sur le territoire duquel ce bien est situé.

2. La juridiction qui a ouvert la procédure d'insolvabilité principale est compétente pour approuver la résiliation ou la modification des contrats visés dans le présent article, dans les cas où :

a) la loi de l'État membre applicable à ces contrats exige que ce type de contrats ne peut être résilié ou modifié qu'avec l'approbation de la juridiction qui a ouvert la procédure d'insolvabilité; et

b) si aucune procédure d'insolvabilité n'a été ouverte dans cet État membre.

Art. 12 *Systèmes de paiement et marchés financiers.* 1. Sans préjudice de l'article 8, les effets de la procédure d'insolvabilité sur les droits et obligations des participants à un système de paiement ou de règlement ou à un marché financier sont régis exclusivement par la loi de l'État membre applicable audit système ou marché.

2. Le paragraphe 1 ne fait pas obstacle à l'exercice d'une action en nullité, en annulation ou en inopposabilité des paiements ou des transactions en vertu de la loi applicable au système de paiement ou au marché financier concerné.

Art. 13 *Contrats de travail.* 1. Les effets de la procédure d'insolvabilité sur les contrats de travail et sur les relations de travail sont régis exclusivement par la loi de l'État membre applicable au contrat de travail.

2. Les juridictions de l'État membre dans lequel une procédure d'insolvabilité secondaire peut être ouverte demeurent compétentes pour approuver la résiliation ou la modification des contrats visés au présent article, même si aucune procédure d'insolvabilité n'a été ouverte dans cet État membre.

Le premier alinéa s'applique également à une autorité compétente en vertu du droit national pour approuver la résiliation ou la modification des contrats visés au présent article.

Art. 14 *Effets sur les droits soumis à enregistrement.* Les effets de la procédure d'insolvabilité sur les droits d'un débiteur sur un bien immobilier, un navire ou un aéronef qui sont soumis à inscription dans un registre public sont régis par la loi de l'État membre sous l'autorité duquel ce registre est tenu.

Art. 15 *Brevets européens à effet unitaire et marques communautaires.* Aux fins du présent règlement, un brevet européen à effet unitaire, une marque communautaire ou tout autre droit analogue établi par le droit de l'Union ne peut être inclus que dans la procédure visée à l'article 3, paragraphe 1.

Art. 16 *Actes préjudiciables.* L'article 7, paragraphe 2, point m), n'est pas applicable lorsque celui qui a bénéficié d'un acte préjudiciable à l'ensemble des créanciers apporte la preuve :

a) que cet acte est soumis à la loi d'un État membre autre que l'État d'ouverture; et

b) que la loi dudit État membre ne permet en l'espèce, par aucun moyen, d'attaquer cet acte.

Art. 17 *Protection du tiers acquéreur.* Lorsque, par un acte conclu après l'ouverture de la procédure d'insolvabilité, un débiteur dispose à titre onéreux :

a) d'un bien immobilier;

b) d'un navire ou d'un aéronef soumis à inscription dans un registre public; ou

c) de valeurs mobilières dont l'existence nécessite une inscription dans un registre prévu par la loi,

la validité de cet acte est régie par la loi de l'État sur le territoire duquel ce bien immobilier est situé, ou sous l'autorité duquel ce registre est tenu.

Art. 18 *Effets de la procédure d'insolvabilité sur les instances ou les procédures arbitrales en cours.* Les effets de la procédure d'insolvabilité sur une instance ou une procédure arbitrale en cours concernant un bien ou un droit qui fait partie de la masse de l'insolvabilité d'un débiteur sont régis exclusivement par la loi de l'État membre dans lequel l'instance est en cours ou dans lequel le tribunal arbitral a son siège.

CHAPITRE II

Reconnaissance de la procédure d'insolvabilité

Art. 19 *Principe.* 1. Toute décision ouvrant une procédure d'insolvabilité rendue par une juridiction d'un État membre compétente en vertu de l'article 3 est reconnue dans tous les autres États membres dès qu'elle produit ses effets dans l'État d'ouverture.

La règle énoncée au premier alinéa s'applique également lorsqu'un débiteur, du fait de sa qualité, n'est pas susceptible de faire l'objet d'une procédure d'insolvabilité dans d'autres États membres.

2. La reconnaissance de la procédure visée à l'article 3, paragraphe 1, ne fait pas obstacle à l'ouverture de la procédure visée à l'article 3, paragraphe 2, par une juridiction d'un autre État membre. Dans ce cas, cette dernière procédure est une procédure d'insolvabilité secondaire au sens du chapitre III.

Art. 20 *Effets de la reconnaissance.* 1. La décision d'ouverture de la procédure d'insolvabilité visée à l'article 3, paragraphe 1, produit, sans aucune autre formalité, dans tout autre État membre les mêmes effets que ceux prévus par la loi de l'État d'ouverture, sauf disposition contraire du présent règlement et aussi longtemps qu'aucune procédure visée à l'article 3, paragraphe 2, n'est ouverte dans cet autre État membre.

2. Les effets de la procédure visée à l'article 3, paragraphe 2, ne peuvent pas être contestés dans d'autres États membres. Toute limitation des droits des créanciers, notamment un sursis de paiement ou une remise de dette, ne peut être opposée, quant aux biens situés sur le territoire d'un autre État membre, qu'aux créanciers qui ont exprimé leur accord.

Art. 21 *Pouvoirs du praticien de l'insolvabilité.* 1. Le praticien de l'insolvabilité désigné par une juridiction compétente en vertu de l'article 3, paragraphe 1, peut exercer dans un autre État membre tous les pouvoirs qui lui sont conférés par la loi de l'État d'ouverture, aussi longtemps qu'aucune autre procédure d'insolvabilité n'a été ouverte dans cet autre État membre et qu'aucune mesure conservatoire contraire n'y a été prise à la suite d'une demande d'ouverture d'une procédure d'insolvabilité dans cet État. Sous réserve des articles 8 et 10, le praticien de l'insolvabilité peut notamment déplacer les actifs du débiteur hors du territoire de l'État membre dans lequel ils se trouvent.

2. Le praticien de l'insolvabilité désigné par une juridiction compétente en vertu de l'article 3, paragraphe 2, peut faire valoir dans tout autre État membre, par voie judiciaire ou extrajudiciaire, qu'un bien mobilier a été transféré du territoire de l'État d'ouverture sur le territoire de cet autre État membre après l'ouverture de la procédure d'insolvabilité. Le praticien de l'insolvabilité peut également exercer toute action révocatoire utile aux intérêts des créanciers.

3. Dans l'exercice de ses pouvoirs, le praticien de l'insolvabilité respecte la loi de l'État membre sur le territoire duquel il entend agir, en particulier quant aux modalités de réalisation des actifs. Ces pouvoirs ne peuvent inclure l'emploi de moyens contraignants, à moins qu'ils ne soient ordonnés par une juridiction de cet État membre, ni le droit de statuer sur une action en justice ou un différend.

Art. 22 *Preuve de la désignation du praticien de l'insolvabilité.* La désignation du praticien de l'insolvabilité est établie par la présentation d'une copie, certifiée conforme à l'original, de la décision qui le nomme, ou par tout autre certificat établi par la juridiction compétente.

Une traduction dans la langue officielle ou une des langues officielles de l'État membre sur le territoire duquel il entend agir peut être exigée. Aucune légalisation ou autre formalité analogue n'est requise.

Art. 23 *Restitution et imputation.* 1. Le créancier qui, après l'ouverture de la procédure visée à l'article 3, paragraphe 1, obtient par tout moyen, notamment par des voies d'exécution, satisfaction totale ou partielle en ce qui concerne sa créance sur les biens du débiteur qui se situent sur le territoire d'un autre État membre restitue ce qu'il a obtenu au praticien de l'insolvabilité, sous réserve des articles 8 et 10.

2. Afin d'assurer un traitement égal des créanciers, un créancier qui a obtenu, dans une procédure d'insolvabilité, un dividende sur sa créance ne participe aux répartitions ouvertes dans une autre procédure que lorsque les créanciers de même rang ou de même catégorie ont obtenu, dans cette autre procédure, un dividende équivalent.

Art. 24 *Création de registres d'insolvabilité.* 1. Les États membres créent et tiennent, sur leur territoire, un ou plusieurs registres dans lesquels sont publiées des informations concernant les procédures d'insolvabilité (ci-après dénommés « registres d'insolvabilité »). Ces informations sont publiées dès que possible après l'ouverture de ces procédures.

2. Les informations visées au paragraphe 1 du présent article sont rendues publiques, sous réserve des conditions prévues à l'article 27, et comportent les élément suivants (ci-après dénommés « informations obligatoires ») :

a) la date d'ouverture de la procédure d'insolvabilité;

b) la juridiction qui ouvre la procédure d'insolvabilité et le numéro de référence de l'affaire, le cas échéant;

c) le type de procédure d'insolvabilité visée à l'annexe A qui a été ouverte et, le cas échéant, tout sous-type pertinent de procédure ouverte conformément au droit national;

d) l'indication selon laquelle la compétence pour l'ouverture d'une procédure est fondée sur l'article 3, paragraphe 1, 2 ou 4;

e) si le débiteur est une société ou une personne morale, le nom du débiteur, son numéro d'enregistrement, son siège statutaire ou, si elle est différente, son adresse postale;

f) si le débiteur est une personne physique exerçant une profession libérale ou toute autre activité d'indépendant, le nom du débiteur, son numéro d'enregistrement, le cas échéant, et son adresse postale ou, si l'adresse est protégée, son lieu et sa date de naissance ;

g) le nom, l'adresse postale ou l'adresse électronique du praticien de l'insolvabilité désigné, le cas échéant, dans la procédure ;

h) le délai fixé pour la production des créances, le cas échéant, ou une référence aux critères à utiliser pour calculer ce délai ;

i) la date de clôture de la procédure d'insolvabilité principale, le cas échéant ;

j) la juridiction devant laquelle et, le cas échéant, le délai dans lequel un recours contre la décision d'ouverture de la procédure d'insolvabilité doit être formé, conformément à l'article 5, ou une référence aux critères à utiliser pour calculer ce délai.

3. Le paragraphe 2 n'empêche pas les États membres de faire figurer des documents ou d'autres informations dans leurs registres d'insolvabilité nationaux, tels que les déchéances de dirigeants liées à des situations d'insolvabilité.

4. Les États membres ne sont pas tenus de faire figurer dans les registres d'insolvabilité les informations visées au paragraphe 1 du présent article concernant des personnes physiques n'exerçant pas une profession libérale ou toute autre activité d'indépendant, ni de rendre ces informations disponibles au public par l'intermédiaire du système d'interconnexion de ces registres, pour autant que des créanciers étrangers connus soient informés, conformément à l'article 54, des éléments visés au paragraphe 2, point j), du présent article.

Lorsqu'un État membre fait usage de la possibilité visée au premier alinéa, la procédure d'insolvabilité n'affecte pas les créances des créanciers étrangers qui n'ont pas reçu les informations visées au premier alinéa.

5. La publication d'informations dans les registres, réalisée en vertu du présent règlement, n'a pas d'autres effets juridiques que ceux définis dans le droit national et à l'article 55, paragraphe 6.

Art. 25 *Interconnexion des registres d'insolvabilité.* 1. La Commission met en place, par voie d'actes d'exécution, un système décentralisé permettant l'interconnexion des registres d'insolvabilité. Ce système comporte les registres d'insolvabilité et le portail européen e-Justice, qui sert de point central d'accès public par voie électronique aux informations disponibles dans le système. Le système propose une fonction de recherche dans toutes les langues officielles des institutions de l'Union afin de permettre l'accès aux informations obligatoires ainsi qu'aux autres documents ou informations figurant dans les registres d'insolvabilité que les États membres décideraient de rendre disponibles par l'intermédiaire du portail européen e-Justice.

2. Par voie d'actes d'exécution pris en conformité avec la procédure visée à l'article 87, la Commission adopte, au plus tard le 26 juin 2019 :

a) le cahier des charges précisant les modes de communication et d'échange d'informations par voie électronique compte tenu de la spécification d'interface retenue pour le système d'interconnexion des registres d'insolvabilité ;

b) les mesures techniques garantissant les normes minimales de sécurité des technologies de l'information pour la communication et la diffusion de l'information au sein du système d'interconnexion des registres d'insolvabilité ;

c) les critères minimaux de la fonction de recherche proposée par le portail européen e-Justice compte tenu des informations énoncées à l'article 24 ;

d) les critères minimaux de présentation des résultats de ces recherches compte tenu des informations énoncées à l'article 24 ;

e) les modalités et les conditions techniques de disponibilité des services fournis par le système d'interconnexion ; et

f) un glossaire comportant une explication de base des procédures nationales d'insolvabilité dont la liste figure à l'annexe A.

Art. 26 *Coût de la création et de l'interconnexion des registres d'insolvabilité.* 1. La création, la tenue et le développement futur du système d'interconnexion des registres d'insolvabilité sont financés sur le budget général de l'Union.

2. Chaque État membre supporte les coûts de création et d'adaptation nécessaires pour permettre l'interopérabilité de ses registres d'insolvabilité nationaux avec le portail européen e-Justice, ainsi que les coûts de gestion, d'exploitation et de tenue de ces registres. Cela s'entend sans préjudice de la possibilité pour les États membres de solliciter l'octroi de subventions destinées au soutien de ces activités dans le cadre des programmes financiers de l'Union.

Art. 27 *Conditions d'accès aux informations par l'intermédiaire du système d'interconnexion.* 1. Les États membres veillent à ce que les informations obligatoires visées à l'article 24, paragraphe 2, points a) à j), soient disponibles gratuitement par l'intermédiaire du système d'interconnexion des registres d'insolvabilité.

2. Le présent règlement n'empêche pas les États membres de réclamer des droits raisonnables pour accorder l'accès aux documents ou autres informations visés à l'article 24, paragraphe 3, par l'intermédiaire du système d'interconnexion des registres d'insolvabilité.

3. Les États membres peuvent subordonner l'accès aux informations obligatoires concernant des personnes physiques n'exerçant pas une profession libérale ou toute autre activité d'indépendant, ainsi que des personnes physiques exerçant une profession libérale ou toute autre activité d'indépendant lorsque la procédure d'insolvabilité n'est pas liée à cette activité, à des critères de recherche supplémentaires concernant le débiteur, en plus des critères minimaux visés à l'article 25, paragraphe 2, point c).

4. Les États membres peuvent exiger que l'accès aux informations visées au paragraphe 3 soit subordonné à une demande adressée à l'autorité compétente. Ils peuvent subordonner cet accès à la vérification de l'existence d'un intérêt légitime à accéder à ces informations. La personne requérante doit avoir la possibilité de soumettre sa demande d'information par voie électronique, au moyen d'un formulaire uniformisé par l'intermédiaire du portail européen e-Justice. Lorsqu'un intérêt légitime est exigé, la personne requérante est autorisée à justifier sa demande en envoyant des copies électroniques des documents pertinents. La personne requérante reçoit une réponse de l'autorité compétente dans les trois jours ouvrables.

La personne requérante n'est pas tenue de fournir des traductions des documents justifiant sa demande ni de prendre en charge les frais éventuels de traduction auxquels l'autorité compétente pourrait être exposée.

Art. 28 *Publication dans un autre État membre.* 1. Le praticien de l'insolvabilité ou le débiteur non dessaisi demande que le contenu essentiel de la décision d'ouverture de la procédure d'insolvabilité et, le cas échéant, de la décision de désignation du praticien de l'insolvabilité soit publié dans tout autre État membre où est situé un établissement du débiteur, conformément aux modalités de publication prévues dans cet État membre. Cette publication mentionne, le cas échéant, le praticien de l'insolvabilité désigné et précise si la règle de compétence appliquée est celle du paragraphe 1 ou du paragraphe 2 de l'article 3.

2. Le praticien de l'insolvabilité ou le débiteur non dessaisi peut demander que les informations visées au paragraphe 1 soient publiées dans tout autre État membre où le praticien de l'insolvabilité ou le débiteur non dessaisi le juge nécessaire, conformément aux modalités de publication prévues dans cet État membre.

Art. 29 *Inscription dans les registres publics d'un autre État membre.* 1. Si la loi d'un État membre où est situé un établissement du débiteur et où cet établissement est inscrit dans un registre public de cet État membre, ou la loi d'un État membre dans lequel se situent des biens immobiliers appartenant au débiteur, exige que les informations relatives à l'ouverture d'une procédure d'insolvabilité visée à l'article 28 soient publiées au registre foncier, au registre des sociétés ou dans tout autre registre public, le praticien de l'insolvabilité ou le débiteur non dessaisi prend toutes les mesures nécessaires pour procéder à cette inscription.

2. Le praticien de l'insolvabilité ou le débiteur non dessaisi peut demander que cette inscription soit effectuée dans un autre État membre, pour autant que la loi de l'État membre dans lequel le registre est tenu l'autorise.

Art. 30 *Frais.* Les frais des mesures de publicité et d'inscription prévues aux articles 28 et 29 sont considérés comme des frais et dépenses de la procédure.

Art. 31 *Exécution au profit du débiteur.* 1. Celui qui, dans un État membre, exécute une obligation au profit d'un débiteur soumis à une procédure d'insolvabilité ouverte dans un autre État membre, alors qu'il aurait dû le faire au profit du praticien de l'insolvabilité de cette procédure, est libéré s'il ignorait l'ouverture de la procédure.

2. Celui qui a exécuté cette obligation avant les mesures de publicité prévues à l'article 28 est présumé, jusqu'à preuve du contraire, avoir ignoré l'ouverture de la procédure d'insolvabilité. Celui qui l'a exécutée après ces mesures de publicité est présumé, jusqu'à preuve du contraire, avoir eu connaissance de l'ouverture de la procédure.

Art. 32 *Reconnaissance et caractère exécutoire d'autres décisions.* 1. Les décisions relatives au déroulement et à la clôture d'une procédure d'insolvabilité rendues par une juridiction dont la décision d'ouverture est reconnue conformément à l'article 19 ainsi que les concordats approuvés par une telle juridiction sont également reconnus sans autre formalité. Ces décisions sont exécutées conformément aux articles 39 à 44 et 47 à 57 du règlement (UE) n° 1215/2012.

Le premier alinéa s'applique également aux décisions qui découlent directement de la procédure d'insolvabilité et qui y sont étroitement liées, même si elles ont été rendues par une autre juridiction.

Le premier alinéa s'applique également aux décisions relatives aux mesures conservatoires prises après la demande d'ouverture d'une procédure d'insolvabilité ou en rapport avec celle-ci.

2. La reconnaissance et l'exécution de décisions autres que celles visées au paragraphe 1 du présent article sont régies par le règlement (UE) n° 1215/2012, pour autant que ledit règlement soit applicable.

Art. 33 *Ordre public.* Tout État membre peut refuser de reconnaître une procédure d'insolvabilité ouverte dans un autre État membre ou d'exécuter une décision rendue dans le cadre d'une telle procédure, lorsque cette reconnaissance ou cette exécution produirait des effets manifestement contraires à son ordre public, en particulier à ses principes fondamentaux ou aux droits et aux libertés individuelles garantis par sa Constitution.

CHAPITRE III

Procédures d'insolvabilité secondaires

Art. 34 *Ouverture de la procédure.* Lorsqu'une procédure d'insolvabilité principale a été ouverte par une juridiction d'un État membre et reconnue dans un autre État membre, une juridiction de cet autre État membre qui est compétente en vertu de l'article 3, paragraphe 2, peut ouvrir une procédure d'insolvabilité secondaire conformément aux dispositions énoncées au présent chapitre. Lorsque la procédure d'insolvabilité principale exigeait que le débiteur soit insolvable, l'insolvabilité de ce dernier n'est pas réexaminée dans l'État membre dans lequel la procédure d'insolvabilité secondaire peut être ouverte. Les effets de la procédure d'insolvabilité secondaire sont limités aux actifs du débiteur se trouvant sur le territoire de l'État membre dans lequel ladite procédure a été ouverte.

Art. 35 *Loi applicable.* Sauf disposition contraire du présent règlement, la loi applicable à la procédure d'insolvabilité secondaire est celle de l'État membre sur le territoire duquel la procédure d'insolvabilité secondaire est ouverte.

Art. 36 *Droit de prendre un engagement afin d'éviter une procédure d'insolvabilité secondaire.* 1. Afin d'éviter l'ouverture d'une procédure d'insolvabilité secondaire, le praticien de l'insolvabilité de la procédure d'insolvabilité principale peut prendre un engagement unilatéral (ci-après dénommé « engagement ») en ce qui concerne les actifs se trouvant dans l'État membre dans lequel une procédure d'insolvabilité secondaire pourrait être ouverte, selon lequel, lors de la répartition de ces actifs ou des produits provenant de leur réalisation, il respectera les droits de répartition et de priorité prévus par le droit national, qui auraient été conférés aux créanciers si une procédure d'insolvabilité secondaire avait été ouverte dans cet État membre. L'engagement précise les circonstances factuelles sur lesquelles il repose, notamment en ce qui concerne la valeur des actifs se trouvant dans l'État membre concerné et les différentes options disponibles pour réaliser ces actifs.

2. Si un engagement a été pris conformément au présent article, la loi applicable à la répartition des produits résultant de la réalisation des actifs visés au paragraphe 1, au rang des créances des créanciers et aux droits des créanciers pour les actifs visés au paragraphe 1 est la loi de l'État membre dans lequel la procédure d'insolvabilité secondaire aurait pu être ouverte. Le moment pertinent auquel les actifs visés au paragraphe 1 sont recensés correspond au moment où l'engagement est pris.

3. L'engagement est établi dans la langue officielle ou dans l'une des langues officielles de l'État membre dans lequel la procédure d'insolvabilité secondaire aurait pu être ouverte, ou, s'il y a plusieurs langues officielles dans cet État membre, dans la langue officielle ou dans l'une des langues officielles du lieu où la procédure d'insolvabilité secondaire aurait pu être ouverte.

4. L'engagement est établi par écrit. Il est soumis à toute autre exigence de forme et obligation d'approbation des répartitions requises, le cas échéant, par l'État d'ouverture de la procédure d'insolvabilité principale.

5. L'engagement est approuvé par les créanciers locaux connus. Les règles relatives à la majorité qualifiée et au vote qui s'appliquent à l'adoption de plans de restructuration, en vertu de la loi de l'État membre dans lequel une procédure d'insolvabilité secondaire aurait pu être ouverte, s'appliquent également à l'approbation de l'engagement. Lorsque le droit national les y autorise, les créanciers peuvent participer au vote en

utilisant des moyens de communication à distance. Le praticien de l'insolvabilité informe les créanciers locaux connus de l'engagement, ainsi que des règles et des modalités pour l'approuver, et de son approbation ou de son refus de l'engagement.

6. Un engagement pris et approuvé conformément au présent article est contraignant en ce qui concerne le patrimoine. Si une procédure d'insolvabilité secondaire est ouverte conformément aux articles 37 et 38, le praticien de l'insolvabilité de la procédure d'insolvabilité principale transfère tous les actifs qu'il a déplacés hors du territoire de cet État membre après que l'engagement a été pris ou, si les actifs ont déjà été réalisés, les produits qui en résultent au praticien de l'insolvabilité de la procédure d'insolvabilité secondaire.

7. Lorsque le praticien de l'insolvabilité a pris un engagement, il informe les créanciers locaux de ses intentions en matière de répartition avant de procéder à la répartition des actifs et des produits visés au paragraphe 1. Si ces informations ne sont pas conformes aux termes de l'engagement ou aux dispositions de la loi applicable, tout créancier local a la possibilité de contester cette répartition devant les juridictions de l'État membre dans lequel la procédure d'insolvabilité principale a été ouverte, afin d'obtenir une répartition qui soit conforme aux termes de l'engagement et à la loi applicable. Dans ce cas, aucune répartition n'a lieu avant que la juridiction n'ait statué sur le recours.

8. Les créanciers locaux peuvent s'adresser aux juridictions de l'État membre dans lequel la procédure d'insolvabilité principale a été ouverte afin de demander au praticien de l'insolvabilité de la procédure d'insolvabilité principale de prendre toutes les mesures adéquates nécessaires pour assurer le respect des termes de l'engagement prévues par la loi de l'État d'ouverture de la procédure d'insolvabilité principale.

9. Les créanciers locaux peuvent également s'adresser aux juridictions de l'État membre dans lequel une procédure d'insolvabilité secondaire aurait pu être ouverte pour leur demander de prendre des mesures provisoires ou conservatoires en vue d'assurer le respect des termes de l'engagement par le praticien de l'insolvabilité.

10. Le praticien de l'insolvabilité est responsable de tout dommage causé aux créanciers locaux par suite du non-respect, dans son chef, des obligations et des exigences énoncées dans le présent article.

11. Aux fins du présent article, une autorité qui est établie dans l'État membre dans lequel une procédure d'insolvabilité secondaire aurait pu être ouverte et qui est tenue, en vertu de la directive 2008/94/CE du Parlement européen et du Conseil, de garantir le paiement des créances impayées des travailleurs salariés résultant de contrats de travail ou de relations de travail est réputée être un créancier local, si le droit national le prévoit.

Art. 37 *Droit de demander l'ouverture d'une procédure d'insolvabilité secondaire.*

1. L'ouverture d'une procédure d'insolvabilité secondaire peut être demandée par :

a) le praticien de l'insolvabilité de la procédure d'insolvabilité principale;

b) toute autre personne ou autorité habilitée à demander l'ouverture d'une procédure d'insolvabilité en vertu de la loi de l'État membre sur le territoire duquel l'ouverture de la procédure d'insolvabilité secondaire est demandée.

2. Lorsqu'un engagement est devenu contraignant en application de l'article 36, la demande d'ouverture d'une procédure d'insolvabilité secondaire est introduite dans un délai de trente jours à compter de la réception de l'avis d'approbation de l'engagement.

Art. 38 *Décision d'ouverture d'une procédure d'insolvabilité secondaire.* 1. La juridiction saisie d'une demande d'ouverture d'une procédure d'insolvabilité secondaire en informe immédiatement le praticien de l'insolvabilité ou le débiteur non dessaisi de la procédure d'insolvabilité principale et lui donne la possibilité d'être entendu au sujet de la demande.

2. Lorsque le praticien de l'insolvabilité de la procédure d'insolvabilité principale a pris un engagement conformément à l'article 36, la juridiction visée au paragraphe 1 du présent article, à la demande du praticien de l'insolvabilité, n'ouvre pas de procédure d'insolvabilité secondaire si elle considère que l'engagement protège correctement l'intérêt général des créanciers locaux.

3. Lorsqu'une suspension provisoire des poursuites individuelles a été accordée pour permettre des négociations entre le débiteur et ses créanciers, la juridiction, à la demande du praticien de l'insolvabilité ou du débiteur non dessaisi, peut suspendre l'ouverture d'une procédure d'insolvabilité secondaire pour une période ne dépassant pas trois mois, pour autant que les mesures adéquates soient mises en place afin de protéger les intérêts des créanciers locaux.

La juridiction visée au paragraphe 1 peut ordonner des mesures conservatoires pour protéger les intérêts des créanciers locaux en demandant au praticien de l'insolvabilité ou au débiteur non dessaisi de ne déplacer ni d'aliéner aucun des actifs qui se trouvent dans l'État membre dans lequel se situe l'établissement, à moins que cette opération ne s'inscrive dans le cadre de leurs activités habituelles. La juridiction peut également ordonner d'autres mesures afin de protéger les intérêts des créanciers locaux pendant une suspension, à moins que ce soit incompatible avec les règles de procédure civile applicables au niveau national.

La suspension de l'ouverture d'une procédure d'insolvabilité secondaire est levée par la juridiction d'office ou à la demande de tout créancier si, pendant la période de suspension, un accord est intervenu dans le cadre des négociations visées au premier alinéa.

La suspension peut être levée par la juridiction d'office ou à la demande de tout créancier si le maintien de la suspension porte préjudice aux droits des créanciers, en particulier si les négociations ont été interrompues, s'il est devenu évident qu'elles ont peu de chances d'aboutir ou si le praticien de l'insolvabilité ou le débiteur non dessaisi a enfreint l'interdiction d'aliéner ses actifs ou de les déplacer hors du territoire de l'État membre dans lequel se situe l'établissement.

4. A la demande du praticien de l'insolvabilité de la procédure d'insolvabilité principale, la juridiction visée au paragraphe 1 peut ouvrir un type de procédure d'insolvabilité mentionné sur la liste figurant à l'annexe A autre que celui qui a été demandé initialement, pour autant que les conditions d'ouverture de ce type de procédure prévues dans le droit national soient remplies et que ce type de procédure soit le plus approprié au regard des intérêts des créanciers locaux et de la cohérence entre les procédures d'insolvabilité principale et secondaire. L'article 34, deuxième phrase, s'applique.

Art. 39 *Contrôle juridictionnel de la décision d'ouverture d'une procédure d'insolvabilité secondaire.* Le praticien de l'insolvabilité de la procédure d'insolvabilité principale peut attaquer la décision d'ouverture d'une procédure d'insolvabilité secondaire devant les juridictions de l'État membre dans lequel la procédure d'insolvabilité secondaire a été ouverte, au motif que la juridiction n'a pas respecté les conditions et exigences fixées à l'article 38.

Art. 40 *Avance de frais et dépens.* Lorsque la loi de l'État membre dans lequel l'ouverture d'une procédure d'insolvabilité secondaire est demandée exige que les actifs du débiteur soient suffisants pour couvrir en tout ou en partie les frais et dépens de la procédure, la juridiction saisie d'une telle demande peut exiger du demandeur une avance de frais ou une garantie d'un montant approprié.

Art. 41 *Coopération et communication entre praticiens de l'insolvabilité.* 1. Le praticien de l'insolvabilité de la procédure d'insolvabilité principale et le ou les praticiens de l'insolvabilité des procédures d'insolvabilité secondaires concernant le même débiteur coopèrent, pour autant que cette coopération ne soit pas incompatible avec les règles applicables à chacune des procédures. Cette coopération peut prendre n'importe quelle forme, dont la conclusion d'accords ou de protocoles.

2. Dans le cadre de la mise en œuvre de la coopération visée au paragraphe 1, les praticiens de l'insolvabilité :

a) se communiquent dès que possible toute information qui peut être utile aux autres procédures, notamment l'état de la production et de la vérification des créances et toutes les mesures visant au redressement ou à la restructuration du débiteur, ou visant à mettre fin à la procédure, à condition que des dispositions appropriées soient prises pour protéger les informations confidentielles;

b) explorent la possibilité de restructurer le débiteur et, si une telle possibilité existe, coordonnent l'élaboration et la mise en œuvre d'un plan de restructuration;

c) coordonnent la gestion de la réalisation ou de l'utilisation des actifs et des affaires du débiteur; le praticien de l'insolvabilité de la procédure d'insolvabilité secondaire permet en temps utile au praticien de l'insolvabilité de la procédure d'insolvabilité principale de présenter des propositions relatives à la réalisation ou à l'utilisation des actifs dans le cadre de la procédure d'insolvabilité secondaire.

3. Les paragraphes 1 et 2 s'appliquent *mutatis mutandis* aux situations où, dans le cadre de la procédure d'insolvabilité principale ou de la procédure d'insolvabilité secondaire ou de toute procédure d'insolvabilité territoriale concernant le même débiteur et ouvertes en même temps, le débiteur n'est pas dessaisi de ses actifs.

Art. 42 *Coopération et communication entre juridictions.* 1. Pour faciliter la coordination des procédures d'insolvabilité principale, territoriales et secondaires concernant le même débiteur, une juridiction devant laquelle une demande d'ouverture d'une procédure d'insolvabilité est en cours ou qui a ouvert une telle procédure coopère avec toute autre juridiction devant laquelle une demande d'ouverture d'une procédure d'insolvabilité est en cours ou qui a ouvert une telle procédure, dans la mesure où cette coopération n'est pas incompatible avec les règles applicables à chacune des procédures. A cette fin, les juridictions peuvent, au besoin, désigner une personne ou un organe indépendant agissant sur leurs instructions, pour autant que ce ne soit pas incompatible avec les règles applicables à ces procédures.

2. Dans le cadre de la mise en œuvre de la coopération visée au paragraphe 1, les juridictions, ou toute personne ou tout organe désigné agissant en leur nom, dont il est fait mention au paragraphe 1, peuvent communiquer directement entre elles, ou se demander directement des informations ou de l'aide, à condition que cette communication respecte les droits procéduraux des parties à la procédure et la confidentialité des informations.

3. La coopération visée au paragraphe 1 peut être mise en œuvre par tout moyen que la juridiction juge approprié. Elle peut notamment concerner :

a) la coordination de la désignation des praticiens de l'insolvabilité;

b) la communication d'informations par tout moyen jugé approprié par la juridiction;

c) la coordination de la gestion et de la surveillance des actifs et des affaires du débiteur;

d) la coordination du déroulement des audiences;

e) la coordination de l'approbation des protocoles, si nécessaire.

Art. 43 *Coopération et communication entre praticiens de l'insolvabilité et juridictions.* 1. Pour faciliter la coordination des procédures d'insolvabilité principale, territoriales et secondaires ouvertes à l'encontre du même débiteur :

a) le praticien de l'insolvabilité d'une procédure d'insolvabilité principale coopère et communique avec toute juridiction devant laquelle une demande d'ouverture d'une procédure d'insolvabilité secondaire est en cours ou qui a ouvert une telle procédure;

b) le praticien de l'insolvabilité d'une procédure d'insolvabilité territoriale ou secondaire coopère et communique avec la juridiction devant laquelle une demande d'ouverture d'une procédure d'insolvabilité principale est en cours ou qui a ouvert une telle procédure; et

c) le praticien de l'insolvabilité d'une procédure d'insolvabilité territoriale ou secondaire coopère et communique avec la juridiction devant laquelle une demande d'ouverture d'autres procédures d'insolvabilité territoriales ou secondaires est en cours ou qui a ouvert de telles procédures, dans la mesure où cette coopération et cette communication ne sont pas incompatibles avec les règles applicables à chacune des procédures et où elles n'entraînent aucun conflit d'intérêts.

2. La coopération visée au paragraphe 1 peut être mise en œuvre par tout moyen approprié, tels que ceux exposés à l'article 42, paragraphe 3.

Art. 44 *Frais liés à la coopération et à la communication.* Les exigences fixées aux articles 42 et 43 ne peuvent conduire à ce que les juridictions exigent l'une de l'autre des frais liés à la coopération et à la communication.

Art. 45 *Exercice des droits des créanciers.* 1. Tout créancier peut produire sa créance à la procédure d'insolvabilité principale et à toute procédure d'insolvabilité secondaire.

2. Les praticiens de l'insolvabilité de la procédure d'insolvabilité principale et de toute procédure d'insolvabilité secondaire produisent, dans le cadre des autres procédures, les créances déjà produites dans le cadre de la procédure pour laquelle ils ont été désignés, pour autant que cette production soit utile aux créanciers de la procédure pour laquelle ils ont été désignés, et sous réserve du droit de ceux-ci de s'y opposer ou de retirer la production de leurs créances lorsque la loi applicable le prévoit.

3. Le praticien de l'insolvabilité d'une procédure d'insolvabilité principale ou secondaire est habilité à participer, au même titre que tout créancier, à une autre procédure, notamment en prenant part à des assemblées de créanciers.

Art. 46 *Suspension de la procédure de réalisation des actifs.* 1. La juridiction qui a ouvert la procédure d'insolvabilité secondaire suspend en tout ou en partie la procédure de réalisation des actifs, à la demande du praticien de l'insolvabilité de la procédure d'insolvabilité principale. Dans ce cas, elle peut exiger du praticien de l'insolvabilité de la procédure d'insolvabilité principale qu'il prenne toute mesure adéquate pour garantir les intérêts des créanciers de la procédure d'insolvabilité secondaire et de certains groupes de créanciers. La demande du praticien de l'insolvabilité ne peut être rejetée que si elle est manifestement sans intérêt pour les créanciers de la procédure d'insolvabilité principale. La suspension de la procédure de réalisation des actifs peut être ordonnée pour une durée maximale de trois mois. Elle peut être prolongée ou renouvelée pour des périodes de même durée.

2. La juridiction visée au paragraphe 1 met fin à la suspension de la procédure de réalisation des actifs :

a) à la demande du praticien de l'insolvabilité de la procédure d'insolvabilité principale;

b) d'office, à la demande d'un créancier ou à la demande du praticien de l'insolvabilité de la procédure d'insolvabilité secondaire, si cette mesure n'apparaît plus justifiée, notamment par les intérêts des créanciers de la procédure d'insolvabilité principale ou de ceux de la procédure d'insolvabilité secondaire.

Art. 47 *Pouvoir du praticien de l'insolvabilité de proposer des plans de restructuration.* 1. Lorsque la loi de l'État membre dans lequel la procédure d'insolvabilité secondaire a été ouverte prévoit la possibilité de clore cette procédure sans liquidation par un plan de restructuration, un concordat ou une mesure comparable, une telle mesure peut être proposée par le praticien de l'insolvabilité de la procédure d'insolvabilité principale, conformément à la procédure en vigueur dans cet État membre.

2. Toute limitation des droits des créanciers, notamment un sursis de paiement ou une remise de dette, découlant d'une mesure visée au paragraphe 1 et proposée dans une procédure d'insolvabilité secondaire, ne produit ses effets sur les biens du débiteur qui ne sont pas concernés par cette procédure qu'avec l'accord de tous les créanciers intéressés.

Art. 48 *Conséquences de la clôture de la procédure d'insolvabilité.* 1. Sans préjudice de l'article 49, la clôture de la procédure d'insolvabilité n'empêche pas la poursuite des autres procédures d'insolvabilité concernant le même débiteur qui sont toujours ouvertes à la date concernée.

2. Lorsqu'une procédure d'insolvabilité concernant une personne morale ou une société dans l'État membre du siège statutaire de ladite personne morale ou société entraînerait la dissolution de la personne morale ou de la société, cette personne morale ou société ne cesse d'exister que lorsque toutes les autres procédures d'insolvabilité concernant le même débiteur ont été closes, ou lorsque le ou les praticiens de l'insolvabilité concernés par ces procédures ont donné leur accord à la dissolution.

Art. 49 *Surplus d'actif de la procédure d'insolvabilité secondaire.* Si la réalisation des actifs dans le cadre de la procédure d'insolvabilité secondaire permet de payer toutes les créances admises dans cette procédure, le praticien de l'insolvabilité désigné dans cette procédure transfère sans délai le surplus d'actif au praticien de l'insolvabilité de la procédure d'insolvabilité principale.

Art. 50 *Ouverture ultérieure de la procédure d'insolvabilité principale.* Lorsque la procédure visée à l'article 3, paragraphe 1, est ouverte après l'ouverture de la procédure visée à l'article 3, paragraphe 2, dans un autre État membre, les articles 41, 45, 46, 47 et 49 s'appliquent à la procédure ouverte en premier lieu, dans la mesure où l'état de cette procédure le permet.

Art. 51 *Conversion de la procédure d'insolvabilité secondaire.* 1. À la demande du praticien de l'insolvabilité de la procédure d'insolvabilité principale, la juridiction de l'État membre dans lequel la procédure d'insolvabilité secondaire a été ouverte peut ordonner la conversion de la procédure d'insolvabilité secondaire en un autre type de procédure d'insolvabilité mentionné à l'annexe A, pour autant que les conditions d'ouverture de ce type de procédure prévues dans le droit national soient remplies et que ce type de procédure soit le plus approprié au regard des intérêts des créanciers locaux et de la cohérence entre les procédures d'insolvabilité principale et secondaire.

2. Lorsqu'elle examine la demande visée au paragraphe 1, la juridiction peut solliciter des informations auprès des praticiens de l'insolvabilité concernés par les deux procédures.

Art. 52 *Mesures conservatoires.* Lorsque la juridiction d'un État membre compétente en vertu de l'article 3, paragraphe 1, désigne un administrateur provisoire en vue d'assurer la conservation des biens d'un débiteur, cet administrateur provisoire est habilité à demander toute mesure de conservation et de protection des biens du débiteur qui se situent dans un autre État membre prévue par la loi de cet État membre, pour la période séparant la demande d'ouverture d'une procédure d'insolvabilité de la décision d'ouverture.

CHAPITRE IV
Information des créanciers et production de leurs créances

Art. 53 *Droit de produire les créances.* Tout créancier étranger peut produire ses créances dans le cadre de la procédure d'insolvabilité par tous les moyens de transmission qui sont acceptés par le droit de l'État d'ouverture. La représentation par un avocat ou un autre professionnel du droit n'est pas obligatoire aux seules fins de la production de créances.

Art. 54 *Obligation d'informer les créanciers.* 1. Dès qu'une procédure d'insolvabilité est ouverte dans un État membre, la juridiction compétente de cet État ou le praticien de l'insolvabilité désigné par cette juridiction en informe sans délai les créanciers étrangers connus.

2. L'information visée au paragraphe 1, assurée par l'envoi individuel d'une note, porte notamment sur les délais à observer, les sanctions prévues quant à ces délais, l'organe ou l'autorité habilité(e) à recevoir la production des créances et toute autre mesure prescrite. Cette note indique également si les créanciers dont les créances sont garanties par un privilège ou une sûreté réelle doivent produire leurs créances. La note comporte aussi une copie du formulaire uniformisé de production de créances visé à l'article 55 ou des informations indiquant où ce formulaire est disponible.

3. Les éléments d'information visés aux paragraphes 1 et 2 du présent article sont communiqués au moyen du formulaire uniformisé élaboré conformément à l'article 88. Le formulaire est publié sur le portail européen e-Justice et porte l'intitulé « Note concernant la procédure d'insolvabilité » dans toutes les langues officielles des institutions de l'Union. Il est transmis dans la langue officielle de l'État d'ouverture ou, s'il y a plusieurs langues officielles dans cet État membre, dans la langue officielle ou dans l'une des langues officielles du lieu où la procédure d'insolvabilité a été ouverte, ou dans une autre langue que ledit État a déclaré pouvoir accepter, conformément à l'article 55, paragraphe 5, s'il est permis de penser que les créanciers étrangers comprendront plus facilement cette langue.

4. Dans le cas où la procédure d'insolvabilité concerne une personne physique n'exerçant pas une profession libérale ou toute autre activité d'indépendant, le formulaire uniformisé visé au présent article ne doit pas obligatoirement être utilisé si les créanciers ne sont pas tenus de produire leurs créances pour que celles-ci soient prises en compte au cours de la procédure.

Art. 55 *Procédure de production des créances.* 1. Tout créancier étranger peut produire ses créances au moyen du formulaire de demande uniformisé à établir conformément à l'article 88. Le formulaire porte l'intitulé « Production de créances » dans toutes les langues officielles des institutions de l'Union.

2. Les formulaires de demande uniformisés visés au paragraphe 1 comportent les informations suivantes :

a) le nom, l'adresse postale, l'adresse électronique, le cas échéant, le numéro d'identification personnel, le cas échéant, et les coordonnées bancaires du créancier étranger visé au paragraphe 1 ;

b) le montant de la créance, en spécifiant le montant en principal et, le cas échéant, les intérêts, ainsi que la date à laquelle celle-ci est née et la date à laquelle elle est devenue exigible, s'il s'agit d'une date différente;

c) si des intérêts sont demandés, le taux d'intérêt, la nature légale ou contractuelle des intérêts, la période pour laquelle les intérêts sont demandés et le montant capitalisé des intérêts;

d) si des frais exposés par le créancier pour faire valoir ses droits avant l'ouverture de la procédure sont demandés, le montant et le détail de ceux-ci;

e) la nature de la créance;

f) la question de savoir si un statut de créancier privilégié est revendiqué et le fondement de cette revendication;

g) la question de savoir si le créancier allègue que sa créance est garantie par une sûreté réelle ou une réserve de propriété et, si tel est le cas, quels sont les actifs couverts par la sûreté qu'il invoque, la date à laquelle la sûreté a été octroyée et, si la sûreté a été enregistrée, le numéro d'enregistrement; et

h) la question de savoir si une compensation est revendiquée et, dans ce cas, les montants des créances réciproques à la date d'ouverture de la procédure d'insolvabilité, la date à laquelle elles sont nées et le montant réclamé, après déduction de la compensation.

Le formulaire de demande uniformisé est accompagné de copies de toute pièce justificative, le cas échéant

3. Le formulaire de demande uniformisé indique qu'il n'est pas obligatoire de fournir des informations concernant les coordonnées bancaires et le numéro d'identification personnel du créancier visés au paragraphe 2, point a).

4. Si le créancier produit sa créance en utilisant d'autres moyens que le formulaire de demande uniformisé visé au paragraphe 1, la demande contient les informations visées au paragraphe 2.

5. Les créances peuvent être produites dans n'importe quelle langue officielle des institutions de l'Union. La juridiction, le praticien de l'insolvabilité ou le débiteur non dessaisi peut demander au créancier de fournir une traduction dans la langue officielle de l'État d'ouverture ou, s'il y a plusieurs langues officielles dans cet État membre, dans la langue officielle ou dans l'une des langues officielles du lieu où la procédure d'insolvabilité a été ouverte, ou dans une autre langue que l'État membre concerné aura déclaré pouvoir accepter. Chaque État membre indique s'il accepte une langue officielle des institutions de l'Union autre que sa propre langue aux fins de la production de créances.

6. Les créances sont produites dans le délai prévu par la loi de l'État d'ouverture. Pour un créancier étranger, ce délai n'est pas inférieur à trente jours suivant la publication de la décision d'ouverture de la procédure d'insolvabilité au registre d'insolvabilité de l'État d'ouverture. Lorsqu'un État membre invoque l'article 24, paragraphe 4, ce délai n'est pas inférieur à trente jours suivant le moment où un créancier a été informé en application de l'article 54.

7. Lorsque la juridiction, le praticien de l'insolvabilité ou le débiteur non dessaisi a des doutes en ce qui concerne une créance produite conformément au présent article, il donne au créancier la possibilité de fournir des éléments complémentaires attestant l'existence de la créance et son montant.

CHAPITRE V
Procédures d'insolvabilité concernant des membres d'un groupe de sociétés

Section I
Coopération et communication

Art. 56 *Coopération et communication entre praticiens de l'insolvabilité.* 1. Lorsque des procédures d'insolvabilité concernent deux membres ou plus d'un groupe de sociétés, le praticien de l'insolvabilité désigné dans la procédure relative à un membre du groupe coopère avec tout praticien de l'insolvabilité désigné dans la procédure visant un autre membre du même groupe, pour autant qu'une telle coopération soit de nature à faciliter la gestion efficace de ces procédures, ne soit pas incompatible avec les règles applicables à ces procédures et n'entraîne aucun conflit d'intérêts. Cette coopération peut prendre n'importe quelle forme, dont la conclusion d'accords ou de protocoles.

2. Dans le cadre de la mise en œuvre de la coopération visée au paragraphe 1, les praticiens de l'insolvabilité :

a) se communiquent dès que possible toute information qui peut être utile aux autres procédures, à condition que des dispositions appropriées soient prises pour protéger les informations confidentielles;

b) examinent s'il existe des possibilités de coordonner la gestion et la surveillance des affaires des membres du groupe qui font l'objet de la procédure d'insolvabilité et, si tel est le cas, coordonnent cette gestion et cette surveillance;

c) examinent s'il existe des possibilités de restructurer les membres du groupe qui font l'objet de la procédure d'insolvabilité et, si tel est le cas, coordonnent leurs efforts en vue de proposer et de négocier un plan de restructuration coordonné.

Aux fins des points b) et c), tous les praticiens de l'insolvabilité visés au paragraphe 1, ou une partie d'entre eux, peuvent convenir de conférer des pouvoirs supplémentaires au praticien de l'insolvabilité désigné dans l'une des procédures, lorsque les règles applicables à chacune des procédures l'autorisent. Ils peuvent également marquer leur accord sur la répartition de certaines tâches entre eux, lorsque les règles applicables à chacune des procédures l'autorisent.

Art. 57 *Coopération et communication entre juridictions.* 1. Lorsque des procédures d'insolvabilité concernent deux membres ou plus d'un groupe de sociétés, une juridiction qui a ouvert une telle procédure coopère avec toute autre juridiction devant laquelle une demande d'ouverture de procédure concernant un autre membre du même groupe est en cours ou qui a ouvert une telle procédure, pour autant que cette coopération soit de nature à faciliter la gestion efficace des procédures, ne soit pas incompatible avec les règles qui leur sont applicables et n'entraîne aucun conflit d'intérêts. A cette fin, les juridictions peuvent, au besoin, désigner une personne ou un organe indépendant agissant sur leurs instructions, pour autant que ce ne soit pas incompatible avec les règles applicables à ces juridictions.

2. Dans le cadre de la mise en œuvre de la coopération visée au paragraphe 1, les juridictions, ou toute personne ou tout organe désigné agissant en leur nom, dont il est fait mention au paragraphe 1, peuvent communiquer directement entre elles, ou se demander directement des informations ou de l'aide, à condition que cette communication respecte les droits procéduraux des parties à la procédure et la confidentialité des informations.

3. La coopération visée au paragraphe 1 peut être mise en œuvre par tout moyen que la juridiction estime approprié. Elle peut notamment concerner :

a) la coordination de la désignation des praticiens de l'insolvabilité;

b) la communication d'informations par tout moyen jugé approprié par la juridiction;

c) la coordination de la gestion et de la surveillance des actifs et des affaires des membres du groupe;

d) la coordination du déroulement des audiences;

e) la coordination de l'approbation des protocoles, si nécessaire.

Art. 58 *Coopération et communication entre praticiens de l'insolvabilité et juridictions.* Un praticien de l'insolvabilité désigné dans une procédure d'insolvabilité concernant un membre d'un groupe de sociétés :

a) coopère et communique avec toute juridiction devant laquelle une demande d'ouverture de procédure à l'encontre d'un autre membre du même groupe de sociétés est en cours ou qui a ouvert une telle procédure; et

b) peut demander à ladite juridiction des informations concernant la procédure relative à l'autre membre du groupe ou demander de l'aide concernant la procédure dans laquelle il a été désigné, pour autant que cette coopération et cette communication soient de nature à faciliter la gestion efficace des procédures, n'entraînent aucun conflit d'intérêts et ne soient pas incompatibles avec les règles applicables à ces procédures.

Art. 59 *Frais liés à la coopération et à la communication dans les procédures concernant des membres d'un groupe de sociétés.* Les frais liés à la coopération et à la communication prévues aux articles 56 à 60, supportés par un praticien de l'insolvabilité ou par une juridiction, sont considérés comme des frais et dépenses des procédures respectives.

Art. 60 *Pouvoirs du praticien de l'insolvabilité dans les procédures concernant des membres d'un groupe de sociétés.* 1. Un praticien de l'insolvabilité désigné dans une procédure d'insolvabilité ouverte à l'encontre d'un membre d'un groupe de sociétés peut, pour autant ce soit de nature à faciliter la gestion efficace des procédures :

a) être entendu dans toute procédure ouverte à l'encontre de tout autre membre du même groupe;

b) demander une suspension de toute mesure liée à la réalisation des actifs dans le cadre de la procédure ouverte à l'encontre de tout autre membre du même groupe, à condition que :

i) soit proposé un plan de restructuration pour tous les membres du groupe ou pour certains d'entre eux, à l'encontre desquels la procédure d'insolvabilité a été ouverte, conformément à l'article 56, paragraphe 2, point c), et que celui-ci ait des chances raisonnables de produire les résultats escomptés;

ii) cette suspension soit nécessaire pour assurer la mise en œuvre correcte du plan de restructuration;

iii) le plan de restructuration soit dans l'intérêt des créanciers concernés par la procédure pour laquelle la suspension est demandée; et

iv) ni la procédure d'insolvabilité dans laquelle le praticien de l'insolvabilité visé au paragraphe 1 du présent article a été désigné ni la procédure pour laquelle la suspension est demandée ne font l'objet d'une coordination en application de la section 2 du présent chapitre;

c) demander l'ouverture d'une procédure de coordination collective, conformément à l'article 61.

2. La juridiction ayant ouvert la procédure visée au paragraphe 1, point b), suspend entièrement ou partiellement toute mesure relative à la réalisation des actifs dans le cadre de la procédure, si elle estime que les conditions visées au paragraphe 1, point b), sont remplies.

Avant d'ordonner la suspension, la juridiction entend le praticien de l'insolvabilité désigné dans la procédure pour laquelle la suspension est demandée. La suspension peut être ordonnée pour toute période, ne dépassant pas trois mois, que la juridiction juge appropriée et qui est compatible avec les règles applicables à la procédure.

La juridiction ordonnant la suspension peut exiger que le praticien de l'insolvabilité visé au paragraphe 1 prenne toute mesure prévue dans le droit national de nature à garantir les intérêts des créanciers de la procédure.

La juridiction peut prolonger la durée de la suspension d'une ou de plusieurs nouvelles périodes, si elle l'estime approprié et si ces prolongations sont compatibles avec les règles applicables à la procédure, pour autant que les conditions visées au paragraphe 1, points b) ii) à iv), soient toujours remplies et que la durée totale de la suspension (période initiale plus prolongations éventuelles) ne dépasse pas six mois.

Section II

Coordination

Sous-section 1 – Procédure

Art. 61 *Demande d'ouverture d'une procédure de coordination collective.* 1. L'ouverture d'une procédure de coordination collective peut être demandée auprès de toute juridiction compétente en matière de procédures d'insolvabilité à l'encontre d'un membre du groupe par un praticien de l'insolvabilité désigné dans une procédure d'insolvabilité ouverte à l'encontre d'un membre du groupe.

2. La demande visée au paragraphe 1 est adressée conformément aux conditions prévues par la loi applicable à la procédure dans laquelle le praticien de l'insolvabilité a été désigné.

3. La demande visée au paragraphe 1 est accompagnée des éléments suivants :

a) une proposition indiquant le nom de la personne à nommer en qualité de coordinateur de groupe (ci-après dénommé « coordinateur »), précisant que celle-ci remplit les critères d'éligibilité prévus à l'article 71, comprenant des informations au sujet de ses qualifications ainsi que l'accord écrit de l'intéressé pour exercer la fonction de coordinateur;

b) une description de la coordination collective proposée, précisant en particulier les raisons pour lesquelles les conditions énoncées à l'article 63, paragraphe 1, sont remplies;

c) une liste des praticiens de l'insolvabilité désignés pour les membres du groupe et, le cas échéant, des juridictions et des autorités compétentes concernées par les procédures d'insolvabilité menées à l'encontre des membres du groupe;

d) un aperçu de l'estimation des coûts de la coordination collective et une estimation de la part de ces coûts à acquitter par chacun des membres du groupe.

Art. 62 *Règle de priorité.* Sans préjudice de l'article 66, lorsque l'ouverture de la procédure de coordination collective est demandée auprès de juridictions de différents États membres, toute juridiction autre que celle saisie en premier lieu se déclare incompétente au profit de celle-ci.

Art. 63 *Notification de la juridiction saisie.* 1. La juridiction saisie d'une demande d'ouverture d'une procédure de coordination collective notifie dans les meilleurs délais cette demande ainsi que le nom du coordinateur proposé aux praticiens de l'insolvabilité désignés pour les membres du groupe figurant dans la demande visée à l'article 61, paragraphe 3, point c), si elle estime :

a) que l'ouverture d'une telle procédure est de nature à faciliter la gestion efficace de la procédure d'insolvabilité visant les différents membres du groupe;

b) qu'aucun créancier d'un membre du groupe dont on prévoit la participation à la procédure n'est susceptible d'être financièrement désavantagé par l'inclusion de ce membre dans la procédure; et

c) que le coordinateur proposé remplit les exigences prévues à l'article 71.

2. La notification visée au paragraphe 1 du présent article mentionne les éléments énumérés à l'article 61, paragraphe 3, points a) à d).

3. La notification visée au paragraphe 1 est envoyée par courrier recommandé avec accusé de réception.

4. La juridiction saisie donne aux praticiens de l'insolvabilité concernés la possibilité d'être entendus.

Art. 64 *Objections formulées par les praticiens de l'insolvabilité.* 1. Un praticien de l'insolvabilité désigné pour l'un des membres du groupe peut formuler des objections en ce qui concerne :

a) l'inclusion, dans une procédure de coordination collective, de la procédure d'insolvabilité pour laquelle il a été désigné; ou

b) la personne proposée en qualité de coordinateur.

2. Les objections formulées en vertu du paragraphe 1 du présent article sont introduites auprès de la juridiction visée à l'article 63 dans les trente jours à compter de la réception de la notification de la demande d'ouverture de la procédure de coordination collective par le praticien de l'insolvabilité visé au paragraphe 1 du présent article.

Ces objections peuvent être formulées au moyen du formulaire uniformisé établi conformément à l'article 88.

3. Avant de prendre la décision de participer ou non à la coordination en application du paragraphe 1, point a), le praticien de l'insolvabilité veille à obtenir tout agrément qui pourrait être requis en vertu de la loi de l'État d'ouverture de la procédure pour laquelle il a été désigné.

Art. 65 *Conséquences des objections à l'inclusion dans une coordination collective.* 1. Lorsqu'un praticien de l'insolvabilité a formulé des objections à l'inclusion de la procédure pour laquelle il a été désigné dans une procédure de coordination collective, ladite procédure n'est pas incluse dans la procédure de coordination collective.

2. Les compétences de la juridiction visées à l'article 68, ou du coordinateur, découlant de ladite procédure n'ont aucun effet en ce qui concerne ce membre et n'entraînent pas de coûts à charge de ce membre.

Art. 66 *Choix de la juridiction pour une procédure de coordination collective.* 1. Lorsque les deux tiers au moins de tous les praticiens de l'insolvabilité désignés dans des procédures d'insolvabilité concernant les membres du groupe sont convenus qu'une juridiction compétente d'un autre État membre est la juridiction la plus appropriée pour ouvrir une procédure de coordination collective, ladite juridiction a une compétence exclusive.

2. Le choix de la juridiction s'effectue sous la forme d'un accord mutuel écrit ou attesté par écrit. Il est possible jusqu'au moment où a lieu l'ouverture de la procédure de coordination collective conformément à l'article 68.

3. Toute juridiction autre que celle qui est saisie en vertu du paragraphe 1 se déclare incompétente au profit de celle-ci.

4. La demande d'ouverture d'une procédure de coordination collective est introduite auprès de la juridiction choisie conformément à l'article 61.

Art. 67 *Conséquences des objections à l'encontre du coordinateur proposé.* Lorsque des objections à la personne proposée en qualité de coordinateur ont été formulées par un praticien de l'insolvabilité qui ne fait pas objection pour autant à l'inclusion dans la procédure de coordination collective du membre pour lequel il a été désigné, la juridiction peut s'abstenir de désigner cette personne et inviter le praticien de l'insolvabilité qui a émis les objections à introduire une nouvelle demande conformément à l'article 61, paragraphe 3.

Art. 68 *Décision d'ouverture d'une procédure de coordination collective.* 1. Une fois écoulé le délai fixé à l'article 64, paragraphe 2, la juridiction peut ouvrir la procédure de coordination collective si elle estime que les conditions de l'article 63, paragraphe 1, sont remplies. Dans ce cas, la juridiction :

a) désigne un coordinateur;

b) rend une décision sur les grandes lignes de la coordination; et

c) rend une décision sur l'estimation des coûts et la part des coûts à acquitter par les membres du groupe.

2. La décision d'ouverture de la procédure de coordination collective est notifiée aux praticiens de l'insolvabilité participants et au coordinateur.

Art. 69 *Participation volontaire ultérieure de praticiens de l'insolvabilité.* 1. Conformément à son droit national, tout praticien de l'insolvabilité peut demander, après que la décision judiciaire visée à l'article 68 a été rendue, l'inclusion de la procédure pour laquelle il a été désigné, lorsque :

a) des objections quant à l'inclusion de la procédure d'insolvabilité dans la procédure de coordination collective ont été formulées; ou

b) une procédure d'insolvabilité à l'encontre d'un membre du groupe a été ouverte après que la juridiction a ouvert une procédure de coordination collective.

2. Sans préjudice du paragraphe 4, le coordinateur peut accéder à cette demande après avoir consulté les praticiens de l'insolvabilité concernés :

a) s'il estime que, compte tenu du stade atteint par la procédure de coordination collective au moment de la demande, les critères énoncés à l'article 63, paragraphe 1, points a) et b), sont remplis; ou

b) si tous les praticiens de l'insolvabilité concernés y consentent, sous réserve des conditions définies dans leur droit national.

3. Le coordinateur informe la juridiction et les praticiens de l'insolvabilité participants de la décision qu'il prend en vertu du paragraphe 2, et des raisons de cette décision.

4. Tout praticien de l'insolvabilité participant ou tout praticien de l'insolvabilité dont la demande d'inclusion dans la procédure de coordination collective a été rejetée peut contester la décision visée au paragraphe 2 conformément à la procédure prévue par la loi de l'État membre dans lequel la procédure de coordination collective a été ouverte.

Art. 70 *Recommandations et programme de coordination collective.* 1. Les praticiens de l'insolvabilité conduisent leur procédure d'insolvabilité en tenant compte des recommandations du coordinateur et du contenu du programme de coordination collective visé à l'article 72, paragraphe 1.

2. Le praticien de l'insolvabilité n'est pas tenu de suivre en tout ou en partie les recommandations du coordinateur ou le programme de coordination collective.

S'il ne suit pas les recommandations du coordinateur ou le programme de coordination collective, il fait part de ses motifs aux personnes ou aux organes auxquels il doit rendre compte en vertu de son droit national, ainsi qu'au coordinateur.

Sous-section 2 – Dispositions générales

Art. 71 *Le coordinateur.* 1. Le coordinateur est une personne qui est habilitée, selon le droit d'un État membre, à agir en qualité de praticien de l'insolvabilité.

2. Le coordinateur ne peut pas être l'un des praticiens de l'insolvabilité désignés pour un membre du groupe, et n'a aucun conflit d'intérêts à l'égard des membres du groupe, de leurs créanciers et des praticiens de l'insolvabilité désignés pour tout membre du groupe.

Art. 72 *Missions et droits du coordinateur.* 1. Le coordinateur :

a) définit et élabore des recommandations pour la conduite coordonnée des procédures d'insolvabilité;

b) propose un programme de coordination collective servant à définir, à détailler et à recommander une série complète de mesures appropriées pour une approche intégrée de la résolution des insolvabilités des membres du groupe. Ce programme peut contenir en particulier des propositions concernant :

i) les mesures à prendre afin de rétablir les performances économiques et la solidité financière du groupe ou d'une partie de celui-ci;

ii) le règlement des litiges au sein du groupe pour ce qui est des transactions intragroupe et des actions révocatoires;

iii) les accords entre les praticiens de l'insolvabilité des membres du groupe insolvables.

2. Le coordinateur peut également :

a) être entendu et participer, notamment en assistant aux réunions des créanciers, à toute procédure ouverte à l'encontre de tout membre du groupe;

b) arbitrer tout litige qui pourrait survenir entre deux praticiens de l'insolvabilité des membres du groupe ou plus;

c) présenter et expliquer son programme de coordination collective aux personnes ou aux organes auquel il doit rendre compte en vertu de son droit national;

d) demander des informations à tout praticien de l'insolvabilité concernant tout membre du groupe, qui sont ou pourraient être utiles afin de définir et d'élaborer des stratégies et des mesures visant à coordonner les procédures; et

e) demander une suspension, pour une durée maximale de six mois, de la procédure ouverte à l'encontre de tout membre du groupe, à condition que cette suspension soit nécessaire pour assurer la mise en œuvre correcte du programme et soit dans l'intérêt des créanciers concernés par la procédure pour laquelle la suspension est demandée; ou réclamer la levée de toute suspension existante. Une telle demande est introduite auprès de la juridiction qui a ouvert la procédure pour laquelle la suspension est demandée.

3. Le programme visé au paragraphe 1, point b), ne comporte pas de recommandations concernant une consolidation des procédures ou des masses de l'insolvabilité.

4. Les missions et les droits du coordinateur définis au présent article ne s'étendent à aucun membre du groupe qui ne participe pas à la procédure de coordination collective.

5. Le coordinateur honore ses obligations de manière impartiale et avec la diligence requise.

6. Lorsque le coordinateur estime que sa mission ne peut être accomplie sans une augmentation importante des coûts par rapport à l'estimation des coûts visée à l'article 61, paragraphe 3, point d), et, en tout état de cause, dès lors que les coûts sont 10% plus élevés que les coûts estimés :

a) il le fait savoir sans retard aux praticiens de l'insolvabilité participants; et

b) il demande l'approbation préalable de la juridiction chargée d'ouvrir la procédure de coordination collective.

Art. 73 *Langues.* 1. Le coordinateur communique avec le praticien de l'insolvabilité d'un membre du groupe participant dans la langue convenue avec le praticien de l'insolvabilité ou, à défaut d'accord en la matière, dans la langue officielle ou l'une des langues officielles des institutions de l'Union, et de la juridiction qui a ouvert la procédure à l'encontre de ce membre du groupe.

2. Le coordinateur communique avec une juridiction dans la langue officielle applicable à cette juridiction.

Art. 74 *Coopération entre les praticiens de l'insolvabilité et le coordinateur.* 1. Les praticiens de l'insolvabilité désignés pour des membres d'un groupe et le coordinateur coopèrent dans la mesure où cette coopération n'est pas incompatible avec les règles applicables à chacune des procédures.

2. En particulier, les praticiens de l'insolvabilité communiquent toute information utile au coordinateur pour l'accomplissement de ses missions.

Art. 75 *Révocation du coordinateur.* La juridiction révoque le coordinateur d'office ou à la demande du praticien de l'insolvabilité d'un membre du groupe participant, si :

a) le coordinateur agit au détriment des créanciers d'un membre du groupe participant; ou

b) le coordinateur manque à ses obligations en vertu du présent chapitre.

Art. 76 *Débiteur non dessaisi.* Les dispositions applicables au praticien de l'insolvabilité au titre du présent chapitre s'appliquent aussi, s'il y a lieu, au débiteur non dessaisi.

Art. 77 *Coûts et répartition.* 1. La rémunération du coordinateur est adéquate et proportionnée aux missions accomplies, et correspond à des dépenses raisonnables.

2. Lorsqu'il a accompli ses missions, le coordinateur établit la déclaration finale des coûts et leur répartition entre les membres, et soumet cette déclaration à chacun des praticiens de l'insolvabilité participants ainsi qu'à la juridiction ayant ouvert la procédure de coordination.

3. En l'absence d'objections de la part des praticiens de l'insolvabilité dans un délai de trente jours à compter de la réception de la déclaration mentionnée au paragraphe 2,

les coûts et leur répartition entre les membres sont réputés acceptés. La déclaration est soumise à la juridiction ayant ouvert la procédure de coordination pour confirmation.

4. Dans le cas où des objections sont formulées, la juridiction qui a ouvert la procédure de coordination collective décide, à la demande du coordinateur ou de tout praticien de l'insolvabilité participant, des coûts et de leur répartition entre les membres, selon les critères visés au paragraphe 1 du présent article et en tenant compte de l'estimation des coûts visée à l'article 68, paragraphe 1 *[,]* et, le cas échéant, à l'article 72, paragraphe 6.

5. Tout praticien de l'insolvabilité participant peut contester la décision visée au paragraphe 4 conformément à la procédure prévue par la loi de l'État membre dans lequel la procédure de coordination collective a été ouverte.

CHAPITRE VI

Protection des données

Art. 78 *Protection des données.* 1. Les règles nationales mettant en œuvre la directive 95/46/CE s'appliquent au traitement des données à caractère personnel effectué dans les États membres au titre du présent règlement, pour autant que les opérations de traitement visées à l'article 3, paragraphe 2, de ladite directive ne soient pas concernées.

2. Le règlement (CE) n° 45/2001 s'applique au traitement des données à caractère personnel effectué par la Commission au titre du présent règlement.

Art. 79 *Responsabilités des États membres en ce qui concerne le traitement des données à caractère personnel dans les registres d'insolvabilité nationaux.* 1. Chaque État membre communique à la Commission le nom de la personne physique ou morale, de l'autorité publique, du service ou de tout autre organisme désigné par le droit national pour exercer les fonctions de responsable du traitement, conformément à l'article 2, point d), de la directive 95/46/CE, en vue de sa publication sur le portail européen e-Justice.

2. Les États membres veillent à ce que les mesures techniques nécessaires pour assurer la sécurité des données à caractère personnel traitées dans leurs registres d'insolvabilité nationaux visés à l'article 24 soient mises en œuvre.

3. Il appartient aux États membres de vérifier que le responsable du traitement, désigné par le droit national conformément à l'article 2, point d), de la directive 95/46/CE, assure le respect des principes relatifs à la qualité des données, en particulier l'exactitude et la mise à jour des données stockées dans les registres d'insolvabilité nationaux.

4. Les États membres sont responsables, conformément à la directive 95/46/CE, de la collecte et du stockage des données dans les bases de données nationales ainsi que des décisions prises afin d'assurer la mise à disposition de ces données dans le registre interconnecté, qui peut être consulté sur le portail européen e-Justice.

5. Dans le cadre des informations à fournir aux personnes concernées afin de leur permettre d'exercer leurs droits, et en particulier le droit à l'effacement des données, les États membres informent les personnes concernées de la période durant laquelle les données à caractère personnel stockées dans les registres d'insolvabilité sont accessibles.

Art. 80 *Responsabilités de la Commission dans le cadre du traitement des données à caractère personnel.* 1. La Commission exerce la fonction de responsable du traitement, en application de l'article 2, point d), du règlement (CE) n° 45/2001, conformément aux responsabilités qui lui incombent en vertu du présent article.

2. La Commission définit les politiques nécessaires et applique les solutions techniques nécessaires pour exercer les responsabilités qui lui incombent dans le cadre de sa fonction de responsable du traitement.

3. La Commission met en œuvre les mesures techniques requises pour assurer la sécurité des données à caractère personnel, en particulier la confidentialité et l'intégrité de toute transmission de données vers le portail européen e-Justice et à partir de celui-ci.

4. Les obligations qui incombent à la Commission ne portent pas préjudice aux responsabilités des États membres et des autres organes en ce qui concerne le contenu et l'exploitation des bases de données nationales interconnectées gérées par leurs soins.

Art. 81 *Obligation d'information.* Sans préjudice des informations à communiquer aux personnes concernées conformément aux articles 11 et 12 du règlement (CE) n° 45/2001, la Commission informe les personnes concernées, par voie de publication sur le portail européen e-Justice, de son rôle dans le traitement des données et des finalités pour lesquelles les données seront traitées.

Art. 82 *Stockage des données à caractère personnel.* En ce qui concerne les informations provenant des bases de données nationales interconnectées, aucune donnée à caractère personnel relative aux personnes concernées n'est stockée sur le portail européen e-Justice. Toutes les données de ce type sont stockées dans les bases de données nationales gérées par les États membres ou par d'autres organes.

Art. 83 *Accès aux données à caractère personnel par l'intermédiaire du portail européen e-Justice.* Les données à caractère personnel stockées dans les registres d'insolvabilité nationaux visés à l'article 24 sont accessibles par l'intermédiaire du portail européen e-Justice aussi longtemps qu'elles demeurent accessibles en vertu du droit national.

CHAPITRE VII

Dispositions transitoires et finales

Art. 84 *Application dans le temps.* 1. Les dispositions du présent règlement ne sont applicables qu'aux procédures d'insolvabilité ouvertes à compter du 26 juin 2017. Les actes accomplis par le débiteur avant cette date continuent d'être régis par la loi qui leur était applicable au moment où ils ont été accomplis.

2. Nonobstant l'article 91 du présent règlement, le règlement (CE) n° 1346/2000 continue de s'appliquer aux procédures d'insolvabilité relevant du champ d'application dudit règlement et qui ont été ouvertes avant le 26 juin 2017.

Art. 85 *Relations avec les conventions.* 1. Le présent règlement remplace, dans les relations entre les États membres et pour les matières auxquelles il se réfère, les conventions conclues entre deux ou plusieurs de ces États, à savoir :

a) la convention entre la Belgique et la France sur la compétence judiciaire, sur l'autorité et l'exécution des décisions judiciaires, des sentences arbitrales et des actes authentiques, signée à Paris le 8 juillet 1899 ;

b) la convention entre la Belgique et l'Autriche sur la faillite, le concordat et le sursis de paiement (avec protocole additionnel du 13 juin 1973), signée à Bruxelles le 16 juillet 1969 ;

c) la convention entre la Belgique et les Pays-Bas sur la compétence judiciaire territoriale, sur la faillite, ainsi que sur l'autorité et l'exécution des décisions judiciaires, des sentences arbitrales et des actes authentiques, signée à Bruxelles le 28 mars 1925 ;

d) le traité entre l'Allemagne et l'Autriche en matière de faillite et de concordat, signé à Vienne le 25 mai 1979;

e) la convention entre la France et l'Autriche sur la compétence judiciaire, la reconnaissance et l'exécution des décisions en matière de faillite, signée à Vienne le 27 février 1979;

f) la convention entre la France et l'Italie sur l'exécution des jugements en matière civile et commerciale, signée à Rome le 3 juin 1930;

g) la convention entre l'Italie et l'Autriche en matière de faillite et de concordat, signée à Rome le 12 juillet 1977;

h) la convention entre le Royaume des Pays-Bas et la République fédérale d'Allemagne sur la reconnaissance et l'exécution mutuelles des décisions judiciaires et autres titres exécutoires en matière civile et commerciale, signée à La Haye le 30 août 1962;

i) la convention entre le Royaume-Uni et le Royaume de Belgique sur l'exécution réciproque des jugements en matière civile et commerciale, et son protocole, signée à Bruxelles le 2 mai 1934;

j) la convention entre le Danemark, la Finlande, la Norvège, la Suède et l'Islande, relative à la faillite, signée à Copenhague le 7 novembre 1933;

k) la convention européenne sur certains aspects internationaux de la faillite, signée à Istanbul le 5 juin 1990;

l) la convention entre la République fédérative socialiste de Yougoslavie et le Royaume de Grèce sur la reconnaissance et l'exécution des décisions, signée à Athènes le 18 juin 1959;

m) l'accord entre la République fédérative socialiste de Yougoslavie et la République d'Autriche sur la reconnaissance et l'exécution réciproques des décisions et sentences arbitrales en matière commerciale, signé à Belgrade le 18 mars 1960;

n) la convention entre la République fédérative socialiste de Yougoslavie et la République italienne relative à l'entraide judiciaire en matière civile et administrative, signée à Rome le 3 décembre 1960;

o) l'accord entre la République fédérative socialiste de Yougoslavie et le Royaume de Belgique relatif à la coopération judiciaire en matière civile et commerciale, signé à Belgrade le 24 septembre 1971;

p) la convention entre le gouvernement de la Yougoslavie et le gouvernement de la France relative à la reconnaissance et à l'exécution des décisions judiciaires en matière civile et commerciale, signée à Paris le 18 mai 1971;

q) l'accord entre la République socialiste tchécoslovaque et la République hellénique sur l'assistance judiciaire en matière civile et pénale, signé à Athènes le 22 octobre 1980, toujours en vigueur entre la République tchèque et la Grèce;

r) l'accord entre la République socialiste tchécoslovaque et la République de Chypre relatif à l'assistance judiciaire en matière civile et pénale, signé à Nicosie le 23 avril 1982, toujours en vigueur entre la République tchèque et Chypre;

s) le traité entre le gouvernement de la République socialiste tchécoslovaque et le gouvernement de la République française relatif à l'entraide judiciaire, à la reconnaissance et à l'exécution des décisions, en matière civile, familiale et commerciale, signé à Paris le 10 mai 1984, toujours en vigueur entre la République tchèque et la France;

t) le traité entre la République socialiste tchécoslovaque et la République italienne relatif à l'assistance judiciaire en matière civile et pénale, signé à Prague le 6 décembre 1985, toujours en vigueur entre la République tchèque et l'Italie;

u) l'accord entre la République de Lettonie, la République d'Estonie et la République de Lituanie relatif à l'assistance judiciaire et les relations judiciaires, signé à Tallinn le 11 novembre 1992;

v) l'accord entre l'Estonie et la Pologne relatif à l'entraide judiciaire et à l'établissement de relations judiciaires en matière civile, pénale et du travail, signé à Tallinn le 27 novembre 1998;

w) l'accord entre la République de Lituanie et la République de Pologne relatif à l'entraide judiciaire et aux relations judiciaires en matière civile, familiale, pénale et du travail, signé à Varsovie le 26 janvier 1993;

x) la convention entre la République socialiste de Roumanie et la République hellénique concernant l'entraide judiciaire en matière civile et pénale et son protocole, signés à Bucarest le 19 octobre 1972;

y) la convention entre la République socialiste de Roumanie et la République française concernant l'entraide judiciaire en matière civile et commerciale, signée à Paris le 5 novembre 1974;

z) l'accord entre la République populaire de Bulgarie et la République hellénique relatif à l'entraide judiciaire en matière civile et pénale, signé à Athènes le 10 avril 1976;

aa) l'accord entre la République populaire de Bulgarie et la République de Chypre relatif à l'entraide judiciaire en matière civile et pénale, signé à Nicosie le 29 avril 1983;

ab) l'accord entre le gouvernement de la République populaire de Bulgarie et le gouvernement de la République française relatif à l'entraide judiciaire en matière civile, signé à Sofia le 18 janvier 1989;

ac) le traité entre la Roumanie et la République tchèque relatif à l'entraide judiciaire en matière civile, signé à Bucarest le 11 juillet 1994;

ad) le traité entre la Roumanie et la République de Pologne relatif à l'entraide judiciaire et aux relations judiciaires dans les affaires civiles, signé à Bucarest le 15 mai 1999.

2. Les conventions visées au paragraphe 1 continuent à produire leurs effets en ce qui concerne les procédures ouvertes avant l'entrée en vigueur du règlement (CE) n° 1346/2000.

3. Le présent règlement n'est pas applicable :

a) dans tout État membre, dans la mesure où il est incompatible avec les obligations en matière de faillite résultant d'une convention conclue antérieurement à l'entrée en vigueur du règlement (CE) n° 1346/2000 par cet État membre avec un ou plusieurs pays tiers;

b) au Royaume-Uni de Grande-Bretagne et d'Irlande du Nord, dans la mesure où il est incompatible avec les obligations en matière de faillite et de liquidation de sociétés insolvables résultant d'accords avec le Commonwealth applicables au moment de l'entrée en vigueur du règlement (CE) n° 1346/2000.

Art. 86 *Informations sur le droit national et le droit de l'Union en matière d'insolvabilité.* 1. Les États membres fournissent, dans le cadre du réseau judiciaire européen en matière civile et commerciale créé par la décision 2001/470/CE du Conseil, et dans le but de permettre l'accès de tous à l'information, une brève description de leur droit national et de leurs procédures dans le domaine de l'insolvabilité, notamment en ce qui concerne les éléments énumérés à l'article 7, paragraphe 2, du présent règlement.

2. Les États membres actualisent régulièrement l'information visée au paragraphe 1.

3. La Commission met les informations relatives au présent règlement à la disposition du public.

Art. 87 *Établissement de l'interconnexion de registres.* La Commission adopte des actes d'exécution visant à établir l'interconnexion des registres d'insolvabilité visée à l'article 25 du présent règlement. Ces actes d'exécution sont adoptés en conformité avec la procédure d'examen visée à l'article 89, paragraphe 3.

Art. 88 *Établissement et modification ultérieure des formulaires uniformisés.* La Commission adopte des actes d'exécution visant à établir et, le cas échéant, à modifier les formulaires visés à l'article 27, paragraphe 4, aux articles 54 et 55 et à l'article 64, paragraphe 2, du présent règlement. Ces actes d'exécution sont adoptés en conformité avec la procédure consultative visée à l'article 89, paragraphe 2.

Art. 89 *Comité.* 1. La Commission est assistée par un comité. Ledit comité est un comité au sens du règlement (UE) n° 182/2011.

2. Lorsqu'il est fait référence au présent paragraphe, l'article 4 du règlement (UE) n° 182/2011 s'applique.

3. Lorsqu'il est fait référence au présent paragraphe, l'article 5 du règlement (UE) n° 182/2011 s'applique.

Art. 90 *Clause de réexamen.* 1. Au plus tard le 27 juin 2027, et tous les cinq ans par la suite, la Commission présente au Parlement européen, au Conseil et au Comité économique et social européen un rapport relatif à l'application du présent règlement. Ce rapport est accompagné, le cas échéant, de propositions visant à adapter le présent règlement.

2. Au plus tard le 27 juin 2022, la Commission présente au Parlement européen, au Conseil et au Comité économique et social européen un rapport relatif à l'application de la procédure de coordination collective. Ce rapport est accompagné, le cas échéant, de propositions visant à adapter le présent règlement.

3. Le 1er janvier 2016 au plus tard, la Commission présente au Parlement européen, au Conseil et au Comité économique et social européen une étude concernant les problèmes transfrontaliers qui se posent dans le domaine de la responsabilité et des déchéances de dirigeants.

4. Au plus tard le 27 juin 2020, la Commission présente au Parlement européen, au Conseil et au Comité économique et social européen une étude concernant la question de la recherche abusive de la juridiction la plus favorable.

Art. 91 *Abrogation.* Le règlement (CE) n° 1346/2000 est abrogé.

Les références faites au règlement abrogé s'entendent comme faites au présent règlement et sont à lire selon le tableau de correspondance figurant à l'annexe D du présent règlement.

Art. 92 *Entrée en vigueur.* Le présent règlement entre en vigueur le vingtième jour suivant celui de sa publication au *Journal officiel de l'Union européenne*.

Il est applicable à partir du 26 juin 2017, à l'exception de :

a) l'article 86, qui est applicable à partir du 26 juin 2016;

b) l'article 24, paragraphe 1, qui est applicable à partir du 26 juin 2018; et

c) l'article 25, qui est applicable à partir du 26 juin 2019.

Le présent règlement est obligatoire dans tous ses éléments et directement applicable dans tout État membre conformément aux traités.

36 Règlement (UE) 2016/679 du Parlement européen et du Conseil du 27 avril 2016 relatif à la protection des personnes physiques à l'égard du traitement des données à caractère personnel et à la libre circulation de ces données, et abrogeant la directive 95/46/CE (Règlement général sur la protection des données)

Applicable depuis le 25 mai 2018
(Texte présentant de l'intérêt pour l'EEE)

(Extraits)

CHAPITRE PREMIER
Dispositions générales

Art. 2 *Champ d'application matériel.* 1. Le présent règlement s'applique au traitement de données à caractère personnel, automatisé en tout ou en partie, ainsi qu'au traitement non automatisé de données à caractère personnel contenues ou appelées à figurer dans un fichier.

2. Le présent règlement ne s'applique pas au traitement de données à caractère personnel effectué :

a) dans le cadre d'une activité qui ne relève pas du champ d'application du droit de l'Union;

b) par les États membres dans le cadre d'activités qui relèvent du champ d'application du chapitre 2 du titre V du traité sur l'Union européenne;

c) par une personne physique dans le cadre d'une activité strictement personnelle ou domestique;

d) par les autorités compétentes à des fins de prévention et de détection des infractions pénales, d'enquêtes et de poursuites en la matière ou d'exécution de sanctions pénales, y compris la protection contre des menaces pour la sécurité publique et la prévention de telles menaces.

3. Le règlement (CE) n° 45/2001 s'applique au traitement des données à caractère personnel par les institutions, organes et organismes de l'Union. Le règlement (CE) n° 45/2001 et les autres actes juridiques de l'Union applicables audit traitement des données à caractère personnel sont adaptés aux principes et aux règles du présent règlement conformément à l'article 98.

4. Le présent règlement s'applique sans préjudice de la directive 2000/31/CE, et notamment de ses articles 12 à 15 relatifs à la responsabilité des prestataires de services intermédiaires.

Art. 3 *Champ d'application territorial.* 1. Le présent règlement s'applique au traitement des données à caractère personnel effectué dans le cadre des activités d'un établissement d'un responsable du traitement ou d'un sous-traitant sur le territoire de l'Union, que le traitement ait lieu ou non dans l'Union.

2. Le présent règlement s'applique au traitement des données à caractère personnel relatives à des personnes concernées qui se trouvent sur le territoire de l'Union par un

responsable du traitement ou un sous-traitant qui n'est pas établi dans l'Union, lorsque les activités de traitement sont liées :

a) à l'offre de biens ou de services à ces personnes concernées dans l'Union, qu'un paiement soit exigé ou non desdites personnes; ou

b) au suivi du comportement de ces personnes, dans la mesure où il s'agit d'un comportement qui a lieu au sein de l'Union.

3. Le présent règlement s'applique au traitement de données à caractère personnel par un responsable du traitement qui n'est pas établi dans l'Union mais dans un lieu où le droit d'un État membre s'applique en vertu du droit international public.

CHAPITRE V

Transferts de données à caractère personnel vers des pays tiers ou à des organisations internationales

Art. 50 *Coopération internationale dans le domaine de la protection des données à caractère personnel.* La Commission et les autorités de contrôle prennent, à l'égard des pays tiers et des organisations internationales, les mesures appropriées pour :

a) élaborer des mécanismes de coopération internationale destinés à faciliter l'application effective de la législation relative à la protection des données à caractère personnel;

b) se prêter mutuellement assistance sur le plan international dans l'application de la législation relative à la protection des données à caractère personnel, y compris par la notification, la transmission des réclamations, l'entraide pour les enquêtes et l'échange d'informations, sous réserve de garanties appropriées pour la protection des données à caractère personnel et d'autres libertés et droits fondamentaux;

c) associer les parties prenantes intéressées aux discussions et activités visant à développer la coopération internationale dans le domaine de l'application de la législation relative à la protection des données à caractère personnel;

d) favoriser l'échange et la documentation de la législation et des pratiques en matière de protection des données à caractère personnel, y compris en ce qui concerne les conflits de compétence avec des pays tiers.

CHAPITRE VII

Coopération et cohérence

Section I

Coopération

Art. 60 *Coopération entre l'autorité de contrôle chef de file et les autres autorités de contrôle concernées.* 1. L'autorité de contrôle chef de file coopère avec les autres autorités de contrôle concernées conformément au présent article en s'efforçant de parvenir à un consensus. L'autorité de contrôle chef de file et les autorités de contrôle concernées échangent toute information utile.

2. L'autorité de contrôle chef de file peut demander à tout moment aux autres autorités de contrôle concernées de se prêter mutuellement assistance en application de l'article 61 et peut mener des opérations conjointes en application de l'article 62, en

particulier pour effectuer des enquêtes ou contrôler l'application d'une mesure concernant un responsable du traitement ou un sous-traitant établi dans un autre État membre.

3. L'autorité de contrôle chef de file communique, sans tarder, les informations utiles sur la question aux autres autorités de contrôle concernées. Elle soumet sans tarder un projet de décision aux autres autorités de contrôle concernées en vue d'obtenir leur avis et tient dûment compte de leur point de vue.

4. Lorsqu'une des autres autorités de contrôle concernées formule, dans un délai de quatre semaines après avoir été consultée conformément au paragraphe 3 du présent article, une objection pertinente et motivée à l'égard du projet de décision, l'autorité de contrôle chef de file, si elle ne suit pas l'objection pertinente et motivée ou si elle est d'avis que cette objection n'est pas pertinente ou motivée, soumet la question au mécanisme de contrôle de la cohérence visé à l'article 63.

5. Lorsque l'autorité de contrôle chef de file entend suivre l'objection pertinente et motivée formulée, elle soumet aux autres autorités de contrôle concernées un projet de décision révisé en vue d'obtenir leur avis. Ce projet de décision révisé est soumis à la procédure visée au paragraphe 4 dans un délai de deux semaines.

6. Lorsqu'aucune des autres autorités de contrôle concernées n'a formulé d'objection à l'égard du projet de décision soumis par l'autorité de contrôle chef de file dans le délai visé aux paragraphes 4 et 5, l'autorité de contrôle chef de file et les autorités de contrôle concernées sont réputées approuver ce projet de décision et sont liées par lui.

7. L'autorité de contrôle chef de file adopte la décision, la notifie à l'établissement principal ou à l'établissement unique du responsable du traitement ou du sous-traitant, selon le cas, et informe les autres autorités de contrôle concernées et le comité de la décision en question, y compris en communiquant un résumé des faits et motifs pertinents. L'autorité de contrôle auprès de laquelle une réclamation a été introduite informe de la décision l'auteur de la réclamation.

8. Par dérogation au paragraphe 7, lorsqu'une réclamation est refusée ou rejetée, l'autorité de contrôle auprès de laquelle la réclamation a été introduite adopte la décision, la notifie à l'auteur de la réclamation et en informe le responsable du traitement.

9. Lorsque l'autorité de contrôle chef de file et les autorités de contrôle concernées sont d'accord pour refuser ou rejeter certaines parties d'une réclamation et donner suite à d'autres parties de cette réclamation, une décision distincte est adoptée pour chacune des parties. L'autorité de contrôle chef de file adopte la décision pour la partie relative aux actions concernant le responsable du traitement, la notifie à l'établissement principal ou à l'établissement unique du responsable du traitement ou du sous-traitant sur le territoire de l'État membre dont elle relève et en informe l'auteur de la réclamation, tandis que l'autorité de contrôle de l'auteur de la réclamation adopte la décision pour la partie concernant le refus ou le rejet de cette réclamation, la notifie à cette personne et en informe le responsable du traitement ou le sous— traitant.

10. Après avoir été informé de la décision de l'autorité de contrôle chef de file en application des paragraphes 7 et 9, le responsable du traitement ou le sous-traitant prend les mesures nécessaires pour assurer le respect de cette décision en ce qui concerne les activités de traitement menées dans le cadre de tous ses établissements dans l'Union. Le responsable du traitement ou le sous-traitant notifie les mesures prises pour assurer le respect de la décision à l'autorité de contrôle chef de file, qui informe les autres autorités de contrôle concernées.

11. Lorsque, dans des circonstances exceptionnelles, une autorité de contrôle concernée a des raisons de considérer qu'il est urgent d'intervenir pour protéger les intérêts des personnes concernées, la procédure d'urgence visée à l'article 66 s'applique.

12. L'autorité de contrôle chef de file et les autres autorités de contrôle concernées se communiquent par voie électronique et au moyen d'un formulaire type, les informations requises en vertu du présent article.

Art. 61 *Assistance mutuelle.* 1. Les autorités de contrôle se communiquent les informations utiles et se prêtent mutuellement assistance en vue de mettre en œuvre et d'appliquer le présent règlement de façon cohérente, et mettent en place des mesures pour coopérer efficacement. L'assistance mutuelle concerne notamment les demandes d'informations et les mesures de contrôle, telles que les demandes d'autorisation et de consultation préalables, les inspections et les enquêtes.

2. Chaque autorité de contrôle prend toutes les mesures appropriées requises pour répondre à une demande d'une autre autorité de contrôle dans les meilleurs délais et au plus tard un mois après réception de la demande. De telles mesures peuvent comprendre, notamment, la transmission d'informations utiles sur la conduite d'une enquête.

3. Les demandes d'assistances contiennent toutes les informations nécessaires, notamment la finalité et les motifs de la demande. Les informations échangées ne sont utilisées qu'aux fins pour lesquelles elles ont été demandées.

4. Une autorité de contrôle requise ne peut refuser de satisfaire à une demande d'assistance, sauf si :

a) elle n'est pas compétente pour traiter l'objet de la demande ou pour prendre les mesures qu'elle est requise d'exécuter; ou

b) satisfaire à la demande constituerait une violation du présent règlement ou du droit de l'Union ou du droit de l'État membre auquel l'autorité de contrôle qui a reçu la demande est soumise.

5. L'autorité de contrôle requise informe l'autorité de contrôle requérante des résultats obtenus ou, selon le cas, de l'avancement des mesures prises pour donner suite à la demande. L'autorité de contrôle requise explique les raisons de tout refus de satisfaire à une demande en application du paragraphe 4.

6. En règle générale, les autorités de contrôle requises communiquent par voie électronique et au moyen d'un formulaire type, les informations demandées par d'autres autorités de contrôle.

7. Les autorités de contrôle requises ne perçoivent pas de frais pour toute action qu'elles prennent à la suite d'une demande d'assistance mutuelle. Les autorités de contrôle peuvent convenir de règles concernant l'octroi de dédommagements entre elles pour des dépenses spécifiques résultant de la fourniture d'une assistance mutuelle dans des circonstances exceptionnelles.

8. Lorsqu'une autorité de contrôle ne fournit pas les informations visées au paragraphe 5 du présent article dans un délai d'un mois à compter de la réception de la demande formulée par une autre autorité de contrôle, l'autorité de contrôle requérante peut adopter une mesure provisoire sur le territoire de l'État membre dont elle relève conformément à l'article 55, paragraphe 1. Dans ce cas, les circonstances permettant de considérer qu'il est urgent d'intervenir conformément à l'article 66, paragraphe 1, sont réputées réunies et nécessitent une décision contraignante d'urgence du comité en application de l'article 66, paragraphe 2.

9. La Commission peut, par voie d'actes d'exécution, préciser la forme et les procédures de l'assistance mutuelle visée au présent article, ainsi que les modalités de

l'échange d'informations par voie électronique entre les autorités de contrôle et entre les autorités de contrôle et le comité, notamment en ce qui concerne le formulaire type visé au paragraphe 6 du présent article. Ces actes d'exécution sont adoptés en conformité avec la procédure d'examen visée à l'article 93, paragraphe 2.

Art. 62 *Opérations conjointes des autorités de contrôle.* 1. Les autorités de contrôle mènent, le cas échéant, des opérations conjointes, y compris en effectuant des enquêtes conjointes et en prenant des mesures répressives conjointes, auxquelles participent des membres ou des agents des autorités de contrôle d'autres États membres.

2. Lorsque le responsable du traitement ou le sous-traitant est établi dans plusieurs États membres ou si un nombre important de personnes concernées dans plusieurs États membres sont susceptibles d'être sensiblement affectées par des opérations de traitement, une autorité de contrôle de chacun de ces États membres a le droit de participer aux opérations conjointes. L'autorité de contrôle qui est compétente en vertu de l'article 56, paragraphe*[s]* 1 ou 4, invite l'autorité de contrôle de chacun de ces États membres à prendre part aux opérations conjointes concernées et donne suite sans tarder à toute demande d'une autorité de contrôle souhaitant y participer.

3. Une autorité de contrôle peut, conformément au droit d'un État membre, et avec l'autorisation de l'autorité de contrôle d'origine, conférer des pouvoirs, notamment des pouvoirs d'enquête, aux membres ou aux agents de l'autorité de contrôle d'origine participant à des opérations conjointes ou accepter, pour autant que le droit de l'État membre dont relève l'autorité de contrôle d'accueil le permette, que les membres ou les agents de l'autorité de contrôle d'origine exercent leurs pouvoirs d'enquête conformément au droit de l'État membre dont relève l'autorité de contrôle d'origine. Ces pouvoirs d'enquête ne peuvent être exercés que sous l'autorité et en présence de membres ou d'agents de l'autorité de contrôle d'accueil. Les membres ou agents de l'autorité de contrôle d'origine sont soumis au droit de l'État membre de l'autorité de contrôle d'accueil.

4. Lorsque, conformément au paragraphe 1, les agents de l'autorité de contrôle d'origine opèrent dans un autre État membre, l'État membre dont relève l'autorité de contrôle d'accueil assume la responsabilité de leurs actions, y compris la responsabilité des dommages qu'ils causent au cours des opérations dont ils sont chargés, conformément au droit de l'État membre sur le territoire duquel ils opèrent.

5. L'État membre sur le territoire duquel les dommages ont été causés répare ces dommages selon les conditions applicables aux dommages causés par ses propres agents. L'État membre dont relève l'autorité de contrôle d'origine dont les agents ont causé des dommages à des personnes sur le territoire d'un autre État membre rembourse intégralement à cet autre État membre les sommes qu'il a versées aux ayants droit.

6. Sans préjudice de l'exercice de ses droits à l'égard des tiers et sous réserve du paragraphe 5, chaque État membre s'abstient, dans le cas prévu au paragraphe 1, de demander à un autre État membre le remboursement lié aux dommages visés au paragraphe 4.

7. Lorsqu'une opération conjointe est envisagée et qu'une autorité de contrôle ne se conforme pas, dans un délai d'un mois, à l'obligation fixée au paragraphe 2, deuxième phrase, du présent article, les autres autorités de contrôle peuvent adopter une mesure provisoire sur le territoire de l'État membre dont celle-ci relève conformément à l'article 55. Dans ce cas, les circonstances permettant de considérer qu'il est urgent d'intervenir conformément à l'article 66, paragraphe 1, sont présumées être réunies et nécessitent un avis ou une décision contraignante d'urgence du comité en application de l'article 66, paragraphe 2.

Section II

Cohérence

Art. 63 *Mécanisme de contrôle de la cohérence.* Afin de contribuer à l'application cohérente du présent règlement dans l'ensemble de l'Union, les autorités de contrôle coopèrent entre elles et, le cas échéant, avec la Commission dans le cadre du mécanisme de contrôle de la cohérence établi dans la présente section.

Art. 64 *Avis du comité.* 1. Le comité émet un avis chaque fois qu'une autorité de contrôle compétente envisage d'adopter l'une des mesures ci-après. À cet effet, l'autorité de contrôle compétente communique le projet de décision au comité, lorsque ce projet :

a) vise à adopter une liste d'opérations de traitement pour lesquelles une analyse d'impact relative à la protection des données doit être effectuée en application de l'article 35, paragraphe 4;

b) concerne la question de savoir, en application de l'article 40, paragraphe 7, si un projet de code de conduite ou une modification ou une prorogation d'un code de conduite respecte le présent règlement;

(Rect. JOUE L 127 du 23 mai 2018) « c) vise à approuver les exigences relatives à l'agrément d'un organisme en application de l'article 41, paragraphe 3, d'un organisme de certification en application de l'article 43, paragraphe 3, ou les critères de certification visés à l'article 42, paragraphe 5; »

d) vise à fixer des clauses types de protection des données visées à l'article 46, paragraphe 2, point d, et à l'article 28, paragraphe 8;

e) vise à autoriser les clauses contractuelles visées à l'article 46, paragraphe 3, point a; ou

f) vise à approuver des règles d'entreprise contraignantes au sens de l'article 47.

2. Toute autorité de contrôle, le président du comité ou la Commission peuvent demander que toute question d'application générale ou produisant des effets dans plusieurs États membres soit examinée par le comité en vue d'obtenir un avis, en particulier lorsqu'une autorité de contrôle compétente ne respecte pas les obligations relatives à l'assistance mutuelle conformément à l'article 61 ou les obligations relatives aux opérations conjointes conformément à l'article 62.

3. Dans les cas visés aux paragraphes 1 et 2, le comité émet un avis sur la question qui lui est soumise, à condition qu'il n'ait pas déjà émis un avis sur la même question. Cet avis est adopté dans un délai de huit semaines à la majorité simple des membres du comité. Ce délai peut être prolongé de six semaines en fonction de la complexité de la question. En ce qui concerne le projet de décision visé au paragraphe 1 transmis aux membres du comité conformément au paragraphe 5, un membre qui n'a pas formulé d'objection dans un délai raisonnable fixé par le président est réputé approuver le projet de décision.

4. Les autorités de contrôle et la Commission communiquent, dans les meilleurs délais, au comité, par voie électronique et au moyen d'un formulaire type, toutes les informations utiles, y compris, selon le cas, un résumé des faits, le projet de décision, les motifs rendant nécessaire l'adoption de cette mesure et les points de vue des autres autorités de contrôle concernées.

5. Le président du comité transmet dans les meilleurs délais par voie électronique :

a) toutes les informations utiles qui lui ont été communiquées aux membres du comité et à la Commission, au moyen d'un formulaire type. Le secrétariat du comité fournit, si nécessaire, les traductions des informations utiles; et

b) l'avis à l'autorité de contrôle visée, selon le cas, aux paragraphes 1 et 2, et à la Commission, et le publie.

(Rect. JOUE L 127 du 23 mai 2018) «6. L'autorité de contrôle compétente visée au paragraphe 1 n'adopte pas son projet de décision visé au paragraphe 1 lorsque le délai visé au paragraphe 3 court.

«7. L'autorité de contrôle compétente visée au paragraphe 1 tient le plus grand compte de l'avis du comité et fait savoir au président du comité par voie électronique au moyen d'un formulaire type, dans un délai de deux semaines suivant la réception de l'avis, si elle maintiendra ou si elle modifiera son projet de décision et, le cas échéant, son projet de décision modifié.

«8. Lorsque l'autorité de contrôle compétente visée au paragraphe 1 informe le président du comité dans le délai visé au paragraphe 7 du présent article qu'elle n'a pas l'intention de suivre, en tout ou en partie, l'avis du comité, en fournissant les motifs pertinents, l'article 65, paragraphe 1, s'applique.»

Art. 65 *Règlement des litiges par le comité.* 1. En vue d'assurer l'application correcte et cohérente du présent règlement dans les cas d'espèce, le comité adopte une décision contraignante dans les cas suivants :

(Rect. JOUE L 127 du 23 mai 2018) «a) lorsque, dans le cas visé à l'article 60, paragraphe 4, une autorité de contrôle concernée a formulé une objection pertinente et motivée à l'égard d'un projet de décision de l'autorité de contrôle chef de file et que l'autorité de contrôle chef de file n'a pas donné suite à l'objection ou a rejeté cette objection au motif qu'elle n'est pas pertinente ou motivée.» La décision contraignante concerne toutes les questions qui font l'objet de l'objection pertinente et motivée, notamment celle de savoir s'il y a violation du présent règlement;

b) lorsqu'il existe des points de vue divergents quant à l'autorité de contrôle concernée qui est compétente pour l'établissement principal;

c) lorsqu'une autorité de contrôle compétente ne demande pas l'avis du comité dans les cas visés à l'article 64, paragraphe 1, ou qu'elle ne suit pas l'avis du comité émis en vertu de l'article 64. Dans ce cas, toute autorité de contrôle concernée ou la Commission peut saisir le comité de la question.

2. La décision visée au paragraphe 1 est adoptée à la majorité des deux tiers des membres du comité dans un délai d'un mois à compter de la transmission de la question. Ce délai peut être prolongé d'un mois en fonction de la complexité de la question. La décision visée au paragraphe 1, est motivée et est adressée à l'autorité de contrôle chef de file et à toutes les autorités de contrôle concernées et est contraignante à leur égard.

3. Lorsque le comité n'a pas été en mesure d'adopter une décision dans les délais visés au paragraphe 2, il adopte sa décision, à la majorité simple de ses membres, dans un délai de deux semaines suivant l'expiration du deuxième mois visé au paragraphe 2. En cas d'égalité des voix au sein du comité, la voix de son président est prépondérante.

4. Les autorités de contrôle concernées n'adoptent pas de décision sur la question soumise au comité en vertu du paragraphe 1 lorsque les délais visés aux paragraphes 2 et 3 courent.

5. Le président du comité notifie, dans les meilleurs délais, la décision visée au paragraphe 1 aux autorités de contrôle concernées. Il en informe la Commission. La décision est publiée sur le site internet du comité sans tarder après que l'autorité de contrôle a notifié la décision finale visée au paragraphe 6.

6. L'autorité de contrôle chef de file ou, selon le cas, l'autorité de contrôle auprès de laquelle la réclamation a été introduite adopte sa décision finale sur la base de la décision

visée au paragraphe 1 du présent article, dans les meilleurs délais et au plus tard un mois après que le comité a notifié sa décision. L'autorité de contrôle chef de file ou, selon le cas, l'autorité de contrôle auprès de laquelle la réclamation a été introduite informe le comité de la date à laquelle sa décision finale est notifiée, respectivement, au responsable du traitement ou au sous-traitant et à la personne concernée. La décision finale des autorités de contrôle concernées est adoptée aux conditions de l'article 60, paragraphes 7, 8 et 9. La décision finale fait référence à la décision visée au paragraphe 1 du présent article et précise que celle-ci sera publiée sur le site internet du comité conformément au paragraphe 5 du présent article. La décision visée au paragraphe 1 du présent article est jointe à la décision finale.

Art. 66 *Procédure d'urgence.* 1. Dans des circonstances exceptionnelles, lorsqu'une autorité de contrôle concernée considère qu'il est urgent d'intervenir pour protéger les droits et libertés des personnes concernées, elle peut, par dérogation au mécanisme de contrôle de la cohérence visé aux articles 63, 64 et 65 ou à la procédure visée à l'article 60, adopter immédiatement des mesures provisoires visant à produire des effets juridiques sur son propre territoire et ayant une durée de validité déterminée qui n'excède pas trois mois. L'autorité de contrôle communique sans tarder ces mesures et les raisons de leur adoption aux autres autorités de contrôle concernées, au comité et à la Commission.

2. Lorsqu'une autorité de contrôle a pris une mesure en vertu du paragraphe 1 et estime que des mesures définitives doivent être adoptées d'urgence, elle peut demander un avis d'urgence ou une décision contraignante d'urgence au comité, en motivant sa demande d'avis ou de décision.

3. Toute autorité de contrôle peut, en motivant sa demande d'avis ou de décision et notamment l'urgence d'intervenir, demander au comité un avis d'urgence ou une décision contraignante d'urgence, selon le cas, lorsqu'une autorité de contrôle compétente n'a pas pris de mesure appropriée dans une situation où il est urgent d'intervenir afin de protéger les droits et libertés des personnes concernées.

4. Par dérogation à l'article 64, paragraphe 3, et à l'article 65, paragraphe 2, l'avis d'urgence ou la décision contraignante d'urgence visés aux paragraphes 2 et 3 du présent article est adopté dans un délai de deux semaines à la majorité simple des membres du comité.

Art. 67 *Échange d'informations.* La Commission peut adopter des actes d'exécution de portée générale afin de définir les modalités de l'échange d'informations par voie électronique entre les autorités de contrôle, et entre ces autorités et le comité, notamment le formulaire type visé à l'article 64.

Ces actes d'exécution sont adoptés en conformité avec la procédure d'examen visée à l'article 93, paragraphe 2.

CHAPITRE VIII

Voies de recours, responsabilité et sanctions

Art. 78 *Droit à un recours juridictionnel effectif contre une autorité de contrôle.* 1. Sans préjudice de tout autre recours administratif ou extrajudiciaire, toute personne physique ou morale a le droit de former un recours juridictionnel effectif contre une décision juridiquement contraignante d'une autorité de contrôle qui la concerne.

2. Sans préjudice de tout autre recours administratif ou extrajudiciaire, toute personne concernée a le droit de former un recours juridictionnel effectif lorsque l'autorité de

contrôle qui est compétente en vertu des articles 55 et 56 ne traite pas une réclamation ou n'informe pas la personne concernée, dans un délai de trois mois, de l'état d'avancement ou de l'issue de la réclamation qu'elle a introduite au titre de l'article 77.

3. Toute action contre une autorité de contrôle est intentée devant les juridictions de l'État membre sur le territoire duquel l'autorité de contrôle est établie.

4. Dans le cas d'une action intentée contre une décision d'une autorité de contrôle qui a été précédée d'un avis ou d'une décision du comité dans le cadre du mécanisme de contrôle de la cohérence, l'autorité de contrôle transmet l'avis ou la décision en question à la juridiction concernée.

Art. 79 *Droit à un recours juridictionnel effectif contre un responsable du traitement ou un sous-traitant.* 1. Sans préjudice de tout recours administratif ou extrajudiciaire qui lui est ouvert, y compris le droit d'introduire une réclamation auprès d'une autorité de contrôle au titre de l'article 77, chaque personne concernée a droit à un recours juridictionnel effectif si elle considère que les droits que lui confère le présent règlement ont été violés du fait d'un traitement de ses données à caractère personnel effectué en violation du présent règlement.

2. Toute action contre un responsable du traitement ou un sous-traitant est intentée devant les juridictions de l'État membre dans lequel le responsable du traitement ou le sous-traitant dispose d'un établissement. Une telle action peut aussi être intentée devant les juridictions de l'État membre dans lequel la personne concernée a sa résidence habituelle, sauf si le responsable du traitement ou le sous-traitant est une autorité publique d'un État membre agissant dans l'exercice de ses prérogatives de puissance publique.

Art. 81 *Suspension d'une action.* 1. Lorsqu'une juridiction compétente d'un État membre est informée qu'une action concernant le même objet a été intentée à l'égard d'un traitement effectué par le même responsable du traitement ou le même sous-traitant et est pendante devant une juridiction d'un autre État membre, elle contacte cette juridiction dans l'autre État membre pour confirmer l'existence d'une telle action.

2. Lorsqu'une action concernant le même objet a été intentée à l'égard d'un traitement effectué par le même responsable du traitement ou le même sous-traitant et est pendante devant une juridiction d'un autre État membre, toute juridiction compétente autre que la juridiction saisie en premier lieu peut suspendre son action.

3. Lorsque cette action est pendante devant des juridictions du premier degré, toute juridiction autre que la juridiction saisie en premier lieu peut également se dessaisir, à la demande de l'une des parties, à condition que la juridiction saisie en premier lieu soit compétente pour connaître des actions en question et que le droit applicable permette leur jonction.

V. aussi, sur les transferts de données à caractère personnel vers des pays tiers ou à des organisations internationales Chap. 5, art. 44 à 49 (non reproduits).

Art. 82 *Droit à réparation et responsabilité.* 1. Toute personne ayant subi un dommage matériel ou moral du fait d'une violation du présent règlement a le droit d'obtenir du responsable du traitement ou du sous-traitant réparation du préjudice subi.

2. Tout responsable du traitement ayant participé au traitement est responsable du dommage causé par le traitement qui constitue une violation du présent règlement. Un sous-traitant n'est tenu pour responsable du dommage causé par le traitement que s'il n'a pas respecté les obligations prévues par le présent règlement qui incombent spécifiquement aux sous-traitants ou qu'il a agi en dehors des instructions licites du responsable du traitement ou contrairement à celles-ci.

3. Un responsable du traitement ou un sous-traitant est exonéré de responsabilité, au titre du paragraphe 2, s'il prouve que le fait qui a provoqué le dommage ne lui est nullement imputable.

4. Lorsque plusieurs responsables du traitement ou sous-traitants ou lorsque, à la fois, un responsable du traitement et un sous-traitant participent au même traitement et, lorsque, au titre des paragraphes 2 et 3, ils sont responsables d'un dommage causé par le traitement, chacun des responsables du traitement ou des sous-traitants est tenu responsable du dommage dans sa totalité afin de garantir à la personne concernée une réparation effective.

5. Lorsqu'un responsable du traitement ou un sous-traitant a, conformément au paragraphe 4, réparé totalement le dommage subi, il est en droit de réclamer auprès des autres responsables du traitement ou sous-traitants ayant participé au même traitement la part de la réparation correspondant à leur part de responsabilité dans le dommage, conformément aux conditions fixées au paragraphe 2.

6. Les actions judiciaires engagées pour exercer le droit à obtenir réparation sont intentées devant les juridictions compétentes en vertu du droit de l'État membre visé à l'article 79, paragraphe 2.

37 Règlement (UE) n° 2016/1103 du Conseil du 24 juin 2016 mettant en œuvre une coopération renforcée dans le domaine de la compétence, de la loi applicable, de la reconnaissance et de l'exécution des décisions en matière de régimes matrimoniaux

Applicable depuis le 29 janvier 2019

(Version consolidée)

Vu le traité sur le fonctionnement de l'Union européenne, et notamment son article 81, paragraphe 3,

Vu la décision (UE) 2016/954 du Conseil du 9 juin 2016 autorisant une coopération renforcée dans le domaine de la compétence, de la loi applicable, de la reconnaissance et de l'exécution des décisions en matière de régimes patrimoniaux des couples internationaux, concernant les questions relatives tant aux régimes matrimoniaux qu'aux effets patrimoniaux des partenariats enregistrés (1),

Vu la proposition de la Commission européenne,

Après transmission du projet d'acte législatif aux parlements nationaux,

Vu l'avis du Parlement européen (2),

Statuant conformément à une procédure législative spéciale,

Considérant ce qui suit :

(1) L'Union s'est donné pour objectif de maintenir et de développer un espace de liberté, de sécurité et de justice au sein duquel est assurée la libre circulation des personnes. En vue de l'établissement progressif de cet espace, l'Union doit adopter des mesures relevant du domaine de la coopération judiciaire dans les matières civiles ayant une incidence transfrontière, notamment lorsque cela est nécessaire au bon fonctionnement du marché intérieur.

(2) Conformément à l'article 81, paragraphe 2, point c), du traité sur le fonctionnement de l'Union européenne (TFUE), ces mesures peuvent comprendre des mesures visant à assurer la compatibilité des règles applicables dans les États membres en matière de conflits de lois et de compétence.

(3) Le Conseil européen, réuni à Tampere les 15 et 16 octobre 1999, a approuvé le principe de reconnaissance mutuelle des jugements et des autres décisions émanant des autorités judiciaires en tant que pierre angulaire de la coopération judiciaire en matière civile et a invité le Conseil et la Commission à adopter un programme de mesures destinées à mettre en œuvre ce principe.

(4) Un programme des mesures sur la mise en œuvre du principe de reconnaissance mutuelle des décisions en matière civile et commerciale (3), commun à la Commission et au Conseil, a été adopté le 30 novembre 2000. Ce programme décrit les mesures relatives à l'harmonisation des règles de conflits de lois comme des mesures destinées à faciliter la reconnaissance mutuelle des décisions et prévoit l'élaboration d'un instrument en matière de régimes matrimoniaux.

(5) Le Conseil européen, réuni à Bruxelles les 4 et 5 novembre 2004, a adopté un nouveau programme, intitulé « Le programme de La Haye : renforcer la liberté, la sécurité et la justice dans l'Union européenne » (4). Dans ce programme, le Conseil invitait la Commission à présenter un livre vert sur le règlement des conflits de lois en matière de régime matrimonial, traitant notamment de la compétence judiciaire et de la reconnaissance mutuelle. Ce programme soulignait également la nécessité d'adopter un instrument dans ce domaine.

(6) La Commission a adopté, le 17 juillet 2006, le livre vert sur le règlement des conflits de lois en matière de régime matrimonial, traitant notamment de la question de la compétence judiciaire et de la reconnaissance mutuelle. Ce livre vert a ouvert une large consultation sur l'ensemble des difficultés auxquelles sont confrontés les couples en Europe lors de la liquidation des biens dont ils ont la propriété commune et sur les moyens juridiques d'y remédier.

(7) Réuni à Bruxelles les 10 et 11 décembre 2009, le Conseil européen a adopté un nouveau programme pluriannuel intitulé « Le programme de Stockholm – une Europe ouverte et sûre qui sert et protège les citoyens » (5). Dans ce programme, le Conseil européen estimait que la reconnaissance mutuelle devrait être étendue à des domaines encore non couverts mais essentiels pour la vie quotidienne, tels que les régimes matrimoniaux, tout en tenant compte des systèmes juridiques des États membres, y compris en matière d'ordre public, et des traditions nationales dans ce domaine.

(8) Dans le « Rapport 2010 sur la citoyenneté de l'Union : lever les obstacles à l'exercice des droits des citoyens de l'Union », adopté le 27 octobre 2010, la Commission a annoncé l'adoption d'une proposition d'instrument législatif permettant de supprimer les entraves à la libre circulation des personnes, et notamment les difficultés rencontrées par les couples dans l'administration ou lors du partage de leurs biens.

(9) Le 16 mars 2011, la Commission a adopté une proposition de règlement du Conseil relatif à la compétence, la loi applicable, la reconnaissance et l'exécution des décisions en matière de régimes matrimoniaux et une proposition de règlement du Conseil relatif à la compétence, la loi applicable, la reconnaissance et l'exécution des décisions en matière d'effets patrimoniaux des partenariats enregistrés.

(10) Lors de sa réunion du 3 décembre 2015, le Conseil a conclu qu'il ne serait pas possible de parvenir à adopter à l'unanimité les propositions de règlements relatifs aux régimes matrimoniaux et aux effets patrimoniaux des partenariats enregistrés et que les objectifs de la coopération dans ce domaine ne pourraient donc pas être atteints dans un délai raisonnable par l'Union dans son ensemble.

(11) De décembre 2015 à février 2016, la Belgique, la Bulgarie, la République tchèque, l'Allemagne, la Grèce, l'Espagne, la France, la Croatie, l'Italie, le Luxembourg, Malte, les Pays-Bas, l'Autriche, le Portugal, la Slovénie, la Finlande et la Suède ont adressé des demandes à la Commission, dans lesquelles ils indiquaient qu'ils souhaitaient mettre en place entre eux une coopération renforcée dans le domaine des régimes patrimoniaux des couples internationaux, en particulier en ce qui concerne la compétence, la loi applicable, la reconnaissance et l'exécution des décisions en matière de régimes matrimoniaux ainsi que la compétence, la loi applicable, la reconnaissance et l'exécution des décisions en matière d'effets patrimoniaux des partenariats enregistrés, et invitaient la Commission à présenter au Conseil une proposition à cet effet. Par lettre adressée à la Commission en mars 2016, Chypre a indiqué son souhait de participer à l'instauration d'une coopération renforcée ; Chypre a réitéré ce souhait au cours des travaux du Conseil.

(12) Le 9 juin 2016, le Conseil a adopté la décision (UE) 2016/954 autorisant cette coopération renforcée.

(13) En vertu de l'article 328, paragraphe 1, du TFUE, lors de leur instauration, les coopérations renforcées sont ouvertes à tous les États membres, sous réserve de respecter les conditions éventuelles de participation fixées par la décision d'autorisation. Elles le sont également à tout autre moment, sous réserve de respecter, outre lesdites conditions, les actes déjà adoptés dans ce cadre. La Commission et les États membres participant à une coopération renforcée devraient veiller à promouvoir la participation du plus grand nombre possible d'États membres. Le présent règlement ne devrait être obligatoire dans tous ses éléments et directement applicable que dans les États membres qui participent à la coopération renforcée dans le domaine de la compétence, de la loi applicable, de la reconnaissance et de l'exécution des décisions en matière de régimes patrimoniaux des couples internationaux, concernant les questions relatives tant aux régimes matrimoniaux qu'aux effets patrimoniaux des partenariats enregistrés, en vertu de la décision (UE) 2016/954, ou en vertu d'une décision adoptée conformément à l'article 331, paragraphe 1, deuxième ou troisième alinéa, du TFUE.

(14) Conformément à l'article 81 du TFUE, le présent règlement devrait s'appliquer dans le cadre des régimes matrimoniaux ayant une incidence transfrontière.

(15) Afin d'assurer la sécurité juridique des couples mariés à l'égard de leurs biens et de leur offrir une certaine prévisibilité, il convient de prévoir dans un seul instrument l'ensemble des règles applicables aux régimes matrimoniaux.

(16) Afin d'atteindre ces objectifs, le présent règlement devrait regrouper les dispositions sur la compétence, la loi applicable, la reconnaissance ou, le cas échéant, l'acceptation, la force exécutoire et l'exécution des décisions, des actes authentiques et des transactions judiciaires.

(17) Le présent règlement ne définit pas la notion de « mariage », qui est définie par le droit national des États membres.

(18) Le champ d'application du présent règlement devrait s'étendre à tous les aspects de droit civil des régimes matrimoniaux, concernant tant la gestion quotidienne des biens des époux que la liquidation du régime, survenant notamment du fait de la séparation du couple ou du décès d'un de ses membres. Aux fins du présent règlement, la notion de « régime matrimonial » devrait être interprétée de manière autonome et devrait englober non seulement les règles auxquelles les époux ne peuvent pas déroger, mais aussi toutes les règles facultatives qui peuvent être fixées par les époux conformément à la loi applicable, ainsi que les règles supplétives de la loi applicable. Elle comprend non seulement les régimes de biens spécifiquement et exclusivement conçus par certaines législations nationales en vue du mariage, mais également tous les rapports patrimoniaux entre les époux et dans les relations de ceux-ci avec des tiers résultant directement du lien conjugal ou de la dissolution de celui-ci.

(19) Pour des raisons de clarté, le champ d'application du présent règlement devrait explicitement exclure une série de questions dont il pourrait être estimé qu'elles ont un lien avec les questions de régime matrimonial.

(20) Ainsi, le présent règlement ne devrait pas s'appliquer aux questions ayant trait à la capacité juridique générale des époux ; toutefois, cette exclusion ne devrait pas s'appliquer aux pouvoirs et aux droits spécifiques de l'un ou des deux époux à l'égard de leurs biens, qu'ils soient exercés entre eux ou à l'égard de tiers, ces pouvoirs et droits devant relever du champ d'application du présent règlement.

(21) Le présent règlement ne devrait pas s'appliquer à d'autres questions préalables telles que l'existence, la validité ou la reconnaissance d'un mariage, qui continuent d'être régies par le droit national des États membres, y compris par leurs règles de droit international privé.

(22) Les obligations alimentaires entre époux étant régies par le règlement (CE) n° 4/2009 du Conseil (6), elles devraient être exclues du champ d'application du présent règlement, tout comme les questions relatives à la succession d'un époux décédé, puisqu'elles sont couvertes par le règlement (UE) n° 650/2012 du Parlement européen et du Conseil (7).

(23) Les questions relatives au droit au transfert ou à l'adaptation entre époux des droits à la pension de retraite ou d'invalidité, quelle que soit leur nature, acquis au cours du mariage et qui n'ont pas produit des revenus de retraite au cours du mariage devraient être exclues du champ d'application du présent règlement, compte tenu des régimes spécifiques en vigueur dans les États membres. Toutefois, cette exclusion devrait faire l'objet d'une interprétation stricte. Dès lors, le présent règlement devrait régir en particulier la question de la classification des capitaux de retraite, des montants qui ont déjà été versés à l'un des époux au cours du mariage et de l'éventuelle indemnisation qui serait octroyée en cas de pension de retraite souscrite avec un capital commun.

(24) Le présent règlement devrait permettre la création ou le transfert résultant du régime matrimonial d'un droit mobilier ou immobilier tel que prévu par la loi applicable au régime matrimonial. Il ne devrait toutefois pas porter atteinte au nombre limité (numerus clausus) de droits réels que connaît le droit national de certains États membres. Un État membre ne devrait pas être tenu de reconnaître un droit réel en rapport avec des biens situés dans cet État membre, s'il ne connaît pas un tel droit réel dans son droit.

(25) Toutefois, afin de permettre aux époux de jouir, dans un autre État membre, des droits qui ont été créés ou leur ont été transférés en vertu du régime matrimonial, il

convient que le présent règlement prévoie l'adaptation d'un droit réel inconnu à son équivalent le plus proche en vertu du droit de cet autre État membre. Dans le cadre de cette adaptation, il y a lieu de tenir compte des objectifs et des intérêts poursuivis par le droit réel en question et des effets qui y sont liés. Pour déterminer l'équivalent le plus proche du droit réel dans le droit national, les autorités ou les personnes compétentes de l'État dont la loi s'applique au régime matrimonial peuvent être contactées afin d'obtenir des informations complémentaires sur la nature et les effets de ce droit. À cette fin, il serait possible d'avoir recours aux réseaux existants dans le domaine de la coopération judiciaire en matière civile et commerciale, ainsi qu'à tout autre moyen disponible permettant de comprendre plus facilement la loi étrangère.

(26) L'adaptation d'un droit réel inconnu expressément prévue par le présent règlement ne devrait pas empêcher d'autres formes d'adaptation dans le cadre de l'application du présent règlement.

(27) Les exigences relatives à l'inscription dans un registre d'un droit immobilier ou mobilier devraient être exclues du champ d'application du présent règlement. Par conséquent, c'est la loi de l'État membre dans lequel le registre est tenu (pour les biens immeubles, la lex rei sitae) qui devrait définir les conditions légales et les modalités de l'inscription, et déterminer quelles sont les autorités, telles que les responsables des cadastres ou les notaires, chargées de vérifier que toutes les exigences sont respectées et que les documents présentés ou établis sont suffisants ou contiennent les informations nécessaires. En particulier, les autorités peuvent vérifier que le droit d'un époux sur les biens mentionnés dans le document présenté pour inscription est un droit qui est inscrit en tant que tel dans le registre ou qui a été attesté d'une autre manière conformément au droit de l'État membre dans lequel le registre est tenu. Afin d'éviter la duplication des documents, les autorités chargées de l'inscription devraient accepter les documents rédigés par les autorités compétentes d'un autre État membre, dont la circulation est prévue par le présent règlement. Cela ne devrait pas empêcher les autorités chargées de l'inscription de solliciter la personne qui demande l'inscription de fournir les informations supplémentaires ou de présenter les documents complémentaires exigés en vertu du droit de l'État membre dans lequel le registre est tenu, par exemple les informations ou les documents concernant le paiement d'impôts. L'autorité compétente peut indiquer à la personne demandant l'inscription la manière dont elle peut se procurer les informations ou les documents manquants.

(28) Les effets de l'inscription d'un droit dans un registre devraient également être exclus du champ d'application du présent règlement. Par conséquent, c'est la loi de l'État membre dans lequel le registre est tenu qui devrait déterminer si l'inscription a un effet, par exemple, déclaratoire ou constitutif. Ainsi, dans le cas où, par exemple, l'acquisition d'un droit immobilier exige une inscription dans un registre en vertu du droit de l'État membre dans lequel le registre est tenu afin d'assurer l'effet erga omnes des registres ou de protéger les transactions juridiques, le moment de cette acquisition devrait être régi par le droit de cet État membre.

(29) Le présent règlement devrait respecter les différents systèmes de règlement des régimes matrimoniaux applicables dans les États membres. Aux fins du présent règlement, il convient, dès lors, de donner au terme «juridiction» un sens large permettant de couvrir non seulement les juridictions au sens strict, qui exercent des fonctions juridic-

tionnelles, mais aussi, par exemple, les notaires dans certains États membres qui, pour certaines questions liées aux régimes matrimoniaux, exercent des fonctions juridictionnelles au même titre que les juridictions, ainsi que les notaires et les professionnels du droit qui, dans certains États membres, exercent des fonctions juridictionnelles dans le cadre d'un régime matrimonial donné en vertu d'une délégation de pouvoirs accordée par une juridiction. Toutes les juridictions au sens du présent règlement devraient être liées par les règles de compétence prévues dans le présent règlement. Inversement, le terme « juridiction » ne devrait pas viser les autorités non judiciaires d'un État membre qui, en vertu du droit national, sont habilitées à traiter les questions matrimoniales, telles que les notaires dans la plupart des États membres, lorsque, comme c'est généralement le cas, ils n'exercent pas de fonctions juridictionnelles.

(30) Le présent règlement devrait permettre à tous les notaires qui sont compétents en matière de régimes matrimoniaux dans les États membres d'exercer cette compétence. La question de savoir si les notaires d'un État membre donné sont ou non liés par les règles de compétence prévues dans le présent règlement devrait dépendre de la question de savoir s'ils relèvent ou non de la définition du terme « juridiction » aux fins du présent règlement.

(31) Les actes dressés par des notaires en matière de régimes matrimoniaux dans les États membres devraient circuler conformément au présent règlement. Lorsque les notaires exercent des fonctions juridictionnelles, ils devraient être liés par les règles de compétence énoncées dans le présent règlement, et les décisions qu'ils rendent devraient circuler conformément aux dispositions du présent règlement relatives à la reconnaissance, à la force exécutoire et à l'exécution des décisions. Lorsque les notaires n'exercent pas des fonctions juridictionnelles, ils ne devraient pas être liés par ces règles de compétence, et les actes authentiques qu'ils dressent devraient circuler conformément aux dispositions du présent règlement relatives aux actes authentiques.

(32) Afin de refléter la mobilité croissante des couples au cours de leur vie maritale et afin d'assurer une bonne administration de la justice, les règles de compétence énoncées dans le présent règlement devraient permettre aux citoyens de voir les différentes procédures connexes dans lesquelles ils sont impliqués traitées par les juridictions d'un même État membre. À cette fin, il convient que le présent règlement s'emploie à ce que la compétence en matière de régime matrimonial soit concentrée dans l'État membre dont les juridictions sont appelées à régler la succession d'un époux conformément au règlement (UE) no 650/2012, ou le divorce, la séparation de corps ou l'annulation du mariage conformément au règlement (CE) no 2201/2003 du Conseil (8).

(33) Le présent règlement devrait prévoir que, lorsqu'une procédure concernant la succession d'un époux est pendante devant une juridiction d'un État membre qui a été saisie au titre du règlement (UE) no 650/2012, les juridictions dudit État membre sont compétentes pour statuer sur des questions relatives aux régimes matrimoniaux en relation avec ladite affaire de succession.

(34) De même, les questions relatives aux régimes matrimoniaux en relation avec une procédure pendante devant la juridiction d'un État membre qui a été saisie d'une demande de divorce, de séparation de corps ou d'annulation de mariage en application du règlement (CE) no 2201/2003 devraient être réglées par les juridictions dudit État membre, à moins que la compétence pour statuer sur le divorce, la séparation de corps

ou l'annulation du mariage ne puisse être fondée que sur des critères de compétence spécifiques. Dans ce cas, la concentration des compétences ne devrait pas être permise sans l'accord des époux.

(35) Lorsque des questions relatives aux régimes matrimoniaux ne sont pas liées à une procédure pendante devant la juridiction d'un État membre concernant la succession d'un époux ou le divorce, la séparation de corps ou l'annulation du mariage, le présent règlement devrait prévoir une échelle de facteurs de rattachement permettant d'établir la juridiction compétente, à commencer par le lieu de résidence habituelle des époux au moment de la saisine de la juridiction. Ces facteurs de rattachement sont fixés pour tenir compte de la mobilité croissante des citoyens et afin d'assurer l'existence d'un lien de rattachement réel entre les époux et l'État membre dans lequel la compétence est exercée.

(36) Afin d'accroître la sécurité juridique, la prévisibilité et l'autonomie des parties, le présent règlement devrait, dans certaines circonstances, permettre aux parties de conclure un accord d'élection de for en faveur des juridictions de l'État membre de la loi applicable ou des juridictions de l'État membre dans lequel le mariage a été célébré.

(37) Aux fins du présent règlement, et de manière à couvrir toutes les situations possibles, l'État membre dans lequel le mariage a été célébré devrait être l'État membre dont les autorités ont célébré le mariage.

(38) Les juridictions d'un État membre peuvent considérer que leur droit international privé ne permet pas de reconnaître le mariage concerné aux fins d'une procédure en matière de régimes matrimoniaux. En pareil cas, il peut être nécessaire, à titre exceptionnel, qu'elles déclinent leur compétence en vertu du présent règlement. Les juridictions agissent promptement et la partie concernée devrait avoir la possibilité de soumettre l'affaire dans tout autre État membre présentant un facteur de rattachement lui conférant compétence, quel que soit l'ordre de ces chefs de compétence, dans le respect de l'autonomie des parties. Toute juridiction saisie à la suite d'une déclinaison de compétence, autre que les juridictions de l'État membre dans lequel le mariage a été célébré, peut également devoir décliner sa compétence, à titre exceptionnel, dans les mêmes conditions. Toutefois, la combinaison des différentes règles de compétence devrait garantir que les parties ont toutes les possibilités requises de saisir les juridictions d'un État membre qui se déclareront compétentes afin de donner effet à leur régime matrimonial.

(39) Le présent règlement ne devrait pas empêcher les parties de régler la question relative à leur régime matrimonial à l'amiable par voie extrajudiciaire, par exemple devant un notaire, dans un État membre de leur choix, dans le cas où le droit de cet État membre le permet. Ce devrait être le cas même si la loi applicable au régime matrimonial n'est pas la loi de cet État membre.

(40) Afin de veiller à ce que les juridictions de tous les États membres puissent s'appuyer sur les mêmes motifs pour exercer leur compétence à l'égard des régimes matrimoniaux des époux, le présent règlement devrait énoncer de manière exhaustive les motifs pour lesquels cette compétence subsidiaire peut s'exercer.

(41) Afin de remédier tout particulièrement à des situations de déni de justice, il y a lieu de prévoir dans le présent règlement un forum necessitatis permettant à une juridiction d'un État membre, dans des cas exceptionnels, de statuer sur un régime matrimonial qui présente un lien étroit avec un État tiers. Un tel cas exceptionnel pourrait exister

lorsqu'une procédure se révèle impossible dans l'État tiers concerné, par exemple en raison d'une guerre civile, ou lorsqu'on ne peut raisonnablement attendre d'un époux qu'il introduise ou conduise une procédure dans cet État. La compétence fondée sur le forum necessitatis ne pourrait cependant être exercée que si l'affaire présente un lien suffisant avec l'État membre de la juridiction saisie.

(42) Dans l'intérêt du fonctionnement harmonieux de la justice, il convient d'éviter que des décisions inconciliables soient rendues dans différents États membres. À cette fin, le présent règlement devrait prévoir des règles générales de procédure semblables à celles d'autres instruments de l'Union dans le domaine de la coopération judiciaire en matière civile. Parmi ces règles de procédure figure la règle de la litispendance, qui entrera en jeu si la même question relative au régime matrimonial est portée devant différentes juridictions de différents États membres. Cette règle déterminera alors la juridiction appelée à poursuivre le règlement de la question relative au régime matrimonial.

(43) Afin de permettre aux citoyens de profiter, en toute sécurité juridique, des avantages offerts par le marché intérieur, le présent règlement devrait permettre aux époux de connaître à l'avance la loi applicable à leur régime matrimonial. Des règles harmonisées de conflits de lois devraient dès lors être introduites pour éviter des résultats contradictoires. La règle principale devrait assurer que le régime matrimonial est régi par une loi prévisible, avec laquelle il présente des liens étroits. Pour des raisons de sécurité juridique, et afin d'éviter le morcellement du régime matrimonial, la loi qui s'y applique devrait régir le régime matrimonial dans son ensemble, c'est-à-dire l'intégralité du patrimoine couvert par ledit régime, quelle que soit la nature des biens et indépendamment du fait que ceux-ci sont situés dans un autre État membre ou dans un État tiers.

(44) La loi désignée par le présent règlement devrait s'appliquer même si cette loi n'est pas celle d'un État membre.

(45) Afin de faciliter la gestion de leurs biens par les époux, le présent règlement devrait leur permettre de choisir la loi applicable à leur régime matrimonial, indépendamment de la nature ou de la localisation des biens, parmi les lois ayant un lien étroit avec les époux du fait de leur résidence habituelle ou de leur nationalité. Ce choix peut intervenir à tout moment, avant le mariage, lors de la célébration du mariage ou au cours de ce dernier.

(46) Afin d'assurer la sécurité juridique des transactions et d'empêcher que des modifications de la loi applicable au régime matrimonial soient introduites sans que les époux en soient informés, aucun changement de la loi applicable au régime matrimonial ne devrait intervenir sans demande expresse des parties. Ce changement décidé par les époux ne devrait pas avoir d'effet rétroactif, à moins que les époux ne l'aient expressément stipulé. Dans tous les cas, il ne peut pas porter atteinte aux droits de tiers.

(47) Il convient de définir les règles relatives à la validité au fond et quant à la forme de la convention sur le choix de la loi applicable de manière à faciliter le choix éclairé des époux et assurer le respect de leur consentement, en vue de garantir la sécurité juridique ainsi qu'un meilleur accès à la justice. Pour ce qui est de la validité quant à la forme, certaines garanties devraient être introduites afin de s'assurer que les époux sont conscients des conséquences de leur choix. La convention sur le choix de la loi applicable devrait au moins être formulée par écrit, datée et signée par les deux parties. Toutefois, si la loi de l'État membre dans lequel les deux époux ont leur résidence habituelle au moment de la

conclusion de la convention prévoit des règles de forme supplémentaires, celles-ci devraient être respectées. Si, au moment de la conclusion de la convention, les époux ont leur résidence habituelle dans des États membres différents qui prévoient des règles de forme différentes, il devrait suffire que les règles de forme de l'un de ces États soient respectées. Si, au moment de la conclusion de la convention, seul l'un des époux a sa résidence habituelle dans un État membre qui prévoit des règles de forme supplémentaires, celles-ci devraient être respectées.

(48) Une convention matrimoniale est un type d'arrangement régissant les biens des époux, dont la recevabilité et l'acceptation varient d'un État membre à l'autre. En vue de faciliter l'acceptation dans les États membres des droits de propriété acquis du fait d'une convention matrimoniale, il convient de définir des règles sur la validité quant à la forme d'une convention matrimoniale. Une telle convention devrait au moins être formulée par écrit, datée et signée par les deux parties. Elle devrait toutefois aussi satisfaire aux exigences formelles supplémentaires prévues par la loi applicable au régime matrimonial, telle qu'elle est déterminée par le présent règlement, et par la loi de l'État membre dans lequel les époux ont leur résidence habituelle. Le présent règlement devrait aussi déterminer la loi appelée à régir la validité au fond d'une telle convention.

(49) À défaut de choix de la loi applicable et afin de concilier la prévisibilité et l'impératif de sécurité juridique avec la nécessité de prendre en compte la vie menée par le couple, le présent règlement devrait instaurer des règles de conflits de lois harmonisées sur la base d'une échelle de critères de rattachement, permettant de désigner la loi applicable à l'ensemble des biens des époux. La première résidence habituelle commune des époux peu après le mariage devrait constituer le premier critère, avant la loi de la nationalité commune des époux au moment du mariage. Si aucun de ces critères n'est rempli, ou à défaut de première résidence habituelle commune en cas de double nationalité commune des époux au moment de la célébration du mariage, devrait alors être appliquée comme troisième critère la loi de l'État avec lequel les époux ont les liens les plus étroits. Lorsque ce dernier critère est appliqué, toutes les circonstances devraient être prises en compte, étant entendu que ces liens devraient être appréciés en se référant au moment de la conclusion du mariage.

(50) Lorsque le présent règlement fait de la nationalité un facteur de rattachement, la question de savoir comment considérer une personne possédant plusieurs nationalités constitue une question préalable qui n'entre pas dans son champ d'application et devrait relever du droit national, y compris, le cas échéant, de conventions internationales, dans le plein respect des principes généraux de l'Union. Cette question ne devrait pas influencer la validité du choix de la loi applicable effectué conformément au présent règlement.

(51) Pour ce qui est de la détermination de la loi applicable au régime matrimonial à défaut de choix de la loi et de convention matrimoniale, l'autorité judiciaire d'un État membre devrait, à la demande de l'un des époux, dans des cas exceptionnels, lorsque les époux ont déménagé de longue date dans l'État de leur résidence habituelle, parvenir à la conclusion que la loi de cet État peut s'appliquer si les époux se sont fondés sur cette loi. Quel que soit le cas de figure, il ne saurait être porté atteinte aux droits des tiers.

(52) La loi désignée comme la loi applicable au régime matrimonial devrait régir celui-ci depuis la classification des biens de l'un ou des deux époux en différentes catégories

pendant le mariage et après sa dissolution, jusqu'à la liquidation des biens. Elle devrait inclure les effets du régime matrimonial sur un rapport de droit entre un époux et des tiers. Toutefois, un époux ne peut opposer à un tiers la loi applicable au régime matrimonial pour régir ces effets que si les liens de droit entre l'époux et le tiers ont été noués à une époque où ce tiers avait ou aurait dû avoir connaissance de ladite loi.

(53) Des considérations d'intérêt public telles que la protection de l'organisation politique, sociale ou économique d'un État membre devraient justifier que soit donnée à des juridictions ou à d'autres autorités compétentes des États membres, dans des circonstances exceptionnelles, la possibilité d'appliquer des exceptions fondées sur les lois de police. Ainsi, la notion de « lois de police » devrait englober des règles à caractère impératif telles que celles relatives à la protection du logement familial. Toutefois, cette exception à l'application de la loi applicable au régime matrimonial requiert une interprétation stricte afin de rester compatible avec l'objectif général du présent règlement.

(54) Dans des circonstances exceptionnelles, des considérations d'intérêt public devraient également donner aux juridictions et aux autres autorités compétentes des États membres chargées des matières relevant du régime matrimonial la possibilité d'écarter certaines dispositions d'une loi étrangère lorsque, dans un cas précis, l'application de ces dispositions serait manifestement incompatible avec l'ordre public de l'État membre concerné. Néanmoins, les juridictions ou autres autorités compétentes ne devraient pas pouvoir appliquer l'exception d'ordre public en vue d'écarter la loi d'un autre État ou refuser de reconnaître – ou, le cas échéant, d'accepter – ou d'exécuter une décision rendue, un acte authentique ou une transaction judiciaire d'un autre État membre, lorsque ce refus serait contraire à la Charte des droits fondamentaux de l'Union européenne (ci-après dénommée «Charte»), en particulier à son article 21 relatif au principe de non-discrimination.

(55) Étant donné qu'il existe des États dans lesquels coexistent deux ou plusieurs systèmes de droit ou ensembles de règles ayant trait aux questions régies par le présent règlement, il convient de prévoir dans quelle mesure le présent règlement s'applique dans les différentes unités territoriales de ces États.

(56) À la lumière de son objectif général, qui est la reconnaissance mutuelle des décisions rendues dans les États membres en matière de régimes matrimoniaux, le présent règlement devrait fixer des règles relatives à la reconnaissance, à la force exécutoire et à l'exécution des décisions qui soient semblables à celles d'autres instruments de l'Union adoptés dans le domaine de la coopération judiciaire en matière civile.

(57) Afin de prendre en compte les différents systèmes de règlement des régimes matrimoniaux dans les États membres, le présent règlement devrait assurer que les actes authentiques en matière de régimes matrimoniaux sont acceptés et exécutoires dans tous les États membres.

(58) Les actes authentiques devraient avoir la même force probante dans un autre État membre que dans l'État membre d'origine, ou avoir les effets les plus comparables. Lors de la détermination de la force probante d'un acte authentique donné dans un autre État membre ou des effets les plus comparables, il convient de faire référence à la nature et à la portée de la force probante de l'acte authentique dans l'État membre d'origine. La force probante qu'un acte authentique donné devrait avoir dans un autre État membre dépendra, dès lors, de la loi de l'État membre d'origine.

(59) L'« authenticité » d'un acte authentique devrait être un concept autonome recouvrant des éléments tels que la véracité de l'acte, les exigences de forme qui lui sont applicables, les pouvoirs de l'autorité qui le dresse et la procédure suivie pour le dresser. Le concept devrait également recouvrir les éléments factuels consignés dans l'acte authentique par l'autorité concernée, tels que le fait que les parties indiquées ont comparu devant ladite autorité à la date indiquée et qu'elles ont fait les déclarations qui y sont mentionnées. Une partie souhaitant contester l'authenticité d'un acte authentique devrait le faire devant la juridiction compétente de l'État membre d'origine de l'acte authentique en vertu de la loi dudit État membre.

(60) Les termes « actes juridiques ou relations juridiques consignés dans un acte authentique » devraient être interprétés comme faisant référence au contenu quant au fond consigné dans l'acte authentique. Une partie souhaitant contester les actes juridiques ou les relations juridiques consignés dans un acte authentique devrait le faire devant les juridictions compétentes en vertu du présent règlement, qui devraient statuer sur cette contestation conformément à la loi applicable au régime matrimonial.

(61) Si une question relative aux actes juridiques ou relations juridiques consignés dans un acte authentique est soulevée de manière incidente dans le cadre d'une procédure devant une juridiction d'un État membre, celle-ci devrait être compétente pour en connaître.

(62) Un acte authentique contesté ne devrait pas avoir de force probante dans un autre État membre que l'État membre d'origine tant que le recours est pendant. Si le recours ne concerne qu'un élément spécifique lié aux actes juridiques ou relations juridiques consignés dans l'acte authentique, l'acte authentique en question ne devrait pas avoir de force probante dans un autre État membre que l'État membre d'origine en ce qui concerne l'élément de la contestation, tant que le recours est pendant. Un acte authentique déclaré non valable à la suite d'un recours devrait cesser de produire toute force probante.

(63) Une autorité à laquelle seraient soumis deux actes authentiques incompatibles en application du présent règlement devrait déterminer auquel de ces actes il convient de donner, le cas échéant, la priorité, compte tenu des circonstances de l'espèce. Dans le cas où les circonstances ne permettent pas de déterminer à quel acte authentique il convient, le cas échéant, de donner la priorité, la question devrait être tranchée par les juridictions compétentes en vertu du présent règlement ou, lorsque la question est soulevée de manière incidente au cours d'une procédure, par la juridiction saisie de ladite procédure. En cas d'incompatibilité entre un acte authentique et une décision, il convient de tenir compte des motifs de non-reconnaissance des décisions prévus par le présent règlement.

(64) La reconnaissance et l'exécution d'une décision en matière de régime matrimonial en vertu du présent règlement ne devraient en aucune manière impliquer la reconnaissance du mariage qui est à l'origine du régime matrimonial ayant donné lieu à la décision.

(65) Il convient de préciser la relation entre le présent règlement et les conventions bilatérales ou multilatérales sur le régime matrimonial auxquelles les États membres sont parties.

(66) Le présent règlement ne devrait pas empêcher les États membres qui sont parties à la convention du 6 février 1931 entre le Danemark, la Finlande, l'Islande, la Norvège

et la Suède comprenant des dispositions de droit international privé sur le mariage, l'adoption et la garde des enfants, telle qu'elle a été révisée en 2006; à la convention du 19 novembre 1934 entre le Danemark, la Finlande, l'Islande, la Norvège et la Suède, comprenant des dispositions de droit international privé relatives aux successions, aux testaments et à l'administration des successions, telle qu'elle a été révisée en juin 2012; et à la convention du 11 octobre 1977 entre le Danemark, la Finlande, l'Islande, la Norvège et la Suède sur la reconnaissance et l'exécution des décisions en matière civile, de continuer à appliquer certaines dispositions desdites conventions, dans la mesure où celles-ci prévoient des procédures simplifiées et plus rapides de reconnaissance et d'exécution des décisions en matière de régimes matrimoniaux.

(67) Afin de faciliter l'application du présent règlement, il convient de prévoir une obligation pour les États membres de communiquer certaines informations sur leur législation et leurs procédures concernant les régimes matrimoniaux dans le cadre du réseau judiciaire européen en matière civile et commerciale établi par la décision 2001/470/CE du Conseil (9). Pour permettre la publication au Journal officiel de l'Union européenne, dans les délais impartis, de toutes les informations pertinentes pour l'application concrète du présent règlement, les États membres devraient également communiquer ces informations à la Commission avant que le présent règlement ne commence à s'appliquer.

(68) De la même manière, afin de faciliter l'application du présent règlement et pour permettre le recours aux technologies modernes de communication, il convient de prévoir des formulaires types pour les attestations à fournir en lien avec la demande de déclaration constatant la force exécutoire d'une décision, d'un acte authentique ou d'une transaction judiciaire.

(69) Le règlement (CEE, Euratom) no 1182/71 du Conseil (10) devrait s'appliquer pour calculer les périodes et délais prévus par le présent règlement.

(70) Afin d'assurer des conditions uniformes d'exécution du présent règlement, il convient de conférer des compétences d'exécution à la Commission pour établir et modifier ultérieurement les attestations et les formulaires relatifs à la déclaration constatant la force exécutoire des décisions, des transactions judiciaires et des actes authentiques. Ces compétences devraient être exercées en conformité avec le règlement (UE) no 182/2011 du Parlement européen et du Conseil (11).

(71) Il convient d'avoir recours à la procédure consultative pour l'adoption d'actes d'exécution visant à établir et ensuite à modifier les attestations et les formulaires prévus au présent règlement.

(72) Les objectifs du présent règlement, à savoir la libre circulation des personnes dans l'Union, la possibilité donnée aux époux d'organiser leurs rapports patrimoniaux entre eux et à l'égard des tiers durant la vie du couple comme au moment de la liquidation de ses biens, et une plus grande prévisibilité et sécurité juridique, ne peuvent pas être atteints de manière suffisante par les États membres mais peuvent, en raison des dimensions et des effets du présent règlement, l'être mieux au niveau de l'Union, le cas échéant au moyen d'une coopération renforcée entre les États membres. Conformément au principe de subsidiarité tel qu'énoncé à l'article 5 du traité sur l'Union européenne, l'Union est dès lors compétente pour agir. Conformément au principe de proportionnalité tel qu'énoncé audit article, le présent règlement n'excède pas ce qui est nécessaire pour atteindre ces objectifs.

(73) Le présent règlement respecte les droits fondamentaux et observe les principes consacrés par la Charte, et notamment ses articles 7, 9, 17, 21 et 47 portant respectivement sur le respect de la vie privée et familiale, le droit de se marier et de fonder une famille selon les lois nationales, le droit de propriété, le principe de non-discrimination et le droit à un recours effectif devant un tribunal. Il convient que le présent règlement soit appliqué par les juridictions et autres autorités compétentes des États membres dans le respect de ces droits et principes,

A adopté le présent Règlement :

CHAPITRE PREMIER

Champ d'application et définitions

Art. premier *Champ d'application.* 1. Le présent règlement s'applique aux régimes matrimoniaux.

Il ne s'applique pas aux matières fiscales, douanières ou administratives.

2. Sont exclus du champ d'application du présent règlement :

a) la capacité juridique des époux;

b) l'existence, la validité ou la reconnaissance d'un mariage;

c) les obligations alimentaires;

d) la succession du conjoint décédé;

e) la sécurité sociale;

f) le droit au transfert ou à l'adaptation entre époux, en cas de divorce, de séparation de corps ou d'annulation du mariage, des droits à la pension de retraite ou d'invalidité acquis au cours du mariage et qui n'ont pas produit des revenus de retraite au cours du mariage;

g) la nature des droits réels portant sur un bien; et

h) toute inscription dans un registre de droits immobiliers ou mobiliers, y compris les exigences légales applicables à une telle inscription, ainsi que les effets de l'inscription ou de l'absence d'inscription de ces droits dans un registre.

Art. 2 *Compétences en matière de régimes matrimoniaux dans les États membres.* Le présent règlement ne porte pas atteinte aux compétences des autorités des États membres en matière de régimes matrimoniaux.

Art. 3 *Définitions.* 1. Aux fins du présent règlement, on entend par :

a) « régime matrimonial », l'ensemble des règles relatives aux rapports patrimoniaux entre époux et dans leurs relations avec des tiers, qui résultent du mariage ou de sa dissolution;

b) « convention matrimoniale », tout accord entre époux ou futurs époux par lequel ils organisent leur régime matrimonial;

c) « acte authentique », un acte en matière de régime matrimonial, dressé ou enregistré formellement en tant qu'acte authentique dans un État membre et dont l'authenticité :

i) porte sur la signature et le contenu de l'acte authentique; et

ii) a été établie par une autorité publique ou toute autre autorité habilitée à cet effet par l'État membre d'origine;

d) « décision », toute décision en matière de régime matrimonial rendue par une juridiction d'un État membre, quelle que soit la dénomination qui lui est donnée, y compris une décision concernant la fixation par le greffier du montant des frais du procès;

e) « transaction judiciaire », une transaction en matière de régimes matrimoniaux approuvée par une juridiction ou conclue devant une juridiction au cours d'une procédure;

f) « État membre d'origine », l'État membre dans lequel la décision a été rendue, l'acte authentique a été établi ou la transaction judiciaire a été approuvée ou conclue;

g) « État membre d'exécution », l'État membre dans lequel est demandée la reconnaissance et/ou l'exécution de la décision, de l'acte authentique ou de la transaction judiciaire.

2. Aux fins du présent règlement, on entend par « juridiction » toute autorité judiciaire, ainsi que toute autre autorité et tout professionnel du droit compétents en matière de régimes matrimoniaux qui exercent des fonctions juridictionnelles ou agissent en vertu d'une délégation de pouvoirs d'une autorité judiciaire ou sous le contrôle de celle-ci, pour autant que ces autres autorités et professionnels du droit offrent des garanties en ce qui concerne leur impartialité et le droit de toutes les parties à être entendues, et que les décisions qu'ils rendent conformément au droit de l'État membre dans lequel ils exercent leurs fonctions :

a) puissent faire l'objet d'un recours devant une autorité judiciaire ou d'un contrôle par une telle autorité; et

b) aient une force et un effet équivalents à une décision rendue par une autorité judiciaire dans la même matière.

Les États membres notifient à la Commission les autres autorités et professionnels du droit visés au premier alinéa, conformément à l'article 64.

CHAPITRE II
Compétence

Art. 4 *Compétence en cas de décès d'un des époux.* Lorsqu'une juridiction d'un État membre est saisie d'une question relative à la succession de l'un des époux, en application du règlement (UE) n° 650/2012, les juridictions dudit État sont compétentes pour statuer sur les questions de régime matrimonial en relation avec ladite affaire de succession.

Art. 5 *Compétence dans des affaires de divorce, de séparation de corps ou d'annulation du mariage.* 1. Sans préjudice du paragraphe 2, lorsqu'une juridiction d'un État membre est saisie pour statuer sur une demande en divorce, séparation de corps ou annulation du mariage en application du règlement (CE) n° 2201/2003, les juridictions dudit État membre sont compétentes pour statuer sur les questions de régime matrimonial en relation avec ladite demande.

2. La compétence en matière de régimes matrimoniaux prévue au paragraphe 1 est subordonnée à l'accord des époux lorsque la juridiction qui est saisie afin de statuer sur la demande en divorce, séparation de corps ou annulation du mariage :

a) est la juridiction d'un État membre sur le territoire duquel le demandeur a sa résidence habituelle et a résidé depuis au moins une année immédiatement avant l'introduction de la demande, conformément à l'article 3, paragraphe 1, point a), cinquième tiret, du règlement (CE) n° 2201/2003;

b) est la juridiction d'un État membre dont le demandeur est ressortissant et sur le territoire duquel il a sa résidence habituelle et a résidé depuis au moins six mois immédiatement avant l'introduction de la demande, conformément à l'article 3, paragraphe 1, point a), sixième tiret, du règlement (CE) n° 2201/2003;

c) est saisie en vertu de l'article 5 du règlement (CE) n° 2201/2003 en cas de conversion de la séparation de corps en divorce; ou

d) est saisie en vertu de l'article 7 du règlement (CE) n° 2201/2003 en cas de compétences résiduelles.

3. Si l'accord visé au paragraphe 2 du présent article est conclu avant que la juridiction ne soit saisie pour statuer en matière de régimes matrimoniaux, l'accord doit être conforme à l'article 7, paragraphe 2.

Art. 6 *Autres compétences.* Lorsque aucune juridiction d'un État membre n'est compétente en vertu de l'article 4 ou 5 ou dans des cas autres que ceux prévus à ces articles, sont compétentes pour statuer sur le régime matrimonial des époux les juridictions de l'État membre :

a) sur le territoire duquel les époux ont leur résidence habituelle au moment de la saisine de la juridiction; ou, à défaut,

b) sur le territoire duquel est située la dernière résidence habituelle des époux, dans la mesure où l'un d'eux y réside encore au moment de la saisine de la juridiction; ou, à défaut,

c) sur le territoire duquel le défendeur a sa résidence habituelle au moment de la saisine de la juridiction; ou, à défaut,

d) dont les deux époux ont la nationalité au moment de la saisine de la juridiction.

Art. 7 *Élection de for.* 1. Dans les cas visés à l'article 6, les parties peuvent convenir que les juridictions de l'État membre dont la loi est applicable en vertu de l'article 22 ou de l'article 26, paragraphe 1, point a) ou b), ou les juridictions de l'État membre dans lequel le mariage a été célébré ont une compétence exclusive pour statuer sur les questions concernant leur régime matrimonial.

2. La convention visée au paragraphe 1 est formulée par écrit, datée et signée par les parties. Toute transmission par voie électronique qui permet de consigner durablement la convention est considérée comme revêtant une forme écrite.

Art. 8 *Compétence fondée sur la comparution du défendeur.* 1. Outre les cas où sa compétence résulte d'autres dispositions du présent règlement, la juridiction d'un État membre dont la loi est applicable en vertu de l'article 22 ou de l'article 26, paragraphe 1, point a) ou b), et devant laquelle le défendeur comparaît est compétente. Cette règle n'est pas applicable si la comparution a pour objet de contester la compétence, ou dans les affaires relevant de l'article 4 ou de l'article 5, paragraphe 1.

2. Avant de se déclarer compétente en vertu du paragraphe 1, la juridiction s'assure que le défendeur est informé de son droit de contester la compétence et des conséquences d'une comparution ou d'une absence de comparution.

Art. 9 *Compétence de substitution.* 1. À titre exceptionnel, si la juridiction de l'État membre compétente en vertu de l'article 4, 6, 7 ou 8 considère que son droit international privé ne reconnaît pas le mariage concerné aux fins d'une procédure en matière de régimes matrimoniaux, elle peut décliner sa compétence. Lorsque la juridiction concernée décide de décliner sa compétence, elle le fait sans retard indu.

2. Lorsqu'une juridiction compétente en vertu de l'article 4 ou 6 décline sa compétence et lorsque les parties conviennent de donner compétence aux juridictions de tout autre État membre, conformément à l'article 7, les juridictions dudit État membre sont compétentes pour statuer sur le régime matrimonial.

Dans les autres cas, sont compétentes pour statuer sur le régime matrimonial les juridictions de tout autre État membre en vertu de l'article 6 ou 8, ou les juridictions de l'État membre dans lequel le mariage a été célébré.

3. Le présent article ne s'applique pas lorsque les parties ont obtenu un divorce, une séparation de corps ou une annulation du mariage qui est susceptible d'être reconnu dans l'État membre du for.

Art. 10 *Compétence subsidiaire.* Lorsque aucune juridiction d'un État membre n'est compétente en vertu de l'article 4, 5, 6, 7 ou 8, ou lorsque toutes les juridictions, en vertu de l'article 9, ont décliné leur compétence et qu'aucune juridiction n'est compétente en vertu de l'article 9, paragraphe 2, les juridictions d'un État membre sont compétentes dans la mesure où un bien immeuble de l'un ou des deux époux est situé sur le territoire de cet État membre, auquel cas la juridiction saisie ne sera appelée à statuer que sur ce bien immeuble.

Art. 11 *Forum necessitatis.* Lorsque aucune juridiction d'un État membre n'est compétente en vertu de l'article 4, 5, 6, 7, 8 ou 10, ou lorsque toutes les juridictions, en vertu de l'article 9, ont décliné leur compétence et qu'aucune juridiction n'est compétente en vertu de l'article 9, paragraphe 2, ou de l'article 10, les juridictions d'un État membre peuvent, à titre exceptionnel, statuer sur le régime matrimonial si une procédure ne peut raisonnablement être introduite ou conduite, ou se révèle impossible, dans un État tiers avec lequel l'affaire a un lien étroit.

L'affaire doit présenter un lien suffisant avec l'État membre dont relève la juridiction saisie.

Art. 12 *Demandes reconventionnelles.* La juridiction devant laquelle la procédure est pendante en vertu de l'article 4, 5, 6, 7 ou 8, de l'article 9, paragraphe 2, ou de l'article 10 ou 11 est également compétente pour examiner la demande reconventionnelle, dans la mesure où celle-ci entre dans le champ d'application du présent règlement.

Art. 13 *Limitation de la procédure.* 1. Lorsque la masse successorale du défunt dont la succession relève du règlement (UE) n° 650/2012 comprend des biens situés dans un État tiers, la juridiction saisie pour statuer sur le régime matrimonial peut, à la demande d'une des parties, décider de ne pas statuer sur l'un ou plusieurs de ces biens si l'on peut s'attendre à ce que la décision qu'elle rendrait sur les biens en question ne soit pas reconnue et, le cas échéant, ne soit pas déclarée exécutoire dans ledit État tiers.

2. Le paragraphe 1 ne porte pas atteinte au droit des parties de limiter la portée de la procédure en vertu du droit de l'État membre dont la juridiction est saisie.

Art. 14 *Saisine d'une juridiction.* Aux fins du présent chapitre, une juridiction est réputée saisie :

a) à la date à laquelle l'acte introductif d'instance ou un acte équivalent est déposé auprès de la juridiction, pour autant que le demandeur n'ait pas négligé par la suite de prendre les mesures qu'il était tenu de prendre pour que l'acte soit notifié ou signifié au défendeur;

b) si l'acte doit être notifié ou signifié avant d'être déposé auprès de la juridiction, à la date à laquelle il est reçu par l'autorité chargée de la notification ou de la signification, pour autant que le demandeur n'ait pas négligé par la suite de prendre les mesures qu'il était tenu de prendre pour que l'acte soit déposé auprès de la juridiction; ou

c) si la procédure est engagée d'office, à la date à laquelle la décision d'engager la procédure est prise par la juridiction ou, si une telle décision n'est pas requise, à la date à laquelle l'affaire est enregistrée par la juridiction.

Art. 15 *Vérification de la compétence.* La juridiction d'un État membre saisie d'une affaire de régime matrimonial pour laquelle elle n'est pas compétente en vertu du présent règlement se déclare d'office incompétente.

Art. 16 *Vérification de la recevabilité.* 1. Lorsqu'un défendeur ayant sa résidence habituelle dans un État autre que l'État membre où l'action a été intentée ne comparaît pas, toute juridiction compétente en vertu du présent règlement sursoit à statuer aussi longtemps qu'il n'est pas établi que le défendeur a été mis à même de recevoir l'acte introductif d'instance ou un acte équivalent en temps utile pour pouvoir organiser sa défense ou que toute diligence a été faite à cette fin.

2. L'article 19 du règlement (CE) n° 1393/2007 du Parlement et du Conseil s'applique en lieu et place du paragraphe 1 du présent article si l'acte introductif d'instance ou un acte équivalent a dû être transmis d'un État membre à un autre en application dudit règlement.

3. Lorsque le règlement (CE) n° 1393/2007 n'est pas applicable, l'article 15 de la convention de La Haye du 15 novembre 1965 relative à la signification et à la notification à l'étranger des actes judiciaires et extrajudiciaires en matière civile ou commerciale s'applique si l'acte introductif d'instance ou un acte équivalent a dû être transmis à l'étranger en application de ladite convention.

Art. 17 *Litispendance.* 1. Lorsque des demandes ayant le même objet et la même cause sont formées entre les mêmes parties devant des juridictions d'États membres différents, la juridiction saisie en second lieu sursoit d'office à statuer jusqu'à ce que la compétence de la juridiction première saisie soit établie.

2. Dans les cas visés au paragraphe 1, à la demande d'une juridiction saisie du litige, toute autre juridiction saisie informe sans retard la première juridiction de la date à laquelle elle a été saisie.

3. Lorsque la compétence de la juridiction première saisie est établie, la juridiction saisie en second lieu décline sa compétence en faveur de celle-ci.

Art. 18 *Connexité.* 1. Lorsque des demandes connexes sont pendantes devant les juridictions d'États membres différents, la juridiction saisie en second lieu peut surseoir à statuer.

2. Lorsque les demandes visées au paragraphe 1 sont pendantes devant des juridictions du premier degré, la juridiction saisie en second lieu peut également décliner sa compétence, à la demande de l'une des parties si la juridiction première saisie est compétente pour connaître des demandes en question et si sa loi permet leur jonction.

3. Sont connexes, aux fins du présent article, les demandes liées entre elles par un rapport si étroit qu'il y a un intérêt à les instruire et à les juger en même temps afin d'éviter des décisions qui pourraient être inconciliables si les causes étaient jugées séparément.

Art. 19 *Mesures provisoires et conservatoires.* Les mesures provisoires et conservatoires prévues par la loi d'un État membre peuvent être demandées aux juridictions de cet État, même si, en vertu du présent règlement, les juridictions d'un autre État membre sont compétentes pour connaître du fond.

CHAPITRE III

Loi applicable

Art. 20 *Application universelle.* La loi désignée comme la loi applicable par le présent règlement s'applique même si cette loi n'est pas celle d'un État membre.

Art. 21 *Unité de la loi applicable.* La loi applicable au régime matrimonial en vertu de l'article 22 ou 26 s'applique à l'ensemble des biens relevant de ce régime, quel que soit le lieu où les biens se trouvent.

Art. 22 *Choix de la loi applicable.* 1. Les époux ou futurs époux peuvent convenir de désigner ou de modifier la loi applicable à leur régime matrimonial, pour autant que ladite loi soit l'une des lois suivantes :

a) la loi de l'État dans lequel au moins l'un des époux ou futurs époux a sa résidence habituelle au moment de la conclusion de la convention; ou

b) la loi d'un État dont l'un des époux ou futurs époux a la nationalité au moment de la conclusion de la convention.

2. Sauf convention contraire des époux, le changement de loi applicable au régime matrimonial au cours du mariage n'a d'effet que pour l'avenir.

3. Aucun changement rétroactif de la loi applicable en vertu du paragraphe 2 ne porte atteinte aux droits des tiers résultant de cette loi.

Art. 23 *Validité quant à la forme de la convention sur le choix de la loi applicable.*

1. La convention visée à l'article 22 est formulée par écrit, datée et signée par les deux époux. Toute transmission par voie électronique qui permet de consigner durablement la convention est considérée comme revêtant une forme écrite.

2. Si la loi de l'État membre dans lequel les deux époux ont leur résidence habituelle au moment de la conclusion de la convention prévoit des règles formelles supplémentaires pour les conventions matrimoniales, ces règles s'appliquent.

3. Si, au moment de la conclusion de la convention, les époux ont leur résidence habituelle dans des États membres différents et si les lois de ces États prévoient des règles formelles différentes pour les conventions matrimoniales, la convention est valable quant à la forme si elle satisfait aux conditions fixées par l'une de ces lois.

4. Si, au moment de la conclusion de la convention, seul l'un des époux a sa résidence habituelle dans un État membre et si cet État prévoit des règles formelles supplémentaires pour les conventions matrimoniales, ces règles s'appliquent.

Art. 24 *Consentement et validité au fond.* 1. L'existence et la validité d'une convention sur le choix de la loi ou de toute clause de celle-ci sont soumises à la loi qui serait applicable en vertu de l'article 22 si la convention ou la clause était valable.

2. Toutefois, pour établir son absence de consentement, un époux peut se fonder sur la loi du pays dans lequel il a sa résidence habituelle au moment où la juridiction est saisie s'il ressort des circonstances qu'il ne serait pas raisonnable de déterminer l'effet du comportement de cet époux conformément à la loi visée au paragraphe 1.

Art. 25 *Validité quant à la forme d'une convention matrimoniale.* 1. La convention matrimoniale est formulée par écrit, datée et signée par les deux époux. Toute transmission par voie électronique qui permet de consigner durablement la convention est considérée comme revêtant une forme écrite.

2. Si la loi de l'État membre dans lequel les deux époux ont leur résidence habituelle au moment de la conclusion de la convention prévoit des règles formelles supplémentaires pour les conventions matrimoniales, ces règles s'appliquent.

Si, au moment de la conclusion de la convention, les époux ont leur résidence habituelle dans des États membres différents et si les lois de ces États prévoient des règles formelles différentes pour les conventions matrimoniales, la convention est valable quant à la forme si elle satisfait aux conditions fixées par l'une de ces lois.

Si, au moment de la conclusion de la convention, seul l'un des époux a sa résidence habituelle dans un État membre et si cet État prévoit des règles formelles supplémentaires pour les conventions matrimoniales, ces règles s'appliquent.

3. Si la loi applicable au régime matrimonial prévoit des règles formelles supplémentaires, ces règles s'appliquent.

Art. 26 *Loi applicable à défaut de choix par les parties.* 1. À défaut de convention sur le choix de la loi applicable conformément à l'article 22, la loi applicable au régime matrimonial est la loi de l'État :

a) de la première résidence habituelle commune des époux après la célébration du mariage; ou, à défaut,

b) de la nationalité commune des époux au moment de la célébration du mariage; ou, à défaut,

c) avec lequel les époux ont ensemble les liens les plus étroits au moment de la célébration du mariage, compte tenu de toutes les circonstances.

2. Lorsque les époux ont plus d'une nationalité commune au moment de la célébration du mariage, seuls les points a) et c) du paragraphe 1 s'appliquent.

3. À titre exceptionnel et à la demande de l'un des époux, l'autorité judiciaire compétente pour statuer sur des questions relatives au régime matrimonial peut décider que la loi d'un État autre que l'État dont la loi est applicable en vertu du paragraphe 1, point a), régit le régime matrimonial si l'époux qui a fait la demande démontre que :

a) les époux avaient leur dernière résidence habituelle commune dans cet autre État pendant une période significativement plus longue que dans l'État désigné en vertu du paragraphe 1, point a); et

b) les deux époux s'étaient fondés sur la loi de cet autre État pour organiser ou planifier leurs rapports patrimoniaux.

La loi de cet autre État s'applique à partir de la date de la célébration du mariage, à moins que l'un des époux ne s'y oppose. Dans ce dernier cas, la loi de cet autre État produit ses effets à partir de la date de l'établissement de la dernière résidence habituelle commune dans cet autre État.

L'application de la loi de l'autre État ne porte pas atteinte aux droits des tiers résultant de la loi applicable en vertu du paragraphe 1, point a).

Le présent paragraphe ne s'applique pas lorsque les époux ont conclu une convention matrimoniale avant la date d'établissement de leur dernière résidence habituelle commune dans cet autre État.

Art. 27 *Portée de la loi applicable.* La loi applicable au régime matrimonial en vertu du présent règlement régit, entre autres :

a) la classification des biens des deux époux ou de chacun d'entre eux en différentes catégories pendant et après le mariage;

b) le transfert de biens d'une catégorie à une autre;

c) les obligations d'un époux qui découlent des engagements pris par l'autre époux et des dettes de ce dernier;

d) les pouvoirs, les droits et les obligations de l'un des époux ou des deux époux à l'égard des biens;

e) la dissolution du régime matrimonial, sa liquidation ou le partage des biens;

f) les effets du régime matrimonial sur un rapport juridique entre un époux et des tiers; et

g) la validité au fond d'une convention matrimoniale.

Art. 28 *Opposabilité aux tiers.* 1. Nonobstant l'article 27, point f), la loi applicable au régime matrimonial entre les époux ne peut pas être opposée par un époux à un tiers lors d'un différend entre le tiers et les deux époux ou l'un d'entre eux, sauf si le tiers a eu connaissance de cette loi ou aurait dû en avoir connaissance en faisant preuve de la diligence voulue.

2. Le tiers est réputé avoir cette connaissance de la loi applicable au régime matrimonial si :

a) ladite loi est la loi :

i) de l'État dont la loi est applicable à la convention conclue entre l'un des époux et le tiers;

ii) de l'État où l'époux contractant et le tiers ont leur résidence habituelle; ou

iii) dans des dossiers portant sur des biens immeubles, de l'État dans lequel le bien est situé;

ou

b) l'un des époux s'est conformé aux obligations en matière de publicité ou d'enregistrement du régime matrimonial prévues par la loi :

i) de l'État dont la loi est applicable à la convention conclue entre l'un des époux et le tiers;

ii) de l'État où l'époux contractant et le tiers ont leur résidence habituelle; ou

iii) dans des dossiers portant sur des biens immeubles, de l'État dans lequel le bien est situé.

3. Lorsque la loi applicable au régime matrimonial entre les époux ne peut être opposée par un époux à un tiers en vertu du paragraphe 1, les effets du régime matrimonial à l'égard du tiers sont régis :

a) par la loi de l'État dont la loi est applicable à la convention conclue entre l'un des époux et le tiers; ou

b) dans des dossiers portant sur des biens immeubles ou des biens ou des droits enregistrés, par la loi de l'État dans lequel le bien immeuble est situé ou dans lequel les biens ou les droits sont enregistrés.

Art. 29 *Adaptation des droits réels.* Lorsqu'une personne fait valoir un droit réel auquel elle peut prétendre en vertu de la loi applicable au régime matrimonial et que la loi de l'État membre dans lequel le droit est invoqué ne connaît pas le droit réel en question, ce droit est, si nécessaire et dans la mesure du possible, adapté à son équivalent le plus proche en vertu du droit de cet État, en tenant compte des objectifs et des intérêts visés par le droit réel en question et des effets qui y sont liés.

Art. 30 *Lois de police.* 1. Les dispositions du présent règlement ne portent pas atteinte à l'application des lois de police du juge saisi.

2. Une loi de police est une disposition impérative dont le respect est jugé crucial par un État membre pour la sauvegarde de ses intérêts publics, tels que son organisation

politique, sociale ou économique, au point d'en exiger l'application à toute situation entrant dans son champ d'application, quelle que soit par ailleurs la loi applicable au régime matrimonial en vertu du présent règlement.

Art. 31 *Ordre public.* L'application d'une disposition de la loi d'un État désignée par le présent règlement ne peut être écartée que si cette application est manifestement incompatible avec l'ordre public du for.

Art. 32 *Exclusion du renvoi.* Lorsque le présent règlement prescrit l'application de la loi d'un État, il entend les règles de droit en vigueur dans cet État, à l'exclusion de ses règles de droit international privé.

Art. 33 *Systèmes non unifiés - conflits de lois territoriaux.* 1. Lorsque la loi désignée par le présent règlement est celle d'un État qui comprend plusieurs unités territoriales dont chacune a ses propres règles de droit en matière de régimes matrimoniaux, ce sont les règles internes de conflits de lois de cet État qui déterminent l'unité territoriale concernée dont les règles de droit doivent s'appliquer.

2. En l'absence de telles règles internes de conflits de lois :

a) toute référence à la loi de l'État mentionné au paragraphe 1 s'entend, aux fins de la détermination de la loi applicable en vertu des dispositions relatives à la résidence habituelle des époux, comme faite à la loi de l'unité territoriale dans laquelle les époux ont leur résidence habituelle;

b) toute référence à la loi de l'État mentionné au paragraphe 1 s'entend, aux fins de la détermination de la loi applicable en vertu des dispositions relatives à la nationalité des époux, comme faite à la loi de l'unité territoriale avec laquelle les époux présentent les liens les plus étroits;

c) toute référence à la loi de l'État mentionné au paragraphe 1 s'entend, aux fins de la détermination de la loi applicable en vertu de toute autre disposition se référant à d'autres éléments comme à des facteurs de rattachement, comme faite à la loi de l'unité territoriale dans laquelle l'élément concerné est situé.

Art. 34 *Systèmes non unifiés - conflits de lois interpersonnels.* Lorsqu'un État a plusieurs systèmes de droit ou ensembles de règles applicables à différentes catégories de personnes en matière de régimes matrimoniaux, toute référence à la loi d'un tel État s'entend comme faite au système de droit ou à l'ensemble de règles déterminé par les règles en vigueur dans cet État. En l'absence de telles règles, le système de droit ou l'ensemble de règles avec lequel les époux présentent les liens les plus étroits s'applique.

Art. 35 *Non-application du présent règlement aux conflits de lois internes.* Un État membre qui comprend plusieurs unités territoriales dont chacune a ses propres règles de droit en matière de régimes matrimoniaux n'est pas tenu d'appliquer le présent règlement aux conflits de lois qui concernent uniquement ces unités.

CHAPITRE IV

Reconnaissance, force exécutoire et exécution des décisions

Art. 36 *Reconnaissance.* 1. Les décisions rendues dans un État membre sont reconnues dans les autres États membres, sans qu'il soit nécessaire de recourir à aucune procédure particulière.

2. En cas de contestation, toute partie intéressée qui invoque à titre principal la reconnaissance d'une décision peut demander, conformément aux procédures prévues aux articles 44 à 57, que la décision soit reconnue.

3. Si la reconnaissance est invoquée de façon incidente devant une juridiction d'un État membre, celle-ci est compétente pour en connaître.

Art. 37 *Motifs de non-reconnaissance.* Une décision rendue n'est pas reconnue :

a) si la reconnaissance est manifestement contraire à l'ordre public de l'État membre dans lequel la reconnaissance est demandée;

b) dans le cas où elle a été rendue par défaut, si l'acte introductif d'instance ou un acte équivalent n'a pas été signifié ou notifié au défendeur en temps utile et de telle manière qu'il puisse se défendre, à moins qu'il n'ait pas exercé de recours à l'encontre de la décision alors qu'il était en mesure de le faire;

c) si elle est inconciliable avec une décision rendue dans une procédure entre les mêmes parties dans l'État membre dans lequel la reconnaissance est demandée;

d) si elle est inconciliable avec une décision rendue antérieurement dans un autre État membre ou dans un État tiers entre les mêmes parties dans un litige ayant le même objet et la même cause, lorsque la décision rendue antérieurement réunit les conditions nécessaires à sa reconnaissance dans l'État membre dans lequel la reconnaissance est demandée.

Art. 38 *Droits fondamentaux.* Les juridictions et les autres autorités compétentes des États membres appliquent l'article 37 du présent règlement dans le respect des droits et principes fondamentaux consacrés par la Charte, et notamment son article 21 relatif au principe de non-discrimination.

Art. 39 *Interdiction du contrôle de la compétence de la juridiction d'origine.* 1. Il ne peut être procédé au contrôle de la compétence de la juridiction de l'État membre d'origine.

2. Le critère de l'ordre public visé à l'article 37 ne s'applique pas aux règles de compétence visées aux articles 4 à 11.

Art. 40 *Absence de révision quant au fond.* En aucun cas une décision rendue dans un État membre ne peut faire l'objet d'une révision quant au fond.

Art. 41 *Sursis à statuer.* La juridiction d'un État membre saisie d'une demande de reconnaissance d'une décision rendue dans un autre État membre peut surseoir à statuer si cette décision fait l'objet d'un recours ordinaire dans l'État membre d'origine.

Art. 42 *Force exécutoire.* Les décisions rendues dans un État membre et qui sont exécutoires dans cet État sont exécutoires dans un autre État membre lorsque, à la demande de toute partie intéressée, elles y ont été déclarées exécutoires conformément à la procédure prévue aux articles 44 à 57.

Art. 43 *Détermination du domicile.* Pour déterminer, aux fins de la procédure prévue aux articles 44 à 57, si une partie a un domicile dans l'État membre d'exécution, la juridiction saisie applique la loi interne de cet État membre.

Art. 44 *Compétence territoriale.* 1. La demande de déclaration constatant la force exécutoire est présentée à la juridiction ou à l'autorité compétente de l'État membre d'exécution dont cet État membre a communiqué le nom à la Commission conformément à l'article 64.

2. La compétence territoriale est déterminée par le domicile de la partie contre laquelle l'exécution est demandée, ou par le lieu de l'exécution.

Art. 45 *Procédure.* 1. La procédure de dépôt de la demande est régie par la loi de l'État membre d'exécution.

2. Le demandeur n'est pas tenu d'avoir, dans l'État membre d'exécution, une adresse postale ni un représentant autorisé.

3. La demande est accompagnée des documents suivants :

a) une copie de la décision réunissant les conditions nécessaires pour en établir l'authenticité;

b) l'attestation délivrée par la juridiction ou l'autorité compétente de l'État membre d'origine au moyen du formulaire établi en conformité avec la procédure consultative visée à l'article 67, paragraphe 2, sans préjudice de l'article 46.

Art. 46 *Défaut de production de l'attestation.* 1. À défaut de production de l'attestation visée à l'article 45, paragraphe 3, point b), la juridiction ou l'autorité compétente peut impartir un délai pour la produire ou accepter un document équivalent ou, si elle s'estime suffisamment éclairée, en dispenser.

2. Il est produit une traduction ou une translittération des documents si la juridiction ou l'autorité compétente l'exige. La traduction est faite par une personne habilitée à effectuer des traductions dans l'un des États membres.

Art. 47 *Déclaration constatant la force exécutoire.* La décision est déclarée exécutoire dès l'achèvement des formalités prévues à l'article 45, sans examen au titre de l'article 37. La partie contre laquelle l'exécution est demandée ne peut, à ce stade de la procédure, présenter d'observations concernant la demande.

Art. 48 *Communication de la décision relative à la demande de déclaration constatant la force exécutoire.* 1. La décision relative à la demande de déclaration constatant la force exécutoire est aussitôt portée à la connaissance du demandeur conformément à la procédure fixée par la loi de l'État membre d'exécution.

2. La déclaration constatant la force exécutoire est signifiée ou notifiée à la partie contre laquelle l'exécution est demandée, accompagnée de la décision si celle-ci n'a pas encore été signifiée ou notifiée à cette partie.

Art. 49 *Recours contre la décision relative à la demande de déclaration constatant la force exécutoire.* 1. L'une ou l'autre partie peut former un recours contre la décision relative à la demande de déclaration constatant la force exécutoire.

2. Le recours est porté devant la juridiction dont l'État membre concerné a communiqué le nom à la Commission conformément à l'article 64.

3. Le recours est examiné selon les règles de la procédure contradictoire.

4. Si la partie contre laquelle l'exécution est demandée ne comparaît pas devant la juridiction saisie du recours formé par le demandeur, l'article 16 s'applique, même si la partie contre laquelle l'exécution est demandée n'est pas domiciliée dans l'un des États membres.

5. Le recours contre la déclaration constatant la force exécutoire est formé dans un délai de trente jours à compter de la signification ou de la notification de celle-ci. Si la partie contre laquelle l'exécution est demandée est domiciliée dans un autre État membre que celui dans lequel la déclaration constatant la force exécutoire a été délivrée, le délai de recours est de soixante jours et court à compter du jour où la signification ou

la notification a été faite à personne ou à domicile. Ce délai ne peut être prorogé pour des raisons de distance.

Art. 50 *Pourvoi contre la décision rendue sur le recours.* La décision rendue sur le recours ne peut faire l'objet d'un pourvoi qu'au moyen de la procédure que l'État membre concerné a communiquée à la Commission conformément à l'article 64.

Art. 51 *Refus ou révocation d'une déclaration constatant la force exécutoire.* La juridiction saisie d'un recours formé en vertu de l'article 49 ou 50 ne peut refuser ou révoquer une déclaration constatant la force exécutoire que pour l'un des motifs prévus à l'article 37. Elle statue sans retard.

Art. 52 *Sursis à statuer.* La juridiction saisie d'un recours formé en vertu de l'article 49 ou 50 sursoit à statuer, à la demande de la partie contre laquelle l'exécution est demandée, si la force exécutoire de la décision est suspendue dans l'État membre d'origine du fait de l'exercice d'un recours.

Art. 53 *Mesures provisoires et conservatoires.* 1. Lorsqu'une décision doit être reconnue conformément au présent chapitre, rien n'empêche le demandeur de solliciter qu'il soit procédé à des mesures provisoires ou conservatoires, conformément au droit de l'État membre d'exécution, sans qu'une déclaration constatant la force exécutoire de cette décision au titre de l'article 47 soit nécessaire.

2. La déclaration constatant la force exécutoire emporte de plein droit l'autorisation de procéder à des mesures conservatoires.

3. Pendant le délai prévu à l'article 49, paragraphe 5, pour former un recours contre la déclaration constatant la force exécutoire et jusqu'à ce qu'il ait été statué sur celui-ci, il ne peut être procédé à aucune mesure d'exécution sur les biens de la partie contre laquelle l'exécution est demandée, hormis des mesures conservatoires.

Art. 54 *Force exécutoire partielle.* 1. Lorsque la décision rendue porte sur plusieurs chefs de la demande et que la déclaration constatant la force exécutoire ne peut être délivrée pour tous ces chefs, la juridiction ou l'autorité compétente la délivre pour l'un ou plusieurs d'entre eux.

2. Le demandeur peut demander que la déclaration constatant la force exécutoire soit limitée à certaines parties d'une décision.

Art. 55 *Aide juridictionnelle.* Tout demandeur qui, dans l'État membre d'origine, a bénéficié en tout ou en partie de l'aide juridictionnelle ou d'une exemption de frais et dépens a droit, dans le cadre de toute procédure visant à obtenir une déclaration constatant la force exécutoire, à l'aide juridictionnelle la plus favorable ou à l'exemption de frais et dépens la plus large prévue par le droit de l'État membre d'exécution.

Art. 56 *Caution ou dépôt.* Aucune caution ni aucun dépôt, sous quelque dénomination que ce soit, ne peut être imposé à la partie qui demande dans un État membre la reconnaissance, la force exécutoire ou l'exécution d'une décision rendue dans un autre État membre en raison soit de la qualité d'étranger, soit du défaut de domicile ou de résidence dans l'État membre d'exécution.

Art. 57 *Impôt, droit ou taxe.* Aucun impôt, droit ou taxe proportionnel à la valeur de l'affaire en cause ne peut être perçu dans l'État membre d'exécution dans le cadre d'une procédure visant à obtenir une déclaration constatant la force exécutoire.

CHAPITRE V

Actes authentiques et transactions judiciaires

Art. 58 *Acceptation des actes authentiques.* 1. Un acte authentique établi dans un État membre a la même force probante dans un autre État membre que dans l'État membre d'origine ou y produit les effets les plus comparables, pour autant que cela ne soit pas manifestement contraire à l'ordre public de l'État membre concerné.

Une personne souhaitant utiliser un acte authentique dans un autre État membre peut demander à l'autorité établissant l'acte authentique dans l'État membre d'origine de remplir le formulaire établi en conformité avec la procédure consultative visée à l'article 67, paragraphe 2, en décrivant la force probante de l'acte authentique dans l'État membre d'origine.

2. Les juridictions de l'État membre d'origine sont saisies de toute contestation portant sur l'authenticité d'un acte authentique et statuent sur celle-ci en vertu de la loi de cet État. L'acte authentique contesté ne produit aucune force probante dans un autre État membre tant que le recours est pendant devant la juridiction compétente.

3. Les juridictions compétentes en vertu du présent règlement sont saisies de toute contestation relative aux actes juridiques ou relations juridiques consignés dans un acte authentique et statuent sur celle-ci en vertu de la loi applicable conformément au chapitre III. L'acte authentique attaqué ne produit aucune force probante dans un autre État membre que l'État membre d'origine en ce qui concerne la question contestée tant que le recours est pendant devant la juridiction compétente.

4. Si l'issue d'une procédure devant une juridiction d'un État membre dépend d'une question incidente relative aux actes juridiques ou aux relations juridiques consignés dans un acte authentique en matière de régimes matrimoniaux qui doit être tranchée, ladite juridiction est compétente pour en connaître.

Art. 59 *Force exécutoire des actes authentiques.* 1. Un acte authentique qui est exécutoire dans l'État membre d'origine est déclaré exécutoire dans un autre État membre, à la demande de toute partie intéressée, conformément à la procédure prévue aux articles 44 à 57.

2. Aux fins de l'article 45, paragraphe 3, point b), l'autorité ayant établi l'acte authentique délivre, à la demande de toute partie intéressée, une attestation au moyen du formulaire établi en conformité avec la procédure consultative visée à l'article 67, paragraphe 2.

3. La juridiction auprès de laquelle un recours est formé en vertu de l'article 49 ou 50 ne refuse ou ne révoque une déclaration constatant la force exécutoire que si l'exécution de l'acte authentique est manifestement contraire à l'ordre public de l'État membre d'exécution.

Art. 60 *Force exécutoire des transactions judiciaires.* 1. Les transactions judiciaires qui sont exécutoires dans l'État membre d'origine sont déclarées exécutoires dans un autre État membre à la demande de toute partie intéressée, conformément à la procédure prévue aux articles 44 à 57.

2. Aux fins de l'article 45, paragraphe 3, point b), la juridiction qui a approuvé la transaction ou devant laquelle la transaction a été conclue délivre, à la demande de toute partie intéressée, une attestation au moyen du formulaire établi en conformité avec la procédure consultative visée à l'article 67, paragraphe 2.

3. La juridiction auprès de laquelle un recours est formé en vertu de l'article 49 ou 50 ne refuse ou ne révoque une déclaration constatant la force exécutoire que si l'exécution

de la transaction judiciaire est manifestement contraire à l'ordre public de l'État membre d'exécution.

CHAPITRE VI

Dispositions générales et finales

Art. 61 *Légalisation et formalités analogues.* Aucune légalisation ni autre formalité analogue n'est exigée pour les documents délivrés dans un État membre dans le cadre du présent règlement.

Art. 62 *Relations avec les conventions internationales existantes.* 1. Le présent règlement est sans incidence sur l'application des conventions bilatérales ou multilatérales auxquelles un ou plusieurs États membres sont parties lors de l'adoption du présent règlement ou d'une décision en vertu de l'article 331, paragraphe 1, deuxième ou troisième alinéa, du TFUE et qui concernent des matières régies par le présent règlement, sans préjudice des obligations incombant aux États membres au titre de l'article 351 du TFUE.

2. Nonobstant le paragraphe 1, le présent règlement prévaut, entre les États membres, sur les conventions conclues entre eux dans la mesure où ces conventions concernent des matières régies par le présent règlement.

3. Le présent règlement ne fait pas obstacle à l'application de la convention du 6 février 1931 entre le Danemark, la Finlande, l'Islande, la Norvège et la Suède comprenant des dispositions de droit international privé sur le mariage, l'adoption et la garde des enfants, telle qu'elle a été révisée en 2006; de la convention du 19 novembre 1934 entre le Danemark, la Finlande, l'Islande, la Norvège et la Suède, comprenant des dispositions de droit international privé relatives aux successions, aux testaments et à l'administration des successions, telle qu'elle a été révisée en juin 2012; et de la convention du 11 octobre 1977 entre le Danemark, la Finlande, l'Islande, la Norvège et la Suède sur la reconnaissance et l'exécution des décisions en matière civile par les États membres qui y sont parties, dans la mesure où lesdites conventions prévoient des procédures simplifiées et plus rapides de reconnaissance et d'exécution des décisions en matière de régimes matrimoniaux.

Art. 63 *Informations mises à la disposition du public.* Les États membres fournissent à la Commission, en vue de mettre les informations à la disposition du public dans le cadre du réseau judiciaire européen en matière civile et commerciale, un résumé succinct de leur législation et de leurs procédures nationales relatives aux régimes matrimoniaux, y compris des informations concernant le type d'autorité compétente en matière de régimes matrimoniaux et l'opposabilité aux tiers visée à l'article 28.

Les États membres tiennent ces informations à jour en permanence.

Art. 64 *Informations concernant les coordonnées et les procédures.* 1. Au plus tard le 29 avril 2018, les États membres communiquent à la Commission :

a) les juridictions ou autorités compétentes pour statuer sur les demandes de déclaration constatant la force exécutoire, conformément à l'article 44, paragraphe 1, et sur les recours formés contre les décisions rendues sur ces demandes, conformément à l'article 49, paragraphe 2;

b) les procédures permettant d'attaquer la décision rendue sur le recours visées à l'article 50.

Les États membres communiquent à la Commission toute modification ultérieure de ces informations.

2. La Commission publie au Journal officiel de l'Union européenne les informations communiquées conformément au paragraphe 1, à l'exception des adresses et autres coordonnées des juridictions et autorités visées au paragraphe 1, point a).

3. La Commission tient toutes les informations communiquées conformément au paragraphe 1 à la disposition du public par tout moyen approprié, notamment par l'intermédiaire du réseau judiciaire européen en matière civile et commerciale.

Art. 65 *Établissement et modification ultérieure de la liste contenant les informations visées à l'article 3, paragraphe 2.* 1. Sur la base des informations communiquées par les États membres, la Commission établit la liste des autres autorités et professionnels du droit visée à l'article 3, paragraphe 2.

2. Les États membres notifient à la Commission toute modification ultérieure à apporter aux informations contenues dans ladite liste. La Commission modifie la liste en conséquence.

3. La Commission publie la liste et toute modification ultérieure au *Journal officiel de l'Union européenne.*

4. La Commission tient toutes les informations notifiées conformément aux paragraphes 1 et 2 à la disposition du public par tout autre moyen approprié, notamment par l'intermédiaire du réseau judiciaire européen en matière civile et commerciale.

Art. 66 *Établissement et modification ultérieure des attestations et des formulaires visés à l'article 45, paragraphe 3, point b), et aux articles 58, 59 et 60.* La Commission adopte des actes d'exécution établissant et modifiant ultérieurement les attestations et les formulaires visés à l'article 45, paragraphe 3, point b), et aux articles 58, 59 et 60. Ces actes d'exécution sont adoptés en conformité avec la procédure consultative visée à l'article 67, paragraphe 2.

Art. 67 *Comité.* 1. La Commission est assistée par un comité. Ledit comité est un comité au sens du règlement (UE) n° 182/2011.

2. Lorsqu'il est fait référence au présent paragraphe, l'article 4 du règlement (UE) n° 182/2011 s'applique.

Art. 68 *Clause de réexamen.* 1. Au plus tard le 29 janvier 2027, la Commission présente au Parlement européen, au Conseil et au Comité économique et social européen un rapport relatif à l'application du présent règlement. Ce rapport est accompagné, si nécessaire, de propositions visant à modifier le présent règlement.

2. Au plus tard le 29 janvier 2024, la Commission présente au Parlement européen, au Conseil et au Comité économique et social européen un rapport sur l'application des articles 9 et 38 du présent règlement. Elle y évalue notamment dans quelle mesure ces articles ont contribué à garantir l'accès à la justice.

3. Aux fins des rapports visés aux paragraphes 1 et 2, les États membres informent la Commission des éléments pertinents concernant l'application du présent règlement par leurs juridictions.

Art. 69 *Dispositions transitoires.* 1. Le présent règlement ne s'applique qu'aux procédures engagées, aux actes authentiques formellement dressés ou enregistrés et aux transactions judiciaires approuvées ou conclues à sa date de mise en application ou après le 29 janvier 2019, sous réserve des paragraphes 2 et 3.

2. Si l'action engagée dans l'État membre d'origine a été intentée avant le 29 janvier 2019, les décisions rendues à partir de cette date sont reconnues et exécutées conformé-

ment aux dispositions du chapitre IV, dès lors que les règles de compétence appliquées sont conformes à celles prévues par le chapitre II.

3. Le chapitre III n'est applicable qu'aux époux qui se sont mariés ou qui ont désigné la loi applicable à leur régime matrimonial à partir du 29 janvier 2019.

Art. 70 *Entrée en vigueur.* 1. Le présent règlement entre en vigueur le vingtième jour suivant celui de sa publication au *Journal officiel de l'Union européenne.*

2. Le présent règlement est applicable dans les États membres qui participent à une coopération renforcée dans le domaine de la compétence, de la loi applicable, de la reconnaissance et de l'exécution des décisions en matière de régimes patrimoniaux des couples internationaux, concernant les questions relatives tant aux régimes matrimoniaux qu'aux effets patrimoniaux des partenariats enregistrés, tels qu'ils sont autorisés par la décision (UE) 2016/954.

Il est applicable à partir du 29 janvier 2019, sauf en ce qui concerne les articles 63 et 64, qui s'appliquent à partir du 29 avril 2018, et les articles 65, 66 et 67, qui s'appliquent à partir du 29 juillet 2016. Pour les États membres qui participent à une coopération renforcée en vertu d'une décision adoptée conformément à l'article 331, paragraphe 1, deuxième ou troisième alinéa, du TFUE, le présent règlement est applicable à partir de la date indiquée dans la décision concernée.

Le présent règlement est obligatoire dans tous ses éléments et directement applicable dans les États membres participants, conformément aux traités.

38 Règlement (UE) 2016/1104 du Conseil du 24 juin 2016 mettant en œuvre une coopération renforcée dans le domaine de la compétence, de la loi applicable, de la reconnaissance et de l'exécution des décisions en matière d'effets patrimoniaux des partenariats enregistrés

Applicable depuis le 29 janvier 2019 (Version consolidée)

Le Conseil de l'Union européenne,

Vu le traité sur le fonctionnement de l'Union européenne, et notamment son article 81, paragraphe 3,

Vu la décision (UE) 2016/954 du Conseil du 9 juin 2016 autorisant une coopération renforcée dans le domaine de la compétence, de la loi applicable, de la reconnaissance et de l'exécution des décisions en matière de régimes patrimoniaux des couples internationaux, concernant les questions relatives tant aux régimes matrimoniaux qu'aux effets patrimoniaux des partenariats enregistrés (1),

Vu la proposition de la Commission européenne,

Après transmission du projet d'acte législatif aux parlements nationaux,

Vu l'avis du Parlement européen (2),

Statuant conformément à une procédure législative spéciale,

Considérant ce qui suit :

(1) L'Union s'est donné pour objectif de maintenir et de développer un espace de liberté, de sécurité et de justice au sein duquel est assurée la libre circulation des personnes. En vue de l'établissement progressif de cet espace, l'Union doit adopter des mesures relevant du domaine de la coopération judiciaire dans les matières civiles ayant une incidence transfrontière, notamment lorsque cela est nécessaire au bon fonctionnement du marché intérieur.

(2) Conformément à l'article 81, paragraphe 2, point c), du traité sur le fonctionnement de l'Union européenne (TFUE), ces mesures peuvent comprendre des mesures visant à assurer la compatibilité des règles applicables dans les États membres en matière de conflit de lois et de compétence.

(3) Le Conseil européen, réuni à Tampere les 15 et 16 octobre 1999, a approuvé le principe de reconnaissance mutuelle des jugements et des autres décisions émanant des autorités judiciaires en tant que pierre angulaire de la coopération judiciaire en matière civile et a invité le Conseil et la Commission à adopter un programme de mesures destinées à mettre en œuvre ce principe.

(4) Un programme des mesures sur la mise en œuvre du principe de reconnaissance mutuelle des décisions en matière civile et commerciale (3), commun à la Commission et au Conseil, a été adopté le 30 novembre 2000. Ce programme décrit les mesures relatives à l'harmonisation des règles de conflits de lois comme des mesures destinées à faciliter la reconnaissance mutuelle des décisions et prévoit l'élaboration d'un instrument en matière de régimes matrimoniaux et d'effets patrimoniaux de la séparation des couples non mariés.

(5) Le Conseil européen, réuni à Bruxelles les 4 et 5 novembre 2004, a adopté un nouveau programme, intitulé « Le programme de La Haye : renforcer la liberté, la sécurité et la justice dans l'Union européenne » (4). Dans ce programme, le Conseil invitait la Commission à présenter un livre vert sur le règlement des conflits de lois en matière de régime matrimonial, traitant notamment de la compétence judiciaire et de la reconnaissance mutuelle. Ce programme soulignait également la nécessité d'adopter un instrument dans ce domaine.

(6) La Commission a adopté, le 17 juillet 2006, le livre vert sur le règlement des conflits de lois en matière de régime matrimonial, traitant notamment de la question de la compétence judiciaire et de la reconnaissance mutuelle. Ce livre vert a ouvert une large consultation sur l'ensemble des difficultés auxquelles sont confrontés les couples en Europe lors de la liquidation des biens dont ils ont la propriété commune et sur les moyens juridiques d'y remédier. Il traitait également de l'ensemble des questions de droit international privé rencontrées par les couples engagés dans des formes d'union autres que le mariage, y compris ceux ayant enregistré un partenariat, et des problèmes spécifiques qu'ils rencontrent.

(7) Réuni à Bruxelles les 10 et 11 décembre 2009, le Conseil européen a adopté un nouveau programme pluriannuel intitulé « Le programme de Stockholm – une Europe ouverte et sûre qui sert et protège les citoyens » (5). Dans ce programme, le Conseil européen estimait que la reconnaissance mutuelle devrait être étendue à des domaines encore non couverts mais essentiels pour la vie quotidienne, tels que les conséquences patrimoniales de la séparation des couples, tout en tenant compte des systèmes juri-

diques des États membres, y compris en matière d'ordre public, et des traditions nationales dans ce domaine.

(8) Dans le « Rapport 2010 sur la citoyenneté de l'Union : lever les obstacles à l'exercice des droits des citoyens de l'Union », adopté le 27 octobre 2010, la Commission a annoncé l'adoption d'une proposition d'instrument législatif permettant de supprimer les entraves à la libre circulation des personnes, et notamment les difficultés rencontrées par les couples dans l'administration ou lors du partage de leurs biens.

(9) Le 16 mars 2011, la Commission a adopté une proposition de règlement du Conseil relatif à la compétence, la loi applicable, la reconnaissance et l'exécution des décisions en matière de régimes matrimoniaux et une proposition de règlement du Conseil relatif à la compétence, la loi applicable, la reconnaissance et l'exécution des décisions en matière d'effets patrimoniaux des partenariats enregistrés.

(10) Lors de sa réunion du 3 décembre 2015, le Conseil a conclu qu'il ne serait pas possible de parvenir à adopter à l'unanimité les propositions de règlements relatifs aux régimes matrimoniaux et aux effets patrimoniaux des partenariats enregistrés et que les objectifs de la coopération dans ce domaine ne pourraient donc pas être atteints dans un délai raisonnable par l'Union dans son ensemble.

(11) De décembre 2015 à février 2016, la Belgique, la Bulgarie, la République tchèque, l'Allemagne, la Grèce, l'Espagne, la France, la Croatie, l'Italie, le Luxembourg, Malte, les Pays-Bas, l'Autriche, le Portugal, la Slovénie, la Finlande et la Suède ont adressé des demandes à la Commission, dans lesquelles ces pays indiquaient qu'ils souhaitaient mettre en place entre eux une coopération renforcée dans le domaine des régimes patrimoniaux des couples internationaux, en particulier en ce qui concerne la compétence, la loi applicable, la reconnaissance et l'exécution des décisions en matière de régimes matrimoniaux ainsi que la compétence, la loi applicable, la reconnaissance et l'exécution des décisions en matière d'effets patrimoniaux des partenariats enregistrés, et invitaient la Commission à présenter au Conseil une proposition à cet effet. Par lettre adressée à la Commission en mars 2016, Chypre a indiqué son souhait de participer à l'instauration d'une coopération renforcée ; Chypre a réitéré ce souhait au cours des travaux du Conseil.

(12) Le 9 juin 2016, le Conseil a adopté la décision (UE) 2016/954 autorisant cette coopération renforcée.

(13) En vertu de l'article 328, paragraphe 1, du TFUE, lors de leur instauration, les coopérations renforcées sont ouvertes à tous les États membres, sous réserve de respecter les conditions éventuelles de participation fixées par la décision d'autorisation. Elles le sont également à tout autre moment, sous réserve de respecter, outre lesdites conditions, les actes déjà adoptés dans ce cadre. La Commission et les États membres participant à une coopération renforcée devraient veiller à promouvoir la participation du plus grand nombre possible d'États membres. Le présent règlement ne devrait être obligatoire dans tous ses éléments et directement applicable que dans les États membres qui participent à la coopération renforcée dans le domaine de la compétence, de la loi applicable, de la reconnaissance et de l'exécution des décisions en matière de régimes patrimoniaux des couples internationaux, concernant les questions relatives tant aux régimes matrimoniaux qu'aux effets patrimoniaux des partenariats enregistrés, en vertu

de la décision (UE) 2016/954, ou en vertu d'une décision adoptée conformément à l'article 331, paragraphe 1, deuxième ou troisième alinéa, du TFUE.

(14) Conformément à l'article 81 du TFUE, le présent règlement devrait s'appliquer aux effets patrimoniaux des partenariats enregistrés ayant une incidence transfrontière.

(15) Afin d'assurer la sécurité juridique des couples non mariés à l'égard de leurs biens et de leur offrir une certaine prévisibilité, il convient de prévoir dans un seul instrument l'ensemble des règles applicables aux effets patrimoniaux des partenariats enregistrés.

(16) La façon dont les formes d'union autres que le mariage sont prévues dans la législation des États membres diffère d'un État membre à l'autre, et il y a lieu d'opérer une distinction entre les couples dont l'union est institutionnellement consacrée par l'enregistrement de leur partenariat auprès d'une autorité publique et les couples vivant en union de fait. Même si certains États membres réglementent ces unions de fait, il convient de les distinguer des partenariats enregistrés, dont le caractère officiel permet la prise en considération de leurs spécificités et la définition de règles qui leur sont applicables dans la législation de l'Union. Pour faciliter le bon fonctionnement du marché intérieur, il est nécessaire de supprimer les entraves à la libre circulation des personnes ayant contracté un partenariat enregistré, et notamment celles qui créent des difficultés pour ces couples dans l'administration ou lors du partage de leurs biens. Afin d'atteindre ces objectifs, le présent règlement devrait regrouper les dispositions sur la compétence, la loi applicable, la reconnaissance ou, le cas échéant, l'acceptation, la force exécutoire et l'exécution des décisions, des actes authentiques et des transactions judiciaires.

(17) Le présent règlement devrait porter sur les questions liées aux effets patrimoniaux des partenariats enregistrés. La notion de « partenariat enregistré » ne devrait y être définie qu'aux fins du présent règlement. Le contenu spécifique de cette notion devrait rester défini par le droit national des États membres. Aucune disposition du présent règlement ne devrait imposer à un État membre dont la loi ne reconnaît pas l'institution du partenariat enregistré de prévoir cette dernière dans son droit national.

(18) Le champ d'application du présent règlement devrait s'étendre à tous les aspects de droit civil des effets patrimoniaux des partenariats enregistrés, concernant tant la gestion quotidienne des biens des partenaires que leur liquidation, du fait notamment de la séparation du couple ou du décès de l'un des partenaires.

(19) Le présent règlement ne devrait pas s'appliquer aux domaines du droit civil autres que les effets patrimoniaux des partenariats enregistrés. Pour des raisons de clarté, il convient d'exclure explicitement de son champ d'application une série de questions dont il pourrait être estimé qu'elles ont un lien avec les effets patrimoniaux des partenariats enregistrés.

(20) Ainsi, le présent règlement ne devrait pas s'appliquer aux questions ayant trait à la capacité juridique générale des partenaires ; toutefois, cette exclusion ne devrait pas s'appliquer aux pouvoirs et aux droits spécifiques de l'un ou des deux partenaires à l'égard de leurs biens, qu'ils soient exercés entre eux ou à l'égard de tiers, ces pouvoirs et droits devant relever du champ d'application du présent règlement.

(21) Le présent règlement ne devrait pas s'appliquer à d'autres questions préalables telles que l'existence, la validité ou la reconnaissance d'un partenariat enregistré, qui

sont régies par le droit national des États membres, y compris par leurs règles de droit international privé.

(22) Les obligations alimentaires entre partenaires étant régies par le règlement (CE) no 4/2009 du Conseil (6), elles devraient être exclues du champ d'application du présent règlement, tout comme les questions relatives à la succession d'un partenaire décédé, puisqu'elles sont couvertes par le règlement (UE) no 650/2012 du Parlement européen et du Conseil (7).

(23) Les questions relatives au droit au transfert ou à l'adaptation entre partenaires des droits à la pension de retraite ou d'invalidité, quelle que soit leur nature, acquis au cours du partenariat enregistré et qui n'ont pas produit des revenus de retraite au cours du partenariat enregistré devraient être exclues du champ d'application du présent règlement, compte tenu des régimes spécifiques en vigueur dans les États membres. Toutefois, cette exclusion devrait faire l'objet d'une interprétation stricte. Dès lors, le présent règlement devrait en particulier régir la question de la classification des capitaux de retraite, des montants qui ont déjà été versés à l'un des partenaires au cours du partenariat enregistré et de l'éventuelle indemnisation qui serait octroyée en cas de pension de retraite souscrite avec un capital commun.

(24) Le présent règlement devrait permettre la création ou le transfert par les effets patrimoniaux du partenariat enregistré d'un droit mobilier ou immobilier tel que prévu par la loi applicable aux effets patrimoniaux des partenariats enregistrés. Il ne devrait toutefois pas porter atteinte au nombre limité (numerus clausus) de droits réels que connaît le droit national de certains États membres. Un État membre ne devrait pas être tenu de reconnaître un droit réel en rapport avec des biens situés dans cet État membre, s'il ne connaît pas un tel droit réel dans son droit.

(25) Toutefois, afin de permettre aux partenaires de jouir, dans un autre État membre, des droits qui ont été créés ou leur ont été transférés par des effets patrimoniaux d'un partenariat enregistré, il convient que le présent règlement prévoie l'adaptation d'un droit réel inconnu à son équivalent le plus proche en vertu du droit de cet autre État membre. Dans le cadre de cette adaptation, il y a lieu de tenir compte des objectifs et des intérêts poursuivis par le droit réel en question et des effets qui y sont liés. Pour déterminer l'équivalent le plus proche du droit réel dans le droit national, les autorités ou les personnes compétentes de l'État dont la loi s'applique aux effets patrimoniaux du partenariat enregistré peuvent être contactées afin d'obtenir des informations complémentaires sur la nature et les effets de ce droit. À cette fin, il serait possible d'avoir recours aux réseaux existants dans le domaine de la coopération judiciaire en matière civile et commerciale, ainsi qu'à tout autre moyen disponible permettant de comprendre plus facilement la loi étrangère.

(26) L'adaptation d'un droit réel inconnu expressément prévue par le présent règlement ne devrait pas empêcher d'autres formes d'adaptation dans le cadre de l'application du présent règlement.

(27) Les exigences relatives à l'inscription dans un registre d'un droit immobilier ou mobilier devraient être exclues du champ d'application du présent règlement. Par conséquent, c'est la loi de l'État membre dans lequel le registre est tenu (pour les biens immeubles, la lex rei sitae) qui devrait définir les conditions légales et les modalités de l'inscription, et déterminer quelles sont les autorités, telles que les responsables des

cadastres ou les notaires, chargées de vérifier que toutes les exigences sont respectées et que les documents présentés ou établis sont suffisants ou contiennent les informations nécessaires. En particulier, les autorités peuvent vérifier que le droit d'un partenaire sur les biens mentionnés dans le document présenté pour inscription est un droit qui est inscrit en tant que tel dans le registre ou qui a été attesté d'une autre manière conformément au droit de l'État membre dans lequel le registre est tenu. Afin d'éviter la duplication des documents, les autorités chargées de l'inscription devraient accepter les documents rédigés par les autorités compétentes d'un autre État membre, dont la circulation est prévue par le présent règlement. Cela ne devrait pas empêcher les autorités chargées de l'inscription de solliciter la personne qui demande l'inscription de fournir les informations supplémentaires ou de présenter les documents complémentaires exigés en vertu du droit de l'État membre dans lequel le registre est tenu, par exemple les informations ou les documents concernant le paiement d'impôts. L'autorité compétente peut indiquer à la personne demandant l'inscription la manière dont elle peut se procurer les informations ou les documents manquants.

(28) Les effets de l'inscription d'un droit dans un registre devraient également être exclus du champ d'application du présent règlement. Par conséquent, c'est la loi de l'État membre dans lequel le registre est tenu qui devrait déterminer si l'inscription a un effet, par exemple, déclaratoire ou constitutif. Ainsi, dans le cas où, par exemple, l'acquisition d'un droit immobilier exige une inscription dans un registre en vertu du droit de l'État membre dans lequel le registre est tenu afin d'assurer l'effet erga omnes des registres ou de protéger les transactions juridiques, le moment de cette acquisition devrait être régi par le droit de cet État membre.

(29) Le présent règlement devrait respecter les différents systèmes de règlement des effets patrimoniaux des partenariats enregistrés applicables dans les États membres. Aux fins du présent règlement, il convient dès lors de donner au terme « juridiction » un sens large permettant de couvrir, non seulement les juridictions au sens strict, qui exercent des fonctions juridictionnelles, mais aussi, par exemple, les notaires dans certains États membres qui, pour certaines questions liées aux effets patrimoniaux des partenariats enregistrés, exercent des fonctions juridictionnelles au même titre que les juridictions, ainsi que les notaires et les professionnels du droit qui, dans certains États membres, exercent des fonctions juridictionnelles ayant trait aux effets patrimoniaux des partenariats enregistrés en vertu d'une délégation de pouvoirs accordée par une juridiction. Toutes les juridictions au sens du présent règlement devraient être liées par les règles de compétence prévues dans le présent règlement. Inversement, le terme « juridiction » ne devrait pas viser les autorités non judiciaires d'un État membre qui, en vertu du droit national, sont habilitées à régler les effets patrimoniaux des partenariats enregistrés, telles que les notaires dans la plupart des États membres, lorsque, comme c'est généralement le cas, ils n'exercent pas de fonctions juridictionnelles.

(30) Le présent règlement devrait permettre à tous les notaires qui sont compétents en matière d'effets patrimoniaux des partenariats enregistrés dans les États membres d'exercer cette compétence. La question de savoir si les notaires d'un État membre donné sont ou non liés par les règles de compétence prévues dans le présent règlement devrait dépendre de la question de savoir s'ils relèvent ou non de la définition du terme « juridiction » aux fins du présent règlement.

(31) Les actes dressés par des notaires en matière d'effets patrimoniaux des partenariats enregistrés dans les États membres devraient circuler conformément au présent règlement. Lorsque les notaires exercent des fonctions juridictionnelles, ils devraient être liés par les règles de compétence énoncées dans le présent règlement, et les décisions qu'ils rendent devraient circuler conformément aux dispositions du présent règlement relatives à la reconnaissance, à la force exécutoire et à l'exécution des décisions. Lorsque les notaires n'exercent pas des fonctions juridictionnelles, ils ne devraient pas être liés par ces règles de compétence, et les actes authentiques qu'ils dressent devraient circuler conformément aux dispositions du présent règlement relatives aux actes authentiques.

(32) Afin de refléter la mobilité croissante des couples et afin d'assurer une bonne administration de la justice, les règles de compétence énoncées dans le présent règlement devraient permettre aux citoyens de voir les différentes procédures connexes dans lesquelles ils sont impliqués traitées par les juridictions d'un même État membre. À cette fin, il convient que le présent règlement s'emploie à ce que la compétence en matière d'effets patrimoniaux des partenariats enregistrés soit concentrée dans l'État membre dont les juridictions sont appelées à régler la succession d'un partenaire conformément au règlement (UE) no 650/2012, ou à régler la dissolution ou l'annulation du partenariat enregistré.

(33) Le présent règlement devrait prévoir que, lorsqu'une procédure concernant la succession d'un partenaire est pendante devant une juridiction d'un État membre qui a été saisie au titre du règlement (UE) no 650/2012, les juridictions dudit État membre sont compétentes pour statuer sur des questions relatives aux effets patrimoniaux des partenariats enregistrés en relation avec ladite affaire de succession.

(34) De même, les questions relatives aux effets patrimoniaux des partenariats enregistrés induites par une procédure pendante devant la juridiction d'un État membre qui a été saisie d'une demande de dissolution ou d'annulation d'un partenariat enregistré devraient être réglées par les juridictions dudit État membre, si les partenaires en sont d'accord.

(35) Lorsque des questions relatives aux effets patrimoniaux des partenariats enregistrés ne sont pas liées à une procédure en cours devant la juridiction d'un État membre concernant la succession d'un partenaire ou la dissolution ou l'annulation du partenariat enregistré, le présent règlement devrait prévoir une échelle de facteurs de rattachement permettant d'établir la juridiction compétente, à commencer par le lieu de résidence habituelle des partenaires au moment de la saisine de la juridiction. Le dernier niveau de l'échelle de facteurs de rattachement devrait renvoyer à l'État membre selon la loi duquel le partenariat a été enregistré afin d'être officialisé. Ces facteurs de rattachement sont fixés pour tenir compte de la mobilité croissante des citoyens et afin d'assurer l'existence d'un lien de rattachement réel entre les partenaires et l'État membre dans lequel la compétence est exercée.

(36) Tous les États membres ne prévoyant pas l'institution du partenariat enregistré, les juridictions d'un État membre dont la loi ne prévoit pas cette institution pourraient devoir, à titre exceptionnel, décliner leur compétence aux fins du présent règlement. Dans ce cas, les juridictions le font promptement, et la partie concernée devrait avoir la possibilité de soumettre l'affaire dans tout autre État membre présentant un facteur de

rattachement lui conférant compétence, quel que soit l'ordre de ces chefs de compétence, dans le respect de l'autonomie des parties. Toute juridiction saisie à la suite d'une déclinaison de compétence, autre que les juridictions de l'État membre selon la loi duquel le partenariat enregistré a été créé, dont la compétence est fondée sur un accord d'élection de for ou sur la comparution du défendeur, peut également devoir décliner sa compétence, à titre exceptionnel, dans les mêmes conditions. Enfin, si aucune juridiction n'a compétence pour traiter de la situation à la lumière des autres dispositions du présent règlement, une règle de compétence subsidiaire devrait être instaurée dans le présent règlement, afin de prévenir tout risque de déni de justice.

(37) Afin d'accroître la sécurité juridique, la prévisibilité et l'autonomie des parties, le présent règlement devrait, dans certaines circonstances, permettre aux parties de conclure un accord d'élection de for en faveur des juridictions de l'État membre de la loi applicable ou des juridictions de l'État membre selon la loi duquel le partenariat enregistré a été créé.

(38) Le présent règlement ne devrait pas empêcher les parties de régler l'affaire à l'amiable par voie extrajudiciaire, par exemple devant un notaire, dans un État membre de leur choix, dans le cas où le droit de cet État membre le permet. Ce devrait être le cas même si la loi applicable aux effets patrimoniaux d'un partenariat enregistré n'est pas la loi de cet État membre.

(39) Afin de veiller à ce que les juridictions de tous les États membres puissent s'appuyer sur les mêmes motifs pour exercer leur compétence à l'égard des effets patrimoniaux des partenariats enregistrés, le présent règlement devrait énoncer de manière exhaustive les motifs pour lesquels cette compétence subsidiaire peut s'exercer.

(40) Afin de remédier tout particulièrement à des situations de déni de justice, il y a lieu de prévoir dans le présent règlement un forum necessitatis permettant à une juridiction d'un État membre, dans des cas exceptionnels, de statuer sur les effets patrimoniaux d'un partenariat enregistré qui présente un lien étroit avec un État tiers. Un tel cas exceptionnel pourrait exister lorsqu'une procédure se révèle impossible dans l'État tiers concerné, par exemple en raison d'une guerre civile, ou lorsqu'on ne peut raisonnablement attendre d'un partenaire qu'il introduise ou conduise une procédure dans cet État. La compétence fondée sur le forum necessitatis ne pourrait cependant être exercée que si l'affaire présente un lien suffisant avec l'État membre de la juridiction saisie.

(41) Dans l'intérêt du fonctionnement harmonieux de la justice, il convient d'éviter que des décisions inconciliables soient rendues dans différents États membres. À cette fin, le présent règlement devrait prévoir des règles générales de procédure semblables à celles d'autres instruments de l'Union dans le domaine de la coopération judiciaire en matière civile. Parmi ces règles de procédure figure la règle de la litispendance, qui entrera en jeu si la même affaire relative aux effets patrimoniaux d'un partenariat enregistré est portée devant différentes juridictions de différents États membres. Cette règle déterminera alors la juridiction appelée à poursuivre le règlement de l'affaire.

(42) Afin de permettre aux citoyens de profiter, en toute sécurité juridique, des avantages offerts par le marché intérieur, le présent règlement devrait permettre aux partenaires de connaître à l'avance la loi applicable aux effets patrimoniaux de leur partenariat enregistré. Des règles harmonisées de conflits de lois devraient dès lors être introduites pour éviter des résultats contradictoires. La règle principale devrait assurer

que les effets patrimoniaux d'un partenariat enregistré sont régis par une loi prévisible, avec laquelle ils présentent des liens étroits. Pour des raisons de sécurité juridique et afin d'éviter le morcellement, la loi applicable devrait régir l'ensemble des effets patrimoniaux du partenariat enregistré, c'est-à-dire tous les effets patrimoniaux couverts par le partenariat enregistré, quelle que soit la nature des biens et indépendamment du fait que ceux-ci sont situés dans un autre État membre ou dans un État tiers.

(43) La loi désignée par le présent règlement devrait s'appliquer même si cette loi n'est pas celle d'un État membre.

(44) Afin de faciliter la gestion de leurs biens par les partenaires, le présent règlement devrait leur permettre de choisir la loi applicable aux effets patrimoniaux de leur partenariat enregistré, indépendamment de la nature ou de la localisation des biens, parmi les lois ayant un lien étroit avec les partenaires du fait par exemple de leur résidence habituelle ou de leur nationalité. Cependant, pour éviter de priver de tout effet le choix de la loi applicable, ce qui laisserait les partenaires dans un vide juridique, ce choix devrait être limité à une loi qui attache des effets patrimoniaux aux partenariats enregistrés. Ce choix peut intervenir à tout moment, avant l'enregistrement du partenariat, lors de son enregistrement ou au cours du partenariat enregistré.

(45) Afin d'assurer la sécurité juridique des transactions et d'empêcher que des modifications de la loi applicable aux effets patrimoniaux des partenariats enregistrés soient introduites sans que les partenaires en soient informés, aucun changement de la loi applicable ne devrait intervenir sans demande expresse des parties. Ce changement décidé par les partenaires ne devrait pas avoir d'effet rétroactif, à moins que les partenaires ne l'aient expressément stipulé. Dans tous les cas, il ne peut pas porter atteinte aux droits de tiers.

(46) Il convient de définir les règles relatives à la validité au fond et quant à la forme d'une convention sur le choix de la loi applicable de manière à faciliter le choix éclairé des partenaires et assurer le respect de leur consentement, en vue de garantir la sécurité juridique ainsi qu'un meilleur accès à la justice. Pour ce qui est de la validité quant à la forme, certaines garanties devraient être introduites afin de s'assurer que les partenaires sont conscients des conséquences de leur choix. La convention sur le choix de la loi applicable devrait au moins être formulée par écrit, datée et signée par les deux parties. Toutefois, si la loi de l'État membre dans lequel les deux partenaires ont leur résidence habituelle au moment de la conclusion de la convention prévoit des règles de forme supplémentaires, celles-ci devraient être respectées. Par exemple, ces règles de forme supplémentaires peuvent exister dans un État membre où la convention est insérée dans une convention partenariale. Si, au moment de la conclusion de la convention, les partenaires ont leur résidence habituelle dans des États membres différents qui prévoient des règles de forme différentes, il devrait suffire que les règles de forme de l'un de ces États soient respectées. Si, au moment de la conclusion de la convention, seul l'un des partenaires a sa résidence habituelle dans un État membre qui prévoit des règles formelles supplémentaires, celles-ci devraient être respectées.

(47) Une convention partenariale est un type d'arrangement régissant les biens des partenaires, dont la recevabilité et l'acceptation varient d'un État membre à l'autre. En vue de faciliter l'acceptation dans les États membres des droits de propriété acquis du fait d'une convention partenariale, il convient de définir des règles sur la validité quant à la

forme d'une convention partenariale. Une telle convention devrait au moins être formulée par écrit, datée et signée par les deux parties. Elle devrait toutefois aussi satisfaire aux exigences formelles supplémentaires prévues par la loi applicable aux effets patrimoniaux des partenariats enregistrés, telle qu'elle est déterminée par le présent règlement, et par la loi de l'État membre dans lequel les partenaires ont leur résidence habituelle. Le présent règlement devrait aussi déterminer la loi appelée à régir la validité au fond d'une telle convention.

(48) À défaut de choix de la loi applicable et afin de concilier la prévisibilité et l'impératif de sécurité juridique avec la nécessité de prendre en compte la vie menée par le couple, le présent règlement devrait prévoir que la loi qui s'applique aux effets patrimoniaux du partenariat enregistré est celle de l'État selon la loi duquel le partenariat a dû être enregistré afin d'être officialisé.

(49) Lorsque le présent règlement fait de la nationalité un facteur de rattachement, la question de savoir comment considérer une personne possédant plusieurs nationalités constitue une question préalable qui n'entre pas dans son champ d'application et devrait relever du droit national, y compris, le cas échéant, de conventions internationales, dans le plein respect des principes généraux de l'Union. Cette question ne devrait pas influencer la validité du choix de la loi applicable effectué conformément au présent règlement.

(50) Pour ce qui est de la détermination de la loi applicable aux effets patrimoniaux du partenariat enregistré à défaut de choix de la loi et de convention partenariale, l'autorité judiciaire d'un État membre devrait, à la demande de l'un des partenaires, dans des cas exceptionnels, lorsque les partenaires ont déménagé de longue date dans l'État de leur résidence habituelle, parvenir à la conclusion que la loi de cet État peut s'appliquer si les partenaires se sont fondés sur cette loi. Quel que soit le cas de figure, il ne saurait être porté atteinte aux droits des tiers.

(51) La loi désignée comme la loi applicable aux effets patrimoniaux des partenariats enregistrés devrait régir ceux-ci depuis la classification des biens de l'un ou des deux partenaires en différentes catégories pendant le partenariat enregistré et après sa dissolution, jusqu'à la liquidation des biens. Elle devrait inclure les incidences des effets patrimoniaux des partenariats enregistrés sur un rapport de droit entre un partenaire et des tiers. Toutefois, un partenaire ne peut opposer à un tiers la loi applicable aux effets patrimoniaux des partenariats enregistrés pour régir ces effets que si les liens de droit entre le partenaire et le tiers ont été noués à une époque où ce tiers avait ou aurait dû avoir connaissance de ladite loi.

(52) Des considérations d'intérêt public telles que la protection de l'organisation politique, sociale ou économique d'un État membre devraient justifier que soit donnée à des juridictions ou à d'autres autorités compétentes des États membres, dans des circonstances exceptionnelles, la possibilité d'appliquer des exceptions fondées sur les lois de police. Ainsi, la notion de « lois de police » devrait englober des règles à caractère impératif telles que celles relatives à la protection du logement familial. Toutefois, cette exception à l'application de la loi applicable aux effets patrimoniaux des partenariats enregistrés requiert une interprétation stricte afin de rester compatible avec l'objectif général du présent règlement.

(53) Dans des circonstances exceptionnelles, des considérations d'intérêt public devraient également donner aux juridictions et aux autres autorités compétentes des États membres chargées du règlement des effets patrimoniaux des partenariats enregistrés la possibilité d'écarter certaines dispositions d'une loi étrangère lorsque, dans un cas précis, l'application de ces dispositions serait manifestement incompatible avec l'ordre public de l'État membre concerné. Néanmoins, les juridictions ou autres autorités compétentes ne devraient pas pouvoir appliquer l'exception d'ordre public en vue d'écarter la loi d'un autre État ou refuser de reconnaître – ou, le cas échéant, d'accepter – ou d'exécuter une décision rendue, un acte authentique ou une transaction judiciaire d'un autre État membre, lorsque ce refus serait contraire à la Charte des droits fondamentaux de l'Union européenne (ci-après dénommée « Charte »), en particulier à son article 21, relatif au principe de non-discrimination.

(54) Étant donné qu'il existe des États dans lesquels coexistent deux ou plusieurs systèmes de droit ou ensembles de règles ayant trait aux questions régies par le présent règlement, il convient de prévoir dans quelle mesure le présent règlement s'applique dans les différentes unités territoriales de ces États.

(55) À la lumière de son objectif général, qui est la reconnaissance mutuelle des décisions rendues dans les États membres en matière d'effets patrimoniaux des partenariats enregistrés, le présent règlement devrait fixer des règles relatives à la reconnaissance, à la force exécutoire et à l'exécution des décisions qui soient semblables à celles d'autres instruments de l'Union adoptés dans le domaine de la coopération judiciaire en matière civile.

(56) Afin de prendre en compte les différents systèmes de règlement des effets patrimoniaux des partenariats enregistrés dans les États membres, le présent règlement devrait assurer que les actes authentiques en matière d'effets patrimoniaux des partenariats enregistrés sont acceptés et exécutoires dans tous les États membres.

(57) Les actes authentiques devraient avoir la même force probante dans un autre État membre que dans l'État membre d'origine, ou avoir les effets les plus comparables. Lors de la détermination de la force probante d'un acte authentique donné dans un autre État membre ou des effets les plus comparables, il convient de faire référence à la nature et à la portée de la force probante de l'acte authentique dans l'État membre d'origine. La force probante qu'un acte authentique donné devrait avoir dans un autre État membre dépendra, dès lors, de la loi de l'État membre d'origine.

(58) L'« authenticité » d'un acte authentique devrait être un concept autonome recouvrant des éléments tels que la véracité de l'acte, les exigences de forme qui lui sont applicables, les pouvoirs de l'autorité qui le dresse et la procédure suivie pour le dresser. Le concept devrait également recouvrir les éléments factuels consignés dans l'acte authentique par l'autorité concernée, tels que le fait que les parties indiquées ont comparu devant ladite autorité à la date indiquée et qu'elles ont fait les déclarations qui y sont mentionnées. Une partie souhaitant contester l'authenticité d'un acte authentique devrait le faire devant la juridiction compétente de l'État membre d'origine de l'acte authentique en vertu de la loi dudit État membre.

(59) Les termes « actes juridiques ou relations juridiques consignés dans un acte authentique » devraient être interprétés comme faisant référence quant au fond consigné dans l'acte authentique. Une partie souhaitant contester les actes juridiques ou les

relations juridiques consignés dans un acte authentique devrait le faire devant les juridictions compétentes en vertu du présent règlement, qui devraient statuer sur cette contestation conformément à la loi applicable aux effets patrimoniaux des partenariats enregistrés.

(60) Si une question relative aux actes juridiques ou relations juridiques consignés dans un acte authentique est soulevée de manière incidente dans le cadre d'une procédure devant une juridiction d'un État membre, celle-ci devrait être compétente pour en connaître.

(61) Un acte authentique contesté ne devrait pas avoir de force probante dans un autre État membre que l'État membre d'origine tant que le recours est pendant. Si le recours ne concerne qu'un élément spécifique lié aux actes juridiques ou relations juridiques consignés dans l'acte authentique, l'acte authentique en question ne devrait pas avoir de force probante dans un autre État membre que l'État membre d'origine en ce qui concerne l'élément de la contestation, tant que le recours est pendant. Un acte authentique déclaré non valable à la suite d'un recours devrait cesser de produire toute force probante.

(62) Une autorité à laquelle seraient soumis deux actes authentiques incompatibles en application du présent règlement devrait déterminer auquel de ces actes il convient de donner, le cas échéant, la priorité, compte tenu des circonstances de l'espèce. Dans le cas où les circonstances ne permettent pas de déterminer à quel acte authentique il convient, le cas échéant, de donner la priorité, la question devrait être tranchée par les juridictions compétentes en vertu du présent règlement ou, lorsque la question est soulevée de manière incidente au cours d'une procédure, par la juridiction saisie de ladite procédure. En cas d'incompatibilité entre un acte authentique et une décision, il convient de tenir compte des motifs de non reconnaissance des décisions prévus par le présent règlement.

(63) La reconnaissance et l'exécution d'une décision rendue en vertu du présent règlement en matière d'effets patrimoniaux des partenariats enregistrés ne devraient en aucune manière impliquer la reconnaissance du partenariat enregistré qui a donné lieu à la décision.

(64) Il convient de préciser la relation entre le présent règlement et les conventions bilatérales ou multilatérales sur les effets patrimoniaux des partenariats enregistrés auxquelles les États membres sont parties.

(65) Afin de faciliter l'application du présent règlement, il convient de prévoir une obligation pour les États membres de communiquer certaines informations sur leur législation et leurs procédures concernant les effets patrimoniaux des partenariats enregistrés dans le cadre du réseau judiciaire européen en matière civile et commerciale établi par la décision 2001/470/CE du Conseil (8). Pour permettre la publication au Journal officiel de l'Union européenne, dans les délais impartis, de toutes les informations pertinentes pour l'application concrète du présent règlement, les États membres devraient également communiquer ces informations à la Commission avant que le présent règlement ne commence à s'appliquer.

(66) De la même manière, afin de faciliter l'application du présent règlement et pour permettre le recours aux technologies modernes de communication, il convient de prévoir des formulaires types pour les attestations à fournir en lien avec la demande de

déclaration constatant la force exécutoire d'une décision, d'un acte authentique ou d'une transaction judiciaire.

(67) Le règlement (CEE, Euratom) no 1182/71 du Conseil (9) devrait s'appliquer pour calculer les périodes et délais prévus par le présent règlement.

(68) Afin d'assurer des conditions uniformes d'exécution du présent règlement, il convient de conférer des compétences d'exécution à la Commission pour établir et modifier ultérieurement les attestations et les formulaires relatifs à la déclaration constatant la force exécutoire des décisions, des transactions judiciaires et des actes authentiques. Ces compétences devraient être exercées en conformité avec le règlement (UE) no 182/2011 du Parlement européen et du Conseil (10).

(69) Il convient d'avoir recours à la procédure consultative pour l'adoption d'actes d'exécution visant à établir et ensuite à modifier les attestations et les formulaires prévus au présent règlement.

(70) Les objectifs du présent règlement, à savoir la libre circulation des personnes dans l'Union, la possibilité donnée aux partenaires d'organiser leurs rapports patrimoniaux entre eux et à l'égard des tiers durant la vie du couple comme au moment de la liquidation de ses biens, et une plus grande prévisibilité et sécurité juridique, ne peuvent pas être atteints de manière suffisante par les États membres mais peuvent, en raison des dimensions et des effets du présent règlement, l'être mieux au niveau de l'Union, le cas échéant au moyen d'une coopération renforcée entre les États membres. Conformément au principe de subsidiarité consacré à l'article 5 du traité sur l'Union européenne, l'Union est dès lors compétente pour agir. Conformément au principe de proportionnalité tel qu'énoncé audit article, le présent règlement n'excède pas ce qui est nécessaire pour atteindre ces objectifs.

(71) Le présent règlement respecte les droits fondamentaux et observe les principes consacrés par la Charte, et notamment ses articles 7, 9, 17, 21 et 47 portant respectivement sur le respect de la vie privée et familiale, le droit de fonder une famille selon les lois nationales, le droit de propriété, le principe de non-discrimination et le droit à un recours effectif devant un tribunal. Il convient que le présent règlement soit appliqué par les juridictions et autres autorités compétentes des États membres dans le respect de ces droits et principes,

A adopté le présent Règlement :

CHAPITRE PREMIER

Champ d'application et définitions

Art. premier *Champ d'application.* 1. Le présent règlement s'applique aux effets patrimoniaux des partenariats enregistrés.

Il ne s'applique pas aux matières fiscales, douanières ou administratives.

2. Sont exclus du champ d'application du présent règlement :

a) la capacité juridique des partenaires;

b) l'existence, la validité ou la reconnaissance d'un partenariat enregistré;

c) les obligations alimentaires;

d) la succession du partenaire décédé;

e) la sécurité sociale;

f) le droit au transfert ou à l'adaptation entre partenaires, en cas de dissolution ou d'annulation du partenariat enregistré, des droits à la pension de retraite ou d'invalidité acquis au cours du partenariat enregistré et qui n'ont pas produit des revenus de retraite au cours du partenariat enregistré;

g) la nature des droits réels portant sur un bien; et

h) toute inscription dans un registre de droits immobiliers ou mobiliers, y compris les exigences légales applicables à une telle inscription, ainsi que les effets de l'inscription ou de l'absence d'inscription de ces droits dans un registre.

Art. 2 *Compétences en matière d'effets patrimoniaux des partenariats enregistrés dans les États membres.* Le présent règlement ne porte pas atteinte aux compétences des autorités des États membres en matière d'effets patrimoniaux des partenariats enregistrés.

Art. 3 *Définitions.* 1. Aux fins du présent règlement, on entend par :

a) « partenariat enregistré », le régime régissant la vie commune de deux personnes prévu par la loi, dont l'enregistrement est obligatoire en vertu de ladite loi et qui répond aux exigences juridiques prévues par ladite loi pour sa création;

b) « effets patrimoniaux d'un partenariat enregistré », l'ensemble des règles relatives aux rapports patrimoniaux des partenaires entre eux et à l'égard des tiers, qui résultent du lien juridique créé par l'enregistrement du partenariat ou par la dissolution de celui-ci;

c) « convention partenariale », tout accord entre partenaires ou futurs partenaires par lequel ils organisent les effets patrimoniaux de leur partenariat enregistré;

d) « acte authentique », un acte relatif aux effets patrimoniaux d'un partenariat enregistré, dressé ou enregistré formellement en tant qu'acte authentique dans un État membre et dont l'authenticité :

i) porte sur la signature et le contenu de l'acte authentique; et

ii) a été établie par une autorité publique ou toute autre autorité habilitée à cet effet par l'État membre d'origine;

e) « décision », toute décision relative aux effets patrimoniaux d'un partenariat enregistré rendue par une juridiction d'un État membre, quelle que soit la dénomination qui lui est donnée, y compris une décision concernant la fixation par le greffier du montant des frais du procès;

f) « transaction judiciaire », une transaction en matière d'effets patrimoniaux du partenariat enregistré approuvée par une juridiction ou conclue devant une juridiction au cours d'une procédure;

g) « État membre d'origine », l'État membre dans lequel la décision a été rendue, l'acte authentique a été établi ou la transaction judiciaire a été approuvée ou conclue;

h) « État membre d'exécution », l'État membre dans lequel est demandée la reconnaissance et/ou l'exécution de la décision, de l'acte authentique ou de la transaction judiciaire.

2. Aux fins du présent règlement, on entend par « juridiction » toute autorité judiciaire, ainsi que toute autre autorité et tout professionnel du droit compétents en matière d'effets patrimoniaux des partenariats enregistrés qui exercent des fonctions juridictionnelles ou agissent en vertu d'une délégation de pouvoirs d'une autorité judiciaire ou sous le contrôle de celle-ci, pour autant que ces autres autorités et professionnels du droit offrent des garanties en ce qui concerne leur impartialité et le droit de toutes les parties

à être entendues, et que les décisions qu'ils rendent conformément au droit de l'État membre dans lequel ils exercent leurs fonctions :

a) puissent faire l'objet d'un recours devant une autorité judiciaire ou d'un contrôle par une telle autorité; et

b) aient une force et un effet équivalents à ceux d'une décision prononcée par une autorité judiciaire dans la même matière.

Les États membres notifient à la Commission les autres autorités et professionnels du droit visés au premier alinéa, conformément à l'article 64.

CHAPITRE II
Compétence

Art. 4 *Compétence en cas de décès d'un des partenaires.* Lorsqu'une juridiction d'un État membre est saisie d'une question relative à la succession d'un partenaire enregistré, en application du règlement (UE) n° 650/2012, les juridictions de cet État sont compétentes pour statuer sur les effets patrimoniaux du partenariat enregistré en relation avec ladite affaire de succession.

Art. 5 *Compétence en cas de dissolution ou d'annulation.* 1. Lorsqu'une juridiction d'un État membre est saisie pour statuer sur une demande en dissolution ou en annulation d'un partenariat enregistré, les juridictions de cet État sont compétentes pour statuer sur les effets patrimoniaux du partenariat enregistré en relation avec ladite affaire de dissolution ou d'annulation, lorsque les partenaires en conviennent ainsi.

2. Si l'accord visé au paragraphe 1 du présent article est conclu avant que la juridiction ne soit saisie pour statuer sur les effets patrimoniaux du partenariat enregistré, l'accord doit être conforme à l'article 7.

Art. 6 *Autres compétences.* Lorsque aucune juridiction d'un État membre n'est compétente en vertu de l'article 4 ou 5 ou dans des cas autres que ceux prévus à l'article 4 ou 5, sont compétentes pour statuer sur les effets patrimoniaux d'un partenariat enregistré les juridictions de l'État membre :

a) sur le territoire duquel les partenaires ont leur résidence habituelle au moment de la saisine de la juridiction; ou, à défaut,

b) sur le territoire duquel est située la dernière résidence habituelle des partenaires, dans la mesure où l'un d'eux y réside encore au moment de la saisine de la juridiction; ou, à défaut,

c) sur le territoire duquel le défendeur a sa résidence habituelle au moment de la saisine de la juridiction; ou, à défaut,

d) dont les deux partenaires ont la nationalité au moment de la saisine de la juridiction; ou, à défaut,

e) selon le droit duquel le partenariat enregistré a été créé.

Art. 7 *Élection de for.* 1. Dans les cas visés à l'article 6, les parties peuvent convenir que les juridictions de l'État membre dont la loi est applicable en vertu de l'article 22 ou de l'article 26, paragraphe 1, ou les juridictions de l'État membre en vertu de la loi duquel le partenariat enregistré a été créé sont seules compétentes pour statuer sur les effets patrimoniaux de leur partenariat enregistré.

2. La convention visée au paragraphe 1 est formulée par écrit, datée et signée par les parties. Toute transmission par voie électronique qui permet de consigner durablement la convention est considérée comme revêtant une forme écrite.

Art. 8 *Compétence fondée sur la comparution du défendeur.* 1. Outre les cas où sa compétence résulte d'autres dispositions du présent règlement, la juridiction d'un État membre dont la loi est applicable en vertu de l'article 22 ou de l'article 26, paragraphe 1, et devant laquelle le défendeur comparaît est compétente. Cette règle n'est pas applicable si la comparution a pour objet de contester la compétence, ou dans les affaires relevant de l'article 4.

2. Avant de se déclarer compétente en vertu du paragraphe 1, la juridiction s'assure que le défendeur est informé de son droit de contester la compétence et des conséquences d'une comparution ou d'une absence de comparution.

Art. 9 *Compétence de substitution.* 1. Si la juridiction de l'État membre compétente en vertu de l'article 4 ou 5 ou de l'article 6, point a), b), c) ou d), considère que son droit ne prévoit pas l'institution du partenariat enregistré, elle peut décliner sa compétence. Lorsque la juridiction concernée décide de décliner sa compétence, elle le fait sans retard indu.

2. Lorsqu'une juridiction visée au paragraphe 1 décline sa compétence et lorsque les parties conviennent de donner compétence aux juridictions d'un autre État membre quel qu'il soit, conformément à l'article 7, les juridictions dudit État membre sont compétentes pour statuer sur les effets patrimoniaux du partenariat enregistré.

Dans les autres cas, sont compétentes pour statuer sur les effets patrimoniaux du partenariat enregistré les juridictions de tout autre État membre en vertu de l'article 6 ou 8.

3. Le présent article ne s'applique pas lorsque les parties ont obtenu une dissolution ou une annulation du partenariat enregistré qui est susceptible d'être reconnue dans l'État membre du for.

Art. 10 *Compétence subsidiaire.* Lorsque aucune juridiction d'un État membre n'est compétente en vertu de l'article 4, 5, 6, 7 ou 8, ou lorsque toutes les juridictions, en vertu de l'article 9, ont décliné leur compétence et qu'aucune juridiction d'un État membre n'est compétente au titre de l'article 6, point e), ou de l'article 7 ou 8, les juridictions d'un État membre sont compétentes dans la mesure où un bien immeuble de l'un ou des deux partenaires est situé sur le territoire de cet État membre, auquel cas la juridiction saisie ne sera appelée à statuer que sur ce bien immeuble.

Art. 11 *Forum necessitatis.* Lorsque aucune juridiction d'un État membre n'est compétente en vertu de l'article 4, 5, 6, 7, 8 ou 10, ou que toutes les juridictions, en vertu de l'article 9, ont décliné leur compétence et qu'aucune juridiction d'un État membre n'est compétente au titre de l'article 6, point e), ou de l'article 7, 8 ou 10, les juridictions d'un État membre peuvent, à titre exceptionnel, statuer sur les effets patrimoniaux d'un partenariat enregistré si une procédure ne peut raisonnablement être introduite ou conduite, ou se révèle impossible, dans un État tiers avec lequel l'affaire a un lien étroit.

L'affaire doit présenter un lien suffisant avec l'État membre dont relève la juridiction saisie.

Art. 12 *Demandes reconventionnelles.* La juridiction devant laquelle la procédure est pendante en vertu de l'article 4, 5, 6, 7, 8, 10 ou 11 est également compétente pour examiner la demande reconventionnelle, dans la mesure où celle-ci entre dans le champ d'application du présent règlement.

Art. 13 *Limitation de la procédure.* 1. Lorsque la masse successorale du défunt dont la succession relève du règlement (UE) n° 650/2012 comprend des biens situés dans un État tiers, la juridiction saisie pour statuer sur les effets patrimoniaux d'un partenariat enregistré peut, à la demande d'une des parties, décider de ne pas statuer sur l'un ou plusieurs de ces biens si l'on peut s'attendre à ce que la décision qu'elle rendrait sur les biens en question ne soit pas reconnue et, le cas échéant, ne soit pas déclarée exécutoire dans ledit État tiers.

2. Le paragraphe 1 ne porte pas atteinte au droit des parties de limiter la portée de la procédure en vertu du droit de l'État membre dont la juridiction est saisie.

Art. 14 *Saisine d'une juridiction.* Aux fins du présent chapitre, une juridiction est réputée saisie :

a) à la date à laquelle l'acte introductif d'instance ou un acte équivalent est déposé auprès de la juridiction, pour autant que le demandeur n'ait pas négligé par la suite de prendre les mesures qu'il était tenu de prendre pour que l'acte soit notifié ou signifié au défendeur; ou

b) si l'acte doit être notifié ou signifié avant d'être déposé auprès de la juridiction, à la date à laquelle il est reçu par l'autorité chargée de la notification ou de la signification, pour autant que le demandeur n'ait pas négligé par la suite de prendre les mesures qu'il était tenu de prendre pour que l'acte soit déposé auprès de la juridiction; ou

c) si la procédure est engagée d'office, à la date à laquelle la décision d'engager la procédure est prise par la juridiction ou, si une telle décision n'est pas requise, à la date à laquelle l'affaire est enregistrée par la juridiction.

Art. 15 *Vérification de la compétence.* La juridiction d'un État membre saisie d'une affaire relative aux effets patrimoniaux d'un partenariat enregistré pour laquelle elle n'est pas compétente en vertu du présent règlement se déclare d'office incompétente.

Art. 16 *Vérification de la recevabilité.* 1. Lorsqu'un défendeur ayant sa résidence habituelle dans un État autre que l'État membre où l'action a été intentée ne comparaît pas, toute juridiction compétente en vertu du présent règlement sursoit à statuer aussi longtemps qu'il n'est pas établi que le défendeur a été mis à même de recevoir l'acte introductif d'instance ou un acte équivalent en temps utile pour pouvoir organiser sa défense ou que toute diligence a été faite à cette fin.

2. L'article 19 du règlement (CE) n° 1393/2007 du Parlement et du Conseil s'applique en lieu et place du paragraphe 1 du présent article si l'acte introductif d'instance ou un acte équivalent a dû être transmis d'un État membre à un autre en application dudit règlement.

3. Lorsque le règlement (CE) n° 1393/2007 n'est pas applicable, l'article 15 de la convention de La Haye du 15 novembre 1965 relative à la signification et à la notification à l'étranger des actes judiciaires et extrajudiciaires en matière civile ou commerciale s'applique si l'acte introductif d'instance ou un acte équivalent a dû être transmis à l'étranger en application de ladite convention.

Art. 17 *Litispendance.* 1. Lorsque des demandes ayant le même objet et la même cause sont formées entre les mêmes parties devant des juridictions d'États membres différents, la juridiction saisie en second lieu sursoit d'office à statuer jusqu'à ce que la compétence de la juridiction première saisie soit établie.

2. Dans les cas visés au paragraphe 1, à la demande d'une juridiction saisie du litige, toute autre juridiction saisie informe sans retard la première juridiction de la date à laquelle elle a été saisie.

3. Lorsque la compétence de la juridiction première saisie est établie, la juridiction saisie en second lieu décline sa compétence en faveur de celle-ci.

Art. 18 *Connexité.* 1. Lorsque des demandes connexes sont pendantes devant des juridictions d'États membres différents, la juridiction saisie en second lieu peut surseoir à statuer.

2. Lorsque les demandes visées au paragraphe 1 sont pendantes devant des juridictions du premier degré, la juridiction saisie en second lieu peut également décliner sa compétence, à la demande de l'une des parties, si la juridiction première saisie est compétente pour connaître des demandes en question et si sa loi permet leur jonction.

3. Sont connexes, aux fins du présent article, les demandes liées entre elles par un rapport si étroit qu'il y a un intérêt à les instruire et à les juger en même temps afin d'éviter des décisions qui pourraient être inconciliables si les causes étaient jugées séparément.

Art. 19 *Mesures provisoires et conservatoires.* Les mesures provisoires et conservatoires prévues par la loi d'un État membre peuvent être demandées aux juridictions de cet État, même si, en vertu du présent règlement, les juridictions d'un autre État membre sont compétentes pour connaître du fond.

CHAPITRE III

Loi applicable

Art. 20 *Application universelle.* La loi désignée comme la loi applicable par le présent règlement s'applique même si cette loi n'est pas celle d'un État membre.

Art. 21 *Unité de la loi applicable.* La loi applicable aux effets patrimoniaux d'un partenariat enregistré s'applique à l'ensemble des biens qui sont soumis à ces effets, quel que soit le lieu où les biens se trouvent.

Art. 22 *Choix de la loi applicable.* 1. Les partenaires ou futurs partenaires peuvent convenir de désigner ou de modifier la loi applicable aux effets patrimoniaux de leur partenariat enregistré ou en changer, pour autant que ladite loi attache des effets patrimoniaux à l'institution du partenariat enregistré et qu'il s'agisse de l'une des lois suivantes :

a) la loi de l'État dans lequel au moins l'un des deux partenaires ou futurs partenaires a sa résidence habituelle au moment où la convention est conclue;

b) la loi d'un État dont l'un des partenaires ou futurs partenaires a la nationalité au moment où la convention est conclue; ou

c) la loi de l'État selon le droit duquel le partenariat enregistré a été créé.

2. Sauf convention contraire des partenaires, le changement de loi applicable aux effets patrimoniaux du partenariat enregistré effectué au cours du partenariat n'a d'effet que pour l'avenir.

3. Aucun changement rétroactif de la loi applicable en vertu du paragraphe 2 ne porte atteinte aux droits des tiers résultant de cette loi.

Art. 23 *Validité quant à la forme de la convention sur le choix de la loi applicable.*
1. La convention visée à l'article 22 est formulée par écrit, datée et signée par les deux partenaires. Toute transmission par voie électronique qui permet de consigner durablement la convention est considérée comme revêtant une forme écrite.

2. Si la loi de l'État membre dans lequel les deux partenaires ont leur résidence habituelle au moment de la conclusion de la convention prévoit des règles formelles supplémentaires pour les conventions partenariales, ces règles s'appliquent.

3. Si, au moment de la conclusion de la convention, les partenaires ont leur résidence habituelle dans des États membres différents et si les lois de ces États prévoient des règles formelles différentes pour les conventions partenariales, la convention est valable quant à la forme si elle satisfait aux conditions fixées par l'une de ces lois.

4. Si, au moment de la conclusion de la convention, seul l'un des partenaires a sa résidence habituelle dans un État membre et si cet État prévoit des règles formelles supplémentaires pour les conventions partenariales, ces règles s'appliquent.

Art. 24 *Consentement et validité au fond.* 1. L'existence et la validité d'une convention sur le choix de la loi ou de toute clause de celle-ci sont soumises à la loi qui serait applicable en vertu de l'article 22 si la convention ou la clause était valable.

2. Toutefois, pour établir son absence de consentement, un partenaire peut se fonder sur la loi du pays dans lequel il a sa résidence habituelle au moment où la juridiction est saisie s'il ressort des circonstances qu'il ne serait pas raisonnable de déterminer l'effet du comportement de ce partenaire conformément à la loi visée au paragraphe 1.

Art. 25 *Validité quant à la forme d'une convention partenariale.* 1. La convention partenariale est formulée par écrit, datée et signée par les deux partenaires. Toute transmission par voie électronique qui permet de consigner durablement la convention est considérée comme revêtant une forme écrite.

2. Si la loi de l'État membre dans lequel les deux partenaires ont leur résidence habituelle au moment de la conclusion de la convention prévoit des règles formelles supplémentaires pour les conventions partenariales, ces règles s'appliquent.

Si, au moment de la conclusion de la convention, les partenaires ont leur résidence habituelle dans des États membres différents et si les lois de ces États prévoient des règles formelles différentes pour les conventions partenariales, la convention est valable quant à la forme si elle satisfait aux conditions fixées par l'une de ces lois.

Si, au moment de la conclusion de la convention, seul l'un des partenaires a sa résidence habituelle dans un État membre et si cet État prévoit des règles formelles supplémentaires pour les conventions partenariales, ces règles s'appliquent.

3. Si la loi applicable aux effets patrimoniaux d'un partenariat enregistré prévoit des règles formelles supplémentaires, ces règles s'appliquent.

Art. 26 *Loi applicable à défaut de choix par les parties.* 1. À défaut de convention sur le choix de la loi applicable conformément à l'article 22, la loi applicable aux effets patrimoniaux du partenariat enregistré est la loi de l'État selon la loi duquel le partenariat enregistré a été créé.

2. À titre exceptionnel et à la demande de l'un des partenaires, l'autorité judiciaire compétente pour statuer sur des questions relatives aux effets patrimoniaux d'un partenariat enregistré peut décider que la loi d'un État autre que l'État dont la loi est applicable en vertu du paragraphe 1 régit les effets patrimoniaux du partenariat enregistré si la loi de cet autre État attache des effets patrimoniaux à l'institution du partenariat enregistré et si le partenaire qui a fait la demande démontre que :

a) les partenaires avaient leur dernière résidence habituelle commune dans cet autre État pendant une période d'une durée significative ; et

b) les deux partenaires s'étaient fondés sur la loi de cet autre État pour organiser ou planifier leurs rapports patrimoniaux.

La loi de cet autre État s'applique à partir de la date de création du partenariat enregistré, à moins que l'un des partenaires ne s'y oppose. Dans ce dernier cas, la loi de cet autre État produit ses effets à partir de la date de l'établissement de leur dernière résidence habituelle commune dans cet autre État.

L'application de la loi de l'autre État ne porte pas atteinte aux droits des tiers résultant de la loi applicable en vertu du paragraphe 1.

Le présent paragraphe ne s'applique pas lorsque les partenaires ont passé une convention partenariale avant la date de l'établissement de leur dernière résidence habituelle commune dans cet autre État.

Art. 27 *Portée de la loi applicable.* La loi applicable aux effets patrimoniaux des partenariats enregistrés en vertu du présent règlement régit, entre autres :

a) la classification des biens des deux partenaires ou de chacun d'entre eux en différentes catégories pendant et après le partenariat enregistré;

b) le transfert de biens d'une catégorie à une autre;

c) les obligations d'un partenaire qui découlent des engagements pris par l'autre partenaire et des dettes de ce dernier;

d) les pouvoirs, les droits et les obligations de l'un des partenaires ou des deux partenaires à l'égard des biens;

e) la division, la répartition ou la liquidation des biens après dissolution du partenariat enregistré;

f) les incidences des effets patrimoniaux des partenariats enregistrés sur un rapport juridique entre un partenaire et des tiers; et

g) la validité au fond d'une convention partenariale.

Art. 28 *Opposabilité aux tiers.* 1. Nonobstant l'article 27, point f), la loi applicable aux effets patrimoniaux d'un partenariat enregistré entre les partenaires ne peut être opposée par un partenaire à un tiers lors d'un litige entre le tiers et les deux partenaires ou l'un d'entre eux, sauf si le tiers a eu connaissance de cette loi ou aurait dû en avoir connaissance en faisant preuve de la diligence voulue.

2. Le tiers est réputé avoir connaissance de la loi applicable aux effets patrimoniaux d'un partenariat enregistré si :

a) ladite loi est la loi :

i) de l'État dont la loi est applicable à la convention conclue entre l'un des partenaires et le tiers;

ii) de l'État où le partenaire contractant et le tiers ont leur résidence habituelle; ou

iii) dans des dossiers portant sur des biens immeubles, de l'État dans lequel le bien est situé;

ou

b) l'un des partenaires s'est conformé aux obligations en matière de publicité ou d'enregistrement des effets patrimoniaux du partenariat enregistré prévues par la loi :

i) de l'État dont la loi est applicable à la convention conclue entre l'un des partenaires et le tiers;

ii) de l'État où le partenaire contractant et le tiers ont leur résidence habituelle; ou

iii) dans des dossiers portant sur des biens immeubles, de l'État dans lequel le bien est situé.

3. Lorsque la loi applicable aux effets patrimoniaux d'un partenariat enregistré ne peut être opposée par un partenaire à un tiers en vertu du paragraphe 1, les effets patrimoniaux du partenariat enregistré à l'égard du tiers sont régis :

a) par la loi de l'État dont la loi est applicable à la convention conclue entre l'un des partenaires et le tiers; ou

b) dans des dossiers portant sur des biens immeubles ou des biens ou des droits enregistrés, par la loi de l'État dans lequel le bien immeuble est situé ou dans lequel les biens ou les droits sont enregistrés.

Art. 29 *Adaptation des droits réels.* Lorsqu'une personne fait valoir un droit réel auquel elle peut prétendre en vertu de la loi applicable aux effets patrimoniaux d'un partenariat enregistré et que la loi de l'État membre dans lequel le droit est invoqué ne connaît pas le droit réel en question, ce droit est, si nécessaire et dans la mesure du possible, adapté à son équivalent le plus proche en vertu du droit de cet État, en tenant compte des objectifs et des intérêts visés par le droit réel en question et des effets qui y sont liés.

Art. 30 *Lois de police.* 1. Les dispositions du présent règlement ne portent pas atteinte à l'application des lois de police du juge saisi.

2. Une loi de police est une disposition impérative dont le respect est jugé crucial par un État membre pour la sauvegarde de ses intérêts publics, tels que son organisation politique, sociale ou économique, au point d'en exiger l'application à toute situation entrant dans son champ d'application, quelle que soit par ailleurs la loi applicable, en vertu du présent règlement, aux effets patrimoniaux d'un partenariat enregistré.

Art. 31 *Ordre public.* L'application d'une disposition de la loi d'un État désignée par le présent règlement ne peut être écartée que si cette application est manifestement incompatible avec l'ordre public du for.

Art. 32 *Exclusion du renvoi.* Lorsque le présent règlement prescrit l'application de la loi d'un État, il entend les règles de droit en vigueur dans cet État, à l'exclusion de ses règles de droit international privé.

Art. 33 *Systèmes non unifiés – conflits de lois territoriaux.* 1. Lorsque la loi désignée par le présent règlement est celle d'un État qui comprend plusieurs unités territoriales dont chacune a ses propres règles de droit en matière d'effets patrimoniaux des partenariats enregistrés, ce sont les règles internes de conflits de lois de cet État qui déterminent l'unité territoriale concernée dont les règles de droit doivent s'appliquer.

2. En l'absence de telles règles internes de conflits de lois :

a) toute référence à la loi de l'État mentionné au paragraphe 1 s'entend, aux fins de la détermination de la loi applicable en vertu des dispositions relatives à la résidence habituelle des partenaires, comme faite à la loi de l'unité territoriale dans laquelle les partenaires ont leur résidence habituelle;

b) toute référence à la loi de l'État mentionné au paragraphe 1 s'entend, aux fins de la détermination de la loi applicable en vertu des dispositions relatives à la nationalité des partenaires, comme faite à la loi de l'unité territoriale avec laquelle les partenaires présentent les liens les plus étroits;

c) toute référence à la loi de l'État mentionné au paragraphe 1 s'entend, aux fins de la détermination de la loi applicable en vertu de toute autre disposition se référant à d'autres éléments comme à des facteurs de rattachement, comme faite à la loi de l'unité territoriale dans laquelle l'élément concerné est situé.

Art. 34 *Systèmes non unifiés – conflits de lois interpersonnels.* Lorsqu'un État a plusieurs systèmes de droit ou ensembles de règles applicables à différentes catégories de personnes en matière d'effets patrimoniaux des partenariats enregistrés, toute référence à la loi d'un tel État s'entend comme faite au système de droit ou à l'ensemble de règles déterminé par les règles en vigueur dans cet État. En l'absence de telles règles, le système de droit ou l'ensemble de règles avec lequel les partenaires présentent les liens les plus étroits s'applique.

Art. 35 *Non-application du présent règlement aux conflits de lois internes.* Un État membre qui comprend plusieurs unités territoriales dont chacune a ses propres règles de droit en matière d'effets patrimoniaux des partenariats enregistrés n'est pas tenu d'appliquer le présent règlement aux conflits de lois qui concernent uniquement ces unités.

CHAPITRE IV

Reconnaissance, force exécutoire et exécution des décisions

Art. 36 *Reconnaissance.* 1. Les décisions rendues dans un État membre sont reconnues dans les autres États membres, sans qu'il soit nécessaire de recourir à aucune procédure particulière.

2. En cas de contestation, toute partie intéressée qui invoque à titre principal la reconnaissance d'une décision peut demander, conformément aux procédures prévues aux articles 44 à 57, que la décision soit reconnue.

3. Si la reconnaissance est invoquée de façon incidente devant une juridiction d'un État membre, celle-ci est compétente pour en connaître.

Art. 37 *Motifs de non-reconnaissance.* Une décision rendue n'est pas reconnue :

a) si la reconnaissance est manifestement contraire à l'ordre public de l'État membre dans lequel la reconnaissance est demandée;

b) dans le cas où elle a été rendue par défaut, si l'acte introductif d'instance ou un acte équivalent n'a pas été signifié ou notifié au défendeur en temps utile et de telle manière qu'il puisse se défendre, à moins qu'il n'ait pas exercé de recours à l'encontre de la décision alors qu'il était en mesure de le faire;

c) si elle est inconciliable avec une décision rendue dans une procédure entre les mêmes parties dans l'État membre dans lequel la reconnaissance est demandée;

d) si elle est inconciliable avec une décision rendue antérieurement dans un autre État membre ou dans un État tiers entre les mêmes parties dans un litige ayant le même objet et la même cause, lorsque la décision rendue antérieurement réunit les conditions nécessaires à sa reconnaissance dans l'État membre dans lequel la reconnaissance est demandée.

Art. 38 *Droits fondamentaux.* Les juridictions et les autres autorités compétentes des États membres appliquent l'article 37 du présent règlement dans le respect des droits et principes fondamentaux consacrés par la Charte, et notamment son article 21 relatif au principe de non-discrimination.

Art. 39 *Interdiction du contrôle de la compétence de la juridiction d'origine.* 1. Il ne peut être procédé au contrôle de la compétence de la juridiction de l'État membre d'origine.

2. Le critère de l'ordre public visé à l'article 37 ne s'applique pas aux règles de compétence visées aux articles 4 à 12.

Art. 40 *Absence de révision quant au fond.* En aucun cas une décision rendue dans un État membre ne peut faire l'objet d'une révision quant au fond.

Art. 41 *Sursis à statuer.* La juridiction d'un État membre saisie d'une demande de reconnaissance d'une décision rendue dans un autre État membre peut surseoir à statuer si cette décision fait l'objet d'un recours ordinaire dans l'État membre d'origine.

Art. 42 *Force exécutoire.* Les décisions rendues dans un État membre et qui sont exécutoires dans cet État sont exécutoires dans un autre État membre lorsque, à la demande de toute partie intéressée, elles y ont été déclarées exécutoires conformément à la procédure prévue aux articles 44 à 57.

Art. 43 *Détermination du domicile.* Pour déterminer, aux fins de la procédure prévue aux articles 44 à 57, si une partie a un domicile dans l'État membre d'exécution, la juridiction saisie applique la loi interne de cet État membre.

Art. 44 *Compétence territoriale.* 1. La demande de déclaration constatant la force exécutoire est présentée à la juridiction ou à l'autorité compétente de l'État membre d'exécution dont cet État membre a communiqué le nom à la Commission conformément à l'article 64.

2. La compétence territoriale est déterminée par le domicile de la partie contre laquelle l'exécution est demandée, ou par le lieu de l'exécution.

Art. 45 *Procédure.* 1. La procédure de dépôt de la demande est régie par la loi de l'État membre d'exécution.

2. Le demandeur n'est pas tenu d'avoir, dans l'État membre d'exécution, une adresse postale ni un représentant autorisé.

3. La demande est accompagnée des documents suivants :

a) une copie de la décision réunissant les conditions nécessaires pour en établir l'authenticité;

b) l'attestation délivrée par la juridiction ou l'autorité compétente de l'État membre d'origine au moyen du formulaire établi en conformité avec la procédure consultative visée à l'article 67, paragraphe 2, sans préjudice de l'article 46.

Art. 46 *Défaut de production de l'attestation.* 1. À défaut de production de l'attestation visée à l'article 45, paragraphe 3, point b), la juridiction ou l'autorité compétente peut impartir un délai pour la produire ou accepter un document équivalent ou, si elle s'estime suffisamment éclairée, en dispenser.

2. Il est produit une traduction ou une translittération des documents si la juridiction ou l'autorité compétente l'exige. La traduction est faite par une personne habilitée à effectuer des traductions dans l'un des États membres.

Art. 47 *Déclaration constatant la force exécutoire.* La décision est déclarée exécutoire dès l'achèvement des formalités prévues à l'article 45, sans examen au titre de l'article 37. La partie contre laquelle l'exécution est demandée ne peut, à ce stade de la procédure, présenter d'observations concernant la demande.

Art. 48 *Communication de la décision relative à la demande de déclaration constatant la force exécutoire.* 1. La décision relative à la demande de déclaration constatant la force exécutoire est aussitôt portée à la connaissance du demandeur conformément à la procédure fixée par la loi de l'État membre d'exécution.

2. La déclaration constatant la force exécutoire est signifiée ou notifiée à la partie contre laquelle l'exécution est demandée, accompagnée de la décision si celle-ci n'a pas encore été signifiée ou notifiée à cette partie.

Art. 49 *Recours contre la décision relative à la demande de déclaration constatant la force exécutoire.* 1. L'une ou l'autre partie peut former un recours contre la décision relative à la demande de déclaration constatant la force exécutoire.

2. Le recours est porté devant la juridiction dont l'État membre concerné a communiqué le nom à la Commission conformément à l'article 64.

3. Le recours est examiné selon les règles de la procédure contradictoire.

4. Si la partie contre laquelle l'exécution est demandée ne comparaît pas devant la juridiction saisie du recours formé par le demandeur, l'article 16 s'applique, même si la partie contre laquelle l'exécution est demandée n'est pas domiciliée dans l'un des États membres.

5. Le recours contre la déclaration constatant la force exécutoire est formé dans un délai de trente jours à compter de la signification ou de la notification de celle-ci. Si la partie contre laquelle l'exécution est demandée est domiciliée dans un autre État membre que celui dans lequel la déclaration constatant la force exécutoire a été délivrée, le délai de recours est de soixante jours et court à compter du jour où la signification ou la notification a été faite à personne ou à domicile. Ce délai ne peut être prorogé pour des raisons de distance.

Art. 50 *Pourvoi contre la décision rendue sur le recours.* La décision rendue sur le recours ne peut faire l'objet d'un pourvoi qu'au moyen de la procédure que l'État membre concerné a communiquée à la Commission conformément à l'article 64.

Art. 51 *Refus ou révocation d'une déclaration constatant la force exécutoire.* La juridiction saisie d'un recours formé en vertu de l'article 49 ou 50 ne peut refuser ou révoquer une déclaration constatant la force exécutoire que pour l'un des motifs prévus à l'article 37. Elle statue sans retard.

Art. 52 *Sursis à statuer.* La juridiction saisie d'un recours formé en vertu de l'article 49 ou 50 sursoit à statuer, à la demande de la partie contre laquelle l'exécution est demandée, si la force exécutoire de la décision est suspendue dans l'État membre d'origine du fait de l'exercice d'un recours.

Art. 53 *Mesures provisoires et conservatoires.* 1. Lorsqu'une décision doit être reconnue conformément au présent chapitre, rien n'empêche le demandeur de solliciter qu'il soit procédé à des mesures provisoires ou conservatoires, conformément au droit de l'État membre d'exécution, sans qu'une déclaration constatant la force exécutoire de cette décision au titre de l'article 47 soit nécessaire.

2. La déclaration constatant la force exécutoire emporte de plein droit l'autorisation de procéder à des mesures conservatoires.

3. Pendant le délai prévu à l'article 49, paragraphe 5, pour former un recours contre la déclaration constatant la force exécutoire et jusqu'à ce qu'il ait été statué sur celui-ci, il ne peut être procédé à aucune mesure d'exécution sur les biens de la partie contre laquelle l'exécution est demandée, hormis des mesures conservatoires.

Art. 54 *Force exécutoire partielle.* 1. Lorsque la décision rendue porte sur plusieurs chefs de la demande et que la déclaration constatant la force exécutoire ne peut être délivrée pour tous ces chefs, la juridiction ou l'autorité compétente la délivre pour l'un ou plusieurs d'entre eux.

2. Le demandeur peut demander que la déclaration constatant la force exécutoire soit limitée à certaines parties d'une décision.

Art. 55 *Aide juridictionnelle.* Tout demandeur qui, dans l'État membre d'origine, a bénéficié en tout ou en partie de l'aide juridictionnelle ou d'une exemption de frais et dépens a droit, dans le cadre de toute procédure visant à obtenir une déclaration constatant la force exécutoire, à l'aide juridictionnelle la plus favorable ou à l'exemption de frais et dépens la plus large prévue par le droit de l'État membre d'exécution.

Art. 56 *Caution ou dépôt.* Aucune caution ni aucun dépôt, sous quelque dénomination que ce soit, ne peut être imposé à la partie qui demande dans un État membre la reconnaissance, la force exécutoire ou l'exécution d'une décision rendue dans un autre État membre en raison soit de la qualité d'étranger, soit du défaut de domicile ou de résidence dans l'État membre d'exécution.

Art. 57 *Impôt, droit ou taxe.* Aucun impôt, droit ou taxe proportionnel à la valeur de l'affaire en cause ne peut être perçu dans l'État membre d'exécution dans le cadre d'une procédure visant à obtenir une déclaration constatant la force exécutoire.

CHAPITRE V
Actes authentiques et transactions judiciaires

Art. 58 *Acceptation des actes authentiques.* 1. Un acte authentique établi dans un État membre a la même force probante dans un autre État membre que dans l'État membre d'origine ou y produit les effets les plus comparables, pour autant que cela ne soit pas manifestement contraire à l'ordre public de l'État membre concerné.

Une personne souhaitant utiliser un acte authentique dans un autre État membre peut demander à l'autorité établissant l'acte authentique dans l'État membre d'origine de remplir le formulaire établi en conformité avec la procédure consultative visée à l'article 67, paragraphe 2, en décrivant la force probante de l'acte authentique dans l'État membre d'origine.

2. Les juridictions de l'État membre d'origine sont saisies de toute contestation portant sur l'authenticité d'un acte authentique et statuent sur celle-ci en vertu de la loi de cet État. L'acte authentique attaqué ne produit aucune force probante dans un autre État membre tant que le recours est pendant devant la juridiction compétente.

3. Les juridictions compétentes en vertu du présent règlement sont saisies de toute contestation relative aux actes juridiques ou relations juridiques consignés dans un acte authentique et statuent sur celle-ci en vertu de la loi applicable conformément au chapitre III. L'acte authentique attaqué ne produit aucune force probante dans un autre État membre que l'État membre d'origine en ce qui concerne la question contestée tant que le recours est pendant devant la juridiction compétente.

4. Si l'issue d'une procédure devant une juridiction d'un État membre dépend d'une question incidente relative aux actes juridiques ou aux relations juridiques consignés dans un acte authentique en matière d'effets patrimoniaux des partenariats enregistrés qui doit être tranchée, ladite juridiction est compétente pour en connaître.

Art. 59 *Force exécutoire des actes authentiques.* 1. Un acte authentique qui est exécutoire dans l'État membre d'origine est déclaré exécutoire dans un autre État membre, à la demande de toute partie intéressée, conformément à la procédure prévue aux articles 44 à 57.

2. Aux fins de l'article 45, paragraphe 3, point b), l'autorité ayant établi l'acte authentique délivre, à la demande de toute partie intéressée, une attestation au moyen du formulaire établi en conformité avec la procédure consultative visée à l'article 67, paragraphe 2.

3. La juridiction auprès de laquelle un recours est formé en vertu de l'article 49 ou 50 ne refuse ou ne révoque une déclaration constatant la force exécutoire que si l'exécution

de l'acte authentique est manifestement contraire à l'ordre public de l'État membre d'exécution.

Art. 60 *Force exécutoire des transactions judiciaires.* 1. Les transactions judiciaires qui sont exécutoires dans l'État membre d'origine sont déclarées exécutoires dans un autre État membre à la demande de toute partie intéressée, conformément à la procédure prévue aux articles 44 à 57.

2. Aux fins de l'article 45, paragraphe 3, point b), la juridiction qui a approuvé la transaction ou devant laquelle la transaction a été conclue délivre, à la demande de toute partie intéressée, une attestation au moyen du formulaire établi en conformité avec la procédure consultative visée à l'article 67, paragraphe 2.

3. La juridiction auprès de laquelle un recours est formé en vertu de l'article 49 ou 50 ne refuse ou ne révoque une déclaration constatant la force exécutoire que si l'exécution de la transaction judiciaire est manifestement contraire à l'ordre public de l'État membre d'exécution.

CHAPITRE VI

Dispositions générales et finales

Art. 61 *Légalisation et formalités analogues.* Aucune légalisation ni autre formalité analogue n'est exigée pour les documents délivrés dans un État membre dans le cadre du présent règlement.

Art. 62 *Relations avec les conventions internationales existantes.* 1. Le présent règlement est sans incidence sur l'application des conventions bilatérales ou multilatérales auxquelles un ou plusieurs États membres sont parties lors de l'adoption du présent règlement ou d'une décision en vertu de l'article 331, paragraphe 1, deuxième ou troisième alinéa, du TFUE et qui concernent des matières régies par le présent règlement, sans préjudice des obligations incombant aux États membres au titre de l'article 351 du TFUE.

2. Nonobstant le paragraphe 1, le présent règlement prévaut, entre les États membres, sur les conventions conclues entre eux dans la mesure où ces conventions concernent des matières régies par le présent règlement.

Art. 63 *Informations mises à la disposition du public.* Les États membres fournissent à la Commission, en vue de mettre les informations à la disposition du public dans le cadre du réseau judiciaire européen en matière civile et commerciale, un résumé succinct de leur législation et de leurs procédures nationales relatives aux effets patrimoniaux des partenariats enregistrés, y compris des informations concernant le type d'autorité compétente en matière d'effets patrimoniaux des partenariats enregistrés et l'opposabilité aux tiers visée à l'article 28.

Les États membres tiennent ces informations à jour en permanence.

Art. 64 *Informations concernant les coordonnées et les procédures.* 1. Au plus tard le 29 avril 2018, les États membres communiquent à la Commission :

a) les juridictions ou autorités compétentes pour statuer sur les demandes de déclaration constatant la force exécutoire, conformément à l'article 44, paragraphe 1, et sur les recours formés contre les décisions rendues sur ces demandes, conformément à l'article 49, paragraphe 2 ;

b) les procédures permettant d'attaquer la décision rendue sur le recours visées à l'article 50.

Les États membres communiquent à la Commission toute modification ultérieure de ces informations.

2. La Commission publie au Journal officiel de l'Union européenne les informations communiquées conformément au paragraphe 1, à l'exception des adresses et autres coordonnées des juridictions et autorités visées au paragraphe 1, point a).

3. La Commission tient toutes les informations communiquées conformément au paragraphe 1 à la disposition du public par tout moyen approprié, notamment par l'intermédiaire du réseau judiciaire européen en matière civile et commerciale.

Art. 65 *Établissement et modification ultérieure de la liste contenant les informations visées à l'article 3, paragraphe 2.* 1. Sur la base des informations communiquées par les États membres, la Commission établit la liste des autres autorités et professionnels du droit visée à l'article 3, paragraphe 2.

2. Les États membres notifient à la Commission toute modification ultérieure à apporter aux informations contenues dans ladite liste. La Commission modifie la liste en conséquence.

3. La Commission publie la liste et toute modification ultérieure au Journal officiel de l'Union européenne.

4. La Commission tient toutes les informations notifiées conformément aux paragraphes 1 et 2 à la disposition du public par tout autre moyen approprié, notamment par l'intermédiaire du réseau judiciaire européen en matière civile et commerciale.

Art. 66 *Établissement et modification ultérieure des attestations et des formulaires visés à l'article 45, paragraphe 3, point b), et aux articles 58, 59 et 60.* La Commission adopte des actes d'exécution établissant et modifiant ultérieurement les attestations et les formulaires visés à l'article 45, paragraphe 3, point b), et aux articles 58, 59 et 60. Ces actes d'exécution sont adoptés en conformité avec la procédure consultative visée à l'article 67, paragraphe 2.

Art. 67 *Comité.* 1. La Commission est assistée par un comité. Ledit comité est un comité au sens du règlement (UE) n° 182/2011.

2. Lorsqu'il est fait référence au présent paragraphe, l'article 4 du règlement (UE) n° 182/2011 s'applique.

Art. 68 *Clause de réexamen.* 1. Au plus tard le 29 janvier 2027, et tous les cinq ans par la suite, la Commission présente au Parlement européen, au Conseil et au Comité économique et social européen un rapport relatif à l'application du présent règlement. Ce rapport est accompagné, si nécessaire, de propositions visant à modifier le présent règlement.

2. Au plus tard le 29 janvier 2024, la Commission présente au Parlement européen, au Conseil et au Comité économique et social européen un rapport sur l'application des articles 9 et 38 du présent règlement. Elle y évalue notamment dans quelle mesure ces articles ont contribué à garantir l'accès à la justice.

3. Aux fins des rapports visés aux paragraphes 1 et 2, les États membres informent la Commission des éléments pertinents concernant l'application du présent règlement par leurs juridictions.

Art. 69 *Dispositions transitoires.* 1. Le présent règlement ne s'applique qu'aux procédures engagées, aux actes authentiques formellement dressés ou enregistrés et aux transactions judiciaires approuvées ou conclues à sa date de mise en application ou après le 29 janvier 2019, sous réserve des paragraphes 2 et 3.

2. Si l'action engagée dans l'État membre d'origine a été intentée avant le 29 janvier 2019, les décisions rendues à partir de cette date sont reconnues et exécutées conformément aux dispositions du chapitre IV, dès lors que les règles de compétence appliquées sont conformes à celles prévues par le chapitre II.

3. Le chapitre III n'est applicable qu'aux partenaires qui enregistrent leur partenariat ou qui ont désigné la loi applicable aux effets patrimoniaux de leur partenariat enregistré à partir du 29 janvier 2019.

Art. 70 *Entrée en vigueur.* 1. Le présent règlement entre en vigueur le vingtième jour suivant celui de sa publication au Journal officiel de l'Union européenne.

2. Le présent règlement est applicable dans les États membres qui participent à une coopération renforcée dans le domaine de la compétence, de la loi applicable, de la reconnaissance et de l'exécution des décisions en matière de régimes patrimoniaux des couples internationaux, concernant les questions relatives tant aux régimes matrimoniaux qu'aux effets patrimoniaux des partenariats enregistrés, tels qu'ils sont autorisés par la décision (UE) 2016/954.

Il est applicable à partir du 29 janvier 2019, sauf en ce qui concerne les articles 63 et 64, qui s'appliquent à partir du 29 avril 2018, et les articles 65, 66 et 67, qui s'appliquent à partir du 29 juillet 2016. Pour les États membres qui participent à une coopération renforcée en vertu d'une décision adoptée conformément à l'article 331, paragraphe 1, deuxième ou troisième alinéa, du TFUE, le présent règlement est applicable à partir de la date indiquée dans la décision concernée.

Le présent règlement est obligatoire dans tous ses éléments et directement applicable dans les États membres participants, conformément aux traités.

39 Règlement (UE) 2016/1191 du Parlement européen et du conseil du 6 juillet 2016 visant à favoriser la libre circulation des citoyens en simplifiant les conditions de présentation de certains documents publics dans l'Union européenne, et modifiant le règlement (UE) n° 1024/2012

Applicable depuis le 16 février 2019

Le Parlement européen et le Conseil de l'Union européenne,

vu le traité sur le fonctionnement de l'Union européenne, et notamment son article 21, paragraphe 2, vu la proposition de la Commission européenne, après transmission du projet d'acte législatif aux parlements nationaux, vu l'avis du Comité économique et social européen, statuant conformément à la procédure législative ordinaire, considérant ce qui suit :

(1) L'Union s'est donné pour objectif de maintenir et de développer un espace de liberté, de sécurité et de justice sans frontières intérieures, au sein duquel est assurée la libre circulation des personnes. Afin d'assurer la libre circulation des documents publics au sein de l'Union et de favoriser ainsi la libre circulation des citoyens de l'Union, celle-ci devrait adopter des mesures concrètes afin de simplifier les conditions administratives actuelles relatives à la présentation dans un État membre de certains documents publics délivrés par les autorités d'un autre État membre.

(2) Tous les États membres sont parties contractantes à la convention de La Haye du 5 octobre 1961 supprimant l'exigence de la légalisation des actes publics étrangers (ci-après dénommée « convention Apostille »), qui a instauré un système de circulation simplifiée des documents publics délivrés par les États contractants à ladite convention.

(3) Conformément au principe de confiance réciproque et afin de favoriser la libre circulation des personnes au sein de l'Union, le présent règlement devrait établir un système qui simplifie davantage les formalités administratives pour la circulation de certains documents publics et de leurs copies certifiées conformes lorsque ces documents publics et leurs copies certifiées conformes sont délivrés par une autorité d'un État membre pour être présentés dans un autre État membre.

(4) Le système décrit dans le présent règlement ne devrait pas porter préjudice à la faculté dont disposent les personnes de continuer à bénéficier, si elles le souhaitent, d'autres systèmes par lesquels les documents publics sont exemptés de l'exigence de légalisation ou d'une formalité similaire et qui sont applicables entre États membres. Il convient, en particulier, de considérer le présent règlement comme un instrument distinct et autonome par rapport à la convention Apostille.

(5) La coexistence entre le système décrit dans le présent règlement et d'autres systèmes applicables entre États membres devrait être préservée. En ce qui concerne la convention Apostille, alors que les autorités des États membres ne devraient pas avoir la possibilité d'exiger une apostille lorsqu'une personne leur présente un document public relevant du présent règlement et délivré dans un autre État membre, le présent règlement ne devrait pas empêcher les États membres de délivrer une apostille lorsqu'une personne choisit de le demander. Par ailleurs, le présent règlement ne devrait pas empêcher une personne de continuer à utiliser, dans un État membre, une apostille délivrée dans un autre. Par conséquent, le recours à la convention Apostille, à la demande d'une personne, peut encore avoir lieu dans les relations entre États membres. Lorsqu'une personne demande l'apposition d'une apostille sur un document public relevant du présent règlement, il convient que les autorités nationales de délivrance utilisent des moyens appropriés pour l'informer que, dans le cadre du système décrit dans le présent règlement, une apostille n'est plus nécessaire si cette personne a l'intention de présenter le document dans un autre État membre. En tout état de cause, les États membres devraient communiquer ces informations par tout moyen approprié.

(6) Le présent règlement devrait s'appliquer aux documents publics délivrés par les autorités d'un État membre conformément à son droit national, et dont la finalité première est d'établir l'un des éléments suivants : la naissance, le fait d'être en vie, le décès, le nom, le mariage (y compris la capacité à mariage et la situation matrimoniale), le divorce, la séparation de corps ou l'annulation du mariage, le partenariat enregistré (y compris la capacité à conclure un partenariat enregistré et le statut de partenariat enregistré), la dissolution d'un partenariat enregistré, la séparation de corps ou l'annulation d'un partenariat enregistré, la filiation, l'adoption, le domicile et/ou la résidence ou la nationalité. Le présent règlement devrait également s'appliquer aux documents publics délivrés pour une personne par l'État membre dont elle est ressortissante afin d'attester qu'elle n'a pas de casier judiciaire. En outre, le présent règlement devrait s'appliquer aux documents publics que des citoyens de l'Union résidant dans un État membre dont ils ne sont pas ressortissants peuvent être tenus de présenter lorsque,

conformément à la législation applicable de l'Union, ils souhaitent exercer leur droit de vote ou d'éligibilité aux élections au Parlement européen ou aux élections municipales dans leur État membre de résidence.

(7) Le présent règlement ne devrait pas obliger les États membres à délivrer des documents publics qui n'existent pas dans leur droit national.

(8) Le présent règlement devrait également s'appliquer aux copies certifiées conformes de documents publics établies par une autorité compétente de l'État membre dans lequel le document public original a été délivré. Le présent règlement ne devrait toutefois pas s'appliquer aux copies de copies certifiées conformes.

(9) Le présent règlement devrait également s'appliquer aux versions électroniques de documents publics et aux formulaires types multilingues adaptés aux échanges électroniques. Cependant, chaque État membre devrait décider conformément à son droit national si et dans quelles conditions des documents publics et des formulaires types multilingues sous forme électronique peuvent être présentés.

(10) Le présent règlement ne devrait s'appliquer ni aux passeports ni aux titres d'identité délivrés dans un État membre puisque de tels documents ne sont pas soumis à légalisation ou à une formalité similaire lorsqu'ils sont présentés dans un autre État membre.

(11) Le présent règlement, et en particulier le mécanisme de coopération administrative qu'il prévoit, ne devrait pas s'appliquer aux actes de l'état civil délivrés conformément aux conventions applicables de la Commission internationale de l'état civil (CIEC).

(12) Les documents publics relatifs à un changement de nom devraient également être considérés comme des documents publics dont la finalité première est d'établir le nom d'une personne.

(13) La notion de « situation matrimoniale » devrait être interprétée comme faisant référence au statut de la personne mariée, séparée ou non mariée, y compris le fait qu'elle est célibataire, divorcée ou veuve.

(14) La notion de « filiation » devrait être interprétée comme désignant le lien juridique entre un enfant et ses parents.

(15) Aux fins du présent règlement, les notions de « domicile », de « résidence » et de « nationalité » devraient être interprétées conformément au droit national.

(16) La notion de « casier judiciaire » devrait être interprétée comme désignant le registre national ou les registres nationaux où sont inscrites les condamnations conformément au droit national. Il convient d'entendre par « condamnation » toute décision définitive d'une juridiction pénale rendue à l'encontre d'une personne physique en raison d'une infraction pénale, pour autant que cette décision soit inscrite dans le casier judiciaire de l'État membre où a été prononcée cette condamnation.

(17) La simplification des conditions de présentation dans un État membre de documents publics délivrés dans un autre État membre devrait procurer des avantages concrets aux citoyens de l'Union. En raison de leur nature juridique distincte, les documents délivrés sous seing privé devraient être exclus du champ d'application du présent règlement. De même, les documents publics délivrés par des autorités de pays tiers devraient être exclus du champ d'application du présent règlement, y compris lorsqu'ils ont déjà été acceptés comme étant authentiques par les autorités d'un État membre. L'exclusion des documents publics délivrés par les autorités de pays tiers devrait

s'étendre aux copies certifiées conformes, établies par les autorités d'un État membre, de documents publics délivrés par les autorités d'un pays tiers.

(18) Le présent règlement n'a pas pour but de modifier le droit matériel des États membres relatif à la naissance, au fait d'être en vie, au décès, au nom, au mariage (y compris la capacité à mariage et la situation matrimoniale), au divorce, à la séparation de corps ou à l'annulation du mariage, au partenariat enregistré (y compris la capacité à conclure un partenariat enregistré et le statut de partenariat enregistré), à la dissolution d'un partenariat enregistré, à la séparation de corps ou à l'annulation d'un partenariat enregistré, à la filiation, à l'adoption, au domicile et/ou à la résidence, à la nationalité, à l'absence de casier judiciaire, ou aux documents publics dont un État membre peut exiger la présentation de la part d'un candidat aux élections au Parlement européen ou aux élections municipales ou de la part d'un électeur participant à ces scrutins qui est un ressortissant de cet État membre. Par ailleurs, le présent règlement ne devrait pas avoir d'incidence sur la reconnaissance dans un État membre d'effets juridiques attachés au contenu d'un document public délivré dans un autre État membre.

(19) Afin de favoriser la libre circulation des citoyens de l'Union, il convient d'exempter les documents publics relevant du présent règlement et leurs copies certifiées conformes de toute forme de légalisation et de formalité similaire.

(20) Les autres formalités, à savoir l'obligation de fournir à chaque fois des copies certifiées conformes et des traductions de documents publics, devraient également être simplifiées pour faciliter davantage la circulation des documents publics entre les États membres.

(21) Afin de surmonter les barrières linguistiques et, dès lors, de faciliter davantage la circulation des documents publics entre les États membres, des formulaires types multilingues devraient être établis, dans chacune des langues officielles des institutions de l'Union, pour les documents publics concernant la naissance, le fait d'être en vie, le décès, le mariage (y compris la capacité à mariage et la situation matrimoniale), le partenariat enregistré (y compris la capacité à conclure un partenariat enregistré et le statut de partenariat enregistré), le domicile et/ou la résidence, et l'absence de casier judiciaire.

(22) Les formulaires types multilingues devraient avoir pour seule finalité de faciliter la traduction des documents publics auxquels ils sont joints. Par conséquent, ces formulaires ne devraient pas circuler en tant que documents autonomes entre les États membres. Ils ne devraient pas avoir la même finalité ni poursuivre les mêmes objectifs que des extraits ou des copies intégrales d'actes de l'état civil, des extraits plurilingues d'actes de l'état civil, des extraits plurilingues et codés d'actes de l'état civil, des certificats plurilingues et codés d'actes de l'état civil établis au titre de la convention n° 2 de la CIEC relative à la délivrance et à la dispense de légalisation des expéditions d'actes de l'état civil, de la convention n° 16 de la CIEC relative à la délivrance d'extraits plurilingues d'actes de l'état civil et de la convention n° 34 de la CIEC relative à la délivrance d'extraits et de certificats plurilingues et codés d'actes de l'état civil.

(23) Les formulaires types multilingues établis par le présent règlement devraient refléter le contenu des documents publics auxquels ils sont joints et, dans la mesure du possible, rendre superflue la traduction de ces documents publics. Cependant, pour un certain nombre de documents publics dont le contenu peut ne pas être correctement

reflété dans un formulaire type multilingue, comme certaines catégories de décisions de justice, l'objectif de rendre superflue la traduction ne peut être raisonnablement atteint. Les États membres devraient communiquer à la Commission les documents publics auxquels des formulaires types multilingues peuvent être joints en tant qu'aide utile à la traduction. Les États membres devraient s'efforcer de joindre un formulaire type multilingue au plus grand nombre possible de documents publics relevant du champ d'application du présent règlement.

(24) Une personne qui présente un document public accompagné d'un formulaire type multilingue ne devrait pas être tenue de produire une traduction de ce document public. Cependant, l'autorité à laquelle le document public est présenté devrait décider en dernier ressort si les informations figurant dans le formulaire type multilingue sont suffisantes aux fins du traitement de ce document public.

(25) L'autorité à laquelle un document public est présenté peut, à titre exceptionnel, si cela est nécessaire aux fins du traitement de ce document, exiger de la personne qui présente ce document public accompagné d'un formulaire type multilingue de fournir aussi une traduction ou une translittération du contenu du formulaire type multilingue dans la langue officielle de son État membre ou, si ce dernier a plusieurs langues officielles, dans la langue officielle ou une des langues officielles du lieu où le document public est présenté, cette langue étant aussi une des langues officielles des institutions de l'Union.

(26) Les formulaires types multilingues devraient être délivrés, sur leur demande, aux personnes habilitées à recevoir les documents publics auxquels ces formulaires types multilingues doivent être joints. Ces formulaires types multilingues ne devraient produire aucun effet juridique quant à la reconnaissance de leur contenu dans les États membres où ils sont présentés.

(27) Lorsqu'elle prépare un formulaire type multilingue qui est à joindre à un document public particulier, l'autorité qui émet ce formulaire devrait pouvoir n'y sélectionner que les rubriques propres à son pays qui sont utiles pour le document public en question, afin de garantir que le formulaire type multilingue ne contient que les informations figurant dans le document public auquel il est joint.

(28) Il devrait être possible d'intégrer la version électronique d'un formulaire type multilingue depuis le portail européen e-Justice vers un autre emplacement accessible au niveau national et de l'émettre à partir de cet autre emplacement.

(29) Les États membres devraient avoir la possibilité de créer des versions électroniques des formulaires types multilingues à l'aide d'une technologie différente de celle utilisée par le portail européen e-Justice, à condition que les formulaires types multilingues qu'ils émettent à l'aide de cette autre technologie contiennent les informations requises par le présent règlement.

(30) Il y a lieu de prévoir des garanties appropriées destinées à prévenir les fraudes concernant des documents publics et leurs copies certifiées conformes circulant entre les États membres et leur falsification.

(31) Afin de permettre des échanges transfrontaliers d'informations rapides et sûrs et de faciliter l'assistance mutuelle, le présent règlement devrait établir un mécanisme efficace de coopération administrative entre les autorités désignées par les États membres. L'utilisation de ce mécanisme de coopération administrative devrait renforcer la confiance mutuelle entre les États membres au sein du marché intérieur et être basée sur

le système d'information du marché intérieur (IMI) créé par le règlement (UE) n° 1024/2012 du Parlement européen et du Conseil.

(32) Il convient donc de modifier le règlement (UE) n° 1024/2012 pour ajouter certaines dispositions du présent règlement à la liste des dispositions sur la coopération administrative dans les actes de l'Union qui sont appliquées au moyen de l'IMI figurant à l'annexe du règlement (UE) n° 1024/2012.

(33) Afin de garantir un niveau élevé de sécurité et de protection des données dans le cadre de l'application du présent règlement et pour éviter les fraudes, la Commission devrait faire en sorte que l'IMI garantisse la sécurité des documents publics et offre un moyen sécurisé de transmission électronique de ces documents. La Commission devrait rendre disponible dans l'IMI un outil qui certifie les informations échangées par l'intermédiaire du système lorsqu'elles sont exportées à l'extérieur de celui-ci. De plus, les autorités des États membres qui échangent des informations concernant des documents publics devraient prendre les mesures nécessaires pour que, conformément au règlement (UE) n° 1024/2012, les documents publics et les données à caractère personnel échangés par l'intermédiaire de l'IMI soient collectés, traités et utilisés pour des finalités conformes à celles pour lesquelles ils ont initialement été communiqués. Le règlement (UE) n° 1024/2012 contient les dispositions nécessaires pour assurer la protection des données à caractère personnel et un niveau élevé de sécurité et de confidentialité des échanges d'informations dans l'IMI, et établit les responsabilités de la Commission à cet égard. Le règlement (UE) n° 1024/2012 précise aussi que les participants IMI échangent et traitent des données à caractère personnel uniquement pour les finalités définies dans l'acte juridique de l'Union sur lequel se fondent ces échanges et en conformité avec les finalités pour lesquelles elles ont été initialement communiquées.

(34) La directive 95/46/CE du Parlement européen et du Conseil régira le traitement des données à caractère personnel effectué dans les États membres dans le cadre de l'application du présent règlement sous le contrôle des autorités publiques indépendantes désignées par les États membres. Tout échange ou transmission d'informations et de documents par les autorités des États membres devrait être conforme à la directive 95/46/CE. Cet échange et cette transmission devraient, en outre, avoir pour finalité spécifique la vérification par ces autorités de l'authenticité de documents publics par l'intermédiaire de l'IMI et cette vérification ne devrait être réalisée que dans les domaines respectifs de compétence de ces autorités. Cela ne devrait pas empêcher les États membres d'appliquer leurs dispositions législatives, réglementaires et administratives concernant l'accès du public aux documents officiels.

(35) Les autorités des États membres devraient se prêter mutuellement assistance afin de faciliter l'application du présent règlement, en particulier en ce qui concerne l'application du mécanisme de coopération administrative entre les autorités désignées par les États membres, lorsque les autorités de l'État membre dans lequel sont présentés un document public ou sa copie certifiée conforme ont des doutes raisonnables quant à l'authenticité de ces documents.

(36) Lorsque les autorités de l'État membre dans lequel sont présentés un document public ou sa copie certifiée conforme ont des doutes raisonnables quant à l'authenticité de ces documents, elles devraient avoir la possibilité de vérifier les modèles de documents disponibles dans le répertoire de l'IMI et, si un doute persiste, de demander, par l'intermédiaire

de l'IMI, des informations aux autorités compétentes de l'État membre dans lequel ces documents ont été délivrés, soit en adressant la demande directement à l'autorité qui a délivré le document public ou établi la copie certifiée conforme, soit en se mettant en contact avec l'autorité centrale dudit État membre. Les autorités requises devraient répondre à ces demandes dans le délai le plus bref possible et, en tout état de cause, dans un délai ne dépassant pas cinq jours ouvrables ou dix jours ouvrables lorsque la demande est traitée par l'intermédiaire d'une autorité centrale. Le délai de dix jours ouvrables peut, en particulier, s'appliquer aux situations dans lesquelles les autorités requises ne sont pas encore enregistrées dans l'IMI. Dans l'hypothèse où ces délais ne peuvent pas être respectés, l'autorité requise et l'autorité requérante devraient convenir de les prolonger.

(37) Aux fins de la computation des délais prévus par le présent règlement, il convient d'appliquer le règlement (CEE, Euratom) n° 1182/71 du Conseil.

(38) Il est possible, dans des circonstances exceptionnelles, que les autorités des États membres ne soient pas en mesure de vérifier l'authenticité d'un document public. Cela ne devrait se produire que lorsque cette vérification s'avère impossible en raison de circonstances telles que, par exemple, la destruction physique ou la perte de copies de documents nationaux en raison, par exemple, de la destruction d'archives d'un bureau de l'état civil ou d'une juridiction, ou de l'absence de registre. Il devrait dès lors y avoir dans l'IMI un choix de réponse correspondant à cette éventualité.

(39) Si la réponse de l'autorité requise ne confirme pas l'authenticité du document public ou de sa copie certifiée conforme ou si aucune réponse n'est reçue de cette autorité, l'autorité requérante ne devrait pas être tenue de traiter ce document public ou cette copie certifiée conforme. Par ailleurs, en pareils cas, l'autorité requérante ou la personne qui a présenté le document public ou la copie certifiée conforme devrait être libre d'utiliser tout moyen disponible pour vérifier ou prouver l'authenticité du document public ou de sa copie certifiée conforme. Pour garantir l'efficacité du présent règlement, les cas où aucune réponse n'est reçue par l'intermédiaire de l'IMI devraient rester exceptionnels.

(40) Au besoin, le coordonnateur IMI ou les autorités centrales concernées peuvent contribuer à la recherche d'une solution aux difficultés que les autorités des États membres peuvent rencontrer lorsqu'elles utilisent l'IMI, y compris en l'absence de réponse à une demande d'informations ou s'il n'est pas possible de parvenir à un accord sur la prolongation du délai de réponse.

(41) Les autorités des États membres devraient bénéficier des fonctions existantes de l'IMI, y compris le recours à un système de communications multilingue et à des questions et réponses types prétraduites, ainsi que d'un répertoire de modèles de documents publics utilisés au sein du marché intérieur.

(42) Les autorités centrales des États membres devraient apporter leur concours pour les demandes d'informations et devraient, en particulier, recevoir et transmettre ces demandes et, si nécessaire, y répondre et fournir les informations nécessaires pour y répondre, en particulier dans les cas où ni l'autorité requérante ni l'autorité requise n'est enregistrée dans l'IMI.

(43) Aux fins du présent règlement, les autorités centrales des États membres devraient communiquer entre elles et exercer leurs fonctions en recourant à l'IMI. Les communications entre les autorités d'un même État membre devraient avoir lieu conformément aux procédures nationales.

(44) Il convient de clarifier les relations entre le présent règlement et le droit de l'Union. À cet égard, le présent règlement devrait s'entendre sans préjudice de l'application du droit de l'Union qui comporte des dispositions sur la légalisation ou une formalité similaire, ou d'autres formalités, tel le règlement (CE) n° 2201/2003 du Conseil. Le présent règlement devrait également s'entendre sans préjudice de l'application du droit de l'Union relatif aux signatures électroniques et à l'identification électronique. En cas de conflit entre les dispositions du présent règlement et une disposition d'un autre acte de l'Union régissant des aspects spécifiques de la simplification des conditions de présentation des documents publics, et qui simplifie encore davantage ces conditions, telles les directives du Parlement européen et du Conseil 2005/36/CE et 2006/123/CE et le règlement (CE) n° 987/2009 du Parlement européen et du Conseil, c'est la disposition de l'acte de l'Union prévoyant une plus grande simplification qui devrait prévaloir.

(45) De plus, le présent règlement devrait être sans préjudice du recours à d'autres systèmes de coopération administrative institués par le droit de l'Union qui prévoient l'échange d'informations entre les États membres dans des domaines particuliers, tels que la directive 93/109/CE du Conseil ou le règlement (CE) n° 987/2009. Le présent règlement devrait être appliqué en synergie avec ces systèmes spécifiques.

(46) Pour être cohérent avec ses objectifs généraux, il convient qu'entre deux États membres ou plus, pour les questions qu'il régit et dans la mesure qu'il prévoit, le présent règlement prime les accords ou arrangements bilatéraux ou multilatéraux auxquels les États membres sont parties et qui concernent les questions relevant dudit règlement.

(47) Par ailleurs, les États membres devraient pouvoir maintenir ou conclure des arrangements entre deux ou plusieurs d'entre eux pour les questions qui n'entrent pas dans le champ d'application du présent règlement, telles que la force probante des documents publics, les formulaires types multilingues ayant une valeur juridique, la dispense de légalisation de ces formulaires et la dispense de légalisation des documents publics dans des domaines autres que ceux relevant du présent règlement. Les États membres devraient également pouvoir maintenir ou conclure des arrangements visant à simplifier davantage la circulation entre les États membres des documents publics relevant du présent règlement.

(48) Les documents publics délivrés par les autorités de pays tiers n'entrent pas dans le champ d'application du présent règlement. De plus, les accords et arrangements en matière de légalisation ou de formalité similaire pour des documents publics relatifs à des questions relevant du présent règlement qui sont délivrés par les autorités d'États membres ou de pays tiers et qui sont destinés à être utilisés dans les relations entre les États membres et les pays tiers concernés ne peuvent pas affecter l'application du présent règlement. Le présent règlement ne devrait dès lors pas empêcher les États membres de conclure avec des pays tiers des accords internationaux bilatéraux ou multilatéraux en matière de légalisation ou de formalité similaire concernant des documents publics relatifs à des questions relevant du présent règlement et qui sont délivrés par les autorités d'États membres ou de pays tiers et destinés à être utilisés dans les relations entre les États membres et les pays tiers concernés. Les États membres ne devraient pas non plus être empêchés, dans la mesure où un ou plusieurs d'entre eux sont parties ou peuvent décider de devenir parties à des accords et des arrangements de ce type, de statuer sur l'acceptation de l'adhésion de nouvelles parties contractantes, en particulier en ce qui concerne le droit d'élever et de notifier des objections à de nou-

velles adhésions visé à l'article 12, deuxième alinéa, de la convention Apostille, ni d'appliquer ou de modifier la convention européenne de 1968 relative à la suppression de la légalisation des actes établis par les agents diplomatiques ou consulaires, ou de statuer sur l'adhésion de nouvelles parties contractantes à ladite convention.

(49) Puisque les formulaires types multilingues prévus par le présent règlement n'ont aucune valeur juridique et qu'il n'y a pas de chevauchement avec les formulaires types plurilingues prévus dans les conventions n° 16, n° 33 et n° 34 de la CIEC ou avec les certificats de vie prévus dans la convention n° 27 de la CIEC, le présent règlement ne devrait pas affecter l'application desdites conventions entre les États membres ou entre un État membre et un pays tiers.

(50) Un comité ad hoc, composé de représentants de la Commission et des États membres et présidé par un représentant de la Commission, devrait être créé en vue de prendre les mesures nécessaires pour faciliter l'application du présent règlement, notamment en échangeant les bonnes pratiques concernant son application entre les États membres, la prévention de la fraude concernant des documents publics, leurs copies certifiées conformes et leurs traductions certifiées conformes, l'utilisation de versions électroniques de documents publics et l'utilisation de formulaires types multilingues et les documents falsifiés qui ont été détectés.

(51) Pour faciliter l'application du présent règlement, les États membres devraient, en vue de rendre les informations accessibles au public par tout moyen approprié et, en particulier, par le biais du portail européen e-Justice, communiquer à la Commission, par l'intermédiaire de l'IMI, les coordonnées de leurs autorités centrales, les modèles des documents publics les plus communément utilisés au titre de leur droit national ou, lorsqu'il n'existe pas de modèle pour un document public donné, des informations relatives aux caractéristiques spécifiques de ce document.

(52) Les États membres devraient également communiquer par l'intermédiaire de l'IMI des versions anonymisées de documents falsifiés qui ont été détectés et qui pourraient servir d'exemples utiles et caractéristiques de falsifications possibles. La communication de ces documents falsifiés devrait se limiter à ceux dont la divulgation est permise en vertu du droit national, et ne devrait pas porter préjudice aux règles des États membres relatives à la divulgation des éléments de preuve recueillis au cours de procédures pénales. Les informations communiquées par les États membres au sujet de documents falsifiés ne devraient pas être rendues publiques.

(53) Afin de faciliter l'application du présent règlement, les États membres devraient, en vue de rendre ces informations accessibles au public par le biais du portail européen e-Justice, communiquer à la Commission la ou les langues qu'ils peuvent accepter pour la présentation de documents publics délivrés par les autorités d'un autre État membre; une liste indicative des documents publics qui relèvent du champ d'application du présent règlement; la liste des documents publics auxquels des formulaires types multilingues peuvent être joints en tant qu'aide utile à la traduction; s'il en existe, les listes de personnes qualifiées, conformément au droit national, pour établir des traductions certifiées conformes; une liste indicative des types d'autorités habilitées en vertu du droit national à établir des copies certifiées conformes; des informations relatives aux moyens permettant d'identifier les traductions certifiées conformes et les copies certifiées conformes; et des informations relatives aux caractéristiques spécifiques des copies certifiées conformes.

(54) Les informations relatives aux modèles des documents publics les plus communément utilisés ou aux caractéristiques spécifiques de ces documents ou de leurs copies certifiées conformes ne devraient être rendues accessibles au public que dans la mesure où elles sont déjà accessibles au public au titre du droit de l'État membre dont les autorités ont délivré le document public ou établi la copie certifiée conforme. À cet effet, les États membres devraient indiquer à la Commission quels documents sont accessibles au public au titre de leur droit national. Cependant, aux fins du présent règlement, les informations sur les caractéristiques spécifiques des documents publics ou de leurs copies certifiées conformes que les États membres devraient communiquer à la Commission ne devraient pas comporter d'informations sur des caractéristiques spécifiques de sécurité qui ne sont pas accessibles au public au titre du droit de l'État membre dont les autorités ont délivré le document public ou établi la copie certifiée conforme.

(55) La communication par un État membre à la Commission d'une ou des langues autres que la ou les siennes qu'il peut accepter pour la présentation de documents publics délivrés par les autorités d'un autre État membre devrait être sans préjudice de la possibilité pour ses autorités d'accepter, conformément au droit national ou si l'État membre concerné l'autorise, une ou d'autres langues supplémentaires lorsqu'un document public délivré par les autorités d'un autre État membre leur est présenté.

(56) Le présent règlement respecte les droits fondamentaux et observe les principes reconnus par la Charte des droits fondamentaux de l'Union européenne, en particulier le droit au respect de la vie privée et familiale, le droit à la protection des données à caractère personnel, le droit de se marier et le droit de fonder une famille, et la liberté de circulation et de séjour. Le présent règlement devrait être appliqué conformément à ces droits et principes.

(57) Étant donné que l'objectif du présent règlement, à savoir la promotion de la libre circulation des citoyens en facilitant la libre circulation de certains documents publics au sein de l'Union, ne peut pas être atteint de manière suffisante par les États membres mais peut, en raison de ses dimensions et de ses effets, l'être mieux au niveau de l'Union, celle-ci peut prendre des mesures, conformément au principe de subsidiarité consacré à l'article 5 du traité sur l'Union européenne. Conformément au principe de proportionnalité tel qu'énoncé audit article, le présent règlement n'excède pas ce qui est nécessaire pour atteindre cet objectif,

ONT ADOPTÉ LE PRÉSENT RÈGLEMENT :

CHAPITRE PREMIER
Objet, champ d'application et définitions

Art. premier *Objet.* 1. Le présent règlement prévoit, pour certains documents publics qui sont délivrés par les autorités d'un État membre et qui doivent être présentés aux autorités d'un autre État membre, un système :

a) de dispense de légalisation ou d'une formalité similaire; et

b) de simplification d'autres formalités.

Sans préjudice du premier alinéa, le présent règlement n'empêche pas une personne d'utiliser d'autres systèmes applicables dans un État membre concernant la légalisation ou une formalité similaire.

2. Le présent règlement établit également des formulaires types multilingues à utiliser en tant qu'aide à la traduction et à joindre aux documents publics concernant la nais-

sance, le fait d'être en vie, le décès, le mariage (y compris la capacité à mariage et la situation matrimoniale), le partenariat enregistré (y compris la capacité à conclure un partenariat enregistré et le statut de partenariat enregistré), le domicile et/ou la résidence, et l'absence de casier judiciaire.

Art. 2 *Champ d'application.* 1. Le présent règlement s'applique aux documents publics délivrés par les autorités d'un État membre conformément au droit national de cet État membre qui doivent être présentés aux autorités d'un autre État membre et dont la finalité première est d'établir l'un ou plusieurs des faits suivants :

a) la naissance;

b) le fait d'être en vie;

c) le décès;

d) le nom;

e) le mariage, y compris la capacité à mariage et la situation matrimoniale;

f) le divorce, la séparation de corps et l'annulation du mariage;

g) le partenariat enregistré, y compris la capacité à conclure un partenariat enregistré et le statut de partenariat enregistré;

h) la dissolution du partenariat enregistré, la séparation de corps ou l'annulation d'un partenariat enregistré;

i) la filiation;

j) l'adoption;

k) le domicile et/ou la résidence;

l) la nationalité;

m) l'absence de casier judiciaire, à condition que les documents publics relatifs à cet élément soient délivrés pour un citoyen de l'Union par les autorités de l'État membre dont ce citoyen a la nationalité.

2. Le présent règlement s'applique également aux documents publics que des citoyens de l'Union résidant dans un État membre dont ils ne sont pas ressortissants peuvent être tenus de présenter lorsqu'ils souhaitent exercer leur droit de vote ou d'éligibilité aux élections au Parlement européen ou aux élections municipales dans leur État membre de résidence, dans les conditions prévues par la directive 93/109/CE et la directive 94/80/CE du Conseil, respectivement.

3. Le présent règlement ne s'applique pas :

a) aux documents publics délivrés par les autorités d'un pays tiers; ni

b) aux copies certifiées conformes des documents visés au point a) établies par les autorités d'un État membre.

4. Le présent règlement ne s'applique pas à la reconnaissance dans un État membre d'effets juridiques attachés au contenu de documents publics délivrés par les autorités d'un autre État membre.

Art. 3 *Définitions.* Aux fins du présent règlement, on entend par :

1) « documents publics » :

a) les documents émanant d'une autorité ou d'un fonctionnaire relevant d'une juridiction d'un État membre, y compris ceux qui émanent du ministère public, d'un greffier ou d'un huissier de justice;

b) les documents administratifs;

c) les actes notariés;

d) les déclarations officielles telles que les mentions d'enregistrement, les visas pour date certaine et les certifications de signatures apposées sur un acte sous seing privé;

e) les documents établis par les agents diplomatiques ou consulaires d'un État membre agissant sur le territoire de tout État en leur qualité officielle, lorsque de tels documents doivent être présentés sur le territoire d'un autre État membre ou aux agents diplomatiques ou consulaires d'un autre État membre agissant sur le territoire d'un État tiers;

2) « autorité », une autorité publique d'un État membre ou une entité agissant en sa qualité officielle et habilitée en vertu du droit national à émettre ou à recevoir un document public visé par le présent règlement ou une copie certifiée conforme de ce document;

3) « légalisation », la formalité permettant d'attester l'authenticité de la signature du titulaire d'une charge publique, la qualité en laquelle le signataire du document a agi et, le cas échéant, l'identité du sceau ou timbre dont ce document est revêtu;

4) « formalité similaire », l'ajout de l'apostille prévue par la convention Apostille;

5) « autres formalités », l'obligation de fournir des copies certifiées conformes et des traductions de documents publics;

6) « autorité centrale », l'autorité ou les autorités qui ont été désignées par les États membres, conformément à l'article 15, pour exercer des fonctions liées à l'application du présent règlement;

7) « copie certifiée conforme », une copie d'un document public original qui est signée et attestée être une reproduction exacte et complète dudit document public original par une autorité habilitée à cet effet en vertu du droit national et relevant de l'État membre qui a initialement délivré le document public.

CHAPITRE II

Dispense de légalisation et d'une formalité similaire, et simplification d'autres formalités relatives aux copies certifiées conformes

Art. 4 *Dispense de légalisation et d'une formalité similaire.* Les documents publics relevant du présent règlement et leurs copies certifiées conformes sont dispensés de toute forme de légalisation et de formalité similaire.

Art. 5 *Simplification d'autres formalités relatives aux copies certifiées conformes.*

1. Lorsqu'un État membre exige la présentation de l'original d'un document public délivré par les autorités d'un autre État membre, les autorités de l'État membre où le document public est présenté n'exigent pas en outre la présentation d'une copie certifiée conforme de ce document.

2. Lorsqu'un État membre autorise la présentation d'une copie certifiée conforme d'un document public, les autorités de cet État membre acceptent une copie certifiée conforme établie dans un autre État membre.

CHAPITRE III

Simplification d'autres formalités relatives aux traductions et formulaires types multilingues

Art. 6 *Simplification d'autres formalités relatives aux traductions.* 1. Une traduction n'est pas requise lorsque :

a) le document public est établi dans la langue officielle de l'État membre où le document est présenté ou, si cet État membre a plusieurs langues officielles, dans la langue officielle ou l'une des langues officielles du lieu où le document est présenté ou dans toute autre langue expressément acceptée par cet État membre ; ou

b) un document public concernant la naissance, le fait d'être en vie, le décès, le mariage (y compris la capacité à mariage et la situation matrimoniale), le partenariat enregistré (y compris la capacité à conclure un partenariat enregistré et le statut de partenariat enregistré), le domicile et/ou la résidence, ou l'absence de casier judiciaire est accompagné, dans les conditions fixées par le présent règlement, d'un formulaire type multilingue, pour autant que l'autorité à laquelle le document public est présenté considère que les informations figurant sur ledit formulaire sont suffisantes pour traiter le document public.

2. Une traduction certifiée conforme, établie par une personne qualifiée pour ce faire conformément au droit d'un État membre, est acceptée dans tous les États membres.

Art. 7 *Formulaires types multilingues.* 1. Les documents publics concernant la naissance, le fait d'être en vie, le décès, le mariage (y compris la capacité à mariage et la situation matrimoniale), le partenariat enregistré (y compris la capacité à conclure un partenariat enregistré et le statut de partenariat enregistré), le domicile et/ou la résidence, et l'absence de casier judiciaire, communiqués par les États membres conformément à l'article 24, paragraphe 1, point c), sont, à la demande de la personne habilitée à recevoir le document public, accompagnés d'un formulaire type multilingue établi conformément au présent règlement.

2. Les formulaires types multilingues visés au paragraphe 1 sont délivrés par une autorité et sont revêtus de la date de leur délivrance ainsi que de la signature et, le cas échéant, du sceau ou du timbre de l'autorité de délivrance.

Art. 8 *Utilisation des formulaires types multilingues.* 1. Les formulaires types multilingues visés à l'article 7, paragraphe 1, sont joints aux documents publics visés audit paragraphe, sont utilisés en tant qu'aide à la traduction et sont dépourvus de valeur juridique autonome.

2. Les formulaires types multilingues ne constituent pas l'un ou l'autre des documents suivants :

a) des extraits d'actes de l'état civil ;

b) des copies intégrales d'actes de l'état civil ;

c) des extraits plurilingues d'actes de l'état civil ;

d) des extraits plurilingues et codés d'actes de l'état civil ; ou

e) des certificats plurilingues et codés d'actes de l'état civil.

3. Les formulaires types multilingues ne peuvent être utilisés que dans un État membre autre que celui dans lequel ils ont été délivrés.

Art. 9 *Contenu des formulaires types multilingues.* 1. Chaque formulaire type multilingue contient une partie standard, comprenant les éléments suivants :

a) le titre du formulaire type multilingue ;

b) la base juridique pour sa délivrance ;

c) la désignation de l'État membre dans lequel il est délivré ;

d) un cadre contenant un « Avis important » ;

e) un cadre contenant une « Note à l'intention de l'autorité de délivrance » ;

f) un certain nombre de rubriques standard et leurs numéros de code ; et

g) un « Cadre pour la signature ».

2. Les parties standard à intégrer dans les formulaires types multilingues concernant la naissance, le fait d'être en vie, le décès, le mariage (y compris la capacité à mariage

et la situation matrimoniale), le partenariat enregistré (y compris la capacité à conclure un partenariat enregistré et le statut de partenariat enregistré), le domicile et/ou la résidence, et l'absence de casier judiciaire, ainsi que les glossaires multilingues des rubriques standard, figurent respectivement aux annexes I à XI.

3. Chaque formulaire type multilingue contient également, le cas échéant, une partie non standard comprenant des rubriques propres à chaque pays destinées à refléter le contenu du document public auquel le formulaire type multilingue doit être joint et les numéros de code de ces rubriques.

4. Les rubriques propres à chaque pays visées au paragraphe 3 du présent article sont communiquées par les États membres à la Commission conformément à l'article 24, paragraphe 2.

5. Chaque formulaire type multilingue contient également un glossaire multilingue des rubriques standard et des rubriques propres à chaque pays dans toutes les langues officielles des institutions de l'Union.

Art. 10 *Langues de délivrance des formulaires types multilingues.* 1. Les formulaires types multilingues sont remplis par l'autorité de délivrance dans la langue officielle de son État membre ou, si ce dernier a plusieurs langues officielles, dans la langue officielle ou une des langues officielles du lieu où le formulaire est délivré.

2. La partie standard et les rubriques propres à chaque pays des formulaires types multilingues sont rédigées dans les deux langues officielles suivantes :

a) la langue officielle de l'État membre dans lequel le formulaire type multilingue est délivré ou, si cet État membre a plusieurs langues officielles, la langue officielle ou une des langues officielles du lieu où le formulaire type multilingue est délivré, cette langue étant également une des langues officielles des institutions de l'Union; et

b) la langue officielle de l'État membre dans lequel le document public auquel est joint le formulaire type multilingue doit être présenté ou, si cet État a plusieurs langues officielles, la langue officielle ou une des langues officielles du lieu où le document public auquel est joint le formulaire doit être présenté, cette langue étant également l'une des langues officielles des institutions de l'Union.

3. La partie standard et les rubriques propres à chaque pays rédigées dans les deux langues visées au paragraphe 2 du présent article et le glossaire multilingue visé à l'article 9, paragraphe 5, sont inclus dans un seul formulaire type multilingue.

Art. 11 *Frais d'obtention d'un formulaire type multilingue.* Afin de faciliter davantage la libre circulation des documents publics dans l'Union, les États membres veillent à ce que les frais d'obtention d'un formulaire type multilingue ne dépassent pas le coût de production du formulaire type multilingue ou du document public auquel le formulaire est joint, la valeur la plus faible étant retenue.

Art. 12 *Versions électroniques des formulaires types multilingues.* Le portail européen e-Justice reprend, pour chaque État membre, des modèles de formulaires types multilingues concernant la naissance, le fait d'être en vie, le décès, le mariage (y compris la capacité à mariage et la situation matrimoniale) et, le cas échéant, le partenariat enregistré (y compris la capacité à conclure un partenariat enregistré et le statut de partenariat enregistré), le domicile et/ou la résidence, et l'absence de casier judiciaire, établis conformément au présent règlement dans toutes les langues officielles des institutions de l'Union et comprenant :

a) les parties standard décrites aux annexes I à XI; et

b) les rubriques propres à chaque pays communiquées par les États membres à la Commission conformément à l'article 24, paragraphe 2.

CHAPITRE IV

Demandes d'informations et coopération administrative

Art. 13 *Système d'information du marché intérieur.* Le système d'information du marché intérieur (IMI) institué par le règlement (UE) n° 1024/2012 est utilisé aux fins des articles 14 et 16 et de l'article 22, paragraphes 1 et 2, du présent règlement.

Art. 14 *Demandes d'informations en cas de doutes raisonnables.* 1. Si les autorités d'un État membre dans lequel est présenté un document public ou sa copie certifiée conforme ont des doutes raisonnables en ce qui concerne l'authenticité de ce document public ou de sa copie certifiée conforme, elles prennent les mesures suivantes pour lever ces doutes :

a) vérifier les modèles disponibles de documents versés au répertoire de l'IMI visé à l'article 22;

b) si un doute subsiste, présenter une demande d'informations par l'intermédiaire de l'IMI :

i) à l'autorité qui a délivré le document public ou, le cas échéant, à l'autorité qui a établi la copie certifiée conforme, ou à ces deux autorités; ou

ii) à l'autorité centrale compétente.

2. Les doutes raisonnables en ce qui concerne l'authenticité d'un document public ou de sa copie certifiée conforme visés au paragraphe 1 peuvent porter notamment sur :

a) l'authenticité de la signature;

b) la qualité en laquelle le signataire du document a agi;

c) l'identité du sceau ou du timbre;

d) le fait que le document puisse avoir été falsifié ou altéré.

3. Les demandes d'informations introduites en vertu du présent article sont motivées.

4. Les demandes d'informations introduites en vertu du présent article sont accompagnées d'une copie du document public concerné ou de sa copie certifiée conforme, transmise par la voie électronique par l'intermédiaire de l'IMI. Ces demandes et les réponses à celles-ci sont exonérées de tout impôt, droit ou taxe.

5. Les autorités répondent aux demandes d'informations introduites en vertu du présent article dans le délai le plus bref possible et, en tout état de cause, dans un délai ne dépassant pas cinq jours ouvrables ou dix jours ouvrables lorsque la demande est traitée par l'intermédiaire d'une autorité centrale compétente.

Dans des circonstances exceptionnelles, si les délais visés au premier alinéa ne peuvent pas être respectés, l'autorité requise et l'autorité requérante conviennent de leur prolongation.

6. Si l'authenticité du document public ou de sa copie certifiée conforme n'est pas confirmée, l'autorité requérante n'est pas tenue de traiter ce document ou sa copie.

Art. 15 *Désignation des autorités centrales.* 1. Aux fins du présent règlement, chaque État membre désigne au moins une autorité centrale.

2. Lorsqu'un État membre a désigné plus d'une autorité centrale, il indique celle à laquelle des communications peuvent être adressées en vue de leur transmission à l'autorité compétente au sein de cet État membre.

Art. 16 *Fonctions des autorités centrales.* Les autorités centrales fournissent une assistance dans le cadre des demandes d'informations prévues à l'article 14 et, notamment, elles :

a) transmettent, reçoivent ces demandes et, le cas échéant, y répondent; et

b) fournissent les informations nécessaires pour y répondre.

CHAPITRE V

Relations avec d'autres dispositions du droit de l'Union et d'autres instruments

Art. 17 *Relations avec d'autres dispositions du droit de l'Union.* 1. Le présent règlement est sans préjudice de l'application d'autres dispositions du droit de l'Union concernant la légalisation, une formalité similaire ou d'autres formalités, et les complète.

2. Le présent règlement est sans préjudice de l'application du droit de l'Union relatif aux signatures électroniques et à l'identification électronique.

3. Le présent règlement est sans préjudice du recours à d'autres systèmes de coopération administrative institués par le droit de l'Union qui prévoient l'échange d'informations entre les États membres dans des domaines particuliers.

Art. 18 *Modification du règlement (UE) n° 1024/2012.* A l'annexe du règlement (UE) n° 1024/2012, le point suivant est ajouté :

« 9. Règlement (UE) 2016/1191 du Parlement européen et du Conseil du 6 juillet 2016 visant à favoriser la libre circulation des citoyens en simplifiant les conditions de présentation de certains documents publics dans l'Union européenne, et modifiant le règlement (UE) n° 1024/2012 : articles 14 et 16 et article 22, paragraphes 1 et 2 ».

Art. 19 *Relations avec les conventions, accords et arrangements internationaux.*

1. Le présent règlement est sans préjudice de l'application des conventions internationales auxquelles un ou plusieurs États membres sont parties à la date d'adoption du présent règlement et qui portent sur des matières relevant de celui-ci.

2. Nonobstant le paragraphe 1, le présent règlement prévaut, pour les questions auxquelles il s'applique et dans la mesure qu'il prévoit, sur d'autres dispositions contenues dans des accords ou arrangements bilatéraux ou multilatéraux conclus par les États membres dans les rapports entre les États membres qui y sont parties.

3. Le présent article est sans préjudice de l'article 1er, paragraphe 1, deuxième alinéa.

4. Le présent règlement n'empêche pas les États membres de négocier, de conclure, de modifier, d'appliquer ou d'adhérer à des accords internationaux et des arrangements avec des pays tiers en matière de légalisation ou de formalité similaire concernant des documents publics relatifs à des questions relevant du présent règlement, et qui sont délivrés par les autorités d'États membres ou de pays tiers et destinés à être utilisés dans les relations entre les États membres et les pays tiers concernés. Le présent règlement n'empêche pas les États membres de statuer sur l'acceptation de l'adhésion de nouvelles parties contractantes aux accords et arrangements auxquels un ou plusieurs États membres sont parties ou peuvent décider d'être parties.

CHAPITRE VI

Dispositions générales et finales

Art. 20 *Limitation de la finalité.* 1. L'échange et la transmission d'informations et de documents par les États membres en vertu du présent règlement ont pour seule finalité la vérification par les autorités compétentes de l'authenticité de documents publics par l'intermédiaire de l'IMI.

2. Le présent règlement est sans préjudice de l'application des dispositions législatives, réglementaires et administratives des États membres relatives à l'accès du public aux documents publics.

Art. 21 *Informations en rapport avec le contenu du présent règlement.* La Commission et les États membres mettent les informations en rapport avec le contenu du présent règlement à la disposition du public par des moyens appropriés, notamment par le biais du portail européen e-Justice et des sites internet des autorités des États membres.

Art. 22 *Informations sur les autorités centrales et coordonnées de celles-ci.* 1. Au plus tard le 16 août 2018, les États membres utilisent l'IMI pour communiquer les informations suivantes :

a) le nom de la ou des autorités centrales désignées en vertu de l'article 15, paragraphe 1, accompagné de leurs coordonnées et, le cas échéant, de l'information visée à l'article 15, paragraphe 2;

b) les modèles des documents publics les plus communément utilisés au titre de leur droit national respectif ou, lorsqu'il n'existe pas de modèle, les informations relatives aux caractéristiques spécifiques du document public concerné; et

c) des versions anonymisées de documents falsifiés qui ont été détectés.

2. Les États membres utilisent l'IMI pour communiquer toute modification ultérieure des informations visées au paragraphe 1.

3. La Commission rend publiques, par tout moyen approprié :

a) les informations visées au paragraphe 1, point a);

b) toute information visée au paragraphe 1, point b), qui est à la disposition du public au titre du droit de l'État membre dont les autorités ont délivré le document public.

Art. 23 *Échange de bonnes pratiques.* 1. Il est institué un comité *ad hoc*, composé de représentants de la Commission et des États membres et présidé par un représentant de la Commission.

2. Le comité *ad hoc* visé au paragraphe 1 prend toute mesure nécessaire pour faciliter l'application du présent règlement, notamment en facilitant les échanges et les mises à jour régulières des bonnes pratiques relatives :

a) à l'application du présent règlement entre les États membres;

b) à la prévention de la fraude concernant des documents publics, des copies certifiées conformes et des traductions certifiées conformes;

c) à l'utilisation des versions électroniques des documents publics;

d) à l'utilisation des formulaires types multilingues;

e) aux documents falsifiés qui ont été détectés.

Art. 24 *Informations communiquées par les États membres.* 1. Au plus tard le 16 août 2018, les États membres communiquent à la Commission :

a) les langues qu'ils accepteront pour les documents publics qui doivent être présentés à leurs autorités en vertu de l'article 6, paragraphe 1, point a);

b) une liste indicative des documents publics qui relèvent du champ d'application du présent règlement;

c) la liste des documents publics auxquels des formulaires types multilingues peuvent être joints en tant qu'aide utile à la traduction;

d) s'il en existe, les listes de personnes qualifiées, conformément au droit national, pour établir des traductions certifiées conformes;

e) une liste indicative des types d'autorités habilitées par le droit national à établir des copies certifiées conformes;

f) des informations relatives aux moyens permettant d'identifier les traductions certifiées conformes et les copies certifiées conformes; et

g) des informations relatives aux caractéristiques spécifiques des copies certifiées conformes.

2. Au plus tard le 16 février 2017, chaque État membre communique à la Commission, dans sa ou ses langues officielles, qui est ou sont aussi une ou des langues officielles des institutions de l'Union, les rubriques qui lui sont propres et qui doivent figurer dans les formulaires multilingues concernant la naissance, le fait d'être en vie, le décès, le mariage (y compris la capacité à mariage et la situation matrimoniale) et, le cas échéant, le partenariat enregistré (y compris la capacité à conclure un partenariat enregistré et le statut de partenariat enregistré), le domicile et/ou la résidence, et l'absence de casier judiciaire.

3. Au plus tard le 16 février 2018, la Commission publie les listes de rubriques propres à chaque pays qu'elle a reçues en application du paragraphe 2 au *Journal officiel de l'Union européenne* et sur le portail européen e-Justice dans toutes les langues officielles des institutions de l'Union.

4. Les États membres communiquent à la Commission toute modification ultérieure des informations visées aux paragraphes 1 et 2.

5. La Commission rend publiques, par le biais du portail européen e-Justice :

a) les informations visées au paragraphe 1, points a) à f); et

b) les informations visées au paragraphe 1, point g), qui sont à la disposition du public au titre du droit de l'État membre dont les autorités ont établi la copie certifiée conforme.

Art. 25 *Modification des rubriques propres à chaque pays dans les formulaires types multilingues.* 1. Les États membres notifient à la Commission les modifications apportées aux rubriques qui leur sont propres visées à l'article 24, paragraphe 2.

2. La Commission publie les modifications, visées au paragraphe 1, apportées aux rubriques propres à chaque pays au *Journal officiel de l'Union européenne*.

3. La Commission rend publiques les modifications, visées au paragraphe 1, apportées aux rubriques propres à chaque pays par le biais du portail européen e-Justice et modifie en conséquence les modèles de formulaires types multilingues pour chaque État membre.

Art. 26 *Réexamen.* 1. Au plus tard le 16 février 2024, et par la suite au plus tard tous les trois ans, la Commission présente au Parlement européen, au Conseil et au Comité économique et social européen un rapport sur l'application du présent règlement qui comporte notamment une évaluation de toutes les expériences pratiques pertinentes pour la coopération entre autorités centrales. Ce rapport comporte également une évaluation de l'opportunité :

a) d'étendre le champ d'application du présent règlement aux documents publics se rapportant à des questions autres que celles visées à l'article 2 et au paragraphe 2, point a), du présent article;

b) dans l'éventualité d'une extension du champ d'application visée au point a) du présent paragraphe, d'établir des formulaires types multilingues pour des documents publics portant sur les questions identifiées au point a) du présent paragraphe auxquelles le champ d'application du présent règlement est susceptible d'être étendu ; et

c) d'utiliser des systèmes électroniques pour la transmission directe de documents publics et l'échange d'informations entre les autorités des États membres afin d'exclure toute possibilité de fraude en rapport avec les questions relevant du présent règlement.

2. Au plus tard le 16 février 2021, la Commission présente au Parlement européen, au Conseil et au Comité économique et social européen un rapport d'évaluation sur l'opportunité :

a) d'étendre le champ d'application du présent règlement aux :

i) documents publics relatifs au statut et à la représentation juridiques d'une société ou d'une autre entreprise ;

ii) diplômes, certificats et autres titres officiels ; et

iii) documents publics attestant un handicap officiellement reconnu ;

b) d'établir des formulaires types multilingues concernant :

i) les documents publics visés à l'article 2, paragraphe 1, pour lesquels aucun formulaire type multilingue n'est établi par le présent règlement ; et

ii) les documents publics portant sur les questions identifiées au point a) du présent paragraphe auxquelles le champ d'application du présent règlement est susceptible d'être étendu ;

c) d'utiliser des systèmes électroniques pour la transmission directe de documents publics et l'échange d'informations entre les autorités des États membres afin d'exclure toute possibilité de fraude en rapport avec les questions relevant du présent règlement.

3. Les rapports visés aux paragraphes 1 et 2 sont accompagnés, s'il y a lieu, de propositions d'adaptation, pour ce qui est notamment d'étendre le champ d'application du présent règlement à des documents publics concernant de nouvelles questions, comme le prévoient le paragraphe 1, point a), et le paragraphe 2, point a), d'établir de nouveaux formulaires types multilingues, comme le prévoient le paragraphe 1, point b), et le paragraphe 2, point b), et d'utiliser des systèmes électroniques pour la transmission directe de documents publics et l'échange d'informations entre les autorités des États membres, comme le prévoient le paragraphe 1, point c), et le paragraphe 2, point c).

Art. 27 *Entrée en vigueur.* 1. Le présent règlement entre en vigueur le vingtième jour suivant celui de sa publication au *Journal officiel de l'Union européenne*.

2. Il est applicable à partir du 16 février 2019, à l'exception :

a) de l'article 24, paragraphe 2, qui s'applique à partir du 16 février 2017 ;

b) de l'article 12 et de l'article 24, paragraphe 3, qui s'appliquent à partir du 16 février 2018 ; et

c) de l'article 22 et de l'article 24, paragraphe 1, qui s'appliquent à partir du 16 août 2018.

Le présent règlement est obligatoire dans tous ses éléments et directement applicable dans tout État membre.

40 Règlement (UE) n° 2017/1001 du Parlement européen et du Conseil du 14 juin 2017 sur la marque de l'Union européenne (texte codifié) abrogeant et remplaçant le Règlement (CE) n° 207/2009 du 26 février 2009

Applicable depuis le 1er octobre 2017.

Vu le traité sur le fonctionnement de l'Union européenne, et notamment son article 118, premier alinéa,

Vu la proposition de la Commission européenne,

Après transmission du projet d'acte législatif aux parlements nationaux,

Statuant conformément à la procédure législative ordinaire,

Considérant ce qui suit :

(1) Le règlement (CE) n° 207/2009 du Conseil a été modifié à plusieurs reprises et de façon substantielle. Il convient, dans un souci de clarté et de rationalité, de procéder à la codification dudit règlement.

(2) Le règlement (CE) n° 40/94 du Conseil, qui a été codifié en 2009 par le règlement (CE) n° 207/2009, a doté l'Union d'un système propre de protection des marques, qui prévoit une protection des marques au niveau de l'Union, parallèlement à la protection dont elles peuvent bénéficier au niveau des États membres dans le cadre des systèmes de marques nationaux, harmonisés par la directive 89/104/CEE du Conseil, qui a été codifiée par la directive 2008/95/CE du Parlement européen et du Conseil.

(3) Il convient de promouvoir un développement harmonieux des activités économiques dans l'ensemble de l'Union et une expansion continue et équilibrée par l'achèvement et le bon fonctionnement d'un marché intérieur offrant des conditions analogues à celles qui existent dans un marché national. L'établissement d'un tel marché et le renforcement de son unité devraient impliquer non seulement l'élimination des obstacles à la libre circulation des marchandises et à la libre prestation des services ainsi que l'établissement d'un régime assurant que la concurrence n'est pas faussée, mais également l'établissement de conditions juridiques qui permettent aux entreprises d'adapter d'emblée leurs activités de fabrication et de distribution de biens ou de fourniture de services aux dimensions de l'Union. Parmi les instruments juridiques dont les entreprises devraient disposer à ces fins, des marques leur permettant d'identifier leurs produits ou leurs services de manière identique dans l'ensemble de l'Union, sans considération de frontières, seraient particulièrement appropriées.

(4) Pour poursuivre les objectifs précités de l'Union, il apparaît nécessaire de prévoir un régime de marques de l'Union conférant aux entreprises le droit d'acquérir, selon une procédure unique, des marques de l'Union européenne qui jouissent d'une protection uniforme et produisent leurs effets sur tout le territoire de l'Union. Le principe du caractère unitaire de la marque de l'Union européenne ainsi exprimé devrait s'appliquer sauf disposition contraire du présent règlement.

(5) Le rapprochement des législations nationales est impuissant à lever l'obstacle de la territorialité des droits que les législations des États membres confèrent aux titulaires de marques. Afin de permettre aux entreprises d'exercer sans entraves une activité éco-

nomique dans l'ensemble du marché intérieur, il devrait être possible d'enregistrer des marques régies par un droit de l'Union unique, directement applicable dans tous les États membres.

(6) L'expérience acquise depuis la mise en place du système de la marque communautaire montre qu'il a été accepté par les entreprises de l'Union et des pays tiers et qu'il constitue un complément et une alternative satisfaisants et viables à la protection qu'offrent les marques au niveau des États membres.

(7) Le droit des marques de l'Union ne se substitue toutefois pas aux droits des marques des États membres. En effet, il n'apparaît pas justifié d'obliger les entreprises à déposer leurs marques comme marques de l'Union européenne.

(8) Les marques nationales restent nécessaires pour les entreprises qui ne souhaitent pas faire protéger leurs marques au niveau de l'Union ou qui ne sont pas en mesure d'obtenir une protection à l'échelle de l'Union, alors que rien ne s'oppose à l'obtention d'une protection nationale. Toute personne souhaitant obtenir la protection d'une marque devrait pouvoir décider de demander cette protection soit seulement en tant que marque nationale dans un ou plusieurs États membres, soit seulement en tant que marque de l'Union européenne, soit les deux.

(9) Le droit sur une marque de l'Union européenne ne peut s'acquérir que par l'enregistrement, et celui-ci est refusé notamment si la marque est dépourvue de caractère distinctif, si elle est illicite ou si des droits antérieurs s'y opposent.

(10) Un signe devrait pouvoir être représenté sous n'importe quelle forme appropriée au moyen de la technologie communément disponible, et donc pas nécessairement par des moyens graphiques, du moment que cette représentation est claire, précise, distincte, facilement accessible, intelligible, durable et objective.

(11) La protection conférée par la marque de l'Union européenne, dont le but est notamment de garantir la fonction d'origine de la marque, devrait être absolue en cas d'identité entre la marque et le signe et entre les produits ou services. La protection devrait valoir également en cas de similitude entre la marque et le signe et entre les produits ou services. Il y a lieu d'interpréter la notion de similitude en relation avec le risque de confusion. Le risque de confusion, dont l'appréciation dépend de nombreux facteurs et notamment de la connaissance de la marque sur le marché, de l'association qui peut en être faite avec le signe utilisé ou enregistré, du degré de similitude entre la marque et le signe et entre les produits ou services désignés, devrait constituer la condition spécifique de la protection.

(12) Afin de garantir la sécurité juridique et une cohérence totale avec le principe de priorité, selon lequel une marque antérieure enregistrée prime les marques enregistrées postérieurement, il est nécessaire de prévoir que les droits conférés par une marque de l'Union européenne s'exercent sans préjudice des droits de titulaires acquis avant la date de dépôt ou de priorité de la marque de l'Union européenne. Cette disposition est conforme à l'article 16, paragraphe 1, de l'accord du 15 avril 1994 sur les aspects des droits de propriété intellectuelle qui touchent au commerce.

(13) Il peut y avoir confusion quant à l'origine commerciale des produits ou services lorsqu'une entreprise utilise le même signe qu'un nom commercial, ou un signe similaire, de telle manière qu'un lien est établi entre ses produits ou services et la société qui porte ce nom. La contrefaçon d'une marque de l'Union européenne devrait donc

également comprendre l'usage du signe comme nom commercial ou comme désignation similaire dès lors que cet usage a pour but de distinguer des produits ou services.
(14) Pour des raisons de sécurité juridique et de parfaite cohérence avec les actes législatifs spécifiques de l'Union, il y a lieu de disposer que le titulaire d'une marque de l'Union européenne devrait être autorisé à interdire à un tiers d'utiliser un signe dans une publicité comparative si celle-ci est contraire à la directive 2006/114/CE du Parlement européen et du Conseil.
(15) Afin d'assurer la protection conférée par la marque et de lutter efficacement contre la contrefaçon, et conformément aux obligations internationales auxquelles est soumise l'Union dans le cadre de l'Organisation mondiale du commerce (OMC), en particulier l'article V de l'accord général sur les tarifs douaniers et le commerce (GATT) relatif à la liberté de transit et, pour ce qui est des médicaments génériques, la « Déclaration sur l'accord sur les ADPIC et la santé publique » adoptée lors de la conférence ministérielle de l'OMC à Doha, le 14 novembre 2001, il convient de permettre au titulaire d'une marque de l'Union européenne d'empêcher des tiers d'introduire dans l'Union, dans la vie des affaires, des produits sans qu'ils y soient mis en libre pratique, lorsque ces produits viennent d'un pays tiers et portent sans autorisation une marque identique ou pour l'essentiel identique à la marque de l'Union européenne enregistrée pour ces produits.
(16) À cette fin, les titulaires de marques de l'Union européenne devraient pouvoir empêcher l'entrée de produits de contrefaçon et leur placement dans toutes les situations douanières, y compris le transit, le transbordement, l'entreposage, les zones franches, le stockage temporaire, le perfectionnement actif ou l'admission temporaire, même lorsque de tels produits ne sont pas destinés à être mis sur le marché de l'Union. Lors de l'exécution des contrôles douaniers, il convient que les autorités douanières utilisent les pouvoirs et les procédures prévus dans le règlement (UE) n° 608/2013 du Parlement européen et du Conseil, y compris à la demande des titulaires de droits. Il convient, en particulier, que les autorités douanières effectuent les contrôles appropriés sur la base de critères d'analyse de risque.
(17) Afin de concilier la nécessité d'assurer le respect effectif des droits liés aux marques et celle d'éviter d'entraver le libre cours des échanges de produits légitimes, il convient que le droit conféré au titulaire de la marque de l'Union européenne s'éteigne lorsque, au cours de la procédure ultérieure engagée devant le tribunal des marques de l'Union européenne compétent pour prendre une décision de fond sur la question de savoir s'il a été porté atteinte à la marque de l'Union européenne, le déclarant ou le détenteur des produits est en mesure de prouver que le titulaire de la marque de l'Union européenne n'a pas le droit d'interdire la mise sur le marché des produits dans le pays de destination finale.
(18) L'article 28 du règlement (UE) n° 608/2013 prévoit que le titulaire de droits est responsable du préjudice causé au détenteur des marchandises, entre autres, lorsqu'il est établi par la suite que les marchandises en question ne portent pas atteinte à un droit de propriété intellectuelle.
(19) Des mesures appropriées devraient être prises pour assurer la fluidité du transit des médicaments génériques. Pour ce qui est des dénominations communes internationales (DCI) en tant que noms génériques reconnus au niveau international pour désigner les substances actives présentes dans les préparations pharmaceutiques, il est

essentiel de tenir dûment compte des limitations actuelles à l'effet des droits liés aux marques de l'Union européenne. Par conséquent, le titulaire d'une marque de l'Union européenne ne devrait pas avoir le droit d'empêcher un tiers d'importer dans l'Union des produits sans qu'ils y soient mis en libre pratique, en se fondant sur des similarités entre la DCI de la substance active présente dans les médicaments et la marque en question.

(20) Afin que les titulaires de marques de l'Union européenne puissent lutter efficacement contre la contrefaçon, il convient de leur permettre d'interdire l'apposition d'une marque contrefaite sur des produits, ainsi que les actes préparatoires réalisés préalablement à cette apposition.

(21) Les droits exclusifs conférés par une marque de l'Union européenne ne devraient pas permettre à son titulaire d'interdire l'usage de signes ou d'indications par des tiers lorsque celui-ci est loyal et par conséquent conforme aux usages honnêtes en matière industrielle ou commerciale. Afin de garantir des conditions égales pour les noms commerciaux et les marques de l'Union européenne en cas de conflit, sachant que les noms commerciaux se voient régulièrement accorder une protection illimitée contre des marques postérieures, un tel usage devrait être entendu exclusivement comme incluant l'usage du nom de personne du tiers. Il devrait également permettre, de manière générale, l'usage de signes ou d'indications descriptifs ou non distinctifs. En outre, le titulaire ne devrait pas être autorisé à empêcher l'usage loyal et honnête d'une marque de l'Union européenne afin de désigner ou de mentionner des produits ou des services comme étant les siens. L'usage d'une marque fait par des tiers afin d'attirer l'attention des consommateurs sur la revente de produits originaux qui étaient, à l'origine, vendus au sein de l'Union, par le titulaire de la marque de l'Union européenne ou avec son consentement devrait être considéré comme loyal, dès lors qu'il est également conforme aux usages honnêtes en matière industrielle ou commerciale. L'usage d'une marque fait par des tiers à des fins d'expression artistique devrait être considéré comme loyal, dès lors qu'il est également conforme aux usages honnêtes en matière industrielle ou commerciale. En outre, le présent règlement devrait être appliqué de façon à garantir le plein respect des libertés et droits fondamentaux, en particulier la liberté d'expression.

(22) Il découle du principe de libre circulation des marchandises qu'il est essentiel que le titulaire d'une marque de l'Union européenne ne puisse en interdire l'usage à un tiers pour des produits qui ont été mis dans le commerce dans l'Espace économique européen, sous la marque, par lui-même ou avec son consentement, à moins que des motifs légitimes justifient que le titulaire s'oppose à la commercialisation ultérieure des produits.

(23) Afin de garantir la sécurité juridique et de protéger les droits liés aux marques acquis légitimement, il est approprié et nécessaire de prévoir, sans préjudice du principe selon lequel la marque postérieure ne peut pas être opposée à la marque antérieure, que les titulaires de marques de l'Union européenne ne peuvent pas s'opposer à l'usage d'une marque postérieure si celle-ci a été acquise à un moment où la marque antérieure ne pouvait pas lui être opposée.

(24) Il n'est justifié de protéger les marques de l'Union européenne et, contre celles-ci, toute marque enregistrée qui leur est antérieure, que dans la mesure où ces marques sont effectivement utilisées.

(25) Pour des raisons d'équité et de sécurité juridique, l'usage d'une marque de l'Union européenne sous une forme qui diffère par des éléments n'altérant pas le caractère distinctif de la marque dans la forme sous laquelle celle-ci a été enregistrée devrait suffire à préserver les droits conférés, que la marque ait ou non été aussi enregistrée sous la forme sous laquelle il en est fait usage.

(26) La marque de l'Union européenne devrait être traitée comme un objet de propriété indépendant de l'entreprise dont elle désigne les produits ou les services. Elle devrait pouvoir être transférée, donnée en gage à un tiers ou faire l'objet de licences.

(27) Le droit des marques établi par le présent règlement requiert, pour chaque marque, des mesures administratives d'exécution au niveau de l'Union. Il est par conséquent indispensable, tout en conservant la structure institutionnelle existante de l'Union et l'équilibre des pouvoirs, de prévoir un Office de l'Union européenne pour la propriété intellectuelle (ci-après dénommé « Office ») indépendant sur le plan technique et doté d'une autonomie juridique, administrative et financière suffisante. À cet effet, il est nécessaire et approprié que l'Office ait la forme d'un organisme de l'Union ayant la personnalité juridique et exerçant les pouvoirs que lui confère le présent règlement, dans le cadre du droit de l'Union et sans porter atteinte aux compétences exercées par les institutions de l'Union.

(28) La protection d'une marque de l'Union européenne est accordée pour des produits ou services précis, dont la nature et le nombre déterminent l'étendue de la protection conférée au titulaire de la marque. Il est donc essentiel d'établir dans le présent règlement des règles de désignation et de classification des produits et services et de garantir la sécurité juridique et une bonne administration en exigeant que les produits et services pour lesquels la protection de la marque est demandée soient désignés par le demandeur avec suffisamment de clarté et de précision pour que les autorités compétentes et les opérateurs économiques puissent, sur la base de cette seule demande, déterminer l'étendue de la protection demandée. L'utilisation de termes généraux devrait être interprétée comme n'incluant que les produits et services qu'ils désignent clairement au sens littéral. Il convient de donner aux titulaires de marques de l'Union européenne qui, suivant la pratique de l'Office antérieure au 22 juin 2012, étaient enregistrées pour l'intitulé entier d'une classe du système de classification établi par l'arrangement de Nice concernant la classification internationale des produits et des services aux fins de l'enregistrement des marques du 15 juin 1957, la possibilité d'adapter leurs listes de produits et services afin que le contenu du registre réponde aux normes requises en matière de clarté et de précision, conformément à la jurisprudence de la Cour de justice de l'Union européenne.

(29) Afin d'éviter les retards inutiles dans l'enregistrement d'une marque de l'Union européenne, il y a lieu d'établir un système de recherches facultatives de marques de l'Union européenne et de marques nationales qui devrait être ouvert aux besoins et préférences des utilisateurs. Les recherches facultatives de marques de l'Union européenne et de marques nationales devraient être complétées par une mise à disposition de moteurs de recherche complets, rapides et puissants, utilisables gratuitement par le public, dans le cadre d'une coopération entre l'Office et les services centraux de la propriété industrielle des États membres, y compris l'Office Benelux de la propriété intellectuelle.

(30) Il convient de garantir aux parties concernées par les décisions de l'Office une protection juridique adaptée à la particularité du droit des marques. À cet effet, il devrait être prévu que les décisions des différentes instances de décision de l'Office sont susceptibles de recours. Une chambre de recours de l'Office devrait statuer sur le recours. Les décisions des chambres de recours devraient, quant à elles, être susceptibles d'un recours devant le Tribunal, celui-ci ayant compétence aussi bien pour annuler que pour réformer la décision attaquée.

(31) Afin d'assurer la protection des marques de l'Union européenne, il convient que les États membres désignent, eu égard à leur système national, un nombre aussi limité que possible de tribunaux nationaux de première et de deuxième instance compétents en matière de contrefaçon et de validité de marques de l'Union européenne.

(32) Il est indispensable que les décisions sur la validité et la contrefaçon des marques de l'Union européenne produisent effet et s'étendent à l'ensemble de l'Union, seul moyen d'éviter des décisions contradictoires des tribunaux et de l'Office, et des atteintes au caractère unitaire des marques de l'Union européenne. Ce sont les dispositions du règlement (UE) n° 1215/2012 du Parlement européen et du Conseil (9) qui devraient s'appliquer à toutes les actions en justice relatives aux marques de l'Union européenne, sauf si le présent règlement y déroge.

(33) Il convient d'éviter que des jugements contradictoires soient rendus à la suite d'actions dans lesquelles sont impliquées les mêmes parties et qui sont formées pour les mêmes faits sur la base d'une marque de l'Union européenne et de marques nationales parallèles. À cet effet, lorsque les actions sont formées dans le même État membre, les moyens pour atteindre cet objectif sont à rechercher dans les règles de procédure nationales, auxquelles le présent règlement ne porte pas atteinte, alors que, lorsque les actions sont formées dans des États membres différents, des dispositions inspirées des règles en matière de litispendance et de connexité du règlement (UE) n° 1215/2012 apparaissent appropriées.

(34) Pour promouvoir la convergence des pratiques et mettre au point des outils communs, il est nécessaire d'instituer un cadre de coopération approprié entre l'Office et les services de la propriété industrielle des États membres, y compris l'Office Benelux de la propriété intellectuelle, qui définisse leurs domaines essentiels de coopération et permette à l'Office de coordonner dans ces domaines des projets communs présentant un intérêt pour l'Union et les États membres et de les financer jusqu'à un certain plafond. Ces activités de coopération devraient profiter aux entreprises qui utilisent des systèmes de marques en Europe. Grâce à ces projets, notamment la création de bases de données pour les recherches et la consultation, les utilisateurs du système mis en place pour l'Union par le présent règlement devraient bénéficier d'outils supplémentaires intégrés, efficaces et gratuits pour se conformer aux exigences spécifiques découlant du caractère unitaire de la marque de l'Union européenne.

(35) Il est souhaitable de faciliter un règlement amiable, rapide et efficient des litiges en chargeant l'Office de créer un centre de médiation dont les services pourraient être utilisés par toute personne en vue d'obtenir un règlement amiable des litiges relatifs aux marques de l'Union européenne et aux dessins ou modèles communautaires sur la base d'un accord mutuel.

(36) La mise en place du système de la marque de l'Union européenne a entraîné un alourdissement des charges financières pour les services centraux de la propriété industrielle et d'autres autorités des États membres. Les coûts supplémentaires sont dus au traitement d'un nombre plus élevé de procédures d'opposition et de nullité portant sur des marques de l'Union européenne ou engagées par les titulaires de ces marques ; aux activités de sensibilisation liées au système de la marque de l'Union européenne ; ainsi qu'aux activités destinées à garantir le respect des droits liés à ces marques. Il convient donc de veiller à ce que l'Office compense une partie des coûts que les États membres supportent pour s'acquitter de leur tâche visant à garantir le bon fonctionnement du système de la marque de l'Union européenne. Le paiement de cette compensation devrait être subordonné à la communication, par les États membres, de données statistiques pertinentes. Cette compensation ne devrait pas être d'une ampleur telle qu'elle entraînerait un déficit budgétaire pour l'Office.

(37) En vue d'assurer la pleine autonomie et l'indépendance de l'Office, il est considéré nécessaire de le doter d'un budget autonome dont les recettes comprennent principalement le produit des taxes dues par les utilisateurs du système. Cependant, la procédure budgétaire de l'Union reste d'application en ce qui concerne les subventions éventuelles à charge du budget général de l'Union. Par ailleurs, il convient que la vérification des comptes soit effectuée par la Cour des comptes.

(38) Il convient, dans l'intérêt d'une saine gestion financière, d'éviter l'accumulation par l'Office d'excédents budgétaires importants. Cette règle ne devrait pas affecter la constitution par l'Office d'une réserve financière correspondant à une année de dépenses opérationnelles, afin d'assurer la continuité de ses activités et l'exécution de ses missions. Cette réserve ne devrait servir qu'à garantir la continuité des tâches accomplies par l'Office, telles qu'elles sont prévues dans le présent règlement.

(39) Compte tenu de l'importance essentielle que revêt le montant des taxes à payer à l'Office pour le fonctionnement du système de la marque de l'Union européenne et de la complémentarité de ce dernier avec les systèmes des marques nationaux, il est nécessaire de fixer ce montant directement dans le présent règlement sous la forme d'une annexe. Il convient de fixer le montant des taxes à un niveau qui garantisse : premièrement, que les recettes générées permettent d'assurer, en principe, l'équilibre du budget de l'Office ; deuxièmement, qu'il y ait coexistence et complémentarité entre le système de la marque de l'Union européenne et les systèmes des marques nationaux, compte tenu également de la taille du marché couvert par la marque de l'Union européenne et des besoins des petites et moyennes entreprises ; troisièmement, que les droits des titulaires de marques de l'Union européenne soient respectés de manière efficace dans les États membres.

(40) Pour que l'Office puisse examiner et enregistrer les demandes de marque de l'Union européenne de manière efficace, efficiente et rapide et selon des procédures transparentes, rigoureuses, justes et équitables, il convient de déléguer à la Commission le pouvoir d'adopter conformément à l'article 290 du traité sur le fonctionnement de l'Union européenne des actes visant à préciser les détails relatifs aux procédures à suivre pour le dépôt et l'examen des oppositions et pour la modification de la demande.

(41) Pour garantir la possibilité de prononcer la déchéance ou de déclarer la nullité d'une marque de l'Union européenne, de manière efficace et efficiente et selon des pro-

cédures transparentes, rigoureuses, justes et équitables, il convient de déléguer à la Commission le pouvoir d'adopter conformément à l'article 290 du traité sur le fonctionnement de l'Union européenne des actes visant à préciser les procédures de déchéance et de nullité.

(42) Pour que les chambres de recours puissent réexaminer les décisions de l'Office de manière efficace, efficiente et exhaustive et selon une procédure transparente, rigoureuse, juste et équitable, qui tienne compte des principes fixés dans le présent règlement, il convient de déléguer à la Commission le pouvoir d'adopter conformément à l'article 290 du traité sur le fonctionnement de l'Union européenne des actes visant à préciser le contenu formel de l'acte de recours, la procédure de dépôt et d'examen des recours, le contenu formel et la forme des décisions des chambres de recours ainsi que le remboursement des taxes de recours.

(43) Afin de garantir le fonctionnement efficace, efficient et sans heurts du système de la marque de l'Union européenne, il convient de déléguer à la Commission le pouvoir d'adopter conformément à l'article 290 du traité sur le fonctionnement de l'Union européenne des actes visant à préciser les exigences concernant les détails de la procédure orale, les modalités de l'instruction, les modalités de notification, les moyens de communication et les formulaires à utiliser par les parties à la procédure, les règles de calcul des délais et leur durée, les procédures à suivre pour la révocation d'une décision ou la suppression d'une inscription au registre, les modalités de la reprise de la procédure et les détails relatifs à la représentation devant l'Office.

(44) Afin d'assurer une organisation efficace et efficiente des chambres de recours, il convient de déléguer à la Commission le pouvoir d'adopter conformément à l'article 290 du traité sur le fonctionnement de l'Union européenne des actes visant à préciser les détails de l'organisation des chambres de recours.

(45) Afin que les marques internationales puissent être enregistrées d'une manière efficace, efficiente et parfaitement conforme aux règles du protocole relatif à l'arrangement de Madrid concernant l'enregistrement international des marques, adopté à Madrid le 27 juin 1989 (ci-après dénommé « protocole de Madrid »), il convient de déléguer à la Commission le pouvoir d'adopter conformément à l'article 290 du traité sur le fonctionnement de l'Union européenne des actes visant à préciser les détails relatifs aux procédures à suivre pour le dépôt et l'examen d'une opposition, y compris les communications qu'il est nécessaire d'adresser à l'Organisation mondiale de la propriété intellectuelle (OMPI), et les détails relatifs à la procédure concernant les enregistrements internationaux fondés sur une demande de base ou sur un enregistrement de base concernant une marque collective, une marque de certification ou une marque de garantie.

(46) Il importe particulièrement que la Commission procède aux consultations appropriées durant son travail préparatoire, y compris au niveau des experts, et que ces consultations soient menées conformément aux principes définis dans l'accord interinstitutionnel du 13 avril 2016 « Mieux légiférer ». En particulier, pour assurer leur égale participation à la préparation des actes délégués, le Parlement européen et le Conseil reçoivent tous les documents au même moment que les experts des États membres, et leurs experts ont systématiquement accès aux réunions des groupes d'experts de la Commission traitant de la préparation des actes délégués.

(47) Afin d'assurer des conditions uniformes d'exécution du présent règlement, il convient de conférer des compétences d'exécution à la Commission en ce qui concerne les détails relatifs aux demandes, aux certificats, aux revendications, aux règlements, aux notifications et à tout autre document relevant des exigences procédurales prévues par le présent règlement, ainsi qu'en ce qui concerne les taux maximaux applicables aux frais indispensables à la procédure et réellement exposés, les détails concernant les publications dans le Bulletin des marques de l'Union européenne et le Journal officiel de l'Office, les modalités de l'échange d'informations entre l'Office et les autorités nationales, les modalités concernant les traductions des pièces justificatives dans les procédures écrites, les types exacts de décisions que doit prendre un seul membre des divisions d'opposition ou d'annulation, les détails de l'obligation de notification en vertu du protocole de Madrid, ainsi que les exigences détaillées concernant la demande d'extension territoriale à la suite d'un enregistrement international. Ces compétences devraient être exercées en conformité avec le règlement (UE) n° 182/2011 du Parlement européen et du Conseil (11).

(48) Étant donné que les objectifs du présent règlement ne peuvent pas être atteints de manière suffisante par les États membres mais peuvent, en raison de ses dimensions et de ses effets, l'être mieux au niveau de l'Union, celle-ci peut prendre des mesures, conformément au principe de subsidiarité consacré à l'article 5 du traité sur l'Union européenne. Conformément au principe de proportionnalité tel qu'énoncé audit article, le présent règlement n'excède pas ce qui est nécessaire pour atteindre ces objectifs,

ONT ADOPTÉ LE PRÉSENT RÈGLEMENT :

CHAPITRE I
Dispositions générales

Art. premier *Marque de l'Union européenne.* 1. Les marques de produits ou de services enregistrées dans les conditions et selon les modalités prévues par le présent règlement sont ci-après dénommées « marques de l'Union européenne ».

2. La marque de l'Union européenne a un caractère unitaire. Elle produit les mêmes effets dans l'ensemble de l'Union : elle ne peut être enregistrée, transférée, faire l'objet d'une renonciation, d'une décision de déchéance des droits du titulaire ou de nullité, et son usage ne peut être interdit, que pour l'ensemble de l'Union. Ce principe s'applique sauf disposition contraire du présent règlement.

Art. 2 *Office.* 1. Il est institué un Office de l'Union européenne pour la propriété intellectuelle (ci-après dénommé « Office »).

2. Toutes les références à l'Office de l'harmonisation dans le marché intérieur (marques, dessins et modèles) figurant dans le droit de l'Union s'entendent comme des références à l'Office.

Art. 3 *Capacité d'agir.* Aux fins de la mise en œuvre du présent règlement sont assimilées à des personnes morales les sociétés et les autres entités juridiques qui, aux termes de la législation qui leur est applicable, ont la capacité, en leur propre nom, d'être titulaires de droits et d'obligations de toute nature, de passer des contrats ou d'accomplir d'autres actes juridiques, et d'ester en justice.

CHAPITRE II

Droit des marques

Section I

Définition et acquisition de la marque de l'Union européenne

Art. 4 *Signes susceptibles de constituer une marque de l'Union européenne.* Peuvent constituer des marques de l'Union européenne tous les signes, notamment les mots, y compris les noms de personnes, ou les dessins, les lettres, les chiffres, les couleurs, la forme d'un produit ou du conditionnement d'un produit, ou les sons, à condition que ces signes soient propres :

a) à distinguer les produits ou les services d'une entreprise de ceux d'autres entreprises; et

b) à être représentés dans le registre des marques de l'Union européenne (ci-après dénommé « registre ») d'une manière qui permette aux autorités compétentes et au public de déterminer précisément et clairement l'objet bénéficiant de la protection conférée à leurs titulaires.

Art. 5 *Titulaires de marques de l'Union européenne.* Toute personne physique ou morale, y compris les entités de droit public, peut être titulaire d'une marque de l'Union européenne.

Art. 6 *Mode d'acquisition de la marque de l'Union européenne.* La marque de l'Union européenne s'acquiert par l'enregistrement.

Art. 7 *Motifs absolus de refus.* 1. Sont refusés à l'enregistrement :

a) les signes qui ne sont pas conformes à l'article 4;

b) les marques qui sont dépourvues de caractère distinctif;

c) les marques qui sont composées exclusivement de signes ou d'indications pouvant servir, dans le commerce, à désigner l'espèce, la qualité, la quantité, la destination, la valeur, la provenance géographique ou l'époque de la production du produit ou de la prestation du service, ou d'autres caractéristiques de ceux-ci;

d) les marques qui sont composées exclusivement de signes ou d'indications devenus usuels dans le langage courant ou dans les habitudes loyales et constantes du commerce;

e) les signes constitués exclusivement :

i) par la forme, ou une autre caractéristique, imposée par la nature même du produit;

ii) par la forme, ou une autre caractéristique du produit, nécessaire à l'obtention d'un résultat technique;

iii) par la forme, ou une autre caractéristique du produit, qui donne une valeur substantielle au produit;

f) les marques qui sont contraires à l'ordre public ou aux bonnes mœurs;

g) les marques qui sont de nature à tromper le public, par exemple sur la nature, la qualité ou la provenance géographique du produit ou du service;

h) les marques qui, à défaut d'autorisation des autorités compétentes, sont à refuser en vertu de l'article 6 ter de la convention de Paris pour la protection de la propriété industrielle (ci-après dénommée « convention de Paris »);

i) les marques qui comportent des badges, emblèmes ou écussons autres que ceux visés par l'article 6 ter de la convention de Paris et présentant un intérêt public particulier, à moins que leur enregistrement n'ait été autorisé par l'autorité compétente;

j) les marques exclues de l'enregistrement en application de la législation de l'Union ou du droit national ou d'accords internationaux auxquels l'Union ou l'État membre concerné est partie, qui prévoient la protection des appellations d'origine et des indications géographiques;

k) les marques exclues de l'enregistrement en application de la législation de l'Union ou d'accords internationaux auxquels l'Union est partie, qui prévoient la protection des mentions traditionnelles pour les vins;

l) les marques exclues de l'enregistrement en application de la législation de l'Union ou d'accords internationaux auxquels l'Union est partie, qui prévoient la protection des spécialités traditionnelles garanties;

m) les marques qui consistent en une dénomination d'une variété végétale antérieure enregistrée conformément à la législation de l'Union ou au droit national ou aux accords internationaux auxquels l'Union ou l'État membre concerné est partie, qui prévoient la protection des droits d'obtention végétale, ou la reproduisent dans leurs éléments essentiels, et qui portent sur des variétés végétales de la même espèce ou d'une espèce étroitement liée.

2. Le paragraphe 1 est applicable même si les motifs de refus n'existent que dans une partie de l'Union.

3. Le paragraphe 1, points b), c) et d), n'est pas applicable si la marque a acquis pour les produits ou services pour lesquels est demandé l'enregistrement un caractère distinctif après l'usage qui en a été fait.

Art. 8 *Motifs relatifs de refus.* 1. Sur opposition du titulaire d'une marque antérieure, la marque demandée est refusée à l'enregistrement :

a) lorsqu'elle est identique à la marque antérieure et que les produits ou les services pour lesquels la marque a été demandée sont identiques à ceux pour lesquels la marque antérieure est protégée;

b) lorsqu'en raison de son identité ou de sa similitude avec la marque antérieure et en raison de l'identité ou de la similitude des produits ou des services que les deux marques désignent, il existe un risque de confusion dans l'esprit du public du territoire dans lequel la marque antérieure est protégée; le risque de confusion comprend le risque d'association avec la marque antérieure.

2. Aux fins du paragraphe 1, on entend par « marques antérieures » :

a) les marques dont la date de dépôt est antérieure à celle de la demande de marque de l'Union européenne, compte tenu, le cas échéant, du droit de priorité invoqué à l'appui de ces marques, et qui appartiennent aux catégories suivantes :

i) les marques de l'Union européenne;

ii) les marques enregistrées dans un État membre ou, pour ce qui concerne la Belgique, le Luxembourg et les Pays-Bas, auprès de l'Office Benelux de la propriété intellectuelle;

iii) les marques qui ont fait l'objet d'un enregistrement international ayant effet dans un État membre;

iv) les marques qui ont fait l'objet d'un enregistrement international ayant effet dans l'Union;

b) les demandes de marques visées au point a), sous réserve de leur enregistrement;

c) les marques qui, à la date de dépôt de la demande de marque de l'Union européenne ou, le cas échéant, à la date de la priorité invoquée à l'appui de la demande de marque de l'Union européenne, sont « notoirement connues » dans un État membre au sens de l'article 6 bis de la convention de Paris.

3. Sur opposition du titulaire de la marque, une marque est refusée à l'enregistrement lorsqu'elle est demandée par l'agent ou le représentant du titulaire de la marque, en son propre nom et sans le consentement du titulaire, à moins que cet agent ou ce représentant ne justifie ses agissements.

4. Sur opposition du titulaire d'une marque non enregistrée ou d'un autre signe utilisé dans la vie des affaires dont la portée n'est pas seulement locale, la marque demandée est refusée à l'enregistrement, lorsque et dans la mesure où, selon la législation de l'Union ou le droit de l'État membre qui est applicable à ce signe :

a) des droits à ce signe ont été acquis avant la date de dépôt de la demande de marque de l'Union européenne ou, le cas échéant, avant la date de la priorité invoquée à l'appui de la demande de marque de l'Union européenne;

b) ce signe donne à son titulaire le droit d'interdire l'utilisation d'une marque plus récente.

5. Sur opposition du titulaire d'une marque antérieure enregistrée au sens du paragraphe 2, la marque demandée est refusée à l'enregistrement si elle est identique ou similaire à une marque antérieure, indépendamment du fait que les produits ou services pour lesquels elle est demandée sont identiques, similaires ou non similaires à ceux pour lesquels la marque antérieure est enregistrée, lorsque cette marque antérieure est une marque de l'Union européenne qui jouit d'une renommée dans l'Union ou une marque nationale qui jouit d'une renommée dans l'État membre concerné, et que l'usage sans juste motif de la marque demandée tirerait indûment profit du caractère distinctif ou de la renommée de cette marque antérieure ou leur porterait préjudice.

6. Sur opposition de toute personne autorisée en vertu de la législation applicable à exercer les droits qui découlent d'une appellation d'origine ou d'une indication géographique, la marque demandée est refusée à l'enregistrement lorsque et dans la mesure où, en application de la législation de l'Union ou du droit national qui prévoient la protection des appellations d'origine ou des indications géographiques :

i) une demande d'appellation d'origine ou d'indication géographique avait déjà été introduite, conformément à la législation de l'Union ou au droit national, avant la date de dépôt de la marque de l'Union européenne ou avant la date de la priorité invoquée à l'appui de la demande, sous réserve d'un enregistrement ultérieur;

ii) cette appellation d'origine ou cette indication géographique confère le droit d'interdire l'usage d'une marque postérieure.

Section II

Effets de la marque de l'Union européenne

Art. 9 *Droit conféré par la marque de l'Union européenne.* 1. L'enregistrement d'une marque de l'Union européenne confère à son titulaire un droit exclusif.

2. Sans préjudice des droits des titulaires acquis avant la date de dépôt ou la date de priorité d'une marque de l'Union européenne, le titulaire de cette marque de l'Union européenne est habilité à interdire à tout tiers, en l'absence de son consentement, de faire usage dans la vie des affaires d'un signe pour des produits ou services lorsque :

a) ce signe est identique à la marque de l'Union européenne et est utilisé pour des produits ou des services identiques à ceux pour lesquels la marque de l'Union européenne est enregistrée;

b) ce signe est identique ou similaire à la marque de l'Union européenne et est utilisé pour des produits ou services identiques ou similaires aux produits ou services pour lesquels la marque de l'Union européenne est enregistrée, s'il existe un risque de confusion dans l'esprit du public; le risque de confusion comprend le risque d'association entre le signe et la marque;

c) ce signe est identique ou similaire à la marque de l'Union européenne, indépendamment du fait que les produits ou services pour lesquels il est utilisé soient identiques, similaires ou non similaires à ceux pour lesquels la marque de l'Union européenne est enregistrée, lorsque celle-ci jouit d'une renommée dans l'Union et que l'usage de ce signe sans juste motif tire indûment profit du caractère distinctif ou de la renommée de la marque de l'Union européenne ou leur porte préjudice.

3. Il peut notamment être interdit, en vertu du paragraphe 2 :

a) d'apposer le signe sur les produits ou sur leur conditionnement;

b) d'offrir les produits, de les mettre sur le marché ou de les détenir à ces fins sous le signe, ou d'offrir ou de fournir des services sous le signe;

c) d'importer ou d'exporter les produits sous le signe;

d) de faire usage du signe comme nom commercial ou dénomination sociale ou comme partie d'un nom commercial ou d'une dénomination sociale;

e) d'utiliser le signe dans les papiers d'affaires et la publicité;

f) de faire usage du signe dans des publicités comparatives d'une manière contraire à la directive 2006/114/CE.

4. Sans préjudice des droits des titulaires acquis avant la date de dépôt ou la date de priorité de la marque de l'Union européenne, le titulaire de cette marque de l'Union européenne est en outre habilité à empêcher tout tiers d'introduire des produits, dans la vie des affaires, dans l'Union sans qu'ils y soient mis en libre pratique, lorsque ces produits, conditionnement inclus, proviennent de pays tiers et portent sans autorisation une marque qui est identique à la marque de l'Union européenne enregistrée pour ces produits ou qui ne peut être distinguée, dans ses aspects essentiels, de cette marque.

Le droit conféré au titulaire d'une marque de l'Union européenne en vertu du premier alinéa s'éteint si, au cours de la procédure visant à déterminer s'il a été porté atteinte à la marque de l'Union européenne, engagée conformément au règlement (UE) n° 608/2013 le déclarant ou le détenteur des produits apporte la preuve que le titulaire de la marque de l'Union européenne n'a pas le droit d'interdire la mise sur le marché des produits dans le pays de destination finale.

Art. 10 *Droit d'interdire les actes préparatoires portant sur l'utilisation du conditionnement ou d'autres moyens.* Lorsqu'il existe un risque qu'il puisse être fait usage, pour des produits ou des services, d'un conditionnement, d'étiquettes, de marquages, de dispositifs de sécurité ou d'authentification ou de tout autre support sur lequel est apposée la marque, et que cet usage porterait atteinte aux droits conférés au titulaire d'une marque de l'Union européenne au titre de l'article 9, paragraphes 2 et 3, le titulaire de cette marque a le droit d'interdire les actes ci-après s'ils sont effectués dans la vie des affaires :

a) l'apposition d'un signe identique ou similaire à la marque de l'Union européenne sur le conditionnement, les étiquettes, les marquages, les dispositifs de sécurité ou d'authentification ou tout autre support sur lequel la marque peut être apposée;

b) l'offre, la mise sur le marché ou la détention à ces fins, l'importation ou l'exportation de conditionnements, d'étiquettes, de marquages, de dispositifs de sécurité ou d'authentification ou tout autre support sur lequel la marque est apposée.

Art. 11 *Date d'opposabilité du droit aux tiers.* 1. Le droit conféré par une marque de l'Union européenne est opposable aux tiers à compter de la date de publication de l'enregistrement de la marque.

2. Une indemnité raisonnable peut être exigée pour des faits postérieurs à la publication d'une demande de marque de l'Union européenne qui, après la publication de l'enregistrement de la marque, seraient interdits en vertu de celle-ci.

3. Le tribunal saisi ne statue pas au fond tant que l'enregistrement n'a pas été publié.

Art. 12 *Reproduction de la marque de l'Union européenne dans les dictionnaires.* Si la reproduction d'une marque de l'Union européenne dans un dictionnaire, une encyclopédie ou un ouvrage à consulter similaire donne l'impression qu'elle constitue le terme générique des biens ou services pour lesquels la marque est enregistrée, l'éditeur veille, sur demande du titulaire de la marque de l'Union européenne, à ce que la reproduction de la marque de l'Union européenne soit, au plus tard lors de l'édition suivante de l'ouvrage, accompagnée de l'indication qu'il s'agit d'une marque enregistrée.

Art. 13 *Interdiction d'utiliser la marque de l'Union européenne enregistrée au nom d'un agent ou d'un représentant.* Si une marque de l'Union européenne a été enregistrée au nom de l'agent ou du représentant de celui qui est titulaire de cette marque, sans l'autorisation du titulaire, celui-ci a le droit de s'opposer à l'utilisation de sa marque par son agent ou représentant, s'il n'a pas autorisé cette utilisation, à moins que l'agent ou le représentant ne justifie ses agissements.

Art. 14 *Limitation des effets de la marque de l'Union européenne.* 1. Une marque de l'Union européenne ne permet pas à son titulaire d'interdire à un tiers l'usage, dans la vie des affaires :

a) de son nom ou de son adresse, lorsque le tiers est une personne physique;

b) de signes ou d'indications qui sont dépourvus de caractère distinctif ou qui se rapportent à l'espèce, à la qualité, à la quantité, à la destination, à la valeur, à la provenance géographique, à l'époque de la production du produit ou de la prestation du service ou à d'autres caractéristiques de ceux-ci;

c) de la marque de l'Union européenne pour désigner ou mentionner des produits ou des services comme étant ceux du titulaire de cette marque, en particulier lorsque l'usage de cette marque est nécessaire pour indiquer la destination d'un produit ou d'un service, notamment en tant qu'accessoire ou pièce détachée.

2. Le paragraphe 1 ne s'applique que lorsque l'usage par le tiers est fait conformément aux usages honnêtes en matière industrielle ou commerciale.

Art. 15 *Épuisement du droit conféré par la marque de l'Union européenne.* 1. Une marque de l'Union européenne ne permet pas à son titulaire d'interdire l'usage de celle-ci pour des produits qui ont été mis sur le marché dans l'espace économique européen sous cette marque par le titulaire ou avec son consentement.

2. Le paragraphe 1 n'est pas applicable lorsque des motifs légitimes justifient que le titulaire s'oppose à la commercialisation ultérieure des produits, notamment lorsque l'état des produits est modifié ou altéré après leur mise dans le commerce.

Art. 16 *Droit d'intervention du titulaire d'une marque enregistrée postérieurement comme moyen de défense dans une procédure en contrefaçon.* 1. Lors d'une procédure en contrefaçon, le titulaire d'une marque de l'Union européenne ne peut interdire l'usage d'une marque de l'Union européenne enregistrée postérieurement lorsque cette marque postérieure n'aurait pas été déclarée nulle en vertu de l'article 60, paragraphe 1, 3 ou 4, de l'article 61, paragraphe 1 ou 2, ou de l'article 64, paragraphe 2, du présent règlement.

2. Lors d'une procédure en contrefaçon, le titulaire d'une marque de l'Union européenne ne peut interdire l'usage d'une marque nationale enregistrée postérieurement lorsque cette marque postérieure n'aurait pas été déclarée nulle en vertu de l'article 8 ou de l'article 9, paragraphe 1 ou 2, ou de l'article 46, paragraphe 3, de la directive (UE) 2015/2436 du Parlement européen et du Conseil (12).

3. Lorsque le titulaire d'une marque de l'Union européenne ne peut pas interdire, en vertu du paragraphe 1 ou 2, l'usage d'une marque enregistrée postérieurement, le titulaire de cette marque enregistrée postérieurement ne peut pas interdire l'usage de la marque de l'Union européenne antérieure dans une action en contrefaçon.

Art. 17 *Application complémentaire du droit national en matière de contrefaçon.*

1. Les effets de la marque de l'Union européenne sont exclusivement déterminés par les dispositions du présent règlement. Par ailleurs, les atteintes à une marque de l'Union européenne sont régies par le droit national concernant les atteintes à une marque nationale conformément aux dispositions du chapitre X.

2. Le présent règlement n'exclut pas que des actions portant sur une marque de l'Union européenne soient intentées sur la base du droit des États membres concernant notamment la responsabilité civile et la concurrence déloyale.

3. Les règles de procédure applicables sont déterminées conformément aux dispositions du chapitre X.

Section III

Usage de la marque de l'Union européenne

Art. 18 *Usage de la marque de l'Union européenne.* 1. Si, dans un délai de cinq ans à compter de l'enregistrement, la marque de l'Union européenne n'a pas fait l'objet par le titulaire d'un usage sérieux dans l'Union pour les produits ou les services pour lesquels elle est enregistrée, ou si un tel usage a été suspendu pendant un délai ininterrompu de cinq ans, la marque de l'Union européenne est soumise aux sanctions prévues au présent règlement, sauf juste motif pour le non-usage.

Constituent également un usage au sens du premier alinéa :

a) l'usage de la marque de l'Union européenne sous une forme qui diffère par des éléments n'altérant pas le caractère distinctif de la marque dans la forme sous laquelle elle a été enregistrée, que la marque soit ou non aussi enregistrée sous la forme utilisée au nom du titulaire;

b) l'apposition de la marque de l'Union européenne sur les produits ou sur leur conditionnement dans l'Union dans le seul but de l'exportation.

2. L'usage de la marque de l'Union européenne avec le consentement du titulaire est considéré comme fait par le titulaire.

Section IV

La marque de l'Union européenne comme objet de propriété

Art. 19 *Assimilation de la marque de l'Union européenne à la marque nationale.*

1. Sauf disposition contraire des articles 20 à 28, la marque de l'Union européenne en tant qu'objet de propriété est considérée en sa totalité et pour l'ensemble du territoire de l'Union comme une marque nationale enregistrée dans l'État membre dans lequel, selon le registre :

a) le titulaire a son siège ou son domicile à la date considérée;

b) si le point a) n'est pas applicable, le titulaire a un établissement à la date considérée.

2. Dans les cas non prévus au paragraphe 1, l'État membre visé audit paragraphe est celui dans lequel l'Office a son siège.

3. Si plusieurs personnes sont inscrites au registre en tant que cotitulaires, le paragraphe 1 est applicable au premier inscrit; à défaut, il s'applique dans l'ordre de leur inscription aux cotitulaires suivants. Lorsque le paragraphe 1 ne s'applique à aucun des cotitulaires, le paragraphe 2 est applicable.

Art. 20 *Transfert.* 1. La marque de l'Union européenne peut, indépendamment du transfert de l'entreprise, être transférée pour tout ou pour partie des produits ou des services pour lesquels elle est enregistrée.

2. Le transfert de l'entreprise dans sa totalité implique le transfert de la marque de l'Union européenne, sauf si, en conformité avec la législation applicable au transfert, il existe une convention contraire ou si cela ressort clairement des circonstances. Cette disposition s'applique à l'obligation contractuelle de transférer l'entreprise.

3. Sans préjudice du paragraphe 2, la cession de la marque de l'Union européenne doit être faite par écrit et requiert la signature des parties au contrat, sauf si elle résulte d'un jugement; à défaut, la cession est nulle.

4. Sur requête d'une des parties, le transfert est inscrit au registre et publié.

5. La demande d'enregistrement d'un transfert comporte des informations permettant d'identifier la marque de l'Union européenne, le nouveau titulaire, les produits et services sur lesquels porte le transfert ainsi que les documents établissant en bonne et due forme le transfert conformément aux paragraphes 2 et 3. La demande peut également contenir, s'il y a lieu, des informations permettant d'identifier le représentant du nouveau titulaire.

6. La Commission adopte des actes d'exécution précisant :

a) les éléments à mentionner dans la demande d'enregistrement du transfert;

b) le type de documents requis pour établir un transfert, compte tenu des autorisations données par le titulaire enregistré et son ayant cause;

c) les modalités de traitement des demandes de transfert partiel, en veillant à ce que les produits et les services figurant dans l'enregistrement maintenu et dans le nouvel enregistrement ne se recouvrent pas et qu'un dossier distinct, assorti d'un nouveau numéro d'enregistrement, soit établi pour le nouvel enregistrement.

Ces actes d'exécution sont adoptés en conformité avec la procédure d'examen visée à l'article 207, paragraphe 2.

7. Lorsque les conditions d'enregistrement du transfert énoncées aux paragraphes 1, 2 et 3, ou dans les actes d'exécution visés au paragraphe 6, ne sont pas remplies, l'Office informe le demandeur des irrégularités constatées. S'il n'est pas remédié aux irrégularités dans le délai à fixer par l'Office, celui-ci rejette la demande d'enregistrement du transfert.

8. Une seule demande d'enregistrement d'un transfert peut être présentée pour deux ou plusieurs marques, sous réserve que le titulaire enregistré et son ayant cause soient identiques dans tous les cas.

9. Les paragraphes 5 à 8 s'appliquent également aux demandes de marque de l'Union européenne.

10. En ce qui concerne les transferts partiels, toute demande présentée par le titulaire initial et pendante pour l'enregistrement initial est réputée pendante en ce qui concerne l'enregistrement maintenu et le nouvel enregistrement. Si cette demande est subordonnée au paiement de taxes et que celles-ci ont déjà été acquittées par le titulaire initial, le nouveau titulaire n'est pas tenu d'acquitter de nouvelles taxes pour cette demande.

11. Tant que le transfert n'a pas été inscrit au registre, l'ayant cause ne peut pas se prévaloir des droits découlant de l'enregistrement de la marque de l'Union européenne.

12. Lorsque des délais doivent être observés vis-à-vis de l'Office, l'ayant cause peut faire à l'Office les déclarations prévues à cet effet dès que celui-ci a reçu la demande d'enregistrement du transfert.

13. Tous les documents qui doivent être notifiés au titulaire de la marque de l'Union européenne, conformément à l'article 98, sont adressés à la personne enregistrée en qualité de titulaire.

Art. 21 *Transfert d'une marque enregistrée au nom d'un agent.* 1. Si une marque de l'Union européenne a été enregistrée au nom de l'agent ou du représentant d'une personne qui est titulaire de cette marque, sans l'autorisation du titulaire, ce dernier a le droit de réclamer la cession à son profit de la marque de l'Union européenne, à moins que cet agent ou ce représentant ne justifie sa démarche.

2. Le titulaire peut soumettre une demande de cession au titre du paragraphe 1 du présent article :

a) à l'Office, en vertu de l'article 60, paragraphe 1, point b), au lieu d'une demande en nullité;

b) à un tribunal des marques de l'Union européenne au sens de l'article 123, au lieu d'une demande reconventionnelle en nullité fondée sur l'article 128, paragraphe 1.

Art. 22 *Droits réels.* 1. La marque de l'Union européenne peut, indépendamment de l'entreprise, être donnée en gage ou faire l'objet d'un autre droit réel.

2. Sur requête d'une des parties, il est procédé à l'inscription au registre et à la publication des droits visés au paragraphe 1 ou du transfert de ces droits.

3. Une inscription au registre effectuée en vertu du paragraphe 2 est supprimée ou modifiée sur requête d'une des parties.

Art. 23 *Exécution forcée.* 1. La marque de l'Union européenne peut faire l'objet de mesures d'exécution forcée.

2. En matière de procédure d'exécution forcée sur une marque de l'Union européenne, la compétence exclusive appartient aux tribunaux et aux autorités de l'État membre déterminé en application de l'article 19.

3. Sur requête d'une des parties, l'exécution forcée est inscrite au registre et publiée.

4. Une inscription au registre effectuée en vertu du paragraphe 3 est supprimée ou modifiée sur requête d'une des parties.

Art. 24 *Procédure d'insolvabilité.* 1. La seule procédure d'insolvabilité dans laquelle une marque de l'Union européenne peut être incluse est celle qui a été ouverte dans l'État membre sur le territoire duquel est situé le centre des intérêts principaux du débiteur.

Cependant, lorsque le débiteur est une entreprise d'assurance ou un établissement de crédit tels que définis respectivement par la directive 2009/138/CE du Parlement européen et du Conseil (13) et par la directive 2001/24/CE du Parlement européen et du Conseil (14), la seule procédure d'insolvabilité dans laquelle une marque de l'Union européenne peut être incluse est celle qui a été ouverte dans l'État membre où cette entreprise ou cet établissement ont été agréés.

2. En cas de copropriété d'une marque de l'Union européenne, le paragraphe 1 est applicable à la part du copropriétaire.

3. Lorsqu'une marque de l'Union européenne est incluse dans une procédure d'insolvabilité, une inscription en ce sens est portée au registre et publiée au Bulletin des marques de l'Union européenne visé à l'article 116, sur demande de l'autorité nationale compétente.

Art. 25 *Licence.* 1. La marque de l'Union européenne peut faire l'objet de licences pour tout ou partie des produits ou des services pour lesquels elle est enregistrée et pour tout ou partie de l'Union. Les licences peuvent être exclusives ou non exclusives.

2. Le titulaire de la marque de l'Union européenne peut invoquer les droits conférés par cette marque à l'encontre d'un licencié qui enfreint l'une des clauses du contrat de licence en ce qui concerne :

a) sa durée;

b) la forme couverte par l'enregistrement sous laquelle la marque peut être utilisée;

c) la nature des produits ou des services pour lesquels la licence est octroyée;

d) le territoire sur lequel la marque peut être apposée; ou

e) la qualité des produits fabriqués ou des services fournis par le licencié.

3. Sans préjudice des stipulations du contrat de licence, le licencié ne peut engager une procédure relative à la contrefaçon d'une marque de l'Union européenne qu'avec le consentement du titulaire de celle-ci. Toutefois, le titulaire d'une licence exclusive peut engager une telle procédure si, après mise en demeure, le titulaire de la marque n'agit pas lui-même en contrefaçon dans un délai approprié.

4. Tout licencié est recevable à intervenir dans la procédure en contrefaçon engagée par le titulaire de la marque de l'Union européenne afin d'obtenir réparation du préjudice qui lui est propre.

5. Sur requête d'une des parties, l'octroi ou le transfert d'une licence d'une marque de l'Union européenne est inscrit au registre et publié.

6. Une inscription au registre effectuée en vertu du paragraphe 5 est supprimée ou modifiée sur requête d'une des parties.

Art. 26 *Procédure d'inscription de licences et d'autres droits dans le registre.* 1. L'article 20, paragraphes 5 et 6, et les règles adoptées en application de ces dispositions, ainsi que l'article 20, paragraphe 8, s'appliquent mutatis mutandis à l'enregistrement ou au transfert d'un droit réel visé à l'article 22, paragraphe 2, à l'exécution forcée visée à l'article 23, paragraphe 3, à l'inclusion dans une procédure d'insolvabilité visée à l'article 24, paragraphe 3, ainsi qu'à l'enregistrement ou au transfert d'une licence visé à l'article 25, paragraphe 5, sous réserve de ce qui suit :

a) l'obligation relative à l'identification des produits et services visés par le transfert ne s'applique pas aux demandes d'enregistrement d'un droit réel, d'une exécution forcée ou d'une procédure d'insolvabilité;

b) l'obligation relative aux documents prouvant le transfert ne s'applique pas lorsque la demande est introduite par le titulaire de la marque de l'Union européenne.

2. La demande d'enregistrement des droits visée au paragraphe 1 n'est réputée présentée qu'après paiement de la taxe requise.

3. La demande d'enregistrement d'une licence peut comporter une demande d'enregistrement de la licence dans le registre sous une ou plusieurs des formes suivantes :

a) une licence exclusive;

b) une sous-licence lorsque la licence est octroyée par un licencié dont la licence est inscrite au registre;

c) une licence limitée à une partie des produits et services pour lesquels la marque est enregistrée;

d) une licence limitée à une partie de l'Union;

e) une licence temporaire.

Lorsqu'une demande d'enregistrement d'une licence est présentée sous les formes énumérées aux points c), d) et e) du premier alinéa, elle indique les produits et services, la partie de l'Union et la période visés par la licence.

4. Lorsque les conditions d'enregistrement prévues aux articles 22 à 25, aux paragraphes 1 et 3 du présent article, et par les autres règles adoptées en vertu du présent règlement, ne sont pas remplies, l'Office informe le demandeur de l'irrégularité. S'il n'est pas remédié à l'irrégularité dans le délai fixé par l'Office, celui-ci rejette la demande d'enregistrement.

5. Les paragraphes 1 et 3 s'appliquent mutatis mutandis aux demandes de marque de l'Union européenne.

Art. 27 *Opposabilité aux tiers.* 1. Les actes juridiques concernant la marque de l'Union européenne visés aux articles 20, 22 et 25 ne sont opposables aux tiers dans tous les États membres qu'après leur inscription au registre. Toutefois, avant son inscription, un tel acte est opposable aux tiers qui ont acquis des droits sur la marque après la date de cet acte mais qui avaient connaissance de celui-ci lors de l'acquisition de ces droits.

2. Le paragraphe 1 n'est pas applicable à l'égard d'une personne qui acquiert la marque de l'Union européenne ou un droit sur la marque de l'Union européenne par transfert de l'entreprise dans sa totalité ou par toute autre succession à titre universel.

3. L'opposabilité aux tiers des actes juridiques visés à l'article 23 est régie par le droit de l'État membre déterminé en application de l'article 19.

4. Jusqu'à l'entrée en vigueur de dispositions communes aux États membres en matière de faillite, l'opposabilité aux tiers d'une procédure de faillite ou de procédures analogues est régie par le droit de l'État membre où une telle procédure a été ouverte en premier lieu au sens de la loi nationale ou des conventions applicables en la matière.

Art. 28 *Demande de marque de l'Union européenne comme objet de propriété.* Les articles 19 à 27 sont applicables aux demandes de marque de l'Union européenne.

Art. 29 *Procédure de radiation ou de modification de l'inscription au registre d'une licence ou d'autres droits.* 1. L'enregistrement effectué en vertu de l'article 26, paragraphe 1, fait l'objet d'une radiation ou d'une modification à la demande de l'une des personnes concernées.

2. La demande comporte le numéro d'enregistrement de la marque de l'Union européenne concernée et des précisions sur le droit pour lequel la radiation ou la modification de l'inscription est demandée.

3. La demande de radiation d'une licence, d'un droit réel ou d'une mesure d'exécution n'est réputée présentée qu'après paiement de la taxe requise.

4. La demande est accompagnée de documents prouvant que le droit enregistré n'existe plus ou que le licencié ou le titulaire d'un autre droit consent à la radiation ou à la modification de l'inscription.

5. Si les conditions de radiation ou de modification de l'enregistrement ne sont pas remplies, l'Office informe le demandeur de l'irrégularité constatée. S'il n'est pas remédié à l'irrégularité dans le délai à fixer par l'Office, celui-ci rejette la demande de radiation ou de modification de l'enregistrement.

6. Les paragraphes 1 à 5 du présent article s'appliquent mutatis mutandis aux mentions inscrites dans les dossiers conformément à l'article 26, paragraphe 5.

CHAPITRE III
La demande de marque de l'Union européenne

Section I

Dépôt de la demande et conditions auxquelles elle doit satisfaire

Art. 30 *Dépôt de la demande.* 1. La demande de marque de l'Union européenne est déposée auprès de l'Office.

2. L'Office délivre sans tarder au demandeur un récépissé sur lequel figurent au moins le numéro de dossier, une représentation, une description ou tout autre moyen d'identification de la marque, la nature des documents et leur nombre, ainsi que leur date de réception. Ce récépissé peut être délivré par voie électronique.

Art. 31 *Conditions auxquelles la demande doit satisfaire.* 1. La demande de marque de l'Union européenne doit contenir :

a) une requête en enregistrement d'une marque de l'Union européenne;

b) les indications qui permettent d'identifier le demandeur;

c) la liste des produits ou des services pour lesquels l'enregistrement est demandé;

d) une représentation de la marque, répondant aux exigences de l'article 4, point b).

2. La demande de marque de l'Union européenne donne lieu au paiement de la taxe de dépôt couvrant une seule classe de produits ou de services et, le cas échéant, d'une ou de plusieurs taxes pour chaque classe de produits et de services au-delà de la première classe ainsi que, s'il y a lieu, de la taxe de recherche.

3. Outre les exigences visées aux paragraphes 1 et 2, la demande de marque de l'Union européenne satisfait aux conditions de forme établies par le présent règlement et par les actes d'exécution adoptés en application de celui-ci. Si ces conditions prévoient une représentation électronique de la marque, le directeur exécutif peut décider du format et de la taille maximale du fichier électronique.

4. La Commission adopte des actes d'exécution précisant les éléments à mentionner dans la demande. Ces actes d'exécution sont adoptés en conformité avec la procédure d'examen visée à l'article 207, paragraphe 2.

Art. 32 *Date de dépôt.* La date de dépôt d'une demande de marque de l'Union européenne est la date à laquelle le demandeur a déposé auprès de l'Office les documents contenant les éléments visés à l'article 31, paragraphe 1, sous réserve du paiement de la taxe de dépôt dans un délai d'un mois à compter du dépôt de ces documents.

Art. 33 *Désignation et classification des produits et services.* 1. Les produits et les services pour lesquels l'enregistrement d'une marque est demandé sont classés conformément au système de classification établi par l'Arrangement de Nice concernant la classification internationale des produits et des services aux fins de l'enregistrement des marques du 15 juin 1957 (ci-après dénommé « classification de Nice »).

2. Les produits et les services pour lesquels la protection de la marque est demandée sont désignés par le demandeur avec suffisamment de clarté et de précision pour permettre aux autorités compétentes et aux opérateurs économiques de déterminer, sur cette seule base, l'étendue de la protection demandée.

3. Aux fins du paragraphe 2, les indications générales figurant dans les intitulés de classe de la classification de Nice ou d'autres termes généraux peuvent être utilisés, sous réserve qu'ils satisfassent aux normes requises en matière de clarté et de précision énoncées au présent article.

4. L'Office rejette une demande pour des indications ou des termes manquant de clarté ou imprécis lorsque le demandeur ne propose pas de formulation acceptable dans un délai fixé à cet effet par l'Office.

5. L'utilisation de termes généraux, y compris les indications générales figurant dans les intitulés de classe de la classification de Nice, est interprétée comme incluant tous les produits ou services relevant clairement du sens littéral de l'indication ou du terme. L'utilisation de tels termes ou indications n'est pas interprétée comme incluant une demande pour des produits ou des services ne pouvant être ainsi compris.

6. Lorsque le demandeur sollicite l'enregistrement pour plus d'une classe, il regroupe les produits et les services selon les classes de la classification de Nice, chaque groupe de produits ou de services étant précédé du numéro de la classe dont il relève, et il présente les différents groupes dans l'ordre des classes.

7. Des produits et services ne sont pas considérés comme similaires au motif qu'ils apparaissent dans la même classe de la classification de Nice. Des produits et services ne sont pas considérés comme différents au motif qu'ils apparaissent dans des classes différentes de la classification de Nice.

8. Les titulaires de marques de l'Union européenne qui ont été demandées avant le 22 juin 2012 et qui ont été enregistrées pour l'intitulé entier d'une classe de la classification de Nice peuvent déclarer que leur intention, à la date de dépôt de la demande, était de demander la protection de produits ou de services au-delà des produits ou des services relevant du sens littéral de l'intitulé de cette classe, à condition que les produits ou services ainsi désignés figurent sur la liste alphabétique de cette classe de la classification de Nice, dans l'édition en vigueur à la date du dépôt de la demande.

La déclaration est déposée auprès de l'Office au plus tard le 24 septembre 2016 et indique de manière claire, précise et spécifique les produits et services, autres que ceux relevant clairement du sens littéral des indications de l'intitulé de classe, que le titulaire avait l'intention de viser à l'origine. L'Office prend les mesures qui s'imposent pour modifier le registre en conséquence. La possibilité de faire une déclaration conformément au premier alinéa du présent paragraphe est sans préjudice de l'application de l'article 18, de l'article 47, paragraphe 2, de l'article 58, paragraphe 1, point a), et de l'article 64, paragraphe 2.

Les marques de l'Union européenne pour lesquelles il n'est pas déposé de déclaration dans le délai prévu au deuxième alinéa sont réputées, à compter de l'expiration de ce délai, ne désigner que les produits ou services qui relèvent clairement du sens littéral des indications figurant dans l'intitulé de la classe concernée.

9. En cas de modification du registre, les droits exclusifs conférés par la marque de l'Union européenne au titre de l'article 9 n'empêchent pas un tiers de continuer à utiliser une marque pour des produits ou des services si et dans la mesure où l'utilisation de la marque pour ces produits ou services concernés :

a) a commencé avant la modification du registre ; et

b) n'a pas porté atteinte aux droits du titulaire, compte tenu du sens littéral de l'intitulé dont relèvent les produits ou les services inscrits dans le registre à ce moment.

En outre, la modification de la liste de produits et de services inscrits dans le registre ne confère pas au titulaire de la marque de l'Union européenne le droit de s'opposer à une marque déposée ultérieurement ou de présenter une demande en nullité la concernant si et dans la mesure où :

a) la marque déposée ultérieurement était utilisée, ou une demande d'enregistrement de ladite marque avait été soumise, pour des produits ou des services avant la modification du registre ; et

b) l'utilisation de la marque pour les produits ou les services concernés n'a pas porté atteinte, ou n'aurait pas porté atteinte, aux droits du titulaire, compte tenu du sens littéral de l'intitulé dont relèvent les produits ou les services inscrits dans le registre à ce moment.

Section II

Priorité

Art. 34 *Droit de priorité.* 1. Une personne qui a régulièrement déposé une marque dans ou pour un des États parties à la convention de Paris ou à l'accord établissant l'Organisation mondiale du commerce, ou son ayant cause, jouit, pour effectuer le dépôt d'une demande de marque de l'Union européenne pour la même marque et pour des produits ou des services identiques à ceux pour lesquels cette marque est déposée ou contenus dans ces derniers, d'un droit de priorité pendant un délai de six mois à compter de la date de dépôt de la première demande.

2. Est reconnu comme donnant naissance au droit de priorité tout dépôt ayant la valeur d'un dépôt national régulier en vertu de la législation nationale de l'État dans lequel il a été effectué ou d'accords bilatéraux ou multilatéraux.

3. Par dépôt national régulier, on doit entendre tout dépôt qui suffit à établir la date à laquelle la demande a été déposée, quel que soit le sort ultérieur de cette demande.

4. Est considérée comme première demande, dont la date de dépôt est le point de départ du délai de priorité, une demande ultérieure déposée pour la même marque, pour des produits ou des services identiques et dans ou pour le même État qu'une première demande antérieure, à la condition que cette demande antérieure, à la date du dépôt de la demande ultérieure, ait été retirée, abandonnée ou refusée, sans avoir été soumise à l'inspection publique et sans laisser subsister de droits, et qu'elle n'ait pas encore servi de base pour la revendication du droit de priorité. La demande antérieure ne peut plus alors servir de base pour la revendication du droit de priorité.

5. Si le premier dépôt a été effectué dans un État qui n'est pas partie à la convention de Paris ou à l'accord établissant l'Organisation mondiale du commerce, les paragraphes 1 à 4 ne s'appliquent que dans la mesure où cet État, selon des constatations publiées, accorde, sur la base d'un premier dépôt effectué auprès de l'Office, un droit de priorité soumis à des conditions et ayant des effets équivalents à ceux prévus par le présent règlement. Le directeur exécutif demande, si nécessaire, à la Commission de voir s'il y a lieu

de vérifier si un État au sens de la première phrase accorde ce traitement réciproque. Lorsque la Commission établit que la réciprocité visée à la première phrase est accordée, elle publie au Journal officiel de l'Union européenne une communication à cet effet.

6. Le paragraphe 5 s'applique à compter de la date de publication au Journal officiel de l'Union européenne de la communication établissant que la réciprocité est accordée, à moins que ladite communication ne prévoie une date de prise d'effet antérieure. Il cesse de s'appliquer à compter de la date de publication au Journal officiel de l'Union européenne d'une communication de la Commission déclarant que la réciprocité n'est plus accordée, à moins que ladite communication ne prévoie une date de prise d'effet antérieure.

7. Les communications visées aux paragraphes 5 et 6 sont également publiées au Journal officiel de l'Office.

Art. 35 *Revendication de priorité.* 1. Les revendications de priorité sont déposées en même temps que la demande de marque de l'Union européenne et indiquent à quelle date, sous quel numéro et dans quel pays a été déposée la demande antérieure. Les documents à l'appui des revendications de priorité sont présentés dans un délai de trois mois à compter de la date de dépôt.

2. La Commission adopte des actes d'exécution précisant le type de documents à présenter pour revendiquer la priorité d'une demande antérieure conformément au paragraphe 1 du présent article. Ces actes d'exécution sont adoptés en conformité avec la procédure d'examen visée à l'article 207, paragraphe 2.

3. Le directeur exécutif peut décider que les exigences en matière de documents à fournir par le demandeur à l'appui d'une revendication de priorité peuvent être moindres que ce que requièrent les dispositions adoptées conformément au paragraphe 2, à condition que l'Office puisse obtenir les informations requises auprès d'autres sources.

Art. 36 *Effet du droit de priorité.* Par l'effet du droit de priorité, la date de priorité est considérée comme celle du dépôt de la demande de marque de l'Union européenne aux fins de la détermination de l'antériorité des droits.

Art. 37 *Valeur de dépôt national de la demande.* La demande de marque de l'Union européenne à laquelle une date de dépôt a été accordée a, dans les États membres, la valeur d'un dépôt national régulier, compte tenu, le cas échéant, du droit de priorité invoqué à l'appui de la demande de marque de l'Union européenne.

Section III

Priorité d'exposition

Art. 38 *Priorité d'exposition.* 1. Si le demandeur d'une marque de l'Union européenne a présenté, sous la marque déposée, des produits ou des services lors d'une exposition internationale officielle ou officiellement reconnue au sens de la convention concernant les expositions internationales, signée à Paris le 22 novembre 1928 et révisée en dernier lieu le 30 novembre 1972, il peut, à condition de déposer la demande dans un délai de six mois à compter de la date de la première présentation des produits ou des services sous la marque déposée, se prévaloir, à partir de cette date, d'un droit de priorité au sens de l'article 36. La revendication de priorité est déposée en même temps que la demande de marque de l'Union européenne.

2. Tout demandeur qui souhaite se prévaloir de la priorité conformément au paragraphe 1 apporte la preuve qu'il a exposé les produits ou services portant la marque demandée, dans un délai de trois mois à compter de la date de dépôt.

3. Une priorité d'exposition accordée dans un État membre ou dans un pays tiers ne prolonge pas le délai de priorité prévu à l'article 34.

4. La Commission adopte des actes d'exécution précisant le type et les caractéristiques précises des éléments de preuve à apporter pour revendiquer une priorité d'exposition conformément au paragraphe 2 du présent article. Ces actes d'exécution sont adoptés en conformité avec la procédure d'examen visée à l'article 207, paragraphe 2.

Section IV

Ancienneté de la marque nationale

Art. 39 *Revendication de l'ancienneté d'une marque nationale lors du dépôt d'une demande de marque de l'Union européenne ou postérieurement au dépôt de la demande.* 1. Le titulaire d'une marque antérieure enregistrée dans un État membre, y compris une marque enregistrée sur le territoire du Benelux, ou d'une marque antérieure qui a fait l'objet d'un enregistrement international ayant effet dans un État membre, qui dépose une demande de marque identique destinée à être enregistrée en tant que marque de l'Union européenne pour des produits ou services identiques à ceux pour lesquels la marque antérieure a été enregistrée ou contenus dans ceux-ci, peut se prévaloir pour la marque de l'Union européenne de l'ancienneté de la marque antérieure en ce qui concerne l'État membre dans lequel ou pour lequel elle a été enregistrée.

2. Les revendications d'ancienneté sont déposées soit en même temps que la demande de marque de l'Union européenne, soit dans un délai de deux mois à compter de la date de dépôt de la demande et indiquent l'État membre ou les États membres dans ou pour lesquels la marque est enregistrée, le numéro et la date de dépôt de l'enregistrement correspondant et les produits et services pour lesquels la marque est enregistrée. Lorsque l'ancienneté d'une ou de plusieurs marques antérieures enregistrées est revendiquée dans la demande, les documents à l'appui de la revendication d'ancienneté sont déposés dans les trois mois à compter de la date de dépôt de cette dernière. Si le demandeur souhaite revendiquer l'ancienneté postérieurement au dépôt de la demande, les documents à l'appui de la revendication d'ancienneté sont soumis à l'Office dans un délai de trois mois à compter de la date de réception de la revendication d'ancienneté.

3. Le seul effet de l'ancienneté, en vertu du présent règlement, est que, dans le cas où le titulaire de la marque de l'Union européenne renonce à la marque antérieure ou la laisse s'éteindre, il est réputé continuer à bénéficier des mêmes droits que ceux qu'il aurait eus si la marque antérieure avait continué à être enregistrée.

4. L'ancienneté revendiquée pour la marque de l'Union européenne s'éteint lorsque la marque antérieure dont l'ancienneté est revendiquée est déclarée nulle ou frappée de déchéance. Si la marque antérieure est frappée de déchéance, l'ancienneté s'éteint sous réserve que la déchéance prenne effet avant la date de dépôt ou la date de priorité de ladite marque de l'Union européenne.

5. L'Office informe l'Office Benelux de la propriété intellectuelle ou le service central de la propriété industrielle de l'État membre concerné de la revendication d'ancienneté.

6. La Commission adopte des actes d'exécution précisant le type de documents à déposer pour revendiquer l'ancienneté d'une marque nationale ou d'une marque enregistrée en

vertu d'accords internationaux ayant effet dans un État membre conformément au paragraphe 2 du présent article. Ces actes d'exécution sont adoptés en conformité avec la procédure d'examen visée à l'article 207, paragraphe 2.

7. Le directeur exécutif peut décider que les exigences en matière de documents à fournir par le demandeur à l'appui d'une revendication d'ancienneté peuvent être moindres que ce que requièrent les dispositions adoptées conformément au paragraphe 6, à condition que l'Office puisse obtenir les informations requises auprès d'autres sources.

Art. 40 *Revendication de l'ancienneté d'une marque nationale après l'enregistrement d'une marque de l'Union européenne.* 1. Le titulaire d'une marque de l'Union européenne qui est titulaire d'une marque antérieure identique, enregistrée dans un État membre, y compris une marque enregistrée sur le territoire du Benelux, ou d'une marque identique antérieure qui a fait l'objet d'un enregistrement international ayant effet dans un État membre, pour des produits ou des services identiques à ceux pour lesquels la marque antérieure a été enregistrée ou contenus dans ceux-ci, peut se prévaloir de l'ancienneté de la marque antérieure en ce qui concerne l'État membre dans lequel ou pour lequel elle a été enregistrée.

2. Les revendications d'ancienneté déposées au titre du paragraphe 1 du présent article comportent le numéro d'enregistrement de la marque de l'Union européenne, le nom et l'adresse de son titulaire, l'État membre ou les États membres dans ou pour lesquels la marque antérieure est enregistrée, le numéro et la date de dépôt de l'enregistrement correspondant, les produits et services pour lesquels la marque est enregistrée et ceux à l'égard desquels l'ancienneté est revendiquée, ainsi que les documents justificatifs prévus dans les règles adoptées en vertu de l'article 39, paragraphe 6.

3. Si les conditions qui régissent la revendication de l'ancienneté ne sont pas remplies, l'Office informe le titulaire de la marque de l'Union européenne de l'irrégularité constatée. S'il n'est pas remédié à l'irrégularité dans le délai à fixer par l'Office, ce dernier rejette la revendication.

4. L'article 39, paragraphes 3, 4, 5 et 7, s'applique.

CHAPITRE IV
Procédure d'enregistrement

Section I

Examen de la demande

Art. 41 *Examen des conditions de dépôt.* 1. L'Office examine :

a) si la demande de marque de l'Union européenne remplit les conditions pour qu'il lui soit accordé une date de dépôt conformément à l'article 32 ;

b) si la demande de marque de l'Union européenne satisfait aux conditions et exigences visées à l'article 31, paragraphe 3 ;

c) si les taxes par classe, le cas échéant, ont été acquittées dans le délai prescrit.

2. Si la demande de marque de l'Union européenne ne satisfait pas aux exigences visées au paragraphe 1, l'Office invite le demandeur à remédier dans un délai de deux mois à compter de la réception de la notification aux irrégularités ou au défaut de paiement constatés.

3. S'il n'est pas remédié dans ces délais aux irrégularités ou au défaut de paiement constatés en application du paragraphe 1, point a), la demande n'est pas traitée en tant que demande de marque de l'Union européenne. Si le demandeur se conforme à l'invitation de l'Office, celui-ci accorde comme date de dépôt de la demande la date à laquelle il est remédié aux irrégularités ou au défaut de paiement constaté.

4. S'il n'est pas remédié, dans les délais prescrits, aux irrégularités constatées en application du paragraphe 1, point b), l'Office rejette la demande.

5. S'il n'est pas remédié, dans les délais prescrits, au défaut de paiement constaté en application du paragraphe 1, point c), la demande est réputée retirée à moins qu'il ne ressorte clairement quelles sont les classes de produits ou de services que le montant payé est destiné à couvrir. À défaut d'autres critères permettant de déterminer les classes que le montant payé est destiné à couvrir, l'Office prend en considération les classes dans l'ordre de la classification. La demande est réputée retirée en ce qui concerne les classes pour lesquelles les taxes par classe n'ont pas été acquittées ou n'ont pas été acquittées dans leur intégralité.

6. L'inobservation des dispositions concernant la revendication de priorité entraîne la perte du droit de priorité pour la demande.

7. S'il n'est pas satisfait aux conditions relatives à la revendication de l'ancienneté d'une marque nationale, ce droit de revendication ne pourra plus être invoqué pour la demande.

8. Lorsque le non-respect des exigences visées au paragraphe 1, points b) et c), ne concerne que certains des produits ou services, l'Office ne rejette la demande, ou ne refuse le droit de priorité ou le droit d'ancienneté, que pour les produits et services concernés.

Art. 42 *Examen relatif aux motifs absolus de refus.* 1. Si la marque est exclue de l'enregistrement en vertu de l'article 7 pour tout ou partie des produits ou des services pour lesquels la marque de l'Union européenne est demandée, la demande est rejetée pour ces produits ou ces services.

2. La demande ne peut être rejetée qu'après que le demandeur a été mis en mesure de retirer ou de modifier sa demande ou de présenter ses observations. À cette fin, l'Office informe le demandeur des motifs du refus de l'enregistrement et lui fixe un délai pour retirer ou modifier sa demande ou présenter ses observations. Si le demandeur ne parvient pas à contrer les motifs de refus de l'enregistrement, l'Office refuse l'enregistrement en tout ou en partie.

Section II

Recherche

Art. 43 *Rapport de recherche.* 1. L'Office établit, à la demande du demandeur de marque de l'Union européenne lorsqu'il dépose sa demande, un rapport de recherche de l'Union européenne dans lequel sont mentionnées les marques de l'Union européenne antérieures ou les demandes de marque de l'Union européenne antérieures dont l'existence a été découverte qui sont susceptibles d'être opposées conformément à l'article 8 à l'enregistrement de la marque de l'Union européenne faisant l'objet de la demande.

2. Si, au moment du dépôt d'une demande de marque de l'Union européenne, le demandeur requiert l'établissement d'un rapport de recherche par les services centraux de la propriété industrielle des États membres et si la taxe de recherche à cet effet a été

acquittée dans le délai prévu pour le paiement de la taxe de dépôt, l'Office transmet sans tarder une copie de la demande de marque de l'Union européenne au service central de la propriété industrielle de chaque État membre qui a communiqué à l'Office sa décision d'effectuer une recherche dans son propre registre des marques pour les demandes de marque de l'Union européenne.

3. Chacun des services centraux de la propriété industrielle des États membres visés au paragraphe 2 communique un rapport de recherche qui soit mentionne les marques nationales antérieures, les demandes de marques nationales antérieures ou les marques enregistrées au titre d'accords internationaux ayant effet dans l'État membre ou les États membres concernés dont l'existence a été découverte et qui sont susceptibles d'être opposées conformément à l'article 8 à l'enregistrement de la marque de l'Union européenne faisant l'objet de la demande, soit constate que la recherche n'a fourni aucune indication de tels droits.

4. L'Office, après consultation du conseil d'administration prévu à l'article 153 (ci-après dénommé « conseil d'administration »), détermine le contenu et les modalités des rapports.

5. L'Office verse un certain montant à chaque service central de la propriété industrielle pour chaque rapport de recherche communiqué conformément au paragraphe 3. Ce montant, qui est le même pour chaque service, est fixé par le comité budgétaire, par une décision prise à la majorité des trois quarts des représentants des États membres.

6. L'Office transmet au demandeur de marque de l'Union européenne le rapport de recherche de l'Union européenne demandé ainsi que les rapports nationaux de recherche demandés qui lui ont été communiqués.

7. Dès la publication de la demande de marque de l'Union européenne, l'Office informe les titulaires de marques de l'Union européenne antérieures ou les auteurs des demandes de marques de l'Union européenne mentionnées dans le rapport de recherche de l'Union européenne de la publication de la demande de marque de l'Union européenne. Cette disposition s'applique indépendamment du fait que le demandeur ait demandé à recevoir le rapport de recherche de l'Union européenne, à moins que le titulaire d'un enregistrement antérieur ou l'auteur d'une demande antérieure demande à ne pas recevoir cette notification.

Section III

Publication de la demande

Art. 44 *Publication de la demande.* 1. Si les conditions auxquelles la demande de marque de l'Union européenne doit satisfaire sont remplies, la demande, dans la mesure où elle n'est pas rejetée conformément à l'article 42, est publiée aux fins de l'article 46. La demande est publiée sans préjudice des informations déjà mises à la disposition du public par d'autres moyens conformément au présent règlement ou à des actes adoptés en vertu du présent règlement.

2. Si, après avoir été publiée, la demande est rejetée conformément à l'article 42, la décision de rejet est publiée lorsqu'elle devient définitive.

3. Si une demande publiée contient une erreur imputable à l'Office, ce dernier rectifie l'erreur de sa propre initiative ou à la requête du demandeur et publie la rectification.

Les règles adoptées en vertu de l'article 49, paragraphe 3, s'appliquent mutatis mutandis lorsqu'une rectification est demandée par le demandeur.

4. L'article 46, paragraphe 2, s'applique également lorsque la rectification concerne la liste des produits et services ou la représentation de la marque.

5. La Commission adopte des actes d'exécution fixant les éléments à mentionner dans la publication de la demande. Ces actes d'exécution sont adoptés en conformité avec la procédure d'examen visée à l'article 207, paragraphe 2.

Section IV

Observations des tiers et opposition

Art. 45 *Observations des tiers.* 1. Toute personne physique ou morale, ainsi que tout groupement ou organe représentant des fabricants, des producteurs, des prestataires de services, des commerçants ou des consommateurs peuvent présenter à l'Office des observations écrites précisant les motifs pour lesquels la marque devrait être refusée d'office à l'enregistrement en vertu des articles 5 et 7.

Les personnes et groupements ou organes visés au premier alinéa n'acquièrent pas la qualité de parties à la procédure devant l'Office.

2. Les observations de tiers sont présentées avant la fin du délai d'opposition ou, si une opposition a été formée contre la marque, avant que la décision finale ne soit prise sur cette opposition.

3. La présentation d'observations prévue au paragraphe 1 ne préjudicie pas au droit de l'Office de reprendre de sa propre initiative, à tout moment avant l'enregistrement, l'examen des motifs absolus, s'il le juge opportun.

4. Les observations visées au paragraphe 1 sont notifiées au demandeur, qui peut prendre position.

Art. 46 *Opposition.* 1. Une opposition à l'enregistrement de la marque peut être formée dans un délai de trois mois à compter de la publication de la demande de marque de l'Union européenne, au motif que la marque devrait être refusée à l'enregistrement en vertu de l'article 8 :

a) dans les cas de l'article 8, paragraphes 1 et 5, par les titulaires de marques antérieures visées à l'article 8, paragraphe 2, ainsi que par les licenciés habilités par les titulaires de ces marques;

b) dans les cas de l'article 8, paragraphe 3, par les titulaires de marques visées à cette disposition;

c) dans les cas de l'article 8, paragraphe 4, par les titulaires de marques ou de signes antérieurs visés à cette disposition, ainsi que par les personnes autorisées, en vertu du droit national applicable, à exercer ces droits;

d) par les personnes autorisées en vertu de la législation de l'Union ou du droit national pertinent à exercer les droits visés à l'article 8, paragraphe 6.

2. Une opposition à l'enregistrement de la marque peut également être formée dans les conditions fixées au paragraphe 1 en cas de publication d'une demande modifiée conformément à l'article 49, paragraphe 2, deuxième phrase.

3. L'opposition est formée par écrit et motivée. Elle n'est réputée formée qu'après paiement de la taxe d'opposition.

4. Dans un délai à fixer par l'Office, celui qui a formé opposition peut présenter à son appui des faits, preuves et observations.

Art. 47 *Examen de l'opposition.* 1. Au cours de l'examen de l'opposition, l'Office invite les parties, aussi souvent que cela est nécessaire, à présenter, dans un délai qu'il leur impartit, des observations sur les communications émanant des autres parties ou de lui-même.

2. Sur requête du demandeur, le titulaire d'une marque antérieure de l'Union européenne qui a formé opposition apporte la preuve que, au cours des cinq années qui précèdent la date de dépôt ou la date de priorité de la demande de marque de l'Union européenne, la marque antérieure de l'Union européenne a fait l'objet d'un usage sérieux dans l'Union pour les produits ou les services pour lesquels elle est enregistrée et sur lesquels l'opposition est fondée, ou qu'il existe de justes motifs pour le non-usage, pour autant qu'à cette date, la marque antérieure soit enregistrée depuis cinq ans au moins. À défaut d'une telle preuve, l'opposition est rejetée. Si la marque antérieure de l'Union européenne n'a été utilisée que pour une partie des produits ou des services pour lesquels elle est enregistrée, elle n'est réputée enregistrée, aux fins de l'examen de l'opposition, que pour cette partie des produits ou services.

3. Le paragraphe 2 s'applique aux marques nationales antérieures visées à l'article 8, paragraphe 2, point a), étant entendu que l'usage dans l'Union est remplacé par l'usage dans l'État membre où la marque nationale antérieure est protégée.

4. S'il le juge utile, l'Office invite les parties à se concilier.

5. S'il résulte de l'examen de l'opposition que la marque est exclue de l'enregistrement pour tout ou partie des produits ou des services pour lesquels la marque de l'Union européenne est demandée, la demande est rejetée pour les produits ou les services concernés. Dans le cas contraire, l'opposition est rejetée.

6. La décision de rejet de la demande est publiée lorsqu'elle est définitive.

Art. 48 *Délégation de pouvoirs.* La Commission est habilitée à adopter des actes délégués conformément à l'article 208 précisant les modalités de la procédure de dépôt et d'examen d'une opposition visée aux articles 46 et 47.

Section V

Retrait, limitation, modification et division de la demande

Art. 49 *Retrait, limitation et modification de la demande.* 1. Le demandeur peut à tout moment retirer sa demande de marque de l'Union européenne ou limiter la liste des produits ou services qu'elle contient. Lorsque la demande a déjà été publiée, le retrait ou la limitation sont également publiés.

2. Par ailleurs, la demande de marque de l'Union européenne ne peut être modifiée, à la requête du demandeur, que pour rectifier le nom et l'adresse du demandeur, des fautes d'expression ou de transcription ou des erreurs manifestes pour autant qu'une telle rectification n'affecte pas substantiellement la marque ou n'étende pas la liste des produits ou services. Si les modifications portent sur la représentation de la marque ou la liste des produits ou services, et lorsque ces modifications sont apportées après la publication de la demande, celle-ci est publiée telle que modifiée.

3. La Commission est habilitée à adopter des actes délégués conformément à l'article 208 précisant les éléments de la procédure régissant la modification d'une demande.

Art. 50 *Division de la demande.* 1. Le demandeur peut diviser la demande en déclarant qu'une partie des produits ou services inclus dans la demande d'origine fera l'objet d'une ou plusieurs demandes divisionnaires. Les produits ou services de la demande divisionnaire ne peuvent recouvrir les produits ou services demeurant dans la demande d'origine ou figurant dans d'autres demandes divisionnaires.

2. La déclaration de division n'est pas recevable :

a) si, dans le cas où une opposition a été formée contre la demande d'origine, cette déclaration a pour effet d'introduire une division parmi les produits ou services qui font l'objet de cette opposition, jusqu'à ce que la décision de la division d'opposition soit devenue définitive ou jusqu'à l'abandon de la procédure d'opposition;

b) avant que la date de dépôt visée à l'article 32 ait été accordée par l'Office, et durant le délai d'opposition prévu à l'article 46, paragraphe 1.

3. La déclaration de division est soumise à une taxe. La déclaration est réputée ne pas avoir été faite tant que la taxe n'a pas été acquittée.

4. Lorsque l'Office constate que les exigences énoncées au paragraphe 1 et dans les règles adoptées en vertu du paragraphe 9, point a), ne sont pas remplies, il invite le demandeur à remédier aux irrégularités dans le délai à fixer par l'Office. S'il n'est pas remédié aux irrégularités avant l'expiration du délai, l'Office rejette la déclaration de division.

5. La division prend effet à la date à laquelle elle est transcrite dans les dossiers conservés par l'Office concernant la demande d'origine.

6. Toutes les requêtes et demandes effectuées et toutes les taxes payées en ce qui concerne la demande d'origine avant la date de réception par l'Office de la déclaration de division sont réputées avoir été introduites ou payées également en ce qui concerne la demande ou les demandes divisionnaires. Les taxes dûment acquittées pour la demande d'origine avant la date de réception de la déclaration de division ne sont pas remboursables.

7. La demande divisionnaire conserve la date de dépôt et toute date de priorité et d'ancienneté de la demande d'origine.

8. Lorsque la déclaration de division porte sur une demande qui a déjà été publiée conformément à l'article 44, la division est publiée. La demande divisionnaire fait l'objet d'une publication. La publication n'ouvre pas de nouveau délai pour le dépôt des oppositions.

9. La Commission adopte des actes d'exécution précisant :

a) les éléments à mentionner dans une déclaration de division d'une demande faite en vertu du paragraphe 1;

b) les modalités de traitement d'une déclaration de division d'une demande, en veillant à l'établissement d'un dossier distinct, comportant un nouveau numéro de demande, pour la demande divisionnaire;

c) les éléments à mentionner dans la publication de la demande divisionnaire en vertu du paragraphe 8.

Ces actes d'exécution sont adoptés en conformité avec la procédure d'examen visée à l'article 207, paragraphe 2.

Section VI

Enregistrement

Art. 51 *Enregistrement.* 1. Lorsqu'une demande satisfait aux exigences énoncées dans le présent règlement et qu'aucune opposition n'a été formée dans le délai visé à l'article 46, paragraphe 1, ou lorsque, en cas d'opposition, la procédure est éteinte par le retrait ou le rejet de l'opposition ou par tout autre moyen, la marque et les indications visées à l'article 111, paragraphe 2, sont enregistrées dans le registre. Cet enregistrement est publié.

2. L'Office délivre un certificat d'enregistrement. Ce certificat peut être délivré par voie électronique. Moyennant paiement d'une taxe, l'Office délivre des copies certifiées conformes ou non certifiées conformes du certificat, lorsque celles-ci sont délivrées par des moyens autres qu'électroniques.

3. La Commission adopte des actes d'exécution précisant les éléments à mentionner dans le certificat d'enregistrement visé au paragraphe 2 du présent article, et la forme de ce certificat. Ces actes d'exécution sont adoptés en conformité avec la procédure d'examen visée à l'article 207, paragraphe 2.

CHAPITRE V

Durée, renouvellement, modification et division de la marque de l'Union européenne

Art. 52 *Durée de l'enregistrement.* La durée de l'enregistrement de la marque de l'Union européenne est de dix années à partir de la date du dépôt de la demande. L'enregistrement peut être renouvelé, conformément à l'article 53, pour des périodes de dix années.

Art. 53 *Renouvellement.* 1. L'enregistrement de la marque de l'Union européenne est renouvelé sur demande du titulaire de la marque de l'Union européenne ou de toute personne expressément autorisée par lui, pour autant que les taxes aient été acquittées.

2. L'Office informe le titulaire de la marque de l'Union européenne et tout titulaire d'un droit enregistré sur la marque de l'Union européenne de l'expiration de l'enregistrement au moins six mois avant ladite expiration. L'absence d'information n'engage pas la responsabilité de l'Office et est sans effet sur l'expiration de l'enregistrement.

3. La demande de renouvellement est présentée dans le délai de six mois précédant l'expiration de l'enregistrement. La taxe de base pour le renouvellement et, le cas échéant, une ou plusieurs taxes pour chaque classe de produits ou de services au-delà de la première classe sont également acquittées dans ce délai. À défaut, la demande peut encore être présentée et les taxes acquittées dans un délai supplémentaire de six mois suivant l'expiration de l'enregistrement, pour autant qu'une surtaxe pour paiement tardif de la taxe de renouvellement ou présentation tardive de la demande de renouvellement soit acquittée au cours dudit délai supplémentaire.

4. La demande de renouvellement comprend :

a) le nom de la personne demandant le renouvellement;

b) le numéro d'enregistrement de la marque de l'Union européenne qui doit être renouvelée;

c) si le renouvellement n'est demandé que pour une partie des produits et services enregistrés, l'indication des classes ou des produits et services pour lesquels le renouvellement est demandé ou des classes ou des produits et services pour lesquels le renouvellement n'est pas demandé, regroupés par classe de la classification de Nice, chaque groupe étant précédé du numéro de la classe de cette classification à laquelle appartient ce groupe de produits ou de services, et présenté dans l'ordre des classes de cette classification.

Lorsque le paiement visé au paragraphe 3 est effectué, il est réputé être une demande de renouvellement à condition qu'il comporte toutes les indications nécessaires pour établir l'objet du paiement.

5. Si la demande n'est présentée ou si les taxes ne sont acquittées que pour une partie des produits ou des services pour lesquels la marque de l'Union européenne est enregistrée, l'enregistrement n'est renouvelé que pour les produits ou les services concernés. Si les taxes acquittées ne suffisent pas à couvrir la totalité des classes de produits et de services pour lesquelles le renouvellement est demandé, l'enregistrement est renouvelé s'il apparaît clairement quelles sont la ou les classes à couvrir. À défaut d'autres critères, l'Office prend en considération les classes dans l'ordre de la classification.

6. Le renouvellement prend effet le jour suivant la date d'expiration de l'enregistrement. Il est enregistré.

7. Lorsque la demande de renouvellement est présentée dans les délais visés au paragraphe 3, mais que les autres conditions régissant le renouvellement prévues au présent article ne sont pas remplies, l'Office informe le demandeur des irrégularités constatées.

8. Si aucune demande de renouvellement n'est présentée avant l'expiration du délai visé au paragraphe 3 ou si la demande est présentée après expiration de ce délai, ou si les taxes n'ont pas été acquittées ou ne l'ont été qu'après expiration dudit délai, ou s'il n'est pas remédié dans ce délai aux irrégularités visées au paragraphe 7, l'Office constate que l'enregistrement est arrivé à expiration et en informe le titulaire de la marque de l'Union européenne. Lorsque la constatation est devenue définitive, l'Office radie la marque du registre. Cette radiation prend effet le jour suivant la date d'expiration de l'enregistrement existant. Si les taxes de renouvellement ont été acquittées mais que l'enregistrement n'est pas renouvelé, elles sont remboursées.

9. Une seule demande de renouvellement peut être présentée pour deux ou plusieurs marques, moyennant paiement des taxes requises pour chacune des marques, à condition que les titulaires et les représentants soient les mêmes dans chaque cas.

Art. 54 *Modification.* 1. La marque de l'Union européenne n'est pas modifiée dans le registre pendant la durée de l'enregistrement ni lors du renouvellement de celui-ci.

2. Néanmoins, si la marque de l'Union européenne comporte le nom et l'adresse du titulaire, toute modification de ceux-ci n'affectant pas substantiellement l'identité de la marque telle qu'elle a été enregistrée à l'origine peut être enregistrée à la requête du titulaire.

3. La demande de modification indique l'élément de la marque qui doit être modifié et cet élément dans sa version modifiée.

La Commission adopte des actes d'exécution précisant les éléments à mentionner dans la demande de modification. Ces actes d'exécution sont adoptés en conformité avec la procédure d'examen visée à l'article 207, paragraphe 2.

4. La demande est réputée ne pas avoir été déposée tant que la taxe prescrite n'a pas été acquittée. Si celle-ci n'a pas été acquittée ou ne l'a pas été intégralement, l'Office en informe le demandeur. Lorsque la modification porte sur un même élément de deux ou plusieurs enregistrements au nom du même titulaire, il est possible de n'introduire qu'une seule demande. La taxe prescrite est acquittée pour chaque enregistrement à modifier. Si les conditions qui régissent la modification de l'enregistrement ne sont pas remplies, l'Office informe le demandeur de l'irrégularité constatée. S'il n'est pas remédié à l'irrégularité dans le délai à fixer par l'Office, ce dernier rejette la demande.

5. La publication de l'enregistrement de la modification contient une représentation de la marque de l'Union européenne modifiée. Les tiers dont les droits peuvent être affectés par la modification peuvent contester l'enregistrement de celle-ci dans un délai de trois mois suivant la publication. Les articles 46 et 47 et les règles adoptées en vertu de l'article 48 s'appliquent à la publication de l'enregistrement de la modification.

Art. 55 *Changement du nom ou de l'adresse.* 1. Un changement du nom ou de l'adresse du titulaire de la marque de l'Union européenne qui n'est pas une modification de la marque de l'Union européenne en vertu de l'article 54, paragraphe 2, et qui ne résulte pas d'un transfert total ou partiel de la marque de l'Union européenne est enregistré dans le registre, à la demande du titulaire.

La Commission adopte des actes d'exécution précisant les éléments à mentionner dans la demande de modification du nom ou de l'adresse en vertu du premier alinéa du présent paragraphe. Ces actes d'exécution sont adoptés en conformité avec la procédure d'examen visée à l'article 207, paragraphe 2.

2. Lorsque le changement du nom ou de l'adresse porte sur deux ou plusieurs enregistrements au nom du même titulaire, il est possible de n'introduire qu'une seule demande.

3. Si les conditions qui régissent l'enregistrement d'un changement ne sont pas remplies, l'Office informe le titulaire de la marque de l'Union européenne de l'irrégularité constatée. S'il n'est pas remédié à l'irrégularité dans le délai à fixer par l'Office, ce dernier rejette la demande.

4. Les paragraphes 1, 2 et 3 s'appliquent également au changement du nom ou de l'adresse du représentant enregistré.

5. Les paragraphes 1 à 4 s'appliquent aux demandes de marque de l'Union européenne. La modification est enregistrée dans les dossiers de l'Office concernant la demande de marque de l'Union européenne.

Art. 56 *Division de l'enregistrement.* 1. Le titulaire de la marque de l'Union européenne peut diviser l'enregistrement en déclarant que certains des produits ou services inclus dans l'enregistrement d'origine feront l'objet d'un ou plusieurs enregistrements divisionnaires. Les produits ou services de l'enregistrement divisionnaire ne peuvent recouvrir les produits ou services demeurant dans l'enregistrement d'origine ou figurant dans d'autres enregistrements divisionnaires.

2. La déclaration de division n'est pas recevable :

a) si, dans le cas où une demande en déchéance ou en nullité a été présentée à l'Office contre l'enregistrement d'origine, cette déclaration a pour effet d'introduire une division parmi les produits ou services qui font l'objet de la demande en déchéance ou en nullité jusqu'à ce que la décision de la division d'annulation soit devenue définitive ou jusqu'à ce que la procédure soit terminée d'une autre manière ;

b) si, dans le cas où une demande reconventionnelle en déchéance ou en nullité a été déposée dans le cadre d'une action devant un tribunal des marques de l'Union européenne, cette déclaration a pour effet d'introduire une division parmi les produits ou services qui font l'objet de la demande reconventionnelle, jusqu'à ce que la mention de la décision du tribunal des marques de l'Union européenne ait été inscrite au registre conformément à l'article 128, paragraphe 6.

3. S'il n'est pas satisfait aux exigences fixées au paragraphe 1 et en vertu des actes d'exécution visés au paragraphe 8, ou si la liste des produits et services visés par l'enregistrement divisionnaire recouvre les produits et services demeurant dans l'enregistrement d'origine, l'Office invite le titulaire de la marque de l'Union européenne à remédier aux irrégularités constatées dans le délai qu'il détermine. S'il n'est pas remédié aux irrégularités avant l'expiration du délai, l'Office rejette la déclaration de division.

4. La déclaration de division est soumise à une taxe. La déclaration est réputée ne pas avoir été faite tant que la taxe n'a pas été acquittée.

5. La division prend effet à la date à laquelle elle est inscrite au registre.

6. Toutes les requêtes et demandes effectuées et toutes les taxes payées en ce qui concerne l'enregistrement d'origine avant la date de réception par l'Office de la déclaration de division sont réputées avoir été introduites ou payées également en ce qui concerne l'enregistrement ou les enregistrements divisionnaires. Les taxes dûment acquittées pour l'enregistrement d'origine avant la date de réception de la déclaration de division ne sont pas remboursables.

7. L'enregistrement divisionnaire conserve la date de dépôt et toute date de priorité et d'ancienneté de l'enregistrement d'origine.

8. La Commission adopte des actes d'exécution précisant :

a) les éléments à mentionner dans une déclaration de division d'un enregistrement en vertu du paragraphe 1 ;

b) les modalités de traitement d'une déclaration de division d'un enregistrement, en veillant à l'établissement d'un dossier distinct, comportant un nouveau numéro d'enregistrement, pour l'enregistrement divisionnaire.

Ces actes d'exécution sont adoptés en conformité avec la procédure d'examen visée à l'article 207, paragraphe 2.

CHAPITRE VI

Renonciation, déchéance et nullité

Section I

Renonciation

Art. 57 *Renonciation.* 1. La marque de l'Union européenne peut faire l'objet d'une renonciation pour tout ou partie des produits ou des services pour lesquels elle est enregistrée.

2. La renonciation est déclarée par écrit à l'Office par le titulaire de la marque. Elle n'a d'effet qu'après son inscription au registre. La validité de la renonciation à une marque de l'Union européenne qui est déclarée à l'Office à la suite de la présentation d'une demande en déchéance de cette marque en vertu de l'article 63, paragraphe 1, est subordonnée au rejet définitif ou à l'abandon de ladite demande en déchéance.

3. La renonciation n'est inscrite qu'avec l'accord du titulaire d'un droit lié à la marque de l'Union européenne qui est inscrit au registre. Si une licence a été enregistrée, la renonciation n'est inscrite au registre que si le titulaire de la marque de l'Union européenne prouve qu'il a informé le licencié de son intention de renoncer. L'inscription de la renonciation est faite à l'expiration du délai de trois mois suivant la date à laquelle le titulaire confirme à l'Office qu'il a informé le licencié de son intention de renoncer, ou avant l'expiration de ce délai, dès qu'il prouve que le licencié a donné son consentement.

4. Si les conditions régissant la renonciation ne sont pas remplies, l'Office informe le déclarant des irrégularités constatées. S'il n'est pas remédié aux irrégularités dans le délai à fixer par l'Office, celui-ci refuse l'inscription de la renonciation au registre.

5. La Commission adopte des actes d'exécution précisant les éléments à mentionner dans une déclaration de renonciation en vertu du paragraphe 2 du présent article et précisant le type de documents qui sont requis pour pouvoir établir l'accord d'un tiers en vertu du paragraphe 3 du présent article. Ces actes d'exécution sont adoptés en conformité avec la procédure d'examen visée à l'article 207, paragraphe 2.

Section II

Causes de déchéance

Art. 58 *Causes de déchéance.* 1. Le titulaire de la marque de l'Union européenne est déclaré déchu de ses droits, sur demande présentée auprès de l'Office ou sur demande reconventionnelle dans une action en contrefaçon :

a) si, pendant une période ininterrompue de cinq ans, la marque n'a pas fait l'objet d'un usage sérieux dans l'Union pour les produits ou les services pour lesquels elle est enregistrée, et qu'il n'existe pas de justes motifs pour le non-usage ; toutefois, nul ne peut faire valoir que le titulaire est déchu de ses droits si, entre l'expiration de cette période et la présentation de la demande ou de la demande reconventionnelle, la marque a fait l'objet d'un commencement ou d'une reprise d'usage sérieux ; cependant, le commencement ou la reprise d'usage fait dans un délai de trois mois avant la présentation de la demande ou de la demande reconventionnelle, ce délai commençant à courir au plus tôt à l'expiration de la période ininterrompue de cinq ans de non-usage, n'est pas pris en considération lorsque des préparatifs pour le commencement ou la reprise de l'usage interviennent seulement après que le titulaire a appris que la demande ou la demande reconventionnelle pourrait être présentée ;

b) si la marque est devenue, par le fait de l'activité ou de l'inactivité de son titulaire, la désignation usuelle dans le commerce d'un produit ou d'un service pour lequel elle est enregistrée ;

c) si, par suite de l'usage qui en est fait par le titulaire de la marque ou avec son consentement pour les produits ou les services pour lesquels elle est enregistrée, la marque est propre à induire le public en erreur notamment sur la nature, la qualité ou la provenance géographique de ces produits ou de ces services.

2. Si la cause de déchéance n'existe que pour une partie des produits ou des services pour lesquels la marque de l'Union européenne est enregistrée, le titulaire n'est déclaré déchu de ses droits que pour les produits ou les services concernés.

Section III

Causes de nullité

Art. 59 *Causes de nullité absolue.* 1. La nullité de la marque de l'Union européenne est déclarée, sur demande présentée auprès de l'Office ou sur demande reconventionnelle dans une action en contrefaçon :

a) lorsque la marque de l'Union européenne a été enregistrée contrairement aux dispositions de l'article 7 ;

b) lorsque le demandeur était de mauvaise foi lors du dépôt de la demande de marque.

2. Lorsque la marque de l'Union européenne a été enregistrée contrairement à l'article 7, paragraphe 1, point b), c) ou d), elle ne peut toutefois être déclarée nulle si, par l'usage qui en a été fait, elle a acquis après son enregistrement un caractère distinctif pour les produits ou les services pour lesquels elle est enregistrée.

3. Si la cause de nullité n'existe que pour une partie des produits ou des services pour lesquels la marque de l'Union européenne est enregistrée, la nullité de la marque ne peut être déclarée que pour les produits ou les services concernés.

Art. 60 *Causes de nullité relative.* 1. La marque de l'Union européenne est déclarée nulle sur demande présentée auprès de l'Office ou sur demande reconventionnelle dans une action en contrefaçon :

a) lorsqu'il existe une marque antérieure visée à l'article 8, paragraphe 2, et que les conditions énoncées au paragraphe 1 ou au paragraphe 5 dudit article sont remplies;

b) lorsqu'il existe une marque visée à l'article 8, paragraphe 3, et que les conditions énoncées audit paragraphe sont remplies;

c) lorsqu'il existe un droit antérieur visé à l'article 8, paragraphe 4, et que les conditions énoncées audit paragraphe sont remplies;

d) lorsqu'il existe une appellation d'origine antérieure ou une indication géographique antérieure visée à l'article 8, paragraphe 6, et que les conditions énoncées audit paragraphe sont remplies.

Toutes les conditions visées au premier alinéa sont remplies à la date de dépôt ou à la date de priorité de la marque de l'Union européenne.

2. La marque de l'Union européenne est également déclarée nulle sur demande présentée auprès de l'Office ou sur demande reconventionnelle dans une action en contrefaçon si son usage peut être interdit en vertu d'un autre droit antérieur selon la législation de l'Union ou le droit national qui en régit la protection, et notamment :

a) d'un droit au nom;

b) d'un droit à l'image;

c) d'un droit d'auteur;

d) d'un droit de propriété industrielle.

3. La marque de l'Union européenne ne peut pas être déclarée nulle lorsque le titulaire d'un droit visé au paragraphe 1 ou 2 donne expressément son consentement à l'enregistrement de cette marque avant la présentation de la demande en nullité ou de la demande reconventionnelle.

4. Le titulaire de l'un des droits visés au paragraphe 1 ou 2, qui a préalablement demandé la nullité de la marque de l'Union européenne ou introduit une demande reconventionnelle dans une action en contrefaçon, ne peut présenter une nouvelle demande en nullité ou introduire une demande reconventionnelle fondée sur un autre de ces droits qu'il aurait pu invoquer à l'appui de la première demande.

5. L'article 59, paragraphe 3, est applicable.

Art. 61 *Forclusion par tolérance.* 1. Le titulaire d'une marque de l'Union européenne qui a toléré pendant cinq années consécutives l'usage d'une marque de l'Union européenne postérieure dans l'Union en connaissance de cet usage ne peut plus demander la nullité de la marque postérieure sur la base de la marque antérieure pour les produits ou les services pour lesquels la marque postérieure a été utilisée, à moins que l'enregistrement de la marque de l'Union européenne postérieure n'ait été effectué de mauvaise foi.

2. Le titulaire d'une marque nationale antérieure visée à l'article 8, paragraphe 2, ou d'un autre signe antérieur visé à l'article 8, paragraphe 4, qui a toléré pendant cinq années consécutives l'usage d'une marque de l'Union européenne postérieure dans l'État membre où cette marque antérieure ou l'autre signe antérieur est protégé, en connaissance de cet usage, ne peut plus demander la nullité de la marque postérieure sur la base de la marque antérieure ou de l'autre signe antérieur pour les produits ou les services pour lesquels la marque postérieure a été utilisée, à moins que l'enregistrement de la marque de l'Union européenne postérieure n'ait été effectué de mauvaise foi.

3. Dans les cas visés au paragraphe 1 ou 2, le titulaire de la marque de l'Union européenne postérieure ne peut pas s'opposer à l'usage du droit antérieur bien que ce droit ne puisse plus être invoqué contre la marque de l'Union européenne postérieure.

Section IV

Effets de la déchéance et de la nullité

Art. 62 *Effets de la déchéance et de la nullité.* 1. La marque de l'Union européenne est réputée n'avoir pas eu, à compter de la date de la demande en déchéance ou de la demande reconventionnelle, les effets prévus au présent règlement, selon que le titulaire est déclaré déchu de ses droits en tout ou en partie. Une date antérieure, à laquelle est survenue l'une des causes de la déchéance, peut être fixée dans la décision, sur demande d'une partie.

2. La marque de l'Union européenne est réputée n'avoir pas eu, dès l'origine, les effets prévus au présent règlement, selon que la marque a été déclarée nulle en tout ou en partie.

3. Sous réserve des dispositions nationales relatives soit aux recours en réparation du préjudice causé par la faute ou la mauvaise foi du titulaire de la marque, soit à l'enrichissement sans cause, l'effet rétroactif de la déchéance ou de la nullité de la marque n'affecte pas :

a) les décisions en contrefaçon ayant acquis l'autorité de la chose jugée et exécutées antérieurement à la décision de déchéance ou de nullité;

b) les contrats conclus antérieurement à la décision de déchéance ou de nullité, dans la mesure où ils ont été exécutés antérieurement à cette décision; toutefois, la restitution de sommes versées en vertu du contrat, dans la mesure où les circonstances le justifient, peut être réclamée pour des raisons d'équité.

Section V

Procédure de déchéance et de nullité devant l'office

Art. 63 *Demande en déchéance ou en nullité.* 1. Une demande en déchéance ou en nullité de la marque de l'Union européenne peut être présentée auprès de l'Office :

a) dans les cas définis aux articles 58 et 59, par toute personne physique ou morale ainsi que par tout groupement constitué pour la représentation des intérêts de fabricants, de producteurs, de prestataires de services, de commerçants ou de consommateurs et qui, aux termes de la législation qui lui est applicable, a la capacité d'ester en justice;

b) dans les cas définis à l'article 60, paragraphe 1, par les personnes visées à l'article 46, paragraphe 1;

c) dans les cas définis à l'article 60, paragraphe 2, par les titulaires des droits antérieurs visés dans cette disposition ou par les personnes habilitées à exercer les droits en question en vertu de la législation de l'Union ou du droit de l'État membre concerné.

2. La demande est présentée par écrit et motivée. Elle n'est réputée présentée qu'après paiement de la taxe.

3. Une demande en déchéance ou en nullité est irrecevable lorsqu'une demande ayant le même objet et la même cause a été tranchée sur le fond entre les mêmes parties soit par l'Office soit par un tribunal des marques de l'Union européenne visé à l'article 123

et que la décision de l'Office ou de ce tribunal concernant cette demande est passée en force de chose jugée.

Art. 64 *Examen de la demande.* 1. Au cours de l'examen de la demande en déchéance ou en nullité, l'Office invite les parties, aussi souvent qu'il est nécessaire, à présenter, dans un délai qu'il leur impartit, leurs observations sur les notifications qu'il leur a adressées ou sur les communications qui émanent des autres parties.

2. Sur requête du titulaire de la marque de l'Union européenne, le titulaire d'une marque de l'Union européenne antérieure, partie à la procédure de nullité, apporte la preuve qu'au cours des cinq années qui précèdent la date de la demande en nullité, la marque de l'Union européenne antérieure a fait l'objet d'un usage sérieux dans l'Union pour les produits ou les services pour lesquels elle est enregistrée et sur lesquels le titulaire de cette marque antérieure fonde sa demande en nullité, ou qu'il existe de justes motifs pour le non-usage, pour autant qu'à cette date, la marque de l'Union européenne antérieure ait été enregistrée depuis cinq ans au moins. En outre, si la marque de l'Union européenne antérieure était enregistrée depuis cinq ans au moins à la date de dépôt ou à la date de priorité de la demande de marque de l'Union européenne, le titulaire de la marque de l'Union européenne antérieure apporte la preuve que les conditions énoncées à l'article 47, paragraphe 2, étaient remplies à cette date. À défaut d'une telle preuve, la demande en nullité est rejetée. Si la marque de l'Union européenne antérieure n'a été utilisée que pour une partie des produits ou des services pour lesquels elle est enregistrée, elle n'est réputée enregistrée que pour cette partie des produits et services, aux fins de l'examen de la demande en nullité.

3. Le paragraphe 2 s'applique aux marques nationales antérieures visées à l'article 8, paragraphe 2, point a), étant entendu que l'usage dans l'Union est remplacé par l'usage dans l'État membre où la marque nationale antérieure est protégée.

4. S'il le juge utile, l'Office peut inviter les parties à se concilier.

5. S'il résulte de l'examen de la demande en déchéance ou en nullité que la marque aurait dû être refusée à l'enregistrement pour tout ou partie des produits ou des services pour lesquels elle est enregistrée, le titulaire de la marque de l'Union européenne est déclaré déchu de ses droits ou la nullité de la marque est déclarée pour les produits ou les services concernés. Dans le cas contraire, la demande en déchéance ou en nullité est rejetée.

6. Une mention de la décision de l'Office concernant la demande en déchéance ou en nullité est inscrite au registre lorsqu'elle est définitive.

Art. 65 *Délégation de pouvoirs.* La Commission est habilitée à adopter des actes délégués conformément à l'article 208 précisant les modalités des procédures de déchéance et de nullité d'une marque de l'Union européenne visées aux articles 63 et 64, ainsi que de transfert d'une marque de l'Union européenne enregistrée au nom d'un agent visé à l'article 21.

CHAPITRE VII

Procédure de recours

Art. 66 *Décisions susceptibles de recours.* 1. Les décisions des instances de décision de l'Office énumérées à l'article 159, points a) à d), et, le cas échéant, point f) dudit article, sont susceptibles de recours. Ces décisions ne prennent effet qu'à dater de l'expiration du délai de recours visé à l'article 68. La formation du recours a un effet suspensif.

2. Une décision qui ne met pas fin à une procédure à l'égard d'une des parties ne peut faire l'objet d'un recours qu'avec la décision finale, à moins que ladite décision ne prévoie un recours indépendant.

Art. 67 *Personnes admises à former le recours et à être parties à la procédure.* Toute partie à une procédure ayant conduit à une décision peut recourir contre cette décision pour autant que cette dernière n'a pas fait droit à ses prétentions. Les autres parties à ladite procédure sont de droit parties à la procédure de recours.

Art. 68 *Délai et forme du recours.* 1. Le recours est formé par écrit auprès de l'Office dans un délai de deux mois à compter du jour de la notification de la décision. Le recours n'est considéré comme formé qu'après paiement de la taxe de recours. Il est déposé dans la langue de procédure de la décision attaquée. Un mémoire exposant les motifs du recours est déposé par écrit dans un délai de quatre mois à compter de la date de la notification de la décision.

2. Dans les procédures inter partes, le défendeur peut, dans ses observations en réponse, formuler des conclusions visant à l'annulation ou à la réformation de la décision attaquée sur un point non soulevé dans le recours. De telles conclusions deviennent sans objet en cas de désistement du requérant.

Art. 69 *Révision des décisions dans des cas ex parte.* 1. Si la partie qui a introduit le recours est la seule partie à la procédure et si l'instance dont la décision est attaquée considère le recours comme recevable et fondé, l'instance doit y faire droit.

2. S'il n'est pas fait droit au recours dans un délai d'un mois à compter de la réception du mémoire exposant les motifs, le recours doit être immédiatement déféré à la chambre de recours, sans avis sur le fond.

Art. 70 *Examen du recours.* 1. Si le recours est recevable, la chambre de recours examine s'il peut y être fait droit.

2. Au cours de l'examen du recours, la chambre de recours invite les parties, aussi souvent qu'il est nécessaire, à présenter, dans un délai qu'elle leur impartit, leurs observations sur les notifications qu'elle leur a adressées ou sur les communications qui émanent des autres parties.

Art. 71 *Décision sur le recours.* 1. À la suite de l'examen au fond du recours, la chambre de recours statue sur le recours. Elle peut, soit exercer les compétences de l'instance qui a pris la décision attaquée, soit renvoyer l'affaire à ladite instance en vue de la poursuite de la procédure.

2. Si la chambre de recours renvoie l'affaire, en vue de la poursuite de la procédure, à l'instance qui a pris la décision attaquée, cette instance est liée par les motifs et le dispositif de la décision de la chambre de recours pour autant que les faits de la cause sont les mêmes.

3. Les décisions de la chambre de recours ne prennent effet qu'à compter de la date d'expiration du délai visé à l'article 72, paragraphe 5, ou, si une action a été introduite devant le Tribunal dans ce délai, à compter de la date du rejet de celle-ci ou du rejet de tout pourvoi introduit devant la Cour de justice contre la décision du Tribunal.

Art. 72 *Recours devant la Cour de justice.* 1. Les décisions des chambres de recours statuant sur un recours sont susceptibles d'un recours devant le Tribunal.

2. Le recours est ouvert pour incompétence, violation des formes substantielles, violation du traité sur le fonctionnement de l'Union européenne, violation du présent règlement ou de toute règle de droit relative à leur application, ou détournement de pouvoir.

3. Le Tribunal a compétence aussi bien pour annuler que pour réformer la décision attaquée.

4. Le recours est ouvert à toute partie à la procédure devant la chambre de recours pour autant que la décision de celle-ci n'a pas fait droit à ses prétentions.

5. Le recours est formé devant le Tribunal dans un délai de deux mois à compter de la date de notification de la décision de la chambre de recours.

6. L'Office prend les mesures que comporte l'exécution de l'arrêt du Tribunal ou, en cas de pourvoi contre cet arrêt, de celui de la Cour de justice.

Art. 73 *Délégation de pouvoirs.* La Commission est habilitée à adopter des actes délégués conformément à l'article 208 précisant :

a) le contenu formel de l'acte de recours visé à l'article 68 et la procédure relative à la formation et à l'examen d'un recours;

b) le contenu formel et la forme des décisions de la chambre de recours visées à l'article 71;

c) le remboursement de la taxe de recours visée à l'article 68.

CHAPITRE VIII

Dispositions particulières concernant les marques collectives et les marques de certification de l'Union européenne

Section I

Marques collectives de l'Union européenne

Art. 74 *Marques collectives de l'Union européenne.* 1. Peuvent constituer des marques collectives de l'Union européenne les marques de l'Union européenne ainsi désignées lors du dépôt et propres à distinguer les produits ou les services des membres de l'association qui en est le titulaire de ceux d'autres entreprises. Peuvent déposer des marques collectives de l'Union européenne les associations de fabricants, de producteurs, de prestataires de services ou de commerçants, qui, aux termes de la législation qui leur est applicable, ont la capacité, en leur propre nom, d'être titulaires de droits et d'obligations de toute nature, de passer des contrats ou d'accomplir d'autres actes juridiques et d'ester en justice, de même que les personnes morales relevant du droit public.

2. Par dérogation à l'article 7, paragraphe 1, point c), peuvent constituer des marques collectives de l'Union européenne au sens du paragraphe 1 des signes ou indications pouvant servir, dans le commerce, à désigner la provenance géographique des produits ou des services. Une marque collective de l'Union européenne n'autorise pas le titulaire à interdire à un tiers d'utiliser dans le commerce ces signes ou indications, pour autant que cet usage soit fait conformément aux usages honnêtes en matière industrielle ou commerciale; en particulier, une telle marque ne peut être opposée à un tiers habilité à utiliser une dénomination géographique.

3. Les chapitres I à VII et IX à XIV s'appliquent aux marques collectives de l'Union européenne dans la mesure où la présente section n'en dispose pas autrement.

Art. 75 *Règlement d'usage de la marque collective de l'Union européenne.* 1. Le demandeur d'une marque collective de l'Union européenne présente un règlement d'usage dans un délai de deux mois à compter de la date de dépôt.

2. Le règlement d'usage indique les personnes autorisées à utiliser la marque, les conditions d'affiliation à l'association ainsi que, dans la mesure où elles existent, les conditions d'usage de la marque, y compris les sanctions. Le règlement d'usage d'une marque visée à l'article 74, paragraphe 2, autorise toute personne dont les produits ou services proviennent de la zone géographique concernée, à devenir membre de l'association qui est titulaire de la marque.

3. La Commission adopte des actes d'exécution précisant les éléments à mentionner dans le règlement visé au paragraphe 2 du présent article. Ces actes d'exécution sont adoptés en conformité avec la procédure d'examen visée à l'article 207, paragraphe 2.

Art. 76 *Rejet de la demande.* 1. Outre les motifs de rejet d'une demande de marque de l'Union européenne prévus aux articles 41 et 42, la demande de marque collective de l'Union européenne est rejetée lorsqu'il n'est pas satisfait aux dispositions de l'article 74 ou de l'article 75 ou que le règlement d'usage est contraire à l'ordre public ou aux bonnes mœurs.

2. La demande de marque collective de l'Union européenne est rejetée en outre lorsque le public risque d'être induit en erreur sur le caractère ou la signification de la marque, notamment lorsqu'elle est susceptible d'apparaître comme étant autre chose qu'une marque collective.

3. La demande n'est pas rejetée, si le demandeur, par une modification du règlement d'usage, répond aux exigences énoncées aux paragraphes 1 et 2.

Art. 77 *Observations des tiers.* Lorsque des observations écrites concernant une marque collective de l'Union européenne sont adressées à l'Office en vertu de l'article 45, ces observations peuvent également être fondées sur les motifs particuliers selon lesquels la demande de marque collective de l'Union européenne devrait être rejetée en vertu de l'article 76.

Art. 78 *Usage de la marque.* L'usage de la marque collective de l'Union européenne fait par toute personne habilitée à utiliser cette marque satisfait aux dispositions du présent règlement, pour autant que les autres conditions auxquelles celui-ci soumet l'usage de la marque de l'Union européenne soient remplies.

Art. 79 *Modification du règlement d'usage de la marque collective de l'Union européenne.* 1. Le titulaire de la marque collective de l'Union européenne soumet à l'Office tout règlement d'usage modifié.

2. La modification n'est pas mentionnée au registre, si le règlement d'usage modifié ne satisfait pas aux prescriptions de l'article 75 ou comporte un motif de rejet visé à l'article 76.

3. Des observations écrites faites conformément à l'article 77 peuvent également être adressées en ce qui concerne le règlement d'usage modifié.

4. Aux fins de l'application du présent règlement, la modification du règlement d'usage ne prend effet qu'à compter de la date d'inscription de la mention de la modification au registre.

Art. 80 *Exercice de l'action en contrefaçon.* 1. Les dispositions de l'article 25, paragraphes 3 et 4, relatives aux droits des licenciés s'appliquent à toute personne habilitée à utiliser une marque collective de l'Union européenne.

2. Le titulaire d'une marque collective de l'Union européenne peut réclamer, au nom des personnes habilitées à utiliser la marque, réparation du dommage subi par celles-ci du fait de l'usage non autorisé de la marque.

Art. 81 *Causes de déchéance.* Outre les causes de déchéance prévues à l'article 58, le titulaire de la marque collective de l'Union européenne est déclaré déchu de ses droits sur demande auprès de l'Office ou sur demande reconventionnelle dans une action en contrefaçon lorsque :

a) le titulaire ne prend pas de mesures raisonnables en vue de prévenir un usage de la marque qui ne serait pas compatible avec les conditions d'usage prévues par le règlement d'usage, dont la modification a été, le cas échéant, mentionnée au registre ;

b) la manière selon laquelle la marque a été utilisée par le titulaire a eu pour conséquence qu'elle est devenue susceptible d'induire le public en erreur au sens de l'article 76, paragraphe 2 ;

c) la modification du règlement d'usage a été mentionnée au registre contrairement aux dispositions de l'article 79, paragraphe 2, sauf si le titulaire de la marque répond, par une nouvelle modification du règlement d'usage, aux exigences fixées par ces dispositions.

Art. 82 *Causes de nullité.* Outre les causes de nullité prévues aux articles 59 et 60, la marque collective de l'Union européenne est déclarée nulle sur demande présentée auprès de l'Office ou sur demande reconventionnelle dans une action en contrefaçon lorsqu'elle a été enregistrée contrairement aux dispositions de l'article 76, sauf si le titulaire de la marque répond, par une modification du règlement d'usage, aux exigences fixées par ces dispositions.

Section II

Marques de certification de l'Union européenne

Art. 83 *Marques de certification de l'Union européenne.* 1. Une marque de certification de l'Union européenne est une marque de l'Union européenne ainsi désignée lors du dépôt et propre à distinguer les produits ou services pour lesquels la matière, le mode de fabrication des produits ou de prestation des services, la qualité, la précision ou d'autres caractéristiques, à l'exception de la provenance géographique, sont certifiés par le titulaire de la marque par rapport aux produits ou services qui ne bénéficient pas d'une telle certification.

2. Toute personne physique ou morale, y compris les institutions, autorités et organismes de droit public, peut déposer une marque de certification de l'Union européenne pourvu que cette personne n'exerce pas une activité ayant trait à la fourniture de produits ou de services du type certifié.

3. Les chapitres I à VII et IX à XIV s'appliquent aux marques de certification de l'Union européenne dans la mesure où la présente section n'en dispose pas autrement.

Art. 84 *Règlement d'usage de la marque de certification de l'Union européenne.* 1. Le demandeur d'une marque de certification de l'Union européenne présente un règlement d'usage de la marque de certification de l'Union européenne dans un délai de deux mois à compter de la date de dépôt.

2. Le règlement d'usage indique les personnes autorisées à utiliser la marque, les caractéristiques que certifie la marque, la manière dont l'organisme de certification vérifie ces caractéristiques et surveille l'usage de la marque. Ce règlement d'usage indique également les conditions d'usage de la marque, y compris les sanctions.

3. La Commission adopte des actes d'exécution précisant les éléments à mentionner dans le règlement visé au paragraphe 2 du présent article. Ces actes d'exécution sont adoptés en conformité avec la procédure d'examen visée à l'article 207, paragraphe 2.

Art. 85 *Refus de la demande.* 1. Outre les motifs de refus d'une demande de marque de l'Union européenne prévus aux articles 41 et 42, une demande de marque de certification de l'Union européenne est refusée lorsque les conditions énoncées aux articles 83 et 84 ne sont pas satisfaites ou que le règlement d'usage est contraire à l'ordre public ou aux bonnes mœurs.

2. Une demande de marque de certification de l'Union européenne est également refusée lorsque le public risque d'être induit en erreur sur le caractère ou la signification de la marque, notamment lorsque celle-ci est susceptible d'apparaître comme étant autre chose qu'une marque de certification.

3. Une demande n'est pas refusée si le demandeur, à la suite d'une modification du règlement d'usage, répond aux exigences énoncées aux paragraphes 1 et 2.

Art. 86 *Observations des tiers.* Lorsque des observations écrites concernant une marque de certification de l'Union européenne sont adressées à l'Office en vertu de l'article 45, ces observations peuvent également être fondées sur les motifs particuliers selon lesquels la demande de marque de certification de l'Union européenne devrait être refusée en vertu de l'article 85.

Art. 87 *Usage de la marque de certification de l'Union européenne.* L'usage de la marque de certification de l'Union européenne fait par toute personne qui y est habilitée en vertu du règlement d'usage visé à l'article 84 satisfait aux exigences du présent règlement, pour autant que les autres conditions prévues par le présent règlement en ce qui concerne l'usage de la marque de l'Union européenne soient remplies.

Art. 88 *Modification du règlement d'usage de la marque de certification de l'Union européenne.* 1. Le titulaire de la marque de certification de l'Union européenne soumet à l'Office tout règlement d'usage modifié.

2. Les modifications ne sont pas mentionnées dans le registre si le règlement tel que modifié ne satisfait pas aux exigences de l'article 84 ou comporte un des motifs de rejet visés à l'article 85.

3. Des observations écrites conformément à l'article 86 peuvent également être adressées en ce qui concerne le règlement d'usage modifié.

4. Aux fins du présent règlement, les modifications du règlement d'usage ne prennent effet qu'à compter de la date d'inscription au registre de la mention de la modification.

Art. 89 *Transfert.* Par dérogation à l'article 20, paragraphe 1, une marque de certification de l'Union européenne ne peut être transférée qu'à une personne répondant aux exigences de l'article 83, paragraphe 2.

Art. 90 *Personnes autorisées à exercer une action en contrefaçon.* 1. Une action en contrefaçon ne peut être exercée que par le titulaire de la marque de certification de l'Union européenne ou par une personne que celui-ci a expressément autorisée à cet effet.

2. Le titulaire d'une marque de certification de l'Union européenne a le droit de réclamer, au nom des personnes habilitées à utiliser la marque, réparation du dommage subi par celles-ci du fait de l'usage non autorisé de la marque.

Art. 91 *Causes de déchéance.* Outre les causes de déchéance prévues à l'article 58, le titulaire de la marque de certification de l'Union européenne est déclaré déchu de ses droits sur demande auprès de l'Office ou sur demande reconventionnelle dans une action en contrefaçon lorsque l'une des conditions suivantes est remplie :

a) le titulaire ne satisfait plus aux exigences énoncées à l'article 83, paragraphe 2;

b) le titulaire ne prend pas de mesures raisonnables en vue de prévenir un usage de la marque de certification de l'Union européenne qui ne serait pas compatible avec les conditions d'usage prévues par le règlement d'usage, dont les modifications ont été, le cas échéant, mentionnées dans le registre;

c) la manière dont la marque de certification de l'Union européenne a été utilisée par le titulaire a eu pour conséquence de la rendre susceptible d'induire le public en erreur au sens de l'article 85, paragraphe 2;

d) la modification du règlement d'usage de la marque de certification de l'Union européenne a été mentionnée dans le registre en violation de l'article 88, paragraphe 2, sauf si, par une nouvelle modification du règlement d'usage, le titulaire de la marque satisfait aux exigences fixées par cet article.

Art. 92 *Causes de nullité.* Outre les causes de nullité prévues aux articles 59 et 60, une marque de certification de l'Union européenne qui a été enregistrée en violation de l'article 85 est déclarée nulle sur demande présentée auprès de l'Office ou sur demande reconventionnelle dans une action en contrefaçon, sauf si le titulaire de la marque de certification de l'Union européenne satisfait, par une modification du règlement d'usage, aux exigences fixées par l'article 85.

Art. 93 *Transformation.* Sans préjudice de l'article 139, paragraphe 2, la transformation d'une demande de marque de certification de l'Union européenne ou d'une marque de certification de l'Union européenne enregistrée n'a pas lieu lorsque le droit national de l'État membre concerné ne prévoit pas l'enregistrement de marques de garantie ou de certification conformément à l'article 28 de la directive (UE) 2015/2436.

CHAPITRE IX
Dispositions de procédure

Section I

Dispositions générales

Art. 94 *Décisions et communications de l'Office.* 1. Les décisions de l'Office sont motivées. Elles ne peuvent être fondées que sur des motifs ou des preuves au sujet desquels les parties ont pu prendre position. Les décisions prises dans le cadre d'une procédure orale devant l'Office peuvent être prononcées verbalement. Elles sont ensuite notifiées par écrit aux parties.

2. Toute décision, communication ou notification de l'Office indique le nom de l'instance ou de la division de l'Office dont elle émane, ainsi que le nom de l'agent ou des agents responsables. Elle est revêtue de la signature dudit ou desdits agents ou, à défaut de signature, du sceau, imprimé ou apposé, de l'Office. Lorsque les décisions, communications ou notifications de l'Office sont transmises par télécopieur ou par tout autre moyen technique de communication, le directeur exécutif peut autoriser l'utilisation d'autres moyens permettant d'identifier l'instance ou la division de l'Office dont elles

émanent ainsi que le nom de l'agent ou des agents responsables, ou l'utilisation de moyens d'identification autres que le sceau de l'Office.

3. Les décisions de l'Office qui sont susceptibles de recours sont accompagnées d'une communication écrite indiquant que tout acte de recours est déposé par écrit auprès de l'Office dans un délai de deux mois à compter de la date de notification de la décision en question. Cette communication comporte également des indications visant à attirer l'attention des parties sur les dispositions des articles 66, 67 et 68. Les parties ne peuvent faire grief à l'Office de l'absence de communication de la possibilité d'introduire un recours.

Art. 95 *Examen d'office des faits.* 1. Au cours de la procédure, l'Office procède à l'examen d'office des faits; toutefois, dans une procédure concernant des motifs relatifs de refus d'enregistrement, l'examen est limité aux moyens invoqués et aux demandes présentées par les parties. Dans les procédures de nullité engagées en vertu de l'article 59, l'Office limite son examen aux moyens et arguments soumis par les parties.

2. L'Office peut ne pas tenir compte des faits que les parties n'ont pas invoqués ou des preuves qu'elles n'ont pas produites en temps utile.

Art. 96 *Procédure orale.* 1. L'Office recourt à la procédure orale, soit d'office, soit sur requête d'une partie à la procédure, à condition qu'il le juge utile.

2. La procédure orale devant les examinateurs, la division d'opposition et l'instance chargée de la tenue du registre n'est pas publique.

3. La procédure orale, y compris le prononcé de la décision, est publique devant la division d'annulation et les chambres de recours, sauf décision contraire de l'instance saisie au cas où la publicité pourrait présenter, notamment pour une partie à la procédure, des inconvénients graves et injustifiés.

4. La Commission est habilitée à adopter des actes délégués conformément à l'article 208 pour préciser les modalités de la procédure orale, y compris celles concernant l'usage des langues conformément à l'article 146.

Art. 97 *Instruction.* 1. Dans toute procédure devant l'Office, les mesures d'instruction suivantes peuvent notamment être prises :

a) l'audition des parties;

b) la demande de renseignements;

c) la production de documents et d'échantillons;

d) l'audition de témoins;

e) l'expertise;

f) les déclarations écrites faites sous serment ou solennellement ou qui ont un effet équivalent d'après le droit de l'État dans lequel elles sont faites.

2. Le service saisi peut charger un de ses membres de procéder aux mesures d'instruction.

3. Si l'Office estime nécessaire qu'une partie, un témoin ou un expert dépose oralement, il invite la personne concernée à comparaître devant lui. Le délai de comparution indiqué dans cette invitation doit être d'un mois au minimum, à moins que les intéressés ne conviennent d'un délai plus court.

4. Les parties sont informées de l'audition d'un témoin ou expert devant l'Office. Elles ont le droit d'être présentes et de poser des questions au témoin ou à l'expert.

5. Le directeur exécutif détermine les montants des frais à acquitter, y compris les avances, en ce qui concerne les frais de l'instruction visée au présent article.

6. La Commission est habilitée à adopter des actes délégués conformément à l'article 208 pour préciser les modalités de l'instruction.

Art. 98 *Notification.* 1. L'Office notifie d'office aux intéressés toutes les décisions et invitations à comparaître devant lui ainsi que les communications qui font courir un délai ou dont la notification aux intéressés est prévue par d'autres dispositions du présent règlement ou par des actes adoptés en vertu du présent règlement, ou prescrite par le directeur exécutif.

2. Le directeur exécutif peut déterminer les documents, outre les décisions qui font courir un délai de recours et les invitations à comparaître, qui sont notifiés par lettre recommandée avec accusé de réception.

3. La notification peut être effectuée par différents moyens, y compris par des moyens électroniques. Les modalités relatives aux moyens électroniques sont définies par le directeur exécutif.

4. Lorsque la notification est faite par voie de publication, le directeur exécutif arrête les modalités de cette publication et fixe le point de départ du délai d'un mois à l'expiration duquel le document est réputé notifié.

5. La Commission est habilitée à adopter des actes délégués conformément à l'article 208 pour préciser les modalités de la notification.

Art. 99 *Notification de la perte d'un droit.* Lorsque l'Office constate que la perte d'un droit, quel qu'il soit, découle du présent règlement ou des actes adoptés en vertu du présent règlement, sans qu'une décision ait été prise, il le notifie à la personne intéressée conformément à l'article 98. Celle-ci peut demander qu'il soit statué à ce propos dans un délai de deux mois à compter de la notification de la communication, si elle estime que les conclusions de l'Office sont inexactes. L'Office ne statue que s'il est en désaccord avec le demandeur; dans le cas contraire, l'Office rectifie ses conclusions et en informe le demandeur.

Art. 100 *Communications à l'Office.* 1. Les communications adressées à l'Office peuvent être effectuées par voie électronique. Le directeur exécutif détermine dans quelle mesure et dans quelles conditions techniques ces communications peuvent être effectuées par voie électronique.

2. La Commission est habilitée à adopter des actes délégués conformément à l'article 208 pour préciser les règles applicables aux moyens de communication, y compris électroniques, à utiliser par les parties à la procédure devant l'Office, et aux formulaires que l'Office fournit.

Art. 101 *Délais.* 1. Tout délai est exprimé en années, en mois, en semaines ou en jours complets. Le calcul commence le jour suivant la date à laquelle l'événement concerné a eu lieu. La durée des délais est d'un mois au minimum et de six mois au maximum.

2. Le directeur exécutif détermine, avant le début de chaque année civile, les jours où l'on ne pourra pas déposer de documents auprès de l'Office et les jours où le courrier ordinaire ne sera pas distribué dans la localité du siège de l'Office.

3. Le directeur exécutif détermine la durée de la période d'interruption en cas d'interruption générale de la distribution du courrier dans l'État membre où l'Office est établi ou en cas de survenue d'une interruption de la connexion de l'Office aux moyens de communication électronique admis.

4. Si des circonstances exceptionnelles, telles qu'une catastrophe naturelle ou une grève, interrompent ou perturbent les communications entre les parties à la procédure et l'Office ou vice versa, le directeur exécutif peut décider que, pour les parties à la procédure qui ont leur domicile ou leur siège dans l'État membre concerné ou qui ont désigné des représentants ayant leur siège dans cet État membre, tous les délais qui, à défaut, expireraient le jour de la survenance de ces circonstances, ou par la suite, tels qu'il les détermine, sont prorogés jusqu'à la date qu'il détermine. Pour déterminer cette date, il évalue à quel moment ces circonstances exceptionnelles prennent fin. Si les circonstances affectent le siège de l'Office, cette décision du directeur exécutif précise qu'elle s'applique à toutes les parties à la procédure.

5. La Commission est habilitée à adopter des actes délégués conformément à l'article 208 pour préciser les modalités relatives au calcul et à la durée des délais.

Art. 102 *Rectification des erreurs et des oublis manifestes.* 1. L'Office rectifie, de sa propre initiative ou à la demande d'une partie, les erreurs linguistiques ou les erreurs de transcription et les oublis manifestes figurant dans ses décisions, ou les erreurs techniques survenues lors de l'enregistrement d'une marque de l'Union européenne ou de la publication de cet enregistrement qui lui sont imputables.

2. Lorsque le titulaire demande la correction d'erreurs survenues lors de l'enregistrement d'une marque de l'Union européenne ou de la publication de l'enregistrement, l'article 55 s'applique mutatis mutandis.

3. L'Office publie les corrections d'erreurs survenues lors de l'enregistrement d'une marque de l'Union européenne ou de la publication de l'enregistrement.

Art. 103 *Révocation de décisions.* 1. Lorsque l'Office effectue une inscription dans le registre ou prend une décision entachées d'une erreur manifeste qui lui est imputable, il se charge de supprimer une telle inscription ou de révoquer cette décision. Dans le cas où il n'y a qu'une seule partie à la procédure dont les droits sont lésés par l'inscription ou l'acte, la suppression de l'inscription ou la révocation de la décision est ordonnée même si, pour la partie, l'erreur n'était pas manifeste.

2. La suppression de l'inscription ou la révocation de la décision, visées au paragraphe 1, sont ordonnées, d'office ou à la demande de l'une des parties à la procédure, par l'instance ayant procédé à l'inscription ou ayant adopté la décision. La suppression de l'inscription au registre ou la révocation de la décision est effectuée dans un délai d'un an à compter de la date d'inscription au registre ou de l'adoption de la décision, après avoir entendu les parties à la procédure ainsi que les éventuels titulaires de droits sur la marque de l'Union européenne en question qui sont inscrits au registre. L'Office conserve une trace écrite de toute suppression ou révocation.

3. La Commission est habilitée à adopter des actes délégués conformément à l'article 208 pour préciser la procédure de révocation d'une décision ou de suppression d'une inscription au registre.

4. Le présent article s'entend sans préjudice du droit des parties d'introduire un recours en vertu des articles 66 et 72, ou de la possibilité de corriger les erreurs et oublis manifestes en vertu de l'article 102. Lorsqu'un recours a été formé contre une décision de l'Office comportant une erreur, la procédure de recours devient sans objet après révocation par l'Office de sa décision en application du paragraphe 1 du présent article. Dans ce dernier cas, la taxe de recours est remboursée au requérant.

Art. 104 *Restitutio in integrum.* 1. Le demandeur ou le titulaire d'une marque de l'Union européenne ou toute autre partie à une procédure devant l'Office qui, bien qu'ayant fait preuve de toute la vigilance nécessitée par les circonstances, n'a pas été en mesure d'observer un délai à l'égard de l'Office est, sur requête, rétabli dans ses droits si l'empêchement a eu pour conséquence directe, en vertu des dispositions du présent règlement, la perte d'un droit ou celle d'un moyen de recours.

2. La requête est présentée par écrit dans un délai de deux mois à compter de la cessation de l'empêchement. L'acte non accompli doit l'être dans ce délai. La requête n'est recevable que dans un délai d'un an à compter de l'expiration du délai non observé. En cas de non-présentation de la demande de renouvellement de l'enregistrement ou de non-paiement d'une taxe de renouvellement, le délai supplémentaire de six mois prévu à l'article 53, paragraphe 3, troisième phrase, est déduit de la période d'une année.

3. La requête est motivée et indique les faits et les justifications invoquées à son appui. Elle n'est réputée présentée qu'après paiement de la taxe de *restitutio in integrum*.

4. L'instance qui est compétente pour statuer sur l'acte non accompli décide sur la requête.

5. Le présent article n'est pas applicable aux délais prévus au paragraphe 2 du présent article ni à l'article 46, paragraphes 1 et 3, ni à l'article 105.

6. Lorsque le demandeur ou le titulaire d'une marque de l'Union européenne est rétabli dans ses droits, il ne peut invoquer ses droits contre un tiers qui, de bonne foi, a mis des produits dans le commerce ou a fourni des services sous un signe identique ou similaire à la marque de l'Union européenne pendant la période comprise entre la perte du droit sur la demande ou sur la marque de l'Union européenne et la publication de la mention du rétablissement de ce droit.

7. Le tiers qui peut se prévaloir des dispositions du paragraphe 6 peut former tierce opposition contre la décision rétablissant dans ses droits le demandeur ou le titulaire d'une marque de l'Union européenne dans un délai de deux mois à compter de la date de publication de la mention du rétablissement du droit.

8. Le présent article n'affecte pas le droit pour un État membre d'accorder la *restitutio in integrum* quant aux délais prévus par le présent règlement et qui doivent être observés vis-à-vis des autorités de cet État.

Art. 105 *Poursuite de la procédure.* 1. Le demandeur ou le titulaire d'une marque de l'Union européenne ou toute autre partie à une procédure devant l'Office qui a omis d'observer un délai à l'égard de l'Office peut obtenir, sur requête, la poursuite de la procédure, à condition que, au moment où la requête est introduite, l'acte omis ait été accompli. La requête en poursuite de procédure est uniquement recevable lorsqu'elle est présentée dans un délai de deux mois à compter de la date d'expiration du délai non observé. La requête n'est réputée présentée qu'après paiement d'une taxe de poursuite de la procédure.

2. Le présent article ne s'applique ni aux délais prévus à l'article 32, à l'article 34, paragraphe 1, à l'article 38, paragraphe 1, à l'article 41, paragraphe 2, à l'article 46, paragraphes 1 et 3, à l'article 53, paragraphe 3, à l'article 68, à l'article 72, paragraphe 5, à l'article 104, paragraphe 2, et à l'article 139, ni aux délais prévus au paragraphe 1 du présent article, ni au délai de revendication de l'ancienneté en vertu de l'article 39 après le dépôt de la demande.

3. L'instance qui est compétente pour statuer sur l'acte omis se prononce sur la requête.

4. Dans le cas où l'Office fait droit à la requête, les conséquences de l'inobservation du délai sont réputées ne pas s'être produites. Si une décision a été prise entre la date d'expiration de ce délai et la requête en poursuite de procédure, l'instance qui est compétente pour statuer sur l'acte omis examine cette décision et, lorsque l'accomplissement de l'acte

omis suffit, prend une décision différente. Si, à la suite de l'examen, l'Office conclut que la décision initiale n'a pas à être modifiée, il confirme cette décision par écrit.

5. Dans le cas où l'Office rejette la requête, la taxe est remboursée.

Art. 106 *Interruption de la procédure.* 1. La procédure devant l'Office est interrompue :

a) en cas de décès ou d'incapacité juridique, soit du demandeur ou du titulaire de la marque de l'Union européenne, soit de la personne qui est habilitée, en vertu du droit national, à agir au nom de l'un d'entre eux. Pour autant que ce décès ou cette incapacité n'affectent pas le pouvoir du représentant désigné en application de l'article 120, la procédure n'est interrompue qu'à la demande de ce représentant;

b) au cas où le demandeur ou le titulaire de la marque de l'Union européenne est empêché, pour des raisons juridiques résultant d'une action engagée contre ses biens, de poursuivre la procédure devant l'Office;

c) en cas de décès ou d'incapacité juridique du représentant du demandeur ou du représentant du titulaire de la marque de l'Union européenne, ou encore si ce représentant est empêché, pour des raisons juridiques résultant d'une action engagée contre ses biens, de poursuivre la procédure devant l'Office.

2. La procédure devant l'Office est reprise dès que l'identité de la personne habilitée à la poursuivre a été déterminée.

3. La Commission est habilitée à adopter des actes délégués conformément à l'article 208 pour préciser les modalités de reprise de la procédure devant l'Office.

Art. 107 *Référence aux principes généraux.* En l'absence d'une disposition de procédure dans le présent règlement ou dans les actes adoptés en vertu du présent règlement, l'Office prend en considération les principes généralement admis en la matière dans les États membres.

Art. 108 *Fin des obligations financières.* 1. Le droit de l'Office d'exiger le paiement de taxes se prescrit par quatre ans à compter de la fin de l'année civile au cours de laquelle la taxe est devenue exigible.

2. Les droits à l'encontre de l'Office en matière de remboursement de taxes ou de trop-perçu par celui-ci lors du paiement de taxes se prescrivent par quatre ans à compter de la fin de l'année civile au cours de laquelle le droit a pris naissance.

3. Le délai prévu aux paragraphes 1 et 2 est interrompu dans le cas visé au paragraphe 1 par une invitation à acquitter la taxe, et dans le cas visé au paragraphe 2 par une requête écrite en vue de faire valoir ce droit. Ce délai recommence à courir à compter de la date de son interruption; il expire au plus tard au terme d'une période de six ans calculée à compter de la fin de l'année civile au cours de laquelle il a commencé à courir initialement, à moins qu'une action en justice n'ait été engagée pour faire valoir ce droit; en pareil cas, le délai expire au plus tôt au terme d'une période d'une année calculée à compter de la date à laquelle la décision est passée en force de chose jugée.

Section II

Frais

Art. 109 *Frais.* 1. La partie perdante dans une procédure d'opposition, de déchéance, de nullité ou de recours supporte les taxes acquittées par l'autre partie. Sans préjudice de l'article 146, paragraphe 7, la partie perdante supporte également tous les frais indispensables aux fins des procédures exposés par l'autre partie, y compris les frais de déplacement et de séjour et la rémunération d'un représentant au sens de l'article 120, paragraphe 1, dans la limite des tarifs fixés pour chaque catégorie de frais par l'acte d'exécution à adopter en vertu du paragraphe 2 du présent article. Les taxes que la partie perdante doit supporter sont limitées aux taxes qui ont été acquittées par l'autre partie dans le cadre d'une opposition, d'une demande en déchéance ou en nullité d'une marque de l'Union européenne ou d'un recours.

2. La Commission adopte des actes d'exécution précisant les taux maximaux applicables aux frais indispensables à la procédure et réellement exposés par la partie gagnante. Ces actes d'exécution sont adoptés en conformité avec la procédure d'examen visée à l'article 207, paragraphe 2.

Aux fins de la détermination de ce montant en ce qui concerne les frais de déplacement et de séjour, la Commission tient compte de la distance entre le domicile ou le siège de la partie, du représentant, du témoin ou de l'expert et le lieu où la procédure orale se déroule, ainsi que de l'étape de la procédure au cours de laquelle les frais ont été exposés et, dans la mesure où il est question de frais de représentation au sens de l'article 120, paragraphe 1, de la nécessité de garantir que l'obligation de supporter les frais ne peut être exploitée par l'autre partie pour des motifs tactiques. Les frais de séjour sont calculés conformément au statut des fonctionnaires de l'Union et au régime applicable aux autres agents de l'Union, fixés par le règlement (CEE, Euratom, CECA) n° 259/68 du Conseil (15) (ci-après dénommés, respectivement, « statut des fonctionnaires » et « régime applicable aux autres agents »).

La partie perdante ne supporte les frais que pour un seul opposant et, le cas échéant, pour un seul représentant.

3. Toutefois, dans la mesure où les parties succombent respectivement sur un ou plusieurs chefs ou dans la mesure où l'équité l'exige, la division d'opposition ou la division d'annulation ou la chambre de recours décide d'une répartition différente des frais.

4. La partie qui met fin à une procédure par le retrait de la demande de marque de l'Union européenne, de l'opposition, de la demande en déchéance ou en nullité, ou du recours, par le non renouvellement de l'enregistrement de la marque de l'Union européenne ou par la renonciation à celle-ci, supporte les taxes ainsi que les frais exposés par l'autre partie dans les conditions prévues aux paragraphes 1 et 3.

5. En cas de non-lieu à statuer, la division d'opposition, la division d'annulation ou la chambre de recours règle librement les frais.

6. Lorsque les parties concluent devant la division d'opposition, la division d'annulation ou la chambre de recours un accord sur les frais différent de celui résultant de l'application des paragraphes 1 à 5, l'instance concernée prend acte de cet accord.

7. La division d'opposition ou la division d'annulation ou la chambre de recours fixe le montant des frais à rembourser en vertu des paragraphes 1 à 6 du présent article lorsque ces frais se limitent aux taxes payées à l'Office et aux frais de représentation. Dans tous les autres cas, le greffe de la chambre de recours ou un membre du personnel de la division d'opposition ou de la division d'annulation fixe, sur demande, le montant des frais à rembourser. La demande n'est recevable que pendant le délai de deux mois suivant la date à laquelle la décision sur la demande de fixation du montant des frais est devenue définitive, et elle est accompagnée d'une facture et de pièces justificatives. En ce qui concerne les frais de représentation en vertu de l'article 120, paragraphe 1, il suffit que le représentant donne l'assurance que les frais ont été exposés. Pour les autres frais, il suffit que leur plausibilité ait été établie. Lorsque le montant des frais est déterminé en

vertu de la première phrase du présent paragraphe, les frais de représentation sont accordés au niveau fixé dans l'acte d'exécution adopté conformément au paragraphe 2 du présent article, qu'ils aient réellement été exposés ou non.

8. La décision sur la fixation du montant des frais, qui est motivée, peut être réexaminée sur décision de la division d'opposition, de la division d'annulation ou de la chambre de recours, sur demande présentée dans un délai d'un mois à compter de la date de la répartition des frais. La demande n'est réputée présentée qu'après paiement de la taxe de réexamen du montant des frais. La division d'opposition, la division d'annulation ou la chambre de recours, selon le cas, statue, sans procédure orale, sur la demande de réexamen de la décision sur la fixation du montant des frais.

Art. 110 *Exécution des décisions fixant le montant des frais.* 1. Toute décision définitive de l'Office qui fixe le montant des frais forme titre exécutoire.

2. L'exécution forcée est régie par les règles de la procédure civile en vigueur dans l'État sur le territoire duquel elle a lieu. Chaque État membre désigne une autorité unique chargée de la vérification de l'authenticité de la décision visée au paragraphe 1 et communique ses coordonnées à l'Office, à la Cour de justice et à la Commission. La formule exécutoire est annexée à la décision par cette autorité, sans autre formalité de contrôle que la vérification de l'authenticité de la décision.

3. Après l'accomplissement de ces formalités à la demande de la partie concernée, celle-ci peut poursuivre l'exécution forcée en saisissant directement l'organe compétent, suivant le droit national.

4. L'exécution forcée ne peut être suspendue qu'en vertu d'une décision de la Cour de justice. Toutefois, le contrôle de la régularité des mesures d'exécution relève de la compétence des juridictions du pays concerné.

Section III

Information du public et des autorités des États membres

Art. 111 *Registre des marques de l'Union européenne.* 1. L'Office tient un registre des marques de l'Union européenne et le tient à jour.

2. Le registre contient les inscriptions suivantes relatives aux demandes et aux enregistrements de marques de l'Union européenne :

a) la date du dépôt de la demande;

b) le numéro de dossier de la demande;

c) la date de publication de la demande;

d) le nom et l'adresse du demandeur;

e) les nom et adresse professionnelle du représentant, dans la mesure où il ne s'agit pas d'un représentant visé à l'article 119, paragraphe 3, première phrase;

f) la représentation de la marque, ainsi que les mentions relatives à sa nature; et, le cas échéant, une description de la marque;

g) la désignation par leur nom des produits et services;

h) des indications relatives à la priorité revendiquée conformément à l'article 35;

i) des indications relatives à la priorité d'exposition revendiquée conformément à l'article 38;

j) des indications sur la revendication de l'ancienneté d'une marque antérieure enregistrée selon les termes de l'article 39;

k) une déclaration selon laquelle, après l'usage qui en a été fait, la marque a acquis un caractère distinctif conformément à l'article 7, paragraphe 3;

l) la mention qu'il s'agit d'une marque collective;

m) la mention qu'il s'agit d'une marque de certification;

n) la langue de dépôt de la demande ainsi que la deuxième langue indiquée par le demandeur dans sa demande, conformément à l'article 146, paragraphe 3;

o) la date d'inscription de la marque au registre et le numéro d'enregistrement;

p) une déclaration selon laquelle la demande résulte de la transformation d'un enregistrement international désignant l'Union, conformément à l'article 204 du présent règlement, ainsi que la date de l'enregistrement international conformément à l'article 3, paragraphe 4 du protocole de Madrid ou la date de l'enregistrement de l'extension territoriale à l'Union intervenue postérieurement à l'enregistrement international conformément à l'article 3 ter, paragraphe 2, du protocole de Madrid et, le cas échéant, la date de priorité de l'enregistrement international.

3. Sont également inscrits au registre, avec à chaque fois la date d'enregistrement :

a) les modifications du nom, de l'adresse ou de la nationalité du titulaire d'une marque de l'Union européenne ou une modification de l'État sur le territoire duquel il a son domicile, son siège ou un établissement;

b) les modifications du nom ou de l'adresse professionnelle du représentant, dans la mesure où il ne s'agit pas d'un représentant visé à l'article 119, paragraphe 3, première phrase;

c) en cas de désignation d'un nouveau représentant, les nom et adresse professionnelle de celui-ci;

d) les modifications de la marque, en vertu des articles 49 et 54, et la rectification d'erreurs;

e) la mention de la modification du règlement d'usage de la marque collective en vertu de l'article 79;

f) des indications sur la revendication de l'ancienneté d'une marque antérieure enregistrée telle que visée à l'article 39, en vertu de l'article 40;

g) les transferts totaux ou partiels en vertu de l'article 20;

h) la constitution ou la cession d'un droit réel en vertu de l'article 22, et la nature du droit réel;

i) les mesures d'exécution forcée en vertu de l'article 23 et les procédures d'insolvabilité en vertu de l'article 24;

j) l'octroi ou le transfert d'une licence en vertu de l'article 25, ainsi que, le cas échéant, le type de licence;

k) le renouvellement d'un enregistrement en vertu de l'article 53 et sa date de prise d'effet, ainsi que les limitations en vertu de l'article 53, paragraphe 4;

l) la mention relative à la date d'expiration d'un enregistrement en vertu de l'article 53;

m) les déclarations de retrait ou de renonciation par le titulaire de la marque en vertu des articles 49 et 57 respectivement;

n) la date de présentation et les détails d'une opposition en vertu de l'article 46, d'une demande en vertu de l'article 63, ou d'une demande reconventionnelle en déchéance ou en nullité en vertu de l'article 128, paragraphe 4, ou d'un recours en vertu de l'article 68;

o) la date et le contenu d'une décision sur une opposition, sur une demande ou une demande reconventionnelle en vertu de l'article 64, paragraphe 6, ou de l'article 128, paragraphe 6, troisième phrase, ou sur un recours en vertu de l'article 71;

p) la mention de la réception d'une requête en transformation en vertu de l'article 140, paragraphe 2;

q) la radiation du représentant inscrit en vertu du paragraphe 2, point e), du présent article;

r) la radiation de l'ancienneté d'une marque nationale;

s) la modification ou la radiation du registre des mentions visées aux points h), i) et j) du présent paragraphe;

t) le remplacement d'une marque de l'Union européenne par un enregistrement international en vertu de l'article 197;

u) la date et le numéro des enregistrements internationaux fondés sur une demande de marque de l'Union européenne qui a abouti à l'enregistrement d'une marque de l'Union européenne conformément à l'article 185, paragraphe 1;

v) la date et le numéro des enregistrements internationaux fondés sur une marque de l'Union européenne conformément à l'article 185, paragraphe 2;

w) la division d'une demande en vertu de l'article 50 et la division d'un enregistrement en vertu de l'article 56, ainsi que les éléments visés au paragraphe 2 du présent article au regard de l'enregistrement divisionnaire, ainsi que la liste des produits et services de l'enregistrement d'origine telle que modifiée;

x) la révocation d'une décision ou la suppression d'une inscription au registre en vertu de l'article 103, lorsqu'il s'agit d'une décision ou d'une inscription qui a été publiée;

y) la mention de la modification du règlement d'usage de la marque de certification de l'Union européenne en vertu de l'article 88.

4. Le directeur exécutif peut décider que des éléments autres que ceux visés aux paragraphes 2 et 3 du présent article sont inscrits au registre, sous réserve de l'article 149, paragraphe 4.

5. Le registre peut être tenu sous une forme électronique. L'Office collecte, organise, rend publics et conserve les éléments visés aux paragraphes 2 et 3, y compris les données à caractère personnel, aux fins prévues au paragraphe 8. Il fait en sorte que le registre soit aisément accessible en vue d'une inspection publique.

6. Toute modification apportée au registre est notifiée au titulaire de la marque de l'Union européenne.

7. L'Office délivre, sur requête et moyennant paiement d'une taxe, des extraits certifiés conformes ou non certifiés conformes du registre.

8. Le traitement des données relatives aux inscriptions visées aux paragraphes 2 et 3, y compris les données à caractère personnel, est effectué aux fins de :

a) la gestion des demandes et/ou des enregistrements décrits dans le présent règlement et dans les actes adoptés en vertu de celui-ci;

b) la tenue d'un registre public en vue de l'inspection par des autorités publiques et des opérateurs économiques et de leur information, afin de leur permettre d'exercer les droits que leur confère le présent règlement et de se renseigner sur l'existence de droits antérieurs de tiers; et

c) l'établissement de rapports et de statistiques permettant à l'Office d'optimiser ses activités et d'améliorer le fonctionnement du système.

9. Toutes les données, y compris les données à caractère personnel, relatives aux inscriptions visées aux paragraphes 2 et 3 sont considérées comme présentant un intérêt public et sont accessibles aux tiers. Pour des raisons de sécurité juridique, les inscriptions au registre sont conservées pendant une durée indéterminée.

Art. 112 *Base de données.* 1. Outre l'obligation de tenir un registre au sens de l'article 111, l'Office collecte et conserve dans une base de données électronique toutes les informations fournies par les demandeurs ou toute autre partie à la procédure au titre du présent règlement ou des actes adoptés en vertu de celui-ci.

2. La base de données électronique peut contenir des données à caractère personnel en plus de celles figurant dans le registre en vertu de l'article 111, dans la mesure où ces informations sont prescrites par le présent règlement ou par des actes adoptés en vertu de celui-ci. La collecte, la conservation et le traitement de ces données servent aux objectifs suivants :

a) la gestion des demandes et/ou des enregistrements décrits dans le présent règlement et dans les actes adoptés en vertu de celui-ci;

b) l'accès aux informations nécessaires pour conduire plus aisément et plus efficacement la procédure correspondante;

c) la communication avec les demandeurs et les autres parties à la procédure;

d) l'établissement de rapports et de statistiques permettant à l'Office d'optimiser ses activités et d'améliorer le fonctionnement du système.

3. Le directeur exécutif arrête les conditions d'accès à la base de données électronique et les modalités de diffusion de son contenu, à l'exception des données à caractère personnel visées au paragraphe 2 du présent article mais y compris celles énumérées à l'article 111, sous une forme exploitable par ordinateur, y compris les tarifs à acquitter pour cet accès.

4. L'accès aux données à caractère personnel visées au paragraphe 2 est limité et ces données ne sont pas rendues publiques, à moins que la partie concernée n'ait donné son consentement explicite.

5. Toutes les données sont conservées pour une durée illimitée. Cependant, la partie concernée peut demander la suppression de toute donnée à caractère personnel figurant dans la base de données dix-huit mois à compter de l'expiration de la marque de l'Union européenne ou de la clôture de la procédure inter partes correspondante. La partie concernée a le droit d'obtenir à tout moment la rectification des données inexactes ou erronées.

Art. 113 *Accès en ligne aux décisions.* 1. Les décisions de l'Office sont mises en ligne à la disposition du public à des fins d'information et de consultation, dans un souci de transparence et de prévisibilité. Toute partie à la procédure qui a débouché sur l'adoption de la décision peut demander la suppression de toute donnée à caractère personnel figurant dans la décision.

2. L'Office peut fournir un accès en ligne aux décisions des juridictions nationales et de l'Union en rapport avec ses missions afin de sensibiliser le public aux questions de propriété intellectuelle et de promouvoir la convergence des pratiques. L'Office respecte les conditions de la publication initiale applicables aux données à caractère personnel.

Art. 114 *Inspection publique.* 1. Les dossiers relatifs à des demandes de marques de l'Union européenne qui n'ont pas encore été publiées ne peuvent être ouverts à l'inspection publique qu'avec l'accord du demandeur.

2. Quiconque prouve que le demandeur d'une marque de l'Union européenne a affirmé qu'après l'enregistrement de la marque il se prévaudra de celle-ci à son encontre peut consulter le dossier avant la publication de la demande et sans l'accord du demandeur.

3. Après la publication de la demande de marque de l'Union européenne, les dossiers de cette demande et de la marque à laquelle elle a donné lieu peuvent, sur requête, être ouverts à l'inspection publique.

4. Lorsque les dossiers sont ouverts à l'inspection publique en vertu du paragraphe 2 ou 3 du présent article, les pièces relatives à l'exclusion ou à la récusation au sens de l'article 169, les projets de décisions et d'avis ainsi que tous les documents internes utilisés pour la préparation de ces décisions et avis, peuvent en être exclus, de même que les parties du dossier pour lesquelles la partie concernée a fait valoir un intérêt particulier à les garder confidentielles avant le dépôt de la demande d'inspection des dossiers, à moins que l'inspection publique de ces parties du dossier ne soit justifiée par l'intérêt légitime supérieur de la partie qui requiert l'inspection.

5. L'inspection publique des dossiers de demandes de marque de l'Union européenne et des dossiers de marques de l'Union européenne enregistrées porte sur les documents originaux, ou sur des copies de ces documents ou sur des moyens techniques de stockage des données dans le cas où les dossiers sont ainsi archivés. Le directeur exécutif fixe les moyens d'inspection.

6. Lorsque l'inspection publique est effectuée comme le prévoit le paragraphe 7, la requête en inspection publique n'est réputée déposée qu'après paiement de la taxe requise. Aucune taxe n'est requise en cas d'inspection publique portant sur des moyens techniques de stockage réalisée en ligne.

7. L'inspection publique a lieu dans les locaux de l'Office. Sur requête, l'inspection publique prend la forme d'une délivrance de copies des pièces versées aux dossiers. Ces copies sont délivrées en contrepartie du paiement d'une taxe. Sur demande, l'Office délivre également des copies certifiées conformes ou non d'une demande de marque de l'Union européenne, en contrepartie du paiement d'une taxe.

8. Les dossiers conservés par l'Office se rapportant à des enregistrements internationaux désignant d'Union peuvent être inspectés, sur demande, à partir de la date de publication visée à l'article 190, paragraphe 1, conformément aux conditions fixées aux paragraphes 1, 3 et 4 du présent article.

9. Sous réserve des restrictions prévues au paragraphe 4, l'Office peut, sur requête et moyennant paiement d'une taxe, communiquer des informations contenues dans tous les dossiers relatifs à une demande de marque de l'Union européenne ou à une marque de l'Union européenne enregistrée. L'Office peut, toutefois, exiger qu'il soit fait usage de la possibilité de recours à l'inspection publique du dossier, s'il l'estime approprié compte tenu de la quantité d'informations à fournir.

Art. 115 *Conservation des dossiers.* 1. L'Office conserve les dossiers de toute procédure relative à une demande de marque de l'Union européenne ou à un enregistrement de marque de l'Union européenne. Le directeur exécutif arrête la forme sous laquelle ces dossiers sont conservés.

2. Lorsque les dossiers sont conservés sous forme électronique, les dossiers électroniques ou leurs copies de sauvegarde sont conservés pour une durée illimitée. Les documents originaux déposés par les parties à la procédure et constituant la base de ces dossiers électroniques sont éliminés au terme d'une période dont la durée, à compter de leur réception par l'Office, est fixée par le directeur exécutif.

3. Si et dans la mesure où des dossiers ou parties de dossiers sont conservés sous toute forme autre qu'électronique, les documents ou éléments de preuve constituant une partie de ces dossiers sont conservés pendant cinq années au moins à compter de la fin de l'année au cours de laquelle la demande est rejetée, retirée ou réputée retirée, l'enregistrement de

la marque de l'Union européenne vient à expiration conformément à l'article 53, la renonciation intégrale à la marque de l'Union européenne est enregistrée conformément à l'article 57 ou la marque de l'Union européenne est intégralement radiée du registre conformément à l'article 64, paragraphe 6, ou à l'article 128, paragraphe 6.

Art. 116 *Publications périodiques.* 1. L'Office publie périodiquement :

a) un Bulletin des marques de l'Union européenne contenant les publications des demandes et les inscriptions portées au registre, ainsi que les autres indications relatives aux demandes ou aux enregistrements de marques de l'Union européenne dont la publication est prescrite par le présent règlement ou par les actes adoptés en vertu de celui-ci;

b) un Journal officiel de l'Office contenant les communications et les informations d'ordre général émanant du directeur exécutif ainsi que toute autre information relative au présent règlement ou à son application.

Les publications visées au premier alinéa, points a) et b), peuvent être effectuées par voie électronique.

2. Le Bulletin des marques de l'Union européenne est publié selon des modalités et une fréquence arrêtées par le directeur exécutif.

3. Le Journal officiel de l'Office est publié dans les langues de l'Office. Le directeur exécutif peut toutefois décider que certaines informations sont publiées au Journal officiel de l'Office dans les langues officielles de l'Union.

4. La Commission adopte des actes d'exécution précisant :

a) la date à retenir comme étant la date de publication au Bulletin des marques de l'Union européenne;

b) les modalités de publication des inscriptions concernant l'enregistrement d'une marque ne contenant pas de modification par rapport à la publication de la demande;

c) les formes de la mise à disposition du public des éditions du Journal officiel de l'Office.

Ces actes d'exécution sont adoptés en conformité avec la procédure d'examen visée à l'article 207, paragraphe 2.

Art. 117 *Coopération administrative.* 1. Sauf dispositions contraires du présent règlement ou des législations nationales, l'Office et les juridictions ou autres autorités compétentes des États membres s'assistent mutuellement, sur demande, en se communiquant des informations ou des dossiers. Lorsque l'Office communique les dossiers aux juridictions, aux ministères publics ou aux services centraux de la propriété industrielle, la communication n'est pas soumise aux restrictions prévues à l'article 114.

2. L'Office ne facture pas de frais pour la communication d'informations ou l'ouverture de dossiers à des fins d'inspection.

3. La Commission adopte des actes d'exécution précisant les modalités selon lesquelles l'Office et les autorités des États membres s'échangent des informations et ouvrent des dossiers à des fins d'inspection, en tenant compte des restrictions que l'article 114 impose à l'inspection des dossiers relatifs aux demandes ou aux enregistrements de marques de l'Union européenne lorsqu'elle est ouverte à des tiers. Ces actes d'exécution sont adoptés en conformité avec la procédure d'examen visée à l'article 207, paragraphe 2.

Art. 118 *Échange de publications.* 1. L'Office et les services centraux de la propriété industrielle des États membres échangent, sur requête, pour leurs propres besoins et gratuitement, un ou plusieurs exemplaires de leurs publications respectives.

2. L'Office peut conclure des accords portant sur l'échange ou l'envoi de publications.

Section IV

Représentation

Art. 119 *Principes généraux relatifs à la représentation.* 1. Sous réserve des dispositions du paragraphe 2, nul n'est tenu de se faire représenter devant l'Office.

2. Sans préjudice du paragraphe 3, deuxième phrase, du présent article, les personnes physiques ou morales qui n'ont ni domicile ni siège ni établissement industriel ou commercial effectif et sérieux dans l'Espace économique européen sont représentées devant l'Office conformément à l'article 120, paragraphe 1, dans toute procédure prévue par le présent règlement, sauf pour le dépôt d'une demande de marque de l'Union européenne.

3. Les personnes physiques et morales qui ont leur domicile ou leur siège ou un établissement industriel ou commercial effectif et sérieux dans l'Espace économique européen peuvent agir, devant l'Office, par l'entremise d'un employé. L'employé d'une personne morale visée au présent paragraphe peut agir également pour d'autres personnes morales qui sont économiquement liées à cette personne, même si ces autres personnes morales n'ont ni domicile ni siège ni établissement industriel ou commercial effectif et sérieux dans l'Espace économique européen. Les employés qui agissent pour d'autres personnes au sens du présent paragraphe déposent, à la demande de l'Office ou, le cas échéant, de la partie à la procédure, auprès de celui-ci un pouvoir signé qui doit être versé au dossier.

4. Lorsqu'il y a plusieurs demandeurs ou plusieurs tiers agissant conjointement, un représentant commun est désigné.

Art. 120 *Représentation professionnelle.* 1. La représentation des personnes physiques ou morales devant l'Office ne peut être assurée que :

a) par un avocat habilité à exercer sur le territoire de l'un des États membres de l'Espace économique européen et possédant son domicile professionnel dans l'Espace économique européen, dans la mesure où il peut agir dans ledit État membre en qualité de mandataire en matière de marques;

b) par les mandataires agréés inscrits sur une liste tenue à cet effet par l'Office.

À la demande de l'Office ou, le cas échéant, de l'autre partie à la procédure, les représentants devant l'Office déposent auprès de celui-ci un pouvoir signé qui doit être versé au dossier.

2. Peut être inscrite sur la liste des mandataires agréés toute personne physique qui :

a) est ressortissante d'un des États membres de l'Espace économique européen;

b) a son domicile professionnel ou le lieu de son emploi dans l'Espace économique européen;

c) est habilitée à représenter, en matière de marques, des personnes physiques ou morales devant l'Office Benelux de la propriété intellectuelle ou devant le service central de la propriété industrielle d'un État membre de l'Espace économique européen. Lorsque, dans l'État concerné, l'habilitation n'est pas subordonnée à l'exigence d'une qualification professionnelle spéciale, les personnes demandant leur inscription sur la liste de l'Office qui agissent en matière de marques devant l'Office Benelux de la propriété intellectuelle ou devant lesdits services centraux de la propriété industrielle doivent avoir exercé à titre habituel pendant cinq ans au moins. Toutefois, sont dispensées de cette condition relative à l'exercice de la profession, les personnes dont la qualification professionnelle pour assurer, en matière de marques, la représentation des personnes physiques ou morales devant l'Office Benelux de la propriété intellectuelle et lesdits services centraux de la propriété industrielle, est reconnue officiellement conformément à la réglementation établie par l'État concerné.

3. L'inscription est faite sur requête accompagnée d'une attestation fournie par le service central de la propriété industrielle de l'État membre concerné indiquant que les conditions visées au paragraphe 2 sont remplies.

4. Le directeur exécutif peut accorder une dérogation :

a) à l'exigence visée au paragraphe 2, point c), deuxième phrase, lorsque le requérant fournit la preuve qu'il a acquis la qualification requise d'une autre manière;

b) à l'exigence énoncée au paragraphe 2, point a), dans le cas de professionnels hautement qualifiés, sous réserve que les exigences énoncées au paragraphe 2, points b) et c), soient satisfaites.

5. Une personne peut être radiée de la liste des mandataires agréés à sa demande ou lorsqu'elle n'a plus qualité pour exercer cette fonction. Les modifications de la liste des mandataires agréés sont publiées au Journal officiel de l'Office.

Art. 121 *Délégation de pouvoirs.* La Commission est habilitée à adopter des actes délégués conformément à l'article 208 précisant :

a) les conditions et la procédure de désignation du représentant commun visé à l'article 119, paragraphe 4;

b) les conditions du dépôt auprès de l'Office, par les employés visés à l'article 119, paragraphe 3, et les mandataires agréés visés à l'article 120, paragraphe 1, d'un pouvoir signé les habilitant à assurer une représentation, ainsi que le contenu de cette autorisation;

c) les circonstances dans lesquelles une personne peut être radiée de la liste des mandataires agréés visés à l'article 120, paragraphe 5.

CHAPITRE X
Compétence et procédure concernant les actions en justice relatives aux marques de l'Union européenne

Section I

Application des règles de L'union en matière de compétence, de reconnaissance et d'exécution des décisions en matière civile et commerciale

Art. 122 *Application des règles de l'Union en matière de compétence, de reconnaissance et d'exécution des décisions en matière civile et commerciale.* 1. À moins que le présent règlement n'en dispose autrement, les règles de l'Union en matière de compétence, de reconnaissance et d'exécution des décisions en matière civile et commerciale sont applicables aux procédures concernant les marques de l'Union européenne et les demandes de marque de l'Union européenne ainsi qu'aux procédures concernant les actions simultanées ou successives menées sur la base de marques de l'Union européenne et de marques nationales.

2. En ce qui concerne les procédures résultant des actions et demandes visées à l'article 124 :

a) l'article 4, l'article 6, l'article 7, points 1, 2, 3 et 5, et l'article 35 du règlement (UE) n° 1215/2012 ne sont pas applicables;

b) les articles 25 et 26 du règlement (UE) n° 1215/2012 sont applicables dans les limites prévues à l'article 125, paragraphe 4, du présent règlement;

c) les dispositions du chapitre II du règlement (UE) n° 1215/2012 qui s'appliquent aux personnes domiciliées dans un État membre s'appliquent également aux personnes qui ne sont pas domiciliées dans un État membre, mais qui y ont un établissement.

3. Les références dans le présent règlement au règlement (UE) n° 1215/2012 comprennent, le cas échéant, l'accord entre la Communauté européenne et le Royaume de Danemark sur la compétence judiciaire, la reconnaissance et l'exécution des décisions en matière civile et commerciale conclu le 19 octobre 2005.

Section II

Litiges en matière de contrefaçon et de validité des marques de l'Union européenne

Art. 123 *Tribunaux des marques de l'Union européenne.* 1. Les États membres désignent sur leurs territoires un nombre aussi limité que possible de juridictions nationales de première et de deuxième instance, chargées de remplir les fonctions qui leur sont attribuées par le présent règlement.

2. Tout changement relatif au nombre, à la dénomination ou à la compétence territoriale des juridictions incluses dans la liste de tribunaux des marques de l'Union européenne communiquée par un État membre à la Commission conformément à l'article 95, paragraphe 2 du règlement (CE) n° 207/2009 est communiqué sans retard par l'État membre concerné à la Commission.

3. Les informations visées au paragraphe 2 sont notifiées par la Commission aux États membres et publiées au Journal officiel de l'Union européenne.

Art. 124 *Compétence en matière de contrefaçon et de validité.* Les tribunaux des marques de l'Union européenne ont compétence exclusive :

a) pour toutes les actions en contrefaçon et – si le droit national les admet – en menace de contrefaçon d'une marque de l'Union européenne;

b) pour les actions en déclaration de non-contrefaçon, si le droit national les admet;

c) pour toutes les actions intentées à la suite de faits visés à l'article 11, paragraphe 2;

d) pour les demandes reconventionnelles en déchéance ou en nullité de la marque de l'Union européenne visées à l'article 128.

Art. 125 *Compétence internationale.* 1. Sous réserve des dispositions du présent règlement ainsi que des dispositions du règlement (UE) n° 1215/2012 applicables en vertu de l'article 122, les procédures résultant des actions et demandes visées à l'article 124 sont portées devant les tribunaux de l'État membre sur le territoire duquel le défendeur a son domicile ou, si celui-ci n'est pas domicilié dans l'un des États membres, de l'État membre sur le territoire duquel il a un établissement.

2. Si le défendeur n'a ni son domicile, ni un établissement sur le territoire d'un État membre, ces procédures sont portées devant les tribunaux de l'État membre sur le territoire duquel le demandeur a son domicile ou, si ce dernier n'est pas domicilié dans l'un des États membres, de l'État membre sur le territoire duquel il a un établissement.

3. Si ni le défendeur, ni le demandeur ne sont ainsi domiciliés ou n'ont un tel établissement, ces procédures sont portées devant les tribunaux de l'État membre dans lequel l'Office a son siège.

4. Nonobstant les dispositions des paragraphes 1, 2 et 3 :

a) l'article 25 du règlement (UE) n° 1215/2012 est applicable si les parties conviennent qu'un autre tribunal des marques de l'Union européenne est compétent;

b) l'article 26 du règlement (UE) n° 1215/2012 est applicable si le défendeur comparaît devant un autre tribunal des marques de l'Union européenne.

5. Les procédures résultant des actions et demandes visées à l'article 124, à l'exception des actions en déclaration de non-contrefaçon d'une marque de l'Union européenne, peuvent également être portées devant les tribunaux de l'État membre sur le territoire duquel le fait de contrefaçon a été commis ou menace d'être commis ou sur le territoire duquel un fait visé à l'article 11, paragraphe 2 a été commis.

Art. 126 *Étendue de la compétence.* 1. Un tribunal des marques de l'Union européenne dont la compétence est fondée sur l'article 125, paragraphes 1 à 4, est compétent pour statuer sur :

a) les faits de contrefaçon commis ou menaçant d'être commis sur le territoire de tout État membre;

b) les faits visés à l'article 11, paragraphe 2 commis sur le territoire de tout État membre.

2. Un tribunal des marques de l'Union européenne dont la compétence est fondée sur l'article 125, paragraphe 5, est compétent uniquement pour statuer sur les faits commis ou menaçant d'être commis sur le territoire de l'État membre dans lequel est situé ce tribunal.

Art. 127 *Présomption de validité - Défenses au fond.* 1. Les tribunaux des marques de l'Union européenne considèrent la marque de l'Union européenne comme valide, à moins que le défendeur n'en conteste la validité par une demande reconventionnelle en déchéance ou en nullité.

2. La validité d'une marque de l'Union européenne ne peut être contestée par une action en déclaration de non-contrefaçon.

3. Dans les actions visées à l'article 124, points a) et c), l'exception de déchéance de la marque de l'Union européenne présentée par une voie autre qu'une demande reconventionnelle est recevable lorsque le défendeur fait valoir que la déchéance de la marque de l'Union européenne pourrait être prononcée pour défaut d'usage sérieux à l'époque où l'action en contrefaçon a été intentée.

Art. 128 *Demande reconventionnelle.* 1. La demande reconventionnelle en déchéance ou en nullité ne peut être fondée que sur les causes de déchéance ou de nullité prévues par le présent règlement.

2. Un tribunal des marques de l'Union européenne rejette une demande reconventionnelle en déchéance ou en nullité, si une décision rendue par l'Office entre les mêmes parties sur une demande ayant le même objet et la même cause est déjà devenue définitive.

3. Si la demande reconventionnelle est introduite dans un litige auquel le titulaire de la marque n'est pas déjà partie, il en est informé et peut intervenir au litige conformément aux conditions prévues par le droit national.

4. Le tribunal des marques de l'Union européenne devant lequel une demande reconventionnelle en déchéance ou en nullité de la marque de l'Union européenne a été introduite ne procède pas à l'examen de cette demande reconventionnelle tant que la date à laquelle celle-ci a été introduite n'a pas été communiquée à l'Office par la partie intéressée ou par le tribunal. L'Office inscrit cette information au registre. Si une demande en déchéance ou en nullité de la marque de l'Union européenne a déjà été introduite auprès de l'Office avant le dépôt de la demande reconventionnelle précitée, le tribunal en est

informé par l'Office et sursoit à statuer conformément à l'article 132, paragraphe 1, jusqu'à ce que la décision concernant cette demande soit définitive ou que la demande soit retirée.

5. L'article 64, paragraphes 2 à 5, est applicable.

6. Lorsqu'un tribunal des marques de l'Union européenne a rendu une décision passée en force de chose jugée sur une demande reconventionnelle en déchéance ou en nullité d'une marque de l'Union européenne, une copie de cette décision est transmise à l'Office sans tarder, soit par le tribunal, soit par l'une des parties à la procédure nationale. L'Office ou toute autre partie intéressée peut demander des informations quant à cette transmission. L'Office inscrit au registre la mention de la décision et prend les mesures nécessaires pour se conformer à son dispositif.

7. Le tribunal des marques de l'Union européenne saisi d'une demande reconventionnelle en déchéance ou en nullité peut surseoir à statuer à la demande du titulaire de la marque de l'Union européenne et après audition des autres parties et inviter le défendeur à présenter une demande en déchéance ou en nullité à l'Office dans un délai qu'il lui impartit. Si cette demande n'est pas présentée dans ce délai, la procédure est poursuivie; la demande reconventionnelle est considérée comme retirée. L'article 132, paragraphe 3, est applicable.

Art. 129 *Droit applicable.* 1. Les tribunaux des marques de l'Union européenne appliquent les dispositions du présent règlement.

2. Pour toutes les questions en matière de marques qui n'entrent pas dans le champ d'application du présent règlement, le tribunal des marques de l'Union européenne compétent applique le droit national applicable.

3. À moins que le présent règlement n'en dispose autrement, le tribunal des marques de l'Union européenne applique les règles de procédure applicables au même type d'actions relatives à une marque nationale dans l'État membre sur le territoire duquel ce tribunal est situé.

Art. 130 *Sanctions.* 1. Lorsqu'un tribunal des marques de l'Union européenne constate que le défendeur a contrefait ou menacé de contrefaire une marque de l'Union européenne, il rend, sauf s'il y a des raisons particulières de ne pas agir de la sorte, une ordonnance lui interdisant de poursuivre les actes de contrefaçon ou de menace de contrefaçon. Il prend également, conformément au droit national, les mesures propres à garantir le respect de cette interdiction.

2. Le tribunal des marques de l'Union européenne peut également prendre les mesures ou rendre les ordonnances prévues par le droit applicable qui lui semblent appropriées dans les circonstances de l'espèce.

Art. 131 *Mesures provisoires et conservatoires.* 1. Les mesures provisoires et conservatoires prévues par la loi d'un État membre à propos d'une marque nationale peuvent être demandées, à propos d'une marque de l'Union européenne ou d'une demande de marque de l'Union européenne, aux autorités judiciaires, y compris aux tribunaux des marques de l'Union européenne, de cet État, même si, en vertu du présent règlement, un tribunal des marques de l'Union européenne d'un autre État membre est compétent pour connaître du fond.

2. Un tribunal des marques de l'Union européenne dont la compétence est fondée sur l'article 125, paragraphe 1, 2, 3 ou 4, est compétent pour ordonner des mesures provisoires et conservatoires qui, sous réserve de toute procédure requise aux fins de la reconnaissance et de l'exécution conformément au chapitre III du règlement (UE) n° 1215/2012, sont

applicables sur le territoire de tout État membre. Cette compétence n'appartient à aucune autre juridiction.

Art. 132 *Règles spécifiques en matière de connexité.* 1. Sauf s'il existe des raisons particulières de poursuivre la procédure, un tribunal des marques de l'Union européenne saisi d'une action visée à l'article 124, à l'exception d'une action en déclaration de non-contrefaçon, sursoit à statuer, de sa propre initiative après audition des parties ou à la demande de l'une des parties et après audition des autres parties, lorsque la validité de la marque de l'Union européenne est déjà contestée devant un autre tribunal des marques de l'Union européenne par une demande reconventionnelle ou qu'une demande en déchéance ou en nullité a déjà été introduite auprès de l'Office.

2. Sauf s'il existe des raisons particulières de poursuivre la procédure, l'Office saisi d'une demande en déchéance ou en nullité sursoit à statuer, de sa propre initiative après audition des parties ou à la demande de l'une des parties et après audition des autres parties, lorsque la validité de la marque de l'Union européenne est déjà contestée devant un tribunal des marques de l'Union européenne par une demande reconventionnelle. Toutefois, si l'une des parties à la procédure devant le tribunal des marques de l'Union européenne le demande, le tribunal peut, après audition des autres parties à cette procédure, suspendre la procédure. Dans ce cas, l'Office poursuit la procédure pendante devant lui.

3. Le tribunal des marques de l'Union européenne qui sursoit à statuer peut ordonner des mesures provisoires et conservatoires pour la durée de la suspension.

Art. 133 *Compétence des tribunaux des marques de l'Union européenne de deuxième instance - Pourvoi en cassation.* 1. Les décisions des tribunaux des marques de l'Union européenne de première instance rendues dans les procédures résultant des actions et demandes visées à l'article 124 sont susceptibles de recours devant les tribunaux des marques de l'Union européenne de deuxième instance.

2. Les conditions dans lesquelles un recours peut être formé devant un tribunal des marques de l'Union européenne de deuxième instance sont déterminées par le droit national de l'État membre sur le territoire duquel ce tribunal est situé.

3. Les dispositions nationales relatives au pourvoi en cassation sont applicables aux décisions des tribunaux des marques de l'Union européenne de deuxième instance.

Section III

Autres litiges relatifs aux marques de l'Union européenne

Art. 134 *Dispositions complémentaires concernant la compétence des tribunaux nationaux autres que les tribunaux des marques de l'Union européenne.* 1. Dans l'État membre dont les tribunaux sont compétents conformément à l'article 122, paragraphe 1, les actions autres que celles visées à l'article 124 sont portées devant les tribunaux qui auraient compétence territoriale et d'attribution s'il s'agissait d'actions relatives à des marques nationales enregistrées dans l'État concerné.

2. Lorsque, en vertu de l'article 122, paragraphe 1, et du paragraphe 1 du présent article, aucun tribunal n'est compétent pour connaître d'une action autre que celles visées à l'article 124 et relative à une marque de l'Union européenne, cette action peut être portée devant les tribunaux de l'État membre dans lequel l'Office a son siège.

Art. 135 *Obligation du tribunal national.* Le tribunal national saisi d'une action autre que celles visées à l'article 124 et relative à une marque de l'Union européenne doit tenir cette marque de l'Union européenne pour valide.

CHAPITRE XI

Incidences sur le droit des états membres

Section I

Actions civiles sur la base de plusieurs marques

Art. 136 *Actions civiles simultanées et successives sur la base de marques de l'Union européenne et de marques nationales.* 1. Lorsque des actions en contrefaçon sont formées pour les mêmes faits entre les mêmes parties devant des juridictions d'États membres différents saisies l'une sur la base d'une marque de l'Union européenne et l'autre sur la base d'une marque nationale :

a) la juridiction saisie en second lieu doit, même d'office, se dessaisir en faveur de la juridiction première saisie lorsque les marques en cause sont identiques et valables pour des produits ou services identiques. La juridiction qui devrait se dessaisir peut surseoir à statuer si la compétence de l'autre juridiction est contestée;

b) la juridiction saisie en second lieu peut surseoir à statuer lorsque les marques en cause sont identiques et valables pour des produits ou services similaires ainsi que lorsque les marques en cause sont similaires et valables pour des produits ou services identiques ou similaires.

2. La juridiction saisie d'une action en contrefaçon sur la base d'une marque de l'Union européenne rejette l'action si, sur les mêmes faits, un jugement définitif a été rendu sur le fond entre les mêmes parties sur la base d'une marque nationale identique, valable pour des produits ou services identiques.

3. La juridiction saisie d'une action en contrefaçon sur la base d'une marque nationale rejette l'action si, sur les mêmes faits, un jugement définitif a été rendu sur le fond entre les mêmes parties sur la base d'une marque de l'Union européenne identique, valable pour des produits ou services identiques.

4. Les paragraphes 1, 2 et 3 ne s'appliquent pas aux mesures provisoires et conservatoires.

Section II

Application du droit national aux fins d'interdiction de l'usage des marques de l'Union européenne

Art. 137 *Interdiction de l'usage des marques de l'Union européenne.* 1. Sauf disposition contraire, le présent règlement n'affecte pas le droit, existant en vertu de la loi des États membres, d'intenter des actions en violation de droits antérieurs au sens de l'article 8 ou de l'article 60, paragraphe 2, contre l'usage d'une marque de l'Union européenne postérieure. Des actions en violation de droits antérieurs au sens de l'article 8, paragraphes 2 et 4, ne peuvent toutefois plus être intentées lorsque le titulaire du droit antérieur ne peut plus, en vertu de l'article 61, paragraphe 2, demander la nullité de la marque de l'Union européenne.

2. Sauf disposition contraire, le présent règlement n'affecte pas le droit d'intenter sur la base du droit civil, administratif ou pénal d'un État membre ou sur la base de dispositions de droit de l'Union, des actions ayant pour objet d'interdire l'usage d'une marque de l'Union européenne dans la mesure où le droit de cet État membre ou le droit de l'Union peut être invoqué pour interdire l'usage d'une marque nationale.

Art. 138 *Droits antérieurs de portée locale.* 1. Le titulaire d'un droit antérieur de portée locale peut s'opposer à l'usage de la marque de l'Union européenne sur le territoire où ce droit est protégé dans la mesure où le droit de l'État membre concerné le permet.

2. Le paragraphe 1 cesse d'être applicable si le titulaire du droit antérieur a toléré l'usage de la marque de l'Union européenne sur le territoire où ce droit est protégé, pendant cinq années consécutives en connaissance de cet usage, à moins que le dépôt de la marque de l'Union européenne n'ait été effectué de mauvaise foi.

3. Le titulaire de la marque de l'Union européenne ne peut pas s'opposer à l'usage du droit visé au paragraphe 1, même si ce droit ne peut plus être invoqué contre la marque de l'Union européenne.

Section III

Transformation en demande de marque nationale

Art. 139 *Requête en vue de l'engagement de la procédure nationale.* 1. Le demandeur ou le titulaire d'une marque de l'Union européenne peut requérir la transformation de sa demande ou de sa marque de l'Union européenne en demande de marque nationale :

a) dans la mesure où la demande de marque de l'Union européenne est rejetée, retirée ou réputée retirée;

b) dans la mesure où la marque de l'Union européenne cesse de produire ses effets.

2. La transformation n'a pas lieu :

a) lorsque le titulaire de la marque de l'Union européenne a été déchu de ses droits pour défaut d'usage de cette marque, à moins que dans l'État membre pour lequel la transformation a été demandée la marque de l'Union européenne n'ait été utilisée dans des conditions qui constituent un usage sérieux au sens de la législation dudit État membre;

b) en vue d'une protection dans un État membre où, selon la décision de l'Office ou de la juridiction nationale, la demande ou la marque de l'Union européenne est frappée d'un motif de refus d'enregistrement, de révocation ou de nullité.

3. La demande de marque nationale issue de la transformation d'une demande ou d'une marque de l'Union européenne bénéficie, dans l'État membre concerné, de la date de dépôt ou de la date de priorité de cette demande ou de cette marque et, le cas échéant, de l'ancienneté d'une marque de cet État revendiquée conformément à l'article 39 ou à l'article 40.

4. Dans les cas où une demande de marque de l'Union européenne est réputée retirée, l'Office adresse au demandeur une communication lui impartissant un délai de trois mois à compter de cette communication pour présenter une requête en transformation.

5. Lorsque la demande de marque de l'Union européenne est retirée ou que la marque de l'Union européenne cesse de produire ses effets du fait de l'inscription d'une renonciation ou du non-renouvellement de l'enregistrement, la requête en transformation est déposée dans un délai de trois mois à compter de la date à laquelle la demande de marque de l'Union européenne a été retirée ou à laquelle la marque de l'Union européenne cesse de produire ses effets.

6. Lorsque la demande de marque de l'Union européenne est refusée par une décision de l'Office ou que la marque de l'Union européenne cesse de produire ses effets du fait d'une décision de l'Office ou d'un tribunal des marques de l'Union européenne, la requête en transformation doit être présentée dans un délai de trois mois à compter de la date à laquelle cette décision est passée en force de chose jugée.

7. La disposition faisant l'objet de l'article 37 cesse de produire ses effets si la requête n'est pas présentée dans le délai imparti.

Art. 140 *Présentation, publication et transmission de la requête en transformation.*
1. La requête en transformation est présentée à l'Office dans le délai approprié en vertu de l'article 139, paragraphe 4, 5 ou 6, et contient une indication des motifs de la transformation, conformément à l'article 139, paragraphe 1, point a) ou b), des États membres visés par la requête en transformation et des produits et services visés par la transformation. Si la requête en transformation est présentée du fait du non-renouvellement de l'enregistrement, la période de trois mois prévue à l'article 139, paragraphe 5, commence à courir le jour suivant le dernier jour où le renouvellement peut être demandé conformément à l'article 53, paragraphe 3. La requête en transformation n'est réputée présentée qu'après paiement de la taxe de transformation.

2. Lorsque la requête en transformation concerne une demande de marque de l'Union européenne qui a déjà été publiée ou une marque de l'Union européenne, la réception d'une telle requête est enregistrée dans le registre et la requête en transformation est publiée.

3. L'Office vérifie si la transformation demandée remplit les conditions énoncées dans le présent règlement, notamment à l'article 139, paragraphes 1, 2, 4, 5 et 6, et au paragraphe 1 du présent article, ainsi que les conditions formelles énoncées dans l'acte d'exécution adopté conformément au paragraphe 6 du présent article. Si les conditions applicables à la requête ne sont pas remplies, l'Office informe le demandeur des irrégularités constatées. S'il n'est pas remédié aux irrégularités dans le délai à fixer par l'Office, ce dernier rejette la requête en transformation. Lorsque l'article 139, paragraphe 2, est applicable, l'Office rejette la requête en transformation pour irrecevabilité uniquement pour les États membres pour lesquels la transformation est exclue en vertu de cette disposition. Si la taxe de transformation n'a pas été acquittée dans le délai de trois mois prévu en vertu de l'article 139, paragraphe 4, 5 ou 6, l'Office informe le requérant que sa requête en transformation est réputée ne pas avoir été présentée.

4. Si l'Office ou un tribunal des marques de l'Union européenne a rejeté la demande de marque de l'Union européenne ou a déclaré nulle la marque de l'Union européenne pour des motifs absolus en rapport avec la langue d'un État membre, la transformation est exclue en vertu de l'article 139, paragraphe 2, pour tous les États membres dont cette langue est l'une des langues officielles. Si l'Office ou un tribunal des marques de l'Union européenne a rejeté la demande de marque de l'Union européenne ou a déclaré nulle la marque de l'Union européenne pour des motifs absolus qui sont valables dans l'ensemble de l'Union ou en raison d'une marque de l'Union européenne antérieure ou d'un autre droit de propriété industrielle de l'Union, la transformation est exclue, en vertu de l'article 139, paragraphe 2, pour tous les États membres.

5. Si la requête en transformation satisfait aux prescriptions du paragraphe 3 du présent article, l'Office transmet la requête en transformation ainsi que les données visées à l'article 111, paragraphe 2, aux services centraux de la propriété industrielle des États membres pour lesquels la requête est jugée recevable, y compris l'Office Benelux de la propriété intellectuelle. L'Office communique au demandeur la date de transmission de sa requête en transformation.

6. La Commission adopte des actes d'exécution précisant :

a) les éléments à mentionner dans une requête en transformation d'une demande de marque de l'Union européenne ou d'une marque de l'Union européenne enregistrée en une demande de marque nationale conformément au paragraphe 1 ;

b) les éléments dont la publication de la requête en transformation est assortie en application du paragraphe 2.

Ces actes d'exécution sont adoptés en conformité avec la procédure d'examen visée à l'article 207, paragraphe 2.

Art. 141 *Conditions de forme de la transformation.* 1. Tout service central de la propriété industrielle auquel la requête en transformation est transmise peut obtenir de l'Office toute information additionnelle concernant cette requête lorsqu'elle est de nature à permettre à ce service de se prononcer sur la marque nationale qui résulte de la transformation.

2. La demande de marque de l'Union européenne ou la marque de l'Union européenne transmise conformément à l'article 140 ne peut être soumise par la loi nationale à des exigences formelles différentes de celles qui sont prévues par le présent règlement ou dans les actes adoptés en vertu du présent règlement, ou s'y ajoutant.

3. Le service central de la propriété industrielle auquel la requête est transmise peut exiger que, dans un délai qui ne peut être inférieur à deux mois, le demandeur :

a) acquitte la taxe nationale de dépôt;

b) produise, dans l'une des langues officielles de l'État en cause, une traduction de la requête et des pièces jointes à celle-ci;

c) élise domicile dans l'État en question;

d) fournisse une reproduction de la marque en un nombre d'exemplaires précisé par l'État en question.

CHAPITRE XII

L'office

Section I

Dispositions générales

Art. 142 *Statut juridique.* 1. L'Office est une agence de l'Union. Il a la personnalité juridique.

2. Dans chacun des États membres, il possède la capacité juridique la plus large reconnue aux personnes morales par les législations nationales; il peut notamment acquérir ou aliéner des biens immobiliers et mobiliers et ester en justice.

3. L'Office est représenté par son directeur exécutif.

Art. 143 *Personnel.* 1. Sans préjudice de l'application de l'article 166 du présent règlement aux membres des chambres de recours, le statut des fonctionnaires, le régime applicable aux autres agents et les réglementations d'exécution de ces dispositions, arrêtées d'un commun accord par les institutions de l'Union, s'appliquent au personnel de l'Office.

2. Sans préjudice du paragraphe 1, l'Office peut avoir recours à des experts nationaux détachés ou à d'autres personnes dont il n'est pas l'employeur. Le conseil d'administration adopte une décision établissant le régime applicable aux experts nationaux détachés auprès de l'Office.

Art. 144 *Privilèges et immunités.* Le protocole sur les privilèges et immunités de l'Union est applicable à l'Office et à son personnel.

Art. 145 *Responsabilité.* 1. La responsabilité contractuelle de l'Office est régie par la loi applicable au contrat en cause.

2. La Cour de justice est compétente pour statuer en vertu d'une clause compromissoire contenue dans un contrat passé par l'Office.

3. En matière de responsabilité non contractuelle, l'Office doit réparer, conformément aux principes généraux communs aux droits des États membres, les dommages causés par ses services ou par ses agents dans l'exercice de leurs fonctions.

4. La Cour de justice est compétente pour connaître des litiges relatifs à la réparation des dommages visés au paragraphe 3.

5. La responsabilité personnelle des agents envers l'Office est réglée dans les dispositions du statut des fonctionnaires ou du régime applicable aux autres agents qui leur sont applicables.

Art. 146 *Langues.* 1. Les demandes de marque de l'Union européenne sont déposées dans une des langues officielles de l'Union.

2. Les langues de l'Office sont l'allemand, l'anglais, l'espagnol, le français et l'italien.

3. Le demandeur indique une deuxième langue, qui est une langue de l'Office et dont il accepte l'usage comme langue éventuelle de procédure pour les procédures d'opposition, de déchéance et de nullité.

Si le dépôt a été fait dans une langue qui n'est pas une des langues de l'Office, celui-ci veille à assurer la traduction de la demande, telle que décrite à l'article 31, paragraphe 1, dans la langue indiquée par le demandeur.

4. Lorsque le demandeur d'une marque de l'Union européenne est la seule partie aux procédures devant l'Office, la langue de procédure est la langue utilisée pour le dépôt de la demande de marque de l'Union européenne. Si le dépôt a été fait dans une langue autre que celles de l'Office, l'Office peut envoyer des communications écrites au demandeur dans la deuxième langue indiquée par lui dans sa demande.

5. L'acte d'opposition et la demande en déchéance ou en nullité sont déposés dans une des langues de l'Office.

6. Sans préjudice du paragraphe 5 :

a) toute demande ou déclaration concernant une demande de marque de l'Union européenne peut être effectuée dans la langue utilisée pour le dépôt de la demande de cette marque de l'Union européenne ou dans la deuxième langue que le demandeur a indiquée dans sa demande;

b) toute demande ou déclaration relative à une marque de l'Union européenne enregistrée peut être effectuée dans une des langues de l'Office.

Toutefois, si la demande est effectuée à l'aide d'un formulaire fourni par l'Office au sens de l'article 100, paragraphe 2, un tel formulaire peut être utilisé dans toute langue officielle de l'Union, à condition qu'il soit rempli dans l'une des langues de l'Office pour ce qui est des éléments textuels.

7. Si la langue choisie, conformément au paragraphe 5, pour l'acte d'opposition ou la demande en déchéance ou en nullité est la langue de la demande de marque ou la deuxième langue indiquée lors du dépôt de cette demande, cette langue sera la langue de procédure.

Si la langue choisie, conformément au paragraphe 5, pour l'acte d'opposition ou la demande en déchéance ou en nullité n'est ni la langue de la demande de marque ni la deuxième langue indiquée lors du dépôt de cette demande, l'opposant ou le requérant en déchéance ou en nullité est tenu de produire à ses frais une traduction de son acte soit dans la langue de la demande de marque, à condition qu'elle soit une langue de l'Office, soit dans la deuxième langue indiquée lors du dépôt de la demande de marque. La traduction est produite dans un délai d'un mois à compter de l'expiration du délai d'opposition ou de la date de dépôt d'une demande en déchéance ou en nullité. La langue vers laquelle l'acte a été traduit devient alors la langue de procédure.

8. Les parties dans les procédures d'opposition, de déchéance, de nullité et de recours peuvent convenir qu'une autre langue officielle de l'Union soit la langue de procédure.

9. Sans préjudice des paragraphes 4 et 8, et sauf disposition contraire, chaque partie peut utiliser, dans la procédure écrite devant l'Office, la langue de son choix parmi les langues de l'Office. Si la langue choisie n'est pas celle de la procédure, cette partie produit une traduction dans la langue de la procédure dans un délai d'un mois à compter de la date de dépôt du document original. Lorsque le demandeur de la marque de l'Union européenne est la seule partie à la procédure devant l'Office et que la langue utilisée pour déposer la demande de marque de l'Union européenne n'est pas une des langues de l'Office, la traduction peut également être produite dans la seconde langue que le demandeur a indiquée dans sa demande.

10. Le directeur exécutif définit la manière dont les traductions sont certifiées.

11. La Commission adopte des actes d'exécution précisant :

a) dans quelle mesure les pièces justificatives à utiliser dans la procédure écrite devant l'Office peuvent être produites dans toute langue de l'Union et dans quelle mesure il faut produire une traduction;

b) quelles sont les normes à respecter pour les traductions à présenter à l'Office.

Ces actes d'exécution sont adoptés en conformité avec la procédure d'examen visée à l'article 207, paragraphe 2.

Art. 147 *Publication et enregistrements.* 1. La demande de marque de l'Union européenne, telle que décrite dans l'article 31, paragraphe 1, et toutes les autres informations dont la publication est prescrite par le présent règlement ou par un acte adopté en vertu du présent règlement sont publiées dans toutes les langues officielles de l'Union.

2. Toutes les inscriptions au registre des marques de l'Union européenne sont faites dans toutes les langues officielles de l'Union.

3. En cas de doute, le texte dans la langue de l'Office dans laquelle la demande de marque de l'Union européenne a été déposée fait foi. Si le dépôt a eu lieu dans une langue officielle de l'Union autre que l'une des langues de l'Office, le texte établi dans la deuxième langue indiquée par le demandeur fait foi.

Art. 148 *Services de traduction.* Les services de traduction nécessaires au fonctionnement de l'Office sont assurés par le Centre de traduction des organes de l'Union européenne.

Art. 149 *Transparence.* 1. Le règlement (CE) n° 1049/2001 du Parlement européen et du Conseil (16) s'applique aux documents détenus par l'Office.

2. Le conseil d'administration adopte les modalités d'application du règlement (CE) n° 1049/2001.

3. Les décisions prises par l'Office en vertu de l'article 8 du règlement (CE) n° 1049/2001 peuvent être contestées auprès du Médiateur européen ou par le biais d'un recours devant la Cour de justice de l'Union européenne, dans les conditions prévues respectivement aux articles 228 et 263 du traité sur le fonctionnement de l'Union européenne.

4. Les opérations de traitement de données à caractère personnel effectuées par l'Office sont soumises au règlement (CE) n° 45/2001 du Parlement européen et du Conseil (17).

Art. 150 *Règles de sécurité en matière de protection des informations classifiées et des informations sensibles non classifiées.* L'Office applique les principes de sécurité énoncés dans les règles de sécurité de la Commission visant à protéger les informations classifiées de l'Union européenne (ICUE) et les informations sensibles non classifiées, tels qu'ils sont définis dans les décisions de la Commission (UE, Euratom) 2015/443 (18) et (UE, Euratom) 2015/444 (19). Les principes de sécurité s'appliquent, entre autres, aux dispositions relatives à l'échange, au traitement et au stockage de telles informations.

Section II

Missions de l'office et coopération visant à promouvoir la convergence

Art. 151 *Missions de l'Office.* 1. L'Office est chargé des missions suivantes :

a) l'administration et la promotion du système de la marque de l'Union européenne établi dans le présent règlement;

b) l'administration et la promotion du système des dessins et modèles de l'Union européenne établi par le règlement (CE) n° 6/2002 du Conseil (20);

c) la promotion de la convergence des pratiques et des instruments dans le domaine des marques et des dessins et modèles, en coopération avec les services centraux de la propriété industrielle dans les États membres, y compris l'Office Benelux de la propriété intellectuelle;

d) les tâches visées dans le règlement (UE) n° 386/2012 du Parlement européen et du Conseil (21);

e) les missions qui lui sont conférées par la directive 2012/28/UE du Parlement européen et du Conseil (22).

2. L'Office coopère avec les institutions, les autorités, les organes, les services de propriété industrielle, les organisations internationales et non gouvernementales en ce qui concerne les missions qui lui sont conférées en vertu du paragraphe 1.

3. L'Office peut fournir des services de médiation volontaire en vue d'aider les parties à parvenir à un règlement à l'amiable.

Art. 152 *Coopération visant à promouvoir la convergence des pratiques et des instruments.* 1. L'Office, les services centraux de la propriété industrielle des États membres et l'Office Benelux de la propriété intellectuelle coopèrent en vue de promouvoir la convergence des pratiques et des instruments dans le domaine des marques et des dessins et modèles.

Sans préjudice du paragraphe 3, cette coopération porte en particulier sur les domaines d'activité suivants :

a) l'élaboration de critères d'examen communs;

b) la création de bases de données et de portails communs ou connectés à des fins de consultation, de recherche et de classification à l'échelle de l'Union;

c) la fourniture et l'échange permanents de données et d'informations, y compris aux fins d'alimentation des bases de données et des portails visés au point b);

d) la mise en place de normes et de pratiques communes, en vue d'assurer l'interopérabilité entre les procédures et les systèmes dans toute l'Union et de renforcer leur cohérence, leur efficience et leur efficacité;

e) le partage d'informations sur les droits de propriété industrielle et sur les procédures, y compris un soutien mutuel aux services d'assistance et aux centres d'information;

f) l'échange d'expertise et d'assistance techniques en ce qui concerne les activités visées aux points a) à e).

2. Sur la base d'une proposition du directeur exécutif, le conseil d'administration définit et coordonne des projets revêtant un intérêt pour l'Union et les États membres dans les domaines visés aux paragraphes 1 et 6, et invite les services centraux de la propriété industrielle des États membres et l'Office Benelux de la propriété intellectuelle à participer à ces projets.

La définition d'un projet comporte les obligations et responsabilités spécifiques de chaque service participant de la propriété industrielle des États membres, de l'Office Benelux de la propriété intellectuelle et de l'Office. L'Office consulte les représentants des utilisateurs en particulier lors des phases de définition des projets et d'évaluation de leurs résultats.

3. Les services centraux de la propriété industrielle des États membres et l'Office Benelux de la propriété intellectuelle peuvent décider de ne pas participer, ou limiter ou suspendre temporairement leur coopération aux projets visée au paragraphe 2, premier alinéa.

Lorsqu'ils recourent aux possibilités prévues au premier alinéa, les services centraux de la propriété industrielle des États membres et l'Office Benelux de la propriété intellectuelle présentent à l'Office une déclaration écrite exposant les motifs de leur décision.

4. Une fois qu'ils se sont engagés à participer à certains projets, les services centraux de la propriété industrielle des États membres et l'Office Benelux de la propriété intellectuelle, sans préjudice du paragraphe 3, participent de manière effective aux projets visés au paragraphe 2 en vue d'assurer leur développement, leur fonctionnement, leur interopérabilité et leur mise à jour.

5. L'Office apporte un soutien financier aux projets visés au paragraphe 2 dans la mesure où cela est nécessaire pour assurer, aux fins du paragraphe 4, la participation effective des services centraux de la propriété industrielle des États membres et de l'Office Benelux de la propriété intellectuelle à ces projets. Ce soutien financier peut prendre la forme de subventions et de contributions en nature. Le montant total des financements ne dépasse pas 15% des recettes annuelles de l'Office. Les bénéficiaires de subventions sont les services centraux de la propriété industrielle des États membres et l'Office Benelux de la propriété intellectuelle. Les subventions peuvent être octroyées sans appel de propositions conformément aux règles financières applicables à l'Office et aux principes des procédures d'octroi de subventions énoncés dans le règlement (UE, Euratom) n° 966/2012 du Parlement européen et du Conseil (23) et dans le règlement délégué (UE) n° 1268/2012 de la Commission (24).

6. L'Office et les autorités compétentes concernées des États membres coopèrent sur une base volontaire en vue de mieux faire connaître le système de marque et de promouvoir la lutte contre la contrefaçon. Cette coopération comprend des projets visant, en particulier, à faire appliquer les normes et pratiques établies ainsi qu'à organiser des activités d'éducation et de formation. Le soutien financier en faveur de ces projets entre dans le montant total des financements visé au paragraphe 5. Les paragraphes 2 à 5 s'appliquent mutatis mutandis.

Section III

Conseil d'administration

Art. 153 *Fonctions du conseil d'administration.* 1. Sans préjudice des fonctions attribuées au comité budgétaire à la section 6, le conseil d'administration est chargé des fonctions suivantes :

a) sur la base d'un projet soumis par le directeur exécutif conformément à l'article 157, paragraphe 4, point c), adopter le programme de travail annuel de l'Office pour l'année à venir, en tenant compte de l'avis de la Commission, puis transmettre le programme de travail annuel adopté au Parlement européen, au Conseil et à la Commission;

b) sur la base d'un projet soumis par le directeur exécutif conformément à l'article 157, paragraphe 4, point e), et en tenant compte de l'avis de la Commission, adopter un programme stratégique pluriannuel pour l'Office, comportant notamment la stratégie de coopération internationale de l'Office, à la suite d'un échange de vues entre le directeur exécutif et la commission compétente du Parlement européen, puis transmettre le programme stratégique pluriannuel adopté au Parlement européen, au Conseil et à la Commission;

c) sur la base d'un projet soumis par le directeur exécutif conformément à l'article 157, paragraphe 4, point g), adopter le rapport annuel puis transmettre le rapport annuel adopté au Parlement européen, au Conseil, à la Commission et à la Cour des comptes;

d) sur la base d'un projet soumis par le directeur exécutif conformément à l'article 157, paragraphe 4, point h), adopter le plan pluriannuel en matière de politique du personnel;

e) exercer les pouvoirs que lui confère l'article 152, paragraphe 2;

f) exercer les pouvoirs que lui confère l'article 172, paragraphe 5;

g) adopter des règles en matière de prévention et de gestion des conflits d'intérêts au sein de l'Office;

h) conformément au paragraphe 2, exercer, à l'égard du personnel de l'Office, les compétences conférées par le statut des fonctionnaires à l'autorité investie du pouvoir de nomination et celles conférées par le régime applicable aux autres agents à l'autorité habilitée à conclure les contrats d'engagement (ci-après dénommées « compétences relevant de l'autorité investie du pouvoir de nomination »);

i) arrêter les modalités d'application nécessaires du statut des fonctionnaires et du régime applicable aux autres agents conformément à l'article 110 du statut des fonctionnaires;

j) dresser la liste de candidats prévue à l'article 158, paragraphe 2;

k) veiller à ce que des suites adéquates soient données aux conclusions et recommandations émanant des rapports d'audit interne ou externe et des évaluations visées à l'article 210, ainsi que des enquêtes de l'Office européen de lutte antifraude (OLAF);

l) être consulté avant l'adoption des directives relatives à l'examen pratiqué à l'Office et dans les autres cas prévus par le présent règlement;

m) présenter des avis et demander des informations au directeur exécutif et à la Commission, s'il l'estime nécessaire.

2. Le conseil d'administration adopte, conformément à l'article 110 du statut des fonctionnaires et à l'article 142 du régime applicable aux autres agents, une décision fondée sur l'article 2, paragraphe 1, du statut des fonctionnaires et sur l'article 6 du

régime applicable aux autres agents, déléguant au directeur exécutif les compétences correspondantes relevant de l'autorité investie du pouvoir de nomination et définissant les conditions dans lesquelles cette délégation de compétences relevant de l'autorité investie du pouvoir de nomination peut être suspendue.

Le directeur exécutif est autorisé à subdéléguer ces compétences.

Lorsque des circonstances exceptionnelles l'exigent, le conseil d'administration peut, par voie de décision, suspendre temporairement la délégation au directeur exécutif des compétences relevant de l'autorité investie du pouvoir de nomination et de celles subdéléguées par ce dernier, et les exercer lui-même ou les déléguer à l'un de ses membres ou à un membre du personnel autre que le directeur exécutif.

Art. 154 *Composition du conseil d'administration.* 1. Le conseil d'administration est composé d'un représentant de chaque État membre, de deux représentants de la Commission et d'un représentant du Parlement européen, ainsi que de leurs suppléants respectifs.

2. Les membres du conseil d'administration peuvent se faire assister de conseillers ou d'experts, dans les limites prévues par son règlement intérieur.

Art. 155 *Président du conseil d'administration.* 1. Le conseil d'administration élit un président et un vice-président parmi ses membres. Le vice-président remplace de droit le président en cas d'empêchement.

2. La durée du mandat du président et de celui du vice-président est de quatre ans. Ce mandat est renouvelable une fois. Cependant, si le président ou le vice-président perd sa qualité de membre du conseil d'administration à un moment quelconque de son mandat, ledit mandat expire automatiquement à la même date.

Art. 156 *Sessions.* 1. Le conseil d'administration se réunit sur convocation de son président.

2. Le directeur exécutif prend part aux délibérations, à moins que le conseil d'administration n'en décide autrement.

3. Le conseil d'administration tient une session ordinaire au moins une fois par an. Il se réunit en outre à l'initiative de son président ou à la demande de la Commission ou du tiers des États membres.

4. Le conseil d'administration arrête son règlement intérieur.

5. Le conseil d'administration prend ses décisions à la majorité absolue de ses membres. La majorité des deux tiers de ses membres est toutefois requise pour les décisions que le conseil d'administration est habilité à prendre en vertu de l'article 153, paragraphe 1, points a) et b), de l'article 155, paragraphe 1, et de l'article 158, paragraphes 2 et 4. Dans les deux cas, chaque membre dispose d'une seule voix.

6. Le conseil d'administration peut inviter des observateurs à participer à ses sessions.

7. Le secrétariat du conseil d'administration est assuré par l'Office.

Section IV

Directeur exécutif

Art. 157 *Fonctions du directeur exécutif.* 1. La direction de l'Office est assurée par un directeur exécutif. Le directeur exécutif rend compte de ses activités au conseil d'administration.

2. Sans préjudice des compétences de la Commission, du conseil d'administration et du comité budgétaire, le directeur exécutif exerce ses fonctions en toute indépendance et ne sollicite ni n'accepte d'instructions d'un gouvernement ni d'aucun autre organisme.

3. Le directeur exécutif est le représentant légal de l'Office.

4. Le directeur exécutif assume en particulier les fonctions suivantes, qui peuvent être déléguées :

a) prendre toutes mesures utiles, notamment l'adoption d'instructions administratives internes et la publication de communications, en vue d'assurer le fonctionnement de l'Office;

b) assurer la mise en œuvre des décisions adoptées par le conseil d'administration;

c) élaborer un projet de programme de travail annuel comportant une estimation des ressources humaines et financières nécessaires pour chaque activité, et le soumettre au conseil d'administration après consultation de la Commission;

d) présenter au conseil d'administration des propositions conformément à l'article 152, paragraphe 2;

e) préparer un projet de programme stratégique pluriannuel, comportant notamment la stratégie de coopération internationale de l'Office, et le soumettre au conseil d'administration après consultation de la Commission et à la suite d'un échange de vues avec la commission compétente du Parlement européen;

f) assurer la mise en œuvre du programme de travail annuel et du programme stratégique pluriannuel et rendre compte de cette mise en œuvre au conseil d'administration;

g) préparer le rapport annuel sur les activités de l'Office et le soumettre au conseil d'administration pour approbation;

h) préparer un projet de plan pluriannuel en matière de politique du personnel et le soumettre au conseil d'administration après consultation de la Commission;

i) préparer un plan d'action prenant en compte les conclusions des rapports d'audit interne ou externe et des évaluations, ainsi que les enquêtes de l'OLAF, et rendre compte deux fois par an des progrès accomplis à la Commission et au conseil d'administration;

j) protéger les intérêts financiers de l'Union par l'application de mesures préventives contre la fraude, la corruption et toute autre activité illégale, par des contrôles efficaces et, si des irrégularités sont constatées, par le recouvrement des montants indûment payés et, le cas échéant, par des sanctions administratives et financières effectives, proportionnées et dissuasives;

k) préparer une stratégie antifraude de l'Office et la présenter au comité budgétaire pour approbation;

l) afin d'assurer une application uniforme du présent règlement, saisir, le cas échéant, la grande chambre de recours (ci-après dénommée « grande chambre ») sur des questions relatives à un point de droit, en particulier si les chambres de recours ont rendu des décisions divergentes sur ce point;

m) dresser l'état prévisionnel des recettes et dépenses de l'Office et exécuter le budget;

n) exercer, à l'égard du personnel, les compétences qui lui sont conférées par le conseil d'administration en vertu de l'article 153, paragraphe 1, point h);

o) exercer les compétences qui lui sont conférées par l'article 31, paragraphe 3, l'article 34, paragraphe 5, l'article 35, paragraphe 3, l'article 94, paragraphe 2, l'article 97, paragraphe 5, les articles 98, 100 et 101, l'article 111, paragraphe 4, l'article 112, paragraphe 3, l'article 114, paragraphe 5, les articles 115 et 116, l'article 120, paragraphe 4, l'article 146, paragraphe 10, l'article 178, l'article 179, paragraphe 1, l'article 180, paragraphe 2, et l'article 181 conformément aux critères fixés par le présent règlement et par les actes adoptés en vertu du présent règlement.

5. Le directeur exécutif est assisté d'un ou de plusieurs directeurs exécutifs adjoints. En cas d'absence ou d'empêchement du directeur exécutif, le directeur exécutif adjoint ou l'un des directeurs exécutifs adjoints le remplace conformément à la procédure fixée par le conseil d'administration.

Art. 158 *Nomination et révocation du directeur exécutif et prorogation du mandat.* 1. Le directeur exécutif est engagé en tant qu'agent temporaire de l'Office conformément à l'article 2, point a), du régime applicable aux autres agents.

2. Le directeur exécutif est nommé par le Conseil à la majorité simple sur une liste de candidats proposés par le conseil d'administration, à la suite d'une procédure de sélection ouverte et transparente. Avant sa nomination, le candidat sélectionné par le conseil d'administration peut être invité à faire une déclaration devant toute commission compétente du Parlement européen et à répondre aux questions que lui posent les membres de celle-ci. Aux fins de la conclusion du contrat avec le directeur exécutif, l'Office est représenté par le président du conseil d'administration.

Le directeur exécutif ne peut être démis de ses fonctions que sur décision du Conseil, statuant sur proposition du conseil d'administration.

3. La durée du mandat du directeur exécutif est de cinq ans. Avant la fin de cette période, le conseil d'administration procède à un examen qui tient compte d'une évaluation des prestations du directeur exécutif et des missions et défis futurs de l'Office.

4. Le Conseil, tenant compte de l'examen visé au paragraphe 3, peut proroger une fois le mandat du directeur exécutif et pour une durée n'excédant pas cinq ans.

5. Un directeur exécutif dont le mandat a été prorogé ne peut ensuite, une fois ce mandat expiré, participer à une autre procédure de sélection pour le même poste.

6. Le ou les directeurs exécutifs adjoints sont nommés et démis de leurs fonctions conformément au paragraphe 2, après consultation du directeur exécutif et, le cas échéant, du futur directeur exécutif. La durée du mandat du directeur exécutif adjoint est de cinq ans. Il peut être prorogé une fois et pour une durée n'excédant pas cinq ans par le Conseil, après consultation du directeur exécutif.

Section V

Application des procédures

Art. 159 *Compétence.* Sont compétents pour prendre toute décision dans le cadre des procédures prescrites par le présent règlement :

a) les examinateurs;

b) les divisions d'opposition;

c) une instance chargée de la tenue du registre;

d) les divisions d'annulation;

e) les chambres de recours;

f) toute autre unité ou personne nommée par le directeur exécutif à cet effet.

Art. 160 *Examinateurs.* L'examinateur est compétent pour prendre au nom de l'Office toute décision concernant les demandes d'enregistrement d'une marque de l'Union européenne y compris les questions visées aux articles 41, 42, 76 et 85, sauf dans la mesure où une division d'opposition est compétente.

Art. 161 *Divisions d'opposition.* 1. Une division d'opposition est compétente pour toute décision concernant l'opposition à une demande d'enregistrement d'une marque de l'Union européenne.

2. Les divisions d'opposition prennent leurs décisions en formation composée de trois membres. Au moins un de ces membres est juriste. Les décisions relatives aux frais ou aux procédures sont prises par un seul membre.

La Commission adopte des actes d'exécution précisant les types exacts de décisions qui sont prises par un seul membre. Ces actes d'exécution sont adoptés en conformité avec la procédure d'examen visée à l'article 207, paragraphe 2.

Art. 162 *Instance chargée de la tenue du registre.* 1. L'instance chargée de la tenue du registre est habilitée à prendre les décisions relatives aux inscriptions au registre.

2. Elle est également chargée de tenir la liste des mandataires agréés visée à l'article 120, paragraphe 2.

3. Les décisions de l'instance sont prises par un seul membre.

Art. 163 *Divisions d'annulation.* 1. Une division d'annulation est chargée de statuer sur :

a) les demandes en déchéance ou en nullité d'une marque de l'Union européenne;

b) les demandes de cession d'une marque de l'Union européenne prévues à l'article 21.

2. Les divisions d'annulation prennent leurs décisions en formation composée de trois membres. Au moins un de ces membres est juriste. Les décisions relatives aux frais ou aux procédures énoncées dans les actes adoptés conformément à l'article 161, paragraphe 2, sont prises par un seul membre.

Art. 164 *Compétence générale.* Les décisions requises par le présent règlement qui ne relèvent pas de la compétence d'un examinateur, d'une division d'opposition, d'une division d'annulation ou de l'instance chargée de la tenue du registre sont prises par tout fonctionnaire ou unité désigné à cet effet par le directeur exécutif.

Art. 165 *Chambres de recours.* 1. Les chambres de recours sont chargées de statuer sur les recours formés contre les décisions prises en vertu des articles 160 à 164.

2. Les chambres de recours prennent leurs décisions en chambre composée de trois membres. Au moins deux de ces membres sont juristes. Dans certains cas particuliers, les décisions sont prises par la grande chambre présidée par le président des chambres de recours ou sont prises par un seul membre, celui-ci devant être juriste.

3. Pour déterminer les cas particuliers relevant de la compétence de la grande chambre, il convient de tenir compte de la difficulté en droit, de l'importance de l'affaire ou de circonstances particulières qui le justifient. Ces affaires peuvent être déférées à la grande chambre :

a) par l'instance des chambres de recours visée à l'article 166, paragraphe 4, point a); ou

b) par la chambre chargée de l'affaire.

4. La grande chambre est également chargée de rendre des avis motivés sur les points de droit qui lui sont soumis par le directeur exécutif en vertu de l'article 157, paragraphe 4, point l).

5. Pour déterminer les cas particuliers relevant de la compétence d'un seul membre, il convient de tenir compte de l'absence de difficulté des questions de droit ou de fait

soulevées, de l'importance limitée du cas d'espèce et de l'absence d'autres circonstances particulières. La décision d'attribuer une affaire à un seul membre dans les cas cités est prise par la chambre chargée de l'affaire.

Art. 166 *Indépendance des membres des chambres de recours.* 1. Le président des chambres de recours et le président de chaque chambre sont nommés pour une période de cinq ans, conformément à la procédure prévue à l'article 158 pour la nomination du directeur exécutif. Ils ne sont pas démis de leurs fonctions pendant la période de leur mandat sauf pour motifs graves et si la Cour de justice, saisie par l'institution qui les a nommés, prend une décision en ce sens.

2. Le mandat du président des chambres de recours peut être prorogé une seule fois pour une période additionnelle de cinq ans ou jusqu'à son départ à la retraite si l'âge de ce départ est atteint durant le nouveau mandat, après une évaluation positive par le conseil d'administration de ses prestations.

3. Le mandat du président de chaque chambre peut être prorogé pour des périodes additionnelles de cinq ans ou jusqu'à son départ à la retraite si l'âge de ce départ est atteint durant le nouveau mandat, après une évaluation positive de ses prestations par le conseil d'administration et après consultation du président des chambres de recours.

4. Le président des chambres de recours assume les fonctions de gestion et d'organisation suivantes :

a) présider le présidium des chambres de recours (ci-après dénommé « présidium »), chargé de fixer les règles et d'organiser le travail des chambres;

b) veiller à l'exécution des décisions du présidium;

c) attribuer les affaires à une chambre sur la base de critères objectifs fixés par le présidium;

d) communiquer au directeur exécutif les besoins financiers des chambres afin d'établir l'état prévisionnel des dépenses.

Le président des chambres de recours préside la grande chambre.

5. Les membres des chambres de recours sont nommés par le conseil d'administration pour une période de cinq ans. Leur mandat peut être prorogé pour des périodes additionnelles de cinq ans ou jusqu'à leur départ à la retraite si l'âge de ce départ est atteint durant le nouveau mandat, après une évaluation positive de leurs prestations par le conseil d'administration et après consultation du président des chambres de recours.

6. Les membres des chambres de recours ne sont pas démis de leurs fonctions sauf pour motifs graves et si la Cour de justice, saisie par le conseil d'administration agissant sur recommandation du président des chambres de recours, et après avoir consulté le président de la chambre à laquelle appartient le membre concerné, prend une décision en ce sens.

7. Le président des chambres de recours et le président de chaque chambre ainsi que les membres des chambres de recours sont indépendants. Dans leurs décisions, ils ne sont liés par aucune instruction.

8. Les décisions prises par la grande chambre sur les recours ou ses avis sur les points de droit qui lui ont été soumis par le directeur exécutif en vertu de l'article 165 sont contraignants pour les instances décisionnelles de l'Office énumérées à l'article 159.

9. Le président des chambres de recours et le président de chaque chambre ainsi que les membres des chambres de recours ne sont pas examinateurs ou membres des divisions d'opposition, de l'instance chargée de la tenue du registre ou des divisions d'annulation.

Art. 167 *Présidium des chambres de recours et de la grande chambre.* 1. Le présidium est composé du président des chambres de recours, en qualité de président, des présidents de chambre et de membres des chambres élus en leur sein, pour chaque année civile, par l'ensemble des membres des chambres autres que le président des chambres de recours et les présidents de chambre. Le nombre de membres des chambres ainsi élus s'élève à un quart des membres des chambres autres que le président des chambres de recours et les présidents de chambre, et ce nombre est arrondi si nécessaire à l'unité supérieure.

2. La grande chambre visée à l'article 165, paragraphe 2, est composée de neuf membres, dont le président des chambres de recours, les présidents de chambre, le rapporteur désigné avant renvoi à la grande chambre si tel est le cas, et les membres tirés par rotation d'une liste composée de tous les membres des chambres de recours autres que le président des chambres de recours et les présidents de chambre.

Art. 168 *Délégation de pouvoirs.* La Commission est habilitée à adopter des actes délégués conformément à l'article 208 précisant les modalités d'organisation des chambres de recours, y compris la mise en place et le rôle du présidium, la composition de la grande chambre et les règles relatives à sa saisine, ainsi que les conditions dans lesquelles les décisions sont prises par un seul membre conformément à l'article 165, paragraphes 2 et 5.

Art. 169 *Exclusion et récusation.* 1. Les examinateurs et les membres des divisions instituées au sein de l'Office et des chambres de recours ne peuvent participer au règlement d'une affaire s'ils y possèdent un intérêt personnel, ou s'ils y sont antérieurement intervenus en qualité de représentants d'une des parties. Deux des trois membres d'une division d'opposition ne doivent pas avoir participé à l'examen de la demande. Les membres des divisions d'annulation ne peuvent participer au règlement d'une affaire s'ils ont participé à la décision finale sur cette affaire dans le cadre de la procédure d'enregistrement de la marque ou de la procédure d'opposition. Les membres des chambres de recours ne peuvent prendre part à une procédure de recours s'ils ont pris part à la décision qui fait l'objet du recours.

2. Si, pour l'une des raisons mentionnées au paragraphe 1 ou pour tout autre motif, un membre d'une division ou d'une chambre de recours estime ne pas pouvoir participer au règlement d'une affaire, il en avertit la division ou la chambre.

3. Les examinateurs et les membres des divisions ou d'une chambre de recours peuvent être récusés par toute partie pour l'une des raisons mentionnées au paragraphe 1 ou s'ils peuvent être suspectés de partialité. La récusation n'est pas recevable lorsque la partie en cause a fait des actes de procédure, bien qu'elle ait déjà eu connaissance du motif de récusation. Aucune récusation ne peut être fondée sur la nationalité des examinateurs ou des membres.

4. Les divisions et les chambres de recours statuent, dans les cas visés aux paragraphes 2 et 3, sans la participation du membre intéressé. Pour prendre cette décision, le membre qui s'abstient ou qui est récusé est remplacé, au sein de la division ou de la chambre, par son suppléant.

Art. 170 *Centre de médiation.* 1. Aux fins de l'article 151, paragraphe 3, l'Office peut mettre en place un centre de médiation (ci-après dénommé « centre »).

2. Toute personne physique ou morale peut recourir aux services du centre sur une base volontaire et d'un commun accord en vue de parvenir à un règlement amiable des litiges relevant du présent règlement ou du règlement (CE) n° 6/2002.

3. Les parties ont recours à la médiation au moyen d'une requête conjointe. La requête n'est réputée présentée qu'après paiement de la taxe correspondante. Le directeur exécutif fixe le montant à percevoir conformément à l'article 178, paragraphe 1.

4. En cas de litiges faisant l'objet d'une procédure pendante devant les divisions d'opposition ou d'annulation ou devant les chambres de recours de l'Office, une requête conjointe en médiation peut être présentée à tout moment après l'introduction d'un acte d'opposition, d'une demande en déchéance ou en nullité ou la formation d'un recours contre des décisions des divisions d'opposition ou d'annulation.

5. La procédure en question est suspendue et les délais, à l'exception du délai de paiement de la taxe applicable, sont interrompus à compter de la date de dépôt de la requête conjointe en médiation. Les délais continuent à courir à compter de la reprise de la procédure.

6. Les parties sont invitées à choisir d'un commun accord, sur la liste visée au paragraphe 12, un médiateur qui a déclaré maîtriser la langue de la médiation en question. Si les parties ne désignent pas de médiateur dans un délai de vingt jours à compter de la date à laquelle elles y ont été invitées, la médiation est réputée avoir échoué.

7. Les parties conviennent avec le médiateur, dans le cadre d'un accord de médiation, des modalités de la médiation.

8. Le médiateur clôt la procédure de médiation dès que les parties parviennent à un accord, ou dès que l'une des parties déclare qu'elle souhaite mettre fin à la médiation ou dès qu'il constate que les parties ne sont pas parvenues à un accord.

9. Dès la clôture de la procédure de médiation, le médiateur en informe les parties ainsi que l'instance concernée de l'Office.

10. Les discussions et négociations menées dans le cadre de la médiation sont confidentielles pour toutes les personnes participant à la médiation, en particulier le médiateur, les parties et leurs représentants. Tous les documents et informations soumis au cours de la médiation sont conservés séparément des dossiers relatifs à toute autre procédure engagée devant l'Office et ne font pas partie de ces dossiers.

11. La médiation est menée dans une des langues officielles de l'Union, choisie d'un commun accord par les parties. Lorsque la médiation porte sur des litiges pendants devant l'Office, elle est menée dans la langue de procédure de l'Office, sauf convention contraire entre les parties.

12. L'Office établit une liste de médiateurs chargés d'aider les parties à régler leurs différends. Ces médiateurs sont indépendants et disposent de compétences et d'une expérience appropriées. Cette liste peut comprendre les médiateurs qui sont employés par l'Office et des médiateurs qui ne le sont pas.

13. Les médiateurs sont impartiaux dans l'exercice de leurs fonctions et déclarent tout conflit d'intérêt réel ou perçu comme tel au moment de leur désignation. Les membres des instances décisionnelles de l'Office énumérées à l'article 159 ne participent à aucune médiation portant sur une affaire dans laquelle :

a) ils ont été préalablement associés aux procédures soumises à médiation;

b) ils ont un intérêt personnel dans lesdites procédures; ou

c) ils ont été préalablement impliqués en tant que représentants de l'une des parties.

14. Les médiateurs ne participent pas en tant que membres des instances décisionnelles de l'Office énumérées à l'article 159 à la procédure reprise à la suite de l'échec d'une médiation.

15. L'Office peut coopérer avec d'autres organismes nationaux ou internationaux reconnus dans le domaine de la médiation.

Section VI

Budget et contrôle financier

Art. 171 *Comité budgétaire.* 1. Le comité budgétaire remplit les fonctions qui lui sont attribuées dans la présente section.

2. Les articles 154 et 155 et l'article 156, paragraphes 1 à 4, et 5 dans la mesure où il concerne l'élection du président et du vice-président, et l'article 156, paragraphes 6 et 7, s'appliquent au comité budgétaire mutatis mutandis.

3. Le comité budgétaire prend ses décisions à la majorité absolue de ses membres. La majorité des deux tiers de ses membres est néanmoins requise pour les décisions que le comité budgétaire est habilité à prendre en vertu de l'article 173, paragraphe 3, et de l'article 177. Dans les deux cas, chaque membre dispose d'une seule voix.

Art. 172 *Budget.* 1. Toutes les recettes et les dépenses de l'Office font l'objet de prévisions pour chaque exercice budgétaire et sont inscrites au budget de l'Office. Chaque exercice budgétaire coïncide avec l'année civile.

2. Le budget est équilibré en recettes et en dépenses.

3. Les recettes comprennent, sans préjudice d'autres types de recettes, le produit des taxes dues en vertu de l'annexe I du présent règlement, le produit des taxes dues en vertu du règlement (CE) n° 6/2002, le produit des taxes dues, en vertu du protocole de Madrid, pour un enregistrement international désignant l'Union ainsi que les autres paiements faits aux parties contractantes du protocole de Madrid, le produit des taxes dues, en vertu de l'acte de Genève visé à l'article 106 quater du règlement (CE) n° 6/2002, pour un enregistrement international désignant l'Union et les autres paiements faits aux parties contractantes de l'acte de Genève et, en tant que de besoin, une subvention inscrite au budget général de l'Union, section Commission, sous une ligne budgétaire spécifique.

4. Chaque année, l'Office compense les frais exposés par les services centraux de la propriété industrielle des États membres, par l'Office Benelux de la propriété intellectuelle et par toute autre autorité compétente à désigner par un État membre en raison des tâches spécifiques qu'ils effectuent en tant que parties fonctionnelles du système de la marque de l'Union européenne dans le cadre des services et procédures suivants :

a) les procédures d'opposition et de nullité engagées devant les services centraux de la propriété industrielle des États membres et l'Office Benelux de la propriété intellectuelle et portant sur des marques de l'Union européenne;

b) la fourniture d'informations sur le fonctionnement du système de la marque de l'Union européenne par l'intermédiaire de services d'assistance et de centres d'information;

c) les mesures visant à faire respecter les marques de l'Union européenne, y compris les actions entreprises en vertu de l'article 9, paragraphe 4.

5. La compensation globale des coûts visés au paragraphe 4 correspond à 5% des recettes annuelles de l'Office. Sans préjudice du troisième alinéa du présent paragraphe, sur proposition de l'Office et après avoir consulté le comité budgétaire, le conseil d'administration détermine la clé de répartition sur la base des indicateurs justes, équitables et pertinents suivants :

a) le nombre annuel de demandes de marques de l'Union européenne déposées par des demandeurs dans chaque État membre;

b) le nombre annuel de demandes de marques nationales déposées dans chaque État membre;

c) le nombre annuel d'oppositions et de demandes en nullité formées par des titulaires de marques de l'Union européenne dans chaque État membre;

d) le nombre annuel d'affaires portées devant les tribunaux des marques de l'Union européenne désignés par chaque État membre conformément à l'article 123.

Pour justifier les coûts visés au paragraphe 4, les États membres soumettent à l'Office, au plus tard le 31 mars de chaque année, des données statistiques relatives aux chiffres visés au premier alinéa, points a) à d), du présent paragraphe, pour l'année précédente, en vue de leur inclusion dans la proposition à présenter au conseil d'administration.

Pour des raisons d'équité, les frais exposés par les instances visées au paragraphe 4, dans chaque État membre sont réputés correspondre à 2% au moins du montant total de compensation prévu au présent paragraphe.

6. L'obligation de compensation par l'Office des coûts visés au paragraphe 4 et exposés au cours d'une année donnée ne s'applique que dans la mesure où aucun déficit budgétaire n'apparaît au cours de cette année.

7. En cas d'excédent budgétaire, et sans préjudice du paragraphe 10, sur proposition de l'Office et après consultation du comité budgétaire, le conseil d'administration peut relever le pourcentage fixé au paragraphe 5, à 10 % au maximum des recettes annuelles de l'Office.

8. Sans préjudice des paragraphes 4 à 7, et du paragraphe 10 du présent article et des articles 151 et 152, si un excédent substantiel est généré pendant cinq années consécutives, le comité budgétaire, sur proposition de l'Office et conformément au programme de travail annuel et au programme stratégique pluriannuel visés à l'article 153, paragraphe 1, points a) et b), décide à la majorité des deux-tiers, de transférer au budget de l'Union l'excédent généré à partir du 23 mars 2016.

9. L'Office établit, deux fois par an, à l'intention du Parlement européen, du Conseil et de la Commission, un rapport sur sa situation financière, y compris sur les opérations financières effectuées au titre de l'article 152, paragraphes 5 et 6, et des paragraphes 5 et 7 du présent article. Sur la base de ce rapport, la Commission examine la situation financière de l'Office.

10. L'Office se constitue un fonds de réserve correspondant à une année de dépenses opérationnelles, afin d'assurer la continuité de ses activités et l'exécution de ses missions.

Art. 173 *Établissement du budget.* 1. Le directeur exécutif dresse, chaque année, un état prévisionnel des recettes et des dépenses de l'Office pour l'exercice suivant et le transmet au comité budgétaire, accompagné d'un tableau des effectifs, le 31 mars au plus tard.

2. Pour autant que les prévisions budgétaires prévoient une subvention de l'Union, le comité budgétaire transmet cet état prévisionnel sans délai à la Commission qui le transmet à l'autorité budgétaire de l'Union. La Commission peut joindre à celui-ci un avis comportant des prévisions divergentes.

3. Le comité budgétaire arrête le budget qui comprend également le tableau des effectifs de l'Office. Pour autant que les prévisions budgétaires comportent une subvention à la charge du budget général de l'Union, le budget de l'Office est, le cas échéant, ajusté.

Art. 174 *Audit et contrôle.* 1. Au sein de l'Office, il est créé une fonction d'audit interne qui doit être exercée dans le respect des normes internationales pertinentes. L'auditeur interne, désigné par le directeur exécutif, est responsable envers celui-ci de la vérification du bon fonctionnement des systèmes et des procédures d'exécution du budget de l'Office.

2. L'auditeur interne conseille le directeur exécutif dans la maîtrise des risques, en formulant des avis indépendants portant sur la qualité des systèmes de gestion et de contrôle et en émettant des recommandations pour améliorer les conditions d'exécution des opérations et promouvoir la bonne gestion financière.

3. La responsabilité de mettre en place des systèmes et procédures de contrôle interne adaptés à l'exécution de ses tâches incombe à l'ordonnateur.

Art. 175 *Lutte contre la fraude.* 1. Afin de faciliter la lutte contre la fraude, la corruption et toute autre activité illégale en vertu du règlement (UE, Euratom) n° 883/2013 du Parlement européen et du Conseil (25), l'Office adhère à l'accord interinstitutionnel du 25 mai 1999 relatif aux enquêtes internes effectuées par l'OLAF et arrête les dispositions appropriées applicables à tout le personnel de l'Office en utilisant le modèle figurant à l'annexe de cet accord.

2. La Cour des comptes dispose d'un pouvoir d'audit, sur pièces et sur place, à l'égard de tous les bénéficiaires de subventions, contractants et sous-traitants qui ont reçu, par l'intermédiaire de l'Office, des fonds de l'Union.

3. L'OLAF peut effectuer des enquêtes, y compris des vérifications et contrôles sur place, conformément aux dispositions et procédures prévues par le règlement (UE, Euratom) n° 883/2013 et par le règlement (Euratom, CE) n° 2185/96 du Conseil (26), en vue d'établir l'existence éventuelle d'une fraude, d'un acte de corruption ou de toute autre activité illégale portant atteinte aux intérêts financiers de l'Union dans le cadre d'une subvention ou d'un contrat financés par l'Office.

4. Sans préjudice des paragraphes 1, 2 et 3, les accords de coopération avec des pays tiers et des organisations internationales, les contrats, les conventions de subvention et les décisions de subvention de l'Office contiennent des dispositions qui habilitent expressément la Cour des comptes et l'OLAF à effectuer les audits et enquêtes en question conformément à leurs compétences respectives.

5. Le comité budgétaire adopte une stratégie antifraude proportionnée aux risques de fraude, compte tenu du rapport coûts-avantages des mesures à mettre en œuvre.

Art. 176 *Vérification des comptes.* 1. Le 31 mars de chaque année au plus tard, le directeur exécutif adresse à la Commission, au Parlement européen, au comité budgétaire et à la Cour des comptes les comptes de la totalité des recettes et dépenses de l'Office pour l'exercice écoulé. La Cour des comptes les examine conformément à l'article 287 du traité sur le fonctionnement de l'Union européenne.

2. Le comité budgétaire donne décharge au directeur exécutif sur l'exécution du budget.

Art. 177 *Dispositions financières.* Le comité budgétaire arrête, après avis de la Commission et de la Cour des comptes, les dispositions financières internes spécifiant notamment les modalités relatives à l'établissement et à l'exécution du budget de l'Office. Les dispositions financières s'inspirent, dans la mesure compatible avec le caractère propre de l'Office, des règlements financiers adoptés pour d'autres organismes créés par l'Union.

Art. 178 *Taxes et tarifs et date d'exigibilité.* 1. Le directeur exécutif fixe le montant des tarifs à payer pour les prestations de services assurées par l'Office, autres que celles énoncées à l'annexe I, ainsi que pour le Bulletin des marques de l'Union européenne, le

Journal officiel de l'Office et toute autre publication émanant de l'Office. Les montants des tarifs sont fixés en euros et publiés au Journal officiel de l'Office. Le montant de chaque tarif n'excède pas ce qui est nécessaire pour couvrir les coûts du service spécifique assuré par l'Office.

2. Les taxes et tarifs dont la date d'exigibilité n'est pas précisée dans le présent règlement sont exigibles à compter de la date de réception de la demande d'exécution de la prestation de service assujettie à une taxe ou à des tarifs.

Avec l'accord du comité budgétaire, le directeur exécutif peut déterminer le ou les services mentionnés au premier alinéa qui ne sont pas subordonnés au paiement préalable des taxes et tarifs correspondants.

Art. 179 *Paiement des taxes et tarifs.* 1. Les taxes et tarifs à payer à l'Office sont acquittés par versement ou virement sur un compte bancaire de l'Office.

Avec l'accord du comité budgétaire, le directeur exécutif peut déterminer quels moyens spécifiques de paiement autres que ceux précisés au premier alinéa, notamment le paiement effectué à l'aide de comptes courants ouverts auprès de l'Office, peuvent être utilisés.

Les décisions prises en vertu du deuxième alinéa sont publiées au Journal officiel de l'Office.

Tous les paiements, y compris les paiements effectués par tout autre moyen de paiement déterminé conformément au deuxième alinéa, sont libellés en euros.

2. Tout paiement comporte l'indication du nom de la personne qui l'effectue ainsi que les données nécessaires pour permettre à l'Office d'en déterminer directement l'objet. En particulier, les informations suivantes sont fournies :

a) lorsque le paiement concerne la taxe de dépôt, l'objet du paiement, à savoir la « taxe de dépôt »;

b) lorsque le paiement concerne la taxe d'opposition, le numéro de dossier attribué à la demande et le nom du demandeur de la marque de l'Union européenne contre lequel l'opposition est formée, ainsi que l'objet du paiement, à savoir la « taxe d'opposition »;

c) lorsque le paiement concerne la taxe de demande en déchéance ou en nullité, le numéro d'enregistrement et le nom du titulaire de la marque de l'Union européenne contre lequel la demande est présentée ainsi que l'objet du paiement, à savoir la « taxe de demande en déchéance » ou la « taxe de demande en nullité ».

3. Si l'objet du paiement visé au paragraphe 2 n'est pas directement identifiable, l'Office invite, dans un délai qu'il détermine, la personne qui a effectué le paiement à communiquer cet objet par écrit. Si celle-ci ne donne pas à la suite de cette invitation en temps utile, le paiement est considéré comme non avenu. Le montant versé est alors remboursé.

Art. 180 *Date à laquelle le paiement est réputé effectué.* 1. Dans les cas visés à l'article 179, paragraphe 1, premier alinéa, la date à laquelle tout paiement est réputé effectué auprès de l'Office est la date à laquelle le montant du versement ou du virement est effectivement porté au crédit d'un compte bancaire de l'Office.

2. Lorsque les modes de paiement visés à l'article 179, paragraphe 1, deuxième alinéa, peuvent être utilisés, le directeur exécutif détermine la date à laquelle ces paiements sont réputés effectués.

3. Lorsque, en vertu des paragraphes 1 et 2, le règlement de la taxe n'est réputé effectué qu'après l'expiration du délai imparti, le délai est considéré comme respecté si la preuve est apportée à l'Office que la personne qui a effectué le paiement dans un État

membre a, dans la période au cours de laquelle le paiement aurait dû avoir lieu, donné un ordre de virement, en bonne et due forme, du montant du paiement à un établissement bancaire, et payé une surtaxe égale à 10% de la taxe ou des taxes à payer, mais en aucun cas supérieure à 200 EUR. Aucune surtaxe n'est due si l'ordre de virement a été donné à l'établissement bancaire au plus tard dix jours avant l'expiration du délai de paiement.

4. L'Office peut demander à la personne qui a effectué le paiement de fournir la preuve de la date à laquelle l'ordre de virement visé au paragraphe 3 a été donné à l'établissement bancaire et, le cas échéant, de payer la surtaxe correspondante, dans un délai qu'il détermine. Si cette personne ne donne pas à la suite de cette demande ou si les preuves fournies sont insuffisantes ou encore si la surtaxe imposée n'est pas payée à temps, le délai de paiement est réputé ne pas avoir été respecté.

Art. 181 *Paiements insuffisants et remboursement de montants minimes.* 1. Un délai de paiement n'est, en principe, considéré comme respecté que si la totalité de la taxe due est versée dans le délai prévu. Lorsque la taxe n'est pas acquittée intégralement, le montant versé est remboursé après expiration du délai.

2. Toutefois, l'Office peut, pour autant que cela soit possible pendant le délai restant à courir, permettre à la personne qui effectue le paiement de verser la somme manquante ou, si cela paraît justifié, ne pas tenir compte de petites sommes non acquittées, sans préjudice des droits de la personne effectuant le paiement.

3. Avec le consentement du comité budgétaire, le directeur exécutif peut renoncer à procéder au recouvrement forcé de toute somme due si celle-ci est minime ou si le recouvrement est trop aléatoire.

4. Lorsqu'un montant trop élevé est versé en paiement d'une taxe ou d'un tarif, l'excédent n'est pas remboursé s'il est minime et si la partie concernée n'en a pas expressément demandé la restitution.

Avec le consentement du comité budgétaire, le directeur exécutif peut déterminer les montants en dessous desquels une somme trop élevée versée en paiement d'une taxe ou d'un tarif n'est pas remboursée.

Les décisions prises en vertu du deuxième alinéa sont publiées au Journal officiel de l'Office.

CHAPITRE XIII

Enregistrement international des marques

Section I

Dispositions générales

Art. 182 *Dispositions applicables.* Sauf si le présent chapitre en dispose autrement, le présent règlement et les actes adoptés en vertu du présent règlement s'appliquent à toute demande d'enregistrement international déposée en vertu du protocole de Madrid (ci-après dénommée « demande internationale »), et fondée sur une demande de marque de l'Union européenne ou sur une marque de l'Union européenne, ainsi qu'à l'enregistrement, dans le registre international tenu par le Bureau international de l'Organisation mondiale de la propriété intellectuelle (ci-après dénommés respectivement « enregistrement international » et « Bureau international »), de marques désignant l'Union.

Section II

Enregistrement international fondé sur une demande de marque de l'Union européenne ou sur une marque de l'Union européenne

Art. 183 *Dépôt d'une demande internationale.* 1. Les demandes internationales au sens de l'article 3 du protocole de Madrid qui sont fondées sur une demande de marque de l'Union européenne ou sur une marque de l'Union européenne sont déposées auprès de l'Office.

2. Lorsqu'une demande internationale est déposée avant que la marque sur laquelle l'enregistrement international doit être fondé ait été enregistrée en tant que marque de l'Union européenne, le demandeur de l'enregistrement international indique si l'enregistrement international doit être fondé sur une demande ou un enregistrement de marque de l'Union européenne. Lorsque l'enregistrement international doit être fondé sur une marque de l'Union européenne une fois que celle-ci aura été enregistrée, la demande internationale est réputée être parvenue à l'Office à la date d'enregistrement de la marque de l'Union européenne.

Art. 184 *Forme et contenu de la demande internationale.* 1. La demande internationale est déposée dans une des langues officielles de l'Union au moyen d'un formulaire fourni par l'Office. L'Office informe le demandeur ayant déposé la demande internationale de la date à laquelle il reçoit les documents composant la demande internationale. Sauf indication contraire du demandeur portée sur ce formulaire lorsqu'il dépose la demande internationale, l'Office correspond avec le demandeur dans la langue de dépôt sous une forme normalisée.

2. Si la demande internationale est déposée dans une langue qui n'est pas une des langues autorisées par le protocole de Madrid, le demandeur indique une seconde langue parmi ces dernières. Cette seconde langue sera celle dans laquelle l'Office présente la demande internationale au Bureau international.

3. Lorsque la demande internationale est déposée dans une langue autre que l'une des langues autorisées par le protocole de Madrid pour le dépôt des demandes internationales, le demandeur peut fournir une traduction de la liste des produits ou des services et de tout autre élément textuel faisant partie de la demande internationale dans la langue dans laquelle la demande internationale doit être présentée au Bureau international en vertu du paragraphe 2. Si la demande n'est pas accompagnée d'une telle traduction, le demandeur autorise l'Office à joindre ladite traduction à la demande internationale. Si la traduction n'a pas été réalisée au cours de la procédure d'enregistrement de la demande de marque de l'Union européenne sur laquelle est fondée la demande internationale, l'Office prend sans tarder les mesures nécessaires pour fournir cette traduction.

4. Le dépôt d'une demande internationale donne lieu au paiement d'une taxe à l'Office. Lorsque l'enregistrement international doit être fondé sur une marque de l'Union européenne une fois que celle-ci aura été enregistrée, la taxe est due à la date d'enregistrement de la marque de l'Union européenne. La demande est réputée ne pas avoir été déposée tant que la taxe n'a pas été acquittée. Lorsque celle-ci n'a pas été acquittée, l'Office en informe le demandeur. En cas de dépôt électronique, l'Office peut autoriser le Bureau international à recouvrer la taxe en son nom.

5. Lorsque l'examen de la demande internationale révèle l'une ou l'autre des irrégularités suivantes, l'Office invite le demandeur à y remédier dans le délai qu'il précise :

a) la demande internationale n'a pas été présentée à l'aide du formulaire visé au paragraphe 1, et ne contient pas toutes les indications et les informations requises par ce formulaire;

b) les produits et services indiqués dans la demande internationale ne sont pas couverts par la liste de produits et services figurant dans la demande de base de marque de l'Union européenne ou dans la marque de base de l'Union européenne;

c) la marque faisant l'objet de la demande internationale n'est pas identique à la marque figurant dans la demande de base de marque de l'Union européenne ou dans la marque de base de l'Union européenne;

d) une indication dans la demande internationale relative à la marque, autre qu'une déclaration de renonciation ou une revendication de couleur, n'apparait pas également dans la demande de base de marque de l'Union européenne ou dans la marque de base de l'Union européenne;

e) si la couleur est revendiquée, dans la demande internationale, comme un élément distinctif de la marque, la demande de base de marque de l'Union européenne ou la marque de base de l'Union européenne n'a pas la ou les mêmes couleurs; ou

f) en fonction des indications contenues dans le formulaire international, le demandeur n'a pas qualité pour déposer une demande internationale auprès de l'Office, conformément à l'article 2, paragraphe 1, point ii), du protocole de Madrid.

6. Lorsque le demandeur n'a pas autorisé l'Office à joindre une traduction, telle que prévue au paragraphe 3, ou qu'il n'apparaît pas clairement sur quelle liste de produits et de services la demande internationale se fonde, l'Office invite le demandeur à transmettre les indications requises dans le délai qu'il précise.

7. Si les irrégularités visées au paragraphe 5 ne sont pas corrigées ou si les indications requises par le paragraphe 6 ne sont pas fournies dans le délai assigné par l'Office, ce dernier refuse de transmettre la demande internationale au Bureau international.

8. L'Office transmet la demande internationale au Bureau international en même temps que la certification prévue à l'article 3, paragraphe 1, du protocole de Madrid, dès que la demande internationale répond aux exigences énoncées au présent article, dans l'acte d'exécution adopté en application du paragraphe 9 du présent article, et à l'article 183 du présent règlement.

9. La Commission adopte des actes d'exécution indiquant précisément le formulaire, y compris les éléments de celui-ci, qu'il convient d'utiliser pour déposer une demande internationale conformément au paragraphe 1. Ces actes d'exécution sont adoptés en conformité avec la procédure d'examen visée à l'article 207, paragraphe 2.

Art. 185 *Inscription dans le dossier et au registre.* 1. La date et le numéro de l'enregistrement international fondé sur une demande de marque de l'Union européenne sont inscrits dans le dossier de cette demande. Lorsque la demande aboutit à l'enregistrement d'une marque de l'Union européenne, la date et le numéro de l'enregistrement international sont inscrits au registre.

2. La date et le numéro de l'enregistrement international fondé sur une marque de l'Union européenne sont inscrits au registre.

Art. 186 *Notification de la nullité de la demande de base ou de l'enregistrement de base.* 1. Dans un délai de cinq ans à compter de la date de l'enregistrement international, l'Office notifie au Bureau international tout fait et toute décision affectant la validité de la demande de marque de l'Union européenne ou de l'enregistrement de la marque de l'Union européenne sur lequel l'enregistrement international s'est fondé.

2. La Commission adopte des actes d'exécution précisant les différents faits et décisions qui doivent être notifiés conformément à l'article 6, paragraphe 3, du protocole de Madrid ainsi que le moment pertinent pour effectuer ces notifications. Ces actes d'exécution sont adoptés en conformité avec la procédure d'examen visée à l'article 207, paragraphe 2, du présent règlement.

Art. 187 *Requête en extension territoriale postérieure à l'enregistrement international.* 1. Toute requête en extension territoriale présentée, conformément à l'article 3 ter, paragraphe 2, du protocole de Madrid, postérieurement à un enregistrement international, peut être introduite par l'intermédiaire de l'Office. La requête est déposée dans la langue dans laquelle la demande internationale a été déposée en application de l'article 184 du présent règlement. Elle comporte des indications permettant de prouver le droit d'effectuer une désignation conformément à l'article 2, paragraphe 1, point ii), et à l'article 3 ter, paragraphe 2, du protocole de Madrid. L'Office informe le demandeur requérant l'extension territoriale de la date à laquelle il reçoit la requête en extension territoriale.

2. La Commission adopte des actes d'exécution précisant les exigences applicables à la requête en extension territoriale conformément au paragraphe 1 du présent article. Ces actes d'exécution sont adoptés en conformité avec la procédure d'examen visée à l'article 207, paragraphe 2.

3. Lorsque la requête en extension territoriale présentée postérieurement à l'enregistrement international ne satisfait pas aux exigences énoncées au paragraphe 1 et dans l'acte d'exécution adopté en vertu du paragraphe 2, l'Office invite le demandeur à remédier aux irrégularités constatées dans le délai qu'il précise. S'il n'est pas remédié aux irrégularités dans le délai fixé par l'Office, celui-ci refuse de transmettre au Bureau international la requête. L'Office ne refuse de transmettre la requête au Bureau international qu'après que le demandeur a été mis en mesure de remédier aux irrégularités relevées dans la requête.

4. L'Office transmet au Bureau international la requête en extension territoriale présentée postérieurement à l'enregistrement international, dès que les exigences visées au paragraphe 3 sont remplies.

Art. 188 *Taxes internationales.* Les taxes dues au Bureau international en vertu du protocole de Madrid sont payées directement à ce dernier.

Section III

Enregistrement international désignant l'Union

Art. 189 *Effets de l'enregistrement international désignant l'Union.* 1. Tout enregistrement international désignant l'Union produit, à compter de la date d'enregistrement visée à l'article 3, paragraphe 4, du protocole de Madrid ou de la date d'extension postérieure à l'Union prévue à l'article 3 ter, paragraphe 2, du protocole de Madrid, les mêmes effets qu'une demande de marque de l'Union européenne.

2. Si aucun refus n'est notifié en vertu de l'article 5, paragraphes 1 et 2, du protocole de Madrid ou si, en cas de refus, celui-ci est levé, l'enregistrement international d'une marque désignant l'Union produit, à compter de la date visée au paragraphe 1, les mêmes effets que l'enregistrement d'une marque en tant que marque de l'Union européenne.

3. Aux fins de l'article 11 du présent règlement, la publication des indications de l'enregistrement international désignant l'Union prévues à l'article 190, paragraphe 1, se substitue à la publication d'une demande de marque de l'Union européenne et la publication des indications visées à l'article 190, paragraphe 2, se substitue à la publication de l'enregistrement d'une marque de l'Union européenne.

Art. 190 *Publication.* 1. L'Office publie la date de l'enregistrement d'une marque désignant l'Union visée à l'article 3, paragraphe 4, du protocole de Madrid ou la date d'extension postérieure à l'Union prévue à l'article 3 ter, paragraphe 2, du protocole de Madrid, la langue de dépôt de la demande internationale et la seconde langue indiquée par le déposant, ainsi que le numéro de l'enregistrement international et la date de publication de cet enregistrement dans la gazette éditée par le Bureau international, une reproduction de la marque, ainsi que les numéros des classes des produits ou des services pour lesquels la protection est revendiquée.

2. Si aucun refus de protection d'un enregistrement international désignant l'Union n'est notifié en vertu de l'article 5, paragraphes 1 et 2, du protocole de Madrid ou si, en cas de refus, ce dernier est levé, l'Office publie ce fait, ainsi que le numéro de l'enregistrement international et, le cas échéant, la date de publication de cet enregistrement dans la gazette éditée par le Bureau international.

Art. 191 *Revendication de l'ancienneté d'une demande internationale.* 1. Le demandeur d'un enregistrement international désignant l'Union peut se prévaloir, dans la demande internationale, de l'ancienneté d'une marque antérieure enregistrée dans un État membre, y compris une marque enregistrée sur le territoire du Benelux, ou d'une marque antérieure qui a fait l'objet d'un enregistrement international ayant effet dans un État membre, en vertu de l'article 39.

2. Les documents à l'appui de la revendication d'ancienneté, tels qu'ils sont indiqués dans l'acte d'exécution adopté conformément à l'article 39, paragraphe 6, sont soumis dans un délai de trois mois à compter de la date à laquelle le Bureau international notifie l'enregistrement international à l'Office. À cet égard, l'article 39, paragraphe 7, s'applique.

3. Lorsque le titulaire de l'enregistrement international doit être représenté devant l'Office, conformément à l'article 119, paragraphe 2, la notification visée au paragraphe 2 du présent article contient la désignation d'un représentant au sens de l'article 120, paragraphe 1.

4. Lorsque l'Office estime que la revendication d'ancienneté visée au paragraphe 1 du présent article n'est pas conforme à l'article 39 ou ne satisfait pas aux autres exigences énoncées dans le présent article, il invite le demandeur à remédier aux irrégularités constatées. Si les exigences visées dans la première phrase ne sont pas satisfaites dans le délai précisé par l'Office, le droit d'ancienneté applicable à cet enregistrement international s'éteint. Si les irrégularités ne portent que sur certains des produits et services, le droit d'ancienneté ne s'éteint que pour les produits et services concernés.

5. L'Office avertit le Bureau international de toute déclaration de perte du droit d'ancienneté conformément au paragraphe 4. Il informe également le Bureau international de tout retrait ou de toute restriction de la revendication d'ancienneté.

6. L'article 39, paragraphe 5, s'applique, à moins que le droit d'ancienneté ne soit déclaré éteint conformément au paragraphe 4 du présent article.

Art. 192 *Revendication de l'ancienneté auprès de l'Office.* 1. Le titulaire d'un enregistrement international désignant l'Union peut, dès la date de la publication des effets d'un tel enregistrement en vertu de l'article 190, paragraphe 2, se prévaloir, auprès de l'Office, de l'ancienneté d'une marque antérieure enregistrée dans un État membre, y compris une marque enregistrée sur le territoire du Benelux, ou d'une marque antérieure qui a fait l'objet d'un enregistrement international ayant effet dans un État membre, tel que prévu à l'article 40.

2. Lorsque l'ancienneté est revendiquée avant la date visée au paragraphe 1, la revendication d'ancienneté est réputée avoir été reçue par l'Office à cette date.

3. La revendication d'ancienneté visée au paragraphe 1 du présent article satisfait aux exigences visées à l'article 40 et comporte des informations permettant son examen au regard de ces exigences.

4. S'il n'est pas satisfait aux conditions relatives à la revendication de l'ancienneté visées au paragraphe 3 et énoncées dans l'acte d'exécution adopté conformément au paragraphe 6, l'Office invite le titulaire de l'enregistrement international à remédier aux irrégularités constatées. S'il n'est pas remédié aux irrégularités dans le délai à fixer par l'Office, ce dernier rejette la revendication.

5. Lorsque l'Office accepte la revendication d'ancienneté ou qu'une revendication d'ancienneté a été retirée ou annulée par l'Office, celui-ci en informe le Bureau international.

6. La Commission adopte des actes d'exécution précisant les éléments à mentionner dans une revendication d'ancienneté en vertu du paragraphe 1 du présent article et précisant les informations à communiquer en vertu du paragraphe 5 du présent article. Ces actes d'exécution sont adoptés en conformité avec la procédure d'examen visée à l'article 207, paragraphe 2.

Art. 193 *Désignation des produits et services et examen relatif aux motifs absolus de refus.* 1. Tout enregistrement international désignant l'Union est subordonné à un examen relatif à sa conformité avec l'article 33, paragraphes 2, 3 et 4, et aux motifs absolus de refus, suivant la même procédure que pour les demandes de marque de l'Union européenne.

2. S'il est estimé que la protection ne peut être accordée à un enregistrement international désignant l'Union conformément à l'article 33, paragraphe 4, ou à l'article 42, paragraphe 1, du présent règlement, pour tout ou partie des produits et services pour lesquels il a été effectué par le Bureau international, l'Office envoie au Bureau international une notification de refus provisoire ex officio, conformément à l'article 5, paragraphes 1 et 2, du protocole de Madrid.

3. Lorsque le titulaire d'un enregistrement international doit être représenté devant l'Office, conformément à l'article 119, paragraphe 2, la notification visée au paragraphe 2 du présent article comporte une invitation à désigner un représentant au sens de l'article 120, paragraphe 1.

4. La notification du refus provisoire indique les motifs sur lesquels est fondé ce refus et fixe un délai dans lequel le titulaire de l'enregistrement international peut présenter ses observations et, le cas échéant, désigne un représentant. Ce délai prend effet le jour où l'Office émet le refus provisoire.

5. Lorsque l'Office constate que la demande internationale désignant l'Union ne contient pas la mention d'une seconde langue conformément à l'article 206 du présent règlement, l'Office envoie au Bureau international une notification de refus provisoire ex officio en application de l'article 5, paragraphes 1 et 2, du protocole de Madrid.

6. Lorsque le titulaire d'un enregistrement international n'apporte pas de solution aux motifs de refus de la protection dans le délai prévu ou, le cas échéant, omet de désigner

un représentant ou d'indiquer une seconde langue, l'Office refuse la protection pour tout ou partie des produits et services pour lesquels un enregistrement international existe. Le refus de la protection vaut rejet d'une demande de marque de l'Union européenne. La décision peut faire l'objet d'un recours conformément aux articles 66 à 72.

7. Lorsqu'à l'ouverture du délai d'opposition visé à l'article 196, paragraphe 2, l'Office n'a pas envoyé de notification de refus provisoire ex officio conformément au paragraphe 2 du présent article, il transmet une déclaration au Bureau international, en précisant que l'examen relatif aux motifs absolus de refus, en vertu de l'article 42 du règlement, est achevé mais que l'enregistrement international peut encore faire l'objet d'oppositions ou d'observations de la part de tiers. Cette déclaration intermédiaire est sans préjudice du droit de l'Office de rouvrir l'examen des motifs absolus de sa propre initiative à tout moment avant la délivrance de la déclaration finale d'octroi de la protection.

8. La Commission adopte des actes d'exécution précisant les éléments à mentionner dans la notification de refus provisoire ex officio de la protection qui doit être envoyée au Bureau international et les communications finales qui doivent être envoyées au Bureau international lors de l'octroi ou du refus définitif de la protection. Ces actes d'exécution sont adoptés en conformité avec la procédure d'examen visée à l'article 207, paragraphe 2.

Art. 194 *Marques collectives et marques de certification.* 1. Lorsqu'un enregistrement international se fonde sur une demande de base ou sur un enregistrement de base concernant une marque collective, une marque de certification ou une marque de garantie, l'enregistrement international désignant l'Union est traité comme une marque collective de l'Union européenne ou comme une marque de certification de l'Union européenne, selon le cas.

2. Le titulaire de l'enregistrement international présente le règlement d'usage de la marque, tel que prévu aux articles 75 et 84, directement à l'Office dans les deux mois à compter de la date à laquelle le Bureau international notifie l'enregistrement international à l'Office.

3. La Commission est habilitée à adopter des actes délégués conformément à l'article 208 précisant les modalités de la procédure concernant les enregistrements internationaux fondés sur une demande de base ou sur un enregistrement de base concernant une marque collective, une marque de certification ou une marque de garantie.

Art. 195 *Recherche.* 1. Dès que l'Office a reçu notification d'un enregistrement international désignant l'Union, il établit un rapport de recherche de l'Union, conformément à l'article 43, paragraphe 1, à condition qu'une demande d'établissement d'un rapport de recherche, conformément à l'article 43, paragraphe 1, soit adressée à l'Office dans un délai d'un mois à compter de la date de notification.

2. Dès que l'Office a reçu notification d'un enregistrement international désignant l'Union, il en transmet une copie au service central de la propriété industrielle de tous les États membres qui ont communiqué à l'Office leur décision d'effectuer une recherche dans leur propre registre des marques, conformément à l'article 43, paragraphe 2, à condition qu'une demande d'établissement d'un rapport de recherche, conformément à l'article 43, paragraphe 2, soit adressée à l'Office dans un délai d'un mois à compter de la date de notification et que la taxe de recherche soit acquittée dans le même délai.

3. L'article 43, paragraphes 3 à 6, s'applique mutatis mutandis.

4. L'Office informe les titulaires d'une marque de l'Union européenne antérieure ou d'une demande de marque de l'Union européenne antérieure, cités dans le rapport de recherche de l'Union, de la publication, en vertu de l'article 190, paragraphe 1, de l'enregistrement international désignant l'Union. Cette disposition s'applique indépendamment du fait que le titulaire de l'enregistrement international ait ou non demandé à recevoir le rapport de recherche de l'Union européenne, à moins que le titulaire d'un enregistrement antérieur ou l'auteur d'une demande antérieure demande à ne pas recevoir cette notification.

Art. 196 *Opposition.* 1. Tout enregistrement international désignant l'Union est soumis à la même procédure d'opposition que les demandes de marque de l'Union européenne publiées.

2. L'opposition est formée dans un délai de trois mois qui commence à courir un mois après la date de la publication prévue à l'article 190, paragraphe 1. L'opposition n'est réputée formée qu'après paiement de la taxe d'opposition.

3. Le refus de la protection vaut rejet d'une demande de marque de l'Union européenne.

4. La Commission est habilitée à adopter des actes délégués conformément à l'article 208 précisant la procédure à suivre pour la formation et l'examen d'une opposition, y compris pour les communications qu'il est nécessaire d'adresser au Bureau international.

Art. 197 *Remplacement d'un enregistrement de marque de l'Union européenne par un enregistrement international.* Sur demande, l'Office est tenu de noter, dans le registre, qu'une marque de l'Union européenne est réputée avoir été remplacée par un enregistrement international, conformément à l'article 4 bis du protocole de Madrid.

Art. 198 *Invalidation des effets d'un enregistrement international.* 1. La nullité des effets d'un enregistrement international désignant l'Union peut être prononcée.

2. La demande en nullité des effets d'un enregistrement international désignant l'Union tient lieu de demande en déchéance en vertu de l'article 58 ou de demande en nullité en vertu de l'article 59 ou 60.

3. Lorsque, conformément à l'article 64 ou à l'article 128 du présent règlement et au présent article, la nullité d'un enregistrement international désignant l'Union a été prononcée par une décision définitive, l'Office en informe le Bureau international conformément à l'article 5, paragraphe 6, du protocole de Madrid.

4. La Commission adopte des actes d'exécution précisant les éléments à mentionner dans la notification à adresser au Bureau international conformément au paragraphe 3 du présent article. Ces actes d'exécution sont adoptés en conformité avec la procédure d'examen visée à l'article 207, paragraphe 2.

Art. 199 *Effet juridique de l'enregistrement de transferts.* L'inscription au registre international d'un changement de titulaire d'un enregistrement international produit le même effet que l'inscription au registre d'un transfert conformément à l'article 20.

Art. 200 *Effet juridique de l'enregistrement de licences et autres droits.* L'inscription au registre international d'une licence ou d'une restriction du droit du titulaire de disposer d'un enregistrement international produit le même effet que l'inscription au registre d'un droit réel, d'une exécution forcée, d'une procédure d'insolvabilité ou d'une licence, en vertu, respectivement, des articles 22, 23, 24 et 25.

Art. 201 *Examen des demandes d'enregistrement de transferts, de licences ou de restrictions du droit de disposition d'un titulaire.* L'Office transmet au Bureau international les demandes d'enregistrement d'un changement de titulaire, d'une licence ou d'une restriction du droit de disposition du titulaire, de la modification ou de la radiation d'une licence ou de la levée d'une restriction du droit de disposition du titulaire qui ont été déposées auprès de lui, si elles sont accompagnées des preuves appropriées du transfert, de la licence, de la restriction du droit de disposition ou d'une preuve que la licence n'existe plus ou a été modifiée, ou que la restriction du droit de disposition a été supprimée.

Art. 202 *Transformation d'une désignation de l'Union opérée par le biais d'un enregistrement international en une demande de marque nationale ou en une désignation d'États membres.* 1. Lorsqu'une désignation de l'Union par le biais d'un enregistrement international a été rejetée ou cesse de produire ses effets, le titulaire de l'enregistrement international peut demander la transformation de la désignation de l'Union :

a) en une demande de marque nationale en vertu des articles 139, 140 et 141 ;

b) en une désignation d'un État membre partie au protocole de Madrid, dans la mesure où, à la date de la demande de transformation, il était possible de désigner cet État membre directement sur la base du protocole de Madrid. Les articles 139, 140 et 141 du présent règlement s'appliquent.

2. La demande de marque nationale ou la désignation d'un État membre partie au protocole de Madrid issue de la transformation de la désignation de l'Union opérée par le biais d'un enregistrement international bénéficie, dans l'État membre concerné, de la date de l'enregistrement international en vertu de l'article 3, paragraphe 4, du protocole de Madrid, de la date d'extension à l'Union en vertu de l'article 3 ter, paragraphe 2, du protocole de Madrid si celle-ci est postérieure à l'enregistrement international, ou de la date de priorité de cet enregistrement et, le cas échéant, de l'ancienneté d'une marque de cet État revendiquée conformément à l'article 191 du présent règlement.

3. La requête en transformation est publiée.

4. La requête en transformation d'un enregistrement international désignant l'Union en une demande de marque nationale comporte les informations et indications visées à l'article 140, paragraphe 1.

5. Si la requête en transformation est présentée en application du présent article ou de l'article 139, paragraphe 5, du présent règlement, du fait du non-renouvellement de l'enregistrement international, la requête visée au paragraphe 4 du présent article comporte une mention à cet effet et précise la date à laquelle la protection a expiré. La période de trois mois prévue à l'article 139, paragraphe 5, du présent règlement commence à courir le jour suivant le dernier jour auquel le renouvellement peut encore produire ses effets conformément à l'article 7, paragraphe 4, du protocole de Madrid.

6. L'article 140, paragraphes 3 et 5, s'applique mutatis mutandis à la requête en transformation visée au paragraphe 4 du présent article.

7. La requête en transformation d'un enregistrement international désignant l'Union en une désignation d'un État membre partie au protocole de Madrid comporte les indications et éléments visés aux paragraphes 4 et 5.

8. L'article 140, paragraphe 3, s'applique mutatis mutandis à la requête en transformation visée au paragraphe 7 du présent article. L'Office rejette également la requête en transformation lorsque les conditions de désignation de l'État membre qui est partie au protocole de Madrid ou à l'arrangement de Madrid n'étaient remplies ni à la date de la

désignation de l'Union, ni à la date à laquelle la requête en transformation a été reçue ou, conformément à l'article 140, paragraphe 1, dernière phrase, est réputée avoir été reçue par l'Office.

9. Lorsque la requête en transformation visée au paragraphe 7 satisfait aux exigences du présent règlement et aux règles adoptées en vertu de celui-ci, l'Office la transmet sans tarder au Bureau international. L'Office informe le titulaire de l'enregistrement international de la date de la transmission.

10. La Commission adopte des actes d'exécution précisant :

a) les éléments à mentionner dans les requêtes en transformation visées aux paragraphes 4 et 7;

b) les éléments dont la publication des requêtes en transformation doit être assortie en application du paragraphe 3.

Ces actes d'exécution sont adoptés en conformité avec la procédure d'examen visée à l'article 207, paragraphe 2.

Art. 203 *Usage d'une marque faisant l'objet d'un enregistrement international.* Aux fins de l'article 18, paragraphe 1, de l'article 47, paragraphe 2, de l'article 58, paragraphe 1, point a), et de l'article 64, paragraphe 2, la date de publication prévue à l'article 190, paragraphe 2, tient lieu de date d'enregistrement en vue de l'établissement de la date à partir de laquelle commence l'usage sérieux dans l'Union de la marque qui fait l'objet de l'enregistrement international désignant l'Union.

Art. 204 *Transformation.* 1. Sous réserve du paragraphe 2, les dispositions applicables aux demandes de marque de l'Union européenne s'appliquent mutatis mutandis aux requêtes en transformation d'un enregistrement international en une demande de marque de l'Union européenne, en vertu de l'article 9 quinquies du protocole de Madrid.

2. Lorsque la requête en transformation porte sur un enregistrement international désignant l'Union dont les indications ont été publiées conformément à l'article 190, paragraphe 2, les articles 42 à 47 ne sont pas applicables.

3. Pour être considérée comme la transformation d'un enregistrement international qui a été radié par le Bureau international, à la requête de l'office d'origine, en vertu de l'article 9 quinquies du protocole de Madrid, une demande de marque de l'Union européenne contient une indication à cet effet. Cette mention est apportée lors du dépôt de la demande.

4. Lorsqu'au cours de l'examen effectué en application de l'article 41, paragraphe 1, point b), l'Office constate que la demande n'a pas été déposée dans les trois mois à compter de la date à laquelle l'enregistrement international a été radié par le Bureau international ou que les produits et services pour lesquels la marque de l'Union européenne doit être enregistrée ne sont pas couverts par la liste des produits et services qui figurent dans l'enregistrement international désignant l'Union, l'Office invite le demandeur à remédier aux irrégularités constatées.

5. Si les irrégularités visées au paragraphe 4 ne sont pas corrigées dans le délai imparti par l'Office, le droit d'invoquer la date de l'enregistrement international ou la date de l'extension territoriale et, le cas échéant, la date de la priorité de l'enregistrement international est perdu.

6. La Commission adopte des actes d'exécution précisant les éléments à mentionner dans une requête en transformation conformément au paragraphe 3 du présent article. Ces actes d'exécution sont adoptés en conformité avec la procédure d'examen visée à l'article 207, paragraphe 2.

Art. 205 *Communication avec le Bureau international.* La communication avec le Bureau international s'effectue selon un mode et un format convenus entre le Bureau international et l'Office et, de préférence, par voie électronique. Toutes les références aux formulaires s'entendent également comme des références aux formulaires disponibles sous forme électronique.

Art. 206 *Régime linguistique.* Aux fins de l'application du présent règlement et des règles adoptées en vertu de celui-ci aux enregistrements internationaux désignant l'Union, la langue de dépôt des demandes internationales est la langue de la procédure au sens de l'article 146, paragraphe 4, et la deuxième langue indiquée dans la demande internationale est la deuxième langue au sens de l'article 146, paragraphe 3.

CHAPITRE XIV

Dispositions finales

Art. 207 *Comité.* 1. La Commission est assistée par un comité pour les questions relatives aux règles d'exécution. Ledit comité est un comité au sens du règlement (UE) n° 182/2011.

2. Lorsqu'il est fait référence au présent paragraphe, l'article 5 du règlement (UE) n° 182/2011 s'applique.

Art. 208 *Exercice de la délégation.* 1. Le pouvoir d'adopter des actes délégués conféré à la Commission est soumis aux conditions fixées au présent article.

2. Le pouvoir d'adopter des actes délégués visé à l'article 48, à l'article 49, paragraphe 3, aux articles 65 et 73, à l'article 96, paragraphe 4, à l'article 97, paragraphe 6, à l'article 98, paragraphe 5, à l'article 100, paragraphe 2, à l'article 101, paragraphe 5, à l'article 103, paragraphe 3, à l'article 106, paragraphe 3, aux articles 121 et 168, à l'article 194, paragraphe 3, et à l'article 196, paragraphe 4, est conféré à la Commission pour une durée indéterminée à compter du 23 mars 2016.

3. La délégation de pouvoir visée à l'article 48, à l'article 49, paragraphe 3, aux articles 65 et 73, à l'article 96, paragraphe 4, à l'article 97, paragraphe 6, à l'article 98, paragraphe 5, à l'article 100, paragraphe 2, à l'article 101, paragraphe 5, à l'article 103, paragraphe 3, à l'article 106, paragraphe 3, aux articles 121 et 168, à l'article 194, paragraphe 3, et à l'article 196, paragraphe 4, peut être révoquée à tout moment par le Parlement européen ou le Conseil. La décision de révocation met fin à la délégation de pouvoir qui y est précisée. La révocation prend effet le jour suivant celui de la publication de ladite décision au Journal officiel de l'Union européenne ou à une date ultérieure qui est précisée dans ladite décision. Elle ne porte pas atteinte à la validité des actes délégués déjà en vigueur.

4. Avant l'adoption d'un acte délégué, la Commission consulte les experts désignés par chaque État membre, conformément aux principes définis dans l'accord interinstitutionnel du 13 avril 2016 « Mieux légiférer ».

5. Aussitôt qu'elle adopte un acte délégué, la Commission le notifie au Parlement européen et au Conseil simultanément.

6. Un acte délégué adopté en vertu de l'article 48, de l'article 49, paragraphe 3, des articles 65 et 73, de l'article 96, paragraphe 4, de l'article 97, paragraphe 6, de l'article 98, paragraphe 5, de l'article 100, paragraphe 2, de l'article 101, paragraphe 5, de l'article 103, paragraphe 3, de l'article 106, paragraphe 3, des articles 121 et 168, de l'article 194, paragraphe 3, et de l'article 196, paragraphe 4, n'entre en vigueur que si le

Parlement européen ou le Conseil n'a pas exprimé d'objections dans un délai de deux mois à compter de la notification de cet acte au Parlement européen et au Conseil ou si, avant l'expiration de ce délai, le Parlement européen et le Conseil ont tous deux informé la Commission de leur intention de ne pas exprimer d'objections. Ce délai est prolongé de deux mois à l'initiative du Parlement européen ou du Conseil.

Art. 209 *Dispositions concernant l'élargissement de l'Union.* 1. À compter de la date d'adhésion de la Bulgarie, de la République tchèque, de l'Estonie, de la Croatie, de Chypre, de la Lettonie, de la Lituanie, de la Hongrie, de Malte, de la Pologne, de la Roumanie, de la Slovénie et de la Slovaquie (ci-après dénommés « nouvel État membre », « nouveaux États membres »), une marque de l'Union européenne enregistrée ou déposée conformément au présent règlement avant leur date respective d'adhésion est étendue au territoire de ces États membres afin d'avoir le même effet dans toute l'Union.

2. L'enregistrement d'une marque de l'Union européenne qui faisait l'objet d'une demande d'enregistrement à la date d'adhésion ne peut être refusé pour les motifs absolus de refus énumérés à l'article 7, paragraphe 1, si ces motifs sont nés uniquement de l'adhésion d'un nouvel État membre.

3. Lorsqu'une demande d'enregistrement d'une marque de l'Union européenne a été déposée au cours des six mois précédant la date d'adhésion, une opposition peut être formée en vertu de l'article 46 si une marque antérieure ou un autre droit antérieur au sens de l'article 8 a été acquis dans un nouvel État membre avant l'adhésion, à condition qu'elle ou il ait été acquis(e) de bonne foi et que la date de dépôt ou, le cas échéant, la date de priorité ou la date d'acquisition dans le nouvel État membre de la marque antérieure ou de l'autre droit antérieur précède la date de dépôt ou, le cas échéant, la date de priorité de la marque de l'Union européenne faisant l'objet de la demande.

4. Une marque de l'Union européenne visée au paragraphe 1 ne peut faire l'objet d'une déclaration de nullité :

a) en vertu de l'article 59, si les causes de nullité sont devenues applicables simplement à cause de l'adhésion;

b) en vertu de l'article 60, paragraphes 1 et 2, si le droit national antérieur a été enregistré, demandé ou acquis dans un nouvel État membre avant la date d'adhésion.

5. L'utilisation d'une marque de l'Union européenne visée au paragraphe 1 peut être interdite, en vertu des articles 137 et 138, si la marque antérieure ou l'autre droit antérieur a été enregistré(e), demandé(e) ou acquis(e) de bonne foi dans le nouvel État membre avant la date d'adhésion de cet État; ou, le cas échéant, a une date de priorité antérieure à la date d'adhésion de cet État.

Art. 210 *Évaluation et réexamen.* 1. Au plus tard le 24 mars 2021, et tous les cinq ans par la suite, la Commission évalue la mise en œuvre du présent règlement.

2. Dans le cadre de l'évaluation, le cadre juridique de la coopération entre l'Office et les services centraux de la propriété industrielle des États membres et l'Office Benelux de la propriété intellectuelle est examiné, une attention particulière étant accordée au mécanisme de financement fixé à l'article 152. L'évaluation porte également sur l'incidence, l'efficacité et l'efficience de l'Office et de ses méthodes de travail. L'évaluation concerne en particulier la nécessité éventuelle de modifier le mandat de l'Office, et les conséquences financières d'une telle modification.

3. La Commission transmet le rapport d'évaluation, accompagné de ses conclusions tirées sur la base de ce rapport, au Parlement européen, au Conseil et au conseil d'administration. Les résultats de l'évaluation sont rendus publics.

4. Une évaluation sur deux comprend une analyse des résultats obtenus par l'Office au regard de ses objectifs, de son mandat et de ses missions.

Art. 211 *Abrogation.* Le règlement (CE) n° 207/2009 est abrogé.

Les références faites au règlement abrogé s'entendent comme faites au présent règlement et sont à lire selon le tableau de correspondance figurant à l'annexe III.

Art. 212 *Entrée en vigueur.* Le présent règlement entre en vigueur le vingtième jour suivant celui de sa publication au *Journal officiel de l'Union européenne.*

Il s'applique à compter du 1er octobre 2017.

Le présent règlement est obligatoire dans tous ses éléments et directement applicable dans tout État membre.

41 Règlement 2018/1805 du 14 nov. 2018 sur la reconnaissance mutuelle des décisions de gel et des décisions de confiscation

Applicable depuis le 19 décembre 2020

Le Parlement européen et le conseil de l'Union européenne,
vu le traité sur le fonctionnement de l'Union européenne, et notamment son article 82, paragraphe 1, point a),
vu la proposition de la Commission européenne,
après transmission du projet d'acte législatif aux parlements nationaux,
statuant conformément à la procédure législative ordinaire,
considérant ce qui suit :

(1) L'Union s'est donné pour objectif de maintenir et de développer un espace de liberté, de sécurité et de justice.

(2) La coopération judiciaire en matière pénale dans l'Union est fondée sur le principe de reconnaissance mutuelle des jugements et des décisions judiciaires, communément considéré comme la pierre angulaire de la coopération judiciaire en matière pénale dans l'Union depuis le Conseil européen de Tampere des 15 et 16 octobre 1999.

(3) Le gel et la confiscation des instruments et des produits du crime figurent parmi les moyens les plus efficaces de lutte contre la criminalité. L'Union est résolue à assurer une identification, une confiscation et une remise en circulation plus efficaces des avoirs d'origine criminelle, conformément au « programme de Stockholm – une Europe ouverte et sûre qui sert et protège les citoyens ».

(4) La criminalité étant souvent de nature transnationale, l'efficacité de la coopération transfrontalière est essentielle en vue de geler et de confisquer les instruments et les produits du crime.

(5) Le cadre juridique actuel de l'Union en ce qui concerne la reconnaissance mutuelle des décisions de gel et des décisions de confiscation est constitué des décisions-cadres 2003/577/JAI et 2006/783/JAI du Conseil.

(6) Les rapports de mise en œuvre établis par la Commission sur les décisions-cadres 2003/577/JAI et 2006/783/JAI montrent que le régime existant en matière de reconnaissance mutuelle des décisions de gel et des décisions de confiscation n'est pas pleinement

efficace. Ces décisions-cadres n'ont pas été mises en œuvre ni appliquées de manière uniforme dans les États membres, ce qui a conduit à une reconnaissance mutuelle insuffisante et à une coopération transfrontalière non optimale.

(7) Le cadre juridique de l'Union en matière de reconnaissance mutuelle des décisions de gel et des décisions de confiscation n'a pas suivi les évolutions récentes de la législation au niveau national et au niveau de l'Union. En particulier, la directive 2014/42/UE du Parlement européen et du Conseil établit des règles minimales relatives au gel et à la confiscation de biens. Ces règles minimales concernent la confiscation des instruments et des produits du crime, notamment en cas de maladie ou de fuite du suspect ou de la personne poursuivie, lorsqu'une procédure pénale a déjà été engagée concernant une infraction pénale, la confiscation élargie et la confiscation des avoirs de tiers. Ces règles minimales concernent également le gel de biens en vue de leur éventuelle confiscation ultérieure. Les types de décisions de gel et de décisions de confiscation relevant de ladite directive devraient également faire partie du cadre juridique en matière de reconnaissance mutuelle.

(8) Lors de l'adoption de la directive 2014/42/UE, le Parlement européen et le Conseil ont affirmé dans une déclaration qu'un système efficace de gel et de confiscation dans l'Union est intrinsèquement lié au bon fonctionnement de la reconnaissance mutuelle des décisions de gel et des décisions de confiscation. Compte tenu de la nécessité de mettre en place un système global pour le gel et la confiscation des instruments et des produits du crime dans l'Union, le Parlement européen et le Conseil ont invité la Commission à présenter une proposition législative relative à la reconnaissance mutuelle des décisions de gel et des décisions de confiscation.

(9) Dans sa communication du 28 avril 2015 intitulée « Le programme européen en matière de sécurité », la Commission a estimé que la coopération judiciaire en matière pénale s'appuie sur des instruments transfrontières efficaces et que la reconnaissance mutuelle des jugements et décisions judiciaires est un élément clé du cadre en matière de sécurité. Elle a également rappelé la nécessité d'améliorer la reconnaissance mutuelle des décisions de gel et des décisions de confiscation.

(10) Dans sa communication du 2 février 2016 relative à un plan d'action destiné à renforcer la lutte contre le financement du terrorisme, la Commission a souligné la nécessité de veiller à ce que les criminels qui financent le terrorisme soient privés de leurs avoirs. La Commission a déclaré qu'afin de porter un coup d'arrêt aux activités relevant de la criminalité organisée qui financent le terrorisme, il est essentiel de priver les criminels en question des produits du crime. À cette fin, la Commission a indiqué qu'il est nécessaire de faire en sorte que tous les types de décisions de gel et de décisions de confiscation soient exécutés dans toute la mesure du possible dans l'ensemble de l'Union, grâce à l'application du principe de reconnaissance mutuelle.

(11) Pour garantir la reconnaissance mutuelle effective des décisions de gel et des décisions de confiscation, il convient de mettre en place les règles sur la reconnaissance et l'exécution de ces décisions au moyen d'un acte de l'Union qui soit juridiquement contraignant et directement applicable.

(12) Il importe de faciliter la reconnaissance mutuelle et l'exécution des décisions de gel et des décisions de confiscation en établissant des règles qui obligent un État membre à reconnaître, sans autre formalité, les décisions de gel et les décisions de confiscation

émises par un autre État membre dans le cadre de procédures en matière pénale et à exécuter ces décisions sur son territoire.

(13) Le présent règlement devrait s'appliquer à toutes les décisions de gel et à toutes les décisions de confiscation émises dans le cadre de procédures en matière pénale. Le concept de « procédures en matière pénale » est une notion autonome du droit de l'Union interprétée par la Cour de justice de l'Union européenne, nonobstant la jurisprudence de la Cour européenne des droits de l'homme. Ce terme couvre dès lors tous les types de décisions de gel et de décisions de confiscation émises à l'issue d'une procédure en lien avec une infraction pénale, et pas uniquement les décisions relevant de la directive 2014/42/UE. Il couvre également d'autres types de décisions rendues sans condamnation définitive. Même si le système juridique d'un État membre ne prévoit pas ce type de décisions, l'État membre concerné devrait être en mesure de reconnaître et d'exécuter une telle décision émise par un autre État membre. Les procédures en matière pénale pourraient également comprendre les enquêtes pénales effectuées par la police ou d'autres autorités répressives. Les décisions de gel et les décisions de confiscation qui sont émises dans le cadre de procédures en matière civile ou administrative devraient être exclues du champ d'application du présent règlement.

(14) Le présent règlement devrait couvrir les décisions de gel et les décisions de confiscation liées aux infractions pénales relevant de la directive 2014/42/UE, ainsi que les décisions de gel et les décisions de confiscation liées à d'autres infractions pénales. Les infractions pénales relevant du présent règlement ne devraient donc pas être limitées aux formes particulièrement graves de criminalité revêtant une dimension transfrontière, car l'article 82 du traité sur le fonctionnement de l'Union européenne n'exige pas une telle limitation pour les mesures visant à établir des règles et des procédures pour assurer la reconnaissance mutuelle des décisions en matière pénale.

(15) La coopération entre les États membres, qui est fondée sur le principe de la reconnaissance mutuelle et sur l'exécution immédiate des décisions judiciaires, repose sur la certitude que les décisions à reconnaître et à exécuter sont toujours rendues dans le respect des principes de légalité, de subsidiarité et de proportionnalité. Cette coopération présuppose également que les droits des personnes concernées par une décision de gel ou une décision de confiscation devraient être préservés. Parmi les personnes concernées, qui peuvent être des personnes physiques ou des personnes morales, devraient notamment figurer la personne à l'encontre de laquelle une décision de gel ou une décision de confiscation a été émise ou la personne propriétaire des biens faisant l'objet de ladite décision, ainsi que tout tiers, y compris les tiers de bonne foi, dont les droits afférents à ces biens sont directement lésés par la décision en question. C'est le droit de l'État d'exécution qui devrait déterminer si une décision de gel ou une décision de confiscation porte directement atteinte à ces tiers.

(16) Le présent règlement n'a pas pour effet de modifier l'obligation de respecter les droits fondamentaux et les principes juridiques consacrés par l'article 6 du traité sur l'Union européenne.

(17) Le présent règlement respecte les droits fondamentaux et observe les principes reconnus par la Charte des droits fondamentaux de l'Union européenne (ci-après dénommée « Charte ») et la convention européenne de sauvegarde des droits de l'homme et des libertés fondamentales (CEDH). Cela comprend le principe d'interdiction de toute

discrimination, fondée notamment sur le sexe, la race ou l'origine ethnique, la religion, l'orientation sexuelle, la nationalité, la langue, les opinions politiques ou le handicap. Il y a lieu d'appliquer le présent règlement conformément à ces droits et principes.

(18) Les droits procéduraux énoncés dans les directives 2010/64/UE, 2012/13/UE, 2013/48/UE, (UE) 2016/343, (UE) 2016/800 et (UE) 2016/1919 du Parlement européen et du Conseil devraient s'appliquer, dans les limites du champ d'application de ces directives, aux procédures pénales relevant du présent règlement en ce qui concerne les États membres liés par ces directives. En tout état de cause, les garanties prévues par la Charte devraient s'appliquer à toutes les procédures relevant du présent règlement. En particulier, les garanties essentielles en matière de procédure pénale qui figurent dans la Charte devraient s'appliquer aux procédures en matière pénale qui ne sont pas des procédures pénales mais qui relèvent du présent règlement.

(19) S'il est vrai que les règles applicables à la transmission, à la reconnaissance et à l'exécution des décisions de gel et des décisions de confiscation devraient garantir l'efficience du processus de recouvrement des avoirs d'origine criminelle, les droits fondamentaux doivent être respectés.

(20) Lors de l'appréciation de la double incrimination, l'autorité compétente de l'État d'exécution devrait vérifier si les éléments factuels à la base de l'infraction pénale concernée, tels que reflétés dans le certificat de gel ou dans le certificat de confiscation soumis par l'autorité compétente de l'État d'émission, seraient également, en tant que tels, passibles d'une sanction pénale sur le territoire de l'État d'exécution dans l'hypothèse où ils se seraient produits dans cet État au moment de la décision relative à la reconnaissance de la décision de gel ou de la décision de confiscation.

(21) Il convient que l'autorité d'émission veille, lorsqu'elle émet une décision de gel ou une décision de confiscation, au respect des principes de nécessité et de proportionnalité. En application du présent règlement, une décision de gel ou une décision de confiscation ne devrait être émise et transmise à l'autorité d'exécution d'un autre État membre que lorsqu'elle aurait pu être émise et utilisée dans le cadre d'une procédure purement nationale. L'autorité d'émission devrait être chargée d'évaluer au cas par cas la nécessité et la proportionnalité de ces décisions étant donné que la reconnaissance et l'exécution des décisions de gel et des décisions de confiscation ne devraient pas être refusées pour des motifs autres que ceux prévus par le présent règlement.

(22) Dans certains cas, une décision de gel peut être émise par une autorité, désignée par l'État d'émission, qui est compétente en matière pénale pour émettre ou exécuter la décision de gel conformément au droit national et qui n'est pas un juge, une juridiction ou un procureur. En pareils cas, la décision de gel devrait être validée par un juge, une juridiction ou un procureur, avant d'être transmise à l'autorité d'exécution.

(23) Les États membres devraient pouvoir faire une déclaration indiquant que, lorsqu'un certificat de gel ou un certificat de confiscation leur est transmis à des fins de reconnaissance et d'exécution d'une décision de gel ou d'une décision de confiscation, l'autorité d'émission devrait transmettre la décision de gel ou la décision de confiscation originale ou une copie certifiée conforme de celle-ci avec le certificat de gel ou le certificat de confiscation. Il convient que les États membres informent la Commission lorsqu'ils font ou retirent une telle déclaration. La Commission devrait mettre ces informations à la disposition de tous les États membres et du Réseau judiciaire européen

(RJE) prévu par la décision 2008/976/JAI du Conseil. Le RJE devrait rendre ces informations disponibles sur le site internet visé dans ladite décision.

(24) L'autorité d'émission devrait transmettre un certificat de gel ou un certificat de confiscation accompagnant, le cas échéant, la décision de gel ou la décision de confiscation, soit directement à l'autorité d'exécution, soit à l'autorité centrale de l'État d'exécution, selon le cas, par tout moyen permettant de laisser une trace écrite et dans des conditions qui permettent à l'autorité d'exécution d'établir l'authenticité du certificat ou de la décision, tels que le courrier recommandé ou le courrier électronique sécurisé. L'autorité d'émission devrait pouvoir recourir à tous les canaux ou moyens de transmission appropriés, y compris le système de télécommunications sécurisé du RJE, Eurojust, ou d'autres canaux utilisés par les autorités judiciaires.

(25) Lorsque l'autorité d'émission a des motifs raisonnables de croire que la personne à l'encontre de laquelle une décision de gel ou une décision de confiscation concernant une somme d'argent a été émise possède des biens ou des revenus dans un État membre, elle devrait transmettre le certificat de gel ou le certificat de confiscation qui est lié à la décision audit État membre. Sur cette base, le certificat pourrait, par exemple, être transmis à l'État membre dans lequel la personne physique à l'encontre de laquelle la décision a été émise à sa résidence ou, si cette personne n'a pas d'adresse permanente, à l'État membre dans lequel elle réside habituellement. Lorsque la décision a été émise à l'encontre d'une personne morale, le certificat pourrait être transmis à l'État membre dans lequel la personne morale est domiciliée.

(26) En vue de la transmission et de la réception administratives des certificats relatifs aux décisions de gel et aux décisions de confiscation, les États membres devraient pouvoir désigner une ou plusieurs autorités centrales si cela est nécessaire en raison de la structure de leurs systèmes juridiques internes. Ces autorités centrales pourraient également fournir un soutien administratif, jouer un rôle de coordination et aider à recueillir des statistiques, et ainsi faciliter et favoriser la reconnaissance mutuelle des décisions de gel et des décisions de confiscation.

(27) Lorsqu'un certificat de confiscation qui est lié à une décision de confiscation concernant une somme d'argent est transmis à plus d'un État d'exécution, l'État d'émission devrait s'efforcer d'éviter une situation dans laquelle la confiscation porte sur plus de biens qu'il n'est nécessaire et le montant global résultant de l'exécution de la décision dépasserait le montant maximal qui est précisé dans cette décision. À cette fin, l'autorité d'émission devrait, entre autres, indiquer dans le certificat de confiscation la valeur des avoirs, si elle est connue, dans chaque État d'exécution, de manière que les autorités d'exécution puissent en tenir compte, maintenir les contacts et le dialogue nécessaires avec les autorités d'exécution en ce qui concerne les biens à confisquer, et informer immédiatement l'autorité ou les autorités d'exécution compétentes si elle estime qu'il pourrait y avoir un risque que la confiscation porte sur un montant supérieur au montant maximal. S'il y a lieu, Eurojust pourrait jouer un rôle de coordination dans les limites de ses compétences afin d'éviter toute confiscation excessive.

(28) Il convient d'encourager les États membres à faire une déclaration indiquant que, en tant qu'États d'exécution, ils accepteraient les certificats de gel ou les certificats de confiscation, ou les deux, établis dans une ou plusieurs langues officielles de l'Union autres que les leurs.

(29) L'autorité d'exécution devrait reconnaître les décisions de gel ou les décisions de confiscation et prendre les mesures nécessaires à leur exécution. La décision relative à la reconnaissance et à l'exécution de la décision de gel ou de la décision de confiscation devrait être prise et le gel ou la confiscation devrait avoir lieu avec la même rapidité et le même degré de priorité que dans des cas similaires au niveau national. Des délais, qu'il convient de calculer conformément au règlement (CEE, Euratom) n° 1182/71 du Conseil, devraient être fixés afin de garantir la rapidité et l'efficacité de la décision sur la reconnaissance de la décision de gel ou de la décision de confiscation et une exécution rapide et efficace de cette décision. En ce qui concerne les décisions de gel, l'autorité d'exécution devrait, au plus tard 48 heures après la décision relative à la reconnaissance et à l'exécution de ces décisions, commencer à prendre les mesures concrètes nécessaires à l'exécution de celles-ci.

(30) Lors de l'exécution d'une décision de gel, il convient que l'autorité d'émission et l'autorité d'exécution tiennent dûment compte du caractère confidentiel de l'enquête. En particulier, l'autorité d'exécution devrait garantir le caractère confidentiel des faits et du contenu de la décision de gel. Cela s'entend sans préjudice de l'obligation d'informer les personnes concernées de l'exécution d'une décision de gel conformément au présent règlement.

(31) La reconnaissance et l'exécution d'une décision de gel ou d'une décision de confiscation ne devraient pas être refusées pour des motifs autres que ceux prévus par le présent règlement. Le présent règlement devrait permettre aux autorités d'exécution de ne pas reconnaître ou de ne pas exécuter des décisions de confiscation sur le fondement du principe non bis in idem, des droits des personnes concernées ou du droit d'assister à son procès.

(32) Le présent règlement devrait permettre aux autorités d'exécution de ne pas reconnaître ou de ne pas exécuter des décisions de confiscation lorsque la personne à l'encontre de laquelle la décision de confiscation a été émise n'a pas comparu en personne au procès qui a abouti à la décision de confiscation liée à une condamnation définitive. Ceci ne devrait constituer un motif de non-reconnaissance ou de non-exécution que lorsque des procès aboutissent à des décisions de confiscation liées à une condamnation définitive, et non lorsque les procédures aboutissent à des décisions de confiscation non fondées sur des condamnations. Toutefois, pour qu'il soit possible de faire valoir un tel motif, une ou plusieurs audiences devraient se tenir. Si les règles de procédure nationales en la matière ne prévoient pas d'audience, le motif ne devrait pas pouvoir être invoqué. Ces règles de procédure nationales devraient respecter la Charte et la CEDH, notamment en ce qui concerne le droit à un procès équitable. Tel est le cas, par exemple, lorsqu'il s'agit d'une procédure simplifiée consistant, uniquement ou en partie, en une procédure écrite ou une procédure dans le cadre de laquelle aucune audience n'est prévue.

(33) Il devrait être possible, dans des circonstances exceptionnelles, de ne pas reconnaître ou de ne pas exécuter une décision de gel ou une décision de confiscation lorsque cette reconnaissance ou exécution empêcherait l'État d'exécution d'appliquer ses règles constitutionnelles relatives à la liberté de la presse ou à la liberté d'expression dans d'autres médias.

(34) La création d'un espace de liberté, de sécurité et de justice dans l'Union est fondée sur la confiance mutuelle et la présomption que les autres États membres respectent le droit de l'Union et, en particulier, les droits fondamentaux. Toutefois, dans des situations exceptionnelles, lorsqu'il existe des motifs sérieux de croire, sur la base d'éléments de preuve précis et objectifs, que l'exécution d'une décision de gel ou d'une décision de confiscation entraînerait, dans les circonstances particulières de l'espèce, une violation manifeste d'un droit fondamental pertinent énoncé dans la Charte, l'autorité d'exécution devrait pouvoir décider de ne pas reconnaître ou de ne pas exécuter la décision concernée. Les droits fondamentaux qui devraient être pertinents à cet égard sont, en particulier, le droit à un recours effectif, le droit d'accéder à un tribunal impartial et les droits de la défense. Le droit de propriété ne devrait en principe pas être pertinent, étant donné que le gel et la confiscation d'avoirs impliquent nécessairement une ingérence dans le droit de propriété d'une personne et que les garanties nécessaires à cet égard sont déjà prévues par le droit de l'Union, y compris par le présent règlement.

(35) Avant de décider de ne pas reconnaître ou de ne pas exécuter une décision de gel ou une décision de confiscation sur la base de quelque motif de non-reconnaissance ou de non-exécution que ce soit, il convient que l'autorité d'exécution consulte l'autorité d'émission afin d'obtenir toute information supplémentaire nécessaire.

(36) Lorsqu'elle examine une demande émanant de l'autorité d'exécution visant à limiter la période durant laquelle les biens devraient être gelés, l'autorité d'émission devrait tenir compte de toutes les circonstances de l'espèce, en particulier du fait que la prorogation de la décision de gel est susceptible ou non de provoquer des dommages injustifiés dans l'État d'exécution. L'autorité d'exécution est encouragée à consulter l'autorité d'émission sur ce point avant d'adresser une demande formelle.

(37) L'autorité d'émission devrait informer l'autorité d'exécution lorsqu'une autorité de l'État d'émission reçoit une somme d'argent qui a été versée au titre de la décision de confiscation, étant entendu que l'État d'exécution ne devrait être informé que si le montant versé au titre de la décision a une incidence sur le montant restant dû qui doit être confisqué au titre de la décision.

(38) L'autorité d'exécution devrait avoir la faculté de surseoir à l'exécution d'une décision de gel ou d'une décision de confiscation, en particulier lorsque son exécution risque de nuire à une enquête pénale en cours. Dès que les motifs de sursis ont cessé d'exister, l'autorité d'exécution devrait prendre les mesures nécessaires à l'exécution de la décision.

(39) Après l'exécution d'une décision de gel, et à la suite de la décision de reconnaître et d'exécuter une décision de confiscation, l'autorité d'exécution devrait, dans la mesure du possible, informer de l'exécution ou de la décision en question les personnes concernées dont elle a connaissance. À cette fin, l'autorité d'exécution devrait faire tout ce qui est raisonnablement en son pouvoir pour identifier les personnes concernées, vérifier comment elles peuvent être jointes et les informer de l'exécution de la décision de gel ou de la décision de reconnaître et d'exécuter la décision de confiscation. En s'acquittant de cette obligation, l'autorité d'exécution pourrait solliciter le soutien de l'autorité d'émission, par exemple lorsqu'il s'avère que les personnes concernées résident dans l'État d'émission. L'obligation qui incombe à l'autorité d'exécution, au titre du présent règlement, de fournir des informations aux personnes concernées s'entend sans

préjudice de toute obligation incombant à l'autorité d'émission de fournir des informations aux personnes au titre du droit de l'État d'émission, par exemple en ce qui concerne l'émission d'une décision de gel ou l'existence de voies de recours dans le droit de l'État d'émission.

(40) Lorsqu'il est impossible d'exécuter une décision de gel ou une décision de confiscation, l'autorité d'émission devrait en être informée sans tarder. Cette impossibilité pourrait résulter du fait que les biens ont déjà été confisqués, ont disparu, ont été détruits, ou ne peuvent être trouvés au lieu indiqué par l'autorité d'émission, ou que le lieu où se trouvent les biens n'a pas été indiqué de manière suffisamment précise en dépit des consultations entre l'autorité d'exécution et l'autorité d'émission. Dans ces conditions, l'autorité d'exécution ne devrait plus être obligée d'exécuter la décision. Toutefois, si l'autorité d'exécution obtient par la suite des informations lui permettant de localiser les biens, elle devrait pouvoir exécuter la décision sans qu'il soit nécessaire de transmettre un nouveau certificat conformément au présent règlement.

(41) Lorsque le droit de l'État d'exécution rend l'exécution d'une décision de gel ou d'une décision de confiscation impossible d'un point de vue juridique, l'autorité d'exécution devrait contacter l'autorité d'émission afin d'examiner la situation et de trouver une solution. Cette solution pourrait consister dans le retrait de la décision concernée par l'autorité d'émission.

(42) Dès que l'exécution d'une décision de confiscation est réalisée, l'autorité d'exécution devrait informer l'autorité d'émission des résultats de cette exécution. Lorsque cela est possible en pratique, l'autorité d'exécution devrait également, à ce moment-là, informer l'autorité d'émission des biens ou de la somme d'argent qui ont été confisqués ainsi que d'autres détails qu'elle juge pertinents.

(43) L'exécution d'une décision de gel ou d'une décision de confiscation devrait être régie par le droit de l'État d'exécution, et seules les autorités de cet État devraient être compétentes pour décider des procédures d'exécution. S'il y a lieu, l'autorité d'émission et l'autorité d'exécution devraient pouvoir inviter Eurojust ou le RJE à fournir une assistance, dans les limites de leurs compétences, concernant des questions liées à l'exécution de décisions de gel et de décisions de confiscation.

(44) Un fonctionnement satisfaisant du présent règlement présuppose une communication étroite entre les autorités nationales compétentes concernées, en particulier dans les cas d'exécution simultanée d'une décision de confiscation dans plusieurs États membres. Les autorités nationales compétentes devraient dès lors se consulter chaque fois que cela est nécessaire, soit directement soit, s'il y a lieu, via Eurojust ou le RJE.

(45) Il ne devrait pas être porté atteinte, dans les affaires transfrontalières, au droit des victimes à réparation et à restitution. Les règles concernant la disposition de biens gelés ou confisqués devraient accorder la priorité à l'indemnisation et à la restitution des biens aux victimes. La notion de « victime » doit être interprétée conformément au droit de l'État d'émission, qui devrait également pouvoir prévoir qu'une personne morale peut être une victime aux fins du présent règlement. Le présent règlement devrait être sans préjudice des règles en matière d'indemnisation et de restitution des biens à la victime dans le cadre de procédures nationales.

(46) Lorsque l'autorité d'exécution est informée d'une décision émise par l'autorité d'émission ou par une autre autorité compétente de l'État d'émission, visant à restituer

des biens gelés à la victime, elle devrait prendre les mesures nécessaires pour garantir que les biens concernés sont gelés et restitués à la victime dans les plus brefs délais. L'autorité d'exécution devrait pouvoir transférer les biens à l'État d'émission, pour que ce dernier puisse les restituer à la victime, ou les transférer directement à celle-ci, sous réserve du consentement de l'État d'émission. L'obligation de restituer des biens gelés à la victime devrait être soumise aux conditions suivantes : le titre de la victime sur ces biens ne devrait pas être contesté, en ce sens qu'il est admis que la victime est le propriétaire légitime des biens et qu'il n'y a pas de réclamation sérieuse remettant ce fait en cause ; les biens ne devraient pas être requis comme éléments de preuve dans le cadre d'une procédure pénale dans l'État d'exécution ; et il ne devrait pas être porté atteinte aux droits des personnes concernées, en particulier aux droits des tiers de bonne foi. L'autorité d'exécution ne devrait restituer les biens gelés à la victime que si ces conditions sont remplies. Lorsque l'autorité d'exécution estime que ces conditions ne sont pas réunies, elle devrait consulter l'autorité d'émission, par exemple pour lui demander toute information supplémentaire ou pour examiner la situation, afin de trouver une solution. Si aucune solution ne peut être trouvée, l'autorité d'exécution devrait pouvoir décider de ne pas restituer les biens gelés à la victime.

(47) Chaque État membre devrait envisager la création d'un bureau national centralisé responsable de la gestion des biens gelés en vue de leur éventuelle confiscation ultérieure ainsi que de la gestion des biens confisqués. Les biens gelés et les biens confisqués pourraient être en priorité affectés à des projets en matière de répression et de prévention de la criminalité organisée ainsi qu'à d'autres projets d'intérêt général et d'utilité sociale.

(48) Chaque État membre devrait envisager la création d'un fonds national destiné à garantir une réparation appropriée aux victimes d'un crime, telles que les familles d'officiers de police et d'autres fonctionnaires tués ou handicapés à vie dans l'exercice de leurs fonctions. Les États membres pourraient affecter une partie des avoirs confisqués à cette fin.

(49) Les États membres ne devraient pas pouvoir réclamer l'un à l'autre la compensation des frais résultant de l'application du présent règlement. Toutefois, lorsque l'État d'exécution a dû supporter des frais élevés ou exceptionnels, notamment parce que les biens ont été gelés pendant une longue période, toute proposition de partage des frais formulée par l'autorité d'exécution devrait être prise en considération par l'autorité d'émission.

(50) Afin d'être en mesure de traiter le plus rapidement possible les problèmes recensés à l'avenir en ce qui concerne le contenu des certificats figurant dans les annexes du présent règlement, il convient de déléguer à la Commission le pouvoir d'adopter des actes conformément à l'article 290 du traité sur le fonctionnement de l'Union européenne en ce qui concerne les modifications à apporter à ces certificats. Il importe particulièrement que la Commission procède aux consultations appropriées durant son travail préparatoire, y compris au niveau des experts, et que ces consultations soient menées conformément aux principes définis dans l'accord interinstitutionnel du 13 avril 2016 « Mieux légiférer ». En particulier, pour assurer leur égale participation à la préparation des actes délégués, le Parlement européen et le Conseil reçoivent tous les documents au même moment que les experts des États membres, et leurs experts peuvent

systématiquement assister aux réunions des groupes d'experts de la Commission traitant de la préparation des actes délégués.

(51) Étant donné que l'objectif du présent règlement, à savoir la reconnaissance mutuelle et l'exécution des décisions de gel et des décisions de confiscation, ne peut pas être atteint de manière suffisante par les États membres mais peut, en raison de ses dimensions et de ses effets, l'être mieux au niveau de l'Union, celle-ci peut prendre des mesures, conformément au principe de subsidiarité consacré à l'article 5 du traité sur l'Union européenne. Conformément au principe de proportionnalité tel qu'énoncé audit article, le présent règlement n'excède pas ce qui est nécessaire pour atteindre cet objectif.

(52) Les dispositions de la décision-cadre 2003/577/JAI ont déjà été remplacées par la directive 2014/41/UE du Parlement européen et du Conseil en ce qui concerne le gel d'éléments de preuve pour les États membres liés par cette directive. Les dispositions de la décision-cadre 2003/577/JAI concernant le gel des biens devraient être remplacées par le présent règlement entre les États membres liés par celle-ci. Le présent règlement devrait également remplacer la décision-cadre 2006/783/JAI entre les États membres liés par celle-ci. Les dispositions de la décision-cadre 2003/577/JAI concernant le gel des biens ainsi que les dispositions de la décision-cadre 2006/783/JAI devraient dès lors continuer de s'appliquer non seulement entre les États membres qui ne sont pas liés par le présent règlement, mais également entre tout État membre qui n'est pas lié par le présent règlement et tout État membre qui est lié par le présent règlement.

(53) La forme juridique du présent acte ne devrait pas constituer un précédent pour de futurs actes juridiques de l'Union dans le domaine de la reconnaissance mutuelle de jugements et de décisions judiciaires en matière pénale. Le choix de la forme juridique de futurs actes juridiques de l'Union devrait être évalué soigneusement, au cas par cas, en tenant compte, entre autres facteurs, de l'efficacité de l'acte juridique et des principes de proportionnalité et de subsidiarité.

(54) Les États membres devraient veiller à ce que, conformément à la décision 2007/845/JAI du Conseil, leurs bureaux de recouvrement des avoirs coopèrent les uns avec les autres afin de faciliter le dépistage et l'identification des produits du crime et des autres biens en rapport avec le crime qui sont susceptibles de faire l'objet d'une décision de gel ou d'une décision de confiscation.

(55) Conformément à l'article 3 et à l'article 4 bis, paragraphe 1, du protocole n° 21 sur la position du Royaume-Uni et de l'Irlande à l'égard de l'espace de liberté, de sécurité et de justice, annexé au traité sur l'Union européenne et au traité sur le fonctionnement de l'Union européenne, le Royaume-Uni a notifié son souhait de participer à l'adoption et à l'application du présent règlement.

(56) Conformément aux articles 1er et 2 ainsi qu'à l'article 4 bis, paragraphe 1, du protocole n° 21, et sans préjudice de l'article 4 dudit protocole, l'Irlande ne participe pas à l'adoption du présent règlement et n'est pas liée par celui-ci ni soumise à son application.

(57) Conformément aux articles 1er et 2 du protocole n° 22 sur la position du Danemark annexé au traité sur l'Union européenne et au traité sur le fonctionnement de l'Union européenne, le Danemark ne participe pas à l'adoption du présent règlement et n'est pas lié par celui-ci ni soumis à son application,

Ont adopté le présent règlement :

CHAPITRE PREMIER

Objet, définitions et champ d'application

Art. premier *Objet.* 1. Le présent règlement fixe les règles selon lesquelles un État membre reconnaît et exécute sur son territoire des décisions de gel et des décisions de confiscation émises par un autre État membre dans le cadre de procédures en matière pénale.

2. Le présent règlement n'a pas pour effet de modifier l'obligation de respecter les droits fondamentaux et principes juridiques inscrits à l'article 6 du traité sur l'Union européenne.

3. Lorsqu'elle émet des décisions de gel ou des décisions de confiscation, l'autorité d'émission veille au respect des principes de nécessité et de proportionnalité.

4. Le présent règlement ne s'applique pas aux décisions de gel ou aux décisions de confiscation émises dans le cadre de procédures en matière civile ou administrative.

Art. 2 *Définitions.* Aux fins du présent règlement, on entend par :

1. « décision de gel », une décision émise ou validée par une autorité d'émission dans le but d'empêcher la destruction, la transformation, le déplacement, le transfert ou la disposition de biens en vue de permettre leur confiscation;

2. « décision de confiscation », une peine ou une mesure définitive ordonnée par une juridiction à la suite d'une procédure en lien avec une infraction pénale, aboutissant à priver de biens une personne physique ou morale de façon définitive;

3. « bien », un bien de toute nature, qu'il soit corporel ou incorporel, meuble ou immeuble, ainsi que les actes juridiques ou documents attestant d'un titre ou d'un droit sur ce bien, dont l'autorité d'émission estime :

a) qu'il constitue le produit d'une infraction pénale ou son équivalent, que ce soit le montant total de la valeur de ce produit ou seulement une partie de cette valeur;

b) qu'il constitue l'instrument d'une infraction pénale ou la valeur de cet instrument;

c) qu'il est passible de confiscation par l'application, dans l'État d'émission, de l'un des pouvoirs de confiscation prévus par la directive 2014/42/UE; ou

d) qu'il est passible de confiscation en application de toute autre disposition relative aux pouvoirs de confiscation, y compris de confiscation sans condamnation définitive, au titre du droit de l'État d'émission à la suite d'une procédure en lien avec une infraction pénale;

4. « produit », tout avantage économique tiré, directement ou indirectement, d'une infraction pénale, qui peut consister en tout type de bien et qui comprend tout réinvestissement ou toute transformation ultérieurs des produits directs et tout autre gain de valeur;

5. « instrument », tout bien employé ou destiné à être employé, de quelque façon que ce soit, en tout ou en partie, pour commettre une infraction pénale;

6. « État d'émission », l'État membre dans lequel une décision de gel ou une décision de confiscation est émise;

7. « État d'exécution », l'État membre auquel une décision de gel ou une décision de confiscation est transmise aux fins de sa reconnaissance et de son exécution;

8. « autorité d'émission » :

a) dans le cas d'une décision de gel :

i) un juge, une juridiction ou un procureur compétent dans l'affaire concernée; ou

ii) une autre autorité compétente qui est désignée en tant que telle par l'État d'émission et qui est compétente en matière pénale pour ordonner le gel de biens ou l'exécution d'une décision de gel conformément au droit national. En outre, avant d'être transmise à l'autorité d'exécution, la décision de gel est validée par un juge, une juridiction ou un procureur de l'État d'émission après examen de sa conformité avec les conditions d'émission d'une telle décision prévues par le présent règlement. Lorsque la décision a été validée par un juge, une juridiction ou un procureur, cette autre autorité compétente peut également être considérée comme une autorité d'émission aux fins de la transmission de la décision;

b) dans le cas d'une décision de confiscation, une autorité qui est désignée en tant que telle par l'État d'émission et qui est compétente en matière pénale pour exécuter une décision de confiscation émise par une juridiction conformément au droit national;

9. « autorité d'exécution », une autorité qui est compétente pour reconnaître une décision de gel ou une décision de confiscation et pour en assurer l'exécution conformément au présent règlement et aux procédures applicables dans le droit national au gel et à la confiscation des biens; lorsque ces procédures exigent qu'une juridiction enregistre la décision et en autorise l'exécution, l'autorité d'exécution comprend l'autorité compétente pour demander cet enregistrement et cette autorisation;

10. « personne concernée », la personne physique ou morale à l'encontre de laquelle une décision de gel ou une décision de confiscation est émise, ou la personne physique ou morale propriétaire des biens faisant l'objet de ladite décision, ainsi que tout tiers dont les droits afférents à ces biens sont directement lésés par ladite décision conformément au droit de l'État d'exécution.

Art. 3 *Infractions pénales.* 1) Les décisions de gel ou les décisions de confiscation sont exécutées sans contrôle de la double incrimination des faits ayant donné lieu à de telles décisions si ces faits sont passibles dans l'État d'émission d'une peine privative de liberté d'une durée maximale d'au moins trois ans et constituent une ou plusieurs des infractions pénales ci-après, telles qu'elles sont définies par le droit de l'État d'émission :

1. participation à une organisation criminelle;
2. terrorisme;
3. traite des êtres humains;
4. exploitation sexuelle des enfants et pédopornographie;
5. trafic de stupéfiants et de substances psychotropes;
6. trafic d'armes, de munitions et d'explosifs;
7. corruption;
8. fraude, y compris la fraude et les autres infractions pénales portant atteinte aux intérêts financiers de l'Union définies dans la directive (UE) 2017/1371 du Parlement européen et du Conseil;
9. blanchiment des produits du crime;
10. faux monnayage et contrefaçon de monnaie, y compris de l'euro;
11. cybercriminalité;
12. crimes contre l'environnement, y compris le trafic d'espèces animales menacées et le trafic d'espèces et d'essences végétales menacées;
13. aide à l'entrée et au séjour irréguliers;
14. homicide volontaire ou coups et blessures graves;
15. trafic d'organes et de tissus humains;
16. enlèvement, séquestration ou prise d'otage;
17. racisme et xénophobie;
18. vol organisé ou vol à main armée;

19. trafic de biens culturels, y compris d'antiquités et d'œuvres d'art;
20. escroquerie;
21. racket et extorsion de fonds;
22. contrefaçon et piratage de produits;
23. falsification de documents administratifs et trafic de faux;
24. falsification de moyens de paiement;
25. trafic de substances hormonales et d'autres facteurs de croissance;
26. trafic de matières nucléaires et radioactives;
27. trafic de véhicules volés;
28. viol;
29. incendie volontaire;
30. crimes relevant de la compétence de la Cour pénale internationale;
31. détournement d'aéronefs ou de navires;
32. sabotage.

2) Pour les infractions pénales autres que celles visées au paragraphe 1, l'État d'exécution peut subordonner la reconnaissance et l'exécution d'une décision de gel ou d'une décision de confiscation à la condition que les faits donnant lieu à la décision de gel ou à la décision de confiscation constituent une infraction pénale dans le droit de l'État d'exécution, quels que soient les éléments constitutifs ou la qualification de celle-ci dans le droit de l'État d'émission.

CHAPITRE II
Transmission, reconnaissance et exécution des décisions de gel

Art. 4 *Transmission des décisions de gel.* 1. Une décision de gel est transmise au moyen d'un certificat de gel. L'autorité d'émission transmet le certificat de gel prévu à l'article 6 directement à l'autorité d'exécution ou, s'il y a lieu, à l'autorité centrale visée à l'article 24, paragraphe 2, par tout moyen permettant de laisser une trace écrite et dans des conditions qui permettent à l'autorité d'exécution d'établir l'authenticité du certificat de gel.

2. Les États membres peuvent faire une déclaration indiquant que, lorsqu'un certificat de gel leur est transmis à des fins de reconnaissance et d'exécution d'une décision de gel, l'autorité d'émission doit transmettre la décision de gel originale ou une copie certifiée conforme de celle-ci, avec le certificat de gel. Toutefois, seul le certificat de gel doit être traduit, conformément à l'article 6, paragraphe 2.

3. Les États membres peuvent faire la déclaration visée au paragraphe 2 avant la date d'application du présent règlement ou à une date ultérieure. Ils peuvent retirer cette déclaration à tout moment. Les États membres informent la Commission lorsqu'ils font ou retirent une telle déclaration. La Commission met ces informations à la disposition de tous les États membres et du RJE.

4. Dans le cas d'une décision de gel concernant une somme d'argent, lorsque l'autorité d'émission a des motifs raisonnables de croire que la personne à l'encontre de laquelle la décision de gel a été émise a des biens ou des revenus dans un État membre, elle transmet le certificat de gel à cet État membre.

5. Dans le cas d'une décision de gel concernant des biens spécifiques, lorsque l'autorité d'émission a des motifs raisonnables de croire que ces biens sont situés dans un État membre, elle transmet le certificat de gel à cet État membre.

6. Le certificat de gel :

a) est accompagné d'un certificat de confiscation transmis conformément à l'article 14; ou

b) contient une instruction indiquant que les biens doivent rester gelés dans l'État d'exécution dans l'attente de la transmission et de l'exécution de la décision de confiscation conformément à l'article 14, auquel cas l'autorité d'émission indique la date estimée de cette transmission dans le certificat de gel.

7. L'autorité d'émission informe l'autorité d'exécution dès lors qu'elle a connaissance de l'existence de personnes concernées. L'autorité d'émission communique, en outre, à l'autorité d'exécution, à la demande de celle-ci, toute information concernant toute réclamation que les personnes concernées peuvent vouloir formuler à l'égard des biens, y compris des informations permettant d'identifier ces personnes.

8. Lorsque, malgré les informations mises à disposition conformément à l'article 24, paragraphe 3, l'autorité d'exécution compétente est inconnue de l'autorité d'émission, l'autorité d'émission effectue toutes les recherches nécessaires, y compris par l'intermédiaire des points de contact du RJE, en vue de déterminer quelle est l'autorité compétente pour la reconnaissance et l'exécution de la décision de gel.

9. Lorsque l'autorité de l'État d'exécution qui reçoit un certificat de gel n'est pas compétente pour reconnaître la décision de gel ou pour prendre les mesures nécessaires à son exécution, elle transmet immédiatement le certificat de gel à l'autorité d'exécution compétente dans son État membre et en informe l'autorité d'émission.

Art. 5 *Transmission d'une décision de gel à un ou plusieurs États d'exécution.* 1. Un certificat de gel n'est transmis en vertu de l'article 4 qu'à un seul État d'exécution à la fois, sauf si le paragraphe 2 ou 3 du présent article s'applique.

2. Lorsqu'une décision de gel concerne des biens spécifiques, le certificat de gel peut être transmis simultanément à plusieurs États d'exécution lorsque :

a) l'autorité d'émission a des motifs raisonnables de croire que différents biens faisant l'objet de la décision de gel sont situés dans différents États d'exécution; ou

b) le gel d'un bien spécifique faisant l'objet de la décision de gel nécessiterait d'agir dans plusieurs États d'exécution.

3. Lorsqu'une décision de gel concerne une somme d'argent, le certificat de gel peut être transmis simultanément à plusieurs États d'exécution lorsque l'autorité d'émission estime nécessaire de le faire pour une raison particulière, notamment lorsque la valeur estimée des biens qui peuvent être gelés dans l'État d'émission et dans un seul État d'exécution risque de ne pas être suffisante pour geler le montant total visé par la décision de gel.

Art. 6 *Certificat de gel standard.* 1. En vue de transmettre une décision de gel, l'autorité d'émission remplit le certificat de gel figurant à l'annexe I, le signe et certifie son contenu comme étant exact et correct.

2. L'autorité d'émission fournit à l'autorité d'exécution une traduction du certificat de gel dans une langue officielle de l'État d'exécution ou dans toute autre langue que l'État d'exécution acceptera conformément au paragraphe 3.

3. Tout État membre peut, à tout moment, indiquer dans une déclaration déposée auprès de la Commission qu'il acceptera des traductions de certificats de gel dans une ou plusieurs langues officielles de l'Union autres que la ou les langues officielles de cet État membre. La Commission met les déclarations à la disposition de tous les États membres et du RJE.

Art. 7 *Reconnaissance et exécution des décisions de gel.* 1. L'autorité d'exécution reconnaît toute décision de gel transmise conformément à l'article 4 et prend les mesures nécessaires à son exécution de la même manière que pour une décision de gel émise au niveau national par une autorité de l'État d'exécution, à moins que l'autorité d'exécution ne se prévale de l'un des motifs de non-reconnaissance et de non-exécution prévus à l'article 8 ou de l'un des motifs de sursis prévus à l'article 10.

2. L'autorité d'exécution fait rapport à l'autorité d'émission sur l'exécution de la décision de gel, notamment en fournissant une description des biens gelés et, si celle-ci est disponible, une estimation de leur valeur. Il est fait rapport par tout moyen permettant de laisser une trace écrite, sans retard indu dès que l'autorité d'exécution a été informée de l'exécution de la décision de gel.

Art. 8 *Motifs de non-reconnaissance et de non-exécution des décisions de gel.* 1. L'autorité d'exécution peut décider de ne pas reconnaître ou de ne pas exécuter une décision de gel uniquement dans les cas suivants :

a) l'exécution de la décision de gel serait contraire au principe non bis in idem;

b) le droit de l'État d'exécution prévoit un privilège ou une immunité qui empêcherait le gel des biens concernés, ou il existe des règles de détermination ou de limitation de la responsabilité pénale ayant trait à la liberté de la presse ou à la liberté d'expression dans d'autres médias qui empêchent d'exécuter la décision de gel;

c) le certificat de gel est incomplet ou manifestement incorrect et n'a pas été complété après la consultation visée au paragraphe 2;

d) la décision de gel concerne une infraction pénale commise, en tout ou en partie, en dehors du territoire de l'État d'émission et, en tout ou en partie, sur le territoire de l'État d'exécution, et les faits pour lesquels la décision de gel a été émise ne constituent pas une infraction pénale au titre du droit de l'État d'exécution;

e) dans un cas relevant de l'article 3, paragraphe 2, les faits pour lesquels la décision de gel a été émise ne constituent pas une infraction pénale au titre du droit de l'État d'exécution; toutefois, dans les cas où sont concernées des réglementations en matière de taxes et d'impôts, ou de douane et de change, la reconnaissance ou l'exécution de la décision de gel ne peut être refusée au motif que le droit de l'État d'exécution n'impose pas le même type de taxes ou d'impôts ou ne prévoit pas le même type de réglementation en matière de taxes et d'impôts ou de douane et de change que le droit de l'État d'émission;

f) dans des situations exceptionnelles, il existe des motifs sérieux de croire, sur la base d'éléments précis et objectifs, que l'exécution de la décision de gel entraînerait, dans les circonstances particulières de l'espèce, une violation manifeste d'un droit fondamental pertinent énoncé dans la Charte, en particulier le droit à un recours effectif, le droit à accéder à un tribunal impartial et les droits de la défense.

2. Dans l'un quelconque des cas visés au paragraphe 1, avant de décider de ne pas reconnaître ou de ne pas exécuter, en tout ou en partie, la décision de gel, l'autorité d'exécution consulte l'autorité d'émission par tout moyen approprié et, s'il y a lieu, lui demande de fournir sans tarder toute information nécessaire.

3. Toute décision de refus de reconnaissance ou de refus d'exécution de la décision de gel est prise sans tarder et notifiée immédiatement à l'autorité d'émission par tout moyen permettant de laisser une trace écrite.

4. Lorsque l'autorité d'exécution a reconnu une décision de gel, mais se rend compte, au cours de son exécution, que l'un des motifs de non-reconnaissance ou de non-exécution s'applique, elle prend immédiatement contact avec l'autorité d'émission par tout moyen

approprié afin de discuter des mesures adéquates à prendre. Sur cette base, l'autorité d'émission peut décider de retirer la décision de gel. Si, à l'issue de ces discussions, aucune solution n'a pu être trouvée, l'autorité d'exécution peut décider de mettre fin à l'exécution de la décision de gel.

Art. 9 *Délais pour la reconnaissance et l'exécution des décisions de gel.* 1. L'autorité d'exécution prend la décision relative à la reconnaissance et à l'exécution de la décision de gel et exécute cette décision sans tarder et avec la même rapidité et le même degré de priorité que dans un cas similaire au niveau national après avoir reçu le certificat de gel.

2. Lorsque l'autorité d'émission a indiqué dans le certificat de gel que l'exécution de la décision de gel devait avoir lieu à une date précise, l'autorité d'exécution en tient compte dans toute la mesure du possible. Lorsque l'autorité d'émission a indiqué qu'une coordination est nécessaire entre les États membres concernés, l'autorité d'exécution et l'autorité d'émission se coordonnent afin de convenir de la date d'exécution de la décision de gel. Lorsque aucun accord ne peut être trouvé, l'autorité d'exécution décide de la date d'exécution de la décision de gel, en tenant compte dans toute la mesure du possible des intérêts de l'autorité d'émission.

3. Sans préjudice du paragraphe 5, lorsque l'autorité d'émission a indiqué dans le certificat de gel qu'un gel immédiat est nécessaire dans la mesure où il existe des motifs légitimes de croire que les biens en question sont sur le point d'être déplacés ou détruits, ou lorsque cela est nécessaire aux fins d'une enquête ou d'une procédure dans l'État d'émission, l'autorité d'exécution se prononce sur la reconnaissance de la décision de gel au plus tard 48 heures après l'avoir reçue. L'autorité d'exécution prend les mesures concrètes nécessaires à l'exécution de la décision au plus tard 48 heures après que l'autorité d'exécution s'est prononcée.

4. L'autorité d'exécution communique sa décision concernant la reconnaissance et l'exécution de la décision de gel à l'autorité d'émission, sans tarder et par tout moyen permettant de laisser une trace écrite.

5. S'il s'avère impossible, dans un cas spécifique, de respecter les délais énoncés au paragraphe 3, l'autorité d'exécution en informe immédiatement l'autorité d'émission, par tout moyen, en indiquant les raisons pour lesquelles ce délai n'a pas pu être respecté, et elle consulte l'autorité d'émission aux fins de fixer une date appropriée pour la reconnaissance et l'exécution de la décision de gel.

6. L'expiration des délais énoncés au paragraphe 3 ne dispense pas l'autorité d'exécution de son obligation d'adopter une décision concernant la reconnaissance et l'exécution de la décision de gel et d'exécuter cette décision, et ce sans tarder.

Art. 10 *Sursis à l'exécution des décisions de gel.* 1. L'autorité d'exécution peut surseoir à l'exécution d'une décision de gel transmise conformément à l'article 4 lorsque :

a) son exécution risque de nuire à une enquête pénale en cours, auquel cas il peut être sursis à l'exécution de la décision de gel jusqu'au moment où l'autorité d'exécution le juge raisonnable;

b) les biens font déjà l'objet d'une décision de gel existante, auquel cas il peut être sursis à l'exécution de la décision de gel jusqu'à ce que cette décision ait été retirée; ou

c) les biens font déjà l'objet d'une décision existante émise dans le cadre d'une autre procédure dans l'État d'exécution, auquel cas il peut être sursis à l'exécution de la décision de gel jusqu'à ce que la décision existante ait été retirée; toutefois, le présent point ne s'applique que si la décision existante est prioritaire, en vertu du droit national, par rapport à des décisions de gel nationales ultérieures en matière pénale.

2. L'autorité d'exécution fait immédiatement rapport à l'autorité d'émission, par tout moyen permettant de laisser une trace écrite, sur le sursis à l'exécution de la décision de gel, en précisant les motifs du sursis et, si possible, la durée escomptée du sursis.

3. Dès que les motifs de sursis à l'exécution ont cessé d'exister, l'autorité d'exécution prend immédiatement les mesures nécessaires à l'exécution de la décision de gel et en informe l'autorité d'émission par tout moyen permettant de laisser une trace écrite.

Art. 11 *Confidentialité.* 1. Pendant l'exécution d'une décision de gel, l'autorité d'émission et l'autorité d'exécution tiennent dûment compte du caractère confidentiel de l'enquête dans le cadre de laquelle la décision de gel a été émise.

2. Sauf dans la mesure nécessaire à l'exécution de la décision de gel, l'autorité d'exécution garantit la confidentialité des faits et du contenu de la décision de gel, conformément à son droit national. Sans préjudice du paragraphe 3 du présent article, dès que la décision de gel a été exécutée, l'autorité d'exécution en informe les personnes concernées conformément à l'article 32.

3. En vue de préserver des enquêtes en cours, l'autorité d'émission peut demander à l'autorité d'exécution de retarder le moment auquel elle informera les personnes concernées de l'exécution de la décision de gel conformément à l'article 32. Dès qu'il n'est plus nécessaire de retarder le moment d'informer les personnes concernées en vue de protéger des enquêtes en cours, l'autorité d'émission en informe l'autorité d'exécution de façon que l'autorité d'exécution puisse informer les personnes concernées de l'exécution de la décision de gel conformément à l'article 32.

4. Si l'autorité d'exécution ne peut pas respecter les obligations de confidentialité prévues au présent article, elle en informe immédiatement l'autorité d'émission et ce, si possible, avant l'exécution de la décision de gel.

Art. 12 *Durée des décisions de gel.* 1. Les biens qui font l'objet d'une décision de gel restent gelés dans l'État d'exécution jusqu'à ce que l'autorité compétente de cet État ait apporté une réponse définitive à une décision de confiscation transmise conformément à l'article 14 ou jusqu'à ce que l'autorité d'émission ait informé l'autorité d'exécution de toute décision ou mesure ayant pour effet de faire perdre à la décision son caractère exécutoire ou de faire retirer la décision, conformément à l'article 27, paragraphe 1.

2. L'autorité d'exécution peut, en tenant compte des circonstances de l'espèce, présenter à l'autorité d'émission une demande motivée visant à limiter la durée pendant laquelle le gel des biens est maintenu. Cette demande, y compris toute information utile à l'appui de celle-ci, est transmise par tout moyen permettant de laisser une trace écrite et dans des conditions qui permettent à l'autorité d'émission d'établir l'authenticité de la demande. Lorsqu'elle examine une telle demande, l'autorité d'émission prend en compte tous les intérêts, y compris ceux de l'autorité d'exécution. L'autorité d'émission répond à la demande dans les plus brefs délais. Si l'autorité d'émission n'est pas d'accord avec la limitation, elle en donne les raisons à l'autorité d'exécution. Dans ce cas, le gel des biens est maintenu conformément au paragraphe 1. Si l'autorité d'émission ne répond pas dans les six semaines qui suivent la réception de la demande, l'autorité d'exécution n'est plus tenue d'exécuter la décision de gel.

Art. 13 *Impossibilité d'exécuter une décision de gel.* 1. Lorsque l'autorité d'exécution estime qu'il est impossible d'exécuter une décision de gel, elle le notifie sans tarder à l'autorité d'émission.

2. Avant d'adresser une notification à l'autorité d'émission conformément au paragraphe 1, l'autorité d'exécution consulte, le cas échéant, l'autorité d'émission.

3. La non-exécution d'une décision de gel au titre du présent article ne peut être justifiée que si les biens :

a) ont déjà été confisqués;

b) ont disparu;

c) ont été détruits;

d) ne peuvent être trouvés à l'endroit indiqué sur le certificat de gel; ou

e) ne peuvent être trouvés parce que l'endroit où ils se trouvent n'a pas été indiqué de manière suffisamment précise, malgré les consultations visées au paragraphe 2.

4. En ce qui concerne les situations mentionnées au paragraphe 3, points b), d) et e), lorsque l'autorité d'exécution obtient par la suite des informations lui permettant de localiser les biens, elle peut exécuter la décision de gel sans qu'il soit nécessaire de transmettre un nouveau certificat de gel, à condition d'avoir, préalablement à l'exécution de la décision de gel, vérifié auprès de l'autorité d'émission que la décision de gel est encore valable.

5. Nonobstant le paragraphe 3, lorsque l'autorité d'émission a indiqué que des biens d'une valeur équivalente pouvaient être gelés, l'autorité d'exécution n'est pas tenue d'exécuter la décision de gel si l'on se trouve dans l'une des situations énoncées au paragraphe 3 et s'il n'existe aucun bien de valeur équivalente susceptible d'être gelé.

CHAPITRE III

Transmission, reconnaissance et exécution des décisions de confiscation

Art. 14 *Transmission des décisions de confiscation.* 1. Une décision de confiscation est transmise au moyen d'un certificat de confiscation. L'autorité d'émission transmet le certificat de confiscation prévu à l'article 17 directement à l'autorité d'exécution ou, s'il y a lieu, à l'autorité centrale visée à l'article 24, paragraphe 2, par tout moyen permettant de laisser une trace écrite et dans des conditions qui permettent à l'autorité d'exécution d'établir l'authenticité du certificat de confiscation.

2. Les États membres peuvent faire une déclaration indiquant que, lorsqu'un certificat de confiscation leur est transmis à des fins de reconnaissance et d'exécution d'une décision de confiscation, l'autorité d'émission doit transmettre la décision de confiscation originale ou une copie certifiée conforme de celle-ci avec le certificat de confiscation. Toutefois, seul le certificat de confiscation doit être traduit, conformément à l'article 17, paragraphe 2.

3. Les États membres peuvent faire la déclaration visée au paragraphe 2 avant la date d'application du présent règlement ou à une date ultérieure. Ils peuvent retirer une telle déclaration à tout moment. Les États membres informent la Commission lorsqu'ils font ou retirent une telle déclaration. La Commission met ces informations à la disposition de tous les États membres et du RJE.

4. Dans le cas d'une décision de confiscation concernant une somme d'argent, lorsque l'autorité d'émission a des motifs raisonnables de croire que la personne à l'encontre de laquelle la décision de confiscation a été émise a des biens ou des revenus dans un État membre, elle transmet le certificat de confiscation à cet État membre.

5. Dans le cas d'une décision de confiscation concernant des biens spécifiques, lorsque l'autorité d'émission a des motifs raisonnables de croire que ces biens sont situés dans un État membre, elle transmet le certificat de confiscation à cet État membre.

6. L'autorité d'émission informe l'autorité d'exécution dès lors qu'elle a connaissance de l'existence de personnes concernées. L'autorité d'émission communique en outre à l'autorité d'exécution, à la demande de celle-ci, toute information concernant toute réclamation que les personnes concernées peuvent vouloir formuler à l'égard des biens, y compris des informations permettant d'identifier ces personnes.

7. Lorsque, malgré les informations mises à disposition conformément à l'article 24, paragraphe 3, l'autorité d'exécution compétente est inconnue de l'autorité d'émission, l'autorité d'émission effectue toutes les recherches nécessaires, y compris par l'intermédiaire des points de contact du RJE, en vue de déterminer quelle est l'autorité compétente pour la reconnaissance et l'exécution de la décision de confiscation.

8. Lorsque l'autorité de l'État d'exécution qui reçoit un certificat de confiscation n'est pas compétente pour reconnaître la décision de confiscation ou pour prendre les mesures nécessaires à son exécution, elle transmet immédiatement le certificat de confiscation à l'autorité d'exécution compétente dans son État membre et en informe l'autorité d'émission.

Art. 15 *Transmission d'une décision de confiscation à un ou plusieurs États d'exécution.* 1. Un certificat de confiscation n'est transmis, en vertu de l'article 14, qu'à un seul État d'exécution à la fois, sauf si le paragraphe 2 ou 3 du présent article s'applique.

2. Lorsqu'une décision de confiscation concerne des biens spécifiques, le certificat de confiscation peut être transmis simultanément à plusieurs États d'exécution lorsque :

a) l'autorité d'émission a des motifs raisonnables de croire que différents biens faisant l'objet de la décision de confiscation sont situés dans différents États d'exécution; ou

b) la confiscation d'un bien spécifique faisant l'objet de la décision de confiscation nécessiterait d'agir dans plusieurs États d'exécution.

3. Lorsqu'une décision de confiscation concerne une somme d'argent, le certificat de confiscation peut être transmis simultanément à plusieurs États d'exécution lorsque l'autorité d'émission estime nécessaire de le faire pour une raison particulière, notamment lorsque :

a) les biens concernés n'ont pas été gelés en vertu du présent règlement; ou

b) la valeur estimée des biens qui peuvent être confisqués dans l'État d'émission et dans un seul État d'exécution risque de ne pas être suffisante pour parvenir à confisquer la totalité du montant visé par la décision de confiscation.

Art. 16 *Conséquences de la transmission des décisions de confiscation.* 1. La transmission d'une décision de confiscation conformément aux articles 14 et 15 ne limite pas le droit de l'État d'émission d'exécuter la décision.

2. Le montant total provenant de l'exécution d'une décision de confiscation concernant une somme d'argent ne peut pas dépasser le montant maximal précisé dans la décision, que cette décision ait été transmise à un ou à plusieurs États d'exécution.

3. L'autorité d'émission informe immédiatement l'autorité d'exécution par tout moyen permettant de laisser une trace écrite, lorsque :

a) elle estime qu'il existe un risque que la confiscation dépasse le montant maximal, en particulier sur la base d'informations fournies par l'autorité d'exécution en application de l'article 21, paragraphe 1, point b);

b) tout ou partie de la décision de confiscation a été exécutée dans l'État d'émission ou dans un État d'exécution différent, auquel cas elle précise le montant pour lequel la décision de confiscation n'a pas encore été exécutée ; ou

c) après la transmission d'un certificat de confiscation conformément à l'article 14, une autorité de l'État d'émission reçoit une somme d'argent qui a été versée au titre de la décision de confiscation.

Lorsque le point a) du premier alinéa s'applique, l'autorité d'émission informe l'autorité d'exécution dans les plus brefs délais quand le risque visé audit point cesse d'exister.

Art. 17 *Certificat de confiscation standard.* 1. En vue de transmettre une décision de confiscation, l'autorité d'émission remplit le certificat de confiscation figurant à l'annexe II, le signe et certifie son contenu comme étant exact et correct.

2. L'autorité d'émission fournit à l'autorité d'exécution une traduction du certificat de confiscation dans une langue officielle de l'État d'exécution ou dans toute autre langue que l'État d'exécution acceptera conformément au paragraphe 3.

3. Tout État membre peut, à tout moment, indiquer dans une déclaration déposée auprès de la Commission qu'il acceptera des traductions de certificats de confiscation dans une ou plusieurs langues officielles de l'Union autres que la ou les langues officielles de cet État membre. La Commission met les déclarations à la disposition de tous les États membres et du RJE.

Art. 18 *Reconnaissance et exécution des décisions de confiscation.* 1. L'autorité d'exécution reconnaît toute décision de confiscation transmise conformément à l'article 14 et prend les mesures nécessaires à son exécution, de la même manière que pour une décision de confiscation émise au niveau national par une autorité de l'État d'exécution, à moins que l'autorité d'exécution ne se prévale de l'un des motifs de non-reconnaissance et de non-exécution prévus à l'article 19 ou de l'un des motifs de sursis prévus à l'article 21.

2. Lorsqu'une décision de confiscation concerne un bien spécifique, l'autorité d'émission et l'autorité d'exécution peuvent, lorsque le droit de l'État d'émission le prévoit, convenir que la confiscation dans l'État d'exécution peut s'effectuer par la confiscation d'une somme d'argent correspondant à la valeur du bien qui devait être confisqué.

3. Lorsqu'une décision de confiscation concerne une somme d'argent et que l'autorité d'exécution est dans l'impossibilité d'obtenir le paiement de cette somme, elle exécute ladite décision conformément au paragraphe 1 en confisquant tout bien qui est disponible à cette fin. Au besoin, l'autorité d'exécution convertit le montant à confisquer dans la monnaie de l'État d'exécution au taux de change journalier de l'euro tel qu'il est publié au Journal officiel de l'Union européenne, série C, à la date à laquelle la décision de confiscation a été émise.

4. Toute partie du montant recouvré en application de la décision de confiscation dans tout État autre que l'État d'exécution est intégralement déduite du montant qui doit être confisqué dans l'État d'exécution.

5. Lorsque l'autorité d'émission a émis une décision de confiscation mais n'a pas émis de décision de gel, l'autorité d'exécution peut, parmi les mesures prévues au paragraphe 1, décider d'office du gel des biens concernés conformément à son droit national, en vue d'une exécution ultérieure de la décision de confiscation. En pareil cas, l'autorité d'exécution informe l'autorité d'émission sans tarder et, si possible, avant de procéder au gel des biens concernés.

6. Dès que l'exécution de la décision de confiscation est réalisée, l'autorité d'exécution informe l'autorité d'émission des résultats de cette exécution, par tout moyen permettant de laisser une trace écrite.

Art. 19 *Motifs de non-reconnaissance et de non-exécution des décisions de confiscation.* 1. L'autorité d'exécution peut décider de ne pas reconnaître et de ne pas exécuter une décision de confiscation uniquement dans les cas suivants :

a) l'exécution de la décision de confiscation serait contraire au principe non bis in idem;

b) le droit de l'État d'exécution prévoit un privilège ou une immunité qui empêcherait la confiscation des biens concernés, ou il existe des règles de détermination ou de limitation de la responsabilité pénale ayant trait à la liberté de la presse ou à la liberté d'expression dans d'autres médias qui empêchent d'exécuter la décision de confiscation;

c) le certificat de confiscation est incomplet ou manifestement incorrect et n'a pas été complété après la consultation visée au paragraphe 2;

d) la décision de confiscation concerne une infraction pénale commise, en tout ou en partie, en dehors du territoire de l'État d'émission et, en tout ou en partie, sur le territoire de l'État d'exécution, et les faits pour lesquels la décision de confiscation a été émise ne constituent pas une infraction pénale dans le droit de l'État d'exécution;

e) les droits des personnes concernées rendraient l'exécution de la décision de confiscation impossible en vertu du droit de l'État d'exécution, y compris lorsque cette impossibilité découle de l'utilisation de voies de recours conformément à l'article 33;

f) dans un cas relevant de l'article 3, paragraphe 2, les faits pour lesquels la décision de confiscation a été émise ne constituent pas une infraction pénale dans le droit de l'État d'exécution; toutefois, dans les cas où sont concernées des réglementations en matière de taxes et d'impôts, ou de douane et de change, la reconnaissance ou l'exécution de la décision de confiscation ne peut être refusée au motif que le droit de l'État d'exécution n'impose pas le même type de taxes ou d'impôts ou ne prévoit pas le même type de réglementation en matière de taxes et d'impôts ou de douane et de change que le droit de l'État d'émission;

g) selon le certificat de confiscation, la personne à l'encontre de laquelle la décision de confiscation a été émise n'a pas comparu en personne au procès qui a abouti à la décision de confiscation liée à une condamnation définitive, à moins que le certificat de confiscation n'indique que, conformément à d'autres exigences procédurales définies dans le droit de l'État d'émission, l'intéressé :

i) a été cité à comparaître en personne en temps utile et a ainsi été informé de la date et du lieu fixés pour le procès qui a abouti à la décision de confiscation, ou a été informé officiellement et effectivement par d'autres moyens de la date et du lieu fixés pour ce procès, de telle sorte qu'il a été établi de manière non équivoque que l'intéressé a eu connaissance du procès prévu et a été informé en temps utile qu'une décision de confiscation pourrait être émise en cas de non-comparution;

ii) ayant eu connaissance du procès prévu, a donné mandat à un avocat, qui a été désigné soit par l'intéressé soit par l'État, pour le défendre au procès, et a été effectivement défendu par cet avocat pendant le procès; ou

iii) après s'être vu signifier la décision de confiscation et avoir été expressément informé de son droit à une nouvelle procédure de jugement ou à une procédure d'appel à laquelle il aurait le droit de participer et qui permettrait de réexaminer l'affaire sur le fond, en tenant notamment compte de nouveaux éléments de preuve, et qui pourrait aboutir à une infirmation de la décision initiale, a indiqué expressément qu'il ne contestait pas la décision de confiscation, ou n'a pas demandé une nouvelle procédure de jugement ou une procédure d'appel dans les délais impartis;

h) dans des situations exceptionnelles, il existe des motifs sérieux de croire, sur la base d'éléments précis et objectifs, que l'exécution de la décision de confiscation entraînerait, dans les circonstances particulières de l'espèce, une violation manifeste d'un droit fondamental pertinent énoncé dans la Charte, en particulier le droit à un recours effectif, le droit à accéder à un tribunal impartial et les droits de la défense.

2. Dans l'un quelconque des cas mentionnés au paragraphe 1, avant de décider de ne pas reconnaître ou de ne pas exécuter, en tout ou en partie, une décision de confiscation, l'autorité d'exécution consulte l'autorité d'émission par tout moyen approprié et, s'il y a lieu, lui demande de fournir sans tarder toute information nécessaire.

3. Toute décision de refus de reconnaissance ou de refus d'exécution de la décision de confiscation est prise sans tarder et notifiée immédiatement à l'autorité d'émission par tout moyen permettant de laisser une trace écrite.

Art. 20 *Délais pour la reconnaissance et l'exécution des décisions de confiscation.*

1. L'autorité d'exécution prend la décision relative à la reconnaissance et à l'exécution de la décision de confiscation sans tarder et, sans préjudice du paragraphe 4, au plus tard 45 jours après avoir reçu le certificat de confiscation.

2. L'autorité d'exécution communique, sans tarder et par tout moyen permettant de laisser une trace écrite, à l'autorité d'émission sa décision concernant la reconnaissance et l'exécution de la décision de confiscation.

3. Sauf s'il existe des motifs de sursis en vertu de l'article 21, l'autorité d'exécution prend les mesures concrètes qui sont nécessaires pour exécuter la décision de confiscation sans tarder et, au minimum, avec la même rapidité et le même degré de priorité que pour une décision de confiscation similaire prise au niveau national.

4. S'il s'avère impossible, dans un cas spécifique, de respecter le délai énoncé au paragraphe 1, l'autorité d'exécution en informe sans tarder l'autorité d'émission, par tout moyen, en indiquant les raisons pour lesquelles le délai n'a pas pu être respecté, et elle consulte l'autorité d'émission aux fins de fixer une date appropriée pour la reconnaissance et l'exécution de la décision de confiscation.

5. L'expiration du délai énoncé au paragraphe 1 ne dispense pas l'autorité d'exécution de son obligation d'adopter une décision concernant la reconnaissance et l'exécution de la décision de confiscation et d'exécuter cette décision, et ce sans tarder.

Art. 21 *Sursis à l'exécution des décisions de confiscation.* 1. L'autorité d'exécution peut surseoir à la reconnaissance ou à l'exécution d'une décision de confiscation transmise conformément à l'article 14 lorsque :

a) son exécution risque de nuire à une enquête pénale en cours, auquel cas il peut être sursis à l'exécution de la décision de confiscation jusqu'au moment où l'autorité d'exécution le juge raisonnable;

b) elle estime, lorsque la décision de confiscation concerne une somme d'argent, qu'il existe un risque que le montant total provenant de l'exécution de cette décision de confiscation dépasse de manière considérable le montant précisé dans la décision de confiscation en raison de l'exécution simultanée de la décision de confiscation dans plusieurs États membres;

c) les biens font déjà l'objet d'une procédure de confiscation en cours dans l'État d'exécution; ou

d) une voie de recours telle qu'elle est visée à l'article 33 a été exercée.

2. Nonobstant l'article 18, paragraphe 5, l'autorité compétente de l'État d'exécution prend, aussi longtemps que dure le sursis à l'exécution de la décision de confiscation, toutes les mesures qu'elle prendrait dans un cas similaire au niveau national pour éviter que le bien ne soit plus disponible aux fins de l'exécution de la décision de confiscation.

3. L'autorité d'exécution fait rapport à l'autorité d'émission, sans tarder et par tout moyen permettant de laisser une trace écrite, sur le sursis à l'exécution de la décision de confiscation, en précisant les motifs du sursis et, si possible, sur la durée escomptée du sursis.

4. Dès que les motifs de sursis ont cessé d'exister, l'autorité d'exécution prend sans tarder les mesures nécessaires à l'exécution de la décision de confiscation et en informe l'autorité d'émission par tout moyen permettant de laisser une trace écrite.

Art. 22 *Impossibilité d'exécuter une décision de confiscation.* 1. Lorsque l'autorité d'exécution estime qu'il est impossible d'exécuter une décision de confiscation, elle le notifie sans tarder à l'autorité d'émission.

2. Avant d'adresser une notification à l'autorité d'émission conformément au paragraphe 1, l'autorité d'exécution consulte, le cas échéant, l'autorité d'émission, en tenant également compte des possibilités prévues à l'article 18, paragraphe 2 ou 3.

3. La non-exécution d'une décision de confiscation au titre du présent article ne peut être justifiée que si les biens :

a) ont déjà été confisqués;

b) ont disparu;

c) ont été détruits;

d) ne peuvent être trouvés à l'endroit indiqué sur le certificat de confiscation; ou

e) ne peuvent être trouvés parce que l'endroit où ils sont situés n'a pas été indiqué de manière suffisamment précise, malgré les consultations visées au paragraphe 2.

4. En ce qui concerne les situations mentionnées au paragraphe 3, points b), d) et e), lorsque l'autorité d'exécution obtient par la suite des informations lui permettant de localiser les biens, elle peut exécuter la décision de confiscation sans qu'il soit nécessaire de transmettre un nouveau certificat de confiscation, à condition d'avoir, préalablement à l'exécution de la décision de confiscation, vérifié auprès de l'autorité d'émission que la décision de confiscation est encore valable.

5. Nonobstant le paragraphe 3, lorsque l'autorité d'émission a indiqué que des biens de valeur équivalente pouvaient être confisqués, l'autorité d'exécution n'est pas tenue d'exécuter la décision de confiscation si l'on se trouve dans l'une des situations énoncées au paragraphe 3 et s'il n'y a aucun bien de valeur équivalente susceptible d'être confisqué.

CHAPITRE IV

Dispositions générales

Art. 23 *Droit régissant l'exécution.* 1. L'exécution des décisions de gel et des décisions de confiscation est régie par le droit de l'État d'exécution, et ses autorités sont seules compétentes pour décider des modalités d'exécution de ces décisions et déterminer toutes les mesures y afférentes.

2. Une décision de gel ou une décision de confiscation émise à l'encontre d'une personne morale est exécutée même si l'État d'exécution ne reconnaît pas le principe de la responsabilité pénale des personnes morales.

3. Nonobstant l'article 18, paragraphes 2 et 3, l'État d'exécution ne peut, sans le consentement de l'État d'émission, imposer des mesures qui se substitueraient à la décision de gel transmise en vertu de l'article 4 ou à la décision de confiscation transmise en vertu de l'article 14.

Art. 24 *Notification relative aux autorités compétentes.* 1. Au plus tard le 19 décembre 2020, chaque État membre communique à la Commission le nom de l'autorité ou des autorités telles qu'elles sont définies à l'article 2, points 8) et 9), qui sont compétentes en vertu de son droit, dans les cas où ledit État membre est, respectivement, l'État d'émission ou l'État d'exécution.

2. Chaque État membre peut désigner, si cela est nécessaire en raison de la structure de son système juridique interne, une ou plusieurs autorités centrales qui seront chargées d'assurer la transmission et la réception administratives des certificats de gel et des certificats de confiscation et d'assister ses autorités compétentes. Chaque État membre communique à la Commission le nom de toute autorité qu'elle désigne à ce titre.

3. La Commission met les informations reçues en vertu du présent article à la disposition de tous les États membres et du RJE.

Art. 25 *Communication.* 1. Si nécessaire, l'autorité d'émission et l'autorité d'exécution se consultent sans tarder et par tout moyen de communication approprié, pour garantir l'application efficiente du présent règlement.

2. Toutes les communications, y compris celles visant à traiter de difficultés concernant la transmission ou l'authentification de tout document nécessaire à l'exécution d'une décision de gel ou d'une décision de confiscation, sont effectuées directement entre l'autorité d'émission et l'autorité d'exécution et, lorsqu'un État membre a désigné une autorité centrale conformément à l'article 24, paragraphe 2, elles sont effectuées, s'il y a lieu, en y associant cette autorité centrale.

Art. 26 *Décisions multiples.* 1. Si l'autorité d'exécution reçoit deux ou plusieurs décisions de gel ou décisions de confiscation émises par des États membres différents à l'encontre de la même personne et si cette personne n'a pas suffisamment de biens dans l'État d'exécution pour satisfaire à l'ensemble de ces décisions, ou si l'autorité d'exécution reçoit plusieurs décisions de gel ou décisions de confiscation relatives au même bien spécifique, l'autorité d'exécution décide laquelle de ces décisions sera exécutée conformément au droit de l'État d'exécution, sans préjudice de la possibilité de surseoir à l'exécution d'une décision de confiscation conformément à l'article 21.

2. Lorsqu'elle prend sa décision, l'autorité d'exécution tient compte en priorité, dans la mesure du possible, de l'intérêt des victimes. Elle prend également en considération toutes les autres circonstances pertinentes, notamment les suivantes :

a) le fait que les avoirs soient déjà gelés ou non;

b) les dates des différentes décisions et leurs dates de transmission;

c) la gravité de l'infraction pénale concernée; et

d) le lieu où l'infraction pénale a été commise.

Art. 27 *Cessation de l'exécution d'une décision de gel ou d'une décision de confiscation.* 1. Lorsque la décision de gel ou la décision de confiscation ne peut plus faire l'objet d'une exécution ou n'est plus valable, l'autorité d'émission procède sans tarder au retrait de la décision de gel ou de la décision de confiscation.

2. L'autorité d'émission informe immédiatement l'autorité d'exécution, par tout moyen permettant de laisser une trace écrite, du retrait d'une décision de gel ou d'une

décision de confiscation, et de toute décision ou mesure entraînant le retrait d'une décision de gel ou d'une décision de confiscation.

3. L'autorité d'exécution met fin à l'exécution de la décision de gel ou de la décision de confiscation, dans la mesure où l'exécution n'a pas encore été réalisée, dès qu'elle a été informée par l'autorité d'émission conformément au paragraphe 2. L'autorité d'exécution envoie à l'État d'émission une confirmation de la cessation, sans retard indu et par tout moyen permettant de laisser une trace écrite.

Art. 28 *Gestion et disposition des biens gelés et confisqués.* 1. La gestion des biens gelés et confisqués est régie par le droit de l'État d'exécution.

2. L'État d'exécution gère les biens gelés ou confisqués de manière à prévenir leur dépréciation. À cet effet, il peut, eu égard à l'article 10 de la directive 2014/42/UE, vendre ou transférer les biens gelés.

3. Les biens gelés et les sommes d'argent obtenues à la suite de la vente de tels biens conformément au paragraphe 2 restent dans l'État d'exécution jusqu'à ce qu'un certificat de confiscation ait été transmis et que la décision de confiscation ait été exécutée, sans préjudice de la possibilité de restituer les biens prévue à l'article 29.

4. L'État d'exécution n'est pas tenu de vendre ou de restituer des biens spécifiques faisant l'objet d'une décision de confiscation lorsque ces biens constituent des biens culturels au sens de l'article 2, point 1), de la directive 2014/60/UE du Parlement européen et du Conseil. Le présent règlement est sans incidence sur l'obligation de restituer les biens culturels en vertu de cette directive.

Art. 29 *Restitution de biens gelés à la victime.* 1. Lorsque l'autorité d'émission ou une autre autorité compétente de l'État d'émission a émis, conformément à son droit national, une décision de restitution des biens gelés à la victime, l'autorité d'émission inscrit les informations relatives à cette décision dans le certificat de gel ou communique les informations relatives à cette décision à l'autorité d'exécution à un stade ultérieur.

2. Lorsque l'autorité d'exécution a été informée d'une décision de restitution de biens gelés à la victime conformément au paragraphe 1, elle prend les mesures nécessaires pour garantir que, lorsque les biens concernés ont été gelés, ils soient restitués à la victime dans les plus brefs délais, selon les règles de procédure de l'État d'exécution, au besoin par l'intermédiaire de l'État d'émission, à condition :

a) que le titre de la victime sur ces biens ne soit pas contesté;

b) que les biens ne soient pas requis comme éléments de preuve dans le cadre d'une procédure pénale dans l'État d'exécution; et

c) qu'il ne soit pas porté atteinte aux droits des personnes concernées.

L'autorité d'exécution informe l'autorité d'émission lorsque les biens sont transférés directement à la victime.

3. Lorsque l'autorité d'exécution n'a pas acquis la conviction que les conditions énoncées au paragraphe 2 sont réunies, elle consulte l'autorité d'émission sans tarder et par tout moyen approprié, afin de trouver une solution. Si aucune solution ne peut être trouvée, l'autorité d'exécution peut décider de ne pas restituer les biens gelés à la victime.

Art. 30 *Disposition des biens confisqués ou des sommes d'argent obtenues par la vente de tels biens.* 1. Lorsque l'autorité d'émission ou une autre autorité compétente de l'État d'émission a émis, conformément à son droit national, une décision de restitution à la victime des biens confisqués ou une décision d'indemnisation de la victime, l'autorité d'émission inscrit les informations relatives à cette décision dans le certificat de confiscation ou communique, à un stade ultérieur, les informations relatives à cette décision à l'autorité d'exécution.

2. Lorsque l'autorité d'exécution a été informée d'une décision de restitution à la victime des biens confisqués conformément au paragraphe 1, elle prend les mesures nécessaires pour garantir que, lorsque les biens concernés ont été confisqués, ils soient restitués à la victime dans les plus brefs délais, au besoin par l'intermédiaire de l'État d'émission. L'autorité d'exécution informe l'autorité d'émission lorsque les biens sont transférés directement à la victime.

3. Lorsqu'il s'avère impossible pour l'autorité d'exécution de restituer les biens à la victime conformément au paragraphe 2, mais qu'une somme d'argent a été obtenue du fait de l'exécution d'une décision de confiscation concernant ces biens, le montant correspondant est transféré à la victime aux fins de la restitution, au besoin par l'intermédiaire de l'État d'émission. L'autorité d'exécution informe l'autorité d'émission lorsque la somme d'argent est transférée directement à la victime. Il est disposé de tout bien restant conformément au paragraphe 7.

4. Lorsque l'autorité d'exécution a été informée d'une décision d'indemnisation de la victime conformément au paragraphe 1, et qu'une somme d'argent a été obtenue du fait de l'exécution d'une décision de confiscation, le montant correspondant, dans la mesure où il n'excède pas celui indiqué dans le certificat, est transféré à la victime aux fins de son indemnisation, au besoin par l'intermédiaire de l'État d'émission. L'autorité d'exécution informe l'autorité d'émission lorsque la somme d'argent est transférée directement à la victime. Il est disposé de tout bien restant conformément au paragraphe 7.

5. Lorsqu'une procédure de restitution des biens à la victime ou d'indemnisation de la victime est en cours dans l'État d'émission, l'autorité d'émission en informe l'autorité d'exécution. L'État d'exécution s'abstient de disposer des biens confisqués jusqu'à ce que les informations relatives à la décision de restitution des biens à la victime ou à la décision d'indemnisation de la victime soient communiquées à l'autorité d'exécution, même lorsque la décision de confiscation a déjà été exécutée.

6. Sans préjudice des paragraphes 1 à 5, il est disposé des biens, autres que les sommes d'argent obtenues du fait de l'exécution de la décision de confiscation, conformément aux règles suivantes :

a) les biens peuvent être vendus, auquel cas il est disposé du produit de la vente conformément au paragraphe 7;

b) les biens peuvent être transférés à l'État d'émission pour autant que, lorsque la décision de confiscation concerne une somme d'argent, l'autorité d'émission ait consenti au transfert des biens à l'État d'émission;

c) sous réserve du point d), s'il s'avère impossible d'appliquer le point a) ou b), il peut être disposé des biens d'une autre manière conformément au droit de l'État d'exécution; ou

d) les biens peuvent être utilisés pour des objectifs sociaux ou d'intérêt général dans l'État d'exécution conformément à son droit, sous réserve du consentement de l'État d'émission.

7. À moins que la décision de confiscation ne soit accompagnée d'une décision de restitution des biens à la victime ou d'une décision d'indemnisation de la victime conformément aux paragraphes 1 à 5, ou que les États membres concernés n'en aient décidé

autrement, l'État d'exécution dispose de la somme d'argent obtenue du fait de l'exécution d'une décision de confiscation de la manière suivante :

a) si le montant provenant de l'exécution de la décision de confiscation n'excède pas 10000 EUR, il revient à l'État d'exécution; ou

b) si le montant provenant de l'exécution de la décision de confiscation excède 10000 EUR, 50% de ce montant sont transférés par l'État d'exécution à l'État d'émission.

Art. 31 *Coûts.* 1. Chaque État membre supporte les frais résultant de l'application du présent règlement, sans préjudice des dispositions relatives à la disposition des biens confisqués énoncés à l'article 28.

2. L'autorité d'exécution peut soumettre à l'autorité d'émission une proposition de partage des coûts lorsqu'il apparaît, soit antérieurement soit postérieurement à l'exécution d'une décision de gel ou d'une décision de confiscation, que l'exécution de cette décision engendrerait des frais élevés ou exceptionnels.

Une telle proposition est accompagnée d'une ventilation détaillée des coûts encourus par l'autorité d'exécution. À la suite d'une telle proposition, l'autorité d'émission et l'autorité d'exécution se consultent. S'il y a lieu, Eurojust peut faciliter ces consultations.

Les consultations, ou du moins le résultat de celles-ci, sont enregistrées par tout moyen permettant de laisser une trace écrite.

Art. 32 *Obligation d'informer les personnes concernées.* 1. Sans préjudice de l'article 11, à la suite de l'exécution d'une décision de gel ou à la suite de la décision de reconnaître et d'exécuter une décision de confiscation, l'autorité d'exécution informe sans tarder, dans la mesure du possible, de cette exécution et de cette décision les personnes concernées dont elle a connaissance, conformément aux procédures prévues par son droit national.

2. Les informations à fournir conformément au paragraphe 1 précisent le nom de l'autorité d'émission et les voies de recours disponibles en vertu du droit de l'État d'exécution. Ces informations précisent également, au moins brièvement, les raisons justifiant la décision.

3. S'il y a lieu, l'autorité d'exécution peut demander à l'autorité d'émission son assistance pour accomplir les tâches visées au paragraphe 1.

Art. 33 *Voies de recours dans l'État d'exécution contre la reconnaissance et l'exécution d'une décision de gel ou d'une décision de confiscation.* 1. Les personnes concernées ont droit à des voies de recours effectives dans l'État d'exécution contre la décision relative à la reconnaissance et à l'exécution de décisions de gel en vertu de l'article 7 et de décisions de confiscation en vertu de l'article 18. Le droit à une voie de recours est invoqué devant une juridiction de l'État d'exécution conformément à son droit. En ce qui concerne les décisions de confiscation, l'exercice d'une voie de recours peut avoir un effet suspensif si le droit de l'État d'exécution le prévoit.

2. Les raisons de fond qui ont conduit à l'émission de la décision de gel ou de la décision de confiscation ne peuvent être contestées devant une juridiction de l'État d'exécution.

3. L'autorité compétente de l'État d'émission est informée de toute voie de recours exercée conformément au paragraphe 1.

4. Le présent article s'entend sans préjudice de l'application, dans l'État d'émission, de garanties et de recours conformément à l'article 8 de la directive 2014/42/UE.

Art. 34 *Remboursement.* 1. Lorsque l'État d'exécution est responsable, en vertu de son droit, du préjudice causé à une personne concernée résultant de l'exécution d'une décision de gel qui lui a été transmise en vertu de l'article 4 ou d'une décision de confiscation qui lui a été transmise en vertu de l'article 14, l'État d'émission rembourse à l'État d'exécution tous les dommages et intérêts versés à la personne concernée. Toutefois, lorsque l'État d'émission peut démontrer à l'État d'exécution que le préjudice, ou une partie du préjudice, était exclusivement imputable au comportement de l'État d'exécution, l'État d'émission et l'État d'exécution conviennent entre eux de la somme à rembourser.

2. Le paragraphe 1 s'entend sans préjudice du droit des États membres applicable aux demandes de réparation des personnes physiques ou morales.

CHAPITRE V

Dispositions finales

Art. 35 *Statistiques.* 1. Les États membres collectent régulièrement des statistiques complètes auprès des autorités concernées. Ils tiennent ces statistiques à jour et les envoient chaque année à la Commission. Ces statistiques comprennent, outre les informations visées à l'article 11, paragraphe 2, de la directive 2014/42/UE, le nombre de décisions de gel et de décisions de confiscation qu'un État membre a reçues d'autres États membres qui ont été reconnues et exécutées, et le nombre de ces décisions dont la reconnaissance et l'exécution ont été refusées.

2. Chaque année, les États membres communiquent également à la Commission les statistiques ci-après, lorsqu'elles sont disponibles à un niveau central dans l'État membre concerné :

a) le nombre de cas dans lesquels une victime a bénéficié d'une indemnisation ou s'est vu accorder la restitution du bien obtenu par l'exécution d'une décision de confiscation en vertu du présent règlement; et

b) la durée moyenne nécessaire pour l'exécution des décisions de gel et des décisions de confiscation effectuée au titre du présent règlement.

Art. 36 *Modifications du certificat et du formulaire.* La Commission est habilitée à adopter des actes délégués conformément à l'article 37 en ce qui concerne toute modification des certificats figurant aux annexes I et II. Ces modifications doivent être conformes au présent règlement et ne peuvent pas porter atteinte à celui-ci.

Art. 37 *Exercice de la délégation.* 1. Le pouvoir d'adopter des actes délégués conféré à la Commission est soumis aux conditions fixées au présent article.

2. Le pouvoir d'adopter des actes délégués visé à l'article 36 est conféré à la Commission pour une durée indéterminée à compter du 19 décembre 2020.

3. La délégation de pouvoir visée à l'article 36 peut être révoquée à tout moment par le Parlement européen ou le Conseil. La décision de révocation met fin à la délégation de pouvoir qui y est précisée. La révocation prend effet le jour suivant celui de la publication de ladite décision au Journal officiel de l'Union européenne ou à une date ultérieure qui est précisée dans ladite décision. Elle ne porte pas atteinte à la validité des actes délégués déjà en vigueur.

4. Avant l'adoption d'un acte délégué, la Commission consulte les experts désignés par chaque État membre, conformément aux principes définis dans l'accord interinstitutionnel du 13 avril 2016 « Mieux légiférer ».

5. Aussitôt qu'elle adopte un acte délégué, la Commission le notifie au Parlement européen et au Conseil simultanément.

6. Un acte délégué adopté en vertu de l'article 36 n'entre en vigueur que si le Parlement européen ou le Conseil n'a pas exprimé d'objections dans un délai de deux mois à compter de la notification de cet acte au Parlement européen et au Conseil ou si, avant l'expiration de ce délai, le Parlement européen et le Conseil ont tous deux informé la Commission de leur intention de ne pas exprimer d'objections. Ce délai est prolongé de deux mois à l'initiative du Parlement européen ou du Conseil.

Art. 38 *Rapports et réexamen.* Au plus tard le 20 décembre 2025, et tous les cinq ans par la suite, la Commission présente au Parlement européen, au Conseil et au Comité économique et social européen un rapport relatif à l'application du présent règlement, y compris en ce qui concerne :

a) la possibilité pour les États membres de faire et de retirer des déclarations au titre de l'article 4, paragraphe 2, et de l'article 14, paragraphe 2;

b) l'interaction entre le respect des droits fondamentaux et la reconnaissance mutuelle des décisions de gel et des décisions de confiscation;

c) l'application des articles 28, 29 et 30 en ce qui concerne la gestion et la disposition des biens gelés et des biens confisqués, ainsi que la restitution des biens aux victimes et leur indemnisation.

Art. 39 *Remplacement.* Le présent règlement remplace les dispositions de la décision-cadre 2003/577/JAI en ce qui concerne le gel des biens entre les États membres liés par le présent règlement à compter du 19 décembre 2020.

Le présent règlement remplace la décision-cadre 2006/783/JAI entre les États membres liés par le présent règlement à compter du 19 décembre 2020.

À l'égard des États membres liés par le présent règlement, les références à la décision-cadre 2003/577/JAI en ce qui concerne le gel des biens et les références à la décision-cadre 2006/783/JAI s'entendent comme des références faites au présent règlement.

Art. 40 *Dispositions transitoires.* 1. Le présent règlement s'applique aux certificats de gel et aux certificats de confiscation transmis le 19 décembre 2020 ou après cette date.

2. Les certificats de gel et les certificats de confiscation transmis avant le 19 décembre 2020 continuent d'être régis par les décisions-cadres 2003/577/JAI et 2006/783/JAI, entre les États membres liés par le présent règlement, et ce jusqu'à l'exécution définitive de la décision de gel ou de la décision de confiscation.

Art. 41 *Entrée en vigueur.* Le présent règlement entre en vigueur le vingtième jour suivant celui de sa publication au *Journal officiel de l'Union européenne.*

Il est applicable à partir du 19 décembre 2020.

Toutefois, l'article 24 est applicable à partir du 18 décembre 2018.

ANNEXE I

CERTIFICAT DE GEL

ANNEXE II

CERTIFICAT DE CONFISCATION

42 Règlement d'exécution (UE) 2018/1935 de la Commission du 7 décembre 2018 établissant les formulaires mentionnés dans le règlement (UE) 2016/1103 du Conseil mettant en œuvre une coopération renforcée dans le domaine de la compétence, de la loi applicable, de la reconnaissance et de l'exécution des décisions en matière de régimes matrimoniaux

Applicable depuis le 29 janvier 2019

Non reproduit. Consultable sur :
https ://eur-lex.europa.eu

43 Règlement d'exécution (UE) 2018/1990 de la Commission du 11 décembre 2018 établissant les formulaires mentionnés dans le règlement (UE) 2016/1104 du Conseil mettant en œuvre une coopération renforcée dans le domaine de la compétence, de la loi applicable, de la reconnaissance et de l'exécution des décisions en matière d'effets patrimoniaux des partenariats enregistrés

Applicable depuis le 29 janvier 2019

Non reproduit. Consultable sur :
https ://eur-lex.europa.eu

44 Règlement (UE) 2019/1111 du Conseil du 25 juin 2019 relatif à la compétence, la reconnaissance et l'exécution des décisions en matière matrimoniale et en matière de responsabilité parentale, ainsi qu'à l'enlèvement international d'enfants (« Bruxelles II *ter* »)(refonte)

Applicable à partir du 1er août 2022,
à l'exception des articles 92, 93 et 103,
qui s'appliquent à compter du 22 juillet 2019
Succède au Règlement « Bruxelles II *bis* »
(V. *supra* n° 9)

Le Conseil de l'Union européenne,

vu le traité sur le fonctionnement de l'Union européenne, et notamment son article 81, paragraphe 3,

vu la proposition de la Commission européenne,

après transmission du projet d'acte législatif aux parlements nationaux,
vu les avis du Parlement européen,
vu l'avis du Comité économique et social européen,
statuant conformément à une procédure législative spéciale,
considérant ce qui suit :

(1) Le 15 avril 2014, la Commission a adopté un rapport sur l'application du règlement (CE) n° 2201/2003 du Conseil (3). Le rapport concluait que le règlement (CE) n° 2201/2003 est un instrument efficace qui a apporté de nombreux avantages aux citoyens, mais que les règles en vigueur pourraient être améliorées. Ledit règlement doit faire l'objet de plusieurs modifications. Dans un souci de clarté, il convient de procéder à la refonte dudit règlement.

(2) Le présent règlement établit des règles de compétence uniformes en matière de divorce, de séparation de corps et d'annulation du mariage, ainsi que des règles relatives aux litiges en matière de responsabilité parentale présentant un élément international. Il facilite la circulation des décisions, des actes authentiques et de certains accords dans l'Union en fixant des dispositions concernant leur reconnaissance et leur exécution dans d'autres États membres. Par ailleurs, le présent règlement donne des précisions sur le droit de l'enfant de se voir donner la possibilité d'exprimer son opinion dans le cadre des procédures dont il fait l'objet et comporte également des dispositions complétant la convention de La Haye du 25 octobre 1980 sur les aspects civils de l'enlèvement international d'enfants (ci-après dénommée « convention de La Haye de 1980 ») dans les relations entre les États membres. Ainsi, le présent règlement devrait contribuer à renforcer la sécurité juridique et à accroître la flexibilité, à permettre d'améliorer l'accès aux procédures judiciaires et à faire en sorte que l'efficacité de ces procédures soit renforcée.

(3) Le fonctionnement harmonieux et ordonné d'un espace de justice de l'Union qui respecte les différences entre les systèmes et traditions juridiques des États membres est essentiel pour l'Union. À cet égard, il conviendrait de renforcer davantage encore la confiance mutuelle dans les systèmes judiciaires respectifs. L'Union s'est donné pour objectif de créer, de maintenir et de développer un espace de liberté, de sécurité et de justice au sein duquel la libre circulation des personnes et l'accès à la justice sont assurés. Afin de réaliser cet objectif, il conviendrait de renforcer les droits des personnes, et notamment des enfants, dans les procédures judiciaires, dans le but de faciliter, d'une part, la coopération entre les autorités judiciaires et administratives et, d'autre part, l'exécution des décisions en matière familiale ayant une incidence transfrontière. Il conviendrait d'améliorer la reconnaissance mutuelle des décisions en matière civile, de simplifier l'accès à la justice et de perfectionner les échanges d'informations entre les autorités des États membres.

(4) À cette fin, l'Union doit adopter, notamment, des mesures dans le domaine de la coopération judiciaire dans les matières civiles ayant une incidence transfrontière, notamment lorsque cela est nécessaire au bon fonctionnement du marché intérieur. La notion de « matières civiles » devrait être interprétée de manière autonome, conformément à la jurisprudence constante de la Cour de justice de l'Union européenne. Elle devrait être considérée comme une notion autonome à interpréter en se référant, d'une part, aux objectifs et à l'économie du présent règlement et, d'autre part, aux principes généraux

qui se dégagent de l'ensemble des systèmes juridiques nationaux. La notion de « matières civiles » devrait donc être interprétée en ce sens qu'elle peut également comprendre des mesures qui, du point de vue du système juridique d'un État membre, pourraient ressortir au droit public. Elle devrait couvrir, en particulier, toutes les demandes, mesures ou décisions en matière de « responsabilité parentale » au sens du présent règlement, conformément à ses objectifs.

(5) Le présent règlement couvre les « matières civiles », ce qui inclut les procédures judiciaires civiles et les décisions qui en découlent, ainsi que les actes authentiques et certains accords extrajudiciaires en matière matrimoniale et en matière de responsabilité parentale. Par ailleurs, le terme « matières civiles » devrait couvrir les demandes, les mesures ou les décisions, ainsi que les actes authentiques et certains accords extrajudiciaires concernant le retour d'un enfant dans le cadre de la convention de La Haye de 1980 qui, conformément à la jurisprudence de la Cour de justice et à l'article 19 de la convention de La Haye de 1980, ne sont pas des procédures au fond en matière de responsabilité parentale mais y sont étroitement liées et sont visées par certaines dispositions du présent règlement.

(6) Pour faciliter la circulation des décisions ainsi que des actes authentiques et de certains accords en matière matrimoniale et en matière de responsabilité parentale, il est nécessaire et opportun que les règles relatives à la compétence judiciaire, à la reconnaissance et à l'exécution des décisions soient déterminées par un instrument juridique de l'Union contraignant et directement applicable.

(7) En vue de garantir l'égalité de tous les enfants, il conviendrait que le présent règlement couvre toutes les décisions en matière de responsabilité parentale, y compris les mesures de protection des enfants, indépendamment de tout lien avec une procédure en matière matrimoniale ou d'autres procédures.

(8) Cependant, dès lors que l'application des règles en matière de responsabilité parentale intervient souvent dans le cadre d'une procédure en matière matrimoniale, il convient d'avoir un seul instrument en matière de divorce et en matière de responsabilité parentale.

(9) En ce qui concerne les décisions de divorce, de séparation de corps ou d'annulation du mariage, le présent règlement ne devrait s'appliquer qu'à la dissolution du lien matrimonial. Il ne devrait pas concerner des questions telles que les causes de divorce, les effets patrimoniaux du mariage ou autres mesures accessoires éventuelles. Les décisions refusant la dissolution du lien matrimonial ne devraient pas être couvertes par les dispositions du présent règlement relatives à la reconnaissance.

(10) En ce qui concerne les biens de l'enfant, le présent règlement ne devrait s'appliquer qu'aux mesures de protection de l'enfant, c'est-à-dire à la désignation et aux fonctions d'une personne ou d'un organisme chargé de gérer les biens de l'enfant, de le représenter et de l'assister et aux mesures relatives à l'administration, à la conservation ou à la disposition des biens de l'enfant. Dans ce contexte et à titre d'exemple, le présent règlement devrait s'appliquer aux cas dans lesquels l'objet de la procédure est la désignation d'une personne ou d'un organisme chargé d'administrer les biens de l'enfant. Les mesures relatives aux biens de l'enfant qui ne concernent pas la protection de l'enfant devraient continuer à être régies par le règlement (UE) n° 1215/2012 du Parlement européen et du Conseil. Toutefois, il devrait être possible que les dispositions du présent

règlement relatives à la compétence pour connaître de questions incidentes puissent s'appliquer à ces cas.

(11) Tout type de placement d'un enfant dans une famille d'accueil, c'est-à-dire, conformément aux législations et procédures nationales, auprès d'une ou de plusieurs personnes, ou dans un établissement, par exemple dans un orphelinat ou une maison d'enfants, dans un autre État membre devrait entrer dans le champ d'application du présent règlement, sauf exclusion expresse, ce qui est par exemple le cas du placement en vue d'une adoption ou du placement auprès d'un parent ou, le cas échéant, de tout autre membre proche de la famille qui a fait l'objet d'une déclaration de la part de l'État membre d'accueil. Par conséquent, même les « placements éducatifs » ordonnés par une juridiction ou organisés par une autorité compétente avec l'accord des parents ou de l'enfant ou à leur demande à la suite d'un comportement déviant de l'enfant devraient être couverts. Seul devrait être exclu un placement – qu'il ait un caractère éducatif ou punitif – ordonné ou organisé à la suite d'un acte de l'enfant qui pourrait, s'il avait été commis par un adulte, constituer un acte punissable en vertu de la loi pénale nationale, indépendamment de la question de savoir si, en l'espèce, il pourrait y avoir condamnation.

(12) Le présent règlement ne devrait s'appliquer ni à l'établissement de la filiation qui est une question distincte de l'attribution de la responsabilité parentale, ni aux autres questions liées à l'état des personnes.

(13) Les obligations alimentaires sont exclues du champ d'application du présent règlement car elles sont déjà régies par le règlement (CE) n° 4/2009 du Conseil. Outre les juridictions du lieu où le défendeur, ou le créancier, a sa résidence habituelle, les juridictions compétentes en matière matrimoniale en vertu du présent règlement devraient généralement être compétentes pour statuer en matière d'obligations alimentaires accessoires entre époux ou ex-époux par application de l'article 3, point c), dudit règlement. Les juridictions compétentes en matière de responsabilité parentale en vertu du présent règlement sont généralement compétentes pour statuer en matière d'obligations alimentaires accessoires à l'égard des enfants par application de l'article 3, point d), dudit règlement.

(14) Selon la jurisprudence de la Cour de justice, le terme « juridiction » doit être interprété au sens large pour couvrir également les autorités administratives ou d'autres autorités, tels que les notaires, qui sont compétentes dans certaines matières matrimoniales ou de responsabilité parentale. Tout accord approuvé par la juridiction à l'issue d'un examen sur le fond mené conformément aux législations et procédures nationales devrait être reconnu ou exécuté comme une « décision ». D'autres accords qui acquièrent un effet juridique contraignant dans l'État membre d'origine à la suite de l'intervention formelle d'une autorité publique ou d'une autre autorité notifiée à la Commission par un État membre devraient être exécutés dans les autres États membres conformément aux dispositions spécifiques du présent règlement relatives aux actes authentiques et accords. Le présent règlement ne devrait pas autoriser la libre circulation de simples accords privés. Cependant, les accords qui ne sont ni une décision ni un acte authentique, mais qui ont été enregistrés par une autorité publique habilitée à le faire, devraient pouvoir circuler. Ces autorités publiques pourraient inclure les notaires enregistrant les accords, même s'ils exercent une profession libérale.

(15) Pour ce qui concerne l'« acte authentique », le terme « habilitation » figurant dans le présent règlement doit être interprété de façon autonome conformément à la définition du terme « acte authentique » utilisée horizontalement dans d'autres instruments de l'Union et eu égard aux finalités du présent règlement.

(16) Bien que les procédures de retour au titre de la convention de La Haye de 1980 ne soient pas des procédures au fond en matière de responsabilité parentale, les décisions ordonnant le retour d'un enfant en application de la convention de La Haye de 1980 devraient bénéficier de la reconnaissance et de l'exécution au titre du chapitre IV du présent règlement lorsqu'elles doivent être exécutées dans un autre État membre en raison d'un nouvel enlèvement après que le retour a été ordonné. Cela s'entend sans préjudice de la possibilité d'engager une nouvelle procédure pour le retour d'un enfant au titre de la convention de La Haye de 1980 à l'égard du nouvel enlèvement. Par ailleurs, le présent règlement devrait continuer à s'appliquer à d'autres aspects dans les cas de déplacement ou de non-retour illicites d'un enfant, par exemple les dispositions en matière de compétence applicables à la juridiction de l'État membre de résidence habituelle ou les dispositions en matière de reconnaissance et d'exécution pour toute décision de retour rendue par cette juridiction.

(17) Le présent règlement devrait, comme la convention de La Haye du 19 octobre 1996 concernant la compétence, la loi applicable, la reconnaissance, l'exécution et la coopération en matière de responsabilité parentale et de mesures de protection des enfants (ci-après dénommée « convention de La Haye de 1996 »), s'appliquer à tous les enfants jusqu'à ce qu'ils aient atteint l'âge de 18 ans, même dans les cas où ils ont été dotés de la capacité avant d'avoir atteint cet âge, en vertu de la loi régissant leur statut personnel, par exemple par émancipation résultant de leur mariage. Cela devrait permettre d'éviter tout chevauchement avec le champ d'application de la Convention de La Haye du 13 janvier 2000 sur la protection internationale des adultes, qui s'applique à partir de l'âge de 18 ans, et, dans le même temps, éviter les hiatus entre ces deux instruments. La convention de La Haye de 1980 et, partant, le chapitre III du présent règlement, qui complète l'application de la convention de La Haye de 1980 dans les relations entre les États membres, devraient continuer à s'appliquer aux enfants jusqu'à ce qu'ils aient atteint l'âge de 16 ans.

(18) Aux fins du présent règlement, une personne devrait être réputée avoir le « droit de garde » lorsque un titulaire de la responsabilité parentale ne peut, sur la base d'une décision, d'une attribution de plein droit ou d'un accord en vigueur en vertu du droit de l'État membre où l'enfant a sa résidence habituelle, décider du lieu de résidence de l'enfant sans le consentement de cette personne, indépendamment des termes utilisés en droit national. Dans certains systèmes juridiques qui utilisent les termes « garde » et « visite », il se pourrait que le parent n'ayant pas le droit de garde dispose en fait de responsabilités importantes à l'égard de décisions concernant l'enfant, qui vont au-delà d'un simple droit de visite.

(19) Les règles de compétence en matière de responsabilité parentale sont conçues en fonction de l'intérêt supérieur de l'enfant et devraient être appliquées dans le respect dudit intérêt. Toute référence à l'intérêt supérieur de l'enfant devrait être interprétée à la lumière de l'article 24 de la Charte des droits fondamentaux de l'Union européenne (ci-après dénommée « Charte ») et de la convention des Nations unies du 20 novembre

1989 relative aux droits de l'enfant (ci-après dénommée « convention des Nations unies relative aux droits de l'enfant »), telles qu'elles sont mises en œuvre par les législations et procédures nationales.

(20) Pour sauvegarder l'intérêt supérieur de l'enfant, la compétence devrait en premier lieu être déterminée en fonction du critère de proximité. Ce sont donc les juridictions de l'État membre dans lequel l'enfant a sa résidence habituelle qui devraient être compétentes, sauf dans certaines situations prévues dans le présent règlement, par exemple en cas de changement de résidence de l'enfant ou à la suite d'un accord conclu entre les titulaires de la responsabilité parentale.

(21) Lorsqu'aucune procédure relative à la responsabilité parentale n'est pendante et que la résidence habituelle de l'enfant change à la suite d'un déménagement légal, la compétence devrait suivre l'enfant, afin de maintenir la proximité. Pour les procédures pendantes, la sécurité juridique et l'efficacité de la justice justifient le maintien de cette compétence jusqu'à ce que la procédure en question ait abouti à une décision définitive ou qu'elle ait pris fin pour quelque autre raison. La juridiction devant laquelle la procédure est pendante devrait toutefois être autorisée, dans certaines circonstances, à transférer sa compétence à l'État membre dans lequel l'enfant vit à la suite d'un déménagement légal.

(22) En cas de déplacement ou de non-retour illicites d'un enfant, et sans préjudice d'un éventuel choix de la juridiction en application du présent règlement, les juridictions de l'État membre de résidence habituelle de l'enfant devraient conserver leur compétence jusqu'à ce qu'une nouvelle résidence habituelle ait été établie dans un autre État membre et que certaines conditions soient remplies. Les États membres qui ont concentré les compétences devraient envisager de permettre à la juridiction saisie de la demande de retour en vertu de la convention de La Haye de 1980 d'exercer également la compétence sur laquelle les parties se sont accordées ou qu'elles ont acceptée en vertu du présent règlement en matière de responsabilité parentale lorsque les parties sont parvenues à un accord au cours de la procédure de retour. Ces accords devraient porter sur le retour comme sur le non-retour de l'enfant. S'il y a accord sur un non-retour, l'enfant devrait rester dans l'État membre de la nouvelle résidence habituelle et la compétence pour toute procédure en matière de garde qui y serait menée ultérieurement devrait être déterminée sur la base de la nouvelle résidence habituelle de l'enfant.

(23) Dans certaines conditions prévues par le présent règlement, il devrait être possible que la compétence en matière de responsabilité parentale soit également établie dans un État membre où une procédure de divorce, de séparation de corps ou d'annulation du mariage est pendante entre les parents, ou dans un autre État membre avec lequel l'enfant a un lien étroit et dont les parties sont convenues à l'avance, au plus tard au moment où la juridiction est saisie, ou qui a été acceptée expressément au cours de la procédure, même si l'enfant n'a pas sa résidence habituelle dans cet État membre, pour autant que l'exercice de cette compétence réponde à l'intérêt supérieur de l'enfant. Selon la jurisprudence de la Cour de justice, toute personne autre que les parents qui, selon le droit national, est de plein droit partie à la procédure introduite par les parents devrait être considérée comme une partie à la procédure aux fins du présent règlement et, par conséquent, l'opposition, marquée par cette partie à l'égard du choix de juridiction effectué par les parents de l'enfant après la date à laquelle cette juridiction a été

saisie, devrait faire obstacle à la reconnaissance de l'acceptation de la prorogation de compétence par toutes les parties à la procédure à cette date. Avant d'exercer sa compétence sur la base d'une convention relative au choix de la juridiction ou de l'acceptation de la compétence, la juridiction devrait examiner si cette convention ou acceptation est fondée sur un choix éclairé et libre des parties concernées et non du fait qu'une partie profite de difficultés ou de la position de faiblesse de l'autre partie. L'acceptation de la compétence au cours de la procédure devrait être enregistrée par la juridiction conformément aux législations et procédures nationales.

(24) Toute compétence ayant fait l'objet d'un accord ou d'une acceptation devrait, sauf si les parties en conviennent autrement, prendre fin dès qu'une décision rendue dans le cadre de cette procédure en matière de responsabilité parentale n'est plus susceptible de recours ordinaire ou qu'il a été mis fin à la procédure pour une autre raison, afin que le critère de proximité puisse être respecté pour toute nouvelle procédure intentée à l'avenir.

(25) Lorsque la résidence habituelle de l'enfant ne peut être établie et que la compétence ne peut pas être déterminée sur la base d'une convention relative au choix de la juridiction, les juridictions de l'État membre dans lequel l'enfant est présent devraient être compétentes. Ce principe de présence devrait aussi s'appliquer aux enfants réfugiés ainsi qu'aux enfants qui, par suite de troubles survenant dans leur État membre de résidence habituelle, sont internationalement déplacés. Cependant, à la lumière du présent règlement en liaison avec l'article 52, paragraphe 2, de la convention de La Haye de 1996, cette règle de compétence devrait uniquement s'appliquer aux enfants qui avaient leur résidence habituelle dans un État membre avant le déplacement. Lorsque la résidence habituelle de l'enfant avant le déplacement se trouvait dans un pays tiers, il convient d'appliquer la règle de compétence concernant les enfants réfugiés et internationalement déplacés établie par la convention de La Haye de 1996.

(26) Dans des circonstances exceptionnelles, il se peut que la juridiction de l'État membre de résidence habituelle de l'enfant ne soit pas la juridiction la plus appropriée pour traiter l'affaire. À titre exceptionnel et dans certaines conditions, la juridiction compétente devrait, sans en avoir l'obligation, être en mesure de transférer sa compétence dans une affaire donnée à une juridiction d'un autre État membre si cette dernière est mieux placée pour apprécier l'intérêt supérieur de l'enfant en l'espèce. Selon la jurisprudence de la Cour de justice, le transfert de compétence en matière de responsabilité parentale par une juridiction d'un État membre ne devrait être effectué qu'au profit d'une juridiction d'un autre État membre avec lequel l'enfant concerné a un « lien particulier ». Le présent règlement devrait dresser une liste exhaustive des éléments déterminants de ce « lien particulier » à ces fins. La juridiction compétente devrait faire une demande de transfert de compétence à la juridiction d'un autre État membre uniquement si sa décision préalable de suspendre la procédure et de demander ce transfert est devenue définitive, lorsque cette décision est susceptible de recours en vertu du droit national.

(27) Dans des circonstances exceptionnelles et compte tenu de l'intérêt supérieur de l'enfant dans une affaire donnée, une juridiction d'un État membre avec lequel l'enfant a un lien particulier mais qui n'est pas compétente en vertu du présent règlement devrait être en mesure de demander à la juridiction compétente de l'État membre de résidence

habituelle de l'enfant un transfert de compétence. Cela ne devrait toutefois pas être autorisé en cas de déplacement ou de non-retour illicites de l'enfant. La détermination de cette juridiction compétente spécifique devrait relever du droit national de l'État membre requis.

(28) Un transfert de compétence, qu'il soit demandé par une juridiction souhaitant transférer sa compétence ou par une juridiction souhaitant obtenir la compétence, ne devrait produire ses effets que pour l'affaire donnée pour laquelle il est effectué. Une fois que la procédure pour laquelle le transfert de compétence a été demandé et accordé est terminée, le transfert ne devrait produire aucun effet à l'égard de procédures ultérieures.

(29) Lorsqu'aucune juridiction d'un État membre n'est compétente en vertu du présent règlement, la compétence devrait, dans chaque État membre, être réglée par la loi de cet État membre. L'expression « loi de cet État membre » devrait inclure les instruments internationaux en vigueur dans ledit État membre.

(30) Il convient que le présent règlement n'empêche pas les juridictions d'un État membre qui ne sont pas compétentes pour connaître du fond de l'affaire de prendre, en cas d'urgence, des mesures provisoires ou conservatoires concernant la personne ou les biens d'un enfant présent dans cet État membre. Ces mesures ne devraient pas être reconnues et exécutées dans un autre État membre en vertu du présent règlement, à l'exception des mesures prises pour protéger l'enfant contre un risque grave tel que visé à l'article 13, premier alinéa, point b), de la convention de La Haye de 1980.Les mesures prises pour protéger l'enfant contre un tel risque devraient rester d'application jusqu'à ce qu'une juridiction de l'État membre de résidence habituelle de l'enfant ait pris les mesures qu'elle estime appropriées. Dans la mesure où la protection de l'intérêt supérieur de l'enfant l'exige, la juridiction devrait, directement ou par l'intermédiaire des autorités centrales, communiquer les mesures prises à la juridiction de l'État membre qui est compétente au fond en vertu du présent règlement. Le défaut d'information ne devrait toutefois pas, en tant que tel, constituer un motif de non-reconnaissance de la mesure.

(31) Une juridiction qui n'est compétente que pour adopter des mesures provisoires ou conservatoires devrait, si elle est saisie d'une demande portant sur le fond, se déclarer d'office incompétente si une juridiction d'un autre État membre est compétente pour connaître du fond de l'affaire en vertu du présent règlement.

(32) Si l'issue d'une procédure devant une juridiction d'un État membre qui n'est pas compétente en vertu du présent règlement dépend d'une question incidente relevant du champ d'application du présent règlement, les juridictions de cet État membre ne devraient pas être empêchées de trancher cette question. Ainsi, si l'objet de la procédure est, par exemple, un litige successoral dans lequel l'enfant est impliqué et qu'un tuteur ad litem doit être désigné pour représenter l'enfant dans le cadre de cette procédure, la juridiction compétente pour connaître du litige successoral devrait être autorisée à désigner le tuteur pour la procédure pendante, qu'elle soit ou non compétente en matière de responsabilité parentale en vertu du présent règlement. Toute décision de cette nature ne devrait produire d'effets que dans la procédure dans le cadre de laquelle elle a été rendue.

(33) Si la validité d'un acte juridique réalisé ou à réaliser au nom d'un enfant dans une procédure en matière de succession devant une juridiction d'un État membre exige l'autorisation ou l'approbation d'une juridiction, une juridiction de cet État membre devrait être en mesure de décider s'il convient d'autoriser ou d'approuver une telle opération même si elle n'est pas compétente en vertu du présent règlement. Il convient que l'expression « opération juridique » couvre par exemple l'acceptation ou le refus d'un héritage, ou un accord entre les parties sur la répartition ou le partage des avoirs.

(34) Le présent règlement devrait s'entendre sans préjudice de l'application du droit international public en matière d'immunité diplomatique. Si la compétence en vertu du présent règlement ne peut être exercée en raison d'une immunité diplomatique conforme au droit international, la compétence devrait être exercée dans un État membre dans lequel la personne concernée ne bénéficie d'aucune immunité, conformément à la loi de cet État.

(35) Le présent règlement définit à quel moment une juridiction est réputée saisie aux fins du présent règlement. Compte tenu de l'existence de deux systèmes différents dans les États membres, qui prévoient que l'acte introductif d'instance est d'abord notifié ou signifié au défendeur ou d'abord déposé auprès de la juridiction, il devrait suffire que la première étape prévue par le droit national ait été concrétisée, à condition que le demandeur n'ait pas négligé par la suite de prendre les mesures qu'il était tenu de prendre pour que la seconde étape prévue par le droit national soit effective. Au vu de l'importance croissante que revêtent la médiation et d'autres modes alternatifs de règlement des litiges, également pendant la procédure, et selon la jurisprudence de la Cour de justice, une juridiction devrait aussi être réputée saisie à la date à laquelle l'acte introductif d'instance ou un acte équivalent est déposé auprès de la juridiction dans les cas où la procédure a entretemps été suspendue, aux fins de la recherche d'une solution à l'amiable, à la demande de la partie qui a engagé la procédure, sans que l'acte introductif d'instance ait déjà été notifié ou signifié au défendeur et sans que le défendeur ait eu connaissance de la procédure ou ait participé à la procédure d'une quelconque façon, à condition que la partie qui a introduit la procédure n'ait pas négligé par la suite de prendre les mesures qu'il était tenu de prendre pour que l'acte soit notifié ou signifié au défendeur. Selon la jurisprudence de la Cour de justice, en cas de litispendance, la date à laquelle une procédure de conciliation obligatoire a été engagée devant une autorité nationale de conciliation devrait être considérée comme la date à laquelle une « juridiction » est réputée saisie.

(36) Le règlement (CE) n° 1393/2007 du Parlement européen et du Conseil est d'application pour la signification et la notification des actes dans le cadre d'une procédure judiciaire intentée en vertu du présent règlement.

(37) Une juridiction d'un État membre saisie d'une affaire pour laquelle elle n'est pas compétente au fond en vertu du présent règlement et pour laquelle une juridiction d'un autre État membre est compétente au fond en vertu du présent règlement devrait se déclarer d'office incompétente. Toutefois, une juridiction d'un État membre avec lequel l'enfant a un lien particulier en vertu du présent règlement devrait avoir la faculté, mais sans y être obligée, de demander un transfert de compétence en vertu du présent règlement.

(38) Le fonctionnement harmonieux de la justice commande de réduire au minimum la possibilité de procédures concurrentes et d'éviter que des décisions inconciliables ne soient rendues dans différents États membres. Il importe de prévoir un mécanisme clair et efficace pour résoudre les cas de litispendance et de connexité et pour parer aux problèmes résultant des divergences nationales quant à la date à laquelle une affaire est considérée comme pendante. Aux fins du présent règlement, il convient de définir cette date de manière autonome. Cependant, pour renforcer l'efficacité des accords exclusifs d'élection de for, il convient d'éviter que les dispositions du présent règlement relatives à la litispendance ne constituent un obstacle lorsque les parents attribuent une compétence exclusive aux juridictions d'un État membre.

(39) Les procédures en matière de responsabilité parentale dans le cadre du présent règlement de même que les procédures de retour au titre de la convention de La Haye de 1980 devraient, en tant que principe fondamental, donner à l'enfant qui fait l'objet de ces procédures et qui est capable de discernement, conformément à la jurisprudence de la Cour de justice, une possibilité réelle et effective d'exprimer son opinion et cette opinion devrait être dûment prise en considération lors de l'appréciation de l'intérêt supérieur de l'enfant. La possibilité pour l'enfant d'exprimer son opinion librement conformément à l'article 24, paragraphe 1, de la Charte et à la lumière de l'article 12 de la convention des Nations unies relative aux droits de l'enfant joue un rôle important dans l'application du présent règlement. Celui-ci devrait toutefois prévoir que la question de savoir qui entendra l'enfant et comment l'enfant sera entendu est déterminée par les législations et procédures nationales des États membres. Par conséquent, le présent règlement ne devrait pas avoir pour objet de préciser si l'enfant devrait être entendu par le juge en personne ou par un expert spécialement formé à cet effet qui fait ensuite rapport à la juridiction, ou si cette audition devrait avoir lieu en salle d'audience ou ailleurs ou par d'autres moyens. En outre, tout en demeurant un droit de l'enfant, l'audition de l'enfant ne devrait pas constituer une obligation absolue mais devrait être évaluée compte tenu de l'intérêt supérieur de l'enfant, par exemple, dans les affaires où il y a accord entre les parties.

Si, selon la jurisprudence de la Cour de justice, l'article 24 de la Charte et le règlement (CE) n° 2201/2003 n'imposent pas à la juridiction de l'État membre d'origine d'entendre dans tous les cas l'enfant dans le cadre d'une audition, laissant ainsi une certaine marge d'appréciation à cette juridiction, la jurisprudence détermine aussi que, lorsque la juridiction décide de donner à l'enfant la possibilité d'être entendu, elle est tenue de prendre, en fonction de l'intérêt supérieur de l'enfant et eu égard aux circonstances de chaque cas d'espèce, toutes les mesures appropriées en vue d'une telle audition, afin de respecter l'effet utile desdites dispositions, en offrant à l'enfant une possibilité réelle et effective de s'exprimer. La juridiction de l'État membre d'origine devrait avoir recours, dans la mesure du possible et toujours en prenant en considération l'intérêt supérieur de l'enfant, à tous les moyens dont elle dispose en vertu de son droit national ainsi qu'aux instruments propres de la coopération judiciaire internationale, y compris, le cas échéant, ceux prévus par le règlement (CE) n° 1206/2001 du Conseil.

(40) En cas de déplacement ou de non-retour illicites d'un enfant, son retour devrait être obtenu sans délai et, à cette fin, la convention de La Haye de 1980 devrait continuer à s'appliquer telle que complétée par le présent règlement et en particulier le chapitre III.

(41) Afin de mener à bien dans les meilleurs délais les procédures de retour au titre de la convention de La Haye de 1980, les États membres devraient, dans le respect de leur structure juridictionnelle nationale, envisager de concentrer la compétence dans les procédures de ce type sur un nombre aussi limité que possible de juridictions. La compétence pour les affaires d'enlèvement d'enfants pourrait être concentrée sur une seule juridiction pour l'ensemble du pays ou sur un nombre limité de juridictions, en prenant par exemple le nombre de juridictions d'appel comme point de départ et en concentrant la compétence pour les affaires d'enlèvement international d'enfants sur une juridiction de première instance dans le ressort de chaque juridiction d'appel.

(42) Dans le cadre de procédures de retour au titre de la convention de La Haye de 1980, les juridictions de tous les niveaux devraient statuer dans un délai de six semaines, sauf si cela se révèle impossible en raison de circonstances exceptionnelles. Le recours à des modes alternatifs de règlement des litiges ne devrait pas en tant que tel être considéré comme une circonstance exceptionnelle autorisant un dépassement de délai. Cela dit, des circonstances exceptionnelles pourraient se présenter pendant le recours à ces modes de règlement ou en raison de ceux-ci. Pour une juridiction de première instance, le délai devrait commencer à courir au moment où la juridiction est saisie. Pour une juridiction de niveau supérieur, il devrait commencer à courir au moment où tous les actes de procédure nécessaires ont été accomplis. Parmi ces actes pourraient figurer, selon le système juridique concerné, la notification ou la signification du recours au défendeur, soit dans l'État membre dans lequel se situe la juridiction, soit dans un autre État membre, la transmission du dossier et du recours à la juridiction d'appel dans les États membres où le recours doit être formé auprès de la juridiction dont la décision est attaquée, ou l'introduction, par une partie, d'une demande d'audition, lorsqu'une telle demande est requise en vertu du droit national. Les États membres devraient en outre envisager de limiter à un le nombre de recours possibles contre une décision accueillant ou refusant le retour d'un enfant dans le cadre de la convention de La Haye de 1980.

(43) Dans toutes les affaires concernant des enfants, et plus particulièrement dans les affaires d'enlèvement international d'enfants, les juridictions devraient envisager la possibilité de parvenir à des solutions grâce à la médiation et à d'autres moyens adéquats, en étant assistés, le cas échéant, par les réseaux existants et les structures d'appui à la médiation dans les litiges transfrontières en matière de responsabilité parentale. Ces efforts ne devraient cependant pas indûment prolonger la procédure de retour dans le cadre de la convention de La Haye de 1980. Par ailleurs, la médiation peut ne pas toujours convenir, notamment en cas de violence familiale. Lorsque, au cours d'une procédure de retour dans le cadre de la convention de La Haye de 1980, les parents parviennent à un accord sur le retour ou le non-retour de l'enfant, et aussi sur des questions relevant de la responsabilité parentale, le présent règlement devrait, dans certaines circonstances, leur donner la possibilité de convenir que la juridiction saisie en vertu de la convention de La Haye de 1980 est compétente pour donner un effet juridique contraignant à leur accord, soit en l'intégrant à une décision en portant approbation, soit par tout autre moyen prévu par les législations et procédures nationales. Les États membres qui ont concentré les compétences devraient dès lors envisager de permettre à la juridiction saisie de la procédure de retour dans le cadre de la convention de La Haye de 1980 d'exercer également la compétence sur

laquelle les parties se sont accordées ou qu'elles ont acceptée en vertu du présent règlement en matière de responsabilité parentale lorsque les parties sont parvenues à un accord au cours de cette procédure de retour.

(44) La juridiction de l'État membre dans lequel l'enfant a été déplacé ou retenu illicitement devrait être en mesure de refuser le retour dans des cas précis dûment justifiés, comme le permet la convention de La Haye de 1980. Avant de refuser le retour de l'enfant, la juridiction devrait examiner si des mesures de protection appropriées ont été mises en place ou pourraient être prises pour protéger l'enfant contre le risque grave visé à l'article 13, premier alinéa, point b), de la convention de La Haye de 1980.

(45) Lorsqu'une juridiction envisage de refuser le retour d'un enfant uniquement sur la base de l'article 13, premier alinéa, point b), de la convention de La Haye de 1980, elle ne devrait pas le refuser si la partie qui demande le retour de l'enfant garantit à la juridiction, ou si celle-ci est convaincue de toute autre manière, que des dispositions adéquates ont été prises pour assurer la protection de l'enfant après son retour. Parmi ces dispositions pourraient notamment figurer une décision de la juridiction de l'État membre concerné interdisant au demandeur de s'approcher de l'enfant, une mesure provisoire ou conservatoire prise par l'État membre concerné permettant à l'enfant de rester avec le parent ravisseur qui assume la garde effective jusqu'à ce qu'une décision au fond en matière de droit de garde ait été rendue dans cet État membre après le retour, ou la preuve que des équipements médicaux sont disponibles pour un enfant qui a besoin d'un traitement. Le type de disposition considéré comme adéquat en l'espèce devrait être fonction du risque grave réel auquel l'enfant est susceptible d'être exposé du fait du retour en l'absence de telles dispositions. La juridiction qui s'efforce d'établir si des dispositions adéquates ont été prises devrait principalement s'en remettre aux parties et, au besoin et le cas échéant, demander l'assistance des autorités centrales ou des juges du réseau, en particulier dans le cadre du réseau judiciaire européen en matière civile et commerciale, établi par la décision 2001/470/CE du Conseil et du réseau international de juges de La Haye.

(46) Le cas échéant, lorsqu'elle ordonne le retour de l'enfant, il devrait être possible pour la juridiction d'ordonner, en vertu du présent règlement, toute mesure provisoire ou conservatoire qu'elle considère comme nécessaire afin de protéger l'enfant contre le risque grave de danger physique ou psychique auquel il serait exposé du fait du retour et qui entraînerait sinon le refus du retour. Ces mesures provisoires et leur circulation ne devraient pas retarder les procédures de retour au titre de la convention de La Haye de 1980 ni compromettre la délimitation de compétence entre la juridiction saisie de la procédure de retour au titre de la convention de La Haye de 1980 et la juridiction compétente au fond en matière de responsabilité parentale en vertu du présent règlement. Au besoin, la juridiction saisie de la procédure de retour au titre de la convention de La Haye de 1980 devrait consulter la juridiction ou l'autorité compétente de l'État membre de la résidence habituelle de l'enfant, avec l'assistance des autorités centrales ou des juges du réseau, en particulier dans le cadre du réseau judiciaire européen en matière civile et commerciale et du réseau international de juges de La Haye. Ces mesures devraient être reconnues et exécutées dans tous les autres États membres, y compris ceux dont les juridictions sont compétentes en vertu du présent règlement, jusqu'à ce qu'une juridiction compétente d'un de ces États membres ait pris les mesures

qu'elle estime appropriées. Ces mesures provisoires ou conservatoires pourraient, par exemple, prévoir que l'enfant devrait continuer à résider avec la personne qui en assume la garde effective ou définir la nature des contacts avec l'enfant après son retour jusqu'à ce que la juridiction de l'État membre de la résidence habituelle de l'enfant ait pris les mesures qu'elle estime appropriées. Cela ne devrait pas porter atteinte à toute mesure ou décision prise par la juridiction de l'État membre de la résidence habituelle de l'enfant après le retour de celui-ci.

(47) Il devrait être possible pour une décision ordonnant le retour de l'enfant d'être déclarée exécutoire par provision, nonobstant un éventuel recours, lorsque le retour de l'enfant avant la décision sur le recours est requis dans l'intérêt supérieur de l'enfant. Le droit national peut préciser par quelle juridiction la décision peut être déclarée exécutoire, par provision.

(48) Lorsque la juridiction de l'État membre dans lequel l'enfant a été déplacé ou retenu illicitement décide de refuser le retour de l'enfant en application de la convention de La Haye de 1980, elle devrait se référer explicitement, dans sa décision, aux articles pertinents de ladite convention sur lesquels ce refus repose. Indépendamment du fait que cette décision de refus soit définitive ou encore susceptible de recours, il se pourrait qu'elle soit remplacée par une décision ultérieure, rendue dans une procédure relative à la garde par la juridiction de l'État membre de la résidence habituelle de l'enfant avant son déplacement ou son non-retour illicites. Au cours de cette procédure, toutes les circonstances de l'espèce, y compris, mais pas seulement, la conduite des parents, devraient être examinées de manière approfondie compte tenu de l'intérêt supérieur de l'enfant. Si la décision au fond en matière de droit de garde qui est finalement prise implique le retour de l'enfant, le retour devrait être effectué sans qu'il soit nécessaire de recourir à aucune procédure pour la reconnaissance et l'exécution de ladite décision dans tout autre État membre.

(49) La juridiction qui refuse le retour de l'enfant uniquement sur la base de l'article 13, premier alinéa, point b), ou deuxième alinéa, de la convention de La Haye de 1980, ou sur la base de ces deux dispositions, devrait d'office délivrer un certificat au moyen du formulaire approprié prévu par le présent règlement. Ce certificat a pour objet d'informer les parties de la possibilité de saisir une juridiction de l'État membre dans lequel l'enfant avait sa résidence habituelle immédiatement avant son déplacement ou son non-retour illicites, dans un délai de trois mois à compter de la notification de la décision refusant le retour de l'enfant, d'une demande portant sur des éléments de fond relatifs au droit de garde, ou, si cette juridiction est déjà saisie, de lui communiquer les documents pertinents relatifs à la procédure de retour.

(50) Lorsque, dans l'État membre dans lequel l'enfant avait sa résidence habituelle immédiatement avant son déplacement ou son non-retour illicites, une procédure au fond relative au droit de garde est pendante au moment où une juridiction saisie d'une demande de retour en vertu de la convention de La Haye de 1980 refuse le retour de l'enfant uniquement sur la base de l'article 13, premier alinéa, point b), ou deuxième alinéa, de la convention de La Haye de 1980, ou sur la base de ces deux dispositions, la juridiction qui a refusé le retour de l'enfant devrait, si elle est informée de cette procédure, transmettre à la juridiction saisie de la procédure au fond relative au droit de garde, dans un délai d'un mois à compte de la date de sa décision, une copie de la décision, le

certificat approprié et, le cas échéant, un compte rendu, un résumé ou un procès-verbal de l'audience, ainsi que tout autre document qu'elle juge pertinent. L'expression « tout autre document qu'elle juge pertinent » devrait couvrir tout document contenant des informations susceptibles d'avoir une influence sur l'issue de cette procédure relative à la garde, si ces informations ne figurent pas déjà dans la décision de refus.

(51) Lorsqu'aucune procédure au fond relative au droit de garde n'est pendante dans l'État membre dans lequel l'enfant avait sa résidence habituelle immédiatement avant son déplacement ou son non-retour illicites et qu'une partie saisit une juridiction de cet État membre dans un délai de trois mois à compter de la date de la notification de la décision refusant le retour de l'enfant, cette partie devrait présenter à la juridiction saisie de la demande portant sur des éléments de fond relatifs au droit de garde une copie de la décision refusant le retour de l'enfant au titre de la convention de La Haye de 1980, le certificat approprié et, le cas échéant, un compte rendu, un résumé ou un procès-verbal de l'audience. Cela n'empêche pas la juridiction saisie de demander tout document supplémentaire qu'elle juge pertinent, contenant des informations susceptibles d'avoir une influence sur l'issue de la procédure au fond relative au droit de garde, si ces informations ne figurent pas déjà dans la décision de refus.

(52) Si la juridiction compétente pour connaître du fond en matière de droit de garde est saisie par une partie dans un délai de trois mois à compter de la notification de la décision refusant le retour de l'enfant au titre de la convention de La Haye de 1980, ou qu'une procédure relative à la garde était pendante devant cette juridiction au moment où elle a reçu cette décision de la juridiction qui a refusé le retour de l'enfant, toute décision rendue à l'issue de cette procédure au fond relative au droit de garde qui implique le retour de l'enfant dans cet État membre devrait être exécutoire dans tout autre État membre conformément au chapitre IV, section II, du présent règlement, sans qu'il soit nécessaire de recourir à aucune procédure et sans qu'il soit possible de s'opposer à sa reconnaissance. Ce principe devrait s'appliquer sauf si et dans la mesure où il est constaté que ladite décision est inconciliable avec une décision en matière de responsabilité parentale rendue ultérieurement à l'égard du même enfant, à condition qu'un « certificat pour décisions privilégiées » ait été délivré concernant la décision au fond relative au droit de garde impliquant le retour de l'enfant. Si la juridiction compétente pour connaître du fond en matière de droit de garde est saisie après l'expiration du délai de trois mois ou que les conditions de délivrance d'un certificat pour décisions privilégiées ne sont pas réunies, la décision au fond en matière de droit de garde qui sera finalement prise devrait être reconnue et exécutée dans les autres États membres conformément au chapitre IV, section I, du présent règlement.

(53) Sans préjudice d'autres instruments de l'Union, lorsqu'il n'est pas possible d'entendre une partie ou un enfant en personne, et lorsque les moyens techniques sont disponibles, la juridiction pourrait envisager de tenir une audition par vidéoconférence ou au moyen de tout autre technologie de communication à moins que, compte tenu des circonstances particulières de l'espèce, l'utilisation d'une telle technologie ne serait pas appropriée au regard du déroulement équitable de la procédure.

(54) La confiance mutuelle dans l'administration de la justice dans l'Union justifie le principe selon lequel les décisions en matière matrimoniale et en matière de responsabilité parentale rendues dans un État membre devraient être reconnues dans l'ensemble

des États membres sans qu'il faille ouvrir une procédure de reconnaissance. En particulier, lorsqu'elles sont saisies d'une décision rendue dans un autre État membre accordant le divorce, la séparation de corps ou l'annulation d'un mariage, qui n'est plus susceptible de recours dans l'État membre d'origine, les autorités compétentes de l'État membre requis devraient reconnaître la décision de plein droit sans qu'aucune procédure soit requise et mettre à jour leurs registres de l'état civil en conséquence. Il appartient au droit national de déterminer si les motifs de refus peuvent être invoqués par une partie ou d'office comme prévu par le droit national. Toute partie intéressée peut néanmoins demander, conformément au présent règlement, que soit prise une décision constatant l'absence de motifs de refus de reconnaissance prévus par le présent règlement. Il devrait appartenir au droit national de l'État membre dans lequel cette demande est présentée de définir qui peut être considéré comme une partie intéressée en droit de présenter une telle demande.

(55) La reconnaissance et l'exécution des décisions, des actes authentiques et des accords émanant d'un État membre devraient reposer sur le principe de la confiance mutuelle. Les motifs de non-reconnaissance devraient donc être réduits au minimum nécessaire compte tenu de l'objectif sous-jacent du présent règlement qui est de faciliter la reconnaissance et l'exécution et de protéger efficacement l'intérêt supérieur de l'enfant.

(56) La reconnaissance d'une décision ne devrait être refusée que si un ou plusieurs des motifs de refus de reconnaissance prévus par le présent règlement sont présents. La liste des motifs de refus de reconnaissance prévus dans le présent règlement est exhaustive. Il ne devrait pas être possible d'invoquer comme motifs de refus, les motifs qui ne sont pas énumérés dans le présent règlement, tels qu'une violation de la règle de la litispendance. En matière de responsabilité parentale, une décision rendue ultérieurement se substitue toujours à une décision antérieure produisant des effets pour l'avenir dans la mesure où elles sont inconciliables.

(57) En ce qui concerne la possibilité donnée à l'enfant d'exprimer son opinion, la juridiction d'origine devrait décider de la méthode appropriée pour l'audition d'un enfant. Par conséquent, il ne devrait pas être possible de refuser la reconnaissance d'une décision au seul motif que la juridiction d'origine a utilisé, pour l'audition de l'enfant, une autre méthode que celle qu'utiliserait une juridiction dans l'État membre de reconnaissance. L'État membre dans lequel la reconnaissance est invoquée ne devrait pas refuser la reconnaissance lorsque l'une des dérogations à ce motif de refus particulier autorisées par le présent règlement s'applique. Ces dérogations ont pour effet qu'il ne devrait pas être possible pour une juridiction de l'État membre d'exécution de refuser d'exécuter une décision au seul motif que l'enfant n'a pas eu la possibilité d'exprimer son opinion, compte tenu de l'intérêt supérieur de l'enfant, si la procédure ne portait que sur les biens de l'enfant et pour autant qu'il n'était pas requis de donner cette possibilité à l'enfant compte tenu de l'objet de la procédure ; ou s'il existait des motifs sérieux d'agir ainsi compte tenu notamment de l'urgence de l'affaire. Ces motifs sérieux pourraient par exemple être invoqués en cas de danger imminent pour l'intégrité physique ou psychique ou la vie de l'enfant, que tout retard supplémentaire risquerait de concrétiser.

(58) Par ailleurs, l'objectif consistant à diminuer la durée et le coût des litiges transfrontières concernant des enfants justifie la suppression de la déclaration constatant la force exécutoire ou, le cas échéant, l'enregistrement en vue de l'exécution, préalablement à l'exécution dans l'État membre d'exécution, pour toutes les décisions en matière de responsabilité parentale. Si le règlement (CE) n° 2201/2013 ne supprimait cette exigence que pour certaines décisions accordant un droit de visite et certaines décisions impliquant le retour d'un enfant, le présent règlement devrait la supprimer pour l'exécution transfrontière de toutes les décisions en matière de responsabilité parentale, tout en conservant un traitement plus favorable encore pour certaines décisions accordant un droit de visite et certaines décisions impliquant le retour d'un enfant. En conséquence, sous réserve du présent règlement, une décision rendue par une juridiction de tout autre État membre devrait être traitée comme si elle avait été rendue dans l'État membre d'exécution.

(59) Lorsque des mesures provisoires ou conservatoires sont ordonnées par une juridiction compétente au fond, la circulation de ces mesures devrait être assurée au titre du présent règlement. Cependant, les mesures provisoires ou conservatoires qui ont été ordonnées par une telle juridiction sans que le défendeur ait été cité à comparaître ne devraient pas être reconnues et exécutées au titre du présent règlement à moins que la décision contenant la mesure n'ait été signifiée ou notifiée au défendeur avant l'exécution. Ceci ne devrait pas empêcher la reconnaissance et l'exécution de telles mesures au titre du droit national. Lorsque des mesures provisoires ou conservatoires sont ordonnées par une juridiction d'un État membre non compétente au fond, leur circulation devrait être limitée, au titre du présent règlement, aux mesures prises dans des affaires d'enlèvement international d'enfants et visant à protéger l'enfant contre le risque grave visé à l'article 13, premier alinéa, point b), de la convention de La Haye de 1980. Ces mesures devraient s'appliquer jusqu'à ce qu'une juridiction d'un État membre compétente en vertu du présent règlement pour connaître du fond ait pris les mesures qu'elle estime appropriées.

(60) Étant donné que les procédures d'exécution peuvent avoir un caractère judiciaire ou extrajudiciaire en fonction du droit national, les termes « autorités compétentes en matière d'exécution » peuvent couvrir les juridictions, les huissiers de justice et toute autre autorité déterminée par le droit national. Lorsque, outre les autorités compétentes en matière d'exécution, des juridictions sont également citées dans le présent règlement, ces termes devraient couvrir les cas où, en vertu du droit national, un organisme autre qu'une juridiction est l'autorité compétente en matière d'exécution mais où certaines décisions sont réservées aux juridictions, soit d'emblée, soit lorsqu'il s'agit de réexaminer les actes de l'autorité compétente en matière d'exécution. Il devrait incomber à l'autorité compétente en matière d'exécution ou à la juridiction de l'État membre d'exécution d'ordonner, de prendre ou de prévoir des mesures spécifiques au stade de l'exécution, telles que des mesures non coercitives ou coercitives prévues par le droit national de cet État membre, y compris des amendes, des peines privatives de liberté ou la récupération de l'enfant par un huissier de justice.

(61) Afin de faciliter l'exécution des décisions rendues dans un autre État membre en matière d'exercice du droit de visite, les autorités compétentes en matière d'exécution ou les juridictions de l'État membre d'exécution devraient être habilitées à définir en

détail les circonstances pratiques ou conditions légales requises en vertu du droit national de cet État membre. Les modalités prévues dans le présent règlement devraient faciliter l'exécution dans l'État membre d'exécution d'une décision qui, sans cela, pourrait ne pas être exécutoire en raison de son imprécision, de sorte que l'autorité compétente en matière d'exécution ou la juridiction d'exécution puisse rendre la décision plus concrète et précise. Il devrait en aller de même pour toute autre modalité destinée à assurer la conformité avec les exigences en matière d'exécution prévues par le droit de l'État membre d'exécution, par exemple en ce qui concerne la participation d'une autorité chargée de la protection de l'enfance ou d'un psychologue au stade de l'exécution. De telles modalités ne devraient toutefois pas interférer avec les éléments essentiels de la décision relative au droit de visite, ni aller au-delà. Par ailleurs, les dispositions du présent règlement permettant d'adapter des mesures ne devraient pas permettre à la juridiction d'exécution de remplacer des mesures qui sont inconnues dans le droit de l'État membre d'exécution par d'autres mesures.

(62) L'exécution, dans un État membre, d'une décision rendue dans un autre État membre sans déclaration constatant la force exécutoire ne devrait pas compromettre le respect des droits de la défense. Aussi la personne contre laquelle l'exécution est demandée devrait-elle avoir la possibilité de solliciter le refus de la reconnaissance ou de l'exécution d'une décision si elle estime que l'un des motifs de refus de reconnaissance ou d'exécution prévus par le présent règlement est présent. Il appartient au droit national de déterminer si les motifs de refus de la reconnaissance prévus dans le présent règlement doivent être examinés d'office ou sur demande. Par conséquent, les mêmes conditions d'examen devraient être possibles dans le contexte du refus d'exécution. L'application de tout motif national de refus ne devrait pas avoir pour effet d'étendre les conditions et modalités liées aux motifs prévus par le présent règlement.

(63) Une partie s'opposant à l'exécution d'une décision rendue dans un autre État membre devrait, dans la mesure du possible et conformément au système juridique de l'État membre d'exécution, pouvoir le faire dans le cadre de la procédure d'exécution et devrait pouvoir invoquer, dans le cadre d'une procédure unique, outre les motifs de refus prévus par le présent règlement, ceux prévus par le droit de l'État membre dans lequel l'exécution est demandée, qui continueraient de s'appliquer parce qu'ils ne sont pas incompatibles avec les motifs prévus par le présent règlement. Ces motifs pourraient, par exemple, inclure une opposition fondée sur la présence, dans un acte d'exécution, d'erreurs formelles en vertu du droit national, ou sur l'argument selon lequel l'action requise par la décision a déjà été exécutée ou est devenue impossible, par exemple en cas de force majeure, de maladie grave de la personne à laquelle l'enfant doit être remis, de l'incarcération ou du décès de cette personne, du fait que l'État membre vers lequel le retour de l'enfant est prévu est devenu une zone de guerre après que la décision a été rendue, ou encore le refus de l'exécution d'une décision qui, en vertu du droit de l'État membre dans lequel l'exécution est demandée, n'a aucun contenu exécutoire et ne peut être adaptée à cet effet.

(64) Pour informer la personne contre laquelle l'exécution est demandée de l'exécution d'une décision rendue dans un autre État membre, le certificat établi au titre du présent règlement, accompagné si nécessaire de la décision, devrait lui être signifié ou notifié dans un délai raisonnable avant la première mesure d'exécution. Dans ce contexte, il

convient d'entendre, par première mesure d'exécution, la première mesure d'exécution qui suit la signification ou la notification. Selon la jurisprudence de la Cour de justice, la partie contre laquelle l'exécution est demandée bénéficie d'un droit au recours effectif, ce qui inclut la possibilité d'entamer une procédure pour contester la force exécutoire de la décision avant l'exécution proprement dite.

(65) En matière de responsabilité parentale, l'exécution concernera toujours un enfant et, dans de nombreux cas, comportera la remise d'un enfant à une personne autre que celle avec laquelle l'enfant réside au moment considéré et/ou le déménagement de l'enfant dans un autre État membre. L'objectif premier devrait donc être de trouver un juste équilibre entre, d'une part, le droit du demandeur, par principe, d'obtenir la mise en œuvre d'une décision aussi rapidement que possible, y compris dans les affaires transfrontières au sein de l'Union, également, si nécessaire, au moyen de mesures coercitives, et, d'autre part, la nécessité de limiter autant que possible l'exposition de l'enfant à des mesures d'exécution coercitives potentiellement traumatisantes dans les cas où cela ne peut être évité. Cette évaluation devrait être faite par les autorités compétentes en matière d'exécution et les juridictions de chaque État membre compte tenu des circonstances de l'espèce.

(66) Le présent règlement cherche à placer les États membres sur un pied d'égalité en ce qui concerne l'exécution transfrontière des décisions en matière d'autorité parentale. Dans un certain nombre d'États membres, ces décisions sont déjà exécutoires même si elles sont encore susceptibles de recours ou font déjà l'objet d'un recours. Dans d'autres États membres, seule est exécutoire une décision définitive qui n'est plus susceptible d'un recours ordinaire. Pour faire face aux situations d'urgence, le présent règlement prévoit donc que certaines décisions en matière de responsabilité parentale pourraient être déclarées exécutoires par provision par la juridiction de l'État membre d'origine même si elles sont encore susceptibles de recours, en l'occurrence les décisions ordonnant le retour d'un enfant en application de la convention de La Haye de 1980 et les décisions accordant un droit de visite.

(67) Dans les procédures d'exécution concernant des enfants, il est cependant important que les autorités compétentes en matière d'exécution ou les juridictions soient en mesure de réagir rapidement à un changement de circonstances, y compris la contestation de la décision dans l'État membre d'origine, la perte de la force exécutoire de la décision et des obstacles ou situations d'urgence que ces autorités et juridictions rencontrent au stade de l'exécution. Par conséquent, la procédure d'exécution devrait être suspendue, sur demande ou d'office par l'autorité ou la juridiction, lorsque la force exécutoire de la décision est suspendue dans l'État membre d'origine. La juridiction ou l'autorité compétente en matière d'exécution ne devrait, toutefois, pas être tenue de rechercher activement si, entretemps, la force exécutoire a été suspendue dans l'État membre d'origine, à la suite d'un recours ou pour toute autre raison, si rien n'indique que tel est le cas. En outre, la suspension ou le refus de l'exécution dans l'État membre d'exécution devrait être possible sur demande, lorsque l'existence d'un ou de plusieurs des motifs prévus ou autorisés par le présent règlement est constatée et devrait être laissée à l'appréciation de l'autorité compétente en matière d'exécution ou de la juridiction.

(68) Lorsqu'une décision est encore susceptible de recours dans l'État membre d'origine et que le délai pour former un recours ordinaire n'est pas encore expiré, l'autorité compétente en matière d'exécution ou la juridiction de l'État membre d'exécution devrait avoir toute latitude pour suspendre, sur demande, la procédure d'exécution. Dans ces cas, elle peut impartir un délai pour la formation de tout recours dans l'État membre d'origine, afin d'obtenir ou de maintenir la suspension de la procédure d'exécution. La fixation d'un délai devrait uniquement produire des effets à l'égard de la suspension de la procédure d'exécution et ne devrait pas porter atteinte au délai applicable pour former un recours conformément aux règles de procédure de l'État membre d'origine.

(69) Dans des cas exceptionnels, il devrait être possible pour l'autorité compétente en matière d'exécution ou la juridiction de suspendre la procédure d'exécution si l'exécution risque d'exposer l'enfant à un grave danger physique ou psychique du fait d'empêchements temporaires qui sont apparus après que la décision a été rendue ou de tout autre changement de circonstances significatif. L'exécution devrait reprendre dès que le grave danger physique ou psychique en question cesse d'exister. En revanche, si le danger persiste, il convient, avant de refuser l'exécution, de prendre toutes les mesures appropriées conformément à la législation et à la procédure nationales, y compris, le cas échéant, avec l'aide d'autres professionnels compétents, tels que des assistants sociaux ou des pédopsychologues, pour tenter d'assurer la mise en œuvre de la décision. En particulier, l'autorité compétente en matière d'exécution ou la juridiction devrait, conformément aux législations et procédures nationales, s'efforcer de surmonter tout empêchement résultant d'un changement de circonstances, comme des objections manifestes de l'enfant, formulées seulement après que la décision a été rendue mais avec tant de force que, s'il n'en était pas tenu compte, cela représenterait un grave danger physique ou psychique pour l'enfant.

(70) Les actes authentiques et les accords entre parties relatifs à la séparation de corps et au divorce qui ont un effet juridique contraignant dans un État membre devraient être assimilés à des « décisions » aux fins de l'application des règles de reconnaissance. Les actes authentiques et les accords entre parties en matière de responsabilité parentale qui sont exécutoires dans un État membre devraient être assimilés à des « décisions » aux fins de l'application des règles de reconnaissance et d'exécution.

(71) Bien que l'obligation de donner à l'enfant la possibilité d'exprimer son opinion prévue par le présent règlement ne devrait pas s'appliquer aux actes authentiques et aux accords, le droit de l'enfant d'exprimer son opinion reste d'application en vertu de l'article 24 de la Charte et à la lumière de l'article 12 de la convention des Nations unies relative aux droits de l'enfant telles qu'elles sont mises en œuvre par les législations et procédures nationales. Le fait que l'enfant n'ait pas eu la possibilité d'exprimer son opinion ne devrait pas automatiquement constituer un motif de refus de reconnaissance et d'exécution des actes authentiques et des accords en matière de responsabilité parentale.

(72) En matière de responsabilité parentale, des autorités centrales devraient être désignées dans tous les États membres. Les États membres devraient envisager de désigner la même autorité centrale aux fins du présent règlement que celle désignée aux fins des conventions de La Haye de 1980 et 1996. Les États membres devraient veiller à ce que les autorités centrales disposent de ressources financières et humaines adé-

quates pour leur permettre de s'acquitter des tâches qui leur incombent conformément au présent règlement.

(73) Les dispositions du présent règlement relatives à la coopération en matière de responsabilité parentale ne devraient pas s'appliquer au traitement des demandes de retour en vertu de la convention de La Haye de 1980 qui, conformément à l'article 19 de ladite convention et à la jurisprudence constante de la Cour de justice, ne sont pas des procédures au fond en matière de responsabilité parentale. Les dispositions applicables de la convention de La Haye de 1980 devraient, toutefois, être complétées par les dispositions du présent règlement sur l'enlèvement international d'enfants, et par le chapitre du présent règlement sur la reconnaissance et l'exécution et par le chapitre sur les dispositions générales.

(74) Les autorités centrales devraient prêter assistance aux juridictions et aux autorités compétentes, ainsi que, dans certains cas, aux titulaires de la responsabilité parentale, dans les procédures transfrontières et coopérer tant de manière générale que dans les cas particuliers, y compris en vue de favoriser le règlement à l'amiable des conflits familiaux.

(75) Sauf cas urgents et sans préjudice de la coopération et de la communication directes entre les juridictions qu'autorise le présent règlement, les requêtes en coopération en matière de responsabilité parentale au titre du présent règlement pourraient émaner des juridictions et autorités compétentes et devraient être adressées à l'autorité centrale de l'État membre de la juridiction ou de l'autorité compétente requérantes. Certaines requêtes pourraient aussi émaner de titulaires de la responsabilité parentale et devraient être adressées à l'autorité centrale de l'État membre de résidence habituelle du demandeur. Il pourrait s'agir de requêtes visant à fournir des informations et une assistance aux titulaires de la responsabilité parentale qui demandent la reconnaissance et l'exécution d'une décision sur le territoire de l'autorité centrale requise, en particulier en matière de droit de visite et de retour de l'enfant, y compris, le cas échéant, des informations sur les démarches à entreprendre pour bénéficier de l'assistance judiciaire; de requêtes visant à faciliter la conclusion d'accords entre les titulaires de la responsabilité parentale en recourant à la médiation ou à d'autres modes alternatifs de règlement des litiges; et de requêtes visant à ce qu'une juridiction ou une autorité compétente examine l'opportunité de prendre des mesures tendant à la protection de la personne ou des biens de l'enfant.

(76) Un cas d'urgence autorisant un contact initial direct avec la juridiction ou l'autorité compétente de l'État membre requis consiste par exemple à demander directement à l'autorité compétente d'un autre État membre d'examiner l'opportunité de prendre des mesures tendant à la protection de l'enfant lorsque celui-ci est présumé être exposé à un risque imminent. Il convient que l'obligation de passer par l'autorité centrale ne s'applique qu'aux requêtes initiales, toute communication ultérieure avec la juridiction, l'autorité compétente ou le demandeur pouvant également avoir lieu sans intermédiaire.

(77) Les autorités centrales ou les autorités compétentes ne devraient pas être empêchées de conclure ou maintenir des accords ou arrangements avec des autorités centrales ou des autorités compétentes d'un ou de plusieurs autres États membres autorisant une communication directe dans leurs relations mutuelles. Les autorités

compétentes devraient informer leurs autorités centrales de ces accords ou arrangements.

(78) Dans les affaires spécifiques de responsabilité parentale relevant du champ d'application du présent règlement, les autorités centrales devraient coopérer entre elles afin de fournir une assistance aux juridictions et aux autorités compétentes au niveau national ainsi qu'aux titulaires de la responsabilité parentale. L'assistance fournie par l'autorité centrale requise devrait en particulier porter sur la localisation de l'enfant, directement ou par l'intermédiaire de juridictions, d'autorités compétentes ou d'autres organismes, lorsque cela s'avère nécessaire pour traiter une requête au titre du présent règlement, ainsi que sur la communication de toute autre information utile aux fins des procédures en matière de responsabilité parentale.

(79) Les autorités centrales requises devraient aussi prendre toute mesure appropriée pour faciliter la communication entre les juridictions, s'il y a lieu, notamment pour l'application des règles relatives au transfert de compétence, aux mesures provisoires et conservatoires en cas d'urgence, en particulier lorsqu'elles concernent l'enlèvement international d'enfants et ont pour but de protéger l'enfant contre le risque grave visé à l'article 13, premier alinéa, point b), de la convention de La Haye de 1980, ainsi qu'à la litispendance et aux actions dépendantes. À cet effet, il est possible qu'il soit suffisant, dans certains cas, de fournir des informations permettant une communication directe ultérieure, par exemple, fournir les coordonnées des autorités chargées de la protection de l'enfance, des juges du réseau ou de la juridiction compétente.

(80) Aux fins de la réalisation des objectifs du présent règlement, et sans préjudice de toute exigence imposée par son droit procédural national, une juridiction ou autorité compétente requérante devrait avoir toute latitude de choisir librement entre les différentes voies dont elle est dispose pour obtenir les informations nécessaires.

(81) Lorsqu'une requête motivée est introduite en vue de l'établissement d'un rapport ou de la fourniture de toute autre information pertinente pour la procédure en matière de responsabilité parentale dans l'État membre requérant, les autorités centrales, soit directement, soit par l'intermédiaire de juridictions, d'autorités compétentes ou d'autres organismes de l'État membre requis, devraient donner suite à cette requête. La requête devrait comporter, en particulier, une description des procédures pour lesquelles les informations sont nécessaires et de la situation de fait qui a donné lieu à ces procédures.

(82) Lorsqu'une juridiction d'un État membre a déjà rendu une décision en matière de responsabilité parentale ou envisage de le faire et que la mise en œuvre de la décision aura lieu dans un autre État membre, cette juridiction devrait être en mesure de demander aux juridictions ou autorités compétentes de cet autre État membre de l'aider à mettre en œuvre la décision. Ce principe devrait s'appliquer, par exemple, aux décisions accordant un droit de visite sous surveillance dans un État membre autre que celui où est établie la juridiction ordonnant le droit de visite, ou aux décisions impliquant toute autre mesure d'accompagnement des juridictions ou autorités compétentes dans l'État membre où la décision sera mise en œuvre.

(83) Lorsqu'une juridiction ou une autorité compétente d'un État membre envisage le placement d'un enfant dans un autre État membre, une procédure de consultation pour l'obtention de l'approbation devrait être menée avant le placement. La juridiction ou

l'autorité compétente qui envisage le placement devrait, avant d'ordonner ou d'organiser celui-ci, obtenir l'approbation de l'autorité compétente de l'État membre dans lequel l'enfant serait placé. En outre, conformément à la jurisprudence de la Cour de justice, les États membres devraient prévoir des règles et des procédures claires aux fins de l'approbation à obtenir au titre du présent règlement, de manière à assurer la sécurité juridique et la célérité. Les procédures devraient notamment permettre à l'autorité compétente d'accorder ou de refuser son approbation dans un bref délai. L'absence de réponse dans un délai de trois mois ne devrait pas être interprétée comme une approbation et, sans approbation, le placement ne devrait pas avoir lieu. La requête en approbation devrait au moins comprendre un rapport sur l'enfant ainsi que les motifs de sa proposition de placement ou de prise en charge, la durée prévue du placement, des informations sur tout financement envisagé et toute autre information que l'État membre requis pourrait juger pertinente concernant par exemple le suivi prévu, les modalités des contacts avec les parents, d'autres membres de la famille ou d'autres personnes avec lesquels l'enfant a des relations étroites, ou les raisons pour lesquelles de tels contacts ne sont pas prévus, à la lumière de l'article 8 de la convention européenne de sauvegarde des droits de l'homme et des libertés fondamentales. Compte tenu de la jurisprudence de la Cour de justice, lorsque l'approbation a été donnée pour une durée déterminée, elle ne devrait pas être valable pour des décisions ou arrangements prorogeant la durée du placement. Dans ce cas, une nouvelle requête en approbation devrait être présentée.

(84) Lorsqu'une décision de placement d'un enfant dans une famille d'accueil ou dans un établissement est envisagée dans l'État membre de résidence habituelle de l'enfant, la juridiction devrait songer, dès le début de la procédure, à prendre des mesures appropriées pour garantir le respect des droits de l'enfant, en particulier le droit de préserver son identité et le droit d'entretenir des contacts avec ses parents ou, le cas échéant, avec d'autres membres de la famille, à la lumière des articles 8, 9 et 20 de la convention des Nations unies relative aux droits de l'enfant. Lorsque la juridiction sait que l'enfant a un lien étroit avec un autre État membre, les mesures appropriées pourraient en particulier consister, lorsque l'article 37, point b), de la convention de Vienne sur les relations consulaires s'applique, à adresser une notification au poste consulaire de cet État membre. Des informations fournies par l'autorité centrale de cet autre État membre pourraient aussi faire prendre conscience de l'existence de ce lien étroit. Les mesures appropriées pourraient aussi consister à adresser à cet État membre, au titre du présent règlement, une requête visant à obtenir des informations sur un parent, un membre de la famille ou une autre personne qui pourrait être apte à s'occuper de l'enfant. Par ailleurs, en fonction des circonstances, la juridiction pourrait aussi demander des informations sur les procédures et les décisions concernant l'un des parents ou la fratrie de l'enfant. L'intérêt supérieur de l'enfant devrait rester l'élément primordial. En particulier, aucune de ces dispositions ne devrait porter atteinte aux législations ou procédures nationales applicables à toute décision de placement rendue par la juridiction ou l'autorité compétente dans l'État membre qui envisage le placement. En particulier, ces dispositions ne devraient pas faire obligation aux autorités de l'État membre compétentes de placer l'enfant dans l'autre État membre ou d'associer cet État membre à la décision ou à la procédure de placement.

(85) Le temps étant un facteur essentiel en matière de responsabilité parentale, les informations requises en vertu des dispositions du présent règlement relatives à la coopération, y compris la coopération concernant la collecte et l'échange d'informations pertinentes dans le cadre de procédures en matière de responsabilité parentale, et la décision d'approbation ou de non-approbation du placement de l'enfant dans un autre État membre devraient être transmises à l'État membre requérant par l'autorité centrale de l'État membre requis trois mois au plus tard après la réception de la requête, sauf si cela se révèle impossible en raison de circonstances exceptionnelles. Cela suppose que l'autorité compétente nationale devrait être tenue de fournir les informations, ou d'expliquer pourquoi ces informations ne peuvent être fournies, à l'autorité centrale requise en temps utile pour permettre à celle-ci de respecter le délai imparti. En tout état de cause, toutes les autorités compétentes concernées devraient s'efforcer de répondre encore plus rapidement que dans le délai maximal prévu.

(86) Le fait que les réunions des autorités centrales sont convoquées en particulier par la Commission dans le cadre du réseau judiciaire européen en matière civile et commerciale conformément à la décision 2001/470/CE ne devrait pas empêcher l'organisation d'autres réunions des autorités centrales.

(87) Sauf dispositions contraires du présent règlement, le règlement (UE) 2016/679 du Parlement européen et du Conseil devrait s'appliquer au traitement de données à caractère personnel effectué par les États membres en application du présent règlement. En particulier, afin de ne pas compromettre le traitement d'une requête au titre du présent règlement, par exemple en liaison avec une demande de retour de l'enfant conformément à la convention de La Haye de 1980 ou une demande visant à ce qu'une juridiction examine l'opportunité de prendre des mesures tendant à la protection de la personne ou des biens de l'enfant, la notification à la personne concernée prévue à l'article 14, paragraphes 1 à 4, du règlement (UE) 2016/679, par exemple concernant les données requises pour localiser l'enfant, peut être différée jusqu'à ce que la requête pour laquelle cette information est requise ait été traitée. Cette exception est conforme à l'article 14, paragraphe 5, ainsi qu'à l'article 23, paragraphe 1, points f), g), i) et j), dudit règlement. Cela ne devrait pas empêcher un intermédiaire, une juridiction ou une autorité compétente qui a reçu les informations de prendre des mesures tendant à la protection de l'enfant, ou de faire en sorte que de telles mesures soient prises, lorsque l'enfant risque d'être exposé à un danger ou que des éléments indiquent que tel pourrait être le cas.

(88) Dans les cas où la divulgation ou la confirmation des informations pertinentes pourrait compromettre la santé, la sécurité ou la liberté de l'enfant ou d'une autre personne, par exemple lorsque, à la suite de violences familiales, une juridiction a ordonné de ne pas divulguer au demandeur la nouvelle adresse de l'enfant, le présent règlement s'efforce de trouver un délicat équilibre : tout en prévoyant qu'une autorité centrale, une juridiction ou une autorité compétente ne devrait pas divulguer ni confirmer au demandeur ou à tout tiers des informations collectées ou transmises aux fins du présent règlement si elle considère que cela pourrait compromettre la santé, la sécurité ou la liberté de l'enfant ou d'une autre personne, il devrait souligner que cela ne devrait pas empêcher la collecte et la transmission d'informations par et entre les autorités centrales, les juridictions et les autorités compétentes dans la mesure où cela est nécessaire pour satisfaire aux obligations prévues par le présent règlement. Autrement dit, lorsque

cela est possible et approprié, il devrait être possible pour une demande d'être traitée au titre du présent règlement sans que le demandeur obtienne toutes les informations requises pour la traiter. Ainsi, lorsque le droit national le prévoit, une autorité centrale pourrait engager une procédure au nom d'un demandeur sans communiquer à celui-ci les informations relatives à la localisation de l'enfant. Toutefois, lorsque le seul fait de formuler la requête pourrait déjà compromettre la santé, la sécurité ou la liberté de l'enfant ou d'une autre personne, le présent règlement ne devrait pas prévoir d'obligation de formuler cette requête.

(89) Pour garantir la tenue à jour des certificats à utiliser dans le cadre de l'application des chapitres III et IV du présent règlement, il convient de déléguer à la Commission le pouvoir d'adopter des actes conformément à l'article 290 du traité sur le fonctionnement de l'Union européenne en ce qui concerne les modifications à apporter aux annexes I à IX du présent règlement. Il importe particulièrement que la Commission procède aux consultations appropriées durant son travail préparatoire, y compris auprès des experts, et que ces consultations soient menées conformément aux principes définis dans l'accord interinstitutionnel du 13 avril 2016 « Mieux légiférer ». En particulier, pour assurer une égale participation à la préparation des actes délégués, le Conseil reçoit tous les documents au même moment que les experts des États membres, et ses experts ont systématiquement accès aux réunions des groupes d'experts de la Commission traitant de la préparation des actes délégués.

(90) Il convient d'assurer la continuité entre la Convention de 1998 établie sur la base de l'article K.3 du traité sur l'Union européenne concernant la compétence, la reconnaissance et l'exécution des décisions en matière matrimoniale (ci-après dénommée « convention Bruxelles II »), le règlement (CE) n° 1347/2000, le règlement (CE) n° 2201/2003 et le présent règlement, dans la mesure où les dispositions sont restées inchangées, et d'établir des dispositions transitoires à cet effet. La même continuité doit être assurée en ce qui concerne l'interprétation, y compris par la Cour de justice de l'Union européenne, de la convention Bruxelles II et des règlements (CE) n° 1347/2000 et (CE) n° 2201/2003.

(91) Il est rappelé que, pour les accords conclus par un État membre avec un ou plusieurs États tiers avant la date de son adhésion à l'Union, l'article 351 du traité sur le fonctionnement de l'Union européenne s'applique.

(92) La loi applicable en matière de responsabilité parentale devrait être déterminée conformément aux dispositions du chapitre III de la convention de La Haye de 1996. Lorsque cette convention est appliquée dans le cadre de procédures devant une juridiction d'un État membre dans lequel le présent règlement s'applique, la référence aux « dispositions du chapitre II » figurant à l'article 15, paragraphe 1, de ladite convention devrait être interprétée au sens de « dispositions du présent règlement ».

(93) Il importe, en vue du bon fonctionnement du présent règlement, que la Commission en évalue l'application et propose, le cas échéant, les modifications nécessaires.

(94) La Commission devrait rendre publiques et mettre à jour les informations transmises par les États membres.

(95) Conformément à l'article 3 et à l'article 4 bis, paragraphe 1, du protocole n° 21 sur la position du Royaume-Uni et de l'Irlande à l'égard de l'espace de liberté, de sécurité et de justice, annexé au traité sur l'Union européenne et au traité sur le fonctionnement

de l'Union européenne, ces États membres ont notifié leur souhait de participer à l'adoption et à l'application du présent règlement.

(96) Conformément aux articles 1er et 2 du protocole n° 22 sur la position du Danemark annexé au traité sur l'Union européenne et au traité sur le fonctionnement de l'Union européenne, le Danemark ne participe pas à l'adoption du présent règlement et n'est pas lié par celui-ci ni soumis à son application.

(97) Le contrôleur européen de la protection des données a été consulté conformément à l'article 41, paragraphe 2, deuxième alinéa, et à l'article 46, point d), du règlement (CE) n° 45/2001 du Parlement européen et du Conseil et a rendu un avis le 15 février 2018.

(98) Étant entendu que les objectifs du présent règlement ne peuvent pas être réalisés de manière suffisante par les États membres à cause des différences entre les règles nationales en matière de compétence et en matière de reconnaissance et d'exécution des décisions, mais peuvent, en raison de l'applicabilité directe et de la nature contraignante du présent règlement, être mieux réalisés au niveau de l'Union, celle-ci peut prendre des mesures conformément au principe de subsidiarité consacré à l'article 5 du traité sur l'Union européenne. Conformément au principe de proportionnalité tel qu'énoncé audit article, le présent règlement n'excède pas ce qui est nécessaire pour atteindre ces objectifs,

A Adopté le présent règlement :

CHAPITRE I
Champ d'application et définitions

Art. premier *Champ d'application.* 1. Le présent règlement s'applique aux matières civiles relatives :

a) au divorce, à la séparation de corps et à l'annulation du mariage des époux;

b) à l'attribution, à l'exercice, à la délégation, au retrait total ou partiel de la responsabilité parentale.

2. Les matières visées au paragraphe 1, point b), concernent, notamment :

a) le droit de garde et le droit de visite;

b) la tutelle, la curatelle, et les institutions analogues;

c) la désignation et les fonctions de toute personne ou organisme chargé de s'occuper de la personne ou des biens d'un enfant, ou de le représenter ou de l'assister;

d) le placement d'un enfant dans une famille d'accueil ou dans un établissement;

e) les mesures de protection d'un enfant liées à l'administration, à la conservation ou à la disposition de ses biens.

3. Les chapitres III et VI du présent règlement s'appliquent en cas de déplacement ou de non-retour illicites d'un enfant concernant plus d'un État membre, en complément des dispositions de la Convention de La Haye de 1980. Le chapitre IV du présent règlement s'applique aux décisions ordonnant le retour d'un enfant dans un autre État membre en application de la convention de La Haye de 1980 qui doivent être exécutées dans un État membre autre que celui dans lequel la décision a été rendue.

4. Le présent règlement ne s'applique pas :

a) à l'établissement et la contestation de la filiation;

b) à la décision sur l'adoption et les mesures qui la préparent, ainsi que l'annulation et la révocation de l'adoption;

c) aux nom et prénoms d'un enfant;

d) à l'émancipation;

e) aux obligations alimentaires;

f) aux trusts et successions;

g) aux mesures prises à la suite d'infractions pénales commises par des enfants.

Art. 2 *Définitions.* 1. Aux fins du présent règlement, on entend par « décision » : une décision rendue par une juridiction d'un État membre, y compris un arrêt, un jugement ou une ordonnance, accordant le divorce, la séparation de corps ou l'annulation d'un mariage, ou concernant la responsabilité parentale.

Aux fins du chapitre IV, le terme « décision » inclut :

a) une décision rendue dans un État membre et ordonnant le retour d'un enfant dans un autre État membre en application de la convention de La Haye de 1980 qui doit être exécutée dans un État membre autre que celui dans lequel la décision a été rendue,

b) les mesures provisoires ou conservatoires ordonnées par une juridiction qui, en vertu du présent règlement, est compétente au fond ou les mesures ordonnées conformément à l'article 27, paragraphe 5, en liaison avec l'article 15.

Aux fins du chapitre IV, le terme « décision » n'inclut pas les mesures provisoires ou conservatoires ordonnées par une juridiction sans que le défendeur ait été cité à comparaître, sauf si la décision contenant la mesure a été notifiée ou signifiée au défendeur avant exécution.

2. Aux fins du présent règlement, on entend par :

1) « juridiction » : toute autorité dans un État membre qui est compétente dans les matières relevant du champ d'application du présent règlement;

2) « acte authentique » : un acte dressé ou enregistré formellement en tant qu'acte authentique dans tout État membre dans les matières relevant du champ d'application du présent règlement et dont l'authenticité :

a) porte sur la signature et le contenu de l'acte, et

b) a été établie par une autorité publique ou toute autre autorité habilitée à le faire. Les États membres notifient ces autorités à la Commission conformément à l'article 103;

3) « accord » : aux fins du chapitre IV, un acte qui n'est pas un acte authentique, qui a été conclu par les parties dans les matières relevant du champ d'application du présent règlement et qui a été enregistré par une autorité publique notifiée à cet effet à la Commission par un État membre conformément à l'article 103;

4) « État membre d'origine » : l'État membre dans lequel la décision a été rendue, dans lequel l'acte authentique a été dressé ou enregistré formellement ou dans lequel l'accord a été enregistré;

5) « État membre d'exécution » : l'État membre dans lequel est demandée l'exécution de la décision, de l'acte authentique ou de l'accord;

6) « enfant » : toute personne âgée de moins de 18 ans;

7) « responsabilité parentale » : l'ensemble des droits et obligations relatifs à la personne ou aux biens d'un enfant conférés à une personne physique ou une personne morale sur la base d'une décision, d'une attribution de plein droit ou d'un accord en vigueur, y compris le droit de garde et le droit de visite;

8) « titulaire de la responsabilité parentale » : toute personne, institution ou autre organisme exerçant la responsabilité parentale à l'égard d'un enfant;

9) « droit de garde » : les droits et obligations portant sur les soins de la personne d'un enfant, et en particulier le droit de décider de son lieu de résidence;

10) « droit de visite » : le droit de visite à l'égard d'un enfant, notamment le droit d'emmener l'enfant pour une période limitée dans un lieu autre que celui de sa résidence habituelle;

11) « déplacement ou non-retour illicites » : le déplacement ou le non-retour d'un enfant lorsque :

a) un tel déplacement ou non-retour a eu lieu en violation d'un droit de garde résultant d'une décision, d'une attribution de plein droit ou d'un accord en vigueur en vertu du droit de l'État membre dans lequel l'enfant avait sa résidence habituelle immédiatement avant son déplacement ou son non-retour, et

b) le droit de garde était exercé effectivement, seul ou conjointement, au moment du déplacement ou du non-retour, ou l'eût été si de tels événements n'étaient survenus.

3. Aux fins des articles 3, 6, 10, 12, 13, 51, 59, 75, 94 et 102, la notion de « domicile » remplace la notion de « nationalité » dans le cas de l'Irlande et du Royaume-Uni, et a la même signification qu'en vertu de chacun des systèmes juridiques de ces États membres.

CHAPITRE II
Compétence en matière matrimoniale et en matière de responsabilité parentale

Section I

Divorce, séparation de corps et annulation du mariage

Art. 3 *Compétence générale.* Sont compétentes pour statuer sur les questions relatives au divorce, à la séparation de corps et à l'annulation du mariage des époux, les juridictions de l'État membre :

a) sur le territoire duquel se trouve :

i) la résidence habituelle des époux,

ii) la dernière résidence habituelle des époux dans la mesure où l'un d'eux y réside encore,

iii) la résidence habituelle du défendeur,

iv) en cas de demande conjointe, la résidence habituelle de l'un ou l'autre époux,

v) la résidence habituelle du demandeur s'il y a résidé depuis au moins une année immédiatement avant l'introduction de la demande, ou

vi) la résidence habituelle du demandeur s'il y a résidé depuis au moins six mois immédiatement avant l'introduction de la demande et s'il est ressortissant de l'État membre en question ; ou

b) de la nationalité des deux époux.

Art. 4 *Demande reconventionnelle.* La juridiction devant laquelle la procédure est pendante en vertu de l'article 3 est également compétente pour examiner la demande reconventionnelle, dans la mesure où celle-ci relève du champ d'application du présent règlement.

Art. 5 *Conversion de la séparation de corps en divorce.* Sans préjudice de l'article 3, la juridiction de l'État membre qui a rendu une décision ordonnant une séparation de corps est également compétente pour convertir cette séparation de corps en divorce, si la loi de cet État membre le prévoit.

Art. 6 *Compétence résiduelle.* 1. Sous réserve du paragraphe 2, lorsqu'aucune juridiction d'un État membre n'est compétente en vertu de l'article 3, 4 ou 5, la compétence est, dans chaque État membre, régie par la loi de cet État.

2. Un époux qui a sa résidence habituelle sur le territoire d'un État membre, ou est ressortissant d'un État membre, ne peut être attrait devant les juridictions d'un autre État membre qu'en vertu des articles 3, 4 et 5.

3. Tout ressortissant d'un État membre qui a sa résidence habituelle sur le territoire d'un autre État membre peut, comme les ressortissants de cet État, y invoquer les règles de compétence applicables dans cet État contre un défendeur qui n'a pas sa résidence habituelle sur le territoire d'un État membre et qui n'a pas la nationalité d'un État membre.

Section II

Responsabilité parentale

Art. 7 *Compétence générale.* 1. Les juridictions d'un État membre sont compétentes en matière de responsabilité parentale à l'égard d'un enfant qui réside habituellement dans cet État membre au moment où la juridiction est saisie.

2. Le paragraphe 1 du présent article s'applique sous réserve des articles 8 à 10.

Art. 8 *Maintien de la compétence en ce qui concerne le droit de visite.* 1. Lorsqu'un enfant déménage légalement d'un État membre dans un autre et y acquiert une nouvelle résidence habituelle, les juridictions de l'État membre de l'ancienne résidence habituelle de l'enfant gardent leur compétence, par dérogation à l'article 7, pendant trois mois après le déménagement, pour modifier une décision concernant le droit de visite rendue dans cet État membre avant que l'enfant ait déménagé si la personne à laquelle le droit de visite a été accordé par la décision continue à résider habituellement dans l'État membre de l'ancienne résidence habituelle de l'enfant.

2. Le paragraphe 1 ne s'applique pas si le titulaire du droit de visite visé au paragraphe 1 a accepté la compétence des juridictions de l'État membre de la nouvelle résidence habituelle de l'enfant en participant à une procédure devant ces juridictions sans en contester la compétence.

Art. 9 *Compétence en cas de déplacement ou de non-retour illicites d'un enfant.* Sans préjudice de l'article 10, en cas de déplacement ou de non-retour illicites d'un enfant, les juridictions de l'État membre dans lequel l'enfant avait sa résidence habituelle immédiatement avant son déplacement ou son non-retour illicites conservent leur compétence jusqu'au moment où l'enfant a acquis une résidence habituelle dans un autre État membre et que :

a) toute personne, institution ou autre organisme ayant le droit de garde a acquiescé au déplacement ou au non-retour; ou

b) l'enfant a résidé dans cet autre État membre pendant une période d'au moins un an après que la personne, l'institution ou tout autre organisme ayant le droit de garde a eu ou aurait dû avoir connaissance du lieu où se trouvait l'enfant, que l'enfant s'est intégré dans son nouvel environnement et que l'une au moins des conditions suivantes est remplie :

i) aucune demande de retour n'a été présentée auprès des autorités compétentes de l'État membre où l'enfant a été déplacé ou est retenu, dans un délai d'un an après que le titulaire d'un droit de garde a eu ou aurait dû avoir connaissance du lieu où se trouvait l'enfant;

ii) une demande de retour présentée par le titulaire d'un droit de garde a été retirée et aucune nouvelle demande n'a été présentée dans le délai fixé au point i);

iii) une demande de retour présentée par le titulaire d'un droit de garde a été rejetée par une juridiction d'un État membre pour des motifs autres que ceux de l'article 13, premier alinéa, point b), et deuxième alinéa, de la convention de La Haye de 1980 et cette décision n'est plus susceptible d'un recours ordinaire;

iv) aucune juridiction n'a été saisie, comme prévu à l'article 29, paragraphes 3 et 5, dans l'État membre dans lequel l'enfant avait sa résidence habituelle immédiatement avant son déplacement ou son non-retour illicites;

v) une décision sur le droit de garde n'impliquant pas le retour de l'enfant a été rendue par les juridictions de l'État membre dans lequel l'enfant avait sa résidence habituelle immédiatement avant son déplacement ou son non-retour illicites.

Art. 10 *Choix de la juridiction.* 1. Les juridictions d'un État membre sont compétentes en matière de responsabilité parentale lorsque les conditions suivantes sont réunies :

a) l'enfant a un lien étroit avec cet État membre du fait, en particulier, que :

i) au moins un des titulaires de la responsabilité parentale y a sa résidence habituelle,

ii) cet état membre est l'ancienne résidence habituelle de l'enfant, ou

iii) l'enfant est ressortissant de cet État membre;

b) les parties ainsi que tout autre titulaire de la responsabilité parentale :

i) se sont librement accordés sur la compétence, au plus tard au moment où la juridiction est saisie, ou

ii) ont expressément accepté la compétence au cours de la procédure et la juridiction s'est assurée que toutes les parties ont été informées de leur droit de ne pas accepter sa compétence; et

c) l'exercice de la compétence est dans l'intérêt supérieur de l'enfant.

2. Une convention relative au choix de la juridiction en vertu du paragraphe 1, point b), est conclue par écrit, datée et signée par les parties concernées ou incluse dans les pièces de procédure conformément aux législations et procédures nationales. Toute transmission par voie électronique qui permet de consigner durablement la convention est considérée comme revêtant une « forme écrite ».

Les personnes qui deviennent parties à l'instance après la saisine de la juridiction peuvent exprimer leur accord après la saisine de la juridiction. En l'absence d'opposition de leur part, leur accord est considéré comme implicite.

3. Sauf si les parties en conviennent autrement, la compétence exercée conformément au paragraphe 1 prend fin dès que :

a) la décision rendue dans le cadre de la procédure n'est plus susceptible de recours ordinaire; ou

b) il a été mis fin à la procédure pour une autre raison.

4. La compétence conférée conformément au paragraphe 1, point b) ii), est exclusive.

Art. 11 *Compétence fondée sur la présence de l'enfant.* 1. Lorsque la résidence habituelle de l'enfant ne peut être établie et que la compétence ne peut être déterminée sur la base de l'article 10, les juridictions de l'État membre dans lequel l'enfant est présent sont compétentes.

2. La compétence visée au paragraphe 1 s'applique aussi aux enfants réfugiés ainsi qu'aux enfants qui, par suite de troubles survenant dans l'État membre de leur résidence habituelle, sont internationalement déplacés.

Art. 12 *Transfert de compétence à une juridiction d'un autre État membre.*

1. Dans des circonstances exceptionnelles, si elle considère qu'une juridiction d'un autre État membre avec lequel l'enfant a un lien particulier serait mieux placée pour apprécier l'intérêt supérieur de l'enfant dans une affaire donnée, une juridiction d'un État membre qui est compétente pour connaître du fond de l'affaire peut, sur demande d'une partie ou de sa propre initiative, suspendre la procédure ou une partie spécifique de celle-ci et :

a) impartir un délai pour qu'une ou plusieurs des parties informent la juridiction de cet autre État membre de la procédure en cours et de la possibilité d'un transfert de compétence et saisissent cette juridiction d'une demande; ou

b) demander à une juridiction d'un autre État membre d'exercer sa compétence conformément au paragraphe 2.

2. La juridiction de l'autre État membre peut, lorsque, en raison des circonstances particulières de l'affaire, cela correspond à l'intérêt supérieur de l'enfant, se déclarer compétente dans un délai de six semaines après :

a) la date de sa saisine conformément au paragraphe 1, point a); ou

b) la date de réception de la demande conformément au paragraphe 1, point b).

La juridiction saisie en second lieu ou à laquelle il est demandé d'accepter la compétence informe sans retard la juridiction saisie en premier lieu. En cas d'acceptation, la juridiction première saisie décline sa compétence.

3. La juridiction saisie en premier lieu continue d'exercer sa compétence si elle n'a pas reçu d'acceptation de compétence de la part de la juridiction de l'autre État membre dans les sept semaines après que :

a) le délai imparti pour que les parties saisissent une juridiction d'un autre État membre d'une demande conformément au paragraphe 1, point a), a expiré ou

b) cette juridiction a reçu la demande conformément au paragraphe 1, point b).

4. Aux fins du paragraphe 1, il est considéré que l'enfant a un lien particulier avec un État membre, si :

a) après la saisine de la juridiction visée au paragraphe 1, l'enfant a acquis sa résidence habituelle dans cet État membre;

b) l'enfant a résidé de manière habituelle dans cet État membre;

c) l'enfant est ressortissant de cet État;

d) l'un des titulaires de la responsabilité parentale a sa résidence habituelle dans cet État membre; ou

e) le litige porte sur des mesures de protection de l'enfant liées à l'administration, à la conservation ou à la disposition de biens appartenant à l'enfant et qui se trouvent sur le territoire de cet État membre.

5. Lorsque la compétence exclusive d'une juridiction a été établie en vertu de l'article 10, cette juridiction ne peut transférer la compétence à une juridiction d'un autre État membre.

Art. 13 *Demande de transfert de compétence par une juridiction d'un État membre qui n'est pas compétente.* 1. Dans des circonstances exceptionnelles et sans préjudice de l'article 9, si une juridiction d'un État membre avec lequel l'enfant a un lien particulier au sens de l'article 12, paragraphe 4, mais qui n'est pas compétente en vertu du présent règlement, considère qu'elle est mieux placée pour apprécier l'intérêt supérieur de l'enfant dans une affaire donnée, elle peut demander à la juridiction compétente de l'État membre de résidence habituelle de l'enfant de lui transférer la compétence.

2. Dans les six semaines à compter de la réception de la demande conformément au paragraphe 1, la juridiction requise peut accepter de transférer la compétence, lorsque, en raison des circonstances spécifiques de l'affaire, un tel transfert correspond à l'intérêt supérieur de l'enfant. Lorsque la juridiction requérante accepte de transférer la compétence, elle informe sans retard la juridiction requérante. En l'absence d'une telle acceptation dans le délai, la juridiction requérante ne peut exercer la compétence.

Art. 14 *Compétence résiduelle.* Lorsqu'aucune juridiction d'un État membre n'est compétente en vertu des articles 7 à 11, la compétence est, dans chaque État membre, régie par la loi de cet État membre.

Art. 15 *Mesures provisoires et conservatoires en cas d'urgence.* 1. En cas d'urgence, même si une juridiction d'un autre État membre est compétente pour connaître du fond de l'affaire, les juridictions d'un État membre sont compétentes pour prendre les mesures provisoires ou conservatoires éventuellement prévues par le droit de cet État membre en ce qui concerne :

a) un enfant qui est présent dans cet État membre; ou

b) des biens appartenant à un enfant qui se trouvent dans cet État membre.

2. Dans la mesure où la protection de l'intérêt supérieur de l'enfant l'exige, la juridiction qui a pris les mesures visées au paragraphe 1 du présent article informe, sans retard, la juridiction ou l'autorité compétente de l'État membre qui est compétente en vertu de l'article 7 ou, le cas échéant, toute juridiction d'un État membre qui est compétente au fond en vertu du présent règlement, soit directement conformément à l'article 86, soit par l'intermédiaire des autorités centrales désignées en application de l'article 76.

3. Les mesures prises en exécution du paragraphe 1 cessent d'avoir effet dès que la juridiction de l'État membre qui est compétente au fond en vertu du présent règlement a pris les mesures qu'elle estime appropriées.

Le cas échéant, cette juridiction peut informer de sa décision la juridiction qui a pris des mesures provisoires ou conservatoires, soit directement conformément à l'article 86, soit par l'intermédiaire des autorités centrales désignées en application de l'article 76.

Art. 16 *Questions incidentes.* 1. Si l'issue d'une procédure dans une affaire ne relevant pas du champ d'application du présent règlement qui est engagée devant une juridiction d'un État membre dépend d'une question incidente concernant la responsabilité parentale, une juridiction de cet État membre peut trancher cette question aux fins de cette procédure, même si cet État membre n'est pas compétent en vertu du présent règlement.

2. La décision rendue à propos d'une question incidente conformément au paragraphe 1 ne produit d'effets que dans la procédure dans le cadre de laquelle la décision a été prise.

3. Lorsque la validité d'un acte juridique réalisé ou à réaliser au nom de l'enfant dans une procédure en matière de succession devant une juridiction d'un État membre exige l'autorisation ou l'approbation d'une juridiction, une juridiction de cet État membre peut décider s'il convient d'autoriser ou d'approuver une telle opération même si elle n'est pas compétente en vertu du présent règlement.

4. L'article 15, paragraphe 2, s'applique en conséquence.

Section III

Dispositions communes

Art. 17 *Saisine d'une juridiction.* Une juridiction est réputée saisie :

a) à la date à laquelle l'acte introductif d'instance ou un acte équivalent est déposé auprès de la juridiction, à condition que le demandeur n'ait pas négligé par la suite de prendre les mesures qu'il était tenu de prendre pour que l'acte soit notifié ou signifié au défendeur;

b) si l'acte doit être notifié ou signifié avant d'être déposé auprès de la juridiction, à la date à laquelle il est reçu par l'autorité chargée de la notification ou de la signification, à condition que le demandeur n'ait pas négligé par la suite de prendre les mesures qu'il était tenu de prendre pour que l'acte soit déposé auprès de la juridiction; ou

c) si la procédure est engagée d'office, à la date à laquelle la décision d'engager la procédure est prise par la juridiction ou, si une telle décision n'est pas nécessaire, à la date à laquelle l'affaire est enregistrée par la juridiction.

Art. 18 *Vérification de la compétence.* Une juridiction d'un État membre saisie d'une affaire pour laquelle elle n'est pas compétente au fond en vertu du présent règlement et pour laquelle une juridiction d'un autre État membre est compétente au fond en vertu du présent règlement se déclare d'office incompétente.

Art. 19 *Vérification de la recevabilité.* 1. Lorsque le défendeur qui a sa résidence habituelle dans un État autre que l'État membre où la procédure a été intentée ne comparaît pas, la juridiction compétente est tenue de suspendre cette procédure aussi longtemps qu'il n'est pas établi que ce défendeur a été mis à même de recevoir l'acte introductif d'instance ou un acte équivalent en temps utile afin de pourvoir à sa défense ou que toute diligence a été faite à cette fin.

2. L'article 19 du règlement (CE) n° 1393/2007 s'applique en lieu et place du paragraphe 1 du présent article si l'acte introductif d'instance ou un acte équivalent a dû être transmis d'un État membre à un autre en exécution dudit règlement.

3. Lorsque le règlement (CE) n° 1397/2007 n'est pas applicable, l'article 15 de la convention de La Haye du 15 novembre 1965 relative à la signification et à la notification à l'étranger des actes judiciaires et extrajudiciaires en matière civile ou commerciale s'applique si l'acte introductif d'instance ou un acte équivalent a dû être transmis à l'étranger en exécution de ladite convention.

Art. 20 *Litispendance et actions dépendantes.* 1. Lorsque des procédures en divorce, en séparation de corps ou en annulation du mariage sont introduites entre les mêmes parties auprès de juridictions d'États membres différents, la juridiction saisie en second lieu suspend d'office sa procédure jusqu'à ce que la compétence de la juridiction première saisie soit établie.

2. Excepté lorsque la compétence de l'une des juridictions est uniquement fondée sur l'article 15, lorsque des procédures relatives à la responsabilité parentale à l'égard d'un enfant, ayant le même objet et la même cause, sont introduites auprès de juridictions d'États membres différents, la juridiction saisie en second lieu suspend d'office sa procédure jusqu'à ce que la compétence de la juridiction première saisie soit établie.

3. Lorsque la compétence de la juridiction première saisie est établie, la juridiction saisie en second lieu se dessaisit en faveur de la juridiction première saisie.

Dans ce cas, la partie ayant introduit la procédure auprès de la juridiction saisie en second lieu peut porter cette action devant la juridiction première saisie.

4. Lorsqu'une juridiction d'un État membre à laquelle une acceptation de la compétence visée à l'article 10 *bis* attribue une compétence exclusive est saisie, toute juridiction d'un autre État membre sursoit à statuer jusqu'à ce que la juridiction saisie sur le fondement de la convention ou de l'acceptation déclare qu'elle n'est pas compétente en vertu de la convention ou de l'acceptation.

5. Lorsque et dans la mesure où la juridiction a établi sa compétence exclusive conformément à une acceptation de la juridiction visée à l'article 10, toute juridiction d'un autre État membre se dessaisit en faveur de ladite juridiction.

Art. 21 *Droit de l'enfant d'exprimer son opinion.* 1. Dans l'exercice de leur compétence en application de la section II du présent chapitre, les juridictions des États membres, conformément aux législations et procédures nationales, donnent à un enfant qui est capable de discernement une possibilité réelle et effective d'exprimer son opinion, soit directement, soit par l'intermédiaire d'un représentant ou d'un organisme approprié.

2. Lorsque la juridiction, conformément aux législations et procédures nationales, donne à un enfant la possibilité d'exprimer son opinion conformément au présent article, elle prend dûment en compte l'opinion de l'enfant eu égard à son âge et à son degré de maturité.

CHAPITRE III
Enlèvement international d'enfants

Art. 22 *Retour de l'enfant en application de la convention de La Haye de 1980.* Lorsqu'une personne, une institution ou tout autre organisme alléguant une violation du droit de garde demande, soit directement, soit avec l'assistance d'une autorité centrale, à la juridiction d'un État membre de rendre une décision sur la base de la convention de La Haye de 1980 ordonnant le retour d'un enfant âgé de moins de 16 ans qui a été déplacé ou retenu illicitement dans un État membre autre que l'État membre dans lequel l'enfant avait sa résidence habituelle immédiatement avant son déplacement ou son non-retour illicites, les articles 23 à 29, et le chapitre VI, du présent règlement s'appliquent et complètent la convention de La Haye de 1980.

Art. 23 *Réception et traitement des demandes par les autorités centrales.* 1. L'autorité centrale requise agit rapidement pour assurer le traitement d'une demande, au titre de la convention de La Haye de 1980, telle que visée à l'article 22.

2. Lorsque l'autorité centrale de l'État membre requis reçoit une demande visée à l'article 22, elle en accuse réception dans un délai de cinq jours ouvrables à compter de la date de réception de la demande. Elle avise sans retard indu l'autorité centrale de l'État membre requis ou le demandeur, selon le cas, des premières démarches qui ont été ou qui seront entreprises pour traiter la demande et peut solliciter tout document ou toute information supplémentaire qu'elle estime nécessaire.

Art. 24 *Procédure rapide.* 1. Une juridiction saisie d'une demande de retour d'un enfant visée à l'article 22 agit rapidement dans le cadre de la procédure relative à la demande, en utilisant les procédures les plus rapides prévues par le droit national.

2. Sans préjudice du paragraphe 1, une juridiction de première instance, sauf si cela se révèle impossible en raison de circonstances exceptionnelles, rend sa décision six semaines au plus tard après sa saisine.

3. Sauf si cela se révèle impossible en raison de circonstances exceptionnelles, une juridiction de niveau supérieur rend sa décision six semaines au plus tard après que tous les actes de procédure nécessaires ont été accomplis et qu'elle est en mesure d'examiner le recours, en prévoyant une audition ou d'une autre manière.

Art. 25 *Modes alternatifs de règlement des litiges.* Le plus tôt possible au cours de la procédure et à tout stade de celle-ci, la juridiction, soit directement, soit, le cas échéant, avec l'assistance des autorités centrales, invite les parties à examiner si elles sont disposées à entamer une médiation ou à recourir à tout autre mode alternatif de règlement des litiges, sauf si cela est contraire à l'intérêt supérieur de l'enfant, si ce n'est pas approprié en l'espèce ou si cela retarderait indûment la procédure.

Art. 26 *Droit de l'enfant d'exprimer son opinion dans la procédure de retour.* L'article 21 du présent règlement s'applique également dans la procédure de retour au titre de la convention de La Haye de 1980.

Art. 27 *Procédure de retour d'un enfant.* 1. Une juridiction ne peut refuser le retour de l'enfant si la personne qui demande le retour de l'enfant n'a pas eu la possibilité d'être entendue.

2. La juridiction peut, à tout stade de la procédure, conformément à l'article 15, examiner si des contacts entre l'enfant et la personne qui demande le retour de l'enfant devraient être organisés, compte tenu de l'intérêt supérieur de l'enfant.

3. Lorsqu'une juridiction envisage de refuser le retour d'un enfant uniquement sur la base de l'article 13, premier alinéa, point b), de la convention de La Haye de 1980, elle ne refuse pas le retour de l'enfant si la partie qui demande le retour de l'enfant garantit à la juridiction, en fournissant des éléments de preuve suffisants, que des dispositions adéquates ont été prises pour assurer la protection de l'enfant après son retour ou si la juridiction en est convaincue de toute autre manière.

4. Aux fins du paragraphe 3 du présent article, la juridiction peut entrer en contact avec les autorités compétentes de l'État membre dans lequel l'enfant avait sa résidence habituelle immédiatement avant son déplacement ou son non-retour illicites, soit directement conformément à l'article 86, soit avec l'assistance des autorités centrales.

5. Lorsqu'elle ordonne le retour de l'enfant, la juridiction peut, le cas échéant, prendre des mesures provisoires ou conservatoires, conformément à l'article 15 du présent règlement, pour protéger l'enfant contre le risque grave visé à l'article 13, premier alinéa, point b), de la convention de La Haye de 1980, pour autant que l'examen et la prise de ces mesures ne retardent pas indûment la procédure de retour.

6. Une décision ordonnant le retour de l'enfant peut être déclarée exécutoire par provision, nonobstant un éventuel recours, lorsque le retour de l'enfant, est requis dans l'intérêt supérieur de l'enfant, avant que la décision sur le recours ne soit rendue.

Art. 28 *Exécution des décisions ordonnant le retour d'un enfant.* 1. Une autorité compétente en matière d'exécution à laquelle est présentée une demande d'exécution d'une décision ordonnant le retour d'un enfant dans un autre État membre agit rapidement pour assurer le traitement de la demande.

2. Lorsqu'une décision visée au paragraphe 1 n'a pas été exécutée dans un délai de six semaines après la date d'ouverture de la procédure d'exécution, la partie qui demande l'exécution ou l'autorité centrale de l'État membre d'exécution est en droit de demander à l'autorité compétente en matière d'exécution les raisons de ce retard.

Art. 29 *Procédure à la suite d'un refus du retour de l'enfant en application de l'article 13, premier alinéa, point b), et deuxième alinéa, de la convention de La Haye de 1980.* 1. Le présent article s'applique lorsqu'une décision refusant le retour d'un enfant dans un autre État membre est fondée uniquement sur l'article 13, premier alinéa, point b), ou deuxième alinéa, de la convention de La Haye de 1980.

2. La juridiction qui rend une décision au sens du paragraphe 1 délivre d'office un certificat au moyen du formulaire figurant à l'annexe I. Le certificat est rempli et délivré dans la langue de la décision. Il peut aussi être délivré dans une autre langue officielle des institutions de l'Union européenne demandée par une partie. Cela ne crée pas d'obligation pour la juridiction délivrant le certificat de fournir une traduction ou une translittération du contenu traduisible des champs de texte libre.

3. Si, au moment où la juridiction rend une décision au sens du paragraphe 1, une juridiction de l'État membre dans lequel l'enfant avait sa résidence habituelle immédiatement avant son déplacement ou son non-retour illicites avait déjà été saisie d'une demande d'examen au fond en matière de droit de garde, la première, si elle a connaissance de cette procédure, transmet à la seconde, dans un délai d'un mois à compter de la date de la décision au sens du paragraphe 1, soit directement, soit par l'intermédiaire des autorités centrales, les documents suivants :

a) une copie de sa décision visée au paragraphe 1 ;

b) le certificat délivré conformément au paragraphe 2; et

c) le cas échéant, un compte rendu, un résumé ou un procès-verbal des audiences, ainsi que tout autre document qu'elle juge pertinent.

4. La juridiction de l'État membre dans lequel l'enfant avait sa résidence habituelle immédiatement avant son déplacement ou son non-retour illicites peut, au besoin, demander à une partie de fournir une traduction ou une translittération, conformément à l'article 91, de la décision visée au paragraphe 1 et de tout autre document joint au certificat conformément au paragraphe 3, point c) du présent article.

5. Dans des cas autres que ceux visés au paragraphe 3, si une des parties saisit une juridiction de l'État membre dans lequel l'enfant avait sa résidence habituelle immédiatement avant son déplacement ou son non-retour illicites afin que ladite juridiction examine des éléments de fond relatifs au droit de garde, cette partie transmet, dans un délai de trois mois à compter de la notification d'une décision au sens du paragraphe 1, les documents suivants à la juridiction :

a) une copie de la décision telle que visée au paragraphe 1 ;

b) le certificat délivré conformément au paragraphe 2; et

c) le cas échéant, un compte rendu, un résumé ou un procès-verbal des audiences devant la juridiction qui a refusé le retour de l'enfant.

6. Nonobstant une décision de non-retour telle que visée au paragraphe 1, toute décision au fond en matière de droit de garde rendue à l'issue des procédures visées aux paragraphes 3 et 5 qui implique le retour de l'enfant est exécutoire dans un autre État membre conformément au chapitre IV.

CHAPITRE IV
Reconnaissance et exécution

Section I

Dispositions générales relatives à la reconnaissance et à l'exécution

Sous-section 1 – Reconnaissance

Art. 30 *Reconnaissance d'une décision.* 1. Les décisions rendues dans un État membre sont reconnues dans les autres États membres sans qu'il soit nécessaire de recourir à aucune procédure spéciale.

2. En particulier, et sans préjudice du paragraphe 3, aucune procédure spéciale n'est requise pour la mise à jour des registres de l'état civil d'un État membre sur la base d'une décision rendue dans un autre État membre en matière de divorce, de séparation de corps ou d'annulation du mariage, qui n'est plus susceptible de recours selon la loi de cet État membre.

3. Toute partie intéressée peut faire constater, selon les procédures prévues aux articles 59 à 62 et, le cas échéant, à la section V du présent chapitre et au chapitre VI, l'absence de motifs de refus de reconnaissance visés aux articles 38 et 39.

4. La compétence territoriale de la juridiction notifiée par chaque État membre à la Commission en vertu de l'article 103 est déterminée par la loi de l'État membre dans lequel la procédure engagée conformément au paragraphe 3 du présent article.

5. Si la reconnaissance d'une décision est invoquée de façon incidente devant une juridiction d'un État membre, celle-ci peut statuer en la matière.

Art. 31 *Documents à produire aux fins de la reconnaissance.* 1. La partie qui souhaite invoquer, dans un État membre, une décision rendue dans un autre État membre produit les documents suivants :

a) une copie de la décision réunissant les conditions nécessaires pour en établir l'authenticité; et

b) le certificat approprié délivré conformément à l'article 36.

2. La juridiction ou l'autorité compétente devant laquelle une décision rendue dans un autre État membre est invoquée peut, au besoin, exiger que la partie qui l'invoque fournisse, conformément à l'article 91, une traduction ou une translittération du contenu traduisible des champs de texte libre du certificat visé au paragraphe 1, point b) du présent article.

3. La juridiction ou l'autorité compétente devant laquelle une décision rendue dans un autre État membre est invoquée peut exiger que la partie fournisse, conformément à l'article 91, une traduction ou une translittération de la décision, en plus d'une traduction ou d'une translittération du contenu traduisible des champs de texte libre du certificat, si elle ne peut agir sans une telle traduction ou translittération.

Art. 32 *Absence de documents.* 1. À défaut de production des documents visés à l'article 31, paragraphe 1, la juridiction ou l'autorité compétente peut impartir un délai pour les produire ou accepter des documents équivalents ou, si elle s'estime suffisamment éclairée, en dispenser.

2. Si la juridiction ou l'autorité compétente l'exige, une traduction ou une translittération de ces documents équivalents est produite, conformément à l'article 91.

Art. 33 *Suspension de la procédure.* La juridiction devant laquelle une décision rendue dans un autre État membre est invoquée peut suspendre sa procédure, en tout ou en partie, lorsque :

a) la décision fait l'objet d'un recours ordinaire dans l'État membre d'origine; ou

b) une demande a été présentée aux fins d'obtenir une décision constatant l'absence de motifs de refus de reconnaissance visés aux articles 38 et 39 ou d'obtenir une décision visant à ce que la reconnaissance soit refusée sur le fondement de l'un de ces motifs.

Sous-section 2 – Force exécutoire et exécution

Art. 34 *Décisions exécutoires.* 1. Les décisions rendues dans un État membre en matière de responsabilité parentale, qui y sont exécutoires, sont exécutoires dans les autres États membres sans qu'une déclaration constatant leur force exécutoire ne soit nécessaire.

2. Aux fins de l'exécution dans un autre État membre d'une décision accordant un droit de visite, la juridiction d'origine peut déclarer la décision exécutoire par provision, nonobstant un éventuel recours.

Art. 35 *Documents à produire aux fins de l'exécution.* 1. Aux fins de l'exécution dans un État membre d'une décision rendue dans un autre État membre, la partie qui demande l'exécution communique à l'autorité compétente chargée de l'exécution :

a) une copie de la décision réunissant les conditions nécessaires pour en établir l'authenticité; et

b) le certificat approprié délivré conformément à l'article 36.

2. Aux fins de l'exécution dans un État membre d'une décision rendue dans un autre État membre ordonnant une mesure provisoire ou conservatoire, la partie qui demande l'exécution communique à l'autorité compétente chargée de l'exécution :

a) une copie de la décision réunissant les conditions nécessaires pour en établir l'authenticité;

b) le certificat approprié délivré conformément à l'article 36, attestant que la décision est exécutoire dans l'État membre d'origine et que la juridiction d'origine :

i) est compétente pour connaître du fond, ou

ii) a ordonné la mesure conformément à l'article 27, paragraphe 5, en liaison avec l'article 15; et

c) lorsque la mesure a été ordonnée sans que le défendeur soit cité à comparaître, une preuve de la notification ou de la signification de la décision.

3. L'autorité compétente chargée de l'exécution peut, au besoin, exiger que la partie qui demande l'exécution fournisse, conformément à l'article 91, une traduction ou une translittération du contenu traduisible des champs de texte libre du certificat qui précise l'obligation à exécuter.

4. L'autorité compétente chargée de l'exécution peut exiger que la partie qui demande l'exécution fournisse, conformément à l'article 91, une traduction ou une translittération de la décision si elle ne peut agir sans une telle traduction ou translittération.

Sous-section 3 – Certificat

Art. 36 *Délivrance du certificat.* 1. La juridiction d'un État membre d'origine notifiée à la Commission en vertu de l'article 103 délivre, à la demande d'une partie, un certificat concernant :

a) une décision en matière matrimoniale au moyen du formulaire figurant à l'annexe II;

b) une décision en matière de responsabilité parentale au moyen du formulaire figurant à l'annexe III;

c) une décision ordonnant le retour d'un enfant telle que visée à l'article 2, paragraphe 1, point a), et, le cas échéant, toute mesure provisoire ou conservatoire ordonnée conformément à l'article 27, paragraphe 5, accompagnant la décision, au moyen du formulaire figurant à l'annexe IV.

2. Le certificat est rempli et délivré dans la langue de la décision. Il peut aussi être délivré dans une autre langue officielle des institutions de l'Union européenne demandée par une partie. Cela ne crée pas d'obligation pour la juridiction délivrant le certificat de fournir une traduction ou une translittération du contenu traduisible des champs de texte libre.

3. La délivrance d'un certificat n'est par ailleurs susceptible d'aucun recours.

Art. 37 *Rectification du certificat.* 1. La juridiction d'un État membre d'origine notifiée à la Commission en vertu de l'article 103 rectifie le certificat sur demande, ou peut le rectifier d'office, lorsque, en raison d'une erreur matérielle ou d'une omission, il existe une divergence entre la décision à exécuter et le certificat.

2. Le droit de l'État membre d'origine s'applique à la procédure de rectification du certificat.

Sous-section 4 – Refus de reconnaissance et d'exécution

Art. 38 *Motifs de refus de reconnaissance des décisions en matière matrimoniale.* La reconnaissance d'une décision rendue en matière de divorce, de séparation de corps ou d'annulation du mariage est refusée :

a) si la reconnaissance est manifestement contraire à l'ordre public de l'État membre dans lequel la reconnaissance est invoquée;

b) si l'acte introductif d'instance ou un acte équivalent n'a pas été signifié ou notifié au défendeur défaillant en temps utile et de telle manière qu'il puisse pourvoir à sa défense, à moins qu'il ne soit établi que le défendeur a accepté la décision de manière non équivoque;

c) si la décision est inconciliable avec une décision rendue dans une instance opposant les mêmes parties dans l'État membre dans lequel la reconnaissance est invoquée; ou

d) si la décision est inconciliable avec une décision rendue antérieurement dans un autre État membre ou dans un État tiers dans une affaire opposant les mêmes parties, dès lors que cette première décision réunit les conditions nécessaires à sa reconnaissance dans l'État membre dans lequel la reconnaissance est invoquée.

Art. 39 *Motifs de refus de reconnaissance des décisions en matière de responsabilité parentale.* 1. La reconnaissance d'une décision rendue en matière de responsabilité parentale est refusée :

a) si la reconnaissance est manifestement contraire à l'ordre public de l'État membre dans lequel la reconnaissance est invoquée, eu égard à l'intérêt supérieur de l'enfant;

b) si, lorsque la décision a été rendue par défaut, l'acte introductif d'instance ou un acte équivalent n'a pas été signifié ou notifié à la personne défaillante en temps utile et de telle manière que celle-ci puisse pourvoir à sa défense, à moins qu'il ne soit établi que cette personne a accepté la décision de manière non équivoque;

c) à la demande de toute personne faisant valoir que la décision fait obstacle à l'exercice de sa responsabilité parentale, si la décision a été rendue sans que cette personne ait eu la possibilité d'être entendue;

d) si et dans la mesure où la décision est inconciliable avec une décision rendue ultérieurement en matière de responsabilité parentale dans l'État membre dans lequel la reconnaissance est invoquée;

e) si et dans la mesure où la décision est inconciliable avec une décision rendue ultérieurement en matière de responsabilité parentale dans un autre État membre ou dans l'État tiers où l'enfant réside habituellement, dès lors que la décision ultérieure réunit les conditions nécessaires à sa reconnaissance dans l'État dans lequel la reconnaissance est invoquée; ou

f) si la procédure prévue à l'article 82 n'a pas été respectée.

2. La reconnaissance d'une décision en matière de responsabilité parentale peut être refusée si ladite décision a été rendue sans que l'enfant qui est capable de discernement n'ait eu la possibilité d'exprimer son opinion conformément à l'article 21, sauf :

a) si la procédure ne portait que sur les biens de l'enfant et pour autant qu'il n'était pas requis de donner cette possibilité compte tenu de l'objet de la procédure; ou

b) s'il existait des motifs sérieux d'agir ainsi compte tenu notamment de l'urgence de l'affaire.

Art. 40 *Procédure de refus de reconnaissance.* 1. Les procédures prévues aux articles 59 à 62 et, le cas échéant, la section V du présent chapitre et le chapitre VI s'appliquent mutatis mutandis à une demande de refus de reconnaissance.

2. La compétence territoriale de la juridiction notifiée par chaque État membre à la Commission en vertu de l'article 103 est déterminée par la loi de l'État membre dans lequel la procédure de non-reconnaissance est engagée.

Art. 41 *Motifs de refus d'exécution des décisions en matière de responsabilité parentale.* Sans préjudice de l'article 56, paragraphe 6, l'exécution d'une décision en matière de responsabilité parentale est refusée lorsque l'existence de l'un des motifs de refus de reconnaissance visés à l'article 39 est constatée.

Section II

Reconnaissance et exécution de certaines décisions privilégiées

Art. 42 *Champ d'application.* 1. La présente section s'applique aux types suivants de décisions si elles ont été certifiées dans l'État membre d'origine conformément à l'article 47 :

a) les décisions accordant un droit de visite; et

b) les décisions rendues en vertu de l'article 29, paragraphe 6, dans la mesure où elles impliquent le retour de l'enfant.

2. La présente section n'empêche pas une partie de demander la reconnaissance et l'exécution d'une décision visée au paragraphe 1 conformément aux dispositions relatives à la reconnaissance et à l'exécution prévues à la section I du présent chapitre.

Sous-section 1 – Reconnaissance

Art. 43 *Reconnaissance.* 1. Une décision visée à l'article 42, paragraphe 1, rendue dans un État membre est reconnue dans les autres États membres sans qu'il soit nécessaire de recourir à aucune procédure et sans qu'il soit possible de s'opposer à sa reconnaissance, sauf si et dans la mesure où il est constaté que la décision est déclarée inconciliable avec une décision ultérieure au sens de l'article 50.

2. La partie qui souhaite invoquer, dans un État membre, une décision visée à l'article 42, paragraphe 1, rendue dans un autre État membre produit les documents suivants :

a) une copie de la décision réunissant les conditions nécessaires pour en établir l'authenticité; et

b) le certificat approprié délivré conformément à l'article 47.

3. L'article 31, paragraphes 2 et 3, s'applique en conséquence.

Art. 44 *Suspension de la procédure.* La juridiction devant laquelle une décision visée à l'article 42, paragraphe 1, rendue dans un autre État membre est invoquée peut suspendre la procédure, en tout ou en partie, lorsque :

a) une demande a été soumise alléguant le caractère inconciliable de ladite décision avec une décision ultérieure visée à l'article 50; ou

b) la personne contre laquelle l'exécution est demandée a demandé, conformément à l'article 48, l'annulation d'un certificat délivré conformément à l'article 47.

Sous-section 2 – Force exécutoire et exécution

Art. 45 *Décisions exécutoires.* 1. Les décisions visées à l'article 42, paragraphe 1, rendues dans un État membre, qui y sont exécutoires, sont exécutoires au titre de la présente section dans les autres États membres sans qu'une déclaration constatant leur force exécutoire ne soit nécessaire.

2. Aux fins de l'exécution dans un autre État membre d'une décision visée à l'article 42, paragraphe 1, point a), les juridictions de l'État membre d'origine peuvent déclarer la décision exécutoire par provision, nonobstant un éventuel recours.

Art. 46 *Documents à produire aux fins de l'exécution.* 1. Aux fins de l'exécution dans un État membre d'une décision visée à l'article 42, paragraphe 1, rendue dans un autre État membre, la partie qui demande l'exécution communique à l'autorité compétente chargée de l'exécution :

a) une copie de la décision réunissant les conditions nécessaires pour en établir l'authenticité; et

b) le certificat approprié délivré conformément à l'article 47.

2. Aux fins de l'exécution dans un État membre d'une décision visée à l'article 42, paragraphe 1, point a), rendue dans un autre État membre, l'autorité compétente chargée de l'exécution peut, au besoin, exiger que le demandeur fournisse, conformément à l'article 91, une traduction ou une translittération du contenu traduisible des champs de texte libre du certificat qui précise l'obligation à exécuter.

3. Aux fins de l'exécution dans un État membre d'une décision visée à l'article 42, paragraphe 1, rendue dans un autre État membre, l'autorité compétente chargée de l'exécution peut exiger que le demandeur fournisse, conformément à l'article 91, une traduction ou une translittération de la décision si elle ne peut agir sans une telle traduction ou translittération.

Sous-section 3 – Certificat pour décisions privilégiées

Art. 47 *Délivrance du certificat.* 1. La juridiction qui a rendu une décision telle que visée à l'article 42, paragraphe 1, délivre, à la demande d'une partie, un certificat concernant :

a) une décision accordant un droit de visite au moyen du formulaire figurant à l'annexe V;

b) une décision au fond en matière de droit de garde impliquant le retour d'un enfant et rendue en vertu de l'article 29, paragraphe 6, au moyen du formulaire figurant à l'annexe VI.

2. Le certificat est rempli et délivré dans la langue de la décision. Il peut aussi être délivré dans une autre langue officielle des institutions de l'Union européenne demandée par une partie. Cela ne crée pas d'obligation pour la juridiction délivrant le certificat de fournir une traduction ou une translittération du contenu traduisible des champs de texte libre.

3. La juridiction délivre le certificat uniquement si les conditions suivantes sont remplies :

a) toutes les parties concernées ont eu la possibilité d'être entendues;

b) l'enfant a eu la possibilité d'exprimer son opinion conformément à l'article 21;

c) lorsque la décision a été rendue par défaut :

i) si l'acte introductif d'instance ou un acte équivalent a été signifié ou notifié à la personne défaillante en temps utile et de telle manière que celle-ci puisse pourvoir à sa défense; ou

ii) s'il est établi que cette personne a accepté la décision de manière non équivoque.

4. Sans préjudice du paragraphe 3 du présent article, le certificat concernant une décision visée à l'article 42, paragraphe 1, point b), du présent règlement est délivré uniquement si la juridiction a rendu sa décision en tenant compte des motifs et faits sur la base desquels la décision antérieure avait été rendue dans un autre État membre en application de l'article 13, premier alinéa, point b), ou deuxième alinéa, de la convention de La Haye de 1980.

5. Le certificat ne produit ses effets que dans les limites du caractère exécutoire de la décision.

6. La délivrance d'un certificat n'est susceptible d'aucun recours autre que ceux prévus à l'article 48.

Art. 48 *Rectification et annulation du certificat.* 1. La juridiction de l'État membre d'origine notifiée à la Commission en vertu de l'article 103 rectifie le certificat sur demande, ou peut le rectifier d'office, lorsque, en raison d'une erreur matérielle ou d'une omission, il existe une divergence entre la décision et le certificat.

2. La juridiction visée au paragraphe 1 du présent article, sur demande ou d'office, annule le certificat s'il a été délivré indûment, eu égard aux exigences fixées à l'article 47. L'article 49 s'applique en conséquence.

3. La procédure de rectification ou d'annulation du certificat, y compris un éventuel recours, est régie par le droit de l'État membre d'origine.

Art. 49 *Certificats indiquant la suspension ou la limitation de la force exécutoire.* 1. Lorsque et dans la mesure où une décision certifiée conformément à l'article 47 a cessé d'être exécutoire ou que son caractère exécutoire a été suspendu ou limité, un certificat indiquant la suspension ou la limitation de la force exécutoire est délivré, sur demande adressée à tout moment à la juridiction de l'État membre d'origine notifiée à la Commission en vertu de l'article 103, au moyen du formulaire type figurant à l'annexe VII.

2. Le certificat est rempli et délivré dans la langue de la décision. Il peut aussi être délivré dans une autre langue officielle des institutions de l'Union européenne demandée par une partie. Cela ne crée pas d'obligation pour la juridiction délivrant le certificat de fournir une traduction ou une translittération du contenu traduisible des champs de texte libre.

Sous-section 4 – Refus de reconnaissance et d'exécution

Art. 50 *Décisions inconciliables.* La reconnaissance et l'exécution d'une décision visée à l'article 42, paragraphe 1, est refusée si et dans la mesure où la décision est inconciliable avec une décision en matière de responsabilité parentale rendue ultérieurement à l'égard du même enfant :

a) dans l'État membre dans lequel la reconnaissance est invoquée ; ou

b) dans un autre État membre ou dans l'État tiers où l'enfant réside habituellement, dès lors que la décision ultérieure réunit les conditions nécessaires à sa reconnaissance dans l'État membre dans lequel la reconnaissance est invoquée.

Section III

Dispositions communes relatives à l'exécution

Sous-section 1 – Exécution

Art. 51 *Procédure d'exécution.* 1. Sous réserve des dispositions de la présente section, la procédure d'exécution des décisions rendues dans un autre État membre est régie par le droit de l'État membre d'exécution. Sans préjudice des articles 41, 50, 56 et 57, une décision rendue dans un État membre qui est exécutoire dans l'État membre d'origine est exécutée dans l'État membre d'exécution dans les mêmes conditions qu'une décision rendue dans ce dernier.

2. La partie qui demande l'exécution d'une décision rendue dans un autre État membre n'est pas tenue d'avoir une adresse postale dans l'État membre d'exécution. Elle n'est tenue d'avoir un représentant autorisé dans l'État membre d'exécution que si cette représentation est obligatoire en vertu du droit de cet État membre indépendamment de la nationalité des parties.

Art. 52 *Autorités compétentes en matière d'exécution.* La demande d'exécution est présentée à l'autorité compétente en matière d'exécution selon le droit de l'État membre d'exécution telle qu'elle a été notifiée par cet État membre à la Commission en vertu de l'article 103.

Art. 53 *Exécution partielle.* 1. Une partie qui demande l'exécution d'une décision peut demander l'exécution partielle de cette décision.

2. Lorsque la décision rendue porte sur plusieurs points et que l'exécution a été refusée pour une ou plusieurs d'entre eux, l'exécution est néanmoins possible pour les parties de la décision non concernées par le refus.

3. Les paragraphes 1 et 2 du présent article ne sont pas appliqués pour exécuter une décision ordonnant le retour d'un enfant sans que soit également exécutée toute mesure provisoire ou conservatoire ordonnée en vue de protéger l'enfant contre le risque visé à l'article 13, premier alinéa, point b), de la convention de La Haye de 1980.

Art. 54 *Modalités de l'exercice du droit de visite.* 1. Les autorités compétentes en matière d'exécution ou les juridictions de l'État membre d'exécution peuvent arrêter les modalités pour organiser l'exercice du droit de visite, si les modalités nécessaires n'ont pas été prévues ou ne l'ont pas été suffisamment dans la décision rendue par les juridictions de l'État membre compétentes pour connaître du fond, et pour autant que les éléments essentiels de ladite décision soient respectés.

2. Les modalités arrêtées conformément au paragraphe 1 cessent d'être applicables à la suite d'une décision ultérieure rendue par les juridictions de l'État membre compétentes pour connaître du fond.

Art. 55 *Notification ou signification du certificat et de la décision.* 1. Lorsque l'exécution d'une décision rendue dans un autre État membre est demandée, le certificat approprié délivré conformément à l'article 36 ou 47 est notifié ou signifié, avant la première mesure d'exécution, à la personne contre laquelle l'exécution est demandée. Le certificat est accompagné de la décision si celle-ci n'a pas déjà été notifiée ou signifiée à la personne concernée et, le cas échéant, par le détail des modalités visées à l'article 54, paragraphe 1.

2. Lorsque la notification ou signification doit être effectuée dans un État membre autre que l'État membre d'origine, la personne contre laquelle l'exécution est demandée peut demander une traduction ou une translittération des documents suivants :

a) la décision, afin d'en contester l'exécution,

b) le cas échéant, le contenu traduisible des champs de texte libre du certificat délivré conformément à l'article 47, si la décision n'est pas rédigée ou accompagnée d'une traduction ou d'une translittération dans une langue qu'elle comprend ou dans la langue officielle de l'État membre dans lequel elle a sa résidence habituelle ou, si l'État membre en question compte plusieurs langues officielles, dans la langue officielle ou l'une des langues officielles du lieu où elle a sa résidence habituelle.

3. Lorsqu'une traduction ou une translittération est demandée au titre du paragraphe 2, aucune mesure d'exécution autre qu'une mesure conservatoire ne peut être prise jusqu'à ce que cette traduction ou translittération ait été fournie à la personne contre laquelle l'exécution est demandée.

4. Les paragraphes 2 et 3 ne s'appliquent pas dans la mesure où la décision et, le cas échéant, le certificat visé au paragraphe 1 ont déjà été notifiés ou signifiés à la personne contre laquelle l'exécution est demandée conformément aux exigences en matière de traduction ou de translittération prévues au paragraphe 2.

Sous-section 2 – Suspension de la procédure d'exécution et refus d'exécution

Art. 56 *Suspension et refus.* 1. L'autorité compétente en matière d'exécution ou la juridiction de l'État membre d'exécution, suspend la procédure d'exécution, d'office ou à la demande de la personne contre laquelle l'exécution est demandée ou, si le droit national le prévoit, à la demande de l'enfant concerné, si le caractère exécutoire de la décision est suspendu dans l'État membre d'origine.

2. L'autorité compétente en matière d'exécution ou la juridiction de l'État membre d'exécution peut, à la demande de la personne contre laquelle l'exécution est demandée ou, si le droit national le prévoit, à la demande de l'enfant concerné, suspendre, intégralement ou partiellement, la procédure d'exécution pour l'une des raisons suivantes :

a) la décision fait l'objet d'un recours ordinaire dans l'État membre d'origine;

b) le délai pour former un recours ordinaire visé au point a) n'est pas encore expiré;

c) une demande de refus d'exécution fondée sur l'article 41, 50 ou 57 a été présentée;

d) la personne à l'encontre de laquelle l'exécution est demandée a demandé, conformément à l'article 48, l'annulation d'un certificat délivré conformément à l'article 47.

3. Lorsque l'autorité compétente en matière d'exécution ou la juridiction suspend la procédure pour la raison mentionnée au paragraphe 2, point b), elle peut impartir un délai pour introduire un recours.

4. Dans des cas exceptionnels, l'autorité compétente en matière d'exécution ou la juridiction peut, à la demande de la personne contre laquelle l'exécution est demandée ou, si le droit national le prévoit, à la demande de l'enfant concerné ou de toute partie intéressée agissant dans l'intérêt supérieur de l'enfant, suspendre la procédure d'exécution si l'exécution risque d'exposer l'enfant à un grave danger physique ou psychique du fait d'empêchements temporaires qui sont apparus après que la décision a été rendue ou de tout autre changement de circonstances significatif.

L'exécution reprend dès que le grave danger physique ou psychique cesse d'exister.

5. Dans les cas visés au paragraphe 4, l'autorité compétente en matière d'exécution ou la juridiction, avant de refuser l'exécution en vertu du paragraphe 6, prend toute

mesure appropriée pour faciliter l'exécution conformément aux législations et procédures nationales et à l'intérêt supérieur de l'enfant.

6. Lorsque le danger visé au paragraphe 4 revêt un caractère durable, l'autorité compétente en matière d'exécution ou la juridiction peut, sur demande, refuser l'exécution de la décision.

Art. 57 *Motifs de suspension ou de refus de l'exécution prévus par le droit national.* Les motifs de suspension ou de refus de l'exécution prévus par le droit de l'État membre d'exécution s'appliquent pour autant qu'ils ne soient pas incompatibles avec l'application des articles 41, 50 et 56.

Art. 58 *Compétence des autorités ou juridictions compétentes en matière de refus d'exécution.* 1. La demande de refus d'exécution fondée sur l'article 39 est présentée à la juridiction notifiée par chaque État membre à la Commission en vertu de l'article 103. La demande de refus d'exécution fondée sur d'autres motifs prévus ou autorisés par le présent règlement est présentée à l'autorité ou à la juridiction notifiée par chaque État membre à la Commission en vertu de l'article 103.

2. La compétence territoriale de l'autorité ou de la juridiction notifiée par chaque État membre à la Commission en vertu de l'article 103 est déterminée par la loi de l'État membre dans lequel la procédure est engagée conformément au paragraphe 1 du présent article.

Art. 59 *Demande de refus d'exécution.* 1. La procédure applicable pour présenter une demande de refus d'exécution, dans la mesure où elle n'est pas régie par le présent règlement, relève de la loi de l'État membre d'exécution.

2. Le demandeur fournit à l'autorité compétente chargée de l'exécution ou à la juridiction une copie de la décision et, le cas échéant et dans la mesure du possible, le certificat approprié délivré conformément à l'article 36 ou 47.

3. L'autorité compétente chargée de l'exécution ou la juridiction peut, au besoin, exiger que le demandeur fournisse, conformément à l'article 91, une traduction ou une translittération du contenu traduisible des champs de texte libre du certificat approprié délivré conformément à l'article 36 ou 47 qui précise l'obligation à exécuter.

4. Si l'autorité compétente chargée de l'exécution ou la juridiction est incapable d'agir sans une traduction ou une translittération de la décision, elle peut exiger que le demandeur lui en fournisse une, conformément à l'article 91.

5. L'autorité compétente chargée de l'exécution ou la juridiction peut dispenser le demandeur de la production des documents visés au paragraphe 2 :

i) s'ils sont déjà en sa possession, ou

ii) si elle estime qu'il n'est pas raisonnable d'exiger que le demandeur les fournisse.

Dans le cas visé au point b) du premier alinéa, l'autorité compétente chargée de l'exécution ou la juridiction peut exiger que l'autre partie les fournisse.

6. La partie qui demande le refus d'exécution d'une décision rendue dans un autre État membre n'est pas tenue d'avoir une adresse postale dans l'État membre d'exécution. Elle n'est tenue d'avoir un représentant autorisé dans l'État membre d'exécution que si cette représentation est obligatoire en vertu du droit de cet État membre indépendamment de la nationalité des parties.

Art. 60 *Procédures rapides.* L'autorité compétente en matière d'exécution ou la juridiction agit sans retard indu dans les procédures relatives à la demande de refus d'exécution.

Art. 61 *Contestation ou recours.* 1. Chaque partie peut contester ou former un recours contre une décision relative à la demande de refus d'exécution.

2. La contestation ou le recours est porté devant l'autorité ou la juridiction notifiée par l'État membre d'exécution à la Commission en vertu de l'article 81 comme étant l'autorité ou la juridiction devant laquelle cette contestation ou ce recours doit être porté.

Art. 62 *Nouvelle contestation ou nouveau recours.* Une décision rendue sur la contestation ou le recours ne peut faire l'objet d'une nouvelle contestation ou d'un nouveau recours que si les juridictions devant lesquelles la nouvelle contestation ou le nouveau recours doit être porté ont été notifiées par l'État membre concerné à la Commission en vertu de l'article 103.

Art. 63 *Suspension de la procédure.* 1. L'autorité compétente en matière d'exécution ou la juridiction saisie d'une demande de refus d'exécution ou qui statue sur un recours formé au titre de l'article 61 ou 62 peut suspendre la procédure pour l'une des raisons suivantes :

a) la décision fait l'objet d'un recours ordinaire dans l'État membre d'origine;

b) le délai pour former un recours ordinaire visé au point a) n'est pas encore expiré; ou

c) la personne à l'encontre de laquelle l'exécution est demandée a demandé, conformément à l'article 48, l'annulation d'un certificat délivré conformément à l'article 47.

2. Lorsque l'autorité compétente en matière d'exécution ou la juridiction suspend la procédure pour la raison mentionnée au paragraphe 1, point b), elle peut impartir un délai pour la formation du recours.

Section IV

Actes authentiques et accords

Art. 64 *Champ d'application.* La présente section s'applique en matière de divorce, de séparation de corps et de responsabilité parentale aux actes authentiques qui ont été dressés ou enregistrés formellement dans un État membre dont les juridictions sont compétentes au titre du chapitre II et aux accords qui y ont été enregistrés.

Art. 65 *Reconnaissance et exécution des actes authentiques et des accords.* 1. Les actes authentiques et les accords relatifs à la séparation de corps et au divorce qui ont un effet juridique contraignant dans l'État membre d'origine sont reconnus dans les autres États membres sans qu'il soit nécessaire de recourir à aucune procédure. La section I du présent chapitre s'applique en conséquence, sauf dispositions contraires de la présente section.

2. Les actes authentiques et les accords en matière de responsabilité parentale qui ont un effet juridique contraignant et qui sont exécutoires dans l'État membre d'origine sont reconnus et exécutés dans les autres États membres sans qu'une déclaration constatant leur force exécutoire ne soit nécessaire. Les sections I et III du présent chapitre s'appliquent en conséquence, sauf dispositions contraires de la présente section.

Art. 66 *Certificat.* 1. La juridiction ou l'autorité compétente d'un État membre d'origine telle qu'elle a été notifiée à la Commission en vertu de l'article 103 délivre, à la demande d'une partie, un certificat concernant un acte authentique ou un accord :

a) en matière matrimoniale au moyen du formulaire figurant à l'annexe VIII;

b) en matière de responsabilité parentale au moyen du formulaire figurant à l'annexe IX.

Le certificat visé au point b) comprend un résumé de l'obligation exécutoire figurant dans l'acte authentique ou l'accord.

2. Le certificat peut être délivré uniquement si les conditions suivantes sont remplies :

a) l'État membre qui a habilité l'autorité publique ou une autre autorité à dresser ou enregistrer l'acte authentique ou à enregistrer l'accord est celui dont les juridictions sont compétentes au titre du chapitre II, et

b) l'acte authentique ou l'accord a un effet juridique contraignant dans cet État membre.

3. Nonobstant le paragraphe 2, en matière de responsabilité parentale, le certificat ne peut pas être délivré si des éléments indiquent que le contenu de l'acte authentique ou de l'accord est contraire à l'intérêt supérieur de l'enfant.

4. Le certificat est rempli dans la langue de l'acte authentique ou de l'accord. Il peut aussi être délivré dans une autre langue officielle des institutions de l'Union européenne demandée par une partie. Cela ne crée pas d'obligation pour la juridiction ou l'autorité compétente délivrant le certificat de fournir une traduction ou une translittération du contenu traduisible des champs de texte libre.

5. À défaut de production du certificat, l'acte authentique ou un accord n'est ni reconnu ni exécuté dans un autre État membre.

Art. 67 *Rectification et annulation du certificat.* 1. La juridiction ou l'autorité compétente de l'État membre d'origine notifiée à la Commission en vertu de l'article 103 rectifie le certificat sur demande, ou peut le rectifier d'office, lorsque, en raison d'une erreur matérielle ou d'une omission, il existe une divergence entre l'acte authentique ou l'accord et le certificat.

2. La juridiction ou l'autorité compétente visée au paragraphe 1 du présent article, sur demande ou d'office, annule le certificat s'il a été délivré indûment, eu égard aux exigences fixées à l'article 66.

3. La procédure de rectification ou d'annulation du certificat, y compris un éventuel recours, est régie par le droit de l'État membre d'origine.

Art. 68 *Motifs de refus de reconnaissance ou d'exécution.* 1. La reconnaissance d'un acte authentique ou d'un accord concernant la séparation de corps ou le divorce est refusée si :

a) la reconnaissance est manifestement contraire à l'ordre public de l'État membre dans lequel la reconnaissance est invoquée ;

b) l'acte authentique ou l'accord est inconciliable avec une décision, un acte authentique ou un accord concernant les mêmes parties dans l'État membre dans lequel la reconnaissance est invoquée ; ou

c) l'acte authentique ou l'accord est inconciliable avec une décision, un acte authentique ou un accord antérieur établi dans un autre État membre ou dans un État tiers et concernant les mêmes parties, dès lors que cette première décision, ce premier acte authentique ou ce premier accord réunit les conditions nécessaires à sa reconnaissance dans l'État membre dans lequel la reconnaissance est invoquée.

2. La reconnaissance ou l'exécution d'un acte authentique ou d'un accord en matière de responsabilité parentale est refusée :

a) si la reconnaissance est manifestement contraire à l'ordre public de l'État membre dans lequel la reconnaissance est invoquée, eu égard à l'intérêt supérieur de l'enfant ;

b) à la demande de toute personne faisant valoir que l'acte authentique ou l'accord fait obstacle à l'exercice de sa responsabilité parentale, si l'acte authentique a été dressé ou enregistré ou si l'accord a été conclu et enregistré sans intervention de cette personne ;

c) si et dans la mesure où l'acte authentique ou l'accord est inconciliable avec une décision, un acte authentique ou un accord ultérieur en matière de responsabilité parentale établi dans l'État membre dans lequel la reconnaissance est invoquée ou l'exécution est demandée;

d) si et dans la mesure où l'acte authentique ou l'accord est inconciliable avec une décision, un acte authentique ou un accord ultérieur en matière de responsabilité parentale établi dans un autre État membre ou dans l'État tiers où l'enfant réside habituellement, dès lors que la décision, l'acte authentique ou l'accord ultérieur réunit les conditions nécessaires à sa reconnaissance dans l'État dans lequel la reconnaissance est invoquée ou l'exécution est demandée.

3. La reconnaissance ou l'exécution d'un acte authentique ou d'un accord en matière de responsabilité parentale peut être refusée si l'acte authentique a été dressé ou enregistré formellement ou l'accord a été enregistré sans que l'enfant qui est capable de discernement n'ait eu la possibilité d'exprimer son opinion.

Section V

Autres dispositions

Art. 69 *Interdiction du contrôle de la compétence de la juridiction d'origine.* Il ne peut être procédé au contrôle de la compétence de la juridiction de l'État membre d'origine. Le critère de l'ordre public visé à l'article 38, point a), et à l'article 39, point a), ne peut être appliqué aux règles de compétence visées aux articles 3 à 14.

Art. 70 *Disparités entre les lois applicables.* La reconnaissance d'une décision en matière matrimoniale ne peut être refusée au motif que la loi de l'État membre dans lequel cette reconnaissance est invoquée ne permet pas le divorce, la séparation de corps ou l'annulation du mariage sur la base de faits identiques.

Art. 71 *Interdiction de la révision au fond.* En aucun cas une décision rendue dans un autre État membre ne peut faire l'objet d'une révision au fond.

Art. 72 *Recours dans certains États membres.* Lorsqu'une décision a été rendue en Irlande, à Chypre ou au Royaume-Uni, toute voie de recours prévue dans l'État membre d'origine est considérée comme un recours ordinaire aux fins de l'application du présent chapitre.

Art. 73 *Coûts.* Le présent chapitre s'applique également pour la fixation du montant des frais du procès au titre des procédures engagées en vertu du présent règlement et pour l'exécution de tout jugement concernant de tels frais.

Art. 74 *Assistance judiciaire.* 1. Le demandeur qui, dans l'État membre d'origine, a bénéficié en tout ou en partie de l'assistance judiciaire ou d'une exemption de frais et dépens bénéficie, dans la procédure prévue à l'article 30, paragraphe 3, et aux articles 40 et 59, de l'assistance la plus favorable ou de l'exemption la plus large prévue par le droit de l'État membre d'exécution.

2. Le demandeur qui, dans l'État membre d'origine, a bénéficié d'une procédure gratuite devant une autorité administrative notifiée à la Commission en vertu de l'article 103 a droit, dans le cadre de toute procédure prévue à l'article 30, paragraphe 3, et aux articles 40 et 59, à l'assistance judiciaire conformément au paragraphe 1 du présent article. À cet effet, cette partie produit un document établi par l'autorité compétente de l'État membre d'origine attestant qu'elle remplit les conditions économiques pour pouvoir bénéficier en tout ou en partie de l'assistance judiciaire ou d'une exemption de frais et dépens.

Art. 75 *Caution ou dépôt.* Aucune caution ni aucun dépôt, sous quelque dénomination que ce soit, ne peuvent être imposés à la partie qui demande l'exécution dans un État membre d'une décision rendue dans un autre État membre en raison de sa qualité d'étranger ou du défaut de résidence habituelle dans l'État membre d'exécution.

CHAPITRE V

Coopération en matière de responsabilité parentale

Art. 76 *Désignation des autorités centrales.* Chaque État membre désigne une ou plusieurs autorités centrales chargées de l'assister dans l'application du présent règlement en matière de responsabilité parentale et en précise les attributions territoriales ou matérielles. Lorsqu'un État membre a désigné plusieurs autorités centrales, les communications sont en principe adressées directement à l'autorité centrale compétente. Si une communication est adressée à une autorité centrale non compétente, celle-ci la transmet à l'autorité centrale compétente et en informe l'expéditeur.

Art. 77 *Tâches générales des autorités centrales.* 1. Les autorités centrales communiquent des informations sur les législations, procédures et services disponibles au niveau national en matière de responsabilité parentale et prennent les mesures qu'elles jugent appropriées pour améliorer l'application du présent règlement.

2. Les autorités centrales coopèrent et encouragent la coopération entre les autorités compétentes dans leur État membre pour réaliser les objectifs du règlement.

3. Aux fins des paragraphes 1 et 2, il peut être fait usage du réseau judiciaire européen en matière civile et commerciale.

Art. 78 *Requêtes par l'intermédiaire des autorités centrales.* 1. Les autorités centrales, à la requête d'une autorité centrale d'un autre État membre, coopèrent dans des affaires déterminées pour réaliser les objectifs du présent règlement.

2. Les requêtes au titre du présent chapitre peuvent émaner d'une juridiction ou d'une autorité compétente. Les requêtes en application de l'article 79, points c) et g), et de l'article 80, paragraphe 1, point c), peuvent aussi émaner de titulaires de la responsabilité parentale.

3. Sauf cas urgents et sans préjudice de l'article 86, les requêtes au titre du présent chapitre sont adressées à l'autorité centrale de l'État membre de la juridiction ou de l'autorité compétente requérantes ou de l'État membre de résidence habituelle du demandeur.

4. Le présent article n'empêche pas les autorités centrales ou les autorités compétentes de conclure ou maintenir des accords ou arrangements avec des autorités centrales ou des autorités compétentes d'un ou de plusieurs autres États membres autorisant une communication directe dans leurs relations mutuelles.

5. Le présent chapitre n'empêche pas tout titulaire de la responsabilité parentale de s'adresser directement aux juridictions d'un autre État membre.

6. Les articles 79 et 80 n'imposent en aucun cas à une autorité centrale l'obligation d'exercer des attributions qui relèvent exclusivement des autorités judiciaires selon la loi de l'État membre requis.

Art. 79 *Tâches spécifiques des autorités centrales requises.* Les autorités centrales requises prennent, elles-mêmes ou par l'intermédiaire de juridictions, d'autorités compétentes ou d'autres organismes, toute mesure appropriée pour :

a) conformément aux législations et procédures nationales, aider à localiser un enfant lorsqu'il apparaît que celui-ci pourrait être présent sur le territoire de l'État membre requis et que cette information est nécessaire pour traiter une demande ou une requête en vertu du présent règlement;

b) recueillir et échanger des informations pertinentes dans le cadre de procédures en matière de responsabilité parentale conformément à l'article 80;

c) fournir des informations et une assistance aux titulaires de la responsabilité parentale qui demandent la reconnaissance et l'exécution d'une décision sur le territoire de l'autorité centrale requise, en particulier en matière de droit de visite et de retour de l'enfant, y compris, le cas échéant, des informations sur les démarches à entreprendre pour bénéficier de l'assistance judiciaire;

d) faciliter la communication entre les juridictions, les autorités compétentes et les autres organismes concernés, notamment pour l'application de l'article 81;

e) faciliter la communication entre les juridictions, s'il y a lieu, notamment pour l'application des articles 12, 13, 15 et 20;

f) fournir toute information et aide utiles pour l'application de l'article 82 par les juridictions et autorités compétentes; et

g) faciliter la conclusion d'accords entre les titulaires de la responsabilité parentale en recourant à la médiation ou à d'autres modes alternatifs de règlement des litiges, et faciliter à cette fin la coopération transfrontalière.

Art. 80 *Coopération concernant la collecte et l'échange d'informations pertinentes dans le cadre de procédures en matière de responsabilité parentale.* 1. Sur requête motivée, l'autorité centrale de l'État membre dans lequel l'enfant a ou avait sa résidence habituelle ou dans lequel il est ou était présent, soit directement, soit par l'intermédiaire de juridictions, d'autorités compétentes ou d'autres organismes :

a) fournit un rapport, s'il est disponible, ou établit et fournit un rapport sur :

i) la situation de l'enfant,

ii) toute procédure en cours en matière de responsabilité parentale concernant l'enfant, ou

iii) les décisions prises en matière de responsabilité parentale concernant l'enfant;

b) fournit toute autre information pertinente pour la procédure en matière de responsabilité parentale dans l'État membre requérant, notamment sur la situation d'un parent, d'un membre de la famille ou d'une autre personne qui pourrait être apte à s'occuper de l'enfant si la situation de l'enfant l'exige; ou

c) peut demander à la juridiction ou à l'autorité compétente de son État membre d'examiner l'opportunité de prendre des mesures visant à protéger la personne ou les biens de l'enfant.

2. Dans tous les cas où l'enfant est exposé à un grave danger, si la juridiction ou l'autorité compétente qui envisage ou a pris des mesures de protection de l'enfant est informée que la résidence de l'enfant a été transférée dans un autre État membre ou que l'enfant est présent dans un autre État membre, elle informe les juridictions ou autorités compétentes de cet autre État membre du danger qui existe et des mesures envisagées ou prises. Ces informations peuvent être transmises directement ou par l'intermédiaire des autorités centrales.

3. Les requêtes visées aux paragraphes 1 et 2 et tout document supplémentaire sont assortis d'une traduction dans la langue officielle de l'État membre requis ou, si l'État membre en question compte plusieurs langues officielles, dans la langue officielle ou l'une des langues officielles du lieu où la requête doit être traitée, ou dans toute autre

langue que l'État membre requis a expressément indiqué accepter. Les États membres notifient leur acceptation à la Commission conformément à l'article 103.

4. Sauf si cela se révèle impossible en raison de circonstances exceptionnelles, les informations visées au paragraphe 1 sont transmises à l'autorité centrale requérante trois mois au plus tard après la réception de la requête.

Art. 81 *Mise en œuvre de décisions en matière de responsabilité parentale dans un autre État membre.* 1. Une juridiction d'un État membre peut demander aux juridictions ou autorités compétentes d'un autre État membre de prêter leur assistance à la mise en œuvre de décisions en matière de responsabilité parentale rendues en application du présent règlement, en particulier pour assurer l'exercice effectif d'un droit de visite.

2. La requête visée au paragraphe 1 et tout document supplémentaire sont assortis d'une traduction dans la langue officielle de l'État membre requis ou, si l'État membre en question compte plusieurs langues officielles, dans la langue officielle ou l'une des langues officielles du lieu où la requête doit être traitée, ou dans toute autre langue que l'État membre requis a expressément indiqué accepter. Les États membres notifient leur acceptation à la Commission conformément à l'article 103.

Art. 82 *Placement de l'enfant dans un autre État membre.* 1. Lorsqu'une juridiction ou une autorité compétente envisage le placement d'un enfant dans un autre État membre, elle obtient au préalable l'approbation de l'autorité compétente de cet autre État membre. À cet effet, l'autorité centrale de l'État membre requérant transmet à l'autorité centrale de l'État membre requis dans lequel l'enfant doit être placé une requête en approbation comprenant un rapport sur l'enfant ainsi que les motifs de sa proposition de placement ou de prise en charge, des informations sur tout financement envisagé et toute autre information qu'elle juge pertinente, telle que la durée prévue du placement.

2. Le paragraphe 1 ne s'applique pas lorsque l'enfant doit être placé auprès d'un parent.

Les États membres peuvent décider que leur approbation en vertu du paragraphe 1 n'est pas requis pour le placement sur leur territoire auprès de certaines catégories de membres proches de la famille outre les parents. Ces catégories sont notifiées à la Commission en vertu de l'article 103.

3. L'autorité centrale d'un autre État membre peut informer une juridiction ou une autorité compétente qui envisage le placement d'un enfant de l'existence d'un lien étroit entre l'enfant et cet État membre. Cela ne porte pas atteinte aux législations et procédures nationales de l'État membre qui envisage le placement.

4. La requête et tout document supplémentaire visé au paragraphe 1 sont assortis d'une traduction dans la langue officielle de l'État membre requis ou, si l'État membre en question compte plusieurs langues officielles, dans la langue officielle ou l'une des langues officielles du lieu où la requête doit être traitée, ou dans toute autre langue que l'État membre requis a expressément indiqué accepter. Les États membres notifient leur acceptation à la Commission conformément à l'article 103.

5. Le placement visé au paragraphe 1 n'est ordonné ou organisé par l'État membre requérant qu'après que l'autorité compétente de l'État membre requis a approuvé ce placement.

6. Sauf si cela se révèle impossible en raison de circonstances exceptionnelles, la décision d'approbation ou de non-approbation est transmise à l'autorité centrale requérante trois mois au plus tard après la réception de la requête.

7. Les modalités d'obtention de l'approbation sont régies par le droit national de l'État membre requis.

8. Le présent article n'empêche pas les autorités centrales ou les autorités compétentes de conclure ou maintenir des accords ou arrangements avec des autorités centrales ou des autorités compétentes d'un ou de plusieurs autres États membres simplifiant la procédure de consultation pour l'obtention de l'approbation dans leurs relations mutuelles.

Art. 83 *Frais des autorités centrales.* 1. L'assistance dispensée par les autorités centrales en vertu du présent règlement est gratuite.

2. Chaque autorité centrale prend en charge ses propres frais découlant de l'application du présent règlement.

Art. 84 *Réunions des autorités centrales.* 1. Les autorités centrales, pour faciliter l'application du présent règlement, sont réunies régulièrement.

2. La convocation des réunions des autorités centrales, en particulier par la Commission, s'effectue dans le cadre du réseau judiciaire européen en matière civile et commerciale conformément à la décision 2001/470/CE.

CHAPITRE VI

Dispositions générales

Art. 85 *Champ d'application.* Le présent chapitre s'applique au traitement des demandes et requêtes en vertu des chapitres III et V.

Art. 86 *Coopération et communication entre juridictions.* 1. Aux fins du présent règlement, les juridictions peuvent coopérer et communiquer directement entre elles ou se demander directement des informations, à condition que cette communication respecte les droits procéduraux des parties à la procédure et la confidentialité des informations.

2. La coopération visée au paragraphe 1 peut être mise en œuvre par tout moyen que la juridiction estime approprié. Elle peut notamment concerner :

a) la communication aux fins des articles 12 et 13 ;

b) les informations conformément à l'article 15 ;

c) les informations sur les procédures pendantes aux fins de l'article 20 ;

d) la communication aux fins des chapitres III à V.

Art. 87 *Collecte et transmission d'informations.* 1. L'autorité centrale requise transmet à la juridiction ou à l'autorité compétente de son État membre ou à un intermédiaire, selon ce que prévoient les législations et procédures nationales, toute demande ou requête ou les informations qui y sont contenues concernant la responsabilité parentale ou l'enlèvement international d'enfants, selon le cas, en application du présent règlement.

2. Tout intermédiaire, toute juridiction ou toute autorité compétente auquel ou à laquelle les informations visées au paragraphe 1 ont été transmises en application du présent règlement ne peut les utiliser qu'aux fins du présent règlement.

3. L'intermédiaire, la juridiction ou l'autorité compétente qui, au sein de l'État membre requis, détient les informations requises pour donner suite à une demande ou à une requête en vertu du présent règlement, ou qui est compétente pour collecter ces informations, les fournit à l'autorité centrale requise, à sa demande, dans les cas où cette dernière n'a pas accès directement aux informations.

4. L'autorité centrale requise transmet au besoin les informations obtenues en vertu du présent article à l'autorité centrale requérante, conformément aux législations et procédures nationales.

Art. 88 *Notification à la personne concernée.* Lorsque la notification risque de porter préjudice au traitement efficace de la requête ou de la demande présentée en vertu du présent règlement pour laquelle les informations ont été transmises, l'obligation de notification à la personne concernée énoncée à l'article 14, paragraphes 1 à 4, du règlement (UE) 2016/679 peut être différée jusqu'à ce que la requête ou la demande ait été traitée.

Art. 89 *Non-divulgation des informations.* 1. Une autorité centrale, une juridiction ou une autorité compétente ne divulgue pas ni ne confirme des informations collectées ou transmises aux fins des chapitres III à VI si elle considère que cela pourrait compromettre la santé, la sécurité ou la liberté de l'enfant ou d'une autre personne.

2. Une décision en ce sens prononcée dans un État membre est prise en considération par les autorités centrales, les juridictions et les autorités compétentes des autres États membres, en particulier en cas de violence familiale.

3. Le présent article n'empêche en aucun cas la collecte et la transmission d'informations par et entre les autorités centrales, les juridictions et les autorités compétentes dans la mesure où cela est nécessaire pour satisfaire aux obligations prévues aux chapitres III à VI.

Art. 90 *Légalisation ou formalité analogue.* Aucune légalisation ni formalité analogue n'est exigée dans le contexte du présent règlement.

Art. 91 *Langues.* 1. Sans préjudice de l'article 55, paragraphe 2, point a), lorsqu'une traduction ou une translittération est exigée en vertu du présent règlement, celle-ci est effectuée dans la langue officielle de l'État membre concerné ou, si celui-ci a plusieurs langues officielles, dans la langue officielle ou l'une des langues officielles de la procédure judiciaire du lieu où la décision rendue dans un autre État membre est invoquée ou la demande présentée, conformément au droit de cet État membre.

2. Les traductions ou les translittérations du contenu traduisible des champs de texte libre des certificats visés aux articles 29, 36, 47, 49 et 66 peuvent être effectuées dans toute autre langue officielle des institutions de l'Union européenne que l'État membre concerné a indiqué pouvoir accepter conformément à l'article 103.

3. Les États membres notifient à la Commission la ou les langues officielles des institutions de l'Union européenne autres que leur(s) propre(s) langue(s) dans lesquelles les communications peuvent être adressées aux autorités centrales.

4. Toute traduction requise aux fins des chapitres III et IV est faite par une personne habilitée à effectuer des traductions dans l'un des États membres.

CHAPITRE VII
Actes délégués

Art. 92 *Modification des annexes.* La Commission est habilitée à adopter des actes délégués conformément à l'article 71 concernant la modification des annexes I à IX afin de mettre celles-ci à jour ou d'y apporter des modifications techniques.

Art. 93 *Exercice de la délégation.* 1. Le pouvoir d'adopter des actes délégués conféré à la Commission est soumis aux conditions fixées au présent article.

2. Le pouvoir d'adopter les actes délégués visés à l'article 92 est conféré à la Commission pour une durée indéterminée à compter du 22 juillet 2019.

3. La délégation de pouvoir visée à l'article 92 peut être révoquée à tout moment par le Conseil. La décision de révocation met fin à la délégation de pouvoir qui y est précisée. La révocation prend effet le jour suivant celui de la publication de ladite décision au

Journal officiel de l'Union européenne ou à une date ultérieure qui est précisée dans ladite décision. Elle ne porte pas atteinte à la validité des actes délégués déjà en vigueur.

4. Avant l'adoption d'un acte délégué, la Commission consulte les experts désignés par chaque État membre, conformément aux principes définis dans l'accord interinstitutionnel du 13 avril 2016 « Mieux légiférer ».

5. Aussitôt qu'elle adopte un acte délégué, la Commission le notifie au Conseil.

6. Un acte délégué adopté en vertu de l'article 92 n'entre en vigueur que si le Conseil n'a pas exprimé d'objections dans un délai de deux mois à compter de la notification de cet acte au Conseil ou si, avant l'expiration de ce délai, le Conseil a informé la Commission de son intention de ne pas exprimer d'objections. Ce délai est prolongé de deux mois à l'initiative du Conseil.

7. Le Parlement européen est informé de l'adoption des actes délégués par la Commission, de toute objection formulée à leur égard, ou de la révocation de la délégation de pouvoir par le Conseil.

CHAPITRE VIII

Relations avec d'autres instruments

Art. 94 *Relations avec d'autres instruments.* 1. Sans préjudice des dispositions du paragraphe 2 du présent article et des articles 95 à 100, le présent règlement remplace, pour les États membres, les conventions existant au moment de l'entrée en vigueur du règlement (CE) n° 2201/2003 qui ont été conclues entre deux ou plusieurs États membres et qui portent sur des matières réglées par le présent règlement.

2. Conformément à l'article 59, paragraphe 2, du règlement (CE) n° 2201/2003 et sous réserve des conditions prévues aux points b) et c) de cette disposition, la Finlande et la Suède ont eu la faculté de déclarer que la convention du 6 février 1931 entre le Danemark, la Finlande, l'Islande, la Norvège et la Suède comprenant des dispositions de droit international privé sur le mariage, l'adoption et la garde des enfants ainsi que son protocole final s'appliquent en tout ou en partie, dans leurs relations mutuelles, en lieu et place des règles dudit règlement. Leurs déclarations respectives ont été publiées au *Journal officiel de l'Union européenne* en tant qu'annexe au règlement (CE) n° 2201/2003. Lesdits États membres peuvent y renoncer, en tout ou en partie, à tout moment.

3. Dans tout accord à conclure entre les États membres visés au paragraphe 2, portant sur des matières réglées par le présent règlement, les règles de compétence sont alignées sur celles prévues par le présent règlement.

4. Le principe de la non-discrimination en raison de la nationalité entre citoyens de l'Union européenne est respecté.

5. Les décisions rendues dans l'un des États nordiques qui a fait la déclaration visée au paragraphe 2 en vertu d'un chef de compétence qui correspond à l'un de ceux prévus au chapitre II sont reconnues et exécutées dans les autres États membres conformément aux règles prévues au chapitre IV, section 1.

6. Les États membres communiquent à la Commission :

a) une copie des accords et des lois uniformes les mettant en œuvre visés au paragraphe 3 ;

b) toute dénonciation ou modification de ces accords ou de ces lois uniformes visés aux paragraphes 2 et 3.

Ces informations sont publiées au *Journal officiel de l'Union européenne*.

Art. 95 *Relations avec certaines conventions multilatérales.* Dans les relations entre les États membres, le présent règlement prévaut sur les conventions suivantes dans la mesure où elles concernent des matières réglées par le présent règlement :

a) convention de La Haye du 5 octobre 1961 concernant la compétence des autorités et la loi applicable en matière de protection des mineurs;

b) convention de Luxembourg du 8 septembre 1967 sur la reconnaissance des décisions relatives au lien conjugal;

c) convention de La Haye du 1er juin 1970 sur la reconnaissance des divorces et des séparations de corps;

d) convention européenne du 20 mai 1980 sur la reconnaissance et l'exécution des décisions en matière de garde des enfants et le rétablissement de la garde des enfants.

Art. 96 *Relations avec la convention de La Haye de 1980.* Lorsqu'un enfant a été déplacé illicitement ou est retenu illicitement dans un État membre autre que l'État membre dans lequel il avait sa résidence habituelle immédiatement avant son déplacement ou son non-retour illicites, les dispositions de la convention de La Haye de 1980 continuent de s'appliquer, telles qu'elles sont complétées par les dispositions des chapitres III et VI du présent règlement. Lorsqu'une décision ordonnant le retour d'un enfant en application de la convention de La Haye de 1980 qui a été rendue dans un État membre doit être reconnue et exécutée dans un autre État membre à la suite d'un nouveau déplacement ou non-retour illicites de l'enfant, le chapitre IV s'applique.

Art. 97 *Relations avec la convention de La Haye de 1996.* 1. Dans les relations avec la convention de La Haye de 1996, le présent règlement s'applique :

a) sous réserve du paragraphe 2 du présent article, lorsque l'enfant concerné a sa résidence habituelle sur le territoire d'un État membre;

b) en ce qui concerne la reconnaissance et l'exécution, sur le territoire d'un État membre, d'une décision rendue par une juridiction d'un autre État membre, même si l'enfant concerné a sa résidence habituelle sur le territoire d'un État qui est partie contractante à ladite convention et dans lequel le présent règlement ne s'applique pas.

2. Nonobstant le paragraphe 1,

a) lorsque les parties se sont accordées sur la compétence d'une juridiction d'un État partie à la convention de La Haye de 1996 dans lequel le présent règlement ne s'applique pas, l'article 10 de ladite convention s'applique;

b) en ce qui concerne le transfert de compétence entre une juridiction d'un État membre et une juridiction d'un État partie à la convention de La Haye de 1996 dans lequel le présent règlement ne s'applique pas, les articles 8 et 9 de ladite convention s'appliquent;

c) lorsque, au moment où une juridiction d'un État membre est saisie d'une procédure concernant le même enfant et ayant le même objet et la même cause, une procédure relative à la responsabilité parentale est pendante devant une juridiction d'un État partie à la convention de La Haye de 1996 dans lequel le présent règlement ne s'applique pas, l'article 13 de ladite convention s'applique.

Art. 98 *Étendue des effets.* 1. Les accords et conventions visés aux articles 94 à 97 continuent à produire leurs effets dans les matières non réglées par le présent règlement.

2. Les conventions visées aux articles 95 à 97 du présent règlement, notamment les conventions de La Haye de 1980 et de 1996, continuent à produire leurs effets entre les États membres qui en sont parties contractantes, dans le respect des articles 95 à 97 du présent règlement.

Art. 99 *Traité s conclus avec le Saint-Siège.* 1. Le présent règlement est applicable sans préjudice du traité international (concordat) conclu entre le Saint-Siège et le Portugal, signé au Vatican le 18 mai 2004.

2. Toute décision relative à l'invalidité d'un mariage rendue en vertu du traité visé au paragraphe 1 est reconnue dans les États membres dans les conditions prévues au chapitre IV, section 1, sous-section 1.

3. Les dispositions des paragraphes 1 et 2 s'appliquent également aux traités internationaux ci-après conclus avec le Saint-Siège :

a) « *Concordato lateranense* » du 11 février 1929 entre l'Italie et le Saint-Siège, modifié par l'accord et son protocole additionnel signés à Rome le 18 février 1984;

b) accord du 3 janvier 1979 entre le Saint-Siège et l'Espagne sur des questions juridiques;

c) accord entre le Saint-Siège et Malte sur la reconnaissance d'effets civils aux mariages canoniques et aux décisions rendues par les autorités et juridictions ecclésiastiques sur lesdits mariages du 3 février 1993, y compris le protocole d'application de la même date, et son troisième protocole additionnel du 27 janvier 2014.

4. En Espagne, en Italie ou à Malte, la reconnaissance des décisions prévue au paragraphe 2 peut être soumise aux mêmes procédures et contrôles que ceux qui sont applicables aux décisions rendues par les juridictions ecclésiastiques conformément aux traités internationaux conclus avec le Saint-Siège et visés au paragraphe 3.

5. Les États membres communiquent à la Commission :

a) une copie des traités visés aux paragraphes 1 et 3;

b) toute dénonciation ou modification de ces traités.

CHAPITRE IX
Dispositions finales

Art. 100 *Dispositions transitoires.* 1. Le présent règlement n'est applicable qu'aux actions judiciaires intentées, aux actes authentiques dressés ou enregistrés et aux accords enregistrés le ou après le 1er août 2022.

2. Le règlement (CE) nº 2201/2003 continue de s'appliquer aux décisions rendues à la suite d'actions judiciaires intentées, aux actes authentiques dressés ou enregistrés et aux accords devenus exécutoires dans l'État membre dans lequel ils ont été conclus avant le 1er août 2022 et qui relèvent du champ d'application dudit règlement.

Art. 101 *Suivi et évaluation.* 1. Au plus tard le 2 août 2032, la Commission présente au Parlement européen, au Conseil et au Comité économique et social européen un rapport relatif à l'évaluation ex post du présent règlement, étayé par des informations fournies par les États membres et accompagné au besoin d'une proposition législative.

2. À partir du 2 août 2025, les États membres fournissent à la Commission, sur demande, dans la mesure où elles sont disponibles, des informations utiles pour l'évaluation du fonctionnement et de l'application du présent règlement concernant :

a) le nombre de décisions en matière matrimoniale ou en matière de responsabilité parentale pour lesquelles la compétence a été tirée des règles fixées dans le présent règlement;

b) en ce qui concerne les demandes d'exécution d'une décision telle que visée à l'article 28, paragraphe 1, le nombre de cas dans lesquels l'exécution n'a pas eu lieu dans les six semaines suivant le moment où la procédure d'exécution a été engagée;

c) le nombre de demandes de refus de reconnaissance d'une décision visées à l'article 40 et le nombre de cas dans lesquels le refus de reconnaissance a été accordé;

d) le nombre de demandes de refus d'exécution d'une décision en vertu de l'article 58 et le nombre de cas dans lesquels le refus d'exécution a été accordé;

e) le nombre de recours formés en vertu de l'article 61, d'une part, et à l'article 62, d'autre part.

Art. 102 *États membres ayant deux systèmes juridiques ou plus.* Au regard d'un État membre dans lequel deux systèmes de droit ou ensembles de règles ayant trait aux questions régies par le présent règlement ou plus s'appliquent dans des unités territoriales différentes :

a) toute référence à la résidence habituelle dans cet État membre vise la résidence habituelle dans une unité territoriale;

b) toute référence à la nationalité vise l'unité territoriale désignée par la loi de cet État;

c) toute référence à l'autorité d'un État membre vise l'autorité de l'unité territoriale concernée au sein de cet État membre;

d) toute référence aux règles de l'État membre requis vise les règles de l'unité territoriale dans laquelle la compétence, la reconnaissance ou l'exécution sont invoquées.

Art. 103 *Informations à notifier à la Commission.* 1. Les États membres notifient à la Commission les éléments suivants :

a) toute autorité visée à l'article 2, paragraphe 2, point 2) b) et point 3), et à l'article 74, paragraphe 2;

b) les juridictions et autorités compétentes pour délivrer les certificats visées à l'article 36, paragraphe 1 et à l'article 66, ainsi que les juridictions compétentes pour rectifier les certificats visées à l'article 37, paragraphe 1, à l'article 48, paragraphe 1, à l'article 49, et à l'article 66, paragraphe 3, en liaison avec l'article 37, paragraphe 1;

c) les juridictions visées à l'article 30, paragraphe 3, à l'article 52, à l'article 40, paragraphe 1, à l'article 58, paragraphe 1, et à l'article 62, ainsi que les autorités et les juridictions visées à l'article 61, paragraphe 2;

d) les autorités compétentes en matière d'exécution visées à l'article 52;

e) les voies de recours visées aux articles 61 et 62;

f) les noms, adresses et moyens de communication des autorités centrales désignées conformément à l'article 76;

g) les catégories de membres proches de la famille visées à l'article 82, paragraphe 2, le cas échéant;

h) les langues acceptées pour les communications adressées aux autorités centrales conformément à l'article 91, paragraphe 3;

i) les langues acceptées pour les traductions conformément à l'article 80, paragraphe 3, à l'article 81, paragraphe 2, à l'article 82, paragraphe 2, et à l'article 91, paragraphe 2.

2. Les États membres notifient les informations visées au paragraphe 1 à la Commission au plus tard le 23 avril 2021.

3. Les États membres notifient à la Commission toute modification apportée aux informations visées au paragraphe 1.

4. La Commission met les informations visées au paragraphe 1 à la disposition du public par des moyens appropriés, y compris le portail européen e-Justice.

Art. 104 *Abrogation.* 1. Sous réserve de l'article 100, paragraphe 2, du présent règlement, le règlement (CE) n° 2201/2003 est abrogé à compter du 1er août 2022.

2. Les références au règlement abrogé s'entendent comme faites au présent règlement et sont à lire selon le tableau de correspondance figurant à l'annexe X.

Art. 105 *Entrée en vigueur.* 1. Le présent règlement entre en vigueur le vingtième jour suivant celui de sa publication au *Journal officiel de l'Union européenne*.

2. Le présent règlement est applicable à partir du 1er août 2022, à l'exception des articles 92, 93 et 103, qui s'appliquent à compter du 22 juillet 2019.

ANNEXE I

CERTIFICAT QUE LA JURIDICTION DOIT DÉLIVRER LORSQUE SA DÉCISION REFUSANT LE RETOUR D'UN ENFANT DANS UN AUTRE ÉTAT MEMBRE EST FONDÉE UNIQUEMENT SUR L'ARTICLE 13, PREMIER ALINÉA, POINT B), OU SUR L'ARTICLE 13, DEUXIÈME ALINÉA, DE LA CONVENTION DE LA HAYE DE 1980 (1), OU SUR CES DEUX DISPOSITIONS

ANNEXE II

CERTIFICAT CONCERNANT LES DÉCISIONS EN MATIÈRE MATRIMONIALE [ARTICLE 36, PARAGRAPHE 1, POINT A), DU RÈGLEMENT (UE) 2019/1111 DU CONSEIL]

ANNEXE III

CERTIFICAT CONCERNANT LES DÉCISIONS EN MATIÈRE DE RESPONSABILITÉ PARENTALE

ANNEXE IV

CERTIFICAT CONCERNANT LES DÉCISIONS ORDONNANT LE RETOUR D'UN ENFANT DANS UN AUTRE ÉTAT MEMBRE EN APPLICATION DE LA CONVENTION DE LA HAYE DE 1980 (1) ET TOUTE MESURE PROVISOIRE OU CONSERVATOIRE D'ACCOMPAGNEMENT PRISE CONFORMÉMENT À L'ARTICLE 27, PARAGRAPHE 5 DU RÈGLEMENT

ANNEXE V

CERTIFICAT CONCERNANT CERTAINES DÉCISIONS ACCORDANT UN DROIT DE VISITE

ANNEXE VI

CERTIFICATS CONCERNANT CERTAINES DÉCISIONS AU FOND EN MATIÈRE DE DROIT DE GARDE RENDUES CONFORMÉMENT À L'ARTICLE 29, PARAGRAPHE 6 DU RÈGLEMENT, ET IMPLIQUANT LE RETOUR DE L'ENFANT

ANNEXE VII

CERTIFICAT CONCERNANT LA SUSPENSION OU LA LIMITATION DE LA FORCE EXÉCUTOIRE DE CERTAINES DÉCISIONS ACCORDANT UN DROIT DE VISITE OU IMPLIQUANT LE RETOUR DE L'ENFANT QUI ONT ÉTÉ CERTIFIÉES CONFORMÉMENT À L'ARTICLE 47 DU RÈGLEMENT

ANNEXE VIII

CERTIFICAT CONCERNANT UN ACTE AUTHENTIQUE OU UN ACCORD RELATIF AU DIVORCE OU À LA SÉPARATION DE CORPS

ANNEXE IX

CERTIFICAT CONCERNANT UN ACTE AUTHENTIQUE OU UN ACCORD EN MATIÈRE DE RESPONSABILITÉ PARENTALE

ANNEXE X

TABLEAU DE CORRESPONDANCE

45 Règlement (UE) 2020/1783 du Parlement européen et du Conseil du 25 novembre 2020 relatif à la coopération entre les juridictions des États membres dans le domaine de l'obtention des preuves en matière civile ou commerciale (« Obtention des preuves ») (refonte)

Applicable le 1er juillet 2022

Le Parlement européen et le Conseil de l'Union européenne,
vu le traité sur le fonctionnement de l'Union européenne, et notamment son article 81, paragraphe 2,
vu la proposition de la Commission européenne,
après transmission du projet d'acte législatif aux parlements nationaux,
vu l'avis du Comité économique et social européen,
après consultation du Comité des régions,
statuant conformément à la procédure législative ordinaire,
considérant ce qui suit :

(1) Le règlement (CE) nº 1206/2001 du Conseil a été modifié dans le passé. À l'occasion de nouvelles modifications substantielles, il convient, dans un souci de clarté, de procéder à la refonte dudit règlement.

(2) L'Union s'est fixé pour objectif de maintenir et de développer l'Union en tant qu'espace de liberté, de sécurité et de justice au sein duquel est assurée la libre circulation des personnes. Pour mettre en place un tel espace, l'Union doit adopter, entre autres mesures, des mesures concernant la coopération judiciaire en matière civile nécessaires au bon fonctionnement du marché intérieur.

(3) Aux fins du bon fonctionnement du marché intérieur et de la mise en place d'un espace de justice civile dans l'Union, il est nécessaire de continuer à améliorer et à accélérer la coopération entre les juridictions des différents États membres en ce qui concerne l'obtention des preuves. L'objectif du présent règlement est d'améliorer l'efficacité et la rapidité des procédures judiciaires en simplifiant et en rationalisant les mécanismes de coopération dans le domaine de l'obtention des preuves dans les procédures transfrontières, tout en contribuant à réduire les retards et les frais pour les particuliers et les entreprises. L'amélioration de la sécurité juridique ainsi que la simplification, la rationalisation et la numérisation des procédures encourageront les particuliers et les entreprises à effectuer des transactions transfrontières, stimulant ainsi les échanges commerciaux au sein de l'Union et, partant, le fonctionnement du marché intérieur.

(4) Le présent règlement fixe les règles relatives à la coopération entre les juridictions des différents États membres en ce qui concerne l'obtention des preuves en matière civile ou commerciale.

(5) Aux fins du présent règlement, le terme de « juridiction » devrait également s'entendre comme désignant les autorités qui exercent des fonctions judiciaires, qui agissent en vertu d'une délégation de pouvoir octroyée par une autorité judiciaire, ou qui

agissent sous le contrôle d'une autorité judiciaire, et qui sont compétentes, en vertu du droit national, pour obtenir des preuves aux fins de procédures judiciaires en matière civile ou commerciale. Cela comprend, en particulier, les autorités qualifiées de juridictions dans le cadre d'autres actes juridiques de l'Union, tels que le règlement (UE) 2019/1111 du Conseil et les règlements (UE) n° 1215/2012 et (UE) n° 650/2012 du Parlement européen et du Conseil.

(6) Pour garantir un degré maximal de clarté et de sécurité juridique, les demandes de procéder à l'exécution d'une mesure d'instruction devraient être transmises au moyen d'un formulaire rempli dans la langue de l'État membre de la juridiction requise ou dans une autre langue acceptée par cet État membre. Pour les mêmes raisons, il convient, autant que possible, d'utiliser des formulaires également pour les autres communications entre les juridictions concernées.

(7) Afin d'assurer une transmission rapide des demandes et des communications entre les États membres aux fins de l'obtention de preuves, il convient de recourir à des technologies de communication modernes adaptées. Par conséquent, toutes les communications et tous les échanges de documents devraient, par principe, être effectués au moyen d'un système informatique décentralisé sécurisé et fiable, composé de systèmes informatiques nationaux qui sont interconnectés et techniquement interopérables, par exemple, et sans préjudice de progrès technologiques ultérieurs, sur la base de l'e-CODEX. Dès lors, il y a lieu de mettre en place un système informatique décentralisé pour les échanges de données dans le cadre du présent règlement. Par son caractère décentralisé, ce système informatique permettrait les échanges de données exclusivement d'un État membre à l'autre, sans que l'une ou l'autre des institutions de l'Union n'intervienne dans ces échanges.

(8) Sans préjudice d'éventuels progrès technologiques futurs, le système informatique décentralisé sécurisé et ses composants ne devraient pas être considérés comme constituant nécessairement un « service d'envoi recommandé électronique qualifié » au sens du règlement (UE) n° 910/2014 du Parlement européen et du Conseil.

(9) La Commission devrait être responsable de la création, de l'entretien et du développement futur d'un logiciel de mise en œuvre de référence que les États membres devraient pouvoir utiliser en lieu et place d'un système informatique national, conformément aux principes de protection des données dès la conception et par défaut. La Commission devrait concevoir, développer et entretenir le logiciel de mise en œuvre de référence dans le respect des exigences et principes en matière de protection des données énoncés dans les règlements (UE) 2018/1725 et (UE) 2016/679 du Parlement et du Conseil, en particulier les principes de protection des données dès la conception et par défaut. Le logiciel de mise en œuvre de référence devrait également comprendre des mesures techniques appropriées et rendre possible les mesures organisationnelles nécessaires pour assurer un niveau de sécurité et d'interopérabilité adapté à l'échange d'informations dans le cadre de l'obtention des preuves.

(10) En ce qui concerne les composants du système informatique décentralisé qui relèvent de la responsabilité de l'Union, l'entité gestionnaire devrait disposer de ressources suffisantes pour assurer le bon fonctionnement dudit système.

(11) L'autorité ou les autorités compétentes en vertu du droit national devraient être responsables du traitement au sens du règlement (UE) 2016/679 pour ce qui est du trai-

tement des données à caractère personnel qu'elles effectuent en vertu du présent règlement pour la transmission des demandes et d'autres communications entre les États membres.

(12) La transmission au moyen du système informatique décentralisé pourrait devenir impossible en raison d'une perturbation du système ou de la nature des éléments de preuves, par exemple lors de la transmission d'ADN ou d'échantillons de sang. D'autres moyens de communication pourraient également être plus adaptés dans des circonstances exceptionnelles, par exemple lorsque la conversion de documents volumineux au format électronique imposerait une charge administrative disproportionnée aux autorités compétentes ou lorsque le document original doit être fourni sur support papier pour en évaluer l'authenticité. Lorsque le système informatique décentralisé n'est pas utilisé, la transmission devrait être effectuée par les moyens alternatifs les plus appropriés. De tels moyens alternatifs devraient impliquer, entre autres, une transmission effectuée aussi rapidement que possible et de manière sécurisée par d'autres moyens électroniques sécurisés ou par l'intermédiaire des services postaux.

(13) Afin de favoriser la transmission électronique transfrontière de documents au moyen du système informatique décentralisé, ces documents ne devraient pas être privés d'effet juridique et ne devraient pas être déclarés irrecevables comme moyens de preuve dans le cadre d'une procédure au seul motif qu'ils se présentent sous une forme électronique. Toutefois, ce principe devrait s'entendre sans préjudice de l'appréciation des effets juridiques ou de la recevabilité de tels documents comme moyens de preuve conformément au droit national. Il devrait également s'entendre sans préjudice des dispositions de droit national concernant la conversion de documents.

(14) Le présent règlement devrait s'entendre sans préjudice de la capacité des autorités d'échanger des informations dans le cadre de systèmes établis en vertu d'autres instruments de l'Union, tels que le règlement (UE) 2019/1111 ou le règlement (CE) n° 4/2009 du Conseil, même lorsque ces informations ont valeur probante, laissant ainsi à l'autorité requérante le choix de la méthode la plus appropriée.

(15) Il convient que les demandes de procéder à l'exécution d'une mesure d'instruction soient exécutées rapidement. Si une demande ne peut pas être exécutée dans un délai de 90 jours à compter de sa réception par la juridiction requise, celle-ci devrait en informer la juridiction requérante en conséquence, en précisant les raisons qui l'empêchent d'exécuter rapidement la demande.

(16) Afin d'assurer l'efficacité du présent règlement, les circonstances dans lesquelles il est possible de refuser d'exécuter une demande de procéder à l'exécution d'une mesure d'instruction devraient être limitées à des situations exceptionnelles étroitement définies.

(17) Il y a lieu que la juridiction requise exécute une demande de procéder à l'exécution d'une mesure d'instruction conformément au droit national dont elle relève.

(18) Il y a lieu que les parties à la procédure et, le cas échéant, leurs représentants puissent être présents lors de l'exécution de la mesure d'instruction, si le droit de l'État membre dont relève la juridiction requérante le prévoit, afin de pouvoir suivre la procédure dans des conditions comparables à celles qui existeraient si l'exécution de la mesure d'instruction avait lieu dans l'État membre dont relève la juridiction requérante. Il convient également qu'ils aient le droit de demander à participer à l'exécution de la me-

sure d'instruction, de manière à avoir un rôle plus actif dans ce processus. Néanmoins, il convient que les conditions de leur participation soient fixées par la juridiction requise conformément au droit national dont elle relève.

(19) Il y a lieu que les représentants de la juridiction requérante puissent être présents lors de l'exécution de la mesure d'instruction, si cela est compatible avec le droit de l'État membre dont relève la juridiction requérante, afin d'être mieux à même d'évaluer les preuves. Il convient également qu'ils aient le droit de demander à participer à l'exécution de la mesure d'instruction, dans les conditions fixées par la juridiction requise conformément au droit national dont elle relève, de manière à avoir un rôle plus actif dans le processus.

(20) Afin de faciliter l'obtention des preuves, une juridiction d'un État membre devrait avoir la faculté, conformément au droit national dont elle relève, de procéder à l'exécution directe d'une mesure d'instruction dans un autre État membre, si ce dernier accepte la demande de procéder à l'exécution directe de mesures d'instruction, et dans les conditions définies par l'organisme central ou l'autorité compétente de l'État membre requis.

(21) Les technologies de communication modernes, par exemple la vidéoconférence, qui constitue un moyen important de simplifier et d'accélérer l'obtention des preuves, ne sont actuellement pas exploitées autant qu'elles le pourraient. Dans le cas où des preuves doivent être obtenues par l'audition d'une personne, telle qu'un témoin, une partie à la procédure ou un expert, présente sur le territoire d'un autre État membre, la juridiction requérante devrait obtenir lesdites preuves directement en utilisant la vidéoconférence ou d'autres technologies de communication à distance, lorsque la juridiction dispose de ces technologies et qu'elle considère l'utilisation de ces technologies comme étant appropriées au regard des circonstances spécifiques de l'affaire et du déroulement équitable de la procédure. La vidéoconférence pourrait également être utilisée pour procéder à l'audition d'un enfant comme le prévoit le règlement (UE) 2019/1111. Toutefois, lorsque l'organisme central ou l'autorité compétente de l'État membre requis considère que certaines conditions sont nécessaires, il convient de procéder à l'exécution directe de la mesure d'instruction dans le respect de ces conditions conformément au droit dudit État membre. L'organisme central ou l'autorité compétente de l'État membre requis devrait avoir la faculté de refuser, en tout ou en partie, l'exécution directe de la mesure d'instruction si cette exécution directe de la mesure d'instruction s'avérait contraire aux principes fondamentaux du droit de l'État membre en question.

(22) Dans le cas où des preuves doivent être obtenues par l'audition d'une personne en utilisant la vidéoconférence ou d'autres technologies de communication à distance, la juridiction requérante devrait, à sa demande, recevoir une assistance pour trouver un interprète, y compris pour trouver un interprète certifié lorsque cela est demandé expressément.

(23) La juridiction saisie devrait fournir aux parties et à leurs représentants légaux des instructions quant à la procédure de présentation de documents ou d'autres éléments lorsque l'audition a lieu en utilisant la vidéoconférence ou d'autres technologies de communication à distance.

(24) Afin de faciliter l'obtention des preuves par des agents diplomatiques ou consulaires, ces personnes devraient pouvoir procéder à l'exécution d'une mesure d'instruc-

tion sur le territoire d'un autre État membre et à l'intérieur de la zone dans laquelle elles sont accréditées, sans qu'une demande préalable ne soit nécessaire, en procédant à l'audition de ressortissants de l'État membre qu'elles représentent dans le cadre d'une procédure pendante devant une juridiction de l'État membre qu'elles représentent, sans recourir à des mesures coercitives. Toutefois, il devrait être laissé à l'État membre la faculté de décider si ses agents diplomatiques ou consulaires ont le pouvoir de procéder à l'exécution d'une mesure d'instruction dans le cadre de leurs fonctions.

(25) Sauf circonstances exceptionnelles, l'obtention de preuves par les agents diplomatiques ou consulaires devrait avoir lieu dans les locaux de la mission diplomatique ou du consulat. Pourrait figurer parmi de telles circonstances le fait que la personne à entendre ne soit pas capable de se rendre dans ces locaux en raison d'une maladie grave.

(26) L'exécution d'une demande de procéder à l'exécution d'une mesure d'instruction conformément au présent règlement ne devrait pas donner lieu à une demande de remboursement de taxes ou de frais. Toutefois, si la juridiction requise demande le remboursement, il n'y a pas lieu que les honoraires versés aux experts et aux interprètes ainsi que les frais résultant de l'exécution conformément à une procédure spéciale prévue par le droit national ou occasionnés par le recours aux technologies de communication à distance, soient supportés par cette juridiction. Dans un tel cas, la juridiction requérante devrait prendre les mesures nécessaires afin de veiller à ce qu'il soit procédé au remboursement sans retard. Lorsque l'avis d'un expert est requis, la juridiction requise devrait pouvoir, avant d'exécuter la demande, demander à la juridiction requérante une consignation ou une avance adéquate par rapport aux frais.

(27) En vue de mettre à jour les formulaires qui figurent à l'annexe I du présent règlement ou d'apporter des modifications techniques à ces formulaires, il convient de déléguer à la Commission le pouvoir d'adopter des actes conformément à l'article 290 du traité sur le fonctionnement de l'Union européenne en ce qui concerne les modifications apportées à ladite annexe. Il importe particulièrement que la Commission procède aux consultations appropriées durant son travail préparatoire, y compris au niveau des experts, et que ces consultations soient menées conformément aux principes définis dans l'accord interinstitutionnel du 13 avril 2016 « Mieux légiférer ». En particulier, pour assurer leur égale participation à la préparation des actes délégués, le Parlement européen et le Conseil reçoivent tous les documents au même moment que les experts des États membres, et leurs experts ont systématiquement accès aux réunions des groupes d'experts de la Commission traitant de la préparation des actes délégués.

(28) Afin d'assurer des conditions uniformes d'exécution du présent règlement, il convient de conférer des compétences d'exécution à la Commission. Ces compétences devraient être exercées conformément au règlement (UE) n° 182/2011 du Parlement européen et du Conseil.

(29) Le présent règlement devrait prévaloir sur les dispositions contenues dans les accords ou arrangements bilatéraux ou multilatéraux conclus par les États membres qui ont le même champ d'application que le présent règlement. Le présent règlement ne fait pas obstacle au maintien ou à la conclusion par les États membres d'accords ou d'arrangements visant à faciliter davantage la coopération dans le domaine de l'obtention de preuves, à condition que ces accords ou arrangements soient compatibles avec le présent règlement.

(30) Il est essentiel que des moyens efficaces d'obtenir, de conserver et de présenter des preuves soient disponibles, que les droits de la défense soient respectés et que les informations confidentielles soient protégées. Dans ce contexte, il est important d'encourager le recours aux technologies modernes.

(31) Les procédures d'obtention, de conservation et de présentation des preuves devraient garantir que les droits procéduraux, ainsi que la vie privée et l'intégrité et la confidentialité des données à caractère personnel sont protégés conformément au droit de l'Union et au droit national.

(32) Il importe de veiller à ce que le présent règlement soit appliqué dans le respect du droit de l'Union en matière de protection des données et à ce que l'application du présent règlement respecte le droit à la protection de la vie privée tel qu'il est inscrit dans la Charte des droits fondamentaux de l'Union européenne. Il importe également de garantir que tout traitement de données à caractère personnel au titre du présent règlement est effectué conformément au règlement (UE) 2016/679, à la directive 2002/58/CE du Parlement européen et du Conseil ainsi qu'au règlement (UE) 2018/1725. Les données à caractère personnel ne devraient être traitées, dans le cadre du présent règlement, qu'aux fins spécifiques qui y sont énoncées.

(33) Conformément aux points 22 et 23 de l'accord interinstitutionnel du 13 avril 2016 « Mieux légiférer », la Commission devrait évaluer le présent règlement sur la base d'informations collectées selon des modalités de suivi spécifiques, afin d'évaluer les effets réels du présent règlement et la nécessité de toute nouvelle action éventuelle. Lorsque les États membres collectent des données sur le nombre de demandes transmises et de demandes exécutées, ainsi que sur le nombre de cas dans lesquels la transmission a été effectuée par d'autres moyens que par l'intermédiaire du système informatique décentralisé, ils devraient fournir ces données à la Commission à des fins de suivi. Le logiciel de mise en œuvre de référence développé par la Commission en tant que système dorsal devrait être programmé en vue de collecter les données nécessaires à des fins de suivi et ces données devraient être transmises à la Commission. Lorsque les États membres choisissent d'utiliser un système informatique national en lieu et place du logiciel de mise en œuvre de référence développé par la Commission, ce système peut être équipé pour être programmé en vue de collecter ces données et, dans ce cas, ces données devraient être transmises à la Commission.

(34) Étant donné que les objectifs du présent règlement ne peuvent pas être atteints de manière suffisante par les États membres mais peuvent, en raison de la création d'un cadre juridique simplifié garantissant la transmission directe, efficace et rapide des demandes et des communications concernant l'obtention des preuves, l'être mieux au niveau de l'Union, celle-ci peut prendre des mesures, conformément au principe de subsidiarité consacré à l'article 5 du traité sur l'Union européenne. Conformément au principe de proportionnalité énoncé audit article, le présent règlement n'excède pas ce qui est nécessaire pour atteindre ces objectifs.

(35) Le Contrôleur européen de la protection des données a été consulté conformément à l'article 42, paragraphe 1, du règlement (UE) 2018/1725 et a rendu un avis le 13 septembre 2019.

(36) Pour rendre les dispositions du règlement (CE) nº 1206/2001 plus aisément accessibles et plus lisibles, il convient d'abroger ledit règlement et de le remplacer par le présent règlement.

(37) Conformément à l'article 3 et à l'article 4 bis, paragraphe 1, du protocole n° 21 sur la position du Royaume-Uni et de l'Irlande à l'égard de l'espace de liberté, de sécurité et de justice, annexé au traité sur l'Union européenne et au traité sur le fonctionnement de l'Union européenne, l'Irlande a notifié son souhait de participer à l'adoption et à l'application du présent règlement.

(38) Conformément aux articles 1er et 2 du protocole n° 22 sur la position du Danemark annexé au traité sur l'Union européenne et au traité sur le fonctionnement de l'Union européenne, le Danemark ne participe pas à l'adoption du présent règlement et n'est pas lié par celui-ci ni soumis à son application,

Ont adopté le présent règlement :

CHAPITRE I
Dispositions générales

Art. premier *Champ d'application.* 1. Le présent règlement s'applique en matière civile ou commerciale lorsqu'une juridiction d'un État membre, conformément au droit dudit État membre, demande :

a) à la juridiction compétente d'un autre État membre de procéder à l'exécution d'une mesure d'instruction; ou

b) de procéder à l'exécution directe d'une mesure d'instruction dans un autre État membre.

2. La demande ne doit pas avoir pour objet d'obtenir des preuves qui ne sont pas destinées à être utilisées dans une procédure judiciaire qui est déjà engagée ou qui est envisagée.

Art. 2 *Définitions.* Aux fins du présent règlement, on entend par :

1) « juridiction », les juridictions et autres autorités dans les États membres, dont la liste est communiquée à la Commission en vertu de l'article 31, paragraphe 3, qui exercent des fonctions judiciaires, qui agissent en vertu d'une délégation de pouvoir octroyée par une autorité judiciaire ou qui agissent sous le contrôle d'une autorité judiciaire, et qui sont compétentes en vertu du droit national pour l'obtention des preuves aux fins de procédures judiciaires en matière civile ou commerciale;

2) « système informatique décentralisé », un réseau de systèmes informatiques nationaux et de points d'accès interopérables dont le fonctionnement relève de la responsabilité et de la gestion individuelles de chaque État membre, qui permet un échange d'informations transfrontière sécurisé et fiable entre les systèmes informatiques nationaux.

Art. 3 *Transmission directe entre les juridictions.* 1. Les demandes visées à l'article 1er, paragraphe 1, point a), sont transmises directement par la juridiction devant laquelle la procédure est engagée ou devant laquelle il est envisagé de l'engager (ci-après dénommée « juridiction requérante »), à la juridiction compétente d'un autre État membre (ci-après dénommée « juridiction requise »), en vue de l'obtention des preuves.

2. Chaque État membre dresse une liste des juridictions compétentes pour l'obtention des preuves conformément au présent règlement. Cette liste indique également la compétence territoriale et, le cas échéant, la compétence spéciale desdites juridictions.

Art. 4 *Organisme central.* 1. Chaque État membre désigne un organisme central qui est chargé :

a) de fournir des informations aux juridictions;

b) de rechercher des solutions aux difficultés qui peuvent se présenter à l'occasion d'une demande;

c) de transmettre, dans des cas exceptionnels, une demande à la juridiction compétente à la requête d'une juridiction requérante.

2. Les États membres fédéraux, les États membres dans lesquels plusieurs systèmes juridiques sont en vigueur et les États membres ayant des unités territoriales autonomes peuvent désigner plusieurs organismes centraux.

3. Chaque État membre désigne également l'organisme central visé au paragraphe 1 du présent article ou une ou plusieurs autorités compétentes qui sont chargés de statuer sur les demandes effectuées au titre de l'article 19.

CHAPITRE II

Transmission et exécution des demandes

Section I

Transmission des demandes

Art. 5 *Forme et contenu des demandes.* 1. Les demandes sont effectuées au moyen du formulaire A ou, le cas échéant, du formulaire L qui figurent à l'annexe I. Chaque demande contient les indications suivantes :

a) la juridiction requérante et, le cas échéant, la juridiction requise;

b) les noms et adresses des parties à la procédure et, le cas échéant, de leurs représentants;

c) la nature et l'objet de l'instance ainsi qu'un exposé sommaire des faits;

d) une description de la mesure d'instruction demandée;

e) s'il s'agit d'une demande visant à ce qu'une personne soit entendue :

— le ou les noms et adresses de la personne à entendre,

— les questions à poser à la personne à entendre ou un exposé des faits sur lesquels ladite personne doit être entendue,

— le cas échéant, la mention du droit de refus de témoigner prévu par le droit de l'État membre dont relève la juridiction requérante,

— toute demande de déposition sous serment ou de déclaration sur l'honneur en lieu et place d'une déposition sous serment et l'indication de toute forme spéciale à utiliser pour recueillir ce serment ou cette déclaration,

— le cas échéant, toute autre information jugée nécessaire par la juridiction requérante;

f) s'il s'agit d'une demande relative à toute mesure d'instruction autre que celle mentionnée au point e), les pièces ou autres objets à examiner;

g) le cas échéant, toute demande effectuée en vertu de l'article 12, paragraphe 3 ou 4, ou de l'article 13 ou 14, ainsi que tout renseignement nécessaire à l'exécution de cette demande.

2. La demande, ainsi que toutes les pièces qui l'accompagnent, sont dispensées de légalisation et de toute formalité équivalente.

3. Les pièces que la juridiction requérante estime nécessaire de joindre à la demande pour l'exécution de celle-ci doivent être accompagnées d'une traduction des documents dans la langue dans laquelle la demande a été écrite.

Art. 6 *Langues.* Les demandes et les communications effectuées en vertu du présent règlement sont rédigées dans la langue officielle de l'État membre requis ou, s'il existe plusieurs langues officielles dans cet État membre, dans la langue officielle ou dans l'une des langues officielles du lieu où il doit être procédé à l'exécution de la mesure d'instruction demandée ou dans toute autre langue que l'État membre requis a indiqué accepter.

Chaque État membre indique à la Commission toute langue officielle de l'Union, autre que la ou les siennes, dans laquelle les formulaires qui figurent à l'annexe I peuvent être remplis.

Art. 7 *Transmission des demandes et des autres communications.* 1. Les demandes et les communications effectuées en vertu du présent règlement sont transmises au moyen d'un système informatique décentralisé sécurisé et fiable, dans le plein respect des droits et libertés fondamentaux. Ce système informatique décentralisé se fonde sur une solution interopérable telle que l'e-CODEX.

2. Le cadre juridique général régissant l'utilisation des services de confiance qualifiés décrits dans le règlement (UE) n° 910/2014 s'applique aux demandes et aux communications transmises au moyen du système informatique décentralisé.

3. Lorsque les demandes et les communications visées au paragraphe 1 du présent article exigent ou portent un cachet ou une signature manuscrite, ceux-ci peuvent être remplacés par des « cachets électroniques qualifiés » ou des « signatures électroniques qualifiées » au sens du règlement (UE) n° 910/2014.

4. Lorsque la transmission conformément au paragraphe 1 s'avère impossible en raison d'une perturbation du système informatique décentralisé ou de la nature de la preuve concernée, ou en raison de circonstances exceptionnelles, elle est effectuée par les moyens alternatifs les plus rapides et les plus appropriés, en tenant compte de la nécessité d'assurer la fiabilité et la sécurité de la transmission.

Art. 8 *Effets juridiques des documents électroniques.* Les documents transmis au moyen du système informatique décentralisé ne doivent pas être privés d'effet juridique ni considérés comme irrecevables comme moyens de preuve dans le cadre d'une procédure au seul motif que ces documents se présentent sous une forme électronique.

Section II

Réception des demandes

Art. 9 *Réception des demandes.* 1. La juridiction requise compétente adresse, au moyen du formulaire B qui figure à l'annexe I, un accusé de réception à la juridiction requérante dans les sept jours à compter de la réception de la demande. Si celle-ci ne remplit pas les conditions prévues aux articles 6 et 7, la juridiction requise en fait mention dans l'accusé de réception.

2. Si la juridiction requise n'est pas compétente pour exécuter une demande qui remplit les conditions fixées à l'article 6, effectuée au moyen du formulaire A qui figure à l'annexe I, ladite juridiction transmet la demande à la juridiction compétente de l'État membre dont elle relève et en informe la juridiction requérante au moyen du formulaire C qui figure à l'annexe I.

Art. 10 *Demandes incomplètes.* 1. Si une demande ne peut être exécutée parce qu'elle ne contient pas toutes les informations nécessaires visées à l'article 5, la juridiction requise en informe la juridiction requérante sans tarder, et au plus tard dans les trente jours à compter de la réception de la demande, au moyen du formulaire D qui figure à l'annexe I, et demande à la juridiction requérante de lui transmettre les informations manquantes, en les décrivant de manière aussi précise que possible.

2. Si une demande ne peut pas être exécutée parce qu'une consignation ou une avance a été demandée conformément à l'article 22, paragraphe 3, la juridiction requise en informe la juridiction requérante sans tarder, au plus tard dans les trente jours à compter de la réception de la demande, au moyen du formulaire D qui figure à l'annexe I, et informe la juridiction requérante sur la manière de procéder à la consignation ou à l'avance. La juridiction requise accuse réception de la consignation ou de l'avance sans tarder, au plus tard dans les dix jours à compter de la réception de la consignation ou de l'avance, au moyen du formulaire E qui figure à l'annexe I.

Art. 11 *Demandes complétées.* 1. Lorsque, conformément à l'article 9, paragraphe 1, la juridiction requise a mentionné, dans l'accusé de réception, que la demande ne remplit pas les conditions prévues aux articles 6 et 7, ou lorsqu'elle a informé la juridiction requérante, conformément à l'article 10, que la demande ne peut être exécutée parce qu'elle ne contient pas toutes les informations nécessaires visées à l'article 5, le délai fixé à l'article 12 commence à courir à compter de la réception, par la juridiction requise, de la demande dûment complétée.

2. Lorsque la juridiction requise a demandé une consignation ou une avance conformément à l'article 22, paragraphe 3, le délai fixé à l'article 12 commence à courir à compter du moment où la consignation ou l'avance est effectuée.

Section III

Exécution de la mesure d'instruction par la juridiction requise

Art. 12 *Disposition générales relatives à l'exécution d'une demandes.* 1. La juridiction requise exécute la demande sans tarder, et au plus tard dans un délai de 90 jours à compter de la réception de la demande.

2. La juridiction requise exécute la demande conformément au droit national dont elle relève.

3. La juridiction requérante peut demander que la demande soit exécutée selon une procédure spéciale prévue par le droit national dont elle relève, au moyen du formulaire A qui figure à l'annexe I. La juridiction requise exécute la demande conformément à la procédure spéciale, à moins que cela ne soit incompatible avec le droit national dont elle relève ou qu'elle ne soit pas en mesure de le faire en raison de difficultés pratiques majeures. Si la juridiction requise, pour l'une de ces raisons, ne se conforme pas à la demande visant à ce que la demande soit exécutée conformément à une procédure spéciale, elle en informe la juridiction requérante au moyen du formulaire H qui figure à l'annexe I.

4. La juridiction requérante peut demander à la juridiction requise de recourir à des technologies de communication spécifiques pour procéder à l'exécution de la mesure d'instruction, en particulier à la vidéoconférence ou à la téléconférence.

La juridiction requise utilise les technologies de communication indiquées en vertu du premier alinéa, à moins que cela ne soit incompatible avec le droit national dont elle relève ou que la juridiction requise ne soit pas en mesure de le faire en raison de difficultés pratiques majeures.

Si la juridiction requise n'utilise pas les technologies de communication indiquées pour l'une de ces raisons, elle en informe la juridiction requérante au moyen du formulaire H qui figure à l'annexe I.

Si les technologies de communication visées au premier alinéa ne sont pas disponibles dans la juridiction requérante ou dans la juridiction requise, ces juridictions peuvent d'un commun accord les mettre à disposition.

Art. 13 *Exécution de la mesure d'instruction en présence et avec la participation des parties.* 1. Si le droit de l'État membre dont relève la juridiction requérante le prévoit, les parties et, le cas échéant, leurs représentants ont le droit d'être présents lorsque la juridiction requise procède à l'exécution de la mesure d'instruction.

2. Dans sa demande, la juridiction requérante informe la juridiction requise, au moyen du formulaire A qui figure à l'annexe I, de la présence des parties et, le cas échéant, de leurs représentants ainsi que, s'il y a lieu, du fait que leur participation à l'exécution de la mesure d'instruction est demandée. Cette information peut également être fournie à tout autre moment opportun.

3. Si la participation des parties et, le cas échéant, de leurs représentants à l'exécution de la mesure d'instruction est demandée, la juridiction requise détermine les conditions de leur participation conformément à l'article 12.

4. La juridiction requise informe les parties et, le cas échéant, leurs représentants du moment et du lieu où il sera procédé à l'exécution de la mesure d'instruction et, s'il y a lieu, des conditions de leur participation à l'exécution de la mesure d'instruction, en utilisant le formulaire I qui figure à l'annexe I.

5. Les paragraphes 1 à 4 sont sans préjudice de la faculté dont dispose la juridiction requise de demander aux parties et, le cas échéant, à leurs représentants d'être présents ou de participer à l'exécution de la mesure d'instruction, si le droit de l'État membre dont elle relève le prévoit.g

Art. 14 *Exécution de la mesure d'instruction en présence et avec la participation de représentants de la juridiction requérante.* 1. Lorsque cela est compatible avec le droit de l'État membre dont relève la juridiction requérante, des représentants de cette dernière ont le droit d'être présents lorsque la juridiction requise procède à l'exécution de la mesure d'instruction.

2. Aux fins du présent article, le terme « représentant » englobe le personnel judiciaire désigné par la juridiction requérante, conformément au droit national dont elle relève. La juridiction requérante peut aussi désigner toute autre personne pour la représenter, tel un expert, conformément au droit national dont elle relève.

3. Dans sa demande, la juridiction requérante informe la juridiction requise, au moyen du formulaire A qui figure à l'annexe I, de la présence de ses représentants et, s'il y a lieu, du fait que leur participation à l'exécution de la mesure d'instruction est demandée. Cette information peut également être fournie à tout autre moment opportun.

4. Si la participation des représentants de la juridiction requérante à l'exécution de la mesure d'instruction est demandée, la juridiction requise détermine, conformément à l'article 12, les conditions de leur participation.

5. La juridiction requise informe la juridiction requérante, au moyen du formulaire I qui figure à l'annexe I, du moment et du lieu où il sera procédé à l'exécution de la mesure d'instruction et, s'il y a lieu, des conditions auxquelles les représentants peuvent y participer.

Art. 15 *Mesures coercitives.* Si nécessaire, la juridiction requise applique les mesures coercitives appropriées pour l'exécution de la demande dans les cas et dans la mesure où le droit de l'État membre dont relève la juridiction requise le prévoit pour l'exécution d'une demande formulée aux mêmes fins par les autorités nationales dont elle relève ou par une des parties concernées.

Art. 16 *Cas de refus d'exécution des demandes.* 1. Une demande visant à l'audition d'une personne n'est pas exécutée si la personne concernée invoque le droit de refuser de déposer ou une interdiction de déposer :

a) en vertu du droit de l'État membre dont relève la juridiction requise ; ou

b) en vertu du droit de l'État membre dont relève la juridiction requérante, lorsque ce droit ou cette interdiction a été indiqué dans la demande ou, si nécessaire, a été confirmé par la juridiction requérante à l'initiative de la juridiction requise.

2. L'exécution d'une demande ne peut être refusée que pour des motifs autres que ceux visés au paragraphe 1, lorsqu'un ou plusieurs des motifs suivants s'appliquent :

a) la demande ne relève pas du champ d'application du présent règlement ;

b) l'exécution de la demande n'entre pas dans les attributions du pouvoir judiciaire selon le droit de l'État membre dont relève la juridiction requise ;

c) la juridiction requérante n'a pas déféré à la requête de la juridiction requise de compléter la demande de procéder à l'exécution de la mesure d'instruction conformément à l'article 10, dans les trente jours à compter de cette requête ; ou

d) une consignation ou une avance demandée conformément à l'article 22, paragraphe 3, n'a pas été effectuée dans les soixante jours à compter de la demande, par la juridiction requise, de consignation ou de versement d'avance.

3. La juridiction requise ne peut refuser d'exécuter une demande au seul motif que, en vertu du droit national dont elle relève, une autre juridiction dudit État membre dispose d'une compétence exclusive en ce qui concerne l'objet de l'instance ou que le droit dudit État membre n'admettrait pas le droit d'action en ce qui concerne l'objet de l'instance.

4. Si l'exécution de la demande est refusée pour l'un des motifs visés au paragraphe 2, la juridiction requise en informe la juridiction requérante, au moyen du formulaire K qui figure à l'annexe I, dans un délai de soixante jours à compter de la réception de la demande par la juridiction requise.

Art. 17 *Avis de retard.* Si la juridiction requise n'est pas en mesure d'exécuter la demande dans un délai de 90 jours à compter de la réception de la demande, elle en informe la juridiction requérante au moyen du formulaire J qui figure à l'annexe I, en précisant les raisons du retard et en indiquant le délai qu'elle estime nécessaire pour exécuter la demande.

Art. 18 *Procédure suivant l'exécution de la demande.* La juridiction requise transmet sans tarder les pièces confirmant l'exécution de la demande à la juridiction requérante et renvoie, le cas échéant, les pièces reçues de la part de la juridiction requérante. Ces pièces sont accompagnées d'une confirmation d'exécution, établie au moyen du formulaire K qui figure à l'annexe I.

Section IV

Exécution directe de la mesure d'instruction par la juridiction requérante et exécution de la mesure d'instruction par des agents diplomatiques ou consulaires

Art. 19 *Exécution directe de la mesure d'instruction par la juridiction requérante.*

1. Lorsqu'une juridiction demande de procéder à l'exécution directe d'une mesure d'instruction dans un autre État membre, elle présente sa demande à l'organisme central ou à l'autorité compétente de cet État membre, au moyen du formulaire L qui figure à l'annexe I.

2. L'exécution directe de la mesure d'instruction ne peut avoir lieu que si elle peut être effectuée sur une base volontaire, sans qu'il soit nécessaire de recourir à des mesures coercitives.

Lorsque, dans le cadre de l'exécution directe d'une mesure d'instruction, une personne doit être entendue, la juridiction requérante informe cette personne que la mesure d'instruction sera exécutée sur une base volontaire.

3. L'exécution directe d'une mesure d'instruction est effectuée par un membre du personnel judiciaire ou par toute autre personne, tel un expert, désignés conformément au droit de l'État membre dont relève la juridiction requérante.

4. Dans un délai de trente jours à compter de la réception de la demande de procéder à l'exécution directe de la mesure d'instruction, l'organisme central ou l'autorité compétente de l'État membre requis indique à la juridiction requérante, au moyen du formulaire M qui figure à l'annexe I, si la demande est acceptée et, si nécessaire, informe la juridiction requérante des conditions dans lesquelles l'exécution directe de la mesure d'instruction doit être effectuée conformément au droit de l'État membre dont il ou elle relève.

L'organisme central ou l'autorité compétente peut charger une juridiction de l'État membre dont il ou elle relève de participer à l'exécution directe de la mesure d'instruction afin de veiller à ce que le présent article soit correctement appliqué et à ce que les conditions dans lesquelles l'exécution directe de la mesure d'instruction doit être effectuée soient respectées.

5. Lorsque la juridiction requérante n'a pas reçu les informations dans un délai de trente jours à compter de l'accusé de réception de la demande de procéder à l'exécution directe d'une mesure d'instruction indiquant si la demande a été acceptée, elle peut adresser un rappel à l'organisme central ou à l'autorité compétente de l'État membre requis. Si la juridiction requérante ne reçoit pas de réponse dans un délai de quinze jours à compter de l'accusé de réception du rappel, la demande de procéder à l'exécution directe d'une mesure d'instruction est considérée acceptée. Toutefois, dans des circonstances exceptionnelles, lorsque l'organisme central ou l'autorité compétente a été empêchée de réagir à la demande dans le délai imparti à la suite du rappel, des motifs justifiant le refus de l'exécution directe d'une mesure d'instruction peuvent, à titre exceptionnel, encore être invoqués à tout moment après l'expiration de ce délai jusqu'à l'exécution directe effective de la mesure d'instruction.

6. L'organisme central ou l'autorité compétente de l'État membre requis peut charger une juridiction de l'État membre dont il ou elle relève de fournir une assistance pratique pour l'exécution directe d'une mesure d'instruction.

7. L'organisme central ou l'autorité compétente de l'État membre requis ne peut refuser une demande de procéder à l'exécution directe d'une mesure d'instruction que si :

a) la demande ne relève pas du champ d'application du présent règlement;

b) elle ne contient pas toutes les informations nécessaires visées à l'article 5 ; ou

c) l'exécution directe de la mesure d'instruction demandée est contraire aux principes fondamentaux du droit de l'État membre dont il ou elle relève.

8. Sans préjudice des conditions fixées conformément au paragraphe 4, la juridiction requérante procède à l'exécution directe de la mesure d'instruction conformément au droit de l'État membre dont elle relève.

Art. 20 *Exécution directe de mesures d'instruction en utilisant la vidéoconférence ou d'autres technologies de communication à distance.* 1. Lorsque des preuves doivent être obtenues par l'audition d'une personne qui est présente sur le territoire d'un autre État membre et que la juridiction demande de procéder à l'exécution directe de la mesure d'instruction conformément à l'article 19, ladite juridiction obtient les preuves en utilisant la vidéoconférence ou d'autres technologies de communication à distance, à condition que la juridiction dispose de ces technologies et qu'elle considère que l'usage de ces technologies est approprié dans les circonstances spécifiques de l'affaire.

2. La demande de procéder à l'exécution directe d'une mesure d'instruction en utilisant la vidéoconférence ou d'autres technologies de communication à distance est soumise au moyen du formulaire N qui figure à l'annexe I. La juridiction requérante et l'organisme central ou l'autorité compétente de l'État membre requis, ou la juridiction chargée de fournir une assistance pratique pour l'exécution directe de la mesure d'instruction, s'accordent sur les modalités pratiques de l'audition.

Sur demande, la juridiction requérante reçoit une assistance pour trouver un interprète, si nécessaire.

Art. 21 *Obtention des preuves par des agents diplomatiques ou consulaires.* Les États membres peuvent prévoir dans leur droit national que leurs juridictions ont la possibilité de demander à leurs agents diplomatiques ou consulaires, sur le territoire d'un autre État membre et à l'intérieur de la zone dans laquelle ils sont accrédités, de procéder à l'exécution d'une mesure d'instruction dans les locaux de la mission diplomatique ou du consulat, sauf circonstances exceptionnelles, sans qu'il soit nécessaire d'introduire une demande préalable, en procédant à l'audition, sur une base volontaire et sans qu'il soit nécessaire de recourir à des mesures coercitives, de ressortissants de l'État membre qu'ils représentent dans le cadre d'une procédure pendante devant les juridictions de l'État membre qu'ils représentent. L'agent diplomatique ou consulaire requis exécute la demande conformément au droit de l'État membre dont il relève.

Section V

Frais

Art. 22 *Frais.* 1. L'exécution d'une demande de procéder à l'exécution d'une mesure d'instruction conformément à l'article 12 ne peut donner lieu à aucune demande de remboursement de taxes ou de frais.

2. Par dérogation au paragraphe 1, la juridiction requise peut demander le remboursement des taxes ou frais. Si la juridiction requise en fait la demande, la juridiction requérante s'assure sans tarder du remboursement :

— des honoraires versés aux experts et aux interprètes, et

— des frais résultant de l'application de l'article 12, paragraphes 3 et 4.

L'obligation pour les parties de supporter de tels honoraires ou frais est régie par le droit de l'État membre de la juridiction requérante.

3. Lorsque l'avis d'un expert est requis avant d'exécuter la demande de procéder à l'exécution d'une mesure d'instruction, la juridiction requise peut demander à la juridiction requérante une consignation ou une avance adéquate au regard des frais anticipés de l'avis de l'expert. Dans tous les autres cas, la consignation ou l'avance n'est pas une condition de l'exécution de la demande de procéder à l'exécution d'une mesure d'instruction.

La consignation ou l'avance est effectuée par les parties si cela est prévu par le droit de l'État membre de la juridiction requérante.

CHAPITRE III

Dispositions finales

Art. 23 *Manuel et modification de l'annexe I.* 1. La Commission établit et met régulièrement à jour un manuel contenant les informations communiquées par les États membres conformément à l'article 31, ainsi que la liste des accords ou arrangements en vigueur conformément à l'article 29, paragraphe 3. Elle met le manuel à disposition sous forme électronique, notamment par l'intermédiaire du réseau judiciaire européen en matière civile et commerciale et sur le portail européen e-justice.

2. La Commission est habilitée à adopter des actes délégués conformément à l'article 24 pour modifier l'annexe I afin de mettre à jour les formulaires qui y figurent ou d'apporter des modifications techniques à ces formulaires.

Art. 24 *Exercice de la délégation.* 1. Le pouvoir d'adopter des actes délégués conféré à la Commission est soumis aux conditions fixées au présent article.

2. Le pouvoir d'adopter des actes délégués visé à l'article 23, paragraphe 2, est conféré à la Commission pour une période de cinq ans à compter du 22 décembre 2020. La Commission élabore un rapport relatif à la délégation de pouvoir au plus tard neuf mois avant la fin de la période de cinq ans. La délégation de pouvoir est tacitement prorogée pour des périodes d'une durée identique, sauf si le Parlement européen ou le Conseil s'oppose à cette prorogation trois mois au plus tard avant la fin de chaque période.

3. La délégation de pouvoir visée à l'article 23, paragraphe 2, peut être révoquée à tout moment par le Parlement européen ou le Conseil. La décision de révocation met fin à la délégation de pouvoir qui y est précisée. La révocation prend effet le jour suivant celui de la publication de ladite décision au *Journal officiel de l'Union européenne* ou à une date ultérieure qui est précisée dans ladite décision. Elle ne porte pas atteinte à la validité des actes délégués déjà en vigueur.

4. Avant l'adoption d'un acte délégué, la Commission consulte les experts désignés par chaque État membre, conformément aux principes définis dans l'accord interinstitutionnel du 13 avril 2016 « Mieux légiférer ».

5. Aussitôt qu'elle adopte un acte délégué, la Commission le notifie au Parlement européen et au Conseil simultanément.

6. Un acte délégué adopté en vertu de l'article 23, paragraphe 2, n'entre en vigueur que si le Parlement européen ou le Conseil n'a pas exprimé d'objections dans un délai de deux mois à compter de la notification de cet acte au Parlement européen et au Conseil ou si, avant l'expiration de ce délai, le Parlement européen et le Conseil ont tous deux informé la Commission de leur intention de ne pas exprimer d'objections. Ce délai est prolongé de deux mois à l'initiative du Parlement européen ou du Conseil.

Art. 25 *Adoption d'actes d'exécution par la Commission.* 1. La Commission adopte des actes d'exécution qui établissent le système informatique décentralisé, et qui décrivent :

a) les spécifications techniques définissant les méthodes de communication par voie électronique aux fins du système informatique décentralisé;

b) les spécifications techniques des protocoles de communication;

c) les objectifs en matière de sécurité de l'information et les mesures techniques pertinentes garantissant des normes minimales de sécurité de l'information pour le traitement et la communication des informations au sein du système informatique décentralisé;

d) les objectifs minimaux en matière de disponibilité et les éventuelles exigences techniques correspondantes pour les services fournis par le système informatique décentralisé;

e) la création d'un comité directeur composé de représentants des États membres et chargé d'assurer le fonctionnement et l'entretien du système informatique décentralisé afin d'atteindre les objectifs du présent règlement.

2. Les actes d'exécution visés au paragraphe 1 du présent article sont adoptés au plus tard le 23 mars 2022 en conformité avec la procédure d'examen visée à l'article 26, paragraphe 2.

Art. 26 *Comité.* 1. La Commission est assistée par un comité. Ledit comité est un comité au sens du règlement (UE) n° 182/2011.

2. Lorsqu'il est fait référence au présent paragraphe, l'article 5 du règlement (UE) n° 182/2011 s'applique.

Art. 27 *Logiciel de mise en œuvre de référence.* 1. La Commission est responsable de la création, de l'entretien et du développement futur d'un logiciel de mise en œuvre de référence que les États membres peuvent choisir d'utiliser comme système dorsal en lieu et place d'un système informatique national. La création, l'entretien et le développement futur du logiciel de mise en œuvre de référence sont financés par le budget général de l'Union.

2. La Commission assure, gère et soutient la mise en œuvre, à titre gratuit, des composants logiciels servant de support aux points d'accès.

Art. 28 *Coûts du système informatique décentralisé.* 1. Chaque État membre supporte les coûts d'installation, d'exploitation et d'entretien de ses points d'accès reliant les systèmes informatiques nationaux dans le cadre du système informatique décentralisé.

2. Chaque État membre supporte les coûts de création et d'adaptation de ses systèmes informatiques nationaux nécessaires pour permettre l'interopérabilité de ces systèmes avec les points d'accès, ainsi que les coûts de gestion, d'exploitation et d'entretien de ces systèmes.

3. Les paragraphes 1 et 2 s'entendent sans préjudice de la faculté qu'ont les États membres de demander des subventions destinées à soutenir les activités visées auxdits paragraphes au titre des programmes financiers de l'Union.

Art. 29 *Relation avec des accords ou arrangements conclus entre États membres.*

1. Pour les matières auxquelles il s'applique, le présent règlement prévaut, dans les rapports entre les États membres qui y sont parties, sur d'autres dispositions contenues dans des accords ou arrangements bilatéraux ou multilatéraux conclus par les États membres, et en particulier la convention de La Haye du 1er mars 1954 relative à la pro-

cédure civile et la convention de La Haye du 18 mars 1970 sur l'obtention des preuves à l'étranger en matière civile ou commerciale.

2. Le présent règlement ne fait pas obstacle au maintien ou à la conclusion par les États membres d'accords ou d'arrangements visant à faciliter davantage l'obtention de preuves, pour autant que ces accords ou arrangements soient compatibles avec le présent règlement.

3. Les États membres transmettent à la Commission :

a) une copie des accords ou arrangements, visés au paragraphe 2, conclus entre les États membres ainsi que les projets d'accords ou d'arrangements qu'ils entendent conclure; et

b) toute dénonciation ou modification de ces accords ou arrangements.

Art. 30 *Protection des informations transmises.* 1. Tout traitement de données à caractère personnel effectué au titre du présent règlement, y compris l'échange ou la transmission de données à caractère personnel par les autorités compétentes, est effectué en conformité avec le règlement (UE) 2016/679.

Tout échange ou toute transmission d'informations par les autorités compétentes au niveau de l'Union est effectué conformément au règlement (UE) 2018/1725.

Les données à caractère personnel qui ne sont pas pertinentes pour le traitement d'un cas spécifique sont immédiatement supprimées.

2. L'autorité ou les autorités compétentes en vertu du droit national sont considérées comme les responsables du traitement au sens du règlement (UE) 2016/679 pour ce qui est du traitement de données à caractère personnel effectué au titre du présent règlement.

3. Nonobstant les paragraphes 1 et 2, les informations transmises au titre du présent règlement ne sont utilisées par la juridiction requise qu'aux fins pour lesquelles elles ont été transmises.

4. Les juridictions requises veillent à préserver la confidentialité de ces informations, conformément au droit national dont elles relèvent.

5. Les paragraphes 3 et 4 sont sans préjudice des dispositions législatives nationales permettant aux personnes concernées d'être informées de l'usage qui a été fait des informations transmises en application du présent règlement.

6. Le présent règlement est sans préjudice de la directive 2002/58/CE.

Art. 31 *Communication.* 1. Les États membres communiquent à la Commission les éléments suivants :

a) la liste dressée en vertu de l'article 3, paragraphe 2, comportant l'indication de la compétence territoriale et, le cas échéant, de la compétence spéciale des juridictions;

b) les noms et adresses des organismes centraux et des autorités compétentes désignés en vertu de l'article 4, paragraphe 3, en indiquant leur compétence territoriale;

c) les moyens techniques dont les juridictions figurant sur la liste dressée en vertu de l'article 3, paragraphe 2, disposent pour assurer la réception des demandes;

d) les langues acceptées pour les demandes, comme le prévoit l'article 6.

2. Les États membres communiquent à la Commission toute modification ultérieure portant sur les informations visées au paragraphe 1.

3. Chaque État membre communique à la Commission les coordonnées des autres autorités qui sont compétentes pour obtenir des preuves aux fins de procédures judiciaires en matière civile ou commerciale. Les États membres communiquent à la Commission toute modification ultérieure portant sur ces coordonnées.

4. S'ils sont en mesure d'exploiter le système informatique décentralisé avant l'échéance fixée par le présent règlement, les États membres peuvent adresser une notification à la Commission. La Commission met ces informations à disposition par voie électronique, en particulier sur le portail européen e-Justice.

Art. 32 *Suivi.* 1. Au plus tard le 2 juillet 2023, la Commission établit un programme détaillé pour le suivi des réalisations, des résultats et de l'incidence du présent règlement.

2. Le programme de suivi précise les mesures que doivent prendre la Commission et les États membres pour assurer le suivi des réalisations, des résultats et de l'incidence du présent règlement. Il définit le moment auquel les données visées au paragraphe 3 doivent être collectées pour la première fois, soit au plus tard le 2 juillet 2026, et la fréquence à laquelle ces données doivent être collectées par la suite.

3. Les États membres fournissent à la Commission les données ci-après nécessaires aux fins du suivi, lorsqu'elles sont disponibles :

a) le nombre de demandes de procéder à l'exécution d'une mesure d'instruction transmises conformément à l'article 7, paragraphe 1, et à l'article 19, paragraphe 1, respectivement;

b) le nombre de demandes de procéder à l'exécution d'une mesure d'instruction exécutées conformément à l'article 12 et à l'article 19, paragraphe 8, respectivement;

c) le nombre de cas dans lesquels la demande de procéder à l'exécution d'une mesure d'instruction a été transmise par d'autres moyens que par l'intermédiaire du système informatique décentralisé, conformément à l'article 7, paragraphe 4.

4. Le logiciel de mise en œuvre de référence et, s'il est équipé pour ce faire, le système dorsal national sont programmés pour collecter les données visées au paragraphe 3, points a) et b), et ils transmettent régulièrement ces données à la Commission.

Art. 33 *Évaluation.* 1. Au plus tard cinq ans après la date d'application de l'article 7, conformément à l'article 35, paragraphe 3, la Commission procède à une évaluation du présent règlement et présente un rapport contenant ses principales conclusions au Parlement européen, au Conseil et au Comité économique et social européen, accompagné, le cas échéant, d'une proposition législative.

2. Les États membres fournissent à la Commission les informations nécessaires à l'établissement du rapport visé au paragraphe 1.

Art. 34 *Abrogation.* 1. Le règlement (CE) n° 1206/2001 est abrogé à partir de la date d'application du présent règlement, à l'exception de l'article 6 du règlement (CE) n° 1206/2001 qui est abrogé à partir de la date d'application de l'article 7 visée à l'article 35, paragraphe 3, du présent règlement.

2. Les références faites au règlement abrogé s'entendent comme faites au présent règlement et sont à lire selon le tableau de correspondance figurant à l'annexe III.

Art. 35 *Entrée en vigueur et application.* 1. Le présent règlement entre en vigueur le vingtième jour suivant celui de sa publication au *Journal officiel de l'Union européenne.*

Il est applicable à partir du 1er juillet 2022.

2. L'article 31, paragraphe 3, s'applique à partir du 23 mars 2022.

3. L'article 7 s'applique à partir du premier jour du mois suivant la période de trois ans qui suit la date d'entrée en vigueur des actes d'exécution visés à l'article 25.

ANNEXE I

FORMULAIRES

ANNEXE II

RÈGLEMENT ABROGÉ AVEC LISTE DE SES MODIFICATIONS SUCCESSIVES

ANNEXE III

TABLEAU DE CORRESPONDANCE

46 Règlement (UE) 2020/1784 du Parlement européen et du Conseil du 25 novembre 2020 relatif à la signification et à la notification dans les États membres des actes judiciaires et extrajudiciaires en matière civile ou commerciale (« Signification ou notification ») (refonte)

Applicable le 1er juillet 2022

Le Parlement européen et le Conseil de l'Union européenne,

vu le traité sur le fonctionnement de l'Union européenne, et notamment son article 81, paragraphe 2,

vu la proposition de la Commission européenne,

après transmission du projet d'acte législatif aux parlements nationaux,

vu l'avis du Comité économique et social européen,

après consultation du Comité des régions,

statuant conformément à la procédure législative ordinaire,

considérant ce qui suit :

(1) Le règlement (CE) nº 1393/2007 du Parlement européen et du Conseil a été modifié dans le passé. À l'occasion de nouvelles modifications substantielles, il convient, dans un souci de clarté, de procéder à la refonte dudit règlement.

(2) L'Union s'est fixé pour objectif de maintenir et de développer l'Union en tant qu'espace de liberté, de sécurité et de justice au sein duquel est assurée la libre circulation des personnes. Pour mettre en place un tel espace, l'Union doit adopter, entre autres mesures, des mesures concernant la coopération judiciaire en matière civile nécessaires au bon fonctionnement du marché intérieur.

(3) Aux fins du bon fonctionnement du marché intérieur et de la mise en place d'un espace de justice civile dans l'Union, il est nécessaire de continuer à améliorer et à accélérer la transmission ainsi que la signification et la notification des actes judiciaires et extrajudiciaires entre les États membres en matière civile et commerciale, tout en assurant un niveau élevé de sécurité et de protection de la transmission de tels actes, en préservant les droits des destinataires et en protégeant la vie privée et les données à caractère personnel. L'objectif du présent règlement est d'améliorer l'efficacité et la rapidité des procédures judiciaires en les simplifiant et en les rationalisant pour ce qui est de la signification et de la notification des actes judiciaires et extrajudiciaires dans

l'Union, tout en contribuant à réduire les retards et les frais pour les particuliers et les entreprises. L'amélioration de la sécurité juridique ainsi que la simplification, la rationalisation et la numérisation des procédures encourageront les particuliers et les entreprises à effectuer des transactions transfrontières, stimulant ainsi les échanges commerciaux au sein de l'Union et, partant, le fonctionnement du marché intérieur.

(4) Le présent règlement fixe les règles relatives à la signification et à la notification, dans les États membres, des actes judiciaires et extrajudiciaires en matière civile et commerciale. Il ne devrait pas s'appliquer à la signification et à la notification des actes judiciaires et extrajudiciaires dans d'autres matières, notamment en matière fiscale, douanière ou administrative.

(5) La signification et la notification transfrontières devraient s'entendre comme désignant la signification et la notification d'un État membre à un autre État membre.

(6) Le présent règlement ne devrait pas s'appliquer à la signification et à la notification d'actes au représentant mandaté d'une partie dans l'État membre du for, mais devrait s'appliquer à la signification et à la notification d'un acte à une partie dans un autre État membre si une telle signification ou notification est requise par le droit de l'État membre du for, indépendamment du fait que l'acte ait fait l'objet d'une signification ou d'une notification au représentant de la partie.

(7) Lorsque le destinataire n'a pas d'adresse connue à des fins de signification ou de notification dans l'État membre du for, mais a une ou plusieurs adresses connues à des fins de signification ou de notification dans un ou plusieurs autres États membres, il convient que l'acte soit transmis à cet autre État membre à des fins de signification ou de notification au titre du présent règlement. Cette situation ne devrait pas être interprétée comme constituant une signification ou une notification nationale au sein de l'État membre du for. En particulier, l'acte ne devrait pas être signifié ou notifié au destinataire au moyen d'un mode de signification ou de notification fictif, tel que la signification ou la notification par affichage au tableau du tribunal ou par versement de l'acte au dossier.

(8) Aux fins du présent règlement, les termes « actes extrajudiciaires » devraient s'entendre comme comprenant des actes qui ont été établis ou certifiés par une autorité publique ou un officier ministériel et d'autres actes dont la transmission formelle à un destinataire résidant dans un autre État membre est nécessaire à l'exercice, à la preuve ou à la sauvegarde d'un droit ou d'une prétention juridique en matière civile ou commerciale. Les termes « actes extrajudiciaires » ne devraient pas s'entendre comme comprenant les actes délivrés par des autorités administratives aux fins de procédures administratives.

(9) L'efficacité et la rapidité des procédures judiciaires en matière civile requièrent que la transmission des actes judiciaires et extrajudiciaires soit effectuée directement et par des moyens rapides entre les entités locales désignées par les États membres. Les États membres devraient avoir la faculté de désigner des entités d'origine et des entités requises distinctes ou de désigner une ou plusieurs entités pour l'exercice des deux fonctions pendant cinq ans. Il devrait cependant être possible de renouveler cette désignation tous les cinq ans.

(10) Afin d'assurer une transmission rapide des actes entre États membres aux fins de signification ou de notification, il convient de recourir à des technologies de communi-

cation modernes adaptées, pour autant que certaines conditions relatives à l'intégrité et à la fiabilité de l'acte reçu soient remplies. Par conséquent, toutes les communications et tous les échanges d'actes entre les entités et organes désignés par les États membres devraient, par principe, être effectués au moyen d'un système informatique décentralisé sécurisé et fiable, composé de systèmes informatiques nationaux qui sont interconnectés et techniquement interopérables, par exemple, et sans préjudice de progrès technologiques ultérieurs, sur la base de l'e-CODEX. Dès lors, il y a lieu de mettre en place un système informatique décentralisé pour les échanges de données dans le cadre du présent règlement. Par son caractère décentralisé, ce système informatique permettrait les échanges de données exclusivement d'un État membre à l'autre, sans que l'une ou l'autre des institutions de l'Union intervienne dans ces échanges.

(11) Sans préjudice d'éventuels progrès technologiques futurs, le système informatique décentralisé sécurisé et ses composants ne devraient pas être considérés comme constituant nécessairement un « service d'envoi recommandé électronique qualifié » au sens du règlement (UE) n° 910/2014 du Parlement européen et du Conseil.

(12) La Commission devrait être responsable de la création, de l'entretien et du développement futur d'un logiciel de mise en œuvre de référence que les États membres devraient pouvoir utiliser en lieu et place d'un système informatique national, conformément aux principes de protection des données dès la conception et par défaut. La Commission devrait concevoir, développer et entretenir le logiciel de mise en œuvre de référence dans le respect des exigences et principes en matière de protection des données énoncés dans les règlements (UE) 2018/1725 et (UE) 2016/679 du Parlement européen et du Conseil, en particulier les principes de protection des données dès la conception et par défaut. Le logiciel de mise en œuvre de référence devrait également comprendre des mesures techniques appropriées et rendre possible les mesures organisationnelles nécessaires pour assurer un niveau de sécurité et d'interopérabilité adapté à l'échange d'informations dans le cadre de la signification et de la notification des actes.

(13) En ce qui concerne les composants du système informatique décentralisé qui relèvent de la responsabilité de l'Union, l'entité gestionnaire devrait disposer de ressources suffisantes pour assurer le bon fonctionnement dudit système.

(14) L'autorité ou les autorités compétentes en vertu du droit national devraient être responsables du traitement au sens du règlement (UE) 2016/679 pour ce qui est du traitement des données à caractère personnel qu'elles effectuent en vertu du présent règlement pour la transmission d'actes entre les États membres.

(15) La transmission au moyen du système informatique décentralisé pourrait devenir impossible en raison d'une perturbation du système. D'autres moyens de communication pourraient également être plus adaptés dans des circonstances exceptionnelles, par exemple lorsque la conversion de documents volumineux au format électronique imposerait une charge administrative disproportionnée à l'entité d'origine ou lorsque l'acte original doit être fourni sur support papier pour en évaluer l'authenticité. Lorsque le système informatique décentralisé n'est pas utilisé, la transmission devrait être effectuée par les moyens alternatifs les plus appropriés. De tels moyens alternatifs devraient impliquer, entre autres, une transmission effectuée aussi rapidement que possible et de

manière sécurisée par d'autres moyens électroniques sécurisés ou par l'intermédiaire des services postaux.

(16) Afin de favoriser la transmission électronique transfrontière d'actes au moyen du système informatique décentralisé, ces actes ne devraient pas être privés d'effet juridique et ne devraient pas être déclarés irrecevables comme moyens de preuve dans le cadre d'une procédure au seul motif qu'ils se présentent sous une forme électronique. Toutefois, ce principe devrait s'entendre sans préjudice de l'appréciation des effets juridiques ou de la recevabilité de tels actes comme moyens de preuve conformément au droit national. Il devrait également s'entendre sans préjudice des dispositions de droit national concernant la conversion d'actes.

(17) Afin de faciliter la transmission et la signification ou la notification des actes entre États membres, les formulaires qui figurent à l'annexe I devraient être utilisés. L'acte à transmettre devrait être accompagné d'une demande établie au moyen du formulaire A qui figure à l'annexe I. Ce formulaire devrait être rempli dans la langue officielle de l'État membre requis ou, s'il existe plusieurs langues officielles dans cet État membre, dans la langue officielle ou l'une des langues officielles du lieu où il doit être procédé à la signification ou à la notification, ou dans toute autre langue que l'État membre requis a indiqué pouvoir accepter. Chaque État membre devrait indiquer la ou les langues officielles de l'Union, autres que la sienne ou les siennes, qu'il peut accepter.

(18) Un accusé de réception établi au moyen du formulaire D devrait être automatiquement envoyé à l'entité d'origine au moyen du système informatique décentralisé ou, par d'autres moyens, dans les meilleurs délais et, en tout état de cause, dans un délai de sept jours à compter de la réception de l'acte.

(19) Lorsqu'elle reçoit une attestation de non-accomplissement de la signification ou de la notification de l'acte, il importe que l'entité d'origine sache si les autorités de l'État membre requis ont introduit des demandes dans les registres de la population ou dans d'autres bases de données, lorsque de tels registres ou bases de données existent, en vue de rechercher une nouvelle adresse pour la personne à qui l'acte doit être signifié ou notifié. Par conséquent, les États devraient informer la Commission si leurs autorités formulent de telles demandes de leur propre initiative dans les cas où l'adresse indiquée dans la demande de signification ou de notification n'est pas correcte. Toutefois, le présent règlement ne devrait pas imposer aux autorités des États membres l'obligation de formuler de telles demandes.

(20) Lorsqu'une demande de signification ou de notification ne peut aboutir sur la base des informations ou des pièces transmises, lorsqu'elle ne relève pas du champ d'application du présent règlement, lorsque le non-respect des conditions de forme rend impossible la signification ou la notification, ou lorsqu'elle a été envoyée à une entité requise qui n'est pas territorialement compétente, l'entité requise devrait prendre les mesures prévues par le présent règlement sans retard injustifié, déraisonnable et inutile en tenant compte des circonstances particulières, y compris les moyens de communication à la disposition de l'entité requise.

(21) La rapidité de la transmission exige que la signification ou la notification de l'acte ait lieu dans les jours qui suivent la réception de l'acte. La signification ou la notification d'un acte devrait être effectuée dans les meilleurs délais et, en tout état de cause, dans un délai d'un mois à compter de leur réception par l'entité requise.

(22) L'entité requise devrait continuer à prendre toutes les mesures nécessaires pour faire signifier ou notifier l'acte même dans les cas où la signification ou la notification n'a pas pu être effectuée dans le délai d'un mois à compter de la réception de l'acte, par exemple parce que le défendeur était absent de son domicile pour cause de vacances ou absent de son lieu de travail pour affaires. Cependant, afin d'éviter que l'entité requise ne soit tenue, pour une durée illimitée, de prendre les mesures nécessaires en vue de faire signifier ou notifier un acte, l'entité d'origine devrait être à même d'indiquer un délai au-delà duquel la signification ou la notification n'est plus nécessaire, au moyen du formulaire A qui figure à l'annexe I.

(23) Afin d'assurer l'efficacité du présent règlement, les circonstances dans lesquelles il est possible de refuser l'acte à signifier ou à notifier devraient être limitées à des situations exceptionnelles.

(24) Dans tous les cas où l'acte à signifier ou à notifier n'est pas rédigé dans la langue officielle ou dans une des langues officielles du lieu de la signification ou de la notification, l'entité requise devrait informer le destinataire par écrit, au moyen du formulaire L qui figure à l'annexe I, qu'il peut refuser de recevoir l'acte à signifier ou à notifier s'il est rédigé ni dans une langue que le destinataire comprend ni dans la langue officielle ou dans une des langues officielles du lieu de la signification ou de la notification. Il convient que cette règle s'applique aussi à toute signification ou notification ultérieure, une fois que le destinataire a exercé son droit de refus. Le droit de refus devrait également s'appliquer à la signification ou à la notification effectuée par les agents diplomatiques ou consulaires, par l'intermédiaire des services postaux, par voie électronique, ou effectuée directement. Il devrait être possible de régulariser la signification ou la notification de l'acte refusé en signifiant ou en notifiant au destinataire une traduction de celui-ci.

(25) Si une traduction est jointe à l'acte à signifier ou à notifier, elle devrait être certifiée ou autrement considérée comme appropriée aux fins de la procédure conformément au droit de l'État membre d'origine. La traduction devrait être mise à la disposition de l'État membre dans lequel la signification ou la notification doit avoir lieu. La traduction d'actes dans une autre langue aux fins d'assurer le respect du présent règlement est sans préjudice de la possibilité pour le destinataire de contester l'exactitude de la traduction conformément au droit de l'État membre du for.

(26) Si le destinataire a refusé de recevoir l'acte et que la juridiction ou l'autorité saisie de l'instance décide, après vérification, que le refus n'était pas justifié, il convient que ladite juridiction ou autorité envisage une manière appropriée d'informer le destinataire de ladite décision conformément au droit national. Aux fins de vérifier si le refus était justifié, la juridiction ou l'autorité devrait tenir compte de toutes les informations pertinentes qui figurent dans le dossier pour déterminer les compétences linguistiques du destinataire. Le cas échéant, lors de l'évaluation des compétences linguistiques du destinataire, la juridiction ou l'autorité pourrait prendre en compte des éléments factuels, par exemple des documents rédigés par le destinataire dans la langue concernée, ou vérifier si la profession du destinataire implique de disposer de compétences linguistiques particulières, ou encore si le destinataire est citoyen de l'État membre du for ou s'il a précédemment résidé dans cet État membre pendant une période prolongée.

(27) Compte tenu des différences existant entre les États membres quant à leurs règles de procédure, la date effective de la signification ou de la notification varie d'un État membre à l'autre. Dans ces conditions, et compte tenu des difficultés qui pourraient surgir, il convient que le présent règlement prévoie un système dans lequel c'est le droit de l'État membre requis qui détermine la date de la signification ou de la notification. Toutefois, lorsque, en vertu du droit d'un État membre, un acte doit être signifié ou notifié dans un délai déterminé, la date à prendre en considération à l'égard du requérant devrait être celle fixée par le droit de cet État membre. Ce système de double date n'existe que dans un nombre restreint d'États membres. Si les États membres appliquent ledit système, ils devraient communiquer ces informations à la Commission, laquelle devrait mettre ces informations à disposition par voie électronique par l'intermédiaire du réseau judiciaire européen en matière civile et commerciale créé par la décision 2001/470/CE du Conseil et sur le portail européen e-justice.

(28) Afin de faciliter l'accès à la justice, les États membres devraient fixer un droit forfaitaire unique pour l'intervention d'un officier ministériel ou d'une personne compétente selon le droit de l'État membre requis. Ce droit devrait respecter les principes de proportionnalité et de non-discrimination. L'exigence d'un droit forfaitaire unique ne devrait cependant pas priver les États membres de la faculté de fixer des droits différents pour différents types de de signification ou de notification, à condition de respecter ces principes.

(29) Chaque État membre devrait avoir la faculté de procéder directement par l'intermédiaire des services postaux, par lettre recommandée avec accusé de réception ou envoi équivalent, à la signification ou à la notification des actes aux personnes résidant dans un autre État membre. Il devrait être possible de recourir aux services postaux, qu'ils soient privés ou publics, aux fins de la signification ou de la notification d'actes sous différentes formes de lettres, y compris les liasses de lettres.

(30) Conformément à la jurisprudence constante de la Cour de justice de l'Union européenne, la signification ou la notification directe par l'intermédiaire des services postaux au titre du présent règlement devrait être considérée comme ayant été valablement effectuée si l'acte, même s'il n'a pas été remis au destinataire en personne, a été signifié ou notifié, à l'adresse du domicile du destinataire, à une personne adulte qui vit dans le même ménage que le destinataire ou qui est employée à cette adresse par le destinataire et qui a la capacité et la volonté de recevoir l'acte, à moins que le droit de l'État membre du for n'autorise que la signification ou la notification dudit acte au destinataire en personne.

(31) L'efficacité et la rapidité nécessaires dans les procédures judiciaires transfrontières nécessitent l'existence de voies directes, accélérées et sûres pour la signification ou la notification des actes à des personnes se trouvant dans d'autres États membres. Par conséquent, il devrait être possible de faire procéder à la signification ou à la notification d'actes directement par voie électronique à un destinataire qui a une adresse connue à des fins de signification ou de notification dans un autre État membre. Les conditions pour pouvoir recourir à ce type de signification ou notification électronique directe devraient être de nature à garantir qu'il n'est procédé à la signification ou la notification par voie électronique qu'en utilisant des moyens électroniques qui sont disponibles selon le droit de l'État membre du for pour la signification ou la notification

nationale d'actes, et devraient garantir l'existence de garde-fous appropriés pour protéger les intérêts du destinataire, notamment des normes techniques d'un niveau élevé et l'obligation de recueillir le consentement exprès du destinataire.

(32) Le destinataire devrait pouvoir se voir signifier ou notifier des actes par voie électronique à l'aide de services d'envoi recommandé électroniques qualifiés au sens du règlement (UE) n° 910/2014, pour autant qu'il ait préalablement donné son consentement exprès à l'utilisation de moyens électroniques aux fins de la signification ou de la notification d'actes au cours des procédures judiciaires. En pareils cas, le consentement exprès préalable pourrait être donné pour une procédure particulière ou sous la forme d'un consentement général à ce que les actes lui soient signifiés ou notifiés au cours de procédures judiciaires en utilisant ces modes de signification ou de notification. Ledit consentement pourrait également être donné lorsque, en vertu du droit de l'État membre du for, les actes de procédure pourraient être signifiés ou notifiés au moyen d'un système électronique et que le destinataire a consenti à l'utilisation de ce système en ce qui concerne la signification ou la notification d'actes avant que des actes ne soient signifiés ou notifiés au destinataire par l'intermédiaire de ce système.

(33) Le destinataire devrait avoir la possibilité de se voir signifier ou notifier des actes par voie électronique sans l'aide de services d'envoi recommandé électroniques qualifiés au sens du règlement (UE) n° 910/2014, pour autant qu'il ait préalablement donné à la juridiction ou à l'autorité saisie de l'instance ou à la partie responsable de la signification ou de la notification dans le cadre d'une telle instance son consentement exprès à l'utilisation de courriels envoyés à une adresse de courrier électronique déterminée au cours de cette instance, pour autant que soit reçue la preuve de la réception de l'acte par le destinataire. Le destinataire devrait confirmer la réception de l'acte en signant et en renvoyant un accusé de réception ou en renvoyant un courriel à partir de l'adresse de courrier électronique fournie par le destinataire aux fins de signification ou de notification. Il devrait être possible de signer l'accusé de réception de manière électronique. Afin de garantir la sécurité de la transmission, les États membres pourraient préciser sous quelles conditions supplémentaires ils accepteront la signification ou la notification par voie électronique par courriel lorsque leur droit fixe des conditions plus strictes en ce qui concerne la signification ou la notification par courriel ou lorsque leur droit n'autorise pas une telle signification ou notification par courriel. De telles conditions pourraient porter sur des questions telles que l'identification de l'expéditeur et du destinataire, l'intégrité des actes envoyés et la protection de la transmission contre les interférences extérieures.

(34) Toute personne ayant un intérêt dans une procédure judiciaire déterminée devrait avoir la possibilité de faire procéder à la signification ou à la notification d'actes directement par les soins des officiers ministériels, fonctionnaires ou autres personnes compétentes de l'État membre dans lequel la signification ou la notification est demandée, pour autant que cette signification ou notification directe soit autorisée par le droit de cet État membre.

(35) Lorsque le droit national et le présent règlement autorisent la juridiction à rendre une décision, même si aucune attestation constatant soit la signification ou la notification, soit la remise de l'acte introductif d'instance ou d'un acte équivalent n'a été reçue, il convient de déployer tous les efforts raisonnables pour obtenir l'attestation par

l'intermédiaire des autorités ou organismes compétents de l'État membre requis avant que le jugement ne soit rendu, dans le respect de toute autre exigence sauvegardant les intérêts du défendeur. Sauf si cela est incompatible avec le droit national, il convient de déployer tous les efforts raisonnables pour informer le défendeur, dont une adresse ou un compte est connu de la juridiction saisie de l'instance, qu'une procédure judiciaire a été engagée en utilisant tout moyen de communication disponible, y compris les technologies de communication modernes.

(36) Il convient que la Commission élabore un manuel reprenant les informations utiles pour la bonne application du présent règlement. Le manuel devrait être mis à disposition par l'intermédiaire du réseau judiciaire européen en matière civile et commerciale. La Commission et les États membres devraient mettre tout en œuvre pour faire en sorte que les informations figurant dans le manuel soient à jour et complètes, notamment en ce qui concerne les coordonnées des entités requises et des entités d'origine.

(37) Pour le calcul des termes et délais prévus par le présent règlement, il convient d'appliquer le règlement (CEE, Euratom) n° 1182/71 du Conseil.

(38) Afin de mettre à jour les formulaires figurant à l'annexe I du présent règlement ou d'apporter des modifications techniques à ces formulaires, il convient de déléguer à la Commission le pouvoir d'adopter des actes conformément à l'article 290 du traité sur le fonctionnement de l'Union européenne en ce qui concerne les modifications à apporter à ladite annexe. Il importe particulièrement que la Commission procède aux consultations appropriées durant son travail préparatoire, y compris au niveau des experts, et que ces consultations soient menées conformément aux principes définis dans l'accord interinstitutionnel du 13 avril 2016 « Mieux légiférer ». En particulier, pour assurer leur égale participation à la préparation des actes délégués, le Parlement européen et le Conseil reçoivent tous les documents au même moment que les experts des États membres, et leurs experts ont systématiquement accès aux réunions des groupes d'experts de la Commission traitant de la préparation des actes délégués.

(39) Afin d'assurer des conditions uniformes d'exécution du présent règlement, il convient de conférer des compétences d'exécution à la Commission. Ces compétences devraient être exercées en conformité avec le règlement (UE) n° 182/2011 du Parlement européen et du Conseil.

(40) Le présent règlement devrait prévaloir, dans les rapports entre les États membres qui y sont parties, sur les dispositions contenues dans les accords ou arrangements bilatéraux ou multilatéraux conclus par les États membres qui ont le même champ d'application que le présent règlement, notamment la convention de La Haye du 15 novembre 1965 relative à la signification et la notification à l'étranger des actes judiciaires et extrajudiciaires en matière civile ou commerciale. Le présent règlement ne fait pas obstacle au maintien ou à la conclusion par les États membres d'accords ou d'arrangements visant à accélérer ou à simplifier la transmission des actes, pour autant que ces accords ou arrangements soient compatibles avec le présent règlement.

(41) Les libertés et droits fondamentaux de toutes les personnes concernées devraient être pleinement observés et respectés conformément au droit de l'Union, en particulier les droits relatifs à l'égalité d'accès à la justice, à la non-discrimination et à la protection des données à caractère personnel et à la vie privée.

(42) Il importe que les données transmises en vertu du présent règlement soient correctement protégées. Une telle protection relève du champ d'application du règlement (UE) 2016/679 et de la directive 2002/58/CE du Parlement européen et du Conseil. Les données à caractère personnel qui ne sont pas utiles aux fins du traitement d'une affaire spécifique devraient être immédiatement supprimées.

(43) Conformément aux points 22 et 23 de l'accord interinstitutionnel du 13 avril 2016 « Mieux légiférer », la Commission devrait évaluer le présent règlement sur la base d'informations collectées selon des modalités de suivi spécifiques, afin d'évaluer les effets réels du présent règlement et la nécessité de toute nouvelle action éventuelle. Lorsque les États membres collectent des données sur la signification ou la notification des actes au titre du présent règlement et, en particulier, des informations sur le nombre de demandes transmises et de demandes reçues, le nombre de cas dans lesquels la transmission a été effectuée par d'autres moyens que par l'intermédiaire du système informatique décentralisé, le nombre d'attestations de non-accomplissement de la signification ou de la notification d'actes reçues et le nombre d'avis de refus en raison de la langue reçus par les entités d'origine, ils devraient fournir ces données à la Commission à des fins de suivi. Le logiciel de mise en œuvre de référence développé par la Commission en tant que système dorsal devrait être programmé en vue de collecter les données nécessaires à des fins de suivi et ces données devraient être transmises à la Commission. Lorsque les États membres choisissent d'utiliser un système informatique national en lieu et place du logiciel de mise en œuvre de référence développé par la Commission, ce système peut être équipé pour être programmé en vue de collecter ces données et, dans ce cas, ces données devraient être transmises à la Commission.

(44) Étant donné que les objectifs du présent règlement ne peuvent pas être atteints de manière suffisante par les États membres en raison des différences entre les règles nationales régissant la compétence ainsi que la reconnaissance et l'exécution des décisions, mais peuvent, en raison de l'applicabilité directe et de la nature contraignante du présent règlement, l'être mieux au niveau de l'Union, celle-ci peut prendre des mesures, conformément au principe de subsidiarité consacré à l'article 5 du traité sur l'Union européenne. Conformément au principe de proportionnalité énoncé audit article, le présent règlement n'excède pas ce qui est nécessaire pour atteindre ces objectifs.

(45) Le Contrôleur européen de la protection des données a été consulté conformément à l'article 42, paragraphe 1, du règlement (UE) 2018/1725 et a rendu un avis le 13 septembre 2019.

(46) Pour rendre les dispositions du règlement (CE) n° 1393/2007 plus aisément accessibles et plus lisibles, il convient d'abroger ledit règlement et de le remplacer par le présent règlement.

(47) Conformément à l'article 3 et à l'article 4 bis, paragraphe 1, du protocole n° 21 sur la position du Royaume-Uni et de l'Irlande à l'égard de l'espace de liberté, de sécurité et de justice, annexé au traité sur l'Union européenne et au traité sur le fonctionnement de l'Union européenne, le Royaume-Uni et l'Irlande ont notifié leur souhait de participer à l'adoption et à l'application du présent règlement.

(48) Conformément aux articles 1er et 2 du protocole n° 22 sur la position du Danemark annexé au traité sur l'Union européenne et au traité sur le fonctionnement de l'Union

européenne, le Danemark ne participe pas à l'adoption du présent règlement et n'est pas lié par celui-ci ni soumis à son application,

Ont adopté le règlement :

CHAPITRE I

Dispositions générales

Art. premier *Champ d'application.* 1. Le présent règlement s'applique à la signification et à la notification transfrontières des actes judiciaires et extrajudiciaires en matière civile ou commerciale. Il ne s'applique pas, en particulier, aux matières fiscales, douanières ou administratives, ni à la responsabilité d'un État membre pour des actes ou des omissions commis dans l'exercice de la puissance publique (« *acta jure imperii* »).

2. À l'exception de l'article 7, le présent règlement ne s'applique pas lorsque l'adresse du destinataire d'un acte à signifier ou à notifier n'est pas connue.

3. Le présent règlement ne s'applique pas à la signification ou à la notification d'un acte dans l'État membre du for à un représentant mandaté par le destinataire de l'acte à signifier ou à notifier, quel que soit le lieu de résidence de ladite personne.

Art. 2 *Définitions.* Aux fins du présent règlement, on entend par :

1) « État membre du for », l'État membre dans lequel la procédure judiciaire a lieu;

2) « système informatique décentralisé », un réseau de systèmes informatiques nationaux et de points d'accès interopérables, dont le fonctionnement relève de la responsabilité et de la gestion individuelles de chaque État membre, qui permet un échange d'informations transfrontière sécurisé et fiable entre les systèmes informatiques nationaux.

Art. 3 *Entités d'origine et entités requises.* 1. Chaque État membre désigne les officiers ministériels, autorités ou autres personnes compétents pour transmettre les actes judiciaires ou extrajudiciaires aux fins de signification ou de notification dans un autre État membre (ci-après dénommés « entités d'origine »).

2. Chaque État membre désigne les officiers ministériels, autorités ou autres personnes compétents pour recevoir les actes judiciaires ou extrajudiciaires en provenance d'un autre État membre (ci-après dénommés « entités requises »).

3. Les États membres peuvent désigner des entités d'origine et des entités requises distinctes ou désigner une ou plusieurs entités pour l'exercice des deux fonctions. Les États membres fédéraux, les États membres dans lesquels plusieurs systèmes juridiques sont en vigueur et les États membres ayant des unités territoriales autonomes peuvent désigner plusieurs de ces entités. Cette désignation est valable pendant une période de cinq ans et peut être renouvelée pour une période supplémentaire de cinq ans.

4. Chaque État membre fournit à la Commission les informations suivantes :

a) les noms et adresses des entités requises visées aux paragraphes 2 et 3;

b) l'indication du ressort territorial de ces entités requises;

c) les moyens dont ces entités requises disposent pour recevoir des actes lorsque l'article 5, paragraphe 4, s'applique; et

d) les langues qui peuvent être utilisées pour remplir les formulaires qui figurent à l'annexe I.

Les États membres notifient à la Commission toute modification ultérieure des informations visées au premier alinéa.

Art. 4 *Organisme central.* Chaque État membre désigne un organisme central chargé :

a) de fournir des informations aux entités d'origine;

b) de rechercher des solutions aux difficultés qui peuvent se présenter à l'occasion de la transmission des actes aux fins de signification ou de notification;

c) de transmettre, dans des cas exceptionnels, une demande de signification ou de notification à l'entité requise compétente à la requête d'une entité d'origine.

Les États membres fédéraux, les États membres dans lesquels plusieurs systèmes juridiques sont en vigueur et les États membres ayant des unités territoriales autonomes peuvent désigner plusieurs organismes centraux.

Art. 5 *Moyens de communication à utiliser par les entités d'origine, les entités requises et les organismes centraux.* 1. La transmission des actes à signifier ou à notifier, des demandes, des confirmations, des reçus, des attestations et des communications effectuées à l'aide des formulaires qui figurent à l'annexe I entre les entités d'origine et les entités requises, entre ces entités et les organismes centraux, ou entre les organismes centraux de différents États membres est effectuée au moyen d'un système informatique décentralisé sécurisé et fiable. Ce système informatique décentralisé se fonde sur une solution interopérable telle que l'e-CODEX.

2. Le cadre juridique général concernant l'utilisation des services de confiance qualifiés décrits dans le règlement (UE) n° 910/2014 s'applique aux actes à signifier ou à notifier, aux demandes, aux confirmations, aux reçus, aux attestations et aux communications transmis au moyen du système informatique décentralisé.

3. Lorsque les actes à signifier ou à notifier, les demandes, les confirmations, les reçus, les attestations et les autres communications visés au paragraphe 1 du présent article exigent ou portent un cachet ou une signature manuscrite, ceux-ci peuvent être remplacés par des « cachets électroniques qualifiés » ou des « signatures électroniques qualifiées », au sens du règlement (UE) n° 910/2014.

4. Lorsque la transmission conformément au paragraphe 1 s'avère impossible en raison d'une perturbation du système informatique décentralisé ou en raison de circonstances exceptionnelles, elle est effectuée par les moyens alternatifs les plus rapides et les plus appropriés, en tenant compte de la nécessité d'assurer la fiabilité et la sécurité de la transmission.

Art. 6 *Effets juridiques des actes électroniques.* Les actes transmis au moyen du système informatique décentralisé ne doivent pas être privés d'effet juridique ni considérés comme irrecevables comme moyens de preuve dans le cadre d'une procédure au seul motif que ces actes se présentent sous une forme électronique.

Art. 7 *Assistance à la recherche d'adresses.* 1. Lorsque l'adresse de la personne à laquelle l'acte judiciaire ou extrajudiciaire doit être signifié ou notifié dans un autre État membre n'est pas connue, ledit État membre fournit une assistance pour trouver cette adresse selon au moins l'une des manières suivantes :

a) en prévoyant des autorités désignées auxquelles les entités d'origine peuvent soumettre les demandes concernant la détermination de l'adresse du destinataire de l'acte à signifier ou à notifier;

b) en autorisant des personnes d'autres États membres à soumettre directement, y compris par voie électronique, dans des registres de la population ou d'autres bases de données accessibles au public, des demandes d'informations concernant les adresses de destinataires de l'acte à signifier ou à notifier, au moyen d'un formulaire type disponible sur le portail européen e-justice; ou

c) en fournissant des informations détaillées, par l'intermédiaire du portail européen e-justice, sur la manière de trouver l'adresse de destinataires de l'acte à signifier ou à notifier.

2. Chaque État membre fournit à la Commission les informations ci-après en vue de les mettre à disposition sur le portail européen e-justice :

a) les modes d'assistance que l'État membre fournira sur son territoire conformément au paragraphe 1;

b) s'il y a lieu, les noms et coordonnées des autorités visées au paragraphe 1, points a) et b);

c) l'indication, le cas échéant, selon laquelle les autorités de l'État membre requis soumettent, de leur propre initiative, dans les registres du domicile ou d'autres bases de données, des demandes d'informations concernant les adresses dans les cas où l'adresse indiquée dans la demande de signification ou de notification n'est pas correcte.

Les États membres notifient à la Commission tout changement ultérieur apporté aux informations visées au premier alinéa.

CHAPITRE II

Actes judiciaires

Section I

Transmission et signification ou notification des actes judiciaires

Art. 8 *Transmission des actes.* 1. Les actes judiciaires sont transmis directement et dans les meilleurs délais entre les entités d'origine et les entités requises.

2. L'acte à transmettre est accompagné d'une demande établie au moyen du formulaire A qui figure à l'annexe I. Ce formulaire est rempli dans la langue officielle de l'État membre requis ou, s'il existe plusieurs langues officielles dans cet État membre, dans la langue officielle ou l'une des langues officielles du lieu où il doit être procédé à la signification ou à la notification, ou dans toute autre langue que l'État membre requis a indiqué accepter.

Chaque État membre indique à la Commission toute langue officielle de l'Union, autre que la ou les siennes, dans laquelle le formulaire peut être rempli.

3. Les actes transmis au titre du présent règlement sont dispensés de l'obligation de légalisation ou de toute formalité équivalente.

4. Lorsque l'entité d'origine demande à ce que lui soit retourné un exemplaire de l'acte envoyé au format papier conformément à l'article 5, paragraphe 4, avec l'attestation visée à l'article 14, elle adresse ledit acte en double exemplaire.

Art. 9 *Traduction de l'acte.* 1. L'entité d'origine à laquelle le requérant a transmis l'acte en vue de sa transmission informe le requérant que le destinataire peut refuser de recevoir l'acte s'il n'est pas établi dans l'une des langues prévues à l'article 12, paragraphe 1.

2. Le requérant prend en charge les éventuels frais de traduction préalablement à la transmission de l'acte, sans préjudice d'éventuelles décisions ultérieures de la juridiction ou de l'autorité compétente sur la prise en charge de ces frais.

Art. 10 *Réception de l'acte par l'entité requise.* 1. Lorsqu'elle reçoit un acte, l'entité requise envoie automatiquement à l'entité d'origine un accusé de réception dans les meilleurs délais au moyen du système informatique décentralisé ou, lorsque l'accusé de réception est envoyé par d'autres moyens, dans les meilleurs délais et, en tout état de cause, dans un délai de sept jours à compter de la réception, au moyen du formulaire D qui figure à l'annexe I.

2. Si la demande de signification ou de notification ne peut aboutir sur la base des informations ou des pièces transmises, l'entité requise se met en relation avec l'entité d'origine sans retard injustifié afin d'obtenir les informations ou les pièces qui font défaut, au moyen du formulaire E qui figure à l'annexe I.

3. Si la demande de signification ou de notification ne rentre manifestement pas dans le champ d'application du présent règlement ou si le non-respect des conditions de forme imposées rend impossible la signification ou la notification, la demande et les pièces transmises sont retournées à l'entité d'origine, dès réception, sans retard injustifié, accompagnées d'un avis de retour, au moyen du formulaire F qui figure à l'annexe I.

4. Lorsque l'entité requise reçoit un acte aux fins de signification ou de notification pour la signification ou la notification duquel elle n'est pas territorialement compétente, elle transmet cet acte, ainsi que la demande, sans retard injustifié à l'entité requise territorialement compétente de l'État membre requis si la demande remplit les conditions prévues à l'article 8, paragraphe 2. Dans le même temps, l'entité requise informe l'entité d'origine au moyen du formulaire G qui figure à l'annexe I. Lorsqu'elle reçoit l'acte et la demande, l'entité requise territorialement compétente dans l'État membre requis envoie un accusé de réception à l'entité d'origine dans les meilleurs délais et, en tout état de cause, dans un délai de sept jours à compter de la réception, au moyen du formulaire H qui figure à l'annexe I.

Art. 11 *Signification ou notification des actes.* 1. L'entité requise procède ou fait procéder à la signification ou à la notification de l'acte soit conformément au droit de l'État membre requis, soit selon le mode particulier demandé par l'entité d'origine, sauf si ce mode est incompatible avec le droit de cet État membre.

2. L'entité requise prend toutes les mesures nécessaires pour qu'il soit procédé à la signification ou la notification de l'acte dans les meilleurs délais et, en tout état de cause, dans un délai d'un mois à compter de sa réception. S'il n'a pas été possible de procéder à la signification ou à la notification dans un délai d'un mois à compter de la réception de l'acte, l'entité requise :

a) en informe immédiatement l'entité d'origine au moyen du formulaire K qui figure à l'annexe I ou, si l'entité d'origine a utilisé le formulaire I qui figure à l'annexe I pour demander des informations, au moyen du formulaire J qui figure à l'annexe I; et

b) continue à prendre toutes les mesures nécessaires pour qu'il soit procédé à la signification ou à la notification de l'acte lorsque la signification ou la notification semble possible dans un délai raisonnable, à moins que l'entité d'origine n'indique que la signification ou la notification n'est plus nécessaire.

Art. 12 *Refus de réception d'un acte.* 1. Le destinataire peut refuser de recevoir l'acte à signifier ou à notifier si celui-ci n'est pas rédigé ou accompagné d'une traduction :

a) dans une langue que le destinataire comprend; ou

b) dans la langue officielle de l'État membre requis ou, s'il existe plusieurs langues officielles dans cet État membre, la langue officielle ou l'une des langues officielles du lieu où il doit être procédé à la signification ou à la notification.

2. L'entité requise informe le destinataire du droit prévu au paragraphe 1 lorsque l'acte n'est pas rédigé ou n'est pas accompagné d'une traduction dans une langue visée au point b) dudit paragraphe, en joignant à l'acte à signifier ou à notifier le formulaire L qui figure à l'annexe I, qui est fourni :

a) dans la langue officielle ou dans l'une des langues officielles de l'État membre d'origine; et

b) dans une langue visée au paragraphe 1, point b).

S'il apparaît que le destinataire comprend une langue officielle d'un autre État membre, le formulaire L qui figure à l'annexe I est également fourni dans cette langue.

Lorsqu'un État membre traduit le formulaire L qui figure à l'annexe I dans une langue d'un pays tiers, il communique cette traduction à la Commission afin qu'elle soit mise à disposition sur le portail européen e-justice.

3. Le destinataire peut refuser de recevoir l'acte soit au moment de la signification ou de la notification, soit dans un délai de deux semaines à compter de la signification ou de la notification, en faisant une déclaration écrite de refus de réception. À cette fin, le destinataire peut retourner à l'entité requise soit le formulaire L qui figure à l'annexe I soit une déclaration écrite indiquant que le destinataire refuse de recevoir l'acte en raison de la langue dans laquelle il a été signifié ou notifié.

4. Lorsque l'entité requise est informée que le destinataire refuse de recevoir l'acte en vertu des paragraphes 1, 2 et 3, elle en informe immédiatement l'entité d'origine au moyen de l'attestation d'accomplissement ou de non-accomplissement de la signification ou de la notification des actes, en utilisant le formulaire K qui figure à l'annexe I, et lui retourne la demande ainsi que, s'il est disponible, chaque acte dont la traduction est demandée.

5. Il est possible de régulariser la signification ou la notification de l'acte refusé en signifiant ou en notifiant au destinataire, conformément au présent règlement, ledit acte accompagné d'une traduction dans l'une des langues prévues au paragraphe 1. Dans un tel cas, la date de signification ou de notification de l'acte est la date à laquelle l'acte et sa traduction ont été signifiés ou notifiés conformément au droit de l'État membre requis. Toutefois, lorsque le droit d'un État membre exige qu'un acte soit signifié ou notifié dans un délai déterminé, la date à prendre en considération à l'égard du requérant est celle de la signification ou de la notification de l'acte initial, fixée conformément à l'article 13, paragraphe 2.

6. Les paragraphes 1 à 5 s'appliquent aussi aux autres modes de transmission et de signification ou de notification d'actes judiciaires prévus à la section II.

7. Aux fins des paragraphes 1 et 2, les agents diplomatiques ou consulaires, dans les cas où la signification ou la notification est effectuée conformément à l'article 17, et l'autorité ou la personne, dans les cas où la signification ou la notification est effectuée conformément à l'article 18, 19 ou 20, informent le destinataire qu'il peut refuser de recevoir l'acte et que soit le formulaire L qui figure à l'annexe I, soit une déclaration écrite de refus doit être envoyé à ces agents ou à cette autorité ou personne, respectivement.

Art. 13 *Date de la signification ou de la notification.* 1. Sans préjudice de l'article 12, paragraphe 5, la date de la signification ou de la notification effectuée en vertu de l'article 11 est celle à laquelle l'acte a été signifié ou notifié conformément au droit de l'État membre requis.

2. Toutefois, lorsque le droit d'un État membre exige qu'un acte soit signifié ou notifié dans un délai déterminé, la date à prendre en considération à l'égard du requérant est celle fixée par le droit de cet État membre.

3. Le présent article s'applique également aux autres modes de transmission et de signification ou de notification d'actes judiciaires prévus à la section II.

Art. 14 *Attestation de signification ou de notification et copie de l'acte signifié ou notifié.* 1. Lors de l'accomplissement des formalités relatives à la signification ou à la notification de l'acte en question, l'entité requise établit une attestation d'accomplissement de ces formalités au moyen du formulaire K qui figure à l'annexe I et l'envoie à l'entité d'origine, avec une copie de l'acte signifié ou notifié lorsque l'article 8, paragraphe 4, s'applique.

2. L'attestation visée au paragraphe 1 est remplie dans la langue officielle ou l'une des langues officielles de l'État membre d'origine ou dans une autre langue que l'État membre d'origine a indiqué accepter. Chaque État membre indique toute langue officielle de l'Union, autre que la ou les siennes, dans laquelle le formulaire K qui figure à l'annexe I peut être rempli.

Art. 15 *Frais de signification ou de notification.* 1. La signification ou la notification d'actes judiciaires en provenance d'un État membre ne peut donner lieu à aucune obligation de paiement ou de remboursement de taxes ou de frais pour les services rendus par l'État membre requis.

2. Par dérogation au paragraphe 1, le requérant est tenu de payer ou de rembourser les frais occasionnés par :

a) l'intervention d'un officier ministériel ou d'une personne compétente selon le droit de l'État membre requis;

b) le recours à un mode particulier de signification ou de notification.

Les États membres fixent un droit forfaitaire unique pour l'intervention d'un officier ministériel ou d'une personne compétente selon le droit de l'État membre requis. Le montant de ce droit forfaitaire est fixé en conformité avec les principes de proportionnalité et de non-discrimination. Les États membres communiquent le montant de ce droit forfaitaire à la Commission.

Section II

Autres moyens de transmission et de signification ou de notification des actes judiciaires

Art. 16 *Transmission par voie diplomatique ou consulaire.* Dans des circonstances exceptionnelles, chaque État membre peut utiliser la voie diplomatique ou consulaire pour transmettre des actes judiciaires, aux fins de signification ou de notification, aux entités requises ou aux organismes centraux d'un autre État membre.

Art. 17 *Signification ou notification par les agents diplomatiques ou consulaires.* 1. Chaque État membre peut faire procéder, directement et sans le recours à des mesures coercitives, par les soins de ses agents diplomatiques ou consulaires à la signification ou à la notification d'actes judiciaires aux personnes résidant sur le territoire d'un autre État membre.

2. Tout État membre peut indiquer à la Commission qu'il est opposé à la signification ou notification d'actes judiciaires visée au paragraphe 1 sur son territoire, à moins que

les actes ne doivent être signifiés ou notifiés à des ressortissants de l'État membre dont les actes proviennent.

Art. 18 *Signification ou notification par l'intermédiaire des services postaux.* La signification ou la notification d'actes judiciaires à des personnes présentes dans un autre État membre peut être effectuée directement par l'intermédiaire des services postaux, par lettre recommandée avec accusé de réception ou équivalent.

Art. 19 *Signification ou notification par voie électronique.* 1. La signification ou la notification d'actes judiciaires peut être effectuée directement à une personne ayant une adresse connue à des fins de signification ou de notification dans un autre État membre par des moyens électroniques de signification ou de notification disponibles selon le droit de l'État membre du for pour la signification ou la notification nationale d'actes, pour autant que :

a) les actes soient envoyés et reçus à l'aide des services d'envoi recommandé électroniques qualifiés au sens du règlement (UE) n° 910/2014 et que le destinataire ait préalablement donné son consentement exprès à l'utilisation de moyens électroniques pour la signification ou la notification d'actes au cours de procédures judiciaires; ou

b) le destinataire ait préalablement donné, à la juridiction ou à l'autorité saisie de l'instance ou à la partie responsable de la signification ou de la notification d'actes dans le cadre d'une telle instance, son consentement exprès à l'utilisation de courriels envoyés à une adresse de courrier électronique déterminée aux fins de la signification ou de la notification d'actes au cours de cette instance, et le destinataire confirme la réception de l'acte avec un accusé de réception comportant la date de réception.

2. Afin de garantir la sécurité de la transmission, tout État membre peut préciser et communiquer à la Commission les conditions supplémentaires auxquelles il acceptera la signification ou la notification par voie électronique visée au paragraphe 1, point b), lorsque son droit prévoit des conditions plus strictes à cet égard ou n'autorise pas la signification ou la notification par voie électronique par courriel.

Art. 20 *Signification ou notification directe.* 1. Toute personne qui a un intérêt à une procédure judiciaire particulière peut faire procéder à la signification ou à la notification d'actes judiciaires directement par les soins des officiers ministériels, fonctionnaires ou autres personnes compétentes de l'État membre dans lequel la signification ou la notification est demandée, à condition qu'une telle signification ou notification directe soit autorisée par le droit de cet État membre.

2. Un État membre qui autorise la signification ou la notification directe communique à la Commission des informations sur les professions ou les personnes compétentes qui sont autorisées à procéder à la signification ou à la notification directe d'actes sur leur territoire. La Commission met ces informations à disposition sur le portail européen e-justice.

CHAPITRE III
Actes extrajudiciaires

Art. 21 *Transmission et signification ou notification des actes extrajudiciaires.* Les actes extrajudiciaires peuvent être transmis vers un autre État membre et signifiés ou notifiés dans ce dernier conformément au présent règlement.

CHAPITRE IV
Dispositions finales

Art. 22 *Défendeur non comparant.* 1. Lorsqu'un acte introductif d'instance ou un acte équivalent a dû être transmis dans un autre État membre aux fins de signification ou de notification dans le cadre du présent règlement, et que le défendeur ne comparaît pas, le juge est tenu de surseoir à statuer aussi longtemps qu'il n'est pas établi que, soit la signification ou la notification de l'acte, soit la remise de l'acte a eu lieu dans un délai suffisant pour permettre au défendeur de se défendre et que :

a) l'acte a été signifié ou notifié selon un mode prescrit par le droit de l'État membre requis pour la signification ou la notification d'actes dans le cadre d'actions nationales à des personnes se trouvant sur son territoire; ou

b) l'acte a été effectivement remis au défendeur ou à sa résidence selon un autre mode prévu par le présent règlement.

2. Chaque État membre peut informer la Commission du fait qu'une juridiction, nonobstant le paragraphe 1, peut statuer même si aucune attestation constatant soit la signification ou la notification, soit la remise de l'acte introductif d'instance ou d'un acte équivalent, n'a été reçue, pour autant que l'ensemble des conditions ci-après soient remplies :

a) l'acte a été transmis selon l'un des modes prévus par le présent règlement;

b) un délai, que le juge estimera être approprié dans chaque cas particulier et qui ne peut être inférieur à six mois, s'est écoulé depuis la date de transmission de l'acte;

c) aucune attestation n'a pu être obtenue, malgré tous les efforts raisonnables déployés auprès des autorités ou organismes compétents de l'État membre requis.

Ces informations sont mises à disposition sur le portail européen e-justice.

3. Nonobstant les paragraphes 1 et 2, en cas d'urgence justifiée, le juge peut ordonner toute mesure provisoire ou conservatoire.

4. Lorsqu'un acte introductif d'instance ou un acte équivalent a dû être transmis à un autre État membre aux fins de signification ou de notification conformément au présent règlement, et qu'une décision a été rendue contre un défendeur qui n'a pas comparu, le juge a la faculté de relever le défendeur de la forclusion résultant de l'expiration des délais de recours, lorsque les deux conditions ci-après sont remplies :

a) le défendeur, sans qu'il y ait eu faute de sa part, n'a pas eu connaissance dudit acte en temps utile pour se défendre, ou n'a pas eu connaissance de la décision en temps utile pour exercer un recours; et

b) les moyens du défendeur n'apparaissent pas prima facie dénués de tout fondement.

La demande tendant au relevé de la forclusion ne peut être formée que dans un délai raisonnable après que le défendeur a eu connaissance de la décision.

Chaque État membre peut communiquer à la Commission le fait qu'une demande tendant au relevé de la forclusion sera irrecevable si elle est formée après l'expiration d'un délai que l'État membre indiquera dans sa communication. Ce délai ne peut en aucun cas être inférieur à un an suivant la date de la décision. Ces informations sont mises à disposition sur le portail européen e-justice.

5. Le paragraphe 4 ne s'applique pas aux décisions concernant l'état ou la capacité des personnes.

Art. 23 *Modification de l'annexe I.* La Commission est habilitée à adopter des actes délégués conformément à l'article 24 pour modifier l'annexe I en vue de mettre à jour les formulaires qui y figurent ou d'apporter des modifications techniques à ces formulaires.

Art. 24 *Exercice de la délégation.* 1. Le pouvoir d'adopter des actes délégués conféré à la Commission est soumis aux conditions fixées au présent article.

2. Le pouvoir d'adopter des actes délégués visé à l'article 23 est conféré à la Commission pour une période de cinq ans à compter du 22 décembre 2020. La Commission élabore un rapport relatif à la délégation de pouvoir au plus tard neuf mois avant la fin de la période de cinq ans. La délégation de pouvoir est tacitement prorogée pour des périodes d'une durée identique, sauf si le Parlement européen ou le Conseil s'oppose à cette prorogation trois mois au plus tard avant la fin de chaque période.

3. La délégation de pouvoir visée à l'article 23 peut être révoquée à tout moment par le Parlement européen ou le Conseil. La décision de révocation met fin à la délégation de pouvoir qui y est précisée. La révocation prend effet le jour suivant celui de la publication de ladite décision au Journal officiel de l'Union européenne ou à une date ultérieure qui est précisée dans ladite décision. Elle ne porte pas atteinte à la validité des actes délégués déjà en vigueur.

4. Avant d'adopter un acte délégué, la Commission consulte les experts désignés par chaque État membre, conformément aux principes définis dans l'accord interinstitutionnel du 13 avril 2016 « Mieux légiférer ».

5. Aussitôt qu'elle adopte un acte délégué, la Commission le notifie au Parlement européen et au Conseil simultanément.

6. Un acte délégué adopté en vertu de l'article 23 n'entre en vigueur que si le Parlement européen ou le Conseil n'a pas exprimé d'objections dans un délai de deux mois à compter de la notification de cet acte au Parlement européen et au Conseil ou si, avant l'expiration de ce délai, le Parlement européen et le Conseil ont tous deux informé la Commission de leur intention de ne pas exprimer d'objections. Ce délai est prolongé de deux mois à l'initiative du Parlement européen ou du Conseil.

Art. 25 *Adoption d'actes d'exécution par la Commission.* 1. La Commission adopte des actes d'exécution en vue de créer le système informatique décentralisé, lesquels actes précisent les éléments suivants :

a) les spécifications techniques définissant les méthodes de communication par voie électronique aux fins du système informatique décentralisé ;

b) les spécifications techniques des protocoles de communication ;

c) les objectifs en matière de sécurité de l'information et les mesures techniques pertinentes garantissant des normes minimales de sécurité de l'information pour le traitement et la communication des informations au sein du système informatique décentralisé ;

d) les objectifs minimaux en matière de disponibilité et les éventuelles exigences techniques correspondantes pour les services fournis par le système informatique décentralisé ;

e) la création d'un comité directeur composé de représentants des États membres chargé d'assurer le fonctionnement et l'entretien du système informatique décentralisé afin d'atteindre les objectifs du présent règlement.

2. Les actes d'exécution visés au paragraphe 1 du présent article sont adoptés au plus tard le 23 mars 2022 en conformité avec la procédure d'examen visée à l'article 26, paragraphe 2.

Art. 26 *Comité.* 1. La Commission est assistée par un comité. Ledit comité est un comité au sens du règlement (UE) n° 182/2011.

2. Lorsqu'il est fait référence au présent paragraphe, l'article 5 du règlement (UE) n° 182/2011 s'applique.

Art. 27 *Logiciel de mise en œuvre de référence.* 1. La Commission est responsable de la création, de l'entretien et du développement futur d'un logiciel de mise en œuvre de référence que les États membres peuvent choisir d'utiliser comme système dorsal en lieu et place d'un système informatique national. La création, l'entretien et le développement futur du logiciel de mise en œuvre de référence sont financés par le budget général de l'Union.

2. La Commission assure, gère et soutient la mise en œuvre, à titre gratuit, des composants logiciels servant de support aux points d'accès.

Art. 28 *Coûts du système informatique décentralisé.* 1. Chaque État membre supporte les coûts d'installation, d'exploitation et d'entretien de ses points d'accès reliant les systèmes informatiques nationaux dans le cadre du système informatique décentralisé.

2. Chaque État membre supporte les coûts de création et d'adaptation de ses systèmes informatiques nationaux nécessaires pour permettre leur interopérabilité avec les points d'accès, ainsi que les coûts de gestion, d'exploitation et d'entretien de ces systèmes.

3. Les paragraphes 1 et 2 s'entendent sans préjudice de la faculté qu'ont les États membres de demander des subventions destinées à soutenir les activités visées auxdits paragraphes au titre des programmes financiers de l'Union.

Art. 29 *Relation avec des accords ou arrangements entre États membres.* 1. Pour les matières auxquelles il s'applique, le présent règlement prévaut, dans les rapports entre les États membres qui y sont parties, sur d'autres dispositions contenues dans des accords ou arrangements bilatéraux ou multilatéraux conclus par les États membres, et en particulier la convention de La Haye du 15 novembre 1965 relative à la signification et la notification à l'étranger des actes judiciaires et extrajudiciaires en matière civile ou commerciale.

2. Le présent règlement ne fait pas obstacle au maintien ou à la conclusion par les États membres d'accords ou d'arrangements visant à accélérer ou à simplifier davantage la transmission des actes, pour autant que ces accords ou arrangements soient compatibles avec le présent règlement.

3. Les États membres transmettent à la Commission :

a) une copie des accords ou arrangements, visés au paragraphe 2, conclus entre les États membres ainsi que les projets d'accords ou arrangements qu'ils entendent conclure; et

b) toute dénonciation ou modification de ces accords ou arrangements.

Art. 30 *Assistance judiciaire.* Le présent règlement ne porte pas atteinte à l'application de l'article 24 de la convention de La Haye du 1er mars 1954 relative à la procédure civile ni de l'article 13 de la convention du 25 octobre 1980 tendant à faciliter l'accès international à la justice dans les relations entre les États membres parties à ces conventions.

Art. 31 *Protection des informations transmises.* 1. Tout traitement de données à caractère personnel effectué au titre du présent règlement, y compris l'échange ou la transmission de données à caractère personnel par les autorités compétentes, est effectué en conformité avec le règlement (UE) 2016/679.

Tout échange ou toute transmission de données par les autorités compétentes au niveau de l'Union est effectué conformément au règlement (UE) 2018/1725.

Les données à caractère personnel qui ne sont pas pertinentes pour le traitement d'un cas spécifique sont immédiatement supprimées.

2. La ou les autorités compétentes en vertu du droit national sont considérées comme les responsables du traitement au sens du règlement (UE) 2016/679 pour ce qui est du traitement de données à caractère personnel effectué au titre du présent règlement.

3. Nonobstant les paragraphes 1 et 2, les informations transmises au titre du présent règlement ne sont utilisées par l'entité requise qu'aux fins pour lesquelles elles ont été transmises.

4. Les entités requises veillent à préserver la confidentialité de ces informations, conformément au droit national dont elles relèvent.

5. Les paragraphes 3 et 4 sont sans préjudice des dispositions législatives nationales permettant aux personnes concernées d'être informées de l'usage qui a été fait des informations transmises en application du présent règlement.

6. Le présent règlement est sans préjudice de la directive 2002/58/CE.

Art. 32 *Respect des droits fondamentaux en vertu du droit de l'Union.* Les libertés et droits fondamentaux de toutes les personnes concernées sont pleinement observés et respectés conformément au droit de l'Union, en particulier les droits relatifs à l'égalité d'accès à la justice, à la non-discrimination et à la protection des données à caractère personnel et à la vie privée.

Art. 33 *Communication, publication et manuel.* 1. Les États membres communiquent à la Commission les informations visées aux articles 3, 7, 12, 14, 17, 19, 20 et 22.

Les États membres indiquent à la Commission si leur droit national exige de procéder à la signification ou à la notification d'un acte dans un délai déterminé, comme le prévoient l'article 12, paragraphe 5, et l'article 13, paragraphe 2.

2. S'ils sont en mesure d'exploiter le système informatique décentralisé avant l'échéance fixée par le présent règlement, les États membres peuvent adresser une notification à la Commission. La Commission met ces informations à disposition par voie électronique, en particulier sur le portail européen e-justice.

3. La Commission publie, au Journal officiel de l'Union européenne, les informations communiquées conformément au paragraphe 1, à l'exception des adresses et autres coordonnées des entités et des organismes centraux ainsi que leur ressort territorial.

4. La Commission établit et met régulièrement à jour un manuel contenant les informations visées au paragraphe 1. Elle met le manuel à disposition sous forme électronique, notamment par l'intermédiaire du réseau judiciaire européen en matière civile et commerciale et sur le portail européen e-justice.

Art. 34 *Suivi.* 1. Au plus tard le 2 juillet 2023, la Commission établit un programme détaillé pour le suivi des réalisations, des résultats et de l'incidence du présent règlement.

2. Le programme de suivi précise les mesures que doivent prendre la Commission et les États membres pour assurer le suivi des réalisations, des résultats et de l'incidence du présent règlement. Il définit le moment auquel les données visées au paragraphe 3 doivent être collectées pour la première fois, soit au plus tard le 2 juillet 2026, et la fréquence à laquelle ces données doivent être collectées par la suite.

3. Les États membres fournissent à la Commission les données ci-après nécessaires aux fins du suivi, lorsqu'elles sont disponibles :

a) le nombre de demandes aux fins de la signification ou de la notification d'actes transmises conformément à l'article 8;

b) le nombre de demandes aux fins de la signification ou de la notification d'actes exécutées conformément à l'article 11;

c) le nombre de cas dans lesquels la demande de signification ou de notification d'actes a été transmise par d'autres moyens que par l'intermédiaire du système informatique décentralisé, conformément à l'article 5, paragraphe 4;

d) le nombre d'attestations de non-accomplissement de la signification ou de la notification d'actes qui ont été reçues;

e) le nombre de refus d'actes en raison de la langue utilisée, qui ont été reçus par les entités d'origine.

4. Le logiciel de mise en œuvre de référence et, s'il est équipé pour ce faire, le système dorsal national sont programmés pour collecter les données visées au paragraphe 3, points a), b) et d), et ils transmettent régulièrement ces données à la Commission.

Art. 35 *Évaluation.* 1. Au plus tard cinq ans après la date d'application de l'article 5 conformément à l'article 37, paragraphe 2, la Commission procède à une évaluation du présent règlement et présente un rapport contenant ses principales conclusions au Parlement européen, au Conseil et au Comité économique et social européen, accompagné, le cas échéant, d'une proposition législative.

2. Les États membres fournissent à la Commission les informations nécessaires à l'établissement du rapport visé au paragraphe 1.

Art. 36 *Abrogation.* 1. Le règlement (CE) n° 1393/2007 est abrogé à partir de la date d'application du présent règlement, à l'exception des articles 4 et 6 du règlement (CE) n° 1393/2007, qui sont abrogés à partir de la date d'application des articles 5, 8 et 10 visée à l'article 37, paragraphe 2, du présent règlement.

2. Les références faites au règlement abrogé s'entendent comme faites au présent règlement et sont à lire selon le tableau de correspondance figurant à l'annexe III.

Art. 37 *Entrée en vigueur et application.* 1. Le présent règlement entre en vigueur le vingtième jour suivant celui de sa publication au *Journal officiel de l'Union européenne*.

Il est applicable à partir du 1er juillet 2022.

2. Les articles 5, 8 et 10 s'appliquent à compter du premier jour du mois suivant la période de trois ans qui suit la date d'entrée en vigueur des actes d'exécution visés à l'article 25.

ANNEXE I
FORMULAIRES

ANNEXE II
RÈGLEMENT ABROGÉ AVEC LISTE DE SES MODIFICATIONS SUCCESSIVES

SOUS-PARTIE II
DIRECTIVES

47 Directive 93/13/CEE du Conseil du 5 avril 1993 concernant les clauses abusives dans les contrats conclus avec les consommateurs

Modifiée par Directive 2011/83/UE du Parlement européen et du Conseil du 25 octobre 2011 relative aux droits des consommateurs

(Extraits)

Consultable sur :
http://europa.eu/eu-law/legislation/index_fr.htm

Art. 6 1. Les États membres prévoient que les clauses abusives figurant dans un contrat conclu avec un consommateur par un professionnel ne lient pas les consommateurs, dans les conditions fixées par leurs droits nationaux, et que le contrat restera contraignant pour les parties selon les mêmes termes, s'il peut subsister sans les clauses abusives.

2. Les États membres prennent les mesures nécessaires pour que le consommateur. ne soit pas privé de la protection accordée par la présente directive du fait du choix du droit d'un pays tiers comme droit applicable au contrat, lorsque le contrat présente un lien étroit avec le territoire des États membres.

Art. 8 Les États membres peuvent adopter ou maintenir, dans le domaine régi par la présente directive, des dispositions plus strictes, compatibles avec le traité, pour assurer un niveau de protection plus élevé au consommateur.

[V. infra n° 196, les dispositions du Code de la consommation codifiant les dispositions de la loi française de transposition.]

Art. 8 *bis* 1. Lorsqu'un État membre adopte des dispositions conformément à l'article 8, il informe la Commission de l'adoption desdites dispositions ainsi que de toutes modifications ultérieures, en particulier lorsque ces dispositions :

— étendent l'appréciation de leur caractère abusif aux clauses contractuelles négociées individuellement ou aux clauses relatives à l'adéquation du prix ou de la rémunération, ou

— contiennent des listes de clauses contractuelles réputées abusives.

2. La Commission s'assure que les informations visées au paragraphe 1 sont aisément accessibles aux consommateurs et aux professionnels, entre autres sur un site internet spécifique.

3. La Commission transmet les informations visées au paragraphe 1 aux autres États membres et au Parlement européen. La Commission consulte les parties prenantes sur ces informations.

[V. infra n° 196, les dispositions du Code de la consommation codifiant les dispositions de la loi française de transposition.]

48 Directive 96/71/CE du Parlement européen et du Conseil du 16 décembre 1996 concernant le détachement de travailleurs effectué dans le cadre d'une prestation de services

Modifiée par Directive (UE) 2018/957
du Parlement européen et du Conseil du 28 juin 2018

(Version consolidée)

Le Parlement européen et le Conseil de l'Union européenne,
Vu le traité instituant la Communauté européenne, et notamment son article 57 paragraphe 2 et son article 66,
Vu la proposition de la Commission,
Vu l'avis du Comité économique et social,
Statuant conformément à la procédure prévue à l'article 189 B du traité,
(1) considérant que, en vertu de l'article 3 point c) du traité, l'abolition, entre les États membres, des obstacles à la libre circulation des personnes et des services constitue l'un des objectifs de la Communauté;
(2) considérant que, en ce qui concerne la prestation de services, toute restriction fondée sur la nationalité ou des conditions de résidence est interdite par le traité depuis la fin de la période de transition;
(3) considérant que la réalisation du marché intérieur offre un cadre dynamique à la prestation de services transnationale en invitant un nombre croissant d'entreprises à détacher des travailleurs en vue d'effectuer à titre temporaire un travail sur le territoire d'un État membre autre que l'État sur le territoire duquel ils accomplissent habituellement leur travail;
(4) considérant que la prestation de services peut consister soit dans l'exécution de travaux par une entreprise, pour son compte et sous sa direction, dans le cadre d'un contrat conclu entre cette entreprise et le destinataire de la prestation de services, soit dans la mise à disposition de travailleurs en vue de leur utilisation par une entreprise, dans le cadre d'un marché public ou d'un marché privé;
(5) considérant qu'une telle promotion de la prestation de services dans un cadre transnational nécessite une concurrence loyale et des mesures garantissant le respect des droits des travailleurs;
(6) considérant que la transnationalisation de la relation de travail soulève des problèmes quant au droit applicable à cette relation de travail et qu'il convient, dans l'intérêt des parties, de prévoir les conditions de travail et d'emploi applicables à la relation de travail envisagée;
(7) considérant que la convention de Rome, du 19 juin 1980, sur la loi applicable aux obligations contractuelles, signée par douze États membres, est entrée en vigueur le 1er avril 1991 dans la majorité des États membres;
(8) considérant que l'article 3 de cette convention prévoit, comme règle générale, le libre choix de la loi applicable par les parties; que, à défaut de choix, le contrat est régi,

en vertu de l'article 6 paragraphe 2, par la loi du pays où le travailleur, en exécution du contrat, accomplit habituellement son travail, même s'il est détaché à titre temporaire dans un autre pays, ou, si le travailleur n'accomplit pas habituellement son travail dans un même pays, par la loi du pays où se trouve l'établissement qui a embauché le travailleur, à moins qu'il ne résulte de l'ensemble des circonstances que le contrat de travail présente des liens plus étroits avec un autre pays, auquel cas la loi de cet autre pays est applicable;

(9) considérant que, en vertu de l'article 6 paragraphe 1 de ladite convention, le choix par les parties de la loi applicable ne peut avoir pour résultat de priver le travailleur de la protection que lui assurent les dispositions impératives de la loi qui, en vertu du paragraphe 2 dudit article, serait applicable à défaut de choix;

(10) considérant que l'article 7 de ladite convention prévoit, sous certaines conditions, que soit donné effet, concurremment avec la loi déclarée applicable, aux règles de police d'une autre loi, en particulier celle de l'État membre sur le territoire duquel le travailleur est détaché à titre temporaire;

(11) considérant que, conformément au principe de priorité du droit communautaire énoncé à son article 20, ladite convention ne préjuge pas l'application des dispositions qui, dans des matières particulières, règlent les conflits de lois en matière d'obligations contractuelles et qui sont ou seront contenues dans les actes émanant des institutions des Communautés européennes ou dans des législations nationales harmonisées en exécution de ces actes;

(12) considérant que le droit communautaire ne s'oppose pas à ce que les États membres étendent le champ d'application de leur législation ou les conventions collectives de travail conclues par les partenaires sociaux à toute personne effectuant un travail salarié, y compris temporaire, sur leur territoire, même si l'employeur est établi dans un autre État membre; que le droit communautaire n'interdit pas aux États membres de garantir le respect de ces règles par les moyens appropriés;

(13) considérant que les législations des États membres doivent être coordonnées de manière à prévoir un noyau de règles impératives de protection minimale que doivent observer, dans le pays d'accueil, les employeurs qui détachent des travailleurs en vue d'effectuer un travail à titre temporaire sur le territoire de l'État membre de la prestation; qu'une telle coordination ne peut être assurée que par le droit communautaire;

(14) considérant qu'un « noyau dur » de règles protectrices, clairement définies, devrait être observé par le prestataire de services, nonobstant la durée du détachement du travailleur;

(15) considérant qu'il convient de prévoir que, dans certains cas délimités de travaux de montage et/ou d'installation d'un bien, les dispositions concernant les taux de salaire minimal et la durée minimale des congés annuels payés ne sont pas d'application;

(16) considérant que, en outre, il convient d'assurer une certaine souplesse dans l'application des dispositions concernant les taux de salaire minimal et la durée minimal des congés annuels payés; que, lorsque la durée du détachement ne dépasse pas un mois, les États membres peuvent, sous certaines conditions, déroger aux dispositions concernant les taux de salaires minimal ou prévoir la possibilité de dérogation par voie de

conventions collectives; que, en cas de faible ampleur des travaux à effectuer, les États membres peuvent déroger aux dispositions concernant les taux de salaire minimal et la durée minimale des congés annuels payés;

(17) considérant que les règles impératives de protection minimale en vigueur dans le pays d'accueil ne doivent pas empêcher l'application des conditions de travail et d'emploi plus favorables aux travailleurs;

(18) considérant qu'il convient de respecter le principe selon lequel les entreprises établies en dehors de la Communauté ne doivent pas obtenir un traitement plus favorable que les entreprises établies sur le territoire d'un État membre;

(19) considérant que, sans préjudice d'autres dispositions communautaires, la présente directive n'entraîne pas l'obligation de reconnaître légalement l'existence d'entreprises de travail temporaire, ni porte atteinte à l'application, par des États membres, de leur législation relative à la mise à disposition de travailleurs et d'entreprises de travail temporaire auprès d'entreprises non établies sur leur territoire, mais y exerçant des activités dans le cadre d'une prestation de services;

(20) considérant que la présente directive n'affecte ni les accords conclus par la Communauté avec des pays tiers ni les législations des États membres relatives à l'accès sur leur territoire de prestataires de services de pays tiers; que la présente directive ne porte pas non plus atteinte aux législations nationales relatives aux conditions d'entrée, de résidence et d'emploi de travailleurs ressortissant de pays tiers;

(21) considérant que le règlement (CEE) n° 1408/71 du Conseil, du 14 juin 1971, relatif à l'application des régimes de sécurité sociale aux travailleurs salariés, aux travailleurs non salariés et aux membres de leur famille qui se déplacent à l'intérieur de la Communauté, fixe les dispositions applicables en matière de prestations et de cotisations de sécurité sociale;

(22) considérant que la présente directive est sans préjudice du droit des États membres en matière d'action collective pour la défense des intérêts professionnels;

(23) considérant que les instances compétentes des différents États membres doivent collaborer entre elles à l'application de la présente directive; que les États membres doivent prévoir des mesures appropriées en cas de non-respect de la présente directive;

(24) considérant qu'il importe de garantir une bonne application de la présente directive et de prévoir, à cette fin, une collaboration étroite entre la Commission et les États membres;

(25) considérant que, au plus tard cinq ans après la date d'adoption de la présente directive, la Commission doit réexaminer les modalités d'application de la présente directive en vue de proposer, le cas échéant, les modifications nécessaires,

Ont arrêté la présente directive :

Art. premier *Objet et champ d'application.* — 1. La présente directive garantit la protection des travailleurs détachés durant leur détachement en ce qui concerne la libre prestation des services, en fixant des dispositions obligatoires concernant les conditions de travail et la protection de la santé et de la sécurité des travailleurs, qui doivent être respectées.

— 1 *bis*. La présente directive ne porte en aucune manière atteinte à l'exercice des droits fondamentaux reconnus dans les États membres et au niveau de l'Union, notamment le droit ou la liberté de faire grève ou d'entreprendre d'autres actions prévues par les systèmes de relations du travail propres aux États membres, conformément à la législation et/ou aux pratiques nationales. Elle ne porte pas non plus atteinte au droit de négocier, de conclure et d'appliquer des conventions collectives ou de mener des actions collectives conformément à la législation et/ou aux pratiques nationales.

1. La présente directive s'applique aux entreprises établies dans un État membre qui, dans le cadre d'une prestation de services transnationale, détachent des travailleurs, conformément au paragraphe 3, sur le territoire d'un État membre.

2. La présente directive ne s'applique pas aux entreprises de la marine marchande en ce qui concerne le personnel navigant.

3. La présente directive s'applique dans la mesure où les entreprises visées au paragraphe 1 prennent l'une des mesures transnationales suivantes :

a) détacher un travailleur, pour leur compte et sous leur direction, sur le territoire d'un État membre, dans le cadre d'un contrat conclu entre l'entreprise d'envoi et le destinataire de la prestation de services opérant dans cet État membre, pour autant qu'il existe une relation de travail entre l'entreprise d'envoi et le travailleur pendant la période de détachement ou

b) détacher un travailleur sur le territoire d'un État membre, dans un établissement ou dans une entreprise appartenant au groupe, pour autant qu'il existe une relation de travail entre l'entreprise d'envoi et le travailleur pendant la période de détachement ou

c) en tant qu'entreprise de travail intérimaire ou en tant qu'entreprise qui met un travailleur à disposition, mettre un travailleur à la disposition d'une entreprise utilisatrice établie ou exerçant son activité sur le territoire d'un État membre, pour autant qu'il existe une relation de travail entre l'entreprise de travail intérimaire ou l'entreprise qui met un travailleur à disposition et le travailleur pendant la période de détachement.

Lorsqu'un travailleur qui a été mis à la disposition d'une entreprise utilisatrice par une entreprise de travail intérimaire ou une entreprise qui met un travailleur à disposition conformément au point c) doit exécuter un travail dans le cadre d'une prestation de services transnationale au sens du point a), b) ou c), assurée par l'entreprise utilisatrice sur le territoire d'un État membre autre que celui dans lequel le travailleur travaille habituellement pour l'entreprise de travail intérimaire ou l'entreprise qui met un travailleur à disposition ou pour l'entreprise utilisatrice, ce travailleur est considéré comme étant détaché sur le territoire de cet État membre par l'entreprise de travail intérimaire ou l'entreprise qui met un travailleur à disposition avec laquelle le travailleur a une relation de travail. L'entreprise de travail intérimaire ou l'entreprise qui met un travailleur à disposition est considérée comme une entreprise visée au paragraphe 1 et se conforme intégralement aux dispositions pertinentes de la présente directive et de la directive 2014/67/UE du Parlement européen et du Conseil.

L'entreprise utilisatrice informe l'entreprise de travail intérimaire ou l'entreprise qui met un travailleur à disposition qui a mis le travailleur à sa disposition, en temps utile avant le début du travail visé au deuxième alinéa.

4. Les entreprises dans un État non membre ne peuvent pas obtenir un traitement plus favorable que les entreprises établies dans un État membre.

Art. 2 *Définition.* 1. Aux fins de la présente directive, on entend par travailleur détaché, tout travailleur qui, pendant une période limitée, exécute son travail sur le territoire d'un État membre autre que l'État sur le territoire duquel il travaille habituellement.

2. Aux fins de la présente directive, la notion de travailleur est celle qui est d'application dans le droit de l'État membre sur le territoire duquel le travailleur est détaché.

Art. 3 *Conditions de travail et d'emploi.* 1. Les États membres veillent à ce que, quelle que soit la loi applicable à la relation de travail, les entreprises visées à l'article 1er, paragraphe 1, garantissent aux travailleurs qui sont détachés sur leur territoire, sur le fondement de l'égalité de traitement, les conditions de travail et d'emploi couvrant les matières énoncées ci-après qui, dans l'État membre sur le territoire duquel le travail est exécuté, sont fixées :

— par des dispositions législatives, réglementaires ou administratives, et/ou

— par des conventions collectives ou des sentences arbitrales déclarées d'application générale ou qui s'appliquent à un autre titre conformément au paragraphe 8 :

a) les périodes maximales de travail et les périodes minimales de repos;

b) la durée minimale des congés annuels payés;

c) la rémunération, y compris les taux majorés pour les heures supplémentaires; le présent point ne s'applique pas aux régimes complémentaires de retraite professionnels;

d) les conditions de mise à disposition des travailleurs, notamment par des entreprises de travail intérimaire;

e) la sécurité, la santé et l'hygiène au travail;

f) les mesures protectrices applicables aux conditions de travail et d'emploi des femmes enceintes et des femmes venant d'accoucher, des enfants et des jeunes;

g) l'égalité de traitement entre hommes et femmes ainsi que d'autres dispositions en matière de non-discrimination;

h) les conditions d'hébergement des travailleurs lorsque l'employeur propose un logement aux travailleurs éloignés de leur lieu de travail habituel;

i) les allocations ou le remboursement de dépenses en vue de couvrir les dépenses de voyage, de logement et de nourriture des travailleurs éloignés de leur domicile pour des raisons professionnelles.

Le point i) s'applique exclusivement aux dépenses de voyage, de logement et de nourriture encourues par des travailleurs détachés lorsqu'ils doivent se déplacer vers ou depuis leur lieu de travail habituel dans l'État membre sur le territoire duquel ils sont détachés, ou lorsqu'ils sont temporairement envoyés par leur employeur de ce lieu de travail habituel vers un autre lieu de travail.

Aux fins de la présente directive, la notion de rémunération est déterminée par la législation et/ou les pratiques nationales de l'État membre sur le territoire duquel le travailleur est détaché et s'entend de tous les éléments constitutifs de la rémunération rendus obligatoires par des dispositions législatives, réglementaires ou administratives nationales, ou par des conventions collectives ou des sentences arbitrales qui, dans cet État membre, ont été déclarées d'application générale ou qui s'appliquent à un autre titre conformément au paragraphe 8.

Sans préjudice de l'article 5 de la directive 2014/67/UE, les États membres publient sur le site internet national officiel unique visé audit article, conformément à la législation et/ou aux pratiques nationales, sans retard excessif et d'une manière transparente, les informations sur les conditions de travail et d'emploi, y compris les éléments constitutifs de la rémunération visés au troisième alinéa du présent paragraphe et toutes les conditions de travail et d'emploi conformément au paragraphe 1 bis du présent article.

Les États membres veillent à ce que les informations fournies sur le site internet national officiel unique soient exactes et à jour. La Commission publie, sur son site internet, les adresses des sites internet nationaux officiels uniques.

Lorsque, contrairement à l'article 5 de la directive 2014/67/UE, les informations figurant sur le site internet national officiel unique n'indiquent pas les conditions de travail et d'emploi qui doivent être appliquées, cet élément est pris en compte, conformément à la législation et/ou aux pratiques nationales, pour déterminer les sanctions en cas de violation des dispositions nationales adoptées en application de la présente directive, dans la mesure nécessaire pour en assurer le caractère proportionné.

1 *bis*. Lorsque la durée effective d'un détachement est supérieure à douze mois, les États membres veillent à ce que, quelle que soit la loi applicable à la relation de travail, les entreprises visées à l'article 1er, paragraphe 1, garantissent aux travailleurs qui sont détachés sur leur territoire, sur le fondement de l'égalité de traitement, outre les conditions de travail et d'emploi visées au paragraphe 1 du présent article, toutes les conditions de travail et d'emploi applicables qui sont fixées dans l'État membre sur le territoire duquel le travail est exécuté :

— par des dispositions législatives, réglementaires ou administratives, et/ou

— par des conventions collectives ou des sentences arbitrales déclarées d'application générale ou qui s'appliquent à un autre titre conformément au paragraphe 8.

Le premier alinéa du présent paragraphe ne s'applique pas aux matières suivantes :

a) les procédures, formalités et conditions régissant la conclusion et la fin du contrat de travail, y compris les clauses de non-concurrence;

b) les régimes complémentaires de retraite professionnels.

Lorsque le prestataire de services soumet une notification motivée, l'État membre dans lequel le service est fourni porte à dix-huit mois la période visée au premier alinéa.

Lorsqu'une entreprise visée à l'article 1er, paragraphe 1, remplace un travailleur détaché par un autre travailleur détaché effectuant la même tâche au même endroit, la durée du détachement aux fins du présent paragraphe correspond à la durée cumulée des périodes de détachement de chacun des travailleurs détachés concernés.

La notion de « la même tâche au même endroit » visée au quatrième alinéa du présent paragraphe est déterminée compte tenu, entre autres, de la nature du service à fournir, du travail à exécuter et de l'adresse ou des adresses du lieu de travail.

1 *ter*. Les États membres veillent à ce que les entreprises visées à l'article 1er, paragraphe 3, point c), garantissent aux travailleurs détachés les conditions de travail et d'emploi qui sont applicables conformément à l'article 5 de la directive 2008/104/CE du Parlement européen et du Conseil dans le cas des travailleurs intérimaires mis à disposition par des entreprises de travail intérimaire établies dans l'État membre dans lequel le travail est exécuté.

L'entreprise utilisatrice informe les entreprises visées à l'article 1er, paragraphe 3, point c), des conditions de travail et d'emploi qu'elle applique en matière de conditions de travail et de rémunération, dans la mesure prévue au premier alinéa du présent paragraphe.

2. Dans le cas de travaux de montage initial et/ou de première installation d'un bien, qui forment partie intégrante d'un contrat de fourniture de biens, qui sont indispensables pour la mise en fonctionnement du bien fourni et qui sont exécutés par les travailleurs qualifiés et/ou spécialisés de l'entreprise de fourniture, le paragraphe 1 second tiret points b) et c) ne s'applique pas, lorsque la durée du détachement n'est pas supérieure à huit jours.

Cette disposition ne s'applique pas aux activités dans le domaine de la construction visées en annexe.

3. Les États membres peuvent, après consultation des partenaires sociaux, conformément aux us et coutumes de chaque État membre, décider de ne pas appliquer le paragraphe 1 second tiret point c) dans les cas visés à l'article 1er paragraphe 3 points a) et b), lorsque la durée du détachement n'est pas supérieure à un mois.

4. Les États membres peuvent, conformément aux législations et/ou pratiques nationales, prévoir qu'il peut être dérogé au paragraphe 1 second tiret point c) dans les cas visés à l'article 1er paragraphe 3 points a) et b), ainsi qu'à une décision d'un État membre au sens du paragraphe 3 du présent article, par voie de conventions collectives, au sens du paragraphe 8, concernant un ou plusieurs secteurs d'activité, lorsque la durée du détachement n'est pas supérieure à un mois.

5. Les États membres peuvent prévoir l'octroi d'une dérogation au paragraphe 1, premier alinéa, points b) et c), dans les cas visés à l'article 1er, paragraphe 3, points a) et b), en raison de la faible ampleur des travaux à effectuer.

Les États membres qui font usage de la faculté visée au premier alinéa fixent les modalités auxquelles les travaux à effectuer doivent répondre pour être considérés comme de « faible ampleur ».

6. La durée du détachement est calculée sur une période de référence d'une année après son commencement.

Lors du calcul de celle-ci, la durée d'un détachement éventuellement accompli par un travailleur à remplacer est prise en compte.

7. Les paragraphes 1 à 6 ne font pas obstacle à l'application de conditions de travail et d'emploi plus favorables pour les travailleurs.

Les allocations propres au détachement sont considérées comme faisant partie de la rémunération, à moins qu'elles ne soient payées à titre de remboursement des dépenses effectivement encourues du fait du détachement, telles que les dépenses de voyage, de logement et de nourriture. Sans préjudice du paragraphe 1, premier alinéa, point i), l'employeur rembourse ces dépenses au travailleur détaché conformément à la législation et/ou aux pratiques nationales applicables à la relation de travail.

Lorsque les conditions de travail et d'emploi applicables à la relation de travail ne déterminent pas si des éléments de l'allocation propre au détachement sont payés à titre de remboursement de dépenses effectivement encourues du fait du détachement et, dans l'affirmative, quels sont ces éléments ou quels éléments font partie de la rémunération, l'intégralité de l'allocation est alors considérée comme payée à titre de remboursement des dépenses.

8. On entend par conventions collectives ou sentences arbitrales, déclarées d'application générale, les conventions collectives ou les sentences arbitrales qui doivent être respectées par toutes les entreprises appartenant au secteur ou à la profession concernés et relevant du champ d'application territoriale de celles-ci.

En l'absence d'un système de déclaration d'application générale de conventions collectives ou de sentences arbitrales au sens du premier alinéa, ou en sus d'un tel système, les États membres peuvent, s'ils en décident ainsi, prendre pour base :

— les conventions collectives ou les sentences arbitrales qui ont un effet général sur toutes les entreprises similaires appartenant au secteur ou à la profession concernés et relevant du champ d'application territorial de celles-ci, et/ou

— les conventions collectives qui ont été conclues par les organisations des partenaires sociaux les plus représentatives au plan national et qui sont appliquées sur l'ensemble du territoire national, pour autant que leur application aux entreprises visées à l'article 1er, paragraphe 1, garantisse, quant aux matières énumérées au paragraphe 1, premier alinéa, du présent article et, le cas échéant, en ce qui concerne les conditions de travail et d'emploi qui doivent être garanties aux travailleurs détachés conformément au paragraphe 1 bis du présent article, une égalité de traitement entre ces entreprises et les autres entreprises visées au présent alinéa se trouvant dans une situation similaire.

Il y a égalité de traitement, au sens du présent article, lorsque les entreprises nationales se trouvant dans une situation similaire :

— sont soumises, au lieu d'activité ou dans le secteur concernés, aux mêmes obligations que les entreprises visées à l'article 1er, paragraphe 1, quant aux matières énumérées au paragraphe 1, premier alinéa, du présent article et, le cas échéant, en ce qui concerne les conditions de travail et d'emploi qui doivent être garanties aux travailleurs détachés conformément au paragraphe 1 bis du présent article, et

— se voient imposer lesdites obligations avec les mêmes effets.

9. Les États membres peuvent exiger des entreprises visées à l'article 1er, paragraphe 1, qu'elles garantissent aux travailleurs visés à l'article 1er, paragraphe 3, point c), en complément des conditions de travail et d'emploi visées au paragraphe 1 ter du présent article, d'autres conditions de travail et d'emploi qui sont applicables aux travailleurs intérimaires dans l'État membre sur le territoire duquel le travail est exécuté.

10. La présente directive ne fait pas obstacle à ce que les États membres, dans le respect des traités, appliquent aux entreprises nationales et aux entreprises d'autres États membres, sur le fondement de l'égalité de traitement, des conditions de travail et d'emploi concernant des matières autres que celles visées au paragraphe 1, premier alinéa, lorsqu'il s'agit de dispositions d'ordre public.

Art. 4 *Coopération en matière d'information.* 1. Aux fins de la mise en œuvre de la présente directive, les États membres, conformément aux législations et/ou pratiques nationales, désignent un ou plusieurs bureaux de liaison ou une ou plusieurs instances nationales compétentes.

2. Les États membres prévoient une coopération entre les autorités ou organismes compétents, y compris les autorités publiques, qui, conformément au droit national, sont compétents pour assurer la surveillance des conditions de travail et d'emploi visées à l'article 3, y compris au niveau de l'Union. Cette coopération consiste en particulier à répondre aux demandes d'informations motivées de ces autorités ou organismes relatives à la mise à disposition transnationale de travailleurs, et à lutter contre les abus manifestes ou les cas éventuels d'activités illégales, comme les cas transnationaux de travail non déclaré et de faux travailleurs indépendants liés au détachement de travailleurs. Lorsque l'autorité ou l'organisme compétent dans l'État membre à partir duquel le travailleur est détaché ne possède pas les informations demandées par l'autorité ou l'organisme compétent de l'État membre sur le territoire duquel le travailleur est détaché, il sollicite ces informations auprès d'autres autorités ou organismes dans ledit État membre. En cas de retards persistants dans la fourniture de ces informations à l'État membre sur le territoire duquel le travailleur est détaché, la Commission est informée et prend des mesures appropriées.

La Commission et les administrations publiques visées au premier alinéa collaborent étroitement en vue d'examiner les difficultés qui pourraient surgir dans l'application de l'article 3 paragraphe 10.

L'assistance administrative réciproque est fournie à titre gracieux.

3. Chaque État membre prend les mesures appropriées pour que les informations concernant les conditions de travail et d'emploi visées à l'article 3 soient généralement accessibles.

4. Chaque État membre communique aux autres États membres et à la Commission les bureaux de liaison et/ou les instances compétentes visés au paragraphe 1.

Art. 5 *Suivi, contrôle et exécution.* L'État membre sur le territoire duquel le travailleur est détaché et l'État membre à partir duquel le travailleur est détaché sont responsables du suivi, du contrôle et de l'exécution des obligations prévues par la présente directive et par la directive 2014/67/UE et prennent des mesures appropriées en cas de non-respect de la présente directive.

Les États membres fixent les règles relatives aux sanctions applicables aux violations des dispositions nationales adoptées en vertu de la présente directive et prennent toutes les mesures nécessaires pour garantir leur mise en œuvre. Les sanctions prévues sont effectives, proportionnées et dissuasives.

Les États membres veillent en particulier à ce que les travailleurs et/ou les représentants des travailleurs disposent de procédures adéquates aux fins de l'exécution des obligations prévues par la présente directive.

Lorsque, à la suite d'une évaluation globale effectuée par un État membre en application de l'article 4 de la directive 2014/67/UE, il est établi qu'une entreprise donne l'impression, à tort ou frauduleusement, que la situation d'un travailleur entre dans le champ d'application de la présente directive, ledit État membre veille à ce que le travailleur bénéficie du droit et des pratiques applicables.

Les États membres veillent à ce que le présent article n'ait pas pour effet de soumettre le travailleur concerné à des conditions moins favorables que celles applicables aux travailleurs détachés.

Art. 6 *Compétence judiciaire.* Pour faire valoir le droit aux conditions de travail et d'emploi garanties à l'article 3, une action en justice peut être intentée dans l'État membre sur le territoire duquel le travailleur est ou était détaché, sans préjudice, le cas échéant, de la faculté d'intenter, conformément aux conventions internationales existantes en matière de compétence judiciaire une action en justice dans un autre État.

Art. 7 *Mise en œuvre.* Les États membres adoptent les dispositions législatives, réglementaires et administratives nécessaires pour se conformer à la présente directive au plus tard le 16 décembre 1999.

Lorsque les États membres adoptent ces dispositions, celles-ci contiennent une référence à la présente directive ou sont accompagnées d'une telle référence lors de leur publication officielle. Les modalités de cette référence sont arrêtées par les États membres.

Art. 8 *Réexamen par la Commission.* Au plus tard le 16 décembre 2001, la Commission réexamine les modalités d'application de la présente directive, en vue de proposer au Conseil, en tant que de besoin, les modifications nécessaires.

Art. 9 Les États membres sont destinataires de la présente directive.

49 Directive 1999/44/CE du Parlement et du Conseil du 25 mai 1999 sur certains aspects de la vente et des garanties des biens de consommation

Modifiée par Directive 2011/83/UE du Parlement européen et du Conseil du 25 octobre 2011 relative aux droits des consommateurs

(Extrait)

Consultable sur :
http://europa.eu/eu-law/legislation/index_fr.htm

Art. 7 *Caractère contraignant.* 1. Les clauses contractuelles ou les accords conclus avec le vendeur, avant que le défaut de conformité ne soit porté à l'attention de celui-ci et qui écartent ou limitent directement ou indirectement les droits résultant de la présente directive, ne lient pas, dans les conditions prévues par le droit national, le consommateur.

Les États membres peuvent prévoir que, dans le cas de biens d'occasion, le vendeur et le consommateur peuvent convenir de clauses contractuelles ou passer des accords prévoyant, pour la responsabilité du vendeur, un délai plus court que celui prévu à l'article 5, paragraphe 1. Ce délai ne peut être inférieur à un an.

2. Les États membres prennent les mesures nécessaires pour que le consommateur ne soit pas privé de la protection accordée par la présente directive par le choix du droit d'un État non membre comme droit applicable au contrat, lorsque le contrat présente un lien étroit avec le territoire des États membres.

50 Directive n° 2000/31/CE du Parlement européen et du Conseil du 8 juin 2000 relative à certains aspects juridiques des services de la société de l'information, et notamment du commerce électronique, dans le marché intérieur (« directive sur le commerce électronique »)

Le Parlement européen et le Conseil de l'Union Européenne,

Vu le traité instituant la Communauté européenne, et notamment son article 47, paragraphe 2, son article 55 et son article 95,

Vu la proposition de la Commission :

Vu l'avis du Comité économique et social :

Statuant conformément à la procédure visée à l'article 251 du traité :

Considérant ce qui suit :

(1) L'Union européenne vise à établir des liens toujours plus étroits entre les États et les peuples européens et à assurer le progrès économique et social. Conformément à l'article 14, paragraphe 2, du traité le marché intérieur comporte un espace sans frontières intérieures dans lequel la fibre circulation des marchandises et des services ainsi que la liberté d'établissement sont assurées. Le développement des services de la société de l'information dans l'espace sans frontières intérieures est un moyen essentiel pour éliminer les barrières qui divisent les peuples européens.

(2) Le développement du commerce électronique dans la société de l'information offre des opportunités importantes pour l'emploi dans la Communauté, en particulier dans les petites et moyennes entreprises. Il facilitera la croissance économique des entreprises européennes ainsi que leurs investissements dans l'innovation, et il peut également renforcer la compétitivité des entreprises européennes, pour autant que tout le monde puisse accéder à l'Internet.

(3) Le droit communautaire et les caractéristiques de l'ordre juridique communautaire constituent un atout essentiel pour que les citoyens et les opérateurs européens puissent bénéficier pleinement, sans considération de frontières, des possibilités offertes par le commerce électronique. La présente directive a ainsi pour objet d'assurer un niveau élevé d'intégration juridique communautaire afin d'établir un réel espace sans frontières intérieures pour les services de la société de l'information.

(4) Il est important de veiller à ce que le commerce électronique puisse bénéficier dans sa globalité du marché intérieur et donc que au même titre que pour la directive 89/552/CEE du Conseil du 3 octobre, 1989 visant à la coordination de certaines dispositions législatives, réglementaires et administratives des États membres relatives à l'exercice d'activités de radiodiffusion télévisuelle, un niveau élevé d'intégration communautaire soit obtenu.

(5) Le développement des services de la société de l'information dans la Communauté est limité par un certain nombre d'obstacles juridiques au bon fonctionnement du marché intérieur qui sont de nature à rendre moins attrayant l'exercice de la liberté d'établissement et de la libre prestation des services. Ces obstacles résident dans la divergence des législations ainsi que dans l'insécurité juridique des régimes nationaux applicables à ces services. En l'absence d'une coordination et d'un ajustement des législations dans les domaines concernés, des obstacles peuvent être justifiés au regard de la jurisprudence de la Cour de justice des Communautés européennes. Une insécurité juridique existe sur l'étendue du contrôle que les États membres peuvent opérer sur les services provenant d'un autre État membre.

(6) Il convient, au regard des objectifs communautaires, des articles 43 et 49 du traité et du droit communautaire dérivé, de supprimer ces obstacles par une coordination de certaines législations nationales et par une clarification au niveau communautaire de certains concepts juridiques, dans la mesure nécessaire au bon fonctionnement du marché intérieur. La présente directive, en ne traitant que certaines questions spécifiques qui soulèvent des problèmes pour le marché intérieur, est pleinement cohérente avec la nécessité de respecter le principe de subsidiarité tel qu'énoncé à l'article 5 du traité.

(7) Pour garantir la sécurité juridique et la confiance du consommateur, il y a lieu que la présente directive établisse un cadre général clair pour couvrir certains aspects juridiques du commerce électronique dans le marché intérieur.

(8) L'objectif de la présente directive est de créer un cadre juridique pour assurer la libre circulation des services de la société de l'information entre les États membres et non d'harmoniser le domaine du droit pénal en tant que tel.

(9) Dans bien des cas, la libre circulation des services de la société de l'information peut refléter spécifiquement, dans la législation communautaire, un principe plus général, à savoir la liberté d'expression, consacrée par l'article 10, paragraphe 1, de la convention de sauvegarde des droits, de l'homme et des libertés fondamentales qui a été ratifiée

par tous les États membres. Pour cette raison, les directives couvrant la fourniture de services de la société de l'information doivent assurer que cette l'activité peut être exercée librement en vertu de l'article précité, sous réserve uniquement des restrictions prévues au paragraphe 2 du même article et à l'article 46, paragraphe 1, du traité. La présente directive, n'entend pas porter atteinte aux règles et principes fondamentaux nationaux en matière de liberté d'expression.

(10) Conformément au principe de proportionnalité, les mesures prévues par la présente directive se limitent strictement au minimum requis pour atteindre l'objectif du bon fonctionnement du marché intérieur. Là où il est nécessaire d'intervenir au niveau communautaire, et afin de garantir un espace qui soit réellement sans frontières intérieures pour le commerce électronique, la directive doit assurer un haut niveau de protection des objectifs d'intérêt général, en particulier la protection des mineurs, de la dignité humaine, du consommateur et de la santé publique. Conformément à l'article 152 du traité, la protection de la santé publique est une composante essentielle des autres politiques de la Communauté.

(11) La présente directive est sans préjudice du niveau de protection existant notamment en matière de protection de la santé publique et des intérêts des consommateurs, établi par les instruments communautaires. Entre autres, la directive 93/13/CEE du Conseil du 5 avril 1993 concernant les clauses abusives dans les contrats conclus avec les consommateurs et la directive 97/7/CE du Parlement européen et du Conseil du 20 mai 1997 concernant la protection des consommateurs en matière de contrats à distance constituent un élément fondamental pour la protection des consommateurs en matière contractuelle. Ces directives sont également applicables, dans leur intégralité, aux services de la société de l'information. Ce même acquis communautaire, qui est pleinement applicable aux services de la société de l'information, englobe aussi notamment la directive 84/450/CEE du Conseil du 10 septembre 1984 relative à la publicité trompeuse et comparative, la directive, 87/102/CEE du Conseil du 22 décembre 1986 relative au rapprochement des dispositions législatives, réglementaires et administratives des États membres en matière, de crédit à la consommation, la directive 93/22/CEE du Conseil du 10 mai 1993 concernant les services d'investissement dans le domaine des valeurs mobilières, la directive 90/134/CEE du Conseil du 13 juin 1990 concernant les vacances et circuits, à forfait, la directive 98/6/CE du Parlement européen et du Conseil du 14 février 1998 relative à la protection des consommateurs en matière d'indication des prix des produits offerts aux consommateurs, la directive 92/59/CEE du Conseil du 29 juin 1992 relative à la sécurité, générale des produits, la directive 94/47/CE du Parlement européen et du Conseil du 26 octobre 1994 concernant la protection des acquéreurs pour certains aspect de contrats portant sur l'acquisition d'un droit d'utilisation à temps partiel de biens immobiliers la directive 98/27/CE du Parlement et du Conseil du 19 mai 1998 relative aux actions en cessation en matière de protection des intérêts des consommateurs, la directive 85/374/CEE du Conseil du 25 juillet 1985 relative à la responsabilité du fait des produits défectueux, la directive 92/44/CEE du Parlement européen et du Conseil du 25 mai 1999 relative à certains aspects de la vente et aux garanties des biens de consommation, la future directive du Parlement et du Conseil concernant la vente à distance de services financiers aux consommateurs et la directive 92/28/CEE du Conseil du 31 mars 1992 concernant la publicité faite à l'égard des

médicaments. La présente directive doit être sans préjudice de la directive 98/43/CE du Parlement européen et du Conseil du 6 juillet 1998 concernant le rapprochement des dispositions législatives, réglementaires et administratives des États membres en matière de publicité et de parrainage en faveur des produits du tabac adoptée dans le cadre du marché intérieur ou des directives relatives à la protection de la santé publique. La présente directive complète les exigences d'information établies par les directives précitées et en particulier la directive 97/7/CE.

(12) Il est nécessaire d'exclure du champ d'application de la présente directive certaines activités compte tenu du fait que la libre prestation des services dans ces domaines ne peut être, à ce stade, garantie au regard du traité ou du droit communautaire dérivé existant. Cette exclusion doit être sans préjudice des éventuels instruments qui pourraient s'avérer nécessaires pour le bon fonctionnement du marché intérieur. La fiscalité, notamment la taxe sur la valeur ajoutée frappant un grand nombre des services visés par la présente directive, doit être exclue du champ d'application de la présente directive.

(13) La présente directive n'a pas pour but d'établir des règles en matière d'obligations fiscales ni ne préjuge de l'élaboration d'instruments communautaires relatifs aux aspects fiscaux du commerce électronique.

(14) La protection des personnes physiques à l'égard du traitement des données à caractère personnel est uniquement régie par la directive 95/46/CE du Parlement européen et du Conseil du 24 octobre 1995 relative à la protection des personnes physiques à l'égard du traitement des données à caractère personnel et à la libre circulation de ces données et par la directive 97/66/CE du Parlement européen et du Conseil du 15 décembre 1997 concernant le traitement des données à caractère personnel et la protection de la vie privée dans le secteur des télécommunications, qui sont pleinement applicables aux services de la société de l'information. Ces directives établissent d'ores et déjà un cadre juridique communautaire, dans le domaine des données à caractère personnel et par conséquent il n'est pas nécessaire de traiter cette question dans la présente directive afin d'assurer le bon fonctionnement du marché intérieur, et notamment la libre circulation des données à caractère personnel entre les États membres. La mise en œuvre et l'application de la présente directive devraient être conformes aux principes relatifs à la protection des données à caractère personnel, notamment pour ce qui est des communications commerciales non sollicitées et de la responsabilité des intermédiaires. La présente directive ne peut pas empêcher l'utilisation anonyme de réseaux ouverts tels qu'Internet.

(15) Le secret des communications est garanti par l'article 5 de la directive 97/66/CE. Conformément à cette directive, les États membres doivent interdire tout type d'interception illicite ou la surveillance de telles communications par d'autres que les expéditeurs et les récepteurs, sauf lorsque ces activités sont légalement autorisées.

(16) L'exclusion des activités de jeux d'argent du champ d'application de la présente directive couvre uniquement les jeux de hasard, les loteries et les transactions portant sur des paris, qui supposent des enjeux en valeur monétaire. Elle ne couvre pas les concours ou jeux promotionnels qui ont pour but d'encourager la vente de biens ou de services et pour lesquels les paiements, s'ils ont lieu, ne servent qu'à acquérir les biens ou les services en promotion.

(17) La définition des services de la société de l'information existe déjà en droit communautaire. Elle figure dans la directive 98/34/CE du Parlement européen et du Conseil du 22 juin 1998 prévoyant une procédure d'information dans le domaine des normes et réglementations techniques et des règles relatives aux services de la société de l'information et dans la directive 98/84/CE du Parlement européen et du Conseil du 20 novembre 1998 concernant la protection juridique, des services à accès conditionnel et des services d'accès conditionnel. Cette définition couvre tout service fourni, normalement contre rémunération, à distance au moyen d'équipement électronique de traitement (y compris la compression numérique) et de stockage des données, à la demande individuelle d'un destinataire de services. Les services visés dans la liste indicative figurant à l'annexe V de la directive 98/34/CE qui ne comportent pas de traitement et de stockage des données ne sont pas couverts par la présente définition.

(18) Les services de la société de l'information englobent un large éventail d'activités économiques qui ont lieu en ligne. Ces activités, peuvent consister, en particulier, à vendre des biens en ligne. Ces activités telles que la livraison de biens en tant que telle ou la fourniture, de services hors ligne ne sont pas couvertes. Les services de la société de l'information ne se limitent pas exclusivement aux services donnant lieu à la conclusion de contrats en ligne, mais, dans la mesure où ils représentent une activité, économique, ils s'étendent à des services qui ne sont pas rémunérés par ceux qui les reçoivent, tels que les services qui fournissent des informations en ligne ou des communications commerciales, ou ceux qui fournissent des outils permettant la recherche, l'accès et la récupération des données. Les services de la société de l'information comportent également des services qui consistent à transmettre des informations par le biais d'un réseau de communication, à fournir un accès à un réseau de communication ou à héberger des informations fournies par un destinataire de services. Les services de télévision au sens de la directive 89/552/CEE et de radiodiffusion ne sont pas des services de la société de l'information car ils ne sont pas fournis sur demande individuelle. En revanche, les services transmis de point à point, tels que les services de vidéo à la demande ou la fourniture de communications commerciales par courrier électronique constituent des services de la société de l'information. L'utilisation du courrier électronique ou d'autres moyens de communication individuels équivalents par des personnes physiques agissant à des fins qui n'entrent pas dans le cadre de leurs activités commerciales ou professionnelles, y compris leur utilisation pour la conclusion de contrats entre ces personnes, n'est pas un service de la société de l'information. La relation contractuelle entre un employé et son employeur n'est pas un service de la société de l'information. Les activités qui, par leur nature, ne peuvent pas être réalisées à distance ou par voie électronique, telles que le contrôle légal des comptes d'une société ou la consultation médicale requérant un examen physique du patient ne sont pas des services de la société de l'information.

(19) Le lieu d'établissement d'un prestataire devrait être déterminé conformément à la jurisprudence de la Cour de justice, selon laquelle le concept d'établissement implique l'exercice effectif d'une activité économique au moyen d'une installation stable et pour une durée indéterminée. Cette exigence est également remplie lorsqu'une société est constituée pour une période donnée. Le lieu d'établissement d'une société fournissant des services par le biais d'un site Internet n'est pas le lieu où se situe l'installation

technologique servant de support au site ni le lieu où son site est accessible, mais le lieu où elle exerce son activité économique. Dans le cas où un prestataire a plusieurs a plusieurs lieux d'établissement, il est important de déterminer de quel lieu d'établissement le service concerne est presté. Dans le cas où il est difficile de déterminer, entre plusieurs lieux d'établissement, celui duquel un service donné est fourni, le lieu d'établissement est celui dans lequel le prestataire a le centre de ses activités pour ce service spécifique.

(20) La définition du « destinataire d'un service » couvre tous les types de services de la société de l'information, tant par les personnes qui fournissent l'information, sur les réseaux ouverts tels que l'Internet que par celles qui recherchent des informations sur l'Internet pour des raisons privées ou professionnelles.

(21) La portée du domaine coordonné est sans préjudice d'une future harmonisation communautaire concernant les services de la société de l'information et de futures législations adoptées au niveau national conformément au droit communautaire. Le domaine coordonné ne couvre que les exigences relatives aux activités en ligne, telles que l'information en ligne, la publicité en ligne, les achats en ligne, la conclusion de contrats en ligne et ne concerne pas les exigences juridiques des États membres relatives aux biens telles que les normes en matière de sécurité, les obligations en matière d'étiquetage ou la responsabilité du fait des produits, ni les exigences des États membres relatives à la livraison ou au transport de biens, y compris la distribution de médicaments. Le domaine coordonné ne couvre pas l'exercice du droit de préemption par les pouvoirs publics concernant certains biens tels que les œuvres d'art.

(22) Le contrôle des services de la société de l'information doit se faire à la source de l'activité pour assurer une protection efficace des objectifs d'intérêt général. Pour cela, il est nécessaire de garantir que l'autorité compétente assure cette protection non seulement pour les citoyens de son propre pays, mais aussi pour l'ensemble des citoyens de la Communauté. Pour améliorer la confiance mutuelle entre les États membres, il est indispensable de préciser clairement cette responsabilité de l'état membre d'origine des services. En outre, afin d'assurer efficacement la libre prestation des services et une sécurité juridique pour les prestataires et leurs destinataires, ces services de la société de l'information doivent être soumis en principe au régime juridique de l'État membre dans lequel le prestataire est établi.

(23) La présente directive n'a pas pour objet d'établir des règles supplémentaires de droit international privé relatives aux conflits de loi ni de traiter de la compétence des tribunaux. Les dispositions du droit applicable désigné par les règles du droit international privé ne doivent pas restreindre la libre prestation des services de la société de l'information telle que prévue par la présente directive.

(24) Dans le cadre de la présente directive et nonobstant le principe du contrôle à la source de services de la société de l'information, il apparaît légitime, dans les conditions prévues par, la présente directive, que les États membres prennent des mesures tendant à limiter la fibre circulation des services de la société de l'information.

(25) Les juridictions nationales, y compris les juridictions civiles, statuant sur les différends de droit privé peuvent déroger à la fibre prestation des services de la société de l'information, conformément aux conditions définies dans la présente directive.

(26) Les États membres peuvent, conformément aux conditions définies dans la présente directive, appliquer leurs règles nationales de droit pénal et de procédure pénale pour engager toutes les mesures d'enquêtes et autres nécessaires pour détecter et poursuivre les infractions en matière pénale, sans qu'il soit besoin de notifier ces mesures à la Commission.

(27) La présente directive, en liaison avec la future directive du Parlement européen et du Conseil concernant la vente à distance de services financiers aux consommateurs, contribue à la création d'un cadre juridique pour la prestation en ligne de services financiers. La présente directive ne préjuge pas de futures initiatives dans le domaine des services financiers, notamment en ce qui concerne l'harmonisation des règles dans ce domaine. La possibilité pour les États membres, établie par la présente directive, de restreindre, dans certaines circonstances, la libre prestation des services de la société de l'information aux fins de protection des consommateurs couvre également les mesures dans le domaine des services financiers, notamment des mesures visant à protéger les investisseurs.

(28) L'obligation faite aux États membres de ne pas soumettre l'accès à l'activité d'un prestataire de services de la société de l'information à une autorisation préalable ne concerne pas les services postaux couverts par la directive 97/67/CE du Parlement européen et du Conseil du 15 décembre 1997 concernant des règles communes pour le développement du marché intérieur des services postaux de la Communauté et l'amélioration de la qualité du service consistant dans la remise physique d'un message imprimé par courrier électronique et n'affecte pas les régimes d'accréditation volontaire, notamment pour les prestataires de services de signature électronique et de certification.

(29) Les communications commerciales sont essentielles pour le financement des services de la société de l'information et le développement d'une large variété de nouveaux services gratuits. Dans l'intérêt de la protection des consommateurs et de la loyauté des transactions, les communications commerciales, y compris les rabais, les offres, concours et jeux promotionnels, doivent respecter un certain nombre d'obligations relatives à la transparence. Ces obligations sont sans préjudice de la directive 97/7/CE. La présente directive ne doit pas affecter les directives existantes concernant les communications commerciales, en particulier la directive 98/43/CE.

(30) L'envoi par courrier électronique de communications commerciales non sollicitées peut être inopportun pour les consommateurs et pour les fournisseurs de services de la société de l'information et susceptible de perturber le bon fonctionnement des réseaux interactifs. La question du consentement du destinataire pour certaines formes de communication commerciale non sollicitée n'est pas traitée dans la présente directive, mais a déjà été traitée, en particulier dans la directive 97/7/CE et dans la directive 97/66/CE. Dans les États membres qui autorisent l'envoi par courrier électronique de communications commerciales non sollicitées, la mise en place de dispositifs de filtrage approprié par les entreprises doit être encouragée et facilitée. Il faut en outre, en toute hypothèse, que les communications commerciales non sollicitées soient clairement identifiables en tant que telles afin d'améliorer la transparence et de faciliter le fonctionnement de tels dispositifs mis en place par les entreprises. L'envoi par courrier électronique de communications commerciales non sollicitées ne saurait entraîner les frais supplémentaires pour le destinataire.

(31) Les États membres qui autorisent l'envoi par courrier électronique, par des prestataires établis sur leur territoire, de communications commerciales non sollicitées sans le consentement préalable du destinataire, doivent veiller à ce que les prestataires consultent régulièrement les registres « opt-out » où les personnes physiques qui ne souhaitent pas recevoir ce type de communications commerciales peuvent s'inscrire, et respectent le souhait de ces personnes.

(32) Pour supprimer les entraves au développement des services transfrontaliers dans la Communauté que les membres des professions réglementées pourraient proposer sur l'Internet, il est nécessaire que le respect des règles professionnelles prévues pour protéger notamment le consommateur ou la santé publique soit garanti au niveau communautaire. Les codes de conduite au niveau communautaire constituent le meilleur instrument pour déterminer les règles déontologiques applicables à la communication commerciale. Il convient d'encourager leur élaboration ou, le cas échéant, leur adaptation, sans préjudice de l'autonomie des organismes et des associations professionnels.

(33) La présente directive complète le droit communautaire, et le droit national relatif aux professions réglementées en maintenant un ensemble cohérent de règles applicables dans ce domaine.

(34) Chaque État membre doit ajuster sa législation qui contient des exigences, notamment de forme, susceptibles de gêner le recours à des contrats par voie électronique. Il convient que l'examen des législations nécessitant cet ajustement se fasse systématiquement et porte sur l'ensemble des étapes et des actes nécessaires au processus contractuel, y compris l'archivage du contrat. Il convient que le résultat de cet ajustement soit de rendre réalisables les contrats conclus par voie électronique. L'effet juridique des signatures électroniques fait l'objet de la directive 1999/93/CE du Parlement européen et du Conseil du 13 décembre 1999 sur un cadre communautaire pour les signatures électroniques, l'accusé de réception par un prestataire peut être constitué par la fourniture en ligne d'un service payé.

(35) La présente directive n'affecte pas la possibilité pour les États membres de maintenir ou d'établir pour les contrats des exigences juridiques générales ou spécifiques qui peuvent être satisfaites par des moyens électroniques, notamment des exigences en matière de sécurité des signatures électroniques.

(36) Les États membres peuvent maintenir des restrictions à l'utilisation de contrats électroniques en ce qui concerne les contrats pour lesquels la loi requiert l'intervention de tribunaux, d'autorités publiques ou de professions exerçant une autorité publique. Cette possibilité couvre également les contrats requérant l'intervention de tribunaux, d'autorités publiques ou de professions exerçant une autorité publique afin de produire des effets à l'égard des tiers, aussi bien que les contrats requérant une certification juridique ou une attestation par un notaire.

(37) L'obligation faite aux États membres d'éliminer les obstacles à l'utilisation électroniques ne concerne que les obstacles résultant d'exigences juridiques et non pas les obstacles d'ordre pratique résultant d'une impossibilité d'utiliser les moyens électroniques dans certains cas.

(38) L'obligation faite aux États membres d'éliminer les obstacles à l'utilisation des contrats électroniques est mise en œuvre dans le respect des exigences juridiques pour les contrats, consacrées par le droit communautaire.

(39) Les exceptions aux dispositions relatives aux contrats passés exclusivement au moyen du courrier électronique ou au moyen de communications individuelles équivalentes prévues dans la présente directive, en ce qui concerne les informations à fournir et la passation d'une commande, ne sauraient avoir comme conséquence de permettre le contournement de ces dispositions par les prestataires de services de la société de l'information.

(40) Les divergences existantes et émergentes entre les législations et les jurisprudences des États membres dans le domaine de la responsabilité des prestataires de services agissant en qualité d'intermédiaires empêchent le bon fonctionnement du marché intérieur, en particulier en gênant le développement des services transfrontaliers et en produisant des distorsions de concurrence. Les prestataires des services ont, dans certains cas, le devoir d'agir pour éviter les activités illégales ou pour y mettre fin. La présente directive doit constituer la base adéquate pour l'élaboration de mécanismes, rapides et fiables permettant de retirer les informations illicites et de rendre l'accès à celles-ci impossible. Il conviendrait que de tels mécanismes soient élaborés sur la base d'accord volontaires négociés entre toutes les parties concernées et qu'ils soient encouragés par les États membres. Il est dans l'intérêt de toutes les parties qui participent à la fourniture de services de la société de l'information d'adopter et d'appliquer de tels mécanismes. Les dispositions de la présente directive sur la responsabilité ne doivent pas faire obstacle au développement et à la mise en œuvre effective, par les différentes parties concernées, de systèmes techniques de protection et d'identification ainsi que d'instruments techniques de surveillance rendus possibles par les techniques numériques, dans le respect des limites établies par les directives 95/46/CE et 97/66/CE.

(41) La présente directive instaure un équilibre entre les différents intérêts en jeu et établit des principes qui peuvent servir de base aux normes et aux accords adoptés par les entreprises.

(42) Les dérogations en matière de responsabilité prévues par la présente directive ne couvrent que les cas où l'activité du prestataire de services dans le cadre de la société de l'information est limitée au processus technique d'exploitation et de fourniture d'un accès à un réseau de communication sur lequel les informations fournies par des tiers sont transmises ou stockées temporairement, dans le seul but d'améliorer l'efficacité de la transmission. Cette activité revêt un caractère purement technique, automatique et passif, qui implique que le prestataire de services de la société de l'information n'a pas la connaissance ni le contrôle des informations transmises ou stockées.

(43) Un prestataire de services peut bénéficier de dérogations pour le « simple transport » et pour la forme de stockage dite « caching » lorsqu'il n'est impliqué en aucune manière dans l'information transmise. Cela suppose, entre autres, qu'il ne modifie pas l'information qu'il transmet. Cette exigence ne couvre pas les manipulations à caractère technique qui ont lieu au cours de la transmission, car ces dernières n'altèrent pas l'intégrité de l'information contenue dans la transmission.

(44) Un prestataire de services qui collabore délibérément avec l'un des destinataires de son service afin de se livrer à des activités illégales va au-delà des activités de « simple transport » ou de « caching » et, dès lors, il ne peut pas bénéficier des dérogations en matière de responsabilité prévues pour ce type d'activité.

(45) Les limitations de responsabilité des prestataires de services intermédiaires prévues dans la présente directive sont sans préjudice de la possibilité d'actions en cessation de différents types. Ces actions en cessation peuvent notamment revêtir la forme de décisions de tribunaux ou d'autorités administratives exigeant qu'il soit mis un terme à toute violation ou que l'on prévienne toute violation, y compris en retirant les informations illicites ou en rendant l'accès à ces dernières impossible.

(46) Afin de bénéficier d'une limitation de responsabilité le prestataire d'un service de la société de l'information consistant dans le stockage doit, dès qu'il prend effectivement connaissance ou conscience du caractère illicite des activités, agir promptement pour retirer les informations concernées ou rendre l'accès à celles-ci impossibles. Il y a lieu de procéder à leur retrait ou de rendre leur accès impossible dans le respect du principe de la liberté d'expression et des procédures établies à cet effet au niveau national. La présente directive n'affecte pas la possibilité qu'ont les États membres de définir des exigences spécifiques auxquelles il doit être satisfait promptement avant de retirer des informations ou d'en rendre l'accès impossible.

(47) L'interdiction pour les États membres d'imposer aux prestataires de services une obligation de surveillance ne vaut que pour les obligations à caractère général. Elle ne concerne pas les obligations de surveillance applicables à un cas spécifique et, notamment, elle ne fait pas obstacle aux décisions des autorités nationales prises conformément à la législation nationale.

(48) La présente directive n'affecte en rien la possibilité qu'ont les États membres d'exiger des prestataires de services qui stockent des informations fournies par des destinataires de leurs services qu'ils agissent avec les précautions que l'on peut raisonnablement attendre d'eux et qui sont définies dans la législation nationale, et ce afin de détecter et d'empêcher certains types d'activités illicites.

(49) Les États membres et la Commission doivent encourager l'élaboration de codes de conduite. Cela ne porte pas atteinte au caractère volontaire de ces codes et à la possibilité, pour les parties intéressées, de décider librement si elles adhèrent ou non à ces codes.

(50) Il est important que la proposition de directive sur l'harmonisation de certains aspects du droit d'auteur et des droits voisins dans la société de l'information et la présente directive entrent en vigueur au même moment afin d'établir un cadre réglementaire clair en ce qui concerne la responsabilité des intermédiaires en cas de violation du droit d'auteur et des droits voisins au niveau communautaire.

(51) Il doit incomber à chaque État membre, le cas échéant, de modifier toute législation susceptible de gêner l'utilisation des mécanismes de règlement extrajudiciaire des litiges par les voies électroniques. Le résultat de cette modification doit être de rendre réellement et effectivement possible, en droit et dans la pratique, le fonctionnement de tels mécanismes, y compris dans des situations transfrontalières.

(52) L'exercice effective des libertés du marché intérieur nécessite de garantir aux victimes un accès efficace aux règlements des litiges. Les dommages qui peuvent se produire, dans le cadre des services de la société de l'information se caractérisent à la fois par leur rapidité et leur étendue géographique. En raison de cette spécificité et de la nécessité de veiller à ce que les autorités nationales ne mettent pas en cause la confiance qu'elles doivent s'accorder mutuellement, la présente directive invite les États membres

à faire en sorte que les recours juridictionnels appropriés soient disponibles. Les États membres doivent évaluer la nécessité de fournir un accès aux procédures juridictionnelles par les moyens électroniques appropriés.

(53) La directive 98/27/CE, applicable aux services de la société de l'information, prévoit un mécanisme relatif aux actions en cessation visant à protéger les intérêts collectifs des consommateurs. Ce mécanisme contribuera à la libre circulation des services de la société de l'information en assurant un niveau élevé de protection des consommateurs.

(54) Les sanctions prévues dans le cadre de la présente directive sont sans préjudice de toute autre sanction ou voie de droit prévue par le droit national. Les États membres ne sont pas tenus de prévoir des sanctions pénales pour la violation des dispositions nationales adoptées en application de la présente directive.

(55) La présente directive ne porte pas atteinte au droit applicable aux obligations contractuelles relatives aux contrats conclus par les consommateurs. En conséquence, la présente directive ne saurait avoir pour effet de priver le consommateur de la protection que lui procurent les règles impératives relatives aux obligations contractuelles prévues par le droit de l'État membre dans lequel il a sa résidence habituelle.

(56) En ce qui concerne la dérogation prévue par la présente directive pour les obligations contractuelles dans les contrats conclus par les consommateurs, celles-ci doivent être interprétées comme comprenant les informations sur les éléments essentiels du contenu du contrat, y compris les droits du consommateur, ayant une influence déterminante sur la décision de contracter.

(57) Conformément à une jurisprudence constante de la Cour de justice, un État membre conserve le droit de prendre des mesures à l'encontre d'un prestataire établi dans un autre État membre, mais dont l'activité est entièrement ou principalement tournée vers le territoire du premier État membre, lorsque le choix de cet établissement a été fait en vue de se soustraire aux règles qui seraient applicables à ce prestataire s'il s'était établi sur le territoire du premier État membre.

(58) La présente directive ne doit pas s'appliquer aux services fournis par des prestataires établis dans un pays tiers. Compte tenu de la dimension mondiale du service électronique, il convient toutefois d'assurer la cohérence des règles communautaires avec les règles internationales. La présente directive est sans préjudice des résultats des discussions en cours sur les aspects juridiques dans les organisations internationales (entre autres, OMC, OCDE, Cnudci).

(59) En dépit de la nature planétaire des communications électroniques, la coordination au niveau de l'Union européenne des mesures réglementaires nationales est nécessaire afin d'éviter la fragmentation du marché intérieur et d'établir un cadre réglementaire européen approprié. Cette coordination doit également contribuer à l'établissement d'une position de négociation commune et forte dans les enceintes internationales.

(60) Pour permettre un développement sans entrave du commerce électronique, le cadre juridique doit être clair et simple, prévisible et cohérent avec les règles applicables au niveau international, de sorte qu'il ne porte pas atteinte à la compétitivité de l'industrie européenne et qu'il ne fasse pas obstacle à l'innovation dans ce secteur.

(61) Si le marché doit réellement fonctionner par des moyens électroniques dans un contexte mondialisé, l'Union européenne et les grands ensembles non européens ont besoin de se concerter pour rendre leurs législations et leurs procédures compatibles.

(62) La coopération avec les pays tiers doit être renforcée dans le domaine du commerce électronique, notamment avec les pays candidats, les pays en développement et les autres partenaires commerciaux de l'Union européenne.

(63) L'adoption de la présente directive ne saurait empêcher les États membres de prendre en compte les différentes implications sociales, sociétales et culturelles inhérentes à l'avènement de la société de l'information. En particulier, elle ne devrait pas porter atteinte aux mesures destinées à atteindre des objectifs sociaux, culturels et démocratiques que les États membres pourraient adopter, conformément au droit communautaire, en tenant compte de leur diversité linguistique, des spécificités nationales et régionales ainsi que de leurs patrimoines culturels, et à assurer et à maintenir l'accès du public à un éventail le plus large possible de services de la société de l'information. Le développement de la société de l'information doit assurer, en tout, état de cause, l'accès des citoyens de la Communauté au patrimoine culturel européen fourni dans un environnement numérique.

(64) La communication électronique constitue pour les États membres un excellent moyen de fournir un service public dans les domaines culturel, éducatif et linguistique.

(65) Le Conseil, dans, sa résolution du 19 janvier 1999 sur la dimension consumériste de la société de l'information a souligné que la protection des consommateurs méritait une attention particulière dans le cadre de celle-ci. La Commission étudiera la mesure dans laquelle les règles de protections des consommateurs existantes fournissent une protection insuffisante au regard de la société de l'information et identifiera, le cas échéant, les lacunes de cette législation et les aspects pour lesquels, des mesures additionnelles pourraient s'avérer nécessaires. En cas de besoin, la Commission devrait faire des propositions spécifiques additionnelles visant combler les lacunes qu'elle aurait ainsi identifiées.

A arrêté la présente directive :

CHAPITRE PREMIER
Dispositions générales

Art. premier *Objectif et champ d'application.* 1. La présente directive a pour objectif de contribuer au bon fonctionnement du marché intérieur en assurant la libre circulation des services de la société de l'information entre les États membres.

2. La présente directive rapproche, dans la mesure nécessaire à la réalisation de l'objectif visé au paragraphe 1, certaines dispositions nationales applicables aux services de la société de l'information et qui concernent le marché intérieur, l'établissement des prestataires, les communications commerciales, les contrats par voie électronique, la responsabilité des intermédiaires, les codes de conduite, le règlement extrajudiciaire des litiges, les recours juridictionnels et la coopération entre États membres.

3. La présente directive complète le droit communautaire applicable aux services de la société de l'information sans préjudice du niveau de protection, notamment en matière de santé publique et des intérêts des consommateurs, établi par les instruments communautaires et la législation nationale les mettant en œuvre dans la mesure où cela ne restreint pas la libre prestation de services de la société de l'information.

4. La présente directive n'établit pas de règles additionnelles de droit international privé et ne traite pas de la compétence des juridictions.

5. La présente directive n'est pas applicable :

a) au domaine de la fiscalité;

b) aux questions relatives aux services de la société de l'information couvertes par les directives 95/46/CE et 97/66/CE;

c) aux questions relatives aux accords ou pratiques régis par le droit sur les ententes;

d) aux activités suivantes des services de la société de l'information :

— les activités de notaire ou les professions équivalentes, dans la mesure où elles comportent une participation directe et spécifique à l'exercice de l'autorité publique,

— la représentation d'un client et la défense de ses intérêts devant les tribunaux,

— les activités de jeux d'argent impliquant des mises ayant une valeur monétaire dans des jeux de hasard, y compris les loteries et les transactions portant sur des paris.

6. La présente directive ne porte pas atteinte aux mesures prises au niveau communautaire ou au niveau national, dans le respect du droit communautaire, pour promouvoir la diversité culturelle et linguistique et assurer la défense du pluralisme.

Art. 2 *Définitions.* Aux fins de la présente directive, on entend par :

a) « services de la société de l'information » : les services au sens de l'article 1er paragraphe 2, de la directive 98/34/CE, telle que modifiée par la directive 98/48/CE;

b) « prestataire » : toute personne physique ou morale qui fournit un service de la société de l'information;

c) « prestataire établi : prestataire qui exerce d'une manière effective une activité économique au moyen d'une installation stable pour une durée indéterminée. La présence et l'utilisation des moyens techniques et des technologies requis pour fournir le service ne constituent pas en tant que telles un établissement du prestataire;

d) « destinataire du service » : toute personne physique ou morale qui, à des fins professionnelles ou non, utilise un service de la société de l'information, notamment pour rechercher une information ou la rendre accessible;

e) « consommateur » : toute personne physique agissant à des fins qui n'entrent plus dans le cadre de son activité professionnelle ou commerciale;

f) « communication commerciale » : toute forme de communication destinée à promouvoir, directement ou indirectement, des biens, des services, ou l'image d'une entreprise, d'une organisation ou d'une personne ayant une activité commerciale, industrielle, artisanale ou exerçant une profession réglementée. Ne constituent pas en tant que telles des communications commerciales :

— les informations permettant l'accès direct à l'activité de l'entreprise, de l'organisation ou de la personne, notamment un nom de domaine ou une adresse de courrier électronique,

— les communications relatives, aux biens, aux services ou à l'image de l'entreprise, de l'organisation ou de la personne élaborées d'une manière indépendante, en particulier lorsqu'elles sont fournies sans contrepartie financière;

g) « profession réglementée » : toute profession au sens, soit de l'article 1er, point d), de la directive, 89/49/CEE du Conseil du 21 décembre 1988 relative à un système général de reconnaissance des diplômes d'enseignement supérieur qui sanctionne des formations professionnelles d'une durée minimale de trois ans, soit au sens de l'article 1er, point de f), la directive 92/51/CEE du Conseil du 18 juin 1992 relative à un deuxième système général de reconnaissance des formations professionnelles, qui complète la directive 89/48/CEE;

h) « domaine coordonné » : les exigences prévues par les systèmes juridiques des États membres et applicables aux prestataires des services de la société de l'information ou aux services de la société de l'information, qu'elles revêtent un caractère général ou qu'elles aient été spécifiquement conçues pour eux.

i) Le domaine coordonné a trait à des exigences que le prestataire doit satisfaire et qui concernent :

— l'accès à l'activité d'un service de la société de l'information, telles que les exigences en matière de qualification, d'autorisation ou de notification,

— l'exercice de l'activité d'un service de la société de l'information, telles que les exigences portant Sur le comportement du prestataire, la qualité ou le contenu du service, y compris en matière de publicité et de contrat, ou sur la responsabilité du prestataire.

ii) Le domaine coordonnée ne couvre pas les exigences telles que :

— les exigences applicables aux biens en tant que tels,

— les exigences applicables à la livraison de biens,

— les exigences applicables aux services qui ne sont pas fournis par voie électronique.

Art. 3 *Marché intérieur.* 1. Chaque État membre veille à ce que les services de la société de l'information fournis par un prestataire établi sur son territoire respectent les dispositions nationales applicables dans cet État membre relevant du domaine coordonné.

2. Les État membres ne peuvent, pour des raisons relevant de domaine coordonné, restreindre la fibre circulation des services de la société de l'information en provenance, d'un autre État membre.

3. Les paragraphes 1 et 2 ne sont pas applicables aux domaines visés à l'annexe.

4. Les États membres peuvent prendre, à l'égard d'un service donné de la société de l'information, des mesures qui dérogent au paragraphe 2 si les conditions suivantes sont remplies :

a) les mesures doivent être :

i) nécessaires pour une des raisons suivantes :

— l'ordre public, en particulier la prévention, les investigations, la détection et les poursuites en matière pénale, notamment la protection des mineurs et la lutte contre l'incitation à la haine pour des raisons de race, de sexe, de religion ou de nationalité et contre les atteintes à la dignité de la personne humaine,

— la protection de la santé publique,

— la sécurité publique, y compris la protection de la sécurité et de la défense nationales,

— la protection des consommateurs, y compris des investisseurs;

ii) prises à l'encontre d'un service de la société de l'information qui porte atteinte aux objectifs visés au point i) ou qui constitue un risque sérieux et grave d'atteinte à ces objectifs;

iii) proportionnelles à ces objectifs;

b) l'État membre a préalablement et sans préjudice de la procédure judiciaire, y compris la procédure préliminaire et les actes accomplis dans le cadre d'une enquête pénale :

— demandé à l'État membre visé au paragraphe 1 de prendre des mesures et ce dernier n'en a pas pris ou elles n'ont pas été suffisantes,

— notifié à la Commission et à l'État membre visé au paragraphe 1 son intention de prendre de telles mesures.

5. Les États membres peuvent, en cas d'urgence, déroger aux conditions prévues au paragraphe 4, point b). Dans ce cas, les mesures sont notifiées dans les plus brefs délais à la Commission et à l'État membre visé au paragraphe 1, en indiquant les raisons pour lesquelles l'État membre estime qu'il y a urgence.

6. Sans préjudice de la faculté pour l'État membre de prendre et d'appliquer les mesures en question, la Commission doit examiner dans les plus brefs délais la compatibilité, des mesures notifiées avec le droit communautaire; lorsqu'elle parvient à la conclusion que la mesure est incompatible avec le droit communautaire, la commission demande à l'État membre concerné de s'abstenir de prendre les mesures envisagées ou de mettre fin d'urgence aux mesures en question.

CHAPITRE II
Principes

Section I

Exigences en matière d'établissement et d'information

Art. 4 *Principe de non-autorisation préalable.* 1. Les États membres veillent à ce que l'accès à l'activité d'un prestataire de services de la société de l'information et l'exercice de celle-ci ne puissent pas être soumis à un régime d'autorisation préalable ou à toute autre exigence ayant un effet équivalent.

2. Le paragraphe 1 est sans préjudice des régimes d'autorisation qui ne visent pas spécifiquement et exclusivement les services de la société de l'information ou qui sont couverts par la directive 97/13/CE du Parlement européen et du Conseil du 10 avril 1997 relative à un cadre commun pour les autorisations générales et les licences individuelles dans le secteur des services des télécommunications.

Art. 5 *Informations générales à fournir.* 1. Outre les autres exigences en matière d'information prévues par le droit communautaire, les États membres veillent à ce que le prestataire rende possible un accès facile, direct et permanent, pour les destinataires du service et pour les autorités compétentes, au moins aux informations suivantes :

a) le nom du prestataire de services;

b) l'adresse géographique à laquelle le prestataire de services est établi;

c) les coordonnées du prestataire, y compris son adresse de courrier électronique, permettant d'entrer en contact rapidement et de communiquer directement et effectivement avec lui;

d) dans le cas où le prestataire est inscrit dans un registre de commerce ou dans un autre registre public similaire le registre de commerce dans lequel il est inscrit et son numéro d'immatriculation, ou des moyens équivalents d'identification figurant dans ce registre;

e) dans le cas où l'activité est soumise à un régime d'autorisation, les coordonnées de l'autorité de surveillance compétente;

f) en ce qui concerne les professions réglementées :

— tout ordre professionnel ou organisme similaire auprès duquel le prestataire est inscrit,

— le titre professionnel et l'État membre dans lequel il a été octroyé,

— une référence aux règles professionnelles applicables dans l'État membre d'établissement et aux moyens d'y avoir accès;

g) dans le cas où le prestataire exerce une activité soumise à la TVA, le numéro d'identification vises à l'article 22, paragraphe 1, de la sixième directive 77/388/CEE du Conseil du 17 mai 1977 en matière d'harmonisation des législations des États membres relatives aux taxes sur le chiffre d'affaires – Système commun de taxe sur la valeur ajoutée, assiette uniforme.

2. Outre les autres exigences en matière d'information prévues par le droit communautaire, les États membres veillent au moins à ce que, lorsque les services de la société de l'information mentionnent des prix, ces derniers soient indiqués de manière claire et non ambiguë et précisent notamment si les taxes et les frais de livraisons sont inclus.

Section II

Communications commerciales

Art. 6 *Informations à fournir.* Outre les autres exigences, en matière d'information prévues par le droit communautaire, les États membres veillent à ce que les communications commerciales qui font partie d'un service de la société de l'information ou qui constituent un tel service répondent aux moins aux conditions suivantes :

a) la communication commerciale doit être clairement identifiable comme telle;

b) la personne physique ou morale pour le compte de laquelle la communication commerciale est faite doit, être clairement identifiable;

c) lorsqu'elles sont autorisées dans l'État membre où le prestataire est établi, les offres promotionnelles telles que les rabais, les primes et les cadeaux doivent être clairement identifiables comme telles et les conditions, pour en bénéficier doivent, être aisément accessibles et présentées de manière précise et non équivoque;

d) lorsqu'ils sont autorisés dans l'État membre où le prestataire est établi, les concours ou jeux promotionnels doivent être clairement identifiables comme tels et leurs conditions de participation doivent être aisément accessibles et présentées de manière précise et non équivoque.

Art. 7 *Communications commerciales non sollicitées.* 1. Outre les autres exigences prévues par le droit communautaire, les États membres qui autorisent les communications commerciales non sollicitées par courrier électronique veillent à ce que ces communications commerciales effectuées par un prestataire établi sur leur territoire puissent être identifiées de manière claire et non équivoque dès leur réception par le destinataire.

2. Sans préjudice de la directive 97/7/CE et de la directive 97/66/CE, les États membres prennent des mesures visant à garantir que les prestataires qui envoient par courrier électronique des communications commerciales non sollicitées consultent régulièrement les registres *« opt-out »* dans lesquels les personnes physiques qui ne souhaitent pas recevoir ce type de communications peuvent s'inscrire, et respectent le souhait de ces dernières.

Art. 8 *Professions réglementées.* 1. Les États membres veillent à ce que l'utilisation de communications commerciales qui font partie d'un service de la société de l'information fourni par un membre d'une profession réglementée, ou qui, constituent un tel service, soit autorisée sous réserve du respect des règles professionnelles visant, notamment, l'indépendance, la dignité et l'honneur de la profession a ainsi que le secret professionnel et la loyauté envers les clients et les autres membres de la profession.

2. Sans préjudice de l'autonomie des organismes et associations professionnels, les États membres et la Commission les organismes professionnels à élaborer des Codes de conduite au niveau communautaire pour préciser les informations qui peuvent être données à des fins de communications commerciales dans le respect des règles visées au paragraphe 1.

3. Lors de l'élaboration de propositions relatives à des initiatives communautaires qui peuvent s'avérer nécessaires pour assurer le bon fonctionnement du marché intérieur au regard des informations visées au paragraphe 2, la Commission tient dûment compte des codes de conduite applicables au niveau communautaire et agit en étroite coopération avec les associations et organismes professionnels concernés.

4. La présente directive s'applique en sus des directives communautaires régissant l'accès aux activités des professions réglementées et l'exercice de celles-ci.

Section III

Contrats par voie électronique

Art. 9 *Traitements des contrats.* 1. Les États membres veillent à ce que leur système juridique rende possible la conclusion des contrats par voie électronique. Les États membres veillent notamment à ce que le régime juridique applicable au processus contractuel ne fasse pas obstacle à l'utilisation des contrats électroniques ni ne conduise à priver d'effet et de validité juridiques de tels contrats pour le motif qu'ils sont passés par voie électronique.

2. Les États membres peuvent prévoir que le paragraphe 1 ne s'appliquent pas à tous les contrats ou à certains d'entre eux qui relèvent des catégories suivantes :

a) les contrats qui créent ou transfèrent des droits sur des biens immobiliers, à l'exception des droits de location;

b) les contrats pour lesquels la loi requiert l'intervention des tribunaux, des autorités publiques ou de professions exerçant une autorité publique;

c) les contrats de sûretés et garanties fournis par des personnes agissant à des fins qui n'entrent pas dans le cadre de leur activité professionnelle ou commerciale;

d) les contrats relevant du droit de la famille ou du droit des successions.

3. Les États membres indiquent à la Commission les catégories visées au paragraphe 2 auxquelles ils n'appliquent pas le paragraphe 1. Ils soumettent tous les cinq ans à la Commission un rapport sur l'application du paragraphe 2 en expliquant les raisons pour lesquelles ils estiment nécessaire de maintenir les catégories visées au paragraphe 2, point b), auxquelles ils n'appliquent pas le paragraphe 1.

Art. 10 *Informations à fournir.* 1. Outre les autres exigences en matière d'information prévues par le droit communautaire, les États membres veillent à ce que, sauf si les parties qui ne sont pas des consommateurs en ont convenu autrement le prestataire de services fournisse au moins les informations mentionnées ci-après, formulées de manière claire, compréhensible et non équivoque et avant que le destinataire du service ne passe sa commande :

a) les différentes étapes techniques à suivre pour conclure le contrat;

b) si le contrat une fois conclu est archivé ou non par le prestataire de services et s'il est accessible ou non;

c) les moyens techniques pour identifier et corriger des erreurs commises dans la saisie des données avant que la commande ne soit passée;

d) les langues proposées pour la conclusion du contrat.

2. Les États membres veillent à ce que, sauf si les parties qui ne sont pas des consommateurs en ont convenu autrement, le prestataire indique les éventuels codes de conduite

pertinents auxquels il est soumis ainsi que les informations sur la façon dont ces codes peuvent être consultés par voie électronique.

3. Les clauses contractuelles et les conditions générales fournies au destinataire doivent l'être d'une manière qui lui permette de les conserver et de les reproduire.

4. Les paragraphes 1 et 2 ne sont pas applicables à des contrats conclus exclusivement par le biais d'un échange de courriers électroniques ou par des communications individuelles équivalentes.

Art. 11 *Passation d'une commande.* 1. Les États membres veillent, sauf si les parties qui ne sont pas des consommateurs en ont convenu autrement, à ce que, dans les cas où un destinataire du service passe sa commande par des moyens technologiques, les principes suivants s'appliquent :

— le prestataire doit accuser réception de la commande du destinataire sans délai injustifié et par voie électronique.

— la commande et l'accusé de réception sont considérés comme étant reçus lorsque les parties auxquelles ils sont adressés peuvent y avoir accès.

2. Les États membres veillent, sauf si les parties qui ne sont pas des consommateurs en ont convenu autrement, à ce que le prestataire mette à la disposition du destinataire du service des moyens techniques appropriés, efficaces et accessibles lui permettant d'identifier les erreurs commises dans la saisie des données et de les corriger, et ce avant la passation de la commande.

3. Le paragraphe 1, premier tiret, et le paragraphe 2 ne sont pas applicables à des contrats conclus exclusivement au moyen d'un échange de courriers électroniques ou au moyen de communications individuelles équivalentes.

Section IV

Responsabilité des prestataires intermédiaires

Art. 12 *Simple transport (« Mere conduit »).* 1. Les États membres veillent à ce que, en cas de fourniture d'un service de la société de l'information consistant à transmettre, sur un réseau de communication, des informations fournies par le destinataire du service ou à fournir un accès au réseau de communication, le prestataire de services ne soit pas responsable des informations transmises à condition que le prestataire :

a) ne soit pas à l'origine de la transmission;

b) ne sélectionne pas le destinataire de la transmission

et

c) ne sélectionne et ne modifie pas les informations faisant l'objet de la transmission.

2. Les activités de transmission et de fournitures d'accès visées au paragraphe 1 englobent le stockage automatique, intermédiaire et transitoire des informations transmises, pour autant que ce stockage serve exclusivement à l'exécution de la transmission sur le réseau de communication et que sa durée n'excède pas le temps raisonnablement nécessaire à la transmission.

3. Le présent article n'affecte pas la possibilité, pour une juridiction ou une autorité administrative, conformément aux systèmes juridiques des États membres, d'exiger du prestataire qu'il mette un terme à une violation ou qu'il prévienne une violation.

Art. 13 *Forme de stockage dite « caching ».* 1. Les États membre veillent à ce que, en cas de fourniture d'un service de la société de l'information consistant à transmettre, sur un réseau de communication, des informations fournies par un destinataire du service, le prestataire ne soit pas responsable au titre du stockage automatique, intermédiaire et temporaire de cette information fait dans le seul but de rendre plus efficace la transmission ultérieure de l'information à la demande d'autres destinataires du service, à condition que :

a) le prestataire ne modifie pas l'information;

b) le prestataire se conforme aux conditions d'accès à l'information;

c) le prestataire se conforme aux règles concernant la mise à jour de l'information indiquées d'une manière largement reconnue et utilisées par les entreprises;

d) le prestataire n'entrave pas l'utilisation licite de la technologie, largement reconnue et utilisée par l'industrie, dans le but d'obtenir des données sur l'utilisation de l'information

et

e) le prestataire agisse promptement pour retirer l'information qu'il a stockée ou pour en rendre l'accès, impossible dès qu'il a effectivement connaissance du fait que l'information à l'origine de la transmission a été retirée au réseau ou du fait que l'accès à l'informatique on a été rendu impossible, ou du fait qu'un tribunal ou une autorité administrative a ordonné de retirer, l'information ou d'en rendre l'accès impossible.

2. Le présent article n'affecte pas la possibilité, pour une juridiction ou une autorité administrative, conformément aux systèmes juridiques des États membres, d'exiger du prestataire qu'il mette fin à une violation ou qu'il prévienne une violation.

Art. 14 *Hébergement.* 1. Les États membres veillent à ce que, en cas de fourniture d'un service de la société de l'information consistant à stocker des informations fournies par un destinataire du service, le prestataire ne soit pas responsable des informations stockées à la demande d'un destinataire du service à condition que :

a) le prestataire n'ait pas effectivement connaissance de l'activité ou de l'information illicites et, en ce qui concerne une demande en dommages et intérêts, n'ait pas connaissance de faits ou de circonstances selon lesquels l'activité ou l'information illicite est apparente

ou

b) le prestataire, dès le moment où il a de telles connaissances, agisse promptement pour retirer les informations ou rendre l'accès à celles-ci impossible.

2. Le paragraphe 1 ne s'applique pas lorsque le destinataire du service agit sous l'autorité ou le contrôle du prestataire.

3. Le présent article n'affecte pas la possibilité, pour une juridiction ou une autorité administrative, conformément aux systèmes juridiques des États membres, d'exiger du prestataire qu'il mette un terme à une violation ou qu'il prévienne une violation et n'affecte pas non plus la possibilité, pour les États membres, d'instaurer des procédures régissant le retrait de ces informations ou les actions pour en rendre l'accès impossible.

Art. 15 *Absence d'obligation générale en matière de surveillance.* 1. Les États membres ne doivent pas imposer aux prestataires, pour la fourniture des services visée aux articles 12, 13 et 14, une obligation générale de surveiller les informations qu'ils transmettent ou stockent, ou une obligation générale de rechercher activement des faits ou des circonstances révélant des activités illicites.

2. Les États membres instaurer, pour les prestataires de services de la société de l'information, l'obligation d'informer promptement les autorités publiques compétentes d'activités illicites alléguées qu'exerceraient les destinataires de leurs services ou d'informations illicites alléguées que ces derniers fourniraient ou de communiquer aux autorités compétentes, à leur demande, les informations permettant d'identifier les destinataires de leurs services avec lesquels ils ont conclu un accord d'hébergement.

CHAPITRE III

Mise en œuvre

Art. 16 *Codes de conduite.* 1. Les États membres et la Commission encouragent :

a) l'élaboration, par les associations ou organisations d'entreprises, professionnelles ou de consommateurs, de codes de conduite au niveau communautaire, destinés à contribuer à la bonne application des articles 5 à 15;

b) la transmission volontaire à la Commission des projets de codes de conduite au niveau national ou communautaire;

c) l'accessibilité par voie électronique des codes de conduite dans les langues communautaires,

d) la communication aux États membres et à la Commission, par les associations ou organisations d'entreprises, professionnelles ou de consommateurs, de leurs évaluations de l'application de leurs codes de conduite et de leur impact sur les pratiques, les us ou les coutumes relatifs au commerce électronique;

e) l'établissement de codes de conduite pour ce qui a trait à la protection des mineurs et de la dignité humaine.

2. Les États membres et la Commission encouragent les associations ou les organisations représentant les consommateurs à participer à l'élaboration et à l'application des codes de conduite ayant des incidences sur leurs intérêts et élaborés en conformité avec le paragraphe 1, point a). Le cas échéant, les associations représentant les personnes souffrant d'un handicap visuel et, de manière générale, les personnes handicapées devraient être consultées afin de tenir compte de leurs besoins spécifiques.

Art. 17 *Règlement judiciaire des litiges.* 1. Les États membres veillent à ce que, en cas de désaccord entre un prestataire de services de la société de l'information et le destinataire du service, leur législation ne fasse pas obstacle à l'utilisation des mécanismes de règlement extrajudiciaire pour le règlement des différends, disponibles dans le, droit national, y compris par des moyens électroniques appropriés.

2. Les États membres encouragent les organes de règlement extrajudiciaire, notamment en ce qui concerne les litiges en matière de consommation, à fonctionner de manière à assurer les garanties procédurales appropriées pour les parties concernées.

3. Les États membres encouragent les organes de règlement, extrajudiciaire des litiges a communiquer à la Commission les décisions importantes qu'ils prennent en matière de services de la société de l'information ainsi que toute autre information sur les pratiques, les us ou les coutumes relatifs au commerce électronique.

Art. 18 *Recours juridictionnels.* 1. Les États membres veillent à ce que les recours juridictionnels disponibles dans le droit national portant sur les activités des services de la société de l'information permettent l'adoption rapide de mesures, y compris par voie de référé, visant à mettre un terme à toute violation alléguée et à prévenir toute nouvelle atteinte aux intérêts concernés.

2. L'annexe de la directive 98/27/CE est complétée par le texte suivant :

« 11. Directive 2000/31/CE du Parlement européen et du Conseil du 8 juin 2000 relative à certains aspects des services de la société de l'information, et notamment du commerce électronique, dans le marché intérieur (« directive sur le commerce électronique ») (*JO* CE n° L. 178 du 17 juill. 2000, p. 1). »

Art. 19 *Coopération.* 1. Les États membres disposent de moyens suffisants de contrôle et d'investigation nécessaires à la mise en œuvre efficace de la présente directive et veillent à ce que les prestataires leur fournissent les informations requises.

2. Les États membres coopèrent avec les autres États membres; à cette fin, ils désignent un ou plusieurs points de contact, dont ils communiquent les coordonnées aux autres États membres et à la Commission.

3. Les États membres fournissent dans les plus brefs délais et conformément au droit national l'assistance et les informations demandées par les autres États membres ou par la Commission, y compris par les voies électroniques appropriées.

4. Les États Membres établissent des points de contact accessibles au moins par voie électronique auxquels les destinataires de services et les prestataires de services peuvent s'adresser pour :

a) Obtenir des informations générales sur leurs droits et obligations en matière contractuelle ainsi que sur les procédures de réclamations et de recours disponibles en cas de différends, y compris sur les aspect pratiques liés à l'utilisation de ces procédures;

b) obtenir les coordonnées des autorités, associations, ou organisations auprès desquelles ils peuvent obtenir d'autres informations ou une assistance pratique.

5. Les États membres encouragent la communication à la Commission des décisions administratives et judiciaires importantes prises sur leur territoire s'agissant des litiges relatifs aux services de la société de l'information ainsi que des pratiques, des us ou des coutumes relatifs au commerce électronique. La Commission communique ces décisions aux autres États membres.

Art. 20 *Sanctions.* Les États membres déterminent le régime des sanctions applicable aux violations des dispositions nationales adoptées en application de la présente directive et prennent toutes mesures nécessaires pour assurer leur mise en œuvre. Les sanctions ainsi prévues doivent être effectives, proportionnées et dissuasives.

CHAPITRE IV
Dispositions finales

Art. 21 *Réexamen.* 1. Avant le 17 juillet 2003 et ensuite tous les deux ans, la Commission présente au Parlement européen, au Conseil et au Comité économique et social un rapport relatif à l'application de la présente directive accompagné, le cas échéant, de propositions visant à l'adapter à l'évolution juridique technique et économique dans le domaine des services de la société de l'information, notamment en ce qui concerne la prévention de la criminalité, la protection des mineurs, la Protection des consommateurs et le bon fonctionnement du marché intérieur.

2. Ce rapport, en examinant la nécessité d'adapter la présente directive, analyse en particulier la nécessité de présenter des propositions relatives à la responsabilité des fournisseurs de biens d'hypertexte et de services de moteur de recherche, les procédures de notification et de retrait (notice and take down) et l'imputation de la responsabilité après le retrait du contenu. Le rapport analysé, également la nécessité de prévoir des conditions supplémentaires pour l'exemption de responsabilité, prévue aux articles 12 et 13, compte tenu de l'évolution des techniques et la possibilité d'appliquer les principes du marché intérieur, à l'envoi par courrier électronique de communications commerciales non sollicitées.

Art. 22 *Transposition.* 1. Les États membres mettent en vigueur les dispositions législatives, réglementaires et administratives nécessaires pour se conformer à la présente directive avant le 17 janvier 2002. Ils en informent immédiatement la Commission.

2. Lorsque les États membres, adoptent les dispositions visées au paragraphe 1, celles-ci, contiennent une référence à la présente directive ou sont accompagnées d'une

telle référence lors de leur publication officielle. Les modalités de cette référence sont arrêtées par les États membres.

Art. 23 *Entrée en vigueur.* La présente directive entre en vigueur le jour de la publication au *Journal officiel* des Communautés européennes.

Art. 24 *Destinataires.* Les États membres sont destinataires de la présente directive.

ANNEXE

DÉROGATIONS À L'ARTICLE 3

51 Directive 2001/24/CE du Parlement européen et du Conseil du 4 avril 2001 concernant l'assainissement et la liquidation des établissements de crédit

Non reproduite. Consultable sur : http://europa.eu/eu-law/legislation/index_fr.htm

52 Directive 2001/86/CE du Conseil du 8 octobre 2001 complétant le statut de la société européenne pour ce qui concerne l'implication des travailleurs

Non reproduite. Consultable sur : http://europa.eu/eu-law/legislation/index_fr.htm

53 Directive 2002/47/CE du Parlement européen et du Conseil du 6 juin 2002 concernant les contrats de garantie financière

Modifiée par Directive 2009/44/CE du Parlement européen et du Conseil du 6 mai 2009 et Directive 2014/59/UE du Parlement européen et du Conseil du 15 mai 2014 établissant un cadre pour le redressement et la résolution des établissements de crédit et des entreprises d'investissement

(Extrait)

Consultable sur : http://europa.eu/eu-law/legislation/index_fr.htm

Art. 9 *Conflits de lois.* 1. Toute question concernant l'un des éléments énumérés au paragraphe 2 qui se pose au sujet d'une garantie sous forme d'instruments financiers transmissibles par inscription en compte est réglée selon la loi du pays où le compte pertinent est situé. La référence à la loi du pays désigne le droit interne de ce pays, nonobstant toute règle stipulant que la question considérée doit être tranchée selon la loi d'un autre pays.

2. Les éléments visés au paragraphe 1 sont les suivants :

a) la nature juridique et les effets patrimoniaux de la garantie sous forme d'instruments financiers transmissibles par inscription en compte;

b) les exigences relatives à la mise au point d'un contrat de garantie financière concernant la garantie sous forme d'instruments financiers transmissibles par inscription en compte et la constitution d'une garantie sous forme d'instruments financiers transmissibles par inscription en compte en vertu d'un tel contrat et, plus généralement, l'achèvement des formalités nécessaires pour rendre un tel contrat et une telle constitution opposables aux tiers;

c) le fait de savoir si le droit de propriété ou un autre droit d'une personne à une telle garantie sous forme d'instruments financiers transmissibles par inscription en compte est primé par un droit de propriété ou un autre droit concurrent ou lui est subordonné ou si une acquisition de bonne foi a eu lieu;

d) les formalités requises pour la réalisation de la garantie sous forme d'instruments financiers transmissibles par inscription en compte à la suite de la survenance d'un événement entraînant l'exécution.

54 Directive 2002/65/CE du Parlement européen et du Conseil du 23 septembre 2002 concernant la commercialisation à distance de services financiers auprès des consommateurs

Modifiée par Directive 2005/29/CE, Directive 2007/64/CE et Directive (UE) 2015/2366 (Extrait)

Consultable sur :
http://europa.eu/eu-law/legislation/index_fr.htm

Art. 12 *Caractère impératif des dispositions de la présente directive.* 1. Le consommateur ne peut renoncer aux droits qui lui sont conférés en vertu de la présente directive.

2. Les États membres prennent les mesures nécessaires pour veiller à ce que le consommateur ne soit pas privé de la protection accordée par la présente directive du fait que la loi choisie pour régir le contrat serait la loi d'un État tiers, si le contrat présente un lien étroit avec le territoire d'un ou plusieurs États membres.

[V. infra n° 196, les dispositions du Code de la consommation codifiant les dispositions de la loi française de transposition.]

55 Directive du Conseil n° 2002/8/CE du 27 janvier 2003 visant à améliorer l'accès à la justice dans les affaires transfrontalières par l'établissement de règles minimales communes relatives à l'aide judiciaire accordée dans le cadre de telles affaires

Non reproduite. Consultable sur :
https ://eur-lex.europa.eu/

56 Directive 2003/72/CE du Conseil du 22 juillet 2003 complétant le statut de la société coopérative européenne pour ce qui concerne l'implication des travailleurs

Non reproduite. Consultable sur :
http://europa.eu/eu-law/legislation/index_fr.htm

57 Directive 2004/25/CE du Parlement européen et du Conseil du 21 avril 2004 concernant les offres publiques d'acquisition

(Texte présentant de l'intérêt pour l'EEE)

Non reproduite. Consultable sur :
http://europa.eu/eu-law/legislation/index_fr.htm
(V. en particulier l'article 4 « Autorité de contrôle et droit applicable »)

58 Directive 2006/123/CE du Parlement européen et du Conseil du 12 décembre 2006 relative aux services dans le marché intérieur

(Extrait)

Consultable sur :
http://europa.eu/eu-law/legislation/index_fr.htm

Art. 3 *Relation avec les autres dispositions du droit communautaire.* 1. Si les dispositions de la présente directive sont en conflit avec une disposition d'un autre acte communautaire régissant des aspects spécifiques de l'accès à une activité de services ou à son exercice dans des secteurs spécifiques ou pour des professions spécifiques, la disposition de l'autre acte communautaire prévaut et s'applique à ces secteurs ou professions spécifiques. Ces actes incluent :

a) la directive 96/71/CE;

b) le règlement (CEE) n° 1408/71;

c) la directive 89/552/CEE du Conseil du 3 octobre 1989 visant à la coordination de certaines dispositions législatives, réglementaires et administratives des États membres relatives à l'exercice d'activités de radiodiffusion télévisuelle;

d) la directive 2005/36/CE.

2. La présente directive ne porte pas sur les règles du droit international privé, en particulier les règles régissant le droit applicable aux obligations contractuelles et non contractuelles, y compris celles garantissant que les consommateurs bénéficient de la protection que leur accordent les règles de protection des consommateurs contenues dans la législation de la consommation en vigueur dans leur État membre.

3. Les États membres appliquent les dispositions de la présente directive conformément aux règles du traité régissant le droit d'établissement et la libre circulation des services.

59 Directive 2008/48/CE du Parlement et du Conseil du 23 avril 2008 concernant les contrats de crédit aux consommateurs et abrogeant la directive 87/102/CEE du Conseil

Modifiée par Directive 2011/90/UE, Directive 2014/17/UE, Règlement (UE) 2016/2011 et Règlement (UE) 2019/1243

(Extrait)

Consultable sur : http://europa.eu/eu-law/legislation/index_fr.htm

Art. 22 *Harmonisation et caractère impératif de la présente directive.* 1. Dans la mesure où la présente directive contient des dispositions harmonisées, les États membres ne peuvent maintenir ou introduire dans leur droit national d'autres dispositions que celles établies par la présente directive.

2. Les États membres veillent à ce que le consommateur ne puisse renoncer aux droits qui lui sont conférés en vertu des dispositions du droit national qui mettent en œuvre la présente directive ou qui lui correspondent.

3. Les États membres veillent, en outre, à ce que les dispositions qu'ils adoptent pour la mise en œuvre de la présente directive ne puissent être contournées par le biais du libellé des contrats, notamment en intégrant des prélèvements ou des contrats de crédit relevant du champ d'application de la présente directive dans des contrats de crédit dont le caractère ou le but permettrait d'éviter l'application de celle-ci.

4. Les États membres prennent les mesures nécessaires pour faire en sorte que le consommateur ne soit pas privé de la protection accordée par la présente directive du fait que la loi choisie pour régir le contrat de crédit serait celle d'un pays tiers, si le contrat de crédit présente un lien étroit avec le territoire d'un ou plusieurs États membres.

60 Directive n° 2008/52/CE du Parlement européen et du Conseil du 21 mai 2008 sur certains aspects de la médiation en matière civile et commerciale

Non reproduite. Consultable sur : https ://eur-lex.europa.eu/

61 Directive 2008/122/CE du Parlement européen et du Conseil du 14 janvier 2009 relative à la protection des consommateurs en ce qui concerne certains aspects des contrats d'utilisation de biens à temps partagé, des contrats de produits de vacances à long terme et des contrats de revente et d'échange

(Extrait)

Consultable sur :
http://europa.eu/eu-law/legislation/index_fr.htm

Art. 12 *Caractère impératif de la directive et application dans des cas ayant un caractère international.* 1. Lorsque la loi applicable au contrat est la loi d'un État membre, les États membres veillent à ce que le consommateur ne puisse renoncer aux droits qui lui sont conférés par la présente directive.

2. Lorsque la loi applicable est celle d'un pays tiers, le consommateur ne peut être privé de la protection accordée par la présente directive, telle qu'appliquée dans l'État membre du for si :

— l'un des biens immobiliers concernés est situé sur le territoire d'un État membre, ou

— dans le cas d'un contrat qui n'est pas directement lié à un bien immobilier, le professionnel exerce une activité commerciale ou professionnelle dans un État membre ou, de quelque manière que ce soit, dirige cette activité vers un État membre et que le contrat rentre dans le cadre de cette activité.

[V. infra n° 196, les dispositions du Code de la consommation codifiant les dispositions de la loi française de transposition.]

62 Directive 2009/22/CE du Parlement européen et du Conseil du 23 avril 2009 relative aux actions en cessation en matière de protection des intérêts des consommateurs (version codifiée)

(Texte présentant de l'intérêt pour l'EEE)
Abrogée à compter du 25 juin 2023

Non reproduite. Consultable sur :
https ://eur-lex.europa.eu/

63 Directive 2009/38/CE du Parlement européen et du Conseil du 6 mai 2009 concernant l'institution d'un comité d'entreprise européen ou d'une procédure dans les entreprises de dimension communautaire et les groupes d'entreprises de dimension communautaire en vue d'informer et consulter les travailleurs (refonte)

Modifiée par Directive (UE) 2015/1794 du Parlement européen et du Conseil du 6 octobre 2015 (Version consolidée)

Vu le traité instituant la Communauté européenne, et notamment son article 137,

Vu la proposition de la Commission,

Vu l'avis du Comité économique et social européen,

Après consultation du Comité des régions,

Statuant conformément à la procédure visée à l'article 251 du traité,

Considérant ce qui suit :

(1) La directive 94/45/CE du Conseil du 22 septembre 1994 concernant l'institution d'un comité d'entreprise européen ou d'une procédure dans les entreprises de dimension communautaire et les groupes d'entreprises de dimension communautaire en vue d'informer et de consulter les travailleurs doit faire l'objet de plusieurs modifications substantielles. Dans un souci de clarté, il convient de procéder à la refonte de ladite directive.

(2) Conformément à l'article 15 de la directive 94/45/CE, la Commission a réexaminé, en consultation avec les États membres et les partenaires sociaux au niveau européen, les modalités d'application de ladite directive et examiné notamment si les seuils d'effectifs étaient adéquats, en vue de proposer, en tant que de besoin, les modifications nécessaires.

(3) Après consultation avec les États membres et les partenaires sociaux au niveau européen, la Commission a, le 4 avril 2000, présenté au Parlement européen et au Conseil un rapport sur l'état d'application de la directive 94/45/CE.

(4) Conformément à l'article 138, paragraphe 2, du traité, la Commission a consulté les partenaires sociaux au niveau communautaire sur l'orientation possible d'une action communautaire en la matière.

(5) Après cette consultation, la Commission a estimé qu'une action communautaire était souhaitable et a de nouveau consulté les partenaires sociaux au niveau communautaire sur le contenu de la proposition envisagée, en conformité avec l'article 138, paragraphe 3, du traité.

(6) Aux termes de cette seconde phrase de consultation, les partenaires sociaux n'ont pas informé la Commission de leur volonté conjointe d'engager le processus qui pourrait aboutir à la conclusion d'un accord, tel que prévu à l'article 138, paragraphe 4, du traité.

(7) Il s'avère nécessaire de moderniser la législation communautaire en matière d'information et de consultation transnationale des travailleurs, dans le but d'assurer

l'effectivité des droits d'information et de consultation transnationale des travailleurs, d'accroître la proportion de comités d'entreprise européens établis, tout en permettant le fonctionnement continu des accords en vigueur, de résoudre les problèmes constatés dans l'application pratique de la directive 94/45/CE et de remédier à l'insécurité juridique qui découle de certaines de ses dispositions ou de leur absence, et d'assurer une meilleure articulation des instruments législatifs communautaires en matière d'information et de consultation des travailleurs.

(8) Selon l'article 136 du traité, la Communauté et les États membres ont notamment pour objectif de promouvoir le dialogue social.

(9) La présente directive s'inscrit dans le cadre communautaire visant à soutenir et à compléter l'action des États membres dans le domaine de l'information et de la consultation des travailleurs. Ce cadre devrait limiter au minimum les charges imposées aux entreprises ou aux établissements, tout en assurant l'exercice effectif des droits accordés.

(10) Le fonctionnement du marché intérieur comporte un processus de concentrations d'entreprises, de fusions transfrontalières, d'absorptions et d'associations et, par conséquent, une transnationalisation des entreprises et des groupes d'entreprises. Pour assurer un développement harmonieux des activités économiques, il faut que les entreprises et les groupes d'entreprises opérant dans plusieurs États membres informent et consultent les représentants de leurs travailleurs touchés par leurs décisions.

(11) Les procédures pour l'information et la consultation des travailleurs prévues dans les législations ou pratiques des États membres ne sont souvent pas adaptées à la structure transnationale de l'entité qui prend la décision affectant ces travailleurs. Cette situation peut entraîner un traitement inégal des travailleurs touchés par les décisions au sein d'une même entreprise ou d'un même groupe.

(12) Des dispositions appropriées doivent être prises pour veiller à ce que les travailleurs employés dans des entreprises de dimension communautaire ou dans des groupes d'entreprises de dimension communautaire soient correctement informés et consultés lorsque des décisions qui les affectent sont prises dans un État membre autre que celui dans lequel ils travaillent.

(13) Pour s'assurer que les travailleurs des entreprises ou des groupes d'entreprises opérant dans plusieurs États membres soient correctement informés et consultés, il faut instituer un comité d'entreprise européen ou mettre en place d'autres procédures adéquates pour l'information et la consultation transnationale des travailleurs.

(14) Les modalités d'information et de consultation des travailleurs doivent être définies et mises en œuvre de façon à assurer un effet utile aux dispositions de la présente directive. À cet effet, il convient que l'information et la consultation du comité d'entreprise européen lui permettent, en temps utile, de donner un avis à l'entreprise sans mettre en cause la capacité d'adaptation de celle-ci. Seuls un dialogue mené au niveau où sont élaborées les orientations et une implication effective des représentants des travailleurs sont à même de répondre aux besoins d'anticipation et d'accompagnement du changement.

(15) Les travailleurs et leurs représentants doivent se voir garantir une information et une consultation au niveau pertinent de direction et de représentation en fonction du sujet traité. À cette fin, la compétence et le champ d'intervention du comité d'entreprise européen doivent être distingués de ceux des instances nationales de représentation et se limiter aux questions transnationales.

(16) Il convient que le caractère transnational d'une question soit déterminé en prenant en compte tant l'étendue des effets potentiels de celle-ci que le niveau de direction et de représentation qu'elle implique. À cette fin, sont considérées comme transnationales les questions qui concernent l'ensemble de l'entreprise ou du groupe ou au moins deux États membres. Ceci inclut des questions qui, indépendamment du nombre d'États membres concernés, revêtent de l'importance pour les travailleurs européens, s'agissant de l'ampleur de leur impact potentiel, ou qui impliquent des transferts d'activité entre États membres.

(17) Une définition de l'entreprisse qui exerce le contrôle, se rapportant exclusivement à la présente directive et ne préjugeant pas les définitions de groupe et de contrôle figurant dans d'autres textes, s'avère nécessaire.

(18) Les mécanismes pour l'information et la consultation des travailleurs des entreprises ou des groupes d'entreprises actives dans au moins deux États membres doivent englober tous les établissements ou, selon le cas, toutes les entreprises membres du groupe, situés dans les États membres, que la direction centrale de l'entreprise ou, s'il s'agit d'un groupe, de l'entreprise qui en exerce le contrôle, soit ou ne soit pas située sur le territoire des États membres.

(19) Conformément au principe de l'autonomie des parties, il appartient aux représentants des travailleurs et à la direction de l'entreprise ou de l'entreprise qui exerce le contrôle d'un groupe de déterminer d'un commun accord la nature, la composition, les attributions, les modalités de fonctionnement, les procédures et les ressources financières du comité d'entreprise européen ou d'autres procédures pour l'information et la consultation, de manière à ce qu'elles soient adaptées à leur propre situation particulière.

(20) Conformément au principe de subsidiarité, il appartient aux États membres de déterminer qui sont les représentants des travailleurs, et notamment de prévoir, s'ils l'estiment adéquat, une représentation équilibrée des différentes catégories de travailleurs.

(21) Il convient de clarifier les notions d'information et de consultation des travailleurs, en cohérence avec leurs définitions dans les directives plus récentes en cette matière et celles s'appliquant dans un cadre national, dans l'objectif de renforcer l'effectivité du dialogue au niveau transnational, de permettre une articulation adéquate entre les niveaux national et transnational de ce dialogue et d'assurer la sécurité juridique nécessaire dans l'application de la présente directive.

(22) Le terme « information » doit être défini en prenant en compte l'objectif d'un examen adéquat par les représentants des travailleurs, qui suppose que l'information s'effectue à un moment, d'une façon et avec un contenu appropriés, sans ralentir le processus décisionnel au sein des entreprises.

(23) Le terme « consultation » doit être défini en prenant en compte l'objectif de l'expression d'un avis qui puisse être utile à la prise de la décision, ce qui suppose que la consultation s'effectue à un moment, d'une façon et avec un contenu appropriés.

(24) Les dispositions de la présente directive concernant l'information et la consultation des travailleurs doivent être mises en œuvre, dans le cas d'une entreprise ou d'une entreprise exerçant le contrôle d'un groupe dont la direction centrale est située en dehors du territoire des États membres, par son représentant dans un État membre, le cas échéant désigné, ou, à défaut de représentant, par l'établissement ou l'entreprise contrôlée employant le plus grand nombre de travailleurs dans les États membres.

(25) La responsabilité d'une entreprise ou d'un groupe d'entreprises dans la transmission des informations nécessaires à l'ouverture de négociations doit être précisée de manière à permettre aux travailleurs de déterminer si l'entreprise ou le groupe d'entreprises où ils travaillent est de dimension communautaire et de prendre les contacts nécessaires à la formulation d'une demande d'ouverture des négociations.

(26) Le groupe spécial de négociation doit représenter, de façon équilibrée, les travailleurs des différents États membres. Les représentants des travailleurs doivent pouvoir se concerter entre eux pour définir leurs positions par rapport à la négociation avec la direction centrale.

(27) Il convient de reconnaître le rôle que les organisations syndicales reconnues peuvent jouer dans la négociation ou renégociation des accords constitutifs des comités d'entreprise européens, en appui aux représentants des travailleurs qui formulent le besoin d'un tel support. Pour leur permettre de suivre l'établissement de nouveaux comités d'entreprise européens et promouvoir les bonnes pratiques, les organisations syndicales et d'employeurs compétentes et reconnues comme partenaires sociaux européens sont informées de l'ouverture de négociations. Les organisations syndicales et d'employeurs européennes compétentes et reconnues sont les partenaires sociaux qui sont consultés par la Commission conformément à l'article 138 du traité. La liste de ces organisations est actualisée et publiée par la Commission.

(28) Les accords qui régissent l'établissement et le fonctionnement des comités d'entreprise européens doivent comporter les modalités de leur modification, dénonciation ou renégociation lorsque cela est nécessaire, notamment lorsque le périmètre ou la structure de l'entreprise ou du groupe sont modifiés.

(29) Ces accords doivent déterminer les modalités d'articulation des niveaux national et transnational d'information et de consultation des travailleurs adaptées aux conditions particulières de l'entreprise ou du groupe d'entreprises. Ces modalités doivent être définies dans le respect des compétences et des domaines d'intervention respectifs des instances de représentation des travailleurs, notamment en ce qui concerne l'anticipation et la gestion du changement.

(30) Ces accords doivent prévoir, si nécessaire, l'établissement et le fonctionnement d'un comité restreint afin de permettre une coordination et une plus grande efficacité de l'activité régulière du comité d'entreprise européen, ainsi qu'une information et une consultation dans les meilleurs délais en cas de circonstances exceptionnelles.

(31) Les représentants des travailleurs peuvent décider de ne pas demander l'institution d'un comité d'entreprise européen, ou les parties intéressées peuvent convenir d'autres procédures pour l'information et la consultation transnationale des travailleurs.

(32) Il convient de prévoir certaines prescriptions subsidiaires qui seront applicables si les parties le décident, en cas de refus, de la part de la direction centrale, d'entamer des négociations ou en cas d'absence d'accord à l'issue de celles-ci.

(33) Afin de pouvoir exercer pleinement leur fonction et d'assurer une utilité au comité d'entreprise européen, les représentants des travailleurs doivent rendre compte aux travailleurs qu'ils représentent et pouvoir bénéficier de la formation qui leur est nécessaire.

(34) Il convient de prévoir que les représentants des travailleurs agissant dans le cadre de la présente directive jouissent, dans l'exercice de leurs fonctions, de la même protection et des garanties similaires prévues pour les représentants des travailleurs par la législation et/ou la pratique de leur pays d'emploi. Ils ne doivent subir aucune discrimination du fait de l'exercice légitime de leur activité et doivent jouir d'une protection adéquate en ce qui concerne le licenciement et d'autres sanctions.

(35) Les États membres doivent prendre des mesures appropriées en cas de non-application des obligations prévues par la présente directive.

(36) Conformément aux principes généraux du droit communautaire, des procédures administratives ou judiciaires ainsi que des sanctions effectives, dissuasives et proportionnées à la gravité de l'infraction, devraient s'appliquer en cas de violation des obligations découlant de la présente directive.

(37) Pour des raisons d'efficacité, de cohérence et de sécurité juridique, une articulation entre les directives et les niveaux d'information et de consultation des travailleurs établis par le droit et/ou la pratique communautaires et nationaux est nécessaire. Priorité doit être donnée à la négociation de ces modalités d'articulation au sein de chaque entreprise ou groupe d'entreprises. À défaut d'un accord à ce sujet et lorsque des décisions susceptibles d'entraîner des modifications importantes dans l'organisation du travail ou les relations contractuelles sont envisagées, le processus doit être mené aux niveaux national et européen dans le respect des compétences et des domaines d'intervention respectifs des instances de représentation des travailleurs. L'expression d'un avis par le comité d'entreprise européen ne devrait pas porter atteinte à la capacité de la direction centrale de conduire les consultations nécessaires dans le respect des séquences de temps prévues par les législations et/ou la pratique nationales. Les législations et/ou la pratique nationales devraient éventuellement être adaptées pour que le comité d'entreprise européen puisse, le cas échéant, être informé avant ou en même temps que les instances nationales de représentation des travailleurs, tout en ne réduisant pas le niveau général de protection des travailleurs.

(38) La présente directive ne devrait pas porter atteinte aux procédures d'information et de consultation visées par la directive 2002/14/CE du Parlement européen et du Conseil du 11 mars 2002 établissant un cadre général relatif à l'information et à la consultation des travailleurs dans la Communauté européenne et aux procédures spécifiques visées à l'article 2 de la directive 98/59/CE du Conseil du 20 juillet 1998 concernant le rapprochement des législations des États membres relatives aux licenciements collectifs et à l'article 7 de la directive 2001/23/CE du Conseil du 12 mars 2001 concernant le rapprochement des législations des États membres relatives au maintien des droits des travailleurs en cas de transfert d'entreprises, d'établissements ou de parties d'entreprises ou d'établissements.

(39) Il convient d'accorder un traitement spécifique aux entreprises et aux groupes d'entreprises de dimension communautaire dans lesquelles il existait, à la date du

22 septembre 1996, un accord applicable à l'ensemble des travailleurs, prévoyant une information et une consultation transnationale des travailleurs.

(40) Lorsque des modifications significatives interviennent dans la structure de l'entreprise ou du groupe d'entreprises, par exemple en cas de fusion, d'acquisition ou de scission, le ou les comités d'entreprise européens existants doivent être adaptés. Cette adaptation doit se faire en priorité selon les clauses de l'accord applicable, si ces clauses permettent effectivement de procéder à l'adaptation nécessaire. À défaut et lorsqu'une demande est faite qui en établit le besoin, la négociation d'un nouvel accord est ouverte, à laquelle il convient d'associer les membres du ou des comités d'entreprise européens existants. Afin de permettre une information et une consultation des travailleurs pendant la période souvent décisive du changement de structure, le ou les comités européens existants doivent pouvoir continuer à fonctionner, éventuellement de façon adaptée, tant qu'un nouvel accord n'est pas conclu. À la signature d'un nouvel accord, il convient de dissoudre les comités établis antérieurement et de mettre fin aux accords qui les instituent, quelles que soient leurs dispositions en matière de validité ou de dénonciation.

(41) Sauf application de cette clause d'adaptation, il convient de permettre la poursuite des accords en vigueur afin de ne pas conduire à leur renégociation obligatoire lorsque cela n'est pas nécessaire. Il convient de prévoir que, tant qu'ils sont en vigueur, les accords conclus avant le 22 septembre 1996 au titre de l'article 13, paragraphe 1, de la directive 94/45/CE ou de l'article 3, paragraphe 1, de la directive 97/74/CE ne doivent pas être soumis aux obligations découlant de la présente directive. Par ailleurs, la présente directive ne crée pas une obligation générale de renégocier les accords conclus au titre de l'article 6 de la directive 94/45/CE entre le 22 septembre 1996 et le 5 juin 2011.

(42) Sans préjudice de la faculté des parties d'en convenir autrement, le comité d'entreprise européen institué en l'absence d'accord entre elles, afin de mettre en œuvre l'objectif de la présente directive, doit être informé et consulté au sujet des activités de l'entreprise ou du groupe d'entreprises, de manière à pouvoir en mesurer l'impact possible sur les intérêts des travailleurs d'au moins deux États membres différents. À cet effet, l'entreprise ou l'entreprise qui exerce le contrôle doit être tenue de communiquer aux représentants désignés des travailleurs des informations générales concernant les intérêts des travailleurs et des informations concernant plus spécialement les aspects des activités de l'entreprise ou du groupe d'entreprises qui affectent les intérêts des travailleurs. Le comité d'entreprise européen doit pouvoir émettre un avis à l'issue de la réunion.

(43) Un certain nombre de décisions affectant considérablement les intérêts des travailleurs doivent faire l'objet d'une information et d'une consultation des représentants désignés des travailleurs dans les meilleurs délais.

(44) Il convient de clarifier le contenu des prescriptions subsidiaires, qui s'appliquent en l'absence d'accord et servent de référence dans les négociations, et de l'adapter à l'évolution des besoins et des pratiques en matière d'information et de consultation transnationale. Il y a lieu de distinguer les domaines qui doivent faire l'objet d'une information de ceux sur lesquels le comité d'entreprise européen doit également être consulté, ce qui comporte la possibilité de recevoir une réponse motivée à un avis

exprimé. Pour permettre au comité restreint de jouer le rôle nécessaire de coordination et de traiter efficacement des circonstances exceptionnelles, ce comité doit pouvoir comprendre jusqu'à cinq membres et devrait pouvoir se concerter régulièrement.

(45) Étant donné que l'objectif de la présente directive, à savoir l'amélioration du droit à l'information et à la consultation des travailleurs dans les entreprises de dimension communautaire et les groupes d'entreprises de dimension communautaire, ne peut pas être réalisé de manière suffisante par les États membres et peut donc être mieux réalisé au niveau communautaire, la Communauté peut prendre des mesures, conformément au principe de subsidiarité consacré à l'article 5 du traité. Conformément au principe de proportionnalité tel qu'énoncé audit article, la présente directive n'excède pas ce qui est nécessaire pour atteindre cet objectif.

(46) La présente directive respecte les droits fondamentaux et observe notamment les principes qui sont reconnus par la charte des droits fondamentaux de l'Union européenne. En particulier, la présente directive vise à assurer le plein respect du droit des travailleurs ou de leurs représentants de se voir garantir, aux niveaux appropriés, une information et une consultation en temps utile, dans les cas et conditions prévus par le droit communautaire et les législations et pratiques nationales (article 27 de la charte des droits fondamentaux de l'Union européenne).

(47) L'obligation de transposer la présente directive en droit national devrait être limitée aux dispositions ayant fait l'objet de modification de fond par rapport aux directives précédentes. La transposition des dispositions inchangées est effectuée en vertu des directives précédentes.

(48) Conformément au point 34 de l'accord interinstitutionnel « Mieux légiférer », les États membres sont encouragés à établir, pour eux-mêmes et dans l'intérêt de la Communauté, leurs propres tableaux, qui illustrent, dans la mesure du possible, la concordance entre la présente directive et les mesures de transposition, et à les rendre publics.

(49) La présente directive ne devrait pas porter atteinte aux obligations des États membres concernant les délais de transposition en droit national et d'application des directives indiqués à l'annexe II, partie B,

Ont arrêté la présente directive :

Section I

Dispositions générales

Art. premier *Objectif.* 1. La présente directive a pour objectif d'améliorer le droit à l'information et à la consultation des travailleurs dans les entreprises de dimension communautaire et les groupes d'entreprises de dimension communautaire.

2. À cet effet, un comité d'entreprise européen ou une procédure d'information et de consultation des travailleurs est institué dans chaque entreprise de dimension communautaire et chaque groupe d'entreprises de dimension communautaire, lorsque la demande en est faite suivant la procédure prévue à l'article 5, paragraphe 1, dans le but d'informer et de consulter lesdits travailleurs. Les modalités d'information et de consultation des travailleurs sont définies et mises en œuvre de manière à en assurer l'effet utile et à permettre une prise de décision efficace de l'entreprise ou du groupe d'entreprises.

3. L'information et la consultation des travailleurs s'effectuent au niveau pertinent de direction et de représentation, en fonction du sujet traité. À cette fin, la compétence du comité d'entreprise européen et la portée de la procédure d'information et de consultation des travailleurs régie par la présente directive sont limitées aux questions transnationales.

4. Sont considérées comme transnationales les questions qui concernent l'ensemble de l'entreprise de dimension communautaire ou du groupe d'entreprises de dimension communautaire, ou au moins deux entreprises ou établissements de l'entreprise ou du groupe situés dans deux États membres différents.

5. Par dérogation au paragraphe 2, lorsqu'un groupe d'entreprises de dimension communautaire au sens de l'article 2, paragraphe 1, point c), comprend une ou plusieurs entreprises ou un ou plusieurs groupes d'entreprises qui sont des entreprises de dimension communautaire ou des groupes d'entreprises de dimension communautaire au sens de l'article 2, paragraphe 1, point a) ou c), le comité d'entreprise européen est institué au niveau du groupe, sauf disposition contraire des accords visés à l'article 6.

6. Sauf si un champ d'application plus large est prévu par les accords visés à l'article 6, les pouvoirs et les compétences des comités d'entreprise européens et la portée des procédures d'information et de consultation des travailleurs, mis en place afin de réaliser l'objectif visé au paragraphe 1, concernent, dans le cas d'une entreprise de dimension communautaire, tous les établissements situés dans les États membres et, dans le cas d'un groupe d'entreprises de dimension communautaire, toutes les entreprises membres du groupe situées dans les États membres.

(Supprimé par Dir. (UE) 2015/1794 du 6 oct. 2015, art. 2, à compter du 9 oct. 2015) *« 7. Les États membres peuvent prévoir que la présente directive ne s'applique pas au personnel navigant de la marine marchande. »*

Art. 2 *Définitions.* 1. Aux fins de la présente directive, on entend par :

a) « entreprise de dimension communautaire » : une entreprise employant au moins 1 000 travailleurs dans les États membres et, dans au moins deux États membres différents, au moins 150 travailleurs dans chacun d'eux;

b) « groupe d'entreprises » : un groupe comprenant une entreprise qui exerce le contrôle et les entreprises contrôlées;

c) « groupe d'entreprises de dimension communautaires » : un groupe d'entreprises remplissant les conditions suivantes :

— il emploie au moins 1 000 travailleurs dans les États membres,

— il comporte au moins deux entreprises membres du groupe dans des États membres différents,

et

— au moins une entreprise membre du groupe emploie au moins 150 travailleurs dans un État membre et au moins une autre entreprise membre du groupe emploie au moins 150 travailleurs dans un autre État membre;

d) « représentants des travailleurs » : les représentants des travailleurs prévus par les législations et/ou pratiques nationales;

e) « direction centrale » : la direction centrale de l'entreprise de dimension communautaire ou, dans le cas d'un groupe d'entreprises de dimension communautaire, de l'entreprise qui exerce le contrôle;

f) « information » : la transmission par l'employeur de données aux représentants des travailleurs afin de permettre à ceux-ci de prendre connaissance du sujet traité et de l'examiner; l'information s'effectue à un moment, d'une façon et avec un contenu appropriés, qui permettent notamment aux représentants des travailleurs de procéder à une évaluation en profondeur de l'incidence éventuelle et de préparer, le cas échéant, des consultations avec l'organe compétent de l'entreprise de dimension communautaire ou du groupe d'entreprises de dimension communautaire;

g) « consultation » : l'établissement d'un dialogue et l'échange de vues entre les représentants des travailleurs et la direction centrale ou tout autre niveau de direction plus approprié, à un moment, d'une façon et avec un contenu qui permettent aux représentants des travailleurs d'exprimer, sur la base des informations fournies et dans un délai raisonnable, un avis concernant les mesures proposées qui font l'objet de la consultation, sans préjudice des responsabilités de la direction, lequel pourra être pris en compte au sein de l'entreprise de dimension communautaire ou du groupe d'entreprises de dimension communautaire;

h) « comité d'entreprise européen » : le comité institué conformément à l'article 1er, paragraphe 2, ou aux dispositions de l'annexe I, afin de mettre en œuvre l'information et la consultation des travailleurs;

i) « groupe spécial de négociation » : le groupe institué conformément à l'article 5, paragraphe 2, afin de négocier avec la direction centrale l'institution d'un comité d'entreprise européen ou d'une procédure d'information et de consultation des travailleurs conformément à l'article 1er, paragraphe 2.

2. Aux fins de la présente directive, les seuils d'effectifs sont fixés d'après le nombre moyen de travailleurs, y compris les travailleurs à temps partiel, employés au cours des deux années précédentes, calculé selon les législations et/ou pratiques nationales.

Art. 3 *Définition de la notion d'« entreprise qui exerce le contrôle ».* 1. Aux fins de la présente directive, on entend par « entreprise qui exerce le contrôle » une entreprise qui peut exercer une influence dominante sur une autre entreprise (l'entreprise contrôlée), par exemple du fait de la propriété, de la participation financière ou des règles qui la régissent.

2. Le fait de pouvoir exercer une influence dominante est présumé établi, sans préjudice de la preuve du contraire, lorsqu'une entreprise, directement ou indirectement, à l'égard d'une autre entreprise :

a) détient la majorité du capital souscrit de l'entreprise;

b) dispose de la majorité des voix attachées aux parts émises par l'entreprise;

ou

c) peut nommer plus de la moitié des membres du conseil d'administration, de direction ou de surveillance de l'entreprise.

3. Aux fins du paragraphe 2, les droits de vote et de nomination que détient l'entreprise qui exerce le contrôle comprennent ceux de toute autre entreprise contrôlée et ceux de toute personne ou de tout organisme agissant en son nom, mais pour le compte de l'entreprise qui exerce le contrôle ou de toute autre entreprise contrôlée.

4. Nonobstant les paragraphes 1 et 2, une entreprise n'est pas une « entreprise qui exerce le contrôle » d'une autre entreprise dont elle détient des participations lorsqu'il s'agit d'une société visée à l'article 3, paragraphe 5, point a) ou c), du règlement (CE) no 139/2004 du Conseil du 20 janvier 2004 relatif au contrôle des concentrations entre entreprises.

5. Une influence dominante n'est pas présumée établie en raison du seul fait qu'une personne mandatée exerce ses fonctions, en vertu de la législation d'un État membre relative à la liquidation, à la faillite, à l'insolvabilité, à la cessation de paiement, au concordat ou à une procédure analogue.

6. La législation applicable pour déterminer si une entreprise est une « entreprise qui exerce le contrôle » est celle de l'État membre dont relève l'entreprise en question.

Si la législation régissant l'entreprise n'est pas celle d'un État membre, la législation applicable est celle de l'État membre sur le territoire duquel est situé son représentant ou, à défaut d'un tel représentant, celle de l'État membre sur le territoire duquel est située la direction centrale de l'entreprise du groupe qui emploie le plus grand nombre de travailleurs.

7. Lorsque, en cas de conflit de lois dans l'application du paragraphe 2, deux ou plusieurs entreprises d'un groupe satisfont à un ou plusieurs des critères fixés au même paragraphe 2, celle qui satisfait au critère fixé au paragraphe 2, point c), est considérée comme l'entreprise qui exerce le contrôle, sans préjudice de la preuve qu'une autre entreprise puisse exercer une influence dominante.

Section II

Institution d'un comité d'entreprise européen ou d'une procédure d'information et de consultation des travailleurs

Art. 4 *Responsabilité de l'institution d'un comité d'entreprise européen ou d'une procédure d'information et de consultation des travailleurs.* 1. La direction centrale est responsable de la création des conditions et des moyens nécessaires à l'institution du comité d'entreprise européen ou d'une procédure d'information et de consultation, visés à l'article 1er, paragraphe 2, dans l'entreprise de dimension communautaire et le groupe d'entreprises de dimension communautaire.

2. Lorsque la direction centrale n'est pas située dans un État membre, le représentant de la direction centrale dans un État membre, qu'il convient, le cas échéant, de désigner, assume la responsabilité visée au paragraphe 1.

À défaut d'un tel représentant, la responsabilité visée au paragraphe 1 incombe à la direction de l'établissement ou de l'entreprise du groupe, employant le plus grand nombre de travailleurs dans un État membre.

3. Aux fins de la présente directive, le ou les représentants ou, à défaut, la direction visée au paragraphe 2, deuxième alinéa, sont considérés comme la direction centrale.

4. Toute direction d'une entreprise comprise dans le groupe d'entreprises de dimension communautaire ainsi que la direction centrale ou la direction centrale présumée au sens du paragraphe 2, deuxième alinéa, de l'entreprise ou du groupe d'entreprises de dimension communautaire est responsable de l'obtention et de la transmission aux parties intéressées par l'application de la présente directive des informations indispensables à l'ouverture de négociations visées à l'article 5, particulièrement les informations relatives à la structure de l'entreprise ou du groupe et à ses effectifs. Cette obligation porte notamment sur les informations relatives au nombre de travailleurs visé à l'article 2, paragraphe 1, points a) et c).

Art. 5 *Groupe spécial de négociation.* 1. Afin de réaliser l'objectif visé à l'article 1er, paragraphe 1, la direction centrale entame la négociation pour l'institution d'un comité d'entreprise européen ou d'une procédure d'information et de consultation, de sa propre initiative ou à la demande écrite d'au moins cent travailleurs, ou de leurs représentants, relevant d'au moins deux entreprises ou établissements situés dans au moins deux États membres différents.

2. À cet effet, un groupe spécial de négociation est institué selon les lignes directrices suivantes :

a) les États membres déterminent le mode d'élection ou de désignation des membres du groupe spécial de négociation qui doivent être élus ou désignés sur leur territoire.

Les États membres prévoient que les travailleurs des entreprises et/ou des établissements dans lesquels il n'existe pas de représentants des travailleurs pour des motifs indépendants de la volonté de ceux-ci ont le droit d'élire ou de désigner eux-mêmes des membres du groupe spécial de négociation.

Le deuxième alinéa ne porte pas atteinte aux législations et/ou aux pratiques nationales prévoyant des seuils pour la constitution d'une instance de représentation des travailleurs;

b) les membres du groupe spécial de négociation sont élus ou désignés en proportion du nombre de travailleurs employés dans chaque État membre par l'entreprise de dimension communautaire ou le groupe d'entreprises de dimension communautaire, en allouant à chaque État membre un siège par tranche de travailleurs employés dans cet État membre qui représente 10% du nombre de travailleurs employés dans l'ensemble des États membres, ou une fraction de ladite tranche;

c) la direction centrale et les directions locales, ainsi que les organisations européennes de travailleurs et d'employeurs compétentes, sont informées de la composition du groupe spécial de négociation et du début des négociations.

3. Le groupe spécial de négociation a pour tâche de fixer, avec la direction centrale, par un accord écrit, le champ d'action, la composition, les attributions et la durée du mandat du ou des comités d'entreprise européens, ou les modalités de mise en œuvre d'une procédure d'information et de consultation des travailleurs.

4. En vue de conclure un accord conformément à l'article 6, la direction centrale convoque une réunion avec le groupe spécial de négociation. Elle en informe les directions locales.

Avant et après toute réunion avec la direction centrale, le groupe spécial de négociation est habilité à se réunir, avec les moyens nécessaires à sa communication, sans que les représentants de la direction centrale soient présents.

Pour les besoins des négociations, le groupe spécial de négociation peut demander à être assisté dans sa tâche par des experts de son choix, parmi lesquels peuvent figurer des représentants des organisations syndicales compétentes et reconnues au niveau communautaire. Ces experts et représentants des organisations syndicales peuvent assister, à titre consultatif, aux réunions de négociation à la demande du groupe spécial de négociation.

5. Le groupe spécial de négociation peut décider, par au moins deux tiers des voix, de ne pas ouvrir de négociations conformément au paragraphe 4 ou d'annuler les négociations déjà en cours.

Une telle décision met un terme à la procédure en vue de la conclusion de l'accord visé à l'article 6. Lorsqu'une telle décision a été prise, les dispositions de l'annexe I ne sont pas applicables.

Une nouvelle demande de convocation du groupe spécial de négociation ne peut être introduire que deux ans au plus tôt après ladite décision, sauf si les parties concernées fixent un délai plus court.

6. Les dépenses relatives aux négociations visées aux paragraphe 3 et 4 sont supportées par la direction centrale, de manière à permettre au groupe spécial de négociation de s'acquitter de sa mission d'une façon appropriée.

Dans le respect de ce principe, les États membres peuvent fixer des règles budgétaires concernant le fonctionnement du groupe spécial de négociation. Ils peuvent notamment limiter la prise en charge financière à un expert.

Art. 6 *Contenu de l'accord.* 1. La direction centrale et le groupe spécial de négociation doivent négocier dans un esprit de coopération en vue de parvenir à un accord sur les modalités de mise en œuvre de l'information et de la consultation des travailleurs visées à l'article 1er, paragraphe 1.

2. Sans préjudice de l'autonomie des parties, l'accord visé au paragraphe 1 et constaté par écrit entre la direction centrale et le groupe spécial de négociation détermine :

a) les entreprises membres du groupe d'entreprises de dimension communautaire ou les établissements de l'entreprise de dimension communautaire concernés par l'accord;

b) la composition du comité d'entreprise européen, le nombre de membres, la répartition des sièges, permettant de prendre en compte dans la mesure du possible le besoin de représentation équilibrée des travailleurs selon les activités, les catégories de travailleurs et le sexe, et la durée du mandat;

c) les attributions et la procédure d'information et de consultation du comité d'entreprise européen ainsi que les modalités d'articulation entre l'information et la consultation du comité d'entreprise européen et des instances nationales de représentation des travailleurs dans le respect des principes énoncés à l'article 1er, paragraphe 3;

d) le lieu, la fréquence et la durée des réunions du comité d'entreprise européen;

e) le cas échéant, la composition, les modalités de désignation, les attributions et les modalités de réunion du comité restreint constitué au sein du comité d'entreprise européen;

f) les ressources financières et matérielles à allouer au comité d'entreprise européen;

g) la date d'entrée en vigueur de l'accord et sa durée, les modalités selon lesquelles l'accord peut être amendé ou dénoncé ainsi que les cas dans lesquels l'accord doit être renégocié et la procédure pour sa renégociation, y compris, le cas échéant, lorsque des modifications interviennent dans la structure de l'entreprise de dimension communautaire ou du groupe d'entreprises de dimension communautaire.

3. La direction centrale et le groupe spécial de négociation peuvent décider, par écrit, d'instituer une ou plusieurs procédures d'information et de consultation au lieu d'instituer un comité d'entreprise européen.

L'accord doit prévoir selon quelles modalités les représentants des travailleurs ont le droit de se réunir pour procéder à un échange de vues au sujet des informations qui leur sont communiquées.

Ces informations portent notamment sur des questions transnationales qui affectent considérablement les intérêts des travailleurs.

4. Les accords visés aux paragraphes 2 et 3 ne sont pas soumis, sauf dispositions contraires de ces accords, aux prescriptions subsidiaires de l'annexe 1.

5. Aux fins de la conclusion des accords visés aux paragraphes 2 et 3, le groupe spécial de négociation statue à la majorité de ses membres.

Art. 7 *Prescriptions subsidiaires.* 1. Afin d'assurer la réalisation de l'objectif visé à l'article 1er, paragraphe 1, les prescriptions subsidiaires arrêtées par la législation de l'État membre dans lequel est implantée la direction centrale sont applicables :

— lorsque la direction centrale et le groupe spécial de négociation le décident,

— lorsque la direction centrale refuse l'ouverture de négociations dans un délai de six mois à compter de la demande visée à l'article 5, paragraphe 1,

ou

— lorsque, dans un délai de trois ans à compter de cette demande, ils ne sont pas en mesure de conclure un accord ainsi que le prévoit l'article 6 et si le groupe spécial de négociation n'a pas pris la décision prévue à l'article 5, paragraphe 5.

2. Les prescriptions subsidiaires visées au paragraphe 1, telles qu'elles sont arrêtées par la législation des États membres, doivent satisfaire aux dispositions de l'annexe 1.

Section III

Dispositions diverses

Art. 8 *Informations confidentielles.* 1. Les États membres prévoient que les membres du groupe spécial de négociation et du comité d'entreprise européen ainsi que les experts qui les assistent éventuellement ne sont pas autorisés à révéler à des tiers les informations qui leur ont été expressément communiquées à titre confidentiel.

Il en est de même pour les représentants des travailleurs dans le cadre d'une procédure d'information et de consultation.

Cette obligation subsiste, quel que soit le lieu où se trouvent les personnes visées aux premier et deuxième alinéas, même après l'expiration de leur mandat.

2. Chaque État membre prévoit que, dans des cas spécifiques et dans les conditions et limites fixées par la législation nationale, la direction centrale située sur son territoire n'est pas obligée de communiquer des informations lorsque leur nature est telle que, selon des critères objectifs, elles entraveraient gravement le fonctionnement des entreprises concernées ou porteraient préjudice à celles-ci.

L'État membre concerné peut subordonner cette dispense à une autorisation administrative ou judiciaire préalable.

3. Chaque État membre peut prévoir des dispositions particulières en faveur de la direction centrale des entreprises établies sur son territoire qui poursuivent directement et essentiellement un but d'orientation idéologique relatif à l'information et à l'expression d'opinions, à condition que, à la date de l'adoption de la présente directive, de telles dispositions particulières existent déjà dans la législation nationale.

Art. 9 *Fonctionnement du comité d'entreprise européen et de la procédure d'information et de consultation des travailleurs.* La direction centrale et le comité d'entreprise européen travaillent dans un esprit de coopération, dans le respect de leurs droits et obligations réciproques.

Il en est de même pour la collaboration entre la direction centrale et les représentants des travailleurs dans le cadre d'une procédure d'information et de consultation des travailleurs.

Art. 10 *Rôle et protection des représentants des travailleurs.* 1. Sans préjudice de la capacité d'autres instances ou organisations à cet égard, les membres du comité d'entreprise européen disposent des moyens nécessaires pour appliquer les droits découlant de la présente directive de représenter collectivement les intérêts des travailleurs de l'entreprise de dimension communautaire ou du groupe d'entreprises de dimension communautaire.

2. Sans préjudice de l'article 8, les membres du comité d'entreprise européen informent les représentants des travailleurs des établissements ou des entreprises

d'un groupe d'entreprises de dimension communautaire ou, à défaut de représentants, l'ensemble des travailleurs de la teneur et des résultats de la procédure d'information et de consultation mise en œuvre conformément aux dispositions de la présente directive.

3. Les membres du groupe spécial de négociation, les membres du comité d'entreprise européen et les représentants des travailleurs exerçant leurs fonctions dans le cadre de la procédure visée à l'article 6, paragraphe 3, jouissent, dans l'exercice de leurs fonctions, d'une protection et de garanties similaires à celles prévues pour les représentants des travailleurs par la législation et/ou la pratique nationale de leur pays d'emploi.

Cela concerne en particulier la participation aux réunions du groupe spécial de négociation ou du comité d'entreprise européen, ou à toute autre réunion réalisée dans le cadre de l'accord visé à l'article 6, paragraphe 3, et le paiement de leur salaire pour les membres faisant partie du personnel de l'entreprise de dimension communautaire ou du groupe d'entreprises de dimension communautaire pendant la durée d'absence nécessaire à l'exercice de leurs fonctions.

(Dir. (UE) 2015/1794 du 6 oct. 2015, art. 2, en vigueur le 9 oct. 2015) «Un membre d'un groupe spécial de négociation ou d'un comité d'entreprise européen, ou son suppléant, appartenant à l'équipage d'un navire de mer, est autorisé à participer à une réunion du groupe spécial de négociation ou du comité d'entreprise européen, ou à toute autre réunion prévue par les procédures établies en vertu de l'article 6, paragraphe 3, s'il n'est pas en mer ou dans un port situé dans un pays autre que celui dans lequel la compagnie maritime est domiciliée, lorsque la réunion a lieu.

«Dans la mesure du possible, les réunions sont programmées pour faciliter la participation des membres ou de leurs suppléants, appartenant aux équipages de navires de mer.

«Dans les cas où un membre d'un groupe spécial de négociation ou d'un comité d'entreprise européen, ou son suppléant, appartenant à l'équipage d'un navire de mer, ne peut être présent à une réunion, les possibilités d'utiliser, le cas échéant, les nouvelles technologies de l'information et de la communication sont examinées.»

4. Dans la mesure où cela est nécessaire à l'exercice de leur fonction représentative dans un environnement international, les membres du groupe spécial de négociation et du comité d'entreprise européen bénéficient de formations sans perte de salaire.

Art. 11 *Respect de la présente directive.* 1. Chaque État membre veille à ce que la direction des établissements d'une entreprise de dimension communautaire et la direction des entreprises membres d'un groupe d'entreprises de dimension communautaire, qui sont situés sur son territoire et les représentants de leurs travailleurs ou, selon le cas, leurs travailleurs respectent les obligations prévues par la présente directive, que la direction centrale soit ou non située sur son territoire.

2. Les États membres prévoient des mesures appropriées en cas de non-respect de la présente directive : en particulier, ils veillent à ce qu'il existe des procédures administratives ou judiciaires qui permettent d'obtenir l'exécution des obligations résultant de la présente directive.

3. Les États membres, lorsqu'ils appliquent l'article 8, prévoient des procédures de recours administratives ou judiciaires que les représentants des travailleurs peuvent engager lorsque la direction centrale exige la confidentialité ou ne donne pas l'information conformément audit article 8.

Ces procédures peuvent inclure des procédures destinées à sauvegarder la confidentialité de l'information en question.

Art. 12 *Relation avec d'autres dispositions communautaires et nationales.* 1. L'information et la consultation du comité d'entreprise européen sont articulées avec celles des instances nationales de représentation des travailleurs dans le respect des compétences et des domaines d'intervention de chacune d'entre elles et des principes énoncés à l'article 1er, paragraphe 3.

2. Les modalités de l'articulation entre l'information et la consultation du comité d'entreprise européen et des instances nationales de représentations des travailleurs sont établies par l'accord visé à l'article 6. Cet accord est sans préjudice des législations et/ou de la pratique nationales sur l'information et la consultation des travailleurs.

3. À défaut de telles modalités définies par accord, les États membres prévoient que le processus d'information et de consultation soit mené tant au sein du comité d'entreprise européen que des instances nationales de représentation des travailleurs dans le cas où des décisions susceptibles d'entraîner des modifications importantes dans l'organisation du travail ou dans les contrats de travail sont envisagées.

4. La présente directive ne porte pas atteinte aux procédures d'information et de consultation visées par la directive 2002/14/CE ni aux procédures spécifiques visées à l'article 2 de la directive 95/59/CE et à l'article 7 de la directive 2001/23/CE.

5. La mise en œuvre de la présente directive ne constitue pas un motif suffisant pour justifier une régression par rapport à la situation existant dans les États membres en ce qui concerne le niveau général de protection des travailleurs dans le domaine couvert par celle-ci.

Art. 13 *Adaptation.* Lorsque des modifications significatives interviennent dans la structure de l'entreprise de dimension communautaire ou du groupe d'entreprises de dimension communautaire et, soit en l'absence de dispositions prévues par les accords en vigueur, soit en cas de conflits entre les dispositions de deux ou de plusieurs accords applicables, la direction centrale entame la négociation visée à l'article 5 de sa propre initiative ou à la demande écrite d'au moins cent travailleurs ou de leurs représentants dans au moins deux entreprises ou établissements, dans au moins deux États membres différents.

Au moins trois membres du comité d'entreprise européen existant ou de chacun des comités d'entreprise européens existants sont membres du groupe spécial de négociation, en sus des membres élus ou désignés en application de l'article 5, paragraphe 2.

Pendant la durée de cette négociation, le ou les comités d'entreprise européens existants continuent à fonctionner selon des modalités éventuellement adaptées par accord conclu entre les membres du ou des comités d'entreprise européens et la direction centrale.

Art. 14 *Accords en vigueur.* 1. Sans préjudice de l'article 13, les obligations découlant de la présente directive ne s'appliquent pas aux entreprises de dimension communautaire ou aux groupes d'entreprises de dimension communautaire dans lesquels, soit :

a) un accord ou des accords couvrant l'ensemble des travailleurs prévoyant l'information et la consultation transnationales des travailleurs ont été conclus conformément à l'article 13, paragraphe 1, de la directive 94/45/CE ou à l'article 3, paragraphe 1, de la directive 97/74/CE, ou de tels accords sont adaptés en raison de modifications intervenues dans la structure des entreprises ou des groupes d'entreprises;

soit

b) un accord conclu conformément à l'article 6 de la directive 94/45/CE est signé ou révisé entre le 5 juin 2009 et le 5 juin 2011.

Le droit national applicable lorsque l'accord est signé ou révisé continue à s'appliquer aux entreprises ou aux groupes d'entreprises visés à l'alinéa premier, point b).

2. Lorsque les accords visés au paragraphe 1 arrivent à expiration, les parties à ces accords peuvent, conjointement, décider de les reconduire ou de les réviser. Si tel n'est pas le cas, les dispositions de la présente directive sont applicables.

Art. 15 *Rapport.* Au plus tard le 5 juin 2016, la Commission fait rapport au Parlement européen, au Conseil et au Comité économique et social européen sur la mise en œuvre des dispositions de la présente directive, accompagné, le cas échéant, des propositions appropriées.

Art. 16 *Transposition.* 1. Les États membres mettent en vigueur les dispositions législatives, réglementaires et administratives nécessaires pour se conformer à l'article 1, paragraphes 1, 2 et 3, à l'article 2, paragraphe 1, points f) et g), à l'article 3, paragraphe 4, à l'article 4, paragraphe 4, à l'article 5, paragraphe 2, points b) et c), à l'article 5, paragraphe 4, à l'article 6, paragraphe 2, points b), c), e) et g), et aux articles 10, 12, 13 et 14, ainsi qu'à l'annexe I, point 1 a), c) et d), et points 2 et 3, au plus tard le 5 juin 2011, ou s'assurent que les partenaires sociaux mettent en place à cette date les dispositions nécessaires par voie d'accord, les États membres devant prendre toutes les dispositions nécessaires pour leur permettre d'être à tout moment en mesure de garantir les résultats imposés par la présente directive.

Lorsque les États membres adoptent ces dispositions, celles-ci contiennent une référence à la présente directive ou sont accompagnées d'une telle référence lors de leur publication officielle. Elles contiennent également une mention précisant que les références faites, dans les dispositions législatives, réglementaires et administratives en vigueur, à la directive abrogée par la présente directive s'entendent comme faites à la présente directive. Les modalités de cette référence et la formulation de cette mention sont arrêtées par les États membres.

2. Les États membres communiquent à la Commission le texte des dispositions essentielles de droit interne qu'ils adoptent dans le domaine régi par la présente directive.

Art. 17 *Abrogation.* La directive 94/45/CE, telle que modifiée par les directives visées à l'annexe II, partie A, est abrogée avec effet au 6 juin 2011, sans préjudice des obligations des États membres en ce qui concerne les délais de transposition en droit national des directives indiqués à l'annexe II, partie B.

Les références faites à la directive abrogée s'entendent comme faites à la présente directive et sont à lire selon le tableau de correspondance figurant à l'annexe III.

Art. 18 *Entrée en vigueur.* La présente directive entre en vigueur le vingtième jour suivant celui de sa publication au Journal officiel de l'Union européenne.

L'article 1, paragraphes 1, 5, 6 et 7, l'article 2, paragraphe 1, points a) à e), h) et i), l'article 2, paragraphe 2, l'article 3, paragraphes 1, 2, 3, 5, 6, et 7, l'article 4, paragraphes 1, 2 et 3, l'article 5, paragraphes 1, 3, 5, et 6, l'article 5, paragraphe 2, point a), l'article 6, paragraphe 1, l'article 6, paragraphe 2, points a), d) et f), l'article 6, paragraphes 3, 4 et 5 et les articles 7, 8, 9 et 11, ainsi que l'annexe I, points 1 b), c) et f), et points 4, 5 et 6, sont applicables à partir du 6 juin 2011.

Art. 19 *Destinataires.* Les États membres sont destinataires de la présente directive.

64 Directive 2009/138/CE du Parlement européen et du Conseil du 25 novembre 2009 sur l'accès aux activités de l'assurance et de la réassurance et leur exercice («solvabilité II»)

Non reproduite. Consultable sur : http://europa.eu/eu-law/legislation/index_fr.htm

65 Directive 2011/83/UE du Parlement européen et du Conseil du 25 octobre 2011 relative aux droits du consommateur, modifiant la directive 93/13/CEE du Conseil et la directive 1999/44/CE du Parlement européen et du Conseil et abrogeant la directive 85/577/CUU du Conseil et la directive 97/7/CE du Parlement européen et du Conseil

Modifiée par Directive (UE) 2015/2032

(Extrait)

Consultable sur : http://europa.eu/eu-law/legislation/index_fr.htm

(Considérant 10) La présente directive devrait s'entendre sans préjudice du règlement (CE) n° 593/2008 du Parlement européen et du Conseil du 17 juin 2008 sur la loi applicable aux obligations contractuelles (Rome I).

Art. 25 *Caractère impératif de la directive.* Si le droit applicable au contrat est le droit d'un État membre, le consommateur ne peut renoncer aux droits qui lui sont conférés par les dispositions nationales transposant la présente directive.

Toute clause contractuelle qui, d'une manière directe ou indirecte, écarte ou limite les droits découlant de la présente directive ne lie pas le consommateur.

66 Directive 2013/11/UE du Parlement européen et du Conseil du 21 mai 2013 relative au règlement extrajudiciaire des litiges de consommation (directive relative au RELC)

Non reproduite. Consultable sur : https ://eur-lex.europa.eu/

67 Directive 2014/60/UE du Parlement européen et du Conseil du 15 mai 2015 relative à la restitution de biens culturels ayant quitté illicitement le territoire d'un État membre et modifiant le règlement (UE) n° 1024/2012 (refonte)

Non reproduite. Consultable sur :
http://europa.eu/eu-law/legislation/index_fr.htm

68 Directive (UE) 2017/1132 du Parlement européen et du Conseil du 14 juin 2017 relative à certains aspects du droit des sociétés

(Texte présentant de l'intérêt pour l'EEE)
Modifiée par Directive (UE) 2019/1023, Dirctive (UE) 2019/1151, Directive (UE) 2019/2121
(Version consolidée)

(Extraits)

CHAPITRE II

Fusions transfrontalières de sociétés de capitaux

Art. 118 *Dispositions générales.* Le présent chapitre s'applique aux fusions de sociétés de capitaux constituées en conformité avec la législation d'un État membre et ayant leur siège statutaire, leur administration centrale ou leur principal établissement à l'intérieur de l'Union, si deux d'entre elles au moins relèvent de la législation d'États membres différents (ci-après dénommées « fusions transfrontalières »).

Art. 119 *Définitions.* Aux fins du présent chapitre, on entend par :

1. « société de capitaux », ci-après dénommée « société » :

a) une société ayant l'une des formes figurant à l'annexe II; ou

b) une société avec un capital social, jouissant de la personnalité juridique, possédant un patrimoine séparé qui répond à lui seul des dettes de la société et soumise par sa législation nationale à des conditions de garanties telles qu'elles sont prévues par le titre I, chapitre II, section 2 et le titre I, chapitre III, section 1, pour protéger les intérêts tant des associés que des tiers;

2. « fusion », l'opération par laquelle :

a) une ou plusieurs sociétés transfèrent, par suite et au moment de leur dissolution sans liquidation, l'ensemble de leur patrimoine, actif et passif, à une autre société préexistante la société absorbante –, moyennant l'attribution à leurs associés de titres ou de parts représentatifs du capital social de l'autre société et, éventuellement, d'une soulte en espèces ne dépassant pas 10% de la valeur nominale ou, à défaut de valeur nominale, du pair comptable de ces titres ou parts; ou

b) deux ou plusieurs sociétés transfèrent, par suite et au moment de leur dissolution sans liquidation, l'ensemble de leur patrimoine, actif et passif, à une société qu'elles constituent - la nouvelle société -, moyennant l'attribution à leurs associés de titres ou de parts représentatifs du capital social de cette nouvelle société et, éventuellement, d'une soulte en espèces ne dépassant pas 10% de la valeur nominale ou, à défaut de valeur nominale, du pair comptable de ces titres ou parts; ou

c) une société transfère, par suite et au moment de sa dissolution sans liquidation, l'ensemble de son patrimoine, actif et passif, à la société qui détient la totalité des titres ou des parts représentatifs de son capital social; ou

d) une ou plusieurs sociétés transfèrent, par suite et au moment de leur dissolution sans liquidation, l'ensemble de leur patrimoine actif et passif, à une autre société préexistante, la société absorbante, sans émission de nouvelles actions par la société absorbante, à condition qu'une personne détienne directement ou indirectement toutes les actions des sociétés qui fusionnent ou que les associés des sociétés qui fusionnent détiennent leurs titres et actions dans la même proportion dans toutes les sociétés qui fusionnent.

Art. 120 *Autres dispositions concernant le champ d'application.* 1. Nonobstant l'article 119, point 2), le présent chapitre s'applique également aux fusions transfrontalières lorsque la législation d'au moins un des États membres concernés permet que le versement de la soulte en espèces visée à l'article 119, point 2), a) et b), dépasse 10% de la valeur nominale ou, à défaut de valeur nominale, du pair comptable de ces titres ou parts représentant le capital de la société issue de la fusion transfrontalière.

2. Les États membres peuvent décider de ne pas appliquer le présent chapitre aux fusions transfrontalières auxquelles participe une société coopérative, même dans les cas où cette dernière entre dans la définition de société de capitaux énoncée à l'article 119, point 1).

3. Le présent chapitre ne s'applique pas aux fusions transfrontalières auxquelles participe une société dont l'objet est le placement collectif des capitaux recueillis auprès du public, dont le fonctionnement est soumis au principe de la répartition des risques et dont les parts sont, à la demande des porteurs, rachetées ou remboursées, directement ou indirectement, à charge des actifs de cette société. Est assimilé à de tels rachats ou remboursements le fait pour une société d'agir afin que la valeur de ses parts en bourse ne s'écarte pas sensiblement de leur valeur d'inventaire nette.

4. Les États membres veillent à ce que le présent chapitre ne s'applique pas aux sociétés se trouvant dans l'une des situations suivantes :

a) la société est en liquidation et a commencé à répartir des actifs entre ses actionnaires;

b) la société est soumise aux instruments, pouvoirs et mécanismes de résolution prévus au titre IV de la directive 2014/59/UE.

5. Les États membres peuvent décider de ne pas appliquer le présent chapitre aux sociétés qui sont :

a) soumises à des procédures d'insolvabilité ou à des cadres de restructuration préventive;

b) soumises à des procédures de liquidation autres que celles visées au paragraphe 4, point a); ou

c) soumises à des mesures de prévention de crise au sens de l'article 2, paragraphe 1, point 101), de la directive 2014/59/UE.

Art. 121 *Conditions applicables aux fusions transfrontalières.* 1. Sauf disposition contraire du présent chapitre,

[NdE : a) absent, sic]

b) une société participant à une fusion transfrontalière se conforme aux dispositions et aux formalités de la législation nationale dont elle relève. Lorsque la législation d'un État membre permet à ses autorités nationales de s'opposer, pour des raisons d'intérêt public, à une fusion au niveau national, cette législation s'applique également à une fusion transfrontalière lorsqu'au moins une des sociétés qui fusionnent relève de la législation de cet État membre. La présente disposition ne s'applique pas dans la mesure où l'article 21 du règlement (CE) n° 139/2004 est applicable.

2. Les dispositions et formalités visées au paragraphe 1, point b), du présent article comprennent notamment celles se rapportant au processus décisionnel relatif à la fusion et à la protection des travailleurs pour ce qui est des droits autres que ceux régis par l'article 133.

Art. 122 *Projet commun de fusion transfrontalière.* Les organes de direction ou d'administration de chacune des sociétés qui fusionnent établissent un projet commun de fusion transfrontalière qui comprend au moins :

a) pour chacune des sociétés qui fusionnent, sa forme juridique, sa dénomination et le lieu de son siège statutaire et la forme juridique et la dénomination envisagées pour la société issue de la fusion transfrontalière et le lieu envisagé pour son siège statutaire;

b) le rapport d'échange des titres ou des parts représentatifs du capital social et, le cas échéant, le montant de toute soulte en espèces;

c) les modalités d'attribution des titres ou des parts représentatifs du capital social de la société issue de la fusion transfrontalière;

d) les effets probables de la fusion transfrontalière sur l'emploi;

e) la date à partir de laquelle ces titres ou parts représentatifs du capital social donnent le droit de participer aux bénéfices ainsi que toute modalité particulière relative à ce droit;

f) la date à partir de laquelle les opérations des sociétés qui fusionnent sont considérées du point de vue comptable comme accomplies pour le compte de la société issue de la fusion transfrontalière;

g) les droits assurés par la société issue de la fusion transfrontalière aux associés ayant des droits spéciaux et aux porteurs de titres autres que des actions ou des parts représentatifs du capital social ou les mesures proposées à leur égard;

h) tous avantages particuliers attribués aux membres des organes d'administration, de direction, de surveillance ou de contrôle des sociétés qui fusionnent;

i) l'acte constitutif de la société issue de la fusion transfrontalière, le cas échéant, et les statuts, s'ils font l'objet d'un acte distinct;

j) le cas échéant, des informations sur les procédures selon lesquelles sont fixées, conformément à l'article 133, les modalités relatives à l'implication des travailleurs dans la définition de leurs droits de participation dans la société issue de la fusion transfrontalière;

k) des informations concernant l'évaluation du patrimoine actif et passif transféré à la société issue de la fusion transfrontalière;

l) les dates des comptes des sociétés qui fusionnent utilisés pour définir les conditions de la fusion transfrontalière;

m) les modalités d'attribution d'une soulte en espèces aux associés conformément à l'article 126 *bis*;

n) les garanties offertes aux créanciers, telles que les cautionnements et les gages.

Art. 123 *Publicité.* 1. Les États membres veillent à ce que les documents suivants soient publiés par la société et mis à la disposition du public dans le registre de l'État membre de chacune des sociétés qui fusionnent, un mois au moins avant la date de l'assemblée générale visée à l'article 126 :

a) le projet commun de fusion transfrontalière; et

b) un avis informant les associés, les créanciers et les représentants des travailleurs de la société qui fusionne ou, en l'absence de tels représentants, les travailleurs eux-mêmes qu'ils peuvent présenter à la société, au moins cinq jours ouvrables avant la date de l'assemblée générale, des observations concernant le projet de transformation transfrontalière.

Les États membres peuvent exiger que le rapport de l'expert indépendant soit publié et mis à la disposition du public dans le registre.

Les États membres veillent à ce que la société soit en mesure d'exclure les informations confidentielles lors de la publication du rapport de l'expert indépendant.

Les documents publiés en vertu du présent paragraphe sont également accessibles au moyen du système d'interconnexion des registres.

2. Les États membres peuvent dispenser les sociétés qui fusionnent de l'obligation de publicité visée au paragraphe 1 du présent article si, pendant une période continue commençant un mois au moins avant la date fixée pour l'assemblée générale visée à l'article 126 et ne s'achevant pas avant la fin de cette assemblée, ces sociétés mettent gratuitement à la disposition du public les documents visés au paragraphe 1 du présent article, sur leurs sites internet.

Toutefois, les États membres ne soumettent pas cette dispense à d'autres exigences ou contraintes que celles qui sont nécessaires pour garantir la sécurité du site internet et l'authenticité des documents et proportionnées à la réalisation de ces objectifs.

3. Lorsque les sociétés qui fusionnent mettent à disposition le projet commun de fusion transfrontalière conformément au paragraphe 2 du présent article, elles soumettent aux registres respectifs, un mois au moins avant la date de l'assemblée générale visée à l'article 126, les informations suivantes :

a) pour chacune des sociétés qui fusionnent, sa forme juridique, sa dénomination et le lieu de son siège statutaire ainsi que la forme juridique et la dénomination envisagées pour toute société nouvellement créée et le lieu envisagé de son siège statutaire;

b) le registre auprès duquel les documents visés à l'article 14 ont été déposés pour chacune des sociétés qui fusionnent, ainsi que le numéro d'immatriculation respectif de ces sociétés dans ce registre;

c) une indication, pour chacune des sociétés qui fusionnent, des modalités d'exercice des droits des créanciers, des travailleurs et des associés; et

d) des informations sur le site internet sur lequel il est possible d'obtenir gratuitement et en ligne le projet de fusion transfrontalière, l'avis visé au paragraphe 1, le rapport de l'expert indépendant et des informations complètes sur les modalités visées au point c) du présent paragraphe.

Le registre de l'État membre de chacune des sociétés qui fusionnent met à disposition du public les informations visées au premier alinéa, points a) à d).

4. Les États membres veillent à ce que les exigences visées aux paragraphes 1 et 3 puissent être satisfaites entièrement en ligne sans qu'il soit nécessaire que les demandeurs se présentent en personne devant une autorité compétente des États membres des sociétés qui fusionnent, conformément aux dispositions pertinentes du titre I, chapitre III.

5. Lorsque l'approbation de la fusion n'est pas requise par l'assemblée générale de la société absorbante conformément à l'article 126, paragraphe 3, les informations visées

aux paragraphes 1, 2 et 3 du présent article sont publiées au moins un mois avant la date de l'assemblée générale de l'autre société ou des autres sociétés qui fusionnent.

6. Les États membres peuvent exiger, en plus des informations visées aux paragraphes 1, 2 et 3 du présent article, que le projet commun de fusion transfrontalière ou les informations visées au paragraphe 3 du présent article soient publiés dans leur bulletin national ou au moyen d'une plateforme électronique centrale conformément à l'article 16, paragraphe 3. Dans ce cas, les États membres veillent à ce que le registre transmette les informations pertinentes au bulletin national ou à une plateforme électronique centrale.

7. Les États membres veillent à ce que la documentation visée au paragraphe 1 ou les informations visées au paragraphe 3 soient accessibles gratuitement au public grâce au système d'interconnexion des registres.

Les États membres veillent en outre à ce que les redevances facturées à la société par les registres pour la publicité visée aux paragraphes 1 et 3 et, le cas échéant, pour la publication visée au paragraphe 6 ne dépassent pas le montant correspondant au recouvrement des coûts de la prestation de ces services.

Art. 124 *Rapport de l'organe de direction ou d'administration aux associés et aux travailleurs.* 1. L'organe d'administration ou de direction de chacune des sociétés qui fusionnent établit un rapport à l'intention des associés et des travailleurs expliquant et justifiant les aspects juridiques et économiques de la fusion transfrontalière et expliquant les implications de cette fusion transfrontalière pour les travailleurs.

Il explique notamment les implications de la fusion transfrontalière sur les activités futures de la société.

2. Le rapport comprend également une section à l'intention des associés et une section à l'intention des travailleurs.

La société peut décider de rédiger un seul rapport contenant ces deux sections ou deux rapports distincts, respectivement à l'intention des associés et des travailleurs contenant la section pertinente.

3. La section du rapport à l'intention des associés explique, en particulier, ce qui suit :

a) la soulte en espèces et la méthode utilisée pour la déterminer;

b) le rapport d'échange des actions et la ou les méthodes utilisées pour le déterminer, le cas échéant;

c) les implications de la fusion transfrontalière pour les associés;

d) les droits et recours dont disposent les associés, conformément à l'article 126 *bis*.

4. La section du rapport à l'intention des associés n'est pas obligatoire lorsque tous les associés de la société ont accepté de renoncer à cette exigence. Les États membres peuvent dispenser les sociétés unipersonnelles des dispositions du présent article.

5. La section du rapport à l'intention des travailleurs explique, en particulier, ce qui suit :

a) les implications de la fusion transfrontalière sur les relations de travail ainsi que, le cas échéant, les mesures à prendre pour préserver ces relations;

b) tout changement significatif dans les conditions d'emploi applicables ou dans les lieux d'implantation de la société;

c) la manière dont les facteurs énoncés aux points a) et b) ont un effet sur des filiales de la société.

6. Le ou les rapports, le cas échéant, accompagnés du projet commun de fusion transfrontalière, sont au moins mis à la disposition, par voie électronique, des associés et des représentants des travailleurs de chacune des sociétés qui fusionnent ou, en l'absence de

tels représentants, des travailleurs eux-mêmes, six semaines au moins avant la date de l'assemblée générale visée à l'article 126.

Toutefois, lorsque l'approbation de la fusion n'est pas requise par l'assemblée générale de la société absorbante conformément à l'article 126, paragraphe 3, le rapport est fourni six semaines au moins avant la date de l'assemblée générale de l'autre société ou des autres sociétés qui fusionnent.

7. Si l'organe d'administration ou de direction de la société qui fusionne reçoit, en temps utile, un avis sur les informations visées aux paragraphes 1 et 5 de la part des représentants des travailleurs ou, en l'absence de tels représentants, des travailleurs eux-mêmes, émis conformément au droit national, les associés en sont informés et cet avis est annexé au rapport.

8. La section du rapport à l'intention des travailleurs n'est pas obligatoire si la société et ses éventuelles filiales n'ont pas d'autres travailleurs que ceux qui appartiennent à l'organe d'administration ou de direction.

9. Lorsque, conformément au paragraphe 4, il est renoncé à la section du rapport à l'intention des associés visée au paragraphe 3 et que la section à l'intention des travailleurs visée au paragraphe 5 n'est pas obligatoire en vertu du paragraphe 8, le rapport n'est pas obligatoire.

10. Les paragraphes 1 à 9 du présent article s'appliquent sans préjudice des droits et procédures d'information et de consultation applicables prévus au niveau national à la suite de la transposition des directives 2002/14/CE et 2009/38/CE.

Art. 125 *Rapport de l'expert indépendant.* 1. Un rapport d'expert indépendant destiné aux associés et disponible un mois au moins avant la date de la réunion de l'assemblée générale visée à l'article 126 est établi pour chaque société qui fusionne. En fonction de la législation de chaque État membre, ces experts peuvent être des personnes physiques ou morales.

Toutefois, lorsque l'approbation de la fusion n'est pas requise par l'assemblée générale de la société absorbante conformément à l'article 126, paragraphe 3, le rapport est fourni un mois au moins avant la date de l'assemblée générale de l'autre société ou des autres sociétés qui fusionnent.

2. En lieu et place des experts agissant pour le compte de chacune des sociétés qui fusionnent, un ou plusieurs experts indépendants, désignés à cet effet sur demande conjointe de ces sociétés par une autorité judiciaire ou administrative de l'État membre dont relève l'une des sociétés qui fusionnent ou la société issue de la fusion transfrontalière, ou agréés par une telle autorité, peuvent examiner le projet de fusion transfrontalière et établir un rapport écrit unique destiné à l'ensemble des associés.

3. Le rapport visé au paragraphe 1 comprend en tout état de cause l'avis de l'expert sur le caractère adéquat de la soulte en espèces et du rapport d'échange des actions. Lorsqu'il évalue la soulte en espèces, l'expert prend en considération le prix de marché des actions dans les sociétés qui fusionnent avant l'annonce du projet de fusion ou la valeur des sociétés sans tenir compte de l'effet de la fusion envisagée, déterminée selon les méthodes d'évaluation généralement acceptées. Le rapport contient au moins :

a) la mention de la ou des méthodes utilisées pour déterminer la soulte en espèces envisagée;

b) la mention de la ou des méthodes suivies pour déterminer le rapport d'échange des actions envisagé;

c) une appréciation du caractère adéquat de la ou des méthodes utilisées pour l'évaluation de la soulte en espèces et du rapport d'échange des actions, une indication de la valeur obtenue à l'aide de ces méthodes et un avis sur l'importance relative donnée à ces méthodes dans la détermination de la valeur retenue et, si différentes méthodes sont utilisées dans les sociétés qui fusionnent, une indication sur la justification de l'utilisation de méthodes différentes ; et

d) une description des éventuelles difficultés particulières d'évaluation rencontrées.

L'expert est habilité à obtenir des sociétés qui fusionnent toutes les informations qu'il juge nécessaires pour l'exécution des fonctions d'expert.

4. Ni un examen du projet de fusion transfrontalière par des experts indépendants ni un rapport d'expert ne sont requis si tous les associés de chacune des sociétés participant à la fusion transfrontalière en ont ainsi décidé.

Les États membres peuvent dispenser les sociétés unipersonnelles de l'application du présent article.

Art. 126 *Approbation par l'assemblée générale.* 1. Après avoir pris connaissance des rapports visés aux articles 124 et 125, le cas échéant, des avis des travailleurs soumis conformément à l'article 124 et des observations formulées conformément à l'article 123, l'assemblée générale de chacune des sociétés qui fusionnent décide, par voie de résolution, d'approuver ou non le projet commun de fusion transfrontalière et d'adapter ou non l'acte constitutif, ainsi que les statuts s'ils sont contenus dans un acte distinct.

2. L'assemblée générale de chacune des sociétés qui fusionnent peut subordonner la réalisation de la fusion transfrontalière à la condition qu'elle entérine expressément les modalités décidées pour la participation des travailleurs dans la société issue de la fusion transfrontalière.

3. La législation d'un État membre peut ne pas imposer l'approbation de la fusion par l'assemblée générale de la société absorbante si les conditions prévues à l'article 94 sont remplies.

4. Les États membres veillent à ce que l'approbation de la fusion transfrontalière par l'assemblée générale ne puisse pas être contestée uniquement sur la base des motifs suivants :

a) le rapport d'échange des actions visé à l'article 122, point b), n'a pas été fixé correctement ;

b) la soulte en espèces visée à l'article 122, point m), n'a pas été fixée correctement ; ou

c) les informations mentionnées en ce qui concerne le rapport d'échange des actions visé au point a) ou la soulte en espèces visée au point b) n'étaient pas conformes aux exigences légales.

Art. 126 *bis* *Protection des associés.* 1. Les États membres veillent à ce qu'au moins les associés des sociétés qui fusionnent qui ont voté contre l'approbation du projet commun de fusion transfrontalière aient le droit de céder leurs actions en contrepartie d'une soulte en espèces adéquate versée dans les conditions prévues aux paragraphes 2 à 6, à condition qu'à la suite de la fusion, ils acquièrent des actions dans la société issue de la fusion qui seraient régies par le droit d'un autre État membre que celui de la société qui fusionne.

Les États membres peuvent également prévoir que d'autres associés des sociétés qui fusionnent bénéficient du droit visé au premier alinéa.

Les États membres peuvent exiger que l'opposition expresse au projet commun de fusion transfrontalière, l'intention des associés d'exercer leur droit de céder leurs actions, ou les deux, soient dûment enregistrées au plus tard lors de l'assemblée générale visée à l'article 126. Les États membres peuvent permettre que l'enregistrement de l'opposition au projet commun de fusion transfrontalière soit considéré comme justificatif adéquat d'un vote négatif.

2. Les États membres fixent le délai dans lequel les associés visés au paragraphe 1 doivent déclarer à la société qui fusionne concernée leur décision d'exercer leur droit de céder leurs actions. Ce délai ne dépasse pas un mois après l'assemblée générale visée à l'article 126. Les États membres veillent à ce que les sociétés qui fusionnent fournissent une adresse électronique pour recevoir cette déclaration par voie électronique.

3. Les États membres fixent également le délai dans lequel la soulte en espèces mentionnée dans le projet commun de fusion transfrontalière doit être versée. Ce délai prend fin au plus tard deux mois après la prise d'effet de la fusion transfrontalière conformément à l'article 129.

4. Les États membres veillent à ce que tout associé ayant fait part de sa décision d'exercer son droit de céder ses actions, mais qui estime que la soulte en espèces proposée par la société qui fusionne concernée n'a pas été fixée correctement, ait le droit de réclamer une soulte en espèces supplémentaire auprès de l'autorité ou l'organe compétent habilité en vertu du droit national. Les États membres fixent une date limite pour la réclamation d'une soulte en espèces supplémentaire.

Les États membres peuvent prévoir que la décision finale relative à la soulte en espèces supplémentaire est valable pour tous les associés de la société qui fusionne concernée qui ont fait part de leur décision d'exercer leur droit de céder leurs actions conformément au paragraphe 2.

5. Les États membres veillent à ce que le droit de l'État membre auquel est subordonné une société qui fusionne régisse les droits visés aux paragraphes 1 à 4 et à ce que la compétence exclusive pour régler d'éventuels litiges relatifs à ces droits soit attribuée à cet État membre.

6. Les États membres veillent à ce que les associés des sociétés qui fusionnent qui n'ont pas eu ou n'ont pas exercé le droit de céder leurs actions mais qui considèrent que le rapport d'échange des actions figurant dans le projet commun de fusion transfrontalière est insuffisant puissent contester ledit rapport et réclamer une soulte en espèces. Cette procédure est intentée auprès de l'autorité ou l'organe compétent habilité par le droit de l'État membre auquel est soumise la société qui fusionne concernée, dans le respect des délais fixés par ce droit national et cette procédure n'empêche pas l'enregistrement de la fusion transfrontalière. La décision est contraignante pour la société issue de la fusion transfrontalière.

Les États membres peuvent également prévoir que le rapport d'échange des actions, tel qu'établi dans cette décision, est valable pour les associés de la société qui fusionne concernée qui n'ont pas eu ou n'ont pas exercé leur droit de céder leurs actions.

7. Les États membres peuvent également prévoir que la société issue de la fusion transfrontalière puisse offrir des actions ou une autre compensation au lieu d'une soulte en espèces.

Art. 126 *ter* *Protection des créanciers.* 1. Les États membres prévoient un système de protection adéquat des intérêts des créanciers dont les créances sont nées antérieurement à la publication du projet commun de fusion transfrontalière et ne sont pas encore échues au moment de cette publication.

Les États membres veillent à ce que les créanciers qui ne sont pas satisfaits des garanties offertes dans le projet commun de fusion transfrontalière, visées à l'article 122, point n), puissent, dans les trois mois qui suivent la publication du projet commun de fusion transfrontalière visée à l'article 123, saisir l'autorité administrative ou judiciaire appropriée pour obtenir des garanties adéquates, à la condition que ces créanciers puissent démontrer, de manière crédible, que la fusion transfrontalière compromet le recouvrement de leurs créances et qu'ils n'ont pas obtenu des sociétés qui fusionnent des garanties satisfaisantes.

Les États membres veillent à ce que les garanties soient conditionnées à la prise d'effet de la fusion transfrontalière conformément à l'article 129.

2. Les États membres peuvent exiger que l'organe d'administration ou de direction des sociétés qui fusionnent fournisse une déclaration reflétant fidèlement la situation financière actuelle des sociétés à une date, qui ne peut pas être antérieure à un mois avant la publication de cette déclaration. La déclaration établit que, sur la base des informations dont dispose l'organe d'administration ou de direction des sociétés qui fusionnent à la date de cette déclaration, et après avoir fait des recherches raisonnables, cet organe d'administration ou de direction n'a connaissance d'aucune raison pour laquelle la société issue de la fusion ne serait pas en mesure de s'acquitter à leur échéance des dettes qui lui sont attribuées. La déclaration est publiée en même temps que le projet commun de fusion transfrontalière, conformément à l'article 123.

3. Les paragraphes 1 et 2 sont sans préjudice de l'application du droit des États membres des sociétés qui fusionnent en ce qui concerne la satisfaction ou la garantie des engagements pécuniaires ou non pécuniaires dus aux organismes publics.

Art. 126 *quater* *Information et consultation des travailleurs.* 1. Les États membres veillent à ce que les droits des travailleurs à l'information et à la consultation soient respectés dans le cadre de la fusion transfrontalière et soient exercés conformément au cadre juridique prévu par les directives 2002/14/CE et 2001/23/CE, lorsque la fusion transfrontalière est considérée comme un transfert de société au sens de la directive 2001/23/CE et, le cas échéant pour les entreprises ou les groupes d'entreprises de dimension communautaire, conformément à la directive 2009/38/CE. Les États membres peuvent décider d'appliquer les droits des travailleurs à l'information et à la consultation aux travailleurs d'autres sociétés que celles visées à l'article 3, paragraphe 1, de la directive 2002/14/CE.

2. Nonobstant l'article 123, paragraphe 1, point b), et l'article 124, paragraphe 7, les États membres veillent à ce que les droits des travailleurs à l'information et à la consultation soient respectés, au moins tant que le projet commun de fusion transfrontalière ou le rapport visé à l'article 124 n'ont pas été arrêtés, selon celle des deux éventualités qui survient en premier, de sorte qu'une réponse motivée soit donnée aux travailleurs avant l'assemblée générale visée à l'article 126.

3. Sans préjudice de toute disposition ou pratique en vigueur qui soit plus favorable aux travailleurs, les États membres déterminent les modalités pratiques de l'exercice du droit à l'information et à la consultation conformément à l'article 4 de la directive 2002/14/CE.

Art. 127 *Certificat préalable à la fusion..* 1. Les États membres désignent le tribunal, le notaire ou la ou les autres autorités compétents pour contrôler la légalité des fusions transfrontalières pour les parties de la procédure régies par le droit de l'État membre de la société qui fusionne et pour délivrer un certificat préalable à la fusion attestant du respect de toutes les conditions pertinentes et de l'accomplissement correct de toutes les procédures et formalités dans l'État membre de la société qui fusionne (ci-après dénommé « autorité compétente »).

L'accomplissement de ces procédures et formalités peut comprendre la satisfaction ou la garantie des engagements pécuniaires ou non pécuniaires dus aux organismes publics ou le respect d'exigences sectorielles particulières, y compris la garantie des engagements découlant des procédures en cours.

2. Les États membres veillent à ce que la demande d'obtention du certificat préalable à la fusion par la société qui fusionne soit accompagnée :

a) du projet de fusion transfrontalière;

b) du rapport et de l'avis qui y est éventuellement annexé, visés à l'article 124, ainsi que du rapport visé à l'article 125, lorsqu'ils sont disponibles;

c) de tout commentaire présenté conformément à l'article 123, paragraphe 1 ; et

d) des informations sur l'approbation de l'assemblée générale, visée à l'article 126.

3. Les États membres peuvent exiger que la demande d'obtention d'un certificat préalable à la fusion par la société qui fusionne soit accompagnée, entre autres, des informations supplémentaires suivantes :

a) le nombre de travailleurs au moment de la rédaction du projet commun de fusion transfrontalière;

b) l'existence de filiales et leur situation géographique respective;

c) des informations relatives au respect des engagements de la société qui fusionne envers les organismes publics.

Aux fins du présent paragraphe, les autorités compétentes peuvent demander ces informations à d'autres autorités pertinentes, si elles ne leur ont pas été communiquées par la société qui fusionne.

4. Les États membres veillent à ce que la demande visée aux paragraphes 2 et 3, y compris la communication de toute information et de tout document, puisse se faire entièrement en ligne sans qu'il soit nécessaire que les demandeurs se présentent en personne devant l'autorité compétente, conformément aux dispositions pertinentes du titre I, chapitre III.

5. En ce qui concerne le respect des règles relatives à la participation des travailleurs prévues à l'article 133, l'autorité compétente de l'État membre de la société qui fusionne vérifie que le projet commun de fusion transfrontalière contient des informations sur les procédures permettant de déterminer les modalités pertinentes et sur les options possibles pour de telles modalités.

6. Dans le cadre du contrôle visé au paragraphe 1, l'autorité compétente examine :

a) tous les documents et informations soumis à l'autorité compétente conformément aux paragraphes 2 et 3;

b) une indication des sociétés qui fusionnent selon laquelle la procédure visée à l'article 133, paragraphes 3 et 4, a débuté, le cas échéant.

7. Les États membres veillent à ce que le contrôle visé au paragraphe 1 soit effectué dans un délai de trois mois à compter de la date de réception des documents et des informations concernant l'approbation de la fusion transfrontalière par l'assemblée générale de la société qui fusionne. Ce contrôle doit donner l'un des résultats suivants :

a) lorsqu'il est déterminé que la fusion transfrontalière remplit toutes les conditions applicables et que toutes les procédures et formalités nécessaires ont été accomplies, l'autorité compétente délivre le certificat préalable à la fusion;

b) lorsqu'il est déterminé que la fusion transfrontalière ne remplit pas toutes les conditions applicables ou que toutes les procédures et formalités nécessaires n'ont pas été accomplies, l'autorité compétente ne délivre pas le certificat préalable à la fusion et informe la société des motifs de sa décision; dans ce cas, l'autorité compétente peut donner à la société la possibilité de remplir les conditions en question ou d'accomplir les procédures et formalités dans un délai approprié.

8. Les États membres veillent à ce que l'autorité compétente ne délivre pas de certificat préalable à la fusion s'il est déterminé, conformément au droit national, qu'une fusion transfrontalière est réalisée à des fins abusives ou frauduleuses menant ou visant à se soustraire au droit de l'Union ou au droit national ou à le contourner, ou à des fins criminelles.

9. Lorsque l'autorité compétente, lors du contrôle visé au paragraphe 1, soupçonne sérieusement que la fusion transfrontalière est réalisée à des fins abusives ou frauduleuses menant ou visant à se soustraire au droit de l'Union ou au droit national ou à le contourner, ou à des fins criminelles, elle tient compte des faits et circonstances pertinents, tels que, le cas échéant et sans les considérer isolément, les facteurs indicatifs dont l'autorité compétente a pris connaissance au cours du contrôle visé au paragraphe 1, notamment lors de la consultation des autorités pertinentes. L'appréciation aux fins du présent paragraphe est menée au cas par cas, selon une procédure régie par le droit national.

10. Lorsqu'il est nécessaire, aux fins de l'évaluation visée aux paragraphes 8 et 9, de tenir compte d'informations supplémentaires ou de mener des activités d'enquête supplémentaires, le délai de trois mois visé au paragraphe 7 peut être prolongé de trois mois au maximum.

11. Si, en raison de la complexité de la procédure transfrontalière, il n'est pas possible de réaliser l'évaluation dans les délais prévus aux paragraphes 7 et 10, les États membres veillent à ce que le demandeur soit informé des raisons de tout retard éventuel avant l'expiration de ces délais.

12. Les États membres veillent à ce que l'autorité compétente puisse consulter d'autres autorités pertinentes qui sont qualifiées dans les différents domaines concernés par la fusion transfrontalière, y compris les autorités de l'État membre de la société issue de la fusion, et obtenir de ces autorités et de la société qui fusionne les informations et documents nécessaires pour effectuer le contrôle de la légalité de la fusion transfrontalière, dans le cadre procédural fixé par le droit national. Aux fins de l'évaluation, l'autorité compétente peut avoir recours à un expert indépendant.

Art. 127 *bis* *Transmission du certificat préalable à la fusion.* 1. Les États membres veillent à ce que le certificat préalable à la fusion soit partagé avec les autorités visées à l'article 128, paragraphe 1, au moyen du système d'interconnexion des registres.

Les États membres veillent également à ce que le certificat préalable à la fusion soit disponible au moyen du système d'interconnexion des registres.

2. L'accès au certificat préalable à la fusion est gratuit pour les autorités visées à l'article 128, paragraphe 1, et pour les registres.

Art. 128 *Contrôle de la légalité de la fusion transfrontalière..* 1. Chaque État membre désigne le tribunal, le notaire ou toute autre autorité compétente pour contrôler la légalité de la fusion transfrontalière pour la partie de la procédure relative à la réalisation de la fusion transfrontalière et, le cas échéant, à la constitution d'une nouvelle société issue de la fusion transfrontalière lorsque la société issue de la fusion transfrontalière relève de sa législation nationale. L'autorité en question contrôle en particulier que les sociétés qui fusionnent ont approuvé le projet commun de fusion transfrontalière dans les mêmes termes et, le cas échéant, que les modalités relatives à la participation des travailleurs ont été fixées conformément à l'article 133.

2. Aux fins du paragraphe 1 du présent article, chaque société qui fusionne remet à l'autorité visée au paragraphe 1 du présent article le projet commun de fusion transfrontalière approuvé par l'assemblée générale visée à l'article 126 ou, lorsque l'approbation de l'assemblée générale n'est pas requise en vertu de l'article 132, paragraphe 3, le projet commun de fusion transfrontalière approuvé par chacune des sociétés qui fusionnent conformément au droit national.

3. Chaque État membre veille à ce que toute demande aux fins du paragraphe 1 faite par l'une des sociétés qui fusionnent, y compris la communication de toute information et de tout document, puisse se faire entièrement en ligne sans qu'il soit nécessaire que les demandeurs se présentent en personne devant l'autorité visée au paragraphe 1, conformément aux dispositions pertinentes du titre I, chapitre III.

4. L'autorité visée au paragraphe 1 approuve la fusion transfrontalière dès qu'elle a déterminé que toutes les conditions applicables ont été remplies.

5. Le certificat préalable à la fusion est accepté par l'autorité visée au paragraphe 1 en tant que preuve concluante de l'accomplissement correct des procédures et formalités préalables à la fusion applicables dans son État membre, sans lesquelles la fusion transfrontalière ne peut pas être approuvée.

Art. 129 *Date à laquelle la fusion transfrontalière prend effet..* La législation de l'État membre dont relève la société issue de la fusion transfrontalière détermine la date à laquelle la fusion transfrontalière prend effet. Cette date doit être postérieure à l'exécution des contrôles visés à l'article 128.

Art. 130 *Immatriculation..* 1. Le droit des États membres dont relèvent les sociétés qui fusionnent et la société issue de la fusion détermine, en ce qui concerne leur territoire respectif, les modalités, conformément à l'article 16, de la publicité de la réalisation de la fusion transfrontalière dans leurs registres.

2. Les États membres veillent à ce qu'au moins les informations suivantes soient inscrites dans leurs registres :

a) dans le registre de l'État membre de la société issue de la fusion, le fait que l'immatriculation de la société issue de la fusion fait suite à une fusion transfrontalière;

b) dans le registre de l'État membre de la société issue de la fusion, la date d'immatriculation de la société issue de la fusion;

c) dans le registre de l'État membre de chacune des sociétés qui fusionnent, le fait que la suppression ou la radiation de la société fait suite à une fusion transfrontalière;

d) dans le registre de l'État membre de chacune des sociétés qui fusionnent, la date de suppression ou de radiation de la société du registre;

e) dans les registres des États membres de chacune des sociétés qui fusionnent et de l'État membre de la société issue de la fusion, le numéro d'immatriculation, la dénomination et la forme juridique de chacune des sociétés qui fusionnent et de la société issue de la fusion.

Les registres rendent les informations visées au premier alinéa accessibles au public au moyen du système d'interconnexion des registres.

3. Les États membres veillent à ce que le registre de l'État membre de la société issue de la fusion transfrontalière notifie au registre de l'État membre de chacune des sociétés qui fusionnent, au moyen du système d'interconnexion des registres, que la fusion transfrontalière a pris effet. Les États membres veillent également à ce que l'immatriculation

de la société qui fusionne soit supprimée ou radiée du registre immédiatement dès réception de la notification.

Art. 131 *Effets d'une fusion transfrontalière..* 1. La fusion transfrontalière réalisée conformément à l'article 119, point 2) a), c) et d), entraîne, à partir de la date visée à l'article 129, les effets suivants :

a) l'ensemble du patrimoine actif et passif de la société absorbée, y compris tous les contrats, crédits, droits et obligations, est transféré à la société absorbante;

b) les associés de la société absorbée deviennent associés de la société absorbante, à moins qu'ils n'aient cédé leurs actions comme visé à l'article 126 *bis*, paragraphe 1;

c) la société absorbée cesse d'exister.

2. La fusion transfrontalière réalisée conformément à l'article 119, point 2) b), entraîne, à partir de la date visée à l'article 129, les effets suivants :

a) l'ensemble du patrimoine actif et passif des sociétés qui fusionnent, y compris tous les contrats, crédits, droits et obligations, est transféré à la nouvelle société;

b) les associés des sociétés qui fusionnent deviennent associés de la nouvelle société, à moins qu'ils n'aient cédé leurs actions comme visé à l'article 126 *bis*, paragraphe 1;

c) les sociétés qui fusionnent cessent d'exister.

3. Lorsque la législation des États membres requiert, en cas de fusion transfrontalière de sociétés visées par le présent chapitre, des formalités particulières pour l'opposabilité aux tiers du transfert de certains biens, droits et obligations apportés par les sociétés qui fusionnent, ces formalités sont accomplies par la société issue de la fusion transfrontalière.

4. Les droits et obligations des sociétés qui fusionnent résultant de contrats de travail ou de relations de travail et existant à la date à laquelle la fusion transfrontalière prend effet sont transférés, du fait de la prise d'effet de cette fusion transfrontalière, à la société issue de la fusion transfrontalière à la date de prise d'effet de la fusion transfrontalière.

5. Aucune part détenue dans la société absorbante ne peut être échangée contre des parts détenues dans la société absorbée :

a) soit par la société absorbante elle-même ou par l'intermédiaire d'une personne agissant en son nom propre mais pour le compte de la société;

b) soit par la société absorbée elle-même ou par l'intermédiaire d'une personne agissant en son nom propre mais pour le compte de la société.

Art. 132 *Formalités simplifiées.* 1. Lorsqu'une fusion transfrontalière par absorption est réalisée soit par une société qui détient toutes les actions et tous les autres titres conférant un droit de vote aux assemblées générales de la société ou des sociétés absorbées, soit par une personne qui détient directement ou indirectement toutes les actions dans la société absorbante et dans la ou les sociétés absorbées et que la société absorbante n'attribue aucune action dans le cadre de la fusion :

— l'article 122, points b), c), e) et m), l'article 125 et l'article 131, paragraphe 1, point b), ne s'appliquent pas;

— l'article 124 et l'article 126, paragraphe 1, ne s'appliquent pas à la société ou aux sociétés absorbées.

2. Lorsqu'une fusion transfrontalière par absorption est réalisée par une société qui détient 90% ou plus, mais non la totalité, des parts et des autres titres conférant un droit de vote aux assemblées générales de la société ou des sociétés absorbées, les rapports d'un ou des experts indépendants et les documents nécessaires pour le contrôle sont exigés uniquement dans la mesure où ils sont requis par la législation nationale dont

relèvent la société absorbante ou la ou les sociétés absorbées, conformément au titre II, chapitre I.

3. Lorsque les droits des États membres de toutes les sociétés qui fusionnent prévoient l'exemption de l'approbation par l'assemblée générale conformément à l'article 126, paragraphe 3, et au paragraphe 1 du présent article, le projet commun de fusion transfrontalière ou les informations visées à l'article 123, paragraphes 1 à 3, respectivement et les rapports visés aux articles 124 et 125 sont mis à disposition un mois au moins avant que la décision de fusion ne soit prise par la société conformément au droit national.

Art. 133 *Participation des travailleurs.* 1. Sans préjudice du paragraphe 2, la société issue de la fusion transfrontalière est soumise aux règles éventuelles relatives à la participation des travailleurs qui sont en vigueur dans l'État membre où son siège statutaire est établi.

2. Toutefois, les règles éventuelles relatives à la participation des travailleurs qui sont en vigueur dans l'État membre où est situé le siège statutaire de la société issue de la fusion ne s'appliquent pas si au moins une des sociétés qui fusionnent emploie, pendant la période de six mois précédant la publication du projet commun de fusion transfrontalière, un nombre moyen de travailleurs équivalent à quatre cinquièmes du seuil applicable, fixé par le droit de l'État membre dont relève la société qui fusionne, qui déclenche la participation des travailleurs au sens de l'article 2, point k), de la directive 2001/86/CE, ou si le droit national applicable à la société issue de la fusion transfrontalière :

a) ne prévoit pas au moins le même niveau de participation des travailleurs que celui qui s'applique aux sociétés qui fusionnent concernées, mesuré en fonction de la proportion des représentants des travailleurs parmi les membres du conseil d'administration, du conseil de surveillance, de leurs comités ou du groupe de direction qui gère les unités chargées d'atteindre des objectifs en termes de profit dans ces sociétés, à condition qu'il y ait une représentation des travailleurs; ou

b) ne prévoit pas que les travailleurs des établissements de la société issue de la fusion transfrontalière situés dans d'autres États membres peuvent exercer les mêmes droits de participation que ceux dont bénéficient les travailleurs employés dans l'État membre où le siège statutaire de la société issue de la fusion transfrontalière est établi.

3. Dans les cas visés au paragraphe 2, la participation des travailleurs dans la société issue de la fusion transfrontalière et leur implication dans la définition des droits y afférents sont réglementées par les États membres, mutatis mutandis et sous réserve des paragraphes 4 à 7, conformément aux principes et aux modalités prévus à l'article 12, paragraphes 2, 3 et 4, du règlement (CE) n° 2157/2001 et aux dispositions suivantes de la directive 2001/86/CE :

a) article 3, paragraphes 1, 2 et 3, article 3, paragraphe 4, premier alinéa, premier tiret, article 3, paragraphe 4, deuxième alinéa, et article 3, paragraphes 5 et 7;

b) article 4, paragraphe 1, article 4, paragraphe 2, points a), g) et h), et article 4, paragraphe 3;

c) article 5;

d) article 6;

e) article 7, paragraphe 1, article 7, paragraphe 2, premier alinéa, point b), article 7, paragraphe 2, deuxième alinéa, et article 7, paragraphe 3. Toutefois, aux fins du présent chapitre, les pourcentages requis au titre de l'article 7, paragraphe 2, premier alinéa, point b), de la directive 2001/86/CE pour l'application des dispositions de référence prévues dans la partie 3 de l'annexe de cette directive sont portés de 25% à 33 1/3%;

f) articles 8, 10 et 12;

g) article 13, paragraphe 4;

h) annexe, partie 3, point b).

4. Lorsqu'ils réglementent les principes et les procédures visés au paragraphe 3, les États membres :

a) accordent aux organes compétents des sociétés qui fusionnent, lorsqu'au moins une des sociétés qui fusionnent est gérée selon un régime de participation des travailleurs au sens de l'article 2, point k), de la directive 2001/86/CE, le droit de choisir sans négociation préalable d'être directement soumis aux dispositions de référence relatives à la participation visées à la partie 3, point b), de l'annexe de ladite directive, telles que fixées par le droit de l'État membre dans lequel est établi le siège statutaire de la société issue de la fusion transfrontalière, et de respecter ces dispositions à compter de la date d'immatriculation;

b) accordent à l'organe spécial de négociation le droit de décider, à la majorité des deux tiers de ses membres représentant au moins deux tiers des travailleurs, y compris les voix des membres représentant les travailleurs dans au moins deux États membres différents, de ne pas ouvrir de négociations, ou de mettre fin aux négociations déjà engagées, et de se fonder sur les règles de participation qui sont en vigueur dans l'État membre où le siège statutaire de la société issue de la fusion transfrontalière sera établi;

c) peuvent, lorsque, à la suite de négociations préalables, les dispositions de référence relatives à la participation s'appliquent et nonobstant ces dispositions, décider de limiter la proportion de représentants des travailleurs au sein de l'organe d'administration de la société issue de la fusion transfrontalière. Toutefois, si, dans l'une des sociétés qui fusionnent, les représentants des travailleurs constituent au moins un tiers des membres du conseil d'administration ou de surveillance, cette limitation ne peut jamais avoir pour effet que la proportion de représentants des travailleurs au sein de l'organe d'administration soit inférieure à un tiers.

5. L'extension des droits de participation aux travailleurs de la société issue de la fusion transfrontalière employés dans d'autres États membres, visée au paragraphe 2, point b), n'entraîne aucune obligation pour les États membres qui ont fait ce choix de prendre ces travailleurs en compte dans le calcul des seuils d'effectifs qui donnent lieu aux droits de participation en vertu de la législation nationale.

6. Si au moins une des sociétés qui fusionnent est gérée selon un régime de participation des travailleurs et si la société issue de la fusion transfrontalière est régie par un tel système conformément aux règles visées au paragraphe 2, cette dernière prend obligatoirement une forme juridique permettant l'exercice des droits de participation.

7. Lorsque la société issue de la fusion transfrontalière est gérée selon un régime de participation des travailleurs, cette société est tenue de prendre des mesures pour faire en sorte que les droits en matière de participation des travailleurs soient protégés en cas de transformations, fusions, ou scissions transfrontalières ou nationales ultérieures pendant un délai de quatre ans après que la fusion transfrontalière a pris effet, en appliquant mutatis mutandis les règles fixées aux paragraphes 1 à 6.

8. Une société communique à ses travailleurs ou à leurs représentants si elle choisit d'appliquer les dispositions de référence relatives à la participation visées au paragraphe 3, point h), ou si elle engage des négociations au sein d'un groupe spécial de négociation. Dans ce dernier cas, la société communique à ses travailleurs ou à leurs représentants le résultat des négociations sans retard indu.

Art. 133 *bis* *Experts indépendants.* 1. Les États membres établissent des règles régissant au moins la responsabilité civile de l'expert indépendant chargé d'établir le rapport visé à l'article 125.

2. Les États membres mettent en place des règles pour veiller à ce que :

a) l'expert, ou la personne morale pour le compte de laquelle l'expert travaille, soit indépendant et n'ait aucun conflit d'intérêts avec la société demandant le certificat préalable à la fusion ; et

b) l'avis de l'expert soit impartial et objectif et soit rendu dans le but d'aider l'autorité compétente conformément aux exigences d'indépendance et d'impartialité en vertu du droit et des normes professionnelles auxquelles l'expert est soumis.

Art. 134 *Validité.* La nullité d'une fusion transfrontalière ayant pris effet conformément à l'article 129 ne peut être prononcée.

Le premier alinéa n'affecte pas les pouvoirs des États membres, entre autres, en ce qui concerne le droit pénal, la prévention et la lutte contre le financement du terrorisme, le droit social, la fiscalité et l'application de la loi, ni leur capacité à prendre des mesures et à appliquer des sanctions, en vertu du droit national, après la date à laquelle la fusion transfrontalière a pris effet.

69 Directive 2020/1828 du Parlement européen et du Conseil du 25 novembre 2020 relative aux actions représentatives visant à protéger les intérêts collectifs des consommateurs et abrogeant la directive 2009/22/CE

(Texte présentant de l'intérêt pour l'EEE)

Applicable à compter du 25 juin 2023

Non reproduite. Consultable sur :
http://europa.eu/eu-law/legislation/index_fr.htm

SOUS-PARTIE III
DÉCISIONS

70 Décision n° 2001/470/CE du Conseil du 28 mai 2001 relative à la création d'un réseau judiciaire européen en matière civile et commerciale

Modifiée par décision n° 568/2009/CE
du Parlement européen
et du Conseil du 18 juin 2009

(Version consolidée)

Le Conseil de l'Union européenne,

Vu le traité instituant la Communauté européenne, et notamment son article 61, points c) et d), son article 66 et son article 67, paragraphe 1,

Vu la proposition de la Commission,

Vu l'avis du Parlement européen,

Vu l'avis du Comité économique et social,

Considérant ce qui suit :

(1) L'Union européenne s'est donné pour objectif de se maintenir et de se développer comme un espace de liberté, de sécurité et de justice au sein duquel est assurée la libre circulation des personnes.

(2) La mise en place progressive de cet espace, ainsi que le bon fonctionnement du marché intérieur, exigent d'améliorer, de simplifier et d'accélérer la coopération judiciaire effective entre les États membres dans les matières civiles et commerciales.

(3) Le plan d'action du Conseil et de la Commission concernant les modalités optimales de mise en œuvre des dispositions du traité d'Amsterdam relatives à l'établissement d'un espace de liberté, de sécurité et de justice, qui a été adopté par le Conseil le 3 décembre 1998 et approuvé par le Conseil européen de Vienne des 11 et 12 décembre 1998, reconnaît que le renforcement de la coopération judiciaire en matière civile représente une étape fondamentale dans la création d'un espace judiciaire européen au bénéfice tangible du citoyen de l'Union européenne.

(4) Une des mesures prévues au point 40, du plan d'action dans un délai de deux ans est d'examiner la possibilité d'étendre aux procédures civiles et commerciales le principe du réseau judiciaire européen en matière pénale.

(5) Dans les conclusions de sa réunion spéciale tenue à Tampere les 15 et 16 octobre 1999, le Conseil européen a recommandé la création d'un système d'information facile d'accès, dont l'entretien et la mise à jour seraient assurés par un réseau d'autorités nationales compétentes.

(6) Pour parvenir à améliorer, simplifier et accélérer la coopération judiciaire effective entre les États membres dans les matières civiles et commerciales, il est nécessaire de créer au niveau de la Communauté européenne une structure de coopération en réseau, à savoir le réseau judiciaire européen en matière civile et commerciale.

(7) Cette matière relève des mesures visées aux articles 65 et 66 du traité qui doivent être adoptées conformément à l'article 67.

(8) Afin d'assurer la réalisation des objectifs du réseau judiciaire européen en matière civile et commerciale, il est nécessaire que les règles concernant sa création soient établies par un instrument juridique communautaire contraignant.

(9) Étant donné que les objectifs de la présente décision, à savoir l'amélioration de la coopération judiciaire entre les États membres ainsi que l'accès effectif à la justice des personnes confrontées à des litiges transfrontières, ne peuvent être réalisés de manière suffisante par les États membres et ne peuvent donc être réalisés qu'au niveau communautaire, la Communauté peut prendre des mesures, conformément au principe de subsidiarité consacré à l'article 5 du traité. Conformément au principe de proportionnalité tel qu'énoncé audit article du traité, la présente décision n'excède pas ce qui est nécessaire pour atteindre ces objectifs.

(10) Le réseau judiciaire européen en matière civile et commerciale créé par la présente décision vise à faciliter la coopération judiciaire entre les États membres en matière civile et commerciale, tant dans les domaines couverts par des instruments en vigueur que dans ceux où aucun instrument n'est encore applicable.

(11) Dans certains domaines spécifiques, des actes communautaires et des instruments internationaux relatifs à la coopération judiciaire en matière civile et commerciale prévoient déjà certains mécanismes de coopération. Le réseau judiciaire européen en matière civile et commerciale n'a pas pour but de remplacer ces mécanismes, et doit opérer dans le plein respect de ceux-ci. La présente décision s'appliquent en conséquence sans préjudice des actes communautaires ou des instruments internationaux relatifs à la coopération judiciaire en matière civile ou commerciale.

(12) Il y a lieu de mettre en place le réseau judiciaire européen en matière civile et commerciale de manière progressive, et sur la base de la collaboration la plus étroite entre la Commission et les États membres. Il y a également lieu qu'il profite des possibilités offertes par les technologies modernes de communication et d'information.

(13) Pour atteindre ses objectifs, il est nécessaire que le réseau judiciaire européen en matière civile et commerciale s'appuie sur des points de contact nommés par les États membres, ainsi qu'il soit assuré de la participation de leurs autorités ayant des responsabilités spécifiques dans le domaine de la coopération judiciaire en matière civile et commerciale. Des contacts entre eux et des réunions périodiques sont indispensables au fonctionnement du Réseau.

(14) Il est essentiel que les efforts pour la création d'un espace de liberté, de sécurité et de justice aboutissent à des bénéfices tangibles pour les personnes confrontées à des litiges transfrontières. Il est par conséquent nécessaire que le réseau judiciaire européen en matière civile et commerciale s'efforce également de favoriser l'accès à la justice. À cette fin, et grâce aux informations communiquées et actualisées par les points de contact, le réseau met en place de manière progressive un système d'information destiné au public, tant au grand public qu'aux spécialistes.

(15) La présente décision n'exclut pas la mise à disposition, à l'intérieur du réseau judiciaire européen en matière civile et commerciale ou à destination du public, d'autres informations que celles qu'elle mentionne. Par conséquent, les mentions faites dans le titre III ne doivent pas être considérées comme exhaustives.

(16) Le traitement des informations et des données se fait conformément à la directive 95/46/CE du Parlement européen et du Conseil du 24 octobre 1995 relative à la protection

des personnes physiques à l'égard du traitement des données à caractère personnel et à la libre circulation de ces données, et à la directive 97/66/CE du Parlement européen et du Conseil du 15 décembre 1997 concernant le traitement des données à caractère personnel et la protection de la vie privée dans le secteur des télécommunications.

(17) Afin de s'assurer que le réseau judiciaire européen en matière civile et commerciale reste un instrument efficace, incorpore les meilleures pratiques en matière de coopération judiciaire et de fonctionnement interne, et réponde aux attentes du public, il y a lieu de prévoir des évaluations périodiques du système, en vue de proposer, le cas échéant, les modifications nécessaires.

(18) En conformité avec l'article 3 du protocole sur la position du Royaume-Uni et de l'Irlande, annexé au traité sur l'Union européenne et au traité instituant la Communauté européenne, ces États ont notifié leur souhait de participer à l'adoption et à l'application de la présente décision.

(19) En conformité avec les articles 1er et 2 du protocole sur la position du Danemark, annexé au traité sur l'Union européenne et au traité instituant la Communauté européenne, cet État ne participe pas à l'adoption de la présente décision, laquelle, par conséquent, ne le lie pas et n'est pas applicable à son égard.

A arrêté la présente décision :

TITRE PREMIER

Principes du réseau judiciaire européen en matière civile et commerciale

Art. premier *Création.* 1. Un réseau judiciaire européen en matière civile et commerciale, ci-après dénommé « le réseau » est créé entre les États membres.

2. Dans la présente décision, les termes « États membres » signifient les États membres à l'exception du Danemark.

Art. 2 *Composition.* 1. Le réseau est composé :

a) des points de contact désignés par les États membres, conformément au paragraphe 2;

b) des instances et des autorités centrales prévues dans des actes communautaires, des instruments internationaux auxquels les États membres sont parties ou des règles de droit interne dans le domaine de la coopération judiciaire en matière civile et commerciale;

c) des magistrats de liaison, visés par l'action commune 96/277/JAI du 22 avril 1996 concernant un cadre d'échange de magistrats de liaison visant à l'amélioration de la coopération judiciaire entre les États membres de l'Union européenne, ayant des responsabilités dans le domaine de la coopération judiciaire en matière civile et commerciale;

d) le cas échéant, de toute autre autorité judiciaire ou administrative ayant des responsabilités dans le domaine de la coopération judiciaire en matière civile et commerciale et dont l'appartenance au réseau est jugée utile par son État membre d'appartenance;

e) des ordres professionnels représentant au plan national dans les États membres les professionnels du droit concourant directement à l'application des actes communautaires et des instruments internationaux relatifs à la coopération judiciaire en matière civile et commerciale.

2. Chaque État membre désigne un point de contact. Chaque État membre peut toutefois désigner un nombre limité d'autres points de contact, s'il l'estime nécessaire en fonction de l'existence de systèmes juridiques différents, de la répartition interne des compétences, des missions qui seront confiées à ces points de contact, ou afin d'associer directement aux travaux des points de contact des organes judiciaires traitant fréquemment de litiges transfrontières.

Lorsqu'un État membre désigne plusieurs points de contact, il assure le fonctionnement de mécanismes de coordination appropriés entre eux.

Si le point de contact désigné en vertu du présent paragraphe n'est pas un juge, l'État membre concerné s'assure de l'établissement de liens effectifs avec les autorités judiciaires nationales. À cette fin, un État membre peut désigner un juge pour assurer cette fonction. Ce juge est membre du réseau.

2 *bis*. Les États membres s'assurent que les points de contact disposent de moyens suffisants et appropriés en personnel, en ressources et en moyens modernes de communication, pour remplir correctement leurs missions de points de contact.

3. Les États membres identifient les autorités mentionnées aux points b) et c) du paragraphe 1.

4. Les États membres désignent les autorités mentionnées au point d) du paragraphe 1.

4 *bis*. Les États membres déterminent les ordres professionnels visés au paragraphe 1, point e). À cette fin, ils recueillent l'accord des ordres professionnels concernés sur leur participation au réseau.

Lorsqu'il existe dans un État membre plusieurs ordres professionnels représentatifs d'une profession juridique, il appartient à cet État membre d'assurer une représentation appropriée de la profession concernée auprès du réseau.

5. Les États membres communiquent à la Commission, conformément à l'article 20, les noms et les adresses complètes des autorités visées aux paragraphes 1 et 2 du présent article, avec l'indication :

a) des moyens de communication dont ils disposent;

b) de leurs connaissances linguistiques, et

c) le cas échéant, de leurs fonctions particulières au sein du réseau, y compris, lorsqu'il y a plusieurs points de contact, leurs attributions respectives.

Art. 3 *Missions et activités du réseau.* 1. Le réseau a pour mission de :

a) faciliter la coopération judiciaire entre les États membres en matière civile et commerciale, et notamment de concevoir, mettre en place de manière progressive, et tenir à jour un système d'information destiné aux membres du réseau;

b) de faciliter l'accès effectif à la justice, par des actions d'information sur le fonctionnement des actes communautaires et des instruments internationaux relatifs à la coopération judiciaire en matière civile et commerciale.

2. Sans préjudice des autres actes communautaires ou des instruments internationaux relatifs à la coopération judiciaire en matière civile et commerciale, le réseau développe ses activités notamment aux fins suivantes :

a) le bon déroulement des procédures ayant une incidence transfrontière et faciliter les demandes de coopération judiciaire entre les États membres, en particulier lorsque ni un acte communautaire ni un instrument international n'est applicable;

b) l'application effective et concrète des actes communautaires ou des conventions en vigueur entre deux ou plusieurs États membres.

En particulier, lorsque la loi d'un autre État membre est applicable, les juridictions ou autorités saisies peuvent recourir au réseau afin d'obtenir des informations au sujet du contenu de cette loi;

c) la mise en place, l'entretien et la promotion d'un système d'information destiné au public sur la coopération judiciaire en matière civile et commerciale à l'intérieur de l'Union européenne, et sur les actes communautaires et les instruments internationaux pertinents, et sur le droit interne des États membres, notamment en ce qui concerne l'accès à la justice.

La principale source d'information est le site internet du réseau, qui contient des données régulièrement mises à jour dans toutes les langues officielles des institutions de l'Union.

Art. 4 *Modalités de fonctionnement du réseau.* Le réseau remplit sa mission notamment selon les modalités suivantes :

1) il facilite l'établissement de contacts appropriés entre les autorités des États membres mentionnées à l'article 2, paragraphe 1, pour l'accomplissement des missions prévues à l'article 3;

2) il tient des réunions périodiques de ses points de contact et de ses membres selon les modalités prévues au titre II;

3) il élabore et tient à jour les informations concernant la coopération judiciaire en matière civile et commerciale et les systèmes juridiques des États membres visées au titre III, selon les modalités prévues audit titre.

Art. 5 *Points de contact.* 1. Les points de contact sont à la disposition des autorités visées à l'article 2, paragraphe 1, points b), c) et d), pour remplir les missions visées à l'article 3.

Les points de contact sont également à la disposition des autorités judiciaires locales de leur État membre, aux mêmes fins, selon des modalités décidées par chaque État membre.

2. En particulier, les points de contact ont pour fonction :

a) de s'assurer que les autorités judiciaires locales bénéficient d'une information générale concernant les actes communautaires et les instruments internationaux relatifs à la coopération judiciaire en matière civile et commerciale. En particulier, ils veillent à ce que le réseau, y compris son site internet, soit mieux connu des autorités judiciaires locales;

b) de fournir toute information nécessaire à la bonne coopération judiciaire entre les États membres, conformément à l'article 3, aux autres points de contact, aux autorités mentionnées à l'article 2, paragraphe 1, points b), c) et d), ainsi qu'aux autorités judiciaires locales de leur État membre, afin de leur permettre d'établir de façon efficace une demande de coopération judiciaire et les contacts directs les plus appropriés;

c) de fournir toute information afin de faciliter l'application du droit d'un autre État membre qui est applicable en vertu d'un acte communautaire ou d'un instrument international. À cet effet, le point de contact auquel une telle demande est adressée peut s'appuyer sur toute autre autorité de son État membre visée à l'article 2 pour la fourniture de l'information demandée. Les informations contenues dans la réponse ne lient ni les points de contact, ni les autorités consultées, ni l'autorité qui a formé la demande;

d) de rechercher des solutions aux difficultés qui peuvent se présenter à l'occasion d'une demande de coopération judiciaire, sans préjudice du paragraphe 4 du présent article et de l'article 6;

e) de faciliter la coordination du traitement des demandes de coopération judiciaire dans l'État membre concerné, notamment lorsque plusieurs demandes des autorités judiciaires de cet État membre doivent être exécutées dans un autre État membre;

f) de contribuer à l'information générale du public, au moyen du site internet du réseau, sur la coopération judiciaire en matière civile et commerciale à l'intérieur de l'Union européenne, sur les actes communautaires et les instruments internationaux pertinents et sur le droit interne des États membres, notamment en ce qui concerne l'accès à la justice;

g) de collaborer à l'organisation des réunions visées à l'article 9, et d'y participer;

h) de collaborer à la réalisation et à la mise à jour des informations mentionnées au titre III, et notamment du système d'information destiné au public, selon les modalités prévues audit titre;

i) d'assurer la coordination entre les membres du réseau au niveau national;

j) de préparer un rapport bisannuel sur leurs activités, incluant, le cas échéant, les meilleures pratiques développées au sein du réseau, de présenter ce rapport lors d'une réunion des membres du réseau et d'indiquer particulièrement les améliorations éventuelles à apporter au sein du réseau.

3. Lorsque qu'un point de contact reçoit d'un autre membre du réseau, une demande d'information à laquelle il n'est pas en mesure de donner une suite appropriée, il l'adresse au point de contact ou au membre du réseau le mieux placé pour le faire. Le point de contact reste disponible pour prêter toute assistance utile lors des contacts ultérieurs.

4. Dans les domaines où les actes communautaires ou les instruments internationaux régissant la coopération judiciaire prévoient déjà la désignation d'autorités chargées de faciliter la coopération judiciaire, les points de contact orientent les demandeurs vers ces autorités.

Art. 5 *bis* *Ordres professionnels.* 1. Afin de concourir à l'accomplissement des missions prévues à l'article 3, les points de contact établissent des contacts appropriés avec les ordres professionnels mentionnés à l'article 2, paragraphe 1, point e), selon des modalités décidées par chaque État membre.

2. En particulier, les contacts visés au paragraphe 1 peuvent comprendre les activités suivantes :

a) l'échange d'expériences et d'informations relatives à l'application effective et concrète des actes communautaires et des instruments internationaux;

b) la contribution à l'élaboration et à la mise à jour des fiches d'information visées à l'article 15;

c) la participation des ordres professionnels aux réunions pertinentes.

3. Les ordres professionnels ne demandent pas aux points de contact des informations relatives à un cas individuel.

Art. 6 *Autorités compétentes aux fins des actes communautaires ou des instruments internationaux relatifs à la coopération judiciaire en matière civile et commerciale.* 1. L'intégration des autorités compétentes prévues dans les actes communautaires ou dans les instruments internationaux relatifs à la coopération judiciaire en matière civile et commerciale dans le réseau ne porte pas préjudice aux compétences qui leur sont attribuées par l'acte ou l'instrument qui prévoit leur désignation.

Les contacts au sein du réseau s'effectuent sans préjudice des contacts réguliers ou occasionnels entre ces autorités compétentes.

2. Dans chaque État membre, les autorités prévues par les actes communautaires ou les instruments internationaux relatifs à la coopération judiciaire en matière civile et commerciale et les points de contact du réseau entretiennent des échanges de vues et des contacts réguliers, afin d'assurer la diffusion la plus large de leurs expériences respectives.

À cet effet, chaque État membre veille, selon des modalités qu'il décide, à ce que le ou les points de contact et les autorités compétentes disposent des moyens nécessaires pour se réunir régulièrement.

3. Les points de contact du réseau se tiennent à la disposition des autorités prévues par les actes communautaires ou les instruments internationaux relatifs à la coopération judiciaire en matière civile et commerciale, afin de leur prêter toute assistance utile.

Art. 7 *Connaissances linguistiques des points de contact.* Afin de faciliter le fonctionnement pratique du réseau, chaque État membre veille à ce que ses points de contact aient une connaissance suffisante d'une langue officielle des institutions de l'Union autre que la leur, compte tenu du fait qu'ils doivent pouvoir communiquer avec les points de contact des autres États membres.

Les États membres facilitent et encouragent la formation linguistique spécialisée du personnel des points de contact et favorisent les échanges de collaborateurs entre les points de contact implantés dans les États membres.

Art. 8 *Traitement des demandes de coopération judiciaire.* 1. Les points de contact répondent à toutes les demandes qui leur sont présentées, sans tarder et au plus tard dans les quinze jours suivant leur réception. Si un point de contact n'est pas en mesure de répondre à une demande dans ce délai, il en informe succinctement le demandeur en indiquant le délai qu'il estime nécessaire pour y répondre, mais ce délai n'excède pas, en règle générale, trente jours.

2. Afin de répondre le plus efficacement et le plus rapidement possible aux demandes visées au paragraphe 1, les points de contact utilisent les moyens technologiques les plus appropriés qui sont mis à leur disposition par les États membres.

3. La Commission tient un registre électronique sécurisé et à accès limité des demandes de coopération judiciaire et des réponses visées à l'article 5, paragraphe 2, points b), c), d) et e). Les points de contact veillent à ce que les informations nécessaires à la constitution et au fonctionnement de ce registre soient fournies régulièrement à la Commission.

4. La Commission fournit aux points de contact des informations sur les statistiques des demandes de coopération judiciaire et les réponses visées au paragraphe 3, au moins une fois tous les six mois.

TITRE II

Réunions au sein du réseau

Art. 9 *Réunions des points de contact.* 1. Les points de contact du réseau se réunissent au moins une fois tous les six mois, conformément aux dispositions de l'article 12.

2. Chaque État membre est représenté à ces réunions par un ou plusieurs points de contact, qui peuvent se faire accompagner par d'autres membres du réseau, sans en aucun cas excéder le chiffre de six représentants par État membre.

Art. 10 *Objet des réunions périodiques des points de contact.* 1. Les réunions périodiques des points de contact ont pour but de :

a) leur permettre de se connaître et d'échanger leur expérience, notamment en ce qui concerne le fonctionnement du réseau;

b) offrir une plate-forme de discussion pour les problèmes pratiques et juridiques rencontrés par les États membres dans le cadre de la coopération judiciaire, notamment en ce qui concerne l'application des mesures adoptées par la Communauté européenne;

c) identifier les meilleures pratiques dans le domaine de la coopération judiciaire en matière civile et commerciale, et assurer la diffusion des informations y afférentes au sein du réseau;

d) échanger des données et des points de vue notamment sur la structure, l'organisation et le contenu des informations disponibles mentionnées au titre III ainsi que sur l'accès à celles-ci;

e) dégager des orientations pour l'élaboration progressive des fiches d'information mentionnées à l'article 15, notamment en ce qui concerne les sujets à traiter et la forme à donner à ces fiches;

f) identifier des initiatives spécifiques autres que celles mentionnées au titre III, mais ayant des finalités analogues.

2. Les États membres veillent à ce que l'expérience acquise avec le fonctionnement des mécanismes spécifiques de coopération prévus dans des actes communautaires ou des instruments internationaux en vigueur soit partagée lors des réunions des points de contact.

Art. 11 *Réunion des membres du réseau.* 1. Des réunions ouvertes à tous les membres du réseau auront lieu afin de leur permettre de se connaître et d'échanger leur expérience, de leur offrir une plate-forme de discussion pour les problèmes pratiques et juridiques rencontrés et pour traiter de questions spécifiques.

Des réunions peuvent également être consacrées à des questions particulières.

2. Les réunions sont convoquées selon les besoins et conformément aux dispositions de l'article 12.

3. La Commission, en étroite coopération avec la présidence du Conseil et les États membres, fixe le nombre maximum de participants pour chaque réunion.

Art. 11 *bis* *Participation d'observateurs aux réunions du réseau.* 1. Sans préjudice de l'article 1er, paragraphe 2, le Danemark peut se faire représenter aux réunions mentionnées aux articles 9 et 11.

2. Les pays en voie d'adhésion et les pays candidats peuvent être conviés à participer à ces réunions à titre d'observateurs. Les pays tiers parties à des accords internationaux relatifs à la coopération judiciaire en matière civile et commerciale conclus par la Communauté peuvent également être conviés à participer à titre d'observateurs à certaines réunions du réseau.

3. Chaque État observateur peut se faire représenter à ces réunions par une ou plusieurs personnes, sans en aucun cas excéder le chiffre de trois représentants par État.

Art. 12 *Organisation et déroulement des réunions au sein du réseau.* 1. La Commission, en étroite coopération avec la présidence du Conseil et les États membres, est chargée de la convocation et de l'organisation des réunions mentionnées aux articles 9 et 11. Elle en assure la présidence et le secrétariat.

2. Avant chaque réunion, la Commission établit le projet d'ordre du jour en accord avec la présidence du Conseil et en consultation avec les États membres, par le biais de leurs points de contact respectifs.

3. Le projet d'ordre du jour est communiqué aux points de contact préalablement à la réunion. Ceux-ci peuvent demander que des modifications y soient apportées ou que des points supplémentaires y soient ajoutés.

4. À l'issue de chaque réunion, la Commission établit un compte rendu qui est communiqué aux points de contact.

5. Des réunions des points de contact et des membres du réseau peuvent aussi être organisées dans les États membres.

Art. 12 *bis* *Relations avec les autres réseaux et les organisations internationales.*

1. Le réseau entretient des relations et partage ses expériences et ses meilleures pratiques avec les autres réseaux européens partageant ses objectifs, tel le réseau judiciaire européen en matière pénale. Le réseau entretient aussi des relations avec le réseau européen de formation judiciaire en vue de promouvoir, le cas échéant et sans préjudice des pratiques nationales, des sessions de formation relatives à la coopération judiciaire en matière civile et commerciale au profit des autorités judiciaires locales des États membres.

2. Le réseau entretient des relations avec le réseau des centres européens des consommateurs (réseau CEC). En particulier, afin de fournir toute information générale sur le fonctionnement des actes communautaires et des instruments internationaux de nature à faciliter l'accès des consommateurs à la justice, les points de contacts du réseau sont à la disposition des membres du réseau CEC.

3. Afin d'accomplir les missions visées à l'article 3 concernant les instruments internationaux relatifs à la coopération judiciaire en matière civile et commerciale, le réseau entretient des contacts et procède à des échanges d'expériences avec les autres réseaux de coopération judiciaire établis entre pays tiers et avec les organisations internationales qui promeuvent la coopération judiciaire internationale.

4. La Commission, en étroite coopération avec la présidence du Conseil et les États membres, est chargée de la mise en œuvre des dispositions du présent article.

TITRE III

Informations disponibles au sein du réseau et informations fournies au public

Art. 13 *Informations diffusées au sein du réseau.* 1. Les informations diffusées au sein du réseau comprennent :

a) les informations mentionnées à l'article 2, paragraphe 5;

b) toute autre information jugée utile par les points de contact pour le bon fonctionnement du réseau;

c) les informations visées à l'article 8.

2. Aux fins des dispositions du paragraphe 1, la Commission mettra progressivement en place, en consultation avec les points de contact, un système électronique d'échange d'informations, sécurisé et à accès limité.

Art. 13 *bis* *Information générale du public.* Le réseau contribue à l'information générale du public par les moyens technologiques les plus appropriés afin de l'informer sur le contenu et le fonctionnement des actes communautaires ou des instruments internationaux relatifs à la coopération judiciaire en matière civile et commerciale.

À cette fin, et sans préjudice des dispositions de l'article 18, les points de contact assurent auprès du public la promotion du système d'information visé à l'article 14.

Art. 14 *Système d'information destiné au public.* 1. Un système d'information fondé sur l'Internet, destiné au public, comprenant le site propre du réseau, est mis en place progressivement conformément aux articles 17 et 18.

2. Ce système d'information comprend les éléments suivants :

a) les actes communautaires en vigueur ou en préparation relatifs à la coopération judiciaire en matière civile et commerciale;

b) les mesures nationales visant à mettre en œuvre, au plan interne, les instruments visés au point a) du présent paragraphe;

c) les instruments internationaux en vigueur relatifs à la coopération judiciaire en matière civile et commerciale auxquels les États membres sont parties, ainsi que les déclarations faites et les réserves exprimées dans le cadre de ces instruments;

d) les éléments pertinents de la jurisprudence communautaire dans le domaine de la coopération judiciaire en matière civile et commerciale;

e) les fiches d'information visées à l'article 15.

3. En ce qui concerne l'accès aux informations mentionnées au paragraphe 2, points a) à d), le réseau devrait, le cas échéant, établir sur son site propre, des liens vers les autres sites sur lesquels les informations originales se trouvent.

4. Par le même biais, le site propre au réseau facilitera l'accès à des initiatives analogues en matière d'information du public dans des domaines connexes, ainsi qu'à des sites contenant des informations sur les systèmes juridiques des États membres.

Art. 15 *Fiches d'information.* 1. Les fiches d'information sont établies par priorité sur des questions relatives à l'accès à la justice dans les États membres, et contiennent notamment des informations relatives aux modalités de saisine des tribunaux et à l'assistance judiciaire, sans préjudice des travaux déjà réalisés dans le cadre d'autres initiatives communautaires et dont le réseau tiendra le plus grand compte.

2. Les fiches d'information sont pratiques et concises. Elles sont établies dans une langue aisément compréhensible et contiennent des informations pratiques destinées au public. Elles sont progressivement établies sur, au moins, les sujets suivants :

a) les principes du système juridique et de l'organisation judiciaire des États membres;

b) les modalités de saisine des tribunaux, notamment en ce qui concerne les demandes de faible importance, et les procédures judiciaires subséquentes, y compris les voies et les procédures de recours;

c) les conditions et les modalités d'accès à l'assistance judiciaire, comprenant des descriptions des tâches des organisations non gouvernementales qui travaillent dans le domaine, en tenant compte des travaux déjà réalisés dans le cadre du dialogue avec les citoyens;

d) les règles nationales en matière de signification et de notification des actes;

e) les règles et les procédures pour l'exécution des décisions judiciaires d'un autre État membre;

f) les possibilités et les procédures pour l'obtention de mesures conservatoires, notamment la saisie des biens d'une personne en vue d'une exécution;

g) la possibilité de résoudre les litiges par des moyens alternatifs, et l'indication des centres d'information et d'assistance nationaux du réseau européen pour la résolution extrajudiciaire des litiges de consommation;

h) l'organisation et le fonctionnement des professions juridiques.

3. Le cas échéant, les fiches d'information comportent des éléments sur la jurisprudence pertinente des États membres.

4. Les fiches d'information peuvent comporter des informations plus détaillées à l'intention des spécialistes.

Art. 16 *Mise à jour des informations.* Toutes les informations diffusées à l'intérieur du réseau et au public en vertu des articles 13 à 15 sont régulièrement actualisées.

Art. 17 *Rôle de la Commission dans le système d'information destiné au public.* La Commission :

1) est responsable de la gestion du système d'information destiné au public;

2) établit, en consultation avec les points de contact, un site propre au réseau sur son site Internet;

3) fournit des informations sur les aspects pertinents du droit et des procédures communautaires, y compris sur la jurisprudence communautaire, conformément à l'article 14;

4)

a) s'assure de la cohérence formelle des fiches d'information et veille à ce qu'elles comportent toutes les informations jugées nécessaires par le réseau;

b) s'assure de la traduction, dans les langues officielles des institutions de l'Union, des informations sur les aspects pertinents du droit et des procédures communautaires, y compris sur la jurisprudence communautaire, ainsi que des pages générales du système d'information et des fiches d'information visées à l'article 15, et les met à disposition sur le site internet propre au réseau.

Art. 18 *Rôle des points de contact dans le système d'information destiné au public.* Les points de contact veillent à ce que :

1) les informations nécessaires à la constitution et au fonctionnement du système soient fournies à la Commission;

2) les informations introduites dans le système soient exactes;

3) les mises à jour éventuelles soient communiquées sans délai à la Commission dès qu'une information nécessite une modification;

4) les fiches d'information qui concernent leur État membre soient établies, conformément aux orientations mentionnées à l'article 10, paragraphe 1, point e);

5) les fiches d'information installées sur le site propre du réseau soient diffusées le plus largement possible dans leur État membre.

TITRE IV

Dispositions finales

Art. 19 *Évaluation.* Au plus tard le 1er janvier 2014, puis tous les trois ans, la Commission présente au Parlement européen, au Conseil et au Comité économique et social européen un rapport relatif aux activités du réseau. Ce rapport est accompagné, le cas échéant, de propositions visant à adapter la présente décision et inclut des informations sur les activités du réseau visant à améliorer la conception, le développement et la mise en œuvre de l'e-justice européenne, notamment pour faciliter l'accès à la justice.

Art. 20 *Communication.* Au plus tard le 1er juillet 2010, les États membres communiquent à la Commission les informations visées à l'article 2, paragraphe 5.

Art. 21 *Date de mise en application.* La présente décision est applicable à partir du 1er décembre 2002, à l'exception des articles 2 et 20 qui s'appliquent à partir de la date de la notification de la décision aux États membres qui en sont destinataires.

Les États membres sont destinataires de la présente décision conformément au traité instituant la Communauté européenne.

71 Décision-cadre 2009/299/JAI du Conseil du 26 février 2009 portant modification des décisions-cadres 2002/584/JAI, 2005/214/JAI, 2006/783/JAI, 2008/909/JAI et 2008/947/JAI, renforçant les droits procéduraux des personnes et favorisant l'application du principe de reconnaissance mutuelle aux décisions rendues en l'absence de la personne concernée lors du procès

Non reproduite. Consultable sur :
http://europa.eu/eu-law/legislation/index_fr.htm

72 Décision 2012/714/UE de la Commission du 21 novembre 2012 confirmant la participation de la Lituanie à la coopération renforcée dans le domaine de la loi applicable au divorce et à la séparation de corps

Applicable depuis le 22 mai 2014

Non reproduite. Consultable sur :
http://europa.eu/eu-law/legislation/index_fr.htm

73 Décision (2014/39/UE) de la Commission du 27 janvier 2014 confirmant la participation de la Grèce à la coopération renforcée dans le domaine de la loi applicable au divorce et à la séparation de corps

Applicable depuis le 29 juillet 2016

Non reproduite. Consultable sur :
http://europa.eu/eu-law/legislation/index_fr.htm

74 Décision (UE) 2016/1366 de la Commission du 10 août 2016 confirmant la participation de l'Estonie à la coopération renforcée dans le domaine de la loi applicable au divorce et à la séparation de corps

Applicable depuis le 11 février 2018

Non reproduite. Consultable sur :
http://europa.eu/eu-law/legislation/index_fr.htm

DEUXIÈME PARTIE
CONVENTIONS INTERNATIONALES

SOUS-PARTIE I
CONVENTIONS EUROPÉENNES

75 Convention européenne de Genève du 21 avril 1961 sur l'arbitrage commercial international

En vigueur depuis le 9 février 1968

Les soussignés, dûment autorisés, réunis sous les auspices de la commission économique pour l'Europe de l'Organisation des Nations unies,
Ayant constaté que le 10 juin 1958, à l'issue de la Conférence des Nations unies sur l'arbitrage commercial international, a été signée à New York une convention pour la reconnaissance et l'exécution des sentences arbitrales étrangères,
Désireux, pour contribuer au développement du commerce européen, d'écarter, dans la mesure du possible, certaines difficultés susceptibles d'entraver l'organisation et le fonctionnement de l'arbitrage commercial international dans les relations entre personnes physiques ou morales des pays différents de l'Europe, sont convenus des dispositions suivantes :

Art. premier *Champ d'application de la convention.* 1. La présente convention s'applique :

a. Aux conventions d'arbitrage conclues, pour le règlement de litiges nés ou à naître d'opérations de commerce international, entre personnes physiques ou morales ayant, au moment de la conclusion de la convention, leur résidence habituelle ou leur siège dans des États contractants différents;

b. Aux procédures et aux sentences arbitrales fondées sur les conventions visées au paragraphe 1 (a) de cet article.

2. Aux fins de la présente convention, on entend par :

a. « Convention d'arbitrage », soit une clause compromissoire insérée dans un contrat, soit un compromis, contrat ou compromis signés par les parties ou contenus dans un échange de lettres, de télégrammes ou de communications pour téléscripteur, et, dans les rapports entre pays dont les lois n'imposent pas la forme écrite à la convention d'arbitrage, toute convention conclue dans les formes permises par ces lois;

b. « Arbitrage », le règlement de litiges non seulement par des arbitres nommés pour des cas déterminés (arbitrage *ad hoc*), mais également par des institutions d'arbitrage permanentes;

c. « Siège », le lieu où est situé l'établissement qui a conclu la convention d'arbitrage.

Art. 2 *Capacité des personnes morales de droit public de se soumettre à l'arbitrage.* 1. Dans les cas visés à l'article 1er, paragraphe 1, de la présente convention, les personnes morales qualifiées, par la loi qui leur est applicable, de « personnes morales de droit public » ont la faculté de conclure valablement des conventions d'arbitrage.

2. Au moment de signer ou de ratifier la présente convention ou d'y adhérer, tout État pourra déclarer qu'il limite cette faculté dans les conditions précisées dans sa déclaration.

Art. 3 *Capacité des étrangers d'être arbitres.* Dans les arbitrages soumis à la présente convention, les étrangers peuvent être désignés comme arbitres.

Art. 4 *Organisation de l'arbitrage.* 1. Les parties à une convention d'arbitrage sont libres de prévoir :

a. Que leurs litiges seront soumis à une institution permanente d'arbitrage; dans ce cas, l'arbitrage se déroulera conformément au règlement de l'institution désignée; ou

b. Que leurs litiges seront soumis à une procédure arbitrale *ad hoc*; dans ce cas, les parties auront notamment la faculté :

i. De désigner les arbitres ou d'établir les modalités suivant lesquelles les arbitres seront désignés en cas de litige;

ii. De déterminer le lieu de l'arbitrage;

iii. De fixer les règles de procédure à suivre par les arbitres.

2. Si les parties ont entendu soumettre le règlement de leurs litiges à un arbitrage *ad hoc* et que, dans un délai de trente jours à dater de la notification de la demande d'arbitrage au défendeur, l'une des parties n'a pas désigné son arbitre, celui-ci sera désigné, sauf convention contraire, sur demande de l'autre partie, par le président de la chambre de commerce compétente du pays dans lequel la partie en défaut a, au moment de l'introduction de la demande d'arbitrage, sa résidence habituelle ou son siège. Le présent paragraphe s'applique également au remplacement d'arbitres désignés par une partie ou par le président de la chambre de commerce ci-dessus visée.

3. Si les parties ont entendu soumettre le règlement de leurs litiges à un arbitrage *ad hoc* par un ou plusieurs arbitres sans que la convention d'arbitrage contienne d'indication sur les mesures nécessaires à l'organisation de l'arbitrage telles que celles qui sont visées au paragraphe 1 du présent article, ces mesures seront prises, si les parties ne s'entendent pas à ce sujet et sous réserve du cas visé au paragraphe 2 ci-dessus, par le ou les arbitres déjà désignés. À défaut d'accord entre les parties sur la désignation de l'arbitre unique ou à défaut d'accord entre les arbitres sur les mesures à prendre, le demandeur pourra s'adresser, pour que ces mesures soient prises, si les parties sont convenues du lieu de l'arbitrage, à son choix, soit au président de la chambre de commerce compétente du pays où se trouve le lieu choisi par les parties, soit au président de la chambre de commerce compétente du pays dans lequel le défendeur a, au moment de l'introduction de la demande d'arbitrage, sa résidence habituelle ou son siège; si les parties ne sont pas convenues du lieu de l'arbitrage, le demandeur pourra s'adresser, à son choix, soit au président de la chambre de commerce compétente du pays dans lequel le défendeur a, au moment de l'introduction de la demande d'arbitrage, sa résidence habituelle ou son siège, soit au comité spécial dont la composition et les modalités de fonctionnement sont déterminées par l'annexe à la présente convention. Si le demandeur n'exerce pas les droits qui lui sont accordés par le présent paragraphe, ces droits pourront être exercés par le défendeur ou par les arbitres.

4. Le président ou le comité spécial saisis pourront procéder, selon le cas :

a. À la désignation de l'arbitre unique, de l'arbitre président, du superarbitre ou du tiers arbitre;

b. Au remplacement d'un ou de plusieurs arbitres désignés selon une procédure autre que celle prévue au paragraphe 2 du présent article;

c. À la détermination du lieu de l'arbitrage, étant entendu que les arbitres peuvent choisir un autre lieu d'arbitrage;

d. À la fixation directe ou par référence au règlement d'une institution arbitrale permanente des règles de procédure qui devront être observées par les arbitres, si les arbitres n'ont pas fixé leurs règles de procédure à défaut d'accord entre les parties à ce sujet.

5. Si les parties ont entendu soumettre le règlement de leurs litiges à une institution arbitrale permanente sans désigner cette institution et ne s'accordent pas sur cette désignation, le demandeur pourra requérir cette désignation conformément à la procédure prévue au paragraphe 3 ci-dessus.

6. Si la convention d'arbitrage ne contient aucune indication sur le mode d'arbitrage (arbitrage par une institution permanente d'arbitrage ou arbitrage *ad hoc*) auquel les parties ont entendu soumettre leur litige et si les parties ne s'accordent pas sur cette question, le demandeur aura la faculté de recourir à ce sujet à la procédure prévue au paragraphe 3 ci-dessus. Le président de la chambre de commerce compétente ou le comité spécial pourront soit renvoyer les parties à une institution permanente d'arbitrage, soit inviter les parties à désigner leurs arbitres dans un délai qu'ils leur auront fixé et à convenir dans le même délai des mesures nécessaires au fonctionnement de l'arbitrage. Dans ce dernier cas, seront applicables les paragraphes 2, 3 et 4 du présent article.

7. Si, dans un délai de soixante jours à partir du moment où il aura été saisi d'une des requêtes énumérées aux paragraphes 2, 3, 4, 5 et 6 de cet article, le président de la chambre de commerce désignée en vertu d'un de ces paragraphes n'a pas donné suite à la requête, le requérant pourra s'adresser au comité spécial afin qu'il assume les fonctions qui n'ont pas été remplies.

Art. 5 *Déclinatoire de compétence arbitrale.* 1. La partie qui entend soulever une exception prise de l'incompétence de l'arbitre doit, lorsqu'il s'agit d'exceptions fondées sur l'inexistence, la nullité ou la caducité de la convention d'arbitrage, le faire dans la procédure arbitrale au plus tard au moment de présenter ses défenses sur le fond et, lorsqu'il s'agit d'exceptions prises de ce que la question litigieuse excéderait les pouvoirs de l'arbitre, aussitôt que sera soulevée, dans la procédure arbitrale, la question qui excéderait ces pouvoirs. Lorsque le retard des parties à soulever l'exception est dû à une cause jugée valable par l'arbitre, celui-ci déclare l'exception recevable.

2. Les exceptions d'incompétence visées au paragraphe 1 ci-dessus et qui n'auraient pas été soulevées dans les délais fixés à ce paragraphe 1 ne pourront plus l'être dans la suite de la procédure arbitrale s'il s'agit d'exceptions qu'en vertu du droit applicable par l'arbitre les parties ont seules la faculté d'invoquer, ni au cours d'une procédure judiciaire ultérieure sur le fond ou l'exécution de la sentence s'il s'agit d'exceptions laissées à la faculté des parties en vertu de la loi déterminée par la règle de conflit du tribunal judiciaire saisi du fond ou de l'exécution de la sentence. Le juge pourra toutefois contrôler la décision par laquelle l'arbitre aura constaté la tardiveté de l'exception.

3. Sous réserve des contrôles judiciaires ultérieurs prévus par la loi du for, l'arbitre, dont la compétence est contestée, ne doit pas se dessaisir de l'affaire; il a le pouvoir de statuer sur sa propre compétence et sur l'existence ou la validité de la convention d'arbitrage ou du contrat dont cette convention fait partie.

Art. 6 *Compétence judiciaire.* 1. L'exception prise de l'existence d'une convention d'arbitrage et présentée devant le tribunal judiciaire saisi par une des parties à la convention d'arbitrage doit être soulevée par le défendeur à peine de forclusion avant ou au moment de présenter ses défenses sur le fond selon que la loi du tribunal saisi considère l'exception d'incompétence comme une question de procédure ou de fond.

2. Quand ils auront à se prononcer sur l'existence ou la validité d'une convention d'arbitrage, les tribunaux des États contractants statueront en ce qui concerne la capacité des parties selon la loi qui leur est applicable et en ce qui concerne les autres questions :

a. Selon la loi à laquelle les parties ont soumis la convention d'arbitrage;

b. À défaut d'une indication à cet égard, selon la loi du pays où la sentence doit être rendue;

c. À défaut d'indication sur la loi à laquelle les parties ont soumis la convention et, si au moment où la question est soumise à un tribunal judiciaire il n'est pas possible de prévoir quel sera le pays où la sentence sera rendue, selon la loi compétente en vertu des règles de conflit du tribunal saisi.

Le juge saisi pourra ne pas reconnaître la convention d'arbitrage si, selon la loi du for, le litige n'est pas susceptible d'arbitrage.

3. Lorsque, avant tout recours à un tribunal judiciaire, une procédure d'arbitrage aura été introduite, les tribunaux judiciaires des États contractants, saisis ultérieurement d'une demande portant sur le même différend entre les mêmes parties ou d'une demande en constatation de l'inexistence, de la nullité ou de la caducité de la convention d'arbitrage, surseoiront, sauf motifs graves, à statuer sur la compétence de l'arbitre jusqu'au prononcé de la sentence arbitrale.

4. Une demande de mesures provisoires ou conservatoires adressée à une autorité judiciaire ne doit pas être considérée comme incompatible avec la convention d'arbitrage, ni comme une soumission de l'affaire quant au fond au tribunal judiciaire.

Art. 7 *Droit applicable.* 1. Les parties sont libres de déterminer le droit que les arbitres devront appliquer au fond du litige. À défaut d'indication par les parties du droit applicable, les arbitres appliqueront la loi désignée par la règle de conflit que les arbitres jugeront appropriée en l'espèce. Dans les deux cas les arbitres tiendront compte des stipulations du contrat et des usages du commerce.

2. Les arbitres statueront en « amiables compositeurs » si telle est la volonté des parties et si la loi régissant l'arbitrage le permet.

Art. 8 *Motifs de la sentence.* Les parties sont présumées avoir entendu que la sentence arbitrale soit motivée, sauf :

a. Si les parties ont déclaré expressément que la sentence ne doit pas l'être, ou

b. Si elles se sont soumises à une procédure arbitrale dans le cadre de laquelle il n'est pas d'usage de motiver les sentences et pour autant, dans ce cas, que les parties ou l'une d'elles ne demandent pas expressément avant la fin de l'audience, ou s'il n'y a pas eu d'audience, avant la rédaction de la sentence, que la sentence soit motivée.

Art. 9 *L'annulation de la sentence arbitrale.* 1. L'annulation dans un État contractant d'une sentence arbitrale régie par la présente convention ne constituera une cause de refus de reconnaissance ou d'exécution dans un autre État contractant que si cette annulation a été prononcée dans l'État dans lequel ou d'après la loi duquel la sentence a été rendue et ce pour une des raisons suivantes :

a. Les parties à la convention d'arbitrage étaient, en vertu de la loi qui leur est applicable, frappées d'une incapacité ou ladite convention n'est pas valable en vertu de la loi à laquelle les parties l'ont soumise ou, à défaut d'indication à cet égard, en vertu de la loi du pays où la sentence a été rendue; ou

b. La partie qui demande l'annulation n'a pas été dûment informée de la désignation de l'arbitre ou de la procédure d'arbitrage, ou il lui a été impossible, pour une autre raison, de faire valoir ses moyens; ou

c. La sentence porte sur un différend non visé dans le compromis ou n'entrant pas dans les prévisions de la clause compromissoire; ou contient des décisions qui dépassent les termes du compromis ou de la clause compromissoire; toutefois, si les dispositions de la sentence qui ont trait à des questions soumises à l'arbitrage peuvent être dissociées de celles qui ont trait à des questions non soumises à l'arbitrage, les premières pourront ne pas être annulées : ou

d. La constitution du tribunal arbitral ou la procédure d'arbitrage n'a pas été conforme à la convention des parties ou, à défaut de convention, aux dispositions de l'article 4 de la présente convention.

2. Dans les rapports entre États contractants également parties à la convention de New York du 10 juin 1958 sur la reconnaissance et l'exécution des sentences arbitrales étrangères, le paragraphe 1 du présent article a pour effet de limiter aux seules causes d'annulation qu'il énumère l'application de l'article 5, paragraphe 1 (e), de la convention de New York.

Art. 10 *Dispositions finales.* 1. La présente convention est ouverte à la signature ou à l'adhésion des pays membres de la commission économique pour l'Europe et des pays admis à la commission à titre consultatif conformément au paragraphe 8 du mandat de cette commission.

2. Les pays susceptibles de participer à certains travaux de la commission économique pour l'Europe en application du paragraphe 11 du mandat de cette commission peuvent devenir parties contractantes à la présente convention en y adhérant après son entrée en vigueur.

3. La convention sera ouverte à la signature jusqu'au 31 décembre 1961 inclus. Après cette date, elle sera ouverte à l'adhésion.

4. La présente convention sera ratifiée.

5. Les instruments de ratification ou d'adhésion seront déposés auprès du secrétaire général de l'Organisation des Nations unies.

6. En signant la présente convention, en la ratifiant ou en y adhérant, les parties contractantes communiqueront au secrétaire général de l'Organisation des Nations unies la liste des chambres de commerce ou autres institutions de leur pays dont les présidents assumeront les fonctions confiées par l'article 4 de la présente convention aux présidents des chambres de commerce compétentes.

7. Les dispositions de la présente convention ne portent pas atteinte à la validité des accords multilatéraux ou bilatéraux conclus ou à conclure par des États contractants en matière d'arbitrage.

8. La présente convention entrera en vigueur le quatre-vingt-dixième jour après que cinq des pays mentionnés au paragraphe 1 du présent article auront déposé leur instrument de ratification ou d'adhésion. Pour chaque pays qui la ratifiera ou y adhérera ultérieurement, la présente convention entrera en vigueur le quatre-vingt-dixième jour qui suivra le dépôt de l'instrument de ratification ou d'adhésion dudit pays.

9. Chaque partie contractante pourra dénoncer la présente convention par notification adressée au secrétaire général de l'Organisation des Nations unies. La dénonciation prendra effet douze mois après la date à laquelle le secrétaire général en aura reçu notification.

10. Si, après l'entrée en vigueur de la présente convention, le nombre de parties contractantes se trouve, par suite de dénonciations, ramené à moins de cinq, la présente convention cessera d'être en vigueur à partir de la date à laquelle la dernière de ces dénonciations prendra effet.

11. Le secrétaire général de l'Organisation des Nations unies notifiera aux pays visés au paragraphe 1, ainsi qu'aux pays devenus parties contractantes en application du paragraphe 2 du présent article :

a. Les déclarations faites en vertu du paragraphe 2 de l'article 2 ;

b. Les ratifications et adhésions en vertu des paragraphes 1 et 2 du présent article ;

c. Les communications reçues conformément au paragraphe 6 du présent article ;

d. Les dates auxquelles la présente convention entrera en vigueur conformément au paragraphe 8 du présent article ;

e. Les dénonciations en vertu du paragraphe 9 du présent article ;

f. L'abrogation de la présente convention conformément au paragraphe 10 du présent article.

12. Après le 31 décembre 1961, l'original de la présente convention sera déposé auprès du secrétaire général de l'Organisation des Nations unies, qui en transmettra des copies certifiées conformes à chacun des pays visés aux paragraphes 1 et 2 du présent article.

En foi de quoi les soussignés, à ce dûment autorisés, ont signé la présente convention.

ANNEXE

Composition et modalités de fonctionnement du comité spécial visé à l'article 4 de la convention

1. Le comité spécial visé à l'article 4 de la convention sera composé de deux membres titulaires et d'un président. L'un des membres titulaires sera élu par les chambres de commerce ou autres institutions désignées, conformément à l'article 10, paragraphe 6, de la convention, par les États dans lesquels, au moment de l'ouverture de la convention à la signature, il existe des comités nationaux de la chambre de commerce internationale et qui, au moment de l'élection, seront parties à la convention. L'autre membre sera élu par les chambres de commerce ou autres institutions désignées, conformément à l'article 10, paragraphe 6, de la convention, par les États dans lesquels, au moment de l'ouverture de la convention à la signature, il n'existe pas de comités nationaux de la chambre de commerce internationale et qui, au moment de l'élection, seront parties à la convention.

2. Les personnes appelées à exercer, dans les conditions prévues au paragraphe 7 ci-dessous, les fonctions de président du comité spécial, seront également élues par les chambres de commerce ou autres institutions comme prévu au paragraphe 1 de la présente annexe.

3. Les chambres de commerce ou autres institutions visées au paragraphe 1 de la présente annexe éliront, en même temps et dans les mêmes conditions que les présidents et les membres titulaires, des suppléants pour le cas d'empêchement temporaire desdits présidents ou membres titulaires. En cas d'empêchement permanent ou de démission d'un président ou d'un membre titulaire, le suppléant élu pour le remplacer devient, selon le cas, président ou membre titulaire, le suppléant élu pour le remplacer devient, selon le cas, président ou membre titulaire et le groupe de chambres de commerce ou autres institutions qui avait élu le suppléant devenu président ou membre titulaire procédera à l'élection d'un nouveau suppléant.

4. Les premières élections du comité auront lieu dans les quatre-vingt-dix jours qui suivent le dépôt du cinquième instrument de ratification ou d'adhésion. Pourront également participer à ces élections les chambres de commerce ou autres institutions désignées par les États qui étant signataires ne sont pas encore parties à la convention. S'il n'est pas possible de procéder à des élections dans le délai indiqué, l'application des paragraphes 3 à 7 de l'article 4 de la convention sera suspendue jusqu'à ce qu'il soit procédé à des élections dans les conditions prévues ci-dessus.

5. Sous réserve des dispositions du paragraphe 7 ci-dessous, les membres du comité spécial seront élus pour une période de quatre ans. De nouvelles élections devront avoir

lieu dans les premiers six mois de la quatrième année à partir des élections précédentes. Si une nouvelle procédure d'élection des membres du comité spécial n'a pu donner de résultats, les membres précédemment élus continueront à exercer leurs fonctions jusqu'à l'élection de nouveaux membres.

6. Les résultats des élections des membres du comité spécial seront communiqués au secrétaire général de l'Organisation des Nations unies qui les notifiera aux États visés au paragraphe 1 de l'article 10 de la présente convention ainsi qu'aux États devenus parties contractantes en application du paragraphe 2 de l'article 10, Le secrétaire général notifiera également aux mêmes États la suspension éventuelle et la mise en application des paragraphes 3 à 7 de l'article 4 de la convention en vertu du paragraphe 4 de la présente annexe.

7. Les personnes élues à titre de président exerceront leurs fonctions, à tour de rôle, chacune pendant deux ans. L'attribution des fonctions de la présidence à l'une de ces deux personnes pendant la première période de deux ans après l'entrée en vigueur de la convention sera déterminée par tirage au sort. La présidence sera ensuite attribuée chaque fois, pour une nouvelle période de deux ans, à la personne élue à titre de président par le groupe de pays autre que celui par lequel aura été élu le président ayant exercé ses fonctions pendant la période de deux ans immédiatement précédente.

8. Les requêtes au comité spécial prévues aux paragraphes 3 à 7 de l'article 4 de la convention seront adressées au secrétaire exécutif de la commission économique pour l'Europe. Le secrétaire exécutif en saisira d'abord le membre du comité spécial élu par le groupe de pays autre que celui par lequel aura été élu le président en exercice au moment de l'introduction de la requête. La solution proposée par le membre saisi en premier lieu sera transmise par le secrétaire exécutif à l'autre membre du comité et, si celui-ci l'accepte, cette solution sera considérée comme décision du comité et communiquée en tant que telle par le secrétaire exécutif au requérant.

9. Si les deux membres du comité spécial saisis par le secrétaire exécutif n'arrivent pas à s'entendre sur une solution par voie de correspondance, le secrétaire exécutif convoquera une réunion du comité spécial à Genève afin d'essayer d'aboutir à une décision unanime sur la requête. À défaut d'unanimité, la décision du comité sera prise à la majorité des voix et communiquée par le secrétaire exécutif au requérant.

10. Les frais liés à l'intervention du comité spécial dans un litige soumis à la présente convention seront avancés par le requérant et employés par lui en frais de procédure.

ARRANGEMENT

RELATIF À L'APPLICATION DE LA CONVENTION EUROPÉENNE SUR L'ARBITRAGE COMMERCIAL INTERNATIONAL

Les gouvernements signataires des États membres du Conseil de l'Europe,

Considérant qu'une convention européenne sur l'arbitrage commercial international a été ouverte à la signature à Genève le 21 avril 1961 ;

Considérant toutefois que certaines mesures relatives à l'organisation de l'arbitrage prévues à l'article 4 de la convention ne se recommandent qu'en cas de différends entre personnes physiques ou morales ayant leur résidence habituelle ou leur siège, les unes dans les États contractants où, selon les termes de l'annexe à la convention, il existe des comités nationaux de la chambre de commerce internationale, et les autres dans des États où il n'existe pas de tels comités ;

Considérant qu'aux termes du paragraphe 7 de l'article 10 de ladite convention, les dispositions de celle-ci ne portent pas atteinte à la validité d'accord multilatéraux ou bilatéraux conclus ou à conclure, en matière d'arbitrage, par des États qui y sont parties;

Sans préjuger l'intervention d'une convention portant loi uniforme sur l'arbitrage actuellement en voie d'élaboration au sein du Conseil de l'Europe,

sont convenus de ce qui suit :

Art. premier Dans les relations entre personnes physiques ou morales ayant leur résidence habituelle ou leur siège dans les États parties au présent arrangement, les paragraphes 2 à 7 de l'article 4 de la convention européenne sur l'arbitrage commercial international ouverte à la signature à Genève le 21 avril 1961 sont remplacés par la disposition suivante :

Si la convention d'arbitrage ne contient pas d'indication sur l'ensemble ou sur une partie des mesures visées au paragraphe 1 de l'article 4 de la convention européenne sur l'arbitrage commercial international, les difficultés qui se présenteraient quant à la constitution ou au fonctionnement de la juridiction arbitrale seront réglées par l'autorité judiciaire compétente à la requête de la partie la plus diligente.

Art. 2 1. Le présent arrangement est ouvert à la signature des États membres du Conseil de l'Europe. Il sera ratifié ou accepté. Les instruments de ratification ou d'acceptation seront déposés près le secrétaire général du Conseil de l'Europe.

2. Sous réserve des dispositions de l'article 4, l'arrangement entrera en vigueur trente jours après la date du dépôt du deuxième instrument de ratification ou d'acceptation.

3. Sous réserve des dispositions de l'article 4, il entrera en vigueur à l'égard de tout gouvernement signataire qui le ratifiera ou l'acceptera ultérieurement trente jours après la date du dépôt de son instrument de ratification ou d'acceptation.

Art. 3 1. Après l'entrée en vigueur du présent arrangement, le comité des ministres du Conseil de l'Europe pourra inviter tout État non membre du Conseil dans lequel existe un comité national de la chambre de commerce internationale à adhérer au présent arrangement.

2. L'adhésion s'effectuera par le dépôt, près le secrétaire général du Conseil de l'Europe, d'un instrument d'adhésion qui prendra effet, sous réserve des dispositions de l'article 4, trente jours après la date de son dépôt.

Art. 4 L'entrée en vigueur du présent arrangement à l'égard de tout État qui l'aura ratifié, accepté ou y aura adhéré, conformément aux dispositions des articles 2 et 3, est subordonnée à l'entrée en vigueur de la convention européenne sur l'arbitrage commercial international à l'égard dudit État.

Art. 5 Toute partie contractante pourra, en ce qui la concerne, dénoncer le présent arrangement en adressant une notification au secrétaire général du Conseil de l'Europe. Cette dénonciation prendra effet six mois après la date de la réception de sa notification par le secrétaire général du Conseil.

Art. 6 Le secrétaire général du Conseil de l'Europe notifiera aux États membres du Conseil et au gouvernement de tout État ayant adhéré au présent arrangement :

a. Toute signature;

b. Le dépôt de tout instrument de ratification, d'acceptation ou d'adhésion;

c. Toute date d'entrée en vigueur;

d. Toute notification reçue en application des dispositions de l'article 5.

En foi de quoi les soussignés, dûment autorisés à cet effet, ont signé le présent arrangement.

76 Convention européenne de Londres du 7 juin 1968 dans le domaine de l'information sur le droit étranger

En vigueur depuis le 11 juillet 1972

Préambule

Les États membres du Conseil de l'Europe, signataires de la présente Convention,

Considérant que le but du Conseil de l'Europe est de réaliser une union plus étroite entre ses membres ;

Convaincus que l'établissement d'un système d'entraide internationale en vue de faciliter l'obtention par les autorités judiciaires d'informations sur le droit étranger contribuerait à la réalisation de ce but,

Sont convenus de ce qui suit :

Art. premier *Champ d'application de la Convention.* 1. Les Parties contractantes s'engagent à se fournir, selon les dispositions de la présente Convention, des renseignements concernant leur droit dans le domaine civil et commercial, ainsi que dans le domaine de la procédure civile et commerciale et de l'organisation judiciaire.

2. Toutefois, deux ou plusieurs Parties contractantes pourront convenir d'étendre, en ce qui les concerne, le champ d'application de la présente Convention à des domaines autres que ceux indiqués dans le paragraphe précédent. Le texte de l'accord intervenu sera communiqué au Secrétaire Général du Conseil de l'Europe.

Art. 2 *Organes nationaux de liaison.* 1. Pour l'application de la présente Convention, chaque Partie contractante créera ou désignera un organe unique (ci-après dénommé « organe de réception ») qui sera chargé :

a. de recevoir les demandes de renseignements visés au paragraphe 1 de l'article 1er, qui proviennent d'une autre Partie contractante ;

b. de donner suite à ces demandes, conformément à l'article 6.

Cet organe devra être un service ministériel ou un autre organe étatique.

2. Chaque Partie contractante aura la faculté de créer ou désigner un ou plusieurs organes (ci-après dénommés « organes de transmission ») chargés de recevoir les demandes de renseignements provenant de ses autorités judiciaires et de les transmettre à l'organe de réception étranger compétent. La tâche dévolue à l'organe de transmission pourra être confiée à l'organe de réception.

3. Chaque Partie contractante communiquera au Secrétaire Général du Conseil de l'Europe la dénomination et l'adresse de son organe de réception et, s'il y a lieu, de son ou de ses organes de transmission.

Art. 3 *Autorités habilitées à formuler la demande de renseignements.* 1. La demande de renseignements devra toujours émaner d'une autorité judiciaire, même si elle n'est pas formulée par celle-ci. Elle ne pourra être formée qu'à l'occasion d'une instance déjà engagée.

2. Toute Partie contractante pourra, si elle n'a pas créé ou désigné d'organes de transmission, indiquer, par déclaration adressée au Secrétaire Général du Conseil de

l'Europe, celles de ses autorités qu'elle considérera comme une autorité judiciaire au sens du paragraphe précédent.

3. Deux ou plusieurs Parties contractantes pourront convenir d'étendre, en ce qui les concerne, l'application de la présente Convention à des demandes émanant d'autorités autres que les autorités judiciaires. Le texte de l'accord intervenu sera communiqué au Secrétaire Général du Conseil de l'Europe.

Art. 4 *Contenu de la demande de renseignements.* 1. La demande de renseignements devra indiquer l'autorité judiciaire dont elle émane ainsi que la nature de l'affaire. Elle devra préciser, d'une façon aussi exacte que possible, les points sur lesquels l'information concernant le droit de l'État requis est demandée et, dans le cas où il existerait plusieurs systèmes juridiques dans le pays requis, le système au sujet duquel les renseignements sont demandés.

2. La demande sera accompagnée de l'exposé des faits nécessaire tant pour la bonne compréhension que pour la formulation d'une réponse exacte et précise; des copies de pièces pourront être jointes dans la mesure où elles seront nécessaires pour préciser la portée de la demande.

3. La demande pourra porter, à titre complémentaire, sur des points concernant des domaines autres que ceux visés à l'article 1er, paragraphe 1, lorsqu'ils présenteront un lien de connexité avec les points principaux de la demande.

4. Lorsque la demande ne sera pas formulée par une autorité judiciaire, elle sera accompagnée de la décision de celle-ci l'ayant autorisée.

Art. 5 *Transmission de la demande de renseignements.* La demande de renseignements sera adressée directement à l'organe de réception de l'État requis par un organe de transmission ou, à défaut d'un tel organe, par l'autorité judiciaire dont elle émane.

Art. 6 *Autorités habilitées à répondre.* 1. L'organe de réception saisi d'une demande de renseignements pourra, soit formuler lui-même la réponse, soit transmettre la demande à un autre organe étatique ou officiel qui formulera la réponse.

2. L'organe de réception pourra, dans les cas appropriés ou pour des raisons d'organisation administrative, transmettre la demande à un organisme privé ou à un juriste qualifié qui formulera la réponse.

3. Lorsque l'application du paragraphe précédent est de nature à entraîner des frais, l'organe de réception, avant d'effectuer la transmission visée audit paragraphe, indiquera à l'autorité dont émane la demande, l'organisme privé ou le ou les juristes à qui la demande serait transmise; dans ce cas, il l'informera, dans la mesure du possible, de l'importance des frais envisagés, et demandera son agrément.

Art. 7 *Contenu de la réponse.* La réponse devra avoir pour but d'informer d'une façon objective et impartiale sur le droit de l'État requis l'autorité dont émane la demande. Elle comportera, selon le cas, la fourniture de textes législatifs et réglementaires et de décisions jurisprudentielles. Elle sera assortie, dans la mesure jugée nécessaire à la bonne information du demandeur, de documents complémentaires tels que des extraits d'ouvrage doctrinaux et travaux préparatoires. Elle pourra éventuellement être accompagnée de commentaires explicatifs.

Art. 8 *Effets de la réponse.* Les renseignements contenus dans une réponse ne lient pas l'autorité judiciaire dont émane la demande.

Art. 9 *Communication de la réponse.* La réponse sera adressée par l'organe de transmission, si la demande a été transmise par celui-ci, ou à l'autorité judiciaire, si celle-ci l'a saisi directement.

Art. 10 *Obligation de répondre.* 1. L'organe de réception saisi d'une demande de renseignements a, sous réserve des dispositions de l'article 11, l'obligation d'y donner suite, conformément aux dispositions de l'article 6.

2. Lorsque la réponse n'est pas formulée par l'organe de réception lui-même, celui-ci restera notamment tenu de veiller à ce qu'une réponse soit fournie dans les conditions prévues à l'article 12.

Art. 11 *Exceptions à l'obligation de répondre.* L'État requis pourra refuser de donner suite à la demande de renseignements lorsque ses intérêts sont affectés par le litige à l'occasion duquel la demande a été formulée ou lorsqu'il estime que la réponse serait de nature à porter atteinte à sa souveraineté ou à sa sécurité.

Art. 12 *Délai de la réponse.* La réponse à une demande de renseignements devra être fournie aussi rapidement que possible. Toutefois, si l'élaboration de la réponse exige un long délai, l'organe de réception en avisera l'autorité étrangère qui l'a saisi, en précisant, si possible, la date à laquelle la réponse pourra vraisemblablement être communiquée.

Art. 13 *Informations complémentaires.* 1. L'organe de réception ainsi que l'organe ou la personne qu'il aura, conformément à l'article 6, chargés de répondre, pourront demander à l'autorité dont émane la demande les informations complémentaires qu'ils estiment nécessaires pour l'élaboration de la réponse.

2. La demande d'informations complémentaires sera transmise par l'organe de réception conformément à la voie prévue à l'article 9 pour la communication de la réponse.

Art. 14 *Langues.* 1. La demande de renseignements et ses annexes seront rédigées dans la langue ou dans une des langues officielles de l'État requis ou accompagnées d'une traduction dans cette langue. La réponse sera rédigée dans la langue de l'État requis.

2. Toutefois, deux ou plusieurs Parties contractantes pourront convenir de déroger, entre elles, aux dispositions du paragraphe précédent.

Art. 15 *Frais.* 1. La réponse ne pourra donner lieu au remboursement de taxes ou de frais, de quelque nature que ce soit, à l'exception de ceux visés au paragraphe 3 de l'article 6 qui seront à la charge de l'État dont émane la demande.

2. Toutefois, deux ou plusieurs Parties contractantes pourront convenir de déroger, entre elles, aux dispositions du paragraphe précédent.

Art. 16 *États fédéraux.* Dans un État fédéral, les fonctions exercées par l'organe de réception autres que celles prévues à l'alinéa a du paragraphe 1 de l'article 2 pourront, pour des raisons d'ordre constitutionnel, être attribuées à d'autres organes étatiques.

Art. 17 *Entrée en vigueur de la Convention.* 1. La présente Convention est ouverte à la signature des États membres du Conseil de l'Europe. Elle sera ratifiée ou acceptée. Les instruments de ratification ou d'acceptation seront déposés près le Secrétaire Général du Conseil de l'Europe.

2. La Convention entrera en vigueur trois mois après la date du dépôt du troisième instrument de ratification ou d'acceptation.

3. Elle entrera en vigueur à l'égard de tout État signataire qui la ratifiera ou l'acceptera ultérieurement, trois mois après la date du dépôt de son instrument de ratification ou d'acceptation.

Art. 18 *Adhésion d'un État non membre du Conseil de l'Europe.* 1. Après l'entrée en vigueur de la présente Convention, le Comité des Ministres du Conseil de l'Europe pourra inviter tout État non membre du Conseil à adhérer à la présente Convention.

2. L'adhésion s'effectuera par le dépôt, près le Secrétaire Général du Conseil de l'Europe, d'un instrument d'adhésion qui prendra effet trois mois après la date de son dépôt.

Art. 19 *Portée territoriale de la Convention.* 1. Toute Partie contractante peut, au moment de la signature, ou au moment du dépôt de son instrument de ratification, d'acceptation ou d'adhésion, désigner le ou les territoires auxquels s'appliquera la présente Convention.

2. Toute Partie contractante peut, au moment du dépôt de son instrument de ratification, d'acceptation ou d'adhésion ou à tout autre moment par la suite, étendre l'application de la présente Convention, par déclaration adressée au Secrétaire Général du Conseil de l'Europe, à tout autre territoire désigné dans la déclaration et dont elle assure les relations internationales ou pour lequel elle est habilitée à stipuler.

3. Toute déclaration faite en vertu du paragraphe précédent pourra être retirée, en ce qui concerne tout territoire désigné dans cette déclaration, aux conditions prévues par l'article 20 de la présente Convention.

Art. 20 *Durée de la Convention et dénonciation.* 1. La présente Convention demeurera en vigueur sans limitation de durée.

2. Toute Partie contractante pourra, en ce qui la concerne, dénoncer la présente Convention en adressant une notification au Secrétaire Général du Conseil de l'Europe.

3. La dénonciation prendra effet six mois après la date de la réception de la notification par le Secrétaire Général.

Art. 21 *Fonctions du Secrétaire Général du Conseil de l'Europe.* Le Secrétaire Général du Conseil de l'Europe notifiera aux États membres du Conseil de l'Europe et à tout État ayant adhéré à la présente Convention :

a. toute signature;

b. le dépôt de tout instrument de ratification, d'acceptation ou d'adhésion;

c. toute date d'entrée en vigueur de la présente Convention conformément à son article 17;

d. toute notification reçue en application des dispositions du paragraphe 2 de l'article 1er, du paragraphe 3 de l'article 2, du paragraphe 2 de l'article 3 et des paragraphes 2 et 3 de l'article 19;

e. toute notification reçue en application des dispositions de l'article 20 et la date à laquelle la dénonciation prendra effet.

En foi de quoi, les soussignés dûment autorisés à cet effet, ont signé la présente Convention.

Fait à Londres, le 7 juin 1968, en français et en anglais, les deux textes faisant également foi, en un seul exemplaire qui sera déposé dans les archives du Conseil de l'Europe. Le Secrétaire Général du conseil de l'Europe en communiquera copie certifiée conforme à chacun des États signataires et adhérents.

77 Convention européenne de Londres du 7 juin 1968 relative à la suppression de la légalisation des actes établis par les agents diplomatiques ou consulaires

En vigueur depuis le 14 août 1970

Les États membres du Conseil de l'Europe, signataires de la présente Convention,
Considérant que le but du Conseil de l'Europe est de réaliser une union plus étroite entre ses membres ;
Considérant que les relations entre les États membres ainsi qu'entre leurs agents diplomatiques ou consulaires, sont de plus en plus fondées sur une confiance réciproque ;
Considérant que la suppression de la légalisation tend à renfoncer les liens entre les États membres en permettant l'utilisation de documents étrangers au même titre que ceux qui émanent des autorités nationales ;
Convaincus de la nécessité de supprimer l'exigence de la légalisation des actes établis par leurs agents diplomatiques ou consulaires,
Sont convenus de ce qui suit :

Art. premier La légalisation, au sens de la présente Convention, ne recouvre que la formalité destinée à attester la véracité de la signature apposée sur un acte, la qualité en laquelle le signataire de l'acte a agi et, le cas échéant, l'identité du sceau ou timbre dont cet acte est revêtu.

Art. 2 1. La présente Convention s'applique aux actes établis en leur qualité officielle par les agents diplomatiques ou consulaires d'une Partie contractante exerçant leurs fonctions sur le territoire de tout État et qui doivent être produits :

a. sur le territoire d'une autre Partie contractante, ou

b. devant des agents diplomatiques ou consulaires d'une autre Partie contractante, exerçant leurs fonctions sur le territoire d'un État qui n'est pas partie à la présente Convention.

2. Elle s'applique également aux déclarations officielles, telles que mentions d'enregistrement, visas pour date certaine et certifications de signature, apposés par les agents diplomatiques ou consulaires sur des actes autres que ceux visés au paragraphe précédent.

Art. 3 Chacune des Parties contractantes dispense de légalisation les actes auxquels s'applique la présente Convention.

Art. 4 1. Chacune des Parties contractantes prendra les mesures nécessaires pour éviter que ses autorités ne procèdent à la légalisation dans les cas où la présente Convention en prescrit la suppression.

2. Elle assurera la vérification, en cas de nécessité, de l'origine des actes auxquels s'applique la présente Convention. Cette vérification ne donnera lieu au paiement d'aucune taxe ou frais quelconque et devra être opérée le plus rapidement possible.

Art. 5 La présente Convention prévaudra, dans les relations entre les Parties contractantes, sur les dispositions des traités, conventions ou accords qui soumettent ou soumettront à la légalisation la véracité de la signature des agents diplomatiques ou consulaires, la qualité en laquelle le signataire d'un acte a agi et, le cas échéant, l'identité du sceau ou du timbre dont cet acte est revêtu.

Art. 6 1. La présente Convention est ouverte à la signature des États membres du Conseil de l'Europe. Elle sera ratifiée ou acceptée. Les instruments de ratification ou d'acceptation seront déposés près le Secrétaire Général du Conseil de l'Europe.

2. La Convention entrera en vigueur trois mois après la date du dépôt du troisième instrument de ratification ou d'acceptation.

3. Elle entrera en vigueur à l'égard de tout État signataire qui la ratifiera ou l'acceptera ultérieurement, trois mois après la date du dépôt de son instrument de ratification ou d'acceptation.

Art. 7 1. Après l'entrée en vigueur de la présente Convention, le Comité des Ministres du Conseil de l'Europe pourra inviter tout État non membre du Conseil à adhérer à la présente Convention.

2. L'adhésion s'effectuera par le dépôt, près le Secrétaire Général du Conseil de l'Europe, d'un instrument d'adhésion qui prendra effet trois mois après la date de son dépôt.

Art. 8 1. Toute Partie contractante peut, au moment de la signature ou au moment du dépôt de son instrument de ratification, d'acceptation ou d'adhésion, désigner le ou les territoires auxquels s'appliquera la présente Convention.

2. Toute Partie contractante peut, au moment du dépôt de son instrument de ratification, d'acceptation ou d'adhésion, ou à tout autre moment par la suite, étendre l'application de la présente Convention, par déclaration adressée au Secrétaire Général du Conseil de l'Europe, à tout autre territoire désigné dans la déclaration et dont elle assure les relations internationales ou pour lequel elle est habilitée à stipuler.

3. Toute déclaration faite en vertu du paragraphe précédent pourra être retirée, en ce qui concerne tout territoire désigné dans cette déclaration, aux conditions prévues par l'article 9 de la présente Convention.

Art. 9 1. La présente Convention demeurera en vigueur sans limitation de durée.

2. Toute Partie contractante pourra, en ce qui la concerne, dénoncer la présente Convention en adressant une notification au Secrétaire Général du Conseil de l'Europe.

3. La dénonciation prendra effet six mois après la date de la réception de la notification par le Secrétaire Général.

Art. 10 Le Secrétaire Général du Conseil de l'Europe notifiera aux États membres du Conseil et à tout État ayant adhéré à la présente Convention :

a. toute signature;

b. le dépôt de tout instrument de ratification, d'acceptation ou d'adhésion;

c. toute date d'entrée en vigueur de la présente Convention;

d. toute déclaration reçue en application des dispositions de l'article 8;

e. toute notification reçue en application des dispositions de l'article 9 et la date à laquelle la dénonciation prendra effet.

78 Convention de Munich du 5 octobre 1973 sur la délivrance de brevets européens, révisée

Version d'origine en vigueur depuis le 7 octobre 1977 ; la version révisée par l'Acte de Munich du 29 nov. 2000, ici reproduite, est en vigueur depuis le 13 décembre 2007

Les annexes à la Convention faisant partie de celle-ci, à savoir le règlement d'exécution de la Convention (adopté à Munich le 5 octobre 1973, révisé), le Protocole interprétatif de l'article 69, le protocole sur la centralisation, le Protocole sur la compétence judiciaire et la reconnaissance de décision portant sur le droit à l'obtention du brevet européen, et le Protocole sur les privilèges et immunités de juridiction, ne sont pas reproduits, mais peuvent être consultés sur le site de l'Office européen des brevets : http://www.epo.org/law-practice/legal-texts/html/epc/2010/f/index.html

Les États contractants,

Désireux de renforcer la coopération entre les États européens dans le domaine de la protection des inventions,

Désireux qu'une telle protection puisse être obtenue dans ces États par une procédure unique de délivrance de brevets et par l'établissement de certaines règles uniformes régissant les brevets ainsi délivrés,

Désireux, à ces fins, de conclure une convention qui institue une Organisation européenne des brevets et constitue un arrangement particulier au sens de l'article 19 de la Convention pour la protection de la propriété industrielle signée à Paris le 20 mars 1883 et révisée en dernier lieu le 14 juillet 1967 et un traité de brevet régional au sens de l'article 45, paragraphe 1, du Traité de Coopération en matière de brevets du 19 juin 1970,

sont convenus des dispositions suivantes :

PREMIÈRE PARTIE
DISPOSITIONS GÉNÉRALES ET INSTITUTIONNELLES

CHAPITRE I
Dispositions générales

Art. premier *Droit européen en matière de délivrance de brevets.* Il est institué par la présente convention un droit commun aux États contractants en matière de délivrance de brevets d'invention.

Art. 2 *Brevet européen.* (1) Les brevets délivrés en vertu de la présente convention sont dénommés brevets européens.

(2) Dans chacun des États contractants pour lesquels il est délivré, le brevet européen a les mêmes effets et est soumis au même régime qu'un brevet national délivré dans cet État, sauf si la présente convention en dispose autrement.

Art. 3 *Portée territoriale.* La délivrance d'un brevet européen peut être demandée pour un ou plusieurs des États contractants.

Art. 4 *Organisation européenne des brevets.* (1) Il est institué par la présente convention une Organisation européenne des brevets, ci-après dénommée l'Organisation. Elle est dotée de l'autonomie administrative et financière.

(2) Les organes de l'Organisation sont :

a) l'Office européenne des brevets;

b) le Conseil d'administration.

(3) L'Organisation a pour tâche de délivrer des brevets européens. Cette tâche est exécutée par l'Office européen des brevets sous le contrôle du Conseil d'administration.

Art. 4 *bis* *Conférence des ministres des États contractants.* Une conférence des ministres des États contractants compétents en matière de brevets se réunit au moins tous les cinq ans pour examiner les questions relatives à l'Organisation et au système du brevet européen.

CHAPITRE II
L'Organisation européenne des brevets

Art. 5 *Statut juridique.* (1) L'Organisation a la personnalité juridique.

(2) Dans chacun des États contractants, l'Organisation possède la capacité juridique la plus large reconnue aux personnes morales par la législation nationale; elle peut notamment acquérir ou aliéner des biens immobiliers et mobiliers et ester en justice.

(3) Le Président de l'Office européen des brevets représente l'Organisation.

Art. 6 *Siège.* (1) L'Organisation a son siège à Munich.

(2) L'Office européen des brevets est situé à Munich. Il a un département à La Haye.

Art. 7 *Agences de l'Office européen des brevets.* Par décision du Conseil d'administration, des agences de l'Office européen des brevets peuvent être créées, en tant que de besoin, dans un but d'information ou de liaison, dans les États contractants ou auprès d'organisations intergouvernementales compétentes en matière de propriété industrielle, sous réserve du consentement de l'État contractant concerné ou de l'organisation concernée.

Art. 8 *Privilèges et immunités.* Le protocole sur les privilèges et immunités annexé à la présente convention définit les conditions dans lesquelles l'Organisation, les membres du Conseil d'administration, les agents de l'Office européen des brevets ainsi que toutes autres personnes mentionnées dans ce protocole et participant aux activités de l'Organisation jouissent, dans chaque État contractant, des privilèges et immunités nécessaires à l'accomplissement de leur mission.

Art. 9 *Responsabilité.* (1) La responsabilité contractuelle de l'Organisation est régie par la loi applicable au contrat en cause.

(2) La responsabilité non contractuelle de l'Organisation en ce qui concerne les dommages causés par elle ou par les agents de l'Office européen des brevets dans l'exercice de leurs fonctions est régie par la loi en vigueur en République fédérale d'Allemagne. Si les dommages ont été causés par le département de La Haye ou par une agence, ou par des agents relevant du département ou de cette agence, la loi applicable est celle de l'État contractant dans lequel le département ou l'agence est situé.

(3) La responsabilité personnelle des agents de l'Office européen des brevets envers l'Organisation est régie par leur statut ou le régime qui leur est applicable.

(4) Les juridictions compétentes pour régler les litiges visés aux paragraphes 1 et 2 sont :

a) en ce qui concerne les litiges visés au paragraphe 1, les juridictions de la République fédérale d'Allemagne, à défaut de la désignation d'une juridiction d'un autre État dans le contrat conclu entre les parties;

b) en ce qui concerne les litiges visés au paragraphe 2, les juridictions de la République fédérale d'Allemagne ou de l'État dans lequel le département ou l'agence est situé.

CHAPITRE III

L'Office européen des brevets

Art. 10 *Direction.* (1) La direction de l'Office européen des brevets est assurée par le Président, qui est responsable de l'activité de l'Office devant le Conseil d'administration.

(2) A cette fin, le Président a notamment les fonctions et compétences suivantes :

a) il prend toutes mesures utiles, y compris l'adoption d'instructions administratives internes et l'information du public, en vue d'assurer le fonctionnement de l'Office européen des brevets;

b) il détermine, sauf si la présente convention en dispose autrement, les actes qui doivent être accomplis respectivement auprès de l'Office européen des brevets à Munich ou de son département à la Haye;

c) il peut soumettre au Conseil d'administration toute proposition de modification de la présente convention, de réglementation générale ou de décision qui relève de la compétence du Conseil d'administration;

d) il prépare et exécute le budget ainsi que tout budget modificatif ou additionnel;

e) il soumet annuellement un rapport d'activité au Conseil d'administration;

f) il exerce l'autorité hiérarchique sur le personnel;

g) sous réserve de l'article 11, il nomme les agents et statue sur leur avancement;

h) il exerce le pouvoir disciplinaire sur les agents autres que ceux visés à l'article 11 et peut proposer au Conseil d'administration des sanctions disciplinaires à l'encontre des agents visés à l'article 11, paragraphes 2 et 3;

i) il peut déléguer ses fonctions et compétences.

(3) Le Président est assisté de plusieurs Vice-Présidents. En cas d'absence ou d'empêchement du Président, un des Vice-Présidents exerce ses fonctions conformément à la procédure fixée par le Conseil d'administration.

Art. 11 *Nomination du personnel supérieur.* (1) Le Président de l'Office européen des brevets est nommé par le Conseil d'administration.

(2) Les Vice-Président sont nommés par le Conseil d'administration, le Président de l'Office européen des brevets entendu.

(3) Les membres des chambres de recours et de la Grande Chambre de recours, y compris leurs présidents, sont nommés par le Conseil d'administration sur proposition du Président de l'Office européen des brevets. Ils peuvent être reconduits dans leurs fonctions par le Conseil d'administration, le Président de l'Office européen des brevets entendu.

(4) Le Conseil d'administration exerce le pouvoir disciplinaire sur les agents visés aux paragraphes 1 à 3.

(5) Le Conseil d'administration peut, le Président de l'Office européen des brevets entendu, également nommer en qualité de membres de la Grande Chambre de recours des membres juristes des juridictions nationales ou des autorités quasi judiciaires des

États contractants, qui peuvent continuer à exercer leurs fonctions judiciaires au niveau national. Ils sont nommés pour une période de trois ans et peuvent être reconduits dans leurs fonctions.

Art. 12 *Devoirs de la fonction.* Les agents de l'Office européen des brevets sont tenus, même après la cessation de leurs fonctions, de ne pas divulguer ni utiliser les informations qui, par leur nature, sont couvertes par le secret professionnel.

Art. 13 *Litiges entre l'Organisation et les agents de l'Office européen des brevets.* (1) Les agents ou les anciens agents de l'Office européen des brevets, ou leurs ayants droit, peuvent recourir au Tribunal administratif de l'Organisation internationale du Travail pour les litiges qui les opposent à l'Organisation européenne des brevets, conformément au statut dudit Tribunal et dans les limites et conditions déterminées par le statut des fonctionnaires, par le règlement de pensions ou résultant du régime applicable aux autres agents.

(2) Un recours n'est recevable que si l'intéressé a épuisé tous les moyens de recours qui lui sont ouverts par le statut des fonctionnaires, par le règlement de pensions ou par le régime applicable aux autres agents.

Art. 14 *Langues de l'Office européen des brevets, des demandes de brevet européen et d'autres pièces.* (1) Les langues officielles de l'Office européen des brevets sont l'allemand, l'anglais et le français.

(2) Toute demande de brevet européen doit être déposée dans une des langues officielles ou, si elle est déposée dans une autre langue, traduite dans une des langues officielles, conformément au règlement d'exécution. Durant toute la procédure devant l'Office européen des brevets, cette traduction peut être rendue conforme au texte de al demande telle qu'elle a été déposée. Si la traduction requise n'a pas été produite dans les délais, la demande est réputée retirée.

(3) La langue officielle de l'Office européen des brevets dans laquelle la demande de brevet européen a été déposée ou traduite doit être utilisée comme langue de la procédure, sauf si le règlement d'exécution en dispose autrement, dans toutes les procédures devant l'Office européen des brevets.

(4) Les personnes physiques ou morales ayant leur domicile ou leur siège dans un État contractant ayant une langue autre que l'allemand, l'anglais ou le français comme langue officielle, et les nationaux de cet État ayant leur domicile à l'étranger peuvent produire, dans une langue officielle de cet État, des pièces devant être produites dans un délai déterminé. Toutefois, ils sont tenus de produire une traduction dans une langue officielle de l'Office européen des brevets conformément au règlement d'exécution. Si une pièce autre que les pièces composant de la demande de brevet européen n'est pas produite dans la langue prescrite ou si une traduction requise n'est pas produite dans les délais, la pièce est réputée n'avoir pas été produite.

(5) Les demandes de brevet européen sont publiées dans la langue de la procédure.

(6) Les fascicules de brevet européen sont publiés dans la langue de la procédure et comportent une traduction des revendications dans les deux autres langues officielles de l'Office européen des brevets.

(7) Sont publiés dans les trois langues officielles de l'Office européen des brevets :

a) le Bulletin européen des brevets;

b) le Journal officiel de l'Office européen des brevets.

(8) Les inscriptions au Registre européen des brevets sont effectuées dans les trois langues officielles de l'Office européen des brevets. En cas de doute, l'inscription dans la langue de la procédure fait foi.

Art. 15 *Instances chargées des procédures.* Pour la mise en œuvre des procédures prévues par la présente convention, il est institué à l'Office européen des brevets :

a) une section de dépôt;

b) des divisions de la recherche;

c) des divisions d'examen;

d) des divisions d'opposition;

e) une division juridique;

f) des chambres de recours;

g) une grande Chambre de recours.

Art. 16 *Section de dépôt.* La section de dépôt est compétente pour examiner les demandes de brevet européen lors du dépôt et quant aux exigences de forme.

Art. 17 *Divisions de la recherche.* Les divisions de la recherche sont compétentes pour établir les rapports de recherche européenne.

Art. 18 *Divisions d'examen.* (1) Les divisions d'examen sont compétentes pour examiner les demandes de brevet européen.

(2) Une division d'examen se compose de trois examinateurs techniciens. Toutefois, l'instruction de la demande de brevet européen est, en règle générale, confiée à l'un des membres de la division d'examen. La procédure orale se déroule devant la division d'examen elle-même. Si elle estime que la nature de la décision l'exige, la division d'examen est complétée par un examinateur juriste. En cas de partage égal des voix, la voix du président de la division d'examen est prépondérante.

Art. 19 *Divisions d'opposition.* (1) Les divisions d'opposition sont compétentes pour examiner les oppositions aux brevets européens.

(2) Une division d'opposition se compose de trois examinateurs techniciens, dont deux au moins ne doivent pas avoir participé à la procédure de délivrance du brevet qui est l'objet de l'opposition. Un examinateur qui a participé à la procédure de délivrance du brevet européen ne peut exercer la présidence. La division d'opposition peut confier à l'un de ses membres l'instruction de l'opposition. La procédure orale se déroule devant la division d'opposition elle-même. Si elle estime que la nature de la décision l'exige, la division d'opposition est complétée par un examinateur juriste qui ne doit pas avoir participé à la procédure de délivrance du brevet. En cas de partage égal des voix, la voix du président de la division d'opposition est prépondérante.

Art. 20 *Division juridique.* (1) La division juridique est compétente pour toute décision relative, d'une part, aux mentions à porter sur le Registre européen des brevets, d'autre part, à l'inscription sur la liste des mandataires agréés et à leur radiation de celle-ci.

(2) Les décisions de la division juridique sont rendues par un membre juriste.

Art. 21 *Chambres de recours.* (1) Les chambres de recours sont compétentes pour examiner les recours formés contre les décisions de la section de dépôt, des divisions d'examen, des divisions d'opposition et de la division juridique.

(2) Dans le cas d'un recours formé contre une décision de la section de dépôt ou de la division juridique, la chambre de recours se compose de trois membres juristes.

(3) Dans le cas d'un recours formé contre une décision d'une division d'examen, la chambre de recours se compose de :

a) deux membres techniciens et un membre juriste lorsque la décision est relative au rejet d'une demande de brevet européen ou à la délivrance, la limitation ou la révocation d'un brevet européen et qu'elle a été rendue par une division d'examen composée de moins de quatre membres;

b) trois membres techniciens et deux membres juristes lorsque la décision a été rendue par une division d'examen composée de quatre membres ou si la chambre de recours estime que la nature du recours l'exige;

c) trois membres juristes dans tous les autres cas.

(4) Dans le cas d'un recours formé contre une décision d'une division d'opposition, la chambre de recours se compose de :

a) deux membres techniciens et un membre juriste lorsque la décision a été rendue par une division d'opposition composée de trois membres;

b) trois membres techniciens et deux membres juristes lorsque la décision a été rendue par une division d'opposition composée de quatre membres ou si la chambre de recours estime que la nature du recours l'exige.

Art. 22 *Grande Chambre de recours.* (1) La Grande Chambre de recours est compétente pour :

a) statuer sur les questions de droit qui lui sont soumises par les chambres de recours en vertu de l'article 112;

b) donner des avis sur les questions de droit qui lui sont soumises par le Président de l'Office européen des brevets en vertu de l'article 112;

c) statuer sur les requêtes en révision des décisions des chambres de recours en vertu de l'article 112 bis.

(2) Dans les procédures prévues au paragraphe 1 a) et b), la Grande Chambre de recours se compose de cinq membres juristes et de deux membres techniciens. Dans les procédures prévues au paragraphe 1 c), la Grande Chambre de recours se compose de trois ou cinq membres, conformément au règlement d'exécution. Dans toutes les procédures, la présidence est assurée par un membre juriste.

Art. 23 *Indépendance des membres des chambres.* (1) Les membres de la Grande Chambre de recours et des chambres de recours sont nommés pour une période de cinq ans et ne peuvent être relevés de leurs fonctions pendant cette période, sauf pour motifs graves et si le Conseil d'administration, sur proposition de la Grande Chambre de recours, prend une décision à cet effet. Nonobstant les dispositions de la première phrase, le mandat des membres des chambres de recours prend fin en cas de démission ou de mise à la retraite conformément au statut des fonctionnaires de l'Office européen des brevets.

(2) Les membres des chambres ne peuvent être membres de la section de dépôt, des divisions d'examen, des divisions d'opposition ou de la division juridique.

(3) Dans leurs décisions, les membres des chambres ne sont liés par aucune instruction et ne doivent se conformer qu'aux seules dispositions de la présente convention.

(4) Les règlements de procédure des chambres de recours et de la Grande Chambre de recours sont arrêtés conformément au règlement d'exécution. Ils sont soumis à l'approbation du Conseil d'administration.

Art. 24 *Abstention et récusation.* (1) Les membres d'une chambre de recours et de la Grande Chambre de recours ne peuvent participer au règlement d'une affaire s'ils y possèdent un intérêt personnel, s'ils y sont antérieurement intervenus en qualité de représentants de l'une des parties ou s'ils ont pris part à la décision qui fait l'objet du recours.

(2) Si, pour l'une des raisons mentionnées au paragraphe 1 ou pour tout autre motif, un membre d'une chambre de recours ou de la Grande Chambre de recours estime ne pas pouvoir participer au règlement d'une affaire, il en avertit la chambre.

(3) Les membres d'une chambre de recours et de la Grande Chambre de recours peuvent être récusés par toute partie pour l'une des raisons mentionnées au paragraphe 1 ou s'ils peuvent être soupçonnés de partialité. La récusation n'est pas recevable lorsque la partie en cause a accompli des actes de procédure bien qu'elle ait déjà eu connaissance du motif de récusation. La récusation ne peut être fondée sur la nationalité des membres.

(4) Les chambres de recours et la Grande Chambre de recours statuent, dans les cas visés au paragraphes 2 et 3, sans la participation du membre concerné. Pour prendre cette décision, le membre récusé est remplacé par son suppléant.

Art. 25 *Avis technique.* A la requête de la juridiction nationale compétente saisie de l'action en contrefaçon ou en nullité, l'Office européen des brevets est tenu de fournir, contre paiement d'une redevance appropriée, un avis technique sur le brevet européen en cause. Les divisions d'examen sont compétentes pour la délivrance de ces avis.

CHAPITRE IV

Le Conseil d'administration

Art. 26 *Composition.* (1) Le Conseil d'administration se compose des représentants des États contractants et de leurs suppléants. Chaque État contractant a le droit de désigner un représentant au Conseil d'administration et un suppléant.

(2) Les membres du Conseil d'administration peuvent se faire assister de conseillers ou d'experts, conformément au règlement intérieur du Conseil d'administration.

Art. 27 *Présidence.* (1) Le Conseil d'administration élit parmi les représentants des États contractants et leurs suppléants un Président et un Vice-Président. Le Vice-Président remplace de droit le Président en cas d'empêchement.

(2) La durée du mandat du Président et du Vice-Président est de trois ans. Ce mandat est renouvelable.

Art. 28 *Bureau.* (1) Le Conseil d'administration peut instituer un Bureau composé de cinq de ses membres, dès lors que le nombre des États contractants est de huit au minimum.

(2) Le Président et le Vice-Président du Conseil d'administration sont de droit membres du Bureau; les trois autres membres sont élus par le Conseil d'administration.

(3) La durée du mandat des membres élus par le Conseil d'administration est de trois ans. Ce mandat n'est pas renouvelable.

(4) Le Bureau exécute les tâches que le Conseil d'administration lui confie conformément au règlement intérieur.

Art. 29 *Sessions.* (1) Le Conseil d'administration se réunit sur convocation de son Président.

(2) Le Président de l'Office européen des brevets prend part aux délibérations du Conseil d'administration.

(3) Le Conseil d'administration tient une session ordinaire une fois par an; en outre, il se réunit à l'initiative de son Président ou à la demande du tiers des États contractants.

(4) Le conseil d'administration délibère sur la base d'un ordre du jour déterminé, conformément à son règlement intérieur.

(5) Toute question dont l'inscription à l'ordre du jour est demandée par un État contractant conformément au règlement intérieur est inscrite à l'ordre du jour provisoire.

Art. 30 *Participation d'observateurs.* (1) L'Organisation Mondiale de la Propriété Intellectuelle est représentée aux sessions du Conseil d'administration, conformément à un accord entre l'Organisation et l'Organisation Mondiale de la Propriété Intellectuelle.

(2) D'autres organisations intergouvernementales chargées de la mise en œuvre de procédures internationales dans le domaine des brevets avec lesquelles l'Organisation a conclu un accord, sont représentées aux sessions du Conseil d'administration, conformément à cet accord.

(3) Toute autre organisation intergouvernementale ou internationale non gouvernementale exerçant une activité intéressant l'Organisation peut être invitée par le Conseil d'administration à se faire représenter à ses sessions lors de toute discussion de questions d'intérêt commun.

Art. 31 *Langues du Conseil d'administration.* (1) Les langues utilisées dans les délibérations du Conseil d'administration sont l'allemand, l'anglais et le français.

(2) Les documents soumis au Conseil d'administration et les procès-verbaux de ses délibérations sont établis dans les trois langues visées au paragraphe 1.

Art. 32 *Personnel, locaux et matériel.* L'Office européen des brevets met à la disposition du Conseil d'administration et des comités que celui-ci a institués le personnel, les locaux et les moyens matériels nécessaires à l'accomplissement de leur mission.

Art. 33 *Compétence du Conseil d'administration dans certains cas.* (1) Le Conseil d'administration a compétence pour modifier :

a) la durée des délais fixés par la présente convention;

b) les dispositions de la deuxième à la huitième partie ainsi que de la dixième partie de la présente convention pour assurer leur conformité avec un traité international en matière de brevets ou la législation de la Communauté européenne en matière de brevets;

c) le règlement d'exécution.

(2) Le Conseil d'administration a compétence, conformément à la présente convention, pour arrêter et modifier :

a) le règlement financier;

b) le statut des fonctionnaires et le régime applicable aux autres agents de l'Office européen des brevets, le barème de leurs rémunérations ainsi que la nature et les règles d'octroi des avantages accessoires;

c) le règlement de pensions et toute augmentation des pensions existantes correspondant aux relèvements des traitements;

d) le règlement relatif aux taxes;

e) son règlement intérieur.

(3) Nonobstant l'article 18, paragraphe 2, le Conseil d'administration a compétence pour décider, si l'expérience le justifie, dans certaines catégories de cas, les divisions d'examen se composent d'un seul examinateur technicien. Cette décision peut être rapportée.

(4) Le Conseil d'administration a compétence pour autoriser le Président de l'Office européen des brevets à négocier et, sous réserve de son approbation, à conclure, au nom de l'Organisation européenne des brevets, des accords avec des États ou des organisations intergouvernementales ainsi qu'avec des centres de documentation créés en vertu d'accords conclus avec ces organisations.

(5) Le Conseil d'administration ne peut prendre de décision en vertu du paragraphe 1 b) :

— en ce qui concerne un traité international, avant son entrée en vigueur;

— en ce qui concerne un acte législatif de la Communauté européenne, avant son entrée en vigueur ou, lorsqu'il prévoit un délai pour sa transposition, avant l'expiration de ce délai.

Art. 34 *Droit de vote.* (1) Les États contractants ont seuls droit de vote au Conseil d'administration.

(2) Sous réserve de l'application de l'article 36, chaque État contractant dispose d'une voix.

Art. 35 *Votes.* (1) Sous réserve des dispositions des paragraphes 2 et 3, le Conseil d'administration prend ses décisions à la majorité simple des États contractants représentés et votants.

(2) Requièrent la majorité des trois quarts des États contractants représentés et votants les décisions relevant de la compétence du Conseil d'administration en vertu de l'article 7, de l'article 11, paragraphe 1, de l'article 33, paragraphe 1 a) et c) et 2 à 4, de l'article 39, paragraphe 1, de l'article 40, paragraphes 2 et 4, de l'article 46, de l'article 134 bis, de l'article 149 bis, paragraphe 2, de l'article 152, de l'article 153, paragraphe 7, de l'article 166 et de l'article 172.

(3) Requièrent l'unanimité des États contractants votants les décisions relevant de la compétence du Conseil d'administration en vertu de l'article 33, paragraphe 1 b). Le Conseil d'administration ne prend ces décisions que si tous les États contractants sont représentés. Une décision prise en vertu de l'article 33, paragraphe 1 b), ne prend pas effet si un État contractant déclare, dans un délai de douze mois à compter de la date de la décision, qu'il désire ne pas être lié par cette décision.

(4) L'abstention n'est pas considérée comme un vote.

Art. 36 *Pondération des voix.* (1) Pour l'adoption et la modification du règlement relatif aux taxes ainsi que, si la charge financière des États contractants s'en trouve accrue, pour l'adoption du budget de l'Organisation et des budgets modificatifs ou additionnels, tout État contractant peut exiger, après un premier scrutin dans lequel chaque État contractant dispose d'une voix et quel que soit le résultat de ce scrutin, qu'il soit procédé immédiatement à un second scrutin dans lequel les voix sont pondérées conformément aux dispositions du paragraphe 2. La décision résulte de ce second scrutin.

(2) Le nombre de voix dont chaque État contractant dispose dans le nouveau scrutin se calcule comme suit :

a) le nombre correspondant au pourcentage qui résulte pour chaque État contractant de la clé de répartition des contributions financières exceptionnelles prévue à l'article 40, paragraphes 3 et 4, est multiplié par le nombre d'États contractants et divisé par cinq;

b) le nombre de voix ainsi calculé est arrondi au nombre entier supérieur;

c) à ce nombre de voix s'ajoutent cinq voix supplémentaires;

d) toutefois, aucun État contractant ne peut disposer de plus de trente voix.

CHAPITRE V

Dispositions financières

Art. 37 *Financement du budget.* Le budget de l'Organisation est financé :

a) par les ressources propres de l'Organisation;

b) par les versements des États contractants au titre des taxes de maintien en vigueur des brevets européens perçues dans ces États;

c) si nécessaire, par des contributions financières exceptionnelles des États contractants;

d) le cas échéant, par les recettes prévues à l'article 146;

e) le cas échéant et exclusivement pour les immobilisations corporelles, par des emprunts contractés auprès de tiers et garantis par des terrains ou des bâtiments;

f) le cas échéant, par des fonds provenant de tiers pour des projets spécifiques.

Art. 38 *Ressources propres de l'Organisation.* Les ressources propres de l'Organisation comprennent :

a) toutes les recettes provenant des taxes et d'autres sources ainsi que des réserves de l'Organisation;

b) les ressources du Fonds de réserve pour pensions, qui doit être considéré comme un patrimoine spécial de l'Organisation servant à assister son régime de pensions par la constitution de réserves appropriées.

Art. 39 *Versements des États contractants au titre des taxes de maintien en vigueur des brevets européens.* (1) Chaque État contractant verse à l'Organisation, au titre de chaque taxe perçue pour le maintien en vigueur d'un brevet européen dans cet État, une somme dont le montant correspondant à un pourcentage de cette taxe, à fixer par le Conseil d'administration, qui ne peut excéder 75% et est uniforme pour tous les États contractants. Si ledit pourcentage correspond à un montant inférieur au minimum uniforme fixé par le Conseil d'administration, l'État contractant verse ce minimum à l'Organisation.

(2) Chaque État contractant communique à l'Organisation tous les éléments jugés nécessaires par le Conseil d'administration pour déterminer le montant de ces versements.

(3) La date à laquelle ces versements doivent être effectués est fixée par le Conseil d'administration.

(4) Si un versement n'est pas intégralement effectué à la date fixée, l'État contractant est redevable, à compter de cette date, d'un intérêt sur le montant impayé.

Art. 40 *Niveau des taxes et des versements – Contributions financières exceptionnelles.* (1) Le montant des taxes et le pourcentage, visés respectivement aux articles 38 et 39, doivent être déterminés de manière que les recettes correspondantes permettent d'assurer l'équilibre du budget de l'Organisation.

(2) Toutefois, lorsque l'Organisation se trouve dans l'impossibilité de réaliser l'équilibre du budget dans les conditions prévues au paragraphe 1, les États contractants versent à l'Organisation des contributions financières exceptionnelles, dont le montant est fixé par le Conseil d'administration pour l'exercice budgétaire considéré.

(3) Les contributions financières exceptionnelles sont déterminées pour chacun des États contractants sur la base du nombre des demandes de brevet déposées au cours de l'avant-dernière année précédant celle de l'entrée en vigueur de la présente convention et selon la clé de répartition ci-après :

a) pour moitié, proportionnellement au nombre des demandes de brevet déposées dans l'État contractant concerné;

b) pour moitié, proportionnellement au nombre des demandes de brevet déposées par les personnes physiques et morales ayant leur domicile ou leur siège sur le territoire de cet État dans celui des autres États contractants placé en seconde position, dans l'ordre décroissant des dépôts effectués par lesdites personnes dans les autres États contractants.

Toutefois, les sommes mises à la charge des États dans lesquels le nombre des demandes de brevet déposées est supérieur à 25000 sont reprises globalement et réparties à nouveau proportionnellement au nombre total des demandes de brevet déposées dans ces mêmes États.

(4) Lorsque le montant de la condition d'un État contractant ne peut être déterminé dans les conditions prévues au paragraphe 3, le Conseil d'administration fixe ce montant en accord avec l'État concerné.

(5) L'article 39, paragraphes 3 et 4, est applicable aux contributions financières exceptionnelles.

(6) Les contributions financières exceptionnelles sont remboursées avec un intérêt dont le taux est uniforme pour tous les États contractants. Les remboursements interviennent dans la mesure où il est possible de prévoir des crédits à cet effet dans le budget et le montant ainsi prévu sera réparti entre les États contractants en fonction de la clé de répartition visée aux paragraphes 3 et 4.

(7) Les contributions financières exceptionnelles versées au cours d'un exercice déterminé sont intégralement remboursées avant qu'il ne soit procédé au remboursement total ou partiel de toute contribution exceptionnelle versée au cours d'un exercice ultérieur.

Art. 41 *Avances.* (1) Sur demande du Président de l'Office européen des brevets, les États contractants consentent à l'Organisation des avances de trésorerie, à valoir sur leurs versements et contributions, dans la limite du montant fixé par le Conseil d'administration. Ces avances sont réparties au prorata des sommes dues par les États contractants pour l'exercice considéré.

(2) L'article 39, paragraphes 3 et 4, est applicable aux avances.

Art. 42 *Budget.* (1) Le budget de l'Organisation doit être équilibré. Il est établi selon les principes comptables généralement admis, tels que définis au règlement financier. En tant que de besoin, des budgets modificatifs ou additionnels peuvent être établis.

(2) Le budget est établi dans l'unité de compte fixée par le règlement financier.

Art. 43 *Autorisations de dépenses.* (1) Les dépenses inscrites au budget sont autorisées pour la durée de l'exercice budgétaire, sauf si le règlement financier en dispose autrement.

(2) Conformément au règlement financier, les crédits qui ne sont pas utilisés à la fin de l'exercice budgétaire, à l'exception de ceux relatifs aux dépenses de personnel, peuvent faire l'objet d'un report qui sera limité au seul exercice suivant.

(3) Les crédits sont spécialisés par chapitres groupant les dépenses selon leur nature ou leur destination et subdivisés, en tant que de besoin, conformément au règlement financier.

Art. 44 *Crédits pour dépenses imprévisibles.* (1) Des crédits pour dépenses imprévisibles peuvent être inscrits au budget de l'Organisation.

(2) L'utilisation de ces crédits par l'Organisation est subordonnée à l'autorisation préalable du Conseil d'administration.

Art. 45 *Exercice budgétaire.* L'exercice budgétaire commence le 1er janvier et s'achève le 31 décembre.

Art. 46 *Préparation et adoption du budget.* (1) Le Président de l'Office européen des brevets soumet le projet de budget au Conseil d'administration au plus tard à la date fixée par le règlement financier.

(2) Le budget ainsi que tout budget modificatif ou additionnel sont arrêtés par le Conseil d'administration.

Art. 47 *Budget provisoire.* (1) Si, au début d'un exercice budgétaire, le budget n'a pas encore été arrêté par le Conseil d'administration, les dépenses pourront être effectuées mensuellement par chapitre ou par une autre division, conformément au règlement financier, dans la limite du douzième des crédits ouverts au budget de l'exercice précédent, sans que cette mesure puisse avoir pour effet de mettre à la disposition du Président de l'Office européen des brevets des crédits supérieurs au douzième de ceux prévus dans le projet de budget.

(2) Le conseil d'administration peut, sous réserve que les autres conditions prévues au paragraphe premier soient respectées, autoriser les dépenses excédant le douzième.

(3) A titre provisionnel, les versements visés à l'article 37 b) continueront à être effectués dans les conditions prévues à l'article 39 pour l'exercice précédant celui auquel se rapporte le projet de budget.

(4) Les États contractants versent chaque mois, à titre provisionnel et conformément à la clé de répartition visée à l'article 40, paragraphes 3 et 4, toutes contributions financières exceptionnelles nécessaires en vue d'assurer l'application des paragraphes 1 et 2. L'article 39, paragraphe 4, est applicable à ces contributions.

Art. 48 *Exécution du budget.* (1) Le Président de l'Office européen des brevets exécute le budget ainsi que les budgets modificatifs ou additionnels, sous sa propre responsabilité et dans la limite des crédits alloués.

(2) A l'intérieur du budget, le Président de l'Office européen des brevets peut procéder, dans les limites et conditions fixées par le règlement financier, à des virements de crédits, soit de chapitre à chapitre, soit de subdivision à subdivision.

Art. 49 *Vérification des comptes.* (1) Les comptes de la totalité des recettes et dépenses du budget, ainsi que le bilan de l'Organisation, sont examinés par des commissaires aux comptes offrant toutes les garanties d'indépendance, nommés par le Conseil d'administration pour une période de cinq ans qui peut être prolongée ou renouvelée.

(2) La vérification a lieu sur pièces et au besoin sur place. La vérification a pour objet de constater la légalité et la régularité des recettes et dépenses et de s'assurer de la bonne gestion financière. Les commissaires établissent après la clôture de chaque exercice un rapport qui contient une certification des comptes signée.

(3) Le Président de l'Office européen des brevets soumet chaque année au Conseil d'administration les comptes de l'exercice écoulé afférents aux opérations du budget, ainsi que le bilan de l'actif et du passif de l'Organisation, accompagnés du rapport des commissaires aux comptes.

(4) Le Conseil d'administration approuve le bilan annuel ainsi que le rapport des commissaires aux comptes et donne décharge au Président de l'Office européen des brevets pour l'exécution du budget.

Art. 50 *Règlement financier.* Le règlement financier détermine notamment :

a) les modalités relatives à l'établissement et à l'exécution du budget ainsi qu'à la reddition et à la vérification des comptes ;

b) les modalités et la procédure selon lesquelles les versements et contributions prévus à l'article 37, ainsi que les avances prévues à l'article 41, doivent être mis à la disposition de l'Organisation par les États contractants ;

c) les règles et l'organisation du contrôle et la responsabilité des ordonnateurs et comptables ;

d) les taux d'intérêts prévus aux articles 39, 40 et 47 ;

e) les modalités de calcul des contributions à verser au titre de l'article 146 ;

f) la composition et les tâches d'une commission du budget et des finances qui devrait être instituée par le Conseil d'administration ;

g) les principes comptables généralement admis sur lesquels se fondent le budget et les états financiers annuels.

Art. 51 *Taxes.* (1) L'Office européen des brevets peut percevoir des taxes pour toute tâche ou procédure officielle exécutée en vertu de la présente convention.

(2) Les délais de paiement des taxes autres que ceux fixés par la présente convention sont prévus dans le règlement d'exécution.

(3) Lorsque le règlement d'exécution prescrit le paiement d'une taxe, il prévoit également les conséquences juridiques du défaut de paiement dans les délais.

(4) Le règlement relatif aux taxes fixe notamment le montant des taxes et leur mode de perception.

DEUXIÈME PARTIE

DROIT DES BREVETS

CHAPITRE I

Brevetabilité

Art. 52 *Inventions brevetables.* (1) Les brevets européens sont délivrés pour toute invention dans tous les domaines technologiques, à condition qu'elle soit nouvelle, qu'elle implique une activité inventive et qu'elle soit susceptible d'application industrielle.

(2) Ne sont pas considérés comme des inventions au sens du paragraphe 1 notamment :

a) les découvertes, les théories scientifiques et les méthodes mathématiques ;

b) les créations esthétiques ;

c) les plans, principes et méthodes dans l'exercice d'activités intellectuelles, en matière de jeu ou dans le domaine des activités économiques, ainsi que les programmes d'ordinateur ;

d) les présentations d'informations.

(3) Le paragraphe 2 n'exclut la brevetabilité des éléments qu'il énumère que dans la mesure où la demande de brevet européen ou le brevet européen concerne l'un de ces éléments, considéré en tant que tel.

Art. 53 *Exceptions à la brevetabilité.* Les brevets européens ne sont pas délivrés pour :

a) les inventions dont l'exploitation commerciale serait contraire à l'ordre public ou aux bonnes mœurs, une telle contradiction ne pouvant être déduite du seul fait que l'exploitation est interdite, dans tous les États contractants ou dans plusieurs d'entre eux, par une disposition légale ou réglementaire;

b) les variétés végétales ou les races animales ainsi que les procédés essentiellement biologiques d'obtention de végétaux ou d'animaux, cette disposition ne s'appliquant pas aux procédés microbiologiques et aux produits obtenus par ces procédés;

c) les méthodes de traitement chirurgical ou thérapeutique du corps humain ou animal et les méthodes de diagnostic appliquées au corps humain ou animal, cette disposition ne s'appliquant pas aux produits, notamment aux substances ou compositions, pour la mise en œuvre d'une de ces méthodes.

Art. 54 *Nouveauté.* (1) Une invention est considérée comme nouvelle si elle n'est pas comprise dans l'état de la technique.

(2) L'état de la technique est constitué par tout ce qui a été rendu accessible au public avant la date de dépôt de la demande de brevet européen par une description écrite ou orale, un usage ou tout autre moyen.

(3) Est également considéré comme compris dans l'état de la technique le contenu de demandes de brevet européen telles qu'elles ont été déposées, qui ont une date de dépôt antérieure à celle mentionnée au paragraphe 2 et qui n'ont été publiées qu'à cette date ou à une date postérieure.

(4) Les paragraphes 2 et 3 n'excluent pas la brevetabilité d'une substance ou composition comprise dans l'état de la technique pour la mise en œuvre d'une méthode visée à l'article 53 c), à condition que son utilisation pour l'une quelconque de ces méthodes ne soit pas comprise dans l'état de la technique.

(5) Les paragraphes 2 et 3 n'excluent pas non plus la brevetabilité d'une substance ou composition visée au paragraphe 4 pour toute utilisation spécifique dans une méthode visée à l'article 53 c), à condition que cette utilisation ne soit pas comprise dans l'état de la technique.

Art. 55 *Divulgations non opposables.* (1) Pour l'application de l'article 54, une divulgation de l'invention n'est pas prise en considération si elle n'est pas intervenue plus tôt que six mois avant le dépôt de la demande de brevet européen et si elle résulte directement ou indirectement :

a) d'un abus évident à l'égard du demandeur ou de son prédécesseur en droit ou

b) du fait que le demandeur ou son prédécesseur en droit a exposé l'invention dans des expositions officielles ou officiellement reconnues au sens de la Convention concernant les expositions internationales, signée à Paris le 22 novembre 1928 et révisée en dernier lieu le 30 novembre 1972.

(2) Dans le cas visé au paragraphe 1 b), ce dernier n'est applicable que si le demandeur déclare, lors du dépôt de la demande de brevet européen, que l'invention a été réellement exposée et produit une attestation à l'appui de sa déclaration dans le délai et dans les conditions prévus par le règlement d'exécution.

Art. 56 *Activité inventive.* Une invention est considérée comme impliquant une activité inventive si, pour un homme du métier, elle ne découle pas d'une manière évidente de l'état de la technique. Si l'état de la technique comprend également des documents visés à l'article 54, paragraphe 3, ils ne sont pas pris en considération pour l'appréciation de l'activité inventive.

Art. 57 *Application industrielle.* Une invention est considérée comme susceptible d'application industrielle si son objet peut être fabriqué ou utilisé dans tout genre d'industrie, y compris l'agriculture.

CHAPITRE II

Personnes habilitées à demander et à obtenir un brevet européen – Désignation de l'inventeur

Art. 58 *Habilitation à déposer une demande de brevet européen.* Toute personne physique ou morale et toute société assimilée à une personne morale en vertu du droit dont elle relève peut demander un brevet européen.

Art. 59 *Pluralité de demandeurs.* Une demande de brevet européen peut être également déposée soit par des codemandeurs, soit par plusieurs demandeurs qui désignent des États contractants différents.

Art. 60 *Droit au brevet européen.* (1) Le droit au brevet européen appartient à l'inventeur ou à son ayant cause. Si l'inventeur est un employé, le droit au brevet européen est défini selon le droit de l'État dans lequel l'employé exerce son activité principale; si l'État dans lequel s'exerce l'activité principale ne peut être déterminé, le droit applicable est celui de l'État dans lequel se trouve l'établissement de l'employeur auquel l'employé est attaché.

(2) Si plusieurs personnes ont réalisé l'invention indépendamment l'une de l'autre, le droit au brevet européen appartient à celle dont la demande de brevet européen a la date de dépôt la plus ancienne, sous réserve que cette première demande ait été publiée.

(3) Dans la procédure devant l'Office européen des brevets, le demandeur est réputé habilité à exercer le droit au brevet européen.

Art. 61 *Demande de brevet européen déposée par une personne non habilitée.* (1) Si une décision passée en force de chose jugée a reconnu le droit à l'obtention du brevet européen à une personne autre que le demandeur, cette personne peut, conformément au règlement d'exécution :

a) poursuivre, au lieu et place du demandeur, la procédure relative à la demande de brevet européen, en prenant cette demande à son compte,

b) déposer une nouvelle demande de brevet européen pour la même invention, ou

c) demander le rejet de la demande de brevet européen.

(2) L'article 76, paragraphe 1, est applicable à toute nouvelle demande de brevet européen déposée en vertu du paragraphe 1 b).

Art. 62 *Droit de l'inventeur d'être désigné.* L'inventeur a le droit, à l'égard du titulaire de la demande de brevet européen ou du brevet européen, d'être désigné en tant que tel auprès de l'Office européen des brevets.

CHAPITRE III

Effets du brevet européen et de la demande de brevet européen

Art. 63 *Durée du brevet européen.* (1) La durée du brevet européen est de vingt années à compter de la date de dépôt de la demande.

(2) Le paragraphe 1 ne saurait limiter le droit d'un État contractant de prolonger la durée d'un brevet européen ou d'accorder une protection correspondante dès l'expiration de cette durée aux mêmes conditions que celles applicables aux brevets nationaux,

a) pour tenir compte d'un état de guerre ou d'un état de crise comparable affectant ledit État ;

b) si l'objet du brevet européen est un produit ou un procédé de fabrication ou une utilisation d'un produit qui, ayant sa mise sur le marché dans cet État, est soumis à une procédure administrative d'autorisation instituée par la loi.

(3) Les dispositions du paragraphe 2 s'appliquent aux brevets européens délivrés conjointement pour tout groupe d'États contractants visé à l'article 142.

(4) Tout État contractant qui prévoit une prolongation de la durée du brevet ou une protection correspondante conformément au paragraphe 2 b) peut, sur la base d'un accord conclu avec l'Organisation, transférer à l'Office européen des brevets des tâches afférentes à l'application de ces dispositions.

Art. 64 *Droits conférés par le brevet européen.* (1) Sous réserve du paragraphe 2, le brevet européen confère à son titulaire, à compter de la date à laquelle la mention de sa délivrance est publiée au Bulletin européen des brevets et dans chacun des États contractants pour lesquels il a été délivré, les mêmes droits que lui conférerait un brevet national délivré dans cet État.

(2) Si l'objet du brevet européen porte sur un procédé, les droits conférés par ce brevet s'étendent aux produits obtenus directement par ce procédé.

(3) Toute contrefaçon du brevet européen est appréciée conformément à la législation nationale.

Art. 65 *Traduction du brevet européen.* (1) Tout État contractant peut prescrire, lorsque le brevet européen délivré, maintenu tel que modifié ou limité par l'Office européen des brevets n'est pas rédigé dans l'une de ses langues officielles, que le titulaire du brevet doit fournir à son service central de la propriété industrielle une traduction du brevet tel que délivré, modifié ou limité dans l'une de ses langues officielles, à son choix, ou, dans la mesure où cet État a imposé l'utilisation d'une langue officielle déterminée, dans cette dernière langue. La traduction doit être produite dans un délai de trois mois à compter de la date de publication au Bulletin européen des brevets de la mention de la délivrance du brevet européen ou de son maintien tel qu'il a été modifié, ou de sa limitation, à moins que l'État considéré n'accorde un délai plus long.

(2) Tout État contractant qui a adopté des dispositions en vertu du paragraphe 1 peut prescrire que le titulaire du brevet acquitte, dans un délai fixé par cet État, tout ou partie des frais de publication de la traduction.

(3) Tout État contractant peut prescrire que, si les dispositions adoptées en vertu des paragraphes 1 et 2 ne sont pas observées, le brevet européen est, dès l'origine, réputé sans effet dans cet État.

Art. 66 *Valeur de dépôt national du dépôt européen.* La demande de brevet européen à laquelle une date de dépôt a été accordée a, dans les États contractants désignés, la valeur d'un dépôt national régulier, compte tenu, le cas échéant, du droit de priorité invoqué à l'appui de la demande de brevet européen.

Art. 67 *Droits conférés par la demande de brevet européen après sa publication.*

(1) A compter de sa publication, la demande de brevet européen assure provisoirement au demandeur, dans les États contractants désignés dans la demande, la protection prévue à l'article 64.

(2) Tout État contractant peut prévoir que la demande de brevet européen n'assure pas la protection prévue à l'article 64. Toutefois, la protection attachée à la publication de la

demande de brevet européen ne peut être inférieure à celle que la législation de l'État considéré attache à la publication obligatoire des demandes de brevet national non examinées. En tout état de cause, chaque État contractant doit au moins prévoir qu'à partir de la publication de la demande de brevet européen, le demandeur peut exiger une indemnité raisonnable, fixée suivant les circonstances, de toute personne ayant exploité, dans cet État contractant, l'invention objet de la demande de brevet européen, dans des conditions qui, selon le droit national, mettraient en jeu sa responsabilité s'il s'agissait d'une contrefaçon d'un brevet national.

(3) Tout État contractant qui n'a pas comme langue officielle la langue de la procédure peut prévoir que la protection provisoire visée aux paragraphes 1 et 2 n'est assurée qu'à partir de la date à laquelle une traduction des revendications, soit dans l'une des langues officielles de cet État, au choix du demandeur, soit, dans la mesure où l'État en question a imposé l'utilisation d'une langue officielle déterminée, dans cette dernière langue :

a) a été rendue accessible au public dans les conditions prévues par sa législation nationale, ou

b) a été remise à la personne exploitant, dans cet État, l'invention objet de la demande de brevet européen.

(4) Les effets de la demande de brevet européen prévus aux paragraphes 1 et 2 sont réputés nuls et non avenus lorsque la demande de brevet européen a été retirée, ou est réputée retirée, ou a été rejetée en vertu d'une décision passée en force de chose jugée. Il en est de même des effets de la demande de brevet européen dans un État contractant dont la désignation a été retirée ou est réputée retirée.

Art. 68 *Effets de la révocation ou de la limitation du brevet européen.* La demande de brevet européen ainsi que le brevet européen auquel elle a donné lieu sont réputés n'avoir pas eu dès l'origine les effets prévus aux articles 64 et 67, dans toute la mesure où le brevet a été révoqué ou limité au cours d'une procédure d'opposition, de limitation ou de nullité.

Art. 69 *Etendue de la protection.* (1) L'étendue de la protection conférée par le brevet européen ou par la demande de brevet européen est déterminée par les revendications. Toutefois, la description et les dessins servent à interpréter les revendications.

(2) Pour la période allant jusqu'à la délivrance du brevet européen, l'étendue de la protection conférée par la demande de brevet européen est déterminée par les revendications contenues dans la demande telle que publiée. Toutefois, le brevet européen tel que délivré ou tel que modifié au cours de la procédure d'opposition, de limitation ou de nullité détermine rétroactivement la protection conférée par la demande, pour autant que cette protection ne soit pas étendue.

Art. 70 *Texte de la demande de brevet européen ou du brevet européen faisant foi.* (1) Le texte de la demande de brevet européen ou du brevet européen rédigé dans la langue de la procédure est le texte qui fait foi dans toutes les procédures devant l'Office européen des brevets et dans tous les États contractants.

(2) Toutefois, si la demande de brevet européen a été déposée dans une langue qui n'est pas une langue officielle de l'Office européen des brevets, ce texte constitue la demande telle qu'elle a été déposée, au sens de la présente convention.

(3) Tout État contractant peut prévoir qu'une traduction dans une de ses langues officielles, prescrite par cet État en vertu de la présente convention, est considérée dans cet État comme étant le texte qui fait foi, hormis les cas d'actions en nullité, si la demande

de brevet européen ou le brevet européen dans la langue de la traduction confère une protection moins étendue que celle conférée par ladite demande ou par ledit brevet dans la langue de la procédure.

(4) Tout État contractant qui arrête une disposition en application du paragraphe 3,

a) doit permettre au demandeur ou au titulaire du brevet de produire une traduction révisée de la demande de brevet européen ou du brevet européen. Cette traduction révisée n'a pas d'effet juridique aussi longtemps que les conditions fixées par l'État contractant en application de l'article 65, paragraphe 2, ou de l'article 67, paragraphe 3, n'ont pas été remplies;

b) peut prévoir que quiconque, dans cet État, a, de bonne foi, commencé à exploiter une invention ou a fait des préparatifs effectifs et sérieux à cette fin, sans que cette exploitation constitue une contrefaçon de la demande ou du brevet dans le texte de la traduction initiale, peut, après que la traduction révisée a pris effet, poursuivre à titre gratuit son exploitation dans son entreprise ou pour les besoins de celle-ci.

CHAPITRE IV

De la demande de brevet européen comme objet de propriété

Art. 71 *Transfert et constitution de droits.* La demande de brevet européen peut être transférée ou donner lieu à la constitution de droits pour un ou plusieurs des États contractants désignés.

Art. 72 *Cession.* La cession de la demande de brevet européen doit être faite par écrit et requiert la signature des parties au contrat.

Art. 73 *Licence contractuelle.* Une demande de brevet européen peut faire, en sa totalité ou en partie, l'objet de licences pour tout ou partie des territoires des États contractants désignés.

Art. 74 *Droit applicable.* Sauf si la présente convention en dispose autrement, la demande de brevet européen comme objet de propriété est soumise, dans chaque État contractant désigné et avec effet dans cet État, à la législation applicable dans ledit État aux demandes de brevet national.

TROISIÈME PARTIE

LA DEMANDE DE BREVET EUROPÉEN

CHAPITRE I

Dépôt de la demande de brevet européen et exigences auxquelles elle doit satisfaire

Art. 75 *Dépôt de la demande de brevet européen.* (1) La demande de brevet européen peut être déposée :

a) soit auprès de l'Office européen des brevets;

b) soit, si la législation d'un État contractant le permet, et sous réserve de l'article 76, paragraphe 1, auprès du service central de la propriété industrielle ou des autres autorités compétentes de cet État.

Toute demande ainsi déposée a les mêmes effets que si elle avait été déposée à la même date à l'Office européen des brevets.

(2) Le paragraphe 1 ne peut faire obstacle à l'application des dispositions législatives ou réglementaires qui, dans un État contractant :

a) régissent les inventions qui ne peuvent, en raison de leur objet, être communiquées à l'étranger sans autorisation préalable des autorités compétentes de cet État, ou

b) prescrivent que toute demande de brevet doit être initialement déposée auprès d'une autorité nationale, ou soumettent à une autorisation préalable le dépôt direct auprès d'une autre autorité.

Art. 76 *Demandes divisionnaires européennes.* (1) Toute demande divisionnaire de brevet européen doit être déposée directement auprès de l'Office européen des brevets conformément au règlement d'exécution. Elle ne peut être déposée que pour des éléments qui ne s'étendent pas au-delà du contenu de la demande antérieure telle qu'elle a été déposée; dans la mesure où il est satisfait à cette exigence, la demande divisionnaire est réputée déposée à la date de dépôt de la demande antérieure et bénéficie du droit de priorité.

(2) Tous les États contractants désignés dans la demande antérieure lors du dépôt d'une demande divisionnaire de brevet européen sont réputés désignés dans la demande divisionnaire.

Art. 77 *Transmission des demandes de brevet européen.* (1) Le service central de la propriété industrielle de l'État contractant transmet à l'Office européen des brevets les demandes de brevet européen déposées auprès dudit service ou auprès de toute autre autorité compétente de cet État, conformément au règlement d'exécution.

(2) Toute demande de brevet européen dont l'objet a été mis au secret n'est pas transmise à l'Office européen des brevets.

(3) Toute demande de brevet européen qui n'est pas transmise à l'Office européen des brevets dans les délais est réputée retirée.

Art. 78 *Exigences auxquelles doit satisfaire la demande de brevet européen.* (1) La demande de brevet européen doit contenir :

a) une requête en délivrance d'un brevet européen;

b) une description de l'invention;

c) une ou plusieurs revendications;

d) les dessins auxquels se réfèrent la description ou les revendications;

e) un abrégé,

et satisfaire aux exigences prévues par le règlement d'exécution.

(2) La demande de brevet européen donne lieu au paiement de la taxe de dépôt et de la taxe de recherche. Si la taxe de dépôt ou la taxe de recherche n'a pas été acquittée dans les délais, la demande est réputée retirée.

Art. 79 *Désignation des États contractants.* (1) Tous les États contractants parties à la présente convention lors du dépôt de la demande de brevet européen sont réputés désignés dans la requête en délivrance du brevet européen.

(2) La désignation d'un État contractant peut donner lieu au paiement d'une taxe de désignation.

(3) La désignation d'un État contractant peut être retirée à tout moment jusqu'à la délivrance du brevet européen.

Art. 80 *Date de dépôt.* La date de dépôt d'une demande de brevet européen est celle à laquelle il est satisfait aux exigences prévues par le règlement d'exécution.

Art. 81 *Désignation de l'inventeur.* La demande de brevet européen doit comprendre la désignation de l'inventeur. Si le demandeur n'est pas l'inventeur ou l'unique inventeur, cette désignation doit comporter une déclaration indiquant l'origine de l'acquisition du droit au brevet européen.

Art. 82 *Unité d'invention.* La demande de brevet européen ne peut concerner qu'une seule invention ou une pluralité d'inventions liées entre elles de telle sorte qu'elles ne forment qu'un seul concept inventif général.

Art. 83 *Exposé de l'invention.* L'invention doit être exposée dans la demande de brevet européen de façon suffisamment claire et complète pour qu'un homme du métier puisse l'exécuter.

Art. 84 *Revendications.* Les revendications définissent l'objet de la protection demandée. Elles doivent être claires et concises et se fonder sur la description.

Art. 85 *Abrégé.* L'abrégé sert exclusivement à des fins d'information technique; il ne peut être pris en considération pour aucune autre fin, notamment pour l'appréciation de l'étendue de la protection demandée et pour l'application de l'article 54, paragraphe 3.

Art. 86 *Taxes annuelles pour la demande de brevet européen.* (1) Des taxes annuelles doivent, conformément au règlement d'exécution, être payées à l'Office européen des brevets pour toute demande de brevet européen. Ces taxes sont dues pour la troisième année, à compter de la date de dépôt de la demande, et pour chacune des années suivantes. Si une taxe annuelle n'a pas été acquittée dans les délais, la demande est réputée retirée.

(2) Aucune taxe annuelle n'est exigible après le paiement de celle qui doit être acquittée au titre de l'année au cours de laquelle la mention de la délivrance du brevet européen est publiée au Bulletin européen des brevets

CHAPITRE II
Priorité

Art. 87 *Droit de priorité.* (1) Celui qui a régulièrement déposé, dans ou pour

a) un État partie à la Convention de Paris pour la protection de la propriété industrielle ou

b) un membre de l'Organisation mondiale du commerce,

une demande de brevet d'invention, de modèle d'utilité ou de certificat d'utilité, ou son ayant cause, jouit, pour effectuer le dépôt d'une demande de brevet européen pour la même invention, d'un droit de priorité pendant un délai de douze mois à compter de la date de dépôt de la première demande.

(2) Est reconnu comme donnant naissance au droit de priorité tout dépôt ayant la valeur d'un dépôt national régulier en vertu de la législation nationale de l'État dans lequel il a été effectué ou d'accords bilatéraux ou multilatéraux, y compris la présente convention.

(3) Par dépôt national régulier, on doit entendre tout dépôt qui suffit à établir la date à laquelle la demande a été déposée, quel que soit le sort ultérieur de cette demande.

(4) Est considérée comme première demande, dont la date de dépôt est le point de départ du délai de priorité, une demande ultérieure ayant le même objet qu'une première demande antérieure, déposée dans ou pour le même État, à la condition que cette demande antérieure, à la date de dépôt de la demande ultérieure, ait été retirée, abandonnée ou refusée, sans avoir été soumise à l'inspection publique et sans laisser subsister de

droits, et qu'elle n'ait pas encore servi de base pour la revendication du droit de priorité. La demande antérieure ne peut plus alors servir de base pour la revendication du droit de priorité.

(5) Si le premier dépôt a été effectué auprès d'un service de la propriété industrielle qui n'est pas lié par la Convention de Paris pour la protection de la propriété industrielle ou par l'Accord instituant l'Organisation mondiale du commerce, les paragraphes 1 à 4 s'appliquent si, suivant une communication émanant du Président de l'Office européen des brevets, ce service reconnaît qu'un premier dépôt effectué auprès de l'Office européen des brevets donne naissance à un droit de priorité soumis à des conditions et ayant des effets équivalents à ceux prévus par la Convention de Paris.

Art. 88 *Revendication de priorité.* (1) Le demandeur qui veut se prévaloir de la priorité d'un dépôt antérieur est tenu de produire une déclaration de priorité et tout autre document exigé, conformément au règlement d'exécution.

(2) Des priorités multiples peuvent être revendiquées pour une demande de brevet européen même si elles proviennent d'États différents. Le cas échéant, des priorités multiples peuvent être revendiquées pour une même revendication. Si des priorités multiples sont revendiquées, les délais qui ont pour point de départ la date de priorité sont calculés à compter de la date de la priorité la plus ancienne.

(3) Lorsqu'une ou plusieurs priorités sont revendiquées pour la demande de brevet européen, le droit de priorité ne couvre que les éléments de la demande de brevet européen qui sont contenus dans la demande ou dans les demandes dont la priorité est revendiquée.

(4) Si certains éléments de l'invention pour lesquels la priorité est revendiquée ne figurent pas parmi les revendications formulées dans la demande antérieure, il suffit, pour que la priorité puisse être accordée, que l'ensemble des pièces de la demande antérieure révèle d'une façon précise lesdits éléments.

Art. 89 *Effet du droit de priorité.* Par l'effet du droit de priorité, la date de priorité est considérée comme celle du dépôt de la demande de brevet européen pour l'application de l'article 54, paragraphes 2 et 3, et de l'article 60, paragraphe 2.

QUATRIÈME PARTIE

PROCÉDURE JUSQU'À LA DÉLIVRANCE

Art. 90 *Examen lors du dépôt et quant aux exigences de forme.* (1) L'Office européen des brevets examine conformément au règlement d'exécution si la demande satisfait aux exigences pour que lui soit accordée une date de dépôt.

(2) Si une date de dépôt ne peut être accordée après l'examen effectué au titre du paragraphe 1, la demande n'est pas traitée en tant que demande de brevet européen.

(3) Si une date de dépôt a été accordée à la demande de brevet européen, l'Office européen des brevets examine conformément au règlement d'exécution s'il est satisfait aux exigences des articles 14, 78, 81 et, le cas échéant, de l'article 88, paragraphe 1, et de l'article 133, paragraphe 2, ainsi qu'à toute autre exigence prévue par le règlement d'exécution.

(4) Lorsque l'Office européen des brevets constate, lors de l'examen effectué au titre des paragraphes 1 ou 3, l'existence d'irrégularités auxquelles il peut être remédié, il donne au demandeur la possibilité de remédier à ces irrégularités.

(5) Lorsqu'il n'est pas remédié à une irrégularité constatée lors de l'examen effectué au titre du paragraphe 3, la demande de brevet européen est rejetée, à moins que la présente convention ne prévoie une conséquence juridique différente. Lorsque l'irrégularité concerne le droit de priorité, elle entraîne la perte de ce droit pour la demande.

Art. 91 *(supprimé)*

Art. 92 *Établissement du rapport de recherche européenne.* L'Office européen des brevets établit et publie, conformément au règlement d'exécution, un rapport de recherche européenne relatif à la demande de brevet européen sur la base des revendications, en tenant dûment compte de la description et des dessins existants.

Art. 93 *Publication de la demande de brevet européen.* (1) L'Office européen des brevets publie la demande de brevet européen dès que possible

a) après l'expiration d'un délai de dix-huit mois à compter de la date de dépôt ou, si une priorité a été revendiquée, à compter de la date de priorité ou

b) avant l'expiration de ce délai sur requête du demandeur.

(2) La demande de brevet européen est publiée à la même date que le fascicule du brevet européen lorsque la décision relative à la délivrance du brevet européen prend effet avant l'expiration du délai visé au paragraphe 1 a).

Art. 94 *Examen de la demande de brevet européen.* (1) Sur requête, l'Office européen des brevets examine conformément au règlement d'exécution si la demande de brevet européen et l'invention qui en fait l'objet satisfont aux exigences prévues par la présente convention. La requête n'est réputée présentée qu'après le paiement de la taxe d'examen.

(2) Lorsque la requête en examen n'est pas présentée dans les délais, la demande est réputée retirée.

(3) S'il résulte de l'examen que la demande ou l'invention qui en fait l'objet ne satisfait pas aux exigences prévues par la présente convention, la division d'examen invite le demandeur, aussi souvent qu'il est nécessaire, à présenter ses observations et, sous réserve de l'article 123, paragraphe 1, à modifier la demande.

(4) Si le demandeur ne répond pas dans les délais à une notification de la division d'examen, la demande est réputée retirée.

Art. 95 *(supprimé)*

Art. 96 *(supprimé)*

Art. 97 *Délivrance ou rejet.* (1) Si la division d'examen estime que la demande de brevet européen et l'invention qui en fait l'objet satisfont aux exigences prévues par la présente convention, elle décide de délivrer le brevet européen, pour autant que les conditions prévues par le règlement d'exécution soient remplies.

(2) Si la division d'examen estime que la demande de brevet européen ou l'invention qui en fait l'objet ne satisfait pas aux exigences prévues par la présente convention, elle rejette la demande, à moins que la présente convention ne prévoie une conséquence juridique différente.

(3) La décision relative à la délivrance du brevet européen prend effet à la date à laquelle la mention de la délivrance est publiée au Bulletin européen des brevets.

Art. 98 *Publication du fascicule du brevet européen.* L'Office européen des brevets publie le fascicule du brevet européen dès que possible après la publication de la mention de la délivrance du brevet européen au Bulletin européen des brevets.

CINQUIÈME PARTIE
PROCÉDURE D'OPPOSITION ET DE LIMITATION

Art. 99 *Opposition.* (1) Dans un délai de neuf mois à compter de la publication de la mention de la délivrance du brevet européen au Bulletin européen des brevets, toute personne peut faire opposition à ce brevet auprès de l'Office européen des brevets, conformément au règlement d'exécution. L'opposition n'est réputée formée qu'après le paiement de la taxe d'opposition.

(2) L'opposition au brevet européen affecte ce brevet dans tous les États contractants dans lesquels il produit ses effets.

(3) Les opposants sont parties, avec le titulaire du brevet, à la procédure d'opposition.

(4) Si une personne apporte la preuve que, dans un État contractant, elle est inscrite au registre des brevets, en vertu d'une décision passée en force de chose jugée, au lieu et place du titulaire précédent, elle est, sur requête, substituée à ce dernier pour ledit État. Nonobstant l'article 118, le titulaire précédent du brevet et la personne qui fait ainsi valoir ses droits ne sont pas considérés comme copropriétaires, à moins qu'ils ne demandent tous deux à l'être.

Art. 100 *Motifs d'opposition.* L'opposition ne peut être fondée que sur les motifs suivants :

a) l'objet du brevet européen n'est pas brevetable en vertu des articles 52 à 57;

b) le brevet européen n'expose pas l'invention de façon suffisamment claire et complète pour qu'un homme du métier puisse l'exécuter;

c) l'objet du brevet européen s'étend au-delà du contenu de la demande telle qu'elle a été déposée ou, si le brevet a été délivré sur la base d'une demande divisionnaire ou d'une nouvelle demande déposée en vertu de l'article 61, au-delà du contenu de la demande antérieure telle qu'elle a été déposée.

Art. 101 *Examen de l'opposition – Révocation ou maintien du brevet européen.*

(1) Si l'opposition est recevable, la division d'opposition examine conformément au règlement d'exécution si au moins un motif d'opposition visé à l'article 100 s'oppose au maintien du brevet européen. Au cours de cet examen, la division d'opposition invite les parties, aussi souvent qu'il est nécessaire, à présenter leurs observations sur les notifications qu'elle leur a adressées ou sur les communications qui émanent d'autres parties.

(2) Si la division d'opposition estime qu'au moins un motif d'opposition s'oppose au maintien du brevet européen, elle révoque le brevet. Dans le cas contraire, elle rejette l'opposition.

(3) Si la division d'opposition estime que, compte tenu des modifications apportées par le titulaire du brevet européen au cours de la procédure d'opposition, le brevet et l'invention qui en fait l'objet

a) satisfont aux exigences de la présente convention, elle décide de maintenir le brevet tel qu'il a été modifié, pour autant que les conditions prévues par le règlement d'exécution soient remplies;

b) ne satisfont pas aux exigences de la présente convention, elle révoque le brevet.

Art. 102 *(supprimé)*

Art. 103 *Publication d'un nouveau fascicule du brevet européen.* Si le brevet européen a été maintenu tel qu'il a été modifié en vertu de l'article 101, paragraphe 3 a), l'Office européen des brevets publie un nouveau fascicule du brevet européen dès que possible après la publication de la mention de la décision concernant l'opposition au Bulletin européen des brevets.

Art. 104 *Frais.* (1) Chacune des parties à la procédure d'opposition supporte les frais qu'elle a exposées, à moins que la division d'opposition n'arrête, conformément au règlement d'exécution, une répartition différente des frais dans la mesure où l'équité l'exige.

(2) Le règlement d'exécution détermine la procédure de fixation des frais.

(3) Toute décision finale de l'Office européen des brevets fixant le montant des frais est, aux fins de son exécution dans les États contractants, réputée être une décision passée en force de chose jugée rendue par une juridiction civile de l'État dans lequel cette exécution doit avoir lieu. Le contrôle d'une telle décision ne peut porter que sur son authenticité.

Art. 105 *Intervention du contrefacteur présumé.* (1) Tout tiers peut, après l'expiration du délai d'opposition, intervenir dans la procédure d'opposition conformément au règlement d'exécution, à condition qu'il apporte la preuve

a) qu'une action en contrefaçon fondée sur ce brevet a été introduite à son encontre, ou

b) qu'après avoir été requis par le titulaire du brevet de cesser la contrefaçon alléguée de ce brevet, il a introduit à l'encontre dudit titulaire une action tendant à faire constater qu'il n'est pas contrefacteur.

(2) Une intervention recevable est assimilée à une opposition.

Art. 105 *bis* *Requête en limitation ou en révocation.* (1) Sur requête du titulaire du brevet, le brevet européen peut être révoqué ou être limité par une modification des revendications. La requête doit être présentée auprès de l'Office européen des brevets conformément au règlement d'exécution. Elle n'est réputée présentée qu'après le paiement de la taxe de limitation ou de révocation.

(2) La requête ne peut être présentée tant qu'une procédure d'opposition relative au brevet européen est en instance.

Art. 105 *ter* *Limitation ou révocation du brevet européen.* (1) L'Office européen des brevets examine s'il est satisfait aux exigences prévues par le règlement d'exécution pour une limitation ou la révocation du brevet européen.

(2) Si l'Office européen des brevets estime que la requête en limitation ou en révocation du brevet européen satisfait à ces exigences, il décide, conformément au règlement d'exécution, de limiter ou de révoquer le brevet européen. Dans le cas contraire, il rejette la requête.

(3) La décision relative à la limitation ou à la révocation affecte le brevet européen avec effet dans tous les États contractants pour lesquels il a été délivré. Elle prend effet à la date à laquelle la mention de la décision est publiée au Bulletin européen des brevets.

Art. 105 *quater* *Publication du fascicule de brevet européen modifié.* Lorsque le brevet européen a été limité en vertu de l'article 105 ter, paragraphe 2, l'Office européen des brevets publie le fascicule de brevet européen modifié dès que possible après la publication de la mention de la limitation au Bulletin européen des brevets.

SIXIÈME PARTIE
PROCÉDURE DE RECOURS

Art. 106 *Décisions susceptibles de recours.* (1) Les décisions de la section de dépôt, des divisions d'examen, des divisions d'opposition et de la division juridique sont susceptibles de recours. Le recours a un effet suspensif.

(2) Une décision qui ne met pas fin à une procédure à l'égard d'une des parties ne peut faire l'objet d'un recours qu'avec la décision finale, à moins que ladite décision ne prévoie un recours indépendant.

(3) Le droit de former recours contre des décisions portant sur la répartition ou la fixation des frais de la procédure d'opposition peut être limité dans le règlement d'exécution.

Art. 107 *Personnes admises à former le recours et à être parties à la procédure.* Toute partie à la procédure aux prétentions de laquelle une décision n'a pas fait droit peut former un recours contre cette décision. Les autres parties à ladite procédure sont de droit parties à la procédure de recours.

Art. 108 *Délai et forme.* Le recours doit être formé, conformément au règlement d'exécution, auprès de l'Office européen des brevets dans un délai de deux mois à compter de la signification de la décision. Le recours n'est réputé formé qu'après le paiement de la taxe de recours. Un mémoire exposant les motifs du recours doit être déposé dans un délai de quatre mois à compter de la signification de la décision, conformément au règlement d'exécution.

Art. 109 *Révision préjudicielle.* (1) Si l'instance dont la décision est attaquée considère le recours comme recevable et fondé, elle doit y faire droit. Cette disposition ne s'applique pas lorsque la procédure oppose le requérant à une autre partie.

(2) S'il n'est pas fait droit au recours dans un délai de trois mois après réception du mémoire exposant les motifs, le recours doit être immédiatement déféré à la chambre de recours, sans avis sur le fond.

Art. 110 *Examen du recours.* Si le recours est recevable, le chambre de recours examine s'il peut y être fait droit. L'examen du recours se déroule conformément au règlement d'exécution.

Art. 111 *Décision sur le recours.* (1) A la suite de l'examen au fond du recours, la chambre de recours statue sur le recours. Elle peut soit exercer les compétences de l'instance qui a rendu la décision attaquée, soit renvoyer l'affaire à ladite instance pour suite à donner.

(2) Si la chambre de recours renvoie l'affaire pour suite à donner à l'instance qui a rendu la décision attaquée, cette instance est liée par les motifs et le dispositif de la décision de la chambre de recours pour autant que les faits de la cause soient les mêmes. Si la décision attaquée a été rendue par la section de dépôt, la division d'examen est également liée par les motifs et le dispositif de la décision de la chambre de recours.

Art. 112 *Décision ou avis de la Grande Chambre de recours.* (1) Afin d'assurer une application uniforme du droit ou si une question de droit d'importance fondamentale se pose :

a) la chambre de recours, soit d'office, soit à la requête de l'une des parties, saisit en cours d'instance la Grande Chambre de recours lorsqu'elle estime qu'une décision est nécessaire à ces fins. Lorsque la chambre de recours rejette la requête, elle doit motiver son refus dans sa décision finale;

b) le Président de l'Office européen des brevets peut soumettre une question de droit à la Grande Chambre de recours lorsque deux chambres de recours ont rendu des décisions divergentes sur cette question.

(2) Dans les cas visés au paragraphe 1 a), les parties à la procédure de recours sont parties à la procédure devant la Grande Chambre de recours.

(3) La décision de la Grande Chambre de recours visée au paragraphe 1 a) lie la chambre de recours pour le recours en instance.

Art. 112 *bis* *Requête en révision par la Grande Chambre de recours.* (1) Toute partie à une procédure de recours aux prétentions de laquelle la décision de la chambre de recours n'a pas fait droit peut présenter une requête en révision de la décision par la Grande Chambre de recours.

(2) La requête ne peut être fondée que sur les motifs suivants :

a) un membre de la chambre de recours a participé à la décision en violation de l'article 24, paragraphe 1, ou malgré son exclusion en vertu d'une décision prise conformément à l'article 24, paragraphe 4;

b) une personne n'ayant pas qualité de membre des chambres de recours a participé à la décision;

c) la procédure de recours a été entachée d'une violation fondamentale de l'article 113;

d) la procédure de recours a été entachée d'un autre vice fondamental de procédure tel que défini dans le règlement d'exécution; ou

e) une infraction pénale établie dans les conditions prévues au règlement d'exécution a pu avoir une incidence sur la décision.

(3) La requête en révision n'a pas d'effet suspensif.

(4) La requête doit être présentée et motivée conformément au règlement d'exécution. Si la requête est basée sur le paragraphe 2a) à d), elle doit être présentée dans un délai de deux mois à compter de la signification de la décision de la chambre de recours. Si la requête est basée sur le paragraphe 2e), elle doit être présentée dans un délai de deux mois après que l'infraction pénale a été établie et en tout état de cause pas plus de cinq ans après la signification de la décision de la chambre de recours. La requête en révision n'est réputée présentée qu'après le paiement de la taxe prescrite.

(5) La Grande Chambre de recours examine la requête en révision conformément au règlement d'exécution. Si la requête est fondée, la Grande Chambre de recours annule la décision et rouvre, conformément au règlement d'exécution, la procédure devant les chambres de recours.

(6) Quiconque, dans un État contractant désigné, a, de bonne foi, dans la période entre la décision de la chambre de recours et la publication au Bulletin européen des brevets de la mention de la décision de la Grande Chambre de recours sur la requête en révision, commencé à exploiter ou a fait des préparatifs effectifs et sérieux pour exploiter l'invention qui fait l'objet d'une demande de brevet européen publiée ou d'un brevet européen, peut, à titre gratuit, poursuivre cette exploitation dans son entreprise ou pour les besoins de celle-ci.

SEPTIÈME PARTIE
DISPOSITIONS COMMUNES

CHAPITRE I
Dispositions générales de procédure

Art. 113 *Droit d'être entendu et fondement des décisions.* (1) Les décisions de l'Office européen des brevets ne peuvent être fondées que sur des motifs au sujet desquels les parties ont pu prendre position.

(2) L'Office européen des brevets n'examine et ne prend de décision sur la demande de brevet européen ou le brevet européen que dans le texte proposé ou accepté par le demandeur ou par le titulaire du brevet.

Art. 114 *Examen d'office.* (1) Au cours de la procédure, l'Office européen des brevets procède à l'examen d'office des faits; cet examen n'est limité ni aux moyens invoqués ni aux demandes présentées par les parties.

(2) L'Office européen des brevets peut ne pas tenir compte des faits que les parties n'ont pas invoqués ou des preuves qu'elles n'ont pas produites en temps utile.

Art. 115 *Observations des tiers.* Dans toute procédure devant l'Office européen des brevets, tout tiers peut, conformément au règlement d'exécution, présenter après la publication de la demande de brevet européen des observations sur la brevetabilité de l'invention objet de la demande ou du brevet. Le tiers n'acquiert pas la qualité de partie à la procédure.

Art. 116 *Procédure orale.* (1) Il est recouru à la procédure orale soit d'office lorsque l'Office européen des brevets le juge utile, soit sur requête d'une partie à la procédure. Toutefois, l'Office européen des brevets peut rejeter une requête tendant à recourir à nouveau à la procédure orale devant la même instance pour autant que les parties ainsi que les faits de la cause soient les mêmes.

(2) Toutefois, il n'est recouru, sur requête du demandeur, à la procédure orale devant la section de dépôt que lorsque celle-ci le juge utile ou lorsqu'elle envisage de rejeter la demande de brevet européen.

(3) La procédure orale devant la section de dépôt, les divisions d'examen et la division juridique n'est pas publique.

(4) La procédure orale, y compris le prononcé de la décision, est publique devant les chambres de la recours et la Grande Chambre de recours après la publication de la demande de brevet européen ainsi que devant les divisions d'opposition, sauf décision contraire de l'instance saisie, au cas où la publicité pourrait présenter, notamment pour une partie à la procédure, des inconvénients graves et injustifiés.

Art. 117 *Moyens de preuve et instruction.* (1) Dans les procédures devant l'Office européen des brevets, les mesures d'instruction suivantes peuvent notamment être prises :

a) l'audition des parties;
b) la demande de renseignements;
c) la production de documents;
d) l'audition de témoins;
e) l'expertise;
f) la descente sur les lieux;

g) les déclarations écrites faites sous la foi du serment.

(2) Le règlement d'exécution détermine la procédure relative à l'instruction.

Art. 118 *Unicité de la demande de brevet européen ou du brevet européen.* Lorsque les demandeurs ou les titulaires d'un brevet européen ne sont pas les mêmes pour différents États contractants désignés, ils sont considérés comme codemandeurs ou comme copropriétaires aux fins de la procédure devant l'Office européen des brevets. L'unicité de la demande ou du brevet au cours de cette procédure n'en est pas affectée; en particulier, le texte de la demande ou du brevet doit être identique pour tous les États contractants désignés, sauf si la présente convention en dispose autrement.

Art. 119 *Signification.* Les décisions, citations, notifications et communications sont signifiées d'office par l'Office européen des brevets conformément au règlement d'exécution. Les significations peuvent être faites, lorsque des circonstances exceptionnelles l'exigent, par l'intermédiaire des services centraux de la propriété industrielle des États contractants.

Art. 120 *Délais.* Le règlement d'exécution détermine :

a) les délais qui doivent être observés dans les procédures devant l'Office européen des brevets et qui ne sont pas fixés par la présente convention;

b) le mode de calcul des délais ainsi que les conditions dans lesquelles ils peuvent être prorogés;

c) la durée minimale et maximale des délais qui sont impartis par l'Office européen des brevets.

Art. 121 *Poursuite de la procédure de la demande de brevet européen.* (1) Lorsque le demandeur n'a pas observé un délai à l'égard de l'Office européen des brevets, il peut requérir la poursuite de la procédure relative à la demande de brevet européen.

(2) L'Office européen des brevets fait droit à la requête s'il est satisfait aux exigences prévues dans le règlement d'exécution. Dans le cas contraire, il rejette la requête.

(3) Lorsqu'il est fait droit à la requête, les conséquences juridiques de l'inobservation du délai sont réputées ne pas s'être produites.

(4) Sont exclus de la poursuite de la procédure les délais prévus à l'article 87, paragraphe 1, à l'article 108 et à l'article 112 bis, paragraphe 4, ainsi que les délais de présentation de la requête en poursuite de la procédure et de la requête en *restitutio in integrum*. Le règlement d'exécution peut exclure d'autres délais de la poursuite de la procédure.

Art. 122 *Restitutio in integrum.* (1) Le demandeur ou le titulaire d'un brevet européen qui, bien qu'ayant fait preuve de toute la vigilance nécessitée par les circonstances, n'a pas été en mesure d'observer un délai à l'égard de l'Office européen des brevets est, sur requête, rétabli dans ses droits si l'inobservation de ce délai a pour conséquence directe le rejet de la demande de brevet européen ou d'une requête, le fait que la demande est réputée retirée, la révocation du brevet européen, la perte de tout autre droit ou d'un moyen de recours.

(2) L'Office européen des brevets fait droit à la requête s'il est satisfait aux conditions requises au paragraphe 1 et aux exigences prévues par le règlement d'exécution. Dans le cas contraire, il rejette la requête.

(3) Lorsqu'il est fait droit à la requête, les conséquences juridiques de l'inobservation du délai sont réputées ne pas s'être produites.

(4) Est exclu de la *restitutio in integrum* le délai de présentation de la requête en *restitutio in integrum*. Le règlement d'exécution peut exclure d'autres délais de la *restitutio in integrum*.

(5) Quiconque, dans un État contractant désigné, a, de bonne foi, dans la période entre la perte d'un droit visée au paragraphe 1 et la publication au Bulletin européen des brevets de la mention du rétablissement dudit droit, commencé à exploiter ou a fait des préparatifs effectifs et sérieux pour exploiter l'invention qui fait l'objet d'une demande de brevet européen publiée ou d'un brevet européen, peut, à titre gratuit, poursuivre cette exploitation dans son entreprise ou pour les besoins de celle-ci.

(6) Le présent article n'affecte pas le droit pour un État contractant d'accorder la *restitutio in integrum* quant aux délais prévus par la présente convention et à observer à l'égard des autorités de cet État.

Art. 123 *Modifications.* (1) La demande de brevet européen ou le brevet européen peut être modifié dans les procédures devant l'Office européen des brevets conformément au règlement d'exécution. En tout état de cause, le demandeur peut, de sa propre initiative, modifier au moins une fois la demande.

(2) La demande de brevet européen ou le brevet européen ne peut être modifié de manière que son objet s'étende au-delà du contenu de la demande telle qu'elle à été déposée.

(3) Le brevet européen ne peut être modifié de façon à étendre la protection qu'il confère.

Art. 124 *Informations sur l'état de la technique.* (1) L'Office européen des brevets peut inviter le demandeur, conformément au règlement d'exécution, à lui communiquer des informations sur l'état de la technique qui a été pris en considération dans des procédures de brevet nationales ou régionales et qui porte sur une invention faisant l'objet de la demande de brevet européen.

(2) Si le demandeur ne répond pas dans les délais à l'invitation visée au paragraphe 1, la demande de brevet européen est réputée retirée.

Art. 125 *Référence aux principes généraux.* En l'absence d'une disposition de procédure dans la présente convention, l'Office européen des brevets prend en considération les principes généralement admis en la matière dans les États contractants.

Art. 126 *(supprimé)*

CHAPITRE II

Information du public et des autorités officielles

Art. 127 *Registre européen des brevets.* L'Office européen des brevets tient un Registre européen des brevets, où sont inscrites toutes les indications mentionnées dans le règlement d'exécution. Aucune inscription n'est portée au Registre européen des brevets avant que la demande de brevet européen ait été publiée. Le Registre européen des brevets est ouvert à l'inspection publique.

Art. 128 *Inspection publique.* (1) Les dossiers relatifs à des demandes de brevet européen qui n'ont pas encore été publiées ne peuvent être ouverts à l'inspection publique qu'avec l'accord du demandeur.

(2) Quiconque prouve que le demandeur s'est prévalu de sa demande de brevet européen à son encontre peut consulter le dossier dès avant la publication de cette demande et sans l'accord du demandeur.

(3) Lorsqu'une demande divisionnaire ou une nouvelle demande de brevet européen déposée en vertu de l'article 61, paragraphe 1, est publiée, toute personne peut consulter le dossier de la demande antérieure avant la publication de cette demande et sans l'accord du demandeur.

(4) Après la publication de la demande de brevet européen, les dossiers de la demande et du brevet européen auquel elle a donné lieu peuvent, sur requête, être ouverts à l'inspection publique, sous réserve des restrictions prévues par le règlement d'exécution.

(5) L'Office européen des brevets peut, avant même la publication de la demande de brevet européen, communiquer à des tiers ou publier les indications mentionnées dans le règlement d'exécution.

Art. 129 *Publications périodiques.* L'Office européen des brevets publie périodiquement :

a) un Bulletin européen des brevets contenant les indications dont la publication est prescrite par la présente convention, le règlement d'exécution ou le Président de l'Office européen des brevets;

b) un Journal officiel contenant les communications et les informations d'ordre général émanant du Président de l'Office européen des brevets ainsi que toutes autres informations relatives à la présente convention et à son application.

Art. 130 *Échange d'informations.* (1) Sauf si la présente convention ou la législation nationale en dispose autrement, l'Office européen des brevets et les services centraux de la propriété industrielle des États contractants se communiquent, sur requête, toutes informations utiles sur des demandes de brevets européens ou nationaux et des brevets européens ou nationaux ainsi que les procédures les concernant.

(2) Le paragraphe 1 s'applique à l'échange d'informations, en vertu d'accords de travail, entre l'Office européen des brevets, d'une part, et, d'autre part :

a) les services centraux de la propriété industrielle d'autres États;

b) toute organisation intergouvernementale chargée de la délivrance de brevets;

c) toute autre organisation.

(3) Les communications d'informations faites conformément au paragraphe 1 et au paragraphe 2 a) et b) ne sont pas soumises aux restrictions prévues à l'article 128. Le Conseil d'administration peut décider que les communications faites conformément au paragraphe 2 c) ne sont pas soumises aux restrictions prévues à l'article 128, à condition que l'organisation concernée traite les informations communiquées de manière confidentielle jusqu'à la date de publication de la demande de brevet européen.

Art. 131 *Coopération administrative et judiciaire.* (1) Sauf si la présente convention ou la législation nationale en dispose autrement, l'Office européen des brevets et les juridictions ou autres autorités compétentes des États contractants d'assistent mutuellement, sur demande, en se communiquant des informations ou des dossiers. Lorsque l'Office européen des brevets met des dossiers à la disposition des juridictions, des ministères publics ou des services centraux de la propriété industrielle à des fins de consultation, celle-ci n'est pas soumise aux restrictions prévues à l'article 128.

(2) Sur requête de l'Office européen des brevets, les juridictions ou autres autorités compétentes des États contractants procèdent pour l'Office, dans les limites de leur compétence, aux mesures d'instruction ou autres actes juridictionnels.

Art. 132 *Échange de publications.* (1) L'Office européen des brevets et les services centraux de la propriété industrielle des États contractants échangent sur requête, pour leurs propres besoins et gratuitement, un ou plusieurs exemplaires de leurs publications respectives.

(2) L'Office européen des brevets peut conclure des accords portant sur l'échange ou l'envoi de publications.

CHAPITRE III

Représentation

Art. 133 *Principes généraux relatifs à la représentation.* (1) Sous réserve des dispositions du paragraphe 2, nul n'est tenu de se faire représenter par un mandataire agréé dans les procédures instituées par la présente convention.

(2) Les personnes physiques et morales qui n'ont ni leur domicile ni leur siège dans un État contractant doivent être représentées par un mandataire agréé, et agir par son entremise, dans toute procédure instituée par la présente convention, sauf pour le dépôt d'une demande de brevet européen; d'autres exceptions peuvent être prévues par le règlement d'exécution.

(3) Les personnes physiques et morales qui ont leur domicile ou leur siège dans un État contractant peuvent agir par l'entremise d'une employé dans toute procédure instituée par la présente convention; cet employé, qui doit disposer d'un pouvoir conforme aux dispositions du règlement d'exécution, n'est pas tenu d'être un mandataire agréé. Le règlement d'exécution peut prévoir si et dans quelles conditions l'employé d'une personne morale peut également agir pour d'autres personnes morales qui ont leur siège dans un État contractant et ont des liens économiques avec elle.

(4) Des dispositions particulières relatives à la représentation commune de parties agissant en commun peuvent être prévues dans le règlement d'exécution.

Art. 134 *Représentation devant l'Office européen des brevets.* (1) La représentation de personnes physiques ou morales dans les procédures instituées par la présente convention ne peut être assurée que par les mandataires agréés inscrits sur une liste tenue à cet effet par l'Office européen des brevets.

(2) Toute personne physique qui

a) possède la nationalité d'un État contractant,

b) a son domicile professionnel ou le lieu de son emploi dans un État contractant et

c) a satisfait aux épreuves de l'examen européen de qualification,

peut être inscrite sur la liste des mandataires agréés.

(3) Pendant une période d'un an à compter de la date à laquelle l'adhésion d'un État à la présente convention prend effet, peut également demander à être inscrite sur la liste des mandataires agréés toute personne physique qui

a) possède la nationalité d'un État contractant,

b) a son domicile professionnel ou le lieu de son emploi dans l'État ayant adhéré à la convention et

c) est habilitée à représenter en matière de brevets d'invention des personnes physiques ou morales devant le service centre de la propriété industrielle de cet État. Dans le cas où cette habilitation n'est pas subordonnée à l'exigence d'une qualification professionnelle spéciale, cette personne doit avoir agi dans cet État en tant que représentant à titre habituel pendant cinq ans au moins.

(4) L'inscription est faite sur requête accompagnée d'attestations indiquant que les conditions visées au paragraphe 2 ou 3 sont remplies.

(5) Les personnes qui sont inscrites sur la liste des mandataires agréés sont habilitées à agir dans toute procédure instituée par la présente convention.

(6) Aux fins d'agir en qualité de mandataire agréé, toute personne inscrite sur la liste des mandataires agréés est habilitée à avoir un domicile professionnel dans tout État contractant dans lequel se déroulent les procédures instituées par la présente convention, compte tenu du protocole sur la centralisation annexé à la présente convention. Les autorités de cet État ne peuvent retirer cette habilitation que dans des cas particuliers et en vertu de la législation nationale relative à l'ordre public et à la sécurité publique. Le Président de l'Office européen des brevets doit être consulté avant qu'une telle mesure soit prise.

(7) Le Président de l'Office européen des brevets peut consentir une dérogation :

a) à l'exigence visée au paragraphe 2 a) ou au paragraphe 3 a) dans des circonstances particulières;

b) à l'exigence visée au paragraphe 3 c), deuxième phrase, si le candidat apporte la preuve qu'il a acquis d'une autre manière les qualifications requises.

(8) La représentation au même titre qu'un mandataire agréé dans les procédures instituées par la présente convention peut être assurée par tout avocat habilité à exercer dans l'un des États contractants et y possédant son domicile professionnel, dans la mesure où il peut agir dans cet État en qualité de mandataire en matière de brevets d'invention. Les dispositions du paragraphe 6 sont applicables.

Art. 134 *bis* *Institut des mandataires agréés près l'Office européen des brevets.* (1) Le Conseil d'administration a compétence pour arrêter et modifier des dispositions relatives :

a) à l'Institut des mandataires agréés près l'Office européen des brevets, ci-après dénommé l'Institut;

b) à la qualification et à la formation exigées pour l'admission à l'examen européen de qualification et à l'organisation des épreuves de cet examen;

c) au pouvoir disciplinaire de l'Institut ou de l'Office européen des brevets sur les mandataires agréés;

d) à l'obligation de confidentialité du mandataire agréé et au droit du mandataire agréé de refuser de divulguer dans des procédures devant l'Office européen des brevets les communications échangées entre lui et son client ou toute autre personne.

(2) Toute personne inscrite sur la liste des mandataires agréés visée à l'article 134, paragraphe 1, est membre de l'Institut.

HUITIÈME PARTIE

INCIDENCES SUR LE DROIT NATIONAL

CHAPITRE I

Transformation en demande de brevet national

Art. 135 *Requête en transformation.* (1) Le service central de la propriété industrielle d'un État contractant désigné engage, sur requête du demandeur ou du titulaire d'un brevet européen, la procédure de délivrance d'un brevet national dans les cas suivants :

a) si la demande de brevet européen est réputée retirée en vertu de l'article 77, paragraphe 3 ;

b) dans les autres cas prévus par la législation nationale où, en vertu de la présente convention, la demande de brevet européen est soit rejetée, soit retirée, soit réputée retirée ou le brevet européen révoqué.

(2) Dans le cas visé au paragraphe 1 a), la requête en transformation doit être présentée au service central national de la propriété industrielle auprès duquel la demande de brevet européen avait été déposée. Sous réserve des dispositions relatives à la défense nationale, ce service transmet directement la requête aux services centraux des États contractants qui y sont mentionnés.

(3) Dans les cas visés au paragraphe 1 b), la requête en transformation doit être présentée à l'Office européen des brevets conformément au règlement d'exécution. Elle n'est réputée présentée qu'après le paiement de la taxe de transformation. L'Office européen des brevets transmet la requête aux services centraux de la propriété industrielle des États contractants qui y sont mentionnés.

(4) La demande de brevet européen cesse de produire les effets visés à l'article 66 si la requête en transformation n'est pas transmise dans les délais.

Art. 136 *(supprimé)*

Art. 137 *Conditions de forme de la transformation.* (1) Une demande de brevet européen transmise conformément à l'article 135, paragraphe 2 ou 3, ne peut, quant à sa forme, être soumise par la loi nationale à des conditions différentes de celles qui sont prévues par la présente convention ou à des conditions supplémentaires.

(2) Le service central de la propriété industrielle auquel la demande de brevet européen est transmise peut exiger que, dans un délai qui ne peut être inférieur à deux mois, le demandeur :

a) acquitte la taxe nationale de dépôt, et

b) produise, dans l'une des langues officielles de l'État concerné, une traduction du texte original de la demande de brevet européen ainsi que, le cas échéant, une traduction du texte modifié au cours de la procédure devant l'Office européen des brevets, sur la base duquel il désire que se déroule la procédure nationale.

CHAPITRE II

Nullité et droits antérieurs

Art. 138 *Nullité des brevets européens.* (1) Sous réserve de l'article 139, le brevet européen ne peut être déclaré nul, avec effet pour un État contractant, que si :

a) l'objet du brevet européen n'est pas brevetable en vertu des articles 52 à 57 ;

b) le brevet européen n'expose pas l'invention de façon suffisamment claire et complète pour qu'un homme du métier puisse l'exécuter ;

c) l'objet du brevet européen s'étend au-delà du contenu de la demande telle qu'elle a été déposée ou, lorsque le brevet a été délivré sur la base d'une demande divisionnaire ou d'une nouvelle demande déposée en vertu de l'article 61, si l'objet du brevet s'étend au-delà du contenu de la demande antérieure telle qu'elle a été déposée ;

d) la protection conférée par le brevet européen a été étendue ; ou

e) le titulaire du brevet européen n'avait pas le droit de l'obtenir en vertu de l'article 60, paragraphe 1.

(2) Si les motifs de nullité n'affectent le brevet européen qu'en partie, celui-ci est limité par une modification correspondante des revendications et est déclaré partiellement nul.

(3) Dans les procédures devant la juridiction ou l'administration compétente concernant la validité du brevet européen, le titulaire du brevet est habilité à limiter le brevet en modifiant les revendications. Le brevet ainsi limité sert de base à la procédure.

Art. 139 *Droits antérieurs et droits ayant pris naissance à la même date.* (1) Dans tout État contractant désigné, une demande de brevet européen ou un brevet européen est traité du point de vue des droits antérieurs, par rapport à une demande de brevet national ou à un brevet national, de la même manière que s'il s'agissait d'une demande de brevet national ou d'un brevet national.

(2) Une demande de brevet national ou un brevet national d'un État contractant est traité du point de vue des droits antérieurs, par rapport à un brevet européen qui désigne cet État contractant, de la même manière que si ce brevet européen était un brevet national.

(3) Tout État contractant demeure libre de décider si et dans quelles conditions peuvent être cumulées les protections assurées à une invention exposée à la fois dans une demande de brevet ou un brevet européen et dans une demande de brevet ou un brevet national ayant la même date de dépôt ou, si une priorité est revendiquée, la même date de priorité.

CHAPITRE III
Autres incidences sur le droit national

Art. 140 *Modèles d'utilité et certificats d'utilité nationaux.* Les articles 66, 124, 135, 137 et 139 sont applicables aux modèles d'utilité ou aux certificats d'utilité ainsi qu'aux demandes correspondantes, dans les États contractants dont la législation prévoit de tels titres de protection.

Art. 141 *Taxes annuelles pour le brevet européen.* (1) Les taxes annuelles dues au titre du brevet européen ne peuvent être perçues que pour les années suivant celle qui est visée à l'article 86, paragraphe 2.

(2) Si des taxes annuelles dues au titre du brevet européen viennent à échéance dans les deux mois à compter de la date à laquelle la mention de la délivrance du brevet a été publiée au Bulletin européen des brevets, lesdites taxes annuelles sont réputées avoir été valablement acquittées sous réserve d'être payées dans le délai mentionné. Il n'est perçu aucune surtaxe prévue au titre d'une réglementation nationale.

NEUVIÈME PARTIE
ACCORDS PARTICULIERS

Art. 142 *Brevet unitaire.* (1) Tout groupe d'États contractants qui, dans un accord particulier, a disposé que les brevets européens délivrés pour ces États auront un caractère unitaire sur l'ensemble de leurs territoires, peut prévoir que les brevets européens ne pourront être délivrés que conjointement pour tous ces États.

(2) Les dispositions de la présente partie sont applicables lorsqu'un groupe d'États contractants a fait usage de la faculté visée au paragraphe 1.

Art. 143 *Instances spéciales de l'Office européen des brevets.* (1) Le groupe d'États contractants peut confier des tâches supplémentaires à l'Office européen des brevets.

(2) Il peut, pour l'exécution de ces tâches supplémentaires, être créé à l'Office européen des brevets des instances spéciales communes aux États appartenant à ce groupe. Le Président de l'Office européen des brevets assure la direction de ces instances spéciales; les dispositions de l'article 10, paragraphes 2 et 3 sont applicables.

Art. 144 *Représentation devant les instances spéciales.* Le groupe d'États contractants peut prévoir une réglementation spéciale pour la représentation des parties devant les instances visées à l'article 143, paragraphe 2.

Art. 145 *Comité restreint du Conseil d'administration.* (1) Le groupe d'États contractants peut instituer un Comité restreint du Conseil d'administration afin de contrôler l'activité des instances spéciales créées en vertu de l'article 143, paragraphe 2; l'Office européen des brevets met à la disposition de ce Comité le personnel, les locaux et les moyens matériels nécessaires à l'accomplissement de sa mission. Le Président de l'Office européen des brevets est responsable des activités des instances spéciales devant le Comité restreint du Conseil d'administration.

(2) La composition, les compétences et les activités du Comité restreint sont déterminées par le groupe d'États contractants.

Art. 146 *Couverture des dépenses pour les tâches spéciales.* Pour autant qu'un groupe d'États contractants ait attribué des tâches supplémentaires à l'Office européen des brevets au sens de l'article 143, il prend à sa charge les frais qu'entraîne pour l'Organisation l'exécution de ces tâches. Si des instances spéciales ont été instituées au sein de l'Office européen des brevets pour l'exécution de ces tâches supplémentaires, le groupe d'États contractants prend à sa charge les dépenses de personnel, de locaux et de matériel imputables auxdites instances. Les articles 39, paragraphes 3 et 4, 41 et 47 sont applicables.

Art. 147 *Versements au titre des taxes de maintien en vigueur du brevet unitaire.* Si le groupe d'États contractants a établi un barème unique pour les taxes annuelles, le pourcentage visé à l'article 39, paragraphe 1, est calculé sur ce barème unique; le minimum visé à l'article 39, paragraphe 1, est également un minimum en ce qui concerne le brevet unitaire. L'article 39, paragraphes 3 et 4, est applicable.

Art. 148 *De la demande de brevet européen comme objet de propriété.* (1) L'article 74 est applicable lorsque le groupe d'États contractants n'a pas prévu d'autres dispositions.

(2) Le groupe d'États contractants peut prescrire que la demande de brevet européen, pour autant que ces États contractants sont désignés, ne peut être transférée, faire l'objet d'un nantissement ou d'une exécution forcée que pour tous ces États contractants et conformément aux dispositions de l'accord particulier.

Art. 149 *Désignation conjointe.* (1) Le groupe d'États contractants peut prescrire que la désignation des États du groupe ne peut se faire que conjointement et que la désignation d'un ou de plusieurs États dudit groupe vaut désignation de l'ensemble de ceux-ci.

(2) Lorsque l'Office européen des brevets est l'office désigné au sens de l'article 153, paragraphe 1, le paragraphe 1 du présent article est applicable si le demandeur fait connaître dans la demande internationale qu'il entend obtenir un brevet européen pour les États du groupe qu'il a désignés ou pour l'un d'entre eux

seulement. La présente disposition est également applicable lorsque le demandeur a désigné dans la demande internationale un État contractant appartenant à ce groupe, si la législation de cet État prévoit qu'une désignation dudit État a les effets d'une demande de brevet européen.

Art. 149 *bis* *Autres accords entre les États contractants.* (1) La présente convention ne saurait être interprétée en ce sens qu'elle limite le droit de tous les États contractants ou de plusieurs d'entre eux de conclure des accords particuliers sur des questions relatives aux demandes de brevet européen ou aux brevets européens qui, en vertu de la présente convention, relèvent du droit national et sont régis par lui, comme notamment

a) un accord portant création d'une juridiction des brevets européens commune aux États contractants parties audit accord;

b) un accord portant création d'une entité commune aux États contractants parties audit accord qui donne, sur requête des juridictions ou autorités quasi judiciaires nationales, des avis sur des questions relatives au droit européen des brevets ou au droit national harmonisé avec celui-ci;

c) un accord aux termes duquel les États contractants parties audit accord renoncent en tout ou en partie aux traductions de brevets européens prévues à l'article 65;

d) un accord aux termes duquel les États contractants parties audit accord prévoient que les traductions de brevets européens exigées conformément à l'article 65 peuvent être produites auprès de l'Office européen des brevets et publiées par celui-ci.

(2) Le Conseil d'administration a compétence pour décider que

a) les membres des chambres de recours ou de la Grande Chambre de recours peuvent faire partie d'une juridiction des brevets européens ou d'une entité commune et prendre part aux procédures engagées devant cette juridiction ou cette entité conformément à un tel accord;

b) l'Office européen des brevets fournit à une entité commune le personnel de soutien, les locaux et les moyens matériels nécessaires à l'accomplissement de sa mission, et que l'Organisation prend en charge en tout ou en partie les frais liés à cette entité.

DIXIÈME PARTIE

DEMANDES INTERNATIONALES AU SENS DU TRAITÉ DE COOPÉRATION EN MATIÈRE DE BREVETS – DEMANDES EURO-PCT

Art. 150 *Application du Traité de Coopération en matière de brevets.* (1) Le Traité de Coopération en matière de brevets du 19 juin 1970, ci-après dénommé PCT, s'applique conformément aux dispositions de la présente partie.

(2) Des demandes internationales déposées conformément au PCT peuvent faire l'objet de procédure devant l'Office européen des brevets. Dans ces procédures, les dispositions du PCT, de son règlement d'exécution et, à titre complémentaire, celles de la présente convention sont applicables. Les dispositions du PCT ou de son règlement d'exécution prévalent en cas de divergence.

Art. 151 *L'Office européen des brevets, office récepteur.* L'Office européen des brevets agit en qualité d'office récepteur au sens du PCT, conformément au règlement d'exécution. L'article 75, paragraphe 2, est applicable.

Art. 152 *L'Office européen des brevets, administration chargée de la recherche internationale ou administration chargée de l'examen préliminaire international.* L'Office européen des brevets agit en qualité d'administration chargée de la recherche internationale et en qualité d'administration chargée de l'examen préliminaire international au sens du PCT, conformément à un accord conclu entre l'Organisation et le Bureau international de l'Organisation Mondiale de la Propriété intellectuelle, pour les demandeurs qui soit ont la nationalité d'un État partie à la présente convention, soit y ont leur domicile ou leur siège. Cet accord peut prévoir que l'Office européen des brevets agit aussi pour d'autres demandeurs.

Art. 153 *L'Office européen des brevets, office désigné ou office élu.* (1) L'Office européen des brevets est

a) office désigné pour tout État partie à la présente convention pour lequel le PCT est en vigueur, qui est désigné dans la demande internationale et pour lequel de demandeur souhaite obtenir un brevet européen, et

b) office élu, lorsque le demandeur a élu un État désigné conformément à la lettre a).

(2) Une demande internationale pour laquelle l'Office européen des brevets est office désigné ou élu et à laquelle une date de dépôt internationale a été attribuée a la valeur d'une demande européenne régulière (demande euro-PCT).

(3) La publication internationale d'une demande euro-PCT dans une langue officielle de l'Office européen des brevets remplace la publication de la demande de brevet européen et elle est mentionnée au Bulletin européen des brevets.

(4) Si la demande euro-PCT est publiée dans une autre langue, une traduction dans une des langues officielles doit être produite auprès de l'Office européen des brevets, qui la publie. Sous réserve de l'article 67, paragraphe 3, la protection provisoire prévue à l'article 67, paragraphes 1 et 2, n'est assurée qu'à partir de la date de cette publication.

(5) La demande euro-PCT est traitée comme une demande de brevet européen et est considérée comme comprise dans l'état de la technique au sens de l'article 54, paragraphe 3, si les conditions prévues au paragraphe 3 ou 4 et dans le règlement d'exécution sont remplies.

(6) Le rapport de recherche internationale relatif à une demande euro-PCT ou la déclaration qui le remplace et leur publication internationale remplacent le rapport de recherche européenne et la mention de sa publication au Bulletin européen des brevets.

(7) Il est procédé à l'établissement d'un rapport complémentaire de recherche européenne relatif à toute demande euro-PCT visée au paragraphe 5. Le Conseil d'administration peut décider qu'il est renoncé à un rapport complémentaire de recherche ou que la taxe de recherche est réduite.

Art. 154 *(supprimé)*

Art. 155 *(supprimé)*

Art. 156 *(supprimé)*

Art. 157 *(supprimé)*

Art. 158 *(supprimé)*

ONZIÈME PARTIE
DISPOSITIONS TRANSITOIRES

(supprimée)

Art. 159 *(supprimé)*

Art. 160 *(supprimé)*

Art. 161 *(supprimé)*

Art. 162 *(supprimé)*

Art. 163 *(supprimé)*

DOUZIÈME PARTIE
DISPOSITIONS FINALES

Art. 164 *Règlement d'exécution et protocoles.* (1) Le règlement d'exécution, le protocole sur la reconnaissance, le protocole sur les privilèges et immunités, le protocole sur la centralisation, le protocole interprétatif de l'article 69 et le protocole sur les effectifs font partie intégrante de la présente convention.

(2) En cas de divergence entre les dispositions de la présente convention et celles du règlement d'exécution, les dispositions de la convention prévalent.

Art. 165 *Signature – Ratification.* (1) La présente convention est ouverte jusqu'au 5 avril 1974 à la signature des États qui ont participé à la Conférence intergouvernementale pour l'institution d'un système européen de délivrance de brevets ou qui ont été informés de la tenue de cette conférence et auxquels la faculté d'y participer a été offerte.

(2) La présente convention est soumise à ratification; les instruments de ratification sont déposés auprès du gouvernement de la République fédérale d'Allemagne.

Art. 166 *Adhésion.* (1) La présente convention est ouverte à l'adhésion :

a) des États visés à l'article 165, paragraphe 1 ;

b) de tout autre État européen, sur l'invitation du Conseil d'administration.

(2) Tout État qui a été partie à la présente convention et qui a cessé de l'être en application de l'article 172, paragraphe 4, peut à nouveau devenir partie à la convention en y adhérant.

(3) Les instruments d'adhésion sont déposés auprès du gouvernement de la République fédérale d'Allemagne.

Art. 167 *(supprimé)*

Art. 168 *Champ d'application territorial.* (1) Tout État contractant peut déclarer, dans son instrument de ratification ou d'adhésion, ou à tout moment ultérieur, dans une notification adressée au gouvernement de la République fédérale d'Allemagne, que la convention est applicable à un ou plusieurs territoires pour lesquels il assume la responsabilité des relations extérieures. Les brevets européens délivrés pour cet État contractant ont également effet sur les territoires pour lesquels cette déclaration a pris effet.

(2) Si la déclaration visée au paragraphe 1 est incluse dans l'instrument de ratification ou d'adhésion, elle prend effet à la même date que la ratification ou l'adhésion; si la

déclaration est faite dans une notification postérieure au dépôt de l'instrument de ratification ou d'adhésion, cette notification prend effet six mois après la date de sa réception par le gouvernement de la République fédérale d'Allemagne.

(3) Tout État contractant peut à tout moment déclarer que la convention cesse d'être applicable à certains ou à l'ensemble des territoires pour lesquels il a fait une déclaration en vertu du paragraphe 1. Cette déclaration prend effet à l'expiration d'un délai d'une année à compter de la date à laquelle le gouvernement de la République fédérale d'Allemagne en a reçu notification.

Art. 169 *Entrée en vigueur.* (1) La présente convention entre en vigueur trois mois après le dépôt du dernier des instruments de ratification ou d'adhésion de six États sur le territoire desquels le nombre total de demandes de brevet déposées en 1970 s'est élevé à 180000 au moins pour l'ensemble desdits États.

(2) Toute ratification ou adhésion postérieure à l'entrée en vigueur de la présente convention prend effet le premier jour du troisième mois suivant le dépôt de l'instrument de ratification ou d'adhésion.

Art. 170 *Cotisation initiale.* (1) Tout État qui ratifie la présente convention ou y adhère après son entrée en vigueur verse à l'Organisation une cotisation initiale qui ne sera pas remboursée.

(2) La cotisation initiale est égale à 5% du montant qui résulte, pour un tel État, de l'application, au montant total des sommes dues par les autres États contractants au titre des exercices budgétaires antérieurs, de la clé de répartition des contributions financières exceptionnelles prévue à l'article 40, paragraphes 3 et 4, telle qu'elle est en vigueur à la date à laquelle la ratification ou l'adhésion dudit État prend effet.

(3) Dans le cas où des contributions financières exceptionnelles n'ont pas été exigées pour l'exercice budgétaire qui précède celui où se situe la date visée au paragraphe 2, la clé de répartition visée dans ce paragraphe est celle qui aurait été applicable à l'État concerné pour le dernier exercice budgétaire au titre duquel des contributions financières exceptionnelles ont été appelées.

Art. 171 *Durée de la convention.* La présente convention est conclue sans limitation de durée.

Art. 172 *Révision.* (1) La présente convention peut être révisée par une conférence des États contractants.

(2) La conférence est préparée et convoquée par le Conseil d'administration. Elle ne délibère valablement que si les trois quarts au moins des États contractants y sont représentés. Pour être adopté, le texte révisé de la convention doit être approuvé par les trois quarts des États contractants représentés à la conférence et votants. L'abstention n'est pas considérée comme un vote.

(3) Le texte révisé de la convention entre en vigueur après le dépôt des instruments de ratification ou d'adhésion d'un nombre d'États contractants déterminé par la conférence et à la date qu'elle a fixée.

(4) Les États qui, à la date d'entrée en vigueur de la convention révisée, ne l'ont pas ratifiée ou n'y ont pas adhéré, cessent d'être parties à la présente convention à compter de ladite date.

Art. 173 *Différends entre États contractants.* (1) Tout différend entre États contractants qui concerne l'interprétation ou l'application de la présente convention et n'a pas été réglé par voie de négociation est, sur demande de l'un des États en cause, soumis au Conseil d'administration qui s'emploie à faire intervenir un accord entre lesdits États.

(2) Si un tel accord n'est pas intervenu dans un délai de six mois à compter de la date à laquelle le Conseil d'administration a été saisi du différend, l'un quelconque des États en cause peut porter le différend devant la Cour internationale de Justice en vue d'une décision liant parties en cause.

Art. 174 *Dénonciation.* Tout État contractant peut à tout moment dénoncer la présente convention. La dénonciation est notifiée au gouvernement de la République fédérale d'Allemagne. Elle prend effet à l'expiration du délai d'une année à compter de la date de réception de cette notification.

Art. 175 *Réserve des droits acquis.* (1) Lorsqu'un État cesse d'être partie à la convention en vertu de l'article 172, paragraphe 4, ou de l'article 174, il n'est pas porté atteinte aux droits acquis antérieurement en vertu de la présente convention.

(2) Les demandes de brevet européen en instance à la date à laquelle un État désigné cesse d'être partie à la convention continuent à être instruites par l'Office européen des brevets, en ce qui concerne ledit État, comme si la convention, telle qu'elle est en vigueur après cette date, lui était applicable.

(3) Les dispositions du paragraphe 2 sont applicables aux brevets européens à l'égard desquels, à la date mentionnée audit paragraphe, une opposition est en instance ou le délai d'opposition n'est pas expiré.

(4) Le présent article ne porte pas atteinte au droit d'un État qui a cessé d'être partie à la présente convention d'appliquer aux brevets européens les dispositions du texte de la convention à laquelle il était partie.

Art. 176 *Droits et obligations en matière financière d'un État contractant ayant cessé d'être partie à la convention.* (1) Tout État qui a cessé d'être partie a la présente convention en application de l'article 172, paragraphe 4, ou de l'article 174 n'est remboursé par l'Organisation des contributions financières exceptionnelles qu'il a versées au titre de l'article 40, paragraphe 2, qu'à la date et dans les conditions où l'Organisation rembourse les contributions financières exceptionnelles qui lui ont été versées par d'autres États au cours su même exercice budgétaire.

(2) Les sommes dont le montant correspond au pourcentage des taxes perçues pour le maintien en vigueur des brevets européens dans l'État visé au paragraphe 1, telles qu'elles sont définies à l'article 39, sont dues par cet État, alors même qu'il a cessé d'être partie à la présente convention; le montant de ces sommes est celui qui devait être versé par l'État en cause à la date à laquelle il a cessé d'être partie à la présente convention.

Art. 177 *Langues de la convention.* (1) La présente convention est rédigée en un exemplaire en langues allemande, anglaise et française, qui est déposé aux archives du gouvernement de la République fédérale d'Allemagne, les trois textes faisant également foi.

(2) Les textes de la présente convention établis dans des langues officielles des États contractants autres que celles visées au paragraphe 1 et agréés par le Conseil d'administration sont considérés comme textes officiels. En cas de contestation sur l'interprétation des divers textes, les texte visés au paragraphe 1 font foi.

Art. 178 *Transmissions et notifications.* (1) Le gouvernement de la République fédérale d'Allemagne établit des copies certifiées conformes de la présente convention et les transmet aux gouvernements de tous les États signataires ou adhérents.

(2) Le gouvernement de la République fédérale d'Allemagne notifie aux gouvernements des États visés au paragraphe 1 :

a) le dépôt de tout instrument de ratification ou d'adhésion;

b) toute déclaration ou notification reçue en application de l'article 168;

c) toute dénonciation reçue en application de l'article 174 et la date à laquelle la dénonciation prend effet.

(3) Le gouvernement de la République fédérale d'Allemagne fait enregistrer la présente convention auprès du Secrétariat de l'Organisation des Nations Unies.

79 Accord européen de Strasbourg du 27 janvier 1977 sur la transmission des demandes d'assistance judiciaire

En vigueur depuis le 22 janvier 1980

Les États membres du Conseil de l'Europe, signataires du présent Accord,

Considérant que le but du Conseil de l'Europe est de réaliser une union plus étroite entre ses membres;

Considérant qu'il est souhaitable d'éliminer les obstacles économiques entravant l'accès à la justice civile et de permettre à des personnes économiquement défavorisées de mieux faire valoir leurs droits dans les États membres;

Convaincus que l'instauration d'un système de transmission des demandes d'assistance judiciaire adéquat contribuerait à atteindre ce but,

Sont convenus de ce qui suit :

Art. premier Toute personne, ayant sa résidence habituelle sur le territoire d'une des Parties contractantes, qui désire demander l'assistance judiciaire en matière civile, commerciale ou administrative sur le territoire d'une autre Partie contractante peut présenter sa demande dans l'État de sa résidence habituelle. Cet État est tenu de transmettre la demande à l'autre État.

Art. 2 1. Chaque Partie contractante désigne une ou plusieurs autorités expéditrices chargées de transmettre directement les demandes d'assistance judiciaire à l'autorité étrangère désignée ci-après.

2. Chaque Partie contractante désigne également une autorité centrale réceptrice chargée de recevoir les demandes d'assistance judiciaire provenant d'une autre Partie contractante et d'y donner suite.

Les États fédéraux et les États dans lesquels plusieurs systèmes de droit sont en vigueur ont la faculté de désigner plusieurs autorités centrales.

Art. 3 1. L'autorité expéditrice assiste le demandeur afin que tous les documents qui, à la connaissance de cette autorité, sont nécessaires à l'appréciation de la demande soient joints à celle-ci. Elle assiste également le demandeur pour la traduction éventuellement nécessaire des documents.

Elle peut refuser de transmettre la demande au cas où celle-ci lui apparaît manifestement téméraire.

2. L'autorité centrale réceptrice transmet le dossier à l'autorité compétente pour statuer sur la demande. Elle informe l'autorité expéditrice de toutes difficultés relatives à l'examen de la demande ainsi que de la décision prise par l'autorité compétente.

Art. 4 Les documents transmis en application du présent Accord sont dispensés de la légalisation et de toute formalité analogue.

Art. 5 Aucune rémunération ne peut être perçue par les Parties contractantes pour les services rendus conformément au présent Accord.

Art. 6 1. Sous réserve des arrangements particuliers conclus entre les autorités intéressées des Parties contractantes et des dispositions des articles 13 et 14 :

a. la demande d'assistance judiciaire et les documents joints ainsi que toutes autres communications sont rédigés dans la langue ou dans l'une des langues officielles de l'autorité réceptrice ou accompagnés d'une traduction dans cette langue;

b. chaque Partie contractante doit néanmoins accepter la demande d'assistance judiciaire et les documents joints ainsi que toutes communications lorsqu'ils sont rédigés en langue anglaise ou française, ou lorsqu'ils sont accompagnés d'une traduction dans l'une de ces langues.

2. Les communications émanant de l'État de l'autorité réceptrice peuvent être rédigées dans la langue ou dans l'une des langues officielles de cet État, ou en anglais ou français.

Art. 7 En vue de faciliter l'application du présent Accord, les autorités centrales des Parties contractantes se tiennent mutuellement informées de l'état de leur droit en matière d'assistance judiciaire.

Art. 8 Les autorités visées à l'article 2 sont désignées au moyen d'une déclaration adressée au Secrétaire Général du Conseil de l'Europe au moment où l'État concerné devient partie à l'Accord conformément aux dispositions des articles 9 et 11. Tout changement quant à la compétence de ces autorités fera également l'objet d'une déclaration adressée au Secrétaire Général du Conseil de l'Europe.

Art. 9 1. Le présent Accord est ouvert à la signature des États membres du Conseil de l'Europe qui peuvent y devenir parties par :

a. la signature sans réserve de ratification, d'acceptation ou d'approbation;

b. la signature sous réserve de ratification, d'acceptation ou d'approbation, suivie de ratification, d'acceptation ou d'approbation.

2. Les instruments de ratification, d'acceptation ou d'approbation seront déposés près le Secrétaire Général du Conseil de l'Europe.

Art. 10 1. Le présent Accord entrera en vigueur un mois après la date à laquelle deux États membres du Conseil de l'Europe seront devenus parties à l'Accord conformément aux dispositions de l'article 9.

2. Pour tout État membre qui le signera ultérieurement sans réserve de ratification, d'acceptation ou d'approbation, ou le ratifiera, l'acceptera ou l'approuvera, l'Accord entrera en vigueur un mois après la date de la signature ou du dépôt de l'instrument de ratification, d'acceptation ou d'approbation.

Art. 11 1. Après l'entrée en vigueur du présent Accord, le Comité des Ministres du Conseil de l'Europe pourra inviter tout État non membre du Conseil à adhérer au présent Accord.

2. L'adhésion s'effectuera par le dépôt, près le Secrétaire Général du Conseil de l'Europe, d'un instrument d'adhésion qui prendra effet un mois après la date de son dépôt.

Art. 12 1. Tout État peut, au moment de la signature ou au moment du dépôt de son instrument de ratification, d'acceptation, d'approbation ou d'adhésion, désigner le ou les territoires auxquels s'appliquera le présent Accord.

2. Tout État peut, au moment du dépôt de son instrument de ratification, d'acceptation, d'approbation ou d'adhésion, ou à tout autre moment par la suite, étendre l'application du présent Accord, par déclaration adressée au Secrétaire Général du Conseil de l'Europe, à tout autre territoire désigné dans la déclaration et dont il assure les relations internationales ou pour lequel il est habilité à stipuler. L'extension prend effet un mois après la date de la réception de la déclaration.

3. Toute déclaration faite en vertu du paragraphe précédent pourra être retirée, en ce qui concerne tout territoire désigné dans cette déclaration, par notification adressée au Secrétaire Général du Conseil de l'Europe. Le retrait prendra effet six mois après la date de réception de la notification par le Secrétaire Général du Conseil de l'Europe.

Art. 13 1. Tout État peut, au moment de la signature ou au moment du dépôt de son instrument de ratification, d'acceptation, d'approbation ou d'adhésion, déclarer exclure l'application en tout ou en partie des dispositions de l'article 6, paragraphe 1.b. Aucune autre réserve n'est admise au présent Accord.

2. Toute Partie contractante peut retirer en tout ou en partie la réserve qu'elle a faite, au moyen d'une déclaration adressée au Secrétaire Général du Conseil de l'Europe. L'effet de la réserve cessera à la date de la réception de la déclaration.

3. Lorsqu'une Partie contractante fait une réserve, toute autre Partie peut appliquer la même réserve à l'égard de cette Partie.

Art. 14 1. Toute Partie contractante ayant plusieurs langues officielles peut, pour les besoins de l'application de l'article 6, paragraphe 1.a, faire connaître, au moyen d'une déclaration, la langue dans laquelle la demande et les documents joints doivent être rédigés ou traduits en vue de leur transmission dans les parties de son territoire qu'elle a déterminées.

2. La déclaration prévue au paragraphe précédent sera adressée au Secrétaire Général du Conseil de l'Europe au moment de la signature de l'Accord par l'État intéressé ou au moment du dépôt de son instrument de ratification, d'acceptation, d'approbation ou d'adhésion. La déclaration peut être retirée ou modifiée à tout moment par la suite selon la même procédure.

Art. 15 1. Toute Partie contractante pourra, en ce qui la concerne, dénoncer le présent Accord en adressant une notification au Secrétaire Général du Conseil de l'Europe.

2. La dénonciation prendra effet six mois après la date de la réception de la notification par le Secrétaire Général.

Art. 16 Le Secrétaire Général du Conseil de l'Europe notifiera aux États membres du Conseil et à tout État ayant adhéré au présent Accord :

a. toute signature sans réserve de ratification, d'acceptation ou d'approbation;

b. toute signature sous réserve de ratification, d'acceptation ou d'approbation;

c. le dépôt de tout instrument de ratification, d'acceptation, d'approbation ou d'adhésion;

d. toute déclaration reçue en application des dispositions de l'article 8;

e. toute date d'entrée en vigueur du présent Accord, conformément à son article 10;

f. toute déclaration reçue en application des dispositions des paragraphes 2 et 3 de l'article 12;

g. toute réserve faite en application des dispositions du paragraphe 1 de l'article 13;

h. le retrait de toute réserve effectué en application des dispositions du paragraphe 2 de l'article 13 ;

i. toute déclaration reçue en application des dispositions de l'article 14;

j. toute notification reçue en application des dispositions de l'article 15 et la date à laquelle la dénonciation prendra effet.

80 Convention européenne de Strasbourg du 24 novembre 1977 sur la notification à l'étranger des documents en matière administrative

En vigueur depuis le 11 novembre 1982

Préambule

Les États membres du Conseil de l'Europe, signataires de la présente Convention,

Considérant que le but du Conseil de l'Europe est de réaliser une union plus étroite entre ses membres, dans le respect notamment de la prééminence du droit ainsi que des droits de l'homme et des libertés fondamentales ;

Convaincus que la création de moyens appropriés d'entraide administrative contribue à atteindre cet objectif;

Considérant l'importance que revêt la notification à l'étranger des documents en matière administrative dont il importe que la connaissance soit portée en temps utile à leurs destinataires,

Sont convenus de ce qui suit :

TITRE PREMIER

Dispositions générales

Art. premier *Champ d'application de la Convention.* 1. Les États contractants s'engagent à s'accorder mutuellement assistance pour la notification des documents en matière administrative.

2. La présente Convention ne s'applique pas en matière fiscale, ni en matière pénale. Toutefois, chaque État peut, lors de la signature ou du dépôt de son instrument de ratification, d'acceptation, d'approbation ou d'adhésion, ou à tout moment ultérieur, faire connaître, par déclaration adressée au Secrétaire Général du Conseil de l'Europe, que la présente Convention s'applique, pour les demandes qui lui sont adressées, en matière fiscale ainsi qu'à toute procédure visant des infractions dont la répression n'est pas, au moment où l'entraide est demandée, de la compétence de ses autorités judiciaires. Cet État pourra indiquer, dans sa déclaration, qu'il se prévaudra du défaut de réciprocité.

3. Chaque État peut, lors de la signature ou du dépôt de son instrument de ratification, d'acceptation, d'approbation ou d'adhésion, ou à tout moment dans les cinq ans qui suivront l'entrée en vigueur de la présente Convention à son égard, faire connaître, par déclaration adressée au Secrétaire Général du Conseil de l'Europe, les matières administratives pour lesquelles il n'appliquera pas la présente Convention. Tout autre État contractant pourra se prévaloir du défaut de réciprocité.

4. Les déclarations prévues aux paragraphes 2 et 3 de cet article prendront effet, selon le cas, au moment de l'entrée en vigueur de la Convention a l'égard de l'État qui les a formulées, ou trois mois après leur réception par le Secrétaire Général du Conseil de l'Europe. Elles pourront être retirées en tout ou en partie par déclaration adressée au Secrétaire Général du Conseil de l'Europe. Le retrait prendra effet trois mois après la date de réception de cette déclaration.

Art. 2 *Autorité centrale.* 1. Chaque État contractant désigne une autorité centrale chargée de recevoir les demandes de notification de documents en matière administrative en provenance d'autorités d'autres États contractants et d'y donner suite. Les États fédéraux ont la faculté de désigner plusieurs autorités centrales.

2. Chaque État contractant a la faculté de désigner d'autres autorités ayant les mêmes fonctions que l'autorité centrale; il en déterminera la compétence territoriale. Toutefois, l'autorité requérante a toujours le droit de s'adresser directement à l'autorité centrale.

3. Chaque État contractant a la faculté, en outre, de désigner une autorité expéditrice chargée de centraliser les demandes de notification provenant de ses autorités et de les transmettre à l'autorité centrale étrangère compétente. Les États fédéraux ont la faculté de désigner plusieurs autorités expéditrices.

4. Les autorités susmentionnées doivent être des services ministériels ou d'autres services officiels.

5. Chaque État contractant communiquera, par déclaration adressée au Secrétaire Général du Conseil de l'Europe, la dénomination et l'adresse des autorités désignées conformément aux dispositions de cet article.

Art. 3 *Demande de notification.* Toute demande de notification est adressée à l'autorité centrale de l'État requis. Elle doit se faire conformément à la formule modèle annexée à la présente Convention, accompagnée du document à notifier. Ces pièces sont transmises en double exemplaire; l'inexécution de cette formalité ne saurait justifier un refus de donner suite à la demande.

Art. 4 *Dispense de légalisation.* La demande de notification et ses annexes transmises en application de la présente Convention sont dispensées de légalisation, d'apostille et de toute formalité équivalente.

Art. 5 *Régularité de la demande.* Si l'autorité centrale de l'État requis estime que les dispositions de la présente Convention n'ont pas été respectées, elle en informe immédiatement l'autorité requérante en précisant les griefs articulés à l'encontre de la demande.

Art. 6 *Modes de notification.* 1. L'autorité centrale de l'État requis procède, aux termes de la présente Convention, à la notification :

a. soit selon les formes prescrites par la législation de l'État requis pour la notification des documents dressés dans cet État et qui sont destinés aux personnes se trouvant sur son territoire,

b. soit selon la forme particulière demandée par l'autorité requérante, pourvu que cette forme ne soit pas incompatible avec la loi de l'État requis.

2. Sauf le cas prévu au paragraphe 1, alinéa b, du présent article, le document peut toujours être remis au destinataire qui l'accepte volontairement.

3. Lorsque l'autorité requérante demande que la notification soit effectuée dans un délai déterminé, l'autorité centrale de l'État requis accède à cette demande si ce délai peut être respecté.

Art. 7 *Langues.* 1. Lorsqu'un document étranger doit être notifié conformément à l'article 6, paragraphe 1, alinéa a, et paragraphe 2, de la présente Convention, sa traduction n'est pas exigée.

2. Toutefois, en cas de refus de la notification du document par son destinataire pour le motif qu'il ne connaît pas la langue dans laquelle il est établi, l'autorité centrale de l'État requis fait effectuer la traduction du document dans la langue officielle ou l'une des langues officielles de cet État. Elle peut également demander à l'autorité requérante que le document soit traduit ou accompagné d'une traduction dans la langue officielle ou l'une des langues officielles de l'État requis.

3. Lorsqu'un document étranger doit être notifié conformément à l'article 6, paragraphe 1, alinéa b, et que l'autorité centrale de l'État requis le réclame, ce document est traduit ou accompagné d'une traduction dans la langue officielle ou l'une des langues officielles de l'État requis.

Art. 8 *Attestation.* 1. L'autorité centrale de l'État requis ou l'autorité qui a effectué la notification établit une attestation conforme à la formule modèle annexée à la présente Convention. Cette attestation relate l'exécution de la demande. Le cas échéant, elle précise le fait qui a empêché l'exécution.

2. L'attestation est adressée directement à l'autorité requérante par l'autorité qui l'a établie.

3. L'autorité requérante peut demander à l'autorité centrale de l'État requis de viser une attestation qui n'a pas été établie par cette autorité centrale lorsque l'authenticité de cette attestation est contestée.

Art. 9 *Formules de demande et d'attestation.* 1. Les mentions imprimées dans la formule modèle annexée à la présente Convention sont obligatoirement rédigées dans l'une des langues officielles du Conseil de l'Europe. Elles peuvent, en outre, être rédigées dans la langue officielle ou l'une des langues officielles de l'État de l'autorité requérante.

2. Les blancs correspondant à ces mentions sont remplis soit dans la langue officielle ou l'une des langues officielles de l'État requis, soit dans l'une des langues officielles du Conseil de l'Europe.

Art. 10 *Notification par les fonctionnaires consulaires.* 1. Tout État contractant a la faculté de faire procéder directement et sans contrainte, par ses fonctionnaires consulaires ou, si les circonstances l'exigent, par ses agents diplomatiques, aux notifications de documents des personnes se trouvant sur le territoire d'autres États contractants.

2. Chaque État peut, lors de la signature ou du dépôt de son instrument de ratification, d'acceptation, d'approbation ou d'adhésion, s'opposer, par déclaration adressée au Secrétaire Général du Conseil de l'Europe, à l'usage de cette faculté sur son territoire dans le cas où un document doit être notifié à l'un de ses ressortissants ou à un ressortissant d'un État tiers ou à un apatride. Tout autre État contractant pourra se prévaloir du défaut de réciprocité.

3. La déclaration prévue au paragraphe 2 de cet article prendra effet au moment de l'entrée en vigueur de la présente Convention à l'égard de l'État qui l'a formulée. Elle pourra être retirée par déclaration adressée au Secrétaire Général du Conseil de l'Europe. Le retrait prendra effet trois mois après la date de réception de cette déclaration.

Art. 11 *Notification par la voie de la poste.* 1. Tout État contractant a la faculté de faire procéder directement par la voie de la poste aux notifications de documents à des personnes se trouvant sur le territoire d'autres États contractants.

2. Chaque État peut, lors de la signature ou du dépôt de l'instrument de ratification, d'acceptation, d'approbation ou d'adhésion, ou à tout moment dans les cinq ans qui suivront l'entrée en vigueur de la présente Convention à son égard, s'opposer, par déclaration adressée au Secrétaire Général du Conseil de l'Europe, d'une façon générale ou partielle, soit en raison de la nationalité du destinataire, soit pour des catégories de documents déterminés, à l'usage de cette faculté sur son territoire. Tout autre État contractant pourra se prévaloir du défaut de réciprocité.

3. La déclaration prévue au paragraphe 2 de cet article prendra effet, selon le cas, au moment de l'entrée en vigueur de la présente Convention à l'égard de l'État qui l'a formulée, ou trois mois après sa réception par le Secrétaire Général du Conseil de l'Europe. Elle pourra être retirée en tout ou en partie par déclaration adressée au Secrétaire Général du Conseil de l'Europe. Le retrait prendra effet trois mois après la date de réception de cette déclaration.

Art. 12 *Autres voies de transmission.* 1. Tout État contractant a la faculté d'utiliser la voie diplomatique ou consulaire pour requérir la notification de documents.

2. La présente Convention ne s'oppose pas à ce que des États contractants s'entendent pour admettre, aux fins de notification, d'autres voies de transmission que celles prévues par les articles qui précèdent et notamment la communication directe entre leurs autorités respectives.

Art. 13 *Frais.* 1. Lorsque la notification d'un document étranger est effectuée conformément à l'article 6, paragraphe 1, alinéa a, et paragraphe 2, de la présente Convention, elle ne peut donner lieu au paiement ou au remboursement de taxes ou de frais pour les services de l'État requis.

2. L'autorité requérante est tenue de payer ou de rembourser les frais occasionnés par l'emploi de la forme de notification qu'elle a demandée conformément à l'article 6, paragraphe 1, alinéa b.

Art. 14 *Refus d'exécution.* 1. L'autorité centrale de l'État requis saisie d'une demande de notification peut refuser d'y donner suite :

a. lorsqu'elle estime que la matière sur laquelle porte le document à notifier n'est pas une matière administrative au sens de l'article 1 de la présente Convention;

b. lorsqu'elle estime que son exécution est de nature à porter atteinte à la souveraineté, à la sécurité, à l'ordre public ou à d'autres intérêts essentiels de cet État;

c. lorsque le destinataire n'est pas trouvé à l'adresse indiquée par l'autorité requérante et que son adresse ne peut être facilement déterminée.

2. En cas de refus, l'autorité centrale de l'État requis en informe immédiatement l'autorité requérante et lui indique les motifs.

Art. 15 *Délais.* Lorsqu'un document est transmis pour notification sur le territoire d'un autre État contractant, le destinataire, dans le cas où cette notification fait courir un délai à son endroit, doit disposer d'un laps de temps raisonnable dont l'appréciation relève de l'État requérant, à compter de la remise du document, pour être présent, représenté ou procéder à toute diligence nécessaire selon le cas.

Art. 16 *Autres accords ou arrangements internationaux.* Aucune disposition de la présente Convention ne portera atteinte aux accords internationaux et aux autres arrangements et pratiques qui existent ou qui pourront exister entre des États contractants dans des matières faisant l'objet de la présente Convention.

TITRE II
Dispositions finales

Art. 17 *Entrée en vigueur de la Convention.* 1. La présente Convention est ouverte à la signature des États membres du Conseil de l'Europe. Elle sera soumise à leur ratification, acceptation ou approbation. Les instruments de ratification, d'acceptation ou d'approbation seront déposés près le Secrétaire Général du Conseil de l'Europe.

2. La Convention entrera en vigueur le premier jour du mois qui suit l'expiration d'une période de trois mois après la date du dépôt du troisième instrument de ratification, d'acceptation ou d'approbation.

3. Elle entrera en vigueur à l'égard de tout État signataire qui la ratifiera, l'acceptera ou l'approuvera ultérieurement, le premier jour du mois qui suit l'expiration d'une période de trois mois après la date du dépôt de son instrument de ratification, d'acceptation ou d'approbation.

Art. 18 *Révision de la Convention.* À la demande d'un État contractant ou après la troisième année qui suit l'entrée en vigueur de la présente Convention, les États contractants procéderont à une consultation multilatérale, à laquelle tout autre État membre du Conseil de l'Europe pourra se faire représenter par un observateur, en vue d'examiner son application, ainsi que l'opportunité de sa révision ou d'un élargissement de certaines de ses dispositions. Cette consultation aura lieu au cours d'une réunion convoquée par le Secrétaire Général du Conseil de l'Europe.

Art. 19 *Adhésion d'un État non membre du Conseil de l'Europe.* 1. Après l'entrée en vigueur de la présente Convention, le Comité des Ministres du Conseil de l'Europe pourra inviter tout État non membre à adhérer à la présente Convention, par une décision prise à la majorité des deux tiers des voix exprimées y compris l'unanimité des États contractants.

2. L'adhésion s'effectuera par le dépôt, près le Secrétaire Général du Conseil de l'Europe, d'un instrument d'adhésion qui prendra effet trois mois après la date de son dépôt.

Art. 20 *Portée territoriale de la Convention.* 1. Tout État peut, au moment de la signature ou au moment du dépôt de son instrument de ratification, d'acceptation, d'approbation ou d'adhésion, désigner le ou les territoires auxquels s'appliquera la présente Convention.

2. Tout État peut, au moment du dépôt de son instrument de ratification, d'acceptation, d'approbation ou d'adhésion, ou à tout autre moment par la suite, étendre l'application de la présente Convention, par déclaration adressée au Secrétaire Général du Conseil de l'Europe, à tout autre territoire désigné dans la déclaration et dont il assure les relations internationales ou pour lequel il est habilité à stipuler.

3. Toute déclaration faite en vertu du paragraphe précédent pourra être retirée, en ce qui concerne tout territoire désigné dans cette déclaration, par notification adressée au Secrétaire Général du Conseil de l'Europe. Le retrait prendra effet six mois après la date de réception de la notification par le Secrétaire Général du Conseil de l'Europe.

Art. 21 *Réserves à la Convention.* Aucune réserve ne sera admise à la présente Convention.

Art. 22 *Dénonciation de la Convention.* 1. Tout État contractant pourra, en ce qui le concerne, dénoncer la présente Convention en adressant une notification au Secrétaire Général du Conseil de l'Europe.

2. La dénonciation prendra effet le premier jour du mois qui suit l'expiration d'une période de six mois après la date de la réception de la notification par le Secrétaire Général. Toutefois, la Convention continuera à s'appliquer aux demandes de notification reçues avant l'expiration de ce délai.

Art. 23 *Fonctions du dépositaire de la Convention.* Le Secrétaire Général du Conseil de l'Europe notifiera aux États membres du Conseil et à tout État ayant adhéré à la présente Convention :

a. toute signature;

b. le dépôt de tout instrument de ratification, d'acceptation, d'approbation ou d'adhésion;

c. toute date d'entrée en vigueur de la présente Convention conformément à son article 17, paragraphes 2 et 3;

d. toute déclaration reçue en application des dispositions de l'article 1, paragraphes 2, 3 et 4;

e. toute déclaration reçue en application des dispositions de l'article 2, paragraphe 5;

f. toute déclaration reçue en application des dispositions de l'article 10, paragraphes 2 et 3;

g. toute déclaration reçue en application des dispositions de l'article 11, paragraphes 2 et 3;

h. toute déclaration ou notification reçue en application des dispositions de l'article 20, paragraphes 2 et 3;

i. toute notification reçue en application des dispositions de l'article 22, paragraphe 1, et la date à laquelle la dénonciation prendra effet.

Annexe…

81 Protocole de Strasbourg du 15 mars 1978 additionnel à la Convention européenne dans le domaine de l'information sur le droit étranger

En vigueur depuis le 23 décembre 1983

Les États membres du Conseil de l'Europe, signataires du présent Protocole,

Vu les dispositions de la Convention européenne dans le domaine de l'information sur le droit étranger, ouverte à la signature à Londres le 7 juin 1968, (ci-après nommée « la Convention »);

Considérant qu'il est opportun d'étendre le système d'entraide internationale établi par cette Convention au domaine pénal et de la procédure pénale, et ce dans un cadre multilatéral ouvert à toutes les Parties contractantes à la Convention;

Considérant qu'en vue d'éliminer les obstacles de nature économique qui empêchent l'accès à la justice et de permettre à des personnes économiquement défavorisées de mieux faire valoir leurs droits dans les États membres, il est également souhaitable d'étendre le système établi par la Convention au domaine de l'assistance judiciaire et de la consultation juridique en matière civile et commerciale;

Constatant que l'article 1, paragraphe 2, de la Convention prévoit que deux ou plusieurs Parties contractantes pourront convenir d'étendre, en ce qui les concerne, le champ d'application de la présente Convention à des domaines autre que ceux indiqués dans la Convention;
Constatant que l'article 3, paragraphe 3, de la Convention prévoit que deux ou plusieurs Parties contractantes pourront convenir d'étendre, en ce qui les concerne, l'application de la Convention à des demandes émanant d'autorités autres que les autorités judiciaires,
Sont convenus de ce qui suit :

CHAPITRE PREMIER

Art. premier Les Parties contractantes s'engagent à fournir, selon les dispositions de la Convention, des renseignements concernant leur droit matériel et procédural, leur organisation judiciaire dans le domaine pénal, y compris le ministère public, ainsi que le droit relatif à l'exécution des mesures pénales. Cet engagement s'applique à toute procédure visant des infractions dont la répression est, au moment où les renseignements sont demandés, de la compétence des autorités judiciaires de la Partie requérante.

Art. 2 Une demande de renseignements sur des points concernant les domaines visés à l'article 1 peut :
a. émaner, outre d'un tribunal, de toute autorité judiciaire compétente en matière de poursuite ou d'exécution des sentences définitives et ayant force de la chose jugée; et
b. être formée, non seulement à l'occasion d'une instance déjà engagée, mais aussi lorsqu'il est envisagé d'engager une poursuite.

CHAPITRE II

Art. 3 Dans le cadre de l'engagement découlant de l'article 1, paragraphe 1, de la Convention, les Parties contractantes conviennent que la demande de renseignements peut :
a. émaner, outre d'une autorité judiciaire, de toute autorité ou personne agissant dans le cadre d'un système officiel d'assistance judiciaire ou de consultation juridique pour le compte de personnes économiquement défavorisées; et
b. être formée, non seulement à l'occasion d'une instance déjà engagée, mais aussi lorsqu'il est envisagé d'engager une instance.

Art. 4 1. Toute Partie contractante qui n'a pas créé ou désigné un ou plusieurs organes de transmission conformément à l'article 2, paragraphe 2 de la Convention, doit créer ou désigner un tel ou de tels organes chargés de transmettre à l'organe de réception étranger compétent toute demande de renseignements formée en vertu de l'article 3 du présent protocole.
2. Toute Partie contractante communiquera au Secrétaire Général du Conseil de l'Europe la dénomination et l'adresse de l'organe ou des organes de transmission créés ou désignés en application du paragraphe précédent.

CHAPITRE III

Art. 5 1. Tout État peut, au moment de la signature ou du dépôt de son instrument de ratification, d'acceptation, d'approbation ou d'adhésion, déclarer qu'il ne sera lié que par les dispositions du chapitre I ou par celles du chapitre II du présent Protocole.

2. Tout État ayant fait une telle déclaration pourra ultérieurement à tout moment déclarer par voie de notification adressée au Secrétaire Général du Conseil de l'Europe qu'il sera lié par l'ensemble des dispositions des chapitres I et II. Cette notification prendra effet à la date de sa réception.

3. Toute Partie contractante qui est liée par l'ensemble des dispositions des chapitres I et II pourra à tout moment déclarer par voie de notification adressée au Secrétaire Général du Conseil de l'Europe qu'elle ne sera liée que par les dispositions du chapitre I ou par celles du chapitre II. Cette notification prendra effet six mois après la date de sa réception.

4. Les dispositions du chapitre I ou du chapitre II ne sont applicables qu'entre les Parties contractantes qui sont liées respectivement par les dispositions du même chapitre.

Art. 6 1. Le présent Protocole est ouvert à la signature des États membres du Conseil de l'Europe, signataires de la Convention, qui peuvent devenir parties au Protocole par :

a. la signature sans réserve de ratification, d'acceptation ou d'approbation;

b. la signature sous réserve de ratification, d'acceptation ou d'approbation, suivie d'une ratification, acceptation ou approbation.

2. Les instruments de ratification, d'acceptation ou d'approbation seront déposés près le Secrétaire Général du Conseil de l'Europe.

3. Aucun État membre du Conseil de l'Europe ne pourra signer le présent Protocole sans réserve de ratification, d'acceptation ou d'approbation, ou le ratifier, accepter ou approuver, sans avoir simultanément ou antérieurement ratifié ou accepté la Convention.

Art. 7 1. Le présent Protocole entrera en vigueur trois mois après la date à laquelle trois États membres du Conseil de l'Europe seront devenus parties au Protocole conformément aux dispositions de l'article 6.

2. Pour tout État membre qui le signera ultérieurement sans réserve de ratification, d'acceptation ou d'approbation ou le ratifiera, l'acceptera ou l'approuvera, le Protocole entrera en vigueur trois mois après la date de la signature ou du dépôt de l'instrument de ratification, d'acceptation ou d'approbation.

Art. 8 1. Après l'entrée en vigueur du présent Protocole, tout État qui a adhéré à la Convention ou qui aura été invité à y adhérer, pourra être invité par le Comité des Ministres à adhérer également au présent Protocole.

2. L'adhésion s'effectuera par le dépôt, près le Secrétaire Général du Conseil de l'Europe, d'un instrument d'adhésion qui prendra effet trois mois après la date de son dépôt.

Art. 9 1. Tout État peut, au moment de la signature ou au moment du dépôt de son instrument de ratification, d'acceptation, d'approbation ou d'adhésion, désigner le ou les territoires auxquels s'appliquera le présent Protocole.

2. Tout État peut, au moment du dépôt de son instrument de ratification, d'acceptation, d'approbation ou d'adhésion ou à tout autre moment par la suite, étendre l'application du présent Protocole, par déclaration adressée au Secrétaire Général du Conseil de

l'Europe, à tout autre territoire désigné dans la déclaration et dont il assure les relations internationales ou pour lequel il est habilité à stipuler.

3. Toute déclaration faite en vertu du paragraphe précédent pourra être retirée, en ce qui concerne tout territoire désigné dans cette déclaration, par notification adressée au Secrétaire Général du Conseil de l'Europe. Le retrait prendra effet six mois après la date de réception de la notification par le Secrétaire Général du Conseil de l'Europe.

Art. 10 1. Toute Partie contractante pourra, en ce qui la concerne, dénoncer le présent Protocole en adressant une notification au Secrétaire Général du Conseil de l'Europe.

2. La dénonciation prendra effet six mois après la date de la réception de la notification par le Secrétaire Général du Conseil de l'Europe.

3. La dénonciation de la Convention entraîne automatiquement la dénonciation du présent Protocole.

Art. 11 Le Secrétaire Général du Conseil de l'Europe notifiera aux États membres du Conseil et à tout État ayant adhéré à la Convention :

a. toute signature sans réserve de ratification, d'acceptation ou d'approbation;

b. toute signature sous réserve de ratification, d'acceptation ou d'approbation;

c. le dépôt de tout instrument de ratification, d'acceptation, d'approbation ou d'adhésion;

d. toute date d'entrée en vigueur du présent Protocole conformément à son article 7;

e. toute notification reçue en application des dispositions de l'article 4;

f. toute déclaration ou notification reçue en application des dispositions de l'article 5;

g. toute déclaration reçue en application des dispositions de l'article 9 et tout retrait d'une telle déclaration;

h. toute notification reçue en application des dispositions de l'article 10 et la date à laquelle la dénonciation prendra effet.

82 Convention européenne de Luxembourg du 20 mai 1980 sur la reconnaissance et l'exécution des décisions en matière de garde des enfants et le rétablissement de la garde des enfants

En vigueur depuis le 1er septembre 1983

Les États membres du Conseil de l'Europe, signataires de la présente Convention,

Reconnaissant que dans les États membres du Conseil de l'Europe la prise en considération de l'intérêt de l'enfant est d'une importance décisive en matière de décisions concernant sa garde;

Considérant que l'institution de mesures destinées à faciliter la reconnaissance et l'exécution des décisions concernant la garde d'un enfant aura pour effet d'assurer une meilleure protection de l'intérêt des enfants;

Estimant souhaitable, dans ce but, de souligner que le droit de visite des parents est le corollaire normal du droit de garde;

Constatant le nombre croissant de cas où des enfants ont été déplacés sans droit à travers une frontière internationale et les difficultés rencontrées pour résoudre de manière adéquate les problèmes soulevés par ces cas;
Désireux d'introduire des dispositions appropriées permettant le rétablissement de la garde des enfants lorsque cette garde a été arbitrairement interrompue;
Convaincus de l'opportunité de prendre, à cet effet, des mesures adaptées aux différents besoins et aux différentes circonstances;
Désireux d'établir des relations de coopération judiciaire entre leurs autorités,
Sont convenus de ce qui suit :

Art. premier Aux fins de la présente Convention, on entend par :

a) « enfant » une personne, quelle que soit sa nationalité, pour autant qu'elle n'a pas encore atteint l'âge de seize ans et qu'elle n'a pas le droit de fixer elle-même sa résidence selon la loi de sa résidence habituelle ou de sa nationalité ou selon la loi interne de l'État requis;

b) « autorité » toute autorité judiciaire ou administrative;

c) « décision relative à la garde » toute décision d'une autorité dans la mesure où elle statue sur le soin de la personne de l'enfant, y compris le droit de fixer sa résidence, ainsi que sur le droit de visite;

d) « déplacement sans droit » le déplacement d'un enfant à travers une frontière internationale en violation d'une décision relative à sa garde rendue dans un État contractant et exécutoire dans un tel État; est aussi considéré comme un déplacement sans droit :

i. le non-retour d'un enfant à travers une frontière internationale, à l'issue de la période d'exercice d'un droit de visite relatif à cet enfant ou à l'issue de tout autre séjour temporaire dans un territoire autre que celui dans lequel s'exerce la garde;

ii. un déplacement déclaré ultérieurement comme illicite au sens de l'article 12.

TITRE Ier

Autorités centrales

Art. 2 1. Chaque État contractant désignera une autorité centrale qui exercera les fonctions prévues dans la présente Convention.

2. Les États fédéraux et les États dans lesquels plusieurs systèmes de droit sont en vigueur ont la faculté de désigner plusieurs autorités centrales dont ils déterminent les compétences.

3. Toute désignation effectuée en application du présent article doit être notifiée au Secrétaire général du Conseil de l'Europe.

Art. 3 1. Les autorités centrales des États contractants doivent coopérer entre elles et promouvoir une concertation entre les autorités compétentes de leurs pays respectifs. Elles doivent agir avec toute la diligence nécessaire.

2. En vue de faciliter la mise en œuvre de la présente Convention, les autorités centrales des États contractants :

a) Assurent la transmission des demandes de renseignements émanant des autorités compétentes et qui concernent des points de droit ou de fait relatifs à des procédures en cours;

b) Se communiquent réciproquement sur leur demande des renseignements concernant leur droit relatif à la garde des enfants et son évolution;

c) Se tiennent mutuellement informées des difficultés susceptibles de s'élever à l'occasion de l'application de la Convention et s'emploient, dans toute la mesure du possible, à lever les obstacles à son application.

Art. 4 1. Toute personne qui a obtenu dans un État contractant une décision relative à la garde d'un enfant et qui désire dans un autre État contractant la reconnaissance ou l'exécution de cette décision peut s'adresser, à cette fin, par requête, à l'autorité centrale de tout État contractant.

2. La requête doit être accompagnée des documents mentionnés à l'article 13.

3. L'autorité centrale saisie, si elle est autre que l'autorité centrale de l'État requis, transmet les documents à cette dernière par voie directe et sans délai.

4. L'autorité centrale saisie peut refuser son intervention lorsqu'il est manifeste que les conditions requises par la présente Convention ne sont pas remplies.

5. L'autorité centrale saisie informe sans délai le demandeur des suites de sa demande.

Art. 5 1. L'autorité centrale de l'État requis prend ou fait prendre dans les plus brefs délais toutes dispositions qu'elle juge appropriées, en saisissant, le cas échéant, ses autorités compétentes, pour :

a) Retrouver le lieu où se trouve l'enfant;

b) Éviter, notamment par les mesures provisoires nécessaires, que les intérêts de l'enfant ou du demandeur ne soient lésés;

c) Assurer la reconnaissance ou l'exécution de la décision;

d) Assurer la remise de l'enfant au demandeur lorsque l'exécution de la décision est accordée;

e) Informer l'autorité requérante des mesures prises et des suites données.

2. Lorsque l'autorité centrale de l'État requis a des raisons de croire que l'enfant se trouve dans le territoire d'un autre État contractant, elle transmet les documents à l'autorité centrale de cet État, par voie directe et sans délai.

3. À l'exception des frais de rapatriement, chaque État contractant s'engage à n'exiger du demandeur aucun paiement pour toute mesure prise pour le compte de celui-ci en vertu du paragraphe 1 du présent article par l'autorité centrale de cet État, y compris les frais et dépens du procès et, lorsque c'est le cas, les frais entraînés par la participation d'un avocat.

4. Si la reconnaissance ou l'exécution est refusée et si l'autorité centrale de l'État requis estime devoir donner suite à la demande du requérant dans cet État une action au fonds, cette autorité met tout en œuvre pour assurer la représentation du requérant dans cette procédure dans des conditions non moins favorables que celles dont peut bénéficier une personne qui est résidente et ressortissante de cet État et, à cet effet, elle peut notamment saisir ses autorités compétentes.

Art. 6 1. Sous réserve des arrangements particuliers conclus entre les autorités centrales intéressées et des dispositions du paragraphe 3 du présent article :

a) Les communications adressées à l'autorité centrale de l'État requis sont rédigées dans la langue ou dans l'une des langues officielles de cet État ou accompagnées d'une traduction dans cette langue;

b) L'autorité centrale de l'État requis doit néanmoins accepter les communications rédigées en langue française ou anglaise ou accompagnées d'une traduction dans l'une de ces langues.

2. Les communications émanant de l'autorité centrale de l'État requis, y compris les résultats des enquêtes effectuées, peuvent être rédigées dans la ou dans l'une des langues officielles de cet État ou en français ou en anglais.

3. Tout État contractant peut exclure l'application en tout ou en partie des dispositions du paragraphe 1, *b,* du présent article. Lorsqu'un État contractant a fait cette réserve, tout autre État contractant peut également l'appliquer à l'égard de cet État.

TITRE II

Reconnaissance et exécution des décisions et rétablissement de la garde des enfants

Art. 7 Les décisions relatives à la garde rendues dans un État contractant sont reconnues et, lorsqu'elles sont exécutoires dans l'État d'origine, elles sont mises à exécution dans tout autre État contractant.

Art. 8 1. En cas de déplacement sans droit, l'autorité centrale de l'État requis fera procéder immédiatement à la restitution de l'enfant :

a) Lorsqu'au moment de l'introduction de l'instance dans l'État où la décision a été rendue ou à la date du déplacement sans droit, si celui-ci a eu lieu antérieurement, l'enfant ainsi que ses parents avaient la seule nationalité de cet État et que l'enfant avait sa résidence habituelle sur le territoire dudit État, et

b) Qu'une autorité centrale a été saisie de la demande de restitution dans un délai de six mois à partir du déplacement sans droit.

2. Si, conformément à la loi de l'État requis, il ne peut être satisfait aux prescriptions du paragraphe 1 du présent article sans l'intervention d'une autorité judiciaire, aucun des motifs de refus prévus dans la présente Convention ne s'appliquera dans la procédure judiciaire.

3. Si un accord homologué par une autorité compétente est intervenu entre la personne qui a la garde de l'enfant et une autre personne pour accorder à celle-ci un droit de visite et qu'à l'expiration de la période convenue l'enfant, ayant été emmené à l'étranger, n'a pas été restitué à la personne qui en avait la garde, il est procédé au rétablissement du droit de garde conformément aux paragraphes 1 *b* et 2 du présent article. Il en est de même en cas de décision de l'autorité compétente accordant ce même droit à une personne qui n'a pas la garde de l'enfant.

Art. 9 1. Dans les cas de déplacement sans droit autres que ceux prévus à l'article 8 et si une autorité centrale a été saisie dans un délai de six mois à partir du déplacement, la reconnaissance et l'exécution ne peuvent être refusées que :

a) Si, lorsqu'il s'agit d'une décision rendue en l'absence du défendeur ou de son représentant légal, l'acte introductif d'instance ou un acte équivalent n'a pas été signifié ou notifié au défendeur régulièrement et en temps utile pour qu'il puisse se défendre; toutefois, cette absence de signification ou de notification ne saurait constituer une cause de refus de reconnaissance ou d'exécution lorsque la signification ou la notification n'a pas eu lieu parce que le défendeur a dissimulé l'endroit où il se trouve à la personne qui a engagé l'instance dans l'État d'origine;

b) Si, lorsqu'il s'agit d'une décision rendue en l'absence du défendeur ou de son représentant légal, la compétence de l'autorité qui l'a rendue n'est pas fondée :

i. sur la résidence habituelle du défendeur, ou

ii. sur la dernière résidence habituelle commune des parents de l'enfant autant que l'un d'eux y réside encore habituellement, ou

iii. sur la résidence habituelle de l'enfant;

c) Si la décision est incompatible avec une décision relative à la garde devenue exécutoire dans l'État requis avant le déplacement de l'enfant, à moins que l'enfant n'ait eu sa résidence habituelle sur le territoire de l'État requérant dans l'année précédant son déplacement.

2. Si aucune autorité centrale n'a été saisie, les dispositions du paragraphe 1 du présent article sont également applicables lorsque la reconnaissance et l'exécution sont demandées dans un délai de six mois à partir du déplacement sans droit.

3. En aucun cas la décision ne peut faire l'objet d'un examen au fond.

Art. 10 1. Dans les cas autres que ceux visés aux articles 8 et 9, la reconnaissance ainsi que l'exécution peuvent être refusées non seulement pour les motifs prévus à l'article 9, mais en outre pour l'un des motifs suivants :

a) S'il est constaté que les effets de la décision sont manifestement incompatibles avec les principes fondamentaux du droit régissant la famille et les enfants dans l'État requis;

b) S'il est constaté qu'en raison de changements de circonstances incluant l'écoulement du temps mais excluant le seul changement de résidence de l'enfant à la suite d'un déplacement sans droit, les effets de la décision d'origine ne sont manifestement plus conformes à l'intérêt de l'enfant;

c) Si, au moment de l'introduction de l'instance dans l'État d'origine :

i. l'enfant avait la nationalité de l'État requis ou sa résidence habituelle dans cet État alors qu'aucun de ces liens de rattachement n'existait avec l'État d'origine;

ii. l'enfant avait à la fois la nationalité de l'État d'origine et de l'État requis et sa résidence habituelle dans l'État requis;

d) Si la décision est incompatible avec une décision rendue, soit dans l'État requis, soit dans un État tiers tout en étant exécutoire dans l'État requis, à la suite d'une procédure engagée avant l'introduction de la demande de reconnaissance ou d'exécution, et si le refus est conforme à l'intérêt de l'enfant.

2. Dans les mêmes cas, la procédure en reconnaissance ainsi que la procédure en exécution peuvent être suspendues pour l'un des motifs suivants :

a) Si la décision d'origine fait l'objet d'un recours ordinaire;

b) Si une procédure concernant la garde de l'enfant, engagée avant que la procédure dans l'État d'origine n'ait été introduite, est pendante dans l'État requis;

c) Si une autre décision relative à la garde de l'enfant fait l'objet d'une procédure d'exécution ou de toute autre procédure relative à la reconnaissance de cette décision.

Art. 11 1. Les décisions sur le droit de visite et les dispositions des décisions relatives à la garde qui portent sur le droit de visite sont reconnues et mises à exécution dans les mêmes conditions que les autres décisions relatives à la garde.

2. Toutefois, l'autorité compétente de l'État requis peut fixer les modalités de la mise en œuvre et de l'exercice du droit de visite compte tenu notamment des engagements pris par les parties à ce sujet.

3. Lorsqu'il n'a pas été statué sur le droit de visite ou lorsque la reconnaissance ou l'exécution de la décision relative à la garde est refusée, l'autorité centrale de l'État

requis peut saisir ses autorités compétentes pour statuer sur le droit de visite, à la demande de la personne invoquant ce droit.

Art. 12 Lorsqu'à la date à laquelle l'enfant est déplacé à travers une frontière internationale il n'existe pas de décision exécutoire sur sa garde rendue dans un État contractant, les dispositions de la présente Convention s'appliquent à toute décision ultérieure relative à la garde de cet enfant et déclarant le déplacement illicite, rendue dans un État contractant à la demande de toute personne intéressée.

TITRE III
Procédure

Art. 13 1. La demande tendant à la reconnaissance ou l'exécution dans un autre État contractant d'une décision relative à la garde doit être accompagnée :

a) D'un document habilitant l'autorité centrale de l'État requis à agir au nom du requérant ou à désigner à cette fin un autre représentant;

b) D'une expédition de la décision réunissant les conditions nécessaires à son authenticité;

c) Lorsqu'il s'agit d'une décision rendue en l'absence du défendeur ou de son représentant légal, de tout document de nature à établir que l'acte introductif d'instance ou un acte équivalent a été régulièrement signifié ou notifié au défendeur;

d) Le cas échéant, de tout document de nature à établir que, selon la loi de l'État d'origine, la décision est exécutoire;

e) Si possible, d'un exposé indiquant le lieu où pourrait se trouver l'enfant dans l'État requis;

f) De propositions sur les modalités du rétablissement de la garde de l'enfant.

2. Les documents mentionnés ci-dessus doivent, le cas échéant, être accompagnés d'une traduction selon les règles établies à l'article 6.

Art. 14 Tout État contractant applique à la reconnaissance et à l'exécution d'une décision relative à la garde une procédure simple et rapide. À cette fin, il veille à ce que la demande d'*exequatur* puisse être introduite sur simple requête.

Art. 15 1. Avant de statuer sur l'application du paragraphe 1, *b* de l'article 10, l'autorité relevant de l'État requis :

a) Doit prendre connaissance du point de vue de l'enfant, à moins qu'il n'y ait une impossibilité pratique, eu égard notamment à l'âge et à la capacité de discernement de celui-ci; et

b) Peut demander que des enquêtes appropriées soient effectuées.

2. Les frais des enquêtes effectuées dans un État contractant sont à la charge de l'État dans lequel elles ont été effectuées.

3. Les demandes d'enquête et leurs résultats peuvent être adressés à l'autorité concernée par l'intermédiaire des autorités centrales.

Art. 16 Aux fins de la présente Convention, aucune légalisation ni formalité analogue ne peut être exigée.

TITRE IV

Réserves

Art. 17 1. Tout État contractant peut faire la réserve selon laquelle, dans les cas prévus aux articles 8 et 9 de l'un de ces articles, la reconnaissance et l'exécution des décisions relatives à la garde pourront être refusées pour ceux des motifs prévus à l'article 10 qui seront indiqués dans la réserve.

2. La reconnaissance et l'exécution des décisions rendues dans un État contractant ayant fait la réserve prévue au paragraphe 1 du présent article peuvent être refusées dans tout autre État contractant pour l'un des motifs additionnels indiqués dans cette réserve.

Art. 18 Tout État contractant peut faire la réserve selon laquelle il n'est pas lié par les dispositions de l'article 12. Les dispositions de la présente Convention ne s'appliquent pas aux décisions visées à l'article 12 qui ont été rendues dans un État contractant qui a fait cette réserve.

TITRE V

Autres instruments

Art. 19 La présente Convention n'empêche pas qu'un autre instrument international liant l'État d'origine et l'État requis ou le droit non conventionnel de l'État requis soient invoqués pour obtenir la reconnaissance ou l'exécution d'une décision.

Art. 20 1. La présente Convention ne porte pas atteinte aux engagements qu'un État contractant peut avoir à l'égard d'un État non contractant en vertu d'un instrument international portant sur des matières régies par la présente Convention.

2. Lorsque deux ou plusieurs États contractants ont établi ou viennent à établir une législation uniforme dans le domaine de la garde des enfants ou un système particulier de reconnaissance ou d'exécution des décisions dans ce domaine, ils auront la faculté d'appliquer entre eux cette législation ou ce système à la place de la présente Convention ou de toute partie de celle-ci. Pour se prévaloir de cette disposition, ces États devront notifier leur décision au Secrétaire général du Conseil de l'Europe. Toute modification ou révocation de cette décision doit également être notifiée.

TITRE VI

Clauses finales

Art. 21 La présente Convention est ouverte à la signature des États membres du Conseil de l'Europe. Elle sera soumise à ratification, acceptation ou approbation. Les instruments de ratification, d'acceptation ou d'approbation seront déposés près le Secrétaire Général du Conseil de l'Europe.

Art. 22 1. La présente Convention entrera en vigueur le premier jour du mois qui suit l'expiration d'une période de trois mois après la date à laquelle trois États membres du Conseil de l'Europe auront exprimé leur consentement à être liés par la Convention conformément aux dispositions de l'article 21.

2. Pour tout État membre qui exprimera ultérieurement son consentement à être lié par la Convention, celle-ci entrera en vigueur le premier jour du mois qui suit l'expiration d'une période de trois mois après la date du dépôt de l'instrument de ratification, d'acceptation ou d'approbation.

Art. 23 1. Après l'entrée en vigueur de la présente Convention, le Comité des Ministres du Conseil de l'Europe pourra inviter tout État non membre du Conseil à adhérer à la présente Convention par une décision prise à la majorité prévue à l'article 20.d du Statut, et à l'unanimité des représentants des États contractants ayant le droit de siéger au Comité.

2. Pour tout État adhérent, la Convention entrera en vigueur le premier jour du mois qui suit l'expiration d'une période de trois mois après la date du dépôt de l'instrument d'adhésion près le Secrétaire Général du Conseil de l'Europe.

Art. 24 1. Tout État peut, au moment de la signature ou au moment du dépôt de son instrument de ratification, d'acceptation, d'approbation ou d'adhésion, désigner le ou les territoires auxquels s'appliquera la présente Convention.

2. Tout État peut, à tout autre moment par la suite, par une déclaration adressée au Secrétaire Général du Conseil de l'Europe, étendre l'application de la présente Convention à tout autre territoire désigné dans la déclaration. La Convention entrera en vigueur à l'égard de ce territoire le premier jour du mois qui suit l'expiration d'une période de trois mois après la date de réception de la déclaration par le Secrétaire Général.

3. Toute déclaration faite en vertu des deux paragraphes précédents pourra être retirée, en ce qui concerne tout territoire désigné dans cette déclaration, par notification adressée au Secrétaire Général. Le retrait prendra effet le premier jour du mois qui suit l'expiration d'une période de six mois après la date de réception de la notification par le Secrétaire Général.

Art. 25 1. Un État qui comprend deux ou plusieurs unités territoriales dans lesquelles des systèmes de droit différents s'appliquent en matière de garde des enfants et de reconnaissance et d'exécution de décisions relatives à la garde peut, au moment du dépôt de son instrument de ratification, d'acceptation, d'approbation ou d'adhésion, déclarer que la présente Convention s'appliquera à toutes ces unités territoriales ou à une ou plusieurs d'entre elles.

2. Il peut, à tout autre moment par la suite, par une déclaration adressée au Secrétaire Général du Conseil de l'Europe, étendre l'application de la présente Convention à toute autre unité territoriale désignée dans la déclaration. La Convention entrera en vigueur à l'égard de cette unité territoriale le premier jour du mois qui suit l'expiration d'une période de trois mois après la date de réception de la déclaration par le Secrétaire Général.

3. Toute déclaration faite en vertu des deux paragraphes précédents pourra être retirée, en ce qui concerne toute unité territoriale désignée dans cette déclaration, par notification adressée au Secrétaire Général. Le retrait prendra effet le premier jour du mois qui suit l'expiration d'une période de six mois après la réception de la notification par le Secrétaire Général.

Art. 26 1. Au regard d'un État qui, en matière de garde des enfants, a deux ou plusieurs systèmes de droit d'application territoriale :

a. la référence à la loi de la résidence habituelle ou de la nationalité d'une personne doit être entendue comme référence au système de droit déterminé par les règles en vigueur dans cet État ou, à défaut de telles règles, au système avec lequel la personne concernée a les liens les plus étroits;

b. la référence à l'État d'origine ou à l'État requis doit être entendue, selon le cas, comme référence à l'unité territoriale dans laquelle la décision a été rendue ou à l'unité territoriale dans laquelle la reconnaissance ou l'exécution de la décision ou le rétablissement de la garde est demandé.

2. Le paragraphe 1.a du présent article s'applique également mutatis mutandis aux États qui, en matière de garde des enfants, ont deux ou plusieurs systèmes de droit d'application personnelle.

Art. 27 1. Tout État peut, au moment de la signature ou au moment du dépôt de son instrument de ratification, d'acceptation, d'approbation ou d'adhésion, déclarer faire usage d'une ou plusieurs réserves figurant au paragraphe 3 de l'article 6, à l'article 17 et à l'article 18 de la présente Convention. Aucune autre réserve n'est admise.

2. Tout État contractant qui a formulé une réserve en vertu du paragraphe précédent peut la retirer en tout ou en partie en adressant une notification au Secrétaire Général du Conseil de l'Europe. Le retrait prendra effet à la date de réception de la notification par le Secrétaire Général.

Art. 28 A l'issue de la troisième année qui suit la date d'entrée en vigueur de la présente Convention et, à son initiative, à tout autre moment après cette date, le Secrétaire Général du Conseil de l'Europe invitera les représentants des autorités centrales désignées par les États contractants à se réunir en vue d'étudier et de faciliter le fonctionnement de la Convention. Tout État membre du Conseil de l'Europe qui n'est pas partie à la Convention pourra se faire représenter par un observateur. Les travaux de chacune de ces réunions feront l'objet d'un rapport qui sera adressé pour information au Comité des Ministres du Conseil de l'Europe.

Art. 29 1. Toute Partie peut, à tout moment, dénoncer la présente Convention en adressant une notification au Secrétaire Général du Conseil de l'Europe.

2. La dénonciation prendra effet le premier jour du mois qui suit l'expiration d'une période de six mois après la date de réception de la notification par le Secrétaire Général.

Art. 30 Le Secrétaire Général du Conseil de l'Europe notifiera aux États membres du Conseil et à tout État ayant adhéré à la présente Convention :

a. toute signature;

b. le dépôt de tout instrument de ratification, d'acceptation, d'approbation ou d'adhésion;

c. toute date d'entrée en vigueur de la présente Convention conformément à ses articles 22, 23, 24 et 25;

d. tout autre acte, notification ou communication ayant trait à la présente Convention.

En foi de quoi, les soussignés, dûment autorisés à cet effet, ont signé la présente Convention. Fait à Luxembourg, le 20 mai 1980, en français et en anglais, les deux textes faisant également foi, en un seul exemplaire qui sera déposé dans les archives du Conseil de l'Europe. Le Secrétaire Général du Conseil de l'Europe en communiquera copie certifiée conforme à chacun des États membres du Conseil de l'Europe et à tout État invité à adhérer à la présente Convention.

83 Convention de Rome du 19 juin 1980 sur la loi applicable aux obligations contractuelles

Applicable depuis le 1er avril 1991

(Version consolidée)

Remplacée depuis le 17 décembre 2009
par le Règlement (CE) n° 593/2008 du 17 juin 2008
(« Rome I »), V. *supra* n° 20

TITRE PREMIER

Champ d'application

Art. premier *Champ d'application.* 1 — Les dispositions de la présente convention sont applicables, dans les situations comportant un conflit de lois, aux obligations contractuelles.

2 — Elles ne s'appliquent pas :

a) à l'état et à la capacité des personnes physiques, sous réserve de l'article 11 ;

b) aux obligations contractuelles concernant :

— les testaments et successions,

— les régimes matrimoniaux,

— les droits et devoirs découlant des relations de famille, de parenté, de mariage ou d'alliance, y compris les obligations alimentaires envers les enfants non légitimes ;

c) aux obligations nées de lettres de change, chèques, billets à ordre ainsi que d'autres instruments négociables, dans la mesure où les obligations nées de ces autres instruments dérivent de leur caractère négociable ;

d) aux conventions d'arbitrage et d'élection de for ;

e) aux questions relevant du droit des sociétés, associations et personnes morales, telles que la constitution, la capacité juridique, le fonctionnement interne et la dissolution des sociétés, associations et personnes morales, ainsi que la responsabilité personnelle légale des associés et des organes pour les dettes de la société, association ou personne morale ;

f) à la question de savoir si un intermédiaire peut engager envers les tiers la personne pour le compte de laquelle il prétend agir ou si un organe d'une société, d'une association ou d'une personne morale peut engager envers les tiers cette société, association ou personne morale ;

g) à la constitution des trusts, aux relations qu'ils créent entre les constituants, les trustees et les bénéficiaires ;

h) à la preuve et à la procédure, sous réserve de l'article 14.

3 — Les dispositions de la présente convention ne s'appliquent pas aux contrats d'assurance qui couvrent des risques situés dans les territoires des États membres de la Communauté économique européenne. Pour déterminer si un risque est situé dans ces territoires, le juge applique sa loi interne.

4 — Le paragraphe précédent ne concerne pas les contrats de réassurance.

Art. 2 *Caractère universel.* La loi désignée par la présente convention s'applique même si cette loi est celle d'un État non contractant.

TITRE II

Règles uniformes

Art. 3 *Liberté de choix.* 1 — Le contrat est régi par la loi choisie par les parties. Ce choix doit être exprès ou résulter de façon certaine des dispositions du contrat ou des circonstances de la cause. Par ce choix, les parties peuvent désigner la loi applicable à la totalité ou à une partie seulement de leur contrat.

2 — Les parties peuvent convenir, à tout moment, de faire régir le contrat par une loi autre que celle qui le régissait auparavant soit en vertu d'un choix antérieur selon le présent article, soit en vertu d'autres dispositions de la présente convention. Toute modification quant à la détermination de la loi applicable, intervenue postérieurement à la conclusion du contrat, n'affecte pas la validité formelle du contrat au sens de l'article 9 et ne porte pas atteinte aux droits des tiers.

3 — Le choix par les parties d'une loi étrangère, assorti ou non de celui d'un tribunal étranger, ne peut, lorsque tous les autres éléments de la situation sont localisés au moment de ce choix dans un seul pays, porter atteinte aux dispositions auxquelles la loi de ce pays ne permet pas de déroger par contrat, ci-après dénommées « dispositions impératives ».

4 — L'existence et la validité du consentement des parties quant au choix de la loi applicable sont régies par les dispositions établies aux articles 8, 9 et 11.

Art. 4 *Loi applicable à défaut de choix.* 1 — Dans la mesure où la loi applicable au contrat n'a pas été choisie conformément aux dispositions de l'article 3, le contrat est régi par la loi du pays avec lequel il présente les liens les plus étroits. Toutefois, si une partie du contrat est séparable du reste du contrat et présente un lien plus étroit avec un autre pays, il pourra être fait application, à titre exceptionnel, à cette partie du contrat de la loi de cet autre pays.

2 — Sous réserve du paragraphe 5, il est présumé que le contrat présente les liens les plus étroits avec le pays où la partie qui doit fournir la prestation caractéristique a, au moment de la conclusion du contrat, sa résidence habituelle ou, s'il s'agit d'une société, association ou personne morale, son administration centrale. Toutefois, si le contrat est conclu dans l'exercice de l'activité professionnelle de cette partie, ce pays est celui où est situé son principal établissement ou, si, selon le contrat, la prestation doit être fournie par un établissement autre que l'établissement principal, celui où est situé cet autre établissement.

3 — Nonobstant les dispositions du paragraphe 2, dans la mesure où le contrat a pour objet un droit réel immobilier ou un droit d'utilisation d'un immeuble, il est présumé que le contrat présente les liens les plus étroits avec le pays où est situé l'immeuble.

4 — Le contrat de transport de marchandises n'est pas soumis à la présomption du paragraphe 2. Dans ce contrat, si le pays dans lequel le transporteur a son établissement principal au moment de la conclusion du contrat est aussi celui dans lequel est situé le lieu de chargement ou de déchargement ou l'établissement principal de l'expéditeur, il est présumé que le contrat a les liens les plus étroits avec ce pays. Pour l'application du présent paragraphe, sont considérés comme contrats de transport de marchandises les

contrats d'affrètement pour un seul voyage ou d'autres contrats lorsqu'ils ont principalement pour objet de réaliser un transport de marchandise.

5 — L'application du paragraphe 2 est écartée lorsque la prestation caractéristique ne peut être déterminée. Les présomptions des paragraphes 2, 3 et 4 sont écartées lorsqu'il résulte de l'ensemble des circonstances que le contrat présente des liens plus étroits avec un autre pays.

Art. 5 *Contrats conclus par les consommateurs.* 1 — Le présent article s'applique aux contrats ayant pour objet la fourniture d'objets mobiliers corporels ou de services à une personne, le consommateur, pour un usage pouvant être considéré comme étranger à son activité professionnelle, ainsi qu'aux contrats destinés au financement d'une telle fourniture.

2 — Nonobstant les dispositions de l'article 3, le choix par les parties de la loi applicable ne peut avoir pour résultat de priver le consommateur de la protection que lui assurent les dispositions impératives de la loi du pays dans lequel il a sa résidence habituelle :

— si la conclusion du contrat a été précédée dans ce pays d'une proposition spécialement faite ou d'une publicité, et si le consommateur a accompli dans ce pays les actes nécessaires à la conclusion du contrat,

ou

— si le cocontractant du consommateur ou son représentant a reçu la commande du consommateur dans ce pays,

ou

— si le contrat est une vente de marchandises et que le consommateur se soit rendu de ce pays dans un pays étranger et y ait passé la commande, à la condition que le voyage ait été organisé par le vendeur dans le but d'inciter le consommateur à conclure une vente.

3 — Nonobstant les dispositions de l'article 4 et à défaut de choix exercé conformément à l'article 3, ces contrats sont régis par la loi du pays dans lequel le consommateur a sa résidence habituelle, s'ils sont intervenus dans les circonstances décrites au paragraphe 2 du présent article.

4 — Le présent article ne s'applique pas :

a) au contrat de transport;

b) au contrat de fourniture de services lorsque les services dus au consommateur doivent être fournis exclusivement dans un pays autre que celui dans lequel il a sa résidence habituelle.

5 — Nonobstant les dispositions du paragraphe 4, le présent article s'applique au contrat offrant pour un prix global des prestations combinées de transport et de logement.

Art. 6 *Contrat individuel de travail.* 1 — Nonobstant les dispositions de l'article 3, dans le contrat de travail, le choix par les parties de la loi applicable ne peut avoir pour résultat de priver le travailleur de la protection qui lui assurent les dispositions impératives de la loi qui serait applicable, à défaut de choix, en vertu du paragraphe 2 du présent article.

2 — Nonobstant les dispositions de l'article 4 et à défaut de choix exercé conformément à l'article 3, le contrat de travail est régi :

a) par la loi du pays où le travailleur, en exécution du contrat, accomplit habituellement son travail, même s'il est détaché à titre temporaire dans un autre pays,

ou

b) si le travailleur n'accomplit pas habituellement son travail dans un même pays, par la loi du pays où se trouve l'établissement qui a embauché le travailleur,

à moins qu'il ne résulte de l'ensemble des circonstances que le contrat de travail présente des liens plus étroits avec un autre pays, auquel cas la loi de cet autre pays est applicable.

Art. 7 *Lois de police.* 1 — Lors de l'application, en vertu de la présente convention, de la loi d'un pays déterminé, il pourra être donné effet aux dispositions impératives de la loi d'un autre pays avec lequel la situation présente un lien étroit, si et dans la mesure où, selon le droit de ce dernier pays, ces dispositions sont applicables quelle que soit la loi régissant le contrat. Pour décider si effet doit être donné à ces dispositions impératives, il sera tenu compte de leur nature et de leur objet ainsi que des conséquences qui découleraient de leur application ou de leur non-application.

2 — Les dispositions de la présente convention ne pourront porter atteinte à l'application des règles de la loi du pays du juge qui régissent impérativement la situation quelle que soit la loi applicable au contrat.

Art. 8 *Consentement et validité au fond.* 1 — L'existence et la validité du contrat ou d'une disposition de celui-ci sont soumises à la loi qui serait applicable en vertu de la présente convention si le contrat ou la disposition étaient valables.

2 — Toutefois, pour établir qu'elle n'a pas consenti, une partie peut se référer à la loi du pays dans lequel elle a sa résidence habituelle s'il résulte des circonstances qu'il ne serait pas raisonnable de déterminer l'effet du comportement de cette partie d'après la loi prévue au paragraphe précédent.

Art. 9 *Forme.* 1 — Un contrat conclu entre des personnes qui se trouvent dans un même pays est valable quant à la forme s'il satisfait aux conditions de forme de la loi qui le régit au fond en vertu de la présente convention ou de la loi du pays dans lequel il a été conclu.

2 — Un contrat conclu entre des personnes qui se trouvent dans des pays différents est valable quant à la forme s'il satisfait aux conditions de forme de la loi qui le régit au fond en vertu de la présente convention ou de la loi de l'un de ces pays.

3 — Lorsque le contrat est conclu par un représentant, le pays où le représentant se trouve au moment où il agit est celui qui doit être pris en considération pour l'application des paragraphes 1 et 2.

4 — Un acte juridique unilatéral relatif à un contrat conclu ou à conclure est valable quant à la forme s'il satisfait aux conditions de forme de la loi qui régit ou régirait au fond le contrat en vertu de la présente convention ou de la loi du pays dans lequel cet acte est intervenu.

5 — Les dispositions des paragraphes précédents ne s'appliquent pas aux contrats qui entrent dans le champ d'application de l'article 5 conclus dans les circonstances qui y sont décrites au paragraphe 2. La forme de ces contrats est régie par la loi du pays dans lequel le consommateur a sa résidence habituelle.

6 — Nonobstant les dispositions des quatre premiers paragraphes du présent article, tout contrat ayant pour objet un droit réel immobilier ou un droit d'utilisation d'un immeuble est soumis aux règles de forme impératives de la loi du pays où l'immeuble est situé, pour autant que selon cette loi elles s'appliquent indépendamment du lieu de conclusion du contrat et de la loi régissant au fond.

Art. 10 *Domaine de la loi du contrat.* 1 — La loi applicable au contrat en vertu des articles 3 à 6 et de l'article 12 de la présente convention régit notamment :

a) son interprétation;

b) l'exécution des obligations qu'il engendre;

c) dans les limites des pouvoirs attribués au tribunal par sa loi de procédure, les conséquences de l'inexécution totale ou partielle de ces obligations, y compris l'évaluation du dommage dans la mesure où des règles de droit la gouvernent;

d) les divers modes d'extinction des obligations, ainsi que les prescriptions et déchéances fondées sur l'expiration d'un délai;

e) les conséquences de la nullité du contrat.

2 — En ce qui concerne les modalités d'exécution et les mesures à prendre par le créancier en cas de défaut dans l'exécution on aura égard à la loi du pays où l'exécution a lieu.

Art. 11 *Incapacité.* Dans un contrat conclu entre personnes se trouvant dans un même pays, une personne physique qui serait capable selon la loi de ce pays ne peut invoquer son incapacité résultant d'une autre loi que si, au moment de la conclusion du contrat, le cocontractant a connu cette incapacité ou ne l'a ignorée qu'en raison d'une imprudence de sa part.

Art. 12 *Cession de créance.* 1 — Les obligations entre le cédant et le cessionnaire d'une créance sont régies par la loi qui, en vertu de la présente convention, s'applique au contrat qui les lie.

2 — La loi qui régit la créance cédée détermine le caractère cessible de celle-ci, les rapports entre cessionnaire et débiteur, les conditions d'opposabilité de la cession au débiteur et le caractère libératoire de la prestation faite par le débiteur.

Art. 13 *Subrogation.* 1 — Lorsqu'en vertu d'un contrat, une personne, le créancier, a des droits à l'égard d'une autre personne, le débiteur, et qu'un tiers a l'obligation de désintéresser le créancier ou encore que le tiers a désintéressé le créancier en exécution de cette obligation, la loi applicable à cette obligation du tiers détermine si celui-ci peut exercer en tout ou en partie les droits détenus par le créancier contre le débiteur selon la loi régissant leurs relations.

2 — La même règle s'applique lorsque plusieurs personnes sont tenues de la même obligation contractuelle et que le créancier a été désintéressé par l'une d'elles.

Art. 14 *Preuve.* 1 — La loi régissant le contrat en vertu de la présente convention s'applique dans la mesure où, en matière d'obligations contractuelles, elle établit des présomptions légales ou répartit la charge de la preuve.

2 — Les actes juridiques peuvent être prouvés par tout mode de preuve admis soit par la loi du for, soit par l'une des lois visées à l'article 9, selon laquelle l'acte est valable quant à la forme, pour autant que la preuve puisse être administrée selon ce mode devant le tribunal saisi.

Art. 15 *Exclusion du renvoi.* Lorsque la présente convention prescrit l'application de la loi d'un pays elle entend les règles de droit en vigueur dans ce pays à l'exclusion des règles de droit international privé.

Art. 16 *Ordre public.* L'application d'une disposition de la loi désignée par la présente convention ne peut être écartée que si cette application est manifestement incompatible avec l'ordre public du for.

Art. 17 *Application dans le temps.* La convention s'applique dans un État contractant aux contrats conclus après son entrée en vigueur pour cet État.

Art. 18 *Interprétation uniforme.* Aux fins de l'interprétation et de l'application des règles uniformes qui précèdent, il sera tenu compte de leur caractère international et de l'opportunité de parvenir à l'uniformité dans la façon dont elles sont interprétées et appliquées.

Art. 19 *Systèmes non unifiés.* 1 — Lorsqu'un État comprend plusieurs unités territoriales dont chacune a ses propres règles en matière d'obligations contractuelles, chaque unité territoriale est considérée comme un pays aux fins de la détermination de la loi applicable selon la présente convention.

2 — Un État dans lequel différentes unités territoriales ont leurs propres règles de droit en matière d'obligations contractuelles ne sera pas tenu d'appliquer la présente convention aux conflits de lois intéressant uniquement ces unités territoriales.

Art. 20 *Priorité du droit communautaire.* La présente convention ne préjuge pas l'application des dispositions qui, dans des matières particulières, règlent les conflits de lois en matière d'obligations contractuelles et qui sont ou seront contenues dans les actes émanant des institutions des Communautés européennes ou dans les législations nationales harmonisées en exécution de ces actes.

Art. 21 *Relations avec d'autres conventions.* La présente convention ne porte pas atteinte à l'application des conventions internationales auxquelles un État contractant est ou sera partie.

Art. 22 *Réserves.* 1 — Tout État contractant, au moment de la signature, de la ratification, de l'acceptation ou de l'approbation, pourra se réserver le droit de ne pas appliquer :

a) l'article 7 paragraphe 1 ;

b) l'article 10 paragraphe 1 sous e).

2 — Tout État contractant pourra également, en notifiant une extension de la convention conformément à l'article 27 paragraphe 2, faire une ou plusieurs de ces réserves avec effet limité aux territoires ou à certains des territoires visés par l'extension

3 — Tout État contractant pourra à tout moment retirer une réserve qu'il aura faite; l'effet de la réserve cessera le premier jour du troisième mois du calendrier après la notification du retrait.

TITRE III

Clauses finales

Art. 23 1 — Si, après la date d'entrée en vigueur de la présente convention à son égard, un État contractant désire adopter une nouvelle règle de conflit de lois pour une catégorie particulière de contrats entrant dans le champ d'application de la convention, il communique son intention aux autres États signataires par l'intermédiaire du secrétaire général du Conseil des Communautés européennes.

2 — Dans un délai de six mois à partir de la communication faite au secrétaire général, tout État signataire peut demander à celui-ci d'organiser des consultations entre États signataires en vue d'arriver à un accord.

3 — Si, dans ce délai, aucun État signataire n'a demandé la consultation ou si, dans les deux ans qui suivront la communication faite au secrétaire général, aucun accord

n'est intervenu à la suite des consultations, l'État contractant peut modifier son droit. La mesure prise par cet État est portée à la connaissance des autres États signataires par l'intermédiaire du secrétaire général du Conseil des Communautés européennes.

Art. 24 1 — Si, après la date d'entrée en vigueur de la présente convention à son égard, un État contractant désire devenir partie à une convention multilatérale dont l'objet principal ou l'un des objets principaux est un règlement de droit international privé dans l'une des matières régies par la présente convention, il est fait application de la procédure prévue à l'article 23. Toutefois, le délai de deux ans, prévu au paragraphe 3 de l'article 23, est ramené à un an.

2 — La procédure prévue au paragraphe précédent n'est pas suivie si un État contractant ou l'une des Communautés européennes sont déjà parties à la convention multilatérale ou si l'objet de celle-ci est de réviser une convention à laquelle l'État intéressé est partie ou s'il s'agit d'une convention conclue dans le cadre des traités instituant les Communautés européennes.

Art. 25 Lorsqu'un État contractant considère que l'unification réalisée par la présente convention est comprise par la conclusion d'accords non prévus à l'article 24 paragraphe 1, cet État peut demander au secrétaire général du Conseil des Communautés européennes d'organiser une consultation entre les États signataires de la présente convention.

Art. 26 Chaque État contractant peut demander la révision de la présente convention. Dans ce cas, une conférence de révision est convoquée par le président du Conseil des Communautés européennes.

Art. 27 1 — La présente convention s'applique au territoire européen des États contractants, y compris le Groenland, et à l'ensemble du territoire de la République française.

2 — Par dérogation au paragraphe 1 :

a) la présente convention ne s'applique pas aux îles Féroé, sauf déclaration contraire du royaume de Danemark;

b) la présente convention ne s'applique pas aux territoires européens situés hors du Royaume-Uni et dont celui-ci assume les relations internationales, sauf déclaration contraire du Royaume-Uni pour un tel territoire;

c) la présente convention s'applique aux Antilles néerlandaises, si le royaume des Pays-Bas fait une déclaration à cet effet.

3 — Ces déclarations peuvent être faites à tout moment, par voie de notification au secrétaire général du Conseil des Communautés européennes.

4 — Les procédures d'appel introduites au Royaume-Uni contre des décision rendues par les tribunaux situés dans un des territoires visés au paragraphe 2 sous b) sont considérées comme des procédures se déroulant devant ces tribunaux.

Art. 28 1 — La présente convention est ouverte à compter du 19 juin 1980 à la signature des États parties au traité instituant la Communauté économique européenne.

2 — La présente convention sera ratifiée, acceptée ou approuvée par les États signataires. Les instruments de ratification, d'acceptation ou d'approbation seront déposés auprès du secrétariat général du Conseil des Communautés européennes.

Art. 29 1 — La présente convention entrera en vigueur le premier jour du troisième mois suivant le dépôt du septième instrument de ratification, d'acceptation ou d'approbation.

2 — La convention entrera en vigueur pour chaque État signataire ratifiant, acceptant ou approuvant postérieurement, le premier jour du troisième mois suivant le dépôt de son instrument de ratification, d'acceptation ou d'approbation.

Art. 30 1 — La convention aura une durée de dix ans à partir de la date de son entrée en vigueur conformément à l'article 29 paragraphe 1, même pour les États pour qui elle entrerait en vigueur postérieurement.

2 — La convention sera renouvelée tacitement de cinq ans en cinq ans sauf dénonciation.

3 — La dénonciation sera notifiée, au moins six mois avant l'expiration du délai de dix ans ou de cinq ans selon le cas, au secrétaire général du Conseil des Communautés européennes. Elle pourra se limiter à l'un des territoires auxquels la convention aurait été étendue par application de l'article 27 paragraphe 2.

4 — La dénonciation n'aura d'effet qu'à l'égard de l'État qui l'aura notifiée. La convention restera en vigueur pour les autres États contractants.

Art. 31 Le secrétaire général du Conseil des Communautés européennes notifiera aux États parties au traité instituant la Communauté économique européenne :

a) les signatures;

b) le dépôt de tout instrument de ratification, d'acceptation ou d'approbation;

c) la date d'entrée en vigueur de la présente convention;

d) les communications faites en applications des articles 23, 24, 25, 26, 27 et 30;

e) les réserves et le retrait des réserves mentionnées à l'article 22.

Art. 32 Le protocole annexé à la présente convention en fait partie intégrante.

Art. 33 La présente convention, rédigée en un exemplaire unique en langues allemande, anglaise, danoise, française, irlandaise, italienne et néerlandaise, ces textes faisant également foi, sera déposée dans les archives du secrétariat général du Conseil des Communautés européennes. Le secrétaire général en remettra une copie certifiée conforme à chacun des gouvernements des États signataires.

PROTOCOLE

Les hautes parties contractantes sont convenues de la disposition ci-après qui est annexée à la convention.

Nonobstant les dispositions de la convention, le Danemark peut conserver la disposition figurant à l'article 169 de la « Sølov » (législation maritime) concernant la loi applicable aux questions relatives au transport de marchandises par mer et peut modifier cette disposition sans suivre la procédure prévue à l'article 23 de la convention.

84 Convention de Bruxelles du 25 mai 1987 relative à la suppression de la légalisation d'actes dans les États membres des Communautés européennes

En vigueur depuis le 12 mars 1992

Les États membres des Communautés européennes,

Convaincus de l'opportunité d'assurer entre eux la libre circulation d'actes,

Désireux d'adopter à cette fin des règles uniformes concernant la suppression de toute forme de légalisation d'actes,

sont convenus de ce qui suit :

Art. premier 1. La présente Convention s'applique aux actes publics qui, établis sur le territoire d'un État contractant, doivent être produits sur le territoire d'un autre État contractant ou devant des agents diplomatiques ou consulaires d'un autre État contractant, alors même que ces agents exercent leurs fonctions sur le territoire d'un État qui n'est pas partie à la présente Convention.

2. Sont considérés comme actes publics :

a) Les documents qui émanent d'une autorité ou d'un fonctionnaire relevant d'une juridiction de l'État, y compris ceux qui émanent du ministère public, d'un greffier ou d'un huissier de justice;

b) Les documents administratifs;

c) Les actes notariés;

d) Les déclarations officielles telles que mentions d'enregistrement, visas pour date certaine et certifications de signature, apposés sur un acte sous seing privé.

3. La présente Convention s'applique également aux actes établis en leur qualité officielle par les agents diplomatiques ou consulaires d'un État contractant qui exercent leurs fonctions sur le territoire de tout État,

lorsque ces actes doivent être produits sur le territoire d'un autre État contractant ou devant des agents diplomatiques ou consulaires d'un autre État contractant, exerçant leurs fonctions sur le territoire d'un État qui n'est pas partie à la présente Convention.

Art. 2 Chaque État contractant dispense de toute forme de légalisation ou de toute autre formalité équivalente ou analogue les actes auxquels s'applique la présente Convention.

Art. 3 La légalisation au sens de la présente Convention ne recouvre que la formalité par laquelle est attestée la véracité de la signature, la qualité dans laquelle le signataire de l'acte a agi et, le cas échéant, l'identité du sceau ou du timbre dont l'acte est revêtu.

Art. 4 1. Si les autorités de l'État sur le territoire duquel l'acte est produit ont des doutes graves et fondés sur la véracité de la signature, sur la qualité dans laquelle le signataire de l'acte a agi, ou sur l'identité du sceau ou du timbre, elles peuvent demander des informations directement à l'autorité centrale compétente, désignée conformément à l'article 5, de l'État duquel provient l'acte ou le document. Les demandes d'information doivent se limiter aux cas exceptionnels et doivent toujours être motivées.

2. Les demandes d'information sont dans la mesure du possible accompagnées de l'original ou d'une photocopie de l'acte. Les demandes et les réponses ne sont redevables d'aucun impôt, droit ou frais.

Art. 5 Chaque État contractant désignera, au moment de la signature, de la ratification, de l'acceptation ou de l'approbation de la présente Convention, l'autorité centrale chargée de recevoir et de transmettre les demandes d'information visées à l'article 4. Il indique la ou les langues dans lesquelles cette autorité accepte les demandes d'information.

Art. 6 1. La présente Convention est ouverte à la signature des États membres. Elle sera soumise à ratification, acceptation ou approbation. Les instruments de ratification, d'acceptation ou d'approbation seront déposés près le ministère des affaires étrangères de Belgique.

2. La Convention entrera en vigueur quatre-vingt-dix jours après la date du dépôt des instruments de ratification, d'acceptation ou d'approbation, par tous les États membres des Communautés européennes à la date de l'ouverture à la signature.

3. Jusqu'à l'entrée en vigueur de la présente Convention, chaque État peut, lors du dépôt de son instrument de ratification, d'acceptation ou d'approbation ou à tout moment ultérieur, déclarer que la Convention est applicable à son égard dans ses rapports avec les États qui auront fait la même déclaration, quatre-vingt-dix jours après la date du dépôt.

Art. 7 1. La présente Convention est ouverte à l'adhésion de tout État qui devient membre des Communautés européennes. Les instruments d'adhésion seront déposés près le ministère des affaires étrangères de Belgique.

2. Elle entrera en vigueur à l'égard de tout État qui y adhérera quatre-vingt-dix jours après la date du dépôt de son instrument d'adhésion.

Art. 8 1. Tout État membre peut, au moment de la signature ou au moment du dépôt de son instrument de ratification, d'acceptation ou d'approbation, désigner le ou les territoires auxquels s'appliquera la présente Convention.

2. Tout État membre peut, au moment du dépôt de son instrument de ratification, d'acceptation ou d'approbation ou à tout autre moment par la suite, étendre l'application de la présente Convention par déclaration adressée au ministère des affaires étrangères de Belgique, à tout autre territoire désigné dans la déclaration et dont il assure les relations internationales ou pour lequel il est habilité à stipuler.

3. Toute déclaration faite en vertu du paragraphe 2 peut être retirée, en ce qui concerne tout territoire désigné dans cette déclaration, par notification adressée au ministère des affaires étrangères de Belgique.

Le retrait prendra effet immédiatement ou à une date ultérieure précisée dans la notification.

Art. 9 Le ministère des affaires étrangères de Belgique notifie à tous les États membres toute signature, dépôt d'instruments, déclaration ou notification.

Art. 10 La présente Convention remplace entre les États contractants les dispositions des autres Traités, Conventions ou Accords qui sont relatifs à la simplification ou la suppression de la légalisation des actes sauf dans la mesure où ces Traités, Conventions ou Accords concernent des actes :

a) Qui ne sont pas visés par la présente Convention;

b) Qui ont été établis sur des territoires auxquels la présente Convention n'est pas applicable.

Le ministère des affaires étrangères de Belgique enverra copie certifiée conforme au Gouvernement de chaque État membre.

Fait à Bruxelles, le 25 mai 1987 en toutes les langues officielles des Communautés européennes, tous les textes faisant également foi, en un seul exemplaire qui sera déposé dans les archives du ministère des affaires étrangères de Belgique.

Déclarations

Conformément à l'article 5, le Gouvernement de la République française désigne le bureau de droit international et de l'entraide judiciaire internationale en matière civile et commerciale, service des Affaires européennes et internationales, ministère de la justice,

57, rue Saint-Roch, 75001 Paris, en tant qu'autorité centrale chargée de recevoir et de transmettre les demandes d'information visées à l'article 4. Ces demandes doivent être rédigées en français.

Conformément à l'article 6, paragraphe 3, le Gouvernement de la République française déclare que la Convention est applicable à son égard dans ses rapports avec les États qui ont fait la même déclaration, 90 jours après la date du dépôt.

85 Convention de Lugano *bis* du 30 octobre 2007 concernant la compétence judiciaire, la reconnaissance et l'exécution des décisions en matière civile et commerciale

En vigueur depuis le 1er janvier 2010

PRÉAMBULE

Les hautes parties contractantes à la présente convention

Déterminées à renforcer sur leur territoire la protection juridique des personnes qui y sont établies,

Estimant qu'il importe à cette fin de déterminer la compétence de leurs juridictions dans l'ordre international, de faciliter la reconnaissance et d'instaurer une procédure rapide afin d'assurer l'exécution des décisions, des actes authentiques et des transactions judiciaires,

Conscientes des liens qui existent entre elles et qui ont été consacrés dans le domaine économique par les accords de libre-échange conclus entre la Communauté européenne et certains États membres de l'Association européenne de libre-échange,

Prenant en considération :

– la Convention de Bruxelles du 27 septembre 1968 concernant la compétence judiciaire et l'exécution des décisions en matière civile et commerciale, telle qu'adaptée par les conventions d'adhésion lors des élargissements successifs de l'Union européenne,

– la convention de Lugano du 16 septembre 1988 concernant la compétence judiciaire et l'exécution des décisions en matière civile et commerciale, qui étend l'application des dispositions de la convention de Bruxelles de 1968 à certains États membres de l'Association européenne de libre-échange,

– le règlement (CE) n° 44/2001 du Conseil du 22 décembre 2000 concernant la compétence judiciaire, la reconnaissance et l'exécution des décisions en matière civile et commerciale, qui a remplacé la convention de Bruxelles précitée,

– l'accord entre la Communauté européenne et le Royaume de Danemark sur la compétence judiciaire, la reconnaissance et l'exécution des décisions en matière civile et commerciale, signé à Bruxelles le 19 octobre 2005,

Persuadées que l'extension des principes énoncés dans le règlement (CE) n° 44/2001 aux parties contractantes au présent instrument renforcera la coopération juridique et économique,

Désireuses d'assurer une interprétation aussi uniforme que possible de celui-ci,

Ont décidé, dans cet esprit, de conclure la présente convention, et

Sont convenues de ce qui suit :

TITRE PREMIER
Champ d'application

Art. premier 1. La présente convention s'applique en matière civile et commerciale et quelle que soit la nature de la juridiction. Elle ne recouvre notamment pas les matières fiscales, douanières ou administratives.

2. Sont exclus de son application :

a) l'état et la capacité des personnes physiques, les régimes matrimoniaux, les testaments et les successions;

b) les faillites, concordats et autres procédures analogues;

c) la sécurité sociale;

d) l'arbitrage.

3. Dans la présente convention, on entend par « État lié par la présente convention » tout État qui est partie contractante à la présente convention ou tout État membre de la Communauté européenne. Ce terme peut également désigner la Communauté européenne.

TITRE II
Compétence

Section I
Dispositions générales

Art. 2 1. Sous réserve des dispositions de la présente convention, les personnes domiciliées sur le territoire d'un État lié par la présente convention sont attraites (assignées), quelle que soit leur nationalité, devant les juridictions de cet État.

2. Les personnes qui ne possèdent pas la nationalité de l'État lié par la présente convention dans lequel elles sont domiciliées y sont soumises aux règles de compétence applicables aux nationaux.

Art. 3 1. Les personnes domiciliées sur le territoire d'un État lié par la présente convention ne peuvent être attraites devant les tribunaux d'un autre État lié par la présente convention qu'en vertu des règles énoncées aux sections 2 à 7 du présent titre.

2. Ne peuvent être invoquées contre elles notamment les règles de compétence nationales figurant à l'annexe I.

Art. 4 1. Si le défendeur n'est pas domicilié dans un État lié par la présente convention, la compétence est, dans chaque État lié par la présente convention, réglée par la loi de cet État, sous réserve de l'application des dispositions des articles 22 et 23.

2. Toute personne, quelle que soit sa nationalité, domiciliée sur le territoire d'un État lié par la présente convention, peut, comme les nationaux, y invoquer contre ce défendeur les règles de compétence qui y sont en vigueur et notamment celles prévues à l'annexe I.

Section II

Compétences spéciales

Art. 5 Une personne domiciliée sur le territoire d'un État lié par la présente convention peut être attraite, dans un autre État lié par la présente convention :

1. a) en matière contractuelle, devant le tribunal du lieu où l'obligation qui sert de base à la demande a été ou doit être exécutée;

b) aux fins de l'application de la présente disposition, et sauf convention contraire, le lieu d'exécution de l'obligation qui sert de base à la demande est :

— pour la vente de marchandises, le lieu d'un État lié par la présente convention où, en vertu du contrat, les marchandises ont été ou auraient dû être livrées,

— pour la fourniture de services, le lieu d'un État lié par la présente convention où, en vertu du contrat, les services ont été ou auraient dû être fournis;

c) le point a) s'applique si le point b) ne s'applique pas;

2. en matière d'obligation alimentaire,

a) devant le tribunal du lieu où le créancier d'aliments a son domicile ou sa résidence habituelle; ou

b) devant le tribunal compétent selon la loi du for pour connaître d'une demande accessoire à une action relative à l'état des personnes, sauf si cette compétence est uniquement fondée sur la nationalité d'une des parties; ou

c) devant le tribunal compétent selon la loi du for pour connaître d'une demande accessoire à une action relative à la responsabilité parentale, sauf si cette compétence est uniquement fondée sur la nationalité d'une des parties;

3. en matière délictuelle ou quasi délictuelle, devant le tribunal du lieu où le fait dommageable s'est produit ou risque de se produire;

4. s'il s'agit d'une action en réparation de dommage ou d'une action en restitution fondées sur une infraction, devant le tribunal saisi de l'action publique, dans la mesure où, selon sa loi, ce tribunal peut connaître de l'action civile;

5. s'il s'agit d'une contestation relative à l'exploitation d'une succursale, d'une agence ou de tout autre établissement, devant le tribunal du lieu de leur situation;

6. en sa qualité de fondateur, de trustee ou de bénéficiaire d'un trust constitué soit en application de la loi, soit par écrit ou par une convention verbale, confirmée par écrit, devant les tribunaux de l'État lié par la présente convention sur le territoire duquel le trust a son domicile;

7. s'il s'agit d'une contestation relative au paiement de la rémunération réclamé en raison de l'assistance ou du sauvetage dont a bénéficié une cargaison ou un fret, devant le tribunal dans le ressort duquel cette cargaison ou le fret s'y rapportant :

a) a été saisi pour garantir ce paiement; ou

b) aurait pu être saisi à cet effet, mais une caution ou une autre sûreté a été donnée;

cette disposition ne s'applique que s'il est prétendu que le défendeur a un droit sur la cargaison ou sur le fret ou qu'il avait un tel droit au moment de cette assistance ou de ce sauvetage.

Art. 6 Cette même personne peut aussi être attraite :

1. s'il y a plusieurs défendeurs, devant le tribunal du domicile de l'un d'eux, à condition que les demandes soient liées entre elles par un rapport si étroit qu'il y a intérêt à les instruire et à les juger en même temps afin d'éviter des solutions qui pourraient être inconciliables si les causes étaient jugées séparément;

2. s'il s'agit d'une demande en garantie ou d'une demande en intervention, devant le tribunal saisi de la demande originaire, à moins qu'elle n'ait été formée que pour traduire hors de son tribunal celui qui a été appelé;

3. s'il s'agit d'une demande reconventionnelle qui dérive du contrat ou du fait sur lequel est fondée la demande originaire, devant le tribunal saisi de celle-ci;

4. en matière contractuelle, si l'action peut être jointe à une action en matière de droits réels immobiliers dirigée contre le même défendeur, devant le tribunal de l'État lié par la présente convention où l'immeuble est situé.

Art. 7 Lorsque, en vertu de la présente convention, un tribunal d'un État lié par la présente convention est compétent pour connaître des actions en responsabilité du fait de l'utilisation ou de l'exploitation d'un navire, ce tribunal ou tout autre que lui substitue la loi interne de cet État connaît aussi des demandes relatives à la limitation de cette responsabilité.

Section III

Compétence en matière d'assurances

Art. 8 En matière d'assurances, la compétence est déterminée par la présente section, sans préjudice des dispositions de l'article 4 et de l'article 5, paragraphe 5.

Art. 9 1. L'assureur domicilié sur le territoire d'un État lié par la présente convention peut être attrait :

a) devant les tribunaux de l'État où il a son domicile; ou

b) dans un autre État lié par la présente convention, en cas d'actions intentées par le preneur d'assurance, l'assuré ou un bénéficiaire, devant le tribunal du lieu où le demandeur a son domicile; ou

c) s'il s'agit d'un coassureur, devant le tribunal d'un État lié par la présente convention saisi de l'action formée contre l'apériteur de la coassurance.

2. Lorsque l'assureur n'est pas domicilié sur le territoire d'un État lié par la présente convention, mais possède une succursale, une agence ou tout autre établissement dans un État lié par la présente convention, il est considéré pour les contestations relatives à leur exploitation comme ayant son domicile sur le territoire de cet État.

Art. 10 L'assureur peut, en outre, être attrait devant le tribunal du lieu où le fait dommageable s'est produit s'il s'agit d'assurance de responsabilité ou d'assurance portant sur des immeubles. Il en est de même si l'assurance porte à la fois sur des immeubles et des meubles couverts par une même police et atteints par le même sinistre.

Art. 11 1. En matière d'assurance de responsabilité, l'assureur peut également être appelé devant le tribunal saisi de l'action de la personne lésée contre l'assuré, si la loi de ce tribunal le permet.

2. Les dispositions des articles 8, 9 et 10 sont applicables en cas d'action directe intentée par la victime contre l'assureur, lorsque l'action directe est possible.

3. Si la loi relative à cette action directe prévoit la mise en cause du preneur d'assurance ou de l'assuré, le même tribunal sera aussi compétent à leur égard.

Art. 12 1. Sous réserve des dispositions de l'article 11, paragraphe 3, l'action de l'assureur ne peut être portée que devant les tribunaux de l'État lié par la présente convention sur le territoire duquel est domicilié le défendeur, qu'il soit preneur d'assurance, assuré ou bénéficiaire.

2. Les dispositions de la présente section ne portent pas atteinte au droit d'introduire une demande reconventionnelle devant le tribunal saisi de la demande originaire conformément à la présente section.

Art. 13 Il ne peut être dérogé aux dispositions de la présente section que par des conventions :

1. postérieures à la naissance du différend; ou

2. qui permettent au preneur d'assurance, à l'assuré ou au bénéficiaire de saisir d'autres tribunaux que ceux indiqués à la présente section; ou

3. qui, passées entre un preneur d'assurance et un assureur ayant, au moment de la conclusion du contrat, leur domicile ou leur résidence habituelle dans un même État lié par la présente convention, ont pour effet, alors même que le fait dommageable se produirait à l'étranger, d'attribuer compétence aux tribunaux de cet État, sauf si la loi de celui-ci interdit de telles conventions; ou

4. conclues par un preneur d'assurance n'ayant pas son domicile dans un État lié par la présente convention, sauf s'il s'agit d'une assurance obligatoire ou qui porte sur un immeuble situé dans un État lié par la présente convention; ou

5. qui concernent un contrat d'assurance en tant que celui-ci couvre un ou plusieurs des risques énumérés à l'article 14.

Art. 14 Les risques visés à l'article 13, paragraphe 5, sont les suivants :

1. tout dommage :

a) aux navires de mer, aux installations au large des côtes et en haute mer ou aux aéronefs, causé par des événements survenant en relation avec leur utilisation à des fins commerciales;

b) aux marchandises autres que les bagages des passagers, durant un transport réalisé par ces navires ou aéronefs soit en totalité, soit en combinaison avec d'autres modes de transport;

2. toute responsabilité, à l'exception de celle des dommages corporels aux passagers ou des dommages à leurs bagages :

a) résultant de l'utilisation ou de l'exploitation des navires, des installations ou des aéronefs, visés au paragraphe 1, point a), pour autant que, en ce qui concerne les derniers, la loi de l'État lié par la présente convention où l'aéronef a été immatriculé n'interdise pas les clauses attributives de juridiction dans l'assurance de tels risques;

b) du fait de marchandises durant un transport visé au paragraphe 1, point b);

3. toute perte pécuniaire liée à l'utilisation ou à l'exploitation des navires, des installations ou des aéronefs visés au paragraphe 1, point a), notamment celle du fret ou du bénéfice d'affrètement;

4. tout risque lié accessoirement à l'un de ceux visés aux paragraphes 1 à 3 énoncés ci-dessus;

5. sans préjudice des paragraphes 1 à 4, tous les « grands risques ».

Section IV

Compétence en matière de contrats conclus par les consommateurs

Art. 15 1. En matière de contrat conclu par une personne, le consommateur, pour un usage pouvant être considéré comme étranger à son activité professionnelle, la compétence est déterminée par la présente section, sans préjudice des dispositions de l'article 4 et de l'article 5, paragraphe 5 :

a) lorsqu'il s'agit d'une vente à tempérament d'objets mobiliers corporels;

b) lorsqu'il s'agit d'un prêt à tempérament ou d'une autre opération de crédit liés au financement d'une vente de tels objets;

c) lorsque, dans tous les autres cas, le contrat a été conclu avec une personne qui exerce des activités commerciales ou professionnelles dans l'État lié par la présente convention sur le territoire duquel le consommateur a son domicile ou qui, par tout moyen, dirige ces activités vers cet État ou vers plusieurs États, dont cet État, et que le contrat entre dans le cadre de ces activités.

2. Lorsque le cocontractant du consommateur n'est pas domicilié sur le territoire d'un État lié par la présente convention, mais possède une succursale, une agence ou tout autre établissement dans un État lié par la présente convention, il est considéré pour les contestations relatives à leur exploitation comme ayant son domicile sur le territoire de cet État.

3. La présente section ne s'applique pas aux contrats de transport autres que ceux qui, pour un prix forfaitaire, combinent voyage et hébergement.

Art. 16 1. L'action intentée par un consommateur contre l'autre partie au contrat peut être portée soit devant les tribunaux de l'État lié par la présente convention sur le territoire duquel est domiciliée cette partie, soit devant le tribunal du lieu où le consommateur est domicilié.

2. L'action intentée contre le consommateur par l'autre partie au contrat ne peut être portée que devant les tribunaux de l'État lié par la présente convention sur le territoire duquel est domicilié le consommateur.

3. Les dispositions du présent article ne portent pas atteinte au droit d'introduire une demande reconventionnelle devant le tribunal saisi d'une demande originaire conformément à la présente section.

Art. 17 Il ne peut être dérogé aux dispositions de la présente section que par des conventions :

1. postérieures à la naissance du différend; ou

2. qui permettent au consommateur de saisir d'autres tribunaux que ceux indiqués dans la présente section; ou

3. qui, passées entre le consommateur et son cocontractant ayant, au moment de la conclusion du contrat, leur domicile ou leur résidence habituelle dans un même État lié par la présente convention, attribuent compétence aux tribunaux de cet État, sauf si la loi de celui-ci interdit de telles conventions.

Section V

Compétence en matière de contrats individuels de travail

Art. 18 1. En matière de contrat individuel de travail, la compétence est déterminée par la présente section, sans préjudice de l'article 4 et de l'article 5, paragraphe 5.

2. Lorsqu'un travailleur conclut un contrat individuel de travail avec un employeur qui n'est pas domicilié dans un État lié par la présente convention mais possède une succursale, une agence ou tout autre établissement dans un État lié par la présente convention, l'employeur est considéré, pour les contestations relatives à leur exploitation, comme ayant son domicile dans cet État.

Art. 19 Un employeur ayant son domicile sur le territoire d'un État lié par la présente convention peut être attrait :

1. devant les tribunaux de l'État où il a son domicile; ou

2. dans un autre État lié par la présente convention :

a) devant le tribunal du lieu où le travailleur accomplit habituellement son travail ou devant le tribunal du dernier lieu où il a accompli habituellement son travail; ou

b) lorsque le travailleur n'accomplit pas ou n'a pas accompli habituellement son travail dans un même pays, devant le tribunal du lieu où se trouve ou se trouvait l'établissement qui a embauché le travailleur.

Art. 20 1. L'action de l'employeur ne peut être portée que devant les tribunaux de l'État lié par la présente convention sur le territoire duquel le travailleur a son domicile.

2. Les dispositions de la présente section ne portent pas atteinte au droit d'introduire une demande reconventionnelle devant le tribunal saisi de la demande originaire conformément à la présente section.

Art. 21 Il ne peut être dérogé aux dispositions de la présente section que par des conventions attributives de juridiction :

1. postérieures à la naissance du différend; ou

2. qui permettent au travailleur de saisir d'autres tribunaux que ceux indiqués dans la présente section.

Section VI

Compétences exclusives

Art. 22 Sont seuls compétents, sans considération de domicile :

1. en matière de droits réels immobiliers et de baux d'immeubles, les tribunaux de l'État lié par la présente convention où l'immeuble est situé.

Toutefois, en matière de baux d'immeubles conclus en vue d'un usage personnel temporaire pour une période maximale de six mois consécutifs, sont également compétents les tribunaux de l'État lié par la présente convention dans lequel le défendeur est domicilié, à condition que le locataire soit une personne physique et que le propriétaire et le locataire soient domiciliés dans le même État lié par la présente convention;

2. en matière de validité, de nullité ou de dissolution des sociétés ou des personnes morales ayant leur siège sur le territoire d'un État lié par la présente convention, ou de validité des décisions de leurs organes, les tribunaux de cet État. Pour déterminer le siège, le juge applique les règles de son droit international privé;

3. en matière de validité des inscriptions sur les registres publics, les tribunaux de l'État lié par la présente convention sur le territoire duquel ces registres sont tenus;

4. en matière d'inscription ou de validité des brevets, des marques, des dessins et des modèles, et autres droits analogues donnant lieu à dépôt ou à un enregistrement, que la question soit soulevée par voie d'action ou d'exception, les juridictions de l'État lié par la présente convention sur le territoire duquel le dépôt ou l'enregistrement a été demandé, a été effectué ou est réputé avoir été effectué aux termes d'un instrument communautaire ou d'une convention internationale.

Sans préjudice de la compétence de l'Office européen des brevets selon la convention sur la délivrance des brevets européens, signée à Munich le 5 octobre 1973, les juridictions de chaque État lié par la présente convention sont seules compétentes, sans considération de domicile, en matière d'inscription ou de validité d'un brevet européen délivré pour cet État, que la question soit soulevée par voie d'action ou d'exception;

5. en matière d'exécution des décisions, les tribunaux de l'État lié par la présente convention du lieu de l'exécution.

Section VII

Prorogation de compétence

Art. 23 1. Si les parties, dont l'une au moins a son domicile sur le territoire d'un État lié par la présente convention, sont convenues d'un tribunal ou de tribunaux d'un État lié par la présente convention pour connaître des différends nés ou à naître à l'occasion d'un rapport de droit déterminé, ce tribunal ou les tribunaux de cet État sont compétents. Cette compétence est exclusive, sauf convention contraire des parties. Cette convention attributive de juridiction est conclue :

a) par écrit ou verbalement avec confirmation écrite; ou

b) sous une forme qui soit conforme aux habitudes que les parties ont établies entre elles; ou

c) dans le commerce international, sous une forme qui soit conforme à un usage dont les parties avaient connaissance ou étaient censées avoir connaissance et qui est largement connu et régulièrement observé dans ce type de commerce par les parties à des contrats du même type dans la branche commerciale considérée.

2. Toute transmission par voie électronique qui permet de consigner durablement la convention est considérée comme revêtant une forme écrite.

3. Lorsqu'une telle convention est conclue par des parties dont aucune n'a son domicile sur le territoire d'un État lié par la présente convention, les tribunaux des autres États liés par la présente convention ne peuvent connaître du différend tant que le tribunal ou les tribunaux désignés n'ont pas décliné leur compétence.

4. Le tribunal ou les tribunaux d'un État lié par la présente convention auxquels l'acte constitutif d'un trust attribue compétence sont exclusivement compétents pour connaître d'une action contre un fondateur, un trustee ou un bénéficiaire d'un trust, s'il s'agit des relations entre ces personnes ou de leurs droits ou obligations dans le cadre du trust.

5. Les conventions attributives de juridiction ainsi que les stipulations similaires d'actes constitutifs de trust sont sans effet si elles sont contraires aux dispositions des articles 13, 17 et 21 ou si les tribunaux à la compétence desquels elles dérogent sont exclusivement compétents en vertu de l'article 22.

Art. 24 Outre les cas où sa compétence résulte d'autres dispositions de la présente convention, le juge d'un État lié par la présente convention devant lequel le défendeur comparaît est compétent. Cette règle n'est pas applicable si la comparution a pour objet de contester la compétence, ou s'il existe une autre juridiction exclusivement compétente en vertu de l'article 22.

Section VIII

Vérification de la compétence et de la recevabilité

Art. 25 Le juge d'un État lié par la présente convention, saisi à titre principal d'un litige pour lequel une juridiction d'un autre État lié par la présente convention est exclusivement compétente en vertu de l'article 22, se déclare d'office incompétent.

Art. 26 1. Lorsque le défendeur domicilié sur le territoire d'un État lié par la présente convention est attrait devant une juridiction d'un autre État lié par la présente convention et ne comparaît pas, le juge se déclare d'office incompétent si sa compétence n'est pas fondée aux termes de la présente convention.

2. Le juge est tenu de surseoir à statuer aussi longtemps qu'il n'est pas établi que ce défendeur a été mis à même de recevoir l'acte introductif d'instance ou un acte équivalent en temps utile pour se défendre ou que toute diligence a été faite à cette fin.

3. En lieu et place des dispositions du paragraphe 2, l'article 15 de la convention de La Haye du 15 novembre 1965 relative à la signification et à la notification à l'étranger des actes judiciaires et extrajudiciaires en matière civile et commerciale s'applique si l'acte introductif d'instance ou un acte équivalent a dû être transmis en exécution de cette convention.

4. Les États membres de la Communauté européenne liés par le règlement (CE) n° 1348/2000 du Conseil du 29 mai 2000 ou par l'accord entre la Communauté européenne et le Royaume de Danemark relatif à la signification et à la notification des actes judiciaires et extrajudiciaires en matière civile et commerciale, signé à Bruxelles le 19 octobre 2005, appliquent, dans le cadre de leurs relations mutuelles, les dispositions de l'article 19 de ce règlement si l'acte introductif d'instance ou un acte équivalent a dû être transmis en exécution de ce règlement ou de cet accord.

Section IX

Litispendance et connexité

Art. 27 1. Lorsque des demandes ayant le même objet et la même cause sont formées entre les mêmes parties devant des juridictions de différents États liés par la présente convention, la juridiction saisie en second lieu sursoit d'office à statuer jusqu'à ce que la compétence du tribunal premier saisi soit établie.

2. Lorsque la compétence du tribunal premier saisi est établie, le tribunal saisi en second lieu se dessaisit en faveur de celui-ci.

Art. 28 1. Lorsque des demandes connexes sont pendantes devant des juridictions de différents États liés par la présente convention, la juridiction saisie en second lieu peut surseoir à statuer.

2. Lorsque ces demandes sont pendantes au premier degré, la juridiction saisie en second lieu peut également se dessaisir, à la demande de l'une des parties, à condition que le tribunal premier saisi soit compétent pour connaître des demandes en question et que sa loi permette leur jonction.

3. Aux fins du présent article, sont connexes les demandes liées entre elles par un rapport si étroit qu'il y a intérêt à les instruire et à les juger en même temps afin d'éviter des solutions qui pourraient être inconciliables si les causes étaient jugées séparément.

Art. 29 Lorsque les demandes relèvent de la compétence exclusive de plusieurs juridictions, le dessaisissement a lieu en faveur de la juridiction première saisie.

Art. 30 Aux fins de la présente section, une juridiction est réputée saisie :

1. à la date à laquelle l'acte introductif d'instance ou un acte équivalent est déposé auprès de la juridiction, à condition que le demandeur n'ait pas négligé par la suite de prendre des mesures qu'il était tenu de prendre pour que l'acte soit notifié ou signifié au défendeur; ou

2. si l'acte doit être notifié ou signifié avant d'être déposé auprès de la juridiction, à la date à laquelle il est reçu par l'autorité chargée de la notification ou de la signification, à condition que le demandeur n'ait pas négligé par la suite de prendre les mesures qu'il était tenu de prendre pour que l'acte soit déposé auprès de la juridiction.

Section X

Mesures provisoires et conservatoires

Art. 31 Les mesures provisoires ou conservatoires prévues par la loi d'un État lié par la présente convention peuvent être demandées aux autorités judiciaires de cet État, même si, en vertu de la présente convention, une juridiction d'un autre État lié par la présente convention est compétente pour connaître du fond.

TITRE III

Reconnaissance et execution

Art. 32 Aux fins de la présente convention, on entend par « décision » toute décision rendue par une juridiction d'un État lié par la présente convention quelle que soit la dénomination qui lui est donnée, telle qu'arrêt, jugement, ordonnance ou mandat d'exécution, ainsi que la fixation par le greffier du montant des frais du procès.

Section I

Reconnaissance

Art. 33 1. Les décisions rendues dans un État lié par la présente convention sont reconnues dans les autres États liés par la présente convention, sans qu'il soit nécessaire de recourir à aucune procédure.

2. En cas de contestation, toute partie intéressée qui invoque la reconnaissance à titre principal peut faire constater, selon les procédures prévues aux sections 2 et 3 du présent titre, que la décision doit être reconnue.

3. Si la reconnaissance est invoquée de façon incidente devant une juridiction d'un État lié par la présente convention, celle-ci est compétente pour en connaître.

Art. 34 Une décision n'est pas reconnue si :

1. la reconnaissance est manifestement contraire à l'ordre public de l'État requis;

2. l'acte introductif d'instance ou un acte équivalent n'a pas été notifié ou signifié au défendeur défaillant en temps utile et de telle manière qu'il puisse se défendre, à moins qu'il n'ait pas exercé de recours à l'encontre de la décision alors qu'il était en mesure de le faire;

3. elle est inconciliable avec une décision rendue entre les mêmes parties dans l'État requis;

4. elle est inconciliable avec une décision rendue antérieurement dans un autre État lié par la présente convention ou dans un État tiers entre les mêmes parties dans un litige ayant le même objet et la même cause, lorsque la décision rendue antérieurement réunit les conditions nécessaires à sa reconnaissance dans l'État requis.

Art. 35 1. En outre, les décisions ne sont pas reconnues si les dispositions des sections 3, 4 et 6 du titre II ont été méconnues, ainsi que dans le cas prévu à l'article 68. Une décision peut en outre faire l'objet d'un refus de reconnaissance dans tous les cas prévus à l'article 64, paragraphe 3, ou à l'article 67, paragraphe 4.

2. Lors de l'appréciation des compétences mentionnées au paragraphe précédent, l'autorité requise est liée par les constatations de fait sur lesquelles la juridiction de l'État d'origine a fondé sa compétence.

3. Sans préjudice des dispositions du paragraphe 1, il ne peut être procédé au contrôle de la compétence des juridictions de l'État d'origine. Le critère de l'ordre public visé à l'article 34, paragraphe 1, ne peut être appliqué aux règles de compétence.

Art. 36 En aucun cas, la décision étrangère ne peut faire l'objet d'une révision au fond.

Art. 37 1. L'autorité judiciaire d'un État lié par la présente convention devant laquelle est invoquée la reconnaissance d'une décision rendue dans un autre État lié par la présente convention peut surseoir à statuer si cette décision fait l'objet d'un recours ordinaire.

2. L'autorité judiciaire d'un État lié par la présente convention devant laquelle est invoquée la reconnaissance d'une décision rendue en Irlande ou au Royaume-Uni, et dont l'exécution est suspendue dans l'État d'origine du fait de l'exercice d'un recours, peut surseoir à statuer.

Section II

Exécution

Art. 38 1. Les décisions rendues dans un État lié par la présente convention et qui y sont exécutoires sont mises à exécution dans un autre État lié par la présente convention après y avoir été déclarées exécutoires sur requête de toute partie intéressée.

2. Toutefois, au Royaume-Uni, ces décisions sont mises à exécution en Angleterre et au Pays de Galles, en Écosse ou en Irlande du Nord, après avoir été enregistrées en vue de leur exécution, sur requête de toute partie intéressée, dans l'une ou l'autre de ces parties du Royaume-Uni, suivant le cas.

Art. 39 1. La requête est présentée à la juridiction ou à l'autorité compétente indiquée sur la liste figurant à l'annexe II.

2. La compétence territoriale est déterminée par le domicile de la partie contre laquelle l'exécution est demandée, ou par le lieu de l'exécution.

Art. 40 1. Les modalités du dépôt de la requête sont déterminées par la loi de l'État requis.

2. Le requérant doit faire élection de domicile dans le ressort de la juridiction saisie. Toutefois, si la loi de l'État requis ne connaît pas l'élection de domicile, le requérant désigne un mandataire *ad litem*.

3. Les documents visés à l'article 53 sont joints à la requête.

Art. 41 La décision est déclarée exécutoire dès l'achèvement des formalités prévues à l'article 53, sans examen au titre des articles 34 et 35. La partie contre laquelle l'exécution est demandée ne peut, en cet état de la procédure, présenter d'observations.

Art. 42 1. La décision relative à la demande de déclaration constatant la force exécutoire est aussitôt portée à la connaissance du requérant suivant les modalités déterminées par la loi de l'État requis.

2. La déclaration constatant la force exécutoire est signifiée ou notifiée à la partie contre laquelle l'exécution est demandée, accompagnée de la décision si celle-ci n'a pas encore été signifiée ou notifiée à cette partie.

Art. 43 1. L'une ou l'autre partie peut former un recours contre la décision relative à la demande de déclaration constatant la force exécutoire.

2. Le recours doit être porté devant la juridiction indiquée sur la liste figurant à l'annexe III.

3. Le recours est examiné selon les règles de la procédure contradictoire.

4. Si la partie contre laquelle l'exécution est demandée ne comparaît pas devant la juridiction saisie du recours formé par le requérant, les dispositions de l'article 26, paragraphes 2 à 4, sont d'application, même si la partie contre laquelle l'exécution est demandée n'est pas domiciliée sur le territoire de l'un des États liés par la présente convention.

5. Le recours contre la déclaration constatant la force exécutoire doit être formé dans un délai d'un mois à compter de sa signification. Si la partie contre laquelle l'exécution est demandée est domiciliée sur le territoire d'un autre État lié par la présente convention que celui dans lequel la déclaration constatant la force exécutoire a été délivrée, le délai est de deux mois et court à compter du jour où la signification a été faite à personne ou à domicile. Ce délai ne comporte pas de prorogation à raison de la distance.

Art. 44 La décision rendue sur le recours ne peut faire l'objet que du recours visé à l'annexe IV.

Art. 45 1. La juridiction saisie d'un recours prévu à l'article 43 ou 44 ne peut refuser ou révoquer une déclaration constatant la force exécutoire que pour l'un des motifs prévus aux articles 34 et 35. Elle statue à bref délai.

2. En aucun cas la décision étrangère ne peut faire l'objet d'une révision au fond.

Art. 46 1. La juridiction saisie du recours prévu à l'article 43 ou 44 peut, à la requête de la partie contre laquelle l'exécution est demandée, surseoir à statuer, si la décision étrangère fait, dans l'État d'origine, l'objet d'un recours ordinaire ou si le délai pour le former n'est pas expiré; dans ce dernier cas, la juridiction peut impartir un délai pour former ce recours.

2. Lorsque la décision a été rendue en Irlande ou au Royaume-Uni, toute voie de recours prévue dans l'État d'origine est considérée comme un recours ordinaire pour l'application du paragraphe 1.

3. Cette juridiction peut également subordonner l'exécution à la constitution d'une garantie qu'elle détermine.

Art. 47 1. Lorsqu'une décision doit être reconnue en application de la présente convention, rien n'empêche le requérant de demander qu'il soit procédé à des mesures provisoires, ou conservatoires, prévues par la loi de l'État requis, sans qu'il soit nécessaire que cette décision soit déclarée exécutoire au sens de l'article 41.

2. La déclaration constatant la force exécutoire emporte l'autorisation de procéder à des mesures conservatoires.

3. Pendant le délai du recours prévu à l'article 43, paragraphe 5, contre la déclaration constatant la force exécutoire et jusqu'à ce qu'il ait été statué sur celui-ci, il ne peut être procédé qu'à des mesures conservatoires sur les biens de la partie contre laquelle l'exécution est demandée.

Art. 48 1. Lorsque la décision étrangère a statué sur plusieurs chefs de la demande et que la déclaration constatant la force exécutoire ne peut être délivrée pour le tout, la juridiction ou l'autorité compétente la délivre pour un ou plusieurs d'entre eux.

2. Le requérant peut demander que la déclaration constatant la force exécutoire soit limitée à certaines parties d'une décision.

Art. 49 Les décisions étrangères condamnant à une astreinte ne sont exécutoires dans l'État requis que si le montant en a été définitivement fixé par les tribunaux de l'État d'origine.

Art. 50 1. Le requérant qui, dans l'État d'origine, a bénéficié en tout ou en partie de l'assistance judiciaire ou d'une exemption de frais et de dépens bénéficie, dans la procédure prévue à la présente section, de l'assistance la plus favorable ou de l'exemption la plus large prévue par le droit de l'État requis.

2. Cependant, le requérant qui demande l'exécution d'une décision rendue par une autorité administrative au Danemark, en Islande ou en Norvège en matière d'obligations alimentaires peut, dans l'État requis, prétendre aux avantages visés au paragraphe 1 s'il produit un document établi par le ministère danois, islandais ou norvégien de la justice attestant qu'il remplit les critères économiques pour pouvoir bénéficier en tout ou en partie de l'assistance judiciaire ou d'une exemption de frais et de dépens.

Art. 51 Aucune caution ni aucun dépôt, sous quelque dénomination que ce soit, ne peuvent être imposés en raison, soit de la qualité d'étranger, soit du défaut de domicile ou de résidence dans le pays, à la partie qui demande l'exécution dans un État lié par la présente convention d'une décision rendue dans un autre État lié par la présente convention.

Art. 52 Aucun impôt, droit ou taxe proportionnel à la valeur du litige n'est perçu dans l'État requis à l'occasion de la procédure tendant à la délivrance d'une déclaration constatant la force exécutoire.

Section III

Dispositions communes

Art. 53 1. La partie qui invoque la reconnaissance d'une décision ou sollicite la délivrance d'une déclaration constatant sa force exécutoire doit produire une expédition de celle-ci réunissant les conditions nécessaires à son authenticité.

2. La partie qui sollicite la délivrance d'une déclaration constatant la force exécutoire d'une décision doit aussi produire le certificat visé à l'article 54, sans préjudice de l'article 55.

Art. 54 La juridiction ou l'autorité compétente d'un État lié par la présente convention dans lequel une décision a été rendue délivre, à la requête de toute partie intéressée, un certificat en utilisant le formulaire dont le modèle figure à l'annexe V de la présente convention.

Art. 55 1. À défaut de production du certificat visé à l'article 54, la juridiction ou l'autorité compétente peut impartir un délai pour le produire ou accepter un document équivalent ou, si elle s'estime suffisamment éclairée, en dispenser.

2. Il est produit une traduction des documents si la juridiction ou l'autorité compétente l'exige. La traduction est certifiée conforme par une personne habilitée à cet effet dans l'un des États liés par la présente convention.

Art. 56 Aucune légalisation ni formalité analogue n'est exigée en ce qui concerne les documents visés à l'article 53, ou à l'article 55, paragraphe 2, ou, le cas échéant, la procuration *ad litem*.

TITRE IV

Actes authentiques et transactions judiciaires

Art. 57 1. Les actes authentiques reçus et exécutoires dans un État lié par la présente convention sont, sur requête, déclarés exécutoires dans un autre État lié par la présente convention, conformément à la procédure prévue aux articles 38 et suivants. La juridiction auprès de laquelle un recours est formé en vertu des articles 43 ou 44 ne refuse ou révoque une déclaration constatant la force exécutoire que si l'exécution de l'acte authentique est manifestement contraire à l'ordre public de l'État requis.

2. Sont également considérées comme des actes authentiques au sens du paragraphe 1, les conventions en matière d'obligations alimentaires conclues devant des autorités administratives ou authentifiées par elles.

3. L'acte produit doit réunir les conditions nécessaires à son authenticité dans l'État d'origine.

4. Les dispositions de la section 3 du titre III sont applicables, en tant que de besoin. L'autorité compétente de l'État lié par la présente convention dans lequel un acte authentique a été reçu établit, à la requête de toute partie intéressée, un certificat en utilisant le formulaire dont le modèle figure à l'annexe VI de la présente convention.

Art. 58 Les transactions conclues devant le juge au cours d'un procès et exécutoires dans l'État d'origine lié par la présente convention sont exécutoires dans l'État requis aux mêmes conditions que les actes authentiques. La juridiction ou l'autorité compétente d'un État lié par la présente convention dans lequel une transaction a été conclue délivre, à la requête de toute partie intéressée, un certificat en utilisant le formulaire dont le modèle figure à l'annexe V de la présente convention.

TITRE V

Dispositions generales

Art. 59 1. Pour déterminer si une partie a un domicile sur le territoire de l'État lié par la présente convention dont les tribunaux sont saisis, le juge applique sa loi interne.

2. Lorsqu'une partie n'a pas de domicile dans l'État dont les tribunaux sont saisis, le juge, pour déterminer si elle a un domicile dans un autre État lié par la présente convention, applique la loi de cet État.

Art. 60 1. Pour l'application de la présente convention, les sociétés et les personnes morales sont domiciliées là où est situé :

a) leur siège statutaire;

b) leur administration centrale; ou

c) leur principal établissement.

2. Pour le Royaume-Uni et l'Irlande, on entend par «siège statutaire» le registered office ou, s'il n'existe nulle part de registered office, le place of incorporation (le lieu d'acquisition de la personnalité morale) ou, s'il n'existe nulle part de lieu d'acquisition de la personnalité morale, le lieu selon la loi duquel la formation (la constitution) a été effectuée.

3. Pour déterminer si un trust a son domicile sur le territoire d'un État lié par la présente convention dont les tribunaux sont saisis, le juge applique les règles de son droit international privé.

Art. 61 Sans préjudice de dispositions nationales plus favorables, les personnes domiciliées sur le territoire d'un État lié par la présente convention et poursuivies pour une infraction involontaire devant les juridictions répressives d'un autre État lié par la présente convention dont elles ne sont pas les nationaux peuvent se faire défendre par les personnes habilitées à cette fin, même si elles ne comparaissent pas personnellement. Toutefois, la juridiction saisie peut ordonner la comparution personnelle; si celle-ci n'a pas eu lieu, la décision rendue sur l'action civile sans que la personne en cause ait eu la possibilité de se défendre pourra ne pas être reconnue ni exécutée dans les autres États liés par la présente convention.

Art. 62 Aux fins de la présente convention, l'expression « juridiction » inclut toute autorité désignée par un État lié par la présente convention comme étant compétente dans les matières relevant du champ d'application de celle-ci.

TITRE VI
Dispositions transitoires

Art. 63 1. Les dispositions de la présente convention ne sont applicables qu'aux actions judiciaires intentées et aux actes authentiques reçus postérieurement à son entrée en vigueur dans l'État d'origine et, s'il s'agit d'une requête en reconnaissance ou en exécution d'une décision ou d'un acte authentique, dans l'État requis.

2. Toutefois, si l'action dans l'État d'origine a été intentée avant la date d'entrée en vigueur de la présente convention, les décisions rendues après cette date sont reconnues et exécutées conformément aux dispositions du titre III :

a) dès lors que l'action dans l'État d'origine a été intentée après l'entrée en vigueur de la convention de Lugan° du 16 septembre 1988, à la fois dans l'État d'origine et dans l'État requis;

b) dans tous les autres cas, dès lors que les règles de compétence appliquées sont conformes à celles prévues soit par le titre II, soit par une convention qui était en vigueur entre l'État d'origine et l'État requis au moment où l'action a été intentée.

TITRE VII

Relations avec le règlement (CE) n° 44/2001 du Conseil et les autres instruments

Art. 64 1. La présente convention ne préjuge pas l'application par les États membres de la Communauté européenne du règlement (CE) n° 44/2001 du Conseil concernant la compétence judiciaire, la reconnaissance et l'exécution des décisions en matière civile et commerciale, et de toute modification apportée à celui-ci, de la convention concernant la compétence judiciaire et l'exécution des décisions en matière civile et commerciale, signée à Bruxelles le 27 septembre 1968, et du protocole concernant l'interprétation de cette convention par la Cour de justice des Communautés européennes, signé à Luxembourg le 3 juin 1971, tels qu'ils ont été modifiés par les conventions d'adhésion à ladite convention et audit protocole par les États adhérant aux Communautés européennes, ainsi que de l'accord entre la Communauté européenne et le Royaume de Danemark sur la compétence judiciaire, la reconnaissance et l'exécution des décisions en matière civile et commerciale, signé à Bruxelles le 19 octobre 2005.

2. Toutefois, la présente convention s'applique en tout état de cause :

a) en matière de compétence, lorsque le défendeur est domicilié sur le territoire d'un État où s'applique la présente convention, à l'exclusion des instruments visés au paragraphe 1, ou lorsque les articles 22 ou 23 de la présente convention confèrent une compétence aux tribunaux d'un tel État;

b) en matière de litispendance ou de connexité telles que prévues aux articles 27 et 28 de la présente convention, lorsque les demandes sont formées dans un État où s'applique la présente convention, à l'exclusion des instruments visés au paragraphe 1, et dans un État où s'appliquent la présente convention ainsi que l'un des instruments visés au paragraphe 1;

c) en matière de reconnaissance et d'exécution, lorsque soit l'État d'origine, soit l'État requis, n'applique aucun des instruments visés au paragraphe 1.

3. Outre les motifs faisant l'objet du titre III, la reconnaissance ou l'exécution peut être refusée si la règle de compétence sur la base de laquelle la décision a été rendue diffère de celle résultant de la présente convention et si la reconnaissance ou l'exécution est demandée contre une partie qui est domiciliée sur le territoire d'un État où s'applique la présente convention, à l'exclusion des instruments visés au paragraphe 1, à moins que la décision puisse par ailleurs être reconnue ou exécutée selon le droit de l'État requis.

Art. 65 Sans préjudice des dispositions de l'article 63, paragraphe 2, et des articles 66 et 67, la présente convention remplace, entre les États qui sont liés par elle, les conventions conclues, dans ces mêmes matières, entre plusieurs d'entre eux. Elle remplace, en particulier, les conventions énumérées à l'annexe VII.

Art. 66 1. Les conventions visées à l'article 65 continuent à produire leurs effets dans les matières auxquelles la présente convention n'est pas applicable.

2. Elles continuent à produire leurs effets en ce qui concerne les décisions rendues et les actes authentiques reçus avant l'entrée en vigueur de la présente convention.

Art. 67 1. La présente convention n'affecte pas les conventions qui lient les parties contractantes et/ou les États liés par la présente convention et qui, dans des matières particulières, règlent la compétence judiciaire, la reconnaissance ou l'exécution des décisions. Sans préjudice des obligations découlant d'autres accords conclus entre certaines parties contractantes, la présente convention ne fait pas obstacle à ce que des parties contractantes puissent conclure de telles conventions.

2. La présente convention ne fait pas obstacle à ce que le tribunal d'un État lié par la présente convention et par une convention relative à une matière particulière puisse fonder sa compétence sur cette autre convention, même si le défendeur est domicilié sur le territoire d'un autre État lié par la présente convention qui n'est pas partie à cette autre convention. Le tribunal saisi applique, en tout cas, l'article 26 de la présente convention.

3. Les décisions rendues dans un État lié par la présente convention par un tribunal ayant fondé sa compétence sur une convention relative à une matière particulière sont reconnues et exécutées dans les autres États liés par la présente convention conformément à son titre III.

4. Outre les motifs prévus au titre III, la reconnaissance ou l'exécution peut être refusée si l'État requis n'est pas lié par la convention relative à une matière particulière et si la personne contre laquelle la reconnaissance ou l'exécution est demandée est domiciliée dans cet État, ou, si l'État requis est un État membre de la Communauté européenne et s'il s'agit de conventions à conclure par la Communauté européenne, dans l'un de ses États membres, sauf si la décision peut être reconnue ou exécutée au titre de toute autre règle de droit de l'État requis.

5. Si une convention relative à une matière particulière et à laquelle sont parties l'État d'origine et l'État requis détermine les conditions de reconnaissance et d'exécution des décisions, il est fait application de ces conditions. Il peut, en tout cas, être fait application des dispositions de la présente convention qui concernent les procédures relatives à la reconnaissance et à l'exécution des décisions.

Art. 68 1. La présente convention n'affecte pas les accords par lesquels les États liés par la présente convention se sont engagés, avant l'entrée en vigueur de celle-ci, à ne pas reconnaître une décision rendue dans un autre État lié par la présente convention contre un défendeur qui a son domicile ou sa résidence habituelle dans un pays tiers lorsque, dans un cas prévu à l'article 4, la décision n'a pu être fondée que sur une compétence visée à l'article 3, paragraphe 2. Sans préjudice des obligations découlant d'autres accords conclus entre certaines parties contractantes, la présente convention ne fait pas obstacle à ce que des parties contractantes puissent conclure de telles conventions.

2. Toutefois, aucune partie contractante ne peut s'engager envers un État tiers à ne pas reconnaître une décision rendue dans un autre État lié par la présente convention par une juridiction dont la compétence est fondée sur l'existence dans cet État de biens appartenant au défendeur ou sur la saisie par le demandeur de biens qui y existent :

a) si la demande porte sur la propriété ou la possession desdits biens, vise à obtenir l'autorisation d'en disposer ou est relative à un autre litige les concernant; ou

b) si les biens constituent la garantie d'une créance qui fait l'objet de la demande.

TITRE VIII

Dispositions finales

Art. 69 1. La convention est ouverte à la signature de la Communauté européenne, du Danemark et des États qui, à la date de l'ouverture à la signature, sont membres de l'Association européenne de libre-échange.

2. La présente convention sera soumise à la ratification des signataires. Les instruments de ratification seront déposés auprès du Conseil fédéral suisse, qui fera office de dépositaire de la présente convention.

3. À la date de la ratification, les parties contractantes peuvent présenter des déclarations conformément aux articles I, II et III du protocole n° 1.

4. La convention entrera en vigueur le premier jour du sixième mois après la date à laquelle la Communauté européenne et un membre de l'Association européenne de libre-échange auront déposé leurs instruments de ratification.

5. À l'égard de toute autre partie, la convention entrera en vigueur le premier jour du troisième mois qui suivra le dépôt de son instrument de ratification.

6. Sans préjudice de l'article 3, paragraphe 3, du protocole n° 2, la présente convention remplace, à la date de son entrée en vigueur conformément aux paragraphes 4 et 5, la convention concernant la compétence judiciaire et l'exécution des décisions en matière civile et commerciale, faite à Lugan° le 16 septembre 1988. Toute référence, dans d'autres instruments, à la convention de Lugan° de 1988 s'entend comme une référence à la présente convention.

7. Dans la mesure où les relations entre les États membres de la Communauté européenne et les territoires non européens visés à l'article 70, paragraphe 1, point b), sont concernées, la présente convention remplace la convention concernant la compétence judiciaire et l'exécution des décisions en matière civile et commerciale, signée à Bruxelles le 27 septembre 1968, et le protocole concernant l'interprétation de cette convention par la Cour de justice des Communautés européennes, signé à Luxembourg le 3 juin 1971, tels qu'ils ont été modifiés par les conventions d'adhésion à ladite convention et audit protocole par les États adhérant aux Communautés européennes, à la date de l'entrée en vigueur de la présente convention à l'égard de ces territoires conformément à l'article 73, paragraphe 2.

Art. 70 1. Peuvent adhérer à la présente convention, après son entrée en vigueur :

a) les États qui, après l'ouverture de la présente convention à la signature, deviennent membres de l'Association européenne de libre-échange, dans les conditions fixées à l'article 71 ;

b) les États membres de la Communauté européenne agissant pour le compte de certains territoires non européens faisant partie de leur territoire ou dont les relations extérieures relèvent de leur responsabilité, dans les conditions fixées à l'article 71 ;

c) tout autre État, dans les conditions fixées à l'article 72.

2. Les États visés au paragraphe 1 souhaitant devenir partie contractante à la présente convention adressent leur demande au dépositaire. La demande, y compris les informations visées aux articles 71 et 72, est accompagnée d'une traduction en anglais et en français.

Art. 71 1. Tout État visé à l'article 70, paragraphe 1, points a) et b), souhaitant devenir partie contractante à la présente convention :

a) communique les informations requises pour l'application de la présente convention;

b) peut présenter des déclarations conformément aux articles I et III du protocole n° 1.

2. Le dépositaire transmet toutes les informations reçues en application du paragraphe 1 aux autres parties contractantes, préalablement au dépôt de son instrument d'adhésion par l'État concerné.

Art. 72 1. Tout État visé à l'article 70, paragraphe 1, point c), souhaitant devenir partie contractante à la présente convention :

a) communique les informations requises pour l'application de la présente convention;

b) peut présenter des déclarations conformément aux articles I et III du protocole n° 1 ; et

c) fournit au dépositaire des informations concernant notamment :

1) son système judiciaire, y compris les informations relatives à la nomination et à l'indépendance des juges;

2) les dispositions de son droit interne relatives à la procédure civile et à l'exécution des décisions; et

3) ses dispositions de droit international privé relatives à la procédure civile.

2. Le dépositaire transmet toutes les informations reçues en application du paragraphe 1 aux autres parties contractantes, avant d'inviter l'État concerné à adhérer à la présente convention conformément au paragraphe 3.

3. Sans préjudice du paragraphe 4, le dépositaire n'invite l'État concerné à adhérer à la présente convention qu'à la condition d'avoir obtenu l'accord unanime des parties contractantes. Les parties contractantes font en sorte de donner leur accord au plus tard dans un délai d'un an à compter de l'invitation adressée par le dépositaire.

4. La présente convention n'entre en vigueur qu'entre l'État adhérent et les parties contractantes qui ne se sont pas opposées à son adhésion avant le premier jour du troisième mois suivant le dépôt de son instrument d'adhésion.

Art. 73 1. Les instruments d'adhésion sont déposés auprès du dépositaire.

2. À l'égard d'un État adhérent visé à l'article 70, la présente convention entre en vigueur le premier jour du troisième mois suivant le dépôt de son instrument d'adhésion. L'État adhérent est dès lors considéré comme partie contractante à la présente convention.

3. Toute partie contractante peut présenter au dépositaire un texte de la présente convention établi dans sa ou ses langues, qui ne fait foi qu'après accord des parties contractantes conformément à l'article 4 du protocole n° 2.

Art. 74 1. La présente convention est conclue pour une durée illimitée.

2. Toute partie contractante peut, à tout moment, dénoncer la présente convention en adressant une notification au dépositaire.

3. La dénonciation prend effet à la fin de l'année civile qui suit l'expiration d'une période de six mois à compter de la date de réception de la notification de la dénonciation par le dépositaire.

Art. 75 Sont annexés à la présente convention :

— le protocole n° 1 relatif à certains problèmes de compétence, de procédure et d'exécution,

— le protocole n° 2 sur l'interprétation uniforme de la convention et sur le comité permanent,

— le protocole n° 3 relatif à l'application de l'article 67 de la convention,

— les annexes I à IV et l'annexe VII, contenant des informations relatives à l'application de la présente convention,

— les annexes V et VI, contenant les certificats visés aux articles 54, 58 et 57 de la présente convention,

— l'annexe VIII, énumérant les langues faisant foi visées à l'article 79 de la présente convention, et

— l'annexe IX, concernant l'application de l'article II du protocole n° 1.

Ces protocoles et annexes font partie intégrante de la présente convention.

Art. 76 Sans préjudice de l'article 77, toute partie contractante peut demander la révision de la présente convention. À cette fin, le dépositaire convoque le comité permanent, tel que prévu à l'article 4 du protocole n° 2.

Art. 77 1. Les parties contractantes communiquent au dépositaire le texte de toute disposition légale modifiant les listes qui figurent aux annexes I à IV de même que toute suppression de la liste figurant à l'annexe VII ou tout ajout à cette dernière, ainsi que la date de leur entrée en vigueur. Cette communication est effectuée dans un délai raisonnable avant l'entrée en vigueur de la modification et est accompagnée d'une traduction en anglais et en français. Le dépositaire adapte les annexes concernées en conséquence, après avoir consulté le comité permanent conformément à l'article 4 du protocole n° 2. À cette fin, les parties contractantes fournissent une traduction des adaptations dans leurs langues respectives.

2. Toute modification des annexes V, VI, VIII et IX de la présente convention est adoptée par le comité permanent conformément à l'article 4 du protocole n° 2.

Art. 78 1. Le dépositaire notifie aux parties contractantes :

a) le dépôt de tout instrument de ratification ou d'adhésion;

b) les dates d'entrée en vigueur de la présente convention à l'égard des parties contractantes;

c) toute déclaration reçue en application des articles I à IV du protocole n° 1;

d) toute communication effectuée en application de l'article 74, paragraphe 2, de l'article 77, paragraphe 1, et du point 4 du protocole n° 3.

2. Ces notifications seront accompagnées d'une traduction en anglais et en français.

Art. 79 La présente convention, rédigée en un exemplaire unique dans les langues énumérées à l'annexe VIII, tous les textes faisant également foi, est déposée dans les Archives fédérales suisses. Le Conseil fédéral suisse en remet une copie certifiée conforme à chaque partie contractante.

PROTOCOLE N° 1

Relatif à certains problèmes de compétence, de procédure et d'exécution

Les hautes parties contractantes sont convenues de ce qui suit :

Art. I 1. Les actes judiciaires et extrajudiciaires dressés sur le territoire d'un État lié par la présente convention et qui doivent être notifiés ou signifiés à des personnes se trouvant sur le territoire d'un autre État lié par la présente convention sont transmis conformément aux procédures prévues dans les conventions et accords applicables entre ces États.

2. Sauf si la partie contractante de destination s'y oppose par déclaration faite au dépositaire, ces actes peuvent aussi être envoyés directement par les officiers ministériels de l'État où les actes sont dressés aux officiers ministériels de l'État sur le territoire duquel se trouve le destinataire de l'acte. Dans ce cas, l'officier ministériel de l'État d'origine transmet une copie de l'acte à l'officier ministériel de l'État requis, qui est compétent pour la remettre au destinataire. Cette remise est faite dans les formes prévues par la loi de l'État requis. Elle est constatée par une attestation envoyée directement à l'officier ministériel de l'État d'origine.

3. Les États membres de la Communauté européenne liés par le règlement (CE) n° 1348/2000 du Conseil du 29 mai 2000 ou par l'accord entre la Communauté européenne et le Royaume de Danemark relatif à la signification et à la notification des actes judiciaires et extrajudiciaires en matière civile et commerciale, signé à Bruxelles le 19 octobre 2005, appliquent, dans le cadre de leurs relations mutuelles, les dispositions de ce règlement et de cet accord.

Art. II 1. La compétence judiciaire prévue à l'article 6, paragraphe 2, et à l'article 11 pour la demande en garantie ou la demande en intervention ne peut pleinement être invoquée dans les États liés par la présente convention énumérés à l'annexe IX. Toute personne domiciliée sur le territoire d'un autre État lié par la présente convention peut être attraite devant les tribunaux de ces États en application des règles visées à l'annexe IX.

2. À la date de la ratification, la Communauté européenne peut déclarer que les demandes visées à l'article 6, paragraphe 2, et à l'article 11 ne peuvent être formées dans certains autres États membres et fournir des informations sur les règles applicables.

3. Les décisions rendues dans les autres États liés par la présente convention en vertu de l'article 6, paragraphe 2, et de l'article 11 sont reconnues et exécutées dans les États mentionnés aux paragraphes 1 et 2 conformément au titre III. Les effets produits à l'égard des tiers, en application des paragraphes 1 et 2, par des décisions rendues dans ces États sont également reconnus dans les autres États liés par la présente convention.

Art. III 1. La Suisse se réserve le droit de déclarer à la date de la ratification qu'elle n'appliquera pas le passage suivant de l'article 34, paragraphe 2 :

à moins qu'il n'ait pas exercé de recours à l'encontre de la décision alors qu'il était en mesure de le faire ».

Si la Suisse fait cette déclaration, les autres parties contractantes appliquent la même réserve à l'égard des décisions rendues par les tribunaux suisses.

2. À l'égard des décisions rendues dans un État adhérent visé à l'article 70, paragraphe 1, point c), les parties contractantes peuvent, par déclaration, se réserver :

a) le droit visé au paragraphe 1 ; et

b) le droit conféré à une autorité visée à l'article 39, sans préjudice des dispositions de l'article 41, d'examiner d'office s'il existe un motif de refus de reconnaissance et d'exécution de la décision considérée.

3. Si une partie contractante a émis une réserve visée au paragraphe 2 à l'égard d'un État adhérent, cet État adhérent peut, par déclaration, se réserver le même droit à l'égard des décisions rendues par les tribunaux de cette partie contractante.

4. À l'exception de la réserve visée au paragraphe 1, les déclarations sont valables pour une durée de cinq ans et sont renouvelables à la fin de cette période. La partie contractante notifie le renouvellement d'une déclaration visée au paragraphe 2, au plus tard six mois avant l'expiration des cinq ans. Un État adhérent ne peut renouveler sa déclaration faite en application du paragraphe 3 qu'après le renouvellement de la déclaration correspondante visée au paragraphe 2.

Art. IV Les déclarations visées dans le présent protocole peuvent, à tout moment, être retirées par notification au dépositaire. Les notifications sont accompagnées d'une traduction en anglais et en français. Les parties contractantes fournissent une traduction dans leurs langues respectives. Ces retraits prennent effet à compter du premier jour du troisième mois suivant la notification.

PROTOCOLE N° 2

Sur l'interprétation uniforme de la convention et sur le comité permanent

PRÉAMBULE

Les hautes parties contractantes,

Vu l'article 75 de la présente convention,

Considérant le lien substantiel qui existe entre la présente convention, la convention de Lugan° de 1988 et les instruments visés à l'article 64, paragraphe 1, de la présente convention,

Considérant que la Cour de justice des Communautés européennes est compétente pour statuer sur l'interprétation des dispositions des instruments visés à l'article 64, paragraphe 1, de la présente convention,

Considérant que la présente convention fait partie intégrante du droit communautaire et que la Cour de justice des Communautés européennes est par conséquent compétente pour statuer sur l'interprétation de ses dispositions quant à leur application par les tribunaux des États membres de la Communauté européenne,

En pleine connaissance des décisions rendues par la Cour de justice des Communautés européennes sur l'interprétation des instruments visés à l'article 64, paragraphe 1, de la présente convention jusqu'à la date de sa signature, et des décisions rendues par les tribunaux des parties contractantes à la convention de Lugan° de 1988 relative à cette dernière jusqu'à la signature de la présente convention,

Considérant que la révision en parallèle de la convention de Bruxelles de 1968 et de celle de Lugan° de 1988, qui a abouti à l'adoption d'un texte révisé de ces conventions, a essentiellement été fondée sur les décisions susmentionnées relatives à ces conventions,

Considérant que le texte révisé de la convention de Bruxelles a, après l'entrée en vigueur du traité d'Amsterdam, été intégré dans le règlement (CE) n° 44/2001,

Considérant que ce texte révisé a également servi de base au texte de la présente convention,

Soucieuses, dans le plein respect de l'indépendance des tribunaux, d'empêcher des interprétations divergentes et de parvenir à une interprétation aussi uniforme que possible des dispositions de la présente convention, de celles du règlement (CE) n° 44/2001 qui sont reproduites en substance dans la présente convention et de celles des autres instruments visés à l'article 64, paragraphe 1, de la présente convention,

Sont convenues de ce qui suit :

Art. premier 1. Tout tribunal appliquant et interprétant la présente convention tient dûment compte des principes définis par toute décision pertinente rendue par les tribunaux des États liés par la présente convention et par la Cour de justice des Communautés européennes concernant la ou les dispositions en cause ou toute disposition similaire de la convention de Lugano de 1988 et des instruments visés à l'article 64, paragraphe 1, de la présente convention.

2. Pour les tribunaux des États membres de la Communauté européenne, l'obligation énoncée au paragraphe 1 s'applique sans préjudice des obligations qui leur incombent à l'égard de la Cour de justice des Communautés européennes en vertu du traité instituant la Communauté européenne ou de l'accord entre la Communauté européenne et le

Royaume de Danemark sur la compétence judiciaire, la reconnaissance et l'exécution des décisions en matière civile et commerciale, signé à Bruxelles le 19 octobre 2005.

Art. 2 Tout État lié par la présente convention qui n'est pas un État membre de la Communauté européenne a le droit de déposer, devant la Cour, des mémoires ou des observations écrites, conformément à l'article 23 du protocole sur le statut de la Cour de justice des Communautés européennes, lorsqu'une juridiction d'un État membre de la Communauté européenne demande à la Cour de justice de statuer à titre préjudiciel sur une question portant sur l'interprétation de la présente convention ou des instruments visés à son article 64, paragraphe 1.

Art. 3 1. La Commission des Communautés européennes met en place un système d'échange d'informations concernant les décisions pertinentes rendues en application de la présente convention ainsi que celles rendues en application de la convention de Lugano de 1988 et des instruments visés à l'article 64, paragraphe 1, de la présente convention. Ce système est accessible au public et contient les décisions rendues par les tribunaux de dernière instance et par la Cour de justice des Communautés européennes ainsi que les décisions particulièrement importantes passées en force de chose jugée et rendues en application de la présente convention, de la convention de Lugano de 1988 et des instruments visés à l'article 64, paragraphe 1, de la présente convention. Ces décisions sont classées et accompagnées d'un résumé.

Ce système prévoit la transmission à la Commission, par les autorités compétentes des États liés par la présente convention, des décisions précitées rendues par les tribunaux de ces États.

2. Une sélection des affaires revêtant un intérêt particulier pour le bon fonctionnement de la présente convention est effectuée par le greffier de la Cour de justice des Communautés européennes, qui présente la jurisprudence sélectionnée à la réunion des experts conformément à l'article 5 du présent protocole.

3. Jusqu'à ce que le système prévu au paragraphe 1 soit mis en place par la Commission des Communautés européennes, la Cour de justice des Communautés européennes maintient le système d'échange d'informations établi par le protocole n° 2 de la convention de Lugano de 1988, pour les décisions rendues en application de la présente convention et de la convention de Lugano de 1988.

Art. 4 1. Il est institué un comité permanent, composé des représentants des parties contractantes.

2. À la demande d'une partie contractante, le dépositaire de la convention convoque des réunions du comité dans les cas suivants :

— la consultation sur les relations entre la présente convention et d'autres instruments internationaux,

— la consultation sur l'application de l'article 67, y compris les projets d'adhésion à des instruments concernant des matières particulières conformément à l'article 67, paragraphe 1, et les propositions législatives conformément au protocole n° 3,

— l'examen des demandes d'adhésion de nouveaux États. En particulier, le comité peut poser aux États adhérents visés à l'article 70, paragraphe 1, point c), des questions sur leur système judiciaire et la mise en œuvre de la convention. Le comité peut également examiner les éventuelles adaptations à apporter à la présente convention pour permettre son application dans les États adhérents,

— l'acceptation de nouvelles versions linguistiques faisant foi conformément à l'article 73, paragraphe 3, de la présente convention et des modifications à apporter en conséquence à l'annexe VIII,

— la consultation sur une révision de la convention en application de l'article 76,

— la consultation sur les modifications à apporter aux annexes I à IV et à l'annexe VII en application de l'article 77, paragraphe 1,

— l'adoption des modifications à apporter aux annexes V et VI en application de l'article 77, paragraphe 2,

— le retrait des réserves et des déclarations des parties contractantes en application du protocole n° 1 et des modifications nécessaires de l'annexe IX.

3. Le comité définit son fonctionnement et son processus de prise de décision dans un règlement intérieur. Ce dernier prévoit la possibilité de mener des consultations et de prendre des décisions par procédure écrite.

Art. 5 1. Le dépositaire peut, au besoin, convoquer une réunion d'experts pour procéder à un échange de vues sur le fonctionnement de la convention, en particulier sur l'évolution de la jurisprudence et les nouvelles dispositions législatives pouvant influer sur l'application de la présente convention.

2. Cette réunion rassemble des experts des parties contractantes, des États liés par la présente convention, de la Cour de justice des Communautés européennes et de l'Association européenne de libre-échange. Elle est ouverte à tout autre expert dont la présence est jugée utile.

3. Tout problème lié au fonctionnement de la convention peut être soumis au comité permanent visé à l'article 4 du présent protocole en vue d'y remédier.

PROTOCOLE N° 3

Relatif à l'application de l'article 67 de la convention

Les hautes parties contractantes sont convenues de ce qui suit :

1. Aux fins de la convention, les dispositions qui dans des matières particulières régissent la compétence judiciaire, la reconnaissance ou l'exécution des décisions et qui sont ou seront contenues dans des actes des institutions des Communautés européennes sont traitées de la même manière que les conventions visées à l'article 67, paragraphe 1.

2. Si, de l'avis d'une partie contractante, une disposition contenue dans une proposition d'acte des institutions des Communautés européennes n'est pas compatible avec la convention, les parties contractantes envisagent sans délai d'amender celle-ci conformément à l'article 76, sans préjudice de l'application de la procédure prévue par le protocole n° 2.

3. Lorsqu'une ou plusieurs parties contractantes reprennent, en tout ou en partie, dans leur droit national des dispositions contenues dans des actes des institutions des Communautés européennes visés au paragraphe 1, ces dispositions de droit national sont traitées de la même manière que les conventions visées à l'article 67, paragraphe 1.

4. Les parties contractantes communiquent au dépositaire le texte des dispositions visées au paragraphe 3. Ces communications sont accompagnées d'une traduction en anglais et en français.

Annexe…

Sous-partie II
CONVENTIONS DE LA HAYE

86 Convention de La Haye du 1er mars 1954 relative à la procédure civile

En vigueur depuis le 22 juin 1959

Les États signataires de la présente Convention;
Désirant apporter à la Convention du 17 juillet 1905, relative à la procédure civile, les améliorations suggérées par l'expérience;
Ont résolu de conclure une nouvelle Convention à cet effet et sont convenus des dispositions suivantes :

I.
Communication d'actes judiciaires et extrajudiciaires

Art. premier En matière civile ou commerciale, les significations d'actes à destination de personnes, se trouvant à l'étranger, se feront dans les États contractants, sur une demande du consul de l'État requérant, adressée à l'autorité qui sera désignée par l'État requis. La demande, contenant l'indication de l'autorité de qui émane l'acte transmis, le nom et la qualité des parties, l'adresse du destinataire, la nature de l'acte dont il s'agit, doit être rédigée dans la langue de l'autorité requise. Cette autorité enverra au consul la pièce prouvant la signification ou indiquant le fait qui l'a empêchée.

Toutes les difficultés, qui s'élèveraient à l'occasion de la demande du consul, seront réglées par la voie diplomatique.

Chaque État contractant peut déclarer, par une communication adressée aux autres États contractants, qu'il entend que la demande de signification à faire sur son territoire, contenant les mentions indiquées à l'alinéa premier, lui soit adressée par la voie diplomatique.

Les dispositions qui précèdent ne s'opposent pas à ce que deux États contractants s'entendent pour admettre la communication directe entre leurs autorités respectives.

Art. 2 La signification se fera par les soins de l'autorité compétente selon les lois de l'État requis. Cette autorité, sauf les cas prévus dans l'article 3, pourra se borner à effectuer la signification par la remise de l'acte au destinataire qui l'accepte volontairement.

Art. 3 La demande sera accompagnée de l'acte à signifier en double exemplaire.

Si l'acte à signifier est rédigé, soit dans la langue de l'autorité requise, soit dans la langue convenue entre les deux États intéressés, ou s'il est accompagné d'une traduction dans l'une de ces langues, l'autorité requise, au cas où le désir lui en serait exprimé dans la demande, fera signifier l'acte dans la forme prescrite par sa législation intérieure pour l'exécution de significations analogues, ou dans une forme spéciale, pourvu qu'elle ne soit pas contraire à cette législation. Si un pareil désir n'est pas exprimé, l'autorité requise cherchera d'abord à effectuer la remise dans les termes de l'article 2.

Sauf entente contraire, la traduction, prévue dans l'alinéa précédent, sera certifiée conforme par l'agent diplomatique ou consulaire de l'État requérant ou par un traducteur assermenté de l'État requis.

Art. 4 L'exécution de la signification, prévue par les articles 1, 2 et 3, ne pourra être refusée que si l'État, sur le territoire duquel elle devrait être faite, la juge de nature à porter atteinte à sa souveraineté ou à sa sécurité.

Art. 5 La preuve de la signification se fera au moyen, soit d'un récépissé daté et légalisé du destinataire, soit d'une attestation de l'autorité de l'État requis, constatant le fait, la forme et la date de la signification.

Le récépissé ou l'attestation doit se trouver sur l'un des doubles de l'acte à signifier ou y être annexé.

Art. 6 Les dispositions des articles qui précèdent ne s'opposent pas :

1. à la faculté d'adresser directement, par la voie de la poste, des actes aux intéressés se trouvant à l'étranger;

2. à la faculté, pour les intéressés, de faire faire des significations directement, par les soins des officiers ministériels ou des fonctionnaires compétents du pays de destination;

3. à la faculté, pour chaque État, de faire faire directement, par les soins de ses agents diplomatiques ou consulaires, les significations destinées aux personnes se trouvant à l'étranger.

Dans chacun de ces cas, la faculté prévue n'existe que si des Conventions intervenues entre les États intéressés l'admettent ou si, à défaut de Conventions, l'État, sur le territoire duquel la signification doit être faite, ne s'y oppose pas. Cet État ne pourra s'y opposer lorsque, dans les cas de l'alinéa premier, numéro 3, l'acte doit être signifié sans contrainte à un ressortissant de l'État requérant.

Art. 7 Les significations ne pourront donner lieu au remboursement de taxes ou de frais de quelque nature que ce soit.

Toutefois, sauf entente contraire, l'État requis aura le droit d'exiger de l'État requérant le remboursement des frais occasionnés par l'intervention d'un officier ministériel ou par l'emploi d'une forme spéciale dans les cas de l'article 3.

II.

Commissions rogatoires

Art. 8 En matière civile ou commerciale, l'autorité judiciaire d'un État contractant pourra, conformément aux dispositions de sa législation, s'adresser, par commission rogatoire, à l'autorité compétente d'un autre État contractant pour lui demander de faire, dans son ressort, soit un acte d'instruction, soit d'autres actes judiciaires.

Art. 9 Les commissions rogatoires seront transmises par le consul de l'État requérant à l'autorité qui sera désignée par l'État requis. Cette autorité enverra au consul la pièce constatant l'exécution de la commission rogatoire ou indiquant le fait qui en a empêché l'exécution.

Toutes les difficultés, qui s'élèveraient à l'occasion de cette transmission, seront réglées par la voie diplomatique.

Chaque État contractant peut déclarer, par une communication adressée aux autres États contractants, qu'il entend que les commissions rogatoires, à exécuter sur son territoire, lui soient transmises par la voie diplomatique.

Les dispositions qui précèdent ne s'opposent pas à ce que deux États contractants s'entendent pour admettre la transmission directe des commissions rogatoires entre leurs autorités respectives.

Art. 10 Sauf entente contraire, la commission rogatoire doit être rédigée, soit dans la langue de l'autorité requise, soit dans la langue convenue entre les deux États intéressés, ou bien elle doit être accompagnée d'une traduction, faite dans une de ces langues et certifiée conforme par un agent diplomatique ou consulaire de l'État requérant ou par un traducteur assermenté de l'État requis.

Art. 11 L'autorité judiciaire, à laquelle la commission rogatoire est adressée, sera obligée d'y satisfaire en usant des mêmes moyens de contrainte que pour l'exécution d'une commission des autorités de l'État requis ou d'une demande formée à cet effet par une partie intéressée. Ces moyens de contrainte ne sont pas nécessairement employés, s'il s'agit de la comparution des parties en cause.

L'autorité requérante sera, si elle le demande, informée de la date et du lieu où il sera procédé à la mesure sollicitée, afin que la partie intéressée soit en état d'y assister.

L'exécution de la commission rogatoire ne pourra être refusée que :

1. si l'authenticité du document n'est pas établie;

2. si, dans l'État requis, l'exécution de la commission rogatoire ne rentre pas dans les attributions du pouvoir judiciaire;

3. si l'État, sur le territoire duquel l'exécution devrait avoir lieu, la juge de nature à porter atteinte à sa souveraineté ou à sa sécurité.

Art. 12 En cas d'incompétence de l'autorité requise, la commission rogatoire sera transmise d'office à l'autorité judiciaire compétente du même État, suivant les règles établies par la législation de celui-ci.

Art. 13 Dans tous les cas où la commission rogatoire n'est pas exécutée par l'autorité requise, celle-ci en informera immédiatement l'autorité requérante, en indiquant, dans le cas de l'article 11, les raisons pour lesquelles l'exécution de la commission rogatoire a été refusée et, dans le cas de l'article 12, l'autorité à laquelle la commission est transmise.

Art. 14 L'autorité judiciaire, qui procède à l'exécution d'une commission rogatoire, appliquera les lois de son pays, en ce qui concerne les formes à suivre.

Toutefois, il sera déféré à la demande de l'autorité requérante, tendant à ce qu'il soit procédé suivant une forme spéciale, pourvu que cette forme ne soit pas contraire à la législation de l'État requis.

Art. 15 Les dispositions des articles qui précèdent n'excluent pas la faculté, pour chaque État, de faire exécuter directement, par ses agents diplomatiques ou consulaires, les commissions rogatoires, si des Conventions intervenues entre les États intéressés l'admettent ou si l'État, sur le territoire duquel la commission rogatoire doit être exécutée, ne s'y oppose pas.

Art. 16 L'exécution des commissions rogatoires ne pourra donner lieu au remboursement de taxes ou de frais, de quelque nature que ce soit.

Toutefois, sauf entente contraire, l'État requis aura le droit d'exiger de l'État requérant le remboursement des indemnités payées aux témoins ou aux experts, ainsi que des frais occasionnés par l'intervention d'un officier ministériel, rendue nécessaire parce que les témoins n'ont pas comparu volontairement, ou des frais résultant de l'application éventuelle de l'article 14, alinéa 2.

III.
Caution *judicatum solvi*

Art. 17 Aucune caution ni dépôt, sous quelque dénomination que ce soit, ne peut être imposé, à raison, soit de leur qualité d'étrangers, soit du défaut de domicile ou de résidence dans le pays, aux nationaux d'un des États contractants, ayant leur domicile dans l'un de ces États, qui seront demandeurs ou intervenants devant les tribunaux d'un autre de ces États.

La même règle s'applique au versement, qui serait exigé des demandeurs ou intervenants, pour garantir les frais judiciaires.

Les Conventions, par lesquelles des États contractants auraient stipulé pour leurs ressortissants la dispense de la caution *judicatum solvi* ou du versement des frais judiciaires sans condition de domicile, continueront à s'appliquer.

Art. 18 Les condamnations aux frais et dépens du procès, prononcées dans un des États contractants contre le demandeur ou l'intervenant dispensé de la caution, du dépôt ou du versement en vertu, soit de l'article 17, alinéas 1 et 2, soit de la loi de l'État où l'action est intentée, seront, sur une demande, faite par la voie diplomatique, rendues gratuitement exécutoires par l'autorité compétente, dans chacun des autres États contractants.

La même règle s'applique aux décisions judiciaires par lesquelles le montant des frais du procès est fixé ultérieurement.

Les dispositions qui précèdent ne s'opposent pas à ce que deux États contractants s'entendent pour permettre que la demande d'exequatur soit aussi faite directement par la partie intéressée.

Art. 19 Les décisions relatives aux frais et dépens seront déclarées exécutoires sans entendre les parties, mais

[,] sauf recours ultérieur de la partie condamnée, conformément à la législation du pays où l'exécution est poursuivie.

L'autorité, compétente pour statuer sur la demande d'exequatur, se bornera à examiner :

1. si, d'après la loi du pays où la condamnation a été prononcée, l'expédition de la décision réunit les conditions nécessaires à son authenticité ;

2. si, d'après la même loi, la décision est passée en force de chose jugée ;

3. si le dispositif de la décision est rédigé, soit dans la langue de l'autorité requise, soit dans la langue convenue entre les deux États intéressés, ou bien s'il est accompagné d'une traduction, faite dans une de ces langues et, sauf entente contraire, certifiée conforme par un agent diplomatique ou consulaire de l'État requérant ou par un traducteur assermenté de l'État requis.

Pour satisfaire aux conditions, prescrites par l'alinéa 2, numéros 1 et 2, il suffira, soit d'une déclaration de l'autorité compétente de l'État requérant constatant que la décision est passée en force de chose jugée, soit de la présentation des pièces dûment légalisées de nature à établir que la décision est passée en force de chose jugée. La compétence de l'autorité ci-dessus mentionnée sera, sauf entente contraire, certifiée par le plus haut fonctionnaire préposé à l'administration de la Justice

[justice] dans l'État requérant. La déclaration et le certificat, dont il vient d'être parlé doivent être rédigés ou traduits conformément à la règle contenue dans l'alinéa 2, numéro 3.

L'autorité, compétente pour statuer sur la demande d'exequatur, évaluera, pourvu que la partie le demande en même temps, le montant des frais d'attestation, de traduction et de légalisation visés à l'alinéa 2, numéro 3. Ces frais seront considérés comme des frais et dépens du procès.

IV.
Assistance judiciaire gratuite

Art. 20 En matière civile et commerciale, les ressortissants de chacun des États contractants seront admis dans tous les autres États contractants au bénéfice de l'assistance judiciaire gratuite, comme les nationaux eux-mêmes, en se conformant à la législation de l'État où l'assistance judiciaire gratuite est réclamée.

Dans les États où existe l'assistance judiciaire en matière administrative, les dispositions, édictées dans l'alinéa ci-dessus, s'appliqueront également aux affaires, portées devant les tribunaux compétents en cette matière.

Art. 21 Dans tous les cas, le certificat ou la déclaration d'indigence doit être délivré ou reçue

[reçu] par les autorités de la résidence habituelle de l'étranger, ou, à défaut de celles-ci, par les autorités de sa résidence actuelle. Dans le cas où ces dernières autorités n'appartiendraient pas à un État contractant et ne recevraient pas ou ne délivreraient pas des certificats ou des déclarations de cette nature, il suffira d'un certificat ou d'une déclaration délivré ou reçue

[reçu] par un agent diplomatique ou consulaire du pays auquel l'étranger appartient.

Si le requérant ne réside pas dans le pays où la demande est formulée, le certificat ou la déclaration d'indigence sera légalisé gratuitement par un agent diplomatique ou consulaire du pays où le document doit être produit.

Art. 22 L'autorité, compétente pour délivrer le certificat ou recevoir la déclaration d'indigence, pourra prendre des renseignements sur la situation de fortune du requérant auprès des autorités des autres États contractants.

L'autorité, chargée de statuer sur la demande d'assistance judiciaire gratuite, conserve, dans les limites de ses attributions, le droit de contrôler les certificats, déclarations et renseignements qui lui sont fournis et de se faire donner, pour s'éclairer suffisamment, des informations complémentaires.

Art. 23 Lorsque l'indigent se trouve dans un pays autre que celui, dans lequel l'assistance judiciaire gratuite doit être demandée, sa demande tendant à obtenir l'assistance judiciaire, accompagnée des certificats, déclarations d'indigence et, le cas échéant, d'autres pièces justificatives, utiles à l'instruction de la demande, pourra être transmise, par le consul de son pays, à l'autorité compétente pour statuer sur ladite demande, ou à l'autorité désignée par l'État où la demande doit être instruite.

Les dispositions, contenues dans l'article 9, alinéas 2, 3 et 4 et dans les articles 10 et 12 ci-dessus concernant les commissions rogatoires, sont applicables à la transmission des requêtes en obtention de l'assistance judiciaire gratuite et de leurs annexes.

Art. 24 Si le bénéfice de l'assistance judiciaire a été accordé à un ressortissant d'un des États contractants, les significations, quelle qu'en soit la forme, relatives à son procès, et qui seraient à faire dans un autre de ces États, ne donneront lieu à aucun remboursement de frais par l'État requérant à l'État requis.

Il en sera de même des commissions rogatoires, exception faite des indemnités payées à des experts.

V.
Délivrance gratuite d'extraits des actes de l'état civil

Art. 25 Les indigents ressortissants d'un des États contractants pourront, dans les mêmes conditions que les nationaux, se faire délivrer gratuitement des extraits des actes de l'état civil. Les pièces nécessaires à leur mariage seront légalisées sans frais par les agents diplomatiques ou consulaires des États contractants.

VI.
Contrainte par corps

Art. 26 La contrainte par corps, soit comme moyen d'exécution, soit comme mesure simplement conservatoire, ne pourra pas, en matière civile ou commerciale, être appliquée aux étrangers, appartenant à un des États contractants, dans le cas où elle ne serait pas applicable aux ressortissants du pays. Un fait, qui peut être invoqué par un ressortissant domicilié dans le pays, pour obtenir la levée de la contrainte par corps, doit produire le même effet au profit du ressortissant d'un État contractant, même si ce fait s'est produit à l'étranger.

VII.
Dispositions finales

Art. 27 La présente Convention est ouverte à la signature des États représentés à la Septième session de la Conférence de droit international privé.

Elle sera ratifiée et les instruments de ratification seront déposés auprès du Ministère des Affaires Étrangères des Pays-Bas.

Il sera dressé de tout dépôt d'instruments de ratification un procès-verbal, dont une copie, certifiée conforme, sera remise, par la voie diplomatique, à chacun des États signataires.

Art. 28 La présente Convention entrera en vigueur le soixantième jour à partir du dépôt du quatrième instrument de ratification prévu par l'article 27, alinéa 2.

Pour chaque État signataire, ratifiant postérieurement, la Convention entrera en vigueur le soixantième jour à partir de la date du dépôt de son instrument de ratification.

Art. 29 La présente Convention remplacera, dans les rapports entre les États qui l'auront ratifiée, la Convention relative à la procédure civile, signée à La Haye, le 17 juillet 1905.

Art. 30 La présente Convention s'applique de plein droit aux territoires métropolitains des États contractants.

Si un État contractant en désire la mise en vigueur dans tous les autres territoires ou dans tels des autres territoires dont les relations internationales sont assurées par lui, il notifiera son intention à cet effet par un acte qui sera déposé auprès du Ministère des Affaires Étrangères des Pays-Bas. Celui-ci en enverra, par la voie diplomatique, une copie, certifiée conforme, à chacun des États contractants.

La Convention entrera en vigueur dans les rapports entre les États, qui n'élèveront pas d'objection dans les six mois de cette communication, et le territoire ou les territoires dont les relations internationales sont assurées par l'État en question, et pour lequel ou lesquels la notification aura été faite.

Art. 31 Tout État, non représenté à la Septième session de la Conférence, est admis à adhérer à la présente Convention, à moins qu'un État ou plusieurs États ayant ratifié la Convention ne s'y opposent, dans un délai de six mois à dater de la communication faite par le Gouvernement néerlandais, de cette adhésion. L'adhésion se fera de la manière prévue par l'article 27, alinéa 2.

Il est entendu que les adhésions ne pourront avoir lieu qu'après l'entrée en vigueur de la présente Convention, en vertu de l'article 28, alinéa premier.

Art. 32 Chaque État contractant, en signant ou ratifiant la présente Convention ou en y adhérant, peut se réserver de limiter l'application de l'article 17 aux nationaux des États contractants ayant leur résidence habituelle sur son territoire.

L'État, qui aura fait usage de la faculté, prévue à l'alinéa précédent, ne pourra prétendre à l'application de l'article 17 par les autres États contractants qu'au bénéfice de ses nationaux ayant leur résidence habituelle sur le territoire de l'État contractant, devant les tribunaux duquel ils sont demandeurs ou intervenants.

Art. 33 La présente Convention aura une durée de cinq ans à partir de la date indiquée dans l'article 28, alinéa premier, de la présente Convention.

Ce terme commencera à courir de cette date, même pour les États qui l'auront ratifiée ou y auront adhéré postérieurement.

La Convention sera renouvelée tacitement de cinq ans en cinq ans, sauf dénonciation. La dénonciation devra, au moins six mois avant l'expiration du terme, être notifiée au Ministère des Affaires Étrangères des Pays-Bas, qui en donnera connaissance à tous les autres États contractants.

La dénonciation peut se limiter aux territoires ou à certains des territoires indiqués dans une notification, faite conformément à l'article 30, alinéa 2.

La dénonciation ne produira son effet qu'à l'égard de l'État qui l'aura notifiée. La Convention restera en vigueur pour les autres États contractants.

87 Convention de La Haye du 15 juin 1955 sur la loi applicable aux ventes à caractère international d'objets mobiliers corporels

En vigueur depuis 1er septembre 1964

Les États signataires de la présente Convention;

Désirant établir des dispositions communes concernant la loi applicable aux ventes d'objets mobiliers corporels;

Ont résolu de conclure une Convention à cet effet et sont convenus des dispositions suivantes :

Art. premier La présente convention est applicable aux ventes à caractère international d'objets mobiliers corporels.

Elle ne s'applique pas aux ventes de titres, aux ventes de navires et de bateaux ou d'aéronefs enregistrés, aux ventes par autorité de justice ou sur saisie. Elle s'applique aux ventes sur documents.

Pour son application sont assimilés aux ventes les contrats de livraison d'objets mobiliers corporels à fabriquer ou à produire lorsque la partie qui s'oblige à livrer doit fournir les matières premières nécessaires à la fabrication ou à la production.

La seule déclaration des parties relative à l'application d'une loi ou à la compétence d'un juge ou d'un arbitre, ne suffit pas à donner à la vente le caractère international au sens de l'alinéa 1er du présent article.

Art. 2 La vente est régie par la loi du pays désigné par les parties contractantes.

Cette désignation doit faire l'objet d'une clause expresse ou résulter indubitablement des dispositions du contrat.

Les conditions relatives au consentement des parties, quant à la loi déclarée applicable, sont déterminées par cette loi.

Art. 3 À défaut de loi déclarée applicable par les parties, dans les conditions prévues à l'article précédent, la vente est régie par la loi interne du pays où le vendeur a sa résidence habituelle au moment où il reçoit la commande. Si la commande est reçue par un établissement du vendeur, la vente est régie par la loi interne du pays où est situé cet établissement.

Toutefois, la vente est régie par la loi interne du pays où l'acheteur a sa résidence habituelle, ou dans lequel il possède l'établissement qui a passé la commande, si c'est dans ce pays que la commande a été reçue soit par le vendeur, soit par son représentant, agent ou commis voyageur.

S'il s'agit d'un marché de bourse ou d'une vente aux enchères, la vente est régie par la loi interne du pays où se trouve la bourse ou dans lequel sont effectuées les enchères.

Art. 4 À moins d'une clause expresse contraire, la loi interne du pays où doit avoir lieu l'examen des objets mobiliers corporels délivrés en vertu de la vente est applicable, en ce qui concerne la forme et les délais dans lesquels doivent avoir lieu l'examen et les notifications relatives à l'examen ainsi que les mesures à prendre en cas de refus des objets.

Art. 5 La présente convention ne s'applique pas :

1° À la capacité des parties;

2° À la forme du contrat;

3° Au transfert de propriété, étant entendu toutefois que les diverses obligations des parties, et notamment celles qui sont relatives aux risques, sont soumises à la loi applicable à la vente en vertu de la présente convention;

4° Aux effets de la vente à l'égard de toutes personnes autres que les parties.

Art. 6 Dans chacun des États contractants, l'application de la loi déterminée par la présente convention peut être écartée pour un motif d'ordre public.

Art. 7 Les États contractants sont convenus d'introduire les dispositions des articles 1-6 de la présente convention dans le droit national de leurs pays respectifs.

Art. 8 La présente Convention est ouverte à la signature des États représentés à la Septième session de la Conférence de La Haye de droit international privé.

Elle sera ratifiée et les instruments de ratification seront déposés auprès du Ministère des Affaires Etrangères des Pays-Bas.

Il sera dressé de tout dépôt d'instruments de ratification un procès-verbal, dont une copie, certifiée conforme, sera remise, par la voie diplomatique, à chacun des États signataires.

Art. 9 La présente Convention entrera en vigueur le soixantième jour à partir du dépôt du cinquième instrument de ratification prévu par l'article 8, alinéa 2.

Pour chaque État signataire, ratifiant postérieurement la Convention, celle-ci entrera en vigueur le soixantième jour à partir de la date du dépôt de son instrument de ratification.

Art. 10 La présente Convention s'applique de plein droit aux territoires métropolitains des États contractants.

Si un État contractant en désire la mise en vigueur dans tous les autres territoires, ou dans tels des autres territoires dont les relations internationales sont assurées par lui, il notifiera son intention à cet effet par un acte qui sera déposé auprès du Ministère des Affaires Etrangères des Pays-Bas. Celui-ci en enverra, par la voie diplomatique, une copie, certifiée conforme, à chacun des États contractants. La présente Convention entrera en vigueur pour ces territoires le soixantième jour après la date du dépôt de l'acte de notification mentionné ci-dessus.

Il est entendu que la notification, prévue par l'alinéa 2 du présent article, ne pourra avoir effet qu'après l'entrée en vigueur de la présente Convention en vertu de son article 9, alinéa premier.

Art. 11 Tout État, non représenté à la Septième session de la Conférence de La Haye de droit international privé, pourra adhérer à la présente Convention. L'État désirant adhérer notifiera son intention par un acte qui sera déposé auprès du Ministère des Affaires Etrangères des Pays-Bas. Celui-ci en enverra, par la voie diplomatique, une copie, certifiée conforme, à chacun des États contractants. La Convention entrera en vigueur, pour l'État adhérant, le soixantième jour après la date du dépôt de l'acte d'adhésion.

Il est entendu que le dépôt de l'acte d'adhésion ne pourra avoir lieu qu'après l'entrée en vigueur de la présente Convention en vertu de l'article 9, alinéa premier.

Art. 12 La présente Convention aura une durée de cinq ans à partir de la date indiquée dans l'article 9, alinéa premier de la présente Convention. Ce terme commencera à courir dès cette date, même pour les États qui l'auront ratifiée ou y auront adhéré postérieurement.

La Convention sera renouvelée tacitement de cinq ans en cinq ans, sauf dénonciation.

La dénonciation devra, au moins six mois avant l'expiration du terme, être notifiée au Ministère des Affaires Etrangères des Pays-Bas, qui en donnera connaissance à tous les autres États contractants.

La dénonciation peut se limiter aux territoires, ou à certains des territoires indiqués dans une notification faite en vertu de l'article 10, alinéa 2.

La dénonciation ne produira son effet qu'à l'égard de l'État qui l'aura notifiée. La Convention restera en vigueur pour les autres États contractants.

En foi de quoi, les soussignés, dûment autorisés par leurs Gouvernements respectifs, ont signé la présente Convention.

88 Convention de La Haye du 5 octobre 1961 supprimant l'exigence de la légalisation des actes publics étrangers

En vigueur depuis le 24 janvier 1965

Les États signataires de la présente Convention,

Désirant supprimer l'exigence de la légalisation diplomatique ou consulaire des actes publics étrangers,

Ont résolu de conclure une Convention à cet effet et sont convenus des dispositions suivantes :

Art. premier La présente Convention s'applique aux actes publics qui ont été établis sur le territoire d'un État contractant et qui doivent être produits sur le territoire d'un autre État contractant.

Sont considérés comme actes publics, au sens de la présente Convention :

a) les documents qui émanent d'une autorité ou d'un fonctionnaire relevant d'une juridiction de l'État, y compris ceux qui émanent du ministère public, d'un greffier ou d'un huissier de justice;

b) les documents administratifs;

c) les actes notariés;

d) les déclarations officielles telles que mentions d'enregistrement, visas pour date certaine et certifications de signature, apposées sur un acte sous seing privé.

Toutefois, la présente Convention ne s'applique pas :

a) aux documents établis par des agents diplomatiques ou consulaires;

b) aux documents administratifs ayant trait directement à une opération commerciale ou douanière.

Art. 2 Chacun des États contractants dispense de légalisation les actes auxquels s'applique la présente Convention et qui doivent être produits sur son territoire. La légalisation au sens de la présente Convention ne recouvre que la formalité par laquelle les agents diplomatiques ou consulaires du pays sur le territoire duquel l'acte doit être produit attestent la véracité de la signature, la qualité en laquelle le signataire de l'acte a agi et, le cas échéant, l'identité du sceau ou timbre dont cet acte est revêtu.

Art. 3 La seule formalité qui puisse être exigée pour attester la véracité de la signature, la qualité en laquelle le signataire de l'acte a agi et, le cas échéant, l'identité du sceau ou timbre dont cet acte est revêtu, est l'apposition de l'apostille définie à l'article 4, délivrée par l'autorité compétente de l'État d'où émane le document.

Toutefois la formalité mentionnée à l'alinéa précédent ne peut être exigée lorsque soit les lois, règlements ou usages en vigueur dans l'État où l'acte est produit, soit une entente entre deux ou plusieurs États contractants l'écartent, la simplifient ou dispensent l'acte de légalisation.

Art. 4 L'apostille prévue à l'article 3, alinéa premier, est apposée sur l'acte lui-même ou sur une allonge; elle doit être conforme au modèle annexé à la présente Convention.

Toutefois elle peut être rédigée dans la langue officielle de l'autorité qui la délivre. Les mentions qui y figurent peuvent également être données dans une deuxième langue. Le titre « Apostille (Convention de La Haye du 5 octobre 1961) » devra être mentionné en langue française.

Art. 5 L'apostille est délivrée à la requête du signataire ou de tout porteur de l'acte.

Dûment remplie, elle atteste la véracité de la signature, la qualité en laquelle le signataire de l'acte a agi et, le cas échéant, l'identité du sceau ou timbre dont cet acte est revêtu.

La signature, le sceau ou timbre qui figurent sur l'apostille sont dispensés de toute attestation.

Art. 6 Chaque État contractant désignera les autorités prises ès qualités, auxquelles est attribuée compétence pour délivrer l'apostille prévue à l'article 3, alinéa premier.

Il notifiera cette désignation au Ministère des Affaires Etrangères des Pays-Bas au moment du dépôt de son instrument de ratification ou d'adhésion ou de sa déclaration d'extension. Il lui notifiera aussi toute modification dans la désignation de ces autorités.

Art. 7 Chacune des autorités désignées conformément à l'article 6 doit tenir un registre ou fichier dans lequel elle prend note des apostilles délivrées en indiquant :

a) le numéro d'ordre et la date de l'apostille,

b) le nom du signataire de l'acte public et la qualité en laquelle il a agi, ou, pour les actes non signés, l'indication de l'autorité qui a apposé le sceau ou timbre.

A la demande de tout intéressé l'autorité qui a délivré l'apostille est tenue de vérifier si les inscriptions portées sur l'apostille correspondent à celles du registre ou du fichier.

Art. 8 Lorsqu'il existe entre deux ou plusieurs États contractants un traité, une convention ou un accord, contenant des dispositions qui soumettent l'attestation de la signature, du sceau ou timbre à certaines formalités, la présente Convention n'y déroge que si lesdites formalités sont plus rigoureuses que celle prévue aux articles 3 et 4.

Art. 9 Chaque État contractant prendra les mesures nécessaires pour éviter que ses agents diplomatiques ou consulaires ne procèdent à des légalisations dans les cas où la présente Convention en prescrit la dispense.

Art. 10 La présente Convention est ouverte à la signature des États représentés à la Neuvième session de la Conférence de La Haye de droit international privé, ainsi qu'à celle de l'Irlande, de l'Islande, du Liechtenstein et de la Turquie.

Elle sera ratifiée et les instruments de ratification seront déposés auprès du Ministère des Affaires Étrangères des Pays-Bas.

Art. 11 La présente Convention entrera en vigueur le soixantième jour après le dépôt du troisième instrument de ratification prévu par l'article 10, alinéa 2.

La Convention entrera en vigueur, pour chaque État signataire ratifiant postérieurement, le soixantième jour après le dépôt de son instrument de ratification.

Art. 12 Tout État non visé par l'article 10 pourra adhérer à la présente Convention après son entrée en vigueur en vertu de l'article 11, alinéa premier. L'instrument d'adhésion sera déposé auprès du Ministère des Affaires Étrangères des Pays-Bas.

L'adhésion n'aura d'effet que dans les rapports entre l'État adhérant et les États contractants qui n'auront pas élevé d'objection à son encontre dans les six mois après la réception de la notification prévue à l'article 15, litt. d). Une telle objection sera notifiée au Ministère des Affaires Étrangères des Pays-Bas. La Convention entrera en vigueur, entre l'État adhérant et les États n'ayant pas élevé d'objection contre l'adhésion, le soixantième jour après l'expiration du délai de six mois mentionné à l'alinéa précédent.

Art. 13 Tout État, au moment de la signature, de la ratification ou de l'adhésion, pourra déclarer que la présente Convention s'étendra à l'ensemble des territoires qu'il représente sur le plan international, ou à l'un ou plusieurs d'entre eux. Cette déclaration aura effet au moment de l'entrée en vigueur de la Convention pour ledit État.

Par la suite, toute extension de cette nature sera notifiée au Ministère des Affaires Étrangères des Pays-Bas.

Lorsque la déclaration d'extension sera faite par un État ayant signé et ratifié la Convention, celle-ci entrera en vigueur pour les territoires visés conformément aux dispositions de l'article 11. Lorsque la déclaration d'extension sera faite par un État ayant adhéré à la Convention, celle-ci entrera en vigueur pour les territoires visés conformément aux dispositions de l'article 12.

Art. 14 La présente Convention aura une durée de cinq ans à partir de la date de son entrée en vigueur conformément à l'article 11, alinéa premier, même pour les États qui l'auront ratifiée ou y auront adhéré postérieurement.

La Convention sera renouvelée tacitement de cinq en cinq ans, sauf dénonciation.

La dénonciation sera, au moins six mois avant l'expiration du délai de cinq ans, notifiée au Ministère des Affaires étrangères des Pays-Bas.

Elle pourra se limiter à certains des territoires auxquels s'applique la Convention.

La dénonciation n'aura d'effet qu'à l'égard de l'État qui l'aura notifiée. La Convention restera en vigueur pour les autres États contractants.

Art. 15 Le Ministère des Affaires étrangères des Pays-Bas notifiera aux États visés à l'article 10, ainsi qu'aux États qui auront adhéré conformément aux dispositions de l'article 12 :

a) les notifications visées à l'article 6, alinéa 2;

b) les signatures et ratifications visées à l'article 10;

c) la date à laquelle la présente Convention entrera en vigueur conformément aux dispositions de l'article 11, alinéa premier;

d) les adhésions et objections visées à l'article 12 et la date à laquelle les adhésions auront effet;

e) les extensions visées à l'article 13 et la date à laquelle elles auront effet;

f) les dénonciations visées à l'article 14, alinéa 3.

En foi de quoi, les soussignés, dûment autorisés, ont signé la présente Convention.

Fait à La Haye, le 5 octobre 1961, en français et en anglais, le texte français faisant foi en cas de divergence entre les textes, en un seul exemplaire, qui sera déposé dans les archives du Gouvernement des Pays-Bas et dont une copie certifiée conforme sera remise, par la voie diplomatique, à chacun des États représentés à la Neuvième session de la Conférence de La Haye de droit international privé, ainsi qu'à l'Irlande, à l'Islande, au Liechtenstein et à la Turquie.

89 Convention de La Haye du 5 octobre 1961 sur les conflits de lois en matière de forme des dispositions testamentaires

En vigueur depuis le 19 novembre 1967

Les États signataires de la présente Convention,

Désirant établir des règles communes de solution des conflits de lois en matière de forme des dispositions testamentaires,

Ont résolu de conclure une Convention à cet effet et sont convenus des dispositions suivantes :

Art. premier Une disposition testamentaire est valable quant à la forme si celle-ci répond à la loi interne :

a) du lieu où le testateur a disposé, ou

b) d'une nationalité possédée par le testateur, soit au moment où il a disposé, soit au moment de son décès, ou

c) d'un lieu dans lequel le testateur avait son domicile, soit au moment où il a disposé, soit au moment de son décès, ou

d) du lieu dans lequel le testateur avait sa résidence habituelle, soit au moment où il a disposé, soit au moment de son décès, ou

e) pour les immeubles, du lieu de leur situation.

Aux fins de la présente convention, si la loi nationale consiste en un système non unifié, la loi applicable est déterminée par les règles en vigueur dans ce système et, à défaut de telles règles, par le lien le plus effectif qu'avait le testateur avec l'une des législations composant ce système.

La question de savoir si le testateur avait un domicile dans un lieu déterminé est régie par la loi de ce même lieu.

Art. 2 L'article premier s'applique aux dispositions testamentaires révoquant une disposition testamentaire antérieure.

La révocation est également valable quant à la forme si elle répond à l'une des lois aux termes de laquelle, conformément à l'article 1er, la disposition testamentaire révoquée était valable.

Art. 3 La présente convention ne porte pas atteinte aux règles actuelles ou futures des États contractants reconnaissant des dispositions testamentaires faites en la forme d'une loi non prévue aux articles précédents.

Art. 4 La présente convention s'applique également aux formes des dispositions testamentaires faites dans un même acte par deux ou plusieurs personnes.

Art. 5 Aux fins de la présente convention, les prescriptions limitant les formes de dispositions testamentaires admises et se rattachant à l'âge, à la nationalité ou à d'autres qualités personnelles du testateur, sont considérées comme appartenant au domaine de la forme. Il en est de même des qualités que doivent posséder les témoins requis pour la validité d'une disposition testamentaire.

Art. 6 L'application des règles de conflits établies par la présente convention est indépendante de toute condition de réciprocité. La convention s'applique même si la nationalité des intéressés ou la loi applicable en vertu des articles précédents ne sont pas celles d'un État contractant.

Art. 7 L'application d'une des lois déclarées compétentes par la présente convention ne peut être écartée que si elle est manifestement incompatible avec l'ordre public.

Art. 8 La présente convention s'applique à tous les cas où le testateur est décédé après son entrée en vigueur.

Art. 9 Chaque État contractant peut se réserver, par dérogation à l'article 1er, alinéa 3, le droit de déterminer selon la loi du for le lieu dans lequel le testateur avait son domicile.

Art. 10 Chaque État contractant peut se réserver de ne pas reconnaître les dispositions testamentaires faites, en dehors de circonstances extraordinaires, en la forme orale par un de ses ressortissants n'ayant aucune autre nationalité.

Art. 11 Chaque État contractant peut se réserver de ne pas reconnaître, en vertu de prescriptions de sa loi les visant, certaines formes de dispositions testamentaires faites à l'étranger, si les conditions suivantes sont réunies :

a) la disposition testamentaire n'est valable en la forme que selon une loi compétente uniquement en raison du lieu où le testateur a disposé,

b) le testateur avait la nationalité de l'État qui aura fait la réserve,

c) le testateur était domicilié dans ledit État ou y avait sa résidence habituelle, et

d) le testateur est décédé dans un État autre que celui où il avait disposé.

Cette réserve n'a d'effets que pour les seuls biens qui se trouvent dans l'État qui l'aura faite.

Art. 12 Chaque État contractant peut se réserver d'exclure l'application de la présente convention aux clauses testamentaires qui, selon son droit, n'ont pas un caractère successoral.

Art. 13 Chaque État contractant peut se réserver, par dérogation à l'article 8, de n'appliquer la présente convention qu'aux dispositions testamentaires postérieures à son entrée en vigueur.

Art. 14 La présente Convention est ouverte à la signature des États représentés à la Neuvième session de la Conférence de La Haye de droit international privé.

Elle sera ratifiée et les instruments de ratification seront déposés auprès du Ministère des Affaires Etrangères des Pays-Bas.

Art. 15 La présente Convention entrera en vigueur le soixantième jour après le dépôt du troisième instrument de ratification prévu par l'article 14, alinéa 2.

La Convention entrera en vigueur, pour chaque État signataire ratifiant postérieurement, le soixantième jour après le dépôt de son instrument de ratification.

Art. 16 Tout État non représenté à la Neuvième session de la Conférence de La Haye de droit international privé pourra adhérer à la présente Convention après son entrée en vigueur en vertu de l'article 15, alinéa premier. L'instrument d'adhésion sera déposé auprès du Ministère des Affaires Etrangères des Pays-Bas.

La Convention entrera en vigueur, pour l'État adhérant, le soixantième jour après le dépôt de son instrument d'adhésion.

Art. 17 Tout État, au moment de la signature, de la ratification ou de l'adhésion, pourra déclarer que la présente Convention s'étendra à l'ensemble des territoires qu'il représente sur le plan international, ou à l'un ou plusieurs d'entre eux. Cette déclaration aura effet au moment de l'entrée en vigueur de la Convention pour ledit État.

Par la suite, toute extension de cette nature sera notifiée au Ministère des Affaires Etrangères des Pays-Bas.

La Convention entrera en vigueur, pour les territoires visés par l'extension, le soixantième jour après la notification mentionnée à l'alinéa précédent.

Art. 18 Tout État pourra, au plus tard au moment de la ratification ou de l'adhésion, faire une ou plusieurs des réserves prévues aux articles 9, 10, 11, 12 et 13 de la présente Convention. Aucune autre réserve ne sera admise.

Chaque État contractant pourra également, en notifiant une extension de la Convention conformément à l'article 17, faire une ou plusieurs de ces réserves avec effet limité aux territoires ou à certains des territoires visés par l'extension.

Chaque État contractant pourra, à tout moment, retirer une réserve qu'il aura faite. Ce retrait sera notifié au Ministère des Affaires Etrangères des Pays-Bas.

L'effet de la réserve cessera le soixantième jour après la notification mentionnée à l'alinéa précédent.

Art. 19 La présente Convention aura une durée de cinq ans à partir de la date de son entrée en vigueur conformément à l'article 15, alinéa premier, même pour les États qui l'auront ratifiée ou y auront adhéré postérieurement.

La Convention sera renouvelée tacitement de cinq en cinq ans, sauf dénonciation.

La dénonciation sera, au moins six mois avant l'expiration du délai de cinq ans, notifiée au Ministère des Affaires Etrangères des Pays-Bas.

Elle pourra se limiter à certains des territoires auxquels s'applique la Convention.

La dénonciation n'aura d'effet qu'à l'égard de l'État qui l'aura notifiée. La Convention restera en vigueur pour les autres États contractants.

Art. 20 Le Ministère des Affaires Etrangères des Pays-Bas notifiera aux États visés à l'article 14, ainsi qu'aux États qui auront adhéré conformément aux dispositions de l'article 16 :

a) les signatures et ratifications visées à l'article 14;

b) la date à laquelle la présente Convention entrera en vigueur conformément aux dispositions de l'article 15, alinéa premier;

c) les adhésions visées à l'article 16 et la date à laquelle elles auront effet;

d) les extensions visées à l'article 17 et la date à laquelle elles auront effet;

e) les réserves et retraits de réserves visés à l'article 18;

f) les dénonciations visées à l'article 19, alinéa 3.

En foi de quoi, les soussignés, dûment autorisés, ont signé la présente Convention.

90 Convention de La Haye du 15 novembre 1965 relative à la signification et à la notification à l'étranger des actes judiciaires et extrajudiciaires en matière civile ou commerciale

En vigueur depuis le 1er septembre 1972

Les États signataires de la présente Convention,
Désirant créer les moyens appropriés pour que les actes judiciaires et extrajudiciaires qui doivent être signifiés ou notifiés à l'étranger soient connus de leurs destinataires en temps utile,
Soucieux d'améliorer à cette fin l'entraide judiciaire mutuelle en simplifiant et en accélérant la procédure,
Ont résolu de conclure une Convention à ces effets et sont convenus des dispositions suivantes :

Art. premier La présente Convention est applicable, en matière civile ou commerciale, dans tous les cas où un acte judiciaire ou extrajudiciaire doit être transmis à l'étranger pour y être signifié ou notifié.

La Convention ne s'applique pas lorsque l'adresse du destinataire de l'acte n'est pas connue.

CHAPITRE PREMIER
Actes judiciaires

Art. 2 Chaque État contractant désigne une Autorité centrale qui assume, conformément aux articles 3 à 6, la charge de recevoir les demandes de signification ou de notification en provenance d'un autre État contractant et d'y donner suite.

L'Autorité centrale est organisée selon les modalités prévues par l'État requis.

Art. 3 L'autorité ou l'officier ministériel compétents selon les lois de l'État d'origine adresse à l'Autorité centrale de l'État requis une demande conforme à la formule modèle annexée à la présente Convention, sans qu'il soit besoin de la légalisation des pièces ni d'une autre formalité équivalente.

La demande doit être accompagnée de l'acte judiciaire ou de sa copie, le tout en double exemplaire.

Art. 4 Si l'Autorité centrale estime que les dispositions de la Convention n'ont pas été respectées, elle en informe immédiatement le requérant en précisant les griefs articulés à l'encontre de la demande.

Art. 5 L'Autorité centrale de l'État requis procède ou fait procéder à la signification ou à la notification de l'acte :

a) soit selon les formes prescrites par la législation de l'État requis pour la signification ou la notification des actes dressés dans ce pays et qui sont destinés aux personnes se trouvant sur son territoire,

b) soit selon la forme particulière demandée par le requérant, pourvu que celle-ci ne soit pas incompatible avec la loi de l'État requis.

Sauf le cas prévu à l'alinéa premier, lettre b), l'acte peut toujours être remis au destinataire qui l'accepte volontairement.

Si l'acte doit être signifié ou notifié conformément à l'alinéa premier, l'Autorité centrale peut demander que l'acte soit rédigé ou traduit dans la langue ou une des langues officielles de son pays.

La partie de la demande conforme à la formule modèle annexée à la présente Convention, qui contient les éléments essentiels de l'acte, est remise au destinataire.

Art. 6 L'Autorité centrale de l'État requis ou toute autorité qu'il aura désignée à cette fin établit une attestation conforme à la formule modèle annexée à la présente Convention.

L'attestation relate l'exécution de la demande; elle indique la forme, le lieu et la date de l'exécution ainsi que la personne à laquelle l'acte a été remis. Le cas échéant, elle précise le fait qui aurait empêché l'exécution.

Le requérant peut demander que l'attestation qui n'est pas établie par l'Autorité centrale ou par une autorité judiciaire soit visée par l'une de ces autorités.

L'attestation est directement adressée au requérant.

Art. 7 Les mentions imprimées dans la formule modèle annexée à la présente Convention sont obligatoirement rédigées soit en langue française, soit en langue anglaise. Elles peuvent, en outre, être rédigées dans la langue ou une des langues officielles de l'État d'origine.

Les blancs correspondant à ces mentions sont remplis soit dans la langue de l'État requis, soit en langue française, soit en langue anglaise.

Art. 8 Chaque État contractant a la faculté de faire procéder directement, sans contrainte, par les soins de ses agents diplomatiques ou consulaires, aux significations ou notifications d'actes judiciaires aux personnes se trouvant à l'étranger.

Tout État peut déclarer s'opposer à l'usage de cette faculté sur son territoire, sauf si l'acte doit être signifié ou notifié à un ressortissant de l'État d'origine.

Art. 9 Chaque État contractant a, de plus, la faculté d'utiliser la voie consulaire pour transmettre, aux fins de signification ou de notification, des actes judiciaires aux autorités d'un autre État contractant que celui-ci a désignées.

Si des circonstances exceptionnelles l'exigent, chaque État contractant a la faculté d'utiliser, aux mêmes fins, la voie diplomatique.

Art. 10 La présente Convention ne fait pas obstacle, sauf si l'État de destination déclare s'y opposer :

a) à la faculté d'adresser directement, par la voie de la poste, des actes judiciaires aux personnes se trouvant à l'étranger,

b) à la faculté, pour les officiers ministériels, fonctionnaires ou autres personnes compétents de l'État d'origine, de faire procéder à des significations ou notifications d'actes judiciaires directement par les soins des officiers ministériels, fonctionnaires ou autres personnes compétents de l'État de destination,

c) à la faculté, pour toute personne intéressée à une instance judiciaire, de faire procéder à des significations ou notifications d'actes judiciaires directement par les soins des officiers ministériels, fonctionnaires ou autres personnes compétents de l'État de destination.

Art. 11 La présente Convention ne s'oppose pas à ce que des États contractants s'entendent pour admettre, aux fins de signification ou de notification des actes judiciaires, d'autres voies de transmission que celles prévues par les articles qui précèdent et notamment la communication directe entre leurs autorités respectives.

Art. 12 Les significations ou notifications d'actes judiciaires en provenance d'un État contractant ne peuvent donner lieu au paiement ou au remboursement de taxes ou de frais pour les services de l'État requis.

Le requérant est tenu de payer ou de rembourser les frais occasionnés par :

a) l'intervention d'un officier ministériel ou d'une personne compétente selon la loi de l'État de destination,

b) l'emploi d'une forme particulière.

Art. 13 L'exécution d'une demande de signification ou de notification conforme aux dispositions de la présente Convention ne peut être refusée que si l'État requis juge que cette exécution est de nature à porter atteinte à sa souveraineté ou à sa sécurité.

L'exécution ne peut être refusée pour le seul motif que la loi de l'État requis revendique la compétence judiciaire exclusive dans l'affaire en cause ou ne connaît pas de voie de droit répondant à l'objet de la demande.

En cas de refus, l'Autorité centrale en informe immédiatement le requérant et indique les motifs.

Art. 14 Les difficultés qui s'élèveraient à l'occasion de la transmission, aux fins de signification ou de notification, d'actes judiciaires seront réglées par la voie diplomatique.

Art. 15 Lorsqu'un acte introductif d'instance ou un acte équivalent a dû être transmis à l'étranger aux fins de signification ou de notification, selon les dispositions de la présente Convention, et que le défendeur ne comparaît pas, le juge est tenu de surseoir à statuer aussi longtemps qu'il n'est pas établi :

a) ou bien que l'acte a été signifié ou notifié selon les formes prescrites par la législation de l'État requis pour la signification ou la notification des actes dressés dans ce pays et qui sont destinés aux personnes se trouvant sur son territoire,

b) ou bien que l'acte a été effectivement remis au défendeur ou à sa demeure selon un autre procédé prévu par la présente Convention,

et que, dans chacune de ces éventualités, soit la signification ou la notification, soit la remise a eu lieu en temps utile pour que le défendeur ait pu se défendre.

Chaque État contractant a la faculté de déclarer que ses juges, nonobstant les dispositions de l'alinéa premier, peuvent statuer si les conditions suivantes sont réunies, bien qu'aucune attestation constatant soit la signification ou la notification, soit la remise, n'ait été reçue :

a) l'acte a été transmis selon un des modes prévus par la présente Convention,

b) un délai que le juge appréciera dans chaque cas particulier et qui sera d'au moins six mois, s'est écoulé depuis la date d'envoi de l'acte,

c) nonobstant toutes diligences utiles auprès des autorités compétentes de l'État requis, aucune attestation n'a pu être obtenue.

Le présent article ne fait pas obstacle à ce qu'en cas d'urgence, le juge ordonne toutes mesures provisoires ou conservatoires.

Art. 16 Lorsqu'un acte introductif d'instance ou un acte équivalent a dû être transmis à l'étranger aux fins de signification ou de notification, selon les dispositions de la présente Convention, et qu'une décision a été rendue contre un défendeur qui n'a pas comparu, le juge a la faculté de relever ce défendeur de la forclusion résultant de l'expiration des délais de recours, si les conditions suivantes sont réunies :

a) le défendeur, sans qu'il y ait eu faute de sa part, n'a pas eu connaissance en temps utile dudit acte pour se défendre et de la décision pour exercer un recours,

b) les moyens du défendeur n'apparaissent pas dénués de tout fondement.

La demande tendant au relevé de la forclusion est irrecevable si elle n'est pas formée dans un délai raisonnable à partir du moment où le défendeur a eu connaissance de la décision.

Chaque État contractant a la faculté de déclarer que cette demande est irrecevable si elle est formée après l'expiration d'un délai qu'il précisera dans sa déclaration, pourvu que ce délai ne soit pas inférieur à un an à compter du prononcé de la décision.

Le présent article ne s'applique pas aux décisions concernant l'état des personnes.

CHAPITRE II
Actes extrajudiciaires

Art. 17 Les actes extrajudiciaires émanant des autorités et officiers ministériels d'un État contractant peuvent être transmis aux fins de signification ou de notification dans un autre État contractant selon les modes et aux conditions prévus par la présente Convention.

CHAPITRE III
Dispositions générales

Art. 18 Tout État contractant peut désigner, outre l'Autorité centrale, d'autres autorités dont il détermine les compétences.

Toutefois, le requérant a toujours le droit de s'adresser directement à l'Autorité centrale.

Les États fédéraux ont la faculté de désigner plusieurs Autorités centrales.

Art. 19 La présente Convention ne s'oppose pas à ce que la loi interne d'un État contractant permette d'autres formes de transmission non prévues dans les articles précédents, aux fins de signification ou de notification, sur son territoire, des actes venant de l'étranger.

Art. 20 La présente Convention ne s'oppose pas à ce que des États contractants s'entendent pour déroger :

a) à l'article 3, alinéa 2, en ce qui concerne l'exigence du double exemplaire des pièces transmises,

b) à l'article 5, alinéa 3, et à l'article 7, en ce qui concerne l'emploi des langues,

c) à l'article 5, alinéa 4,

d) à l'article 12, alinéa 2.

Art. 21 Chaque État contractant notifiera au Ministère des Affaires Étrangères des Pays-Bas soit au moment du dépôt de son instrument de ratification ou d'adhésion, soit ultérieurement :

a) la désignation des autorités prévues aux articles 2 et 18,

b) la désignation de l'autorité compétente pour établir l'attestation prévue à l'article 6,

c) la désignation de l'autorité compétente pour recevoir les actes transmis par la voie consulaire selon l'article 9.

Il notifiera, le cas échéant, dans les mêmes conditions :

a) son opposition à l'usage des voies de transmission prévues aux articles 8 et 10,

b) les déclarations prévues aux articles 15, alinéa 2, et 16, alinéa 3,

c) toute modification des désignations, opposition et déclarations mentionnées ci-dessus.

Art. 22 La présente Convention remplacera dans les rapports entre les États qui l'auront ratifiée, les articles 1 à 7 des Conventions relatives à la procédure civile, respectivement signées à La Haye, le 17 juillet 1905 et le premier mars 1954, dans la mesure où lesdits États sont parties à l'une ou à l'autre de ces Conventions.

Art. 23 La présente Convention ne porte pas atteinte à l'application de l'article 23 de la Convention relative à la procédure civile, signée à La Haye, le 17 juillet 1905, ni de l'article 24 de celle signée à La Haye, le premier mars 1954

Ces articles ne sont toutefois applicables que s'il est fait usage de modes de communication identiques à ceux prévus par lesdites Conventions.

Art. 24 Les accords additionnels auxdites Conventions de 1905 et de 1954, conclus par les États contractants, sont considérés comme également applicables à la présente Convention à moins que les États intéressés n'en conviennent autrement.

Art. 25 Sans préjudice de l'application des articles 22 et 24, la présente Convention ne déroge pas aux Conventions auxquelles les États contractants sont ou seront Parties et qui contiennent des dispositions sur les matières réglées par la présente Convention.

Art. 26 La présente Convention est ouverte à la signature des États représentés à la Dixième session de la Conférence de La Haye de droit international privé.

Elle sera ratifiée et les instruments de ratification seront déposés auprès du Ministère des Affaires Étrangères des Pays-Bas.

Art. 27 La présente Convention entrera en vigueur le soixantième jour après le dépôt du troisième instrument de ratification prévu par l'article 26, alinéa 2.

La Convention entrera en vigueur, pour chaque État signataire ratifiant postérieurement, le soixantième jour après le dépôt de son instrument de ratification.

Art. 28 Tout État non représenté à la Dixième session de la Conférence de La Haye de droit international privé pourra adhérer à la présente Convention après son entrée en vigueur en vertu de l'article 27, alinéa premier. L'instrument d'adhésion sera déposé auprès du Ministère des Affaires Étrangères des Pays-Bas.

La Convention n'entrera en vigueur pour un tel État qu'à défaut d'opposition de la part d'un État ayant ratifié la Convention avant ce dépôt, notifiée au Ministère des Affaires Étrangères des Pays-Bas dans un délai de six mois à partir de la date à laquelle ce Ministère lui aura notifié cette adhésion.

À défaut d'opposition, la Convention entrera en vigueur pour l'État adhérant le premier jour du mois qui suit l'expiration du dernier des délais mentionnés à l'alinéa précédent.

Art. 29 Tout État, au moment de la signature, de la ratification ou de l'adhésion, pourra déclarer que la présente Convention s'étendra à l'ensemble des territoires qu'il représente sur le plan international, ou à l'un ou plusieurs d'entre eux. Cette déclaration aura effet au moment de l'entrée en vigueur de la Convention pour ledit État.

Par la suite, toute extension de cette nature sera notifiée au Ministère des Affaires Étrangères des Pays-Bas.

La Convention entrera en vigueur, pour les territoires visés par l'extension, le soixantième jour après la notification mentionnée à l'alinéa précédent.

Art. 30 La présente Convention aura une durée de cinq ans à partir de la date de son entrée en vigueur conformément à l'article 27, alinéa premier, même pour les États qui l'auront ratifiée ou y auront adhéré postérieurement.

La Convention sera renouvelée tacitement de cinq en cinq ans, sauf dénonciation.

La dénonciation sera, au moins six mois avant l'expiration du délai de cinq ans, notifiée au Ministère des Affaires Étrangères des Pays-Bas.

Elle pourra se limiter à certains des territoires auxquels s'applique la Convention.

La dénonciation n'aura d'effet qu'à l'égard de l'État qui l'aura notifiée. La Convention restera en vigueur pour les autres États contractants.

Art. 31 Le Ministère des Affaires Étrangères des Pays-Bas notifiera aux États visés à l'article 26, ainsi qu'aux États qui auront adhéré conformément aux dispositions de l'article 28 :

a) les signatures et ratifications visées à l'article 26;

b) la date à laquelle la présente Convention entrera en vigueur conformément aux dispositions de l'article 27, alinéa premier;

c) les adhésions visées à l'article 28 et la date à laquelle elles auront effet;

d) les extensions visées à l'article 29 et la date à laquelle elles auront effet;

e) les désignations, opposition et déclarations mentionnées à l'article 21;

f) les dénonciations visées à l'article 30, alinéa 3.

NB Le 25 octobre 1980 la Quatorzième session a adopté une Recommandation sur les informations destinées à accompagner les documents judiciaires et extrajudiciaires en matière civile ou commerciale transmis, signifiés ou notifiés à l'étranger (Actes et documents de la Quatorzième session (1980), Tome I, Matières diverses, p. 67; idem, Tome IV, Entraide judiciaire, p. 339; Manuel pratique sur le fonctionnement de la Convention Notification de La Haye, Annexe 3, p. 139).

91 Convention de La Haye du 18 mars 1970 sur l'obtention des preuves à l'étranger en matière civile ou commerciale

En vigueur depuis le 6 octobre 1974

Les États signataires de la présente Convention,

Désirant faciliter la transmission et l'exécution des commissions rogatoires et promouvoir le rapprochement des diverses méthodes qu'ils utilisent à ces fins,

Soucieux d'accroître l'efficacité de la coopération judiciaire mutuelle en matière civile ou commerciale,

Ont résolu de conclure une Convention à ces effets et sont convenus des dispositions suivantes :

CHAPITRE PREMIER

Commissions rogatoires

Art. premier En matière civile ou commerciale, l'autorité judiciaire d'un État contractant peut, conformément aux dispositions de sa législation, demander par commission rogatoire à l'autorité compétente d'un autre État contractant de faire tout acte d'instruction, ainsi que d'autres actes judiciaires.

Un acte d'instruction ne peut pas être demandé pour permettre aux parties d'obtenir des moyens de preuves qui ne soient pas destinés à être utilisés dans une procédure engagée ou future.

L'expression « autres actes judiciaires » ne vise ni la signification ou la notification d'actes judiciaires, ni les mesures conservatoires ou d'exécution.

Art. 2 Chaque État contractant désigne une Autorité centrale qui assume la charge de recevoir les commissions rogatoires émanant d'une autorité judiciaire d'un autre État contractant et de les transmettre à l'autorité compétente aux fins d'exécution. L'Autorité centrale est organisée selon les modalités prévues par l'État requis.

Les commissions rogatoires sont transmises à l'Autorité centrale de l'État requis sans intervention d'une autre autorité de cet État.

Art. 3 La commission rogatoire contient les indications suivantes :

a) l'autorité requérante et, si possible, l'autorité requise;

b) l'identité et l'adresse des parties et, le cas échéant, de leurs représentants;

c) la nature et l'objet de l'instance et un exposé sommaire des faits;

d) les actes d'instruction ou autres actes judiciaires à accomplir.

Le cas échéant, la commission rogatoire contient en outre :

e) les nom et adresse des personnes à entendre;

f) les questions à poser aux personnes à entendre ou les faits sur lesquels elles doivent être entendues;

g) les documents ou autres objets à examiner;

h) la demande de recevoir la déposition sous serment ou avec affirmation et, le cas échéant, l'indication de la formule à utiliser;

i) les formes spéciales dont l'application est demandée conformément à l'article 9.

La commission rogatoire mentionne aussi, s'il y a lieu, les renseignements nécessaires à l'application de l'article 11.

Aucune légalisation ni formalité analogue ne peut être exigée.

Art. 4 La commission rogatoire doit être rédigée dans la langue de l'autorité requise ou accompagnée d'une traduction faite dans cette langue.

Toutefois, chaque État contractant doit accepter la commission rogatoire rédigée en langue française ou anglaise, ou accompagnée d'une traduction dans l'une de ces langues, à moins qu'il ne s'y soit opposé en faisant la réserve prévue à l'article 33.

Tout État contractant qui a plusieurs langues officielles et ne peut, pour des raisons de droit interne, accepter les commissions rogatoires dans l'une de ces langues pour l'ensemble de son territoire, doit faire connaître, au moyen d'une déclaration, la langue dans laquelle la commission rogatoire doit être rédigée ou traduite en vue de son exécution dans les parties de son territoire qu'il a déterminées. En cas d'inobservation sans justes motifs de l'obligation découlant de cette déclaration, les frais de la traduction dans la langue exigée sont à la charge de l'État requérant.

Tout État contractant peut, au moyen d'une déclaration, faire connaître la ou les langues autres que celles prévues aux alinéas précédents dans lesquelles la commission rogatoire peut être adressée à son Autorité centrale.

Toute traduction annexée à une commission rogatoire doit être certifiée conforme, soit par un agent diplomatique ou consulaire, soit par un traducteur assermenté ou juré, soit par toute autre personne autorisée à cet effet dans l'un des deux États.

Art. 5 Si l'Autorité centrale estime que les dispositions de la Convention n'ont pas été respectées, elle en informe immédiatement l'autorité de l'État requérant qui lui a transmis la commission rogatoire, en précisant les griefs articulés à l'encontre de la demande.

Art. 6 En cas d'incompétence de l'autorité requise, la commission rogatoire est transmise d'office et sans retard à l'autorité judiciaire compétente du même État suivant les règles établies par la législation de celui-ci.

Art. 7 L'autorité requérante est, si elle le demande, informée de la date et du lieu où il sera procédé à la mesure sollicitée, afin que les parties intéressées et, le cas échéant, leurs représentants puissent y assister.

Cette communication est adressée directement auxdites parties ou à leurs représentants, lorsque l'autorité requérante en a fait la demande.

Art. 8 Tout État contractant peut déclarer que des magistrats de l'autorité requérante d'un autre État contractant peuvent assister à l'exécution d'une commission rogatoire. Cette mesure peut être soumise à l'autorisation préalable de l'autorité compétente désignée par l'État déclarant.

Art. 9 L'autorité judiciaire qui procède à l'exécution d'une commission rogatoire, applique les lois de son pays en ce qui concerne les formes à suivre.

Toutefois, il est déféré à la demande de l'autorité requérante tendant à ce qu'il soit procédé suivant une forme spéciale, à moins que celle-ci ne soit incompatible avec la loi de l'État requis, ou que son application ne soit pas possible, soit en raison des usages judiciaires de l'État requis, soit de difficultés pratiques.

La commission rogatoire doit être exécutée d'urgence.

Art. 10 En exécutant la commission rogatoire, l'autorité requise applique les moyens de contrainte appropriés et prévus par sa loi interne dans les cas et dans la même mesure où elle y serait obligée pour l'exécution d'une commission des autorités de l'État requis ou d'une demande formulée à cet effet par une partie intéressée.

Art. 11 La commission rogatoire n'est pas exécutée pour autant que la personne qu'elle vise invoque une dispense ou une interdiction de déposer, établies :

a) soit par la loi de l'État requis; ou

b) soit par la loi de l'État requérant et spécifiées dans la commission rogatoire ou, le cas échéant, attestées par l'autorité requérante à la demande de l'autorité requise.

En outre, tout État contractant peut déclarer qu'il reconnaît de telles dispenses et interdictions établies par la loi d'autres États que l'État requérant et l'État requis, dans la mesure spécifiée dans cette déclaration.

Art. 12 L'exécution de la commission rogatoire ne peut être refusée que dans la mesure où :

a) l'exécution, dans l'État requis, ne rentre pas dans les attributions du pouvoir judiciaire; ou

b) l'État requis la juge de nature à porter atteinte à sa souveraineté ou à sa sécurité.

L'exécution ne peut être refusée pour le seul motif que la loi de l'État requis revendique une compétence judiciaire exclusive dans l'affaire en cause ou ne connaît pas de voies de droit répondant à l'objet de la demande portée devant l'autorité requérante.

Art. 13 Les pièces constatant l'exécution de la commission rogatoire sont transmises par l'autorité requise à l'autorité requérante par la même voie que celle utilisée par cette dernière.

Lorsque la commission rogatoire n'est pas exécutée en tout ou en partie, l'autorité requérante en est informée immédiatement par la même voie et les raisons lui en sont communiquées.

Art. 14 L'exécution de la commission rogatoire ne peut donner lieu au remboursement de taxes ou de frais, de quelque nature que ce soit.

Toutefois, l'État requis a le droit d'exiger de l'État requérant le remboursement des indemnités payées aux experts et interprètes et des frais résultant de l'application d'une forme spéciale demandée par l'État requérant, conformément à l'article 9, alinéa 2.

L'autorité requise, dont la loi laisse aux parties le soin de réunir les preuves et qui n'est pas en mesure d'exécuter elle-même la commission rogatoire, peut en charger une personne habilitée à cet effet, après avoir obtenu le consentement de l'autorité requérante. En demandant celui-ci, l'autorité requise indique le montant approximatif des frais qui résulteraient de cette intervention. Le consentement implique pour l'autorité requérante l'obligation de rembourser ces frais. À défaut de celui-ci, l'autorité requérante n'est pas redevable de ces frais.

CHAPITRE II
Obtention des preuves par des agents diplomatiques ou consulaires et par des commissaires

Art. 15 En matière civile ou commerciale, un agent diplomatique ou consulaire d'un État contractant peut procéder, sans contrainte, sur le territoire d'un autre État contractant et dans la circonscription où il exerce ses fonctions, à tout acte d'instruction ne visant que les ressortissants d'un État qu'il représente et concernant une procédure engagée devant un tribunal dudit État.

Tout État contractant a la faculté de déclarer que cet acte ne peut être effectué que moyennant l'autorisation accordée sur demande faite par cet agent ou en son nom par l'autorité compétente désignée par l'État déclarant.

Art. 16 Un agent diplomatique ou consulaire d'un État contractant peut en outre procéder, sans contrainte, sur le territoire d'un autre État contractant et dans la circonscription où il exerce ses fonctions, à tout acte d'instruction visant les ressortissants de l'État de résidence ou d'un État tiers, et concernant une procédure engagée devant un tribunal d'un État qu'il représente :

a) si une autorité compétente désignée par l'État de résidence a donné son autorisation, soit d'une manière générale, soit pour chaque cas particulier, et

b) s'il respecte les conditions que l'autorité compétente a fixées dans l'autorisation.

Tout État contractant peut déclarer que les actes d'instruction prévus ci-dessus peuvent être accomplis sans son autorisation préalable.

Art. 17 En matière civile ou commerciale, toute personne régulièrement désignée à cet effet comme commissaire, peut procéder, sans contrainte, sur le territoire d'un État contractant à tout acte d'instruction concernant une procédure engagée devant un tribunal d'un autre État contractant :

a) si une autorité compétente désignée par l'État de l'exécution a donné son autorisation, soit d'une manière générale, soit pour chaque cas particulier; et

b) si elle respecte les conditions que l'autorité compétente a fixées dans l'autorisation.

Tout État contractant peut déclarer que les actes d'instruction prévus ci-dessus peuvent être accomplis sans son autorisation préalable.

Art. 18 Tout État contractant peut déclarer qu'un agent diplomatique ou consulaire ou un commissaire, autorisé à procéder à un acte d'instruction conformément aux articles 15, 16 et 17, a la faculté de s'adresser à l'autorité compétente désignée par ledit État, pour obtenir l'assistance nécessaire à l'accomplissement de cet acte par voie de contrainte. La déclaration peut comporter toute condition que l'État déclarant juge convenable d'imposer.

Lorsque l'autorité compétente fait droit à la requête, elle applique les moyens de contrainte appropriés et prévus par sa loi interne.

Art. 19 L'autorité compétente, en donnant l'autorisation prévue aux articles 15, 16 et 17 ou dans l'ordonnance prévue à l'article 18, peut déterminer les conditions qu'elle juge convenables, relatives notamment aux heure, date et lieu de l'acte d'instruction. Elle peut de même demander que ces heure, date et lieu lui soient notifiés au préalable et en temps utile; en ce cas, un représentant de ladite autorité peut être présent à l'acte d'instruction.

Art. 20 Les personnes visées par un acte d'instruction prévu dans ce chapitre peuvent se faire assister par leur conseil.

Art. 21 Lorsqu'un agent diplomatique ou consulaire ou un commissaire est autorisé à procéder à un acte d'instruction en vertu des articles 15, 16 et 17 :

a) il peut procéder à tout acte d'instruction qui n'est pas incompatible avec la loi de l'État de l'exécution ou contraire à l'autorisation accordée en vertu desdits articles et recevoir, dans les mêmes conditions, une déposition sous serment ou avec affirmation;

b) à moins que la personne visée par l'acte d'instruction ne soit ressortissante de l'État dans lequel la procédure est engagée, toute convocation à comparaître ou à participer à un acte d'instruction est rédigée dans la langue du lieu où l'acte d'instruction doit être accompli, ou accompagnée d'une traduction dans cette langue;

c) la convocation indique que la personne peut être assistée de son conseil, et, dans tout État qui n'a pas fait la déclaration prévue à l'article 18, qu'elle n'est pas tenue de comparaître ni de participer à l'acte d'instruction;

d) l'acte d'instruction peut être accompli suivant les formes prévues par la loi du tribunal devant lequel la procédure est engagée, à condition qu'elles ne soient pas interdites par la loi de l'État de l'exécution;

e) la personne visée par l'acte d'instruction peut invoquer les dispenses et interdictions prévues à l'article 11.

Art. 22 Le fait qu'un acte d'instruction n'ait pu être accompli conformément aux dispositions du présent chapitre en raison du refus d'une personne d'y participer, n'empêche pas qu'une commission rogatoire soit adressée ultérieurement pour le même acte, conformément aux dispositions du chapitre premier.

CHAPITRE III

Dispositions générales

Art. 23 Tout État contractant peut, au moment de la signature, de la ratification ou de l'adhésion, déclarer qu'il n'exécute pas les commissions rogatoires qui ont pour objet une procédure connue dans les États du Common Law sous le nom de « *pre-trial discovery of documents* ».

Art. 24 Tout État contractant peut désigner, outre l'Autorité centrale, d'autres autorités dont il détermine les compétences. Toutefois, les commissions rogatoires peuvent toujours être transmises à l'Autorité centrale.

Les États fédéraux ont la faculté de désigner plusieurs Autorités centrales.

Art. 25 Tout État contractant, dans lequel plusieurs systèmes de droit sont en vigueur, peut désigner les autorités de l'un de ces systèmes, qui auront compétence exclusive pour l'exécution des commissions rogatoires en application de la présente Convention.

Art. 26 Tout État contractant, s'il y est tenu pour des raisons de droit constitutionnel, peut inviter l'État requérant à rembourser les frais d'exécution de la commission rogatoire et concernant la signification ou la notification à comparaître, les indemnités dues à la personne qui fait la déposition et l'établissement du procès-verbal de l'acte d'instruction.

Lorsqu'un État a fait usage des dispositions de l'alinéa précédent, tout autre État contractant peut inviter cet État à rem-bourser les frais correspondants.

Art. 27 Les dispositions de la présente Convention ne font pas obstacle à ce qu'un État contractant :

a) déclare que des commissions rogatoires peuvent être transmises à ses autorités judiciaires par d'autres voies que celles prévues à l'article 2;

b) permette, aux termes de sa loi ou de sa coutume interne, d'exécuter les actes auxquels elle s'applique dans des conditions moins restrictives;

c) permette, aux termes de sa loi ou de sa coutume interne, des méthodes d'obtention de preuves autres que celles prévues par la présente Convention.

Art. 28 La présente Convention ne s'oppose pas à ce que des États contractants s'entendent pour déroger :

a) à l'article 2, en ce qui concerne la voie de transmission des commissions rogatoires;

b) à l'article 4, en ce qui concerne l'emploi des langues;

c) à l'article 8, en ce qui concerne la présence de magistrats à l'exécution des commissions rogatoires;

d) à l'article 11, en ce qui concerne les dispenses et interdictions de déposer;

e) à l'article 13, en ce qui concerne la transmission des pièces constatant l'exécution;

f) à l'article 14, en ce qui concerne le règlement des frais;

g) aux dispositions du chapitre II.

Art. 29 La présente Convention remplacera, dans les rapports entre les États qui l'auront ratifiée, les articles 8 à 16 des Conventions relatives à la procédure civile, respectivement signées à La Haye le 17 juillet 1905 et le premier mars 1954, dans la mesure où lesdits États sont Parties à l'une ou l'autre de ces Conventions.

Art. 30 La présente Convention ne porte pas atteinte à l'application de l'article 23 de la Convention de 1905, ni de l'article 24 de celle de 1954.

Art. 31 Les accords additionnels aux Conventions de 1905 et de 1954, conclus par les États contractants, sont considérés comme également applicables à la présente Convention, à moins que les États intéressés n'en conviennent autrement.

Art. 32 Sans préjudice de l'application des articles 29 et 31, la présente Convention ne déroge pas aux conventions auxquelles les États contractants sont ou seront Parties et qui contiennent des dispositions sur les matières réglées par la présente Convention.

Art. 33 Tout État, au moment de la signature, de la ratification ou de l'adhésion, a la faculté d'exclure en tout ou en partie l'application des dispositions de l'alinéa 2 de l'article 4, ainsi que du chapitre II. Aucune autre réserve ne sera admise.

Tout État contractant pourra, à tout moment, retirer une réserve qu'il aura faite; l'effet de la réserve cessera le soixantième jour après la notification du retrait.

Lorsqu'un État aura fait une réserve, tout autre État affecté par celle-ci peut appliquer la même règle à l'égard de l'État qui a fait la réserve.

Art. 34 Tout État peut à tout moment retirer ou modifier une déclaration.

Art. 35 Tout État contractant indiquera au Ministère des Affaires Étrangères des Pays-Bas, soit au moment du dépôt de son instrument de ratification ou d'adhésion, soit ultérieurement, les autorités prévues aux articles 2, 8, 24 et 25.

Il notifiera, le cas échéant, dans les mêmes conditions :

a) la désignation des autorités auxquelles les agents diplomatiques ou consulaires doivent s'adresser en vertu de l'article 16 et de celles qui peuvent accorder l'autorisation ou l'assistance prévues aux articles 15, 16 et 18;

b) la désignation des autorités qui peuvent accorder au commissaire l'autorisation prévue à l'article 17 ou l'assistance prévue à l'article 18;

c) les déclarations visées aux articles 4, 8, 11, 15, 16, 17, 18, 23 et 27;

d) tout retrait ou modification des désignations et déclarations mentionnées ci-dessus;

e) tout retrait de réserves.

Art. 36 Les difficultés qui s'élèveraient entre les États contractants à l'occasion de l'application de la présente Convention seront réglées par la voie diplomatique.

Art. 37 La présente Convention est ouverte à la signature des États représentés à la Onzième session de la Conférence de La Haye de droit international privé.

Elle sera ratifiée et les instruments de ratification seront déposés auprès du Ministère des Affaires Étrangères des Pays-Bas.

Art. 38 La présente Convention entrera en vigueur le soixantième jour après le dépôt du troisième instrument de ratification prévu par l'article 37, alinéa 2.

La Convention entrera en vigueur, pour chaque État signataire ratifiant postérieurement, le soixantième jour après le dépôt de son instrument de ratification.

Art. 39 Tout État non représenté à la Onzième session de la Conférence de La Haye de droit international privé qui est Membre de la Conférence ou de l'Organisation des Nations unies ou d'une institution spécialisée de celle-ci ou Partie au Statut de la Cour internationale de Justice pourra adhérer à la présente Convention après son entrée en vigueur en vertu de l'article 38, alinéa premier.

L'instrument d'adhésion sera déposé auprès du Ministère des Affaires Étrangères des Pays-Bas.

La Convention entrera en vigueur, pour l'État adhérant, le soixantième jour après le dépôt de son instrument d'adhésion.

L'adhésion n'aura d'effet que dans les rapports entre l'État adhérant et les États contractants qui auront déclaré accepter cette adhésion. Cette déclaration sera déposée auprès du Ministère des Affaires Étrangères des Pays-Bas; celui-ci en enverra, par la voie diplomatique, une copie certifiée conforme, à chacun des États contractants.

La Convention entrera en vigueur entre l'État adhérant et l'État ayant déclaré accepter cette adhésion soixante jours après le dépôt de la déclaration d'acceptation.

Art. 40 Tout État, au moment de la signature, de la ratification ou de l'adhésion, pourra déclarer que la présente Convention s'étendra à l'ensemble des territoires qu'il représente sur le plan international, ou à l'un ou plusieurs d'entre eux. Cette déclaration aura effet au moment de l'entrée en vigueur de la Convention pour ledit État.

Par la suite, toute extension de cette nature sera notifiée au Ministère des Affaires Étrangères des Pays-Bas.

La Convention entrera en vigueur, pour les territoires visés par l'extension, le soixantième jour après la notification mentionnée à l'alinéa précédent.

Art. 41 La présente Convention aura une durée de cinq ans à partir de la date de son entrée en vigueur, conformément à l'article 38, alinéa premier, même pour les États qui l'auront ratifiée ou y auront adhéré postérieurement.

La Convention sera renouvelée tacitement de cinq en cinq ans, sauf dénonciation.

La dénonciation sera, au moins six mois avant l'expiration du délai de cinq ans, notifiée au Ministère des Affaires Étrangères des Pays-Bas.

Elle pourra se limiter à certains des territoires auxquels s'applique la Convention.

La dénonciation n'aura d'effet qu'à l'égard de l'État qui l'aura notifiée. La Convention restera en vigueur pour les autres États contractants.

Art. 42 Le Ministère des Affaires Étrangères des Pays-Bas notifiera aux États visés à l'article 37, ainsi qu'aux États qui auront adhéré conformément aux dispositions de l'article 39 :

a) les signatures et ratifications visées à l'article 37;

b) la date à laquelle la présente Convention entrera en vigueur conformément aux dispositions de l'article 38, alinéa premier;

c) les adhésions visées à l'article 39 et la date à laquelle elles auront effet;

d) les extensions visées à l'article 40 et la date à laquelle elles auront effet;

e) les désignations, réserves et déclarations mentionnées aux articles 33 et 35;

f) les dénonciations visées à l'article 41, alinéa 3.

92 Convention de La Haye du 4 mai 1971 sur la loi applicable en matière d'accidents de la circulation routière

En vigueur depuis le 3 juin 1975

Les États signataires de la présente Convention,

Désirant établir des dispositions communes concernant la loi applicable à la responsabilité civile extra-contractuelle en matière d'accidents de la circulation routière,

Ont résolu de conclure une Convention à cet effet et sont convenus des dispositions suivantes :

Art. premier La présente Convention détermine la loi applicable à la responsabilité civile extracontractuelle découlant d'un accident de la circulation routière, quelle que soit la nature de la juridiction appelée à en connaître.

Par accident de la circulation routière au sens de la présente Convention, on entend tout accident concernant un ou des véhicules, automoteurs ou non, et qui est lié à la circulation sur la voie publique, sur un terrain ouvert au public ou sur un terrain non public mais ouvert à un certain nombre de personnes ayant le droit de le fréquenter.

Art. 2 La présente Convention ne s'applique pas :

1. À la responsabilité des fabricants, vendeurs et réparateurs de véhicules;

2. À la responsabilité du propriétaire de la voie de circulation ou de toute autre personne tenue d'assurer l'entretien de la voie ou la sécurité des usagers;

3. Aux responsabilités du fait d'autrui, à l'exception de celle du propriétaire du véhicule et de celle du commettant;

4. Aux recours entre personnes responsables;

5. Aux recours et aux subrogations concernant les assureurs;

6. Aux actions et aux recours exercés par ou contre les organismes de sécurité sociale, d'assurance sociale ou autres institutions analogues et les fonds publics de garantie automobile, ainsi qu'aux cas d'exclusion de responsabilité prévus par la loi dont relèvent ces organismes.

Art. 3 La loi applicable est la loi interne de l'État sur le territoire duquel l'accident est survenu.

Art. 4 Sous réserve de l'article 5, il est dérogé à la disposition de l'article 3 dans les cas prévus ci-après :

a) Lorsqu'un seul véhicule est impliqué dans l'accident et qu'il est immatriculé dans un État autre que celui sur le territoire duquel l'accident est survenu, la loi interne de l'État d'immatriculation est applicable à la responsabilité :

— envers le conducteur, le détenteur, le propriétaire ou toute autre personne ayant un droit sur le véhicule, sans qu'il soit tenu compte de leur résidence habituelle;

— envers une victime qui était passager, si elle avait sa résidence habituelle dans un État autre que celui sur le territoire duquel l'accident est survenu;

— envers une victime se trouvant sur les lieux de l'accident hors du véhicule, si elle avait sa résidence habituelle dans l'État d'immatriculation.

En cas de pluralité de victimes, la loi applicable est déterminée séparément à l'égard de chacune d'entre elles.

b) Lorsque plusieurs véhicules sont impliqués dans l'accident, les dispositions figurant sous lettre *a* ne sont applicables que si tous les véhicules sont immatriculés dans le même État.

c) Lorsque des personnes se trouvant sur les lieux de l'accident hors du ou des véhicules sont impliquées dans l'accident, les dispositions figurant sous lettres *a* et *b* ne sont applicables que si toutes ces personnes avaient leur résidence habituelle dans l'État d'immatriculation. Il en est ainsi, alors même qu'elles sont aussi victimes de l'accident.

Art. 5 La loi applicable en vertu des articles 3 et 4 à la responsabilité envers le passager régit aussi la responsabilité pour les dommages aux biens transportés dans le véhicule, qui appartiennent au passager ou qui lui ont été confiés.

La loi applicable en vertu des articles 3 et 4 à la responsabilité envers le propriétaire du véhicule régit la responsabilité pour les dommages aux biens transportés par le véhicule, autres que ceux visés à l'alinéa précédent.

La loi applicable à la responsabilité pour les dommages aux biens se trouvant hors du ou des véhicules est celle de l'État sur le territoire duquel l'accident est survenu. Toutefois, la responsabilité pour les dommages aux effets personnels de la victime se trouvant hors du ou des véhicules est soumise à la loi interne de l'État d'immatriculation, lorsqu'elle est applicable à la responsabilité envers la victime en vertu de l'article 4.

Art. 6 Pour les véhicules non immatriculés ou immatriculés dans plusieurs États, la loi interne de l'État du stationnement habituel remplace celle de l'État d'immatriculation. Il en est de même lorsque ni le propriétaire, ni le détenteur, ni le conducteur du véhicule n'avaient, au moment de l'accident, leur résidence habituelle dans l'État d'immatriculation.

Art. 7 Quelle que soit la loi applicable, il doit, dans la détermination de la responsabilité, être tenu compte des règles de circulation et de sécurité en vigueur au lieu et au moment de l'accident.

Art. 8 La loi applicable détermine notamment :

1. Les conditions et l'étendue de la responsabilité;
2. Les causes d'exonération, ainsi que toute limitation et tout partage de responsabilité;
3. L'existence et la nature des dommages susceptibles de réparation;
4. Les modalités et l'étendue de la réparation;
5. La transmissibilité du droit à réparation;
6. Les personnes ayant droit à réparation du dommage qu'elles ont personnellement subi;
7. La responsabilité du commettant du fait de son préposé;
8. Les prescriptions et les déchéances fondées sur l'expiration d'un délai, y compris le point de départ, l'interruption et la suspension des délais.

Art. 9 Les personnes lésées ont le droit d'agir directement contre l'assureur du responsable, si un tel droit leur est reconnu par la loi applicable en vertu des articles 3, 4 ou 5.

Si la loi de l'État d'immatriculation, applicable en vertu des articles 4 ou 5, ne connaît pas ce droit, il peut néanmoins être exercé s'il est admis par la loi interne de l'État sur le territoire duquel l'accident est survenu.

Si aucune de ces lois ne connaît ce droit, il peut être exercé s'il est admis par la loi du contrat d'assurance.

Art. 10 L'application d'une des lois déclarées compétentes par la présente Convention ne peut être écartée que si elle est manifestement incompatible avec l'ordre public.

Art. 11 L'application des articles 1er à 10 de la présente Convention est indépendante de toute condition de réciprocité. La Convention s'applique même si la loi applicable n'est pas celle d'un État contractant.

Art. 12 Toute unité territoriale faisant partie d'un État à système juridique non unifié est considérée comme un État pour l'application des articles 2 à 11, lorsqu'elle a son propre système de droit concernant la responsabilité civile extracontractuelle en matière d'accidents de la circulation routière.

Art. 13 Un État à système juridique non unifié n'est pas tenu d'appliquer la présente Convention aux accidents survenus sur son territoire, lorsqu'ils concernent des véhicules qui ne sont immatriculés que dans les unités territoriales de cet État.

Art. 14 Un État à système juridique non unifié pourra, au moment de la signature, de la ratification ou de l'adhésion, déclarer que la présente Convention s'étendra à tous ses systèmes de droit ou seulement à un ou plusieurs d'entre eux et pourra à tout moment modifier cette déclaration en faisant une nouvelle déclaration.

Ces déclarations seront notifiées au Ministère des Affaires étrangères des Pays-Bas et indiqueront expressément les systèmes de droit auxquels la Convention s'applique.

Art. 15 La présente Convention ne déroge pas aux conventions auxquelles les États contractants sont ou seront Partie et qui, dans des matières particulières, règlent la responsabilité civile extracontractuelle découlant d'un accident de la circulation routière.

Art. 16 La présente Convention est ouverte à la signature des États représentés à la Onzième session de la Conférence de La Haye de droit international privé.

Elle sera ratifiée et les instruments de ratification seront déposés auprès du Ministère des Affaires Etrangères des Pays-Bas.

Art. 17 La présente Convention entrera en vigueur le soixantième jour après le dépôt du troisième instrument de ratification prévu par l'article 16, alinéa 2.

La Convention entrera en vigueur, pour chaque État signataire ratifiant postérieurement, le soixantième jour après le dépôt de son instrument de ratification.

Art. 18 Tout État non représenté à la Onzième session de la Conférence de La Haye de droit international privé qui est Membre de cette Conférence ou de l'Organisation des Nations Unies ou d'une institution spécialisée de celle-ci ou Partie au Statut de la Cour internationale de Justice pourra adhérer à la présente Convention après son entrée en vigueur en vertu de l'article 17, alinéa premier.

L'instrument d'adhésion sera déposé auprès du Ministère des Affaires Etrangères des Pays-Bas.

La Convention entrera en vigueur, pour l'État adhérant, le soixantième jour après le dépôt de son instrument d'adhésion.

L'adhésion n'aura d'effet que dans les rapports entre l'État adhérant et les États contractants qui auront déclaré accepter cette adhésion.

Cette déclaration sera déposée auprès du Ministère des Affaires Etrangères des Pays-Bas; celui-ci en enverra, par la voie diplomatique, une copie certifiée conforme, à chacun des États contractants.

La Convention entrera en vigueur entre l'État adhérant et l'État ayant déclaré accepter cette adhésion soixante jours après le dépôt de la déclaration d'acceptation.

Art. 19 Tout État, au moment de la signature, de la ratification ou de l'adhésion, pourra déclarer que la présente Convention s'étendra à l'ensemble des territoires qu'il représente sur le plan international, ou à l'un ou plusieurs d'entre eux. Cette déclaration aura effet au moment de l'entrée en vigueur de la Convention pour ledit État.

Par la suite, toute extension de cette nature sera notifiée au Ministère des Affaires Etrangères des Pays-Bas.

La Convention entrera en vigueur, pour les territoires visés par l'extension, le soixantième jour après la notification mentionnée à l'alinéa précédent.

Art. 20 La présente Convention aura une durée de cinq ans à partir de la date de son entrée en vigueur conformément à l'article 17, alinéa premier, même pour les États qui l'auront ratifiée ou y auront adhéré postérieurement.

La Convention sera renouvelée tacitement de cinq en cinq ans, sauf dénonciation.

La dénonciation sera, au moins six mois avant l'expiration du délai de cinq ans, notifiée au Ministère des Affaires Etrangères des Pays-Bas.

Elle pourra se limiter à certains des territoires auxquels s'applique la Convention.

La dénonciation n'aura d'effet qu'à l'égard de l'État qui l'aura notifiée. La Convention restera en vigueur pour les autres États contractants.

Art. 21 Le Ministère des Affaires Etrangères des Pays-Bas notifiera aux États visés à l'article 16, ainsi qu'aux États qui auront adhéré conformément aux dispositions de l'article 18 :

a) les signatures et ratifications visées à l'article 16;

b) la date à laquelle la présente Convention entrera en vigueur conformément aux dispositions de l'article 17, alinéa premier;

c) les adhésions visées à l'article 18 et la date à laquelle elles auront effet;

d) les déclarations mentionnées aux articles 14 et 19;

e) les dénonciations visées à l'article 20, alinéa 3.

En foi de quoi, les soussignés, dûment autorisés, ont signé la présente Convention.

Fait à La Haye, le 4 mai 1971, en français et en anglais, les deux textes faisant également foi, en un seul exemplaire, qui sera déposé dans les archives du Gouvernement des Pays-Bas et dont une copie certifiée conforme sera remise, par la voie diplomatique, à chacun des États représentés à la Onzième session de la Conférence de La Haye de droit international privé.

93 Convention de La Haye du 2 octobre 1973 sur la loi applicable à la responsabilité du fait des produits

En vigueur depuis le 1er octobre 1977

Les États signataires de la présente Convention,

Désirant établir des dispositions communes concernant la loi applicable, dans les relations internationales, à la responsabilité du fait des produits,

Ont résolu de conclure une Convention à cet effet et sont convenus des dispositions suivantes :

Art. premier La présente Convention détermine la loi applicable à la responsabilité des fabricants et autres personnes visées à l'article 3 pour les dommages causés par un produit, y compris les dommages résultant d'une description inexacte du produit ou de l'absence d'indication adéquate concernant ses qualités, ses caractères spécifiques ou son mode d'emploi.

Lorsque la propriété ou la jouissance du produit a été transférée à la personne lésée par celle dont la responsabilité est invoquée, la Convention ne s'applique pas dans leurs rapports respectifs.

La présente Convention s'applique quelle que soit la juridiction ou l'autorité appelée à connaître du litige.

Art. 2 Au sens de la présente Convention :

a) Le mot «produit» comprend les produits naturels et les produits industriels, qu'ils soient bruts ou manufacturés, meubles ou immeubles;

b) Le mot «dommage» comprend tout dommage aux personnes ou aux biens, ainsi que la perte économique; toutefois le dommage causé au produit lui-même, ainsi que la perte économique qui en résulte, sont exclus, à moins qu'ils ne s'ajoutent à d'autres dommages;

c) Le mot «personne» vise les personnes morales aussi bien que les personnes physiques.

Art. 3 La présente Convention s'applique à la responsabilité des personnes suivantes :

1. Les fabricants de produits finis ou de parties constitutives;
2. Les producteurs de produits naturels;
3. Les fournisseurs de produits;
4. Les autres personnes, y compris les réparateurs et les entrepositaires, constituant la chaîne de préparation et de distribution commerciale des produits.

La présente Convention s'applique aussi à la responsabilité des agents ou préposés de l'une des personnes énumérées ci-dessus.

Art. 4 La loi applicable est la loi interne de l'État sur le territoire duquel le fait dommageable s'est produit, si cet État est aussi :

a) L'État de la résidence habituelle de la personne directement lésée, ou

b) L'État de l'établissement principal de la personne dont la responsabilité est invoquée, ou

c) L'État sur le territoire duquel le produit a été acquis par la personne directement lésée.

Art. 5 Nonobstant les dispositions de l'article 4, la loi applicable est la loi interne de l'État de la résidence habituelle de la personne directement lésée, si cet État est aussi :

a) L'État de l'établissement principal de la personne dont la responsabilité est invoquée, ou

b) L'État sur le territoire duquel le produit a été acquis par la personne directement lésée.

Art. 6 Quand aucune des lois désignées aux articles 4 et 5 ne s'applique, la loi applicable est la loi interne de l'État du principal établissement de la personne dont la responsabilité est invoquée, à moins que le demandeur ne se fonde sur la loi interne de l'État sur le territoire duquel le fait dommageable s'est produit.

Art. 7 Ni la loi de l'État sur le territoire duquel le fait dommageable s'est produit, ni la loi de l'État de la résidence habituelle de la personne directement lésée, prévues par les articles 4, 5 et 6, ne sont applicables si la personne dont la responsabilité est invoquée établit qu'elle ne pouvait pas raisonnablement prévoir que le produit ou ses propres produits de même type seraient mis dans le commerce dans l'État considéré.

Art. 8 La loi applicable détermine notamment :

1. Les conditions et l'étendue de la responsabilité;
2. Les causes d'exonération, ainsi que toute limitation et tout partage de responsabilité;
3. La nature des dommages pouvant donner lieu à réparation;
4. Les modalités et l'étendue de la réparation;
5. La transmissibilité du droit à réparation;
6. Les personnes ayant droit à réparation du dommage qu'elles ont personnellement subi;
7. La responsabilité du commettant du fait de son préposé;
8. Le fardeau de la preuve, dans la mesure où les règles de la loi applicable à ce sujet font partie du droit de la responsabilité;
9. Les prescriptions et les déchéances fondées sur l'expiration d'un délai, y compris le point de départ, l'interruption et la suspension des délais.

Art. 9 L'application des articles 4, 5 et 6 ne fait pas obstacle à ce que soient prises en considération les règles de sécurité en vigueur dans l'État sur le territoire duquel le produit a été introduit sur le marché.

Art. 10 L'application d'une des lois déclarées compétentes par la présente Convention ne peut être écartée que si elle est manifestement incompatible avec l'ordre public.

Art. 11 L'application des précédents articles de la présente Convention est indépendante de toute condition de réciprocité. La Convention s'applique même si la loi applicable n'est pas celle d'un État contractant.

Art. 12 Lorsqu'un État comprend plusieurs unités territoriales dont chacune a ses propres règles en matière de responsabilité du fait des produits, chaque unité territoriale est considérée comme un État aux fins de la détermination de la loi applicable selon la Convention.

Art. 13 Un État dans lequel différentes unités territoriales ont leurs propres règles de droit en matière de responsabilité du fait des produits ne sera pas tenu d'appliquer la présente Convention lorsqu'un État dont le système de droit est unifié ne serait pas tenu d'appliquer la loi d'un autre État en vertu des articles 4 et 5 de la présente Convention.

Art. 14 Tout État contractant qui comprend deux ou plusieurs unités territoriales qui ont leurs propres règles de droit en matière de responsabilité du fait des produits pourra, au moment de la signature, de la ratification, de l'acceptation, de l'approbation ou de l'adhésion, déclarer que la présente Convention s'étendra à toutes ces unités territoriales ou seulement à une ou plusieurs d'entre elles, et pourra à tout moment modifier cette déclaration en faisant une nouvelle déclaration.

Ces déclarations seront notifiées au Ministère des Affaires étrangères des Pays-Bas et indiqueront expressément les unités territoriales auxquelles la Convention s'applique.

Art. 15 La présente Convention ne déroge pas aux Conventions relatives à des matières particulières auxquelles les États contractants sont ou seront Parties et qui concernent la responsabilité du fait des produits.

Art. 16 Tout État contractant, au moment de la signature, de la ratification, de l'acceptation, de l'approbation ou de l'adhésion, pourra se réserver le droit :

1. De ne pas appliquer les dispositions de l'article 8, chiffre 9;
2. De ne pas appliquer la Convention aux produits agricoles bruts.

Aucune autre réserve ne sera admise.

Tout État contractant pourra également, en notifiant une extension de la Convention conformément à l'article 19, faire une ou plusieurs de ces réserves avec effet limité aux territoires ou à certains des territoires visés par l'extension.

Tout État contractant pourra à tout moment retirer une réserve qu'il aura faite; l'effet de la réserve cessera le premier jour du troisième mois du calendrier après la notification du retrait.

Art. 17 La présente Convention est ouverte à la signature des États qui étaient Membres de la Conférence de La Haye de droit international privé lors de sa Douzième session.

Elle sera ratifiée, acceptée ou approuvée et les instruments de ratification, d'acceptation ou d'approbation seront déposés auprès du Ministère des Affaires Étrangères des Pays-Bas.

Art. 18 Tout État qui n'est devenu Membre de la Conférence qu'après la Douzième session, ou qui appartient à l'Organisation des Nations unies ou à une institution spécialisée de celle-ci, ou est Partie au Statut de la Cour internationale de Justice, pourra adhérer à la présente Convention après son entrée en vigueur en vertu de l'article 20.

L'instrument d'adhésion sera déposé auprès du Ministère des Affaires Étrangères des Pays-Bas.

Art. 19 Tout État, au moment de la signature, de la ratification, de l'acceptation, de l'approbation ou de l'adhésion, pourra déclarer que la présente Convention s'étendra à l'ensemble des territoires qu'il représente sur le plan international, ou à l'un ou plusieurs d'entre eux.

Cette déclaration aura effet au moment de l'entrée en vigueur de la Convention pour ledit État.

Par la suite, toute extension de cette nature sera notifiée au Ministère des Affaires Étrangères des Pays-Bas.

Art. 20 La présente Convention entrera en vigueur le premier jour du troisième mois du calendrier suivant le dépôt du troisième instrument de ratification, d'acceptation ou d'approbation prévu par l'article 17, alinéa 2.

Ensuite, la Convention entrera en vigueur :

— pour chaque État signataire ratifiant, acceptant ou approuvant postérieurement, le premier jour du troisième mois du calendrier après le dépôt de son instrument de ratification, d'acceptation ou d'approbation;

— pour tout État adhérant, le premier jour du troisième mois du calendrier après le dépôt de son instrument d'adhésion;

— pour les territoires auxquels la Convention a été étendue conformément à l'article 19, le premier jour du troisième mois du calendrier après la notification visée dans cet article.

Art. 21 La présente Convention aura une durée de cinq ans à partir de la date de son entrée en vigueur conformément à l'article 20, alinéa premier, même pour les États qui l'auront postérieurement ratifiée, acceptée ou approuvée ou qui y auront adhéré.

La Convention sera renouvelée tacitement de cinq ans en cinq ans, sauf dénonciation.

La dénonciation sera, au moins six mois avant l'expiration du délai de cinq ans, notifiée au Ministère des Affaires Étrangères des Pays-Bas. Elle pourra se limiter à certains territoires auxquels s'applique la Convention.

La dénonciation n'aura d'effet qu'à l'égard de l'État qui l'aura notifiée. La Convention restera en vigueur pour les autres États contractants.

Art. 22 Le Ministère des Affaires Étrangères des Pays-Bas notifiera aux États Membres de la Conférence, ainsi qu'aux États qui auront adhéré conformément aux dispositions de l'article 18 :

1. les signatures, ratifications, acceptations et approbations, visées à l'article 17;
2. la date à laquelle la présente Convention entrera en vigueur conformément aux dispositions de l'article 20;
3. les adhésions visées à l'article 18 et la date à laquelle elles auront effet;
4. les extensions visées à l'article 19 et la date à laquelle elles auront effet;
5. les réserves, le retrait des réserves et les déclarations mentionnées aux articles 14, 16 et 19;
6. les dénonciations visées à l'article 21.

En foi de quoi, les soussignés, dûment autorisés, ont signé la présente Convention.

94 Convention de La Haye du 2 octobre 1973 sur la loi applicable aux obligations alimentaires

En vigueur depuis le 1er octobre 1977

Les États signataires de la présente Convention,

Désirant établir des dispositions communes concernant la loi applicable aux obligations alimentaires envers les adultes,

Désirant coordonner ces dispositions et celles de la Convention du 24 octobre 1956 sur la loi applicable aux obligations alimentaires envers les enfants,

Ont résolu de conclure une Convention à cet effet et sont convenus des dispositions suivantes :

CHAPITRE Ier

Champ d'application de la Convention

Art. premier La présente Convention s'applique aux obligations alimentaires découlant de relations de famille, de parenté, de mariage ou d'alliance, y compris les obligations alimentaires envers un enfant non légitime.

Art. 2 La Convention ne règle que les conflits de lois en matière d'obligations alimentaires.

Les décisions rendues en application de la Convention ne préjugent pas de l'existence d'une des relations visées à l'article 1er.

Art. 3 La loi désignée par la Convention s'applique indépendamment de toute condition de réciprocité, même s'il s'agit de la loi d'un État non contractant.

CHAPITRE II

Loi applicable

Art. 4 La loi interne de la résidence habituelle du créancier d'aliments régit les obligations alimentaires visées à l'article 1er.

En cas de changement de la résidence habituelle du créancier, la loi interne de la nouvelle résidence habituelle s'applique à partir du moment où le changement est survenu.

Art. 5 La loi nationale commune s'applique lorsque le créancier ne peut obtenir d'aliments du débiteur en vertu de la loi visée à l'article 4.

Art. 6 La loi interne de l'autorité saisie s'applique lorsque le créancier ne peut obtenir d'aliments du débiteur en vertu des lois visées aux articles 4 et 5.

Art. 7 Dans les relations alimentaires entre collatéraux et entre alliés, le débiteur peut opposer à la prétention du créancier l'absence d'obligation à son égard suivant leur loi nationale commune ou, à défaut de nationalité commune, suivant la loi interne de sa résidence habituelle.

Art. 8 Par dérogation aux articles 4 à 6, la loi appliquée au divorce régit, dans l'État contractant où celui-ci est prononcé ou reconnu, les obligations alimentaires entre époux divorcés et la révision des décisions relatives à ces obligations.

L'alinéa qui précède s'applique également aux cas de séparation de corps, de nullité ou d'annulation du mariage.

Art. 9 Le droit d'une institution publique d'obtenir le remboursement de la prestation fournie au créancier est soumis à la loi qui régit l'institution.

Art. 10 La loi applicable à l'obligation alimentaire détermine notamment :

1° Si, dans quelle mesure et à qui le créancier peut réclamer des aliments;

2° Qui est admis à intenter l'action alimentaire et quels sont les délais pour l'intenter;

3° Les limites de l'obligation du débiteur, lorsque l'institution publique qui a fourni des aliments au créancier demande le remboursement de sa prestation.

Art. 11 L'application de la loi désignée par la Convention ne peut être écartée que si elle est manifestement incompatible avec l'ordre public.

Toutefois, même si la loi applicable en dispose autrement, il doit être tenu compte des besoins du créancier et des ressources du débiteur dans la détermination du montant de la prestation alimentaire.

CHAPITRE III

Dispositions diverses

Art. 12 La Convention ne s'applique pas aux aliments réclamés dans un État contractant pour la période antérieure à son entrée en vigueur dans cet État.

Art. 13 Tout État contractant pourra, conformément à l'article 24, se réserver le droit de n'appliquer la Convention qu'aux obligations alimentaires :

1° Entre époux et ex-époux;

2° Envers une personne âgée de moins de vingt et un ans et qui n'a pas été mariée.

Art. 14 Tout État contractant pourra, conformément à l'article 24, se réserver le droit de ne pas appliquer la Convention aux obligations alimentaires :

1° Entre collatéraux;

2° Entre alliés;

3° Entre époux divorcés, séparés de corps, ou dont le mariage a été déclaré nul ou annulé, lorsque la décision de divorce, de séparation, de nullité ou d'annulation de mariage a été rendue par défaut dans un État où la partie défaillante n'avait pas sa résidence habituelle.

Art. 15 Tout État contractant pourra, conformément à l'article 24, faire une réserve aux termes de laquelle ses autorités appliqueront sa loi interne lorsque le créancier et le débiteur ont la nationalité de cet État, et si le débiteur y a sa résidence habituelle.

Art. 16 Si la loi d'un État qui connaît, en matière d'obligations alimentaires, deux ou plusieurs systèmes de droit d'application territoriale ou personnelle doit être prise en considération — comme en cas de référence à la loi de la résidence habituelle du créancier ou du débiteur ou à la loi nationale commune — il y a lieu d'appliquer le système désigné par les règles en vigueur dans cet État ou, à défaut, le système avec lequel les intéressés ont les liens les plus étroits.

Art. 17 Un État contractant dans lequel différentes unités territoriales ont leurs propres règles de droit en matière d'obligations alimentaires n'est pas tenu d'appliquer la Convention aux conflits de lois intéressant uniquement ses unités territoriales.

Art. 18 La Convention remplace, dans les rapports entre les États qui y sont Parties, la Convention sur la loi applicable aux obligations alimentaires envers les enfants, conclue à La Haye, le 24 octobre 1956.

Toutefois, l'alinéa premier ne s'applique pas à l'État qui, par la réserve prévue à l'article 13, a exclu l'application de la présente Convention aux obligations alimentaires envers une personne âgée de moins de vingt et un ans et qui n'a pas été mariée.

Art. 19 La Convention ne déroge pas aux instruments internationaux auxquels un État contractant est ou sera Partie et qui contiennent des dispositions sur les matières réglées par la présente Convention.

CHAPITRE IV

Dispositions finales

Art. 20 La Convention est ouverte à la signature des États qui étaient Membres de la Conférence de La Haye de droit international privé lors de sa Douzième session.

Elle sera ratifiée, acceptée ou approuvée et les instruments de ratification, d'acceptation ou d'approbation seront déposés auprès du Ministère des Affaires Etrangères des Pays-Bas.

Art. 21 Tout État qui n'est devenu Membre de la Conférence qu'après la Douzième session, ou qui appartient à l'Organisation des Nations Unies ou à une institution spécialisée de celle-ci, ou est Partie au Statut de la Cour internationale de Justice, pourra adhérer à la présente Convention après son entrée en vigueur en vertu de l'article 25, alinéa premier.

L'instrument d'adhésion sera déposé auprès du Ministère des Affaires Etrangères des Pays-Bas.

Art. 22 Tout État, au moment de la signature, de la ratification, de l'approbation, de l'acceptation ou de l'adhésion, pourra déclarer que la Convention s'étendra à l'ensemble des territoires qu'il représente sur le plan international, ou à l'un ou plusieurs d'entre eux. Cette déclaration aura effet au moment de l'entrée en vigueur de la Convention pour ledit État.

Par la suite, toute extension de cette nature sera notifiée au Ministère des Affaires Etrangères des Pays-Bas.

Art. 23 Tout État contractant qui comprend deux ou plusieurs unités territoriales dans lesquelles des systèmes de droit différents s'appliquent en matière d'obligations alimentaires pourra, au moment de la signature, de la ratification, de l'acceptation, de l'approbation ou de l'adhésion, déclarer que la présente Convention s'étendra à toutes ces unités territoriales ou seulement à l'une ou à plusieurs d'entre elles et pourra à tout moment modifier cette déclaration en faisant une nouvelle déclaration.

Ces déclarations seront notifiées au Ministère des Affaires Etrangères des Pays-Bas et indiqueront expressément l'unité territoriale à laquelle la Convention s'applique.

Art. 24 Tout État pourra, au plus tard au moment de la ratification, de l'acceptation, de l'approbation ou de l'adhésion, faire une ou plusieurs des réserves prévues aux articles 13 à 15. Aucune autre réserve ne sera admise.

Tout État pourra également, en notifiant une extension de la Convention conformément à l'article 22, faire une ou plusieurs de ces réserves avec effets limités aux territoires ou à certains des territoires visés par l'extension.

Tout État contractant pourra, à tout moment, retirer une réserve qu'il aura faite. Ce retrait sera notifié au Ministère des Affaires Etrangères des Pays-Bas.

L'effet de la réserve cessera le premier jour du troisième mois du calendrier après la notification mentionnée à l'alinéa précédent.

Art. 25 La Convention entrera en vigueur le premier jour du troisième mois du calendrier suivant le dépôt du troisième instrument de ratification, d'acceptation ou d'approbation prévu à l'article 20.

Ensuite, la Convention entrera en vigueur :

— pour chaque État signataire ratifiant, acceptant ou approuvant postérieurement, le premier jour du troisième mois du calendrier après le dépôt de son instrument de ratification, d'acceptation ou d'approbation ;

— pour tout État adhérant, le premier jour du troisième mois du calendrier après le dépôt de son instrument d'adhésion ;

— pour les territoires auxquels la Convention a été étendue conformément à l'article 22, le premier jour du troisième mois du calendrier après la notification visée dans cet article.

Art. 26 La Convention aura une durée de cinq ans à partir de la date de son entrée en vigueur conformément à l'article 25, alinéa premier, même pour les États qui l'auront postérieurement ratifiée, acceptée ou approuvée ou qui y auront adhéré.

La Convention sera renouvelée tacitement de cinq ans en cinq ans, sauf dénonciation.

La dénonciation sera, au moins six mois avant l'expiration du délai de cinq ans, notifiée au Ministère des Affaires Etrangères des Pays-Bas. Elle pourra se limiter à certains territoires auxquels s'applique la Convention.

La dénonciation n'aura d'effet qu'à l'égard de l'État qui l'aura notifiée. La Convention restera en vigueur pour les autres États contractants.

Art. 27 Le Ministère des Affaires Etrangères des Pays-Bas notifiera aux États Membres de la Conférence, ainsi qu'aux États qui auront adhéré conformément aux dispositions de l'article 21 :

1. les signatures, ratifications, acceptations et approbations visées à l'article 20;
2. la date à laquelle la présente Convention entrera en vigueur conformément aux dispositions de l'article 25;
3. les adhésions visées à l'article 21 et la date à laquelle elles auront effet;
4. les extensions visées à l'article 22 et la date à laquelle elles auront effet;
5. les déclarations mentionnées à l'article 23, ainsi que leurs modifications et la date à laquelle ces déclarations et ces modifications auront effet;
6. les dénonciations visées à l'article 26;
7. les réserves prévues aux articles 13 à 15 et 24 et le retrait des réserves prévu à l'article 24.

En foi de quoi, les soussignés, dûment autorisés, ont signé la présente Convention.

Fait à La Haye, le 2 octobre 1973, en français et en anglais, les deux textes faisant également foi, en un seul exemplaire, qui sera déposé dans les archives du Gouvernement des Pays-Bas et dont une copie certifiée conforme sera remise, par la voie diplomatique, à chacun des États Membres de la Conférence de La Haye de droit international privé lors de sa Douzième session.

95 Convention de La Haye du 2 octobre 1973 concernant la reconnaissance et l'exécution de décisions relatives aux obligations alimentaires

En vigueur depuis le 1er octobre 1977

Les États signataires de la présente Convention,

Désirant établir des dispositions communes pour régler la reconnaissance et l'exécution réciproques de décisions relatives aux obligations alimentaires envers les adultes,

Désirant coordonner ces dispositions et celles de la Convention du 15 avril 1958 concernant la reconnaissance et l'exécution des décisions en matière d'obligations alimentaires envers les enfants,

Ont résolu de conclure une Convention à cet effet et sont convenus des dispositions suivantes :

CHAPITRE Ier

Champ d'application de la Convention

Art. premier La présente Convention s'applique aux décisions en matière d'obligations alimentaires découlant de relations de famille, de parenté, de mariage ou d'alliance, y compris les obligations alimentaires envers un enfant non légitime, rendues par les autorités judiciaires ou administratives d'un État contractant entre :

1. Un créancier et un débiteur d'aliments; ou
2. Un débiteur d'aliments et une institution publique qui poursuit le remboursement de la prestation fournie à un créancier d'aliments.

Elle s'applique également aux transactions passées dans cette matière devant ces autorités et entre ces personnes.

Art. 2 La Convention s'applique aux décisions et aux transactions, quelle que soit leur dénomination.

Elle s'applique également aux décisions ou transactions modifiant une décision ou une transaction antérieure, même au cas où celle-ci proviendrait d'un État non contractant.

Elle s'applique sans égard au caractère international ou interne de la réclamation d'aliments et quelle que soit la nationalité ou la résidence habituelle des parties.

Art. 3 Si la décision ou la transaction ne concerne pas seulement l'obligation alimentaire, l'effet de la convention reste limité à cette dernière.

CHAPITRE II

Conditions de la reconnaissance et de l'exécution des décisions

Art. 4 La décision rendue dans un État contractant doit être reconnue ou déclarée exécutoire dans un autre État contractant :

1. Si elle a été rendue par une autorité considérée comme compétente au sens des articles 7 ou 8; et
2. Si elle ne peut plus faire l'objet d'un recours ordinaire dans l'État d'origine.

Les décisions exécutoires par provision et les mesures provisionnelles sont, quoique susceptibles de recours ordinaire, reconnues ou déclarées exécutoires dans l'État requis si pareilles décisions peuvent y être rendues et exécutées.

Art. 5 La reconnaissance ou l'exécution de la décision peut néanmoins être refusée :

1. Si la reconnaissance ou l'exécution de la décision est manifestement incompatible avec l'ordre public de l'État requis; ou
2. Si la décision résulte d'une fraude commise dans la procédure; ou
3. Si un litige entre les mêmes parties et ayant le même objet est pendant devant une autorité de l'État requis, première saisie; ou
4. Si la décision est incompatible avec une décision rendue entre les mêmes parties et sur le même objet, soit dans l'État requis, soit dans un autre État lorsque, dans ce dernier cas, elle réunit les conditions nécessaires à sa reconnaissance et à son exécution dans l'État requis.

Art. 6 Sans préjudice des dispositions de l'article 5, une décision par défaut n'est reconnue ou déclarée exécutoire que si l'acte introductif d'instance contenant les éléments essentiels de la demande a été notifié ou signifié à la partie défaillante selon le droit de l'État d'origine et si, compte tenu des circonstances, cette partie a disposé d'un délai suffisant pour présenter sa défense.

Art. 7 L'autorité de l'État d'origine est considérée comme compétente au sens de la Convention :

1. Si le débiteur ou le créancier d'aliments avait sa résidence habituelle dans l'État d'origine lors de l'introduction de l'instance; ou
2. Si le débiteur et le créancier d'aliments avaient la nationalité de l'État d'origine lors de l'introduction de l'instance; ou
3. Si le défendeur s'est soumis à la compétence de cette autorité soit expressément, soit en s'expliquant sur le fond sans réserves touchant à la compétence.

Art. 8 Sans préjudice des dispositions de l'article 7, les autorités d'un État contractant qui ont statué sur la réclamation en aliments sont considérées comme compétentes au sens de la Convention si ces aliments sont dus en raison d'un divorce, d'une séparation de corps, d'une annulation ou d'une nullité de mariage intervenu devant une autorité de cet État reconnue comme compétente en cette matière selon le droit de l'État requis.

Art. 9 L'autorité de l'État requis est liée par les constatations de fait sur lesquelles l'autorité de l'État d'origine a fondé sa compétence.

Art. 10 Lorsque la décision porte sur plusieurs chefs de la demande en aliments et que la reconnaissance ou l'exécution ne peut être accordée pour le tout, l'autorité de l'État requis applique la Convention à la partie de la décision qui peut être reconnue ou déclarée exécutoire.

Art. 11 Lorsque la décision a ordonné la prestation d'aliments par paiements périodiques, l'exécution est accordée tant pour les paiements échus que pour ceux à échoir.

Art. 12 L'autorité de l'État requis ne procède à aucun examen au fond de la décision, à moins que la Convention n'en dispose autrement.

CHAPITRE III
Procédure de la reconnaissance et de l'exécution des décisions

Art. 13 La procédure de la reconnaissance ou de l'exécution de la décision est régie par le droit de l'État requis, à moins que la Convention n'en dispose autrement.

Art. 14 La reconnaissance ou l'exécution partielle d'une décision peut toujours être demandée.

Art. 15 Le créancier d'aliments qui, dans l'État d'origine, a bénéficié en tout ou en partie de l'assistance judiciaire ou d'une exemption de frais et dépens, bénéficie, dans toute procédure de reconnaissance ou d'exécution, de l'assistance la plus favorable ou de l'exemption la plus large prévue par le droit de l'État requis.

Art. 16 Aucune caution ni aucun dépôt, sous quelque dénomination que ce soit, ne peut être imposé pour garantir le paiement des frais et dépens dans les procédures visées par la Convention.

Art. 17 La partie qui invoque la reconnaissance ou qui demande l'exécution d'une décision doit produire :

1. Une expédition complète et conforme de la décision;

2. Tout document de nature à prouver que la décision ne peut plus faire l'objet d'un recours ordinaire dans l'État d'origine et, le cas échéant, qu'elle y est exécutoire;

3. S'il s'agit d'une décision par défaut, l'original ou une copie certifiée conforme du document de nature à prouver que l'acte introductif d'instance contenant les éléments essentiels de la demande a été régulièrement notifié ou signifié à la partie défaillante selon le droit de l'État d'origine;

4. Le cas échéant, toute pièce de nature à prouver qu'elle a obtenu l'assistance judiciaire ou une exemption de frais et dépens dans l'État d'origine;

5. Sauf dispense de l'autorité de l'État requis, la traduction certifiée conforme des documents mentionnés ci-dessus.

À défaut de production des documents mentionnés ci-dessus ou si le contenu de la décision ne permet pas à l'autorité de l'État requis de vérifier que les conditions de la Convention sont remplies, cette autorité impartit un délai pour produire tous documents nécessaires.

Aucune légalisation ni formalité analogue ne peut être exigée.

CHAPITRE IV

Dispositions complémentaires relatives aux institutions publiques

Art. 18 La décision rendue contre un débiteur d'aliments à la demande d'une institution publique qui poursuit le remboursement de prestations fournies au créancier d'aliments est reconnue et déclarée exécutoire conformément à la Convention :

1. Si ce remboursement peut être obtenu par cette institution selon la loi qui la régit; et

2. Si l'existence d'une obligation alimentaire entre ce créancier et ce débiteur est prévue par la loi interne désignée par le droit international privé de l'État requis.

Art. 19 Une institution publique peut, dans la mesure des prestations fournies au créancier, demander la reconnaissance ou l'exécution d'une décision rendue entre le créancier et le débiteur d'aliments si, d'après la loi qui la régit, elle est de plein droit habilitée à invoquer la reconnaissance ou à demander l'exécution de la décision à la place du créancier.

Art. 20 Sans préjudice des dispositions de l'article 17, l'institution publique qui invoque la reconnaissance ou qui demande l'exécution doit produire tout document de nature à prouver qu'elle répond aux conditions prévues par l'article 18, chiffre 1, ou par l'article 19, et que les prestations ont été fournies au créancier d'aliments.

CHAPITRE V

Transactions

Art. 21 Les transactions exécutoires dans l'État d'origine sont reconnues et déclarées exécutoires aux mêmes conditions que les décisions, en tant que ces conditions leur sont applicables.

CHAPITRE VI

Dispositions diverses

Art. 22 Les États contractants dont la loi impose des restrictions aux transferts de fonds accorderont la priorité la plus élevée aux transferts de fonds destinés à être versés comme aliments ou à couvrir des frais et dépens encourus pour toute demande régie par la Convention.

Art. 23 La Convention n'empêche pas qu'un autre instrument international liant l'État d'origine et l'État requis ou que le droit non conventionnel de l'État requis soient invoqués pour obtenir la reconnaissance ou l'exécution d'une décision ou d'une transaction.

Art. 24 La Convention est applicable quelle que soit la date à laquelle la décision a été rendue.

Lorsque la décision a été rendue avant l'entrée en vigueur de la Convention dans les rapports entre l'État d'origine et l'État requis, elle ne sera déclarée exécutoire dans ce dernier État que pour les paiements à échoir après cette entrée en vigueur.

Art. 25 Tout État contractant peut, à tout moment, déclarer que les dispositions de la convention seront étendues, dans ses relations avec les États qui auront fait la même déclaration, à tout acte authentique dressé par-devant une autorité ou un officier public, reçu et exécutoire dans l'État d'origine, dans la mesure où ces dispositions peuvent être appliquées à ces actes.

Art. 26 Tout État contractant pourra, conformément à l'article 34, se réserver le droit de ne pas reconnaître ni déclarer exécutoires :

1. Les décisions et les transactions portant sur les aliments dus pour la période postérieure au mariage ou au vingt et unième anniversaire du créancier par un débiteur autre que l'époux ou l'ex-époux du créancier;

2. Les décisions et les transactions en matière d'obligations alimentaires :

a) Entre collatéraux;

b) Entre alliés;

3. Les décisions et les transactions ne prévoyant pas la prestation d'aliments par paiements périodiques.

Aucun État contractant qui aura fait l'usage d'une réserve ne pourra prétendre à l'application de la Convention aux décisions et aux transactions exclues dans sa réserve.

Art. 27 Si un État contractant connaît, en matière d'obligations alimentaires, deux ou plusieurs systèmes de droit applicables à des catégories différentes de personnes, toute référence à la loi de cet État vise le système juridique que son droit désigne comme applicable à une catégorie particulière de personnes.

Art. 28 Si un État contractant comprend deux ou plusieurs unités territoriales dans lesquelles différents systèmes de droit s'appliquent en ce qui concerne la reconnaissance et l'exécution de décisions en matière d'obligations alimentaires :

1. Toute référence à la loi, à la procédure ou à l'autorité de l'État d'origine vise la loi, la procédure ou l'autorité de l'unité territoriale dans laquelle la décision a été rendue;

2. Toute référence à la loi, à la procédure ou à l'autorité de l'État requis vise la loi, la procédure ou l'autorité de l'unité territoriale dans laquelle la reconnaissance ou l'exécution est invoquée;

3. Toute référence faite, dans l'application des chiffres 1 et 2, soit à la loi ou à la procédure de l'État d'origine soit à la loi ou à la procédure de l'État requis doit être interprétée comme comprenant tous les règles et principes légaux appropriés de l'État contractant qui régissent les unités territoriales qui le forment;

4. Toute référence à la résidence habituelle du créancier ou du débiteur d'aliments dans l'État d'origine vise sa résidence habituelle dans l'unité territoriale dans laquelle la décision a été rendue.

Tout État contractant peut, en tout temps, déclarer qu'il n'appliquera pas l'une ou plusieurs de ces règles à une ou plusieurs dispositions de la Convention.

Art. 29 La présente Convention remplace, dans les rapports entre les États qui y sont Parties, la Convention concernant la reconnaissance et l'exécution des décisions en matière d'obligations alimentaires envers les enfants, conclue à La Haye le 15 avril 1958.

CHAPITRE VII

Dispositions finales

Art. 30 La Convention est ouverte à la signature des États qui étaient Membres de la Conférence de La Haye de droit international privé lors de sa Douzième session.

Elle sera ratifiée, acceptée ou approuvée et les instruments de ratification, d'acceptation ou d'approbation seront déposés auprès du Ministère des Affaires Etrangères des Pays-Bas.

Art. 31 Tout État qui n'est devenu Membre de la Conférence qu'après la Douzième session, ou qui appartient à l'Organisation des Nations Unies ou à une institution spécialisée de celle-ci, ou est Partie au Statut de la Cour internationale de Justice, pourra adhérer à la présente Convention après son entrée en vigueur en vertu de l'article 35, alinéa premier.

L'instrument d'adhésion sera déposé auprès du Ministère des Affaires Etrangères des Pays-Bas.

L'adhésion n'aura d'effet que dans les rapports entre l'État adhérant et les États contractants qui n'auront pas élevé d'objection à son encontre dans les douze mois après la réception de la notification prévue au chiffre 3 de l'article 37. Une telle objection pourra également être élevée par tout État membre au moment d'une ratification, acceptation ou approbation de la Convention, ultérieure à l'adhésion.

Ces objections seront notifiées au Ministère des Affaires Etrangères des Pays-Bas.

Art. 32 Tout État, au moment de la signature, de la ratification, de l'approbation, de l'acceptation ou de l'adhésion, pourra déclarer que la Convention s'étendra à l'ensemble des territoires qu'il représente sur le plan international, ou à l'un ou plusieurs d'entre eux. Cette déclaration aura effet au moment de l'entrée en vigueur de la Convention pour ledit État.

Par la suite, toute extension de cette nature sera notifiée au Ministère des Affaires Etrangères des Pays-Bas.

L'extension aura effet dans les rapports entre les États contractants qui, dans les douze mois après la réception de la notification prévue à l'article 37, chiffre 4, n'auront pas élevé d'objection à son encontre, et le territoire ou les territoires dont les relations internationales sont assurées par l'État en question, et pour lequel ou lesquels la notification aura été faite.

Une telle objection pourra également être élevée par tout État membre au moment d'une ratification, acceptation ou approbation ultérieure à l'extension.

Ces objections seront notifiées au Ministère des Affaires Etrangères des Pays-Bas.

Art. 33 Tout État contractant qui comprend deux ou plusieurs unités territoriales dans lesquelles des systèmes de droit différents s'appliquent en ce qui concerne la reconnaissance et l'exécution de décisions en matière d'obligations alimentaires pourra, au moment de la signature, de la ratification, de l'acceptation, de l'approbation ou de l'adhésion, déclarer que la présente Convention s'étendra à toutes ces unités territoriales ou seulement à l'une ou à plusieurs d'entre elles et pourra, à tout moment, modifier cette déclaration en faisant une nouvelle déclaration.

Ces déclarations seront notifiées au Ministère des Affaires Etrangères des Pays-Bas et indiqueront expressément l'unité territoriale à laquelle la Convention s'applique.

Les autres États contractants pourront refuser de reconnaître une décision en matière d'obligations alimentaires si, à la date à laquelle la reconnaissance est invoquée, la Convention n'est pas applicable à l'unité territoriale dans laquelle la décision a été obtenue.

Art. 34 Tout État pourra, au plus tard au moment de la ratification, de l'acceptation, de l'approbation ou de l'adhésion, faire une ou plusieurs des réserves prévues à l'article 26. Aucune autre réserve ne sera admise.

Tout État pourra également, en notifiant une extension de la Convention conformément à l'article 32, faire une ou plusieurs de ces réserves avec effet limité aux territoires ou à certains des territoires visés par l'extension.

Tout État contractant pourra, à tout moment, retirer une réserve qu'il aura faite. Ce retrait sera notifié au Ministère des Affaires Etrangères des Pays-Bas.

L'effet de la réserve cessera le premier jour du troisième mois du calendrier après la notification mentionnée à l'alinéa précédent.

Art. 35 La Convention entrera en vigueur le premier jour du troisième mois du calendrier suivant le dépôt du troisième instrument de ratification, d'acceptation ou d'approbation prévu par l'article 30.

Ensuite, la Convention entrera en vigueur :

— pour chaque État signataire ratifiant, acceptant ou approuvant postérieurement, le premier jour du troisième mois du calendrier après le dépôt de son instrument de ratification, d'acceptation ou d'approbation;

— pour tout État adhérant, le premier jour du troisième mois du calendrier après l'expiration du délai visé à l'article 31;

— pour les territoires auxquels la Convention a été étendue conformément à l'article 32, le premier jour du troisième mois du calendrier qui suit l'expiration du délai visé audit article.

Art. 36 La Convention aura une durée de cinq ans à partir de la date de son entrée en vigueur conformément à l'article 35, alinéa premier, même pour les États qui l'auront postérieurement ratifiée, acceptée ou approuvée ou qui y auront adhéré.

La Convention sera renouvelée tacitement de cinq ans en cinq ans, sauf dénonciation.

La dénonciation sera, au moins six mois avant l'expiration du délai de cinq ans, notifiée au Ministère des Affaires Etrangères des Pays-Bas. Elle pourra se limiter à certains territoires auxquels s'applique la Convention.

La dénonciation n'aura d'effet qu'à l'égard de l'État qui l'aura notifiée. La Convention restera en vigueur pour les autres États contractants.

Art. 37 Le Ministère des Affaires Etrangères des Pays-Bas notifiera aux États Membres de la Conférence, ainsi qu'aux États qui auront adhéré conformément aux dispositions de l'article 31 :

1. les signatures, ratifications, acceptations et approbations visées à l'article 30;
2. la date à laquelle la présente Convention entrera en vigueur conformément aux dispositions de l'article 35;
3. les adhésions visées à l'article 31 et la date à laquelle elles auront effet;
4. les extensions visées à l'article 32 et la date à laquelle elles auront effet;
5. les objections aux adhésions et aux extensions visées aux articles 31 et 32;
6. les déclarations mentionnées aux articles 25 et 32;
7. les dénonciations visées à l'article 36;
8. les réserves prévues aux articles 26 et 34, et le retrait des réserves prévu à l'article 34.

En foi de quoi, les soussignés, dûment autorisés, ont signé la présente Convention.

Fait à La Haye, le 2 octobre 1973, en français et en anglais, les deux textes faisant également foi, en un seul exemplaire, qui sera déposé dans les archives du Gouvernement des Pays-Bas et dont une copie certifiée conforme sera remise, par la voie diplomatique, à chacun des États Membres de la Conférence de La Haye de droit international privé lors de sa Douzième session.

96 Convention de La Haye du 14 mars 1978 sur la loi applicable aux régimes matrimoniaux

En vigueur depuis le 1er septembre 1992

Les États signataires de la présente Convention,

Désirant établir des dispositions communes concernant la loi applicable aux régimes matrimoniaux,

Ont résolu de conclure une Convention à cet effet et sont convenus des dispositions suivantes :

CHAPITRE Ier

Champ d'application de la Convention

Art. premier La présente Convention détermine la loi applicable aux régimes matrimoniaux.

Elle ne s'applique pas :

1. Aux obligations alimentaires entre époux;
2. Aux droits successoraux du conjoint survivant;
3. À la capacité des époux.

Art. 2 La Convention s'applique même si la nationalité ou la résidence habituelle des époux ou la loi applicable en vertu des articles ci-dessous ne sont pas celles d'un État contractant.

CHAPITRE II

Loi applicable

Art. 3 Le régime matrimonial est soumis à la loi interne désignée par les époux avant le mariage.

Les époux ne peuvent désigner que l'une des lois suivantes :

1. La loi d'un État dont l'un des époux a la nationalité au moment de cette désignation;

2. La loi de l'État sur le territoire duquel l'un des époux a sa résidence habituelle au moment de cette désignation;

3. La loi du premier État sur le territoire duquel l'un des époux établira une nouvelle résidence habituelle après le mariage.

La loi ainsi désignée s'applique à l'ensemble de leurs biens.

Toutefois, que les époux aient ou non procédé à la désignation prévue par les alinéas précédents, ils peuvent désigner, en ce qui concerne les immeubles ou certains d'entre eux, la loi du lieu où ces immeubles sont situés. Ils peuvent également prévoir que les immeubles qui seront acquis par la suite seront soumis à la loi du lieu de leur situation.

Art. 4 Si les époux n'ont pas, avant le mariage, désigné la loi applicable à leur régime matrimonial, celui-ci est soumis à la loi interne de l'État sur le territoire duquel ils établissent leur première résidence habituelle après le mariage.

Toutefois, dans les cas suivants, le régime matrimonial est soumis à la loi interne de l'État de la nationalité commune des époux :

1. Lorsque la déclaration prévue par l'article 5 a été faite par cet État et que son effet n'est pas exclu par l'alinéa 2 de cet article;

2. Lorsque cet État n'est pas partie à la Convention, que sa loi interne est applicable selon son droit international privé et que les époux établissent leur première résidence habituelle après le mariage :

a) Dans un État ayant fait la déclaration prévue par l'article 5, ou

b) Dans un État qui n'est pas partie à la Convention et dont le droit international privé prescrit également l'application de leur loi nationale;

3. Lorsque les époux n'établissent pas sur le territoire du même État leur première résidence habituelle après le mariage.

À défaut de résidence habituelle des époux sur le territoire du même État et à défaut de nationalité commune, leur régime matrimonial est soumis à la loi interne de l'État avec lequel, compte tenu de toutes les circonstances, il présente les liens les plus étroits.

Art. 5 Tout État pourra, au plus tard au moment de la ratification, de l'acceptation, de l'approbation ou de l'adhésion, faire une déclaration entraînant l'application de sa loi interne, selon l'article 4, alinéa 2, chiffre 1.

Cette déclaration n'aura pas d'effet pour des époux qui conservent tous deux leur résidence habituelle sur le territoire de l'État où, au moment du mariage, l'un et l'autre avaient leur résidence habituelle depuis cinq ans au moins, sauf si cet État est un État contractant ayant fait la déclaration prévue par l'alinéa premier du présent article, ou un

État non partie à la Convention et dont le droit international privé prescrit l'application de la loi nationale.

Art. 6 Les époux peuvent, au cours du mariage, soumettre leur régime matrimonial à une loi interne autre que celle jusqu'alors applicable.

Les époux ne peuvent désigner que l'une des lois suivantes :

1. La loi d'un État dont l'un des époux a la nationalité au moment de cette désignation;

2. La loi de l'État sur le territoire duquel l'un des époux a sa résidence habituelle au moment de cette désignation.

La loi ainsi désignée s'applique à l'ensemble de leurs biens.

Toutefois, que les époux aient ou non procédé à la désignation prévue par les alinéas précédents ou par l'article 3, ils peuvent désigner, en ce qui concerne les immeubles ou certains d'entre eux, la loi du lieu où ces immeubles sont situés. Ils peuvent également prévoir que les immeubles qui seront acquis par la suite seront soumis à la loi du lieu de leur situation.

Art. 7 La loi compétente en vertu des dispositions de la Convention demeure applicable aussi longtemps que les époux n'en ont désigné aucune autre et même s'ils changent de nationalité ou de résidence habituelle.

Toutefois, si les époux n'ont ni désigné la loi applicable ni fait de contrat de mariage, la loi interne de l'État où ils ont tous deux leur résidence habituelle devient applicable, au lieu et place de celle à laquelle leur régime matrimonial était antérieurement soumis.

1. À partir du moment où ils y fixent leur résidence habituelle, si la nationalité de cet État est leur nationalité commune, ou dès qu'ils acquièrent cette nationalité, ou

2. Lorsque, après le mariage, cette résidence habituelle a duré plus de dix ans, ou

3. À partir du moment où ils fixent leur résidence habituelle, si le régime matrimonial était soumis à la loi de l'État de la nationalité commune uniquement en vertu de l'article 4, alinéa 2, chiffre 3.

Art. 8 Le changement de la loi applicable en vertu de l'article 7, alinéa 2, n'a d'effet que pour l'avenir, et les biens appartenant aux époux antérieurement à ce changement ne sont pas soumis à la loi désormais applicable.

Toutefois, les époux peuvent, à tout moment et dans les formes prévues à l'article 13, soumettre l'ensemble de leurs biens à la nouvelle loi, sans préjudice, en ce qui concerne les immeubles, des dispositions de l'article 3, alinéa 4, et de l'article 6, alinéa 4. L'exercice de cette faculté ne porte pas atteinte aux droits des tiers.

Art. 9 Les effets du régime matrimonial sur un rapport juridique entre un époux et un tiers sont soumis à la loi applicable au régime matrimonial en vertu de la Convention.

Toutefois, le droit d'un État contractant peut prévoir que la loi applicable au régime matrimonial ne peut être opposée par un époux à un tiers lorsque l'un ou l'autre a sa résidence habituelle sur son territoire, à moins :

1. Que des conditions de publicité ou d'enregistrement prévues par ce droit aient été remplies, ou

2. Que le rapport juridique entre cet époux et le tiers ait pris naissance alors que le tiers connaissait ou devait connaître la loi applicable au régime matrimonial.

Le droit de l'État contractant où un immeuble est situé peut prévoir une règle analogue pour les rapports juridiques entre un époux et un tiers concernant cet immeuble.

Tout État contractant a la possibilité de spécifier au moyen d'une déclaration la portée des alinéas 2 et 3 du présent article.

Art. 10 Les conditions relatives au consentement des époux quant à la loi déclarée applicable sont déterminées par cette loi.

Art. 11 La désignation de la loi applicable doit faire l'objet d'une stipulation expresse ou résulter indubitablement des dispositions d'un contrat de mariage.

Art. 12 Le contrat de mariage est valable quant à la forme si celle-ci répond soit à la loi interne applicable au régime matrimonial, soit à la loi interne en vigueur au lieu où le contrat a été passé. Il doit toujours faire l'objet d'un écrit daté et signé des deux époux.

Art. 13 La désignation par stipulation expresse de la loi applicable doit revêtir la forme prescrite pour les contrats de mariage soit par la loi interne désignée, soit par la loi interne du lieu où intervient cette désignation. Elle doit toujours faire l'objet d'un écrit daté et signé des deux époux.

Art. 14 L'application de la loi déterminée par la Convention ne peut être écartée que si elle est manifestement incompatible avec l'ordre public.

CHAPITRE III

Dispositions diverses

Art. 15 Aux fins de la Convention, une nationalité n'est considérée comme nationalité commune des époux que dans les cas suivants :

1. Les deux époux avaient cette nationalité avant le mariage;

2. Un époux a volontairement acquis la nationalité de l'autre au moment du mariage ou ultérieurement soit par une déclaration prévue à cet effet, soit en ne déclinant pas cette acquisition alors qu'il savait que ce droit lui était ouvert;

3. Les deux époux ont volontairement acquis cette nationalité après le mariage

Sauf dans les cas visés par l'article 7, alinéa 2, chiffre 1, les dispositions se référant à la nationalité commune ne sont pas applicables lorsque les époux ont plus d'une nationalité commune.

Art. 16 Aux fins de la Convention, lorsqu'un État comprend deux ou plusieurs unités territoriales dans lesquelles des systèmes de droit différents s'appliquent en matière de régimes matrimoniaux, toute référence à la loi nationale d'un tel État est entendue comme visant le système déterminé par les règles en vigueur dans cet État.

À défaut de telles règles, on entend par État dont un époux a la nationalité, au sens des articles 3, alinéa 2, chiffre 1, et 6, alinéa 2, chiffre 1, l'unité territoriale où cet époux a eu en dernier lieu sa résidence habituelle; de même, pour l'application de l'article 4, alinéa 2, on entend par État de la nationalité commune des époux l'unité territoriale où l'un et l'autre a eu, en dernier lieu, une résidence habituelle.

Art. 17 Aux fins de la Convention, lorsqu'un État comprend deux ou plusieurs unités territoriales dans lesquelles des systèmes de droit différents s'appliquent en matière de régimes matrimoniaux, toute référence à la résidence habituelle dans un tel État est interprétée comme visant la résidence habituelle dans une unité territoriale de cet État.

Art. 18 Un État contractant qui comprend deux ou plusieurs unités territoriales dans lesquelles des systèmes de droit différents s'appliquent en matière de régimes matrimoniaux n'est pas tenu d'appliquer les règles de la Convention aux conflits entre les lois de ces unités, lorsque la loi d'aucun autre État n'est applicable en vertu de la Convention.

Art. 19 Aux fins de la Convention, lorsqu'un État connaît, en matière de régimes matrimoniaux, deux ou plusieurs systèmes de droit applicables à des catégories différentes de personnes, toute référence à la loi d'un tel État est entendue comme visant le système de droit déterminé par les règles en vigueur dans cet État.

À défaut de telles règles, la loi interne de l'État de la nationalité commune des époux s'applique dans le cas prévu à l'article 4, alinéa premier, et la loi interne de l'État dans lequel ils avaient tous deux leur résidence habituelle reste applicable dans le cas prévu à l'article 7, alinéa 2, chiffre 2. À défaut de nationalité commune des époux, l'article 4, alinéa 3, s'applique.

Art. 20 La Convention ne déroge pas aux instruments internationaux auxquels un État contractant est ou sera Partie et qui contiennent des dispositions sur les matières réglées par la présente Convention.

Art. 21 La Convention ne s'applique, dans chaque État contractant, qu'aux époux qui se sont mariés ou qui désignent la loi applicable à leur régime matrimonial après son entrée en vigueur pour cet État.

Tout État contractant pourra, par déclaration, étendre l'application de la Convention à d'autres époux.

CHAPITRE IV
Clauses finales

Art. 22 La Convention est ouverte à la signature des États qui étaient Membres de la Conférence de La Haye de droit international privé lors de sa Treizième session.

Elle sera ratifiée, acceptée ou approuvée et les instruments de ratification, d'acceptation ou d'approbation seront déposés auprès du Ministère des Affaires Etrangères des Pays-Bas.

Art. 23 Tout autre État pourra adhérer à la Convention.

L'instrument d'adhésion sera déposé auprès du Ministère des Affaires Etrangères des Pays-Bas.

Art. 24 Tout État, au moment de la signature, de la ratification, de l'acceptation, de l'approbation ou de l'adhésion, pourra déclarer que la Convention s'étendra à l'ensemble des territoires qu'il représente sur le plan international ou à l'un ou plusieurs d'entre eux. Cette déclaration aura effet au moment où elle entre en vigueur pour cet État.

Cette déclaration, ainsi que toute extension ultérieure, seront notifiées au Ministère des Affaires Etrangères des Pays-Bas.

Art. 25 Un État contractant qui comprend deux ou plusieurs unités territoriales dans lesquelles des systèmes de droit différents s'appliquent en matière de régimes matrimoniaux pourra, au moment de la signature, de la ratification, de l'acceptation, de l'approbation ou de l'adhésion, déclarer que la Convention s'appliquera à toutes ses unités territoriales ou seulement à l'une ou à plusieurs d'entre elles, et pourra à tout moment étendre cette déclaration.

Ces déclarations seront notifiées au Ministère des Affaires Etrangères des Pays-Bas et indiqueront expressément l'unité territoriale à laquelle la Convention s'applique.

Art. 26 Un État contractant qui connaît, à la date de l'entrée en vigueur de la Convention pour cet État, un système complexe d'allégeance nationale peut spécifier à tout moment, par déclaration, comment une référence à sa loi nationale doit être entendue aux fins de la Convention.

Art. 27 Aucune réserve à la Convention n'est admise.

Art. 28 Tout État contractant qui désire faire l'une des déclarations prévues aux articles 5, 9, alinéas 4, 21 et 26 la notifiera au Ministère des Affaires Etrangères des Pays-Bas.

Toute modification ou retrait d'une déclaration sera notifié de la même manière.

Art. 29 La Convention entrera en vigueur le premier jour du troisième mois du calendrier après le dépôt du troisième instrument de ratification, d'acceptation, d'approbation ou d'adhésion prévu par les articles 22 et 23.

Par la suite, la Convention entrera en vigueur :

1. pour chaque État ratifiant, acceptant, approuvant ou adhérant postérieurement, le premier jour du troisième mois du calendrier après le dépôt de son instrument de ratification, d'acceptation, d'approbation ou d'adhésion;

2. pour les territoires auxquels la Convention a été étendue conformément à l'article 24, le premier jour du troisième mois du calendrier après la notification visée dans cet article.

Art. 30 La Convention aura une durée de cinq ans à partir de la date de son entrée en vigueur conformément à l'article 29, alinéa premier, même pour les États qui l'auront postérieurement ratifiée, acceptée ou approuvée, ou qui y auront adhéré.

La Convention sera renouvelée tacitement de cinq ans en cinq ans, sauf dénonciation.

La dénonciation sera, au moins six mois avant l'expiration du délai de cinq ans, notifiée au Ministère des Affaires Etrangères des Pays-Bas. Elle pourra se limiter à certains territoires ou unités territoriales auxquels s'applique la Convention.

La dénonciation n'aura d'effet qu'à l'égard de l'État qui l'aura notifiée. La Convention restera en vigueur pour les autres États contractants.

Art. 31 Le Ministère des Affaires Etrangères des Pays-Bas notifiera aux États Membres de la Conférence, ainsi qu'aux États qui auront adhéré conformément aux dispositions de l'article 23 :

1. les signatures, ratifications, acceptations et approbations visées à l'article 22;
2. les adhésions visées à l'article 23;
3. la date à laquelle la Convention entrera en vigueur conformément aux dispositions de l'article 29;
4. les extensions visées à l'article 24;
5. les dénonciations visées à l'article 30;
6. les déclarations mentionnées aux articles 25, 26 et 28.

En foi de quoi, les soussignés, dûment autorisés, ont signé la présente Convention.

Fait à La Haye, le 14 mars 1978, en français et en anglais, les deux textes faisant également foi, en un seul exemplaire, qui sera déposé dans les archives du Gouvernement des Pays-Bas et dont une copie certifiée conforme sera remise, par la voie diplomatique, à chacun des États Membres de la Conférence de La Haye de droit international privé lors de sa Treizième session.

97 Convention de La Haye du 14 mars 1978 sur la loi applicable aux contrats d'intermédiaires

En vigueur depuis le 1er mai 1992

Les États signataires de la présente Convention,
Désirant établir des dispositions communes concernant la loi applicable aux contrats d'intermédiaires et à la représentation,
Ont résolu de conclure une Convention à cet effet et sont convenus des dispositions suivantes :

CHAPITRE Ier

Champ d'application de la Convention

Art. premier La présente Convention détermine la loi applicable aux relations à caractère international se formant lorsqu'une personne, l'intermédiaire, a le pouvoir d'agir, agit ou prétend agir avec un tiers pour le compte d'une autre personne, le représenté.

Elle s'étend à l'activité de l'intermédiaire consistant à recevoir et à communiquer des propositions ou à mener des négociations pour le compte d'autres personnes.

La Convention s'applique, que l'intermédiaire agisse en son propre nom ou au nom du représenté et que son activité soit habituelle ou occasionnelle.

Art. 2 La Convention ne s'applique pas à :

a) La capacité des parties;

b) La forme des actes;

c) La représentation légale dans le droit de la famille, des régimes matrimoniaux et des successions;

d) La représentation en vertu d'une décision d'une autorité judiciaire ou administrative, ou s'exerçant sous le contrôle direct d'une telle autorité;

e) La représentation liée à une procédure de caractère judiciaire;

f) La représentation par le capitaine de navire agissant dans l'exercice de ses fonctions.

Art. 3 Aux fins de la présente Convention :

a) L'organe, le gérant ou l'associé d'une société, d'une association ou de toute autre entité légale, dotée ou non de la personnalité morale, n'est pas considéré comme l'intermédiaire de celle-ci, dans la mesure où, dans l'exercice de ses fonctions, il agit en vertu de pouvoirs conférés par la loi ou les actes constitutifs de cette entité légale;

b) Le «trustee» n'est pas considéré comme un intermédiaire agissant pour le compte du «trust», du constituant ou du bénéficiaire.

Art. 4 La loi désignée par la Convention s'applique même s'il s'agit de la loi d'un État non contractant.

CHAPITRE II

Relations entre le représenté et l'intermédiaire

Art. 5 La loi interne choisie par les parties régit le rapport de représentation entre le représenté et l'intermédiaire.

Le choix de cette loi doit être exprès ou résulter avec une certitude raisonnable des dispositions du contrat et des circonstances de la cause.

Art. 6 Dans la mesure où elle n'a pas été choisie dans les conditions prévues à l'article 5, la loi applicable est la loi interne de l'État dans lequel, au moment de la formation du rapport de représentation, l'intermédiaire a son établissement professionnel ou, à défaut, sa résidence habituelle.

Toutefois, la loi interne de l'État dans lequel l'intermédiaire doit exercer à titre principal son activité est applicable, si le représenté a son établissement professionnel ou, à défaut, sa résidence habituelle dans cet État.

Lorsque le représenté ou l'intermédiaire a plusieurs établissements professionnels, le présent article se réfère à l'établissement auquel le rapport de représentation se rattache le plus étroitement.

Art. 7 Lorsque la création du rapport de représentation n'est pas l'objet exclusif du contrat, la loi désignée par les articles 5 et 6 ne s'applique que si :

a) La création de ce rapport est le principal objet du contrat,

ou

b) Ce rapport est séparable de l'ensemble du contrat.

Art. 8 La loi applicable en vertu des articles 5 et 6 régit la formation et la validité du rapport de représentation, les obligations des parties et les conditions d'exécution, les conséquences de l'inexécution et l'extinction de ces obligations.

Cette loi s'applique en particulier :

a) À l'existence, l'étendue, la modification et la cessation des pouvoirs de l'intermédiaire, ainsi qu'aux conséquences de leur dépassement ou de leur emploi abusif;

b) À la faculté pour l'intermédiaire de déléguer tout ou partie de ses pouvoirs et de désigner un intermédiaire additionnel;

c) À la faculté pour l'intermédiaire de conclure un contrat pour le compte du représenté, lorsqu'il existe un risque de conflit d'intérêts entre lui-même et le représenté;

d) À la clause de non-concurrence et à la clause de ducroire;

e) À l'indemnité de clientèle;

f) Aux chefs de dommages pouvant donner lieu à réparation.

Art. 9 Quelle que soit la loi applicable au rapport de représentation, on aura égard en ce qui concerne les modalités d'exécution à la loi du lieu d'exécution.

Art. 10 Le présent chapitre ne s'applique pas lorsque le contrat créant le rapport de représentation est un contrat de travail.

CHAPITRE III

Relations avec le tiers

Art. 11 Dans les rapports entre le représenté et le tiers, l'existence et l'étendue des pouvoirs de l'intermédiaire, ainsi que les effets des actes de l'intermédiaire dans l'exercice réel ou prétendu de ses pouvoirs, sont régis par la loi interne de l'État dans lequel l'intermédiaire avait son établissement professionnel au moment où il a agi.

Toutefois, la loi interne de l'État dans lequel l'intermédiaire a agi est applicable si :

a) Le représenté a son établissement professionnel ou, à défaut, sa résidence habituelle dans cet État et que l'intermédiaire ait agi au nom du représenté ; ou

b) Le tiers a son établissement professionnel ou, à défaut, sa résidence habituelle dans cet État ; ou

c) L'intermédiaire a agi en bourse ou pris part à une vente aux enchères ; ou

d) L'intermédiaire n'a pas d'établissement professionnel.

Lorsque l'une des parties a plusieurs établissements professionnels, le présent article se réfère à l'établissement auquel l'acte de l'intermédiaire se rattache le plus étroitement.

Art. 12 Aux fins de l'application de l'article 11, alinéa 1er, lorsque l'intermédiaire agissant en vertu d'un contrat de travail le liant au représenté n'a pas d'établissement professionnel personnel, il est réputé avoir son établissement au lieu où est situé l'établissement professionnel du représenté auquel il est attaché.

Art. 13 Aux fins de l'application de l'article 11, alinéa 2, l'intermédiaire, lorsqu'il a communiqué avec le tiers d'un État à un autre par courrier, télégramme, télex, téléphone ou autres moyens similaires, est considéré comme ayant alors agi au lieu de son établissement professionnel ou, à défaut, de sa résidence habituelle.

Art. 14 Nonobstant l'article 11, lorsque la loi applicable aux questions couvertes par ledit article a fait l'objet, de la part du représenté ou du tiers, d'une désignation écrite acceptée expressément par l'autre partie, la loi ainsi désignée est applicable à ces questions.

Art. 15 La loi applicable en vertu du présent chapitre régit également les relations entre l'intermédiaire et le tiers dérivant du fait que l'intermédiaire a agi dans l'exercice de ses pouvoirs, au-delà de ses pouvoirs ou sans pouvoirs.

CHAPITRE IV

Dispositions générales

Art. 16 Lors de l'application de la présente Convention, il pourra être donné effet aux dispositions impératives de tout État avec lequel la situation présente un lien effectif, si et dans la mesure où, selon le droit de cet État, ces dispositions sont applicables quelle que soit la loi désignée par ses règles de conflit.

Art. 17 L'application d'une des lois désignées par la présente Convention ne peut être écartée que si elle est manifestement incompatible avec l'ordre public.

Art. 18 Tout État contractant, au moment de la signature, de la ratification, de l'acceptation, de l'approbation ou de l'adhésion, pourra se réserver le droit de ne pas appliquer la Convention :

1. À la représentation exercée par une banque ou un groupe de banques en matière d'opération de banque;

2. À la représentation en matière d'assurances;

3. Aux actes d'un fonctionnaire public agissant dans l'exercice de ses fonctions pour le compte d'une personne privée.

Aucune autre réserve ne sera admise.

Tout État contractant pourra également, en notifiant une extension de la convention conformément à l'article 25, faire une ou plusieurs de ces réserves avec effet limité aux territoires ou à certains des territoires visés par l'extension.

Tout État contractant pourra à tout moment retirer une réserve qu'il aura faite; l'effet de la réserve cessera le premier jour du troisième mois du calendrier après la notification du retrait.

Art. 19 Lorsqu'un État comprend plusieurs unités territoriales dont chacune a ses propres règles en matière de contrats d'intermédiaires et de représentation, chaque unité territoriale est considérée comme un État aux fins de la détermination de la loi applicable selon la Convention.

Art. 20 Un État dans lequel différentes unités territoriales ont leurs propres règles de droit en matière de contrats d'intermédiaires et de représentation ne sera pas tenu d'appliquer la présente convention lorsqu'un État dont le système de droit est unifié ne serait pas tenu d'appliquer la loi d'un autre État en vertu de la présente Convention.

Art. 21 Un État contractant qui comprend deux ou plusieurs unités territoriales qui ont leurs propres règles de droit en matière de contrats d'intermédiaires et de représentation pourra, au moment de la signature, de la ratification, de l'acceptation, de l'approbation ou de l'adhésion, déclarer que la présente Convention s'étendra à toutes ces unités territoriales ou à une ou plusieurs d'entre elles et pourra à tout moment modifier cette déclaration en faisant une nouvelle déclaration.

Ces déclarations seront notifiées au Ministère des affaires étrangères du Royaume des Pays-Bas et indiqueront expressément les unités territoriales auxquelles la Convention s'applique.

Art. 22 La Convention ne déroge pas aux instruments internationaux auxquels un État contractant est ou sera Partie et qui contiennent des dispositions sur les matières réglées par la présente Convention.

CHAPITRE IV

Clauses finales

Art. 23 La Convention est ouverte à la signature des États qui étaient Membres de la Conférence de La Haye de droit international privé lors de sa Treizième session.

Elle sera ratifiée, acceptée ou approuvée et les instruments de ratification, d'acceptation ou d'approbation seront déposés auprès du Ministère des Affaires Étrangères du Royaume des Pays-Bas.

Art. 24 Tout autre État pourra adhérer à la Convention.

L'instrument d'adhésion sera déposé auprès du Ministère des Affaires Étrangères du Royaume des Pays-Bas.

Art. 25 Tout État, au moment de la signature, de la ratification, de l'acceptation, de l'approbation ou de l'adhésion, pourra déclarer que la Convention s'étendra à l'ensemble des territoires qu'il représente sur le plan international ou à l'un ou plusieurs d'entre eux. Cette déclaration aura effet au moment où elle entre en vigueur pour cet État.

Cette déclaration, ainsi que toute extension ultérieure, seront notifiées au Ministère des Affaires Étrangères du Royaume des Pays-Bas.

Art. 26 La Convention entrera en vigueur le premier jour du troisième mois du calendrier après le dépôt du troisième instrument de ratification, d'acceptation, d'approbation ou d'adhésion prévu par les articles 23 et 24.

Par la suite, la Convention entrera en vigueur :

1. pour chaque État ratifiant, acceptant, approuvant ou adhérant postérieurement, le premier jour du troisième mois du calendrier après le dépôt de son instrument de ratification, d'acceptation, d'approbation ou d'adhésion;
2. pour les territoires auxquels la Convention a été étendue conformément aux articles 21 et 25, le premier jour du troisième mois du calendrier après la notification visée dans ces articles.

Art. 27 La Convention aura une durée de cinq ans à partir de la date de son entrée en vigueur conformément à l'article 26, alinéa premier, même pour les États qui l'auront postérieurement ratifiée, acceptée ou approuvée, ou qui y auront adhéré.

La Convention sera renouvelée tacitement de cinq ans en cinq ans, sauf dénonciation.

La dénonciation sera, au moins six mois avant l'expiration du délai de cinq ans, notifiée au Ministère des Affaires Étrangères du Royaume des Pays-Bas. Elle pourra se limiter à certains territoires ou unités territoriales auxquels s'applique la Convention.

La dénonciation n'aura d'effet qu'à l'égard de l'État qui l'aura notifiée. La Convention restera en vigueur pour les autres États contractants.

Art. 28 Le Ministère des Affaires Étrangères du Royaume des Pays-Bas notifiera aux États Membres de la Conférence, ainsi qu'aux États qui auront adhéré conformément aux dispositions de l'article 24 :

1. les signatures, ratifications, acceptations et approbations visées à l'article 23;
2. les adhésions visées à l'article 24;
3. la date à laquelle la Convention entrera en vigueur conformément aux dispositions de l'article 26;
4. les extensions visées à l'article 25;
5. les déclarations mentionnées à l'article 21;
6. les réserves et le retrait des réserves prévus à l'article 18;
7. les dénonciations visées à l'article 27.

En foi de quoi, les soussignés, dûment autorisés, ont signé la présente Convention.

Fait à La Haye, le 14 mars 1978, en français et en anglais, les deux textes faisant également foi, en un seul exemplaire, qui sera déposé dans les archives du Gouvernement du Royaume des Pays-Bas et dont une copie certifiée conforme sera remise, par la voie diplomatique, à chacun des États Membres de la Conférence de La Haye de droit international privé lors de sa Treizième session.

98 Convention de La Haye du 25 octobre 1980 sur les aspects civils de l'enlèvement international d'enfants

En vigueur depuis le 1er décembre 1983

Les États signataires de la présente Convention,

Profondément convaincus que l'intérêt de l'enfant est d'une importance primordiale pour toute question relative à sa garde,

Désirant protéger l'enfant, sur le plan international, contre les effets nuisibles d'un déplacement ou d'un non-retour illicites et établir des procédures en vue de garantir le retour immédiat de l'enfant dans l'État de sa résidence habituelle, ainsi que d'assurer la protection du droit de visite,

Ont résolu de conclure une Convention à cet effet, et sont convenus des dispositions suivantes :

CHAPITRE Ier

Champ d'application de la Convention

Art. premier La présente Convention a pour objet :

a) D'assurer le retour immédiat des enfants déplacés ou retenus illicitement dans tout État contractant;

b) De faire respecter effectivement dans les autres États contractants les droits de garde et de visite existant dans un État contractant.

Art. 2 Les États contractants prennent toutes mesures appropriées pour assurer, dans les limites de leur territoire, la réalisation des objectifs de la Convention. À cet effet, ils doivent recourir à leurs procédures d'urgence.

Art. 3 Le déplacement ou le non-retour d'un enfant est considéré comme illicite :

a) Lorsqu'il a lieu en violation d'un droit de garde, attribué à une personne, une institution ou tout autre organisme, seul ou conjointement, par le droit de l'État dans lequel l'enfant avait sa résidence habituelle immédiatement avant son déplacement ou son non-retour; et

b) Que ce droit était exercé de façon effective seul ou conjointement, au moment du déplacement ou du non-retour, ou l'eût été si de tels événements n'étaient survenus.

Le droit de garde visé en *a* peut notamment résulter d'une attribution de plein droit, d'une décision judiciaire ou administrative, ou d'un accord en vigueur selon le droit de cet État.

Art. 4 La Convention s'applique à tout enfant qui avait sa résidence habituelle dans un État contractant immédiatement avant l'atteinte aux droits de garde ou de visite. L'application de la Convention cesse lorsque l'enfant parvient à l'âge de seize ans.

Art. 5 Au sens de la présente Convention :

a) Le «droit de garde» comprend le droit portant sur les soins de la personne de l'enfant et en particulier celui de décider de son lieu de résidence;

b) Le «droit de visite» comprend le droit d'emmener l'enfant pour une période limitée dans un lieu autre que celui de sa résidence habituelle.

CHAPITRE II
Autorités centrales

Art. 6 Chaque État contractant désigne une autorité centrale chargée de satisfaire aux obligations qui lui sont imposées par la Convention.

Un État fédéral, un État dans lequel plusieurs systèmes de droit sont en vigueur ou un État ayant des organisations territoriales autonomes, est libre de désigner plus d'une autorité centrale et de spécifier l'étendue territoriale des pouvoirs de chacune de ces autorités. L'État qui fait usage de cette faculté désigne l'autorité centrale à laquelle les demandes peuvent être adressées en vue de leur transmission à l'autorité centrale compétente au sein de cet État.

Art. 7 Les autorités centrales doivent coopérer entre elles et promouvoir une collaboration entre les autorités compétentes dans leurs États respectifs, pour assurer le retour immédiat des enfants et réaliser les autres objectifs de la présente Convention.

En particulier, soit directement, soit avec le concours de tout intermédiaire, elles doivent prendre toutes les mesures appropriées :

a) Pour localiser un enfant déplacé ou retenu illicitement;

b) Pour prévenir de nouveaux dangers pour l'enfant ou des préjudices pour les parties concernées, en prenant ou en faisant prendre des mesures provisoires;

c) Pour assurer la remise volontaire de l'enfant ou faciliter une solution amiable;

d) Pour échanger, si cela s'avère utile, des informations relatives à la situation sociale de l'enfant;

e) Pour fournir des informations générales concernant le droit de leur État relatives à l'application de la Convention;

f) Pour introduire ou favoriser l'ouverture d'une procédure judiciaire ou administrative, afin d'obtenir le retour de l'enfant et, le cas échéant, de permettre l'organisation ou l'exercice effectif du droit de visite;

g) Pour accorder ou faciliter, le cas échéant, l'obtention de l'assistance judiciaire et juridique, y compris la participation d'un avocat;

h) Pour assurer, sur le plan administratif, si nécessaire et opportun, le retour sans danger de l'enfant;

i) Pour se tenir mutuellement informées sur le fonctionnement de la Convention et, autant que possible, lever les obstacles éventuellement rencontrés lors de son application.

CHAPITRE III
Retour de l'enfant

Art. 8 La personne, l'institution ou l'organisme qui prétend qu'un enfant a été déplacé ou retenu en violation d'un droit de garde peut saisir soit l'autorité centrale de la résidence habituelle de l'enfant, soit celle de tout autre État contractant, pour que celles-ci prêtent leur assistance en vue d'assurer le retour de l'enfant.

La demande doit contenir :

a) Des informations portant sur l'identité du demandeur, de l'enfant et de la personne dont il est allégué qu'elle a emmené ou retenu l'enfant;

b) La date de naissance de l'enfant, s'il est possible de se la procurer;

c) Les motifs sur lesquels se base le demandeur pour réclamer le retour de l'enfant;

d) Toutes informations disponibles concernant la localisation de l'enfant et l'identité de la personne avec laquelle l'enfant est présumé se trouver.

La demande peut être accompagnée ou complétée par :

e) Une copie authentifiée de toute décision ou de tout accord utiles;

f) Une attestation ou une déclaration avec affirmation émanant de l'autorité centrale, ou d'une autre autorité compétente de l'État de la résidence habituelle, ou d'une personne qualifiée, concernant le droit de l'État en la matière;

g) Tout autre document utile.

Art. 9 Quand l'autorité centrale qui est saisie d'une demande en vertu de l'article 8 a des raisons de penser que l'enfant se trouve dans un autre État contractant, elle transmet la demande directement et sans délai à l'autorité centrale de cet État contractant et en informe l'autorité centrale requérante ou, le cas échéant, le demandeur.

Art. 10 L'autorité centrale de l'État où se trouve l'enfant prendra ou fera prendre toute mesure propre à assurer sa remise volontaire.

Art. 11 Les autorités judiciaires ou administratives de tout État contractant doivent procéder d'urgence en vue du retour de l'enfant.

Lorsque l'autorité judiciaire ou administrative saisie n'a pas statué dans un délai de six semaines à partir de sa saisine, le demandeur ou l'autorité centrale de l'État requis, de sa propre initiative ou sur requête de l'autorité centrale de l'État requérant, peut demander une déclaration sur les raisons de ce retard. Si la réponse est reçue par l'autorité centrale de l'État requis, cette autorité doit la transmettre à l'autorité centrale de l'État requérant ou, le cas échéant, au demandeur.

Art. 12 Lorsqu'un enfant a été déplacé ou retenu illicitement au sens de l'article 3 et qu'une période de moins d'un an s'est écoulée à partir du déplacement ou du non-retour au moment de l'introduction de la demande devant l'autorité judiciaire ou administrative de l'État contractant où se trouve l'enfant, l'autorité saisie ordonne son retour immédiat.

L'autorité judiciaire ou administrative, même saisie après l'expiration de la période d'un an prévue à l'alinéa précédent, doit aussi ordonner le retour de l'enfant, à moins qu'il ne soit établi que l'enfant s'est intégré dans son nouveau milieu.

Lorsque l'autorité judiciaire ou administrative de l'État requis a des raisons de croire que l'enfant a été emmené dans un autre État, elle peut suspendre la procédure ou rejeter la demande de retour de l'enfant.

Art. 13 Nonobstant les dispositions de l'article précédent, l'autorité judiciaire ou administrative de l'État requis n'est pas tenue d'ordonner le retour de l'enfant, lorsque la personne, l'institution ou l'organisme qui s'oppose à son retour établit :

a) Que la personne, l'institution ou l'organisme qui avait le soin de la personne de l'enfant n'exerçait pas effectivement le droit de garde à l'époque du déplacement ou du non-retour, ou avait consenti ou a acquiescé postérieurement à ce déplacement ou à ce non-retour; ou *b)* Qu'il existe un risque grave que le retour de l'enfant ne l'expose à un danger physique ou psychique, ou de toute autre manière ne le place dans une situation intolérable.

L'autorité judiciaire ou administrative peut aussi refuser d'ordonner le retour de l'enfant si elle constate que celui-ci s'oppose à son retour et qu'il a atteint un âge et une maturité où il se révèle approprié de tenir compte de cette opinion.

Dans l'appréciation des circonstances visées dans cet article, les autorités judiciaires ou administratives doivent tenir compte des informations fournies par l'autorité centrale ou toute autre autorité compétente de l'État de la résidence habituelle de l'enfant sur sa situation sociale.

Art. 14 Pour déterminer l'existence d'un déplacement ou d'un non-retour illicite au sens de l'article 3, l'autorité judiciaire ou administrative de l'État requis peut tenir compte directement du droit et des décisions judiciaires ou administratives reconnues formellement ou non dans l'État de la résidence habituelle de l'enfant, sans avoir recours aux procédures spécifiques sur la preuve de ce droit ou pour la reconnaissance des décisions étrangères qui seraient autrement applicables.

Art. 15 Les autorités judiciaires ou administratives d'un État contractant peuvent, avant d'ordonner le retour de l'enfant, demander la production par le demandeur d'une décision ou d'une attestation émanant des autorités de l'État de la résidence habituelle de l'enfant constatant que le déplacement ou le non-retour était illicite au sens de l'article 3 de la Convention, dans la mesure où cette décision ou cette attestation peut être obtenue dans cet État. Les autorités centrales des États contractants assistent dans la mesure du possible le demandeur pour obtenir une telle décision ou attestation.

Art. 16 Après avoir été informées du déplacement illicite d'un enfant ou de son non-retour dans le cadre de l'article 3, les autorités judiciaires ou administratives de l'État contractant où l'enfant a été déplacé ou retenu ne pourront statuer sur le fond du droit de garde jusqu'à ce qu'il soit établi que les conditions de la présente Convention pour un retour de l'enfant ne sont pas réunies, ou jusqu'à ce qu'une période raisonnable ne se soit écoulée sans qu'une demande en application de la Convention n'ait été faite.

Art. 17 Le seul fait qu'une décision relative à la garde ait été rendue ou soit susceptible d'être reconnue dans l'État requis ne peut justifier le refus de renvoyer l'enfant dans le cadre de cette Convention, mais les autorités judiciaires ou administratives de l'État requis peuvent prendre en considération les motifs de cette décision qui rentreraient dans le cadre de l'application de la Convention.

Art. 18 Les dispositions de ce chapitre ne limitent pas le pouvoir de l'autorité judiciaire ou administrative d'ordonner le retour de l'enfant à tout moment.

Art. 19 Une décision sur le retour de l'enfant rendue dans le cadre de la Convention n'affecte pas le fond du droit de garde.

Art. 20 Le retour de l'enfant conformément aux dispositions de l'article 2 peut être refusé quand il ne serait pas permis par des principes fondamentaux de l'État requis sur la sauvegarde des droits de l'homme et des libertés fondamentales.

CHAPITRE IV

Droit de visite

Art. 21 Une demande visant l'organisation ou la protection de l'exercice effectif d'un droit de visite peut être adressée à l'autorité centrale d'un État contractant selon les mêmes modalités qu'une demande visant au retour de l'enfant.

Les autorités centrales sont liées par les obligations de coopération visées à l'article 7 pour assurer l'exercice paisible du droit de visite et l'accomplissement de toute condition à laquelle l'exercice de ce droit serait soumis, et pour que soient levées, dans toute la mesure du possible, les obstacles de nature à s'y opposer.

Les autorités centrales soit directement, soit par des intermédiaires, peuvent entamer ou favoriser une procédure légale en vue d'organiser ou de protéger le droit de visite et les conditions auxquelles l'exercice de ce droit pourrait être soumis.

CHAPITRE V

Dispositions générales

Art. 22 Aucune caution ni aucun dépôt, sous quelque dénomination que ce soit, ne peut être imposé pour garantir le paiement des frais et dépens dans le contexte des procédures judiciaires ou administratives visées par la Convention.

Art. 23 Aucune légalisation ni formalité similaire ne sera requise dans le contexte de la Convention.

Art. 24 Toute demande, communication ou autre document sont envoyés dans leur langue originale à l'autorité centrale de l'État requis et accompagnés d'une traduction dans la langue officielle ou l'une des langues officielles de cet État ou, lorsque cette traduction est difficilement réalisable, d'une traduction en français ou en anglais.

Toutefois, un État contractant pourra, en faisant la réserve prévue à l'article 42, s'opposer à l'utilisation soit du français, soit de l'anglais, dans toute demande, communication ou autre document adressés à son autorité centrale.

Art. 25 Les ressortissants d'un État contractant et les personnes qui résident habituellement dans cet État auront droit, pour tout ce qui concerne l'application de la Convention, à l'assistance judiciaire et juridique dans tout autre État contractant, dans les mêmes conditions que s'ils étaient eux-mêmes ressortissants de cet autre État et y résidaient habituellement.

Art. 26 Chaque autorité centrale supportera ses propres frais en appliquant la Convention.

L'autorité centrale et les autres services publics des États contractants n'imposeront aucun frais en relation avec les demandes introduites en application de la Convention. Notamment, ils ne peuvent réclamer du demandeur le paiement des frais et dépens du procès ou, éventuellement, des frais entraînés par la participation d'un avocat. Cependant, ils peuvent demander le paiement des dépenses causées ou qui seraient causées par les opérations liées au retour de l'enfant.

Toutefois, un État contractant pourra, en faisant la réserve prévue à l'article 42, déclarer qu'il n'est tenu au paiement des frais visés à l'alinéa précédent, liés à la participation d'un avocat ou d'un conseiller juridique, ou aux frais de justice, que dans la mesure où ces coûts peuvent être couverts par son système d'assistance judiciaire et juridique.

En ordonnant le retour de l'enfant ou en statuant sur le droit de visite dans le cadre de la Convention, l'autorité judiciaire ou administrative peut, le cas échéant, mettre à la charge de la personne qui a déplacé ou qui a retenu l'enfant, ou qui a empêché l'exercice du droit de visite, le paiement de tous frais nécessaires engagés par le demandeur ou en son nom, notamment des frais de voyage, des frais de représentation judiciaire du demandeur et de retour de l'enfant, ainsi que de tous les coûts et dépenses faits pour localiser l'enfant.

Art. 27 Lorsqu'il est manifeste que les conditions requises par la Convention ne sont pas remplies ou que la demande n'est pas fondée, une autorité centrale n'est pas tenue d'accepter une telle demande. En ce cas, elle informe immédiatement de ses motifs le demandeur ou, le cas échéant, l'autorité centrale qui lui a transmis la demande.

Art. 28 Une autorité centrale peut exiger que la demande soit accompagnée d'une autorisation par écrit lui donnant le pouvoir d'agir pour le compte du demandeur, ou de désigner un représentant habilité à agir en son nom.

Art. 29 La Convention ne fait pas obstacle à la faculté pour la personne, l'institution ou l'organisme qui prétend qu'il y a eu une violation du droit de garde ou de visite au sens des articles 3 ou 21 de s'adresser directement aux autorités judiciaires ou administratives des États contractants, par application ou non des dispositions de la Convention.

Art. 30 Toute demande, soumise à l'autorité centrale ou directement aux autorités judiciaires ou administratives d'un État contractant par application de la Convention, ainsi que tout document ou information qui y serait annexé ou fourni par une autorité centrale, seront recevables devant les tribunaux ou les autorités administratives des États contractants.

Art. 31 Au regard d'un État qui connaît en matière de garde des enfants deux ou plusieurs systèmes de droit applicables dans des unités territoriales différentes :

a) Toute référence à la résidence habituelle dans cet État vise la résidence habituelle dans une unité territoriale de cet État;

b) Toute référence à la loi de l'État de la résidence habituelle vise la loi de l'unité territoriale dans laquelle l'enfant a sa résidence habituelle.

Art. 32 Au regard d'un État connaissant en matière de garde des enfants deux ou plusieurs systèmes de droit applicables à des catégories différentes de personnes, toute référence à la loi de cet État vise le système de droit désigné par le droit de celui-ci.

Art. 33 Un État dans lequel différentes unités territoriales ont leurs propres règles de droit en matière de garde des enfants ne sera pas tenu d'appliquer la Convention lorsqu'un État dont le système de droit est unifié ne serait pas tenu de l'appliquer.

Art. 34 Dans les matières auxquelles elle s'applique, la Convention prévaut sur la Convention du 5 octobre 1961 concernant la compétence des autorités et la loi applicable en matière de protection des mineurs, entre les États parties aux deux Conventions. Par ailleurs, la présente Convention n'empêche pas qu'un autre instrument international liant l'État d'origine et l'État requis, ni que le droit non conventionnel de l'État requis, ne soient invoqués pour obtenir le retour d'un enfant qui a été déplacé ou retenu illicitement ou pour organiser le droit de visite.

Art. 35 La Convention ne s'applique entre les États contractants qu'aux enlèvements ou aux non-retours illicites qui se sont produits après son entrée en vigueur dans ces États.

Si une déclaration a été faite conformément aux articles 39 ou 40, la référence à un État contractant faite à l'alinéa précédent signifie l'unité ou les unités territoriales auxquelles la Convention s'applique.

Art. 36 Rien dans la Convention n'empêche deux ou plusieurs États contractants, afin de limiter les restrictions auxquelles le retour de l'enfant peut être soumis, de convenir entre eux de déroger à celles de ses dispositions qui peuvent impliquer de telles restrictions.

CHAPITRE VI
Clauses finales

Art. 37 La Convention est ouverte à la signature des États qui étaient Membres de la Conférence de La Haye de droit international privé lors de sa Quatorzième session.

Elle sera ratifiée, acceptée ou approuvée et les instruments de ratification, d'acceptation ou d'approbation seront déposés auprès du Ministère des Affaires Etrangères du Royaume des Pays-Bas.

Art. 38 Tout autre État pourra adhérer à la Convention.

L'instrument d'adhésion sera déposé auprès du Ministère des Affaires Etrangères du Royaume des Pays-Bas.

La Convention entrera en vigueur, pour l'État adhérant, le premier jour du troisième mois du calendrier après le dépôt de son instrument d'adhésion.

L'adhésion n'aura d'effet que dans les rapports entre l'État adhérant et les États contractants qui auront déclaré accepter cette adhésion. Une telle déclaration devra également être faite par tout État membre ratifiant, acceptant ou approuvant la Convention ultérieurement à l'adhésion. Cette déclaration sera déposée auprès du Ministère des Affaires Etrangères du Royaume des Pays-Bas; celui-ci en enverra, par la voie diplomatique, une copie certifiée conforme, à chacun des États contractants.

La Convention entrera en vigueur entre l'État adhérant et l'État ayant déclaré accepter cette adhésion le premier jour du troisième mois du calendrier après le dépôt de la déclaration d'acceptation.

Art. 39 Tout État, au moment de la signature, de la ratification, de l'acceptation, de l'approbation ou de l'adhésion, pourra déclarer que la Convention s'étendra à l'ensemble des territoires qu'il représente sur le plan international ou à l'un ou plusieurs d'entre eux. Cette déclaration aura effet au moment où elle entre en vigueur pour cet État.

Cette déclaration, ainsi que toute extension ultérieure, seront notifiées au Ministère des Affaires Etrangères du Royaume des Pays-Bas.

Art. 40 Un État contractant qui comprend deux ou plusieurs unités territoriales dans lesquelles des systèmes de droit différents s'appliquent aux matières régies par cette Convention pourra, au moment de la signature, de la ratification, de l'acceptation, de l'approbation ou de l'adhésion, déclarer que la présente Convention s'appliquera à toutes ses unités territoriales ou seulement à l'une ou à plusieurs d'entre elles, et pourra à tout moment modifier cette déclaration en faisant une nouvelle déclaration.

Ces déclarations seront notifiées au Ministère des Affaires Etrangères du Royaume des Pays-Bas et indiqueront expressément les unités territoriales auxquelles la Convention s'applique.

Art. 41 Lorsqu'un État contractant a un système de gouvernement en vertu duquel les pouvoirs exécutif, judiciaire et législatif sont partagés entre des Autorités centrales et d'autres autorités de cet État, la signature, la ratification, l'acceptation ou l'approbation de la Convention, ou l'adhésion à celle-ci, ou une déclaration faite en vertu de l'article 40, n'emportera aucune conséquence quant au partage interne des pouvoirs dans cet État.

Art. 42 Tout État contractant pourra, au plus tard au moment de la ratification, de l'acceptation, de l'approbation ou de l'adhésion, ou au moment d'une déclaration faite en vertu des articles 39 ou 40, faire soit l'une, soit les deux réserves prévues aux articles 24 et 26, alinéa 3. Aucune autre réserve ne sera admise.

Tout État pourra, à tout moment, retirer une réserve qu'il aura faite. Ce retrait sera notifié au Ministère des Affaires Etrangères du Royaume des Pays-Bas.

L'effet de la réserve cessera le premier jour du troisième mois du calendrier après la notification mentionnée à l'alinéa précédent.

Art. 43 La Convention entrera en vigueur le premier jour du troisième mois du calendrier après le dépôt du troisième instrument de ratification, d'acceptation, d'approbation ou d'adhésion prévu par les articles 37 et 38.

Ensuite, la Convention entrera en vigueur :

1. pour chaque État ratifiant, acceptant, approuvant ou adhérant postérieurement le premier jour du troisième mois du calendrier après le dépôt de son instrument de ratification, d'acceptation, d'approbation ou d'adhésion;

2. pour les territoires ou les unités territoriales auxquels la Convention a été étendue conformément à l'article 39 ou 40, le premier jour du troisième mois du calendrier après la notification visée dans ces articles.

Art. 44 La Convention aura une durée de cinq ans à partir de la date de son entrée en vigueur conformément à l'article 43, alinéa premier, même pour les États qui l'auront postérieurement ratifiée, acceptée ou approuvée ou qui y auront adhéré.

La Convention sera renouvelée tacitement de cinq ans en cinq ans, sauf dénonciation.

La dénonciation sera notifiée, au moins six mois avant l'expiration du délai de cinq ans, au Ministère des Affaires Etrangères du Royaume des Pays-Bas. Elle pourra se limiter à certains territoires ou unités territoriales auxquels s'applique la Convention.

La dénonciation n'aura d'effet qu'à l'égard de l'État qui l'aura notifiée. La Convention restera en vigueur pour les autres États contractants.

Art. 45 Le Ministère des Affaires Etrangères du Royaume des Pays-Bas notifiera aux États Membres de la Conférence, ainsi qu'aux États qui auront adhéré conformément aux dispositions de l'article 38 :

1. les signatures, ratifications, acceptations et approbations visées à l'article 37;

2. les adhésions visées à l'article 38;

3. la date à laquelle la Convention entrera en vigueur conformément aux dispositions de l'article 43;

4. les extensions visées à l'article 39;

5. les déclarations mentionnées aux articles 38 et 40;

6. les réserves prévues aux articles 24 et 26, alinéa 3, et le retrait des réserves prévu à l'article 42;

7. les dénonciations visées à l'article 44.

En foi de quoi, les soussignés, dûment autorisés, ont signé la présente Convention.

Fait à La Haye, le 25 octobre 1980, en français et en anglais, les deux textes faisant également foi, en un seul exemplaire, qui sera déposé dans les archives du Gouvernement du Royaume des Pays-Bas et dont une copie certifiée conforme sera remise, par la voie diplomatique, à chacun des États Membres de la Conférence de La Haye de droit international privé lors de sa Quatorzième session.

99 Convention de La Haye du 25 octobre 1980 tendant à faciliter l'accès international à la justice

En vigueur depuis le 1er mai 1988

Les États signataires de la présente Convention,

Désirant faciliter l'accès international à la justice,

Ont résolu de conclure une Convention à cet effet et sont convenus des dispositions suivantes :

CHAPITRE PREMIER

Assistance judiciaire

Art. premier Les ressortissants d'un État contractant, ainsi que les personnes ayant leur résidence habituelle dans un État contractant, sont admis au bénéfice de l'assistance judiciaire en matière civile et commerciale dans chaque État contractant dans les mêmes conditions que s'ils étaient eux-mêmes ressortissants de cet État et y résidaient habituellement.

Les personnes auxquelles les dispositions de l'alinéa précédent ne s'appliquent pas, mais qui ont eu leur résidence habituelle dans un État contractant dans lequel une procédure judiciaire est ou sera engagée, seront néanmoins admises au bénéfice de l'assistance judiciaire aux conditions prévues à l'alinéa précédent, si la cause de l'action découle de cette ancienne résidence habituelle.

Dans les États où l'assistance judiciaire existe en matière administrative, sociale ou fiscale, les dispositions du présent article s'appliquent aux affaires portées devant les tribunaux compétents en ces matières.

Art. 2 L'article premier s'applique à la consultation juridique, à la condition que le requérant soit présent dans l'État où la consultation est demandée.

Art. 3 Chaque État contractant désigne une Autorité centrale chargée de recevoir les demandes d'assistance judiciaire qui lui sont présentées conformément à la présente Convention et d'y donner suite.

Les États fédéraux et les États dans lesquels plusieurs systèmes de droit sont en vigueur ont la faculté de désigner plusieurs Autorités centrales. En cas d'incompétence de l'Autorité centrale saisie, celle-ci transmet la demande à l'Autorité centrale compétente du même État contractant.

Art. 4 Chaque État contractant désigne une ou plusieurs autorités expéditrices chargées de transmettre les demandes d'assistance judiciaire à l'Autorité centrale compétente dans l'État requis.

Les demandes d'assistance judiciaire sont transmises, sans intervention d'aucune autre autorité, à l'aide de la formule modèle annexée à la présente Convention.

Chaque État contractant a la faculté d'utiliser aux mêmes fins la voie diplomatique.

Art. 5 Lorsqu'il n'est pas présent dans l'État requis, le demandeur à l'assistance judiciaire peut, sans préjudice de toute autre voie par laquelle il pourrait soumettre sa demande à l'autorité compétente de cet État, présenter sa demande à une autorité expéditrice de l'État contractant où il a sa résidence habituelle.

La demande est établie conformément à la formule modèle annexée à la présente Convention. Elle est accompagnée de tous les documents nécessaires, sous réserve du droit pour l'État requis de demander des informations ou des documents complémentaires dans les cas appropriés.

Chaque État contractant a la faculté de faire connaître que son Autorité centrale réceptrice peut être saisie par toute autre voie ou moyen.

Art. 6 L'autorité expéditrice assiste le demandeur afin que soient joints tous les documents et informations qui, à la connaissance de cette autorité, sont nécessaires à l'appréciation de la demande. Elle vérifie leur régularité formelle.

Elle peut refuser de transmettre la demande au cas où celle-ci lui paraît manifestement mal fondée.

Le cas échéant, elle assiste le demandeur pour une traduction sans frais des documents.

Elle répond aux demandes de renseignements complémentaires qui émanent de l'Autorité centrale réceptrice de l'État requis.

Art. 7 Les demandes d'assistance judiciaire, les documents à l'appui, ainsi que les communications en réponse aux demandes de renseignements complémentaires, doivent être rédigés dans la langue ou dans l'une des langues officielles de l'État requis ou accompagnés d'une traduction faite dans l'une de ces langues.

Toutefois, lorsque dans l'État requérant l'obtention d'une traduction dans la langue de l'État requis est difficilement réalisable, ce dernier doit accepter que ces pièces soient rédigées en langue française ou anglaise ou accompagnées d'une traduction dans l'une de ces langues.

Les communications émanant de l'Autorité centrale réceptrice peuvent être rédigées dans la langue ou dans l'une des langues officielles de cet État, en anglais ou en français. Toutefois, lorsque la demande transmise par l'autorité expéditrice est rédigée en français ou en anglais ou accompagnée d'une traduction dans l'une de ces langues, les communications émanant de l'Autorité centrale réceptrice sont également rédigées dans l'une de ces langues.

Les frais de traductions entraînés par l'application des alinéas précédents demeurent à la charge de l'État requérant. Toutefois, les traductions opérées, le cas échéant, par l'État requis demeurent à sa charge.

Art. 8 L'Autorité centrale réceptrice statue sur la demande d'assistance judiciaire ou prend les mesures nécessaires pour qu'il soit statué sur celle-ci par l'autorité compétente de l'État requis.

Elle transmet les demandes de renseignements complémentaires à l'autorité expéditrice et l'informe de toute difficulté relative à l'examen de la demande, ainsi que de la décision prise.

Art. 9 Lorsqu'il ne réside pas dans un État contractant, le demandeur à l'assistance judiciaire peut, sans préjudice de toute autre voie par laquelle il pourrait soumettre sa demande à l'autorité compétente de l'État requis, transmettre sa demande par la voie consulaire.

Chaque État contractant a la faculté de faire connaître que son Autorité centrale réceptrice peut être saisie par tous autres voie ou moyen.

Art. 10 Les documents transmis en application du présent chapitre sont dispensés de toute légalisation et de toute formalité analogue.

Art. 11 L'intervention des autorités compétentes pour transmettre, recevoir ou statuer sur les demandes d'assistance judiciaire en vertu du présent chapitre est gratuite.

Art. 12 L'instruction des demandes d'assistance judiciaire est effectuée d'urgence.

Art. 13 Lorsque l'assistance judiciaire a été accordée en application de l'article premier, les notifications et significations, quelle qu'en soit la forme, relatives au procès du bénéficiaire et qui seraient à faire dans un autre État contractant, ne peuvent donner lieu à aucun remboursement. Il en va de même des commissions rogatoires et enquêtes sociales, à l'exception des indemnités payées aux experts et aux interprètes.

Lorsqu'une personne a été admise, en application de l'article premier, au bénéfice de l'assistance judiciaire dans un État contractant à l'occasion d'une procédure ayant donné lieu à une décision, elle bénéficie, sans nouvel examen, de l'assistance judiciaire dans tout autre État contractant où elle sollicite la reconnaissance ou l'exécution de cette décision.

CHAPITRE II

Caution *judicatum solvi* et *exequatur* des condamnations aux frais et dépens

Art. 14 Aucune caution ni aucun dépôt, sous quelque dénomination que ce soit, ne peut être exigé en raison de leur seule qualité d'étranger ou de leur seul défaut de domicile ou de résidence dans l'État où l'action est intentée, des personnes, physiques ou morales, ayant leur résidence habituelle dans l'un des États contractants qui seront demandeurs ou intervenants devant les tribunaux d'un autre État contractant.

La même règle s'applique au versement qui serait exigé des demandeurs ou des intervenants pour garantir les frais judiciaires.

Art. 15 Les condamnations aux frais et dépens du procès, prononcées dans l'un des États contractants contre toute personne dispensée de la caution, du dépôt ou du versement en vertu soit de l'article 14, soit de la loi de l'État où l'action est intentée, seront, à la demande du créancier, rendues gratuitement exécutoires dans tout autre État contractant.

Art. 16 Chaque État contractant désigne une ou plusieurs autorités expéditrices chargées de transmettre les demandes d'exequatur visées par l'article 15 à l'Autorité centrale compétente dans l'État requis.

Chaque État contractant désigne une Autorité centrale chargée de recevoir les demandes et de prendre les mesures appropriées pour qu'une décision définitive soit prise à cet égard.

Les États fédéraux et les États dans lesquels plusieurs systèmes de droit sont en vigueur ont la faculté de désigner plusieurs Autorités centrales. En cas d'incompétence de l'Autorité centrale saisie, celle-ci transmet la demande à l'Autorité centrale compétente dans l'État requis.

Les demandes sont transmises sans intervention d'aucune autre autorité. Cependant, chaque État contractant a la faculté d'utiliser aux mêmes fins la voie diplomatique.

A moins que l'État requis n'ait déclaré s'y opposer, les dispositions qui précèdent ne font pas obstacle à ce que la demande d'exequatur soit présentée directement par le créancier.

Art. 17 Les demandes d'exequatur doivent être accompagnées :

a) d'une expédition conforme de la partie de la décision faisant apparaître les noms et qualités des parties, ainsi que le dispositif se rapportant aux frais et dépens;

b) de tout document de nature à prouver que la décision ne peut plus faire l'objet d'un recours ordinaire dans l'État d'origine et qu'elle y est exécutoire;

c) d'une traduction certifiée conforme de ces documents dans la langue de l'État requis, lorsqu'ils ne sont pas rédigés dans cette langue.

L'autorité compétente de l'État requis statue sur les demandes d'exequatur sans entendre les parties. Elle se borne à vérifier que les pièces ont été produites. A la requête du demandeur, elle évalue le montant des frais d'attestation, de traduction et de certification, qui sont assimilés aux frais et dépens du procès. Aucune légalisation ou formalité analogue ne peut être imposée.

Les parties n'ont d'autres recours contre la décision rendue par l'autorité compétente que ceux qui leur sont ouverts par la législation de l'État requis.

CHAPITRE III

Copies d'actes et de décisions de justice

Art. 18 En matière civile ou commerciale, les ressortissants d'un État contractant, ainsi que les personnes ayant leur résidence habituelle dans un État contractant, peuvent, dans les mêmes conditions que les nationaux, se faire délivrer et, le cas échéant, faire légaliser des copies ou des extraits de registres publics ou de décisions de justice dans un autre État contractant.

CHAPITRE IV

Contrainte par corps et sauf-conduit

Art. 19 La contrainte par corps, soit comme moyen d'exécution, soit comme mesure simplement conservatoire, ne pourra pas, en matière civile ou commerciale, être appliquée aux ressortissants d'un État contractant ou aux personnes ayant leur résidence habituelle dans un État contractant dans le cas où elle ne serait pas applicable aux ressortissants de cet État. Tout fait qui pourrait être invoqué par un ressortissant ayant sa résidence habituelle dans cet État pour obtenir la levée de la contrainte par corps doit produire le même effet au profit d'un ressortissant d'un État contractant ou d'une personne ayant sa résidence habituelle dans un État contractant, même si ce fait s'est produit à l'étranger.

Art. 20 Lorsqu'un témoin ou un expert, ressortissant d'un État contractant ou ayant sa résidence habituelle dans un État contractant, est cité nommément par un tribunal ou par une partie avec l'autorisation d'un tribunal à comparaître devant les tribunaux d'un autre État contractant, il ne peut être poursuivi, détenu ou soumis à une restriction quelconque de sa liberté individuelle sur le territoire de cet État pour des condamnations ou des faits antérieurs à son entrée sur le territoire de l'État requérant.

L'immunité prévue à l'alinéa précédent commence sept jours avant la date fixée pour l'audition du témoin ou de l'expert et prend fin lorsque le témoin ou l'expert, ayant eu la possibilité de quitter le territoire pendant sept jours consécutifs après que les autorités judiciaires l'auront informé que sa présence n'était plus requise, sera néanmoins demeuré sur ce territoire ou y sera revenu volontairement après l'avoir quitté.

CHAPITRE V

Dispositions générales

Art. 21 Sous réserve des dispositions de l'article 22, aucune disposition de la présente Convention ne sera interprétée comme limitant les droits relatifs aux matières réglées par celle-ci qui pourraient être reconnus à une personne conformément aux lois d'un État contractant ou conformément à toute autre convention à laquelle cet État est ou sera partie.

Art. 22 La présente Convention remplace, dans les rapports entre les États qui l'auront ratifiée, les articles 17 à 24 de la *Convention relative à la procédure civile*, signée à La Haye le 17 juillet 1905, ou les articles 17 à 26 de la *Convention relative à la procédure civile*, signée à La Haye le premier mars 1954, pour les États qui sont Parties à l'une ou l'autre de ces Conventions, même si la réserve du deuxième alinéa de l'article 28, lettre *c)* est faite.

Art. 23 Les accords additionnels aux Conventions de 1905 et de 1954, conclus par les États contractants, sont considérés comme également applicables à la présente Convention, dans la mesure où ils sont compatibles avec celle-ci, à moins que les États intéressés n'en conviennent autrement.

Art. 24 Tout État contractant peut, au moyen d'une déclaration, faire connaître la ou les langues autres que celles prévues aux articles 7 et 17 dans lesquelles les documents qui seront adressés à son Autorité centrale peuvent être rédigés ou traduits.

Art. 25 Tout État contractant qui a plusieurs langues officielles et qui ne peut, pour des raisons de droit interne, accepter pour l'ensemble de son territoire les documents visés aux articles 7 et 17 d'assistance judiciaire dans l'une de ces langues, doit faire connaître au moyen d'une déclaration la langue dans laquelle ceux-ci doivent être rédigés ou traduits en vue de leur présentation dans les parties de son territoire qu'il a déterminées.

Art. 26 Un État contractant qui comprend deux ou plusieurs unités territoriales dans lesquelles des systèmes de droit différents s'appliquent aux matières régies par cette Convention pourra, au moment de la signature, de la ratification, de l'acceptation, de l'approbation ou de l'adhésion, déclarer que la présente Convention s'appliquera à toutes ses unités territoriales ou seulement à l'une ou à plusieurs d'entre elles, et pourra à tout moment modifier cette déclaration en faisant une nouvelle déclaration.

Ces déclarations seront notifiées au Ministère des Affaires Étrangères du Royaume des Pays-Bas et indiqueront expressément les unités territoriales auxquelles la Convention s'applique.

Art. 27 Lorsqu'un État contractant a un système de gouvernement en vertu duquel les pouvoirs exécutif, judiciaire et législatif sont partagés entre des Autorités centrales et d'autres autorités de cet État, la signature, la ratification, l'acceptation ou l'approbation de la Convention, ou l'adhésion à celle-ci, ou une déclaration faite en vertu de l'article 26, n'emportera aucune conséquence quant au partage interne des pouvoirs dans cet État.

Art. 28 Tout État contractant pourra, au moment de la signature, de la ratification, de l'acceptation, de l'approbation ou de l'adhésion se réserver le droit d'exclure l'application de l'article premier aux personnes qui ne sont pas ressortissantes d'un État contractant, mais qui ont leur résidence habituelle dans un État contractant autre que celui qui a fait la réserve ou qui ont eu leur résidence habituelle dans l'État qui a fait la réserve, s'il n'existe aucune réciprocité entre l'État qui a fait la réserve et l'État dont le demandeur à l'assistance judiciaire est le ressortissant.

Tout État contractant pourra, au moment de la signature, de la ratification, de l'acceptation, de l'approbation ou de l'adhésion, se réserver le droit d'exclure :

a) l'usage de l'anglais, du français, ou de ces deux langues, tel que prévu à l'alinéa 2 de l'article 7;

b) l'application des dispositions de l'alinéa 2 de l'article 13;

c) l'application des dispositions du chapitre II;

d) l'application de l'article 20.

Lorsqu'un État :

e) aura exclu l'usage des langues anglaise et française en faisant la réserve prévue à la lettre *a)* de l'alinéa précédent, tout autre État affecté par celle-ci pourra appliquer la même règle à l'égard de l'État qui aura fait la réserve;

f) aura fait la réserve prévue à la lettre *b)* de l'alinéa précédent, tout autre État pourra refuser d'appliquer l'alinéa 2 de l'article 13 aux ressortissants de l'État qui aura fait la réserve, ainsi qu'aux personnes ayant leur résidence habituelle dans cet État;

g) aura fait la réserve prévue à lettre *c)* de l'alinéa précédent, tout autre État pourra refuser d'appliquer les dispositions du chapitre II aux ressortissants de l'État qui aura fait la réserve, ainsi qu'aux personnes ayant leur résidence habituelle dans cet État.

Aucune autre réserve ne sera admise.

Tout État contractant pourra, à tout moment, retirer une réserve qu'il aura faite. Ce retrait sera notifié au Ministère des Affaires Étrangères du Royaume des Pays-Bas. L'effet de la réserve cessera le premier jour du troisième mois du calendrier après cette notification.

Art. 29 Tout État contractant indiquera au Ministère des Affaires Étrangères du Royaume des Pays-Bas, soit au moment du dépôt de son instrument de ratification, d'acceptation, d'approbation ou d'adhésion, soit ultérieurement, les autorités prévues aux articles 3, 4 et 16.

Il notifiera, le cas échéant, dans les mêmes conditions :

a) les déclarations visées aux articles 5, 9, 16, 24, 25, 26 et 33;

b) tout retrait et toute modification des désignations et déclarations mentionnées ci-dessus;

c) le retrait de toute réserve.

Art. 30 Les formules modèles annexées à la présente Convention pourront être amendées par décision d'une Commission spéciale à laquelle seront invités tous les États contractants et tous les États Membres de la Conférence de La Haye et qui sera convoquée par le Secrétaire général de la Conférence de La Haye. La proposition d'amender les formules devra être portée à l'ordre du jour qui sera joint à la convocation.

Les amendements seront adoptés par la Commission spéciale à la majorité des États contractants présents et prenant part au vote. Ils entreront en vigueur pour tous les États contractants le premier jour du septième mois après la date à laquelle le Secrétaire général les aura communiqués à tous les États contractants.

Au cours du délai prévu à l'alinéa précédent, tout État contractant pourra notifier par écrit au Ministère des Affaires Étrangères du Royaume des Pays-Bas qu'il entend faire une réserve à cet amendement. L'État qui aura fait une telle réserve sera traité, en ce qui concerne cet amendement, comme s'il n'était pas Partie à la présente Convention jusqu'à ce que la réserve ait été retirée.

CHAPITRE VI

Clauses finales

Art. 31 La Convention est ouverte à la signature des États qui étaient Membres de la Conférence de La Haye de droit international privé lors de sa Quatorzième session, ainsi que des États non-Membres *[non-membres]* invités à son élaboration.

Elle sera ratifiée, acceptée ou approuvée et les instruments de ratification, d'acceptation ou d'approbation seront déposés auprès du Ministère des Affaires Étrangères du Royaume des Pays-Bas.

Art. 32 Tout autre État pourra adhérer à la Convention.

L'instrument d'adhésion sera déposé auprès du Ministère des Affaires Étrangères du Royaume des Pays-Bas.

L'adhésion n'aura d'effet que dans les rapports entre l'État adhérant et les États contractants qui n'auront pas élevé d'objection à son encontre dans les douze mois après la réception de la notification prévue au chiffre 2 de l'article 36. Une telle objection pourra également être élevée par tout État Membre au moment d'une ratification, acceptation ou approbation de la Convention, ultérieure à l'adhésion. Ces objections seront notifiées au Ministère des Affaires Étrangères du Royaume des Pays-Bas.

Art. 33 Tout État, au moment de la signature, de la ratification, de l'acceptation, de l'approbation ou de l'adhésion, pourra déclarer que la Convention s'étendra à l'ensemble des territoires qu'il représente sur le plan international ou à l'un ou plusieurs d'entre eux. Cette déclaration aura effet au moment où elle entre en vigueur pour cet État.

Cette déclaration, ainsi que toute extension ultérieure, seront notifiées au Ministère des Affaires Étrangères du Royaume des Pays-Bas.

Art. 34 La Convention entrera en vigueur le premier jour du troisième mois du calendrier après le dépôt du troisième instrument de ratification, d'acceptation, d'approbation ou d'adhésion prévu par les articles 31 et 32.

Ensuite, la Convention entrera en vigueur :

1. pour chaque État ratifiant, acceptant, approuvant ou adhérant postérieurement le premier jour du troisième mois du calendrier après le dépôt de son instrument de ratification, d'acceptation, d'approbation ou d'adhésion;

2. pour les territoires ou les unités territoriales auxquels la Convention a été étendue*[,]* conformément à l'article 26 ou 33, le premier jour du troisième mois du calendrier après la notification visée dans ces articles.

Art. 35 La Convention aura une durée de cinq ans à partir de la date de son entrée en vigueur conformément à l'article 34, alinéa premier, même pour les États qui l'auront postérieurement ratifiée, acceptée ou approuvée ou qui y auront adhéré.

La Convention sera renouvelée tacitement de cinq ans en cinq ans, sauf dénonciation.

La dénonciation sera, au moins six mois avant l'expiration du délai de cinq ans, notifiée au Ministère des Affaires Étrangères du Royaume des Pays-Bas. Elle pourra se limiter à certains territoires ou unités territoriales auxquels s'applique la Convention.

La dénonciation n'aura d'effet qu'à l'égard de l'État qui l'aura notifiée. La Convention restera en vigueur pour les autres États contractants.

Art. 36 Le Ministère des Affaires Étrangères du Royaume des Pays-Bas notifiera aux États Membres de la Conférence, ainsi qu'aux États qui auront adhéré conformément aux dispositions de l'article 32 :

1. les signatures, ratifications, acceptations et approbations visées à l'article 31;
2. les adhésions et les objections aux adhésions visées à l'article 32;
3. la date à laquelle la Convention entrera en vigueur conformément aux dispositions de l'article 34;
4. les déclarations mentionnées aux articles 26 et 33;
5. les réserves et le retrait des réserves prévus aux articles 28 et 30;
6. les communications notifiées en application de l'article 29;
7. les dénonciations visées à l'article 35.

En foi de quoi, les soussignés, dûment autorisés, ont signé la présente Convention.

Fait à La Haye, le 25 octobre 1980, en français et en anglais, les deux textes faisant également foi, en un seul exemplaire, qui sera déposé dans les archives du Gouvernement du Royaume des Pays-Bas et dont une copie certifiée conforme sera remise, par la voie diplomatique, à chacun des États Membres de la Conférence de La Haye de droit international privé lors de sa Quatorzième session, ainsi qu'à tout autre État ayant participé à l'élaboration de la présente Convention lors de cette Session.

100 Convention de La Haye du 29 octobre 1993 sur la protection des enfants et la coopération en matière d'adoption internationale

En vigueur depuis le 1er octobre 1998

Les États signataires de la présente Convention,

Reconnaissant que, pour l'épanouissement harmonieux de sa personnalité, l'enfant doit grandir dans un milieu familial, dans un climat de bonheur, d'amour et de compréhension,

Rappelant que chaque État devrait prendre, par priorité, des mesures appropriées pour permettre le maintien de l'enfant dans sa famille d'origine,

Reconnaissant que l'adoption internationale peut présenter l'avantage de donner une famille permanente à l'enfant pour lequel une famille appropriée ne peut être trouvée dans son État d'origine,

Convaincus de la nécessité de prévoir des mesures pour garantir que les adoptions internationales aient lieu dans l'intérêt supérieur de l'enfant et le respect de ses droits fondamentaux, ainsi que pour prévenir l'enlèvement, la vente ou la traite d'enfants,

Désirant établir à cet effet des dispositions communes qui tiennent compte des principes reconnus par les instruments internationaux, notamment par la Convention des Nations unies sur les droits de l'enfant, du 20 novembre 1989, et par la Déclaration des Nations unies sur les principes sociaux et juridiques applicables à la protection et au bien-être des enfants, envisagés surtout sous l'angle des pratiques en matière d'adoption et de placement familial sur les plans national et international (Résolution de l'Assemblée générale 41/85, du 3 décembre 1986),

Sont convenus des dispositions suivantes :

CHAPITRE PREMIER
Champ d'application de la convention

Art. premier La présente Convention a pour objet :

a) d'établir des garanties pour que les adoptions internationales aient lieu dans l'intérêt supérieur de l'enfant et dans le respect des droits fondamentaux qui lui sont reconnus en droit international ;

b) d'instaurer un système de coopération entre les États contractants pour assurer le respect de ces garanties et prévenir ainsi l'enlèvement, la vente ou la traite d'enfants ;

c) d'assurer la reconnaissance dans les États contractants des adoptions réalisées selon la Convention.

Art. 2 1. La Convention s'applique lorsqu'un enfant résidant habituellement dans un État contractant (« l'État d'origine ») a été, est ou doit être déplacé vers un autre État contractant (« l'État d'accueil »), soit après son adoption dans l'État d'origine par des époux ou une personne résidant habituellement dans l'État d'accueil, soit en vue d'une telle adoption dans l'État d'accueil ou dans l'État d'origine.

2. La Convention ne vise que les adoptions établissant un lien de filiation.

Art. 3 La Convention cesse de s'appliquer si les acceptations visées à l'article 17, lettre c), n'ont pas été données avant que l'enfant n'ait atteint l'âge de dix-huit ans.

CHAPITRE II

Conditions des adoptions internationales

Art. 4 Les adoptions visées par la Convention ne peuvent avoir lieu que si les autorités compétentes de l'État d'origine :

a) ont établi que l'enfant est adoptable;

b) ont constaté, après avoir dûment examiné les possibilités de placement de l'enfant dans son État d'origine, qu'une adoption internationale répond à l'intérêt supérieur de l'enfant;

c) se sont assurées

1) que les personnes, institutions et autorités dont le consentement est requis pour l'adoption ont été entourées des conseils nécessaires et dûment informées sur les conséquences de leur consentement, en particulier sur le maintien ou la rupture, en raison d'une adoption, des liens de droit entre l'enfant et sa famille d'origine,

2) que celles-ci ont donné librement leur consentement dans les formes légales requises, et que ce consentement a été donné ou constaté par écrit,

3) que les consentements n'ont pas été obtenus moyennant paiement ou contrepartie d'aucune sorte et qu'ils n'ont pas été retirés, et

4) que le consentement de la mère, s'il est requis, n'a été donné qu'après la naissance de l'enfant; et

d) se sont assurées, eu égard à l'âge et à la maturité de l'enfant,

1) que celui-ci a été entouré de conseils et dûment informé sur les conséquences de l'adoption et de son consentement à l'adoption, si celui-ci est requis,

2) que les souhaits et avis de l'enfant ont été pris en considération,

3) que le consentement de l'enfant à l'adoption, lorsqu'il est requis, a été donné librement, dans les formes légales requises, et que son consentement a été donné ou constaté par écrit, et

4) que ce consentement n'a pas été obtenu moyennant paiement ou contrepartie d'aucune sorte.

Art. 5 Les adoptions visées par la Convention ne peuvent avoir lieu que si les autorités compétentes de l'État d'accueil :

a) ont constaté que les futurs parents adoptifs sont qualifiés et aptes à adopter;

b) se sont assurées que les futurs parents adoptifs ont été entourés des conseils nécessaires; et

c) ont constaté que l'enfant est ou sera autorisé à entrer et à séjourner de façon permanente dans cet État.

CHAPITRE III

Autorités centrales et organismes agréés

Art. 6 1. Chaque État contractant désigne une Autorité centrale chargée de satisfaire aux obligations qui lui sont imposées par la Convention.

2. Un État fédéral, un État dans lequel plusieurs systèmes de droit sont en vigueur ou un État ayant des unités territoriales autonomes est libre de désigner plus d'une Autorité centrale et de spécifier l'étendue territoriale ou personnelle de leurs fonctions. L'État qui

fait usage de cette faculté désigne l'Autorité centrale à laquelle toute communication peut être adressée en vue de sa transmission à l'Autorité centrale compétente au sein de cet État.

Art. 7 1. Les Autorités centrales doivent coopérer entre elles et promouvoir une collaboration entre les autorités compétentes de leurs États pour assurer la protection des enfants et réaliser les autres objectifs de la Convention.

2. Elles prennent directement toutes mesures appropriées pour :

a) fournir des informations sur la législation de leurs États en matière d'adoption et d'autres informations générales, telles que des statistiques et formules types;

b) s'informer mutuellement sur le fonctionnement de la Convention et, dans la mesure du possible, lever les obstacles à son application.

Art. 8 Les Autorités centrales prennent, soit directement, soit avec le concours d'autorités publiques, toutes mesures appropriées pour prévenir les gains matériels indus à l'occasion d'une adoption et empêcher toute pratique contraire aux objectifs de la Convention.

Art. 9 Les Autorités centrales prennent, soit directement, soit avec le concours d'autorités publiques ou d'organismes dûment agréés dans leur État, toutes mesures appropriées, notamment pour :

a) rassembler, conserver et échanger des informations relatives à la situation de l'enfant et des futurs parents adoptifs, dans la mesure nécessaire à la réalisation de l'adoption;

b) faciliter, suivre et activer la procédure en vue de l'adoption;

c) promouvoir dans leurs États le développement de services de conseils pour l'adoption et pour le suivi de l'adoption;

d) échanger des rapports généraux d'évaluation sur les expériences en matière d'adoption internationale;

e) répondre, dans la mesure permise par la loi de leur État, aux demandes motivées d'informations sur une situation particulière d'adoption formulées par d'autres Autorités centrales ou par des autorités publiques.

Art. 10 Peuvent seuls bénéficier de l'agrément et le conserver les organismes qui démontrent leur aptitude à remplir correctement les missions qui pourraient leur être confiées.

Art. 11 Un organisme agréé doit :

a) poursuivre uniquement des buts non lucratifs dans les conditions et limites fixées par les autorités compétentes de l'État d'agrément;

b) être dirigé et géré par des personnes qualifiées par leur intégrité morale et leur formation ou expérience pour agir dans le domaine de l'adoption internationale; et

c) être soumis à la surveillance d'autorités compétentes de cet État pour sa composition, son fonctionnement et sa situation financière.

Art. 12 Un organisme agréé dans un État contractant ne pourra agir dans un autre État contractant que si les autorités compétentes des deux États l'ont autorisé.

Art. 13 La désignation des Autorités centrales et, le cas échéant, l'étendue de leurs fonctions, ainsi que le nom et l'adresse des organismes agréés, sont communiqués par chaque État contractant au Bureau Permanent de la Conférence de La Haye de droit international privé.

CHAPITRE IV

Conditions procédurales de l'adoption internationale

Art. 14 Les personnes résidant habituellement dans un État contractant, qui désirent adopter un enfant dont la résidence habituelle est située dans un autre État contractant, doivent s'adresser à l'Autorité centrale de l'État de leur résidence habituelle.

Art. 15 1. Si l'Autorité centrale de l'État d'accueil considère que les requérants sont qualifiés et aptes à adopter, elle établit un rapport contenant des renseignements sur leur identité, leur capacité légale et leur aptitude à adopter, leur situation personnelle, familiale et médicale, leur milieu social, les motifs qui les animent, leur aptitude à assumer une adoption internationale, ainsi que sur les enfants qu'ils seraient aptes à prendre en charge.

2. Elle transmet le rapport à l'Autorité centrale de l'État d'origine.

Art. 16 1. Si l'Autorité centrale de l'État d'origine considère que l'enfant est adoptable,

a) elle établit un rapport contenant des renseignements sur l'identité de l'enfant, son adoptabilité, son milieu social, son évolution personnelle et familiale, son passé médical et celui de sa famille, ainsi que sur ses besoins particuliers;

b) elle tient dûment compte des conditions d'éducation de l'enfant, ainsi que de son origine ethnique, religieuse et culturelle;

c) elle s'assure que les consentements visés à l'article 4 ont été obtenus; et

d) elle constate, en se fondant notamment sur les rapports concernant l'enfant et les futurs parents adoptifs, que le placement envisagé est dans l'intérêt supérieur de l'enfant.

2. Elle transmet à l'Autorité centrale de l'État d'accueil son rapport sur l'enfant, la preuve des consentements requis et les motifs de son constat sur le placement, en veillant à ne pas révéler l'identité de la mère et du père, si, dans l'État d'origine, cette identité ne peut pas être divulguée.

Art. 17 Toute décision de confier un enfant à des futurs parents adoptifs ne peut être prise dans l'État d'origine que

a) si l'Autorité centrale de cet État s'est assurée de l'accord des futurs parents adoptifs;

b) si l'Autorité centrale de l'État d'accueil a approuvé cette décision, lorsque la loi de cet État ou l'Autorité centrale de l'État d'origine le requiert;

c) si les Autorités centrales des deux États ont accepté que la procédure en vue de l'adoption se poursuive; et

d) s'il a été constaté conformément à l'article 5 que les futurs parents adoptifs sont qualifiés et aptes à adopter et que l'enfant est ou sera autorisé à entrer et à séjourner de façon permanente dans l'État d'accueil.

Art. 18 Les Autorités centrales des deux États prennent toutes mesures utiles pour que l'enfant reçoive l'autorisation de sortie de l'État d'origine, ainsi que celle d'entrée et de séjour permanent dans l'État d'accueil.

Art. 19 1. Le déplacement de l'enfant vers l'État d'accueil ne peut avoir lieu que si les conditions de l'article 17 ont été remplies.

2. Les Autorités centrales des deux États veillent à ce que ce déplacement s'effectue en toute sécurité, dans des conditions appropriées et, si possible, en compagnie des parents adoptifs ou des futurs parents adoptifs.

3. Si ce déplacement n'a pas lieu, les rapports visés aux articles 15 et 16 sont renvoyés aux autorités expéditrices.

Art. 20 Les Autorités centrales se tiennent informées sur la procédure d'adoption et les mesures prises pour la mener à terme, ainsi que sur le déroulement de la période probatoire, lorsque celle-ci est requise.

Art. 21 1. Lorsque l'adoption doit avoir lieu après le déplacement de l'enfant dans l'État d'accueil et que l'Autorité centrale de cet État considère que le maintien de l'enfant dans la famille d'accueil n'est plus de son intérêt supérieur, cette Autorité prend les mesures utiles à la protection de l'enfant, en vue notamment :

a) de retirer l'enfant aux personnes qui désiraient l'adopter et d'en prendre soin provisoirement;

b) en consultation avec l'Autorité centrale de l'État d'origine, d'assurer sans délai un nouveau placement de l'enfant en vue de son adoption ou, à défaut, une prise en charge alternative durable; une adoption ne peut avoir lieu que si l'Autorité centrale de l'État d'origine a été dûment informée sur les nouveaux parents adoptifs;

c) en dernier ressort, d'assurer le retour de l'enfant, si son intérêt l'exige.

2. Eu égard notamment à l'âge et à la maturité de l'enfant, celui-ci sera consulté et, le cas échéant, son consentement obtenu sur les mesures à prendre conformément au présent article.

Art. 22 1. Les fonctions conférées à l'Autorité centrale par le présent chapitre peuvent être exercées par des autorités publiques ou par des organismes agréés conformément au chapitre III, dans la mesure prévue par la loi de son État.

2. Un État contractant peut déclarer auprès du dépositaire de la Convention que les fonctions conférées à l'Autorité centrale par les articles 15 à 21 peuvent aussi être exercées dans cet État, dans la mesure prévue par la loi et sous le contrôle des autorités compétentes de cet État, par des organismes ou personnes qui :

a) remplissent les conditions de moralité, de compétence professionnelle, d'expérience et de responsabilité requises par cet État; et

b) sont qualifiées par leur intégrité morale et leur formation ou expérience pour agir dans le domaine de l'adoption internationale.

3. L'État contractant qui fait la déclaration visée au paragraphe 2 informe régulièrement le Bureau Permanent de la Conférence de La Haye de droit international privé des noms et adresses de ces organismes et personnes.

4. Un État contractant peut déclarer auprès du dépositaire de la Convention que les adoptions d'enfants dont la résidence habituelle est située sur son territoire ne peuvent avoir lieu que si les fonctions conférées aux Autorités centrales sont exercées conformément au paragraphe premier.

5. Nonobstant toute déclaration effectuée conformément au paragraphe 2, les rapports prévus aux articles 15 et 16 sont, dans tous les cas, établis sous la responsabilité de l'Autorité centrale ou d'autres autorités ou organismes, conformément au paragraphe premier.

CHAPITRE V

Reconnaissance et effets de l'adoption

Art. 23 1. Une adoption certifiée conforme à la Convention par l'autorité compétente de l'État contractant où elle a eu lieu est reconnue de plein droit dans les autres États contractants. Le certificat indique quand et par qui les acceptations visées à l'article 17, lettre c), ont été données.

2. Tout État contractant, au moment de la signature, de la ratification, de l'acceptation, de l'approbation ou de l'adhésion, notifiera au dépositaire de la Convention l'identité et les fonctions de l'autorité ou des autorités qui, dans cet État, sont compétentes pour délivrer le certificat. Il lui notifiera aussi toute modification dans la désignation de ces autorités.

Art. 24 La reconnaissance d'une adoption ne peut être refusée dans un État contractant que si l'adoption est manifestement contraire à son ordre public, compte tenu de l'intérêt supérieur de l'enfant.

Art. 25 Tout État contractant peut déclarer au dépositaire de la Convention qu'il ne sera pas tenu de reconnaître en vertu de celle-ci les adoptions faites conformément à un accord conclu en application de l'article 39, paragraphe 2.

Art. 26 1. La reconnaissance de l'adoption comporte celle

a) du lien de filiation entre l'enfant et ses parents adoptifs;

b) de la responsabilité parentale des parents adoptifs à l'égard de l'enfant;

c) de la rupture du lien préexistant de filiation entre l'enfant et sa mère et son père, si l'adoption produit cet effet dans l'État contractant où elle a eu lieu.

2. Si l'adoption a pour effet de rompre le lien préexistant de filiation, l'enfant jouit, dans l'État d'accueil et dans tout autre État contractant où l'adoption est reconnue, des droits équivalents à ceux résultant d'une adoption produisant cet effet dans chacun de ces États.

3. Les paragraphes précédents ne portent pas atteinte à l'application de toute disposition plus favorable à l'enfant, en vigueur dans l'État contractant qui reconnaît l'adoption.

Art. 27 1. Lorsqu'une adoption faite dans l'État d'origine n'a pas pour effet de rompre le lien préexistant de filiation, elle peut, dans l'État d'accueil qui reconnaît l'adoption conformément à la Convention, être convertie en une adoption produisant cet effet,

a) si le droit de l'État d'accueil le permet; et

b) si les consentements visés à l'article 4, lettres c) et d), ont été ou sont donnés en vue d'une telle adoption.

2. L'article 23 s'applique à la décision de conversion.

CHAPITRE VI

Dispositions générales

Art. 28 La Convention ne déroge pas aux lois de l'État d'origine qui requièrent que l'adoption d'un enfant résidant habituellement dans cet État doive avoir lieu dans cet État ou qui interdisent le placement de l'enfant dans l'État d'accueil ou son déplacement vers cet État avant son adoption.

Art. 29 Aucun contact entre les futurs parents adoptifs et les parents de l'enfant ou toute autre personne qui a la garde de celui-ci ne peut avoir lieu tant que les dispositions de l'article 4, lettres a) à c), et de l'article 5, lettre a), n'ont pas été respectées, sauf si l'adoption a lieu entre membres d'une même famille ou si les conditions fixées par l'autorité compétente de l'État d'origine sont remplies.

Art. 30 1. Les autorités compétentes d'un État contractant veillent à conserver les informations qu'elles détiennent sur les origines de l'enfant, notamment celles relatives à l'identité de sa mère et de son père, ainsi que les données sur le passé médical de l'enfant et de sa famille.

2. Elles assurent l'accès de l'enfant ou de son représentant à ces informations, avec les conseils appropriés, dans la mesure permise par la loi de leur État.

Art. 31 Sous réserve de l'article 30, les données personnelles rassemblées ou transmises conformément à la Convention, en particulier celles visées aux articles 15 et 16, ne peuvent être utilisées à d'autres fins que celles pour lesquelles elles ont été rassemblées ou transmises.

Art. 32 1. Nul ne peut tirer un gain matériel indu en raison d'une intervention à l'occasion d'une adoption internationale.

2. Seuls peuvent être demandés et payés les frais et dépenses, y compris les honoraires raisonnables des personnes qui sont intervenues dans l'adoption.

3. Les dirigeants, administrateurs et employés d'organismes intervenant dans une adoption ne peuvent recevoir une rémunération disproportionnée par rapport aux services rendus.

Art. 33 Toute autorité compétente qui constate qu'une des dispositions de la Convention a été méconnue ou risque manifestement de l'être en informe aussitôt l'Autorité centrale de l'État dont elle relève. Cette Autorité centrale a la responsabilité de veiller à ce que les mesures utiles soient prises.

Art. 34 Si l'autorité compétente de l'État destinataire d'un document le requiert, une traduction certifiée conforme doit être produite. Sauf dispense, les frais de traduction sont à la charge des futurs parents adoptifs.

Art. 35 Les autorités compétentes des États contractants agissent rapidement dans les procédures d'adoption.

Art. 36 Au regard d'un État qui connaît, en matière d'adoption, deux ou plusieurs systèmes de droit applicables dans des unités territoriales différentes :

a) toute référence à la résidence habituelle dans cet État vise la résidence habituelle dans une unité territoriale de cet État;

b) toute référence à la loi de cet État vise la loi en vigueur dans l'unité territoriale concernée;

c) toute référence aux autorités compétentes ou aux autorités publiques de cet État vise les autorités habilitées à agir dans l'unité territoriale concernée;

d) toute référence aux organismes agréés de cet État vise les organismes agréés dans l'unité territoriale concernée.

Art. 37 Au regard d'un État qui connaît, en matière d'adoption, deux ou plusieurs systèmes de droit applicables à des catégories différentes de personnes, toute référence à la loi de cet État vise le système de droit désigné par le droit de celui-ci.

Art. 38 Un État dans lequel différentes unités territoriales ont leurs propres règles de droit en matière d'adoption ne sera pas tenu d'appliquer la Convention lorsqu'un État dont le système de droit est unifié ne serait pas tenu de l'appliquer.

Art. 39 1. La Convention ne déroge pas aux instruments internationaux auxquels des États contractants sont Parties et qui contiennent des dispositions sur les matières réglées par la présente Convention, à moins qu'une déclaration contraire ne soit faite par les États liés par de tels instruments.

2. Tout État contractant pourra conclure avec un ou plusieurs autres États contractants des accords en vue de favoriser l'application de la Convention dans leurs rapports réciproques. Ces accords ne pourront déroger qu'aux dispositions des articles 14 à 16 et 18 à 21. Les États qui auront conclu de tels accords en transmettront une copie au dépositaire de la Convention.

Art. 40 Aucune réserve à la Convention n'est admise.

Art. 41 La Convention s'applique chaque fois qu'une demande visée à l'article 14 a été reçue après l'entrée en vigueur de la Convention dans l'État d'accueil et l'État d'origine.

Art. 42 Le Secrétaire général de la Conférence de La Haye de droit international privé convoque périodiquement une Commission spéciale afin d'examiner le fonctionnement pratique de la Convention.

CHAPITRE VII

Clauses finales

Art. 43 1. La Convention est ouverte à la signature des États qui étaient Membres de la Conférence de La Haye de droit international privé lors de sa Dix-septième session et des autres États qui ont participé à cette Session.

2. Elle sera ratifiée, acceptée ou approuvée et les instruments de ratification, d'acceptation ou d'approbation seront déposés auprès du Ministère des Affaires Étrangères du Royaume des Pays-Bas, dépositaire de la Convention.

Art. 44 1. Tout autre État pourra adhérer à la Convention après son entrée en vigueur en vertu de l'article 46, paragraphe 1.

2. L'instrument d'adhésion sera déposé auprès du dépositaire.

3. L'adhésion n'aura d'effet que dans les rapports entre l'État adhérant et les États contractants qui n'auront pas élevé d'objection à son encontre dans les six mois après la réception de la notification prévue à l'article 48, lettre b). Une telle objection pourra également être élevée par tout État au moment d'une ratification, acceptation ou approbation de la Convention, ultérieure à l'adhésion. Ces objections seront notifiées au dépositaire.

Art. 45 1. Un État qui comprend deux ou plusieurs unités territoriales dans lesquelles des systèmes de droit différents s'appliquent aux matières régies par cette Convention pourra, au moment de la signature, de la ratification, de l'acceptation, de l'approbation ou de l'adhésion, déclarer que la présente Convention s'appliquera à toutes ses unités territoriales ou seulement à l'une ou à plusieurs d'entre elles, et pourra à tout moment modifier cette déclaration en faisant une nouvelle déclaration.

2. Ces déclarations seront notifiées au dépositaire et indiqueront expressément les unités territoriales auxquelles la Convention s'applique.

3. Si un État ne fait pas de déclaration en vertu du présent article, la Convention s'appliquera à l'ensemble du territoire de cet État.

Art. 46 1. La Convention entrera en vigueur le premier jour du mois suivant l'expiration d'une période de trois mois après le dépôt du troisième instrument de ratification, d'acceptation ou d'approbation prévu par l'article 43.

2. Par la suite, la Convention entrera en vigueur :

a) pour chaque État ratifiant, acceptant ou approuvant postérieurement, ou adhérant, le premier jour du mois suivant l'expiration d'une période de trois mois après le dépôt de son instrument de ratification, d'acceptation, d'approbation ou d'adhésion;

b) pour les unités territoriales auxquelles la Convention a été étendue conformément à l'article 45, le premier jour du mois suivant l'expiration d'une période de trois mois après la notification visée dans cet article.

Art. 47 1. Tout État Partie à la Convention pourra dénoncer celle-ci par une notification adressée par écrit au dépositaire.

2. La dénonciation prendra effet le premier jour du mois suivant l'expiration d'une période de douze mois après la date de réception de la notification par le dépositaire. Lorsqu'une période plus longue pour la prise d'effet de la dénonciation est spécifiée dans la notification, la dénonciation prendra effet à l'expiration de la période en question après la date de réception de la notification.

Art. 48 Le dépositaire notifiera aux États membres de la Conférence de La Haye de droit international privé, aux autres États qui ont participé à la Dix-septième session, ainsi qu'aux États qui auront adhéré conformément aux dispositions de l'article 44 :

a) les signatures, ratifications, acceptations et approbations visées à l'article 43;

b) les adhésions et les objections aux adhésions visées à l'article 44;

c) la date à laquelle la Convention entrera en vigueur conformément aux dispositions de l'article 46;

d) les déclarations et les désignations mentionnées aux articles 22, 23, 25 et 45;

e) les accords mentionnés à l'article 39;

f) les dénonciations visées à l'article 47.

101 Convention de La Haye du 19 octobre 1996 concernant la compétence, la loi applicable, la reconnaissance, l'exécution et la coopération en matière de responsabilité parentale et de mesures de protection des enfants

En vigueur depuis le 1er février 2011

Les États signataires de la présente Convention,

Considérant qu'il convient de renforcer la protection des enfants dans les situations à caractère international,

Désirant éviter des conflits entre leurs systèmes juridiques en matière de compétence, loi applicable, reconnaissance et exécution des mesures de protection des enfants,

Rappelant l'importance de la coopération internationale pour la protection des enfants,
Confirmant que l'intérêt supérieur de l'enfant doit être une considération primordiale,
Constatant la nécessité de réviser la Convention du 5 octobre 1961 concernant la compétence des autorités et la loi applicable en matière de protection des mineurs,
Désirant établir des dispositions communes à cet effet, en tenant compte de la Convention des Nations unies relative aux droits de l'enfant, du 20 novembre 1989,
Sont convenus des dispositions suivantes :

CHAPITRE PREMIER

Champ d'application de la Convention

Art. premier La présente Convention a pour objet :

a) De déterminer l'État dont les autorités ont compétence pour prendre des mesures tendant à la protection de la personne ou des biens de l'enfant;

b) De déterminer la loi applicable par ces autorités dans l'exercice de leur compétence;

c) De déterminer la loi applicable à la responsabilité parentale;

d) D'assurer la reconnaissance et l'exécution des mesures de protection dans tous les États contractants;

e) D'établir entre les autorités des États contractants la coopération nécessaire à la réalisation des objectifs de la Convention.

2. Aux fins de la Convention, l'expression « responsabilité parentale » comprend l'autorité parentale ou tout autre rapport d'autorité analogue déterminant les droits, les pouvoirs et les obligations des parents, d'un tuteur ou autre représentant légal à l'égard de la personne ou des biens de l'enfant.

Art. 2 La Convention s'applique aux enfants à partir de leur naissance et jusqu'à ce qu'ils aient atteint l'âge de dix-huit ans.

Art. 3 Les mesures prévues à l'article 1er peuvent porter notamment sur :

a) L'attribution, l'exercice et le retrait total ou partiel de la responsabilité parentale, ainsi que la délégation de celle-ci;

b) Le droit de garde, comprenant le droit portant sur les soins de la personne de l'enfant, et en particulier celui de décider de son lieu de résidence, ainsi que le droit de visite, comprenant le droit d'emmener l'enfant pour une période limitée dans un lieu autre que celui de sa résidence habituelle;

c) La tutelle, la curatelle et les institutions analogues;

d) La désignation et les fonctions de toute personne ou organisme chargé de s'occuper de la personne ou des biens de l'enfant, de le représenter ou de l'assister;

e) Le placement de l'enfant dans une famille d'accueil ou dans un établissement, ou son recueil légal par *kafala* ou par une institution analogue;

f) La supervision par les autorités publiques des soins dispensés à l'enfant par toute personne ayant la charge de cet enfant;

g) L'administration, la conservation ou la disposition des biens de l'enfant.

Art. 4 Sont exclus du domaine de la Convention :

a) L'établissement et la contestation de la filiation;

b) La décision sur l'adoption et les mesures qui la préparent, ainsi que l'annulation et la révocation de l'adoption;

c) Les nom et prénoms de l'enfant;

d) L'émancipation;

e) Les obligations alimentaires;

f) Les trusts et successions;

g) La sécurité sociale;

h) Les mesures publiques de caractère général en matière d'éducation et de santé;

i) Les mesures prises en conséquence d'infractions pénales commises par des enfants;

j) Les décisions sur le droit d'asile et en matière d'immigration.

CHAPITRE II

Compétence

Art. 5 1. Les autorités, tant judiciaires qu'administratives, de l'État contractant de la résidence habituelle de l'enfant sont compétentes pour prendre des mesures tendant à la protection de sa personne ou de ses biens.

2. Sous réserve de l'article 7, en cas de changement de la résidence habituelle de l'enfant dans un autre État contractant, sont compétentes les autorités de l'État de la nouvelle résidence habituelle.

Art. 6 1. Pour les enfants réfugiés et les enfants qui, par suite de troubles prévalant dans leur pays, sont internationalement déplacés, les autorités de l'État contractant sur le territoire duquel ces enfants sont présents du fait de leur déplacement exercent la compétence prévue au paragraphe premier de l'article 5.

2. La disposition du paragraphe précédent s'applique également aux enfants dont la résidence habituelle ne peut être établie.

Art. 7 1. En cas de déplacement ou de non-retour illicite de l'enfant, les autorités de l'État contractant dans lequel l'enfant avait sa résidence habituelle immédiatement avant son déplacement ou son non-retour conservent leur compétence jusqu'au moment où l'enfant a acquis une résidence habituelle dans un autre État et que :

a) Toute personne, institution ou autre organisme ayant le droit de garde a acquiescé au déplacement ou au non-retour; ou

b) L'enfant a résidé dans cet autre État pour une période d'au moins un an après que la personne, l'institution ou tout autre organisme ayant le droit de garde a connu ou aurait dû connaître le lieu où se trouvait l'enfant, aucune demande de retour présentée pendant cette période n'est encore en cours d'examen, et l'enfant s'est intégré dans son nouveau milieu.

2. Le déplacement ou le non-retour de l'enfant est considéré comme illicite :

a) Lorsqu'il a lieu en violation d'un droit de garde, attribué à une personne, une institution ou tout autre organisme, seul ou conjointement, par le droit de l'État dans lequel l'enfant avait sa résidence habituelle immédiatement avant son déplacement ou son non-retour, et

b) Que ce droit était exercé de façon effective, seul ou conjointement, au moment du déplacement ou du non-retour, ou l'eût été si de tels événements n'étaient survenus.

Le droit de garde visé à la lettre *a* peut notamment résulter d'une attribution de plein droit, d'une décision judiciaire ou administrative, ou d'un accord en vigueur selon le droit de cet État.

3. Tant que les autorités mentionnées au paragraphe 1 conservent leur compétence, les autorités de l'État contractant où l'enfant a été déplacé ou retenu ne peuvent prendre que les mesures urgentes nécessaires à la protection de la personne ou des biens de l'enfant, conformément à l'article 11.

Art. 8 1. A titre d'exception, l'autorité de l'État contractant compétente en application des articles 5 ou 6, si elle considère que l'autorité d'un autre État contractant serait mieux à même d'apprécier dans un cas particulier l'intérêt supérieur de l'enfant, peut

— soit demander à cette autorité, directement ou avec le concours de l'Autorité centrale de cet État, d'accepter la compétence pour prendre les mesures de protection qu'elle estimera nécessaires;

— soit surseoir à statuer et inviter les parties à saisir d'une telle demande l'autorité de cet autre État.

2. Les États contractants dont une autorité peut être requise ou saisie dans les conditions fixées au paragraphe précédent sont :

a) Un État dont l'enfant possède la nationalité;

b) Un État dans lequel sont situés des biens de l'enfant;

c) Un État dont une autorité est saisie d'une demande en divorce ou séparation de corps des parents de l'enfant, ou en annulation de leur mariage;

d) Un État avec lequel l'enfant présente un lien étroit.

3. Les autorités concernées peuvent procéder à un échange de vues.

4. L'autorité requise ou saisie dans les conditions prévues au paragraphe 1 peut accepter la compétence, en lieu et place de l'autorité compétente en application des articles 5 ou 6, si elle considère que tel est l'intérêt supérieur de l'enfant.

Art. 9 1. Les autorités des États contractants mentionnés à l'article 8, paragraphe 2, si elles considèrent qu'elles sont les mieux à même d'apprécier dans un cas particulier l'intérêt supérieur de l'enfant, peuvent :

— soit demander à l'autorité compétente de l'État contractant de la résidence habituelle de l'enfant, directement ou avec le concours de l'Autorité centrale de cet État, de leur permettre d'exercer la compétence pour prendre les mesures de protection qu'elles estiment nécessaires;

— soit inviter les parties à présenter une telle demande devant les autorités de l'État contractant de la résidence habituelle de l'enfant.

2. Les autorités concernées peuvent procéder à un échange de vues.

3. L'autorité à l'origine de la demande ne peut exercer la compétence en lieu et place de l'autorité de l'État contractant de la résidence habituelle de l'enfant que si cette autorité a accepté la demande.

Art. 10 1. Sans préjudice des articles 5 à 9, les autorités d'un État contractant, dans l'exercice de leur compétence pour connaître d'une demande en divorce ou séparation de corps des parents d'un enfant résidant habituellement dans un autre État contractant, ou en annulation de leur mariage, peuvent prendre, si la loi de leur État le permet, des mesures de protection de la personne ou des biens de l'enfant :

a) Si, au commencement de la procédure, l'un des parents réside habituellement dans cet État et que l'un d'eux ait *[a]* la responsabilité parentale à l'égard de l'enfant; et

b) Si la compétence de ces autorités pour prendre de telles mesures a été acceptée par les parents, ainsi que par toute autre personne ayant la responsabilité parentale à l'égard de l'enfant et si cette compétence est conforme à l'intérêt supérieur de l'enfant.

2. La compétence prévue au paragraphe premier pour prendre des mesures de protection de l'enfant cesse dès lors que la décision faisant droit ou rejetant la demande en divorce, séparation de corps ou annulation du mariage est devenue définitive ou que la procédure a pris fin pour un autre motif.

Art. 11 1. Dans tous les cas d'urgence, les autorités de chaque État contractant sur le territoire duquel se trouve l'enfant ou des biens lui appartenant sont compétentes pour prendre les mesures de protection nécessaires.

2. Les mesures prises en application du paragraphe précédent à l'égard d'un enfant ayant sa résidence habituelle dans un État contractant cessent d'avoir effet dès que les autorités compétentes en vertu des articles 5 à 10 ont pris les mesures exigées par la situation.

3. Les mesures prises en application du paragraphe premier à l'égard d'un enfant ayant sa résidence habituelle dans un État non contractant cessent d'avoir effet dans chaque État contractant dès qu'y sont reconnues les mesures exigées par la situation, prises par les autorités d'un autre État.

Art. 12 1. Sous réserve de l'article 7, les autorités d'un État contractant sur le territoire duquel se trouve l'enfant ou des biens lui appartenant sont compétentes pour prendre des mesures de protection de la personne ou des biens de l'enfant, ayant un caractère provisoire et une efficacité territoriale restreinte à cet État, pour autant que de telles mesures ne soient pas incompatibles avec celles déjà prises par les autorités compétentes en vertu des articles 5 à 10.

2. Les mesures prises en application du paragraphe précédent à l'égard d'un enfant ayant sa résidence habituelle dans un État contractant cessent d'avoir effet dès que les autorités compétentes en vertu des articles 5 à 10 se sont prononcées sur les mesures que pourrait exiger la situation.

3. Les mesures prises en application du paragraphe premier à l'égard d'un enfant ayant sa résidence habituelle dans un État non contractant cessent d'avoir effet dans l'État contractant où elles ont été prises dès qu'y sont reconnues les mesures exigées par la situation, prises par les autorités d'un autre État.

Art. 13 Les autorités d'un État contractant qui sont compétentes selon les articles 5 à 10 pour prendre des mesures de protection de la personne ou des biens de l'enfant doivent s'abstenir de statuer si, lors de l'introduction de la procédure, des mesures correspondantes ont été demandées aux autorités d'un autre État contractant alors compétentes en vertu des articles 5 à 10 et sont encore en cours d'examen.

La disposition du paragraphe précédent ne s'applique pas si les autorités devant lesquelles la demande de mesures a été initialement présentée ont renoncé à leur compétence.

Art. 14 Les mesures prises en application des articles 5 à 10 restent en vigueur dans les limites qui sont les leurs, même lorsqu'un changement des circonstances a fait disparaître l'élément sur lequel était fondée la compétence, tant que les autorités compétentes en vertu de la Convention ne les ont pas modifiées, remplacées ou levées.

CHAPITRE III

Loi applicable

Art. 15 1. Dans l'exercice de la compétence qui leur est attribuée par les dispositions du chapitre II, les autorités des États contractants appliquent leur loi.

2. Toutefois, dans la mesure où la protection de la personne ou des biens de l'enfant le requiert, elles peuvent exceptionnellement appliquer ou prendre en considération la loi d'un autre État avec lequel la situation présente un lien étroit.

3. En cas de changement de la résidence habituelle de l'enfant dans un autre État contractant, la loi de cet autre État régit, à partir du moment où le changement est survenu, les conditions d'application des mesures prises dans l'État de l'ancienne résidence habituelle.

Art. 16 1. L'attribution ou l'extinction de plein droit d'une responsabilité parentale, sans intervention d'une autorité judiciaire ou administrative, est régie par la loi de l'État de la résidence habituelle de l'enfant.

2. L'attribution ou l'extinction d'une responsabilité parentale par un accord ou un acte unilatéral, sans intervention d'une autorité judiciaire ou administrative, est régie par la loi de l'État de la résidence habituelle de l'enfant au moment où l'accord ou l'acte unilatéral prend effet.

3. La responsabilité parentale existant selon la loi de l'État de la résidence habituelle de l'enfant subsiste après le changement de cette résidence habituelle dans un autre État.

4. En cas de changement de la résidence habituelle de l'enfant, l'attribution de plein droit de la responsabilité parentale à une personne qui n'est pas déjà investie de cette responsabilité est régie par la loi de l'État de la nouvelle résidence habituelle.

Art. 17 L'exercice de la responsabilité parentale est régi par la loi de l'État de la résidence habituelle de l'enfant. En cas de changement de la résidence habituelle de l'enfant, il est régi par la loi de l'État de la nouvelle résidence habituelle.

Art. 18 La responsabilité parentale prévue à l'article 16 pourra être retirée ou ses conditions d'exercice modifiées par des mesures prises en application de la Convention.

Art. 19 1. La validité d'un acte passé entre un tiers et une autre personne qui aurait la qualité de représentant légal selon la loi de l'État où l'acte a été passé ne peut être contestée, ni la responsabilité du tiers engagée, pour le seul motif que l'autre personne n'avait pas la qualité de représentant légal en vertu de la loi désignée par les dispositions du présent chapitre, sauf si le tiers savait ou devait savoir que la responsabilité parentale était régie par cette loi.

2. Le paragraphe précédent ne s'applique que dans le cas où l'acte a été passé entre personnes présentes sur le territoire d'un même État.

Art. 20 Les dispositions du présent chapitre sont applicables même si la loi qu'elles désignent est celle d'un État non contractant.

Art. 21 1. Au sens du présent chapitre, le terme « loi » désigne le droit en vigueur dans un État, à l'exclusion des règles de conflit de lois.

2. Toutefois, si la loi applicable en vertu de l'article 16 est celle d'un État non contractant et que les règles de conflit de cet État désignent la loi d'un autre État non contractant qui appliquerait sa propre loi, la loi de cet autre État est applicable. Si la loi de cet autre État non contractant ne se reconnaît pas applicable, la loi applicable est celle désignée par l'article 16.

Art. 22 L'application de la loi désignée par les dispositions du présent chapitre ne peut être écartée que si cette application est manifestement contraire à l'ordre public, compte tenu de l'intérêt supérieur de l'enfant.

CHAPITRE IV
Reconnaissance et exécution

Art. 23 1. Les mesures prises par les autorités d'un État contractant sont reconnues de plein droit dans les autres États contractants.

2. Toutefois, la reconnaissance peut être refusée :

a) Si la mesure a été prise par une autorité dont la compétence n'était pas fondée sur un chef de compétence prévu au chapitre II ;

b) Si la mesure a été prise, hors le cas d'urgence, dans le cadre d'une procédure judiciaire ou administrative, sans qu'ait été donnée à l'enfant la possibilité d'être entendu, en violation des principes fondamentaux de procédure de l'État requis ;

c) À la demande de toute personne prétendant que cette mesure porte atteinte à sa responsabilité parentale, si cette mesure a été prise, hors le cas d'urgence, sans qu'ait été donnée à cette personne la possibilité d'être entendue ;

d) Si la reconnaissance est manifestement contraire à l'ordre public de l'État requis, compte tenu de l'intérêt supérieur de l'enfant ;

e) Si la mesure est incompatible avec une mesure prise postérieurement dans l'État non contractant de la résidence habituelle de l'enfant, lorsque cette dernière mesure réunit les conditions nécessaires à sa reconnaissance dans l'État requis ;

f) Si la procédure prévue à l'article 33 n'a pas été respectée.

Art. 24 Sans préjudice de l'article 23, paragraphe 1, toute personne intéressée peut demander aux autorités compétentes d'un État contractant qu'il soit statué sur la reconnaissance ou la non-reconnaissance d'une mesure prise dans un autre État contractant. La procédure est régie par la loi de l'État requis.

Art. 25 L'autorité de l'État requis est liée par les constatations de fait sur lesquelles l'autorité de l'État qui a pris la mesure a fondé sa compétence.

Art. 26 1. Si les mesures prises dans un État contractant et qui y sont exécutoires comportent des actes d'exécution dans un autre État contractant, elles sont, dans cet autre État, déclarées exécutoires ou enregistrées aux fins d'exécution, sur requête de toute partie intéressée, selon la procédure prévue par la loi de cet État.

2. Chaque État contractant applique à la déclaration d'exequatur ou à l'enregistrement une procédure simple et rapide.

3. La déclaration d'exequatur ou l'enregistrement ne peuvent être refusés que pour l'un des motifs prévus à l'article 23, paragraphe 2.

Art. 27 Sous réserve de ce qui est nécessaire pour l'application des articles qui précèdent, l'autorité de l'État requis ne procédera à aucune révision au fond de la mesure prise.

Art. 28 Les mesures prises dans un État contractant, qui sont déclarées exécutoires ou enregistrées aux fins d'exécution dans un autre État contractant, y sont mises à exécution comme si elles avaient été prises par les autorités de cet autre État. La mise à exécution des mesures se fait conformément à la loi de l'État requis dans les limites qui y sont prévues, compte tenu de l'intérêt supérieur de l'enfant.

CHAPITRE V
Coopération

Art. 29 1. Chaque État contractant désigne une Autorité centrale chargée de satisfaire aux obligations qui lui sont imposées par la Convention.

2. Un État fédéral, un État dans lequel plusieurs systèmes de droit sont en vigueur ou un État ayant des unités territoriales autonomes est libre de désigner plus d'une Autorité centrale et de spécifier l'étendue territoriale ou personnelle de leurs fonctions. L'État qui fait usage de cette faculté désigne l'Autorité centrale à laquelle toute communication peut être adressée en vue de sa transmission à l'Autorité centrale compétente au sein de cet État.

Art. 30 1. Les Autorités centrales doivent coopérer entre elles et promouvoir la coopération entre les autorités compétentes de leur État pour réaliser les objectifs de la Convention.

2. Elles prennent, dans le cadre de l'application de la Convention, les dispositions appropriées pour fournir des informations sur leur législation, ainsi que sur les services disponibles dans leur État en matière de protection de l'enfant.

Art. 31 L'Autorité centrale d'un État contractant prend soit directement, soit avec le concours d'autorités publiques ou d'autres organismes, toutes dispositions appropriées pour :

a) Faciliter les communications et offrir l'assistance prévues aux articles 8 et 9 et au présent chapitre;

b) Faciliter *[,]* par la médiation, la conciliation ou tout autre mode analogue, des ententes à l'amiable sur la protection de la personne ou des biens de l'enfant, dans les situations auxquelles s'applique la Convention;

c) Aider, sur demande d'une autorité compétente d'un autre État contractant, à localiser l'enfant lorsqu'il paraît que celui-ci est présent sur le territoire de l'État requis et a besoin de protection.

Art. 32 Sur demande motivée de l'Autorité centrale ou d'une autre autorité compétente d'un État contractant avec lequel l'enfant a un lien étroit, l'Autorité centrale de l'État contractant dans lequel l'enfant a sa résidence habituelle et dans lequel il est présent peut, soit directement, soit avec le concours d'autorités publiques ou d'autres organismes :

a) Fournir un rapport sur la situation de l'enfant;

b) Demander à l'autorité compétente de son État d'examiner l'opportunité de prendre des mesures tendant à la protection de la personne ou des biens de l'enfant.

Art. 33 1. Lorsque l'autorité compétente en vertu des articles 5 à 10 envisage le placement de l'enfant dans une famille d'accueil ou dans un établissement, ou son recueil légal par *kafala* ou par une institution analogue, et que ce placement ou ce recueil aura lieu dans un autre État contractant, elle consulte au préalable l'Autorité centrale ou une autre autorité compétente de ce dernier État. Elle lui communique à cet effet un rapport sur l'enfant et les motifs de sa proposition sur le placement ou le recueil.

2. La décision sur le placement ou le recueil ne peut être prise dans l'État requérant que si l'Autorité centrale ou une autre autorité compétente de l'État requis a approuvé ce placement ou ce recueil, compte tenu de l'intérêt supérieur de l'enfant.

Art. 34 1. Lorsqu'une mesure de protection est envisagée, les autorités compétentes en vertu de la Convention peuvent, si la situation de l'enfant l'exige, demander à toute autorité d'un autre État contractant qui détient des informations utiles pour la protection de l'enfant de les lui communiquer.

2. Chaque État contractant pourra déclarer que les demandes prévues au paragraphe premier ne pourront être acheminées que par l'intermédiaire de son Autorité centrale.

Art. 35 1. Les autorités compétentes d'un État contractant peuvent demander aux autorités d'un autre État contractant de prêter leur assistance à la mise en œuvre de mesures de protection prises en application de la Convention, en particulier pour assurer l'exercice effectif d'un droit de visite, ainsi que du droit de maintenir des contacts directs réguliers.

2. Les autorités d'un État contractant dans lequel l'enfant n'a pas sa résidence habituelle peuvent, à la demande d'un parent résidant dans cet État et souhaitant obtenir ou conserver un droit de visite, recueillir des renseignements ou des preuves et se prononcer sur l'aptitude de ce parent à exercer le droit de visite et sur les conditions dans lesquelles il pourrait l'exercer. L'autorité compétente en vertu des articles 5 à 10 pour statuer sur le droit de visite devra, avant de se prononcer, prendre en considération ces renseignements, preuves ou conclusions.

3. Une autorité compétente en vertu des articles 5 à 10 pour statuer sur le droit de visite peut suspendre la procédure jusqu'au terme de la procédure prévue au paragraphe 2, notamment lorsqu'elle est saisie d'une demande tendant à modifier ou supprimer le droit de visite conféré par les autorités de l'État de l'ancienne résidence habituelle.

Cet article n'empêche pas une autorité compétente en vertu des articles 5 à 10 de prendre des mesures provisoires jusqu'au terme de la procédure prévue au paragraphe 2.

Art. 36 Dans le cas où l'enfant est exposé à un grave danger, les autorités compétentes de l'État contractant dans lequel des mesures de protection de cet enfant ont été prises ou sont en voie de l'être, si elles sont informées du changement de résidence ou de la présence de l'enfant dans un autre État, avisent les autorités de cet État de ce danger et des mesures prises ou en cours d'examen.

Art. 37 Une autorité ne peut demander ou transmettre des informations en application de ce chapitre si elle est d'avis qu'une telle demande ou transmission pourrait mettre en danger la personne ou les biens de l'enfant, ou constituer une menace grave pour la liberté ou la vie d'un membre de sa famille.

Art. 38 1. Sans préjudice de la possibilité de réclamer des frais raisonnables correspondant aux services fournis, les Autorités centrales et les autres autorités publiques des États contractants supportent leurs frais découlant de l'application des dispositions du présent chapitre.

2. Un État contractant peut conclure des accords avec un ou plusieurs autres États contractants sur la répartition des frais.

Art. 39 Tout État contractant pourra conclure avec un ou plusieurs autres États contractants des accords en vue de favoriser dans leurs rapports réciproques l'application du présent chapitre. Les États qui ont conclu de tels accords en transmettront une copie au dépositaire de la Convention.

CHAPITRE VI

Dispositions générales

Art. 40 1. Les autorités de l'État contractant de la résidence habituelle de l'enfant ou de l'État contractant où une mesure de protection a été prise peuvent délivrer au titulaire de la responsabilité parentale ou à toute personne à qui est confiée la protection de la personne ou des biens de l'enfant, à sa demande, un certificat indiquant sa qualité et les pouvoirs qui lui sont conférés.

2. La qualité et les pouvoirs indiqués par le certificat sont tenus pour établis, sauf preuve contraire.

3. Chaque État contractant désigne les autorités habilitées à établir le certificat.

Art. 41 Les données personnelles rassemblées ou transmises conformément à la Convention ne peuvent être utilisées à d'autres fins que celles pour lesquelles elles ont été rassemblées ou transmises.

Art. 42 Les autorités auxquelles des informations sont transmises en assurent la confidentialité conformément à la loi de leur État.

Art. 43 Les documents transmis ou délivrés en application de la Convention sont dispensés de toute légalisation ou de toute formalité analogue.

Art. 44 Chaque État contractant peut désigner les autorités à qui les demandes prévues aux articles 8, 9 et 33 doivent être envoyées.

Art. 45 1. Les désignations mentionnées aux articles 29 et 44 sont communiquées au Bureau permanent de la Conférence de La Haye de droit international privé.

2. La déclaration mentionnée à l'article 34, paragraphe 2, est faite au dépositaire de la Convention.

Art. 46 Un État contractant dans lequel des systèmes de droit ou des ensembles de règles différents s'appliquent en matière de protection de l'enfant et de ses biens n'est pas tenu d'appliquer les règles de la Convention aux conflits concernant uniquement ces différents systèmes ou ensembles de règles.

Art. 47 Au regard d'un État dans lequel deux ou plusieurs systèmes de droit ou ensembles de règles ayant trait aux questions régies par la présente Convention s'appliquent dans des unités territoriales différentes :

1. Toute référence à la résidence habituelle dans cet État vise la résidence habituelle dans une unité territoriale;

2. Toute référence à la présence de l'enfant dans cet État vise la présence de l'enfant dans une unité territoriale;

3. Toute référence à la situation des biens de l'enfant dans cet État vise la situation des biens de l'enfant dans une unité territoriale;

4. Toute référence à l'État dont l'enfant possède la nationalité vise l'unité territoriale désignée par la loi de cet État ou, en l'absence de règles pertinentes, l'unité territoriale avec laquelle l'enfant présente le lien le plus étroit;

5. Toute référence à l'État dont une autorité est saisie d'une demande en divorce ou séparation de corps des parents de l'enfant, ou en annulation de leur mariage, vise l'unité territoriale dont une autorité est saisie d'une telle demande;

6. Toute référence à l'État avec lequel l'enfant présente un lien étroit vise l'unité territoriale avec laquelle l'enfant présente ce lien;

7. Toute référence à l'État où l'enfant a été déplacé ou retenu vise l'unité territoriale dans laquelle l'enfant a été déplacé ou retenu;

8. Toute référence aux organismes ou autorités de cet État, autres que les Autorités centrales, vise les organismes ou autorités habilités à agir dans l'unité territoriale concernée;

9. Toute référence à la loi, à la procédure ou à l'autorité de l'État où une mesure a été prise vise la loi, la procédure ou l'autorité de l'unité territoriale dans laquelle cette mesure a été prise;

10. Toute référence à la loi, à la procédure ou à l'autorité de l'État requis vise la loi, la procédure ou l'autorité de l'unité territoriale dans laquelle la reconnaissance ou l'exécution est invoquée.

Art. 48 Pour identifier la loi applicable en vertu du chapitre III, lorsqu'un État comprend deux ou plusieurs unités territoriales dont chacune a son propre système de droit ou un ensemble de règles ayant trait aux questions régies par la présente Convention, les règles suivantes s'appliquent :

a) En présence de règles en vigueur dans cet État identifiant l'unité territoriale dont la loi est applicable, la loi de cette unité s'applique;

b) En l'absence de telles règles, la loi de l'unité territoriale définie selon les dispositions de l'article 47 s'applique.

Art. 49 Pour identifier la loi applicable en vertu du chapitre III, lorsqu'un État comprend deux ou plusieurs systèmes de droit ou ensembles de règles applicables à des catégories différentes de personnes pour les questions régies par la présente Convention, les règles suivantes s'appliquent :

a) En présence de règles en vigueur dans cet État identifiant laquelle de ces lois est applicable, cette loi s'applique;

b) En l'absence de telles règles, la loi du système ou de l'ensemble de règles avec lequel l'enfant présente le lien le plus étroit s'applique.

Art. 50 La présente Convention n'affecte pas la Convention du 25 octobre 1980 sur les aspects civils de l'enlèvement international d'enfants, dans les relations entre les Parties aux deux Conventions. Rien n'empêche cependant que des dispositions de la présente Convention soient invoquées pour obtenir le retour d'un enfant qui a été déplacé ou retenu illicitement, ou pour organiser le droit de visite.

Art. 51 Dans les rapports entre les États contractants, la présente Convention remplace la *Convention du 5 octobre 1961 concernant la compétence des autorités et la loi applicable en matière de protection des mineurs et la Convention pour régler la tutelle des mineurs*, signée à La Haye le 12 juin 1902, sans préjudice de la reconnaissance des mesures prises selon la Convention du 5 octobre 1961 précitée.

Art. 52 1. La Convention ne déroge pas aux instruments internationaux auxquels des États contractants sont Parties et qui contiennent des dispositions sur les matières réglées par la présente Convention, à moins qu'une déclaration contraire ne soit faite par les États liés par de tels instruments.

2. La Convention n'affecte pas la possibilité pour un ou plusieurs États contractants de conclure des accords qui contiennent, en ce qui concerne les enfants habituellement

résidents dans l'un des États Parties à de tels accords, des dispositions sur les matières réglées par la présente Convention.

3. Les accords à conclure par un ou plusieurs États contractants sur des matières réglées par la présente Convention n'affectent pas, dans les rapports de ces États avec les autres États contractants, l'application des dispositions de la présente Convention.

4. Les paragraphes précédents s'appliquent également aux lois uniformes reposant sur l'existence entre les États concernés de liens spéciaux, notamment de nature régionale.

Art. 53 1. La Convention ne s'applique qu'aux mesures prises dans un État après l'entrée en vigueur de la Convention pour cet État.

2. La Convention s'applique à la reconnaissance et à l'exécution des mesures prises après son entrée en vigueur dans les rapports entre l'État où les mesures ont été prises et l'État requis.

Art. 54 1. Toute communication à l'Autorité centrale ou à toute autre autorité d'un État contractant est adressée dans la langue originale et accompagnée d'une traduction dans la langue officielle ou l'une des langues officielles de cet État ou, lorsque cette traduction est difficilement réalisable, d'une traduction en français ou en anglais.

2. Toutefois, un État contractant pourra, en faisant la réserve prévue à l'article 60, s'opposer à l'utilisation soit du français, soit de l'anglais.

Art. 55 1. Un État contractant pourra, conformément à l'article 60 :

a) Réserver la compétence de ses autorités pour prendre des mesures tendant à la protection des biens d'un enfant situés sur son territoire;

b) Se réserver de ne pas reconnaître une responsabilité parentale ou une mesure qui serait incompatible avec une mesure prise par ses autorités par rapport à ces biens.

2. La réserve pourra être restreinte à certaines catégories de biens.

Art. 56 Le Secrétaire général de la Conférence de La Haye de droit international privé convoque périodiquement une Commission spéciale afin d'examiner le fonctionnement pratique de la Convention.

CHAPITRE VII
Clauses finales

Art. 57 1. La Convention est ouverte à la signature des États qui étaient membres de la Conférence de La Haye de droit international privé lors de sa dix-huitième session.

2. Elle sera ratifiée, acceptée ou approuvée et les instruments de ratification, d'acceptation ou d'approbation seront déposés auprès du ministère des affaires étrangères du royaume des Pays-Bas, dépositaire de la Convention.

Art. 58 1. Tout autre État pourra adhérer à la Convention après son entrée en vigueur en vertu de l'article 61, paragraphe 1.

2. L'instrument d'adhésion sera déposé auprès du dépositaire.

3. L'adhésion n'aura d'effet que dans les rapports entre l'État adhérent et les États contractants qui n'auront pas élevé d'objection à son encontre dans les six mois après la réception de la notification prévue à l'article 63, lettre *b*. Une telle objection pourra également être élevée par tout État au moment d'une ratification, acceptation ou approbation de la Convention ultérieure à l'adhésion. Ces objections seront notifiées au dépositaire.

Art. 59 1. Un État qui comprend deux ou plusieurs unités territoriales dans lesquelles des systèmes de droit différents s'appliquent aux matières régies par la présente Convention pourra, au moment de la signature, de la ratification, de l'acceptation, de l'approbation ou de l'adhésion, déclarer que la Convention s'appliquera à toutes ses unités territoriales ou seulement à l'une ou à plusieurs d'entre elles, et pourra à tout moment modifier cette déclaration en faisant une nouvelle déclaration.

2. Ces déclarations seront notifiées au dépositaire et indiqueront expressément les unités territoriales auxquelles la Convention s'applique.

3. Si un État ne fait pas de déclaration en vertu du présent article, la Convention s'appliquera à l'ensemble du territoire de cet État.

Art. 60 1. Tout État contractant pourra, au plus tard au moment de la ratification, de l'acceptation, de l'approbation ou de l'adhésion, ou au moment d'une déclaration faite en vertu de l'article 59, faire soit l'une, soit les deux réserves prévues aux articles 54, paragraphe 2, et 55. Aucune autre réserve ne sera admise.

2. Tout État pourra, à tout moment, retirer une réserve qu'il aura faite. Ce retrait sera notifié au dépositaire.

3. L'effet de la réserve cessera le premier jour du troisième mois du calendrier après la notification mentionnée au paragraphe précédent.

Art. 61 1. La Convention entrera en vigueur le premier jour du mois suivant l'expiration d'une période de trois mois après le dépôt du troisième instrument de ratification, d'acceptation ou d'approbation prévu par l'article 57.

2. Par la suite, la Convention entrera en vigueur :

a) Pour chaque État ratifiant, acceptant ou approuvant postérieurement, le premier jour du mois suivant l'expiration d'une période de trois mois après le dépôt de son instrument de ratification, d'acceptation, d'approbation ou d'adhésion;

b) Pour chaque État adhérent, le premier jour du mois suivant l'expiration d'une période de trois mois après l'expiration du délai de six mois prévu à l'article 58, paragraphe 3;

c) Pour les unités territoriales auxquelles la Convention a été étendue conformément à l'article 59, le premier jour du mois suivant l'expiration d'une période de trois mois après la notification visée dans cet article.

Art. 62 1. Tout État Partie à la Convention pourra dénoncer celle-ci par une notification adressée par écrit au dépositaire. La dénonciation pourra se limiter à certaines unités territoriales auxquelles s'applique la Convention.

2. La dénonciation prendra effet le premier jour du mois suivant l'expiration d'une période de douze mois après la date de réception de la notification par le dépositaire. Lorsqu'une période plus longue pour la prise d'effet de la dénonciation est spécifiée dans la notification, la dénonciation prendra effet à l'expiration de la période en question.

Art. 63 Le dépositaire notifiera aux États membres de la Conférence de La Haye de droit international privé ainsi qu'aux États qui auront adhéré conformément aux dispositions de l'article 58 :

a) Les signatures, ratifications, acceptations et approbations visées à l'article 57;

b) Les adhésions et les objections aux adhésions visées à l'article 58;

c) La date à laquelle la Convention entrera en vigueur conformément aux dispositions de l'article 61;

d) Les déclarations mentionnées aux articles 34, paragraphe 2, et 59;

e) Les accords mentionnés à l'article 39;

f) Les réserves visées aux articles 54, paragraphe 2, et 55 et le retrait des réserves prévu à l'article 60, paragraphe 2;

g) Les dénonciations visées à l'article 62.

102 Convention de La Haye du 13 janvier 2000 sur la protection internationale des adultes

En vigueur depuis le 1er janvier 2009

Les États signataires de la présente Convention,
Considérant qu'il convient d'assurer dans les situations à caractère international la protection des adultes qui, en raison d'une altération ou d'une insuffisance de leurs facultés personnelles, ne sont pas en état de pourvoir à leurs intérêts,
Désirant éviter des conflits entre leurs systèmes juridiques en matière de compétence, loi applicable, reconnaissance et exécution des mesures de protection des adultes,
Rappelant l'importance de la coopération internationale pour la protection des adultes,
Affirmant que l'intérêt de l'adulte ainsi que le respect de sa dignité et de sa volonté doivent être des considérations primordiales,
Sont convenus des dispositions suivantes :

CHAPITRE PREMIER
Champ d'application de la convention

Art. premier 1. La présente Convention s'applique, dans les situations à caractère international, à la protection des adultes qui, en raison d'une altération ou d'une insuffisance de leurs facultés personnelles, ne sont pas en état de pourvoir à leurs intérêts.

2. Elle a pour objet :

a) de déterminer l'État dont les autorités ont compétence pour prendre des mesures tendant à la protection de la personne ou des biens de l'adulte;

b) de déterminer la loi applicable par ces autorités dans l'exercice de leur compétence;

c) de déterminer la loi applicable à la représentation de l'adulte;

d) d'assurer la reconnaissance et l'exécution des mesures de protection dans tous les États contractants;

e) d'établir entre les autorités des États contractants la coopération nécessaire à la réalisation des objectifs de la Convention.

Art. 2 1. Au sens de la présente Convention, un adulte est une personne ayant atteint l'âge de 18 ans.

2. La Convention s'applique également aux mesures concernant un adulte qui n'avait pas atteint l'âge de 18 ans lorsqu'elles ont été prises.

Art. 3 Les mesures prévues à l'article premier peuvent porter notamment sur :

a) la détermination de l'incapacité et l'institution d'un régime de protection;

b) la mise de l'adulte sous la sauvegarde d'une autorité judiciaire ou administrative;

c) la tutelle, la curatelle et les institutions analogues;

d) la désignation et les fonctions de toute personne ou organisme chargé de s'occuper de la personne ou des biens de l'adulte, de le représenter ou de l'assister;

e) le placement de l'adulte dans un établissement ou tout autre lieu où sa protection peut être assurée;

f) l'administration, la conservation ou la disposition des biens de l'adulte;

g) l'autorisation d'une intervention ponctuelle pour la protection de la personne ou des biens de l'adulte.

Art. 4 1. Sont exclus du domaine de la Convention :

a) les obligations alimentaires;

b) la formation, l'annulation et la dissolution du mariage ou d'une relation analogue ainsi que la séparation de corps;

c) les régimes matrimoniaux et les régimes de même nature applicables aux relations analogues au mariage;

d) les trusts et successions;

e) la sécurité sociale;

f) les mesures publiques de caractère général en matière de santé;

g) les mesures prises à l'égard d'une personne en conséquence d'infractions pénales commises par cette personne;

h) les décisions sur le droit d'asile et en matière d'immigration;

i) les mesures ayant pour seul objet de sauvegarder la sécurité publique.

2. Le paragraphe premier n'affecte pas, dans les matières qui y sont mentionnées, la qualité d'une personne à agir comme représentant de l'adulte.

CHAPITRE II

Compétence

Art. 5 1. Les autorités, tant judiciaires qu'administratives, de l'État contractant de la résidence habituelle de l'adulte sont compétentes pour prendre des mesures tendant à la protection de sa personne ou de ses biens.

2. En cas de changement de la résidence habituelle de l'adulte dans un autre État contractant, sont compétentes les autorités de l'État de la nouvelle résidence habituelle.

Art. 6 1. Pour les adultes qui sont réfugiés et ceux qui, par suite de troubles survenant dans leur pays, sont internationalement déplacés, les autorités de l'État contractant sur le territoire duquel ces adultes sont présents du fait de leur déplacement exercent la compétence prévue à l'article 5, paragraphe premier.

2. La disposition du paragraphe précédent s'applique également aux adultes dont la résidence habituelle ne peut être établie.

Art. 7 1. Sauf pour les adultes qui sont réfugiés ou qui, par suite de troubles survenant dans l'État de leur nationalité, sont internationalement déplacés, les autorités d'un État contractant dont l'adulte possède la nationalité sont compétentes pour prendre des mesures tendant à la protection de sa personne ou de ses biens, si elles considèrent qu'elles sont mieux à même d'apprécier l'intérêt de l'adulte et après avoir avisé les autorités compétentes en vertu des articles 5 ou 6, paragraphe 2.

2. Cette compétence ne peut être exercée si les autorités compétentes en vertu des articles 5, 6, paragraphe 2, ou 8 ont informé les autorités de l'État national de l'adulte

qu'elles ont pris toutes les mesures requises par la situation ou décidé qu'aucune mesure ne devait être prise ou qu'une procédure est pendante devant elles.

3. Les mesures prises en vertu du paragraphe premier cessent d'avoir effet dès que les autorités compétentes en vertu des articles 5, 6, paragraphe 2, ou 8 ont pris des mesures requises par la situation ou ont décidé qu'il n'y a pas lieu de prendre des mesures. Ces autorités en informent les autorités ayant pris les mesures en application du paragraphe premier.

Art. 8 1. Les autorités de l'État contractant ayant compétence en vertu des articles 5 ou 6, si elles considèrent que tel est l'intérêt de l'adulte, peuvent, de leur propre initiative ou à la demande de l'autorité d'un autre État contractant, requérir les autorités de l'un des États mentionnés au paragraphe 2 de prendre des mesures tendant à la protection de la personne ou des biens de l'adulte. La requête peut porter sur tout ou partie de cette protection.

2. Les États contractants dont une autorité peut être requise dans les conditions fixées au paragraphe précédent sont :

a) un État dont l'adulte possède la nationalité;

b) l'État de la précédente résidence habituelle de l'adulte;

c) un État dans lequel sont situés des biens de l'adulte;

d) l'État dont les autorités ont été choisies par écrit par l'adulte pour prendre des mesures tendant à sa protection;

e) l'État de la résidence habituelle d'une personne proche de l'adulte disposée à prendre en charge sa protection;

f) l'État sur le territoire duquel l'adulte est présent, en ce qui concerne la protection de sa personne.

3. Dans le cas où l'autorité désignée en vertu des dispositions des paragraphes précédents n'accepte pas sa compétence, les autorités de l'État contractant ayant compétence en vertu des articles 5 ou 6 conservent la compétence.

Art. 9 Les autorités d'un État contractant dans lequel se trouvent des biens de l'adulte sont compétentes pour prendre des mesures de protection relatives à ces biens, pour autant que ces mesures soient compatibles avec celles prises par les autorités compétentes en vertu des articles 5 à 8.

Art. 10 1. Dans tous les cas d'urgence, les autorités de chaque État contractant sur le territoire duquel se trouvent l'adulte ou des biens lui appartenant sont compétentes pour prendre les mesures de protection nécessaires.

2. Les mesures prises en application du paragraphe précédent à l'égard d'un adulte ayant sa résidence habituelle dans un État contractant cessent d'avoir effet dès que les autorités compétentes en vertu des articles 5 à 9 ont pris les mesures exigées par la situation.

3. Les mesures prises en application du paragraphe premier à l'égard d'un adulte ayant sa résidence habituelle dans un État non contractant cessent d'avoir effet dans chaque État contractant dès qu'y sont reconnues les mesures exigées par la situation, prises par les autorités d'un autre État.

4. Les autorités ayant pris des mesures en application du paragraphe premier en informent, dans la mesure du possible, les autorités de l'État contractant de la résidence habituelle de l'adulte.

Art. 11 1. A titre d'exception, les autorités d'un État contractant sur le territoire duquel l'adulte est présent sont compétentes pour prendre des mesures concernant la protection de la personne de l'adulte, ayant un caractère temporaire et une efficacité territoriale restreinte à cet État, pour autant que ces mesures soient compatibles avec celles déjà prises par les autorités compétentes en vertu des articles 5 à 8 et après avoir avisé les autorités compétentes en vertu de l'article 5.

2. Les mesures prises en application du paragraphe précédent à l'égard d'un adulte ayant sa résidence habituelle dans un État contractant cessent d'avoir effet dès que les autorités compétentes en vertu des articles 5 à 8 se sont prononcées sur les mesures que pourrait exiger la situation.

Art. 12 Sous réserve de l'article 7, paragraphe 3, les mesures prises en application des articles 5 à 9 restent en vigueur dans les limites qui sont les leurs, même lorsqu'un changement des circonstances a fait disparaître l'élément sur lequel était fondée la compétence, tant que les autorités compétentes en vertu de la Convention ne les ont pas modifiées, remplacées ou levées.

CHAPITRE III
Loi applicable

Art. 13 1. Dans l'exercice de la compétence qui leur est attribuée par les dispositions du chapitre II, les autorités des États contractants appliquent leur loi.

2. Toutefois, dans la mesure où la protection de la personne ou des biens de l'adulte le requiert, elles peuvent exceptionnellement appliquer ou prendre en considération la loi d'un autre État avec lequel la situation présente un lien étroit.

Art. 14 Lorsqu'une mesure prise dans un État contractant est mise en œuvre dans un autre État contractant, les conditions de son application sont régies par la loi de cet autre État.

Art. 15 1. L'existence, l'étendue, la modification et l'extinction des pouvoirs de représentation conférés par un adulte, soit par un accord soit par un acte unilatéral, pour être exercés lorsque cet adulte sera hors d'état de pourvoir à ses intérêts, sont régies par la loi de l'État de la résidence habituelle de l'adulte au moment de l'accord ou de l'acte unilatéral, à moins qu'une des lois mentionnées au paragraphe 2 ait été désignée expressément par écrit.

2. Les États dont la loi peut être désignée sont les suivants :

a) un État dont l'adulte possède la nationalité;

b) l'État d'une résidence habituelle précédente de l'adulte;

c) un État dans lequel sont situés des biens de l'adulte, pour ce qui concerne ces biens.

3. Les modalités d'exercice de ces pouvoirs de représentation sont régies par la loi de l'État où ils sont exercés.

Art. 16 Les pouvoirs de représentation prévus à l'article 15, lorsqu'ils ne sont pas exercés de manière à assurer suffisamment la protection de la personne ou des biens de l'adulte, peuvent être retirés ou modifiés par des mesures prises par une autorité ayant compétence selon la Convention. Pour retirer ou modifier ces pouvoirs de représentation, la loi déterminée à l'article 15 doit être prise en considération dans la mesure du possible.

Art. 17 1. La validité d'un acte passé entre un tiers et une autre personne qui aurait la qualité de représentant de l'adulte selon la loi de l'État où l'acte a été passé ne peut être contestée, ni la responsabilité du tiers engagée, pour le seul motif que l'autre personne n'avait pas la qualité de représentant en vertu de la loi désignée par les dispositions du présent chapitre, sauf si le tiers savait ou devait savoir que cette qualité était régie par cette loi.

2. Le paragraphe précédent ne s'applique que dans le cas où l'acte a été passé entre personnes présentes sur le territoire d'un même État.

Art. 18 Les dispositions du présent chapitre sont applicables même si la loi qu'elles désignent est celle d'un État non contractant.

Art. 19 Au sens du présent chapitre, le terme « loi » désigne le droit en vigueur dans un État, à l'exclusion des règles de conflit de lois.

Art. 20 Le présent chapitre ne porte pas atteinte aux dispositions de la loi de l'État dans lequel la protection de l'adulte doit être assurée, dont l'application s'impose quelle que soit la loi qui serait autrement applicable.

Art. 21 L'application de la loi désignée par les dispositions du présent chapitre ne peut être écartée que si cette application est manifestement contraire à l'ordre public.

CHAPITRE IV
Reconnaissance et exécution

Art. 22 1. Les mesures prises par les autorités d'un État contractant sont reconnues de plein droit dans les autres États contractants.

2. Toutefois, la reconnaissance peut être refusée :

a) si la mesure a été prise par une autorité dont la compétence n'était pas fondée sur un chef de compétence prévu ou conforme aux dispositions du chapitre II ;

b) si la mesure a été prise, hors le cas d'urgence, dans le cadre d'une procédure judiciaire ou administrative, sans qu'ait été donnée à l'adulte la possibilité d'être entendu, en violation des principes fondamentaux de procédure de l'État requis ;

c) si la reconnaissance est manifestement contraire à l'ordre public de l'État requis ou est contraire à une disposition de la loi de cet État dont l'application s'impose quelle que soit la loi qui serait autrement applicable ;

d) si la mesure est incompatible avec une mesure prise postérieurement dans un État non contractant qui aurait été compétent en vertu des articles 5 à 9, lorsque cette dernière mesure réunit les conditions nécessaires à sa reconnaissance dans l'État requis ;

e) si la procédure prévue à l'article 33 n'a pas été respectée.

Art. 23 Sans préjudice de l'article 22, paragraphe premier, toute personne intéressée peut demander aux autorités compétentes d'un État contractant qu'il soit statué sur la reconnaissance ou la non-reconnaissance d'une mesure prise dans un autre État contractant. La procédure est régie par la loi de l'État requis.

Art. 24 L'autorité de l'État requis est liée par les constatations de fait sur lesquelles l'autorité de l'État qui a pris la mesure a fondé sa compétence.

Art. 25 1. Si les mesures prises dans un État contractant et qui y sont exécutoires comportent des actes d'exécution dans un autre État contractant, elles sont, dans cet autre État, déclarées exécutoires ou enregistrées aux fins d'exécution, sur requête de toute partie intéressée, selon la procédure prévue par la loi de cet État.

2. Chaque État contractant applique à la déclaration d'*exequatur* ou à l'enregistrement une procédure simple et rapide.

3. La déclaration d'*exequatur* ou l'enregistrement ne peuvent être refusés que pour l'un des motifs prévus à l'article 22, paragraphe 2.

Art. 26 Sous réserve de ce qui est nécessaire pour l'application des articles qui précèdent, l'autorité de l'État requis ne procédera à aucune révision au fond de la mesure prise.

Art. 27 Les mesures prises dans un État contractant, qui sont déclarées exécutoires ou enregistrées aux fins d'exécution dans un autre État contractant, y sont mises à exécution comme si elles avaient été prises par les autorités de cet autre État. La mise à exécution des mesures se fait conformément à la loi de l'État requis dans les limites qui y sont prévues.

CHAPITRE V

Coopération

Art. 28 1. Chaque État contractant désigne une Autorité centrale chargée de satisfaire aux obligations qui lui sont imposées par la Convention.

2. Un État fédéral, un État dans lequel plusieurs systèmes de droit sont en vigueur ou un État ayant des unités territoriales autonomes est libre de désigner plus d'une Autorité centrale et de spécifier l'étendue territoriale ou personnelle de leurs fonctions. L'État qui fait usage de cette faculté désigne l'Autorité centrale à laquelle toute communication peut être adressée en vue de sa transmission à l'Autorité centrale compétente au sein de cet État.

Art. 29 1. Les Autorités centrales doivent coopérer entre elles et promouvoir la coopération entre les autorités compétentes de leur État pour réaliser les objectifs de la Convention.

2. Elles prennent, dans le cadre de l'application de la Convention, les dispositions appropriées pour fournir des informations sur leur législation, ainsi que sur les services disponibles dans leur État en matière de protection de l'adulte.

Art. 30 L'Autorité centrale d'un État contractant prend, soit directement, soit avec le concours d'autorités publiques ou d'autres organismes, toutes dispositions appropriées pour :

a) faciliter les communications, par tous les moyens, entre les autorités compétentes dans les situations auxquelles s'applique la Convention;

b) aider, sur demande d'une autorité compétente d'un autre État contractant, à localiser l'adulte lorsqu'il paraît que celui-ci est présent sur le territoire de l'État requis et a besoin de protection.

Art. 31 Les autorités compétentes d'un État contractant peuvent encourager, soit directement, soit par l'entremise d'autres organismes, l'utilisation de la médiation, de la conciliation ou de tout autre mode analogue permettant les ententes à l'amiable sur la protection de la personne ou des biens de l'adulte, dans les situations auxquelles s'applique la Convention.

Art. 32 1. Lorsqu'une mesure de protection est envisagée, les autorités compétentes en vertu de la Convention peuvent, si la situation de l'adulte l'exige, demander à toute autorité d'un autre État contractant qui détient des informations utiles pour la protection de l'adulte de les lui communiquer.

2. Chaque État contractant peut déclarer que les demandes prévues au paragraphe premier ne pourront être acheminées que par l'intermédiaire de son Autorité centrale.

3. Les autorités compétentes d'un État contractant peuvent demander aux autorités d'un autre État contractant de prêter leur assistance à la mise en œuvre de mesures de protection prises en application de la Convention.

Art. 33 1. Lorsque l'autorité compétente en vertu des articles 5 à 8 envisage le placement de l'adulte dans un établissement ou tout autre lieu où sa protection peut être assurée, et que ce placement aura lieu dans un autre État contractant, elle consulte au préalable l'Autorité centrale ou une autre autorité compétente de ce dernier État. Elle lui communique à cet effet un rapport sur l'adulte et les motifs de sa proposition sur le placement.

2. La décision de placement ne peut être prise dans l'État requérant si l'Autorité centrale ou une autre autorité compétente de l'État requis manifeste son opposition dans un délai raisonnable.

Art. 34 Dans le cas où l'adulte est exposé à un grave danger, les autorités compétentes de l'État contractant dans lequel des mesures de protection de cet adulte ont été prises ou sont en voie de l'être, si elles sont informées du changement de résidence ou de la présence de l'adulte dans un autre État, avisent les autorités de cet État de ce danger et des mesures prises ou en cours d'examen.

Art. 35 Une autorité ne peut demander ou transmettre des informations en application de ce chapitre si elle est d'avis qu'une telle demande ou transmission pourrait mettre en danger la personne ou les biens de l'adulte, ou constituer une menace grave pour la liberté ou la vie d'un membre de sa famille.

Art. 36 1. Sans préjudice de la possibilité de réclamer des frais raisonnables correspondant aux services fournis, les Autorités centrales et les autres autorités publiques des États contractants supportent leurs frais découlant de l'application des dispositions du présent chapitre.

2. Un État contractant peut conclure des accords avec un ou plusieurs autres États contractants sur la répartition des frais.

Art. 37 Tout État contractant pourra conclure avec un ou plusieurs autres États contractants des accords en vue de favoriser dans leurs rapports réciproques l'application du présent chapitre. Les États qui ont conclu de tels accords en transmettront une copie au dépositaire de la Convention.

CHAPITRE VI
Dispositions générales

Art. 38 1. Les autorités de l'État contractant dans lequel une mesure de protection a été prise ou un pouvoir de représentation confirmé peuvent délivrer à toute personne à qui est confiée la protection de la personne ou des biens de l'adulte, à sa demande, un certificat indiquant sa qualité et les pouvoirs qui lui sont conférés.

2. La qualité et les pouvoirs indiqués par le certificat sont tenus pour établis, à la date du certificat, sauf preuve contraire.

3. Chaque État contractant désigne les autorités habilitées à établir le certificat.

Art. 39 Les données personnelles rassemblées ou transmises conformément à la Convention ne peuvent être utilisées à d'autres fins que celles pour lesquelles elles ont été rassemblées ou transmises.

Art. 40 Les autorités auxquelles des informations sont transmises en assurent la confidentialité conformément à la loi de leur État.

Art. 41 Les documents transmis ou délivrés en application de la Convention sont dispensés de toute légalisation ou de toute formalité analogue.

Art. 42 Chaque État contractant peut désigner les autorités à qui les demandes prévues aux articles 8 et 33 doivent être envoyées.

Art. 43 1. Les désignations mentionnées aux articles 28 et 42 seront communiquées au Bureau permanent de la Conférence de La Haye de droit international privé au plus tard à la date du dépôt de l'instrument de ratification, d'acceptation ou d'approbation de la Convention ou de l'adhésion à celle-ci. Les modifications de ces désignations seront également communiquées au Bureau permanent.

2. La déclaration mentionnée à l'article 32, paragraphe 2, est faite au dépositaire de la Convention.

Art. 44 Un État contractant dans lequel des systèmes de droit ou des ensembles de règles différents s'appliquent en matière de protection de la personne ou des biens de l'adulte n'est pas tenu d'appliquer les règles de la Convention aux conflits concernant uniquement ces différents systèmes ou ensembles de règles.

Art. 45 Au regard d'un État dans lequel deux ou plusieurs systèmes de droit ou ensembles de règles ayant trait aux questions régies par la présente Convention s'appliquent dans des unités territoriales différentes :

a) toute référence à la résidence habituelle dans cet État vise la résidence habituelle dans une unité territoriale;

b) toute référence à la présence de l'adulte dans cet État vise la présence de l'adulte dans une unité territoriale;

c) toute référence à la situation des biens de l'adulte dans cet État vise la situation des biens de l'adulte dans une unité territoriale;

d) toute référence à l'État dont l'adulte possède la nationalité vise l'unité territoriale désignée par la loi de cet État ou, en l'absence de règles pertinentes, l'unité territoriale avec laquelle l'adulte présente le lien le plus étroit;

e) toute référence à l'État dont les autorités ont été choisies par l'adulte vise :

— l'unité territoriale si l'adulte a choisi les autorités de cette unité territoriale;

— l'unité territoriale d'un État avec laquelle l'adulte présente le lien le plus étroit si l'adulte a choisi les autorités de cet État sans spécifier l'unité territoriale dans l'État;

f) toute référence à la loi d'un État avec lequel la situation présente un lien étroit vise la loi d'une unité territoriale avec laquelle la situation présente un lien étroit;

g) toute référence à la loi, à la procédure ou à l'autorité de l'État où une mesure a été prise vise la loi ou la procédure en vigueur dans cette unité territoriale ou l'autorité de l'unité territoriale dans laquelle cette mesure a été prise;

h) toute référence à la loi, à la procédure ou à l'autorité de l'État requis vise la loi ou la procédure en vigueur dans cette unité territoriale ou l'autorité de l'unité territoriale dans laquelle la reconnaissance ou l'exécution est invoquée;

i) toute référence à l'État de la mise en œuvre de la mesure de protection vise l'unité territoriale de la mise en œuvre de la mesure;

j) toute référence aux organismes ou autorités de cet État, autres que les Autorités centrales, vise les organismes ou autorités habilités à agir dans l'unité territoriale concernée.

Art. 46 Pour identifier la loi applicable en vertu du chapitre III, lorsqu'un État comprend deux ou plusieurs unités territoriales dont chacune a son propre système de droit ou un ensemble de règles ayant trait aux questions régies par la présente Convention, les règles suivantes s'appliquent :

a) en présence de règles en vigueur dans cet État identifiant l'unité territoriale dont la loi est applicable, la loi de cette unité s'applique;

b) en l'absence de telles règles, la loi de l'unité territoriale définie selon les dispositions de l'article 45 s'applique.

Art. 47 Pour identifier la loi applicable en vertu du chapitre III, lorsqu'un État comprend deux ou plusieurs systèmes de droit ou ensembles de règles applicables à des catégories différentes de personnes pour les questions régies par la présente Convention, les règles suivantes s'appliquent :

a) en présence de règles en vigueur dans cet État identifiant laquelle de ces lois est applicable, cette loi s'applique;

b) en l'absence de telles règles, la loi du système ou de l'ensemble de règles avec lequel l'adulte présente le lien le plus étroit s'applique.

Art. 48 Dans les rapports entre les États contractants, la présente Convention remplace la Convention concernant l'interdiction et les mesures de protection analogues, signée à La Haye le 17 juillet 1905.

Art. 49 1. La Convention ne déroge pas aux instruments internationaux auxquels des États contractants sont Parties et qui contiennent des dispositions sur les matières réglées par la présente Convention, à moins qu'une déclaration contraire ne soit faite par les États liés par de tels instruments.

2. La Convention n'affecte pas la possibilité pour un ou plusieurs États contractants de conclure des accords qui contiennent, en ce qui concerne les adultes résidant habituellement dans l'un des États Parties à de tels accords, des dispositions sur les matières réglées par la présente Convention.

3. Les accords à conclure par un ou plusieurs États contractants sur des matières réglées par la présente Convention n'affectent pas, dans les rapports de ces États avec les autres États contractants, l'application des dispositions de la présente Convention.

4. Les paragraphes précédents s'appliquent également aux lois uniformes reposant sur l'existence entre les États concernés de liens spéciaux, notamment de nature régionale.

Art. 50 1. La Convention ne s'applique qu'aux mesures prises dans un État après l'entrée en vigueur de la Convention pour cet État.

2. La Convention s'applique à la reconnaissance et à l'exécution des mesures prises après son entrée en vigueur dans les rapports entre l'État où les mesures ont été prises et l'État requis.

3. La Convention s'applique à compter de son entrée en vigueur dans un État contractant aux pouvoirs de représentation conférés antérieurement dans des conditions correspondant à celles prévues à l'article 15.

Art. 51 1. Toute communication à l'Autorité centrale ou à toute autre autorité d'un État contractant est adressée dans la langue originale et accompagnée d'une traduction dans la langue officielle ou l'une des langues officielles de cet État ou, lorsque cette traduction est difficilement réalisable, d'une traduction en français ou en anglais.

2. Toutefois, un État contractant pourra, en faisant une réserve conformément à l'article 56, s'opposer à l'utilisation soit du français, soit de l'anglais.

Art. 52 Le Secrétaire général de la Conférence de La Haye de droit international privé convoque périodiquement une Commission spéciale afin d'examiner le fonctionnement pratique de la Convention.

CHAPITRE VII

Clauses finales

Art. 53 1. La Convention est ouverte à la signature des États qui étaient Membres de la Conférence de La Haye de droit international privé le 2 octobre 1999.

2. Elle sera ratifiée, acceptée ou approuvée et les instruments de ratification, d'acceptation ou d'approbation seront déposés auprès du Ministère des Affaires Étrangères du Royaume des Pays-Bas, dépositaire de la Convention.

Art. 54 1. Tout autre État pourra adhérer à la Convention après son entrée en vigueur en vertu de l'article 57, paragraphe 1.

2. L'instrument d'adhésion sera déposé auprès du dépositaire.

3. L'adhésion n'aura d'effet que dans les rapports entre l'État adhérant et les États contractants qui n'auront pas élevé d'objection à son encontre dans les six mois après la réception de la notification prévue à l'article 59, lettre b). Une telle objection pourra également être élevée par tout État au moment d'une ratification, acceptation ou approbation de la Convention, postérieure à l'adhésion. Ces objections seront notifiées au dépositaire.

Art. 55 1. Un État qui comprend deux ou plusieurs unités territoriales dans lesquelles des systèmes de droit différents s'appliquent aux matières régies par la présente Convention pourra, au moment de la signature, de la ratification, de l'acceptation, de l'approbation ou de l'adhésion, déclarer que la Convention s'appliquera à toutes ses unités territoriales ou seulement à l'une ou à plusieurs d'entre elles, et pourra à tout moment modifier cette déclaration en faisant une nouvelle déclaration.

2. Ces déclarations seront notifiées au dépositaire et indiqueront expressément les unités territoriales auxquelles la Convention s'applique.

3. Si un État ne fait pas de déclaration en vertu du présent article, la Convention s'appliquera à l'ensemble du territoire de cet État.

Art. 56 1. Tout État contractant pourra, au plus tard au moment de la ratification, de l'acceptation, de l'approbation ou de l'adhésion, ou au moment d'une déclaration faite en vertu de l'article 55, faire la réserve prévue à l'article 51, paragraphe 2. Aucune autre réserve ne sera admise.

2. Tout État pourra, à tout moment, retirer la réserve qu'il aura faite. Ce retrait sera notifié au dépositaire.

3. L'effet de la réserve cessera le premier jour du troisième mois du calendrier après la notification mentionnée au paragraphe précédent.

Art. 57 1. La Convention entrera en vigueur le premier jour du mois suivant l'expiration d'une période de trois mois après le dépôt du troisième instrument de ratification, d'acceptation ou d'approbation prévu par l'article 53.

2. Par la suite, la Convention entrera en vigueur :

a) pour chaque État ratifiant, acceptant ou approuvant postérieurement, le premier jour du mois suivant l'expiration d'une période de trois mois après le dépôt de son instrument de ratification, d'acceptation, d'approbation ou d'adhésion;

b) pour chaque État adhérant, le premier jour du mois suivant l'expiration d'une période de trois mois après l'expiration du délai de six mois prévu à l'article 54, paragraphe 3;

c) pour les unités territoriales auxquelles la Convention a été étendue conformément à l'article 55, le premier jour du mois suivant l'expiration d'une période de trois mois après la notification visée dans cet article.

Art. 58 1. Tout État Partie à la Convention pourra dénoncer celle-ci par une notification adressée par écrit au dépositaire. La dénonciation pourra se limiter à certaines unités territoriales auxquelles s'applique la Convention.

2. La dénonciation prendra effet le premier jour du mois suivant l'expiration d'une période de douze mois après la date de réception de la notification par le dépositaire. Lorsqu'une période plus longue pour la prise d'effet de la dénonciation est spécifiée dans la notification, la dénonciation prendra effet à l'expiration de la période en question.

Art. 59 Le dépositaire notifiera aux États membres de la Conférence de La Haye de droit international privé, ainsi qu'aux États qui auront adhéré conformément aux dispositions de l'article 54 :

a) les signatures, ratifications, acceptations et approbations visées à l'article 53;

b) les adhésions et les objections aux adhésions visées à l'article 54;

c) la date à laquelle la Convention entrera en vigueur conformément aux dispositions de l'article 57;

d) les déclarations mentionnées aux articles 32, paragraphe 2, et 55;

e) les accords mentionnés à l'article 37;

f) la réserve visée à l'article 51, paragraphe 2, et son retrait prévu à l'article 56, paragraphe 2;

g) les dénonciations visées à l'article 58.

En foi de quoi, les soussignés, dûment autorisés, ont signé la présente Convention.

Fait à La Haye, le 13 janvier 2000, en français et en anglais, les deux textes faisant également foi, en un seul exemplaire, qui sera déposé dans les archives du Gouvernement du Royaume des Pays-Bas et dont une copie certifiée conforme sera remise, par la voie diplomatique, à chacun des États membres de la Conférence de La Haye de droit international privé le 2 octobre 1999.

103 Convention de La Haye du 30 juin 2005 sur les accords d'élection de for

En vigueur depuis le 1er octobre 2015

Les États parties à la présente Convention,
Désireux de promouvoir le commerce et les investissements internationaux en renforçant la coopération judiciaire,
Convaincus que cette coopération peut être renforcée par des règles uniformes sur la compétence et la reconnaissance et l'exécution des jugements étrangers en matière civile ou commerciale, Convaincus que cette coopération renforcée nécessite en particulier un régime juridique international apportant la sécurité et assurant l'efficacité des accords exclusifs d'élection de for entre les parties à des opérations commerciales et régissant la reconnaissance et l'exécution des jugements rendus dans le cadre de procédures fondées sur de tels accords,
Ont résolu de conclure la présente Convention et sont convenus des dispositions suivantes :

CHAPITRE PREMIER

Champ d'application et définitions

Art. premier *Champ d'application.* 1. La présente Convention s'applique, dans des situations internationales, aux accords exclusifs d'élection de for conclus en matière civile ou commerciale.

2. Aux fins du chapitre II, une situation est internationale sauf si les parties résident dans le même État contractant et si les relations entre les parties et tous les autres éléments pertinents du litige, quel que soit le lieu du tribunal élu, sont liés uniquement à cet État.

3. Aux fins du chapitre III, une situation est internationale lorsque la reconnaissance ou l'exécution d'un jugement étranger est requise.

Art. 2 *Exclusions du champ d'application.* 1. La présente Convention ne s'applique pas aux accords exclusifs d'élection de for :

a) auxquels une personne physique agissant principalement dans un but personnel, familial ou domestique (un consommateur) est partie;

b) relatifs aux contrats de travail, y compris les conventions collectives.

2. La présente Convention ne s'applique pas aux matières suivantes :

a) l'état et la capacité des personnes physiques;

b) les obligations alimentaires;

c) les autres matières du droit de la famille, y compris les régimes matrimoniaux et les autres droits ou obligations résultant du mariage ou de relations similaires;

d) les testaments et les successions;

e) l'insolvabilité, les concordats et les matières analogues;

f) le transport de passagers et de marchandises;

g) la pollution marine, la limitation de responsabilité pour des demandes en matière maritime, les avaries communes, ainsi que le remorquage et le sauvetage d'urgence;

h) les entraves à la concurrence;

i) la responsabilité pour les dommages nu1Ecléaires;

j) les demandes pour dommages corporels et moraux y afférents introduites par des personnes physiques ou en leur nom;

k) les demandes qui ne naissent pas d'une relation contractuelle et qui sont fondées sur la responsabilité délictuelle pour des dommages aux biens tangibles;

l) les droits réels immobiliers et les baux d'immeubles;

m) la validité, la nullité ou la dissolution d'une personne morale, et la validité des décisions de ses organes;

n) la validité des droits de propriété intellectuelle autres que les droits d'auteur et les droits voisins;

o) la contrefaçon des droits de propriété intellectuelle autres que les droits d'auteur et les droits voisins, à l'exception des litiges portant sur une contrefaçon fondés sur une violation du contrat entre les parties relatif à de tels droits, ou qui auraient pu être fondés sur une violation de ce contrat;

p) la validité des inscriptions sur les registres publics.

3. Nonobstant le paragraphe 2, un litige n'est pas exclu du champ d'application de la présente Convention lorsqu'une matière exclue en vertu de ce paragraphe est soulevée seulement à titre préalable et non comme un objet du litige. En particulier, le seul fait qu'une matière exclue en vertu du paragraphe 2 est soulevée à titre de défense n'exclut pas le litige du champ d'application de la Convention, si cette matière n'est pas un objet du litige.

4. La présente Convention ne s'applique pas à l'arbitrage et aux procédures y afférentes.

5. Le seul fait qu'un État, y compris un gouvernement, une agence gouvernementale ou toute personne agissant pour le compte d'un État, est partie à un litige n'exclut pas celui-ci du champ d'application de la présente Convention.

6. La présente Convention n'affecte pas les privilèges et immunités dont jouissent les États ou les organisations internationales, pour eux-mêmes et pour leurs biens.

Art. 3 *Accords exclusifs d'élection de for.* Aux fins de la présente Convention :

a) un « accord exclusif d'élection de for » signifie un accord conclu entre deux ou plusieurs parties, qui est conforme aux exigences prévues au paragraphe c), et qui désigne, pour connaître des litiges nés ou à naître à l'occasion d'un rapport de droit déterminé, soit les tribunaux d'un État contractant, soit un ou plusieurs tribunaux particuliers d'un État contractant, à l'exclusion de la compétence de tout autre tribunal;

b) un accord d'élection de for qui désigne les tribunaux d'un État contractant, ou un ou plusieurs tribunaux particuliers d'un État contractant, est réputé exclusif sauf si les parties sont convenues expressément du contraire;

c) un accord exclusif d'élection de for doit être conclu ou documenté :

i) par écrit; ou

ii) par tout autre moyen de communication qui rende l'information accessible pour être consultée ultérieurement;

d) un accord exclusif d'élection de for faisant partie d'un contrat est considéré comme un accord distinct des autres clauses du contrat. La validité de l'accord exclusif d'élection de for ne peut être contestée au seul motif que le contrat n'est pas valable.

Art. 4 *Autres définitions.* 1. Au sens de la présente Convention, le terme « jugement » signifie toute décision sur le fond rendue par un tribunal, quelle que soit sa dénomination, telle qu'un arrêt ou une ordonnance, de même que la fixation des frais du procès par le tribunal (y compris le greffier du tribunal), à condition qu'elle ait trait à une décision sur le fond susceptible d'être reconnue ou exécutée en vertu de la présente Convention. Les mesures provisoires et conservatoires ne sont pas des jugements.

2. Aux fins de la présente Convention, une entité ou personne autre qu'une personne physique est réputée avoir sa résidence dans l'État :

a) de son siège statutaire;

b) selon le droit duquel elle a été constituée;

c) de son administration centrale; ou

d) de son principal établissement.

CHAPITRE II

Compétence

Art. 5 *Compétence du tribunal élu.* 1. Le tribunal ou les tribunaux d'un État contractant désignés dans un accord exclusif d'élection de for sont compétents pour connaître d'un litige auquel l'accord s'applique, sauf si celui-ci est nul selon le droit de cet État.

2. Le tribunal ayant compétence en vertu du paragraphe premier ne peut refuser d'exercer sa compétence au motif qu'un tribunal d'un autre État devrait connaître du litige.

3. Les paragraphes précédents n'affectent pas les règles relatives :

a) à la compétence d'attribution ou à la compétence fondée sur le montant de la demande;

b) à la répartition interne de compétence parmi les tribunaux d'un État contractant. Toutefois, lorsque le tribunal élu dispose d'un pouvoir discrétionnaire de renvoyer l'affaire, le choix des parties est dûment pris en considération.

Art. 6 *Obligations du tribunal non élu.* Tout tribunal d'un État contractant autre que celui du tribunal élu sursoit à statuer ou se dessaisit lorsqu'il est saisi d'un litige auquel un accord exclusif d'élection de for s'applique, sauf si :

a) l'accord est nul en vertu du droit de l'État du tribunal élu;

b) l'une des parties n'avait pas la capacité de conclure l'accord en vertu du droit de l'État du tribunal saisi;

c) donner effet à l'accord aboutirait à une injustice manifeste ou serait manifestement contraire à

l'ordre public de l'État du tribunal saisi;

d) pour des motifs exceptionnels hors du contrôle des parties, l'accord ne peut raisonnablement être mis en œuvre; ou

e) le tribunal élu a décidé de ne pas connaître du litige.

Art. 7 *Mesures provisoires et conservatoires.* Les mesures provisoires et conservatoires ne sont pas régies par la présente Convention. Celle-ci n'exige ni n'empêche l'octroi, le rejet ou la levée des mesures provisoires et conservatoires par un tribunal d'un État contractant. Elle n'affecte pas la possibilité pour une partie de demander de telles mesures, ni la faculté du tribunal d'accorder, de rejeter ou de lever de telles mesures.

CHAPITRE III

Reconnaissance et execution

Art. 8 *Reconnaissance et exécution.* 1. Un jugement rendu par un tribunal d'un État contractant désigné dans un accord exclusif d'élection de for est reconnu et exécuté dans les autres États contractants conformément au présent chapitre. La reconnaissance ou l'exécution peut être refusée aux seuls motifs énoncés dans la présente Convention.

2. Sans préjudice de ce qui est nécessaire à l'application des dispositions du présent chapitre, il n'est procédé à aucune révision au fond du jugement rendu par le tribunal d'origine. Le tribunal requis est lié par les constatations de fait sur lesquelles le tribunal d'origine a fondé sa compétence, sauf si le jugement a été rendu par défaut.

3. Un jugement n'est reconnu que s'il produit ses effets dans l'État d'origine et n'est exécuté que s'il est exécutoire dans l'État d'origine.

4. La reconnaissance ou l'exécution peut être différée ou refusée si le jugement fait l'objet d'un recours dans l'État d'origine ou si le délai pour exercer un recours ordinaire n'a pas expiré. Un tel refus n'empêche pas une demande ultérieure de reconnaissance ou d'exécution du jugement.

5. Cet article s'applique également à un jugement rendu par un tribunal d'un État contractant suite à un renvoi de l'affaire du tribunal élu dans cet État contractant comme prévu par l'article 5, paragraphe 3. Toutefois, lorsque le tribunal élu disposait d'un pouvoir discrétionnaire de renvoyer l'affaire devant un autre tribunal, la reconnaissance ou l'exécution du jugement peut être refusée à l'égard d'une partie qui s'était opposée au renvoi en temps opportun dans l'État d'origine.

Art. 9 *Refus de reconnaissance ou d'exécution.* La reconnaissance ou l'exécution peut être refusée si :

a) l'accord était nul en vertu du droit de l'État du tribunal élu, à moins que celui-ci n'ait constaté que l'accord est valable;

b) l'une des parties n'avait pas la capacité de conclure l'accord en vertu du droit de l'État requis;

c) l'acte introductif d'instance ou un acte équivalent contenant les éléments essentiels de la demande :

i) n'a pas été notifié au défendeur en temps utile et de telle manière qu'il puisse organiser sa défense, à moins que le défendeur n'ait comparu et présenté sa défense sans contester la notification devant le tribunal d'origine, à condition que le droit de l'État d'origine permette de contester la notification; ou

ii) a été notifié au défendeur dans l'État requis de manière incompatible avec les principes fondamentaux de l'État requis relatifs à la notification de documents;

d) le jugement résulte d'une fraude relative à la procédure;

e) la reconnaissance ou l'exécution est manifestement incompatible avec l'ordre public de l'État requis, notamment dans les cas où la procédure aboutissant au jugement en l'espèce était incompatible avec les principes fondamentaux d'équité procédurale de cet État;

f) le jugement est incompatible avec un jugement rendu dans l'État requis dans un litige entre les mêmes parties; ou

g) le jugement est incompatible avec un jugement rendu antérieurement dans un autre État entre les mêmes parties dans un litige ayant le même objet et la même cause, lorsque le jugement rendu antérieurement réunit les conditions nécessaires à sa reconnaissance dans l'État requis.

Art. 10 *Questions préalables.* 1. Lorsqu'une matière exclue en vertu de l'article 2, paragraphe 2, ou en vertu de l'article 21 a été soulevée à titre préalable, la décision sur cette question n'est pas reconnue ou exécutée en vertu de la présente Convention.

2. La reconnaissance ou l'exécution d'un jugement peut être refusée si, et dans la mesure où, ce jugement est fondé sur une décision relative à une matière exclue en vertu de l'article 2, paragraphe 2.

3. Toutefois, dans le cas d'une décision sur la validité d'un droit de propriété intellectuelle autre qu'un droit d'auteur ou droit voisin, la reconnaissance ou l'exécution d'un jugement ne peut être refusée ou différée en vertu du paragraphe précédent que si :

a) cette décision est incompatible avec un jugement ou une décision d'une autorité compétente relatif à cette matière, rendu dans l'État du droit duquel découle ce droit de propriété intellectuelle; ou

b) une procédure sur la validité de ce droit de propriété intellectuelle est pendante dans cet État.

4. La reconnaissance ou l'exécution d'un jugement peut être refusée si, et dans la mesure où, ce jugement est fondé sur une décision relative à une matière exclue en vertu d'une déclaration faite par l'État requis au titre de l'article 21.

Art. 11 *Dommages et intérêts.* 1. La reconnaissance ou l'exécution d'un jugement peut être refusée si, et dans la mesure où, le jugement accorde des dommages et intérêts, y compris des dommages et intérêts exemplaires ou punitifs, qui ne compensent pas une partie pour la perte ou le préjudice réels subis.

2. Le tribunal requis prend en considération si, et dans quelle mesure, le montant accordé à titre de dommages et intérêts par le tribunal d'origine est destiné à couvrir les frais et dépens du procès.

Art. 12 *Transactions judiciaires.* Les transactions homologuées par un tribunal d'un État contractant désigné dans un accord exclusif d'élection de for ou passées devant ce tribunal au cours d'une instance, et qui sont exécutoires au même titre qu'un jugement dans l'État d'origine, sont exécutées en vertu de la présente Convention aux mêmes conditions qu'un jugement.

Art. 13 *Pièces à produire.* 1. La partie qui requiert la reconnaissance ou qui demande l'exécution produit :

a) une copie complète et certifiée conforme du jugement;

b) l'accord exclusif d'élection de for, une copie certifiée de celui-ci ou une autre preuve de son existence;

c) s'il s'agit d'un jugement rendu par défaut, l'original ou une copie certifiée conforme du document attestant que l'acte introductif d'instance ou un acte équivalent a été notifié à la partie défaillante;

d) tout document nécessaire pour établir que le jugement produit ses effets dans l'État d'origine ou, le cas échéant, qu'il est exécutoire dans cet État;

e) dans le cas prévu à l'article 12, un certificat d'un tribunal de l'État d'origine attestant que la transaction judiciaire est exécutoire, en tout ou en partie, aux mêmes conditions qu'un jugement dans l'État d'origine.

2. Si le contenu du jugement ne permet pas au tribunal requis de vérifier que les conditions du présent chapitre sont remplies, ce tribunal peut exiger tout document nécessaire.

3. Une demande de reconnaissance ou d'exécution peut être accompagnée d'un document, délivré par un tribunal (y compris par une personne autorisée du tribunal) de l'État d'origine, sous la forme recommandée et publiée par la Conférence de La Haye de droit international privé.

4. Si les documents mentionnés dans le présent article ne sont pas rédigés dans une langue officielle de l'État requis, ils sont accompagnés d'une traduction certifiée dans une langue officielle, sauf si la loi de l'État requis en dispose autrement.

Art. 14 *Procédure.* La procédure tendant à obtenir la reconnaissance, l'exequatur ou l'enregistrement aux fins d'exécution, et l'exécution du jugement, sont régies par le droit de l'État requis sauf si la présente Convention en dispose autrement. Le tribunal requis agit avec célérité.

Art. 15 *Divisibilité.* La reconnaissance ou l'exécution d'une partie dissociable d'un jugement est accordée, si la reconnaissance ou l'exécution de cette partie est demandée ou si seule une partie du jugement peut être reconnue ou exécutée en vertu de la présente Convention.

CHAPITRE IV
Clauses générales

Art. 16 *Dispositions transitoires.* 1. La présente Convention s'applique aux accords exclusifs d'élection de for conclus après son entrée en vigueur pour l'État du tribunal élu.

2. La présente Convention ne s'applique pas aux litiges engagés avant son entrée en vigueur pour l'État du tribunal saisi.

Art. 17 *Contrats d'assurance et de réassurance.* 1. Un litige en vertu d'un contrat d'assurance ou de réassurance n'est pas exclu du champ d'application de la présente Convention au motif que le contrat d'assurance ou de réassurance porte sur une matière à laquelle la Convention ne s'applique pas.

2. La reconnaissance et l'exécution d'un jugement relatif à la responsabilité en vertu d'un contrat d'assurance ou de réassurance ne peuvent pas être limitées ou refusées au motif que la responsabilité en vertu de ce contrat comprend celle d'indemniser l'assuré ou le réassuré à l'égard :

a) d'une matière à laquelle la présente Convention ne s'applique pas; ou

b) d'une décision accordant des dommages et intérêts auxquels l'article 11 pourrait s'appliquer.

Art. 18 *Dispense de légalisation.* Les documents transmis ou délivrés en vertu de la présente Convention sont dispensés de toute légalisation ou de toute formalité analogue, y compris une Apostille.

Art. 19 *Déclarations limitant la compétence.* Un État peut déclarer que ses tribunaux peuvent refuser de connaître des litiges auxquels un accord exclusif d'élection de for s'applique s'il n'existe aucun lien, autre que le lieu du tribunal élu, entre cet État et les parties ou le litige.

Art. 20 *Déclarations limitant la reconnaissance et l'exécution.* Un État peut déclarer que ses tribunaux peuvent refuser de reconnaître ou d'exécuter un jugement rendu par un tribunal d'un autre État contractant lorsque les parties avaient leur résidence dans l'État requis et que les relations entre les parties, ainsi que tous les autres éléments pertinents du litige, autres que le lieu du tribunal élu, étaient liés uniquement à l'État requis.

Art. 21 *Déclarations relatives à des matières particulières.* 1. Lorsqu'un État a un intérêt important à ne pas appliquer la présente Convention à une matière particulière, cet État peut déclarer qu'il n'appliquera pas la présente Convention à cette matière. L'État qui fait une telle déclaration s'assure que la portée de celle-ci n'est pas plus étendue que nécessaire et que la matière particulière exclue est définie de façon claire et précise.

2. A l'égard d'une telle matière, la Convention ne s'applique pas :

a) dans l'État contractant ayant fait la déclaration;

b) dans les autres États contractants lorsqu'un accord exclusif d'élection de for désigne les tribunaux, ou un ou plusieurs tribunaux particuliers, de l'État ayant fait la déclaration.

Art. 22 *Déclarations réciproques sur les accords non exclusifs d'élection de for.* 1. Un État contractant peut déclarer que ses tribunaux reconnaîtront et exécuteront des jugements rendus par des tribunaux d'autres États contractants désignés dans un accord d'élection de for conclu entre deux ou plusieurs parties, qui est conforme aux exigences prévues à l'article 3, paragraphe c), et qui désigne, pour connaître des litiges nés ou à naître à l'occasion d'un rapport de droit déterminé, un tribunal ou des tribunaux d'un ou plusieurs États contractants (un accord non exclusif d'élection de for).

2. Lorsque la reconnaissance ou l'exécution d'un jugement rendu dans un État contractant ayant fait une telle déclaration est requise dans un autre État contractant ayant fait une telle déclaration, le jugement est reconnu et exécuté en vertu de la présente Convention, si :

a) le tribunal d'origine était désigné dans un accord non exclusif d'élection de for;

b) il n'existe ni un jugement d'un autre tribunal devant lequel des procédures pourraient être engagées conformément à l'accord non exclusif d'élection de for, ni une procédure pendante entre les mêmes parties devant un tel autre tribunal ayant le même objet et la même cause; et

c) le tribunal d'origine était le premier tribunal saisi.

Art. 23 *Interprétation uniforme.* Aux fins de l'interprétation de la présente Convention, il sera tenu compte de son caractère international et de la nécessité de promouvoir l'uniformité de son application.

Art. 24 *Examen du fonctionnement de la Convention.* Le Secrétaire général de la Conférence de La Haye de droit international privé prend périodiquement des dispositions en vue de :

a) l'examen du fonctionnement pratique de la présente Convention, y compris de toute déclaration; et

b) l'examen de l'opportunité d'apporter des modifications à la présente Convention.

Art. 25 *Systèmes juridiques non unifiés.* 1. Au regard d'un État contractant dans lequel deux ou plusieurs systèmes de droit ayant trait aux questions régies par la présente Convention s'appliquent dans des unités territoriales différentes :

a) toute référence à la loi ou à la procédure d'un État vise, le cas échéant, la loi ou la procédure en vigueur dans l'unité territoriale considérée;

b) toute référence à la résidence dans un État vise, le cas échéant, la résidence dans l'unité territoriale considérée ;

c) toute référence au tribunal ou aux tribunaux d'un État vise, le cas échéant, le tribunal ou les tribunaux dans l'unité territoriale considérée ;

d) toute référence au lien avec un État vise, le cas échéant, le lien avec l'unité territoriale considérée.

2. Nonobstant le paragraphe précédent, un État contractant qui comprend deux ou plusieurs unités territoriales dans lesquelles des systèmes de droit différents s'appliquent n'est pas tenu d'appliquer la présente Convention aux situations qui impliquent uniquement ces différentes unités territoriales.

3. Un tribunal dans une unité territoriale d'un État contractant qui comprend deux ou plusieurs unités territoriales dans lesquelles des systèmes de droit différents s'appliquent n'est pas tenu de reconnaître ou d'exécuter un jugement d'un autre État contractant pour le seul motif que le jugement a été reconnu ou exécuté dans une autre unité territoriale du même État contractant selon la présente Convention.

4. Cet article ne s'applique pas à une Organisation régionale d'intégration économique.

Art. 26 *Rapport avec d'autres instruments internationaux.* 1. La présente Convention doit être interprétée de façon à ce qu'elle soit, autant que possible, compatible avec d'autres traités en vigueur pour les États contractants, conclus avant ou après cette Convention.

2. La présente Convention n'affecte pas l'application par un État contractant d'un traité, que ce traité ait été conclu avant ou après cette Convention, lorsque aucune des parties ne réside dans un État contractant qui n'est pas Partie au traité.

3. La présente Convention n'affecte pas l'application par un État contractant d'un traité conclu avant l'entrée en vigueur de cette Convention pour cet État contractant, si l'application de cette Convention est incompatible avec les obligations de cet État contractant vis-à-vis de tout autre État non contractant. Le présent paragraphe s'applique aussi aux traités qui révisent ou se substituent à un traité conclu avant l'entrée en vigueur de cette Convention pour cet État contractant, sauf dans la mesure où la révision ou la substitution crée de nouvelles incompatibilités avec cette Convention.

4. La présente Convention n'affecte pas l'application par un État contractant d'un traité, que ce traité ait été conclu avant ou après cette Convention, afin d'obtenir la reconnaissance ou l'exécution d'un jugement rendu par un tribunal d'un État contractant qui est également Partie à ce traité. Toutefois, ce jugement ne doit pas être reconnu ou exécuté à un degré moindre qu'en vertu de cette Convention.

5. La présente Convention n'affecte pas l'application par un État contractant d'un traité qui, à l'égard d'une matière particulière, prévoit des règles relatives à la compétence ou la reconnaissance ou l'exécution des jugements, même si ce traité a été conclu après cette Convention et que tous les États concernés sont Parties à cette Convention. Ce paragraphe s'applique uniquement si l'État contractant a fait une déclaration à l'égard de ce traité en vertu du présent paragraphe. Dans le cas d'une telle déclaration, les autres États contractants ne sont pas tenus d'appliquer cette Convention à cette matière particulière dans la mesure de l'incompatibilité, lorsqu'un accord exclusif d'élection de for désigne les tribunaux, ou un ou plusieurs tribunaux particuliers, de l'État contractant ayant fait cette déclaration.

6. La présente Convention n'affecte pas l'application des règles d'une Organisation régionale d'intégration économique partie à cette Convention, que ces règles aient été adoptées avant ou après cette Convention :

a) lorsque aucune des parties ne réside dans un État contractant qui n'est pas un État membre de

l'Organisation régionale d'intégration économique;

b) en ce qui a trait à la reconnaissance ou l'exécution de jugements entre les États membres de l'Organisation régionale d'intégration économique.

CHAPITRE V

Clauses finales

Art. 27 *Signature, ratification, acceptation, approbation ou adhésion.* 1. La présente Convention est ouverte à la signature de tous les États.

2. La présente Convention est sujette à la ratification, à l'acceptation ou à l'approbation des États signataires.

3. Tout État pourra adhérer à la présente Convention.

4. Les instruments de ratification, d'acceptation, d'approbation ou d'adhésion sont déposés auprès du Ministère des Affaires Etrangères du Royaume des Pays-Bas, dépositaire de la Convention.

Art. 28 *Déclarations relatives aux systèmes juridiques non unifiés.* 1. Un État qui comprend deux ou plusieurs unités territoriales dans lesquelles des systèmes de droit différents s'appliquent aux matières régies par la présente Convention peut, au moment de la signature, de la ratification, de l'acceptation, de l'approbation ou de l'adhésion, déclarer que la Convention s'appliquera à toutes ses unités territoriales ou seulement à l'une ou à plusieurs d'entre elles, et pourra à tout moment modifier cette déclaration en faisant une nouvelle déclaration.

2. Toute déclaration est notifiée au dépositaire et indique expressément les unités territoriales

auxquelles la Convention s'applique.

3. Si un État ne fait pas de déclaration en vertu du présent article, la Convention s'applique à l'ensemble du territoire de cet État.

4. Le présent article ne s'applique pas à une Organisation régionale d'intégration économique.

Art. 29 *Organisations régionales d'intégration économique.* 1. Une Organisation régionale d'intégration économique constituée seulement par des États souverains et ayant compétence sur certaines ou toutes les matières régies par la présente Convention peut également signer, accepter ou approuver cette Convention ou y adhérer. En pareil cas, l'Organisation régionale d'intégration économique aura les mêmes droits et obligations qu'un État contractant, dans la mesure où cette Organisation a compétence sur des matières régies par cette Convention.

2. Au moment de la signature, de l'acceptation, de l'approbation ou de l'adhésion, l'Organisation régionale d'intégration économique notifie au dépositaire, par écrit, les matières régies par la présente Convention pour lesquelles ses États membres ont transféré leur compétence à cette Organisation. L'Organisation notifie aussitôt au dépositaire, par écrit, toute modification intervenue dans la délégation de compétence précisée dans la notification la plus récente faite en vertu du présent paragraphe.

3. Pour les fins de l'entrée en vigueur de la présente Convention, tout instrument déposé par une Organisation régionale d'intégration économique n'est pas compté, à moins que l'Organisation régionale d'intégration économique déclare, en vertu de l'article 30, que ses États membres ne seront pas Parties à cette Convention.

4. Toute référence à « État contractant » ou « État » dans la présente Convention s'applique également, le cas échéant, à une Organisation régionale d'intégration économique qui y est Partie.

Art. 30 *Adhésion par une Organisation régionale d'intégration économique sans ses États membres.* 1. Au moment de la signature, de l'acceptation, de l'approbation ou de l'adhésion, une Organisation régionale d'intégration économique peut déclarer qu'elle a compétence pour toutes les matières régies par la présente Convention et que ses États membres ne seront pas Parties à cette Convention mais y seront liés en raison du fait de la signature, de l'acceptation, de l'approbation ou de l'adhésion de l'Organisation.

2. Lorsqu'une déclaration est faite par une Organisation régionale d'intégration économique en conformité avec le paragraphe premier, toute référence à « État contractant » ou « État » dans la présente Convention s'applique également, le cas échéant, aux États membres de l'Organisation.

Art. 31 *Entrée en vigueur.* 1. La présente Convention entrera en vigueur le premier jour du mois suivant l'expiration d'une période de trois mois après le dépôt du deuxième instrument de ratification, d'acceptation, d'approbation ou d'adhésion visé par l'article 27.

2. Par la suite, la présente Convention entrera en vigueur :

a) pour chaque État ou Organisation régionale d'intégration économique ratifiant, acceptant, approuvant ou y adhérant postérieurement, le premier jour du mois suivant l'expiration d'une période de trois mois après le dépôt de son instrument de ratification, d'acceptation, d'approbation ou d'adhésion;

b) pour les unités territoriales auxquelles la présente Convention a été étendue conformément à

l'article 28, paragraphe premier, le premier jour du mois suivant l'expiration d'une période de trois mois après la notification de la déclaration visée par ledit article.

Art. 32 *Déclarations.* 1. Les déclarations visées aux articles 19, 20, 21, 22 et 26 peuvent être faites lors de la signature, de la ratification, de l'acceptation, de l'approbation ou de l'adhésion ou à tout moment ultérieur et pourront être modifiées ou retirées à tout moment.

2. Les déclarations, modifications et retraits sont notifiés au dépositaire.

3. Une déclaration faite au moment de la signature, de la ratification, de l'acceptation, de l'approbation ou de l'adhésion prendra effet au moment de l'entrée en vigueur de la Convention pour l'État concerné.

4. Une déclaration faite ultérieurement, ainsi qu'une modification ou le retrait d'une déclaration, prendra effet le premier jour du mois suivant l'expiration d'une période de trois mois après la date de réception de la notification par le dépositaire.

5. Une déclaration faite en vertu des articles 19, 20, 21 et 26 ne s'applique pas aux accords exclusifs d'élection de for conclus avant qu'elle ne prenne effet.

Art. 33 *Dénonciation.* 1. La présente Convention pourra être dénoncée par une notification écrite au dépositaire. La dénonciation pourra se limiter à certaines unités territoriales d'un système juridique non unifié auxquelles s'applique la présente Convention.

2. La dénonciation prendra effet le premier jour du mois suivant l'expiration d'une période de douze mois après la date de réception de la notification par le dépositaire. Lorsqu'une période plus longue pour la prise d'effet de la dénonciation est précisée dans la notification, la dénonciation prendra effet à l'expiration de la période en question après la date de réception de la notification par le dépositaire.

Art. 34 *Notifications par le dépositaire.* Le dépositaire notifiera aux Membres de la Conférence de La Haye de droit international privé, ainsi qu'aux autres États et aux Organisations régionales d'intégration économique qui ont signé, ratifié, accepté, approuvé ou adhéré conformément aux articles 27, 29 et 30 les renseignements suivants :

a) les signatures, ratifications, acceptations, approbations et adhésions prévues aux articles 27, 29 et 30;

b) la date d'entrée en vigueur de la présente Convention conformément à l'article 31;

c) les notifications, les déclarations, et les modifications et retraits des déclarations prévues aux articles 19, 20, 21, 22, 26, 28, 29 et 30;

d) les dénonciations prévues à l'article 33.

104 Protocole de La Haye du 23 novembre 2007 sur la loi applicable aux obligations alimentaires

Applicable depuis le 18 juin 2011

Les États signataires du présent Protocole,

Désirant établir des dispositions communes concernant la loi applicable aux obligations alimentaires,

Souhaitant moderniser la Convention de La Haye du 24 octobre 1956 sur la loi applicable aux obligations alimentaires envers les enfants et la Convention de La Haye du 2 octobre 1973 sur la loi applicable aux obligations alimentaires,

Souhaitant développer des règles générales relatives à la loi applicable pouvant constituer un ajout utile à la Convention de La Haye du 23 novembre 2007 sur le recouvrement international des aliments destinés aux enfants et à d'autres membres de la famille,

Ont résolu de conclure un Protocole à cet effet et sont convenus des dispositions suivantes :

Art. premier *Champ d'application.* 1. Le présent Protocole détermine la loi applicable aux obligations alimentaires découlant de relations de famille, de filiation, de mariage ou d'alliance, y compris les obligations alimentaires envers un enfant indépendamment de la situation matrimoniale de ses parents.

2. Les décisions rendues en application du présent Protocole ne préjugent pas de l'existence de l'une des relations visées au paragraphe premier.

Art. 2 *Application universelle.* Le présent Protocole est applicable même si la loi qu'il désigne est celle d'un État non contractant.

Art. 3 *Règle générale relative à la loi applicable.* 1. Sauf disposition contraire du Protocole, la loi de l'État de la résidence habituelle du créancier régit les obligations alimentaires.

2. En cas de changement de la résidence habituelle du créancier, la loi de l'État de la nouvelle résidence habituelle s'applique à partir du moment où le changement est survenu.

Art. 4 *Règles spéciales en faveur de certains créanciers.* 1. Les dispositions suivantes s'appliquent en ce qui concerne les obligations alimentaires :

a) des parents envers leurs enfants;

b) de personnes, autres que les parents, envers des personnes âgées de moins de 21 ans à l'exception des obligations découlant des relations mentionnées à l'article 5; et

c) des enfants envers leurs parents.

2. La loi du for s'applique lorsque le créancier ne peut pas obtenir d'aliments du débiteur en vertu de la loi mentionnée à l'article 3.

3. Nonobstant l'article 3, la loi du for s'applique lorsque le créancier a saisi l'autorité compétente de l'État où le débiteur a sa résidence habituelle. Toutefois, la loi de l'État de la résidence habituelle du créancier s'applique lorsque le créancier ne peut pas obtenir d'aliments du débiteur en vertu de la loi du for.

4. La loi de l'État dont le créancier et le débiteur ont la nationalité commune, s'ils en ont une, s'applique lorsque le créancier ne peut pas obtenir d'aliments du débiteur en vertu des lois mentionnées à l'article 3 et aux paragraphes 2 et 3 du présent article.

Art. 5 *Règle spéciale relative aux époux et ex-époux.* En ce qui concerne les obligations alimentaires entre des époux, des ex-époux ou des personnes dont le mariage a été annulé, l'article 3 ne s'applique pas lorsque l'une des parties s'y oppose et que la loi d'un autre État, en particulier l'État de leur dernière résidence habituelle commune, présente un lien plus étroit avec le mariage. Dans ce cas, la loi de cet autre État s'applique.

Art. 6 *Moyens de défense particuliers.* En ce qui concerne les obligations alimentaires autres que celles envers les enfants découlant d'une relation parent-enfant et que celles visées à l'article 5, le débiteur peut opposer à la prétention du créancier qu'une telle obligation à son égard n'existe ni selon la loi de l'État de la résidence habituelle du débiteur, ni selon la loi de l'État de la nationalité commune des parties, si elles en ont une.

Art. 7 *Désignation de la loi applicable pour les besoins d'une procédure particulière (accord procédural).* 1. Nonobstant les articles 3 à 6, le créancier et le débiteur d'aliments peuvent, uniquement pour les besoins d'une procédure particulière se déroulant dans un État donné, désigner expressément la loi de cet État pour régir une obligation alimentaire.

2. Une désignation antérieure à l'introduction de l'instance doit faire l'objet d'un accord, signé des deux parties, par écrit ou consigné sur tout support dont le contenu est accessible pour être consulté ultérieurement.

Art. 8 *Désignation de la loi applicable.* 1. Nonobstant les articles 3 à 6, le créancier et le débiteur d'aliments peuvent, à tout moment, désigner l'une des lois suivantes pour régir une obligation alimentaire :

a) la loi d'un État dont l'une des parties a la nationalité au moment de la désignation;

b) la loi de l'État de la résidence habituelle de l'une des parties au moment de la désignation;

c) la loi désignée par les parties pour régir leurs relations patrimoniales ou celle effectivement appliquée à ces relations;

d) la loi désignée par les parties pour régir leur divorce ou leur séparation de corps ou celle effectivement appliquée à ce divorce ou cette séparation.

2. Un tel accord est établi par écrit ou consigné sur tout support dont le contenu est accessible pour être consulté ultérieurement et est signé des deux parties.

3. Le paragraphe premier ne s'applique pas aux obligations alimentaires concernant une personne âgée de moins de 18 ans ou un adulte qui, en raison d'une altération ou d'une insuffisance de ses facultés personnelles, n'est pas en mesure de pourvoir à ses intérêts.

4. Nonobstant la loi désignée par les parties en vertu du paragraphe premier, la loi de l'État de la résidence habituelle du créancier, au moment de la désignation, détermine si le créancier peut renoncer à son droit à des aliments.

5. À moins que les parties n'aient été pleinement informées et conscientes des conséquences de leur choix au moment de la désignation, la loi désignée ne s'applique pas lorsque son application entraînerait des conséquences manifestement inéquitables ou déraisonnables pour l'une ou l'autre des parties.

Art. 9 *« Domicile » au lieu de « nationalité ».* Un État qui connaît le concept de « domicile » en tant que facteur de rattachement en matière familiale peut informer le Bureau Permanent de la Conférence de La Haye de droit international privé que, pour les besoins des affaires portées devant ses autorités, le mot « nationalité » aux articles 4 et 6 est remplacé par le mot « domicile » tel qu'il est entendu dans cet État.

Art. 10 *Organismes publics.* Le droit d'un organisme public de demander le remboursement de la prestation fournie au créancier en lieu et place d'aliments est soumis à la loi qui régit cet organisme.

Art. 11 *Domaine de la loi applicable.* La loi applicable à l'obligation alimentaire détermine notamment :

a) si, dans quelle mesure et à qui le créancier peut demander des aliments;

b) la mesure dans laquelle le créancier peut demander des aliments rétroactivement;

c) la base de calcul du montant des aliments et l'indexation;

d) qui est admis à intenter l'action alimentaire, sous réserve des questions relatives à la capacité procédurale et à la représentation en justice;

e) la prescription ou les délais pour intenter une action;

f) l'étendue de l'obligation du débiteur d'aliments, lorsque l'organisme public demande le remboursement de la prestation fournie au créancier en lieu et place d'aliments.

Art. 12 *Exclusion du renvoi.* Au sens du Protocole, le terme « loi » désigne le droit en vigueur dans un État, à l'exclusion des règles de conflit de lois.

Art. 13 *Ordre public.* L'application de la loi désignée en vertu du Protocole ne peut être écartée que dans la mesure où ses effets sont manifestement contraires à l'ordre public du for.

Art. 14 *Fixation du montant des aliments.* Même si la loi applicable en dispose autrement, il est tenu compte dans la fixation du montant des aliments, des besoins du créancier et des ressources du débiteur ainsi que de toute compensation accordée au créancier à la place d'un paiement périodique d'aliments.

Art. 15 *Non-application du Protocole aux conflits internes.* 1. Un État contractant dans lequel des systèmes de droit ou des ensembles de règles différents s'appliquent en matière d'obligations alimentaires n'est pas tenu d'appliquer les règles du Protocole aux conflits concernant uniquement ces différents systèmes ou ensembles de règles.

2. Cet article ne s'applique pas à une Organisation régionale d'intégration économique.

Art. 16 *Systèmes juridiques non unifiés à caractère territorial.* 1. Au regard d'un État dans lequel deux ou plusieurs systèmes de droit ou ensembles de règles ayant trait aux questions régies par le présent Protocole s'appliquent dans des unités territoriales différentes :

a) toute référence à la loi d'un État vise, le cas échéant, la loi en vigueur dans l'unité territoriale considérée;

b) toute référence aux autorités compétentes ou organismes publics de cet État vise, le cas échéant, les autorités compétentes ou organismes publics habilités à agir dans l'unité territoriale considérée;

c) toute référence à la résidence habituelle dans cet État vise, le cas échéant, la résidence habituelle dans l'unité territoriale considérée;

d) toute référence à l'État dont les deux parties ont la nationalité commune vise l'unité territoriale désignée par la loi de cet État ou, en l'absence de règles pertinentes, l'unité territoriale avec laquelle l'obligation alimentaire présente le lien le plus étroit;

e) toute référence à l'État dont une partie a la nationalité vise l'unité territoriale désignée par la loi de cet État ou, en l'absence de règles pertinentes, l'unité territoriale avec laquelle la personne présente le lien le plus étroit.

2. Pour identifier la loi applicable en vertu du Protocole, lorsqu'un État comprend deux ou plusieurs unités territoriales dont chacune a son propre système de droit ou un ensemble de règles ayant trait aux questions régies par le Protocole, les règles suivantes s'appliquent :

a) en présence de règles en vigueur dans cet État identifiant l'unité territoriale dont la loi est applicable, la loi de cette unité s'applique;

b) en l'absence de telles règles, la loi de l'unité territoriale identifiée selon les dispositions du paragraphe premier s'applique.

3. Cet article ne s'applique pas à une Organisation régionale d'intégration économique.

Art. 17 *Systèmes juridiques non unifiés à caractère personnel.* Pour identifier la loi applicable en vertu du Protocole, lorsqu'un État comprend deux ou plusieurs systèmes de droit ou ensembles de règles applicables à des catégories différentes de personnes pour les questions régies par le Protocole, toute référence à la loi d'un tel État est entendue comme visant le système de droit déterminé par les règles en vigueur dans cet État.

Art. 18 *Coordination avec les Conventions de La Haye antérieures en matière d'obligations alimentaires.* Dans les rapports entre les États contractants, le présent Protocole remplace la Convention de La Haye du 2 octobre 1973 sur la loi applicable aux obligations alimentaires et la Convention de La Haye du 24 octobre 1956 sur la loi applicable aux obligations alimentaires envers les enfants.

Art. 19 *Coordination avec d'autres instruments.* 1. Le présent Protocole ne déroge pas aux instruments internationaux auxquels des États contractants sont ou seront parties et qui contiennent des dispositions sur les matières régies par le Protocole, à moins qu'une déclaration contraire ne soit faite par les États liés par de tels instruments.

2. Le paragraphe premier s'applique également aux lois uniformes reposant sur l'existence entre les États concernés de liens spéciaux, notamment de nature régionale.

Art. 20 *Interprétation uniforme.* Pour l'interprétation du présent Protocole, il sera tenu compte de son caractère international et de la nécessité de promouvoir l'uniformité de son application.

Art. 21 *Examen du fonctionnement pratique du Protocole.* 1. Le Secrétaire général de la Conférence de La Haye de droit international privé convoque lorsque cela est nécessaire une Commission spéciale afin d'examiner le fonctionnement pratique du Protocole.

2. À cette fin, les États contractants collaborent avec le Bureau Permanent de la Conférence de La Haye de droit international privé afin de recueillir la jurisprudence relative à l'application du Protocole.

Art. 22 *Dispositions transitoires.* Le présent Protocole ne s'applique pas aux aliments réclamés dans un État contractant pour une période antérieure à son entrée en vigueur dans cet État.

Art. 23 1. Le présent Protocole est ouvert à la signature de tous les États.

2. Le présent Protocole est sujet à la ratification, à l'acceptation ou à l'approbation des États signataires.

3. Tout État peut adhérer au présent Protocole.

4. Les instruments de ratification, d'acceptation, d'approbation ou d'adhésion seront déposés auprès du Ministère des Affaires étrangères du Royaume des Pays-Bas, dépositaire du Protocole.

Art. 24 *Organisations régionales d'intégration économique.* 1. Une Organisation régionale d'intégration économique constituée uniquement d'États souverains et ayant compétence pour certaines ou toutes les matières régies par le Protocole peut également signer, accepter ou approuver le Protocole ou y adhérer. En pareil cas, l'Organisation régionale d'intégration économique aura les mêmes droits et obligations qu'un État contractant, dans la mesure où cette Organisation a compétence sur des matières régies par le Protocole.

2. Au moment de la signature, de l'acceptation, de l'approbation ou de l'adhésion, l'Organisation régionale d'intégration économique notifie au dépositaire, par écrit, les matières régies par le Protocole pour lesquelles ses États membres ont transféré leur compétence à cette Organisation. L'Organisation notifie aussitôt au dépositaire, par écrit, toute modification intervenue dans la délégation de compétence précisée dans la notification la plus récente faite en vertu du paragraphe.

3. Au moment de la signature, de l'acceptation, de l'approbation ou de l'adhésion, une Organisation régionale d'intégration économique peut déclarer, conformément à l'article 28, qu'elle a compétence pour toutes les matières régies par le Protocole et que les États membres qui ont transféré leur compétence à l'Organisation régionale d'inté-

gration économique dans ce domaine seront liés par le Protocole par l'effet de la signature, de l'acceptation, de l'approbation ou de l'adhésion de l'Organisation.

4. Aux fins de l'entrée en vigueur du Protocole, tout instrument déposé par une Organisation régionale d'intégration économique n'est pas compté, à moins que l'Organisation régionale d'intégration économique ne fasse une déclaration conformément au paragraphe 3.

5. Toute référence à un « État contractant » ou à un « État » dans le Protocole s'applique également, le cas échéant, à une Organisation régionale d'intégration économique qui y est Partie. Lorsqu'une déclaration est faite par une Organisation régionale d'intégration économique conformément au paragraphe 3, toute référence à un « État contractant » ou à un « État » dans le Protocole s'applique également, le cas échéant, aux États membres concernés de l'Organisation.

Art. 25 *Entrée en vigueur.* 1. Le Protocole entrera en vigueur le premier jour du mois suivant l'expiration d'une période de trois mois après le dépôt du deuxième instrument de ratification, d'acceptation, d'approbation ou d'adhésion prévu par l'article 23.

2. Par la suite, le Protocole entrera en vigueur :

a) pour chaque État ou Organisation régionale d'intégration économique au sens de l'article 24 ratifiant, acceptant ou approuvant le Protocole ou y adhérant postérieurement, le premier jour du mois suivant l'expiration d'une période de trois mois après le dépôt de son instrument de ratification, d'acceptation, d'approbation ou d'adhésion;

b) pour les unités territoriales auxquelles le Protocole a été étendu conformément à l'article 26, le premier jour du mois suivant l'expiration d'une période de trois mois après la notification visée dans ledit article.

Art. 26 *Déclarations relatives aux systèmes juridiques non unifiés.* 1. Un État qui comprend deux ou plusieurs unités territoriales dans lesquelles des systèmes de droit différents s'appliquent aux matières régies par ce Protocole peut, au moment de la signature, de la ratification, de l'acceptation, de l'approbation ou de l'adhésion, déclarer, conformément à l'article 28, que le Protocole s'appliquera à toutes ses unités territoriales ou seulement à l'une ou à plusieurs d'entre elles et pourra à tout moment modifier cette déclaration en faisant une nouvelle déclaration.

2. Ces déclarations seront notifiées au dépositaire et indiqueront expressément les unités territoriales auxquelles le Protocole s'applique.

3. Si un État ne fait pas de déclaration en vertu du présent article, le Protocole s'appliquera à l'ensemble du territoire de cet État.

4. Le présent article ne s'applique pas à une Organisation régionale d'intégration économique.

Art. 27 *Réserves.* Aucune réserve au présent Protocole n'est admise.

Art. 28 *Déclarations.* 1. Les déclarations visées aux articles 24 (3) et 26 (1) peuvent être faites lors de la signature, de la ratification, de l'acceptation, de l'approbation ou de l'adhésion ou à tout moment ultérieur et pourront être modifiées ou retirées à tout moment.

2. Les déclarations, modifications et retraits sont notifiés au dépositaire.

3. Une déclaration faite au moment de la signature, de la ratification, de l'acceptation, de l'approbation ou de l'adhésion prendra effet au moment de l'entrée en vigueur du présent Protocole pour l'État concerné.

4. Une déclaration faite ultérieurement, ainsi qu'une modification ou le retrait d'une déclaration, prendra effet le premier jour du mois suivant l'expiration d'une période de trois mois après la date de réception de la notification par le dépositaire.

Art. 29 *Dénonciation.* 1. Tout État contractant pourra dénoncer le présent Protocole par une notification écrite au dépositaire. La dénonciation pourra se limiter à certaines unités territoriales d'un État aux systèmes juridiques non unifiés auxquelles s'applique le Protocole.

2. La dénonciation prendra effet le premier jour du mois suivant l'expiration d'une période de 12 mois après la date de réception de la notification par le dépositaire. Lorsqu'une période plus longue pour la prise d'effet de la dénonciation est spécifiée dans la notification, la dénonciation prendra effet à l'expiration de la période en question après la date de réception de la notification par le dépositaire.

Art. 30 *Notification.* Le dépositaire notifiera aux Membres de la Conférence de La Haye de droit international privé, ainsi qu'aux autres États et aux Organisations régionales d'intégration économique qui ont signé, ratifié, accepté, approuvé ou adhéré conformément aux articles 23 et 24, les renseignements suivants :

a) les signatures et ratifications, acceptations, approbations et adhésions prévues aux articles 23 et 24;

b) la date d'entrée en vigueur du présent Protocole conformément à l'article 25;

c) les déclarations visées aux articles 24 (3) et 26 (1);

d) les dénonciations visées à l'article 29.

105 Convention de La Haye du 23 novembre 2007 sur le recouvrement international des aliments destinés aux enfants et à d'autres membres de la famille

En vigueur depuis le 1er août 2014

Les États signataires de la présente Convention,

Désireux d'améliorer la coopération entre les États en matière de recouvrement international des aliments destinés aux enfants et à d'autres membres de la famille,

Conscients de la nécessité de disposer de procédures produisant des résultats et qui soient accessibles, rapides, efficaces, économiques, équitables et adaptées à diverses situations,

Souhaitant s'inspirer des meilleures solutions des Conventions de La Haye existantes, ainsi que d'autres instruments internationaux, notamment la Convention sur le recouvrement des aliments à l'étranger du 20 juin 1956, établie par les Nations unies,

Cherchant à tirer parti des avancées technologiques et à créer un système souple et susceptible de s'adapter aux nouveaux besoins et aux opportunités offertes par les technologies et leurs évolutions,

Rappelant que, en application des articles 3 et 27 de la Convention relative aux droits de l'enfant du 20 novembre 1989, établie par les Nations unies,

– l'intérêt supérieur de l'enfant doit être une considération primordiale dans toutes les décisions concernant les enfants,

– tout enfant a droit à un niveau de vie suffisant pour permettre son développement physique, mental, spirituel, moral et social,

– il incombe au premier chef aux parents ou autres personnes ayant la charge de l'enfant d'assurer, dans la limite de leurs possibilités et de leurs moyens financiers, les conditions de vie nécessaires au développement de l'enfant,

– les États parties devraient prendre toutes les mesures appropriées, notamment la conclusion d'accords internationaux, en vue d'assurer le recouvrement des aliments destinés aux enfants auprès de leurs parents ou d'autres personnes ayant une responsabilité à leur égard, en particulier lorsque ces personnes vivent dans un État autre que celui de l'enfant,

Ont résolu de conclure la présente Convention, et sont convenus des dispositions suivantes :

CHAPITRE PREMIER
Objet, champ d'application et définitions

Art. premier *Objet.* La présente Convention a pour objet d'assurer l'efficacité du recouvrement international des aliments destinés aux enfants et à d'autres membres de la famille, en particulier en :

a) établissant un système complet de coopération entre les autorités des États contractants;

b) permettant de présenter des demandes en vue d'obtenir des décisions en matière d'aliments;

c) assurant la reconnaissance et l'exécution des décisions en matière d'aliments; et

d) requérant des mesures efficaces en vue de l'exécution rapide des décisions en matière d'aliments.

Art. 2 *Champ d'application.* 1. La présente Convention s'applique :

a) aux obligations alimentaires découlant d'une relation parent-enfant à l'égard d'une personne âgée de moins de 21 ans;

b) à la reconnaissance et à l'exécution ou à l'exécution d'une décision relative aux obligations alimentaires entre époux et ex-époux lorsque la demande est présentée conjointement à une action comprise dans le champ d'application de l'alinéa *a)*; et

c) à l'exception des chapitres II et III, aux obligations alimentaires entre époux et ex-époux.

2. Tout État contractant peut, conformément à l'article 62, se réserver le droit de limiter l'application de la Convention, en ce qui concerne l'alinéa *a)* du paragraphe premier, aux personnes n'ayant pas atteint l'âge de 18 ans. Tout État contractant faisant une telle réserve ne sera pas fondé à demander l'application de la Convention aux personnes exclues par sa réserve du fait de leur âge.

3. Tout État contractant peut, conformément à l'article 63, déclarer qu'il étendra l'application de tout ou partie de la Convention à d'autres obligations alimentaires découlant de relations de famille, de filiation, de mariage ou d'alliance, incluant notamment les obligations envers les personnes vulnérables. Une telle déclaration ne crée d'obligation entre deux États contractants que dans la mesure où leurs déclarations recouvrent les mêmes obligations alimentaires et les mêmes parties de la Convention.

4. Les dispositions de la présente Convention s'appliquent aux enfants indépendamment de la situation matrimoniale de leurs parents.

Art. 3 *Définitions.* Aux fins de la présente Convention :

a) « créancier » désigne une personne à qui des aliments sont dus ou allégués être dus;

b) « débiteur » désigne une personne qui doit ou de qui on réclame des aliments;

c) « assistance juridique » désigne l'assistance nécessaire pour permettre aux demandeurs de connaître et de faire valoir leurs droits et pour garantir que leurs demandes seront traitées de façon complète et efficace dans l'État requis. Une telle assistance peut être fournie, le cas échéant, au moyen de conseils juridiques, d'une assistance lorsqu'une affaire est portée devant une autorité, d'une représentation en justice et de l'exonération des frais de procédure;

d) « accord par écrit » désigne un accord consigné sur tout support dont le contenu est accessible pour être consulté ultérieurement;

e) « convention en matière d'aliments » désigne un accord par écrit relatif au paiement d'aliments qui :

i) a été dressé ou enregistré formellement en tant qu'acte authentique par une autorité compétente; ou

ii) a été authentifié ou enregistré par une autorité compétente, conclu avec elle ou déposé auprès d'elle,

et peut faire l'objet d'un contrôle et d'une modification par une autorité compétente;

f) une « personne vulnérable » désigne une personne qui, en raison d'une altération ou d'une insuffisance de ses facultés personnelles, n'est pas en état de pourvoir à ses besoins.

CHAPITRE II

Coopération administrative

Art. 4 *Désignation des Autorités centrales.* 1. Chaque État contractant désigne une Autorité centrale chargée de satisfaire aux obligations qui lui sont imposées par la Convention.

2. Un État fédéral, un État dans lequel plusieurs systèmes de droit sont en vigueur ou un État ayant des unités territoriales autonomes, est libre de désigner plus d'une Autorité centrale et doit spécifier l'étendue territoriale ou personnelle de leurs fonctions. L'État qui fait usage de cette faculté désigne l'Autorité centrale à laquelle toute communication peut être adressée en vue de sa transmission à l'Autorité centrale compétente au sein de cet État.

3. Au moment du dépôt de l'instrument de ratification ou d'adhésion ou d'une déclaration faite conformément à l'article 61, chaque État contractant informe le Bureau permanent de la Conférence de La Haye de droit international privé de la désignation de l'Autorité centrale ou des Autorités centrales, ainsi que de leurs coordonnées et, le cas échéant, de l'étendue de leurs fonctions visées au paragraphe 2. En cas de changement, les États contractants en informent aussitôt le Bureau permanent.

Art. 5 *Fonctions générales des Autorités centrales.* Les Autorités centrales doivent :

a) coopérer entre elles et promouvoir la coopération entre les autorités compétentes de leur État pour réaliser les objectifs de la Convention;

b) rechercher, dans la mesure du possible, des solutions aux difficultés pouvant survenir dans le cadre de l'application de la Convention.

Art. 6 *Fonctions spécifiques des Autorités centrales.* 1. Les Autorités centrales fournissent une assistance relative aux demandes prévues au chapitre III, notamment en :

a) transmettant et recevant ces demandes;

b) introduisant ou facilitant l'introduction de procédures relatives à ces demandes.

2. Concernant ces demandes, elles prennent toutes les mesures appropriées pour :

a) accorder ou faciliter l'octroi d'une assistance juridique, lorsque les circonstances l'exigent;

b) aider à localiser le débiteur ou le créancier;

c) faciliter la recherche des informations pertinentes relatives aux revenus et, si nécessaire, au patrimoine du débiteur ou du créancier, y compris la localisation des biens;

d) encourager les règlements amiables afin d'obtenir un paiement volontaire des aliments, lorsque cela s'avère approprié par le recours à la médiation, à la conciliation ou à d'autres modes analogues;

e) faciliter l'exécution continue des décisions en matière d'aliments, y compris les arrérages;

f) faciliter le recouvrement et le virement rapide des paiements d'aliments;

g) faciliter l'obtention d'éléments de preuve documentaire ou autre;

h) fournir une assistance pour établir la filiation lorsque cela est nécessaire pour le recouvrement d'aliments;

i) introduire ou faciliter l'introduction de procédures afin d'obtenir toute mesure nécessaire et provisoire à caractère territorial et ayant pour but de garantir l'aboutissement d'une demande d'aliments pendante;

j) faciliter la signification et la notification des actes.

3. Les fonctions conférées à l'Autorité centrale en vertu du présent article peuvent être exercées, dans la mesure prévue par la loi de l'État concerné, par des organismes publics ou d'autres organismes soumis au contrôle des autorités compétentes de cet État. La désignation de tout organisme, public ou autre, ainsi que ses coordonnées et l'étendue de ses fonctions sont communiquées par l'État contractant au Bureau permanent de la Conférence de La Haye de droit international privé. En cas de changement, les États contractants en informent aussitôt le Bureau permanent.

4. Le présent article et l'article 7 ne peuvent en aucun cas être interprétés comme imposant à une Autorité centrale l'obligation d'exercer des attributions qui relèvent exclusivement des autorités judiciaires selon la loi de l'État requis.

Art. 7 *Requêtes de mesures spécifiques.* 1. Une Autorité centrale peut, sur requête motivée, demander à une autre Autorité centrale de prendre les mesures spécifiques appropriées prévues à l'article 6(2) *b)*, *c)*, *g)*, *h)*, *i)* et *j)* lorsqu'*[lorsque]* aucune demande prévue à l'article 10 n'est pendante. L'Autorité centrale requise prend les mesures s'avérant appropriées si elle considère qu'elles sont nécessaires pour aider un demandeur potentiel à présenter une demande prévue à l'article 10 ou à déterminer si une telle demande doit être introduite.

2. Une Autorité centrale peut également prendre des mesures spécifiques, à la requête d'une autre Autorité centrale, dans une affaire de recouvrement d'aliments pendante dans l'État requérant et comportant un élément d'extranéité.

Art. 8 *Frais de l'Autorité centrale.* 1. Chaque Autorité centrale prend en charge ses propres frais découlant de l'application de la Convention.

2. Les Autorités centrales ne peuvent mettre aucun frais à la charge du demandeur pour les services qu'elles fournissent en vertu de la Convention, sauf s'il s'agit de frais exceptionnels découlant d'une requête de mesures spécifiques prévue à l'article 7.

3. L'Autorité centrale requise ne peut pas recouvrer les frais exceptionnels mentionnés au paragraphe 2 sans avoir obtenu l'accord préalable du demandeur sur la fourniture de ces services à un tel coût.

CHAPITRE III

Demandes par l'intermédiaire des autorités centrales

Art. 9 *Demande par l'intermédiaire des Autorités centrales.* Toute demande prévue au présent chapitre est transmise à l'Autorité centrale de l'État requis par l'intermédiaire de l'Autorité centrale de l'État contractant dans lequel réside le demandeur. Aux fins de la présente disposition, la résidence exclut la simple présence.

Art. 10 *Demandes disponibles.* 1. Dans un État requérant, les catégories de demandes suivantes doivent pouvoir être présentées par un créancier qui poursuit le recouvrement d'aliments en vertu de la présente Convention :

a) la reconnaissance ou la reconnaissance et l'exécution d'une décision;

b) l'exécution d'une décision rendue ou reconnue dans l'État requis;

c) l'obtention d'une décision dans l'État requis lorsqu'il n'existe aucune décision, y compris l'établissement de la filiation si nécessaire;

d) l'obtention d'une décision dans l'État requis lorsque la reconnaissance et l'exécution d'une décision n'est pas possible, ou est refusée, en raison de l'absence d'une base de reconnaissance et d'exécution prévue à l'article 20 ou pour les motifs prévus à l'article 22 *b)* ou *e)*;

e) la modification d'une décision rendue dans l'État requis;

f) la modification d'une décision rendue dans un État autre que l'État requis.

2. Dans un État requérant, les catégories de demandes suivantes doivent pouvoir être présentées par un débiteur à l'encontre duquel existe une décision en matière d'aliments :

a) la reconnaissance d'une décision ou une procédure équivalente ayant pour effet de suspendre ou de restreindre l'exécution d'une décision antérieure dans l'État requis;

b) la modification d'une décision rendue dans l'État requis;

c) la modification d'une décision rendue dans un État autre que l'État requis.

3. Sauf disposition contraire de la Convention, les demandes prévues aux paragraphes premier et 2 sont traitées conformément au droit de l'État requis et, dans le cas des demandes prévues aux paragraphes premier *c)* à *f)* et 2 *b)* et *c)*, sont soumises aux règles de compétence applicables dans cet État.

Art. 11 *Contenu de la demande.* 1. Toute demande prévue à l'article 10 comporte au moins :

a) une déclaration relative à la nature de la demande ou des demandes;

b) le nom et les coordonnées du demandeur, y compris son adresse et sa date de naissance;

c) le nom du défendeur et, lorsqu'elles sont connues, son adresse et sa date de naissance;

d) le nom et la date de naissance des personnes pour lesquelles des aliments sont demandés;

e) les motifs sur lesquels la demande est fondée;

f) lorsque la demande est formée par le créancier, les informations relatives au lieu où les paiements doivent être effectués ou transmis électroniquement;

g) à l'exception de la demande prévue à l'article 10 (1) *a)* et (2) *a)*, toute information ou tout document exigé par une déclaration de l'État requis faite conformément à l'article 63;

h) les noms et coordonnées de la personne ou du service de l'Autorité centrale de l'État requérant responsable du traitement de la demande.

2. Lorsque cela s'avère approprié, la demande comporte également les informations suivantes lorsqu'elles sont connues :

a) la situation financière du créancier;

b) la situation financière du débiteur, y compris le nom et l'adresse de l'employeur du débiteur, ainsi que la localisation et la nature des biens du débiteur;

c) toute autre information permettant de localiser le défendeur.

3. La demande est accompagnée de toute information ou tout document justificatif nécessaire, y compris tout document pouvant établir le droit du demandeur à l'assistance juridique gratuite. La demande prévue à l'article 10 (1) *a)* et (2) *a)* n'est accompagnée que des documents énumérés à l'article 25.

4. Toute demande prévue à l'article 10 peut être présentée au moyen d'un formulaire recommandé et publié par la Conférence de La Haye de droit international privé.

Art. 12 *Transmission, réception et traitement des demandes et des affaires par l'intermédiaire des Autorités centrales.* 1. L'Autorité centrale de l'État requérant assiste le demandeur afin que soient joints tous les documents et informations qui, à la connaissance de cette autorité, sont nécessaires à l'examen de la demande.

2. Après s'être assurée que la demande satisfait aux exigences de la Convention, l'Autorité centrale de l'État requérant la transmet, au nom du demandeur et avec son consentement, à l'Autorité centrale de l'État requis. La demande est accompagnée du formulaire de transmission prévu à l'annexe 1. Lorsque l'Autorité centrale de l'État requis le demande, l'Autorité centrale de l'État requérant fournit une copie complète certifiée conforme par l'autorité compétente de l'État d'origine des documents énumérés aux articles 16 (3), 25 (1) *a)*, *b)* et *d)* et (3) *b)* et 30 (3).

3. Dans un délai de six semaines à compter de la date de réception de la demande, l'Autorité centrale requise en accuse réception au moyen du formulaire prévu à l'annexe 2, avise l'Autorité centrale de l'État requérant des premières démarches qui ont été ou qui seront entreprises pour traiter la demande et sollicite tout document ou toute information supplémentaire qu'elle estime nécessaire. Dans ce même délai de six semaines, l'Autorité centrale requise informe l'Autorité centrale requérante des nom et coordonnées de la personne ou du service chargé de répondre aux questions relatives à l'état d'avancement de la demande.

4. Dans un délai de trois mois suivant l'accusé de réception, l'Autorité centrale requise informe l'Autorité centrale requérante de l'état de la demande.

5. Les Autorités centrales requérante et requise s'informent mutuellement :

a) de l'identité de la personne ou du service responsable d'une affaire particulière;

b) de l'état d'avancement de l'affaire,

et répondent en temps utile aux demandes de renseignements.

6. Les Autorités centrales traitent une affaire aussi rapidement qu'un examen adéquat de son contenu le permet.

7. Les Autorités centrales utilisent entre elles les moyens de communication les plus rapides et efficaces dont elles disposent.

8. Une Autorité centrale requise ne peut refuser de traiter une demande que s'il est manifeste que les conditions requises par la Convention ne sont pas remplies. Dans ce cas, cette Autorité centrale informe aussitôt l'Autorité centrale requérante des motifs de son refus.

9. L'Autorité centrale requise ne peut rejeter une demande au seul motif que des documents ou des informations supplémentaires sont nécessaires. Toutefois, l'Autorité centrale requise peut demander à l'Autorité centrale requérante de fournir ces documents ou ces informations supplémentaires. A défaut de les fournir dans un délai de trois mois ou dans un délai plus long spécifié par l'Autorité centrale requise, cette dernière peut décider de cesser de traiter la demande. Dans ce cas, elle en informe l'Autorité centrale requérante.

Art. 13 *Moyens de communication.* Toute demande présentée par l'intermédiaire des Autorités centrales des États contractants, conformément à ce chapitre, et tout document ou information qui y est annexé ou fourni par une Autorité centrale ne peuvent être contestés par le défendeur uniquement en raison du support ou des moyens de communication utilisés entre les Autorités centrales concernées.

Art. 14 *Accès effectif aux procédures.* 1. L'État requis assure aux demandeurs un accès effectif aux procédures, y compris les procédures d'exécution et d'appel, qui découlent des demandes prévues à ce chapitre.

2. Pour assurer un tel accès effectif, l'État requis fournit une assistance juridique gratuite conformément aux articles 14 à 17, à moins que le paragraphe 3 ne s'applique.

3. L'État requis n'est pas tenu de fournir une telle assistance juridique gratuite si, et dans la mesure où, les procédures de cet État permettent au demandeur d'agir sans avoir besoin d'une telle assistance et que l'Autorité centrale fournit gratuitement les services nécessaires.

4. Les conditions d'accès à l'assistance juridique gratuite ne doivent pas être plus restrictives que celles fixées dans les affaires internes équivalentes.

5. Aucune caution ni aucun dépôt, sous quelque dénomination que ce soit, ne peut être imposé pour garantir le paiement des frais et dépens dans les procédures introduites en vertu de la Convention.

Art. 15 *Assistance juridique gratuite pour les demandes d'aliments destinés aux enfants.* 1. L'État requis fournit une assistance juridique gratuite pour toute demande relative aux obligations alimentaires découlant d'une relation parent-enfant envers une personne âgée de moins de 21 ans présentées par un créancier en vertu de ce chapitre.

2. Nonobstant le paragraphe premier, l'État requis peut, en ce qui a trait aux demandes autres que celles prévues à l'article 10 (1) *a)* et *b)* et aux affaires couvertes par l'article 20 (4), refuser l'octroi d'une assistance juridique gratuite s'il considère que la demande, ou quelque appel que ce soit, est manifestement mal fondée.

Art. 16 *Déclaration permettant un examen limité aux ressources de l'enfant.* 1. Nonobstant les dispositions de l'article 15 (1), un État peut déclarer, conformément à l'article 63, qu'en ce qui a trait aux demandes autres que celles prévues à l'article 10 (1) *a)* et *b)* et aux affaires couvertes par l'article 20 (4), il fournira une assistance juridique gratuite sur le fondement d'un examen des ressources de l'enfant.

2. Un État, au moment où il fait une telle déclaration, fournit au Bureau permanent de la Conférence de La Haye de droit international privé les informations relatives à la

façon dont l'examen des ressources de l'enfant sera effectué, ainsi que les conditions financières qui doivent être remplies.

3. Une demande présentée en vertu du paragraphe premier, adressée à un État qui a fait une déclaration conformément à ce paragraphe, devra inclure une attestation formelle du demandeur indiquant que les ressources de l'enfant satisfont aux conditions mentionnées au paragraphe 2. L'État requis ne peut demander de preuves additionnelles des ressources de l'enfant que s'il a des motifs raisonnables de croire que les informations fournies par le demandeur sont erronées.

4. Si l'assistance juridique la plus favorable fournie par la loi de l'État requis en ce qui concerne les demandes présentées en vertu de ce chapitre relatives aux obligations alimentaires découlant d'une relation parent-enfant envers un enfant est plus favorable que celle fournie conformément aux paragraphes premier à 3, l'assistance juridique la plus favorable doit être fournie.

Art. 17 *Demandes ne permettant pas de bénéficier de l'article 15 ou de l'article 16.* Pour les demandes présentées en application de la Convention qui ne relèvent pas de l'article 15 ou de l'article 16 :

a) l'octroi d'une assistance juridique gratuite peut être subordonné à l'examen des ressources du demandeur ou à l'analyse de son bien-fondé;

b) un demandeur qui, dans l'État d'origine, a bénéficié d'une assistance juridique gratuite, bénéficie, dans toute procédure de reconnaissance ou d'exécution, d'une assistance juridique gratuite au moins équivalente à celle prévue dans les mêmes circonstances par la loi de l'État requis.

CHAPITRE IV

Restrictions à l'introduction de procédures

Art. 18 *Limite aux procédures.* 1. Lorsqu'une décision a été rendue dans un État contractant où le créancier a sa résidence habituelle, des procédures pour modifier la décision ou obtenir une nouvelle décision ne peuvent être introduites par le débiteur dans un autre État contractant, tant que le créancier continue à *[de]* résider habituellement dans l'État où la décision a été rendue.

2. Le paragraphe premier ne s'applique pas :

a) lorsque, dans un litige portant sur une obligation alimentaire envers une personne autre qu'un enfant, la compétence de cet autre État contractant a fait l'objet d'un accord par écrit entre les parties;

b) lorsque le créancier se soumet à la compétence de cet autre État contractant, soit expressément, soit en se défendant sur le fond de l'affaire sans contester la compétence lorsque l'occasion lui en est offerte pour la première fois;

c) lorsque l'autorité compétente de l'État d'origine ne peut ou refuse d'exercer sa compétence pour modifier la décision ou rendre une nouvelle décision; ou

d) lorsque la décision rendue dans l'État d'origine ne peut être reconnue ou déclarée exécutoire dans l'État contractant dans lequel des procédures tendant à la modification de la décision ou à l'obtention d'une nouvelle décision sont envisagées.

CHAPITRE V

Reconnaissance et exécution

Art. 19 *Champ d'application du chapitre.* 1. Le présent chapitre s'applique aux décisions rendues par une autorité judiciaire ou administrative en matière d'obligations alimentaires. Par le mot « décision », on entend également les transactions ou accords passés devant de telles autorités ou homologués par elles. Une décision peut comprendre une indexation automatique et une obligation de payer des arrérages, des aliments rétroactivement ou des intérêts, de même que la fixation des frais ou dépenses.

2. Si la décision ne concerne pas seulement l'obligation alimentaire, l'effet de ce chapitre reste limité à cette dernière.

3. Aux fins du paragraphe premier, « autorité administrative » désigne un organisme public dont les décisions, en vertu de la loi de l'État où il est établi :

a) peuvent faire l'objet d'un appel devant une autorité judiciaire ou d'un contrôle par une telle autorité; et

b) ont une force et un effet équivalant à une décision d'une autorité judiciaire dans la même matière.

4. Ce chapitre s'applique aussi aux conventions en matière d'aliments, conformément à l'article 30.

5. Les dispositions de ce chapitre s'appliquent aux demandes de reconnaissance et d'exécution présentées directement à l'autorité compétente de l'État requis, conformément à l'article 37.

Art. 20 *Bases de reconnaissance et d'exécution.* 1. Une décision rendue dans un État contractant (« l'État d'origine ») est reconnue et exécutée dans les autres États contractants si :

a) le défendeur résidait habituellement dans l'État d'origine lors de l'introduction de l'instance;

b) le défendeur s'est soumis à la compétence de l'autorité, soit expressément, soit en se défendant sur le fond de l'affaire sans contester la compétence lorsque l'occasion lui en a été offerte pour la première fois;

c) le créancier résidait habituellement dans l'État d'origine lors de l'introduction de l'instance;

d) l'enfant pour lequel des aliments ont été accordés résidait habituellement dans l'État d'origine lors de l'introduction de l'instance, à condition que le défendeur ait vécu avec l'enfant dans cet État ou qu'il ait résidé dans cet État et y ait fourni des aliments à l'enfant;

e) la compétence a fait l'objet d'un accord par écrit entre les parties sauf dans un litige portant sur une obligation alimentaire à l'égard d'un enfant; ou

f) la décision a été rendue par une autorité exerçant sa compétence sur une question relative à l'état des personnes ou à la responsabilité parentale, sauf si cette compétence est uniquement fondée sur la nationalité de l'une des parties.

2. Un État contractant peut faire une réserve portant sur le paragraphe premier *c)*, *e)* ou *f)*, conformément à l'article 62.

3. Un État contractant ayant fait une réserve en application du paragraphe 2 doit reconnaître et exécuter une décision si sa législation, dans des circonstances de fait similaires, confère ou aurait conféré compétence à ses autorités pour rendre une telle décision.

4. Lorsque la reconnaissance d'une décision n'est pas possible dans un État contractant en raison d'une réserve faite en application du paragraphe 2, cet État prend toutes les mesures appropriées pour qu'une décision soit rendue en faveur du créancier si le débiteur réside habituellement dans cet État. La phrase précédente ne s'applique ni aux demandes directes de reconnaissance et d'exécution prévues à l'article 19 (5) ni aux actions alimentaires mentionnées à l'article 2 (1) *b)*.

5. Une décision en faveur d'un enfant âgé de moins de 18 ans, qui ne peut être reconnue uniquement en raison d'une réserve portant sur le paragraphe premier *c)*, *e)* ou *f)*, est acceptée comme établissant l'éligibilité de cet enfant à des aliments dans l'État requis.

6. Une décision n'est reconnue que si elle produit des effets dans l'État d'origine et n'est exécutée que si elle est exécutoire dans l'État d'origine.

Art. 21 *Divisibilité et reconnaissance ou exécution partielle.* 1. Si l'État requis ne peut reconnaître ou exécuter la décision pour le tout, il reconnaît ou exécute chaque partie divisible de la décision qui peut être reconnue ou déclarée exécutoire.

2. La reconnaissance ou l'exécution partielle d'une décision peut toujours être demandée.

Art. 22 *Motifs de refus de reconnaissance et d'exécution.* La reconnaissance et l'exécution de la décision peuvent être refusées si :

a) la reconnaissance et l'exécution de la décision sont manifestement incompatibles avec l'ordre public de l'État requis;

b) la décision résulte d'une fraude commise dans la procédure;

c) un litige entre les mêmes parties et ayant le même objet est pendant devant une autorité de l'État requis, première saisie;

d) la décision est incompatible avec une décision rendue entre les mêmes parties et ayant le même objet, soit dans l'État requis, soit dans un autre État lorsque la dernière décision remplit les conditions nécessaires à sa reconnaissance et à son exécution dans l'État requis;

e) dans les cas où le défendeur n'a ni comparu, ni été représenté dans les procédures dans l'État d'origine :

i) lorsque la loi de l'État d'origine prévoit un avis de la procédure, le défendeur n'a pas été dûment avisé de la procédure et n'a pas eu l'opportunité de se faire entendre; ou

ii) lorsque la loi de l'État d'origine ne prévoit pas un avis de la procédure, le défendeur n'a pas été dûment avisé de la décision et n'a pas eu la possibilité de la contester ou de former un appel en fait et en droit; ou

f) la décision a été rendue en violation de l'article 18.

Art. 23 *Procédure pour une demande de reconnaissance et d'exécution.* 1. Sous réserve des dispositions de la Convention, les procédures de reconnaissance et d'exécution sont régies par la loi de l'État requis.

2. Lorsqu'une demande de reconnaissance et d'exécution d'une décision a été présentée par l'intermédiaire des Autorités centrales conformément au chapitre III, l'Autorité centrale requise doit promptement :

a) transmettre la demande à l'autorité compétente qui doit sans retard déclarer la décision exécutoire ou procéder à son enregistrement aux fins d'exécution; ou

b) si elle est l'autorité compétente, prendre elle-même ces mesures.

3. Lorsque la demande est présentée directement à l'autorité compétente dans l'État requis en vertu de l'article 19 (5), cette autorité déclare sans retard la décision exécutoire ou procède à son enregistrement aux fins d'exécution.

4. Une déclaration ou un enregistrement ne peut être refusé que pour le motif prévu à l'article 22 *a)*. A ce stade, ni le demandeur ni le défendeur ne sont autorisés à présenter d'objection.

5. La déclaration ou l'enregistrement fait en application des paragraphes 2 et 3, ou leur refus en vertu du paragraphe 4, est notifié promptement au demandeur et au défendeur qui peuvent le contester ou former un appel, en fait et en droit.

6. La contestation ou l'appel est formé dans les 30 jours qui suivent la notification en vertu du paragraphe 5. Si l'auteur de la contestation ou de l'appel ne réside pas dans l'État contractant où la déclaration ou l'enregistrement a été fait ou refusé, la contestation ou l'appel est formé dans les 60 jours qui suivent la notification.

7. La contestation ou l'appel ne peut être fondé que sur :

a) les motifs de refus de reconnaissance et d'exécution prévus à l'article 22;

b) les bases de reconnaissance et d'exécution prévues à l'article 20;

c) l'authenticité ou l'intégrité d'un document transmis conformément à l'article 25 (1) *a)*, *b)* ou *d)* ou (3) *b)*.

8. La contestation ou l'appel formé par le défendeur peut aussi être fondé sur le paiement de la dette dans la mesure où la reconnaissance et l'exécution concernent les paiements échus.

9. La décision sur la contestation ou l'appel est promptement notifiée au demandeur et au défendeur.

10. Un appel subséquent, s'il est permis par la loi de l'État requis, ne peut avoir pour effet de suspendre l'exécution de la décision, sauf circonstances exceptionnelles.

11. L'autorité compétente doit agir rapidement pour rendre une décision en matière de reconnaissance et d'exécution, y compris en appel.

Art. 24 *Procédure alternative pour une demande de reconnaissance et d'exécution.*

1. Nonobstant l'article 23 (2) à (11), un État peut déclarer, conformément à l'article 63, qu'il appliquera la procédure de reconnaissance et d'exécution prévue par le présent article.

2. Lorsqu'une demande de reconnaissance et d'exécution d'une décision a été présentée par l'intermédiaire d'une Autorité centrale conformément au chapitre III, l'Autorité centrale requise doit promptement :

a) transmettre la demande à l'autorité compétente qui prend une décision sur la demande de reconnaissance et d'exécution; ou

b) si elle est l'autorité compétente, prendre elle-même une telle décision.

3. Une décision de reconnaissance et d'exécution est rendue par l'autorité compétente après que le défendeur s'est vu dûment et promptement notifier la procédure et que chacune des parties a eu une opportunité adéquate d'être entendue.

4. L'autorité compétente peut contrôler d'office les motifs de refus de reconnaissance et d'exécution prévus à l'article 22 *a)*, *c)* et *d)*. Elle peut contrôler tous les motifs prévus aux articles 20, 22 et 23 (7) *c)* s'ils sont soulevés par le défendeur ou si un doute relatif à ces motifs existe au vu des documents soumis conformément à l'article 25.

5. Un refus de reconnaissance et d'exécution peut aussi être fondé sur le paiement de la dette dans la mesure où la reconnaissance et l'exécution concernent les paiements échus.

6. Un appel subséquent, s'il est permis par la loi de l'État requis, ne doit pas avoir pour effet de suspendre l'exécution de la décision, sauf circonstances exceptionnelles.

7. L'autorité compétente doit agir rapidement pour rendre une décision en matière de reconnaissance et d'exécution, y compris en appel.

Art. 25 *Documents.* 1. Une demande de reconnaissance et d'exécution en application de l'article 23 ou de l'article 24 est accompagnée des documents suivants :

a) le texte complet de la décision;

b) un document établissant que la décision est exécutoire dans l'État d'origine et, si la décision émane d'une autorité administrative, un document établissant que les conditions prévues à l'article 19 (3) sont remplies à moins que cet État n'ait précisé, conformément à l'article 57, que les décisions de ses autorités administratives remplissent dans tous les cas ces conditions;

c) si le défendeur n'a ni comparu, ni été représenté dans les procédures dans l'État d'origine, un document ou des documents attestant, selon le cas, que le défendeur a été dûment avisé de la procédure et a eu l'opportunité de se faire entendre ou qu'il a été dûment avisé de la décision et a eu la possibilité de la contester ou de former un appel, en fait et en droit;

d) si nécessaire, un document établissant le montant des arrérages et indiquant la date à laquelle le calcul a été effectué;

e) si nécessaire, dans le cas d'une décision prévoyant une indexation automatique, un document contenant les informations qui sont utiles à la réalisation des calculs appropriés;

f) si nécessaire, un document établissant dans quelle mesure le demandeur a bénéficié de l'assistance juridique gratuite dans l'État d'origine.

2. Dans le cas d'une contestation ou d'un appel fondé sur un motif visé à l'article 23 (7) *c)* ou à la requête de l'autorité compétente dans l'État requis, une copie complète du document en question, certifiée conforme par l'autorité compétente dans l'État d'origine, est promptement fournie :

a) par l'Autorité centrale de l'État requérant, lorsque la demande a été présentée conformément au chapitre III;

b) par le demandeur, lorsque la demande a été présentée directement à l'autorité compétente de l'État requis.

3. Un État contractant peut préciser, conformément à l'article 57 :

a) qu'une copie complète de la décision certifiée conforme par l'autorité compétente de l'État d'origine doit accompagner la demande;

b) les circonstances dans lesquelles il accepte, au lieu du texte complet de la décision, un résumé ou un extrait de la décision établi par l'autorité compétente de l'État d'origine, qui peut être présenté au moyen du formulaire recommandé et publié par la Conférence de La Haye de droit international privé; ou

c) qu'il n'exige pas de document établissant que les conditions prévues à l'article 19 (3) sont remplies.

Art. 26 *Procédure relative à une demande de reconnaissance.* Ce chapitre s'applique *mutatis mutandis* à une demande de reconnaissance d'une décision, à l'exception de l'exigence du caractère exécutoire qui est remplacée par l'exigence selon laquelle la décision produit ses effets dans l'État d'origine.

Art. 27 *Constatations de fait.* L'autorité compétente de l'État requis est liée par les constatations de fait sur lesquelles l'autorité de l'État d'origine a fondé sa compétence.

Art. 28 *Interdiction de la révision au fond.* L'autorité compétente de l'État requis ne procède à aucune révision au fond de la décision.

Art. 29 *Présence physique de l'enfant ou du demandeur non exigée.* La présence physique de l'enfant ou du demandeur n'est pas exigée lors de procédures introduites en vertu du présent chapitre dans l'État requis.

Art. 30 *Conventions en matière d'aliments.* 1. Une convention en matière d'aliments conclue dans un État contractant doit pouvoir être reconnue et exécutée comme une décision en application de ce chapitre si elle est exécutoire comme une décision dans l'État d'origine.

2. Aux fins de l'article 10 (1) *a)* et *b)* et (2) *a)*, le terme « décision » comprend une convention en matière d'aliments.

3. La demande de reconnaissance et d'exécution d'une convention en matière d'aliments est accompagnée des documents suivants :

a) le texte complet de la convention en matière d'aliments; et

b) un document établissant que la convention en matière d'aliments est exécutoire comme une décision dans l'État d'origine.

4. La reconnaissance et l'exécution d'une convention en matière d'aliments peuvent être refusées si :

a) la reconnaissance et l'exécution sont manifestement incompatibles avec l'ordre public de l'État requis;

b) la convention en matière d'aliments a été obtenue par fraude ou a fait l'objet de falsification;

c) la convention en matière d'aliments est incompatible avec une décision rendue entre les mêmes parties et ayant le même objet, soit dans l'État requis, soit dans un autre État lorsque cette dernière décision remplit les conditions nécessaires à sa reconnaissance et à son exécution dans l'État requis.

5. Les dispositions de ce chapitre, à l'exception des articles 20, 22, 23 (7) et 25 (1) et (3), s'appliquent *mutatis mutandis* à la reconnaissance et à l'exécution d'une convention en matière d'aliments, toutefois :

a) une déclaration ou un enregistrement fait conformément à l'article 23 (2) et (3) ne peut être refusé que pour le motif prévu au paragraphe 4 *a)*;

b) une contestation ou un appel en vertu de l'article 23 (6) ne peut être fondé que sur :

i) les motifs de refus de reconnaissance et d'exécution prévus au paragraphe 4;

ii) l'authenticité ou l'intégrité d'un document transmis conformément au paragraphe 3;

c) en ce qui concerne la procédure prévue à l'article 24 (4), l'autorité compétente peut contrôler d'office le motif de refus de reconnaissance et d'exécution spécifié au paragraphe 4 *a)* de cet article. Elle peut contrôler l'ensemble des bases de reconnaissance et d'exécution prévues au paragraphe 4, ainsi que l'authenticité ou l'intégrité de tout document transmis conformément au paragraphe 3 si cela est soulevé par le défendeur ou si un doute relatif à ces motifs existe au vu de ces documents.

6. La procédure de reconnaissance et d'exécution d'une convention en matière d'aliments est suspendue si une contestation portant sur la convention est pendante devant une autorité compétente d'un État contractant.

7. Un État peut déclarer conformément à l'article 63 que les demandes de reconnaissance et d'exécution des conventions en matière d'aliments ne peuvent être présentées que par l'intermédiaire des Autorités centrales.

8. Un État contractant pourra, conformément à l'article 62, se réserver le droit de ne pas reconnaître et exécuter les conventions en matière d'aliments.

Art. 31 *Décisions résultant de l'effet combiné d'ordonnances provisoires et de confirmation.* Lorsqu'une décision résulte de l'effet combiné d'une ordonnance provisoire rendue dans un État et d'une ordonnance rendue par l'autorité d'un autre État qui confirme cette ordonnance provisoire (« État de confirmation ») :

a) chacun de ces États est considéré, aux fins du présent chapitre, comme étant un État d'origine;

b) les conditions prévues à l'article 22 *e)* sont remplies si le défendeur a été dûment avisé de la procédure dans l'État de confirmation et a eu la possibilité de contester la confirmation de l'ordonnance provisoire;

c) la condition prévue à l'article 20 (6) relative au caractère exécutoire de la décision dans l'État d'origine est remplie si la décision est exécutoire dans l'État de confirmation; et

d) l'article 18 ne fait pas obstacle à ce qu'une procédure en vue de la modification d'une décision soit initiée dans l'un ou l'autre des États.

CHAPITRE VI

Exécution par l'État requis

Art. 32 *Exécution en vertu du droit interne.* 1. Sous réserve des dispositions du présent chapitre, les mesures d'exécution ont lieu conformément à la loi de l'État requis.

2. L'exécution doit être rapide.

3. En ce qui concerne les demandes présentées par l'intermédiaire des Autorités centrales, lorsqu'une décision a été déclarée exécutoire ou enregistrée pour exécution en application du chapitre V, l'exécution a lieu sans qu'aucune autre action du demandeur ne soit nécessaire.

4. Il est donné effet à toute règle relative à la durée de l'obligation alimentaire applicable dans l'État d'origine de la décision.

5. Le délai de prescription relatif à l'exécution des arrérages est déterminé par la loi, de l'État d'origine de la décision ou de l'État requis, qui prévoit le délai le plus long.

Art. 33 *Non-discrimination.* Dans les affaires relevant de la Convention, l'État requis prévoit des mesures d'exécution au moins équivalentes à celles qui sont applicables aux affaires internes.

Art. 34 *Mesures d'exécution.* 1. Les États contractants doivent rendre disponibles dans leur droit interne des mesures efficaces afin d'exécuter les décisions en application de la Convention.

2. De telles mesures peuvent comporter :

a) la saisie des salaires;

b) les saisies-arrêts sur comptes bancaires et autres sources;

c) les déductions sur les prestations de sécurité sociale;

d) le gage sur les biens ou leur vente forcée;

e) la saisie des remboursements d'impôt;

f) la retenue ou saisie des pensions de retraite;

g) le signalement aux organismes de crédit;

h) le refus de délivrance, la suspension ou le retrait de divers permis (le permis de conduire par exemple);

i) le recours à la médiation, à la conciliation et à d'autres modes alternatifs de résolution des différends afin de favoriser une exécution volontaire.

Art. 35 *Transferts de fonds.* 1. Les États contractants sont encouragés à promouvoir, y compris au moyen d'accords internationaux, l'utilisation des moyens disponibles les moins coûteux et les plus efficaces pour effectuer les transferts de fonds destinés à être versés à titre d'aliments.

2. Un État contractant dont la loi impose des restrictions aux transferts de fonds accorde la priorité la plus élevée aux transferts de fonds destinés à être versés en vertu de la présente Convention.

CHAPITRE VII

Organismes publics

Art. 36 *Organismes publics en qualité de demandeur.* 1. Aux fins d'une demande de reconnaissance et d'exécution en application de l'article 10 (1) *a)* et *b)* et des affaires couvertes par l'article 20 (4), le terme « créancier » comprend un organisme public agissant à la place d'une personne à laquelle des aliments sont dus ou un organisme auquel est dû le remboursement de prestations fournies à titre d'aliments.

2. Le droit d'un organisme public d'agir à la place d'une personne à laquelle des aliments sont dus ou de demander le remboursement de la prestation fournie au créancier à titre d'aliments est soumis à la loi qui régit l'organisme.

3. Un organisme public peut demander la reconnaissance ou l'exécution :

a) d'une décision rendue contre un débiteur à la demande d'un organisme public qui poursuit le paiement de prestations fournies à titre d'aliments;

b) d'une décision rendue entre un créancier et un débiteur, à concurrence des prestations fournies au créancier à titre d'aliments.

4. L'organisme public qui invoque la reconnaissance ou qui sollicite l'exécution d'une décision produit, sur demande, tout document de nature à établir son droit en application du paragraphe 2 et le paiement des prestations au créancier.

CHAPITRE VIII

Dispositions générales

Art. 37 *Demandes présentées directement aux autorités compétentes.* 1. La Convention n'exclut pas la possibilité de recourir aux procédures disponibles en vertu du droit interne d'un État contractant autorisant une personne (le demandeur) à saisir directement une autorité compétente de cet État dans une matière régie par la Convention, y compris, sous réserve de l'article 18, en vue de l'obtention ou de la modification d'une décision en matière d'aliments.

2. Les articles 14 (5) et 17 *b)* et les dispositions des chapitres V, VI, VII et de ce chapitre, à l'exception des articles 40 (2), 42, 43 (3), 44 (3), 45 et 55, s'appliquent aux demandes de reconnaissance et d'exécution présentées directement à une autorité compétente d'un État contractant.

3. Aux fins du paragraphe 2, l'article 2 (1) *a)* s'applique à une décision octroyant des aliments à une personne vulnérable dont l'âge est supérieur à l'âge précisé dans ledit alinéa, lorsqu'une telle décision a été rendue avant que la personne n'ait atteint cet âge et a accordé des aliments au-delà de cet âge en raison de l'altération de ses capacités.

Art. 38 *Protection des données à caractère personnel.* Les données à caractère personnel recueillies ou transmises en application de la Convention ne peuvent être utilisées qu'aux fins pour lesquelles elles ont été recueillies ou transmises.

Art. 39 *Confidentialité.* Toute autorité traitant de renseignements en assure la confidentialité conformément à la loi de son État.

Art. 40 *Non-divulgation de renseignements.* 1. Une autorité ne peut divulguer ou confirmer des renseignements recueillis ou transmis en application de la présente Convention si elle estime que la santé, la sécurité ou la liberté d'une personne pourrait en être compromise.

2. Une décision en ce sens prise par une Autorité centrale doit être prise en compte par une autre Autorité centrale, en particulier dans les cas de violence familiale.

3. Le présent article ne fait pas obstacle au recueil et à la transmission de renseignements entre autorités, dans la mesure nécessaire à l'accomplissement des obligations découlant de la Convention.

Art. 41 *Dispense de légalisation.* Aucune légalisation ni formalité similaire ne sera requise dans le contexte de la Convention.

Art. 42 *Procuration.* L'Autorité centrale de l'État requis ne peut exiger une procuration du demandeur que si elle agit en son nom dans des procédures judiciaires ou dans des procédures engagées devant d'autres autorités ou afin de désigner un représentant à ces fins.

Art. 43 *Recouvrement des frais.* 1. Le recouvrement de tous frais encourus pour l'application de cette Convention n'a pas priorité sur le recouvrement des aliments.

2. Un État peut recouvrer les frais à l'encontre d'une partie perdante.

3. Pour les besoins d'une demande en vertu de l'article 10 (1) *b)*, afin de recouvrer les frais d'une partie qui succombe conformément au paragraphe 2, le terme « créancier » dans l'article 10 (1) comprend un État.

4. Cet article ne déroge pas à l'article 8.

Art. 44 *Exigences linguistiques.* 1. Toute demande et tout document s'y rattachant sont rédigés dans la langue originale et accompagnés d'une traduction dans une langue officielle de l'État requis ou dans toute autre langue que l'État requis aura indiqué pouvoir accepter, par une déclaration faite conformément à l'article 63, sauf dispense de traduction de l'autorité compétente de cet État.

2. Tout État contractant qui a plusieurs langues officielles et qui ne peut, pour des raisons de droit interne, accepter pour l'ensemble de son territoire les documents dans l'une de ces langues, doit faire connaître, par une déclaration faite conformément à l'article 63, la langue dans laquelle ceux-ci doivent être rédigés ou traduits en vue de leur présentation dans les parties de son territoire qu'il a déterminées.

3. Sauf si les Autorités centrales en ont convenu autrement, toute autre communication entre elles est adressée dans une langue officielle de l'État requis ou en français ou en anglais. Toutefois, un État contractant peut, en faisant la réserve prévue à l'article 62, s'opposer à l'utilisation soit du français, soit de l'anglais.

Art. 45 *Moyens et coûts de traduction.* 1. Dans le cas de demandes prévues au chapitre III, les Autorités centrales peuvent convenir, dans une affaire particulière ou de façon générale, que la traduction dans la langue officielle de l'État requis sera faite dans l'État requis à partir de la langue originale ou de toute autre langue convenue. S'il n'y a pas d'accord et si l'Autorité centrale requérante ne peut remplir les exigences de l'article 44 (1) et (2), la demande et les documents s'y rattachant peuvent être transmis accompagnés d'une traduction en français ou en anglais pour traduction ultérieure dans une langue officielle de l'État requis.

2. Les frais de traduction découlant de l'application du paragraphe premier sont à la charge de l'État requérant, sauf accord contraire des Autorités centrales des États concernés.

3. Nonobstant l'article 8, l'Autorité centrale requérante peut mettre à la charge du demandeur les frais de traduction d'une demande et des documents s'y rattachant, sauf si ces coûts peuvent être couverts par son système d'assistance juridique.

Art. 46 *Systèmes juridiques non unifiés — interprétation.* 1. Au regard d'un État dans lequel deux ou plusieurs systèmes de droit ou ensembles de règles ayant trait aux questions régies par la présente Convention s'appliquent dans des unités territoriales différentes :

a) toute référence à la loi ou à la procédure d'un État vise, le cas échéant, la loi ou la procédure en vigueur dans l'unité territoriale considérée;

b) toute référence à une décision obtenue, reconnue, reconnue et exécutée, exécutée et modifiée dans cet État vise, le cas échéant, une décision obtenue, reconnue, reconnue et exécutée, exécutée et modifiée dans l'unité territoriale considérée;

c) toute référence à une autorité judiciaire ou administrative de cet État vise, le cas échéant, une autorité judiciaire ou administrative de l'unité territoriale considérée;

d) toute référence aux autorités compétentes, organismes publics ou autres organismes de cet État à l'exception des Autorités centrales vise, le cas échéant, les autorités ou organismes habilités à agir dans l'unité territoriale considérée;

e) toute référence à la résidence ou la résidence habituelle dans cet État vise, le cas échéant, la résidence ou la résidence habituelle dans l'unité territoriale considérée;

f) toute référence à la localisation des biens dans cet État vise, le cas échéant, la localisation des biens dans l'unité territoriale considérée;

g) toute référence à une entente de réciprocité en vigueur dans un État vise, le cas échéant, une entente de réciprocité en vigueur dans l'unité territoriale considérée;

h) toute référence à l'assistance juridique gratuite dans cet État vise, le cas échéant, l'assistance juridique gratuite dans l'unité territoriale considérée;

i) toute référence à une convention en matière d'aliments conclue dans un État vise, le cas échéant, une convention en matière d'aliments conclue dans l'unité territoriale considérée;

j) toute référence au recouvrement des frais par un État vise, le cas échéant, le recouvrement des frais par l'unité territoriale considérée.

2. Cet article ne s'applique pas à une Organisation régionale d'intégration économique.

Art. 47 *Systèmes juridiques non unifiés — règles matérielles.* 1. Un État contractant qui comprend deux ou plusieurs unités territoriales dans lesquelles des systèmes de droit différents s'appliquent n'est pas tenu d'appliquer la présente Convention aux situations qui impliquent uniquement ces différentes unités territoriales.

2. Une autorité compétente dans une unité territoriale d'un État contractant qui comprend deux ou plusieurs unités territoriales dans lesquelles des systèmes de droit différents s'appliquent n'est pas tenue de reconnaître ou d'exécuter une décision d'un autre État contractant au seul motif que la décision a été reconnue ou exécutée dans une autre unité territoriale du même État contractant selon la présente Convention.

3. Cet article ne s'applique pas à une Organisation régionale d'intégration économique.

Art. 48 *Coordination avec les Conventions de La Haye antérieures en matière d'obligations alimentaires.* Dans les rapports entre les États contractants, et sous réserve de l'application de l'article 56 (2), la présente Convention remplace la Convention de La Haye du 2 octobre 1973 concernant la reconnaissance et l'exécution de décisions relatives aux obligations alimentaires et la Convention de La Haye du 15 avril 1958 concernant la reconnaissance et l'exécution des décisions en matière d'obligations alimentaires envers les enfants, dans la mesure où leur champ d'application entre lesdits États coïncide avec celui de la présente Convention.

Art. 49 *Coordination avec la Convention de New York de 1956.* Dans les rapports entre les États contractants, la présente Convention remplace la Convention sur le recouvrement des aliments à l'étranger du 20 juin 1956, établie par les Nations unies, dans la mesure où son champ d'application entre lesdits États correspond au champ d'application de la présente Convention.

Art. 50 *Relations avec les Conventions de La Haye antérieures relatives à la notification d'actes et à l'obtention de preuves.* La présente Convention ne déroge pas à la Convention de La Haye du *[1er]* mars 1954 relative à la procédure civile, ni à la Convention de La Haye du 15 novembre 1965 relative à la signification et la notification à l'étranger des actes judiciaires et extrajudiciaires en matière civile ou commerciale, ni à la Convention de La Haye du 18 mars 1970 sur l'obtention des preuves à l'étranger en matière civile ou commerciale.

Art. 51 *Coordination avec les instruments et accords complémentaires.* 1. La présente Convention ne déroge pas aux instruments internationaux conclus avant la présente Convention auxquels des États contractants sont Parties et qui contiennent des dispositions sur les matières réglées par la présente Convention.

2. Tout État contractant peut conclure avec un ou plusieurs États contractants des accords qui contiennent des dispositions sur les matières réglées par la Convention afin d'améliorer l'application de la Convention entre eux, à condition que de tels accords soient conformes à l'objet et au but de la Convention et n'affectent pas, dans les rapports de ces États avec d'autres États contractants, l'application des dispositions de la Convention. Les États qui auront conclu de tels accords en transmettront une copie au dépositaire de la Convention.

3. Les paragraphes premier et 2 s'appliquent également aux ententes de réciprocité et aux lois uniformes reposant sur l'existence entre les États concernés de liens spéciaux.

4. La présente Convention n'affecte pas l'application d'instruments d'une Organisation régionale d'intégration économique partie à la présente Convention, ayant été adoptés après la conclusion de la Convention, en ce qui a trait aux matières régies par la Convention, à condition que de tels instruments n'affectent pas, dans les rapports des États membres de l'Organisation régionale d'intégration économique avec d'autres États contractants, l'application des dispositions de la Convention. En ce qui concerne la reconnaissance ou l'exécution de décisions entre les États membres de l'Organisation régionale d'intégration économique, la Convention n'affecte pas les règles de l'Organisation régionale d'intégration économique, que ces règles aient été adoptées avant ou après la conclusion de la Convention.

Art. 52 *Règle de l'efficacité maximale.* 1. La présente Convention ne fait pas obstacle à l'application d'un accord, d'une entente ou d'un instrument international en vigueur entre l'État requérant et l'État requis ou d'une entente de réciprocité en vigueur dans l'État requis qui prévoit :

a) des bases plus larges pour la reconnaissance des décisions en matière d'aliments, sans préjudice de l'article 22 *f)* de la Convention;

b) des procédures simplifiées et accélérées relatives à une demande de reconnaissance ou de reconnaissance et d'exécution de décisions en matière d'aliments;

c) une assistance juridique plus favorable que celle prévue aux articles 14 à 17; ou

d) des procédures permettant à un demandeur dans un État requérant de présenter une demande directement à l'Autorité centrale de l'État requis.

2. La présente Convention ne fait pas obstacle à l'application d'une loi en vigueur dans l'État requis prévoyant des règles plus efficaces telles que mentionnées au paragraphe premier *a)* à *c)*. Cependant, en ce qui concerne les procédures simplifiées et accélérées mentionnées au paragraphe premier *b)*, elles doivent être compatibles avec la protection offerte aux parties en vertu des articles 23 et 24, en particulier en ce qui a trait aux droits des parties de se voir dûment notifier les procédures et de se voir offrir une opportunité adéquate d'être entendues, et en ce qui a trait aux effets d'une contestation ou d'un appel.

Art. 53 *Interprétation uniforme.* Pour l'interprétation de la présente Convention, il sera tenu compte de son caractère international et de la nécessité de promouvoir l'uniformité de son application.

Art. 54 *Examen du fonctionnement pratique de la Convention.* 1. Le Secrétaire général de la Conférence de La Haye de droit international privé convoque périodiquement une Commission spéciale afin d'examiner le fonctionnement pratique de la Convention et d'encourager le développement de bonnes pratiques en vertu de la Convention.

2. A cette fin, les États contractants collaborent avec le Bureau permanent de la Conférence de La Haye de droit international privé afin de recueillir les informations relatives au fonctionnement pratique de la Convention, y compris des statistiques et de la jurisprudence.

Art. 55 *Amendement des formulaires.* 1. Les formulaires annexés à la présente Convention pourront être amendés par décision d'une Commission spéciale qui sera convoquée par le Secrétaire général de la Conférence de La Haye de droit international privé, à laquelle seront invités tous les États contractants et tous les Membres. La proposition d'amender les formulaires devra être portée à l'ordre du jour qui sera joint à la convocation.

2. Les amendements seront adoptés par les États contractants présents à la Commission spéciale. Ils entreront en vigueur pour tous les États contractants le premier jour du septième mois après la date à laquelle le dépositaire les aura communiqués à tous les États contractants.

3. Au cours du délai prévu au paragraphe 2, tout État contractant pourra notifier par écrit au dépositaire qu'il entend faire une réserve à cet amendement, conformément à l'article 62. L'État qui aura fait une telle réserve sera traité, en ce qui concerne cet amendement, comme s'il n'était pas Partie à la présente Convention jusqu'à ce que la réserve ait été retirée.

Art. 56 *Dispositions transitoires.* 1. La Convention s'applique dans tous les cas où :

a) une requête visée à l'article 7 ou une demande prévue au chapitre III a été reçue par l'Autorité centrale de l'État requis après l'entrée en vigueur de la Convention entre l'État requérant et l'État requis;

b) une demande de reconnaissance et d'exécution a été présentée directement à une autorité compétente de l'État requis après l'entrée en vigueur de la Convention entre l'État d'origine et l'État requis.

2. En ce qui concerne la reconnaissance et l'exécution des décisions entre les États contractants à la présente Convention qui sont également parties aux Conventions de La Haye mentionnées à l'article 48, si les conditions pour la reconnaissance et l'exécution prévues par la présente Convention font obstacle à la reconnaissance et à l'exécution d'une décision rendue dans l'État d'origine avant l'entrée en vigueur de la présente Convention dans cet État et qui à défaut aurait été reconnue et exécutée en vertu de la Convention qui était en vigueur lorsque la décision a été rendue, les conditions de cette dernière Convention s'appliquent.

3. L'État requis n'est pas tenu, en vertu de la Convention, d'exécuter une décision ou une convention en matière d'aliments pour ce qui concerne les paiements échus avant l'entrée en vigueur de la Convention entre l'État d'origine et l'État requis sauf en ce qui concerne les obligations alimentaires découlant d'une relation parent-enfant à l'égard d'une personne âgée de moins de 21 ans.

Art. 57 *Informations relatives aux lois, procédures et services.* 1. Un État contractant, au moment où il dépose son instrument de ratification ou d'adhésion ou fait une déclaration en vertu de l'article 61 de la Convention, fournit au Bureau permanent de la Conférence de La Haye de droit international privé :

a) une description de sa législation et de ses procédures applicables en matière d'obligations alimentaires;

b) une description des mesures qu'il prendra pour satisfaire à ses obligations en vertu de l'article 6;

c) une description de la manière dont il procurera aux demandeurs un accès effectif aux procédures conformément à l'article 14;

d) une description de ses règles et procédures d'exécution, y compris les limites apportées à l'exécution, en particulier les règles de protection du débiteur et les délais de prescription;

e) toute précision à laquelle l'article 25 (1) *b)* et (3) fait référence.

2. Les États contractants peuvent, pour satisfaire à leurs obligations découlant du paragraphe premier, utiliser un formulaire de profil des États recommandé et publié par la Conférence de La Haye de droit international privé.

3. Les informations sont tenues à jour par les États contractants.

CHAPITRE IX
Dispositions finales

Art. 58 *Signature, ratification et adhésion.* 1. La Convention est ouverte à la signature des États qui étaient Membres de la Conférence de La Haye de droit international privé lors de sa Vingt et unième Session et des autres États qui ont participé à cette Session.

2. Elle sera ratifiée, acceptée ou approuvée et les instruments de ratification, d'acceptation ou d'approbation seront déposés auprès du Ministère des Affaires étrangères du Royaume des Pays-Bas, dépositaire de la Convention.

3. Tout autre État ou Organisation régionale d'intégration économique pourra adhérer à la Convention après son entrée en vigueur en vertu de l'article 60 (1).

4. L'instrument d'adhésion sera déposé auprès du dépositaire.

5. L'adhésion n'aura d'effet que dans les rapports entre l'État adhérant et les États contractants qui n'auront pas élevé d'objection à son encontre dans les 12 mois suivant la date de la notification prévue à l'article 65. Une telle objection pourra également être élevée par tout État au moment d'une ratification, acceptation ou approbation de la Convention, postérieure à l'adhésion. Ces objections seront notifiées au dépositaire.

Art. 59 *Organisations régionales d'intégration économique.* 1. Une Organisation régionale d'intégration économique constituée uniquement d'États souverains et ayant compétence pour certaines ou toutes les matières régies par la présente Convention peut également signer, accepter ou approuver la présente Convention ou y adhérer. En pareil cas, l'Organisation régionale d'intégration économique aura les mêmes droits et obligations qu'un État contractant, dans la mesure où cette Organisation a compétence sur des matières régies par la Convention.

2. Au moment de la signature, de l'acceptation, de l'approbation ou de l'adhésion, l'Organisation régionale d'intégration économique notifie au dépositaire, par écrit, les matières régies par la présente Convention pour lesquelles ses États membres ont transféré leur compétence à cette Organisation. L'Organisation notifie aussitôt au dépositaire, par écrit, toute modification intervenue dans la délégation de compétence précisée dans la notification la plus récente faite en vertu du présent paragraphe.

3. Au moment de la signature, de l'acceptation, de l'approbation ou de l'adhésion, une Organisation régionale d'intégration économique peut déclarer, conformément à l'article 63, qu'elle a compétence pour toutes les matières régies par la présente Convention et que les États membres qui ont transféré leur compétence à l'Organisation régionale d'intégration économique dans ce domaine seront liés par la présente Convention par l'effet de la signature, de l'acceptation, de l'approbation ou de l'adhésion de l'Organisation.

4. Aux fins de l'entrée en vigueur de la présente Convention, tout instrument déposé par une Organisation régionale d'intégration économique n'est pas compté, à moins que l'Organisation régionale d'intégration économique ne fasse une déclaration conformément au paragraphe 3.

5. Toute référence à un « État contractant » ou à un « État » dans la présente Convention s'applique également, le cas échéant, à une Organisation régionale d'intégration économique qui y est Partie. Lorsqu'une déclaration est faite par une Organisation régionale d'intégration économique conformément au paragraphe 3, toute référence à un « État contractant » ou à un « État » dans la présente Convention s'applique également, le cas échéant, aux États membres concernés de l'Organisation.

Art. 60 *Entrée en vigueur.* 1. La Convention entrera en vigueur le premier jour du mois suivant l'expiration d'une période de trois mois après le dépôt du deuxième instrument de ratification, d'acceptation ou d'approbation visé par l'article 58.

2. Par la suite, la Convention entrera en vigueur :

a) pour chaque État ou Organisation régionale d'intégration économique au sens de l'article 59 (1) ratifiant, acceptant ou approuvant postérieurement, le premier jour du mois suivant l'expiration d'une période de trois mois après le dépôt de son instrument de ratification, d'acceptation ou d'approbation;

b) pour chaque État ou Organisation régionale d'intégration économique mentionné à l'article 58 (3), le lendemain de l'expiration de la période durant laquelle des objections peuvent être élevées en vertu de l'article 58 (5);

c) pour les unités territoriales auxquelles la Convention a été étendue conformément à l'article 61, le premier jour du mois suivant l'expiration d'une période de trois mois après la notification visée dans ledit article.

Art. 61 *Déclarations relatives aux systèmes juridiques non unifiés.* 1. Un État qui comprend deux ou plusieurs unités territoriales dans lesquelles des systèmes de droit différents s'appliquent aux matières régies par la Convention peut, au moment de la signature, de la ratification, de l'acceptation, de l'approbation ou de l'adhésion, déclarer, conformément à l'article 63, que la présente Convention s'appliquera à toutes ses unités territoriales ou seulement à l'une ou à plusieurs d'entre elles, et pourra à tout moment modifier cette déclaration en faisant une nouvelle déclaration.

2. Toute déclaration est notifiée au dépositaire et indique expressément les unités territoriales auxquelles la Convention s'applique.

3. Si un État ne fait pas de déclaration en vertu du présent article, la Convention s'applique à l'ensemble du territoire de cet État.

4. Le présent article ne s'applique pas à une Organisation régionale d'intégration économique.

Art. 62 *Réserves.* 1. Tout État contractant pourra, au plus tard au moment de la ratification, de l'acceptation, de l'approbation ou de l'adhésion, ou au moment d'une déclaration faite en vertu de l'article 61, faire une ou plusieurs des réserves prévues aux articles 2 (2), 20 (2), 30 (8), 44 (3) et 55 (3). Aucune autre réserve ne sera admise.

2. Tout État pourra, à tout moment, retirer une réserve qu'il aura faite. Ce retrait sera notifié au dépositaire.

3. L'effet de la réserve cessera le premier jour du troisième mois après la notification mentionnée au paragraphe 2.

4. Les réserves faites en application de cet article ne sont pas réciproques, à l'exception de la réserve prévue à l'article 2 (2).

Art. 63 *Déclarations.* 1. Les déclarations visées aux articles 2 (3), 11 (1) *g)*, 16 (1), 24 (1), 30 (7), 44 (1) et (2), 59 (3) et 61 (1) peuvent être faites lors de la signature, de la ratification, de l'acceptation, de l'approbation ou de l'adhésion ou à tout moment ultérieur et pourront être modifiées ou retirées à tout moment.

2. Les déclarations, modifications et retraits sont notifiés au dépositaire.

3. Une déclaration faite au moment de la signature, de la ratification, de l'acceptation, de l'approbation ou de l'adhésion prendra effet au moment de l'entrée en vigueur de la Convention pour l'État concerné.

4. Une déclaration faite ultérieurement, ainsi qu'une modification ou le retrait d'une déclaration, prendra effet le premier jour du mois suivant l'expiration d'une période de trois mois après la date de réception de la notification par le dépositaire.

Art. 64 *Dénonciation.* 1. Tout État contractant pourra dénoncer la Convention par une notification écrite au dépositaire. La dénonciation pourra se limiter à certaines unités territoriales d'un État à plusieurs unités auxquelles s'applique la Convention.

2. La dénonciation prendra effet le premier jour du mois suivant l'expiration d'une période de 12 mois après la date de réception de la notification par le dépositaire. Lorsqu'une période plus longue pour la prise d'effet de la dénonciation est spécifiée

dans la notification, la dénonciation prendra effet à l'expiration de la période en question après la date de réception de la notification par le dépositaire.

Art. 65 *Notification.* Le dépositaire notifiera aux Membres de la Conférence de La Haye de droit international privé, ainsi qu'aux autres États et aux Organisations régionales d'intégration économique qui ont signé, ratifié, accepté, approuvé ou adhéré conformément aux articles 58 et 59, les renseignements suivants :

a) les signatures, ratifications, acceptations et approbations visées aux articles 58 et 59;

b) les adhésions et les objections aux adhésions visées aux articles 58 (3) et (5) et 59;

c) la date d'entrée en vigueur de la Convention conformément à l'article 60;

d) les déclarations prévues aux articles 2 (3), 11 (1) *g)*, 16 (1), 24 (1), 30 (7), 44 (1) et (2), 59 (3) et 61 (1);

e) les accords prévus à l'article 51 (2);

f) les réserves prévues aux articles 2 (2), 20 (2), 30 (8), 44 (3), 55 (3) et le retrait des réserves prévu à l'article 62 (2);

g) les dénonciations prévues à l'article 64.

Annexes…

SOUS-PARTIE III
CONVENTIONS CIEC

106 Convention CIEC n° 1 du 27 septembre 1956 relative à la délivrance de certains extraits d'actes de l'état civil destinés à l'étranger (signée à Paris)

En vigueur depuis le 15 mars 1958

Les Gouvernements du Royaume de Belgique, de la République Française, du Grand-Duché de Luxembourg, du Royaume des Pays-Bas, de la Confédération Suisse et de la République Turque, membres de la Commission Internationale de l'État Civil, désireux d'établir des dispositions communes relatives à la délivrance de certains extraits d'actes de l'état civil destinés à l'étranger, ont décidé de conclure une Convention à cet effet et sont convenus des dispositions suivantes :

Art. premier Les extraits des actes de l'état civil constatant la naissance, le mariage ou le décès pourront, lorsque leur utilisation dans le pays où ils sont réclamés nécessite une traduction, être établis conformément à l'article 4 ci-après et aux formules A, B et C annexées à la présente Convention.

Ces extraits ne seront délivrés qu'aux personnes qui, d'après la loi interne du pays où l'acte a été dressé ou transcrit, ont qualité pour obtenir des copies littérales de cet acte.

Pour l'application de la présente Convention, les mentions marginales font partie des actes de l'état civil.

Art. 2 Dans chaque formule, les énonciations invariables, imprimées à l'avance, sont rédigées en sept langues : français, allemand, anglais, espagnole, italien, néerlandais et turc.

Toutes les formules précisent que l'extrait est délivré en application de la présente Convention.

Art. 3 Tout extrait est revêtu de la signature et du sceau de l'autorité qui l'a établi et porte la date de sa délivrance. Les renseignements à fournir sont inscrits dans la case correspondante de la formule, le texte en caractères latins et les dates en chiffres arabes; les mois sont indiqués par un chiffre arabe, d'après leur rang dans l'année. Si le libellé de l'acte de l'état civil ne permet pas de remplir une des cases de la formule, cette case est rendue inutilisable par des traits. Sont exclusivement utilisés les signes suivants :

Pour indiquer le sexe :
M = sexe masculin
F = sexe féminin
Pour indiquer la dissolution ou l'annulation du mariage :
Dm = décès du mari
Df = décès de la femme
Div = divorce
A = annulation

Ces derniers signes sont suivis de la mention de la date de la dissolution ou de l'annulation.

Art. 4 L'extrait de l'acte de naissance énonce (Formule A) :
a. le lieu de naissance
b. la date de naissance

c. le sexe de l'enfant
d. le nom de famille de l'enfant
e. les prénoms de l'enfant
f. le nom de famille du père
g. les prénoms du père
h. le nom de jeune fille de la mère
i. les prénoms de la mère

L'extrait de l'acte de mariage énonce (Formule B) :
a. le lieu du mariage
b. la date du mariage
c. le nom de famille du mari
d. les prénoms du mari
e. la date de naissance ou, à défaut, l'âge du mari
f. le lieu de naissance du mari
g. le nom de famille de la femme
h. les prénoms de la femme
i. la date de naissance ou à défaut, l'âge de la femme
j. le lieu de naissance de la femme
k. les mentions marginales concernant la dissolution ou l'annulation du mariage

L'extrait de l'acte de décès énonce (Formule C) :
a. le lieu de décès
b. la date de décès
c. le nom de famille du défunt
d. les prénoms du défunt
e. le sexe du défunt
f. la date de naissance ou, à défaut, l'âge du défunt
g. le lieu de naissance du défunt
h. le dernier domicile du défunt
i. les nom et prénoms du dernier conjoint du défunt
j. les nom et prénoms du père du défunt
k. les nom et prénoms de la mère du défunt

En outre, chaque État contractant a la faculté de compléter les formules-types par l'adjonction de cases supplémentaires indiquant d'autres énonciations de l'acte de l'état civil, à condition que le libellé en ait été préalablement approuvé par la Commission Internationale de l'État Civil.

Art. 5 Les extraits établis dans les conditions prévues aux articles précédents ont la même force probante que ceux délivrés conformément aux règles de droit interne en vigueur dans l'État dont ils émanent.

Ils sont acceptés sans légalisation sur le territoire de chacun des États contractants.

Art. 6 Sans préjudice des accords internationaux relatifs à la délivrance gratuite des actes de l'état civil, les extraits délivrés en application de la présente Convention donnent lieu à la perception des mêmes droits que les extraits établis en application de la législation interne en vigueur dans l'État dont les extraits émanent.

Art. 7 La présente Convention ne met pas obstacle à l'obtention d'expéditions littérales d'actes de l'état civil établies conformément à la législation du pays où ces actes ont été dressés ou transcrits.

Art. 8 La présente Convention sera ratifiée et les instruments de ratification seront déposés auprès du Conseil Fédéral Suisse.

Il sera dressé de tout dépôt d'instruments de ratification un procès-verbal, dont une copie, certifiée conforme, sera remise, par la voie diplomatique, à chacun des États signataires.

Art. 9 La présente Convention entrera en vigueur le trentième jour suivant la date du dépôt du deuxième instrument de ratification, prévu par l'article précédent.

Pour chaque État signataire, ratifiant postérieurement la Convention, celle-ci entrera en vigueur le trentième jour suivant la date du dépôt de son instrument de ratification.

Art. 10 La présente Convention s'applique de plein droit sur toute l'étendue du territoire métropolitain de chaque État contractant.

Tout État pourra, lors de la signature, de la ratification ou de l'adhésion ou à tout autre moment par la suite, déclarer par notification adressée au Conseil Fédéral Suisse, que les dispositions de la présente Convention seront applicables à l'un ou plusieurs de ses territoires extra-métropolitains, des États ou des territoires dont les relations internationales sont assurées par lui.

Le Conseil Fédéral Suisse enverra, par la voie diplomatique, une copie de cette notification, certifiée conforme, à chacun des États contractants. Les dispositions de la présente Convention deviendront applicables dans le ou les territoires désignés dans la notification, le soixantième jour suivant la date à laquelle le Conseil Fédéral Suisse aura reçu ladite notification.

Tout État qui a fait une déclaration conformément aux dispositions de l'alinéa 2 du présent article pourra, par la suite, déclarer à tout moment, par notification adressée au Conseil Fédéral Suisse, que la présente Convention cessera d'être applicable à l'un ou plusieurs des États ou territoires désignés dans la déclaration.

Le Conseil Fédéral Suisse enverra, par la voie diplomatique, une copie certifiée conforme de la nouvelle notification à chacun des États contractants. La Convention cessera d'être applicable au territoire visé le soixantième jour suivant la date à laquelle le Conseil Fédéral Suisse aura reçu ladite notification.

Art. 11 Tout État pourra adhérer à la présente Convention. L'État désirant adhérer notifiera son intention par un acte qui sera déposé auprès du Conseil Fédéral Suisse. Celui-ci en enverra, par la voie diplomatique, une copie, certifiée conforme, à chacun des États contractants. La Convention entrera en vigueur, pour l'État adhérant, le trentième jour suivant la date du dépôt de l'acte d'adhésion.

Le dépôt de l'acte d'adhésion ne pourra avoir lieu qu'après l'entrée en vigueur de la présente Convention en vertu de l'article 9, alinéa 1er.

Art. 12 La présente Convention peut être soumise à des révisions en vue d'y introduire des modifications de nature à la perfectionner.

La proposition de révision sera introduite auprès du Conseil Fédéral Suisse qui la notifiera aux divers États contractants ainsi qu'au Secrétaire Général de la Commission Internationale de l'État Civil.

Art. 13 La présente Convention aura une durée de dix ans à partir de la date indiquée dans l'article 9, alinéa 1er.

La Convention sera renouvelée tacitement de dix ans en dix ans, sauf dénonciation.

La dénonciation devra, au moins six mois avant l'expiration du terme, être notifiée au Conseil Fédéral Suisse, qui en donnera connaissance à tous les autres États contractants.

La dénonciation ne produira son effet qu'à l'égard de l'État qui l'aura notifiée. La Convention restera en vigueur pour les autres États contractants.

En foi de quoi, les représentants soussignés, dûment autorisés à cet effet, ont signé la présente Convention.

Fait à Paris, le vingt-sept septembre mil neuf cent cinquante-six, en un seul exemplaire qui sera déposé dans les archives du Conseil Fédéral Suisse et dont une copie certifiée conforme sera remise, par la voie diplomatique, à chacun des États contractants.

Domaine territorial de la Convention [non reproduit]

107 Convention CIEC n° 2 du 26 septembre 1957 relative à la délivrance gratuite et à la dispense de légalisation des expéditions d'actes de l'état civil (signée à Luxembourg)

En vigueur depuis le 3 janvier 1960

Les Gouvernements de la République Fédérale d'Allemagne, du Royaume de Belgique, de la République Française, du Grand-Duché du Luxembourg, du Royaume des Pays-Bas, de la Confédération Suisse et de la République Turque, membres de la Commission Internationale de l'État Civil, désireux de régler d'un commun accord certaines questions relatives à la délivrance et à la légalisation des expéditions d'actes de l'état civil, sont convenus des dispositions suivantes :

Art. premier Sans préjudice de l'application de conventions bilatérales existantes ou qui viendraient à être conclues entre deux États parties à la présente Convention, chaque État contractant s'engage à délivrer sans frais aux autres États contractants des expéditions littérales ou des extraits des actes de l'état civil dressés sur son territoire et concernant les ressortissants du Gouvernement requérant, lorsque la demande en est faite dans un intérêt administratif ou en faveur d'indigents.

Art. 2 La demande est faite par la mission diplomatique ou les consuls à l'autorité qualifiée désignée par chaque État contractant dans l'annexe à la présente Convention; elle spécifie sommairement le motif, « intérêt administratif » ou « indigence du requérant ».

Art. 3 Le fait de la délivrance d'une expédition d'un acte de l'état civil ne préjuge pas la nationalité de l'intéressé.

Art. 4 Sont dispensés de légalisation, sur les territoires respectifs des États contractants, les expéditions littérales ou les extraits des actes de l'état civil revêtus de la signature et du sceau de l'autorité qui les a délivrés.

Art. 5 Par actes de l'état civil au sens des articles 1, 3 et 4, il faut entendre :

— les actes de naissance;

— les actes de déclaration d'un enfant sans vie,

— les actes de reconnaissance des enfants naturels dressés ou transcrits par les officiers de l'état civil,

— les actes de mariage,
— les actes de décès,
— les actes de divorce ou les transcriptions des jugements ou arrêts de divorce,
— les transcriptions des ordonnances ou jugements ou arrêts en matière d'état civil.

Art. 6 La présente Convention sera ratifiée et les instruments de ratification seront déposés auprès du Conseil Fédéral Suisse.

Il sera dressé de tout dépôt d'instrument de ratification un procès-verbal, dont une copie, certifiée conforme, sera remise, par la voie diplomatique, à chacun des États signataires.

Art. 7 La présente Convention entrera en vigueur le trentième jour suivant la date du dépôt du deuxième instrument de ratification, prévu à l'article précédent.

Pour chaque État signataire, ratifiant postérieurement la Convention, celle-ci entrera en vigueur le trentième jour suivant la date du dépôt de son instrument de ratification.

Art. 8 La présente Convention s'applique de plein droit sur toute l'étendue du territoire métropolitain de chaque État contractant.

Tout État pourra, lors de la signature, de la ratification ou de l'adhésion, ou à tout autre moment par la suite, déclarer par notification adressée au Conseil Fédéral Suisse que les dispositions de la présente Convention seront applicables à l'un ou plusieurs de ses territoires extra-métropolitains, des États ou des territoires dont les relations internationales sont assurées par lui. Le Conseil Fédéral Suisse enverra, par la voie diplomatique, une copie de cette notification certifiée conforme, à chacun des États contractants. Les dispositions de la présente Convention deviendront applicables dans le ou les territoires désignés dans la notification le soixantième jour suivant la date à laquelle le Conseil Fédéral Suisse aura reçu ladite notification.

Tout État qui a fait une déclaration, conformément aux dispositions de l'alinéa 2 du présent article, pourra, par la suite, déclarer à tout moment, par notification adressée au Conseil Fédéral Suisse, que la présente Convention cessera d'être applicable à l'un ou plusieurs des États ou territoires désignés dans la déclaration.

Le Conseil Fédéral Suisse enverra, par la voie diplomatique, une copie certifiée conforme de la nouvelle notification à chacun des États contractants.

La Convention cessera d'être applicable au territoire visé le soixantième jour suivant la date à laquelle le Conseil Fédéral Suisse aura reçu ladite notification.

Art. 9 Tout État pourra adhérer à la présente Convention. L'État désirant adhérer notifiera son intention par un acte qui sera déposé auprès du Conseil Fédéral Suisse. Celui-ci enverra, par la voie diplomatique, une copie certifiée conforme à chacun des États contractants. La Convention entrera en vigueur, pour l'État adhérant, le trentième jour suivant la date du dépôt de l'acte d'adhésion.

Le dépôt de l'acte d'adhésion ne pourra avoir lieu qu'après l'entrée en vigueur de la présente Convention en vertu de l'article 7, alinéa 1er.

Art. 10 La présente Convention peut être soumise à des révisions en vue d'y introduire des modifications de nature à la perfectionner.

La proposition de révision sera introduite auprès du Conseil Fédéral Suisse qui la notifiera aux divers États contractants ainsi qu'au Secrétaire Général de la Commission Internationale de l'État Civil.

Art. 11 La présente Convention aura une durée de dix ans à partir de la date indiquée à l'article 7, alinéa 1er.

La Convention sera renouvelée tacitement de dix ans en dix ans, sauf dénonciation.

La dénonciation devra, au moins six mois avant l'expiration du terme, être notifiée au Conseil Fédéral Suisse, qui en donnera connaissance à tous les autres États contractants.

La dénonciation ne produira son effet qu'à l'égard de l'État qui l'aura notifiée. La Convention restera en vigueur pour les autres États contractants.

En foi de quoi les représentants soussignés, dûment autorisés à cet effet ont signé la présente Convention.

Fait à Luxembourg, le 26 septembre 1957, en un seul exemplaire qui sera déposé dans les archives du Conseil Fédéral Suisse et dont une copie certifiée conforme sera remise par la voie diplomatique à chacun des États contractants.

Domaine territorial de la Convention [non reproduit]

ANNEXE

Sous réserve de l'application de conventions particulières désignant une autre autorité, l'autorité qualifiée prévue à l'article 2 de la présente Convention est :

— Pour la République Fédérale d'Allemagne, l'officier de l'état civil détenteur de l'acte.

— Pour le Royaume de Belgique, l'officier de l'état civil détenteur de l'acte.

— Pour la République Française, l'officier de l'état civil détenteur de l'acte.

— Pour le Grand-Duché de Luxembourg, l'officier de l'état civil détenteur de l'acte.

— Pour le Royaume des Pays-Bas, l'officier de l'état civil détenteur de l'acte.

— Pour la Confédération Suisse, le Service Fédéral de l'état civil à Berne.

— Pour la République Turque, l'officier de l'état civil détenteur de l'acte.

Après le dépôt de la Convention auprès du Conseil Fédéral Suisse, d'autres États ont adhéré à cette Convention et ont désigné l'autorité qualifiée, prévue à l'article 2, suivante :

— Pour la République d'Autriche, le Ministère de l'Intérieur.

— Pour la République Italienne, les officiers de l'état civil.

— Pour la République Portugaise, l'officier de l'état civil détenteur de l'acte.

108 Convention CIEC n*o* 3 du 4 septembre 1958 concernant l'échange international d'informations en matière d'état civil (signée à Istanbul)

En vigueur depuis le 13 avril 1961

Les Gouvernements de la République Fédérale d'Allemagne, du Royaume de Belgique, de la République Française, du Grand-Duché de Luxembourg, du Royaume des Pays-Bas, de la Confédération Suisse et de la République Turque, membres de la Commission Internationale de l'État Civil, désireux d'organiser d'un commun accord un échange international d'informations en matière d'état civil, sont convenus des dispositions suivantes :

Art. premier Tout officier de l'état civil exerçant ses fonctions sur le territoire de l'un des États contractants doit, lorsqu'il dresse ou transcrit un acte de mariage ou de décès, en donner avis à l'officier de l'état civil du lieu de naissance de chaque conjoint ou du défunt, si ce lieu est situé sur le territoire de l'un des autres États contractants.

Toutefois, chaque État a la faculté de subordonner l'envoi de cet avis à la condition qu'il concerne un ressortissant de l'État destinataire.

Art. 2 L'avis est établi conformément aux modèles annexés à la présente Convention.

Les renseignements à fournir sont inscrits dans les espaces réservés à cet effet sur la formule, le texte en caractères latins, les noms patronymiques et les noms de lieu en lettres capitales, les dates sont inscrites en chiffres arabes, les mois étant indiqués par un chiffre arabe, d'après leur rang dans l'année. Si l'autorité qui rédige l'avis ne possède pas le renseignement à fournir, l'espace correspondant est barré.

L'avis doit être signé par l'officier de l'état civil et revêtu de son sceau.

Dans les huit jours de l'établissement ou de la transcription de l'acte, cet avis est directement adressé par voie postale à l'officier de l'état civil destinataire.

Art. 3 L'avis est utilisé par le destinataire conformément aux lois et règlements de son pays.

Art. 4 Les dispositions des articles précédents ne font pas obstacle à la transmission aux autorités d'un État contractant, par la voie diplomatique ou autre voie prévue par une convention particulière, de tout acte ou décision concernant l'état civil d'une personne née sur le territoire de cet État.

Art. 5 La présente Convention sera ratifiée et les instruments de ratification seront déposés auprès du Conseil Fédéral Suisse. Celui-ci avisera les États contractants de tout dépôt d'instrument de ratification.

Art. 6 La présente Convention entrera en vigueur le trentième jour suivant la date du dépôt du deuxième instrument de ratification, prévu à l'article précédent.

Pour chaque État signataire, ratifiant postérieurement la Convention, celle-ci entrera en vigueur le trentième jour suivant la date du dépôt de son instrument de ratification.

Art. 7 La présente Convention s'applique de plein droit sur toute l'étendue du territoire métropolitain de chaque État contractant.

Tout État contractant pourra, lors de la signature, de la ratification, de l'adhésion ou ultérieurement, déclarer par notification adressée au Conseil Fédéral Suisse que les dispositions de la présente Convention seront applicables à l'un ou plusieurs de ses territoires extra-métropolitains, des États ou des territoires dont les relations internationales sont assurées par lui. Le Conseil Fédéral Suisse avisera de cette notification chacun des États contractants. Les dispositions de la présente Convention deviendront applicables dans le ou les territoires désignés dans la notification le soixantième jour suivant la date à laquelle le Conseil Fédéral Suisse aura reçu ladite notification.

Tout État qui a fait une déclaration, conformément aux dispositions de l'alinéa 2 du présent article, pourra, par la suite, déclarer à tout moment, par notification adressée au Conseil Fédéral Suisse, que la présente Convention cessera d'être applicable à l'un ou plusieurs des États ou territoires désignés dans la déclaration.

Le Conseil Fédéral Suisse avisera de la nouvelle notification chacun des États contractants.

La Convention cessera d'être applicable au territoire visé le soixantième jour suivant la date à laquelle le Conseil Fédéral Suisse aura reçu ladite notification.

Art. 8 Tout État membre de la Commission Internationale de l'État Civil pourra adhérer à la présente Convention. L'État désirant adhérer notifiera son intention par un acte qui sera déposé auprès du Conseil Fédéral Suisse. Celui-ci avisera chacun des États contractants de tout dépôt d'acte d'adhésion. La Convention entrera en vigueur, pour l'État adhérant, le trentième jour suivant la date du dépôt de l'acte d'adhésion.

Le dépôt de l'acte d'adhésion ne pourra avoir lieu qu'après l'entrée en vigueur de la présente Convention.

Art. 9 La présente Convention peut être soumise à des révisions.

La proposition de révision sera introduite auprès du Conseil Fédéral Suisse qui la notifiera aux divers États contractants ainsi qu'au Secrétaire Général de la Commission Internationale de l'État Civil.

Art. 10 La présente Convention aura une durée de dix ans à partir de la date indiquée à l'article 6, alinéa 1er.

La Convention sera renouvelée tacitement de dix ans en dix ans, sauf dénonciation.

La dénonciation devra, au moins six mois avant l'expiration du terme, être notifiée au Conseil Fédéral Suisse, qui en donnera connaissance à tous les autres États contractants.

La dénonciation ne produira son effet qu'à l'égard de l'État qui l'aura notifiée. La Convention restera en vigueur pour les autres États contractants.

Domaine territorial de la Convention [non reproduit]

109 Convention CIEC n° 4 du 4 septembre 1958 relative aux changements de noms et de prénoms (signée à Istanbul)

En vigueur depuis le 24 décembre 1961

Les Gouvernements de la République Fédérale d'Allemagne, du Royaume de Belgique, de la République Française, du Grand-Duché de Luxembourg, du Royaume des Pays-Bas, de la Confédération Suisse et de la République Turque, membres de la Commission Internationale de l'État Civil, désireux d'établir d'un commun accord des règles relatives aux changements de noms et de prénoms, sont convenus des dispositions suivantes :

Art. premier La présente Convention concerne les changements de noms ou de prénoms accordés par l'Autorité Publique compétente, à l'exclusion de ceux résultant d'une modification de l'état des personnes ou de la rectification d'une erreur.

Art. 2 Chaque État contractant s'engage à ne pas accorder de changements de noms ou de prénoms aux ressortissants d'un autre État contractant, sauf s'ils sont également ses propres ressortissants.

Art. 3 Sont exécutoires de plein droit sur le territoire de chacun des États contractants sous réserve qu'elles ne portent pas atteinte à son ordre public les décisions définitives intervenues dans un de ces États et accordant un changement de nom ou de prénoms, soit à ses ressortissants, soit lorsqu'ils ont leur domicile ou, à défaut de domicile, leur résidence sur son territoire, à des apatrides ou à des réfugiés au sens de la Convention de Genève du 28 juillet 1951.

Ces décisions sont, sans autre formalité, mentionnées en marge des actes de l'état civil des personnes qu'elles concernent.

Art. 4 Les dispositions de l'article précédent sont applicables aux décisions annulant ou révoquant un changement de nom ou de prénoms.

Art. 5 Par dérogation aux articles 3 et 4, tout État contractant peut subordonner à des conditions particulières de publicité et à un droit d'opposition dont il déterminera les modalités, les effets, sur son territoire, des décisions intervenues dans un autre État contractant, lorsque celles-ci concernent des personnes qui étaient également ses propres ressortissants au moment où elles sont devenues définitives.

Art. 6 La présente Convention sera ratifiée et les instruments de ratification seront déposés auprès du Conseil Fédéral Suisse.

Celui-ci avisera les États contractants de tout dépôt d'instrument de ratification.

Art. 7 La présente Convention entrera en vigueur le trentième jour suivant la date du dépôt du deuxième instrument de ratification, prévu à l'article précédent.

Pour chaque État signataire, ratifiant postérieurement la Convention, celle-ci entrera en vigueur le trentième jour suivant la date du dépôt de son instrument de ratification.

Art. 8 La présente Convention s'applique de plein droit sur toute l'étendue du territoire métropolitain de chaque État contractant.

Tout État contractant pourra, lors de la signature, de la ratification, de l'adhésion, ou ultérieurement, déclarer par notification adressée au Conseil Fédéral Suisse que les dispositions de la présente Convention seront applicables à l'un ou plusieurs de ses territoires extra-métropolitains, des États ou des territoires dont les relations internationales sont assurées par lui. Le Conseil Fédéral Suisse avisera de cette notification chacun des États contractants. Les dispositions de la présente Convention deviendront applicables dans le ou les territoires désignés dans la notification le soixantième jour suivant la date à laquelle le Conseil Fédéral Suisse aura reçu ladite notification.

Tout État qui fait une déclaration, conformément aux dispositions de l'alinéa 2 du présent article, pourra, par la suite, déclarer à tout moment, par notification adressée au Conseil Fédéral Suisse, que la présente Convention cessera d'être applicable à l'un ou plusieurs des États ou territoires désignés dans la déclaration.

Le Conseil Fédéral Suisse avisera de la nouvelle notification chacun des États contractants.

La Convention cessera d'être applicable au territoire visé le soixantième jour suivant la date à laquelle le Conseil Fédéral Suisse aura reçu ladite notification.

Art. 9 Tout État membre de la Commission Internationale de l'État Civil pourra adhérer à la présente Convention. L'État désirant adhérer notifiera son intention par un acte qui sera déposé auprès du Conseil Fédéral Suisse. Celui-ci avisera chacun des États contractants de tout dépôt d'acte d'adhésion. La Convention entrera en vigueur, pour l'État adhérant, le trentième jour suivant la date du dépôt de l'acte d'adhésion.

Le dépôt de l'acte d'adhésion ne pourra avoir lieu qu'après l'entrée en vigueur de la présente Convention.

Art. 10 La présente Convention peut être soumise à des révisions.

La proposition de révision sera introduite auprès du Conseil Fédéral Suisse qui la notifiera aux divers États contractants ainsi qu'au Secrétaire Général de la Commission Internationale de l'État Civil.

Art. 11 La présente Convention aura une durée de dix ans à partir de la date indiquée à l'article 7, alinéa 1er.

La Convention sera renouvelée tacitement de dix ans en dix ans, sauf dénonciation. La dénonciation devra, au moins six mois avant l'expiration du terme, être notifiée au Conseil Fédéral Suisse, qui en donnera connaissance à tous les autres États contractants.

La dénonciation ne produira son effet qu'a l'égard de l'État qui l'aura notifiée. La Convention restera en vigueur pour les autres États contractants.

En foi de quoi les représentants soussignés, dûment autorisés à cet effet, ont signé la présente Convention.

Fait à Istanbul, le quatre septembre mil neuf cent cinquante-huit en un seul exemplaire qui sera déposé dans les archives du Conseil Fédéral Suisse et dont une copie certifiée conforme sera remise par la voie diplomatique à chacun des États contractants.

Domaine territorial de la Convention [non reproduit]

110 Convention CIEC n° 5 du 14 septembre 1961 portant extension de la compétence des autorités qualifiées pour recevoir les reconnaissances d'enfants naturels (signée à Rome)

En vigueur depuis le 29 juillet 1963

Les Gouvernements de la République Fédérale d'Allemagne, de la République d'Autriche, du Royaume de Belgique, de la République Française, du Royaume de Grèce, de la République Italienne, du Grand-Duché de Luxembourg, du Royaume des Pays-Bas, de la Confédération Suisse et de la République Turque, membres de la Commission Internationale de l'État Civil, désireux de permettre aux ressortissants de leurs États respectifs de souscrire des reconnaissances d'enfants naturels sur le territoire des autres États contractants comme ils pourraient le faire sur le territoire de leur propre État, et de faciliter ainsi de telles reconnaissances, sont convenus des dispositions suivantes :

Art. premier Au sens de la présente Convention, l'acte par lequel une personne déclare être le père d'un enfant naturel, est désigné par les termes « reconnaissance avec filiation » ou par les termes « reconnaissance sans filiation », suivant que cette déclaration tend à établir ou non un lien juridique de filiation entre celui qui la souscrit et l'enfant naturel qui en est l'objet.

Art. 2 Sur le territoire des États contractants dont la législation ne prévoit que la reconnaissance sans filiation, les ressortissants des autres États contractants dont la législation prévoit la reconnaissance avec filiation, sont admis à souscrire une reconnaissance avec filiation.

Art. 3 Sur le territoire des États contractants dont la législation ne prévoit que la reconnaissance avec filiation, les ressortissants des autres États contractants dont la législation prévoit la reconnaissance sans filiation, sont admis à souscrire une reconnaissance sans filiation.

Art. 4 Les déclarations prévues aux articles 2 et 3 sont reçues par l'officier de l'état civil ou par toute autre autorité compétente, en la forme authentique déterminée par la loi locale, et doivent toujours mentionner la nationalité dont s'est prévalu le déclarant. Elles ont la même valeur que si elles avaient été souscrites devant l'autorité compétente du pays du déclarant.

Art. 5 Les expéditions ou extraits certifiés conformes des actes contenant les déclarations prévues aux articles 2 et 3 et revêtus de la signature et du sceau de l'autorité qui les a délivrés sont dispensés de légalisation sur le territoire des États contractants.

Art. 6 La présente Convention sera ratifiée et les instruments de ratification seront déposés auprès du Conseil Fédéral Suisse.

Celui-ci avisera les États contractants et le Secrétariat Général de la Commission Internationale de l'État Civil de tout dépôt d'instrument de ratification.

Art. 7 La présente Convention entrera en vigueur le trentième jour suivant la date du dépôt du deuxième instrument de ratification, prévu à l'article précédent.

Pour chaque État signataire, ratifiant postérieurement la Convention, celle-ci entrera en vigueur le trentième jour suivant la date du dépôt de son instrument de ratification.

Art. 8 La présente Convention s'applique de plein droit sur toute l'étendue du territoire métropolitain de chaque État contractant.

Tout État contractant pourra, lors de la signature, de la ratification, de l'adhésion, ou ultérieurement, déclarer par notification adressée au Conseil Fédéral Suisse que les dispositions de la présente Convention seront applicables à l'un ou plusieurs de ses territoires extra-métropolitains, des États ou des territoires dont les relations internationales sont assurées par lui. Le Conseil Fédéral Suisse avisera de cette notification chacun des États contractants et le Secrétariat Général de la Commission Internationale de l'État Civil. Les dispositions de la présente Convention deviendront applicables dans le ou les territoires désignés dans la notification le soixantième jour suivant la date à laquelle le Conseil Fédéral Suisse aura reçu ladite notification.

Tout État qui a fait une déclaration, conformément aux dispositions de l'alinéa 2 du présent article, pourra, par la suite, déclarer à tout moment, par notification adressée au Conseil Fédéral Suisse, que la présente Convention cessera d'être applicable à l'un ou plusieurs des États ou territoires désignés dans la déclaration.

Le Conseil Fédéral Suisse avisera de la nouvelle notification chacun des États contractants et le Secrétariat Général de la Commission Internationale de l'État Civil.

La Convention cessera d'être applicable au territoire visé le soixantième jour suivant la date à laquelle le Conseil Fédéral Suisse aura reçu ladite notification.

Art. 9 Tout État membre de la Commission Internationale de l'État Civil pourra adhérer à la présente Convention. L'État désirant adhérer notifiera son intention par un acte qui sera déposé auprès du Conseil Fédéral Suisse. Celui-ci avisera chacun des États contractants et le Secrétariat Général de la Commission Internationale de l'État Civil de tout dépôt d'acte d'adhésion. La Convention entrera en vigueur, pour l'État adhérant, le trentième jour suivant la date du dépôt de l'acte d'adhésion.

Le dépôt de l'acte d'adhésion ne pourra avoir lieu qu'après l'entrée en vigueur de la présente Convention.

Art. 10 La présente Convention peut être soumise à des révisions.

La proposition de révision sera introduite auprès du Conseil Fédéral Suisse qui la notifiera aux divers États contractants ainsi qu'au Secrétariat Général de la Commission Internationale de l'État Civil.

Art. 11 La présente Convention aura une durée de dix ans à partir de la date indiquée à l'article 7, alinéa 1er.

La Convention sera renouvelée tacitement de dix ans en dix ans, sauf dénonciation.

La dénonciation devra, au moins six mois avant l'expiration du terme, être notifiée au Conseil Fédéral Suisse, qui en donnera connaissance à tous les autres États contractants et au Secrétariat Général de la Commission Internationale de l'État Civil.

La dénonciation ne produira son effet qu'à l'égard de l'État qui l'aura notifiée. La Convention restera en vigueur pour les autres États contractants.

En foi de quoi les représentants soussignés, dûment autorisés à cet effet, ont signé la présente Convention.

Fait à Rome, le 14 septembre 1961, en un seul exemplaire qui sera déposé dans les archives du Conseil Fédéral Suisse et dont une copie certifiée conforme sera remise par la voie diplomatique à chacun des États contractants et au Secrétariat Général de la Commission Internationale de l'État Civil.

Domaine territorial de la Convention [non reproduit]

111 Convention CIEC n° 9 du 10 septembre 1964 relative aux décisions de rectification d'actes de l'état civil (signée à Paris)

En vigueur depuis le 18 août 1983

La République Fédérale d'Allemagne, la République d'Autriche, le Royaume de Belgique, la République Française, le Royaume de Grèce, la République Italienne, le Grand-Duché de Luxembourg, le Royaume des Pays-Bas, la Confédération Suisse et la République Turque, membres de la Commission Internationale de l'État Civil, désireux d'assurer l'efficacité et l'exécution sur le territoire de leurs États des décisions rendues en matière de rectification d'actes de l'état civil, sont convenus des dispositions suivantes :

Art. premier Au sens de la présente Convention, les termes « décision de rectification » désignent toute décision de l'autorité compétente qui, sans statuer sur une question relative à l'état des personnes ou sur le droit à une qualification nobiliaire ou honorifique, répare une erreur dans un acte de l'état civil.

Art. 2 L'autorité d'un des États contractants, compétente pour rendre une décision de rectification d'un acte de l'état civil dressé sur le territoire de cet État et comportant une erreur, est également compétente pour rectifier par cette décision la même erreur qui aurait été reproduite dans un acte concernant la même personne ou ses descendants, dressé ultérieurement sur le territoire d'un autre État contractant.

Cette décision est exécutoire sans formalité sur le territoire de cet autre État.

À cet effet, l'autorité compétente de l'État où la décision a été rendue est tenue d'adresser une expédition de cette décision et une expédition de l'acte rectifié à l'autorité compétente de l'État où ladite décision doit être également exécutée.

Art. 3 Lorsqu'une décision de rectification d'un acte de l'état civil a été rendue par l'autorité compétente d'un des États contractants, les transcriptions ou mentions de cet acte sur les registres de l'état civil d'un autre État contractant sont rectifiées en conséquence, sur simple présentation d'une expédition de la décision de rectification et d'une expédition de l'acte rectifié.

Art. 4 Lorsque la rectification excède les limites de la présente Convention ou constitue elle-même une erreur, son exécution peut, par dérogation aux dispositions des articles 2 et 3, être refusée par décision motivée de l'autorité judiciaire ou de l'autorité administrative supérieure désignée en annexe par chaque État contractant.

Ce refus est notifié à l'autorité de l'État où la décision de rectification a été rendue.

Art. 5 Les autorités habilitées à adresser ou recevoir les transmissions ou les notifications sont, pour chaque État contractant, désignées en annexe à la présente Convention.

Ces autorités peuvent correspondre directement.

Art. 6 Les États contractants notifieront au Conseil Fédéral Suisse l'accomplissement des procédures requises par leur Constitution pour rendre applicable sur leur territoire la présente Convention.

Le Conseil Fédéral Suisse avisera les États contractants et le Secrétaire Général de la Commission Internationale de l'État Civil de toute notification au sens de l'alinéa précédent.

Art. 7 La présente Convention entrera en vigueur à compter du trentième jour suivant la date du dépôt de la deuxième notification et prendra dès lors effet entre les deux États ayant accompli cette formalité.

Pour chaque État signataire, accomplissant postérieurement la formalité prévue à l'article précédent, la présente Convention prendra effet à compter du trentième jour suivant la date du dépôt de sa notification.

Art. 8 La présente Convention s'applique de plein droit sur toute l'étendue du territoire métropolitain de chaque État contractant.

Tout État contractant pourra, lors de la signature, de la notification prévue à l'article 6, de l'adhésion ou ultérieurement, déclarer par notification adressée au Conseil Fédéral Suisse que les dispositions de la présente Convention seront applicables à l'un ou plusieurs de ses territoires extra-métropolitains, des États ou des territoires dont il assume la responsabilité internationale. Le Conseil Fédéral Suisse avisera de cette dernière notification chacun des États contractants et le Secrétaire Général de la Commission Internationale de l'État Civil. Les dispositions de la présente Convention deviendront applicables dans le ou les territoires désignés dans la notification le soixantième jour suivant la date à laquelle le Conseil Fédéral Suisse aura reçu ladite notification.

Tout État qui a fait une déclaration conformément aux dispositions de l'alinéa 2 du présent article pourra, par la suite déclarer à tout moment, par notification adressée au

Conseil Fédéral Suisse, que la présente Convention cessera d'être applicable à l'un ou plusieurs des États ou territoires désignés dans la déclaration.

Le Conseil Fédéral Suisse avisera de la nouvelle notification chacun des États contractants et le Secrétaire Général de la Commission Internationale de l'État Civil.

La Convention cessera d'être applicable au territoire visé le soixantième jour suivant la date à laquelle le Conseil Fédéral Suisse aura reçu ladite notification.

Art. 9 Tout État membre du Conseil de l'Europe ou de la Commission Internationale de l'État Civil pourra adhérer à la présente Convention. L'État désirant adhérer notifiera son intention par un acte qui sera déposé auprès du Conseil Fédéral Suisse. Celui-ci avisera chacun des États contractants et le Secrétaire Général de la Commission Internationale de l'État Civil de tout dépôt d'acte d'adhésion. La Convention entrera en vigueur, pour l'État adhérant, le trentième jour suivant la date du dépôt de l'acte d'adhésion.

Le dépôt de l'acte d'adhésion ne pourra avoir lieu qu'après l'entrée en vigueur de la présente Convention.

Art. 10 La présente Convention demeurera en vigueur sans limitation de durée. Chacun des États contractants aura toutefois la faculté de la dénoncer en tout temps au moyen d'une notification adressée par écrit au Conseil Fédéral Suisse qui en informera les autres États contractants et le Secrétaire Général de la Commission Internationale de l'État Civil.

Cette faculté de dénonciation ne pourra être exercée avant l'expiration d'un délai de cinq ans à compter de la date de la notification prévue à l'article 6 ou de l'adhésion.

La dénonciation produira effet à compter d'un délai de six mois après la date à laquelle le Conseil Fédéral Suisse aura reçu la notification prévue à l'alinéa premier de présent article.

En foi de quoi les représentants soussignés, dûment autorisés à cet effet, ont signé la présente Convention.

Fait à Paris, le 10 septembre 1964, en un seul exemplaire qui sera déposé dans les archives du Conseil Fédéral Suisse et dont une copie certifiée conforme sera remise par la voie diplomatique à chacun des États contractants et au Secrétaire Général de la Commission Internationale de l'État Civil.

Domaine territorial de la Convention [non reproduit]

112 Convention CIEC n° 12 du 10 septembre 1970 sur la légitimation par mariage (signée à Rome)

En vigueur depuis le 8 février 1976

Rapport explicatif adopté par l'Assemblée générale de Rome le 9 septembre 1970.

Non reproduit. Consultable sur :

http://www.ciec1.org/SiteCIEC

Les États signataires de la présente Convention, membres de la Commission Internationale de l'État Civil, désireux de favoriser par l'adoption de règles uniformes la légitimation des enfants naturels ainsi que la reconnaissance et la publicité des légitimations intervenues à l'étranger, sont convenus des dispositions suivantes :

TITRE PREMIER

Art. premier Lorsque, selon les dispositions de droit interne de la loi nationale du père ou de la mère, le mariage de ceux-ci a pour conséquence la légitimation d'un enfant naturel, cette légitimation est valable dans les États contractants.

Cette règle s'applique tant aux légitimations résultant de la seule célébration du mariage qu'aux légitimations constatées ultérieurement par une décision judiciaire.

Art. 2 Toutefois lors de la signature, de la notification prévue à l'article 11 ou de l'adhésion, chaque État contractant pourra se réserver le droit de ne pas tenir la légitimation pour valable :

a) s'il est établi que l'enfant n'est pas né de ceux qui l'ont légitimé;

b) si la loi ne reconnaît pas la validité du mariage célébré sur son territoire;

c) si la loi ne reconnaît pas la validité du mariage de son ressortissant;

d) ou si l'enfant né d'un de ses ressortissants est adultérin à l'égard de celui-ci.

Ce droit ne pourra pas être exercé dans le cas où la loi interne de cet État n'interdirait pas une telle légitimation.

Art. 3 La validité d'une légitimation conforme aux dispositions de droit interne de la loi nationale du père ou de la mère ne peut être déniée, même au nom de l'ordre public, dans d'autres conditions que celles prévues à l'article 2.

Art. 4 Les décisions intervenues dans les litiges engagés en application de l'article 2 ne peuvent être invoquées que sur le territoire de l'État contractant où elles ont été rendues.

Art. 5 Les dispositions qui précèdent sont applicables à l'égard de tous les États, mêmes non contractants. Elles ne mettent pas obstacle à l'application des règles en vigueur dans les États contractants qui seraient plus favorables à la légitimation.

Art. 6 Lorsque l'acte de naissance de l'enfant a été dressé ou transcrit par l'officier de l'état civil de l'un des États contractants, cet officier mentionne la légitimation dans ses registres après qu'il aura été vérifié par lui-même ou par l'autorité dont il dépend, que les conditions prévues par la présente Convention sont remplies.

Cette inscription ne peut être subordonnée à aucune procédure judiciaire préalable de reconnaissance. Il en est ainsi alors même qu'il s'agirait d'une légitimation constatée après mariage par décision judiciaire.

TITRE II

Art. 7 Lorsqu'un mariage a été célébré dans l'un des États contractants et que les époux ont déclaré qu'ils avaient un ou des enfants communs dont l'acte de naissance a été dressé ou transcrit sur le territoire d'un autre État contractant, l'officier de l'état civil du lieu du mariage, ou toute autre autorité compétente, adresse directement, ou par la voie diplomatique, à l'officier de l'état civil du lieu où l'acte de naissance a été dressé ou transcrit un avis en vue de la mention de la légitimation qui pourrait résulter de ce mariage. À cet avis sont jointes les pièces justificatives dont il dispose. Quand la légitimation a été constatée après mariage par une décision judiciaire, l'avis est transmis à la diligence du ministère public ou de toute autre autorité publique compétente.

Les avis sont rédigés selon une formule plurilingue dont le modèle est annexé à la présente Convention. Ces avis ainsi que les pièces jointes sont dispensés de toute légalisation sur les territoires respectifs des États contractants.

Art. 8 Les extraits de l'acte de naissance d'un enfant légitimé doivent être établis comme s'ils concernaient un enfant légitime, sans faire apparaître la légitimation.

Art. 9 L'application du présent Titre n'est pas limitée aux ressortissants des États contractants.

TITRE III

Art. 10 Au sens de la présente Convention il faut entendre par loi nationale d'une personne, la loi de l'État dont elle est ressortissante ou, s'il s'agit d'un réfugié ou d'un apatride, celle qui régit son statut personnel.

Pour l'application de la présente Convention sont assimilés aux ressortissants d'un État les réfugiés et les apatrides dont le statut personnel est régi par la loi dudit État.

Art. 11 Les États contractants notifieront au Conseil Fédéral Suisse l'accomplissement des procédures requises par leur Constitution pour rendre applicable sur leur territoire la présente Convention.

Le Conseil Fédéral Suisse avisera les États contractants et le Secrétaire Général de la Commission Internationale de l'État Civil de toute notification au sens de l'alinéa précédent.

Art. 12 La présente Convention entrera en vigueur à compter du trentième jour suivant la date du dépôt de la deuxième notification et prendra, dès lors, effet entre les deux États ayant accompli cette formalité.

Pour chaque État contractant, accomplissant postérieurement la formalité prévue à l'article précédent, la présente Convention prendra effet à compter du trentième jour suivant la date du dépôt de sa notification.

Art. 13 Chaque État pourra, lors de la signature, de la notification ou de l'adhésion, déclarer qu'il ne s'engage pas à appliquer les dispositions du Titre premier de la présente Convention.

Tout État, qui a fait une déclaration conformément aux dispositions de l'alinéa 1er du présent article, pourra, par la suite, déclarer à tout moment, par notification adressée au Conseil Fédéral Suisse, qu'il s'engage également à appliquer les dispositions du Titre premier de la présente Convention.

Le Conseil Fédéral Suisse avisera de cette notification chacun des États contractants et le Secrétaire Général de la Commission Internationale de l'État Civil.

La déclaration prévue à l'alinéa 2 du présent article produira effet à compter du trentième jour suivant la date à laquelle le Conseil Fédéral Suisse aura reçu ladite notification.

Art. 14 Les réserves visées à l'article 2 peuvent être retirées totalement ou partiellement à tout moment. Le retrait sera notifié au Conseil Fédéral Suisse.

Le Conseil Fédéral Suisse avisera les États contractants et le Secrétaire Général de la Commission Internationale de l'État Civil de toute notification au sens de l'alinéa précédent.

Art. 15 La présente Convention s'applique de plein droit sur toute l'étendue du territoire métropolitain de chaque État contractant.

Tout État contractant pourra, lors de la signature, de la notification, de l'adhésion ou ultérieurement, déclarer par notification adressée au Conseil Fédéral Suisse que les dispositions de la présente Convention seront applicables à l'un ou plusieurs de ses territoires extra-métropolitains, des États ou des territoires dont il assume la responsabilité internationale. Le Conseil Fédéral Suisse avisera de cette dernière notification chacun des États contractants et le Secrétaire Général de la Commission Internationale de l'État Civil. Les dispositions de la présente Convention deviendront applicables dans le ou les territoires désignés dans la notification le soixantième jour suivant la date à laquelle le Conseil Fédéral Suisse aura reçu ladite notification. Tout État qui a fait une déclaration, conformément aux dispositions de l'alinéa 2 du présent article, pourra, par la suite, déclarer à tout moment, par notification adressée au Conseil Fédéral Suisse, que la présente Convention cessera d'être applicable à l'un ou plusieurs des États ou territoires désignés dans la déclaration.

Le Conseil Fédéral Suisse avisera de la nouvelle notification chacun des États contractants et le Secrétaire Général de la Commission Internationale de l'État Civil.

La Convention cessera d'être applicable au territoire visé le soixantième jour suivant la date à laquelle le Conseil Fédéral Suisse aura reçu ladite notification.

Art. 16 Tout État membre du Conseil de l'Europe ou de la Commission Internationale de l'État Civil pourra adhérer à la présente Convention. L'acte d'adhésion sera déposé auprès du Conseil Fédéral Suisse. Celui-ci avisera chacun des États contractants et le Secrétaire Général de la Commission Internationale de l'État Civil de tout dépôt d'acte d'adhésion. La Convention entrera en vigueur, pour l'État adhérent, le trentième jour suivant la date du dépôt de l'acte d'adhésion.

Le dépôt de l'acte d'adhésion ne pourra avoir lieu qu'après l'entrée en vigueur de la présente Convention.

Art. 17 La présente Convention demeurera en vigueur sans limitation de durée. Chacun des États contractants aura toutefois la faculté de la dénoncer en tout temps au moyen d'une notification adressée par écrit au Conseil Fédéral Suisse, qui en informera les autres États contractants et le Secrétaire Général de la Commission Internationale de l'État Civil.

Cette faculté de dénonciation ne pourra être exercée avant l'expiration d'un délai d'un an à compter de la notification prévue à l'article 11 ou de l'adhésion.

La dénonciation produira effet à compter d'un délai de six mois après la date à laquelle le Conseil Fédéral Suisse aura reçu la notification prévue à l'alinéa premier du présent article.

Déclarations de réserve [non reproduit]

113 Convention CIEC n° 16 du 8 septembre 1976 relative à la délivrance d'extraits plurilingues d'actes de l'état civil (signée à Vienne)

En vigueur depuis le 16 janvier 1987

Rapport explicatif adopté par l'Assemblée générale de Francfort le 24 mars 1976.
Non reproduit. Consultable sur :
http://www.ciec1.org/SiteCIEC
Les États signataires de la présente Convention, désireux d'améliorer les règles relatives à la délivrance d'extraits plurilingues de certains actes de l'état civil, notamment lorsqu'ils sont destinés à servir à l'étranger, sont convenus des dispositions suivantes :

Art. premier Les extraits des actes de l'état civil constatant la naissance, le mariage ou le décès sont, lorsqu'une partie intéressée le demande ou lorsque leur utilisation nécessite une traduction, établis conformément aux formules A, B et C annexées à la présente Convention.

Dans chaque État contractant, ces extraits ne sont délivrés qu'aux personnes qui ont qualité pour obtenir des expéditions littérales.

Art. 2 Les extraits sont établis sur la base des énonciations originaires et des mentions ultérieures des actes.

Art. 3 Chaque État contractant a la faculté de compléter les formules annexées à la présente Convention par des cases et des symboles indiquant d'autres énonciations ou mentions de l'acte, à condition que le libellé en ait été préalablement approuvé par l'Assemblée Générale de la Commission Internationale de l'État Civil.

Toutefois chaque État contractant a la faculté d'adjoindre une case destinée à recevoir un numéro d'identification.

Art. 4 Toutes les inscriptions à porter sur les formules sont écrites en caractères latins d'imprimerie; elles peuvent en outre être écrites dans les caractères de la langue qui a été utilisée pour la rédaction de l'acte auquel elles se réfèrent.

Art. 5 Les dates sont inscrites en chiffres arabes indiquant successivement, sous les symboles Jo, Mo et An, le jour, le mois et l'année. Le jour et le mois sont indiqués par deux chiffres, l'année par quatre chiffres. Les neuf premiers jours du mois et les neuf premiers mois de l'année sont indiqués par des chiffres allant de 01 à 09.

Le nom de tout lieu mentionné dans un extrait est suivi du nom de l'État où ce lieu est situé, chaque fois que cet État n'est pas celui où l'extrait est délivré.

Le numéro d'identification est précédé du nom de l'État qui l'a attribué.

Pour indiquer le sexe sont exclusivement utilisés les symboles suivants : M = masculin, F = féminin.

Pour indiquer le mariage, la séparation de corps, le divorce, l'annulation du mariage, le décès du titulaire de l'acte de naissance ainsi que le décès du mari ou de la femme, sont exclusivement utilisés les symboles suivants : Mar = mariage; Sc = séparation de corps; Div = divorce; A = annulation; D = décès; Dm = décès du mari; Df = décès de la femme. Ces symboles sont suivis de la date et du lieu de l'événement. Le symbole « Mar » est en outre suivi des nom et prénoms du conjoint.

Art. 6 Au recto de chaque extrait les formules invariables, à l'exclusion des symboles prévus à l'article 5 en ce qui concerne les dates, sont imprimées en deux langues au moins, dont la langue ou l'une des langues officielles de l'État où l'extrait est délivré et la langue française.

La signification des symboles doit y être indiquée au moins dans la langue ou l'une des langues officielles de chacun des États qui, au moment de la signature de la présente Convention, sont membres de la Commission Internationale de l'État Civil ou sont liés par la Convention de Paris du 27 septembre 1956 relative à la délivrance de certains extraits d'actes de l'état civil destinés à l'étranger, ainsi que dans la langue anglaise.

Au verso de chaque extrait doivent figurer :

— une référence à la Convention, dans les langues indiquées au deuxième alinéa du présent article,

— la traduction des formules invariables, dans les langues indiquées au deuxième alinéa du présent article, pour autant que ces langues n'ont pas été utilisées au recto,

— un résumé des articles 3, 4, 5 et 7 de la Convention, au moins dans la langue de l'autorité qui délivre l'extrait.

Chaque État qui adhère à la présente Convention communique au Conseil Fédéral Suisse, lors du dépôt de son acte d'adhésion, la traduction dans sa ou ses langues officielles des formules invariables et de la signification des symboles.

Cette traduction est transmise par le Conseil Fédéral Suisse aux États contractants et au Secrétaire Général de la Commission Internationale de l'État Civil.

Chaque État contractant aura la faculté d'ajouter cette traduction aux extraits qui seront délivrés par ses autorités.

Art. 7 Si le libellé de l'acte ne permet pas de remplir une case ou une partie de case de l'extrait, cette case ou partie de case est rendue inutilisable par des traits.

Art. 8 Les extraits portent la date de leur délivrance et sont revêtus de la signature et du sceau de l'autorité qui les a délivrés. Ils ont la même valeur que les extraits délivrés conformément aux règles de droit interne en vigueur dans l'État dont ils émanent.

Ils sont acceptés sans légalisation ou formalité équivalente sur le territoire de chacun des États liés par la présente Convention.

Art. 9 Sous réserve des accords internationaux relatifs à la délivrance gratuite des expéditions ou extraits d'actes de l'état civil, les extraits délivrés en application de la présente Convention ne peuvent donner lieu à la perception de droits plus élevés que les extraits établis en application de la législation interne en vigueur dans l'État dont ils émanent.

Art. 10 La présente Convention ne met pas obstacle à l'obtention d'expéditions littérales d'actes de l'état civil établies conformément aux règles de droit interne du pays où ces actes ont été dressés ou transcrits.

Art. 11 Chaque État contractant pourra, lors de la signature, de la notification prévue à l'article 12 ou de l'adhésion, déclarer qu'il se réserve la faculté de ne pas appliquer la présente Convention aux extraits d'actes de naissance concernant des enfants adoptés.

Art. 12 Les États contractants notifieront au Conseil Fédéral Suisse l'accomplissement des procédures requises par leur Constitution pour rendre applicable sur leur territoire la présente Convention.

Le Conseil Fédéral Suisse avisera les États contractants et le Secrétaire Général de la Commission Internationale de l'État Civil de toute notification au sens de l'alinéa précédent.

Art. 13 La présente Convention entrera en vigueur à compter du trentième jour suivant la date du dépôt de la cinquième notification et prendra dès lors effet entre les cinq États ayant accompli cette formalité.

Pour chaque État contractant, accomplissant postérieurement la formalité prévue à l'article précédent, la présente Convention prendra effet à compter du trentième jour suivant la date du dépôt de sa notification.

Dès l'entrée en vigueur de la présente Convention, le Gouvernement dépositaire en transmettra le texte au Secrétaire des Nations unies en vue de son enregistrement et de sa publication, conformément à l'article 102 de la Charte des Nations unies.

Art. 14 La Convention relative à la délivrance de certains extraits d'actes de l'état civil destinés à l'étranger, signée à Paris le 27 septembre 1956, cesse d'être applicable entre les États à l'égard desquels la présente Convention est entrée en vigueur.

Art. 15 La réserve visée à l'article 11 pourra à tout moment être retirée totalement ou partiellement. Le retrait sera notifié au Conseil Fédéral Suisse.

Le Conseil Fédéral Suisse avisera les États contractants et le Secrétaire Général de la Commission Internationale de l'État Civil de toute notification au sens de l'alinéa précédent.

Art. 16 La présente Convention s'applique de plein droit sur toute l'étendue du territoire métropolitain de chaque État contractant.

Tout État pourra, lors de la signature, de la notification, de l'adhésion ou ultérieurement, déclarer par notification adressée au Conseil Fédéral Suisse que les dispositions de la présente Convention seront applicables à l'un ou plusieurs de ses territoires extra-métropolitains, des États ou des territoires dont il assume la responsabilité internationale. Le Conseil Fédéral Suisse avisera de cette dernière notification chacun des États contractants et le Secrétaire Général de la Commission Internationale de l'État Civil. Les dispositions de la présente Convention deviendront applicables dans le ou les territoires désignés dans la notification le soixantième jour suivant la date à laquelle le Conseil Fédéral Suisse aura reçu ladite notification.

Tout État qui a fait une déclaration, conformément aux dispositions de l'alinéa 2 du présent article, pourra, par la suite, déclarer à tout moment, par notification adressée au Conseil Fédéral Suisse, que la présente Convention cessera d'être applicable à l'un ou plusieurs des États ou territoires désignés dans la déclaration.

Le Conseil Fédéral Suisse avisera de la nouvelle notification chacun des États contractants et le Secrétaire Général de la Commission Internationale de l'État Civil.

La Convention cessera d'être applicable au territoire visé le soixantième jour suivant la date à laquelle le Conseil Fédéral Suisse aura reçu ladite notification.

Art. 17 Tout État pourra adhérer à la présente Convention après l'entrée en vigueur de celle-ci. L'acte d'adhésion sera déposé auprès du Conseil Fédéral Suisse. Celui-ci avisera chacun des États contractants et le Secrétaire Général de la Commission

Internationale de l'État Civil de tout dépôt d'acte d'adhésion. La Convention entrera en vigueur, pour l'État adhérent, le trentième jour suivant la date du dépôt de l'acte d'adhésion.

Art. 18 La présente Convention demeurera en vigueur sans limitation de durée. Chacun des États contractants aura toutefois la faculté de la dénoncer en tout temps au moyen d'une notification adressée par écrit au Conseil Fédéral Suisse, qui en informera les autres États contractants et le Secrétaire Général de la Commission Internationale de l'État Civil.

Cette faculté de dénonciation ne pourra être exercée par un État avant l'expiration d'un délai d'un an à compter de la date à laquelle la Convention est entrée en vigueur à son égard.

La dénonciation produira effet à compter d'un délai de six mois après la date à laquelle le Conseil Fédéral Suisse aura reçu la notification prévue à l'alinéa premier du présent article.

Domaine territorial de la Convention [non reproduit]

114 Convention CIEC n° 17 du 15 septembre 1977 portant dispense de légalisation pour certains actes et documents (signée à Athènes)

En vigueur depuis le 1er août 1982

Rapport explicatif adopté par l'Assemblée générale de Strasbourg le 23 mars 1977. Non reproduit. Consultable sur :
http://www.ciec1.org/SiteCIEC

Les États signataires de la présente Convention, membres de la Commission Internationale de l'État Civil, désireux de dispenser entre les États parties à cette Convention certains actes ou documents de la légalisation ou de toute formalité équivalente, sont convenus des dispositions suivantes :

Art. premier La légalisation, au sens de la présente Convention, ne recouvre que la formalité destinée à attester la véracité de la signature apposée sur un acte ou document, la qualité en laquelle le signataire de l'acte ou du document a agi et, le cas échéant, l'identité du sceau ou timbre dont cet acte ou document est revêtu.

Art. 2 Chaque État contractant accepte sans légalisation ou formalité équivalente, à condition qu'ils soient datés et revêtus de la signature et, le cas échéant, du sceau ou timbre de l'autorité d'un autre État contractant qui les a délivrés :

1. les actes et documents se rapportant à l'état civil, à la capacité ou à la situation familiale des personnes physiques, à leur nationalité, à leur domicile ou à leur résidence, quel que soit l'usage auquel ils sont destinés,

2. tous autres actes et documents lorsqu'ils sont produits en vue de la célébration du mariage ou de l'établissement d'un acte de l'état civil.

Art. 3 Lorsqu'un acte ou document visé à l'article 2 n'a pas été transmis par la voie diplomatique ou une autre voie officielle, l'autorité à laquelle il est présenté peut, en cas de doute grave, portant soit sur la véracité de la signature, soit sur l'identité du sceau ou du timbre, soit sur la qualité du signataire, le faire vérifier par l'autorité qui l'a délivré.

Art. 4 La demande de vérification peut être faite au moyen d'une formule plurilingue dont le modèle est annexé à la présente Convention. Cette formule est envoyée, en double exemplaire directement à l'autorité qui a délivré l'acte ou le document à vérifier, et est accompagnée de celui-ci.

Art. 5 Chaque vérification est opérée gratuitement et la réponse est renvoyée avec l'acte ou le document le plus rapidement possible soit directement soit par la voie diplomatique.

Art. 6 La présente Convention sera ratifiée, acceptée ou approuvée et les instruments de ratification, d'acceptation ou d'approbation seront déposés auprès du Conseil Fédéral Suisse.

Art. 7 La présente Convention entrera en vigueur le premier jour du troisième mois qui suit celui du dépôt du deuxième instrument de ratification, d'acceptation ou d'approbation.

À l'égard de l'État signataire qui l'aura ratifiée, acceptée ou approuvée après son entrée en vigueur, la Convention prendra effet le premier jour du troisième mois qui suit celui du dépôt par cet État de l'instrument de ratification, d'acceptation ou d'approbation.

Art. 8 Tout État membre de la Commission Internationale de l'État Civil n'ayant pas signé la présente Convention et tout État membre du Conseil de l'Europe pourra adhérer à la présente Convention après son entrée en vigueur. L'instrument d'adhésion sera déposé auprès du Conseil Fédéral Suisse. La Convention prendra effet, pour l'État adhérent, le premier jour du troisième mois qui suit celui du dépôt de l'instrument d'adhésion.

Art. 9 Aucune réserve à la présente Convention n'est admise.

Art. 10 Tout État, au moment de la signature, de la ratification, de l'acceptation, de l'approbation ou de l'adhésion ou à tout autre moment par la suite, pourra déclarer que la présente Convention s'étendra à l'ensemble des territoires dont il assure les relations sur le plan international, ou à l'un ou plusieurs d'entre eux.

Cette déclaration sera notifiée au Conseil Fédéral Suisse et l'extension prendra effet au moment de l'entrée en vigueur de la Convention pour ledit État ou, ultérieurement, le premier jour du troisième mois qui suit celui de la réception de la notification.

Toute déclaration d'extension pourra être retirée par notification adressée au Conseil Fédéral Suisse et la Convention cessera d'être applicable au territoire désigné le premier jour du troisième mois qui suit celui de la réception de ladite notification.

Art. 11 La présente Convention demeurera en vigueur sans limitation de durée.

Tout État partie à la présente Convention aura toutefois la faculté de la dénoncer à tout moment après l'expiration d'un délai d'un an à partir de la date de l'entrée en vigueur de la Convention à son égard. La dénonciation sera notifiée au Conseil Fédéral Suisse et prendra effet le premier jour du sixième mois qui suit celui de la réception de cette notification. La Convention restera en vigueur entre les autres États.

Art. 12 Le Conseil Fédéral Suisse notifiera aux États membres de la Commission Internationale de l'État Civil et à tout autre État ayant adhéré à la présente Convention :

a) le dépôt de tout instrument de ratification, d'acceptation, d'approbation ou d'adhésion;

b) toute date d'entrée en vigueur de la Convention;

c) toute déclaration concernant l'extension territoriale de la Convention ou son retrait, avec la date à laquelle elle prendra effet;

d) toute dénonciation de la Convention et la date à laquelle elle prendra effet.

Le Conseil Fédéral Suisse avisera le Secrétaire Général de la Commission Internationale de l'État Civil de toute notification faite en application du paragraphe I.

Dès l'entrée en vigueur de la présente Convention, une copie certifiée conforme sera transmise par le Conseil Fédéral Suisse au Secrétaire Général des Nations unies aux fins d'enregistrement et de publication, conformément à l'article 102 de la Charte des Nations unies.

En foi de quoi, les soussignés, dûment autorisés à cet effet, ont signé la présente Convention.

115 Convention CIEC n° 21 du 8 septembre 1982 relative à la délivrance d'un certificat de diversité de noms de famille (signée à La Haye)

En vigueur depuis le 1er juillet 1988

Rapport explicatif adopté par l'Assemblée générale de La Haye le 8 septembre 1982. Non reproduit. Consultable sur :
http://www.ciec1.org/SiteCIEC

Les États signataires de la présente Convention, membres de la Commission Internationale de l'État Civil, désireux d'atténuer les difficultés rencontrées par certaines personnes auxquelles est attribué d'après la loi d'un État un nom de famille autre que celui qui leur est reconnu dans un autre État, sont convenus des dispositions suivantes :

Art. premier 1. Le certificat de diversité de noms de famille institué par la présente Convention est destiné à faciliter la preuve de leur identité aux personnes qui, par suite de différences existant entre les législations de certains États, notamment en matière de mariage, de filiation ou d'adoption, ne sont pas désignées par le même nom de famille.

2. Ce certificat a pour seul objet de constater que les divers noms de famille par lui mentionnés désignent, selon des législations différentes, une même personne. Il ne peut avoir pour effet de faire échec aux dispositions légales régissant le nom.

Art. 2 Le certificat défini à l'article précédent doit, sur production des pièces justificatives, être délivré à tout intéressé soit par les autorités compétentes de l'État contractant dont il est ressortissant, soit par les autorités compétentes de l'État contractant selon la loi duquel lui a été attribué, bien qu'il soit ressortissant d'un autre État, un nom de famille différent de celui résultant de l'application de sa loi nationale.

Art. 3 Le certificat délivré conformément à la présente Convention est accepté dans chaque État contractant comme faisant foi, jusqu'à preuve du contraire, de l'exactitude de ses mentions relatives aux différents noms de famille de la personne désignée.

Art. 4 Pour l'application de la présente Convention, sont assimilés aux ressortissants d'un État contractant les réfugiés et les apatrides dont le statut personnel est régi par la loi de cet État.

Art. 5 Le certificat de diversité de noms de famille doit être conforme au modèle annexé à la présente Convention.

Aucune modification ne peut, sans approbation préalable de la Commission Internationale de l'État Civil, être apportée à ce modèle par un État contractant.

Art. 6 Toutes les inscriptions à porter sur le certificat sont écrites en caractères latins d'imprimerie; elles peuvent en outre être écrites dans les caractères de la langue de l'autorité qui délivre le certificat.

Art. 7 1. Les dates sont inscrites en chiffres arabes indiquant successivement sous les symboles Jo, Mo et An le jour, le mois et l'année. Le jour et le mois sont indiqués par deux chiffres, l'année par quatre chiffres. Les neuf premiers jours du mois et les neuf premiers mois de l'année sont indiqués par des chiffres allant de 01 à 09.

2. Le nom de tout lieu mentionné dans le certificat est suivi du nom de l'État où ce lieu est situé, chaque fois que cet État n'est pas celui dont l'autorité délivre le certificat.

3. Sont exclusivement utilisés les symboles suivants :

— pour indiquer le sexe masculin, la lettre M, le sexe féminin, la lettre F,

— pour indiquer la nationalité, les lettres servant à désigner le pays en matière d'immatriculation de véhicules automobiles,

— pour indiquer la condition de réfugié, les lettres REF,

— pour indiquer la condition d'apatride, les lettres APA.

Art. 8 Si l'autorité compétente n'est pas en mesure de remplir une case ou une partie de case, cette case ou partie de case est rendue inutilisable par des traits.

Art. 9 1. Au recto de chaque certificat les mentions invariables, à l'exclusion des symboles prévus à l'article 7 en ce qui concerne les dates, sont imprimées en deux langues au moins, dont la langue ou l'une des langues officielles de l'État où le certificat est délivré et la langue française.

2. La signification des symboles doit être indiquée au moins dans la langue ou l'une des langues officielles de chacun des États qui, au moment de la signature de la présente Convention, sont membres de la Commission Internationale de l'État Civil, ainsi que dans la langue anglaise.

3. Au verso de chaque certificat doivent figurer :

— une référence à la Convention, dans les langues indiquées au deuxième paragraphe du présent article;

— une traduction des mentions invariables, dans les langues indiquées au deuxième paragraphe du présent article, si ces langues n'ont pas été utilisées au recto;

— un résumé des articles 5, 6, 7 et 8 de la Convention, au moins dans la langue ou l'une des langues officielles de l'autorité qui délivre le certificat.

4. Toute traduction doit être approuvée par le Bureau de la Commission Internationale de l'État Civil.

Art. 10 1. Les certificats sont datés et revêtus de la signature et du sceau de l'autorité qui les a délivrés.

2. Ils sont dispensés de légalisation ou de toute formalité équivalente sur le territoire des États contractants.

Art. 11 1. Lors de la signature de la présente Convention, de la ratification, de l'acceptation, de l'approbation ou de l'adhésion, chaque État contractant devra désigner les autorités compétentes pour délivrer le certificat.

2. Toute modification apportée ultérieurement à cette désignation sera notifiée au Conseil Fédéral Suisse.

Art. 12 La présente Convention sera ratifiée, acceptée ou approuvée et les instruments de ratification, d'acceptation ou d'approbation seront déposés auprès du Conseil Fédéral Suisse.

Art. 13 1. La présente Convention entrera en vigueur le premier jour du troisième mois qui suit celui du dépôt du deuxième instrument de ratification, d'acceptation, d'approbation ou d'adhésion.

2. À l'égard de l'État qui ratifiera, acceptera, approuvera ou adhérera après son entrée en vigueur, la Convention prendra effet le premier jour du troisième mois qui suit celui du dépôt par cet État de l'instrument de ratification, d'acceptation, d'approbation ou d'adhésion.

Art. 14 Tout État membre de la Commission Internationale de l'État Civil, des Communautés Européennes ou du Conseil de l'Europe pourra adhérer à la présente Convention. L'instrument d'adhésion sera déposé auprès du Conseil Fédéral Suisse.

Art. 15 Aucune réserve à la présente Convention n'est admise.

Art. 16 1. Tout État, au moment de la signature, de la ratification, de l'acceptation, de l'approbation ou de l'adhésion ou à tout autre moment par la suite, pourra déclarer que la présente Convention s'étendra à l'ensemble des territoires dont il assure les relations sur le plan international, ou à l'un ou plusieurs d'entre eux.

2. Cette déclaration sera notifiée au Conseil Fédéral Suisse et l'extension prendra effet au moment de l'entrée en vigueur de la Convention pour ledit État ou, ultérieurement, le premier jour du troisième mois qui suit celui de la réception de la notification.

3. Toute déclaration d'extension pourra être retirée par notification adressée au Conseil Fédéral Suisse et la Convention cessera d'être applicable au territoire désigné le premier jour du troisième mois qui suit celui de la réception de ladite notification.

Art. 17 1. La présente Convention demeurera en vigueur sans limitation de durée.

2. Tout État partie à la présente Convention aura toutefois la faculté de la dénoncer à tout moment après l'expiration d'un délai d'un an à partir de l'entrée en vigueur de la Convention à son égard. La dénonciation sera notifiée au Conseil Fédéral Suisse et prendra effet le premier jour du sixième mois qui suit celui de la réception de cette notification. La Convention restera en vigueur entre les autres États.

Art. 18 1. Le Conseil Fédéral Suisse notifiera aux États membres de la Commission Internationale de l'État Civil et à tout autre État ayant adhéré à la présente Convention :

a) le dépôt de tout instrument de ratification, d'acceptation, d'approbation ou d'adhésion ;

b) toute date d'entrée en vigueur de la Convention ;

c) toute déclaration concernant l'extension territoriale de la Convention ou son retrait, avec la date à laquelle elle prendra effet;

d) toute dénonciation de la Convention et la date à laquelle elle prendra effet;

e) toute désignation des autorités compétentes effectuée en application de l'article 11, alinéa 1, et toute modification faite en vertu du second alinéa de cet article.

2. Le Conseil Fédéral Suisse avisera le Secrétaire Général de la Commission Internationale de l'État Civil de toute notification faite en application du paragraphe 1.

3. Dès l'entrée en vigueur de la présente Convention, une copie certifiée conforme sera transmise par le Conseil Fédéral Suisse au Secrétaire Général des Nations unies aux fins d'enregistrement et de publication, conformément à l'article 102 de la Charte des Nations unies.

Domaine territorial de la Convention [non reproduit]

116 Convention CIEC n° 23 du 6 septembre 1989, protocole additionnel à la convention concernant l'échange international d'informations en matière d'état civil signée à Istanbul le 4 septembre 1958 (signé à Patras)

En vigueur depuis le 1er mars 1991

Les États signataires du présent Protocole, membres de la Commission Internationale de l'État Civil et Parties contractantes à la Convention du 4 septembre 1958 concernant l'échange international d'informations en matière d'état civil,

Tenant compte de l'évolution intervenue dans le domaine de l'information internationale en matière d'état civil, et désireux d'y adapter les avis requis en vertu de l'article 1er de la Convention du 4 septembre 1958,

Sont convenus des dispositions suivantes :

Art. premier 1. En ce qui concerne la transmission de l'information relative aux actes visés à l'article 1er de la Convention du 4 septembre 1958, les États pourront utiliser soit les formules prévues à l'article 2 de cette Convention, soit les modèles d'extraits plurilingues des Conventions signées à Paris le 27 septembre 1956 et à Vienne le 8 septembre 1976, soit un autre modèle élaboré à cet effet par la Commission Internationale de l'État Civil.

2. Lors de l'utilisation de la voie postale, les avis sont transmis sous pli cacheté.

Art. 2 1. Lorsque sont utilisées les formules prévues à l'article 2 de la Convention du 4 septembre 1958, celles-ci devront être complétées par les traductions en langues anglaise, espagnole, grecque et portugaise des modèles d'avis, telles qu'elles figurent en annexe au présent Protocole.

2. Lorsque sont utilisés les modèles d'extraits plurilingues des Conventions signées à Paris le 27 septembre 1956 et à Vienne le 8 septembre 1976, la mention suivante, rédigée dans les langues des énonciations invariables de l'extrait, doit apparaître : « Cet extrait de l'acte de mariage/décès est transmis pour valoir avis au sens de l'article 1er de la Convention du 4 septembre 1958 concernant l'échange international d'informations en matière d'état civil ». La mention peut soit être apposée directement

sur le modèle d'extrait plurilingue utilisé, soit figurer sur une fiche annexe agrafée à l'extrait en cause.

Art. 3 Le présent Protocole sera ratifié, accepté ou approuvé, et les instruments de ratification, d'acceptation ou d'approbation seront déposés auprès du Conseil Fédéral Suisse.

Art. 4 1. Le présent Protocole entrera en vigueur le premier jour du troisième mois qui suit celui du dépôt du deuxième instrument de ratification, d'acceptation, d'approbation ou d'adhésion.

2. À l'égard de l'État qui ratifiera, acceptera, approuvera ou adhérera après son entrée en vigueur, le Protocole prendra effet le premier jour du troisième mois qui suit celui du dépôt par cet État de l'instrument de ratification, d'acceptation, d'approbation ou d'adhésion.

Art. 5 Tout État qui a ratifié, accepté ou approuvé la Convention du 4 septembre 1958, ou qui y a adhéré, pourra adhérer au présent Protocole. L'instrument d'adhésion sera déposé auprès du Conseil Fédéral Suisse.

Art. 6 Les dispositions de l'article 7 de la Convention du 4 septembre 1958 sont applicables, mutatis mutandis, à la détermination du domaine territorial du présent Protocole.

Art. 7 1. Le présent Protocole demeurera en vigueur sans limitation de durée.

2. Pour l'État qui dénoncerait la Convention du 4 septembre 1958, le présent Protocole cessera d'être en vigueur simultanément avec la Convention.

Art. 8 1. Le Conseil Fédéral Suisse notifiera aux États membres de la Commission Internationale de l'État Civil

a) le dépôt de tout instrument de ratification, d'acceptation, d'approbation ou d'adhésion;

b) toute date d'entrée en vigueur du Protocole;

c) toute déclaration concernant l'extension territoriale du Protocole ou son retrait, avec la date à laquelle elle prendra effet.

2. Le Conseil Fédéral Suisse avisera le Secrétaire Général de la Commission Internationale de l'État Civil de toute notification faite en application du paragraphe 1.

3. Dès l'entrée en vigueur du présent Protocole, une copie certifiée conforme sera transmise par le Conseil Fédéral Suisse au Secrétaire Général des Nations unies aux fins d'enregistrement et de publication, conformément à l'article 102 de la Charte des Nations unies.

Domaine territorial de la Convention :

Lors du dépôt de l'instrument d'acceptation du Protocole, l'Ambassade des Pays-Bas à Berne a précisé que le Protocole est applicable au Royaume en Europe et à Aruba.

117 Convention CIEC n° 24 du 5 septembre 1990 relative à la reconnaissance et à la mise à jour des livrets d'état civil (signée à Madrid)

En vigueur depuis le 1er juillet 1992

Rapport explicatif adopté par l'Assemblée générale le 7 septembre 1989 à Patras.
Non reproduit. Consultable sur :
http://www.ciec1.org/SiteCIEC
Les États signataires de la présente Convention, membres de la Commission Internationale de l'État Civil, désireux de promouvoir et de faciliter la reconnaissance et la mise à jour de leurs livrets d'état civil, sont convenus des dispositions suivantes :

Art. premier 1. Au sens de la présente Convention, un livret d'état civil est un document délivré en vertu de la loi, émanant d'un officier de l'état civil et prévu pour contenir les énonciations originaires et les mentions ultérieures des actes de l'état civil concernant la naissance, le mariage et le décès.

2. Les énonciations et mentions d'état civil portées sur ces livrets sont datées et revêtues de la signature et du sceau ou timbre de l'autorité qui les a portées.

Art. 2 Chaque État contractant reconnaît, sans légalisation ou formalité équivalente, aux livrets visés à l'article 1er et délivrés dans un autre État contractant, la valeur probante qu'il reconnaît aux extraits d'actes de l'état civil délivrés dans ledit État.

Art. 3 Lorsque les livrets sont établis selon le modèle annexé à la Convention créant un livret de famille international signée à Paris le 12 septembre 1974 ou qu'ils contiennent les codes appartenant à une codification approuvée par la Commission Internationale de l'État Civil, aucune traduction ne peut en être exigée; à défaut, une traduction peut être demandée par l'autorité devant laquelle ils sont produits.

Art. 4 Quand l'officier de l'état civil d'un des États contractants dresse un acte de l'état civil, il met à jour, sur la base de cet acte, lorsqu'ils lui sont présentés, les livrets établis par l'officier de l'état civil d'un autre État contractant.

Art. 5 1. L'autorité à laquelle est présenté un livret peut en cas de doute portant sur la date, la signature, le sceau, le timbre ou la qualité du signataire, faire procéder aux vérifications nécessaires par l'autorité qui a délivré ou mis à jour le livret.

2. La demande de vérification peut être faite au moyen d'une formule plurilingue dont le modèle est annexé à la présente Convention.

3. Cette formule est envoyée directement soit à l'autorité qui a délivré ou mis à jour le livret à vérifier, soit à l'autorité centrale éventuellement indiquée par l'État signataire, et est accompagnée d'une copie de celui-ci ou, si nécessaire, de l'original.

4. La vérification est opérée gratuitement et la réponse peut être renvoyée directement, le cas échéant avec le livret original. Cette réponse est renvoyée le plus rapidement possible.

Art. 6 Pour l'application de la présente Convention, sont assimilés aux ressortissants d'un État contractant, les réfugiés et les apatrides dont le statut personnel est régi par la loi de cet État.

Art. 7 1. Chaque État contractant, au moment de la signature, de la ratification, de l'acceptation, de l'approbation ou de l'adhésion dressera, s'il y a lieu, la liste des documents qu'il délivre et auxquels s'applique la présente Convention.

2. Toute liste établie postérieurement ou toute modification apportée à une liste sera notifiée au Conseil Fédéral Suisse.

Art. 8 La présente Convention sera ratifiée, acceptée ou approuvée et les instruments de ratification, d'acceptation ou d'approbation seront déposés auprès du Conseil Fédéral Suisse.

Art. 9 1. La présente Convention entrera en vigueur le premier jour du troisième mois qui suit celui du dépôt du deuxième instrument de ratification, d'acceptation, d'approbation ou d'adhésion.

2. À l'égard de l'État qui ratifiera, acceptera, approuvera ou adhérera après son entrée en vigueur, la Convention prendra effet le premier jour du troisième mois qui suit celui du dépôt par cet État de l'instrument de ratification, d'acceptation, d'approbation ou d'adhésion.

Art. 10 Tout État membre de la Commission Internationale de l'État Civil, des Communautés Européennes ou du Conseil de l'Europe pourra adhérer à la présente Convention. L'instrument d'adhésion sera déposé auprès du Conseil Fédéral Suisse.

Art. 11 Chaque État contractant pourra, lors de la signature, de la ratification prévue à l'article 8 ou de l'adhésion, déclarer que ses officiers de l'état civil n'effectueront pas les mises à jour :

a) non prévues par sa loi interne ou

b) dont le contenu est contraire à son ordre public.

Art. 12 1. Tout État, au moment de la signature, de la ratification, de l'acceptation, de l'approbation ou de l'adhésion ou à tout moment par la suite, pourra déclarer que la présente Convention s'étendra à l'ensemble des territoires dont il assure les relations sur le plan international, ou à l'un ou plusieurs d'entre eux.

2. Cette déclaration sera notifiée au Conseil Fédéral Suisse et l'extension prendra effet au moment de l'entrée en vigueur de la Convention pour ledit État ou, ultérieurement, le premier jour du troisième mois qui suit celui de la réception de la notification.

3. Toute déclaration d'extension pourra être retirée par notification adressée au Conseil Fédéral Suisse et la Convention cessera d'être applicable au territoire désigné le premier jour du troisième mois qui suit celui de la réception de ladite notification.

Art. 13 1. La présente Convention demeurera en vigueur sans limitation de durée.

2. Tout État partie à la présente Convention aura toutefois la faculté de la dénoncer à tout moment après l'expiration d'un délai d'un an à partir de la date de l'entrée en vigueur de la Convention à son égard. La dénonciation sera notifiée au Conseil Fédéral Suisse et prendra effet le premier jour du troisième mois qui suit celui de la réception de cette notification. La Convention restera en vigueur entre les autres États.

Art. 14 1. Le Conseil Fédéral Suisse notifiera aux États membres de la Commission Internationale de l'État Civil et à tout autre État ayant adhéré à la présente Convention :

a) le dépôt de tout instrument de ratification, d'acceptation, d'approbation ou d'adhésion;

b) toute date d'entrée en vigueur de la Convention;

c) toute déclaration concernant l'extension territoriale de la Convention ou son retrait, avec la date à laquelle elle prendra effet;

d) toute dénonciation de la Convention et la date à laquelle elle prendra effet;

e) les listes des documents auxquels s'applique la Convention et prévues à l'article 7 et toute modification faite en vertu du second paragraphe de cet article.

2. Le Conseil Fédéral Suisse avisera le Secrétaire Général de la Commission Internationale de l'État Civil de toute notification faite en application du paragraphe 1.

3. Dès l'entrée en vigueur de la présente Convention, une copie certifiée conforme sera transmise par le Conseil Fédéral Suisse au Secrétaire Général des Nations unies aux fins d'enregistrement et de publication, conformément à l'article 102 de la Charte des Nations unies.

Déclarations faites en application de l'article 7 de la Convention, lors de la signature :

Pour le Royaume d'Espagne : La Convention s'appliquera exclusivement au livret de famille (*« Libro de Familia »*) délivré par le Ministère de la Justice espagnol.

Pour la République du Portugal : Le livret d'état civil individuel (*« Cédula pessoal »*) est le seul livret d'état civil que le Portugal délivre et auquel s'appliquera la présente Convention.

Déclarations faites en application de l'article 11 de la Convention, lors de la signature :

Pour la République du Portugal : Le Portugal déclare que ses officiers de l'état civil n'effectueront pas les mises à jour dont le contenu est contraire à son ordre public et qu'ils pourront ne pas effectuer les mises à jour non prévues par sa loi interne.

Pour la République turque : En application de l'article 11 de la présente Convention le Gouvernement de la République de Turquie déclare que ses officiers de l'état civil n'effectueront pas les mises à jour

a) non prévues par sa loi interne

b) dont le contenu est contraire à son ordre public.

Déclarations faites en application de l'article 11 de la Convention, lors de la ratification :

L'Espagne a déclaré : « España, de conformidad con el articulo 11 del Acuerdo, declara que sus Encargados del Registro Civil n° efectuarán las actualizaciones que n° se hallen previstas por su ley interna o cuyo contenido sea contrario a su orden público. »

L'Italie a déclaré : « Il Governo italiano formula la riserva di cui all'articolo 11 della Convenzione, secondo la quale gli Ufficiali di stato civile non effettueranno gli aggiornamenti non previsti dalla legge interna o il cui contenuto sia contrario all'ordine pubblico. »

118 Convention CIEC nº 26 du 12 septembre 1997 concernant l'échange international d'informations en matière d'état civil (signée à Neuchâtel)

En vigueur depuis le 1er décembre 2004

Rapport explicatif adopté par l'Assemblée générale le 12 septembre 1996 à Rome, et complété le 11 septembre 1997 à Neuchâtel.
Non reproduit. Consultable sur :
http://www.ciec1.org/SiteCIEC
Les États signataires de la présente Convention, membres de la Commission Internationale de l'État Civil,
Désireux de promouvoir et de faciliter leurs relations dans le domaine de l'état civil et d'organiser d'un commun accord un échange international d'informations afin notamment de rendre plus aisées les démarches administratives des personnes résidant sur leur territoire,
Sont convenus des dispositions suivantes :

Art. premier Lorsqu'un officier de l'état civil d'un État contractant inscrit un mariage dans un registre de l'état civil, il envoie un extrait de l'acte de mariage à l'officier de l'état civil du lieu de naissance de chaque conjoint si ce lieu est situé sur le territoire d'un autre État contractant.

Art. 2 1. Lorsqu'un officier de l'état civil d'un État contractant inscrit un divorce dans un registre de l'état civil, il envoie un avis de dissolution de mariage à l'officier de l'état civil du lieu de la célébration du mariage si celui-ci a été célébré sur le territoire d'un autre État contractant.

2. Lorsqu'un officier de l'état civil d'un État contractant inscrit un divorce dans un registre de l'état civil, il envoie un avis de dissolution de mariage à l'officier de l'état civil du lieu de naissance de chaque conjoint si ce lieu est situé sur le territoire d'un autre État contractant.

3. Les dispositions prévues aux alinéas 1 et 2 sont applicables lorsqu'un mariage a été annulé, déclaré nul, non existant ou dissous par une autre cause que le divorce.

Art. 3 Lorsqu'un officier de l'état civil d'un État contractant inscrit dans un registre de l'état civil la reconnaissance d'un enfant, il envoie un extrait de l'acte de reconnaissance à l'officier de l'état civil du lieu de naissance de l'enfant si ce lieu est situé sur le territoire d'un autre État contractant.

Art. 4 1. Lorsqu'un officier de l'état civil d'un État contractant inscrit dans un registre de l'état civil un acte de décès, il envoie un extrait de cet acte à l'officier de l'état civil du lieu de naissance du défunt si ce lieu est situé sur le territoire d'un autre État contractant.

2. Lorsque la personne décédée était mariée, l'officier de l'état civil envoie un extrait de l'acte de décès à l'officier de l'état civil du lieu du mariage et à celui du lieu de naissance du conjoint lorsque le lieu du mariage ou celui de la naissance sont situés sur le territoire d'un autre État contractant.

Art. 5 1. Lorsqu'un officier de l'état civil d'un État contractant inscrit dans un registre de l'état civil une rectification relative à un acte de mariage, de reconnaissance ou de décès, il envoie un extrait de l'acte rectifié à l'officier de l'état civil du lieu de naissance de la personne ou des personnes concernées si ce lieu est situé sur le territoire d'un autre État contractant.

2. Lorsqu'un officier de l'état civil d'un État contractant inscrit dans un registre de l'état civil une rectification relative à un acte de naissance, il envoie un extrait de l'acte rectifié à l'officier de l'état civil du lieu du mariage, de la reconnaissance ou du décès de la personne concernée si l'acte de mariage, de reconnaissance ou de décès a été établi sur le territoire d'un autre État contractant.

3. Au sens du présent article, le mot « rectification » s'entend de l'inscription dans un registre de l'état civil d'une décision émanant de l'autorité compétente qui, sans statuer sur une question relative à l'état des personnes ou sur le droit à une qualification nobiliaire ou honorifique, répare une erreur dans un acte de l'état civil.

Art. 6 La communication des avis et extraits prévue aux articles 1 à 5 ne préjuge pas de la nationalité des personnes concernées.

Art. 7 Les avis et extraits sont utilisés par les autorités de l'État destinataire conformément aux lois et règlements de cet État.

Art. 8 Lorsque la communication des avis et extraits concerne une personne née sur le territoire d'un État contractant dont la législation prévoit la tenue d'un registre de famille, l'officier de l'état civil communique si possible le lieu de dépôt et le numéro du registre de famille de la personne concernée.

Art. 9 1. Les avis et extraits sont rédigés dans la langue de l'autorité qui les a établis conformément aux formules figurant à l'annexe 1 de la présente Convention.

2. Toutes les inscriptions à porter sur les formules sont écrites en caractères latins d'imprimerie; elles peuvent en outre être écrites dans les caractères de la langue de l'autorité qui délivre l'avis ou l'extrait.

Art. 10 1. Les dates sont inscrites en chiffres arabes indiquant successivement, sous les symboles Jo, Mo et An, le jour, le mois et l'année. Le jour et le mois sont indiqués par deux chiffres, l'année par quatre chiffres. Les neuf premiers jours du mois et les neuf premiers mois de l'année sont indiqués par des chiffres allant de 01 à 09.

2. Le nom de tout lieu mentionné dans un avis ou extrait est suivi du nom de l'État où ce lieu est situé chaque fois que cet État n'est pas celui où l'avis ou l'extrait est délivré.

Art. 11 S'il n'est pas possible de remplir une case ou une partie de case, cette case ou partie de case est rendue inutilisable par des traits.

Art. 12 Au verso de chaque avis ou extrait doivent figurer :

1. une référence à la Convention, au moins dans la langue ou l'une des langues officielles de chacun des États qui, au moment de la signature de la présente Convention, sont membres de la Commission Internationale de l'État Civil,

2. un résumé des articles 9, alinéa 2, 10 et 11 de la Convention, au moins dans la langue de l'autorité qui délivre l'avis ou l'extrait.

Art. 13 La liste des termes utilisés et de leurs codes figure à l'annexe 2 de la présente Convention.

Art. 14 1. Lors de la ratification de la présente Convention, de l'acceptation, de l'approbation ou de l'adhésion, chaque État contractant devra déposer auprès du Secrétariat Général de la Commission Internationale de l'État Civil la traduction dans sa ou ses langues officielles des termes inclus dans la liste figurant à l'annexe 2 de la présente Convention. Cette traduction devra être approuvée par le Bureau de la Commission Internationale de l'État Civil.

2. Toute modification apportée à cette traduction devra être déposée auprès du Secrétariat Général de la Commission Internationale de l'État Civil et approuvée par le Bureau de la Commission Internationale de l'État Civil.

Art. 15 1. Le codage des énonciations contenues dans les formules figurant à l'annexe 1 et la liste des codes prévus à l'annexe 2 pourront être modifiés par une résolution votée à la majorité simple par les représentants des États membres de la Commission Internationale de l'État Civil et des États non membres parties à la Convention.

2. La résolution visée au premier alinéa sera déposée auprès du Conseil Fédéral Suisse et prendra effet, dans les rapports entre les États contractants, à compter du premier jour du septième mois suivant ce dépôt.

Art. 16 1. La présente Convention remplace la Convention concernant l'échange international d'informations en matière d'état civil signée à Istanbul le 4 septembre 1958 dans les rapports entre les États qui seront parties aux deux Conventions.

2. Les dispositions des articles précédents ne font pas obstacle à la transmission aux autorités d'un État contractant, par la voie diplomatique ou autre voie prévue par une convention particulière, de tout acte ou décision concernant l'état civil d'une personne née sur le territoire de cet État.

Art. 17 L'échange d'informations prévu par la présente Convention ne s'applique pas aux transmissions aux officiers de l'état civil de l'État dont est originaire la personne concernée lorsque celle-ci a la qualité de réfugié.

Art. 18 La présente Convention sera ratifiée, acceptée ou approuvée et les instruments de ratification, d'acceptation ou d'approbation seront déposés auprès du Conseil Fédéral Suisse.

Art. 19 1. La présente Convention entrera en vigueur le premier jour du septième mois qui suit celui du dépôt du deuxième instrument de ratification, d'acceptation, d'approbation ou d'adhésion.

2. À l'égard de l'État qui ratifiera, acceptera, approuvera ou adhérera après son entrée en vigueur, la Convention prendra effet le premier jour du septième mois qui suit celui du dépôt par cet État de l'instrument de ratification, d'acceptation, d'approbation ou d'adhésion.

Art. 20 Tout État membre de la Commission Internationale de l'État Civil, de l'Union européenne ou du Conseil de l'Europe pourra adhérer à la présente Convention. L'instrument d'adhésion sera déposé auprès du Conseil Fédéral Suisse.

Art. 21 1. Tout État, au moment de la signature, de la ratification, de l'acceptation, de l'approbation ou de l'adhésion ou à tout moment par la suite, pourra déclarer que la présente Convention s'étendra à l'ensemble des territoires dont il assure les relations sur le plan international, ou à l'un ou plusieurs d'entre eux.

2. Cette déclaration sera notifiée au Conseil Fédéral Suisse et l'extension prendra effet au moment de l'entrée en vigueur de la Convention pour ledit État ou, ultérieurement, le premier jour du septième mois qui suit celui de la réception de la notification.

3. Toute déclaration d'extension pourra être retirée par notification adressée au Conseil Fédéral Suisse et la Convention cessera d'être applicable au territoire désigné le premier jour du septième mois qui suit celui de la réception de ladite notification.

Art. 22 1. La présente Convention demeurera en vigueur sans limitation de durée.

2. Tout État partie à la présente Convention aura toutefois la faculté de la dénoncer à tout moment après l'expiration d'un délai d'un an à partir de la date de l'entrée en vigueur de la Convention à son égard. La dénonciation sera notifiée au Conseil Fédéral Suisse et prendra effet le premier jour du septième mois qui suit celui de la réception de cette notification. La Convention restera en vigueur entre les autres États.

Art. 23 1. Le Conseil Fédéral Suisse notifiera aux États membres de la Commission Internationale de l'État Civil et à tout autre État ayant adhéré à la présente Convention :

a) le dépôt de tout instrument de ratification, d'acceptation, d'approbation ou d'adhésion;

b) toute date d'entrée en vigueur de la Convention;

c) toute déclaration concernant l'extension territoriale de la Convention ou son retrait, avec la date à laquelle elle prendra effet;

d) toute dénonciation de la Convention et la date à laquelle elle prendra effet;

e) toute résolution prise en application de l'article 15, avec la date à laquelle elle prendra effet.

2. Le Conseil Fédéral Suisse avisera le Secrétaire Général de la Commission Internationale de l'État Civil de toute notification faite en application du paragraphe 1.

3. Dès l'entrée en vigueur de la présente Convention, une copie certifiée conforme sera transmise par le Conseil Fédéral Suisse au Secrétaire Général des Nations unies aux fins d'enregistrement et de publication, conformément à l'article 102 de la Charte des Nations unies.

SOUS-PARTIE IV

AUTRES CONVENTIONS MULTILATÉRALES

119 Convention de Paris du 20 mars 1883 pour la protection de la propriété industrielle

Révisée successivement par les actes de Bruxelles le 14 décembre 1900, Washington le 2 juin 1911, La Haye le 6 novembre 1925, Londres le 2 juin 1934, Lisbonne le 31 octobre 1958, Stockholm le 14 juillet 1967

Version d'origine en vigueur depuis le 7 juillet 1884, Version actuelle depuis le 12 août 1975

Art. premier *Constitution de l'Union; domaine de la propriété industrielle.* 1. Les pays auxquels s'applique la présente Convention sont constitués à l'état d'Union pour la protection de la propriété industrielle.

2. La protection de la propriété industrielle a pour objet les brevets d'invention, les modèles d'utilité, les dessins ou modèles industriels, les marques de fabrique ou de commerce, les marques de service, le nom commercial et les indications de provenance ou appellations d'origine, ainsi que la répression de la concurrence déloyale.

3. La propriété industrielle s'entend dans l'acception la plus large et s'applique non seulement à l'industrie et au commerce proprement dits, mais également au domaine des industries agricoles et extractives et à tous produits fabriqués ou naturels, par exemple : vins, grains, feuilles de tabac, fruits, bestiaux, minéraux, eaux minérales, bières, fleurs, farines.

4. Parmi les brevets d'invention sont comprises les diverses espèces de brevets industriels admises par les législations des pays de l'Union, telles que brevets d'importation, brevets de perfectionnement, brevets et certificats d'addition, etc.

Art. 2 *Traitement national pour les ressortissants des pays de l'Union.* 1. Les ressortissants de chacun des pays de l'Union jouiront dans tous les autres pays de l'Union, en ce qui concerne la protection de la propriété industrielle, des avantages que les lois respectives accordent actuellement ou accorderont par la suite aux nationaux, le tout sans préjudice des droits spécialement prévus par la présente Convention. En conséquence, ils auront la même protection que ceux-ci et le même recours légal contre tout atteinte portée à leurs droits, sous réserve de l'accomplissement des conditions et formalités imposées aux nationaux.

2. Toutefois, aucune condition de domicile ou d'établissement dans le pays où la protection est réclamée ne peut être exigée des ressortissants de l'Union pour la jouissance d'aucun des droits de propriété industrielle.

3. Sont expressément réservées les dispositions de la législation de chacun des pays de l'Union relatives à la procédure judiciaire et administrative et à la compétence, ainsi qu'à l'élection de domicile ou à la constitution d'un mandataire, qui seraient requises par les lois sur la propriété industrielle.

Art. 3 *Assimilation de certaines catégories de personnes aux ressortissants des pays de l'Union.* Sont assimilés aux ressortissants des pays de l'Union les ressortissants des pays ne faisant pas partie de l'Union qui sont domiciliés ou ont des établissements industriels ou commerciaux effectifs et sérieux sur le territoire de l'un des pays de l'Union.

Art. 4 *A à I. Brevets, modèles d'utilité, dessins et modèles industriels, marques, certificats d'auteur d'invention : droit de priorité G. Brevets : division de la demande.*

A. — 1. Celui qui aura régulièrement fait le dépôt d'une demande de brevet d'invention, d'un modèle d'utilité, d'un dessin ou modèle industriel, d'une marque de fabrique ou de commerce, dans l'un des pays de l'Union, ou son ayant cause, jouira, pour effectuer le dépôt dans les autres pays, d'un droit de priorité pendant les délais déterminés ci-après.

2. Est reconnu comme donnant naissance au droit de priorité tout dépôt ayant la valeur d'un dépôt national régulier, en vertu de la législation nationale de chaque pays de l'Union ou de traités bilatéraux ou multilatéraux conclus entre des pays de l'Union.

3. Par dépôt national régulier on doit entendre tout dépôt qui suffit à établir la date à laquelle la demande a été déposée dans le pays en cause, quel que soit le sort ultérieur de cette demande.

B. — En conséquence, le dépôt ultérieurement opéré dans l'un des autres pays de l'Union, avant l'expiration de ces délais, ne pourra être invalidé par des faits accomplis dans l'intervalle soit, notamment, par un autre dépôt, par la publication de l'invention ou son exploitation, par la mise en vente d'exemplaires du dessin ou du modèle, par l'emploi de la marque, et ces faits ne pourront faire naître aucun droit de tiers ni aucune possession personnelle. Les droits acquis par des tiers avant le jour de la première demande qui sert de base au droit de priorité sont réservés par l'effet de la législation intérieure de chaque pays de l'Union.

C. — 1. Les délais de priorité mentionnés ci-dessus seront de douze mois pour les brevets d'invention et les modèles d'utilité, et de six mois pour les dessins ou modèles industriels et pour les marques de fabrique ou de commerce.

2. Ces délais commencent à courir de la date du dépôt de la première demande ; le jour du dépôt n'est pas compris dans le délai.

3. Si le dernier jour du délai est un jour férié légal, ou un jour où le bureau n'est pas ouvert pour recevoir le dépôt des demandes dans le pays où la protection est réclamée, le délai sera prorogé jusqu'au premier jour ouvrable qui suit.

4. Doit être considérée comme première demande dont la date de dépôt sera le point de départ du délai de priorité, une demande ultérieure ayant le même objet qu'une première demande antérieure au sens de l'alinéa 2 ci-dessus, déposée dans le même pays de l'Union, à la condition que cette demande antérieure, à la date du dépôt de la demande ultérieure, ait été retirée, abandonnée, ou refusée, sans avoir été soumise à l'inspection publique et sans laisser subsister de droits, et qu'elle n'ait pas encore servi de base pour la revendication du droit de priorité. La demande antérieure ne pourra plus alors servir de base pour la revendication du droit de priorité.

D. — 1. Quiconque voudra se prévaloir de la priorité d'un dépôt antérieur sera tenu de faire une déclaration indiquant la date et le pays de ce dépôt. Chaque pays déterminera à quel moment, au plus tard, cette déclaration devra être effectuée.

2. Ces indications seront mentionnées dans les publications émanant de l'Administration compétente, notamment sur les brevets et les descriptions y relatives.

3. Les pays de l'Union pourront exiger de celui qui fait une déclaration de priorité la production d'une copie de la demande (description, dessins, etc.) déposée antérieurement. La copie, certifiée conforme par l'Administration qui aura reçu cette demande, sera dispensée de toute légalisation et elle pourra en tout cas être déposée, exempte de frais, à n'importe quel moment dans le délai de trois mois à dater du dépôt de la demande

ultérieure. On pourra exiger qu'elle soit accompagnée d'un certificat de la date du dépôt émanant de cette Administration et d'une traduction.

4. D'autres formalités ne pourront être requises pour la déclaration de priorité au moment du dépôt de la demande. Chaque pays de l'Union déterminera les conséquences de l'omission des formalités prévues par le présent article, sans que ses conséquences puissent excéder la perte du droit de priorité.

5. Ultérieurement, d'autres justifications pourront être demandées.

Celui qui se prévaut de la priorité d'un dépôt antérieur sera tenu d'indiquer le numéro de ce dépôt; cette indication sera publiée dans les conditions prévues par l'alinéa 2 ci-dessus.

E. — 1. Lorsqu'un dessin ou modèle industriel aura été déposé dans un pays en vertu d'un droit de priorité basé sur le dépôt d'un modèle d'utilité, le délai de priorité ne sera que celui fixé pour les dessins ou modèles industriels.

2. En outre, il est permis de déposer dans un pays un modèle d'utilité en vertu d'un droit de priorité basé sur le dépôt d'une demande de brevet et inversement.

F. — Aucun pays de l'Union ne pourra refuser une priorité ou une demande de brevet pour le motif que le déposant revendique des priorités multiples, même provenant de pays différents, ou pour le motif qu'une demande revendiquant une ou plusieurs priorités contient un ou plusieurs éléments qui n'étaient pas compris dans la ou les demandes dont la priorité est revendiquée, à la condition, dans les deux cas, qu'il y ait unité d'invention, au sens de la loi du pays.

En ce qui concerne les éléments non compris dans la ou les demandes dont la priorité est revendiquée, le dépôt de la demande ultérieure donne naissance à un droit de priorité dans les conditions ordinaires.

G. — 1. Si l'examen révèle qu'une demande de brevet est complexe, le demandeur pourra diviser la demande en un certain nombre de demandes divisionnaires, en conservant comme date de chacune la date de la demande initiale et, s'il y a lieu, le bénéfice du droit de priorité.

2. Le demandeur pourra aussi, de sa propre initiative, diviser la demande de brevet, en conservant comme date de chaque demande divisionnaire la date de la demande initiale et, s'il y a lieu, le bénéfice du droit de priorité. Chaque pays de l'Union aura la faculté de déterminer les conditions auxquelles cette division sera autorisée.

H. — La priorité ne peut être refusée pour le motif que certains éléments de l'invention pour lesquels on revendique la priorité ne figurent pas parmi les revendications formulées dans la demande au pays d'origine, pourvu que l'ensemble des pièces de la demande révèle d'une façon précise lesdits éléments.

I. 1. Les demandes de certificats d'auteur d'invention, déposées dans un pays où les déposants ont le droit de demander à leur choix soit un brevet, soit un certificat d'auteur d'invention, donneront naissance au droit de priorité institué par le présent article dans les mêmes conditions et avec les mêmes effets que les demandes de brevets d'invention.

2. Dans un pays où les déposants ont le droit de demander à leur choix soit un brevet, soit un certificat d'auteur d'invention, le demandeur d'un certificat d'auteur d'invention bénéficiera, selon les dispositions du présent article applicables aux demandes de brevets, du droit de priorité basé sur le dépôt d'une demande de brevet d'invention, de modèle d'utilité ou de certificat d'auteur d'invention.

Art. 4 *bis* *Brevets : indépendance des brevets obtenus pour la même invention dans différents pays.* 1. Les brevets demandés dans les différents pays de l'Union par des ressortissants de l'Union seront indépendants des brevets obtenus pour la même invention dans les autres pays, adhérents ou non à l'Union.

2. Cette disposition doit s'entendre d'une façon absolue, notamment en ce sens que les brevets demandés pendant le délai de priorité sont indépendants, tant au point de vue des causes de nullité et de déchéance qu'au point de vue de la durée normale.

3. Elle s'applique à tous les brevets existant au moment de sa mise en vigueur.

4. Il en sera de même, en cas d'accession de nouveaux pays, pour les brevets existant de part et d'autre au moment de l'accession.

5. Les brevets obtenus avec le bénéfice de la priorité jouiront, dans les différents pays de l'Union, d'une durée égale à celle dont ils jouiraient s'ils étaient demandés ou délivrés sans le bénéfice de la priorité.

Art. 4 *ter* *Brevets : mention de l'inventeur dans le brevet.* L'inventeur a le droit d'être mentionné comme tel dans le brevet.

Art. 4 *quater* *Brevets : brevetabilité en cas de restriction légale de la vente.* La délivrance d'un brevet ne pourra être refusée et un brevet ne pourra être invalidé pour le motif que la vente du produit breveté ou obtenu par un procédé breveté est soumise à des restrictions ou limitations résultant de la législation nationale.

Art. 5 *A. Brevets : introduction d'objets, défaut ou insuffisance d'exploitation, licences obligatoires*
B. Dessins et modèles industriels : défaut d'exploitation, introduction d'objets
C. Marques : manque d'utilisation, formes différentes, emploi par copropriétaires
D. Brevets, modèles d'utilité, marques, dessins et modèles industriels : signes et mentions. A. — 1. L'introduction, par le breveté, dans le pays où le brevet a été délivré, d'objets fabriqués dans l'un ou l'autre des pays de l'Union, n'entraînera pas la déchéance.

2. Chacun des pays de l'Union aura la faculté de prendre des mesures législatives prévoyant la concession de licences obligatoires pour prévenir les abus qui pourraient résulter de l'exercice du droit exclusif conféré par le brevet, par exemple faute d'exploitation.

3. La déchéance du brevet ne pourra être prévue que pour le cas où la concession de licences obligatoires n'aurait pas suffi pour prévenir ces abus. Aucune action en déchéance ou en révocation d'un brevet ne pourra être introduite avant l'expiration de deux années à compter de la concession de la première licence obligatoire.

4. Une licence obligatoire ne pourra pas être demandée pour cause de défaut ou d'insuffisance d'exploitation avant l'expiration d'un délai de quatre années à compter du dépôt de la demande de brevet, ou de trois années à compter de la délivrance du brevet, le délai qui expire le plus tard devant être appliqué; elle sera refusée si le breveté justifie son inaction par des excuses légitimes. Une telle licence obligatoire sera non exclusive et ne pourra être transmise, même sous la forme de concession de sous-licence, qu'avec la partie de l'entreprise ou du fonds de commerce exploitant cette licence.

5. Les dispositions qui précèdent seront applicables, sous réserve des modifications nécessaires, aux modèles d'utilité.

B. — La protection des dessins et modèles industriels ne peut être atteinte par une déchéance quelconque, soit pour défaut d'exploitation, soit pour introduction d'objets conformes à ceux qui sont protégés.

C. — 1. Si, dans un pays, l'utilisation de la marque enregistrée est obligatoire, l'enregistrement ne pourra être annulé qu'après un délai équitable et si l'intéressé ne justifie pas des causes de son inaction.

2. L'emploi d'une marque de fabrique ou de commerce, par le propriétaire, sous une forme qui diffère, par des éléments n'altérant pas le caractère distinctif de la marque

dans la forme sous laquelle celle-ci a été enregistrée dans l'un des pays de l'Union, n'entraînera pas l'invalidation de l'enregistrement et ne diminuera pas la protection accordée à la marque.

3. L'emploi simultané de la même marque sur des produits identiques ou similaires, par des établissements industriels ou commerciaux considérés comme copropriétaires de la marque d'après les dispositions de la loi nationale du pays où la protection est réclamée, n'empêchera pas l'enregistrement, ni ne diminuera d'aucune façon la protection accordée à ladite marque dans n'importe quel pays de l'Union, pourvu que ledit emploi n'ait pas pour effet d'induire le public en erreur et qu'il ne soit pas contraire à l'intérêt public.

D. — Aucun signe ou mention du brevet, du modèle d'utilité, de l'enregistrement de la marque de fabrique ou de commerce, ou du dépôt du dessin ou modèle industriel ne sera exigé sur le produit pour la reconnaissance du droit.

Art. 5 *bis* *Tous les droits de propriété industrielle : Délai de grâce pour le paiement de taxes pour le maintien des droits; Brevets : restauration.* 1. Un délai de grâce, qui devra être au minimum de six mois, sera accordé pour le paiement des taxes prévues pour le maintien des droits de propriété industrielle, moyennant le versement d'une surtaxe, si la législation nationale en impose une.

2. Les pays de l'Union ont la faculté de prévoir la restauration des brevets d'invention tombés en déchéance par suite de non-paiement de taxes.

Art. 5 *ter* *Brevets : introduction libre d'objets brevetés faisant partie de moyens de locomotion.* Dans chacun des pays de l'Union ne seront pas considérés comme portant atteinte aux droits du breveté :

i) L'emploi, à bord des navires des autres pays de l'Union, des moyens faisant l'objet de son brevet dans le corps du navire, dans les machines, agrès, apparaux et autres accessoires, lorsque ces navires pénétreront temporairement ou accidentellement dans les eaux du pays, sous réserve que ces moyens y soient employés exclusivement pour les besoins du navire;

ii) L'emploi des moyens faisant l'objet du brevet dans la construction ou le fonctionnement des engins de locomotion aérienne ou terrestre des autres pays de l'Union ou des accessoires de ces engins, lorsque ceux-ci pénétreront temporairement ou accidentellement dans ce pays.

Art. 5 *quater* *Brevets : introduction de produits fabriqués en application d'un procédé breveté dans le pays d'importation.* Lorsqu'un produit est introduit dans un pays de l'Union où il existe un brevet protégeant un procédé de fabrication dudit produit, le breveté aura, à l'égard du produit introduit, tous les droits que la législation du pays d'importation lui accorde, sur la base du brevet de procédé, à l'égard des produits fabriqués dans le pays même.

Art. 5 *quinquies* *Dessins et modèles industriels.* Les dessins et modèles industriels seront protégés dans tous les pays de l'Union.

Art. 6 *Marques : conditions d'enregistrement, indépendance de la protection de la même marque dans différents pays.* 1. Les conditions de dépôt et d'enregistrement des marques de fabrique ou de commerce seront déterminées dans chaque pays de l'Union par sa législation nationale.

2. Toutefois, une marque déposée par un ressortissant d'un pays de l'Union dans un quelconque des pays de l'Union ne pourra être refusée ou invalidée pour le motif qu'elle n'aura pas été déposée, enregistrée ou renouvelée au pays d'origine.

3. Une marque régulièrement enregistrée dans un pays de l'Union sera considérée comme indépendante des marques enregistrées dans les autres pays de l'Union, y compris le pays d'origine.

Art. 6 *bis* *Marques : marques notoirement connues.* 1. Les pays de l'Union s'engagent soit d'office si la législation du pays le permet, soit à la requête de l'intéressé, à refuser ou à invalider l'enregistrement et à interdire l'usage d'une marque de fabrique ou de commerce qui constitue la reproduction, l'imitation ou la traduction, susceptibles de créer une confusion, d'une marque que l'autorité compétente du pays de l'enregistrement ou de l'usage estimera y être notoirement connue comme étant déjà la marque d'une personne admise à bénéficier de la présente Convention et utilisée pour des produits identiques ou similaires. Il en sera de même lorsque la partie essentielle de la marque constitue la reproduction d'une telle marque notoirement connue ou une imitation susceptible de créer une confusion avec celle-ci.

2. Un délai minimum de cinq années à compter de la date de l'enregistrement devra être accordé pour réclamer la radiation d'une telle marque. Les pays de l'Union ont la faculté de prévoir un délai dans lequel l'interdiction d'usage devra être réclamée.

3. Il ne sera pas fixé de délai pour réclamer la radiation ou l'interdiction d'usage des marques enregistrées ou utilisées de mauvaise foi.

L'art. 6 bis s'applique mutatis mutandis aux services. Il s'applique également aux produits et services qui ne sont pas similaires à ceux pour lesquels une marque est enregistrée, à condition que l'usage de cette marque pour ces produits ou services indique un lien entre ces produits et le titulaire de la marque enregistrée et à condition que cet usage risque de nuire aux intérêts du titulaire de la marque enregistrée (ADPIC, art. 16, § 2).

Pour déterminer si une marque de fabrique ou de commerce est notoirement connue, les États membres tiennent compte de la notoriété de cette marque dans la partie du public concernée, y compris la notoriété dans l'État membre où a lieu la promotion de cette marque (ADPIC, art. 16, § 3).

Art. 6 *ter* *Marques : interdictions quant aux emblèmes d'État, signes officiels de contrôle et emblèmes d'organisations intergouvernementales.* 1. *a*) Les pays de l'Union conviennent de refuser ou d'invalider l'enregistrement et d'interdire, par des mesures appropriées, l'utilisation, à défaut d'autorisation des pouvoirs compétents soit comme marque de fabrique ou de commerce, soit comme élément de ces marques, des armoiries, drapeaux et autres emblèmes d'État des pays de l'Union, signes et poinçons officiels de contrôle et de garantie adoptés par eux, ainsi que toute imitation au point de vue héraldique.

b) Les dispositions figurant sous la lettre *a*) ci-dessus s'appliquent également aux armoiries, drapeaux et autres emblèmes, sigles ou dénominations des organisations internationales intergouvernementales dont un ou plusieurs pays de l'Union sont membres, à l'exception des armoiries, drapeaux et autres emblèmes, sigles ou dénominations qui ont déjà fait l'objet d'accords internationaux en vigueur destinés à assurer leur protection.

c) Aucun pays de l'Union ne pourra être tenu d'appliquer des dispositions figurant sous la lettre *b*) ci-dessus au détriment des titulaires de droits acquis de bonne foi avant l'entrée en vigueur, dans ce pays, de la présente Convention. Les pays de l'Union ne sont pas tenus d'appliquer lesdites dispositions lorsque l'utilisation ou l'enregistrement visé sous la lettre *a*) ci-dessus n'est pas de nature à suggérer, dans l'esprit du public un lien entre l'organisation en cause et les armoiries, drapeaux, emblèmes, sigles ou dénominations, ou si cette utilisation ou enregistrement n'est vraisemblablement pas de nature à abuser le public sur l'existence d'un lien entre l'utilisateur et l'organisation.

2. L'interdiction des signes et poinçons officiels de contrôle et de garantie s'appliquera seulement dans les cas où les marques qui les comprendront seront destinées à être utilisées sur des marchandises du même genre ou d'un genre similaire.

3. *a*) Pour l'application de ces dispositions, les pays de l'Union conviennent de se communiquer réciproquement, par l'intermédiaire du Bureau international, la liste des emblèmes d'État, signes et poinçons officiels de contrôle et de garantie, qu'ils désirent ou désireront placer, d'une façon absolue ou dans certaines limites, sous la protection du présent article, ainsi que toutes modifications ultérieures apportées à cette liste. Chaque pays de l'Union mettra à la disposition du public, en temps utile, les listes notifiées.

Toutefois, cette notification n'est pas obligatoire en ce qui concerne les drapeaux des États ;

b) Les dispositions figurant sous la lettre *b*) de l'alinéa 1 du présent article ne sont applicables qu'aux armoiries, drapeaux et autres emblèmes, sigles ou dénominations des organisations internationales intergouvernementales que celles-ci ont communiqués aux pays de l'Union par l'intermédiaire du Bureau international.

4. Tout pays de l'Union pourra, dans un délai de douze mois à partir de la réception de la notification, transmettre, par l'intermédiaire du Bureau international, au pays ou à l'organisation internationale intergouvernementale intéressés, ses objections éventuelles.

5. Pour les drapeaux de l'État, les mesures prévues à l'alinéa 1 ci-dessus s'appliqueront seulement aux marques enregistrées après le 6 novembre 1925.

6. Pour les emblèmes d'État autres que les drapeaux, pour les signes et poinçons officiels des pays de l'Union et pour les armoiries, drapeaux et autres emblèmes, sigles ou dénomination des organisations internationales intergouvernementales, ces dispositions ne seront applicables qu'aux marques enregistrées plus de deux mois après réception de la notification prévue à l'alinéa 3 ci-dessus.

7. En cas de mauvaise foi, les pays auront la faculté de faire radier même les marques enregistrées avant le 6 novembre 1925 et comportant des emblèmes d'État, signes et poinçons.

8. Les nationaux de chaque pays qui seraient autorisés à faire usage des emblèmes d'État, signes et poinçons de leur pays, pourront les utiliser, même s'il y avait similitude avec ceux d'un autre pays.

9. Les pays de l'Union s'engagent à interdire l'usage non autorisé, dans le commerce, des armoiries d'État des autres pays de l'Union, lorsque cet usage sera de nature à induire en erreur sur l'origine des produits.

10. Les dispositions qui précèdent ne font pas obstacle à l'exercice, par les pays, de la faculté de refuser ou d'invalider, par application du chiffre 3 de la lettre B de l'article 6 *quinquies*, les marques contenant, sans autorisation, des armoiries, drapeaux et autres emblèmes d'État, ou des signes et poinçons officiels adoptés par un pays de l'Union, ainsi que des signes distinctifs des organisations internationales intergouvernementales mentionnés à l'alinéa 1 ci-dessus.

Art. 6 *quater* *Marques : transfert de la marque.* 1. Lorsque, conformément à la législation d'un pays de l'Union, la cession d'une marque n'est valable que si elle a lieu en même temps que le transfert de l'entreprise ou du fonds de commerce auquel la marque appartient, il suffira, pour que cette validité soit admise, que la partie de l'entreprise ou du fonds de commerce située dans ce pays soit transmise au cessionnaire avec le droit exclusif d'y fabriquer ou d'y vendre les produits portant la marque cédée.

2. Cette disposition n'impose pas aux pays de l'Union l'obligation de considérer comme valable le transfert de toute marque dont l'usage par le cessionnaire serait, en fait, de nature à induire le public en erreur, notamment en ce qui concerne la provenance, la nature ou les qualités substantielles des produits auxquels la marque est appliquée.

Art. 6 *quinquies* *Marques : protection des marques enregistrées dans un pays de l'Union dans les autres pays de l'Union (clause «telle quelle»).* A. — 1. Toute marque de fabrique ou de commerce régulièrement enregistrée dans le pays d'origine sera admise au dépôt et protégée telle quelle dans les autres pays de l'Union, sous les réserves indiquées au présent article. Ces pays pourront, avant de procéder à l'enregistrement définitif, exiger la production d'un certificat d'enregistrement au pays d'origine, délivré par l'autorité compétente. Aucune légalisation ne sera requise pour ce certificat.

2. Sera considéré comme pays d'origine le pays de l'Union où le déposant a un établissement industriel ou commercial effectif et sérieux et, s'il n'a pas un tel établissement dans l'Union, le pays de l'Union où il a son domicile et, s'il n'a pas de domicile dans l'Union, le pays de sa nationalité, au cas où il est ressortissant d'un pays de l'Union.

B. — Les marques de fabrique ou de commerce, visées par le présent article, ne pourront être refusées à l'enregistrement ou invalidées que dans les cas suivants :

1° Lorsqu'elles sont de nature à porter atteinte à des droits acquis par des tiers dans le pays où la protection est réclamée;

2° Lorsqu'elles sont dépourvues de tout caractère distinctif, ou bien composées exclusivement de signes ou d'indication pouvant servir, dans le commerce, pour désigner l'espèce, la qualité, la quantité, la destination, la valeur, le lieu d'origine des produits ou l'époque de production, ou devenus usuels dans le langage courant ou les habitudes loyales et constantes du commerce du pays où la protection est réclamée;

3° Lorsqu'elles sont contraires à la morale ou à l'ordre public, et notamment de nature à tromper le public. Il est entendu qu'une marque ne pourra être considérée comme contraire à l'ordre public pour la seule raison qu'elle n'est pas conforme à quelque disposition de la législation sur les marques, sauf le cas où cette disposition elle-même concerne l'ordre public.

Est toutefois réservée l'application de l'article 10 *bis*.

C. — 1. Pour apprécier si la marque est susceptible de protection, on devra tenir compte de toutes les circonstances de fait, notamment de la durée de l'usage de la marque.

2. Ne pourront être refusées dans les autres pays de l'Union les marques de fabrique ou de commerce pour le seul motif qu'elles ne diffèrent des marques protégées dans le pays d'origine que par des éléments n'altérant pas le caractère distinctif et ne touchant pas à l'identité des marques, dans la forme sous laquelle celles-ci ont été enregistrées audit pays d'origine.

D. — Nul ne pourra bénéficier des dispositions du présent article si la marque dont il revendique la protection n'est pas enregistrée au pays d'origine.

E. — Toutefois, en aucun cas, le renouvellement de l'enregistrement d'une marque dans le pays d'origine n'entraînera l'obligation de renouveler l'enregistrement dans les autres pays de l'Union où la marque aura été enregistrée.

F. — Le bénéfice de la priorité reste acquis aux dépôts de marques effectués dans le délai de l'article 4, même lorsque l'enregistrement dans le pays d'origine n'intervient qu'après l'expiration de ce délai.

Art. 6 *sexies* *Marques : marques de service.* Les pays de l'Union s'engagent à protéger les marques de service. Ils ne sont pas tenus de prévoir l'enregistrement de ces marques.

Art. 6 *septies* *Marques : enregistrements effectués par l'agent ou le représentant du titulaire sans l'autorisation de celui-ci.* 1. Si l'agent ou le représentant de celui qui est titulaire d'une marque dans un des pays de l'Union demande, sans l'autorisation de ce titulaire, l'enregistrement de cette marque en son propre nom, dans un ou plusieurs de ces pays, le titulaire aura le droit de s'opposer à l'enregistrement demandé ou de réclamer la radiation ou, si la loi du pays le permet, le transfert à son profit dudit enregistrement, à moins que cet agent ou représentant ne justifie de ses agissements.

2. Le titulaire de la marque aura, sous les réserves de l'alinéa 1 ci-dessus, le droit de s'opposer à l'utilisation de sa marque par son agent ou représentant, s'il n'a pas autorisé cette utilisation.

3. Les législations nationales ont la faculté de prévoir un délai équitable dans lequel le titulaire d'une marque devra faire valoir les droits prévus au présent article.

Art. 7 *Marques : nature du produit portant la marque.* La nature du produit sur lequel la marque de fabrique ou de commerce doit être apposée ne peut, dans aucun cas, faire obstacle à l'enregistrement de la marque.

Art. 7 *bis* *Marques : marques collectives.* 1. Les pays de l'Union s'engagent à admettre au dépôt et à protéger les marques collectives appartenant à des collectivités dont l'existence n'est pas contraire à la loi du pays d'origine, même si ces collectivités ne possèdent pas un établissement industriel ou commercial.

2. Chaque pays sera juge des conditions particulières sous lesquelles une marque collective sera protégée, et il pourra refuser la protection si cette marque est contraire à l'intérêt public.

3. Cependant, la protection de ces marques ne pourra être refusée à aucune collectivité dont l'existence n'est pas contraire à la loi du pays d'origine, pour le motif qu'elle n'est pas établie dans le pays où la protection est requise ou qu'elle n'est pas constituée conformément à la législation de ce pays.

Art. 8 *Noms commerciaux.* Le nom commercial sera protégé dans tous les pays de l'Union sans obligation de dépôt ou d'enregistrement, qu'il fasse ou non partie d'une marque de fabrique ou de commerce.

Art. 9 *Marques, noms commerciaux : saisie à l'importation, etc., des produits portant illicitement une marque ou un nom commercial.* 1. Tout produit portant illicitement une marque de fabrique ou de commerce ou un nom commercial, sera saisi à l'importation dans ceux des pays de l'Union dans lesquels cette marque ou ce nom commercial ont droit à la protection légale.

2. La saisie sera également effectuée dans le pays où l'apposition illicite aura eu lieu, ou dans les pays où aura été importé le produit.

3. La saisie aura lieu à la requête soit du Ministère public, soit de toute autre autorité compétente, soit d'une partie intéressée, personne physique ou morale, conformément à la législation intérieure de chaque pays.

4. Les autorités ne seront pas tenues d'effectuer la saisie en cas de transit.

5. Si la législation d'un pays n'admet pas la saisie à l'importation, la saisie sera remplacée par la prohibition d'importation ou la saisie à l'intérieur.

6. Si la législation d'un pays n'admet ni la saisie à l'importation, ni la prohibition d'importation, ni la saisie à l'intérieur, et en attendant que cette législation soit modifiée en conséquence, ces mesures seront remplacées par les actions et moyens que la loi de ce pays assurerait en pareil cas aux nationaux.

Art. 10 *Indications fausses : saisie à l'importation, etc., des produits portant des indications fausses concernant la provenance des produits ou l'identité du producteur, etc..* 1. Les dispositions de l'article précédent seront applicables en cas d'utilisation directe ou indirecte d'une indication fausse concernant la provenance du produit ou l'identité du producteur, fabricant ou commerçant.

2. Sera en tout cas reconnu comme partie intéressée, que ce soit une personne physique ou morale, tout producteur, fabricant ou commerçant engagé dans la production, la fabrication ou le commerce de ce produit et établi soit dans la localité faussement indiquée comme lieu de provenance, soit dans la région où cette localité est située, soit dans le pays faussement indiqué, soit dans le pays où la fausse indication de provenance est employée.

Art. 10 *bis* *Concurrence déloyale.* 1. Les pays de l'Union sont tenus d'assurer aux ressortissants de l'Union une protection effective contre la concurrence déloyale.

2. Constitue un acte de concurrence déloyale tout acte de concurrence contraire aux usages honnêtes en matière industrielle ou commerciale.

3. Notamment devront être interdits :

1° Tous faits quelconques de nature à créer une confusion par n'importe quel moyen avec l'établissement, les produits ou l'activité industrielle ou commerciale d'un concurrent;

2° Les allégations fausses, dans l'exercice du commerce, de nature à discréditer l'établissement, les produits ou l'activité industrielle ou commerciale d'un concurrent;

3° Les indications ou allégations dont l'usage, dans l'exercice du commerce, est susceptible d'induire le public en erreur sur la nature, le mode de fabrication, les caractéristiques, l'aptitude à l'emploi ou la qualité des marchandises.

Art. 10 *ter* *Marques, noms commerciaux, indications fausses, concurrence déloyale : recours légaux; droit d'agir en justice.* 1. Les pays de l'Union s'engagent à assurer aux ressortissants des autres pays de l'Union des recours légaux appropriés pour réprimer efficacement tous les actes visés aux articles 9, 10 et 10 *bis.*

2. Ils s'engagent, en outre, à prévoir des mesures pour permettre aux syndicats et associations représentant les industriels, producteurs ou commerçants intéressés et dont l'existence n'est pas contraire aux lois de leurs pays, d'agir en justice ou auprès des autorités administratives, en vue de la répression des actes prévus par les articles 9, 10 et 10 *bis,* dans la mesure où la loi du pays dans lequel la protection est réclamée le permet aux syndicats et associations de ce pays.

Art. 11 *Inventions, modèles d'utilité, dessins et modèles industriels, marques : protection temporaire à certaines expositions internationales.* 1. Les pays de l'Union accorderont, conformément à leur législation intérieure, une protection temporaire aux inventions brevetables, aux modèles d'utilité, aux dessins ou modèles industriels ainsi qu'aux marques de fabrique ou de commerce, pour les produits qui figureront aux expositions internationales officielles ou officiellement reconnues organisées sur le territoire de l'un d'eux.

2. Cette protection temporaire ne prolongera pas les délais de l'article 4. Si, plus tard, le droit de priorité est invoqué, l'administration de chaque pays pourra faire partir le délai de la date de l'introduction du produit dans l'exposition.

3. Chaque pays pourra exiger, comme preuve de l'identité de l'objet exposé et de la date d'introduction, les pièces justificatives qu'il jugera nécessaire.

Art. 12 *Services nationaux spéciaux pour la propriété industrielle.* 1. Chacun des pays de l'Union s'engage à établir un service spécial de la propriété industrielle et un dépôt central pour la communication au public des brevets d'invention, des modèles d'utilité, des dessins ou modèles industriels et des marques de fabrique ou de commerce.

2. Ce service publiera une feuille périodique officielle. Il publiera régulièrement :

a) Les noms des titulaires des brevets délivrés, avec une brève désignation des inventions brevetées;

b) Les reproductions des marques enregistrées.

Art. 13 *Assemblée de l'Union.* 1. *a*) L'Union a une Assemblée composée des pays de l'Union liés par les articles 13 à 17;

b) Le Gouvernement de chaque pays est représenté par un délégué, qui peut être assisté de suppléants, de conseillers et d'experts;

c) Les dépenses de chaque délégation sont supportées par le Gouvernement qui l'a désignée.

2. *a*) L'Assemblée :

i) traite de toutes les questions concernant le maintien et le développement de l'Union et l'application de la présente Convention;

ii) donne au Bureau international de la Propriété intellectuelle (ci-après dénommé « le Bureau international ») visé dans la Convention instituant l'Organisation Mondiale de la Propriété Intellectuelle (ci-après dénommée « l'Organisation ») des directives concernant la préparation des conférences de révision, compte étant dûment tenu des observations des pays de l'Union qui ne sont pas liés par les articles 13 à 17;

iii) examine et approuve les rapports et les activités du Directeur général de l'Organisation relatifs à l'Union et lui donne toutes directives utiles concernant les questions de la compétence de l'Union;

iv) élit les membres du Comité exécutif de l'Assemblée;

v) examine et approuve les rapports et les activités de son Comité exécutif et lui donne des directives;

vi) arrête le programme, adopte le budget triennal de l'Union et approuve ses comptes de clôture;

vii) adopte le règlement financier de l'Union;

viii) crée les comités d'experts et groupes de travail qu'elle juge utiles à la réalisation des objectifs de l'Union;

ix) décide quels sont les pays non membres de l'Union et quelles sont les organisations intergouvernementales et internationales non gouvernementales qui peuvent être admis à ses réunions en qualité d'observateurs;

x) adopte les modifications des articles 13 à 17;

xi) entreprend toute autre action appropriée en vue d'atteindre les objectifs de l'Union;

xii) s'acquitte de toutes autres tâches qu'implique la présente Convention;

xiii) exerce, sous réserve qu'elle les accepte, les droits qui lui sont conférés par la Convention instituant l'Organisation.

b) Sur les questions qui intéressent également d'autres Unions administrées par l'Organisation, l'Assemblée statue connaissance prise de l'avis du Comité de Coordination de l'Organisation.

3. *a*) Sous réserve des dispositions du sous-alinéa *b*), un délégué ne peut représenter qu'un seul pays;

b) Des pays de l'Union groupés en vertu d'un arrangement particulier au sein d'un office commun ayant pour chacun d'eux le caractère de service national spécial de la propriété industrielle visé à l'article 12 peuvent être, au cours des discussions, représentés dans leur ensemble par l'un d'eux.

4. *a*) Chaque pays membre de l'Assemblée dispose d'une voix;

b) La moitié des pays membres de l'Assemblée constitue le quorum;

c) Nonobstant les dispositions du sous-alinéa *b*), si, lors d'une session, le nombre des pays représentés est inférieur à la moitié mais égal ou supérieur au tiers des pays membres de l'Assemblée, celle-ci peut prendre des décisions; toutefois, les décisions de l'Assemblée, à l'exception de celles qui concernent sa procédure, ne deviennent exécutoires que lorsque les conditions énoncées ci-après sont remplies. Le Bureau international communique lesdites décisions aux pays membres de l'Assemblée qui n'étaient pas représentés, en les invitant à exprimer par écrit, dans un délai de trois mois à compter de la date de ladite communication, leur vote ou leur abstention. Si, à l'expiration de ce délai, le nombre des pays ayant ainsi exprimé leur vote ou leur abstention est au moins égal au nombre de pays qui faisait défaut pour que le quorum fût atteint lors de la session, lesdites décisions deviennent exécutoires, pourvu qu'en même temps la majorité nécessaire reste acquise;

d) Sous réserve des dispositions de l'article 17-2, les décisions de l'Assemblée sont prises à la majorité des deux tiers des votes exprimés;

e) L'abstention n'est pas considérée comme un vote.

5. *a*) Sous réserve du sous-alinéa *b*), un délégué ne peut voter qu'au nom d'un seul pays;

b) Les pays de l'Union visés à l'alinéa 3, *b*) s'efforcent, en règle générale, de se faire représenter aux sessions de l'Assemblée par leurs propres délégations. Toutefois, si, pour des raisons exceptionnelles, l'un desdits pays ne peut se faire représenter par sa propre délégation, il peut donner à la délégation d'un autre de ces pays le pouvoir de voter en son nom, étant entendu qu'une délégation ne peut voter par procuration que pour un seul pays. Tout pouvoir à cet effet doit faire l'objet d'un acte signé par le chef de l'État ou par le ministre compétent.

6. Les pays de l'Union qui ne sont pas membres de l'Assemblée sont admis à ses réunions en qualité d'observateurs.

7. *a*) L'Assemblée se réunit une fois tous les trois ans en session ordinaire sur convocation du Directeur général et, sauf cas exceptionnels, pendant la même période et au même lieu que l'Assemblée générale de l'Organisation;

b) L'Assemblée se réunit en session extraordinaire sur convocation adressée par le Directeur général, à la demande du Comité exécutif ou à la demande d'un quart des pays membres de l'Assemblée.

8. L'Assemblée adopte son règlement intérieur.

Art. 14 *Comité exécutif.* 1. L'Assemblée a un Comité exécutif.

2. *a)* Le Comité exécutif est composé des pays élus par l'Assemblée parmi les pays membres de celle-ci. En outre, le pays sur le territoire duquel l'Organisation a son siège dispose, *ex officio,* d'un siège au Comité, sous réserve des dispositions de l'article 16-7, *b*);

b) Le Gouvernement de chaque pays membre du Comité exécutif est représenté par un délégué, qui peut être assisté de suppléants, de conseillers et d'experts;

c) Les dépenses de chaque délégation sont supportées par le Gouvernement qui l'a désignée.

3. Le nombre des pays membres du Comité exécutif correspond au quart du nombre des pays membres de l'Assemblée. Dans le calcul des sièges à pourvoir, le reste subsistant après la division par quatre n'est pas pris en considération.

4. Lors de l'élection des membres du Comité exécutif, l'Assemblée tient compte d'une répartition géographique équitable et de la nécessité pour tous les pays parties aux Arrangements particuliers établis en relation avec l'Union d'être parmi les pays constituant le Comité exécutif.

5. *a*) Les membres du Comité exécutif restent en fonctions à partir de la clôture de la session de l'Assemblée au cours de laquelle ils ont été élus jusqu'au terme de la session ordinaire suivante de l'Assemblée;

b) Les membres du Comité exécutif sont rééligibles dans la limite maximale des deux tiers d'entre eux;

c) L'Assemblée réglemente les modalités de l'élection et de la réélection éventuelle des membres du Comité exécutif.

6. *a*) Le Comité exécutif :

i) prépare le projet d'ordre du jour de l'Assemblée;

ii) soumet à l'Assemblée des propositions relatives aux projets de programme et de budget triennal de l'Union préparés par le Directeur général;

iii) se prononce, dans les limites du programme et du budget triennal, sur les programmes et budgets annuels préparés par le Directeur général;

iv) soumet à l'Assemblée, avec les commentaires appropriés, les rapports périodiques du Directeur général et les rapports annuels de vérification des comptes;

v) prend toutes mesures utiles en vue de l'exécution du programme de l'Union par le Directeur général, conformément aux décisions de l'Assemblée et en tenant compte des circonstances survenant entre deux sessions ordinaires de ladite Assemblée;

vi) s'acquitte de toutes autres tâches qui lui sont attribuées dans le cadre de la présente Convention;

b) Sur les questions qui intéressent également d'autres Unions administrées par l'Organisation, le Comité exécutif statue connaissance prise de l'avis du Comité de coordination de l'Organisation.

7. *a*) Le Comité exécutif se réunit une fois par an en session ordinaire, sur convocation du Directeur général, autant que possible pendant la même période et au même lieu que le Comité de coordination de l'Organisation ;

b) Le Comité exécutif se réunit en session extraordinaire sur convocation adressée par le Directeur général soit à l'initiative de celui-ci, soit à la demande de son président ou d'un quart de ses membres.

8. *a*) Chaque pays membre du Comité exécutif dispose d'une voix ;

b) La moitié des pays membres du Comité exécutif constitue le quorum ;

c) Les décisions sont prises à la majorité simple des votes exprimés ;

d) L'abstention n'est pas considérée comme un vote ;

e) Un délégué ne peut représenter qu'un seul pays et ne peut voter qu'au nom de celui-ci.

9. Les pays de l'Union qui ne sont pas membres du Comité exécutif sont admis à ses réunions en qualité d'observateurs.

10. Le Comité exécutif adopte son règlement intérieur.

Art. 15 *Bureau international.* 1. *a*) Les tâches administratives incombant à l'Union sont assurées par le Bureau international, qui succède au Bureau de l'Union réuni avec le Bureau de l'Union institué par la Convention internationale pour la protection des œuvres littéraires et artistiques.

b) Le Bureau international assure notamment le secrétariat des divers organes de l'Union.

c) Le Directeur général de l'Organisation est le plus haut fonctionnaire de l'Union et la représente.

2. Le Bureau international rassemble et publie les informations concernant la protection de la propriété industrielle. Chaque pays de l'Union communique aussitôt que possible au Bureau international le texte de toute nouvelle loi ainsi que tous textes officiels concernant la protection de la propriété industrielle. Il fournit, en outre, au Bureau international toutes publications de ses services compétents en matière de propriété industrielle qui touchent directement la protection de la propriété industrielle et sont jugées par le Bureau international comme présentant un intérêt pour ses activités.

3. Le Bureau international publie un périodique mensuel.

4. Le Bureau international fournit, à tout pays de l'Union, sur sa demande, des renseignements sur les questions relatives à la protection de la propriété industrielle.

5. Le Bureau international procède à des études et fournit des services destinés à faciliter la protection de la propriété industrielle.

6. Le Directeur général et tout membre du personnel désigné par lui prennent part, sans droit de vote, à toutes les réunions de l'Assemblée, du Comité exécutif et de tout autre comité d'experts ou groupe de travail. Le Directeur général ou un membre du personnel désigné par lui est d'office secrétaire de ces organes.

7. *a*) Le Bureau international, selon les directives de l'Assemblée et en coopération avec le Comité exécutif, prépare les conférences de révision des dispositions de la Convention autres que les articles 13 à 17.

b) Le Bureau international peut consulter des organisations intergouvernementales et internationales non gouvernementales sur la préparation des conférences de révision.

c) Le Directeur général et les personnes désignées par lui prennent part, sans droit de vote, aux délibérations dans ces conférences.

8. Le Bureau international exécute toutes autres tâches qui lui sont attribuées.

Art. 16 *Finances.* 1. *a*) L'Union a un budget.

b) Le budget de l'Union comprend les recettes et les dépenses propres à l'Union, sa contribution au budget des dépenses communes aux Unions ainsi que, le cas échéant, la somme mise à la disposition du budget de la Conférence de l'Organisation.

c) Sont considérées comme dépenses communes aux Unions les dépenses qui ne sont pas attribuées exclusivement à l'Union, mais également à une ou plusieurs autres Unions administrées par l'Organisation. La part de l'Union dans ces dépenses communes est proportionnelle à l'intérêt que ces dépenses présentent pour elle.

2. Le budget de l'Union est arrêté compte tenu des exigences de coordination avec les budgets des autres Unions administrées par l'Organisation.

3. Le budget de l'Union est financé par les ressources suivantes :

i) les contributions des pays de l'Union;

ii) les taxes et sommes dues pour les services rendus par le Bureau international au titre de l'Union;

iii) le produit de la vente des publications du Bureau international concernant l'Union et les droits afférents à ces publications;

iv) les dons, legs et subventions;

v) les loyers, intérêts et autres revenus divers.

4. *a*) Pour déterminer sa part contributive dans le budget, chaque pays de l'Union est rangé dans une classe et paie ses contributions annuelles sur la base d'un nombre d'unités fixé comme suit :

Classe I 25
Classe II 20
Classe III 15
Classe IV 10
Classe V 5
Classe VI 3
Classe VII 1

b) A moins qu'il ne l'ait fait précédemment, chaque pays indique, au moment du dépôt de son instrument de ratification ou d'adhésion, la classe dans laquelle il désire être rangé. Il peut changer de classe. S'il choisit une classe inférieure, le pays doit en faire part à l'Assemblée lors d'une de ses sessions ordinaires. Un tel changement prend effet au début de l'année civile suivant ladite session;

c) La contribution annuelle de chaque pays consiste en un montant dont le rapport à la somme totale des contributions annuelles au budget de l'Union de tous les pays est le même que le rapport entre le nombre des unités de la classe dans laquelle il est rangé et le nombre total des unités de l'ensemble des pays;

d) Les contributions sont dues au 1er janvier de chaque année;

e) Un pays en retard dans le paiement de ses contributions ne peut exercer son droit de vote, dans aucun des organes de l'Union dont il est membre, si le montant de son arriéré est égal ou supérieur à celui des contributions dont il est redevable pour les deux années complètes écoulées. Cependant, un tel pays peut être autorisé à conserver l'exercice de son droit de vote au sein dudit organe aussi longtemps que ce dernier estime que le retard résulte de circonstances exceptionnelles et inévitables;

f) Dans le cas où le budget n'est pas adopté avant le début d'un nouvel exercice, le budget de l'année précédente est reconduit selon les modalités prévues par le règlement financier.

5. Le montant des taxes et sommes dues pour des services rendus par le Bureau international au titre de l'Union est fixé par le Directeur général, qui en fait rapport à l'Assemblée et au Comité exécutif.

6. *a*) L'Union possède un fonds de roulement constitué par un versement unique effectué par chaque pays de l'Union. Si le fonds devient insuffisant, l'Assemblée décide de son augmentation;

b) Le montant du versement initial de chaque pays au fonds précité ou de sa participation à l'augmentation de celui-ci est proportionnel à la contribution de ce pays pour l'année au cours de laquelle le fonds est constitué ou l'augmentation décidée;

c) La proportion et les modalités de versement sont arrêtées par l'Assemblée sur proposition du Directeur général et après avis du Comité de coordination de l'Organisation.

7. *a*) L'Accord de siège conclu avec le pays sur le territoire duquel l'Organisation a son siège prévoit que, si le fonds de roulement est insuffisant, ce pays accorde des avances. Le montant de ces avances et les conditions dans lesquelles elles sont accordées font l'objet, dans chaque cas, d'accords séparés entre le pays en cause et l'Organisation. Aussi longtemps qu'il est tenu d'accorder des avances, ce pays dispose *ex officio* d'un siège au Comité exécutif;

b) Le pays visé au sous-alinéa *a*) et l'Organisation ont chacun le droit de dénoncer l'engagement d'accorder des avances moyennant notification par écrit. La dénonciation prend effet trois ans après la fin de l'année au cours de laquelle elle a été notifiée.

8. La vérification des comptes est assurée, selon les modalités prévues par le règlement financier, par un ou plusieurs pays de l'Union ou par des contrôleurs extérieurs, qui sont, avec leur consentement, désignés par l'Assemblée.

Art. 17 *Modification des articles 13 à 17.* 1. Des propositions de modification des articles 13, 14, 15, 16 et du présent article peuvent être présentées par tout pays membre de l'Assemblée, par le Comité exécutif ou par le Directeur général. Ces propositions sont communiquées par ce dernier aux pays membres de l'Assemblée six mois au moins avant d'être soumises à l'examen de l'Assemblée.

2. Toute modification des articles visés à l'alinéa 1 est adoptée par l'Assemblée. L'adoption requiert les trois quarts des votes exprimés; toutefois, toute modification de l'article 13 et du présent alinéa requiert les quatre cinquièmes des votes exprimés.

3. Toute modification des articles visés à l'alinéa 1 entre en vigueur un mois après la réception par le Directeur général des notifications écrites d'acceptation, effectuées en conformité avec leurs règles constitutionnelles respectives, de la part des trois quarts des pays qui étaient membres de l'Assemblée au moment où la modification a été adoptée. Toute modification desdits articles ainsi acceptée lie tous les pays qui sont membres de l'Assemblée au moment où la modification entre en vigueur ou qui en deviennent membres à une date ultérieure; toutefois, toute modification qui augmente les obligations financières des pays de l'Union ne lie que ceux d'entre eux qui ont notifié leur acceptation de ladite modification.

Art. 18 *Révision des articles 1 à 12 et 18 à 30.* 1. La présente Convention sera soumise à des révisions en vue d'y introduire les améliorations de nature à perfectionner le système de l'Union.

2. A cet effet, des conférences auront lieu, successivement, dans l'un des pays de l'Union, entre les délégués desdits pays.

3. Les modifications des articles 13 à 17 sont régies par les dispositions de l'article 17.

Art. 19 *Arrangements particuliers.* Il est entendu que les pays de l'Union se réservent le droit de prendre séparément, entre eux, des arrangements particuliers pour la protection de la propriété industrielle, en tant que ces arrangements ne contreviendraient pas aux dispositions de la présente Convention.

Art. 20 *Ratification ou adhésion par des pays de l'Union; entrée en vigueur.* 1. *a*) Chacun des pays de l'Union qui a signé le présent Acte peut le ratifier et, s'il ne l'a pas signé, peut y adhérer. Les instruments de ratification et d'adhésion sont déposés auprès du Directeur général.

b) Chacun des pays de l'Union peut déclarer, dans son instrument de ratification ou d'adhésion, que sa ratification ou son adhésion n'est pas applicable :

i) aux articles 1 à 12 ou

ii) aux articles 13 à 17.

c) Chacun des pays de l'Union qui, conformément au sous-alinéa *b*), a exclu des effets de sa ratification ou de son adhésion l'un des deux groupes d'articles visés dans ledit sous-alinéa peut, à tout moment ultérieur, déclarer qu'il étend les effets de sa ratification ou de son adhésion à ce groupe d'articles. Une telle déclaration est déposée auprès du Directeur général.

2. *a*) Les articles 1 à 12 entrent en vigueur, à l'égard des dix premiers pays de l'Union qui ont déposé des instruments de ratification ou d'adhésion sans faire une déclaration comme le permet l'alinéa 1 *b* i) trois mois après le dépôt du dixième de ces instruments de ratification ou d'adhésion.

b) Les articles 13 à 17 entrent en vigueur, à l'égard des dix premiers pays de l'Union qui ont déposé des instruments de ratification ou d'adhésion sans faire une déclaration comme le permet l'alinéa 1 *b* ii), trois mois après le dépôt du dixième de ces instruments de ratification ou d'adhésion.

c) Sous réserve de l'entrée en vigueur initiale, conformément aux dispositions des sous-alinéas *a*) et *b*), de chacun des deux groupes d'articles visés à l'alinéa 1 *b* i) et ii), et sous réserve des dispositions de l'alinéa 1 *b*), les articles 1 à 17 entrent en vigueur à l'égard de tout pays de l'Union, autres que ceux visés aux sous-alinéas *a*) et *b*), qui dépose un instrument de ratification ou d'adhésion, ainsi qu'à l'égard de tout pays de l'Union qui dépose une déclaration en application de l'alinéa 1 *c*), trois mois après la date de la notification, par le Directeur général, d'un tel dépôt, à moins qu'une date postérieure n'ait été indiquée dans l'instrument ou la déclaration déposés. Dans ce dernier cas, le présent Acte entre en vigueur à l'égard de ce pays à la date ainsi indiquée.

3. A l'égard de chaque pays de l'Union qui dépose un instrument de ratification ou d'adhésion, les articles 18 à 30 entrent en vigueur à la première date à laquelle l'un quelconque des groupes d'articles visés à l'alinéa 1 *b*) entre en vigueur à l'égard de ce pays conformément à l'alinéa 2 *a*), *b*), ou *c*).

Art. 21 *Adhésion par des pays étrangers à l'Union; entrée en vigueur.* 1. Tout pays étranger à l'Union peut adhérer au présent Acte et devenir, de ce fait, membre de l'Union. Les instruments d'adhésion sont déposés auprès du Directeur général.

2. *a*) A l'égard de tout pays étranger à l'Union qui a déposé son instrument d'adhésion un mois ou plus avant la date d'entrée en vigueur des dispositions du présent Acte, celui-ci entre en vigueur à la date à laquelle les dispositions sont entrées en vigueur pour la première fois en application de l'article 20-2 *a*) ou *b*), à moins qu'une date postérieure n'ait été indiquée dans l'instrument d'adhésion; toutefois :

i) si les articles 1 à 12 ne sont pas entrés en vigueur à cette date, un tel pays sera lié, durant la période intérimaire avant l'entrée en vigueur de ces dispositions et en remplacement de celles-ci, par les articles 1 à 12 de l'Acte de Lisbonne;

ii) si les articles 13 à 17 ne sont pas entrés en vigueur à cette date, un tel pays sera lié, durant la période intérimaire avant l'entrée en vigueur de ces dispositions et en remplacement de celles-ci, par les articles 13 et 14-3, 4 et 5 de l'Acte de Lisbonne.

Si un pays indique une date postérieure dans son instrument d'adhésion, le présent Acte entre en vigueur à l'égard de ce pays à la date ainsi indiquée;

b) A l'égard de tout pays étranger à l'Union qui a déposé son instrument d'adhésion à une date postérieure à l'entrée en vigueur d'un seul groupe d'articles du présent Acte ou à une date qui la précède de moins d'un mois, le présent Acte entre en vigueur, sous réserve de ce qui est prévu au sous-alinéa *a*), trois mois après la date à laquelle son adhésion a été notifiée par le Directeur général, à moins qu'une date postérieure n'ait été indiquée dans l'instrument d'adhésion. Dans ce dernier cas, le présent Acte entre en vigueur à l'égard de ce pays à la date ainsi indiquée.

3. A l'égard de tout pays étranger à l'Union qui a déposé son instrument d'adhésion après la date d'entrée en vigueur du présent Acte dans sa totalité, ou moins d'un mois avant cette date, le présent Acte entre en vigueur trois mois après la date à laquelle son adhésion a été notifiée par le Directeur général, à moins qu'une date postérieure n'ait été indiquée dans l'instrument d'adhésion. Dans ce dernier cas, le présent acte entre en vigueur à l'égard de ce pays à la date ainsi indiquée.

Art. 22 *Effet de la ratification ou de l'adhésion.* Sous réserve des exceptions possibles prévues aux articles 20-1 *b*) et 28-2, la ratification ou l'adhésion emporte de plein droit accession à toutes les clauses et admission à tous les avantages stipulés par le présent Acte.

Art. 23 *Adhésion à des Actes antérieurs.* Après l'entrée en vigueur du présent Acte dans sa totalité, un pays peut adhérer à des Actes antérieurs de la présente Convention.

Art. 24 *Territoires.* 1. Tout pays peut déclarer dans son instrument de ratification ou d'adhésion, ou peut informer le Directeur général par écrit à tout moment ultérieur, que la présente Convention est applicable à tout ou partie des territoires, désignés dans la déclaration ou la notification, pour lesquels il assume la responsabilité des relations extérieures.

2. Tout pays qui a fait une telle déclaration ou effectué une telle notification peut, à tout moment, notifier au Directeur général que la présente Convention cesse d'être applicable à tout ou partie de ces territoires.

3. *a*) Toute déclaration faite en vertu de l'alinéa 1 prend effet à la même date que la ratification ou l'adhésion dans l'instrument de laquelle elle a été incluse, et toute notification effectuée en vertu de cet alinéa prend effet trois mois après sa réception par le Directeur général;

b) Toute notification effectuée en vertu de l'alinéa 2 prend effet douze mois après sa réception par le Directeur général.

Art. 25 *Application de la Convention sur le plan national.* 1. Tout pays partie à la présente Convention s'engage à adopter, conformément à sa Constitution, les mesures nécessaires pour assurer l'application de la présente Convention.

2. Il est entendu qu'au moment où un pays dépose son instrument de ratification ou d'adhésion, il sera en mesure, conformément à sa législation interne, de donner effet aux dispositions de la présente Convention.

Art. 26 *Dénonciation.* 1. La présente Convention demeure en vigueur sans limitation de durée.

2. Tout pays peut dénoncer le présent Acte par notification adressée au Directeur général. Cette dénonciation emporte aussi dénonciation de tous les Actes antérieurs et ne produit son effet qu'à l'égard du pays qui l'a faite, la Convention restant en vigueur et exécutoire à l'égard des autres pays de l'Union.

3. La dénonciation prend effet un an après le jour où le Directeur général a reçu la notification.

4. La faculté de dénonciation prévue par le présent article ne peut être exercée par un pays avant l'expiration d'un délai de cinq ans à compter de la date à laquelle il est devenu membre de l'Union.

Art. 27 *Application des Actes antérieurs.* 1. Le présent Acte remplace, dans les rapports entre les pays auxquels il s'applique, et dans la mesure où il s'applique, la Convention de Paris du 20 mars 1883 et les Actes de révision subséquents.

2. *a*) A l'égard des pays auxquels le présent Acte n'est pas applicable, ou n'est pas applicable dans sa totalité, mais auxquels l'Acte de Lisbonne du 31 octobre 1958 est applicable, ce dernier reste en vigueur dans sa totalité, ou dans la mesure où le présent Acte ne le remplace pas en vertu de l'alinéa 1.

b) De même, à l'égard des pays auxquels ni le présent Acte, ni des parties de celui-ci, ni l'Acte de Lisbonne ne sont applicables, l'Acte de Londres du 2 juin 1934 reste en vigueur dans sa totalité, ou dans la mesure où le présent Acte ne le remplace pas en vertu de l'alinéa 1.

c) De même, à l'égard des pays auxquels ni le présent Acte, ni des parties de celui-ci, ni l'Acte de Lisbonne, ni l'Acte de Londres ne sont applicables, l'Acte de La Haye du 6 novembre 1925 reste en vigueur dans sa totalité, ou dans la mesure où le présent Acte ne le remplace pas en vertu de l'alinéa 1.

3. Les pays étrangers à l'Union qui deviennent parties au présent Acte l'appliquent à l'égard de tout pays de l'Union qui n'est pas partie à cet Acte ou qui, bien qu'y étant partie, a fait la déclaration prévue à l'article 20-1 *b*) i). Lesdits pays admettent que le pays de l'Union considéré applique dans ses relations avec eux les dispositions de l'Acte le plus récent auquel il est partie.

Art. 28 *Différends.* 1. Tout différend entre deux ou plusieurs pays de l'Union concernant l'interprétation ou l'application de la présente Convention qui ne sera pas réglé par voie de négociation peut être porté par l'un quelconque des pays en cause devant la Cour internationale de Justice par voie de requête conforme au Statut de la Cour, à moins que les pays en cause ne conviennent d'un autre mode de règlement. Le Bureau international sera informé par le pays requérant du différend soumis à la Cour; il en donnera connaissance aux autres pays de l'Union.

2. Tout pays peut, au moment où il signe le présent Acte ou dépose son instrument de ratification ou d'adhésion, déclarer qu'il ne se considère pas lié par les dispositions de l'alinéa 1. En ce qui concerne tout différend entre un tel pays et tout autre pays de l'Union, les dispositions de l'alinéa 1 ne sont pas applicables.

3. Tout pays qui a fait une déclaration conformément aux dispositions de l'alinéa 2 peut, à tout moment, la retirer par une notification adressée au Directeur général.

Art. 29 *Signature, langues, fonctions du dépositaire.* 1. *a*) Le présent Acte est signé en un seul exemplaire en langue française et déposé auprès du Gouvernement de la Suède.

b) Des textes officiels sont établis par le Directeur général, après consultation des Gouvernements intéressés, dans les langues allemande, anglaise, espagnole, italienne, portugaise et russe, et dans les autres langues que l'Assemblée pourra indiquer.

c) En cas de contestation sur l'interprétation des divers textes, le texte français fait foi.

2. Le présent Acte reste ouvert à la signature, à Stockholm, jusqu'au 13 janvier 1968.

3. Le Directeur général transmet deux copies, certifiées conformes par le Gouvernement de la Suède, du texte signé du présent Acte aux Gouvernements de tous les pays de l'Union et, sur demande, au Gouvernement de tout autre pays.

4. Le Directeur général fait enregistrer le présent Acte auprès du Secrétariat de l'Organisation des Nations Unies.

5. Le Directeur général notifie aux Gouvernements de tous les pays de l'Union les signatures, les dépôts d'instruments de ratification ou d'adhésion et de déclarations comprises dans ces instruments ou faites en application de l'article 20-1 *c*), l'entrée en vigueur de toutes dispositions du présent Acte, les notifications de dénonciation et les notifications faites en application de l'article 24.

Art. 30 *Mesures transitoires.* 1. Jusqu'à l'entrée en fonction du premier Directeur général, les références, dans le présent Acte, au Bureau international de l'Organisation ou au Directeur général sont considérées comme se rapportant respectivement au Bureau de l'Union ou à son Directeur.

2. Les pays de l'Union qui ne sont pas liés par les articles 13 à 17 peuvent, pendant cinq ans après l'entrée en vigueur de la Convention instituant l'Organisation, exercer, s'ils le désirent les droits prévus par les articles 13 à 17 du présent Acte comme s'ils étaient liés par ces articles. Tout pays qui désire exercer lesdits droits dépose à cette fin auprès du Directeur général une notification écrite qui prend effet à la date de sa réception. De tels pays sont réputés être membres de l'Assemblée jusqu'à l'expiration de ladite période.

3. Aussi longtemps que tous les pays de l'Union ne sont pas devenus membres de l'Organisation, le Bureau international de l'Organisation agit également en tant que Bureau de l'Union, et le Directeur général en tant que Directeur de ce Bureau.

4. Lorsque tous les pays de l'Union sont devenus membres de l'Organisation, les droits, obligations et biens du Bureau de l'Union sont dévolus au Bureau international de l'Organisation.

En foi de quoi les soussignés, dûment autorisés à cet effet, ont signé le présent Acte.

120 Convention de Berne du 9 septembre 1886 pour la protection des œuvres littéraires et artistiques

Successivement modifiée à Paris le 4 mai 1896; Berlin le 13 novembre 1908, Berne le 20 mars 1914, Rome le 2 juin 1928, Bruxelles le 26 juin 1948, Stockholm le 14 juillet 1967, Paris le 24 juillet 1971

Version d'origine en vigueur depuis le 5 décembre 1887, Version actuelle en vigueur depuis le 10 octobre 1974

Les pays de l'Union, également animés du désir de protéger d'une manière aussi efficace et aussi uniforme que possible les droits des auteurs sur leurs œuvres littéraires et artistiques,

Reconnaissant l'importance des travaux de la Conférence de révision tenue à Stockholm en 1967,

Ont résolu de réviser l'Acte adopté par la Conférence de Stockholm, tout en laissant sans changement les articles 1 à 20 et 22 à 26 de cet Acte.
En conséquence, les Plénipotentiaires soussignés, après présentation de leurs pleins pouvoirs, reconnus en bonne et due forme, sont convenus de ce qui suit :

Art. premier *Constitution d'une Union.* Les pays auxquels s'applique la présente Convention sont constitués à l'état d'Union pour la protection des droits des auteurs sur leurs œuvres littéraires et artistiques.

Art. 2 *Œuvres protégées :*
1. «Œuvres littéraires et artistiques»; 2. Possibilité d'exiger la fixation; 3. Œuvres dérivées; 4. Textes officiels; 5. Recueils; 6. Obligation de protéger; bénéficiaires de la protection; 7. Œuvres des arts appliqués et dessins et modèles industriels; 8. Nouvelles du jour. 1. Les termes «œuvres littéraires et artistiques» comprennent toutes les productions du domaine littéraire, scientifique et artistique, quel qu'en soit le mode ou la forme d'expression, telles que : les livres, brochures et autres écrits; les conférences, allocutions, sermons et autres œuvres de même nature; les œuvres dramatiques ou dramatico-musicales; les œuvres chorégraphiques et les pantomimes; les compositions musicales avec ou sans paroles; les œuvres cinématographiques, auxquelles sont assimilées les œuvres exprimées par un procédé analogue à la cinématographie; les œuvres de dessin, de peinture, d'architecture, de sculpture, de gravure, de lithographie; les œuvres photographiques auxquelles sont assimilées les œuvres exprimées par un procédé analogue à la photographie; les œuvres des arts appliqués; les illustrations, les cartes géographiques; les plans, croquis et ouvrages plastiques relatifs à la géographie, à la topographie, à l'architecture ou aux sciences.

2. Est toutefois réservée aux législations des pays de l'Union la faculté de prescrire que les œuvres littéraires et artistiques ou bien l'une ou plusieurs catégories d'entre elles ne sont pas protégées tant qu'elles n'ont pas été fixées sur un support matériel.

3. Sont protégés comme des œuvres originales, sans préjudice des droits de l'auteur de l'œuvre originale, les traductions, adaptations, arrangements de musique et autres transformations d'une œuvre littéraire ou artistique.

4. Il est réservé aux législations des pays de l'Union de déterminer la protection à accorder aux textes officiels d'ordre législatif, administratif ou judiciaire ainsi qu'aux traductions officielles de ces textes.

5. Les recueils d'œuvres littéraires ou artistiques tels que les encyclopédies et anthologies qui, par le choix ou la disposition des matières, constituent des créations intellectuelles sont protégés comme telles, sans préjudice des droits des auteurs sur chacune des œuvres qui font partie de ces recueils.

6. Les œuvres mentionnées ci-dessus jouissent de la protection dans tous les pays de l'Union. Cette protection s'exerce au profit de l'auteur et de ses ayants droit.

7. Il est réservé aux législations des pays de l'Union de régler le champ d'application des lois concernant les œuvres des arts appliqués et les dessins et modèles industriels ainsi que les conditions de protection de ces œuvres, dessins et modèles, compte tenu des dispositions de l'article 7 (4) de la présente Convention. Pour les œuvres protégées uniquement comme dessins et modèles dans le pays d'origine, il ne peut être réclamé dans un autre pays de l'Union que la protection spéciale accordée dans ce pays aux dessins et modèles; toutefois, si une telle protection spéciale n'est pas accordée dans ce pays, ces œuvres seront protégées comme œuvres artistiques.

8. La protection de la présente Convention ne s'applique pas aux nouvelles du jour ou aux faits divers qui ont le caractère de simples informations de presse.

Art. 2 *bis* *Possibilité de limiter la protection de certaines œuvres : 1. Certains discours ; 2. Certaines utilisations des conférences et allocutions ; 3. Droit de réunir ces œuvres en recueils.* 1. Est réservée aux législations des pays de l'Union la faculté d'exclure partiellement ou totalement de la protection prévue à l'article précédent les discours politiques et les discours prononcés dans les débats judiciaires.

2. Est réservée également aux législations des pays de l'Union la faculté de statuer sur les conditions dans lesquelles les conférences, allocutions et autres œuvres de même nature, prononcées en public, pourront être reproduites par la presse, radiodiffusées, transmises par fil au public et faire l'objet des communications publiques visées à l'article 11 *bis* (1) de la présente Convention, lorsqu'une telle utilisation est justifiée par le but d'information à atteindre.

3. Toutefois, l'auteur jouit du droit exclusif de réunir en recueil ses œuvres mentionnées aux alinéas précédents.

Art. 3 *Critères pour la protection : 1. Nationalité de l'auteur ; lieu de publication de l'œuvre ; 2. Résidence de l'auteur ; 3. Œuvres « publiées » ; 4. Œuvres « publiées simultanément ».* 1. Sont protégés en vertu de la présente Convention :

a) Les auteurs ressortissant à l'un des pays de l'Union, pour leurs œuvres, publiées ou non ;

b) Les auteurs ne ressortissant pas à l'un des pays de l'Union, pour les œuvres qu'ils publient pour la première fois dans l'un de ces pays ou simultanément dans un pays étranger à l'Union et dans un pays de l'Union.

2. Les auteurs ne ressortissant pas à l'un des pays de l'Union mais ayant leur résidence habituelle dans l'un de ceux-ci sont, pour l'application de la présente Convention, assimilés aux auteurs ressortissant audit pays.

3. Par « œuvres publiées », il faut entendre les œuvres éditées avec le consentement de leurs auteurs, quel que soit le mode de fabrication des exemplaires, pourvu que la mise à disposition de ces derniers ait été telle qu'elle satisfasse les besoins raisonnables du public, compte tenu de la nature de l'œuvre. Ne constituent pas une publication la représentation d'une œuvre dramatique, dramatico-musicale ou cinématographique, l'exécution d'une œuvre musicale, la récitation publique d'une œuvre littéraire, la transmission ou la radiodiffusion des œuvres littéraires ou artistiques, l'exposition d'une œuvre d'art et la construction d'une œuvre d'architecture.

4. Est considérée comme publiée simultanément dans plusieurs pays toute œuvre qui a paru dans deux ou plusieurs pays dans les trente jours de sa première publication.

Art. 4 *Critères pour la protection des œuvres cinématographiques, des œuvres d'architecture et de certaines œuvres des arts graphiques et plastiques.* Sont protégés en vertu de la présente Convention, même si les conditions prévues à l'article 3 ne sont pas remplies :

a) Les auteurs des œuvres cinématographiques dont le producteur a son siège ou sa résidence habituelle dans l'un des pays de l'Union ;

b) Les auteurs des œuvres d'architecture édifiées dans un pays de l'Union ou des œuvres des arts graphiques et plastiques faisant corps avec un immeuble situé dans un pays de l'Union.

Art. 5 *Droits garantis :*
1. et 2. En dehors du pays d'origine; 3. Dans le pays d'origine; 4. «Pays d'origine».

1. Les auteurs jouissent, en ce qui concerne les œuvres pour lesquelles ils sont protégés en vertu de la présente Convention, dans les pays de l'Union autres que le pays d'origine de l'œuvre, des droits que les lois respectives accordent actuellement ou accorderont par la suite aux nationaux, ainsi que des droits spécialement accordés par la présente Convention.

2. La jouissance et l'exercice de ces droits ne sont subordonnés à aucune formalité; cette jouissance et cet exercice sont indépendants de l'existence de la protection dans le pays d'origine de l'œuvre. Par suite, en dehors des stipulations de la présente Convention, l'étendue de la protection ainsi que les moyens de recours garantis à l'auteur pour sauvegarder ses droits se règlent exclusivement d'après la législation du pays où la protection est réclamée.

3. La protection dans le pays d'origine est réglée par la législation nationale. Toutefois, lorsque l'auteur ne ressortit pas au pays d'origine de l'œuvre pour laquelle il est protégé par la présente Convention, il aura, dans ce pays, les mêmes droits que les auteurs nationaux.

4. Est considéré comme pays d'origine :

a) Pour les œuvres publiées pour la première fois dans l'un des pays de l'Union, ce dernier pays; toutefois, s'il s'agit d'œuvres publiées simultanément dans plusieurs pays de l'Union admettant des durées de protection différentes, celui d'entre eux dont la législation accorde la durée de protection la moins longue;

b) Pour les œuvres publiées simultanément dans un pays étranger à l'Union et dans un pays de l'Union, ce dernier pays;

c) Pour les œuvres non publiées ou pour les œuvres publiées pour la première fois dans un pays étranger à l'Union, sans publication simultanée dans un pays de l'Union, le pays de l'Union dont l'auteur est ressortissant; toutefois,

i) S'il s'agit d'œuvres cinématographiques dont le producteur a son siège ou sa résidence habituelle dans un pays de l'Union, le pays d'origine sera ce dernier pays, et

ii) S'il s'agit d'œuvres d'architecture édifiées dans un pays de l'Union ou d'œuvres des arts graphiques et plastiques faisant corps avec un immeuble situé dans un pays de l'Union, le pays d'origine sera ce dernier pays.

Art. 6 *Possibilité de restreindre la protection à l'égard de certaines œuvres des ressortissants de certaines œuvres des ressortissants, de certains pays étrangers à l'Union : 1. Dans le pays de la première publication et dans les autres pays; 2. Non-rétroactivité; 3. Notification.* 1. Lorsqu'un pays étranger à l'Union ne protège pas d'une manière suffisante les œuvres des auteurs qui sont ressortissants de l'un des pays de l'Union, ce dernier pays pourra restreindre la protection des œuvres dont les auteurs sont, au moment de la première publication de ces œuvres, ressortissants de l'autre pays et n'ont pas leur résidence habituelle dans l'un des pays de l'Union. Si le pays de la première publication fait usage de cette faculté, les autres pays de l'Union ne seront pas tenus d'accorder aux œuvres ainsi soumises à un traitement spécial une protection plus large que celle qui leur est accordée dans le pays de la première publication.

2. Aucune restriction, établie en vertu de l'alinéa précédent, ne devra porter préjudice aux droits qu'un auteur aura acquis sur une œuvre publiée dans un pays de l'Union avant la mise à exécution de cette restriction.

3. Les pays de l'Union qui, en vertu du présent article, restreindront la protection des droits des auteurs, le notifieront au Directeur général de l'Organisation Mondiale de la Propriété Intellectuelle (ci-après désigné «le Directeur général») par une déclaration écrite, où seront indiqués les pays vis-à-vis desquels la protection est restreinte, de même que les restrictions auxquelles les droits des auteurs ressortissant à ces pays sont soumis. Le Directeur général communiquera aussitôt le fait à tous les pays de l'Union.

Art. 6 *bis* *Droits moraux :*
1. Droit de revendiquer la paternité de l'œuvre; droit de s'opposer à certaines modifications de l'œuvre et à d'autres atteintes à celle-ci; 2. Après la mort de l'auteur; 3. Moyens de recours. 1. Indépendamment des droits patrimoniaux d'auteur, et même après la cession desdits droits, l'auteur conserve le droit de revendiquer la paternité de l'œuvre et de s'opposer à toute déformation, mutilation ou autre modification de cette œuvre ou à toute autre atteinte à la même œuvre, préjudiciables à son honneur ou à sa réputation.

2. Les droits reconnus à l'auteur en vertu de l'alinéa 1 ci-dessus sont, après sa mort, maintenus au moins jusqu'à l'extinction des droits patrimoniaux et exercés par les personnes ou institutions auxquelles la législation nationale du pays où la protection est réclamée donne qualité. Toutefois, les pays dont la législation, en vigueur au moment de la ratification du présent acte ou de l'adhésion à celui-ci, ne contient pas de dispositions assurant la protection après la mort de l'auteur de tous les droits reconnus en vertu de l'alinéa 1 ci-dessus ont la faculté de prévoir que certains de ces droits ne sont pas maintenus après la mort de l'auteur.

3. Les moyens de recours pour sauvegarder les droits reconnus dans le présent article sont réglés par la législation du pays où la protection est réclamée.

Art. 7 *Durée de la protection :*
1. En général; 2. Pour les œuvres cinématographiques; 3. Pour les œuvres anonymes et pseudonymes; 4. Pour les œuvres photographiques et les œuvres des arts appliqués; 5. Date à compter de laquelle sont calculés les délais; 6. Durées supérieures; 7. Durées inférieures; 8. Législation applicable; «comparaison» des délais. 1. La durée de la protection accordée par la présente Convention comprend la vie de l'auteur et cinquante ans après sa mort.

2. Toutefois, pour les œuvres cinématographiques, les pays de l'Union ont la faculté de prévoir que la durée de la protection expire cinquante ans après que l'œuvre aura été rendue accessible au public avec le consentement de l'auteur, ou qu'à défaut d'un tel événement intervenu dans les cinquante ans à compter de la réalisation d'une telle œuvre, la durée de la protection expire cinquante ans après cette réalisation.

3. Pour les œuvres anonymes ou pseudonymes, la durée de la protection accordée par la présente Convention expire cinquante ans après que l'œuvre a été licitement rendue accessible au public. Toutefois, quand le pseudonyme adopté par l'auteur ne laisse aucun doute sur son identité, la durée de la protection est celle prévue à l'alinéa 1. Si l'auteur d'une œuvre anonyme ou pseudonyme révèle son identité pendant la période ci-dessus indiquée, le délai de protection applicable est celui prévu à l'alinéa 1. Les pays de l'Union ne sont pas tenus de protéger les œuvres anonymes ou pseudonymes pour lesquelles il y a tout lieu de présumer que leur auteur est mort depuis cinquante ans.

4. Est réservée aux législations des pays de l'Union la faculté de régler la durée de la protection des œuvres photographiques et celle des œuvres des arts appliqués protégées

en tant qu'œuvres artistiques; toutefois, cette durée ne pourra être inférieure à une période de vingt-cinq ans à compter de la réalisation d'une telle œuvre.

5. Le délai de protection postérieur à la mort de l'auteur et les délais prévus aux alinéas 2, 3 et 4 ci-dessus commencent à courir à compter de la mort ou de l'événement visé par ces alinéas, mais la durée de ces délais n'est calculée qu'à partir du 1er janvier de l'année qui suit la mort ou ledit événement.

6. Les pays de l'Union ont la faculté d'accorder une durée de protection supérieure à celles prévues aux alinéas précédents.

7. Les pays de l'Union liés par l'Acte de Rome de la présente Convention et qui accordent, dans leur législation nationale en vigueur au moment de la signature du présent Acte, des durées inférieures à celles prévues aux alinéas précédents ont la faculté de les maintenir en adhérant au présent acte ou en le ratifiant.

8. Dans tous les cas, la durée sera réglée par la loi du pays où la protection sera réclamée; toutefois, à moins que la législation de ce dernier pays n'en décide autrement, elle n'excédera pas la durée fixée dans le pays d'origine de l'œuvre.

Art. 7 *bis* *Durée de protection des œuvres de collaboration.* Les dispositions de l'article précédent sont également applicables lorsque le droit d'auteur appartient en commun aux collaborateurs d'une œuvre, sous réserve que les délais consécutifs à la mort de l'auteur soient calculés à partir de la mort du dernier survivant des collaborateurs.

Art. 8 *Droit de traduction.* Les auteurs d'œuvres littéraires et artistiques protégés par la présente Convention jouissent, pendant toute la durée de leurs droits sur l'œuvre originale, du droit exclusif de faire ou d'autoriser la traduction de leurs œuvres.

Art. 9 *Droit de reproduction :*
1. En général; 2. Possibilité d'exceptions; 3. Enregistrements sonores et visuels. 1. Les auteurs d'œuvres littéraires et artistiques protégés par la présente Convention jouissent du droit exclusif d'autoriser la reproduction de ces œuvres, de quelque manière et sous quelque forme que ce soit.

2. Est réservée aux législations des pays de l'Union la faculté de permettre la reproduction desdites œuvres dans certains cas spéciaux, pourvu qu'une telle reproduction ne porte pas atteinte à l'exploitation normale de l'œuvre ni ne cause un préjudice injustifié aux intérêts légitimes de l'auteur.

3. Tout enregistrement sonore ou visuel est considéré comme une reproduction au sens de la présente Convention.

Art. 10 *Libre utilisation des œuvres dans certains cas :*
1. Citations; 2. Illustration de l'enseignement; 3. Mention de la source et de l'auteur.

1. Sont licites les citations tirées d'une œuvre, déjà rendue licitement accessible au public, à condition qu'elles soient conformes aux bons usages et dans la mesure justifiée par le but à atteindre, y compris les citations d'articles de journaux et recueils périodiques sous forme de revues de presse.

2. Est réservé l'effet de la législation des pays de l'Union et des arrangements particuliers existants ou à conclure entre eux, en ce qui concerne la faculté d'utiliser licitement, dans la mesure justifiée par le but à atteindre, des œuvres littéraires ou artistiques à titre d'illustrations de l'enseignement par le moyen de publications, d'émissions de radiodiffusion ou d'enregistrements sonores ou visuels, sous réserve qu'une telle utilisation soit conforme aux bons usages.

3. Les citations et utilisations visées aux alinéas précédents devront faire mention de la source et du nom de l'auteur, si ce nom figure dans la source.

Art. 10 *bis* *Autres possibilités de libre utilisation des œuvres : 1. De certains articles et de certaines œuvres radiodiffusées; 2. D'œuvres vues ou entendues au cours d'événements d'actualité.* 1. Est réservée aux législations des pays de l'Union la faculté de permettre la reproduction par la presse, ou la radiodiffusion ou la transmission par fil au public, des articles d'actualité de discussion économique, politique ou religieuse, publiés dans des journaux ou recueils périodiques, ou des œuvres radiodiffusées ayant le même caractère, dans les cas où la reproduction, la radiodiffusion ou ladite transmission n'en est pas expressément réservée. Toutefois, la source doit toujours être clairement indiquée; la sanction de cette obligation est déterminée par la législation du pays où la protection est réclamée.

2. Il est également réservé aux législations des pays de l'Union de régler les conditions dans lesquelles, à l'occasion de comptes rendus des événements d'actualité par le moyen de la photographie ou de la cinématographie, ou par voie de radiodiffusion ou de transmission par fil au public, les œuvres littéraires ou artistiques vues ou entendues au cours de l'événement peuvent, dans la mesure justifiée par le but d'information à atteindre, être reproduites et rendues accessibles au public.

Art. 11 *Certains droits afférents aux œuvres dramatiques et musicales : 1. Droit de représentation ou d'exécution publiques et de transmission publique d'une représentation ou exécution; 2. Pour ce qui concerne les traductions.* 1. Les auteurs d'œuvres dramatiques, dramatico-musicales et musicales jouissent du droit exclusif d'autoriser : 1° la représentation et l'exécution publiques de leurs œuvres, y compris la représentation et l'exécution publiques par tous moyens ou procédés; 2° la transmission publique par tous moyens de la représentation et de l'exécution de leurs œuvres.

2. Les mêmes droits sont accordés aux auteurs d'œuvres dramatiques ou dramatico-musicales pendant toute la durée de leurs droits sur l'œuvre originale, en ce qui concerne la traduction de leurs œuvres.

Art. 11 *bis* *Droits de radiodiffusion et droits connexes : 1. Radiodiffusion et autres communications sans fil; communication publique, soit par fil, soit sans fil, de l'œuvre radiodiffusée; communication publique, par haut-parleur ou par d'autres instruments analogues, de l'œuvre radiodiffusée; 2. Licences obligatoires; 3. Enregistrement; enregistrements éphémères.* 1. Les auteurs d'œuvres littéraires et artistiques jouissent du droit exclusif d'autoriser : 1° la radiodiffusion de leurs œuvres ou la communication publique de ces œuvres par tout autre moyen servant à diffuser sans fil les signes, les sons ou les images; 2° toute communication publique, soit par fil, soit sans fil, de l'œuvre radiodiffusée, lorsque cette communication est faite par un autre organisme que celui d'origine; 3° la communication publique, par haut-parleur ou par tout autre instrument analogue transmetteur de signes, de sons ou d'images, de l'œuvre radiodiffusée.

2. Il appartient aux législations des pays de l'Union de régler les conditions d'exercice des droits visés par l'alinéa 1 ci-dessus, mais ces conditions n'auront qu'un effet strictement limité au pays qui les aurait établies. Elles ne pourront en aucun cas porter atteinte au droit moral de l'auteur, ni au droit qui appartient à l'auteur d'obtenir une rémunération équitable fixée, à défaut d'accord amiable, par l'autorité compétente.

3. Sauf stipulation contraire, une autorisation accordée conformément à l'alinéa 1 du présent article n'implique pas l'autorisation d'enregistrer, au moyen d'instruments por-

tant fixation des sons ou des images, l'œuvre radiodiffusée. Est toutefois réservé aux législations des pays de l'Union le régime des enregistrements éphémères effectués par un organisme de radiodiffusion par ses propres moyens et pour ses émissions. Ces législations pourront autoriser la conservation de ces enregistrements dans des archives officielles en raison de leur caractère exceptionnel de documentation.

Art. 11 *ter* *Certains droits afférents aux œuvres littéraires : 1. Droit de récitation publique et de transmission publique d'une récitation ; 2. Pour ce qui concerne les traductions.* 1. Les auteurs d'œuvres littéraires jouissent du droit exclusif d'autoriser : 1° la récitation publique de leurs œuvres, y compris la récitation publique par tous moyens ou procédés ; 2° la transmission publique par tous moyens de la récitation de leurs œuvres.

2. Les mêmes droits sont accordés aux auteurs d'œuvres littéraires pendant toute la durée de leurs droits sur l'œuvre originale, en ce qui concerne la traduction de leurs œuvres.

Art. 12 *Droit d'adaptation, d'arrangement et d'autres transformations.* Les auteurs d'œuvres littéraires ou artistiques jouissent du droit exclusif d'autoriser les adaptations, arrangements et autres transformations de leurs œuvres.

Art. 13 *Possibilité de limiter le droit d'enregistrement des œuvres musicales et de toutes paroles qui les accompagnent : 1. Licences obligatoires ; 2. Mesures transitoires ; 3. Saisie à l'importation d'exemplaires fabriqués sans l'autorisation de l'auteur.* 1. Chaque pays de l'Union peut, pour ce qui le concerne, établir des réserves et conditions relatives au droit exclusif de l'auteur d'une œuvre musicale et de l'auteur des paroles, dont l'enregistrement avec l'œuvre musicale a déjà été autorisé par ce dernier, d'autoriser l'enregistrement sonore de ladite œuvre musicale, avec, le cas échéant, des paroles ; mais toutes réserves et conditions de cette nature n'auront qu'un effet strictement limité au pays qui les aurait établies et ne pourront en aucun cas porter atteinte au droit qui appartient à l'auteur d'obtenir une rémunération équitable fixée, à défaut d'accord amiable, par l'autorité compétente.

2. Les enregistrements d'œuvres musicales qui auront été réalisés dans un pays de l'Union conformément à l'article 13-3 des Conventions signées à Rome le 2 juin 1928 et à Bruxelles le 26 juin 1948 pourront, dans ce pays, faire l'objet de reproductions sans le consentement de l'auteur de l'œuvre musicale jusqu'à l'expiration d'une période de deux années à partir de la date à laquelle ledit pays devient lié par le présent Acte.

3. Les enregistrements faits en vertu des alinéas 1 et 2 du présent article et importés, sans autorisation des parties intéressées, dans un pays où ils ne seraient pas licites, pourront y être saisis.

Art. 14 *Droits cinématographiques et droits connexes : 1. Adaptation et reproduction cinématographiques ; mise en circulation ; représentation et exécution publiques et transmission par fil au public des œuvres ainsi adaptées ou reproduites ; 2. Adaptation des réalisations cinématographiques ; 3. Absence de licences obligatoires.* 1. Les auteurs d'œuvres littéraires ou artistiques ont le droit exclusif d'autoriser : 1° l'adaptation et la reproduction cinématographiques de ces œuvres et la mise en circulation des œuvres ainsi adaptées ou reproduites ; 2° la représentation et l'exécution publiques et la transmission par fil au public des œuvres ainsi adaptées ou reproduites.

2. L'adaptation sous toute autre forme artistique des réalisations cinématographiques tirées d'œuvres littéraires ou artistiques reste soumise, sans préjudice de l'autorisation de leurs auteurs, à l'autorisation des auteurs des œuvres originales.

3. Les dispositions de l'article 13-1 ne sont pas applicables.

Art. 14 *bis* *Dispositions particulières concernant les œuvres cinématographiques : 1. Assimilation aux œuvres «originales»; 2. Titulaires du droit d'auteur; limitation de certains droits de certains auteurs de contributions; 3. Certains autres auteurs de contributions.* 1. Sans préjudice des droits de l'auteur de toute œuvre qui pourrait avoir été adaptée ou reproduite, l'œuvre cinématographique est protégée comme une œuvre originale. Le titulaire du droit d'auteur sur l'œuvre cinématographique jouit des mêmes droits que l'auteur d'une œuvre originale, y compris les droits visés à l'article précédent.

2. *a*) La détermination des titulaires du droit d'auteur sur l'œuvre cinématographique est réservée à la législation du pays où la protection est réclamée.

b) Toutefois, dans les pays de l'Union où la législation reconnaît parmi ces titulaires les auteurs des contributions apportées à la réalisation de l'œuvre cinématographique, ceux-ci, s'ils se sont engagés à apporter de telles contributions, ne pourront, sauf stipulation contraire ou particulière, s'opposer à la reproduction, la mise en circulation, la représentation et l'exécution publiques, la transmission par fil au public, la radiodiffusion, la communication au public, le sous-titrage et le doublage des textes, de l'œuvre cinématographique.

c) La question de savoir si la forme de l'engagement visé ci-dessus doit, pour l'application du sous-alinéa *b* précédent, être ou non un contrat écrit ou un acte écrit équivalent est réglée par la législation du pays de l'Union où le producteur de l'œuvre cinématographique a son siège ou sa résidence habituelle. Est toutefois réservée à la législation du pays de l'Union où la protection est réclamée la faculté de prévoir que cet engagement doit être un contrat écrit ou un acte écrit équivalent. Les pays qui font usage de cette faculté devront le notifier au Directeur général par une déclaration écrite qui sera aussitôt communiquée par ce dernier à tous les autres pays de l'Union.

d) Par «stipulation contraire ou particulière», il faut entendre toute condition restrictive dont peut être assorti ledit engagement.

3. A moins que la législation nationale n'en décide autrement, les dispositions de l'alinéa 2 *b* ci-dessus ne sont applicables ni aux auteurs des scénarios, des dialogues et des œuvres musicales, créés pour la réalisation de l'œuvre cinématographique, ni au réalisateur principal de celle-ci. Toutefois, les pays de l'Union dont la législation ne contient pas des dispositions prévoyant l'application de l'alinéa 2 *b* précité audit réalisateur devront le notifier au Directeur général par une déclaration écrite qui sera aussitôt communiquée par ce dernier à tous les autres pays de l'Union.

Art. 14 *ter* *«Droit de suite» sur les œuvres d'art et les manuscrits : 1. Droit à être intéressé aux opérations de revente; 2. Législation applicable; 3. Procédure.* 1. En ce qui concerne les œuvres d'art originales et les manuscrits originaux des écrivains et compositeurs, l'auteur — ou, après sa mort, les personnes ou institutions auxquelles la législation nationale donne qualité — jouit d'un droit inaliénable à être intéressé aux opérations de vente dont l'œuvre est l'objet après la première cession opérée par l'auteur.

2. La protection prévue à l'alinéa ci-dessus n'est exigible dans chaque pays de l'Union que si la législation nationale de l'auteur admet cette protection et dans la mesure où le permet la législation du pays où cette protection est réclamée.

3. Les modalités et les taux de la perception sont déterminés par chaque législation nationale.

Art. 15 *Droit de faire valoir les droits protégés : 1. Lorsque le nom de l'auteur est indiqué ou lorsque le pseudonyme ne laisse aucun doute sur l'identité de l'auteur ; 2. Pour les œuvres cinématographiques ; 3. Pour les œuvres anonymes et pseudonymes ; 4. Pour certaines œuvres non publiées dont l'identité de l'auteur est inconnue.* 1. Pour que les auteurs des œuvres littéraires et artistiques protégés par la présente Convention soient, sauf preuve contraire, considérés comme tels et admis en conséquence devant les tribunaux des pays de l'Union à exercer des poursuites contre les contrefacteurs, il suffit que le nom soit indiqué sur l'œuvre en la manière usitée. Le présent alinéa est applicable, même si ce nom est un pseudonyme, dès lors que le pseudonyme adopté par l'auteur ne laisse aucun doute sur son identité.

2. Est présumé producteur de l'œuvre cinématographique, sauf preuve contraire, la personne physique ou morale dont le nom est indiqué sur ladite œuvre en la manière usitée.

3. Pour les œuvres anonymes et pour les œuvres pseudonymes autres que celles dont il est fait mention à l'alinéa 1 ci-dessus, l'éditeur dont le nom est indiqué sur l'œuvre est, sans autre preuve, réputé représenter l'auteur ; en cette qualité, il est fondé à sauvegarder et à faire valoir les droits de celui-ci. La disposition du présent alinéa cesse d'être applicable quand l'auteur a révélé son identité et justifié de sa qualité.

4. *a*) Pour les œuvres non publiées dont l'identité de l'auteur est inconnue, mais pour lesquelles il y a tout lieu de présumer que cet auteur est ressortissant d'un pays de l'Union, il est réservé à la législation de ce pays la faculté de désigner l'autorité compétente représentant cet auteur et fondée à sauvegarder et à faire valoir les droits de celui-ci dans les pays de l'Union.

b) Les pays de l'Union qui, en vertu de cette disposition, procéderont à une telle désignation, le notifieront au Directeur général par une déclaration écrite où seront indiqués tous renseignements relatifs à l'autorité ainsi désignée. Le Directeur général communiquera aussitôt cette déclaration à tous les autres pays de l'Union.

Art. 16 *Œuvres contrefaites : 1. Saisie ; 2. Saisie à l'importation ; 3. Législation applicable.* 1. Toute œuvre contrefaite peut être saisie dans les pays de l'Union où l'œuvre originale a droit à la protection légale.

2. Les dispositions de l'alinéa précédent sont également applicables aux reproductions provenant d'un pays où l'œuvre n'est pas protégée ou a cessé de l'être.

3. La saisie a lieu conformément à la législation de chaque pays.

Art. 17 *Possibilité de surveiller la circulation, la représentation et l'exposition d'œuvres.* Les dispositions de la présente Convention ne peuvent porter préjudice, en quoi que ce soit, au droit qui appartient au Gouvernement de chacun des pays de l'Union de permettre, de surveiller ou d'interdire, par des mesures de législation ou de police intérieure, la circulation, la représentation, l'exposition de tout ouvrage ou production à l'égard desquels l'autorité compétente aurait à exercer ce droit.

Art. 18 *Œuvres qui existent au moment de l'entrée en vigueur de la Convention : 1. Peuvent être protégées lorsque la durée de protection n'est pas encore expirée dans le pays d'origine ; 2. Ne peuvent être protégées lorsque la protection est déjà expirée dans le pays où elle est réclamée ; 3. Application de ces principes ; 4. Cas particuliers.*

1. La présente Convention s'applique à toutes les œuvres qui, au moment de son entrée en vigueur, ne sont pas encore tombées dans le domaine public de leur pays d'origine par l'expiration de la durée de la protection.

2. Cependant, si une œuvre, par l'expiration de la durée de la protection qui lui était antérieurement reconnue, est tombée dans le domaine public du pays où la protection est réclamée, cette œuvre n'y sera pas protégée à nouveau.

3. L'application de ce principe aura lieu conformément aux stipulations contenues dans les conventions spéciales existantes ou à conclure à cet effet entre pays de l'Union. A défaut de semblables stipulations, les pays respectifs régleront, chacun pour ce qui le concerne, les modalités relatives à cette application.

4. Les dispositions qui précèdent s'appliquent également en cas de nouvelles accessions à l'Union et dans le cas où la protection sera étendue par application de l'article 7 ou par abandon de réserves.

Art. 19 *Protection plus large que celle qui découle de la Convention.* Les dispositions de la présente Convention n'empêchent pas de revendiquer l'application de dispositions plus larges qui seraient édictées par la législation d'un pays de l'Union.

Art. 20 *Arrangements particuliers entre pays de l'Union.* Les Gouvernements des pays de l'Union se réservent le droit de prendre entre eux des arrangements particuliers, en tant que ces arrangements conféreraient aux auteurs des droits plus étendus que ceux accordés par la Convention, ou qu'ils renfermeraient d'autres stipulations non contraires à la présente Convention. Les dispositions des arrangements existants qui répondent aux conditions précitées restent applicables.

Art. 21 *Dispositions particulières concernant les pays en voie de développement : 1. Référence à l'Annexe; 2. L'Annexe partie intégrante de l'Acte.* 1. Des dispositions particulières concernant les pays en voie de développement figurent dans l'Annexe.

2. Sous réserve des dispositions de l'article 28, 1, *b*, l'Annexe forme partie intégrante du présent Acte.

Art. 22 *Assemblée :*
1. Constitution et composition; 2. Tâches; 3. Quorum, vote, observateurs; 4. Convocation; 5. Règlement intérieur.

(1)

(a) L'Union a une Assemblée composée des pays de l'Union liés par les articles 22 à 26.

(b) Le Gouvernement de chaque pays est représenté par un délégué, qui peut être assisté de suppléants, de conseillers et d'experts.

(c) Les dépenses de chaque délégation sont supportées par le Gouvernement qui l'a désignée.

(2)

(a) L'Assemblée :

(i) traite de toutes les questions concernant le maintien et le développement de l'Union et l'application de la présente Convention;

(ii) donne au Bureau international de la propriété intellectuelle (ci-après dénommé « le Bureau international ») visé dans la Convention instituant l'Organisation Mondiale de la Propriété Intellectuelle (ci-après dénommée « l'Organisation ») des directives concernant la préparation des conférences de révision, compte étant dûment tenu des observations des pays de l'Union qui ne sont pas liés par les articles 22 à 26;

(iii) examine et approuve les rapports et les activités du Directeur général de l'Organisation relatifs à l'Union et lui donne toutes directives utiles concernant les questions de la compétence de l'Union;

(iv) élit les membres du Comité exécutif de l'Assemblée;

(v) examine et approuve les rapports et les activités de son Comité exécutif et lui donne des directives;

(vi) arrête le programme, adopte le budget biennal de l'Union et approuve ses comptes de clôture;

(vii) adopte le règlement financier de l'Union;

(viii) crée les comités d'experts et groupes de travail qu'elle juge utiles à la réalisation des objectifs de l'Union;

(ix) décide quels sont les pays non membres de l'Union et quelles sont les organisations intergouvernementales et internationales non gouvernementales qui peuvent être admis à ses réunions en qualité d'observateurs;

(x) adopte les modifications des articles 22 à 26;

(xi) entreprend toute autre action appropriée en vue d'atteindre les objectifs de l'Union;

(xii) s'acquitte de toutes autres tâches qu'implique la présente Convention;

(xiii) exerce, sous réserve qu'elle les accepte, les droits qui lui sont conférés par la Convention instituant l'Organisation.

(b) Sur les questions qui intéressent également d'autres Unions administrées par l'Organisation, l'Assemblée statue connaissance prise de l'avis du Comité de coordination de l'Organisation.

(3)

(a) Chaque pays membre de l'Assemblée dispose d'une voix.

(b) La moitié des pays membres de l'Assemblée constitue le quorum.

(c) Nonobstant les dispositions du sous-alinéa b), si, lors d'une session, le nombre des pays représentés est inférieur à la moitié mais égal ou supérieur au tiers des pays membres de l'Assemblée, celle-ci peut prendre des décisions; toutefois, les décisions de l'Assemblée, à l'exception de celles qui concernent sa procédure, ne deviennent exécutoires que lorsque les conditions énoncées ci-après sont remplies. Le Bureau international communique lesdites décisions aux pays membres de l'Assemblée qui n'étaient pas représentés, en les invitant à exprimer par écrit, dans un délai de trois mois à compter de la date de ladite communication, leur vote ou leur abstention. Si, à l'expiration de ce délai, le nombre des pays ayant ainsi exprimé leur vote ou leur abstention est au moins égal au nombre de pays qui faisait défaut pour que le quorum fût atteint lors de la session, lesdites décisions deviennent exécutoires, pourvu qu'en même temps la majorité nécessaire reste acquise.

(d) Sous réserve des dispositions de l'article 26.2), les décisions de l'Assemblée sont prises à la majorité des deux tiers des votes exprimés.

(e) L'abstention n'est pas considérée comme un vote.

(f) Un délégué ne peut représenter qu'un seul pays et ne peut voter qu'au nom de celui-ci.

(g) Les pays de l'Union qui ne sont pas membres de l'Assemblée sont admis à ses réunions en qualité d'observateurs.

(4)

(a) L'Assemblée se réunit une fois tous les deux ans en session ordinaire, sur convocation du Directeur général et, sauf cas exceptionnels, pendant la même période et au même lieu que l'Assemblée générale de l'Organisation.

(b) L'Assemblée se réunit en session extraordinaire sur convocation adressée par le Directeur général, à la demande du Comité exécutif ou à la demande d'un quart des pays membres de l'Assemblée.

(5) L'Assemblée adopte son règlement intérieur.

Art. 23 *Comité exécutif : 1. Constitution ; 2. Composition ; 3. Nombre de membres ; 4. Répartition géographique ; arrangements particuliers ; 5. Durée des fonctions, limites de rééligibilité ; modalités d'élection ; 6. Tâches ; 7. Convocation ; 8. Quorum, vote ; 9. Observateurs ; 10. Règlement intérieur.* (1) L'Assemblée a un Comité exécutif.

(2)

(a) Le Comité exécutif est composé des pays élus par l'Assemblée parmi les pays membres de celle-ci. En outre, le pays sur le territoire duquel l'Organisation a son siège dispose, ex officio, d'un siège au Comité, sous réserve des dispositions de l'article 25.7) b).

(b) Le Gouvernement de chaque pays membre du Comité exécutif est représenté par un délégué, qui peut être assisté de suppléants, de conseillers et d'experts.

(c) Les dépenses de chaque délégation sont supportées par le Gouvernement qui l'a désignée.

(3) Le nombre des pays membres du Comité exécutif correspond au quart du nombre des pays membres de l'Assemblée. Dans le calcul des sièges à pourvoir, le reste subsistant après la division par quatre n'est pas pris en considération.

(4) Lors de l'élection des membres du Comité exécutif, l'Assemblée tient compte d'une répartition géographique équitable et de la nécessité pour les pays parties aux Arrangements particuliers qui pourraient être établis en relation avec l'Union d'être parmi les pays constituant le Comité exécutif.

(5)

(a) Les membres du Comité exécutif restent en fonctions à partir de la clôture de la session de l'Assemblée au cours de laquelle ils ont été élus jusqu'au terme de la session ordinaire suivante de l'Assemblée.

(b) Les membres du Comité exécutif sont rééligibles dans la limite maximale des deux tiers d'entre eux.

(c) L'Assemblée réglemente les modalités de l'élection et de la réélection éventuelle des membres du Comité exécutif.

(6)

(a) Le Comité exécutif :

(i) prépare le projet d'ordre du jour de l'Assemblée ;

(ii) soumet à l'Assemblée des propositions relatives aux projets de programme et de budget biennal de l'Union préparés par le Directeur général ;

(iii) [supprimé]

(iv) soumet à l'Assemblée, avec les commentaires appropriés, les rapports périodiques du Directeur général et les rapports annuels de vérification des comptes ;

(v) prend toutes mesures utiles en vue de l'exécution du programme de l'Union par le Directeur général, conformément aux décisions de l'Assemblée et en tenant compte des circonstances survenant entre deux sessions ordinaires de ladite Assemblée ;

(vi) s'acquitte de toutes autres tâches qui lui sont attribuées dans le cadre de la présente Convention.

(b) Sur les questions qui intéressent également d'autres Unions administrées par l'Organisation, le Comité exécutif statue connaissance prise de l'avis du Comité de coordination de l'Organisation.

(7)

(a) Le Comité exécutif se réunit une fois par an en session ordinaire, sur convocation du Directeur général, autant que possible pendant la même période et au même lieu que le Comité de coordination de l'Organisation.

(b) Le Comité exécutif se réunit en session extraordinaire sur convocation adressée par le Directeur général, soit à l'initiative de celui-ci, soit à la demande de son président ou d'un quart de ses membres.

(8)

(a) Chaque pays membre du Comité exécutif dispose d'une voix.

(b) La moitié des pays membres du Comité exécutif constitue le quorum.

(c) Les décisions sont prises à la majorité simple des votes exprimés.

(d) L'abstention n'est pas considérée comme un vote.

(e) Un délégué ne peut représenter qu'un seul pays et ne peut voter qu'au nom de celui-ci.

(9) Les pays de l'Union qui ne sont pas membres du Comité exécutif sont admis à ses réunions en qualité d'observateurs.

(10) Le Comité exécutif adopte son règlement intérieur.

Art. 24 *Bureau international :*
1. Tâches en général, Directeur général; 2. Informations générales; 3. Périodique; 4. Renseignements fournis aux pays; 5. Études et services; 6. Participation aux réunions; 7. Conférences de révision; 8. Autres tâches. (1)

(a) Les tâches administratives incombant à l'Union sont assurées par le Bureau international, qui succède au Bureau de l'Union réuni avec le Bureau de l'Union institué par la Convention internationale pour la protection de la propriété industrielle.

(b) Le Bureau international assure notamment le secrétariat des divers organes de l'Union.

(c) Le Directeur général de l'Organisation est le plus haut fonctionnaire de l'Union et la représente.

(2) Le Bureau international rassemble et publie les informations concernant la protection du droit d'auteur. Chaque pays de l'Union communique aussitôt que possible au Bureau international le texte de toute nouvelle loi ainsi que tous textes officiels concernant la protection du droit d'auteur.

(3) Le Bureau international publie un périodique mensuel.

(4) Le Bureau international fournit à tout pays de l'Union, sur sa demande, des renseignements sur les questions relatives à la protection du droit d'auteur.

(5) Le Bureau international procède à des études et fournit des services destinés à faciliter la protection du droit d'auteur.

(6) Le Directeur général et tout membre du personnel désigné par lui prennent part, sans droit de vote, à toutes les réunions de l'Assemblée, du Comité exécutif et de tout autre comité d'experts ou groupe de travail. Le Directeur général ou un membre du personnel désigné par lui est d'office secrétaire de ces organes.

(7)

(a) Le Bureau international, selon les directives de l'Assemblée et en coopération avec le Comité exécutif, prépare les conférences de révision des dispositions de la Convention autres que les articles 22 à 26.

(b) Le Bureau international peut consulter des organisations intergouvernementales et internationales non gouvernementales sur la préparation des conférences de révision.

(c) Le Directeur général et les personnes désignées par lui prennent part, sans droit de vote, aux délibérations dans ces conférences.

(8) Le Bureau international exécute toutes autres tâches qui lui sont attribuées.

Art. 25 *Finances :*
1. Budget; 2. Coordination avec les autres Unions; 3. Ressources; 4. Contributions; possibilité de reconduction du budget; 5. Taxes et sommes dues; 6. Fonds de roulement; 7. Avances du Gouvernement hôte; 8. Vérification des comptes. (1)

(a) L'Union a un budget.

(b) Le budget de l'Union comprend les recettes et les dépenses propres à l'Union, sa contribution au budget des dépenses communes aux Unions, ainsi que, le cas échéant, la somme mise à la disposition du budget de la Conférence de l'Organisation.

(c) Sont considérées comme dépenses communes aux Unions les dépenses qui ne sont pas attribuées exclusivement à l'Union mais également à une ou plusieurs autres Unions administrées par l'Organisation. La part de l'Union dans ces dépenses communes est proportionnelle à l'intérêt que ces dépenses présentent pour elle.

(2) Le budget de l'Union est arrêté compte tenu des exigences de coordination avec les budgets des autres Unions administrées par l'Organisation.

(3) Le budget de l'Union est financé par les ressources suivantes :

(i) les contributions des pays de l'Union;

(ii) les taxes et sommes dues pour les services rendus par le Bureau international au titre de l'Union;

(iii) le produit de la vente des publications du Bureau international concernant l'Union et les droits afférents à ces publications;

(iv) les dons, legs et subventions;

(v) les loyers, intérêts et autres revenus divers.

(4)

(a) Pour déterminer sa part contributive dans le budget, chaque pays de l'Union est rangé dans une classe et paie ses contributions annuelles sur la base d'un nombre d'unités fixé comme suit :

Classe I… 25

Classe II… 20

Classe III… 15

Classe IV… 10

Classe V… 5

Classe VI… 3

Classe VII… 1

(b) À moins qu'il ne l'ait fait précédemment, chaque pays indique, au moment du dépôt de son instrument de ratification ou d'adhésion, la classe dans laquelle il désire être rangé. Il peut changer de classe. S'il choisit une classe inférieure, le pays doit en faire part à l'Assemblée lors d'une de ses sessions ordinaires. Un tel changement prend effet au début de l'année civile suivant ladite session.

(c) La contribution annuelle de chaque pays consiste en un montant dont le rapport à la somme totale des contributions annuelles au budget de l'Union de tous les pays est le même que le rapport entre le nombre des unités de la classe dans laquelle il est rangé et le nombre total des unités de l'ensemble des pays.

(d) Les contributions sont dues au premier janvier de chaque année.

(e) Un pays en retard dans le paiement de ses contributions ne peut exercer son droit de vote, dans aucun des organes de l'Union dont il est membre, si le montant de son arriéré est égal ou supérieur à celui des contributions dont il est redevable pour les deux années complètes écoulées. Cependant, un tel pays peut être autorisé à conserver l'exercice de son droit de vote au sein dudit organe aussi longtemps que ce dernier estime que le retard résulte de circonstances exceptionnelles et inévitables.

(f) Dans le cas où le budget n'est pas adopté avant le début d'un nouvel exercice, le budget de l'année précédente est reconduit selon les modalités prévues par le règlement financier.

(5) Le montant des taxes et sommes dues pour des services rendus par le Bureau international au titre de l'Union est fixé par le Directeur général, qui en fait rapport à l'Assemblée et au Comité exécutif.

(6)

(a) L'Union possède un fonds de roulement constitué par un versement unique effectué par chaque pays de l'Union. Si le fonds devient insuffisant, l'Assemblée décide de son augmentation.

(b) Le montant du versement initial de chaque pays au fonds précité ou de sa participation à l'augmentation de celui-ci est proportionnel à la contribution de ce pays pour l'année au cours de laquelle le fonds est constitué ou l'augmentation décidée.

(c) La proportion et les modalités de versement sont arrêtées par l'Assemblée, sur proposition du Directeur général et après avis du Comité de coordination de l'Organisation.

(7)

(a) L'Accord de siège conclu avec le pays sur le territoire duquel l'Organisation a son siège prévoit que, si le fonds de roulement est insuffisant, ce pays accorde des avances. Le montant de ces avances et les conditions dans lesquelles elles sont accordées font l'objet, dans chaque cas, d'accords séparés entre le pays en cause et l'Organisation. Aussi longtemps qu'il est tenu d'accorder des avances, ce pays dispose ex officio d'un siège au Comité exécutif.

(b) Le pays visé au sous-alinéa a) et l'Organisation ont chacun le droit de dénoncer l'engagement d'accorder des avances moyennant notification par écrit. La dénonciation prend effet trois ans après la fin de l'année au cours de laquelle elle a été notifiée.

(8) La vérification des comptes est assurée, selon les modalités prévues par le règlement financier, par un ou plusieurs pays de l'Union ou par des contrôleurs extérieurs, qui sont, avec leur consentement, désignés par l'Assemblée.

Art. 26 *Modifications :*
1. Dispositions pouvant être modifiées par l'Assemblée; propositions; 2. Adoption; 3. Entrée en vigueur. (1) Des propositions de modification des articles 22, 23, 24, 25 et du présent article peuvent être présentées par tout pays membre de l'Assemblée, par le Comité exécutif ou par le Directeur général. Ces propositions sont communiquées par ce dernier aux pays membres de l'Assemblée six mois au moins avant d'être soumises à l'examen de l'Assemblée.

(2) Toute modification des articles visés à l'alinéa 1) est adoptée par l'Assemblée. L'adoption requiert les trois quarts des votes exprimés; toutefois, toute modification de l'article 22 et du présent alinéa requiert les quatre cinquièmes des votes exprimés.

(3) Toute modification des articles visés à l'alinéa 1) entre en vigueur un mois après la réception par le Directeur général des notifications écrites d'acceptation, effectuée en conformité avec leurs règles constitutionnelles respectives, de la part des trois quarts des pays qui étaient membres de l'Assemblée au moment où la modification a été adoptée. Toute modification desdits articles ainsi acceptée lie tous les pays qui sont membres de l'Assemblée au moment où la modification entre en vigueur ou qui en deviennent membres à une date ultérieure; toutefois, toute modification qui augmente les

obligations financières des pays de l'Union ne lie que ceux d'entre eux qui ont notifié leur acceptation de ladite modification.

Art. 27 *Révision :*
1. But; 2. Conférences; 3. Adoption. (1) La présente Convention sera soumise à des révisions en vue d'y introduire les améliorations de nature à perfectionner le système de l'Union.

(2) À cet effet, des conférences auront lieu, successivement, dans l'un des pays de l'Union, entre les délégués desdits pays.

(3) Sous réserve des dispositions de l'article 26 applicables à la modification des articles 22 à 26, toute révision du présent Acte, y compris l'Annexe, requiert l'unanimité des votes exprimés.

Art. 28 *Acceptation et entrée en vigueur de l'Acte pour les pays de l'Union :*
1. Ratification, adhésion; possibilité d'exclure certaines dispositions; retrait de l'exclusion; 2. Entrée en vigueur des articles 1 à 21 et de l'Annexe; 3. Entrée en vigueur des articles 22 à 38. (1)

(a) Chacun des pays de l'Union qui a signé le présent Acte peut le ratifier et, s'il ne l'a pas signé, peut y adhérer. Les instruments de ratification ou d'adhésion sont déposés auprès du Directeur général.

(b) Chacun des pays de l'Union peut déclarer dans son instrument de ratification ou d'adhésion que sa ratification ou son adhésion n'est pas applicable aux articles 1 à 21 et à l'Annexe; toutefois, si ce pays a déjà fait une déclaration selon l'article VI. 1) de l'Annexe, il peut seulement déclarer dans ledit instrument que sa ratification ou son adhésion ne s'applique pas aux articles 1 à 20.

(c) Chacun des pays de l'Union qui, conformément au sous-alinéa b), a exclu des effets de sa ratification ou de son adhésion les dispositions visées dans ledit sous-alinéa peut, à tout moment ultérieur, déclarer qu'il étend les effets de sa ratification ou de son adhésion à ces dispositions. Une telle déclaration est déposée auprès du Directeur général.

(2)

(a) Les articles 1 à 21 et l'Annexe entrent en vigueur trois mois après que les deux conditions suivantes ont été remplies :

(i) cinq pays de l'Union au moins ont ratifié le présent Acte ou y ont adhéré sans faire de déclaration selon l'alinéa 1) b),

(ii) l'Espagne, les États-Unis d'Amérique, la France et le Royaume-Uni de Grande-Bretagne et d'Irlande du Nord sont devenus liés par la Convention universelle sur le droit d'auteur, telle qu'elle a été révisée à Paris le 24 juillet 1971.

(b) L'entrée en vigueur visée au sous-alinéa a) est effective à l'égard des pays de l'Union qui, trois mois au moins avant ladite entrée en vigueur, ont déposé des instruments de ratification ou d'adhésion ne contenant pas de déclaration selon l'alinéa 1) b).

(c) À l'égard de tout pays de l'Union auquel le sous-alinéa b) n'est pas applicable et qui ratifie le présent Acte ou y adhère sans faire de déclaration selon l'alinéa 1) b), les articles 1 à 21 et l'Annexe entrent en vigueur trois mois après la date à laquelle le Directeur général a notifié le dépôt de l'instrument de ratification ou d'adhésion considéré, à moins qu'une date postérieure n'ait été indiquée dans l'instrument déposé. Dans ce dernier cas, les articles 1 à 21 et l'Annexe entrent en vigueur à l'égard de ce pays à la date ainsi indiquée.

(d) Les dispositions des sous-alinéas a) à c) n'affectent pas l'application de l'article VI de l'Annexe.

(3) À l'égard de tout pays de l'Union qui ratifie le présent Acte ou y adhère avec ou sans déclaration selon l'alinéa 1) b), les articles 22 à 38 entrent en vigueur trois mois après la date à laquelle le Directeur général a notifié le dépôt de l'instrument de ratification ou d'adhésion considéré, à moins qu'une date postérieure n'ait été indiquée dans l'instrument déposé. Dans ce dernier cas, les articles 22 à 38 entrent en vigueur à l'égard de ce pays à la date ainsi indiquée.

Art. 29 *Acceptation et entrée en vigueur pour les pays étrangers à l'Union : 1. Adhésion; 2. Entrée en vigueur.* (1) Tout pays étranger à l'Union peut adhérer au présent Acte et devenir, de ce fait, partie à la présente Convention et membre de l'Union. Les instruments d'adhésion sont déposés auprès du Directeur général.

(2)

(a) Sous réserve du sous-alinéa b), la présente Convention entre en vigueur à l'égard de tout pays étranger à l'Union trois mois après la date à laquelle le Directeur général a notifié le dépôt de son instrument d'adhésion, à moins qu'une date postérieure n'ait été indiquée dans l'instrument déposé. Dans ce dernier cas, la présente Convention entre en vigueur à l'égard de ce pays à la date ainsi indiquée.

(b) Si l'entrée en vigueur en application du sous-alinéa a) précède l'entrée en vigueur des articles 1 à 21 et de l'Annexe en application de l'article 28.2) a), ledit pays sera lié, dans l'intervalle, par les articles 1 à 20 de l'Acte de Bruxelles de la présente Convention, qui sont substitués aux articles 1 à 21 et à l'Annexe.

Art. 29 *bis* *Effet de l'acceptation de l'Acte aux fins de l'application de l'article 14.2) de la Convention établissant l'OMPI.* La ratification du présent Acte ou l'adhésion à cet Acte par tout pays qui n'est pas lié par les articles 22 à 38 de l'Acte de Stockholm de la présente Convention vaut, à seule fin de pouvoir appliquer l'article 14.2) de la Convention instituant l'Organisation, ratification de l'Acte de Stockholm ou adhésion à cet Acte avec la limitation prévue par l'article 28.1) b) i) dudit Acte.

Art. 30 *Réserves : 1. Limites de la possibilité de faire des réserves; 2. Réserves antérieures; réserve concernant le droit de traduction; retrait de la réserve.* (1) Sous réserve des exceptions permises par l'alinéa 2) du présent article, par l'article 28.1) b), par l'article 33.2), ainsi que par l'Annexe, la ratification ou l'adhésion emporte de plein droit accession à toutes les clauses et admission à tous les avantages stipulés par la présente Convention.

(2)

(a) Tout pays de l'Union ratifiant le présent Acte ou y adhérant peut, sous réserve de l'article V. 2) de l'Annexe, conserver le bénéfice des réserves qu'il a formulées antérieurement, à la condition d'en faire la déclaration lors du dépôt de son instrument de ratification ou d'adhésion.

(b) Tout pays étranger à l'Union peut déclarer, en adhérant à la présente Convention et sous réserve de l'article V. 2) de l'Annexe, qu'il entend substituer, provisoirement au moins, à l'article 8 du présent Acte, concernant le droit de traduction, les dispositions de l'article 5 de la Convention d'Union de 1886 complétée à Paris en 1896, étant bien entendu que ces dispositions ne visent que la traduction dans une langue d'usage général dans ce pays. Sous réserve de l'article I. 6) b) de l'Annexe, tout pays a la faculté d'appliquer, en ce qui concerne le droit de traduction des œuvres ayant pour pays d'origine un pays faisant usage d'une telle réserve, une protection équivalente à celle accordée par ce dernier pays.

(c) Tout pays peut, à tout moment, retirer de telles réserves, par notification adressée au Directeur général.

Art. 31 *Applicabilité à certains territoires :*
1. Déclaration ; 2. Retrait de la déclaration ; 3. Date à laquelle prend effet la déclaration ou son retrait ; 4. Pas d'interprétation impliquant l'acceptation de situations de fait.

(1) Tout pays peut déclarer dans son instrument de ratification ou d'adhésion, ou peut informer le Directeur général par notification écrite à tout moment ultérieur, que la présente Convention est applicable à tout ou partie des territoires, désignés dans la déclaration ou la notification, pour lesquels il assume la responsabilité des relations extérieures.

(2) Tout pays qui a fait une telle déclaration ou effectué une telle notification peut, à tout moment, notifier au Directeur général que la présente Convention cesse d'être applicable à tout ou partie de ces territoires.

(3)

(a) Toute déclaration faite en vertu de l'alinéa 1) prend effet à la même date que la ratification ou l'adhésion dans l'instrument de laquelle elle a été incluse, et toute notification effectuée en vertu de cet alinéa prend effet trois mois après sa notification par le Directeur général.

(b) Toute notification effectuée en vertu de l'alinéa 2) prend effet douze mois après sa réception par le Directeur général.

(4) Le présent article ne saurait être interprété comme impliquant la reconnaissance ou l'acceptation tacite par l'un quelconque des pays de l'Union de la situation de fait de tout territoire auquel la présente Convention est rendue applicable par un autre pays de l'Union en vertu d'une déclaration faite en application de l'alinéa 1).

Art. 32 *Applicabilité du présent Acte et des Actes antérieurs :*
1. Entre pays déjà membres de l'Union ; 2. Entre un pays devenant membre de l'Union et les autres pays membres de l'Union ; 3. Applicabilité de l'Annexe dans le cadre de certaines relations. (1) Le présent Acte remplace dans les rapports entre les pays de l'Union, et dans la mesure où il s'applique, la Convention de Berne du 9 septembre 1886 et les Actes de révision subséquents. Les Actes précédemment en vigueur conservent leur application, dans leur totalité ou dans la mesure où le présent Acte ne les remplace pas en vertu de la phrase précédente, dans les rapports avec les pays de l'Union qui ne ratifieraient pas le présent Acte ou n'y adhéreraient pas.

(2) Les pays étrangers à l'Union qui deviennent parties au présent Acte l'appliquent, sous réserve des dispositions de l'alinéa 3), à l'égard de tout pays de l'Union qui n'est pas lié par cet Acte ou qui, bien qu'en étant lié par celui-ci, a fait la déclaration prévue à l'article 28.1) b). Lesdits pays admettent que le pays de l'Union considéré, dans ses relations avec eux :

(i) applique les dispositions de l'Acte le plus récent par lequel il est lié, et

(ii) sous réserve de l'article I. 6 de l'Annexe, a la faculté d'adapter la protection au niveau prévu par le présent Acte.

(3) Tout pays qui a invoqué le bénéfice de l'une quelconque des facultés prévues par l'Annexe peut appliquer les dispositions de l'Annexe qui concernent la ou les facultés dont il a invoqué le bénéfice dans ses relations avec tout autre pays de l'Union qui n'est pas lié par le présent Acte, à condition que ce dernier pays ait accepté l'application desdites dispositions.

Art. 33 *Différends :*
1. Compétence de la Cour internationale de Justice; 2. Réserve concernant cette compétence; 3. Retrait de la réserve. (1) Tout différend entre deux ou plusieurs pays de l'Union concernant l'interprétation ou l'application de la présente Convention, qui ne sera pas réglé par voie de négociation, peut être porté par l'un quelconque des pays en cause devant la Cour internationale de Justice par voie de requête conforme au Statut de la Cour, à moins que les pays en cause ne conviennent d'un autre mode de règlement. Le Bureau international sera informé par le pays requérant du différend soumis à la Cour; il en donnera connaissance aux autres pays de l'Union.

(2) Tout pays peut, au moment où il signe le présent Acte ou dépose son instrument de ratification ou d'adhésion, déclarer qu'il ne se considère pas lié par les dispositions de l'alinéa 1). En ce qui concerne tout différend entre un tel pays et tout autre pays de l'Union, les dispositions de l'alinéa 1) ne sont pas applicables.

(3) Tout pays qui a fait une déclaration conformément aux dispositions de l'alinéa 2) peut, à tout moment, la retirer par une notification adressée au Directeur général.

Art. 34 *Clôture de certaines dispositions antérieures :*
1. Des Actes antérieurs; 2. Du Protocole annexé à l'Acte de Stockholm. (1) Sous réserve de l'article 29 bis, aucun pays ne peut adhérer, après l'entrée en vigueur des articles 1 à 21 et de l'Annexe, à des Actes antérieurs de la présente Convention ni les ratifier.

(2) Après l'entrée en vigueur des articles 1 à 21 et de l'Annexe, aucun pays ne peut faire de déclaration en vertu de l'article 5 du Protocole relatif aux pays en voie de développement annexé à l'Acte de Stockholm.

Art. 35 *Durée de la Convention; Dénonciation :*
1. Durée illimitée; 2. Possibilité de dénonciation; 3. Date à laquelle la dénonciation prend effet; 4. Moratoire relatif à la dénonciation. (1) La présente Convention demeure en vigueur sans limitation de durée.

(2) Tout pays peut dénoncer le présent Acte par notification adressée au Directeur général. Cette dénonciation emporte aussi dénonciation de tous les Actes antérieurs et ne produit son effet qu'à l'égard du pays qui l'a faite, la Convention restant en vigueur et exécutoire à l'égard des autres pays de l'Union.

(3) La dénonciation prend effet un an après le jour où le Directeur général a reçu la notification.

(4) La faculté de dénonciation prévue par le présent article ne peut être exercée par un pays avant l'expiration d'un délai de cinq ans à compter de la date à laquelle il est devenu membre de l'Union.

Art. 36 *Application de la Convention :*
1. Obligation d'adopter les mesures nécessaires; 2. Date à partir de laquelle cette obligation existe. (1) Tout pays partie à la présente Convention s'engage à adopter, conformément à sa constitution, les mesures nécessaires pour assurer l'application de la présente Convention.

(2) Il est entendu qu'au moment où un pays devient lié par la présente Convention, il doit être en mesure, conformément à sa législation interne, de donner effet aux dispositions de la présente Convention.

Art. 37 *Clauses finales :*
1. Langues de l'Acte ; 2. Signature ; 3. Copies certifiées conformes ; 4. Enregistrement ; 5. Notifications. (1)

(a) Le présent Acte est signé en un seul exemplaire dans les langues anglaise et française et, sous réserve de l'alinéa 2), est déposé auprès du Directeur général.

(b) Des textes officiels sont établis par le Directeur général, après consultation des Gouvernements intéressés, dans les langues allemande, arabe, espagnole, italienne et portugaise, et dans les autres langues que l'Assemblée pourra indiquer.

(c) En cas de contestation sur l'interprétation des divers textes, le texte français fera foi.

(2) Le présent Acte reste ouvert à la signature jusqu'au 31 janvier 1972. Jusqu'à cette date, l'exemplaire visé à l'alinéa 1) a) sera déposé auprès du Gouvernement de la République française.

(3) Le Directeur général transmet deux copies certifiées conformes du texte signé du présent Acte aux Gouvernements de tous les pays de l'Union et, sur demande, au Gouvernement de tout autre pays.

(4) Le Directeur général fait enregistrer le présent Acte auprès du Secrétariat de l'Organisation des Nations unies.

(5) Le Directeur général notifie aux Gouvernements de tous les pays de l'Union les signatures, les dépôts d'instruments de ratification ou d'adhésion et de déclarations comprises dans ces instruments ou faites en application des articles 28.1) c), 30.2) a) et b), et 33.2), l'entrée en vigueur de toutes dispositions du présent Acte, les notifications de dénonciation et les notifications faites en application des articles 30.2) c), 31.1) et 2), 33.3) et 38.1), ainsi que les notifications visées dans l'Annexe.

Art. 38 *Dispositions transitoires :*
1. Exercice du « privilège de cinq ans » ; 2. Bureau de l'Union, Directeur du Bureau ; 3. Succession du Bureau de l'Union. (1) Les pays de l'Union qui n'ont pas ratifié le présent Acte ou qui n'y ont pas adhéré et qui ne sont pas liés par les articles 22 à 26 de l'Acte de Stockholm peuvent, jusqu'au 26 avril 1975, exercer, s'ils le désirent, les droits prévus par lesdits articles comme s'ils étaient liés par eux. Tout pays qui désire exercer lesdits droits dépose à cette fin auprès du Directeur général une notification écrite qui prend effet à la date de sa réception. De tels pays sont réputés être membres de l'Assemblée jusqu'à ladite date.

(2) Aussi longtemps que tous les pays de l'Union ne sont pas devenus membres de l'Organisation, le Bureau international de l'Organisation agit également en tant que Bureau de l'Union, et le Directeur général en tant que Directeur de ce Bureau.

(3) Lorsque tous les pays de l'Union sont devenus membres de l'Organisation, les droits, obligations et biens du Bureau de l'Union sont dévolus au Bureau international de l'Organisation.

ANNEXE

Art. 1 (1) Tout pays considéré, conformément à la pratique établie de l'Assemblée générale des Nations Unies, comme un pays en voie de développement, qui ratifie le présent Acte, dont la présente Annexe forme partie intégrante, ou qui y adhère et qui, eu égard à sa situation économique et à ses besoins sociaux ou culturels, ne s'estime pas en mesure dans l'immédiat de prendre les dispositions propres à assurer la protection de tous les droits tels que prévus dans le présent Acte, peut, par une notification déposée auprès du Directeur général, au moment du dépôt de son instrument de ratification ou d'adhésion ou, sous réserve de l'article V.1) c), à toute date ultérieure, déclarer qu'il invoquera le bénéfice de la faculté prévue par l'article II ou de celle prévue par l'article III ou de l'une et l'autre de ces facultés. Il peut, au lieu d'invoquer le bénéfice de la faculté prévue par l'article II, faire une déclaration conformément à l'article V.1) a).

(2) (a) Toute déclaration faite aux termes de l'alinéa 1) et notifiée avant l'expiration d'une période de dix ans, à compter de l'entrée en vigueur des articles 1 à 21 et de la présente Annexe conformément à l'article 28.2), reste valable jusqu'à l'expiration de ladite période. Elle peut être renouvelée en tout ou en partie pour d'autres périodes successives de dix ans par notification déposée auprès du Directeur général pas plus de quinze mois mais pas moins de trois mois avant l'expiration de la période décennale en cours.

(b) Toute déclaration faite aux termes de l'alinéa 1) et notifiée après l'expiration d'une période de dix ans, à compter de l'entrée en vigueur des articles 1 à 21 et de la présente Annexe conformément à l'article 28.2), reste valable jusqu'à l'expiration de la période décennale en cours. Elle peut être renouvelée comme prévu dans la seconde phrase du sous-alinéa a).

(3) Tout pays de l'Union qui a cessé d'être considéré comme un pays en voie de développement tel que visé à l'alinéa 1) n'est plus habilité à renouveler sa déclaration telle que prévue à l'alinéa 2) et, qu'il retire ou non officiellement sa déclaration, ce pays perdra la possibilité d'invoquer le bénéfice des facultés visées à l'alinéa 1), soit à l'expiration de la période décennale en cours, soit trois ans après qu'il aura cessé d'être considéré comme un pays en voie de développement, le délai qui expire le plus tard devant être appliqué.

(4) Lorsqu'au moment où la déclaration faite aux termes de l'alinéa 1) ou de l'alinéa 2) cesse d'être valable il y a en stock des exemplaires produits sous l'empire d'une licence accordée en vertu des dispositions de la présente Annexe, de tels exemplaires pourront continuer d'être mis en circulation jusqu'à leur épuisement.

(5) Tout pays qui est lié par les dispositions du présent Acte et qui a déposé une déclaration ou une notification conformément à l'article 31.1) au sujet de l'application dudit Acte à un territoire particulier dont la situation peut être considérée comme analogue à celle des pays visés à l'alinéa 1) peut, à l'égard de ce territoire, faire la déclaration visée à l'alinéa 1) et la notification de renouvellement visée à l'alinéa 2). Tant que cette déclaration ou cette notification sera valable, les dispositions de la présente Annexe s'appliqueront au territoire à l'égard duquel elle a été faite.

(6) (a) Le fait qu'un pays invoque le bénéfice de l'une des facultés visées à l'alinéa 1) ne permet pas à un autre pays de donner, aux œuvres dont le pays d'origine est le premier pays en question, une protection inférieure à celle qu'il est obligé d'accorder selon les articles 1 à 20.

(b) La faculté de réciprocité prévue par l'article 30.2) b), deuxième phrase, ne peut, jusqu'à la date à laquelle expire le délai applicable conformément à l'article I.3), être exercée pour les œuvres dont le pays d'origine est un pays qui a fait une déclaration conformément à l'article V.1) a).

Art. 2 1. Tout pays qui a déclaré qu'il invoquera le bénéfice de la faculté prévue par le présent article sera habilité, pour ce qui concerne les œuvres publiées sous forme imprimée ou sous toute autre forme analogue de reproduction, à substituer au droit exclusif de traduction prévu par l'article 8 un régime de licences non exclusives et incessibles, accordées par l'autorité compétente dans les conditions ci-après et conformément à l'article IV.

2. *a*) Sous réserve de l'alinéa 3, lorsque, à l'expiration d'une période de trois années ou d'une période plus longue déterminée par la législation nationale dudit pays, à compter de la première publication d'une œuvre, la traduction n'en a pas été publiée dans une langue d'usage général dans ce pays, par le titulaire du droit de traduction ou avec son autorisation, tout ressortissant dudit pays pourra obtenir une licence pour faire une traduction de l'œuvre dans ladite langue et publier cette traduction sous forme imprimée ou sous toute autre forme analogue de reproduction.

b) Une licence peut aussi être accordée en vertu du présent article si toutes les éditions de la traduction publiée dans la langue concernée sont épuisées.

3. *a*) Dans le cas de traductions dans une langue qui n'est pas d'usage général dans un ou plusieurs pays développés, membres de l'Union, une période d'une année sera substituée à la période de trois années visée à l'alinéa 2, *a*.

b) Tout pays visé à l'alinéa 1 peut, avec l'accord unanime des pays développés, membres de l'Union, dans lesquels la même langue est d'usage général, remplacer, dans le cas de traductions vers cette langue, la période de trois ans visée à l'alinéa 2, *a*, par une période plus courte fixée conformément audit accord, cette période ne pouvant toutefois être inférieure à une année. Néanmoins, les dispositions de la phrase précédente ne sont pas applicables lorsque la langue dont il s'agit est l'anglais, l'espagnol ou le français. Tout accord en ce sens sera notifié au Directeur général par les gouvernements qui l'auront conclu.

4. *a*) Toute licence visée au présent article ne pourra être accordée avant l'expiration d'un délai supplémentaire de six mois, dans le cas où elle peut être obtenue à l'expiration d'une période de trois années, et de neuf mois, dans le cas où elle peut être obtenue à l'expiration d'une période d'une année,

i) à compter de la date à laquelle le requérant accomplit les formalités prévues par l'article IV, 1 ;

ii) ou bien, si l'identité ou l'adresse du titulaire du droit de traduction n'est pas connue, à compter de la date à laquelle le requérant procède, comme prévu à l'article IV, 2, à l'envoi des copies de la requête soumise par lui à l'autorité qui a compétence pour accorder la licence.

b) Si, durant le délai de six ou de neuf mois, une traduction dans la langue pour laquelle la requête a été soumise est publiée par le titulaire du droit de traduction ou avec son autorisation, aucune licence ne sera accordée en vertu du présent article.

5. Toute licence visée au présent article ne pourra être accordée qu'à l'usage scolaire, universitaire ou de la recherche.

6. Si la traduction d'une œuvre est publiée par le titulaire du droit de traduction ou avec son autorisation à un prix comparable à celui qui est en usage dans le pays en cause pour des œuvres analogues, toute licence accordée en vertu du présent article prendra fin si cette traduction est dans la même langue et son contenu essentiellement le même que celle et celui de la traduction publiée en vertu de la licence. La mise en circulation de tous les exemplaires déjà produits avant l'expiration de la licence pourra se poursuivre jusqu'à leur épuisement.

7. Pour les œuvres qui sont composées principalement d'illustrations, une licence pour faire et publier une traduction du texte et pour reproduire et publier les illustrations ne peut être accordée que si les conditions de l'article III sont également remplies.

8. Aucune licence ne peut être accordée en vertu du présent article lorsque l'auteur a retiré de la circulation tous les exemplaires de son œuvre.

9. *a*) Une licence pour faire une traduction d'une œuvre qui a été publiée sous forme imprimée ou sous toute autre forme analogue de reproduction peut aussi être accordée à tout organisme de radiodiffusion ayant son siège dans un pays visé à l'alinéa 1 à la suite d'une demande faite auprès de l'autorité compétente de ce pays par ledit organisme, pourvu que toutes les conditions suivantes soient remplies :

i) la traduction est faite à partir d'un exemplaire produit et acquis en conformité avec la législation dudit pays;

ii) la traduction est utilisable seulement dans les émissions destinées à l'enseignement ou à la diffusion d'informations à caractère scientifique ou technique destinées aux experts d'une profession déterminée;

iii) la traduction est utilisée exclusivement aux fins énumérées au point ii dans des émissions faites licitement et destinées aux bénéficiaires sur le territoire dudit pays, y compris les émissions faites au moyen d'enregistrements sonores ou visuels réalisés licitement et exclusivement pour de telles émissions;

iv) toutes les utilisations faites de la traduction n'ont aucun caractère lucratif.

b) Des enregistrements sonores ou visuels d'une traduction qui a été faite par un organisme de radiodiffusion sous l'empire d'une licence accordée en vertu du présent alinéa peuvent, aux fins et sous réserve des conditions énumérées dans le sous-alinéa *a* et avec l'accord de cet organisme, être aussi utilisés par tout autre organisme de radiodiffusion ayant son siège dans le pays dont l'autorité compétente a accordé la licence en question.

c) Pourvu que tous les critères et conditions énumérés au sous-alinéa *a* soient respectés, une licence peut également être accordée à un organisme de radiodiffusion pour traduire tout texte incorporé dans une fixation audiovisuelle faite et publiée aux seules fins de l'usage scolaire et universitaire.

d) Sous réserve des sous-alinéas *a* à *c*, les dispositions des alinéas précédents sont applicables à l'octroi et à l'exercice de toute licence accordée en vertu du présent alinéa.

Art. 3 1. Tout pays qui a déclaré qu'il invoquera le bénéfice de la faculté prévue par le présent article sera habilité à substituer au droit exclusif de reproduction prévu à l'article 9 un régime de licences non exclusives et incessibles, accordées par l'autorité compétente dans les conditions ci-après et conformément à l'article IV.

2. *a*) A l'égard d'une œuvre à laquelle le présent article est applicable en vertu de l'alinéa 7 et lorsque, à l'expiration

i) de la période fixée à l'article 3 et calculée à partir de la première publication d'une édition déterminée d'une telle œuvre, ou

ii) d'une période plus longue fixée par la législation nationale du pays visé à l'alinéa 1 et calculée à partir de la même date,

des exemplaires de cette édition n'ont pas été mis en vente, dans ce pays, pour répondre aux besoins, soit du grand public, soit de l'enseignement scolaire et universitaire, par le titulaire du droit de reproduction ou avec son autorisation, à un prix comparable à celui qui est en usage dans ledit pays pour des œuvres analogues, tout ressortissant dudit pays pourra obtenir une licence pour reproduire et publier cette édition, à ce prix ou à un prix inférieur, en vue de répondre aux besoins de l'enseignement scolaire et universitaire.

b) Une licence pour reproduire et publier une édition qui a été mise en circulation comme le décrit le sous-alinéa *a* peut aussi être accordée en vertu des conditions prévues par le présent article si, après l'expiration de la période applicable, des exemplaires autorisés de cette édition ne sont plus en vente, pendant une durée de six mois, dans le pays concerné pour répondre aux besoins, soit du grand public, soit de l'enseignement scolaire et universitaire, à un prix comparable à celui qui est demandé dans ledit pays pour des œuvres analogues.

3. La période à laquelle se réfère l'alinéa 2, *a,* i, est de cinq années. Toutefois,

i) pour les œuvres qui traitent des sciences exactes et naturelles et de la technologie, elle sera de trois années;

ii) pour les œuvres qui appartiennent au domaine de l'imagination, telles que les romans, les œuvres poétiques, dramatiques et musicales, et pour les livres d'art, elle sera de sept années.

4. *a*) Dans le cas où elle peut être obtenue à l'expiration d'une période de trois années, la licence ne pourra être accordée en vertu du présent article avant l'expiration d'un délai de six mois

i) à compter de la date à laquelle le requérant accomplit les formalités prévues par l'article IV, 1;

ii) ou bien, si l'identité ou l'adresse du titulaire du droit de reproduction n'est pas connue, à compter de la date à laquelle le requérant procède, comme prévu à l'article IV, 2, à l'envoi des copies de la requête soumise par lui à l'autorité qui a compétence pour accorder la licence.

b) Dans les autres cas et si l'article IV, 2, est applicable, la licence ne pourra être accordée avant l'expiration d'un délai de trois mois à compter de l'envoi des copies de la requête.

c) Si durant le délai de six ou de trois mois visé aux sous-alinéas *a* et *b* la mise en vente comme le décrit l'alinéa 2, *a,* a eu lieu, aucune licence ne sera accordée en vertu du présent article.

d) Aucune licence ne peut être accordée lorsque l'auteur a retiré de la circulation tous les exemplaires de l'édition pour la reproduction et la publication de laquelle la licence a été demandée.

5. Une licence en vue de reproduire et de publier une traduction d'une œuvre ne sera pas accordée, en vertu du présent article, dans les cas ci-après :

i) lorsque la traduction dont il s'agit n'a pas été publiée par le titulaire du droit de traduction ou avec son autorisation;

ii) lorsque la traduction n'est pas faite dans une langue d'usage général dans le pays où la licence est demandée.

6. Si des exemplaires d'une édition d'une œuvre sont mis en vente dans le pays visé à l'alinéa 1 pour répondre aux besoins, soit du grand public, soit de l'enseignement scolaire et universitaire, par le titulaire du droit de reproduction ou avec son autorisation, à un prix comparable à celui qui est en usage dans ledit pays pour des œuvres analogues, toute licence accordée en vertu du présent article prendra fin si cette édition est dans la même langue et son contenu essentiellement le même que celle et celui de l'édition publiée en vertu de la licence. La mise en circulation de tous les exemplaires déjà produits avant l'expiration de la licence pourra se poursuivre jusqu'à leur épuisement.

7. *a*) Sous réserve du sous-alinéa *b*, les œuvres auxquelles le présent article est applicable ne sont que les œuvres publiées sous forme imprimée ou sous toute autre forme analogue de reproduction.

b) Le présent article est également applicable à la reproduction audiovisuelle de fixations licites audiovisuelles en tant qu'elles constituent ou incorporent des œuvres protégées ainsi qu'à la traduction du texte qui les accompagne dans une langue d'usage général dans le pays où la licence est demandée, étant bien entendu que les fixations audiovisuelles dont il s'agit ont été conçues et publiées aux seules fins de l'usage scolaire et universitaire.

Art. 4 1. Toute licence visée à l'article II ou à l'article III ne pourra être accordée que si le requérant, conformément aux dispositions en vigueur dans le pays en cause, justifie avoir demandé au titulaire du droit l'autorisation de faire une traduction et de la publier ou de reproduire et publier l'édition, selon le cas, et n'a pu obtenir son autorisation, ou, après dues diligences de sa part, n'a pu l'atteindre. En même temps qu'il fait cette demande au titulaire du droit, le requérant doit en informer tout centre national ou international d'information visé à l'alinéa 2.

2. Si le titulaire du droit n'a pu être atteint par le requérant, celui-ci doit adresser, par la poste aérienne, sous pli recommandé, des copies de la requête soumise par lui à l'autorité qui a compétence pour accorder la licence, à l'éditeur dont le nom figure sur l'œuvre et à tout centre national ou international d'information qui peut avoir été désigné, dans une notification déposée à cet effet auprès du Directeur général, par le gouvernement du pays où l'éditeur est présumé avoir le siège principal de ses opérations.

3. Le nom de l'auteur doit être indiqué sur tous les exemplaires de la traduction ou de la reproduction publiée sous l'empire d'une licence accordée en vertu de l'article II ou de l'article III. Le titre de l'œuvre doit figurer sur tous ces exemplaires. S'il s'agit d'une traduction, le titre original de l'œuvre doit en tout cas figurer sur tous ceux-ci.

4. *a*) Toute licence accordée en vertu de l'article II ou de l'article III ne s'étendra pas à l'exportation d'exemplaires et elle ne sera valable que pour la publication de la traduction ou de la reproduction, selon le cas, à l'intérieur du territoire du pays où cette licence a été demandée.

b) Aux fins de l'application du sous-alinéa *a*, doit être regardé comme exportation l'envoi d'exemplaires à partir d'un territoire vers le pays qui, pour ce territoire, a fait une déclaration conformément à l'article I, 5.

c) Lorsqu'un organisme gouvernemental ou tout autre organisme public d'un pays qui a accordé, conformément à l'article II, une licence de faire une traduction dans une langue autre que l'anglais, l'espagnol ou le français envoie des exemplaires de la traduction publiée en vertu d'une telle licence à un autre pays, une telle expédition ne sera pas considérée, aux fins du sous-alinéa *a*, comme étant une exportation si toutes les conditions suivantes sont remplies :

i) les destinataires sont des particuliers ressortissants du pays dont l'autorité compétente a accordé la licence, ou des organisations groupant de tels ressortissants;

ii) les exemplaires ne sont utilisés que pour l'usage scolaire, universitaire ou de la recherche;

iii) l'envoi des exemplaires et leur distribution ultérieure aux destinataires n'ont aucun caractère lucratif; et

iv) le pays auquel les exemplaires ont été envoyés a conclu un accord avec le pays dont l'autorité compétente a délivré la licence pour en autoriser la réception, ou la distribution, ou ces deux opérations, et le gouvernement de ce dernier pays a notifié au Directeur général un tel accord.

5. Tout exemplaire publié sous l'empire d'une licence accordée en vertu de l'article II ou de l'article III doit contenir une mention dans la langue appropriée précisant que

l'exemplaire n'est mis en circulation que dans le pays ou le territoire auquel ladite licence s'applique.

6. *a*) Des mesures appropriées seront prises sur le plan national pour que

i) la licence comporte en faveur du titulaire du droit de traduction ou de reproduction, selon le cas, une rémunération équitable et conforme à l'échelle des redevances normalement versées dans le cas de licences librement négociées entre les intéressés dans les deux pays concernés; et

ii) soient assurés le paiement et le transfert de cette rémunération; s'il existe une réglementation nationale en matière de devises, l'autorité compétente ne ménagera aucun effort, en recourant aux mécanismes internationaux, pour assurer le transfert de la rémunération en monnaie internationalement convertible ou en son équivalent.

b) Des mesures appropriées seront prises dans le cadre de la législation nationale pour que soit garantie une traduction correcte de l'œuvre ou une reproduction exacte de l'édition dont il s'agit, selon le cas.

121 Convention de Bruxelles du 25 août 1924 (Règles de La Haye-Visby), pour l'unification de certaines règles en matière de connaissement

En vigueur depuis le 4 juillet 1937
Modifiée par Protocole de Bruxelles du 23 février 1968
(Règles de La Haye-Visby)

En vigueur depuis le 23 juin 1977
Modifiée par Protocole de Bruxelles du 21 décembre 1979
(Protocole «DTS»)

En vigueur depuis le 18 février 1987
(Version consolidée)

Art. premier Dans la présente convention les mots suivants sont employés dans le sens précis indiqué ci-dessous :

a) « Transporteur » comprend le propriétaire du navire ou l'affréteur, partie à un contrat de transport avec un chargeur.

b) « Contrat de transport » s'applique uniquement au contrat de transport constaté par un connaissement ou par tout document similaire formant titre pour le transport des marchandises par mer; il s'applique également au connaissement ou document similaire émis en vertu d'une charte-partie à partir du moment où ce titre régit les rapports du transporteur et du porteur du connaissement.

c) « Marchandises » comprend [des] biens, objets, marchandises et articles de nature quelconque, à l'exception des animaux vivants et de la cargaison qui, par le contrat de transport, est déclarée comme mise sur le pont et, en fait, est ainsi transportée.

d) « Navire » signifie tout bâtiment employé pour le transport des marchandises par mer.

e) « Transport de marchandises » couvre le temps écoulé depuis le chargement des marchandises à bord du navire jusqu'à leur déchargement du navire.

Art. 2 Sous réserve des dispositions de l'article 6, le transporteur, dans tous les contrats de transport des marchandises par mer, sera, quant au chargement, à la manutention, à l'arrimage, au transport, à la garde, aux soins et au déchargement desdites marchandises, soumis aux responsabilités et obligations, comme il bénéficiera des droits et exonérations ci-dessous énoncés.

Art. 3 1. Le transporteur sera tenu avant et au début du voyage d'exercer une diligence raisonnable pour :

a) Mettre le navire en état de navigabilité;

b) Convenablement armer, équiper et approvisionner le navire;

c) Approprier et mettre en bon état les cales, chambres froides et frigorifiques, et toutes autres parties du navire où des marchandises sont chargées, pour leur réception, transport et conservation.

2. Le transporteur, sous réserve des dispositions de l'article 4, procédera de façon appropriée et soigneuse au chargement, à la manutention, à l'arrimage, au transport, à la garde, aux soins et au déchargement des marchandises transportées.

3. Après avoir reçu et pris en charge les marchandises, le transporteur ou le capitaine ou agent du transporteur devra, sur demande du chargeur, délivrer au chargeur un connaissement portant entre autres choses :

a) Les marques principales nécessaires à l'identification des marchandises telles qu'elles sont fournies par écrit par le chargeur avant que le chargement de ces marchandises ne commence, pourvu que ces marques soient imprimées ou apposées clairement de toute autre façon sur les marchandises non emballées ou sur les caisses ou emballages dans lesquels les marchandises sont contenues, de telle sorte qu'elles devraient normalement rester lisibles jusqu'à la fin du voyage;

b) Ou le nombre de colis, ou de pièces, ou la quantité ou le poids, suivant les cas, tels qu'ils sont fournis par écrit par le chargeur;

c) L'état et le conditionnement apparent des marchandises. Cependant, aucun transporteur, capitaine ou agent du transporteur ne sera tenu de déclarer ou de mentionner, dans le connaissement, des marques, un nombre, une quantité ou un poids dont il a une raison sérieuse de soupçonner qu'ils ne représentent pas exactement les marchandises actuellement reçues par lui, ou qu'il n'a pas eu des moyens raisonnables de vérifier.

4. Un tel connaissement vaudra présomption, sauf preuve contraire, de la réception par le transporteur des marchandises telles qu'elles y sont décrites, conformément au paragraphe 3, *a)*, *b)* et *c)*. (Prot. du 23 févr. 1968) «Toutefois, la preuve contraire n'est pas admise lorsque le connaissement a été transféré à un tiers porteur de bonne foi.»

5. Le chargeur sera considéré comme avoir garanti au transporteur, au moment du chargement, l'exactitude des marques, du nombre, de la quantité et du poids tels qu'ils sont fournis par lui, et le chargeur indemnisera le transporteur de toutes pertes, dommages et dépenses provenant ou résultant d'inexactitudes sur ces points. Le droit du transporteur à pareille indemnité ne limitera d'aucune façon sa responsabilité et ses engagements sous l'empire du contrat de transport vis-à-vis de toute personne autre que le chargeur.

6. A moins qu'un avis de pertes ou dommages et de la nature générale de ces pertes ou dommages ne soit donné par écrit au transporteur ou à son agent au port de déchargement, avant ou au moment de l'enlèvement des marchandises, et de leur remise sous la garde de la personne ayant droit à la délivrance sous l'empire du contrat de transport, cet enlèvement constituera, jusqu'à preuve contraire, une présomption que les marchandises ont été délivrées par le transporteur telles qu'elles sont décrites au connaissement.

Si les pertes ou dommages ne sont pas apparents, l'avis doit être donné dans les trois jours de la délivrance.

Les réserves écrites sont inutiles si l'état de la marchandise a été contradictoirement constaté au moment de la réception.

(Prot. du 23 févr. 1968) «Sous réserve des dispositions du paragraphe 6 *bis*, le transporteur et le navire seront en tous [tout] cas déchargés de toute responsabilité quelconque relativement aux marchandises, à moins qu'une action ne soit intentée dans l'année de leur délivrance ou de la date à laquelle elles eussent dû être délivrées. Ce délai peut toutefois être prolongé par un accord conclu entre les parties postérieurement à l'événement qui a donné lieu à l'action.»

En cas de perte [pertes] ou dommages certains ou présumés, le transporteur et le réceptionnaire se donneront réciproquement toutes les facilités raisonnables pour l'inspection de la marchandise et la vérification du nombre de colis.

(Prot. du 23 févr. 1968) «6 *bis*. Les actions récursoires pourront être exercées même après l'expiration du délai prévu au paragraphe précédent, si elles le sont dans le délai déterminé par la loi du tribunal saisi de l'affaire. Toutefois, ce délai ne pourra être inférieur à trois mois à partir du jour où la personne qui exerce l'action récursoire a réglé la réclamation ou a elle-même reçu signification de l'assignation.»

7. Lorsque les marchandises auront été chargées, le connaissement que délivrera le transporteur, capitaine ou agent du transporteur au chargeur sera, si le chargeur le demande, un connaissement libellé « Embarqué » pourvu que, si le chargeur a auparavant reçu quelque document donnant droit à ces marchandises, il restitue ce document contre remise d'un connaissement « Embarqué ».

Le transporteur, le capitaine ou l'agent aura également la faculté d'annoter au port d'embarquement, sur le document remis en premier lieu, le ou les noms du ou des navires sur lesquels les marchandises ont été embarquées et la date ou les dates de l'embarquement, et lorsque ce document sera ainsi annoté, il sera, s'il contient les mentions de l'article 3 (§ 3), considéré aux fins de cet article comme constituant un connaissement libellé « Embarqué ».

8. Toute clause, convention ou accord dans un contrat de transport exonérant le transporteur ou le navire de responsabilité pour perte ou dommage concernant des marchandises, provenant de négligence, faute ou manquement aux devoirs ou obligations édictés dans cet article, ou atténuant cette responsabilité autrement que ne le prescrit la présente convention, sera nul, non avenu et sans effet.

Une clause cédant le bénéfice de l'assurance au transporteur ou toute clause semblable sera considérée comme exonérant le transporteur de sa responsabilité.

Art. 4 1. Ni le transporteur ni le navire ne seront responsables des pertes ou dommages provenant ou résultant de l'état d'innavigabilité, à moins qu'il ne soit imputable à un manque de diligence raisonnable de la part du transporteur à mettre le navire en état de navigabilité ou à assurer au navire un [des] armement, équipement ou approvisionnement convenables, ou à approprier et mettre en bon état les cales, chambres froides et frigorifiques et toutes autres parties du navire où des marchandises sont chargées, de façon qu'elles soient aptes à la réception, au transport et à la préservation des marchandises, le tout conformément aux prescriptions de l'article 3 (§ 1er).

Toutes les fois qu'une perte ou un dommage aura résulté de l'innavigabilité, le fardeau de la preuve, en ce qui concerne l'exercice de la diligence raisonnable, tombera sur le transporteur ou sur toute autre personne se prévalant de l'exonération prévue au présent article.

2. Ni le transporteur ni le navire ne seront responsables pour perte ou dommage résultant ou provenant :

a) Des actes, négligence ou défaut du capitaine, marin, pilote, ou des préposés du transporteur dans la navigation ou dans l'administration du navire ;

b) D'un incendie, à moins qu'il ne soit causé par le fait ou la faute du transporteur ;

c) Des périls, dangers ou accidents de la mer ou d'autres eaux navigables ;

d) D'un « acte de Dieu » ;

e) De faits de guerre ;

f) Du fait d'ennemis publics ;

g) D'un arrêt ou contrainte de prince, autorités ou peuple, ou d'une saisie judiciaire ;

h) D'une restriction de quarantaine ;

i) D'un acte ou d'une omission du chargeur ou propriétaire des marchandises, de son agent ou représentant ;

j) De grèves ou *lock-out* ou d'arrêts ou entraves apportés au travail, pour quelque cause que ce soit, partiellement ou complètement ;

k) D'émeutes ou de troubles civils ;

l) D'un sauvetage ou tentative de sauvetage de vies ou de biens en mer ;

m) De la freinte en volume ou en poids ou de toute autre perte ou dommage résultant de vice caché, nature spéciale ou vice propre de la marchandise ;

n) D'une insuffisance d'emballage ;

o) D'une insuffisance ou imperfection de marques ;

p) De vices cachés échappant à une diligence raisonnable ;

q) De toute autre cause ne provenant pas du fait ou de la faute du transporteur ou du fait ou de la faute des agents ou préposés du transporteur, mais le fardeau de la preuve incombera à la personne réclamant le bénéfice de cette exception et il lui appartiendra de montrer que ni la faute personnelle, ni le fait du transporteur, ni la faute ou le fait des agents ou préposés du transporteur n'ont contribué à la perte ou au dommage.

3. Le chargeur ne sera pas responsable des pertes ou dommages subis par le transporteur ou le navire et qui proviendraient ou résulteraient de toute cause quelconque sans qu'il y ait acte, faute ou négligence du chargeur, de ses agents ou de ses préposés.

4. Aucun déroutement pour sauver ou tenter de sauver des vies ou des biens en mer, ni aucun déroutement raisonnable ne sera considéré comme une infraction à la présente convention ou au contrat de transport, et le transporteur ne sera responsable d'aucune perte ou dommage en résultant.

5. (Prot. du 21 déc. 1979) «*a)* A moins que la nature et la valeur des marchandises n'aient été déclarées par le chargeur avant leur embarquement et que cette déclaration ait été insérée dans le connaissement, le transporteur comme le navire ne seront en aucun cas responsables des pertes ou dommages des marchandises ou concernant celles-ci pour une somme supérieure à 666,67 unités de compte par colis ou unité, ou 2 unités de compte par kilogramme de poids brut de marchandises perdues ou endommagées, la limite la plus élevée étant applicable.»

(Prot. du 23 févr. 1968) «*b)* La somme totale due sera calculée par référence à la valeur des marchandises au lieu et au jour où elles sont déchargées conformément au contrat, ou au jour et au lieu où elles auraient dû être déchargées.

«La valeur de la marchandise est déterminée d'après le cours en Bourse, ou, à défaut, d'après le prix courant sur le marché ou, à défaut de l'un et de l'autre, d'après la valeur usuelle de marchandises de mêmes nature et qualité.

«*c)* Lorsqu'un cadre, une palette ou tout engin similaire est utilisé pour grouper des marchandises, tout colis ou unité énuméré au connaissement comme étant inclus dans cet engin sera considéré comme un colis ou unité au sens de ce paragraphe. En dehors du cas prévu ci-dessus, cet engin sera considéré comme colis ou unité.»

(Prot. du 21 déc. 1979) «*d)* L'unité de compte mentionnée dans le présent article est le Droit de tirage spécial tel que défini par le Fonds monétaire international. La somme mentionnée à l'alinéa *a)* de ce paragraphe sera convertie dans la monnaie nationale suivant la valeur de cette monnaie à une date qui sera déterminée par la loi de la juridiction saisie de l'affaire.

«La valeur en Droit de tirage spécial d'une monnaie nationale d'un État qui est membre du Fonds monétaire international est calculée selon la méthode d'évaluation appliquée par le Fonds monétaire international, à la date en question pour ses propres opérations et transactions. La valeur en Droit de tirage spécial d'une monnaie nationale d'un État non membre du Fonds monétaire international est calculée de la façon déterminée par cet État.

«Toutefois, un État qui n'est pas membre du Fonds monétaire international et dont la législation ne permet pas l'application des dispositions prévues aux phrases précédentes peut, au moment de la ratification du Protocole de 1979 ou de l'adhésion à celui-ci ou encore à tout moment par la suite, déclarer que les limites de la responsabilité prévues dans cette convention et applicables sur son territoire sont fixées de la manière suivante :

«i) En ce qui concerne la somme du 666,67 unités de compte mentionnée à l'alinéa *a)* du paragraphe 5 du présent article, 10000 unités monétaires.

«ii) En ce qui concerne la somme de 2 unités de compte mentionnée à l'alinéa *a)* du paragraphe 5 du présent article, 30 unités monétaires.

«L'unité monétaire à laquelle il est fait référence à la phrase précédente correspond à 65,5 milligrammes d'or au titre de 900 millièmes de fin. La conversion en monnaie nationale des sommes mentionnées dans cette phrase s'effectuera conformément à la législation de l'État en cause.

«Le calcul et la conversion mentionnés aux phrases précédentes seront faits de manière à exprimer en monnaie nationale de l'État dans la mesure du possible la même valeur réelle pour les sommes mentionnées à l'alinéa *a)* du paragraphe 5 du présent article que celle exprimée en unités de compte.

«Les États communiqueront au dépositaire leur méthode de calcul, ou les résultats de la conversion selon les cas, au moment du dépôt de l'instrument de ratification ou d'adhésion et chaque fois qu'un changement se produit dans leur méthode de calcul ou dans la valeur de leur monnaie nationale par rapport à l'unité de compte ou à l'unité monétaire».

(Prot. du 23 févr. 1968) «*e)* Ni le transporteur, ni le navire n'auront le droit de bénéficier de la limitation de responsabilité établie par ce paragraphe s'il est prouvé que le dommage résulte d'un acte ou d'une omission du transporteur qui a eu lieu, soit avec l'intention de provoquer un dommage, soit témérairement et avec conscience qu'un dommage en résulterait probablement.

«*f)* La déclaration mentionnée à l'alinéa *a)* de ce paragraphe, insérée dans le connaissement, constituera une présomption sauf preuve contraire, mais elle ne liera pas le transporteur qui pourra la contester.

«*g)* Par convention entre le transporteur, capitaine ou agent du transporteur et le chargeur, d'autres sommes maxima [maximales] que celles mentionnées à l'alinéa *a)* de ce paragraphe peuvent être déterminées, pourvu que ce montant maximum [maximal] conventionnel ne soit pas inférieur au montant maximum [maximal] correspondant mentionné dans cet alinéa.

«*h)* Ni le transporteur, ni le navire ne seront en aucun cas responsables pour perte ou dommage causé aux marchandises ou les concernant, si dans le connaissement le chargeur a fait sciemment une fausse déclaration de leur nature ou de leur valeur.»

6. Les marchandises de nature inflammable, explosive ou dangereuse, à l'embarquement desquelles le transporteur, le capitaine ou l'agent du transporteur n'auraient pas consenti, en connaissant la nature ou leur caractère, pourront à tout moment, avant déchargement, être débarquées à tout endroit ou détruites ou rendues inoffensives par le transporteur, sans indemnité, et le chargeur de ces marchandises sera responsable de tout dommage et dépenses provenant ou résultant directement ou indirectement de leur embarquement.

Si quelqu'une de ces marchandises embarquées à la connaissance et avec le consentement du transporteur devenait un danger pour le navire ou la cargaison, elle pourrait de même façon être débarquée ou détruite ou rendue inoffensive par le transporteur, sans responsabilité de la part du transporteur, si ce n'est du chef d'avaries communes, s'il y a lieu.

Art. 4 *bis* (Prot. du 23 févr. 1968) 1. Les exonérations et limitations prévues par la présente convention sont applicables à toute action contre le transporteur en réparation de pertes ou dommages à des marchandises faisant l'objet d'un contrat de transport, que l'action soit fondée sur la responsabilité contractuelle ou sur une responsabilité extra contractuelle.

2. Si une telle action est intentée contre un préposé du transporteur, ce préposé pourra se prévaloir des exonérations et des limitations de responsabilité que le transporteur peut invoquer en vertu de la convention.

3. L'ensemble des montants mis à [la] charge du transporteur et de ses préposés ne dépassera pas dans ce cas la limite prévue par la présente convention.

4. Toutefois le préposé ne pourra se prévaloir des dispositions du présent article, s'il est prouvé que le dommage résulte d'un acte ou d'une omission de ce préposé qui a eu lieu soit avec l'intention de provoquer un dommage, soit témérairement et avec conscience qu'un dommage en résulterait probablement.

Art. 5 Un transporteur sera libre d'abandonner tout ou partie de ses droits et exonérations ou d'augmenter ses responsabilités et obligations tels que les uns et les autres sont prévus par la présente convention, pourvu que cet abandon ou cette augmentation soit inséré dans le connaissement délivré au chargeur.

Aucune disposition de la présente convention ne s'applique aux chartes-parties; mais si des connaissements sont émis dans le cas d'un navire sous l'empire d'une charte-partie, ils sont soumis aux termes de la présente convention.

Aucune disposition dans ces règles ne sera considérée comme empêchant l'insertion dans un connaissement d'une disposition licite quelconque au sujet d'avaries communes.

Art. 6 Nonobstant les dispositions des articles précédents, un transporteur, capitaine ou agent du transporteur et un chargeur seront libres, pour des marchandises déterminées, quelles qu'elles soient, de passer un contrat quelconque avec des conditions quelconques concernant la responsabilité et les obligations du transporteur pour ces marchandises, ainsi que les droits et exonérations du transporteur au sujet de ces mêmes marchandises, ou concernant ses obligations quant à l'état de navigabilité du navire dans la mesure où cette stipulation n'est pas contraire à l'ordre public, ou concernant les soins ou diligence de ses préposés ou agents quant au chargement, à la manutention, à l'arrimage, au transport, à la garde, aux soins et au déchargement des marchandises transportées par mer, pourvu qu'en ce cas aucun connaissement n'ait été ou ne soit émis et que les conditions de l'accord intervenu soient insérées dans un récépissé qui sera un document non négociable et portera mention de ce caractère.

Toute convention ainsi conclue aura plein effet légal.

Il est toutefois convenu que cet article ne s'appliquera pas aux cargaisons commerciales ordinaires, faites au cours d'opérations commerciales ordinaires mais seulement à d'autres chargements où le caractère et la condition des biens à transporter et les circonstances, les termes et les conditions auxquels le transport doit se faire sont de nature à justifier une convention spéciale.

Art. 7 Aucune disposition de la présente convention ne défend à un transporteur ou à un chargeur d'insérer dans un contrat des stipulations, conditions, réserves ou exonérations relatives aux obligations et responsabilités du transporteur ou du navire pour la perte ou les dommages survenant aux marchandises, ou concernant leur garde, soin et manutention, antérieurement au chargement et postérieurement au déchargement du navire sur lequel les marchandises sont transportées par mer.

Art. 8 Les dispositions de la présente convention ne modifient ni les droits, ni les obligations du transporteur, tels qu'ils résultent de toute loi en vigueur en ce moment relativement à la limitation de la responsabilité des propriétaires de navires de mer.

Art. 9 (Prot. du 23 févr. 1968) La présente convention ne porte pas atteinte aux dispositions des conventions internationales ou des lois nationales régissant la responsabilité pour dommages nucléaires.

Art. 10 (Prot. du 23 févr. 1968) Les dispositions de la présente convention s'appliqueront à tout connaissement relatif à un transport de marchandises entre ports relevant de deux États différents, quand :

a) le connaissement est émis dans un État contractant ou

b) le transport a lieu au départ d'un port d'un État contractant ou

c) le connaissement prévoit que les dispositions de la présente convention ou de toute autre législation les appliquant ou leur donnant effet régiront le contrat, quelle que soit la nationalité du navire, du transporteur, du chargeur, du destinataire ou de toute autre personne intéressée.

Chaque État contractant appliquera les dispositions de la présente convention aux connaissements mentionnés ci-dessus.

Le présent article ne porte pas atteinte au droit d'un État contractant d'appliquer les dispositions de la présente convention aux connaissements non visés par les alinéas précédents.

122 Convention de Varsovie du 12 octobre 1929 pour l'unification de certaines règles relatives au transport aérien international

En vigueur depuis le 13 février 1933

Modifiée par Protocole de La Haye du 28 septembre 1955 portant modification de la convention pour l'unification de certaines règles relatives au transport aérien international signée à Varsovie le 12 octobre 1929

(Version consolidée)

CHAPITRE PREMIER
Objet – Définitions

Art. premier *(Protocole).* 1. La présente Convention s'applique à tout transport international de personnes, bagages ou marchandises, effectué par aéronef contre rémunération. Elle s'applique également aux transports gratuits effectués par aéronef par une entreprise de transports aériens.

2. Est qualifié transport international, au sens de la présente Convention, tout transport dans lequel, d'après les stipulations des parties, le point de départ et le point de destination, qu'il y ait ou non interruption de transport ou transbordement, sont situés soit sur le territoire de deux Hautes Parties Contractantes, soit sur le territoire d'une seule Haute Partie Contractante n'est pas considéré comme international au sens de la présente Convention.

3. Le transport à exécuter par plusieurs transporteurs par air successifs est censé constituer pour l'application de la présente Convention un transport unique lorsqu'il a été envisagé par les parties comme une seule opération, qu'il ait été conclu sous la forme d'un seul contrat ou d'une série de contrats, et il ne perd pas son caractère international par le fait qu'un seul contrat ou une série de contrats doivent être exécutés intégralement dans le territoire d'un même État.

Art. 2 *(Protocole).* 1. La Convention s'applique aux transports effectués par l'État ou les autres personnes juridiques de droit public, dans les conditions prévues à l'article 1er.

2. La présente Convention ne s'applique pas au transport du courrier et des colis postaux.

CHAPITRE II

Titres de transport

Section I

Billet de passage

Art. 3 *(Protocole).* 1. Dans le transport de passagers, un billet de passage doit être délivré contenant :

a) l'indication des points de départ et de destination;

b) Si les points de départ et de destination sont situés sur le territoire d'une même Haute Partie Contractante et qu'une ou plusieurs escales soient prévues sur le territoire d'un autre État, l'indication d'une de ces escales;

c) Un avis indiquant que les passagers entreprennent un voyage comportant une destination finale ou une escale dans un pays autre que le pays de départ, leur transport peut être régi par la Convention de Varsovie qui, en général, limite la responsabilité du transporteur en cas de mort ou de lésion corporelle, ainsi qu'en cas de perte ou d'avarie des bagages.

2. Le billet de passage fait foi, jusqu'à preuve du contraire, de la conclusion et des conditions du contrat de transport. L'absence, l'irrégularité ou la perte du billet n'affecte ni l'existence ni la validité du contrat de transport, qui n'en sera pas moins soumis aux règles de la présente Convention. Toutefois, si, du consentement du transporteur, le passager s'embarque sans qu'un billet de passage ait été délivré, ou si le billet ne comporte pas l'avis prescrit à l'alinéa 1 c) du présent article des dispositions de l'article 22.

Section II

Bulletin de bagages

Art. 4 *(Protocole).* 1. Dans le transport de bagages enregistrés, un bulletin de bagages doit être délivré qui, s'il n'est pas combiné avec un billet de passage conforme aux dispositions de l'article 3, alinéa 1, ou n'est pas inclus dans un billet, doit contenir :

a) L'indication des points de départ et de destination;

b) Si les points de départ et de destination sont situés sur le territoire d'une même Haute Partie Contractante et qu'une ou plusieurs escales soient prévues sur le territoire d'un autre État, l'indication d'une de ces escales;

c) Un avis indiquant que les passagers entreprennent un voyage comportant une destination finale ou une escale dans un pays autre que le pays de départ, leur transport peut être régi par la Convention de Varsovie qui, en général, limite la responsabilité du transporteur en cas de mort ou de lésion corporelle, ainsi qu'en cas de perte ou d'avarie des bagages.

2. Le bulletin de bagages fait foi, jusqu'à preuve du contraire, de l'enregistrement des bagages et des conditions du contrat de transport. L'absence, l'irrégularité ou la perte du bulletin n'affecte ni l'existence ni la validité du contrat de transport, qui n'en sera pas moins soumis aux règles de la présente Convention.

Toutefois, si le transporteur accepte la garde des bagages sans qu'un bulletin ait été délivré ou si, dans le cas où le bulletin n'est combiné avec un billet de passage conforme aux dispositions de l'article 3, alinéa 1 c), ou n'est pas inclus dans un tel billet, il ne comporte pas l'avis prescrit à l'alinéa 1 c) du présent article, le transporteur n'aura pas le droit de se prévaloir des dispositions de l'article 22, alinéa 2.

Section III

Lettre de transport aérien

Art. 5 *(Protocole).* 1. Tout transporteur de marchandise a le droit de demander à l'expéditeur l'établissement et la remise d'un titre appelé : « lettre de transport aérien », tout expéditeur a le droit de demander au transporteur l'acceptation de ce document.

2. Toutefois, l'absence, l'irrégularité ou la perte de ce titre n'affecte ni l'existence, ni la validité du contrat de transport qui n'en sera pas moins soumis aux règles de la présente Convention, sous réserve des dispositions de l'article 9.

Art. 6 *(Protocole).* 1. La lettre de transport aérien est établie par l'expéditeur en trois exemplaires originaux et remise avec la marchandise.

2. Le premier exemplaire porte la mention « pour le transporteur »; il est signé par l'expéditeur. Le deuxième exemplaire porte la mention « pour le destinataire »; il est signé par l'expéditeur et le transporteur et il accompagne la marchandise. Le troisième exemplaire est signé par le transporteur et remis par lui à l'expéditeur après acceptation de la marchandise.

3. La signature du transporteur doit être apposée avant l'embarquement de la marchandise à bord de l'aéronef.

4. La signature du transporteur peut être remplacée par un timbre; celle de l'expéditeur peut être imprimée ou remplacée par un timbre.

5. Si à la demande de l'expéditeur, le transporteur établit la lettre de transport aérien, il est considéré jusqu'à preuve contraire, comme agissant pour le compte de l'expéditeur.

Art. 7 Le transporteur de marchandises a le droit de demander à l'expéditeur l'établissement de lettres de transport aérien différentes lorsqu'il y a plusieurs colis.

Art. 8 *(Protocole).* La lettre de transport aérien doit contenir :

a) l'indication des points de départ et de destination;

b) Si les points de départ et de destination sont situés sur le territoire d'une même Haute Partie Contractante et qu'une ou plusieurs escales soient prévues sur le territoire d'un autre État, l'indication d'une de ces escales;

c) Un avis indiquant aux expéditeurs que, si le transporteur comporte une destination finale ou une escale dans un pays autre que le pays de départ, il peut être régi par la Convention de Varsovie qui, en général, limite la responsabilité des transporteurs en cas de perte ou d'avarie des marchandises.

Art. 9 *(Protocole).* Si, du consentement du transporteur, des marchandises sont embarquées à bord de l'aéronef sans qu'une lettre de transport aérien ait été établie ou si celle-ci ne comporte pas l'avis prescrit à l'article 8, alinéa c), le transporteur, n'aura pas le droit de se prévaloir des dispositions de l'article 22, alinéa 2.

Art. 10 *(Protocole).* 1. L'expéditeur est responsable de l'exactitude des indications et déclarations concernant la marchandise qu'il inscrit dans la lettre de transport aérien.

2. Il supportera la responsabilité de tout dommage subi par le transporteur ou par toute autre personne à l'égard de laquelle la responsabilité du transporteur est engagée à raison de ses indications et déclarations irrégulières, inexactes ou incomplètes.

Art. 11 1. La lettre de transport aérien fait foi, jusqu'à preuve contraire, de la conclusion et des conditions du transport.

2. Les énonciations de la lettre de transport aérien, relatives au poids, aux dimensions et à l'emballage de la marchandise ainsi qu'au nombre des colis font foi jusqu'à preuve contraire; Celles relatives à la quantité, au volume et à l'état de la marchandise ne font preuve contre le transporteur qu'autant que la vérification en a été faite par lui en présence de l'expéditeur, et qu'il s'agit d'énonciations relatives à l'état apparent de la marchandise.

Art. 12 1. L'expéditeur a le droit sous la condition d'exécuter toutes les obligations résultant du contrat de transport de disposer de la marchandise, soit en la retirant à l'aérodrome de départ ou de destination, soit en l'arrêtant en cours de route lors d'un atterrissage, soit en la faisant délivré au lieu de destination ou en cours de route à une personne autre que le destinataire indiqué sur la lettre de transport aérien, soit en demandant son retour à l'aérodrome de départ, pour autant que l'exercice de ce droit ne porte préjudice ni au transporteur, ni aux autres expéditeurs et avec l'obligation de rembourser les frais qui en résultent.

2. Dans le cas où l'exécution des ordres de l'expéditeur est impossible, le transporteur doit l'en aviser immédiatement.

3. Si le transporteur se conforme aux ordres de dispositions de l'expéditeur, sans exiger la production de l'exemplaire de la lettre de transport aérien délivré à celui-ci, il sera responsable, sauf son recours contre l'expéditeur, du préjudice qui pourrait être causé par ce fait à celui qui est régulièrement en possession de la lettre de transport aérien.

4. Le droit de l'expéditeur cesse au moment où celui du destinataire commence, conformément à l'article 13 ci-dessous. Toutefois, si le destinataire refuse la lettre de transport ou la marchandise, ou s'il ne peut être atteint, l'expéditeur reprend son droit de disposition.

Art. 13 1. Sauf dans les cas indiqués à l'article précédent, le destinataire a le droit, dès l'arrivée de la marchandise au point de destination, de demander au transporteur de lui remettre la lettre de transport aérien et de lui livrer la marchandise contre le paiement du montant des créances et contre l'exécution des conditions de transport indiquées dans la lettre de transport aérien.

2. Sauf stipulation contraire, le transporteur doit aviser le destinataire dès l'arrivée de la marchandise.

3. Si la perte de la marchandise est reconnue par le transporteur ou si, à l'expiration d'un délai de sept jours après qu'elle aurait dû arriver, la marchandise n'est pas arrivée, le destinataire est autorisé à faire valoir vis-àvis du transporteur les droits résultant du contrat de transport.

Art. 14 L'expéditeur et le destinataire peuvent faire valoir tous les droits qui leur sont respectivement conférés par les articles 12 et 13, chacun en son propre nom, qu'il agisse dans son propre intérêt ou dans l'intérêt d'autrui, à condition d'exécuter les obligations que le contrat impose.

Art. 15 *(Protocole).* 1. Les articles 12, 13, 14 ne portent aucun préjudice ni aux rapports de l'expéditeur et du destinataire entre eux, ni aux rapports des tiers dont les droits proviennent, soit de l'expéditeur, soit du destinataire.

2. Toute clause dérogeant aux préoccupations des articles 12, 13,14 doit être inscrite dans la lettre de transport aérien.

3. Rien dans la présente Convention n'empêche l'établissement d'une lettre de transport aérien négociable.

Art. 16 *(Protocole).* 1. L'expéditeur est tenu de fournir les renseignements et de joindre à la lettre de transport aérien les documents qui, avant la remise de la marchandise au destinataire, sont nécessaires à l'accomplissement des formalités de douane, d'octroi ou de police. L'expéditeur est responsable envers le transporteur de tous dommages qui pourraient résulter de l'absence, de l'insuffisance ou de l'irrégularité de ces renseignements et pièces, sauf le cas de faute de la part du transporteur ou de ses préposés.

2. Le transporteur n'est pas tenu d'examiner si ces renseignements et documents sont exacts ou suffisants.

CHAPITRE III

Responsabilité du transporteur

Art. 17 Le transporteur est responsable du dommage survenu en cas de mort, de blessure ou de toute lésion corporelle subie par un voyageur lorsque l'accident qui a causé le dommage s'est produit à bord de l'aéronef ou au cours de toutes opérations d'embarquement et de débarquement.

Art. 18 1. Le transporteur est responsable du dommage survenu en cas de destruction, perte ou avarie de bagages enregistrés ou de marchandises lorsque l'évènement qui a causé le dommage s'est produit pendant le transport aérien.

2. Le transport aérien, au sens de l'alinéa précédent, comprend la période pendant laquelle les bagages ou marchandises se trouvent sous la garde du transporteur, que ce soit dans un aérodrome ou à bord d'un aéronef ou dans un lieu quelconque en cas d'atterrissage en dehors d'un aérodrome.

3. La période du transport aérien ne couvre aucun transport terrestre, maritime ou fluvial effectué en dehors d'un aérodrome. Toutefois lorsqu'un tel transport est effectué dans l'exécution du contrat de transport aérien en vue du chargement, de la livraison ou du transbordement, tout dommage est présumé, sauf preuve contraire, résulter d'un évènement survenu pendant le transport aérien.

Art. 19 Le transporteur est responsable du dommage résultant d'un retard dans le transport aérien de voyageurs, bagages ou marchandises.

Art. 20 *(Protocole).* Le transporteur n'est pas responsable s'il prouve que lui et ses préposés ont pris toutes les mesures nécessaires pour éviter le dommage ou qu'il leur était impossible de les prendre.

Art. 21 Dans le cas où le transporteur fait preuve que la faute de la personne lésée a causé le dommage ou y a contribué, le tribunal pourra, conformément aux dispositions de sa propre loi, écarter la responsabilité du transporteur.

Art. 22 *(Protocole).* 1. Dans le transport des personnes, la responsabilité du transporteur relative à chaque passager est limitée à la somme de deux cent cinquante mille francs. Dans le cas où, d'après la loi du tribunal saisi, l'indemnité peut être fixée sous forme de rente, le capital de la rente ne peut dépasser cette limite. Toutefois par une convention spéciale, avec le transporteur, le passager pourra fixer une limite de responsabilité plus élevée.

2. a) Dans le transport de bagages enregistrés et de marchandise, la responsabilité du transporteur est limitée à la somme de deux cent cinquante francs par kilogramme, sauf déclaration spéciale d'intérêt à la livraison faite par l'expéditeur au moment de la remise du colis au transporteur et moyennant le paiement d'une taxe supplémentaire éventuelle. Dans ce cas, le transporteur sera tenu de payer jusqu'à concurrence de la somme déclarée, à moins qu'il ne prouve qu'elle est supérieure à l'intérêt réel de l'expéditeur à la livraison.

b) En cas de perte, d'avarie ou de retard d'une partie des bagages enregistrés ou des marchandises, ou de tout objet qui y est contenu, seul le poids total du ou des colis dont il s'agit est pris en considération pour déterminer la limite de responsabilité du transporteur. Toutefois, lorsque la perte, l'avarie ou le retard d'une partie des bagages enregistrés ou des marchandises, ou d'un objet qui y est contenu, affecte la valeur d'autres colis couverts par le même bulletin de bagages ou la même lettre de transport aérien, le poids total de ces colis doit être pris en considération pour déterminer la limite de responsabilité.

3. En ce qui concerne les objets dont le passager conserve la garde, la responsabilité du transporteur est limitée à cinq mille francs par passager.

4. Les limites fixées par le présent article n'ont pas pour effet d'enlever au tribunal la faculté d'allouer en outre, conformément à sa loi, une somme correspondant à tout à tout ou partie des dépenses et autres frais du procès exposés par le demandeur. La disposition précédente ne s'applique pas lorsque le montant de l'indemnité allouée, non compris les dépenses et autres frais de procès, ne dépasse pas la somme que le transporteur a offerte par écrit au demandeur dans un délai de six mois à dater du fait qui a causé le dommage ou avant l'introduction de l'instance si celle-ci est postérieure à ce délai.

5. Les sommes indiquées en francs dans le présent article sont considérées comme se rapportant à une unité monétaire constituée par soixante-cinq milligrammes et demi d'or au titre de neuf cents millièmes de fin.

Ces sommes peuvent être converties dans chaque monnaie nationale en chiffres ronds. La conversion de ces sommes en monnaies nationales autres que la monnaie-or s'effectuera en cas d'instance judiciaire suivant la valeur-or de ces monnaies à la date du jugement.

Art. 23 *(Protocole).* 1. Toute clause tendant à exonérer le transporteur de sa responsabilité ou à établir une limite inférieure à celle qui est fixée dans la présente Convention est nulle et de nul effet, mais la nullité de cette clause n'entraîne pas la nullité du contrat qui reste soumis aux dispositions de la présente Convention.

2. L'alinéa 1 du présent article ne s'applique pas aux clauses concernant la perte ou le dommage résultant de la nature ou du vice propre des marchandises transportées.

Art. 24 1. Dans les cas prévus aux articles 18 et 19 toute action en responsabilité, à quelque titre que ce soit, ne peut être exercée que dans les conditions et limites prévues par la présente Convention.

2. Dans les cas prévus à l'article 17, s'appliquent également les dispositions de l'alinéa précédent, sans préjudice de la détermination des personnes qui ont le droit d'agir et de leurs droits respectifs.

Art. 25 *(Protocole).* Les limites de responsabilité prévues à l'article 22 ne s'appliquent pas s'il est prouvé que le dommage résulte d'un acte ou d'une omission du transporteur ou de ses préposés fait, soit avec l'intention de provoquer un dommage, soit témérairement et avec conscience qu'un dommage en résultera probablement, pour autant que, dans le cas d'un acte ou d'une omission de préposés, la preuve soit également apportée que ceux-ci ont agi dans l'exercice de leurs fonctions.

Art. 25 A *(Protocole).* 1. Si une action est intentée contre un préposé du transporteur à la suite d'un dommage visé par la présente Convention, ce préposé, s'il prouve qu'il a agi dans l'exercice de ses fonctions, pourra se prévaloir des limites de responsabilité que peut invoquer ce transporteur en vertu de l'article 22.

2. Le montant total de la réparation qui, dans ce cas, peut être obtenu du transporteur et de ses préposés ne doit pas dépasser lesdites limites.

3. Les dispositions des alinéas 1et 2 du présent article ne s'appliquent pas s'il est prouvé que le dommage résulte d'un acte ou d'une omission du préposé fait avec l'intention de provoquer un dommage, soit témérairement et avec conscience qu'un dommage en résultera probablement.

Art. 26 *(Protocole).* 1. La réception des bagages et marchandises sans protestation par le destinataire constituera présomption, sauf preuve contraire, que les marchandises ont été livrées en bon état et conformément au titre de transport.

2. En cas d'avarie, le destinataire doit adresser au transporteur une protestation immédiatement après la découverte de l'avarie et, au plus tard, dans un délai de sept jours pour les bagages et de quatorze jours pour les marchandises à dater de leur réception. En cas de retard, la protestation devra être faite au plus tard dans les vingt-et-jours à dater du jour où le bagage ou la marchandise auront été mis à sa disposition.

3. Toute protestation doit être faite par réserve inscrite sur le titre de transport ou par un autre écrit expédié dans le délai prévu pour cette protestation.

4. A défaut de protestation dans les délais prévus, toutes actions contre le transporteur sont irrecevables, sauf le cas de fraude de celui-ci.

Art. 27 En cas de décès du débiteur, l'action en responsabilité, dans les limites prévues par la présente Convention, s'exerce contre ses ayants droit.

Art. 28 1. L'action en responsabilité devra être portée, au choix du demandeur, dans le territoire d'une des Hautes Parties Contractantes, soit devant le tribunal du domicile du transporteur, du siège principal de son exploitation ou du lieu où il possède un établissement par le soin duquel a été conclu, soit devant le tribunal du lieu de destination.

2. La procédure sera réglée par la loi du tribunal saisi.

Art. 29 1. L'action en responsabilité doit être intentée, sous peine de déchéance, dans le délai de deux ans à compter de l'arrivée à destination ou du jour où l'aéronef aurait dû arriver, ou de l'arrêt du transport.

2. Le mode de calcul du délai est déterminé par la loi du tribunal saisi.

Art. 30 1. Dans les cas de transport régis par la définition du troisième alinéa de l'article premier, à exécuter par divers transporteurs successifs, chaque transporteur acceptant des voyageurs, des bagages ou des marchandises est soumis aux règles établies par cette Convention, et est censé être une des parties contractantes du contrat de transport, pour autant que ce contrat ait trait à la partie du transport effectué sous son contrôle.

2. Au cas d'un tel transport, le voyageur ou ses ayants droit ne pourront recourir que contre le transporteur ayant effectué le transport au cours duquel l'accident ou le retard s'est produit, sauf dans le cas où, par stipulation expresse, le premier transporteur aura assuré la responsabilité pour tout le voyage.

3. S'il s'agit de bagages ou de marchandises, l'expéditeur aura recours contre le premier transporteur et le destinataire qui a le droit à la délivrance contre le dernier, et l'un et l'autre pourront, en outre, agir contre le transporteur ayant effectué le transport au cours duquel la destruction, la perte, l'avarie ou le retard se sont produits. Ces transporteurs seront solidairement responsables envers l'expéditeur et le destinataire.

CHAPITRE IV

Dispositions relatives aux transports combinés

Art. 31 1. Dans les cas de transport combinés effectués en partie par air et en partie par tout autre moyen de transport, les stipulations de la présente Convention ne s'appliquent qu'au transport aérien et si celui-ci répond aux conditions de l'article premier.

2. Rien dans la présente Convention n'empêche les parties, dans le cas de transport combinés, d'insérer dans le titre de transport aérien des conditions relatives à d'autres modes de transport, à condition que les stipulations de la présente Convention soient respectées en ce qui concerne le transport par air.

CHAPITRE V

Dispositions générales et finales

Art. 32 Sont nulles toutes clauses du contrat de transport et toutes conventions particulières antérieures au dommage par lesquelles les parties dérogeant aux règles de la présente Convention soit par une détermination de la loi applicable, soit par une modification des règles de compétence. Toutefois, dans le transport des marchandises, les clauses d'arbitrage sont admises, les limites de la présente Convention, lorsque l'arbitrage doit s'effectuer dans les lieux de Compétence des tribunaux prévus à l'article 28 alinéa 1.

Art. 33 Rien dans la présente Convention ne peut empêcher un transporteur de refuser la conclusion d'un contrat de transport ou de formuler des règlements qui ne sont pas en contradiction avec les dispositions de la présente Convention.

Art. 34 *(Protocole).* Les dispositions des articles 3 à 9 inclus relatives aux titres de transport ne sont pas applicables au transport effectué dans des circonstances extraordinaires en dehors de toute opération normale de l'exploitation aérienne.

Art. 35 Lorsque dans la présente Convention il est question de jours courants et non de jours ouvrables.

Art. 36 La présente Convention est rédigée en français en un seul exemplaire qui restera déposé aux archives du Ministère des affaires Etrangères de Pologne, et dont une copie certifiée conforme sera transmise par les soins du Gouvernement polonais au Gouvernement de chacune des Hautes Parties Contractantes.

Art. 37 1. La présente Convention sera ratifiée. Les instruments de ratification seront déposés aux archives du Ministère des Affaires Etrangères de Pologne, qui en notifiera le dépôt au Gouvernement de chacune des Hautes Parties Contractantes.

2. Dès que la présente Convention aura été ratifiée par cinq des Hautes Parties Contractantes, elle entrera en vigueur entre Elles le quatre-vingt-dixième jour après le dépôt de la cinquième ratification. Ultérieurement elle entrera en vigueur entre les

Hautes Parties Contractantes qui l'auront ratifiée et la Haute Partie Contractante qui déposera son instrument de ratification le quatre-vingt-dixième jour après son dépôt.

3. Il appartiendra au Gouvernement de la République de Pologne de notifier au Gouvernement de chacune des Hautes Parties Contractantes la date de l'entrée en vigueur de la présente Convention ainsi que la date de dépôt de chaque ratification.

Art. 38 1. La présente Convention, après son entrée en vigueur, restera ouverte à l'adhésion de tous les États.

2. L'adhésion sera effectuée par une notification adressée au Gouvernement de la République de Pologne, qui en fera part au Gouvernement de chacune des Hautes Parties Contractantes.

3. L'adhésion produira ses effets à partir du quatre-vingt-dixième jour après la notification faite au Gouvernement de la République de Pologne.

Art. 39 1. Chacune des Hautes Parties Contractantes pourra dénoncer la présente Convention par une notification faite au Gouvernement de la République de Pologne, qui en avisera immédiatement le Gouvernement de chacune des Hautes Parties Contractantes.

2. La dénonciation produira ses effets six mois après la notification de la dénonciation et seulement à l'égard de la partie qui y aura procédé.

Art. 40 1. Les Hautes Parties Contractantes pourront, au moment de la signature, du dépôt des ratifications, ou de leur adhésion, déclarer que l'acceptation qu'elles donnent à la présente Convention ne s'applique pas à tout ou partie de leurs colonies, protectorats, territoires sous mandat, ou tout autre territoire soumis à leur souveraineté ou à leur autorité, ou à tout autre territoire sous suzeraineté.

2. En conséquence elles pourront ultérieurement adhérer séparément au nom de tout ou partie de leurs colonies, protectorats, territoires sous mandat, ou tout autre territoire soumis à leur souveraineté ainsi exclus de leur déclaration originelle.

3 Elles pourront aussi, en se conformant à ces dispositions, dénoncer la présente Convention séparément ou pour tout ou partie de leurs colonies, protectorats territoires sous mandat, ou tout autre territoire soumis à leur souveraineté ou à leur autorité, ou tout autre territoire sous suzeraineté.

Art. 40 A *(Protocole).* 1. A l'article 37, alinéa 2 et à l'article 40, alinéa 1, l'expression Haute Partie signifie État. Dans tous les autres cas, l'expression Haute Partie Contractante signifie un État dont la ratification ou l'adhésion à la convention a pris effet et dont la dénonciation n'a pas pris effet.

2. Aux fins de la Convention, le mot territoire signifie non seulement le territoire métropolitain d'un État, mais aussi tous les territoires qu'il représente dans les relations extérieures

Art. 41 Chacune des Hautes Parties Contractantes aura la faculté au plus tôt deux ans après la mise en vigueur de la présente Convention de provoquer la réunion d'une nouvelle Conférence Internationale dans le but de rechercher les améliorations qui pourraient être apportées à la présente Convention. Elle s'adressera dans ce but au Gouvernement de la République française qui prendra les mesures nécessaires pour préparer cette Conférence.

123 Convention de Genève du 7 juin 1930 destinée à régler certains conflits de lois en matière de lettres de change et de billets à ordre

En vigueur depuis le 27 avril 1936

Art. premier Les Hautes Parties contractantes s'engagent, les unes vis-à-vis des autres, à appliquer pour la solution des conflits de lois ci-dessous énumérés, en matière de lettres de change et de billets à ordre, les règles indiquées dans les articles suivants.

Art. 2 La capacité d'une personne pour s'engager par lettre de change et billet à ordre est déterminée par sa loi nationale. Si cette loi nationale déclare compétente la loi d'un autre pays, cette dernière loi est appliquée.

La personne qui serait incapable, d'après la loi indiquée par l'alinéa précédent, est néanmoins valablement tenue, si la signature a été donnée sur le territoire d'un pays d'après la législation duquel la personne aurait été capable.

Chacune des Hautes Parties contractantes a la faculté de ne pas reconnaître la validité de l'engagement pris en matière de lettre de change et de billet à ordre par l'un de ses ressortissants et qui ne serait tenu pour valable dans le territoire des autres Parties contractantes que par application de l'alinéa précédent du présent article.

Art. 3 La forme des engagements pris en matière de lettre de change et de billet à ordre est réglée par la loi du pays sur le territoire duquel ces engagements ont été souscrits.

Cependant, si les engagements souscrits sur une lettre de change ou un billet à ordre ne sont pas valables d'après les dispositions de l'alinéa précédent, mais qu'ils soient conformes à la législation de l'État où un engagement ultérieur a été souscrit, la circonstance que les premiers engagements sont irréguliers en la forme n'infirme pas la validité de l'engagement ultérieur.

Chacune des Hautes Parties contractantes a la faculté de prescrire que les engagements pris en matière de lettre de change et de billet à ordre à l'étranger par un de ses ressortissants seront valables à l'égard d'un autre de ses ressortissants sur son territoire, pourvu qu'ils aient été pris dans la forme prévue par la loi nationale.

Art. 4 Les effets des obligations de l'accepteur d'une lettre de change et du souscripteur d'un billet à ordre sont déterminés par la loi du lieu où ces titres sont payables.

Les effets que produisent les signatures des autres obligés par lettre de change ou billet à ordre sont déterminés par la loi du pays sur le territoire duquel les signatures ont été données.

Art. 5 Les délais de l'exercice de l'action en recours restent déterminés pour tous les signataires par la loi du lieu de la création du titre.

Art. 6 La loi du lieu de la création du titre détermine si le porteur d'une lettre de change acquiert la créance qui a donné lieu à l'émission du titre.

Art. 7 La loi du pays où la lettre de change est payable règle la question de savoir si l'acceptation peut être restreinte à une partie de la somme ou si le porteur est tenu ou non de recevoir un paiement partiel.

La même règle s'applique quant au paiement en matière de billet à ordre.

Art. 8 La forme et les délais du protêt, ainsi que la forme des autres actes nécessaires à l'exercice ou à la conservation des droits en matière de lettre de change et de billet à ordre, sont réglés par les lois du pays sur le territoire duquel doit être dressé le protêt ou passé l'acte en question.

Art. 9 La loi du pays où la lettre de change ou le billet à ordre sont payables détermine les mesures à prendre en cas de perte ou de vol de la lettre de change ou du billet à ordre.

Art. 10 Chacune des Hautes Parties contractantes se réserve la faculté de ne pas appliquer les principes de droit international privé consacrés par la présente Convention en tant qu'il s'agit :

1. D'un engagement pris hors du territoire d'une des Hautes Parties contractantes,
2. D'une loi qui serait applicable d'après ces principes et qui ne serait pas celle d'une des Hautes Parties contractantes.

Art. 11 Dans le territoire de chacune des Hautes Parties contractantes, les dispositions de la présente Convention ne seront pas applicables aux lettres de change et aux billets à ordre déjà créés au moment de la mise en vigueur de la présente Convention.

Art. 12 La présente Convention, dont les textes français et anglais feront également foi, portera la date de ce jour.

Elle pourra être signée ultérieurement jusqu'au 6 septembre 1930 au nom de tout Membre de la Société des Nations et de tout État non membre.

Art. 13 La présente Convention sera ratifiée.

Les instruments de ratification seront déposés avant le 1er septembre 1932 auprès du Secrétaire général de la Société des Nations, qui en notifiera immédiatement la réception à tous les Membres de la Société des Nations et aux États non membres parties à la présente Convention.

Art. 14 A partir du 6 septembre 1930, tout Membre de la Société des Nations et tout État non membre pourront y adhérer.

Cette adhésion s'effectuera par une notification au Secrétaire général de la Société des Nations pour être déposée dans les archives du Secrétariat.

Le Secrétaire général notifiera ce dépôt immédiatement à tous ceux qui auront signé ou adhéré à la présente Convention.

Art. 15 La présente Convention n'entrera en vigueur que lorsqu'elle aura été ratifiée ou qu'il y aura été adhéré au nom de sept Membres de la Société des Nations ou États non membres, parmi lesquels devront figurer trois des Membres de la Société des Nations représentés d'une manière permanente au Conseil.

La date de l'entrée en vigueur sera le quatre-vingt-dixième jour qui suivra la réception par le Secrétaire général de la Société des Nations de la septième ratification ou adhésion, conformément à l'alinéa premier du présent article.

Le Secrétaire général de la Société des Nations, en faisant les notifications prévues aux art. 13 et 14, signalera spécialement que les ratifications ou adhésions visées à l'alinéa premier du présent article ont été recueillies.

Art. 16 Chaque ratification ou adhésion qui interviendra après l'entrée en vigueur de la Convention conformément à l'art. 15 sortira ses effets dès le quatre-vingt-dixième jour qui suivra la date de sa réception par le Secrétaire général de la Société des Nations.

Art. 17 La présente Convention ne pourra être dénoncée avant l'expiration d'un délai de deux ans à partir de la date à laquelle elle sera entrée en vigueur pour ce Membre de la Société des Nations ou pour cet État non membre; cette dénonciation produira ses effets dès le quatre-vingt-dixième jour suivant la réception par le Secrétaire général de la notification à lui adressée.

Toute dénonciation sera communiquée immédiatement par le Secrétaire général de la Société des Nations à toutes les autres Hautes Parties contractantes.

Chaque dénonciation n'aura d'effet qu'en ce qui concerne la Haute Partie contractante au nom de laquelle elle aura été faite.

Art. 18 Tout Membre de la Société des Nations et tout État non membre à l'égard duquel la présente Convention est en vigueur pourra adresser au Secrétaire général de la Société des Nations, dès l'expiration de la quatrième année suivant l'entrée en vigueur de la Convention, une demande tendant à la révision de certaines ou de toutes les dispositions de cette Convention.

Si une telle demande, communiquée aux autres Membres de la Société des Nations ou États non membres entre lesquels la Convention est alors en vigueur, est appuyée dans un délai d'un an, par au moins six d'entre eux, le Conseil de la Société des Nations décidera s'il y a lieu de convoquer une Conférence à cet effet.

Art. 19 Les Hautes Parties contractantes peuvent déclarer au moment de la signature, de la ratification ou de l'adhésion que, par leur acceptation de la présente Convention, elles n'entendent assumer aucune obligation en ce qui concerne l'ensemble ou toute partie de leurs colonies, protectorats ou territoires placés sous leur suzeraineté ou mandat; dans ce cas, la présente Convention ne sera pas applicable aux territoires faisant l'objet de pareille déclaration.

Les Hautes Parties contractantes pourront, dans la suite, notifier au Secrétaire général de la Société des Nations qu'elles entendent rendre la présente Convention applicable à l'ensemble ou à toute partie de leurs territoires ayant fait l'objet de la déclaration prévue à l'alinéa précédent. Dans ce cas, la Convention s'appliquera aux territoires visés dans la notification quatre-vingt-dix jours après la réception de cette dernière par le Secrétaire général de la Société des Nations.

De même, les Hautes Parties contractantes peuvent à tout moment déclarer qu'elles entendent que la présente Convention cesse de s'appliquer à l'ensemble ou à toute partie de leurs colonies, protectorats ou territoires placés sous leur suzeraineté ou mandat; dans ce cas, la Convention cessera d'être applicable aux territoires faisant l'objet de pareille déclaration un an après la réception de cette dernière par le Secrétaire général de la Société des Nations.

Art. 20 La présente Convention sera enregistrée par le Secrétaire général de la Société des Nations dès son entrée en vigueur. Elle sera ultérieurement publiée aussitôt que possible au Recueil des Traités de la Société des Nations.

En foi de quoi, les Plénipotentiaires susnommés ont signé la présente Convention.

Fait à Genève le sept juin mil neuf cent trente, en simple expédition qui sera déposée dans les archives du Secrétariat de la Société des Nations; copie conforme en sera transmise à tous les Membres de la Société des Nations et à tous les États non membres représentés à la Conférence.

(Suivent les signatures)

124 Convention de Genève du 19 mars 1931 destinée à régler certains conflits de lois en matière de chèques

En vigueur depuis le 27 avril 1936

Art. premier Les Hautes Parties contractantes s'engagent, les unes vis-à-vis des autres, à appliquer pour la solution des conflits de lois ci-dessous énumérés, en matière de chèques, les règles indiquées dans les articles suivants :

Art. 2 La capacité d'une personne pour s'engager par chèque est déterminée par sa loi nationale. Si cette loi nationale déclare compétente la loi d'un autre pays, cette dernière loi est appliquée.

La personne qui serait incapable, d'après la loi indiquée par l'alinéa précédent, est néanmoins valablement tenue, si la signature a été donnée sur le territoire d'un pays d'après la législation duquel la personne aurait été capable.

Chacune des Hautes Parties contractantes a la faculté de ne pas reconnaître la validité de l'engagement pris en matière de chèques par l'un de ses ressortissants et qui ne serait tenu pour valable dans le territoire des autres Hautes Parties contractantes que par application de l'alinéa précédent du présent article.

Art. 3 La loi du pays où le chèque est payable détermine les personnes sur lesquelles un chèque peut être tiré.

Si, d'après cette loi, le titre est nul comme chèque en raison de la personne sur laquelle il a été tiré, les obligations résultant des signatures y apposées dans d'autres pays dont les lois ne contiennent pas ladite disposition sont néanmoins valables.

Art. 4 La forme des engagements pris en matière de chèques est réglée par la loi du pays sur le territoire duquel ces engagements ont été souscrits. Toutefois, l'observation des formes prescrites par la loi du lieu du paiement suffit.

Cependant, si les engagements souscrits sur un chèque ne sont pas valables d'après les dispositions de l'alinéa précédent, mais qu'ils soient conformes à la législation du pays où un engagement ultérieur a été souscrit, la circonstance que les premiers engagements sont irréguliers en la forme n'infirme pas la validité de l'engagement ultérieur.

Chacune des Hautes Parties contractantes a la faculté de prescrire que les engagements pris en matière de chèques à l'étranger par un de ses ressortissants seront valables à l'égard d'un autre de ses ressortissants sur son territoire, pourvu qu'ils aient été pris dans la forme prévue par la loi nationale.

Art. 5 La loi du pays sur le territoire duquel les obligations résultant du chèque ont été souscrites règle les effets de ces obligations.

Art. 6 Les délais de l'exercice de l'action en recours sont déterminés pour tous les signataires par la loi du lieu de la création du titre.

Art. 7 La loi du pays où le chèque est payable détermine :

1. Si le chèque est nécessairement à vue ou s'il peut être tiré à un certain délai de vue et également quels sont les effets d'une postdate,

2. Le délai de présentation;

3. Si le chèque peut être accepté, certifié, confirmé ou visé et quels sont les effets de ces mentions;

4. Si le porteur peut exiger et s'il est tenu de recevoir un paiement partiel;

5. Si le chèque peut être barré ou être revêtu de la clause « à porter en compte » ou d'une expression équivalente et quels sont les effets de ce barrement ou de cette clause ou de cette expression équivalente;

6. Si le porteur a des droits spéciaux sur la provision et quelle est la nature de ceux-ci;

7. Si le tireur peut révoquer le chèque ou faire opposition au paiement de celui-ci;

8. Les mesures à prendre en cas de perte ou de vol du chèque;

9. Si un protêt ou une constatation équivalente est nécessaire pour conserver le droit de recours contre les endosseurs, le tireur et les autres obligés.

Art. 8 La forme et les délais du protêt, ainsi que la forme des autres actes nécessaires à l'exercice ou à la conservation des droits en matière de chèques, sont réglés par la loi du pays sur le territoire duquel doit être dressé le protêt ou passé l'acte en question.

Art. 9 Chacune des Hautes Parties contractantes se réserve la faculté de ne pas appliquer les principes de droit international privé consacrés par la présente Convention en tant qu'il s'agit :

1. D'un engagement pris hors du territoire d'une des Hautes Parties contractantes;

2. D'une loi qui serait applicable d'après ces principes et qui ne serait pas celle d'une des Hautes Parties contractantes.

Art. 10 Dans le territoire de chacune des Hautes Parties contractantes, les dispositions de la présente Convention ne seront pas applicables aux chèques déjà créés au moment de la mise en vigueur de la présente Convention.

Art. 11 La présente Convention, dont les textes français et anglais feront également foi, portera la date de ce jour.

Elle pourra être signée ultérieurement jusqu'au 15 juillet 1931 au nom de tout Membre de la Société des Nations et de tout État non membre.

Art. 12 La présente Convention sera ratifiée.

Les instruments de ratification seront déposés avant le 1er septembre 1933 auprès du Secrétaire général de la Société des Nations, qui en notifiera immédiatement la réception à tous les Membres de la Société des Nations et aux États non membres au nom desquels la présente Convention a été signée ou au nom desquels il y a été adhéré.

Art. 13 A partir du 15 juillet 1931, tout Membre de la Société des Nations et tout État non membre pourront y adhérer.

Cette adhésion s'effectuera par une notification au Secrétaire général de la Société des Nations3 pour être déposée dans les archives du Secrétariat.

Le Secrétaire général notifiera ce dépôt immédiatement à tous les Membres de la Société des Nations et aux États non membres au nom desquels la présente Convention aura été signée ou au nom desquels il y aura été adhéré.

Art. 14 La présente Convention n'entrera en vigueur que lorsqu'elle aura été ratifiée ou qu'il y aura été adhéré au nom de sept Membres de la Société des Nations ou

États non membres, parmi lesquels devront figurer trois des Membres de la Société des Nations représentés d'une manière permanente au Conseil.

La date de l'entrée en vigueur sera le quatre-vingt-dixième jour qui suivra la réception par le Secrétaire général de la Société des Nations, de la septième ratification ou adhésion, conformément à l'al. 1 du présent article.

Le Secrétaire général de la Société des Nations en faisant les notifications prévues aux art. 12 et 13, signalera spécialement que les ratifications ou adhésions visées à l'alinéa premier du présent article ont été recueillies.

Art. 15 Chaque ratification ou adhésion qui interviendra après l'entrée en vigueur de la Convention conformément à l'art. 14 sortira ses effets dès le quatre-vingt-dixième jour qui suivra la date de sa réception par le Secrétaire général de la Société des Nations.

Art. 16 Sauf les cas d'urgence, la présente Convention ne pourra être dénoncée avant l'expiration d'un délai de deux ans à partir de la date à laquelle elle sera entrée en vigueur pour ce Membre de la Société des Nations ou pour cet État non membre; cette dénonciation produira ses effets dès le quatre-vingt-dixième jour suivant la réception par le Secrétaire général de la notification à lui adressée.

Toute dénonciation sera communiquée immédiatement par le Secrétaire général de la Société des Nations à tous les Membres de la Société des Nations et aux États non membres au nom desquels la présente Convention a été signée, ou au nom desquels il y a été adhéré.

Chaque dénonciation n'aura d'effet qu'en ce qui concerne le Membre de la Société des Nations ou l'État non membre au nom duquel elle aura été faite.

Art. 17 Tout Membre de la Société des Nations et tout État non membre à l'égard duquel la présente Convention est en vigueur pourra adresser au Secrétaire général de la Société des Nations, dès l'expiration de la quatrième année suivant l'entrée en vigueur de la Convention, une demande tendant à la révision de certaines ou de toutes les dispositions de cette Convention.

Si une telle demande, communiquée aux autres Membres ou États non membres entre lesquels la Convention est alors en vigueur, est appuyée dans un délai d'un an par au moins six d'entre eux, le Conseil de la Société des Nations décidera s'il y a lieu de convoquer une Conférence à cet effet.

Art. 18 Les Hautes Parties contractantes peuvent déclarer, au moment de la signature de la ratification ou de l'adhésion, que, par leur acceptation de la présente Convention, elles n'entendent assumer aucune obligation en ce qui concerne l'ensemble ou toute partie de leurs colonies, protectorats ou territoires placés sous leur suzeraineté ou mandat-, dans ce cas, la présente Convention ne sera pas applicable aux territoires faisant l'objet de pareille déclaration.

Les Hautes Parties contractantes pourront, dans la suite, notifier au Secrétaire général de la Société des Nations qu'elles entendent rendre la présente Convention applicable à l'ensemble ou à toute partie de leurs territoires ayant fait l'objet de la déclaration prévue à l'alinéa précédent. Dans ce cas, la Convention s'appliquera aux territoires visés dans la notification quatre-vingt-dix jours après la réception de cette dernière par le Secrétaire général de la Société des Nations.

De même, les Hautes Parties contractantes peuvent à tout moment déclarer qu'elles entendent que la présente Convention cesse de s'appliquer à l'ensemble ou à toute partie de leurs colonies, protectorats ou territoires placés sous leur suzeraineté ou mandat; dans ce cas, la Convention cessera d'être applicable aux territoires faisant l'objet de pareille déclaration un an après la réception de cette dernière par le Secrétaire général de la Société des Nations.

Art. 19 La présente Convention sera enregistrée par le Secrétaire général de la Société des Nations dès son entrée en vigueur.

En foi de quoi, les Plénipotentiaires susnommés ont signé la présente Convention. Fait à Genève, le dix-neuf mars mil neuf cent trente et un, en simple expédition, qui sera déposée dans les archives du Secrétariat de la Société des Nations; copie conforme en sera transmise à tous les Membres de la Société des Nations et à tous les États non membres représentés à la Conférence.

(Suivent les signatures)

125 Convention universelle sur le droit d'auteur de Genève du 6 septembre 1952

En vigueur depuis le 14 octobre 1955

Les États contractants,

***Animés** du désir d'assurer dans tous les pays la protection du droit d'auteur sur les œuvres littéraires, scientifiques et artistiques,*

***Convaincus** qu'un régime de protection des droits des auteurs approprié à toutes les nations et exprimé dans une convention universelle, s'ajoutant aux systèmes internationaux déjà en vigueur, sans leur porter atteinte, est de nature à assurer le respect des droits de la personne humaine et à favoriser le développement des lettres, des sciences et des arts,*

***Persuadés** qu'un tel régime universel de protection des droits des auteurs rendra plus facile la diffusion des œuvres de l'esprit et contribuera à une meilleure compréhension internationale,*

***Sont convenus** de ce qui suit :*

Art. premier Chaque État contractant s'engage à prendre toutes dispositions nécessaires pour assurer une protection suffisante et efficace des droits des auteurs et de tous autres titulaires de ces droits sur les œuvres littéraires, scientifiques et artistiques, telles que les écrits, les œuvres musicales, dramatiques et cinématographiques, les peintures, gravures et sculptures.

Art. 2 1. Les œuvres publiées des ressortissants de tout État contractant ainsi que les œuvres publiées pour la première fois sur le territoire d'un tel État jouissent, dans tout autre État contractant, de la protection que cet autre État accorde aux œuvres de ses ressortissants publiées pour la première fois sur son propre territoire, ainsi que de la protection spécialement accordée par la présente Convention.

2. Les œuvres non publiées des ressortissants de tout État contractant jouissent, dans tout autre État contractant, de la protection que cet autre État accorde aux œuvres non publiées de ses ressortissants, ainsi que de la protection spécialement accordée par la présente Convention.

3. Pour l'application de la présente Convention, tout État contractant peut, par des dispositions de sa législation interne, assimiler à ses ressortissants toute personne domiciliée sur le territoire de cet État.

Art. 3 1. Tout État contractant qui, d'après sa législation interne, exige, à titre de condition de la protection des droits des auteurs, l'accomplissement de formalités telles que dépôt, enregistrement, mention, certificats notariés, paiement de taxes, fabrication ou publication sur le territoire national, doit considérer ces exigences comme satisfaites pour toute œuvre protégée aux termes de la présente Convention, publiée pour la première fois hors du territoire de cet État et dont l'auteur n'est pas un de ses ressortissants si, dès la première publication de cette œuvre, tous les exemplaires de l'œuvre publiée avec l'autorisation de l'auteur ou de tout autre titulaire de ses droits portent le symbole © accompagné du nom du titulaire du droit d'auteur et de l'indication de l'année de première publication; le symbole, le nom et l'année doivent être apposés d'une manière et à une place montrant de façon nette que le droit d'auteur est réservé.

2. Les dispositions de l'alinéa 1 n'interdisent pas à un État contractant de soumettre à certaines formalités ou à d'autres conditions, en vue d'assurer l'acquisition et la jouissance du droit d'auteur, les œuvres publiées pour la première fois sur son territoire, ou celles de ses ressortissants, quel que soit le lieu de la publication de ces œuvres.

3. Les dispositions de l'alinéa 1 n'interdisent pas à un État contractant d'exiger d'une personne estant en justice qu'elle satisfasse, aux fins du procès, aux règles de procédure telles que l'assistance du demandeur par un avocat exerçant dans cet État ou le dépôt par le demandeur d'un exemplaire de l'œuvre auprès du tribunal ou d'un bureau administratif ou des deux à la fois. Toutefois, le fait de ne pas satisfaire à ces exigences n'affecte pas la validité du droit d'auteur. Aucune de ces exigences ne peut être imposée à un ressortissant d'un autre État contractant si elle ne l'est pas aux ressortissants de l'État dans lequel la protection est demandée.

4. Dans chaque État contractant doivent être assurés des moyens juridiques pour protéger sans formalités les œuvres non publiées des ressortissants des autres États contractants.

5. Si un État contractant accorde plus d'une seule période de protection et si la première est d'une durée supérieure à l'un des minimums de temps prévus à l'article 4 de la présente Convention, cet État a la faculté de ne pas appliquer l'alinéa 1 du présent article en ce qui concerne la deuxième période de protection ainsi que pour les périodes suivantes.

Art. 4 1. La durée de la protection de l'œuvre est réglée par la loi de l'État contractant où la protection est demandée conformément aux dispositions de l'article II et aux dispositions ci-dessous.

2. *a*) La durée de protection pour les œuvres protégées par la présente Convention ne sera pas inférieure à une période comprenant la vie de l'auteur et vingt-cinq années après sa mort. Toutefois, l'État contractant qui, à la date de l'entrée en vigueur de la présente Convention sur son territoire, aura restreint ce délai, pour certaines catégories d'œuvres, à une période calculée à partir de la première publication de l'œuvre, aura la faculté de maintenir ces dérogations ou de les étendre à d'autres catégories. Pour toutes ces catégories, la durée de protection ne sera pas inférieure à vingt-cinq années à compter de la date de la première publication.

b) Tout État contractant qui, à la date de l'entrée en vigueur de la présente Convention sur son territoire, ne calcule pas la durée de protection sur la base de la vie de l'auteur, aura la faculté de calculer cette durée de protection à compter de la première publication de l'œuvre ou, le cas échéant, de l'enregistrement de cette œuvre préalable à sa publication ; la durée de la protection ne sera pas inférieure à vingt-cinq années à compter de la date de la première publication ou, le cas échéant, de l'enregistrement de l'œuvre préalable à la publication.

c) Si la législation de l'État contractant prévoit deux ou plusieurs périodes consécutives de protection, la durée de la première période ne sera pas inférieure à la durée de l'une des périodes minima déterminée aux lettres *a*) et *b*) ci-dessus.

3. Les dispositions de l'alinéa 2 ne s'appliquent pas aux œuvres photographiques, ni aux œuvres des arts appliqués. Toutefois, dans les États contractants qui protègent les œuvres photographiques et, en tant qu'œuvres artistiques, les œuvres des arts appliqués, la durée de la protection ne sera pas, pour ces œuvres, inférieure à dix ans.

4. *a*) Aucun État contractant ne sera tenu d'assurer la protection d'une œuvre pendant une durée plus longue que celle fixée, pour la catégorie dont elle relève, s'il s'agit d'une œuvre non publiée, par la loi de l'État contractant dont l'auteur est ressortissant, et, s'il s'agit d'une œuvre publiée, par la loi de l'État contractant où cette œuvre a été publiée pour la première fois.

b) Aux fins de l'application de la lettre *a*, si la législation d'un État contractant prévoit deux ou plusieurs périodes consécutives de protection, la durée de la protection accordée par cet État est considérée comme étant la somme de ces périodes. Toutefois, si pour une raison quelconque une œuvre déterminée n'est pas protégée par ledit État pendant la seconde période ou l'une des périodes suivantes, les autres États contractants ne sont pas tenus de protéger cette œuvre pendant cette seconde période ou les périodes suivantes.

5. Aux fins de l'application de l'alinéa 4, l'œuvre d'un ressortissant d'un État contractant publiée pour la première fois dans un État non contractant sera considérée comme ayant été publiée pour la première fois dans l'État contractant dont l'auteur est ressortissant.

6. Aux fins de l'application de l'alinéa 4 susmentionné, en cas de publication simultanée dans deux ou plusieurs États contractants, l'œuvre sera considérée comme ayant été publiée pour la première fois dans l'État qui accorde la protection la moins longue. Est considérée comme publiée simultanément dans plusieurs pays toute œuvre qui a paru dans deux ou plusieurs pays dans les trente jours de sa première publication.

Art. 4 *bis* 1. Les droits visés à l'article premier comprennent les droits fondamentaux qui assurent la protection des intérêts patrimoniaux de l'auteur, notamment le droit exclusif d'autoriser la reproduction par n'importe quel moyen, la représentation et l'exécution publiques, et la radiodiffusion. Les dispositions du présent article s'appliquent aux œuvres protégées par la présente Convention, soit sous leur forme originale, soit, de façon reconnaissable, sous une forme dérivée de l'œuvre originale.

2. Toutefois, chaque État contractant peut, par sa législation nationale, apporter des exceptions, non contraires à l'esprit et aux dispositions de la présente Convention, aux droits mentionnés à l'alinéa 1 du présent article. Les États faisant éventuellement usage de ladite faculté devront néanmoins accorder à chacun des droits auxquels il serait fait exception un niveau raisonnable de protection effective.

Art. 5 1. Les droits visés à l'article premier comprennent le droit exclusif de faire, de publier et d'autoriser à faire et à publier la traduction des œuvres protégées aux termes de la présente Convention.

2. Toutefois, chaque État contractant peut, par sa législation nationale, restreindre, pour les écrits, le droit de traduction, mais en se conformant aux dispositions suivantes :

a) Lorsque, à l'expiration d'un délai de sept années à dater de la première publication d'un écrit, la traduction de cet écrit n'a pas été publiée dans une langue d'usage général dans l'État contractant, par le titulaire du droit de traduction ou avec son autorisation, tout ressortissant de cet État contractant pourra obtenir de l'autorité compétente de cet État une licence non exclusive pour traduire l'œuvre dans cette langue et publier l'œuvre ainsi traduite.

b) Cette licence ne pourra être accordée que si le requérant, conformément aux dispositions en vigueur dans l'État où est introduite la demande, justifie avoir demandé au titulaire du droit de traduction l'autorisation de traduire et de publier la traduction et, après dues diligences de sa part, n'a pu atteindre le titulaire du droit d'auteur ou obtenir son autorisation. Aux mêmes conditions, la licence pourra également être accordée si, pour une traduction déjà publiée dans une langue d'usage général dans l'État contractant, les éditions sont épuisées.

c) Si le titulaire du droit de traduction n'a pu être atteint par le requérant, celui-ci doit adresser des copies de sa demande à l'éditeur dont le nom figure sur l'œuvre et au représentant diplomatique ou consulaire de l'État dont le titulaire du droit de traduction est ressortissant, lorsque la nationalité du titulaire du droit de traduction est connue, ou à l'organisme qui peut avoir été désigné par le gouvernement de cet État. La licence ne pourra être accordée avant l'expiration d'un délai de deux mois à dater de l'envoi des copies de la demande.

d) La législation nationale adoptera les mesures appropriées pour assurer au titulaire du droit de traduction une rémunération équitable et conforme aux usages internationaux, ainsi que le paiement et le transfert de cette rémunération, et pour garantir une traduction correcte de l'œuvre.

e) Le titre et le nom de l'auteur de l'œuvre originale doivent être également imprimés sur tous les exemplaires de la traduction publiée. La licence ne sera valable que pour l'édition à l'intérieur du territoire de l'État contractant où cette licence est demandée. L'importation et la vente des exemplaires dans un autre État contractant sont possibles si cet État a une langue d'usage général identique à celle dans laquelle l'œuvre a été traduite, si sa loi nationale admet la licence et si aucune des dispositions en vigueur dans cet État ne s'oppose à l'importation et à la vente; l'importation et la vente sur le territoire de tout État contractant, dans lequel les conditions précédentes ne peuvent jouer, sont réservées à la législation de cet État et aux accords conclus par lui. La licence ne pourra être cédée par son bénéficiaire.

f) La licence ne peut être accordée lorsque l'auteur a retiré de la circulation les exemplaires de l'œuvre.

Art. 5 *bis* 1. Tout État contractant considéré comme un pays en voie de développement, conformément à la pratique établie de l'Assemblée générale des Nations Unies, peut, par une notification déposée auprès du Directeur général de l'Organisation des Nations Unies pour l'éducation, la science et la culture (ci-après dénommé «le Directeur général») au moment de sa ratification, de son acceptation ou de son adhésion, ou ultérieurement, se prévaloir de tout ou partie des exceptions prévues aux articles V *ter* et V *quater*.

2. Toute notification déposée conformément aux dispositions de l'alinéa 1 restera en vigueur pendant une période de dix ans à compter de la date de l'entrée en vigueur de la

présente Convention, ou pour toute partie de cette période décennale restant à courir à la date du dépôt de la notification, et pourra être renouvelée en totalité ou en partie pour d'autres périodes de dix ans si, dans un délai se situant entre le quinzième et le troisième mois avant l'expiration de la période décennale en cours, l'État contractant dépose une nouvelle notification auprès du Directeur général. Des notifications peuvent également être déposées pour la première fois au cours de ces nouvelles périodes décennales conformément aux dispositions du présent article.

3. Nonobstant les dispositions de l'alinéa 2, un État contractant qui a cessé d'être considéré comme un pays en voie de développement répondant à la définition de l'alinéa 1 n'est plus habilité à renouveler la notification qu'il a déposée aux termes des alinéas 1 ou 2 et, qu'il annule officiellement ou non cette notification, cet État perdra la possibilité de se prévaloir des exceptions prévues dans les articles 5 *ter* et 5 *quater* soit à l'expiration de la période décennale en cours, soit trois ans après qu'il aura cessé d'être considéré comme un pays en voie de développement, le délai qui expire le plus tard devant être appliqué.

4. Les exemplaires d'une œuvre, déjà produits en vertu des exceptions prévues aux articles 5 *ter* et 5 *quater*, pourront continuer d'être mis en circulation après l'expiration de la période pour laquelle des notifications aux termes du présent article ont pris effet, et ce jusqu'à leur épuisement.

5. Tout État contractant, qui a déposé une notification conformément à l'article XIII concernant l'application de la présente Convention à un pays ou territoire particulier dont la situation peut être considérée comme analogue à celle des États visés à l'alinéa 1 du présent article, peut aussi, en ce qui concerne ce pays ou territoire, déposer des notifications d'exceptions et de renouvellements au titre du présent article. Pendant la période où ces notifications sont en vigueur, les dispositions des articles V *ter* et V *quater* peuvent s'appliquer audit pays ou territoire. Tout envoi d'exemplaires en provenance dudit pays ou territoire à l'État contractant sera considéré comme une exportation au sens des articles 5 *ter* et 5 *quater*.

Art. 5 *ter* 1. *a*) Tout État contractant auquel s'applique l'alinéa 1 de l'article V *bis* peut remplacer la période de sept ans prévue à l'alinéa 2 de l'article V par une période de trois ans ou toute période plus longue fixée par sa législation nationale. Cependant, dans le cas d'une traduction dans une langue qui n'est pas d'usage général dans un ou plusieurs pays développés, parties soit à la présente Convention, soit seulement à la Convention de 1952, une période d'un an sera substituée à ladite période de trois ans.

b) Tout État contractant auquel s'applique l'alinéa 1 de l'article V *bis* peut, avec l'accord unanime des pays développés qui sont des États parties soit à la présente Convention, soit seulement à la Convention de 1952, et où la même langue est d'usage général, remplacer, en cas de traduction dans cette langue, la période de trois ans prévue à la lettre *a*) ci-dessus par une autre période fixée conformément audit accord, cette période ne pouvant toutefois être inférieure à un an. Néanmoins, la présente disposition n'est pas applicable lorsque la langue dont il s'agit est l'anglais, l'espagnol ou le français. Notification d'un tel accord sera faite au Directeur général.

c) La licence ne pourra être accordée que si le requérant, conformément aux dispositions en vigueur dans l'État où est introduite la demande, justifie soit qu'il a demandé l'autorisation du titulaire du droit de traduction, soit qu'après dues diligences de sa part il n'a pas pu atteindre le titulaire du droit ou obtenir son autorisation. En même temps qu'il fait cette demande le requérant doit en informer soit le Centre international d'information sur le droit d'auteur créé par l'Organisation des Nations unies pour l'éducation, la science et la culture [UNESCO], soit tout centre national ou régional d'information indiqué comme tel dans une notification déposée à cet effet auprès du Directeur général par le gouvernement de l'État où l'éditeur est présumé exercer la majeure partie de ses activités professionnelles.

d) Si le titulaire du droit de traduction n'a pu être atteint par le requérant, celui-ci doit adresser, par la poste aérienne, sous pli recommandé, des copies de sa demande à l'éditeur dont le nom figure sur l'œuvre et à tout centre national ou régional d'information mentionné à la lettre *c*). Si l'existence d'un tel centre n'a pas été notifiée, le requérant adressera également une copie au Centre international d'information sur le droit d'auteur créé par l'Organisation des Nations unies pour l'éducation, la science et la culture [UNICEF].

2. *a*) La licence ne pourra être accordée au titre du présent article avant l'expiration d'un délai supplémentaire de six mois, dans le cas où elle peut être obtenue à l'expiration d'une période de trois ans; et de neuf mois, dans le cas où elle peut être obtenue à l'expiration d'une période d'un an. Le délai supplémentaire commencera à courir soit à dater de la demande d'autorisation de traduire mentionnée à la lettre *c*) de l'alinéa 1, soit, dans le cas où l'identité ou l'adresse du titulaire du droit de traduction n'est pas connue, à dater de l'envoi des copies de la demande mentionnée à la lettre *d*) de l'alinéa 1 en vue d'obtenir la licence.

b) La licence ne sera pas accordée si une traduction a été publiée par le titulaire du droit de traduction ou avec son autorisation pendant ledit délai de six ou de neuf mois.

3. Toute licence à accorder en vertu du présent article ne pourra l'être qu'à l'usage scolaire, universitaire ou de la recherche.

4. *a*) La licence ne s'étendra pas à l'exportation d'exemplaires et elle ne sera valable que pour l'édition à l'intérieur du territoire de l'État contractant où cette licence a été demandée.

b) Tout exemplaire publié conformément à une telle licence devra contenir une mention dans la langue appropriée précisant que l'exemplaire n'est mis en distribution que dans l'État contractant qui a accordé la licence; si l'œuvre porte la mention indiquée à l'alinéa 1 de l'article III, les exemplaires ainsi publiés devront porter la même mention.

c) L'interdiction d'exporter prévue à la lettre *a*) ci-dessus ne s'applique pas lorsqu'un organisme gouvernemental ou tout autre organisme public d'un État qui a accordé, conformément au présent article, une licence en vue de traduire une œuvre dans une langue autre que l'anglais, l'espagnol ou le français, envoie des exemplaires d'une traduction faite en vertu de cette licence à un autre pays, sous réserve que :

i) Les destinataires soient des ressortissants de l'État contractant qui a délivré la licence, ou des organisations groupant de tels ressortissants;

ii) Les exemplaires ne soient utilisés que pour l'usage scolaire, universitaire ou de la recherche;

iii) L'envoi des exemplaires et leur distribution ultérieure aux destinataires soient dépourvus de tout caractère lucratif;

iv) Qu'un accord, qui sera notifié au Directeur général par l'un quelconque des gouvernements qui l'ont conclu, intervienne entre le pays auquel les exemplaires sont envoyés et l'État contractant en vue de permettre la réception et la distribution ou l'une de ces deux opérations.

5. Les dispositions appropriées seront prises sur le plan national pour que :

a) La licence comporte une rémunération équitable et conforme à l'échelle des redevances normalement versées dans le cas de licences librement négociées entre les intéressés dans les deux pays concernés;

b) La rémunération soit payée et transmise. S'il existe une réglementation nationale en matière de devises, l'autorité compétente ne ménagera aucun effort, en recourant aux mécanismes internationaux, pour assurer la transmission de la rémunération en monnaie internationalement convertible ou en son équivalent.

6. Toute licence accordée par un État contractant en vertu du présent article prendra fin si une traduction de l'œuvre dans la même langue et ayant essentiellement le même contenu que l'édition pour laquelle la licence a été accordée est publiée dans ledit État par le titulaire du droit de traduction ou avec son autorisation, à un prix comparable à celui qui est d'usage dans ce même État pour des œuvres analogues. Les exemplaires déjà produits avant l'expiration de la licence pourront continuer d'être mis en circulation jusqu'à leur épuisement.

7. Pour les œuvres qui sont composées principalement d'illustrations, une licence pour la traduction du texte et pour la reproduction des illustrations ne peut être octroyée que si les conditions de l'article 5 *quater* sont également remplies.

8. *a*) Une licence en vue de traduire une œuvre protégée par la présente Convention, publiée sous forme imprimée ou sous des formes analogues de reproduction, peut aussi être accordée à un organisme de radiodiffusion ayant son siège sur le territoire d'un État contractant auquel s'applique l'alinéa 1 de l'article 5 *bis*, à la suite d'une demande faite dans cet État par ledit organisme, et aux conditions suivantes :

i) La traduction doit être faite à partir d'un exemplaire produit et acquis conformément aux lois de l'État contractant;

ii) La traduction doit être utilisée seulement dans des émissions destinées exclusivement à l'enseignement ou à la diffusion d'informations à caractère scientifique destinées aux experts d'une profession déterminée;

iii) La traduction doit être utilisée, exclusivement aux fins énumérées au chiffre ii) ci-dessus, par radiodiffusion légalement faite à l'intention des bénéficiaires sur le territoire de l'État contractant, y compris par le moyen d'enregistrements sonores ou visuels réalisés licitement et exclusivement pour cette radiodiffusion;

iv) Les enregistrements sonores ou visuels de la traduction ne peuvent faire l'objet d'échanges qu'entre des organismes de radiodiffusion ayant leur siège social sur le territoire de l'État contractant ayant accordé une telle licence;

v) Toutes les utilisations faites de la traduction doivent être dépourvues de tout caractère lucratif.

b) Sous réserve que tous les critères et toutes les conditions énumérés à la lettre *a*) soient respectés, une licence peut également être accordée à un organisme de radiodiffusion pour traduire tout texte incorporé ou intégré à des fixations audiovisuelles faites et publiées à la seule fin d'être utilisées pour l'usage scolaire et universitaire.

c) Sous réserve des lettres *a*) et *b*), les autres dispositions du présent article sont applicables à l'octroi et à l'exercice d'une telle licence.

9. Sous réserve des dispositions du présent article, toute licence accordée en vertu de celui-ci sera régie par les dispositions de l'article V, et continuera d'être régie par les dispositions de l'article V et par celles du présent article, même après la période de sept ans visée à l'alinéa 2 de l'article V. Toutefois, après l'expiration de cette période, le titulaire de la licence pourra demander qu'à celle-ci soit substituée une licence régie exclusivement par l'article 5.

Art. 5 *quater* 1. Tout État contractant auquel s'applique l'alinéa 1 de l'article V *bis* peut adopter les dispositions suivantes :

a) lorsque, à l'expiration : *i*) de la période fixée à la lettre *c*) calculée à partir de la première publication d'une édition déterminée d'une œuvre littéraire, scientifique ou artistique visée à l'alinéa 3, ou *ii*) de toute période plus longue fixée par la législation nationale de l'État, des exemplaires de cette édition n'ont pas été, dans cet État, mis en vente pour répondre aux besoins soit du grand public, soit de l'enseignement scolaire et universitaire, à un prix comparable à celui qui est d'usage dans ledit État pour des œuvres analogues, par le titulaire du droit de reproduction ou avec son autorisation, tout ressortissant de cet État pourra obtenir, de l'autorité compétente, une licence non exclusive pour publier cette édition, à ce prix ou à un prix inférieur, pour répondre aux besoins de l'enseignement scolaire et universitaire. La licence ne pourra être accordée que si le requérant, conformément aux dispositions en vigueur dans l'État, justifie avoir demandé au titulaire du droit l'autorisation de publier cette œuvre et, après dues diligences de sa part, n'a pu atteindre le titulaire du droit d'auteur ou obtenir son autorisation. En même temps qu'il fait cette demande le requérant doit en informer soit le Centre international d'information sur le droit d'auteur créé par l'Organisation des Nations unies pour l'éducation, la science et la culture, soit tout centre national ou régional d'information mentionné à la lettre *d*).

b) La licence pourra aussi être accordée aux mêmes conditions si, pendant une période de six mois, des exemplaires autorisés de l'édition dont il s'agit ne sont plus mis en vente dans l'État concerné pour répondre aux besoins soit du grand public, soit de l'enseignement scolaire et universitaire, à un prix comparable à celui qui est d'usage dans l'État pour des œuvres analogues.

c) La période à laquelle se réfère la lettre *a*) s'entend d'un délai de cinq ans. Cependant :

i) Pour les œuvres des sciences exactes et naturelles et de la technologie, cette période sera de trois ans;

ii) Pour les œuvres qui appartiennent au domaine de l'imagination telles que les romans, les œuvres poétiques, dramatiques et musicales et pour les livres d'art, cette période sera de sept ans.

d) Si le titulaire du droit de reproduction n'a pu être atteint par le requérant, celui-ci doit adresser, par la poste aérienne, sous pli recommandé, des copies de sa demande à l'éditeur dont le nom figure sur l'œuvre et à tout centre national ou régional d'information indiqué comme tel dans une notification déposée auprès du directeur général, par l'État où l'éditeur est présumé exercer la majeure partie de ses activités professionnelles. En l'absence d'une pareille notification, il adressera également une copie au Centre international d'information sur le droit d'auteur créé par l'Organisation des Nations unies pour l'éducation, la science et la culture. La licence ne pourra être accordée avant l'expiration d'un délai de trois mois à compter de l'envoi des copies de la demande.

e) Dans le cas où elle peut être obtenue à l'expiration de la période de trois ans, la licence ne pourra être accordée au titre du présent article :

i) Qu'à l'expiration d'un délai de six mois à compter de la demande d'autorisation mentionnée à la lettre *a*), ou, dans le cas où l'identité ou l'adresse du titulaire de droit de reproduction n'est pas connue, à dater de l'envoi des copies de la demande mentionnées à la lettre *d*) en vue d'obtenir la licence;

ii) Que s'il n'y a pas eu pendant ce délai de mise en circulation d'exemplaires de l'édition dans les conditions prévues à la lettre *a*).

f) Le nom de l'auteur et le titre de l'édition déterminée de l'œuvre doivent être imprimés sur tous les exemplaires de la reproduction publiée. La licence ne s'étendra pas à l'exportation d'exemplaires et elle ne sera valable que pour l'édition à l'intérieur du territoire de l'État contractant où cette licence a été demandée. La licence ne pourra être cédée par son bénéficiaire.

g) La législation nationale adoptera des mesures appropriées pour assurer une reproduction exacte de l'édition dont il s'agit.

h) Une licence en vue de reproduire et de publier une traduction d'une œuvre ne sera pas accordée, au titre du présent article, dans les cas ci-après :

i) Lorsque la traduction dont il s'agit n'a pas été publiée par le titulaire du droit d'auteur ou avec son autorisation;

ii) Lorsque la traduction n'est pas dans une langue d'usage général dans l'État qui est habilité à délivrer la licence.

2. Les dispositions qui suivent s'appliquent aux exceptions prévues à l'alinéa 1 du présent article :

a) Tout exemplaire publié conformément à une licence accordée au titre du présent article devra contenir une mention dans la langue appropriée précisant que l'exemplaire n'est mis en distribution que dans l'État contractant auquel ladite licence s'applique; si l'œuvre porte la mention indiquée à l'alinéa 1 de l'article 3, les exemplaires ainsi publiés devront porter la même mention.

b) Les dispositions appropriées seront prises sur le plan national pour que :

i) La licence comporte une rémunération équitable et conforme à l'échelle des redevances normalement versées dans le cas de licences librement négociées entre les intéressés dans les deux pays concernés;

ii) La rémunération soit payée et transmise. S'il existe une réglementation nationale en matière de devises, l'autorité compétente ne ménagera aucun effort en recourant aux mécanismes internationaux, pour assurer la transmission de la rémunération en monnaie internationalement convertible ou en son équivalent.

c) Chaque fois que des exemplaires d'une édition d'une œuvre sont mis en vente dans l'État contractant pour répondre aux besoins soit du grand public, soit de l'enseignement scolaire et universitaire, par le titulaire du droit de reproduction ou avec son autorisation, à un prix comparable à celui qui est d'usage dans l'État pour des œuvres analogues, toute licence accordée en vertu du présent article prendra fin si cette édition est dans la même langue que l'édition publiée en vertu de la licence et si son contenu est essentiellement le même. Les exemplaires déjà produits avant l'expiration de la licence pourront continuer d'être mis en circulation jusqu'à leur épuisement.

d) La licence ne peut être accordée quand l'auteur a retiré de la circulation tous les exemplaires d'une édition.

3. *a*) Sous réserve des dispositions de la lettre *b*), les œuvres littéraires, scientifiques ou artistiques auxquelles s'applique le présent article sont limitées aux œuvres publiées sous forme d'édition imprimée ou sous toute autre forme analogue de reproduction.

b) Le présent article est également applicable à la reproduction audiovisuelle de fixations licites audiovisuelles en tant qu'elles constituent ou incorporent des œuvres protégées ainsi qu'à la traduction du texte qui les accompagne dans une langue d'usage général dans l'État qui est habilité à délivrer la licence, étant bien entendu que les fixations audiovisuelles dont il s'agit ont été conçues et publiées aux seules fins de l'usage scolaire et universitaire.

Art. 6 Par «publication» au sens de la présente Convention, il faut entendre la reproduction sous une forme matérielle et la mise à la disposition du public d'exemplaires de l'œuvre permettant de la lire ou d'en prendre connaissance visuellement.

Art. 7 La présente Convention ne s'applique pas aux œuvres ou aux droits sur ces œuvres qui, lors de l'entrée en vigueur de la présente Convention dans l'État contractant où la protection est demandée, auraient cessé définitivement d'être protégées dans cet État ou ne l'auraient jamais été.

Art. 8 1. La présente Convention, qui portera la date du 6 septembre 1952, sera déposée auprès du Directeur général de l'Organisation des Nations Unies pour l'éducation, la science et la culture et restera ouverte à la signature de tous les États pendant une période de 120 jours à compter de sa date. Elle sera soumise à la ratification ou à l'acceptation des États signataires.

2. Tout État qui n'aura pas signé la présente Convention pourra y adhérer.

3. La ratification, l'acceptation ou l'adhésion sera opérée par le dépôt d'un instrument à cet effet, auprès du Directeur général de l'Organisation des Nations Unies pour l'éducation, la science et la culture.

Art. 9 1. La présente Convention entrera en vigueur trois mois après le dépôt de douze instruments de ratification, d'acceptation ou d'adhésion y compris les instruments déposés par quatre États ne faisant pas partie de l'Union internationale pour la protection des œuvres littéraires et artistiques.

2. Par la suite, la Convention entrera en vigueur, pour chaque État, trois mois après le dépôt de l'instrument de ratification, d'acceptation ou d'adhésion spécial à cet État.

Art. 10 1. Tout État partie à la présente Convention s'engage à adopter, conformément aux dispositions de sa Constitution, les mesures nécessaires pour assurer l'application de la présente Convention.

2. Il est entendu toutefois qu'au moment du dépôt de son instrument de ratification, d'acceptation ou d'adhésion tout État doit être en mesure, d'après sa législation nationale, d'appliquer les dispositions de la présente Convention.

Art. 11 1. Il est créé un Comité intergouvernemental ayant les attributions suivantes :

a. Étudier les problèmes relatifs à l'application et au fonctionnement de la présente Convention;

b. Préparer les révisions périodiques de cette Convention;

c. Étudier tout autre problème relatif à la protection internationale du droit d'auteur, en collaboration avec les divers organismes internationaux intéressés, notamment avec l'Organisation des Nations Unies pour l'éducation, la science et la culture, l'Union internationale pour la protection des œuvres littéraires et artistiques et l'Organisation des États américains;

d. Renseigner les États contractants sur ses travaux.

2. Le Comité est composé des représentants de douze États contractants désignés en tenant compte d'une équitable représentation géographique et conformément aux dispositions de la résolution concernant le présent article, annexée à la présente Convention. Le Directeur général de l'Organisation des Nations Unies pour l'éducation, la science et la culture, le Directeur du Bureau de l'Union internationale pour la protection des œuvres littéraires et artistiques et le Secrétaire général de l'Organisation des États amé-

ricains, ou leurs représentants, peuvent assister aux séances du Comité avec voix consultative.

Art. 12 Le Comité intergouvernemental convoquera des conférences de révision chaque fois que cela lui semblera nécessaire ou si la convocation est demandée par au moins dix États contractants ou par la majorité des États contractants aussi longtemps que le nombre de ces derniers demeurera inférieur à vingt.

Art. 13 Tout État contractant peut, au moment du dépôt de l'instrument de ratification, d'acceptation ou d'adhésion, ou par la suite, déclarer, par une notification adressée au Directeur général de l'Organisation des Nations Unies pour l'éducation, la science et la culture, que la présente Convention est applicable à tout ou partie des pays ou territoires dont il assure les relations extérieures; la Convention s'appliquera alors aux pays ou territoires désignés dans la notification à partir de l'expiration du délai de trois mois prévu à l'article 9. A défaut de cette notification, la présente Convention ne s'appliquera pas à ces pays ou territoires.

Art. 14 1 Tout État contractant aura la faculté de dénoncer la présente Convention en son nom propre ou au nom de tout ou partie des pays ou territoires qui auraient fait l'objet de la notification prévue à l'article 13. La dénonciation s'effectuera par notification adressée au Directeur général de l'Organisation des Nations Unies pour l'éducation, la science et la culture.

2. Cette dénonciation ne produira effet qu'à l'égard de l'État ou du pays ou territoire au nom duquel elle aura été faite et seulement douze mois après la date à laquelle la notification a été reçue.

Art. 15 Tout différend entre deux ou plusieurs États contractants concernant l'interprétation ou l'application de la présente Convention qui ne sera pas réglé par voie de négociation sera porté devant la Cour internationale de justice pour qu'il soit statué par elle, à moins que les États en cause ne conviennent d'un autre mode de règlement.

Art. 16 1. — La présente Convention sera établie en français, en anglais et en espagnol. Les trois textes seront signés et feront également foi.

2. Il sera établi des textes officiels de la présente Convention en allemand, en italien et en portugais.

Tout État contractant ou groupe d'États contractants pourra faire établir par le Directeur général de l'Organisation des Nations Unies pour l'éducation, la science et la culture, en accord avec celui-ci, d'autres textes dans la langue de son choix.

Tous ces textes seront annexés au texte signé de la Convention.

Art. 17 1. La présente Convention n'affecte en rien les dispositions de la Convention de Berne pour la protection des œuvres littéraires et artistiques ni l'appartenance à l'Union créée par cette dernière convention.

2. En vue de l'application de l'alinéa précédent, une déclaration est annexée au présent article. Cette déclaration fait partie intégrante de la présente Convention pour les États liés par la Convention de Berne au 1er janvier 1951 ou qui y auront adhéré ultérieurement. La signature de la présente Convention par les États mentionnés ci-dessus vaut également signature de la déclaration; toute ratification ou acceptation de la Convention, toute adhésion à celle-ci par ces États emportera également ratification, acceptation ou adhésion à la déclaration.

Art. 18 La présente Convention n'infirme pas les conventions ou accords multilatéraux ou bilatéraux sur le droit d'auteur qui sont ou peuvent être mis en vigueur entre deux ou plusieurs républiques américaines mais exclusivement entre elles. En cas de divergences soit entre les dispositions d'une part de l'une de ces conventions ou de l'un de ces accords en vigueur et d'autre part les dispositions de la présente Convention, soit entre les dispositions de la présente Convention et celles de toute nouvelle convention ou de tout nouvel accord qui serait établi entre deux ou plusieurs républiques américaines après l'entrée en vigueur de la présente Convention, la convention ou l'accord le plus récemment établi prévaudra entre les parties. Il n'est pas porté atteinte aux droits acquis sur une œuvre, en vertu de conventions ou accords en vigueur dans l'un quelconque des États contractants antérieurement à la date de l'entrée en vigueur de la présente Convention dans cet État.

Art. 19 La présente Convention n'infirme pas les conventions ou accords multilatéraux ou bilatéraux sur le droit d'auteur en vigueur entre deux ou plusieurs États contractants. En cas de divergences entre les dispositions de l'une de ces conventions ou accords et les dispositions de la présente Convention, les dispositions de la présente Convention prévaudront. Ne seront pas affectés les droits acquis sur une œuvre en vertu de conventions ou accords en vigueur dans l'un des États contractants antérieurement à la date de l'entrée en vigueur de la présente Convention dans ledit État. Le présent article ne déroge en rien aux dispositions des articles 17 et 18 de la présente Convention.

Art. 20 Il n'est admis aucune réserve à la présente Convention.

Art. 21 Le Directeur général de l'Organisation des Nations Unies pour l'éducation, la science et la culture enverra des copies dûment certifiées de la présente Convention aux États intéressés et au Conseil fédéral suisse ainsi qu'au Secrétaire général des Nations Unies pour enregistrement par les soins de celui-ci. En outre, il informera tous les États intéressés du dépôt des instruments de ratification, d'acceptation ou d'adhésion, de la date d'entrée en vigueur de la présente Convention, des notifications prévues à l'article 13 de la présente Convention et des dénonciations prévues à l'article 14.

Déclaration annexe relative à l'article XVII

Les États membres de l'Union internationale pour la protection des œuvres littéraires et artistiques, parties à la Convention universelle du droit d'auteur, désirant resserrer leurs relations mutuelles sur la base de ladite Union et éviter tout conflit pouvant résulter de la coexistence de la Convention de Berne et de la Convention universelle,

Ont, d'un commun accord, accepté les termes de la déclaration suivante :

a. Les œuvres qui, aux termes de la Convention de Berne, ont comme pays d'origine un pays ayant quitté, postérieurement au 1er janvier 1951, l'Union internationale créée par cette Convention, ne seront pas protégées par la Convention universelle du droit d'auteur dans les pays de l'Union de Berne;

b. La Convention universelle du droit d'auteur ne sera pas applicable, dans les rapports entre les pays liés par la Convention de Berne, en ce qui concerne la protection des œuvres qui, aux termes de cette Convention de Berne, ont comme pays d'origine l'un des pays de l'Union internationale créée par cette Convention.

126 Convention de Genève du 19 mai 1956 relative au contrat de transport international de marchandises par route (CMR)

En vigueur depuis le 2 juillet 1961
Modifiée par Protocole de Genève du 5 juillet 1978, additionnel
En vigueur depuis le 12 juillet 1983
(Version consolidée)

PRÉAMBULE

Les Parties contractantes,

Ayant reconnu l'utilité de régler d'une manière uniforme les conditions du contrat de transport international de marchandises par route, particulièrement en ce qui concerne les documents utilisés pour ce transport et la responsabilité du transporteur,

sont convenues de ce qui suit :

CHAPITRE PREMIER

Champ d'application

Art. premier 1. La présente Convention s'applique à tout contrat de transport de marchandises par route à titre onéreux au moyen de véhicules, lorsque le lieu de la prise en charge de la marchandise et le lieu prévu pour la livraison, tels qu'ils sont indiqués au contrat, sont situés dans deux pays différents dont l'un au moins est un pays contractant. Il en est ainsi quels que soient le domicile et la nationalité des parties.

2. Pour l'application de la présente Convention, il faut entendre par « véhicules » les automobiles, les véhicules articulés, les remorques et les semi remorques, tels qu'ils sont définis par l'article 4 de la Convention sur la circulation routière en date du 19 septembre 1949.

3. La présente Convention s'applique même si les transports rentrant dans son champ d'application sont effectués par des États ou par des institutions ou organisations gouvernementales.

4. La présente Convention ne s'applique pas :

a) aux transports effectués sous l'empire de conventions postales internationales;

b) aux transports funéraires;

c) aux transports de déménagement.

5. Les Parties contractantes s'interdisent d'apporter par voie d'accords particuliers conclus entre deux ou plusieurs d'entre elles toute modification à la présente Convention, sauf pour soustraire à son empire leur trafic frontalier ou pour autoriser dans les transports empruntant exclusivement leur territoire l'emploi de la lettre de voiture représentative de la marchandise.

Art. 2 1. Si le véhicule contenant les marchandises est transporté par mer, chemin de fer, voie navigable intérieure ou air sur une partie du parcours, sans rupture de charge sauf, éventuellement, pour l'application des dispositions de l'article 14, la présente Convention s'applique, néanmoins, pour l'ensemble du transport. Cependant, dans la mesure où il est prouvé qu'une perte, une avarie ou un retard à la livraison de la marchandise qui est survenu au cours du transport par l'un des modes de transport autre que la route n'a pas été causé par un acte ou une omission du transporteur routier et qu'il provient d'un fait qui n'a pu se produire qu'au cours et en raison du transport non routier, la responsabilité du transporteur routier est déterminée non par la présente Convention, mais de la façon dont la responsabilité du transporteur non routier eût été déterminée si un contrat de transport avait été conclu entre l'expéditeur et le transporteur non routier pour le seul transport de la marchandise conformément aux dispositions impératives de la loi concernant le transport de marchandises par le mode de transport autre que la route. Toutefois, en l'absence de telles dispositions, la responsabilité du transporteur par route sera déterminée par la présente Convention.

2. Si le transporteur routier est en même temps le transporteur non routier, sa responsabilité est également déterminée par le paragraphe 1 comme si sa fonction de transporteur routier et sa fonction de transporteur non routier étaient exercées par deux personnes différentes.

CHAPITRE II

Personnes dont répond le transporteur

Art. 3 Pour l'application de la présente Convention, le transporteur répond, comme de ses propres actes et omissions, des actes et omissions de ses préposés et de toutes autres personnes aux services desquelles il recourt pour l'exécution du transport lorsque ces préposés ou ces personnes agissent dans l'exercice de leurs fonctions.

CHAPITRE III

Conclusion et exécution du contrat de transport

Art. 4 Le contrat de transport est constaté par une lettre de voiture. L'absence, l'irrégularité ou la perte de la lettre de voiture n'affectent ni l'existence ni la validité du contrat de transport qui reste soumis aux dispositions de la présente Convention.

Art. 5 1. La lettre de voiture est établie en trois exemplaires originaux signés par l'expéditeur et par le transporteur, ces signatures pouvant être imprimées ou remplacées par les timbres de l'expéditeur et du transporteur si la législation du pays où la lettre de voiture est établie le permet. Le premier exemplaire est remis à l'expéditeur, le deuxième accompagne la marchandise et le troisième est retenu par le transporteur.

2. Lorsque la marchandise à transporter doit être chargée dans des véhicules différents, ou lorsqu'il s'agit de différentes espèces de marchandises ou de lots distincts, l'expéditeur ou le transporteur a le droit d'exiger l'établissement d'autant de lettres de voiture qu'il doit être utilisé de véhicules ou qu'il y a d'espèces ou de lots de marchandises.

Art. 6 1. La lettre de voiture doit contenir les indications suivantes :

a) le lieu et la date de son établissement;

b) le nom et l'adresse de l'expéditeur;

c) le nom et l'adresse du transporteur;

d) le lieu et la date de la prise en charge de la marchandise et le lieu prévu pour la livraison;

e) le nom et l'adresse du destinataire;

f) la dénomination courante de la nature de la marchandise et le mode d'emballage, et, pour les marchandises dangereuses, leur dénomination généralement reconnue;

g) le nombre des colis, leurs marques particulières et leurs numéros;

h) le poids brut ou la quantité autrement exprimée de la marchandise;

i) les frais afférents au transport (prix de transport, frais accessoires, droits de douane et autres frais survenant à partir de la conclusion du contrat jusqu'à la livraison);

j) les instructions requises pour les formalités de douane et autres;

k) l'indication que le transport est soumis, nonobstant toute clause contraire, au régime établi par la présente Convention.

2. Le cas échéant, la lettre de voiture doit contenir, en outre, les indications suivantes :

a) l'interdiction de transbordement;

b) les frais que l'expéditeur prend à sa charge;

c) le montant du remboursement à percevoir lors de la livraison de la marchandise;

d) la valeur déclarée de la marchandise et la somme représentant l'intérêt spécial à la livraison;

e) les instructions de l'expéditeur au transporteur en ce qui concerne l'assurance de la marchandise;

f) le délai convenu dans lequel le transport doit être effectué;

g) la liste des documents remis au transporteur.

3. Les parties peuvent porter sur la lettre de voiture toute autre indication qu'elles jugent utile.

Art. 7 1. L'expéditeur répond de tous frais et dommages que supporterait le transporteur en raison de l'inexactitude ou de l'insuffisance :

a) des indications mentionnées à l'article 6, paragraphe 1-*b*, *d*, *e*, *f*, *g*, *h* et *j*;

b) des indications mentionnées à l'article 6, paragraphe 2;

c) de toutes autres indications ou instructions qu'il donne pour l'établissement de la lettre de voiture ou pour y être reportées.

2. Si, à la demande de l'expéditeur, le transporteur inscrit sur la lettre de voiture les mentions visées au paragraphe 1 du présent article, il est considéré, jusqu'à preuve du contraire, comme agissant pour le compte de l'expéditeur.

3. Si la lettre de voiture ne contient pas la mention prévue à l'article 6, paragraphe 1-*k*, le transporteur est responsable de tous frais et dommages que subirait l'ayant droit à la marchandise en raison de cette omission.

Art. 8 1. Lors de la prise en charge de la marchandise, le transporteur est tenu de vérifier :

a) l'exactitude des mentions de la lettre de voiture relatives au nombre de colis, ainsi qu'à leurs marques et numéros;

b) l'état apparent de la marchandise et de son emballage.

2. Si le transporteur n'a pas de moyens raisonnables de vérifier l'exactitude des mentions visées au paragraphe 1-*a* du présent article, il inscrit sur la lettre de voiture des réserves qui doivent être motivées. Il doit de même motiver toutes les réserves qu'il fait au sujet de l'état apparent de la marchandise et de son emballage. Ces réserves n'engagent pas l'expéditeur, si celui-ci ne les a pas expressément acceptées sur la lettre de voiture.

3. L'expéditeur a le droit d'exiger la vérification par le transporteur du poids brut ou de la quantité autrement exprimée de la marchandise. Il peut aussi exiger la vérification

du contenu des colis. Le transporteur peut réclamer le paiement des frais de vérification. Le résultat des vérifications est consigné sur la lettre de voiture.

Art. 9 1. La lettre de voiture fait foi, jusqu'à preuve du contraire, des conditions du contrat et de la réception de la marchandise par le transporteur.

2. En l'absence d'inscription sur la lettre de voiture de réserves motivées du transporteur, il y a présomption que la marchandise et son emballage étaient en bon état apparent au moment de la prise en charge par le transporteur et que le nombre des colis, ainsi que leurs marques et numéros, étaient conformes aux énonciations de la lettre de voiture.

Art. 10 L'expéditeur est responsable envers le transporteur des dommages aux personnes, au matériel ou à d'autres marchandises, ainsi que des frais, qui auraient pour origine la défectuosité de l'emballage de la marchandise, à moins que, la défectuosité étant apparente ou connue du transporteur au moment de la prise en charge, le transporteur n'ait pas fait de réserves à son sujet.

Art. 11 1. En vue de l'accomplissement des formalités de douane et autres à remplir avant la livraison de la marchandise, l'expéditeur doit joindre à la lettre de voiture ou mettre à la disposition du transporteur les documents nécessaires et lui fournir tous renseignements voulus.

2. Le transporteur n'est pas tenu d'examiner si ces documents et renseignements sont exacts ou suffisants. L'expéditeur est responsable envers le transporteur de tous dommages qui pourraient résulter de l'absence, de l'insuffisance ou de l'irrégularité de ces documents et renseignements, sauf en cas de faute du transporteur.

3. Le transporteur est responsable au même titre qu'un commissionnaire des conséquences de la perte ou de l'utilisation inexacte des documents mentionnés sur la lettre de voiture et qui accompagnent celle-ci ou qui sont déposés entre ses mains; toutefois, l'indemnité à sa charge ne dépassera pas celle qui serait due en cas de perte de la marchandise.

Art. 12 1. L'expéditeur a le droit de disposer de la marchandise, notamment en demandant au transporteur d'en arrêter le transport, de modifier le lieu prévu pour la livraison ou de livrer la marchandise à un destinataire différent de celui indiqué sur la lettre de voiture.

2. Ce droit s'éteint lorsque le deuxième exemplaire de la lettre de voiture est remis au destinataire ou que celui-ci fait valoir le droit prévu à l'article 13, paragraphe 1; à partir de ce moment, le transporteur doit se conformer aux ordres du destinataire.

3. Le droit de disposition appartient toutefois au destinataire dès l'établissement de la lettre de voiture si une mention dans ce sens est faite par l'expéditeur sur cette lettre.

4. Si, en exerçant son droit de disposition, le destinataire ordonne de livrer la marchandise à une autre personne, celle-ci ne peut pas désigner d'autres destinataires.

5. L'exercice du droit de disposition est subordonné aux conditions suivantes :

a) l'expéditeur ou, dans le cas visé au paragraphe 3 du présent article, le destinataire qui veut exercer ce droit doit présenter le premier exemplaire de la lettre de voiture, sur lequel doivent être inscrites les nouvelles instructions données au transporteur, et dédommager le transporteur des frais et du préjudice qu'entraîne l'exécution de ces instructions;

b) cette exécution doit être possible au moment où les instructions parviennent à la personne qui doit les exécuter et elle ne doit ni entraver l'exploitation normale de l'entreprise du transporteur, ni porter préjudice aux expéditeurs ou destinataires d'autres envois;

c) les instructions ne doivent jamais avoir pour effet de diviser l'envoi.

6. Lorsque, en raison des dispositions prévues au paragraphe 5-*b*, du présent article, le transporteur ne peut exécuter les instructions qu'il reçoit, il doit en aviser immédiatement la personne dont émanent ces instructions.

7. Le transporteur qui n'aura pas exécuté les instructions données dans les conditions prévues au présent article ou qui se sera conformé à de telles instructions sans avoir exigé la présentation du premier exemplaire de la lettre de voiture sera responsable envers l'ayant droit du préjudice causé par ce fait.

Art. 13 1. Après l'arrivée de la marchandise au lieu prévu pour la livraison, le destinataire a le droit de demander que le deuxième exemplaire de la lettre de voiture lui soit remis et que la marchandise lui soit livrée, le tout contre décharge. Si la perte de la marchandise est établie, ou si la marchandise n'est pas arrivée à l'expiration du délai prévu à l'article 19, le destinataire est autorisé à faire valoir en son propre nom vis-à-vis du transporteur les droits qui résultent du contrat de transport.

2. Le destinataire qui se prévaut des droits qui lui sont accordés aux termes du paragraphe 1 du présent article est tenu de payer le montant des créances résultant de la lettre de voiture. En cas de contestation à ce sujet, le transporteur n'est obligé d'effectuer la livraison de la marchandise que si une caution lui est fournie par le destinataire.

Art. 14 1. Si, pour un motif quelconque, l'exécution du contrat dans les conditions prévues à la lettre de voiture est ou devient impossible avant l'arrivée de la marchandise au lieu prévu pour la livraison, le transporteur est tenu de demander des instructions à la personne qui a le droit de disposer de la marchandise conformément à l'article 12.

2. Toutefois, si les circonstances permettent l'exécution du transport dans des conditions différentes de celles prévues à la lettre de voiture et si le transporteur n'a pu obtenir en temps utile les instructions de la personne qui a le droit de disposer de la marchandise conformément à l'article 12, il prend les mesures qui lui paraissent les meilleures dans l'intérêt de la personne ayant le droit de disposer de la marchandise.

Art. 15 1. Lorsque, après l'arrivée de la marchandise au lieu de destination, il se présente des empêchements à la livraison, le transporteur demande des instructions à l'expéditeur. Si le destinataire refuse la marchandise, l'expéditeur a le droit de disposer de celle-ci sans avoir à produire le premier exemplaire de la lettre de voiture.

2. Même s'il a refusé la marchandise, le destinataire peut toujours en demander la livraison tant que le transporteur n'a pas reçu d'instructions contraires de l'expéditeur.

3. Si l'empêchement à la livraison se présente après que, conformément au droit qu'il détient en vertu de l'article 12, paragraphe 3, le destinataire a donné l'ordre de livrer la marchandise à une autre personne, le destinataire est substitué à l'expéditeur, et cette autre personne au destinataire, pour l'application des paragraphes 1 et 2 ci-dessus.

Art. 16 1. Le transporteur a droit au remboursement des frais que lui cause sa demande d'instructions, ou qu'entraîne pour lui l'exécution des instructions reçues, à moins que ces frais ne soient la conséquence de sa faute.

2. Dans les cas visés à l'article 14, paragraphe 1, et à l'article 15, le transporteur peut décharger immédiatement la marchandise pour le compte de l'ayant droit; après ce déchargement, le transport est réputé terminé. Le transporteur assume alors la garde de la marchandise. Il peut toutefois confier la marchandise à un tiers et n'est alors respon-

sable que du choix judicieux de ce tiers. La marchandise reste grevée des créances résultant de la lettre de voiture et de tous autres frais.

3. Le transporteur peut faire procéder à la vente de la marchandise sans attendre d'instructions de l'ayant droit lorsque la nature périssable ou l'état de la marchandise le justifie ou lorsque les frais de garde sont hors de proportion avec la valeur de la marchandise. Dans les autres cas, il peut également faire procéder à la vente lorsque, dans un délai raisonnable, il n'a pas reçu de l'ayant droit d'instructions contraires dont l'exécution puisse équitablement être exigée.

4. Si la marchandise a été vendue en application du présent article, le produit de la vente doit être mis à la disposition de l'ayant droit, déduction faite des frais grevant la marchandise. Si ces frais sont supérieurs au produit de la vente, le transporteur a droit à la différence.

5. La façon de procéder en cas de vente est déterminée par la loi ou les usages du lieu où se trouve la marchandise.

CHAPITRE IV
Responsabilité du transporteur

Art. 17 1. Le transporteur est responsable de la perte totale ou partielle, ou de l'avarie, qui se produit entre le moment de la prise en charge de la marchandise et celui de la livraison, ainsi que du retard à la livraison.

2. Le transporteur est déchargé de cette responsabilité si la perte, l'avarie ou le retard a eu pour cause une faute de l'ayant droit, un ordre de celui-ci ne résultant pas d'une faute du transporteur, un vice propre de la marchandise, ou des circonstances que le transporteur ne pouvait pas éviter et aux conséquences desquelles il ne pouvait pas obvier.

3. Le transporteur ne peut exciper, pour se décharger de sa responsabilité, ni des défectuosités du véhicule dont il se sert pour effectuer le transport*[,]* ni de fautes de la personne dont il aurait loué le véhicule ou des préposés de celle-ci.

4. Compte tenu de l'article 18, paragraphes 2 à 5, le transporteur est déchargé de sa responsabilité lorsque la perte ou l'avarie résulte des risques particuliers inhérents à l'un des faits suivants ou à plusieurs d'entre eux :

a) emploi de véhicules ouverts et non bâchés, lorsque cet emploi a été convenu d'une manière expresse et mentionné dans la lettre de voiture;

b) absence ou défectuosité de l'emballage pour les marchandises exposées par leur nature à des déchets ou avaries quand elles ne sont pas emballées ou sont mal emballées;

c) manutention, chargement, arrimage ou déchargement de la marchandise par l'expéditeur ou le destinataire ou des personnes agissant pour le compte de l'expéditeur ou du destinataire;

d) nature de certaines marchandises exposées, par des causes inhérentes à cette nature même, soit à perte totale ou partielle, soit à avarie, notamment par bris, rouille, détérioration interne et spontanée, dessication *[dessiccation]*, coulage, déchet normal ou action de la vermine et des rongeurs;

e) insuffisance ou imperfection des marques ou des numéros de colis;

f) transport d'animaux vivants.

5. Si, en vertu du présent article, le transporteur ne répond pas de certains des facteurs qui ont causé le dommage, sa responsabilité n'est engagée que dans la proportion où les facteurs dont il répond en vertu du présent article ont contribué au dommage.

Art. 18 1. La preuve que la perte, l'avarie ou le retard a eu pour cause un des faits prévus à l'article 17, paragraphe 2, incombe au transporteur.

2. Lorsque le transporteur établit que, eu égard aux circonstances de fait, la perte ou l'avarie a pu résulter d'un ou de plusieurs des risques particuliers prévus à l'article 17, paragraphe 4, il y a présomption qu'elle en résulte. L'ayant droit peut toutefois faire la preuve que le dommage n'a pas eu l'un de ces risques pour cause totale ou partielle.

3. La présomption visée ci-dessus n'est pas applicable dans le cas prévu à l'article 17, paragraphe 4-*a*, s'il y a manquant d'une importance anormale ou perte de colis.

4. Si le transport est effectué au moyen d'un véhicule aménagé en vue de soustraire les marchandises à l'influence de la chaleur, du froid, des variations de température ou de l'humidité de l'air, le transporteur ne peut invoquer le bénéfice de l'article 17, paragraphe 4-*d*, que s'il fournit la preuve que toutes les mesures lui incombant, compte tenu des circonstances, ont été prises en ce qui concerne le choix, l'entretien et l'emploi de ces aménagements et qu'il s'est conformé aux instructions spéciales qui ont pu lui être données.

5. Le transporteur ne peut invoquer le bénéfice de l'article 17, paragraphe 4-*f*, que s'il fournit la preuve que toutes les mesures lui incombant normalement, compte tenu des circonstances, ont été prises et qu'il s'est conformé aux instructions spéciales qui ont pu lui être données.

Art. 19 Il y a retard à la livraison lorsque la marchandise n'a pas été livrée dans le délai convenu ou, s'il n'a pas été convenu de délai, lorsque la durée effective du transport dépasse, compte tenu des circonstances et, notamment, dans le cas d'un chargement partiel, du temps voulu pour assembler un chargement complet dans des conditions normales, le temps qu'il est raisonnable d'allouer à des transporteurs diligents.

Art. 20 1. L'ayant droit peut, sans avoir à fournir d'autres preuves, considérer la marchandise comme perdue quand elle n'a pas été livrée dans les trente jours qui suivent l'expiration du délai convenu ou, s'il n'a pas été convenu de délai, dans les soixante jours qui suivent la prise en charge de la marchandise par le transporteur.

2. L'ayant droit peut, en recevant le paiement de l'indemnité pour la marchandise perdue, demander, par écrit, à être avisé immédiatement dans le cas où la marchandise serait retrouvée au cours de l'année qui suivra le paiement de l'indemnité. Il lui est donné par écrit acte de cette demande.

3. Dans les trente jours qui suivent la réception de cet avis, l'ayant droit peut exiger que la marchandise lui soit livrée contre paiement des créances résultant de la lettre de voiture et contre restitution de l'indemnité qu'il a reçue, déduction faite éventuellement des frais qui auraient été compris dans cette indemnité, et sous réserve de tous droits à l'indemnité pour retard à la livraison prévue à l'article 23 et, s'il y a lieu, à l'article 26.

4. A défaut soit de la demande prévue au paragraphe 2, soit d'instructions données dans le délai de trente jours prévu au paragraphe 3, ou encore si la marchandise n'a été retrouvée que plus d'un an après le paiement de l'indemnité, le transporteur en dispose conformément à la loi du lieu où se trouve la marchandise.

Art. 21 Si la marchandise est livrée au destinataire sans encaissement du remboursement qui aurait dû être perçu par le transporteur en vertu des dispositions du contrat de transport, le transporteur est tenu d'indemniser l'expéditeur à concurrence du montant du remboursement, sauf son recours contre le destinataire.

Art. 22 1. Si l'expéditeur remet au transporteur des marchandises dangereuses, il lui signale la nature exacte du danger qu'elles présentent et lui indique éventuellement les précautions à prendre. Au cas où cet avis n'a pas été consigné sur la lettre de voiture, il appartient à l'expéditeur ou au destinataire de faire la preuve, par tous autres moyens, que le transporteur a eu connaissance de la nature exacte du danger que présentait le transport desdites marchandises.

2. Les marchandises dangereuses qui n'auraient pas été connues comme telles par le transporteur dans les conditions prévues au paragraphe 1 du présent article, peuvent à tout moment et en tout lieu être déchargées, détruites ou rendues inoffensives par le transporteur, et ce sans aucune indemnité; l'expéditeur est en outre responsable de tous frais et dommages résultant de leur remise au transport ou de leur transport.

Art. 23 1. Quand, en vertu des dispositions de la présente Convention, une indemnité pour perte totale ou partielle de la marchandise est mise à la charge du transporteur, cette indemnité est calculée d'après la valeur de la marchandise au lieu et à l'époque de la prise en charge.

2. La valeur de la marchandise est déterminée d'après le cours en bourse ou, à défaut, d'après le prix courant sur le marché ou, à défaut de l'un et de l'autre, d'après la valeur usuelle des marchandises de même nature et qualité.

3. *(Prot. du 5 juill. 1978)* «Toutefois, l'indemnité ne peut dépasser 8,33 unités de compte par kilogramme du poids brut manquant.»

4. Sont en outre remboursés le prix du transport, les droits de douane et les autres frais encourus à l'occasion du transport de la marchandise, en totalité en cas de perte totale, et au prorata en cas de perte partielle; d'autres dommages-intérêts ne sont pas dus.

5. En cas de retard, si l'ayant droit prouve qu'un préjudice en est résulté, le transporteur est tenu de payer pour ce préjudice une indemnité qui ne peut pas dépasser le prix du transport.

6. Des indemnités plus élevées ne peuvent être réclamées qu'en cas de déclaration de la valeur de la marchandise ou de déclaration d'intérêt spécial à la livraison, conformément aux articles 24 et 26.

(Prot. du 5 juill. 1978) «7. L'unité de compte mentionnée dans la présente Convention est le droit de tirage spécial tel que défini par le Fonds monétaire international. Le montant visé au paragraphe 3 du présent article est converti dans la monnaie nationale de l'État dont relève le tribunal saisi du litige sur la base de la valeur de cette monnaie à la date du jugement ou à la date adoptée d'un commun accord par les parties. La valeur, en droit de tirage spécial, de la monnaie nationale d'un État qui est membre du Fonds monétaire international, est calculée selon la méthode d'évaluation appliquée par le Fonds monétaire international à la date en question pour ses propres opérations et transactions. La valeur, en droit de tirage spécial, de la monnaie nationale d'un État qui n'est pas membre du Fonds monétaire international, est calculée de la façon déterminée par cet État.

«8. Toutefois, un État qui n'est pas membre du Fonds monétaire international et dont la législation ne permet pas d'appliquer les dispositions du paragraphe 7 du présent article peut, au moment de la ratification du Protocole à la CMR ou de l'adhésion à celui-ci, ou à tout moment ultérieur, déclarer que la limite de la responsabilité prévue au paragraphe 3 du présent article et applicable sur son territoire est fixée à 25 unités monétaires. L'unité monétaire dont il est question dans le présent paragraphe correspond à 10/31 de gramme d'or au titre de neuf cents millièmes de fin. La conversion en monnaie nationale du montant indiqué dans le présent paragraphe s'effectue conformément à la législation de l'État concerné.

«9. Le calcul mentionné à la dernière phrase du paragraphe 7 et la conversion mentionnée au paragraphe 8 du présent article doivent être faits de façon à exprimer en monnaie nationale de l'État la même valeur réelle, dans la mesure du possible, que celle exprimée en unités de compte au paragraphe 3 du présent article. Lors du dépôt d'un instrument visé à l'article 3 du Protocole à la CMR et chaque fois qu'un changement se produit dans leur méthode de calcul ou dans la valeur de leur monnaie nationale par rapport à l'unité de compte ou à l'unité monétaire, les États communiquent au Secrétaire général de l'Organisation des Nations unies leur méthode de calcul conformément au paragraphe 7, ou les résultats de la conversion conformément au paragraphe 8 du présent article, selon le cas.»

Art. 24 L'expéditeur peut déclarer dans la lettre de voiture, contre paiement d'un supplément de prix à convenir, une valeur de la marchandise excédant la limite mentionnée au paragraphe 3 de l'article 23 et, dans ce cas, le montant déclaré se substitue à cette limite.

Art. 25 1. En cas d'avarie, le transporteur paie le montant de la dépréciation calculée d'après la valeur de la marchandise fixée conformément à l'art. 23, paragraphes 1, 2 et 4.

2. Toutefois, l'indemnité ne peut dépasser :

a) si la totalité de l'expédition est dépréciée par l'avarie, le chiffre qu'elle aurait atteint en cas de perte totale;

b) si une partie seulement de l'expédition est dépréciée par l'avarie, le chiffre qu'elle aurait atteint en cas de perte de la partie dépréciée.

Art. 26 1. L'expéditeur peut fixer, en l'inscrivant à la lettre de voiture, et contre paiement d'un supplément de prix à convenir, le montant d'un intérêt spécial à la livraison, pour le cas de perte ou d'avarie et pour celui de dépassement du délai convenu.

2. S'il y a eu déclaration d'intérêt spécial à la livraison, il peut être réclamé, indépendamment des indemnités prévues aux articles 23, 24 et 25, et à concurrence du montant de l'intérêt déclaré, une indemnité égale au dommage supplémentaire dont la preuve est apportée.

Art. 27 1. L'ayant droit peut demander les intérêts de l'indemnité. Ces intérêts, calculés à raison de cinq pour cent l'an, courent du jour de la réclamation adressée par écrit au transporteur ou, s'il n'y a pas eu de réclamation, du jour de la demande en justice.

2. Lorsque les éléments qui servent de base au calcul de l'indemnité ne sont pas exprimés dans la monnaie du pays où le paiement est réclamé, la conversion est faite d'après le cours du jour et du lieu du paiement de l'indemnité.

Art. 28 1. Lorsque, d'après la loi applicable, la perte, l'avarie ou le retard survenu au cours d'un transport soumis à la présente Convention peut donner lieu à une réclamation extra-contractuelle, le transporteur peut se prévaloir des dispositions de la présente Convention qui excluent sa responsabilité ou qui déterminent ou limitent les indemnités dues.

2. Lorsque la responsabilité extra-contractuelle pour perte, avarie ou retard d'une des personnes dont le transporteur répond aux termes de l'article 3 est mise en cause, cette personne peut également se prévaloir des dispositions de la présente Convention qui

excluent la responsabilité du transporteur ou qui déterminent ou limitent les indemnités dues.

Art. 29 1. Le transporteur n'a pas le droit de se prévaloir des dispositions du présent chapitre qui excluent ou limitent sa responsabilité ou qui renversent le fardeau de la preuve, si le dommage provient de son dol ou d'une faute qui lui est imputable et qui, d'après la loi de la juridiction saisie, est considérée comme équivalente au dol.

2. Il en est de même si le dol ou la faute est le fait des préposés du transporteur ou de toutes autres personnes aux services desquelles il recourt pour l'exécution du transport lorsque ces préposés ou ces autres personnes agissent dans l'exercice de leurs fonctions. Dans ce cas, ces préposés ou ces autres personnes n'ont pas davantage le droit de se prévaloir, en ce qui concerne leur responsabilité personnelle, des dispositions du présent chapitre visées au paragraphe 1.

CHAPITRE V
Réclamations et actions

Art. 30 1. Si le destinataire a pris livraison de la marchandise sans qu'il en ait constaté l'état contradictoirement avec le transporteur ou sans qu'il ait, au plus tard au moment de la livraison s'il s'agit de pertes ou avaries apparentes, ou dans les sept jours à dater de la livraison, dimanche et jours fériés non compris, lorsqu'il s'agit de pertes ou avaries non apparentes, adressé des réserves au transporteur indiquant la nature générale de la perte ou de l'avarie, il est présumé, jusqu'à preuve contraire, avoir reçu la marchandise dans l'état décrit dans la lettre de voiture. Les réserves visées ci-dessus doivent être faites par écrit lorsqu'il s'agit de pertes ou avaries non apparentes.

2. Lorsque l'état de la marchandise a été constaté contradictoirement par le destinataire et le transporteur, la preuve contraire au résultat de cette constatation ne peut être faite que s'il s'agit de pertes ou avaries non apparentes et si le destinataire a adressé des réserves écrites au transporteur dans les sept jours, dimanche et jours fériés non compris, à dater de cette constatation.

3. Un retard à la livraison ne peut donner lieu à indemnité que si une réserve a été adressée par écrit dans le délai de vingt et un jours à dater de la mise de la marchandise à la disposition du destinataire.

4. La date de livraison ou, selon le cas, celle de la constatation ou celle de la mise à disposition n'est pas comptée dans les délais prévus au présent article.

5. Le transporteur et le destinataire se donnent réciproquement toutes facilités raisonnables pour les constatations et vérifications utiles.

Art. 31 1. Pour tous litiges auxquels donnent lieu les transports soumis à la présente Convention, le demandeur peut saisir, en dehors des juridictions des pays contractants désignées d'un commun accord par les parties, les juridictions du pays sur le territoire duquel :

a) le défendeur a sa résidence habituelle, son siège principal ou la succursale ou l'agence par l'intermédiaire de laquelle le contrat de transport a été conclu, ou

b) le lieu de la prise en charge de la marchandise ou celui prévu pour la livraison est situé, et ne peut saisir que ces juridictions.

2. Lorsque dans un litige visé au paragraphe 1 du présent article une action est en instance devant une juridiction compétente aux termes de ce paragraphe, ou lorsque dans un tel litige un jugement a été prononcé par une telle juridiction, il ne peut être intenté

aucune nouvelle action pour la même cause entre les mêmes parties à moins que la décision de la juridiction devant laquelle la première action a été intentée ne soit pas susceptible d'être exécutée dans le pays où la nouvelle action est intentée.

3. Lorsque dans un litige visé au paragraphe 1 du présent article un jugement rendu par une juridiction d'un pays contractant est devenu exécutoire dans ce pays, il devient également exécutoire dans chacun des autres pays contractants aussitôt après accomplissement des formalités prescrites à cet effet dans le pays intéressé. Ces formalités ne peuvent comporter aucune révision de l'affaire.

4. Les dispositions du paragraphe 3 du présent article s'appliquent aux jugements contradictoires, aux jugements par défaut et aux transactions judiciaires mais ne s'appliquent ni aux jugements qui ne sont exécutoires que par provision, ni aux condamnations en dommages et intérêts qui seraient prononcés *[prononcées]* en sus des dépens contre un demandeur en raison du rejet total ou partiel de sa demande.

5. Il ne peut être exigé de caution de ressortissants de pays contractants, ayant leur domicile ou un établissement dans un de ces pays, pour assurer le paiement des dépens à l'occasion des actions en justice auxquelles donnent lieu les transports soumis à la présente Convention.

Art. 32 1. Les actions auxquelles peuvent donner lieu les transports soumis à la présente Convention sont prescrites dans le délai d'un an. Toutefois, dans le cas de dol ou de faute considérée, d'après la loi de la juridiction saisie, comme équivalente au dol, la prescription est de trois ans. La prescription court :

a) dans le cas de perte partielle, d'avarie ou de retard, à partir du jour où la marchandise a été livrée;

b) dans le cas de perte totale, à partir du trentième jour après l'expiration du délai convenu ou, s'il n'a pas été convenu de délai, à partir du soixantième jour après la prise en charge de la marchandise par le transporteur;

c) dans tous les autres cas, à partir de l'expiration d'un délai de trois mois à dater de la conclusion du contrat de transport. Le jour indiqué ci-dessus comme point de départ de la prescription n'est pas compris dans le délai.

2. Une réclamation écrite suspend la prescription jusqu'au jour où le transporteur repousse la réclamation par écrit et restitue les pièces qui y étaient jointes. En cas d'acceptation partielle de la réclamation, la prescription ne reprend son cours que pour la partie de la réclamation qui reste litigieuse. La preuve de la réception de la réclamation ou de la réponse et de la restitution des pièces est à la charge de la partie qui invoque ce fait. Les réclamations ultérieures ayant le même objet ne suspendent pas la prescription.

3. Sous réserve des dispositions du paragraphe 2 ci-dessus, la suspension de la prescription est régie par la loi de la juridiction saisie. Il en est de même en ce qui concerne l'interruption de la prescription.

4. L'action prescrite ne peut plus être exercée, même sous forme de demande reconventionnelle ou d'exception.

Art. 33 Le contrat de transport peut contenir une clause attribuant compétence à un tribunal arbitral à condition que cette clause prévoie que le tribunal arbitral appliquera la présente Convention.

CHAPITRE VI
Dispositions relatives au transport effectué par transporteurs successifs

Art. 34 Si un transport régi par un contrat unique est exécuté par des transporteurs routiers successifs, chacun de ceux-ci assume la responsabilité de l'exécution du transport total, le second transporteur et chacun des transporteurs suivants devenant, de par leur acceptation de la marchandise et de la lettre de voiture, parties au contrat, aux conditions de la lettre de voiture.

Art. 35 1. Le transporteur qui accepte la marchandise du transporteur précédent remet à celui-ci un reçu daté et signé. Il doit porter son nom et son adresse sur le deuxième exemplaire de la lettre de voiture. S'il y a lieu, il appose sur cet exemplaire, ainsi que sur le reçu, des réserves analogues à celles qui sont prévues à l'article 8, paragraphe 2.

2. Les dispositions de l'article 9 s'appliquent aux relations entre transporteurs successifs.

Art. 36 A moins qu'il ne s'agisse d'une demande reconventionnelle ou d'une exception formulée dans une instance relative à une demande fondée sur le même contrat de transport, l'action en responsabilité pour perte, avarie ou retard ne peut être dirigée que contre le premier transporteur, le dernier transporteur, ou le transporteur qui exécutait la partie du transport au cours de laquelle s'est produit le fait ayant causé la perte, l'avarie ou le retard; l'action peut être dirigée à la fois contre plusieurs de ces transporteurs.

Art. 37 Le transporteur qui a payé une indemnité en vertu des dispositions de la présente Convention a le droit d'exercer un recours en principal, intérêts et frais contre les transporteurs qui ont participé à l'exécution du contrat de transport conformément aux dispositions suivantes :

a) le transporteur par le fait duquel le dommage a été causé doit seul supporter l'indemnité, qu'il l'ait payée lui-même ou qu'elle ait été payée par un autre transporteur;

b) lorsque le dommage a été causé par le fait de deux ou plusieurs transporteurs, chacun d'eux doit payer un montant proportionnel à sa part de responsabilité; si l'évaluation des parts de responsabilité est impossible, chacun d'eux est responsable proportionnellement à la part de rémunération du transport qui lui revient;

c) si l'on ne peut déterminer quels sont ceux des transporteurs auxquels la responsabilité est imputable, la charge de l'indemnité due est répartie, dans la proportion fixée en *b*, entre tous les transporteurs.

Art. 38 Si l'un des transporteurs est insolvable, la part lui incombant et qu'il n'a pas payée est répartie entre tous les autres transporteurs proportionnellement à leur rémunération.

Art. 39 1. Le transporteur contre lequel est exercé un des recours prévus aux articles 37 et 38 n'est pas recevable à contester le bien-fondé du paiement effectué par le transporteur exerçant le recours, lorsque l'indemnité a été fixée par décision de justice, pourvu qu'il ait été dûment informé du procès et qu'il ait été à même d'y intervenir.

2. Le transporteur qui veut exercer son recours peut le former devant le tribunal compétent du pays dans lequel l'un des transporteurs intéressés a sa résidence habituelle, son siège principal ou la succursale ou l'agence par l'entremise de laquelle le contrat de

transport a été conclu. Le recours peut être dirigé dans une seule et même instance contre tous les transporteurs intéressés.

3. Les dispositions de l'article 31, paragraphes 3 et 4, s'appliquent aux jugements rendus sur les recours prévus aux articles 37 et 38.

4. Les dispositions de l'article 32 sont applicables aux recours entre transporteurs. La prescription court, toutefois, soit à partir du jour d'une décision de justice définitive fixant l'indemnité à payer en vertu des dispositions de la présente Convention, soit, au cas où il n'y aurait pas eu de telle décision, à partir du jour du paiement effectif.

Art. 40 Les transporteurs sont libres de convenir entre eux de dispositions dérogeant aux articles 37 et 38.

CHAPITRE VII

Nullité des stipulations contraires à la Convention

Art. 41 1. Sous réserve des dispositions de l'article 40, est nulle et de nul effet toute stipulation qui, directement ou indirectement, dérogerait aux dispositions de la présente Convention. La nullité de telles stipulations n'entraîne pas la nullité des autres dispositions du contrat.

2. En particulier, seraient nulles toute clause par laquelle le transporteur se ferait céder le bénéfice de l'assurance de la marchandise ou toute autre clause analogue, ainsi que toute clause déplaçant le fardeau de la preuve.

CHAPITRE VIII

Dispositions finales

Art. 42 1. La présente Convention est ouverte à la signature ou à l'adhésion des pays membres de la Commission économique pour l'Europe et des pays admis à la Commission à titre consultatif conformément au paragraphe 8 du mandat de cette Commission.

2. Les pays susceptibles de participer à certains travaux de la Commission économique pour l'Europe en application du paragraphe 11 du mandat de cette Commission peuvent devenir Parties contractantes à la présente Convention en y adhérant après son entrée en vigueur.

3. La Convention sera ouverte à la signature jusqu'au 31 août 1956 inclus. Après cette date, elle sera ouverte à l'adhésion.

4. La présente Convention sera ratifiée.

5. La ratification ou l'adhésion sera effectuée par le dépôt d'un instrument auprès du Secrétaire général de l'Organisation des Nations unies.

Art. 43 1. La présente Convention entrera en vigueur le quatre-vingt-dixième jour après que cinq des pays mentionnés au paragraphe 1 de l'article 42 auront déposé leur instrument de ratification ou d'adhésion.

2. Pour chaque pays qui la ratifiera ou y adhérera après que cinq pays auront déposé leur instrument de ratification ou d'adhésion, la présente Convention entrera en vigueur le quatre-vingt-dixième jour qui suivra le dépôt de l'instrument de ratification ou d'adhésion dudit pays.

Art. 44 1. Chaque Partie contractante pourra dénoncer la présente Convention par notification adressée au Secrétaire général de l'Organisation des Nations unies.

2. La dénonciation prendra effet douze mois après la date à laquelle le Secrétaire général en aura reçu notification.

Art. 45 Si, après l'entrée en vigueur de la présente Convention, le nombre de Parties contractantes se trouve, par suite de dénonciations, ramené à moins de cinq, la présente Convention cessera d'être en vigueur à partir de la date à laquelle la dernière de ces dénonciations prendra effet.

Art. 46 1. Tout pays pourra, lors du dépôt de son instrument de ratification ou d'adhésion ou à tout moment ultérieur, déclarer, par notification adressée au Secrétaire général de l'Organisation des Nations unies, que la présente Convention sera applicable à tout ou partie des territoires qu'il représente sur le plan international. La Convention sera applicable au territoire ou aux territoires mentionnés dans la notification à dater du quatre-vingt-dixième jour après réception de cette notification par le Secrétaire général ou, si à ce jour la Convention n'est pas encore entrée en vigueur, à dater de son entrée en vigueur.

2. Tout pays qui aura fait, conformément au paragraphe précédent, une déclaration ayant pour effet de rendre la présente Convention applicable à un territoire qu'il représente sur le plan international pourra, conformément à l'article 44, dénoncer la Convention en ce qui concerne ledit territoire.

Art. 47 Tout différend entre deux ou plusieurs Parties contractantes touchant l'interprétation ou l'application de la présente Convention que les Parties n'auraient pu régler par voie de négociation ou par un autre mode de règlement pourra être porté, à la requête d'une quelconque des Parties contractantes intéressées, devant la Cour internationale de Justice, pour être tranché par elle.

Art. 48 1. Chaque Partie contractante pourra, au moment où elle signera ou ratifiera la présente Convention ou y adhérera, déclarer qu'elle ne se considère pas liée par l'article 47 de la Convention. Les autres Parties contractantes ne seront pas liées par l'article 47 envers toute Partie contractante qui aura formulé une telle réserve.

2. Toute Partie contractante qui aura formulé une réserve conformément au paragraphe 1 pourra à tout moment lever cette réserve par une notification adressée au Secrétaire général de l'Organisation des Nations unies.

3. Aucune autre réserve à la présente Convention ne sera admise.

Art. 49 1. Après que la présente Convention aura été en vigueur pendant trois ans, toute Partie contractante pourra, par notification adressée au Secrétaire général de l'Organisation des Nations unies, demander la convocation d'une conférence à l'effet de réviser la présente Convention. Le Secrétaire général notifiera cette demande à toutes les Parties contractantes et convoquera une conférence de révision si, dans un délai de quatre mois à dater de la notification adressée par lui, le quart au moins des Parties contractantes lui signifient leur assentiment à cette demande.

2. Si une conférence est convoquée conformément au paragraphe précédent, le Secrétaire général en avisera toutes les Parties contractantes et les invitera à présenter, dans un délai de trois mois, les propositions qu'elles souhaiteraient voir examiner par la conférence. Le Secrétaire général communiquera à toutes les Parties contractantes

l'ordre du jour provisoire de la conférence, ainsi que le texte de ces propositions, trois mois au moins avant la date d'ouverture de la conférence.

3. Le Secrétaire général invitera à toute conférence convoquée conformément au présent article tous les pays visés au paragraphe 1 de l'article 42, ainsi que les pays devenus Parties contractantes en application du paragraphe 2 de l'article 42.

Art. 50 Outre les notifications prévues à l'article 49, le Secrétaire général de l'Organisation des Nations unies notifiera aux pays visés au paragraphe 1 de l'article 42, ainsi qu'aux pays devenus Parties contractantes en application du paragraphe 2 de l'article 42 :

a) les ratifications et adhésions en vertu de l'article 42;

b) les dates auxquelles la présente Convention entrera en vigueur conformément à l'article 43;

c) les dénonciations en vertu de l'article 44;

d) l'abrogation de la présente Convention conformément à l'article 45;

e) les notifications reçues conformément à l'article 46;

f) les déclarations et notifications reçues conformément aux paragraphes 1 et 2 de l'article 48.

Art. 51 Après le 31 août 1956, l'original de la présente Convention sera déposé auprès du Secrétaire général de l'Organisation des Nations unies, qui en transmettra des copies certifiées conformes à chacun des pays visés aux paragraphes 1 et 2 de l'article 42.

Protocole de signature

Au moment de procéder à la signature de la Convention relative au contrat de transport international de marchandises par route, les soussignés, dûment autorisés, sont convenus des déclaration et précision suivantes :

1. La présente Convention ne s'applique pas aux transports entre le Royaume-Uni de Grande-Bretagne et d'Irlande du Nord et la République d'Irlande.

2. *Ad* article 1er, paragraphe 4. Les soussignés s'engagent à négocier des conventions sur le contrat de déménagement et le contrat de transport combiné.

En foi de quoi, les soussignés, à ce dûment autorisés, ont signé le présent Protocole.

Fait à Genève, le dix-neuf mai mil neuf cent cinquante-six, en un seul exemplaire, en langues anglaise et française, les deux textes faisant également foi.

127 Convention de New York du 10 juin 1958 pour la reconnaissance et l'exécution des sentences arbitrales étrangères

En vigueur depuis le 24 septembre 1959

Art. premier 1. La présente Convention s'applique à la reconnaissance et à l'exécution des sentences arbitrales rendues sur le territoire d'un État autre que celui où la reconnaissance et l'exécution des sentences sont demandées, et issues de différends entre personnes physiques ou morales. Elle s'applique également aux sentences arbitrales qui ne sont pas considérées comme sentences nationales dans l'État où leur reconnaissance et leur exécution sont demandées.

2. On entend par « sentences arbitrales » non seulement les sentences rendues par des arbitres nommés pour des cas déterminés, mais également celles qui sont rendues par des organes d'arbitrage permanents auxquels les parties se sont soumises.

3. Au moment de signer ou de ratifier la présente Convention, d'y adhérer ou de faire la notification d'extension prévue à l'article X, tout État pourra, sur la base de la réciprocité, déclarer qu'il appliquera la Convention à la reconnaissance et à l'exécution des seules sentences rendues sur le territoire d'un autre État contractant. Il pourra également déclarer qu'il appliquera la Convention uniquement aux différends issus de rapports de droit, contractuels ou non contractuels, qui sont considérés comme commerciaux par sa loi nationale.

Art. II 1. Chacun des États contractants reconnaît la convention écrite par laquelle les parties s'obligent à soumettre à un arbitrage tous les différends ou certains des différends qui se sont élevés ou pourraient s'élever entre elles au sujet d'un rapport de droit déterminé, contractuel ou non contractuel, portant sur une question susceptible d'être réglée par voie d'arbitrage.

2. On entend par « convention écrite » une clause compromissoire insérée dans un contrat, ou un compromis, signés par les parties ou contenus dans un échange de lettres ou de télégrammes.

3. Le tribunal d'un État contractant, saisi d'un litige sur une question au sujet de laquelle les parties ont conclu une convention au sens du présent article, renverra les parties à l'arbitrage, à la demande de l'une d'elles, à moins qu'il ne constate que ladite convention est caduque, inopérante ou non susceptible d'être appliquée.

Art. III Chacun des États contractants reconnaîtra l'autorité d'une sentence arbitrale et accordera l'exécution de cette sentence conformément aux règles de procédure suivies dans le territoire où la sentence est invoquée, aux conditions établies dans les articles suivants. Il ne sera pas imposé, pour la reconnaissance ou l'exécution des sentences arbitrales auxquelles s'applique la présente Convention, de conditions sensiblement plus rigoureuses, ni de frais de justice sensiblement plus élevés, que ceux qui sont imposés pour la reconnaissance ou l'exécution des sentences arbitrales nationales.

Art. IV 1. Pour obtenir la reconnaissance et l'exécution visées à l'article précédent, la partie qui demande la reconnaissance et l'exécution doit fournir, en même temps que la demande :

a) L'original dûment authentifié de la sentence ou une copie de cet original réunissant les conditions requises pour son authenticité;

b) L'original de la convention visée à l'article II, ou une copie réunissant les conditions requises pour son authenticité.

2. Si ladite sentence ou ladite convention n'est pas rédigée dans une langue officielle du pays où la sentence est invoquée, la partie qui demande la reconnaissance et l'exécution de la sentence aura à produire une traduction de ces pièces dans cette langue. La traduction devra être certifiée par un traducteur officiel ou un traducteur juré ou par un agent diplomatique ou consulaire.

Art. V 1. La reconnaissance et l'exécution de la sentence ne seront refusées, sur requête de la partie contre laquelle elle est invoquée, que si cette partie fournit à l'autorité compétente du pays où la reconnaissance et l'exécution sont demandées la preuve :

a) Que les parties à la convention visée à l'article II étaient, en vertu de la loi à elles applicable, frappées d'une incapacité, ou que ladite convention n'est pas valable en vertu de la loi à laquelle les parties l'ont subordonnée ou, à défaut d'une indication à cet égard, en vertu de la loi du pays où la sentence a été rendue ; ou

b) Que la partie contre laquelle la sentence est invoquée n'a pas été dûment informée de la désignation de l'arbitre ou de la procédure d'arbitrage, ou qu'il lui a été impossible, pour une autre raison, de faire valoir ses moyens ; ou

c) Que la sentence porte sur un différend non visé dans le compromis ou n'entrant pas dans les prévisions de la clause compromissoire, ou qu'elle contient des décisions qui dépassent les termes du compromis ou de la clause compromissoire ; toutefois, si les dispositions de la sentence qui ont trait à des questions soumises à l'arbitrage peuvent être dissociées de celles qui ont trait à des questions non soumises à l'arbitrage, les premières pourront être reconnues et exécutées ; ou

d) Que la constitution du tribunal arbitral ou la procédure d'arbitrage n'a pas été conforme à la convention des parties, ou, à défaut de convention, qu'elle n'a pas été conforme à la loi du pays où l'arbitrage a eu lieu ; ou

e) Que la sentence n'est pas encore devenue obligatoire pour les parties ou a été annulée ou suspendue par une autorité compétente du pays dans lequel, ou d'après la loi duquel, la sentence a été rendue.

2. La reconnaissance et l'exécution d'une sentence arbitrale pourront aussi être refusées si l'autorité compétente du pays où la reconnaissance et l'exécution sont requises constate :

a) Que, d'après la loi de ce pays, l'objet du différend n'est pas susceptible d'être réglé par voie d'arbitrage ; ou

b) Que la reconnaissance ou l'exécution de la sentence serait contraire à l'ordre public de ce pays.

Art. VI Si l'annulation ou la suspension de la sentence est demandée à l'autorité compétente visée à l'article V, paragraphe 1, e, l'autorité devant qui la sentence est invoquée peut, si elle l'estime approprié, surseoir à statuer sur l'exécution de la sentence ; elle peut aussi, à la requête de la partie qui demande l'exécution de la sentence, ordonner à l'autre partie de fournir des sûretés convenables.

Art. VII 1. Les dispositions de la présente Convention ne portent pas atteinte à la validité des accords multilatéraux ou bilatéraux conclus par les États contractants en matière de reconnaissance et d'exécution de sentences arbitrales et ne privent aucune partie intéressée du droit qu'elle pourrait avoir de se prévaloir d'une sentence arbitrale de la manière et dans la mesure admises par la législation ou tes traités du pays où la sentence est invoquée.

2. Le Protocole de Genève de 1923 relatif aux clauses d'arbitrage et la Convention de Genève de 1927 pour l'exécution des sentences arbitrales étrangères cesseront de produire leurs effets entre les États contractants du jour, et dans la mesure, où ceux-ci deviendront liés par la présente Convention.

Art. VIII 1. La présente Convention est ouverte jusqu'au 31 décembre 1958 à la signature de tout État Membre des Nations unies, ainsi que de tout autre État qui est, ou deviendra par la suite, membre d'une ou plusieurs institutions spécialisées des Nations unies ou partie au Statut de la Cour internationale de Justice, ou qui aura été invité par l'Assemblée générale des Nations unies.

2. La présente Convention doit être ratifiée et les instruments de ratification déposés auprès du Secrétaire général de l'Organisation des Nations unies.

Art. IX 1. Tous les États visés à l'article VIII peuvent adhérer à la présente Convention.

2. L'adhésion se fera par le dépôt d'un instrument d'adhésion auprès du Secrétaire général de l'Organisation des Nations unies.

Art. X 1. Tout État pourra, au moment de la signature, de la ratification ou de l'adhésion, déclarer que la présente Convention s'étendra à l'ensemble des territoires qu'il représente sur le plan international, ou à l'un ou plusieurs d'entre eux. Cette déclaration produira ses effets au moment de l'entrée en vigueur de la Convention pour ledit État.

2. Par la suite, toute extension de cette nature se fera par notification adressée au Secrétaire général de l'Organisation des Nations unies et produira ses effets à partir du quatre-vingt-dixième jour qui suivra la date à laquelle le Secrétaire général de l'Organisation des Nations unies aura reçu la notification, ou à la date d'entrée en vigueur de la Convention pour ledit État si cette dernière date est postérieure.

3. En ce qui concerne les territoires auxquels la présente Convention ne s'applique pas à la date de la signature, de la ratification ou de l'adhésion, chaque État intéressé examinera la possibilité de prendre les mesures voulues pour étendre la Convention à ces territoires, sous réserve le cas échéant, lorsque des motifs constitutionnels l'exigeront, de l'assentiment des gouvernements de ces territoires.

Art. XI Les dispositions ci-après s'appliqueront aux États fédératifs ou non unitaires :

a) En ce qui concerne les articles de la présente Convention qui relèvent de la compétence législative du pouvoir fédéral, les obligations du gouvernement fédéral seront les mêmes que celles des États contractants qui ne sont pas des États fédératifs;

b) En ce qui concerne les articles de la présente Convention qui relèvent de la compétence législative de chacun des États ou provinces constituants, qui ne sont pas, en vertu du système constitutionnel de la fédération, tenus de prendre des mesures législatives, le gouvernement fédéral portera le plus tôt possible, et avec son avis favorable, lesdits articles à la connaissance des autorités compétentes des États ou provinces constituants;

c) Un État fédératif Partie à la présente Convention communiquera, à la demande de tout autre État contractant qui lui aura été transmise par l'intermédiaire du Secrétaire général de l'Organisation des Nations unies, un exposé de la législation et des pratiques en vigueur dans la fédération et ses unités constituantes, en ce qui concerne telle ou telle disposition de la Convention, indiquant la mesure dans laquelle effet a été donné, par une action législative ou autre, à ladite disposition.

Art. XII 1. La présente Convention entrera en vigueur le quatre-vingt-dixième jour qui suivra la date du dépôt du troisième instrument de ratification ou d'adhésion.

2. Pour chacun des États qui ratifieront la Convention ou y adhéreront après le dépôt du troisième instrument de ratification ou d'adhésion, elle entrera en vigueur le quatre-vingt-dixième jour qui suivra la date du dépôt par cet État de son instrument de ratification ou d'adhésion.

Art. XIII 1. Tout État contractant pourra dénoncer la présente Convention par notification écrite adressée au Secrétaire général de l'Organisation des Nations unies. La dénonciation prendra effet un an après la date où le Secrétaire général de l'Organisation des Nations unies aura reçu la notification.

2. Tout État qui aura fait une déclaration ou une notification conformément à l'article X pourra notifier ultérieurement au Secrétaire général de l'Organisation des Nations unies que la Convention cessera de s'appliquer au territoire en question un an après la date à laquelle le Secrétaire général aura reçu cette notification.

3. La présente Convention demeurera applicable aux sentences arbitrales au sujet desquelles une procédure de reconnaissance ou d'exécution aura été entamée avant l'entrée en vigueur de la dénonciation.

Art. XIV Un État contractant ne peut se réclamer des dispositions de la présente Convention contre d'autres États contractants que dans la mesure où il est lui-même tenu d'appliquer cette convention.

Art. XV Le Secrétaire général de l'Organisation des Nations unies notifiera à tous les États visés à l'article VIII :

a) Les signatures et ratifications visées à l'article VIII;
b) Les adhésions visées à l'article IX;
c) Les déclarations et notifications visées aux articles premier, X et XI;
d) La date où la présente Convention entrera en vigueur, en application de l'article II;
e) Les dénonciations et notifications visées à l'article XIII.

Art. XVI 1. La présente Convention, dont les textes anglais, chinois, espagnol, français et russe font également foi, sera déposée dans les archives de l'Organisation des Nations unies.

2. Le Secrétaire général de l'Organisation des Nations unies remettra une copie certifiée conforme de la présente Convention aux États visés à l'article VIII.

128 Convention de Vienne du 18 avril 1961 sur les relations diplomatiques

En vigueur depuis le 30 janvier 1971

(Extraits : dispositions relatives aux immunités)

Art. 22 1. Les locaux de la mission sont inviolables. Il n'est pas permis aux agents de l'État accréditaire d'y pénétrer, sauf avec le consentement du chef de la mission.

2. L'État accréditaire a l'obligation spéciale de prendre toutes mesures appropriées afin d'empêcher que les locaux de la mission ne soient envahis ou endommagés, la paix de la mission troublée ou sa dignité amoindrie.

3. Les locaux de la mission, leur ameublement et les autres objets qui s'y trouvent, ainsi que les moyens de transport de la mission, ne peuvent faire l'objet d'aucune perquisition, réquisition, saisie ou mesure d'exécution.

Art. 23 1. L'État accréditant et le chef de la mission sont exempts de tous impôts et taxes nationaux, régionaux ou communaux, au titre des locaux de la mission dont ils sont propriétaires ou locataires, pourvu qu'il ne s'agisse pas d'impôts ou taxes perçus en rémunération de services particuliers rendus.

2. L'exemption fiscale prévue dans le présent article ne s'applique pas à ces impôts et taxes lorsque, d'après la législation de l'État accréditaire, ils sont à la charge de la personne qui traite avec l'État accréditant ou avec le chef de la mission.

Art. 24 Les archives et documents de la mission sont inviolables à tout moment et en quelque lieu qu'ils se trouvent.

Art. 27 1. L'État accréditaire permet et protège la libre communication de la mission pour toutes fins officielles. En communiquant avec le gouvernement ainsi qu'avec les autres missions et consulats de l'État accréditant, où qu'ils se trouvent, la mission peut employer tous les moyens de communication appropriés, y compris les courriers diplomatiques et les messages en code ou en chiffre. Toutefois, la mission ne peut installer et utiliser un poste émetteur de radio qu'avec l'assentiment de l'État accréditaire.

2. La correspondance officielle de la mission est inviolable. L'expression « correspondance officielle » s'entend de toute la correspondance relative à la mission et à ses fonctions.

3. La valise diplomatique ne doit être ni ouverte ni retenue.

4. Les colis constituant la valise diplomatique doivent porter des marques extérieures visibles de leur caractère et ne peuvent contenir que des documents diplomatiques ou des objets à usage officiel.

5. Le courrier diplomatique, qui doit être porteur d'un document officiel attestant sa qualité et précisant le nombre de colis constituant la valise diplomatique, est, dans l'exercice de ses fonctions, protégé par l'État accréditaire. Il jouit de l'inviolabilité de sa personne et ne peut être soumis à aucune forme d'arrestation ou de détention.

6. L'État accréditant, ou la mission, peut nommer des courriers diplomatiques *ad hoc*. Dans ce cas, les dispositions du par. 5 du présent article seront également applicables, sous réserve que les immunités qui y sont mentionnées cesseront de s'appliquer dès que le courrier aura remis au destinataire la valise diplomatique dont il a la charge.

7. La valise diplomatique peut être confiée au commandant d'un aéronef commercial qui doit atterrir à un point d'entrée autorisé. Ce commandant doit être porteur d'un document officiel indiquant le nombre de colis constituant la valise, mais il n'est pas considéré comme un courrier diplomatique. La mission peut envoyer un de ses membres prendre, directement et librement, possession de la valise diplomatique des mains du commandant de l'aéronef.

Art. 28 Les droits et redevances perçus par la mission pour des actes officiels sont exempts de tous impôts et taxes.

Art. 29 La personne de l'agent diplomatique est inviolable. Il ne peut être soumis à aucune forme d'arrestation ou de détention. L'État accréditaire le traite avec le respect qui lui est dû, et prend toutes mesures appropriées pour empêcher toute atteinte à sa personne, sa liberté et sa dignité.

Art. 30 1. La demeure privée de l'agent diplomatique jouit de la même inviolabilité et de la même protection que des locaux de la mission.

2. Ses documents, sa correspondance et, sous réserve du par. 3 de l'art. 31, ses biens jouissent également de l'inviolabilité.

Art. 31 1. L'agent diplomatique jouit de l'immunité de la juridiction pénale de l'État accréditaire. Il jouit également de l'immunité de sa juridiction civile et administrative, sauf s'il s'agit :

a. D'une action réelle concernant un immeuble privé situé sur le territoire de l'État accréditaire, à moins que l'agent diplomatique ne le possède pour le compte de l'État accréditant aux fins de la mission;

b. D'une action concernant une succession, dans laquelle l'agent diplomatique figure comme exécuteur testamentaire, administrateur, héritier ou légataire, à titre privé et non pas au nom de l'État accréditant;

c. D'une action concernant une activité professionnelle ou commerciale, quelle qu'elle soit, exercée par l'agent diplomatique dans l'État accréditaire en dehors de ses fonctions officielles.

2. L'agent diplomatique n'est pas obligé de donner son témoignage.

3. Aucune mesure d'exécution ne peut être prise à l'égard de l'agent diplomatique, sauf dans les cas prévus aux al. a, b, et c du par. 1 du présent article, et pourvu que l'exécution puisse se faire sans qu'il soit porté atteinte à l'inviolabilité de sa personne ou de sa demeure.

4. L'immunité de juridiction d'un agent diplomatique dans l'État accréditaire ne saurait exempter cet agent de la juridiction de l'État accréditant.

Art. 32 1. L'État accréditant peut renoncer à l'immunité de juridiction des agents diplomatiques et des personnes qui bénéficient de l'immunité en vertu de l'art. 37.

2. La renonciation doit toujours être expresse.

3. Si un agent diplomatique ou une personne bénéficiant de l'immunité de juridiction en vertu de l'art. 37 engage une procédure, il n'est plus recevable à invoquer l'immunité de juridiction à l'égard de toute demande reconventionnelle directement liée à la demande principale.

4. La renonciation à l'immunité de juridiction pour une action civile ou administrative n'est pas censée impliquer la renonciation à l'immunité quant aux mesures d'exécution du jugement, pour lesquelles une renonciation distincte est nécessaire.

Art. 33 1. Sous réserve des dispositions du par. 3 du présent article l'agent diplomatique est, pour ce qui est des services rendus à l'État accréditant, exempté des dispositions de sécurité sociale qui peuvent être en vigueur dans l'État accréditaire.

2. L'exemption prévue au par. 1 du présent article s'applique également aux domestiques privés qui sont au service exclusif de l'agent diplomatique, à condition :

a. Qu'ils ne soient pas ressortissants de l'État accréditaire ou n'y aient pas leur résidence permanente; et

b. Qu'ils soient soumis aux dispositions de sécurité sociale qui peuvent être en vigueur dans l'État accréditant ou dans un État tiers.

3. L'agent diplomatique qui a à son service des personnes auxquelles l'exemption prévue au par. 2 du présent article ne s'applique pas doit observer les obligations que les dispositions de sécurité sociale de l'État accréditaire imposent à l'employeur.

4. L'exemption prévue aux par. 1 et 2 du présent article n'exclut pas la participation volontaire au régime de sécurité sociale de l'État accréditaire pour autant qu'elle est admise par cet État.

5. Les dispositions du présent article n'affectent pas les accords bilatéraux ou multilatéraux relatifs à la sécurité sociale qui ont été conclus antérieurement et elles n'empêchent pas la conclusion ultérieure de tels accords.

Art. 34 L'agent diplomatique est exempt de tous impôts et taxes, personnels ou réels, nationaux, régionaux ou communaux, à l'exception :

a. Des impôts indirects d'une nature telle qu'ils sont normalement incorporés dans le prix des marchandises ou des services;

b. Des impôts et taxes sur les biens immeubles privés situés sur le territoire de l'État accréditaire, à moins que l'agent diplomatique ne les possède pour le compte de l'État accréditant, aux fins de la mission;

c. Des droits de succession perçus par l'État accréditaire, sous réserve des dispositions du par. 4 de l'art. 39;

d. Des impôts et taxes sur les revenus privés qui ont leur source dans l'État accréditaire et des impôts sur le capital prélevés sur les investissements effectués dans des entreprises commerciales situées dans l'État accréditaire;

e. Des impôts et taxes perçus en rémunération de services particuliers rendus;

f. Des droits d'enregistrement, de greffe, d'hypothèque et de timbre en ce qui concerne les biens immobiliers, sous réserve des dispositions de l'art. 23.

Art. 35 L'État accréditaire doit exempter les agents diplomatiques de toute prestation personnelle, de tout service public de quelque nature qu'il soit et des charges militaires telles que les réquisitions, contributions et logements militaires.

Art. 36 1. Suivant les dispositions législatives et réglementaires qu'il peut adopter, l'État accréditaire accorde l'entrée et l'exemption de droits de douane, taxes et autres redevances connexes autres que frais d'entreposage, de transport et frais afférents à des services analogues sur :

a. Les objets destinés à l'usage officiel de la mission;

b. Les objets destinés à l'usage personnel de l'agent diplomatique ou des membres de sa famille qui font partie de son ménage, y compris les effets destinés à son installation.

2. L'agent diplomatique est exempté de l'inspection de son bagage personnel, à moins qu'il n'existe des motifs sérieux de croire qu'il contient des objets ne bénéficiant pas des exemptions mentionnées au par. 1 du présent article, ou des objets dont l'importation ou l'exportation est interdite par la législation ou soumise aux règlements de quarantaine de l'État accréditaire. En pareil cas, l'inspection ne doit se faire qu'en présence de l'agent diplomatique ou de son représentant autorisé.

Art. 37 1. Les membres de la famille de l'agent diplomatique qui font partie de son ménage bénéficient des privilèges et immunités mentionnés dans les art. 29 à 36, pourvu qu'ils ne soient pas ressortissants de l'État accréditaire.

2. Les membres du personnel administratif et technique de la mission, ainsi que les membres de leurs familles qui font partie de leurs ménages respectifs, bénéficient, pourvu qu'ils ne soient pas ressortissants de l'État accréditaire ou n'y aient pas leur résidence permanente, des privilèges et immunités mentionnés dans les art. 29 à 35, sauf que l'immunité de la juridiction civile et administrative de l'État accréditaire mentionnée au par. 1 de l'art. 31 ne s'applique pas aux actes accomplis en dehors de l'exercice de leurs fonctions.

Ils bénéficient aussi des privilèges mentionnés au par. 1 de l'art. 36 pour ce qui est des objets importés lors de leur première installation.

3. Les membres du personnel de service de la mission qui ne sont pas ressortissants de l'État accréditaire ou n'y ont pas leur résidence permanente bénéficient de l'immunité; pour les actes accomplis dans l'exercice de leurs fonctions, et de l'exemption des impôts et taxes sur les salaires qu'ils reçoivent du fait de leurs services, ainsi que de l'exemption prévue à l'art. 33.

4. Les domestiques privés des membres de la mission qui ne sont pas ressortissants de l'État accréditaire ou n'y ont pas leur résidence permanente sont exemptés des impôts

et taxes sur les salaires qu'ils reçoivent du fait de leurs services. À tous autres égards, ils ne bénéficient des privilèges et immunités que dans la mesure admise par l'État accréditaire. Toutefois, l'État accréditaire doit exercer sa juridiction sur ces personnes de façon à ne pas entraver d'une manière excessive l'accomplissement des fonctions de la mission.

Art. 38 1. À moins que des privilèges et immunités supplémentaires n'aient été accordés par l'État accréditaire, l'agent diplomatique qui a la nationalité de l'État accréditaire ou y a sa résidence permanente ne bénéficie de l'immunité de juridiction et de l'inviolabilité que pour les actes officiels accomplis dans l'exercice de ses fonctions.

2. Les autres membres du personnel de la mission et les domestiques privés qui sont ressortissants de l'État accréditaire ou qui y ont leur résidence permanente ne bénéficient des privilèges et immunités que dans la mesure où cet État les leur reconnaît. Toutefois, l'État accréditaire doit exercer sa juridiction sur ces personnes de façon à ne pas entraver d'une manière excessive l'accomplissement des fonctions de la mission.

Art. 39 1. Toute personne ayant droit aux privilèges et immunités en bénéficie dès qu'elle pénètre sur le territoire de l'État accréditaire pour gagner son poste ou, si elle se trouve déjà sur ce territoire, dès que sa nomination a été notifiée au Ministère des Affaires étrangères ou à tel autre ministère dont il aura été convenu.

2. Lorsque les fonctions d'une personne bénéficiant des privilèges et immunités prennent fin, ces privilèges et immunités cessent normalement au moment où cette personne quitte le pays, ou à l'expiration d'un délai raisonnable qui lui aura été accordé à cette fin, mais ils subsistent jusqu'à ce moment, même en cas de conflit armé. Toutefois, l'immunité subsiste en ce qui concerne les actes accomplis par cette personne dans l'exercice de ses fonctions comme membre de la mission.

3. En cas de décès d'un membre de la mission, les membres de sa famille continuent de jouir des privilèges et immunités dont ils bénéficient, jusqu'à l'expiration d'un délai raisonnable leur permettant de quitter le territoire de l'État accréditaire.

4. En cas de décès d'un membre de la mission qui n'est pas ressortissant de l'État accréditaire ou n'y a pas sa résidence permanente ou d'un membre de sa famille qui fait partie de son ménage, l'État accréditaire permet le retrait des biens meubles du défunt, à l'exception de ceux qui auront été acquis dans le pays et qui font l'objet d'une prohibition d'exportation au moment de son décès. Il ne sera pas prélevé de droits de succession sur les biens meubles dont la présence dans l'État accréditaire était due uniquement à la présence dans cet État du défunt en tant que membre de la mission ou membre de la famille d'un membre de la mission.

Art. 40 1. Si l'agent diplomatique traverse le territoire ou se trouve sur le territoire d'un État tiers, qui lui a accordé un visa de passeport au cas où ce visa est requis, pour aller assumer ses fonctions ou rejoindre son poste, ou pour rentrer dans son pays, l'État tiers lui accordera l'inviolabilité et toutes autres immunités nécessaires pour permettre son passage ou son retour. Il fera de même pour les membres de sa famille bénéficiant des privilèges et immunités qui accompagnent l'agent diplomatique ou qui voyagent séparément pour le rejoindre ou pour rentrer dans leur pays.

2. Dans des conditions similaires à celles qui sont prévues au par. 1 du présent article, les États tiers ne doivent pas entraver le passage sur leur territoire des membres du personnel administratif et technique ou de service de la mission et des membres de leur famille.

3. Les États tiers accordent à la correspondance et aux autres communications officielles en transit, y compris les messages en code ou en chiffre, la même liberté et protection que l'État accréditaire. Ils accordent aux courriers diplomatiques, auxquels un visa de passeport a été accordé si ce visa était requis, et aux valises diplomatiques en transit la même inviolabilité et la même protection que l'État accréditaire est tenu de leur accorder.

4. Les obligations des États tiers en vertu des par. 1, 2 et 3 du présent article s'appliquent également aux personnes respectivement mentionnées dans ces paragraphes, ainsi qu'aux communications officielles et aux valises diplomatiques lorsque leur présence sur le territoire de l'État tiers est due à la force majeure.

Art. 41 1. Sans préjudice de leurs privilèges et immunités, toutes les personnes qui bénéficient de ces privilèges et immunités ont le devoir de respecter les lois et règlements de l'État accréditaire. Elles ont également le devoir de ne pas s'immiscer dans les affaires intérieures de cet État.

2. Toutes les affaires officielles traitées avec l'État accréditaire, confiées à la mission par l'État accréditant, doivent être traitées avec le Ministère des Affaires étrangères de l'État accréditaire ou par son intermédiaire, ou avec tel autre ministère dont il aura été convenu.

3. Les locaux de la mission ne seront pas utilisés d'une manière incompatible avec les fonctions de la mission telles qu'elles sont énoncées dans la présente Convention, ou dans d'autres règles du droit international général, ou dans les accords particuliers en vigueur entre l'État accréditant et l'État accréditaire.

Art. 42 L'agent diplomatique n'exercera pas dans l'État accréditaire une activité professionnelle ou commerciale en vue d'un gain personnel.

Art. 44 L'État accréditaire doit, même en cas de conflit armé, accorder des facilités pour permettre aux personnes bénéficiant des privilèges et immunités, autres que les ressortissants de l'État accréditaire, ainsi qu'aux membres de la famille de ces personnes, quelle que soit leur nationalité, de quitter son territoire dans les meilleurs délais. Il doit en particulier, si besoin est, mettre à leur disposition les moyens de transport nécessaires pour eux-mêmes et pour leurs biens.

Art. 45 En cas de rupture des relations diplomatiques entre deux États, ou si une mission est rappelée définitivement ou temporairement :

a. L'État accréditaire est tenu, même en cas de conflit armé, de respecter et de protéger les locaux de la mission, ainsi que ses biens et ses archives;

b. L'État accréditant peut confier la garde des locaux de la mission, avec les biens qui s'y trouvent, ainsi que les archives, à un État tiers acceptable pour l'État accréditaire;

c. L'État accréditant peut confier la protection de ses intérêts et de ceux de ses ressortissants à un État tiers acceptable pour l'État accréditaire.

129 Convention de Guadalajara du 18 septembre 1961 complémentaire à la Convention de Varsovie, pour l'unification de certaines règles relatives au transport aérien international effectué par une personne autre que le transporteur

En vigueur depuis le 3 juillet 1987

Les États signataires de la présente convention
Considérant que la convention de Varsovie ne contient pas de disposition particulière relative au transport aérien international effectué par une personne qui n'est pas partie au contrat de transport
Considérant qu'il est donc souhaitable de formuler des règles applicables à cette situation
Sont convenus de ce qui suit

Art. I Dans la présente Convention :

(a) « Convention de Varsovie » signifie soit la Convention pour l'unification de certaines règles relatives au transport aérien international, signée à Varsovie le 12 octobre 1929, soit la Convention de Varsovie, amendée à la Haye en 1955, selon que le transport, aux termes du contrat visé à l'alinéa (b), est régi par l'une ou par l'autre;

(b) « transporteur contractuel » signifie une personne partie à un contrat de transport régi par la Convention de Varsovie et conclu avec un passager ou un expéditeur ou avec une personne agissant pour le compte du passager ou de l'expéditeur;

(c) « transporteur de fait » signifie une personne, autre que le transporteur contractuel, qui, en vertu d'une autorisation donnée par le transporteur contractuel, effectue tout ou partie du transport prévu à l'alinéa (b) mais n'est pas, en ce qui concerne cette partie, un transporteur successif au sens de la Convention de Varsovie. Cette autorisation est présumée, sauf preuve contraire.

Art. II Sauf disposition contraire de la présente Convention, si un transporteur de fait effectue tout ou partie du transport qui, conformément au contrat visé à l'article premier, alinéa (b), est régi par la Convention de Varsovie, le transporteur contractuel et le transporteur de fait sont soumis aux règles de la Convention de Varsovie, le premier pour la totalité du transport envisagé dans le contrat, le second seulement pour le transport qu'il effectue.

Art. III 1. Les actes et omissions du transporteur de fait ou de ses préposés agissant dans l'exercice de leurs fonctions, relatifs au transport effectué par le transporteur de fait, sont réputés être également ceux du transporteur contractuel.

2. Les actes et omissions du transporteur contractuel ou de ses préposés agissant dans l'exercice de leurs fonctions, relatifs au transport effectué par le transporteur de fait, sont réputés être également ceux du transporteur de fait. Toutefois, aucun de ces actes ou omissions ne pourra soumettre le transporteur de fait à une responsabilité dépassant les limites prévues à l'article 22 de la Convention de Varsovie. Aucun accord spécial aux termes duquel le transporteur contractuel assume des obligations que n'impose pas la Convention de Varsovie, aucune renonciation à des droits prévus par ladite Convention ou aucune déclaration spéciale d'intérêt à la livraison, visée à l'article 22 de ladite

Convention, n'auront d'effet à l'égard du transporteur de fait, sauf consentement de ce dernier.

Art. IV Les ordres ou protestations à notifier au transporteur, en application de la Convention de Varsovie, ont le même effet qu'ils soient adressés au transporteur contractuel ou au transporteur de fait. Toutefois, les ordres visés à l'article 12 de la Convention de Varsovie n'ont d'effet que s'ils sont adressés au transporteur contractuel.

Art. V En ce qui concerne le transport effectué par le transporteur de fait, tout préposé de ce transporteur ou du transporteur contractuel, s'il prouve qu'il a agi dans l'exercice de ses fonctions, peut se prévaloir des limites de responsabilité applicables, en vertu de la présente Convention, au transporteur dont il est le préposé, sauf s'il est prouvé qu'il a agi de telle façon que les limites de responsabilité ne puissent être invoquées aux termes de la Convention de Varsovie.

Art. VI En ce qui concerne le transport effectué par le transporteur de fait, le montant total de la réparation qui peut être obtenu de ce transporteur, du transporteur contractuel et de leurs préposés quand ils ont agi dans l'exercice de leurs fonctions, ne peut pas dépasser l'indemnité la plus élevée qui peut être mise à charge soit du transporteur contractuel, soit du transporteur de fait, en vertu de la présente Convention, sous réserve qu'aucune des personnes mentionnées dans le présent article ne puisse être tenue pour responsable au delà de la limite qui lui est applicable.

Art. VII Toute action en responsabilité, relative au transport effectué par le transporteur de fait, peut être intentée, au choix du demandeur, contre ce transporteur ou le transporteur contractuel ou contre l'un et l'autre, conjointement ou séparément. Si l'action est intentée contre l'un seulement de ces transporteurs, ledit transporteur aura le droit d'appeler l'autre transporteur en intervention devant le tribunal saisi, les effets de cette intervention ainsi que la procédure qui lui est applicable étant réglés par la loi de ce tribunal.

Art. VIII Toute action en responsabilité, prévue à l'article VII de la présente Convention doit être portée au choix du demandeur soit devant l'un des tribunaux où une action peut être intentée au transporteur contractuel, conformément à l'article 28 de la Convention de Varsovie, soit devant le tribunal du domicile du transporteur de fait ou du siège principal de son exploitation.

Art. IX 1. Toute clause tendant à exonérer le transporteur contractuel ou le transporteur de fait de leur responsabilité en vertu de la présente Convention ou à établir une limite inférieure à celle qui est fixée dans la présente Convention est nulle et de nul effet, mais la nullité de cette clause n'entraîne pas la nullité du contrat qui reste soumis aux dispositions de la présente Convention.

2. En ce qui concerne le transport effectué par le transporteur de fait, le paragraphe précédent ne s'applique pas aux clauses concernant la perte ou le dommage résultant de la nature ou du vice propre des marchandises transportées.

3. Sont nulles toutes clauses du contrat de transport et toutes conventions particulières antérieures au dommage par lesquelles les parties dérogeraient aux règles de la présente Convention soit par une détermination de la loi applicable, soit par une modification des règles de compétence. Toutefois, dans le transport des marchandises, les clauses

d'arbitrage sont admises, dans les limites de la présente Convention, lorsque l'arbitrage doit s'effectuer dans les lieux de compétence des tribunaux prévus à l'article VIII.

Art. X Sous réserve de l'article VII, aucune disposition de la présente Convention ne peut être interprétée comme affectant les droits et obligations existant entre les deux transporteurs.

Art. XI La présente Convention, jusqu'à la date de son entrée en vigueur dans les conditions prévues à l'article XIII, est ouverte à la signature de tout État qui, à cette date, sera membre de l'Organisation des Nations Unies ou d'une institution spécialisée.

Art. XII 1. La présente Convention est soumise à la ratification des États signataires.

2. Les instruments de ratification seront déposés auprès du Gouvernement des États-Unis du Mexique.

Art. XIII 1. Lorsque la présente Convention aura réuni les ratifications de cinq États signataires, elle entrera en vigueur entre ces États le quatre-vingt-dixième jour après le dépôt du cinquième instrument de ratification. À l'égard de chaque État qui la ratifiera par la suite, elle entrera en vigueur le quatre-vingt-dixième jour après le dépôt de son instrument de ratification.

2. Dès son entrée en vigueur, la présente Convention sera enregistrée auprès de l'Organisation des Nations Unies et de l'Organisation de l'aviation civile internationale par le Gouvernement des États-Unis du Mexique.

Art. XIV 1. La présente Convention sera ouverte, après son entrée en vigueur, à l'adhésion de tout État membre de l'Organisation des Nations Unies ou d'une Institution spécialisée.

2. Cette adhésion sera effectuée par le dépôt d'un instrument d'adhésion auprès du Gouvernement des États-Unis du Mexique et prendra effet le quatre-vingt-dixième jour qui suivra la date de ce dépôt.

Art. XV 1. Tout État contractant peut dénoncer la présente Convention par une notification faite au Gouvernement des États-Unis du Mexique.

2. Cette dénonciation prendra effet six mois après la date de réception de la notification par le Gouvernement des États-Unis du Mexique.

Art. XVI 1. Tout État contractant peut, lors de la ratification de la présente Convention ou de l'adhésion à celle-ci ou ultérieurement, déclarer au moyen d'une notification adressée au Gouvernement des États-Unis du Mexique que la présente Convention s'étendra à l'un quelconque des territoires qu'il représente dans les relations extérieures.

2. Quatre-vingt-dix jours après la date de réception de ladite notification par le Gouvernement des États-Unis du Mexique, la présente Convention s'étendra aux territoires visés par la notification.

3. Tout État contractant peut, conformément aux dispositions de l'article XV, dénoncer la présente Convention séparément, pour tous ou pour l'un quelconque des territoires que cet État représente dans les relations extérieures.

Art. XVII Il ne sera admis aucune réserve à la présente Convention.

Art. XVIII Le Gouvernement des États-Unis du Mexique notifiera à l'Organisation de l'aviation civile internationale et à tous les États membres de l'Organisation des Nations Unies ou d'une Institution spécialisée :

(a) toute signature de la présente Convention et la date de cette signature;

(b) le dépôt de tout instrument de ratification ou d'adhésion et la date de ce dépôt;

(c) la date à laquelle la présente Convention entre en vigueur conformément au premier paragraphe de l'article XIII;

(d) la réception de toute notification de dénonciation et la date de réception;

(e) la réception de toute déclaration ou notification faite en vertu de l'article XVI et la date de réception.

130 Convention de Rome du 26 octobre 1961 pour la protection des artistes interprètes ou exécutants, des producteurs de phonogrammes et des organismes de radiodiffusion

En vigueur depuis le 3 juillet 1987

Les États contractants, animés du désir de protéger les droits des artistes interprètes ou exécutants, des producteurs de phonogrammes et des organismes de radiodiffusion,

Sont convenus de ce qui suit :

Art. premier La protection prévue par la présente Convention laisse intacte et n'affecte en aucune façon la protection du droit d'auteur sur les œuvres littéraires et artistiques. En conséquence, aucune disposition de la présente Convention ne pourra être interprétée comme portant atteinte à cette protection.

Art. 2 1. Aux fins de la présente Convention, on entend, par traitement national, le traitement que l'État contractant sur le territoire duquel la protection est demandée accorde, en vertu de sa législation nationale :

a) Aux artistes-interprètes ou exécutants, qui sont ses ressortissants, pour les exécutions qui ont lieu, sont fixées pour la première fois, ou sont radiodiffusées, sur son territoire;

b) Aux producteurs de phonogrammes qui sont ses ressortissants, pour les phonogrammes qui sont, pour la première fois, publiés ou fixés sur son territoire;

c) Aux organismes de radiodiffusion ayant leur siège social sur son territoire, pour les émissions radiodiffusées par des émetteurs situés sur ce territoire.

2. Le traitement national sera accordé, compte tenu de la protection expressément garantie et des limitations expressément prévues dans la présente Convention.

Art. 3 Aux fins de la présente Convention, on entend par :

a) «Artistes-interprètes ou exécutants», les acteurs, chanteurs, musiciens, danseurs et autres personnes qui représentent, chantent, récitent, déclament, jouent ou exécutent de toute autre manière des œuvres littéraires ou artistiques;

b) «Phonogramme», toute fixation exclusivement sonore des sons provenant d'une exécution ou d'autres sons;

c) «Producteur de phonogrammes», la personne physique ou morale qui, la première, fixe les sons provenant d'une exécution ou d'autres sons;

d) «Publication», la mise à la disposition du public d'exemplaires d'un phonogramme en quantité suffisante;

e) «Reproduction», la réalisation d'un exemplaire ou de plusieurs exemplaires d'une fixation;

f) «Émission de radiodiffusion», la diffusion de sons ou d'images et de sons par le moyen des ondes radioélectriques, aux fins de réception par le public;

g) «Réémission», l'émission simultanée par un organisme de radiodiffusion d'une émission d'un autre organisme de radiodiffusion.

Art. 4 Chaque État contractant accordera le traitement national aux artistes interprètes ou exécutants toutes les fois que l'une des conditions suivantes se trouvera remplie :

a) L'exécution a lieu dans un autre État contractant;

b) L'exécution est enregistrée sur un phonogramme protégé en vertu de l'article 5 ci-dessous;

c) L'exécution non fixée sur phonogramme est diffusée par une émission protégée en vertu de l'article 6.

Art. 5 1. Chaque État contractant accordera le traitement national aux producteurs de phonogrammes toutes les fois que l'une des conditions suivantes se trouvera remplie :

a) Le producteur de phonogrammes est le ressortissant d'un autre État contractant (critère de la nationalité);

b) La première fixation du son a été réalisée dans un autre État contractant (critère de la fixation);

c) Le phonogramme a été publié pour la première fois dans un autre État contractant (critère de la publication).

2. Lorsque la première publication a eu lieu dans un État non contractant mais que le phonogramme a également été publié, dans les trente jours suivant la première publication, dans un État contractant (publication simultanée), ce phonogramme sera considéré comme ayant été publié pour la première fois dans l'État contractant.

3. Tout État contractant peut, par une notification déposée auprès du Secrétaire général de l'Organisation des Nations Unies, déclarer qu'il n'appliquera pas, soit le critère de la publication, soit le critère de la fixation. Cette notification peut être déposée au moment de la ratification, de l'acceptation ou de l'adhésion, ou à tout autre moment; dans ce dernier cas, elle ne prendra effet que six mois après son dépôt. — *La France a déclaré écarter le critère de la première publication au profit du critère de la première fixation.*

Art. 6 1. Chaque État contractant accordera le traitement national aux organismes de radiodiffusion toutes les fois que l'une des conditions suivantes se trouvera remplie :

a) Le siège social de l'organisme de radiodiffusion est situé dans un autre État contractant;

b) L'émission a été diffusée par un émetteur situé sur le territoire d'un autre État contractant.

2. Tout État contractant peut, par une notification déposée auprès du Secrétaire général de l'Organisation des Nations Unies, déclarer qu'il n'accordera de protection à des émissions que si le siège social de l'organisme de radiodiffusion est situé dans un autre État contractant et si l'émission a été diffusée par un émetteur situé sur le territoire du même État contractant. Cette notification peut être faite au moment de la ratification, de

l'acceptation ou de l'adhésion, ou à tout autre moment; dans ce dernier cas, elle ne prendra effet que six mois après son dépôt.

Art. 7 1. La protection prévue par la présente Convention en faveur des artistes interprètes ou exécutants devra permettre de mettre obstacle :

a) A la radiodiffusion et à la communication au public de leur exécution sans leur consentement, sauf lorsque l'exécution utilisée pour la radiodiffusion ou la communication au public est elle-même déjà une exécution radiodiffusée ou est faite à partir d'une fixation;

b) A la fixation sans leur consentement sur un support matériel de leur exécution non fixée;

c) A la reproduction sans leur consentement d'une fixation de leur exécution :

(i) Lorsque la première fixation a elle-même été faite sans leur consentement;

(ii) Lorsque la reproduction est faite à des fins autres que celles pour lesquelles ils ont donné leur consentement;

(iii) Lorsque la première fixation a été faite en vertu des dispositions de l'article 15 et a été reproduite à des fins autres que celles visées par ces dispositions.

2. (1) Il appartient à la législation nationale de l'État contractant sur le territoire duquel la protection est demandée de pourvoir à la protection contre la réémission, la fixation aux fins de radiodiffusion et la reproduction d'une telle fixation aux fins de radiodiffusion, lorsque l'artiste interprète ou exécutant a consenti à la radiodiffusion.

(2) Les modalités d'utilisation par les organismes de radiodiffusion des fixations faites aux fins d'émissions radiodiffusées seront réglées selon la législation nationale de l'État contractant sur le territoire duquel la protection est demandée.

(3) Toutefois, la législation nationale, dans les cas visés aux alinéas (1) et (2) du présent paragraphe, ne saurait avoir pour effet de priver les artistes interprètes ou exécutants de la capacité de régler, par voie contractuelle, leurs relations avec les organismes de radiodiffusion.

Art. 8 Tout État contractant peut, par sa législation nationale, déterminer les modalités suivant lesquelles les artistes interprètes ou exécutants seront représentés, en ce qui concerne l'exercice de leurs droits, lorsque plusieurs d'entre eux participent à une même exécution.

Art. 9 Tout État contractant peut, par sa législation nationale, étendre la protection prévue par la présente Convention à des artistes qui n'exécutent pas des œuvres littéraires ou artistiques.

Art. 10 Les producteurs de phonogrammes jouissent du droit d'autoriser ou d'interdire la reproduction directe ou indirecte de leurs phonogrammes.

Art. 11 Lorsqu'un État contractant exige, en vertu de sa législation nationale, l'accomplissement de formalités, à titre de condition de la protection, en matière de phonogrammes, des droits soit des producteurs de phonogrammes, soit des artistes interprètes ou exécutants, soit des uns et des autres, ces exigences seront considérées comme satisfaites si tous les exemplaires dans le commerce du phonogramme publié, ou l'étui le contenant, portent une mention constituée par le symbole *P* accompagné de l'indication de l'année de la première publication, apposée d'une manière montrant de façon nette que la protection est réservée. De plus, si les exemplaires ou leur étui ne permettent pas d'identifier le producteur du phonogramme ou le titulaire de la licence concédée par le producteur (au moyen du nom, de la marque ou de toute autre désignation appropriée), la mention devra comprendre également le nom du titulaire des droits du producteur du phonogramme. Enfin, si les exemplaires ou leur étui ne permettent pas d'identifier les principaux interprètes ou exécutants, la mention devra comprendre également le nom de la personne qui, dans le pays où la fixation a eu lieu, détient les droits de ces artistes.

Art. 12 Lorsqu'un phonogramme publié à des fins de commerce, ou une reproduction de ce phonogramme, est utilisé directement pour la radiodiffusion ou pour une communication quelconque au public, une rémunération équitable et unique sera versée par l'utilisateur aux artistes-interprètes ou exécutants, ou aux producteurs de phonogrammes ou aux deux. La législation nationale peut, faute d'accord entre ces divers intéressés, déterminer les conditions de la répartition de cette rémunération. — *La France a déclaré en premier lieu, conformément aux dispositions de l'art. 16-1, a) iii, qu'elle n'appliquera pas les dispositions de l'art. 12 pour tous les phonogrammes dont le producteur n'est pas ressortissant d'un État contractant. Elle a déclaré, en second lieu, que, en ce qui concerne les phonogrammes dont le producteur est ressortissant d'un autre État contractant, elle limitera l'étendue et la durée de la protection prévue à l'art. 12 à celles que ce dernier État contractant accorde aux phonogrammes fixés pour la première fois par des ressortissants français.*

Art. 13 Les organismes de radiodiffusion jouissent du droit d'autoriser ou d'interdire :

a) La réémission de leurs émissions;

b) La fixation sur un support matériel de leurs émissions;

c) La reproduction :

(i) Des fixations, faites sans leur consentement, de leurs émissions;

(ii) Des fixations, faites en vertu des dispositions de l'article 15, de leurs émissions et reproduites à des fins autres que celles visées par lesdites dispositions;

d) La communication au public de leurs émissions de télévision, lorsqu'elle est faite dans des lieux accessibles au public moyennant paiement d'un droit d'entrée; il appartient à la législation nationale du pays où la protection de ce droit est demandée de déterminer les conditions d'exercice dudit droit.

Art. 14 La durée de la protection à accorder en vertu de la présente Convention ne pourra pas être inférieure à une période de vingt années à compter de :

a) La fin de l'année de la fixation, pour les phonogrammes et les exécutions fixées sur ceux-ci;

b) La fin de l'année où l'exécution a eu lieu, pour les exécutions qui ne sont pas fixées sur phonogrammes;

c) La fin de l'année où l'émission a eu lieu, pour les émissions de radiodiffusion.

Art. 15 1. Tout État contractant a la faculté de prévoir dans sa législation nationale des exceptions à la protection garantie par la présente Convention dans les cas suivants :

a) Lorsqu'il s'agit d'une utilisation privée;

b) Lorsqu'il y a utilisation de courts fragments à l'occasion du compte rendu d'un événement d'actualité;

c) Lorsqu'il y a fixation éphémère par un organisme de radiodiffusion par ses propres moyens et pour ses propres émissions;

d) Lorsqu'il y a utilisation uniquement à des fins d'enseignement ou de recherche scientifique.

2. Sans préjudice des dispositions du paragraphe 1 ci-dessus, tout État contractant a la faculté de prévoir dans sa législation nationale, en ce qui concerne la protection des artistes interprètes ou exécutants, des producteurs de phonogrammes et des organismes de radiodiffusion, des limitations de même nature que celles qui sont prévues dans cette législation en ce qui concerne la protection du droit d'auteur sur les œuvres littéraires et artistiques. Toutefois, des licences obligatoires ne peuvent être instituées que dans la mesure où elles sont compatibles avec les dispositions de la présente Convention.

Art. 16 1. En devenant partie à la présente Convention, tout État accepte toutes les obligations et est admis à tous les avantages qu'elle prévoit. Toutefois, un État pourra à tout moment spécifier, dans une notification déposée auprès du Secrétaire général de l'Organisation des Nations Unies :

a) En ce qui concerne l'article 12 :

(i) Qu'il n'appliquera aucune des dispositions de cet article;

(ii) Qu'il n'appliquera pas les dispositions de cet article en ce qui concerne certaines utilisations;

(iii) Qu'il n'appliquera pas les dispositions de cet article en ce qui concerne les phonogrammes dont le producteur n'est pas ressortissant d'un État contractant;

(iv) Qu'en ce qui concerne les phonogrammes dont le producteur est ressortissant d'un autre État contractant, il limitera l'étendue et la durée de la protection prévue à cet article, à celles de la protection que ce dernier État contractant accorde aux phonogrammes fixés pour la première fois par le ressortissant de l'État auteur de la déclaration; toutefois, lorsque l'État contractant dont le producteur est un ressortissant n'accorde pas la protection au même bénéficiaire ou aux mêmes bénéficiaires que l'État contractant auteur de la déclaration, ce fait ne sera pas considéré comme constituant une différence quant à l'étendue de la protection;

b) En ce qui concerne l'article 13, qu'il n'appliquera pas les dispositions de l'alinéa *d* de cet article; si un État contractant fait une telle déclaration, les autres États contractants ne seront pas tenus d'accorder le droit prévu à l'alinéa *d* de l'article 13 aux organismes de radiodiffusion ayant leur siège social sur le territoire de cet État.

2. Si la notification visée au paragraphe 1 du présent article est déposée à une date postérieure à celle du dépôt de l'instrument de ratification, d'acceptation ou d'adhésion, elle ne prendra effet que six mois après son dépôt.

Art. 17 Tout État dont la législation nationale, en vigueur au 26 octobre 1961, accorde aux producteurs de phonogrammes une protection établie en fonction du seul critère de la fixation pourra, par une notification déposée auprès du Secrétaire général de l'Organisation des Nations Unies en même temps que son instrument de ratification, d'acceptation ou d'adhésion, déclarer qu'il n'appliquera que ce critère de la fixation aux fins de l'article 5, et ce même critère de la fixation au lieu du critère de la nationalité du producteur aux fins du paragraphe 1, alinéa *a* (iii) et (iv), de l'article 16.

Art. 18 Tout État qui a fait l'une des déclarations prévues à l'article 5, paragraphe 3, à l'article 6, paragraphe 2, à l'article 16, paragraphe 1 ou à l'article 17 peut, par une nouvelle notification adressée au Secrétaire général de l'Organisation des Nations Unies, en réduire la portée ou la retirer.

Art. 19 Nonobstant toutes autres dispositions de la présente Convention, l'article 7 cessera d'être applicable dès qu'un artiste interprète ou exécutant aura donné son consentement à l'inclusion de son exécution dans une fixation d'images ou d'images et de sons.

Art. 20 1. La présente Convention ne porte pas atteinte aux droits acquis dans l'un quelconque des États contractants antérieurement à la date de l'entrée en vigueur pour cet État de la Convention.

2. Aucun État contractant ne sera tenu d'appliquer les dispositions de la présente Convention à des exécutions, ou à des émissions de radiodiffusion ayant eu lieu, ou à des phonogrammes enregistrés, antérieurement à la date de l'entrée en vigueur pour cet État de la Convention.

Art. 21 La protection prévue par la présente Convention ne saurait porter atteinte à celle dont pourraient bénéficier autrement les artistes interprètes ou exécutants, les producteurs de phonogrammes et les organismes de radiodiffusion.

Art. 22 Les États contractants se réservent le droit de prendre entre eux des arrangements particuliers, en tant que ces arrangements confèreraient aux artistes interprètes ou exécutants, aux producteurs de phonogrammes ou aux organismes de radiodiffusion des droits plus étendus que ceux accordés par la présente Convention ou qu'ils renfermeraient d'autres dispositions non contraires à celle-ci.

Art. 23 La présente Convention sera déposée auprès du Secrétaire général de l'Organisation des Nations Unies. Elle est ouverte, jusqu'à la date du 30 juin 1962, à la signature des États invités à la Conférence diplomatique sur la protection internationale des artistes interprètes ou exécutants, des producteurs de phonogrammes et des organismes de radiodiffusion, qui sont parties à la Convention universelle sur le droit d'auteur ou membres de l'Union internationale pour la protection des œuvres littéraires et artistiques.

Art. 24 1. La présente Convention sera soumise à la ratification ou à l'acceptation des États signataires.

2. La présente Convention sera ouverte à l'adhésion des États invités à la Conférence désignée à l'article 23 ainsi qu'à l'adhésion de tout État membre de l'Organisation des Nations Unies, à condition que l'État adhérant soit partie à la Convention universelle sur le droit d'auteur ou membre de l'Union internationale pour la protection des œuvres littéraires et artistiques.

3. La ratification, l'acceptation ou l'adhésion se fera par le dépôt d'un instrument à cet effet auprès du Secrétaire général de l'Organisation des Nations Unies.

Art. 25 1. La présente Convention entrera en vigueur trois mois après la date du dépôt du sixième instrument de ratification, d'acceptation ou d'adhésion.

2. Par la suite, la Convention entrera en vigueur, pour chaque État, trois mois après la date du dépôt de son instrument de ratification, d'acceptation ou d'adhésion.

Art. 26 1. Tout État contractant s'engage à prendre, conformément aux dispositions de sa constitution, les mesures nécessaires pour assurer l'application de la présente Convention.

2. Au moment du dépôt de son instrument de ratification, d'acceptation ou d'adhésion, tout État doit être en mesure, conformément à sa législation nationale, d'appliquer les dispositions de la présente Convention.

Art. 27 1. Tout État pourra, au moment de la ratification, de l'acceptation ou de l'adhésion, ou à tout moment ultérieur, déclarer par une notification adressée au Secrétaire général de l'Organisation des Nations Unies que la présente Convention s'étendra à l'ensemble ou à l'un quelconque des territoires dont il assure les relations internationales, à condition que la Convention universelle sur le droit d'auteur ou la Convention internationale pour la protection des œuvres littéraires et artistiques soit applicable aux territoires dont il s'agit. Cette notification prendra effet trois mois après la date de sa réception.

2. Les déclarations et notifications visées à l'article 5, paragraphe 3, à l'article 6, paragraphe 2, à l'article 16, paragraphe 1, à l'article 17 ou à l'article 18, peuvent être étendues à l'ensemble ou à l'un quelconque des territoires visés au paragraphe qui précède.

Art. 28 1. Tout État contractant aura la faculté de dénoncer la présente Convention soit en son nom propre, soit au nom de l'un quelconque ou de l'ensemble des territoires visés à l'article 27.

2. La dénonciation sera faite par une notification adressée au Secrétaire général de l'Organisation des Nations Unies et prendra effet douze mois après la date à laquelle la notification aura été reçue.

3. La faculté de dénonciation prévue au présent article ne pourra être exercée par un État contractant avant l'expiration d'une période de cinq ans à compter de la date à partir de laquelle la Convention est entrée en vigueur à l'égard dudit État.

4. Tout État contractant cesse d'être partie à la présente Convention dès le moment où il ne serait plus ni partie à la Convention universelle sur le droit d'auteur ni membre de l'Union internationale pour la protection des œuvres littéraires et artistiques.

5. La présente Convention cesse d'être applicable à tout territoire visé à l'article 27, dès le moment où ni la Convention universelle sur le droit d'auteur ni la Convention internationale pour la protection des œuvres littéraires et artistiques ne s'appliquerait plus à ce territoire.

Art. 29 1. Après que la présente Convention aura été en vigueur pendant cinq ans, tout État contractant pourra, par une notification adressée au Secrétaire général de l'Organisation des Nations Unies, demander la convocation d'une conférence à l'effet de réviser la Convention. Le Secrétaire général notifiera cette demande à tous les États contractants. Si, dans un délai de six mois à dater de la notification adressée par le Secrétaire général de l'Organisation des Nations Unies, la moitié au moins des États contractants lui signifient leur assentiment à cette demande, le Secrétaire général en informera le Directeur général du Bureau international du Travail, le Directeur général de l'Organisation des Nations Unies pour l'éducation, la science et la culture et le Directeur du Bureau de l'Union internationale pour la protection des œuvres littéraires et artistiques, qui convoqueront une conférence de révision en collaboration avec le Comité intergouvernemental prévu à l'article 32.

2. Toute révision de la présente Convention devra être adoptée à la majorité des deux tiers des États présents à la Conférence de révision à condition que cette majorité comprenne les deux tiers des États qui, à la date de la Conférence de révision, sont parties à la Convention.

3. Au cas où une nouvelle Convention portant révision totale ou partielle de la présente Convention serait adoptée, et à moins que la nouvelle Convention ne dispose autrement :

a) La présente Convention cessera d'être ouverte à la ratification, à l'acceptation ou à l'adhésion à partir de la date d'entrée en vigueur de la nouvelle Convention portant révision;

b) La présente Convention demeurera en vigueur en ce qui concerne les rapports avec les États contractants qui ne deviendront pas parties à la nouvelle Convention.

Art. 30 Tout différend entre deux ou plusieurs États contractants concernant l'interprétation ou l'application de la présente Convention, qui ne sera pas réglé par voie de négociation, sera, à la requête de l'une des parties au différend, porté devant la Cour internationale de Justice pour qu'il soit statué par celle-ci, à moins que les États en cause ne conviennent d'un autre mode de règlement. — *La France a déclaré comprendre l'expression «Cour internationale de justice» comme couvrant non seulement la Cour elle-même, mais encore une chambre de la Cour.*

Art. 31 Sans préjudice des dispositions de l'article 5, paragraphe 3, de l'article 6, paragraphe 2, de l'article 16, paragraphe 1, et de l'article 17, aucune réserve n'est admise à la présente Convention.

Art. 32 *Comité intergouvernemental.* 1. Il est institué un Comité intergouvernemental ayant pour mission :

a) d'examiner les questions relatives à l'application et au fonctionnement de la présente Convention;

b) de réunir les propositions et de préparer la documentation concernant d'éventuelles révisions de la Convention.

2. Le Comité se composera de représentants des États contractants, choisis en tenant compte d'une répartition géographique équitable. Le nombre des membres du Comité sera de six si celui des États contractants est inférieur ou égal à douze, de neuf si le nombre des États contractants est de treize à dix-huit, et de douze si le nombre des États contractants dépasse dix-huit.

3. Le Comité sera constitué douze mois après l'entrée en vigueur de la Convention, à la suite d'un scrutin organisé entre les États contractants — lesquels disposeront chacun d'une voix — par le Directeur général du Bureau international du Travail, le Directeur général de l'Organisation des Nations Unies pour l'éducation, la science et la culture, et le Directeur du Bureau de l'Union internationale pour la protection des œuvres littéraires et artistiques, conformément à des règles qui auront été approuvées au préalable par la majorité absolue des États contractants.

4. Le Comité élira son président et son bureau. Il établira un règlement intérieur portant en particulier sur son fonctionnement futur et sur son mode de renouvellement; ce règlement devra notamment assurer un roulement entre les divers États contractants.

5. Le secrétariat du Comité sera composé de fonctionnaires du Bureau international du Travail, de l'Organisation des Nations Unies pour l'éducation, la science et la culture, et du Bureau de l'Union internationale pour la protection des œuvres littéraires et artistiques désignés respectivement par les Directeurs généraux et le Directeur des trois institutions intéressées.

6. Les réunions du Comité, qui sera convoqué chaque fois que la majorité de ses membres le jugera utile, se tiendront successivement aux sièges respectifs du Bureau international du Travail, de l'Organisation des Nations Unies pour l'éducation, la science et la culture, et du Bureau de l'Union internationale pour la protection des œuvres littéraires et artistiques.

7. Les frais des membres du Comité seront à la charge de leurs gouvernements respectifs.

Art. 33 *Langues de la Convention.* 1. La présente Convention est établie en français, en anglais et en espagnol, ces trois textes faisant également foi.

2. Il sera, d'autre part, établi des textes officiels de la présente Convention en allemand, en italien et en portugais.

Art. 34 *Notifications.* 1. Le Secrétaire général de l'Organisation des Nations Unies informera les États invités à la Conférence désignée à l'article 23 et tout État membre de l'Organisation des Nations Unies, ainsi que le Directeur général du Bureau international du Travail, le Directeur général de l'Organisation des Nations Unies pour l'éducation, la science et la culture, et le Directeur du Bureau de l'Union internationale pour la protection des œuvres littéraires et artistiques :

a) du dépôt de tout instrument de ratification, d'acceptation ou d'adhésion;

b) de la date d'entrée en vigueur de la Convention;

c) des notifications, déclarations et toutes autres communications prévues à la présente Convention;

d) de tout cas où se produirait l'une des situations envisagées aux paragraphes 4 et 5 de l'article 28.

2. Le Secrétaire général de l'Organisation des Nations Unies informera également le Directeur général du Bureau international du Travail, le Directeur général de l'Organisation des Nations Unies pour l'éducation, la science et la culture et le Directeur du Bureau de l'Union internationale pour la protection des œuvres littéraires et artistiques des demandes qui lui seront notifiées, aux termes de l'article 29, ainsi que de toute communication reçue des États contractants au sujet de la révision de la présente Convention.

Des titres ont été ajoutés aux articles afin d'en faciliter l'identification. Le texte signé (en français) ne comporte pas de titres (NDLR).

131 Convention de Vienne du 24 avril 1963 sur les relations consulaires

En vigueur depuis le 30 janvier 1971

(Extraits : dispositions relatives aux immunités)

Art. 27 Protection des locaux et archives consulaires et des intérêts de l'État d'envoi dans des circonstances exceptionnelles

1. En cas de rupture des relations consulaires entre deux États :

a. L'État de résidence est tenu, même en cas de conflit armé, de respecter et de protéger les locaux consulaires, ainsi que les biens du poste consulaire et les archives consulaires;

b. L'État d'envoi peut confier la garde des locaux consulaires, ainsi que des biens qui s'y trouvent et des archives consulaires, à un État tiers acceptable pour l'État de résidence;

c. L'État d'envoi peut confier la protection de ses intérêts et de ceux de ses ressortissants à un État tiers acceptable pour l'État de résidence.

2. En cas de fermeture temporaire ou définitive d'un poste consulaire, les dispositions de l'al. a du par. 1 du présent article sont applicables. En outre,

a. Lorsque l'État d'envoi, bien que n'étant pas représenté dans l'État de résidence par une mission diplomatique, a un autre poste consulaire sur le territoire de l'État de résidence, ce poste consulaire peut être chargé de la garde des locaux du poste consulaire qui a été fermé, des biens qui s'y trouvent et des archives consulaires, ainsi que, avec le consentement de l'État de résidence, de l'exercice des fonctions consulaires dans la circonscription de ce poste consulaire; ou

b. Lorsque l'État d'envoi n'a pas de mission diplomatique ni d'autre poste consulaire dans l'État de résidence, les dispositions des al. b et c du par. 1 du présent article sont applicables.

CHAPITRE II

Facilités, privilèges et immunités concernant les postes consulaires, les fonctionnaires consulaires de carrière et les autres membres d'un poste consulaire

Section I

Facilités, privilèges et immunités concernant le poste consulaire

Art. 28 *Facilités accordées au poste consulaire pour son activité.* L'État de résidence accorde toutes facilités pour l'accomplissement des fonctions du poste consulaire.

Art. 29 *Usage des pavillon et écusson nationaux.* 1. L'État d'envoi a le droit d'utiliser son pavillon national et son écusson aux armes de l'État dans l'État de résidence conformément aux dispositions du présent article.

2. Le pavillon national de l'État d'envoi peut être arboré et l'écusson aux armes de l'État placé sur le bâtiment occupé par le poste consulaire et sur sa porte d'entrée, ainsi que sur la résidence du chef de poste consulaire et sur ses moyens de transport lorsque ceux-ci sont utilisés pour les besoins du service.

3. Dans l'exercice du droit accordé par le présent article, il sera tenu compte des lois, règlements et usages de l'État de résidence.

Art. 30 *Logement.* 1. L'État de résidence doit, soit faciliter l'acquisition sur son territoire, dans le cadre de ses lois et règlements, par l'État d'envoi des locaux nécessaires au poste consulaire, soit aider l'État d'envoi à se procurer des locaux d'une autre manière.

2. Il doit également, s'il en est besoin, aider le poste consulaire à obtenir des logements convenables pour ses membres.

Art. 31 *Inviolabilité des locaux consulaires.* 1. Les locaux consulaires sont inviolables dans la mesure prévue par le présent article.

2. Les autorités de l'État de résidence ne peuvent pénétrer dans la partie des locaux consulaires que le poste consulaire utilise exclusivement pour les besoins de son travail, sauf avec le consentement du chef de poste consulaire, de la personne désignée par lui ou du chef de la mission diplomatique de l'État d'envoi. Toutefois, le consentement du chef de poste consulaire peut être présumé acquis en cas d'incendie ou autre sinistre exigeant des mesures de protection immédiates.

3. Sous réserve des dispositions du par. 2 du présent article, l'État de résidence a l'obligation spéciale de prendre toutes mesures appropriées pour empêcher que les locaux consulaires ne soient envahis ou endommagés et pour empêcher que la paix du poste consulaire ne soit troublée ou sa dignité amoindrie.

4. Les locaux consulaires, leur ameublement et les biens du poste consulaire, ainsi que ses moyens de transport, ne peuvent faire l'objet d'aucune forme de réquisition à des fins de défense nationale ou d'utilité publique. Au cas où une expropriation serait nécessaire à ces mêmes fins, toutes dispositions appropriées seront prises afin d'éviter qu'il soit mis obstacle à l'exercice des fonctions consulaires et une indemnité prompte, adéquate et effective sera versée à l'État d'envoi.

Art. 32 *Exemption fiscale des locaux consulaires.* 1. Les locaux consulaires et la résidence du chef de poste consulaire de carrière dont l'État d'envoi ou toute personne agissant pour le compte de cet État est propriétaire ou locataire sont exempts de tous impôts et taxes de toute nature, nationaux, régionaux ou communaux, pourvu qu'il ne s'agisse pas de taxes perçues en rémunération de services particuliers rendus.

2. L'exemption fiscale prévue au par. 1 du présent article ne s'applique pas à ces impôts et taxes lorsque, d'après les lois et règlements de l'État de résidence, ils sont à la charge de la personne qui a contracté avec l'État d'envoi ou avec la personne agissant pour le compte de cet État.

Art. 33 *Inviolabilité des archives et documents consulaires.* Les archives et documents consulaires sont inviolables à tout moment et en quelque lieu qu'ils se trouvent.

Art. 34 *Liberté de mouvement.* Sous réserve de ses lois et règlements relatifs aux zones dont l'accès est interdit ou réglementé pour des raisons de sécurité nationale, l'État de résidence assure la liberté de déplacement et de circulation sur son territoire à tous les membres du poste consulaire.

Art. 35 *Liberté de communication.* 1. L'État de résidence permet et protège la liberté de communication du poste consulaire pour toutes fins officielles. En communiquant avec le gouvernement, les missions diplomatiques et les autres postes consulaires de l'État d'envoi, où qu'ils se trouvent, le poste consulaire peut employer tous les moyens de communication appropriés, y compris les courriers diplomatiques ou consulaires, la valise diplomatique ou consulaire et les messages en code ou en chiffre. Toutefois, le poste consulaire ne peut installer et utiliser un poste émetteur de radio qu'avec l'assentiment de l'État de résidence.

2. La correspondance officielle du poste consulaire est inviolable. L'expression « correspondance officielle » s'entend de toute la correspondance relative au poste consulaire et à ses fonctions.

3. La valise consulaire ne doit être ni ouverte ni retenue. Toutefois, si les autorités compétentes de l'État de résidence ont de sérieux motifs de croire que la valise contient d'autres objets que la correspondance, les documents et les objets visés au par. 4 du présent article, elles peuvent demander que la valise soit ouverte en leur présence par un représentant autorisé de l'État d'envoi. Si les autorités dudit État opposent un refus à la demande, la valise est renvoyée à son lieu d'origine.

4. Les colis constituant la valise consulaire doivent porter des marques extérieures visibles de leur caractère et ne peuvent contenir que la correspondance officielle, ainsi que des documents ou objets destinés exclusivement à un usage officiel.

5. Le courrier consulaire doit être porteur d'un document officiel attestant sa qualité et précisant le nombre de colis constituant la valise consulaire. À moins que l'État de résidence n'y consente, il ne doit être ni un ressortissant de l'État de résidence, ni, sauf s'il est ressortissant de l'État d'envoi, un résident permanent de l'État de résidence. Dans l'exercice de ses fonctions, ce courrier est protégé par l'État de résidence. Il jouit de l'inviolabilité de sa personne et ne peut être soumis à aucune forme d'arrestation ou de détention.

6. L'État d'envoi, ses missions diplomatiques et ses postes consulaires peuvent désigner des courriers consulaires *ad hoc*. Dans ce cas, les dispositions du par. 5 du présent article sont également applicables, sous réserve que les immunités qui y sont mentionnées cesseront de s'appliquer dès que le courrier aura remis au destinataire la valise consulaire dont il a la charge.

7. La valise consulaire peut être confiée au commandant d'un navire ou d'un aéronef commercial qui doit arriver à un point d'entrée autorisé. Ce commandant doit être porteur d'un document officiel indiquant le nombre de colis constituant la valise, mais il n'est pas considéré comme un courrier consulaire. À la suite d'un arrangement avec les autorités locales compétentes, le poste consulaire peut envoyer un de ses membres prendre, directement et librement, possession de la valise des mains du commandant du navire ou de l'aéronef.

Art. 36 *Communication avec les ressortissants de l'État d'envoi.* 1. Afin que l'exercice des fonctions consulaires relatives aux ressortissants de l'État d'envoi soit facilité :

a. Les fonctionnaires consulaires doivent avoir la liberté de communiquer avec les ressortissants de l'État d'envoi et de se rendre auprès d'eux. Les ressortissants de l'État d'envoi doivent avoir la même liberté de communiquer avec les fonctionnaires consulaires et de se rendre auprès d'eux;

b. Si l'intéressé en fait la demande, les autorités compétentes de l'État de résidence doivent avertir sans retard le poste consulaire de l'État d'envoi lorsque, dans sa circonscription consulaire, un ressortissant de cet État est arrêté, incarcéré ou mis en état de détention préventive ou toute autre forme de détention. Toute communication adressée au poste consulaire par la personne arrêtée, incarcérée ou mise en état de détention préventive ou toute autre forme de détention doit également être transmise sans retard par lesdites autorités. Celles-ci doivent sans retard informer l'intéressé de ses droits aux termes du présent alinéa;

c. Les fonctionnaires consulaires ont le droit de se rendre auprès d'un ressortissant de l'État d'envoi, qui est incarcéré, en état de détention préventive ou toute autre forme de détention, de s'entretenir et de correspondre avec lui et de pourvoir à sa représentation en justice. Ils ont également le droit de se rendre auprès d'un ressortissant de l'État d'envoi qui, dans leur circonscription, est incarcéré ou détenu en exécution d'un jugement. Néanmoins, les fonctionnaires consulaires doivent s'abstenir d'intervenir en faveur d'un ressortissant incarcéré ou mis en état de détention préventive ou toute autre forme de détention lorsque l'intéressé s'y oppose expressément.

2. Les droits visés au par. 1 du présent article doivent s'exercer dans le cadre des lois et règlements de l'État de résidence, étant entendu, toutefois, que ces lois et règlements doivent permettre la pleine réalisation des fins pour lesquelles les droits sont accordés en vertu du présent article.

Section II

Facilités, privilèges et immunités concernant les fonctionnaires consulaires de carrière et les autres membres du poste consulaire

Art. 40 *Protection des fonctionnaires consulaires.* L'État de résidence traitera les fonctionnaires consulaires avec le respect qui leur est dû et prendra toutes mesures appropriées pour empêcher toute atteinte à leur personne, leur liberté et leur dignité.

Art. 41 *Inviolabilité personnelle des fonctionnaires consulaires.* 1. Les fonctionnaires consulaires ne peuvent être mis en état d'arrestation ou de détention préventive qu'en cas de crime grave et à la suite d'une décision de l'autorité judiciaire compétente.

2. À l'exception du cas prévu au par. 1 du présent article, les fonctionnaires consulaires ne peuvent pas être incarcérés ni soumis à aucune autre forme de limitation de leur liberté personnelle, sauf en exécution d'une décision judiciaire définitive.

3. Lorsqu'une procédure pénale est engagée contre un fonctionnaire consulaire, celui-ci est tenu de se présenter devant les autorités compétentes. Toutefois, la procédure doit être conduite avec les égards qui sont dus au fonctionnaire consulaire en raison de sa position officielle et, à l'exception du cas prévu au par. 1 du présent article, de manière à gêner le moins possible l'exercice des fonctions consulaires. Lorsque, dans les circonstances mentionnées au par. 1 du présent article, il est devenu nécessaire de mettre un fonctionnaire consulaire en état de détention préventive, la procédure dirigée contre lui doit être ouverte dans le délai le plus bref.

Art. 42 *Notification des cas d'arrestation, de détention ou de poursuite.* En cas d'arrestation, de détention préventive d'un membre du personnel consulaire ou de poursuite pénale engagée contre lui, l'État de résidence est tenu d'en prévenir au plus tôt le chef de poste consulaire. Si ce dernier est lui-même visé par l'une de ces mesures, l'État de résidence doit en informer l'État d'envoi par la voie diplomatique.

Art. 43 *Immunité de juridiction.* 1. Les fonctionnaires consulaires et les employés consulaires ne sont pas justiciables des autorités judiciaires et administratives de l'État de résidence pour les actes accomplis dans l'exercice des fonctions consulaires.

2. Toutefois, les dispositions du par. 1 du présent article ne s'appliquent pas en cas d'action civile :

a. Résultant de la conclusion d'un contrat passé par un fonctionnaire consulaire ou un employé consulaire qu'il n'a pas conclu expressément ou implicitement en tant que mandataire de l'État d'envoi ; ou

b. Intenté par un tiers pour un dommage résultant d'un accident causé dans l'État de résidence par un véhicule, un navire ou un aéronef.

Art. 44 *Obligation de répondre comme témoin.* 1. Les membres d'un poste consulaire peuvent être appelés à répondre comme témoins au cours de procédures judiciaires et administratives. Les employés consulaires et les membres du personnel de service ne doivent pas refuser de répondre comme témoins, si ce n'est dans les cas mentionnés au par. 3 du présent article. Si un fonctionnaire consulaire refuse de témoigner, aucune mesure coercitive ou autre sanction ne peut lui être appliquée.

2. L'autorité qui requiert le témoignage doit éviter de gêner un fonctionnaire consulaire dans l'accomplissement de ses fonctions. Elle peut recueillir son témoignage à sa résidence ou au poste consulaire, ou accepter une déclaration écrite de sa part, toutes les fois que cela est possible.

3. Les membres d'un poste consulaire ne sont pas tenus de déposer sur des faits ayant trait à l'exercice de leurs fonctions et de produire la correspondance et les documents officiels y relatifs. Ils ont également le droit de refuser de témoigner en tant qu'experts sur le droit national de l'État d'envoi.

Art. 45 *Renonciation aux privilèges et immunités.* 1. L'État d'envoi peut renoncer à l'égard d'un membre du poste consulaire aux privilèges et immunités prévus aux art. 41, 43 et 44.

2. La renonciation doit toujours être expresse, sous réserve des dispositions du par. 3 du présent article, et doit être communiquée par écrit à l'État de résidence.

3. Si un fonctionnaire consulaire ou un employé consulaire, dans une matière où il bénéficierait de l'immunité de juridiction en vertu de l'art. 43, engage une procédure, il n'est pas recevable à invoquer l'immunité de juridiction à l'égard de toute demande reconventionnelle directement liée à la demande principale.

4. La renonciation à l'immunité de juridiction pour une action civile ou administrative n'est pas censée impliquer la renonciation à l'immunité quant aux mesures d'exécution du jugement, pour lesquelles une renonciation distincte est nécessaire.

Art. 46 *Exemption d'immatriculation des étrangers et de permis de séjour.* 1. Les fonctionnaires consulaires et les employés consulaires, ainsi que les membres de leur famille vivant à leur foyer, sont exempts de toutes les obligations prévues par les lois et règlements de l'État de résidence en matière d'immatriculation des étrangers et de permis de séjour.

2. Toutefois, les dispositions du par. 1 du présent article ne s'appliquent ni à l'employé consulaire qui n'est pas un employé permanent de l'État d'envoi ou qui exerce une activité privée de caractère lucratif dans l'État de résidence, ni à un membre de sa famille.

Art. 47 *Exemption de permis de travail.* 1. Les membres du poste consulaire sont, en ce qui concerne les services rendus à l'État d'envoi, exempts des obligations que les lois et règlements de l'État de résidence relatifs à l'emploi de la main-d'œuvre étrangère imposent en matière de permis de travail.

2. Les membres du personnel privé des fonctionnaires consulaires et employés consulaires, s'ils n'exercent aucune autre occupation privée de caractère lucratif dans l'État de résidence, sont exempts des obligations visées au par. 1 du présent article.

Art. 48 *Exemption du régime de sécurité sociale.* 1. Sous réserve des dispositions du par. 3 du présent article, les membres du poste consulaire, pour ce qui est des services qu'ils rendent à l'État d'envoi, et les membres de leur famille vivant à leur foyer, sont exemptés des dispositions de sécurité sociale qui peuvent être en vigueur dans l'État de résidence.

2. L'exemption prévue au par. 1 du présent article s'applique également aux membres du personnel privé qui sont au service exclusif des membres du poste consulaire, à condition :

a. Qu'ils ne soient pas ressortissants de l'État de résidence ou n'y aient pas leur résidence permanente; et

b. Qu'ils soient soumis aux dispositions de sécurité sociale qui sont en vigueur dans l'État d'envoi ou dans un État tiers.

3. Les membres du poste consulaire qui ont à leur service des personnes auxquelles l'exemption prévue au par. 2 du présent article ne s'applique pas doivent observer les

obligations que les dispositions de sécurité sociale de l'État de résidence imposent à l'employeur.

4. L'exemption prévue aux par. 1 et 2 du présent article n'exclut pas la participation volontaire au régime de sécurité sociale de l'État de résidence, pour autant qu'elle est admise par cet État.

Art. 49 *Exemption fiscale.* 1. Les fonctionnaires consulaires et les employés consulaires ainsi que les membres de leur famille vivant à leur foyer sont exempts de tous impôts et taxes, personnels ou réels, nationaux, régionaux et communaux, à l'exception :

a. Des impôts indirects d'une nature telle qu'ils sont normalement incorporés dans le prix des marchandises ou des services ;

b. Des impôts et taxes sur les biens immeubles privés situés sur le territoire de l'État de résidence, sous réserve des dispositions de l'art. 32 ;

c. Des droits de succession et de mutation perçus par l'État de résidence, sous réserve des dispositions de l'al. b de l'art. 51 ;

d. Des impôts et taxes sur les revenus privés, y compris les gains en capital, qui ont leur source dans l'État de résidence, et des impôts sur le capital prélevés sur les investissements effectués dans des entreprises commerciales ou financières situées dans l'État de résidence ;

e. Des impôts et taxes perçus en rémunération de services particuliers rendus ;

f. Des droits d'enregistrement, de greffe, d'hypothèque et de timbre, sous réserve des dispositions de l'art. 32.

2. Les membres du personnel de service sont exempts des impôts et taxes sur les salaires qu'ils reçoivent du fait de leurs services.

3. Les membres du poste consulaire qui emploient des personnes dont les traitements ou salaires ne sont pas exemptés de l'impôt sur le revenu dans l'État de résidence doivent respecter les obligations que les lois et règlements dudit État imposent aux employeurs en matière de perception de l'impôt sur le revenu.

Art. 50 *Exemption des droits de douane et de la visite douanière.* 1. Suivant les dispositions législatives et réglementaires qu'il peut adopter, l'État de résidence autorise l'entrée et accorde l'exemption de tous droits de douane, taxes et autres redevances connexes autres que frais d'entrepôt, de transport et frais afférents à des services analogues, pour :

a. Les objets destinés à l'usage officiel du poste consulaire ;

b. Les objets destinés à l'usage personnel du fonctionnaire consulaire et des membres de sa famille vivant à son foyer, y compris les effets destinés à son établissement. Les articles de consommation ne doivent pas dépasser les quantités nécessaires pour leur utilisation directe par les intéressés.

2. Les employés consulaires bénéficient des privilèges et exemptions prévus au par. 1 du présent article pour ce qui est des objets importés lors de leur première installation.

3. Les bagages personnels accompagnés des fonctionnaires consulaires et des membres de leur famille vivant à leur foyer sont exemptés de la visite douanière. Ils ne peuvent être soumis à la visite que s'il y a de sérieuses raisons de supposer qu'ils contiennent des objets autres que ceux mentionnés à l'al. b du par. 1 du présent article ou des objets dont l'importation ou l'exportation est interdite par les lois et règlements de l'État de résidence ou soumise à ses lois et règlements de quarantaine. Cette visite ne peut avoir lieu qu'en présence du fonctionnaire consulaire ou du membre de sa famille intéressé.

Art. 51 *Succession d'un membre du poste consulaire ou d'un membre de sa famille.* En cas de décès d'un membre du poste consulaire ou d'un membre de sa famille qui vivait à son foyer, l'État de résidence est tenu :

a. De permettre l'exportation des biens meubles du défunt, à l'exception de ceux qui ont été acquis dans l'État de résidence et qui font l'objet d'une prohibition d'exportation au moment du décès;

b. De ne pas prélever de droits nationaux, régionaux ou communaux de succession ni de mutation sur les biens meubles dont la présence dans l'État de résidence était due uniquement à la présence dans cet État du défunt en tant que membre du poste consulaire ou membre de la famille d'un membre du poste consulaire.

Art. 52 *Exemption des prestations personnelles.* L'État de résidence doit exempter les membres du poste consulaire et les membres de leur famille vivant à leur foyer de toute prestation personnelle et de tout service d'intérêt public, de quelque nature qu'il soit, et des charges militaires telles que les réquisitions, contributions et logements militaires.

Art. 53 *Commencement et fin des privilèges et immunités consulaires.* 1. Tout membre du poste consulaire bénéficie des privilèges et immunités prévus par la présente Convention dès son entrée sur le territoire de l'État de résidence pour gagner son poste ou, s'il se trouve déjà sur ce territoire, dès son entrée en fonctions au poste consulaire.

2. Les membres de la famille d'un membre du poste consulaire vivant à son foyer, ainsi que les membres de son personnel privé, bénéficient des privilèges et immunités prévus dans la présente Convention à partir de la dernière des dates suivantes : celle à partir de laquelle ledit membre du poste consulaire jouit des privilèges et immunités conformément au par. 1 du présent article, celle de leur entrée sur le territoire de l'État de résidence ou celle à laquelle ils sont devenus membres de ladite famille ou dudit personnel privé.

3. Lorsque les fonctions d'un membre du poste consulaire prennent fin, ses privilèges et immunités, ainsi que ceux des membres de sa famille vivant à son foyer ou des membres de son personnel privé, cessent normalement à la première des dates suivantes : au moment où la personne en question quitte le territoire de l'État de résidence, ou à l'expiration d'un délai raisonnable qui lui aura été accordé à cette fin, mais ils subsistent jusqu'à ce moment, même en cas de conflit armé. Quant aux personnes visées au par. 2 du présent article, leurs privilèges et immunités cessent dès qu'elles-mêmes cessent d'appartenir au foyer ou d'être au service d'un membre du poste consulaire, étant toutefois entendu que, si ces personnes ont l'intention de quitter le territoire de l'État de résidence dans un délai raisonnable, leurs privilèges et immunités subsistent jusqu'au moment de leur départ.

4. Toutefois, en ce qui concerne les actes accomplis par un fonctionnaire consulaire ou un employé consulaire dans l'exercice de ses fonctions, l'immunité de juridiction subsiste sans limitation de durée.

5. En cas de décès d'un membre du poste consulaire, les membres de sa famille vivant à son foyer continuent de jouir des privilèges et immunités dont ils bénéficient, jusqu'à la première des dates suivantes : celle où ils quittent le territoire de l'État de résidence, ou à l'expiration d'un délai raisonnable qui leur aura été accordé à cette fin.

Art. 54 *Obligations des États tiers.* 1. Si le fonctionnaire consulaire traverse le territoire ou se trouve sur le territoire d'un État tiers, qui lui a accordé un visa au cas où ce visa est requis, pour aller assumer ses fonctions ou rejoindre son poste, ou pour rentrer dans l'État d'envoi, l'État tiers lui accordera les immunités prévues dans les autres articles de la présente Convention, qui peuvent être nécessaires pour permettre son passage ou son retour. L'État tiers fera de même pour les membres de la famille vivant à son foyer et bénéficiant des privilèges et immunités qui accompagnent le fonctionnaire consulaire ou qui voyagent séparément pour le rejoindre ou pour rentrer dans l'État d'envoi.

2. Dans les conditions similaires à celles qui sont prévues au par. 1 du présent article, les États tiers ne doivent pas entraver le passage sur leur territoire des autres membres du poste consulaire et des membres de leur famille vivant à leur foyer.

3. Les États tiers accorderont à la correspondance officielle et aux autres communications officielles en transit, y compris les messages en code ou en chiffre, la même liberté et la même protection que l'État de résidence est tenu d'accorder en vertu de la présente Convention. Ils accorderont aux courriers consulaires, auxquels un visa a été accordé s'il était requis, et aux valises consulaires en transit, la même inviolabilité et la même protection que l'État de résidence est tenu d'accorder en vertu de la présente Convention.

4. Les obligations des États tiers en vertu des par. 1, 2 et 3 du présent article s'appliquent également aux personnes mentionnées respectivement dans ces paragraphes, ainsi qu'aux communications officielles et aux valises consulaires, lorsque leur présence sur le territoire de l'État tiers est due à un cas de force majeure.

Art. 55 *Respect des lois et règlements de l'État de résidence.* 1. Sans préjudice de leurs privilèges et immunités, toutes les personnes qui bénéficient de ces privilèges et immunités ont le devoir de respecter les lois et règlements de l'État de résidence. Elles ont également le devoir de ne pas s'immiscer dans les affaires intérieures de cet État.

2. Les locaux consulaires ne seront pas utilisés d'une manière incompatible avec l'exercice des fonctions consulaires.

3. Les dispositions du par. 2 du présent article n'excluent pas la possibilité d'installer, dans une partie du bâtiment où se trouvent les locaux du poste consulaire, les bureaux d'autres organismes ou agences, à condition que les locaux affectés à ces bureaux soient séparés de ceux qui sont utilisés par le poste consulaire. Dans ce cas, lesdits bureaux ne sont pas considérés, aux fins de la présente Convention, comme faisant partie des locaux consulaires.

Art. 56 *Assurance contre les dommages causés aux tiers.* Les membres du poste consulaire doivent se conformer à toutes les obligations imposées par les lois et règlements de l'État de résidence en matière d'assurance de responsabilité civile pour l'utilisation de tout véhicule, bateau ou aéronef.

Art. 57 *Dispositions spéciales relatives à l'occupation privée de caractère lucratif.*

1. Les fonctionnaires consulaires de carrière n'exerceront dans l'État de résidence aucune activité professionnelle ou commerciale pour leur profit personnel.

2. Les privilèges et immunités prévus au présent chapitre ne sont pas accordés :

a. Aux employés consulaires et aux membres du personnel de service qui exercent dans l'État de résidence une occupation privée de caractère lucratif;

b. Aux membres de la famille d'une personne mentionnée à l'al. a du présent paragraphe et aux membres de son personnel privé;

c. Aux membres de la famille d'un membre du poste consulaire qui exercent eux-mêmes dans l'État de résidence une occupation privée de caractère lucratif.

CHAPITRE III

Régime applicable aux fonctionnaires consulaires honoraires et aux postes consulaires dirigés par eux

Art. 58 *Dispositions générales concernant les facilités, privilèges et immunités.* 1. Les art. 28, 29, 30, 34, 35, 36, 37, 38 et 39, le par. 3 de l'art. 54 et les par. 2 et 3 de l'art. 55 s'appliquent aux postes consulaires dirigés par un fonctionnaire consulaire honoraire. En outre, les facilités, privilèges et immunités de ces postes consulaires sont réglés par les art. 59, 60, 61 et 62.

2. Les art. 42 et 43, le par. 3 de l'art. 44, les art. 45 et 53 et le par. 1 de l'art. 55 s'appliquent aux fonctionnaires consulaires honoraires. En outre, les facilités, privilèges et immunités de ces fonctionnaires consulaires sont réglés par les art. 63, 64, 65, 66 et 67.

3. Les privilèges et immunités prévus dans la présente Convention ne sont pas accordés aux membres de la famille d'un fonctionnaire consulaire honoraire ou d'un employé consulaire qui est employé dans un poste consulaire dirigé par un fonctionnaire consulaire honoraire.

4. L'échange de valises consulaires entre deux postes consulaires situés dans des pays différents et dirigés par des fonctionnaires consulaires honoraires n'est admis que sous réserve du consentement des deux États de résidence.

Art. 59 *Protection des locaux consulaires.* L'État de résidence prend les mesures nécessaires pour protéger les locaux consulaires d'un poste consulaire dirigé par un fonctionnaire consulaire honoraire et empêcher qu'ils ne soient envahis ou endommagés et que la paix du poste consulaire ne soit troublée ou sa dignité amoindrie.

Art. 60 *Exemption fiscale des locaux consulaires.* 1. Les locaux consulaires d'un poste consulaire dirigé par un fonctionnaire consulaire honoraire, dont l'État d'envoi est propriétaire ou locataire, sont exempts de tous impôts et taxes de toute nature, nationaux, régionaux ou communaux, pourvu qu'il ne s'agisse pas de taxes perçues en rémunération de services particuliers rendus.

2. L'exemption fiscale prévue dans le par. 1 du présent article ne s'applique pas à ces impôts et taxes lorsque, d'après les lois et règlements de l'État de résidence, ils sont à la charge de la personne qui a contracté avec l'État d'envoi.

Art. 61 *Inviolabilité des archives et documents consulaires.* Les archives et documents consulaires d'un poste consulaire dirigé par un fonctionnaire consulaire honoraire sont inviolables à tout moment et en quelque lieu qu'ils se trouvent, à condition qu'ils soient séparés des autres papiers et documents et, en particulier, de la correspondance privée du chef de poste consulaire et de toute personne travaillant avec lui, ainsi que des biens, livres ou documents se rapportant à leur profession ou à leur commerce.

Art. 62 *Exemption douanière.* Suivant les dispositions législatives et réglementaires qu'il peut adopter, l'État de résidence accorde l'entrée ainsi que l'exemption de tous droits de douane, taxes et autres redevances connexes autres que frais d'entrepôt, de transport et frais afférents à des services analogues, pour les objets suivants, à condition qu'ils soient destinés exclusivement à l'usage officiel d'un poste consulaire dirigé par un fonctionnaire consulaire honoraire : les écussons, pavillons, enseignes, sceaux et cachets, livres, imprimés officiels, le mobilier de bureau, le matériel et les fournitures de bureau, et les objets analogues fournis au poste consulaire par l'État d'envoi sur sa demande.

Art. 63 *Procédure pénale.* Lorsqu'une procédure pénale est engagée contre un fonctionnaire consulaire honoraire, celui-ci est tenu de se présenter devant les autorités compétentes. Toutefois, la procédure doit être conduite avec les égards qui sont dus au fonctionnaire consulaire honoraire en raison de sa position officielle et, sauf si l'intéressé est en état d'arrestation ou de détention, de manière à gêner le moins possible l'exercice des fonctions consulaires. Lorsqu'il est devenu nécessaire de mettre un fonctionnaire consulaire honoraire en état de détention préventive, la procédure dirigée contre lui doit être ouverte dans le délai le plus bref.

Art. 64 *Protection du fonctionnaire consulaire honoraire.* L'État de résidence est tenu d'accorder au fonctionnaire consulaire honoraire la protection qui peut être nécessaire en raison de sa position officielle.

Art. 65 *Exemption d'immatriculation des étrangers et de permis de séjour.* Les fonctionnaires consulaires honoraires, à l'exception de ceux qui exercent dans l'État de résidence une activité professionnelle ou commerciale pour leur profit personnel, sont exempts de toutes les obligations prévues par les lois et règlements de l'État de résidence en matière d'immatriculation des étrangers et de permis de séjour.

Art. 66 *Exemption fiscale.* Le fonctionnaire consulaire honoraire est exempt de tous impôts et taxes sur les indemnités et les émoluments qu'il reçoit de l'État d'envoi en raison de l'exercice des fonctions consulaires.

Art. 67 *Exemption des prestations personnelles.* L'État de résidence doit exempter les fonctionnaires consulaires honoraires de toute prestation personnelle et de tout service d'intérêt public, de quelque nature qu'il soit, ainsi que des charges militaires telles que les réquisitions, contributions et logements militaires.

Art. 68 *Caractère facultatif de l'institution des fonctionnaires consulaires honoraires.* Chaque État est libre de décider s'il nommera ou recevra des fonctionnaires consulaires honoraires.

CHAPITRE IV
Dispositions générales

Art. 69 *Agents consulaires non chefs de poste consulaire.* 1. Chaque État est libre de décider s'il établira ou admettra des agences consulaires gérées par des agents consulaires n'ayant pas été désignés comme chefs de poste consulaire par l'État d'envoi.

2. Les conditions dans lesquelles les agences consulaires au sens du par. 1 du présent article peuvent exercer leur activité, ainsi que les privilèges et immunités dont peuvent jouir les agents consulaires qui les gèrent, sont fixés par accord entre l'État d'envoi et l'État de résidence.

Art. 70 *Exercice de fonctions consulaires par une mission diplomatique.* 1. Les dispositions de la présente Convention s'appliquent également, dans la mesure où le contexte le permet, à l'exercice de fonctions consulaires par une mission diplomatique.

2. Les noms des membres de la mission diplomatique attachés à la section consulaire ou autrement chargés de l'exercice des fonctions consulaires de la mission sont notifiés

au ministère des Affaires étrangères de l'État de résidence ou à l'autorité désignée par ce ministère.

3. Dans l'exercice de fonctions consulaires, la mission diplomatique peut s'adresser :

a. Aux autorités locales de la circonscription consulaire;

b. Aux autorités centrales de l'État de résidence si les lois, règlements et usages de l'État de résidence ou les accords internationaux en la matière le permettent.

4. Les privilèges et immunités des membres de la mission diplomatique, mentionnés au par. 2 du présent article, demeurent déterminés par les règles du droit international concernant les relations diplomatiques.

Art. 71 *Ressortissants ou résidents permanents de l'État de résidence.* 1. À moins que des facilités, privilèges et immunités supplémentaires n'aient été accordées par l'État de résidence, les fonctionnaires consulaires qui sont ressortissants ou résidents permanents de l'État de résidence ne bénéficient que de l'immunité de juridiction et de l'inviolabilité personnelle pour les actes officiels accomplis dans l'exercice de leurs fonctions et du privilège prévu au par. 3 de l'art. 44. En ce qui concerne ces fonctionnaires consulaires, l'État de résidence est également tenu par l'obligation prévue à l'art. 42. Lorsqu'une action pénale est engagée contre un tel fonctionnaire consulaire, la procédure doit être conduite, sauf si l'intéressé est en état d'arrestation ou de détention, de manière à gêner le moins possible l'exercice des fonctions consulaires.

2. Les autres membres du poste consulaire qui sont ressortissants ou résidents permanents de l'État de résidence et les membres de leur famille, ainsi que les membres de la famille des fonctionnaires consulaires visés au par. 1 du présent article, ne bénéficient des facilités, privilèges et immunités que dans la mesure où cet État les leur reconnaît. Les membres de la famille d'un membre du poste consulaire et les membres du personnel privé qui sont eux-mêmes ressortissants ou résidents permanents de l'État de résidence ne bénéficient également des facilités, privilèges et immunités que dans la mesure où cet État les leur reconnaît. Toutefois, l'État de résidence doit exercer sa juridiction sur ces personnes de façon à ne pas entraver d'une manière excessive l'exercice des fonctions du poste consulaire.

Art. 72 *Non-discrimination.* 1. En appliquant les dispositions de la présente Convention, l'État de résidence ne fera pas de discrimination entre les États.

2. Toutefois, ne seront pas considérés comme discriminatoires :

a. Le fait pour l'État de résidence d'appliquer restrictivement l'une des dispositions de la présente Convention parce qu'elle est ainsi appliquée à ses postes consulaires dans l'État d'envoi;

b. Le fait pour des États de se faire mutuellement bénéficier, par coutume ou par voie d'accord, d'un traitement plus favorable que ne le requièrent les dispositions de la présente Convention.

132 Convention de Washington du 18 mars 1965 pour le règlement des différends relatifs aux investissements entre États et ressortissants d'autres États (CIRDI)

En vigueur depuis le 20 septembre 1967

PRÉAMBULE

Les États contractants,

Considérant la nécessité de la coopération internationale pour le développement économique, et le rôle joué dans ce domaine par les investissements privés internationaux;

Ayant présent à l'esprit que des différends peuvent surgir à toute époque au sujet de tels investissements entre États contractants et ressortissants d'autres États contractants;

Reconnaissant que si ces différends doivent normalement faire l'objet de recours aux instances internes, des modes de règlement internationaux de ces différends peuvent être appropriés dans certains cas;

Attachant une importance particulière à la création de mécanismes pour la conciliation et l'arbitrage internationaux auxquels les États contractants et les ressortissants d'autres États contractants puissent, s'ils le désirent, soumettre leurs différends;

Désirant établir ces mécanismes sous les auspices de la Banque internationale pour la reconstruction et le développement;

Reconnaissant que le consentement mutuel des parties de soumettre ces différends à la conciliation ou à l'arbitrage, en ayant recours auxdits mécanismes, constitue un accord ayant force obligatoire qui exige en particulier que toute recommandation des conciliateurs soit dûment prise en considération et que toute sentence arbitrale soit exécutée; et

Déclarant qu'aucun État contractant, par le seul fait de sa ratification, de son acceptation ou de son approbation de la présente Convention et sans son consentement, ne sera réputé avoir assumé aucune obligation de recourir à la conciliation ou à l'arbitrage, en aucun cas particulier,

Sont convenus de ce qui suit :

CHAPITRE PREMIER

Le Centre international pour le règlement des différends relatifs aux investissements

Section I

Création et organisation

Art. premier (1) Il est institué, en vertu de la présente Convention, un Centre international pour le règlement des différends relatifs aux investissements (ci-après dénommé le Centre).

(2) L'objet du Centre est d'offrir des moyens de conciliation et d'arbitrage pour régler les différends relatifs aux investissements opposant des États contractants à des ressortissants d'autres États contractants, conformément aux dispositions de la présente Convention.

Art. 2 Le siège du Centre est celui de la Banque internationale pour la reconstruction et le développement (ci-après dénommée la Banque). Le siège peut être transféré en tout autre lieu par décision du Conseil administratif prise à la majorité des deux tiers de ses membres.

Art. 3 Le Centre se compose d'un Conseil administratif et d'un Secrétariat. Il tient une liste de conciliateurs et une liste d'arbitres.

Section II

Du Conseil administratif

Art. 4 (1) Le Conseil administratif comprend un représentant de chaque État contractant. Un suppléant peut agir en qualité de représentant si le titulaire est absent d'une réunion ou empêché.

(2) Sauf désignation différente, le gouverneur et le gouverneur suppléant de la Banque nommés par l'État contractant remplissent de plein droit les fonctions respectives de représentant et de suppléant.

Art. 5 Le Président de la Banque est de plein droit Président du Conseil administratif (ci-après dénommé le Président) sans avoir le droit de vote. S'il est absent ou empêché ou si la présidence de la Banque est vacante, la personne qui le remplace à la Banque fait fonction de Président du Conseil administratif.

Art. 6 (1) Sans préjudice des attributions qui lui sont dévolues par les autres dispositions de la présente Convention, le Conseil administratif :

(a) adopte le règlement administratif et le règlement financier du Centre ;

(b) adopte le règlement de procédure relatif à l'introduction des instances de conciliation et d'arbitrage ;

(c) adopte les règlements de procédure relatifs aux instances de conciliation et d'arbitrage (ci-après dénommés le Règlement de conciliation et le Règlement d'arbitrage) ;

(d) approuve tous arrangements avec la Banque en vue de l'utilisation de ses locaux et de ses services administratifs ;

(e) détermine les conditions d'emploi du Secrétaire général et des Secrétaires généraux adjoints ;

(f) adopte le budget annuel des recettes et dépenses du Centre ;

(g) approuve le rapport annuel sur les activités du Centre.

Les décisions visées aux alinéas (a), (b), (c) et (f) ci-dessus sont prises à la majorité des deux tiers des membres du Conseil administratif.

(2) Le Conseil administratif peut constituer toute commission qu'il estime nécessaire.

(3) Le Conseil administratif exerce également toutes autres attributions qu'il estime nécessaires à la mise en œuvre des dispositions de la présente Convention.

Art. 7 (1) Le Conseil administratif tient une session annuelle et toute autre session qui aura été soit décidée par le Conseil, soit convoquée par le Président, soit convoquée par le Secrétaire général sur la demande d'au moins cinq membres du Conseil.

(2) Chaque membre du Conseil administratif dispose d'une voix et, sauf exception prévue par la présente Convention, toutes les questions soumises au Conseil sont résolues à la majorité des voix exprimées.

(3) Dans toutes les sessions du Conseil administratif, le quorum est la moitié de ses membres plus un.

(4) Le Conseil administratif peut adopter à la majorité des deux tiers de ses membres une procédure autorisant le Président à demander au Conseil un vote par correspondance. Ce vote ne sera considéré comme valable que si la majorité des membres du Conseil y ont pris part dans les délais impartis par ladite procédure.

Art. 8 Les fonctions de membres du Conseil administratif et de Président ne sont pas rémunérées par le Centre.

Section III

Du Secrétariat

Art. 9 Le Secrétariat comprend un Secrétaire général, un ou plusieurs Secrétaires généraux adjoints et le personnel.

Art. 10 (1) Le Secrétaire général et les Secrétaires généraux adjoints sont élus, sur présentation du Président, par le Conseil administratif à la majorité des deux tiers de ses membres pour une période ne pouvant excéder six ans et sont rééligibles. Le Président, après consultation des membres du Conseil administratif, présente un ou plusieurs candidats pour chaque poste.

(2) Les fonctions de Secrétaire général et de Secrétaire général adjoint sont incompatibles avec l'exercice de toute fonction politique. Sous réserve de dérogation accordée par le Conseil administratif, le Secrétaire général et les Secrétaires généraux adjoints ne peuvent occuper d'autres emplois ou exercer d'autres activités professionnelles.

(3) En cas d'absence ou d'empêchement du Secrétaire général ou si le poste est vacant, le Secrétaire général adjoint remplit les fonctions de Secrétaire général. S'il existe plusieurs Secrétaires généraux adjoints, le Conseil administratif détermine à l'avance l'ordre dans lequel ils seront appelés à remplir lesdites fonctions.

Art. 11 Le Secrétaire général représente légalement le Centre, il le dirige et est responsable de son administration, y compris le recrutement du personnel, conformément aux dispositions de la présente Convention et aux règlements adoptés par le Conseil administratif. Il remplit la fonction de greffier et a le pouvoir d'authentifier les sentences arbitrales rendues en vertu de la présente Convention et d'en certifier copie.

Section IV

Des listes

Art. 12 La liste de conciliateurs et la liste d'arbitres sont composées de personnes qualifiées, désignées comme il est dit ci-dessous et acceptant de figurer sur ces listes.

Art. 13 (1) Chaque État contractant peut désigner pour figurer sur chaque liste quatre personnes qui ne sont pas nécessairement ses ressortissants.

(2) Le Président peut désigner dix personnes pour figurer sur chaque liste. Les personnes ainsi désignées sur une même liste doivent toutes être de nationalité différente.

Art. 14 (1) Les personnes désignées pour figurer sur les listes doivent jouir d'une haute considération morale, être d'une compétence reconnue en matière juridique, commerciale, industrielle ou financière et offrir toute garantie d'indépendance dans l'exercice de leurs fonctions. La compétence en matière juridique des personnes désignées pour la liste d'arbitres est particulièrement importante.

(2) Le Président, dans ses désignations, tient compte en outre de l'intérêt qui s'attache à représenter sur ces listes les principaux systèmes juridiques du monde et les principaux secteurs de l'activité économique.

Art. 15 (1) Les désignations sont faites pour des périodes de six ans renouvelables.

(2) En cas de décès ou de démission d'une personne figurant sur l'une ou l'autre liste, l'autorité ayant nommé cette personne peut désigner un remplaçant pour la durée du mandat restant à courir.

(3) Les personnes portées sur les listes continuent d'y figurer jusqu'à désignation de leur successeur.

Art. 16 (1) Une même personne peut figurer sur les deux listes.

(2) Si une personne est désignée pour figurer sur une même liste par plusieurs États contractants, ou par un ou plusieurs d'entre eux et par le Président, elle sera censée l'avoir été par l'autorité qui l'aura désignée la première; toutefois, si cette personne est le ressortissant d'un État ayant participé à sa désignation, elle sera réputée avoir été désignée par ledit État.

(3) Toutes les désignations sont notifiées au Secrétaire général et prennent effet à compter de la date de réception de la notification.

Section V

Du financement du Centre

Art. 17 Si les dépenses de fonctionnement du Centre ne peuvent être couvertes par les redevances payées pour l'utilisation de ses services ou par d'autres sources de revenus, l'excédent sera supporté par les États contractants membres de la Banque proportionnellement à leur souscription au capital de celle-ci et par les États qui ne sont pas membres de la Banque conformément aux règlements adoptés par le Conseil administratif.

Section VI

Statut, immunités et privilèges

Art. 18 Le Centre a la pleine personnalité juridique internationale. Il a, entre autres, capacité :

(a) de contracter;

(b) d'acquérir des biens meubles et immeubles et d'en disposer;

(c) d'ester en justice.

Art. 19 Afin de pouvoir remplir ses fonctions, le Centre jouit, sur le territoire de chaque État contractant, des immunités et des privilèges définis à la présente Section.

Art. 20 Le Centre, ses biens et ses avoirs, ne peuvent faire l'objet d'aucune action judiciaire, sauf s'il renonce à cette immunité.

Art. 21 Le Président, les membres du Conseil administratif, les personnes agissant en qualité de conciliateurs, d'arbitres ou de membres du Comité prévu à l'article 5, alinéa (3), et les fonctionnaires et employés du Secrétariat :

(a) ne peuvent faire l'objet de poursuites en raison d'actes accomplis par eux dans l'exercice de leurs fonctions, sauf si le Centre lève cette immunité;

(b) bénéficient, quand ils ne sont pas ressortissants de l'État où ils exercent leurs fonctions, des mêmes immunités en matière d'immigration, d'enregistrement des étrangers, d'obligations militaires ou de prestations analogues et des mêmes facilités en matière de change et de déplacements, que celles accordées par les États contractants aux représentants, fonctionnaires et employés de rang comparable d'autres États contractants.

Art. 22 Les dispositions de l'article 21 s'appliquent aux personnes participant aux instances qui font l'objet de la présente Convention en qualité de parties, d'agents, de conseillers, d'avocats, de témoins ou d'experts, l'alinéa (b) ne s'appliquant toutefois qu'à leurs déplacements et à leur séjour dans le pays où se déroule la procédure.

Art. 23 (1) Les archives du Centre sont inviolables où qu'elles se trouvent.

(2) Chaque État contractant accorde au Centre pour ses communications officielles un traitement aussi favorable qu'aux autres institutions internationales.

Art. 24 (1) Le Centre, ses avoirs, ses biens et ses revenus ainsi que ses opérations autorisées par la présente Convention sont exonérés de tous impôts et droits de douane. Le Centre est également exempt de toute obligation relative au recouvrement ou au paiement d'impôts ou de droits de douane.

(2) Aucun impôt n'est prélevé sur les indemnités payées par le Centre au Président ou aux membres du Conseil administratif ou sur les traitements, émoluments ou autres indemnités payés par le Centre aux fonctionnaires ou employés du Secrétariat, sauf si les bénéficiaires sont ressortissants du pays où ils exercent leurs fonctions.

(3) Aucun impôt n'est prélevé sur les honoraires ou indemnités versés aux personnes agissant en qualité de conciliateurs, d'arbitres ou de membres du Comité prévu à l'article 52, alinéa (3), dans les instances qui font l'objet de la présente Convention, si cet impôt n'a d'autre base juridique que le lieu où se trouve le Centre, celui où se déroule l'instance ou celui où sont payés lesdits honoraires ou indemnités.

CHAPITRE II

De la compétence du Centre

Art. 25 (1) La compétence du Centre s'étend aux différends d'ordre juridique entre un État contractant (ou telle collectivité publique ou tel organisme dépendant de lui qu'il désigne au Centre) et le ressortissant d'un autre État contractant qui sont en relation directe avec un investissement et que les parties ont consenti par écrit à soumettre au Centre. Lorsque les parties ont donné leur consentement, aucune d'elles ne peut le retirer unilatéralement.

(2) « Ressortissant d'un autre État contractant » signifie :

(a) toute personne physique qui possède la nationalité d'un État contractant autre que l'État partie au différend à la date à laquelle les parties ont consenti à soumettre le différend à la conciliation ou à l'arbitrage ainsi qu'à la date à laquelle la requête a été enregistrée conformément à l'article 28, alinéa (3), ou à l'article 36, alinéa (3), à l'exclusion de toute personne qui, à l'une ou à l'autre de ces dates, possède également la nationalité de l'État contractant partie au différend;

(b) toute personne morale qui possède la nationalité d'un État contractant autre que l'État partie au différend à la date à laquelle les parties ont consenti à soumettre le différend à la conciliation ou à l'arbitrage et toute personne morale qui possède la nationalité de l'État contractant partie au différend à la même date et que les parties sont convenues, aux fins de la présente Convention, de considérer comme ressortissant d'un autre État contractant en raison du contrôle exercé sur elle par des intérêts étrangers.

(3) Le consentement d'une collectivité publique ou d'un organisme dépendant d'un État contractant ne peut être donné qu'après approbation par ledit État, sauf si celui-ci indique au Centre que cette approbation n'est pas nécessaire.

(4) Tout État contractant peut, lors de sa ratification, de son acceptation ou de son approbation de la Convention ou à toute date ultérieure, faire connaître au Centre la ou les catégories de différends qu'il considérerait comme pouvant être soumis ou non à la compétence du Centre. Le Secrétaire général transmet immédiatement la notification à tous les États contractants. Ladite notification ne constitue pas le consentement requis aux termes de l'alinéa (1).

Art. 26 Le consentement des parties à l'arbitrage dans le cadre de la présente Convention est, sauf stipulation contraire, considéré comme impliquant renonciation à l'exercice de tout autre recours. Comme condition à son consentement à l'arbitrage dans le cadre de la présente Convention, un État contractant peut exiger que les recours administratifs ou judiciaires internes soient épuisés.

Art. 27 (1) Aucun État contractant n'accorde la protection diplomatique ou ne formule de revendication internationale au sujet d'un différend que l'un de ses ressortissants et un autre État contractant ont consenti à soumettre ou ont soumis à l'arbitrage dans le cadre de la présente Convention, sauf si l'autre État contractant ne se conforme pas à la sentence rendue à l'occasion du différend.

(2) Pour l'application de l'alinéa (1), la protection diplomatique ne vise pas les simples démarches diplomatiques tendant uniquement à faciliter le règlement du différend.

CHAPITRE III

De la conciliation

Section I

De la demande en conciliation

Art. 28 (1) Un État contractant ou le ressortissant d'un État contractant qui désire entamer une procédure de conciliation doit adresser par écrit une requête à cet effet au Secrétaire général, lequel en envoie copie à l'autre partie.

(2) La requête doit contenir des informations concernant l'objet du différend, l'identité des parties et leur consentement à la conciliation conformément au règlement de procédure relatif à l'introduction des instances de conciliation et d'arbitrage.

(3) Le Secrétaire général doit enregistrer la requête sauf s'il estime au vu des informations contenues dans la requête que le différend excède manifestement la compétence du Centre. Il doit immédiatement notifier aux parties l'enregistrement ou le refus d'enregistrement.

Section II

De la constitution de la Commission de conciliation

Art. 29 (1) La Commission de conciliation (ci-après dénommée la Commission) est constituée dès que possible après enregistrement de la requête conformément à l'article 28.

(2) (a) La Commission se compose d'un conciliateur unique ou d'un nombre impair de conciliateurs nommés conformément à l'accord des parties.

(b) À défaut d'accord entre les parties sur le nombre de conciliateurs et leur mode de nomination, la Commission comprend trois conciliateurs; chaque partie nomme un conciliateur et le troisième, qui est le président de la Commission, est nommé par accord des parties.

Art. 30 Si la Commission n'a pas été constituée dans les 90 jours suivant la notification de l'enregistrement de la requête par le Secrétaire général conformément à l'article 28, alinéa (3) ou dans tout autre délai convenu par les parties, le Président, à la demande de la partie la plus diligente et, si possible, après consultation des parties, nomme le conciliateur ou les conciliateurs non encore désignés.

Art. 31 (1) Les conciliateurs peuvent être pris hors de la liste des conciliateurs, sauf au cas de nomination par le Président prévu à l'article 30.

(2) Les conciliateurs nommés hors de la liste des conciliateurs doivent posséder les qualités prévues à l'article 14, alinéa (1).

Section III

De la procédure devant la Commission

Art. 32 (1) La Commission est juge de sa compétence.

(2) Tout déclinatoire de compétence soulevé par l'une des parties et fondé sur le motif que le différend n'est pas de la compétence du Centre ou, pour toute autre raison, de celle de la Commission doit être examiné par la Commission qui décide s'il doit être traité comme une question préalable ou si son examen doit être joint à celui des questions de fond.

Art. 33 Toute procédure de conciliation est conduite conformément aux dispositions de la présente section et, sauf accord contraire des parties, au Règlement de conciliation en vigueur à la date à laquelle elles ont consenti à la conciliation. Si une question de procédure non prévue par la présente section ou le Règlement de conciliation ou tout autre règlement adopté par les parties se pose, elle est tranchée par la Commission.

Art. 34 (1) La Commission a pour fonction d'éclaircir les points en litige entre les parties et doit s'efforcer de les amener à une solution mutuellement acceptable. À cet effet, la Commission peut à une phase quelconque de la procédure et à plusieurs reprises recommander aux parties les termes d'un règlement. Les parties doivent collaborer de bonne foi avec la Commission afin de lui permettre de remplir ses fonctions et doivent tenir le plus grand compte de ses recommandations.

(2) Si les parties se mettent d'accord, la Commission rédige un procès-verbal faisant l'inventaire des points en litige et prenant acte de l'accord des parties. Si à une phase quelconque de la procédure, la Commission estime qu'il n'y a aucune possibilité d'accord entre les parties, elle clôt la procédure et dresse un procès-verbal constatant que

le différend a été soumis à la conciliation et que les parties n'ont pas abouti à un accord. Si une des parties fait défaut ou s'abstient de participer à la procédure, la Commission clôt la procédure et dresse un procès-verbal constatant qu'une des parties a fait défaut ou s'est abstenue de participer à la procédure.

Art. 35 Sauf accord contraire des parties, aucune d'elles ne peut, à l'occasion d'une autre procédure se déroulant devant des arbitres, un tribunal ou de toute autre manière, invoquer les opinions exprimées, les déclarations ou les offres de règlement faites par l'autre partie au cours de la procédure non plus que le procès-verbal ou les recommandations de la Commission.

CHAPITRE IV

De l'arbitrage

Section I

De la demande d'arbitrage

Art. 36 (1) Un État contractant ou le ressortissant d'un État contractant qui désire entamer une procédure d'arbitrage doit adresser par écrit une requête à cet effet au Secrétaire général, lequel en envoie copie à l'autre partie.

(2) La requête doit contenir des informations concernant l'objet du différend, l'identité des parties et leur consentement à l'arbitrage conformément au règlement de procédure relatif à l'introduction des instances de conciliation et d'arbitrage.

(3) Le Secrétaire général doit enregistrer la requête sauf s'il estime au vu des informations contenues dans la requête que le différend excède manifestement la compétence du Centre. Il doit immédiatement notifier aux parties l'enregistrement ou le refus d'enregistrement.

Section II

De la constitution du Tribunal

Art. 37 (1) Le Tribunal arbitral (ci-après dénommé le Tribunal) est constitué dès que possible après enregistrement de la requête conformément à l'article 36.

(2) (a) Le Tribunal se compose d'un arbitre unique ou d'un nombre impair d'arbitres nommés conformément à l'accord des parties.

(b) À défaut d'accord entre les parties sur le nombre des arbitres et leur mode de nomination, le Tribunal comprend trois arbitres; chaque partie nomme un arbitre et le troisième, qui est le président du Tribunal, est nommé par accord des parties.

Art. 38 Si le Tribunal n'a pas été constitué dans les 90 jours suivant la notification de l'enregistrement de la requête par le Secrétaire général conformément à l'article 36, alinéa (3) ou dans tout autre délai convenu par les parties, le Président, à la demande de la partie la plus diligente et, si possible, après consultation des parties, nomme l'arbitre ou les arbitres non encore désignés. Les arbitres nommés par le Président conformément aux dispositions du présent article ne doivent pas être ressortissants de l'État contractant partie au différend ou de l'État contractant dont le ressortissant est partie au différend.

Art. 39 Les arbitres composant la majorité doivent être ressortissants d'États autres que l'État contractant partie au différend et que l'État contractant dont le ressortissant est partie au différend; étant entendu néanmoins que cette disposition ne s'applique pas si, d'un commun accord, les parties désignent l'arbitre unique ou chacun des membres du Tribunal.

Art. 40 (1) Les arbitres peuvent être pris hors de la liste des arbitres, sauf au cas de nomination par le Président prévu à l'article 38.

(2) Les arbitres nommés hors de la liste des arbitres doivent posséder les qualités prévues à l'article 14, alinéa (1).

Section III

Des pouvoirs et des fonctions du Tribunal

Art. 41 (1) Le Tribunal est juge de sa compétence.

(2) Tout déclinatoire de compétence soulevé par l'une des parties et fondé sur le motif que le différend n'est pas de la compétence du Centre ou, pour toute autre raison, de celle du Tribunal doit être examiné par le Tribunal qui décide s'il doit être traité comme question préalable ou si son examen doit être joint à celui des questions de fond.

Art. 42 (1) Le Tribunal statue sur le différend conformément aux règles de droit adoptées par les parties. Faute d'accord entre les parties, le Tribunal applique le droit de l'État contractant partie au différend – y compris les règles relatives aux conflits de lois – ainsi que les principes de droit international en la matière.

(2) Le Tribunal ne peut refuser de juger sous prétexte du silence ou de l'obscurité du droit.

(3) Les dispositions des alinéas précédents ne portent pas atteinte à la faculté pour le Tribunal, si les parties en sont d'accord, de statuer ex aequo et bono.

Art. 43 Sauf accord contraire des parties, le Tribunal s'il l'estime nécessaire, peut à tout moment durant les débats :

(a) demander aux parties de produire tous documents ou autres moyens de preuve, et

(b) se transporter sur les lieux et y procéder à telles enquêtes qu'il estime nécessaires.

Art. 44 Toute procédure d'arbitrage est conduite conformément aux dispositions de la présente section et, sauf accord contraire des parties, au Règlement d'arbitrage en vigueur à la date à laquelle elles ont consenti à l'arbitrage. Si une question de procédure non prévue par la présente section ou le Règlement d'arbitrage ou tout autre règlement adopté par les parties se pose, elle est tranchée par le Tribunal.

Art. 45 (1) Si l'une des parties fait défaut ou s'abstient de faire valoir ses moyens, elle n'est pas pour autant réputée acquiescer aux prétentions de l'autre partie.

(2) Si l'une des parties fait défaut ou s'abstient de faire valoir ses moyens à tout moment de la procédure, l'autre partie peut demander au Tribunal de considérer les chefs de conclusions qui lui sont soumises et de rendre sa sentence. Le Tribunal doit, en notifiant à la partie défaillante la demande dont il est saisi, accorder à celle-ci un délai de grâce avant de rendre sa sentence, à moins qu'il ne soit convaincu que ladite partie n'a pas l'intention de comparaître ou de faire valoir ses moyens.

Art. 46 Sauf accord contraire des parties, le Tribunal doit, à la requête de l'une d'elles, statuer sur toutes demandes incidentes, additionnelles ou reconventionnelles se rapportant directement à l'objet du différend, à condition que ces demandes soient couvertes par le consentement des parties et qu'elles relèvent par ailleurs de la compétence du Centre.

Art. 47 Sauf accord contraire des parties, le Tribunal peut, s'il estime que les circonstances l'exigent, recommander toutes mesures conservatoires propres à sauvegarder les droits des parties.

Section IV

De la sentence

Art. 48 (1) Le Tribunal statue sur toute question à la majorité des voix de tous ses membres.

(2) La sentence est rendue par écrit; elle est signée par les membres du Tribunal qui se sont prononcés en sa faveur.

(3) La sentence doit répondre à tous les chefs de conclusions soumises au Tribunal et doit être motivée.

(4) Tout membre du Tribunal peut faire joindre à la sentence soit son opinion particulière – qu'il partage ou non l'avis de la majorité – soit la mention de son dissentiment.

(5) Le Centre ne publie aucune sentence sans le consentement des parties.

Art. 49 (1) Le Secrétaire général envoie sans délai aux parties copies certifiées conformes de la sentence. La sentence est réputée avoir été rendue le jour de l'envoi desdites copies.

(2) Sur requête d'une des parties, à présenter dans les 45 jours de la sentence, le Tribunal peut, après notification à l'autre partie, statuer sur toute question sur laquelle il aurait omis de se prononcer dans la sentence et corriger toute erreur matérielle contenue dans la sentence. Sa décision fait partie intégrante de la sentence et est notifiée aux parties dans les mêmes formes que celle-ci. Les délais prévus à l'article 51, alinéa (2) et à l'article 52, alinéa (2) courent à partir de la date de la décision correspondante.

Section V

De l'interprétation, de la révision et de l'annulation de la sentence

Art. 50 (1) Tout différend qui pourrait s'élever entre les parties concernant le sens ou la portée de la sentence peut faire l'objet d'une demande en interprétation adressée par écrit au Secrétaire général par l'une ou l'autre des parties.

(2) La demande est, si possible, soumise au Tribunal qui a statué. En cas d'impossibilité, un nouveau Tribunal est constitué conformément à la section 2 du présent chapitre. Le Tribunal peut, s'il estime que les circonstances l'exigent, décider de suspendre l'exécution de la sentence jusqu'à ce qu'il se soit prononcé sur la demande en interprétation.

Art. 51 (1) Chacune des parties peut demander, par écrit, au Secrétaire général la révision de la sentence en raison de la découverte d'un fait de nature à exercer une influence décisive sur la sentence, à condition qu'avant le prononcé de la sentence ce fait

ait été inconnu du Tribunal et de la partie demanderesse et qu'il n'y ait pas eu, de la part de celle-ci, faute à l'ignorer.

(2) La demande doit être introduite dans les 90 jours suivant la découverte du fait nouveau et, en tout cas, dans les trois ans suivant la date de la sentence.

(3) La demande est, si possible, soumise au Tribunal ayant statué. En cas d'impossibilité, un nouveau Tribunal est constitué conformément à la section 2 du présent chapitre.

(4) Le Tribunal peut, s'il estime que les circonstances l'exigent, décider de suspendre l'exécution de la sentence jusqu'à ce qu'il se soit prononcé sur la demande en révision. Si, dans sa demande, la partie en cause requiert qu'il soit sursis à l'exécution de la sentence, l'exécution est provisoirement suspendue jusqu'à ce que le Tribunal ait statué sur ladite requête.

Art. 52 (1) Chacune des parties peut demander, par écrit, au Secrétaire général l'annulation de la sentence pour l'un quelconque des motifs suivants :

(a) vice dans la constitution du Tribunal;

(b) excès de pouvoir manifeste du Tribunal;

(c) corruption d'un membre du Tribunal;

(d) inobservation grave d'une règle fondamentale de procédure;

(e) défaut de motifs.

(2) Toute demande doit être formée dans les 120 jours suivant la date de la sentence, sauf si l'annulation est demandée pour cause de corruption, auquel cas ladite demande doit être présentée dans les 120 jours suivant la découverte de la corruption et, en tout cas, dans les trois ans suivant la date de la sentence.

(3) Au reçu de la demande, le Président nomme immédiatement parmi les personnes dont les noms figurent sur la liste des arbitres, un Comité *ad hoc* de trois membres. Aucun membre dudit Comité ne peut être choisi parmi les membres du Tribunal ayant rendu la sentence, ni posséder la même nationalité qu'un des membres dudit Tribunal ni celle de l'État partie au différend ou de l'État dont le ressortissant est partie au différend, ni avoir été désigné pour figurer sur la liste des arbitres par l'un desdits États, ni avoir rempli les fonctions de conciliateur dans la même affaire. Le Comité est habilité à annuler la sentence en tout ou en partie pour l'un des motifs énumérés à l'alinéa (1) du présent article.

(4) Les dispositions des articles 41-45, 48, 49, 53 et 54 et des chapitres VI et VII s'appliquent mutatis mutandis à la procédure devant le Comité.

(5) Le Comité peut, s'il estime que les circonstances l'exigent, décider de suspendre l'exécution de la sentence jusqu'à ce qu'il se soit prononcé sur la demande en annulation. Si, dans sa demande, la partie en cause requiert qu'il soit sursis à l'exécution de la sentence, l'exécution est provisoirement suspendue jusqu'à ce que le Comité ait statué sur ladite requête.

(6) Si la sentence est déclarée nulle, le différend est, à la requête de la partie la plus diligente, soumis à un nouveau Tribunal constitué conformément à la section 2 du présent chapitre.

Section VI

De la reconnaissance et de l'exécution de la sentence

Art. 53 (1) La sentence est obligatoire à l'égard des parties et ne peut être l'objet d'aucun appel ou autre recours, à l'exception de ceux prévus à la présente Convention. Chaque partie doit donner effet à la sentence conformément à ses termes, sauf si l'exécution en est suspendue en vertu des dispositions de la présente Convention.

(2) Aux fins de la présente section, une « sentence » inclut toute décision concernant l'interprétation, la révision ou l'annulation de la sentence prise en vertu des articles 50, 51 ou 52.

Art. 54 (1) Chaque État contractant reconnaît toute sentence rendue dans le cadre de la présente Convention comme obligatoire et assure l'exécution sur son territoire des obligations pécuniaires que la sentence impose comme s'il s'agissait d'un jugement définitif d'un tribunal fonctionnant sur le territoire dudit État. Un État contractant ayant une constitution fédérale peut assurer l'exécution de la sentence par l'entremise de ses tribunaux fédéraux et prévoir que ceux-ci devront considérer une telle sentence comme un jugement définitif des tribunaux de l'un des États fédérés.

(2) Pour obtenir la reconnaissance et l'exécution d'une sentence sur le territoire d'un État contractant, la partie intéressée doit en présenter copie certifiée conforme par le Secrétaire général au tribunal national compétent ou à toute autre autorité que ledit État contractant aura désigné à cet effet. Chaque État contractant fait savoir au Secrétaire général le tribunal compétent ou les autorités qu'il désigne à cet effet et le tient informé des changements éventuels.

(3) L'exécution est régie par la législation concernant l'exécution des jugements en vigueur dans l'État sur le territoire duquel on cherche à y procéder.

Art. 55 Aucune des dispositions de l'article 54 ne peut être interprétée comme faisant exception au droit en vigueur dans un État contractant concernant l'immunité d'exécution dudit État ou d'un État étranger.

CHAPITRE V

Du remplacement et de la récusation des conciliateurs et des arbitres

Art. 56 (1) Une fois qu'une Commission ou un Tribunal a été constitué et la procédure engagée, sa composition ne peut être modifiée. Toutefois, en cas de décès, d'incapacité ou de démission d'un conciliateur ou d'un arbitre, il est pourvu à la vacance selon les dispositions du chapitre III, section 2 ou du chapitre IV, section 2.

(2) Tout membre d'une Commission ou d'un Tribunal continue à remplir ses fonctions en cette qualité nonobstant le fait que son nom n'apparaisse plus sur la liste.

(3) Si un conciliateur ou un arbitre nommé par une partie démissionne sans l'assentiment de la Commission ou du Tribunal dont il est membre, le Président pourvoit à la vacance en prenant un nom sur la liste appropriée.

Art. 57 Une partie peut demander à la Commission ou au Tribunal la récusation d'un de ses membres pour tout motif impliquant un défaut manifeste des qualités requises par l'article 14, alinéa (1). Une partie à une procédure d'arbitrage peut, en outre, demander la récusation d'un arbitre pour le motif qu'il ne remplissait pas les conditions fixées à la section 2 du chapitre IV pour la nomination au Tribunal arbitral.

Art. 58 Les autres membres de la Commission ou du Tribunal, selon le cas, se prononcent sur toute demande en récusation d'un conciliateur ou d'un arbitre. Toutefois, en cas de partage égal des voix, ou si la demande en récusation vise un conciliateur ou un arbitre unique ou une majorité de la Commission ou du Tribunal, la décision est prise par le Président. Si le bien-fondé de la demande est reconnu, le conciliateur ou l'arbitre visé par la décision est remplacé conformément aux dispositions du chapitre III, section 2 ou du chapitre IV, section 2.

CHAPITRE VI
Des frais de procédure

Art. 59 Les redevances dues par les parties pour l'utilisation des services du Centre sont fixées par le Secrétaire général conformément aux règlements adoptés en la matière par le Conseil administratif.

Art. 60 (1) Chaque Commission et chaque Tribunal fixe les honoraires et frais de ses membres dans les limites qui sont définies par le Conseil administratif et après consultation du Secrétaire général.

(2) Nonobstant les dispositions de l'alinéa précédent, les parties peuvent fixer par avance, en accord avec la Commission ou le Tribunal, les honoraires et frais de ses membres.

Art. 61 (1) Dans le cas d'une procédure de conciliation les honoraires et frais des membres de la Commission ainsi que les redevances dues pour l'utilisation des services du Centre sont supportés à parts égales par les parties. Chaque partie supporte toutes les autres dépenses qu'elle expose pour les besoins de la procédure.

(2) Dans le cas d'une procédure d'arbitrage le Tribunal fixe, sauf accord contraire des parties, le montant des dépenses exposées par elles pour les besoins de la procédure et décide des modalités de répartition et de paiement desdites dépenses, des honoraires et frais des membres du Tribunal et des redevances dues pour l'utilisation des services du Centre. Cette décision fait partie intégrante de la sentence.

CHAPITRE VII
Du lieu de la procédure

Art. 62 Les procédures de conciliation et d'arbitrage se déroulent au siège du Centre, sous réserve des dispositions qui suivent.

Art. 63 Si les parties en décident ainsi, les procédures de conciliation et d'arbitrage peuvent se dérouler :

(a) soit au siège de la Cour permanente d'arbitrage ou de toute autre institution appropriée, publique ou privée, avec laquelle le Centre aura conclu des arrangements à cet effet;

(b) soit en tout autre lieu approuvé par la Commission ou le Tribunal après consultation du Secrétaire général.

CHAPITRE VIII

Différends entre États contractants

Art. 64 Tout différend qui pourrait surgir entre les États contractants quant à l'interprétation ou l'application de la présente Convention et qui ne serait pas résolu à l'amiable est porté devant la Cour internationale de Justice à la demande de toute partie au différend, à moins que les États intéressés ne conviennent d'une autre méthode de règlement.

CHAPITRE IX

Amendements

Art. 65 Tout État contractant peut proposer des amendements à la présente Convention. Tout texte d'amendement doit être communiqué au Secrétaire général 90 jours au moins avant la réunion du Conseil administratif au cours de laquelle ledit amendement doit être examiné, et doit être immédiatement transmis par lui à tous les membres du Conseil administratif.

Art. 66 (1) Si le Conseil administratif le décide à la majorité des deux tiers de ses membres, l'amendement proposé est distribué à tous États contractants aux fins de ratification, d'acceptation ou d'approbation. Chaque amendement entre en vigueur 30 jours après l'envoi par le dépositaire de la présente Convention d'une notice adressée aux États contractants les informant que tous les États contractants ont ratifié, accepté ou approuvé l'amendement.

(2) Aucun amendement ne peut porter atteinte aux droits et obligations d'un État contractant, d'une collectivité publique ou d'un organisme dépendant de lui ou d'un de ses ressortissants, aux termes de la présente Convention qui découlent d'un consentement à la compétence du Centre donné avant la date d'entrée en vigueur dudit amendement.

CHAPITRE X

Dispositions finales

Art. 67 La présente Convention est ouverte à la signature des États membres de la Banque. Elle est également ouverte à la signature de tout autre État partie au Statut de la Cour internationale de Justice que le Conseil administratif, à la majorité des deux tiers de ses membres, aura invité à signer la Convention.

Art. 68 (1) La présente Convention est soumise à la ratification, à l'acceptation ou à l'approbation des États signataires conformément à leurs procédures constitutionnelles.

(2) La présente Convention entrera en vigueur 30 jours après la date du dépôt du vingtième instrument de ratification, d'acceptation ou d'approbation. À l'égard de tout État déposant ultérieurement son instrument de ratification, d'acceptation ou d'approbation, elle entrera en vigueur 30 jours après la date dudit dépôt.

Art. 69 Tout État contractant doit prendre les mesures législatives ou autres qui seraient nécessaires en vue de donner effet sur son territoire aux dispositions de la présente Convention.

Art. 70 La présente Convention s'applique à tous les territoires qu'un État contractant représente sur le plan international, à l'exception de ceux qui sont exclus par ledit État par notification adressée au dépositaire de la présente Convention soit au moment de la ratification, de l'acceptation ou de l'approbation soit ultérieurement.

Art. 71 Tout État contractant peut dénoncer la présente Convention par notification adressée au dépositaire de la présente Convention. La dénonciation prend effet six mois après réception de ladite notification.

Art. 72 Aucune notification par un État contractant en vertu des articles 70 et 71 ne peut porter atteinte aux droits et obligations dudit État, d'une collectivité publique ou d'un organisme dépendant de lui ou d'un de ses ressortissants, aux termes de la présente Convention qui découlent d'un consentement à la compétence du Centre donné par l'un d'eux antérieurement à la réception de ladite notification par le dépositaire.

Art. 73 Les instruments de ratification, d'acceptation ou d'approbation de la présente Convention et de tous amendements qui y seraient apportés seront déposés auprès de la Banque, laquelle agira en qualité de dépositaire de la présente Convention. Le dépositaire transmettra des copies de la présente Convention certifiées conformes aux États membres de la Banque et à tout autre État invité à signer la Convention.

Art. 74 Le dépositaire enregistrera la présente Convention auprès du Secrétariat des Nations unies conformément à l'article 102 de la Charte des Nations unies et aux Règlements y afférents adoptés par l'Assemblée générale.

Art. 75 Le dépositaire donnera notification à tous les États signataires des informations concernant :

(a) les signatures conformément à l'article 67;

(b) le dépôt des instruments de ratification, d'acceptation ou d'approbation conformément à l'article 73;

(c) la date d'entrée en vigueur de la présente Convention conformément à l'article 68;

(d) les exclusions de l'application territoriale conformément à l'article 70;

(e) la date d'entrée en vigueur de tout amendement à la présente Convention conformément à l'article 66;

(f) les dénonciations conformément à l'article 71.

133 Convention de Paris du 14 novembre 1970 concernant les mesures à prendre pour interdire ou empêcher l'importation, l'exportation et le transfert de propriété illicites des biens culturels

Entrée en vigueur le 7 avril 1997

La Conférence générale de l'Organisation des Nations Unies pour l'éducation, la science et la culture, réunie à Paris, du 12 octobre au 14 novembre 1970 en sa seizième session,

Rappelant l'importance des dispositions de la Déclaration des principes de la coopération culturelle internationale adoptée par la Conférence générale à sa quatorzième session,

Considérant que l'échange de biens, culturels entre nations à des fins scientifiques, culturelles et éducatives approfondit la connaissance de la civilisation humaine, enrichit la vie culturelle de tous les peuples et fait naître le respect et l'estime mutuels entre les nations,

Considérant que les biens culturels sont un des éléments fondamentaux de la civilisation et de la culture des peuples, et qu'ils ne prennent leur valeur réelle que si leur origine, leur histoire et leur environnement sont connus avec la plus grande précision,

Considérant que chaque État a le devoir de protéger le patrimoine constitué par les biens culturels existant sur son territoire contre les dangers de vol, de fouilles clandestines et d'exportation illicite,

Considérant que, pour parer à ces dangers, il est indispensable que chaque État prenne davantage conscience des obligations morales touchant au respect de son patrimoine culturel comme de celui de toutes les nations,

Considérant que les musées, les bibliothèques et les archives, en tant qu'institutions culturelles, doivent veiller à ce que la constitution de leurs collections soit fondée sur des principes moraux universellement reconnus,

Considérant que l'importation, l'exportation et le transfert de propriété illicites des biens culturels entravent la compréhension mutuelle des nations que l'Unesco a le devoir de favoriser, entre autres en recommandant aux États intéressés des conventions internationales à cet effet,

Considérant que, pour être efficace, la protection du patrimoine culturel doit être organisée tant sur le plan national qu'international et exige une étroite collaboration entre les États,

Considérant que la Conférence générale de l'Unesco a déjà adopté, en 1964, une recommandation à cet effet,

Étant saisie de nouvelles propositions concernant les mesures à prendre pour interdire et empêcher l'importation, l'exportation et le transfert de propriété illicites des biens culturels, question qui constitue le point 19 de l'ordre du jour de la session,

Après avoir décidé, lors de sa quinzième session, que cette question ferait l'objet d'une convention internationale, adopte, ce quatorzième jour de novembre 1970, la présente Convention.

Art. premier Aux fins de la présente Convention sont considérés comme biens culturels les biens qui, à titre religieux ou profane, sont désignés par chaque État comme étant d'importance pour l'archéologie, la préhistoire, l'histoire, la littérature, l'art ou la science, et qui appartiennent aux catégories ci-après :

a. Collections et spécimens rares de zoologie, de botanique, de minéralogie et d'anatomie; objets présentant un intérêt paléontologique;

b. Les biens concernant l'histoire, y compris l'histoire des sciences et des techniques, l'histoire militaire et sociale ainsi que la vie des dirigeants, penseurs, savants et artistes nationaux, et les événements d'importance nationale;

c. Le produit des fouilles archéologiques (régulières et clandestines) et des découvertes archéologiques;

d. Les éléments provenant du démembrement de monuments artistiques ou historiques et des sites archéologiques;

e. Objets d'antiquité ayant plus de cent ans d'âge, tels qu'inscriptions, monnaies et sceaux gravés;

f. Le matériel ethnologique;

g. Les biens d'intérêt artistique tels que :

(i) Tableaux, peintures et dessins faits entièrement à la main sur tout support et en toutes matières (à l'exclusion des dessins industriels et des articles manufacturés à la main);

(ii) Productions originales de l'art statuaire et de la sculpture, en toutes matières;

(iii) Gravures, estampes et lithographies originales;

(iv) Assemblages et montages artistiques originaux, en toutes matières;

h. Manuscrits rares et incunables, livres, documents et publications anciens d'intérêt spécial (historique, artistique, scientifique, littéraire, etc.) isolés ou en collections; Timbres-poste, timbres fiscaux et analogues, isolés ou en collections;

j. Archives, y compris les archives phonographiques, photographiques et cinématographiques;

k. Objets d'ameublement ayant plus de cent ans d'âge et instruments de musique anciens.

Art. 2 1. Les États parties à la présente Convention reconnaissent que l'importation, l'exportation et le transfert de propriété illicites des biens culturels constituent l'une des causes principales de l'appauvrissement du patrimoine culturel des pays d'origine de ces biens, et qu'une collaboration internationale constitue l'un dés moyens les plus efficaces de protéger leurs biens culturels respectifs contre tous les dangers qui en sont les conséquences.

2. A cette fin, les États parties s'engagent à combattre ces pratiques par les moyens dont ils disposent, notamment en supprimant leurs causes, en arrêtant leur cours et en aidant à effectuer les réparations qui s'imposent.

Art. 3 Sont illicites l'importation, l'exportation et le transfert de propriété des biens culturels, effectués contrairement aux dispositions prises par les États parties en vertu de la présente Convention.

Art. 4 Les États parties à la présente Convention reconnaissent qu'aux fins de ladite convention, les biens culturels appartenant aux catégories ci-après font partie du patrimoine culturel de chaque État :

a. Biens culturels nés du génie individuel ou collectif de ressortissants de l'État considéré et biens culturels importants pour l'État considéré, créés sur le territoire de cet État par des ressortissants étrangers ou par des apatrides résidant sur ce territoire;

b. Biens culturels trouvés sur le territoire national;

c. Biens culturels acquis par des missions archéologiques, ethnologiques ou de sciences naturelles, avec le consentement des autorités compétentes du pays d'origine de ces biens;

d. Biens culturels ayant fait l'objet d'échanges librement consentis;

e. Biens culturels reçus à titre gratuit ou achetés légalement avec le consentement des autorités compétentes du pays d'origine de ces biens.

Art. 5 Afin d'assurer la protection de leurs biens culturels contre l'importation, l'exportation et le transfert de propriété illicites, les États parties à la présente Convention s'engagent dans les conditions appropriées à chaque pays à instituer sur leur territoire, dans la mesure où ils n'existent pas déjà, un ou plusieurs services de protection du patrimoine culturel dotés d'un personnel qualifié et en nombre suffisant pour assurer de manière efficace les fonctions énumérées ci-dessous :

a. Contribuer à l'élaboration des projets de textes législatifs et réglementaires en vue de permettre la protection du patrimoine culturel, et notamment la répression des importations, exportations et transferts de propriété illicites des biens culturels importants;

b. Établir et tenir à jour, sur la base d'un inventaire national de protection, la liste des biens culturels importants, publics et privés, dont l'exportation constituerait un appauvrissement sensible du patrimoine culturel national;

c. Promouvoir le développement ou la création des institutions scientifiques et techniques (musées, bibliothèques, archives, laboratoires, ateliers, etc.) nécessaires pour assurer la conservation et la mise en valeur des biens culturels;

d. Organiser le contrôle des fouilles archéologiques, assurer la conservation « *in situ* » de certains biens culturels et protéger certaines zones réservées à des recherches archéologiques futures;

e. Établir, à l'intention des personnes intéressées (conservateurs, collectionneurs, antiquaires, etc.), des règles conformes aux principes éthiques formulés dans la présente Convention et veiller au respect de ces règles;

f. Exercer une action éducative afin d'éveiller et de développer le respect du patrimoine culturel de tous les États et diffuser largement la connaissance des dispositions de la présente Convention;

g. Veiller à ce qu'une publicité appropriée soit donnée à tout cas de disparition d'un bien culturel.

Art. 6 Les États parties à la présente Convention s'engagent :

a. A instituer un certificat approprié par lequel l'État exportateur spécifierait que l'exportation du ou des biens culturels visés est autorisée par lui, ce certificat devant accompagner le ou les biens culturels régulièrement exportés;

b. A interdire la sortie de leur territoire des biens culturels non accompagnés du certificat d'exportation visé ci-dessus;

c. A porter de façon appropriée cette interdiction à la connaissance du public, et en particulier des personnes qui pourraient exporter ou importer des biens culturels.

Art. 7 Les États parties à la présente Convention s'engagent :

a. A prendre toutes les mesures nécessaires, conformes à la législation nationale, pour empêcher l'acquisition, par les musées et autres institutions similaires situés sur leur territoire, de biens culturels en provenance d'un autre État partie à la Convention, biens qui auraient été exportés illicitement après l'entrée en vigueur de la Convention; dans la mesure du possible, à informer l'État d'origine, partie à la présente Convention, des offres de tels biens culturels sortis illicitement du territoire de cet État après l'entrée en vigueur de la présente Convention, à l'égard des deux États en cause;

b. (i) A interdire l'importation des biens, culturels volés dans un musée ou un monument public civil ou religieux, ou une institution similaire, situés sur le territoire d'un autre État partie à la présente Convention après l'entrée en vigueur de celle-ci à l'égard des États en question, à condition qu'il soit prouvé que ce ou ces biens font partie de l'inventaire de cette institution;

(ii) A prendre des mesures appropriées pour saisir et restituer à la requête de l'État d'origine partie à la Convention tout bien culturel ainsi volé et importé après l'entrée en vigueur de la présente Convention à l'égard des deux États concernés, à condition que l'État requérant verse une indemnité équitable à la personne qui est acquéreur de bonne foi ou qui détient légalement la propriété de ce bien. Les requêtes de saisie et de restitution doivent être adressées à l'État requis par la voie diplomatique. L'État requérant est tenu de fournir, à ses frais, tout moyen de preuve nécessaire pour justifier sa requête de saisie et de restitution. Les États parties s'abstiennent de frapper de droits de douane ou d'autres charges les biens culturels restitués en conformité avec le présent article. Toutes les dépenses afférentes à la restitution du ou des biens culturels en question sont à la charge de l'État requérant.

Art. 8 Les États parties à la présente Convention s'engagent à frapper de sanctions pénales ou administratives toute personne responsable d'une infraction aux interdictions prévues aux articles 6b et 7b ci-dessus.

Art. 9 Tout État partie à la présente Convention et dont le patrimoine culturel est mis en danger par certains pillages archéologiques ou ethnologiques peut faire appel aux États qui sont concernés. Les États parties à la présente Convention s'engagent à participer à toute opération internationale concertée dans ces circonstances, en vue de déterminer et d'appliquer les mesures concrètes nécessaires, y compris le contrôle de l'exportation, de l'importation et du commerce international des biens culturels spécifiques concernés. En attendant un accord chaque État concerné prendra, dans la mesure du possible, des dispositions provisoires pour prévenir un dommage irrémédiable au patrimoine culturel de l'État demandeur.

Art. 10 Les États parties à la présente Convention s'engagent :

a. A restreindre par l'éducation, l'information et la vigilance, les transferts de biens culturels illégalement enlevés de tout État partie à la présente Convention et, dans les conditions appropriées à chaque pays, à obliger, sous peine de sanctions pénales ou administratives, les antiquaires à tenir un registre mentionnant la provenance de chaque bien culturel, le nom et l'adresse du fournisseur, la description et le prix de chaque bien vendu, ainsi qu'à informer l'acheteur du bien culturel de l'interdiction d'exportation dont ce bien peut être l'objet;

b. A s'efforcer, par l'éducation, de créer et de développer dans le public le sentiment de la valeur des biens culturels et du danger que le vol, les fouilles clandestines et les exportations illicites représentent pour le patrimoine culturel.

Art. 11 Sont considérés comme illicites l'exportation et le transfert de propriété forcés de biens culturels résultant directement ou indirectement de l'occupation d'un pays par une puissance étrangère.

Art. 12 Les États parties à la présente Convention respecteront le patrimoine culturel dans les territoires dont ils assurent les relations internationales et prendront les mesures appropriées pour interdire et empêcher l'importation, l'exportation et le transfert de propriété illicites des biens culturels dans ces territoires.

Art. 13 Les États parties à la présente Convention s'engagent par ailleurs dans le cadre de la législation de chaque État :

a. A empêcher, par tous moyens appropriés, les transferts de propriété de biens culturels tendant à favoriser l'importation ou l'exportation illicites de ces biens;

b. A faire en sorte que leurs services compétents collaborent en vue de faciliter la restitution, à qui de droit, dans les délais les plus rapides des biens culturels exportés illicitement;

c. A admettre une action de revendication de biens culturels perdus ou volés exercée par le propriétaire légitime ou en son nom;

d. A reconnaître, en outre, le droit imprescriptible de chaque État partie à la présente Convention, de classer et déclarer inaliénables certains biens culturels qui, de ce fait, ne doivent pas être exportés, et à faciliter la récupération par l'État intéressé de tels biens au cas où ils auraient été exportés.

Art. 14 Pour prévenir les exportations illicites et faire face aux obligations qu'entraîne l'exécution des dispositions de la présente Convention, chaque État partie à ladite Convention devra, dans la mesure de ses, moyens, doter les services nationaux de protection du patrimoine culturel d'un budget suffisant et, si nécessaire, pourra créer un fonds à cette fin.

Art. 15 Rien, dans la présente Convention, n'empêche les États qui y sont parties de conclure entre eux des accords particuliers ou de poursuivre la mise â exécution des accords déjà conclus concernant la restitution de biens culturels sortis de leur territoire d'origine, pour quelque raison que ce soit, avant l'entrée en vigueur de la présente Convention pour les États intéressés.

Art. 16 Les États parties à la présente Convention indiqueront dans des rapports périodiques qu'ils présenteront à la Conférence générale de l'Organisation des Nations Unies pour l'éducation, la science et la culture, aux dates et sous la forme qu'elle déterminera, les dispositions législatives et réglementaires et les autres mesures qu'ils auront adoptées pour l'application de la présente Convention, ainsi que des précisions sur l'expérience qu'ils auront acquise dans ce domaine.

Art. 17 1.Les États parties à la présente Convention peuvent faire appel au concours technique de l'Organisation des Nations Unies pour l'éducation, la science et la culture, notamment en ce qui concerne :

a) l'information et l'éducation;

b) la consultation et l'expertise;

c) la coordination et les bons offices.

2. L'Organisation des Nations Unies pour l'éducation, la science et la culture peut, de sa propre initiative, entreprendre des recherches et publier des études sur les problèmes relatifs à la circulation illicite des biens culturels.

3. A cette fin, l'Organisation des Nations Unies pour l'éducation, la science et la culture peut également recourir à la coopération de toute organisation non gouvernementale compétente.

4. L'Organisation des Nations Unies pour l'éducation, la science et la culture est habilitée à faire, de sa propre initiative, des propositions aux États parties en vue de la mise en œuvre de la présente Convention.

5. A la demande d'au moins deux États parties à la présente Convention qu'oppose un différend relatif à la mise en œuvre de celle-ci, l'Unesco peut offrir ses bons offices afin d'arriver à un accord entre eux.

Art. 18 La présente Convention est établie en anglais, en espagnol, en français et en russe, les quatre textes faisant également foi.

Art. 19 1. La présente Convention sera soumise à la ratification ou à l'acceptation des États membres de l'Organisation des Nations Unies pour l'éducation, la science et la culture, conformément à leurs procédures constitutionnelles respectives.

2. Les instruments de ratification ou d'acceptation seront déposés auprès du Directeur général de l'Organisation des Nations Unies pour l'éducation, la science et la culture.

Art. 20 1. La présente Convention est ouverte à l'adhésion de tout État non membre de l'Organisation des Nations Unies pour l'éducation, la science et la culture, invité à y adhérer par le Conseil exécutif de l'Organisation.

2. L'adhésion se fera par le dépôt d'un instrument d'adhésion auprès du Directeur général de l'Organisation des Nations Unies pour l'éducation, la science et la culture.

Art. 21 La présente Convention entrera en vigueur trois mois après la date de dépôt du troisième instrument de ratification, d'acceptation ou d'adhésion, mais uniquement à l'égard des États qui auront déposé leurs instruments respectifs de ratification, d'acceptation ou d'adhésion à cette date ou antérieurement. Elle entrera en vigueur pour chaque autre État trois mois après le dépôt de son instrument de ratification, d'acceptation ou d'adhésion.

Art. 22 Les États parties à la présente Convention reconnaissent que celle-ci est applicable non seulement à leurs territoires métropolitains mais aussi aux territoires dont ils assurent les relations internationales; ils s'engagent à consulter, si nécessaire, les gouvernements ou autres autorités compétentes desdits territoires, au moment de la ratification, de l'acceptation ou de l'adhésion, ou auparavant, en vue d'obtenir l'application de la Convention à ces territoires, ainsi qu'à notifier au Directeur général de l'Organisation des Nations Unies pour l'éducation, la science et la culture, les territoires auxquels la Convention s'appliquera, cette ratification devant prendre effet trois mois après la date de sa réception.

Art. 23 1. Chacun des États parties à la présente Convention aura la faculté de dénoncer la présente Convention en son nom propre ou au nom de tout territoire dont il assure les relations internationales.

2. La dénonciation sera notifiée par un instrument écrit déposé auprès du Directeur général de l'Organisation des Nations Unies pour l'éducation, la science et la culture.

3. La dénonciation prendra effet douze mois après réception de l'instrument de dénonciation.

Art. 24 Le Directeur général de l'Organisation des Nations Unies pour l'éducation, la science et la culture informera les États membres de l'Organisation, les États non membres visés à l'article 20, ainsi que l'Organisation des Nations Unies, du dépôt de tous les instruments de ratification, d'acceptation ou d'adhésion mentionnés aux articles 19 et 20, de même que des notifications et dénonciations respectivement prévues aux articles 22 et 23.

Art. 25 1. La présente Convention pourra être révisée par la Conférence générale de l'Organisation des Nations Unies pour l'éducation, la science et la culture. La révision ne liera cependant que les États qui deviendront parties à la Convention portant révision.

2. Au cas où la Conférence générale adopterait une nouvelle convention portant révision totale ou partielle de la présente Convention, et à moins que la nouvelle convention n'en dispose autrement, la présente Convention cesserait d'être ouverte à la ratification, à l'acceptation ou à l'adhésion, à partir de la date d'entrée en vigueur de la nouvelle convention portant révision.

Art. 26 Conformément à l'article 102 de la Charte des Nations Unies, la présente Convention sera enregistrée au Secrétariat des Nations Unies à la requête du Directeur général de l'Organisation des Nations Unies pour l'éducation, la science et la culture.

Fait à Paris, ce dix-septième jour de novembre 1970, en deux exemplaires authentiques, portant la signature du Président de la Conférence générale, réunie en sa seizième session, et du Directeur général de l'Organisation des Nations Unies pour l'éducation, la science et la culture, qui seront déposés dans les archives de l'Organisation des Nations Unies pour l'éducation, la science et la culture, et dont des copies certifiées conformes seront remises à tous les États visés aux articles 19 et 20 ainsi qu'à l'Organisation des Nations Unies.

134 Convention de Washington du 26 octobre 1973 portant loi uniforme sur la forme d'un testament international

En vigueur depuis le 1er décembre 1994

Les États signataires de la présente Convention,

Désirant assurer dans une plus large mesure le respect des actes de dernière volonté par l'établissement d'une forme supplémentaire de testament appelée désormais « Testament international » dont l'emploi réduirait la nécessité de la recherche de la loi applicable,

Ont résolu de conclure une Convention à cet effet et sont convenus des dispositions suivantes :

Art. premier 1. Chacune des Parties contractantes s'engage à introduire dans sa législation, au plus tard dans les six mois suivant l'entrée en vigueur de la présente Convention à son égard, les règles sur le testament international formant l'Annexe à la présente Convention.

2. Chacune des Parties contractantes peut introduire les dispositions de l'Annexe dans sa législation, soit en reproduisant le texte authentique, soit en traduisant celui-ci dans sa ou ses langues officielles.

3. Chacune des Parties contractantes peut introduire dans sa propre législation toutes les dispositions complémentaires qui seraient nécessaires pour que les dispositions de l'Annexe prennent pleinement effet sur son territoire.

4. Chacune des Parties contractantes remettra au Gouvernement dépositaire le texte des règles introduites dans sa législation nationale afin d'appliquer les dispositions de la présente Convention.

Art. 2 1. Chacune des Parties contractantes complètera les dispositions de l'Annexe dans sa législation dans le délai prévu à l'article qui précède, par la désignation des personnes qui, sur son territoire, sont habilitées à instrumenter en matière de testaments internationaux. Elle peut aussi désigner en tant que personne habilitée à instrumenter à l'égard de ses ressortissants ses agents diplomatiques et consulaires à l'étranger, pour autant que la loi locale ne s'y oppose pas.

2. Elle notifiera cette désignation, ainsi que toute modification ultérieure de celle-ci, au Gouvernement dépositaire.

Art. 3 La qualité de la personne habilitée à instrumenter en matière de testament international conférée conformément à la loi d'une Partie contractante est reconnue sur le territoire des autres Parties contractantes.

Art. 4 La valeur de l'attestation prévue à l'article 10 de l'Annexe est reconnue sur les territoires de toutes les Parties contractantes.

Art. 5 1. Les conditions requises pour être témoin d'un testament international sont régies par la loi en vertu de laquelle la personne habilitée a été désignée. Il en est de même à l'égard des interprètes éventuellement appelés à intervenir.

2. Toutefois, la seule qualité d'étranger ne constitue pas un obstacle pour être témoin d'un testament international.

Art. 6 1. Les signatures du testateur, de la personne habilitée et des témoins, soit sur un testament international, soit sur l'attestation, sont dispensées de toute légalisation ou formalité analogue.

2. Toutefois, les autorités compétentes de toute Partie contractante peuvent, le cas échéant, s'assurer de l'authenticité de la signature de la personne habilitée.

Art. 7 La conservation du testament international est régie par la loi en vertu de laquelle la personne habilitée a été désignée.

Art. 8 Aucune réserve à la présente Convention ni à son Annexe n'est admise.

ANNEXE

Loi uniforme sur la forme d'un testament international

Art. premier 1. Un testament est valable, en ce qui concerne la forme, quels que soient notamment le lieu où il a été fait, la situation des biens, la nationalité, le domicile ou la résidence du testateur, s'il est fait dans la forme du testament international, conformément aux dispositions des articles 2 à 5 ci-après.

2. La nullité du testament en tant que testament international n'affecte pas sa validité éventuelle quant à la forme en tant que testament d'une autre espèce.

Art. 2 La présente loi ne s'applique pas aux formes des dispositions testamentaires faites dans un même acte par deux ou plusieurs personnes.

Art. 3 1. Le testament doit être fait par écrit.

2. Il n'est pas nécessairement écrit par le testateur lui-même.

3. Il peut être écrit en une langue quelconque, à la main ou par un autre procédé.

Art. 4 1. Le testateur déclare en présence de deux témoins et d'une personne habilitée à instrumenter à cet effet que le document est son testament et qu'il en connaît le contenu.

2. Le testateur n'est pas tenu de donner connaissance du contenu du testament aux témoins ni à la personne habilitée.

Art. 5 1. En présence des témoins et de la personne habilitée, le testateur signe le testament ou, s'il l'a signé précédemment, reconnaît et confirme sa signature.

2. Si le testateur est dans l'incapacité de signer, il en indique la cause à la personne habilitée qui en fait mention sur le testament. En outre, le testateur peut être autorisé par la loi en vertu de laquelle la personne habilitée a été désignée à demander à une autre personne de signer en son nom.

3. Les témoins et la personne habilitée apposent sur le champ leur signature sur le testament, en la présence du testateur.

Art. 6 1. Les signatures doivent être apposées à la fin du testament.

2. Si le testament comporte plusieurs feuillets, chaque feuillet doit être signé par le testateur ou, s'il est dans l'incapacité de signer, par la personne signant en son nom ou, à défaut, par la personne habilitée. Chaque feuillet doit en outre être numéroté.

Art. 7 1. La date du testament est celle de sa signature par la personne habilitée.

2. Cette date doit être apposée à la fin du testament par la personne habilitée.

Art. 8 En l'absence de règle obligatoire sur la conservation des testaments, la personne habilitée demande au testateur s'il désire faire une déclaration concernant la conservation de son testament. Dans ce cas, et à la demande expresse du testateur, le lieu où il a l'intention de faire conserver son testament sera mentionné dans l'attestation prévue à l'article 9.

Art. 9 La personne habilitée joint au testament une attestation conforme aux dispositions de l'article 10 établissant que les obligations prescrites par la présente loi ont été respectées.

Art. 10 L'attestation établie par la personne habilitée sera rédigée dans la forme suivante ou dans une forme équivalente :

ATTESTATION

(Convention du 26 octobre 1973)

1. Je

(Nom, adresse et qualité.)

personne habilitée à instrumenter en matière de testament international,

2. Atteste que le

(date),

à

(lieu)

3. (testateur)

(Nom, adresse, date et lieu de naissance.)

en ma présence et en celle des témoins.

4. *a)*

(Nom, adresse, date et lieu de naissance.)

b)

(Nom, adresse, date et lieu de naissance.)

a déclaré que le document ci-joint est son testament et qu'il en connaît le contenu.

5. J'atteste en outre que :

6. *a)* En ma présence et en celle des témoins,

1. Le testateur a signé le testament ou a reconnu et confirmé sa signature déjà apposée;

2. (*) Le testateur, ayant déclaré être dans l'impossibilité de signer lui-même son testament pour les raisons suivantes :

— j'ai mentionné ce fait sur le testament;

— (*) la signature a été apposée par

(Nom, adresse.)

7. *b)* Les témoins et moi-même avons signé le testament.

8. *c)* (*) Chaque feuillet du testament a été signé par

et numéroté.

9. *d)* Je me suis assuré de l'identité du testateur et des témoins désignés ci-dessus.

10. *e)* Les témoins remplissaient les conditions requises selon la loi en vertu de laquelle j'instrumente.

11. *f)* (*) Le testateur a désiré faire la déclaration suivante concernant la conservation de son testament :

12. Lieu :

13. Date :

14. Signature et, le cas échéant, sceau :

Art. 11 La personne habilitée conserve un exemplaire de l'attestation et en remet un autre au testateur.

Art. 12 Sauf preuve contraire, l'attestation de la personne habilitée est acceptée comme preuve suffisante de la validité formelle de l'instrument en tant que testament au sens de la présente loi.

Art. 13 L'absence ou l'irrégularité d'une attestation ne porte pas atteinte à la validité formelle d'un testament établi conformément à la présente loi.

Art. 14 Le testament international est soumis aux règles ordinaires de révocation des testaments.

Art. 15 Pour l'interprétation et l'application des dispositions de la présente loi, il sera tenu compte de son origine internationale et de la nécessité de son interprétation uniforme.

(*) À compléter le cas échéant.

135 Convention de Vienne du 11 avril 1980 sur les contrats de vente internationale de marchandises

En vigueur depuis le 1er janvier 1988

Préambule

Les États parties à la présente Convention,

Ayant présents à l'esprit les objectifs généraux inscrits dans les résolutions relatives à l'instauration d'un nouvel ordre économique international que l'Assemblée générale a adoptées à sa sixième session extraordinaire,

Considérant que le développement du commerce international sur la base de l'égalité et des avantages mutuels est un élément important dans la promotion de relations amicales entre les États,

Estimant que l'adoption de règles uniformes applicables aux contrats de vente internationale de marchandises et compatibles avec différents systèmes sociaux, économiques et juridiques contribuera à l'élimination des obstacles juridiques aux échanges internationaux et favoriser le développement du commerce international,

sont convenus de ce qui suit :

PREMIÈRE PARTIE

CHAMP D'APPLICATION ET DISPOSITIONS GÉNÉRALES

CHAPITRE PREMIER

Champ d'application

Art. premier 1 — La présente convention s'applique aux contrats de vente de marchandises entre des parties ayant leur établissement dans des États différents :

a) Lorsque ces États sont des États contractants; ou

b) Lorsque les règles du droit international privé mènent à l'application de la loi d'un État contractant.

2 — Il n'est pas tenu compte du fait que les parties ont leur établissement dans des États différents lorsque ce fait ne ressort ni du contrat ni de transactions antérieures entre les parties, ni de renseignements donnés par elles à un moment quelconque avant la conclusion ou lors de la conclusion du contrat.

3 — Ni la nationalité des parties ni le caractère civil ou commercial des parties ou du contrat ne sont pris en considération pour l'application de la présente Convention.

Art. 2 La présente Convention ne régit pas les ventes :

a) De marchandises achetées pour un usage personnel, familial ou domestique, à moins que le vendeur, à un moment quelconque avant la conclusion ou lors de la conclusion du contrat, n'ait pas su et n'a pas été censé savoir que ces marchandises étaient achetées pour un tel usage.

b) Aux enchères;

c) Sur saisie on de quelque autre manière par autorité de justice;

d) De valeurs mobilières, effets de commerce et monnaies;

e) De navires, bateaux, aéroglisseurs et aéronefs;

f) D'électricité.

Art. 3 1 — Sont réputés ventes les contrats de fourniture de marchandises à fabriquer ou à produire, à moins que la partie qui commande celle-ci n'ait à fournir une part essentielle des éléments matériels nécessaires à cette fabrication ou production.

2 — La présente Convention ne s'applique pas aux contrats dans lesquels la part prépondérante de l'obligation de la partie qui fournit les marchandises consiste en une fourniture de main-d'œuvre ou d'autres services.

Art. 4 La présente Convention régit exclusivement la formation du contrat de vente et les droits et obligations qu'un tel contrat fait naître entre le vendeur et l'acheteur. En particulier, sauf disposition contraire expresse de la présente Convention, celle-ci ne concerne pas :

a) La validité du contrat ni celle d'aucune de ses clauses non plus que celle des usages;

b) Les effets que le contrat peut avoir sur la propriété des marchandises vendues.

Art. 5 La présente Convention ne s'applique pas à la responsabilité du vendeur pour décès ou lésions corporelles causés à quiconque par les marchandises.

Art. 6 Les parties peuvent exclure l'application de la présente Convention ou, sous réserve des dispositions, de l'article 12, déroger à l'une quelconque de ses dispositions ou en modifier les effets.

CHAPITRE II

Dispositions générales

Art. 7 1 — Pour l'interprétation de la présente Convention, sera tenu compte de son caractère international et de la nécessité de promouvoir l'uniformité de son application ainsi que d'assurer le respect de la bonne foi dans le commerce international.

2 — Les questions concernant les matières régies par la présente Convention et qui ne sont pas expressément tranchées par elle seront réglées selon les principes généraux dont elle s'inspire ou, à défaut de ces principes, conformément à la loi applicable en vertu des règles du droit international privé.

Art. 8 1 — Aux fins de la présente Convention, les indications et les autres comportements d'une partie doivent être interprétés selon l'intention de celle-ci lorsque l'autre partie connaissait ou ne pouvait ignorer cette intention.

2 — Si le paragraphe précédent n'est pas applicable, les indications et autres comportements d'une partie doivent être interprétés selon le sens qu'une personne raisonnable de même qualité que l'autre partie, placée dans la même situation, leur aurait donné.

3 — Pour déterminer l'intention d'une partie ou ce qu'aurait compris une personne raisonnable, il doit être tenu compte des circonstances pertinentes, notamment des négociations qui ont pu avoir lieu entre les parties, des habitudes qui se sont établies entre elles, des usages et de tout comportement ultérieur des parties.

Art. 9 1 — Les parties sont liées par les usages auxquels elles ont consenti et par les habitudes qui se sont établies entre elles.

2 — Sauf convention contraire des parties, celles-ci sont réputées s'être tacitement referrées dans le contrat et pour la formation à tout usage dont elles avaient connaissance ou auraient dû avoir connaissance et qui, dans le commerce international, est largement connu et régulièrement observé par les parties à des contrats de même type dans la branche commerciale considérée.

Art. 10 Aux fins de la présente Convention :

a) Si une partie a plus d'un établissement, l'établissement à prendre en considération est celui qui a la relation la plus étroite avec le contrat et son exécution eu égard aux circonstances connues des parties ou envisagées par elles à un moment quelconque avant la conclusion ou lors de la conclusion du contrat

b) Si une partie n'a pas d'établissement, sa résidence habituelle en tient lieu.

Art. 11 Le contrat de vente n'a pas à être conclu ni constaté par écrit et n'est soumis à aucune autre condition de forme. Il peut être prouvé par tous moyens, y compris par témoins.

Art. 12 Toute disposition de l'article 11, de l'article 29 ou de la deuxième partie de la présente Convention autorisant une forme autre que la forme écrite, soit pour la conclusion ou pour la modification ou la résiliation amiable d'un contrat de vente soit pour toute offre, acceptation ou autre manifestation d'intention, ne s'applique pas dès lors qu'une des parties a son établissement dans un État contractant qui a fait une déclaration conformément à l'article 96 de la présente Convention. Les parties ne peuvent déroger au présent article ni en modifier les effets.

Art. 13 Aux fins de la présente Convention, le terme « écrit » doit s'entendre également des communications adressées par télégramme ou par télex.

PARTIE DEUXIÈME
FORMATION DU CONTRAT

Art. 14 1 — Une proposition de conclure un contrat adressée à une ou plusieurs personnes déterminées constitue une offre si elle est suffisamment précise et si elle indique la volonté de son auteur d'être lié en cas d'acceptation. Une proposition est suffisamment précise lorsqu'il désigne les marchandises et, expressément ou implicitement fixe la quantité et le prix ou donne des indications permettant de les déterminer.

2 — Une proposition adressée à des personnes indéterminées est considérée seulement comme une invitation à l'offre, à moins que la personne qui a fait la proposition n'ait clairement indiqué le contraire.

Art. 15 1 — Une offre prend effet lorsqu'elle parvient au destinataire;

2 — Une offre, même si elle est irrévocable, peut être rétractée si la rétractation parvient au destinataire avant ou en même temps que l'offre.

Art. 16 1 — Jusqu'à ce qu'un contrat ait été conclu, une offre peut être révoquée si la révocation parvient au destinataire avant que celui-ci ait expédié une acceptation.

2 — Cependant, une offre ne peut être révoquée :

a) Si elle indique, en fixant un délai déterminé pour l'acceptation ou autrement, qu'elle est irrévocable; ou

b) S'il était raisonnable pour le destinataire de considérer l'offre comme irrévocable et s'il a agi en conséquence.

Art. 17 1 — Une offre, même irrévocable, prend fin lorsque son rejet parvient à l'auteur de l'offre.

Art. 18 1 — Une déclaration ou autre comportement du destinataire indiquant qu'il acquiesce à une offre constitue une acceptation. Le silence ou l'inaction à eux seuls ne peuvent valoir acceptation.

2 — L'acceptation d'une offre prend effet au moment où l'indication d'acquiescement parvient à l'auteur de l'offre. L'acceptation ne rend pas effet si cette indication ne parvient pas à l'auteur de l'offre dans le délai qu'il a stipulé ou, à défaut d'une telle stipulation, dans un délai raisonnable, compte tenu des circonstances de la transaction et de la rapidité des moyens de communication utilisés par l'auteur de l'offre. Une offre verbale doit être acceptée immédiatement, à moins que les circonstances n'impliquent le contraire.

3 — Cependant, si, en vertu de l'offre, des habitudes qui se sont établies entre les parties ou des usages, le destinataire de l'offre peut indiquer qu'il acquiesce en accomplissant un acte se rapportant, par exemple, à l'expédition des marchandises ou au paiement du prix, sans communication à l'auteur de l'offre, l'acceptation prend effet au moment où cet acte est accompli, pour autant qu'il le soit dans les délais prévus par le paragraphe précédent.

Art. 19 1. Une réponse qui tend à être l'acceptation d'une offre, mais qui contient des additions, des limitations ou autres modifications, est un rejet de l'offre et constitue une contre-offre.

2. Cependant, une réponse qui tend à être l'acceptation d'une offre, mais qui contient des éléments complémentaires ou différents n'altérant pas substantiellement les termes de l'offre, constitue une acceptation, à moins que l'auteur de l'offre, sans retard injustifié, n'en relève les différences verbalement ou n'adresse un avis à cet effet. S'il ne le fait pas, les termes du contrat sont ceux de l'offre, avec les modifications comprises dans l'acceptation.

3. Des éléments complémentaires ou différents relatifs notamment au prix, au paiement, à la qualité et à la quantité des marchandises, au lieu et au moment de la livraison, à l'étendue de la responsabilité d'une partie à l'égard de l'autre ou au règlement des différends, sont considérés comme altérant substantiellement les termes de l'offre.

Art. 20 1 — Le délai d'acceptation fixé par l'auteur de l'offre dans un télégramme ou une lettre commence à courir au moment où le télégramme est remis pour expédition ou à la date qui apparaît sur la lettre, ou à défaut, à la date qui apparaît sur l'enveloppe. Le délai d'acceptation que l'auteur de l'offre fixe par téléphone, par télex ou par d'autres moyens de communication instantanés commence à courir au moment où l'offre parvient au destinataire.

2 — Les jours fériés ou chômés qui tombent pendant que court le délai d'acceptation sont comptés dans le calcul de ce délai. Cependant si la notification ne peut être remise à l'adresse de l'auteur de l'offre le dernier jour du délai, parce que celui-ci tombe un jour férié ou chômé au lieu d'établissement de l'auteur de l'offre, le délai est prorogé jusqu'au premier jour ouvrable suivant.

Art. 21 1 — Une acceptation tardive produit néanmoins effet en tant qu'acceptation si, sans retard, l'auteur de l'offre en informe verbalement le destinataire ou lui adresse un avis à cet effet.

2 — Si la lettre ou autre écrit contenant une acceptation tardive révèle qu'elle a été expédiée dans des conditions telles que, si sa transmission avait été régulière, elle serait parvenue à temps à l'auteur de l'offre, l'acceptation tardive produit effet en tant qu'acceptation à moins que, sans retard, l'auteur de l'offre n'informe verbalement le destinataire de l'offre qu'il considère que son offre avait pris fin ou qu'il ne lui adresse un avis à cet effet.

Art. 22 L'acceptation peut être rétractée si la rétractation parvient à l'auteur de l'offre avant le moment où l'acceptation aurait pris effet ou à ce moment.

Art. 23 Le contrat est conclu au moment où l'acceptation d'une offre prend effet conformément aux dispositions de la présente Convention.

Art. 24 Aux fins de la présente partie de la Convention, une offre, une déclaration d'acceptation ou toute autre manifestation d'intention « parvient » à son destinataire lorsqu'elle lui est faite verbalement ou est délivrée par tout autre moyen au destinataire lui-même, à son établissement, à son adresse postale ou, s'il n'y a pas d'établissement ou d'adresse postale, à sa résidence habituelle.

PARTIE TROISIÈME

VENTE DE MARCHANDISES

CHAPITRE Ier

Dispositions générales

Art. 25 Une contravention au contrat commise par l'une des parties est essentielle lorsqu'elle cause à l'autre partie un préjudice tel qu'elle la prive substantiellement de ce que celle-ci était en droit d'attendre du contrat, à moins que la partie en défaut n'ait pas prévu un tel résultat et qu'une personne raisonnable de même qualité placée dans la même situation ne l'aurait pas prévu non plus.

Art. 26 Une déclaration de résolution du contrat n'a d'effet que si elle est faite par notification à l'autre partie.

Art. 27 Sauf disposition contraire expresse de la présente partie de la Convention, si une notification demande ou autre communication est faite par une partie au contrat conformément à la présente partie et par un moyen approprié aux circonstances, un retard ou une erreur dans la transmission de la communication ou le fait qu'elle n'est pas arrivée à destination ne prive pas cette partie au contrat du droit de s'en prévaloir.

Art. 28 Si, conformément aux dispositions du la présente Convention, une partie a le droit d'exiger de l'autre l'exécution d'une obligation, un tribunal n'est tenu d'ordonner l'exécution en nature que s'il le ferait en vertu de son propre droit pour des contrats de vente semblables non régis par la présente Convention.

Art. 29 1 — Un contrat peut être modifié ou résilié par accord amiable entre les parties.

2 — Un contrat écrit qui contient une disposition stipulant que toute modification ou résiliation amiable doit être faite par écrit ne peut être modifié ou résilié à l'amiable sous une autre forme. Toutefois, le comportement de l'une des parties peut l'empêcher d'invoquer une telle disposition si l'autre partie s'est fondée sur ce comportement.

CHAPITRE II

Obligations du vendeur

Art. 30 Le vendeur s'oblige, dans les conditions prévues au contrat et par la présente Convention, à livrer les marchandises, à en transférer la propriété et, s'il y a lieu, à remettre les documents s'y rapportant.

Section I

Livraison des marchandises et remise des documents

Art. 31 Si le vendeur n'est pas tenu de livrer les marchandises en un autre lieu particulier, son obligation de livraison consiste :

a) Lorsque le contrat de vente implique un transport des marchandises, à remettre les marchandises au premier transporteur pour transmission à l'acheteur;

b) Lorsque, dans les cas non visés au précédent alinéa, le contrat porte sur un corps certain ou sur une chose de genre qui doit être prélevée sur une masse déterminée ou qui doit être fabriquée ou produite et lorsque, au moment de la conclusion du contrat, les parties savaient que les marchandises se trouvaient ou devaient être fabriquées ou produites en un lieu particulier à mettre les marchandises à la disposition de l'acheteur en ce lieu;

c) Dans les autres cas, à mettre les marchandises à la disposition de l'acheteur au lieu où le vendeur avait son établissement au moment de la conclusion du contrat.

Art. 32 1 — Si, conformément au contrat ou à la présente Convention, le vendeur remet les marchandises à un transporteur et si les marchandises ne sont pas clairement identifiées aux fins du contrat par l'apposition d'un signe distinctif sur les marchandises, par des documents de transport ou par tout autre moyen, le vendeur doit donner à l'acheteur avis de l'expédition en désignant spécifiquement les marchandises.

2 — Si le vendeur est tenu de prendre des dispositions pour le transport des marchandises, il doit conclure les contrats nécessaires pour que le transport soit effectué jusqu'au lieu prévu par les moyens de transport appropriés aux circonstances selon les conditions usuelles pour un tel transport.

3 — Si le vendeur n'est pas tenu de souscrire lui-même une assurance de transport, il doit fournir à l'acheteur, à la demande de celui-ci, tous renseignements dont il dispose qui sont nécessaires à la conclusion de cette assurance.

Art. 33 Le vendeur doit livrer les marchandises :

a) Si une date est fixée par le contrat ou déterminable par référence au contrat, à cette date;

b) Si une période de temps est fixée par le contrat ou déterminable par référence au contrat, à un moment quelconque au cours de cette période, à moins qu'il ne résulte des circonstances que c'est à l'acheteur de choisir une date; ou

c) Dans tous les autres cas, dans un délai raisonnable à partir de la conclusion du contrat.

Art. 34 Si le vendeur est tenu de remettre les documents se rapportant aux marchandises, il doit s'acquitter de cette obligation au moment, au lieu et dans la forme prévus au contrat. En cas de remise anticipée, le vendeur conserve, jusqu'au moment prévu pour la remise, le droit de réparer tout défaut de conformité des documents, à condition que l'exercice de ce droit ne cause à l'acheteur ni inconvénients ni frais déraisonnables. Toutefois, l'acheteur conserve le droit de demander des dommages-intérêts conformément à la présente Convention.

Section II

Conformité des marchandises et droits ou prétentions de tiers

Art. 35 1 — Le vendeur doit livrer des marchandises dont la quantité, la qualité et le type répondent à ceux qui sont prévus au contrat, et dont l'emballage ou le conditionnement correspond à celui qui est prévu au contrat.

2 — A moins que les parties n'en soient convenues autrement, les marchandises ne sont conformes au contrat que si :

a) Elles sont propres aux usages auxquels serviraient habituellement des marchandises du même type;

b) Elles sont propres à tout usage spécial qui a été porté expressément ou tacitement à la connaissance du vendeur au moment de la conclusion du contrat, sauf s'il résulte des circonstances que l'acheteur ne s'en est pas remis à la compétence ou à l'appréciation du vendeur ou qu'il n'était pas raisonnable de sa part de le faire;

c) Elles possèdent les qualités d'une marchandise que le vendeur a présentée à l'acheteur comme échantillon ou modèle;

d) Elles sont emballées ou conditionnées selon le mode habituel pour les marchandises du même type ou, à défaut de mode habituel, d'une manière propre à les conserver et à les protéger.

3 — Le vendeur n'est pas responsable au regard des alinéas a et d du paragraphe précédent, d'un défaut de conformité que l'acheteur connaissait ou ne pouvait ignorer au moment de la conclusion du contrat.

Art. 36 1 — Le vendeur est responsable, conformément au contrat et à la présente Convention, de tout défaut de conformité qui existe au moment du transfert des risques à l'acheteur, même si ce défaut n'apparaît qu'ultérieurement.

2 — Le vendeur est également responsable de tout défaut de conformité, qui survient après le moment indiqué au paragraphe précédent et qui est imputable à l'inexécution de l'une quelconque de ses obligations, y compris à un manquement à une garantie que, pendant une certaine période, les marchandises resteront propres à leur usage normal ou à un usage spécial ou conserveront des qualités ou caractéristiques spécifiées.

Art. 37 En cas de livraison anticipée, le vendeur a le droit, jusqu'à la date prévue pour la livraison, soit de livrer une partie ou une quantité manquante, ou des marchandises nouvelles en remplacement des marchandises non conformes au contrat, soit de réparer tout défaut de conformité des marchandises, à condition que l'exercice de ce bruit ne cause à l'acheteur ni inconvénients ni frais déraisonnables. Toutefois, l'acheteur conserve le droit de demander des dommages-intérêts conformément à la présente Convention.

Art. 38 1 — L'acheteur doit examiner les marchandises ou les faire examiner dans un délai aussi bref que possible eu égard aux circonstances.

2 — Si le contrat implique un transport des marchandises, l'examen peut être différé jusqu'à leur arrivée à destination.

3 — Si les marchandises sont déroutées ou réexpédiées par l'acheteur sans que celui-ci ait eu raisonnablement la possibilité de les examiner et si, au moment de la conclusion du contrat, le vendeur connaissait ou aurait dû connaître la possibilité de ce déroutage ou de cette réexpédition, l'examen peut être différé jusqu'à l'arrivée des marchandises à leur nouvelle destination.

Art. 39 1 — L'acheteur est déchu du droit de se prévaloir d'un défaut de conformité s'il ne le dénonce pas au vendeur, en précisant la nature de ce défaut, dans un délai raisonnable à partir du moment où il l'a constaté ou aurait dû le constater.

2 — Dans tous les cas, l'acheteur est déchu du droit de se prévaloir d'un défaut de conformité, s'il ne le dénonce pas au plus tard dans un délai de deux ans à compter de la date à laquelle les marchandises lui ont été effectivement remises, à moins que ce délai ne soit incompatible avec la durée d'une garantie contractuelle.

Art. 40 Le vendeur ne peut pas se prévaloir des dispositions des articles 38 et 39 lorsque le défaut de conformité porte sur des faits qu'il connaissait ou ne pouvait ignorer et qu'il n'a pas révélés à l'acheteur.

Art. 41 Le vendeur doit livrer les marchandises libres de tout droit ou prétention d'un tiers, à moins que l'acheteur accepte de prendre les marchandises dans ces conditions. Toutefois, si ce droit ou cette prétention est fondé sur la propriété industrielle ou autre propriété intellectuelle, l'obligation du vendeur est régie par l'article 42.

Art. 42 1 — Le vendeur doit livrer les marchandises libres de tout droit ou prétention d'un tiers fondé sur la propriété industrielle ou autre propriété intellectuelle, qu'il connaissait ou ne pouvait ignorer au moment de la conclusion du contrat, à condition que ce droit ou cette prétention soit fondé sur la propriété industrielle ou autre propriété intellectuelle :

a) En vertu de la loi de l'État où les marchandises doivent être revendues ou utilisées, si les parties ont envisagé au moment de la conclusion du contrat que les marchandises seraient revendues ou utilisées dans cet État; ou

b) Dans tous les autres cas, en vertu de la loi de l'État où l'acheteur a son établissement.

2 — Dans les cas suivants, le vendeur n'est pas tenu de l'obligation prévue au paragraphe précédent :

a) Au moment de la conclusion du contrat, l'acheteur connaissait ou ne pouvait ignorer l'existence du droit ou de la prétention; ou

b) Le droit ou la prétention résulte de ce que le vendeur s'est conformé aux plans techniques, dessins, formules ou autres spécifications analogues fournis par l'acheteur.

Art. 43 1 — L'acheteur perd le droit de se prévaloir des dispositions des articles 41 et 42 s'il ne dénonce pas au vendeur le droit ou la prétention du tiers, en précisant la nature de ce droit ou de cette prétention, dans un délai raisonnable à partir du moment où il en a eu connaissance ou aurait dû en avoir connaissance.

2 — Le vendeur ne peut pas se prévaloir des dispositions du paragraphe précédent s'il connaissait le droit ou la prétention du tiers et sa nature.

Art. 44 Nonobstant les dispositions du paragraphe 1 de l'article 39 et du paragraphe 1 de l'article 43, l'acheteur peut réduire le prix conformément à l'article 50 ou demander des dommages-intérêts, sauf pour le gain manqué, s'il a une excuse raisonnable pour n'avoir pas procédé à la dénonciation requise.

Section III

Moyens dont dispose l'acheteur en cas de contravention au contrat par le vendeur

Art. 45 1 — Si le vendeur n'a pas exécuté l'une quelconque des obligations résultant pour lui du contrat de vente ou de la présente Convention, l'acheteur est fondé à :

a) Exercer les droits prévus aux articles 46 à 52;

b) Demander les dommages-intérêts prévus aux articles 74 à 77.

2 — L'acheteur ne perd pas le droit de demander des dommages-intérêts lorsqu'il exerce son droit de recourir à un autre moyen.

3 — Aucun délai de grâce ne peut être accordé au vendeur par un juge ou par un arbitre lorsque l'acheteur se prévaut d'un des moyens dont il dispose en cas de contravention au contrat.

Art. 46 1. L'acheteur peut exiger du vendeur l'exécution de ses obligations, à moins qu'il ne se soit prévalu d'un moyen incompatible avec cette exigence.

2. Si les marchandises ne sont pas conformes au contrat, l'acheteur ne peut exiger du vendeur la livraison de marchandises de remplacement que si le défaut de conformité constitue une contravention essentielle au contrat et si cette livraison est demandée au moment de la dénonciation du défaut de conformité faite conformément à l'article 39 ou dans un délai raisonnable à compter de cette dénonciation.

3. Si les marchandises ne sont pas conformes au contrat, l'acheteur peut exiger du vendeur qu'il répare le défaut de conformité, à moins que cela ne soit déraisonnable compte tenu de toutes les circonstances. La réparation doit être demandée au moment de la dénonciation du défaut de conformité faite conformément à l'article 39 ou dans un délai raisonnable à compter de cette dénonciation.

Art. 47 1 — L'acheteur peut impartir au vendeur un délai supplémentaire de durée raisonnable pour exécution de ses obligations.

2 — A moins qu'il n'ait reçu du vendeur une notification l'informant que celui-ci n'exécuterait pas ses obligations dans le délai ainsi imparti, l'acheteur ne peut, avant l'expiration de ce délai, se prévaloir d'aucun des moyens dont il dispose en cas de contravention au contrat. Toutefois, l'acheteur ne perd pas, de ce fait, le droit de demander des dommages-intérêts pour retard dans l'exécution.

Art. 48 1. Sous réserve de l'article 49, le vendeur peut, même après la date de la livraison, réparer à ses frais tout manquement à ses obligations, à condition que cela n'entraîne pas un retard déraisonnable et ne cause à l'acheteur ni inconvénients déraisonnables ni incertitude quant au remboursement par le vendeur des frais faits par l'acheteur. Toutefois, l'acheteur conserve le droit de demander des dommages-intérêts conformément à la présente Convention.

2. Si le vendeur demande à l'acheteur de lui faire savoir s'il accepte l'exécution et si l'acheteur ne lui répond pas dans un délai raisonnable, le vendeur peut exécuter ses obligations dans le délai qu'il a indiqué dans sa demande. L'acheteur ne peut, avant l'expiration de ce délai, se prévaloir d'un moyen incompatible avec l'exécution par le vendeur de ses obligations.

3. Lorsque le vendeur notifie à l'acheteur son intention d'exécuter ses obligations dans un délai déterminé, il est présumé demander à l'acheteur de lui faire connaître sa décision conformément au paragraphe précédent.

4. Une demande ou une notification faite par le vendeur en vertu des paragraphes 2 ou 3 du présent article n'a d'effet que si elle est reçue par l'acheteur.

Art. 49 1 — L'acheteur peut déclarer le contrat résolu :

a) Si l'inexécution par le vendeur de l'une quelconque des obligations résultant pour lui du contrat ou de la présente Convention constitue une contravention essentielle au contrat; ou

b) En cas de défaut de livraison, si le vendeur ne livre pas les marchandises dans le délai supplémentaire imparti par l'acheteur conformément au paragraphe 1 de l'article 47 ou s'il déclare qu'il ne les livrera pas dans le délai ainsi imparti.

2 — Cependant, lorsque le vendeur a livré les marchandises, l'acheteur est déchu du droit de déclarer le contrat le contrat résolu s'il ne l'a pas fait :

a) En cas de livraison tardive, dans un délai raisonnable à partir du moment où il a su que la livraison avait été effectuée;

b) En cas de contravention autre que la livraison tardive, dans un délai raisonnable :

i) A partir du moment où il a eu connaissance ou aurait dû avoir connaissance de cette contravention;

ii) Après l'expiration de tout délai supplémentaire imparti par l'acheteur conformément au paragraphe 1 de l'article 47 ou après que le vendeur a déclaré qu'il n'exécuterait pas ses obligations dans ce délai supplémentaire;

ou

iii) Après l'expiration de tout délai supplémentaire indiqué par le vendeur conformément au paragraphe 2 de l'article 48 ou après que l'acheteur a déclaré qu'il n'accepterait pas l'exécution.

Art. 50 En cas de défaut de conformité des marchandises au contrat; que le prix ait été ou non déjà payé, l'acheteur peut réduire le prix proportionnellement à la différence entre la valeur que les marchandises effectivement livrées avaient au moment de la livraison et la valeur que des marchandises conformes auraient eue à ce moment. Cependant si le vendeur répare tout manquement à ses obligations conformément à l'article 37 ou à l'article 48 ou si l'acheteur refuse d'accepter l'exécution par le vendeur conformément à ces articles, l'acheteur ne peut réduire le prix.

Art. 51 1 — Si le vendeur ne livre qu'une partie des marchandises ou si une partie seulement des marchandises livrées est conforme au contrat, les articles 46 à 50 s'appliquent en ce qui concerne la partie manquante ou non conforme.

2 — L'acheteur ne peut déclarer le contrat résolu dans sa totalité que si l'inexécution partielle ou le défaut de conformité constitue une contravention essentielle au contrat.

Art. 52 1 — Si le vendeur livre les marchandises avant la date fixée, l'acheteur a la faculté d'en prendre livraison ou de refuser d'en prendre livraison.

2 — Si le vendeur livre une quantité supérieure à celle prévue au contrat, l'acheteur peut accepter ou refuser de prendre livraison de la quantité excédentaire. Si l'acheteur accepte d'en prendre livraison en tout ou en partie, il doit la payer au tarif du contrat.

CHAPITRE III
Obligations de l'acheteur

Art. 53 L'acheteur s'oblige, dans les conditions prévues au contrat et par la présente Convention, à payer le prix et à prendre livraison des marchandises.

Section I
Paiement du prix

Art. 54 L'obligation qu'a l'acheteur de payer le prix comprend celle de prendre les mesures et d'accomplir les formalités destinées à permettre le paiement du prix qui sont prévues par le contrat ou par les lois et les règlements.

Art. 55 Si la vente est valablement conclue sans que le prix des marchandises vendues ait été fixé dans le contrat expressément ou implicitement ou par une disposition permettant de le déterminer, les parties sont réputées, sauf indications contraires, s'être tacitement referrées au prix habituellement pratiqué au moment de la conclusion du contrat, dans la branche commerciale considérée, pour les mêmes marchandises vendues dans des circonstances comparables.

Art. 56 Si le prix est fixé d'après le poids des marchandises, c'est le poids net qui, en cas de doute, détermine ce prix.

Art. 57 1 — Si l'acheteur n'est pas tenu de payer le prix en un autre lieu particulier, il doit payer le vendeur :

a) A l'établissement de celui-ci ; ou

b) Si le paiement doit être fait contre la remise des marchandises ou des documents, au lieu de cette remise.

2 — Le vendeur doit supporter toute augmentation des frais accessoires au paiement qui résultent de son changement d'établissement après la conclusion du contrat.

Art. 58 1 — Si l'acheteur n'est pas tenu de payer le prix à un autre moment déterminé, il doit le payer lorsque, conformément au contrat et à la présente Convention, le vendeur met à sa disposition soit les marchandises soit des documents représentatifs des marchandises. Le vendeur peut faire du paiement une condition de la remise des marchandises ou des documents.

2 — Si le contrat implique un transport des marchandises, le vendeur peut en faire l'expédition sous condition que celles-ci ou les documents représentatifs ne seront remis à l'acheteur que contre paiement du prix.

3 — L'acheteur n'est pu tenu de payer le prix avant d'avoir eu la possibilité d'examiner les marchandises, à moins que les modalités de livraison ou de paiement dont sont convenues les Parties ne lui en laissent pas la possibilité.

Art. 59 L'acheteur doit payer le prix à la date fixée au contrat ou résultant du contrat et de la présente Convention, sans qu'il soit besoin d'aucune demande ou autre formalité de la part du vendeur.

Section II

Prise de livraison

Art. 60 L'obligation de l'acheteur de prendre livraison consiste :

a) A accomplir tout acte qu'on peut raisonnablement attendre de lui pour permettre au vendeur d'effectuer la livraison ; et

b) A retirer les marchandises.

Section III

Moyens dont dispose le vendeur en cas de contravention au contrat par l'acheteur

Art. 61 1 — Si l'acheteur n'a pas exécuté l'une quelconque des obligations résultant pour lui du contrat de vente ou de la présente Convention, le vendeur est fondé à :

a) Exercer les droits prévus aux articles 62 à 65 ;

b) Demander des dommages-intérêts prévus aux articles 74 à 77.

2 — Le vendeur ne perd pas le droit de demander des dommages-intérêts, lorsqu'il exerce son droit de recourir à un autre moyen.

3 — Aucun délai de grâce ne peut être accordé à l'acheteur par un juge ou par un arbitre lorsque le vendeur se prévaut d'un des moyens dont il dispose en cas de contravention au contrat.

Art. 62 Le vendeur peut exiger de l'acheteur le paiement du prix, la prise de livraison des marchandises ou l'exécution des autres obligations de l'acheteur, à moins qu'il ne se soit prévalu d'un moyen incompatible avec ces exigences.

Art. 63 1. Le vendeur peut impartir à l'acheteur un délai supplémentaire de durée raisonnable pour l'exécution de ses obligations.

2. A moins qu'il n'ait reçu de l'acheteur une notification l'informant que celui-ci n'exécuterait pas ses obligations dans le délai ainsi imparti, le vendeur ne peut, avant l'expiration de ce délai, se prévaloir d'aucun des moyens dont il dispose en cas de contravention au contrat. Toutefois, le vendeur ne perd pas, de ce fait, le droit de demander des dommages-intérêts pour retard dans l'exécution.

Art. 64 1 — Le vendeur peut déclarer le contrat résolu :

a) Si l'inexécution par l'acheteur de l'une quelconque des obligations résultant pour lui du contrat ou de la présente Convention constitue une contravention essentielle au contrat; ou

b) Si l'acheteur n'exécute pas son obligation de payer le prix ou ne prend pas livraison des marchandises dans le délai supplémentaire imparti par le vendeur conformément au paragraphe 1 de l'article 63 ou s'il déclare qu'il ne le fera pas dans le délai ainsi imparti.

2 — Cependant, lorsque l'acheteur a payé le prix, le vendeur est déchu du droit de déclarer le contrat résolu s'il ne l'a pas fait :

a) En cas d'exécution tardive par l'acheteur, avant d'avoir su qu'il y avait eu exécution; ou

b) En cas de contravention par l'acheteur autre que l'exécution tardive, dans un délai raisonnable :

i) A partir du moment où le vendeur a eu connaissance ou aurait dû avoir connaissance de cette contravention; ou

ii) Après l'expiration de tout délai supplémentaire imparti par le vendeur conformément au paragraphe 1 de l'article 63 ou après que l'acheteur a déclaré qu'il n'exécuterait pas ses obligations dans ce délai supplémentaire.

Art. 65 1 — Si le contrat prévoit que l'acheteur doit spécifier la forme, la mesure ou d'autres caractéristiques des marchandises et si l'acheteur n'effectue pas cette spécification à la date convenue ou dans un délai raisonnable à compter de la réception d'une demande du vendeur, celui-ci peut, sans préjudice de tous autres droits qu'il peut avoir, effectuer lui-même cette spécification d'après les besoins de l'acheteur dont il peut avoir connaissance.

2 — Si le vendeur effectue lui-même la spécification, il doit en faire connaître les modalités à l'acheteur, et lui impartir un délai raisonnable pour une spécification différente. Si, après réception de la communication du vendeur, l'acheteur n'utilise pas cette possibilité dans le délai ainsi imparti, la spécification effectuée par le vendeur est définitive.

CHAPITRE IV

Transfert des risques

Art. 66 La perte ou la détérioration des marchandises survenue après le transfert des risques à l'acheteur ne libère pas celui-ci de son obligation de payer le prix, à moins que ces événements ne soient dus à un fait du vendeur.

Art. 67 1 — Lorsque le contrat de vente implique un transport des marchandises et que le vendeur n'est pas tenu de les remettre en un lieu déterminé, les risques sont transférés à l'acheteur à partir de la remise des marchandises au premier transporteur pour transmission à l'acheteur conformément au contrat de vente. Lorsque le vendeur est tenu de remettre les marchandises à un transporteur en un lieu déterminé, les risques ne sont pas transférés à l'acheteur tant que les marchandises n'ont pas été remises au transporteur en ce lieu. Le fait que le vendeur soit autorisé à conserver les documents représentatifs des marchandises n'affecte pas le transfert des risques.

2 — Cependant, les risques ne sont pas transférés à l'acheteur tant que les marchandises n'ont pas été clairement identifiées aux fins du contrat que ce soit par l'apposition d'un signe distinctif sur les marchandises, par des documents de transport, par un avis donné à l'acheteur ou par tout autre moyen.

Art. 68 En ce qui concerne les marchandises vendues en cours de transport, les risques sont transférés à l'acheteur à partir du moment où le contrat est conclu. Toutefois, si les circonstances l'impliquent, les risques sont à la charge de l'acheteur à compter du moment où les marchandises ont été remises au transporteur qui a émis les documents constatant le contrat de transport. Néanmoins, si, au moment de la conclusion du contrat de vente, le vendeur avait connaissance ou aurait dû avoir connaissance du fait que les marchandises avaient péri ou avaient été détériorées et qu'il n'en a pas informé l'acheteur, la perte ou la détérioration est à la charge du vendeur.

Art. 69 1 — Dans les cas non visés par les articles 67 et 68, les risques sont transférés à l'acheteur lorsqu'il retire les marchandises ou, s'il ne le fait pas en temps voulu, à partir du moment où les marchandises sont mises à sa disposition et où il commet une contravention au contrat n'en prenant pas livraison.

2 — Cependant, si l'acheteur est tenu de retirer les marchandises en un lieu autre qu'un établissement du vendeur, les risques sont transférés, lorsque la livraison est due et que l'acheteur sait que les marchandises sont mises à sa disposition en ce lieu.

3 — Si la vente porte sur des marchandises non encore individualisées, les marchandises ne sont réputées avoir été mises à la disposition de l'acheteur que lorsqu'elles ont été clairement identifiées aux fins du contrat.

Art. 70 Si le vendeur a commis une contravention essentielle au contrat, les dispositions des articles 67, 68 et 69 ne portent pas atteinte aux moyens dont l'acheteur dispose en raison de cette contravention.

CHAPITRE V

Dispositions communes aux obligations du vendeur et de l'acheteur

Section I

Contravention anticipée et contrats à livraisons successives

Art. 71 1 — Une partie peut différer l'exécution de ses obligations lorsqu'il apparaît, après la conclusion du contrat, que l'autre partie n'exécutera pas une partie essentielle de ses obligations du fait :

a) D'une grave insuffisance dans la capacité d'exécution de cette partie ou sa solvabilité; ou

b) De la manière dont elle s'apprête à exécuter ou exécute le contrat.

2 — Si le vendeur a déjà expédié les marchandises lorsque se révèlent les raisons prévues au paragraphe précédent, il peut s'opposer à ce que les marchandises soient remises à l'acheteur, même si celui-ci détient un document lui permettant de les obtenir. Le présent paragraphe ne concerne que les droits respectifs du vendeur et de l'acheteur sur les marchandises.

3 — La partie qui diffère l'exécution, avant ou après l'expédition des marchandises, doit adresser immédiatement une notification à cet effet à l'autre partie, et elle doit procéder à l'exécution si l'autre partie donne des assurances suffisantes de la bonne exécution de ses obligations.

Art. 72 1 — Si, avant la date de l'exécution du contrat, il est manifeste qu'une partie commettra une contravention essentielle au contrat, l'autre partie peut déclarer celui-ci résolu.

2 — Si elle dispose du temps nécessaire, la partie qui a l'intention le déclarer le contrat résolu doit le notifier à l'autre partie dans des conditions raisonnables pour lui permettre de donner des assurances suffisantes de la bonne exécution de ses obligations.

3 — Les dispositions du paragraphe précédent ne s'appliquent pas si l'autre partie a déclaré qu'elle n'exécuterait pas ses obligations.

Art. 73 1 — Dans les contrats à livraisons successives, si l'inexécution par l'une des parties d'une obligation relative à une livraison constitue une contravention essentielle au contrat en ce qui concerne cette livraison; l'autre partie peut déclarer le contrat résolu pour ladite livraison.

2 — Si l'inexécution par l'une des parties d'une obligation relative à une livraison donne à l'autre partie de sérieuses raisons de penser qu'il y aura contravention essentielle au contrat en ce qui concerne des obligations futures, elle peut déclarer le contrat résolu pour l'avenir, à condition de le faire dans un délai raisonnable.

3 — L'acheteur qui déclare le contrat résolu pour une livraison peut, en même temps, le déclarer résolu pour les livraisons déjà reçues ou pour les livraisons futures si, en raison de leur connexité, ces livraisons ne peuvent être utilisées aux fins envisagées par les parties au moment de la conclusion du contrat.

Section II

Dommages-intérêts

Art. 74 Les dommages-intérêts pour une contravention au contrat commise par une partie sont égaux à la perte subie et au gain manqué par l'autre partie par suite de la contravention. Ces dommages-intérêts peuvent être supérieurs à la perte subie et au gain manqué que la partie en défaut avait prévus ou aurait dû prévoir au moment de la conclusion du contrat, en considérant les faits dont elle avait connaissance ou aurait dû avoir connaissance, comme étant des conséquences possibles de la contravention au contrat.

Art. 75 Lorsque le contrat est résolu et que, d'une manière raisonnable et dans un délai raisonnable après la résolution, l'acheteur a procédé à un achat de remplacement ou le vendeur à une vente compensatoire, la partie qui demande des dommages-intérêts peut obtenir la différence entre le prix du contrat et le prix de l'achat de remplacement ou de la vente compensatoire ainsi que tous autres dommages-intérêts qui peuvent être dus en vertu de l'article 74.

Art. 76 1 — Lorsque le contrat est résolu et que les marchandises ont un prix courant, la partie qui demande des dommages-intérêts peut, si elle n'a pas procédé à un achat de remplacement ou à une vente compensatoire au titre de l'article 75, obtenir la différence entre le prix fixé dans le contrat et le prix courant au moment de la résolution ainsi que tous autres dommages-intérêts qui peuvent être dus au titre de l'article 74. Néanmoins, si la partie qui demande des dommages-intérêts a déclaré le contrat résolu après avoir pris possession des marchandises, c'est le prix courant au moment de la prise de possession qui est applicable et non pas le prix courant au moment de la résolution.

2 — Aux fins du paragraphe précédent, le prix courant est celui du lieu où la livraison des marchandises aurait dû être effectuée ou, à défaut de prix courant en ce lieu, le prix courant pratiqué en un autre lieu qu'il apparaît raisonnable de prendre comme lieu de référence, en tenant compte des différences dans les frais de transport des marchandises.

Art. 77 La partie qui invoque la contravention au contrat doit prendre les mesures raisonnables, eu égard aux circonstances, pour limiter la perte, y compris le gain manqué, résultant de la contravention. Si elle néglige de le faire, la partie en défaut peut demander une réduction des dommages-intérêts égale au montant de la perte qui aurait dû être évitée

Section III

Intérêts

Art. 78 Si une partie ne paie pas le prix ou toute autre somme due, l'autre partie a droit à des intérêts sur cette somme, sans préjudice des dommages-intérêts qu'elle serait fondée à demander en vertu de l'article 74.

Section IV

Exonération

Art. 79 1 — Une partie n'est pas responsable de l'inexécution de l'une quelconque de ses obligations si elle prouve que cette inexécution est due à un empêchement indépendant de sa volonté et que l'on ne pouvait raisonnablement attendre d'elle qu'elle le prenne en considération au moment de la conclusion du contrat, qu'elle le prévienne ou le surmonte ou qu'elle en prévienne ou surmonte les conséquences.

2 — Si l'inexécution par une partie est due à l'inexécution par un tiers qu'elle a chargé d'exécuter tout ou partie du contrat, cette partie n'est exonérée de sa responsabilité que dans le cas :

a) Où elle l'est en vertu des dispositions du paragraphe précédent; et

b) Où le tiers serait lui aussi exonéré si les dispositions de ce paragraphe lui étaient appliquées.

3 — L'exonération prévue par le présent article produit effet pendant la durée de l'empêchement.

4 — La partie qui n'a pas exécuté doit avertir l'autre partie de l'empêchement et de ses effets sur sa capacité d'exécuter. Si l'avertissement n'arrive pas à destination dans un délai raisonnable à partir du moment où la partie qui n'a pas exécuté a connu ou aurait dû connaître l'empêchement, celle-ci est tenue à des dommages-intérêts du fait de ce défaut de réception.

5 — Les dispositions du présent article n'interdisent pas à une partie d'exercer tous ses droits autres que celui d'obtenir des dommages-intérêts en vertu de la présente Convention.

Art. 80 Une partie ne peut pas se prévaloir d'une inexécution par l'autre partie dans la mesure où cette inexécution est due à un acte ou à une omission de sa part.

Section V

Effets de la résolution

Art. 81 1 — La résolution du contrat libère les deux parties de leurs obligations, sous réserve des dommages-intérêts qui peuvent être dus. Elle n'a pas d'effet sur les stipulations du contrat relatives au règlement des différends ou aux droits et obligations des parties en cas de résolution.

2 — La partie qui a exécuté le contrat totalement ou partiellement peut réclamer restitution à l'autre partie de ce qu'elle a fourni ou payé en exécution du contrat. Si les deux parties sont tenues d'effectuer des restitutions, elles doivent y procéder simultanément.

Art. 82 1 — L'acheteur perd le droit de déclarer le contrat résolu ou d'exiger du vendeur la livraison de marchandises de remplacement s'il lui est impossible de restituer les marchandises dans un état sensiblement identique à celui dans lequel il les a reçues.

2 — Le paragraphe précédent ne s'applique pas :

a) Si l'impossibilité de restituer les marchandises ou de les restituer dans un état sensiblement identique à celui dans lequel l'acheteur les a reçues n'est pas due à un acte ou à une omission de sa part;

b) Si les marchandises ont péri ou sont détériorées, en totalité ou en partie, en conséquence de l'examen prescrit à l'article 36; ou

c) Si l'acheteur, avant le moment où il a constaté ou aurait dû constater le défaut de conformité, a vendu tout ou partie des marchandises dans le cadre d'une opération commerciale normale ou a consommé ou transformé tout ou partie des marchandises conformément à l'usage normal.

Art. 83 L'acheteur qui a perdu le droit de déclarer le contrat résolu ou d'exiger du vendeur la livraison de marchandises de remplacement en vertu de l'article 82 conserve le droit de se prévaloir de tous les autres moyens qu'il tient du contrat et de la présente Convention.

Art. 84 1 — Si le vendeur est tenu de restituer le prix, il doit aussi payer des intérêts sur le montant de ce prix à compter du jour du paiement.

2 — L'acheteur doit au vendeur l'équivalent de tout profit qu'il a retiré des marchandises ou d'une partie de celles-ci :

a) Lorsqu'il doit les restituer en tout ou partie, ou

b) Lorsqu'il est dans l'impossibilité de restituer tout ou partie des marchandises ou de les restituer en tout ou en partie dans un état sensiblement identique à celui dans lequel il les a reçues et que néanmoins il a déclaré le contrat résolu ou a exigé du vendeur la livraison de marchandises de remplacement.

Section VI

Conservation des marchandises

Art. 85 Lorsque l'acheteur tarde à prendre livraison des marchandises ou qu'il n'en paie pas le prix, alors que le paiement du prix et la livraison doivent se faire simultanément, le vendeur, s'il a les marchandises en sa possession ou sous son contrôle, doit prendre les mesures raisonnables, eu égard aux circonstances, pour en assurer la conservation. Il est fondé à les retenir jusqu'à ce qu'il ait obtenu de l'acheteur le remboursement de ses dépenses raisonnables.

Art. 86 1 — Si l'acheteur a reçu les marchandises et entend exercer tout droit de les refuser en vertu du contrat ou de la présente convention, il doit prendre les mesures raisonnables, eu égard aux circonstances, pour en assurer la conservation. Il est fondé à les retenir jusqu'à ce qu'il ait obtenu du vendeur le remboursement de ses dépenses raisonnable.

2 — Si les marchandises expédiées à l'acheteur ont été mises à sa disposition à leur lieu de destination et si l'acheteur exerce le droit de les refuser, il doit en prendre possession pour le compte du vendeur à condition de pouvoir le faire sans paiement du prix et sans inconvénients ou frais déraisonnables. Cette disposition ne s'applique pas si le vendeur est présent au lieu de destination ou s'il y a en ce lieu une personne ayant qualité pour prendre les marchandises en charge pour son compte. Les droits et obligations de l'acheteur qui prend possession des marchandises en vertu du présent paragraphe sont régis par le paragraphe précédent.

Art. 87 La partie qui est tenue de prendre des mesures pour assurer la conservation des marchandises peut les déposer dans les magasins d'un tiers aux frais de l'autre partie, à condition que les frais qui en résultent ne soient pas déraisonnables.

Art. 88 1 — La partie qui doit assurer la conservation des marchandises conformément aux articles 85 ou 86 peut les vendre par tous moyens appropriés si l'autre partie a apporté un retard déraisonnable à prendre possession des marchandises ou à les reprendre ou à payer le prix ou les frais de leur conservation, sous réserve de notifier à cette autre partie dans des conditions raisonnables, son intention de vendre.

2 — Lorsque les marchandises sont sujettes à une détérioration rapide ou lorsque leur conservation entraînerait des frais déraisonnables, la partie qui est tenue d'assurer la conservation des marchandises conformément aux articles 85 ou 86 doit raisonnablement s'employer à les vendre. Dans la mesure du possible, elle doit notifier à l'autre partie son intention de vendre.

3 — La partie qui vend les marchandises a le droit de retenir sur le produit de la vente un montant égal aux frais raisonnables de conservation et de vente des marchandises. Elle doit le surplus à l'autre partie.

PARTIE QUATRIÈME

DISPOSITIONS FINALES

Art. 89 Le Secrétaire général de l'Organisation des Nations Unies est désigné comme dépositaire de la présente Convention.

Art. 90 La présente Convention ne prévaut pas sur un accord international déjà conclu ou à conclure qui contient des dispositions concernant les matières régies par la présente Convention, à condition que les parties au contrat aient leur établissement dans des États parties à cet Accord.

Art. 91 1 — La présente Convention sera ouverte si la signature à la séance de clôture de la Conférence des Nations Unies sur les contrats de vente internationale de marchandises et restera ouverte à la signature de tous les États au siège de l'Organisation des Nations Unies, à New York, jusqu'au 30 septembre 1981.

2 — La présente Convention est sujette à ratification, acceptation ou approbation par les États signataires.

3 — La présente Convention sera ouverte à l'adhésion de tous les États qui ne sont pas signataires, à partir de la date à laquelle elle sera ouverte à la signature.

4 — Les instruments de ratification, d'acceptation, d'approbation ou d'adhésion seront déposés auprès du Secrétaire général de l'Organisation des Nations Unies.

Art. 92 1 — Tout État contractant pourra, au moment de la signature, de la ratification, de l'acceptation, de l'approbation ou de l'adhésion, déclarer qu'il ne sera pas lié par la deuxième partie de la présente Convention ou qu'il ne sera pas lié par la troisième partie de la présente Convention.

2 — Un État contractant qui fait, en vertu du paragraphe précédent, une déclaration à l'égard de la deuxième partie ou de la troisième partie de la présente Convention ne sera pas considéré comme étant un État contractant, au sens du paragraphe 1 de l'article 1er de la Convention, pour les matières régies par la partie de la Convention à laquelle cette déclaration s'applique.

Art. 93 1 — Tout État contractant qui comprend deux ou plusieurs unités territoriales dans lesquelles, selon sa constitution, des systèmes de droit différents s'appliquent dans les matières régies par la présente Convention pourra, au moment de la signature, de la ratification, de l'acceptation, de l'approbation ou de l'adhésion, déclarer que la présente Convention s'appliquera à toutes ses unités territoriales ou seulement à l'une ou plusieurs d'entre elles et pourra à tout moment modifier cette déclaration en faisant une nouvelle déclaration.

2 — Ces déclarations seront notifiées au dépositaire et désigneront expressément les unités territoriales auxquelles la Convention s'applique.

3 — Si en vertu d'une déclaration faite conformément au présent article, la présente Convention s'applique à l'une ou plusieurs des unités territoriales d'un État contractant, mais non pas à toutes, et si l'établissement d'une partie au contrat est situé dans cet État, cet établissement sera considéré, aux fins de la présente Convention, comme n'étant pas situé dans un État contractant, à moins qu'il ne soit situé dans une unité territoriale à laquelle la Convention s'applique.

4 — Si un État contractant ne fait pas de déclaration, en vertu du paragraphe 1 du présent article, la Convention s'appliquera à l'ensemble du territoire de cet État.

Art. 94 1 — Deux ou plusieurs États contractants qui, dans des matières régies par la présente Convention, appliquent des règles juridiques identiques ou voisines peuvent, à tout moment, déclarer que la Convention ne s'appliquera pas aux contrats de vente, ou à leur formation lorsque les parties ont leur établissement dans ces États. De telles déclarations peuvent être faites conjointement ou être unilatérales réciproques.

2 — Un État contractant qui, dans des matières régies par la présente Convention, applique des règles juridiques identiques ou voisines de celles d'un ou plusieurs États non contractants peut, à tout moment, déclarer que la Convention ne s'appliquera pas aux contrats de vente ou à leur formation lorsque les parties ont leur établissement dans ces États.

3 — Lorsqu'un État à l'égard duquel une déclaration a été faite en vertu du paragraphe précédent devient par la suite un État contractant, la déclaration mentionnée aura, à partir de la date à laquelle la présente Convention entrera en vigueur à l'égard de ce nouvel État contractant, les effets d'une déclaration faite en vertu du paragraphe 1, à condition que le nouvel État contractant s'y associe ou fasse une déclaration unilatérale à titre réciproque.

Art. 95 Tout État peut déclarer, au moment du dépôt de son instrument de ratification, d'acceptation, d'approbation ou d'adhésion, qu'il ne sera pas lié par l'alinéa b du paragraphe 1 de l'article 1er de la présente Convention.

Art. 96 Tout État contractant dont la législation exige que les contrats de vente soient conclus ou constatés par écrit peut à tout moment déclarer, conformément à l'article 12, que toute disposition de l'article 11, de l'article 29 ou de la deuxième partie de la présente Convention autorisant une forme autre que la forme écrite pour la conclusion, la modification ou la résiliation amiable d'un contrat de vente, ou pour toute offre, acceptation ou autres manifestations d'intention, ne s'applique pas dès lors que l'une des parties a son établissement dans cet État.

Art. 97 1 — Les déclarations faites en vertu de la présente Convention lors de la signature sont sujettes à confirmation lors de la ratification, de l'acceptation ou de l'approbation.

2 — Les déclarations et la confirmation des déclarations seront faites par écrit et formellement notifiées au dépositaire.

3 — Les déclarations prendront effet à la date de l'entrée en vigueur de la présente Convention à l'égard de l'État déclarant. Cependant, les déclarations dont le dépositaire aura reçu notification formelle après cette date prendront effet le premier jour suivant l'expiration d'un délai de six mois à compter de la date de leur réception par le dépositaire. Les déclarations unilatérales et réciproques faites en vertu de l'article 94 prendront

effet le premier jour du mois suivant l'expiration d'une période de six mois après la date de la réception de la dernière déclaration par le dépositaire.

4 — Tout État qui fait une déclaration en vertu de la présente Convention peut à tout moment la retirer par une notification formelle adressée par écrit au dépositaire. Ce retrait prendra effet le premier jour du mois suivant l'expiration d'une période de six mois après la date de réception de la notification par le dépositaire.

5 — Le retrait d'une déclaration faite en vertu de l'article 94 rendra caduque, à partir de la date de sa prise d'effet, toute déclaration réciproque faite par un autre État en vertu de ce même article.

Art. 98 Aucune réserve n'est autorisée autre que celles qui sont expressément autorisées par la présente Convention.

Art. 99 1 — La présente Convention entrera en vigueur, sous réserve des dispositions du paragraphe 6 du présent article, le premier jour du mois suivant l'expiration d'une période de douze mois après la date du dépôt du dixième instrument de ratification, d'acceptation, d'approbation ou d'adhésion, y compris tout instrument contenant une déclaration faite en vertu de l'article 92.

2 — Lorsqu'un État ratifiera, acceptera ou approuvera la présente Convention ou y adhérera après le dépôt du dixième instrument de ratification, d'acceptation, d'approbation ou d'adhésion, la Convention, à l'exception de la partie exclue, entrera en vigueur à l'égard de cet État, sous réserve des dispositions du paragraphe 6 du présent article, le premier jour du mois suivant l'expiration d'une période de douze mois après la date du dépôt de l'instrument de ratification, d'acceptation, d'approbation ou d'adhésion.

3 — Tout État qui ratifiera, acceptera ou approuvera la présente Convention ou y adhérera et qui est partie à la Convention portant loi uniforme sur la formation des contrats de vente internationale des objets mobiliers corporels faite à La Haye le 1er juillet 1964 (Convention de La Haye de 1964 sur la formation) ou à la Convention portant loi uniforme sur la vente internationale des objets mobiliers corporels faite à La Haye le 1er juillet 1964 (Convention de La Haye de 1964 sur la vente), ou à ces deux Conventions, dénoncera en même temps, selon le cas, la Convention de La Haye de 1964 sur la vente ou la Convention de La Haye sur la formation, ou ces deux Conventions, en adressant une notification à cet effet au Gouvernement néerlandais.

4 — Tout État partie à la Convention de La Haye de 1964 sur la vente qui ratifiera, acceptera ou approuvera la présente Convention ou y adhérera et qui déclarera ou aura déclaré, en vertu de l'article 92, qu'il n'est pas lié par la deuxième partie de la Convention, dénoncera, au moment de la ratification, de l'acceptation, de l'approbation ou de l'adhésion, la Convention de La Haye de 1964 sur la vente en adressant une notification à cet effet au Gouvernement néerlandais.

5 — Tout État partie à la Convention de La Haye de 1964 sur la vente qui ratifiera, acceptera ou approuvera la présente Convention ou y adhérera et qui déclarera ou aura déclaré, en vertu de l'article 92, qu'il n'est pas lié par la troisième partie de la Convention, dénoncera, au moment de la ratification, de l'acceptation, de l'approbation ou de l'adhésion, la Convention de La Haye de 1964 sur la formation en adressant une notification à cet effet au Gouvernement néerlandais.

6 — Aux fins du présent article, les ratifications, acceptations, approbations et adhésions effectuées à l'égard de la présente Convention par des États parties à la Convention de La Haye de 1964 sur la formation ou à la Convention de La Haye de 1964 sur la vente ne prendront effet qu'à la date à laquelle les dénonciations éventuellement requises de

la part desdits États à l'égard de ces deux Conventions auront elles-mêmes pris effet. Le dépositaire de la présente Convention s'entendra avec le Gouvernement néerlandais, dépositaire des Conventions de 1964, pour assurer la coordination nécessaire à cet égard.

Art. 100 1 — La présente Convention s'applique à la formation des contrats conclus à la suite d'une proposition intervenue après l'entrée en vigueur de la Convention à l'égard des États contractants visés à l'alinéa a du paragraphe 1 de l'article 1er ou de l'État, contractant visé à l'alinéa b du paragraphe 1 de l'article 1er.

2 — La présente Convention s'applique uniquement aux contrats conclus après son entrée en vigueur à l'égard des États contractants visés à l'alinéa a du paragraphe 1 de l'article 1er ou de l'État contractant visé à l'alinéa b du paragraphe 1 de l'article 1er.

Art. 101 1 — Tout État contractant pourra dénoncer la présente Convention, ou la deuxième ou la troisième partie de le Convention, par une notification formelle adressée par écrit au dépositaire.

2 — La dénonciation prendra effet le premier jour du mois suivant l'expiration d'une période de douze mois après la date de réception de la notification par le dépositaire. Lorsqu'une période plus longue pour la prise d'effet de la dénonciation est spécifiée dans la notification, la dénonciation prendra effet à l'expiration de la période on question après la date de réception de la notification.

Fait à Vienne, le 11 avril 1980, en un seul original, dont les textes anglais, arabe, chinois, espagnol, français et russe sont également authentiques.

136 Convention de Berne du 9 mai 1980 relative aux transports internationaux ferroviaires (COTIF)

Modifiée par le Protocole de Vilnius du 3 juin 1999

Version d'origine en vigueur depuis le 1er janvier 1991

Version modifiée en vigueur depuis le 1er juillet 2006

TITRE PREMIER

Généralités

Art. premier *Organisation intergouvernementale.* § 1 Les Parties à la présente Convention constituent, en tant qu'États membres, l'Organisation intergouvernementale pour les transports internationaux ferroviaires (OTIF), ci-après appelée « l'Organisation ».

§ 2 Le siège de l'Organisation est à Berne. L'Assemblée générale peut décider de le fixer à un autre endroit situé dans l'un des États membres.

§ 3 L'Organisation a la personnalité juridique. Elle a notamment la capacité de contracter, d'acquérir et d'aliéner des biens immobiliers et mobiliers ainsi que d'ester en justice.

§ 4 L'Organisation, les membres de son personnel, les experts auxquels elle fait appel et les représentants des États membres jouissent des privilèges et immunités nécessaires pour remplir leur mission, dans les conditions définies au Protocole sur les privilèges et immunités de l'Organisation, annexé à la Convention.

§ 5 Les relations entre l'Organisation et l'État du siège sont réglées dans un accord de siège.

§ 6 Les langues de travail de l'Organisation sont le français, l'allemand et l'anglais. L'Assemblée générale peut introduire d'autres langues de travail.

Art. 2 *But de l'Organisation.* § 1 L'Organisation a pour but de favoriser, d'améliorer et de faciliter, à tout point de vue, le trafic international ferroviaire, notamment :

a) en établissant des régimes de droit uniforme dans les domaines juridiques suivants :

1. contrat concernant le transport de voyageurs et de marchandises en trafic international ferroviaire direct, y compris des transports complémentaires utilisant d'autres moyens de transport et faisant l'objet d'un seul contrat;

2. contrat concernant l'utilisation de véhicules en tant que moyen de transport en trafic international ferroviaire;

3. contrat concernant l'utilisation de l'infrastructure en trafic international ferroviaire;

4. transport de marchandises dangereuses en trafic international ferroviaire;

b) en contribuant, en tenant compte des intérêts publics particuliers, à la suppression, dans les meilleurs délais, des entraves au franchissement des frontières en trafic international ferroviaire, pour autant que les causes de ces entraves relèvent de la compétence des États;

c) en contribuant à l'interopérabilité et à l'harmonisation technique dans le secteur ferroviaire par la validation de normes techniques et l'adoption de prescriptions techniques uniformes;

d) en établissant une procédure uniforme pour l'admission technique de matériel ferroviaire destiné à être utilisé en trafic international;

e) en veillant à l'application de toutes les règles et recommandations arrêtées au sein de l'Organisation;

f) en développant les régimes de droit uniforme, règles et procédures visés aux lettres a) à e) compte tenu des évolutions juridique, économique et technique.

§ 2 L'Organisation peut :

a) dans le cadre des buts visés au § 1 élaborer d'autres régimes de droit uniforme;

b) constituer un cadre dans lequel les États membres peuvent élaborer d'autres conventions internationales ayant pour but de favoriser, d'améliorer et de faciliter le trafic international ferroviaire.

Art. 3 *Coopération internationale.* § 1 Les États membres s'engagent à concentrer, en principe, leur coopération internationale dans le domaine ferroviaire au sein de l'Organisation pour autant qu'il existe une cohérence avec les tâches qui lui sont attribuées conformément aux articles 2 et 4. Pour atteindre cet objectif*[,]* les États membres prendront toutes les mesures nécessaires et utiles pour que soient adaptés les conventions et les accords internationaux multilatéraux dont ils sont parties contractantes, pour autant que ces conventions et accords concernent la coopération internationale dans le domaine ferroviaire et transfèrent, à d'autres organisations intergouvernementales ou non gouvernementales, des compétences qui se recoupent avec les tâches attribuées à l'Organisation.

§ 2 Les obligations résultant du § 1 pour les États membres, qui sont également Membres des Communautés européennes ou États parties à l'Accord sur l'Espace économique européen, ne prévalent pas sur leurs obligations en tant que Membres des Communautés européennes ou États parties à l'Accord sur l'Espace économique européen.

Art. 4 *Reprise et transfert d'attributions.* § 1 Sur décision de l'Assemblée générale, l'Organisation est autorisée à reprendre, en conformité avec les buts définis à l'article 2, les attributions, ressources et obligations qui lui seraient transférées par d'autres organisations intergouvernementales en vertu d'accords conclus avec ces organisations.

§ 2 L'Organisation peut, sur décision de l'Assemblée générale, transférer à d'autres organisations intergouvernementales des attributions, ressources et obligations en vertu d'accords conclus avec ces organisations.

§ 3 L'Organisation peut, avec l'approbation du Comité administratif, prendre en charge des fonctions administratives ayant un lien avec ses buts et qui lui sont confiées par un État membre. Les dépenses de l'Organisation affectées à ces fonctions sont à la charge de l'État membre concerné.

Art. 5 *Obligations particulières des États membres..* § 1 Les États membres conviennent d'adopter toutes mesures appropriées afin de faciliter et d'accélérer le trafic international ferroviaire. A cet effet, chaque État membre s'engage, dans la mesure du possible, à :

a) éliminer toute procédure inutile,

b) simplifier et normaliser les formalités encore exigées,

c) simplifier les contrôles frontaliers.

§ 2 Afin de faciliter et d'améliorer le trafic international ferroviaire, les États membres conviennent de prêter leur concours pour rechercher la plus grande uniformité possible dans les règlements, standards, procédures et méthodes d'organisation relatifs aux véhicules ferroviaires, au personnel ferroviaire, à l'infrastructure ferroviaire et aux services auxiliaires.

§ 3 Les États membres conviennent de faciliter la conclusion d'accords entre gestionnaires d'infrastructure visant à optimiser le trafic international ferroviaire.

Art. 6 *Règles uniformes.* § 1 Le trafic international ferroviaire et l'admission de matériel ferroviaire à l'utilisation en trafic international sont régis, pour autant que des déclarations ou réserves n'aient pas été faites ou émises conformément à l'article 42, § 1, première phrase, par :

a) les « Règles uniformes concernant le contrat de transport international ferroviaire des voyageurs (CIV) », formant l'Appendice A à la Convention,

b) les « Règles uniformes concernant le contrat de transport international ferroviaire des marchandises (CIM) », formant l'Appendice B à la Convention,

c) le « Règlement concernant le transport international ferroviaire des marchandises dangereuses (RID) », formant l'Appendice C à la Convention,

d) les « Règles uniformes concernant les contrats d'utilisation de véhicules en trafic international ferroviaire (CUV) », formant l'Appendice D à la Convention,

e) les « Règles uniformes concernant le contrat d'utilisation de l'infrastructure en trafic international ferroviaire (CUI) », formant l'Appendice E à la Convention,

f) les « Règles uniformes concernant la validation de normes techniques et l'adoption de prescriptions techniques uniformes applicables au matériel ferroviaire destiné à être utilisé en trafic international (APTU) », formant l'Appendice F à la Convention,

g) les « Règles uniformes concernant l'admission technique de matériel ferroviaire utilisé en trafic international (ATMF) », formant l'Appendice G à la Convention,

h) d'autres régimes de droit uniforme élaborés par l'Organisation en vertu de l'article 2, § 2, lettre a) formant également des Appendices à la Convention.

§ 2 Les Règles uniformes, le Règlement et les régimes énumérés au § 1*[,]* y compris leurs Annexes, font partie intégrante de la Convention.

Art. 7 *Définition de la notion « Convention ».* Dans les dispositions qui suivent, l'expression « Convention » couvre la Convention proprement dite, le Protocole visé à l'article premier, § 4, et les Appendices visés à l'article 6, y compris leurs Annexes.

TITRE II
Dispositions communes

Art. 8 *Droit national.* § 1 Dans l'interprétation et l'application de la Convention, il sera tenu compte de son caractère de droit international et de la nécessité de promouvoir l'uniformité.

§ 2 A défaut de stipulations dans la Convention, le droit national est applicable.

§ 3 On entend par droit national le droit de l'État où l'ayant droit fait valoir ses droits, y compris les règles relatives aux conflits de lois.

Art. 9 *Unité de compte.* § 1 L'unité de compte prévue par les Appendices est le Droit de tirage spécial tel que défini par le Fonds monétaire international.

§ 2 La valeur, en Droit de tirage spécial, de la monnaie nationale d'un État membre qui est aussi membre du Fonds monétaire international est calculée selon la méthode appliquée par le Fonds monétaire international pour ses propres opérations et transactions.

§ 3 La valeur, en Droit de tirage spécial, de la monnaie nationale d'un État membre qui n'est pas membre du Fonds monétaire international est calculée de la façon déterminée par cet État. Ce calcul doit exprimer en monnaie nationale une valeur réelle aussi proche que possible de celle qui résulterait de l'application du § 2.

§ 4 Chaque fois qu'un changement se produit dans leur méthode de calcul ou dans la valeur de leur monnaie nationale par rapport à l'unité de compte, les États communiquent au Secrétaire général leur méthode de calcul conformément au § 3. Ce dernier notifie ces informations aux États membres.

§ 5 Un montant exprimé en unités de compte est converti dans la monnaie nationale de l'État du tribunal saisi. La conversion est effectuée conformément à la valeur de la monnaie correspondante le jour de la décision judiciaire ou le jour convenu par les parties.

Art. 10 *Dispositions complémentaires.* § 1 Deux ou plusieurs États membres ou deux ou plusieurs transporteurs peuvent convenir de dispositions complémentaires pour l'exécution des Règles uniformes CIV et des Règles uniformes CIM sans toutefois pouvoir déroger à ces Règles uniformes.

§ 2 Les dispositions complémentaires visées au § 1 sont mises en vigueur et publiées dans les formes prévues par les lois et prescriptions de chaque État. Les dispositions complémentaires des États et leur mise en vigueur sont communiquées au Secrétaire général de l'Organisation. Il notifie ces informations aux autres États membres.

Art. 11 *Caution judiciaire.* La caution à fournir pour assurer le paiement des dépens ne peut être exigée à l'occasion des actions judiciaires fondées sur les Règles uniformes CIV, les Règles uniformes CIM, les Règles uniformes CUV ou les Règles uniformes CUI.

Art. 12 *Exécution de jugements. Saisies.* § 1 Lorsque les jugements prononcés en vertu des dispositions de la Convention, contradictoirement ou par défaut, par le juge compétent, sont devenus exécutoires d'après les lois appliquées par ce juge, ils acquièrent force exécutoire dans chacun des autres États membres après l'accomplissement des formalités prescrites dans l'État où l'exécution doit avoir lieu. La révision du fond de l'affaire n'est pas admise. Ces dispositions s'appliquent également aux transactions judiciaires.

§ 2 Le § 1 ne s'applique ni aux jugements qui ne sont exécutoires que provisoirement, ni aux condamnations à des dommages-intérêts qui seraient prononcées, en sus des dépens, contre un demandeur en raison du rejet de sa demande.

§ 3 Les créances nées d'un transport soumis aux Règles uniformes CIV ou aux Règles uniformes CIM, au profit d'une entreprise de transport sur une autre entreprise de transport qui ne relève pas du même État membre, ne peuvent être saisies qu'en vertu d'un jugement rendu par l'autorité judiciaire de l'État membre dont relève l'entreprise titulaire des créances à saisir.

§ 4 Les créances nées d'un contrat soumis aux Règles uniformes CUV ou aux Règles uniformes CUI ne peuvent être saisies qu'en vertu d'un jugement rendu par l'autorité judiciaire de l'État membre dont relève l'entreprise titulaire des créances à saisir.

§ 5 Les véhicules ferroviaires ne peuvent être saisis, sur un territoire autre que celui de l'État membre dans lequel le détenteur a son siège social, qu'en vertu d'un jugement rendu par l'autorité judiciaire de cet État. Le terme « détenteur » désigne celui qui exploite économiquement, de manière durable, un véhicule ferroviaire en tant que moyen de transport, qu'il en soit propriétaire ou qu'il en ait le droit de disposition.

TITRE III

Structure et fonctionnement

Art. 13 *Organes.* § 1 Le fonctionnement de l'Organisation est assuré par les organes ci-après :

a) l'Assemblée générale,

b) le Comité administratif,

c) la Commission de révision,

d) la Commission d'experts pour le transport des marchandises dangereuses (Commission d'experts du RID),

e) la Commission de la facilitation ferroviaire,

f) la Commission d'experts techniques,

g) le Secrétaire général.

§ 2 L'Assemblée générale peut décider la création à titre temporaire d'autres commissions pour des tâches spécifiques.

§ 3 Lors de la détermination du quorum à l'Assemblée générale et aux Commissions visées au § 1, lettres c) à f), les États membres qui n'ont pas le droit de vote (article 14, § 5, article 26, § 7 ou article 40, § 4) ne sont pas pris en compte.

§ 4 La présidence à l'Assemblée générale, la présidence au Comité administratif ainsi que la fonction de Secrétaire général doivent, en principe, être attribuées à des ressortissants d'États membres différents.

Art. 14 *Assemblée générale.* § 1 L'Assemblée générale se compose de tous les États membres.

§ 2 L'Assemblée générale :

a) établit son règlement intérieur;

b) désigne les membres du Comité administratif ainsi qu'un membre suppléant pour chacun d'eux et élit l'État membre qui en assurera la présidence (article 15, § 1 à 3);

c) élit le Secrétaire général (article 21, § 2);

d) émet des directives concernant l'activité du Comité administratif et du Secrétaire général;

e) fixe, par période de six ans, le montant maximal que peuvent atteindre les dépenses de l'Organisation durant chaque période budgétaire (article 25); à défaut, elle émet, pour une période ne pouvant excéder six ans, des directives relatives à la limitation de ces dépenses;

f) décide si le siège de l'Organisation est fixé à un autre endroit (article premier, § 2);

g) décide de l'introduction d'autres langues de travail (article premier, § 6);

h) décide de la reprise d'autres attributions par l'Organisation (article 4, § 1) ainsi que du transfert d'attributions de l'Organisation à une autre organisation intergouvernementale (article 4, § 2);

i) décide, le cas échéant, la création à titre temporaire d'autres commissions pour des tâches spécifiques (article 13, § 2);

j) examine si l'attitude d'un État doit être considérée comme une dénonciation tacite (article 26, § 7);

k) décide de confier l'exécution de la vérification des comptes à un autre État membre que l'État de siège (article 27, § 1);

l) décide des propositions tendant à modifier la Convention (article 33, §§ 2 et 3);

m) décide des demandes d'adhésion qui lui sont soumises (article 37, § 4);

n) décide des conditions d'adhésion d'une organisation régionale d'intégration économique (article 38, § 1);

o) décide des demandes d'association qui lui sont soumises (article 39, § 1);

p) décide de la dissolution de l'Organisation et du transfert éventuel de ses attributions à une autre organisation intergouvernementale (article 43);

q) décide des autres questions inscrites à l'ordre du jour.

§ 3 Le Secrétaire général convoque l'Assemblée générale une fois tous les trois ans ou à la demande soit d'un tiers des États membres soit du Comité administratif, ainsi que dans les cas visés à l'article 33, §§ 2 et 3 et à l'article 37, § 4. Il adresse aux États membres le projet de l'ordre du jour, au plus tard trois mois avant l'ouverture de la session, dans les conditions définies par le règlement intérieur visé au § 2, lettre a).

§ 4 A l'Assemblée générale, le quorum (article 13, § 3) est atteint lorsque la majorité des États membres y sont représentés. Un État membre peut se faire représenter par un autre État membre; toutefois, un État ne peut représenter plus d'un autre État.

§ 5 En cas de vote de l'Assemblée générale concernant des modifications des Appendices à la Convention, les États membres qui ont fait, conformément à l'article 42, § 1, première phrase, une déclaration à l'Appendice concerné n'ont pas le droit de vote.

§ 6 L'Assemblée générale prend ses décisions à la majorité des États membres représentés lors du vote sauf dans les cas du § 2, lettres e), f), g), h), l) et p) ainsi que dans le cas de l'article 34, § 6, pour lesquels la majorité des deux tiers est requise. Toutefois, dans le cas du § 2, lettre l)[,] une majorité des deux tiers n'est requise que lorsqu'il s'agit des propositions tendant à modifier la Convention proprement dite, à l'exception des articles 9 et 27, §§ 2 à 10, ainsi que le Protocole visé à l'article premier, § 4.

§ 7 Sur invitation du Secrétaire général, lancée en accord avec la majorité des États membres,

a) des États non membres de l'Organisation,

b) des organisations et associations internationales, compétentes pour des questions concernant les activités de l'Organisation ou s'occupant de problèmes inscrits à l'ordre du jour,

peuvent participer, avec voix consultative, aux sessions de l'Assemblée générale.

Art. 15 *Comité administratif.* § 1 Le Comité administratif se compose d'un tiers des États membres.

§ 2 Les membres du Comité et un membre suppléant pour chacun d'eux ainsi que l'État membre qui préside sont désignés pour trois ans. La composition du Comité est déterminée pour chaque période, en tenant compte notamment d'une équitable répartition géographique. Un membre suppléant qui est devenu membre du Comité au cours d'une période, doit être désigné comme membre du Comité pour la période qui suit.

§ 3 En cas de vacance, de suspension du droit de vote d'un membre ou en cas d'absence d'un membre lors de deux sessions consécutives du Comité, sans qu'il se fasse représenter par un autre membre conformément au § 6, le membre suppléant désigné par l'Assemblée générale exerce les fonctions de celui-ci pour le reste de la période.

§ 4 Abstraction faite du cas visé au § 3, aucun État membre ne peut faire partie du Comité pendant plus de deux périodes consécutives et entières.

§ 5 Le Comité*[:]*

a) établit son règlement intérieur;

b) conclut l'accord de siège;

c) établit le statut du personnel de l'Organisation;

d) nomme, en tenant compte de la compétence des candidats et d'une équitable répartition géographique, les hauts fonctionnaires de l'Organisation;

e) établit un règlement concernant les finances et la comptabilité de l'Organisation;

f) approuve le programme de travail, le budget, le rapport de gestion et les comptes de l'Organisation;

g) fixe, sur la base des comptes approuvés, les contributions définitives dues par les États membres conformément à l'article 26 pour les deux années civiles écoulées, ainsi que le montant de l'avance de trésorerie dû par les États membres conformément à l'article 26, § 5 pour l'année en cours et pour l'année civile suivante;

h) détermine les attributions de l'Organisation qui concernent tous les États membres ou seulement quelques-uns des États membres ainsi que les dépenses à supporter, en conséquence, par ces États membres (article 26, § 4);

i) fixe le montant des rémunérations spécifiques (article 26, § 11);

j) donne des directives spéciales concernant la vérification des comptes (article 27, § 1);

k) approuve la prise en charge de fonctions administratives par l'Organisation (article 4, § 3) et fixe les contributions spécifiques dues par l'État membre concerné;

l) communique aux États membres le rapport de gestion, le relevé des comptes ainsi que ses décisions et recommandations;

m) établit et communique aux États membres, en vue de l'Assemblée générale chargée de déterminer sa composition, au plus tard deux mois avant l'ouverture de la session, un rapport sur son activité ainsi que des propositions relatives à son renouvellement (article 14, § 2, lettre b));

n) contrôle la gestion du Secrétaire général;

o) veille à la bonne application, par le Secrétaire général, de la Convention ainsi qu'à l'exécution, par le Secrétaire général, des décisions prises par les autres organes; à cet effet, le Comité peut prendre toutes les mesures propres à améliorer l'application de la Convention et des décisions précitées;

p) donne des avis motivés sur les questions qui peuvent intéresser l'activité de l'Organisation et qui lui sont soumises par un État membre ou par le Secrétaire général;

q) tranche les différends entre un État membre et le Secrétaire général au regard de sa fonction comme dépositaire (article 36, § 2);

r) décide de demandes de suspension de la qualité de membre (article 40).

§ 6 Au Comité, le quorum est atteint lorsque deux tiers de ses membres y sont représentés. Un membre peut se faire représenter par un autre membre; toutefois, un membre ne peut représenter plus d'un autre membre.

§ 7 Le Comité prend ses décisions à la majorité des membres représentés lors du vote.

§ 8 Sauf décision contraire, le Comité se réunit au siège de l'Organisation. Les procès-verbaux des sessions sont envoyés à tous les États membres.

§ 9 Le président du Comité :

a) convoque le Comité au moins une fois par an ainsi qu'à la demande soit de quatre de ses membres, soit du Secrétaire général;

b) adresse aux membres du Comité le projet de l'ordre du jour;

c) traite, dans les limites et conditions définies au règlement intérieur du Comité, des questions urgentes soulevées dans l'intervalle des sessions;

d) signe l'accord de siège prévu au § 5, lettre b).

§ 10 Le Comité peut, dans les limites de ses propres compétences, charger le président d'exécuter certaines tâches spécifiques.

Art. 16 *Commissions.* § 1 Les Commissions visées à l'article 13, § 1, lettres c) à f) et § 2 se composent en principe de tous les États membres. Lorsque la Commission de révision, la Commission d'experts du RID ou la Commission d'experts techniques délibèrent et décident, dans le cadre de leurs compétences, des modifications des Appendices à la Convention, les États membres qui ont fait, conformément à l'article 42, § 1, première phrase, une déclaration portant sur les Appendices concernés ne sont pas membres de la Commission y relative.

§ 2 Le Secrétaire général convoque les Commissions soit de sa propre initiative, soit à la demande de cinq États membres, soit à la demande du Comité administratif. Le Secrétaire général adresse le projet d'ordre du jour aux États membres au plus tard deux mois avant l'ouverture de la session.

§ 3 Un État membre peut se faire représenter par un autre État membre; toutefois, un État ne peut représenter plus de deux autres États.

§ 4 Chaque État membre représenté a droit à une voix. Une proposition est adoptée si le nombre de voix positives est :

a) au moins égal au tiers du nombre des États membres représentés lors du vote et

b) supérieur au nombre des voix négatives.

§ 5 Sur invitation du Secrétaire général, lancée en accord avec la majorité des États membres,

a) des États non membres de l'Organisation,

b) des États membres qui ne sont cependant pas membres des Commissions concernées,

c) des organisations et associations internationales, compétentes pour des questions concernant les activités de l'Organisation ou s'occupant de problèmes inscrits à l'ordre du jour,

peuvent participer, avec voix consultative, aux sessions des Commissions.

§ 6 Les Commissions élisent pour chaque session ou pour une période déterminée un président et un ou plusieurs vice-présidents.

§ 7 Les délibérations ont lieu dans les langues de travail. Les exposés faits en séance dans l'une des langues de travail sont traduits en substance dans les autres langues de travail, les propositions et les décisions sont traduites intégralement.

§ 8 Les procès-verbaux résument les délibérations. Les propositions et les décisions sont reproduites intégralement. En ce qui concerne les décisions, seul le texte français fait foi. Les procès-verbaux sont transmis à tous les États membres.

§ 9 Les Commissions peuvent créer des groupes de travail chargés de traiter des questions déterminées.

§ 10 Les Commissions se dotent d'un règlement intérieur.

Art. 17 *Commission de révision.* § 1 La Commission de révision :

a) décide, conformément à l'article 33, § 4, des propositions tendant à modifier la Convention;

b) examine les propositions à soumettre pour décision, conformément à l'article 33, § 2, à l'Assemblée générale.

§ 2 A la Commission de révision, le quorum (article 13, § 3) est atteint lorsque la majorité des États membres y sont représentés.

Art. 18 *Commission d'experts du RID.* § 1 La Commission d'experts du RID décide, conformément à l'article 33, § 5, des propositions tendant à modifier la Convention.

§ 2 A la Commission d'experts du RID, le quorum (article 13, § 3) est atteint lorsqu'un tiers des États membres y sont représentés.

Art. 19 *Commission de la facilitation ferroviaire.* § 1 La Commission de la facilitation ferroviaire :

a) se prononce sur toutes les questions visant à faciliter le franchissement des frontières en trafic international ferroviaire;

b) recommande des standards, des méthodes, des procédures et des pratiques relatifs à la facilitation ferroviaire.

§ 2 A la Commission de la facilitation ferroviaire, le quorum (article 13, § 3) est atteint lorsqu'un tiers des États membres y sont représentés.

Art. 20 *Commission d'experts techniques.* § 1 La Commission d'experts techniques*[:]*

a) décide, conformément à l'article 5 des Règles uniformes APTU, de la validation d'une norme technique relative au matériel ferroviaire destiné à être utilisé en trafic international;

b) décide, conformément à l'article 6 des Règles uniformes APTU, de l'adoption d'une prescription technique uniforme relative à la construction, à l'exploitation, à la maintenance ou à une procédure concernant le matériel ferroviaire destiné à être utilisé en trafic international;

c) veille à l'application des normes techniques et des prescriptions techniques uniformes relatives au matériel ferroviaire destiné à être utilisé en trafic international ferroviaire et examine leur développement en vue de leur validation ou adoption conformément aux procédures prévues aux articles 5 et 6 des Règles uniformes APTU;

d) décide, conformément à l'article 33, § 6, des propositions tendant à modifier la Convention;

e) traite de toutes les autres affaires qui lui sont attribuées conformément aux Règles uniformes APTU et aux Règles uniformes ATMF.

§ 2 A la Commission d'experts techniques, le quorum (article 13, § 3) est atteint lorsque la moitié des États membres au sens de l'article 16, § 1 y sont représentés. Lors de la prise de décisions concernant des dispositions des Annexes des Règles uniformes APTU, les États membres qui ont formulé une objection, conformément à l'article 35, § 4, à l'égard des dispositions concernées ou ont fait une déclaration, conformément à l'article 9, § 1 des Règles uniformes APTU, n'ont pas le droit de vote.

§ 3 La Commission d'experts techniques peut, soit valider des normes techniques ou adopter des prescriptions techniques uniformes, soit refuser de les valider ou de les adopter; elle ne peut en aucun cas les modifier.

Art. 21 *Secrétaire général.* § 1 Le Secrétaire général assume les fonctions de secrétariat de l'Organisation.

§ 2 Le Secrétaire général est élu par l'Assemblée générale pour une période de trois ans, renouvelable au maximum deux fois.

§ 3 Le Secrétaire général doit notamment :

a) assumer les fonctions de dépositaire (article 36);

b) représenter l'Organisation vers l'extérieur;

c) communiquer les décisions prises par l'Assemblée générale et par les Commissions aux États membres (article 34, § 1; article 35, § 1);

d) exécuter les tâches qui lui sont confiées par les autres organes de l'Organisation;

e) instruire les propositions des États membres tendant à modifier la Convention en ayant recours, le cas échéant, à l'assistance d'experts;

f) convoquer l'Assemblée générale et les Commissions (article 14, § 3; article 16, § 2);

g) adresser, en temps opportun, aux États membres les documents nécessaires aux sessions des divers organes;

h) élaborer le programme de travail, le projet de budget et le rapport de gestion de l'Organisation et les soumettre pour approbation au Comité administratif (article 25);

i) gérer les finances de l'Organisation dans le cadre du budget approuvé;

j) essayer, à la demande de l'une des parties en cause, en prêtant ses bons offices, de régler les différends entre elles nés de l'interprétation ou de l'application de la Convention;

k) émettre, à la demande de toutes les parties en cause, un avis sur les différends nés de l'interprétation ou de l'application de la Convention;

l) assumer les fonctions qui lui sont attribuées par le Titre V;

m) recevoir les communications faites par les États membres, les organisations et associations internationales visées à l'article 16, § 5 et par les entreprises (transporteurs, gestionnaires d'infrastructure, etc.) participant au trafic international ferroviaire et les notifier, s'il y a lieu, aux autres États membres, organisations et associations internationales ainsi qu'aux entreprises;

n) exercer la direction du personnel de l'Organisation;

o) informer, en temps utile, les États membres de toute vacance relative aux postes de l'Organisation;

p) tenir à jour et publier les listes des lignes visées à l'article 24.

§ 4 Le Secrétaire général peut présenter de sa propre initiative des propositions tendant à modifier la Convention.

Art. 22 *Personnel de l'Organisation.* Les droits et les obligations du personnel de l'Organisation sont fixés par le statut du personnel établi par le Comité administratif conformément à l'article 15, § 5, lettre c).

Art. 23 *Bulletin.* § 1 L'Organisation édite un bulletin qui contient les communications officielles ainsi que celles nécessaires et utiles en vue de l'application de la Convention.

§ 2 Les communications incombant au Secrétaire général en vertu de la Convention peuvent, le cas échéant, être effectuées sous forme d'une publication dans le bulletin.

Art. 24 *Listes des lignes.* § 1 Les lignes maritimes et de navigation intérieure visées aux articles premiers des Règles uniformes CIV et des Règles uniformes CIM, sur lesquelles s'effectuent des transports, faisant l'objet d'un seul contrat de transport, en sus d'un transport ferroviaire, sont inscrites sur deux listes :

a) la liste des lignes maritimes et de navigation intérieure CIV,

b) la liste des lignes maritimes et de navigation intérieure CIM.

§ 2 Les lignes ferroviaires d'un État membre ayant émis une réserve conformément à l'article premier, § 6 des Règles uniformes CIV ou conformément à l'article premier, § 6 des Règles uniformes CIM sont inscrites sur deux listes conformément à cette réserve :

a) la liste des lignes ferroviaires CIV,

b) la liste des lignes ferroviaires CIM.

§ 3 Les États membres adressent au Secrétaire général leurs communications concernant l'inscription ou la radiation de lignes visées aux §§ 1 et 2. Les lignes maritimes et de navigation intérieure visées au § 1, dans la mesure où elles relient des États membres, ne sont inscrites qu'après accord de ces États; pour la radiation d'une telle ligne, la communication d'un seul de ces États suffit.

§ 4 Le Secrétaire général notifie l'inscription ou la radiation d'une ligne à tous les États membres.

§ 5 Les transports sur les lignes maritimes et de navigation intérieure visées au § 1 et les transports sur les lignes ferroviaires visées au § 2 sont soumis aux dispositions de la Convention à l'expiration d'un mois à compter de la date de la notification de l'inscription par le Secrétaire général. Une telle ligne cesse d'être soumise aux dispositions de la Convention à l'expiration de trois mois à compter de la date de la notification de la radiation par le Secrétaire général, sauf en ce qui concerne les transports en cours, qui doivent être achevés.

TITRE IV

Finances

Art. 25 *Programme de travail. Budget. Comptes. Rapport de gestion.* § 1 Le programme de travail, le budget et les comptes de l'Organisation couvrent une période de deux années civiles.

§ 2 L'Organisation édite, au moins tous les deux ans, un rapport de gestion.

§ 3 Le montant des dépenses de l'Organisation est arrêté, pour chaque période budgétaire, par le Comité administratif, sur proposition du Secrétaire général.

Art. 26 *Financement des dépenses.* § 1 Sous réserve des §§ 2 à 4, les dépenses de l'Organisation, non couvertes par d'autres recettes, sont supportées par les États membres pour deux cinquièmes sur la base de la clef de répartition des contributions du système des Nations unies, et pour trois cinquièmes proportionnellement à la longueur totale des infrastructures ferroviaires ainsi que des lignes maritimes et de navigation intérieure inscrites conformément à l'article 24, § 1. Toutefois, les lignes maritimes et de navigation intérieure ne sont comptées que pour la moitié de leurs longueurs.

§ 2 Lorsqu'un État membre a émis une réserve conformément à l'article premier, § 6 des Règles uniformes CIV ou conformément à l'article premier, § 6 des Règles uniformes CIM, la formule de contribution visée au § 1 s'applique comme suit :

a) au lieu de la longueur totale des infrastructures ferroviaires sur le territoire de cet État membre n'est prise en compte que la longueur des lignes ferroviaires inscrites conformément à l'article 24, § 2 ;

b) la part de la contribution selon le système des Nations unies est calculée au prorata de la longueur des lignes inscrites conformément à l'article 24, paragraphes 1 et 2 par rapport à la longueur totale des infrastructures ferroviaires sur le territoire de cet État membre et celle des lignes inscrites conformément à l'article 24, § 1 ; elle ne peut en aucun cas être inférieure à 0,01 pour cent.

§ 3 Chaque État membre supporte au moins 0,25 pour cent et au plus 15 pour cent des contributions.

§ 4 Le Comité administratif détermine les attributions de l'Organisation qui concernent :

a) tous les États membres d'une manière égale et les dépenses qui sont supportées par tous les États membres selon la formule visée au § 1 ;

b) seulement quelques-uns des États membres et les dépenses qui sont supportées par ces États membres selon la même formule.

Le § 3 s'applique par analogie. Ces dispositions ne portent pas atteinte à l'article 4, § 3.

§ 5 Les contributions des États membres aux dépenses de l'Organisation sont dues, sous forme d'avance de trésorerie payable en deux acomptes au plus tard jusqu'au 31 octobre de chacune des deux années que couvre le budget. L'avance de trésorerie est fixée sur la base des contributions des deux années précédentes définitivement dues.

§ 6 Lors de l'envoi aux États membres du rapport de gestion et du relevé des comptes, le Secrétaire général communique le montant définitif de la contribution des deux années civiles écoulées ainsi que le montant pour l'avance de trésorerie pour les deux années civiles à venir.

§ 7 Après le 31 décembre de l'année de la communication du Secrétaire général conformément au § 6, les sommes dues pour les deux années civiles écoulées portent intérêt à raison de cinq pour cent l'an. Si, un an après cette date, un État membre n'a pas payé sa part contributive, son droit de vote est suspendu jusqu'à ce qu'il ait satisfait à l'obligation de paiement. A l'expiration d'un délai supplémentaire de deux ans, l'Assemblée générale examine si l'attitude de cet État doit être considérée comme une dénonciation tacite de la Convention, en fixant, le cas échéant, la date d'effet.

§ 8 Les contributions échues restent dues dans les cas de dénonciation en vertu du § 7 ou de l'article 41 ainsi que dans les cas de suspension du droit de vote visé à l'article 40, § 4, lettre b).

§ 9 Les montants non recouvrés sont couverts par des ressources de l'Organisation.

§ 10 L'État membre qui a dénoncé la Convention peut devenir à nouveau État membre par adhésion, sous réserve qu'il ait payé les sommes dont il est débiteur.

§ 11 L'Organisation perçoit une rémunération pour couvrir les frais particuliers résultant des activités prévues à l'article 21, § 3, lettres j) à l). Dans les cas prévus à l'article 21, § 3, lettres j) et k), cette rémunération est fixée par le Comité administratif, sur proposition du Secrétaire général; dans le cas prévu à l'article 21, § 3, lettre l), l'article 31, § 3 est applicable.

Art. 27 *Vérification des comptes. (mod. par CR du 30 juin 2014, en vigueur le 1er mai 2015)* § 1 Sauf décision contraire de l'Assemblée générale prise en vertu de l'article 14, § 2, lettre k), la vérification des comptes est effectuée par l'État de siège selon les règles du présent article et, sous réserve de toutes directives spéciales du Comité administratif, en conformité avec le règlement concernant les finances et la comptabilité de l'Organisation (article 15, § 5, lettre e)).

§ 2 Le Vérificateur a librement accès, à tout moment, à tous les livres, écritures, documents comptables et autres informations dont il estime avoir besoin.

§ 3 Le Vérificateur communique au Comité administratif et au Secrétaire général les constatations faites lors de la vérification. Il peut, en outre, présenter tout commentaire qu'il juge approprié au sujet du rapport financier du Secrétaire général.

§ 4 Le mandat de vérification des comptes est défini dans le règlement concernant les finances et la comptabilité et par le mandat additionnel annexé à ce dernier.

TITRE V

Arbitrage

Art. 28 *Compétence.* § 1 Les litiges entre États membres, nés de l'interprétation ou de l'application de la Convention ainsi que les litiges entre États membres et l'Organisation, nés de l'interprétation ou de l'application du Protocole sur les privilèges et immunités peuvent, à la demande d'une des parties, être soumis à un tribunal arbitral. Les parties déterminent librement la composition du tribunal arbitral et la procédure arbitrale.

§ 2 Les autres litiges nés de l'interprétation ou de l'application de la Convention et des autres conventions élaborées par l'Organisation conformément à l'article 2, § 2, s'ils n'ont pas été réglés à l'amiable ou soumis à la décision des tribunaux ordinaires, peuvent, par accord entre les parties intéressées, être soumis à un tribunal arbitral. Les articles 29 à 32 s'appliquent pour la composition du tribunal arbitral et la procédure arbitrale.

§ 3 Chaque État peut, lorsqu'il adresse une demande d'adhésion à la Convention, se réserver le droit de ne pas appliquer tout ou partie des §§ 1 et 2.

§ 4 L'État qui a émis une réserve en vertu du § 3 peut y renoncer, à tout moment, en informant le dépositaire. Cette renonciation prend effet un mois après la date à laquelle le dépositaire en donne connaissance aux États membres.

Art. 29 *Compromis. Greffe.* Les parties concluent un compromis spécifiant en particulier :

a) l'objet du différend,

b) la composition du tribunal et les délais convenus pour la nomination du ou des arbitres,

c) le lieu convenu comme siège du tribunal.

Le compromis doit être communiqué au Secrétaire général qui assume les fonctions de greffe.

Art. 30 *Arbitres.* § 1 Une liste d'arbitres est établie et tenue à jour par le Secrétaire général. Chaque État membre peut faire inscrire sur la liste d'arbitres deux de ses ressortissants.

§ 2 Le tribunal arbitral se compose d'un, de trois ou de cinq arbitres, conformément au compromis. Les arbitres sont choisis parmi les personnes figurant sur la liste visée au § 1. Toutefois, si le compromis prévoit cinq arbitres, chacune des parties peut choisir un arbitre en dehors de la liste. Si le compromis prévoit un arbitre unique, celui-ci est choisi d'un commun accord par les parties. Si le compromis prévoit trois ou cinq arbitres, chacune des parties choisit un ou deux arbitres, selon le cas; ceux-ci désignent d'un commun accord le troisième ou le cinquième arbitre, qui préside le tribunal arbitral. En cas de désaccord entre les parties sur la désignation de l'arbitre unique ou entre les arbitres choisis sur celle du troisième ou du cinquième arbitre, cette désignation est faite par le Secrétaire général.

§ 3 L'arbitre unique, le troisième ou le cinquième arbitre doit être d'une nationalité autre que celle des parties, à moins que celles-ci ne soient de même nationalité.

§ 4 L'intervention au litige d'une tierce partie demeure sans effet sur la composition du tribunal arbitral.

Art. 31 *Procédure. Frais.* § 1 Le tribunal arbitral décide de la procédure à suivre en tenant compte notamment des dispositions ci-après :

a) il instruit et juge les causes d'après les éléments fournis par les parties, sans être lié, lorsqu'il est appelé à dire le droit, par les interprétations de celles-ci;

b) il ne peut accorder plus ou autre chose que ce qui est demandé dans les conclusions du demandeur, ni moins que ce que le défendeur a reconnu comme étant dû;

c) la sentence arbitrale, dûment motivée, est rédigée par le tribunal arbitral et notifiée aux parties par le Secrétaire général;

d) sauf disposition contraire de droit impératif du lieu où siège le tribunal arbitral, et sous réserve d'accord contraire des parties, la sentence arbitrale est définitive.

§ 2 Les honoraires des arbitres sont fixés par le Secrétaire général.

§ 3 La sentence arbitrale fixe les frais et dépens et décide de leur répartition entre les parties, ainsi que celle des honoraires des arbitres.

Art. 32 *Prescription. Force exécutoire.* § 1 La mise en œuvre de la procédure arbitrale a, quant à l'interruption de la prescription, le même effet que celui prévu par le droit matériel applicable pour l'introduction de l'action devant le juge ordinaire.

§ 2 La sentence du tribunal arbitral acquiert force exécutoire dans chacun des États membres après l'accomplissement des formalités prescrites dans l'État où l'exécution doit avoir lieu. La révision du fond de l'affaire n'est pas admise.

TITRE VI

Modification de la Convention

Art. 33 *Compétence.* § 1 Le Secrétaire général porte immédiatement à la connaissance des États membres les propositions tendant à modifier la Convention qui lui ont été adressées par les États membres ou qu'il a lui-même élaborées.

§ 2 L'Assemblée générale décide des propositions tendant à modifier la Convention pour autant que les § 4 à 6 ne prévoient pas une autre compétence.

§ 3 Saisie d'une proposition de modification, l'Assemblée générale peut décider, à la majorité, prévue à l'article 14, § 6, qu'une telle proposition présente un caractère d'étroite connexité avec une ou plusieurs dispositions des Appendices à la Convention. Dans ce cas ainsi que dans les cas visés aux § 4 à 6, deuxièmes phrases, l'Assemblée générale est également habilitée à décider de la modification de cette ou de ces dispositions des Appendices.

§ 4 Sous réserve des décisions de l'Assemblée générale prises selon le § 3, première phrase, la Commission de révision décide des propositions tendant à modifier les :

a) articles 9 et 27, §§ 2 à 10;

b) Règles uniformes CIV, à l'exception des articles 1er, 2, 5, 6, 16, 26 à 39, 41 à 53 et 56 à 60;

c) Règles uniformes CIM, à l'exception des articles 1er, 5, 6, §§ 1 et 2, des articles 8, 12, 13, § 2, des articles 14, 15, §§ 2 et 3, de l'article 19, §§ 6 et 7, ainsi que des articles 23 à 27, 30 à 33, 36 à 41 et 44 à 48;

d) Règles uniformes CUV, à l'exception des articles 1er, 4, 5 et 7 à 12;

e) Règles uniformes CUI, à l'exception des articles 1er, 2, 4, 8 à 15, 17 à 19, 21, 23 à 25;

f) Règles uniformes APTU, à l'exception des articles 1er, 3 et 9 à 11 ainsi que des Annexes de ces Règles uniformes;

g) Règles uniformes ATMF, à l'exception des articles 1er, 3 et 9.

Lorsque des propositions de modification sont soumises à la Commission de révision conformément aux lettres a) à g), un tiers des États représentés dans la Commission peut exiger que ces propositions soient soumises à l'Assemblée générale pour décision.

§ 5 La Commission d'experts du RID décide des propositions tendant à modifier le Règlement concernant le transport international ferroviaire des marchandises dangereuses (RID).

Lorsque de telles propositions sont soumises à la Commission d'experts du RID, un tiers des États représentés dans la Commission peut exiger que ces propositions soient soumises à l'Assemblée générale pour décision.

§ 6 La Commission d'experts techniques décide des propositions tendant à modifier les Annexes des Règles uniformes APTU. Lorsque de telles propositions sont soumises à la Commission d'experts techniques, un tiers des États représentés dans la Commission peut exiger que ces propositions soient soumises à l'Assemblée générale pour décision.

Art. 34 *Décisions de l'Assemblée générale.* § 1 Les modifications de la Convention décidées par l'Assemblée générale sont notifiées par le Secrétaire général aux États membres.

§ 2 Les modifications de la Convention proprement dite, décidées par l'Assemblée générale, entrent en vigueur, douze mois après leur approbation par les deux tiers des États membres, pour tous les États membres à l'exception de ceux qui, avant leur entrée en vigueur, ont fait une déclaration aux termes de laquelle ils n'approuvent pas lesdites modifications.

§ 3 Les modifications des Appendices à la Convention, décidées par l'Assemblée générale, entrent en vigueur, douze mois après leur approbation par la moitié des États n'ayant pas fait une déclaration conformément à l'article 42, § 1, première phrase, pour tous les États membres à l'exception de ceux qui, avant leur entrée en vigueur, ont fait une déclaration aux termes de laquelle ils n'approuvent pas lesdites modifications et de ceux qui ont fait une déclaration conformément à l'article 42, § 1, première phrase.

§ 4 Les États membres adressent, au Secrétaire général, leurs notifications concernant l'approbation des modifications de la Convention décidées par l'Assemblée générale ainsi que leurs déclarations aux termes desquelles ils n'approuvent pas ces modifications. Le Secrétaire général en informe les autres États membres.

§ 5 Le délai visé aux § 2 et 3 court à compter du jour de la notification du Secrétaire général que les conditions pour l'entrée en vigueur des modifications sont remplies.

§ 6 L'Assemblée générale peut spécifier, au moment de l'adoption d'une modification que celle-ci est d'une portée telle que tout État membre qui aura fait une déclaration visée au § 2 ou au § 3 et qui n'aura pas approuvé la modification dans le délai de dix-huit mois à dater de son entrée en vigueur cessera, à l'expiration de ce délai, d'être État membre de l'Organisation.

§ 7 Lorsque les décisions de l'Assemblée générale concernent les Appendices à la Convention, l'application de l'Appendice concerné est suspendue, dans son intégralité, dès l'entrée en vigueur des décisions, pour le trafic avec et entre les États membres qui se sont opposés, conformément au § 3, aux décisions dans les délais impartis. Le Secrétaire général notifie aux États membres cette suspension; elle prend fin à l'expiration d'un mois à compter de la date à laquelle le Secrétaire général a notifié aux autres États membres la levée de l'opposition.

Art. 35 *Décisions des Commissions.* § 1 Les modifications de la Convention, décidées par les Commissions, sont notifiées par le Secrétaire général aux États membres.

§ 2 Les modifications de la Convention elle-même, décidées par la Commission de révision, entrent en vigueur pour tous les États membres le premier jour du douzième mois suivant celui au cours duquel le Secrétaire général les a notifiées aux États membres. Les États membres peuvent formuler une objection dans les quatre mois à compter de la date de la notification. En cas d'objection d'un quart des États membres, la modification n'entre pas en vigueur. Si un État membre formule une objection contre une décision de la Commission de révision dans le délai de quatre mois et qu'il dénonce la Convention, la dénonciation prend effet à la date prévue pour l'entrée en vigueur de cette décision.

§ 3 Les modifications des Appendices à la Convention, décidées par la Commission de révision, entrent en vigueur pour tous les États membres, le premier jour du douzième mois suivant celui au cours duquel le Secrétaire général les a notifiées aux États membres. Les modifications décidées par la Commission d'experts du RID ou par la Commission d'experts techniques entrent en vigueur pour tous les États membres le premier jour du sixième mois suivant celui au cours duquel le Secrétaire général les a notifiées aux États membres.

§ 4 Les États membres peuvent formuler une objection dans un délai de quatre mois à compter du jour de la notification visée au § 3. En cas d'objection formulée par un quart des États membres, la modification n'entre pas en vigueur. Dans les États membres qui ont formulé une objection contre une décision dans les délais impartis, l'application de l'Appendice concerné est suspendue, dans son intégralité, pour le trafic avec et entre les États membres à compter du moment où les décisions prennent effet. Toutefois, en cas d'objection contre la validation d'une norme technique ou contre l'adoption d'une prescription technique uniforme, seules celles-ci sont suspendues en ce qui concerne le trafic avec et entre les États membres à compter du moment où les décisions prennent effet; il en est de même en cas d'objection partielle.

§ 5 Le Secrétaire général informe les États membres des suspensions visées au § 4; les suspensions sont levées à l'expiration d'un délai d'un mois à compter du jour où le Secrétaire général a notifié aux autres États membres le retrait d'une telle objection.

§ 6 Pour la détermination du nombre d'objections prévues aux § 2 et 4, ne sont pas pris en compte les États membres qui :

a) n'ont pas le droit de vote (article 14, § 5, article 26, § 7 ou article 40, § 4);

b) ne sont pas membres de la Commission concernée (article 16, § 1, deuxième phrase);

c) ont fait une déclaration conformément à l'article 9, § 1 des Règles uniformes APTU.

TITRE VII

Dispositions finales

Art. 36 *Dépositaire.* § 1 Le Secrétaire général est le dépositaire de la présente Convention. Ses fonctions en tant que dépositaire sont celles qui sont énoncées dans la Partie VII de la Convention de Vienne du 23 mai 1969 sur le droit des traités.

§ 2 Lorsqu'une divergence apparaît entre un État membre et le dépositaire au sujet de l'accomplissement des fonctions de ce dernier, le dépositaire ou l'État membre concerné doit porter la question à l'attention des autres États membres ou, le cas échéant, la soumettre à la décision du Comité administratif.

Art. 37 *Adhésion à la Convention.* § 1 L'adhésion à la Convention est ouverte à chaque État sur le territoire duquel est exploitée une infrastructure ferroviaire.

§ 2 Un État qui désire adhérer à la Convention adresse une demande au dépositaire. Le dépositaire la communique aux États membres.

§ 3 La demande est admise de plein droit trois mois après la communication visée au § 2, sauf opposition formulée auprès du dépositaire par cinq États membres. Le dépositaire en avise sans délai l'État demandeur ainsi que les États membres. L'adhésion prend effet le premier jour du troisième mois suivant cet avis.

§ 4 En cas d'opposition d'au moins cinq États membres dans le délai prévu au § 3, la demande d'adhésion est soumise à l'Assemblée générale qui en décide.

§ 5 Sous réserve de l'article 42, toute adhésion à la Convention ne peut concerner que la Convention dans sa version en vigueur au moment de la prise d'effet de l'adhésion.

Art. 38 *Adhésion d'organisations régionales d'intégration économique.* § 1 L'adhésion à la Convention est ouverte aux organisations régionales d'intégration économique ayant compétence pour adopter leur législation qui est obligatoire pour leurs membres, dans les matières couvertes par cette Convention et dont un ou plusieurs États membres sont membres. Les conditions de cette adhésion sont définies dans un accord conclu entre l'Organisation et l'organisation régionale.

§ 2 L'organisation régionale peut exercer les droits dont disposent ses membres en vertu de la Convention dans la mesure où ils couvrent des matières relevant de sa compétence. Ceci vaut de même pour les obligations incombant aux États membres en vertu de la Convention, abstraction faite des obligations financières visées à l'article 26.

§ 3 En vue de l'exercice du droit de vote et du droit d'objection prévu à l'article 35, § 2 et 4, l'organisation régionale dispose d'un nombre de voix égal à celui de ses membres qui sont également États membres de l'Organisation. Ces derniers ne peuvent exercer leurs droits, notamment de vote, que dans la mesure admise au § 2. L'organisation régionale ne dispose pas de droit de vote en ce qui concerne le Titre IV.

§ 4 Pour mettre fin à la qualité de membre, l'article 41 s'applique par analogie.

Art. 39 *Membres associés.* § 1 Tout État sur le territoire duquel est exploitée une infrastructure ferroviaire peut devenir membre associé de l'Organisation. L'article 37, §§ 2 à 5 s'applique par analogie.

§ 2 Un membre associé peut participer aux travaux des organes mentionnés à l'article 13, § 1, lettres a) et c) à f) uniquement avec voix consultative. Un membre associé ne peut pas être désigné comme membre du Comité administratif. Il contribue aux dépenses de l'Organisation avec 0,25 pour cent des contributions (article 26, § 3).

§ 3 Pour mettre fin à la qualité de membre associé, l'article 41 s'applique par analogie.

Art. 40 *Suspension de la qualité de membre.* § 1 Un État membre peut demander, sans dénoncer la Convention, une suspension de sa qualité de membre de l'Organisation, lorsque plus aucun trafic international ferroviaire n'est effectué sur son territoire pour des raisons non imputables à cet État membre.

§ 2 Le Comité administratif décide d'une demande de suspension de la qualité de membre. La demande doit être formulée auprès du Secrétaire général au plus tard trois mois avant une session du Comité.

§ 3 La suspension de la qualité de membre entre en vigueur le premier jour du mois suivant le jour de la notification du Secrétaire général aux États membres de la décision du Comité administratif. La suspension de la qualité de membre prend fin avec la notification par l'État membre de la reprise du trafic international ferroviaire sur son territoire. Le Secrétaire général le notifie, sans délai, aux autres États membres.

§ 4 La suspension de la qualité de membre a pour conséquence :

a) d'exonérer l'État membre de son obligation de contribuer au financement des dépenses de l'Organisation;

b) de suspendre le droit de vote dans les organes de l'Organisation;

c) de suspendre le droit d'objection en vertu de l'article 34, §§ 2 et 3, et de l'article 35, § 2 et 4.

Art. 41 *Dénonciation de la Convention.* § 1 La Convention peut, à tout moment, être dénoncée.

§ 2 Tout État membre qui désire procéder à une dénonciation en avise le dépositaire. La dénonciation prend effet le 31 décembre de l'année suivante.

Art. 42 *Déclarations et réserves à la Convention.* § 1 Chaque État membre peut déclarer, à tout moment, qu'il n'appliquera pas dans leur intégralité certains Appendices à la Convention. En outre, des réserves ainsi que des déclarations de ne pas appliquer certaines dispositions de la Convention proprement dite ou de ses Appendices ne sont admises que si de telles réserves et déclarations sont expressément prévues par les dispositions elles-mêmes.

§ 2 Les réserves ou les déclarations sont adressées au dépositaire. Elles prennent effet au moment où la Convention entre en vigueur pour l'État concerné. Toute déclaration faite après cette entrée en vigueur prend effet le 31 décembre de l'année qui suit cette déclaration. Le dépositaire en informe les États membres.

Art. 43 *Dissolution de l'Organisation.* § 1 L'Assemblée générale peut décider de la dissolution de l'Organisation et du transfert éventuel de ses attributions à une autre organisation intergouvernementale en fixant, le cas échéant, les conditions de ce transfert avec cette organisation.

§ 2 En cas de dissolution de l'Organisation, ses biens et avoirs sont attribués aux États membres ayant été membres de l'Organisation, sans interruption, durant les cinq dernières années civiles précédant celle de la décision en vertu du § 1, ceci proportionnellement au taux moyen du pourcentage auquel ils ont contribué aux dépenses de l'Organisation durant ces cinq années précédentes.

Art. 44 *Disposition transitoire.* Dans les cas prévus à l'article 34, § 7, à l'article 35, § 4, à l'article 41, § 1 et à l'article 42, le droit en vigueur au moment de la conclusion des contrats soumis aux Règles uniformes CIV, aux Règles uniformes CIM, aux Règles uniformes CUV ou aux Règles uniformes CUI reste applicable aux contrats existants.

Art. 45 *Textes de la Convention.* § 1 La Convention est rédigée en langues française, allemande et anglaise. En cas de divergence, seul le texte français fait foi.

§ 2 Sur proposition de l'un des États concernés, l'Organisation publie des traductions officielles de la Convention dans d'autres langues, dans la mesure où l'une de ces langues est une langue officielle sur le territoire d'au moins deux États membres. Ces traductions sont élaborées en coopération avec les services compétents des États membres concernés.

137 Convention d'Ottawa du 28 mai 1988 sur l'affacturage international

En vigueur depuis le 1er mai 1995

Les États parties à la présente convention,

Conscients du fait que l'affacturage international a une fonction importante à remplir dans le développement du commerce international,

Reconnaissant en conséquence l'importance d'adopter des règles uniformes établissant un cadre juridique qui facilitera l'affacturage international et de veiller à l'équilibre entre les intérêts des différentes parties à l'opération d'affacturage,

Sont convenus de ce qui suit :

CHAPITRE I

Champ d'application et dispositions générales

Art. premier 1. La présente Convention régit les contrats d'affacturage et les transferts de créances décrits dans le présent Chapitre.

2. Au sens de la présente Convention, on entend par « contrat d'affacturage » un contrat conclu entre une partie (le fournisseur) et une autre partie (l'entreprise d'affacturage, ci-après dénommée le cessionnaire) en vertu duquel :

a) le fournisseur peut ou doit céder au cessionnaire des créances nées de contrats de vente de marchandises conclus entre le fournisseur et ses clients (débiteurs), à l'exclusion de ceux qui portent sur des marchandises achetées à titre principal pour leur usage personnel, familial ou domestique;

b) le cessionnaire doit prendre en charge au moins deux des fonctions suivantes :

— le financement du fournisseur, notamment le prêt ou le paiement anticipé;

— la tenue des comptes relatifs aux créances;

— l'encaissement de créances;
— la protection contre la défaillance des débiteurs;

c) la cession des créances doit être notifiée aux débiteurs.

3. Dans la présente Convention, les dispositions qui s'appliquent aux marchandises et à leur vente s'appliquent également aux services et à leur prestation.

4. Aux fins de la présente Convention :

a) une notification par écrit n'a pas besoin d'être signée, mais doit indiquer par qui ou au nom de qui elle est faite;

b) une « notification par écrit » comprend également les télégrammes, les télex ainsi que tout autre moyen de télécommunication de nature à laisser une trace matérielle;

c) une notification par écrit est donnée lorsqu'elle est reçue par le destinataire.

Art. 2 1. La présente Convention s'applique lorsque les créances cédées en vertu d'un contrat d'affacturage naissent d'un contrat de vente de marchandises entre un fournisseur et un débiteur qui ont leur établissement dans des États différents et que :

a) ces États ainsi que l'État où le cessionnaire a son établissement sont des États contractants; ou

b) que le contrat de vente de marchandises et le contrat d'affacturage sont régis par la loi d'un État contractant.

2. L'établissement auquel il est fait référence dans la présente Convention désigne, si l'une des parties a plus d'un établissement, l'établissement qui a la relation la plus étroite avec le contrat en question et son exécution eu égard aux circonstances connues des parties ou envisagées par elles à un moment quelconque avant la conclusion ou lors de la conclusion de ce contrat.

Art. 3 1. L'application de la présente Convention peut être exclue :

a) par les parties au contrat d'affacturage; ou

b) par les parties au contrat de vente de marchandises à l'égard des créances nées soit au moment soit après que la notification par écrit de cette exclusion a été faite au cessionnaire

2. Lorsque l'application de la présente Convention est exclue conformément au paragraphe précédent, cette exclusion ne peut porter que sur l'ensemble de la Convention

Art. 4 1. Pour l'interprétation de la présente Convention, il sera tenu compte de son objet, de ses buts tels qu'ils sont énoncés dans son préambule, de son caractère international et de la nécessité de promouvoir l'uniformité de son application ainsi que d'assurer le respect de la bonne foi dans le commerce international.

2. Les questions concernant les matières régies par la présente Convention et qui ne sont pas expressément tranchées par elle seront réglées selon les principes généraux dont elle s'inspire ou, à défaut de ces principes, conformément à la loi applicable en vertu des règles du droit international privé.

CHAPITRE II

Droits et obligations des parties

Art. 5 Dans les seuls rapports entre les parties au contrat d'affacturage :

a) une clause du contrat d'affacturage prévoyant la cession de créances existantes ou futures est valable, même en l'absence de leur désignation individuelle, si lors de la conclusion du contrat ou à leur naissance elles sont déterminables;

b) une clause du contrat d'affacturage en vertu de laquelle des créances futures sont cédées opère leur transfert au cessionnaire dès leur naissance, sans nécessité d'un nouvel acte de transfert

Art. 6 1. La cession de la créance par le fournisseur au cessionnaire peut être réalisée nonobstant toute convention entre le fournisseur et le débiteur prohibant une telle cession.

2. Toutefois, ladite cession n'a pas d'effet à l'égard du débiteur qui, lors de la conclusion du contrat de vente de marchandises, a son établissement dans un État contractant qui a fait la déclaration prévue à l'article 18 de la présente Convention.

3. Les dispositions du paragraphe 1 ne portent pas atteinte à toute obligation de bonne foi qui incombe au fournisseur envers le débiteur ou à toute responsabilité du fournisseur à l'égard du débiteur du chef d'une cession réalisée en contravention des termes du contrat de vente de marchandises.

Art. 7 Dans les seuls rapports entre les parties au contrat d'affacturage, le contrat peut valablement prévoir le transfert, directement ou par un nouvel acte, de tout ou partie des droits du fournisseur provenant de la vente de marchandises, y compris le bénéfice de toute disposition du contrat de vente de marchandises réservant au fournisseur la propriété des marchandises ou lui conférant toute autre garantie.

Art. 8 1. Le débiteur est tenu de payer le cessionnaire s'il n'a pas eu connaissance d'un droit préférable et si la notification par écrit de la cession :

a) a été donnée au débiteur par le fournisseur ou par le cessionnaire en vertu d'un pouvoir conféré par le fournisseur;

b) précise de façon suffisante les créances cédées et le cessionnaire à qui ou pour le compte de qui le débiteur doit faire le paiement; et

c) concerne des créances qui naissent d'un contrat de vente de marchandises qui a été conclu soit avant soit au moment où la notification est donnée.

2. Le paiement par le débiteur au cessionnaire est libératoire s'il est fait conformément au paragraphe précédent, sans préjudice de toute autre forme de paiement également libératoire.

Art. 9 1. Au cas où le cessionnaire forme contre lui une demande en paiement d'une créance résultant du contrat de vente de marchandises, le débiteur peut invoquer contre le cessionnaire tous les moyens de défense dérivant du contrat qu'il aurait pu opposer si la demande avait été faite par le fournisseur.

2. Le débiteur peut aussi exercer contre le cessionnaire tout droit à compensation relatif à des droits ou actions existants contre le fournisseur en faveur duquel la créance est née, et qu'il peut invoquer à l'époque où la notification par écrit de la cession a été donnée conformément aux dispositions du paragraphe 1 de l'article 8.

Art. 10 1. Sans préjudice des droits conférés au débiteur par l'article 9, l'inexécution ou l'exécution défectueuse ou tardive du contrat de vente de marchandises ne permet pas au débiteur de recouvrer le paiement qu'il a fait au cessionnaire, s'il dispose d'un recours en répétition des sommes payées au fournisseur.

2. Néanmoins, le débiteur qui dispose d'un tel recours contre le fournisseur peut recouvrer le paiement qu'il a fait au cessionnaire dans la mesure où :

a) le cessionnaire ne s'est pas acquitté de son obligation de payer au fournisseur les créances cédées; ou

b) le cessionnaire a payé à un moment où il avait connaissance de l'inexécution ou de l'exécution défectueuse ou tardive par le fournisseur du contrat de vente ayant trait aux marchandises dont il a reçu paiement du débiteur.

CHAPITRE III

Cessions successives

Art. 11 1. Lorsqu'une créance est cédée par un fournisseur à un cessionnaire en vertu d'un contrat d'affacturage régi par la présente Convention :

a) sous réserve des dispositions de l'alinéa b) du présent paragraphe, les règles énoncées dans les articles 5 à 10 s'appliquent à toute cession successive de la créance par le cessionnaire ou par un cessionnaire successif;

b) les dispositions des articles 8 à 10 s'appliquent comme si le cessionnaire successif était l'entreprise d'affacturage.

2. Aux fins de la présente Convention, la notification au débiteur de la cession successive constitue également notification de la cession à l'entreprise d'affacturage.

Art. 12 La présente Convention ne s'applique pas à une cession successive interdite par le contrat d'affacturage.

CHAPITRE IV

Dispositions finales

Art. 13 1. La présente Convention sera ouverte à la signature à la séance de clôture de la Conférence diplomatique pour l'adoption des projets de Conventions d'Unidroit sur l'affacturage international et sur le crédit-bail international et restera ouverte à la signature de tous les États à Ottawa jusqu'au 31 décembre 1990.

2. La présente Convention est sujette à ratification, acceptation ou approbation par les États qui l'ont signée.

3. La présente Convention sera ouverte à l'adhésion de tous les États qui ne sont pas signataires, à partir de la date à laquelle elle sera ouverte à la signature.

4. La ratification, l'acceptation, l'approbation ou l'adhésion s'effectuent par le dépôt d'un instrument en bonne et due forme à cet effet auprès du dépositaire.

Art. 14 1. La présente Convention entre en vigueur le premier jour du mois suivant l'expiration d'une période de six mois après la date du dépôt du troisième instrument de ratification, d'acceptation, d'approbation ou d'adhésion.

2. Pour tout État qui ratifie, accepte ou approuve la présente Convention ou y adhère après le dépôt du troisième instrument de ratification, d'acceptation, d'approbation ou d'adhésion, la Convention entre en vigueur à l'égard de cet État le premier jour du mois suivant l'expiration d'une période de six mois après la date du dépôt de l'instrument de ratification, d'acceptation, d'approbation ou d'adhésion.

Art. 15 La présente Convention ne prévaut pas sur un traité déjà conclu ou à conclure.

Art. 16 1. Tout État contractant qui comprend deux ou plusieurs unités territoriales dans lesquelles des systèmes de droit différents s'appliquent dans les matières régies par la présente Convention pourra, au moment de la signature, de la ratification, de l'acceptation, de l'approbation ou de l'adhésion, déclarer que la présente Convention s'appliquera à toutes ses unités territoriales ou seulement à l'une ou plusieurs d'entre elles et pourra à tout moment modifier cette déclaration par une nouvelle déclaration.

2. Ces déclarations seront notifiées au dépositaire et désigneront expressément les unités territoriales auxquelles la Convention s'applique.

3. Si en vertu d'une déclaration faite conformément au présent article, la présente Convention s'applique à l'une ou plusieurs des unités territoriales d'un État contractant, mais non pas à toutes et si l'établissement d'une partie est situé dans cet État, cet établissement sera considéré, aux fins de la présente Convention, comme n'étant pas situé dans un État contractant, à moins qu'il ne soit situé dans une unité territoriale à laquelle la Convention s'applique.

4. Si un État contractant ne fait pas de déclaration en vertu du paragraphe 1, la Convention s'appliquera à l'ensemble du territoire de cet État.

Art. 17 1. Deux ou plusieurs États contractants qui, dans des matières régies par la présente Convention, appliquent des règles juridiques identiques ou voisines peuvent, à tout moment, déclarer que la Convention ne s'applique pas lorsque le fournisseur, le cessionnaire et le débiteur ont leur établissement dans ces États. De telles déclarations peuvent être faites conjointement ou être unilatérales et réciproques.

2. Tout État contractant qui, dans des matières régies par la présente Convention, applique des règles juridiques identiques ou voisines de celles d'un ou de plusieurs États non contractants peut, à tout moment, déclarer que la Convention ne s'applique pas lorsque le fournisseur, le cessionnaire et le débiteur ont leur établissement dans ces États.

3. Lorsqu'un État à l'égard duquel une déclaration a été faite en vertu du paragraphe précédent devient par la suite un État contractant, la déclaration mentionnée aura, à partir de la date à laquelle la présente Convention entrera en vigueur à l'égard de ce nouvel État contractant, les effets d'une déclaration faite en vertu du paragraphe 1, à condition que le nouvel État contractant s'y associe ou fasse une déclaration unilatérale à titre réciproque.

Art. 18 Un État contractant peut à tout moment déclarer, conformément au paragraphe 2 de l'article 6, qu'une cession en vertu du paragraphe 1 de l'article 6 n'a pas d'effet à l'égard du débiteur qui, lors de la conclusion du contrat de vente de marchandises, a son établissement dans cet État.

Art. 19 1. Les déclarations faites en vertu de la présente Convention lors de la signature sont sujettes à confirmation lors de la ratification, de l'acceptation ou de l'approbation.

2. Les déclarations, et la confirmation des déclarations, seront faites par écrit et formellement notifiées au dépositaire.

3. Les déclarations prendront effet à la date de l'entrée en vigueur de la présente Convention à l'égard de l'État déclarant. Cependant, les déclarations dont le dépositaire aura reçu notification formelle après cette date prendront effet le premier jour du mois suivant l'expiration d'une période de six mois à compter de la date de leur réception par le dépositaire. Les déclarations unilatérales et réciproques faites en vertu de l'article 17, prendront effet le premier jour du mois suivant l'expiration d'une période de six mois après la date de la réception de la dernière déclaration par le dépositaire.

4. Tout État qui fait une déclaration en vertu de la présente Convention peut à tout moment la retirer par une notification formelle adressée par écrit au dépositaire. Ce

retrait prendra effet le premier jour du mois suivant l'expiration d'une période de six mois après la date de réception de la notification par le dépositaire.

5. Le retrait d'une déclaration faite en vertu de l'article 17 rendra caduque, à l'égard de l'État qui a fait le retrait, à partir de la date de sa prise d'effet, toute déclaration conjointe ou unilatérale et réciproque faite par un autre État en vertu de ce même article.

Art. 20 Aucune réserve n'est autorisée autre que celles qui sont expressément autorisées par la présente Convention.

Art. 21 La présente Convention s'applique lorsque des créances cédées en vertu d'un contrat d'affacturage naissent d'un contrat de vente de marchandises conclu après l'entrée en vigueur de la Convention dans les États contractants visés à l'alinéa a) du paragraphe 1 de l'article 2, ou dans l'État ou les États contractants visés à l'alinéa b) du paragraphe 1 dudit article, à condition que :

a) le contrat d'affacturage soit conclu après cette date; ou que

b) les parties au contrat d'affacturage soient convenues que la Convention s'applique.

Art. 22 1. La présente Convention peut être dénoncée par l'un quelconque des États contractants à tout moment à compter de la date à laquelle elle entre en vigueur à l'égard de cet État.

2. La dénonciation s'effectue par le dépôt d'un instrument à cet effet auprès du dépositaire.

3. La dénonciation prend effet le premier jour du mois suivant l'expiration d'une période de six mois après la date du dépôt de l'instrument de dénonciation auprès du dépositaire. Lorsqu'une période plus longue pour la prise d'effet de la dénonciation est spécifiée dans l'instrument de dénonciation, celle-ci prend effet à l'expiration de la période en question après le dépôt de l'instrument de dénonciation auprès du dépositaire.

Art. 23 1. La présente Convention sera déposée auprès du Gouvernement du Canada.

2. Le Gouvernement du Canada :

a) informe tous les États qui ont signé la présente Convention ou qui y ont adhéré et le Président de l'Institut international pour l'unification du droit privé (Unidroit) :

i) de toute signature nouvelle ou de tout dépôt d'instrument de ratification, d'acceptation, d'approbation ou d'adhésion et de la date à laquelle cette signature ou ce dépôt sont intervenus;

ii) de toute déclaration, effectuée en vertu des articles 16, 17 et 18;

iii) du retrait de toute déclaration, effectué en vertu du paragraphe 4 de l'article 19;

iv) de la date d'entrée en vigueur de la présente Convention;

v) du dépôt de tout instrument de dénonciation de la présente Convention, ainsi que de la date à laquelle ce dépôt est intervenu et de la date à laquelle la dénonciation prend effet;

b) transmet des copies certifiées de la présente Convention à tous les États signataires et à tous les États qui y adhèrent, et au Président de l'Institut international pour l'unification du droit privé (Unidroit).

EN FOI DE QUOI les plénipotentiaires soussignés, dûment autorisés par leurs gouvernements respectifs, ont signé la présente Convention.

FAIT à Ottawa, le vingt-huit mai mil neuf cent quatre-vingt-huit, en un seul original, dont les textes anglais et français sont également authentiques.

138 Convention d'Ottawa du 28 mai 1988 sur le crédit-bail international

En vigueur depuis le 1er mai 1995

Les États parties à la présente convention,
Reconnaissant l'importance d'éliminer certains obstacles juridiques au crédit-bail mobilier international, et de veiller à l'équilibre entre les intérêts des différentes parties à l'opération,
Conscients de la nécessité de rendre le crédit-bail international davantage accessible,
Conscients que les règles juridiques régissant habituellement le contrat de bail méritent d'être adaptées aux relations triangulaires caractéristiques qui naissent des opérations de crédit-bail,
Reconnaissant en conséquence l'utilité de fixer certaines règles uniformes relatives à l'opération de crédit-bail international en ses aspects relevant essentiellement du droit civil et commercial,
Sont convenus de ce qui suit :

CHAPITRE I

Champ d'application et dispositions générales

Art. premier 1. — La présente Convention régit l'opération de crédit-bail décrite au paragraphe 2, dans laquelle une partie (le crédit-bailleur)

a) conclut, sur l'indication d'une autre partie (le crédit-preneur), un contrat (le contrat de fourniture) avec une troisième partie (le fournisseur) en vertu duquel elle acquiert un bien d'équipement, du matériel ou de l'outillage (le matériel) dans des termes approuvés par le crédit-preneur pour autant qu'ils le concernent, et

b) conclut un contrat (le contrat de crédit-bail) avec le crédit-preneur donnant à celui-ci le droit d'utiliser le matériel moyennant le paiement de loyers.

2. — L'opération de crédit-bail visée au paragraphe précédent est une opération qui présente les caractéristiques suivantes :

a) le crédit-preneur choisit le matériel et le fournisseur sans faire appel de façon déterminante à la compétence du crédit-bailleur;

b) l'acquisition du matériel incombe au crédit-bailleur en vertu d'un contrat de crédit-bail, conclu ou à conclure entre le crédit-bailleur et le crédit-preneur, dont le fournisseur a connaissance;

c) les loyers stipulés au contrat de crédit-bail sont calculés pour tenir compte notamment de l'amortissement de la totalité ou d'une partie importante du coût du matériel.

3. — La présente Convention s'applique que le crédit-preneur ait ou qu'il n'ait pas, à l'origine ou par la suite, la faculté d'acheter le matériel ou de le louer à nouveau, même pour un prix ou un loyer symbolique.

4. — La présente Convention régit les opérations de crédit-bail portant sur tout matériel à l'exception de celui qui doit être utilisé par le crédit-preneur à titre principal pour son usage personnel, familial ou domestique.

Art. 2 Dans le cas d'une ou de plusieurs opérations de sous-crédit-bail ou de sous-location portant sur le même matériel, la présente Convention s'applique à chaque opération qui constitue une opération de crédit-bail et qui est régie par la présente Convention, comme si la personne de qui le premier crédit-bailleur (tel que défini au paragraphe 1 de l'article précédent) a acquis le matériel était le fournisseur, et comme si le contrat en vertu duquel le matériel a été ainsi acquis était le contrat de fourniture.

Art. 3 1. — La présente Convention s'applique lorsque le crédit-bailleur et le crédit-preneur ont leur établissement dans des États différents et que :

a) ces États ainsi que l'État où le fournisseur a son établissement sont des États contractants; ou

b) que le contrat de fourniture et le contrat de crédit-bail sont régis par la loi d'un État contractant.

2. — L'établissement auquel il est fait référence dans la présente Convention désigne, si l'une des parties à l'opération de crédit-bail a plus d'un établissement, l'établissement qui a la relation la plus étroite avec le contrat en question et son exécution eu égard aux circonstances connues des parties ou envisagées par elles à un moment quelconque avant la conclusion ou lors de la conclusion de ce contrat.

Art. 4 1. — Les dispositions de la présente Convention ne cessent pas de s'appliquer du simple fait de l'incorporation ou de la fixation du matériel à un immeuble.

2. — Les questions relatives à l'incorporation ou à la fixation du matériel à un immeuble, ainsi que les droits respectifs du crédit-bailleur et des titulaires d'un droit réel sur l'immeuble qui en résultent, sont régis par la loi de l'État de situation de cet immeuble.

Art. 5 1. — L'application de la présente Convention ne peut être écartée que si chacune des parties au contrat de fourniture et chacune des parties au contrat de crédit-bail consent à son exclusion.

2. — Lorsque l'application de la présente Convention n'a pas été écartée conformément au paragraphe précédent, les parties peuvent, dans leurs relations mutuelles, déroger à l'une quelconque de ses dispositions ou en modifier les effets à l'exception de ce qui est prévu au paragraphe 3 de l'article 8, à l'alinéa b) du paragraphe 3, et au paragraphe 4 de l'article 13.

Art. 6 1. — Pour l'interprétation de la présente Convention, il sera tenu compte de son objet, de ses buts tels qu'ils sont énoncés dans le préambule, de son caractère international et de la nécessité de promouvoir l'uniformité de son application ainsi que d'assurer le respect de la bonne foi dans le commerce international.

2. — Les questions concernant les matières régies par la présente Convention et qui ne sont pas expressément tranchées par elle seront réglées selon les principes généraux dont elle s'inspire ou, à défaut de ces principes, conformément à la loi applicable en vertu des règles du droit international privé.

CHAPITRE II

Droits et obligations des parties

Art. 7 1. — a) Les droits réels du crédit-bailleur sur le matériel sont opposables au syndic de faillite et aux créanciers du crédit-preneur, y compris aux créanciers porteurs d'un titre exécutoire définitif ou provisoire.

b) Aux fins du présent paragraphe, le terme « syndic de faillite » comprend le liquidateur, l'administrateur ou toute autre personne désignée pour gérer les biens du crédit-preneur dans l'intérêt des créanciers.

2. — Lorsque la loi applicable soumet l'opposabilité à une personne visée au paragraphe précédent des droits réels du crédit-bailleur sur le matériel au respect de règles de publicité, ces droits ne lui seront opposables que si les conditions fixées par ces règles ont été respectées.

3. — Aux fins du paragraphe précédent, la loi applicable est la loi de l'État qui, au moment où la personne visée au paragraphe 1 est en droit d'invoquer les règles visées au paragraphe 2, est :

a) en ce qui concerne les navires et les bateaux immatriculés, l'État dans lequel le navire ou le bateau est immatriculé au nom de son propriétaire. Aux fins du présent alinéa, l'affréteur coque nue n'est pas considéré comme un propriétaire;

b) en ce qui concerne les aéronefs immatriculés conformément à la Convention relative à l'Aviation civile internationale faite à Chicago le 7 décembre 1944, l'État dans lequel l'aéronef est immatriculé;

c) en ce qui concerne un autre matériel, appartenant à une catégorie de matériel qui peut être normalement déplacé d'un État à un autre, tel que les moteurs d'aéronefs, l'État de l'établissement principal du crédit-preneur;

d) en ce qui concerne tout autre matériel, l'État où le matériel est situé.

4. — Le paragraphe 2 ne porte pas atteinte aux dispositions de tout autre traité qui obligent à reconnaître les droits réels du crédit-bailleur sur le matériel.

5. — Le présent article ne règle pas le rang des créanciers titulaires :

a) d'un privilège, ou d'une sûreté mobilière sur le matériel, constitués ou non en vertu d'un contrat, à l'exception de ceux qui dérivent d'un titre exécutoire définitif ou provisoire, ou

b) d'un droit de saisir, de retenir ou de disposer portant spécialement sur des navires, des bateaux ou des aéronefs, reconnu par une disposition de la loi applicable en vertu des règles du droit international privé.

Art. 8 1. — a) Sous réserve des dispositions de la présente Convention ou des stipulations du contrat de crédit-bail, le crédit-bailleur est exonéré de toute responsabilité liée au matériel à l'égard du crédit-preneur sauf dans la mesure où le crédit-preneur a subi un préjudice résultant de son recours à la compétence du crédit-bailleur et de l'intervention de celui-ci dans le choix du matériel, de ses caractéristiques ou du fournisseur.

b) Le crédit-bailleur est exonéré, en sa qualité de crédit-bailleur, à l'égard des tiers, de toute responsabilité à raison du décès, des dommages aux personnes et aux biens causés par le matériel.

c) Les dispositions du présent paragraphe ne régissent pas la responsabilité du crédit-bailleur, pris en une autre qualité, telle que celle de propriétaire.

2. — Le crédit-bailleur garantit le crédit-preneur de l'éviction ou de tout trouble de jouissance du fait d'une personne ayant un droit de propriété ou un droit supérieur, ou qui fait valoir un tel droit dans le cadre d'une procédure judiciaire, lorsque ce droit ou cette prétention ne résulte pas de l'acte ou de l'omission du crédit-preneur.

3. — Les parties ne peuvent déroger aux dispositions du paragraphe précédent ni en modifier les effets dès lors que le droit ou la prétention résulte de l'acte ou de l'omission intentionnel du crédit-bailleur, ou de sa faute lourde.

4. — Les dispositions des paragraphes 2 et 3 ne portent pas atteinte à toute obligation de garantie plus étendue contre l'éviction ou tout trouble de jouissance, incombant au crédit-bailleur conformément à la loi applicable en vertu des règles du droit international privé, et à laquelle il ne peut être dérogé.

Art. 9 1. — Le crédit-preneur prend soin du matériel, l'utilise dans des conditions raisonnables et le maintient dans l'état où il a été livré, compte tenu de l'usure consécutive à un usage normal et de toute modification du matériel convenue par les parties.

2. — A la fin du contrat de crédit-bail, le crédit-preneur restitue le matériel au crédit-bailleur dans l'état décrit au paragraphe précédent, à moins qu'il ne l'ait acheté ou loué à nouveau.

Art. 10 1. — Les obligations du fournisseur qui résultent du contrat de fourniture peuvent également être invoquées par le crédit-preneur comme s'il était lui-même partie à ce contrat et comme si le matériel devait lui être livré directement. Toutefois, le fournisseur n'est pas responsable à l'égard du crédit-bailleur et du crédit-preneur pour les mêmes dommages.

2. — Le présent article ne donne pas au crédit-preneur le droit de résilier ou d'annuler le contrat de fourniture sans le consentement du crédit-bailleur.

Art. 11 Il ne peut être porté atteinte aux droits du crédit-preneur, résultant du contrat de fourniture en vertu de la présente Convention, par une modification d'un terme quelconque du contrat de fourniture qu'il a préalablement approuvé, à moins qu'il n'ait consenti à cette modification.

Art. 12 1. — A défaut de livraison, en cas de livraison tardive ou de livraison d'un matériel non conforme au contrat de fourniture :

a) le crédit-preneur a le droit, à l'égard du crédit-bailleur, de refuser le matériel ou de résilier le contrat de crédit-bail; et

b) le crédit-bailleur a le droit de remédier à l'inexécution de son obligation de livrer le matériel conformément au contrat de fourniture, comme si le crédit-preneur avait acheté le matériel au crédit-bailleur dans les termes mêmes du contrat de fourniture.

2. — Les droits prévus au paragraphe précédent s'exercent et se perdent dans les mêmes conditions que si le crédit-bailleur et le crédit-preneur avaient conclu un contrat de vente dans les termes mêmes du contrat de fourniture.

3. — Le crédit-preneur peut retenir les loyers stipulés au contrat de crédit-bail jusqu'à ce que le crédit-bailleur ait remédié à l'inexécution de son obligation de livrer le matériel conformément au contrat de fourniture, ou que le crédit-preneur ait perdu le droit de refuser le matériel.

4. — Lorsqu'il a résilié le contrat de crédit-bail, le crédit-preneur peut recouvrer tous les loyers et autres sommes payés à l'avance, diminués d'une somme raisonnable eu égard au profit qu'il a pu éventuellement retirer du matériel.

5. — Le crédit-preneur n'a d'autre action contre le crédit-bailleur du fait de l'absence de livraison, de la livraison tardive ou de la livraison d'un matériel non conforme, que dans la mesure où elle résulte de l'acte ou de l'omission du crédit-bailleur.

6. — Le présent article ne porte pas atteinte aux droits reconnus au crédit-preneur par l'article 10 à l'encontre du fournisseur.

Art. 13 1. — En cas de défaillance du crédit-preneur, le crédit-bailleur peut percevoir les loyers échus et impayés, ainsi que des intérêts moratoires et des dommages-intérêts.

2. — En cas de défaillance substantielle du crédit-preneur, et sous réserve du paragraphe 5, le crédit-bailleur peut également exiger le paiement anticipé de la valeur des loyers à échoir, lorsque le contrat de crédit-bail le prévoit, ou résilier le contrat de crédit-bail et, après la résiliation :

a) reprendre le matériel ; et

b) percevoir les dommages-intérêts qui le placeraient dans la situation où il se serait trouvé si le crédit-preneur avait exécuté convenablement le contrat de crédit-bail.

3. — a) Le contrat de crédit-bail peut définir le mode de calcul des dommages-intérêts qui peuvent être perçus en vertu de l'alinéa b) du paragraphe 2.

b) Cette stipulation est valable entre les parties à moins qu'elle n'aboutisse à une indemnité excessive par rapport aux dommages-intérêts prévus à l'alinéa b) du paragraphe 2. Les parties ne peuvent déroger aux dispositions du présent alinéa ni en modifier les effets.

4. — Lorsque le crédit-bailleur a résilié le contrat de crédit-bail, il ne peut faire valoir une clause de ce contrat prévoyant le paiement anticipé de la valeur des loyers à échoir, mais la valeur de ces loyers peut être prise en considération pour le calcul des dommages-intérêts qui peuvent être perçus en vertu de l'alinéa b) du paragraphe 2, et du paragraphe 3. Les parties ne peuvent déroger aux dispositions du présent paragraphe ni en modifier les effets.

5. — Le crédit-bailleur ne peut exiger le paiement anticipé de la valeur des loyers à échoir ni résilier le contrat de crédit-bail en vertu du paragraphe 2 que s'il a offert au crédit-preneur une possibilité effective de remédier à sa défaillance, pour autant que ceci soit possible.

6. Le crédit-bailleur ne peut percevoir de dommages-intérêts dans la mesure où il n'a pas pris toutes les précautions nécessaires pour limiter son préjudice.

Art. 14 1. — Le crédit-bailleur peut consentir des sûretés sur le matériel ou céder tout ou partie de ses droits sur le matériel ou de ceux qu'il tient du contrat de crédit-bail. Une telle cession ne saurait libérer le crédit-bailleur d'aucune des obligations qui lui incombent au titre du contrat de crédit-bail ni dénaturer ce contrat, ni en modifier le régime juridique tel qu'il résulte de la présente Convention.

2. — Le crédit-preneur peut céder le droit à l'usage du matériel ou tout autre droit qu'il tient du contrat de crédit-bail, pourvu que le crédit-bailleur ait consenti à la cession, et sous réserve des droits des tiers.

CHAPITRE III

Dispositions finales

Art. 15 1. — La présente Convention sera ouverte à la signature à la séance de clôture de la Conférence diplomatique pour l'adoption des projets de Conventions d'Unidroit sur l'affacturage international et sur le crédit-bail international et restera ouverte à la signature de tous les États à Ottawa jusqu'au 31 décembre 1990.

2. — La présente Convention est sujette à ratification, acceptation ou approbation par les États qui l'ont signée.

3. — La présente Convention sera ouverte à l'adhésion de tous les États qui ne sont pas signataires, à partir de la date à laquelle elle sera ouverte à la signature.

4. — La ratification, l'acceptation, l'approbation ou l'adhésion s'effectuent par le dépôt d'un instrument en bonne et due forme à cet effet auprès du dépositaire.

Art. 16 1. — La présente Convention entre en vigueur le premier jour du mois suivant l'expiration d'une période de six mois après la date du dépôt du troisième instrument de ratification, d'acceptation, d'approbation ou d'adhésion.

2. — Pour tout État qui ratifie, accepte ou approuve la présente Convention ou y adhère après le dépôt du troisième instrument de ratification, d'acceptation, d'approbation ou d'adhésion, la Convention entre en vigueur à l'égard de cet État le premier jour du mois suivant l'expiration d'une période de six mois après la date du dépôt de l'instrument de ratification, d'acceptation, d'approbation ou d'adhésion.

Art. 17 La présente Convention ne prévaut pas sur un traité déjà conclu ou à conclure; en particulier elle ne porte pas atteinte à la responsabilité qui pèse sur toute personne en vertu de traités existants ou futurs.

Art. 18 1. — Tout État contractant qui comprend deux ou plusieurs unités territoriales dans lesquelles des systèmes de droit différents s'appliquent dans les matières régies par la présente Convention pourra, au moment de la signature, de la ratification, de l'acceptation, de l'approbation ou de l'adhésion, déclarer que la présente Convention s'appliquera à toutes ses unités territoriales ou seulement à l'une ou plusieurs d'entre elles et pourra à tout moment modifier cette déclaration par une nouvelle déclaration.

2. — Ces déclarations seront notifiées au dépositaire et désigneront expressément les unités territoriales auxquelles la Convention s'applique.

3. — Si en vertu d'une déclaration faite conformément au présent article, la présente Convention s'applique à l'une ou plusieurs des unités territoriales d'un État contractant, mais non pas à toutes et si l'établissement d'une partie est situé dans cet État, cet établissement sera considéré, aux fins de la présente Convention, comme n'étant pas situé dans un État contractant, à moins qu'il ne soit situé dans une unité territoriale à laquelle la Convention s'applique.

4. — Si un État contractant ne fait pas de déclaration en vertu du paragraphe 1, la Convention s'appliquera à l'ensemble du territoire de cet État.

Art. 19 1. — Deux ou plusieurs États contractants qui, dans des matières régies par la présente Convention, appliquent des règles juridiques identiques ou voisines peuvent, à tout moment, déclarer que la Convention ne s'applique pas lorsque le fournisseur, le crédit-bailleur et le crédit-preneur ont leur établissement dans ces États. De telles déclarations peuvent être faites conjointement ou être unilatérales et réciproques.

2. — Tout État contractant qui, dans des matières régies par la présente Convention, applique des règles juridiques identiques ou voisines de celles d'un ou de plusieurs États non contractants peut, à tout moment, déclarer que la Convention ne s'applique pas lorsque le fournisseur, le crédit-bailleur et le crédit-preneur ont leur établissement dans ces États.

3. — Lorsqu'un État à l'égard duquel une déclaration a été faite en vertu du paragraphe précédent devient par la suite un État contractant, la déclaration mentionnée aura, à partir de la date à laquelle la présente Convention entrera en vigueur à l'égard de ce nouvel État contractant, les effets d'une déclaration faite en vertu du paragraphe 1, à condition que le nouvel État contractant s'y associe ou fasse une déclaration unilatérale à titre réciproque.

Art. 20 Un État contractant peut, lors de la signature, de la ratification, de l'acceptation, de l'approbation ou de l'adhésion, déclarer qu'il substituera au paragraphe 3 de l'article 8 son droit interne si celui-ci ne permet pas au crédit-bailleur de s'exonérer de sa faute ou de sa négligence.

Art. 21 1. — Les déclarations faites en vertu de la présente Convention lors de la signature sont sujettes à confirmation lors de la ratification, de l'acceptation ou de l'approbation.

2. — Les déclarations, et la confirmation des déclarations, seront faites par écrit et formellement notifiées au dépositaire.

3. — Les déclarations prendront effet à la date de l'entrée en vigueur de la présente Convention à l'égard de l'État déclarant. Cependant, les déclarations dont le dépositaire aura reçu notification formelle après cette date prendront effet le premier jour du mois suivant l'expiration d'une période de six mois à compter de la date de leur réception par le dépositaire. Les déclarations unilatérales et réciproques faites en vertu de l'article 19, prendront effet le premier jour du mois suivant l'expiration d'une période de six mois après la date de la réception de la dernière déclaration par le dépositaire.

4. Tout État qui fait une déclaration en vertu de la présente Convention peut à tout moment la retirer par une notification formelle adressée par écrit au dépositaire. Ce retrait prendra effet le premier jour du mois suivant l'expiration d'une période de six mois après la date de réception de la notification par le dépositaire.

5. — Le retrait d'une déclaration faite en vertu de l'article 19 rendra caduque, à l'égard de l'État qui a fait le retrait, à partir de la date de sa prise d'effet, toute déclaration conjointe ou unilatérale et réciproque faite par un autre État en vertu de ce même article.

Art. 22 Aucune réserve n'est autorisée autre que celles qui sont expressément autorisées par la présente Convention.

Art. 23 La présente Convention s'applique à une opération de crédit-bail lorsque le contrat de crédit-bail et le contrat de fourniture sont tous deux conclus après l'entrée en vigueur de la Convention dans les États contractants visés à l'alinéa a) du paragraphe 1 de l'article 3, ou dans l'État ou les États contractants visés à l'alinéa b) du paragraphe 1 dudit article.

Art. 24 1. — La présente Convention peut être dénoncée par l'un quelconque des États contractants à tout moment à compter de la date à laquelle elle entre en vigueur à l'égard de cet État.

2. — La dénonciation s'effectue par le dépôt d'un instrument à cet effet auprès du dépositaire.

3. — La dénonciation prend effet le premier jour du mois suivant l'expiration d'une période de six mois après la date du dépôt de l'instrument de dénonciation auprès du dépositaire. Lorsqu'une période plus longue pour la prise d'effet de la dénonciation est spécifiée dans l'instrument de dénonciation, celle-ci prend effet à l'expiration de la période en question après le dépôt de l'instrument de dénonciation auprès du dépositaire.

Art. 25 1. — La présente Convention sera déposée auprès du Gouvernement du Canada.

2. — Le Gouvernement du Canada :

a) informe tous les États qui ont signé la présente Convention ou qui y ont adhéré et le Président de l'Institut international pour l'unification du droit privé (Unidroit) :

i) de toute signature nouvelle ou de tout dépôt d'instrument de ratification, d'acceptation, d'approbation ou d'adhésion et de la date à laquelle cette signature ou ce dépôt sont intervenus;

ii) de toute déclaration, effectuée en vertu des articles 18, 19 et 20;

iii) du retrait de toute déclaration, effectué en vertu du paragraphe 4 de l'article 21;

iv) de la date d'entrée en vigueur de la présente Convention;

v) du dépôt de tout instrument de dénonciation de la présente Convention, ainsi que de la date à laquelle ce dépôt est intervenu et de la date à laquelle la dénonciation prend effet;

b) transmet des copies certifiées de la présente Convention à tous les États signataires et à tous les États qui y adhèrent, et au Président de l'Institut international pour l'unification du droit privé (Unidroit).

EN FOI DE QUOI les plénipotentiaires soussignés, dûment autorisés par leurs gouvernements respectifs, ont signé la présente Convention.

FAIT à Ottawa, le vingt-huit mai mil neuf cent quatre-vingt-huit, en un seul original, dont les textes anglais et français sont également authentiques.

139 Convention de Montréal du 28 mai 1999 pour l'unification de certaines règles relatives au transport aérien international

En vigueur depuis le 28 juin 2004

Reconnaissant l'importante contribution de la Convention pour l'unification de certaines règles relatives au transport aérien international, signée à Varsovie le 12 octobre 1929, ci-après appelée la « Convention de Varsovie » et celle d'autres instruments connexes à l'harmonisation du droit aérien international privé,

Reconnaissant la nécessité de moderniser et de refondre la Convention de Varsovie et les instruments connexes,

Reconnaissant l'importance d'assurer la protection des intérêts des consommateurs dans le transport aérien international et la nécessité d'une indemnisation équitable fondée sur le principe de réparation,

Réaffirmant l'intérêt d'assurer le développement d'une exploitation ordonnée du transport aérien international et un acheminement sans heurt des passagers, des bagages et des marchandises, conformément aux principes et aux objectifs de la Convention relative à l'aviation civile internationale faite à Chicago le 7 décembre 1944,

Convaincus que l'adoption de mesures collectives par les États en vue d'harmoniser davantage et de codifier certaines règles régissant le transport aérien international est le meilleur moyen de réaliser un équilibre équitable des intérêts,

Les États parties à la présente convention sont convenus de ce qui suit :

CHAPITRE PREMIER
Généralités

Art. premier *Champ d'application.* 1. La présente convention s'applique à tout transport international de personnes, bagages ou marchandises, effectué par aéronef contre rémunération. Elle s'applique également aux transports gratuits effectués par aéronef par une entreprise de transport aérien.

2. Au sens de la présente convention, l'expression transport international s'entend de tout transport dans lequel, d'après les stipulations des parties, le point de départ et le point de destination, qu'il y ait ou non interruption de transport ou transbordement, sont situés soit sur le territoire de deux États parties, soit sur le territoire d'un seul État partie si une escale est prévue sur le territoire d'un autre État, même si cet État n'est pas un État partie. Le transport sans une telle escale entre deux points du territoire d'un seul État partie n'est pas considéré comme international au sens de la présente convention.

3. Le transport à exécuter par plusieurs transporteurs successifs est censé constituer pour l'application de la présente convention un transport unique lorsqu'il a été envisagé par les parties comme une seule opération, qu'il ait été conclu sous la forme d'un seul contrat ou d'une série de contrats, et il ne perd pas son caractère international par le fait qu'un seul contrat ou une série de contrats doivent être exécutés intégralement dans le territoire d'un même État.

4. La présente convention s'applique aussi aux transports visés au chapitre V, sous réserve des dispositions dudit chapitre.

Art. 2 *Transport effectué par l'État et transport d'envois postaux.* 1. La présente convention s'applique aux transports effectués par l'État ou les autres personnes juridiques de droit public, dans les conditions prévues à l'article 1.

2. Dans le transport des envois postaux, le transporteur n'est responsable qu'envers l'administration postale compétente conformément aux règles applicables dans les rapports entre les transporteurs et les administrations postales.

3. Les dispositions de la présente convention autres que celles du paragraphe 2 ci-dessus ne s'appliquent pas au transport des envois postaux.

CHAPITRE II

Documents et obligations des parties relatifs au transport des passagers, des bagages et des marchandises

Art. 3 *Passagers et bagages.* 1. Dans le transport des passagers, un titre de transport individuel ou collectif doit être délivré, contenant :

a) l'indication des points de départ et de destination;

b) si les points de départ et de destination sont situés sur le territoire d'un même État partie et si une ou plusieurs escales sont prévues sur le territoire d'un autre État, l'indication d'une de ces escales.

2. L'emploi de tout autre moyen constatant les indications qui figurent au paragraphe 1 peut se substituer à la délivrance du titre de transport mentionné dans ce paragraphe. Si un tel autre moyen est utilisé, le transporteur offrira de délivrer au passager un document écrit constatant les indications qui y sont consignées.

3. Le transporteur délivrera au passager une fiche d'identification pour chaque article de bagage enregistré.

4. Il sera donné au passager un avis écrit indiquant que, lorsque la présente convention s'applique, elle régit la responsabilité des transporteurs en cas de mort ou de lésion ainsi qu'en cas de destruction, de perte ou d'avarie des bagages, ou de retard.

5. L'inobservation des dispositions des paragraphes précédents n'affecte ni l'existence ni la validité du contrat de transport, qui n'en sera pas moins soumis aux règles de la présente convention, y compris celles qui portent sur la limitation de la responsabilité.

Art. 4 *Marchandises.* 1. Pour le transport de marchandises, une lettre de transport aérien est émise.

2. L'emploi de tout autre moyen constatant les indications relatives au transport à exécuter peut se substituer à l'émission de la lettre de transport aérien. Si de tels autres moyens sont utilisés, le transporteur délivre à l'expéditeur, à la demande de ce dernier, un récépissé de marchandises permettant l'identification de l'expédition et l'accès aux indications enregistrées par ces autres moyens.

Art. 5 *Contenu de la lettre de transport aérien ou du récépissé de marchandises.* La lettre de transport aérien ou le récépissé de marchandises contiennent :

a) l'indication des points de départ et de destination;

b) si les points de départ et de destination sont situés sur le territoire d'un même État partie et qu'une ou plusieurs escales sont prévues sur le territoire d'un autre État, l'indication d'une de ces escales;

c) la mention du poids de l'expédition.

Art. 6 *Document relatif à la nature de la marchandise.* L'expéditeur peut être tenu pour accomplir les formalités nécessaires de douane, de police et d'autres autorités publiques d'émettre un document indiquant la nature de la marchandise. Cette disposition ne crée pour le transporteur aucun devoir, obligation ni responsabilité.

Art. 7 *Description de la lettre de transport aérien.* 1. La lettre de transport aérien est établie par l'expéditeur en trois exemplaires originaux.

2. Le premier exemplaire porte la mention « pour le transporteur »; il est signé par l'expéditeur. Le deuxième exemplaire porte la mention « pour le destinataire »; il est signé par l'expéditeur et le transporteur. Le troisième exemplaire est signé par le transporteur et remis par lui à l'expéditeur après acceptation de la marchandise.

3. La signature du transporteur et celle de l'expéditeur peuvent être imprimées ou remplacées par un timbre.

4. Si, à la demande de l'expéditeur, le transporteur établit la lettre de transport aérien, ce dernier est considéré, jusqu'à preuve du contraire, comme agissant au nom de l'expéditeur.

Art. 8 *Documents relatifs à plusieurs colis.* Lorsqu'il y a plusieurs colis :

a) le transporteur de marchandises a le droit de demander à l'expéditeur l'établissement de lettres de transport aérien distinctes;

b) l'expéditeur a le droit de demander au transporteur la remise de récépissés de marchandises distincts, lorsque les autres moyens visés au paragraphe 2 de l'article 4 sont utilisés.

Art. 9 *Inobservation des dispositions relatives aux documents obligatoires.* L'inobservation des dispositions des articles 4 à 8 n'affecte ni l'existence ni la validité du contrat de transport, qui n'en sera pas moins soumis aux règles de la présente convention, y compris celles qui portent sur la limitation de responsabilité.

Art. 10 *Responsabilité pour les indications portées dans les documents.* 1. L'expéditeur est responsable de l'exactitude des indications et déclarations concernant la marchandise inscrites par lui ou en son nom dans la lettre de transport aérien, ainsi que de celles fournies et faites par lui ou en son nom au transporteur en vue d'être insérées dans le récépissé de marchandises ou pour insertion dans les données enregistrées par les autres moyens prévus au paragraphe 2 de l'article 4. Ces dispositions s'appliquent aussi au cas où la personne agissant au nom de l'expéditeur est également l'agent du transporteur.

2. L'expéditeur assume la responsabilité de tout dommage subi par le transporteur ou par toute autre personne à l'égard de laquelle la responsabilité du transporteur est engagée, en raison d'indications et de déclarations irrégulières, inexactes ou incomplètes fournies et faites par lui ou en son nom.

3. Sous réserve des dispositions des paragraphes 1 et 2 du présent article, le transporteur assume la responsabilité de tout dommage subi par l'expéditeur ou par toute autre personne à l'égard de laquelle la responsabilité de l'expéditeur est engagée, en raison d'indications et de déclarations irrégulières, inexactes ou incomplètes insérées par lui ou en son nom dans le récépissé de marchandises ou dans les données enregistrées par les autres moyens prévus au paragraphe 2 de l'article 4.

Art. 11 *Valeur probante des documents.* 1. La lettre de transport aérien et le récépissé de marchandises font foi, jusqu'à preuve du contraire, de la conclusion du contrat, de la réception de la marchandise et des conditions du transport qui y figurent.

2. Les énonciations de la lettre de transport aérien et du récépissé de marchandises, relatives au poids, aux dimensions et à l'emballage de la marchandise ainsi qu'au nombre des colis, font foi jusqu'à preuve du contraire; celles relatives à la quantité, au volume et à l'état de la marchandise ne font preuve contre le transporteur que si la vérification en a été faite par lui en présence de l'expéditeur, et constatée sur la lettre de transport aérien, ou s'il s'agit d'énonciations relatives à l'état apparent de la marchandise.

Art. 12 *Droit de disposer de la marchandise.* 1. L'expéditeur a le droit, à la condition d'exécuter toutes les obligations résultant du contrat de transport, de disposer de la marchandise soit en la retirant à l'aéroport de départ ou de destination, soit en l'arrêtant en cours de route lors d'un atterrissage, soit en la faisant livrer au lieu de destination ou en cours de route à une personne autre que le destinataire initialement désigné, soit en demandant son retour à l'aéroport de départ, pour autant que l'exercice de ce droit ne porte préjudice ni au transporteur ni aux autres expéditeurs et avec l'obligation de rembourser les frais qui en résultent.

2. Dans le cas où l'exécution des instructions de l'expéditeur est impossible, le transporteur doit l'en aviser immédiatement.

3. Si le transporteur exécute les instructions de disposition de l'expéditeur, sans exiger la production de l'exemplaire de la lettre de transport aérien ou du récépissé de la marchandise délivré à celui-ci, il sera responsable, sauf son recours contre l'expéditeur, du préjudice qui pourra être causé par ce fait à celui qui est régulièrement en possession de la lettre de transport aérien ou du récépissé de la marchandise.

4. Le droit de l'expéditeur cesse au moment où celui du destinataire commence, conformément à l'article 13. Toutefois, si le destinataire refuse la marchandise, ou s'il ne peut être joint, l'expéditeur reprend son droit de disposition.

Art. 13 *Livraison de la marchandise.* 1. Sauf lorsque l'expéditeur a exercé le droit qu'il tient de l'article 12, le destinataire a le droit, dès l'arrivée de la marchandise au point de destination, de demander au transporteur de lui livrer la marchandise contre le paiement du montant des créances et contre l'exécution des conditions de transport.

2. Sauf stipulation contraire, le transporteur doit aviser le destinataire dès l'arrivée de la marchandise.

3. Si la perte de la marchandise est reconnue par le transporteur ou si, à l'expiration d'un délai de sept jours après qu'elle aurait dû arriver, la marchandise n'est pas arrivée, le destinataire est autorisé à faire valoir vis-à-vis du transporteur les droits résultant du contrat de transport.

Art. 14 *Possibilité de faire valoir les droits de l'expéditeur et du destinataire.* L'expéditeur et le destinataire peuvent faire valoir tous les droits qui leur sont respectivement conférés par les articles 12 et 13, chacun en son nom propre, qu'il agisse dans son propre intérêt ou dans l'intérêt d'autrui, à condition d'exécuter les obligations que le contrat de transport impose.

Art. 15 *Rapports entre l'expéditeur et le destinataire ou rapports entre les tierces parties.* 1. Les articles 12, 13 et 14 ne portent préjudice ni aux rapports entre l'expéditeur et le destinataire, ni aux rapports mutuels des tierces parties dont les droits proviennent de l'expéditeur ou du destinataire.

2. Toute clause dérogeant aux dispositions des articles 12, 13 et 14 doit être inscrite dans la lettre de transport aérien ou dans le récépissé de marchandises.

Art. 16 *Formalités de douane, de police ou d'autres autorités publiques.* 1. L'expéditeur est tenu de fournir les renseignements et les documents qui, avant la remise de la marchandise au destinataire, sont nécessaires à l'accomplissement des formalités de douane, de police ou d'autres autorités publiques. L'expéditeur est responsable envers le transporteur de tous dommages qui pourraient résulter de l'absence, de l'insuffisance ou de l'irrégularité de ces renseignements et pièces, sauf le cas de faute de la part du transporteur ou de ses préposés ou mandataires.

2. Le transporteur n'est pas tenu d'examiner si ces renseignements et documents sont exacts ou suffisants.

CHAPITRE III

Responsabilité du transporteur et étendue de l'indemnisation du préjudice

Art. 17 *Mort ou lésion subie par le passager. – Dommage causé aux bagages.* 1. Le transporteur est responsable du préjudice survenu en cas de mort ou de lésion corporelle subie par un passager, par cela seul que l'accident qui a causé la mort ou la lésion s'est produit à bord de l'aéronef ou au cours de toutes opérations d'embarquement ou de débarquement.

2. Le transporteur est responsable du dommage survenu en cas de destruction, perte ou avarie de bagages enregistrés, par cela seul que le fait qui a causé la destruction, la perte ou l'avarie s'est produit à bord de l'aéronef ou au cours de toute période durant laquelle le transporteur avait la garde des bagages enregistrés. Toutefois, le transporteur n'est pas responsable si et dans la mesure où le dommage résulte de la nature ou du vice propre des bagages. Dans le cas des bagages non enregistrés, notamment des effets personnels, le transporteur est responsable si le dommage résulte de sa faute ou de celle de ses préposés ou mandataires.

3. Si le transporteur admet la perte des bagages enregistrés ou si les bagages enregistrés ne sont pas arrivés à destination dans les vingt et un jours qui suivent la date à laquelle ils auraient dû arriver, le passager est autorisé à faire valoir contre le transporteur les droits qui découlent du contrat de transport.

4. Sous réserve de dispositions contraires, dans la présente convention le terme « bagages » désigne les bagages enregistrés aussi bien que les bagages non enregistrés.

Art. 18 *Dommage causé à la marchandise.* 1. Le transporteur est responsable du dommage survenu en cas de destruction, perte ou avarie de la marchandise par cela seul que le fait qui a causé le dommage s'est produit pendant le transport aérien.

2. Toutefois, le transporteur n'est pas responsable s'il établit, et dans la mesure où il établit, que la destruction, la perte ou l'avarie de la marchandise résulte de l'un ou de plusieurs des faits suivants :

a) la nature ou le vice propre de la marchandise ;

b) l'emballage défectueux de la marchandise par une personne autre que le transporteur ou ses préposés ou mandataires ;

c) un fait de guerre ou un conflit armé ;

d) un acte de l'autorité publique accompli en relation avec l'entrée, la sortie ou le transit de la marchandise.

3. Le transport aérien, au sens du paragraphe 1 du présent article, comprend la période pendant laquelle la marchandise se trouve sous la garde du transporteur.

4. La période du transport aérien ne couvre aucun transport terrestre, maritime ou par voie d'eau intérieure effectué en dehors d'un aéroport. Toutefois, lorsqu'un tel transport est effectué dans l'exécution du contrat de transport aérien en vue du chargement, de la livraison ou du transbordement, tout dommage est présumé, sauf preuve du contraire, résulter d'un fait survenu pendant le transport aérien. Si, sans le consentement de l'expéditeur, le transporteur remplace en totalité ou en partie le transport convenu dans l'entente conclue entre les parties comme étant le transport par voie aérienne, par un autre mode de transport, ce transport par un autre mode sera considéré comme faisant partie de la période du transport aérien.

Art. 19 *Retard.* Le transporteur est responsable du dommage résultant d'un retard dans le transport aérien de passagers, de bagages ou de marchandises. Cependant, le transporteur n'est pas responsable du dommage causé par un retard s'il prouve que lui, ses préposés et mandataires ont pris toutes les mesures qui pouvaient raisonnablement s'imposer pour éviter le dommage, ou qu'il leur était impossible de les prendre.

Art. 20 *Exonération.* Dans le cas où il fait la preuve que la négligence ou un autre acte ou omission préjudiciable de la personne qui demande réparation ou de la personne dont elle tient ses droits a causé le dommage ou y a contribué, le transporteur est exonéré en tout ou en partie de sa responsabilité à l'égard de cette personne, dans la mesure où cette négligence ou cet autre acte ou omission préjudiciable a causé le dommage ou y a contribué. Lorsqu'une demande en réparation est introduite par une personne autre que le passager, en raison de la mort ou d'une lésion subie par ce dernier, le transporteur est également exonéré en tout ou en partie de sa responsabilité dans la mesure où il prouve que la négligence ou un autre acte ou omission préjudiciable de ce passager a causé le dommage ou y a contribué. Le présent article s'applique à toutes les dispositions de la convention en matière de responsabilité, y compris le paragraphe 1 de l'article 21.

Art. 21 *Indemnisation en cas de mort ou de lésion subie par le passager.* 1. Pour les dommages visés au paragraphe 1 de l'article 17 et ne dépassant pas 100 000 droits de tirage spéciaux par passager, le transporteur ne peut exclure ou limiter sa responsabilité.

2. Le transporteur n'est pas responsable des dommages visés au paragraphe 1 de l'article 17 dans la mesure où ils dépassent 100000 droits de tirage spéciaux par passager, s'il prouve :

a) que le dommage n'est pas dû à la négligence ou à un autre acte ou omission préjudiciable du transporteur, de ses préposés ou de ses mandataires, ou

b) que ces dommages résultent uniquement de la négligence ou d'un autre acte ou omission préjudiciable d'un tiers.

Art. 22 *Limites de responsabilité relatives aux retards, aux bagages et aux marchandises.* 1. En cas de dommage subi par des passagers résultant d'un retard, aux termes de l'article 19, la responsabilité du transporteur est limitée à la somme de 4150 droits de tirage spéciaux par passager.

2. Dans le transport de bagages, la responsabilité du transporteur en cas de destruction, perte, avarie ou retard est limitée à la somme de 1000 droits de tirage spéciaux par passager, sauf déclaration spéciale d'intérêt à la livraison faite par le passager au moment de la remise des bagages enregistrés au transporteur et moyennant le paiement éventuel d'une somme supplémentaire. Dans ce cas, le transporteur sera tenu de payer jusqu'à concurrence de la somme déclarée, à moins qu'il prouve qu'elle est supérieure à l'intérêt réel du passager à la livraison.

3. Dans le transport de marchandises, la responsabilité du transporteur, en cas de destruction, de perte, d'avarie ou de retard, est limitée à la somme de 17 droits de tirage spéciaux par kilogramme, sauf déclaration spéciale d'intérêt à la livraison faite par l'expéditeur au moment de la remise du colis au transporteur et moyennant le paiement d'une somme supplémentaire éventuelle. Dans ce cas, le transporteur sera tenu de payer jusqu'à concurrence de la somme déclarée, à moins qu'il prouve qu'elle est supérieure à l'intérêt réel de l'expéditeur à la livraison.

4. En cas de destruction, de perte, d'avarie ou de retard d'une partie des marchandises, ou de tout objet qui y est contenu, seul le poids total du ou des colis dont il s'agit est pris en considération pour déterminer la limite de responsabilité du transporteur. Toutefois, lorsque la destruction, la perte, l'avarie ou le retard d'une partie des marchandises, ou d'un objet qui y est contenu, affecte la valeur d'autres colis couverts par la même lettre de transport aérien ou par le même récépissé ou, en l'absence de ces documents, par les mêmes indications consignées par les autres moyens visés à l'article 4, paragraphe 2, le poids total de ces colis doit être pris en considération pour déterminer la limite de responsabilité.

5. Les dispositions des paragraphes 1 et 2 du présent article ne s'appliquent pas s'il est prouvé que le dommage résulte d'un acte ou d'une omission du transporteur, de ses préposés ou de ses mandataires, fait soit avec l'intention de provoquer un dommage, soit témérairement et avec conscience qu'un dommage en résultera probablement, pour autant que, dans le cas d'un acte ou d'une omission de préposés ou de mandataires, la preuve soit également apportée que ceux-ci ont agi dans l'exercice de leurs fonctions.

6. Les limites fixées par l'article 21 et par le présent article n'ont pas pour effet d'enlever au tribunal la faculté d'allouer en outre, conformément à sa loi, une somme correspondant à tout ou partie des dépens et autres frais de procès exposés par le demandeur, intérêts compris. La disposition précédente ne s'applique pas lorsque le montant de l'indemnité allouée, non compris les dépens et autres frais de procès, ne dépasse pas la somme que le transporteur a offerte par écrit au demandeur dans un délai de six mois à dater du fait qui a causé le dommage ou avant l'introduction de l'instance si celle-ci est postérieure à ce délai.

Art. 23 *Conversion des unités monétaires.* 1. Les sommes indiquées en droits de tirage spéciaux dans la présente convention sont considérées comme se rapportant au droit de tirage spécial tel que défini par le Fonds monétaire international. La conversion de ces sommes en monnaies nationales s'effectuera, en cas d'instance judiciaire, suivant la valeur de ces monnaies en droit de tirage spécial à la date du jugement. La valeur, en droit de tirage spécial, d'une monnaie nationale d'un État partie qui est membre du Fonds monétaire international est calculée selon la méthode d'évaluation appliquée par le Fonds monétaire international à la date du jugement pour ses propres opérations et transactions. La valeur, en droit de tirage spécial, d'une monnaie nationale d'un État partie qui n'est pas membre du Fonds monétaire international est calculée de la façon déterminée par cet État.

2. Toutefois, les États qui ne sont pas membres du Fonds monétaire international et dont la législation ne permet pas d'appliquer les dispositions du paragraphe 1 du présent article, peuvent, au moment de la ratification ou de l'adhésion, ou à tout moment par la suite, déclarer que la limite de responsabilité du transporteur prescrite à l'article 21 est fixée, dans les procédures judiciaires sur leur territoire, à la somme de 1 500 000 unités monétaires par passager; 62 500 unités monétaires par passager pour ce qui concerne le paragraphe 1 de l'article 22; et 250 unités monétaires par kilogramme pour ce qui concerne le paragraphe 3 de l'article 22. Cette unité monétaire correspond à soixante-cinq milligrammes et demi d'or au titre de neuf cents millièmes de fin. Les sommes peuvent être converties dans la monnaie nationale concernée en chiffres ronds. La conversion de ces sommes en monnaie nationale s'effectuera conformément à la législation de l'État en cause.

3. Le calcul mentionné dans la dernière phrase du paragraphe 1 du présent article et la conversion mentionnée au paragraphe 2 du présent article sont effectués de façon à exprimer en monnaie nationale de l'État partie la même valeur réelle, dans la mesure du possible, pour les montants prévus aux articles 21 et 22, que celle qui découlerait de l'application des trois premières phrases du paragraphe 1 du présent article. Les États parties communiquent au dépositaire leur méthode de calcul conformément au paragraphe 1 du présent article ou les résultats de la conversion conformément au paragraphe 2 du présent article, selon le cas, lors du dépôt de leur instrument de ratification, d'acceptation ou d'approbation de la présente convention ou d'adhésion à celle-ci et chaque fois qu'un changement se produit dans cette méthode de calcul ou dans ces résultats.

Art. 24 *Révision des limites.* 1. Sans préjudice des dispositions de l'article 25 de la présente convention et sous réserve du paragraphe 2 ci-dessous, les limites de responsabilité prescrites aux articles 21, 22 et 23 sont révisées par le dépositaire tous les cinq ans, la première révision intervenant à la fin de la cinquième année suivant la date d'entrée en vigueur de la présente convention, ou si la convention n'entre pas en vigueur dans les cinq ans qui suivent la date à laquelle elle est pour la première fois ouverte à la signature, dans l'année de son entrée en vigueur, moyennant l'application d'un coefficient pour inflation correspondant au taux cumulatif de l'inflation depuis la révision précédente ou, dans le cas d'une première révision, depuis la date d'entrée en vigueur de la convention. La mesure du taux d'inflation à utiliser pour déterminer le coefficient pour inflation est la moyenne pondérée des taux annuels de la hausse ou de la baisse des indices de prix à la consommation des États dont les monnaies composent le droit de tirage spécial cité au paragraphe 1 de l'article 23.

2. Si la révision mentionnée au paragraphe précédent conclut que le coefficient pour inflation a dépassé 10%, le dépositaire notifie aux États parties une révision des limites

de responsabilité. Toute révision ainsi adoptée prend effet six mois après sa notification aux États parties. Si, dans les trois mois qui suivent cette notification aux États parties, une majorité des États parties notifie sa désapprobation, la révision ne prend pas effet et le dépositaire renvoie la question à une réunion des États parties. Le dépositaire notifie immédiatement à tous les États parties l'entrée en vigueur de toute révision.

3. Nonobstant le paragraphe 1 du présent article, la procédure évoquée au paragraphe 2 du présent article est applicable à tout moment, à condition qu'un tiers des États parties exprime un souhait dans ce sens et à condition que le coefficient pour inflation visé au paragraphe 1 soit supérieur à 30% de ce qu'il était à la date de la révision précédente ou à la date d'entrée en vigueur de la présente convention s'il n'y a pas eu de révision antérieure. Les révisions ultérieures selon la procédure décrite au paragraphe 1 du présent article interviennent tous les cinq ans à partir de la fin de la cinquième année suivant la date de la révision intervenue en vertu du présent paragraphe.

Art. 25 *Stipulation de limites.* Un transporteur peut stipuler que le contrat de transport peut fixer des limites de responsabilité plus élevées que celles qui sont prévues dans la présente convention, ou ne comporter aucune limite de responsabilité.

Art. 26 *Nullité des dispositions contractuelles.* Toute clause tendant à exonérer le transporteur de sa responsabilité ou à établir une limite inférieure à celle qui est fixée dans la présente convention est nulle et de nul effet, mais la nullité de cette clause n'entraîne pas la nullité du contrat qui reste soumis aux dispositions de la présente convention.

Art. 27 *Liberté de contracter.* Rien dans la présente convention ne peut empêcher un transporteur de refuser la conclusion d'un contrat de transport, de renoncer aux moyens de défense qui lui sont donnés en vertu de la présente convention ou d'établir des conditions qui ne sont pas en contradiction avec les dispositions de la présente convention.

Art. 28 *Paiements anticipés.* En cas d'accident d'aviation entraînant la mort ou la lésion de passagers, le transporteur, s'il y est tenu par la législation de son pays, versera sans retard des avances aux personnes physiques qui ont droit à un dédommagement pour leur permettre de subvenir à leurs besoins économiques immédiats. Ces avances ne constituent pas une reconnaissance de responsabilité et elles peuvent être déduites des montants versés ultérieurement par le transporteur à titre de dédommagement.

Art. 29 *Principe des recours.* Dans le transport de passagers, de bagages et de marchandises, toute action en dommages-intérêts, à quelque titre que ce soit, en vertu de la présente convention, en raison d'un contrat ou d'un acte illicite ou pour toute autre cause, ne peut être exercée que dans les conditions et limites de responsabilité prévues par la présente convention, sans préjudice de la détermination des personnes qui ont le droit d'agir et de leurs droits respectifs. Dans toute action de ce genre, on ne pourra pas obtenir de dommages-intérêts punitifs ou exemplaires ni de dommages à un titre autre que la réparation.

Art. 30 *Préposés, mandataires. — Montant total de la réparation.* 1. Si une action est intentée contre un préposé ou un mandataire du transporteur à la suite d'un dommage visé par la présente convention, ce préposé ou mandataire, s'il prouve qu'il a agi dans l'exercice de ses fonctions, pourra se prévaloir des conditions et des limites de responsabilité que peut invoquer le transporteur en vertu de la présente convention.

2. Le montant total de la réparation qui, dans ce cas, peut être obtenu du transporteur, de ses préposés et de ses mandataires, ne doit pas dépasser lesdites limites.

3. Sauf pour le transport de marchandises, les dispositions des paragraphes 1 et 2 du présent article ne s'appliquent pas s'il est prouvé que le dommage résulte d'un acte ou d'une omission du préposé ou du mandataire, fait soit avec l'intention de provoquer un dommage, soit témérairement et avec conscience qu'un dommage en résultera probablement.

Art. 31 *Délais de protestation.* 1. La réception des bagages enregistrés et des marchandises sans protestation par le destinataire constituera présomption, sauf preuve du contraire, que les bagages et marchandises ont été livrés en bon état et conformément au titre de transport ou aux indications consignées par les autres moyens visés à l'article 3, paragraphe 2, et à l'article 4, paragraphe 2.

2. En cas d'avarie, le destinataire doit adresser au transporteur une protestation immédiatement après la découverte de l'avarie et, au plus tard, dans un délai de sept jours pour les bagages enregistrés et de quatorze jours pour les marchandises à dater de leur réception. En cas de retard, la protestation devra être faite au plus tard dans les vingt et un jours à dater du jour où le bagage ou la marchandise auront été mis à sa disposition.

3. Toute protestation doit être faite par réserve écrite et remise ou expédiée dans le délai prévu pour cette protestation.

4. A défaut de protestation dans les délais prévus, toutes actions contre le transporteur sont irrecevables, sauf le cas de fraude de celui-ci.

Art. 32 *Décès de la personne responsable.* En cas de décès de la personne responsable, une action en responsabilité est recevable, conformément aux dispositions de la présente convention, à l'encontre de ceux qui représentent juridiquement sa succession.

Art. 33 *Juridiction compétente.* 1. L'action en responsabilité devra être portée, au choix du demandeur, dans le territoire d'un des États Parties, soit devant le tribunal du domicile du transporteur, du siège principal de son exploitation ou du lieu où il possède un établissement par le soin duquel le contrat a été conclu, soit devant le tribunal du lieu de destination.

2. En ce qui concerne le dommage résultant de la mort ou d'une lésion corporelle subie par un passager, l'action en responsabilité peut être intentée devant l'un des tribunaux mentionnés au paragraphe 1 du présent article ou, eu égard aux spécificités du transport aérien, sur le territoire d'un État partie où le passager a sa résidence principale et permanente au moment de l'accident et vers lequel ou à partir duquel le transporteur exploite des services de transport aérien, soit avec ses propres aéronefs, soit avec les aéronefs d'un autre transporteur en vertu d'un accord commercial, et dans lequel ce transporteur mène ses activités de transport aérien à partir de locaux que lui-même ou un autre transporteur avec lequel il a conclu un accord commercial loue ou possède.

3. Aux fins du paragraphe 2 :

a) « accord commercial » signifie un accord autre qu'un accord d'agence conclu entre des transporteurs et portant sur la prestation de services communs de transport aérien de passagers;

b) « résidence principale et permanente » désigne le lieu unique de séjour fixe et permanent du passager au moment de l'accident. La nationalité du passager ne sera pas le facteur déterminant à cet égard.

4. La procédure sera régie selon le droit du tribunal saisi de l'affaire.

Art. 34 *Arbitrage.* 1. Sous réserve des dispositions du présent article, les parties au contrat de transport de fret peuvent stipuler que tout différend relatif à la responsabilité du transporteur en vertu de la présente convention sera réglé par arbitrage. Cette entente sera consignée par écrit.

2. La procédure d'arbitrage se déroulera, au choix du demandeur, dans l'un des lieux de compétence des tribunaux prévus à l'article 33.

3. L'arbitre ou le tribunal arbitral appliquera les dispositions de la présente convention.

4. Les dispositions des paragraphes 2 et 3 du présent article seront réputées faire partie de toute clause ou de tout accord arbitral, et toute disposition contraire à telle clause ou à tel accord arbitral sera nulle et de nul effet.

Art. 35 *Délai de recours.* 1. L'action en responsabilité doit être intentée, sous peine de déchéance, dans le délai de deux ans à compter de l'arrivée à destination, ou du jour où l'aéronef aurait dû arriver, ou de l'arrêt du transport.

2. Le mode du calcul du délai est déterminé par la loi du tribunal saisi.

Art. 36 *Transporteurs successifs.* 1. Dans les cas de transport régis par la définition du paragraphe 3 de l'article 1er, à exécuter par divers transporteurs successifs, chaque transporteur acceptant des voyageurs, des bagages ou des marchandises est soumis aux règles établies par la présente convention, et est censé être une des parties du contrat de transport, pour autant que ce contrat ait trait à la partie du transport effectuée sous son contrôle.

2. Au cas d'un tel transport, le passager ou ses ayants droit ne pourront recourir que contre le transporteur ayant effectué le transport au cours duquel l'accident ou le retard s'est produit, sauf dans le cas où, par stipulation expresse, le premier transporteur aura assuré la responsabilité pour tout le voyage.

3. S'il s'agit de bagages ou de marchandises, le passager ou l'expéditeur aura recours contre le premier transporteur, et le destinataire ou le passager qui a le droit à la délivrance contre le dernier, et l'un et l'autre pourront, en outre, agir contre le transporteur ayant effectué le transport au cours duquel la destruction, la perte, l'avarie ou le retard se sont produits. Ces transporteurs seront solidairement responsables envers le passager, ou l'expéditeur ou le destinataire.

Art. 37 *Droit de recours contre des tiers.* La présente convention ne préjuge en aucune manière la question de savoir si la personne tenue pour responsable en vertu de ses dispositions a ou non un recours contre toute autre personne.

CHAPITRE IV

Transport intermodal

Art. 38 *Transport intermodal.* 1. Dans le cas de transport intermodal effectué en partie par air et en partie par tout autre moyen de transport, les dispositions de la présente convention ne s'appliquent, sous réserve du paragraphe 4 de l'article 18, qu'au transport aérien et si celui-ci répond aux conditions de l'article 1er.

2. Rien dans la présente convention n'empêche les parties, dans le cas de transport intermodal, d'insérer dans le titre de transport aérien des conditions relatives à d'autres modes de transport, à condition que les stipulations de la présente convention soient respectées en ce qui concerne le transport par air.

CHAPITRE V

Transport aérien effectué par une personne autre que le transporteur contractuel

Art. 39 *Transporteur contractuel. — Transporteur de fait.* Les dispositions du présent chapitre s'appliquent lorsqu'une personne (ci-après dénommée « transporteur contractuel ») conclut un contrat de transport régi par la présente convention avec un passager ou un expéditeur ou avec une personne agissant pour le compte du passager ou de l'expéditeur, et qu'une autre personne (ci-après dénommée « transporteur de fait ») effectue, en vertu d'une autorisation donnée par le transporteur contractuel, tout ou partie du transport, mais n'est pas, en ce qui concerne cette partie, un transporteur successif au sens de la présente convention. Cette autorisation est présumée, sauf preuve contraire.

Art. 40 *Responsabilité respective du transporteur contractuel et du transporteur de fait.* Sauf disposition contraire du présent chapitre, si un transporteur de fait effectue tout ou partie du transport qui, conformément au contrat visé à l'article 39, est régi par la présente convention, le transporteur contractuel et le transporteur de fait sont soumis aux règles de la présente convention, le premier pour la totalité du transport envisagé dans le contrat, le second seulement pour le transport qu'il effectue.

Art. 41 *Attribution mutuelle.* 1. Les actes et omissions du transporteur de fait ou de ses préposés et mandataires agissant dans l'exercice de leurs fonctions, relatifs au transport effectué par le transporteur de fait, sont réputés être également ceux du transporteur contractuel.

2. Les actes et omissions du transporteur contractuel ou de ses préposés et mandataires agissant dans l'exercice de leurs fonctions, relatifs au transport effectué par le transporteur de fait, sont réputés être également ceux du transporteur de fait. Toutefois, aucun de ces actes ou omissions ne pourra soumettre le transporteur de fait à une responsabilité dépassant les montants prévus aux articles 21, 22, 23 et 24. Aucun accord spécial aux termes duquel le transporteur contractuel assume des obligations que n'impose pas la présente convention, aucune renonciation à des droits ou moyens de défense prévus par la présente convention ou aucune déclaration spéciale d'intérêt à la livraison, visée à l'article 22 de la présente convention, n'auront [*n'aura*] d'effet à l'égard du transporteur de fait, sauf consentement de ce dernier.

Art. 42 *Notification des ordres et protestations.* Les instructions ou protestations à notifier au transporteur, en application de la présente convention, ont le même effet qu'elles soient adressées au transporteur contractuel ou au transporteur de fait. Toutefois, les instructions visées à l'article 12 n'ont d'effet que si elles sont adressées au transporteur contractuel.

Art. 43 *Préposés et mandataires.* En ce qui concerne le transport effectué par le transporteur de fait, tout préposé ou mandataire de ce transporteur ou du transporteur contractuel, s'il prouve qu'il a agi dans l'exercice de ses fonctions, peut se prévaloir des conditions et des limites de responsabilité applicables, en vertu de la présente convention, au transporteur dont il est le préposé ou le mandataire, sauf s'il est prouvé qu'il a agi de telle façon que les limites de responsabilité ne puissent être invoquées conformément à la présente convention.

Art. 44 *Cumul de la réparation.* En ce qui concerne le transport effectué par le transporteur de fait, le montant total de la réparation qui peut être obtenu de ce transporteur, du transporteur contractuel et de leurs préposés et mandataires quand ils ont agi dans l'exercice de leurs fonctions, ne peut pas dépasser l'indemnité la plus élevée qui peut être mise à charge soit du transporteur contractuel, soit du transporteur de fait, en vertu de la présente convention, sous réserve qu'aucune des personnes mentionnées dans le présent article ne puisse être tenue pour responsable au-delà de la limite applicable à cette personne.

Art. 45 *Notification des actions en responsabilité.* Toute action en responsabilité, relative au transport effectué par le transporteur de fait, peut être intentée, au choix du demandeur, contre ce transporteur ou le transporteur contractuel ou contre l'un et l'autre, conjointement ou séparément. Si l'action est intentée contre l'un seulement de ces transporteurs, ledit transporteur aura le droit d'appeler l'autre transporteur en intervention devant le tribunal saisi, les effets de cette intervention ainsi que la procédure qui lui est applicable étant réglés par la loi de ce tribunal.

Art. 46 *Juridiction annexe.* Toute action en responsabilité, prévue à l'article 45, doit être portée, au choix du demandeur, sur le territoire d'un des États parties, soit devant l'un des tribunaux où une action peut être intentée contre le transporteur contractuel, conformément à l'article 33, soit devant le tribunal du domicile du transporteur de fait ou du siège principal de son exploitation.

Art. 47 *Nullité des dispositions contractuelles.* Toute clause tendant à exonérer le transporteur contractuel ou le transporteur de fait de leur responsabilité en vertu du présent chapitre ou à établir une limite inférieure à celle qui est fixée dans le présent chapitre est nulle et de nul effet, mais la nullité de cette clause n'entraîne pas la nullité du contrat qui reste soumis aux dispositions du présent chapitre.

Art. 48 *Rapports entre transporteur contractuel et transporteur de fait.* Sous réserve de l'article 45, aucune disposition du présent chapitre ne peut être interprétée comme affectant les droits et obligations existant entre les transporteurs, y compris tous droits à un recours ou dédommagement.

CHAPITRE VI
Autres dispositions

Art. 49 *Obligation d'application.* Sont nulles et de nul effet toutes clauses du contrat de transport et toutes conventions particulières antérieures au dommage par lesquelles les parties dérogeraient aux règles de la présente convention soit par une détermination de la loi applicable, soit par une modification des règles de compétence.

Art. 50 *Assurance.* Les États parties exigent que leurs transporteurs contractent une assurance suffisante pour couvrir la responsabilité qui leur incombe aux termes de la présente convention. Un transporteur peut être tenu, par l'État partie à destination duquel il exploite des services, de fournir la preuve qu'il maintient une assurance suffisante couvrant sa responsabilité au titre de la présente convention.

Art. 51 *Transport effectué dans des circonstances extraordinaires.* Les dispositions des articles 3 à 5, 7 et 8 relatives aux titres de transport ne sont pas applicables au transport effectué dans des circonstances extraordinaires en dehors de toute opération normale de l'exploitation d'un transporteur.

Art. 52 *Définition du terme «jour».* Lorsque dans la présente convention il est question de jours, il s'agit de jours courants et non de jours ouvrables.

CHAPITRE VII

Dispositions protocolaires

Art. 53 *Signature, ratification et entrée en vigueur.* 1. La présente convention est ouverte à Montréal le 28 mai 1999 à la signature des États participant à la Conférence internationale de droit aérien, tenue à Montréal du 10 au 28 mai 1999. Après le 28 mai 1999, la Convention sera ouverte à la signature de tous les États au siège de l'Organisation de l'aviation civile internationale à Montréal jusqu'à ce qu'elle entre en vigueur conformément au paragraphe 6 du présent article.

2. De même, la présente convention sera ouverte à la signature des organisations régionales d'intégration économique. Pour l'application de la présente convention, une « organisation régionale d'intégration économique » est une organisation constituée d'États souverains d'une région donnée qui a compétence sur certaines matières régies par la Convention et qui a été dûment autorisée à signer et à ratifier, accepter, approuver ou adhérer à la présente convention. Sauf au paragraphe 2 de l'article 1er, au paragraphe 1, alinéa *b)*, de l'article 3, à l'alinéa *b)* de l'article 5, aux articles 23, 33, 46 et à l'alinéa *b)* de l'article 57, toute mention faite d'un « État partie » ou « d'États parties » s'applique également aux organisations régionales d'intégration économique. Pour l'application de l'article 24, les mentions faites d'« une majorité des États parties » et d'« un tiers des États parties » ne s'appliquent pas aux organisations régionales d'intégration économique.

3. La présente convention est soumise à la ratification des États et des organisations d'intégration économique qui l'ont signée.

4. Tout État ou organisation régionale d'intégration économique qui ne signe pas la présente convention peut l'accepter, l'approuver ou y adhérer à tout moment.

5. Les instruments de ratification*[,]* d'acceptation, d'approbation ou d'adhésion seront déposés auprès de l'Organisation de l'aviation civile internationale, qui est désignée par les présentes comme dépositaire.

6. La présente convention entrera en vigueur le soixantième jour après la date du dépôt auprès du dépositaire du trentième instrument de ratification, d'acceptation, d'approbation ou d'adhésion et entre les États qui ont déposé un tel instrument. Les instruments déposés par les organisations régionales d'intégration économique ne seront pas comptés aux fins du présent paragraphe.

7. Pour les autres États et pour les autres organisations régionales d'intégration économique, la présente convention prendra effet soixante jours après la date du dépôt d'un instrument de ratification, d'acceptation, d'approbation ou d'adhésion.

8. Le dépositaire notifiera rapidement à tous les signataires et à tous les États parties :

a) chaque signature de la présente convention ainsi que sa date ;

b) chaque dépôt d'un instrument de ratification, d'acceptation, d'approbation ou d'adhésion ainsi que sa date ;

c) la date d'entrée en vigueur de la présente convention ;

d) la date d'entrée en vigueur de toute révision des limites de responsabilité établies en vertu de la présente convention ;

e) toute dénonciation au titre de l'article 54.

Art. 54 *Dénonciation.* 1. Tout État partie peut dénoncer la présente convention par notification écrite adressée au dépositaire.

2. La dénonciation prendra effet cent quatre-vingts jours après la date à laquelle le dépositaire aura reçu la notification.

Art. 55 *Relations avec les autres instruments de la Convention de Varsovie.* La présente convention l'emporte sur toutes règles s'appliquant au transport international par voie aérienne :

1) entre États parties à la présente convention du fait que ces États sont communément parties aux instruments suivants :

a) Convention pour l'unification de certaines règles relatives au transport aérien international, signée à Varsovie le 12 octobre 1929 (appelée ci-après la Convention de Varsovie);

b) Protocole portant modification de la Convention pour l'unification de certaines règles relatives au transport aérien international signée à Varsovie le 12 octobre 1929, fait à La Haye le 28 septembre 1955 (appelé ci-après le Protocole de La Haye);

c) Convention complémentaire à la Convention de Varsovie, pour l'unification de certaines règles relatives au transport aérien international effectué par une personne autre que le transporteur contractuel, signée à Guadalajara le 18 septembre 1961 (appelée ci-après la Convention de Guadalajara);

d) Protocole portant modification de la Convention pour l'unification de certaines règles relatives au transport aérien international signée à Varsovie le 12 octobre 1929 amendée par le Protocole fait à La Haye le 28 septembre 1955, signée à Guatemala le 8 mars 1971 (appelé ci-après le Protocole de Guatemala);

e) Protocoles additionnels n°s 1 à 3 et Protocole de Montréal n° 4 portant modification de la Convention de Varsovie amendée par le Protocole de La Haye ou par la Convention de Varsovie amendée par le Protocole de La Haye et par le Protocole de Guatemala, signés à Montréal le 25 septembre 1975 (appelés ci-après les Protocoles de Montréal);

ou

2) dans le territoire de tout État partie à la présente convention du fait que cet État est partie à un ou plusieurs des instruments mentionnés aux alinéas *a)* et *e)* ci-dessus.

Art. 56 *États possédant plus d'un régime juridique.* 1. Si un État comprend deux unités territoriales ou davantage dans lesquelles des régimes juridiques différents s'appliquent aux questions régies par la présente convention, il peut, au moment de la signature, de la ratification, de l'acceptation, de l'approbation ou de l'adhésion, déclarer que ladite convention s'applique à toutes ses unités territoriales ou seulement à l'une ou plusieurs d'entre elles et il peut à tout moment modifier cette déclaration en en soumettant une nouvelle.

2. Toute déclaration de ce genre est communiquée au dépositaire et indique expressément les unités territoriales auxquelles la Convention s'applique.

3. Dans le cas d'un État partie qui a fait une telle déclaration :

a) les références, à l'article 23, à la « monnaie nationale » sont interprétées comme signifiant la monnaie de l'unité territoriale pertinente dudit État;

b) à l'article 28, la référence à la « loi nationale » est interprétée comme se rapportant à la loi de l'unité territoriale pertinente dudit État.

Art. 57 *Réserves.* Aucune réserve ne peut être admise à la présente convention, si ce n'est qu'un État partie peut à tout moment déclarer, par notification adressée au dépositaire, que la présente convention ne s'applique pas :

a) aux transports aériens internationaux effectués et exploités directement par cet État à des fins non commerciales relativement à ses fonctions et devoirs d'État souverain;

b) au transport de personnes, de bagages et de marchandises effectué pour ses autorités militaires à bord d'aéronefs immatriculés dans ou loués par ledit État partie et dont la capacité entière a été réservée par ces autorités ou pour le compte de celles-ci.

En foi de quoi les plénipotentiaires soussignés, dûment autorisés, ont signé la présente convention.

Fait à Montréal le 28e jour du mois de mai de l'an mil neuf cent quatre-vingt-dix-neuf dans les langues française, anglaise, arabe, chinoise, espagnole et russe, tous les textes faisant également foi. La présente convention restera déposée aux archives de l'Organisation de l'aviation civile internationale, et le dépositaire en transmettra des copies certifiées conformes à tous les États parties à la Convention de Varsovie, au Protocole de La Haye, à la Convention de Guadalajara, au Protocole de Guatemala et aux Protocoles de Montréal.

140 Convention d'Athènes relative au transport par mer de passagers et de leurs bagages (ensemble une annexe), adoptée à Londres le 1er novembre 2002

(Texte consolidé de la Convention d'Athènes de 1974 relative au transport par mer de passagers et de leurs bagages et du Protocole de 2002 à la Convention)

En vigueur depuis le 19 décembre 2016

Art. premier *Définitions.* Dans la présente Convention, les termes suivants sont employés dans le sens indiqué ci-dessous :

1. a) « transporteur » désigne une personne par qui ou pour le compte de qui un contrat de transport a été conclu, que le transport soit effectivement assuré par cette personne ou par un transporteur substitué;

b) « transporteur substitué » désigne une personne autre que le transporteur, que ce soit le propriétaire, l'affréteur ou l'exploitant d'un navire, qui assure effectivement la totalité ou une partie du transport;

c) « transporteur qui assure effectivement la totalité ou une partie du transport » désigne le transporteur substitué, ou le transporteur dans la mesure où ce dernier assure effectivement le transport;

2. « contrat de transport » signifie un contrat conclu par un transporteur ou pour son compte pour le transport par mer d'un passager ou, le cas échéant, d'un passager et de ses bagages;

3. « navire » signifie uniquement un bâtiment de mer à l'exclusion de tout véhicule sur coussin d'air;

4. « passager » signifie toute personne transportée sur un navire;

a) en vertu d'un contrat de transport; ou

b) qui, avec le consentement du transporteur, accompagne un véhicule ou des animaux vivants faisant l'objet d'un contrat de transport de marchandises non régi par la présente Convention;

5. « bagages » signifie tout objet ou véhicule transporté par le transporteur en vertu d'un contrat de transport, à l'exception :

a) des biens ou des véhicules transportés en vertu d'un contrat d'affrètement d'un connaissement ou d'un contrat concernant à titre principal le transport de marchandises; et

b) des animaux vivants;

6. « bagages de cabine » signifie les bagages que le passager a dans sa cabine ou qu'il a en sa possession, sous sa garde ou son contrôle. Sauf pour l'application du paragraphe 8 du présent article et de l'article 8, les bagages de cabine comprennent les bagages que le passager a dans son véhicule ou sur celui-ci;

7. « perte ou dommages survenus aux bagages » concerne également le préjudice matériel provenant de ce que les bagages n'ont pas été rendus au passager dans un délai raisonnable à compter du moment de l'arrivée du navire sur lequel les bagages ont été transportés ou auraient dû l'être, mais ne comprend pas les retards provenant de conflits du travail;

8. « transport » concerne les périodes suivantes :

a) en ce qui concerne le passager et/ou ses bagages de cabine, la période pendant laquelle le passager et ses bagages de cabine se trouvent à bord du navire ou en cours d'embarquement ou de débarquement, et la période pendant laquelle ceux-ci sont transportés par eau du quai au navire ou vice-versa, si le prix de ce transport est compris dans celui du billet ou si le bâtiment utilisé pour ce transport accessoire a été mis à la disposition du passager par le transporteur. Toutefois, le transport ne comprend pas, en ce qui concerne le passager, la période pendant laquelle il se trouve dans une gare maritime, ou sur un quai ou autre installation portuaire;

b) en ce qui concerne les bagages de cabine, également la période pendant laquelle le passager se trouve dans une gare maritime ou sur un quai ou autre installation portuaire si ces bagages ont été pris en charge par le transporteur ou son préposé ou mandataire et n'ont pas encore été rendus au passager;

c) en ce qui concerne les autres bagages qui ne sont pas des bagages de cabine, la période comprise entre le moment où ils ont été pris en charge par le transporteur ou son préposé ou mandataire, à terre ou à bord, et le moment où ils ont été rendus par le transporteur, son préposé ou son mandataire;

9 « transport international » signifie tout transport dont le lieu de départ et le lieu de destination sont, selon le contrat de transport, situés dans deux États différents ou dans un seul État si, selon le contrat de transport ou l'itinéraire prévu, il y a un port d'escale intermédiaire dans un autre État;

10. « organisation » désigne l'organisation maritime internationale;

11. « Secrétaire général » désigne le Secrétaire général de l'organisation.

Art. 1 *bis* *Annexe.* L'annexe de la présente Convention fait partie intégrante de la Convention.

Art. 2 *Application.* 1. La présente Convention s'applique à tout transport international lorsque :

a) le navire bat le pavillon d'un État partie à la présente Convention ou est immatriculé dans un tel État; ou

b) le contrat de transport a été conclu dans un État partie à la présente Convention ; ou

c) selon le contrat de transport, le lieu de départ ou de destination se trouve dans un État partie à la présente Convention.

2. Nonobstant les dispositions du paragraphe 1 du présent article, la présente Convention ne s'applique pas lorsque le transport est soumis à un régime de responsabilité civile prévu par les dispositions de toute autre Convention internationale sur le transport de passagers ou de bagages par un mode de transport différent, pour autant que ces dispositions doivent être appliquées au transport par mer.

Art. 3 *Responsabilité du transporteur.* 1. En cas de préjudice résultant de la mort ou de lésions corporelles d'un passager causées par un événement maritime, le transporteur est responsable dans la mesure où le préjudice subi par le passager pour un même événement ne dépasse pas 250 000 unités de compte, sauf si le transporteur prouve que l'événement :

a) résulte d'un acte de guerre, d'hostilités, d'une guerre civile, d'une insurrection ou d'un phénomène naturel de caractère exceptionnel, inévitable et irrésistible ; ou

b) résulte en totalité du fait qu'un tiers a délibérément agi ou omis d'agir dans l'intention de causer l'événement.

Si et dans la mesure où le préjudice dépasse la limite susmentionnée, le transporteur est en outre responsable à moins qu'il ne prouve que l'événement générateur du préjudice est survenu sans faute ou négligence de sa part.

2. En cas de préjudice résultant de la mort ou de lésions corporelles d'un passager non causées par un événement maritime, le transporteur est responsable si l'événement générateur du préjudice est imputable à la faute ou à la négligence du transporteur. La preuve de la faute ou de la négligence incombe au demandeur.

3. En cas de préjudice résultant de la perte ou de dommages survenus aux bagages de cabine, le transporteur est responsable si l'événement générateur du préjudice est imputable à la faute ou à la négligence du transporteur. Il y a présomption de faute ou de négligence du transporteur en cas de préjudice causé par un événement maritime.

4. En cas de préjudice résultant de la perte ou de dommages survenus à des bagages autres que des bagages de cabine, le transporteur est responsable sauf s'il prouve que l'événement générateur du préjudice est survenu sans faute ou négligence de sa part.

5. Aux fins du présent article, on entend par :

a) « événement maritime » désigne le naufrage, le chavirement, l'abordage ou l'échouement du navire, une explosion ou un incendie à bord du navire ou un défaut du navire ;

b) « faute ou négligence du transporteur » comprend la faute ou la négligence des préposés du transporteur agissant dans l'exercice de leurs fonctions ;

c) « défaut du navire » désigne tout mauvais fonctionnement, toute défaillance ou tout manque de conformité avec les règles de sécurité applicables s'agissant de toute partie du navire ou de son équipement lorsqu'elle est utilisée pour la sortie, l'évacuation, l'embarquement et le débarquement des passagers ; ou lorsqu'elle est utilisée pour la propulsion, la manœuvre, la sécurité de la navigation, l'amarrage, le mouillage, l'arrivée à un poste à quai ou sur un lieu de mouillage ou le départ d'un tel poste ou lieu, ou la maîtrise des avaries après un envahissement ; ou lorsqu'elle est utilisée pour la mise à l'eau des engins de sauvetage ; et

d) le « préjudice » exclut les dommages punitifs ou exemplaires.

6. La responsabilité du transporteur en vertu du présent article porte uniquement sur le préjudice causé par des événements survenus au cours du transport. La preuve que

l'événement générateur du préjudice est survenu au cours du transport, ainsi que la preuve de l'étendue du préjudice, incombe au demandeur.

7. Aucune disposition de la présente Convention ne porte atteinte aux droits de recours du transporteur contre tout tiers, ou ne l'empêche d'invoquer comme moyen de défense la négligence concurrente en vertu de l'article 6 de la présente Convention. Aucune disposition du présent article ne porte atteinte au droit de limitation en vertu de l'article 7 ou de l'article 8 de la présente Convention.

8. La présomption de la faute ou de la négligence d'une partie ou l'attribution de la charge de la preuve à une partie n'empêche pas l'examen des preuves en faveur de cette partie.

Art. 4 *Transporteur substitué.* 1. Si tout ou partie du transport a été confié à un transporteur substitué, le transporteur reste néanmoins responsable, aux termes des dispositions de la présente Convention, pour l'ensemble du transport. En outre, le transporteur substitué, ainsi que ses préposés ou mandataires, est assujetti aux dispositions de la présente Convention et peut s'en prévaloir pour la partie du transport qu'il exécute lui-même.

2. Le transporteur est responsable, en ce qui concerne le transport exécuté par le transporteur substitué, des actes et omissions du transporteur substitué ainsi que de ses préposés et mandataires agissant dans l'exercice de leurs fonctions.

3. Tout accord spécial en vertu duquel le transporteur assume des obligations qui ne sont pas imposées par la présente Convention ou renonce à des droits conférés par la présente Convention a effet à l'égard du transporteur substitué si ce dernier en convient de façon expresse et par écrit.

4. Lorsque le transporteur et le transporteur substitué sont responsables et dans la mesure où ils le sont, leur responsabilité est solidaire.

5. Aucune disposition du présent article ne doit porter atteinte au droit de recours du transporteur et du transporteur substitué.

Art. 4 *bis* *Assurance obligatoire.* 1. Lorsque des passagers sont transportés à bord d'un navire immatriculé dans un État Partie qui est autorisé à transporter plus de douze passagers et que la présente Convention est applicable, le transporteur qui assure effectivement la totalité ou une partie du transport est tenu de souscrire une assurance ou autre garantie financière, telle que le cautionnement d'une banque ou d'une institution financière similaire, pour couvrir sa responsabilité en vertu de la présente Convention eu égard à la mort ou aux lésions corporelles de passagers. La limite de l'assurance obligatoire ou autre garantie financière ne doit pas être inférieure à 250000 unités de compte par passager pour un même événement.

2. Un certificat attestant qu'une assurance ou une autre garantie financière est en cours de validité confor-mément aux dispositions de la présente Convention est délivré à chaque navire après que l'autorité compétente d'un État partie s'est assurée qu'il est satisfait aux prescriptions du paragraphe 1. Lorsqu'il s'agit d'un navire immatriculé dans un État Partie, ce certificat est délivré ou visé par l'autorité compétente de l'État d'immatriculation du navire ; lorsqu'il s'agit d'un navire qui n'est pas immatriculé dans un État partie, le certificat peut être délivré ou visé par l'autorité compétente de tout État partie. Le certificat doit être conforme au modèle figurant à l'Annexe de la présente Convention et comporter les renseignements suivants :

a) nom du navire, lettres ou numéro distinctifs et port d'immatriculation ;

b) nom et lieu de l'établissement principal du transporteur qui assure effectivement la totalité ou une partie du transport ;

c) numéro OMI d'identification du navire;

d) type et durée de la garantie;

e) nom et lieu de l'établissement principal de l'assureur ou de l'autre personne fournissant la garantie financière et, le cas échéant, lieu de l'établissement auprès duquel l'assurance ou autre garantie financière a été souscrite; et

f) période de validité du certificat, qui ne saurait excéder celle de l'assurance ou autre garantie financière.

3. a) un État Partie peut autoriser une institution ou un organisme reconnu par lui à délivrer le certificat. Cette institution ou cet organisme informe cet État de la délivrance de chaque certificat. Dans tous les cas, l'État Partie se porte pleinement garant du caractère complet et exact du certificat ainsi délivré et s'engage à prendre les mesures nécessaires pour satisfaire à cette obligation;

b) un État partie notifie au Secrétaire général :

i) les responsabilités spécifiques et les conditions de l'habilitation d'une institution ou d'un organisme reconnu par lui;

ii) le retrait d'une telle habilitation; et

iii) la date à compter de laquelle une telle habilitation ou le retrait d'une telle habilitation prend effet.

L'habilitation ne prend pas effet avant l'expiration d'un délai de trois mois à compter de la date à laquelle une notification en ce sens a été donnée au Secrétaire général;

c) l'institution ou l'organisme autorisé à délivrer des certificats conformément au présent paragraphe est, au minimum, autorisé à retirer ces certificats si les conditions dans lesquelles ils ont été délivrés ne sont pas respectées. Dans tous les cas, l'institution ou l'organisme signale ce retrait à l'État au nom duquel le certificat avait été délivré.

4. Le certificat est établi dans la ou les langues officielles de l'État qui le délivre. Si la langue utilisée n'est ni l'anglais, ni l'espagnol, ni le français, le texte comporte une traduction dans l'une de ces langues et, si l'État en décide ainsi, la langue officielle de cet État peut ne pas être utilisée.

5. Le certificat doit se trouver à bord du navire et une copie doit en être déposée auprès de l'autorité qui tient le registre d'immatriculation du navire ou, si le navire n'est pas immatriculé dans un État Partie, auprès de l'autorité de l'État qui a délivré ou visé le certificat.

6. Une assurance ou autre garantie financière ne satisfait pas aux prescriptions du présent article si elle peut cesser d'avoir effet, pour une raison autre que l'expiration de la période de validité indiquée dans le certificat, avant l'expiration d'un délai de trois mois à compter de la date où préavis en a été donné à l'autorité spécifiée au paragraphe 5, à moins que le certificat n'ait été restitué à cette autorité ou qu'un nouveau certificat n'ait été délivré avant la fin de ce délai. Les dispositions qui précèdent s'appliquent également à toute modification de l'assurance ou autre garantie financière ayant pour effet que celle-ci ne satisfait plus aux prescriptions du présent article.

7. L'État d'immatriculation du navire détermine les conditions de délivrance et de validité du certificat, sous réserve des dispositions du présent article.

8. Aucune disposition de la présente Convention n'est interprétée comme empêchant un État Partie de donner foi aux renseignements obtenus d'autres États ou de l'organisation ou d'autres organismes internationaux concernant la situation financière des assureurs ou des autres personnes fournissant la garantie financière aux fins de la présente Convention. Dans de tels cas, l'État Partie qui donne foi à de tels renseignements n'est pas dégagé de sa responsabilité en tant qu'État qui délivre le certificat.

9. Les certificats délivrés ou visés sous l'autorité d'un État partie sont acceptés par les autres États parties aux fins de la présente Convention et sont considérés par eux comme ayant la même valeur que les certificats qu'ils ont eux-mêmes délivrés ou visés, même lorsqu'il s'agit d'un navire qui n'est pas immatriculé dans un État partie. Un État partie peut à tout moment demander à l'État qui a délivré ou visé le certificat de procéder à un échange de vues s'il estime que l'assureur ou le garant porté sur le certificat d'assurance n'est pas financièrement capable de faire face aux obligations imposées par la présente Convention.

10. Toute demande en réparation couverte par une assurance ou autre garantie financière en vertu du présent article peut être formée directement contre l'assureur ou autre personne fournissant la garantie financière. Dans un tel cas, le montant figurant au paragraphe 1 constitue la limite de la responsabilité de l'assureur ou autre personne fournissant la garantie financière, même si le transporteur ou le transporteur substitué n'est pas en droit de limiter sa responsabilité. Le défendeur peut en outre se prévaloir des moyens de défense que le transporteur mentionné au paragraphe 1 serait fondé à invoquer conformément à la présente Convention (excepté ceux tirés de la faillite ou de la mise en liquidation). De surcroît, le défendeur peut se prévaloir du fait que le dommage résulte d'une faute intentionnelle de l'assuré, mais il ne peut se prévaloir d'aucun des autres moyens de défense qu'il aurait pu être fondé à invoquer dans une action intentée par l'assuré contre lui. Le défendeur est dans tous les cas en droit d'obliger le transporteur et le transporteur substitué à se joindre à la procédure.

11. Tous fonds constitués par une assurance ou autre garantie financière souscrite en application du paragraphe 1 ne sont disponibles que pour le règlement des indemnités dues en vertu de la présente Convention et tout paiement de ces fonds dégage de toute responsabilité née de la présente Convention à raison des montants payés.

12. Un État partie n'autorise pas un navire soumis aux dispositions du présent article et battant son pavillon à être exploité à tout moment si ce navire n'est pas muni d'un certificat délivré en vertu du paragraphe 2 ou du paragraphe 15.

13. Sous réserve des dispositions du présent article, chaque État Partie veille à ce qu'en vertu de son droit national, une assurance ou autre garantie financière correspondant aux exigences du paragraphe 1 couvre tout navire autorisé à transporter plus de douze passagers, quel que soit son lieu d'immatriculation, qui touche ou quitte un port de son territoire, dans la mesure où la présente Convention est applicable.

14. Nonobstant les dispositions du paragraphe 5, un État Partie peut notifier au Secrétaire général qu'aux fins du paragraphe 13 les navires ne sont pas tenus d'avoir à bord ou de produire le certificat prescrit au paragraphe 2 lorsqu'ils touchent ou quittent des ports situés dans son territoire, sous réserve que l'État Partie qui délivre le certificat ait notifié au Secrétaire général qu'il tient, sous forme électronique, des dossiers accessibles à tous les États Parties, attestant l'existence du certificat et permettant aux États Parties de s'acquitter de leurs obligations en vertu du paragraphe 13.

15. Si un navire appartenant à un État Partie n'est pas couvert par une assurance ou autre garantie financière, les dispositions pertinentes du présent article ne lui sont pas applicables. Ce navire doit toutefois être muni d'un certificat délivré par les autorités compétentes de l'État d'immatriculation attestant que le navire appartient à cet État et que sa responsabilité est couverte à raison du montant prescrit conformément au paragraphe 1. Ce certificat suit d'aussi près que possible le modèle prescrit au paragraphe 2.

Art. 5 *Biens de valeur.* Le transporteur n'est pas responsable en cas de perte ou de dommages survenus à des espèces, des titres négociables, de l'or, de l'argenterie, de la joaillerie, des bijoux, des objets d'art ou d'autres biens de valeur, sauf si ces biens de valeur ont été déposés auprès du transporteur qui a convenu de les garder en sûreté, le transporteur étant dans ce cas responsable à concurrence de la limite fixée au paragraphe 3 de l'article 8, à moins qu'une limite plus élevée n'ait été fixée d'un commun accord conformément au paragraphe 1 de l'article 10.

Art. 6 *Faute du passager.* Si le transporteur établit que la mort ou les lésions corporelles du passager, la perte ou les dommages survenus à ses bagages sont dus, directement ou indirectement, à la faute ou à la négligence du passager, le tribunal saisi peut, conformément aux dispositions de sa propre loi, écarter ou atténuer la responsabilité du transporteur.

Art. 7 *Limite de responsabilité en cas de mort et de lésions corporelles.* 1. La responsabilité du transporteur en cas de mort ou de lésions corporelles d'un passager en vertu de l'article 3 est limitée, dans tous les cas, à 400000 unités de compte par passager pour un même événement. Si, d'après la loi du tribunal saisi, l'indemnité peut être fixée sous forme de rente, le capital de la rente ne peut dépasser cette limite.

2. Un État Partie peut stipuler aux termes de dispositions expresses de sa législation nationale la limite de responsabilité prescrite au paragraphe 1, sous réserve que la limite de responsabilité prévue, le cas échéant, au niveau national ne soit pas inférieure à celle prescrite au paragraphe 1. Un État Partie qui fait usage de la faculté offerte dans le présent paragraphe notifie au Secrétaire général la limite de responsabilité adoptée ou le fait qu'il n'y en a pas.

Art. 8 *Limite de responsabilité en cas de perte ou de dommages survenus aux bagages et aux véhicules.* 1. La responsabilité du transporteur en cas de perte ou de dommages survenus aux bagages de cabine est limitée, dans tous les cas, à 2250 unités de compte par passager et par transport.

2. La responsabilité du transporteur en cas de perte ou de dommages survenus aux véhicules, y compris tous les bagages transportés dans le véhicule ou sur celui-ci, est limitée, dans tous les cas, à 12700 unités de compte par véhicule et par transport.

3. La responsabilité du transporteur, en cas de perte ou de dommages survenus aux bagages autres que ceux visés aux paragraphes 1 et 2, est limitée, dans tous les cas, à 3375 unités de compte par passager et par transport.

4. Le transporteur et le passager peuvent convenir que la responsabilité du transporteur est soumise à une franchise qui ne dépasse pas 330 unités de compte en cas de dommages causés à un véhicule et 149 unités de compte par passager en cas de perte ou de dommages survenus à d'autres bagages. Cette somme est déduite du montant de la perte ou du dommage.

Art. 9 *Unité de compte et conversion.* 1. L'unité de compte mentionnée dans la présente Convention est le droit de tirage spécial tel que défini par le Fonds monétaire international. Les montants mentionnés au paragraphe 1 de l'article 3, au paragraphe 1 de l'article 4 bis, au paragraphe 1 de l'article 7 et à l'article 8 sont convertis dans la monnaie nationale de l'État dont relève le tribunal saisi du litige sur la base de la valeur de cette monnaie par rapport au droit de tirage spécial à la date du jugement ou à la date adoptée d'un commun accord par les Parties. La valeur, en droits de tirage spéciaux, de la monnaie nationale d'un État Partie qui est membre du Fonds monétaire international est calculée selon la méthode d'évaluation appliquée par le Fonds monétaire international à la date en question pour ses propres opérations et transactions. La valeur, en droits de tirage spéciaux, de la monnaie nationale d'un État Partie qui n'est pas membre du Fonds monétaire international est calculée de la façon déterminée par cet État Partie.

2. Toutefois, un État qui n'est pas membre du Fonds monétaire international et dont la législation ne permet pas d'appliquer les dispositions du paragraphe 1 peut, au moment de la ratification, de l'acceptation ou de l'approbation de la présente Convention ou de l'adhésion à celle-ci, ou à tout moment par la suite, déclarer que l'unité de compte visée au paragraphe 1 est égale à 15 francs or. Le franc or visé dans le présent paragraphe correspond à soixante-cinq milligrammes et demi d'or au titre de neuf cents millièmes de fin. La conversion du franc or en monnaie nationale s'effectue conformément à la législation de l'État en cause.

3. Le calcul mentionné à la dernière phrase du paragraphe 1 et la conversion mentionnée au paragraphe 2 sont faits de façon à exprimer en monnaie nationale de l'État Partie la même valeur réelle, dans la mesure du possible, pour les montants prévus au paragraphe 1 de l'article 3, au paragraphe 1 de l'article 4 bis, au paragraphe 1 de l'article 7 et à l'article 8 que celle qui découlerait de l'application des trois premières phrases du paragraphe 1. Les États communiquent au Secrétaire général leur méthode de calcul conformément au paragraphe 1 ou les résultats de la conversion conformément au paragraphe 2, selon le cas, lors du dépôt de leur instrument de ratification, d'acceptation ou d'approbation de la présente Convention ou d'adhésion à celle-ci et chaque fois qu'un changement se produit dans cette méthode de calcul ou dans ces résultats.

Art. 10 *Dispositions supplémentaires relatives aux limites de responsabilité.* 1. Le transporteur et le passager peuvent convenir de façon expresse et par écrit de limites de responsabilité plus élevées que celles prévues aux articles 7 et 8.

2. Les intérêts et les frais de justice ne sont pas inclus dans les limites de responsabilité prévues aux articles 7 et 8.

Art. 11 *Exonérations et limites que peuvent invoquer les préposés du transporteur.* Si une action est intentée contre un préposé ou mandataire du transporteur ou du transporteur substitué en raison de dommages visés par la présente Convention, ce préposé ou mandataire peut, s'il prouve qu'il a agi dans l'exercice de ses fonctions, se prévaloir des exonérations et des limites de responsabilité que peuvent invoquer le transporteur ou le transporteur substitué en vertu de la présente Convention.

Art. 12 *Cumul d'actions en responsabilité.* 1. Lorsque les limites de responsabilité prévues aux articles 7 et 8 prennent effet, elles s'appliquent au montant total de la réparation qui peut être obtenu dans le cadre de toutes les actions en responsabilité intentées en cas de mort ou de lésions corporelles d'un passager ou de perte ou de dommages survenus à ses bagages.

2. En ce qui concerne le transport exécuté par un transporteur substitué, le montant total de la réparation qui peut être obtenu du transporteur et du transporteur substitué, ainsi que de leurs préposés et mandataires agissant dans l'exercice de leurs fonctions, ne peut dépasser l'indemnité la plus élevée qui peut être mise à la charge soit du transporteur, soit du transporteur substitué, en vertu de la présente Convention, sous réserve qu'aucune des personnes mentionnées ne puisse être tenue pour responsable au-delà de la limite qui lui est applicable.

3. Dans tous les cas où le préposé ou mandataire du transporteur ou du transporteur substitué peut, en vertu de l'article 11 de la présente Convention, se prévaloir des limites de responsabilité visées aux articles 7 et 8, le montant total de la réparation qui peut être

obtenu du transporteur ou, le cas échéant, du transporteur substitué et de ce préposé ou mandataire ne peut dépasser ces limites.

Art. 13 *Déchéance du droit d'invoquer les limites de responsabilité.* 1. Le transporteur est déchu du bénéfice des limites de responsabilité visées aux articles 7 et 8 et au paragraphe 1 de l'article 10, s'il est prouvé que les dommages résultent d'un acte ou d'une omission que le transporteur a commis, soit avec l'intention de provoquer ces dommages, soit témérairement et en sachant que ces dommages en résulteraient probablement.

2. Le préposé ou mandataire du transporteur ou du transporteur substitué ne peut se prévaloir de ces limites s'il est prouvé que les dommages résultent d'un acte ou d'une omission que ce préposé ou mandataire a commis, soit avec l'intention de provoquer ces dommages, soit témérairement et en sachant que ces dommages en résulteraient probablement.

Art. 14 *Fondement des actions.* Aucune action en responsabilité, en cas de décès ou de lésions corporelles du passager ou de perte ou de dommages survenus aux bagages, ne peut être intentée contre le transporteur ou le transporteur substitué, autrement que sur la base de la présente Convention.

Art. 15 *Notification de la perte ou des dommages survenus aux bagages.* 1. Le passager doit adresser des notifications écrites au transporteur ou à son mandataire :

a) dans le cas de dommages apparents causés à des bagages :

i) pour les bagages de cabine, avant le débarquement du passager ou au moment de ce débarquement;

ii) pour tous autres bagages, avant leur livraison ou au moment de cette livraison;

b) dans le cas de dommages non apparents causés aux bagages ou de perte de bagages, dans les quinze jours qui suivent la date du débarquement ou de la livraison ou la date à laquelle la livraison aurait dû avoir lieu.

2. Faute de se conformer aux dispositions du présent article, le passager est présumé, sauf preuve contraire, avoir reçu ses bagages en bon état.

3. Les notifications écrites sont inutiles si l'état des bagages a fait l'objet d'un constat ou d'une inspection contradictoire au moment de leur réception.

Art. 16 *Délai de prescription pour les actions en responsabilité.* 1. Toute action en réparation du préjudice résultant de la mort ou de lésions corporelles d'un passager, ou de perte ou de dommages survenus aux bagages, est soumise à une prescription de deux ans.

2. Le délai de prescription court :

a) dans le cas de lésions corporelles, à partir de la date du débarquement du passager;

b) dans le cas d'un décès survenu au cours du transport, à partir de la date à laquelle le passager aurait dû être débarqué et, dans le cas de lésions corporelles s'étant produites au cours du transport et ayant entraîné le décès du passager après son débarquement, à partir de la date du décès; le délai ne peut toutefois dépasser trois ans à compter de la date du débarquement;

c) dans le cas de perte ou de dommages survenus aux bagages, à partir de la date du débarquement ou de la date à laquelle le débarquement aurait dû avoir lieu, à compter de la date la plus tardive.

3. La loi du tribunal saisi régit les causes de suspension et d'interruption des délais de prescription, mais en aucun cas une action intentée en vertu de la présente Convention ne peut être introduite après expiration d'un des délais ci-après :

a) un délai de cinq ans à compter de la date du débarquement du passager ou de la date à laquelle le débarquement aurait dû avoir lieu, la plus tardive de ces deux dates étant prise en considération; ou, si l'expiration du délai ci-après intervient plus tôt,

b) un délai de trois ans à compter de la date à laquelle le demandeur a eu connaissance ou aurait raisonnablement dû avoir connaissance de la lésion, de la perte ou du dommage causé par l'événement.

4. Nonobstant les dispositions des paragraphes 1, 2 et 3 du présent article, le délai de prescription peut être prorogé par déclaration du transporteur ou par accord entre les Parties conclu après la survenance du dommage. Déclaration et accord doivent être consignés par écrit.

Art. 17 *Juridiction compétente.* 1. Une action intentée en vertu des articles 3 et 4 de la présente Convention doit être introduite, au choix du demandeur, devant l'une des juridictions énumérées ci-dessous, à condition que celle-ci soit située dans un État Partie à la présente Convention et conformément aux dispositions du droit interne de chaque État Partie en matière de compétence juridictionnelle dans les États où plusieurs tribunaux peuvent être saisis :

a) le tribunal de la résidence habituelle ou du principal établissement du défendeur;

b) le tribunal du lieu de départ ou du lieu de destination stipulé dans le contrat de transport;

c) un tribunal de l'État du domicile ou de la résidence habituelle du demandeur, si le défendeur a un siège de son activité dans cet État et est soumis à la juridiction de celui-ci;

d) le tribunal de l'État du lieu de conclusion du contrat de transport si le défendeur y a un siège de son activité et est soumis à la juridiction de cet État.

2. Une action intentée en vertu de l'article 4 bis de la présente Convention doit être introduite, au choix du demandeur, devant l'une des juridictions auprès desquelles une action pourrait être intentée à l'encontre du transporteur ou du transporteur substitué conformément au paragraphe 1.

3. Après l'événement qui a causé le dommage, les parties peuvent convenir de la juridiction ou du tribunal arbitral auquel la demande d'indemnisation doit être soumise.

Art. 17 *bis* *Reconnaissance et exécution.* 1. Tout jugement rendu par un tribunal compétent en vertu de l'article 17, qui est exécutoire dans l'État d'origine où il ne peut plus faire l'objet d'un recours ordinaire est reconnu dans tout État partie, sauf :

a) si le jugement a été obtenu frauduleusement; ou

b) si le défendeur n'a pas été averti dans des délais raisonnables et mis en mesure de préparer sa défense.

2. Tout jugement qui est reconnu en vertu du paragraphe 1 est exécutoire dans chaque État Partie dès que les procédures requises dans cet État ont été remplies. Ces procédures ne sauraient autoriser une révision au fond de la demande.

3. Un État Partie au présent Protocole peut appliquer d'autres règles pour la reconnaissance et l'exécution des jugements, sous réserve qu'elles aient pour effet d'assurer que les jugements soient reconnus et exécutés dans la même mesure au moins qu'en vertu des paragraphes 1 et 2.

Art. 18 *Nullité des dispositions contractuelles.* Toute stipulation contractuelle, conclue avant l'événement qui a causé la mort ou les lésions corporelles du passager, ou la perte ou les dommages survenus à ses bagages et tendant à exonérer toute personne responsable en vertu de la présente Convention de sa responsabilité envers le passager ou à établir une limite de responsabilité inférieure à celle fixée par la présente Convention, sauf celle prévue au paragraphe 4 de l'article 8, ou à renverser le fardeau de la preuve qui incombe au transporteur ou au transporteur substitué, ou qui aurait pour effet de restreindre le choix spécifié au paragraphe 1 ou au paragraphe 2 de l'article 17, est nulle et non avenue; mais la nullité de cette stipulation n'entraîne pas la nullité du contrat de transport, qui demeure soumis aux dispositions de la présente Convention.

Art. 19 *Autres Conventions sur la limitation de la responsabilité.* La présente Convention ne modifie en rien les droits et obligations du transporteur, du transporteur substitué et de leurs préposés ou mandataires tels qu'ils résultent des Conventions internationales sur la limitation de la responsabilité des propriétaires de navires de mer.

Art. 20 *Dommage nucléaire.* Nul ne peut être tenu pour responsable d'un dommage causé par un accident nucléaire en vertu de la présente Convention :

a) si l'exploitant d'une installation nucléaire est responsable de ce dommage en vertu de la Convention de Paris du 29 juillet 1960 sur la responsabilité civile dans le domaine de l'énergie nucléaire, amendée par le Protocole additionnel du 28 janvier 1964, ou en vertu de la Convention de Vienne du 21 mai 1963 relative à la responsabilité civile en matière de dommage nucléaire, ou en vertu de tout amendement ou Protocole s'y rapportant qui est en vigueur; ou

b) si l'exploitant d'une installation nucléaire est responsable de ce dommage en vertu de la législation nationale régissant la responsabilité du chef de tels dommages, à condition que cette législation soit à tous égards aussi favorable aux personnes susceptibles de subir des dommages que l'une ou l'autre des Conventions de Paris ou de Vienne, ou que tout amendement ou Protocole s'y rapportant qui est en vigueur.

Art. 21 *Transports commerciaux effectués par des personnes morales de droit public.* La présente Convention s'applique aux transports effectués à titre commercial par un État ou d'autres personnes morales de droit public en vertu d'un contrat de transport tel que défini à l'article premier.

Art. 22 *Déclaration de non-application.* 1. Lors de l'adhésion à la présente Convention, de sa signature, de sa ratification, de son acceptation ou de son approbation, toute Partie peut déclarer par écrit qu'elle n'appliquera pas les dispositions de la présente Convention, lorsque le passager et le transporteur sont des ressortissants de cette Partie.

2. Toute déclaration faite en vertu du paragraphe 1 du présent article peut être retirée à tout moment au moyen d'une notification écrite adressée au Secrétaire général.

Art. 22 *bis* *Clauses finales de la Convention.* Les clauses finales de la présente Convention sont les articles 17 à 25 du Protocole de 2002 à la Convention d'Athènes de 1974 relative au transport par mer de passagers et de leurs bagages. Dans la présente Convention, les références aux États Parties sont considérées comme des références aux États Parties à ce Protocole.

Clauses finales

[Art. 17 à 25 du Protocole de 2002 à la Convention d'Athènes de 1974 relative au transport par mer de passagers et de leurs bagages].

Art. 17 *Signature, ratification, acceptation, approbation et adhésion.* 1. Le présent Protocole est ouvert à la signature, au siège de l'organisation, du 1er mai 2003 au 30 avril 2004 et reste ensuite ouvert à l'adhésion.

2. Les États peuvent exprimer leur consentement à être liés par le présent Protocole par :

a) signature sans réserve quant à la ratification, l'acceptation ou l'approbation; ou

b) signatures; ou

c) adhésion.

3. La ratification, l'acceptation, l'approbation ou l'adhésion s'effectuent par le dépôt d'un instrument à cet effet auprès du Secrétaire général.

4. Tout instrument de ratification, d'acceptation, d'approbation ou d'adhésion, déposé après l'entrée en vigueur d'un amendement au présent Protocole à l'égard de tous les actuels États Parties, ou après l'accomplissement de toutes les mesures requises pour l'entrée en vigueur de l'amendement à l'égard de ces États Parties, est réputé s'appliquer au présent Protocole tel que modifié par l'amendement.

5. Un État ne doit pas exprimer son consentement à être lié par le présent Protocole à moins de dénoncer, au cas où il y serait Partie :

a) la Convention d'Athènes relative au transport par mer de passagers et de leurs bagages, faite à Athènes le 13 décembre 1974;

b) le Protocole de la Convention d'Athènes relative au transport par mer de passagers et de leurs bagages, fait à Londres le 19 novembre 1976; et

c) le Protocole de 1990 modifiant la Convention d'Athènes relative au transport par mer de passagers et de leurs bagages, fait à Londres le 29 mars 1990, avec effet à compter de la date d'entrée en vigueur du présent Protocole pour cet État conformément à l'article 20.

Art. 18 *États ayant plus d'un régime juridique.* 1. S'il comprend deux ou plusieurs unités territoriales dans lesquelles des régimes juridiques différents sont applicables pour ce qui est des matières traitées dans le présent Protocole, un État peut, au moment de la signature, de la ratification, de l'acceptation, de l'approbation ou de l'adhésion, déclarer que le présent Protocole s'applique à l'ensemble de ses unités territoriales ou seulement à une ou plusieurs d'entre elles, et il peut modifier cette déclaration en soumettant une autre déclaration à tout moment.

2. La déclaration est notifiée au Secrétaire général et précise expressément les unités territoriales auxquelles s'applique le présent Protocole.

3. Dans le cas d'un État partie qui a fait une telle déclaration :

a) les références à l'État d'immatriculation d'un navire et, pour ce qui est d'un certificat d'assurance obligatoire, à l'État qui a délivré ou visé le certificat, sont interprétées comme se rapportant respectivement à l'unité territoriale dans laquelle le navire est immatriculé et à celle qui délivre ou vise le certificat;

b) les références aux prescriptions du droit national, à la limite nationale de responsabilité et à la monnaie nationale sont interprétées comme se rapportant respectivement aux prescriptions du droit, à la limite de responsabilité et à la monnaie de l'unité territoriale pertinente; et

c) les références aux tribunaux des États Parties et aux jugements qui doivent être reconnus dans ces États sont interprétées comme se rapportant respectivement aux tribunaux de l'unité territoriale pertinente et aux jugements qui doivent être reconnus dans cette unité territoriale.

Art. 19 *Organisations régionales d'intégration économique.* 1. Une organisation régionale d'intégration économique constituée d'États souverains qui lui ont transféré compétence pour certaines matières dont traite le présent Protocole peut signer, ratifier, accepter ou approuver le présent Protocole ou y adhérer. Une organisation régionale d'intégration économique qui est Partie au présent Protocole a les droits et les obligations d'un État Partie, dans la mesure où elle a compétence pour les matières dont traite le présent Protocole.

2. Lorsqu'une organisation régionale d'intégration économique exerce son droit de vote sur des matières pour lesquelles elle a compétence, elle dispose d'un nombre de voix égal au nombre de ses États membres qui sont Parties au présent Protocole et qui ont transféré à l'organisation compétence pour la matière en question. Une organisation régionale d'intégration économique n'exerce pas son droit de vote si ses États membres exercent le leur, et inversement.

3. Lorsque le nombre d'États Parties est pertinent aux fins du présent Protocole, y compris les articles 20 et 23 du présent Protocole mais non exclusivement, l'organisation régionale d'intégration économique ne compte pas comme un État Partie en sus de ses États membres qui sont des États Parties.

4. Au moment de la signature, de la ratification, de l'acceptation, de l'approbation ou de l'adhésion, l'organisation régionale d'intégration économique fait une déclaration au Secrétaire général spécifiant les matières dont traite le présent Protocole pour lesquelles ses États membres qui sont signataires du présent Protocole ou Parties au présent Protocole lui ont transféré compétence, ainsi que toutes autres restrictions pertinentes quant à l'étendue de cette compétence. L'organisation régionale d'intégration économique notifie promptement au Secrétaire général toute modification de la répartition des compétences spécifiée dans la déclaration visée dans le présent paragraphe, y compris les nouveaux transferts de compétence. Une telle déclaration est communiquée par le Secrétaire général, conformément à l'article 24 du présent Protocole.

5. Les États Parties qui sont des États membres d'une organisation régionale d'intégration économique qui est Partie au présent Protocole sont présumés avoir compétence en ce qui concerne toutes les matières traitées par le présent Protocole pour lesquelles des transferts de compétence à l'organisation n'ont pas été expressément déclarés ou notifiés en vertu du paragraphe 4.

Art. 20 *Entrée en vigueur.* 1. Le présent Protocole entre en vigueur douze mois après la date à laquelle 10 États, soit l'ont signé sans réserve quant à la ratification, l'acceptation ou l'approbation, soit ont déposé un instrument de ratification, d'acceptation, d'approbation ou d'adhésion auprès du Secrétaire général.

2. Pour tout État qui le ratifie, l'accepte, l'approuve ou y adhère après que les conditions d'entrée en vigueur prévues au paragraphe 1 ont été remplies, le présent Protocole entre en vigueur trois mois après la date du dépôt par cet État de l'instrument approprié, mais pas avant l'entrée en vigueur du présent Protocole conformément au paragraphe 1.

Art. 21 *Dénonciation.* 1. Le présent Protocole peut être dénoncé par l'un quelconque des États Parties à tout moment après la date à laquelle il entre en vigueur à l'égard de cet État.

2. La dénonciation s'effectue par le dépôt d'un instrument à cet effet auprès du Secrétaire général.

3. La dénonciation prend effet douze mois après la date du dépôt de l'instrument de dénonciation auprès du Secrétaire général ou à l'expiration de toute période plus longue qui pourrait être spécifiée dans cet instrument.

4. Entre les États Parties au présent Protocole, la dénonciation par l'un quelconque d'entre eux de la Convention conformément à l'article 25 de celle-ci n'est en aucun cas interprétée comme une dénonciation de la Convention telle que révisée par le présent Protocole.

Art. 22 *Révision et modification.* 1. L'organisation peut convoquer une conférence ayant pour objet de réviser ou de modifier le présent Protocole.

2. L'organisation convoque une conférence des États Parties au présent Protocole, ayant pour objet de le réviser ou de le modifier, à la demande du tiers au moins des États Parties.

Art. 23 *Modification des limites.* 1. Sans préjudice des dispositions de l'article 22, la procédure spéciale définie dans le présent article s'applique uniquement aux fins de modifier les limites fixées au paragraphe 1 de l'article 3, au paragraphe 1 de l'article 4 bis, au paragraphe 1 de l'article 7 et à l'article 8 de la Convention, telle que révisée par le présent Protocole.

2. A la demande d'au moins la moitié et, en tout cas, d'un minimum de six des États Parties au présent Protocole, toute proposition visant à modifier les limites, y compris les franchises, prévues au paragraphe 1 de l'article 3, au paragraphe 1 de l'article 4 bis, au paragraphe 1 de l'article 7 et à l'article 8 de la Convention, telle que révisée par le présent Protocole, est diffusée par le Secrétaire général à tous les membres de l'organisation et à tous les États Parties.

3. Tout amendement proposé et diffusé suivant la procédure ci-dessus est soumis au comité juridique de l'organisation (ci-après dénommé « le comité juridique ») pour que ce dernier l'examine six mois au moins après la date à laquelle il a été diffusé.

4. Tous les États Parties à la Convention, telle que révisée par le présent Protocole, qu'ils soient ou non membres de l'organisation, sont autorisés à participer aux délibérations du comité juridique en vue d'examiner et d'adopter les amendements.

5. Les amendements sont adoptés à la majorité des deux tiers des États Parties à la Convention, telle que révisée par le présent Protocole, présents et votants au sein du comité juridique, élargi conformément au paragraphe 4, à condition que la moitié au moins des États Parties à la Convention, telle que révisée par le présent Protocole, soient présents au moment du vote.

6. Lorsqu'il se prononce sur une proposition visant à modifier les limites, le comité juridique tient compte de l'expérience acquise en matière d'événements et en particulier, du montant des dommages qui en résultent des fluctuations de la valeur des monnaies et de l'incidence de l'amendement proposé sur le coût des assurances.

7. a) Aucun amendement visant à modifier les limites en vertu du présent article ne peut être examiné avant l'expiration d'un délai de cinq ans à compter de la date à laquelle le présent Protocole a été ouvert à la signature, ni d'un délai de cinq ans à compter de la date d'entrée en vigueur d'un amendement antérieur adopté en vertu du présent article.

b) Aucune limite ne peut être relevée au point de dépasser un montant correspondant à la limite fixée dans la Convention, telle que révisée par le présent Protocole, majorée de six pour cent par an, en intérêt composé, à compter de la date à laquelle le présent Protocole a été ouvert à la signature.

c) Aucune limite ne peut être relevée au point de dépasser un montant correspondant au triple de la limite fixée dans la Convention, telle que révisée par le présent Protocole.

8. Tout amendement adopté conformément au paragraphe 5 est notifié par l'organisation à tous les États Parties. L'amendement est réputé avoir été accepté à l'expiration d'un délai de dix-huit mois après la date de sa notification, à moins que, durant cette période, un quart au moins des États qui étaient des États Parties au moment de l'adoption de l'amendement ne fassent savoir au Secrétaire général qu'ils ne l'acceptent pas, auquel cas l'amendement est rejeté et n'a pas d'effet.

9. Un amendement réputé avoir été accepté conformément au point 8 entre en vigueur dix-huit mois après son acceptation.

10. Tous les États Parties sont liés par l'amendement, à moins qu'ils ne dénoncent le présent Protocole, conformément aux paragraphes 1 et 2 de l'article 21, six mois au moins avant l'entrée en vigueur de cet amendement. Cette dénonciation prend effet lorsque l'amendement entre en vigueur.

11. Lorsqu'un amendement a été adopté mais que le délai d'acceptation de dix-huit mois n'a pas encore expiré, tout État devenant État Partie durant cette période est lié par l'amendement si celui-ci entre en vigueur. Un État qui devient État Partie après expiration de ce délai est lié par tout amendement qui a été accepté conformément au paragraphe 8. Dans les cas visés par le présent paragraphe, un État est lié par un amendement à compter de la date d'entrée en vigueur de l'amendement ou de la date d'entrée en vigueur du présent Protocole à l'égard de cet État, si cette dernière date est postérieure.

Art. 24 *Dépositaire.* 1. Le présent Protocole et tout amendement adopté en vertu de l'article 23 sont déposés auprès du Secrétaire général.

2. Le Secrétaire général;

a) informe tous les États qui ont signé la Convention ou y ont adhéré :

i) de toute nouvelle signature ou de tout dépôt d'un nouvel instrument de ratification, d'acceptation, d'approbation ou d'adhésion, ainsi que de leur date;

ii) de toute déclaration et communication effectuées en vertu des paragraphes 2 et 3 de l'article 9, du paragraphe 1 de l'article 18 et du paragraphe 4 de l'article 19, de la Convention telle que révisée par le présent Protocole;

iii) de la date d'entrée en vigueur du présent Protocole;

iv) de toute proposition visant à modifier les limites, qui a été présentée conformément au paragraphe 2 de l'article 23 du présent Protocole;

v) de tout amendement qui a été adopté conformément au paragraphe 5 de l'article 23 du présent Protocole;

vi) de tout amendement qui est réputé avoir été accepté en vertu du paragraphe 8 de l'article 23 du présent Protocole ainsi que de la date à laquelle l'amendement entre en vigueur, conformément aux paragraphes 9 et 10 de cet article;

vii) de tout dépôt d'un instrument de dénonciation du présent Protocole ainsi que de la date du dépôt et de la date à laquelle cette dénonciation prend effet;

viii) de toute communication prévue par l'un quelconque des articles du présent Protocole;

b) transmet des copies certifiées conformes du présent Protocole à tous les États qui ont signé le présent Protocole ou y ont adhéré.

3. Dès l'entrée en vigueur du présent Protocole, le Secrétaire général en transmet le texte au Secrétariat de l'organisation des Nations unies en vue de son enregistrement et de sa publication, conformément à l'Article 102 de la Charte des Nations unies.

Art. 25 *Langues.* Le présent Protocole est établi en un seul exemplaire original en langues anglaise, arabe, chinoise, espagnole, française et russe, tous les textes faisant également foi.

En foi de quoi les soussignés, dûment autorisés à cet effet par leurs gouvernements respectifs, ont signé le présent Protocole.

Fait à Londres le 1er novembre 2002.

Réserve exprimée par la France

Conformément à la décision du Conseil du 12 décembre 2011 concernant l'adhésion de l'Union européenne au Protocole de 2002 à la Convention d'Athènes de 1974 relative au transport par mer de passagers et de leurs bagages, à l'exception des articles 10 et 11 dudit protocole, l'adhésion de la France au Protocole de 2002 est assortie de la réserve suivante.

Limitation de la responsabilité du transporteur, etc.

1. La France se réserve le droit de, et s'engage à, limiter au plus petit des montants suivants la responsabilité, le cas échéant, en vertu du paragraphe 1 ou 2 de l'article 3 de la Convention, en cas de mort ou de lésions corporelles d'un passager causées par l'un quelconque des risques mentionnés au paragraphe 2.2 des lignes directrices de l'OMI pour l'application de la Convention d'Athènes :

— 250000 unités de compte par passager pour un même événement; ou

— 340 millions d'unités de compte au total par navire pour un même événement.

2. La France se réserve en outre le droit de, et s'engage à, appliquer à cette prise en charge financière mutatis mutandis les paragraphes 2.1.1 et 2.2.2 des lignes directrices de l'OMI pour l'application de la Convention d'Athènes.

3. La responsabilité du transporteur substitué en vertu de l'article 4 de la Convention, la responsabilité des préposés et des mandataires du transporteur ou du transporteur substitué en vertu de l'article 11 de la Convention et le montant total recouvrable en vertu de l'article 12 de la Convention sont limités de la même façon.

4. La réserve et l'engagement mentionnés au paragraphe 1 s'appliquent quel que soit le fondement de la responsabilité en vertu du paragraphe 1 ou 2 de l'article 3 et nonobstant toute disposition contraire de l'article 4 ou de l'article 7 de la Convention; toutefois, cette réserve et cet engagement n'affectent pas l'application des articles 10 et 13.

Assurance obligatoire et limitation de la responsabilité des assureurs

5. La France se réserve le droit de, et s'engage à, limiter au plus petit des montants suivants l'obligation en vertu du paragraphe 1 de l'article 4 bis de souscrire une assurance ou autre garantie financière en cas de mort ou de lésions corporelles d'un passager causées par l'un quelconque des risques mentionnés au paragraphe 2.2 des lignes directrices de l'OMI pour l'application de la Convention d'Athènes :

— 250000 unités de compte par passager pour un même événement, ou

— 340 millions d'unités de compte au total par navire pour un même événement.

6. La France se réserve le droit de, et s'engage à, limiter la responsabilité de l'assureur ou autre personne fournissant la garantie financière en vertu du paragraphe 10 de l'article 4 bis, en cas de mort ou de lésions corporelles d'un passager causées par l'un

quelconque des risques mentionnés au paragraphe 2.2 des lignes directrices de l'OMI pour l'application de la Convention d'Athènes au montant maximal de l'assurance ou autre garantie financière que le transporteur est tenu de souscrire, prévu au paragraphe précédent de la présente réserve.

7. La France se réserve en outre le droit de, et s'engage à, appliquer les lignes directrices de l'OMI pour l'application de la Convention d'Athènes, y compris les clauses mentionnées aux paragraphes 2.1 et 2.2 de ces lignes directrices, à l'égard de toute assurance obligatoire souscrite en application de la Convention.

8. La France se réserve le droit de, et s'engage à, exonérer le fournisseur de l'assurance ou autre garantie financière prévue au paragraphe 1 de l'article 4 *bis* de toute responsabilité qu'il ne s'est pas engagé à prendre en charge.

Délivrance du certificat

9. La France se réserve le droit de, et s'engage à, délivrer des certificats d'assurance en vertu du paragraphe 2 de l'article 4 *bis* de la Convention, de façon :

— à rendre compte des limitations de responsabilité et des conditions relatives à la couverture d'assurance qui sont mentionnées aux paragraphes 1, 5, 6 et 8; et

— à ajouter toutes autres limitations, conditions et exclusions qu'il estime nécessaires, compte tenu des exigences du marché de l'assurance au moment de la délivrance du certificat et de l'objectif d'une indemnisation rapide des victimes.

10. La France se réserve le droit de, et s'engage à, accepter les certificats d'assurance délivrés par d'autres États Parties qui comportent une réserve similaire.

11. Toutes ces limitations, conditions et exclusions doivent être clairement indiquées sur le certificat délivré ou visé en vertu du paragraphe 2 de l'article 4 *bis* de la Convention.

Relation entre la présente réserve et les lignes directrices de l'OMI pour l'application de la Convention d'Athènes

12. Les droits faisant l'objet de la présente réserve doivent être exercés compte dûment tenu des lignes directrices de l'OMI pour l'application de la Convention d'Athènes, ou de tout amendement y relatif, en vue de garantir l'uniformité. Si une proposition visant à modifier les lignes directrices de l'OMI pour l'application de la Convention d'Athènes, y compris les limites, a été approuvée par le comité juridique de l'organisation maritime internationale, ces amendements s'appliquent à compter de la date fixée par le comité et sans préjudice des règles du droit international relatives au droit qu'a un État de retirer ou de modifier sa réserve.

ANNEXE À LA CONVENTION D'ATHÈNES

CERTIFICAT D'ASSURANCE OU AUTRE GARANTIE FINANCIÈRE RELATIVE À LA RESPONSABILITÉ EN CAS DE MORT ET DE LÉSIONS CORPORELLES DES PASSAGERS

(NON REPRODUITE)

141 Accord du 19 février 2013 relatif à une juridiction unifiée du brevet

Non entré en vigueur, non reproduit. Consultable sur :
https ://www.epo.org/law-practice/unitary/patent-court_fr.html

SOUS-PARTIE V
CONVENTIONS BILATÉRALES

142 Convention franco-monégasque du 21 septembre 1949 Relative à l'aide mutuelle judiciaire

Non reproduite. Consultable sur :
http://www.jafbase.fr/europes

143 Accord France-Burkina Faso du 24 avril 1961 de coopération en matière de justice

Non reproduit. Consultable sur :
http://www.jafbase.fr/afrique.html

144 Accord franco-ivoirien du 24 avril 1961 de coopération en matière de justice

Non reproduit. Consultable sur :
http://www.jafbase.fr/afrique.html

145 Accord franco-mauritanien du 19 juin 1961 en matière de justice

Non reproduit. Consultable sur :
http://www.jafbase.fr/afrique.html

146 Accord franco-malien du 2 février 1962 de coopération en matière de justice

Non reproduit. Consultable sur :
http://www.jafbase.fr/afrique.html

147 Convention franco-gabonaise du 23 juillet 1963 d'aide mutuelle judiciaire, d'exequatur des jugements et d'extradition

Non reproduite. Consultable sur :
http://www.jafbase.fr/afrique.html

148 Accord France-Centrafrique du 18 janvier 1965 de coopération en matière de justice

Non reproduit. Consultable sur :
http://www.jafbase.fr/afrique.html

149 Convention franco-polonaise du 5 avril 1967 relative à la loi applicable, la compétence et l'exequatur dans le droit des personnes et de la famille

Non reproduite. Consultable sur :
http://www.jafbase.fr/afrique.html

150 Convention franco-yougoslave du 18 mai 1971 relative à la loi applicable et à la compétence en matière de droit des personnes et de la famille

Applicable entre la France et la Slovanie, la Bosnie-Herzégovine, la Serbie, le Montenegro et le Kosovo

Non reproduite. Consultable sur :
http://jafbase.fr/europesorientalel

151 Convention franco-malgache du 4 juin 1973 relative à l'entraide judiciaire, la compétence judiciaire, la reconnaissance et l'exécution des décisions et l'extradition simplifiée

Non reproduite. Consultable sur :
http://www.jafbase.fr/afrique.html

152 Convention franco-congolaise du 1er janvier 1974 de coopération en matière judiciaire

Non reproduite. Consultable sur :
http://www.jafbase.fr/afrique.html

153 Accord franco-camerounais du 21 février 1974 de coopération en matière de justice

Non reproduit. Consultable sur :
http://www.jafbase.fr/afrique.html

154 Convention franco-sénégalaise du 29 mars 1974 de coopération en matière judiciaire

Non reproduite. Consultable sur :
http://www.jafbase.fr/afrique.html

155 Accord franco-béninois du 27 février 1975 de coopération en matière de justice

Non reproduit. Consultable sur :
http://www.jafbase.fr/afrique.html

156 Accord franco-tchadien du 6 mars 1976 en matière judiciaire

Non reproduit. Consultable sur :
http://www.jafbase.fr/afrique.html

157 Convention judiciaire franco-togolaise du 23 mars 1976

Non reproduite. Consultable sur :
http://www.jafbase.fr/afrique.html

158 Convention franco-nigérienne du 19 février 1977 de coopération en matière judiciaire

Non reproduite. Consultable sur :
http://www.jafbase.fr/afrique.html

159 Entente France-Québec du 9 septembre 1977 sur l'entraide judiciaire en matière civile, commerciale et administrative

Non reproduite. Consultable sur :
http://www.jafbase.fr/ameriques.html

160 Convention franco-marocaine du 10 août 1981 relative au statut des personnes et de la famille et à la coopération judiciaire

En vigueur depuis le 13 mai 1983

Le Président de la République française,
Sa Majesté le Roi du Maroc,
Constatant l'importance des relations personnelles et familiales entre les ressortissants des deux États et la nécessité de conserver aux personnes les principes fondamentaux de leur identité nationale ;
Souhaitant, en conséquence, établir des règles communes de conflit de lois et de juridictions en ce qui concerne le statut des personnes et de la famille ;
Désireux de renforcer les relations de coopération judiciaire entre les deux États pour mieux assurer la protection des enfants et des créanciers d'aliments,
Ont décidé de conclure une convention.
À cette fin, ils ont désigné pour leurs plénipotentiaires :
Le Président de la République française :
M. Claude Cheysson, Ministre des Relations extérieures,
Sa Majesté le Roi du Maroc :
M. M'Hammed Boucetta, Ministre d'État, chargé des Affaires étrangères et de la Coopération,
lesquels, après avoir présenté leurs pleins pouvoirs, reconnus en bonne et due forme, sont convenus des dispositions suivantes :

Dispositions générales

Art. premier L'état et la capacité des personnes physiques sont régis par la loi de celui des deux États dont ces personnes ont la nationalité.

Art. 2 Le domicile d'une personne est le lieu où elle a sa résidence habituelle effective.

Art. 3 La référence à la loi de l'un des deux États s'entend de la loi interne de cet État à l'exclusion du système international de conflit de lois qui peut y être en vigueur.

Art. 4 La loi de l'un des deux États désignés par la présente Convention ne peut être écartée par les juridictions de l'autre État que si elle est manifestement incompatible avec l'ordre public.

CHAPITRE PREMIER

Mariage

Art. 5 Les conditions de fond du mariage tels que l'âge matrimonial et le consentement de même que les empêchements, notamment ceux résultant des liens de parenté ou d'alliance, sont régies pour chacun des futurs époux par la loi de celui des deux États dont il a la nationalité.

Art. 6 Les conditions de forme du mariage sont régies par la loi de celui des deux États dont l'autorité célèbre le mariage.

Chaque État peut décider que le mariage dans l'autre État entre des époux qui possèdent tous deux sa nationalité sera célébré par ses fonctionnaires consulaires.

Le mariage sur le territoire français entre un époux de nationalité marocaine et un époux de nationalité française doit être célébré par un officier de l'état civil compétent selon la loi française. Pour la validité de cette union au regard de la loi marocaine, les fonctionnaires consulaires marocains compétents procèdent, après justification de la célébration, à l'enregistrement de ce mariage.

Le mariage sur le territoire marocain d'un époux de nationalité marocaine et d'un époux de nationalité française ne peut être célébré par les adouls que sur présentation par l'époux français du certificat de capacité matrimoniale délivré par les fonctionnaires consulaires français. Les adouls célèbrent le mariage selon les formes prescrites par le statut personnel du futur époux de nationalité marocaine. Lorsque l'épouse française n'a pas désigné de personne pouvant jouer le rôle de wali, ce rôle est rempli par le magistrat qui homologue le mariage. Dans tous les cas, le magistrat avise immédiatement du mariage les fonctionnaires consulaires français compétents.

Art. 7 Les effets personnels du mariage sont régis par la loi de celui des deux États dont les époux ont la nationalité.

Si l'un des époux a la nationalité de l'un des deux États et le second celle de l'autre, les effets personnels du mariage sont régis par la loi de celui des deux États sur le territoire duquel les époux ont leur domicile commun ou avaient leur dernier domicile commun.

Les obligations alimentaires entre époux sont réglées conformément aux dispositions du chapitre III de la présente Convention.

Art. 8 Les juridictions de celui des deux États sur le territoire duquel les époux ont leur domicile commun ou avaient leur dernier domicile commun peuvent être considérées comme compétentes au sens du paragraphe a de l'article 16 de la Convention d'aide mutuelle judiciaire et d'exequatur des jugements du 5 octobre 1957, pour connaître des litiges relatifs aux effets personnels du mariage.

Toutefois, au cas où les époux ont tous deux la nationalité de l'un des deux États, les juridictions de celui-ci peuvent être également compétentes quel que soit le domicile des époux au moment de l'introduction de l'action judiciaire.

Si une action judiciaire a été introduite devant une juridiction d'un des deux États et si une nouvelle action entre les parties et ayant le même objet est portée devant le tribunal de l'autre État, la juridiction saisie en second lieu doit surseoir à statuer.

CHAPITRE II

Dissolution du mariage

Art. 9 La dissolution du mariage est prononcée selon la loi de celui des deux États dont les époux ont tous deux la nationalité à la date de la présentation de la demande.

Si à la date de la présentation de la demande, l'un des époux a la nationalité de l'un des deux États et le second celle de l'autre, la dissolution du mariage est prononcée selon la loi de l'État sur le territoire duquel les époux ont leur domicile commun ou avaient leur dernier domicile commun.

Art. 10 Les règles de conflit de lois définies à l'article précédent s'appliquent aux effets personnels qui découlent de la dissolution du mariage.

Les effets relatifs à la garde des enfants et aux pensions alimentaires qui leur sont dues relèvent des dispositions du chapitre III de la présente Convention.

Art. 11 Au sens de l'alinéa a) de l'article 16 de la Convention d'aide mutuelle judiciaire et d'exequatur des jugements du 5 octobre 1957, la dissolution du mariage peut être prononcée par les juridictions de celui des deux États sur le territoire duquel les époux ont leur domicile commun ou avaient leur dernier domicile commun.

Toutefois, au cas où les époux ont tous deux la nationalité de l'un des deux États, les juridictions de cet État peuvent être également compétentes, quel que soit le domicile des époux au moment de l'introduction de l'action judiciaire.

Si une action judiciaire a été introduite devant une juridiction de l'un des deux États, et si une nouvelle action entre les mêmes parties et ayant le même objet est portée devant le tribunal de l'autre État, la juridiction saisie en second lieu doit surseoir à statuer.

Art. 12 Les règles définies aux articles 9, 10 et 11 de la présente Convention s'appliquent à la séparation de corps lorsque celle-ci est prévue par la loi compétente de l'un des deux États.

Art. 13 Les actes constatant la dissolution du lien conjugal homologués par un juge au Maroc entre conjoints de nationalité marocaine dans les formes prévues par leur loi nationale produisent effet en France dans les mêmes conditions que les jugements de divorce prononcés à l'étranger.

Lorsqu'ils sont devenus irrévocables, les actes constatant la dissolution du lien conjugal selon la loi marocaine entre un mari de nationalité marocaine et son épouse de nationalité française, dressés et homologués par un juge au Maroc, produisent effet en France à la demande de la femme dans les mêmes conditions que les jugements de divorce.

Art. 14 Par l'exception à l'article 17 de la Convention d'aide mutuelle judiciaire et d'exequatur des jugements du 5 octobre 1957, en matière d'état des personnes les décisions en force de chose jugée peuvent être publiées ou transcrites sans exequatur sur les registres de l'état civil.

CHAPITRE III

Garde des enfants, droit de visite et obligations alimentaires

Section I

Dispositions générales

Art. 15 Les autorités compétentes des deux États agissant dans les domaines de la garde des enfants, du droit de visite et des obligations alimentaires, s'engagent à s'accorder une entraide judiciaire mutuelle et à promouvoir leur coopération en ces domaines.

Art. 16 Les Ministères de la Justice des deux États sont désignés comme autorités centrales chargées de satisfaire aux obligations qui leur sont imposées par la présente Convention. À cet effet, ces autorités centrales communiquent directement entre elles et saisissent, le cas échéant, leurs autorités compétentes. L'intervention des autorités centrales est gratuite.

Il est créé une Commission mixte consultative, composée de représentants des Ministères des Affaires étrangères et de la Justice, qui se réunira périodiquement à la demande de l'un ou de l'autre État, afin de faciliter le règlement des problèmes les plus difficiles qui seront soumis aux autorités centrales.

Art. 17 Les autorités centrales peuvent, sauf si l'ordre public s'y oppose, s'adresser des demandes de renseignements ou d'enquête dans le cadre des procédures civiles, commerciales, administratives ou relatives au statut personnel dont leurs autorités judiciaires sont saisies. Elles donnent suite aux demandes qu'elles s'adressent mutuellement tendant à la délivrance sans frais de copies de documents publics, notamment, de copies de décisions judiciaires, d'actes de l'état civil ou d'actes relatifs au statut personnel. Elles se fournissent mutuellement, sur leur demande, des renseignements concernant les lois en vigueur sur le territoire de l'État dont elles relèvent, afin d'en faciliter la preuve devant les autorités judiciaires ainsi que sur leur organisation judiciaire.

La même forme d'assistance peut être apportée au moyen des renseignements fournis par les autorités consulaires intéressées.

Art. 18 La partie qui invoque en application du titre II de la Convention d'aide mutuelle judiciaire et d'exequatur des jugements du 5 octobre 1957, l'autorité d'une décision judiciaire, rendue en matière de garde d'enfants, de droit de visite et d'aliments ou qui en demande l'exécution, doit produire un certificat du greffier constatant seulement que la décision est exécutoire dans l'État où elle a été rendue, nonobstant les dispositions des paragraphes c) de l'article 16 et c) de l'article 21 de la même Convention.

Section II

Garde des enfants et droit de visite

Art. 19 Les deux États se garantissent réciproquement, sur leur territoire, sous le contrôle de leurs autorités judiciaires, le libre exercice du droit de garde sur l'enfant mineur sous la seule condition de l'intérêt de l'enfant, sans autre restriction tirée de leur droit interne, ainsi que le libre exercice du droit de visite. Ils se garantissent mutuellement la bonne exécution des décisions de justice rendues par l'autre État dans ce domaine.

Art. 20 Les autorités centrales se prêtent mutuellement leur concours pour la recherche sur leur territoire et la localisation des enfants déplacés dont le droit de garde est contesté ou méconnu. Elles satisfont aux demandes de renseignements concernant la situation matérielle et morale de ces enfants.

Les autorités centrales prennent ou font prendre toute mesure propre à assurer la remise volontaire des enfants ou à faciliter une solution amiable. Elles font prendre, dans les cas d'urgence, toute mesure provisoire qui semble utile pour prévenir de nouveaux dangers pour l'enfant ou d'autres préjudices pour les parties concernées. Elles donnent des informations de portée générale sur le contenu de leur droit pour l'application des présentes dispositions et établissent, le cas échéant, des attestations concernant la teneur de leurs dispositions législatives sur le droit de garde et le droit de visite.

Les autorités centrales prennent ou font prendre toute mesure propre à faciliter l'exercice du droit de visite. Elles coopèrent pour que soit organisé sur le territoire des deux États, un droit de visite et d'hébergement au profit de celui des parents qui n'a pas la garde et pour que soit levé tout obstacle juridique de nature à s'y opposer. Elles coopèrent également pour que soient respectées les conditions posées par leurs autorités respectives pour la mise en œuvre et le libre exercice de ce droit ainsi que les engagements pris par les parties à son sujet.

En matière de garde d'enfants et d'exercice du droit de visite, les décisions judiciaires rendues sur le territoire de l'un des deux États peuvent être déclarées opposables sur le territoire de l'autre par les juridictions de cet État conformément aux dispositions des paragraphes a), b) et d) de l'article 16 et de l'article 17 de la Convention du 5 octobre 1957. Les autorités centrales saisissent directement leurs autorités judiciaires compétentes pour statuer sur ces demandes.

Art. 21 À défaut de remise volontaire, les autorités centrales se prêtent mutuellement leur concours pour faciliter l'exécution des décisions de justice relatives au droit de garde et au droit de visite lorsqu'elles sont exécutoires dans l'État requérant.

Art. 22 Les autorités centrales doivent saisir, dans les meilleurs délais, par la voie du ministère public institué auprès des juridictions agissant en matière civile, leurs autorités judiciaires compétentes, soit pour rendre exécutoires dans l'État requis les décisions exécutoires dans l'État requérant, soit pour faire statuer sur la demande de remise dont l'enfant fait l'objet.

Les autorités centrales doivent saisir également leurs autorités judiciaires des demandes visant à fixer ou à protéger l'exercice du droit de visite et d'hébergement de l'enfant dans l'un ou l'autre État, au profit de celui des parents qui n'a pas la garde.

Art. 23 Les autorités judiciaires des deux États une fois saisies doivent statuer d'urgence. Si ces autorités n'ont pas statué dans un délai de six semaines à partir de leur saisine, l'autorité centrale de l'État requis doit informer l'autorité centrale de l'État requérant du déroulement de la procédure.

Les autorités centrales veillent à l'exécution rapide des commissions rogatoires en cette matière qui pourront être utilisées pour recueillir toutes les informations nécessaires.

Art. 24 En matière de garde d'enfants, et au sens des dispositions des articles 16 et 17 de la Convention du 5 octobre 1957, la reconnaissance ou l'exécution d'une décision rendue dans l'un des deux États ne peut être refusée par l'autre État dans les cas suivants :

1. Lorsque le tribunal de l'État qui a rendu la décision est celui :
— de la résidence commune effective des parents;
— ou de la résidence du parent avec lequel l'enfant vit habituellement.
2. Lorsque le tribunal de l'État qui a rendu la décision a appliqué :
a) Si les parents sont de même nationalité, leur loi nationale commune;
b) En l'absence de nationalité commune des parents :
— soit la loi de leur résidence commune effective;
— soit la loi de la résidence du parent avec lequel l'enfant vit habituellement.

Lors de l'appréciation de la compétence territoriale du tribunal de l'État qui a rendu la décision, l'autorité requise de l'autre État est liée par les constatations de fait sur lesquelles ce tribunal a fondé sa compétence, à moins qu'il ne s'agisse d'une décision par défaut.

Art. 25 Le juge de l'État où l'enfant a été déplacé ou retenu doit ordonner, à titre conservatoire, la remise immédiate de l'enfant, à moins que la personne qui a déplacé ou retenu l'enfant n'établisse :

1. Qu'à l'époque de la violation invoquée, la personne à qui la garde avait été confiée avant le déplacement n'exerçait pas effectivement ou de bonne foi le droit de garde sur l'enfant, ou :

2. Que la remise de l'enfant serait de nature à mettre gravement en cause sa santé ou sa sécurité en raison de la survenance d'un événement de gravité exceptionnelle depuis l'attribution de la garde.

Dans l'appréciation des circonstances visées ci-dessus, les autorités judiciaires prennent en considération les informations fournies par l'autorité centrale de l'État de la résidence habituelle de l'enfant, notamment sur sa situation sociale et sur la teneur des dispositions législatives concernant le droit de garde dans cet État.

Une décision sur le retour de l'enfant ne préjuge pas du fond du droit de garde.

Lorsqu'elles sont saisies d'une action en modification de l'attribution du droit de garde d'un enfant déplacé ou retenu en violation d'une décision sur la garde rendue par la juridiction de l'un des deux États compétents en vertu de l'alinéa 1, de l'article 24 ci-dessus et d'une demande de remise de l'enfant émanant de la personne qui bénéficie du droit de garde, les juridictions de l'autre État doivent statuer en priorité sur la demande de remise de l'enfant, aux conditions du présent article.

Section III

Obligations alimentaires

Art. 26 Les autorités centrales peuvent, le cas échéant, saisir directement et selon une procédure d'urgence leurs autorités judiciaires compétentes aux fins de rendre exécutoires les décisions rendues en matière d'aliments, sans préjudice des fonctions dévolues aux autorités expéditrices et aux institutions intermédiaires par la Convention de New York du 20 juin 1956 sur le recouvrement des aliments à l'étranger, à laquelle la France et le Maroc sont parties.

Art. 27 En matière d'aliments et au sens des dispositions des articles 16 et 17 de la Convention du 5 octobre 1957, la reconnaissance ou l'exécution de la décision rendue dans l'un des deux États ne peut être refusée par l'autre État dans les cas suivants :

1. Lorsque le tribunal de l'État, qui a rendu la décision, s'est déclaré compétent parce que la résidence habituelle du créancier d'aliments se trouvait sur son territoire.

2. Lorsque le tribunal de l'État, qui a rendu la décision, a appliqué la loi de la résidence habituelle du créancier d'aliments.

Lors de l'appréciation de la compétence territoriale du tribunal de l'État, qui a rendu la décision, l'autorité requise de l'autre État est liée par les constatations de fait sur lesquelles le tribunal a fondé sa compétence, à moins qu'il ne s'agisse d'une décision par défaut.

CHAPITRE IV

Dispositions finales

Art. 28 La présente Convention sera ratifiée.

Art. 29 Elle entrera en vigueur le jour de l'échange des instruments de ratification qui aura lieu à Paris aussitôt que faire se pourra.

Art. 30 Chacune des hautes Parties contractantes pourra dénoncer la présente Convention à n'importe quel moment en adressant à l'autre, par la voie diplomatique, un avis écrit de dénonciation; dans ce cas, la dénonciation prendra effet un an après la date de réception dudit avis.

En foi de quoi les plénipotentiaires ont signé la présente Convention et y ont apposé leur sceau.

161 Convention franco-égyptienne du 15 mars 1982 sur la coopération judiciaire en matière civile, y compris le statut personnel, et en matière sociale, commerciale et administrative

Non reproduite. Consultable sur :
http://www.jafbase.fr/afrique.html

162 Convention franco-tunisienne du 18 mars 1982 relative à l'entraide judiciaire en matière de droit de garde des enfants, de droit de visite et d'obligations alimentaires

Non reproduite. Consultable sur :
http://www.jafbase.fr/afrique.html

163 Convention franco-portugaise du 20 juillet 1983 de coopération judiciaire relative à la protection des mineurs

Non reproduite. Consultable sur :
http://jafbase.fr/europes

164 Convention France-Djibouti du 27 septembre 1986 de coopération judiciaire en matière civile, y compris le statut personnel

Non reproduite. Consultable sur :
http://www.jafbase.fr/afrique.html

165 Accord franco-chinois du 4 mai 1987 d'entraide judiciaire en matière civile et commerciale

Non reproduit. Consultable sur :
http://www.jafbase.fr/afrique.html

166 Convention franco-algérienne du 21 juin 1988 relative aux enfants issus de couples mixtes séparés franco-algériens

Non reproduite. Consultable sur :
http://www.jafbase.fr/maghreb.html

167 Convention France-Émirats arabes unis du 9 septembre 1991 relative à l'entraide judiciaire, la reconnaissance et l'exécution des décisions en matière civile et commerciale

Non reproduite. Consultable sur :
http://www.jafbase.fr/afrique.html

168 Convention franco-brésilienne du 28 mai 1996 d'entraide judiciaire en matière civile

Non reproduite. Consultable sur :
http://www.jafbase.fr/ameriques.html

169 Convention franco-vietnamienne du 24 février 1999 relative à l'entraide judiciaire en matière civile

Non reproduite. Consultable sur :
http://jafbase.fr/asie

170 Accord franco-libanais du 12 juillet 1999 concernant la coopération en certaines matières familiales

Non reproduit. Consultable sur :
http://jafbase.fr/asie

171 Traité franco-russe du 18 novembre 2011 relatif à la coopération dans le domaine de l'adoption

Non reproduite. Consultable sur :
http://jafbase.fr/europes

TROISIÈME PARTIE
SOURCES INTERNES

SOUS-PARTIE I
CODES

I – Code des assurances

172 Loi applicable aux contrats d'assurance

Art. L. 181-1 1° Lorsque le risque est situé *(L. n° 94-5 du 4 janv. 1994)* « au sens de l'article L. 310-4» sur le territoire de la République française et que le souscripteur y a sa résidence principale ou son siège de direction, la loi applicable est la loi française, à l'exclusion de toute autre.

2° Lorsque le risque est situé *(L. n° 94-5 du 4 janv. 1994)* «au sens de l'article L. 310-4» sur le territoire de la République française et que le souscripteur n'y a pas sa résidence principale ou son siège de direction, les parties au contrat d'assurance peuvent choisir d'appliquer soit la loi française, soit la loi du pays où le souscripteur a sa résidence principale ou son siège de direction.

De même, lorsque le souscripteur a sa résidence principale ou son siège de direction sur le territoire de la République française et que le risque n'y est pas situé *(L. n° 94-5 du 4 janv. 1994)* «au sens de l'article L. 310-4», les parties au contrat d'assurance peuvent choisir d'appliquer soit la loi française, soit la loi du pays où le risque est situé.

3° Lorsque le souscripteur exerce une activité commerciale, industrielle ou libérale et que le contrat couvre deux ou plusieurs risques relatifs à ces activités situés sur le territoire de la République française et dans un ou plusieurs autres États membres *(L. n° 94-5 du 4 janv. 1994)* «de l'Espace économique européen», les parties au contrat peuvent choisir la loi d'un des États où ces risques sont situés ou celle du pays où le souscripteur a sa résidence principale ou son siège de direction.

4° Lorsque la garantie des risques situés dans le ou les États mentionnés aux 1°, 2° et 3° ci-dessus est limitée à des sinistres qui peuvent survenir dans un autre État membre *(L. n° 94-5 du 4 janv. 1994)* «de l'Espace économique européen», les parties au contrat d'assurance peuvent choisir la loi de l'État où se produit le sinistre.

5° *(L. n° 94-5 du 4 janv. 1994)* «Pour les grands risques tels qu'ils sont définis à l'article L. 111-6, les parties ont le libre choix de la loi applicable au contrat.

«Toutefois, le choix par les parties d'une loi autre que la loi française ne peut, lorsque tous les éléments du contrat sont localisés au moment de ce choix sur le territoire de la République française, faire obstacle à l'application des dispositions législatives et réglementaires auxquelles il ne peut être dérogé par contrat en application de l'article L. 111-2.»

Art. L. 181-2 Lorsque les parties ont à exercer le choix de la loi applicable dans l'un des cas visés par l'article L. 181-1, ce choix doit être exprès ou résulter de façon certaine des clauses du contrat ou des circonstances de la cause.

A défaut, le contrat est régi par la loi de celui, parmi les États qui entrent en ligne de compte aux termes de l'article précédent, avec lequel il présente les liens les plus étroits. Il est présumé que le contrat présente les liens les plus étroits avec l'État membre *(L. n° 94-5 du 4 janv. 1994)* «de l'Espace économique européen» où le risque est situé. Si une partie du contrat est séparable du reste du contrat et présente un lien plus étroit avec un autre des pays qui entrent en ligne de compte conformément à l'article précédent, il pourra être fait application à cette partie du contrat de la loi de cet autre pays.

Art. L. 181-3 Les articles L. 181-1 et L. 181-2 ne peuvent faire obstacle aux dispositions d'ordre public de la loi française applicables quelle que soit la loi régissant le contrat.

Toutefois, le juge peut donner effet sur le territoire de la République française aux dispositions d'ordre public de la loi de l'État membre *(L. n° 94-5 du 4 janv. 1994)* «de l'Espace économique européen» où le risque est situé ou d'un État membre qui impose l'obligation d'assurance, si, selon le droit de ces pays, ces dispositions sont applicables quelle que soit la loi régissant le contrat.

Lorsque le contrat couvre des risques situés dans plusieurs États membres *(L. n° 94-5 du 4 janv. 1994)* «de l'Espace économique européen», le contrat est considéré, pour l'application du présent article, comme constituant plusieurs contrats dont chacun ne se rapporte qu'à un seul État.

Art. L. 181-4 Sous réserve des dispositions des articles L. 181-1 à L. 181-3 et pour le surplus, les règles générales de droit international privé en matière d'obligations contractuelles sont applicables.

Art. L. 182-1 Les contrats destinés à satisfaire à une obligation d'assurance imposée par une loi française sont régis par le droit français.

Art. L. 183-1 Lorsque l'engagement est pris, *(L. n° 94-5 du 4 janv. 1994)* «au sens de l'article L. 310-5», sur le territoire de la République française, la loi applicable au contrat est la loi française, à l'exclusion de toute autre.

Toutefois, si le souscripteur est une personne physique et est ressortissant d'un autre État membre *(L. n° 94-5 du 4 janv. 1994)* «de l'Espace économique européen», les parties au contrat d'assurance peuvent choisir d'appliquer soit la loi française soit la loi de l'État dont le souscripteur est ressortissant.

Art. L. 183-2 Les dispositions de l'article L. 183-1 ne peuvent faire obstacle aux dispositions d'ordre public de la loi française applicables quelle que soit la loi régissant le contrat.

Toutefois, le juge peut donner effet sur le territoire de la République française aux dispositions d'ordre public de la loi de l'État membre de l'engagement si le droit de cet État prévoit que ces dispositions sont applicables quelle que soit la loi régissant le contrat.

II – Code civil

173 Adoption

Art. 348-3 Le consentement à l'adoption est donné devant un notaire français ou étranger, ou devant les agents diplomatiques ou consulaires français. Il peut également être reçu par le service de l'aide sociale à l'enfance lorsque l'enfant lui a été remis. — *Mod. par L. n° 2010-1609 du 22 déc. 2010, art. 28.*

Le consentement à l'adoption peut être rétracté pendant *(L. n° 96-604 du 5 juill. 1996)* «deux mois». La rétractation doit être faite par lettre recommandée avec demande d'avis de réception adressée à la personne ou au service qui a reçu le consentement à l'adoption. La remise de l'enfant à ses parents sur demande même verbale vaut également preuve de la rétractation.

Si à l'expiration du délai de *(L. n° 96-604 du 5 juill. 1996)* «deux mois» le consentement n'a pas été rétracté, les parents peuvent encore demander la restitution de l'enfant à condition que celui-ci n'ait pas été placé en vue de l'adoption. Si la personne qui l'a recueilli refuse de le rendre, les parents peuvent saisir le tribunal qui apprécie, compte tenu de l'intérêt de l'enfant, s'il y a lieu d'en ordonner la restitution. La restitution rend caduc le consentement à l'adoption.

Art. 353-1 *(L. n° 96-604 du 5 juill. 1996)* Dans le cas d'adoption d'un pupille de l'État *(L. n° 2002-93 du 22 janv. 2002, art. 15)* «, d'un enfant remis à un organisme autorisé pour l'adoption» ou d'un enfant étranger qui n'est pas l'enfant du conjoint de l'adoptant, le tribunal vérifie avant de prononcer l'adoption que le ou les requérants ont obtenu l'agrément pour adopter ou en étaient dispensés.

Si l'agrément a été refusé ou s'il n'a pas été délivré dans le délai légal, le tribunal peut prononcer l'adoption s'il estime que les requérants sont aptes à accueillir l'enfant et que celle-ci est conforme à son intérêt.

Aux termes de la loi n° 96-604 du 5 juill. 1996, art. 11-II, l'ancien art. 353-1 C. civ. est devenu le nouvel art. 353-2.

Art. 370-3 Les conditions de l'adoption sont soumises à la loi nationale de l'adoptant ou, en cas d'adoption par deux époux, par la loi qui régit les effets de leur union. L'adoption ne peut toutefois être prononcée si la loi nationale de l'un et l'autre époux la prohibe.

L'adoption d'un mineur étranger ne peut être prononcée si sa loi personnelle prohibe cette institution, sauf si ce mineur est né et réside habituellement en France.

Quelle que soit la loi applicable, l'adoption requiert le consentement du représentant légal de l'enfant. Le consentement doit être libre, obtenu sans aucune contrepartie, après la naissance de l'enfant et éclairé sur les conséquences de l'adoption, en particulier, s'il est donné en vue d'une adoption plénière, sur le caractère complet et irrévocable de la rupture du lien de filiation préexistant.

Art. 370-4 Les effets de l'adoption prononcée en France sont ceux de la loi française.

Art. 370-5 L'adoption régulièrement prononcée à l'étranger produit en France les effets de l'adoption plénière si elle rompt de manière complète et irrévocable le lien de filiation préexistant. A défaut, elle produit les effets de l'adoption simple. Elle peut être convertie en adoption plénière si les consentements requis ont été donnés expressément en connaissance de cause.

174 Capacité

Art. 3 Les lois de police et de sûreté obligent tous ceux qui habitent le territoire.

Les immeubles, même ceux possédés par des étrangers, sont régis par la loi française.

Les lois concernant l'état et la capacité des personnes régissent les Français, même résidant en pays étrangers.

175 Compétence judiciaire

Art. 14 L'étranger, même non résidant en France, pourra être cité devant les tribunaux français, pour l'exécution des obligations par lui contractées en France avec un Français; il pourra être traduit devant les tribunaux de France, pour les obligations par lui contractées en pays étranger envers des Français.

Art. 15 Un Français pourra être traduit devant un tribunal de France, pour des obligations par lui contractées en pays étranger, même avec un étranger.

176 Convention d'arbitrage

Art. 2059 *(L. nº 72-626 du 5 juill. 1972)* Toutes personnes peuvent compromettre sur les droits dont elles ont la libre disposition.

Art. 2060 *(L. nº 72-626 du 5 juill. 1972)* On ne peut compromettre sur les questions d'état et de capacité des personnes, sur celles relatives au divorce et à la séparation de corps ou sur les contestations intéressant les collectivités publiques et les établissements publics et plus généralement dans toutes les matières qui intéressent l'ordre public.

(L. nº 75-596 du 9 juill. 1975) «Toutefois, des catégories d'établissements publics à caractère industriel et commercial peuvent être autorisées par décret à compromettre.»

Art. 2061 *(L. nº 2016-1547 du 18 nov. 2016, art. 11)* La clause compromissoire doit avoir été acceptée par la partie à laquelle on l'oppose, à moins que celle-ci n'ait succédé aux droits et obligations de la partie qui l'a initialement acceptée.

Lorsque l'une des parties n'a pas contracté dans le cadre de son activité professionnelle, la clause ne peut lui être opposée.

177 Divorce

Art. 309 Le divorce et la séparation de corps sont régis par la loi française :

— lorsque l'un et l'autre époux sont de nationalité française;

— lorsque les époux ont, l'un et l'autre, leur domicile sur le territoire français;

— lorsque aucune loi étrangère ne se reconnaît compétence, alors que les tribunaux français sont compétents pour connaître du divorce ou de la séparation de corps.

178 Domicile

Art. 102 Le domicile de tout Français, quant à l'exercice de ses droits civils, est au lieu où il a son principal établissement.

Les bateliers et autres personnes vivant à bord d'un bateau de navigation intérieure immatriculé en France, qui n'ont pas le domicile prévu à l'alinéa précédent ou un domicile légal, sont tenus de choisir un domicile dans l'une des communes dont le nom figure sur une liste établie par arrêté du garde des Sceaux, ministre de la Justice, du ministre de l'Intérieur et du ministre des Travaux publics, des transports et du tourisme. Toutefois, les bateliers salariés et les personnes vivant à bord avec eux peuvent se domicilier dans une autre commune à condition que l'entreprise qui exploite le bateau y ait son siège ou un établissement; dans ce cas, le domicile est fixé dans les bureaux de cette entreprise; à défaut de choix par eux exercé, ces bateliers et personnes ont leur domicile au siège de l'entreprise qui exploite le bateau et, si ce siège est à l'étranger, au bureau d'affrètement de Paris.

Art. 103 Le changement de domicile s'opérera par le fait d'une habitation réelle dans un autre lieu, joint à l'intention d'y fixer son principal établissement.

Art. 104 La preuve de l'intention résultera d'une déclaration expresse, faite tant à la municipalité du lieu que l'on quittera, qu'à celle du lieu où on aura transféré son domicile.

Art. 105 A défaut de déclaration expresse, la preuve de l'intention dépendra des circonstances.

Art. 108 *(L. n° 75-617 du 11 juill. 1975)* Le mari et la femme peuvent avoir un domicile distinct sans qu'il soit pour autant porté atteinte aux règles relatives à la communauté de la vie.

Toute notification faite à un époux, même séparé de corps, en matière d'état et de capacité des personnes, doit également être adressée à son conjoint, sous peine de nullité.

Art. 108-1 *(L. n° 75-617 du 11 juill. 1975)* La résidence séparée des époux, au cours de la procédure de divorce ou de séparation de corps, entraîne de plein droit domicile distinct.

Art. 108-2 *(L. n° 75-617 du 11 juill. 1975)* Le mineur non émancipé est domicilié chez ses père et mère.

Si les père et mère ont des domiciles distincts, il est domicilié chez celui des parents avec lequel il réside.

Art. 108-3 *(L. n° 75-617 du 11 juill. 1975)* Le majeur en tutelle est domicilié chez son tuteur.

Art. 111 Lorsqu'un acte contiendra, de la part des parties ou de l'une d'elles, élection de domicile pour l'exécution de ce même acte dans un autre lieu que celui du domicile réel, les significations, demandes et poursuites relatives à cet acte, pourront être faites au domicile convenu, *(Décr. n° 75-1122 du 5 déc. 1975)* «et, sous réserve des dispositions de l'article 48 du code de procédure civile, devant le juge de ce domicile».

179 État civil

Art. 47 *(L. n° 2003-1119 du 26 nov. 2003)* Tout acte de l'état civil des Français et des étrangers fait en pays étranger et rédigé dans les formes usitées dans ce pays fait foi, sauf si d'autres actes ou pièces détenus, des données extérieures ou des éléments tirés de l'acte lui-même établissent *(L. nº 2006-1376 du 14 nov. 2006, art. 7)* «, le cas échéant après toutes vérifications utiles,» que cet acte est irrégulier, falsifié ou que les faits qui y sont déclarés ne correspondent pas à la réalité.

Art. 48 *(L. nº 93-22 du 8 janv. 1993)* «Tout acte de l'état civil des Français en pays étranger sera valable s'il a été reçu, conformément aux lois françaises, par les agents diplomatiques ou consulaires.»

(L. nº 2016-1547 du 18 nov. 2016, art. 51) «La conservation des données de l'état civil est assurée par un traitement automatisé satisfaisant aux conditions prévues à l'article 40 et mis en œuvre par le ministère des affaires étrangères, qui peut en délivrer des copies et des extraits.»

Sur les attributions des agents diplomatiques et consulaires en matière d'état civil, V. Décr. nº 2008-521 du 2 juin 2008, ss. art. 54.

Art. 49 *(L. 10 mars 1932)* Dans tous les cas où la mention d'un acte relatif à l'état civil devra avoir lieu en marge d'un acte déjà dressé ou transcrit, elle sera faite d'office.

L'officier de l'état civil qui aura dressé ou transcrit l'acte donnant lieu à mention effectuera cette mention, dans les trois jours, sur les registres qu'il détient et, si le double du registre où la mention doit être effectuée se trouve au greffe, il adressera un avis au procureur de la République de son arrondissement.

Si l'acte en marge duquel doit être effectuée cette mention a été dressé ou transcrit dans une autre commune, l'avis sera adressé, dans le délai de trois jours, à l'officier de l'état civil de cette commune et celui-ci en avisera aussitôt, si le double du registre est au greffe, le procureur de la République de son arrondissement.

(L. nº 93-22 du 8 janv. 1993) «Si l'acte en marge duquel une mention devra être effectuée a été dressé ou transcrit à l'étranger, l'officier de l'état civil qui a dressé ou transcrit l'acte donnant lieu à mention en avisera, dans les trois jours, le ministre des affaires étrangères.»

(L. nº 2016-1547 du 18 nov. 2016, art. 51) «Les officiers de l'état civil des communes mentionnées au troisième alinéa de l'article 40 sont dispensés de l'envoi d'avis de mention au greffe.»

180 Filiation

Art. 16-7 Toute convention portant sur la procréation ou la gestation pour le compte d'autrui est nulle.

Art. 16-9 Les dispositions du présent chapitre sont d'ordre public.

Art. 311-14 *(L. nº 72-3 du 3 janv. 1972)* La filiation est régie par la loi personnelle de la mère au jour de la naissance de l'enfant; si la mère n'est pas connue, par la loi personnelle de l'enfant.

Art. 311-15 *(L. nº 72-3 du 3 janv. 1972)* Toutefois, si *(Ord. nº 2005-759 du 4 juill. 2005)* «l'enfant et ses père et mère ou l'un d'eux» ont en France leur résidence habituelle, commune ou séparée, la possession d'état produit toutes les conséquences qui en découlent selon la loi française, lors même que les autres éléments de la filiation auraient pu dépendre d'une loi étrangère.

Art. 311-17 *(L. nº 72-3 du 3 janv. 1972)* La reconnaissance volontaire de paternité ou de maternité est valable si elle a été faite en conformité, soit de la loi personnelle de son auteur, soit de la loi personnelle de l'enfant.

181 Mariage

Art. 63 *(L. 8 avr. 1927)* Avant la célébration du mariage, l'officier de l'état civil fera une publication par voie d'affiche apposée à la porte de la maison commune. Cette publication énoncera les prénoms, noms, professions, domiciles et résidences des futurs époux, ainsi que le lieu où le mariage devra être célébré.

(L. nº 2006-1376 du 14 nov. 2006, art. 1er, en vigueur le 1er mars 2007) «La publication prévue au premier alinéa ou, en cas de dispense de publication accordée conformément aux dispositions de l'article 169, la célébration du mariage est subordonnée :

«1° A la remise, pour chacun des futurs époux, des indications ou pièces suivantes :

«*Al. 4 abrogé par L. nº 2007-1787 du 20 déc. 2007, art. 8-I;*

«— les pièces exigées par les articles 70 ou 71;

«— la justification de l'identité au moyen d'une pièce délivrée par une autorité publique;

«— l'indication des prénoms, nom, date et lieu de naissance, profession et domicile des témoins, sauf lorsque le mariage doit être célébré par une autorité étrangère;

«2° A l'audition commune des futurs époux, sauf en cas d'impossibilité ou s'il apparaît, au vu des pièces fournies, que cette audition n'est pas nécessaire au regard des articles 146 et 180.

«L'officier de l'état civil, s'il l'estime nécessaire, demande à s'entretenir séparément avec l'un ou l'autre des futurs époux.

«L'audition du futur conjoint mineur se fait hors la présence de ses père et mère ou de son représentant légal et de son futur conjoint.

«L'officier de l'état civil peut déléguer à un ou plusieurs fonctionnaires titulaires du service de l'état civil de la commune la réalisation de l'audition commune ou des entretiens séparés. Lorsque l'un des futurs époux réside à l'étranger, l'officier de l'état civil peut demander à l'autorité diplomatique ou consulaire territorialement compétente de procéder à son audition.

«L'autorité diplomatique ou consulaire peut déléguer à un ou plusieurs fonctionnaires titulaires chargés de l'état civil ou, le cas échéant, aux fonctionnaires dirigeant une chancellerie détachée ou aux consuls honoraires de nationalité française compétents la réalisation de l'audition commune ou des entretiens séparés. Lorsque l'un des futurs époux réside dans un pays autre que celui de la célébration, l'autorité diplomatique ou consulaire peut demander à l'officier de l'état civil territorialement compétent de procéder à son audition.»

(Ord. nº 45-2720 du 2 nov. 1945) «L'officier de l'état civil qui ne se conformera pas aux prescriptions *(L. nº 2003-1119 du 26 nov. 2003)* «des alinéas précédents» sera poursuivi devant le tribunal de grande instance et puni d'une amende» *(L. nº 56-780 du 4 août 1956, art. 94; Ord. nº 2000-916 du 19 sept. 2000)* «comprise entre 3 € et 30 €».

Art. 74 *(L. du 21 juin 1907; L. nº 2013-404 du 17 mai 2013, art. 3)* Le mariage sera célébré, au choix des époux, dans la commune où l'un d'eux, ou l'un de leurs parents, aura son domicile ou sa résidence établie par un mois au moins d'habitation continue à la date de la publication prévue par la loi.

Art. 146 Il n'y a pas de mariage lorsqu'il n'y a point de consentement.

Art. 146-1 *(L. n° 93-1027 du 24 août 1993)* Le mariage d'un Français, même contracté à l'étranger, requiert sa présence.

Art. 171-1 *(L. n° 2006-1376 du 14 nov. 2006, art. 3, en vigueur le 1er mars 2007)* Le mariage contracté en pays étranger entre Français, ou entre un Français et un étranger, est valable s'il a été célébré dans les formes usitées dans le pays de célébration et pourvu que le ou les Français n'aient point contrevenu aux dispositions contenues au chapitre Ier du présent titre.

Il en est de même du mariage célébré par les autorités diplomatiques ou consulaires françaises, conformément aux lois françaises.

Toutefois, ces autorités ne peuvent procéder à la célébration du mariage entre un Français et un étranger que dans les pays qui sont désignés par décret.

Art. 171-2 *(L. n° 2006-1376 du 14 nov. 2006, art. 3, en vigueur le 1er mars 2007)* Lorsqu'il est célébré par une autorité étrangère, le mariage d'un Français doit être précédé de la délivrance d'un certificat de capacité à mariage établi après l'accomplissement, auprès de l'autorité diplomatique ou consulaire compétente au regard du lieu de célébration du mariage, des prescriptions prévues à l'article 63.

Sous réserve des dispenses prévues à l'article 169, la publication prévue à l'article 63 est également faite auprès de l'officier de l'état civil ou de l'autorité diplomatique ou consulaire du lieu où le futur époux français a son domicile ou sa résidence.

Art. 171-3 *(L. n° 2006-1376 du 14 nov. 2006, art. 3, en vigueur le 1er mars 2007)* A la demande de l'autorité diplomatique ou consulaire compétente au regard du lieu de célébration du mariage, l'audition des futurs époux prévue à l'article 63 est réalisée par l'officier de l'état civil du lieu du domicile ou de résidence en France du ou des futurs conjoints, ou par l'autorité diplomatique ou consulaire territorialement compétente en cas de domicile ou de résidence à l'étranger.

Art. 171-4 *(L. n° 2006-1376 du 14 nov. 2006, art. 3, en vigueur le 1er mars 2007)* Lorsque des indices sérieux laissent présumer que le mariage envisagé encourt la nullité au titre des articles 144, 146, 146-1, 147, 161, 162, 163, 180 ou 191, l'autorité diplomatique ou consulaire saisit sans délai le procureur de la République compétent et en informe les intéressés.

Le procureur de la République peut, dans le délai de deux mois à compter de la saisine, faire connaître par une décision motivée, à l'autorité diplomatique ou consulaire du lieu où la célébration du mariage est envisagée et aux intéressés, qu'il s'oppose à cette célébration.

La mainlevée de l'opposition peut être demandée, à tout moment, devant le tribunal de grande instance conformément aux dispositions des articles 177 et 178 par les futurs époux, même mineurs.

Art. 171-5 *(L. n° 2006-1376 du 14 nov. 2006, art. 3, en vigueur le 1er mars 2007)* Pour être opposable aux tiers en France, l'acte de mariage d'un Français célébré par une autorité étrangère doit être transcrit sur les registres de l'état civil français. En l'absence de transcription, le mariage d'un Français, valablement célébré par une autorité étrangère, produit ses effets civils en France à l'égard des époux et des enfants.

Les futurs époux sont informés des règles prévues au premier alinéa à l'occasion de la délivrance du certificat de capacité à mariage.

La demande de transcription est faite auprès de l'autorité consulaire ou diplomatique compétente au regard du lieu de célébration du mariage.

Art. 171-6 *(L. nº 2006-1376 du 14 nov. 2006, art. 3, en vigueur le 1er mars 2007)* Lorsque le mariage a été célébré malgré l'opposition du procureur de la République, l'officier de l'état civil consulaire ne peut transcrire l'acte de mariage étranger sur les registres de l'état civil français qu'après remise par les époux d'une décision de mainlevée judiciaire.

Art. 171-7 *(L. nº 2006-1376 du 14 nov. 2006, art. 3, en vigueur le 1er mars 2007)* Lorsque le mariage a été célébré en contravention aux dispositions de l'article 171-2, la transcription est précédée de l'audition des époux, ensemble ou séparément, par l'autorité diplomatique ou consulaire. Toutefois, si cette dernière dispose d'informations établissant que la validité du mariage n'est pas en cause au regard des articles 146 et 180, elle peut, par décision motivée, faire procéder à la transcription sans audition préalable des époux.

A la demande de l'autorité diplomatique ou consulaire compétente au regard du lieu de célébration du mariage, l'audition est réalisée par l'officier de l'état civil du lieu du domicile ou de résidence en France des époux, ou par l'autorité diplomatique ou consulaire territorialement compétente si les époux ont leur domicile ou résidence à l'étranger. La réalisation de l'audition peut être déléguée à un ou plusieurs fonctionnaires titulaires chargés de l'état civil ou, le cas échéant, aux fonctionnaires dirigeant une chancellerie détachée ou aux consuls honoraires de nationalité française compétents.

Lorsque des indices sérieux laissent présumer que le mariage célébré devant une autorité étrangère encourt la nullité au titre des articles 144, 146, 146-1, 147, 161, 162, 163, 180 ou 191, l'autorité diplomatique ou consulaire chargée de transcrire l'acte en informe immédiatement le ministère public et sursoit à la transcription.

Le procureur de la République se prononce sur la transcription dans les six mois à compter de sa saisine.

S'il ne s'est pas prononcé à l'échéance de ce délai ou s'il s'oppose à la transcription, les époux peuvent saisir le tribunal de grande instance pour qu'il soit statué sur la transcription du mariage. Le tribunal de grande instance statue dans le mois. En cas d'appel, la cour statue dans le même délai.

Dans le cas où le procureur de la République demande, dans le délai de six mois, la nullité du mariage, il ordonne que la transcription soit limitée à la seule fin de saisine du juge. Jusqu'à la décision de celui-ci, une expédition de l'acte transcrit ne peut être délivrée qu'aux autorités judiciaires ou avec l'autorisation du procureur de la République.

Art. 171-8 *(L. nº 2006-1376 du 14 nov. 2006, art. 3, en vigueur le 1er mars 2007)* Lorsque les formalités prévues à l'article 171-2 ont été respectées et que le mariage a été célébré dans les formes usitées dans le pays, il est procédé à sa transcription sur les registres de l'état civil à moins que des éléments nouveaux fondés sur des indices sérieux laissent présumer que le mariage encourt la nullité au titre des articles 144, 146, 146-1, 147, 161, 162, 163, 180 ou 191.

Dans ce dernier cas, l'autorité diplomatique ou consulaire, après avoir procédé à l'audition des époux, ensemble ou séparément, informe immédiatement le ministère public et sursoit à la transcription.

A la demande de l'autorité diplomatique ou consulaire compétente au regard du lieu de célébration du mariage, l'audition est réalisée par l'officier de l'état civil du lieu du domicile ou de résidence en France des époux, ou par l'autorité diplomatique ou consulaire territorialement compétente si les époux ont leur domicile ou résidence à l'étranger. La réalisation de l'audition peut être déléguée à un ou plusieurs fonctionnaires titulaires chargés de l'état civil ou, le cas échéant, aux fonctionnaires dirigeant une chancellerie détachée ou aux consuls honoraires de nationalité française compétents.

Le procureur de la République dispose d'un délai de six mois à compter de sa saisine pour demander la nullité du mariage. Dans ce cas, les dispositions du dernier alinéa de l'article 171-7 sont applicables.

Si le procureur de la République ne s'est pas prononcé dans le délai de six mois, l'autorité diplomatique ou consulaire transcrit l'acte. La transcription ne fait pas obstacle à la possibilité de poursuivre ultérieurement l'annulation du mariage en application des articles 180 et 184.

Art. 171-9 *(L. n° 2013-404 du 17 mai 2013, art. 6)* Par dérogation aux articles 74 et 165, lorsque les futurs époux de même sexe, dont l'un au moins a la nationalité française, ont leur domicile ou leur résidence dans un pays qui n'autorise pas le mariage entre deux personnes de même sexe et dans lequel les autorités diplomatiques et consulaires françaises ne peuvent procéder à sa célébration, le mariage est célébré publiquement par l'officier de l'état civil de la commune de naissance ou de dernière résidence de l'un des époux ou de la commune dans laquelle l'un de leurs parents a son domicile ou sa résidence établie dans les conditions prévues à l'article 74. A défaut, le mariage est célébré par l'officier de l'état civil de la commune de leur choix.

La compétence territoriale de l'officier de l'état civil de la commune choisie par les futurs époux résulte du dépôt par ceux-ci d'un dossier constitué à cette fin au moins un mois avant la publication prévue à l'article 63. L'officier de l'état civil peut demander à l'autorité diplomatique ou consulaire territorialement compétente de procéder à l'audition prévue à ce même article 63.

Art. 180, al. 1er *(L. n° 2006-399 du 4 avr. 2006, art. 5)* Le mariage qui a été contracté sans le consentement libre des deux époux, ou de l'un d'eux, ne peut être attaqué que par les époux, ou par celui des deux dont le consentement n'a pas été libre, ou par le ministère public. L'exercice d'une contrainte sur les époux ou l'un d'eux, y compris par crainte révérencielle envers un ascendant, constitue un cas de nullité du mariage.

Art. 202-1 *(L. n° 2013-404 du 17 mai 2013, art. 1er)* Les qualités et conditions requises pour pouvoir contracter mariage sont régies, pour chacun des époux, par sa loi personnelle. *(L. n° 2014-873 du 4 août 2014, art. 55)* «Quelle que soit la loi personnelle applicable, le mariage requiert le consentement des époux, au sens de l'article 146 et du premier alinéa de l'article 180.»

Deux personnes de même sexe peuvent contracter mariage lorsque, pour au moins l'une d'elles, soit sa loi personnelle, soit la loi de l'État sur le territoire duquel elle a son domicile ou sa résidence le permet.

Art. 202-2 *(L. n° 2013-404 du 17 mai 2013, art. 1er)* Le mariage est valablement célébré s'il l'a été conformément aux formalités prévues par la loi de l'État sur le territoire duquel la célébration a eu lieu.

182 Nom

Art. 61-3-1 *(L. n° 2016-1547 du 18 nov. 2016, art. 57-I-1)* Toute personne qui justifie d'un nom inscrit sur le registre de l'état civil d'un autre État peut demander à l'officier de l'état civil dépositaire de son acte de naissance établi en France son changement de nom en vue de porter le nom acquis dans cet autre État. Lorsque la personne est mineure, la déclaration est effectuée conjointement par les deux parents exerçant l'autorité parentale ou par le parent exerçant seul l'autorité parentale, avec son consentement personnel si elle a plus de treize ans.

Le changement de nom est autorisé par l'officier de l'état civil, qui le consigne dans le registre de naissance en cours.

En cas de difficultés, l'officier de l'état civil saisit le procureur de la République, qui peut s'opposer à la demande. En ce cas, l'intéressé en est avisé.

Saisi dans les mêmes conditions, le procureur de la République du lieu de naissance peut ordonner lui-même le changement de nom.

Le changement de nom acquis dans les conditions fixées aux quatre premiers alinéas s'étend de plein droit aux enfants du bénéficiaire lorsqu'ils ont moins de treize ans.

Art. 61-4 *(L. n° 93-22 du 8 janv. 1993)* Mention des décisions de changement de prénoms et de nom est portée en marge des actes de l'état civil de l'intéressé et, le cas échéant, de ceux de son conjoint *(L. n° 2016-1547 du 18 nov. 2016, art. 57-I-2)* «, de son partenaire lié par un pacte civil de solidarité» et de ses enfants.

(L. n° 2016-1547 du 18 nov. 2016, art. 57-I-2) «De même, les décisions de changement de prénoms et de nom régulièrement acquises à l'étranger sont portées en marge des actes de l'état civil sur instructions du procureur de la République.»

Les dispositions des articles 100 et 101 sont applicables aux modifications de prénoms et de nom.

Art. 311-21 *(L. n° 2002-304 du 4 mars 2002; L. n° 2003-516 du 18 juin 2003)* Lorsque la filiation d'un enfant est établie à l'égard de ses deux parents au plus tard le jour de la déclaration de sa naissance ou par la suite mais simultanément, ces derniers choisissent le nom de famille qui lui est dévolu : soit le nom du père, soit le nom de la mère, soit leurs deux noms accolés dans l'ordre choisi par eux dans la limite d'un nom de famille pour chacun d'eux. En l'absence de déclaration conjointe à l'officier de l'état civil mentionnant le choix du nom de l'enfant, celui-ci prend le nom de celui de ses parents à l'égard duquel sa filiation est établie en premier lieu et le nom de son père si sa filiation est établie simultanément à l'égard de l'un et de l'autre. *(L. n° 2013-404 du 17 mai 2013, art. 11)* «En cas de désaccord entre les parents, signalé par l'un d'eux à l'officier de l'état civil, au plus tard au jour de la déclaration de naissance ou après la naissance, lors de l'établissement simultané de la filiation, l'enfant prend leurs deux noms, dans la limite du premier nom de famille pour chacun d'eux, accolés selon l'ordre alphabétique.»

En cas de naissance à l'étranger d'un enfant dont l'un au moins des parents est français, les parents qui n'ont pas usé de la faculté de choix du nom dans les conditions du précédent alinéa peuvent effectuer une telle déclaration lors de la demande de transcription de l'acte, au plus tard dans les trois ans de la naissance de l'enfant.

(Ord. n° 2005-759 du 4 juill. 2005) «Lorsqu'il a déjà été fait application du présent article *(L. n° 2013-404 du 17 mai 2013, art. 11)* «, du deuxième alinéa de l'article 311-23 ou de l'article 357» à l'égard d'un enfant commun, le nom précédemment dévolu ou choisi vaut pour les autres enfants communs.»

Lorsque les parents ou l'un d'entre eux portent un double nom de famille, ils peuvent, par une déclaration écrite conjointe, ne transmettre qu'un seul nom à leurs enfants.

Art. 311-24-1 *(L. n° 2016-1547 du 18 nov. 2016, art. 57-II)* En cas de naissance à l'étranger d'un enfant dont au moins l'un des parents est français, la transcription de l'acte de naissance de l'enfant doit retenir le nom de l'enfant tel qu'il résulte de l'acte de naissance étranger. Toutefois, au moment de la demande de transcription, les parents peuvent opter pour l'application de la loi française pour la détermination du nom de leur enfant, dans les conditions prévues à la présente section.

Art. 357-1 *(L. n° 2002-304 du 4 mars 2002; L. n° 2013-404 du 17 mai 2013, art. 11)* A l'exception de son dernier alinéa, l'article 357 est applicable à l'enfant qui a fait l'objet d'une adoption régulièrement prononcée à l'étranger ayant en France les effets de l'adoption plénière.

Les adoptants exercent l'option qui leur est ouverte par cet article lors de la demande de transcription du jugement d'adoption, par déclaration adressée au procureur de la République du lieu où cette transcription doit être opérée.

Lorsque les adoptants sollicitent l'*exequatur* du jugement d'adoption étranger, ils joignent la déclaration d'option à leur demande. Mention de cette déclaration est portée dans la décision.

La mention du nom choisi est opérée à la diligence du procureur de la République, dans l'acte de naissance de l'enfant.

Art. 363-1 *(L. n° 2002-304 du 4 mars 2002)* Les dispositions de l'article 363 sont applicables à l'enfant ayant fait l'objet d'une adoption régulièrement prononcée à l'étranger ayant en France les effets d'une adoption simple, lorsque l'acte de naissance de l'adopté est conservé par une autorité française.

Les adoptants exercent l'option qui leur est ouverte par cet article par déclaration adressée au procureur de la République du lieu où l'acte de naissance est conservé à l'occasion de la demande de mise à jour de celui-ci.

La mention du nom choisi est portée à la diligence du procureur de la République dans l'acte de naissance de l'enfant.

183 PACS

Art. 515-3 *(L. n° 2016-1547 du 18 nov. 2016, art. 48, en vigueur le 1er nov. 2017)* «Les personnes qui concluent un pacte civil de solidarité en font la déclaration conjointe devant l'officier de l'état civil de la commune dans laquelle elles fixent leur résidence commune ou, en cas d'empêchement grave à la fixation de celle-ci, devant l'officier de l'état civil de la commune où se trouve la résidence de l'une des parties.»

(L. n° 2009-1436 du 24 nov. 2009, art. 37) «En cas d'empêchement grave, *(L. n° 2016-1547 du 18 nov. 2016, art. 48, en vigueur le 1er nov. 2017)* «l'officier de

l'état civil» *(L. n° 2011-331 du 28 mars 2011, art. 12)* «se transporte» au domicile ou à la résidence de l'une des parties pour enregistrer le pacte civil de solidarité.»

(L. nº 2016-1547 du 18 nov. 2016, art. 48, en vigueur le 1er nov. 2017) «A peine d'irrecevabilité, les personnes qui concluent un pacte civil de solidarité produisent la convention passée entre elles à l'officier de l'état civil, qui la vise avant de la leur restituer.»

(L. nº 2016-1547 du 18 nov. 2016, art. 48, en vigueur le 1er nov. 2017) «L'officier de l'état civil *[ancienne rédaction : Le greffier]*» enregistre la déclaration et fait procéder aux formalités de publicité.

(L. nº 2011-331 du 28 mars 2011, art. 12) «Lorsque la convention de pacte civil de solidarité est passée par acte notarié, le notaire instrumentaire recueille la déclaration conjointe, procède à l'enregistrement du pacte et fait procéder aux formalités de publicité prévues à l'alinéa précédent.»

La convention par laquelle les partenaires modifient le pacte civil de solidarité est remise ou adressée *(L. nº 2016-1547 du 18 nov. 2016, art. 48, en vigueur le 1er nov. 2017)* «à l'officier de l'état civil» *(L. nº 2011-331 du 28 mars 2011, art. 12)* «ou au notaire» qui a reçu l'acte initial afin d'y être enregistrée.

A l'étranger, l'enregistrement de la déclaration conjointe d'un pacte liant deux partenaires dont l'un au moins est de nationalité française et les formalités prévues aux *(L. nº 2009-1436 du 24 nov. 2009, art. 37)* «troisième et cinquième» alinéas sont assurés par les agents diplomatiques et consulaires français ainsi que celles requises en cas de modification du pacte.

Art. 515-3-1 *(L. nº 2006-728 du 23 juin 2006)* Il est fait mention, en marge de l'acte de naissance de chaque partenaire, de la déclaration de pacte civil de solidarité, avec indication de l'identité de l'autre partenaire. Pour les personnes de nationalité étrangère nées à l'étranger, cette information est portée sur un registre tenu *(L. nº 2016-1547 du 18 nov. 2016, art. 48, en vigueur le 1er nov. 2017)* «au service central d'état civil du ministère des affaires étrangères». L'existence de conventions modificatives est soumise à la même publicité.

Le pacte civil de solidarité ne prend effet entre les parties qu'à compter de son enregistrement, qui lui confère date certaine. Il n'est opposable aux tiers qu'à compter du jour où les formalités de publicité sont accomplies. Il en va de même des conventions modificatives.

Art. 515-7 *(L. nº 2006-728 du 23 juin 2006; L. nº 2011-331 du 28 mars 2011, art. 12)* «Le pacte civil de solidarité se dissout par la mort de l'un des partenaires ou par le mariage des partenaires ou de l'un d'eux. En ce cas, la dissolution prend effet à la date de l'événement.

«*(L. nº 2016-1547 du 18 nov. 2016, art. 48, en vigueur le 1er nov. 2017)* «L'officier de l'état civil» du lieu d'enregistrement du pacte civil de solidarité ou le notaire instrumentaire qui a procédé à l'enregistrement du pacte, informé du mariage ou du décès par l'officier de l'état civil compétent, enregistre la dissolution et fait procéder aux formalités de publicité.

«Le pacte civil de solidarité se dissout également par déclaration conjointe des partenaires ou décision unilatérale de l'un d'eux.

«Les partenaires qui décident de mettre fin d'un commun accord au pacte civil de solidarité remettent ou adressent *(L. nº 2016-1547 du 18 nov. 2016, art. 48, en vigueur le 1er nov. 2017)* «à l'officier de l'état civil» du lieu de son enregistrement *(L. nº 2011-331 du 28 mars 2011, art. 12)* «ou au notaire instrumentaire qui a procédé à l'enregistrement du pacte» une déclaration conjointe à cette fin.

«Le partenaire qui décide de mettre fin au pacte civil de solidarité le fait signifier à l'autre. Une copie de cette signification est remise ou adressée *(L. n° 2016-1547 du 18 nov. 2016, art. 48, en vigueur le 1er nov. 2017)* «à l'officier de l'état civil» du lieu de son enregistrement ou au notaire instrumentaire qui a procédé à l'enregistrement du pacte.

«*(L. n° 2016-1547 du 18 nov. 2016, art. 48, en vigueur le 1er nov. 2017)* «L'officier de l'état civil» ou le notaire» enregistre la dissolution et fait procéder aux formalités de publicité.

«La dissolution du pacte civil de solidarité prend effet, dans les rapports entre les partenaires, à la date de son enregistrement.

«Elle est opposable aux tiers à partir du jour où les formalités de publicité ont été accomplies.

«A l'étranger, les fonctions confiées par le présent article *(L. n° 2016-1547 du 18 nov. 2016, art. 48, en vigueur le 1er nov. 2017)* «à l'officier de l'état civil» sont assurées par les agents diplomatiques et consulaires français, qui procèdent ou font procéder également aux formalités prévues au sixième alinéa.»

Les partenaires procèdent eux-mêmes à la liquidation des droits et obligations résultant pour eux du pacte civil de solidarité. A défaut d'accord, le juge statue sur les conséquences patrimoniales de la rupture, sans préjudice de la réparation du dommage éventuellement subi.

(L. n° 2006-728 du 23 juin 2006) «Sauf convention contraire, les créances dont les partenaires sont titulaires l'un envers l'autre sont évaluées selon les règles prévues à l'article 1469. Ces créances peuvent être compensées avec les avantages que leur titulaire a pu retirer de la vie commune, notamment en ne contribuant pas à hauteur de ses facultés aux dettes contractées pour les besoins de la vie courante.»

Art. 515-7-1 *(L. n° 2009-526 du 12 mai 2009, art. 1er)* Les conditions de formation et les effets d'un partenariat enregistré ainsi que les causes et les effets de sa dissolution sont soumis aux dispositions matérielles de l'État de l'autorité qui a procédé à son enregistrement.

184 Paiement

Art. 1343-3 *(L. n° 2018-287 du 20 avr. 2018, art. 14, en vigueur le 1er oct. 2018)* Le paiement, en France, d'une obligation de somme d'argent s'effectue en euros.

Toutefois, le paiement peut avoir lieu en une autre monnaie si l'obligation ainsi libellée procède d'une opération à caractère international ou d'un jugement étranger. Les parties peuvent convenir que le paiement aura lieu en devise s'il intervient entre professionnels, lorsque l'usage d'une monnaie étrangère est communément admis pour l'opération concernée.

185 Prescription

Art. 2221 *(L. n° 2008-561 du 17 juin 2008)* La prescription extinctive est soumise à la loi régissant le droit qu'elle affecte.

186 Protection des adultes

Art. 443 *(L. n° 2007-308 du 5 mars 2007, en vigueur le 1er janv. 2009)* La mesure prend fin, en l'absence de renouvellement, à l'expiration du délai fixé, en cas de jugement de mainlevée passé en force de chose jugée ou en cas de décès de l'intéressé.

Sans préjudice des articles 3 et 15, le juge peut également y mettre fin lorsque la personne protégée réside hors du territoire national, si cet éloignement empêche le suivi et le contrôle de la mesure.

187 Régime matrimonial

Art. 1397-2 *(L. n° 97-987 du 28 oct. 1997)* Lorsque les époux désignent la loi applicable à leur régime matrimonial en vertu de la convention sur la loi applicable aux régimes matrimoniaux, faite à La Haye le 14 mars 1978, il est fait application des dispositions des articles 1397-3 et 1397-4.

Art. 1397-3 *(L. n° 97-987 du 28 oct. 1997)* Lorsque la désignation de la loi applicable est faite avant le mariage, les futurs époux présentent à l'officier de l'état civil soit l'acte par lequel ils ont opéré cette désignation, soit un certificat délivré par la personne compétente pour établir cet acte. Le certificat énonce les noms et prénoms des futurs époux, le lieu où ils demeurent, la date de l'acte de désignation, ainsi que les nom, qualité et résidence de la personne qui l'a établi.

Lorsque la désignation de la loi applicable est faite au cours du mariage, les époux font procéder aux mesures de publicité relatives à la désignation de la loi applicable dans les conditions et formes prévues au code de procédure civile. S'ils ont passé un contrat de mariage, mention de la loi applicable ainsi désignée est portée sur la minute de celui-ci.

A l'occasion de la désignation de la loi applicable, avant le mariage ou au cours de celui-ci, les époux peuvent désigner la nature du régime matrimonial choisi par eux.

Dernier al. abrogé par Ord. n° 2005-428 du 6 mai 2005, art. 9.

Art. 1397-4 *(L. n° 97-987 du 28 oct. 1997)* Lorsque la désignation de la loi applicable est faite au cours du mariage, cette désignation prend effet entre les parties à compter de l'établissement de l'acte de désignation et, à l'égard des tiers, trois mois après que les formalités de publicité prévues à l'article 1397-3 auront été accomplies.

Toutefois, en l'absence d'accomplissement de ces formalités, la désignation de la loi applicable est opposable aux tiers si, dans les actes passés avec eux, les époux ont déclaré la loi applicable à leur régime matrimonial.

Art. 1397-5 *(L. n° 97-987 du 28 oct. 1997)* Lorsqu'un changement au régime matrimonial intervient par application d'une loi étrangère régissant les effets de l'union, les époux font procéder aux formalités de publicité prévues au code de procédure civile.

188 Successions

Art. 999 Un Français qui se trouvera en pays étranger, pourra faire ses dispositions testamentaires par acte sous signature privée, ainsi qu'il est prescrit en l'article 970, ou par acte authentique, avec les formes usitées dans le lieu où cet acte sera passé.

Art. 1000 Les testaments faits en pays étranger ne pourront être exécutés sur les biens situés en France, qu'après avoir été enregistrés au bureau du domicile du testateur, s'il en a conservé un, sinon au bureau de son dernier domicile connu en France ; et dans le cas où le testament contiendrait des dispositions d'immeubles qui y seraient situés, il devra être, en outre, enregistré au bureau de la situation de ces immeubles, sans qu'il puisse être exigé un double droit.

III – Code de commerce

189 Devoir de vigilance

Art. L. 225-102-4 *(L. n° 2017-399 du 27 mars 2017, art. 1er)* I. — Toute société qui emploie, à la clôture de deux exercices consécutifs, au moins cinq mille salariés en son sein et dans ses filiales directes ou indirectes dont le siège social est fixé sur le territoire français, ou au moins dix mille salariés en son sein et dans ses filiales directes ou indirectes dont le siège social est fixé sur le territoire français ou à l'étranger, établit et met en œuvre de manière effective un plan de vigilance.

Les filiales ou sociétés contrôlées qui dépassent les seuils mentionnés au premier alinéa sont réputées satisfaire aux obligations prévues au présent article dès lors que la société qui les contrôle, au sens de l'article L. 233-3, établit et met en œuvre un plan de vigilance relatif à l'activité de la société et de l'ensemble des filiales ou sociétés qu'elle contrôle.

Le plan comporte les mesures de vigilance raisonnable propres à identifier les risques et à prévenir les atteintes graves envers les droits humains et les libertés fondamentales, la santé et la sécurité des personnes ainsi que l'environnement, résultant des activités de la société et de celles des sociétés qu'elle contrôle au sens du II de l'article L. 233-16, directement ou indirectement, ainsi que des activités des sous-traitants ou fournisseurs avec lesquels est entretenue une relation commerciale établie, lorsque ces activités sont rattachées à cette relation.

Le plan a vocation à être élaboré en association avec les parties prenantes de la société, le cas échéant dans le cadre d'initiatives pluripartites au sein de filières ou à l'échelle territoriale. Il comprend les mesures suivantes :

1° Une cartographie des risques destinée à leur identification, leur analyse et leur hiérarchisation;

2° Des procédures d'évaluation régulière de la situation des filiales, des sous-traitants ou fournisseurs avec lesquels est entretenue une relation commerciale établie, au regard de la cartographie des risques;

3° Des actions adaptées d'atténuation des risques ou de prévention des atteintes graves;

4° Un mécanisme d'alerte et de recueil des signalements relatifs à l'existence ou à la réalisation des risques, établi en concertation avec les organisations syndicales représentatives dans ladite société;

5° Un dispositif de suivi des mesures mises en œuvre et d'évaluation de leur efficacité.

Le plan de vigilance et le compte rendu de sa mise en œuvre effective sont rendus publics et inclus dans le rapport *(Ord. n° 2017-1162 du 12 juill. 2017, art. 11-IV)* «de gestion mentionné au deuxième alinéa de l'article L. 225-100.»

Un décret en Conseil d'État peut compléter les mesures de vigilance prévues aux 1° à 5° du présent article. Il peut préciser les modalités d'élaboration et de mise en œuvre du plan de vigilance, le cas échéant dans le cadre d'initiatives pluripartites au sein de filières ou à l'échelle territoriale.

II. — Lorsqu'une société mise en demeure de respecter les obligations prévues au I n'y satisfait pas dans un délai de trois mois à compter de la mise en demeure, la juridiction compétente peut, à la demande de toute personne justifiant d'un intérêt à agir, lui enjoindre, le cas échéant sous astreinte, de les respecter.

Le président du tribunal, statuant en référé, peut être saisi aux mêmes fins.

Art. L. 225-102-5 *(L. n° 2017-399 du 27 mars 2017, art. 2)* Dans les conditions prévues aux articles 1240 et 1241 du code civil, le manquement aux obligations définies à l'article L. 225-102-4 du présent code engage la responsabilité de son auteur et l'oblige à réparer le préjudice que l'exécution de ces obligations aurait permis d'éviter.

L'action en responsabilité est introduite devant la juridiction compétente par toute personne justifiant d'un intérêt à agir à cette fin.

La juridiction peut ordonner la publication, la diffusion ou l'affichage de sa décision ou d'un extrait de celle-ci, selon les modalités qu'elle précise. Les frais sont supportés par la personne condamnée.

La juridiction peut ordonner l'exécution de sa décision sous astreinte.

190 De la société européenne

Art. L. 229-1 *(L. n° 2005-842 du 26 juill. 2005, art. 11-I)* Les sociétés européennes immatriculées en France au registre du commerce et des sociétés ont la personnalité juridique à compter de leur immatriculation.

La société européenne est régie par les dispositions du règlement (CE) n° 2157/2001 du Conseil, du 8 octobre 2001, relatif au statut de la société européenne, celles du présent chapitre et celles applicables aux sociétés anonymes non contraires à celles-ci.

La société européenne est soumise aux dispositions de l'article L. 210-3. Le siège statutaire et l'administration centrale de la société européenne ne peuvent être dissociés.

Art. L. 229-2 *(L. n° 2005-842 du 26 juill. 2005, art. 11-I)* Toute société européenne régulièrement immatriculée au registre du commerce et des sociétés peut transférer son siège dans un autre État membre *(L. n° 2008-649 du 3 juill. 2008, art. 12-II)* «de la Communauté européenne». Elle établit un projet de transfert. Ce projet est déposé au greffe du tribunal dans le ressort duquel la société est immatriculée et fait l'objet d'une publicité dont les modalités sont fixées par décret en Conseil d'État.

Le transfert de siège est décidé par l'assemblée générale extraordinaire dans les conditions prévues à l'article L. 225-96 et est soumis à la ratification des assemblées spéciales d'actionnaires mentionnées aux articles L. 225-99 et L. 228-35-6.

En cas d'opposition à l'opération, les actionnaires peuvent obtenir le rachat de leurs actions dans les conditions fixées par décret en Conseil d'État.

Le projet de transfert de siège est soumis aux assemblées spéciales des porteurs de certificats d'investissement statuant selon les règles de l'assemblée générale des actionnaires, à moins que la société n'acquière ces titres sur simple demande de leur part et que cette acquisition ait été acceptée par leur assemblée spéciale. L'offre d'acquisition est soumise à publicité dont les modalités sont fixées par décret en Conseil d'État. Tout porteur de certificats d'investissement qui n'a pas cédé ses titres dans le délai fixé par décret en Conseil d'État le demeure sous réserve d'un échange de ces certificats d'investissement et de droit de vote contre des actions.

Le projet de transfert est soumis à l'assemblée d'obligataires de la société, à moins que le remboursement des titres sur simple demande de leur part ne soit offert auxdits obligataires. L'offre de remboursement est soumise à publicité dont les modalités sont fixées par décret en Conseil d'État. Tout obligataire qui n'a pas demandé le remboursement dans le délai fixé par décret en Conseil d'État conserve sa qualité dans la société aux conditions fixées dans le projet de transfert.

Les créanciers non obligataires de la société transférant son siège et dont la créance est antérieure au transfert du siège peuvent former opposition à celui-ci dans le délai fixé par décret en Conseil d'État. Une décision de justice rejette l'opposition ou ordonne soit le remboursement des créances, soit la constitution de garanties si la société transférant son siège en offre et si elles sont jugées suffisantes. A défaut de remboursement des créances ou de constitution des garanties ordonnées, le transfert de siège est inopposable à ces créanciers. L'opposition formée par un créancier n'a pas pour effet d'interdire la poursuite des opérations de transfert. Les dispositions du présent alinéa ne mettent pas obstacle à l'application des conventions autorisant le créancier à exiger le remboursement immédiat de sa créance en cas de transfert de siège.

Un notaire délivre un certificat attestant de manière concluante l'accomplissement des actes et formalités préalables au transfert.

Art. L. 229-3 *(L. n° 2009-526 du 12 mai 2009, art. 46-I)* «I. — Dans un délai fixé par voie réglementaire, le greffier du tribunal dans le ressort duquel la société participant à l'opération est immatriculée délivre, après avoir procédé à la vérification prévue à l'article L. 236-6, une attestation de conformité des actes et des formalités préalables à la fusion.

«Un notaire ou le greffier du tribunal dans le ressort duquel la société issue de la fusion sera immatriculée contrôle, dans un délai fixé par voie réglementaire, la légalité de la réalisation de la fusion et de la constitution de la société nouvelle issue de la fusion.

«A cette fin, chaque société qui fusionne remet au notaire ou au greffier le certificat visé à l'article 25 du règlement (CE) n° 2157/2001 du Conseil du 8 octobre 2001 précité dans un délai de six mois à compter de sa délivrance ainsi qu'une copie du projet de fusion approuvé par la société.

«Le notaire ou le greffier contrôle en particulier que les sociétés qui fusionnent ont approuvé un projet de fusion dans les mêmes termes et que les modalités relatives à l'implication des salariés ont été fixées conformément aux chapitres Ier à III du titre V du livre II de la deuxième partie du code du travail.

«Il contrôle en outre que la constitution de la société européenne formée par fusion correspond aux conditions fixées par les dispositions législatives françaises.»

(L. n° 2005-842 du 26 juill. 2005, art. 11-I) «II. — Les causes de nullité de la délibération de l'une des assemblées qui ont décidé de l'opération de fusion conformément au droit applicable à la société anonyme ou les manquements au contrôle de légalité constituent une cause de dissolution de la société européenne.

«Lorsqu'il est possible de porter remède à l'irrégularité susceptible d'entraîner la dissolution, le tribunal saisi de l'action en dissolution d'une société européenne créée par fusion accorde un délai pour régulariser la situation.

«Les actions en dissolution de la société européenne se prescrivent par six mois à compter de la date de la dernière inscription au registre du commerce et des sociétés rendue nécessaire par l'opération.

«Lorsque la dissolution de la société européenne est prononcée, il est procédé à sa liquidation conformément aux dispositions des statuts et du chapitre VII du titre III du présent livre.

«Lorsqu'une décision judiciaire prononçant la dissolution d'une société européenne pour l'une des causes prévues au sixième alinéa du présent article est devenue définitive, cette décision fait l'objet d'une publicité dont les modalités sont fixées par décret en Conseil d'État.»

Art. L. 229-4 *(L. nº 2005-842 du 26 juill. 2005, art. 11-I)* L'autorité compétente pour s'opposer, conformément aux dispositions du 14 de l'article 8 et de l'article 19 du règlement (CE) nº 2157/2001 du Conseil, du 8 octobre 2001, précité, au transfert de siège social d'une société européenne immatriculée en France et dont résulterait un changement du droit applicable ainsi qu'à la constitution d'une société européenne par voie de fusion impliquant une société relevant du droit français, est le procureur de la République.

(L. nº 2008-649 du 3 juill. 2008, art. 12-I) «Il se saisit d'office ou est saisi par toute personne ou autorité qui estime qu'une telle opération est contraire à un intérêt public.

«La décision du procureur de la République est susceptible de recours devant la cour d'appel de Paris.»

Art. L. 229-5 *(L. nº 2005-842 du 26 juill. 2005, art. 11-I)* Les sociétés promouvant l'opération de constitution d'une société européenne holding établissent un projet commun de constitution de la société européenne.

Ce projet est déposé au greffe du tribunal dans le ressort duquel lesdites sociétés sont immatriculées et fait l'objet d'une publicité dont les modalités sont fixées par décret en Conseil d'État.

Un ou plusieurs commissaires à la constitution d'une société européenne holding, désignés par décision de justice, établissent sous leur responsabilité un rapport destiné aux actionnaires de chaque société dont les mentions sont précisées par décret en Conseil d'État.

Par accord entre les sociétés qui promeuvent l'opération, le ou les commissaires peuvent établir un rapport écrit pour les actionnaires de l'ensemble des sociétés.

Les dispositions des troisième et quatrième alinéas de l'article L. 236-9 et des articles L. 236-13 et L. 236-14 sont applicables en cas de constitution d'une société européenne holding.

Art. L. 229-6 *(L. nº 2005-842 du 26 juill. 2005, art. 11-I) (Ord. nº 2015-1127 du 10 sept. 2015, art. 1er)* «Par exception au second alinéa de l'article L. 225-1» une société européenne peut constituer une société européenne dont elle est le seul actionnaire. Elle est soumise aux dispositions applicables à la société européenne et à celles relatives à la société à responsabilité limitée à associé unique édictées par *(Ord. nº 2014-863 du 31 juill. 2014, art. 3-II)* «l'article» L. 223-31.

Dans cette hypothèse, l'actionnaire unique exerce les pouvoirs dévolus à l'assemblée générale.

En cas de société européenne unipersonnelle, les articles L. 225-25, L. 225-26, L. 225-72 et L. 225-73 ne s'appliquent pas aux administrateurs ou membres du conseil de surveillance de cette société.

Art. L. 229-7 *(L. nº 2005-842 du 26 juill. 2005, art. 11-I)* La direction et l'administration de la société européenne sont régies par les dispositions de la section II du chapitre V du présent titre, à l'exception du premier alinéa des articles L. 225-37 et L. 225-82 et du quatrième alinéa de l'article L. 225-64.

Toutefois, par exception à l'article L. 225-62, en cas de vacance au sein du directoire, un membre du conseil de surveillance peut être nommé par ce conseil pour exercer les fonctions de membre du directoire pour une durée maximale fixée par décret en Conseil d'État. Pendant cette durée, les fonctions de l'intéressé au sein du conseil de surveillance sont suspendues.

Les dispositions du premier alinéa de l'article L. 225-17, du deuxième alinéa de l'article L. 225-22, de l'article L. 225-69 et du deuxième alinéa de l'article L. 225-79 ne peuvent faire obstacle à la participation des travailleurs définie à l'article L. 439-25 du code du travail.

Chaque membre du conseil de surveillance peut se faire communiquer par le président du directoire les documents qu'il estime nécessaires à l'accomplissement de sa mission.

La société européenne est dirigée par un directoire composé de sept membres au plus.

Les statuts doivent prévoir des règles similaires à celles énoncées aux articles L. 225-38 à L. 225-42 et L. 225-86 à L. 225-90. Toutefois, lorsqu'il s'agit d'une société visée à l'article L. 229-6, la mention au registre des délibérations vaut approbation de la convention.

Art. L. 229-8 *(L. n° 2005-842 du 26 juill. 2005, art. 11-I)* Les assemblées générales de la société européenne sont soumises aux règles prescrites par la section III du chapitre V du présent titre dans la mesure où elles sont compatibles avec le règlement (CE) n° 2157/2001 du Conseil, du 8 octobre 2001, précité.

Art. L. 229-9 *(L. n° 2005-842 du 26 juill. 2005, art. 11-I)* Si la société européenne n'a plus son administration centrale en France, tout intéressé peut demander au tribunal la régularisation de la situation par le transfert du siège social ou le rétablissement de l'administration centrale au lieu du siège social en France, le cas échéant sous astreinte.

Le tribunal fixe une durée maximale pour cette régularisation.

A défaut de régularisation à l'issue de ce délai, le tribunal prononce la liquidation de la société dans les conditions prévues aux articles L. 237-1 à L. 237-31.

Ces décisions sont adressées par le greffe du tribunal au procureur de la République. Le juge indique dans sa décision que le jugement est transmis par le greffe.

En cas de constat de déplacement de l'administration centrale en France d'une société européenne immatriculée dans un autre État membre *(L. n° 2008-649 du 3 juill. 2008, art. 12-II)* «de la Communauté européenne», contrevenant à l'article 7 du règlement (CE) n° 2157/2001 du Conseil, du 8 octobre 2001, précité, le procureur de la République du tribunal de grande instance dans le ressort duquel l'administration centrale est installée doit informer sans délai l'État membre *(L. n° 2008-649 du 3 juill. 2008, art. 12-II)* «de la Communauté européenne» du siège statutaire.

En cas de constat de déplacement de l'administration centrale dans un autre État membre *(L. n° 2008-649 du 3 juill. 2008, art. 12-II)* «de la Communauté européenne» d'une société européenne immatriculée en France, contrevenant à l'article 7 du règlement (CE) n° 2157/2001 du Conseil du 8 octobre 2001, précité, les autorités de cet État membre *(L. n° 2008-649 du 3 juill. 2008, art. 12-II)* «de la Communauté européenne» doivent informer sans délai le procureur de la République du tribunal de grande instance dans le ressort duquel la société est immatriculée.

Art. L. 229-10 *(L. n° 2005-842 du 26 juill. 2005, art. 11-I)* Toute société européenne peut se transformer en société anonyme si, au moment de la transformation, elle est immatriculée depuis plus de deux ans et a fait approuver le bilan de ses deux premiers exercices.

La société établit un projet de transformation de la société en société anonyme. Ce projet est déposé au greffe du tribunal du siège de la société et fait l'objet d'une publicité dont les modalités sont fixées par décret en Conseil d'État.

Un ou plusieurs commissaires à la transformation désignés par décision de justice établissent sous leur responsabilité un rapport destiné aux actionnaires de la société se transformant attestant que les capitaux propres sont au moins équivalents au capital social. Ils sont soumis aux incompatibilités prévues à l'article *(L. n° 2016-1691 du 9 déc. 2016, art. 143-1°)* «L. 822-11-3».

La transformation en société anonyme est décidée selon les dispositions prévues aux articles L. 225-96 et L. 225-99.

Art. L. 229-11 *(L. n° 2005-842 du 26 juill. 2005, art. 11-I)* Les statuts d'une société européenne *(Ord. n° 2009-80 du 22 janv. 2009, art. 7-XVII, en vigueur le 1er avr. 2009)* «qui n'entend pas offrir au public ses actions» peuvent soumettre tout transfert d'actions à des restrictions à la libre négociabilité sans que ces restrictions ne puissent avoir pour effet de rendre ces actions inaliénables pour une durée excédant dix ans.

Toute cession réalisée en violation de ces clauses statutaires est nulle. Cette nullité est opposable au cessionnaire ou à ses ayants droit. Elle peut être régularisée par une décision prise à l'unanimité des actionnaires non parties au contrat ou à l'opération visant à transférer les actions.

Art. L. 229-12 *(L. n° 2005-842 du 26 juill. 2005, art. 11-I)* Dans les conditions qu'ils déterminent, les statuts d'une société européenne *(Ord. n° 2009-80 du 22 janv. 2009, art. 7-XVII, en vigueur le 1er avr. 2009)* «qui n'entend pas offrir au public ses actions» peuvent prévoir qu'un actionnaire peut être tenu de céder ses actions. Ils peuvent également prévoir la suspension des droits non pécuniaires de cet actionnaire tant que celui-ci n'a pas procédé à cette cession.

Art. L. 229-13 *(L. n° 2005-842 du 26 juill. 2005, art. 11-I)* Les statuts d'une société européenne *(Ord. n° 2009-80 du 22 janv. 2009, art. 7-XVII, en vigueur le 1er avr. 2009)* «qui n'entend pas offrir au public ses actions» peuvent prévoir que la société actionnaire dont le contrôle est modifié au sens de l'article L. 233-16 doit, dès cette modification, en informer la société européenne. Celle-ci peut décider, dans les conditions fixées par les statuts, de suspendre l'exercice des droits non pécuniaires de cet actionnaire et de l'exclure.

Les dispositions du premier alinéa peuvent s'appliquer, dans les mêmes conditions, à l'actionnaire qui a acquis cette qualité à la suite d'une opération de fusion, de scission ou de dissolution.

Art. L. 229-14 *(L. n° 2005-842 du 26 juill. 2005, art. 11-I)* Si les statuts ne précisent pas les modalités d'évaluation du prix de cession des actions lorsque la société européenne met en œuvre une clause introduite en application des articles L. 229-11 à L. 229-13, ce prix est fixé par accord entre les parties ou, à défaut, déterminé dans les conditions prévues à l'article 1843-4 du code civil. — *V. cet art., App., v° Sociétés commerciales.*

Lorsque les actions sont rachetées par la société européenne, celle-ci est tenue de les céder dans un délai de six mois ou de les annuler.

Art. L. 229-15 *(L. n° 2005-842 du 26 juill. 2005, art. 11-I)* Les clauses stipulées en application des articles L. 229-11 à L. 229-14 ne sont adoptées ou modifiées qu'à l'unanimité des actionnaires.

191 Fusions transfrontalières

Art. L. 236-25 *(L. n° 2008-649 du 3 juill. 2008, art. 1er)* Les sociétés anonymes, les sociétés en commandite par actions, les sociétés européennes immatriculées en France, les sociétés à responsabilité limitée et les sociétés par actions simplifiées peuvent participer, avec une ou plusieurs sociétés ressortissant du champ d'application du paragraphe 1 de l'article 2 de la directive 2005/56/CE du Parlement européen et du Conseil, du 26 octobre 2005, sur les fusions transfrontalières des sociétés de capitaux et immatriculées dans un ou plusieurs autres États membres de la Communauté européenne, à une opération de fusion dans les conditions prévues par les dispositions de la présente section ainsi que par celles non contraires des sections I à III du présent chapitre.

Art. L. 236-26 *(L. n° 2008-649 du 3 juill. 2008, art. 1er)* Par dérogation à l'article L. 236-1 et lorsque la législation d'au moins un des États membres de la Communauté européenne concernés par la fusion le permet, le traité de fusion peut prévoir, pour les opérations mentionnées à l'article L. 236-25, le versement en espèces d'une soulte supérieure à 10% de la valeur nominale ou, à défaut, du pair comptable, des titres, parts ou actions attribués.

Le pair comptable est défini comme la quote-part du capital social représentée par une action ou une part sociale.

Art. L. 236-27 *(L. n° 2008-649 du 3 juill. 2008, art. 1er)* L'organe de gestion, d'administration ou de direction de chacune des sociétés participant à l'opération établit un rapport écrit qui est mis à la disposition des associés.

En complément du respect des obligations prévues à l'article *(L. n° 2015-994 du 17 août 2015, art. 18-XV, en vigueur le 1er janv. 2016)* «L. 2323-33 *[L. 2312-8]*» du code du travail, le rapport mentionné au premier alinéa du présent article est mis à la disposition des délégués du personnel ou, à défaut, des salariés eux-mêmes, dans les conditions prévues par décret en Conseil d'État.

Sans préjudice du dernier alinéa de l'article L. 225-105, l'avis du comité d'entreprise *[comité social et économique]* consulté en application de l'article *(L. n° 2015-994 du 17 août 2015, art. 18-XV, en vigueur le 1er janv. 2016)* «L. 2323-33 *[L. 2312-8]*» du code du travail ou, à défaut, l'avis des délégués du personnel est, s'il est transmis dans des délais prévus par décret en Conseil d'État, annexé au rapport mentionné au premier alinéa du présent article.

Art. L. 236-28 *(L. n° 2008-649 du 3 juill. 2008, art. 1er)* Les associés qui décident la fusion peuvent subordonner la réalisation de celle-ci à leur approbation des modalités décidées pour la participation des salariés, au sens de l'article L. 2371-1 du code du travail, dans la société issue de la fusion transfrontalière.

Ils se prononcent, par une résolution spéciale, sur la possibilité de mise en œuvre de procédures d'analyse et de modification du rapport d'échange des titres ou d'indemnisation des associés minoritaires, lorsque cette possibilité est offerte aux associés de l'une des sociétés participant à la fusion par la législation qui lui est applicable. La décision prise en application de ces procédures lie la société issue de la fusion.

Art. L. 236-29 *(L. n° 2008-649 du 3 juill. 2008, art. 1er)* Dans un délai fixé par décret en Conseil d'État, le greffier du tribunal dans le ressort duquel la société participant à l'opération est immatriculée délivre, après avoir procédé à la vérification prévue à l'article L. 236-6, une attestation de conformité des actes et des formalités préalables à la fusion.

Ce certificat précise si une procédure d'analyse et de modification du rapport d'échange des titres ou d'indemnisation des associés minoritaires est en cours.

Art. L. 236-30 *(L. n° 2008-649 du 3 juill. 2008, art. 1er)* Un notaire ou le greffier du tribunal dans le ressort duquel la société issue de la fusion sera immatriculée contrôle, dans un délai fixé par décret en Conseil d'État, la légalité de la réalisation de la fusion et de la constitution de la société nouvelle issue de la fusion.

Il contrôle en particulier que les sociétés qui fusionnent ont approuvé un projet de fusion dans les mêmes termes et que les modalités relatives à la participation des salariés ont été fixées conformément au titre VII du livre III de la deuxième partie du code du travail.

Art. L. 236-31 *(L. n° 2008-649 du 3 juill. 2008, art. 1er)* La fusion transfrontalière prend effet :

1° En cas de création d'une société nouvelle, conformément à l'article L. 236-4;

2° En cas de transmission à une société existante, selon les prévisions du contrat, sans toutefois pouvoir être antérieure au contrôle de légalité, ni postérieure à la date de clôture de l'exercice en cours de la société bénéficiaire pendant lequel a été réalisé ce contrôle.

La nullité d'une fusion transfrontalière ne peut pas être prononcée après la prise d'effet de l'opération.

Art. L. 236-32 *(L. n° 2008-649 du 3 juill. 2008, art. 1er)* Lorsque l'une des sociétés participant à l'opération mentionnée à l'article L. 236-25 est soumise à un régime de participation des salariés, et que tel est également le cas de la société issue de la fusion, cette dernière adopte une forme juridique permettant l'exercice de cette participation.

192 Groupement européen d'intérêt économique

Art. L. 252-1 Les groupements européens d'intérêt économique immatriculés en France au registre du commerce et des sociétés ont la personnalité juridique dès leur immatriculation.

Art. L. 252-2 Les groupements européens d'intérêt économique ont un caractère civil ou commercial selon leur objet. L'immatriculation n'emporte pas présomption de commercialité d'un groupement.

Art. L. 252-3 Les droits des membres du groupement ne peuvent être représentés par des titres négociables.

Art. L. 252-4 Les décisions collégiales du groupement européen d'intérêt économique sont prises par l'assemblée des membres du groupement. Toutefois, les statuts peuvent stipuler que ces décisions, ou certaines d'entre elles, peuvent être prises sous forme de consultation écrite.

Art. L. 252-5 Le ou les gérants d'un groupement européen d'intérêt économique sont responsables, individuellement ou solidairement selon le cas, envers le groupement ou envers les tiers, soit des infractions aux dispositions législatives ou réglementaires applicables au groupement, soit des violations des statuts, soit de leurs fautes de gestion. Si plusieurs gérants ont coopéré aux mêmes faits, le tribunal détermine la part contributive de chacun dans la réparation du dommage.

Art. L. 252-6 Une personne morale peut être nommée gérant d'un groupement européen d'intérêt économique. Lors de sa nomination, elle est tenue de désigner un représentant permanent qui encourt les mêmes responsabilités civile et pénale que s'il était gérant en son nom propre, sans préjudice de la responsabilité solidaire de la personne morale qu'il représente.

Art. L. 252-7 Les dispositions du chapitre précédent applicables aux groupements d'intérêt économique de droit français relatives aux obligations comptables, au contrôle des comptes et à la liquidation sont applicables aux groupements européens d'intérêt économique.

Art. L. 252-8 Toute société ou association, tout groupement d'intérêt économique peut être transformé en un groupement européen d'intérêt économique sans donner lieu à dissolution ni à création d'une personne morale nouvelle.

Un groupement européen d'intérêt économique peut être transformé en un groupement d'intérêt économique de droit français ou une société en nom collectif, sans donner lieu à dissolution ni à création d'une personne morale nouvelle.

Art. L. 252-9 La nullité du groupement européen d'intérêt économique ainsi que des actes ou délibérations de celui-ci ne peut résulter que de la violation des dispositions impératives du règlement n° 2137-85 du 25 juillet 1985 du Conseil des Communautés européennes, ou des dispositions du présent chapitre ou de l'une des causes de nullité des contrats en général.

L'action en nullité est éteinte lorsque la cause de la nullité a cessé d'exister le jour où le tribunal statue sur le fond en première instance, sauf si cette nullité est fondée sur l'illicéité de l'objet du groupement.

Il est fait application des articles 1844-12 à 1844-17 du code civil.

Art. L. 252-10 Les groupements européens d'intérêt économique ne peuvent, à peine de nullité des contrats conclus ou des titres émis, *(Ord. n° 2009-80 du 22 janv. 2009, art. 8-VI, en vigueur le 1er avr. 2009)* «procéder à une offre au public de titres financiers».

Est puni d'un emprisonnement de deux ans et d'une amende de 300 000 € le fait, pour le ou les gérants d'un groupement européen d'intérêt économique ou le représentant permanent d'une personne morale gérant d'un groupement européen d'intérêt économique de *(Ord. n° 2009-80 du 22 janv. 2009, art. 8-VI, en vigueur le 1er avr. 2009)* «procéder à une offre au public de titres financiers».

Art. L. 252-11 *(L. n° 2012-387 du 22 mars 2012, art. 22-II)* L'utilisation dans les rapports avec les tiers de tous actes, lettres, notes et documents similaires ne comportant pas les mentions relatives au groupement européen d'intérêt économique prescrites à l'article 25 du règlement (CEE) n° 2137/85 du Conseil du 25 juillet 1985 relatif à l'institution d'un groupement européen d'intérêt économique (GEIE) peut faire l'objet d'une injonction, le cas échéant sous astreinte, dans les conditions prévues à l'article L. 238-3.

Art. L. 252-12 *(L. n° 2012-387 du 22 mars 2012, art. 22-II)* L'appellation : « groupement européen d'intérêt économique »et le sigle : « GEIE »ne peuvent être utilisés que par les groupements soumis au règlement (CEE) n° 2137/85 du Conseil du 25 juillet 1985 précité. Le ministère public ou toute personne intéressée peut demander au président du tribunal compétent statuant en référé d'interdire, le cas échéant sous astreinte, l'emploi illicite de cette appellation.

Le président du tribunal peut, en outre, ordonner la publication de la décision, son affichage dans les lieux qu'il désigne, son insertion intégrale ou par extraits dans les journaux et sa diffusion par un ou plusieurs services de communication au public en ligne qu'il indique, le tout aux frais des dirigeants du groupement ayant illégalement utilisé cette appellation ou ce sigle.

193 Procédures d'Insolvabilité relevant du règlement (UE) n° 2015/848

Art. L. 690-1 *(Ord. n° 2017-1519 du 2 nov. 2017, art. 2)* Le tribunal saisi d'une demande d'ouverture d'une procédure d'insolvabilité à l'égard d'un débiteur peut ouvrir, selon le cas, une procédure d'insolvabilité principale ou une procédure d'insolvabilité territoriale ou secondaire.

Art. L. 691-1 *(Ord. n° 2017-1519 du 2 nov. 2017, art. 2)* Sans préjudice des voies de recours qui leur sont ouvertes par ailleurs, le ministère public, par la voie de l'appel, et tout créancier, par la voie de l'appel ou de la tierce opposition, selon le cas, peuvent contester la décision d'ouverture de la procédure d'insolvabilité principale pour un motif de compétence internationale.

Art. L. 691-2 *(Ord. n° 2017-1519 du 2 nov. 2017, art. 2)* Le juge-commissaire autorise le mandataire de justice désigné dans la procédure d'insolvabilité principale ouverte par un tribunal situé sur le territoire national à prendre, en application de l'article 36 du règlement (UE) n° 2015/848 précité, un engagement envers les créanciers locaux d'un établissement du débiteur situé sur le territoire d'un autre État membre.

Art. L. 691-3 *(Ord. n° 2017-1519 du 2 nov. 2017, art. 2)* Le tribunal statue sur les contestations élevées ou les demandes présentées, conformément aux paragraphes 7 ou 8 de l'article 36 du règlement (UE) n° 2015/848 précité, par les créanciers locaux d'un établissement du débiteur situé sur le territoire d'un autre État membre pour obtenir le respect de l'engagement pris par le mandataire de justice ou sa conformité à la loi applicable ou pour obtenir à ces fins toute mesure adéquate.

Le jugement peut faire l'objet d'un appel de la part du mandataire de justice, du débiteur non dessaisi, du créancier local demandeur ou du ministère public.

Art. L. 691-4 *(Ord. n° 2017-1519 du 2 nov. 2017, art. 2)* Un décret en Conseil d'État précise les conditions d'application du présent chapitre.

Art. L. 692-1 *(Ord. n° 2017-1519 du 2 nov. 2017, art. 2)* Outre les personnes mentionnées respectivement à l'article L. 631-4 et aux premier et deuxième alinéas de l'article L. 631-5 ou à l'article L. 640-4 et aux premier et deuxième alinéas de l'article

L. 640-5, le praticien de l'insolvabilité de la procédure d'insolvabilité principale ouverte sur le territoire d'un autre État membre peut demander l'ouverture d'une procédure d'insolvabilité secondaire de redressement judiciaire ou de liquidation judiciaire à l'égard du débiteur qui possède un établissement situé sur le territoire français. L'ouverture d'une procédure d'insolvabilité secondaire de sauvegarde peut être demandée par le débiteur.

Le tribunal qui prononce l'ouverture de la procédure d'insolvabilité secondaire fixe la date de cessation des paiements selon les conditions prévues à l'article L. 631-8 et au IV de l'article L. 641-1.

Art. L. 692-2 *(Ord. n° 2017-1519 du 2 nov. 2017, art. 2)* I. — Le tribunal saisi d'une demande d'ouverture d'une procédure d'insolvabilité secondaire rejette la demande lorsque le praticien de l'insolvabilité de la procédure d'insolvabilité principale ou le débiteur non dessaisi, entendu ou dûment convoqué, justifie avoir pris un engagement conformément aux dispositions des articles L. 692-7 et L. 692-8.

II. — Le tribunal qui suspend l'ouverture d'une procédure d'insolvabilité secondaire dans les conditions du paragraphe 3 de l'article 38 du règlement (UE) n° 2015/848 précité, peut ordonner, d'office ou à la demande du praticien de l'insolvabilité de la procédure principale ou du débiteur non dessaisi, de tout créancier local ou du ministère public, toute mesure provisoire ou conservatoire afin de protéger les intérêts des créanciers locaux.

Art. L. 692-3 *(Ord. n° 2017-1519 du 2 nov. 2017, art. 2)* Le jugement d'ouverture d'une procédure d'insolvabilité secondaire est susceptible d'appel ou de tierce-opposition *[tierce opposition]* de la part du praticien de l'insolvabilité de la procédure d'insolvabilité principale si celui-ci estime que le tribunal n'a pas respecté les dispositions de l'article 38 du règlement (UE) n° 2015/848 précité.

Art. L. 692-4 *(Ord. n° 2017-1519 du 2 nov. 2017, art. 2)* Aux fins d'application de l'article 46 du règlement (UE) n° 2015/848 précité, le tribunal ou le juge-commissaire qui, après avoir recueilli l'avis du ministère public, accueille la demande de suspension, en tout ou en partie, de la procédure de réalisation des actifs du débiteur situés sur le territoire national, peut ordonner toute mesure provisoire ou conservatoire de nature à garantir les intérêts des créanciers locaux. Il en est de même si, saisi dans les mêmes conditions, il prolonge ou renouvelle la suspension prononcée.

Les décisions statuant sur les demandes de suspension, de prolongation, de renouvellement et de levée de la suspension de la procédure de réalisation des actifs sont susceptibles d'appel par les mandataires de justice, le ministère public, le débiteur non dessaisi et le praticien de l'insolvabilité désigné dans la procédure d'insolvabilité principale.

La réalisation des actifs ne peut intervenir pendant le délai dont dispose le praticien de l'insolvabilité de la procédure d'insolvabilité principale pour saisir le tribunal de sa demande de suspension ou tant que cette demande n'a pas été définitivement rejetée ou que la suspension n'est pas définitivement levée.

Art. L. 692-5 *(Ord. n° 2017-1519 du 2 nov. 2017, art. 2)* I. — Le praticien de l'insolvabilité de la procédure d'insolvabilité principale peut proposer dans la procédure d'insolvabilité secondaire un projet de plan de sauvegarde ou de redressement élaboré selon les dispositions de l'article L. 626-2.

II. — Le contenu et les modalités de présentation du projet de plan proposé par le praticien de l'insolvabilité de la procédure d'insolvabilité principale sont ceux relatifs au projet de plan présenté par un créancier conformément aux dispositions de l'article L. 626-30-2 si le débiteur entre dans le champ d'application de l'article L. 626-29.

III. — Si tel n'est pas le cas, le praticien de l'insolvabilité de la procédure d'insolvabilité principale communique au mandataire judiciaire et au juge-commissaire les propositions de règlement du passif prévues à l'article L. 626-5 et procède aux informations, consultations et communications prévues à l'article L. 626-8.

Les dispositions des articles L. 626-2-1, L. 626-6 et L. 626-7 sont applicables. L'état mentionné à l'article L. 626-7 est également adressé au praticien de l'insolvabilité de la procédure d'insolvabilité principale.

Le tribunal statue, au vu du rapport du juge-commissaire, sur le projet de plan proposé par le praticien de l'insolvabilité de la procédure d'insolvabilité principale, dans les conditions prévues par l'article L. 626-9, ce praticien entendu ou dûment convoqué.

Art. L. 692-6 *(Ord. nº 2017-1519 du 2 nov. 2017, art. 2)* Le juge-commissaire constate par ordonnance l'accord des créanciers mentionné au paragraphe 2 de l'article 47 du règlement (UE) nº 2015/848 précité.

Art. L. 692-7 *(Ord. nº 2017-1519 du 2 nov. 2017, art. 2)* Le praticien de l'insolvabilité de la procédure d'insolvabilité principale qui se propose de prendre un engagement en application de l'article 36 du règlement (UE) nº 2015/848 précité recueille l'accord de tous les créanciers locaux concernés par cet engagement, y compris les institutions de garantie mentionnées à l'article L. 3253-14 du code du travail. A cette occasion, il informe chaque créancier concerné des caractéristiques de sa créance.

Le praticien de l'insolvabilité communique l'engagement au comité d'entreprise de l'établissement ou, à défaut, aux délégués du personnel.

Le défaut de réponse des salariés et des créanciers publics dans le délai de soixante jours à compter de la réception de la proposition d'engagement vaut refus de l'engagement. Le défaut de réponse des autres créanciers locaux dont les droits sont affectés, dans ce même délai, vaut approbation de l'engagement.

Art. L. 692-8 *(Ord. nº 2017-1519 du 2 nov. 2017, art. 2)* I. — Le praticien de l'insolvabilité de la procédure d'insolvabilité principale saisit par requête le président du tribunal de commerce spécialement désigné ou du tribunal de grande instance compétent dans le ressort duquel est situé l'établissement aux fins de vérifier les conditions d'approbation de l'engagement.

L'engagement ne peut être exécuté qu'au visa de l'ordonnance rendue par le président.

II. — L'ouverture d'une procédure d'insolvabilité secondaire ne peut plus être demandée à l'expiration du délai de trente jours à compter de la notification de l'ordonnance.

Art. L. 692-9 *(Ord. nº 2017-1519 du 2 nov. 2017, art. 2)* Le jugement qui statue sur les demandes des créanciers locaux tendant, sur le fondement du paragraphe 9 de l'article 36 du règlement (UE) nº 2015/848 précité, à ce que soient prises des mesures provisoires ou conservatoires en vue d'assurer le respect des termes de l'engagement par le praticien de l'insolvabilité de la procédure d'insolvabilité principale peut faire l'objet d'un appel de la part de ce praticien, du débiteur non dessaisi, du créancier local demandeur et du ministère public. Le cas échéant, le praticien de l'insolvabilité de la procédure d'insolvabilité principale peut former tierce opposition.

Art. L. 692-10 *(Ord. nº 2017-1519 du 2 nov. 2017, art. 2)* I. — La compétence du tribunal mentionné au paragraphe 2 de l'article 13 du règlement (UE) nº 2015/848 précité est déterminée en application du 2º de l'article L. 721-8 si le débiteur exerce une activité commerciale ou artisanale. Le tribunal de grande instance sur le ressort duquel est situé l'établissement est compétent dans les autres cas.

II. — Si le débiteur est en état de cessation des paiements et si la procédure d'insolvabilité principale le concernant est une procédure analogue au redressement judiciaire, les règles applicables à l'approbation des licenciements sont celles prévues à l'article L. 631-17. Si le débiteur est en état de cessation des paiements et si la procédure d'insolvabilité principale le concernant est une procédure analogue à la liquidation judiciaire avec maintien de l'activité, l'article L. 641-10 est applicable.

Le tribunal ou, le cas échéant, le juge désigné par celui-ci exerce les missions confiées par les articles précités au juge-commissaire.

Le jugement de la juridiction compétente en application du I du présent article, qui statue sur la résiliation des contrats de travail découlant de la procédure d'insolvabilité principale est susceptible d'appel de la part du débiteur non dessaisi, du praticien de l'insolvabilité de la procédure d'insolvabilité principale, de l'une des institutions représentatives du personnel ou, à défaut, du représentant des salariés ainsi que du ministère public. Le II de l'article L. 661-1 est applicable.

Art. L. 692-11 *(Ord. nº 2017-1519 du 2 nov. 2017, art. 2)* Un décret en Conseil d'État précise les conditions d'application du présent chapitre.

Art. L. 693-1 *(Ord. nº 2017-1519 du 2 nov. 2017, art. 2)* Tout créancier étranger ou son préposé ou mandataire de son choix ainsi que, le cas échéant, les praticiens de l'insolvabilité désignés pour représenter les intérêts des créanciers dans le cadre des procédures d'insolvabilité ouvertes dans les autres États membres déclarent leurs créances dans les conditions légales portées à leur connaissance par le mandataire judiciaire désigné par la juridiction nationale. Les dispositions de l'article L. 622-26 leur sont applicables.

En cas de contestation de tout ou partie de la créance, les dispositions de l'article L. 622-27 sont applicables. Le délai de trente jours prévu par cet article ne s'applique pas à la production de la traduction de la déclaration de créances et des pièces justificatives demandées.

Art. L. 694-1 *(Ord. nº 2017-1519 du 2 nov. 2017, art. 2)* Aux fins de la mise en œuvre de la suspension d'une procédure de réalisation des actifs mentionnée au *b* du paragraphe 1 et au paragraphe 2 de l'article 60 du règlement (UE) nº 2015/848 précité, les dispositions de l'article L. 692-4 sont applicables.

Le praticien de l'insolvabilité désigné dans une procédure d'insolvabilité ouverte par la juridiction d'un autre État membre peut à cette fin former appel ou tierce-opposition *[tierce opposition]* à l'encontre de la décision rendue par le tribunal ou le juge-commissaire.

Art. L. 694-2 *(Ord. nº 2017-1519 du 2 nov. 2017, art. 2)* En application du paragraphe 1 de l'article 71 du règlement (UE) nº 2015/848 peuvent exercer les missions de coordinateur les personnes inscrites sur la liste des administrateurs judiciaires ou des mandataires judiciaires en application des articles L. 811-2 et L. 812-2 ou un praticien de l'insolvabilité d'un autre État membre.

Les dispositions des trois derniers alinéas des articles L. 811-2 et L. 812-2 sont applicables aux praticiens de l'insolvabilité des autres États membres.

Art. L. 694-3 *(Ord. n° 2017-1519 du 2 nov. 2017, art. 2)* Le tribunal qui a prononcé l'ouverture de la procédure de coordination collective statue sur la demande du coordinateur présentée conformément au paragraphe 6 de l'article 72 du règlement et sur la déclaration finale établie en application de l'article 77 de ce règlement. L'article L. 663-1 n'est pas applicable.

Le jugement rendu sur la déclaration finale peut faire l'objet d'un appel de la part de tout praticien de l'insolvabilité ayant participé à la procédure de coordination collective et élevé une objection ainsi que de la part du débiteur non dessaisi et du ministère public.

Art. L. 694-4 *(Ord. n° 2017-1519 du 2 nov. 2017, art. 2)* Les jugements du tribunal statuant sur les demandes de suspension et de levée de la suspension de la procédure d'insolvabilité présentées par le coordinateur en application du *e* du 2 de l'article 72 sont susceptibles d'appel de la part du débiteur, de l'administrateur, du mandataire judiciaire, du coordinateur et du ministère public.

Art. L. 694-5 *(Ord. n° 2017-1519 du 2 nov. 2017, art. 2)* Le jugement qui révoque le coordinateur en application de l'article 75 du règlement (UE) n° 2015/848 précité n'est pas susceptible d'appel.

Art. L. 694-6 *(Ord. n° 2017-1519 du 2 nov. 2017, art. 2)* Le juge-commissaire autorise le mandataire de justice à accepter ou refuser l'inclusion dans une procédure de coordination de la procédure d'insolvabilité dans laquelle il est désigné, ainsi qu'à demander à participer volontairement à la procédure de coordination. La décision n'est pas susceptible de recours.

L'autorisation du juge-commissaire est également nécessaire pour signer l'accord mutuel prévu au paragraphe 2 de l'article 66 du règlement (UE) n° 2015/848 précité.

Art. L. 694-7 *(Ord. n° 2017-1519 du 2 nov. 2017, art. 2)* Le juge-commissaire autorise, s'il y a lieu, la communication de documents confidentiels entre le mandataire de justice et le coordinateur dans les conditions prévues à l'article L. 695-2.

Art. L. 694-8 *(Ord. n° 2017-1519 du 2 nov. 2017, art. 2)* Le juge-commissaire apprécie les motifs dont, en application du paragraphe 2 de l'article 70 du règlement (UE) n° 2015/848 précité, lui fait part le mandataire de justice qui ne suit pas les recommandations du coordinateur ou le programme de coordination collective.

Art. L. 694-9 *(Ord. n° 2017-1519 du 2 nov. 2017, art. 2)* Le juge-commissaire statue par une ordonnance non susceptible de recours sur les désaccords relatifs à la procédure de coordination collective entre l'administrateur judiciaire et le mandataire judiciaire désignés dans la procédure d'insolvabilité ouverte sur le territoire national.

Art. L. 694-10 *(Ord. n° 2017-1519 du 2 nov. 2017, art. 2)* Un décret en Conseil d'État précise les conditions d'application du présent chapitre.

Art. L. 695-1 *(Ord. n° 2017-1519 du 2 nov. 2017, art. 2)* Les dispositions du présent chapitre sont applicables à la coopération et à la communication entre praticiens de l'insolvabilité, entre juridictions et entre praticiens de l'insolvabilité, et entre juridictions, dans le cadre de procédures d'insolvabilité ouvertes à l'égard d'un même débiteur ou à l'égard de débiteurs membres d'un même groupe de sociétés.

Art. L. 695-2 *(Ord. nº 2017-1519 du 2 nov. 2017, art. 2)* I. — Le mandataire de justice informe le juge-commissaire des demandes de coopération et de communication adressées par le praticien de l'insolvabilité désigné dans une procédure ouverte par la juridiction d'un autre État membre, en application des articles 41 et 56 du règlement (UE) nº 2015/848 précité.

Il sollicite l'autorisation du juge-commissaire aux fins d'être autorisé à communiquer des informations confidentielles à tout praticien de l'insolvabilité désigné dans une procédure ouverte dans un autre État membre à l'encontre du même débiteur ou à l'égard d'un débiteur membre du même groupe de sociétés et informe sans délai le débiteur, tout autre mandataire de justice, les contrôleurs mentionnés à l'article L. 621-10 et le ministère public de la demande de communication.

II. — Le mandataire de justice désigné dans la procédure d'insolvabilité soumet à l'approbation du juge-commissaire tout accord ou protocole conclu en application des articles 41 et 56 du règlement (UE) nº 2015/848 précité avec tout praticien de l'insolvabilité d'un autre État membre désigné dans une procédure d'insolvabilité ouverte à l'égard du même débiteur ou à l'égard d'un débiteur membre du même groupe de sociétés.

Art. L. 695-3 *(Ord. nº 2017-1519 du 2 nov. 2017, art. 2)* Le tribunal qui a ouvert une procédure d'insolvabilité peut désigner un juge, habiliter le juge-commissaire ou désigner un mandataire de justice pour mettre en œuvre la coopération et la communication entre juridictions et entre juridictions et praticiens de l'insolvabilité.

Art. L. 695-4 *(Ord. nº 2017-1519 du 2 nov. 2017, art. 2)* Le juge ou le mandataire de justice désigné en application de l'article L. 695-3 communique avec les juridictions et les organes désignés dans le cadre d'une procédure d'insolvabilité ouverte à l'égard du débiteur par la juridiction d'un autre État membre par écrit ou par tout moyen de communication électronique qui préserve la sécurité, la confidentialité et la conservation des échanges. L'écrit ou l'enregistrement sont versés au dossier. Le débiteur, le créancier qui a demandé l'ouverture de la procédure, le ministère public, les juridictions qui ont ouvert une procédure à l'encontre du même débiteur et les praticiens de l'insolvabilité désignés par ces juridictions en sont avisés.

Art. L. 695-5 *(Ord. nº 2017-1519 du 2 nov. 2017, art. 2)* Un décret en Conseil d'État précise les conditions d'application du présent chapitre.

Art. L. 696-1 *(Ord. nº 2017-1519 du 2 nov. 2017, art. 2)* Pour l'application en Guadeloupe, en Guyane, en Martinique et à la Réunion du titre IX du livre VI, les mots : « tribunal de commerce spécialement désigné »sont remplacés par les mots : « tribunal de commerce territorialement compétent ».

Art. L. 721-8 *(L. nº 2015-990 du 6 août 2015, art. 231-I-3º)* Des tribunaux de commerce spécialement désignés connaissent, lorsque le débiteur exerce une activité commerciale ou artisanale :

1º Des procédures de sauvegarde, de redressement judiciaire et de liquidation judiciaire mentionnées au livre VI, lorsque le débiteur est :

a) Une entreprise dont le nombre de salariés est égal ou supérieur à 250 et dont le montant net du chiffre d'affaires est d'au moins 20 millions d'euros;

b) Une entreprise dont le montant net du chiffre d'affaires est d'au moins 40 millions d'euros;

c) Une société qui détient ou contrôle une autre société, au sens des articles L. 233-1 et L. 233-3, dès lors que le nombre de salariés de l'ensemble des sociétés concernées est égal ou supérieur à 250 et que le montant net du chiffre d'affaires de l'ensemble de ces sociétés est d'au moins 20 millions d'euros;

d) Une société qui détient ou contrôle une autre société, au sens des articles L. 233-1 et L. 233-3, dès lors que le montant net du chiffre d'affaires de l'ensemble de ces sociétés est d'au moins 40 millions d'euros;

(Ord. n° 2017-1519 du 2 nov. 2017, art. 3) «2° Des procédures d'insolvabilité principales ouvertes à l'égard d'un débiteur qui possède un établissement sur le territoire d'un autre État membre, des procédures d'insolvabilité secondaires ou des procédures d'insolvabilité territoriales au sens de l'article 3 du règlement (UE) n° 2015/848 du 20 mai 2015 relatif aux procédures d'insolvabilité, ainsi que des instances introduites en application de la section II du chapitre II du titre IX du livre VI;»

3° Des procédures pour l'ouverture desquelles la compétence internationale du tribunal résulte de la présence dans son ressort du centre principal des intérêts du débiteur;

4° De la procédure de conciliation prévue au titre Ier du livre VI, sur saisine directe par le débiteur, à la demande du procureur de la République ou par décision du président du tribunal de commerce, lorsque le débiteur est une entreprise ou un ensemble de sociétés remplissant les conditions prévues aux *a* à *d* du 1°.

Le tribunal de commerce spécialisé compétent pour l'application des *c* et *d* du 1° et du 4° est celui dans le ressort duquel se situe la société qui détient ou contrôle une autre société au sens des articles L. 233-1 et L. 233-3.

(Ord. n° 2017-1519 du 2 nov. 2017, art. 3) «Pour l'application du 2° du présent article, le tribunal de commerce spécialisé compétent pour l'ouverture de la procédure d'insolvabilité principale est celui dans le ressort duquel est situé le centre des intérêts principaux du débiteur. Le tribunal de commerce spécialisé compétent pour l'ouverture d'une procédure secondaire ou d'une procédure territoriale est celui dans le ressort duquel est situé un établissement du débiteur au sens du point 10 de l'article 2 du règlement (UE) n° 2015/848 précité.»

Un décret, pris après avis du Conseil national des tribunaux de commerce, fixe la liste des tribunaux de commerce spécialisés. Ce décret détermine le ressort de ces juridictions, en tenant compte des bassins d'emplois et des bassins d'activité économique.

Le président du tribunal de commerce dans le ressort duquel l'entreprise a des intérêts ou un juge délégué par lui siège de droit au sein du tribunal de commerce spécialisé compétent.

Art. R. 690-1 *(Décr. n° 2018-452 du 5 juin 2018, art. 8)* Outre les documents mentionnés aux articles R. 621-1, R. 631-1 ou R. 640-1, sont jointes à la demande d'ouverture d'une procédure d'insolvabilité les pièces suivantes :

1° Tout élément permettant de déterminer la localisation du centre des intérêts principaux;

2° Toute information relative aux éventuels transferts de siège dans les trois mois précédant la demande d'ouverture;

3° Toute information relative aux transferts d'actifs dans les trois mois précédant la demande d'ouverture;

4° Toute information relative aux établissements et aux actifs situés sur le territoire d'un autre État membre;

5° Toute information relative à l'intégration dans un groupe de sociétés.

Art. R. 691-1 *(Décr. nº 2018-452 du 5 juin 2018, art. 8)* Si des comités de créanciers ont été constitués, l'administrateur judiciaire recueille, par tout moyen, leur avis sur le projet d'engagement mentionné à l'article L. 691-2. Il informe sans délai le juge-commissaire de ces avis.

Art. R. 691-2 *(Décr. nº 2018-452 du 5 juin 2018, art. 8)* Le tribunal est saisi par requête des contestations élevées ou des demandes présentées en application de l'article L. 691-3.

Le tribunal statue sur la requête après avoir entendu ou dûment appelé en chambre du conseil le débiteur non dessaisi, le ou les mandataires de justice, les créanciers requérants et avoir recueilli l'avis du ministère public.

Le jugement est notifié au débiteur et au créancier requérant par le greffier qui en adresse copie aux mandataires de justice et au ministère public.

Art. R. 692-1 *(Décr. nº 2018-452 du 5 juin 2018, art. 8)* Outre les pièces mentionnées aux articles R. 621-1, R. 631-1 ou R. 641-1, et à l'article R. 690-1, sont jointes à la demande d'ouverture d'une procédure d'insolvabilité secondaire formée par le débiteur ou le praticien de l'insolvabilité de la procédure d'insolvabilité principale les pièces suivantes, présentées en français ou accompagnées d'une traduction en langue française :

1º La copie de la décision d'ouverture de la procédure d'insolvabilité principale par la juridiction d'un autre État membre;

2º Les informations permettant de préciser la nature de la procédure d'insolvabilité principale ouverte, notamment si elle est préventive au sens du cinquième alinéa du paragraphe 1 de l'article 1er du règlement (UE) nº 2015/848 du 20 mai 2015 relatif aux procédures d'insolvabilité, si elle permet une restructuration de l'entreprise ou si elle est liquidative;

3º Le ou les établissements concernés par la demande ainsi que leur localisation;

4º Une présentation de la situation comptable, économique et financière du ou des établissements situés sur le territoire français et des actifs situés sur le territoire français;

5º Le nombre de salariés employés dans le ou les établissements situés sur le territoire français ou dont le contrat de travail se rattache à de tels établissements.

Art. R. 692-2 *(Décr. nº 2018-452 du 5 juin 2018, art. 8)* I. — Le tribunal saisi d'une demande d'ouverture d'une procédure d'insolvabilité secondaire en informe sans délai le praticien de l'insolvabilité de la procédure d'insolvabilité principale ouverte sur le territoire d'un autre État membre et le débiteur non dessaisi par lettre recommandée avec demande d'avis de réception qui mentionne le délai et les modalités pour s'opposer à la demande d'ouverture de la procédure d'insolvabilité secondaire et pour solliciter la suspension de l'ouverture de la procédure d'insolvabilité secondaire conformément au paragraphe 3 de l'article 38 du règlement (UE) nº 2015/848 précité.

Le délai prévu au premier alinéa est de 20 jours à compter de la réception de la lettre recommandée avec demande d'avis de réception.

II. — Le tribunal se prononce sur la demande d'ouverture de procédure d'insolvabilité secondaire et sur la demande de suspension mentionnée au paragraphe 3 de l'article 38 du règlement (UE) nº 2015/848 précité au cours de la même audience et par un même jugement. Le jugement qui fait droit à la demande de suspension et sursoit à statuer sur la demande d'ouverture de procédure d'insolvabilité secondaire fixe la date à laquelle la mesure sera réexaminée avant l'expiration du délai de trois mois. Il fait l'objet des mesures de publicité prévues aux cinq premiers alinéas de l'article R. 621-8.

III. — Le jugement statuant sur la demande d'ouverture de la procédure d'insolvabilité secondaire est notifié sans délai au praticien de l'insolvabilité de la procédure d'insolvabilité principale par le greffier.

Le praticien de l'insolvabilité de la procédure d'insolvabilité principale dispose d'un délai de 10 jours à compter de la réception de la lettre recommandée avec demande d'avis de réception, pour exercer le recours mentionné à l'article L. 692-3 à l'encontre de la décision d'ouverture de la procédure d'insolvabilité secondaire.

Art. R. 692-3 *(Décr. n° 2018-452 du 5 juin 2018, art. 8)* Le tribunal statue sur les demandes de mesures provisoires ou conservatoires mentionnées au II de l'article L. 692-2 après avoir entendu ou dûment appelé en chambre du conseil, le débiteur non dessaisi, le praticien de l'insolvabilité de la procédure principale, le cas échéant le créancier qui a demandé la mesure provisoire ou conservatoire, et avoir recueilli l'avis du ministère public.

Art. R. 692-4 *(Décr. n° 2018-452 du 5 juin 2018, art. 8)* Aux fins de l'application de l'article 46 du règlement (UE) n° 2015/848 précité, le mandataire de justice informe sans délai, par lettre recommandée avec demande d'avis de réception ou, s'il y a consenti, par courrier électronique avec demande d'avis de réception, le praticien de l'insolvabilité de la procédure d'insolvabilité principale de toute demande tendant à la cession de l'entreprise ou d'un élément d'actif de la procédure d'insolvabilité secondaire et du délai dont il dispose pour solliciter la suspension de cette cession.

Le praticien de l'insolvabilité de la procédure d'insolvabilité principale peut solliciter par requête, auprès du tribunal ou du juge-commissaire compétent pour ordonner la cession, la suspension de la cession totale ou partielle de l'entreprise ou de la cession d'actifs dans le délai de vingt jours à compter de la réception de la lettre recommandée avec demande d'avis de réception ou du courrier électronique avec demande d'avis de réception mentionné au premier alinéa.

Art. R. 692-5 *(Décr. n° 2018-452 du 5 juin 2018, art. 8)* S'il est fait droit à la demande de suspension prévue à l'article précédent, le tribunal fixe la date à laquelle la mesure sera réexaminée avant l'expiration d'un délai de trois mois.

La mesure suspend les délais de procédure mentionnés aux articles L. 621-3 et L. 643-2.

Art. R. 692-6 *(Décr. n° 2018-452 du 5 juin 2018, art. 8)* En application du III de l'article L. 692-5, dès le dépôt au greffe du projet de plan par le débiteur ou l'administrateur judiciaire, le greffier avise le praticien de l'insolvabilité de la procédure d'insolvabilité principale de la date de l'audience d'examen du plan prévue à l'article L. 626-9 par lettre recommandée avec demande d'avis de réception.

Le praticien de l'insolvabilité de la procédure d'insolvabilité principale transmet le projet de plan qu'il propose, au débiteur et, le cas échéant, à l'administrateur judiciaire, par lettre recommandée avec demande d'avis de réception au plus tard quinze jours avant la date d'examen du projet de plan par le tribunal. L'audience ne peut se tenir avant l'expiration de ce délai.

Art. R. 692-7 *(Décr. n° 2018-452 du 5 juin 2018, art. 8)* I. — Le praticien de l'insolvabilité de la procédure d'insolvabilité principale notifie l'engagement qu'il se propose de prendre en application de l'article 36 du règlement (UE) n° 2015/848 du

20 mai 2015 aux créanciers locaux connus du débiteur qui a un établissement sur le territoire national, par lettre recommandée avec demande d'avis de réception.

Sont joints à cet envoi :

1° Un état de la situation active et passive du débiteur avec ventilation du passif privilégié et du passif chirographaire;

2° L'ensemble des propositions relatives au règlement des dettes.

II. — L'accord de chaque créancier est recueilli par écrit par le praticien de l'insolvabilité, y compris, si le créancier y a consenti, par voie électronique.

III. — Le praticien de l'insolvabilité de la procédure d'insolvabilité principale peut faire application des dispositions de l'article R. 626-8.

Art. R. 692-8 *(Décr. n° 2018-452 du 5 juin 2018, art. 8)* I. — La requête présentée par le praticien de l'insolvabilité de la procédure d'insolvabilité principale en application de l'article L. 692-8 est accompagnée :

1° De l'engagement;

2° De la liste des créances des créanciers locaux;

3° De tout document relatif à la réception de la proposition de l'engagement par les créanciers connus concernés ainsi que des documents mentionnés aux 1° et 2° de l'article R. 692-7, et;

4° De la preuve de l'accord des créanciers locaux connus concernés.

II. — La décision prise en application de l'article L. 692-8 fait l'objet des mesures de publicité prévues aux cinq premiers alinéas de l'article R. 621-8. Elle est notifiée au praticien de l'insolvabilité requérant et au débiteur. Le greffier adresse sans délai une copie de la décision au ministère public. Le praticien de l'insolvabilité de la procédure d'insolvabilité principale avise par tout moyen et sans délai l'ensemble des créanciers locaux connus de la décision.

III. — La décision est susceptible de recours, selon le cas, dans le délai de dix jours de sa notification ou à compter de sa publication au *Bulletin officiel des annonces civiles et commerciales*.

Art. R. 692-9 *(Décr. n° 2018-452 du 5 juin 2018, art. 8)* Le tribunal est saisi par requête en la forme des référés des demandes de mesures provisoires ou conservatoires prévues à l'article L. 692-9.

Il statue en chambre du conseil après avoir entendu ou dûment appelé le débiteur non dessaisi, le praticien de l'insolvabilité de la procédure d'insolvabilité principale, le ou les créanciers requérants, et avoir recueilli l'avis du ministère public.

Le jugement est notifié au débiteur, au créancier requérant et au praticien de l'insolvabilité de la procédure d'insolvabilité principale, par le greffier qui en adresse copie au ministère public.

Il est susceptible d'appel dans le délai de dix jours de sa notification.

Art. R. 692-10 *(Décr. n° 2018-452 du 5 juin 2018, art. 8)* En application de l'article L. 692-10, dans le cadre d'une procédure analogue au redressement judiciaire ou à une liquidation judiciaire avec maintien d'activité, la demande d'autorisation des licenciements est déposée par le praticien de l'insolvabilité de la procédure d'insolvabilité principale au greffe du tribunal compétent.

A cette demande sont jointes les pièces suivantes :

1° La copie de décision d'ouverture de la procédure d'insolvabilité principale;

2° Les informations permettant de préciser la nature de la procédure d'insolvabilité principale ouverte, notamment si elle est préventive au sens du cinquième alinéa du paragraphe 1 de l'article 1er du règlement (UE) n° 2015/848 du 20 mai 2015 relatif aux procédures d'insolvabilité, si elle permet une restructuration de l'entreprise ou si elle est liquidative;

3° La liste des salariés employés à la date de la demande d'ouverture, le nom et l'adresse de chacun d'eux, la catégorie socio-professionnelle à laquelle ils appartiennent, le lieu d'exercice de leur activité et le poste occupé;

4° Le nom et l'adresse des représentants du personnel habilités à être entendus par le tribunal s'ils ont déjà été désignés.

Le jugement rendu en application de l'article L. 692-10 indique le nombre de salariés dont le licenciement est autorisé ainsi que les activités et catégories professionnelles concernées.

Il est notifié aux représentants du personnel, ainsi qu'au praticien de l'insolvabilité de la procédure d'insolvabilité principale. Il est transmis au ministère public.

Le jugement est exécutoire par provision. Il est susceptible d'appel dans les dix jours de sa notification. Le dernier alinéa de l'article R. 661-3, *[et]* les articles R. 661-4 à R. 661-6 sont applicables.

Art. R. 693-1 *(Décr. n° 2018-452 du 5 juin 2018, art. 8)* A moins qu'il n'en soit disposé autrement par le présent chapitre, les dispositions des articles R. 624-1 à R. 624-11 sont applicables aux créanciers étrangers.

Art. R. 693-2 *(Décr. n° 2018-452 du 5 juin 2018, art. 8)* Le mandataire judiciaire informe les créanciers étrangers de l'ouverture de la procédure d'insolvabilité, de l'obligation de déclarer leurs créances, du délai de déclaration des créances et des sanctions encourues en cas de dépassement du délai par lettre recommandée avec demande d'avis de réception ou, s'ils y ont consenti, par courrier électronique avec demande d'avis de réception.

Art. R. 693-3 *(Décr. n° 2018-452 du 5 juin 2018, art. 8)* Les délais prévus aux articles R. 622-22 et R. 622-24 ne sont pas opposables aux créanciers qui n'ont pas été informés selon les modalités prévues à l'article 54 du règlement précité.

Art. R. 693-4 *(Décr. n° 2018-452 du 5 juin 2018, art. 8)* Les créances sont déclarées en langue française ou accompagnées d'une traduction en langue française. Le créancier peut produire la traduction de la déclaration de créance et des pièces justificatives jusqu'à ce que le juge-commissaire statue.

Art. R. 694-1 *(Décr. n° 2018-452 du 5 juin 2018, art. 8)* Les dispositions des articles R. 692-4 et R. 692-5 sont applicables à la mesure de suspension mentionnée à l'article 60 du règlement (UE) n° 2015/848 précité.

Art. R. 694-2 *(Décr. n° 2018-452 du 5 juin 2018, art. 8)* Le tribunal, saisi par requête, statue sur l'ouverture de la procédure de coordination collective en chambre du conseil après avoir entendu ou mis en mesure d'être entendus le débiteur, les praticiens de l'insolvabilité concernés, les contrôleurs et après avoir recueilli l'avis du ministère public.

Le jugement est assorti de l'exécution provisoire de plein droit.

Il est notifié au débiteur et aux praticiens de l'insolvabilité concernés, par le greffier qui en adresse copie au ministère public.

Il fait l'objet des mesures de publicité prévues aux cinq premiers alinéas de l'article R. 621-8.

Il est susceptible de recours dans un délai de dix jours à compter de sa notification aux personnes mentionnées au premier alinéa ou à compter de sa publication au *Bulletin officiel des annonces civiles et commerciales*.

Art. R. 694-3 *(Décr. n° 2018-452 du 5 juin 2018, art. 8)* Le tribunal est saisi par requête des demandes présentées en application de l'article L. 694-3. Il statue en chambre du conseil après avoir entendu ou dûment convoqué le coordinateur et les praticiens de l'insolvabilité désignés dans les procédures incluses dans la procédure de coordination.

Art. R. 694-4 *(Décr. n° 2018-452 du 5 juin 2018, art. 8)* Le tribunal statue sur la demande de révocation du coordinateur en chambre du conseil après avoir entendu ou mis en mesure d'être entendus le débiteur, le coordinateur, les praticiens de l'insolvabilité concernés, les contrôleurs et après avoir recueilli l'avis du ministère public.

Art. R. 694-5 *(Décr. n° 2018-452 du 5 juin 2018, art. 8)* Les trois premiers alinéas de l'article R. 621-21 sont applicables aux décisions prises par le juge-commissaire en application des articles L. 694-6, L. 694-8 et L. 694-9.

Art. R. 694-6 *(Décr. n° 2018-452 du 5 juin 2018, art. 8)* Le tribunal est saisi par requête de la demande relative à la suspension de la procédure d'insolvabilité, présentée par le coordinateur en application de l'article L. 694-4.

Il statue sur la demande en chambre du conseil après avoir convoqué le débiteur, les mandataires de justice, le coordinateur, les contrôleurs et après avoir recueilli l'avis du ministère public. Le mandataire judiciaire avise, par tout moyen, les créanciers.

Le jugement fait l'objet des mesures de publicité prévues aux cinq premiers alinéas de l'article R. 621-8. Il est communiqué aux mandataires de justice, aux contrôleurs, au ministère public et au coordinateur.

Art. R. 694-7 *(Décr. n° 2018-452 du 5 juin 2018, art. 8)* Aux fins de mise en œuvre de l'article L. 694-8, le mandataire de justice qui ne suit pas les recommandations du programme de coordination collective informe le juge-commissaire de ses motifs. Le juge-commissaire en fait rapport au tribunal et en avise le ministère public.

Art. R. 695-1 *(Décr. n° 2018-452 du 5 juin 2018, art. 8)* Le juge-commissaire statue sur la demande de communication d'informations confidentielles en application du second alinéa du I de l'article L. 695-2 dans les huit jours de sa saisine après avoir sollicité les observations écrites des mandataires de justice, du débiteur et du ministère public. La décision est notifiée au débiteur, aux mandataires de justice et au procureur de la République.

Art. R. 695-2 *(Décr. n° 2018-452 du 5 juin 2018, art. 8)* Le tribunal, le juge-commissaire ou le mandataire de justice désigné en application de l'article L. 695-3 peuvent exiger que toute demande de communication, de coopération ou d'assistance soit présentée par écrit en langue française ou accompagnée d'une traduction en langue française. La demande peut être présentée, si le tribunal, le juge-commissaire ou le mandataire de justice désigné en application de l'article L. 695-3 y consent, par voie électronique.

Art. R. 695-3 *(Décr. n° 2018-452 du 5 juin 2018, art. 8)* Les personnes mentionnées à la dernière phrase de l'article L. 695-4 sont avisées de la communication par le greffe par tout moyen.

Art. R. 695-4 *(Décr. n° 2018-452 du 5 juin 2018, art. 8)* Si le débiteur remplit les conditions du premier alinéa de l'article L. 626-29, l'administrateur judiciaire avise sans délai le praticien de l'insolvabilité désigné dans une procédure d'insolvabilité ouverte par la juridiction d'un autre État membre à l'égard du débiteur des dates de réunion des comités de créanciers et de l'assemblée générale des obligataires, et au plus tard vingt jours avant la date du premier vote.

194 Procédures d'insolvabilité relevant du droit commun

Art. R. 600-1 Sans préjudice des dispositions *(Décr. n° 2018-452 du 5 juin 2018, art. 4)* «du 2° de l'article L. 721-8 et» de l'article R. 662-7, le tribunal territorialement compétent pour connaître des procédures prévues par le livre VI de la partie législative du présent code est celui dans le ressort duquel le débiteur, personne morale, a son siège ou le débiteur, personne physique, a déclaré l'adresse de son entreprise ou de son activité. A défaut de siège en territoire français, le tribunal compétent est celui dans le ressort duquel le débiteur a le centre principal de ses intérêts en France.

Toutefois, en cas de changement de siège de la personne morale dans les six mois ayant précédé la saisine du tribunal, le tribunal dans le ressort duquel se trouvait le siège initial demeure seul compétent. Ce délai court à compter de l'inscription modificative au registre du commerce et des sociétés du siège initial.

Art. R. 600-2 Les mesures prévues à l'article L. 611-2 relèvent de la compétence du président du tribunal du lieu du siège du débiteur, personne morale, ou, le cas échéant, du lieu où le débiteur, personne physique, a déclaré l'adresse de son entreprise ou de son activité.

La compétence territoriale du président du tribunal pour désigner un mandataire *ad hoc* est déterminée par l'article R. 600-1.

Art. R. 600-3 Pour l'application de l'article L. 610-1, le siège et le ressort des juridictions commerciales et des tribunaux de grande instance compétents en métropole sont fixés conformément aux tableaux des annexes 6-1 et 6-2 du présent livre.

Art. R. 600-4 Pour l'application de l'article L. 610-1, le siège et le ressort des juridictions commerciales et des tribunaux de grande instance compétents dans les départements d'outre-mer sont fixés conformément aux tableaux de l'annexe 6-3 et 6-4 du présent livre.

IV – Code de la consommation

195 Information sur les conditions sociales de fabrication des produits

Art. L. 113-1 Le fabricant, le producteur ou le distributeur d'un bien commercialisé en France transmet au consommateur qui en fait la demande et qui a connaissance d'éléments sérieux mettant en doute le fait que ce bien a été fabriqué dans des conditions respectueuses des conventions internationales relatives aux droits humains fondamentaux, toute information dont il dispose portant sur un des éléments ci-après : origine géographique des matériaux et composants utilisés dans la fabrication, contrôles de qualité et audits, organisation de la chaîne de production et identité, implantation géographique et qualités du fabricant, de ses sous-traitants et fournisseurs.

Lorsque le fabricant, le producteur ou le distributeur ne possède pas l'information demandée, il est tenu d'en informer le consommateur à l'origine de la demande.

La liste des conventions mentionnées au premier alinéa est précisée par décret.

Art. L. 113-2 Si la transmission au consommateur d'une information, en application de l'article L. 113-1, est de nature à compromettre gravement les intérêts stratégiques ou industriels du fabricant, du producteur ou du distributeur concerné par la demande, celui-ci peut décider de ne pas la transmettre à condition d'en motiver les raisons.

196 Loi applicable aux contrats transfrontaliers

Art. L. 231-1 Pour l'application des articles L. 232-1, L. 232-2, L. 232-3 et L. 232-4, un lien étroit avec le territoire d'un État membre est réputé établi notamment :

1° Si le contrat a été conclu dans l'État membre du lieu de résidence habituelle du consommateur ;

2° Si le professionnel dirige son activité vers le territoire de l'État membre où réside le consommateur, sous réserve que le contrat entre dans le cadre de cette activité;

3° Si le contrat a été précédé dans cet État membre d'une offre spécialement faite ou d'une publicité et des actes accomplis par le consommateur nécessaires à la conclusion de ce contrat;

4° Si le contrat a été conclu dans un État membre où le consommateur s'est rendu à la suite d'une proposition de voyage ou de séjour faite, directement ou indirectement, par le vendeur pour l'inciter à conclure ce contrat.

Art. L. 232-1 Nonobstant toute stipulation contraire, le consommateur ne peut être privé de la protection que lui assurent les dispositions prises par un État membre de l'Union européenne en application de la directive 93/13/CEE du Conseil, du 5 avril 1993 concernant les clauses abusives dans les contrats conclus avec les consommateurs, lorsque le contrat présente un lien étroit avec le territoire d'un État membre.

Art. L. 232-2 Lorsque la loi qui régit le contrat est celle d'un État n'appartenant pas à l'Union européenne, le consommateur ne peut être privé de la protection que lui assurent les dispositions prises par un État membre de l'Union européenne en application de la directive 1999/44/CE du Parlement européen et du Conseil du 25 mai 1999 sur certains aspects de la vente et des garanties des biens de consommation et qui ont un caractère impératif lorsque le contrat présente un lien étroit avec le territoire de cet État membre.

Art. L. 232-3 Nonobstant toute stipulation contraire, le consommateur ne peut être privé de la protection que lui assurent les dispositions prises par un État membre de l'Union européenne en application de la directive 2011/83/UE du Parlement européen et du Conseil du 25 octobre 2011 relative aux droits des consommateurs, modifiant la directive 93/13/CEE du Conseil et la directive 1999/44/CE du Parlement européen et du Conseil et abrogeant la directive 85/577/CEE du Conseil et la directive 97/7/CE du Parlement européen et du Conseil, lorsque le contrat conclu à distance ou hors établissement présente un lien étroit avec le territoire de cet État.

Art. L. 232-4 Lorsque les parties ont choisi la loi d'un État non membre de l'Union européenne pour régir le contrat, le juge devant lequel est invoquée cette loi est tenu d'en écarter l'application au profit des dispositions plus protectrices de la loi de la résidence habituelle du consommateur assurant la transposition de la directive 2002/65/CE du Parlement européen et du Conseil du 23 septembre 2002 modifié *[modifiée]* concernant la commercialisation à distance de services financiers auprès des consommateurs, et modifiant les directives 90/619/CEE du Conseil, 97/7/CE et 98/27/CE, lorsque le contrat présente un lien étroit avec le territoire d'un ou plusieurs États membres de l'Union européenne.

Art. L. 232-5 Le consommateur ne peut être privé de la protection que lui assurent les dispositions prises en application de la directive 2008/122/CE du Parlement européen et du Conseil du 14 janvier 2009 relative à la protection des consommateurs en ce qui concerne certains aspects des contrats d'utilisation de biens à temps partagé, des contrats de produits de vacances à long terme et des contrats de revente et d'échange lorsque le contrat est régi par la législation d'un État membre de l'Union européenne.

Art. L. 232-6 Le consommateur ne peut être privé de la protection mentionnée à la section VII du chapitre IV du titre III du présent livre, y compris lorsque la loi applicable est celle d'un pays tiers, dès lors que :

— pour les contrats définis par l'article L. 224-70 et portant sur la jouissance de tout ou partie d'un bien immobilier, ce bien immobilier est situé sur le territoire d'un État membre de l'Union européenne;

— pour les autres contrats définis à l'article L. 224-70, le professionnel exerce une activité commerciale ou professionnelle dans un État membre ou que celui-ci dirige de quelque manière que ce soit son activité vers un État membre et que le contrat rentre dans le cadre de cette activité.

V – Code de l'organisation judiciaire

197 Déplacement illicite d'enfants

Art. L. 211-12 Des tribunaux de grande instance spécialement désignés connaissent des actions engagées sur le fondement des dispositions des instruments internationaux et communautaires relatives au déplacement illicite international d'enfants.

Art. D. 211-9 Le siège et le ressort des tribunaux de grande instance compétents pour connaître des actions engagées sur le fondement des dispositions des instruments internationaux et communautaires relatives au déplacement illicite international d'enfants sont fixés conformément au tableau VII annexé au présent code.

Il n'existe qu'un tribunal compétent par cour d'appel.

198 Protection de l'enfance

Art. L. 312-6 Un magistrat qui prend le nom de délégué à la protection de l'enfance est désigné au sein de chaque cour d'appel.

Ce magistrat préside la chambre spéciale des mineurs ou y exerce les fonctions de rapporteur.

Il siège comme membre de la chambre de l'instruction dans les cas mentionnés à l'article 23 de l'ordonnance n° 45-174 du 2 février 1945.

Il siège également dans la formation de la cour d'appel qui statue sur les recours formés contre les décisions rendues en première instance sur le fondement des dispositions des instruments internationaux et communautaires relatives au déplacement illicite international d'enfants.

VI – Code du patrimoine

199 Restitution des biens culturels

CHAPITRE II
Restitution des biens culturels

Section I

Biens culturels se trouvant en France et sortis illicitement d'un autre État membre de l'Union européenne

Sous-section 1 – Champ d'application

Art. L. 112-1 Au sens de la présente section, un bien culturel est considéré comme sorti illicitement du territoire d'un autre État membre de *(L. n° 2015-195 du 20 févr. 2015, art. 7-1°)* «l'Union européenne» lorsque, en violation de la législation de cet État membre en matière de protection des trésors nationaux ou en violation du règlement *(L. n° 2015-195 du 20 févr. 2015, art. 7-1°)* «(CE) n° 116/2009 du Conseil, du 18 décembre 2008, concernant l'exportation de biens culturels», il en est sorti après le 31 décembre 1992.

Art. L. 112-2 Les dispositions de la présente section s'appliquent aux biens culturels qui constituent, en vertu des règles en vigueur dans un autre État membre, des trésors nationaux au sens de l'article 36 *(L. n° 2015-195 du 20 févr. 2015, art. 6-2°)* «du traité sur le fonctionnement de l'Union européenne», que cette qualification leur ait été donnée avant ou après leur sortie *(L. n° 2004-1343 du 9 déc. 2004, art. 78-XIV, A, 1°)* «illicite» du territoire de cet État.

Sous-section 2 – Procédure administrative

Art. L. 112-3 Lorsqu'il peut être présumé qu'un bien culturel se trouvant sur le territoire français relève du champ d'application des articles L. 112-1 et L. 112-2, l'autorité administrative en informe l'État membre intéressé.

Art. L. 112-4 Sur demande précise et circonstanciée d'un État membre, l'autorité administrative recherche ou fait rechercher sur le territoire français un bien culturel déterminé relevant du champ d'application des articles L. 112-1 et L. 112-2, ainsi que l'identité du propriétaire, du possesseur ou du détenteur du bien en cause.

Sous-section 3 – Mesures conservatoires

Art. L. 112-5 Avant même l'introduction de l'action mentionnée à l'article L. 112-6 tendant au retour d'un bien culturel dans un autre État membre, l'autorité administrative peut demander au président du tribunal de grande instance d'ordonner toute mesure conservatoire nécessaire lorsque la conservation matérielle du bien est en cause ou que le bien risque d'être soustrait à la procédure de retour dans l'État d'origine.

Les mesures conservatoires sont notifiées au propriétaire, au possesseur ou au détenteur du bien culturel.

Sans que puissent y faire obstacle les voies ordinaires de recours, les mesures conservatoires cessent de produire effet si l'action judiciaire définie au premier alinéa de l'article L. 112-6 n'a pas été introduite dans le délai *(L. n° 2015-195 du 20 févr. 2015, art. 6-3°)* «de trois ans à compter de la date à laquelle l'autorité centrale compétente de» l'État membre a eu connaissance du lieu où se trouve le bien culturel et de l'identité de son possesseur ou de son détenteur, que ce soit à la suite de l'information prévue à l'article L. 112-3 ou de la communication par l'autorité administrative du résultat des recherches accomplies conformément à l'article L. 112-4.

Elles cessent également de produire effet si l'État membre requérant, informé conformément à l'article L. 112-3, n'a pas procédé à la vérification de la qualité de trésor national du bien ou n'a pas communiqué les résultats de cette vérification dans un délai de *(L. n° 2015-195 du 20 févr. 2015, art. 6-3°)* «six» mois à compter de la notification des mesures conservatoires.

Sous-section 4 – Procédure judiciaire

Art. L. 112-6 L'action tendant au retour du bien est introduite par l'État membre requérant auprès du tribunal de grande instance contre la personne qui détient matériellement le bien pour son propre compte ou celle qui le détient pour le compte d'autrui.

Elle est irrecevable si la sortie du territoire de l'État membre requérant n'est plus illicite à la date à laquelle l'action est introduite.

Cette action s'exerce sans préjudice des autres actions, civiles ou pénales, dont disposent, le cas échéant, l'État membre intéressé et le propriétaire.

Art. L. 112-7 L'introduction de l'action mentionnée au premier alinéa de l'article L. 112-6, tendant au retour d'un bien culturel sur le territoire d'un État membre, est portée à la connaissance du public par l'autorité administrative.

Art. L. 112-8 S'il est établi que le bien culturel relève du champ d'application des articles L. 112-1 et L. 112-2, le tribunal ordonne la remise de celui-ci à l'État membre requérant aux fins d'assurer le retour du bien sur son territoire.

Le tribunal accorde, en tenant compte des circonstances de l'espèce, au possesseur de bonne foi qui a exercé la diligence requise lors de l'acquisition du bien une indemnité équitable destinée à réparer son préjudice et qui est mise à la charge de l'État membre requérant.

(L. n° 2015-195 du 20 févr. 2015, art. 6-4°) «Pour déterminer si le possesseur a exercé la diligence requise, il est tenu compte de toutes les circonstances de l'acquisition, notamment de la documentation sur la provenance du bien, des autorisations de sortie exigées en vertu du droit de l'État membre requérant, de la qualité des parties, du prix payé, de la consultation ou non par le possesseur de tout registre accessible sur les biens culturels volés et de toute information pertinente qu'il aurait pu raisonnablement obtenir ou de toute autre démarche qu'une personne raisonnable aurait entreprise dans les mêmes circonstances.

«L'indemnité est versée lors de la restitution du bien.»

En cas de donation ou de succession, le possesseur ne peut bénéficier de droits plus favorables que ceux dont peut se prévaloir la personne qui lui a transmis le bien.

Art. L. 112-9 Le retour du bien culturel intervient dès le paiement, par l'État membre requérant, de l'indemnité fixée par décision passée en force de chose jugée en vertu de l'article L. 112-8 ainsi que des frais occasionnés, d'une part, par l'exécution de la décision ordonnant le retour du bien et, d'autre part, par la mise en œuvre des mesures conservatoires mentionnées à l'article L. 112-5.

A défaut du paiement de ces sommes dans un délai de trois ans à compter de la notification de la décision ordonnant le retour, l'État membre requérant est réputé avoir renoncé au bénéfice de cette décision.

Art. L. 112-10 L'action tendant au retour d'un bien culturel est prescrite à l'expiration d'un délai *(L. n° 2015-195 du 20 févr. 2015, art. 6-5°)* «de trois ans à compter de la date à laquelle l'autorité centrale compétente de» l'État membre a eu connaissance du lieu où se trouve ce bien et de l'identité de son propriétaire, de son possesseur ou de son détenteur.

En tout état de cause, l'action se prescrit dans un délai de trente ans à compter de la date à laquelle le bien culturel est sorti illicitement du territoire de l'État membre requérant. Toutefois, l'action se prescrit dans un délai de *(L. n° 2004-1343 du 9 déc. 2004, art. 78-XIV-A-2°-a)* «soixante-quinze ans,» ou demeure *(L. n° 2004-1343 du 9 déc. 2004, art. 78-XIV-A-2°-b)* «imprescriptible» si la législation de l'État membre *(L. n° 2004-1343 du 9 déc. 2004, art. 78-XIV-A-2°-c)* «requérant» le prévoit, pour les biens inventoriés dans les collections publiques, ainsi que pour les biens figurant sur les inventaires des autorités ecclésiastiques, lorsque la loi de l'État membre requérant accorde à ces biens une protection spécifique.

Section II

Biens culturels se trouvant sur le territoire d'un autre État membre de l'Union européenne et sortis illicitement du territoire français

Sous-section 1 – Champ d'application

Art. L. 112-11 *(L. n° 2015-195 du 20 févr. 2015, art. 6)* La présente section est applicable aux biens culturels définis comme des trésors nationaux à l'article L. 111-1 sortis du territoire national après le 31 décembre 1992, que cette sortie soit illicite ou ait fait l'objet d'une autorisation de sortie temporaire, en application du dernier alinéa de l'article L. 111-2 ou de l'article L. 111-7, dont les conditions n'ont pas été respectées.

Art. L. 112-12 *Abrogé par L. n° 2015-195 du 20 févr. 2015, art. 6-7°.*

Sous-section 2 – Procédure de retour des biens culturels

Art. L. 112-13 L'autorité administrative :

a) Demande aux autres États membres de rechercher sur leur territoire les biens culturels relevant du champ d'application *(L. n° 2015-195 du 20 févr. 2015, art. 6-8°)* «de l'article L. 112-11»;

b) Indique à l'État membre lui ayant notifié la présence sur son territoire d'un bien culturel présumé être sorti illicitement du territoire français si ce bien entre dans le champ d'application des mêmes articles.

Art. L. 112-14 L'action tendant au retour du bien culturel sur le territoire français est introduite par l'État auprès du tribunal compétent de l'État membre sur le territoire duquel se trouve le bien culturel. Cette action s'exerce sans préjudice des autres actions, civiles ou pénales, dont disposent, le cas échéant, l'État et le propriétaire.

Art. L. 112-15 L'introduction d'une action tendant au retour d'un bien culturel sur le territoire national est portée à la connaissance du public par l'autorité administrative. Est également portée à la connaissance du public la décision rendue par le tribunal de l'État membre saisi de cette action.

Art. L. 112-16 Lorsque le retour du bien culturel est ordonné et qu'une indemnité est allouée au possesseur, ce dernier la reçoit de l'État.

Art. L. 112-17 L'État devient dépositaire du bien restitué jusqu'à ce qu'il soit remis à son propriétaire après que, le cas échéant, il a été statué sur la propriété du bien.

L'État peut désigner un autre dépositaire.

Ce bien peut être exposé pendant toute la durée du dépôt.

Sous-section 3 – Conditions de la restitution des biens

Art. L. 112-18 Le bien culturel dont le retour a été ordonné revient de plein droit à son propriétaire sous réserve que celui-ci ait satisfait aux dispositions de l'article L. 112-19.

Art. L. 112-19 Lorsqu'il n'y a pas identité entre le propriétaire du bien et le possesseur indemnisé, l'État demande au propriétaire le remboursement de l'indemnité prévue à l'article L. 112-16 et des frais occasionnés par les mesures conservatoires, par l'exécution de la décision ordonnant la restitution et par le dépôt mentionné à l'article L. 112-17. Il peut accorder une remise de dette.

Art. L. 112-20 La propriété du bien culturel est dévolue à l'État lorsque le propriétaire du bien demeure inconnu à l'issue d'un délai de cinq ans à compter de la date à laquelle l'autorité administrative a informé le public de la décision ordonnant le retour du bien.

Art. L. 112-21 Lorsque le propriétaire est une personne publique, l'autorité administrative peut exiger, avant de lui restituer le bien, que les mesures nécessaires à la conservation et à la sécurité du bien soient prises. A défaut, après mise en demeure non suivie d'effet dans un délai fixé par décret en Conseil d'État, elle peut décider de placer le bien dans un lieu offrant les garanties nécessaires.

Section III

Dispositions diverses

Art. L. 112-22 *(Ord. nº 2017-1134 du 5 juill. 2017, art. 2-5º et 9-I, en vigueur le 1er janv. 2018)* Le propriétaire ou l'affectataire d'un bien culturel appartenant au domaine public mobilier au sens de l'article L. 2112-1 du code général de la propriété des personnes publiques ou, pour les archives publiques, les personnes mentionnées au troisième alinéa de l'article L. 212-1 peuvent engager une action en revendication entre les mains du détenteur ou une action en nullité de tout acte d'aliénation du bien devant le tribunal de grande instance. Le ministre chargé de la culture peut agir en lieu et place du propriétaire ou de l'affectataire défaillant et solliciter toute mesure provisoire ou conservatoire en vue de la protection du bien.

Art. L. 112-23 *(Ord. nº 2017-1134 du 5 juill. 2017, art. 2-5º et 9-I, en vigueur le 1er janv. 2018)* A réception de la mise en demeure motivée de restituer le bien, l'acquéreur de bonne foi est recevable à agir en garantie d'éviction en application de l'article 1626 du code civil. L'acquéreur informe le vendeur de la mise en demeure.

Art. L. 112-24 *(Ord. nº 2017-1134 du 5 juill. 2017, art. 2-5º et 9-I, en vigueur le 1er janv. 2018)* L'administration des douanes peut mettre en œuvre les dispositions des articles 60, 61, 63, 65 et 322 *bis* du code des douanes pour l'application des dispositions de la section I.

Art. L. 112-25 *(Ord. nº 2017-1134 du 5 juill. 2017, art. 2-5º et 9-I, en vigueur le 1er janv. 2018)* La propriété du bien culturel ayant fait l'objet d'une procédure de retour sur le territoire d'un État membre est régie par la législation de l'État requérant.

VII – Code de procédure civile

200 Actes d'état civil

Art. 1046 *(Décr. n° 2017-890 du 6 mai 2017, art. 47-1°)* Le procureur de la République territorialement compétent pour procéder à la rectification administrative des erreurs et omissions purement matérielles des actes de l'état civil et à l'annulation des actes irrégulièrement établis est le procureur de la République du lieu où a été établi l'acte comportant l'erreur ou l'omission initiale ou l'acte irrégulièrement dressé.

Toutefois, sont compétents :

1° Le procureur de la République du lieu où est établi le service central d'état civil du ministère des affaires étrangères, pour les actes détenus par ce service ;

2° Le procureur de la République près le tribunal de grande instance de Paris pour les certificats tenant lieu d'actes de l'état civil à un réfugié, un apatride ou un bénéficiaire de la protection subsidiaire.

Art. 1046-1 *(Décr. n° 2017-890 du 6 mai 2017, art. 47-1°)* Le procureur de la République territorialement compétent donne instructions aux dépositaires des registres de l'acte erroné ou annulé, ainsi qu'à ceux qui détiennent les autres actes entachés par la même erreur ou dressés à la suite de l'acte erroné ou annulé.

Le procureur de la République informe de la rectification ou de l'annulation de l'acte, la personne à laquelle l'acte se rapporte, son ou ses représentants légaux ou la personne chargée de sa protection au sens de l'article 425 du code civil. Cette information n'est pas requise lorsque l'acte a été établi, par erreur, en double.

Art. 1047 *(Décr. n° 2017-890 du 6 mai 2017, art. 47-1°)* Les erreurs ou omissions purement matérielles qui, en application de l'article 99-1 du code civil, peuvent faire l'objet d'une rectification par l'officier de l'état civil, sont :

1° L'erreur ou l'omission dans un acte de l'état civil dont la preuve est rapportée par l'acte de naissance de l'intéressé, de son parent ou de toute autre personne désignée dans l'acte en cause, lorsque l'acte de naissance est détenu par un officier de l'état civil français ;

2° L'erreur ou l'omission portant sur une énonciation ou une mention apposée en marge d'un acte de l'état civil, à l'exception de celles apposées sur instruction du procureur de la République, lorsque la preuve de l'erreur ou de l'omission est rapportée par la production de l'acte, de la déclaration ou de la décision qu'il mentionne ou qu'il a omis.

Par exception :

a) L'erreur ou l'omission figurant dans un acte de mariage ne peut être rectifiée que sur production des pièces versées au dossier de mariage ;

b) L'omission dans l'apposition d'une mention est réparée par un nouvel envoi de l'avis de mention ;

3° Une mention apposée à tort en marge d'un acte de naissance, lorsque l'officier de l'état civil détient l'acte à l'origine de la mention ;

4° L'erreur dans le domicile ou la profession mentionnée dans un acte de l'état civil sur production de pièces justificatives;

5° L'erreur portant sur la date de naissance ou de décès dans un acte de l'état civil, sur production d'un certificat d'accouchement ou de décès;

6° L'erreur relative à l'officier de l'état civil ayant établi l'acte de l'état civil;

7° L'erreur portant sur l'un ou les prénoms mentionnés dans un acte de naissance, sur production du certificat d'accouchement ou d'une copie du registre des naissances détenu par l'établissement du lieu de l'accouchement;

8° L'erreur portant sur la présentation matérielle du nom de famille composé de plusieurs vocables dans les actes de l'état civil.

L'intéressé, son ou ses représentants légaux ou la personne chargée de sa protection au sens de l'article 425 du code civil produisent, à l'appui de leur demande de rectification, une copie intégrale des actes de l'état civil datant de moins de trois mois.

L'officier de l'état civil, détenteur de l'acte comportant l'erreur initiale *[,]* procède aux rectifications entachant cet acte. Il met également à jour les autres actes de l'état civil entachés de la même erreur; lorsqu'il n'en est pas dépositaire, il transmet un avis de mention à chacun des officiers de l'état civil dépositaires de ces actes conformément à l'article 49 du code civil.

L'officier de l'état civil informe de la rectification opérée la personne à laquelle l'acte se rapporte, son ou ses représentants légaux ou la personne chargée de sa protection au sens de l'article 425 du code civil.

Art. 1048 *(Décr. nº 2017-890 du 6 mai 2017, art. 47-2º-a)* «Le tribunal de grande instance *[,]* ou son président territorialement compétent, est celui du lieu où demeure la personne dont l'état civil est en cause ou, si elle demeure hors de France, le tribunal de grande instance de Paris ou son président. Peut également être saisie la juridiction du lieu ou *[où]* l'acte a été dressé ou transcrit.»

(Décr. nº 2004-836 du 20 août 2004, art. 14, en vigueur le 1er janv. 2005) «Sont toutefois seuls compétents :

«— la juridiction du lieu d'établissement du service central d'état civil du ministère des affaires étrangères, pour les actes détenus par ce service;

«— le tribunal de grande instance de Paris ou son président, pour les *(Décr. nº 2017-890 du 6 mai 2017, art. 47-2º-b)* «certificats» tenant lieu d'acte d'état civil à un réfugié *(Décr. nº 2017-890 du 6 mai 2017, art. 47-2º-b)* «, un apatride ou un bénéficiaire de la protection subsidiaire».»

Art. 1055-1 *(Décr. nº 2017-450 du 29 mars 2017, art. 2)* Le procureur de la République territorialement compétent pour contester devant le juge aux affaires familiales le ou les prénoms choisis par les parents, en application du troisième alinéa de l'article 57 du code civil, est celui dans le ressort duquel est détenu l'acte de naissance de l'enfant.

Lorsque l'acte de naissance a été dressé ou transcrit par les autorités diplomatiques ou consulaires, le procureur de la République territorialement compétent est celui du lieu où est établi le service central d'état civil du ministère des affaires étrangères.

Art. 1056-2 *(Décr. nº 2007-773 du 10 mai 2007, art. 1er)* Le procureur de la République territorialement compétent pour s'opposer à la célébration d'un mariage d'un Français à l'étranger est celui du lieu où est établi le service central d'état civil du ministère des affaires étrangères.

Il est également seul compétent pour se prononcer sur la transcription de l'acte de mariage étranger sur les registres de l'état civil français et pour poursuivre l'annulation de ce mariage.

Il est également seul compétent, lorsque l'acte de mariage étranger a été transcrit sur les registres consulaires français, pour poursuivre l'annulation du mariage, même s'il n'a pas été saisi préalablement à la transcription.

Art. 1058 *(Décr. nº 81-500 du 12 mai 1981, art. 5, en vigueur le 1er janv. 1982)* Le classement et la conservation des extraits sont assurés par le *(Décr. nº 2004-836 du 20 août 2004, art. 52-I, en vigueur le 1er janv. 2005)* «greffe» du tribunal de grande instance dans le ressort duquel est née la personne concernée et par le service central d'état civil pour les personnes nées à l'étranger.

201 Arbitrage

Dispositions propres à l'arbitrage international

Art. 1504 *(Décr. nº 2011-48 du 13 janv. 2011, art. 1er et 2, en vigueur le 1er mai 2011)* Est international l'arbitrage qui met en cause des intérêts du commerce international.

Art. 1505 *(Décr. nº 2011-48 du 13 janv. 2011, art. 1er et 2, en vigueur le 1er mai 2011)* En matière d'arbitrage international, le juge d'appui de la procédure arbitrale est, sauf clause contraire, le président du tribunal de grande instance de Paris lorsque :

1º L'arbitrage se déroule en France ou

2º Les parties sont convenues de soumettre l'arbitrage à la loi de procédure française ou

3º Les parties ont expressément donné compétence aux juridictions étatiques françaises pour connaître des différends relatifs à la procédure arbitrale ou

4º L'une des parties est exposée à un risque de déni de justice.

Art. 1506 *(Décr. nº 2011-48 du 13 janv. 2011, art. 1er et 2, en vigueur le 1er mai 2011)* A moins que les parties en soient convenues autrement et sous réserve des dispositions du présent titre, s'appliquent à l'arbitrage international les articles :

1º 1446, 1447, 1448 (alinéas 1 et 2) et 1449, relatifs à la convention d'arbitrage;

2º 1452 à 1458 et 1460, relatifs à la constitution du tribunal arbitral et à la procédure applicable devant le juge d'appui;

3º 1462, 1463 (alinéa 2), 1464 (alinéa 3), 1465 à 1470 et 1472 relatifs à l'instance arbitrale;

4º 1479, 1481, 1482, 1484 (alinéas 1 et 2), 1485 (alinéas 1 et 2) et 1486 relatifs à la sentence arbitrale;

5º 1502 (alinéas 1 et 2) et 1503 relatifs aux voies de recours autres que l'appel et le recours en annulation.

[NdE : v. ces dispositions infra.]

CHAPITRE PREMIER

La convention d'arbitrage international

Art. 1507 *(Décr. nº 2011-48 du 13 janv. 2011, art. 1er et 2, en vigueur le 1er mai 2011)* La convention d'arbitrage n'est soumise à aucune condition de forme.

Art. 1508 *(Décr. n° 2011-48 du 13 janv. 2011, art. 1er et 2, en vigueur le 1er mai 2011)* La convention d'arbitrage peut, directement ou par référence à un règlement d'arbitrage ou à des règles de procédure, désigner le ou les arbitres ou prévoir les modalités de leur désignation.

CHAPITRE II

L'instance et la sentence arbitrales

Art. 1509 *(Décr. n° 2011-48 du 13 janv. 2011, art. 1er et 2, en vigueur le 1er mai 2011)* La convention d'arbitrage peut, directement ou par référence à un règlement d'arbitrage ou à des règles de procédure, régler la procédure à suivre dans l'instance arbitrale.

Dans le silence de la convention d'arbitrage, le tribunal arbitral règle la procédure autant qu'il est besoin, soit directement, soit par référence à un règlement d'arbitrage ou à des règles de procédure.

Art. 1510 *(Décr. n° 2011-48 du 13 janv. 2011, art. 1er et 2, en vigueur le 1er mai 2011)* Quelle que soit la procédure choisie, le tribunal arbitral garantit l'égalité des parties et respecte le principe de la contradiction.

Art. 1511 *(Décr. n° 2011-48 du 13 janv. 2011, art. 1er et 2, en vigueur le 1er mai 2011)* Le tribunal arbitral tranche le litige conformément aux règles de droit que les parties ont choisies ou, à défaut, conformément à celles qu'il estime appropriées.

Il tient compte, dans tous les cas, des usages du commerce.

Art. 1512 *(Décr. n° 2011-48 du 13 janv. 2011, art. 1er et 2, en vigueur le 1er mai 2011)* Le tribunal arbitral statue en amiable composition si les parties lui ont confié cette mission.

Art. 1513 *(Décr. n° 2011-48 du 13 janv. 2011, art. 1er et 2, en vigueur le 1er mai 2011)* Dans le silence de la convention d'arbitrage, la sentence est rendue à la majorité des voix. Elle est signée par tous les arbitres.

Toutefois, si une minorité d'entre eux refuse de la signer, les autres en font mention dans la sentence.

A défaut de majorité, le président du tribunal arbitral statue seul. En cas de refus de signature des autres arbitres, le président en fait mention dans la sentence qu'il signe alors seul.

La sentence rendue dans les conditions prévues à l'un ou l'autre des deux alinéas précédents produit les mêmes effets que si elle avait été signée par tous les arbitres ou rendue à la majorité des voix.

CHAPITRE III

La reconnaissance et l'exécution des sentences arbitrales rendues à l'étranger ou en matière d'arbitrage international

Art. 1514 Les sentences arbitrales sont reconnues ou exécutées en France si leur existence est établie par celui qui s'en prévaut et si cette reconnaissance ou cette exécution n'est pas manifestement contraire à l'ordre public international.

Art. 1515 L'existence d'une sentence arbitrale est établie par la production de l'original accompagné de la convention d'arbitrage ou des copies de ces documents réunissant les conditions requises pour leur authenticité.

Si ces documents ne sont pas rédigés en langue française, la partie requérante en produit une traduction. Elle peut être invitée à produire une traduction établie par un traducteur inscrit sur une liste d'experts judiciaires ou par un traducteur habilité à intervenir auprès des autorités judiciaires ou administratives d'un autre État membre de l'Union européenne, d'un État partie à l'accord sur l'Espace économique européen ou de la Confédération suisse.

Art. 1516 La sentence arbitrale n'est susceptible d'exécution forcée qu'en vertu d'une ordonnance d'exequatur émanant du tribunal de grande instance dans le ressort duquel elle été rendue ou du tribunal de grande instance de Paris lorsqu'elle a été rendue à l'étranger.

La procédure relative à la demande d'exequatur n'est pas contradictoire.

La requête est déposée par la partie la plus diligente au greffe de la juridiction accompagnée de l'original de la sentence et d'un exemplaire de la convention d'arbitrage ou de leurs copies réunissant les conditions requises pour leur authenticité.

Art. 1517 L'exequatur est apposé sur l'original ou, si celui-ci n'est pas produit, sur la copie de la sentence arbitrale répondant aux conditions prévues au dernier alinéa de l'article 1516.

Lorsque la sentence arbitrale n'est pas rédigée en langue française, l'exequatur est également apposé sur la traduction opérée dans les conditions prévues à l'article 1515.

L'ordonnance qui refuse d'accorder l'exequatur à la sentence arbitrale est motivée.

Section I

Sentences rendues en France

Art. 1518 La sentence rendue en France en matière d'arbitrage international ne peut faire l'objet que d'un recours en annulation.

Art. 1519 Le recours en annulation est porté devant la cour d'appel dans le ressort de laquelle la sentence a été rendue.

Ce recours est recevable dès le prononcé de la sentence. Il cesse de l'être s'il n'a pas été exercé dans le mois de la notification de la sentence.

La notification est faite par voie de signification à moins que les parties en conviennent autrement.

Art. 1520 Le recours en annulation n'est ouvert que si :

1° Le tribunal arbitral s'est déclaré à tort compétent ou incompétent ou

2° Le tribunal arbitral a été irrégulièrement constitué ou

3° Le tribunal arbitral a statué sans se conformer à la mission qui lui avait été confiée ou

4° Le principe de la contradiction n'a pas été respecté ou

5° La reconnaissance ou l'exécution de la sentence est contraire à l'ordre public international.

Art. 1521 Le premier président ou, dès qu'il est saisi, le conseiller de la mise en état peut conférer l'exequatur à la sentence.

Art. 1522 Par convention spéciale, les parties peuvent à tout moment renoncer expressément au recours en annulation.

Dans ce cas, elles peuvent toujours faire appel de l'ordonnance d'exequatur pour l'un des motifs prévus à l'article 1520.

L'appel est formé dans le délai d'un mois à compter de la notification de la sentence revêtue de l'exequatur. La notification est faite par voie de signification à moins que les parties en conviennent autrement.

Art. 1523 *(Décr. nº 2011-48 du 13 janv. 2011, art. 1er et 2, en vigueur le 1er mai 2011)* La décision qui refuse la reconnaissance ou l'exequatur d'une sentence arbitrale internationale rendue en France est susceptible d'appel.

L'appel est formé dans le délai d'un mois à compter de la signification de la décision.

Dans ce cas, la cour d'appel connaît, à la demande d'une partie, du recours en annulation à l'encontre de la sentence à moins qu'elle ait renoncé à celui-ci ou que le délai pour l'exercer soit expiré.

Art. 1524 *(Décr. nº 2011-48 du 13 janv. 2011, art. 1er et 2, en vigueur le 1er mai 2011)* L'ordonnance qui accorde l'exequatur n'est susceptible d'aucun recours sauf dans le cas prévu au deuxième alinéa de l'article 1522.

Toutefois, le recours en annulation de la sentence emporte de plein droit, dans les limites de la saisine de la cour, recours contre l'ordonnance du juge ayant statué sur l'exequatur ou dessaisissement de ce juge.

Art. 1525 *(Décr. nº 2011-48 du 13 janv. 2011, art. 1er et 2, en vigueur le 1er mai 2011)* La décision qui statue sur une demande de reconnaissance ou d'exequatur d'une sentence arbitrale rendue à l'étranger est susceptible d'appel.

L'appel est formé dans le délai d'un mois à compter de la signification de la décision.

Les parties peuvent toutefois convenir d'un autre mode de notification lorsque l'appel est formé à l'encontre de la sentence revêtue de l'exequatur.

La cour d'appel ne peut refuser la reconnaissance ou l'exequatur de la sentence arbitrale que dans les cas prévus à l'article 1520.

Art. 1526 *(Décr. nº 2011-48 du 13 janv. 2011, art. 1er et 2, en vigueur le 1er mai 2011)* Le recours en annulation formé contre la sentence et l'appel de l'ordonnance ayant accordé l'exequatur ne sont pas suspensifs.

Toutefois, le premier président statuant en référé ou, dès qu'il est saisi, le conseiller de la mise en état peut arrêter ou aménager l'exécution de la sentence si cette exécution est susceptible de léser gravement les droits de l'une des parties.

Art. 1527 *(Décr. nº 2011-48 du 13 janv. 2011, art. 1er et 2, en vigueur le 1er mai 2011)* L'appel de l'ordonnance ayant statué sur l'exequatur et le recours en annulation de la sentence sont formés, instruits et jugés selon les règles relatives à la procédure contentieuse prévues aux articles 900 à 930-1.

Le rejet de l'appel ou du recours en annulation confère l'exequatur à la sentence arbitrale ou à celles de ses dispositions qui ne sont pas atteintes par la censure de la cour.

Dispositions de l'arbitrage interne, rendues applicables à l'arbitrage international par renvoi de l'article 1506 :

Art. 1446 *(Décr. nº 2011-48 du 13 janv. 2011, art. 1er et 2, en vigueur le 1er mai 2011)* Les parties peuvent compromettre même au cours d'une instance déjà engagée devant une juridiction.

Art. 1447 *(Décr. nº 2011-48 du 13 janv. 2011, art. 1er et 2, en vigueur le 1er mai 2011)* La convention d'arbitrage est indépendante du contrat auquel elle se rapporte. Elle n'est pas affectée par l'inefficacité de celui-ci.

Lorsqu'elle est nulle, la clause compromissoire est réputée non écrite.

Art. 1448 *(Décr. nº 2011-48 du 13 janv. 2011, art. 1er et 2, en vigueur le 1er mai 2011)* Lorsqu'un litige relevant d'une convention d'arbitrage est porté devant une juridiction de l'État, celle-ci se déclare incompétente sauf si le tribunal arbitral n'est pas encore saisi et si la convention d'arbitrage est manifestement nulle ou manifestement inapplicable.

La juridiction de l'État ne peut relever d'office son incompétence.

Toute stipulation contraire au présent article est réputée non écrite.

Art. 1449 *(Décr. nº 2011-48 du 13 janv. 2011, art. 1er et 2, en vigueur le 1er mai 2011)* L'existence d'une convention d'arbitrage ne fait pas obstacle, tant que le tribunal arbitral n'est pas constitué, à ce qu'une partie saisisse une juridiction de l'État aux fins d'obtenir une mesure d'instruction ou une mesure provisoire ou conservatoire.

Sous réserve des dispositions régissant les saisies conservatoires et les sûretés judiciaires, la demande est portée devant le président du tribunal de grande instance ou de commerce, qui statue sur les mesures d'instruction dans les conditions prévues à l'article 145 et, en cas d'urgence, sur les mesures provisoires ou conservatoires sollicitées par les parties à la convention d'arbitrage.

CHAPITRE II

Le tribunal arbitral

Art. 1452 *(Décr. nº 2011-48 du 13 janv. 2011, art. 1er et 2, en vigueur le 1er mai 2011)* En l'absence d'accord des parties sur les modalités de désignation du ou des arbitres :

1º En cas d'arbitrage par un arbitre unique, si les parties ne s'accordent pas sur le choix de l'arbitre, celui-ci est désigné par la personne chargée d'organiser l'arbitrage ou, à défaut, par le juge d'appui ;

2º En cas d'arbitrage par trois arbitres, chaque partie en choisit un et les deux arbitres ainsi choisis désignent le troisième; si une partie ne choisit pas d'arbitre dans un délai d'un mois à compter de la réception de la demande qui lui en est faite par l'autre partie ou si les deux arbitres ne s'accordent pas sur le choix du troisième dans un délai d'un mois à compter de l'acceptation de leur désignation, la personne chargée d'organiser l'arbitrage ou, à défaut, le juge d'appui procède à cette désignation.

Art. 1453 *(Décr. nº 2011-48 du 13 janv. 2011, art. 1er et 2, en vigueur le 1er mai 2011)* Lorsque le litige oppose plus de deux parties et que celles-ci ne s'accordent pas sur les modalités de constitution du tribunal arbitral, la personne chargée d'organiser l'arbitrage ou, à défaut, le juge d'appui, désigne le ou les arbitres.

Art. 1454 *(Décr. n° 2011-48 du 13 janv. 2011, art. 1er et 2, en vigueur le 1er mai 2011)* Tout autre différend lié à la constitution du tribunal arbitral est réglé, faute d'accord des parties, par la personne chargée d'organiser l'arbitrage ou, à défaut, tranché par le juge d'appui.

Art. 1455 *(Décr. n° 2011-48 du 13 janv. 2011, art. 1er et 2, en vigueur le 1er mai 2011)* Si la convention d'arbitrage est manifestement nulle ou manifestement inapplicable, le juge d'appui déclare n'y avoir lieu à désignation.

Art. 1456 *(Décr. n° 2011-48 du 13 janv. 2011, art. 1er et 2, en vigueur le 1er mai 2011)* Le tribunal arbitral est constitué lorsque le ou les arbitres ont accepté la mission qui leur est confiée. A cette date, il est saisi du litige.

Il appartient à l'arbitre, avant d'accepter sa mission, de révéler toute circonstance susceptible d'affecter son indépendance ou son impartialité. Il lui est également fait obligation de révéler sans délai toute circonstance de même nature qui pourrait naître après l'acceptation de sa mission.

En cas de différend sur le maintien de l'arbitre, la difficulté est réglée par la personne chargée d'organiser l'arbitrage ou, à défaut, tranchée par le juge d'appui, saisi dans le mois qui suit la révélation ou la découverte du fait litigieux.

Art. 1457 *(Décr. n° 2011-48 du 13 janv. 2011, art. 1er et 2, en vigueur le 1er mai 2011)* Il appartient à l'arbitre de poursuivre sa mission jusqu'au terme de celle-ci à moins qu'il justifie d'un empêchement ou d'une cause légitime d'abstention ou de démission.

En cas de différend sur la réalité du motif invoqué, la difficulté est réglée par la personne chargée d'organiser l'arbitrage ou, à défaut, tranchée par le juge d'appui saisi dans le mois qui suit l'empêchement, l'abstention ou la démission.

Art. 1458 *(Décr. n° 2011-48 du 13 janv. 2011, art. 1er et 2, en vigueur le 1er mai 2011)* L'arbitre ne peut être révoqué que du consentement unanime des parties. A défaut d'unanimité, il est procédé conformément aux dispositions du dernier alinéa de l'article 1456.

Art. 1460 *(Décr. n° 2011-48 du 13 janv. 2011, art. 1er et 2, en vigueur le 1er mai 2011)* Le juge d'appui est saisi soit par une partie, soit par le tribunal arbitral ou l'un de ses membres.

La demande est formée, instruite et jugée comme en matière de référé.

Le juge d'appui statue par ordonnance non susceptible de recours. Toutefois, cette ordonnance peut être frappée d'appel lorsque le juge déclare n'y avoir lieu à désignation pour une des causes prévues à l'article 1455.

CHAPITRE III

L'instance arbitrale

Art. 1462 Le litige est soumis au tribunal arbitral soit conjointement par les parties, soit par la partie la plus diligente.

Art. 1463 *(al. 1 non applicable à l'arbitrage international).* Le délai légal ou conventionnel peut être prorogé par accord des parties ou, à défaut, par le juge d'appui.

Art. 1464 *(al. 1 et 2 non applicables à l'arbitrage international).* Les parties et les arbitres agissent avec célérité et loyauté dans la conduite de la procédure.

Sous réserve des obligations légales et à moins que les parties n'en disposent autrement, la procédure arbitrale est soumise au principe de confidentialité.

Art. 1465 Le tribunal arbitral est seul compétent pour statuer sur les contestations relatives à son pouvoir juridictionnel.

Art. 1466 La partie qui, en connaissance de cause et sans motif légitime, s'abstient d'invoquer en temps utile une irrégularité devant le tribunal arbitral est réputée avoir renoncé à s'en prévaloir.

Art. 1467 Le tribunal arbitral procède aux actes d'instruction nécessaires à moins que les parties ne l'autorisent à commettre l'un de ses membres.

Le tribunal arbitral peut entendre toute personne. Cette audition a lieu sans prestation de serment.

Si une partie détient un élément de preuve, le tribunal arbitral peut lui enjoindre de le produire selon les modalités qu'il détermine et au besoin à peine d'astreinte.

Art. 1468 Le tribunal arbitral peut ordonner aux parties, dans les conditions qu'il détermine et au besoin à peine d'astreinte, toute mesure conservatoire ou provisoire qu'il juge opportune. Toutefois, la juridiction de l'État est seule compétente pour ordonner des saisies conservatoires et sûretés judiciaires.

Le tribunal arbitral peut modifier ou compléter la mesure provisoire ou conservatoire qu'il a ordonnée.

Art. 1469 Si une partie à l'instance arbitrale entend faire état d'un acte authentique ou sous seing privé auquel elle n'a pas été partie ou d'une pièce détenue par un tiers, elle peut, sur invitation du tribunal arbitral, faire assigner ce tiers devant le président du tribunal de grande instance aux fins d'obtenir la délivrance d'une expédition ou la production de l'acte ou de la pièce.

La compétence territoriale du président du tribunal de grande instance est déterminée conformément aux articles 42 à 48.

La demande est formée, instruite et jugée comme en matière de référé.

Le président, s'il estime la demande fondée, ordonne la délivrance ou la production de l'acte ou de la pièce, en original, en copie ou en extrait, selon le cas, dans les conditions et sous les garanties qu'il fixe, au besoin à peine d'astreinte.

Cette décision n'est pas exécutoire de plein droit.

Elle est susceptible d'appel dans un délai de quinze jours suivant la signification de la décision.

Art. 1470 Sauf stipulation contraire, le tribunal arbitral a le pouvoir de trancher l'incident de vérification d'écriture ou de faux conformément aux dispositions des articles 287 à 294 et de l'article 299.

En cas d'inscription de faux incident, il est fait application de l'article 313.

Art. 1472 *(Décr. n° 2011-48 du 13 janv. 2011, art. 1er et 2, en vigueur le 1er mai 2011)* Le tribunal arbitral peut, s'il y a lieu, surseoir à statuer. Cette décision suspend le cours de l'instance pour le temps ou jusqu'à la survenance de l'événement qu'elle détermine.

Le tribunal arbitral peut, suivant les circonstances, révoquer le sursis ou en abréger le délai.

CHAPITRE IV

La sentence arbitrale

Art. 1479 *(Décr. n° 2011-48 du 13 janv. 2011, art. 1er et 2, en vigueur le 1er mai 2011)* Les délibérations du tribunal arbitral sont secrètes.

Art. 1481 *(Décr. n° 2011-48 du 13 janv. 2011, art. 1er et 2, en vigueur le 1er mai 2011)* La sentence arbitrale contient l'indication :

1° Des nom, prénoms ou dénomination des parties ainsi que de leur domicile ou siège social;

2° Le cas échéant, du nom des avocats ou de toute personne ayant représenté ou assisté les parties;

3° Du nom des arbitres qui l'ont rendue;

4° De sa date;

5° Du lieu où la sentence a été rendue.

Art. 1482 *(Décr. n° 2011-48 du 13 janv. 2011, art. 1er et 2, en vigueur le 1er mai 2011)* La sentence arbitrale expose succinctement les prétentions respectives des parties et leurs moyens.

Elle est motivée.

Art. 1484 *(Décr. n° 2011-48 du 13 janv. 2011, art. 1er et 2, en vigueur le 1er mai 2011)* La sentence arbitrale a, dès qu'elle est rendue, l'autorité de la chose jugée relativement à la contestation qu'elle tranche.

Elle peut être assortie de l'exécution provisoire.

Elle est notifiée par voie de signification à moins que les parties en conviennent autrement.

Art. 1485 *(Décr. n° 2011-48 du 13 janv. 2011, art. 1er et 2, en vigueur le 1er mai)* La sentence dessaisit le tribunal arbitral de la contestation qu'elle tranche.

Toutefois, à la demande d'une partie, le tribunal arbitral peut interpréter la sentence, réparer les erreurs et omissions matérielles qui l'affectent ou la compléter lorsqu'il a omis de statuer sur un chef de demande. Il statue après avoir entendu les parties ou celles-ci appelées.

Si le tribunal arbitral ne peut être à nouveau réuni et si les parties ne peuvent s'accorder pour le reconstituer, ce pouvoir appartient à la juridiction qui eût été compétente à défaut d'arbitrage.

Art. 1486 *(Décr. n° 2011-48 du 13 janv. 2011, art. 1er et 2, en vigueur le 1er mai 2011)* Les demandes formées en application du deuxième alinéa de l'article 1485 sont présentées dans un délai de trois mois à compter de la notification de la sentence.

Sauf convention contraire, la sentence rectificative ou complétée est rendue dans un délai de trois mois à compter de la saisine du tribunal arbitral. Ce délai peut être prorogé conformément au second alinéa de l'article 1463.

La sentence rectificative ou complétée est notifiée dans les mêmes formes que la sentence initiale.

Section V

Autres voies de recours

Art. 1502 *(Décr. n° 2011-48 du 13 janv. 2011, art. 1er et 2, en vigueur le 1er mai 2011)* Le recours en révision est ouvert contre la sentence arbitrale dans les cas prévus pour les jugements à l'article 595 et sous les conditions prévues aux articles 594, 596, 597 et 601 à 603.

Le recours est porté devant le tribunal arbitral.

Toutefois, si le tribunal arbitral ne peut à nouveau être réuni, le recours est porté devant la cour d'appel qui eût été compétente pour connaître des autres recours contre la sentence.

202 Commission rogatoire

Art. 733 *(Décr. n° 2017-892 du 6 mai 2017, art. 16-1°)* Les dispositions du présent chapitre s'appliquent sous réserve des règlements européens et des traités internationaux.

Art. 734 Le juge peut, à la demande des parties, ou d'office, faire procéder dans un État étranger aux mesures d'instruction ainsi qu'aux autres actes judiciaires qu'il estime nécessaires en donnant commission rogatoire soit à toute autorité judiciaire compétente de cet État, soit aux autorités diplomatiques ou consulaires françaises.

Art. 734-1 *(Décr. n° 2017-892 du 6 mai 2017, art. 16-4°)* Le greffe de la juridiction commettante adresse au ministère public une expédition de la décision donnant commission rogatoire à moins que la transmission doive se faire directement à la juridiction ou à l'autorité étrangère compétente.

La décision donnant commission rogatoire est accompagnée d'une traduction établie à la diligence des parties, à moins que ne soit autorisée sa transmission en langue française.

Art. 734-2 Le ministère public *(Décr. n° 2017-892 du 6 mai 2017, art. 16-5°)* «près la juridiction commettante» fait aussitôt parvenir la commission rogatoire au ministre de la justice aux fins de transmission, à moins qu'en vertu d'un traité la transmission *(Décr. n° 2017-892 du 6 mai 2017, art. 16-5°)* «doive» être faite directement à l'autorité étrangère.

Art. 735 *(Décr. n° 2017-892 du 6 mai 2017, art. 16-8°)* Le tribunal de grande instance a seul compétence pour connaître des commissions rogatoires.

Le tribunal de grande instance territorialement compétent est celui dans le ressort duquel la commission rogatoire doit être exécutée.

Art. 736 Le ministre de la justice transmet au ministère public *(Décr. n° 2017-892 du 6 mai 2017, art. 16-9°)* «près le tribunal de grande instance compétent» les commissions rogatoires qui lui sont adressées *(Abrogé par Décr. n° 2017-892 du 6 mai 2017, art. 16-9°) «par les États étrangers».*

Art. 737 Le ministère public fait aussitôt parvenir la commission rogatoire *(Décr. n° 2017-892 du 6 mai 2017, art. 16-10°)* «au président du tribunal de grande instance» aux fins d'exécution.

Art. 738 Dès réception de la commission rogatoire, *(Décr. nº 2017-892 du 6 mai 2017, art. 16-11º)* «le juge commis à cet effet par le président du tribunal de grande instance procède aux opérations prescrites».

Art. 739 La commission rogatoire est exécutée conformément à la loi française à moins que la juridiction étrangère n'ait demandé qu'il y soit procédé selon une forme particulière.

Si demande en est faite dans la commission rogatoire, les questions et les réponses sont intégralement transcrites ou enregistrées.

Art. 740 Les parties et leurs défenseurs, même s'ils sont étrangers, peuvent, sur autorisation du juge, poser des questions; celles-ci doivent être formulées ou traduites en langue française; il en est de même des réponses qui leur sont faites.

Art. 741 Le juge commis est tenu d'informer la juridiction commettante qui en fait la demande des lieu, jour et heure auxquels il sera procédé à l'exécution de la commission rogatoire; le juge étranger commettant peut y assister.

Art. 742 Le juge ne peut pas refuser d'exécuter une commission rogatoire au seul motif que la loi française revendique une compétence exclusive, ou qu'elle ne connaît pas de voie de droit répondant à l'objet de la demande portée devant la juridiction commettante, ou qu'elle n'admet pas le résultat auquel tend la commission rogatoire.

Art. 743 Le juge commis peut refuser, d'office ou à la demande de toute personne intéressée, l'exécution d'une commission rogatoire s'il estime qu'elle ne rentre pas dans ses attributions. Il doit la refuser si elle est de nature à porter atteinte à la souveraineté ou à la sécurité de l'État français.

Les personnes intéressées peuvent également, dans ces mêmes cas, demander au juge commis de rapporter les mesures qu'il a déjà prises et d'annuler les actes constatant l'exécution de la commission rogatoire.

Art. 744 Le ministère public doit s'assurer du respect des principes directeurs du procès dans l'exécution des commissions rogatoires.

En cas de violation de ces principes, le ministère public ou la partie intéressée peut demander au juge commis de rapporter les mesures qu'il a prises ou d'annuler les actes constatant l'exécution de la commission rogatoire.

Art. 745 Si la commission rogatoire a été transmise irrégulièrement, le juge commis peut d'office ou à la demande du ministère public refuser de l'exécuter; il peut également, à la demande du ministère public, rapporter les mesures qu'il a déjà prises et annuler les actes constatant l'exécution de la commission rogatoire.

Art. 746 La décision par laquelle le juge refuse d'exécuter une commission rogatoire, annule les actes constatant son exécution, rapporte les mesures qu'il a prises, ou refuse de les rapporter, doit être motivée.

Les parties et le ministère public peuvent interjeter appel de la décision.

Le délai d'appel est de quinze jours; il n'est pas augmenté en raison des distances.

Art. 747 Les actes constatant l'exécution de la commission rogatoire ou la décision par laquelle le juge refuse de l'exécuter, sont transmis à la juridiction commettante selon les mêmes voies que celles par lesquelles la commission rogatoire a été transmise à la juridiction requise.

Art. 747-1 *(Décr. n° 2017-892 du 6 mai 2017, art. 16-12°)* Si demande en est faite dans la commission rogatoire, et pour autant que la mesure d'instruction prescrive qu'il soit exclusivement procédé à une audition, le ministère de la justice peut en autoriser l'exécution directe par la juridiction étrangère, notamment par vidéoconférence, sans contrainte ni sanction possible.

Art. 747-2 *(Décr. n° 2017-892 du 6 mai 2017, art. 16-12°)* S'il est déféré à la demande de la juridiction étrangère, le ministère de la justice indique dans quelles conditions il doit être procédé à la mesure d'instruction et, s'il y a lieu, désigne le tribunal de grande instance compétent chargé d'assister la juridiction étrangère dans l'exécution de la mesure d'instruction.

Art. 748 L'exécution des commissions rogatoires a lieu sans frais ni taxes.

Toutefois, les sommes dues aux témoins, aux experts, aux interprètes ainsi qu'à toute personne prêtant son concours à l'exécution de la commission rogatoire sont à la charge de l'autorité étrangère. Il en est de même des frais résultant de l'application d'une forme particulière de procéder à la demande de la juridiction commettante.

203 Délais de comparution

Art. 643 Lorsque la demande est portée devant une juridiction qui a son siège en France métropolitaine, les délais de comparution, d'appel, d'opposition, *(Décr. n° 2017-892 du 6 mai 2017, art. 8)* «de tierce opposition dans l'hypothèse prévue à l'article 586 *[,]* alinéa 3,» de recours en révision et de pourvoi en cassation sont augmentés de :

1. Un mois pour les personnes qui demeurent *(Décr. n° 2008-452 du 13 mai 2008, art. 22)* «en Guadeloupe, en Guyane, à la Martinique, à La Réunion, à Mayotte, à Saint-Barthélemy, à Saint-Martin, à Saint-Pierre-et-Miquelon, en Polynésie française, dans les îles Wallis-et-Futuna, en Nouvelle-Calédonie et dans les Terres australes et antarctiques françaises»;
2. Deux mois pour celles qui demeurent à l'étranger.

Art. 644 *(Décr. n° 2008-452 du 13 mai 2008, art. 23)* Lorsque la demande est portée devant une juridiction qui a son siège en Guadeloupe, en Guyane, à la Martinique, à La Réunion, à Mayotte, à Saint-Barthélemy, à Saint-Martin, à Saint-Pierre-et-Miquelon et dans les îles Wallis-et-Futuna, les délais de comparution, d'appel, d'opposition *[,]* *(Décr. n° 2017-892 du 6 mai 2017, art. 8)* «de tierce opposition dans l'hypothèse prévue à l'article 586 *[,]* alinéa 3,» et de recours en révision, sont augmentés d'un mois pour les personnes qui ne demeurent pas dans la collectivité territoriale dans le ressort de laquelle la juridiction a son siège et de deux mois pour les personnes qui demeurent à l'étranger.

Art. 645 Les augmentations de délais prévues aux articles 643 et 644 s'appliquent dans tous les cas où il n'y est pas expressément dérogé.

Les délais de recours judiciaires en matière d'élections ne font l'objet de prorogation que dans les cas spécifiés par la loi.

Art. 646 Les dispositions qui précèdent ne font pas obstacle au pouvoir des juges, en cas d'urgence, d'abréger les délais de comparution ou de permettre de citer à jour fixe.

Art. 647 Lorsqu'un acte destiné à une partie domiciliée en un lieu où elle bénéficierait d'une prorogation de délai est notifié à sa personne en un lieu où ceux qui y demeurent n'en bénéficieraient point, cette notification n'emporte que les délais accordés à ces derniers.

Art. 647-1 *(Décr. n° 2005-1678 du 28 déc. 2005, art. 62, en vigueur le 1er mars 2006)* La date de notification *(Décr. n° 2010-1647 du 28 déc. 2010, art. 15-1°)* «, y compris lorsqu'elle doit être faite dans un délai déterminé,» d'un acte judiciaire ou extrajudiciaire *(Décr. n° 2008-452 du 13 mai 1008, art. 24)* «, en Polynésie française, dans les îles Wallis-et-Futuna, en Nouvelle-Calédonie et dans les Terres australes et antarctiques françaises» ainsi qu'à l'étranger est, à l'égard de celui qui y procède, la date d'expédition de l'acte par l'huissier de justice ou le greffe, ou, à défaut, la date de réception par le parquet compétent.

204 Déplacement illicite d'enfants

Art. 425 Le ministère public doit avoir communication :

1° Des affaires relatives à la filiation, à l'organisation de la tutelle des mineurs, à l'ouverture ou à la modification *(Décr. n° 2008-1276 du 5 déc. 2008, art. 3, en vigueur le 1er janv. 2009)* «des mesures judiciaires de protection juridique des majeurs» *(Décr. n° 2012-98 du 27 janv. 2012, art. 2)* «ainsi que des actions engagées sur le fondement des dispositions des instruments internationaux et européens relatives au déplacement illicite international d'enfants»;

(Décr. n° 2005-1677 du 28 déc. 2005, art. 357, en vigueur le 1er janv. 2006) «2° Des procédures de sauvegarde, de redressement judiciaire et de liquidation judiciaire, des causes relatives à la responsabilité pécuniaire des dirigeants sociaux et des procédures de faillite personnelle ou relatives aux interdictions prévues par l'article L. 653-8 du code de commerce.»

(Décr. n° 81-500 du 12 mai 1981, art. 15) «Le ministère public doit également avoir communication de toutes les affaires dans lesquelles la loi dispose qu'il doit faire connaître son avis.»

Art. 1210-4 *(Décr. n° 2017-892 du 6 mai 2017, art. 28-2°)* L'autorité centrale désignée dans le cadre des instruments internationaux et européens relatifs au déplacement illicite international d'enfants transmet au procureur de la République près le tribunal de grande instance territorialement compétent en application de l'article L. 211-12 du code de l'organisation judiciaire la demande de retour dont elle a été saisie.

I. — Lorsque la demande concerne un enfant déplacé ou retenu en France, le procureur de la République ordonne dès réception tous les actes utiles pour localiser l'enfant ou confirmer sa localisation. Si une juridiction a été saisie au fond sur les modalités de l'exercice de l'autorité parentale, le procureur de la République l'informe de la demande de retour.

Le procureur de la République peut aussi :

1° Prendre toute mesure en vue d'assurer la remise volontaire de l'enfant, notamment en faisant procéder à l'audition de la personne dont il est allégué qu'elle a déplacé ou retenu l'enfant et en l'invitant à un retour volontaire de l'enfant, ou de faciliter une solution amiable;

2° Ordonner toute mesure d'investigation, examen ou expertise qui lui semble nécessaire;

3° Saisir le juge compétent pour qu'il ordonne les mesures provisoires prévues par la loi ou, le cas échéant, transmettre les informations nécessaires au procureur de la République près le tribunal de grande instance territorialement compétent aux mêmes fins;

4° Introduire une procédure judiciaire afin d'obtenir le retour de l'enfant.

II. — Lorsque la demande concerne un enfant déplacé ou retenu à l'étranger, le procureur de la République peut ordonner toute mesure d'investigation afin de recueillir les informations sur l'enfant et son environnement matériel, familial et social qui ont été sollicitées par l'autorité centrale étrangère.

Le procureur de la République peut également prendre les mesures qu'il estime utiles afin d'assurer la protection de l'enfant après son retour ou, le cas échéant, transmettre les éléments pertinents au procureur de la République près le tribunal de grande instance territorialement compétent aux mêmes fins.

Art. 1210-5 *(Décr. n° 2004-1158 du 29 oct. 2004, art. 12, en vigueur le 1er mars 2005)* Les actions engagées sur le fondement des dispositions des instruments internationaux et *(Décr. n° 2012-98 du 27 janv. 2012, art. 1er-I)* «européens» relatives au déplacement illicite international d'enfants sont portées devant le juge aux affaires familiales du tribunal de grande instance territorialement compétent en application de *(Décr. n° 2012-66 du 20 janv. 2012, art. 40)* «l'article L. 211-12» du code de l'organisation judiciaire.

(Décr. n° 2017-892 du 6 mai 2017, art. 28-1°) «Est également portée devant le juge mentionné au premier alinéa la demande tendant à l'interdiction de sortie de l'enfant du territoire français sans l'autorisation des deux parents lorsque ce juge est saisi d'une demande de retour de l'enfant ou lorsque la demande est formée par le procureur de la République en application de l'article 1210-4.»

Art. 1210-6 *(Décr. n° 2004-1158 du 29 oct. 2004, art. 12)* La demande aux fins d'obtenir le retour de l'enfant, en application de la convention du 25 octobre 1980 sur les aspects civils de l'enlèvement international d'enfants, est formée, instruite et jugée en la forme des référés.

Art. 1210-7 *(Décr. n° 2012-98 du 27 janv. 2012, art. 1er-III)* Dès qu'il est informé de la décision de retour, le procureur de la République chargé de son exécution *(Décr. n° 2017-892 du 6 mai 2017, art. 28-6°)* «, qui est celui près le tribunal de grande instance spécialement désigné en application de l'article L. 211-12 du code de l'organisation judiciaire, dans le ressort duquel se trouve l'enfant,» peut procéder ou faire procéder à l'audition de la personne chez qui se trouve l'enfant qui fait l'objet de cette décision.

Art. 1210-8 *(Décr. n° 2012-98 du 27 janv. 2012, art. 1er-III)* Afin de déterminer les modalités d'exécution de la décision de retour les plus adaptées aux circonstances de l'espèce, le procureur de la République chargé de son exécution peut :

— s'attacher les services de toute personne qualifiée aux fins de favoriser l'exécution amiable de la décision et de déterminer les modalités du retour de l'enfant;

— requérir toute personne qualifiée afin de vérifier la situation matérielle, familiale et sociale de l'enfant faisant l'objet de la décision de retour;

— faire procéder à tout examen médical, psychiatrique et psychologique de l'enfant qu'il estime nécessaire.

Art. 1210-9 *(Décr. n° 2012-98 du 27 janv. 2012, art. 1er-III)* En l'absence d'exécution volontaire de la décision de retour, le procureur de la République compétent en application de l'article *(Décr. n° 2017-892 du 6 mai 2017, art. 28-5°)* «34-1 de la loi n° 95-125 du 8 janvier 1995» pour requérir directement la force publique afin de faire exécuter la décision est celui près le tribunal de grande instance spécialement désigné en application de l'article L. 211-12 du code de l'organisation judiciaire, dans le ressort duquel se trouve l'enfant. Il informe, s'il y a lieu, le procureur de la République près le tribunal de grande instance dans le ressort duquel se trouve l'enfant de son intention de requérir la force publique pour faire exécuter la décision de retour et peut recueillir de ce dernier toutes informations utiles, notamment au regard des risques que l'exécution de la décision pourrait entraîner.

205 Injonction de payer européenne

Art. 1424-1 *(Décr. n° 2008-1346 du 17 déc. 2008, art. 5)* La présente section est relative à la procédure européenne d'injonction de payer prévue par le règlement (CE) n° 1896/2006 du Parlement européen et du Conseil du 12 décembre 2006 instituant une procédure européenne d'injonction de payer.

Lorsque le *(Décr. n° 2014-1633 du 26 déc. 2014, art. 2-I)* «règlement (UE) n° 1215/2012 du Parlement européen et du Conseil du 12 décembre 2012 concernant la compétence judiciaire, la reconnaissance et l'exécution des décisions en matière civile et commerciale» désigne les juridictions d'un État membre sans autre précision, la juridiction territorialement compétente est celle du lieu où demeure le ou l'un des défendeurs.

Art. 1424-2 *(Décr. n° 2008-1346 du 17 déc. 2008, art. 5)* Le formulaire de demande d'injonction de payer européenne est remis ou adressé par voie postale au greffe de la juridiction.

Art. 1424-3 *(Décr. n° 2008-1346 du 17 déc. 2008, art. 5)* Le juge peut délivrer une injonction de payer européenne pour partie de la demande, après que le demandeur a accepté la proposition en ce sens qu'il lui a faite. Dans ce cas, le demandeur ne peut plus agir en justice pour réclamer le reliquat, sauf à ne pas signifier l'ordonnance et à procéder selon les voies de droit commun.

Art. 1424-4 *(Décr. n° 2008-1346 du 17 déc. 2008, art. 5)* L'injonction de payer européenne ou la décision de rejet d'une demande d'injonction de payer européenne ainsi que le formulaire de demande sont conservés à titre de minute au greffe.

Art. 1424-5 *(Décr. n° 2008-1346 du 17 déc. 2008, art. 5)* Une copie certifiée conforme du formulaire de demande et de la décision est signifiée, à l'initiative du demandeur, à chacun des défendeurs. Le formulaire d'opposition à injonction de payer européenne est annexé à l'acte de signification.

A peine de nullité, l'acte de signification contient, outre les mentions prescrites pour les actes d'huissier de justice, l'indication du tribunal devant lequel l'opposition doit être portée, du délai imparti et des formes selon lesquelles elle doit être faite.

Sous la même sanction, l'acte de signification :

— avertit le défendeur qu'à défaut d'opposition dans le délai indiqué, calculé en application du règlement (CEE, EURATOM) n° 1182/71 du Conseil du 3 juin 1971 portant détermination des règles applicables aux délais, aux dates et aux termes, il pourra être contraint par toutes voies de droit de payer les sommes réclamées;

— informe le défendeur de son droit de demander le réexamen de l'injonction de payer européenne devant la juridiction qui l'a rendue, après l'expiration du délai d'opposition, dans les cas exceptionnels prévus à l'article 20 du règlement (CE) n° 1896/2006 du Parlement européen et du Conseil du 12 décembre 2006 instituant une procédure européenne d'injonction de payer.

Art. 1424-6 *(Décr. n° 2008-1346 du 17 déc. 2008, art. 5)* Si la signification est faite à la personne du défendeur *(Décr. n° 2012-366 du 15 mars 2012, art. 11)* «et à moins qu'elle ne soit effectuée par voie électronique», l'huissier de justice doit porter verbalement à sa connaissance les informations qualifiées d'importantes par le formulaire d'injonction de payer européenne ainsi que les indications mentionnées à l'article 1424-5. L'accomplissement de cette formalité est mentionné dans l'acte de signification.

Art. 1424-7 *(Décr. n° 2008-1346 du 17 déc. 2008, art. 5)* L'huissier de justice adresse une copie de l'acte de signification à la juridiction qui a rendu l'injonction.

Art. 1424-8 *(Décr. n° 2008-1346 du 17 déc. 2008, art. 5)* L'opposition est portée devant la juridiction dont émane l'injonction de payer européenne.

Elle est formée au greffe soit par déclaration contre récépissé, soit par lettre recommandée.

Art. 1424-9 *(Décr. n° 2008-1346 du 17 déc. 2008, art. 5)* Le tribunal statue sur la demande en recouvrement.

Il connaît, dans les limites de sa compétence d'attribution, de la demande initiale et de toutes les demandes incidentes et défenses au fond.

En cas de décision d'incompétence, l'affaire est renvoyée devant la juridiction compétente selon les règles prévues à l'article *(Décr. n° 2017-891 du 6 mai 2017, art. 3, en vigueur le 1er sept. 2017)* «82».

Art. 1424-10 *(Décr. n° 2008-1346 du 17 déc. 2008, art. 5)* Le greffier convoque les parties à l'audience par lettre recommandée avec demande d'avis de réception.

La convocation est adressée à toutes les parties, même à celles qui n'ont pas formé opposition.

La convocation contient :

1° Sa date;

2° L'indication de la juridiction devant laquelle l'opposition est portée;

3° L'indication de la date de l'audience à laquelle les parties sont convoquées;

4° Les conditions d'assistance et de représentation des parties.

La convocation adressée au défendeur précise en outre que, faute de comparaître, il s'expose à ce qu'un jugement soit rendu contre lui sur les seuls éléments fournis par son adversaire.

Ces mentions sont prescrites à peine de nullité.

Art. 1424-11 *(Décr. n° 2008-1346 du 17 déc. 2008, art. 5)* Si aucune des parties ne se présente, le tribunal constate l'extinction de l'instance. Celle-ci rend non avenue l'injonction de payer européenne.

Art. 1424-12 *(Décr. n° 2008-1346 du 17 déc. 2008, art. 5)* Le jugement du tribunal se substitue à l'injonction de payer européenne.

Art. 1424-13 *(Décr. n° 2008-1346 du 17 déc. 2008, art. 5)* Le tribunal statue à charge d'appel lorsque le montant de la demande excède le taux de sa compétence en dernier ressort.

Art. 1424-14 *(Décr. n° 2008-1346 du 17 déc. 2008, art. 5)* Lorsqu'aucune opposition n'a été formée dans le délai imparti et après prise en compte d'un délai supplémentaire de dix jours nécessaire à l'acheminement du recours, le greffier déclare l'injonction de payer européenne exécutoire au moyen du formulaire prévu à cet effet et appose sur l'injonction de payer européenne la formule exécutoire.

Art. 1424-15 *(Décr. n° 2008-1346 du 17 déc. 2008, art. 5)* La procédure de réexamen dans des cas exceptionnels est régie par les articles 1424-8 à 1424-13.

Art. 1425 *(Décr. n° 2008-1346 du 17 déc. 2008, art. 7)* Devant le tribunal de commerce, les frais de la procédure sont avancés par le demandeur et consignés au greffe au plus tard dans les quinze jours de la demande, faute de quoi celle-ci sera caduque.

L'opposition est reçue sans frais par le greffier. Celui-ci invite sans délai le demandeur, par lettre recommandée avec demande d'avis de réception, à consigner les frais de l'opposition au greffe dans le délai de quinze jours à peine de caducité de la demande.

Toutefois, la caducité n'est pas encourue en cas de procédure d'injonction de payer européenne.

206 Litispendance et connexité

Art. 100 Si le même litige est pendant devant deux juridictions de même degré également compétentes pour en connaître, la juridiction saisie en second lieu doit se dessaisir au profit de l'autre si l'une des parties le demande. A défaut, elle peut le faire d'office.

Art. 101 S'il existe entre des affaires portées devant deux juridictions distinctes un lien tel qu'il soit de l'intérêt d'une bonne justice de les faire instruire et juger ensemble, il peut être demandé à l'une de ces juridictions de se dessaisir et de renvoyer en l'état la connaissance de l'affaire à l'autre juridiction.

207 Médiation

Art. 1535 *(Décr. n° 2012-66 du 20 janv. 2012, art. 2)* Lorsque l'accord issu de la médiation a été rendu exécutoire par une juridiction ou une autorité d'un autre État membre de l'Union européenne dans les conditions prévues par les dispositions de l'article 6 de la directive 2008/52/CE du 21 mai 2008 du Parlement européen et du Conseil sur certains aspects de la médiation en matière civile et commerciale, il est reconnu et déclaré exécutoire en France dans les conditions prévues par les articles 509-2 à 509-7.

208 Mesures d'instruction

Art. 178-1 *(Décr. n° 2004-836 du 20 août 2004, art. 15, en vigueur le 1er janv. 2005)* Lorsqu'une mesure d'instruction ordonnée à l'étranger en application du règlement (CE) n° 1206/2001 du Conseil du 28 mai 2001, relatif à la coopération entre les juridictions des États membres dans le domaine de l'obtention des preuves en matière civile et commerciale, occasionne des frais pour la traduction des formulaires qui doivent être adressés à la juridiction requise, le juge ordonne le versement d'une provision à valoir sur ces frais, dont le montant est fixé en application du tarif prévu à l'article R. 122 du code de procédure pénale. Le juge désigne la ou les parties qui devront verser la provision au greffe de la juridiction dans le délai qu'il détermine suivant les modalités prévues par les articles 270 et 271 du présent code.

Dès réception de la traduction, le greffe verse sa rémunération au traducteur.

Art. 178-2 *(Décr. n° 2004-836 du 20 août 2004, art. 15, en vigueur le 1er janv. 2005)* Lorsqu'une mesure d'instruction ordonnée à l'étranger en application du règlement mentionné à l'article 178-1 est susceptible d'engendrer des frais d'interprétariat lors de son exécution par la juridiction requise, le juge fixe le montant de la provision à valoir sur ces frais suivant les modalités prévues par les articles 269, 270 et 271 du présent code.

Dès réception de la demande de remboursement du montant des frais d'interprétariat par la juridiction requérante, le greffe procède au règlement jusqu'à concurrence des sommes consignées.

209 Ministère public

Art. 425 Le ministère public doit avoir communication :

1° Des affaires relatives à la filiation, à l'organisation de la tutelle des mineurs, à l'ouverture ou à la modification *(Décr. n° 2008-1276 du 5 déc. 2008, art. 3, en vigueur le 1er janv. 2009)* «des mesures judiciaires de protection juridique des majeurs» *(Décr. n° 2012-98 du 27 janv. 2012, art. 2)* «ainsi que des actions engagées sur le fondement des dispositions des instruments internationaux et européens relatives au déplacement illicite international d'enfants»;

(Décr. n° 2005-1677 du 28 déc. 2005, art. 357, en vigueur le 1er janv. 2006) «2° Des procédures de sauvegarde, de redressement judiciaire et de liquidation judiciaire, des causes relatives à la responsabilité pécuniaire des dirigeants sociaux et des procédures de faillite personnelle ou relatives aux interdictions prévues par l'article L. 653-8 du code de commerce.»

(Décr. n° 81-500 du 12 mai 1981, art. 15) «Le ministère public doit également avoir communication de toutes les affaires dans lesquelles la loi dispose qu'il doit faire connaître son avis.»

210 Notifications

Art. 683 *(Décr. n° 2017-892 du 6 mai 2017, art. 9)* Les notifications des actes judiciaires et extrajudiciaires à l'étranger ou en provenance de l'étranger sont régies par les règles prévues par la présente section, sous réserve de l'application des règlements européens et des traités internationaux.

Art. 684 *(Décr. n° 2005-1678 du 28 déc. 2005, art. 66, en vigueur le 1er mars 2006)* L'acte destiné à être notifié à une personne ayant sa résidence habituelle à l'étranger est remis au parquet, sauf dans les cas où un *(Décr. n° 2017-892 du 6 mai 2017, art. 10)* «règlement européen» ou un traité international autorise l'huissier de justice ou le greffe à transmettre directement cet acte à son destinataire ou à une autorité compétente de l'État de destination.

L'acte destiné à être notifié à un État étranger, à un agent diplomatique étranger en France ou à tout autre bénéficiaire de l'immunité de juridiction est remis au parquet et transmis par l'intermédiaire du ministre de la justice aux fins de signification par voie diplomatique, à moins qu'en vertu d'un *(Décr. n° 2017-892 du 6 mai 2017, art. 10)* «règlement européen» ou d'un traité international la transmission puisse être faite par une autre voie.

Le parquet auquel la remise doit être faite est, selon le cas, celui de la juridiction devant laquelle la demande est portée, celui de la juridiction qui a statué ou celui de la juridiction dans le ressort de laquelle demeure le requérant. S'il n'existe pas de parquet près la juridiction, l'acte est remis au parquet du tribunal de grande instance dans le ressort duquel cette juridiction a son siège.

Art. 684-1 *(Décr. n° 2012-366 du 15 mars 2012, art. 18)* L'huissier de justice ou le greffier relate dans l'acte les modalités de son expédition, de sa transmission ou de sa remise.

Art. 685 *(Décr. n° 2005-1678 du 28 déc. 2005, art. 66, en vigueur le 1er mars 2006)* L'autorité chargée de la notification remet deux copies de l'acte au procureur de la République qui vise l'original.

Le procureur de la République fait parvenir sans délai les copies de l'acte au ministre de la justice aux fins de transmission ou à l'autorité désignée en vertu du *(Décr. n° 2017-892 du 6 mai 2017, art. 10)* «règlement européen» ou du traité international applicable.

Il y joint une ordonnance du juge prescrivant la transmission de l'acte lorsque l'intervention du juge est exigée par le pays destinataire.

Art. 686 *(Décr. n° 2005-1678 du 28 déc. 2005, art. 66, en vigueur le 1er mars 2006)* A moins que la notification ait pu être faite par voie postale, l'autorité chargée de la notification doit, le jour même ou, au plus tard, le premier jour ouvrable suivant, expédier au destinataire, par lettre recommandée avec demande d'avis de réception, une copie certifiée conforme de *(Décr. n° 2012-366 du 15 mars 2012, art. 19)* «l'acte à notifier» indiquant de manière très apparente qu'elle en constitue une simple copie.

Art. 687 *(Décr. n° 2005-1678 du 28 déc. 2005, art. 66, en vigueur le 1er mars 2006)* Le procureur de la République informe l'autorité requérante des diligences faites; il lui transmet, le cas échéant, tout procès-verbal ou récépissé constatant la remise de la copie de l'acte, pour être annexé au premier original. Si la notification a été requise par un huissier de justice, celui-ci tient ces documents à la disposition de la juridiction.

Art. 687-1 *(Décr. n° 2012-366 du 15 mars 2012, art. 20)* S'il ressort des éléments transmis par l'autorité requise ou les services postaux que le destinataire n'habite pas à l'adresse indiquée et que celui-ci n'a plus ni domicile ni résidence connus, l'huissier de justice relate dans l'acte les indications ainsi fournies et procède à la signification comme il est dit aux alinéas 2 à *(Décr. n° 2017-892 du 6 mai 2017, art. 11)* «4» de l'article 659.

Art. 687-2 *(Décr. n° 2019-402 du 3 mai 2019, art. 7)* La date de notification d'un acte judiciaire ou extrajudiciaire à l'étranger est, sans préjudice des dispositions de l'article 687-1, à l'égard de celui à qui elle est faite, la date à laquelle l'acte lui est remis ou valablement notifié.

Lorsque l'acte n'a pu être remis ou notifié à son destinataire, la notification est réputée avoir été effectuée à la date à laquelle l'autorité étrangère compétente ou le représentant consulaire ou diplomatique français a tenté de remettre ou notifier l'acte, ou lorsque cette date n'est pas connue, celle à laquelle l'une de ces autorités a avisé l'autorité française requérante de l'impossibilité de notifier l'acte.

Lorsqu'aucune attestation décrivant l'exécution de la demande n'a pu être obtenue des autorités étrangères compétentes, nonobstant les démarches effectuées auprès de celles-ci, la notification est réputée avoir été effectuée à la date à laquelle l'acte leur a été envoyé.

Art. 688 *(Décr. n° 2012-366 du 15 mars 2012, art. 21)* «La juridiction est saisie de la demande formée par assignation par la remise qui lui est faite de l'acte complété par les indications prévues à l'article 684-1 ou *[,]* selon le cas, à l'article 687-1, le cas échéant accompagné des justificatifs des diligences accomplies en vue de sa notification au destinataire.»

(Décr. n° 2005-1678 du 28 déc. 2005, art. 66, en vigueur le 1er mars 2006) «S'il n'est pas établi que le destinataire d'un acte en a eu connaissance en temps utile, le juge saisi de l'affaire ne peut statuer au fond que si les conditions ci-après sont réunies :

«1° L'acte a été transmis selon les modes prévus par les *(Décr. n° 2017-892 du 6 mai 2017, art. 10)* «règlements européens» ou les traités internationaux applicables ou, à défaut de ceux-ci, selon les prescriptions des articles 684 à 687 ;

«2° Un délai d'au moins six mois s'est écoulé depuis l'envoi de l'acte ;

«3° Aucun justificatif de remise de l'acte n'a pu être obtenu nonobstant les démarches effectuées auprès des autorités compétentes de l'État où l'acte doit être remis.

«Le juge peut prescrire d'office toutes diligences complémentaires, notamment donner commission rogatoire à toute autorité compétente aux fins de s'assurer que le destinataire a eu connaissance de l'acte et de l'informer des conséquences d'une abstention de sa part.

«Toutefois, le juge peut ordonner immédiatement les mesures provisoires ou conservatoires nécessaires à la sauvegarde des droits du demandeur.»

Art. 688-1 *(Décr. n° 76-1236 du 28 déc. 1976, art. 16)* Les actes en provenance d'un État étranger dont la notification est demandée par les autorités de cet État sont notifiés par voie de simple remise ou de signification.

Art. 688-2 *(Décr. n° 76-1236 du 28 déc. 1976, art. 16)* Le ministre de la justice transmet les actes qui lui sont adressés au ministère public près le tribunal de grande instance dans le ressort duquel ils doivent être notifiés ou à la chambre nationale des huissiers de justice, à moins qu'en vertu d'un traité la transmission puisse être effectuée directement par les autorités étrangères au ministère public ou à la chambre nationale des huissiers de justice et sous réserve de tous autres modes de notification. *(Décr. n° 2012-366 du 15 mars 2012, art. 22)* «Il peut également notifier ces actes à leur destinataire par lettre recommandée avec demande d'avis de réception.»

Art. 688-3 *(Décr. n° 76-1236 du 28 déc. 1976, art. 16)* Lorsque la notification est faite par les soins du ministère public, elle a lieu par voie de simple remise et sans frais *(Décr. n° 2017-892 du 6 mai 2017, art. 12)* «contre récépissé attestant de la date et des conditions de la remise».

Art. 688-4 *(Décr. n° 76-1236 du 28 déc. 1976, art. 16)* La chambre nationale des huissiers de justice transmet les actes qui lui sont adressés à un huissier de justice territorialement compétent pour les signifier.

Art. 688-5 *(Décr. n° 76-1236 du 28 déc. 1976, art. 16)* La partie requérante est tenue de faire l'avance des frais de signification sous réserve des conventions internationales existantes.

Art. 688-6 *(Décr. n° 76-1236 du 28 déc. 1976, art. 16)* L'acte est notifié dans la langue de l'État d'origine.

Toutefois le destinataire qui ne connaît pas la langue dans laquelle l'acte est établi peut en refuser la notification et demander que celui-ci soit traduit ou accompagné d'une traduction en langue française, à la diligence et aux frais de la partie requérante.

(Décr. n° 2017-892 du 6 mai 2017, art. 13) «L'autorité en charge de la remise ou de la signification informe le destinataire de l'acte de cette possibilité. Mention est faite de cette information dans l'acte constatant la remise ou la signification.»

Art. 688-7 *(Décr. n° 76-1236 du 28 déc. 1976, art. 16)* Les pièces constatant l'exécution ou le défaut d'exécution des demandes de notification ou de signification sont transmises en retour selon les mêmes voies que celles par lesquelles les demandes avaient été acheminées.

Art. 688-8 *(Décr. n° 76-1236 du 28 déc. 1976, art. 16)* L'exécution d'une demande de notification ou de signification peut être refusée par l'autorité française si elle est de nature à porter atteinte à la souveraineté ou à la sécurité de l'État. Elle peut également être refusée si la demande n'est pas présentée conformément aux dispositions du présent code.

211 Office du juge

Art. 12 Le juge tranche le litige conformément aux règles de droit qui lui sont applicables.

Il doit donner ou restituer leur exacte qualification aux faits et actes litigieux sans s'arrêter à la dénomination que les parties en auraient proposée.

Il peut relever d'office les moyens de pur droit quel que soit le fondement juridique invoqué par les parties.

Toutefois, il ne peut changer la dénomination ou le fondement juridique lorsque les parties, en vertu d'un accord exprès et pour les droits dont elles ont la libre disposition, l'ont lié par les qualifications et points de droit auxquels elles entendent limiter le débat.

Le litige né, les parties peuvent aussi, dans les mêmes matières et sous la même condition, conférer au juge mission de statuer comme amiable compositeur, sous réserve d'appel si elles n'y ont pas spécialement renoncé.

Art. 76 *Modifié par Décret n° 2019-1333 du 11 décembre 2019 – art. 2)* Sauf application de l'article 82-1, l'incompétence peut être prononcée d'office en cas de violation d'une règle de compétence d'attribution lorsque cette règle est d'ordre public ou lorsque le défendeur ne comparaît pas. Elle ne peut l'être qu'en ces cas.

Devant la cour d'appel et devant la Cour de cassation, cette incompétence ne peut être relevée d'office que si l'affaire relève de la compétence d'une juridiction répressive ou administrative ou échappe à la connaissance de la juridiction française.

Art. 82-1 *Création Décret n° 2019-1333 du 11 décembre 2019, art. 2)* Par dérogation aux dispositions de la présente sous-section, les questions de compétence au sein d'un tribunal judiciaire peuvent être réglées avant la première audience par mention au dossier, à la demande d'une partie ou d'office par le juge.

Les parties ou leurs avocats en sont avisés sans délai par tout moyen conférant date certaine.

Le dossier de l'affaire est aussitôt transmis par le greffe au juge désigné.

La compétence du juge à qui l'affaire a été ainsi renvoyée peut être remise en cause par ce juge ou une partie dans un délai de trois mois.

Dans ce cas, le juge, d'office ou à la demande d'une partie, renvoie l'affaire par simple mention au dossier au président du tribunal judiciaire. Le président renvoie l'affaire, selon les mêmes modalités, au juge qu'il désigne. Sa décision n'est pas susceptible de recours.

La compétence du juge peut être contestée devant lui par les parties. La décision se prononçant sur la compétence peut faire l'objet d'un appel dans les conditions prévues à la sous-section 2 de la présente section.

212 Petits litiges

Art. 1382 *(Décr. nº 2008-1346 du 17 déc. 2008, art. 3)* Le présent chapitre est relatif à la procédure européenne de règlement des petits litiges prévue par le règlement (CE) nº 861/2007 du Parlement européen et du Conseil du 11 juillet 2007 instituant une procédure européenne de règlement des petits litiges.

Lorsque le *(Décr. nº 2014-1633 du 26 déc. 2014, art. 2-1)* «règlement (UE) nº 1215/2012 du Parlement européen et du Conseil du 12 décembre 2012 concernant la compétence judiciaire, la reconnaissance et l'exécution des décisions en matière civile et commerciale» désigne les juridictions d'un État membre sans autre précision, la juridiction territorialement compétente est celle du lieu où demeure le ou l'un des défendeurs.

Art. 1383 *(Décr. nº 2008-1346 du 17 déc. 2008, art. 3)* Le formulaire de demande est remis ou adressé par voie postale au greffe de la juridiction.

Art. 1384 *(Décr. nº 2008-1346 du 17 déc. 2008, art. 3)* Si, au vu du formulaire de demande qui lui est présenté, il apparaît au tribunal que l'affaire ne relève pas du champ d'application de la procédure européenne de règlement des petits litiges, il en avise le demandeur par lettre recommandée avec demande d'avis de réception. Il lui impartit un délai pour se désister de sa demande et l'informe, qu'à défaut, l'affaire sera instruite et jugée selon la procédure au fond applicable devant lui.

A l'expiration de ce délai, si le demandeur ne s'est pas désisté de sa demande, le tribunal constate que le litige ne relève pas de la procédure européenne de règlement des petits litiges et invite le demandeur à faire citer le défendeur par voie de signification. Cette décision est une mesure d'administration judiciaire. A la diligence du greffe, elle est notifiée au demandeur par lettre recommandée avec demande d'avis de réception.

Le tribunal qui a renvoyé l'affaire pour qu'il soit statué selon la procédure au fond applicable devant lui peut se déclarer incompétent dans les conditions prévues par le présent code.

Art. 1385 *(Décr. nº 2008-1346 du 17 déc. 2008, art. 3)* Lorsque le tribunal rejette la demande au motif que celle-ci apparaît manifestement non fondée ou irrecevable ou que le demandeur n'a pas complété ou rectifié le formulaire de demande dans le délai qui lui a été fixé, la décision rendue est insusceptible de recours. Le demandeur peut toutefois procéder selon les voies de droit commun.

Art. 1386 *(Décr. nº 2008-1346 du 17 déc. 2008, art. 3)* Lorsqu'une demande reconventionnelle ne relève pas du champ d'application de la procédure européenne de règlement des petits litiges, le tribunal en avise les parties par lettre recommandée avec demande d'avis de réception. Il les informe qu'à moins que le demandeur reconventionnel ne se désiste de sa demande dans un délai qui lui est imparti, l'affaire sera instruite et jugée selon la procédure au fond applicable devant lui. A l'expiration de ce délai, si le demandeur ne s'est pas désisté de sa demande, le tribunal constate que le litige ne relève pas de la procédure européenne de règlement des petits litiges.

Lorsque le tribunal décide, d'office ou à la demande d'une partie, que le litige ne relève pas de la procédure européenne de règlement des petits litiges au motif qu'une demande reconventionnelle ne relève pas du champ d'application de cette procédure, il ordonne le renvoi de l'affaire à une audience pour qu'il soit statué selon la procédure au fond applicable devant lui. A la diligence du greffe, les parties sont avisées de cette décision et sont convoquées à l'audience par lettre recommandée avec demande d'avis de réception.

Le tribunal qui a renvoyé l'affaire pour qu'il soit statué selon la procédure au fond applicable devant lui peut se déclarer incompétent dans les conditions prévues par le présent code.

Art. 1387 *(Décr. n° 2008-1346 du 17 déc. 2008, art. 3)* En cas de retour au greffe d'une lettre de notification dont l'avis de réception n'a pas été signé dans les conditions prévues à l'article 670, la notification est faite par acte d'huissier de justice, à la diligence du greffe. L'avance des frais de signification est à la charge du Trésor public.

Art. 1388 *(Décr. n° 2008-1346 du 17 déc. 2008, art. 3)* Lorsque le tribunal décide de tenir une audience en application de la procédure européenne de règlement des petits litiges, il connaît du litige conformément à la procédure au fond applicable devant lui.

Art. 1389 *(Décr. n° 2008-1346 du 17 déc. 2008, art. 3)* Les dispositions de l'article 1387 ne sont pas applicables à la notification aux parties de la décision rendue. Cette notification est faite, à la diligence du greffe, par lettre recommandée avec demande d'avis de réception.

Art. 1390 *(Décr. n° 2008-1346 du 17 déc. 2008, art. 3)* A la demande qui lui en est faite, le greffe délivre le certificat relatif à une décision rendue dans le cadre de la procédure européenne de règlement des petits litiges.

Art. 1391 *(Décr. n° 2010-433 du 29 avr. 2010, art. 4)* Le droit à réexamen prévu par l'article 18 du règlement (CE) n° 861/2007 du Parlement européen et du Conseil du 11 juillet 2007 instituant une procédure européenne de règlement des petits litiges s'exerce selon la procédure de l'opposition, lorsque celle-ci est ouverte, ou, dans le cas contraire, selon des modalités procédurales similaires.

213 Protection des vulnérables

Art. 1211 *(Décr. n° 2008-1276 du 5 déc. 2008, art. 1er, en vigueur le 1er janv. 2009)* Le juge des tutelles territorialement compétent est celui de la résidence habituelle de la personne à protéger ou protégée ou celui du domicile du tuteur.

Art. 1259-3 *(Décr. n° 2009-1628 du 23 déc. 2009, art. 16)* «La saisine du juge sur le fondement des articles 479, 480, 484 ou 493 du code civil s'effectue par requête remise ou adressée au greffe. La requête indique les nom, prénom et adresse du mandant ou du bénéficiaire du mandat lorsque celui-ci n'est pas le mandant et du mandataire.

«Le juge territorialement compétent est celui de la résidence habituelle du mandant ou du bénéficiaire du mandat lorsque celui-ci n'est pas le mandant.

«Dans les quinze jours de la requête, le greffe adresse une convocation à l'audience au mandant ou au bénéficiaire du mandat lorsque celui-ci n'est pas le mandant et au mandataire par lettre recommandée avec demande d'avis de réception, à laquelle est jointe une copie de la requête.

«Toutefois, lorsqu'il résulte de celle-ci que seule la dernière adresse du mandant ou du bénéficiaire du mandat lorsque celui-ci n'est pas le mandant ou du mandataire est connue, le greffe invite le requérant à procéder par voie de signification.»

(Décr. n° 2015-282 du 11 mars 2015, art. 13) «Le greffe avise par tous moyens le requérant des lieu, jour et heure de l'audience.»

(Décr. n° 2008-1276 du 5 déc. 2008, art. 1er, en vigueur le 1er janv. 2009) «Les parties se défendent elles-mêmes; elles ont la faculté de se faire assister ou représenter par un avocat.

«La procédure est orale.

«Les dispositions des articles 1231 *(Abrogé par Décr. n° 2010-1647 du 28 déc. 2010, art. 15-3°) «, 1232»* et 1239 sont applicables.»

214 Reconnaissance et exécution des décisions rendues dans l'Union européenne

Art. 509 *(Décr. n° 2004-836 du 20 août 2004, art. 17, en vigueur le 1er janv. 2005)* Les jugements rendus par les tribunaux étrangers et les actes reçus par les officiers étrangers sont exécutoires sur le territoire de la République de la manière et dans les cas prévus par la loi.

Art. 509-1 *(Décr. n° 2015-1395 du 2 nov. 2015, art. 1er)* I. — Sont présentées au *(Décr. n° 2017-892 du 6 mai 2017, art. 68-I-1°)* «directeur de greffe» de la juridiction qui a rendu la décision ou homologué la convention *(Abrogé par Décr. n° 2017-892 du 6 mai 2017, art. 7-1°-a) «les requêtes aux fins de certification des titres exécutoires français en vue de leur reconnaissance et de leur exécution à l'étranger en application»* :

(Décr. n° 2017-892 du 6 mai 2017, art. 7-1°-b) «1° Les requêtes aux fins de certification des titres exécutoires français en vue de leur reconnaissance et de leur exécution à l'étranger en application :»

— des articles 45 à 58 et 61 du règlement (UE) n° 650/2012 du Parlement européen et du Conseil du 4 juillet 2012 relatif à la compétence, la loi applicable, la reconnaissance et l'exécution des décisions, et l'acceptation et l'exécution des actes authentiques en matière de successions et à la création d'un certificat successoral européen;

— du règlement (UE) n° 1215/2012 du Parlement européen et du Conseil du 12 décembre 2012 concernant la compétence judiciaire, la reconnaissance et l'exécution des décisions en matière civile et commerciale;

— de l'article 39 du règlement (CE) n° 2201/2003 du Conseil du 27 novembre 2003 relatif à la compétence, la reconnaissance et l'exécution des décisions en matière matrimoniale et en matière de responsabilité parentale abrogeant le règlement (CE) n° 1347/2000;

(Abrogé par Décr. n° 2017-892 du 6 mai 2017, art. 7-1°-c) «— du règlement (CE) n° 805/2004 du Parlement européen et du Conseil du 21 avril 2004 portant création d'un titre exécutoire européen pour les créances incontestées;»

— de la convention concernant la compétence judiciaire, la reconnaissance et l'exécution des décisions en matière civile et commerciale, faite à Lugano le 30 octobre 2007.

(Décr. n° 2017-892 du 6 mai 2017, art. 7-1°-d) «2° Les requêtes aux fins d'obtention d'un extrait d'une décision présentées en application de l'article 28, paragraphe 1, du

règlement (CE) n° 4/2009 du Conseil du 18 décembre 2008 relatif à la compétence, la loi applicable, la reconnaissance et l'exécution des décisions et la coopération en matière d'obligations alimentaires.»

II. — Sont présentées au juge qui a rendu la décision ou homologué la convention :

1° Les requêtes aux fins de certification des titres exécutoires français en vue de leur reconnaissance et exécution à l'étranger en application :

— des articles 41 et 42 du règlement (CE) n° 2201/2003 du Conseil du 27 novembre 2003 relatif à la compétence, la reconnaissance et l'exécution des décisions en matière matrimoniale et en matière de responsabilité parentale abrogeant le règlement (CE) n° 1347/2000;

(Décr. n° 2017-892 du 6 mai 2017, art. 7-2°) «— du règlement (CE) n° 805/2004 du Parlement européen et du Conseil du 21 avril 2004 portant création d'un titre exécutoire européen pour les créances incontestées;»

— des articles 5,9 et 14.1 du règlement (UE) n° 606/2013 du Parlement européen et du Conseil du 12 juin 2013 relatif à la reconnaissance mutuelle des mesures de protection en matière civile;

2° Les requêtes aux fins d'obtention d'un extrait d'une décision présentées en application de l'article 20, paragraphe 1, du règlement (CE) n° 4/2009 du Conseil du 18 décembre 2008 relatif à la compétence, la loi applicable, la reconnaissance et l'exécution des décisions et la coopération en matière d'obligations alimentaires.

Les requêtes présentées devant le juge sont dispensées du ministère d'avocat.

Art. 509-2 *(Décr. n° 2015-1395 du 2 nov. 2015, art. 1er)* Sont présentées au *(Décr. n° 2017-892 du 6 mai 2017, art. 68-I-1°)* «directeur de greffe» du tribunal de grande instance les requêtes aux fins de reconnaissance ou de constatation de la force exécutoire, sur le territoire de la République, des titres exécutoires étrangers en application :

— des articles 45 à 58 et 61 du règlement (UE) n° 650/2012 du Parlement européen et du Conseil du 4 juillet 2012 relatif à la compétence, la loi applicable, la reconnaissance et l'exécution des décisions, et l'acceptation et l'exécution des actes authentiques en matière de successions et à la création d'un certificat successoral européen;

— de la convention concernant la compétence judiciaire, la reconnaissance et l'exécution des décisions en matière civile et commerciale, faite à Lugano le 30 octobre 2007.

Sont présentées au président du tribunal de grande instance ou à son délégué les requêtes aux fins de reconnaissance ou de constatation de la force exécutoire, sur le territoire de la République, des titres exécutoires étrangers en application :

— du règlement (CE) n° 2201/2003 du Conseil du 27 novembre 2003 relatif à la compétence, la reconnaissance et l'exécution des décisions en matière matrimoniale et en matière de responsabilité parentale abrogeant le règlement (CE) n° 1347/2000;

— des articles 26 et 27 du règlement (CE) n° 4/2009 du Conseil du 18 décembre 2008 relatif à la compétence, la loi applicable, la reconnaissance et l'exécution des décisions et la coopération en matière d'obligations alimentaires.

Les requêtes présentées devant le juge sont dispensées du ministère d'avocat.

Art. 509-3 *(Décr. n° 2015-1395 du 2 nov. 2015, art. 2)* «Par dérogation aux articles 509-1 et 509-2, sont présentées au président de la chambre des notaires ou, en cas d'absence ou d'empêchement, à son suppléant désigné parmi les membres de la chambre les requêtes aux fins de certification, de reconnaissance ou de constatation de la force exécutoire, sur le territoire de la République, des actes authentiques notariés étrangers en application :

«— de l'article 60 du règlement (UE) n° 650/2012 du Parlement européen et du Conseil du 4 juillet 2012 relatif à la compétence, la loi applicable, la reconnaissance et l'exécution des décisions, et l'acceptation et l'exécution des actes authentiques en matière de successions et à la création d'un certificat successoral européen;

«— du règlement (UE) n° 1215/2012 du Parlement européen et du Conseil du 12 décembre 2012 concernant la compétence judiciaire, la reconnaissance et l'exécution des décisions en matière civile et commerciale;

«— du règlement (CE) n° 4/2009 du Conseil du 18 décembre 2008 relatif à la compétence, la loi applicable, la reconnaissance et l'exécution des décisions et la coopération en matière d'obligations alimentaires;

«— de la convention concernant la compétence judiciaire, la reconnaissance et l'exécution des décisions en matière civile et commerciale, faite à Lugano le 30 octobre 2007».

(Décr. n° 2011-1043 du 1er sept. 2011, art. 5-I-4°) «Pour l'application du règlement précité du *(Décr. n° 2014-1633 du 26 déc. 2014, art. 2-IV)* «12 décembre 2012», ainsi que de la convention précitée du 30 octobre 2007» *(Décr. n° 2010-1165 du 1er oct. 2010, art. 15-4°, en vigueur le 1er déc. 2010)* «, l'élection de domicile est faite dans le ressort de la cour d'appel où siège la chambre des notaires.»

(Décr. n° 2015-1395 du 2 nov. 2015, art. 2) «Par dérogation à l'article 509-1 sont présentées au notaire ou à la personne morale titulaire de l'office notarial conservant la minute de l'acte reçu les requêtes aux fins de certification des actes authentiques notariés en vue de leur acceptation et de leur exécution à l'étranger en application :

«— du règlement (CE) n° 805/2004 du Parlement européen et du Conseil du 21 avril 2004 portant création d'un titre exécutoire européen pour les créances incontestées;

«— de l'article 59 du règlement (UE) n° 650/2012 du Parlement européen et du Conseil du 4 juillet 2012 relatif à la compétence, la loi applicable, la reconnaissance et l'exécution des décisions, et l'acceptation et l'exécution des actes authentiques en matière de successions et à la création d'un certificat successoral européen.»

(Décr. n° 2016-1907 du 28 déc. 2016, art. 2) «Par dérogation à l'article 509-1, sont présentées au notaire ou à la personne morale titulaire de l'office notarial ayant reçu en dépôt la convention de divorce par consentement mutuel prévue à l'article 229-1 du code civil les requêtes aux fins de certification du titre exécutoire en vue de sa reconnaissance et de son exécution à l'étranger en application de l'article 39 du règlement (CE) n° 2201/2003 du Conseil du 27 novembre 2003 relatif à la compétence, la reconnaissance et l'exécution des décisions en matière matrimoniale et en matière de responsabilité parentale abrogeant le règlement (CE) n° 1347/2000.»

Art. 509-4 *(Décr. n° 2004-836 du 20 août 2004, art. 17, en vigueur le 1er janv. 2005)* La requête est présentée en double exemplaire. Elle doit comporter l'indication précise des pièces invoquées.

Art. 509-5 *(Décr. n° 2004-836 du 20 août 2004, art. 17, en vigueur le 1er janv. 2005)* La décision rejetant la requête aux fins de constatation de la force exécutoire est motivée.

Art. 509-6 *(Décr. n° 2004-836 du 20 août 2004, art. 17, en vigueur le 1er janv. 2005)* Le certificat, ou la décision relative à la demande de reconnaissance ou de constatation de la force exécutoire, est remis au requérant contre émargement ou récépissé, ou lui est notifié par lettre recommandée avec demande d'avis de réception.

Le double de la requête ainsi que du certificat ou de la décision sont conservés au *(Décr. n° 2017-892 du 6 mai 2017, art. 68-I-2°)* «greffe».

(Décr. n° 2014-1633 du 26 déc. 2014, art. 2-V) «Le certificat délivré en application du règlement (UE) n° 606/2013 du Parlement européen et du Conseil du 12 juin 2013 relatif à la reconnaissance mutuelle des mesures de protection en matière civile est en outre notifié par le greffe à la personne à l'origine du risque encouru.»

(Décr. n° 2015-1395 du 2 nov. 2015, art. 3) «La décision constatant la force exécutoire prévue à l'article 48 du règlement (UE) n° 650/2012 du Parlement européen et du Conseil du 4 juillet 2012 relatif à la compétence, la loi applicable, la reconnaissance et l'exécution des décisions, et l'acceptation et l'exécution des actes authentiques en matière de successions et à la création d'un certificat successoral européen est notifiée par le greffe à la partie contre laquelle l'exécution est demandée.»

Art. 509-7 *(Décr. n° 2004-836 du 20 août 2004, art. 17, en vigueur le 1er janv. 2005)* S'il n'émane du juge, le refus de délivrance du certificat peut être déféré au président du tribunal de grande instance. Ce dernier statue en dernier ressort sur requête, le requérant et l'autorité requise entendus ou appelés.

Art. 509-8 *(Décr. n° 2014-1633 du 26 déc. 2014, art. 2-VI)* Les demandes formées en application des articles 11 et 13 du règlement (UE) n° 606/2013 du Parlement européen et du Conseil du 12 juin 2013 relatif à la reconnaissance mutuelle des mesures de protection en matière civile sont faites devant le président du tribunal de grande instance ou son délégué statuant en la forme des référés.

Art. 509-9 *(Décr. n° 2015-1395 du 2 nov. 2015, art. 4)* La décision statuant sur la demande de déclaration constatant la force exécutoire, sur le territoire de la République, des titres et actes étrangers, prévue à l'article 48 du règlement (UE) n° 650/2012 du Parlement européen et du Conseil du 4 juillet 2012 relatif à la compétence, la loi applicable, la reconnaissance et l'exécution des décisions, et l'acceptation et l'exécution des actes authentiques en matière de successions et à la création d'un certificat successoral européen peut faire l'objet d'un recours par le demandeur à la déclaration ou par la partie contre laquelle l'exécution est demandée.

Le recours contre la déclaration constatant la force exécutoire et contre la décision de rejet de la demande de déclaration constatant la force exécutoire est porté devant le président du tribunal de grande instance qui statue en dernier ressort sur requête, le requérant et l'autorité requise entendus ou appelés.

215 Régime matrimonial

Art. 1300-4 *(Décr. n° 2006-1805 du 23 déc. 2006, art. 3, en vigueur le 1er janv. 2007)* La demande d'homologation d'un changement de régime matrimonial est portée devant le *(Décr. n° 2012-66 du 20 janv. 2012, art. 42-1°)* «juge aux affaires familiales» de la résidence de la famille.

(Décr. n° 2012-66 du 20 janv. 2012, art. 42-2°) «Un extrait de la demande est transmis par l'avocat des demandeurs aux greffes des tribunaux de grande instance dans le ressort desquels sont nés l'un et l'autre des époux, à fin de conservation au répertoire civil et de publicité par mention en marge de l'acte de naissance selon les modalités prévues au chapitre III du titre Ier du présent livre.»

Art. 1303-1 *(Décr. nº 98-508 du 23 juin 1998, art. 1er)* Lorsque l'acte de mariage est conservé par une autorité française, celle-ci mentionne en marge de cet acte, à la demande des époux ou de l'un d'eux, l'acte portant désignation de la loi applicable au régime matrimonial, dont la publication est prévue au deuxième alinéa de l'article 1397-3 du code civil.

En l'absence d'acte de mariage conservé par une autorité française, et si l'acte portant désignation de la loi applicable au régime matrimonial a été établi en France en la forme authentique ou si l'un des époux est français, ledit acte ou le certificat délivré par la personne compétente pour l'établir est, à la demande des époux ou de l'un d'eux, inscrit aux fins de conservation au répertoire civil annexe mentionné à l'article 4-1 du décret nº 65-422 du 1er juin 1965 portant création d'un service central d'état civil au ministère des affaires étrangères.

Art. 1303-2 *(Décr. nº 98-508 du 23 juin 1998, art. 1er)* Lorsqu'un contrat de mariage a été passé en France, les époux ou l'un d'eux adressent au notaire détenteur de la minute du contrat, par lettre recommandée avec demande d'avis de réception, copie de l'acte portant désignation de la loi applicable au régime matrimonial. Si le contrat de mariage a été reçu par un agent diplomatique ou consulaire français, les époux ou l'un d'eux avisent le ministre des affaires étrangères.

Le notaire, l'agent diplomatique ou consulaire français ou le ministre des affaires étrangères fait mention de la loi applicable ainsi désignée sur la minute du contrat de mariage et ne doit plus en délivrer aucune copie ou extrait sans reproduire cette mention.

Art. 1303-3 *(Décr. nº 98-508 du 23 juin 1998, art. 1er)* Lorsque l'acte de mariage est conservé par une autorité française, le changement de régime matrimonial obtenu en application de la loi étrangère régissant les effets de l'union est mentionné en marge de cet acte.

En l'absence d'acte de mariage conservé par une autorité française, ce changement de régime matrimonial, s'il a donné lieu à une décision d'un tribunal français ou à un acte établi en France en la forme authentique ou si l'un des époux est français, est inscrit aux fins de conservation au répertoire civil annexe mentionné à l'article 4-1 du décret nº 65-422 du 1er juin 1965 portant création d'un service central d'état civil au ministère des affaires étrangères.

Art. 1303-4 *(Décr. nº 98-508 du 23 juin 1998, art. 1er)* Si ce changement a donné lieu à une décision d'un tribunal français, la mention en marge de l'acte de mariage ou l'inscription au répertoire civil annexe est faite conformément aux deuxième, troisième et quatrième alinéas de l'article 1294. Dans les autres cas, le procureur de la République du lieu où est conservé l'acte de mariage ou le répertoire civil annexe fait procéder à cette mention ou à cette inscription, à la demande des époux ou de l'un d'eux.

Art. 1303-5 *(Décr. nº 98-508 du 23 juin 1998, art. 1er)* Lorsqu'un contrat de mariage a été passé en France, les époux ou l'un d'eux adressent au notaire détenteur de la minute du contrat, par lettre recommandée avec demande d'avis de réception, une copie ou un extrait de l'acte de mariage mis à jour conformément aux articles 1303-3 et 1303-4 ou un certificat d'inscription au répertoire civil annexe mentionné à l'article 4-1 du décret du 1er juin 1965 précité. Si le contrat de mariage a été reçu par un agent diplomatique ou consulaire français, les époux ou l'un d'eux avisent le ministre des affaires étrangères.

Le notaire, l'agent diplomatique ou consulaire français ou le ministre des affaires étrangères fait mention du changement du régime matrimonial sur la minute du contrat de mariage et ne doit plus en délivrer aucune copie ou extrait sans reproduire cette mention.

Art. 1303-6 *(Décr. n° 98-508 du 23 juin 1998, art. 1er)* Les mesures de publicité prévues au paragraphe 2 s'appliquent également en cas de changement de régime matrimonial intervenu à l'étranger en application de la loi française.

216 Règles de compétence territoriale étendues en matière internationale

Art. 42 La juridiction territorialement compétente est, sauf disposition contraire, celle du lieu où demeure le défendeur.

S'il y a plusieurs défendeurs, le demandeur saisit, à son choix, la juridiction du lieu où demeure l'un d'eux.

(Décr. n° 81-500 du 12 mai 1981, art. 7) «Si le défendeur n'a ni domicile ni résidence connus, le demandeur peut saisir la juridiction du lieu où il demeure ou celle de son choix s'il demeure à l'étranger.»

Art. 43 Le lieu où demeure le défendeur s'entend :

— s'il s'agit d'une personne physique, du lieu où celle-ci a son domicile ou, à défaut, sa résidence,

— s'il s'agit d'une personne morale, du lieu où celle-ci est établie.

Art. 44 En matière réelle immobilière, la juridiction du lieu où est situé l'immeuble est seule compétente.

Art. 45 En matière de succession, sont portées devant la juridiction dans le ressort de laquelle est ouverte la succession jusqu'au partage inclusivement :

— les demandes entre héritiers;

— les demandes formées par les créanciers du défunt;

— les demandes relatives à l'exécution des dispositions à cause de mort.

Art. 46 Le demandeur peut saisir à son choix, outre la juridiction du lieu où demeure le défendeur :

— en matière contractuelle, la juridiction du lieu de la livraison effective de la chose ou du lieu de l'exécution de la prestation de service;

— en matière délictuelle, la juridiction du lieu du fait dommageable ou celle *(Décr. n° 81-500 du 12 mai 1981, art. 8)* «dans le ressort de laquelle le dommage a été subi»;

— en matière mixte, la juridiction du lieu où est situé l'immeuble;

— en matière d'aliments ou de contribution aux charges du mariage, la juridiction du lieu où demeure le créancier.

Art. 48 Toute clause qui, directement ou indirectement, déroge aux règles de compétence territoriale est réputée non écrite à moins qu'elle n'ait été convenue entre des personnes ayant toutes contracté en qualité de commerçant et qu'elle n'ait été spécifiée de façon très apparente dans l'engagement de la partie à qui elle est opposée.

Art. 333 Le tiers mis en cause est tenu de procéder devant la juridiction saisie de la demande originaire, sans qu'il puisse décliner la compétence territoriale de cette juridiction, même en invoquant une clause attributive de compétence.

Art. 880 Le tribunal paritaire de baux ruraux territorialement compétent est celui du lieu de la situation de l'immeuble.

Art. 1070 *(Décr. n° 2004-1158 du 29 oct. 2004, art. 4, en vigueur le 1er janv. 2005)* Le juge aux affaires familiales territorialement compétent est :

— le juge du lieu où se trouve la résidence de la famille;

— si les parents vivent séparément, le juge du lieu de résidence du parent avec lequel résident habituellement les enfants mineurs en cas d'exercice en commun de l'autorité parentale, ou du lieu de résidence du parent qui exerce seul cette autorité;

— dans les autres cas, le juge du lieu où réside celui qui n'a pas pris l'initiative de la procédure.

En cas de demande conjointe, le juge compétent est, selon le choix des parties, celui du lieu où réside l'une ou l'autre.

Toutefois, lorsque le litige porte seulement sur la pension alimentaire, la contribution à l'entretien et l'éducation de l'enfant, la contribution aux charges du mariage ou la prestation compensatoire, le juge compétent peut être celui du lieu où réside l'époux créancier ou le parent qui assume à titre principal la charge des enfants, même majeurs.

La compétence territoriale est déterminée par la résidence au jour de la demande ou, en matière de divorce, au jour où la requête initiale est présentée.

Art. 1166 La demande aux fins d'adoption est portée devant le tribunal de grande instance.

Le tribunal compétent est :

— le tribunal du lieu où demeure le requérant lorsque celui-ci demeure en France;

— le tribunal du lieu où demeure la personne dont l'adoption est demandée lorsque le requérant demeure à l'étranger;

— le tribunal choisi en France par le requérant lorsque celui-ci et la personne dont l'adoption est demandée demeurent à l'étranger.

217 Traduction (frais)

Art. 695 Les dépens afférents aux instances, actes et procédures d'exécution comprennent :

1. Les droits, taxes, redevances ou émoluments perçus par les *(Décr. n° 2017-892 du 6 mai 2017, art. 68-I-2°)* «greffes» des juridictions ou l'administration des impôts à l'exception des droits, taxes et pénalités éventuellement dus sur les actes et titres produits à l'appui des prétentions des parties;

2. *(Décr. n° 2002-1346 du 3 déc. 2002, art. 27)* «Les frais de traduction des actes lorsque celle-ci est rendue *(Décr. n° 2004-836 du 20 août 2004, art. 44, en vigueur le 1er janv. 2005)* «nécessaire» par la loi ou par un engagement international;»

3. Les indemnités des témoins;

4. La rémunération des techniciens;

5. Les débours tarifés;

6. Les émoluments des officiers publics ou ministériels;

7. La rémunération des avocats dans la mesure où elle est réglementée *(Décr. n° 78-62 du 20 janv. 1978, art. 19-II)* «*[,]* y compris les droits de plaidoirie»;

(Décr. n° 2004-836 du 20 août 2004, art. 44, en vigueur le 1er janv. 2005) «8. Les frais occasionnés par la notification d'un acte à l'étranger;

«9. Les frais d'interprétariat et de traduction rendus nécessaires par les mesures d'instruction effectuées à l'étranger à la demande des juridictions dans le cadre du règlement (CE) n° 1206/2001 du Conseil du 28 mai 2001 relatif à la coopération entre les juridictions des États membres dans le domaine de l'obtention des preuves en matière civile et commerciale;»

(Décr. n° 2009-285 du 12 mars 2009, art. 13) «10. Les enquêtes sociales ordonnées en application des articles 1072 *(Décr. n° 2011-54 du 13 janv. 2011, art. 3)* «, 1171 et 1221»;»

(Décr. n° 2009-572 du 20 mai 2009, art. 2) «11. La rémunération de la personne désignée par le juge pour entendre le mineur, en application de l'article 388-1 du code civil»;

(Décr. n° 2012-98 du 27 janv. 2012, art. 3) «12° Les rémunérations et frais afférents aux mesures, enquêtes et examens requis en application des dispositions de l'article 1210-8.»

VIII – Code des procédures civiles d'exécution

218 Mesures conservatoires et mesures d'exécution sur les biens appartenant à un État étranger

Art. L. 111-1 Tout créancier peut, dans les conditions prévues par la loi, contraindre son débiteur défaillant à exécuter ses obligations à son égard.

Tout créancier peut pratiquer une mesure conservatoire pour assurer la sauvegarde de ses droits.

L'exécution forcée et les mesures conservatoires ne sont pas applicables aux personnes qui bénéficient d'une immunité d'exécution.

Art. L. 111-1-1 *(L. nº 2016-1691 du 9 déc. 2016, art. 59)* Des mesures conservatoires ou des mesures d'exécution forcée ne peuvent être mises en œuvre sur un bien appartenant à un État étranger que sur autorisation préalable du juge par ordonnance rendue sur requête.

Art. L. 111-1-2 *(L. nº 2016-1691 du 9 déc. 2016, art. 59)* Des mesures conservatoires ou des mesures d'exécution forcée visant un bien appartenant à un État étranger ne peuvent être autorisées par le juge que si l'une des conditions suivantes est remplie :

1° L'État concerné a expressément consenti à l'application d'une telle mesure;

2° L'État concerné a réservé ou affecté ce bien à la satisfaction de la demande qui fait l'objet de la procédure;

3° Lorsqu'un jugement ou une sentence arbitrale a été rendu contre l'État concerné et que le bien en question est spécifiquement utilisé ou destiné à être utilisé par ledit État autrement qu'à des fins de service public non commerciales et entretient un lien avec l'entité contre laquelle la procédure a été intentée.

Pour l'application du 3°, sont notamment considérés comme spécifiquement utilisés ou destinés à être utilisés par l'État à des fins de service public non commerciales, les biens suivants :

a) Les biens, y compris les comptes bancaires, utilisés ou destinés à être utilisés dans l'exercice des fonctions de la mission diplomatique de l'État ou de ses postes consulaires, de ses missions spéciales, de ses missions auprès des organisations internationales, ou de ses délégations dans les organes des organisations internationales ou aux conférences internationales;

b) Les biens de caractère militaire ou les biens utilisés ou destinés à être utilisés dans l'exercice des fonctions militaires;

c) Les biens faisant partie du patrimoine culturel de l'État ou de ses archives qui ne sont pas mis ou destinés à être mis en vente;

d) Les biens faisant partie d'une exposition d'objet d'intérêt scientifique, culturel ou historique qui ne sont pas mis ou destinés à être mis en vente;

e) Les créances fiscales ou sociales de l'État.

Art. L. 111-1-3 *(L. n° 2016-1691 du 9 déc. 2016, art. 59)* Des mesures conservatoires ou des mesures d'exécution forcée ne peuvent être mises en œuvre sur les biens, y compris les comptes bancaires, utilisés ou destinés à être utilisés dans l'exercice des fonctions de la mission diplomatique des États étrangers ou de leurs postes consulaires, de leurs missions spéciales ou de leurs missions auprès des organisations internationales qu'en cas de renonciation expresse et spéciale des États concernés.

IX – Code de la propriété intellectuelle

219 Droit d'auteur

Art. L. 111-4 Sous réserve des dispositions des conventions internationales auxquelles la France est partie, dans le cas où, après consultation du ministre des affaires étrangères, il est constaté qu'un État n'assure pas aux œuvres divulguées pour la première fois en France sous quelque forme que ce soit une protection suffisante et efficace, les œuvres divulguées pour la première fois sur le territoire de cet État ne bénéficient pas de la protection reconnue en matière de droit d'auteur par la législation française.

Toutefois, aucune atteinte ne peut être portée à l'intégrité ni à la paternité de ces œuvres.

Dans l'hypothèse prévue à l'alinéa 1er ci-dessus, les droits d'auteur sont versés à des organismes d'intérêt général désignés par décret.

Art. L. 111-5 Sous réserve des conventions internationales, les droits reconnus en France aux auteurs de logiciels par le présent code sont reconnus aux étrangers sous la condition que la loi de l'État dont ils sont les nationaux ou sur le territoire duquel ils ont leur domicile, leur siège social ou un établissement effectif accorde sa protection aux logiciels créés par les nationaux français et par les personnes ayant en France leur domicile ou un établissement effectif.

220 Droits voisins

Art. L. 211-5 *(L. n° 97-283 du 27 mars 1997, art. 11)* Sous réserve des dispositions des conventions internationales auxquelles la France est partie, les titulaires de droits voisins qui ne sont pas ressortissants d'un État membre de la Communauté européenne bénéficient de la durée de protection prévue dans le pays dont ils sont ressortissants sans que cette durée puisse excéder celle prévue à l'article L. 211-4.

Art. L. 211-6 *(L. n° 2006-961 du 1er août 2006, art. 4)* Dès lors que la première vente d'un ou des exemplaires matériels d'une fixation protégée par un droit voisin a été autorisée par le titulaire du droit ou ses ayants droit sur le territoire d'un État membre de la Communauté européenne ou d'un autre État partie à l'accord sur l'Espace économique européen, la vente de ces exemplaires de cette fixation ne peut plus être interdite dans les États membres de la Communauté européenne et les États parties à l'accord sur l'Espace économique européen.

Art. L. 214-2 Sous réserve des conventions internationales, les droits à rémunération reconnus par les dispositions de l'article L. 214-1 sont répartis entre les artistes-interprètes et les producteurs de phonogrammes pour les phonogrammes fixés pour la première fois *(L. n° 2006-961 du 1er août 2006, art. 46)* «dans un État membre de la Communauté européenne».

221 Dessins et modèles

Art. L. 511-11 *(Ord. n° 2001-670 du 25 juill. 2001)* Sous réserve des dispositions des conventions internationales auxquelles la France est partie, l'étranger qui n'est ni établi ni domicilié sur le territoire d'un État membre de la Communauté européenne ou d'un État partie à l'accord sur l'Espace économique européen bénéficie des dispositions du présent livre à condition que son pays accorde la réciprocité de la protection aux dessins ou modèles français.

222 Protection des inventions et connaissances techniques

Art. L. 611-1 Toute invention peut faire l'objet d'un titre de propriété industrielle délivré par le directeur de l'Institut national de la propriété industrielle qui confère à son titulaire ou à ses ayants cause un droit exclusif d'exploitation.

La délivrance du titre donne lieu à la diffusion légale prévue à l'article L. 612-21.

(L. n° 96-1106 du 18 déc. 1996) «Sous réserve des dispositions des conventions internationales auxquelles la France est partie,» les étrangers dont le domicile ou l'établissement est situé en dehors du territoire où le présent titre est applicable jouissent du bénéfice du présent titre, sous la condition que les Français bénéficient de la réciprocité de protection dans les pays dont lesdits étrangers sont ressortissants.

(L. n° 2008-518 du 3 juin 2008, art. 22-I) «Sauf stipulation contraire d'un engagement international auquel la France est partie, les dispositions du présent article s'appliquent aux inventions réalisées ou utilisées dans l'espace extra-atmosphérique y compris sur les corps célestes ou dans ou sur des objets spatiaux placés sous juridiction nationale en application de l'article VIII du traité du 27 janvier 1967 sur les principes régissant les activités des États en matière d'exploration et d'utilisation de l'espace extra-atmosphérique, y compris la Lune et les autres corps célestes.»

Art. L. 611-12 Si un premier dépôt a été effectué dans un État qui ne fait pas partie de l'Union de Paris *(L. n° 96-1106 du 18 déc. 1996)* «ou de l'Organisation mondiale du commerce», un droit de priorité attaché à ce dépôt ayant des effets équivalents à ceux prévus par la convention de Paris ne peut être accordé dans les mêmes conditions que dans la mesure où cet État accorde, sur la base d'un premier dépôt d'une demande de brevet français ou d'une demande internationale ou de brevet européen désignant la France, un droit de priorité équivalent.

223 Brevets européens

Art. L. 614-1 La présente section est relative à l'application de la convention faite à Munich le 5 octobre 1973, ci-après dénommée « Convention de Munich ».

§ 1er : Dépôt des demandes de brevet européen

Art. L. 614-2 Toute demande de brevet européen peut être déposée auprès de l'Institut national de la propriété industrielle soit à son siège, soit, en tant que de besoin, dans ses centres régionaux, selon des modalités qui sont précisées par voie réglementaire.

La demande doit être déposée auprès de l'Institut national de la propriété industrielle, lorsque le déposant a son domicile ou son siège en France et qu'il ne revendique pas la priorité d'un dépôt antérieur en France.

Art. L. 614-3 Le ministre chargé de la défense est habilité à prendre connaissance auprès de l'Institut national de la propriété industrielle, à titre confidentiel, des demandes de brevet européen déposées à cet institut.

Art. L. 614-4 Les inventions faisant l'objet de demandes de brevet européen, déposées à l'Institut national de la propriété industrielle, ne peuvent être divulguées et exploitées librement aussi longtemps qu'une autorisation n'a pas été accordée à cet effet.

Pendant cette période, les demandes ne peuvent être rendues publiques ; aucune copie conforme ne peut être délivrée, sauf autorisation.

Les autorisations prévues aux premier et deuxième alinéas du présent article sont accordées par le ministre chargé de la propriété industrielle sur avis du ministre chargé de la défense.

L'autorisation prévue au premier alinéa peut être accordée à tout moment. Sous réserve des dispositions du premier alinéa de l'article L. 614-5, elle est acquise de plein droit au terme d'un délai de quatre mois à compter du dépôt de la demande ou, lorsqu'une priorité a été revendiquée, au terme d'un délai de quatorze mois à compter de la date de priorité.

Art. L. 614-5 Avant le terme de l'un ou l'autre des délais mentionnés au dernier alinéa de l'article L. 614-4, les interdictions prévues audit article peuvent être prorogées, sur réquisition du ministre chargé de la défense*[,]* pour une durée d'un an renouvelable. Dans ce cas, la demande n'est pas transmise à l'Office européen des brevets. Les interdictions prorogées peuvent être levées à tout moment.

Dans le cas de prorogation des interdictions, les dispositions des deuxième et troisième alinéas de l'article L. 612-10 du présent code sont applicables.

Art. L. 614-6 Une demande de brevet européen ne peut être transformée en demande de brevet français que dans *(L. nº 2008-776 du 4 août 2008, art. 132-VIII)* « le cas prévu » à l'article 135-1 *(a)* de la convention de Munich.

Dans *(L. nº 2008-776 du 4 août 2008, art. 132-VIII)* « ce » cas et sous peine de rejet de sa demande de brevet français, le déposant doit satisfaire aux conditions qui sont fixées par voie réglementaire.

Si un rapport de recherche a été établi avant transformation de la demande, ce rapport tient lieu de rapport de recherche prévu à l'article *(L. nº 2008-776 du 4 août 2008, art. 132-VIII)* « L. 612-14 ».

§ 2 : Effets en France des brevets européens

Art. L. 614-7 *(L. nº 2007-1544 du 29 oct. 2007, art. 10)* Le texte de la demande de brevet européen ou du brevet européen rédigé dans la langue de procédure devant l'Office européen des brevets créé par la convention de Munich est le texte qui fait foi.

En cas de litige relatif à un brevet européen dont le texte n'est pas rédigé en français, le titulaire du brevet fournit, à ses frais, à la demande du présumé contrefacteur ou à la demande de la juridiction compétente, une traduction complète du brevet en français.

Art. L. 614-8 Dans les trois mois qui suivent la publication des demandes de brevets européens et lorsque la langue de la procédure n'est pas le français, l'Institut national de la propriété industrielle assure la traduction et la publicité en français des abrégés prévus à l'article 78, paragraphe 1 *e,* de la convention de Munich.

Art. L. 614-9 Les droits définis aux articles L. 613-3 à L. 613-7, L. 615-4 et L. 615-5 du présent code peuvent être exercés à compter de la date à laquelle une demande de brevet européen est publiée conformément aux dispositions de l'article 93 de la convention de Munich.

Si la publication a été faite dans une langue autre que le français, les droits mentionnés à l'alinéa précédent ne peuvent être exercés qu'à compter de la date à laquelle une traduction en français des revendications a été publiée par l'Institut national de la propriété industrielle, sur réquisition du demandeur, dans les conditions fixées par décret en Conseil d'État, ou a été notifiée au contrefacteur présumé.

Art. L. 614-10 *(L. n° 2007-1544 du 29 oct. 2007, art. 10)* «Hormis les cas d'action en nullité et par dérogation au premier alinéa de l'article L. 614-7, lorsqu'une traduction en langue française a été produite dans les conditions prévues au second alinéa du même article L. 614-7 ou au second alinéa de l'article L. 614-9», cette traduction est considérée comme faisant foi si la demande de brevet européen ou le brevet européen confère dans le texte de la traduction une protection moins étendue que celle qui est conférée par ladite demande ou par ledit brevet dans la langue dans laquelle la demande a été déposée.

Toutefois, une traduction révisée peut être produite à tout moment par le titulaire de la demande ou du brevet. *(L. n° 2007-1544 du 29 oct. 2007, art. 10)* «La traduction révisée des revendications ne prend cependant effet que lorsque les conditions prévues au second alinéa de l'article L. 614-9 ont été remplies.»

Toute personne qui a, de bonne foi, commencé à exploiter une invention ou fait des préparatifs effectifs et sérieux à cette fin, sans que cette exploitation constitue une contrefaçon de la demande ou du brevet dans le texte de la traduction initiale, peut, dès que la traduction révisée a pris effet, poursuivre à titre gratuit son exploitation dans son entreprise ou pour les besoins de celle-ci.

Art. L. 614-11 L'inscription au registre européen des brevets des actes transmettant ou modifiant les droits attachés à une demande de brevet européen ou à un brevet européen rend ces actes opposables aux tiers.

Art. L. 614-12 La nullité du brevet européen est prononcée en ce qui concerne la France par décision de justice pour l'un quelconque des motifs visés à l'article 138, paragraphe 1, de la convention de Munich.

Si les motifs de nullité n'affectent le brevet qu'en partie, la nullité est prononcée sous la forme d'une limitation *(L. n° 2008-776 du 4 août 2008, art. 132-IX)* «correspondante» des revendications *(Abrogé par L. n° 2008-776 du 4 août 2008, art. 132-IX) «, de la description ou des dessins».*

(L. n° 2008-776 du 4 août 2008, art. 132-IX) «Dans le cadre d'une action en nullité du brevet européen, son titulaire est habilité à limiter le brevet en modifiant les revendications conformément à l'article 105 *bis* de la convention de Munich; le brevet ainsi limité constitue l'objet de l'action en nullité engagée.

«La partie qui, lors d'une même instance, procède à plusieurs limitations de son brevet de manière dilatoire ou abusive peut être condamnée à une amende civile d'un montant maximum de 3000 €, sans préjudice de dommages et intérêts qui seraient réclamés.»

Art. L. 614-13 Dans la mesure où un brevet français couvre une invention pour laquelle un brevet européen a été délivré au même inventeur ou à son ayant cause avec la même date de dépôt ou de priorité, le brevet français cesse de produire ses effets soit à la date à laquelle le délai prévu pour la formation de l'opposition au brevet européen est expiré sans qu'une opposition ait été formée, soit à la date à laquelle la procédure d'opposition est close, le brevet européen ayant été maintenu.

Toutefois, lorsque le brevet français a été délivré à une date postérieure à l'une ou l'autre, selon le cas, de celles qui sont fixées à l'alinéa précédent, ce brevet ne produit pas d'effet.

L'extinction ou l'annulation ultérieure du brevet européen n'affecte pas les dispositions prévues au présent article.

Nouvel art. L. 614-13 *(Ord. nº 2018-341 du 9 mai 2018, art. 4, en vigueur à la date d'entrée en vigueur de l'accord relatif à une juridiction unifiée du brevet du 19 févr. 2013)* I. — Dans la mesure où un brevet français couvre une invention pour laquelle un brevet européen a été délivré au même inventeur ou à son ayant cause avec la même date de dépôt ou de priorité, et où le brevet européen a fait l'objet d'une dérogation à la compétence exclusive de la juridiction unifiée du brevet, en application du paragraphe 3 de l'article 83 de l'accord relatif à une juridiction unifiée du brevet, le brevet français cesse de produire ses effets :

1° Soit à la date à laquelle le délai prévu pour la formation de l'opposition au brevet européen est expiré sans qu'une opposition ait été formée;

2° Soit à la date à laquelle la procédure d'opposition est close, le brevet européen ayant été maintenu;

3° Soit à la date à laquelle la dérogation est inscrite au registre en application du paragraphe 3 de l'article 83 de l'accord précité lorsque cette date est postérieure à celles mentionnées aux 1° et 2°.

Toutefois, lorsque le brevet français a été délivré à une date postérieure à l'une de celles qui sont fixées aux 1° à 3°, ce brevet ne produit pas d'effet.

L'extinction, l'annulation ultérieure du brevet européen ou l'inscription au registre du retrait de dérogation effectué en application du paragraphe 4 de l'article 83 de l'accord relatif à une juridiction unifiée du brevet n'affecte pas la cessation des effets du brevet français.

II. — Lorsque le brevet européen n'a pas fait l'objet d'une dérogation à la compétence exclusive de la juridiction unifiée du brevet, en application du paragraphe 3 de l'article 83 de l'accord relatif à une juridiction unifiée du brevet, le brevet français continue à produire ses effets.

Art. L. 614-14 Une demande de brevet français ou un brevet français et une demande de brevet européen ou un brevet européen ayant *(L. nº 94-102 du 5 févr. 1994, art. 27)* «la même date de dépôt ou» la même date de priorité, couvrant la même invention et appartenant au même inventeur ou à son ayant cause, ne peuvent, pour les parties communes, faire l'objet indépendamment l'une de l'autre d'un transfert, gage, nantissement ou d'une concession de droits d'exploitation, à peine de nullité.

Par dérogation à l'article L. 613-9, le transfert ou la modification des droits attachés à la demande de brevet français ou au brevet français n'est rendu opposable aux tiers par son inscription au registre national des brevets que dans la mesure où le même transfert ou la même modification des droits attachés à la demande de brevet européen ou au brevet européen a été inscrit au registre *(L. nº 94-102 du 5 févr. 1994, art. 28)* «européen» des brevets.

La demande de brevet français ou le brevet français et le droit de priorité pour le dépôt d'une demande de brevet européen ne peuvent être transférés indépendamment l'un de l'autre.

Nouvel art. L. 614-14 *(Ord. n° 2018-341 du 9 mai 2018, art. 4, en vigueur à la date d'entrée en vigueur de l'accord relatif à une juridiction unifiée du brevet du 19 févr. 2013)* I. — Une demande de brevet français ou un brevet français et une demande de brevet européen ou un brevet européen qui n'a pas fait l'objet d'une dérogation à la compétence exclusive de la juridiction unifiée du brevet, en application du paragraphe 3 de l'article 83 de l'accord relatif à une juridiction unifiée du brevet, ayant la même date de dépôt ou la même date de priorité, couvrant la même invention et appartenant au même inventeur ou à son ayant cause, ne peuvent, pour les parties communes, faire l'objet indépendamment l'une de l'autre d'un transfert, gage, nantissement ou d'une concession de droits d'exploitation, à peine de nullité.

Par dérogation à l'article L. 613-9, le transfert ou la modification des droits attachés à la demande de brevet français ou au brevet français n'est rendu opposable aux tiers par son inscription au registre national des brevets que dans la mesure où le même transfert ou la même modification des droits attachés à la demande de brevet européen ou au brevet européen qui n'a pas fait l'objet d'une dérogation à la compétence exclusive de la juridiction unifiée du brevet, en application du paragraphe 3 de l'article 83 de l'accord précité, a été inscrit au registre européen des brevets.

La demande de brevet français ou le brevet français et le droit de priorité pour le dépôt d'une demande de brevet européen ne peuvent être transférés indépendamment l'un de l'autre.

II. — Les dispositions du I sont applicables à une demande de brevet européen ou à un brevet européen qui a fait l'objet d'une dérogation à la compétence exclusive de la juridiction unifiée du brevet, en application du paragraphe 3 de l'article 83 de l'accord précité, tant que la demande de brevet français ou le brevet français n'a pas cessé de produire ses effets en application du I de l'article L. 614-13.

Art. L. 614-15 Le tribunal saisi d'une action en contrefaçon d'un brevet français qui couvre la même invention qu'un brevet européen demandé par le même inventeur ou délivré à celui-ci ou à son ayant cause avec la même date de priorité *(Ord. n° 2018-341 du 9 mai 2018, art. 5, en vigueur à la date d'entrée en vigueur de l'accord relatif à une juridiction unifiée du brevet du 19 févr. 2013)* «et faisant l'objet d'une dérogation à la compétence exclusive de la juridiction unifiée du brevet, en application du paragraphe 3 de l'article 83 de l'accord relatif à une juridiction unifiée du brevet» surseoit à statuer jusqu'à la date à laquelle le brevet français cesse de produire ses effets aux termes de l'article L. 614-13 ou jusqu'à la date à laquelle la demande de brevet européen est rejetée, retirée ou réputée retirée, ou le brevet européen révoqué.

Si l'action en contrefaçon a été engagée sur la base du seul brevet français, le demandeur peut, à la reprise de l'instance, poursuivre celle-ci en substituant le brevet européen au brevet français pour les faits postérieurs à la date à laquelle le brevet français cesse de produire ses effets et pour les parties communes.

Si une action en contrefaçon est intentée sur la base *(L. n° 94-102 du 5 févr. 1994, art. 29)* «à la fois» d'un brevet français et d'un brevet européen, ni les sanctions pénales ni les réparations civiles ne peuvent se cumuler.

Si l'action a été intentée sur la base de l'un seulement des deux brevets, une nouvelle action sur la base de l'autre brevet, pour les mêmes faits, ne peut être engagée par le même demandeur, à l'égard du même défendeur.

Art. L. 614-16 Un décret en Conseil d'État déterminera les modalités d'application de la présente section *[nouvelle rédaction issue de l'Ord. n° 2018-341 du 9 mai 2018, art. 6, en vigueur à la date d'entrée en vigueur de l'accord relatif à une juridiction unifiée du brevet du 19 févr. 2013 : «sous-section»]*, notamment en ce qui concerne l'application des dispositions de l'article 137-2 de la convention de Munich.

Art. L. 614-16-1 *(Ord. n° 2018-341 du 9 mai 2018, art. 7, en vigueur à la date d'entrée en vigueur de l'accord relatif à une juridiction unifiée du brevet du 19 févr. 2013)* Un effet unitaire peut être conféré à un brevet européen dans les conditions prévues au premier paragraphe de l'article 3 du règlement (UE) n° 1257/2012 du 17 décembre 2012.

Le brevet européen à effet unitaire prend effet en France le jour de la publication de la mention de la délivrance du brevet européen dans le bulletin européen des brevets. A compter de ce jour, le brevet européen est réputé n'avoir pas pris effet en France en tant que brevet national.

Art. L. 614-16-2 *(Ord. n° 2018-341 du 9 mai 2018, art. 7, en vigueur à la date d'entrée en vigueur de l'accord relatif à une juridiction unifiée du brevet du 19 févr. 2013)* L'inscription au registre de la protection unitaire conférée par un brevet des actes transmettant ou modifiant les droits attachés à un brevet européen à effet unitaire rend ces actes opposables aux tiers.

Art. L. 614-16-3 *(Ord. n° 2018-341 du 9 mai 2018, art. 7, en vigueur à la date d'entrée en vigueur de l'accord relatif à une juridiction unifiée du brevet du 19 févr. 2013)* Un brevet français peut couvrir une invention pour laquelle un brevet européen à effet unitaire a été délivré au même inventeur ou à son ayant cause avec la même date de dépôt ou de priorité.

Art. L. 614-16-4 *(Ord. n° 2018-341 du 9 mai 2018, art. 7, en vigueur à la date d'entrée en vigueur de l'accord relatif à une juridiction unifiée du brevet du 19 févr. 2013)* Un brevet européen à effet unitaire et une demande de brevet français ou un brevet français ayant la même date de dépôt ou la même date de priorité, couvrant la même invention et appartenant au même inventeur ou à son ayant cause, ne peuvent, pour les parties communes, faire l'objet indépendamment l'une de l'autre d'un transfert, gage, nantissement ou d'une concession de droits d'exploitation, à peine de nullité.

Par dérogation à l'article L. 613-9, le transfert ou la modification des droits attachés à la demande de brevet français ou au brevet français n'est rendu opposable aux tiers par son inscription au registre national des brevets que dans la mesure où le même transfert ou la même modification des droits attachés au brevet européen à effet unitaire a été inscrit au registre de la protection unitaire conférée par un brevet.

Art. L. 614-17 La présente section est relative à l'application du traité de coopération en matière de brevets, fait à Washington le 19 juin 1970, ci-après dénommé « Traité de Washington ».

Art. L. 614-18 Les demandes internationales de protection des inventions formulées par des personnes physiques ou morales ayant leur domicile ou leur siège en France doivent être déposées auprès de l'Institut national de la propriété industrielle lorsque la priorité d'un dépôt antérieur en France n'est pas revendiquée. L'Institut national de la propriété industrielle agit alors en qualité d'office récepteur au sens des articles 2-XV et 10 du traité de Washington.

Art. L. 614-19 Le ministre chargé de la défense est habilité à prendre connaissance auprès de l'Institut national de la propriété industrielle, à titre confidentiel, des demandes internationales de protection des inventions déposées à cet institut.

Art. L. 614-20 Les inventions faisant l'objet de demandes internationales déposées à l'Institut national de la propriété industrielle ne peuvent être divulguées et exploitées librement aussi longtemps qu'une autorisation n'a été accordée à cet effet.

Pendant cette période, les demandes ne peuvent être rendues publiques; aucune copie conforme de la demande ne peut être délivrée, sauf autorisation.

Les autorisations prévues aux premier et deuxième alinéas du présent article sont accordées par le ministre chargé de la propriété industrielle sur avis du ministre de la défense.

L'autorisation prévue au premier alinéa peut être accordée à tout moment. Sous réserve des dispositions du premier alinéa de l'article L. 614-21, elle est acquise de plein droit au terme d'un délai de cinq mois à compter du dépôt de la demande ou, lorsqu'une priorité a été revendiquée, au terme d'un délai de treize mois à compter de la date de priorité.

Art. L. 614-21 Avant le terme de l'un ou de l'autre des délais mentionnés au dernier alinéa de l'article L. 614-20, les interdictions prévues audit article peuvent être prorogées, sur réquisition du ministre de la défense, pour une durée d'un an renouvelable. Dans ce cas, la demande n'est pas transmise au bureau international institué par le traité *(L. nº 94-102 du 5 févr. 1994, art. 30)* «de Washington». Les interdictions prorogées peuvent être levées à tout moment.

Dans le cas de prorogations des interdictions, les dispositions des deuxième, troisième et quatrième alinéas de l'article L. 612-10 sont applicables.

Art. L. 614-22 Les dispositions des articles L. 614-19, L. 614-20 et L. 614-21 ne sont pas applicables lorsque, le déposant n'ayant pas son domicile ou son siège en France, l'Institut national de la propriété industrielle agit en tant qu'officier récepteur à la place de l'office national d'un autre État partie au traité de Washington, ou lorsqu'il a été désigné comme office récepteur par l'assemblée de l'union instituée par ledit traité.

Art. L. 614-23 Un décret en Conseil d'État détermine les modalités d'application des dispositions de la présente section, en ce qui concerne notamment les conditions de réception de la demande internationale, la langue dans laquelle la demande doit être déposée, l'établissement d'une redevance pour services rendus dite taxe de transmission perçue au bénéfice de l'Institut national de la propriété industrielle et la représentation des déposants ayant leur domicile ou leur siège à l'étranger.

Art. L. 614-24 Lorsqu'une demande internationale de protection des inventions formulée en application du traité de Washington comporte la désignation ou l'élection de la France, cette demande est considérée comme tendant à l'obtention d'un brevet européen régi par les dispositions de la convention de Munich.

Art. L. 614-25 *(Abrogé par Ord. nº 2018-341 du 9 mai 2018, art. 2, à compter de la date d'entrée en vigueur de l'accord relatif à une juridiction unifiée du brevet du 19 févr. 2013)* La présente section est relative à l'application de la convention relative au brevet européen pour le Marché commun (convention sur le brevet communautaire), fait à Luxembourg le 15 décembre 1975, ci-après dénommée « convention de Luxembourg ». Elle entrera en vigueur à la même date que la convention de Luxembourg.

Art. L. 614-26 *(Abrogé par Ord. nº 2018-341 du 9 mai 2018, art. 2, à compter de la date d'entrée en vigueur de l'accord relatif à une juridiction unifiée du brevet du 19 févr. 2013)* Les articles L. 614-7 à L. 614-14 (premier et deuxième alinéas) ne sont pas applicables lorsque la demande de brevet européen désigne un État de la Communauté économique européenne et lorsque le brevet délivré est un brevet communautaire.

Art. L. 614-27 *(Abrogé par Ord. nº 2018-341 du 9 mai 2018, art. 2, à compter de la date d'entrée en vigueur de l'accord relatif à une juridiction unifiée du brevet du 19 févr. 2013)* Dans les trois mois qui suivent la publication des demandes de brevets communautaires et lorsque la langue de la procédure n'est pas le français, l'Institut national de la propriété industrielle assure la traduction et la publicité en français des abrégés prévus à l'article 78, paragraphe 1 *e*, de la convention de Munich.

Art. L. 614-28 *(Abrogé par Ord. nº 2018-341 du 9 mai 2018, art. 2, à compter de la date d'entrée en vigueur de l'accord relatif à une juridiction unifiée du brevet du 19 févr. 2013)* Pour l'application, aux demandes de brevet et aux brevets mentionnés à l'article L. 614-26, de l'article L. 614-15 et de l'article L. 615-17, la référence faite par ces articles à l'article L. 614-13 est remplacée par une référence à l'article 80, paragraphe 1, de la convention de Luxembourg.

Art. L. 614-29 *(Abrogé par Ord. nº 2018-341 du 9 mai 2018, art. 2, à compter de la date d'entrée en vigueur de l'accord relatif à une juridiction unifiée du brevet du 19 févr. 2013)* Un transfert, gage, nantissement ou une concession de droits d'exploitation d'une demande de brevet européen désignant un État de la Communauté économique européenne ou d'un brevet communautaire auquel cette demande a donné lieu emporte de plein droit, pour les parties communes, le même transfert, gage, nantissement ou la même concession de droits d'exploitation de la demande de brevet français ou du brevet français ayant la même date de dépôt ou la même date de priorité, couvrant la même invention et appartenant au même inventeur ou à son ayant cause.

Dans les mêmes conditions, la demande de brevet français ou le brevet français ne peut faire, à peine de nullité, l'objet d'un transfert, gage, nantissement ou d'une concession de droits d'exploitation indépendamment de la demande de brevet européen désignant un État de la Communauté économique européenne ou du brevet communautaire auquel cette demande a donné lieu.

Par dérogation à l'article L. 613-20, ce transfert ou cette modification des droits attachés au brevet français ou à la demande de brevet français n'est rendu opposable aux tiers par son inscription au registre national des brevets que dans la mesure où le même transfert, ou la même modification des droits attachés à la demande de brevet européen désignant un État de la Communauté économique européenne ou à un brevet communautaire auquel cette demande a donné lieu, a été inscrit, selon le cas, au registre européen des brevets ou au registre des brevets communautaires.

Art. L. 614-30 *(Abrogé par Ord. nº 2018-341 du 9 mai 2018, art. 2, à compter de la date d'entrée en vigueur de l'accord relatif à une juridiction unifiée du brevet du 19 févr. 2013)* Lorsque, par application de l'article 86, paragraphe 1er, de la Convention de Luxembourg, la requête en délivrance du brevet contient une déclaration selon laquelle le demandeur ne désire pas obtenir un brevet communautaire, les dispositions des articles L. 614-26 et L. 614-29 ne sont pas applicables.

Toutefois, dans ce cas, l'article L. 614-13 n'est pas applicable.

Art. L. 614-31 Les Français peuvent revendiquer l'application à leur profit, en France, des dispositions de la convention internationale pour la protection de la propriété industrielle, signée à Paris, le 20 mars 1883, ainsi que des arrangements, actes additionnels et protocoles de clôture qui ont modifié ou modifieront ladite convention, dans tous les cas où ces dispositions sont plus favorables que la loi française pour protéger les droits dérivant de la propriété industrielle.

Aucune disposition du présent titre ne peut être interprétée comme retirant aux Français un droit qui leur est reconnu à l'alinéa précédent.

224 Marques de fabrique, de commerce ou de service et autres signes distinctifs

Art. L. 712-11 *(L. nº 96-1106 du 18 déc. 1996, art. 13)* Sous réserve des dispositions des conventions internationales auxquelles la France est partie, l'étranger qui n'est ni établi ni domicilié sur le territoire national bénéficie des dispositions du présent livre aux conditions qu'il justifie avoir régulièrement déposé la marque ou obtenu son enregistrement dans le pays de son domicile ou de son établissement et que ce pays accorde la réciprocité de la protection aux marques françaises.

Art. L. 712-12 Le droit de priorité prévu à l'article 4 de la Convention de Paris pour la protection de la propriété industrielle est étendu à toute marque préalablement déposée dans un pays étranger.

(L. nº 96-1106 du 18 déc. 1996, art. 14) «Sous réserve des dispositions des conventions internationales auxquelles la France est partie,» le droit de priorité est subordonné à la reconnaissance par ledit pays du même droit lors du dépôt des marques françaises.

X – Code du travail

225 Compétence territoriale du conseil des prud'hommes

Art. R. 1412-1 L'employeur et le salarié portent les différends et litiges devant le conseil de prud'hommes territorialement compétent.

Ce conseil est :

1° Soit celui dans le ressort duquel est situé l'établissement où est accompli le travail ;

2° Soit, lorsque le travail est accompli à domicile ou en dehors de toute entreprise ou établissement, celui dans le ressort duquel est situé le domicile du salarié.

Le salarié peut également saisir les conseils de prud'hommes du lieu où l'engagement a été contracté ou celui du lieu où l'employeur est établi.

Art. R. 1412-4 Toute clause d'un contrat qui déroge directement ou indirectement aux dispositions de l'article R. 1412-1, relatives aux règles de compétence territoriale des conseils de prud'hommes, est réputée non écrite.

Art. R. 1412-5 Lorsqu'un salarié est temporairement détaché sur le territoire national par une entreprise établie dans un autre État membre de *(Décr. nº 2016-660 du 20 mai 2016, art. 43)* «l'Union» européenne, les contestations relatives aux droits reconnus dans les matières énumérées à l'article L. 1262-4 peuvent être portées devant le conseil de prud'hommes dans le ressort duquel la prestation est ou a été exécutée.

Lorsque la prestation est ou a été exécutée dans le ressort de plusieurs conseils de prud'hommes, ces contestations sont portées devant l'une quelconque de ces juridictions.

226 Salariés détachés temporairement dans une entreprise non établie en France

Art. L. 1261-1 Les dispositions du présent titre sont applicables sous réserve, le cas échéant, de celles des traités, conventions ou accords régulièrement ratifiés ou approuvés et publiés, et notamment des traités instituant les communautés européennes ainsi que de celles des actes des autorités de ces communautés pris pour l'application de ces traités.

Art. L. 1261-2 Les obligations et interdictions qui s'imposent aux entreprises françaises lorsqu'elles font appel à des prestataires de services, notamment celles relatives au travail illégal mentionnées à l'article L. 8211-1, s'appliquent dans les mêmes conditions lorsque les prestations de services sont réalisées par des entreprises établies hors de France détachant du personnel sur le territoire national, selon des modalités définies par décret en Conseil d'État.

Art. L. 1261-3 Est un salarié détaché au sens du présent titre tout salarié d'un employeur régulièrement établi et exerçant son activité hors de France et qui, travaillant habituellement pour le compte de celui-ci *(L. nº 2018-771 du 5 sept. 2018, art. 94)* «hors du territoire national», exécute son travail à la demande de cet employeur pendant une durée limitée sur le territoire national dans les conditions définies aux articles L. 1262-1 et L. 1262-2.

Art. L. 1262-1 *(Mod. par L. nº 2008-67 du 21 janv. 2008, art. 3)* Un employeur établi hors de France peut détacher temporairement des salariés sur le territoire national, à condition qu'il existe un contrat de travail entre cet employeur et le salarié et que leur relation de travail subsiste pendant la période de détachement.

Le détachement est réalisé :

1º Soit pour le compte de l'employeur et sous sa direction, dans le cadre d'un contrat conclu entre celui-ci et le destinataire de la prestation établi ou exerçant en France;

2º Soit entre établissements d'une même entreprise ou entre entreprises d'un même groupe;

3º Soit pour le compte de l'employeur sans qu'il existe un contrat entre celui-ci et un destinataire.

Art. L. 1262-2 Une entreprise exerçant une activité de travail temporaire établie hors du territoire national peut détacher temporairement des salariés auprès d'une entreprise utilisatrice établie ou exerçant sur le territoire national, à condition qu'il existe un contrat de travail entre l'entreprise étrangère et le salarié et que leur relation de travail subsiste pendant la période de détachement.

(L. nº 2016-1088 du 8 août 2016, art. 112) «Les dispositions du chapitre Ier du titre V du présent livre relatives au travail temporaire sont applicables aux salariés détachés dans le cadre d'une mise à disposition au titre du travail temporaire, à l'exception des articles L. 1251-32 et L. 1251-33 pour les salariés titulaires d'un contrat de travail à durée indéterminée dans leur pays d'origine.»

Art. L. 1262-2-1 *(L. nº 2014-790 du 10 juill. 2014, art. 1er)* I. — L'employeur qui détache un ou plusieurs salariés, dans les conditions prévues aux *(L. nº 2018-771 du 5 sept. 2018, art. 91-I)* «1º et 2º de l'article L. 1262-1 et à l'article L. 1262-2», adresse une déclaration, préalablement au détachement, à l'inspection du travail du lieu où débute la prestation.

II. — L'employeur mentionné au I du présent article désigne un représentant de l'entreprise sur le territoire national, chargé d'assurer la liaison avec les agents mentionnés à l'article L. 8271-1-2 pendant la durée de la prestation.

(L. nº 2016-1088 du 8 août 2016, art. 105 et 112) «III. — L'accomplissement des obligations mentionnées aux I et II du présent article ne présume pas du caractère régulier du détachement.

«IV. — L'entreprise utilisatrice établie hors du territoire national qui, pour exercer son activité sur le territoire national, a recours à des salariés détachés mis à disposition par une entreprise de travail temporaire également établie hors du territoire national, envoie aux services de l'inspection du travail du lieu où débute la prestation une déclaration attestant que l'employeur a connaissance du détachement de son salarié sur le territoire national et a connaissance des règles prévues au présent titre VI.»

Art. L. 1262-2-2 *(L. nº 2015-990 du 6 août 2015, art. 283)* Les conditions dans lesquelles les employeurs mentionnés aux articles L. 1262-1 et L. 1262-2 sont tenus de transmettre, par voie dématérialisée, la déclaration mentionnée au I de l'article L. 1262-2-1 du présent code ou l'attestation mentionnée à l'article L. 1331-1 du code des transports sont fixées par décret en Conseil d'État pris après avis de la Commission nationale de l'informatique et des libertés.

Art. L. 1262-3 *(L. nº 2015-990 du 6 août 2015, art. 280-II)* «Un employeur ne peut se prévaloir des dispositions applicables au détachement de salariés lorsqu'il exerce, dans l'État dans lequel il est établi, des activités relevant uniquement de la gestion interne ou administrative, ou lorsque son activité est réalisée sur le territoire national de façon habituelle, stable et continue.» Il ne peut notamment se prévaloir de ces dispositions lorsque son activité comporte la recherche et la prospection d'une clientèle ou le recrutement de salariés sur ce territoire.

Dans ces situations, l'employeur est assujetti aux dispositions du code du travail applicables aux entreprises établies sur le territoire national.

Art. L. 1262-4 Les employeurs détachant temporairement des salariés sur le territoire national sont soumis aux dispositions légales et aux stipulations conventionnelles applicables aux salariés employés par les entreprises de la même branche d'activité établies en France, en matière de législation du travail, pour ce qui concerne les matières suivantes :

1º Libertés individuelles et collectives dans la relation de travail;

2º Discriminations et égalité professionnelle entre les femmes et les hommes;

3º Protection de la maternité, congés de maternité et de paternité *(L. nº 2012-1404 du 17 déc. 2012, art. 94)* «et d'accueil de l'enfant», congés pour événements familiaux;

4º Conditions de mise à disposition et garanties dues aux salariés par les entreprises exerçant une activité de travail temporaire;

5º Exercice du droit de grève;

6º Durée du travail, repos compensateurs, jours fériés, congés annuels payés, durée du travail et travail de nuit des jeunes travailleurs;

7º Conditions d'assujettissement aux caisses de congés et intempéries;

8º Salaire minimum et paiement du salaire, y compris les majorations pour les heures supplémentaires *(L. nº 2015-990 du 6 août 2015, art. 280-II)* «, ainsi que les accessoires de salaire légalement ou conventionnellement fixés»;

9º Règles relatives à la santé et sécurité au travail, âge d'admission au travail, emploi des enfants;

10º Travail illégal.

Art. L. 1262-4-1 *(L. nº 2016-1088 du 8 août 2016, art. 105)* «I. —» *(L. nº 2014-790 du 10 juill. 2014, art. 1er)* Le donneur d'ordre ou le maître d'ouvrage qui contracte avec un prestataire de services qui détache des salariés, dans les conditions mentionnées aux articles L. 1262-1 et L. 1262-2, vérifie auprès de ce dernier, avant le début du détachement, qu'il s'est acquitté des obligations mentionnées aux I et II de l'article L. 1262-2-1.

(L. nº 2015-990 du 6 août 2015, art. 280-II) «A défaut de s'être fait remettre par son cocontractant une copie de la déclaration mentionnée au I de l'article L. 1262-2-1, le maître d'ouvrage ou le donneur d'ordre adresse, dans les quarante-huit heures suivant le début du détachement, une déclaration à l'inspection du travail du lieu où débute la prestation. Un décret détermine les informations que comporte cette déclaration.»

(L. nº 2016-1088 du 8 août 2016, art. 105) «Les conditions dans lesquelles le maître d'ouvrage ou le donneur d'ordre est tenu de transmettre, par voie dématérialisée, la déclaration mentionnée au deuxième alinéa du présent I sont fixées par décret en Conseil d'État pris après avis de la Commission nationale de l'informatique et des libertés.

«II. — Le maître d'ouvrage vérifie avant le début du détachement que chacun des sous-traitants directs ou indirects de ses cocontractants, qu'il accepte en application de l'article 3 de la loi n° 75-1334 du 31 décembre 1975 relative à la sous-traitance, et que chacune des entreprises exerçant une activité de travail temporaire avec laquelle un de ces sous-traitants ou un de ces cocontractants a contracté qui détachent des salariés dans les conditions mentionnées aux articles L. 1262-1 et L. 1262-2 se sont acquittés de l'obligation mentionnée au I de l'article L. 1262-2-1.»

(L. n° 2018-771 du 5 sept. 2018, art. 96-I) «III. — Le donneur d'ordre ou le maître d'ouvrage qui contracte avec un prestataire de services qui détache des salariés, dans les conditions mentionnées aux articles L. 1262-1 et L. 1262-2, vérifie lors de la conclusion du contrat que son cocontractant s'est acquitté, le cas échéant, du paiement des sommes dues au titre des amendes prévues aux articles L. 1263-6, L. 1264-1, L. 1264-2 et L. 8115-1.»

Art. L. 1262-4-2 *(L. n° 2014-790 du 10 juill. 2014, art. 1er)* L'article L. 1262-4-1 ne s'applique pas au particulier qui contracte avec un prestataire de services établi hors de France pour son usage personnel, celui de son conjoint, de son partenaire lié par un pacte civil de solidarité, de son concubin ou de ses ascendants ou descendants.

Art. L. 1262-4-3 *(L. n° 2015-990 du 6 août 2015, art. 280-II)* Le maître d'ouvrage ou le donneur d'ordre, informé par écrit par l'un des agents de contrôle mentionnés à l'article L. 8271-1-2 du non-paiement partiel ou total du salaire minimum légal ou conventionnel dû au salarié, détaché au sens de l'article L. 1261-3, par son cocontractant, par un sous-traitant direct ou indirect ou par un cocontractant d'un sous-traitant, enjoint aussitôt, par écrit, à ce sous-traitant ou à ce cocontractant, ainsi qu'au donneur d'ordre immédiat de ce dernier, de faire cesser sans délai cette situation.

A défaut de régularisation de la situation signalée dans un délai fixé par décret, le maître d'ouvrage ou le donneur d'ordre, s'il ne dénonce pas le contrat de prestation de service *[services]*, est tenu solidairement avec l'employeur du salarié au paiement des rémunérations, indemnités et charges dues, dans des conditions fixées par décret en Conseil d'État.

Le présent article ne s'applique pas au particulier qui contracte avec une entreprise pour son usage personnel, celui de son conjoint, de son partenaire auquel il est lié par un pacte civil de solidarité, de son concubin ou de ses ascendants ou descendants.

Art. L. 1262-4-4 *(L. n° 2016-1088 du 8 août 2016, art. 105)* Lorsqu'un salarié détaché est victime d'un accident du travail, une déclaration est envoyée à l'inspection du travail du lieu où s'est produit l'accident.

Cette déclaration est effectuée, dans un délai et selon des modalités fixés par décret en Conseil d'État, par :

1° L'employeur *(Abrogé par L. n° 2018-771 du 5 sept. 2018, art. 91-II) «, ou son représentant désigné en application de l'article L. 1262-2-1»*, lorsque le salarié est détaché selon les modalités mentionnées au 3° de l'article L. 1262-1 ;

2° Le donneur d'ordre ou le maître d'ouvrage cocontractant d'un prestataire de services qui détache des salariés dans les conditions mentionnées aux 1° et 2° de l'article L. 1262-1 ou à l'article L. 1262-2.

Art. L. 1262-4-5 *(L. n° 2016-1088 du 8 août 2016, art. 105)* Sur les chantiers de bâtiment ou de génie civil relevant de l'article L. 4532-10, le maître d'ouvrage porte à la connaissance des salariés détachés, par voie d'affichage sur les lieux de travail, les informations sur la réglementation qui leur est applicable en application de l'article

L. 1262-4. L'affiche est facilement accessible et traduite dans l'une des langues officielles parlées dans chacun des États d'appartenance des salariés détachés.

Un décret détermine les conditions de mise en œuvre de cette obligation, notamment le contenu des informations mentionnées au premier alinéa.

Art. L. 1262-4-6 *(Abrogé par L. nº 2018-771 du 5 sept. 2018, art. 92) (L. nº 2016-1088 du 8 août 2016, art. 106)* I. — Tout employeur établi hors de France qui détache un salarié sur le territoire national est assujetti à une contribution destinée à compenser les coûts de mise en place et de fonctionnement du système dématérialisé de déclaration et de contrôle mentionné à l'article L. 1262-2-2, ainsi que les coûts de traitement des données de ce système.

Le montant forfaitaire de cette contribution, qui ne peut excéder 50 € par salarié, est fixé par décret en Conseil d'État.

La contribution est recouvrée selon les règles applicables en matière de créances étrangères à l'impôt et au domaine.

II. — En cas de manquement de l'employeur à son obligation de déclaration en application du I de l'article L. 1262-2-1, la contribution mentionnée au I du présent article est mise à la charge du maître d'ouvrage ou du donneur d'ordre tenu d'accomplir une déclaration en application du II de l'article L. 1262-4-1.

Art. L. 1262-5 Un décret en Conseil d'État détermine :

1º Les conditions et modalités d'application des dispositions relevant des matières énumérées à l'article L. 1262-4;

2º Les conditions dans lesquelles des formalités déclaratives sont exigées des prestataires étrangers;

3º Les dispenses de formalités dont ils bénéficient;

(L. nº 2014-790 du 10 juill. 2014, art. 1er) «4º Les modalités de désignation et les attributions du représentant mentionné au II de l'article L. 1262-2-1;

«5º Les modalités selon lesquelles *(L. nº 2015-990 du 6 août 2015, art. 280-II)* «sont satisfaites les obligations» prévues à l'article L. 1262-4-1;

«6º Les modalités de mise en œuvre de l'article L. 1264-3;»

(L. nº 2015-990 du 6 août 2015, art. 280-II) «7º Les conditions d'application de l'article L. 1263-7, notamment la nature des documents devant être traduits en langue française et leurs modalités de conservation sur le territoire national.»

Art. L. 1263-1 Les agents de contrôle mentionnés à l'article L. 8112-1 et les autorités chargées de la coordination de leurs actions sont habilités à se communiquer réciproquement tous les renseignements et documents nécessaires pour faire appliquer les dispositions du présent titre.

Ils peuvent également communiquer ces renseignements et documents aux agents investis de pouvoirs analogues dans les États étrangers et aux autorités chargées de la coordination de leurs actions dans ces États.

(L. nº 2016-1088 du 8 août 2016, art. 109) «Les agents de contrôle mentionnés à l'article L. 8271-1-2 disposent d'un droit d'accès aux données issues des déclarations de détachement transmises à l'inspection du travail en application des articles L. 1262-2-1 et L. 1262-4-1 qui sont nécessaires à l'accomplissement de leur mission de lutte contre le travail illégal.»

Art. L. 1263-2 La nature des informations communicables et les conditions dans lesquelles est assurée la protection des données à caractère personnel sont précisées par décret en Conseil d'État.

Art. L. 1263-3 *(L. n° 2015-990 du 6 août 2015, art. 280-I)* Lorsqu'un agent de contrôle de l'inspection du travail mentionné *(L. n° 2016-1088 du 8 août 2016, art. 113)* «à l'article L. 8112-1» constate un manquement grave, commis par un employeur établi hors de France qui détache des salariés sur le territoire national, *(Abrogé par L. n° 2016-1088 du 8 août 2016, art. 105) «à l'article L. 3231-2 relatif au salaire minimum de croissance,»* à l'article L. 3131-1 relatif au repos quotidien, à l'article L. 3132-2 relatif au repos hebdomadaire, à l'article *(L. n° 2016-1088 du 8 août 2016, art. 8)* «L. 3121-18» relatif à la durée quotidienne maximale de travail ou à l'article *(L. n° 2016-1088 du 8 août 2016, art. 8)* «L. 3121-20» relatif à la durée hebdomadaire maximale de travail *(L. n° 2016-1088 du 8 août 2016, art. 105)* «, constate le non-paiement total ou partiel du salaire minimum légal ou conventionnel,» constate un manquement de l'employeur ou de son représentant à l'obligation mentionnée à l'article L. 1263-7 en vue du contrôle du respect des dispositions des articles L. 3231-2, L. 3131-1, L. 3132-2, *(L. n° 2016-1088 du 8 août 2016, art. 8-XI)* «L. 3121-18 et L. 3121-20» du présent code *(L. n° 2018-771 du 5 sept. 2018, art. 96-II)* «,» constate des conditions de travail ou d'hébergement incompatibles avec la dignité humaine sanctionnées à l'article 225-14 du code pénal *(L. n° 2018-771 du 5 sept. 2018, art. 96-II)* «ou constate que l'employeur qui s'est vu notifier l'une des amendes administratives prévues aux articles L. 1263-6, L. 1264-1, L. 1264-2 ou L. 8115-1 du présent code ne s'est pas acquitté du paiement des sommes dues», il enjoint par écrit à cet employeur de faire cesser la situation dans un délai fixé par décret en Conseil d'État.

Il en informe, dans les plus brefs délais, le maître d'ouvrage ou le donneur d'ordre de l'employeur concerné.

Le fait pour l'employeur d'avoir communiqué à l'agent de contrôle des informations délibérément erronées constitue un manquement grave au sens du premier alinéa.

(L. n° 2016-1088 du 8 août 2016, art. 111) «Pour l'application du présent article, lorsque l'employeur établi hors de France détache sur le territoire national des salariés exerçant des activités relevant du code rural et de la pêche maritime, la référence à l'article L. 3132-2 du présent code est remplacée par la référence à l'article L. 714-1 du code rural et de la pêche maritime.»

Art. L. 1263-4 *(L. n° 2015-990 du 6 août 2015, art. 280-I)* A défaut de régularisation par l'employeur de la situation constatée dans le délai mentionné à l'article L. 1263-3, l'autorité administrative compétente peut, dès lors qu'elle a connaissance d'un rapport d'un agent de contrôle de l'inspection du travail constatant le manquement et eu égard à la répétition ou à la gravité des faits constatés, ordonner, par décision motivée, la suspension par l'employeur de la réalisation de la prestation de services concernée pour une durée ne pouvant excéder un mois.

L'autorité administrative met fin à la mesure dès que l'employeur justifie de la cessation du manquement constaté.

Art. L. 1263-4-1 *(L. n° 2016-1088 du 8 août 2016, art. 107)* L'agent de contrôle de l'inspection du travail ou l'agent de contrôle assimilé mentionné au dernier alinéa de l'article L. 8112-1 qui n'a pas reçu, à l'issue du délai de quarante-huit heures à compter du début du détachement d'un salarié, la déclaration de détachement mentionnée au deuxième alinéa du I de l'article L. 1262-4-1 peut saisir d'un rapport motivé l'autorité administrative compétente. Celle-ci peut ordonner, au regard de la gravité du manquement, par décision motivée, la suspension de la réalisation de la prestation de services, pour une durée ne pouvant excéder un mois.

L'autorité administrative met fin à la suspension dès la réception de la déclaration de détachement transmise par l'employeur, le donneur d'ordre ou le maître d'ouvrage, pour les salariés concernés.

La sanction prévue au premier alinéa du présent article peut être cumulée avec l'amende administrative prévue aux articles L. 1264-1 et L. 1264-2.

Un décret en Conseil d'État détermine les modalités d'application du présent article.

Art. L. 1263-4-2 *(L. n° 2018-771 du 5 sept. 2018, art. 96-III)* L'agent de contrôle de l'inspection du travail ou l'agent de contrôle assimilé mentionné au dernier alinéa de l'article L. 8112-1 qui constate, le cas échéant à réception de la déclaration mentionnée à l'article L. 1262-2-1, l'absence de paiement des sommes dues au titre de l'une des amendes prévues aux articles L. 1263-6, L. 1264-1, L. 1264-2 ou L. 8115-1 qui a été notifiée à un employeur établi à l'étranger détachant un ou plusieurs salariés dans les conditions prévues aux articles L. 1262-1 ou L. 1262-2 saisit par rapport motivé l'autorité administrative compétente. Celle-ci informe sans délai l'entreprise concernée avant le début de la prestation du manquement constaté et lui enjoint de faire cesser ce manquement en procédant au paiement des sommes dues.

En l'absence de régularisation avant le début de la prestation, l'autorité administrative peut ordonner au regard de la gravité du manquement, par décision motivée, l'interdiction de la prestation de services pour une durée de deux mois renouvelable. La prestation ne peut débuter en l'absence de régularisation du manquement.

L'autorité administrative autorise la prestation dès le paiement des sommes mentionnées au premier alinéa du présent article.

Art. L. 1263-5 *(L. n° 2015-990 du 6 août 2015, art. 280-I)* La décision de suspension de la prestation de services prononcée par l'autorité administrative *(L. n° 2016-1088 du 8 août 2016, art. 107)* «en application des articles L. 1263-4 *(L. n° 2018-771 du 5 sept. 2018, art. 96-IV)* «, L. 1263-4-1 ou L. 1263-4-2» n'entraîne ni rupture, ni suspension du contrat de travail, ni aucun préjudice pécuniaire pour les salariés concernés.

Art. L. 1263-6 *(L. n° 2015-990 du 6 août 2015, art. 280-I)* Le fait pour l'employeur de ne pas respecter la décision administrative mentionnée à l'article L. 1263-4 *(L. n° 2018-771 du 5 sept. 2018, art. 96-V)* «, à l'article L. 1263-4-1 ou à l'article L. 1263-4-2» est passible d'une amende administrative, qui est prononcée par l'autorité administrative compétente, sur le rapport motivé d'un agent de contrôle de l'inspection du travail mentionné *(L. n° 2016-1088 du 8 août 2016, art. 113)* «à l'article L. 8112-1».

Pour fixer le montant de l'amende, l'autorité administrative prend en compte les circonstances et la gravité du manquement, le comportement de son auteur ainsi que ses ressources et ses charges. L'amende est inférieure ou égale à 10000 € par salarié concerné par le manquement.

Le délai de prescription de l'action de l'administration pour la sanction du manquement par une amende administrative est de deux années révolues à compter du jour où le manquement a été commis.

(Ord. n° 2016-413 du 7 avr. 2016, art. 9, en vigueur le 1er juill. 2016) «L'employeur peut contester la décision de l'administration devant le tribunal administratif, à l'exclusion de tout recours hiérarchique.»

L'amende est recouvrée comme les créances de l'État étrangères à l'impôt et au domaine. *(L. n° 2018-771 du 5 sept. 2018, art. 97-I)* «L'opposition à l'exécution ou l'opposition aux poursuites n'a pas pour effet de suspendre l'action en recouvrement de la créance.»

Art. L. 1263-7 *(L. n° 2015-990 du 6 août 2015, art. 280-I)* L'employeur détachant temporairement des salariés sur le territoire national, ou son représentant mentionné au II de l'article L. 1262-2-1, présente sur le lieu de réalisation de la prestation à l'inspection du travail des documents traduits en langue française permettant de vérifier le respect des dispositions du présent titre.

Art. L. 1264-1 *(L. n° 2014-790 du 10 juill. 2014, art. 1er)* La méconnaissance par l'employeur qui détache un ou plusieurs salariés d'une des obligations mentionnées à l'article L. 1262-2-1 *(L. n° 2016-1088 du 8 août 2016, art. 105)* «, à l'article L. 1262-4-4» *(L. n° 2015-990 du 6 août 2015, art. 280)* «ou à l'article L. 1263-7» est passible d'une amende administrative, dans les conditions prévues à l'article L. 1264-3.

Art. L. 1264-2 *(L. n° 2016-1088 du 8 août 2016, art. 105 et 112)* I. — Le maître d'ouvrage ou le donneur d'ordre est passible d'une amende administrative, dans les conditions prévues à l'article L. 1264-3 :

1° En cas de méconnaissance d'une des obligations mentionnées au I de l'article L. 1262-4-1, lorsque son cocontractant n'a pas rempli au moins l'une des obligations lui incombant en application de l'article L. 1262-2-1;

2° En cas de méconnaissance de l'obligation mentionnée à l'article L. 1262-4-4;

3° En cas de méconnaissance de l'obligation mentionnée à l'article L. 1262-4-5.

II. — La méconnaissance par le maître d'ouvrage de l'obligation mentionnée au II de l'article L. 1262-4-1 est passible d'une amende administrative, dans les conditions prévues à l'article L. 1264-3, lorsque l'un des sous-traitants directs ou indirects de ses cocontractants ou l'une des entreprises exerçant une activité de travail temporaire ne s'est pas acquitté de l'obligation mentionnée au I de l'article L. 1262-2-1. La méconnaissance par l'entreprise utilisatrice de l'obligation mentionnée au IV de l'article L. 1262-2-1 est passible d'une amende administrative dans les conditions prévues à l'article L. 1264-3.

Art. L. 1264-3 *(L. n° 2014-790 du 10 juill. 2014, art. 1er)* L'amende administrative mentionnée aux articles L. 1264-1 et L. 1264-2 est prononcée par l'autorité administrative compétente, après constatation par un des agents de contrôle de l'inspection du travail mentionnés aux articles L. 8112-1 et L. 8112-5.

Le montant de l'amende est d'au plus *(L. n° 2018-771 du 5 sept. 2018, art. 95-I)* «4000 €» par salarié détaché et d'au plus *(L. n° 2018-771 du 5 sept. 2018, art. 95-I)* «8000 €» en cas de réitération dans un délai *(L. n° 2018-771 du 5 sept. 2018, art. 95-I)* «de deux ans» à compter du jour de la notification de la première amende. Le montant total de l'amende ne peut être supérieur à *(L. n° 2015-990 du 6 août 2015, art. 279)* «500000 €».

Pour fixer le montant de l'amende, l'autorité administrative prend en compte les circonstances et la gravité du manquement, le comportement de son auteur ainsi que ses ressources et ses charges.

Le délai de prescription de l'action de l'administration pour la sanction du manquement par une amende administrative est de deux années révolues à compter du jour où le manquement a été commis.

(Ord. nº 2016-413 du 7 avr. 2016, art. 9, en vigueur le 1er juill. 2016) «L'employeur, le maître d'ouvrage ou le donneur d'ordre peut contester la décision de l'administration devant le tribunal administratif, à l'exclusion de tout recours hiérarchique.»

L'amende est recouvrée comme les créances de l'État étrangères à l'impôt et au domaine. *(L. nº 2018-771 du 5 sept. 2018, art. 97-II)* «L'opposition à l'exécution ou l'opposition aux poursuites n'a pas pour effet de suspendre l'action en recouvrement de la créance.»

Art. L. 1265-1 *(L. nº 2014-790 du 10 juill. 2014, art. 9)* Les organisations syndicales représentatives peuvent exercer en justice toutes les actions résultant de l'application du présent titre en faveur d'un salarié, sans avoir à justifier d'un mandat de l'intéressé.

Il suffit que celui-ci ait été averti, dans des conditions déterminées par voie réglementaire, et ne s'y soit pas opposé dans un délai de quinze jours à compter de la date à laquelle l'organisation syndicale lui a notifié son intention.

L'intéressé peut toujours intervenir à l'instance engagée par le syndicat et y mettre un terme à tout moment.

SOUS-PARTIE II

TEXTES NON CODIFIÉS

227 Loi n° 68-678 du 26 juillet 1968 relative à la communication de documents et renseignements d'ordre économique, commercial, industriel, financier ou technique à des personnes physiques ou morales étrangères *(L. n° 80-538 du 16 juill. 1980)*

Art. premier *(L. n° 80-538 du 16 juill. 1980)* Sous réserve des traités ou accords internationaux, il est interdit à toute personne physique de nationalité française ou résidant habituellement sur le territoire français et à tout dirigeant, représentant, agent ou préposé d'une personne morale y ayant son siège ou un établissement de communiquer par écrit, oralement ou sous toute autre forme, en quelque lieu que ce soit, à des autorités publiques étrangères, les documents ou les renseignements d'ordre économique, commercial, industriel, financier ou technique dont la communication est de nature à porter atteinte à la souveraineté, à la sécurité, aux intérêts économiques essentiels de la France ou à l'ordre public, précisés par l'autorité administrative en tant que de besoin.

Art. premier *bis* *(L. n° 80-538 du 16 juill. 1980)* Sous réserve des traités ou accords internationaux et des lois et règlements en vigueur, il est interdit à toute personne de demander, de rechercher ou de communiquer, par écrit, oralement ou sous toute autre forme, des documents ou renseignements d'ordre économique, commercial, industriel, financier ou technique tendant à la constitution de preuves en vue de procédures judiciaires ou administratives étrangères ou dans le cadre de celles-ci.

Art. 2 *(L. n° 80-538 du 16 juill. 1980)* Les personnes visées aux articles 1er et 1er *bis* sont tenues d'informer sans délai le ministre compétent lorsqu'elles se trouvent saisies de toute demande concernant de telles communications.

Art. 3 *(L. n° 80-538 du 16 juill. 1980)* Sans préjudice des peines plus lourdes prévues par la loi, toute infraction aux dispositions des articles 1er et 1er *bis* de la présente loi sera punie d'un emprisonnement de six mois et d'une amende de 18 000 € ou de l'une de ces deux peines seulement.

228 Loi n° 78-17 du 6 janvier 1978 relative à l'informatique, aux fichiers et aux libertés

En vigueur au plus tard le 1er juin 2019

(Extraits)

Dispositions relatives aux champs d'application territorial et matériel de la loi

Art. 2 La présente loi s'applique aux traitements automatisés en tout ou partie de données à caractère personnel, ainsi qu'aux traitements non automatisés de données à caractère personnel contenues ou appelées à figurer dans des fichiers, lorsque leur responsable remplit les conditions prévues à l'article 3 de la présente loi, à l'exception des traitements mis en œuvre par des personnes physiques pour l'exercice d'activités strictement personnelles ou domestiques.

Constitue un fichier de données à caractère personnel tout ensemble structuré de données à caractère personnel accessibles selon des critères déterminés, que cet ensemble soit centralisé, décentralisé ou réparti de manière fonctionnelle ou géographique.

Sauf dispositions contraires, dans le cadre de la présente loi s'appliquent les définitions de l'article 4 du règlement (UE) 2016/679 du 27 avril 2016.

Art. 3 I. — Sans préjudice, en ce qui concerne les traitements entrant dans le champ du règlement (UE) 2016/679 du 27 avril 2016, des critères prévus par l'article 3 de ce règlement, l'ensemble des dispositions de la présente loi s'appliquent aux traitements des données à caractère personnel effectués dans le cadre des activités d'un établissement d'un responsable du traitement ou d'un sous-traitant sur le territoire français, que le traitement ait lieu ou non en France.

II. — Les règles nationales prises sur le fondement des dispositions du même règlement renvoyant au droit national le soin d'adapter ou de compléter les droits et obligations prévus par ce règlement s'appliquent dès lors que la personne concernée réside en France, y compris lorsque le responsable de traitement n'est pas établi en France.

Toutefois, lorsque est en cause un des traitements mentionnés au 2 de l'article 85 du même règlement, les règles nationales mentionnées au premier alinéa du II sont celles dont relève le responsable de traitement, lorsqu'il est établi dans l'Union européenne.

229 Décret n° 81-550 du 12 mai 1981 portant application de la loi n° 68-678 du 26 juillet 1968 relative à la communication de documents et renseignements d'ordre économique, commercial ou technique à des personnes physiques ou morales étrangères

Art. premier Le ministre compétent au sens de l'article 2 de la loi du 26 juillet 1968 susvisée est le ministre des affaires étrangères.

Toutefois, les personnes visées aux articles 1er et 1er bis de ladite loi peuvent informer le ministre de la justice, le ministre de l'économie ou le ministre dont relève l'activité qu'elles exercent, des demandes dont elles ont été saisies.

Les ministres mentionnés à l'alinéa précédent transmettent sans délai ces informations au ministre des affaires étrangères.

Le ministre des affaires étrangères porte les informations qu'il reçoit à la connaissance des ministres intéressés.

230 Décret n° 2005-1309 du 20 octobre 2005 pris pour l'application de la loi n° 78-17 du 6 janvier 1978 relative à l'informatique, aux fichiers et aux libertés

Version consolidée en vigueur depuis le 26 janvier 2019
(Extraits)

Dispositions relatives à la coopération internationale entre autorités de contrôle

V. art. 110-7 (non reproduit).

Dispositions relatives aux transferts de données à caractère personnel vers des États n'appartenant pas à la Communauté européenne

V. art. 101 à 104 (non reproduits).

231 Loi n° 2013-404 du 17 mai 2013 ouvrant le mariage aux couples de personnes de même sexe

(Extrait)

Art. 21 Le mariage entre personnes de même sexe contracté avant l'entrée en vigueur de la présente loi est reconnu, dans ses effets à l'égard des époux et des enfants, en France, sous réserve du respect des articles 144, 146, 146-1, 147, 161, 162, 163, 180 et 191 du code civil. Il peut faire l'objet d'une transcription dans les conditions prévues aux articles 171-5 et 171-7 du même code. A compter de la date de transcription, il produit effet à l'égard des tiers.

232 Décret n° 2020-1370 du 10 novembre 2020 relatif à la légalisation des actes publics établis par une autorité étrangère

Le Premier ministre,

Sur le rapport du garde des sceaux, ministre de la justice, et du ministre de l'Europe et des affaires étrangères,

Vu la convention de Vienne sur les relations consulaires du 24 avril 1963, ensemble le décret n° 71-288 du 29 mars 1971;

Vu la loi n° 2019-222 du 23 mars 2019 de programmation 2018-2022 et de réforme pour la justice, notamment le II de l'article 16;

Vu le décret n° 2007-1205 du 10 août 2007 relatif aux attributions du ministre des affaires étrangères, des ambassadeurs et des chefs de poste consulaire en matière de légalisation d'actes;

Le Conseil d'État (section de l'intérieur) entendu, Décrète :

Art. premier Sauf engagement international contraire, tout acte public établi par une autorité étrangère et destiné à être produit en France ou devant un ambassadeur ou chef de poste consulaire français doit être légalisé pour y produire effet.

La légalisation est la formalité par laquelle est attestée la véracité de la signature, la qualité en laquelle le signataire de l'acte a agi et, le cas échéant, l'identité du sceau ou timbre dont cet acte est revêtu. Elle donne lieu à l'apposition d'un cachet dont les caractéristiques sont définies par arrêté conjoint des ministres chargés de la justice et des affaires étrangères.

Art. 2 I. — Sont considérés comme des actes publics au sens de l'article 1er :

— les actes émanant des juridictions administratives ou judiciaires, des ministères publics institués auprès de ces dernières et de leurs greffes;

— les actes établis par les huissiers de justice;

— les actes de l'état civil établis par les officiers de l'état civil;

— les actes établis par les autorités administratives;
— les actes notariés;
— les déclarations officielles telles que les mentions d'enregistrement, les visas pour date certaine et les certifications de signatures, apposées sur un acte sous seing privé.

II. — Sont également considérés comme des actes publics au sens de l'article 1er les actes établis par les agents diplomatiques et consulaires.

Art. 3 I. — L'ambassadeur ou le chef de poste consulaire français peut légaliser :

1° Les actes publics émis par les autorités de son État de résidence, légalisés le cas échéant par l'autorité compétente de cet État;

2° Les actes publics émis par les autorités diplomatiques et consulaires d'États tiers présents sur le territoire de son État de résidence, légalisés le cas échéant par l'autorité compétente de ce même État tiers.

II. — De façon exceptionnelle, le ministre des affaires étrangères peut légaliser les actes publics émanant d'agents diplomatiques et consulaires étrangers en résidence sur le territoire national et destinés à être produits devant d'autres agents diplomatiques et consulaires étrangers en résidence sur le territoire national.

Art. 4 Par dérogation au 1° du I de l'article 3, peuvent être produits en France ou devant un ambassadeur ou chef de poste consulaire français :

1° Les actes publics émis par les autorités de l'État de résidence dans des conditions qui ne permettent manifestement pas à l'ambassadeur ou au chef de poste consulaire français d'en assurer la légalisation, sous réserve que ces actes aient été légalisés par l'ambassadeur ou le chef de poste consulaire de cet État en résidence en France. Le ministre des affaires étrangères rend publique la liste des États concernés;

2° Les actes publics légalisés par l'autorité compétente de l'État qui les a émis, lorsqu'ils sont requis par l'ambassadeur ou le chef de poste consulaire français en résidence dans cet État pour être transcrits sur les registres de l'état civil français.

Art. 5 Pour être légalisés, les actes publics rédigés en langue étrangère doivent être accompagnés d'une traduction en français effectuée par un traducteur habilité à intervenir auprès des autorités judiciaires ou administratives françaises ou d'un autre État membre de l'Union européenne ou d'un État partie à l'accord sur l'Espace économique européen ou de la Suisse, ou auprès des autorités de l'État de résidence.

Art. 6 Pour l'exercice des attributions mentionnées à l'article 3, les ambassadeurs et les chefs de poste consulaire peuvent, sous leur responsabilité, déléguer leur signature à un ou plusieurs agents relevant de leur autorité et ayant la qualité d'agent public.

Le nom des agents ayant reçu délégation est affiché à l'intérieur des locaux de l'ambassade ou du poste consulaire, en un lieu accessible au public.

Art. 7 Le ministre des affaires étrangères peut, par arrêté :

— autoriser un ou plusieurs ambassadeurs ou chefs de poste consulaire à exercer tout ou partie des attributions prévues au I de l'article 3, au titre d'une ou plusieurs autres circonscriptions consulaires;

— confier tout ou partie des attributions prévues au II de l'article 3 à un ou plusieurs agents relevant de son autorité et ayant la qualité d'agent public.

Art. 8 A modifié les dispositions suivantes :

Modifie Décret nº 2007-1205 du 10 août 2007 – art. 1 (VD)

Modifie Décret n° 2007-1205 du 10 août 2007 – art. 4 (VD)

Art. 9 Le présent décret est applicable sur tout le territoire de la République.

Art. 10 Les dispositions du présent décret entrent en vigueur le 1er janvier 2021.

Art. 11 Le ministre de l'Europe et des affaires étrangères, le ministre des outre-mer et le garde des sceaux, ministre de la justice, sont chargés, chacun en ce qui le concerne, de l'exécution du présent décret, qui sera publié au *Journal officiel* de la République française.

SOUS-PARTIE III
CIRCULAIRES

233 Circulaire du 29 mars 2006 du Service de l'accès au droit et à la justice et de la politique de la ville présentant les dispositions de la loi n° 2005-750 du 4 juillet 2005 portant diverses dispositions d'adaptation au droit communautaire dans le domaine de la justice et du décret n° 2005-1470 du 29 novembre 2005 relatif à l'aide juridictionnelle dans les litiges transfrontaliers en matière civile ou commerciale et modifiant le décret n° 91-1266 du 19 décembre 1991

NOR : JUSJ0690002C

Non reproduite. Consultable sur :
http://www.textes.justice.gouv.fr/

234 Circulaire de la DACS C3 07-09 du 26 mai 2009 relative à l'application du règlement (CE) n° 861/2007 du Parlement européen et du Conseil du 11 juillet 2007 instituant une procédure européenne de règlement des petits litiges

NOR : JUS C 0911133C

1. Objet

Le texte a pour objet de simplifier et d'accélérer le règlement des litiges transfrontaliers portant sur des créances pécuniaires d'un faible montant et de réduire le coût de traitement de ces différends en créant une procédure commune à l'ensemble des États membres et en prévoyant que la décision rendue à l'issue de cette procédure pourra être exécutée directement dans n'importe quel État membre, sans aucune procédure préalable de reconnaissance ou d'exequatur.

Le règlement comprend en annexe quatre formulaires standard, disponibles dans toutes les langues de l'Union européenne.

2. Champ d'application

2.1. États et territoires concernés

Le règlement concerne tous les États membres de l'Union européenne, à l'exception du Danemark.

Par conséquent, les juridictions des États suivants pourront connaître de la procédure prévue par ce texte : Allemagne, Autriche, Belgique, Bulgarie, Chypre, Espagne, Estonie, Finlande, France, Grèce, Hongrie, Irlande, Italie, Lettonie, Lituanie, Luxembourg, Malte,

Pays-Bas, Pologne, Portugal, Roumanie, Royaume-Uni de Grande-Bretagne et d'Irlande du Nord, Slovaquie, Slovénie, Suède et République tchèque.

S'agissant de la France, le règlement ne s'applique pas dans les collectivités d'outremer

[Pour mémoire : Mayotte; Polynésie française; îles Wallis-et-Futuna et Saint-Pierre-et-Miquelon.]

et en Nouvelle-Calédonie.

2.2.

Matières couvertes et créances pouvant faire l'objet d'une demande au titre de la procédure européenne de règlement des petits litiges

Le champ du règlement est commun à celui des autres instruments communautaires qui ne concernent pas le droit de la famille. Il s'agit de la matière civile et commerciale, au sens du droit communautaire

Le règlement exclut de son champ d'application les matières suivantes :

— fiscale, douanière, administrative, et responsabilité de l'État du fait de l'exercice de la puissance publique;

— état et capacité des personnes physiques;

— régimes matrimoniaux, obligations alimentaires, testaments et successions;

— faillites, concordats et procédures analogues;

— sécurité sociale;

— arbitrage.

De plus, le règlement prévoit que la procédure européenne de règlement des petits litiges ne peut être utilisée dans les litiges relatifs :

— au droit du travail;

— aux baux d'immeubles, à l'exception des demandes pécuniaires;

— aux atteintes à la vie privée et aux droits de la personnalité, y compris la diffamation.

Le règlement restreint enfin la procédure aux demandes dont le principal ne dépasse pas 2 000 euros. Il peut s'agir de demandes d'un montant déterminé ou de demandes indéterminées dont le montant estimé n'excède pas 2 000 euros.

2.3.

Notion de litiges transfrontaliers et compétence territoriale du tribunal

Les traités européens ne donnant pas compétence au législateur communautaire pour modifier le droit interne des États membres, la procédure européenne de règlement des petits litiges n'est applicable qu'en matière transfrontalière, c'est-à-dire lorsqu'au moins deux États membres sont concernés.

L'article 3 du règlement définit les litiges transfrontaliers comme les litiges dans lesquels au moins une des parties a son domicile ou sa résidence habituelle dans un État membre autre que l'État membre de la juridiction saisie.

La compétence est déterminée conformément aux règles applicables à la matière du litige, notamment celles prévues par le règlement (CE) n° 44/2001 du Conseil du 22 décembre 2000 concernant la compétence judiciaire, la reconnaissance et l'exécution des décisions en matière civile et commerciale (Une présentation synthétique de ce règlement ainsi que le texte de celui-ci sont accessibles sur le portail de l'Union européenne, à l'adresse suivante : http://europa.eu/scadplus/leg/fr/lvb/l33054.htm).

Dans l'hypothèse où les dispositions de ce règlement ne désignent pas la juridiction nationale territorialement compétente, le juge compétent est celui du lieu où demeure le ou l'un des défendeurs.

Il résulte de la combinaison de ces dispositions que la juridiction saisie sera généralement celle du lieu du domicile du défendeur, du lieu de l'exécution de l'obligation, du lieu du fait dommageable ou du lieu de situation de l'immeuble. Ainsi, la plupart des demandes soumises aux juridictions françaises en application du règlement seront introduites par un ressortissant d'un autre État membre contre une personne domiciliée dans le ressort de la juridiction saisie.

Néanmoins, dans certaines hypothèses, un demandeur demeurant à l'étranger pourra saisir une juridiction française d'une demande dirigée contre un ressortissant d'un autre État membre en invoquant un critère de rattachement à la compétence de la juridiction française, tel que le lieu de situation de l'immeuble.

3. Procédure

3.1. Juridictions matériellement compétentes pour connaître de la demande

Les juridictions compétentes sont les juridictions de proximité et, pour les créances de nature commerciale, les tribunaux de commerce.

3.2. Caractéristiques de la procédure et rôle de la juridiction

3.2.1. Procédure écrite et caractère facultatif de l'audience

La procédure est organisée autour d'échanges écrits, selon un calendrier de procédure fixé par le règlement.

En application de l'article 5 § 1 du règlement, le juge statue en principe sans tenir d'audience, à moins qu'il ne l'estime nécessaire ou qu'une des parties ne le demande. Il peut rejeter la demande d'une partie tendant à la tenue d'une audience, par décision motivée, lorsqu'une audience est manifestement inutile pour garantir le déroulement équitable de la procédure.

3.2.2. Procédure simplifiée sans représentation obligatoire

Les parties ne sont pas tenues de constituer avocat. Elles peuvent se faire assister ou représenter selon les règles applicables devant la juridiction saisie.

Elles ne sont pas tenues de qualifier juridiquement leur demande.

La juridiction informe en tant que de besoin les parties sur les questions de procédure. Cette information peut être dispensée par le greffe de la juridiction. Toutefois, aucun conseil ne saurait être donné aux parties, cette activité étant réservée aux avocats.

Le juge doit chercher à amener les parties à trouver une solution amiable à leur différend.

3.2.3.

Notification des actes de procédure

Il incombe au greffe de notifier à la partie adverse les éléments qu'une partie lui a transmis. En application de l'article 13 du règlement, cette notification s'effectue par lettre recommandée avec demande d'avis de réception. Les dispositions des articles 665 et suivants du code de procédure civile sont applicables à l'acte de notification.

En application de l'article 1387 du code de procédure civile, lorsque la lettre recommandée n'a pas touché son destinataire, le greffe fait procéder à la signification de l'acte par huissier de justice. Les frais de signification sont avancés au titre des frais de justice. Ils sont inclus dans les dépens, et pourront par conséquent être recouvrés à l'encontre de la partie condamnée aux dépens. Il convient de relever qu'en application des articles 13 et 14 du règlement (CE) n° 805-2004 du Parlement européen et du Conseil du 21 avril 2004 instituant un titre exécutoire européen pour les créances incontestées auquel renvoie le règlement, la signification ne peut être effectuée selon les modalités prévues à l'article 659 du code de procédure civile.

3.2.4.

Délais de procédure

Les délais prévus par le règlement sont calculés en application du règlement (CEE, EURATOM) n° 1182/71 du Conseil du 3 juin 1971 portant détermination des règles applicables aux délais, aux dates et aux termes. Les règles de computation des délais prévues par ce texte sont similaires à celles des articles 641 et 642 du code de procédure civile.

En application de l'article 14 du règlement, les délais de procédure peuvent être prorogés par le tribunal, dans des circonstances exceptionnelles, si cela se révèle nécessaire pour préserver les droits des parties.

3.2.5.

Langue

En application de l'article 6 du règlement, les prétentions des parties doivent être formulées dans une langue acceptée par la juridiction.

Par conséquent, pour la France, les formulaires devront être remplis en français. Les juridictions peuvent admettre un formulaire standard rédigé dans une langue étrangère, à condition qu'il soit complété en français.

Les pièces peuvent toutefois être produites en langue étrangère, sauf si la juridiction en estime nécessaire la traduction ou si une partie en formule la demande.

3.3.

Introduction de la demande

La demande est formée au moyen du formulaire A, annexé au règlement et disponible dans toutes les langues de l'Union européenne. Ce formulaire reprend chacun des éléments que doit comporter l'acte de saisine de la juridiction. Des instructions aident le demandeur à le compléter.

Ce formulaire, dûment rempli, peut être adressé par voie postale. Dans les conditions prévues par les articles 748-1 et suivants du code de procédure civile, il peut également l'être par voie électronique. Une circulaire complémentaire à l'ouverture du portail grand public d'accès à la justice viendra préciser les modalités de saisine en ligne. Il convient de rappeler qu'une juridiction française n'est pas valablement saisie d'une demande qui lui est adressée par télécopie.

3.3.1.

Compétence territoriale et caractère transfrontalier du litige

Le demandeur doit préciser le fondement de la compétence de la juridiction et du caractère transfrontalier du litige, afin que la juridiction soit en mesure de vérifier que la demande entre bien dans le champ d'application de la procédure, au regard des règles posées par le règlement (CE) n° 44/2001 du Conseil du 22 décembre 2000 concernant la compétence judiciaire, la reconnaissance et l'exécution des décisions en matière civile et commerciale

S'agissant de la compétence territoriale, le formulaire de demande énumère les critères de compétence qui peuvent être invoqués : lieu du domicile du défendeur, lieu d'exécution de l'obligation, lieu de situation de l'immeuble…

S'agissant du caractère transfrontalier du litige, le demandeur doit indiquer l'État où il a son domicile, celui du domicile du défendeur ainsi que l'État membre de la juridiction saisie.

3.3.2.

Objet de la demande

A la rubrique 7 du formulaire de demande, le demandeur doit préciser si la demande porte sur une somme d'argent (rubrique 7.1.) ou une obligation de faire dont il doit estimer le montant (rubrique 7.2.).

La créance comporte le principal, les intérêts et les frais de procédure. La prétention peut être formulée dans toute monnaie ayant cours.

Le demandeur doit motiver sommairement sa demande. Il n'est pas tenu de la qualifier juridiquement.

Le demandeur doit également indiquer les éléments de preuve sur lesquels sa demande est fondée.

3.3.3.

Demande de tenue d'une audience et demande de certificat pour l'exécution de la décision

Le demandeur peut solliciter la tenue d'une audience. Il est averti que la procédure est en principe écrite et que la juridiction peut refuser d'organiser une audience. La demande de tenue d'une audience peut également être formée en cours de procédure.

Le demandeur peut aussi solliciter la délivrance, à l'issue de la procédure, d'un certificat permettant l'exécution de la décision dans les États membres de l'Union européenne autres que celui de la juridiction.

3.3.4.

Rubriques facultatives du formulaire de demande

Le formulaire de demande contient une rubrique 6 facultative qui permet au demandeur d'indiquer ses coordonnées bancaires aux fins de payer les frais de greffe et de permettre au débiteur de lui régler par virement bancaire les sommes qu'il réclame.

Il comprend également un appendice qui, contrairement au reste du formulaire de demande, ne doit pas être communiqué au défendeur. Le demandeur n'est tenu de le compléter qu'aux fins du paiement des frais dus à la juridiction.

3.3.5.

Pièces à joindre au formulaire de demande

Le demandeur doit joindre au formulaire de demande les pièces de nature à justifier le bien-fondé de ses prétentions. Il peut produire des pièces complémentaires en cours de procédure.

3.4.

Déroulement de la procédure

3.4.1.

Demande n'entrant pas dans le champ d'application du règlement

En application des articles 4 § 3 du règlement et 1384 du code de procédure civile, lorsque la demande n'entre pas dans le champ d'application du règlement, le tribunal en avise le demandeur. A moins que celui-ci ne se désiste dans le délai imparti par le tribunal, il est invité par lettre recommandée avec demande d'avis de réception à faire citer le défendeur à comparaître devant la juridiction. L'affaire est instruite et jugée selon les règles de la procédure ordinaire.

Après ce renvoi, la juridiction saisie pourra se déclarer incompétente, dans les conditions prescrites par le code de procédure civile, si l'affaire ne relève pas de sa compétence matérielle ou territoriale.

3.4.2.

Rectification de la demande

En application de l'article 4 § 4 du règlement, la juridiction saisie d'une requête incomplète ou rédigée en langue étrangère doit demander au requérant de rectifier sa demande au moyen du formulaire standard B, à moins qu'elle n'estime celle-ci manifestement non fondée ou irrecevable.

Ce formulaire doit être rempli en français par la juridiction.

La juridiction est tenue d'impartir un délai au demandeur pour compléter ou rectifier la demande. Si le demandeur ne respecte pas ce délai, la juridiction rejette la demande.

3.4.3.

Communication des prétentions et pièces des parties

En application de l'article 5 § 2 du règlement, le tribunal vérifie que le formulaire de demande est complet puis transmet au défendeur :

— une copie du formulaire de demande (sans l'appendice relatif aux renseignements bancaires aux fins du paiement des frais de justice) et, le cas échéant, des pièces justificatives;

— le formulaire standard C, destiné à permettre au défendeur de répondre aux prétentions adverses. La partie I de ce document doit être complétée par la juridiction.

La juridiction adresse ces pièces par lettre recommandée avec demande d'avis de réception au défendeur dans un délai de quatorze jours à compter de la date de réception du formulaire de demande dûment rempli.

Le défendeur dispose d'un délai de trente jours pour répliquer. Ce délai court à compter de la date de notification des formulaires de demande et de réponse.

Le défendeur réplique soit au moyen du formulaire de réponse standard C, soit par tout autre moyen. Il peut former une demande reconventionnelle au moyen du formulaire standard A.

La juridiction est tenue de transmettre au demandeur les prétentions et pièces du défendeur, par lettre recommandée avec demande d'avis de réception, dans un délai de quatorze jours à compter de leur réception.

3.4.4.

Moyens de défense du défendeur et demande reconventionnelle

Si le défendeur prétend que la demande formée à son encontre excède la somme de 2000 euros, la juridiction statue sur l'applicabilité au litige de la procédure européenne de règlement des petits litiges. Elle statue dans un délai de trente jours à compter de la transmission au demandeur des prétentions de son adversaire.

S'il décide que le litige ne relève pas de la procédure européenne de règlement des petits litiges, le tribunal ordonne le renvoi de l'affaire à une audience pour qu'il soit statué selon la procédure au fond applicable devant lui.

Le défendeur peut former une demande reconventionnelle, au moyen du formulaire standard A. Le considérant 16 du règlement précise que la notion de « demande reconventionnelle » s'entend au sens de l'article 6 § 3 du règlement (CE) n° 44/2001 du Conseil du 22 décembre 2000 concernant la compétence judiciaire, la reconnaissance et l'exécution des décisions en matière civile et commerciale, à savoir une demande dérivant du contrat ou du fait sur lequel est fondée la demande initiale.

L'article 5 § 7 du règlement prévoit que les dispositions applicables à la demande initiale s'appliquent *mutatis mutandis* à la demande reconventionnelle.

En conséquence, en application de l'article 1386 du code de procédure civile, lorsqu'une demande reconventionnelle n'entre pas dans le champ d'application du règlement, le tribunal en informe les parties. Si le demandeur reconventionnel ne se désiste pas de sa demande, le tribunal dit que le litige ne relève pas de la procédure européenne de règlement des petits litiges et ordonne le renvoi de l'affaire à une audience pour qu'il soit statué selon la procédure de droit commun. Les parties sont convoquées à l'audience par lettre recommandée avec demande d'avis de réception à la diligence du greffe.

Le tribunal peut également demander au demandeur reconventionnel de rectifier sa demande au moyen du formulaire standard B si celle-ci est incomplète ou rédigée en langue étrangère.

Il peut enfin la rejeter si celle-ci apparaît manifestement non fondée ou irrecevable.

Le demandeur principal dispose d'un délai de trente jours pour adresser à la juridiction sa réponse à la demande reconventionnelle, au moyen du formulaire standard C, ou par tout moyen approprié. Il joint toutes pièces justificatives à l'appui de ses prétentions.

Le tribunal est tenu de transmettre au demandeur reconventionnel les prétentions et pièces de son adversaire dans un délai de quatorze jours à compter de leur réception.

Si le demandeur principal estime que la demande reconventionnelle excède la somme de 2000 euros, le tribunal statue sur l'applicabilité au litige de la procédure européenne de règlement des petits litiges. Il statue dans un délai de trente jours à compter de la transmission au demandeur reconventionnel des prétentions de son adversaire. S'il décide que le litige ne relève pas de la procédure européenne de règlement des petits litiges, le tribunal ordonne le renvoi de l'affaire à une audience pour qu'il soit statué selon la procédure au fond applicable devant lui. Les parties en sont avisées et sont convoquées à l'audience par lettre recommandée avec demande d'avis de réception.

3.4.5.

Pouvoirs du tribunal

En application de l'article 7 du règlement, à l'expiration des délais impartis aux parties pour transmettre leurs pièces et prétentions, le tribunal peut trancher le litige, ou :

— demander aux parties des renseignements complémentaires dans un délai qu'il leur impartit et qui ne peut être supérieur à trente jours;

— convoquer les parties à comparaître à une audience dans les trente jours de la convocation. Cette audience peut se tenir par visioconférence;

— procéder à une mesure d'instruction, dans un délai de trente jours.

3.5.

Décision rendue par le tribunal à l'issue de la procédure

Aux termes de l'article 7 du règlement, le tribunal statue dans un délai de trente jours à compter de la fin des échanges écrits ou de la date de l'audience.

Cette décision prend la forme d'un jugement, dans le respect des formes prescrites par le code de procédure civile. Il doit être motivé.

Le greffier en chef appose sur la décision la formule exécutoire prévue au décret n° 47-1047 du 12 juin 1947 relatif à la formule exécutoire.

3.6.

Notification de la décision

En application de l'article 1389 du code de procédure civile, la décision rendue est notifiée aux parties à la diligence du greffe, par lettre recommandée avec demande d'avis de réception.

Les dispositions des articles 665 et suivants du code de procédure civile sont applicables à cette notification.

Conformément à l'article 670-1 du code de procédure civile, en cas de retour d'une lettre de notification dont l'avis de réception n'a pas été signé par son destinataire ou une personne habilitée par lui, les parties seront invitées par le greffe à procéder par voie de signification.

3.7.

Voies de recours

Aux termes de l'article 17 du règlement, les voies de recours sont déterminées par les règles de droit national.

Les parties peuvent donc exercer les voies de recours prévues par le droit commun à l'encontre des décisions rendues en dernier ressort.

En application de l'article 18 du règlement, le défendeur dispose d'un droit à réexamen de la décision lorsque celle-ci a été rendue dans des conditions laissant supposer qu'il n'a pas été en mesure de se défendre dans la procédure introduite à son encontre. Ces conditions sont reprises de l'article 19 du règlement (CE) n° 805-2004 du Parlement européen et du Conseil du 21 avril 2004 instituant un titre exécutoire européen pour les créances incontestées.

Lorsque le jugement est rendu par défaut, la partie défaillante dispose d'un droit d'opposition, dans les conditions prévues par les articles 571 et suivants du code de procédure civile.

Lorsque le jugement est réputé contradictoire, un droit au réexamen est également ouvert au défendeur qui s'est trouvé dans l'impossibilité de contester la demande pour des raisons de force majeure ou par suite de circonstances extraordinaires, sans qu'il y ait eu faute de sa part. Ce droit s'exerce par la voie d'une action en justice autonome, dirigée contre le demandeur.

4.

Exécution de la décision

4.1.

Caractère exécutoire de la décision rendue

Conformément à l'article 503 du code de procédure civile, la décision rendue ne peut être exécutée qu'après avoir été notifiée à la partie à laquelle elle est opposée.

En application de l'article 15 § 1 du règlement, l'exercice d'un recours n'a pas d'effet suspensif.

4.2.
Circulation de la décision au sein de l'Union européenne

En application de l'article 20 du règlement, la décision rendue peut être exécutée dans n'importe quel État membre sans procédure de reconnaissance ou d'exequatur.

A cette fin, le certificat prévu dans le formulaire standard D constitue pour la décision de justice une sorte de passeport, qui l'autorise à circuler vers n'importe quel État membre où elle doit être exécutée et la met, dans cet État membre, à égalité avec tout titre émanant d'une autorité compétente nationale. La délivrance de ce certificat incombe au greffe.

Le créancier doit s'adresser aux autorités chargées de l'exécution dans l'État membre dans lequel il souhaite faire exécuter le titre – en France, l'huissier de justice – auxquelles il devra fournir :

— une copie de la décision ainsi que le certificat permettant son exécution dans tout État membre (formulaire D);

— si nécessaire, la traduction de ce certificat dans la langue officielle de l'État membre d'exécution ou de toute autre langue que cet État aura déclaré accepter pour les décisions en provenance des autres États membres dont l'exécution est souhaitée sur son territoire.

A ce titre, la France a déclaré accepter les certificats en français, anglais, allemand, espagnol et italien.

4.3.
Exécution du titre

Aux termes de l'article 21 du règlement, les procédures d'exécution sont régies par la loi de l'État membre d'exécution.

Les compétences du juge de l'exécution sont limitées par le principe de l'intangibilité du titre exécutoire. Par conséquent, de même que pour toute décision nationale, ce magistrat ne peut connaître des demandes tendant à remettre en cause le titre exécutoire. Il ne peut donc trancher une contestation soulevée par le débiteur sur le principe de la créance constatée dans le jugement ou sur les conditions dans lesquelles cette décision a été déclarée exécutoire.

4.4.
Refus, suspension ou limitation de l'exécution du titre

Le juge de l'exécution peut être saisi aux fins de refus, suspension ou limitation de l'exécution dans les conditions prévues aux articles 22 et 23 du règlement.

Les compétences conférées par ces articles au juge de l'exécution français sont plus étendues que celles qui lui sont dévolues par la loi n° 91-650 du 9 juillet 1991 portant réforme des procédures civiles d'exécution et le décret n° 92-755 du 31 juillet 1992 pris pour son application.

4.4.1.
Refus d'exécution

Aux termes de l'article 22, la juridiction d'exécution peut refuser l'exécution, sur demande du débiteur, lorsque la décision prononcée à l'issue de la procédure est incompatible avec une décision de justice antérieure émanant d'un État membre ou d'un pays tiers si celle-ci a été rendue entre les mêmes parties, a la même cause et peut être reconnue dans l'État membre d'exécution. Il faut également qu'il n'ait pas été possible d'invoquer cette incompatibilité au cours de la procédure européenne de règlement des petits litiges.

Le certificat permettant la circulation de la décision (formulaire D) est délivré sans que le débiteur ait pu faire valoir ses observations. Le règlement prévoit qu'un éventuel conflit entre deux décisions sera réglé au stade de l'exécution.

Le règlement met sur un pied d'égalité toutes les décisions, qu'elles proviennent d'un État membre de l'Union européenne, d'un État tiers ou de l'État d'exécution, et donne la priorité à la première décision rendue.

Le règlement fixe cependant des conditions. Tout d'abord, la première décision doit remplir les conditions pour être reconnue dans le pays d'exécution ou avoir été rendue dans le pays d'exécution. Il faut également qu'il n'ait pas été possible d'invoquer l'incompatibilité de la décision rendue avec une précédente décision au cours de la procédure européenne de règlement des petits litiges.

4.4.2.

Limitation et suspension de l'exécution

En application de l'article 23 du règlement, lorsqu'une partie a formé un recours à l'encontre de la décision rendue devant une juridiction de l'État membre d'origine ou est encore en droit de former un tel recours, la juridiction de l'État membre d'exécution peut :

— limiter l'exécution à la prise de mesures conservatoires;

— subordonner l'exécution à la constitution d'une sûreté qu'elle détermine;

— dans des circonstances exceptionnelles, suspendre la procédure d'exécution.

235 Circulaire du 25 janvier 2013 ministère de la Justice : délivrance des certificats de nationalité française – Conventions de mère porteuse – État civil étranger (Circulaire « Taubira »)

Non reproduite. Consultable sur :
www.textes.justice.gouv.fr

236 Circulaire du 29 mai 2013 de présentation de la loi ouvrant le mariage aux couples de personnes de même sexe

Non reproduite. Consultable sur :
www.textes.justice.gouv.fr

237 Circulaire du 22 octobre 2014 relative aux effets juridiques du recueil légal de France

Non reproduite. Consultable sur :
www.textes.justice.gouv.fr

238 Circulaire du 26 janvier 2017 de présentation des dispositions en matière de divorce par consentement mutuel et de successions issues de la loi n° 2016-1547 du 18 novembre 2018 de modernisation de la Justice du XXIe siècle et du décret n° 2016-1907 du 28 décembre 2016 relatif au divorce prévu à l'article 229-1 du Code civil et à diverses dispositions en matière de successions (Ministère de la Justice), CIV/02/17

(Fiche 10 : la circulation transfrontalière des conventions de divorce)

1.

En dehors de l'Union européenne

Les décisions françaises rendues en matière de divorce et d'autorité parentale sont reconnues et exécutées dans un autre État selon les conventions particulières en la matière liant la France et l'État requis ou le droit national applicable.

Le plus souvent, si la décision nécessite des actes d'exécution ou si sa reconnaissance est contestée dans un autre État, elle devra, pour y être reconnue et exécutoire, être revêtue de l'exequatur ou avoir fait l'objet d'une décision de reconnaissance de la force exécutoire.

2.

Au sein de l'Union européenne

— **S'agissant des dispositions relatives à la rupture du lien matrimonial et à la responsabilité parentale**

Le règlement (CE) n° 2201/203 du Conseil du 27 novembre 2003 relatif à la compétence, la reconnaissance et l'exécution des décisions en matière matrimoniale et en matière de responsabilité parentale, dit Bruxelles II bis prévoit un régime de libre circulation des décisions en rendues en matière matrimoniale et de responsabilité parentale, qui s'applique aux accords entre parties exécutoires dans l'État membre d'origine, lesquels sont reconnus et rendus exécutoires dans les mêmes conditions que des décisions (article 46).

Ainsi, les dispositions de la convention de divorce par consentement mutuel par acte sous signature privée contresigné par avocats entrant dans le champ du règlement susmentionné seront reconnues et exécutoires dans les différents États membres de l'Union européenne conformément aux dispositions du chapitre IV du règlement.

Dès lors, selon le principe pose par l'article 21, les dispositions de la convention de divorce entrant dans le champ du règlement seront reconnues de plein droit, sans qu'il soit nécessaire de recourir à aucune procédure. Mais pour être mises à exécution dans un autre État membre, elles devront avoir été déclarées exécutoires.

À cette fin, le règlement prévoit une procédure simplifiée aux fins de déclaration de force exécutoire permettant de saisir la juridiction compétente de l'État requis, par requête, sur production de la décision et du certificat délivré par la juridiction ou l'autorité compétente d'origine vise à l'article 39 du règlement.

La procédure française de certification a en conséquence été adaptée aux spécificités du divorce par consentement mutuel établi par acte sous signature privée contresigne par avocats. L'article 509-3 du code de procédure civile prévoit que le certificat de l'article 39 sera délivre par le notaire ou la personne morale titulaire de l'office notariale.

Le notaire français qui aura procédé au dépôt de la convention sera donc compétent, à la demande des intéressés ou de leurs avocats, pour remplir les formulaires figurant aux annexes I (pour la matière matrimoniale) et II (pour la responsabilité parentale) du règlement, qui contient un modelé de certificat en vue de l'exécution à l'étranger de la convention de divorce.

Une fois le certificat délivré, la partie qui sollicite l'exécution de la convention en ce qui concerne les dispositions relatives à la rupture du lien matrimonial ou à la responsabilité parentale (exercice de l'autorité parentale, résidence habituelle, droit de visite), pourra saisir par requête la juridiction de l'État requis compétente, selon le droit national applicable, aux fins de déclaration de force exécutoire de ces points de la convention de divorce.

— **S'agissant du droit de visite spécifiquement**

Le règlement Bruxelles II bis prévoit un régime encore plus favorable permettant la circulation des décisions exécutoires rendues en matière de droit de visite présentant un caractère transfrontière, et leur mise à exécution dans un autre État membre, à la seule condition qu'elles soient accompagnées du certificat visé à l'article 41.

Toutefois, la procédure de délivrance de ce certificat ne peut être étendue au divorce par consentement mutuel extrajudiciaire puisque seules sont visées par cette disposition les décisions émanant d'une juridiction. Il est aussi prévu que la certification est effectuée par le juge.

Des lors, le notaire ne pourra pas délivrer le certificat vise à l'article 41 du règlement du 27 novembre 2003 et devra refuser toute requête en ce sens.

Les parties, si elles souhaitent rendre exécutoire dans un État requis la convention de divorce portant sur l'exercice d'un droit de visite transfrontière, pourront néanmoins saisir l'État requis d'une demande en déclaration de la force exécutoire selon la procédure simplifiée applicable aux actes portant sur la responsabilité parentale.

Elles pourraient également saisir le juge aux affaires familiales d'une demande d'homologation d'une convention portant sur les modalités d'exercice de l'autorité parentale qui pourra statuer sans audience, en application de l'article 1143 du code de procédure civile.

— **S'agissant des obligations alimentaires**

La convention de divorce par consentement mutuel par acte sous signature privée contresigne par avocats n'entre pas dans le champ d'application du *règlement (CE) n° 4/2009 du Conseil du 18 décembre 2008 relatif à la compétence, la loi applicable, la reconnaissance et l'exécution des décisions et la coopération en matière d'obligations alimentaires*.

En effet, ne peuvent bénéficier des facilites de circulation prévues par le règlement que les décisions, transactions judiciaires (article 48) ou « actes authentiques » (article 2 § 3 et 48) au sens de cet instrument, c'est-à-dire une convention conclue avec des autorités administratives de l'État membre d'origine ou authentifiée par celles-ci, ou un acte dressé ou enregistré formellement en tant qu'acte authentique dans l'État membre d'origine et dont l'authenticité porte sur la signature et le contenu de l'acte et a été établie par une autorité publique ou toute autre autorité habilitée à ce faire.

La convention de divorce par consentement mutuel bien que déposée au rang des minutes du notaire n'acquiert pas pour autant la qualité d'un acte authentique et se trouve donc hors champ du règlement européen du 18 décembre 2008.

Le créancier qui sollicite le recouvrement de l'obligation alimentaire prévue par la convention de divorce devra, à défaut d'accord bilatéral prévoyant une procédure simplifiée d'exequatur portant sur un acte, solliciter l'homologation de la convention par le juge étranger ou de toute autre manière l'incorporation de l'accord à une décision de ce juge, si une telle homologation s'avère impossible en raison des règles de compétence internationale ou parce que le droit national ne prévoit pas de mécanisme d'homologation.

INDEX THÉMATIQUE

A

D

E

F

O

R

LIENS VERS LES SITES DES INSTITUTIONS ET DES ÉTATS DES RATIFICATIONS

AELE
http://www.efta.int

Commission des Nations Unies pour le droit commercial international (CNUDCI)
http://www.uncitral.org/uncitral/fr/uncitral_texts.html

Commission internationale de l'état civil
http://www.ciec1.org/

Conférence internationale de La Haye
http://www.hcch.net

Conseil de l'Europe : http://www.conventions.coe.int
http://www.conventions.coe.int/Treaty/Commun/ListeTraites.asp?CM=8&CL = FRE

Europa
http://europa.eu/index_fr.htm
http://europa.eu/eu-law/legislation/index_fr.htm

France Diplomatie (base des traités liant la France)
http://basedoc.diplomatie.gouv.fr/Traites/Accords_Traites.php

Institut du droit international des transports
http://www.idit.asso.fr/sommaire.php
http://www.idit.asso.fr/legislation/index.php?lib=ETAT%20DES%20RATIFICATIONS

Office européen des brevets
http://www.epo.org

Organisation des Nations unies : Collection des traités
http://treaties.un.org/Pages/DB.aspx?path=DB/MTDSG/page1_fr.xml

Organisation mondiale de la propriété intellectuelle
http://www.wipo.int

Unidroit
http://www.unidroit.org/

Certifié PEFC
Ce livre est issu de forêts gérées durablement et de source contrôlées
PEFC
PEFC/18-31-280
www.pefc-france.org

Composé par Nord-Compo (59)

720751 -721008 (I) - OSB-Pr 40 g - NC (MLN)
Achevé d'imprimer en juillet 2021 par Lego S.p.A.
Dépôt légal : août 2021
Imprimé en Italie